中国新闻出版深度融合发展年鉴

2021年卷 创刊卷

我国新闻出版领域深度融合经典创新案例库（工具书）

书　名：《中国新闻出版深度融合发展年鉴》（2021年卷）
著　者：《中国新闻出版深度融合发展年鉴》编辑部
主　编：魏明明
出版者：研究出版社
书　号：ISBN 978-7-5199-1098-3
出版时间：2022年5月
定　价：498元
发行电话：010-88914187、88924586

鉴古以知今，彰往而察来。《中国新闻出版深度融合发展年鉴》（2021年卷）是一部翔实记录和反映我国新闻出版深度融合发展的综合性、权威性、资料性大型工具书，也是我国出版的首部新闻出版深度融合发展纪年文献，具有“存史”和“镜鉴”价值。该书以入选“2020年度全国新闻出版深度融合发展创新案例”内容为基础，全面详实地总结记述2014年“媒体融合元年”至2020年“媒体深度融合攻坚年”期间的发展脉络与趋势，汇聚大量行业发展中的学术成果、行业信息和486种实践创新案例，并附有不同传播介质的二维码。全卷200万字，1000多页，分12个篇章，包括“特载”“要闻”“2014-2020大事记”“理论研究与探索”“专题/创新案例样本”“中国新闻出版深度融合发展概览”“特别关注”“重点实验室”“获奖”“教育与培训”“政策与法规”“附录”等，通过多维度为传媒从业者和关注、研究我国媒体深度融合发展的各界提供宝贵经验借鉴和理念升华的重要参考。

《中国新闻出版深度融合发展年鉴》（2021年卷）为国际大16开本，全部为精装印刷。读者通过该书可以全面、清晰地了解我国报业、出版、期刊、新闻网站、市县融媒在深度融合发展中的具体情况，对进一步推进行业深度融合高质量发展具有重要的借鉴意义，同时也便于新闻出版工作者、新媒体领域研究者、行业管理部门及相关人士研究和参考。

欢迎订购　486种创新案例　200万字1000多页

单位名称		册　数	
联 系 人		手　机	
快递地址			

China Press and Publication
Yearbook on Deep Integration and Development

中国新闻出版
深度融合发展年鉴

2021年卷

《中国新闻出版深度融合发展年鉴》编辑部 编

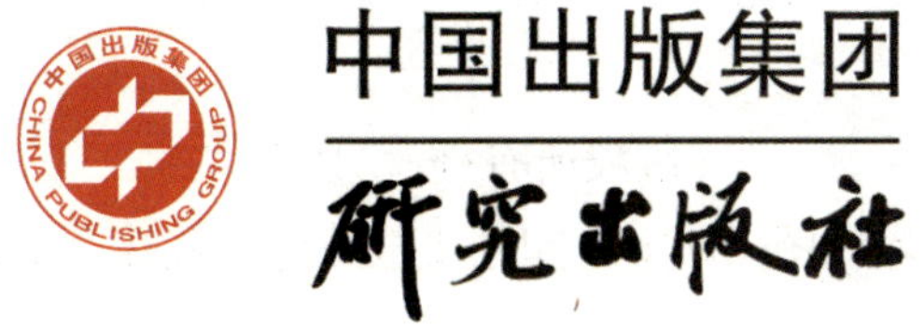

中国出版集团
研究出版社

图书在版编目（CIP）数据

中国新闻出版深度融合发展年鉴. 2021年卷 / 《中国新闻出版深度融合发展年鉴》编辑部编. --北京 ：研究出版社，2022.2

ISBN 978-7-5199-1098-3

Ⅰ. ①中… Ⅱ. ①中… Ⅲ. ①新闻工作 - 中国 - 2021 - 年鉴②出版工作 - 中国 - 2021 - 年鉴 Ⅳ. ①G219.2-54②G239.2-54

中国版本图书馆CIP数据核字（2022）第014904号

出 品 人：赵卜慧
出版统筹：张高里　丁　波
责任编辑：陈侠仁

中国新闻出版深度融合发展年鉴（2021年卷）
ZHONGGUO XINWEN CHUBAN SHENDU RONGHE FAZHAN NIANJIAN（2021NIANJUAN）
《中国新闻出版深度融合发展年鉴》编辑部 编
研究出版社 出版发行
（100006　北京市东城区灯市口大街100号华腾商务楼）
河北景丰印刷有限公司　新华书店经销
2022年5月第1版　2022年5月第1次印刷
开本：889毫米×1194毫米　1/16　印张：64.5
字数：2000千字
ISBN 978-7-5199-1098-3　　定价：498.00元
电话（010）64217619　64217612（发行部）

《中国新闻出版深度融合发展年鉴》编纂委员会

《中国新闻出版深度融合发展年鉴》编辑部

编辑说明 Editor notes

鉴古以知今，彰往而察来。《中国新闻出版深度融合发展年鉴》是一部翔实记录和反映我国新闻出版深度融合发展的综合性、权威性、资料性大型工具书，具有“存史”和“镜鉴”价值。拟定从2021年卷起每两年定期出版一卷，每卷150万~200万字。

万事皆有开端，《中国新闻出版深度融合发展年鉴》（2021年卷）是我国出版的首部新闻出版深度融合发展纪年文献，忠实地总结记述了2014—2020年全国新闻出版深度融合发展的简要概况和全国各新闻出版单位近年来具体实施的创新案例成果共486种。全卷分十二个篇章，包括特载、要闻、2014—2020大事记、理论研究与探索、专题/创新案例样本、中国新闻出版深度融合发展概览、特别关注、重点实验室、获奖、教育与培训、政策与法规、附录等。

“特载”篇章，主要摘编习近平总书记关于媒体（深度）融合发展的重要讲话和指示精神。

“要闻”篇章，主要摘选国家对推进媒体深度融合要求的重要新闻。

“2014—2020大事记”篇章，主要以具体、准确、清晰的事实，选载2014年至2020年7年中与新闻出版业融合发展相关的事件，如重要文件的颁布、新媒体业态的上线、业界举办的活动等，客观呈现我国新闻出版深度融合发展的轨迹和脉络。

“理论研究与探索”篇章，主要关注和摘选发表在报刊上的有关媒体深度融合发展过程中具有理论建设意义的学术成果。

“专题/创新案例样本”篇章，主要刊录入选“2020年度全国新闻出版深度融合发展创新案例”，其中收录报业156种、出版176种、期刊52种、新闻网站42种和县级融媒体中心49种。创新案例部分内容附有二维码，读者在阅读纸质版年鉴的同时能够在手机上即时浏览或观看相应的网站、视频、微信公众号、客户端或者小程序等新媒体介质形态，实现不同传播介质无缝对接转换，这是传统媒体时代无法体会的阅读感受。

“中国新闻出版深度融合发展概览”篇章，主要优选典型新闻出版单位进行重点形象推介，推广他们的先进经验，展示他们的融合发展成果。

“特别关注”篇章，主要刊登邀请在媒体深度融合发展过程中具有典型示范作用，且没能及时参加“2020年度全国新闻出版深度融合发展创新案例”活动的相关单位的丰硕成果。

“重点实验室”篇章，主要刊录原国家新闻出版广电总局和国家新闻出版署批准建设的出版业科技与标准重点实验室，包括2016年12月20日确定的20家出版融合发展重点实验室，2016年12月23日发布的42家首批新闻出版业科技与标准重点实验室，以及2021年2月3日确定的42家出版业科技与标准重点实验室。

“获奖”篇章，主要是对“2014—2015年度全国报刊媒体融合创新案例”“2020年中国报业深度融合发展创新案例”“数字出版精品遴选推荐计划2019年度、2020年度入围项目”“2019年、2020年有声读物精品出版工程入选项目”“2019年度、2020年度全国广播电视媒体融合先导单位、典型案例、成长项目（县级融媒体中心部分）”等新闻出版业的重要榜单、遴选活动结果进行刊载。

“教育与培训”篇章，主要刊登全国高等院校有媒体（深度）融合或者新媒体（融媒体）专业机构的简介信息，以及摘选发表在报刊上的有关新闻出版深度融合人才培养方面的文章。

“政策与法规”篇章，主要收录与新闻出版（深度）融合发展有关联的系列法规、规章和规范性文件。

“附录”篇章，主要刊登中国记协新媒体专业委员会相关介绍情况。

《中国新闻出版深度融合发展年鉴》编辑部常设在大方智库（北京）信息技术研究院，并邀请行业有关部门领导、专家、学者组成《中国新闻出版深度融合发展年鉴》编纂委员会指导编辑。2021 年卷由中国社会科学院大学新媒体研究中心学术支持。编辑部在广泛征询意见和论证的基础上，会对下一卷的相关篇章进行适当的调整和完善。

《中国新闻出版深度融合发展年鉴》（2021 年卷）的编辑出版工作得到了国家有关部委、新闻出版机构、新闻与传播院校和传媒科研院所有关单位，以及业界相关部门领导、专家和学者的大力支持，在此表示衷心的感谢！

《中国新闻出版深度融合发展年鉴》编辑部

二〇二一年十二月三十日

目录 Contents

目录 Contents

目录 Contents

目录 Contents

出版集团（社）

目录 Contents

目录 Contents

目录 Contents

期刊集团（社）

目录 Contents

新闻网站

目录 Contents

县级融媒体中心

中国新闻出版深度融合发展概览 887

特别关注 889

目录 Contents

政策与法规 959

附录 987

·特载·

Feature article

习近平总书记关于媒体融合发展重要论述摘编

手段创新，就是要积极探索有利于破解工作难题的新举措新办法，特别是要适应社会信息化持续推进的新情况，加快传统媒体和新兴媒体融合发展，充分运用新技术新应用创新媒体传播方式，占领信息传播制高点。

——摘自2013年8月19日，在全国宣传思想工作会议上的讲话

推动传统媒体和新兴媒体融合发展，要遵循新闻传播规律和新兴媒体发展规律，强化互联网思维，坚持传统媒体和新兴媒体优势互补、一体发展，坚持先进技术为支撑、内容建设为根本，推动传统媒体和新兴媒体在内容、渠道、平台、经营、管理等方面的深度融合，着力打造一批形态多样、手段先进、具有竞争力的新型主流媒体，建成几家拥有强大实力和传播力、公信力、影响力的新型媒体集团，形成立体多样、融合发展的现代传播体系。要一手抓融合，一手抓管理，确保融合发展沿着正确方向推进。

——摘自2014年8月18日，在中央全面深化改革领导小组第四次会议上的讲话

现在，媒体格局、舆论生态、受众对象、传播技术都在发生深刻变化，特别是互联网正在媒体领域催发一场前所未有的变革。读者在哪里，受众在哪里，宣传报道的触角就要伸向哪里，宣传思想工作的着力点和落脚点就要放在哪里。

要研究把握现代新闻传播规律和新兴媒体发展规律，强化互联网思维和一体化发展理念，推动各种媒介资源、生产要素有效整合，推动信息内容、技术应用、平台终端、人才队伍共享融通。

——摘自2015年12月25日，在视察解放军报社时的讲话

从总体上看，发展还很不平衡，有的是“+互联网”，而不是“互联网+”，只是将传统媒体和新媒体作简单嫁接，“左手一只鸡，右手一只鸭”，没有实现融合。融合发展关键在融为一体、合而为一。

——摘自2016年2月19日，在党的新闻舆论工作座谈会上的讲话

要尽快从相“加”阶段迈向相“融”阶段，从“你是你、我是我”变成“你中有我、我中有你”，进而变成“你就是我、我就是你”，着力打造一批新型主流媒体。

——摘自2016年2月19日，在党的新闻舆论工作座谈会上的讲话

要推动融合发展，主动借助新媒体传播优

势。要抓住时机、把握节奏、讲究策略，从时度效着力，体现时度效要求。要加强国际传播能力建设，增强国际话语权，集中讲好中国故事，同时优化战略布局，着力打造具有较强国际影响的外宣旗舰媒体。

——摘自2016年2月19日，在党的新闻舆论工作座谈会上的讲话

要加强传播手段和话语方式创新，让党的创新理论“飞入寻常百姓家”。要扎实抓好县级融媒体中心建设，更好引导群众、服务群众。

——摘自2018年8月21日至22日，在全国宣传思想工作会议上的讲话

推动媒体融合发展、建设全媒体成为我们面临的一项紧迫课题。要运用信息革命成果，推动媒体融合向纵深发展，做大做强主流舆论，巩固全党全国人民团结奋斗的共同思想基础，为实现“两个一百年”奋斗目标、实现中华民族伟大复兴的中国梦提供强大精神力量和舆论支持。

——摘自2019年1月25日，在十九届中央政治局第十二次集体学习时的讲话

我们要因势而谋、应势而动、顺势而为，加快推动媒体融合发展，使主流媒体具有强大传播力、引导力、影响力、公信力，形成网上网下同心圆，使全体人民在理想信念、价值理念、道德观念上紧紧团结在一起，让正能量更强劲、主旋律更高昂。

——摘自2019年1月25日，在十九届中央政治局第十二次集体学习时的讲话

推动媒体融合发展，要坚持一体化发展方向，通过流程优化、平台再造，实现各种媒介资源、生产要素有效整合，实现信息内容、技术应用、平台终端、管理手段共融互通，催化融合质变，放大一体效能，打造一批具有强大影响力、竞争力的新型主流媒体。要坚持移动优先策略，让主流媒体借助移动传播，牢牢占据舆论引导、思想引领、文化传承、服务人民的传播制高点。要探索将人工智能运用在新闻采集、生产、分发、接收、反馈中，全面提高舆论引导能力。要统筹处理好传统媒体和新兴媒体、中央媒体和地方媒体、主流媒体和商业平台、大众化媒体和专业性媒体的关系，形成资源集约、结构合理、差异发展、协同高效的全媒体传播体系。

——摘自2019年1月25日，在十九届中央政治局第十二次集体学习时的讲话

要抓紧做好顶层设计，打造新型传播平台，建成新型主流媒体，扩大主流价值影响力版图，让党的声音传得更开、传得更广、传得更深入。

——摘自2019年1月25日，在十九届中央政治局第十二次集体学习时的讲话

·要闻·

Important News

黄坤明在媒体深度融合工作推进会上强调

积极适应全媒体时代发展大势 加快推进媒体深度融合

2月25日，媒体深度融合工作推进会在京召开。中共中央政治局委员、中宣部部长黄坤明出席会议并讲话，强调要深入学习贯彻习近平总书记关于推动媒体融合发展、做大做强主流舆论的重要论述，积极适应全媒体时代发展大势，坚持正能量是总要求、管得住是硬道理、用得好是真本事，推进媒体融合向纵深发展，牢牢掌握新闻舆论工作的战略主动，不断巩固全党全国人民团结奋斗的共同思想基础。

黄坤明指出，媒体融合是一场不容回避的自我革命，要紧紧抓住发展机遇，积极回应时代挑战，坚持守正创新，锐意攻坚克难，加快从相加阶段迈向相融阶段。要坚持传统媒体和新兴媒体一体化发展方向，推进信息生产供给侧结构性改革，强化技术创新的引领驱动，大力培养全媒记者、全媒编辑、全媒管理人才，打造具有强大影响力和竞争力的新型主流媒体。

黄坤明强调，要聚焦聚力重点任务，加快中央媒体融合发展步伐，切实抓好县级融媒体中心建设，建好用好“学习强国”平台，着力构建从中央到省市县的全媒体传播矩阵。要充分发挥各方面积极性，加大政策支持保障力度，共同写好媒体融合发展这篇大文章。

各省区市和新疆生产建设兵团党委宣传部部长，中央有关部门、中央宣传文化单位负责同志等参加会议。

（新华社北京2月25日电）

（本文摘自《人民日报》2019年2月26日）

中办国办印发《意见》

加快推进媒体深度融合发展

近日，中共中央办公厅、国务院办公厅印发了《关于加快推进媒体深度融合发展的意见》（以下简称《意见》），并发出通知，要求各地各部门结合实际认真贯彻落实。

《意见》从重要意义、目标任务、工作原则三个方面明确了媒体深度融合发展的总体要求，要求深刻认识全媒体时代推进这项工作的重要性、紧迫性，坚持正能量是总要求、管得住是硬道理、用得好是真本事，坚持正确方向，坚持一体发展，坚持移动优先，坚持科学布局，坚持改革创新，推动传统媒体和新兴媒体在体制机制、政策措施、流程管理、人才技术等方面加快融合步伐，尽快建成一批具有强大影响力和竞争力的新型主流媒体，逐步构建网上网下一体、内宣外宣联动的主流舆论格局，建立以内容建设为根本、先进技术为支撑、创新管理为保障的全媒体传播体系。

《意见》指出，要推动主力军全面挺进主战场，以互联网思维优化资源配置，把更多优质内容、先进技术、专业人才、项目资金向互联网主阵地汇集、向移动端倾斜，让分散在网下的力量尽快进军网上、深入网上，做大做强网络平台，占领新兴传播阵地。

《意见》指出，要走好全媒体时代群众路线，坚持以人民为中心的工作导向，坚持贴近群众服务群众，创新实践党的群众路线，大兴“开门办报”之风，把党的优良传统和新技术新手段结合起来，强化媒体与受众的连接，以开放平台吸引广大用户参与信息生产传播，生产群众更喜爱的内容，建构群众离不开的渠道。

《意见》指出，要以先进技术引领驱动融合发展，用好5G、大数据、云计算、物联网、区块链、人工智能等信息技术革命成果，加强新技术在新闻传播领域的前瞻性研究和应用，推动关键核心技术自主创新。要推进内容生产供给侧结构性改革，更加注重网络内容建设，始终保持内容定力，专注内容质量，扩大优质内容产能，创新内容表现形式，提升内容传播效果。要深化主流媒体体制机制改革，建立适应全媒体生产传播的一体化组织架构，构建新型采编流程，形成集约高效的内容生产体系和传播链条。要发挥市场机制作用，增强主流媒体的市场竞争意识和能力，探索建立“新闻+政务服务商务”的运营模式，创新媒体投融资政策，增强自我造血机能。

《意见》指出，要按照资源集约、结构合理、差异发展、协同高效的原则，完善中央媒体、省级媒体、市级媒体和县级融媒体中心四级融合发展布局。努力打造全媒体对外传播格局，讲好中国故事，传播中华文化。

《意见》强调，要大力培养全媒体人才，实行更加积极、开放、有效的人才引进政策，提高主流媒体人才吸引力和竞争力。要优化人才队伍结构，把更多熟悉新媒体的中青年优秀人才充实到关键岗位，充分释放人才活力。

《意见》强调，各级党委和政府要强化资金保障，加强政策支持，形成政策保障体系，支持媒体深度融合发展。要强化党的领导，把推进媒体深度融合发展作为本地区、本部门、本单位落实意识形态工作责任制的重要内容。要加强评估考核，加强督促检查，推动媒体深度融合发展各项任务落到实处。

（新华社北京9月26日电）

（本文摘自《人民日报》2020年9月27日）

· 2014—2020 大事记 ·

2014-2020 Memorabilia

2014—2020 年大事记

2014 年

1月

1月1日 上海报业新媒体项目“上海观察”正式上线。“上海观察”是上海报业集团成立后推出的首个新媒体阅读产品，由解放日报社出品。致力于为目标读者提供高品质的深度阅读，设置了政情、经济、城事等8个栏目，选题内容涵盖上海改革和发展的各个方面。同时，还推出同名微信、微博。

1月18日 钱江报系有限公司投资1000万元设立了“浙江钱报有礼电子商务有限公司”。在“采编—发行—广告—活动”四轮齐驱的基础上，再添电子商务的商业模式。

2月

2月14日 山东舜网传媒股份有限公司成功登陆新三板，在全国中小企业股份转让系统挂牌上市。舜网传媒成为继人民网之后全国第二家上市的新闻网站，推出山东传媒行业及互联网信息服务业第一只股票。

2月24日 上海报业集团与中国移动手机阅读基地在上海正式签署战略合作协议，双方将整合优势品牌、内容和渠道资料，联合打造“上海手机报”媒体品牌。双方力争将其品牌打造成集短彩信、Wap、客户端为一体，融合图文、视频、游戏互动的全方位移动互联网媒体产品集群。

2月26日 长江传媒与天喻信息签署战略合作协议，从数字内容资源、平台建设与运营等角度开展合作，携手天喻信息“教育云”平台助力数字化业务加速发展。

2月27日 中国“数字音像传播服务监管平台互联网监测子平台”正式上线试运营。本平台首次将大数据技术规模性应用到中国数字音像出版领域，通过市场化的运营机制保障版权人的合法权益，引导、规范产业良性发展。

3月

3月1日 由盘古搜索和即刻搜索合并的“中国搜索”上线。与普通的商业搜索相比，中国搜索非常醒目地提供了国情、时政、地方等特色搜索内容，还提供理论、法规、智慧城市等垂直搜索服务。

3月5日 安徽新华传媒所属子公司——安徽新龙图贸易进出口有限公司，牵头搭建了集团首个海外电子商务平台项目——来买网，其在新加坡成功上线。

3月6日 人民日报媒体技术股份有限公司注册成立，公司将以社属报刊为主体拓展新媒体技术的创新、研发、运营等。同时，参与人民日报社全媒体融合模型的构建，打造具有国际传播力的现代传播体系。

3月18日 光明网与微软联合宣布，光明网将应用微软 Azure 云计算技术建立中国首个“媒体云”平台。这是微软首次参与中国国内“媒体云”建设，标志着以 Windows Azure 为代表的先进云计算技术将成为国内媒体转型发展的重要推动力量。

▲ 杭州边锋网络技术有限公司联合浙报传媒集团在北京正式发布其首款硬件产品——边锋盒子。边锋盒子是首款以家庭休闲游戏为主题的盒子，支持多种多屏互动协议，建立起了全终端互动的用户娱乐平台。

3月22日 浙报集团正式开启为期5年的全媒体战略行动计划，将以各种融资方法投入20亿元，实施集团的全媒体转型。打造我国国内媒体领域的首个孵化器——传媒梦工场，启动党报内容创新转型，推动社会化媒体融合转型。

3月27日 由大河网与郑州生活·读书·新知三联书店有限公司合作共建的网上购书平台“大河书店”正式上线。

3月31日 重庆出版集团审议通过了《重庆出版集团新技术应用发展纲要》。按照计划，集团2014年将设立专项扶持资金，重点抓好数字内容管理平台建设、用户需求的大数据分析、数字化试点单位确定、推进集团一体化管理平台项目实施等基础性工作。

4月

4月18日 粤传媒宣布拟使用自有资金1.03亿元，购买控股股东广州传媒控股有限公司持有的上海第一财经报业有限公司25%股权。收购完成后，该报业将成为粤传媒的参股公司。

4月19日 保利影业与山西新华书店集团签订院线合作项目。该项目将在之后5年内完成在山西的新华书店内建立28家电影院。

4月20日 湖南卫视旗下新媒体平台金鹰网、芒果TV两大平台全新改版融合，推出全新“芒果TV”网络视频平台。新平台采用原金鹰网域名，平台品牌呼号“芒果TV”。此次改版融合标志着湖南卫视新媒体掀开网络视频业务全新篇章，亦预示国家新闻出版广电总局2013年底批准成立的湖南网络广播电视台正式启航。

4月24日 国家新闻出版广电总局、财政部发布《关于推动新闻出版业数字化转型升级的指导意见》（以下简称《意见》）。《意见》分为总体要求、主要任务、保障措施三部分内容。主要任务：开展数字化转型升级标准化工作，提升数字化转型升级技术装备水平，加强数字出版人才队伍建设，探索数字化转型升级新模式。

▲ 由东方网、浙江在线、中江网、中安在线、大江网、湖南红网、华声在线、荆楚网、华龙网、四川新闻网、云南网等长江沿线11家重点新闻网站发起组成的“江海联盟”在武汉成立。联盟以“分享、合作、互助、共赢”为主题，旨在加强互助合作，发挥网络媒体优势，凝聚10省市百姓力量，助推长江经济带的建设和发展。

▲ 湖北日报新媒体集团举行新媒体推介会，集中推荐宣传旗下的十余种新媒体产品和服务。同时，由荆楚网主导研发的湖北微资讯集合发布平台——互微网和湖北省首个农产品电商综合服务平台——楚天优品网同步上线。

4月26日 英大传媒集团与第一财经传媒合作创办《好公司》杂志项目签约仪式在上海举行。英大传媒集团正式作为战略投资者成为第一财经传媒的重要股东之一。《好公司》杂志定位于“发现并分享好公司背后的商业逻辑”，关注技术、资本与全球化推动下的商业世界创新与演变，以知识性与互动性服务于中国新锐商业人群。

4月30日 浙报传媒集团与天津唐人影视公司签署《天津唐人影视有限公司股权投资协议书》，出资人民币1亿元向唐人影视增资，占增资后比例8.77%股权。

5月

5月5日 《壹读》杂志所属产品“拍呀”正式上线，入口设置在《壹读》微信公众号的底部菜单里，其拍品既有诸如“亲戚买房基金1000元”“甜品餐厅代金券100元”等现实或虚拟货币，也有智能钢琴、生活大礼包等实物，此外还包括门票、演出票等。

5月20日 《温州都市报》推出的全新电子商务平台“温都猫”试上线。“温都猫”是温州温都全媒体公司所属的B2C网络销售平台，汇集温都全媒体六大平台——《温州都市报》、《温都周刊》、温都网、掌上温州、温州都市报官方微博、温州都市报微信公众号等资源优势，旨在打造温州本土电商平台。

5月26日 河南省重点新闻网站映象网打造的“映象新闻”客户端正式上线。“映象新闻”客户端是全新概念新闻视听平台，利用文字、图片、音视频等立体化传播手段，为网民提供本地化、生活化的新闻资讯；以映象网为主要依托，囊括河南广电全媒体的优势资源，聚合权威信息，让内容更加立体、生动、有公信力。在这里，可以读新闻、听广播、看电视，展现河南精彩，纵览全球风云。

5月29日 东方网“智慧屋”第一家概念店营业，这是东方网智慧社区战略的第一步。东方网计划充分利用其线下资源，用2~3年时间建成100家“智慧屋”。东方网智慧社区已引入中国联通、浦发银行、京东商城等21家专业运营商，以及东方网所属电子商务公司，整合了购物、医疗、家政、公共事业缴费、理财等21项民生服务。

6月

6月5日 钱江报系有限公司的电商周刊《码上生活》正式上线，为读者用户提供便利的网络服务。《码上生活》周刊每周四出版，依托钱报有礼电商平台，精心挑选当下优质、最具性价比的商品推荐给读者，同时，通过组织、报道线下活动来推广钱报有礼电商平台及微信服务号，实现周刊与钱报有礼的线上线下互动。

▲ 上海报业集团所属《上海日报》与锦江集团所属华亭海外旅行社签署战略合作协议。双方在上海旅游局指导下将进一步发挥各自的市场资源优势，共同设计、培养和推广优质旅游产品。

6月11日 “新华社发布”客户端正式上线。这是新华社在推进传统媒体与新兴媒体融合发展方面迈出的重要一步。“新华社发布”融合了新华社众多品牌新媒体平台，整合了全国各地极具本地化特征的生活、服务、交流客户端集群，更聚合了新华社最强大的多媒体即时联动新闻采编播力量。

6月12日 《人民日报》客户端正式上线，这是《人民日报》适应媒体变革形势，加快推进传统媒体与新兴媒体融合发展迈出的重要一步。人民日报社社长杨振武表示，人民日报客户端将借助移动平台，充分展现《人民日报》的各类优质新闻内容，立足移动互联网传播，改变传统报纸的采编机制流程。

▲ 《辽沈晚报》改行“终端优先”，以实现“让报纸更有深度、更精致、更有味道，让网络更快速、更互动、更聚合”的目标。《辽沈晚报》所属网络提供24小时全天候的新闻、生活资讯，尤其是本地化的资讯。

6月16日 浙报集团新媒体矩阵的核心产品“浙江新闻”移动客户端正式上线，“浙江新闻”移动客户端定位为浙江政经新闻第一平台，每日及时提供省委、省政府主要领导的活动报道，省内外重大时政、财经、文化、体育等资讯，在新媒体平台与各级党委、政府间建立快捷的信息沟通渠道。

6月27日 《南方都市报》、宜华企业（集团）有限公司与衣联网正式签署协议，三方决定在“智能移动阅读APP”上达成战略合作，首期投资规模约1亿元，共同开发互联网定向新闻配置搜索、数据库融合等关键技术，打造智能移动阅读平台。

7月

7月1日 湖北荆楚网络科技股份有限公司在新三板正式挂牌，公司简称“荆楚网”，证券代码830836。湖北荆楚网络科技股份有限公司由湖北日报传媒集团控股，是全国首家挂牌资本市场的省级全国重点新闻网站。公司由荆楚网、湖北手机报、大楚网、文谷网、楚天尚漫公司、楚天神码公司、湖北日报数字传媒公司等改制重组而成，致力于打造基于传统互联网、移动互联网和物联网的信息服务平台。

▲ 安徽新媒体集团正式成立。安徽新媒体集团由省委宣传部主管、安徽日报报业集团出资并主办，整体划入中安在线的全部资产和业务。集团主要任务包括发展移动互联网应用、多媒体数据库、网络音视频、公共平台自媒体建设、电子出版、电子商务等新媒体业务。

7月9日 南方报业传媒集团新版南方网正式上线。初步实现四个方面的融合，包括初步实现平台资源融合、初步实现体制融合、初步实现机制融合、初步实现人才融合。

7月11日 萧山日报社围绕构建全媒体、融媒体运作体系的新机构正式运行，在此次调整中，萧山日报社对以单一纸媒为核心、按新闻版块设立的部门进行了重置，建立了报纸、网络、手机报、微博、微信、无线APP等全媒体集群平台，按生产流程设置了全媒体管理中心、全媒体采集中心、全媒体发布中心、全媒体技术中心和全媒体经营中心。

7月14日 华商网“华商·巷议”频道正式上线，实现了报网互动，主要栏目有“每周巷议报告”“要投诉”“有结果”“请快点”等，为读者提供集报料、投诉、咨询、反馈于一体的服务平台。

7月16日 东方网和海通证券股份有限公司签署全面战略合作协议，双方在互联网金融领域，充分挖掘和利用双方在各自领域的优势资源和专业能力，围绕线上互联网金融领域、线下智慧社区和智能终端领域，共同打造互联网金融的新模式。

7月22日 “澎湃新闻”（The Paper）正式上线，是全国第一个由传统媒体《东方早报》向新媒体整建制全面转型的产品，包含新闻网站、APP客户端等，是专注于时政与思想类互联网平台。作为上海报业集团成立后的一个重大战略项目，“澎湃新闻”将努力打造成为中国聚合新闻与思想内容的最大平台之一。

8月

8月18日 中央全面深化改革领导小组第四次会议审议通过了《关于推动传统媒体和新兴媒体融合发展的指导意见》。习近平强调，推动传统媒体和新兴媒体融合发展，要遵循新闻传播规律和新兴媒体发展规律，强化互联网思维，坚持传统媒体和新兴媒体优势互补、一体发展，坚持先进技术为支撑、内容建设为根本，推动传统媒体和新兴媒体在内容、渠道、平台、经营、管理等方面的深度融合，着力打造一批形态多样、手段先进、具有竞争力的新型主流媒体，建成几家拥有强大实力和传播力、公信力、影响力的新型媒体集团，形成立体多样、融合发展的现代传播体系。

8月19日 上海报业集团联合创投资本，启动“八二五新媒体产业基金”，这只基金是由上海报业集团、元禾母基金以及华映资本等机构的投资者共同发起设立，总规模为12亿元，主要用于投资互联网新媒体行业。

8月30日 《华西都市报》联合中国移动手机阅读基地推出的移动新媒体产品——“掌上四川”手机新闻客户端正式上线公测。“掌上四川”将充分运用云计算和地理定位等技术，根据用户兴趣和区域定位，为用户提供个性化新闻资讯、生活服务。

9月

9月1日 从即日起，《扬子晚报》纸质版联合扬子晚报网、扬子晚报官方微信公众号等新媒体启动新一轮全新“融合改版”，在强化融合、深度、原创、服务的基础上，完善不同平台的产品和应用。

9月3日 “书香湖南·数字阅读”公益移动阅读平台正式启动，湖南省内智能手机用户可免费下载阅读平台上的数字内容。通过使用公益数字阅读平台阅读、下载电子书，相当于每一个湖南百姓都拥有藏书万册的免费随身图书馆。

9月18日 川报全媒体集群首批新媒体产品上线，标志着四川日报报业集团推动媒体融合发展进入新阶段。其6个新媒体产品，包括“四川新闻”“川报观察”两个移动客户端，全新整合升级的四川日报法人微博、微信，以及“问政四川”“天府问计”“四川党政信息库”3个电子政务类产品。这些新媒体产品以《四川日报》品牌影响力为驱动、主流价值观传播为核心，以内容创新、传播方式创新为抓手，深度融合川报集团媒体资源精心打造而成。

同日，川报集团还与人民网股份有限公司、中国移动通信集团四川有限公司、浙报集团杭州边锋网络技术有限公司签署战略合作协议。

9月27日 大众报业集团与山东广电网络集团签署全面战略合作协议。按照协议，双方将尝试打造深受市场欢迎的影视节目；利用丰富的视频资源在网络视频方面开发新产品；双方还将合作共建物流网，推进用户数据库开发利用，进行投融资服务等。

9月28日 “浙报传媒区域电商产业实验基地”落户瑞安，由《瑞安日报》全面负责运营瑞安市马屿农业电商孵化基地。该基地将为全市农业合作社和农业龙头企业及农户提供免费的咨询、策划、设计及产品上线等服务。

9月29日 《成都商报》新媒体战略发布暨内部创业动员大会召开。《<成都商报>新媒体发展纲要》正式发布，并全面启动“1312”新媒体项目。根据规划，《成都商报》新媒体将不再按传统报纸的新闻门类部署生产，而是坚持生产成都市民生活中有刚性需求的内容，强调用户体验、用户分享，以产生数据沉淀及用户黏度的内容为核心。

10月

10月8日 上海报业集团宣布新媒体项目界面正式上线，这是上海报业集团媒体融合和新媒体转型实践的一个新实验。“界面”是一家全民参与的精品商业新闻网站，由原创新闻、摩尔金融、全球乐趣、公司急聘、界面之选五大版块组成，其创新之处在于让读者参与到新闻制作的过程中。除新闻业务外，“界面”还将为用户提供求职、购物、社交、投资理财等服务，未来还会围绕目标用户有针对性地拓展服务种类。

10月10日 新华社上海分社与大数聚信息发展有限公司签署合作协议，共同启动车联网频道客户端项目。“新华社发布”客户端集群正式延伸至车联网和音频客户端领域，为有车一族“在路上”提供权威资讯和一系列智能化服务。

10月12日 黑龙江日报报业集团开发的“劲彪新闻”“掌上龙江”两大APP产品及移动车媒体正式上线启动。三大新媒体产品是黑龙江日报报业集团在媒体融合发展过程中打造的重大战略项目。

10月14日 重庆出版集团正在加快建设具有全国影响力的天健数字出版传媒基地。本基地将整合机构和内容技术资源，实施和继续推进国家专利项目出版物云终端（RFID）以及电子书包、中国城乡统筹发展网、微游宝景区点评（导览）项目、移动互联网实践体验中心等一系列重大项目。

10月30日 中宣部组织媒体融合专家委员会，对人民日报社、新华社、中央电视台申报的九项媒体融合项目进行评审。根据中央媒体融合的要求，能够聚合社会用户、整合资源、市场推广力度大的媒介融合项目，将得到重点支持。

▲ 成都传媒集团举行集团数字采编中心暨首批新媒体产品上线仪式，推出首批以引导主流舆论为主要任务的新闻产品，包括《成都日报》“锦观”、《成都商报》“谈资”、《成都晚报》“微成都”、每日经济新闻4个客户端以及全新改版的全搜索新闻网。

11月

11月3日 皖新传媒发布公告，其与腾讯签署协议，拟共同搭建以微信为载体、以新华书店及其他实体业态为基础的O2O体系，打造全国首家以文化传播、文化消费及全民阅读为理念的社交平台，将传统书店、传统卖场转型为线上线下相结合的体验式场所。

11月11日 “第四届亚太数字期刊大会”在北京召开。大会由国家新闻出版广电总局指导，国际期刊联盟（FIPP）、中国期刊协会主办，以“今日趋势 明日现实”为主题，从内容编辑、跨平台管理到原生广告、程序广告，从大数据、电子商务到社交媒体，从初创公司到商业模式，围绕数字媒体领域最热、最新的焦点话题，进行深入探讨。

11月18日 《南方都市报》“新连接·大未来——南都新品分享会”在广州南方报业传媒集团举办，南都APP、南都数字报阅读墙、蜂窝微媒体联盟、品牌盛宴APP4个新产品正式发布。这些新产品，业务涵盖移动阅读、数字出版和轻游戏等领域。

11月26日 《羊城晚报》以整版的篇幅推出其首批16个微信公众号在内的微信群矩阵。涵盖内容包括本地资讯、理财、文教、健康、旅游等各个方面。

11月27日 “首届中国报业集团高层座谈会”在济南召开。本次座谈会由中国新闻出版传媒集团主办，大众报业集团承办，来自全国24家报业集团相关负责人以“加快媒体转型 推动融合发展”为主题进行了深入研讨。

12月

12月1日 湖南省委宣传部召集省内主要媒体、文化企业负责人宣布了《深化省管国有文化资产管理体制改革方案》（以下简称《方案》）。《方案》鼓励湖南日报报业集团、湖南出版投资控股集团、湖南广电网络控股集团、湖南省演艺集团、潇湘电影集团等省属国有骨干文化企业以资本为纽带进行跨地区、跨行业、跨所有制兼并重组，提高规模化、集约化、专业化水平。通过优化文化资源配置和文化产业结构，有利于构建统一开放、竞争有序的现代文化市场体系；通过壮大文化市场主体，推动报业、广电、出版三大集团在各自领域“聚合裂变”，以便实现更高层次的规模化、集约化、现代化经营；通过激发内生动力，进一步提升“广电湘军”“出版湘军”“报业湘军”的传播力、公信力和影响力。

▲ 广州日报报业集团“中央编辑部”正式运营。“中央编辑部”由夜班编辑中心、大洋网、全媒体中心、音视频部、数字新闻实验室等部门组成。在“中央编辑部”的统筹指挥下，《广州日报》“1 + N”全媒体矩阵可实

现 24 小时滚动发布新闻。

12 月 5 日 多彩贵州网有限责任公司、贵州省广播电视信息网络公司举行“贵州电子商务云签约仪式”。贵州电子商务云为全省 9 个市州、贵安新区、88 个县、73 个开发区搭建了子平台，以政府主导、企业投资，整合电子商务服务资源，实现聚集全省优势产业和企业、整合产业链条，降低企业成本、提高政府效率，助推全省大数据产业发展的目的。

12 月 8 日 南方报业传媒集团重点项目——289 艺术园区正式启动。将定期举办手艺分享体验活动——“289 玩艺会”，邀请众多艺术家、工艺师与大家进行交流和座谈。与深圳第一商务集团有限公司签署合作协议，双方共同投资 2 亿元。

▲《萧山日报》全体记者纳入全媒体采集中心；报纸、手机报、“无线萧山”等发布平台及版面编辑、新媒体编辑纳入全媒体发布中心。信息由中心统筹发布，人员由中心统筹调配。

12 月 10 日 徐州日报全媒体中心正式成立。全媒体中心包括发布中心和采集中心，负责运营《徐州日报》、中国徐州网及其官方微博、官方微信公众号，徐州发布等在内的传统媒体和新媒体。

12 月 16 日 新华网精心打造的移动互联网精品应用集成分发超级平台——“4G 入口”起航。“4G 入口”包括“4G 入口政务号”“4G 入口企业直通车”“4G 入口教育号”“4G 入口生活号”“悦读中国”、动漫示范基地、自媒体联盟等众多服务与应用。

12 月 18 日 《华西都市报》发布媒体融合“i 战略”。i 战略包括华西传媒集群在资讯、社交、电子商务、互联网金融四个方向的突破，也包括在新媒体方面的全新合作模式和开放平台，最终目标是要实现指数级的增长。

2015 年

1 月

1 月 6 日 新华社客户端“新华社发布”下载量突破 2000 万。客户端融合了新华社众多品牌新媒体平台，聚合了新华社的多媒体即时联动新闻采编播力量，被业界誉为“当前传统主流媒体推进融合发展的‘现象级’标本”。

1 月 15 日 新华社河南分社与河南电台私家车广播签署战略合作协议，共同打造“车伴”客户端，为受众提供精准的实时路况直播、道路拥堵智能判断、车辆违章信息查询等功能。

1 月 20 日 浙报传媒、携程旅行网在杭州宣布就“旅游大数据和旅游目的地营销与管理”达成战略合作。这是地方主流新闻媒体深度切入旅游行业的跨界融合尝试。浙江在线携手携程旅行网，依托浙报旅游全媒体资源，通过跨屏、跨媒体的整合，在浙江旅游大数据的挖掘、智慧旅游对接、旅游目的地营销以及完善政府管理等领域尝试突破，推动浙江旅游业的跨越式发展。

1 月 28 日 湄洲日报社新媒体平台上线，以云技术支撑、全媒体运营为主要特征，总体架构包括网站新闻发布系统、移动互联增值系统、屏联数据处理系统和纸媒业务采编系统 4 大系统和 10 种功能模块，可以在报纸、网站、手机、屏联等新媒体同时发布新闻。

3 月

3 月 9 日 新华报业传媒集团视觉传媒中心正式成立。该中心全面整合集团内《新华日报》《南京晨报》等各媒体的摄影资源及图像采编力量，将向省内外各类用户提供线上线下、桌面移动等多渠道、多终端的视觉产品和延伸服务。

4 月

4 月 1 日 《内蒙古日报》（汉文版）全媒体采编平台正式启用。该平台拥有移动采编、远程投稿、记者站管理、互联网新闻信息抓取等功能。

4 月 9 日 国家新闻出版广电总局、财政部联合印发《关于推动传统出版和新兴出版融合发展的指导意见》（以下简称《意见》）。《意见》包括总体要求、重点任务、政策措施、组织实施共四部分 16 条内容，为推动传统出版影响力向网络空间延伸、实现传统出版和新兴出版融合发展指明了方向、提出了任务、阐明了路径、提供了遵循。同时，《意见》实施后，财政方面将通过安排中央文化产业发展专项资金、国家出版基金等方式，分别对列入新闻出版改革发展项目库的融合发展项目和涉及出版融合发展的出版项目给予重点支持。

4 月 15 日 《南方都市报》推出的“并读新闻”客户端正式发布。“并读新闻”将新闻资讯推送、在线互动交友与读者参与广告分成三大特性融合，打造出以读者利益为核心的移动端新闻阅读平台。该平台以南方报业庞大的读者群体为基础，构建以自有移动新闻客户端为入口的新闻读者生态圈，摆脱传统新闻在时效、区域、互动等方面的局限，让读者获得更便利有趣的新闻阅读体验。

5月

5月8日 福建省出台《传统媒体和新兴媒体融合发展重点扶持项目管理暂行办法》。2015—2017年，每年组织评选数字出版、智慧广电、移动客户端、手机网站、手机报等重点扶持项目。

5月12日 人民网与长江日报报业集团签署战略合作，双方在信息、技术、渠道、运营、推广等方面开展全方位合作。

6月

6月6日 新华社移动新闻APP正式上线安卓、苹果应用平台并开放下载。此次升级，首先将LOGO主体设计颜色由红色变为蓝色，以及包括：加入算法推荐引擎，以更懂用户的具体阅读需求；将新华社“全球设站”的效应发挥至移动端，凸显“集群化”优势；设置加入“新华全媒头条”“H5轻应用”“头条号外”以及独家的“授权发布”等新形式。

6月8日 新华社客户端新版正式发布。新版客户端与旧版相比，共有118项改进和创新，它把新闻的权威性和资讯的丰富性有机结合，形式丰富多彩，风格简洁明快。

6月24日 长江新闻移动新媒体平台发布。本平台是长江日报报业集团打造的一款包括长江新闻APP、微博、微信、PC端在内，以“原创新闻＋新闻二次开发”为内容的新媒体产品。

7月

7月10日 《中国报刊订阅指南》编辑部和北京扫扫看科技有限公司签署战略合作，共同合作开发“中国报刊订阅指南手机二维码订阅”APP项目。

7月17日 山东省互联网传媒集团股份有限公司在济南举行揭牌仪式。以大众传媒股份有限公司为主体，整合大众报业集团新媒体板块组建而成的山东省互联网传媒集团正式成立，标志着山东省互联网产业进入了整合行业资源、深度融合发展、实现转型升级的新阶段。

8月

8月20日 《深圳晚报》与移动阅读应用ZAKER正式签约，深圳ZAKER上线。深圳ZAKER将以深圳为中心，呈现具有本地特色的新闻资讯、生活服务、社交互动内容，分设“资讯”“政点”“生活”“深度”等类别明晰、内容高质的细分频道。

9月

9月10日 湖北新媒体云平台发布。“长江云”是湖北广电长江新媒体集团与国内知名互联网公司联合研发的新一代基于云计算、大数据全球领先的新媒体融合云平台，平台按照“开放共享”“构建万物生长的新媒体生态圈”“Web3.0”业务逻辑设计建设，致力于为新型媒体提供高品质、安全、低成本技术支撑，以联动共赢模式助力区域媒体融合发展，构建打造“采编融合、内容汇聚、多渠道传播、多终端一体化”的区域新媒体运营平台。

9月14日 新京报社自主研发的“数字版新京报”手机APP上线。“数字版新京报”是由《新京报》为iPad和iPhone用户开发的原版《新京报》阅读软件，方便读者不受地域和时间限制，随时随地阅读精彩内容。阅读软件以高清图片形式呈现《新京报》当日及往期版面，除了为读者提供原汁原味的报纸阅读，还能提供较纸质报纸更好的阅读分享体验。

9月15日 湖南日报新媒体发展有限公司成立。公司以湖南日报社新媒体核心产品“新湖南”客户端为平台，通过“新湖南＋”“＋新湖南”的方式，探索和开拓新业态、新产品、新模式。

9月16日 无界新闻客户端正式上线。无界新闻依托自身优势，将进行大量的国际报道，内容涉及“一带一路”、国际、民族、宗教等方面。无界新闻由《财经》杂志母公司财讯集团、新疆维吾尔自治区、阿里巴巴联合组建的新媒体机构——无界传媒打造。

9月17日 四川省住建厅与新华网共同启动“天府互联网小镇”5年行动计划，将在未来5年内共同改造建设100个互联网小镇。这一行动计划将以商务社区、创客基地、古镇古街、旅游新村、大学校园为重点遴选项目，通过一系列“互联网＋”解决方案，实现基础设施、政务、民生、旅游、农业、教育等与互联网的融合，着力提升社会治理水平、政务服务能力和居民生活品质。

9月23日 “‘互联网＋’党刊高峰论坛”在北京召开。论坛由中国期刊协会党刊分会主办，围绕“互联网＋党刊”议题，深入探讨在当前媒体竞争多元化日趋激烈的形势下，如何有效运用“互联网＋”手段，加快传统媒体和新媒体融合发展，进一步提升党刊的传播力和影响力。

10月

10月8日 《人民日报》客户端三期产品上线暨人民日报社新媒体中心成立仪式，在新落成的人民日报社新媒体大厦举行。

10月15日 国家新闻出版广电总局、贵州省人民政府合作推动《中国文化（出版广电）大数据产业项目开发的协议》签约仪式在贵州举行。双方将共同推动出版广电大数据产业系列项目开发，以此推动传统媒体和新兴媒体融合发展。本项目开发将以“中国文化(出版广电)大数据中心”建设为基础，合作开发“国家数字音像传播服务平台”“广电融合网在线教育平台”“广电融合网电商平台”等创新型项目。

10 月 20 日　《钱江晚报》和中国移动所属移动阅读领域的咪咕数字传媒有限公司联合推出的“浙江 24 小时”客户端正式上线。主打本地化、实用化的“服务 + 资讯”，追求“有用、有趣、有温度”，努力成为用户的 24 小时生活管家。

10 月 23 日　南方报业传媒集团官方客户端“南方 +”正式上线。客户端将通过“新闻 + 服务”“产品 + 产业”“专业 + 用户”，依托 2000 多名专业记者编辑，与用户一起生产传播资讯，实现从单一内容制造商向集成服务商转变。

10 月 28 日　四川日报报业集团与阿里巴巴集团正式宣布成立“封面传媒”，携手打造强调一个“个性化定制”的新型主流媒体。作为一个移动媒体平台，封面将以新闻客户端为主打，以 The cover.cn 网站为基础，涵盖微博、微信、视频、数据、论坛、智库等，逐步推出多个垂直细分领域的产品矩阵。

11 月

11 月 6 日　新华社推出机器人写稿项目——“快笔小新”，其写稿流程分数据采集、数据加工、自动写稿、编辑签发 4 个环节。目前“快笔小新”供职于新华社体育部、经济信息部和《中国证券报》，可以写体育赛事中英文稿件和财经信息稿件。

11 月 16 日　由大象融媒、《东方今报》联手打造的时政类新闻客户端——“猛犸”正式上线。“猛犸”背靠河南广电和大象融媒，立足中原，直面中国，引领社会思潮，采编队伍和《东方今报》实行报端一体。

11 月 17 日　由新华报业传媒集团精心打造的“交汇点”新闻客户端升级版正式上线。客户端升级版坚持原创出品，集纳可视化元素，探索创新报道的多元表达方式，聚合了集团所属《新华日报》等纸媒和中国江苏网的人力资源。

11 月 18 日　由重庆日报报业集团打造的移动新闻客户端——“上游”正式上线。“上游”旨在“汇聚向上的力量”，具有版式简洁、内容亲民、活动多样三大特色，为用户提供时政、财经报道和多样化的生活资讯。

11 月 23 日　由杭报集团每日商报社、迅雷科技、重庆十度科技联合打造的浙江视频生活门户网站“看看浙江网”正式上线。它是浙江地区能承载海量视频的地方门户，拥有迅雷、暴风等导流优势，重点打造消费、公益、美食、教育、观影团等本土特色频道。

11 月 25 日　中国社会科学院新媒体研究中心在北京成立。同时，中国社会科学院新媒体研究中心联合人民网舆情监测室共同发布“2015 传媒集团‘两微一端’融合传播排行榜”。榜单显示，在“传媒集团融合传播排行榜”中，前三位分别有人民日报社、新华社、浙江日报报业集团；在“传媒集团下属报纸融合传播排行榜”中，前三位分别有《人民日报》《环球时报》《新京报》；在“传媒集团下属杂志融合传播排行榜”中，前三位分别有《中国新闻周刊》《南都周刊》《瞭望》；在“传媒集团下属网站融合传播排行榜”中，前三位分别有人民网、新华网、环球网。

12 月

12 月 18 日　由上海东方网股份有限公司打造的新闻类 APP“东方头条”正式上线。

12 月 19 日　《扬子晚报》“扬眼”APP 正式上线。“扬眼”以“新闻 + 服务”为主打，包括新闻、微矩阵、服务、活动四大模块。点击 APP 首页，用户可选择包括推荐、江苏（包含 13 市新闻）、视听、专题、问吧、精读、食色、情感、科技、教育、鉴藏在内的各种主题。

12 月 29 日　河北日报报业集团上线新版河北新闻网暨“云端河北”媒体云平台。

2016 年

1 月

1 月 8 日　河南日报报业集团所属《大河报》客户端“大河”正式上线。“大河”源于聚拢黏合 1100 多万用户“豫看豫精彩”的大河报客户端，以权威高度、思想深度、文化厚度为个性，立足中原、辐射中部、影响全国。

1 月 12 日　《甘肃日报》新闻客户端“神舟”正式上线。“神舟”客户端包含资讯、甘报、读图、市州、专题、问政、互动、报料、央媒、服务 10 大版块，内容丰富、形式多样、及时便捷、阅读方便。与《甘肃日报》、每日甘肃网共同构成互为协同的主流媒体矩阵，是甘肃省唯一的综合性省级党报新闻客户端。

1月15日 广州日报报业集团宣布以“1+N”全媒体传播矩阵群，上线推出7个重点融媒体产品，包括广州参考APP、粤传媒“文创汇”电商、信息时报“微社区e家通”、南风窗传媒智库、羊城地铁报“下一站M+时代”、大洋网“广报汇”APP、UC广州资讯合作项目等。

1月19日 陕西广播电视台、西部网打造陕西门户新闻资讯客户端——“陕西头条”，全面升级台网新闻资源实时共享机制。

1月23日 健康报社、贵阳日报传媒集团签署战略合作协议，共同推动在贵阳建设国家健康传播大数据中心。此次合作旨在以大数据技术整合国内权威、专业的医疗卫生传播资源，积极参与国家卫生计生委正在开展试点的“健康传播卫星网”的内容服务，构建健康传播基础资源平台。这是全国第一个健康传播大数据中心项目，也是将媒体融合与大数据产业紧密结合的一次创新探索。

2月

2月3日 “南方+”客户端1.5版上线。

2月25日 央视新闻客户端、央视网改版上线。

3月

3月22日 浙报传媒与北京百分点、浙商资本拟共同投资设立浙江大数据交易中心有限公司，致力于打造一个独立的第三方数据交易平台。

3月27日 广东省南方媒体融合发展投资基金揭牌成立。本基金由广东南方报业传媒集团、广东羊城报业传媒集团、广东南方广播影视传媒集团、广东省出版集团和海通证券等金融机构共同发起设立，立足吸引社会资本加入，重点投资广东省媒体融合发展重点项目和战略新兴文化产业项目，推动传统主流媒体与新媒体融合发展。基金目标总规模为100亿元，首期规模为10.5亿元。

3月30日 人民网、上海报业集团在北京签署战略合作，共同发布面向“90后”的个性化推荐移动资讯阅读客户端“唔哩”正式上线。“唔哩”客户端针对“90后”人群喜欢“好看好玩，有趣正能量”的内容需求，将在集成海量内容、专业编辑精选、对用户进行大数据分析的基础上，提供内容的个性化推荐，以年轻人喜欢的文字、图片、视频等富媒体方式，提供热点资讯、趣闻、二次元、科技、娱乐等内容，适应分众化、差异化的传播趋势，以主流价值影响新兴人群。

4月

4月1日 苏州日报报业集团“引力播”新闻APP正式上线。“引力播”发布最新最全的苏州新闻，包含《苏州日报》《姑苏晚报》《城市商报》《城市早8点》等内容的全媒体资讯阅读平台。

4月6日 上海气象局、上海东方网股份有限公司签署协议，在民生气象科普宣传、预报预警信息发布、智慧社区气象服务等方面进行深度合作。

4月7日 新华网无人机频道在新华网新闻客户端正式上线，标志着新华社在无人机领域的探索迈入崭新的阶段。

▲ 河南省巩义市人民政府与东方网签署协议，共同推进“互联网+”背景下区域城市文化产业化转型升级的政企合作新模式。这是东方网探索文化产业领域跨地域融合发展的新举措。

4月12日 北京新媒体集团举行揭牌仪式，宣布“北京时间”网站及新闻APP客户端上线。作为北京新媒体集团成立的首个产品，主推新闻资讯视频及直播，以新闻直播、云记者、短视频为突破口，探索开创目前全国唯一一档不间断互联网新闻资讯直播频道。

4月13日 河南大象融媒“新闻岛”正式亮相。大象融媒“新闻岛”由德国专业人士设计，借鉴欧洲跨媒体新闻编辑部的先进经验，采用了以“新闻指挥台”为核心的放射型全开放式办公格局，将不同媒介整合在一个大厅内，从而实现新闻采编的双向互动配合。

4月22日 国家新闻出版广电总局通报《财经》杂志微信公众号等15家媒体发布虚假失实报道的查办情况。要求各新闻单位要认真落实《关于严防虚假新闻报道的若干规定》《关于加强新闻采编人员网络活动管理的通知》等有关规定，加强“两微一端”等新媒体的管理。

4月23日 重庆广播电视集团、海南海商报业融媒体传播股份公司签订协议，在重大影视和节目制作等领域深入开展合作。

4月28日 《成都日报》“锦观”新闻客户端2.0版正式上线。根据一年时间的用户阅读喜好、反馈及需求，2.0版本为用户提供更加流畅、美观的体验感。

5月

5月6日 国家互联网信息办公室依法批准人民网、新华网、国际在线、中国日报网、光明网、央广网6家中央重点新闻网站157个地方频道的开设申请。

5月12日 《新疆经济报》“大陆桥融媒体平台”项目正式启动，“大陆桥杂志”微信公众（订阅）号正式上线，财富新疆客户端“大陆桥”频道正式开通，初步形成了“两报两刊一网两微一端”一体化运行、融合发展的新格局。

5月14日 陕西联通集团和西部网共同签署“媒体云”战略合作协议。

5月27日 由法制日报社和青岛市委政法委、青岛市公安局、青岛市人民检察院、青岛市中级人民法院、青岛市司法局联合主办的“法治青岛”手机客户端正式上线，将以推进政法部门与媒体优势互补、深度合作，为用户提供咨询、生活服务。

6月

6月15日 人民日报社与腾讯签订战略合作协议，在中国媒体融合云平台等领域展开具体合作。

6月21日 《人民日报》发布融合年度报告，表明"媒体融合在2015年进入了一个新阶段，一个从形式上'合'，转入全方位'融'的时代"。

6月24日 中共永嘉县委党史研究室、浙江日报报业集团温州分社联合推出的"红色温州·品读红十三军"专栏正式上线。本专栏借助互联网向用户定期推送红十三军相关党史知识，创新了党史宣传的方式方法。

6月26日 广西师范大学出版社深圳贝贝特文化传媒有限公司在深圳揭牌成立，探索"出版+""深圳+"的发展模式。

6月27日 《习近平用典》政论微视频第一季正式上线播出，并在全网同步推送。微视频以《习近平用典》一书为基础，通过新媒体新技术，以可视化形式呈现习近平重要讲话和文章中的典故。

7月

7月8日 开封市新媒体集团在开封日报报业集团成立，同时开封市首个时政类新闻客户端"汴梁风"正式上线。开封市新媒体集团下设：开封日报报业集团全媒体指挥中心、党报在线、市民呼叫中心、开封网、开封房网、《开封尚》网、开封手机报、掌上开封客户端、汴梁风客户端、开封日报报业集团官方微博、开封日报官方微博、汴梁晚报官方微博、开封网官方微博以及由开封日报官方微信、汴梁晚报官方微信、开封网官方微信、掌上开封官方微信、报业集团部门微信公众号、报业集团微信报等组成的微信矩阵。

7月11日 南宁日报社携手ZAKER推出聚合性新闻客户端"ZAKER南宁"。

7月12日 中央网信办在成都召开"全国手机报新媒体发展推进现场会"。会议总结了党的十八大以来全国手机报新媒体建设取得的成绩和经验，分析面临的机遇和挑战，提出进一步推动手机报新媒体创新发展的任务措施。

7月14日 人民日报全媒体平台与四川日报报业集团启动全面战略合作。双方将在平台建构、内容生产、技术创新、智库咨询、项目共建、合作共享、区域中央厨房建设、全球传播推广合作等方面开展深度合作，共同探索媒体融合的大平台、整合资源的新模式、协作生产的新构架、技术创新的新方向。

7月18日 国家新闻出版广电总局公布《关于进一步加快广播电视媒体与新兴媒体融合发展的意见》，提出要尽快实现广播电视媒体与互联网从简单相"加"迈向深度相"融"的根本性转变。

7月19日 广东省新媒体产业基金揭牌。基金是经省人民政府批准，由省委宣传部、省财政厅联合发起设立的政府投资基金。遵循"政府引导、社会参与、市场运作、服务媒体"的基本原则，坚持"面向市场、面向广东、面向新媒体"的方向，重点支持广东省国有媒体企业新媒体发展项目、媒体融合发展重点基础性项目、传统媒体产业转型升级重点项目、国有文化企业的重组改制等。募集目标规模100亿元以上。

7月28日 由青海日报社发起的全国党报电商物流联盟正式成立。来自全国29个省（自治区、直辖市）的35家媒体共同签署"昆仑宣言"，此举标志着全国党报将联手打造"发行+电商+物流"新产业模式，合理探索在"互联网+"时代的转型升级，由此开启全国党报全方位抱团发展的新篇章。

7月31日 2016中国（北京）首届媒体科教营销大会暨"中国媒体科教营销联盟"成立大会举行。联盟由山西晚报社、宁夏日报社、北方新报社、青海日报社、楚天都市报社、湖南卫视·快乐购、扬子晚报·扬子壹购7家省级主流媒体联合发起，26家省级主流媒体加入，共同搭建一个传统媒体与教育企业的融合营销平台。

8月

8月7日 《人民日报》微信公众号首次推出新媒体版"号外"，庆祝里约奥运会中国首金产生。电子号外的出现，是纸媒进一步融合创新的新形式。

8月19日 "中国晚报协会新媒体发展委员会"宣布成立。同时，还发布了《中国晚报媒体融合郑州宣言》，强调各家媒体要整合共享资源、助推转型融合、携手创新发展，共同构建具有强大竞争能力、盈利能力和发展能力的新型主流媒体集群。

8月22日 由人民日报社和中共深圳市委市政府联合主办的"职责与使命——2016媒体融合发展论坛"在深圳举行。其间，人民日报媒体技术股份有限公司和腾讯云合作打造的中国媒体融合云正式上线。

8月29日 "全国报刊媒体融合创新案例路演"在北京举行。该活动的主题为"融合引领发展，创新成就未来"，由国家新闻出版广电总局新闻报刊司主办，中国新闻出版传媒集团协办。人民日报社、光明日报社、北京日报社、浙江日报报业集团、南方报业传媒集团、《中国国家地理》、《三联生活周刊》等30家报刊出版单位在3天的路演活动中，展示自己的媒体融合创新案例。

8月30日 新华社全媒体平台正式发布上线。首批入驻的42家中央和地方主流媒体将协力打造融内容生产、渠道分发、版权追踪等功能于一体的新媒体平台，以产品创新助推传统媒体融合发展。

9月

9月1日 江西省分宜县全媒体中心揭牌成立。整合现有分宜广播电台、分宜电视台、分宜报、官方微博分宜发布、微信公众号分宜发布、江西手机报和分宜政府网7个媒体而组建。

9月2日 济南日报报业集团旗下“四端两电商”升级上线发布。“四端两电商”包括爱济南、爱山东、精读、济南发布4个新闻客户端，以及淘宝特色中国·济南馆、济南报业图书专营店两个电商项目。

9月6日 人民日报媒体技术股份有限公司与上海报业集团在沪签署战略合作框架协议，以传媒技术为引领，推动组织重构，解放新闻生产力，激发创造活力，合力打造新型主流媒体，实现强强联合、协同发展。

▲ 鄂州日报社承办的“长江云·云上鄂州”移动政务新媒体平台正式上线。“云上鄂州”分新闻、政务、服务三大版块。其中，新闻版块由“头条、湖北、鄂州、直播、点播、问政、报纸、专题、文化、五区三街”等20个频道组成；政务版块由“部门、民声”两部分组成；服务版块汇聚当前使用度较高的服务类客户端，如美食、团购、地图、查询、缴费等。

9月8日 由《十堰晚报》和秦楚网联袂打造的集新闻、互动、生活资讯于一体的“十堰头条”新闻客户端正式上线。

9月12日 江西（赣州）首届新媒体峰会暨赣南报业“前端”新闻客户端上线发布会在赣州举行。同时，由赣州本土100多家新媒体联合发起的赣州新媒体联盟正式成立。“前端”新闻客户端是赣南日报社（报业集团）打造的“新闻+服务”移动新媒体，围绕立体报道权威新闻、互动传播主流舆论、提供生活服务，设置了新闻资讯、网络问政、生活服务、移动商城、互动报料五大功能，致力成为赣南主流媒体矩阵的重要一翼。

9月19日 江西省赣州市宁都县、寻乌县、崇义县同步举行全媒体中心揭牌仪式。通过构建“中央厨房”采编模式融合全媒体，促进各种新闻要素深度融合、各种报道资源充分共享、各种媒介互联互通，实现新闻信息的“一次采集、多种生成、多元传播、全方位覆盖”，让县级全媒体中心成为网络参政议政渠道、立体化便民服务平台。

9月23日 由重庆市云阳县委宣传部主办、云阳报社运营的“智慧云阳”手机客户端（APP）正式上线。“智慧云阳”集新闻性、服务性于一体，包括智慧旅游、智慧生活、掌上民生、云阳新闻、梯城论坛、办事指南和热点活动七大版块内容。

▲ 浙江传媒学院建成全国高校首家媒体融合实践云平台，开创高校传媒类实验教学系统建设的新纪元。

10月

10月8日 即日起，《人民日报》推出“长征记忆·寻访红军部队”系列报道。这组报道将借用新媒体传播，100多家网站、微信公众号、微博陆续转载。

10月9日 江西日报传媒集团与新余市委宣传部签署战略合作协议，联合共建新余市“中央厨房”全媒体中心。新余市将依托江西日报社全媒体“中央厨房”智慧云平台建设新余市级全媒体平台，一县三区一报一台（分宜县、渝水区、高新区、仙女湖区、《新余日报》、新余广播电视台）全媒体平台等多个站点，将快速推进新余市媒体融合转型，完成市县（区）两级全媒体整体建设。

10月15日 由法制与新闻杂志社和新汇闻（北京）文化传播有限公司共同打造的法制与新闻客户端正式上线。客户端将依托大数据云平台，以法治为核心，以民生、财富为支柱，以“VR直播（视频）+现场+人物+资讯（新闻）”为主要表现形式，以智能互联时代第一内容直播、分发和增值服务平台为己任，致力于打造中国最有价值的新闻VR直播平台。

▲ 云南日报报业集团与印度《先锋报》合办的英文版《中国·云南》新闻专刊在印度德里首发，并在全印度发行，这是在印度落地的首张中国新闻专刊。同时云报集团还通过美国的《美丽中国》新媒体，把首发版内容推送给印度网络用户，实现传统媒体和新媒体融合互动。

10月18日 “媒体融合 智慧乡村”国家新闻出版广电总局TVOS绍兴试点启动会在绍兴市袍江经济技术开发区荷湖村召开。TVOS是由国家新闻出版广电总局广播科学研究院等60多家单位联合打造的新一代智能电视操作系统，是我国自主研发的具有知识产权的电视操作系统。

▲ 为期5天的第二十四届媒体融合技术研讨会（ICTC 2016）在杭州开幕。会议以“智慧、安全、融合、一体化发展”为主题。

10月17日 执行与“天宫二号”交会对接任务的神舟十一号载人飞船，在轨运行期间，景海鹏和陈冬两位航天员将首次以“新华社太空特约记者”身份持续发回报道，推出全媒形态系列报道产品“新华社特约记者太空日记”。

10月19日 《重庆商报》打造的“上游财经”新闻客户端正式上线。成为重庆市主流媒体中第一个致力于专业财经新闻的移动互联网新闻平台。

10月20日 由新华社发起的第二批全媒平台签约仪式在山东举行，近30家中央和地方主流媒体签署协议，加入这一融内容生产、渠道分发、版权追踪等功能于一体的媒体开放平台。全媒平台的功能即在于，在此基础上，构建集新闻采集与加工、生产与传播、反馈与分析于一体的现代化新媒体运行系统，并向入驻媒体免费开放。

▲ 广东省委机关报《南方日报》进行21世纪以来第13次改版。推进《南方日报》、南方网、“南方+”客户端、南方舆情数据研究院等平台采编研一体化。

10月26日 大河网络传媒集团“28号直播间”上线首秀。大河报社摄影视觉部为直播间提供技术支持，高清摄影机、无人机等设备悉数上阵。“28 号直播间”系列直播将在大河网络所属新媒体平台全线播出。

10 月 28 日　新华网股份有限公司在上海证券交易所成功挂牌上市。新华网成立于 1997 年，是新华社主办的综合新闻信息服务门户网站。此次募集资金将主要投向全媒体信息应用服务云平台，移动互联网集成、加工、分发及运营系统业务，政务类大数据智能分析系统，新媒体应用技术研发中心，在线教育等领域。

▲　四川日报报业集团《华西都市报》所属的“封面新闻”APP2.0 版本上线，标志着“封面新闻”客户端正式运营。

▲　西安报业传媒集团全媒体中心中央采编系统正式上线，由方正电子根据西安报业的发展特点与需求量身打造。同时，“西安观察”新闻客户端、“魅西安”文化客户端等平台启动公测。

11 月

11 月 4 日　国家互联网信息办公室发布《互联网直播服务管理规定》（以下简称《规定》）。该《规定》旨在促进互联网直播行业健康有序发展，弘扬社会主义核心价值观，维护国家利益和公共利益，为广大网民特别是青少年成长营造风清气正的网络空间。本《规定》于 12 月 1 日起正式实施。

11 月 8 日　《梅州日报》“掌上梅州”客户端上线发布会在梅城举办。同时，梅州日报 · 新媒体联盟成立。

▲　信阳日报传媒集团成立，《信阳日报》“报晓风”客户端正式上线。

▲　江西萍乡市安源区融媒体中心成立暨“今日安源”客户端上线发布会举行。安源区融媒体中心由安源电视台、安源发布、安源通信、今日安源、安源网络电视台、江西安源网等机构组合而成。

11 月 15 日　《中国青年报》头版刊登评论员文章《初心不改 触手可及》，表达锐意转型的决心。“冰点暖闻”客户端正式更名为“中国青年报”客户端升级改版上线。

11 月 16 日　由吉林日报社、广西共同置业、初唐科技、太阳黑子联袂打造的省级移动互联网新闻平台——“彩练新闻”客户端正式上线。

11 月 17 日　全国第一家全媒体集团——南方财经全媒体集团在广州揭牌成立，通过跨媒体资源重组，重点发展“媒体”“数据”“交易”三大核心业务。

11 月 28 日　上游新闻客户端的全媒体产品“上游号”结束内测正式登录上游新闻，向公众开放注册平台。“上游号”全媒体平台将打造发布、互动、传播的一体式融媒传播新形态。

▲　由《南方都市报》、天润数娱共同投资设立的广州南都光原娱乐有限公司揭牌成立，注册资本 5000 万元，是《南方都市报》启动“媒体 + 资本”融合传媒新模式的首个项目。南都光原娱乐以影视、动漫游戏、音乐、自媒体矩阵联盟、IP 孵化器和全案服务等为主要业务方向。

11 月 29 日　央广网湖北频道正式上线。这是央广网第一批 7 个试点地方频道之一。央广网由中央人民广播电台主办，是中央重点新闻网站，1998 年 8 月 13 日注册开通，是中央新闻媒体中最早开通互联网站的机构之一。

12 月

12 月 6 日　广州日报报业集团所属“广州参考”客户端 2.0 版全新上线，共设置有近百个新闻类、政务类、服务类、互动类频道，植入了智能推荐、视频直播、VR 呈现等互联网新技术，成为功能强、智能化、潮炫酷的综合类新闻客户端。

12 月 8 日　云南日报报业集团与云南 16 家市州党报签署云南省党报融媒平台合作框架协议。

12 月 15 日　国务院新闻办公室“国新发布”客户端暨网上新闻发布厅上线试运行。“国新发布”客户端依托国务院新闻办公室新闻发布和各地方各部门新闻发布，面向社会公众及海外用户提供权威新闻发布的中英双语新媒体平台，设置“新闻间”“发布会”“News”“我的空间”四大栏目，实时纵览中国权威信息，直击国务院新闻办公室、中央部门与地方每年上千场新闻发布会、吹风会，用中英文讲述中国最新发展变化，并为用户提供个性化信息服务。

12 月 16 日《光明日报》主办的移动客户端“光明云媒”正式更名“光明日报客户端”并上线提供服务。此次更名，是《光明日报》落实中央相关指示精神，坚持新媒体与传统媒体“一个品牌”的具体举措，也是光明日报社加快媒体融合步伐，向深度融合发展迈出的重要一步。

12 月 22 日　江西日报社与抚州市委宣传部在南昌签署战略合作协议，联合共建抚州市融媒体“中央厨房”。抚州市及 11 个县区将集体入驻江西融媒体“中央厨房”智慧云平台。

12 月 23 日　左江日报社宣布“在崇左”新闻客户端正式上线。客户端融报纸在线浏览、新闻阅读、资讯推送、网民爆料、公积金查询、网上便民服务、活动参与、视频直播、微互动等诸多功能于一体的崇左信息发布平台。

12 月 28 日　《法制日报》新闻客户端正式上线。客户端集法治新闻阅读、法制日报浏览、法律知识普及、公共法律服务、法治文化参与、舆情监测服务等于一体，致力于打造“法治新闻发布、法治舆情监测、法律服务咨询”三大平台。

▲　全国首个以科技财经为主要特色的平台级主流移动新闻客户端——读创 APP 在深圳正式上线。读创 APP 由深圳报业集团旗下《深圳商报》倾力打造，从深圳出发，以全球视野、中国立场，深度观察世界科技迭代，深刻揭示财富增长规律。

▲ “天下泉城”新闻客户端暨融媒体技术平台启动上线仪式在济南广播电视台举行。“天下泉城”APP充分发挥广电媒体音频、视频新闻内容资源的优势，设置要闻、热点、直播、视界、啄木鸟、泉滋味、济南府、夜读等内容版块，集广电视听节目直播点播、用户互动等功能于一身。

▲ 上海国资战略入股“澎湃新闻”签约仪式在上海报业集团举办。六家国有独资或全资企业对“澎湃新闻”运营主体——上海东方报业有限公司战略入股，增资总额6.1亿元。6家投资人分别是上海久事（集团）有限公司、上海精文投资有限公司、上海东浩兰生国际服务贸易（集团）有限公司、百联集团有限公司、上海仪电（集团）有限公司、锦江国际（集团）有限公司。

同时，“澎湃新闻”视频项目正式启动，“澎湃新闻”英文项目Sixth Tone（第六声）正式上线。上海报业集团决定，《东方早报》从2017年1月1日起休刊，其原有的新闻报道、舆论引导功能全部转移到澎湃新闻网。

12月30日 广东广播电视台自主研发的视频资讯平台——触电新闻客户端正式上线。“触电新闻”APP的口号是“关心世界，更关心你的视界”，代号TouchTV。是一个承接电视和手机的平台级产品，代表了“M+T”即Touch TV电视端和手机端深度结合、共同经营的新趋势，彰显了传统主流媒体强化互联网思维和一体化发展理念，进行资源优化整合的决心和信心。

▲ 国内第一个自主研发的综合型蒙文客户端“呼陆客”正式上线运营，标志着蒙文媒体融合发展实现新跨越。“呼陆客”是蒙古语，意为“骏马”。客户端依托《内蒙古日报》（蒙文版）和内蒙古日报社蒙文融媒体的资源，设新闻、政务、联盟、个人中心四大模块，突出原创、突出特色，为广大用户提供优质新闻信息服务。

2017年

1月

1月1日 青岛电视台新闻综合频道融媒体平台“蓝睛”新闻客户端正式上线。“蓝睛”是以直播为核心，视频新闻首发为特色，面向移动客户端推出的官方新媒体发布平台，将依托青岛电视台的品牌优势和新闻资源，第一时间把最新鲜的视频新闻带给广大市民。

▲ 新闻产品“浙视频”正式上线。“浙视频”由原浙报集团图片新闻中心与原浙江在线视频新闻部、图片新闻部融合的全媒体视频影像部负责，主要担任着原创视频新闻生产的主体任务。目前设有《一线》《城事》《风向》《环境》《面孔》《求证》《万象》《造物》8个栏目，主要传播平台为浙江新闻客户端、浙江在线并分发到全国各大门户网站和社交平台。

1月3日 衡阳日报社率先在全国地市报成立首家淘宝达人工作室开通淘宝直播间。本项目是阿里巴巴集团重点打造的生活消费资讯平台，其通过业内专家、时尚买手、淘宝主播的推荐，让淘友们用最少的时间淘到合适的产品。

1月4日 《人民日报》客户端第四期正式上线。新版客户端在视觉上采用当下前沿设计元素，突出“大而简，简而精”，推出直播频道，增设大数据智能推荐功能，为用户提供新鲜的资讯、及时的直播和全面特色的服务。

1月6日 国家网信办发布《2016年互联网新闻信息服务单位年检工作情况通报》，旨在进一步加强监督管理，推动互联网新闻信息服务单位落实主体责任，促进互联网新闻信息服务业健康有序发展。

1月9日 2017年网络媒体“走转改”启动仪式暨“温暖中国”新春走基层活动启动仪式在北京举行。其中，回顾了2016年中央网信办组织开展的一系列网络媒体“走转改”活动，在网上形成广泛影响，树立了网络媒体“走转改”的品牌。“温暖中国”新春走基层是2017年网络媒体“走转改”活动的开篇之作，活动要围绕党的十八大以来以习近平同志为核心的党中央治国理政新思想新实践，记录平凡人践行社会主义核心价值观的真实事例，展现各地落实党中央治国理政新理念新思想新战略的具体实践，为新春佳节营造温暖团圆的舆论氛围，激发广大群众在党的领导下凝心聚力创造幸福美好生活、实现“中国梦”的信心和决心。

1月10日 中国出版集团公司出版融合发展重点实验室挂牌成立，这是国家新闻出版广电总局批准建立20家出版融合发展重点实验室中首家挂牌运行的实验室。

1月11日 澎湃新闻视频项目正式上线，将秉承澎湃新闻做“硬新闻”的品质，致力于做最好的原创新闻短视频、做最快的新闻事件直播。

1月17日 南方都市报社写稿机器人“小南”正式上岗，并推出第一篇共300余字的春运报道。此外，南方都市报社、凯迪网络和北京大学计算机科学技术研究所还在“小南”的基础上，联合成立了“智媒体实验室”，探索人工智能在媒体上的更多应用。

1月19日 南昌全媒体中心宣布成立，“南昌头条”

移动客户端同时上线。南昌全媒体中心整合南昌日报社、南昌广播电视台所属资源共享；“南昌头条”移动客户端是南昌日报社、南昌广播电视台和上海东方网共同打造的全新地方版互联网新闻品牌，融合南昌日报社、南昌广播电视台、南昌新闻网的新闻资源，涵盖全国各大门户网站的全新资讯。

1月24日 由阜阳日报社主办的“阜阳百事通”APP正式上线。初始包含2个基础模块和9个应用模块，其中，新闻资讯拥有头条、快报、生活、房产、汽车等频道，全天候、全方位发布阜阳本地图文视频新闻，还可在线直播，让用户第一时间掌握阜阳资讯。

1月28日 新华社倾力打造的升级版大型融媒体报道专栏《学习进行时》在新华网、新华社客户端同步升级上线。专栏以媒体融合、平台聚合方式，推出“融媒头条”“原创精品”“权威数据”“学习服务”四大专区，打造《第一头条》《讲习所》《近平 Style》《近平日历》等原创栏目。

2月

2月8日 社会科学文献出版社、北京市新闻工作者协会、暨南大学新闻与传播学院在京穗两地同时召开“《媒体融合蓝皮书：中国媒体融合发展报告（2016）》新闻发布会”。媒体融合蓝皮书，旨在梳理2016年中国媒体融合发展中的创新实践、科研成果，探讨媒体融合理论与实践所面临的新挑战、新问题，汇聚新闻传播业界与学界的智慧与力量，推动中国媒体融合不断向纵深发展。

2月16日 《人民日报》与中科大洋签署战略合作协议。将围绕“中央厨房”展开全方位的战略合作，其中涉及系统开发、产品和解决方案合作、技术服务、市场推广和营销等多个方面，双方强强联手，优势互补，建立一个完善的融媒体生态。

▲ 吉林日报报业集团官网、吉林日报社官网、吉报集团移动端微信矩阵门户、“吉报社区健康小屋”项目等吉报集团媒体融合重点项目集中上线发布仪式在吉林日报社举行，标志着吉报集团在新闻传播创新方面迈出了坚实步伐，取得了阶段性成效。

▲ 十堰广播电视台所属移动新媒体产品“武当云”APP正式上线。致力于成为世界了解“十堰”“武当”的窗口，全力打造集新闻、社交、服务于一体的利民和便民服务平台。

2月21日 《河南手机报》联合许昌报业传媒集团共同创办的河南手机报许昌版正式上线。

2月23日 华龙网“有稿投——让我们一起记录重庆”平台正式上线。借助此平台，将整合全市所有区县新闻资源，更好地报道重庆。

▲ 大连广播电视台打造的“无限大连”APP正式上线。“无限大连”分批构建了政务信息发布平台、市民生活服务平台、新闻资讯传播平台和商户展示营销平台。除了实现台内所有广播电视节目的在线直播、点播回看以及购物频道商品在线选购，还具备联合收费、违章查询、天气、路况、票务等功能。

2月24日 “青春直播”客户端正式上线运行。“青春直播”由陕西广播电视台打造，是西部首家省级媒体投资运营的以传统广播电视为核心的社交直播平台。

2月27日 国际旅游岛商报社和海南海商报业集团旗下新闻资讯及综合服务移动客户端“海拔资讯 · 椰网”APP正式改版上线。

3月

3月2日 光明网“钢铁侠”多信道直播云台首次应用于全国“两会”报道。

3月3日《中国青年报》“中央厨房”——全媒体“融媒小厨”正式投入使用，全媒体报道全国“两会”。

▲ 全国“两会”期间，重庆日报报业集团全媒体“中央厨房”正式启用，聚集了《重庆日报》《华龙网》《晚报》《晨报》《商报》等主要媒体的采编资源和全媒体发布平台。

▲ 河南报业全媒体特别策划，大河网出品的河南首部正能量实验性VR微电影《VR见证，爱上河南》正式在全网亮相，时长2分19秒。

3月4日 郑州报业集团郑报融媒子品牌——“冬呱视频”正式上线，并发布首部系列人物短片《豫见北京》。同时，正式宣告郑报集团进军短视频领域。

3月5日 《人民日报》客户端出品“两会喊你加入群聊”H5，24小时内点击量突破600万。

3月6日 河南南阳市媒体融合发展推进会议暨“龙腾南阳”客户端上线仪式举行。

3月8日 中国民主法制出版社、北京九紫天诚影视文化传播有限公司达成战略合作，共同经营精品声音品牌“震耳遇龙”，计划推出系列“电影级”有声读物。

3月13日 中共天津市委支部生活社所属“天津党务通”新闻客户端正式上线。其具有鲜明特色，共设置“头条”“要闻”“城事”“理论”“支部”五大版块，并推出“我的支部”“个人中心”等实用功能。

3月17日 华北地区首款专业图片影像类客户端“山西视觉志”客户端正式上线。“山西视觉志”是在山西新闻网《视觉志》专栏的基础上发展起来的新媒体平台。

3月22日 深圳报业集团《深圳晚报》与网易传媒联合打造的“深圳网易”正式上线。其将以深圳为基准，依靠网易的互联网产业链，致力于为深圳用户提供涵盖资讯、直播、视频、生活服务等移动信息的公共产品。

3月24日 南方财经新闻客户端“21财经”全新上线。其将深度融合所属报纸、期刊、广播、电视、新闻客户端、社交媒体矩阵等媒体资源，全力打造资讯全面权威、内容准确实用、产品丰富多样、用户体验更优的全媒体集群。

3月31日 “津云”中央厨房在天津数字广播大厦正式启动运行。“津云”中央厨房依托北方网新媒体集团强大的技术优势，融合中央驻津媒体《天津日报》《今晚报》天津广播电视台、北方网等主流媒体的优质资源，打造了适合全媒体融合的新闻生产机制和指挥调控体系，实现了天津市“播、视、报、网”的全媒体融合，在媒体融合发展方面堪称全国首创之举。

4月

4月6日 浙江日报报业集团与浙江常山县举行战略合作签约暨浙江新闻客户端“常山频道”正式开通。

4月12日 《河北日报》客户端新版正式上线。客户端明确“党端”定位，立足“权威信息发布、回应网民关切”，突出实时、深度、观点三大特点。一期设置“首页、活动、我的”三大版块，首页新闻板块设置头条、时政、观点、深度、阳光理政、京津冀、财经、文娱、体育、社会十大频道，及时报道省委、省政府重大决策部署，传递经济社会热点信息，搭建党和政府同群众之间的新桥梁。

4月14日 “2017中国数字阅读大会”在杭州开幕。大会由国家新闻出版广电总局、浙江省人民政府指导，中国音像与数字出版协会、浙江省新闻出版广电局、中共杭州市委宣传部主办，以“新阅听·新梦想”为主题，共同探讨数字阅读的理念创新、方式创新与技术创新，助力全民阅读落地；推动数字阅读的成果转化，助力产业转型升级，满足广大人民群众日益增长的精神文化需求，为建设网络强国、增强国家软实力作出贡献。

4月16日 宁波日报报业集团“媒体中央厨房”融媒体中心正式上线。

4月19日 人民在线与今日头条正式签署战略合作协议。将联合开展基于大数据的课题研究，助力政务传播数据精准传播和网络舆情的实时有效监控，打造传播分析大数据多方位多环节的生态闭环。

4月26日 东北地区首个省级融媒体移动新闻客户端——“吉刻”APP正式上线。吉刻APP由吉林省互联网传媒股份有限公司研发，实现“中央厨房”式的现代传播效能，具有第一发布、全息互动、全时全貌、融媒大成、精确定位、数据为王、智慧城市七大功能特色。填补了东北三省省级融媒体移动新闻客户端的空白。

5月

5月2日 四川日报报业集团“川报观察”客户端3.0升级上线启动仪式在成都举行。新版本致力于打造成为融合改革的“试验区”、创新创业的“示范区”和党报转型的“主平台”。

5月8日 温州日报报业集团温都全媒体2.0版“中央厨房”正式启用。

5月17日 济南网暨“无线济南”客户端2.0升级上线。济南网作为济南广播电视台官方网站，集视听、资讯、生活服务及互动为一体，是具有强大传播力和公信力的济南视听第一门户网站。无线济南客户端作为新型移动端资讯和服务平台，是省、市文化产业重点扶持项目和“智慧泉城”示范工程，已成为济南区域性主流移动媒体平台。

5月21日 《长江日报》新闻客户端正式上线。标志着武汉城市主流大报媒体融合发展迈出新的坚实步伐。

5月27日 “东方慧谷·上海融媒体生态产业园”揭牌。其依托东方网、东方头条等全国领先的融媒体平台，联动技术、传播、资本等资源，以“智媒文创”为定位，带动上海融媒体产业相关环节的项目和人才集聚，提供个人化专业媒体孵化、中央厨房技术定制、MA传播营销加速、投贷联动多元融资、创业辅导政策引导等产业服务，目标成为全面推进上海媒体融合发展的产业主阵地。

6月

6月6日 大众报业集团中央厨房暨山东党端服务平台正式启用。

6月9日 安徽日报报业集团《新安晚报》“大皖”新闻客户端正式上线。“大皖”致力于即时传播安徽重大、重要新闻，专注生产独家、原创新闻产品，全力聚合本土优质思想和徽文化内容，同时为用户提供各类城市生活服务。

6月16日 湖南首家省级新媒体集团——湖南红网新媒体集团正式挂牌成立。为组建湖南红网新媒体集团，湖南出版集团、中南出版传媒集团新注入资金1个亿，旗下拥有“网报端微视屏”六位一体媒体矩阵，以及湖南红网传媒有限公司、湖南红网文化传播有限公司、湖南红网新媒科技发展有限公司3家全资子公司。同时，湖南红网新媒体集团正式启动了新媒体中央厨房，时刻新闻客户端5.0版和湖南新闻LED联播网同步上线。

6月29日 《扬子晚报》原创深度融媒体产品“紫牛新闻”正式上线。

6月30日 湖北宜昌市“云上夷陵”客户端正式上线。“云上夷陵”是夷陵区委、区政府指定的移动政务客户端，新闻版块具有实时网络视听直播、全媒体新闻同步全覆盖的功能。

7月

7月13日 封面新闻客户端3.2版本发布。微软小冰全面入驻封面新闻，成为封面新闻聊天新闻栏目主持人。

7月19日 陕西渭南市首家县域新媒体融合平台——“智慧大荔”手机台正式上线开播。“智慧大荔”设有《新闻资讯》《视频新闻》《电视栏目》《生活服务》《社区》《广告招商下载安装》六大板块、40多个子栏目。集点播节目、政务信息、商企信息、购物休闲、生活服务、便民资讯于一体的新兴媒介宣传平台。

7 月 28 日　五洲传播出版社五洲融媒体“跨境云”中央厨房平台正式上线。“跨境云”是五洲融媒利用融媒体技术、依托“跨境云”中央厨房传播枢纽、对国内传统媒体资源进行汇集并提供技术服务的平台，旨在建设“PC 网站 + 手机网站 + 手机客户端 + 智能电视 + 数字广播 + 微博 + 微信”的全媒体产品矩阵，拥有“一个系统，多个平台，多种形态，多类产品”。

7 月 31 日　南京第一新闻客户端——“紫金山”新闻正式上线。“紫金山”是南京报业传媒集团倾力打造的战略级产品，是南京最权威的移动端主流媒体，是南京媒体融合和转型发展的新标杆。主要目标用户为南京市党政干部、国家工作人员和城市利益相关者，内容立足南京，放眼扬子江城市群，区位特征鲜明。

8 月

8 月 1 日　“我苏网”PC 网站和微网站正式上线。“我苏网”由江苏广播电视总台主办，内容侧重突出全面性、深入性、互动性，重点栏目有《晓天下》《看江苏》《政务厅》《创新之火》《富民坐标》《大院大所在江苏》《县委书记工作讲坛》《印象江苏》《苏人苏事》《十三城》《洋眼 · 苏事》《小流苏》《i 拍江苏》《@ 合伙人》《公益家 +》《大咖在线》《Jiangsu Story》等。

8 月 3 日　国家新闻出版广电总局出版融合发展（咪咕数媒）重点实验室揭牌。咪咕数媒实验室是全国唯一一家数字阅读领域的重点实验室，以咪咕数字传媒有限公司为依托，以浙江出版联合集团、浙江大学出版社、浙江传媒学院为共建单位，将基于出版融合领域的七大数字技术研究，为产业链提供可转化、可推广的数字内容供给能力，促进行业标准建立，开展移动互联网背景下全媒体出版的创新研发，构建移动阅读新媒体内容供给新模式。

8 月 8 日　光明日报社融媒体中心与北京看了吗视频信息技术有限公司合作签约。双方在可视化产品方面开展深度内容交流合作，并探讨联合成立短视频资讯实验室的可能性。“看了吗”视频专注于“娱乐 + 知识 + 资讯”类中短视频聚合平台，汇聚全网优质的短视频内容资源，通过对用户观看习惯的收集和分析，依据不同用户的喜好，为每一位用户提供量身定制的优质视频内容。

8 月 9 日　山东广播音频客户端“51 听”APP 正式上线。51 听是山东广播移动互联网新媒体品牌，包括 51 听音频客户端、山东广播网络台、51 听 WL 直播、51 听微信公众号等。

8 月 10 日　江西宜春市上高县融媒体“中央厨房”正式上线。

8 月 18 日　《河南经济报》新闻客户端“中原融媒”正式上线。“中原融媒”集新闻资讯、政务发布、图文直播、生活服务、交流互动等功能于一体，秉承经济底色，观经济、读中原、融未来，力求以专业视角传递经济资讯、解读经济政策、分析经济现象、记录经济变迁、服务经济实践，努力打造“中原经济第一端”。

▲　人民日报社联合中共深圳市委、深圳市人民政府主办的中国媒体融合领域顶级盛会——“2017 媒体融合发展论坛”开幕。会期两天，主题为“你就是我，我就是你”。其间举行了“中央厨房融媒体学院”签约仪式。

8 月 19 日　中宣部、人民日报社、中国记协领导共同启动“全国党媒公共平台”。

8 月 23 日　《钱江晚报》“智新时代——新媒体产品北京发布会”在中国人民大学世纪厅举行。全新迭代亮相四款产品：浙江 24 小时新闻客户端、钱报 178 理财客户端、钱报拍房宝服务平台和全国首个媒体电商交互服务平台“鲸盟”。

8 月 24 日　江苏广电“我苏”客户端正式上线，形成包含网站、客户端、微网站、官方微博和微信五位一体的“我苏”新媒体矩阵。

▲　惠州报业传媒集团、广东广电网络惠州分公司签署战略合作框架协议。双方将在文化传播、品牌推广、新闻播报、市场活动策划组织等方面进行合作。

9 月

9 月 1 日　浙江省新媒体专业委员会在杭州成立，这是中国记协在国内的首个省级新媒体专业委员会试点。浙江省新媒体专业委员会由浙江省委宣传部、省委网信办、省新闻出版广电局、省记协、省市主要新闻单位新媒体部门、重点新闻网站负责人以及重点新闻院校、新闻研究机构从事新媒体研究的专家学者等人员组成。

9 月 5 日　由中共荆州市委宣传部主办，荆州日报传媒集团承办的“党报云中央厨房”上线暨文化创意产业中心开园仪式在荆州举行。此举标志着荆州融媒体建设和文化创意产业发展迈上新台阶。

9 月 8 日　由《人民日报》“全国党媒公共平台”和苏州广电总台“看苏州”客户端联合发起的“喜迎十九大 重走党史路——全国党端在联动”融媒行动在苏州启动。此后一个月里“看苏州”“上观新闻”“嘉兴禾点点”“广州参考”“澎湃新闻”“看看新闻”“北京时间”“湖北长江云”“每日聚焦”“掌上青岛”“视听甘肃”等十余家党媒客户端派出采访组参与寻访，足迹遍布上海、嘉兴、广州、武汉、莫斯科、延安和北京等城市，总行程近 2 万公里。

▲　珠海报业传媒集团正式成立，同时，珠海报业传媒集团融媒中心正式启用，“特报 APP”3.0 版本正式上线。“特报 APP”设置热点、视频、重点、时政、民生、玩乐、政务号 7 个频道。

9月11日 “2017中国数字出版创新论坛”在北京西郊宾馆召开。论坛由中国出版协会、北京市贸促会、中国会展经济研究会主办，中国音像与数字出版协会数字音像工作委员会、北京印刷学院、清华大学新闻与传播学院、《中国报刊订阅指南》编辑部等单位协办，主题为“传统出版与新媒体阅读相融共生”。

9月21日 《三联生活周刊》与今日头条达成战略合作协议。双方除常规的内容分发外，还将在商业化、联合打造IP、数据新闻等领域展开全面合作。

9月23日 中国报业教育发展联盟成立大会暨“ZAKER泰安”上线仪式在泰山国际会展中心举行。联盟依托全国各地的报业教育资源，在互联网条件下将全国报业与教育领域资源深度整合，这是报业跨界发展的一种积极探索。

10月

10月15日 《人民日报》英文客户端正式上线。

▲ 河北省第一家以互联网为主体的新型媒体集团——长城新媒体集团正式揭牌。同时，长城新媒体集团“中央厨房”启动运行，“中央厨房”的两个重要端口——长城网、长城24小时客户端改版并正式上线。

10月17日 “喜迎十九大 全国党端联动再出发”仪式在人民日报社中央厨房大厅举行，首批38家党媒客户端签约入驻“全国党媒公共平台”。来自全国19个省区市的近百名党媒代表出席活动。

11月

11月2日 新华社《新华全媒头条》专栏以全方位体现传统媒体与新兴媒体“相融”，多件作品传播效果好，成为首个获得中国新闻奖特别奖的“融媒体”作品。

11月9日 新京报社与新浪在京召开新闻发布会，签署全面深度合作协议。会议以“新新相携 从新出发”为主题，宣布双方将在高品质内容创作、分发传播、新媒体转型等方面展开全方位合作。

11月23日 中国报业十九大融合传播峰会暨百名社长总编沿海湿地采风活动在盐城举行。会议由中国报业协会、中共盐城市委宣传部联合主办，江苏省报业协会、盐城市文联协办，盐阜大众报报业集团承办。

12月

12月1日 由人民网承办的“媒体融合发展峰会”在成都召开。本次峰会以“新时代·新媒体·新视频”为主题，与会者包括重点新闻网站负责人、知名互联网公司领军者、高校研究机构的专家学者和媒体代表等嘉宾，共同探讨新时代的媒体融合发展业态，寻找媒体融合的视频创新路径。

12月9日 “第三届中国报业集团高层座谈会”在海南陵水黎族自治县清水湾召开。本次座谈会由中国新闻出版传媒集团、海南日报报业集团举办，参会者围绕“新闻媒体版权保护”“推动媒体深度融合的探索与实践”“新时代报业经营的转型突围之道”等内容进行交流探讨。

12月12日 新闻客户端“HI廊坊”正式上线。“HI廊坊”是由廊坊广播电视台专门组建技术研发团队，自主开发的以新闻客户端为主要功能、以城市生活服务为支撑的地方门户类综合性应用软件。是集新闻资讯、音视频节目收听收看、百姓问政资讯、政务办理以及日常生活服务于一体的综合类平台。

12月16日 “第五届媒介融合与创新论坛”在北京师范大学举办。本届论坛由首都文化创新与文化传播工程研究院、北京师范大学文化创新与传播研究院、北京师范大学艺术与传媒学院和新闻传播学院联合主办，力邀学界和业界高层精英，以“传统媒体的融媒体转型”为主题，展开了一场跨界的头脑风暴。

12月23日 2017年第二届中国产经媒体融合发展高峰论坛在北京昌平召开。本届论坛由中国行业报协会主办，会上发布了《2017年中国产经媒体融合发展实践报告》。

12月26日 第五届中国新兴媒体产业融合发展大会在成都举行。新华社发布中国第一个媒体人工智能平台——“媒体大脑”（mp.shuwen.com），提供基于云计算、物联网、大数据、人工智能（AI）等技术的八大功能，包括2410（智能媒体生产平台）、新闻分发、采蜜（语音转文字）、版权监测、人脸核查、用户画像、智能会话、语音合成，覆盖报道线索、策划、采访、生产、分发、反馈等全新闻链路。新华社还发布了首条MGC（机器生产内容）视频新闻，这条时长2分08秒的视频由“媒体大脑”中的“2410（智能媒体生产平台）”系统制作，计算耗时只有10.3秒。

12月29日 衡水市融媒体改革系列产品正式上线开通。衡水日报社投资改造了新闻采编网络系统，衡水广播电视台成立了融媒体中心，并分别推出了移动采编、移动新闻客户端、手机直播客户端、媒体资源库、微信公众号、微博号、头条号、企鹅号、VR虚拟现实场景制作、H5动态页面制作、AR超现实技术、航拍信息采集等系列融媒体产品，初步实现了传统媒体与新媒体采编一体化，实现了报、网、台、屏的同步发布。

2018 年

1月

1月12日 第十一届新闻出版业互联网发展大会在北京举行。大会由中国出版协会、中国新闻出版研究院主办，本届主题为“知识服务模式创新 融合发展业态创新”，分论坛就有关知识服务、融合出版和网络营销三个方面进行深入探讨，旨在发挥内容优势，运用先进技术，促进互联网 + 出版的融合发展。同时，发布了《2017 年新闻出版业互联网发展报告》。

1月16日 人民日报社与雄安新区管委会战略合作，共建雄安新区文化传媒平台。同时，雄安媒体中心（“中央厨房”）揭牌运营，“雄安天下”客户端和“人民雄安网”正式上线。“雄安天下”是雄安新区的官方客户端，由人民日报媒体技术公司开发、运维，通过人民日报“中央厨房”融合机制，内容直通“全国党媒信息公共平台”。“人民雄安网”由人民网建设，兼具内容传播与服务功能，下设“要闻”“政策·解读”“直播访谈”“新雄安人”“雄图”等多个版块。除中文版外，同时推出英语、法语、俄语、西班牙语、德语、日语、韩语、阿拉伯语、葡萄牙语 9 个语种版本，并在 Facebook、Twitter、Instagram 等海外社交平台上开设、运营“雄安”账号，向全球同步推送。

1月30日 国家新闻出版广电总局“数字影音互动科技与标准重点实验室”在北京揭牌。实验室将为强化新闻出版业科技创新体系建设，强化产业技术原始创新能力，突破重大技术装备和产业关键技术，打破技术壁垒，提升新闻出版业核心竞争力与可持续创新能力贡献力量。

2月

2月1日 “融媒体·新使命”文化产业跨界融合高端论坛暨战略合作签约仪式在深圳举行，旨在聚力探讨文化产业的创新思路和发展模式。阅文集团、深圳广电集团、安徽出版集团达成三方战略合作，利用各自在版权 IP 储备、传统与互联网出版渠道、文化旅游、影视及文化产业投资等方面的优势，实现资源共享，互利共赢。

2月8日 央视新闻移动网发布新版“央视新闻 +”手机客户端，开启 UGC 上传入口。

2月9日 《媒体融合蓝皮书：中国媒体融合发展报告（2017—2018）》新闻发布会暨中国媒体融合研讨会在北京召开。发布会由北京市新闻工作者协会、社会科学文献出版社、暨南大学新闻与传播学院主办，蓝皮书旨在关注中国媒体融合发展中的新现象、新问题，共同推动中国媒体融合发展研究的深入，为学界和业界提供研究成果和发展方略。

2月19日 “央视新闻”客户端正式上线时政融媒体频道“传习录”，在媒体融合与时政新闻报道上作出重要创新。“传习录”频道是传播习近平新时代中国特色社会主义思想的重要平台，以央视独家时政新闻视频和原创微视频为核心，集纳习近平总书记重要会议、会见、考察、调研、出访、演讲等重要活动的大小屏报道，荟萃习近平总书记的治国理政重要思想、名言金句。

3月

3月1日 新闻客户端“旗舰级”产品——新华社客户端 5.0 版发布。其围绕智能化主线，就语音交互、原生 AR、政务服务等战略性功能进行全面升级，标志着新华社客户端迈上了汇聚全网资源的平台化改造、实现移动在线生产的现场新闻系统应用、基于人工智能技术的生产引擎迭代三大台阶。

▲ 《人民日报》客户端“两会”频道正式上线运行。

▲ 南方财经全媒体指挥中心正式启用。同时，全国媒体首位人工智能虚拟主持人——“人工智能语音主持人”正式上线。这标志着南方财经全媒体集团作为全国媒体融合发展标杆项目，以技术创新推动媒体融合转型的步伐加快。“人工智能语音主持人”由南方财经和科大讯飞联合推出，通过语音模拟技术，合成节目主持人俎江涛的虚拟声音进行新闻信息播报。

3月2日 新华社“媒体大脑”从 5 亿个网页中梳理出“两会”舆情热词，生产并发布了全球首条关于“两会”内容的 MGC（机器生产内容）视频新闻——《2018“两会”MGC 舆情热点》。

▲ 海外网“两会”融媒报道专题和海客 4.0“两会”频道同时上线。

3月3日 《人民日报》英文客户端“两会”专栏正式上线。

3月5日 新华网研发 Star 生物传感智能机器人，以一套科学“读心术”，描绘出观众的“情绪曲线”，精准分析出“心潮澎湃”的瞬间，生产出国内首条生理传感新闻（SGC）。据称这是情感交互技术在时政新闻领域的首次应用。

3月6日 新华社客户端发布“增强现实”报道《AR 看“两会”｜政府工作报告中的民生福利》，用户点击新华社客户端首页下方的“小新机器人”，使用 AR 功能扫描二代身份证带有国徽和长城图案的一面，便可用更具科技感的方式浏览政府工作报告。这是国内首次采用AR技术报道全国“两会”。

3月22日 人民日报客户端旅游频道正式上线。依托《国家人文历史》及百代旅行的资源优势，为旅游目的地的品牌塑造与宣传提供经验分享及信息平台，为旅游爱好者提供新鲜优质的旅游资讯及出行攻略。

4月

4月13日 海南日报社新媒体中心创新工坊制作的H5《快来！搭乘“海南号”时空穿梭机重返1988》，以动画、动图、资料视频、文字解说等形式，共同回忆了海南省作为省办经济特区30年来的重大历史事件及其意义。从1988年4月26日，海南省人民政府揭牌开始，以历史时间为序，18个具有代表性意义的年份和事件，展示了海南30年来的改革发展轨迹以及取得的成绩。

▲ 大河网与河南省安阳县委宣传部签署安阳县融媒体中心合作共建协议，联手打造河南省首家县级融媒体中心。大河网将发挥信息技术研发、媒体运营管理、信息安全服务等方面的独特优势和经验，以中央信息厨房为核心，为安阳县融媒中心项目建设与发展提供涵盖新闻策划管理、新闻生产分发、热点事件分析、新媒体管理、舆情监测和党政信息管理等一系列服务。

4月18日 国家新媒体基地与钛媒体集团签署战略投资与合作。双方将通过政府引导，市场化运作，在战略投资、国际会务合作、新媒体产业双创大赛等方面开展投资与合作。国家新媒体产业基地是经科技部正式批复成立的全国唯一以新媒体产业为主的文化创意产业集聚区。钛媒体集团，专注于“媒体、科技场景运营和精品电商”等业务。

4月22日 生活·读书·新知三联书店及旗下新媒体品牌联合举办“新知大会”。大会由生活·读书·新知三联书店与旗下三联生活传媒公司（松果生活、中读APP）、三联韬奋书店等子品牌联合举办的阅读与知识分享活动，与“松果LIFE+”演讲共同推出系列专场，并在中读APP推出线上知识分享服务。新知大会将三联书店原有的出版资源和新媒体产品充分整合，通过产品、服务与活动的互相融合，试图建设面向不同层次读者的知识平台。

4月27日 广西日报社在广西云中央厨房发布广西云客户端正式上线。广西云客户端由自治区党委宣传部指导，广西日报社主办，是广西日报客户端的升级版，它逐步实现了从新闻APP向“新闻+党建+政务+服务”APP迈进。标志着广西云融媒体生态系统建设进入了一个新阶段。

5月

5月4日 中华全国新闻工作者协会印发〔2018〕6号文件《中国新闻奖媒体融合奖项评选办法》的通知。经中央批准，中国新闻奖首次设立媒体融合奖项。媒体融合奖项设6个评选项目，分别为短视频新闻、移动直播、新媒体创意互动、新媒体品牌栏目、新媒体报道界面和融合创新。

▲ “2018媒体深度融合论坛”在成都举行。论坛由四川省互联网信息办公室指导，中国报业协会、四川日报报业集团主办，封面新闻、华西都市报承办。论坛围绕着人工智能与媒体变革、打造智媒体、媒体融合转型等问题深入讨论与交流。

5月8日 《河南日报》首个报纸AR（增强现实）广告上线。用手机QQ扫描第一版右上角“仰韶彩陶坊”报眼广告，即可播放31秒视频动画。此次《河南日报》报纸AR广告的推出，可以看作纸媒和互联网的一次完美结合。

5月10日 《羊城晚报》移动客户端——羊城派4.0项目正式启动上线。羊城派4.0，是羊城晚报3.0版本的跨越式升级版，也是羊城晚报报业集团加快媒体深度融合，优先发展移动端，加速推进新闻主阵地从纸媒向云平台转变的重大举措。

5月21日 新疆首家融媒体展示馆——新华网融媒体科技展示馆正式开馆。展馆由新华网新疆分公司与新疆新世纪成功广场共同打造，位于乌鲁木齐新世纪成功广场五层，内设4个独立的虚拟现实体验区和一个创客交流区。

5月28日 《贵州日报》与QQ-AR联手，首次运用“传统纸媒+立体AR”的形式，创新报纸阅读体验。通过QQ“扫一扫”，扫描《贵州日报》第7版“这就是数博会·科技——2018中国国际大数据产业博览会特别报道”中的任意一张完整图片，2018年中国数博会中亮相的高科技产品将通过30秒短视频的形式全方位播放。

6月

6月2日 “文化+体育/健康”综合服务平台——山东出版健康体测中心建成落地。中心由山东出版集团、泰山体育产业集团、山东体育学院共同建设，打造线上线下深度融合的集健康测试、精准指导、教育培训、相关产品销售等于一体的综合服务平台，建立全民健身健康数据库和专家人才库，实现一个权威的、精准的、个性化的健身健康管理和服务。

6月5日 人民网与北京师范大学签署中国VR/AR产业全球战略合作协议。双方将以学术研究、智库支持、内容产品生产、行业引导等为抓手，推动中国VR/AR产业发展。旨在集结社会各方科技力量，将人民网的强大媒体平台与北师大的创新学术力量相结合，共创中国VR/AR产业的新产品、新平台以及新纪元。

6月6日 北京市石景山区融媒体中心成立揭牌。

6月9日 “媒体+创业”企业服务平台——《创客空间》全媒体在厦门正式上线。平台由厦门市经济和信息化局、厦门市科技局、厦门市上市办、厦门广播电视集团指导，厦门广播电视集团广播中心主办，涵盖广播、电视、官微、看厦门APP、《广播电视报》、腾讯视频等全媒体资源。

6月15日 河南省首家新媒体内容聚合平台——“大河号”正式上线。“大河号”全面融入“互联网+政务”建设，由大河网自主研发，充分运用大数据、人工智能技术，为政府、机构、媒体和个人提供内容生产和分发全流程服务，共同构建兼具主流价值和创新活力的内容生态。

6月16日 北京延庆区融媒体中心正式揭牌成立。在人民日报媒体技术公司的技术支持下，成为国内首家“广电+报业”模式的“中央厨房”。将打造集报纸、电视、广播和新媒体于一体的全媒体发展平台，对贯彻和落实中央、北京市委决策部署，服务保障冬奥会、世园会和打造延庆城市品牌发挥重要作用。

6月19日 北京朝阳区融媒体中心正式挂牌成立。朝阳区已经形成《朝阳报》、朝阳有线、朝阳新闻网、“北京朝阳”客户端、“北京朝阳”政务微信公众号、“朝闻道”微信公众号6个区级的全媒体宣传平台，实现了平台、信源、产品、渠道、技术、人才等深度融合。

6月20日 “2018（第三届）全国党报网站高峰论坛”在天津召开。论坛由人民日报社、国家网信办指导，人民网、天津市委宣传部、天津市委网信办主办，主题为“媒体融合：宣传新时代 拥抱新时代”。分设一个主论坛、两个分论坛，围绕推进深度融合、拥抱视听化等话题进行主旨发言和圆桌讨论。

▲ 山西长治县全媒体中心、上党全媒体集团正式揭牌。构建起“12175”新型主流媒体的发展模式，“1”即县委统一领导；“2”即长治县全媒体中心、上党全媒体集团两个机构；“1”即一个调度指挥中心；“7”即报纸、电视、广播、新闻网、微信、客户端、户外广告7种新闻媒介；“5”即报、台、广播、互联网、移动端5种传播渠道。

6月23日 北京顺义区融媒体中心揭牌成立。融合顺义电视台、顺义人民广播电台、顺义时讯报社三大传统媒体，北京顺义APP移动客户端、官方微信公众号、官方微博、今日头条号、抖音号、顺义网城新闻版、顺义网城微信公众号、北京歌华有线新闻端8家优质新媒体，着力构建“统筹策划、一次采集、多种生成、多元传播、科学评价、有效应用”的全新业务模式。

6月24日 中国报业第二届融合创新大会在廊坊成功举办。活动由中国报业协会、中国地市报研究会主办，中国报业融合创新联盟、河北省报业协会、中共廊坊市委宣传部、廊坊日报社、北大方正电子有限公司协办。

6月26日 《新媒体蓝皮书：中国新媒体发展报告No.9（2018）》发布会在北京召开。发布会由中国社会科学院新闻与传播研究所、社会科学文献出版社共同主办，主题为“智能互联·数字中国”。分为总报告、热点篇、调查篇、传播篇、产业篇5个部分，总报告全面概括2017年以来中国新媒体发展面临的新机遇与新挑战；27篇分报告深入探讨中外媒体融合、共享经济、智能媒体发展、网络二次元文化、知识付费、互联网治理、网络广告、移动互联网、短视频、新媒体版权、新闻推荐算法等重要问题。

6月27日 河南日报报业集团开封城市综合体开工仪式举行。本项目涵盖文化、商业、住宅3个子项目多种业态，总体投资20多亿元，建成后将形成配套完善、政策优厚、交易便利的文化产业园区，成为发展“文化+”业态的重要载体和平台。

6月29日 “第四届观媒峰会”在重庆雾都宾馆开幕。峰会由重庆日报报业集团支持，华龙网、观媒联合主办，重庆大学新闻学院学术指导。主题为“新时代，主流再出发”，共同探讨新时代下媒体深度融合新格局，主流媒体如何转型再出发。

7月

7月2日 贵州省推动媒体深度融合发展会议在贵阳召开。会议要求，要进一步解放思想、加大力度，以“多彩贵州宣传文化云”等为依托，推进全省新闻媒体实现深度融合、整体转型，打造一批形式多样、手段先进、竞争力强，具有贵州特色、力争走在全国前列的新型主流媒体。

▲ 丽水日报报业集团“绿谷融媒小厨”正式上线。其是丽报集团为支撑媒体深度融合发展而重点打造的技术平台，由内容数据仓库、用户数据仓库、传播服务平台和新媒体云服务平台四大核心模块组成，集中央厨房、大数据资源、人工智能分析于一体的新一代智能传播与数据服务平台。

7月6日 “探路融为一体 问道合而为一”浙江广电集团、青田传媒集团融媒体中心建设签约。青田融媒体中心建筑面积450平方米，依托浙江广电集团技术，开展垂直化合作，实现平台、技术、渠道和产业的协同化，实现大范围、高层次的一体化媒体融合，形成省市县三级媒体互动、互融、共享、共赢局面。这是浙江广电集团与县域融媒体建设的首次合作。

▲ 湖南日报社浏阳融媒体中心正式挂牌，同时，新湖南客户端浏阳频道正式上线。这是湖南日报社首个县级融媒体中心，将助推浏阳市在全省率先迎来新闻传播“云时代”。

▲ 社区媒体融合发展暨《金鹰报》转型创新研讨会在长沙召开。研讨会由湖南日报社、中国广播电影电视报刊协会、《传媒》杂志社主办，湖南日报报业集团金鹰报刊社承办。

7月11日 人民卫生出版社和丁香园签署战略合作。

双方将在知识产权保护、图书及期刊出版、教育培训、健康科普和数字产品平台运营推广等多领域进行深度合作。人民卫生出版社是世界卫生组织全球唯一卫生信息和出版合作中心，综合实力位居我国医药卫生专业出版社首位；丁香园是国内医疗领域连接者以及数字化领域专业服务商。

▲ 新疆克州融媒体“中央厨房”——“克州云”顺利竣工并投入试运行。“克州云”由江西日报社“赣鄱云”倾情援建，标志着新疆第一个真正意义上的融媒体“中央厨房”正式诞生，也标志着江西日报社“赣鄱云”成功跨出江西省。

7月16日 北京西城区融媒体中心正式挂牌。其将按照内容为王、效果优先、技术引领、一体发展的工作原则，构建“1+7+6”融媒体格局（打造一个全媒体指挥调度中心、构建七大功能模块数据平台、创新六项工作机制），建立全方位多层次立体化的传播矩阵，形成立体多样、融合发展的现代传播体系。

7月18日 北京通州区融媒体中心成立。会上，北京市通州区委宣传部分别与人民网、北京广播电视台和歌华有线公司签署战略合作，共建融媒体中心。

▲ 中共阳江市委、南方报业传媒集团联合举行“南方号·阳江矩阵”启动暨战略合作框架协议签订仪式。包括“广东阳江发布”“文明阳江”等在内的首批50个阳江新媒体入驻“南方号”。

7月21日 北京海淀区融媒体中心正式揭牌。同时，中关村媒体融合发展联盟成立，海淀融媒体云端技术平台“媒e家”正式上线运行。联盟是由海淀区融媒体中心与北京大学新闻与传播学院、清华大学新闻与传播学院、中国人民大学新闻学院、新浪、今日头条、网易、快手等高校和企业组成。“媒e家”平台是集内容生产、业务管理、技术服务于一身的综合系统，包含区情研判、新闻发现、选题审核、稿件共享、采编调度、多媒传播、通联管理等核心功能，具有一体化、流程化、移动化的特点，实现了业务管理由分散向集中的转变、内容生产由单兵作战向协同作战的转变。

7月24日 中国文化传媒集团建设运营的国内首家IP交易服务平台——“中国文化传媒新文创（IP）平台”在北京正式上线。其旨在为政府部门和IP交易相关各方提供优质服务，以技术手段保障文化安全，规范知识产权交易，保护知识产权所有权人的合法权益，促进文化市场的健康发展。

7月25日 “国资小新”智能服务机器人小程序在微信端正式上线。“国资小新”是国务院国资委新闻中心官方新媒体平台，小新智能机器人汇集了国企国资知识库和国企改革发展热点问题等上万条信息，建立了一个分类管理的“国资小新”信息服务数据库，初步实现在线智能搜索回复，并利用人机对话技术，进一步增强互动和服务。

▲ “2018外滩新媒体峰会”在上海举行。峰会由上海报业集团指导，澎湃新闻、复旦大学新闻学院、复旦大学上海新媒体实验中心主办，主题为“内容新生态 平台新势力”。旨在展现中国互联网的治理和新媒体的发展，探讨中国新媒体融合与转型的新未来。同期，澎湃新闻创新启动推出全球专业创作者开放平台——澎湃新闻APP“湃客”频道正式上线。其包括视频新闻创新、非虚构写作创新和数据新闻创新三大内容。

7月27日 中国记协新媒体专业委员会在北京成立。这是中国记协深化改革、建设新时代“记者之家”的创新举措，是团结引领新媒体及其从业人员的重要抓手。新媒体专业委员会将以习近平新时代中国特色社会主义思想为指导，按照“四向四做”的要求，延伸服务手臂，拓展服务范围，团结引领新媒体及其从业人员唱响主旋律、传播正能量，在新时代展现新气象、新作为，为党的新闻事业作出新的更大贡献。

▲ “2017江西省市县区媒体融合发展指数活动”颁奖典礼在江西日报传媒大厦全媒体演播厅举行。活动由江西省新媒体协会、江西日报社大江舆情研究中心、江西日报社大江大数据研究中心主办。此次活动创新性地引入大数据分析方式，依托四维数据分析法，经客观算法计算后产生排名，在江西尚属首次。

▲ 《新闻晨报》“周到上海”客户端主办的“海上风来——全球视野下的长三角一体化”论坛在上海召开。为进一步推动都市类媒体融合发展，沪苏浙皖四地的都市报领军媒体《扬子晚报》《新闻晨报》《都市快报》与新安传媒共同倡议搭建“长三角都市媒体融合服务平台”。

▲ 世纪杂志社与澎湃新闻签署战略合作协议，《世纪》杂志入驻澎湃新闻的“湃客”频道，共同探索优质内容共享与深度开发推广模式，开拓新媒体发展新格局。

8月

8月1日 “紫金号”正式上线。“紫金号”由南京报业传媒集团紫金山新闻客户端建设和运营，是一个基于移动优先理念的内容生产、分发和服务的移动聚合平台，以“平台+技术+服务”的新模式，与南京的党政机关、各类机构和主流媒体，共同打造移动化、智能化的内容传播和政务服务的媒介平台。

8月2日 山西日报报业集团与杭州凡闻科技有限公司签署战略合作。双方共同推进新闻大数据中心建设，更好地盘活历史核心数据资产，助推山西省内媒体深度融合发展。

8月3日 长城新媒体集团与河北省体育局在石家庄签署战略合作。双方将以冬奥宣传、赛事直播、互动平台为基础，在体育文化创意和品牌建设、赛事直播、冬奥频道建设、公益体育活动、智能体育装备、冰雪产业推广等方面开展广泛合作，推动体育与网络、赛事、文化、健康、产业等方面深度融合发展。共同探索“体育+”融合发展新模式，全方位构建河北体育发展新格局。

8 月 6 日　太原日报报业集团全媒体指挥中心正式启用。太报全媒体指挥中心基本架构为“一核四心两区”。“一核”即核心指挥区，部署研究重要宣传任务，会商重大报道选题，点评传播效果，协商采编联动，处理重点稿件。“四心”即四个全媒体中心，分别是全媒体采访中心、全媒体编辑中心、全媒体技术中心和全媒体运营中心。“两大功能区”即共享办公区和融媒体协同区。共享区对报社所有采编人员开放，是一个新闻梦工厂，鼓励报社跨媒体、跨部门的采编人员组成工作室或创意项目团队生产新闻创新产品。

8 月 8 日　“2018 全国传统媒体融合发展研讨会”在昆明举办。会议由中国报业协会、中共昆明市委宣传部主办，云南省报业协会、昆明报业传媒集团承办。

▲ “南方 +”大沥频道正式上线。频道由南方报业传媒集团与广东佛山市南海区大沥镇共建，充分发挥《南方日报》规划和管理信息流的核心优势，以内容原创、整合录入、抓取推送作为三大内容来源，打造一个更加即时、权威、全面的信息门户。“南海大沥”等首批 29 个新媒体集体入驻了“南方号 · 大沥矩阵”。

▲ 安徽省砀山县融媒体中心在县广播电视台揭牌。标志着砀山县新闻媒体告别传统单兵作战模式，形成“一次采集、多种生成、多元传播”的新模式，开启传统媒体与新兴媒体的融合发展。

8 月 10 日　江西省上高县融媒体中心举行启用仪式。

8 月 11 日　山东省济南市市中区融媒体中心揭牌成立。由济南市市中区委宣传部和济南日报报业集团联合创新打造，将借助济南日报报业集团的技术资源，依托现有的官方媒体手机客户端、微信公众号等媒体平台，聚合各部门、各类服务功能的“百姓身边的政府”。

8 月 12 日　“产业头条”新媒体平台成立揭牌仪式在淮安市淮阴区举行。平台由江苏省淮安市淮阴区人民政府、中国经济时报社主办，依托国务院发展研究中心、《中国经济时报》等优质高端资源供应方，通过对目标客户和服务对象大数据分析研究，为企业发展提供实时优质信息与决策参考服务，对推进信息化工业化融合发展，具有十分重要的现实意义和深远影响。

▲ 陕西省蓝田县融媒体中心正式挂牌运行。其以县广播电视台为主体，整合县广播电视台、新闻中心、网信办“三位一体”的信息、人力和智力资源，吸纳有知名影响力的社会自媒体力量，进行新闻采编的全面再造，打造“一次采集、多次生成、多元发布、多级放大、多渠道融合、多平台互动”的融媒体中心。成为西安市建成的首个县级融媒体中心。

8 月 13 日　人民网和中移互联网有限公司在人民日报社新媒体大厦进行战略合作签约，“人民网公益云”平台正式对外发布。双方依托各自品牌优势和技术优势，共同构建可持续发展的联合运营体系，创新大数据产品与服务模式，提升双方互联网渠道价值，双方深度融合与创新，合力打造 5G 时代移动互联融合发展新生态。

8 月 15 日　“大夏悦读——教师教育云平台”正式发布。其由华东师范大学出版社联合咪咕数媒，依托华东师范大学优质教师教育资源精心打造，全国首个教师教育垂直领域开展“全民阅读活动”的示范平台。

8 月 16 日　“济南市新闻宣传融媒体公共服务平台”建设启动活动在济南报业大厦举行。该平台包含 5 个项目，分别是济南日报报业集团“中央厨房”项目、爱济南 8.0 版升级重构、云宣系统、新媒体实验室、济南市融媒体中心。

8 月 17 日　上海报业集团与中国移动上海公司签署战略合作协议。双方将在新闻宣传、品牌传播、业务拓展、技术创新应用等领域发挥各自优势、整合资源，促进共同发展。上海报业集团借助上海移动先进的网络技术和服务能力，全面提升全集团信息化管理能力；上海移动将从合作中吸收更为丰富多元的传播经验。

8 月 18 日　“中国县级媒体融合发展与加强基层主流舆论阵地建设论坛”在甘肃玉门市市民中心召开。论坛由中央网信办网评局指导，中国社会科学院新媒体研究中心、中共玉门市委、玉门市政府主办，与会者围绕县级媒体融合与基层主流舆论阵地建设、全国性媒体融合与县级媒体融合的关系、中国县级媒体融合的经验与模式、中国县级媒体融合的问题与出路、县级媒体融合与智慧城市、县级媒体融合与城市形象传播展开学术研讨。

8 月 22 日　“汝州新声音 融进新时代”——河南省汝州市融媒体中心揭牌成立。

8 月 23 日　新华社新闻信息中心、新华文轩出版传媒股份有限公司签署全面合作协议。双方将在时事政治、红色文化、“一带一路”、社会主义核心价值观等领域合作，开发数字教育资源包、AR 课堂等数字产品，建设在线教育服务，发挥新华社的海外传播资源优势，共同搭建国际文化交流平台等方面开展全面合作。

8 月 28 日　安徽省涡阳县融媒体中心举行挂牌仪式。中心将全力打造集报纸、电视、广播和新媒体于一身的全媒体发展平台。仪式上，安徽新媒体集团和涡阳县签订战略合作协议，共建涡阳县融媒体中心。

▲ 湖南省溆浦县融媒体中心揭牌成立。同时，“溆说”新闻客户端正式上线。

8 月 30 日　“第三届党报评论融合发展论坛”在锡林浩特市举办。本届论坛由人民日报社、内蒙古自治区党委宣传部主办，主题为“全媒体时代 以主流声音传播主流价值”，与会代表深入交流党媒评论工作经验，并结合全媒体时代新的传播环境，探讨如何深化党媒内部以及党媒与新媒体平台的合作，进一步提升新形势下主流媒体统一思想、凝聚力量的能力。

▲ “全国法院媒体融合发展工作推进会”在太原召开。推进会由人民法院新闻传媒总社主办，山西省高级人民法院协办。来自全国法院的司法宣传人员围绕如何做好新时代法院媒体融合发展工作进行了广泛交流和深入讨论。

▲ 福建省永泰县融媒体中心正式挂牌成立。其采用“1+3”的模式，以县广播电视台为主体，融合永泰新闻网、大美永泰微信公众号等县域媒体资源，通过人员集中办公、统一报道部署、统一策划选题、统一组织采访、统一稿件审发的联动机制，打破县域媒体各自为战的壁垒，实现信息“一次采集、多种生成、多元发布”，形成传统媒体和新兴媒体齐头并进“立体式”的宣传报道新格局。

8月31日 大连新闻传媒集团正式揭牌。集团是由大连报业集团、大连广播电视台、大连京剧院、大连舞美设计中心、团市委宣传教育中心等11家单位融合而成，为大连市委直属事业单位，负责全市新闻事业和传媒产业发展。传统媒体跨界整合、传统媒体和新兴媒体深度融合，在全国副省级城市中率先提出并实施。

▲ 浙江仙居融媒体中心指挥平台建设项目正式启动。平台以浙报集团“天目云”技术为支撑，充分考虑仙居县媒体深度融合的现实需求，通过大数据、云计算和人工智能等技术手段，为全媒体新闻生产和传播提供了“智能、快捷、方便、高效”的技术平台，形成了“一次采集、多元生成、多端发布、立体传播”融媒体新闻生产格局。

9月

9月6日 “2018中国网络媒体论坛”在宁波举行。论坛由中央网信办指导，中华全国新闻工作者协会、中国网络社会组织联合会、中共宁波市委、宁波市人民政府、中共浙江省委网信办主办，主题为“智能互联时代的媒体变革与发展”。探讨媒体机构如何主动适应互联网传播理念，巩固市场占有率并实现传统媒体与新兴媒体的深度融合；技术分论坛探讨“5G时代的传播新格局”；产业分论坛则以“传媒+：跨界融合 推动产业升级”为主题，从传统媒体、文创、社群、视频等多种业态、多个角度探讨媒体产业升级所激发的新实践、新模式、新挑战。

9月10日 “2018媒体融合发展论坛”在深圳召开。论坛由人民日报社、中共深圳市委、深圳市人民政府、招商局集团主办，主题为“构建全媒体传播格局”。论坛上，人民视频登录人民网、腾讯网及歌华有线三大平台，并与最高人民法院、公安部、国务院国有资产监督管理委员会、国家体育总局、中国气象局、中国铁路总公司、国家林业和草原局、国家海洋环境预报中心8家政务机构的宣传部门建立战略合作伙伴关系，共同推动优质政务融媒体产品全网覆盖、全屏幕覆盖。

9月17日 长兴传媒集团推出《山竹强降雨突袭》融合式直播特别报道，30分钟设计页面和直播内容搭建，移动传播的主视窗直接采用电视高清信号转码接入，实现台网同步并机直播。同时，通过新华社现场云直播平台，迅速分发到新华社客户端，微信、微博等各类渠道。本次新媒体直播，点击量破万次。

9月19日 中宣部在上海召开媒体深度融合现场推进会。认真学习领会和贯彻落实习近平总书记在全国宣传思想工作会议上的重要讲话精神，研究借鉴解放日报·上观新闻整体转型的探索实践，交流各地各媒体的经验做法，推动媒体深度融合，真正实现“融为一体、合而为一”。

9月20日 中宣部在浙江省长兴县召开“县级融媒体中心建设现场推进会”。会期两天，深入贯彻落实习近平总书记在全国宣传思想工作会议上的重要讲话精神，总结交流各地经验、做法，对在全国范围推进县级融媒体中心建设作出部署安排，要求2020年底基本实现在全国的全覆盖，2018年先行启动600个县级融媒体中心建设。

▲ “记录美好时代”融媒体传播活动在北京启动。活动由国务院新闻办公室主办，中国搜索承办，在两个月的传播活动中，全球30位知名纪录片导演将奔赴小岗村、深圳、上海浦东、雄安新区等地，运用纪录片、微视频、微互动、轻应用等融媒体形态，用真实、鲜活、生动的纪实影像，亲身感受改革开放40年来中国发生的巨大变化，向世界讲述中国改革开放的故事。

9月28日 青田传媒集团融媒体中心正式启用。浙江省首家基于浙江广电集团“中国蓝云”技术平台，实现省市县三级媒体联动，平台、资源、技术共建共享的县级融媒体中心。

10月

10月17日 人民网与中国信息通信研究院在人民日报社新媒体大厦签署战略合作。双方将在信息通信领域共建面向社会的专业传播机制、数据共享机制和资源对接机制，共同推动信息通信技术与媒体及产业经济的深度融合发展。

10月19日 天目新闻客户端在浙江省乌镇正式上线。这是浙江日报报业集团推动媒体融合向纵深发展的新型平台，是浙江在线倾力打造的新闻视频客户端。“天目新闻”秉承“全国化、视频化、市场化”理念，以“开天目，见美好”为价值追求，将全力聚焦长三角“一体化”和“高质量”两个关键，全面报道三省一市携手推动长三角更高质量一体化发展的最新进程，更好服务国家发展大局。

10月28日 甘肃新媒体集团成立揭牌暨全媒体指挥中心启用、“新甘肃”客户端上线仪式在甘肃日报社举行。集团由甘肃省委宣传部和甘肃日报社党委主管、甘肃日报报业集团主办，打造具有强大传播力、竞争力的新型主流媒体为目标，搭建舆论引导和政策解读新平台、党委政府与群众沟通互动及政务服务新平台。“新甘肃”以“新闻+党建+政务+服务”为核心，集新闻资讯、政务发布、生活服务、智慧城市、在线广播、线上线下互动于一体，分读报、首页、甘肃号、陇、县融媒、音视频六大功能区，可支持2000家以上单位入驻，5000万以上日均访问量，超20万人同时在线访问，100家以上县级融媒体入驻。

10月31日 新京报举行新闻客户端上线发布仪式。

《新京报》APP设有16个频道123个栏目，涵盖时政、社会、北京、观点、财经、文化、娱乐、体育、汽车、房产、教育、生活、科技等多个领域。

11月

11月2日 宁夏报业传媒集团、新华报业传媒集团在南京举行战略合作签约。双方将在全媒体构建、相互开放版面及采编互动、人才交流、产业项目合作等领域，开展多渠道、多层次、多产业创造性合作，创新性发展；依托智库、健康大讲堂等媒体资源和优势，协同开拓文旅、健康和农副产品市场，实现双方报业资源、资产、资本、资金有机融合，推进媒体融合向纵深发展，推动宁夏、江苏两地的报业发展、产业融合，培育和繁荣新型文化业态，打造出表率性的跨省合作“样板”。

11月7日 全球首个合成新闻主播——“AI合成主播”亮相“第五届世界互联网大会”。“AI合成主播”是通过提取真人主播新闻播报视频中的声音、唇形、表情动作等特征，运用语音、唇形、表情合成以及深度学习等技术联合建模训练而成。该项技术能够将所输入的中英文文本自动生成相应内容的视频，并确保视频中音频和表情、唇动保持自然一致，展现与真人主播无异的信息传达效果。“AI合成主播”现已登陆新华社中英文客户端、新华社微信公众号、中国新华新闻电视网（CNC）等各大平台。

11月14日 中央全面深化改革委员会第五次会议审议通过了《关于加强县级融媒体中心建设的意见》，明确了县级融媒体中心建设的基本思路。

11月22日 “三生万物——封面传媒2019年战略发布会”在北京举行，来自全国各主流媒体、新媒体机构负责人，高校、媒体研究机构的知名专家以及业界精英共同探讨智媒体的转型之路何去何从。

11月27日 四川发布政务客户端正式上线。客户端是集新闻发布、网上办事、政府信息公开、便民服务、政民互动等功能于一体的新型政务服务平台，内容包括全省政务信息聚合发布平台、全省办事服务功能聚合平台、全省政务政策聚合展示平台、四川发布客户端个性化服务、四川发布客户端大数据分析、全国政务客户端的推广简报六大版块。

11月28日 “2018手机报全国合作伙伴交流会”在成都成功举办。会议由四川新闻网传媒（集团）股份有限公司、《四川手机报》主办，旨在通过与合作伙伴之间的深入交流，总结现阶段手机报发展的“瓶颈”，探讨如何进一步扩大手机报媒体全国覆盖面及影响力。

12月

12月3日 由新华社和网易云音乐联合推出主题为“留声40年：那些改变你我的故事”的音乐主题影像展，在北京地铁4号线宣武门站和杭州地铁1号线定安路站同期举办。主题展通过中国照片档案馆珍贵的历史照片，丰富而形象地展示了40年来中国音乐的发展历程以及音乐给人们生活带来的改变。同时，从即日起，两列满载着“音乐故事”的留声专列也开始在北京地铁4号线、大兴线及杭州地铁1号线上开出，通过各新媒体渠道征集的50余个精彩音乐故事、精心设计的6个时代音乐沉浸式场景车厢，以及独家邀请十余位明星讲述音乐故事的H5和AR体验项目“心灯世界”，都将通过扫描车站和列车内的二维码，使乘客不出地铁便能借助音乐的旋律回味40年发展历程，唤起乘客别样的“留声记忆”。

12月6日 人民日报社民生周刊杂志社旗下媒体平台“民生周刊”微信公众号正式获得由国家互联网信息办公室颁发的《互联网新闻信息服务许可证》，正式具备互联网新闻信息采编发布资质。同时获得上述许可的，还有“民生网”、“民生周刊杂志”微博、“人民旅游”微信公众号和“人民旅游在路上”微博。民生网是人民日报社民生周刊杂志社的官方网站，是中国民生领域首家新闻网站。2015年，纳入人民日报中央厨房成员，2016年纳入人民日报社全媒体平台（媒体矩阵）。

12月7日 国务院办公厅发布了《关于推进政务新媒体健康有序发展的意见》（以下简称《意见》）。《意见》明确，到2022年，要建成以中国政府网政务新媒体为龙头，整体协同、响应迅速的政务新媒体矩阵体系，全面提升政务新媒体传播力、引导力、影响力、公信力，打造一批优质精品账号，建设更加权威的信息发布和解读回应平台、更加便捷的政民互动和办事服务平台，形成全国政务新媒体规范发展、创新发展、融合发展新格局。

12月12日 大众报业集团倾力打造的省级媒体融合移动端传播品牌——“海报新闻”客户端上线试运营。

12月14日 北京日报报业集团与百度百家号达成战略合作，双方将在内容、技术、价值观、产品等层面共同探索媒体新生态。同时发布，《北京日报》与百度联合打造的第一个融媒体产品——“光影记忆”正式上线。本产品通过挖掘《北京日报》近70载的新闻历史，向社会讲述那些鲜为人知的新闻幕后故事。

12月18日 《光明日报》和科大讯飞共同宣布，双方联合研发的第一张智能化“有声报”将于2019年1月1日正式上线“发声”，成为传统纸媒转型的新形态、媒体深度融合中“主力军上主战场”的新探索。智能化“有声报”，通过“语音+内容”“数据+思想”，充分发挥《光明日报》思想文化的内容优势和科大讯飞智能语音、人工智能的技术优势，打开传统媒体转型发展的新天地。

12月21日 《晶报》APP开始进行全线试运营，意味着《晶报》转型为以移动互联网为主阵地，融合APP、报纸、官微矩阵、政务新媒体运营等平台的党媒新闻机构。

12月24日 “2018中国新媒体大会”在北京召开。大会由中华全国新闻工作者协会主办，中国记协新媒体专业委员会和人民日报社、新华社、中央广播电视总台新媒体部门共同承办，以“增强‘四力’、守正创新、多出群众喜爱的融合精品”为主题，交流媒体融合经验，分享优秀作品创作体会，为开拓新媒体事业献计献策。

12月25日 新华网在北京召开发布会，正式启动视频化战略，将视频业务作为构建内容新生态的战略支点，全面推动新华网向视频化、移动化、知识化、智能化转型。根据视频化战略，一是推动规模化优质短视频自制生产体系的“源创计划”，按照“精品制胜”思路，以正能量融合态短视频为特色构筑核心业务线；二是与众多伙伴联合发起“共鸣计划”，构建开放生态体系，成立跨行业的“视频战略联盟”，联手推动网络视频事业繁荣发展。

12月27日 “第六届中国新兴媒体产业融合发展大会”在成都举行。大会由新华社、成都市人民政府共同主办，以聚焦“人工智能与媒体变革”，搭建交流平台，推动媒体深度交流融合。大会上，全球首位AI合成主播公开亮相，并现场发布《中国新兴媒体融合发展报告（2017—2018）》。

▲ 新华社在成都发布中国第一个短视频智能生产平台——“媒体大脑·MAGIC短视频智能生产平台”（magic.shuwen.com）。这是人工智能技术首次在媒体领域集成化、产品化、商业化的应用，也是国家通讯社面向“5G时代”在媒体人工智能方向上迈出的重要一步。

▲ 新华网股份有限公司与人民出版社在北京举行战略合作协议签约仪式，宣布将围绕党建、思政业务开拓、共建理论、悦读频道、联合建设党建融媒体数据库、延展图书发行渠道，丰富衍生产品以及其他平台合作等业务板块开展长期战略合作，促进双方未来党建融媒体数字化建设、在线教育等多方面快速发展。

2019年

1月

1月1日 中宣部“学习强国”全国学习平台正式上线。其是贯彻落实习近平总书记关于加强学习、建设学习大国重要指示精神、推动全党大学习的有力抓手，是新形势下强化理论武装和思想教育的创新探索，是推动习近平新时代中国特色社会主义思想学习宣传贯彻不断深入的重要举措。由PC端、手机客户端两大终端组成。PC端有“学习新思想”“学习文化”“环球视野”等17个版块180多个一级栏目，手机端有“学习”“视频学习”两大板块38个频道。

▲ 《人民日报》实行改版。工作日从24块版调整为20块版，周末从12块版调整为8块版，节假日仍为8块版，全部版面彩色印刷。此次改版是《人民日报》顺应新闻传播方式新变化、媒体融合发展新趋势作出的重要调整，是人民日报奋进新时代、实现高质量发展的重大举措，也是《人民日报》历史上第一次全彩印刷。

▲ 《南方日报》头版发布改版致读者信，着力打造智慧型文化传媒集团，这是一次报网端深度融合的全媒变革。将精准定位不同介质发展方向，推动报网端差异化发展，实现“此长彼长”“此强彼强”。

1月8日 湖北省移动传播新阵地——荆楚网客户端正式上线试运行，湖北省唯一的全国省级重点新闻网站——荆楚网（湖北日报网）改版全新亮相，并推出湖北内容聚合分发平台——荆楚号。荆楚网（湖北日报网）改版，从内容建设、传播理念、用户体验、技术应用等方面进行了全方位升级，凸显党网属性，顺应个性化阅读新需求。荆楚网客户端作为荆楚网（湖北日报网）向移动化转型的重磅产品，1.0版本分为新闻、社区、荆楚号、问政等版块，为用户提供丰富优质的新闻资讯、个性化的阅读体验和互动式的贴心服务。

1月10日 人民日报数字传播有限公司与科大讯飞股份有限公司签订战略合作框架协议。双方将积极探索人工智能技术在新媒体领域的深入应用，在互联网舆情、媒体监审、智慧媒体平台、人工智能行业应用等领域进行前瞻性研究，共同推进“人民日报智慧媒体国家重点实验室”建设，为《人民日报》各类数字媒体赋能，实现从融合媒体向智慧媒体的战略发展。

1月11日 第十二届新闻出版业互联网发展大会在北京天健宾馆举行。大会由中国出版协会、中国新闻出版研究院主办，本届大会以“融合出版 跨界创新”为主题，通过《2018年全国新闻出版业互联网发展报告》发布、荣誉推介等活动，梳理年度行业发展成果，推广创新经验，树立品牌形象，共同探讨新闻出版与互联网融合发展的前景。

1月15日 中共中央宣传部、国家广播电视总局联合发布了《县级融媒体中心省级技术平台规范要求》和《县级融媒体中心建设规范》。

1月18日 光明日报社与中国信息通信研究院共同建设的“互联网+”智媒技术创新中心在北京成立。创新中心是以“互联网+”、5G创新应用、“智媒体”为主要方向，以主流媒体“国家队”和信息通信领域科研“国家队”为合作主体，以技术创新与应用推广为主要职能的研创中心，旨在紧密联系“互联网+”、5G通信、智媒技术行业各机构组织，以前沿技术和关键核心技术为突破口，推进“互联网+”与主流媒体融合发展，推动5G技术产业拓展新空间，为助力我国“互联网+”战略升级、5G行业及智媒技术创新发展提供技术支撑与智力保障。

▲ 上游新闻“九九归一 生生不息”战略发布在重庆日报报业集团新媒体中心大楼举行。上游新闻经历20多次技术和产品迭代，已发展到4.4.2版本。重磅产品——“上游云”正式亮相，其包含七大功能：舆情诊断与稿件分析的数据分析系统；新闻线索整合与管理的线索云系统；现场调度与监控的融媒体指挥系统；在线一体化编辑的稿件处理系统；直播、数据存储与对外发布系统；具备极强技术延展性和技术整合能力等。

▲ 宁夏日报报业集团石嘴山融媒体中心挂牌成立，将逐步建立覆盖石嘴山全域的“新闻+政务+服务”平台，从而推动传播渠道平台向县区延伸，打通传播主流声音、引导社会舆情的“最后一公里”。标志着宁报集团战略推进主流舆论阵地在五地市“设点布局”、实现从“相加”到“相融”的转变迈出了关键性一步。

1月25日 中共中央政治局在人民日报社就全媒体时代和媒体融合发展举行第十二次集体学习。习近平、李克强、栗战书、汪洋、王沪宁、赵乐际、韩正等在人民日报新媒体中心听取报社微博、微信公众号、客户端建设情况汇报，并观看新媒体产品展示。

1月30日 以“全媒体时代的智库传播力建设”为主题的中国圆桌论坛在中国网举办。在论坛上，首次对外发布《2018年中国智库移动端综合传播力发展报告》。

2月

2月19日 新华社客户端V6.0版正式发布上线。这是该客户端经历门户化、现场化、智能化和平台化之后的又一次重要升级。

▲ 新华社联合搜狗公司在北京发布全新升级的站立式AI合成主播，并推出全球首个AI合成女主播。这是人工智能与新闻采编深度融合的最新突破性成果，为媒体融合向纵深发展开辟了新空间。

▲ 中央广播电视总台“全国县级融媒体智慧平台”暨央视网新版全终端正式上线。“全国县级融媒体智慧平台”基于央视新闻移动网的平台应用，在其客户端“央视新闻+”开设“最前沿县级融媒体”入口，从节目研发、技术支撑、内容分发、媒资共享等方面为县级融媒体中心赋能，助力县级融媒体中心形成渠道丰富、覆盖广泛、可管可控的移动传播矩阵。

▲《光明日报》举行“2019年媒体融合项目发布会”，从平台、技术、品牌、产品四个层面发布，包括“光明的故事”系列短视频在内的15个媒体融合项目，积极拥抱“智媒时代”。

2月26日 第19期“网络传播沙龙”在北京举行。沙龙由中国网络空间研究院指导、《网络传播》杂志社主办，以“新形势 新融媒”为主题。

3月

3月3日 人民日报新媒体客户端推出微纪录片《我们都是追梦人》。

▲“两会”互动聚合融媒体产品——特刊《上新了·两会》开播。产品坚持轻量化呈现、交互性体验、同场感表达，由央视新闻新媒体联合全国300多家矩阵号、140家县级融媒体中心共同推出，将央视新闻的触角延伸到基层，把基层的声音、民众的问题带到“两会”。且运用图文、音视频、VR和全景图片等丰富多样的内容形式让用户更直观地体验两会精彩内容。

▲ 长城新媒体自主研发的人工智能主播“冀小蓝”C位出道，正式上岗！“冀小蓝”是利用大数据、人工智能、机器语音合成等尖端技术创造的三维虚拟人物，可以全天候、无疲倦、零差错、多场景地完成播报任务，从而大幅降低新闻节目制作成本，颠覆未来的内容生产方式。

3月16日 2019年第6期《求是》杂志刊发习近平总书记重要文章《加快推动媒体融合发展 构建全媒体传播格局》。

3月29日 “新甘肃云”正式上线运行。“新甘肃云”是由甘肃省委宣传部牵头、甘肃新媒体集团负责搭建的省级移动新媒体平台，以“平台统一、技术统一、数据统一、资源共享”为目标，以移动互联网技术、云计算及大数据为支撑，以“云”端统一供给中央厨房、传播平台、大数据平台为保障，逐步贯通省、市（州）、县（市）三级，实现用户、技术、数据、传播平台的互联互通，打造“全省一张网”，进而形成资源集约、结构合理、差异发展、协同高效的全媒体传播体系。

4月

4月3日 广东广电网络公司“南粤全媒体智慧云平台”正式上线。其包括1省（南粤全媒体智慧云平台）2市（梅州市、汕尾市）11县（区）（兴宁、蕉岭、五华、大埔、丰顺、梅县、梅江、平远、陆丰、陆河、海丰）和1镇（蓝坊镇）1村（蓝坊村）五级平台，标志着广东省在推进县级融媒体融合发展上取得了显著成效。2市11县1镇1村的联动统一上线，创新了县级融媒的建设模式。

4月11日 国家广播电视总局官网发布了《县级融媒体中心网络安全规范》《县级融媒体中心运行维护规范》《县级融媒体中心监测监管规范》。

4月12日 大庆新闻传媒集团旗下的大庆日报社、大庆广播电视台重新设立。大庆日报社、大庆广播电视台、大庆新闻传媒集团3家单位互不隶属，各自依法独立运行。

4月13日 海南省级新闻网站“南海网”正式推出机器人“小海”写稿项目。小海是一款由南海网与封面传媒联合研发的智能写稿机器人。它基于机器学习算法、自然语言生成技术和自动摘要技术，可以对网络数据源进行抓取，并通过融合领域知识，对数据进行深度分析，再用自然语言表达出来，“秒速”形成稿件。

4月15日 浙江日报社联合浙江省新闻工作者协会、浙江大学传媒与国际文化学院，开启“‘同走新闻路’——庆祝新中国成立70周年暨《浙江日报》创刊70周年”大型融媒体报道活动。

4月19日 人民在线第一期融媒体会馆在人民日报社新媒体大厦举行，来自基础硬件、云平台支撑、传统媒体与新媒体技术、新媒体内容及商业运营等融媒体平台建设领域的15家企业参加会议。会上，人民在线推出融媒体协同发展平台。

4月22日 全国首个“融媒体数据安全实验室”在贵阳揭牌。（贵阳）实验室由贵阳市委宣传部指导，贵阳国家经济技术开发区、贵阳市融媒体中心、贵阳日报传媒集团等单位发起成立。

4月24日 广东省政府发布《广东省推进政务新媒体健康有序发展的实施意见》，鼓励各地、各部门进驻“南方+”客户端开设“南方号”及进驻各地党报、党台的新媒体平台。

4月28日 由封面传媒主办的“智媒先锋5G未来——第三届AI+移动媒体大会”在成都举行。会上，封面传媒与四川兴晟国企改革发展股权投资基金、新华文轩出版传媒股份有限公司、四川文化产业股权投资基金、四川出版集团有限责任公司结成战略合作伙伴，在充分发挥各自优势的基础上，运用多种资本手段，共同推动封面传媒A轮融资及后续资本化进程，助力封面传媒登陆A股市场，并探索地方民族特色旅游合作。

5月

5月4日 封面新闻客户端5.0版本上线。实现全频道视频化改版，打造视频沉浸式观感与年轻态交互。

5月5日 大运河城市全媒体联盟宣布成立。联盟由来自大运河沿线北京、天津、河北、江苏、浙江、安徽、山东、河南8省市38个城市的报纸、广播、电视、网站、新闻APP等主流媒体自愿组成。提出联盟成员单位应探索全媒体矩阵“新闻+”传播模式，加强创意策划，搭建大众传播平台、学术对话平台、国际交流平台，打造出更多体现文化内涵、人文精神的特色旅游精品，服务人民对美好生活的需求。

5月6日 多彩贵州网自主研发的大数据平台“多彩云”在福州举办的第二届数字中国建设峰会上亮相。该平台数据和应用均已面向贵州全省宣传思想文化单位和县级融媒体中心开放。

5月13日 “文博天府”成都传媒集团与文博资源“手拉手”主题活动正式启动。成都传媒集团将与成都市各大文博资源展开重点活动和“传媒+文博”产业合作等领域的跨界深度融合。

5月18日 河南日报报业集团与华为技术有限公司签署战略合作协议。双方将围绕智慧城市建设、5G与新媒体、VR/AR产业落地、云计算、大数据、创新领域、物联网、人才交流等领域进行沟通和探索，共同培育发展智慧经济产业。

5月20日 全媒体时代成都“科宣大脑”——成都科技融媒体中心正式揭牌成立。中心由新华网、科技日报社联合支持，成都市科学技术局（成都市外国专家局）与成都日报社联合共建，成都市科学技术情报研究所具体运营。以成都科技工作者、创新创业者和广大科技爱好者为主要服务对象，以机制创新、技术创新、内容创新、形式创新为主要目标，运用大数据、云计算、人工智能等新技术打造了全新的科技领域新型传播平台。

5月25日 “大数据领航·打造媒体融合发展新业态”高端对话在贵阳举办，人民日报社、环球时报社、澎湃新闻、清华大学等国内媒体和院校，华为、腾讯等科技巨头及自媒体各方人士就“四全”媒体环境下的智能化宣传、数字化传媒等话题展开观点碰撞。

▲ 人民日报社首款人工智能虚拟主播亮相2019中国国际大数据产业博览会。

5月28日 南方财经全媒体集团总部大楼南方财经大厦奠基仪式在广州国际金融城举行，金融城首个“文化金融+财经全媒体+商业综合体”项目正式落地。

6月

6月1日 “北京云·融媒体”首次在第十四届中国北京国际文化创意产业博览会上亮相。“北京云”通过“1+4+17+N”的融媒体传播矩阵，提供媒体服务、党建服务、政务服务、公共服务和增值服务，将打造北京地区互联互通、互补互促的智慧融媒体可持续发展生态圈。其中所谓的“1+4+17+N”是指1个市级融媒体指挥调度中心、4家北京市级新媒体、17家区级融媒体中心、N家委办局客户端和民生服务类客户端。

6月6日 上海报业集团与华为公司签订战略合作协议，双方将以产品及解决方案、项目、信息资源等为主要载体，围绕基于华为云和AI能力助力“智媒体矩阵”建设、云上联合创新实验室、5G媒体应用探索等方面开展合作。

6月14日 四川封面传媒有限责任公司与《光明日报》签署打造“光明智联平台”协议。双方将面向5G、大数据、人工智能等新一代信息技术，共同合作发展。“光明智联平台”以技术为驱动，由数据后台、技术平台、应用中台、运营前台 4 个层次构成。数据后台包括内容版权平台化管理、视频审核信息共建共享等，突出 5G 视频主板块特点，致力于媒资安全和标准化建设。

6 月 19 日 “新生态 新路径——5G 时代的全媒体传播”专家论坛在福建福清举行。论坛由国资委新闻中心指导，中国企业新媒体联合实验室主办，中核集团承办。论坛由来自中国记协、中国传媒大学、河南大学、人民视频、中国移动、中国联通、国网电商、微博、字节跳动、快手、梨视频、喜马拉雅等 12 位业界人士和知名专家展开了一场关于 5G 与新媒体融合发展的前沿对话。

6 月 20 日 首届舆评机制和舆论引导工作交流会暨第五届全国网络舆情高峰论坛在兰州举行。此次论坛由人民日报社指导，甘肃省委宣传部、甘肃省委网信办、人民网联合主办，以“大数据时代的风险防范”为主题。旨在汇聚互联网领域监管部门、国内顶级专家、知名学者、杰出新媒体运营代表、融合媒体单位等，探讨互联网新形势下的舆评机制和舆论引导工作，提升政府治理水平、强化舆论引导能力与改进民生服务水平，并为推进智慧甘肃、宣传甘肃建言献策，助推甘肃开创新时代网信工作新局面。

6 月 28 日 天津市蓟州区融媒体中心正式全面运营。其是中宣部确定为全程跟踪建设试点单位之一，在工程推进过程中，重构新闻生产“策、采、编、播”流程，按照“一次采集、多种生产、分众传输”的工作思路，全面整合原有广播、电视、报纸、微信、手机客户端等多类型宣传业务单元，实行总编负责制，逐步完善兼具视频、音频、广播连线、网络图文等多产品生产、发布能力的融媒体采编中心，形成“新媒体首发、全媒体跟进、融媒体传播”的新格局。

6 月 30 日 由中共北京市委组织部、北京广播电视台联合打造的“党旗耀京华——北京市党的建设与组织工作融媒体平台”全面上线。该平台以北京时间新闻客户端、北京时间网站、北京 IPTV 为核心，通过短视频、直播等多种形式，与北京市委组织部已有的报纸、广播、电视等传统宣传渠道和方式相融合，形成全媒体传播格局。

7 月

7 月 5 日 湖南第一家综合类新闻 APP——“号外新闻”正式上线。APP 隶属于湖南商报社，主要划分为《号外》《看点》《财经》《短视频》《本地新闻》五大专栏，向用户推送实时的热点新闻、财经等报道。

7 月 16 日 陕西师范大学出版总社“首阳云”平台上线。该平台是总社数字化转型升级与融合发展的基础平台，承担着对内资源管理和对外资源经营的职能，分为应用层“首阳教育”和支撑层“首阳云平台”两部分，含 PC 版（shouyangedu.com）、APP（iOS 与 Android 版）、微信公众平台（+H5）三端，主要实现内容资源聚合、用户数据整合、商务结算支持、数据分析决策等后台管理功能和期刊服务、在线课程、数字阅读等前端应用功能。核心功能在于支撑总社八科学术期刊数字化经营与增值服务，进而衍生出数字课程和数字阅读。

7 月 18 日 沛县融媒体中心正式挂牌成立。整合广播、电视、报纸、官方发布的政务微博、微信公众号等资源，借助“中央厨房”的策、采、编、发流程再造系统提高效率，通过大屏可以看见网站、APP、微信、抖音等平台的信息产生实况，还能连线采访现场和各地记者，对现场情况进行实时指挥调度，实现内容汇聚、大数据画像分析、一体化生产、一体化管理、一体化发布，形成传统媒体和新兴媒体齐头并进，立体式宣传报道格局。

▲ 《贵州日报》当代融媒体集团与上海报业集团在上海签订战略合作备忘录，在全媒体平台建设、智库建设、文化创意产业、农特产品推广、大数据应用开发等方面开展全方位深度合作。

7 月 19 日 “智融 智建 智传”2019 长三角融媒体创新发展峰会暨南京市江北新区融媒体中心揭牌仪式在南京市江北新区举行。江北新区融媒体中心与浦东新区、滨海新区、两江新区、兰州新区、西咸新区、贵安新区、西海岸新区、金普新区、天府新区、湘江新区、福州新区、哈尔滨新区、赣江新区、雄安新区，共同发起国家级新区融媒体联盟倡议，倡议各国家级新区形成兼容开放式的联盟合作圈，搭建一个常态化的沟通交流平台，重大事件协同发声、线上线下增强互动、发挥优势互补潜能，推动信息内容、技术应用、平台终端、人才队伍共享融通，共同营造良好舆论氛围。

▲ “新 G 穿越 · 创赢未来”2019 融媒体城市群无锡峰会在无锡拈花湾举行。峰会由中共无锡市委宣传部、中共无锡市委网信办指导，资讯 APP ZAKER 联合《现代快报》《深圳晚报》《江南都市报》《今日消费报》《南宁晚报》《新快报》《合肥晚报》《辽沈晚报》《贵阳晚报》《燕赵晚报》《海西晨报》《半岛晨报》《兰州日报》《新晚报》《潇湘晨报》《泰安日报》《ZAKER 武汉》《新文化报》等 20 多家主流媒体主办，400 余名传媒界精英、5G 行业“大咖”共同探讨 5G 技术与媒体融合发展新动向。

▲ “2019 外滩新媒体峰会暨 Let's 澎湃生态大会”在上海开幕。会上，澎湃新闻正式发布了“澎湃号”“澎友圈”和“Sixth Tone APP”。

7 月 29 日 以“融合与变革：中国网络媒体发展新跨越”为主题的 2019 中国网络媒体论坛在天津开幕。论坛由中央网信办指导，中共天津市委网络安全和信息化委员会、人民日报社、中华全国新闻工作者协会、中国网络社会组织联合会主办。围绕新时代网络媒体发展趋势、加强网上内容建设和推进网络媒体在内容、技术、产业、国际传播层面的创新与变革等方面进行深入研讨。

▲ 南方报业传媒集团智媒产业园落户黄埔临港经济区。南方智媒大厦定位为“智慧型媒体产业园”，致力于打造移动媒体、视频媒体、自媒体等新媒体业务的孵

化器和集聚平台。

7月30日 2019（第四届）全国党报网站高峰论坛在广州举行。论坛以“守正创新 融合质变——奋力打造新型主流媒体”为主题，由人民日报社、国家互联网信息办公室指导，人民网、广州市委宣传部、广州市委网信办主办，人民网研究院、人民网广东频道、广州日报社协办。主要围绕立破并举扩大影响力版图、移动优先打造智能化媒体、聚焦聚力构建全媒体矩阵3个话题进行主旨发言和圆桌讨论。

7月31日 “2019年南方都市报融媒致敬盛典”在深圳人才公园顺利举办。由155万粉丝投票、130多家政企单位参与，对深圳政府部门和单位、企业以及个人融媒素质进行集中点评，遴选出融媒优秀案例。盛典现场颁出了最具融媒传达力、最具融媒行动力、最具融媒素质个人等六大奖项。

8月

8月7日 新华报业传媒集团与江苏移动签署5G战略合作协议，江苏首个5G融媒体实验室正式亮相。

8月8日 第五届观媒峰会“短视频内容论坛”在成都举办。论坛围绕“融媒体时代短视频的突破与创新”展开深入的探讨与交流。

8月12日 北京市平谷区新媒体联盟正式成立。来自辖区内的平谷大帝国、美丽平谷、平谷易畅网、平谷快讯、平谷资讯、点点传媒、即刻到家服务中心、平谷大集网等22家新媒体首批入驻成为联盟会员。

8月13日 科技部、中央宣传部、中央网信办、财政部、文化和旅游部、广播电视总局共同研究制定了《关于促进文化和科技深度融合的指导意见》，提出要推动媒体融合向纵深发展、促进内容生产和传播手段现代化。

8月19日 商务印书馆全媒体生产运营平台暨人文社科知识服务平台上线。商务印书馆全媒体生产运营平台，旨在于生产端再造编印发一体化融合出版流程、运营端实现全媒体出版的产品与知识服务，借助云计算、移动通信、大数据分析技术创建，以优质、专业、独特、海量内容为核心，以全媒体、立体化产品形态为载体，提供多样化、个性化知识服务并进行主题社群经营的平台。

▲ “河南省县级融媒体中心省级技术平台网络安全实验室”挂牌成立。

8月20日 南方报业传媒集团、数字广东网络建设有限公司签署战略合作协议。双方将在“数字政府”业务、智慧党建业务、内容产品业务三个方面加强合作，努力推进广东“数字政府”建设。

8月28日 人民日报社新媒体中心与中央网信办网络新闻信息传播局合作推出的系列微视频——《中国24小时·地方篇》首播。系列微视频以一天为维度、一小时为刻度，立体化、全景式呈现各地的山河魅力，突出地域特色与风土人情，展示新中国成立以来各地的发展成就。

8月29日 成都传媒集团与哈尔滨工业大学大数据集团在哈尔滨签署战略合作框架协议，双方将在技术、项目、人才、科研、教育、产业等方面，围绕成都传媒集团“天府智媒体城”建设规划开展全方位深度合作。

9月

9月10日 新华社县级融媒体专线正式上线。专线是一条专门为县级融媒体中心服务的新型供稿线路，是集文字、图片、图表、漫画、音视频等于一体的多媒体发稿线路，设置11个栏目，依托全媒体采编发系统和全媒体供稿系统，通过供稿网站、RSS、FTP等互联网接口，连接用户内容生产系统或发布端。

9月12日 全国首个省级5G融媒体中心——贵州都市报·都市新闻5G融媒体中心正式启用。

9月18日 第二届中国新媒体发展年会在济南举行。年会由中华全国新闻工作者协会新媒体专业委员会、国家广播电视总局发展研究中心、中共山东省委宣传部等单位指导，人民日报社新媒体中心、新华社新媒体中心等单位支持，传媒杂志社、山东文化产业博览交易会执委会、中共济南市委宣传部主办。年会以搭建新媒体交流平台，引领新媒体传播正能量为宗旨，以“5G时代新媒体的机遇与挑战”为主题，引领新媒体坚持正确舆论导向，推动媒体融合的纵深发展。

▲ 第十三届“环渤海+”省（区、市）记协协作会议在太原举行。会期2天，来自山西、北京、天津、河北、辽宁、山东、内蒙古、上海及海南等12个省（自治区、直辖市）的记协及媒体有关负责人，围绕“推动媒体融合 汇聚强大力量”主题，就新形势下进一步坚持移动优先、深化融合发展等进行了深入交流和探讨。

9月19日 人民日报社召开“人民日报智慧媒体研究院”发布会，宣布正式推出旗下短视频聚合平台“人民日报+”。“人民日报+”依托“人民问政”等特色功能，通过人工精选的推送方式，坚持短视频传播的主流价值导向，积极引领短视频行业生态发展；以焦点图、信息流、话题等展现形式为用户提供海量、优质的视频和直播内容，让用户能够及时获取重要、权威的视频资讯。

▲ 中国青年报社与中视实业集团达成战略合作，双方成立“融媒联合实验室”，用5G+4K+AI等技术，共同创制融媒精品、拓展传播渠道、开展公益活动。

▲ 《人民日报》客户端7.0版本上线，主流算法正式亮相。主流算法推荐系统作为《人民日报》客户端7.0版本的核心亮点之一，通过质量把控、智能分发和传播反馈3个重要步骤，用主流价值导向驾驭“算法”，全面提高舆论引导能力。

9月20日 “七十年我与新中国同行”政务新媒体

新品在北京发布。由北京市人民政府新闻办公室主办，光明网承办，北京政务新媒体发布厅 79 家成员单位共同支持。新品包括“那些年温暖在北京”“那些年奋斗在北京”“那些年生活在北京”“那些年绽放在北京”以及“大美北京”“数解北京”“史观北京”七大主题、70 件作品，主题突出、内容丰富，通过短视频、微纪录片、长图、视频专访和 VR 全景、数字新闻、互动直播等形式实现“全龄化传播”。

9 月 25 日 广西第一个政务融媒体中心——南宁海关融媒体中心揭牌成立。这是全国海关系统建成的第一个融媒体中心，同时，也是 2019 年海关总署署级课题“海关融媒体中心建设”研究的案例。

▲ 由浙江省委网信办指导，浙江省网络文化协会、浙江日报报业集团主办的“新莓圈”浙江新媒体联盟在杭州正式成立。联盟首批集合全省近 200 家头部新媒体账号，旨在打造浙江地区具有影响力的新媒体圈子，凝聚网上正能量传播力量，唱响网上浙江好声音，进一步支持浙江“网络强省”建设。同时，浙报集团“天枢”融媒体平台宣告正式上线。

9 月 27 日 解放军新闻传播中心融媒体在抖音短视频推出话题“请祖国检阅”，3 天时间，话题上线 48 小时播放量超过 1.2 亿。

9 月 29 日 “全国媒体融合技术创新实验基地”共建签约仪式在广州举行。基地由光明网、南方电网传媒公司、广东省广播电视网络公司、广东互能信息科技公司和云天弈（北京）信息技术公司合作筹建。

10 月

10 月 9 日 冀云·融媒体平台正式上线。平台由河北省委宣传部直接领导，长城新媒体集团履行建设和运营主体责任，将实现省市县主流媒体的互联互通、资源共享，为全面推进“新闻＋政务＋服务”的媒体融合发展提供有力支持，标志着河北省媒体融合发展迈上了一个新台阶。

10 月 17 日 由人民日报社策划组织的“2019 行走黄河——人民日报大型融媒体报道”在海拔 4800 米的青海省果洛藏族自治州黄河源头正式启动。1999 年 5 月，人民日报社历时一个月，进行国内首次网上直播黄河行进式采访活动，并通过人民日报网络版上“行走黄河”主页，每日同步刊发了上百篇、十余万字的文字和约 200 幅图片。2019 年 9 月 18 日，习近平总书记考察河南，并主持召开座谈会，系统发表关于黄河流域的生态保护和高质量发展的重要论述。时隔 20 年后，人民日报社再度“行走黄河”，采访团队将历时 16 天，从黄河源头出发，途经四川、甘肃、宁夏、内蒙古多省（自治区），以“全面小康”为主题，通过行进式报道的方式，紧扣黄河沿岸贯彻新发展理念、高质量发展、生态环保、脱贫攻坚等重点，自西向东顺流而下，走黄河，看发展、写变化、展成就，讲好“黄河故事”。

10 月 29 日 由人民日报社、中共深圳市委、深圳市人民政府联合主办的“2019 媒体融合发展论坛”在广东深圳举行。本次论坛以“全媒体时代：挑战与机遇”为主题，旨在搭建集媒体融合战略研讨、经验交流、技术展示、资本对接于一体的权威平台。

11 月

11 月 3 日 北京日报报业集团为庆祝新中国成立 70 周年特别制作的系列融媒体产品“70 秒看北京”登上北京地铁 6 号线。乘客搭乘地铁时，可以通过 24 块多媒体车窗，重温北京 70 年发展变迁和这座城市现代化建设的伟大成就。

11 月 6 日 新京报社正式发布以“一路同行”为主题的 2020 年“石榴计划”。包含 16 条内容，《新京报》将建立 5G 智能新闻实验室，实施“双视频”发展项目，开设政务“新京号”，启动独立财经平台孵化项目。同时还将启动特稿影视版权开发和青年戏剧人孵化，构建涵盖专业人才近万名的拍者系统。

11 月 12 日 科技部批准建设“媒体融合与传播国家重点实验室”“传播内容认知国家重点实验室”“媒体融合生产技术与系统国家重点实验室”“超高清视音频制播呈现国家重点实验室”4 个国家重点实验室，分别依托中国传媒大学、人民日报社人民网、新华通讯社新媒体中心、中央广播电视总台。

11 月 13 日 中国社会科学院大学与浙江传媒学院在杭州签署战略合作，共建“长三角智能传播研究院”。

11 月 18 日 由人民日报社新媒体中心、人民日报智慧媒体研究院主办的 2019 智慧媒体年会在深圳举行。本届年会以“拓界融合 智慧更新”为主题，国内主流媒体负责人、业内知名专家学者、互联网企业高层等围绕多媒体趋势、人工智能推动媒体融合、5G 与媒体发展、区块链技术媒体运用等议题展开交流，共同探讨智慧媒体的发展趋势，助力将媒体融合推向更加深入。

11 月 25 日 人民网庆祝新中国成立 70 周年大型全媒体系列报道“70 年 70 问”全部制作完成上线。从 9 月 2 日的开篇之作《中国为什么被称为“流动的中国”？》到今日的收官之作《为什么说中国共产党是世界上最优秀的 HR？》，总共 70 篇，针对 70 年做了 70 个问题的回答。围绕政治、经济、文化、社会、生态五大主题，寻找新中国历史性成就所蕴含的“中国基因”，破解历史性变革背后的“中国密码”。该系列报道融文字、图片、视频、H5 等多种可视化表达为一体，并迎合当下受众碎片化阅读习惯，既言简意赅、严肃深刻地表达问题的主题的重点，又通过细节和通俗易懂、“接地气”的语言吸引人们的阅读兴趣。

11 月 29 日 以“有容乃大 深融致远”为主题的 2019

中国新媒体大会在长沙举行。本次大会由中华全国新闻工作者协会和中共湖南省委宣传部共同主办，除开幕式暨主论坛外，还设置“融合发展中的内容创新创优”“5G时代的新媒体变革”等分论坛，举办县级融媒体中心建设与发展研讨等活动，发布《2019中国新媒体研究报告》等研究成果。同时，还公布了“庆祝新中国成立70周年融合报道十大创新案例”，人民日报社“家国梦”系列融媒体产品等作品入选。

12月

12月2日　由江西日报社主办，《江西日报》、江西新闻客户端承办的“作示范、勇争先——2019全国主流融媒体总编辑看江西”活动在九江市彭泽县正式启动。活动为期5天，来自全国60多家主流融媒体的总编辑及记者将走进千年古县彭泽，并先后深入江西首府首县南昌县、实木家具之都南康、八省通衢玉山、智慧铜城贵溪等地，围绕“脱贫攻坚”“乡村振兴”“高质量发展”“全域旅游”“营商环境”“生态文明”等主题采访采风，品味民俗风情之独特，感受江西巨大的发展变化。

12月5日　以“传承红色基因 答好‘时代之问’ 交好英雄城答卷”——2019“不忘初心 牢记使命”主题教育全国融媒体报告会在南昌开幕。活动由中共南昌市委“不忘初心 牢记使命”主题教育办公室指导，中共南昌市委组织部、中共南昌市委宣传部、南昌日报社、中国城市新闻网盟主办，来自全国互联网媒体行业的专家齐聚南昌，聚焦南昌市主题教育实际行动与成效。

12月6日　以“智融治远”为主题，由四川省政府新闻办、四川省大数据中心、四川省政府信息公开办指导，四川新闻网传媒集团、四川发布主办的“微政四川——2019政务新媒体年会”在成都召开。同时，四川发布新型政务客户端正式上线。

12月7日　由中国行业报协会主办的第四届中国产经媒体融合发展高峰论坛在北京举行。500余位媒体人、专家学者、互联网企业代表就“5G时代，传播未来”主题展开交流与讨论。论坛上发布了《2019中国产经媒体融合发展实践报告》。

12月11日　《北京日报》客户端北京号2.0版全新上线。“北京号”将依托北京日报客户端，借力新技术，进一步激活首都内容创新源，提升政务服务功能，努力成为全国平台类媒体中最具公信力和影响力的聚合平台。

12月12日　新华社首个智能化编辑部正式建成并投入使用。智能化编辑部以人工智能技术为基础，以人机协作为特征，对新闻生产进行全环节、全流程、全系统再造。旨在大幅提高新媒体产品创意创新能力和生产传播效率，通过一次采集、N次加工、多元分发，让新闻生产通过智能化创新提速、提量、提质、提效。

▲　以“5G时代融媒体发展趋势”为主题的2019中国融媒体发展论坛在昆明举行。论坛由中国新闻出版研究院、中国新闻技术工作者联合会、中国报业协会全媒体发展研究中心指导，中国新闻出版研究院传媒杂志社、中共昆明市委宣传部主办。来自全国近百家传媒研究机构、主流媒体、信息技术企业的专家学者、媒体精英和一线记者共同纵论5G技术发展趋势，分享智媒体发展经验。

12月15日　国家互联网信息办公室发布《网络信息内容生态治理规定》。

12月20日　“魅力冰雪”2019中国城市融媒体发展峰会暨全国百家党报社长总编主题采访活动在长春举行。峰会由中国城市融媒体联盟、中共长春市委宣传部、长春日报社、长春市文化广播电视和旅游局等单位联合主办。来自全国的200多位党报社长总编、专家学者以及主流媒体编辑记者共话媒体深度融合的方向与路径。

12月27日　由人民在线/人民网舆情数据中心主办的“人民在线融媒体协同发展论坛”在人民日报社新媒体大厦举办。

12月30日　滦平县融媒体中心、新时代文明实践中心揭牌成立，“滦平融媒”客户端同步上线，标志着滦平县成为河北省首个融媒体中心和新时代文明实践中心统筹建设同步揭牌的县区。“滦平融媒”整合现有的电视台、广播、微信公众号、微博、抖音等媒体资源进行汇聚和呈现，着力构建一次采集、多次生成、多元传播形式，进一步推动内容、平台、渠道、数据、技术、人才、机制、管理等方面深度融合。

2020年

1月

1月1日　《河北日报》正式推出《值班老总读报》短视频栏目。该短视频栏目立足于党报权威公信力和内容建设优势，适应移动化、社交化、可视化传播趋势，着力打造党报全媒体传播的重点品牌。栏目包括“新闻速览”“重点关注”两个版块，《河北日报》“两微一端”、河北新闻网及河北日报报业集团系列媒体所属网站、微博、微信、抖音号、今日头条号、人民号等新媒体平台同步推出。

1月11日 湖南红网新媒体集团融媒体指挥中心（中央厨房）正式重装上阵。该中心整合了县级融媒体云平台、新时代文明实践云、网上群众工作云、红视频平台数据资源四大版块，是以覆盖“网、报、端、微、视、屏”的媒介资源及健全的省、市、县三级红网分站体系为基础，结合媒体融合发展实践和服务县级融媒体中心建设需求，以打造“54MA新媒体实验室”为核心的新一代融媒体指挥中心。

▲ 封面新闻“智媒云”3.0版本在北京正式发布。其以数据和业务双中台为引擎，是基于智媒体的全系统解决方案，由智能技术、智慧内容、智库运营三大矩阵构成。将进一步通过数据驱动、算法重构，为媒体在视频传播、社群营销等领域强力赋能。

1月12日 “首届融屏传播年度优选”活动在人民日报社举办。活动由人民日报社指导、人民日报数字传播主办、环球时报舆情中心承办，参会嘉宾围绕活动主题“时代旋律 家国情怀”，探讨热点话题，分享精彩观点。同时还发布了《融屏传播+社会效益：2019影视剧作影响力年报》。

1月15日 光明网首页全面改版上线。此次改版既是贯彻落实习近平总书记致《光明日报》创刊70周年贺信中的指示精神，在新媒体空间体现党对知识分子关怀的重要实践，也标志着光明网向着建设有巨大影响力的思想理论文化网站目标迈进了一步。新版首页上方一行“知识分子网上精神家园”的醒目字样，明确了光明网团结、联系、引导、服务广大知识界的职责和定位。在坚持用户导向原则下，此次首页改版改变了原有的页面色系、内容布局，优化了栏目设置、内容供给，整体运用清和雅致的排版风格和标题字样，有效适应了网络时代用户的阅读习惯和个性化需求。

1月18日 长沙晚报社（集团公司）与衡山大虎地旅游开发公司签署战略合作协议。双方将共同开发“中国虎山旅游区”文化旅游项目。这是长沙晚报社首次作为市场主体参与开发运营的大型文化旅游综合体项目，主流媒体和新兴文旅集团跨界合作，以文促旅、以旅彰文，将打造全省乃至全国的文化旅游创新融合发展样板。

1月27日 湖北“长江云”联动全国24个省份的主流融媒体平台吹响了“战‘疫’集结号”，建立了全国媒体联动特别报道联盟。40家媒体机构近50多个端口加入战“疫”联盟。其中，中央媒体6家，省级主流融媒体平台25家。全国媒体联动报道联盟发挥信息共享、共同策划、联动直播三大主要功能，逐渐促成了跨区域媒体在重大疫情报道中的深度联动与融合，形成了辐射全国的传播效力。

2月

2月5日 央视频与中国电信、华为公司开通武汉天河机场直播，通过5G网络24小时直播全国各地援助湖北救援物资到达转运情况。用户通过央视频APP可以观看武汉天河机场的实时直播视频。

2月6日 “学习强国”学习平台携手快手，联合中华预防医学会、中华医学会、中国医师协会健康传播委员会等权威机构，以及上海市肺科医院、西安交通大学第二附属医院、四川大学华西医院等三甲医院，共同推出“健康快直播专家有话说”系列健康科普直播。邀请相关领域专家、名医，为全国用户就疫情防护进行不同主题的科普和答疑。

2月12日 新华社客户端推出“求证”互动平台。其旨在架起网民和权威机构间的桥梁，传递权威信息，回应网友关切，帮助网友在疫情防控期间获取真实有效的信息和科普知识，去伪存真，解疑释惑。“求证”设置“问答”“求证”“征集”三类服务功能。“问答”即科普答疑，“求证”即辨别消息真伪，“征集”即汇总新闻线索。

2月16日 “数字武汉”客户端上线。客户端由中国新闻出版传媒集团、中国新闻出版研究院等上千家内容提供方和服务商共同建设，可提供政务、交通、美食、健康、教育等上百项服务，对于免疫接种、体检、预约挂号、生活缴费、婚姻登记、公积金、社保等需求，为抗击疫情期间隔离宅居的武汉市民提供全方位、多层级的各类服务。

2月21日 人民网官微宣布，为缓解民众购买口罩难题，尤其是查询难、预约难、辨别真伪难等问题，人民网科普频道推出“全国口罩预订信息共享平台”。平台《本地查询》《最新消息》《我要补充》三个栏目。

▲ 《三联生活周刊》和《财新》推出联合会员，费用为498元/年。用户购买订阅后，不仅可以免费畅听《三联生活周刊》2018年1月至今的各期内容，还可通过三联官方APP中读听周刊、听外刊、听荐好书等内容。财新则将通过“财新通”APP每日提供财新网、《财新周刊》双端付费阅读资讯。

2月22日 广东省委机关刊《南方》杂志上线24小时全天候在线服务的智能应答机器人“战‘疫’AI”。通过机器人“战‘疫’AI”，受众可以了解到“在哪里能买到口罩”“哪里有发热门诊”“乘坐出租车公交车怎样才安全”“企业如何申请复工”等大众关心的问题。

3月

3月16日 喜马拉雅宣布与《财新》达成合作，推出“喜马拉雅VIP×财新通联合会员”，喜马拉雅用户仅需498元/年即可成为双平台联名会员，同时享有喜马拉雅VIP会员与财新通会员的所有权益。与财新达成合作后，喜马拉雅VIP会员权益进一步丰富，用户体验也将进一步提升。

3月25日 国家新闻出版署决定组织实施2020年数

字出版精品遴选推荐计划。旨在遴选推荐一批导向正确、内容优质、创新突出、双效俱佳的数字出版产品和服务项目，引导出版单位树立以精品引领发展的导向，持续推出更加丰富、更加优质的数字出版项目，促进出版融合向纵深发展，更好地满足人民群众出版、阅读需求，推动出版业高质量发展。

▲ 由人民网主办、视觉中国独家战略合作的“人民视觉网”正式上线。人民视觉网是在人民网自有大型新闻图片库“人民图片网”的基础上进行的一次视觉资源的深度整合和技术升级赋能。新上线的人民视觉网聚合海量高品质新闻图片、漫画图表和视频素材，是集视觉内容聚合分发及交易管理运营于一体的视觉内容在线智能服务平台。

4月

4月23日 从即日起至25日，人民日报新媒体及23家出版机构将通过抖音直播为大众提供售书服务。阅读爱好者打开抖音APP，搜索“都来读书”，可获取直播地址。除此之外，今日头条和抖音针对读书类创作者推出定向流量池等激励政策，创作者可以在抖音、今日头条相关话题下征文后台进行创作，高质量内容创作者可获得“领读人”认证。

4月27日 封面传媒旗下新闻产品“30秒”与“封底”客户端重磅登场。“30秒”作为一种新的媒介生态，为满足广大年轻受众快速阅览新闻、娱乐、资讯的需求，微视频快阅读秒级发布。“封底”是针对高端用户和精英群体深度化、轻量化、慢阅读的习惯而研发推出的新闻资讯类客户端。将用融媒体思维和创新表达方式，全力打造专属于个性化的权威、鲜活、深度资讯信息场的系列深度原创作品。

4月30日 人民网主办的“2019中国媒体融合传播指数报告发布会”暨“中国媒体融合传播指数平台”上线仪式举行。并发布《2019中国媒体融合传播指数报告》。选取295家报纸、300个广播频率和34家电视台作为评估对象，抓取上述媒体主办的966个微博账号、903个微信公众号、484个抖音账号，与之相关联的5家聚合新闻客户端、4家视频客户端、4家音频客户端以及各媒体自有客户端的相关数据，对我国媒体2019年融合传播发展状况进行综合分析，并测算出2019年报纸、广播频率、电视台的融合传播指数，得出报纸融合传播百强榜、广播频率融合传播百强榜和电视台融合传播三十强三份榜单，深入分析不同类别媒体融合传播的特点，形成2019年中国媒体融合传播指数总报告及报纸、广播、电视融合传播指数三个分报告。

5月

5月4日 封面传媒正式发布智媒云3.0的总体架构，由4大矩阵、9个部分、28个关键节点构成。随着本次发布，封面传媒人工智能与未来媒体实验室、智媒云数据中心、智媒云服务与安全中心、智媒编辑部、智媒演播室等，均在总体架构中逐一亮相。

5月7日 国家新闻出版署门户网站上线试运营。门户网站设有《要闻信息》《图片新闻》《视频新闻》《通知公示》《政策法规》《工作动态》《结果公示》《行政处罚公示》等主要栏目。

5月9日 由浙江日报报业集团主办的“天目融媒体学院上线仪式暨浙江县级融媒体发展论坛”在杭州举行。天目融媒体学院致力于短视频传播研究、构建用户内容生态圈、助力县级融媒体发展，携手天目新闻用户，推进媒体融合向纵深发展。将通过浙江在线、天目新闻、天目号和MCN等平台为用户提供优质增值服务；将发挥天目智库专家的力量，广泛结合媒体发展趋势进行课程设置和更新，为一线采编、技术、运营、媒体管理以及天目拍友等提供技能培训及实战指导。

5月12日 新华网客户端联合淘宝发起“产地守护人计划”，开启直播带货模式。该活动希望深入全国，通过产业带故事、产业带产品以及全民公益宝贝捐赠等形式，实现对贫困地区和各路中小企业深度帮扶。

5月18日 《辽宁日报》“北国”新闻客户端正式上线。“北国”明确“党端”定位，以打造东北地区最权威、最强大的新闻信息源为目标，以加强优质原创新闻生产能力为导向，以“新闻＋政务＋服务＋社交”为定位，坚持正确的政治方向、舆论导向、价值取向，立足北方、深耕辽宁、辐射全国，为用户提供24小时海量优质信息、新闻产品、服务应用等，致力于成为新媒体舆论场传播辽宁声音的第一平台。

▲ “新江苏”客户端正式上线。“新江苏”由新华报业传媒集团重点打造，本着“共生发展”理念，以“我的就是你的”为愿景，以“新视野新未来”为追求，坚持平台思维、用户为中心、视频化＋社交化，广泛采用UGC生产模式，立足新江苏、深耕新江苏、服务新江苏，打造新闻、网群、视听、活动4个主要版块，开设《江苏》《本地》《长三角》《人事》《发布厅》《文明》《理论》《时事》《旅游》《体育》《直播》《拍客》《悦听》等频道（栏目）。

5月20日 新华社联合搜狗公司推出全球首位人工智能驱动的3D版AI合成主播——“新小微”。原型是新华社记者赵琬微，采用最新人工智能技术“克隆”而成。从外形上看，“新小微”高度还原真人发肤，在立体感、灵活度、可塑性、交互能力和应用空间等方面，较前一代AI合成主播（2D形象）有了大幅跃升。在特写镜头下，甚至连头发丝和皮肤上的毛孔都清晰可见。

▲ 全国首个区块链新闻编辑部在云端正式成立。编辑部由湖北广播电视台融媒体新闻中心倡导筹备，湖北广播电视台长江云、北京广播电视台北京时间、上海报

业集团澎湃新闻、《贵州日报》天眼新闻、江苏广播电视台荔枝新闻、重庆广电集团第一眼新闻、河南广播电视台大象新闻、山东广播电视台闪电新闻、黑龙江广播电视台极光新闻、天津津云新媒体集团、广西日报广西云、云南日报云报新闻等12个省市的主流新媒体作为首批成员单位联合组建。成立后推出全国首个“两会流媒体杂志”。

5月22日 国家网信办在全国范围内启动为期8个月的2020“清朗”专项活动。这一行动将全面覆盖各类网络传播渠道和平台，集中清理网上各类违法和不良信息。

▲ 《人民日报》智慧媒体研究院打造推出人民日报“智能云剪辑师”，其内置人工智能多媒体信息识别能力，可对视频画面进行人像识别、文字识别和语音识别，只需要短短几分钟就能根据需要，迅速生成视频，自动匹配字幕，还能完成画面人物的动态追踪，去除视频的拍摄抖动，迅速实现横屏转竖屏，适配短视频平台特点。

▲ 黑龙江省融媒重点项目“极光新闻”客户端正式上线。“极光新闻”集“新闻＋政务＋服务”于一体，融新闻资讯、政务服务、现场直播、网络问政、智能交互、社群互动等多种内容模式与互动体验，全方位向全国全世界推介黑龙江。

▲ 新版西藏日报藏汉双语客户端上线。这次改版升级是西藏日报社定位于打造新时代新型主流媒体、推动媒体融合向高阶迈进的重要举措。新版客户端专注新闻主业，力争构建西藏权威新闻客户端平台。

5月25日 以线上直播的形式《故宫六百年》新书云发布。人民文学出版社与快手平台展开首次直播尝试，共同打造《故宫六百年》联名定制款，开启“直播＋文化IP”跨界营销新玩法，“1700万＋”用户在线收看。

5月29日 经中共上海市委、市政府研究决定，市委宣传部、市国资委宣布对上海报业集团、上海东方网股份有限公司实施联合重组。将整合上海报业集团和东方网在新媒体内容领域的生产和技术资源，深化探索“内容建设为根本、先进技术为支撑”的媒体融合发展路径，用主流价值导向驾驭“算法”，让主流声音传得更开、更广、更深入。

6月

6月9日 “新甘肃云”决战决胜脱贫攻坚智汇媒体平台正式上线运行。平台由甘肃日报社、甘肃日报报业集团公司、甘肃新媒体集团联合推出，集新闻资讯和大数据查询为一体，将海量新闻内容进行智能集纳，实时更新，提供“本地动态”“扶贫数据”“精准扶贫”“扶贫典型”“政策落地”“媒体排行”六大板块10余个类别的服务内容，以多种维度呈现省内脱贫攻坚动态，形成多层面、多渠道、立体化的内容服务格局。

6月16日 人民日报新媒体、人民日报智慧媒体研究院正式发布成立“直播电商研究基地”。作为首个直播电商研究基地，通过汇聚各大电商平台、主播机构、主流媒体，发布行业数据、组织专业培训，发掘优秀主播、规范行业秩序，共同助力直播电商健康发展。同期，人民日报新媒体联合各大电商机构推出“全国直播电商投诉平台”上线。

6月17日 《“一带一路”大百科》新书发布会在线举办，近4000名网友观看并与专家交流互动。该书是“十三五”国家重点出版物出版规划项目，由崇文书局公开出版发行。全书将“一带一路”知识细分为七大类、48个分目、1024个条目，围绕历史沿革、经济地理、政策沟通、设施联通、贸易畅通、资金融通、民心相通七大类内容，详细阐述了“一带一路”的历史渊源、理论依据、发展思路和已有成就。

▲ 人民网慕课与中国国家人事人才培训网就面向社会开展全媒体岗位人才培训工作举行线上签约仪式。双方致力于提升全媒体时代传媒从业人员的岗位能力，为全媒体运营职业发展提供人才支撑。

6月19日 由《兰州晨报》联合全国各品牌商家，以及各地土特产种植专业合作社和农户，在甘肃省率先推出的“晨报优选”购物平台试运营。“晨报优选”是一个“报纸购物＋社区新零售”的全新购物平台，吸取近年来报纸购物的优点，通过社区新零售的运营模式，对接生产厂家、农户，从源头上为读者购买的产品把关。“晨报优选”还将建立微信公众号和小程序，通过社群营销、直播带货等，扩展商品和服务推广渠道，提高平台的品牌知名度、影响力，增加平台与消费者之间的黏性。

6月22日 河北日报报业集团正式上线“相约冬奥”微信公众号。公众号包括筹办动态、情系冬奥和冰雪课堂等版块。其中，筹办动态主要推送筹办工作重要进展的资讯，情系冬奥主要讲述冰雪体育人、冬奥项目建设者、冬奥志愿者以及社会各界人士情系冬奥、奋斗奉献的感人故事，冰雪课堂则主要立足于普及冬奥历史、冰雪项目发展、运动技能及观赛方面的知识等。

▲ 荆楚网（湖北日报网）全新改版上线。新版网站坚持党网定位，坚守党媒担当，扎根湖北，服务荆楚，网络国内大事、融汇全球信息。立足“新闻更多、看点更足、体验更丰富”，在首页重要区域集中展示《荆楚问政》《东湖评论》《网络新舆情》《荆楚号》《荆楚视频》等品牌栏目，凸显品牌特色和传播影响力。

6月24日 粤港澳大湾区信息资讯中心揭牌。中心由广东省推进粤港澳大湾区建设领导小组办公室和南方报业传媒集团主办，将打造信息、研究、宣传、产品应用等四大平台，为广东省推进粤港澳大湾区建设工作提供决策信息服务、宣传推广服务和决策咨询服务。通过“媒体＋智库＋技术”的方式，粤港澳大湾区信息资讯中心研发一系列信息服务产品，汇聚境内外宏观经济数据、政策数据、项目数据、新闻资讯、研究文献等海量数据信息。

▲ 《每日经济新闻》与微软（亚洲）互联网工程院宣布，双方在人工智能赋能“智媒体”领域展开合作。其中，基于微软小冰人工智能技术生成的文本、大数据金融知识图谱，以及利用实时翻译等技术实现的中英双语AI金融资讯等已正式完成部署。在双方前期试运营的一个月内，基于小冰人工智能技术，已为《每日经济新闻》7000万用户推送1万余篇金融资讯。目前，《每日经济新闻》AI快讯可实现稳定、准确的秒级生成和推送，在精确描述金融事件、确保高精准度的前提下，助力《每日经济新闻》的用户实时获取金融市场信息。中、英文金融资讯的同步输出，打通了金融信息流程自动化的关键一环。

6月29日 “2020书香江城——云直播”100场阅读分享活动首场开播。该活动由武汉市委宣传部指导，武汉出版集团主办，武汉出版社、武汉市全民阅读促进会、武汉新华书店股份有限公司承办。每周一个主题，从周一到周五每天一场。直播内容包括武汉历史文化、健康与生活、家庭亲子教育、儿童文学阅读与作文、自然科普教育、绘本阅读、生活美学、艺术欣赏等多个方面，邀请作家、专家、编辑、教师、博物馆讲解员、阅读推广人等作为主播嘉宾，通过武汉出版社官方抖音和快手平台直播。

6月30日 中央全面深化改革委员会第十四次会议审议通过了《关于加快推进媒体深度融合发展的指导意见》。会议强调，推动媒体融合向纵深发展，要深化体制机制改革，加大全媒体人才培养力度，打造一批具有强大影响力和竞争力的新型主流媒体，加快构建网上网下一体、内宣外宣联动的主流舆论格局，建立以内容建设为根本、先进技术为支撑、创新管理为保障的全媒体传播体系，牢牢占据舆论引导、思想引领、文化传承、服务人民的传播制高点。

▲ 由新华报业传媒集团江苏经济报研发建设的新华数字党建馆落户淮安，淮安市淮安区河下街道、淮阴区长江路街道、洪泽区三河镇3家单位首批上线。党建馆由数字党建、党建大数据、VR和AI体验、知识答题、演讲PPT等模块组成。通过VR、AI沉浸式体验，线上党建知识游戏问答，党员可以在学习和互动中受到党性教育。

7月

7月1日 “学习强国”学习平台“县级融媒”频道正式上线，该频道设有《县域新闻》《中国乡愁》《好人好事》《文明实践中心》《绿水青山》《城乡教育》《基层党建》《农民丰收》8个栏目。聚焦县域基层，致力于打造展现县域改革发展和社会治理成果的资讯平台，服务广大城乡群众、助力脱贫攻坚和全面建成小康社会的服务平台，弘扬优秀传统文化、引领乡村文化风尚和乡村文明进步的文化平台。

▲ “从起航地出发！《浙江日报》迎接建党百年大型融媒体报道”嘉兴分会场启动仪式在浙江嘉兴南湖红船畔举行。本次融媒体报道以“使命”为核心词，展现百年来中国共产党筚路蓝缕的奋斗，特别是党的十八大以来习近平总书记治国理政的辉煌成就带给人民群众的获得感、幸福感、安全感，展现浙江作为“三地一窗口”的政治担当。

7月2日 甘肃新媒体集团保障“第二十六届中国兰州投资贸易洽谈会在‘云端’开幕”。甘肃新媒体集团通过“云直播”、异地连线的方式，让国内外有关商会、企业和甘肃驻外商务代表在“云端”参会，进行投资洽谈，共享商机、共促发展。同时，直播活动开始之前，还通过县级融媒体中心省级技术平台“新甘肃云”指挥中心，将直播信号一键下发至全省76个县（区）融媒体中心进行了同步直播。

7月9日 浙江省社会治理融媒体中心（浙报集团天目演播厅）亮相。中心拥有面向社会治理领域的融媒云系统，聚合了浙江政法新媒体账号3000多个，覆盖了8100多万用户，通过大数据技术，推动政法宣传舆论工作在政法热点聚合、内容生产分发、传播效果评估等方面，实现数字化转型升级。中心配套建立的现代化演播厅，设立多个功能区，推动新闻传播从可读到可视、从静态到动态、从一维到多维的转变。

7月13日 由内蒙古科学技术出版社开发运营的大型蒙古语听书APP“蓝色草原·听书平台”在赤峰上线。该平台以“搭建音频平台 传播文化精粹”为宗旨，设有文学、历史、儿童文学、科普、传统文化等图书，胡仁乌力格尔、格斯尔、江格尔、好来宝、祝词颂词等说唱形式的音频，向广大蒙古语受众提供丰富精彩的有声读物。

7月15日 “凤凰·南古联合科学传播中心”成立暨战略合作协议签约仪式在南京举行。江苏凤凰科学技术出版社和中国科学院南京地质古生物研究所将在出版、融媒体传播等方面进行深入合作。首批合作项目是《发现·中国古生物大讲堂》，既有科普视频，又有配套图书，由中科院院士、南古所研究员戎嘉余领衔，带领20余位优秀中青年古生物学家，面向中小学生，讲述地球生命演化历史以及最新的古生物相关知识。

7月21日 《贵州日报》微信公众号推出融媒体作品《赴一场贵州的千年之约》，用长条画作的形式，将历史与现实串联，展现贵州脱贫攻坚的历史背景与突出成效。

7月22日 中国社会科学院新闻与传播研究所、社会科学文献出版社共同发布“新媒体蓝皮书：《中国新媒体发展报告No.11（2020）》”（以下简称《报告》）。《报告》分为总报告、热点篇、调查篇、传播篇和产业篇五个部分，全面分析中国新媒体发展状况，解读新媒体发展趋势，总结新媒体发展问题，探析新媒体的深刻影响。

▲ 新京报电商平台“小鲸铺子”正式上线。秉承新京报“品质源于责任”的理念，“小鲸铺子”以“幸福生活就这么简单”为品牌理念，竭力打造成优质品质消费者的专属购物圈，借助 DTC（Direct to Consumer）模式、供应链体系和数字化运营方式，深入挖掘目标消费者和新生代消费者需求，围绕数字营销、品牌传播和大数据三个方面，为用户提供高品质的购物体验和服务。

7 月 23 日 新华社与重庆日报报业集团联动举办“2020 年重庆日报报业集团全媒体人才培训”。培训主题为“新形势下党媒集团融合发展的创新与实践”，分为两期，共 4 场，采取线上、线下视频方式进行。

7 月 28 日 南方财经全媒体集团大数据平台“南财云平台”首次公开亮相。该平台包括“财经数据共享平台”“财经指数发布与运营平台”“财经数据交易平台”等版块。

7 月 30 日 “首届长三角区域媒体融合发展创新案例征集评选”活动正式启动。该活动由浙江省传播与文化产业研究中心、浙江省新闻工作者协会、长三角地区县级融媒体中心联盟、长三角融媒体智库联盟共同举办，主要面向含上海、浙江、江苏、安徽在内的长三角区域新闻媒体单位和机构展开，共征集县级融媒体中心建设创新案例和政务新媒体融合创新案例两大类，需具备政治性、创新性、实效性、典型性和贴合性。

7 月 31 日 新闻出版融媒体（相城）研发生产中心在苏州市相城区阳澄湖数字文化创意产业园区挂牌。该中心以新闻出版融媒体领域研发生产基地为目标，业务范围包括整合中外出版内容资源，集合出版融媒体上下游服务企业，汇聚出版融媒体产业要素，组建新闻出版融媒体产业联盟和智库，进行新闻出版融媒体产品和模式的研发与生产，打造出版内容传播矩阵，对新闻出版融媒体产业做课题研究与专家咨询。此外，还承担投资平台建设、项目孵化、人才培养、举办行业论坛和新闻出版融媒体大赛等内容。

8 月

8 月 12 日 在昆山市融媒体中心挂牌成立一周年之际，昆山第一门户客户端平台——第一昆山 APP 全新上线。这里有最及时权威的新闻：点击“云昆山”，媒体发布，24 小时更新不间断。《现代昆山》栏目，全新呈现昆山全力打造社会主义现代化建设标杆城市的进程；《科创昆山》栏目，为昆山打造国家一流科创中心助力；《美丽昆山》《平安昆山》《人文昆山》3 个栏目也异彩纷呈，五大栏目讲好昆山故事、传递昆山声音，充分展现昆山“强化企业服务优存量、加大招商引资强增量、加快创新驱动促转型、落实安全责任稳基础、加强队伍建设燃激情”的生动实践。

8 月 13 日 上海世纪出版集团、上海辞书出版社在上海发布“聚典数据开放平台”。该平台整合了《汉语大词典》《大辞海》《英汉大词典》《中药大辞典》等权威工具书内容，对数据进行结构化加工后，构建系统的云端数据仓库，采用以 API 调用为主的数据分发模式，可以满足读者在不同数字阅读场景下的知识查检即时需求，更将知识查检与阅读过程相融合，极大提升了读者的数字阅读体验。

8 月 17 日 由山东省委网信办、大众报业集团主办，中共青岛市委宣传部、市委网信办和半岛都市报社承办的沿黄河九省（区）网络媒体联盟、胶东经济圈网络媒体联盟成立大会暨网络媒体融合发展论坛在青岛举行。成立青海、甘肃、内蒙古、山西、四川、宁夏、河南、陕西、山东沿黄河 9 省（自治区）暨胶东经济圈网媒联盟，是整合沿黄河流域网络媒体资源，讲好黄河故事，发挥平台优势，深入实施黄河流域生态保护和高质量发展战略的重要举措。网媒联盟将在有关省市网信办的指导和支持下，以“网”为媒，抱团发展，加强联盟成员单位在新闻宣传、业务合作、技术开发、培训研讨等方面的交流与合作，提升网媒联盟在区域间的知名度和影响力。同时，将深化联动共建机制，城市联姻、媒体携手，分阶段、有重点地开展媒体联动报道和专题推介等，力争在中国新一轮更高水平对外开放的进程中，在统筹国内国际两个循环中，展现网络媒体新作为，助力形成“东西双向互济、陆海内外联动”的开放新格局。

8 月 25 日 中版集团数字传媒有限公司“悦中医”平台正式上线。“悦中医”是面向企事业单位、科研院所、教育机构的康养领域新产品，汇聚中医出版资源、名家资源，对中医典籍、权威专著进行碎片化加工和知识体系梳理，以科技创新传承中医国粹，使用户足不出户便可享受中医知识融媒体阅读、智慧检索、健康咨询与在线挂号等服务。

8 月 28 日 由广东省文联、广东广播电视台、珠江电影集团有限公司主办，广东省电视艺术家协会、广东省电影家协会、粤海风杂志社承办的“2020 新时代全媒体影像创作前沿论坛 - 云直播”在佛山市南海区举办。因受疫情影响，广东省内 5 名专家在主会场现场、省外 10 多名专家学者通过线上发言的方式参与了活动。

8 月 31 日 人卫智慧数字研发综合服务示范项目（一期）在项目地廊坊文安经济开发区智能装备产业园举行开工仪式。该项目是人民卫生出版社“十三五”“十四五”发展规划的重点项目，是顺应国家新基建总体发展方向和京津冀一体化发展战略，实现人卫社数字化、多元发展的重要举措。项目共分两期，一期占地面积 52 亩，总建筑面积 6.27 万平方米，总投资约 4.26 亿元，拟建医学图书智能供应链中心，通过引进现代化仓储物流技术设备，融合网络信息和大数据技术，打造智能、高效、专业的医学图书供应链创新管理体系和大数据生态应用体系。

9月

9月3日 陕西省首个“5G+VR红色文化体验馆”正式对外开放。体验馆由陕西新华出版传媒集团陕西科学技术出版社、延安市新华书店联合陕西“互联网＋革命文物”教育平台三方共同建设，其依托中国移动的5G技术优势，让体验者戴上VR眼镜，进入虚拟现实空间，就可以自由选择陕西各个革命纪念馆和革命遗址进行720度全景参观、游览，全方位、互动式观看革命文物，聆听讲解，身临其境地感知革命文物价值、重温革命历史。

9月4日 “媒体融合成果”亮相2020年中国国际服务贸易交易会。会期至9日，本届服贸会是新冠肺炎疫情发生以来中国在线下举办的第一场重大国际经贸活动，作为八个专题展区之一的文化服务专题展区特设总建筑面积3150平方米的“媒体融合展区”，以“融资讯、融政务、融生活、融未来”为主题，集中展示30家中央媒体、北京市属媒体和北京各区级融媒体中心以及融媒科技企业的发展成果。

▲ 由人民出版社出版的融媒版《国家勋章和国家荣誉称号获得者风采录》一书面世。该书由中央有关部门指导选编，收录了中央媒体刊发的在庆祝新中国成立70周年之际表彰的“共和国勋章”“友谊勋章”和国家荣誉称号获得者的相关事迹报道共42篇。书中还通过二维码链接了相关视频内容，以图文和音视频融合的方式立体呈现了英雄模范们的感人事迹和精神风采，是推动全社会敬仰英雄、学习英雄，大力弘扬社会主义核心价值观的重要参考读物。

▲ 新华网推出“2020中国国际服务贸易交易会大型融媒体专题”。专题设置“现场零距离”“服贸深观察”“一图观服贸”“服贸放映厅”“线上云看展”等版块，通过PC端、客户端全媒态展现服贸会新鲜动态。

▲ 甘肃“掌中庆阳”（客户端）“庆城首页”正式上线运行。“掌中庆阳”（客户端）是庆阳市委机关报《陇东报》旗下的新闻客户端，是庆阳市第一个“新闻＋政务＋服务”信息平台。庆阳市以“掌中庆阳”（客户端）“一县一首页”为载体，指导陇东报社与庆城县融媒体中心率先以“一县（区）、一首页”的方式，启动市县媒体融合，构建市、县（区）分级自主可控的新型主流媒体平台。

9月5日 “第四届中国数字出版创新论坛”在北京召开。论坛由中国出版协会、北京市委宣传部、中国新闻出版传媒集团、北京市贸促会、中国会展经济研究会主办，以“数字传承 共享高质量发展成果”为主题，围绕出版业转型升级与融合发展进行深入探讨。

9月8日 北京市新闻工作者协会、社会科学文献出版社共同发布《媒体融合蓝皮书：中国媒体融合发展报告（2020）》。

▲ “掌上海淀”智能客户端正式上线。活动现场，海淀融媒与中科大脑、中国电信、科大讯飞联合建立了全国首个区级“智慧城市融媒实验室”“5G融媒实验室”“AI融媒实验室”，并为同时上线的全市首个区级智慧媒体生产平台（海淀云）和智能客户端（掌上海淀）提供技术支撑和应用实践。

9月9日 “第十五届传媒年会·县级融媒体中心高质量发展江宁论坛”在南京市江宁区举办。与会专家学者、媒体代表和基层工作者以“引导服务群众 壮大主流媒体”为主题，深入探讨新时代下如何打通宣传思想和服务群众两个“最后一公里”。

9月10日 新华社县级融媒体专线正式上线。这是新华社服务县级融媒体中心建设的一项重要举措。新华社县级融媒体专线是集文字、图片、图表、漫画、音视频等于一体的多媒体发稿线路，设置11个栏目，依托全媒体采编发系统和全媒体供稿系统，通过供稿网站、RSS、FTP等互联网接口，连接用户内容生产系统或发布端。

9月11日 川东北地区党报媒体融合发展座谈会在四川广安召开。川东北五市党报主要负责人围绕推进媒体深度融合发展、打造新型主流媒体、推动川东北党媒协同发展等内容发言，具有很强的指导性、针对性和可操作性。为此，《广安日报》特邀省报业协会、南充日报社、达州日报社、广元日报社、巴中日报社、广安日报社主要负责人做客賨州论坛，分享经验、交流观点，共同探讨党报媒体融合发展之路。

9月13日 “正观”APP全新上线。居中，守正，观天下。“正观”是郑州报业集团打造的集“新闻＋政务＋服务”于一体的新型主流媒体平台。“扎根郑州，立足中原，影响全国”。“正观”的“正”，是“郑州”之“郑”的谐音，是正确、正道、正能量；“观”，是观察、观点、观天下。

9月18日 首次“全国新闻出版深度融合发展创新案例”开始征集，时间至12月31日截止。该活动由中国新闻出版传媒集团主办，中国新闻出版广电网、大方智库（北京）信息技术研究院承办，旨在为进一步集中展示全国新闻出版单位深度融合发展的重要成果、典型经验和创新案例，遴选深度融合发展过程的新模式、新技术、新平台，推动业界互学互鉴。征集范围涉及报业集团（社）、出版集团（社）、期刊集团（社）、新闻网站、县级融媒体中心等单位。

▲ “风口财经”客户端正式上线。“风口财经”由山东大众报业集团半岛传媒倾力打造的区域性专业财经新媒体平台，立足青岛，致力于最权威的财经资讯、最地道的财经解读、最热辣的财经故事，在技术的加持下，形成一个完全交互的“人联网”生态。

9月21日 封面传媒搭建首家国家级科博会云展馆——第八届中国（绵阳）科技城国际科技博览会开幕。本届科博会展期5天，首次以云端博览完整替代传统线下展会，呈现了全国规模最大、展位数量最多的全场景3D建模智能展馆，分为“云展览序厅”“国家高新区建设成果馆”“四川省科技创新成果馆”“中国（绵阳）科技城主题馆”4个展馆，共有24个展区，吸引582家参展企业及机构，共计1800余项展品参展。

9月22日 国家新闻出版署开展“2020年中国报业深度融合发展创新案例”征集，申报时间至10月20日结束，征集范围包括六类：全媒体传播体系建设类、网络内容建设类、专业信息服务类、智慧城市建设及生活服务类、前沿技术应用类、管理创新类。

9月24日 以“‘数’连万物，‘智’造媒体”为主题的2020中国（杭州）传媒技术生态高峰论坛在杭州未来科技城开幕。本次大会由浙江日报报业集团联合全国传媒与技术界举办。

9月26日 中共中央办公厅、国务院办公厅印发《关于加快推进媒体深度融合发展的意见》（以下简称《意见》）。《意见》从重要意义、目标任务、工作原则三个方面明确了媒体深度融合发展的总体要求，要求深刻认识全媒体时代推进这项工作的重要性、紧迫性，坚持正能量是总要求、管得住是硬道理、用得好是真本事，坚持正确方向，坚持一体发展，坚持移动优先，坚持科学布局，坚持改革创新，推动传统媒体和新兴媒体在体制机制、政策措施、流程管理、人才技术等方面加快融合步伐，尽快建成一批具有强大影响力和竞争力的新型主流媒体，逐步构建网上网下一体、内宣外宣联动的主流舆论格局，建立以内容建设为根本、先进技术为支撑、创新管理为保障的全媒体传播体系。

▲ 以主题为“文明因交流而多彩”的第二十七届北京国际图书博览会（BIBF）云书展开幕，首次由实体展搬到网上举办。BIBF会期5天，由国家新闻出版署、科技部、北京市人民政府、中国作家协会、中国出版协会主办，中国图书进出口（集团）有限公司承办，古巴担任此次书展主宾国。

9月27日 以“变局中开新局：中国网络媒体的责任与使命”为主题的“2020中国网络媒体论坛”在上海开幕。论坛由中央网信办、中共上海市委网信委、新华社主办，包括开幕式暨主论坛及“内容、技术、产业、责任”4个分论坛。深入探讨“在危机中育新机、于变局中开新局”背景下网络媒体的责任和使命，推动网络媒体积极应变、主动求变，更好适应新变化、实现新发展。

10月

10月2日 四川人民出版社与成都新飞翔科技集团共建的融合出版孵化平台——“锦书云”正式亮相。旨在将动漫动画、影视、音频、游戏等数字文创产业链内容资源与有声出版物、电子阅读产品、音视频产品、主播电台、动画手游、课件教具、电影电视以及文创周边跨界整合，孵化出更多顺应时代潮流的“数字文创”成果物。“锦书云·传统文化”融合出版产品同时上线，《手艺的温度》一书揭开面纱，以采访视角，用图书、视频、有声、文创产品等多元化方式，对非物质文化遗产的手艺传承人进行了真实记录。

10月13日 中国出版线上参展第72届法兰克福国际书展。线上书展为期5天，17家中国的出版集团及专业出版单位，通过中国图书进出口（集团）有限公司设立的“阅读中国”网站专页参展，首创全景VR“云平台”，应用5G时代云书展技术，与电子图书相融合的全渠道多媒体方式呈现，通过720度全景方式拍摄制作，采用增强现实的3D复刻技术、真实还原书展现场，让国际出版人与普通读者感受人书互动、沉浸式体验的全新阅读方式。

▲ 经中宣部批准，中国记协新媒体专业委员会配合国家脱贫攻坚战略安排开展的2020县级融媒体中心东西协作交流公益项目在青州市融媒体中心启动。项目采取东部和中西部省份协作帮扶、结对培养县级融媒人才的形式，来自山东、浙江、江苏3省的15家县市区融媒体中心与中西部地区15家融媒体中心通过一对一结对、互派代表驻点交流的方式，推动东部地区与中西部地区县级融媒体中心在内容生产、管理方法、运营经验、经营模式等方面深度交流协作。

10月19日 第三届中国新媒体发展年会在济南开幕。本届年会由中国新闻出版研究院传媒杂志社、首届中国国际文化旅游博览会执委会、中共济南市委宣传部主办，以“5G·AI风口上时代短视频与直播的发展趋势”为主题，旨在搭建新媒体交流平台，引领新媒体传播正能量。

▲ 河南日报报业集团有限公司与腾讯云计算（北京）有限责任公司、深圳市腾讯计算机系统有限公司签署战略合作协议，重点打造顶端新闻客户端。顶端新闻是以问答为特色的智慧信息服务平台，旨在服务新主流人群，是河南日报报业集团推出的青春版党媒，是践行网上群众路线的新时代党端。

10月21日 中央宣传部传媒监管局“2020全国省级新闻网站和党报新媒体负责人培训班”在南京举办。本次培训为期4天，以践行全媒体时代媒体的责任使命为主题，围绕加强互联网生态治理和全媒体监管、推动媒体深度融合发展、规范新闻采编行为、加强新闻记者管理等工作展开。培训班要求，各媒体单位深刻认识全媒体时代媒体的责任使命，必须把坚持党性作为履行职责的根本，必须把坚持正确导向作为履行职责的核心，必须把坚持正面宣传为主作为履行职责的支点，必须把推动全媒体建设作为履行职责的根本。要坚决践行全媒体时代媒体的责任担当，切实履行政治责任，着力构建全媒体传播体系，不断加强媒体行业自我监督，大力培养全媒体人才。

10月22日 “2020汉江流域城市党报融合发展论坛”在湖北襄阳举办。论坛由湖北省新闻工作者协会、襄阳市委宣传部主办，与会人员围绕“激发内生动力 推动媒体融合向纵深发展”的主题，共同探讨在新的历史时期媒体融合如何构建新生态新格局。

10月23日 央视网智慧媒体学院正式成立并揭牌。这是央视网依托“人工智能编辑部”核心资源，联合高校、科研机构及互联网行业内领先企业，开设创办的国内第一家主流媒体建设的智慧媒体学院。

10月28日 甘肃第一新闻党端“新甘肃”（客户端）3.0版正式上线。新版本凸显智能、智慧与智变，实行“大频道、小栏目”的架构，极大方便特色内容的引流，导航中“呦呦视频”“融媒”“甘肃号”等版块，体现了客户端“新”“融”“暖”的特色。同时，还实现了“新甘肃”和县级融媒体中心省级技术平台“新甘肃云”的共通互融。

10月29日 以“育新机开新局：释放媒体深度融合发展新动能”为主题的第十一届广西网络媒体峰会、2020年广西数字媒体发展圆桌对话会暨广西数媒发展主题采风活动在南宁举行。本次活动由广西壮族自治区党委网信办主办，广西日报社广西新闻网、广西网络文化协会承办，聚焦新形势下媒体格局和舆论生态之变，研讨媒体深度融合、5G时代数字媒体建设，为广西网络媒体融合发展把脉支招。

10月31日 由江苏省委网信办、上海市委网信办、浙江省委网信办、安徽省委网信办和无锡市委网信委主办的2020长三角·紫金网络传播创新峰会在无锡举行。本次峰会以“网聚长三角 共话深融合”为主题，旨在巩固壮大主流舆论，强化区域互联互通，形成网络传播合力，为长三角地区经济社会一体化发展提供强大的网信智慧和力量支撑。

11月

11月3日 县级融媒体中心进入“十四五”时期的国家顶层设计。《中共中央关于制定国民经济和社会发展第十四个五年规划和二〇三五年远景目标的建议》发布，文中提到“推进媒体深度融合，实施全媒体传播工程，做强新型主流媒体，建强用好县级融媒体中心”。

11月4日 以“新报业、新融合、新技术”为主题的“2020年中国报业技术年会”在运城举办。本次年会由中国报业协会、中共运城市委主办，中共运城市委宣传部、山西省报业协会协办，运城日报社、中国报协技术委员会承办，会期4天。报业行业的行业领袖和专家们在会上共同探讨了媒体融合趋势下，传统报业数字化转型的未来趋势和最新进展。

11月9日 “福建省县级融媒体总平台新华社专线”开通仪式举行。

11月14日 由中国电视艺术家协会市县电视委员会主办，广州市番禺区融媒体中心承办的“第八届全国市县电视台、融媒体中心推优展播暨百台论融媒活动”在广州市番禺区举办。本次活动吸引全国170多家市县电视台、融媒体中心主任及宣传部长参加，推动媒体深度融合，做大做强主流舆论，促进全国市县电视文化与融媒事业繁荣发展。

11月16日 第十六届中国（深圳）国际文化产业博览交易会首次通过云端与广大网民见面。其中“媒体融合·新闻出版馆”突出展示出版融合的趋势与特征，中国出版集团有限公司推出《穿越时空的大运河》数字影像展、5G新阅读产品，深圳出版集团有限公司展示“深圳书城模式”“书城+”等新业态，中文在线数字出版集团股份有限公司带来文学、音频、影视、游戏等多元文化产品等。

11月17日 由光明网、中国电信集团、中国传媒大学新媒体研究院共同发起成立的5G融媒实验室，在中国电信研究院挂牌并举办5G融媒发展研讨会。

11月19日 “2020中国新媒体大会”在长沙开幕。大会由中央网信办、国家广电总局、湖南省人民政府指导，中国记协、湖南省委宣传部主办，以“守正聚力 创新共融”为主题，举办“内容创新创优”“聚焦新生代 赋能新生态”“新平台的社会责任”等专题论坛，揭晓中国新媒体战“疫”十大精品案例、扶贫十大优秀案例，推出“走进马栏山”主题展示，举办“增强‘四力’ 推动深度融合发展”专题培训和启动“中国新媒体联合公益行动”等活动。此外，大会还发布了《中国新媒体研究报告2020》《中国新媒体年鉴2019》等新媒体行业发展最新研究成果。

▲ “第三届全国地县媒体融合发展高峰论坛”在北京大学中关新园群英厅举行。论坛由北京大学新媒体研究院主办，与会者围绕“深化·持续·效果”这一主题，从舆论引导、经营管理、社会治理等方面对促进地县媒体融合发展进行研讨。

▲ 新媒体系列纪录短片《相遇在中国》（*Encounters in China*）全网联播。该片由中宣部对外推广局指导，五洲传播中心制作，讲述了新时代中国和世界的故事，进一步阐释人类命运共同体的理念。目前已在“学习强国”学习平台、人民号、新华视频、央视频等全网联播。

11月21日 由光明网、北京市大兴区融媒体中心主办的“推进媒体深度融合 建立全媒体传播体系”2020政务新媒体座谈会在北京举行。业界专家围绕新时代政务新媒体、县级融媒体中心发展路径建言献策。

11月25日 “融媒体大数据国家示范标准规范融媒指数体系”专家组会议在中科院自动化所隆重举行。中国新闻出版研究院、北京大学新媒体研究院融媒体国家发展研究中心等联合人民网研究院等中央新闻单位融媒体研究机构，共同构建北京融媒指数大数据移动互联研究院，将推出研究、评价、推广、交流我国媒体融合大数据及融媒体中心建设的“融媒指数”规范体系。

▲ 深圳报业集团与中信出版集团在深圳签署战略合作协议。双方将立足深圳地缘优势，推动“版权 + 数字”的深度融合，共同发起设立深圳大湾区数字版权发展投资基金。

11 月 30 日　“2020 年全国有声读物精品出版工程”入选项目发布仪式在北京举行。此次入选项目题材多样，制作精良，有的作品聚焦主题主线，宣传贯彻习近平新时代中国特色社会主义思想，立体展现党史、新中国史、改革开放史、社会主义发展史；有的作品聚焦决胜全面小康、决战脱贫攻坚，宣传阐释社会主义核心价值观；有的以人民作为创作表现主体，唱响爱国主义主旋律、传承中华优秀传统文化，充分体现时代精神，生动反映现实生活；有的作品积极普及科学知识，传播哲学社会科学、自然科学各领域最新研究成果和重大实践创新成果；还有不少作品融思想性、艺术性、知识性、趣味性于一体，满足少年儿童不同年龄阶段多元化需求。

12 月

12 月 4 日　“2020 首届全国县级融媒体中心舆论引导能力建设年会”在江西分宜开幕。年会是经中宣部批准，由中国新闻出版研究院传媒研究所、中共新余市委宣传部主办，以建设“融媒体 +”，推动县级融媒体中心舆论引导能力跨越式提升为主题，旨在深入贯彻落实习近平总书记关于媒体融合的重要讲话精神，探讨、总结全国县级融媒体中心舆论引导能力建设经验和做法，推动县级融媒体中心向深度发展，不断提高“引导群众、服务群众”的能力，逐步建成面向基层的主流舆论阵地、综合服务平台和社区信息枢纽。

12 月 11 日　由福建日报社（报业集团）主办，海峡导报社承办的第九届海峡媒体峰会在厦门举办。来自海峡两岸的 50 多家媒体代表及专家学者、高校代表围绕“如何利用新技术，推动两岸媒体融合”主题，深入探讨两岸媒体运用创新技术推动融合发展的新思路、新举措，并重点商讨新媒体建设、建立共同培训机制和实习基地等工作。峰会期间还举办了海峡两岸新媒体短视频大赛，签订两岸青年实习基地合作协议。

▲ 以“共融 · 共创 · 共智：长三角区域媒体融合发展未来图景”为主题的长三角区域媒体融合发展创新论坛在浙江长兴举行。论坛由浙江省传播与文化产业研究中心、浙江省新闻工作者协会、长三角县域媒体协作平台、长三角融媒体智库联盟主办。

12 月 12 日　“人民共和国党报论坛”第十七届（2020）年会在中国传媒大学举办。年会由中国传媒大学党报党刊研究中心、中国传媒大学新闻学院和河北大学新闻传播学院主办，以“激越 2020，党媒责任担当”为主题。与会人员阐述了突发公共卫生事件中党媒的责任担当，总结了党媒脱贫攻坚报道的经验策略，并就马克思主义新闻观、媒体深度融合发展以及全媒体时代下党媒的机遇挑战等问题进行深入交流。

12 月 14 日　北京出版集团与中关村科学城城市大脑股份有限公司签署战略合作协议。双方将在建设高标准的出版集团智能管理系统、出版大数据研究、“出版大脑”建设等方面开展多层次、多形式、多领域的交流与合作，推进创新链、产业链、资金链、政策链相互交织及相互支撑。

▲ 河南省滑县、新安县、汝州市、项城市、卢氏县 5 家县级融媒号入驻“学习强国”学习平台，这是河南首批入驻的县级融媒号。其聚焦县域基层，致力于打造展现县域改革发展和社会治理成果的资讯平台，服务广大城乡群众、助力脱贫攻坚和全面建成小康社会的服务平台，弘扬优秀传统文化、引领乡村文化风尚和乡村文明进步的文化平台。

12 月 17 日　中共陕西省委宣传部与西安工业大学签署长期战略协议。依托西安工业大学艺术与传媒学院等机构在数字出版行业的优势，双方共建“陕西数字出版研究院”联合研发机构。

12 月 16 日　新媒体乡村产业振兴系列专题片《一村一品》全网播出。该片由农业农村部乡村产业发展司指导，中国农村杂志社出品，北京新锐时空文化交流中心等单位制作完成。讲述了全面推进乡村振兴，培育村镇特色产业，进一步提升全国“一村一品”示范村镇的品牌影响力。目前，已在“学习强国”学习平台、中国农村网、“微观三农”公众号、“县域经济智库”公众号等全网联播。

▲ 青海省县级融媒体业务培训班在西宁开办。培训班由青海省委宣传部主办，全省所有县级融媒体中心、省互联网新闻中心和部分技术厂商人员共 200 余人参加培训。学员将在“天翼云”实际操作环境中，系统学习县级融媒体平台的完整操作，充分了解升级扩容后的省级技术平台强大的向下赋能，分享关于媒体深度融合发展的最新理念，掌握平台运营的知识和策略。

12 月 17 日　以“推进媒体深度融合发展 构建主流传播生态”为主题的第八届中国新兴媒体产业融合发展大会在厦门举行。本届大会由新华社、厦门市人民政府主办，新华社新媒体中心、厦门市委网信办、湖里区人民政府承办，厦门日报社具体执行。大会为期两天，聚焦新经济、新媒体、大数据、人工智能、工业互联网等热点话题和热门领域。其间发布了《中国新兴媒体融合发展报告 (2019—2020)》等。

12 月 20 日　由中国广播电视社会组织联合会媒介融合研究基地、重庆师范大学主办的“2020 县级融媒体建设巴山论坛”在重庆举办。论坛上，正式启动西部县级融媒体发展研究院筹建，该研究院将致力于媒介融合研究，推进西部县级融媒体中心建设和发展，由中国广播电视社会组织联合会媒介融合研究基地、《重庆日报》、重庆广大融媒科技有限公司、重庆新闻学院（重庆师范大学新闻与传媒学院）共同筹建，将按照“优势互补、资源共享、共建共赢”的原则，在人才培养、业务培训、产研融合、成果转化与融合媒体产业发展等方面开展多渠道、深层次的合作，促进各方共同发展。

12月21日 为期两天的“第十届中国数字出版博览会”开幕。博览会由国家新闻出版署、北京市人民政府指导，中国新闻出版研究院、北京市委宣传部主办。本届博览会以“创新引领消费 融合赋能变革”为主题，全方位立体式展示数字出版新技术、新模式和新服务，线上展览设有数字阅读、数字教育和知识服务3个专题展区以及出版战“疫”数字内容精品展、助力脱贫数字内容精品展两个主题展。

▲ 第二届中国出版业知识服务大会以线上线下相结合的方式同步召开。大会由国家新闻出版署指导，中国新闻出版研究院、中国音像与数字出版协会主办。聚焦出版业数字化发展状况，探讨我国出版产业知识服务创新发展的路径。大会线下主题为“实施文化产业数字化战略，深化出版融合”，线上主题为“深化出版融合，引领知识服务发展”，同时发布了《出版业融合发展调查报告（2020）》。

▲ 融媒体图书《人民战“疫”》在湖北武汉正式与读者见面。本书由湖北九通电子音像出版社联合全国多家媒体共同打造，共收录《乐乐的妈妈们》《回家》《特殊房客》《火神勇士》《爱心盒饭》等广播剧15部。全书立体鲜活地再现了抗疫期间一线医务人员、基层干部、公安民警、社区工作者、志愿者等平凡人的感人故事，勾勒出一幅全民抗疫群像。书中的所有作品均以二维码链接的形式免费向读者提供在线播放。

12月22日 中文在线数字出版集团股份有限公司与中国新闻出版研究院签署战略合作。双方将围绕技术与产品、知识产权保护、行业人才发展、重点项目产研结合等多方面开展合作，共同推动数字经济发展，推进出版行业数字产业化、产业数字化的转型进程，推动互联网、大数据、人工智能和实体经济深度融合以及海外版权推广合作等。

▲ 第八届中国企业新媒体年会在北京召开。年会由国务院国资委新闻中心、中央企业媒体联盟主办，来自中央部委和政府机构、媒体和互联网平台、企业、高校的代表围绕“融时代·新传播”展开思想碰撞。

12月23日 2020（第五届）全国党媒网站高峰论坛在深圳举办。论坛的主题为“深度融合、一体发展——加快建立全媒体传播体系”，围绕“牢记使命 构建全媒体传播体系”“奋力战‘疫’ 提升引导服务能力”“拥抱5G以先进技术引领驱动融合发展”等话题进行主旨发言和圆桌讨论，由人民日报社、国家互联网信息办公室指导，人民网主办。现场发布了《2020全国党报融合传播指数报告》。

12月25日 由浙江省妇女联合会、浙江日报报业集团共同主办的“媒丽圈”浙江女性新媒体联盟在杭州成立。联盟分为乐活态度、美丽女性、平安健康、科学教育、新闻资讯五大类别，旨在打造首个省级女性新媒体对话交流合作平台，充分发挥新媒体内容与流量优势，讲好浙江女性故事、传播浙江女性声音、展现浙江女性魅力。同时，发布了“媒丽圈”赋能计划，借力浙报集团“天枢”融媒体云平台，为浙江省优质女性新媒体联盟成员提供技术流量、IP孵化、投融资对接、聚合传播、激励创新等多维度的支持。

12月28日 “英雄的湖北 英雄的武汉”致敬礼在武汉东湖国际会议中心举行，全媒体发布40个武汉抗疫年度场景。活动由湖北省委宣传部指导，湖北日报传媒集团主办，楚天都市报社承办，分为岁末回望、人民至上、白衣为甲、众志成城、激越重振、英雄寄语、极目楚天、奔向春天八大篇章，以视频专题片、情景剧、现场互动等形式，生动再现了2020年一个个铭刻在湖北人民心中的经典场景。

12月29日 由团结出版社打造的媒体融合发展代表性产品——“特写”APP在京正式上线。“特写”APP是一款以“人物传记”为特色的移动产品，分为“我听”“我看”“我写”“我说”四大版块，用户可以用文字、照片、音频、视频记录自己或身边的故事。

▲ 天目传媒有限公司成立。天目传媒由浙江日报报业集团直接投资，浙江在线新闻网站有限公司参股，将以天目新闻客户端为核心，开展互联网新闻信息服务、政务服务、新媒体技术开发、短视频制作发布服务、直播服务等业务。

12月31日 “顶端”新闻客户端正式上线。“顶端”是由河南日报报业集团全力打造的新时代党端，独特卖点就是“问答模式”，秉承“所有问题，即时答案”的理念，将和用户一道，致力于问与答的破圈，从老百姓的提问、困惑、需求出发，深入推进内容生产供给侧结构性改革，在提供权威新闻资讯服务的基础上，力求解决用户问政、新闻追问、城市生活问答三个核心需求，打造为用户提供寻求解答、解释、解决的智慧信息服务平台。

注：本大事记采用公元纪年顺序编排，所列条目标明年、月、日，同一时间有两条或两条以上条目时，在首条开头写明时间，其余条目则用“▲”表示。

·理论研究与探索·

Theoretical research and exploration

构建媒体深度融合发展新格局

赵淑萍 崔林 吴炜华

党的十九届五中全会强调，推进媒体深度融合，实施全媒体传播工程，做强新型主流媒体，建强用好县级融媒体中心。2020年9月，中共中央办公厅、国务院办公厅印发《关于加快推进媒体深度融合发展的意见》（以下简称《意见》），从重要意义、目标任务、工作原则三个方面明确了媒体深度融合发展的总体要求。构建媒体深度融合发展新格局，是繁荣发展文化事业和文化产业、提高国家文化软实力的题中应有之义，是提升公共文化服务水平的有效路径。

一

什么是深度的媒体融合形态？这需要从全媒体传播生态层面进行分析与理解。结合互联网发展加速重构媒体格局的新形势，从系统论视角审视，全媒体传播体系应当由新型主流媒体/网络平台、数据/内容、传播者/服务者、用户/群众等要素构成。与此前相比，传播系统的基本要素没有太多改变，但是重心及要素之间的关系发生了结构性变化。

首先，数据是全媒体传播体系的基本资源，缺乏数据，就意味着缺乏传播力。在全媒体时代，必须坚持内容为王，而数据是发挥内容优势的基础。媒体深度融合应充分将主流媒体长时间积累的数据资源开发出来，不断拓展新闻信息服务的深度和广度，在数据版权、数据服务、数据库等方面发挥比较优势，提供满足用户资讯、社交等需求的有竞争力的产品。尤其是人民群众喜闻乐见的精品内容，更是主流媒体在媒体融合中需要着力打造、建设的部分。

其次，媒体融合的理想形态是主流媒体成为集信息、商务、政务、民生等为一体的强大主流平台。《意见》强调，“把党的优良传统和新技术新手段结合起来，强化媒体与受众的连接，以开放平台吸引广大用户参与信息生产传播，生产群众更喜爱的内容，建构群众离不开的渠道”。以先进技术引领构建主流平台，有利于走好全媒体时代群众路线，增强主流媒体聚合能力及传播能力。需要注意的是，这里所说的平台，并非要有与互联网商业平台一样的体量和规模，而是要拥有同等技术和服务水平。因此，构建媒体深度融合发展新格局，要用好5G、大数据、云计算、物联网、区块链、人工智能等信息技术革命成果。

最后，在全媒体传播体系中，传播者就是服务者，要与用户建立深度连接，加强用户黏性。《意见》指出，要“坚持以人民为中心的工作导向，坚持贴近群众服务群众”。互联网新技术新应用加速发展，各种新媒介形式层出不穷，多元社会思潮涌现碰撞，对主流媒体把握网上传播规律、走好网上群众路线提出了更高要求。传统媒体要大胆创新、调整角色定位，将新型主流媒体打造为新型服务者，把人民作为服务对象，为人民利益和诉求发声，积极回应社会关切，传播他们的意见、要求和呼声，用服务功能吸引用户，用强连接留住用户，真正坚持以人民为中心的工作导向。

二

《意见》指出，要“坚持正能量是总要求、管得住是硬道理、用得好是真本事，坚持正确方向，坚持一体发展，坚持移动优先，坚持科学布局，坚持改革创新”，这为我们推进媒体深度融合指明了方向。

深度融合是在坚持正确方向下传统主流媒体占领新兴传播阵地的融合。一般认为，媒体融合的实施主体是传统主流媒体，其通过制度创新、新技术运用、内容革新、渠道优化等路径，实现向新兴媒体转型升级。这是根据我国新闻舆论工作的历史和现实要求而制定的，是具有中国特色、中国风格的媒体融合之路。传统媒体在转型为新兴媒体的同时，主阵地不能丢失，正能量不能缺失，主旋律要大力传播和弘扬，党的新闻舆论工作的优良传统要不断传承。

“一体发展”和“科学布局”是当前媒体融合亟待破解的重要课题。近年来，媒体融合实践的基本逻辑在于：一是自上而下的战略规划与设计；二是对各地优秀典型做法加以推广。一些地方媒体在融合过程中所建设的云平台、融媒体生产模式和政务服务模式，被其他省市媒体所效仿，媒体融合呈现多点开花样态。这个过程中存在的问题在于，报纸、广电、门户网站、社交媒体等常常各自为战，内容生产一体化程度还不高，资源的充分整合与挖掘还不够。这样的融合是浅层的、有边界的。因此，《意见》明确要从体制机制改革入手，建立起适应全媒体生产传播的一体化组织架构，提出按照资源集约、结构合理、差异发展、协同高效的原则，完善中央媒体、省级媒体、市级媒体和县级融媒体中心四级融合发展布局。同时，推动媒体深度融合发展要坚持科学布局，既一体发展、整体推进，又不能搞一哄而上、重复建设。

坚持移动优先是当前媒体深度融合的重要原则，也是衡量媒体融合成败的关键。传播内容、技术、人才、项目资金都要向互联网和移动端倾斜，这是深度融合的必然要求。建设全媒体移动终端，这几项要素相互作用、不可或缺，没有项目资金就无法吸引真正优秀的全媒体人才，没有全媒体人才，技术和内容更无从谈起。传统媒体的转型升级既要有互联网思维，也要有商业互联网的运作逻辑、资金投入和专业人才。其中，人才是关键中的关键，“充分释放人才活力”是媒体深度融合的当务之急。

坚持媒体深度融合，必须坚持改革创新。一方面，深化体制机制改革，通过改革创新管理机制，配套落实政策措施，把握新媒体传播规律，统筹处理好媒体融合主体之间的关系，打造合理完备的全媒体传播链条，形成协同高效的全媒体传播体系。另一方面，坚持内容创新，注重内容建设，保持内容定力，专注内容质量，扩大优质内容产能，创新内容表现形式，提升内容传播效果。通过对优秀内容的生产和传播，引领和实现媒体进一步深度融合。

（赵淑萍、崔林、吴炜华：北京市习近平新时代中国特色社会主义思想研究中心特约研究员；本文摘自《光明日报》2020 年 12 月 22 日）

推进媒体深度融合要聚“六气”

任羽中

加快推进媒体融合向纵深发展，必须善于从政治上看问题，不断增强政治判断力、政治领悟力、政治执行力，要在深刻认识和科学把握信息传播规律的基础上，大胆创新、勇于开拓，脚踏实地、凝魂聚气。

保持定力增“底气”。互联网极大提升了信息生产与传播的效率，信息无处不在、无所不及、无人不用，由此带来了传媒生态的大变局。算法推荐取代了编辑的经验，主导了新闻信息流；用户扮演了创作者的角色，内容生产日趋去中心化，西方社会更因此出现了所谓“后真相”现象。但在变局之中更要保持头脑清醒，更要有政治定力，把最根本的东西守住了，把主要矛盾和矛盾的主要方面搞准了，才能应变、求变。坚持党性原则，坚持以民为本、以人为本，坚持团结稳定鼓劲、正面宣传为主，是党的宣传思想工作长期形成的优良传统，更是我们在全媒体时代攻坚克难的“底气”所在。要保持坚持正确政治方向的定力，在新一轮传媒变革大潮中发挥党管宣传、党管意识形态、党管媒体的优势，创新思路、革新方法，保持并加强党对新闻舆论工作的领导。要把握人民群众在互联网时代信息需求的新变化，发挥媒体融合在整合信息资源、发挥综合优势方面的作用，把满足人民群众的需要当作最大的发展优势。要坚持“正能量是总要求，管得住是硬道理，用得好是真本事”，发挥融媒体在统一思想、凝聚力量方面的强大传播力和动员力，全面提高舆论引导能力。

改革创新显“朝气”。媒体融合是传播观念创新的成果，在互联网时代更要勇立潮头，在改革创新中保持蓬勃朝气。把更新观念作为首要任务，认识到融合发展是大势所趋，用融合传播的思维想问题，善于发现、运用互联网时代的传媒规律，努力站在传媒变革的最前沿。把创新制度作为媒体融合的有力保障，建立适应移动优先策略的组织架构和工作机制，打造“一次采集、多样生成、多元发布”的生产传播流程，进一步解放和发展主流媒体的传播力。把革新技术作为重要动力，加强对核心技术的前瞻性研究，实现传媒领域关键技术的突破；探索大数据、区块链等前沿成果的创新应用，善于将先进技术转化为传播能力。

专注内容扬“正气”。融合发展必须坚持内容为王。无论传播技术如何更新、媒体业态如何演化，优质内容始终是媒体竞争中的硬通货，正能量始终是总要求。近年来许多可视化新闻、正能量“网红”、微公益直播广受欢迎，成为现象级融媒体作品。2020 年疫情防控最吃紧的关头，各中央媒体在新媒体渠道以移动直播为重要载体，数以亿计的网民通过全媒体平台当起了“云监工”，共同见证中国力量、中国速度；各高校、医院依托融媒体平台打造云课堂、云诊室，为居家群众提供丰富的优质信息，满足群众多样化需求，有效发挥新型主流媒体强信心、暖人心、聚民心的作用。实践证明，始终把内容建设摆在战略首位，不断提升内容质量，扩大优质内容产能，流量才能成为信心和共识的增量。

服务群众接“地气”。以人民为中心是马克思主义新闻观的核心和本质，“接地气”是主流媒体的根脉所在。媒体深度融合不仅是传统媒体和新兴媒体的融合，更是媒体内容和群众生活的融合，本质是让媒体真正说群众的话、办群众的事。随着全媒体平台的出现和各类嵌入式服务的兴起，人们对媒体有了更多的期待，不再局限于获取信息。融媒体必须坚持贴近实际、贴近生活、贴近群众，将媒体“生产什么”和群众“需要什么”紧密结合，提升信息供给的针对性和智能化水平，更加高效地回应群众需求、改善群众生活，在人与媒体之间建立起深度连接。融媒体应当“生活在人民中间，与人民同甘苦、共患难、齐爱憎”，以鲜活生动的故事和表达戳中他们的情感“痛点”，在群众内心深处引发更多的共鸣，切实增强贴心感。要把媒体融合与政务、商务、服务结合起来，通过精准传播带动精准服务，以新业态、新体验拉近与群众日常生活的距离，使融媒体像网上购物、在线打车、快递外卖一样，让“群众离不开”。

百花齐放育“生气”。习近平总书记强调，要形成资源集约、结构合理、差异发展、协同高效的全媒体传播体系。媒体融合不是照搬照抄、“千媒一面”，也不是争夺流量、“占山为王”，更不是一家独大、“包打天下”。必须发挥好全媒体系统性优势，打好组合拳，建成一张内外融通、上下分工、专兼结合的传媒网络，扩大规模、吸引参与、形成矩阵。中央媒体应打造“传媒旗舰”，引领示范。行业媒体应立足本领域做深做精，成为行业代言人。省级媒体要集中建设区域技术平台和传播平台，为地方经济社会发展提供信息支撑。市级媒体、县级媒体应因地制宜，形成各具特色的各类融媒体中心，服务地方发展和群众生活。外宣媒体要融通中外，适应国际传播领域移动化、社交化、可视化的趋势，协同各类主体讲好中国故事。不同的媒体平台要优势互补、相互搭台，用好流量、充分借台，实现内容互动生产、平台互联互通、流量互相导入，构建协同配合的运行机制和生机勃勃的传媒生态。

队伍建设聚“人气”。赢得媒体融合这场接力长跑，关键在队伍建设。融媒体要不断涵育自身的发展潜力，拿出更有市场竞争力的人才政策，把人才“引进来”。要不断优化内部的业务流程和激励制度，把学有所长、业有所精的优秀人才充实到各级融媒体中心的关键岗位，把人才“留下来”。高校要积极为媒体融合培养生力军，依托相关学科，综合思想理论、新闻传播、经济管理、信息技术等学科，打造培养媒体融合人才的“套餐”，在融媒体时代培养创新型、复合型、引领型传媒工作者。

（任羽中：北京大学党委宣传部部长；本文摘自《中国社会科学报》2021年3月4日）

把握媒体融合高质量发展的新契机

栾轶玫

中国经济的高质量发展，成为中国媒体参与中国经济发展的新契机，更是媒体讲好中国故事的新内容。

“融合”是媒体的未来发展趋势。因此，媒体自身应以“智能融”为抓手，以参与中国经济发展为新契机，以讲好中国故事为己任，把握好新一轮高质量发展的新机遇。这一全新阶段要求媒体保持“专业性”与“人文关怀”，既是有容纳度的“融合体”，又是有温度的“人格体”。

适应媒介新生态

在5G、人工智能等具体媒体应用、模式方面，媒体机构要能“自主研发、自主创新”；在媒介内容的生产与消费上要能不断自我更新、流程再造，提升传播效率、提高传播效果，以适应媒介新生态与国际国内传播新形势。

相校4G，5G是一个全新生态。5G带来的最大变化是“万物互联”，万物互联扩展了我们对于“屏”的认识，我们面对的不再是某一个屏，而是若干个排列组合后的“复合屏”，应以万物互联的思维来拓展对媒介终端的想象力，并据此实现相应的媒介生产。此外，人工智能技术的发展给新闻业带来巨大冲击。在人工智能技术的助推下，媒介融合目前已经到达一个新阶段——“四全”阶段：全程媒体、全息媒体、全员媒体、全效媒体。无论是央级融媒体、省域融媒体还是县级融媒体，下一阶段的重点都在于媒介融合的深化。

“智能融”是媒介融合的重要抓手。随着移动互联网、智能芯片、大数据、5G等技术的发展和逐渐推广应用，人工智能技术自我迭代，智能机器在模拟人类思维与情感方式上将有跨越式前进，对于这些不断发展的技术触角需及时进行动态跟进，并将其放置到具体应用场景中进行研判。与此同时，随着芯片和传感器的超微型化、轻量化、廉价化，可穿戴设备的普及逐渐成为可能。移动计算正在转向手腕、手指、头部、腰部和脚部的可穿戴设备中，可以说连接无处不在，介质无处不在，延伸无处不在，媒体无处不在。可穿戴设备通过提升人的智能、体能和感能的“增强智能”来实现“增强人类”，促成了“人—机”之间更紧密的结合，人机之间成为一种协同共生的新型关系。建立于这种信息关系上的计算模式可实现对用户自然、持续的感知，对媒体而言，这无疑是颠覆性的革新技术。加之，“虚拟现实”技术给媒体提供了一个讲故事和展示信息的新维度，它拉近了媒体与传者、受者之间的距离，媒体与用户融合交互的方式因此进入新阶段。人与新闻现场的距离由远到近，不断融合：“虚拟现实”与“增强现实”技术带来的对新闻现场的重新体验；场景传播、“浸泡”受传等使得新闻变得360度“全景”“动态”与“可感”起来。360度全景播放器将使人置身于一个故事中，真正地成为这个新闻的现场见证者，成为这个故事的一部分。人与新闻发生地的距离是一种“咫尺天涯”的“身临其境”，人与新闻现场在不断融合中也消弭了边界。

实现信息传播与公共服务双融合

媒体机构可通过“试点探索”激活新业态，通过“制度创新”优化新模式；通过服务构建新发展格局，以“公共服务与信息服务”的服务意识充当“上情下达、下情上达”的桥梁。具体到县级融媒体层面，通过服务更好地引领实体经济发展并参与到社会治理中去。

国家级融媒体高质量发展将经历四个阶段，“合而能融、融而能通、通而能连、连而能动”。前两个阶段“合而能融、融而能通”涉及媒介机构内部的理念整合、机构融合、流程再造等多个环节。而“通而能连、连而能动”这两个阶段则涉及媒介机构与外部的连接，包括与用户、与社会其他子系统的连接与联动。连接的方式各式各样，但可以肯定的是，“连而能动”中“动”的指向是一致的——融媒体的高质量发展应以促成人的全面发展与社会进步为衡量。媒体高质量发展的核心是“由创新驱动发展”，要坚守两个方向：一为“求真”、二为“公益”。在后真相时期，媒体必须担当起对信息进行“核查”与“甄别”的功能，不但能够发现真相，还有能力将真相报道广远，让事实占据舆论场，让负责任的报道成为主流声音。

此外，媒体可以在政府、社会组织和公众之间搭建桥梁，协调三者之间的关系，从而实现协同化治理。在实现了媒介自身的融合后，县级融媒体进而就要实现“信息传播”与“公共服务”的“双融合”。融合后的媒介协作体作为县级服务型政府的参与者与建设者，强化信息功能、拓展服务功能，实现媒体中心与电子政务中心合二为一，加强基层媒体的传播力与舆论引导力，推进社会治理与服务型政府的建设。

积极参与国际传播体系建设

媒体机构要积极参与国际传播体系建设，将新时代的“中国国家叙事”用在地化的方式讲清讲好，从而为中国企业参与国际合作与竞争铺设“舆论通路”。

随着中国现代化进程的加快，中国对外传播叙事也经历着自身变迁，每个时间段都有各自叙事的内容与着力点。对外传播国家叙事先后经历了几个阶段，反映中国人民站起来的“革命叙事”，富起来的“改革开放叙事”，以及进入新时代中国人民强起来的中华民族伟大复兴的“发展叙事”。脱贫攻坚是“发展叙事”的重要构成、实现保障与成就展示，它具备“多线条复合叙事”的特点且具有与国际对话的“共通议题”优势，是当代中国人共同行动的叙事，是当代中国科技发展的叙事，是中国传统优秀文化的“活化”叙事，是中国深化改革给世界带来发展新机遇的叙事，向世界全面讲述“传统的”“当代的”“世界的”三个维度的中国。

此外，新冠肺炎疫情使得企业海外舆论生态更为复杂，这一情形下建构企业海外新形象尤为重要。体育赛事提供全球多元传播场景，是企业形象的国际展示平台，利用体育赛事的共通议题与共情传播可有效跨越意识形态传播壁垒，更好地传播丰富立体的中国企业形象与负责任大国的中国国家形象。北京2022年冬奥会为新时期中国企业全球传播与国家形象建构提供了新契机与传播共振场域。

促进城市形象建构与传播

在城市建设方面，媒体也大有可为，可以便捷地收集市民对城市治理的反馈、对城市建设的构想，并能搭建各方沟通的桥梁，促成问题难题的圆满解决与建设目标的最终实现，从而使“提高城市治理现代化水平，开创人民城市建设新局面”落到实处。

中国进入新时代，城市建设也面临着从物理空间改造与建设到文化空间的建设与价值引导的转变。在此进程中，媒体在推进城市更新、城市建设、城市传播方面将大有可为。媒体可以利用自身的介质特征，在政治、经济、文化等社会各方面鼓励公民参与到城市建设中。媒体作为智能化城市建设与社会治理中介，既是一个信息平台，又是公共服务平台。它能更方便地聚集社会公众，作为城市的社会组织，协调社会行动，促进公民主动协同，增强社会凝聚力，群策群力、共管共治，推进城市建设、维护社会稳定。此外，媒体在促进城市形象建构与传播方面大有可为。比如通过网红地打卡、网红城市宣传，吸引并鼓励公众参与城市建设，开创人民城市建设新局面，推进城市从此前的经济空间、物理空间向精神空间、文化空间转向，从而实现中国现代化进程中的城市自我更新。

总而言之，期待媒体的未来：力求在融合中不被消融，在连接中凸显力量，在行进中坚守时代价值。

（栾轶玫：中国人民大学新闻学院教授、博士生导师；本文摘自《中国社会科学报》2021年4月1日）

论媒体融合的发展逻辑：理论与实践

沈正赋

随着科学技术的不断发展和进步，媒体的新旧更替、更新迭代从来就没有停止过，媒体的变化发展已经成为一种常态化的形态。在人类社会的媒介发展史上，任何一个或多个媒体所形塑和构建的“媒体版图”都不可能是铁板一块、不可撼动的。曾几何时，报纸“一家独大”的媒体格局在广播、电视的出现和挑战下发生了变化和调整，报纸、广播、电视“三足鼎立”的新格局随之雏形已定。如今，互联网和手机的出现，又将不可避免地重新改写这一新的媒体市场格局，不断刷新人们对媒体的情感体验和理性认知。当人类社会步入21世纪的今天，全球范围内的传统媒体都处于是否转型升级的“十字路口”，面临着何去何从的艰难抉择。虽然它们还没有恶化到必须退出历史舞台的程度，但是的确已濒临生死存亡考验的边缘地带和临界状态，走媒体融合发展道路被确认为传统媒体谋求生存与发展的契机、希望和归宿。媒体融合是科学技术发展并在新闻传播领域广泛运用而呈现出来的一种媒体形态及生态，媒体融合的实施是以媒体由原先的单一化形态逐渐衍生出多种媒体形态并且相互之间产生掣肘性、制约性影响为前提条件。对于传统媒体而言，不转型升级只能坐而待毙绝非危言耸听、空穴来风，至于如何转型、转型的路径究竟是什么？由于在全球媒体发展视野下没有多少成功的经验可资借鉴，因此，目前基本上还处于艰辛的探索阶段。我国7年来的媒体改革和发展实践表明，加强顶层设计、强化理论指导、遵循传播规律、不断强力推进，是媒体融合发展必须恪守的基本准则与逻辑体系。

一、媒体融合的理论逻辑：从媒体融合到媒体深度融合

黑格尔认为，理论逻辑是指精神“在思维领域中的展开”，是精神“表现其自身于思维中作为在时间中进展着的存在。”按照马克思的理解，理论逻辑是指“理性中的系列即范畴的逻辑顺序”。理论逻辑是现实的历史逻辑在思想中以理论的形式展开的。有专家认为：“理论逻辑是指研究对象本身内在要素之间的必然性联系和内在特质规定性，它是不依主体的主观意志为转移的客观必然性”。理论逻辑亦是指思想理论自身发展演进的历史进程。

在从媒体融合到媒体深度融合理论的提出与发展过程中，以习近平同志为核心的党中央高瞻远瞩、审时度势，坚持历史唯物主义和辩证唯物主义的观点与方法，遵循从实践到理论再到实践的事物发展规律，逐渐探索出了一条具有中国特色社会主义的媒体融合发展理论，为指导我国媒体融合实践提供了根本遵循和行动指南。7年来，媒体融合理论的丰富、发展和完善大致经历了四个基本阶段。

1. 首次提出“媒体融合”概念。2013年8月19日，习近平总书记在全国宣传思想工作会议上指出：“要适应社会信息化持续推进的新情况，加快传统媒体和新兴媒体融合发展，充分运用新技术新应用创新媒体传播方式，占领信息传播制高点。”这是党中央第一次在公开场合提出“媒体融合”的概念，标志着媒体融合正式成为中国共产党宣传思想上的一个政治术语，载入党的新闻宣传工作史册。

2. 开启中国媒体融合发展“元年”。2014年8月8日，习近平总书记在中央全面深化改革领导小组第四次会议上强调：“推动传统媒体和新兴媒体融合发展，要遵循新闻传播规律和新兴媒体发展规律，强化互联网思维，坚持传统媒体和新兴媒体优势互补、一体发展，坚持先进技术为支撑、内容建设为根本，推动传统媒体和新兴媒体在内容、渠道、平台、经营、管理等方面的深度融合。”由于此次会议审议通过了《关于推动传统媒体和新兴媒体融合发展的指导意见》，因此，2014年被称为“中国媒体融合元年”，传统媒体和新兴媒体融合发展的大幕就此开启。

3. 推动传统媒体和新兴媒体融合发展。2015年12月25日，习近平总书记在视察解放军报社时指出：“要研究把握现代新闻传播规律和新兴媒体发展规律，强化互联网思维和一体化发展理念，推动各种媒介资源、生产要素有效整合，推动信息内容、技术应用、平台终端、人才队伍共享融通。”这段论述告诉我们，先进的思想和理念是一切行动和措施得以施行的重要保证，互联网思维和一体化发展理念的确立和强化是推动传统媒体和新兴媒体融合发展的先决条件。2016年2月19日，习近平总书记在党的新闻舆论工作座谈会上强调：“要推动融合发展，主动借助新媒体传播优势。”在加强和推动传统媒体和新兴媒体融合发展过程中，新媒体，尤其是移动新媒体的传播优势至关重要，主动借力新媒体，

坚持移动优先战略是进一步推进媒体融合发展的关键所在。2018年8月21日至22日，习近平总书记在全国宣传思想工作会议上提出："要扎实抓好县级融媒体中心建设，更好引导群众、服务群众。"在我国，按照"四级办媒体"的政策规定，县级是拥有主办机构媒体资质的最后一级行政单位，县级媒体是最接近基层群众的媒体。因此，根据传统媒体和新兴媒体融合发展的需要，扎实抓好县级融媒体中心建设就可以打通实现引导群众、服务群众的"最后一公里"。

4. 推动媒体融合向纵深发展。2019年1月25日，习近平总书记在中共中央政治局第十二次集体学习时指出："推动媒体融合发展、建设全媒体成为我们面临的一项紧迫课题。要运用信息革命成果，推动媒体融合向纵深发展，做大做强主流舆论。"2020年6月30日，习近平总书记在中央全面深化改革委员会第十四次会议上强调："推动媒体融合向纵深发展，要深化体制机制改革，加大全媒体人才培养力度，打造一批具有强大影响力和竞争力的新型主流媒体。""牢牢占据舆论引导、思想引领、文化传承、服务人民的传播制高点。"经过7年的持续推动和发展，传统媒体和新兴媒体融合已经从初期的基本建设阶段，进入一个新的历史发展时期，推动媒体融合向纵深发展，深化体制机制改革，建设全媒体，打造新型主流媒体，做大做强主流舆论，成为新时期我们面临的新的建设任务。

二、媒体融合的历史逻辑：从媒体合作、合并到媒体融合

马克思指出，历史逻辑就是"范畴的世俗历史""与时间相一致的历史"，亦即"现实的历史"，历史的逻辑就是实践发展的逻辑。所谓历史逻辑，说到底就是历史实践中形成的历史必然性和历史规律性，它体现在历史的进程中。

媒体融合的概念有广义和狭义之分，狭义的媒体融合是指以报纸、广播、电视为代表的传统媒体向网络新媒体的"结果性转型发展"，而广义的媒体融合则可以理解为在媒介发展的历史上媒体与媒体之间所经历的从合作到整合再到融合三个不同阶段的"过程性转型发展"。

在传统媒体时代，实际上媒体之间的融合就已经开始实施了，只不过当时的所谓融合还处于浅表层面的彼此合作、合并或整合的"相加"状态，严格来说还不是真正意义上的"相融"，我们甚至不妨把它称为媒体融合的初级阶段或"前媒体融合时期"。20世纪中后期，国内一些晚报、都市报为了拓展读者市场，与当地的广播电台合作，联合推出报纸广播版；广播电台也借助于报纸雄厚的采编力量和优质稿件资源，开辟相关新闻栏目，直接播报报纸上的文字新闻，最具有代表性的莫过于中央人民广播电台设置的早间新闻节目《新闻与报纸摘要》，此栏目至今仍是该台的新闻主打节目、保留节目和品牌节目。电视台也尝试与报纸合作，充分利用和挖掘报纸现有的新闻资源。2003年凤凰卫视推出的《有报天天读》就属于这类性质的合作典范，主要是通过精选当天国内外主流纸质媒体的要闻讯息加以"评说"的方式，满足电视观众对于资讯的需求，读报人杨锦麟一壶茶、一把纸扇、几份报纸、一张铁嘴与电视观众共享一个屏幕时空，基本就是这一节目的常见图景，并且开启了中国电视读报的先河。随后，国内几十家、上百家电视台纷纷效仿开设了类似的读报节目，其中，中央电视台的《马斌读报》就是这种合作的结果之一。早期的网络，因缺乏新闻采访资质和新闻源，就寻求与报纸、广播、电视等传统媒体合作，相继推出报纸网络版、可以"看"的广播、网络电视等过渡性网络新闻产品。当手机出现以后，又出现了手机报、手机广播和手机电视等新品种与新样式。

在媒体合并方面，2003年7月30日，根据中共中央办公厅、国务院办公厅《关于进一步治理党政部门报刊散滥和利用职权发行，减轻基层和农民负担的通知》精神，国家新闻出版总署发布了关于治理报刊摊派实施细则，开始对报刊业进行中华人民共和国成立以来力度最大的一次整顿和变革。《细则》规定，省（自治区、直辖市）党政各部门所办报刊，原则上划转到省级党报集团、广电集团、出版集团和具备条件的报刊社。截至当年11月底，划转到媒介集团和实行"管办分离"的报刊各约300种，从而迈开了纸质媒体实质性合并的一步。进入21世纪之后，国家广电行政部门又开始推动电台和电视台的媒体合并，先是推进有线台与电视台的合并，从2004年起，中央出台措施，以地（市）县两级文化与广电行政部门合并为契机，推进地（市）县广播电台、电视台的合并；党的十七大之后，在省一级实行广播电视的管办分离，推动省一级广播电台与电视台的合并。2018年4月19日，中央人民广播电台、中国国际广播电台、中央电视台（中国国际电视台）三台撤销建制，挂牌成立中央广播电视总台，此举意味着我国广播电台和电视台的合并改革已经完成了"最后一棒"的接力。

无论是合作还是合并、整合，都是在朝着媒体融合的道路上发展，最终的方向和目标就是让传统媒体与新兴媒体实现融合发展和一体化发展，拥抱并变身"全媒体"和"融媒体"。

三、媒体融合的实践逻辑：从数字化呈现到全媒体传播

马克思实践哲学认为，实践是社会发展的基础，只有坚持实践逻辑才能科学地阐释社会发展的规律；实践哲学主张社会发展的逻辑应该是"实践"，而不是"原则"；实践哲学主张从实践出发来理解理论的演化，从而对社

会发展进行总结、纠偏和指导。实践逻辑包含在历史逻辑中，成为理论逻辑赖以建立的基础。历史逻辑检验着理论逻辑的科学性、合理性，推动着理论逻辑的发展。

媒体融合既然在理论上已经基本厘清、厘定，那么在实践上就有了大致的路线图、施工图和时间表，沿着理论所框定的路数，实践起来就自然有了方位感和动力源。

1. 数字化呈现。在当今的电子信息技术领域，正发生着一场具有长远影响力的数字化革命，其中数字压缩技术就是一项在新闻传播领域应用广泛和影响深远的信息革命或信息战略。数字压缩技术让报纸、广播、电视所依托的文字、声音和图像传播手段与方法，仿佛在一夜之间失去了独立存在的时间和空间以及必要性。它打通了横亘在传统媒体之间的一道道壁垒，以数字化呈现统一所有的新闻传播行为。从信息的采集、传输和储存的功能和效果上来看，传统的手段与方法在数字化技术面前纷纷败下阵来，甚至土崩瓦解。其中最具有标志性的措施就是“中央厨房”的建立和实施，让昔日各自为政的新闻采集和传播方式逐渐退出历史舞台，数字化技术的运用和推广既节约了大量的人力、物力，降低了新闻生产成本，又提高了新闻作品质量和新闻传播效率，进而改变了传统的新闻生产和传播的模式，推动了新闻生产、传播、管理的现代化和新闻人的现代化，实现了新闻传播的历史性变革，在物质手段上促进了传统媒体的转型与升级。

2. 互联网思维。思维虽然属于思想层面和精神层面看不见的东西，但是它往往比可见的物质层面的改变显得更加重要。人的思想和观念无疑是所有行动的“指挥棒”，在推进媒体融合过程中，首先要付诸实施的就是人的思维方式的转变和与时俱进。互联网思维的出现是互联网时代的必然产物，是互联网时代媒体人必须具有的思维品质。其基本内涵主要包括互动、自由、合作、协商、平等、体验、对话、共享等因素，这些正是传统媒体思维中长期以来所缺失的关键要素和核心指标。一般来说，互动是指传者与受者之间信息相互交流的关系，而不是彼此之间的隔断与疏远，自由是指在虚拟空间中信息生产与传播者以匿名的方式和状态进行“去顾虑性”的交流，不受任何人为的干预和干扰。合作是指彼此之间在关系友好的基础上共同面对和关切重大议题而进行的联合攻关行为，以避免因单打独斗所导致的孤掌难鸣、孤军备战的不利局面出现。协商是一种民主参与的形式，是指双方相互尊重，彼此以商量与讨论的方式处理棘手事务或解决重大问题。平等是指双方属于在“去中心化”“去权威性”之后平起平坐的双主体关系。体验是指身体在场，以具身代入新闻的实境之中从而获得真情实感，减少被代表造成的隔阂感与隔膜感。对话就是双方本着建设性的原则，放弃不合作、对抗性的预设敌意，寻求一种彼此能够理解和接受的交流渠道与合作姿态。共享是指双方在机会和利益面前均享有同等的权利，排除强势一方的占有性和垄断性，采取的是分享、共谋、互赢等与行为和目标相一致的合作机制。

3. 全媒体传播。智能传播时代，无论是新闻生产者、传播者还是新闻接受与使用用户之间的天然界限已经越来越模糊，随着虚拟现实、增强现实、混合现实和人工智能等科学技术在新闻传播领域的广泛运用，“人人都是新闻记者，个个都有麦克风”也由想象成为现实。新闻众筹模式让机构媒体所惯常使用的传统新闻采集手段已渐行渐远，自媒体尤其是头部新媒体在新闻的动力源上获得了前所未有的社会力量支持，不再被经济的无形之手牢牢控制和摆布。无人机拍摄技术让新闻的视角从平常的以平视、仰视为主，一跃成为可以睥睨天下、俯视芸芸众生，让新闻生产者跳出狭隘视野的限制与束缚，成为全知全觉的“旁观者”“清醒者”，实现新闻传播全程无死角。机器人记者开始在财经、体育、突发事件和大型会议上大显身手，初试牛刀，在新闻的快捷性和准确性上创造了一个又一个奇迹，制造了一个又一个惊人的传播效果。可穿戴式设备在新闻采访与消费中的推广与使用，无论是传者还是受者都处于“物我两忘”的超然状态，都沉浸在新闻所形塑的虚拟真实时空之情境之中，让人机一体化脱下“虚妄”的炫装，走进大众的工作与生活，变成人们新闻生活中的一种新常态和新图景。

四、媒体融合的现实逻辑：从“传统媒体+”到“三微一端”

马克思曾经指出：“任何真正的哲学都是自己时代的精神上的精华，因此，必然会出现这样的时代：那时哲学不仅在内部通过自己的内容，而且在外部通过自己的表现，同自己时代的现实世界接触并相互作用。那时，哲学不再是同其他各特定体系相对的特定体系，而变成面对世界的一般哲学，变成当代世界的哲学。”所谓现实逻辑，在马克思、恩格斯那里，既是劳动和资本现实关系展开的逻辑，又是“现实的个人”存在和发展的逻辑，还是社会实践、阶级关系、社会革命内在演进的逻辑。

在传统媒体和新兴媒体并存的时代，传统媒体谋求转型升级与新兴媒体的异军突起，已成为媒体融合发展的媒体版图及其现实图景。当下，行走在媒体融合前沿地带的媒体形态主要表现出以下几个特征。

1.“传统媒体+”新闻网站或新闻客户端。传统媒体作为新闻传播的主力军、主渠道、主阵地的地位和作用虽然没有改变，但是传统媒体也在积极谋求机制改革和转型升级。现阶段，其所寻求的发展路径大致有两条：一是在原有的基础上兴办新闻网站，以此发挥传统媒体在新闻资源上的优势，做好新闻产业链，向新媒体延伸传统媒体的新闻价值。这是中央和地方主流媒体基本采取的媒体融合新闻方式，比如人民网、新华网、光明网、央视网，以及各省级党媒所兴办的新闻网站等。二是转战新媒体、投身新媒体，缩小原有传统媒体的发展规模，调整原来的媒体新闻生产格局，主体力量转移到新闻客户端的建设和发展中，做大做强新型主流媒体，选择这条发展道路的大多是市场化程度比较高的都市类媒体。比如，脱胎于上海《东方早报》的全媒体新闻资讯平台“澎湃新闻”、由解放日报社推出的新闻客户端“上观新闻”、重庆日报报业集团打造的移动新闻客户端“上游新闻”、四川《成都商报》推出的“红星新闻”等。这两种发展模式各有利弊，前一种是基于主流媒体的强势地位不容丧失，坚持在守正的基础上进行有限度的创新；后一种是根据媒介市场的变化、面对激烈的市场竞争，而采取的自我革命和大胆改革，以求寻找新的发展空间和市场定位。

2. 商业门户网站与传统媒体开展竞合。在我国，以新浪、搜狐、网易、腾讯等为代表的商业门户网站是最早的互联网媒体，占得媒介市场和受众市场的先机迅速成长起来。它们虽然也相继开发和发展了自己的市场主打产品，如新浪微博、搜狐视频、网易电商、腾讯游戏等，但它们均没有放弃对新闻的传播。即使没有获得新闻采访的资质，无法发布第一手新闻资讯，它们就依靠平台的优势与传统媒体合作，在首页设置新闻主菜单，转载来自主流渠道的新闻，成为网络媒体中最早传播新闻的非新闻网站。在传播新闻初期，由于商业门户网站没有设置内容把关人，致使虚假新闻、标题党等现象乘虚而入，大行其道，甚至一度泛滥成灾，扰乱了新闻传播的环境和秩序，成为网络传播中广为诟病的一大顽症。为了有效解决这一较为棘手的困难和问题，2016 年 8 月 17 日，国家互联网信息办公室就网站履行网上信息管理主体责任提出了明确要求，从事互联网新闻信息服务的网站要建立总编辑负责制，总编辑要对新闻信息内容的导向和创作生产传播活动负总责，负责对转载的新闻内容进行严格把关，确保这些商业门户网站依法合规地从事新闻传播工作。同时，也公平合理地解决了它们与传统媒体及其新闻网站之间长期存在的业务竞合问题。

3. 作为补充渠道的“三微一端”异军突起。社交媒体和自媒体是网络新媒体发展和普及到一定阶段和程度的产物，它们虽然属于非主流媒体，主要承担的是信息传播补充渠道的作用，但是由于它们的性质属于下沉媒体，数量众多，群众基础较好，一旦发展起来就会成为一股不可小觑也不可忽视的民间力量。在主流媒体相继建立微博、微信、微视频、客户端的同时，一些群体和个体也纷纷建立了自己的微博、微信，制作并传播抖音微视频等，虽然它们所传播的内容五花八门、不一而足、千变万化，但其中属于新闻性质的信息就占有一定的比重，既有转载主流媒体的新闻，也有原创的社会各类信息，尤其是自己拍摄或转载的各种现场短视频。由于缺乏专业性和把关环节，导致这类信息真假难辨、鱼龙混杂，断章取义、道听途说、以讹传讹、添油加醋等是这类社交媒体和自媒体所惯常使用的手段与方法，拼凑、杜撰、恶搞之类的新闻登堂入室。于是，有人感慨道：“自媒体太多，记者太少，事实不够用了，已成为今天网络媒体生态的真实写照。”从多元化传播的角度来看，这类媒体的出现还具有一定的合理性。从建设性的角度来看，虽然不能武断地因它们存在问题就一律实行关停并转，但是也绝不能允许它们以此为幌子从事非法新闻传播，整顿和规范这类媒体的信息传播尤其是新闻传播势在必行，加强头部媒体的“三微一端”建设是当前媒体融合面临的一项重要而迫切的任务。

五、媒体融合的价值逻辑：从改变与重组到建构与书写

早在 1840 年的博士论文中，马克思在论证世界的物质性时使用了“价值”范畴，并且明确了“价值”的物质性，“同时作为唯一实在的客体，它本身具有价值和意义”。马克思认识价值的客观性逻辑首先是肯定事物的客观性，然后再论证其作为一个客观存在的价值性。马克思恩格斯对价值的认识是在坚持历史唯物主义和辩证唯物主义的方法论基础上进行的，这一哲学逻辑在诠释价值的客观性和动态性方面尤为突出和鲜明。

媒体融合的价值和意义所在是推动媒体融合发展的逻辑起点和价值原点。如果说现实逻辑是旨在解读和阐述媒体融合的“实然”状态，那么价值逻辑就是力求考察媒体融合的“应然”空间及其意义。从社会发展的时空来看，媒体融合的历史价值将留待未来进行追溯与评价，其现实背景下的价值则是当下要审视和挖掘的潜在和显在价值对象。

1. 旨在改变和扭转传统媒体被逐渐边缘化的被动发展态势。随着新技术在新闻传播领域广泛而又深入的运用，传统媒体的传播内容和形式越来越不适应社会发展的需要，其生存和发展面临危机并陷入困境，无论是在媒介市场的格局中还是在受众市场的争夺中，传统媒体逐渐被冷落、被边缘化已是不争的事实。2013 年 8 月 19 日，习近平总书记在全国宣传思想工作会议上指出：“很多人特别是年轻人基本不看主流媒体，大部分信息都从网上获取。必须正视这个事实，加大力量投入，尽快掌握这个舆论战场上的主动权，不能被边缘化了。要解决好‘本领恐慌’问题，真正成为运用现代传媒新手段新方法的行家里手。”谋求通过媒体融合以实现转型升级是传统主流媒体唯一的现实选择和未来的发展道路。也就是说，媒体融合在传统媒体改变和扭转被动局面中起到“强心剂”的作用，是传统媒体起死回生、凤凰涅槃的“救心丸”。传统媒体作为媒介发展史上的一种过渡性产品，它们虽然最终也将走进历史，但是它们目前的使用价值和社会价值尚未抵达寿终正寝的时候，我们不能任其自生自灭，无所作为，媒体融合的价值之一就是在传统媒体寻求自己新的生存和发展空间过程中而得到确认和实现的。

2. 合理布局和重组了融合发展视野和情境下的现实

媒体版图。在传统媒体与新兴媒体融合的路线图被确定之后，操作层面如何执行就成为一道不可回避的现实问题。新兴媒体不是传统媒体的简单替代品，它的出现为传统媒体找到了新的发展契机、新的生存空间和增值空间。正如习近平所指出的："传统媒体和新兴媒体不是取代关系，而是迭代关系；不是谁主谁次，而是此长彼长；不是谁强谁弱，而是优势互补。"任何一个新生事物的加盟都会对原有的超稳定格局产生影响、发起挑战，因此，传统媒体和新兴媒体共同发展的愿景，要求现有的媒体格局和版图必须作出必要的调整，在媒体融合的强力推动下，通过合理布局和重组让新的媒介市场得以形成，从而适应并满足新媒体时代新闻传播变革的需要和媒体受众对信息传受新的诉求。社会的客观条件在变化，受众的主观愿望在变化，媒体就应顺应这种变化，适时调整自己的现实版图，确定自己新的方位和新的角色，实现自身功能转换。媒体融合的价值就是在被社会需要、被受众选择和接受中逐步得到实现的。

3.着眼于构建并书写未来媒体发展的新机制、新空间和新图景。过去未去，现在正在，未来已来。媒体融合既有现实意义也有未来意义，它为我们勾勒了一幅未来媒体的发展蓝图，寄托着人们对新媒体所构建的媒介社会的美好憧憬与期盼。着眼于当下媒体生存与发展的实际，目前媒体融合理念的践行者就是未来媒体新机制、新空间和新图景的设计者、操盘手和书写者。2020年6月30日，习近平在中央全面深化改革委员会第十四次会议上强调："推动媒体融合向纵深发展，要深化体制机制改革""建立以内容建设为根本、先进技术为支撑、创新管理为保障的全媒体传播体系"。这一理念为推动媒体深度融合发展实践提供了理论遵循和行动指南。如果说传统媒体时代的新闻生产机制所采用的是"PGC"（专业生产内容）的单一模式，那么新媒体时代的新闻生产机制则转变为"PGC"+"UGC"（用户生产内容）的混合模式，未来的新闻生产模式又将添加"MGC"（机器智能生产内容）的新模式。在传统媒体和新兴媒体相伴相生、共生共荣的背景下，这三种新闻生产模式也将同时并存、相互补充、共同促进。一切过往皆为序章，在人类相继迈过以个人计算机大规模普及应用为主要特征的信息化1.0时代、以互联网大规模商用所推动的信息化2.0时代之后，现已正式进入以数据的深度挖掘和融合应用为主要特征的信息化3.0时代，未来媒介社会一定是以人、机、物三元融合为形态的全媒体社会。

六、余论：媒体融合认识论上的几个误区

媒体融合无疑是当下新闻传播领域的热词热语，无论是理论还是实践都显得异常新鲜，人们在讨论它的时候有时难免会因过于新奇而出现一些认知上的误区。归纳一下，这些认知误区主要表现为：一是认为媒体合并就是媒体融合。殊不知，媒体之间简单的合并，只是发生了时空上的物理变化，而没有发生内在结构上的化学变化，那只是形式上的叠加而不是实质性的相互融合；二是认为"中央厨房"是媒体融合的唯一标配。不可否认的是，"中央厨房"的建立与设置的确是媒体融合发展的重要标志和条件。一项调查表明，虽然国内县级以上媒体不少都斥巨资建立了"中央厨房"，然而它的有效利用率却不是很高，大多沦为应付上级检查和提供给同行参观的"道具"，真正派上用场的机会却不是很多；三是认为媒体融合就是新媒体取代传统媒体。在新兴媒体发展的时代，传统媒体的转型升级并非意味着自身的消失，最起码在新旧媒体交替之际，并不是所有的报纸、广播、电视都要被网络和手机等新媒体取而代之；四是认为县级融媒体中心只是单纯的宣传平台。从顶层设计上来看，县级融媒体中心理应是信息资源、传播资源、文化资源、商业资源的重要集聚平台，在发挥思想引导、舆论引领作用的同时，应更好地发挥文化服务、社会服务、商业服务等重要作用和功能。换句话说，县级融媒体中心更多的是一种服务基层社会的工具，而不能是单纯的宣传平台。以上四种认知误区在一定程度上影响着传统媒体与新兴媒体的融合发展，左右着新闻传播工作者的思想和行为，甚至对媒体高层决策者存在误导倾向，因此，廓清这些认知迷雾应属当务之急。

在我国，从2013年开始，媒体融合已上升到党和国家发展战略的高度，逐渐与意识形态建设、舆论话语权提升和信息传播制高点的占领等密切联系在一起。2020年9月，中共中央办公厅、国务院办公厅出台了《关于加快推进媒体深度融合发展的意见》，明确要求深刻认识全媒体时代推进这项工作的重要性和紧迫性，坚持正能量是总要求、管得住是硬道理、用得好是真本事，坚持正确方向，坚持一体发展，坚持移动优先，坚持科学布局，坚持改革创新，推动传统媒体和新兴媒体在体制机制、政策措施、流程管理、人才技术等方面加快融合步伐，尽快建成一批具有强大影响力和竞争力的新型主流媒体，逐步构建网上网下一体、内宣外宣联动的主流舆论格局，建立以内容建设为根本、先进技术为支撑、创新管理为保障的全媒体传播体系。7年来，党和国家决策层面不间断地就推进媒体融合发展和深度融合发展发出指示并提出要求，可见这一议题的重要性和紧迫性。

加强和推进媒体融合发展和深度融合发展，理应成为新时代中国特色社会主义新闻传播事业蓬勃发展的坚强保证和重要抓手，媒体融合发展和深度融合发展是具有时代性、前瞻性、战略性和创新性的前无古人、后有来者的一项伟大创举，必将载入中国新闻传播史册，也将为世界新闻传播事业发展提供中国理论和中国实践的镜鉴。

（沈正赋：安徽师范大学新闻与传播学院教授、博士生导师、副院长；本文摘自《学术界》杂志2020年第10期）

“媒体大脑”的智媒演变：万物为媒 人机共生

傅丕毅 商艳青 张宁宁

习近平总书记在中央政治局第十二次集体学习时提出，推动媒体融合发展要探索将人工智能运用在新闻采集、生产、分发、接收、反馈中，全面提高舆论引导能力。“媒体大脑”的发布上线，正是对习近平总书记这一指示精神的贯彻落实。

“媒体大脑”的诞生和进化

过去几年，人工智能在内容分发、算法推荐等领域有了大量应用，但生产环节仍相对传统，缺少核心技术支撑和变革。2017 年 12 月 26 日，中国第一个媒体人工智能平台“媒体大脑”对外发布，旨在用智能技术赋能媒体，探索和实践个性化生产、可视化呈现、互动化传播。“媒体大脑”由新华智云科技有限公司自主研发完成，新华智云是由新华社和阿里巴巴合资成立的一家媒体人工智能科技公司。

随着社交平台崛起和网速升级，内容消费尤其是视频消费已成为现代人大众化、高频次的刚需。然而内容“红海”竞争日益激烈，传统媒体机构面临用户流失和影响力下降的挑战。对媒体机构来说如何推进媒体融合，快速、高产、高效地提供优质内容吸引用户，做大做强影响力，对技术的需求日益凸显。

为应对媒体需求，2018 年 12 月 27 日，“媒体大脑”发布新版本“MAGIC 短视频智能生产平台”（magic.shuwen.com），MAGIC 的名字由 MGC（机器生产内容）和 AI（人工智能）组成，平台集纳了自然语言处理、计算机视觉、音频语义理解等多项人工智能技术，将人工智能引入新闻全链路，着力采集、生产、分发端创新，帮助用户高效完成短视频内容创作。目前 MAGIC 平台已在 2018 世界杯、亚运会、世界人工智能大会、进博会等重大活动的内容生产中取得了一定成绩，正在为众多媒体机构的日常内容生产提供技术支持和服务。

新闻即数据，数据即新闻：一切业务数据化，一切数据业务化

海量新闻资源是智媒时代最有价值的数据。数据即信息内容，信息内容不断地被拆解、细分，接近无穷小的单位，机器智能挖掘分析，让信息产生价值。信息需要标记，只有可标记，才能被检索，只有可检索，信息才能被重新组织和组合，这一新的有机调用形式会呈现指数级增长。

新闻内容以文本、图片、视频为主，具有非结构化的特点，难以被机器所理解，无法满足内容生产者高效使用数据的需求。此外，不同媒介形态对信息的压缩程度不同，在信息量上文本 < 图片 < 视频，而在结构化的难度上视频 > 图片 > 文本。举例而言，用户在计算机上可以对一篇文章通过对关键词快速检索，而视频必须看完才能知道内容。

MAGIC 平台结合对媒体场景的深度理解，利用大数据处理、人脸识别、语音识别等智能技术，对非结构化的文本、图片、视频等媒资数据进行处理，建立高度智能化、标签化的媒资平台。以 MAGIC2018 在世界杯时生产的《圆满！本届世界杯 1–23 号球员都进球了》视频为例，视频将世界杯 1 号到 23 号球员的进球片段进行聚合，制作这样一个视频，传统模式下编辑至少要花费数小时寻找素材剪辑，而在 MAGIC 平台只需点击几下鼠标搜索整合包装即可完成。

用新闻算法计算新闻数据：“AI 洞见”理解新闻场景

数据是算法发挥价值的基础原料，有了数据后需要更多“智力”对原材料进行加工。为此媒体大脑推出“AI 洞见”系列方案，用新闻算法计算新闻数据。

“AI 洞见”的实践源自 2018 世界杯，初衷是利用人工智能技术智能地理解内容，实时捕捉球场上的精彩瞬间，为受众提供有人工智能增强现实的实时回放体验。在世界杯期间，“AI 洞见”近实时全自动识别并提取射门镜头，通过可视化效果剖析球场态势，大幅提高球场高光视频的制作效率和质量。

在球场上最具新闻价值和时效性的高光时刻是射门瞬间，而在其他内容领域具有新闻性的内容又各有不同，比如突发新闻中是爆炸或者火灾抢救现场，会议新闻中是发言人的金句时刻。随着 MAGIC 平台应用场景的增加，在横向上，“AI 洞见”以体育领域为基础，将相关技术迁移、扩展至突发新闻、会议新闻、时尚娱乐等多个场景；在纵向上，“AI 洞见”优化特定场景下模型的学习能力。

通过对视觉、声音、文字等多维度分析，帮助内容生产者更好地获取、处理新闻资源，更快发现新闻角度和线索。

内容生产流水线：“好技术 + 好内容”模式

MAGIC 平台通过智能化技术将生产流水线引入内容生产行业，力争成为智能时代内容行业的基础设施，推动媒体机构内容生产供给侧改革。目前平台通过人机结合和机器自动化进行短视频生产，覆盖体育、金融、时事、社会、数据可视化、娱乐、时尚等众多领域。以下是 MAGIC 平台部分应用案例。

体育高光视频。2018 年 6 月 13 日，MAGIC 平台上线内测，世界杯期间共生产世界杯短视频 37581 条，实现全网 1.2 亿次播放。赛事期间，MAGIC 平台通过接入电视直播流信号，对比赛视频实时标注，自动追踪运动员和足球每秒 25 次。通过计算机视觉、自然语言分析等多模态结合，在比赛中自动识别包括进球、犯规等关键动作，封装成可供移动端分发的视频。

MAGIC 平台生产的最快进球视频《俄罗斯 2 ∶ 0 领先埃及》耗时 6 秒完成，6 秒内机器完成了对进球自动识别、片段剪切和封面封尾剪辑，并向优酷等多个平台进行推送，成为全网最快进球视频。

此外，“AI 洞见”实时识别高光时刻中人眼难以实时处理标注的信息点，在射门瞬间判断、场上攻防判断、球和球员的检测跟踪、画面配准、2D 坐标构建、跑动轨迹生成等方面有了较成熟的应用，能够为用户提供近实时、多维度的高光回放体验。

MAGIC 平台在体育领域目前覆盖足球、篮球等团队协作性强的大球项目，并在进一步扩大应用范围。

会议视频报道。大型会议活动一般设置多个分论坛，记者分身乏术难以全部覆盖。MAGIC 平台结合会议报道场景，通过接入大会实时直播流信号，对大会镜头画面、现场声音、发言人话术规律等进行分析和视频封装，提供智能化的会议报道解决方案。MAGIC 编辑器的语音转字幕功能，允许一键添加字幕，编辑只需做简单的审核，节约了同期声转写的时间。

2018 世界人工智能大会期间，MAGIC 平台通过人机协作，4 名编辑覆盖大会 38 场论坛，累计处理超过 100 小时的视频素材，开幕会首日生产 40 条视频新闻，两条稿件相隔不到 1 分钟，生产内容覆盖演讲高光时刻和行业解读数据分析。

MAGIC 平台作为世界人工智能大会的 AI 新闻官 24 小时在线，秒级处理大量生成会议视频。

第六届中国新兴媒体产业融合发展大会上，MAGIC 平台现场实时演示短视频智能生产过程，3 小时生产 186 条大会会议短视频，其中 97 条为机器生产，89 条为人机协作生产。

突发新闻和暖新闻。MAGIC 平台通过深度学习，对媒资进行分类和标签化处理，判断新闻类别，对突发事件等具有高时效性的媒资高亮，提醒用户优先处理；同时对长视频片段中的突发画面进行定位，方便用户进行快速审阅编辑；对正能量新闻、暖新闻进行机器识别分析和判断。

以新华社现场云全国服务平台为例，现场云平台联合 3100 多家媒体，平台内逾 70% 的现场新闻报道有视频直播流，短视频占比超过 30%，图片占比超过 60%，其中既有高时效性的突发新闻，也有正能量、打动人心的暖新闻，MAGIC 平台对媒资进行高亮和推荐，提升现场云编辑处理新闻的效率。

数据可视化新闻。数据可视化是数据新闻的重要形式之一，尤其是带有动态效果的可视化视频，相比静态图表提供了更丰富的数据维度和更强的表现力。然而数据可视化视频门槛比较高，往往需要设计或者代码知识。MAGIC 平台为内容生产者提供了专业的数据可视化模板，涵盖饼图、柱状图、折线图等多种图表形态，搭配流畅的动画效果，零基础编辑只需几步就能制作出一个数据可视化视频。

在 2019 地方“两会”期间，山东章丘新闻中心的编辑利用 MAGIC 平台简单快速生成了关于本地的数据新闻，取得了良好的传播效果。

金融短视频。金融业务本身具有大量结构化数据，MAGIC 平台通过对金融数据进行提炼，将相关金融业务能力以短视频为载体呈现和传播。目前 MAGIC 平台实时监测 3500 多只股票涨幅变化情况，覆盖盘前、盘中、盘后数据分析。如果某只股票 5 分钟内行情波动超过 5% 将自动触发生产一条该股行情的可视化短视频。基于 MAGIC 平台底层的极速渲染引擎和可视化模板，实现金融短视频的海量生产，秒级生成，受众喜欢，让金融数据价值发挥到最大。

对话机器人。为满足用户获取内容的个性化需求，强化交互性，MAGIC 平台推出对话机器人服务，用户可以像与人聊天一样，与机器进行问答，从而获取最感兴趣的内容信息。

2018 世界杯期间 MAGIC 推出“MAGIC 进球机器人”入驻新华社公众号，为用户提供世界杯进球视频，用户点击菜单栏的“进球机器人”，提问如“我想看梅西的最新进球”，机器人将自动回复相关视频。亚运会期间，对话机器人升级为微信小程序“金牌 MAGIC”，结合新华社前方体育记者照片和实时金牌榜，提供最全金牌推送信息。

“媒体大脑”MAGIC 平台是人工智能技术首次在媒体领域集成化、产品化、商业化的应用，为个性化生产、可视化呈现、互动化传播开辟了新渠道。同时，MAGIC 平台还在不断升级迭代，在算法、数据、工程、产品、设计、内容、运营等多个部门协同下，填补多项技术空白。在智媒时代，无论是媒体机构还是互联网公司都缺少成熟的经验去借鉴，正因如此，我们才有空间去开拓创新。

随着内容行业竞争进入下半场，将更多智能化技术引入内容生产已是大势所趋。许多人问人工智能是否会取代人类记者，我们认为答案是否定的。MAGIC 平台的本质是人的智慧和机器的智能相结合，形成一种相互协作的关系，而不是相互替代的关系。

我们通过人工智能技术将更多创新的手段和工具引入内容生产，进行流程再塑造，帮助媒体融合转型为智媒，帮助媒体打造核心竞争力，持续产出优质内容，提升影响力和收获经济效益。

我们相信，只有加强 AI 技术与内容行业的创新融合，才能迎来行业更持久的共振。

（傅丕毅：新华智云科技有限公司 CEO，商艳青：新华智云科技有限公司副总裁，张宁宁：新华智云科技有限公司高级运营经理；本文摘自《传媒》杂志 2019 年 2 月下）

县级融媒体中心建设的重要意义

方提 尹韵公

在 2018 年 8 月召开的全国宣传思想工作会议上，习近平总书记明确提出，要扎实抓好县级融媒体中心建设，更好引导群众、服务群众。一年来，全国各地县级融媒体中心建设正有条不紊地推进，宣传思想战线无论在思想观念上，还是在现实实践中，对习近平总书记重要讲话精神领悟更加深刻，对县级融媒体中心建设的重要意义体会更加深入。

县级融媒体中心建设是时代发展的必然要求。当今社会网络应用迅猛发展，新兴媒体影响巨大。中国互联网络信息中心（CNNIC）发布的《第 44 次中国互联网络发展状况统计报告》指出，截至 2019 年 6 月，我国网民规模达 8.54 亿，互联网普及率达 61.2%，手机网民规模达 8.47 亿，网民手机上网比例达 99.1%。与此同时，新闻客户端和各类社交媒体已成为很多民众特别是年轻人的第一信息源。信息的无处不在、无所不及、无人不用，不仅使舆论生态、媒体格局、传播方式发生深刻变化，而且使社会组织运作、动员能力、工作方式、生活状态等发生了前所未有的变化。以习近平同志为核心的党中央敏锐洞悉和把握到互联网尤其是移动媒体的巨大功能作用，坚定抓好县级融媒体中心建设，必将给县域媒体带来焕然一新的面貌。可以说，互联网和移动媒体一旦同原有的县级媒体相加相融，通过流程优化、平台再造，实现各种媒介资源、生产要素的有效整合，实现信息内容、技术应用、平台终端、管理手段的共融互通，催化融合质变，放大一体效能，中国大地上必定会出现一批具有强大传播力、引导力、影响力的新型县级主流媒体。

县级融媒体中心建设是新时代治国理政的重大举措。习近平总书记指出：“在我们党的组织结构和国家政权结构中，县一级处在承上启下的关键环节，是发展经济、保障民生、维护稳定的重要基础。”建设县级融媒体中心，加强和改进基层宣传思想工作，打造做群众思想政治工作的重要平台，有助于把基层百姓所需所盼与党委政府积极作为对接起来，把服务延伸到基层、问题解决在基层，切实推动基层宣传思想工作强起来；有助于提高基层党委政府组织用网治网水平，提升新闻舆论传播力、引导力，不断增强社会主义意识形态的凝聚力，引领基层各类组织自觉贯彻党的主张，切实强化基层治理，巩固思想共识、稳定县域社会、安定县域民心，更有效、更强力地夯实执政基础，强化执政资源。

县级融媒体中心建设是加速乡村振兴战略进程、加快农村脱贫步伐、加强农村精神文明建设的重要抓手。《中共中央、国务院关于实施乡村振兴战略的意见》指出，实施数字乡村战略，做好整体规划设计，加快农村地区宽带网络和第四代移动通信网络覆盖步伐，开发适应“三农”特点的信息技术、产品、应用和服务，推动远程医疗、远程教育等应用普及，弥合城乡数字鸿沟。《中共中央、国务院关于坚持农业农村优先发展做好“三农”工作的若干意见》在“完善乡村治理机制，保持农村社会和谐稳定”部分指出，开展新时代文明实践中心建设试点，抓好县级融媒体中心建设。县级融媒体中心建设可以成为加快农村脱贫步伐、加强农村精神文明建设的重要抓手。例如，通过推动电子商务在乡村的广泛应用，可以帮助乡村销售农产品，促使农民脱贫、农村进步和农业兴旺，也可以加速城乡沟通，推动乡村振兴；通过加强网络内容建设，宣传党的路线方针和强农惠农富农政策，引导农民践行社会主义核心价值观，引导农民听党话、感党恩、跟党走，推进农村移风易俗工作和不良社会风气治理。

县级融媒体中心建设是引导群众、服务群众的重要途径。习近平总书记强调，“各级党政机关和领导干部要提高通过互联网组织群众、宣传群众、引导群众、服务群众的本领”，提出县级融媒体中心建设要遵循“引导群众、服务群众”的根本性功能。2018年9月，中宣部在浙江省湖州市长兴县召开县级融媒体中心建设现场推进会，会议强调，要把准功能定位，坚持分类指导，因地制宜开展工作，努力把县级融媒体中心建成主流舆论阵地、综合服务平台和社区信息枢纽。实践中，有些人认为，县域范围就那么大，会有多少新闻？有必要专门建设县级融媒体中心吗？这种看法之所以错误，一个重要原因就在于其没有看到县级融媒体中心是我们党走网上群众路线的一个重要载体。县级融媒体中心建设的一项重大任务，就是强调服务群众，突出服务事项，不断开发适应群众日常生活需求的服务功能，如政务服务、公共服务、电子商务、文化服务、娱乐服务、交际服务等。满足基层群众对美好生活的向往和追求，是县级融媒体中心建设的宗旨。从各地经验看，县级融媒体中心要努力办成新型的具有综合功能的媒体，不仅要具备一般媒体的属性与功能，而且还要具有多方位、多领域、多终端、多样化服务群众、服务社会的能力。县级融媒体相对于省市融媒体而言，具有更加贴近基层、更加贴近群众的天然优势，也更加清楚基层百姓的所需所急所盼所要。为此，要把县级融媒体中心打造成为密切党与人民群众血肉联系的基础工程和民心工程，发挥好引导群众、服务群众的作用。

面向未来，县级融媒体中心建设应当以习近平总书记重要讲话精神为指导，根据不同地区、不同地域的县情特点及其发展需求，努力构建符合本地县情、适应县域特征，且具可操作性、可持续发展的县级融媒体中心平台系统，从而实现诸多应用功能及其效益的最大化和最优化；明确县级融媒体中心主管机构，增加财政资金投入和保障，大力培养懂专业、懂技术的全媒体人才，增强归属感和认同感；走好网上群众路线，准确、真实、全面地将党中央的方针政策传播到乡村，传达给百姓，成风化人、凝聚民心、澄清谬误、明辨是非，形成思想共识、汇集磅礴力量，营造健康良好的基层舆论环境。

（方提、尹韵公：湖南省中国特色社会主义理论体系研究中心湖南师范大学基地特约研究员；本文摘自《光明日报》2019年9月23日）

·专题 / 创新案例样本·

Special topic/Sample innovation case

报业集团（社）

案例类别：组织机构

加快构建全媒体传播格局

——人民日报社推进媒体深度融合发展综述

党的十八大以来，以习近平同志为核心的党中央高度重视媒体融合发展，习近平总书记多次发表重要讲话、作出重要指示。特别是2019年1月25日，习近平总书记率领中央政治局同志到人民日报社，就全媒体时代和媒体融合发展举行集体学习，总书记对推动媒体融合向纵深发展作出战略部署、提出明确要求，为我们进一步做好新形势下党的新闻舆论工作指明了努力方向。

作为党中央机关报，《人民日报》坚决贯彻落实习近平总书记重要讲话和重要指示精神，积极投身媒体融合发展进程，坚持导向为魂、移动为先、内容为王、创新为要，在体制机制、政策措施、流程管理、人才技术等方面加快融合步伐，努力以内容优势赢得发展优势，以技术进步引领传播创新，不断扩大地域覆盖面、扩大人群覆盖面、扩大内容覆盖面，全媒体传播格局逐步形成，传播力进一步提升。

一、全媒体矩阵优势进一步凸显

作为媒体融合发展的积极探索者、践行者，今天的《人民日报》拥有报、刊、网、端、微、屏等十多种载体，网络媒体320多家，综合覆盖人群超9亿。正如习近平总书记所说，“现在，人民日报社已经有十多种载体，是影响力最广泛的时期了，从中可以看到科技发展的力量，也可以看出主流媒体回应时代挑战的努力。”

（一）充分发挥“中央厨房”策划、统筹、指挥、调度的枢纽作用，全媒体新闻产品生产机制全流程、常态化运行

依托全媒体新闻平台“中央厨房”再造新闻生产流程，建立总编调度中心、采编联动平台、融媒采编系统、客户端内容发布管理系统、移动指挥调度系统、热点发现及舆情监测系统、传播效果评估系统等，有效整合各种媒介资源和生产要素，让“一次采集、分类加工、多元生产、分众传播”的全媒生产成为常态。加快“主力军”挺进“主战场”步伐，制定融媒体工作室稿酬发放办法，鼓励编辑记者向新媒体供稿；聚合不同部门采编人员的智慧和力量，激发创意活力，加强内容生产，实现全天候、常态化运转。仅在2019年全国“两会”期间，融媒体工作室就制作推出118款产品，总浏览量达5亿人次。此外，成功举办第六届世界互联网大会中外部长高峰论坛和媒体融合论坛、2019媒体融合发展论坛、2019党报评论融合发展论坛等，为媒体融合发展搭建了交流合作平台。

（二）实施移动优先战略，继续建好自有移动传播平台，用好商业化、社会化互联网平台

着眼移动互联时代的发展趋势和要求，全面布局各类终端平台。2019年，《人民日报》客户端7.0版、《人民日报》英文客户端2.0版，以及中央媒体首个短视频聚合平台“人民日报+”短视频客户端上线。截至2020年10月底，人民日报法人微博在新浪微博平台的粉丝数超过1.2亿，是新浪微博首个粉丝数过亿的媒体微博账号，连续7年保持中国媒体第一微博的影响力。《人民日报》微信公众号用户订阅量超3500万，传播指标及综合影响力在所有微信公众号中稳居第一。《人民日报》客户端用户自主下载量超过2.65亿，下载量和活跃度居主流媒体创办的新闻客户端最前列。《人民日报》英文客户端自2017年10月成立以来，用户自主下载量和活跃度稳步攀升，海外用户占比达71.2%，居国内主流媒体英文客户端第一阵营。《人民日报》抖音账号关注数超1亿，为抖音短视频平台首个粉丝过亿账号，为主流媒体提升传播影响力提供了新范例。“人民号”移动新媒体聚合平台入驻账号超2万、月均上线稿件近29万条，全国党媒信息公共平台入驻单位300余家。“侠客岛”“学习

小组”等微信公号持续发挥品牌效应，“麻辣财经”等融媒体工作室不断推出优质产品。电子阅报栏不断新增点位，并首次进入香港，实现全国除台湾地区外全覆盖。《人民日报》少年客户端下载量突破2100万。“人民视频”“人民文创”等做强做深垂直类业务，影响力不断增强。

（三）坚持内容为王，运用互联网思维进行内容生产、分发和产品设计

将做好习近平总书记报道和习近平新时代中国特色社会主义思想宣传作为首要政治任务，集中力量、加强策划、突出创意，运用新形式、搭建新渠道、探索新表达、实现新传播。2019年，《这9张海报真提气》制作推送习近平总书记“两会”金句，全网总阅读量达1.2亿次；“微镜头”报道《习近平：我将无我，不负人民》阅读量超过2000万、跟帖评论近2万条、点赞量达7.8万，成为标杆性作品。围绕庆祝新中国成立70周年这条主线，着力提升优质内容生产能力和水平，现象级爆款融媒体产品不断涌现。“我爱你中国”主题活动相关主题网上互动量达10亿，总阅读量超150亿。“时光博物馆”全国巡展反响热烈，线下参观人数超过50万，话题累计阅读量超25亿次。系列微视频《中国24小时》累计播放量超24亿次，被翻译成多个语种向海外传播。H5《民族照》浏览量近2亿次，用户主动生成“爱国民族照”7.38亿张。“界碑描红”相关短视频浏览量11.3亿次，微博话题阅读量5.6亿次。“70年70问”大型融媒体报道播放量2.3亿次，微博话题阅读量2.2亿次。首次合作开发公益手机游戏“家国梦”，连续一周位居应用商店免费游戏排行榜榜首，全网曝光量近11亿次。

（四）把握国际传播领域移动化、社交化、可视化趋势，不断提升对外传播效果

做好外媒定制推送工作。2019年共向外媒推送《人民日报》原创新闻作品890件，在100多个国家和地区的800多家媒体落地1.5万次，与16个国家的34家主流媒体联合推出128块专版。“我与中国”全球短视频大赛征集短视频超42万条，以普通人的视角向世界展现真实、立体、全面的中国。海外版文章境外落地总数21万余篇次，被境外媒体转引或提及3.8万次。人民网稿件在外媒落地超12万条次，《人民日报》海外社交媒体账号粉丝量近8000万。《环球时报》英文版脸书账号粉丝规模跻身全球媒体前十。海外网日均阅读量超3000万，境外累计实现落地17万篇次。英文评论视频“胡侃（Hu's talking）”在海外社交媒体阅读量达5.78亿次，互动量1700万次。成功举办“一带一路”新闻合作联盟首届理事会议，正式成立联盟理事会，通过了联盟章程、理事会运行规则，发表了联合宣言。上线6种语言版本的联盟网站和英文版新闻信息移动端聚合分发平台，开展国际传播“丝路奖”评选筹备工作，承办“一带一路”媒体访学班，目前已有98个国家的205家媒体加入新闻合作联盟。

（五）紧跟技术发展前沿，推动技术自主创新，不断提升媒体智能化水平

顺应传播技术迭代创新的变革大势，强化对前沿技术的把握和应用，为媒体融合发展提供有力支撑。2019年全国“两会”期间，率先尝试运用“5G+VR”进行全景直播，给用户带来身临其境的现场体验。成立人民日报智慧媒体研究院，首批项目选择短视频和主流算法作为重点方向，整合各类优质资源，组建一流技术团队，建设智库、技术、投资平台，聚合新一轮技术驱动力。成立传播内容认知国家重点实验室，以人工智能研究为核心、多学科交叉为基础，围绕主流价值观精准传播理论科学与计算、内容智能审核和风控评级、基于内容传播领域的国家网络空间治理三个重点方向开展研究工作。与中国联通达成战略合作，联合建设5G媒体应用实验室，探索5G环境下媒体应用和产品创新。

二、推动媒体融合向纵深发展

下一步，人民日报社将着力推动以内容建设为根本、先进技术为支撑、创新管理为保障的全方位创新，催化融合质变，放大一体效能，努力打造资源集约、结构合理、差异发展、协同高效的全媒体传播体系。

（一）强化互联网思维，发挥内容生产优势，提升基于互联网的内容生产能力

精心做好习近平总书记报道和习近平新时代中国特色社会主义思想宣传阐释，在深入人心、可亲可近上下功夫，着眼高质高效、强化融合传播，在融入式、嵌入式、渗入式上用力，打造全方位、多层次、立体化传播矩阵。注重面向移动互联网这个信息传播主渠道强化内容生产，将传统媒体的“深厚内力”与新媒体的“丰富招式”融为一体，努力形成强大协同效用，实现“表达增量”，取得最佳传播效果。充分发挥融媒体工作室“轻骑兵”作用，强化议题设置，提高策划能力，特别是要提升短视频制作能力，提供更多真实客观、观点鲜明的信息内容，推出更多现象级、标杆性融媒体产品。

（二）做强内容运营服务平台，建设内容审核服务平台，打造聚拢主流和优质新闻资源的平台型媒体

做大做强“人民号”全国移动新媒体聚合平台、全国党媒信息公共平台等内容运营服务平台，优化人民网内容科技战略布局，吸引更多主流媒体、政务新媒体和优质自媒体入驻，通过平台建设为网络内容生态带来“绿水青山”，促进社会创作力量“清泉喷涌”。加强《人民日报》客户端地方频道建设，做好各地经济社会发展宣传，扩大客户端在地方的传播力和影响力。发展第三方内容审核业务，依托人民网在人力资源、经验积累等方面的优势，辅以技术平台的支撑，提高对各种形态海量内容的审核和管理能力，努力成为互联网空间的内容枢纽和闸门，引领“内容风控”这个新型业态健康发展。

（三）高度重视媒体融合技术建设，努力把握技术“制空权”，更好服务内容生产和传播

抓好全媒体新闻平台技术系统升级改造，完善全媒体新闻平台运行机制，进一步发挥“中央厨房”功能，推动采编工作提质增效。办好人民日报智慧媒体研究院，以短视频、主流算法等重点项目为载体，采取市场化、公司制、企业化方式抢占技术高地、争取有所突破，努力实现内容传播与先进技术的融通共享。建好传播内容认知国家重点实验室，开展相关领域应用基础研究，推动媒体融合研究和应用水平的跨越式发展，为媒体深度融合提供技术支撑、理论依据、发展指引和决策参考。

（四）创新管理方法和发展路径，构建更加适应全媒体时代的体制机制

严格落实“两个所有”要求，加强阵地管理，对报社所有媒体在政治、导向上实行一个标准、一把尺子、一条底线、一体推进。构建更加适应媒体深度融合、激发融合生产力的人事、薪酬等制度。着眼全媒体时代要求，加大采编队伍培训培养力度，引进技术、运营、管理等方面的高端人才，努力打造一支政治坚定、业务精湛、作风优良、党和人民放心的全媒型、专家型党报工作队伍。深化对资本的认识，提高资本运作能力，积极稳妥与国有资本、优质民营资本开展合作，探索建立媒体融合资本运作新模式。

（人民日报社新闻协调部）

案例类别：产品

赋能新闻报道创新 探索深度融合发展

——“现场云”全国服务平台

一、“现场云”全国服务平台发展概况

“现场云”全国服务平台是现场云移动直播平台的简称，是新华社从传统媒体内容供给侧改革出发，自主设计、自主建设、自主掌控的新媒体原创内容移动化生产传播平台，赋能宣传舆论工作向移动端、新媒体转型。“现场云”全国服务平台为入驻用户免费提供基于移动端的全媒体采编发功能和面向移动互联网的现场新闻生产系统，实现了只用一部手机即可发起全息化、直播态报道的设计目标。通过“现场云”全国服务平台，采编人员即采即传、审签人员即审即发，以更开放、高效的方式协同生产，极大提升了报道时效，创新了新闻报道业态。

“现场云”全国服务平台于2017年2月19日上线运行。截至2021年7月，已吸引包括中央媒体、中央和国家机关、地方媒体、地方党政机关在内的4200多家用户入驻，超过110000名采编人员注册使用，现已实现国内所有地市主要媒体全覆盖，800余家县级用户依托现场云技术服务、渠道平台等优势开展县级融媒体中心建设。截至2021年7月，入驻机构用户已自主发布现场直播60万余场，图片、短视频报道350余万条，日均直播突破1000场，形成广泛影响力。

运行4年多来，“现场云”全国服务平台相继得到中宣部领导、传媒业界及各地用户的广泛盛赞与好评。2020年，“现场云”全国服务平台入选“2020年度媒体融合创新技术与服务应用入库及优秀推荐”项目。

二、“现场云”全国服务平台创新特点

“现场云”全国服务平台采取全媒体信息流的方式，兼容视频直播、视频导播、短视频、动图、轻应用、图文等报道手段，并提供强交互的用户互动功能。报道按照一定的时间和逻辑顺序铺开，方便受众快速了解事件全貌，其全息化、直播态的全新样式，是目前最大限度与现场同步、全面还原现场的新闻产品。“现场云”全国服务平台不仅改变了传统新闻生产的采编发场景，还在多维度体现了自身的特点创新。

（一）创新移动化在线生产模式

“现场云”全国服务平台基于移动互联技术，只用一部手机即可便捷发起一场全息化、直播态报道，记者点击4次手机屏幕便可完成一段视频或图文采集，编辑可同步在移动端加工、签发。记者、通讯员可在同一主题下持续添加文字、图片、短视频跟踪报道。

所有数据直接上传云端，形成从采集、加工到分发的全媒体生产传播链条，让受众比以往任何时候都更接近新闻现场。

（二）赋能跨地域、跨媒介联动报道

"现场云"全国服务平台充分发挥"云端"优势，通过"超级编辑部"组织联播策划，实现了跨地域、跨终端、跨媒介的联动式立体报道，助力融合新闻产品组织统筹、生产加工的系统化、常态化、规模化发展。

（三）助力融媒体产能指数级扩大

"现场云"全国服务平台推出"全媒采集＋多元加工"的生产方案，助推地方媒体实现"小平台释放融媒报道大能量"。在"现场云"全国服务平台完成的报道中，可视化报道占比达96%，已成为全国最大的移动原创新闻直播平台和短视频在线协同生产平台。

（四）提升智能化应用生产效能

"现场云"全国服务平台以智能化、移动化研发为导向，产品技术持续迭代，在数据云端不断部署升级的基础上，实现"一次采集、多种生成、多元发布"的移动化采编发体系生态网。

三、"现场云"全国服务平台融合发展探索

"现场云"全国服务平台免费为入驻媒体提供先进有效的技术工具、适应移动互联网传播的优质内容、丰富精准的嵌入式培训服务，帮助入驻机构提升既有采编队伍新媒体业务能力，强化内容传播效果，在媒体深度融合之路上探索出具有新华社特色的融合发展经验。

（一）免费共享先进技术与高级工具

实时采集、云端审核的移动化采编发系统；多路直播流信号实时切换的云导播台；包含版权监测、新闻分发、智能剪辑生产、用户画像、人脸核查等功能模块的"MAGIC媒体大脑"……由"现场云"全国服务平台研发的智能采编发系统和丰富的高级工具全部免费对入驻媒体开放，不断提升实时采集、新闻直播、智能剪辑的生产效率。同时，"现场云"全国服务平台不只是工具库，还是数据处理平台。汇集而来的原始新闻数据可进行标签化处理，促进媒体间内容共享更便捷、更规范，也为媒体大数据加工及衍生产品制作奠定了良好基础。

"现场云"全国服务平台始终坚持媒体深度融合的前沿技术探索，使全国入驻用户持续收获发展红利。基于"现场云"全国服务平台，入驻机构逐步实现了指挥调度、视频加工、素材管理、流量监控、报道排序、安全防护等全流程在线操作，携手向媒体深度融合的深水区前行。

（二）兼容用户自有终端，分享新媒体成果

"现场云"全国服务平台始终以共享媒体深度融合成果为目标，在免费共享先进技术与高级工具的基础上，进一步开放终端融通。"现场云"全国服务平台采用通用的H5技术，记者实时采集的多媒体内容会按时间顺序自动聚合为一条报道信息流，机构用户只需将流地址添加到网站、客户端、微博、微信公号等渠道，便可将生产的内容输出至自有终端，进行快捷传播和互动。

从体验、使用先进技术与高级工具，到兼容自有终端实现快速传播，"现场云"全国服务平台不断打破业态壁垒，持续将新媒体探索成果惠及全国入驻机构。

（三）嵌入式培训助力新媒体队伍转型升级

"现场云"全国服务平台不仅能"输血"，还为入驻机构"造血"。自2017年始，现场云编辑部启动"现场云嵌入式培训"，从全国遴选10~15家入驻机构共10余名骨干采编人员来新华社总社进行为期1个月的实战化轮训。开设全媒体采编策划、短视频制作、产品设计、项目管理、媒体调研、业务研究等课程，引导参训学员与"现场云"全国服务平台编辑人员一起工作，在实战中提升业务能力和媒体融合素养。截至2021年7月，"现场云嵌入式培训"已开展15期，近300名学员在考核通过后获得新华社新媒体中心颁发的结业证书。

通过"现场云嵌入式培训"，"现场云"全国服务平台的入驻机构从"借船出海"逐渐打造出领航本机构的优秀"掌舵人"和全能"水手"，从"授人以鱼"到"授人以渔"，"现场云"全国服务平台努力为新时代媒体队伍转型升级贡献力量。

（四）共享未来协作收益

"现场云"全国服务平台于2020年4月迈出商业化步伐，初步形成"全国一张网，全网一出口"的发展格局，"现场云"全国服务平台将适时开发内部资源交易系统和对外版权追踪销售系统，与机构用户形成合力，变独立谈判为以新华社为代表的集体行动，提高议价能力，共享未来协作收益和版权收益，开创互联网协作式生产和版权收益分成等合作模式。

"现场云"全国服务平台在输出技术、服务、培训等媒体融合成果的同时，也在"云端"汇聚了海量的视频、图片等数据资源，亮点纷呈的现场云报道成为新华社各条线路、各移动终端及海外社交媒体平台的重要媒体资源库。"现场云"全国服务平台在共享、共赢的运营发展模式中不断巩固、延展移动互联网环境下新华社与全国用户的生态级有机联系，有效推动全媒体转型和采编机制流程再造，使各级、各域媒体携手共进，构建更加紧密、更加互联网化的"通讯社＋机构用户"的全面合作伙伴关系，努力在媒体深度融合的探索中实现"换道超车"和跨越式发展。

"现场云"全国服务平台将继续坚持以技术创新为引领，以优质内容建设为驱动，努力适应信息网络技术发展趋势和市场需求变化，进一步把握智媒时代发展的必然趋势，全方位、多维度发力，加快平台运营创新、技术研发与产品应用，不断推动媒体融合向纵深发展。

（新华社新媒体中心"现场云"全国服务平台）

案例类别：产品

媒体融合创新产品“AI 合成主播”项目

何强

“AI 合成主播”是新华社及时响应中央提高舆论引导能力的要求在媒体技术上的又一次重大举措和创新。新华社新媒体中心立足自身优势，勇于创新，深度把握互联网思维，突破既有传播程式，推出“AI 合成主播”项目。

2018 年，“AI 合成主播”的问世，引发国内媒体对于人工智能播报技术的热议。其不仅能够在日常报道中提升电视新闻的制作效率，降低制作成本，还能在突发报道中快速生成新闻视频，提高报道时效和质量。

一、项目发展历程与创新点

（一）全球首个“AI 合成主播”

2018 年 11 月 7 日，新华社联合搜狗公司在第五届世界互联网大会上发布全球首个合成新闻主播——“AI 合成主播”，以新华社真人主播为原型，运用搜狗公司最新 AI 技术，“克隆”出与真人主播拥有同样播报能力的“分身”。这不仅在全球 AI 合成领域实现了技术创新和突破，更是在新闻领域开创了实时音视频与 AI 真人形象合成的先河。

与国内外同类图像、语音合成技术和产品相比，“AI 合成主播”创新点在于：一是创造性使用真人形象。结合人脸关键点检测、人脸特征提取、人脸重构、唇语识别、情感迁移以及音视频联合建模等多项前沿技术，对语音、图像等多模态信息进行联合建模训练，模拟真人播报画面，突破以往图像语音合成领域只能创造虚拟形象配合语音输出唇部效果和肢体动作的约束，极大提升观众信息获取真实度。二是实时输出合成成果。在“AI 合成主播”的应用过程中，使用者通过文字键入、图像文字识别或语音输入等多种方式输入文本后，机器可以依据所输入的文本生成相应内容视频，并确保视频中音频和视频表情、唇动保持自然一致，展现与真人无异的信息传达效果，有效提升视频新闻内容制作效率。

（二）全球首个站立式“AI 合成主播”和“AI 合成女主播”

2019 年 2 月 19 日，新华社与搜狗公司继续升级了“AI 合成主播”的肢体语言能力，联合发布全球首个站立式“AI 合成主播”，同时发布全球首个“AI 合成女主播”。

升级后的合成主播在声音和图像两大引擎上有了较大的优化和突破。一是在声音方面，采用领先的波形建模技术生成音频，极大提升了合成音频的表现力和真实度，使声音更具情感。二是在图像方面，通过模型优化及多风格数据的使用，实现更加逼真的表情合成、肢体动作与语义的恰当匹配以及更加自然的唇动效果。

（三）全球首个俄语“AI 合成主播”

2019 年 6 月，搜狗公司联合新华社与俄罗斯塔斯社合作推出了俄语“AI 合成主播”，献礼中俄建交 70 周年。随后，“AI 合成主播”亮相第六届世界通讯社大会“人工智能”专题会，引起与会者热烈讨论。

（四）全球首个 3D 版“AI 合成主播”

2020 年 5 月 20 日，搜狗公司联合新华社推出全球首个 3D 版“AI 合成主播”，这是新闻界首位由人工智能驱动、3D 技术呈现的 AI 合成主播，保持项目的全球领先性。2020 年全国“两会”期间，全球首个 3D 版“AI 合成主播”正式“上岗”，通过新华社客户端为广大网友带来全新的新闻资讯体验。

3D 版“AI 合成主播”集合了超写实 3D 数字人建模、多模态识别及生成、实时面部动作生成及驱动、迁移学习等多项人工智能前沿技术，生成形象写实、表情动作自然的高逼真度数字人，只需输入文本或音频即可自动输出实时音视频流。与前一代 AI 合成主播（2D 形象）以及国内外 3D 数字人相比，其创新点在于：一是更加自然的表情动作。采用行业领先的扫描还原算法，面部肌肉驱动、表情肢体捕捉等技术，以及更符合人体生理结构的肌肉模型，生成高逼真度的 3D 数字人模型。随后，通过搜狗公司 AI 算法对 3D 数字人模型进行实时驱动、渲染，使其面部表情唇动、肢体动作和语言表达能力达到很高的契合度。通过对数字人面部和身体的精细控制，3D 版“AI 合成主播”播报过程中面部表情细腻生动，走动或者转身时，身体律动自然流畅。二是更加灵活的展现方式。3D 版“AI 合成主播”是一个完全参数化的、数字化的模型，基于模型可以让主播做出转身、走动等复杂身体动作，不再局限于固定位置进行新闻播报。此外，3D 版“AI 合成主播”支持多机位多景深、不同角度的全方位呈现，可以一秒换装，实时换发型，甚至能够同时穿梭在不同的演播室中。随着3D虚拟场景不断拓展，“AI合成主播”有望走出演播室，在不同场景中更好地满足新闻呈现的多样化需求。

（五）“AI合成主播超市”亮相新华社新版客户端

“AI合成主播家族”实现了多语种高版本的升级扩容后，2021年初，“AI合成主播超市”在新华社客户端正式上线。新小浩、新小萌、新小微等8位风格各异、特色鲜明的主播同屏出现，网友可以一键点播，随意切换，不仅音色、讲话风格、表情唇动、肢体动作都更加精细和准确，表达效果也更加丰富、生动，同一篇新闻，实现了不同的视听效果。

（六）“AI合成主播”“跑”两会

2021年“两会”期间，新华社新媒体中心推出“AI合成主播”跨场景沉浸式报道。“AI合成主播”通过新华社新立方智媒演播室的五面LED屏构建场景，结合多角度三维缝合技术，实现自由“穿越”，“走出”演播室“一步跨进”新闻现场，利用5G传输、AI驱动，从单向播报到双向互动，实现与多地嘉宾同时连线，实时互动。其表现力也再次提升，全新上线动作生成能力，通过算法驱动，实现与文本、情境实时适配，更加人性化、情感化、智能化。

二、项目赢得的国际赞誉

“AI合成主播” 以其前沿性和创新性，荣获2018年“新华社创新奖”及第五届世界互联网大会领先科技成果。在2020年中国广电媒体融合发展大会上，“AI合成主播”项目被评为“2020年度媒体融合创新技术与服务应用优秀项目推荐”并编辑成册。同时，“AI合成主播”赢得众多国际媒体的赞誉。

“今日俄罗斯”电视台网站称，“新小萌栩栩如生，在对着镜头讲话时，一边眨眼睛，一边调整着双手。除了一些较为僵硬的口型动作，她有可能被误认为是真人。”

《每日邮报》称，网络用户对新的主持人表示欢迎，不过一些人则担忧AI合成主播是否会取代他们的人类同行。

美国财经新闻网站Quartz称，AI合成主播正在使得传统记者面临过时淘汰的处境。

日本朝日电视台和富士电视台对“AI合成女主播”进行了电视报道。

BBC（英国广播公司）以视频的形式进介绍了“AI合成主播”。

Reuters（路透社）称，“AI主播是中国旨在提升其在人工智能技术方面能力努力的一部分”。

英国三大报之一《卫报》称，世界上第一个AI合成主播诞生在中国。

AP（美联社）以专访的形式，对AI合成主播进行了报道。

美国《新闻周刊》(*Newsweek*)称，中国展示了AI合成主播，这个主播为人们带来了新体验。

业内人士认为，这是新华社及时响应中央提高舆论引导能力的要求在媒体技术上的又一次重大举措和创新，体现了国家通讯社的政治觉悟和技术实力，此举必将极大地改进新闻生产方式，降低融媒体产品制作成本，对其他媒体有重要的借鉴价值。

三、应用情况及行业示范推广价值

（一）应用情况

新华社与搜狗公司联合推出全球首个“AI合成主播”，并在一年半时间内，从男主播到女主播到俄语主播再到3D版AI合成主播，从中文到英文再到俄文，实现了多语种高版本的升级扩容。目前，正在研发手语主播、粤语主播，主播超市进一步优化升级、丰富拓展。

从发布的那一刻起，“AI合成主播”就正式成为新华社报道队伍中的一员。截至目前，“AI合成主播”共生产14970条新闻报道，时长达35640分钟，总浏览量超过76亿次。

（二）行业示范推广价值

“AI合成主播”是人工智能技术、移动智能采集终端在新闻领域提升生产效能的重要案例，也是新华社智能化编辑部新闻生产赋能的代表产品。“AI合成主播”的应用极大减少了场地、器材、环境和人员对于音视频内容制作的限制。只要将文本输入系统，“AI合成主播”就能随时工作，并且一直工作下去。

随着“搜狗分身”技术能力的不断提高，AI合成主播的定制周期也降低了，合成效果和稳定性也有提升，帮助媒体在融媒体转型、新闻时效性、跨语种传播能力等领域升级。“AI合成主播”在不同的新闻场景运用中都拥有着不可限量的未来。

“AI合成主播”也在不断拓展着服务应用范围。2020年，“AI合成主播”开始为黑龙江电视台提供新闻播报服务，为传统媒体融合创新助力，持续将近两年时间，受到广泛好评。2021年，新华社新媒体中心与北京市广播电视局积极推动区县媒体融合创新，为北京市区县融媒体中心的重点节目提供服务。节目在区人大、政协会场进行了不间断播出，受到区人大代表和政策委员高度关注。未来，新华社新媒体中心将持续探索输出“AI合成主播”服务能力。

（何强：新华社新媒体中心技术项目部主任）

案例类别：产品

“假如我是委员”小程序项目

一、项目背景

2019年3月18日，习近平总书记在学校思想政治理论课教师座谈会上指出，办中国特色社会主义教育，就是要理直气壮开好思政课。用习近平新时代中国特色社会主义思想铸魂育人，引导学生增强中国特色社会主义道路自信、理论自信、制度自信、文化自信。

人民政协报社作为中央主要新闻单位之一，一直在思考并实践如何让“四个自信”更加深入人心，让人民民主的观念在青少年心中生根发芽，在社会大众心中植根铸魂。

2019年9月1日，人民政协报社推出全国首款网络议政新媒体平台“假如我是委员”。两年多来，“假如我是委员”平台以“集思广益·凝聚智慧”为建设理念，积极打造优质内容，做好舆论宣传，引导更多网民了解人民民主，感受社会主义协商民主的魅力。

二、项目介绍

（一）平台概况

“假如我是委员”平台于2019年9月1日正式上线，是全国首款网络议政型新媒体产品，目前是一款微信小程序。

平台致力于让网民特别是青少年以虚拟政协委员身份，体验委员履职、学习政协知识，围绕民生热点问题开展调研、讨论，反映社情民意、提交虚拟提案，引导他们在实践中有序进行政治参与，助力解决民生热点问题，用虚拟提案影响现实社会。

平台定位为公众有序进行政治参与的网络议政平台；青少年思想政治教育的网上实践基地；新时代践行网上群众路线的有效载体；连接与政协委员、政协机构沟通交流的互动平台。

截至目前，平台用户数为100万，覆盖全国各省（自治区、直辖市）。170多位各级政协委员，8家各级政协机构入驻。发布提案数10000多件。

2019年12月，政协北京市海淀区第十届委员会第四次会议召开期间，平台被写进海淀区政协常委会工作报告，《报告》指出，“用好‘假如我是委员’等新媒体平台，更好传播政协声音，讲好政协故事。”

平台官方网站地址为 wswy.rmzxb.com.cn，官网展示小程序简介、产品概况、名人推荐等部分。同时，可在人民政协网教育频道“假如我是委员”专栏查看平台资讯信息。

（二）功能介绍

1. 提交虚拟提案。虚拟政协委员可在平台围绕经济社会、民生热点等问题提交虚拟提案，发表观点看法。平台上的真实政协委员与虚拟政协委员可对虚拟提案进行评论互动，展开讨论。

2. 热榜精选。为让虚拟政协委员便捷地浏览和学习优秀虚拟提案，平台设有热榜专区，包含优秀榜、近7天榜、近30天榜、委员提案榜、委员关注榜、点赞热榜、评论热榜、委员热榜、积分榜、粉丝榜。

3. 积分升级。平台模拟设置相应积分参数，入驻后通过签到、发表提案、点赞、评论等，都可获得相应积分。满足一定积分条件后，则有机会从虚拟县级政协委员升级至虚拟市级政协委员、虚拟省级政协委员、虚拟全国政协委员，增加平台趣味性和用户黏性。

4. 学习政协知识。平台在首页底部设置“政协”专门入口，实时更新政协相关资讯和科普文章，供平台用户阅读、学习政协相关知识。同时，知识星球闯关也能让用户在趣味游戏中学习政协相关知识。

5. 委员工作站助力委员履职。随着各地政协组织相继设立委员工作站、委员工作室，平台紧跟人民政协履职工作，积极为政协委员打造线上履职平台。2020年12月，平台正式开通委员工作站功能。

目前，北京市海淀区八里庄地区委员工作站已入驻，辖区内相应政协委员也联动入驻。委员工作站包含发布通知、政策，信息资讯推送等内容。

6. 专栏视频与图集展播。为增加平台可看性、丰富视觉体验、拓宽用户学习路径，平台根据不同主题策划展示各类具有学习和传播价值的图片，以栏目形式展示各类视频。

其中，《委员风采》栏目展示平台入驻的真实政协委员，介绍他们的履职经历和领域建树；《前浪，后浪有话说》则展示青年虚拟政协委员与真实政协委员视频连线对话的精彩时刻；《明星委员邀请入驻假如我是委员》栏目则展示各位明星委员对平台的祝福。

7. 专属履职报告。平台记录用户自入驻以来的关键行为，为每位虚拟委员提供属于自己的专属报告，帮助委员了解自身在平台的活跃情况和轨迹。履职报告包含入驻时间、提案发布数量、粉丝数、关注数、签到与互动情况等。

8. 大数据监测中心。通过对平台用户、提案发布与互动的统计，利用关键词监测技术，监测提案发布的异常情况并及时做出预警和处理，以减少垃圾信息产生，保证平台内容的纯粹性和高质量。

三、项目开展情况

自2019年9月1日以来，平台相继开展不同主题、不同类型的线上线下活动，充分调动了用户特别是学生群体的参政议政热情，让他们真切感受到协商民主的魅力。

（一）线上活动开展情况

截至目前，平台积极开展60余次线上活动，平台浏览量为36万，活动全网浏览量为400万。

《向校园欺凌Say No，一起来聊》《青少年如何预防艾滋病？》等系列线上活动聚焦青少年现实生活，传递建言声音。《庆祝澳门回归20周年》《国家公祭日，一起铭记历史！》引导青少年聚焦家国，留住记忆。策划《中国医生，我想对您说……》短视频征集活动，在全社会营造崇医、尚医的良好风尚。2020年全国“两会”期间，推出《知识星球闯关游戏》《“森里地发”我想带你上两会》等主题活动，科普政协知识，为虚拟委员与真实委员搭建沟通交流的平台。

（二）线下活动开展情况

自上线以来，平台相继走进北京市一零一中学、西安铁一中学、清华大学、东北师范大学等学校。以模拟政协形式，让学生提交虚拟提案，进行提案评选，邀请真实政协委员和虚拟委员面对面交流。同时，让青少年化身虚拟政协委员，组织召开虚拟政协会议。

虚拟政协委员走进北京市海淀区政协十届四次会议、北京市政协十三届三次会议。会上，虚拟政协委员带着撰写的虚拟提案，与参会政协委员共同做客人民政协报社品牌栏目《委员会客厅》，就虚拟提案提出的问题展开交流讨论。2020年全国“两会”期间，平台5件虚拟提案被全国政协委员带上“两会”。

四、社会价值

（一）全民思政教育的网上实践基地

平台用户通过化身虚拟政协委员，围绕身边问题或社会热点、难点问题撰写虚拟提案，有利于促进网民关心国家社会，培养社会公民的责任担当。

同时，平台提供机会让虚拟委员与真实委员视频连线的活动，带领虚拟委员参加两会活动等，促使网民特别是青少年在实际行动中体验社会主义协商民主和中国特色社会主义制度，进而培养青年一代坚定“四个自信”。

目前，平台已有10000多件虚拟提案，涵盖教育、经济、农业、社会、科技等各个领域。提案既为网民提供观察社会的窗口，也引导更多人有序进行政治参与，是全民思政教育的网上实践基地。

（二）为人民政协事业发展提供线上交流平台

平台自上线以来，不断拓展真实政协委员和政协机构入驻，至今已入驻170多位真实各级委员、8家政协机构。

一方面，委员通过与全国各地的虚拟委员沟通交流，获取社情民意，扩大调研范围，帮助委员提出更具有科学性、针对性的提案。另一方面，平台也成为委员撰写提案的素材库、数据库。平台优秀的虚拟提案为政协委员撰写提案提供丰富素材。

（三）以实际行动彰显社会责任担当

一年多以来，平台积极关注国家社会中的大事小情，通过策划线上、线下活动，不断彰显平台传播力、引导力、影响力、公信力，以实际行动彰显社会责任担当。

2020年3月，在全国人民众志成城抗疫期间，平台推出《新冠肺炎病毒防控科普知识》专栏视频，以动画形式解读防疫抗疫小知识；“全民建言‘十四五’规划征集活动”依托中共中央十九届五中全会的召开背景，共同为“十四五”规划贡献全民智慧；“关注罕见病，为爱呐‘罕’”聚焦瓷娃娃、蝴蝶宝贝、渐冻人等罕见病群体，为社会关注罕见病群体呼吁呐喊。

（人民政协报网络有限公司）

“假如我是委员”小程序

案例类别：产品

人民政协报社“美丽四平 政协担当”融合报道项目

高峰 田福良 宋宝刚 韩月 杜晓航

一、项目背景

2020年7月22日，习近平总书记到吉林省考察调研时来到四平市梨树县了解粮食生产、黑土地保护利用、农业机械化规模化经营等情况，指出这是“耕地里的大熊猫”，是“黄金玉米带”，也是“大豆之乡”，一定要采取有效措施，保护好黑土地。随后，习近平总书记参观了四平战役纪念馆，重温革命历史，缅怀革命先烈。

结合此次习近平总书记在四平市考察时的重要讲话重要指示精神，由《人民政协报》、人民政协网派出融合报道小组，聚焦吉林省四平市政协黑土地保护和河湖治理方面取得的成效进行专题报道，并拍摄专题片，展现地方政协在助推黑土地保护和河湖生态治理方面的“政协方案”，彰显新时代人民政协履职尽责的担当作为。

二、融合报道项目情况

2020年8月初，人民政协报社记者部制定了《“美丽四平、政协担当”融合报道方案》，经报社领导研究通过后，成立了由记者部、摄影部、人民政协网共同组成的融合报道小组。

8月24日至28日，人民政协报报道组赴四平市对黑土地保护和河湖治理工作进行专题采访。

采访内容围绕四平市政协紧盯践行习近平总书记“两山”理念成为全党和全国各地发展共识、施政要点的新局面，聚焦“治河”这一全市五大战略之首的重中之重，发挥四平政协善谋大事、善议要政、善解难题的工作特点，举全政协之力开启了投身生态文明建设主战场的新征程，致力于落实绿水青山战略，投身河湖治理一线担“主角”唱“大戏”，创新搭建商以求同、协以成事的协商平台，汇聚共建美丽四平、幸福家园的强大合力，开创助推河湖生态治理的新篇章，有力助推四平打造“河畅、水清、滩绿、景美”的生态新景象，得到市委充分肯定，并将统筹推进全市河湖治理工作的重任交给政协。

采访期间正遇吉林遭遇台风登陆，融合报道小组克服天气不利因素，分别采访了四平市政协主席杨枫、市委副书记李岩，四平市政协副主席寇春生、水利局副局长段中华，以及市政协委员、河湖治理工作人员、污水处理站工作人员、乡村小河流治理河长、野生动物保护协会主席、游客等共30余人。4天的时间，融合报道小组对四平市铁东区、铁西区、双辽市、梨树县、伊通县的河湖治理工作进行了深度调研采访。白天赶行程，晚上整理采访素材，为了赶采访进度，中午饭都来不及吃，这种敬业的精神令四平市政协的领导和工作人员很是感动。

三、具体成效

（一）摄影专题

在2020年10月9日的《人民政协报》摄影版刊发了整版专题报道《护一方清水，惠千家万户》，版式美观大气，充分展现出四平市政协河湖治理工作取得的成效。

（二）视频专题

采用出镜记者采访的形式，邀请吉林省四平市政协领导、政协委员带领记者走进河湖治理区域，深入治理河段，讲述治理中的困难挑战及经验，展现政协智慧和委员担当，并深入基层采访，以平民化的视角和语言展示人民群众在生态文明建设中的获得感和满意度。节目时长适当、节奏紧凑，风格沉稳、厚重、亲和，通过记者提问和采访对象故事化的讲述，体现节目主题和思想，增强节目真实感，烘托主题氛围。

（三）公众号专题

2020年11月12日，本报官方微信公众号推出了以文字、视频、图片等方式综合的报道——《从“心病”到“心头肉”，黑土地上的美丽传说从何而来》。

（四）报纸版面

采写的长篇通讯报道在2020年12月17日的《人民政协报》头版显著位置刊发，配发了“人民政协报”公众号二维码。此篇通讯报道以四平市哈福村卧龙泉屯的小河流治理的成效切入，全面展示了对四平市河湖治理工作的全面治理效能，体现出四平市贯彻习近平总书记重要讲话重要指示精神的具体行动。文章刊发后，被一些主流网站全文转载，被一些微信公众号转载。

（五）地方反响

摄影专题、视频专题、报纸版面等系列报道的陆续推出，得到了四平市委、市政府、市政协的高度肯定和赞扬，四平市电视台开辟专门时段播放视频专题报道。《四平日报》于12月22日转发本报12月17日一版刊发的深度报道《蝶变河湖耀英城——吉林省四平市政协助推生态河湖建设纪实》。

四、融合经验

贯彻报社融合发展理念，深度挖掘新闻素材，结合新媒体宣传特点，采取先网后报模式，报网端微屏全平台推送，扩大宣传影响力，提升融合品牌。

（一）融合发展思想统一

记者站人员多为长期从事新闻采编工作，单一为报纸供稿。2020年7月30日，报社召开了融合发展会议，通过了《人民政协报社融合发展报告》，使很多传统媒体的采编人员提高了融合发展意识，大家都认识到融合是大势所趋、是必由之路，融合才能有发展，纷纷努力向全媒体转型。此次报道是记者站人员与新媒体人员共同融合的报道尝试，取得了良好的报道成效。

（二）报道紧跟时代要求

报道选题紧跟时代要求，是对习近平总书记“绿水青山就是金山银山”理念的深入践行，该报道充分发挥了新媒体优势，以摄影、视频、航拍等方式，特别是视频专题中大量运用了航拍镜头，调动了各个部门的资源优势，使新闻产品体现出了新媒体的优势特点。

（三）内容贴近民生关注

好的新闻产品要有思想、有温度、有品质。此次融合发展系列报道内容贴近民生，受到广泛关注，用扎实、深入、生动的形式打动了很多政协工作者和广大网友。

（高峰：人民政协报社吉林记者站站长，田福良：人民政协报社摄影部记者，宋宝刚：人民政协网视频部主任，韩月、杜晓航：人民政协网视频部记者）

“从‘心病’到‘心头肉’，
黑土地上的美丽传说从何而来”融媒报道

案例类别：产品

中国法院移动门户平台——天平阳光一体化移动平台

为贯彻落实习近平总书记关于推动媒体融合向纵深发展的重要指示精神以及中办、国办《关于加快推进媒体深度融合发展的意见》要求，最高人民法院党组适应把握移动互联网时代传播技术发展趋势，“推动人民法院媒体建设重心向网络新媒体转移”，决定由人民法院新闻传媒总社开发集法治新闻、法院党建、法律人社交和法律服务于一体的中国法院移动门户平台——天平阳光。

一、项目创新性及亮点

天平阳光平台以内容创新为核心，以信息技术为依托，致力于打造全国法院在移动互联网时代的新闻宣传主阵地和诉讼服务总入口。

（一）打造垂直领域自媒体平台

天平阳光平台是政法领域主流媒体中首个推出的聚合类资讯APP，以全面宣传人民法院依法履职新作为和新成就、大力宣传司法改革取得的新进展为内容特色。一是突出法治资讯权威性。依托传媒总社旗下报纸、杂志、网站、新媒体和全国3500余家法院的网上资讯，与全国80多家中央、政法和省级新闻媒体建立供稿机制，确保权威资讯实时发布。二是突出新闻来源多样性。顺应“人人发声”的媒体传播新趋势，引导平台注册用户加入“天平号”，鼓励他们主动发现新闻、生产新闻，打造用户参与度高、传播度广的资讯平台。三是突出新闻推送精准性。引入人工智能技术，自动识别用户阅读习惯，实现信息差异化传播和个性化精准推送，并运用自然语言分析技术，在资讯下方推送与资讯内容相关的法律文件和评论文章，为用户完善法律知识体系提供便利。

（二）打造全国法律服务总入口

人民法院审判体系和审判能力现代化是国家治理体系和治理能力现代化的重要组成部分，是全面依法治国的重要基础。天平阳光平台的一大特色是系统集成，整合了人民法院现有的数据资源和服务平台，不但可以直接联通司法公开四大平台，而且能够提供诉讼公告办理、执行监督举报、法律法规查询等线上服务，在互联网上搭建了一个司法公开和诉讼服务的移动“一站式大厅”。

（三）打造法院特色智慧党建平台

为推动人民法院党建工作转型升级，探索构建人民法院“互联网 + 党建”模式，在天平阳光平台中开发“天平党建”智慧党建系统，发挥移动端特点，基于人民法院党建工作实际开展内容建设和业务建设，实现与全国四级法院党组织之间的联建共建、联动互动。

（四）打造法律人学习交流空间

平台能够实现即时通信和群聊、短视频拍摄和分享等多媒体社交功能，丰富用户的文化生活。打造“法律圈”，为个人用户和入驻天平号的各级法院、机构和媒体提供动态展示和互动交流的空间。打造“天平学院”趣味学习版块，设置法律知识人机交互问答、真人对战抢答、开放性线上辩论比赛等趣味环节，通过游戏化的培训学习，让法律人学习与社交相结合。

二、目标用户群体

天平阳光平台主要用户群体包括全国法院干警、政法机关干警、法律职业群体、诉讼当事人和社会公众等。

三、服务模式

（一）服务法院新闻宣传阵地建设

自2019年12月17日平台上线以来，湖北省、福建省、天津市、黑龙江省、重庆市、北京市、河南省、云南省、河北省、山东省等29家高院先后组织辖区三级法院完成集体入驻，截至目前，3242家法院（全国90%以上法院）入驻“天平号”，广西壮族自治区柳州市政法委、北京市盈科律师事务所等35家非法院机关、企事业单位积极入驻，已累计发布文字、图片、视频等多种形式的融媒体新闻稿件30余万篇，全面呈现政法领域自媒体平台内容新生态。

（二）服务智慧法院转型升级建设

设置网上服务大厅，实现中国裁判文书公开网、中国庭审公开网、中国执行信息公开网和中国审判流程公开网网站资源的移动端聚合，为人民群众参与司法、监督司法提供更便捷渠道；接入中国移动微法院、法院公告发布小程序等诉讼服务；提供法律法规、司法解释、指导案例查询检索及失信人地图查找等法律实用工具，让信息查证一键知晓。

（三）服务新时代人民法院党的建设

突出法院党建针对性，可实现全国法院党组织和党员共同参与，法院党建工作与地方党委纵横互补、条块结合的党建新模式。充分发挥移动端特点，聚合各类优质学习资源，设置“党务”和“活动”两大功能模块，可以实现线下工作线上抓，促进党建工作规范化、制度化和便捷化。党组织入驻系统按照全国四级法院的架构进行设计，上级法院机关党委可依托平台对辖区内法院党建工作进行监督指导。可定期提供数据分析报告，为法院系统的党建工作创新提供数据支持。

（四）服务法治人才队伍素能建设

天平学院版块突出学习培训实用性和互动交流趣味性，根据学习型社会需要，创新法治人才线上培养机制，充分调动用户学习自觉性和主动性，为政法队伍加强能力建设、法律人群提升职业素养提供平台支撑。

四、主要技术应用

（一）人工智能算法（资讯定向推送）

为实现新闻推送精准性，在海量信息中帮助用户精选内容，引入人工智能算法，自动识别用户阅读习惯，定向推送用户感兴趣的内容，可逐步实现对不同群体进行差异化传播、个性化推送。

（二）NLP（自然语言分析）技术

与人民法院出版社法信平台合作，引入NLP技术，在资讯阅读界面下方展示与文中内容相关的法律法规、司法解释和指导案例链接，点击可以直接进入法信平台进行相关内容的免费或付费学习，起到更好的普法效果。

五、社会效益及行业示范推广价值

作为政法领域第一款集资讯、服务、党建、互动于一体的手机端应用平台，天平阳光的建设开发始终坚持党的领导，坚持正确的政治方向和舆论导向，坚持社会效益第一，在司法领域内可发挥较好的行业示范推广作用。

（一）坚持政治引领的根本方向

平台建设坚持以习近平新时代中国特色社会主义思想为指导，坚持马克思主义在意识形态领域的指导地位。设置“学习”“要闻”“案件”等新闻频道，打造“走进民法典”“司法护航美丽长江”“追记全国模范法官胡国运”等专题报道，及时推送法院系统大案要案、先进典型、改革创新等优质内容，力争用好网络语言，讲好法治故事，真正担负起习近平总书记提出的“举旗帜、聚民心、育新人、兴文化、展形象”的使命任务。

（二）坚持服务人民的价值取向

让数据多跑路，群众少跑腿。平台秉持“新闻 + 服务”建设理念，集成人民法院自有宣传渠道、数据资源和服务平台，实现四大司法公开网站资源移动端聚合、法律法规查询、法院公告发布、执行监督举报、网络拍卖公告等十余项随手可用的服务功能，解决人民群众在寻求司法服务过程中遇到的“痛点”“难点”问题，为诉讼当事人等用户群体提供最大化便利。

（三）坚持紧贴司法的目标导向

以问题为导向，结合法院业务建设和队伍发展实际情况，开发法院系统的业务培训平台——天平学院和政治建设平台——天平党建，突出针对性、实效性，探索“党建+审判”“党建+队伍”“学习+互联网”“党建+互联网”等工作模式的深度融合，助力实现全国法院干警学习培训和党建工作从“线下”到“线上”，从信息化向智慧化的转换。

（人民法院新闻传媒总社）

天平阳光客户端

案例类别：产品

“民法知道”小程序

龚云飞

一、“民法知道”的功能定位及开发情况

“民法知道”小程序旨在民法典领域打造一款集理论解读、知识讲解、互动咨询、培训等内容于一体的集成式法律平台，以及希望成为民事检察及四大检察工作的连接器和显示平台，既面向社会大众提供法律咨询、法条查询等智能法律板块，又服务面向全国四级检察机关一线检察工作人员提供高质量产品。“民法知道”由检察日报社开发，科大讯飞公司提供技术支持，于2020年5月29日即《中华人民共和国民法典》通过第2日正式上线1.0版本，并在后期着力进行2.0版本的搭建，以实现版本功能的进一步优化与丰富。同时，与最高检内网检答网进行合作，面向社会公众的同时服务各级检察人员，真正实现社会大众与专业法律群体兼顾，产生多赢、共赢效应。

二、“民法知道”1.0版本介绍

“民法知道”小程序1.0版本功能主要分为两大专区和7大板块。两大专区分别为民法典专区和法律咨询专区。民法典专区包括3个板块：民法典、蹭热点和教授说。“民法典”板块集成了民法典文本，是国内智慧检务产品中最早发布权威准确民法典文本的第一家；“教授说”板块汇集了名家教授的理论探讨，为重点打造的高端理论板块；“蹭热点”版块为广大人民群众提供了热点话题探讨平台。

法律咨询专区即AI互动专区，为用户提供AI智能服务。该专区包括四大板块，分别为法律咨询、法条查询、类案检索、案情问答。该专区依托前沿智能AI问答技术，能够实现日常语言的交互和法律专业语言的多轮交互。

“法律咨询”板块支持社会大众以常用语言进行法律问题的咨询，如“劳动争议的处理机构有哪些？”“婚前房产婚后抵押是夫妻共同财产吗？”针对百姓可能遇到的法律纠纷和难题，无须以专业法律语言提问，法律咨询板块均会给出专业准确的答案，将民法典中的惠民条款和为老百姓提供的权利保障措施以最便捷的方式送到其身边解决其实际法律问题。

“法条查询”板块支持法律专业语言、自然语言、关键词等检索方式，汇集了线上17万部以及线下30万部法律，包括司法解释和地方性法规、指导规定等。检索提供最全面的检索结果，对现行有效和已经废止的法律条文以不同颜色和字符进行区分表明，使用户获得最全面准确的检索结果。

“类案检索”板块通过篇章解构和分析技术，可实现对已生效裁判法律文书基本案情类似、诉讼请求类似、裁判结果类似的案例检索，包括了线上300万件以及线下2000万件法律文书。

“案情问答”板块设置了专项民事案情模型，用户可以输入案例进行提问，并对案例中与自己感兴趣的问题点进行提问，该板块的案情拆分功能可实现用户对于任何重要案情点的单独提问。

三、“民法知道”2.0版本介绍

在“民法知道”2.0版本的搭建过程中，对界面设计和功能进行了大幅优化，并新增视频功能作为主打方向。在保留了原1.0版本四个AI服务板块的基础上，法律查询板块进行了功能进一步的深耕，可支持细化收藏到每一条法律条文，大大丰富了用户体验感，也展示了更深的技术优化和更广的产品门类。

在专题页中，开辟了涵盖民法典热点、难点和检察业务点在内的系列专题。包括“民法典与百姓生活”“民法典与检察工作”“典亮生活每日一题”“民法典大咖三人谈”“民法典精品理论文章”等。每一系列专题对于百姓关注的居住权、高空抛物、离婚程序等进行回应，切实将民法典与百姓生活有机融合，也将民法典与检察工作结合到了一起，以专业性、引领性指导检察人员办案。

落实最高检“学习贯彻民法典深入指导检察办案”的指示，“民法知道”2.0 版本确立了以提供民法典时代高质量内容为发展方向，大力依托中检报业的优秀采编力量和最高检理论和业务资源，打造法学界专家三人谈、高端精品访谈、独家采访等系列高质量内容。

“民法知道”小程序平台后续陆续出台“民法典与刑事检察”“民法典与民事检察”“民法典与行政检察”“民法典与公益诉讼检察”等系列高端精品视频内容，并邀请陈兴良、卞建林、车浩、陈璇、陈卫东、王利明、王轶、杨立新等学界专家，以及郑渊洁等文学界人士，为广大用户提供优质经典的视频盛宴。

四、“民法知道”项目的效果

“民法知道”项目的上线仪式上，中国人民大学教授王利明、中国人民大学副校长暨法学院院长王轶、最高人民检察院第六检察厅厅长冯小光受邀就民法典的诞生与时代发展进行三人谈。随着 1.0 版本的建成，“民法知道”进行了二期工程建设，对内容和功能进行优化丰富，并与最高检内网检答网开展合作。自此，“民法知道”实现了内网、外网统筹兼顾、检察人员和社会大众统筹涵盖的更大辐射面。

自从“民法知道”小程序上线以来，受到来自社会各界的好评，不同社会群体纷纷表示，“民法知道”是一项惠民工程，将民法典普及老百姓群体，让老百姓受到真正的实惠。还有人员表示，小程序使用快捷便利，法律咨询和法条查询功能很方便，遇到纠纷查一查，就能收到有效解答。后台收到大量留言，均表示《检察日报》开发的这款小程序很实用！希望更多人能用到！从“民法知道”后台数据的访问量来看，该小程序的使用度在全国同类别产品中位居前列。

五、“民法知道”的深度媒体融合创新机制

“民法知道”小程序着力推动打造媒体融合的创新范式，在搭建、生产、传播、推广、服务的各个环节努力实现媒体融合创新。

（一）搭建过程中的融媒体创新，技术与需求融合

采用高端理论人才和采编人才将法律需求与技术搭建进行真正对接，在此基础上搭建的产品才能称为“内行货”，而非机械技术角度的产物。

（二）呈现样态的创新，技术与内容融合

好的内容离不开好的技术，如何高效便捷将准确专业的内容与用户产生黏性？通过智能 AI 版块即法律咨询、法条查询、案情问答等多轮智能互动，增强用户黏性的同时，极大便捷用户的法律需求。

（三）内容生产过程中的融媒体创新

着力打造原创生产线，努力实现采、编、视频剪辑、影视中心、现场录制、理论策划等多部门环节融合。这一整套机制流程打破了传统部门壁垒，实现了以内容生产为中心赋能。

（四）推广过程中的融媒体创新

着力推动内容推广将集合微信、微博、网络、抖音、快手、头条号等新媒体集群，即将实现推广融合与创新。

（五）实现了检察系统内外网的嵌入和融合

将“民法知道”平台作为专区嵌入高检院内网，打开了全国检察机关内网传播与社会互联网传播两版本共存的新局面，统合兼顾了检察业务群体和社会百姓群体的法律新需求，打通政务媒体传播新样态。

（龚云飞：检察日报社融媒体中心编辑）

案例类别：组织机构

中国教育报刊社建设“智融平台”推进媒体深度融合

中国教育报刊社是教育部主管的教育主流媒体，是教育新闻舆论宣传的重要阵地，主办有《中国教育报》《人民教育》杂志等“两报四刊三网两端”，以及近百个移动端平台号，形成纸媒、网媒、掌媒三大方阵聚合的立体化、全媒体新闻舆论宣传矩阵。报刊社党委深入学习贯彻习近平总书记关于媒体融合系列重要论述和指示精神，结合行业特点和技术趋势，以建设“智能融媒体新闻生产和传播平台”（简称“智融平台”）为抓手，

加快推进媒体深度融合，坚持移动优先、智能驱动，一体化发展方向，深耕行业、服务行业，为全国3亿师生提供准确、快速、立体的新闻和服务，努力探索行业媒体深度融合、转型发展之路。

一、项目创新性

2019年1月25日，习近平总书记在中央政治局第十二次集体学习时强调，要“推动媒体融合向纵深发展，做大做强主流舆论”。3月1日，中国教育报刊社贯彻落实总书记重要讲话精神，开通“智融平台”，进入媒体深度融合阶段。“中央编辑部”成为统摄和引领全社融合转型的“司令部”，每日常态化运行，实现统人、统事、统流程、统资源、统内容“五统筹”，实行全员、全网、全渠道、全平台、全流程、全天候的“六全”工作机制。再造集“舆、策、采、编、发、传、评”七位一体的全新新闻生产流程。社领导每天坐镇中央编辑部统筹协调，带领报刊网端微各媒体集中研判舆情、策划选题、部署任务。

二、项目亮点

（一）不断创新体制机制——做强常态运行的中央编辑部

实行报刊网端微采编一体化统筹指挥，优化新闻生产流程，形成专业、快速、立体的全媒体报道方式，为用户提供有思想、有温度、有品质的原创新闻。

（二）着力构建全媒传播格局——打造“全天候中国教育报”

抢占和壮大线上教育舆论阵地，做大做强覆盖全网全平台的中国教育报纸媒、客户端、网站、平台号等全媒体矩阵，实现全渠道全网全平台传播，“全天候”中国教育报的文字、图片、音视频报道24小时流淌于互联网上。

（三）精心打造行业高端专业服务智库——创新发展提升《人民教育》《中国高等教育》《神州学人》《中国民族教育》和《中国教师报》专业服务能力

以大数据、人工智能等为技术支撑，开发深度专业的教育行业信息服务智库产品，打造提供高端专业服务的“中教传媒智库”，精准对焦行业和用户需求，提供专业精品内容，开拓媒体智库型专业服务项目。

三、项目主要技术应用

（一）坚持数据为基，建设自主产权的教育大数据平台

2016年，中国教育报刊社启动建设了全自主产权的教育资源大数据平台，以内容资产为核心，跨渠道聚合社内外资源5000万条，运用数据实时分析多个网络舆情信息和教育热点，为采编人员提供大数据支持。目前，中央编辑部依托“智融平台”，已初步可以基于数据研判舆情、策划选题、生成内容、多渠道发稿、分析考评，新闻采编效率明显提升。同时，生成教育舆情内参、教育改革情报、教育决策参考等定制化的智库产品，并开发上线“领教”APP智库服务移动产品，服务教育行业和各级各类学校。

（二）坚持移动优先，牢牢占据移动互联舆论阵地

目前，“全天候中国教育报”已实现把中国教育新闻网、中国教育报APP及平台号作为报道前端，所有文图音视频第一时间通过网站、客户端发布，第一时间在微博微信各平台号推送。在日常采编工作中，“全天候中国教育报”充分发挥移动互联网首发优势和传播优势，将中国教育新闻网、中国教育报客户端和中国教育报微信微博、平台号等新媒体矩阵作为新闻报道最前端，所有新闻第一时间在网端微及平台号上发布，让新闻精准、快速地直抵用户。

（三）坚持视频引领，实现个性化制作可视化呈现

把视频、直播作为提升媒体影响力和竞争力的重点，建设小而精的演播区，2019年完成直播报道60多场。每年“两会”，邀请代表委员录制“两会E政录”直播访谈，并把直播内容生成报纸深度报道、网站专题、微信图文报道、短视频等多种形式的产品。2019年，报刊社推出“万里边疆教育行”大型融媒体报道，组织40多名记者走进9个边疆省份的近70所学校，采写了近30篇新闻报道，制作50多个视频，2020年11月获得第三十届中国新闻奖融合创新类三等奖、中国产经新闻媒体融合一等奖。

四、服务模式

（一）坚持内容为王，开展内容生产供给侧结构性改革

把优质内容生产作为核心竞争力，坚持内容生产供给侧结构性改革，通过理念、内容、形式、方法、手段等创新，及时为广大用户提供更多真实客观、观点鲜明的原创内容，不断增强对用户的吸引力、感染力。以2020年“两会”报道为例，5月21日至29日，中国教育报刊社所属媒体共发布“两会”相关原创报道451篇，总转载量10016篇，其中“10万+”报道319篇，单篇最高阅读量4565万次，全网全平台总阅读量超4亿次，新闻宣传和舆论引导效果远超去年两会。

（二）坚持多元服务——瞄准用户需求提供专业服务

作为行业媒体，报刊社扎根教育行业，紧紧瞄准用户需求，聚焦专业服务，主动挖掘并满足用户的多元需求，利用主流媒体的权威性及公信力，最大可能地聚合地方服务资源，用更贴近的服务占领地方市场。与各级教育部门和大中小学密切联系，利用大数据为用户提供安全

可靠的教育舆情信息和智慧政务服务。近年来，报刊社明确了“新闻 + 服务”“数据 + 服务”的路径，并开展多种实践探索。例如，开发“好老师”客户端、微信端，把课堂送到教师身边，赋能教师专业成长；探索视频直播产品，开发“家庭教育公开课”系列直播，为家长提供线上家庭教育服务渠道。

五、社会效益和经济效益

目前，中国教育报刊社已从传统报刊发展成为拥有报、刊、网、端、微、屏等多种载体、综合覆盖用户超5000万的教育全媒体矩阵，并基本实现“统一采集、多种生成、多元发布、个性推荐、融合传播”的全媒体传播格局。

如今，报刊社媒体融合初见成效，多次获得中央宣传部、中国记协、中国报业协会、中国行业报协会等各种奖项：“智融平台”项目2020年被国家新闻出版署评为报业媒体融合创新案例奖（60家），2019年被中国报业协会评为2019媒体融合项目特别奖；2020年被中国报业协会评为“十三五”中国报业媒体融合示范单位（14家），被央视市场研究、中国社科院新闻所评为中国传媒经营价值百强榜新媒体40强和年度智慧融创媒体奖（7家）。在人民网、新榜以及清博指数等各种排行榜上，报刊社新媒体影响力均列行业报第一，纸媒前列。媒体融合经验多次被中国记协推广介绍。

六、行业示范推广价值

教育战线是意识形态工作的重要阵地，面广线长，受众群体关乎党和国家的未来。目前，中国教育报刊社已在教育部支持下立项建设“中国教育云”平台，进一步发挥报刊社在教育领域的权威内容和行业渠道优势，整合行业和战线资源，围绕构建教育新闻大宣传格局，全力打造可复制、可推广、“上接天线、下接地气”的教育行业新型媒体平台，抢占网络舆论前沿阵地、巩固宣传思想文化阵地、牢牢掌握意识形态领导权。

行业媒体是党和国家新闻宣传阵地的一支重要力量，承担着宣传行业政策、指导战线工作、引导舆论方向、推动行业发展的重要责任。中国教育报刊社推动媒体深度融合的探索，对众多行业媒体有着广泛的示范推广价值。

2019年3月26日，中国记协在中国教育报刊社召开行业媒体融合暨践行“四力”现场会，中央主要新闻单位和全国性行业类媒体社长、总编辑150多人参加，报刊社媒体融合发展的探索得到与会代表高度评价。据不完全统计，2019年和2020年，先后有360多家新闻单位、高校、地方教育部门以及互联网企业千余人次到社考察交流。

（中国教育报刊社）

案例类别：组织机构

以“一库两翼三平台”为抓手 全力推进媒体深度融合发展

——《科技日报社“一库两翼三平台”专项规划纲要（2020—2022）》

为深入贯彻习近平总书记关于媒体融合发展的系列重要论述，加快落实党的十九届四中全会《决定》关于全媒体传播体系建设的重大部署，科技日报社于2019年10月启动《科技日报社“一库两翼三平台”专项规划纲要（2020—2022）》（以下简称《专项规划》）的研究和编制工作。2020年5月，科技部党组批准通过《专项规划》，8月11日以报社编委会文件颁发实施。2020年9月，中办、国办印发《关于加快推进媒体深度融合发展的意见》（以下简称《意见》）。报社编委会全面对标对表《意见》要求，迅速动员全报社力量，在《专项规划》基础上，专门制定《科技日报社落实 < 关于加快推进媒体深度融合发展的意见 > 实施方案》，加快推动专项规划实施落地。现从《专项规划》指导思想、主要目标、“一库两翼三平台”定位、主要任务及阶段性成效五个方面进行介绍。

一、《专项规划》指导思想

以宣传习近平新时代中国特色社会主义思想为根本，以党的十九大和十九届二中、三中、四中、五中全会精神为指导，以贯彻落实习近平总书记关于宣传思想工作的重要思想和《中国共产党宣传工作条例》为准绳，坚持党媒姓党，坚持政治家办媒体，围绕党和国家科技工作大局，统筹内宣外宣，以“一库两翼三平台”建设为核心，建立以“内容建设为根本、先进技术为支撑、创新管理为保障”的全媒体传播体系，把科技日报社建成一体化发展、流程优化与平台再造、资源要素有效整合、内容技术平台终端和管理手段共融互通、具有影响力、竞争力的新型主流媒体。

二、《专项规划》主要目标

（一）一体化目标

中国科技资讯库是科技日报社转型为新型主流媒体各平台之根，科技创新与科学普及是实现中国科技资讯库主体内容的两翼，各平台是科技资讯库的对外服务端口。按照一体化目标，报社已有以及未来新创的各平台通过流程优化、平台再造、资源整合，完全扎根于中国科技资讯库。根据一体化目标以及报社目前实际情况，科技日报社的新型主流媒体形态将在2~3年内逐步聚焦、聚力于“一库两翼三平台”。一库即中国科技资讯库，一端即科技日报移动端门户，一网即科技日报PC端门户，一报即科技日报报纸端门户（《科技日报》）。

（二）影响力目标

“一库两翼三平台”将成为深入宣传贯彻习近平新时代中国特色社会主义思想的意识形态主阵地，宣传报道党中央关于科技工作的方针政策及重大决策部署的主渠道，专注于聚合、众筹、自创和融创科技资讯的主平台，建成后将成为国内最具科技传播影响力的新型主流媒体。

（三）竞争力目标

将“一库两翼三平台”打造成党和国家科技舆论场举旗定向的权威专业主力军；具有较强的国际话语权，讲好中国科技创新故事，传播中国科技声音的重要力量；媒体融合新技术应用示范的引领者；新型主流媒体管理创新的探索者。

三、“一库两翼三平台”定位

（一）“一库两翼三平台”定位

1. 中国科技资讯库的内容以习近平新时代中国特色社会主义思想为灵魂，以科技宣传为中心，以政务服务商务为重点，生产和汇聚国内外科技新闻和资讯，通过科技日报全媒体传播平台，宣传科技成果和科技成就，报道重大科技活动，普及科学知识，建立“新闻+政务服务商务”运营模式，增强自我造血机能，全面服务国家创新驱动发展战略。

2.《科技日报》移动端门户，是中国科技资讯库的移动门户，以宣传习近平新时代中国特色社会主义思想为核心，为科技日报社以及社会各类科技媒体平台入驻、赋能，为全社会科技创新和科学普及需求提供服务的综合性移动端。

3.《科技日报》PC端门户，是中国科技资讯库的PC门户，以宣传习近平新时代中国特色社会主义思想为核心，为全社会科技创新和科学普及需求提供服务的综合性、专业性网站。

4.《科技日报》报纸端门户，是中国科技资讯库宣传习近平新时代中国特色社会主义思想，聚焦言论评论（举旗定向）、重大主题（引领舆论）、深度报道（专业解读）的专业报道平台。

（二）其他平台融入“一库两翼三平台”

按照整合资源、集中力量、扎根一库、有序推进的原则，对报社现有各平台、各端口进行清理整顿，1~3年内统一融入“一库两翼三平台”之中。对于《科技日报》微信公众号、微博及其他第三方平台，实现“一端”驱动下的多方联动机制，与“一端”整合。

四、“一库两翼三平台”建设主要任务

（一）内容生产

1. 履行党媒姓党职责使命，聚焦主责主业。以习近平新时代中国特色社会主义思想为指导，发挥举旗定向、引领导向的作用。增强“四个意识”、坚定“四个自信”、做到“两个维护”，围绕中心、服务大局，坚持团结稳定鼓劲、正面宣传为主，弘扬科学家精神和工匠精神，大力宣传社会主义核心价值观；及时澄清谬误、明辨是非，加强舆论监督，推动中央决策部署落实落地，反映人民呼声；统筹内宣外宣，讲好中国科技好故事。

2. 走好群众路线，贴近群众服务群众。坚持以人民为中心的工作导向，生动记录广大科技工作者生产生活，及时报道科技一线、创新一线创造的鲜活经验，普及科学知识、科学方法、科学思想、科学精神。积极构建群众喜闻乐见的话语体系，生产群众喜爱的内容。

3. 创新内容生产方式，加快推进新闻生产向资讯生产转变。树立开门办媒体理念，建立开放式的内容生产方式，既发挥报社专业生产力量，又组织全社会机构专家力量；加强理念创新，增强“资讯”意识，改变主要以“新闻”作为内容主体的思维惯性，以“资讯”为核心进行内容建设；加强内容与技术的结合，利用媒体融合技术加快内容的生产。

4. 扩大优质内容产能。始终保持内容定力，专注内容品质，打造内容精品，不断提升内容生产的及时性、权威性、准确性、思想性。增强新闻生产的对象意识，多推出适合移动传播、社交传播的产品，提高正面宣传和舆论引导的质量水平。

5. 创新内容表现形式。实现视频、文字、图片等多种内容表达形式，重点加大音视频内容供给，同时建立与之相适应的内容生产、审核、发布和监管机制。加强互动式、服务式、场景式传播，运用“算法”技术准确了解受众使用习惯和信息需求，做到精准传播。

6. 聚焦科技重点领域。组织专业力量，加快推进重点领域资讯专业化服务。

（二）技术支撑

加强信息化基础设施建设，满足“一库两翼三平台”快速发展要求。建立报社的技术支撑体系，明确技术路径，形成有力的技术支撑能力。加强全媒体先进技术的研发、储备、应用，形成自主可控、合作开放、安全可靠的技术研发体系，打造以技术驱动的智能媒体和智库媒体服务。

（三）创新管理

1. 组织创新。“一库两翼三平台”组织架构为“3+4”版块，其中“3”是指综合版块中的组织建设、综合策划和综合管理，“4”是指业务版块中的内容生产、平台管理、技术支撑和经营服务。

2. 地方与行业（领域）体制机制创新。探索组建行业、地方事业部（或工作室），构建适应“一库两翼三平台”需要的新型地方与行业（领域）体制机制。

3. 综合服务体系创新。建设智能化综合管理服务平台，实现党、人、财、办相关服务保障模块的智能化，打通一体化目标下的各个节点、堵点和痛点，建立适应“一库两翼三平台”需要的新型综合服务体系。

五、阶段性成效

（一）建立健全落实党媒姓党的工作机制

一是建立编委会研究重大报道的常态化工作机制。二是建立与中央宣传部、科技部的工作沟通机制。三是建立健全正面宣传导向机制。

（二）中国科技资讯库建设加快推进

目前，中国科技资讯库完善了分类体系及数据规范建设，初步完成信息采集审核平台选型设计，在技术上实现以一库为根、为各端赋能的设计，初步实现了技术手段和管理手段共融共通。现有各类全媒体科技资讯（稿件、图片、视频等）保有量已超过 8400 万条。

（三）《科技日报》扎根入库，实施改版

依托全媒体采编平台，实现策、采、编、发全流程扎根中国科技资讯库。在此基础上，为进一步做好习近平新时代中国特色社会主义思想宣传，完成举旗定向、引领舆论、专业解读的任务要求，研究制订并启动实施了《科技日报》2021 年改版方案。

（四）中国科技网初步完成改版升级

通过制度规范、技术调整，将网站采编工作融入全媒体内容生产流程，对网站内容实施改版升级。改版后，中国科技网内容布局分为时政报道、科技创新、科学普及、政务服务四个版块。

（五）“科技日报”APP 上线在即

《科技日报》客户端建设将在坚守党媒姓党、政治家办媒体、弘扬主旋律的前提下，突出科技新闻报道的独特优势，找准目标定位，突出特色、加强策划、探索创新，服务好科技管理和科研工作，在科技新闻报道和科技服务平台两个方面同时发力，通过自有新媒体传播矩阵，打造科技融媒“旗舰”平台。目前，建设方案经编委会审议通过，2021 年底开通试运行。

（科技日报社“一库两翼三平台”专项规划起草组）

案例类别：产品

“奋斗在脱贫攻坚一线的第一书记”征文

2020 年 4 月 10 日至 9 月 30 日，中国组织人事报微信公众号和中国组织人事报新闻网开展了“奋斗在脱贫攻坚一线的第一书记”征文活动，现将活动情况介绍如下。

一、精心策划，让第一书记的事迹广为人知

（一）时代背景

1. 习近平总书记高度重视脱贫攻坚工作。

（1）决战决胜脱贫攻坚，全面建成小康社会，是党和人民政府对人民的庄严承诺，是我们党团结带领人民实现中华民族伟大复兴中国梦的关键。

（2）2017 年 2 月 21 日，习近平总书记在十八届中共中央政治局第三十九次集体学习时的讲话中提到，要充实一线扶贫工作队伍，发挥贫困村第一书记和驻村工作队作用，在实战中培养锻炼干部，打造一支能征善战的干部队伍。

2. 下发文件。2015 年，国务院扶贫开发领导小组办公室下发《关于做好选派机关优秀干部到村任第一书记工作的通知》，各地、各单位纷纷选派第一书记到基层农村脱贫攻坚一线。

（二）策划过程

1. 脱贫攻坚一直以来都是我们的关注点。前几年，

我们相继推出了“让你的扶贫故事‘微’起来”“脱贫攻坚在路上”征文，发现来稿中有很多关于第一书记脱贫攻坚的故事。这些故事反映出第一书记被派下去后，确确实实发挥了重要作用，值得我们进一步挖掘。

2. 上下沟通，了解真实情况。我们和中组部组织二局有关领导进行了请教和沟通，也同地方组织部门负责第一书记选派工作的同志了解了基层的真实情况，深感有必要向广大人民群众大力宣传第一书记的先进事迹，让人民群众看到，党派来的干部是好样的！也让更多的扶贫干部找到方向和办法，让更多的贫困群众提振信心，坚决打赢脱贫攻坚战！

3. 提出策划，明确平台。2020 年是脱贫攻坚收尾之年，我们把全年工作的重点之一放在了决战脱贫攻坚、决胜全面小康之上，提出了开展第一书记征文的想法，得到社领导的指导和支持，并将征文名字定为“奋斗在脱贫攻坚一线的第一书记”，发布平台定为中国组织人事报微信公众号和中国组织人事报新闻网。

（三）征文启动

1. 撰写征稿启事。为了吸引更多的人关注本次征文，我们明确了本次征文的持续时间、主要标准和投稿办法，撰写了生动的征稿启事。征稿启事一经推出，立即引发热烈关注，阅读量达到 5.8 万，不少用户给予点赞、转发、留言。摘几条如下：

钟华杰：我在乡镇工作，亲眼看到的、令人感动的第一书记很多，都值得点赞！

廖国志：作为一名第一书记，我为参与一场这样的世纪工程倍感自豪和荣幸！泪和笑，苦和乐，我十分愿意记录这一切……

张永洪：历史的积淀、今日之壮举、未来的回忆！

……

2. 广泛传播征稿消息。很多人从公众号、网站、朋友圈、微信群、网聊等渠道了解到本次征文活动，中组部组织二局相关部门负责人还在工作群里转发了征稿启事。

3. 各地组织部门积极组织投稿。吉林省委组织部门联合《吉林日报》采写第一书记稿件，青海省委组织部、新疆维吾尔自治区党委组织部、西藏自治区山南市委组织部、福建漳州市委组织部等成批报送稿件，河南省济源市委组织部联合当地扶贫办成立“征稿小组”，报送了三批第一书记的扶贫事迹。

二、精心编辑，让第一书记的故事打动人心

（一）稿件要求

1. 主题明确。

2. 事迹过硬。

3. 生动感人。

4. 体裁上，主要面向图文和音视频两种类型。同时要求文字稿 2000 字以内，配图片 3~5 张；视频清晰，大小不超过 20MB，时长 3 分钟左右。

（二）编辑过程

1. 选出质量高、适合新媒体传播的稿件。来稿量大，有时候一天看了几十封邮件才能选出一篇，然后要与作者进行沟通，修改稿件的结构、表达方式和讲述侧重点，同时联系相关组织部门核实文章内容的真实性。选稿时侧重突出新媒体特色，比如选择视频和配图比较多的稿件。

2. 编辑实例。在编辑《罗城仫佬山乡的织梦者们》这篇文章时，作者的立意很好，通过给当地第一书记画群像来展示三位第一书记给当地村落带来的变化，但是作者只是将三篇文章拼凑起来，文章篇幅过长，不符合新媒体短小精悍的特点，我们与作者联系，对文章进行编辑修改，把每位第一书记所做的工作有侧重点地表述出来，比如将吴建平为百姓做的贴心事、韦华举打造“上朝西瓜”品牌、卢菁菁任期满后主动留任带领村民种植油茶，各有侧重地表述出来，既突出重点，又短小精悍。

（三）坚持“三审制”，精心排版推送

所有作品都经过编辑、主任、副社长的严格三审，然后在微信公众平台和网站后台排版推送。排版编辑时我们从各个编辑器中精心挑选模板，所有的稿件都有 3 张以上配图，有的还配了视频，让用户有更好的视觉体验。

（四）作品特点

1. 范围广、作品多。全国有 31 个省区市都纷纷给征文投稿，其中包括三区三州等连片特级贫困地区。短短几个月，我们收到 2500 多篇来稿，先后推送 200 期优秀稿件，丰厚的作品，既是第一书记的“写真”，也浸透了编辑的汗水。

2. 内容形式丰富。作品中的第一书记，既有男性，也有巾帼不让须眉的女同胞；既有机关事业单位干部，也有企业高校下派驻村干部；既有汉族干部，也有藏族等少数民族干部……从内容上来看，既有产业扶贫，又有搬迁扶贫，还有文化扶贫；既有抓班子带队伍，又有走访实干解民忧……从作品表述方式来看，既有自述扶贫故事，也有第一书记“群像”描写……

3. 事迹真实过硬。每一篇稿件我们都认真核对，不放过一丝一毫谬误。同时，我们和组织部门进行沟通，充分了解其事迹的真实性和先进性。

4. 影响大，关注度高。在互联网平台上推送第一书记事迹，容量大、频率高、时效快、阅读方便。一天两次推送，第一书记在田间地头就能看到作品。百度百家、澎湃新闻、大鱼号等纷纷转载我们的第一书记稿件，如百度百家上单篇阅读量达 40 万 +。

三、精心评审，让第一书记的特点更加凸显

（一）优中择优

征文结束后，我们制订了评审方案。初评由新媒体

编辑部负责，评委根据稿件质量和点击率，综合考虑地域、领域平衡，先从200篇发表作品中推荐出70篇初评作品。

终评由中组部新闻办、人民网、共产党员网、北京市委组织部的专家负责，从70篇作品中评选出一、二、三等奖及优秀奖的获奖作品。

组织奖由新媒体编辑部依据各单位组织推荐的来稿数量及支持力度提出组织奖获奖单位名单。

（二）评选标准

1. 主题明确。作品要能从小切口反映脱贫攻坚大主题，内容需真实可信、洋溢正能量、具有时代感。

2. 事迹过硬。人物故事真实生动，打动人心。视频作品画面清晰，语言流利。配图美观大气，能丰富文章内涵。

3. 影响力大。符合网络传播特点，影响力大、网友点击率高。

（三）名单公布

2020年11月17日，我们在微信公众号上公布了获奖名单，其中一等奖3名，二等奖8名，三等奖20名，优秀奖30名，组织奖6名。榜单的公布也在用户中激起热议，不少用户在我们后台留言：

赵芃：感谢中国组织人事报社和幕后默默辛勤付出的编辑，让我们有机会把扶贫路上的那一份“温暖”传递给更多的人。

松鹤：这个活动好。让我们更多了解脱贫攻坚工作。

…… ……

四、合作出书，让第一书记的形象走上世界舞台

（一）征文引起出版社关注

中国人事出版社从征文甫一推出，就对征文活动高度关注，并登门商议合作出版征文作品事宜。

（二）该书的基本内容

优选100篇征文，展现第一书记艰苦卓绝的工作状态、开拓创新的工作方法、乐于奉献的精神境界以及和贫困群众的鱼水深情，为广大党员干部树立学习的榜样。

（三）该书获得的荣誉

取得了中宣部对外出版许可立项和国家出版基金经费支持，以中文、英文两个版本出版发行，向全国、全世界展示世界奇迹背后中国农村第一书记的风采。

（四）该书中文版已经推出

2021年6月，《奋斗在脱贫攻坚一线的第一书记》一书中文版已经推出，深受广大读者的喜爱，销量稳步上升。

（中国组织人事报社新媒体编辑部）

《奋斗在脱贫攻坚一线的第一书记》专题

案例类别：组织机构

探索新型“四全媒体”建设 推动媒体融合高质量发展

——中国旅游报社深度融合发展创新建设

《中国旅游报》是文化和旅游部主管的旅游行业唯一全国性专业报纸，自1979年4月1日创刊以来，始终随着改革开放进程开拓创新、发展壮大，是中国旅游业蓬勃发展历程的重要记录者、见证者和参与者，为宣传中国旅游业作出了积极贡献。2015年、2017年，《中国旅游报》连续两次入选国家新闻出版广电总局年度“百强报刊”。

一、解放思想，全面深入推进全媒体建设、融媒体发展

近年来，中国旅游报社在全面提升报纸采编工作质量的同时，深入推进全媒体建设、融媒体发展。结合几年来的媒体融合发展实践，我们深刻认识到，建设新型主流媒体，需要在一体化发展、流程优化与平台再造、资源要素有效整合、信息技术平台终端及管理手段共融互通、具有强大影响力竞争力等方面下功夫。为此，我们在技术保障、内容建设、管理机制、发布流程等方面进行了积极探索。

（一）以先进技术为支撑，实现深度融合发展

2019年6月，中国旅游报社整合全社新媒体资源，成立融媒体中心，并于2019年7月正式启动融媒体一体化平台建设，深入推进全程、全息、全员、全效“四

全媒体”建设。

中国旅游报社融媒体一体化平台包括全媒体新闻采编、全媒体资源库、安全出版、全媒体考核、媒体大数据应用、超融合移动管理、VPN 远程办公、融媒体报道指挥等几大系统，实现了以下功能。

一是新闻采编集成化。集报、网、微、端等综合采编管理于一体，可以实现在线投稿、稿件分发、数据统计等稿件内容管理。

二是全媒体资源集成化。实现了稿件、图片、音视频以及历史资料等资源的综合管理。安全出版系统可以实现全流程加密，切实保障出版安全。

三是绩效考评自动化。报社根据各平台考核标准设定考评参数，系统可自动计算工作量并导出报表，提高了考评工作效率。

四是信息采集全网化。实现全网搜索，及时发现热点新闻，追踪事件进展，从而更好地助力新闻线索发现和选题策划。

五是采编办公移动化。突破物理空间，在掌端即可完成选题报送、采访安排、选题进度管理、定稿会管理等采编业务。此外，员工出差或居家办公时，可通过 VPN 远程登录至报社融媒体一体化平台实现随时随地办公。

为更好地实现全社内容生产协同化，报社还建立了融媒体报道指挥平台，可以完成从线索汇聚、选题报送到采、编、审、发的整体统筹调度。

将来，中国旅游报社还将持续加强与相关技术公司合作，探索新技术研究和应用，提升技术保障能力；探索建设智能短视频生产平台、进行数据新闻和可视化新闻生产；与各大直播平台技术公司合作，探索视频直播业务，多元化丰富新闻产品。

（二）以内容建设为根本，丰富新闻产品形式

中国旅游报社始终高度重视内容生产，以做专、做深、做精为目标，加强选题策划、创新表现形式、提升传播效果。

紧紧围绕服务旅游业高质量发展，精心策划选题，开展采访报道。以抗击疫情报道为例，2020 年初新冠肺炎疫情发生后，通过“报、网、端、微”聚合发声，大力宣传习近平总书记关于打赢疫情防控阻击战重要指示精神和党中央的工作部署，及时报道文化和旅游部党组对全行业防控疫情的工作安排，生动反映战疫一线的先进典型和感人事迹、全行业复工复产情况等，推出专题、直播、图文、长图、海报、视频、H5 等多元化内容。中国旅游报及旗下新媒体原创稿件被中央各大主流媒体大量转载，成为疫情防控期间全国文化和旅游系统新闻报道主要稿源和集聚地。

在脱贫攻坚、全国“两会”等重大主题报道实践中，融媒体中心、总编室等内容生产部门通力合作，逐步探索一次性采集、多元化生产、多形式呈现的流程和规律，努力提高报道水平。2020 年，全年制作专题 100 余个、直播 40 次，制作长图 50 余幅，剪辑短视频 500 余条，海报 200 余张。相关报道受到文化和旅游部领导批示肯定及中国记协、中宣部传媒监管局表扬，多名同志获表彰，多件作品获奖。

（三）以渠道拓展为重点，完善立体化传播体系

按照习近平总书记“读者在哪里，受众在哪里，宣传报道的触角就要伸向哪里，宣传思想工作的着力点和落脚点就要放在哪里”的要求，中国旅游报社在传播渠道建设上做了大量工作。先后建成中国旅游新闻网、中国旅游新闻 APP、中国红色旅游网，开设中国旅游报微信公众号、官方微博、强国号、人民号、新华号、抖音号、快手号、视频号等，并与文化和旅游部资源开发司、学习强国平台编辑部联合开设“学习强国”旅游频道、运维文化和旅游部官方微信公众号“文旅之声”，形成了“一报、两网、一端、多微、多号”共同发展的融媒体格局。

2020 年最新统计数据显示，中国旅游新闻网较 2019 年浏览量增长 56.5%；中国旅游新闻客户端浏览量较 2019 年增长 781%。截至 2020 年 12 月 31 日，全年生产发布内容总浏览量为 4.9 亿次。各平台运维稳中有进，传播集群效应凸显。

（四）再造采编流程，推动策采编发评一体化

中国旅游报社坚持落实移动优先策略，积极推进采编流程再造，建立全媒体采编流程，逐步完善策、采、编、发、评一体化工作机制，群策群力，保障优质原创内容优先在各移动端口发布。在融媒体一体化平台的聚合下，各类新闻产品通过一体化策划生产，实现了分众化传播，中国旅游报和旗下融媒体平台的传播力、引导力、影响力、公信力得到不断提升。在此过程中，报纸采编人员开始参与网端报道，努力适应融媒体发展要求，全社采编队伍的综合素质得到了提升。

二、守正创新，持续探索媒体深度融合的模式和路径

近几年，中国旅游报社立足社情，坚定不移地走媒体融合发展之路，通过不懈努力实现了几大突破。

（一）实现全流程

以前，报纸采编是策、采、编、发，线索发现靠人工，传播效果难评估。现在是舆、策、采、编、发、评、储等一体化，实现了从热点分析、线索发现到选题策划，从新闻采写到立体传播，从传播效果到资料存储的新闻报道全流程一体化管理。

（二）实现全员化

以前，报纸各部门、报纸与新媒体部门各干各的，信息交流较少，协同合作不够。现在，全社人员在干什么一目了然，部门之间的沟通交流、协调合作方便。可以说，真正实现了新闻报道的全员参与，媒体融合从“你中有我、我中有你”向“我就是你，你就是我”转变。

（三）实现全时段

以前，报纸编辑工作必须在报社进行，只能用内网。现在，内外网打通，建设了移动采编系统。无论员工在家还是出差，无论是白天还是黑夜，都可以用手机登录平台，处理采编业务。可以说，突破了时空尺度，实现了新闻传播的“五加二”“白加黑”，工作需要时可以做到7×24小时。

（四）实现全媒体

以前，报网端微相对独立，资源共享多限于内容，且需要人工重复操作完成，效率低下。现在，报网端微集成为一体，内容实现互联互通，一键签发，可以说真正实现了全媒体资源共享，切实提升了融媒体报道效率。

（五）实现全监测

以前，线索发现靠通知，工作进度靠过问，绩效考核重数量，传播效果难监测。现在，线索发现靠技术，工作进度全显示，绩效考核看效果，传播效果全监测。新系统充分利用大数据技术，实现全网监测，实时发现舆情热点和新闻线索，实时评估分析传播效果，进而可以更好提升新闻报道的传播力和影响力。

下一步，中国旅游报社将在基本实现新闻一次采集、云共享生产、多平台发布的流程重塑的基础上，对流程优化、人员整合、机制创新等方面不断探索，进一步完善平台建设，优化采编流程，培养融合意识，创新传播方式，提高传播效能，切实提升自身传播力、引导力、影响力、公信力，更好地为服务旅游业高质量发展发挥积极作用。

（中国旅游报社融媒体中心）

中国旅游新闻客户端

案例类别：组织机构

中国青年报社“融媒云厨”

2017年，中国青年报社（以下简称中青报）探索构建的“融媒小厨”，探索了“低成本、高效益”的国内媒体融合转型新模式，受到中宣部和团中央多次高度肯定，接待了超过300家媒体单位的参观考察。

2019年，在中宣部指导下、在团中央书记处具体领导下，原团中央实业发展中心、原团中央网络影视中心融入中青报，壮大了实力，对内容资源协调创新提出了迫切的需求。

2020年，中青智慧云内容管理平台建设完成，中青报客户端升级到4.0，标志着中青报从融媒小厨迈进融媒云厨阶段。“融媒小厨”以H5、大数据、直播、短视频等优化融合技术，支撑报社融媒精品的创制和分发传播。“融媒云厨”以“融媒小厨”为基础，坚定贯彻一体化的管理思路，推进内容资源协同创新，更精准使用云技术、人工智能、视频等新技术，支撑报社媒体融合向纵深发展。

一、融媒云厨的基础

中青报特色的“中央厨房”——“融媒小厨”汇聚了三大功能，覆盖了从内容到运营的全链条支撑。

（一）内容生产制作

融媒小厨采用“部门主导，三端融合”的内容生产制作模式，每个专业部门都生产全媒体内容，并负责各平台专业频道内容的编辑发布，各专业报道部门通过全媒体协调机制形成有机整体，基本实现“信息共享、一体策划、一次采集、多元生成”的目标。

（二）多层分发传播

融媒小厨不仅打通了中青报体系内的所有媒体和终端，还充分实现了外联平台的有效运用，能够在内外多个层面进行融媒内容及产品的传播和推广，从而进一步把握舆论导向、提升品牌价值。

（三）整合运营服务

融媒小厨有效支撑报社各项公益活动的内容制作和分发传播，帮助提升公益活动对用户的覆盖程度。

配合融媒小厨的工作推进，报社在流程机制上相应进行调整。

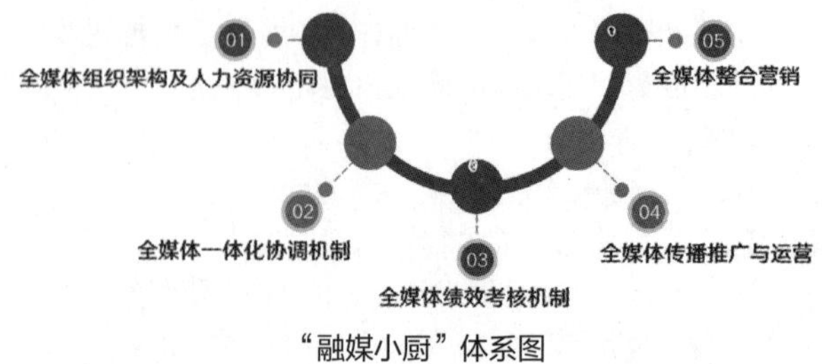

“融媒小厨”体系图

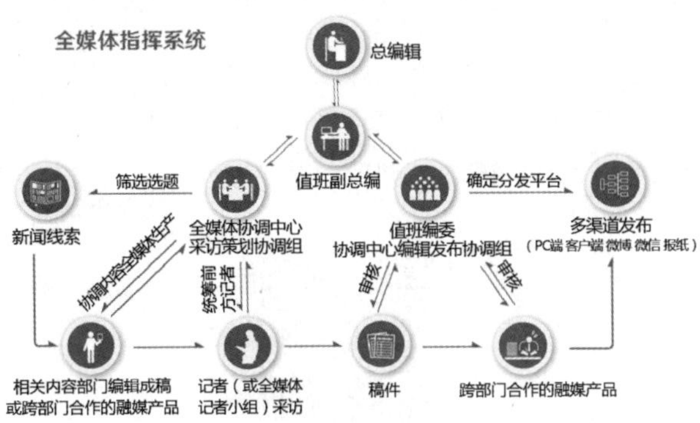

全媒体一体化协调机制图

二、融媒云厨的一体化升级

（一）一体化的体制机制

2019 年建设完成融媒云厨物理空间，全媒体采编部门入驻。加速中青报与中青网的“一体化”融合，在全媒体协调机制下，以问题导向倒逼改革，跨部门组建“端网运营室”，提升优质内容在中青报客户端、中青网等渠道的整合分发效能。随着融合转型工作的推进，建立以“专业主导，三端融合”为核心的内容部门考核指标。健全以全媒体报道流程管理为基础的加权奖惩制度。开拓人力资源成长通道，重点聚焦培养扶持五类人才。

（二）一体化办公网络及安全管理平台

中青报内容生产平台在底层连通，即报纸生产系统、网站内容生产发布系统、客户端内容生产发布系统等的互联互通以及统一的网络安全管理。实现了内部网络结构的整体优化，提高资源使用率；清晰划分安全区域边界，实现网络安全管理一体化，全面增强网络的安全性、可靠性。支撑保障中青报全媒体采编系统、客户端内容管理系统、绩效考评管理系统等的网络系统及互联网接入的安全管理。

（三）一体化的内容生产制作分发平台

全媒体采编系统经过升级迭代，支持报社体系下所有原创新闻内容的“采集、编辑、审核、分发”，与中青智慧云内容管理系统、中青网内容管理系统、中青视频直播管理系统、青波大数据传播跟踪反馈系统、全媒体考核系统有效衔接，构成融媒云厨内容生产制作分发平台。实现了客户端、报纸、网站原创新闻内容统一地策划、采集、编辑、存储、终审、共享使用、多元发布，切实落实了党委统一领导下的意识形态责任制，使报社在“专业主导，三端融合”的内容生产制作模式下，通过全媒体协调机制，形成新闻报道的有机整体。

系统支持移动办公场景，为社领导提供了对多种发布渠道融媒作品的统一终审，做到了党委统一领导下落实意识形态责任制和“融为一体、合而为一”，打通了报社移动融媒的“最后一公里”。客户端内容管理系统是报社原创内容在移动端的再造分发平台。

中青智慧云内容管理系统主要支撑中青报客户端的内容再造转化、内容分发和用户互动管理。不仅具备常规 CMS 系统的内容管理功能，还加入了 AI 人工智能助力内容生产，如文图与音视频内容审核、图片与视频自动化处理助力内容高效生产，有效降低内容创制难度；集成视频快速剪辑、音频便捷处理、图片编辑制作等内容生产辅助工具包，使得内容再造转化的效率更高；视频智能转码技术引入，降低视频发布成本；高效灵活可控的内容审批流程设置，支持不同的业务场景。同时通过功能分离化设计和容器化部署，实现了高安全性、高扩展性和大并发支撑的平台级产品。

中青视频直播管理系统依托自主研发和阿里云能力的综合运用，以媒体需求为导向搭建直播系统，引入超低延时直播 RTS 技术，可支持百万级别高并发、低延时、多码率、高质量的运营要求。

基于产品化思维实现的中青号系统可有效分组分级管理人员与内容，同时依托话题、活动的运营功能实现良好的内容运营，AI 人工智能内容过滤的引入，提升了内容发布的良好体验，降低审核人员的工作强度，也进一步提升了内容安全保障。

三、融媒云厨的应用成果

通过内容资源协调创新，融媒云厨促进了报社采编部门、网站、客户端等团队的紧密配合与分工协作，加快了中青报的融合纵深发展。

中青报全媒体推出的《习近平与大学生朋友们》系列特稿、周播交互视频产品“青年大学习”系列团课等，全媒体推出的一个个“中国好青年”“强国青年”“强国一代有我在”“向上向善好青年”故事等，都成为向世界讲好中国故事的青春样本，成为努力实现中国梦的青春样本。

抗疫期间，中青报与团中央国际部等打造了多档中外青年领袖对话直播节目、“全球青年抗疫行动分享会”等，致力于服务团中央的青年外交工作，并在全国 1000 多所高校形成独特的青年国际交流渠道优势，助推对外传播中国青年声音。《青年参考》等从以“国际资讯向国内传播”为主，转变为“国际资讯向国内传播”+“中国故事、中国声音向国际传播”的双向传播并重。

“团团微就业”共青团服务青年就业平台上线运行，由团中央青年发展部、人社部就业促进司指导，中青报主办的“千校万岗·百城大中专毕业生就业服务专项行动”同时启动，这个服务平台就落在以中青报客户端为互动窗口的融合平台上，也是中青报媒体融合纵深发展的一个重要抓手。

融媒云厨创制的内容家常菜和精品大餐，获得大量的网络用户关注。“青年大学习”网上系列团课，非常有效地向广大团员青年传播了习近平新时代中国特色社会主义思想。创新采用视频嵌套 H5，适于移动端传播，团课总点击量超过10多个亿。中青报发布战“疫”原创报道约2万篇(条)，传播总量超170亿人次，开设网络专题9个，主持微博话题800余个，涌现了一批新媒体爆款产品。中青报微信公号刊发的《互喊加油，四大“天团”会师武汉！网友：王炸来了，中国必胜！》阅读量达1559万、转发量82万、点赞量6.6万，创本报单篇微信作品阅读量新纪录。《青年大学习：在疫情防控中体现负责任大国担当》H5，点击量达到1.4亿人次，直接参与学习互动的人数高达4678万人。中青报直接移动用户已破亿，中青网作为中青报新闻主网，中青在线作为新闻文化视频网站，两家中央主要新闻网站差异互补特色日趋明显，内容和品牌的传播影响力不断提升。

“融媒云厨”初步实现移动优先的“云”分享、“云”办公、“云”交互、“云”活动、“云”公益。“融媒云厨”的可持续发展，最终靠的是团队携手并肩、攻坚克难，让每一个专业部门、专业人才都能成为创新创造的种子，在“融媒云厨”的平台上不断开花结果。

（中国青年报社）

《习近平与大学生朋友们》系列特稿专题

案例类别：产品

网上妇女之家——中国女性数字传播与服务平台

谢威 黄威

近年来，中国妇女报社全面贯彻落实习近平新时代中国特色社会主义思想和党的十九大精神，增强“四个意识”、坚定“四个自信”、做到“两个维护”，认真贯彻落实习近平总书记在中央政治局第十二次集体学习时的重要讲话和关于媒体融合发展的一系列重要指示精神，对标中国妇女十二大各项决策部署和全国妇联改革方案，在中宣部指导支持和全国妇联党组、书记处领导下，进一步加大改革力度，以全媒体为方向，以全国妇联网络新媒体改革为重要契机，推动媒体融合工作向纵深发展，充分发挥既有融合发展项目的先导作用，加快推动中国妇女报社向平台化、移动化、智库化的新型主流媒体转型。

中国妇女报社现在已经形成一张报纸、一个客户端、两个微博、两个学习强国号、三个网站、三个微信公众号、十几个第三方账号的全媒体格局。其中中国妇女报微博以1182万粉丝，日活跃度平均90分以上成为名副其实的网红“大V”。

2017年11月，全媒体产品《反家暴，我们在行动》获得第27届中国人大新闻奖网络作品专题二等奖。2018年11月，全媒体产品《喜讯捎给总书记——回访习近平看望慰问过的家庭》获得第28届中国新闻奖网络作品三等奖。2019年11月，全媒体产品《温暖的护佑——改革开放40年来维护妇女儿童权益立法进程》获得第29届中国人大新闻奖网络作品专题三等奖。2020年10月，全媒体产品《创纪录！82岁女飞行员再次冲上云霄》获得第30届中国新闻奖媒体融合奖三等奖。

一、以先进技术为支撑，构建全媒体指挥调度机制

从2016年开始，中国妇女报社以完成中宣部媒体融合发展资金支持的《网上妇女之家——中国女性数字传播与服务平台》和筹建全国妇联新型旗舰网站——中国妇女网为契机，按照前瞻规划、全面融合、一体推进、积极稳妥的原则，先后完成了全媒体采编系统、媒体资源库、全媒体指挥系统，客户端发布系统、网站发布系统、视频播控系统等系统建设。

媒体融合发展的关键在于“融”，而全媒体指挥系统就是“融”的“魂”。我们首先将各系统的数据通道进行无缝对接，使信息、数据可以自由“流动”。在此基础上，进一步健全策划指挥机制，成立了媒体融合中心，使中央厨房机制下采集端、分发端、产品端的一体化运转更加流畅，选题策划、线索推送、稿件分发、舆情应对、全员调度的实时联动更加有序有力。贯彻“一次采集，多样化成稿、全平台发布”的报道思路，采访从“只写稿子”的单兵作战变为“文字、摄影、摄像齐上阵”的集团作战，编辑从“只发报纸”的纸媒思维变为“文稿、视频、图片、图表、H5、VR、AR等多产品融合发布”的互联网思维，形成平台化、矩阵式的融合影响力。

技术带来的是思维的转变。通过融媒体中心的调控，各种媒介资源和生产要素得到有效整合，融媒体产品项

目合作制打破了“部门墙”的壁垒，激发了员工活力，释放了生产力，一大批网红产品应运而生。

2019年，《中国妇女报》发起的短视频话题“我不止一面”，总播放量达145亿次；《关于性暴力概念的再澄清！同意，没有模糊的界限》一文覆盖人次2.09亿，传播力99.98；中国妇女网“时代新人说——我和祖国共成长”家国情怀故事汇活动，7场直播累计有5000余万人次观看；在纪念张纯如去世15周年时推出的原创报道《她揭露了南京大屠杀，用生命书写了历史真相》达到了单条4000万的阅读量。

抗疫期间，《中国妇女报》微博发起的话题“逆行中的她们”，关注了一个个了不起的巾帼“战士”，话题总阅读量达9.6亿，讨论人数超30万；为解决安徽砀山酥梨滞销问题，全媒体联动，2020年3月2日、28日两次直播共销售29万斤酥梨；本报原创剪辑视频《女校长张桂梅让1600多名女孩走出大山》播放量超1900万，阅读量超1500万，相关话题讨论超2.7亿。

二、用自主传播平台建设，促进深度融合发展

近年来，中国妇女报社加快步伐，从“相加”阶段迈向“相融”阶段。几年间，“网上妇女之家——中国女性数字传播与服务平台”项目终验完成，《中国妇女报》官方客户端和中国妇女网迭代上线，全媒体转型协同集成效应初步呈现。

《中国妇女报》官方客户端作为新闻与知识服务交互平台，也是报社独立自主的移动端产品平台。依托大数据中心，智能分析用户的使用偏好、阅读兴趣、地理位置等生成个性化资讯推荐；通过构建“内容＋运营＋终端”的新媒体产业链，为妇联系统和广大用户特别是女性用户提供移动化智能化、全方位全时段信息服务。现平均日活达12000次以上。

当全国妇联的旗舰网——中国妇女网落户在报社时，报社就将它作为媒体融合的重要基础，以网站为中心实现了信息内容、技术应用、平台终端、人才队伍、管理手段共融互通，使传统媒体与新媒体迭代发展、此长彼长、优势互补。

2019年11月6日，网站全新上线，承载了提升妇联组织网上引领、服务、联系能力为重要职能。网站以政务、新闻、服务功能合一为主要特色，以妇女儿童家庭大数据中心、妇联系统新媒体中央厨房为运营基础，是“网上妇联”的主阵地、主平台、主入口，集视频化、智能化、移动化、生态化四大亮点于一身，打造集服务链、用户链、价值链、情感链于一体的“数字妇联”网络生态。现日均浏览量保持在30万。

三、全媒体渠道联动，牢牢占领网络舆论高地

随着媒体融合的不断深化，数据的开发与利用成为关键因素。近年来，中国妇女报社深研新媒体传播规律，利用数据中台技术，让采集端稿件直接进入资源数据中心，经过报道指挥系统的编辑，分发到产品端，传播数据和监测数据返回到数据中心，形成一个生产闭环，让网络舆情成为可控变量。

数据中心现已达到每日2000万条的收集规模，可以自主设定不同的监测维度，具有舆情报告一键生成的功能。针对社会热点问题和突发事件，特别是有违男女平等基本国策、侵害妇女儿童权益的言论和行为，中国妇女报全媒体指挥平台可以第一时间调动资源，快速反应、主动介入，及时批驳错误言论，有效占领舆论阵地。

2019年“两会”期间编发的“全国人大代表张宝艳：拐卖妇女儿童犯罪起刑点应调至‘十年以上至死刑’”，经《人民日报》等媒体转发，阅读超1000万，成为当日微博热搜第一，相关话题讨论量超3.7亿。

2019年4月，“童模妞妞被踹视频”在网上流传，引发网友愤怒。《中国妇女报》官方微博对案件涉及的相关法律问题进行了采访报道，“童模不能成为赚钱工具，律师建议立法禁止”一文成为全网第一个对该事件做出的报道，被人民网、《法治日报》、《检察日报》等多家媒体转发，全网阅读量超5000万。此后，当地出台相关规定治理童模，案例入选最高人民检察院未成年人保护十大典型案（事）例。

2020年，“樊锦诗鼓励报考北大留守女生：不忘初心，坚守自己的理想”一文被《人民日报》等多家媒体转发，相关话题传播超2亿；“指责被男友杀害女生的私生活，是要给犯罪找正当性吗？”一文单篇阅读量超3500万；话题：“广西容县通报‘男子锁妻’”，阅读量超2000万；微博“广西容县通报‘男子锁妻’：生育三孩，曾弑母，已送精神病院”阅读量超1200万。

未来，报社还将在中宣部和全国妇联的指导下，进一步完善妇联系统新媒体内容聚合分发平台、妇女儿童家庭大数据中心、网上妇女之家全国总平台的建设。将人工智能、云计算运用到采编播管环节，探索“区块链＋新闻”的应用模式，通过完善数据的抓取、存储、筛选、分析的产业链条，实现智能化生产、个性化推送、精准化传播。紧跟网络传播前沿趋势，用好5G等信息技术革命成果，在平台建设上着力体现移动化、智能化、生态化，重点打造全息化、可视化、沉浸式、交互式的新闻产品。

（谢威：中国妇女报社新媒体中心副主任，黄威：中国妇女报社新媒体中心见习记者）

中国妇女网

案例类别：产品

《中国妇女报》官方微博：女性主流微博引领者的三年崛起路

杨一帆 周志飞

作为全国唯一女性大报，近三年来，《中国妇女报》官方微博迅速崛起，截至目前，粉丝增长至1100多万。在妇联系统以及网络女性新媒体账号中居于首位。微博“英妹”品牌的人格化运营，更是深受网友青睐。在“互联网+”的新时代，进一步提高了舆论引领力、议题设置力，在网络空间再造了一个新型主流女性媒体。

一、设置议题，打造正能量“大餐”

微博扩展了主流媒体的内容形态，带来更年轻、更活跃的受众，更多的主旋律内容远离“高高在上”的刻板印象，更加贴近受众，进而形成裂变式传播效果，微博在重大主题报道中的独特价值显现，为主旋律内容传播构建了新的空间。在重大主题的报道中，《中国妇女报》官方微博把握议题设置核心，抓准角度，充分挖掘网友的“共振点”，发挥舆论导向作用，努力营造奋发昂扬的网络传播氛围。

首先，以女性主流微博引领者的担当，紧紧围绕党和国家的工作大局，牢牢把握正确的舆论导向，用舆论的力量巩固和扩大中国妇女报作为主流媒体的社会影响力和舆论引导力。在庆祝新中国成立70周年主题报道中，《中国妇女报》官方微博主持的《我为中国女性点赞》话题阅读量总数超1600万，《70年70个“她第一”》话题阅读量总数近500万。其产品集纳图片、视频、文字、投票、直播等多种形式，全方位、多角度、立体化，创新推出一系列有爆点、聚民心、接地气的报道产品，在新闻策划和产品呈现上，结合平台传播特点，主打“女”字牌，通过各行各业的女性人物故事，聚焦女性事业和工作的发展历程，生动展现70年来党领导下新中国妇女事业发展进步的光辉成就，展现新中国新女性在各领域各行业取得的巨大成就及其故事与形象。

2020年武汉新冠肺炎疫情防控期间，《中国妇女报》官方微博设置女性抗疫专题，每日推送《逆行中的她们》栏目，以“图文+短视频+评论+报道”的立体模式刊发相关报道，其中《不知道你是谁，但我知道你为了谁》《“必须第一个参加”！抗非女医生请命赴武汉一线》《转发致敬！为逆行中的她们》《当武汉物资运输车经过收费站，这一幕，让人泪目》《女司机一个人开了一天一夜车，运31吨酒精到武汉》《战斗在抗疫一线的女院士陈薇：以最充分方案做最长期奋战》等数十篇报道单篇阅读量超1000万，最高单篇阅读量超5000万。主持的“逆行中的她们”话题阅读量近10亿，以抗击疫情、为武汉加油、为中国加油为主题的各类策划报道，在特殊时期发挥了独特的作用，体现出高度的社会责任感与众志成城的媒体战“疫”力量。

同时，在各大新闻节点上，突破原有的报道模式，在新锐性上建构与时俱进的媒体形象，设置贴近受众的主题性议题。2020年3月8日，推出《三八节是一个什么样的节？》一文，以独特视角解读三八妇女节，引发粉丝共鸣，阅读量近500万。2020年5月4日五四青年节，刊发的原创报道《她们，时代女青年！》阅读量过百万，引发正能量评论刷屏，形成了强有力的传播声势。2020年5月12日，为庆祝护士节，推出原创九宫格系列图片《转发致敬！看见，她们》，单篇阅读量近500万，用鲜活的故事、生动的具象，为网友献上一道道正能量“大餐”，让更多人看到战“疫”中坚毅、勇敢、智慧的女护士群体，广受好评。

二、构建品牌，确立特色内容及人格化运营

《中国妇女报》官方微博的传播策略在于紧扣女性媒体内容，挖掘女性本色话题，找准女性角度，关注女性人物，将官微上的形象定位与女报特色相结合，在议题设置上充分展现其独特价值，力求在妇女、儿童、家庭等社会性报道领域拥有话语权和引领力。明确定位及特色内容，着力打造“英妹”品牌拉近官微与粉丝之间的距离，使内容更具传播力、吸引力。

11月25日是消除对妇女的暴力行为国际日，2019年的这一天，公众对家暴的关注也达到了前所未有的热度和高度。《中国妇女报》官方微博以“英妹”品牌为基础，策划开设了话题“对家暴行为说不”，阅读量达2.4亿，讨论量8.1万。原创博文《告诉更多人！对家暴行为说不》《遭遇家暴，勇敢拿起法律武器！不要苛责受害者》等单篇博文阅读量均超千万，促进了反家暴的宣传广度与力度。

以原创性创造引领力，增加粉丝黏性度。《女报视点》与《女性日历》是《中国妇女报》微博目前最受关注的

固定栏目。《女报视点》关注现实生活中与妇女、儿童相关的新闻事件和社会问题，并积极通过舆论作用促进问题的解决，多篇报道与评论阅读量过百万，栏目话题阅读量达亿级。《女性日历》成为展现优秀女性正能量的品牌栏目，图文并茂，多元展示，以接地气的方式，弘扬了社会正气，用网友的原话评价就是——“炫酷”。2020年6月上线的最新评论栏目《英妹点评》，阅读量已超2000万。

三、同步热点，增强舆论引导力

目前，实时的热点话题聚合是微博不同于其他传播平台的特点。作为具有新闻媒体属性的官微，《中国妇女报》实时关注热点话题，一直保持对社会热点的敏感。在密切关注现有热点话题之外，还主动设置话题，编辑通过策划思维，了解微博舆论动态，使推送内容符合自身定位、有利于增强社会价值共识、服务大局，提高党媒舆论引导能力。

重大热点事件往往处在不断地推进、变化之中，媒体应保持持续传播能力。这种“持续传播”或是需要全程报道，比如，2019年4月，“童模妞妞被踹视频”在网上流传，引发网友愤怒。《中国妇女报》官方微博迅速确定报道方向，第一时间对事件涉及的法律问题进行采访，刊发的《童模不是赚钱的工具》一文成为全网第一个对该事件从未成年人保护角度推出的报道，厘清了该事件的法律要义，被多家媒体转载，较好地引导了舆论关注焦点，并予以连续报道。之后，当地修改了童模的有关管理规定，此事件还入选当年最高人民检察院未成年人保护社会治理体系建设十大典型案（事）例。

另一种是事件本身事实清楚完整，但可议论空间大，网络舆论声音各异，此时，主流媒体的合理引导会使网络舆论更理性化，具有“风向标”作用。2020年4月，“某高管疑性侵养女事件”在网上不断升温，各种言说蔓延，《中国妇女报》官方微博及时刊发独家评论《要真相！“家人”不是罪恶的外衣》，“短、精、快”，网友纷纷转发，该文点赞近10万，阅读量达1600万，全网多家媒体转载，合理疏导了公众情绪。

主流媒体是治国理政的重要资源，主流媒体的新媒体也是新时代媒体参与国家治理和社会治理的主阵地与主力军。《中国妇女报》微博深刻认识、把握自身的主流媒体属性及地位，在新闻信息传播中既谨言慎行，牢牢把握新闻内容的真实性及客观性原则，弘扬社会主义核心价值观，同时，让议题设置成为日常化运营机制，适时把握时机，发布具有针对性、实效性和前瞻性的内容，积极主动地引导舆论，增强引导的有效性与针对性。一方面，敢于驳斥与揭露，消减负面舆论；另一方面，倡导积极向上的价值观、弘扬社会正能量，努力营造健康和谐、良性互动的网络舆论环境，守正创新，显示了融合之路上的女报担当与作为，也赢得了广大受众的由衷接纳与关注，成为舆论场上，尤其是妇女儿童家庭等议题上不可忽视也是不可或缺的“好声音”，将主流媒体的“引领服务联系”作用与功能落到了实处，也发挥到了实处。

（杨一帆：《中国妇女报》融合运营中心编辑、主任记者，周志飞：《中国妇女报》融合运营中心主任、文化名家暨“四个一批”人才、高级记者）

《中国妇女报》微博

案例类别：产品

中国审计报社审计移动传播服务平台

黄峥 周枫

党的十八大以来，以习近平同志为核心的党中央深刻把握时代发展大势和信息化趋势，作出了推动传统媒体和新兴媒体融合发展的重大决策部署。为贯彻落实党中央的要求，中国审计报社构建“报、网、微、端”立体化宣传格局，推动报社逐步完成由开发新媒体产品，到搭建新媒体平台，再到全面构建审计行业新闻宣传内容传播体系的转变。其中，审计之声APP作为审计新闻宣传系统唯一的移动传播服务平台，在弘扬审计精神、讲好中国审计故事方面发挥了重要作用，为审计宣传工作注入新动力、新活力。例如，在2020年抗击新冠肺炎疫情的宣传工作中，成为对审计行业战“疫”宣传力度最大、内容最丰富的媒体平台，增强了审计系统的战“疫”信心，鼓舞了战“疫”士气。

一、项目背景介绍

中国审计报社成立于1998年，是审计署直属单位，

《中国审计报》创刊于1999年，由审计署主管，中国审计报社主办，是唯一全国性的审计行业报纸。创刊以来，《中国审计报》在致力于服务审计工作、宣传审计工作的同时，更多着眼和立足于服务社会和公众，并在抓住和突出审计特色的前提下，不断探索创新，改进报道质量和传播手段。

2018年，中国审计报社在审计署大力支持和中国报业协会指导下，大力推进媒体融合战略，坚持以先进技术为支撑、内容建设为根本，完成了审计移动传播服务平台的建设工作，这是审计系统第一个自主可控的新媒体传播平台，系统上线运行两年来，审计新闻宣传领域的传播力和引导力进一步提高，在推动报社战略转型上取得较好成效。

二、平台实现的主要功能

审计移动传播服务平台是中国审计报社落实中央要求，推进媒体融合发展，加快建设新媒体的重要举措，也是主流媒体积极参与构建网上内容生态的新探索。面对全程媒体、全息媒体、全员媒体、全效媒体的新课题，中国审计报社依靠审计移动传播服务平台实现流程优化、平台再造，进而推动各种媒介资源、生产要素有效整合；实现信息内容、技术应用、平台终端、管理手段共融互通，初步完成了传统新闻宣传工作向融媒体工作室转变，为审计领域宣传工作者注入新动力。

审计移动传播服务平台主要包括“审计之声”客户端、“审计融合号”系统、新媒体内容发布CMS系统和中国审计报社集成门户等几大部分，主要实现了以下功能。

（一）“审计之声”客户端

实现动态内容发布，栏目动态定制发布，自定义关注的频道，智能化推荐新闻，移动端看直播，个性化自定义专题，打造灵活创新的工作室内容生产单元，审计微课堂的视频课程学习模式等。对移动端的文章和用户数据进行统计分析挖掘，为选题策划提供线索，使“策、采、编、发、评”形成一个良性运转的闭环。

（二）“审计融合号”系统

实现了微信公号、法人微博多账号运营管理；图文、H5新闻作品制作；新闻热点追踪和素材抓取管理；主流媒体渠道推送；融媒体工作室绩效管理，通过融合指数考评，推动融媒体工作室发展等多项功能。

（三）新媒体内容发布CMS系统

实现了频道栏目设置管理、内容发布管理、稿件管理、用户管理、粉丝管理、日志管理、数据统计等；评论内容的审核和过滤管理；支持向用户智能推荐内容等功能。

（四）中国审计报社集成门户

将审计移动传播服务平台的各个模块和子系统集成在统一的网站页面，实现单点登录。

三、平台具体创新和应用

平台上线运行近两年来，已经面向全国审计机关开放使用，在审计行业具有广泛的传播力、影响力、引导力和公信力。借助该平台，中国审计报社构建了“报、网、微、端”立体化宣传格局，推动中国审计报社逐步完成由开发新媒体产品，到搭建新媒体平台，再到全面构建审计行业新闻宣传内容传播体系的转变。注重新媒与纸媒的配合，一些新媒作品在纸媒落地，部分纸媒内容也成为新媒栏目的源泉。此外，不断加强与审计宣传单位、审计机关新媒体的配合与联动，形成强劲的宣传态势，提高影响力与传播力。

（一）平台提供了H5制作工具和内容输出能力，在此基础上，报社制作了多期H5产品

2018年初，报社推出第一个快闪型H5产品《审计SHOW TIME》。该产品在推送当日阅读量即达到25万余次，成为审计系统的现象级作品。2018年至2019年，配合审计重大新闻事件，先后推出以《中央审计委员会来了！》《“看审计话民生”采访地图》《赞！全国“两会”出发！审计新征程》为代表的一系列H5产品，得到人民网、全国党媒平台、中国经济网、央广网、未来网等多家主流媒体转载，并先后获得中国经济新闻奖、中国产业经济新闻奖等多个奖项。

（二）利用平台提供的视频直播和分发能力，做好现场新闻报道和培训服务工作

2018年底，组织审计系统通讯员新媒体培训班，采取“理论＋实践＋互动”的模式，邀请行业内知名专家和人民日报社新媒体一线制作人员，利用实证教授、理论分享、案例分享和经验交流等方式进行培训，全面提升通讯员在视频、音频、图片和H5等方面的内容创作能力，推动了审计行业新媒体工作不断发展。2019年，利用视频直播功能，全程报道了由审计署内审司主办的内审读书会，对推动新时代内审工作进一步发展起到了良好作用。

（三）建设“审计融合号”系统，加强内容管理运营

“审计融合号”是面向审计领域党政机构、高校和科研院所、企事业单位及个人融媒体工作室的新媒体聚合和分发平台，是依托审计之声客户端、审计报网站、审计报、审计微信公号，重点打造的全新内容管理运营平台，为入驻单位和个人提供移动端内容聚合和分发全流程服务。入驻单位和个人不仅可以通过审计报社的媒体渠道，还可以借助全国党媒信息公共平台，将新闻作品及品牌输出到全国党媒和主流商业媒体渠道，提升新闻宣传的影响力。

（四）全面的客户端后台管理功能

支持智能推荐、智能过滤、智能审核等功能，有效

提升报社新媒体运营服务能力。打破原有机构壁垒与协作机制，调整人员角色及定位，重构运转机制，实现重大报道“一体策划、一次采集、多种生成、多元传播”，实现新兴媒体与传统媒体、网上与网下、社内与社外的协同联动。

（五）构建面向报社全部人员的后台管理及支撑系统

统一管理接入平台的所有机构、用户等信息，实现账号、密码、权限等统一管理，支持单点登录。实现了在所有用户一次登录、全网通行，多个应用系统统一接入，既给用户使用带来方便，又避免了各个应用系统分散管理用户带来的数据冗余，有力地保障了平台可扩展性，为新应用系统的建立提供了方便。

四、平台在推动报社媒体融合方面取得成效

审计移动传播服务平台作为中国审计报社改变现有单一报业布局、推进媒体融合发展的重点项目，推动了报社逐步从被动资讯内容生产过渡到主动提供审计相关信息服务，向新媒体、综合服务等多个相关领域切入，利用项目建设成果，近三年中国审计报社媒体融合取得较大进展，并获得多项荣誉。

2018年，中国审计报社荣获中国产经媒体“新媒体影响力指数”进步奖；2018年，结合审计机关成立35周年，推出首个短视频《35年，我们一起走过》，该作品成为报社微信公号成立以来阅读量最多的作品，并获得中国经济新闻奖融合报道三等奖；2019年，审计移动传播服务平台得到中国报业协会的充分肯定，入选中国报业媒体融合项目优秀案例；2020年初推出的“新春走基层”采访报道，突出新媒体优势，系列vlog获得第32届中国经济新闻大赛融合报道二等奖；2020年，短视频《医审伉俪》获经济媒体“共同战‘疫’”短视频大赛优秀奖；2020年全国“两会”报道中，推出视频类栏目《审计人热议政府工作报告》和访谈类栏目《审计演播室》等，在审计系统引起较大反响。其中，《审计演播室》获得第30届中国人大新闻奖三等奖。

（黄峥：中国审计报社社长、总编辑，周枫：中国审计报社新媒体部编辑）

审计之声客户端

案例类别：产品

中国审计报社：践行“四力” 讲好中国审计故事

赵晓强 魏小题

党的十八大以来，中国审计报社认真贯彻落实习近平总书记“高度重视传播手段建设和创新，提高新闻舆论传播力、引导力、影响力、公信力”的指示精神，加快资源整合与平台建设，大力推进媒体融合发展，打造多样化、个性化、对象化产品，探索综合性、全程性、交互性新闻信息服务，增强整体实力和核心竞争力，提升在审计传媒领域的地位和影响，推动报社战略转型，取得较好成效。

为讲好中国审计故事，中国审计报社一是坚持导向为魂，内容为王，加大全媒体产品策划力度，从审计视角反映国家发展，展现国家治理成效；二是以重大采访为抓手，加大原创产品制作力度，推动媒体融合发展，先后推出快闪系列“审计show”、H5《中央审计委员会来了！》等；三是增强“四力”，在实践中提高全媒体记者素质和能力，先后推出《新春走基层》《我在扶贫审计一线》等系列新闻vlog作品。

这些媒体融合产品不仅成为审计系统现象级作品，更先后斩获中国产业经济新闻奖、中国经济新闻奖、中国人大新闻奖等各类奖项，新媒体部负责人获得2020年中国经济传媒十佳策划。2018年，中国审计报社荣获中国产经媒体“新媒体影响力指数”进步奖。

一、守正：导向为魂，内容为王

创新必先守正。价值不变，是主流媒体永恒的主题。近年来，中国审计报社坚持导向为魂，内容为王，让正能量更强劲、主旋律更高昂，紧跟国家重大政策、部署和要求，围绕审计重点，从审计视角反映国家发展，展现国家治理成效，拓展了报道内容，且因主题的重要性和表现形式的多样性，得到了读者的关注。

为让党的创新理论“飞入寻常百姓家”，党的十九大召开期间，创新体制机制，组建了跨部门的融媒体工作室，首次尝试使用短视频、H5、音频等新媒体方式开展新闻宣传工作。融媒体工作室在党的十九大宣传报道中的表现被中国记协第55期简报《行业类媒体十九大新闻报道有创新》点名表扬，得到充分肯定。

充分发挥新媒体在“强信心、聚民心、暖人心、筑同心”等方面的重要作用，扩大主流价值“版图”，提高舆论引导力。2020年，新冠肺炎疫情暴发，为做好战“疫”宣传报道工作，从春节期间开始，新媒体部便主动出击，先后策划推出《战“疫”进行时》等7个专栏，使报社微信公众号成为对审计行业战“疫”宣传力度最大、内容最丰富的媒体平台，增强了审计系统的战“疫”信心，鼓舞了战“疫”士气。其中，短视频《医审伉俪》获经济媒体“共同战‘疫’”短视频大赛优秀奖。

围绕三大攻坚战，近年来，先后推出《看审计 话民生》系列报道、《“绿色审计” 美丽中国》系列报道，组织“三区三州”深度贫困地区扶贫审计一线采访活动、“新春走基层”“走向我们的小康生活”等采访活动，让编辑记者们在实践中磨脚力、练眼力、动脑力、强笔力。

例如，2018年组织开展的《“绿色审计” 美丽中国》系列报道，是为纪念改革开放40年、展现国家治理成效推出的重点选题策划之一。对领导干部开展自然资源资产离任审计，是党中央国务院对审计工作提出的新要求、新任务，为贯彻落实好这一重要工作，全国各级审计机关积极探索，勇于创新。好故事出自基层。报社派出记者分别赴青海、福建、广东、贵州、四川等地进行实地采访，结合相关省市经济社会发展特点，选择典型事例，再现各地在资源环境保护方面的特色和亮点、取得的成效，及审计在推动生态文明建设等方面发挥的积极作用。该系列报道立足小切口，讲好大故事，一地一专版，于微信公众号同步推送，得到了读者好评，获得第31届中国经济新闻大赛深度报道类二等奖。

二、创新：让产品生态更多样

移动为先，创新为要。媒体融合发展的大潮中，技术飞跃带来巨大变革，现象级作品层出不穷，“变”成为新时代媒体发展的主旋律。如何让有价值的内容更好看，更能顺应受众阅读习惯，成为主要探索方向。

H5产品成为首先尝试的领域。2017年，推出第一个快闪型H5产品《审计SHOW TIME》。该产品因其动感、时尚的风格，在推送当日阅读量达到25万余次，很多审计人的朋友圈瞬间刷屏，成为审计系统的现象级作品。2018年至2019年，配合审计重大新闻事件，先后推出《中央审计委员会来了！》《“看审计话民生”采访地图》《赞！全国“两会”出发！审计新征程》等一系列H5产品，得到人民网、全国党媒平台、中国经济网等多家主流媒体转载，并先后斩获中国经济新闻奖、中国产业经济新闻奖等多个奖项，成为报社新媒体发展的突破。

着重打造音频节目。推出音频新闻栏目《审计之声》，与纸媒呼应，播报审计新闻。2018年打造诗歌音频栏目《一诗一话》，以“洞见时代品格 构筑精神家园”为主旨，挖掘审计系统好诗作、好声音，构筑审计文化精神家园，得到“听众”积极参与，同时在纸媒落地，已成为报社品牌栏目，2019年被审计署评为全国审计机关“五个十”审计宣传正能量精品活动。同时，充分发展音频在主题宣传方面的独特优势，在新中国成立70周年之际，组织开展全国审计机关“我们的故事·旋律”活动，老中青三代，用亲身经历讲述祖国发展、审计精神传承。活动与审计署官微等新媒体实现联动。

大力推动短视频创作。2018年，结合审计机关成立35周年，推出首个短视频《35年，我们一起走过》，该作品成为报社微信公号成立以来阅读量最多的作品，并获得中国经济新闻奖融合报道三等奖。之后，快闪视频、政务动漫视频等日趋成熟，提高了“正新闻”的趣味性。为促进媒体融合，在大型采访活动中，以团队形式分工合作，一采多果，制作适合纸媒、新媒的多种产品，先后推出新闻Vlog《新春走基层》《我在扶贫审计一线》等系列作品。其中，《新春走基层》获得第32届中国经济新闻大赛融合报道二等奖。另外，在2020年全国“两会”报道中，推出视频类栏目《审计演播室》《审计人热议政府工作报告》等，均在审计系统引起较大反响。其中，《审计演播室》获得第30届中国人大新闻奖三等奖。

三、融合：探索协同高效的发展模式

融合发展，不仅对内容生产提出要求，同时也带来组织模式、管理形态等的变化。如何形成资源集约、结构合理、协同高效的融合发展态势？

基于报社实际，在融合发展中，首先在组织模式上探索，于2017年成立融媒体工作室。工作室负责人固定，成员随项目自由组合，并在新媒体产品上先行先试。工作室的成立，打破部门限制，整合了人力资源，“召之即来，来之能战”，形成优势互补，提高了工作效率，是报社媒体融合发展的主力军。

大力推进新媒体平台建设，构建“报、网、微、端”四位一体的审计行业融媒体中心，探索媒体融合报道形式。此外，不断加强与审计宣传单位、审计机关新媒体的配合与联动，形成强劲宣传态势，提高影响力与传播力。

同时，报社不断加强能力建设，立足行业实际，寻求差异化发展，以用户需求为导向，以新闻生产能力为基础，聚焦特定服务领域、服务对象，探索服务型媒体建设，推动行业新媒体助力政务发展。先后组织审计系统通讯员新媒体培训班，采取“理论＋实践＋互动”的模式，利用实证教授、理论分享、案例分享和经验交流等方式进行培训，全面提升通讯员新媒体内容创作能力，推动审计行业新媒体不断发展。2019 年，为庆祝新中国成立70周年，先后承办全国审计机关“我们的故事·旋律”活动和全国审计机关“五个十”审计宣传正能量精品展播等活动，共推出音频作品近60期，新媒体作品30余个，同时策划相关栏目在纸媒落地。活动在探索多形式弘扬审计精神、讲好中国审计故事方面取得了成效。

（赵晓强：中国审计报社副社长、副总编辑，魏小题：中国审计报社新媒体部主任）

“中央审计委员会来了！”H5 作品

案例类别：产品

“致敬最可爱的人——纪念抗美援朝 70 周年”大型融媒报道

历史是最好的教科书，没有哪一个站起来的国家会丢弃自己的历史，没有哪一个强起来的民族会忘记自己的英雄。为纪念中国人民志愿军抗美援朝出国作战 70 周年，弘扬伟大的抗美援朝精神，参考消息报社和新华社辽宁分社共同推出“致敬最可爱的人——纪念抗美援朝70周年”大型融媒报道。此专题由“老兵访谈录”和“专家纵横谈”两个部分有机结合，自 2020 年 9 月 7 日首发，持续至 11 月 7 日，历时两个月，共推出 70 位老兵访谈录和 10 位知名学者专论。该专题作为重大纪念性报道，立意高远，内容丰富，规模宏大，是弘扬抗美援朝伟大精神的鸿篇巨制，是宣传新中国史的生动教材，既具有重要的史料价值，又富有现实针对性和时代意义。该专题报道以全媒体形式进行采编与呈现，文字、视频等多种报道方式有机融合，《参考消息》连续刊发，参考消息网站、客户端、微信公众号、微博以及新华社客户端、新华网等新媒体平台推送，引发广泛社会关注和强烈社会反响。具体来看，该大型融媒专题报道具有以下三个方面创新。

第一，开创性地对 70 位抗美援朝老战士进行抢救性采访报道，在纪念抗美援朝 70 周年重要节点重磅推出，为历史存照，意义重大。

目前健在的志愿军老兵都已进入耄耋之年，记录他们对这场战争的独特感受和记忆，显得尤为紧迫。专题采编团队在 2019 年下半年就提前策划，就报道主题、采访对象、报道方式等进行准备，经过多次分析研判，决定在2020年10月25日重要纪念日到来之前，《参考消息》开设专栏刊发“70 年 70 人”抗美援朝老战士访谈录，通过采访 70 位有影响、有特点、有故事的老兵，回顾并致敬那段烽火岁月。

从 2020 年上半年开始，采访团队就克服疫情防控期间的种种困难，着手联系采访 70 位参加过抗美援朝战争的老兵。采访团队多次前往辽宁省退役军人事务厅、沈阳抗美援朝烈士陵园、丹东抗美援朝纪念馆等重要单位，掌握了大量报道线索和资源，后又在辽宁省委老干部局、丹东抗美援朝精神研究会等多家单位的指导和支持下，经过一次次筛选、一次次研究，最终精心选取 70 位志愿军老战士，对他们进行深入细致的访谈。这些英雄人物覆盖面广、代表性强、事迹典型，既有一线奋勇杀敌的步兵、炮兵、坦克兵，又有与敌人“空中拼刺刀”的飞行员、保障“钢铁运输线”的汽车兵和机车司机，还有通信兵、医护人员、文化教员、战地记者等，涵盖了抗美援朝各个领域的英雄模范。通过他们的讲述，最大限度地还原历史事实，揭示抗美援朝战争的正义性及其历史意义。

由于老兵们均已年逾古稀，许多人年老体弱，随时都有倒下去的可能，采访团队在联系、完成采访的过程中，展开了一次次与时间的赛跑。沈阳抗美援朝老战士关云庆在报道他的稿件播发三天后去世，老人家属专门给记者发短信说，这篇报道是老人去世前收到的最好的礼物。92 岁的老兵宁殿云坐着轮椅接受记者采访，虽然吐字有些不清，但坚持断断续续讲了两个多小时。

可以说，这组报道起到了对志愿军老兵进行抢救性记录的作用，也使得《参考消息》成为纪念抗美援朝 70 年报道中持续时间最长、报道人数最广、抢救性记录抗美援朝历史素材最丰富的新闻媒体。

第二，“老兵访谈录”与“专家纵横谈”相结合，将鲜活的个人记忆与深刻的宏观分析融为一体，兼具可读性、可视性、思想性，形成了一部独具特色的抗美援朝战争史。

这组专题报道分两个系列：一是“纪念抗美援朝70周年·老兵访谈录”，通过志愿军老战士回忆，再现烽火岁月；二是“纪念抗美援朝70周年·专家纵横谈”，约请知名专家学者，充分阐释抗美援朝战争的历史意义与时代价值。两个系列交替呈现，把老兵亲历的战争场面、感人至深的战场故事，与发人深思的专家分析紧密融合在一起，使得报道更立体，更有穿透力。

在“老兵访谈录”系列中，70位老兵动情讲述自己和战友经历的战场传奇，披露了许多鲜为人知、震撼人心的英雄故事，他们对牺牲战友的深情回忆，对今天和平生活来之不易的感慨，触动读者心灵，令人落泪。在《冒着炮火将邱少云遗体抬下战场——记志愿军老战士韩远泉》一文中，老人在采访过程中透露邱少云烈士牺牲的相关细节，以及他与战友将烈士遗体从前线抬下来并掩埋的惊险经过，这些感人细节伴随着健在老兵们的回忆被保存下来，具有直抵读者心灵的力量。再如，《上甘岭，最难的是几天几夜没水喝》一文，讲述战士们没水喝，只能把衣服脱光，胸部紧贴岩壁沾一点湿气，渴极了，大家轮流喝一小口小便和伤员的血混合的水。类似打动人心的细节，在此次系列报道中随处可见，有血有肉，感人至深。这些讲述让历史变得更加鲜活，让抗美援朝精神更加具象，让英雄事迹更加可信。70位老兵的回忆相互印证，个人记忆汇成集体记忆，个体形象组成英雄群像，彰显黄继光、邱少云等英雄身后有着无数英模功臣。正是这无数的英雄铸成伟大的抗美援朝精神。

在“专家纵横谈”系列中，来自军事科学院、国防大学等机构10位著名专家学者撰写深度解析文章，把抗美援朝战争置于中华民族伟大复兴的征程中进行审视，充分阐述这场“立国之战”的伟大意义，同时对战争的道义问题、出兵决策背后的考量、战争付出的巨大牺牲是否值得等热点话题做了进一步厘清，有助于澄清谬误，弘扬正能量。

军事科学院专家黄迎旭在《抗美援朝出兵决策背后的考量》中指出，中国出兵抗美援朝，并非为他人火中取栗，归根结底是维护中国自身利益。中国把出兵援朝的目的定义为“保家卫国”，是恰如其分的，得到全中国人民认可。国防大学国家安全学院教授舒健在《立国之战：复兴路上的不朽丰碑》一文中指出，这场战争让人民军队立了起来，让中国的安全屏障立了起来，让社会主义制度立了起来，让中华民族的自尊自信立了起来，成为中华民族走向复兴、走向世界的重要心理支撑点。

这些辨析和阐述有助于当代读者，尤其是年轻读者，了解中华人民共和国成立不久面临的各种严峻挑战，以及中国共产党带领人民不畏强权、迎难而上、敢于胜利的勇气和决心，有助于长期生活在和平环境中的读者明白今天的民族独立、国家安定来之不易，增强对党和国家的热爱与信心。

第三，专题报道文字、图片、视频兼顾，以全媒体形式呈现，对不同受众群体产生巨大影响，形成良好的传播效果。

这组报道在策划时就注重全媒体意识，在采访中文字、摄影、音视频记者全程参与，坚持精品意识，反复磨合，深度融合，一次采集，多种呈现，将传统报道形式和新媒体报道形式结合起来，通过《参考消息》和新媒体各终端推出，引发强烈社会反响。

《参考消息》每天用一个整版的版面，推出一位或两位老兵访谈，连续刊发两个月时间，全景式展现了志愿军各领域英雄模范，塑造了敢于亮剑、浴血沙场的志愿军英雄群像。同时，加强版面设计，采用老兵新旧照片对比方式，一张是20岁左右身穿军装的英俊少年，一张是饱经岁月沧桑的耄耋老人，尽管青春不再，老兵身上保家卫国、视死如归的英雄豪情不减当年。跨越70年的肖像照对比，带给读者强烈的视觉冲击。此外，版面配发网端专题二维码，形成报网联动。

专题系列短视频中，老兵出镜声情并茂讲述战场往事，慷慨激昂高唱《中国人民志愿军战歌》《我的祖国》等经典歌曲，中间穿插珍贵历史影像，在历史与现实的时空转换中把受众带到炮火连天的战场，有助于观众更加直观地了解战争时期的真实情况和老兵目前的生活状况，带给观众极强的视觉冲击力和感染力。

系列报道在新华社客户端登出后，短时间浏览量均超过100万，总浏览量超过1亿。参考消息微博平台将专题报道重新包装，设计老兵档案，选摘文章精华，策划微博话题，对专题重点推介，加强与读者互动。参考消息微信公众号头条和次条重点推送，网友们纷纷点赞、转发、留言。网友留言中“致敬英雄”“泪目”等成为高频词。他们说：“这是抢救式的报道！意义重大！”“用今天的好时代告慰英雄，他们永远是不朽的丰碑！”“这些《参考消息》我都收藏了，希望参考消息报社推出更多好的报道！”

此外，参考消息报社与出版社合作，将“老兵访谈录”与“专家纵横谈”重新结集整合，以图书形式将系列报道进行二次传播，进一步扩大专题报道影响力，增强报道的社会效益。

（参考消息报社）

“致敬最可爱的人——纪念抗美援朝70周年”大型融媒报道

案例类别：产品

公众号搭载 H5 掀起金融知识普及高潮

近年来，金融时报社为认真贯彻落实习近平总书记关于加快推进媒体深度融合发展的重要讲话精神，深入贯彻落实中办、国办《关于加快推进媒体深度融合发展的意见》，从报社实际出发，适应金融系统改革发展的新形势、新需要，探索以新媒体线上开展活动与金融系统线下组织宣传相融合的新方式、新途径，形成了为金融系统提供良好的新闻宣传和政务服务、迅速提升金融时报新媒体影响力和传播力的双赢新格局。

2020 年 9 月 23 日至 25 日，金融时报社与中国人民银行反洗钱局以“预防洗钱风险 助力金融安全”为主题，联合开展了“反洗钱知识线上答题”活动。此次活动就是金融时报社开展这种新型媒体深度融合发展的一次成功尝试。

一、基本情况

《金融时报》是“党和国家在金融领域的重要舆论阵地”，与金融系统有广泛的社会联系，从 1987 年 5 月创刊以来，忠实地报道和记录了中国金融改革发展的光辉历程。为适应当前国内国际经济金融一体化进程中加强反洗钱、保障金融安全的需要，2020 年 9 月 23 日至 25 日，金融时报社与中国人民银行反洗钱局联合开展了“反洗钱知识线上答题”活动。此次活动进一步宣传了反洗钱知识，全面提高了金融系统和社会公众的反洗钱意识，起到了共同防范洗钱风险、守护金融安全的积极作用。

此次活动累计有 1029.26 万人次参与，不但金融监管部门的广大干部职工参与线上答题，而且银行业、证券业、保险业、信托业、期货业的广大从业人员都积极参与线上答题，有效地普及了反洗钱知识，扩大了活动覆盖面和影响力，活动效果非常显著。

二、相关经验及成效

为了保障此次活动的顺利进行，金融时报社以微信公众号为主要载体，在其上开发、搭载 H5 答题平台，与广大用户、金融系统广大干部员工进行密切的互动交流，在线上完成答题全过程。中国人民银行各分支机构积极动员，相关机构及社会公众广泛参与。此次活动累计有 1000 多万人次参与答题，活动的参与者覆盖了金融机构、政府部门及社会公众，真正达到了反洗钱相关知识的大普及，形成了全社会反洗钱知识的学习热潮，取得了良好的宣传教育成效。

（一）相关经验

1. 成立项目组，确定项目模式。为顺利开展此项活动，金融时报社专门成立了活动项目组，设计了微信线上答题方式，让所有参与答题用户在线参与答题、在线提交结果、在线分享页面。

2. 制定工作方案并组织测试，不断完善答题系统。此次活动起步早，准备时间较长，在题库确认后，金融时报社项目组对答题系统不断测试和完善，并推出《答题辅导》专栏。2020 年 9 月 21 日，在金融时报社新媒体矩阵，包括“两微一端”及中国金融新闻网网站，对答题活动进行了全渠道的宣传预热，《金融时报》微信公众号底栏推送《答题辅导》专栏和专门文案。

3. 开展实时数据监测，及时扩容解决流量问题，保证了活动持续开展。2020 年 9 月 23 日早上 6：00 答题系统准时上线，项目组从 6 点开始实时监测答题情况。答题活动非常火爆，技术人员不断尝试多种扩容，完成了宽带流量提升及扩充服务器和数据库，保证了答题活动恢复正常及持续稳定开展。

（二）项目成效

金融时报社通过“金融时报微信公众号”开设反洗钱知识答题专栏，开发 H5 答题平台，并制作反洗钱知识汇编，为参与答题者提供相关辅导。金融系统积极响应，有序组织辖内干部职工、反洗钱工作联席会议成员单位、义务机构和广大社会公众参与答题活动。

为确保答题活动取得实效，各类金融机构充分利用线上新媒体、线下营业网点等宣传阵地，形成线上线下宣传合力。深入高校，走进社区及贫困地区，打通反洗钱知识宣传“最后一公里”。创新宣传方法，通过广播、漫画、视频等生动活泼的形式，扩大宣传范围，提升宣传效果。

此次活动的顺利开展，有力推动了反洗钱知识的普及教育，进一步提高了从业人员及社会公众学习反洗钱知识的积极性以及对洗钱风险的防范意识，形成了遏制和打击洗钱犯罪的社会合力。

截至 2020 年 12 月 7 日，《金融时报》微信公众号粉丝总数超过 378 万，显著提升金融时报社和微信公众号的影响力及传播力，大幅提升《金融时报》品牌和新媒体平台的社会价值和商业价值。

三、未来探索创新

通过此次项目，金融时报社对传统的知识普及进行形式、方法、手段的创新，针对新媒体渠道进行移动化、社交化、数据化、智能化的内容产品和信息服务的探索，将新媒体线上活动与传统媒体线下宣传有机融合起来，值得传统媒体行业借鉴推广。

推动媒体深度融合发展是媒体行业发展的必由之路。金融时报社正在完善顶层设计，从实际出发，制定和实施可行的媒体深度融合发展方案；坚定不移改革，加快推进内容生产和传播一体化、技术支撑一体化、经营与品牌拓展一体化进程，持续增强金融时报全媒体平台的传播力、引导力、影响力和公信力。

（金融时报社）

《金融时报》公众号

案例类别：产品

“人民日报健康客户端”项目

《人民日报》健康客户端是人民日报社促进健康中国行动、推动医疗卫生事业、发展医药健康产业、完善人民健康福祉的重要布局，是人民日报社推动健康媒体融合发展的重要举措。

《人民日报》健康客户端定位“内容资讯+健康服务”，集健康新闻、疾病咨询、健康科普、临床学术四位一体，是中央媒体直属机构中唯一的健康专业客户端。

一、三个创新，打造央媒直属“内容 + 服务”健康融合平台

2019年9月5日《人民日报》编委会第29次会议决定，由健康时报社承担建设并运营《人民日报》健康客户端。《人民日报》健康客户端酝酿动议于新冠肺炎疫情之前，紧急启动于新冠肺炎疫情之初，试运行于抗疫期间。正式上线一年来，共完成9次技术升级与迭代，已成为国内权威的健康资讯内容的聚合平台、群众看病就医的服务平台、权威名医交流的共享平台。特别是在功能服务上，具有三个明显的创新特点：

第一个开通线上问诊服务的央媒平台，目前已有“3000+”公立三甲医院医生在平台提供服务，另有首批136家权威三甲医院入驻客户端。

第一个提供疾病全流程服务的媒体平台，客户端以《健康时报》20年积累的“10万+”权威医学专家、“1000+”三甲医院资源、1.8亿字医学内容资源数据库为基础，目前已搭建起1206种疾病知识库。

第一个健康垂类内容的聚合平台，开通“人民日报健康号”，邀请权威医生、权威医院等入驻，创作发布健康科普、医学知识等内容，并智能化推送给大量关注健康的互联网用户。

目前《人民日报》健康客户端累计覆盖用户数近300万，最新月活数45万。从内容资讯到健康功能服务，构建健康管理全流程，打造了一个服务功能强大、健康信息权威、社会影响广泛的权威党报直属健康客户端。

二、发挥主流媒体社会价值，推动健康服务优化升级

数据显示，我国心血管病患者2.9亿人，高血压前期人群4.35亿人；糖尿病患病人数1.139亿，糖尿病前期人群是4.934亿，中国糖尿病患者量排第一；癌症新发病例每年约392.9万；乳腺癌患者以每年3.5%的速度增长，增速全球第一，而全球胃癌患者约一半在中国。全国每年87.2亿人次诊疗人次。

为缓解病友就医中的难点、痛点，纾解实体医疗就医中的不便，缓解医务工作者的工作压力，《人民日报》健康客户端初步建立起为病友提供疾病信息查询与管理，找医院、找医生，并最终可以配药快递的功能服务体系。实现“问名医，查疾病，寻好药，不求人”，为患者提供疾病前期、疾病诊疗中、康复期等疾病全流程服务。

问医生。《人民日报》健康客户端与银川京东互联网医院达成合作，为公众提供权威医生问诊服务。用户进入客户端首页“问医生”版块，可根据科室、区域、好评率、医生级别等进行线上就医咨询选择。

目前已有“1000+”公立三甲医院医生在平台提供服务，另有136家权威三甲医院回函入驻客户端，计划利用一年时间，将平台服务医生扩充到1万名。

查疾病。客户端以健康时报“10万+”权威医学专家、“1000+”三甲医院资源、1.8亿字医学内容资源数据库为基础，目前首期已搭建上线1206种疾病的知识库，1000多万文字量。用户进入客户端首页“查疾病”板块，可查询各类疾病早筛、确诊、治疗、康复的全流程知识；同时可一键转入医生、医院查询，迅速接入诊疗流程，满足用户对全流程疾病管理的需求。

寻好药。“寻好药”版块，侧重新特药信息，让用户第一时间了解到该疾病最新获批药品信息。每一种药物信息中，包括药物介绍、厂家、专家观点和媒体报道，让网友找到好药，同时对各种药品有客观的认识。

《健康时报》四年前启动国之名医榜单推举的年度学术活动，已连续举办四年。全国98个临床学科、近200名国家级临床专业学会的主委或候任、前任主委，以及全国专科排行榜前十的科室主任或院长，担任学术委员会委员。王陇德、赵玉沛、董家鸿、葛均波四位院士担任学术委员会主席团联合主席。四年间积累的名医资源及其关联、带动、辐射的各个学科的优秀临床医生，构成《人民日报》健康客户端医疗健康服务的核心医生资源。

三、融合与开放，构建全媒健康内容新生态

（一）融合：打造多形态强传播生态

内容资讯上，以人民日报社《健康时报》20年的专业内容团队为基础，打破从图文报道为主的健康新闻传播形态，以文图、视频、直播多介质传播，注重平台化、视频化、互动化，面向大众网友、管理部门、产业人士、医生群体，提供健康新闻、健康科普、临床学术等全方位的大众与专业信息。

同时，《人民日报》健康客户端形成了4个鲜明特色：新闻的速度、特稿的深度、内容聚合的广度、直播视频的热度。

从2020年3月6日1.0版本上线试运行，截至2021年8月30日，《人民日报》健康客户端和《健康时报》全媒体共刊发文、图、视、直（播）13011篇/场/条（含直播、视频），内容产品在全网总传播量突破93.5亿次。

“人民名医”直播联动20余个主流视频平台同步直播，自2019年8月开播至2021年7月，完成直播427期，参与嘉宾涵盖55个单病种学科，包括院士、三甲医院院长、科室主任、著名临床专家在内的504位嘉宾参加，全网观看量达12.25亿次，已成为业内专家认可度最高、联动覆盖面最广、受众黏合性最强的临床名医直播品牌之一。

视频科普栏目“大夫说”邀请知名院士、院长、三甲医院科室主任，13个主流视频平台同步播出，目前已发布389余期，播放量近2亿次。

除了资讯内容，《人民日报》健康客户端“学术版块”，面向400万医生群体，设有“医生圈”“学术会议”等栏目，报道医生的临床诊疗、最新科研成果、学术会议，打造医生的学术高地，与客户端的“问医生”功能版块、“健康号”入驻版块，形成学术闭环，构建400万医者的“医生圈”，并为公众提供疾病问诊服务。

（二）聚合：构建健康垂类内容开放平台

健康号是客户端内容资讯平台化的重要标志。《人民日报》健康客户端推出健康垂类内容聚合平台——人民日报健康号，面向权威医生、权威健康领域专家、权威三甲医院、学术组织等，邀请其入驻开通，打造一个优质的健康类内容聚合平台，构建网上医疗健康内容新生态。

目前，“2000+”名医名院计划已经启动，首批邀请2000个健康医疗机构号、医生个人号入驻平台，发布医学知识、进行疾病教育、交流学术成果，上线近一年，目前已有“1300+”医院和医生入驻平台。

随着健康号的开通，在单一记者、编辑采制产品的基础上，着手实施内容生产、传播的平台化，努力突破算法推荐、智能分发、机器审核等技术难关。

在内容审核方面，人民日报健康号采用“智能+人工”方式，即机器审核+医学编辑人工审核。一方面确保内容质量，另一方面通过人工审核，筛选出真正对用户有效的健康信息，过滤掉无效或低效的健康信息，触发传统媒体内容平台新动能。

四、未来发展：技术与资本

为更好地推动《人民日报》健康客户端的发展，打造一个人民日报级的健康旗舰平台，《人民日报》健康客户端正推动对外合作，成立人民日报健康网络科技有限公司（筹），拟确定注册资本1.0204亿元。

《人民日报》健康客户端始终保持对人工智能诊疗、远程检查治疗等最新技术的敏感，高度关注基于5G环境下的多学科远程会诊、远程检查、远程外科机器人手术和各类人工智能诊疗，如肺癌、眼科、皮肤科、子宫颈癌读片、人工智能CT读片等，以及高血压、糖尿病等各类慢性病、高发病的远程监控、诊疗、预警及管理等。

《人民日报》健康客户端目前正在与远程诊疗、医疗人工智能、医疗辅助检查等各界加强合作，以探索合作合资公司、平台合作应用、行业战略研究、综合媒体宣传推广等多种方式，把客户端建设成最新医疗互联技术的蓄水池、发酵地、试验场、先行区。

（人民日报健康时报社）

《人民日报》健康客户端

案例类别：产品

"给孩子的两会新闻"系列融媒体

中国少年儿童新闻出版总社基于传统出版优势资源建设，把引领少年儿童和服务少年儿童结合起来，以"内容采集—资源库建设—产品呈现—知识服务—价值引领"为基本架构，对《中国少年报》、未来网进行资源聚集、优化重构，成立队报队网融媒体生产中心，全面推动队报队网一体化融合纵深发展进程，帮助少年儿童打好精神底色，成为共青团、少先队组织有效引导、教育和服务少年儿童的坚强舆论阵地和文化阵地。

创造出以少年儿童视角为导向的融媒体产品是少先队媒体在融媒时代重要的任务之一。2020年全国"两会"召开期间，队报队网融媒体生产中心发挥少先队新媒体平台和队报队网融合后的优势特点及强大的号召力，特别策划了"给孩子的两会新闻"系列融媒体产品，并荣获第30届中国人大新闻奖二等奖，也被中央网信办评为"2020年度优秀网评作品"。

该系列产品以项目制方式凝聚全社优质资源，打通队报队网各媒体形态，对策划、生产、运营和传播全流程进行统一指挥、统一调度、统一协调，紧紧围绕少年儿童感兴趣的"两会"话题进行主题创作，采用短视频等少年儿童喜闻乐见的新媒体形式，用童言童语播报"两会"新闻，其间穿插大量科普知识，把国家大事用孩子们听得懂、乐于听的语言体系生动有趣地转述给他们，也把少年儿童的心声用他们自己的方式表达出来，帮助少年儿童更好地理解并参与国家重要政治生活。

产品在创作机制上，坚持一体化发展理念及互联网思维，采用项目制、市场化方式集结队报队网相关业务中心最优秀的骨干力量，跨部门、跨版块、跨类别组建产品专项工作小团队，对现有内容、运营、渠道和用户进行整合，形成一体化的组织结构、一体化的采编流程、一体化的传播体系，体现了流程机制的创新与融合。

在内容生产上，主创团队就全国少年儿童感兴趣的两会话题进行征集调研，精心筛选主题，结合前方记者对来自社会各行各业的全国人大代表、政协委员的采访内容，后方编辑以少年儿童视角创作内容脚本，将宏大的政治主题具象化为贴近少年儿童生活的"故事"进行讲述，并与主持人小雨姐姐、小主持人红宝沟通拍摄过程，引导脚本拍摄。面对近1TB内存的素材，后期制作团队不分日夜逐秒观看，在保留儿童视角的基础上包装、渲染，最终形成风格独特的系列视频，将队报童言童语的话语体系传统与队网的新媒体生产优势、互联网呈现完美结合，实现了从单一产品呈现向多角度、可视化的一体化产品供应链转变，体现出内容与产品上的创新。

在宣传推广上，坚持移动优先策略，在"两会"这个重要时间节点上，发挥少先队新媒体平台和矩阵优势，选取少年儿童乐于接受的方式进行裂变式宣推，实现了从中国红领巾等微信公众号单一传播渠道到覆盖两微一端及抖音等少年儿童聚集的社交媒体平台、符合少年儿童认知偏好的全媒体传播体系转变，确保了作品宣传力度，体现出传播渠道的创新。

该系列产品聚焦时政热点、创新报道形式，符合广大少年儿童的年龄特点、阅读习惯和理解能力，并利用由队报等传统媒体传播渠道及PC端、WAP站、微博微信及其他自媒体渠道构成的全媒体传播体系进行同步分发，在国内上百家新闻网站、主流短视频网站和主要的教育、学校微信矩阵端落地，在队媒融合中形成传播合力，总播放量上千万。

一些学校还组织学生下载学习，将其作为少年儿童感知"两会"、了解"两会"的重要教育载体，得到了广大少年儿童的热烈响应，备受社会各界赞誉，实现了传播率与到达率的统一、覆盖面及参与度的统一、新闻资讯与教育功能的统一、表现形式与传播效果的统一，彰显了融媒时代少先队媒体创新创意的强大生命力。

该系列产品为队报队网融媒体生产中心生产出的众多代表性作品之一。

自2019年12月上旬中心成立以来，已经打造出拥有广泛用户群的全媒体传播体系，生产"谁是最厉害的人"寻人接力——红领巾寻访新中国建设者自制Vlog、《给孩子的战"疫"漫画》电子书、"红领巾爱学习"系列主题融媒体产品以及《锵锵视频》《四度视频》品牌栏目等百余个少年儿童喜闻乐见、易于接受的未成年人思想文化产品，构成庞大的产品集群，影响触及千万级别的目标用户。

以产品为例，2020年疫情防控期间，《中国少年报》和未来网利用传统出版积累的内容资源，紧急联络近百位来自各地的漫画家联合创作258幅以抗击疫情为主题的漫画作品，并利用新媒体产品制作方式及技术手段，用新形式、新表达、新语言，实现漫画内容网上呈现，推出真正让孩子们看得懂的防疫科普类重磅新媒体产品

《给孩子的战“疫”漫画》电子书，各传播渠道联动推广，累计阅读量达到8000万。该产品从策划到制作推出仅仅用了5天时间，其制作速度之快、传播效果之广、产品形式之新，成为对传统儿童读物进行宣传曝光制作的成功范例。

“谁是最厉害的人丨红领巾寻访新中国建设者”以儿童视角探索新中国发展变化，在新中国成立70周年、中国少年先锋队建队70周年这个重要的时间节点，线上通过新媒体平台宣传发起活动号召、传播展示优质视频，线下组织动员参与到寻访活动中，发现平凡而伟大的新中国建设者。此系列产品，采用了新颖、趣味的儿童自制Vlog视频日记这一独特体裁，以儿童小视角，表达时代大主题，将少先队活动搬到田野乡间，突显少先队组织力量，多角度报道70年发展变化，全方位表现祖国繁荣发展，并在内容上呈现出贴近性，倾力打造出少先队员所喜闻乐见的、积极参与的活动。

为更好地组织引导少先队员、少先队辅导员、少先队工作者深入学习宣传习近平总书记关于少年儿童和少先队工作的重要论述，贯彻落实全国第八次少代会精神，中心还利用H5新媒体表达方式，策划制作推广“红领巾爱学习”网上主题队课系列融媒体产品共计34期，浏览总量近10亿，平均每期超过3300万人在线观看学习并参与互动。

“给孩子的两会新闻”系列融媒体产品为代表的产品集群的生产打造，为中少总社下一步媒体融合创新实践提供了可供参考的方向，以此为基础，中少总社也探索出了一套适合少儿出版社的融合发展及数字出版盈利模式，为少儿出版单位媒体融合发展和数字化转型升级提供示范案例。

（《中国少年报》，未来网）

“给孩子的两会新闻”系列融媒报道

案例类别：组织机构

努力打造供销合作社融媒体格局 做好“读看听学”全效综合服务

习近平总书记指出，全媒体不断发展，出现了全程媒体、全息媒体、全员媒体、全效媒体，信息无处不在、无所不及、无人不用，导致舆论生态、媒体格局、传播方式发生深刻变化，新闻舆论工作面临新的挑战。宣传思想工作要把握大势，做到因势而谋、因势而动、顺势而为。我们要加快推动媒体融合发展，使主流媒体具有强大传播力、引导力、影响力、公信力。中华合作时报社牢记总书记的教诲，深入学习领会总书记的重要指示精神，在总社党组、理事会的关怀指导和全国供销合作社系统的支持配合下，通过流程优化、平台再造，实现各种媒介资源、生产要素有效整合，催化融合质变，放大一体效能，努力打造供销合作社融媒体传播格局，构建“报、网、微、云”四维平台，为全系统读者提供“读、看、听、学”线上线下综合性新闻宣传服务，努力使以《中华合作时报》为龙头的总社主办媒体成为全系统共建共享的主流新闻舆论阵地。

一、初心不改，巩固做强传统媒体，坚守供销合作社宣传主阵地，为读者提供高质量的“阅读”服务

习近平总书记指出：“传统媒体和新兴媒体不是取代关系，而是迭代关系；不是谁主谁次关系，而是此长彼长；不是谁强谁弱，而是优势互补。”中华合作时报社在努力开发网、微、云等新兴媒体平台的同时，坚守传统媒体阵地，继续抓好《中华合作时报》《中国合作经济》杂志（月刊）、《中国农资》杂志（周刊），不断完善优化“读”的服务，使传统媒体和新兴媒体产生“一加一大于二”的传播效应。

为了给读者提供优质读物，我们加大新闻产品生产供给侧改革，从内容、形式、体裁等多个方面创新、改造，把深度报道、全景报道、分析性报道作为纸质媒体的内容重点，使报纸、杂志面貌焕然一新，内容更贴近实际，受到系统的欢迎和好评。党的十八大以来，我们在报纸上开辟了《乡村振兴，供销社怎么做？》《寻找扁担传人》《奋进东方潮，壮阔新时代》《省社主任谈改革》《决战决胜脱贫攻坚》《走向我们的小康生活》等专栏及主题报道，恢复了文化副刊，多角度弘扬“扁担精神”“背篓精神”，给读者提供丰富的深度阅读产品。特别是在2020年疫情防控期间，报社在通过微信公众号、网络专题等渠道及时报道各地供销合作社战“疫”情况的同时，利用总社信息中心开发的“供销小厨”平台收集、分析各地信息和数据，同步在报纸上做好专题、主题、深度报道，

开设了“抗击疫情，供销社在行动”新闻专题，春节刚过，便以7个整版的篇幅，从《便民服务的承诺与保障》到《战“疫”前线的担当与坚守》，连续刊发多组专题报道，全景、深度展示出全国供销合作社系统坚决贯彻落实总书记重要讲话精神和党中央决策部署的担当和进取精神，在系统内外都产生很大反响，获得了社会的认可，增强了报社与系统各级单位的联系，激发了各地读报、用报的积极性，2020年《中华合作时报》发行量同比增长了40%。

二、移动优先，搭建协同高效的新媒体矩阵，开发可视化传播渠道，为读者提供具有融入感的“观看”服务

随着公众获取信息的渠道不断变化，在做好为读者提供传统“阅读”服务的同时，我们努力开发可视化传播，为读者提供“观看”服务。这不仅是手段的创新，更是传播效果的提升。为此，我们将原来的网站、微信、视频等作为报刊补充的新媒体渠道调整成优先播发平台，通过中国供销合作社网（总社门户网站）、中华合作时报网以及“中华合作时报”“中国农资传媒”“中华合作时报·农村金融”“中华合作时报·茶周刊”4个微信号，创作了一批短视频报道，并整合报社和总社声像中心的资源，举办了手机电视“蒲公英TV”APP，加大视频传播力度和覆盖面，尝试打造供销合作社自己的网络电视频道，实现“有图有真相、有画面有现场”，给读者提供一种亲临其境的“观看”体验。

目前，总社门户网站累计访问量已突破3429万次，报社4个微信公众平台覆盖用户近100万人，“蒲公英TV”注册用户2万人，直播访问量110万次。仅在疫情防控期间，中国供销合作网、中华合作时报网发布图文、音视频信息5.3万条，综合浏览量12.3万人次，在“学习强国”“人民号”“新华号”等第三方平台上转发点击量也屡创新高，第三方平台累计浏览量达325万人次。“中国供销频道（网络版）”“蒲公英TV”播出的“供销新闻联播”“科普大篷车”“中国供销”等电视化节目日渐成熟并逐渐吸引系统内外观众。

三、拓展覆盖，将文字转化为音频，通过移动互联技术打造“微广播”，为读者提供入耳入心的“聆听”服务

针对读者越来越多的需求，为了更好地提升作为系统主流媒体的传播服务能力，不断拓展读者喜闻乐见、便于接受的传播方式，我们尝试通过微信公众号，制作音频报道节目，打造一个具有行业特色的“微广播”传播平台，增强新闻产品的“新鲜度”。把普通的文字转化为音频，让受众能放下手机，像听广播一样，轻松愉快地感受供销文化的传承、了解行业市场的动态。

《供销夜读》是一档文化类节目，所选作品既有名家名作，也有系统员工的原创美文，朗读者则以系统员工为主，他们对供销合作社有浓厚感情、对供销工作有深刻的记忆，声情并茂、抑扬顿挫的朗读，每每都会引发供销合作社人的共鸣，参与度、收听率和认可度与日俱增。

《来啦！农资新闻播报》是报社《中国农资》传媒在微信平台上推出的定制化语音产品，播行业政策要闻信息，报市场行业企业动态，每周日早晨准时播发。编辑部记者、编辑亲自做主播、说新闻，让在基层忙碌的农资经销商一边忙着自己手中工作，一边就能听到从肥料价格到商业模式，从种植技术到为农服务的大量信息。

四、启智促学，利用云视频技术，发挥行业智库作用，为读者提供释疑解惑的“学习”服务

作为行业媒体，一直以来我们都以“与行业发展同命运、共进退”为职责和使命，培养了一批专家型记者、编辑，在做好新闻舆论宣传的同时，努力为行业发展当好参谋和助手，为行业提供理论、智慧服务，与行业齐“学”共进。结合系统不同企业、事业及相关涉农企业等单位的需要，经常性开设一些行业论坛、舆情监测、行业培训、产业会展等活动项目，为大家提供一个交流学习的平台，收到了良好的效果。“供销合作社改革发展高峰论坛”“中国农金商学院”“农资总裁圆桌论坛”一些活动项目已成为行业的品牌性智慧工程。

2020年的疫情给常规性的论坛、会议等交流活动带来了影响，但也迫使我们培育出了新的传播方式，为行业发展而办的智慧服务、学习服务不仅没有停滞，而且形式更加丰富多样收到了更好的效果，通过多场“线上课堂”“云直播”“云论坛”“云会议”，细分专题、主题，为供销合作社及涉农企业提供政策解读、市场研判、营销技术等启“智”服务、促“学”服务，打造了一批具有独家知识产权的“云服务”产品，

2020年上半年，报社与总社声像中心协作先后组织了233场视频会议及网络直播，充分发挥了多媒体视频通信的优势，让全系统在政策贯彻、工作部署和信息上行下达等方面更高效、便捷、直接，受到总社与各地供销合作社一致的好评。

全国“两会”期间，我们在“蒲公英TV”推出了“全国两会云播间”“云课堂”系列公益讲座、粮食安全及土壤改良论坛、湖北茶产品直播销售等多场云视频直播新闻服务。“全国两会云播间”6场直播访谈节目在“学习强国”、新华社现场云、“蒲公英T V”（中国供销频道）等平台同步播放，累计收看量超50万人次。

下一步，我们将进一步扩大“报、网、微、云”的传播覆盖面，提升报社提供的“读、看、听、学”服务水平，高标准宣传好供销合作社这块为农服务金字招牌。

（中华合作时报社）

案例类别：产品

中国供销“蒲公英TV”及视频会议系统

中国供销“蒲公英TV”及视频会议系统是由中华合作时报社、中华全国供销合作总社声像中心共同打造的互联网融媒体传播平台，该平台基于“一云多屏”架构，在巩固传统媒体的同时，围绕受众群体的“读、看、听、学、用”，打造以屏媒移动端为主体的融媒体生态传播体系。

近年来，通过不断探索和开发实践，已初步建立了以网络为载体的中国供销“蒲公英TV”融媒体及中国供销频道，打通了电视屏、电脑屏和手机屏，在电视、电脑和手机三端同步上线、同步直播播出。

在中国供销“蒲公英TV”融媒体平台上开办了《中国供销新闻联播》节目和《三农访谈》《美丽神州行》（包括：美食中国、民俗中国、走读中国、匠心中国）《全国两会云播间》《中国供销》《科普大篷车》《美丽乡村大舞台》等专题栏目；与中国农资流通协会联合开办了《万物生长》栏目；还与中国农资传媒、农村金融周刊、茶周刊等合作开办了《中国农资》《农村金融》《茶意境》等专题栏目，每年春节还与总社联合举办“全国供销春节联欢晚会”。

为适应媒体融合发展的新形势，“蒲公英TV”平台上线了“供销e家”“供销购”“供销优选”等电子商务平台，还开办了“消费扶贫832”“一乡一品”和“农产品直播带货”等专区。

为满足全国供销系统行政政务及行业培训的需求，在“蒲公英TV”平台上还汇集了“供销视频会议”“基层社党建”“学习强社”“空中课堂”“农金商学院”“乡村振兴”“庄稼医院”“社员园地”“关爱之家”“线上农展馆”“云游博物馆”等专栏模块。

通过定制开发的“蒲公英TV”智能机顶盒已实现了全国3000多个市县供销合作社的视频会议联网，不仅能够举办全国供销系统的视频会议和培训，还能够帮助各省、市、县供销合作社、企事业单位、供销行业协会和供销集团召开本系统、本部门、本行业、本单位的各类视频会议，是唯一能够通达全国市县供销合作社的政务视频通道。

中国供销“蒲公英TV”及视频会议系统通达全国，联通供销系统，除能够满足各级供销合作社组织视频会议、调度指挥、教育培训、远程签约、多边论坛、远程会诊、庄稼医院、党建课堂、法律咨询、活动直播、扶贫助农等多种功能的需求外，还是供销合作社政务、宣传、文化建设、精神文明建设和信息化建设的基础终端设备。大大提高全国供销系统的工作效率，降低各级供销合作社及企事业单位的会议、培训成本，受到全国各级供销合作社的一致好评。

“蒲公英TV”智能机顶盒采用当今最先进的视频网络加速技术，集成了中国供销频道和中央台、各省卫视及全国市县电视台约2400个直播电视频道，既可以看直播电视，又可以实现点播和回看，节目内容丰富，安装方便快捷，操作十分简便，已日益成为全国供销合作社系统的干部、职工和社员工作、学习、生活的好帮手。

2021年，总社声像中心将按照部署，大力推进“蒲公英TV”智能机顶盒进机关、进企业、进社区、进基层社、进供销门店、进干部职工、社员和农民家庭，加快覆盖落地全国供销系统3.7万个乡镇基层供销合作社、社有企业，逐步实现全国百万个村级供销合作社和经营服务网点的全覆盖，极大提升供销合作社的凝聚力、影响力和传播力，为新时代供销合作社综合改革创造良好的舆论环境，为全力投身乡村振兴、推动农业农村现代化做出更大贡献！

（中华全国供销合作总社声像中心）

案例类别：产品

中电传媒“走向我们的小康生活·幸福来电”大型融媒报道 讲好小康故事 传递能源强音

——从中国电力传媒集团看行业媒体如何创新重大主题报道

朱怡 刘泊静 支彤

习近平总书记强调：“能源安全是关系国家经济社会发展的全局性、战略性问题，对国家繁荣发展、人民生活改善、社会长治久安至关重要。”中国电力传媒集团在“走向我们的小康生活”这一全国“同题作文”中，找到“能源电力发展绘就人民幸福生活底色”这一报道切口，并赋予“幸福来电”这一独特的报道“杠杆”。

经过精心策划部署，中国电力传媒集团于2020年7月正式启动“走向我们的小康生活·幸福来电”大型融媒体报道活动。几十名融媒体骨干记者深入城市乡野一线采访调研，100多位后方采编团队支持配合，一批“沾泥土、带露珠、冒热气”的融媒产品在第一时间孕育成形，瓜熟蒂落。在繁华都市、广袤乡野，调研记者通过文字、图片、视频、音频等多媒体形式令中国能源电力故事有了更加蓬勃生动的传播力。该组报道共发布原创融媒体作品90篇，实现全网（中电传媒全媒体矩阵及第三方传播平台）总阅读量约1.2亿，获评国务院国资委第七届“国企好新闻”，成为行业内外现象级融媒产品。

一、项目情况介绍

（一）“全景式”视野，把握能源电力发展脉动，在大主题中发挥行业特色

小康承载初心、小康属于人民。该系列报道在宏大叙事中找准定位、精准发力，在共同命题中创新破题、彰显行业特色。以百姓吃、穿、住、行等生活中一个个清洁、高效、智能的电气化使用场景为切入口，运用客观数据、应用实例、群众感受，以“全景式”视野，纵深融合展示能源电力行业在全面建成小康社会中举足轻重的作用，以小见大，生动彰显大国电力、全面小康的伟大历程。

从“变化”的电力嬗变，看“不变”的为民初心，描摹能源电力人薪火相传的缩影。从《东极岛守灯人的故事，海浪倾诉，不停步》融媒报道，我们看到了无期无畏、无怨无悔坚守“东海第一哨”的供电所长蒋海云；从《良木成材 育梦成荫》融媒报道，我们看到了电力扶贫干部吕万平如何化身乡村创客，为期待着改变的苏北经济薄弱村带来致富新路；从《传承光，成为光》融媒报道，我们看到了传承英烈精神，并让自己成为光接续照亮老区百姓幸福生活的驻村第一书记邹绍敏……透过这些电力人物反映时代风骨，引起情感共鸣，激发奋进力量。

（二）“下沉式”报道，践行“四力”要求，打造有思想、有温度的融媒作品

习近平总书记多次强调新闻工作者要增强“四力”，为做好舆论宣传工作指明了正确方向。从重大主题报道来讲，扎实践行“四力”要求尤为重要。

在浙江，中电传媒融媒记者团队循着习近平总书记在之江大地的足迹一路行走，从杭州“城市大脑”中的电力大数据解析城市治理的现代化跃进，在浙南马力全开的民营企业生产线聆听时代奋斗者的拼搏故事，10条原创视频专题片，10篇现场感见闻，一场慢直播和一场三地联动抗击台风直播报道，因感知现场“情绪”而有“温度”，因关注民生焦点而有“热度”。

在江苏，从长江澎湃处的千吨级纯电动货轮翩然起航、到运河两岸里的百亿级产值乡村日新月异，中电传媒融媒报道团队对江苏徐州、宿迁、淮安等8个选点采访调研，刊发通讯稿5篇，专访1篇，视频专题片5条。

在江西，从井冈山八角楼的星星之火到赣州于都的长征之源，从景德镇的电窑炉到南昌的网友奔现，中电传媒融媒体报道团队开启了寻找信仰之旅。8则一线融媒报道，6条视频专题片，6篇文字报道稿件，因着眼发展大局而有“高度”，因挖掘事物本质而有“深度”。

（三）“行进式”展示，深耕区域特色，移动传播先行、多媒体各展所长

融媒报道团队一路走，一路采，一路发。十几个头版的纸媒报道，30余个短视频产品，一系列长图和慢直播、多地联动直播等创新尝试……在这次主题报道中，中电传媒充分运用媒体深度融合成果，真正做到了移动传播先行、多媒体各展所长。

1. 移动先行，采完即发，从小切口看大发展。东极岛守灯人的故事、“世界第一大港”的绿电密码……这些视频切口小、选题有趣、内容清新活泼，有些采用当下流行的Vlog形式，集思想性、艺术性、观赏性于一体。

2. 多元生成，区别分发，从突破点看闪光点。江苏站系列报道则针对不同渠道的需求，设计了多元化的融媒产品，全面展现“小康”起笔之地的先行实践。

二、具体成效与社会反响

“走向我们的小康生活·幸福来电”系列融媒报道共发布一线融媒报道40条，视频专题片29条，文字报道稿件18篇，慢直播1场，三地联动抗台风直播1场，实现全网（中电传媒全媒体矩阵及第三方传播平台）总阅读量约1.2亿，二次传播链条阅读量破千万，成为行业内外现象级融媒产品。

（一）媒体矩阵与二次传播链条相结合，扩大产品传播力

一体融合，纵深推进，再造全流程机制，在全媒体调度机制下，报道实现了现场云平台第一时间发布视频，网站、微博迅速推送图文音视频信息，微信平台立体加工制作，报纸刊发深度长篇通讯，做到“宜报则报、宜网则网、宜微则微、宜云则云”，极大丰富了单条报道信息量，形成了“一次采集、多元生成、全媒发布”的流程机制，新闻生产发布传播一体化程度和效率取得突破式提升。

重点报道全媒体全矩阵立体滚动播发的同时，还充分利用今日头条号、百家号、抖音等社会化平台进行传播，十几篇融媒产品在《中国电力报》“中国电力新闻网”微信公众号阅读量达“10万+”。

（二）报道鼓舞行业士气，相关企业争相参与其中

报道发出后，各地能源电力企业纷纷抛出橄榄枝，希望参与到“走向我们的小康生活·幸福来电”报道中来，为行业决胜全面小康、决战脱贫攻坚工作鼓舞士气。

三、融合经验体会

习近平总书记在党的新闻舆论工作座谈会上指出，不管是主题宣传、典型宣传、成就宣传，还是突发事件报道、热点引导、舆论监督，都要从时度效着力、体现时度效要求。

在新闻传播中，“时”体现为把握传播的时机和节奏，“度”体现为传播手段和方式方法的运用，“效”反映了传播的有效性和影响力。在媒体融合的新形势下，中电传媒从即时传播、技术手段、人才队伍三个角度发挥所长，在重大主题宣传中把握好时度效要求。

（一）日更原创短视频，扩大即时传播效果

把握好时度效，从拼海量向拼质量转变，前方报道小组白天赶路和拍摄采访，晚上连夜撰写脚本、配音剪辑，实现一路走一路发稿，以日更频率扩大及时传播效果。

（二）探索应用新技术、新形态

在“走向我们的小康生活·幸福来电”大型融媒报道中，技术手段成为有效助力。例如，无人机和泛在的摄像头，实现了从画面质感、美感到层次上的全方位突破。又如，在习近平总书记“绿水青山就是金山银山”理念提出15周年之际，中电传媒携手人民视频推出行业首场慢直播——《慢看电靓“两山”》，当晚在人民视频客户端、新华社现场云、央视频、抖音、快手、微博等11个平台号同步直播5小时。据不完全统计，全网观看量突破343万。

（三）打破部门、平台壁垒，强强联合

在重大主题报道中，中电传媒鼓励强强联合，根据报道需要自发组建融媒小组，形成了以领军人才为核心，以报道项目为载体，跨部门、多兵种、机动式的多支优秀融媒体报道团队。这种灵活机动的组织模式，极大提升了全媒体战斗力，影响和带动了一大批编辑记者加快转型、开拓创新，全面融入全媒体格局。

（朱怡：中国电力传媒集团全媒体采访中心副主任，刘泊静：中国电力传媒集团全媒体采访中心主任助理，支彤：中国电力传媒集团全媒体采访中心记者）

“浙江行”专题报道

案例类别：产品

中电传媒以能源视角报道抗“疫”系列融媒体报道

张子魁 赵雅君 王怡然

在突如其来的新冠肺炎疫情中，中国电力传媒集团（以下简称“中电传媒”）应时而变、驭势而进，第一时间启动战时报道机制，以新媒体平台为主阵地，以新媒体矩阵为窗口，高密度、大力度、全时全域做好抗“疫”保电报道，中电传媒融媒采编团队百余人联合记者站、通讯员队伍近千人队伍，创作出一批高质量、有态度、有效果的现象级新闻产品。

报道紧跟疫情防控形势，及时调整宣传报道重点，策划推出系列评论、行业综述、视频连线、手绘、MV和Vlog等形式多样的报道。各平台开设30余个专栏，推出

224 版战“疫”特刊，新媒体各平台发稿逾 5 万篇，累计阅读量超 5 亿次；微信公众平台发稿量是往年同期的 7 倍，阅读量增至 16.7 倍；新浪微博主持话题“能源护航抗疫一线”，阅读量突破 1500 万次；《中国电业》连续两期集中刊登行业抗“疫”故事；中国电力电视台制作“大爱无疆 战歌嘹亮”MV 专题，收集超百家企业优质视频素材。中电传媒抗“疫”系列报道为能源电力行业夺取疫情防控和经济发展双胜利提供了强有力的舆论支持，成千上万的电力人通过文字、图片、短视频等方式回应，传达他们乐观向上的精神。

特别是 2020 年 2 月 4 日至 19 日，报道团队密切联系一线企业，短时间连续高质量创作《武汉，铆起！》《温州，风雨同舟！》《南网力量，守护 2.54 亿人战“疫”》《温州：按下“复工键”，向风迎春归！》4 个专题报道，在此次报道中最具代表性，树立能源电力行业在疫情防控中的责任形象。

一、厚积薄发，融媒发展成果经受住考验，品牌影响迭代升级

中电传媒在短时间内创作出大量优质作品并非“超常发挥”，而是在历次重大融媒体报道中总结出来的融媒报道模式的成功运用，是融媒报道实力的真实体现。

一是始终注重融媒体人才培养。中电传媒将人才视为最核心的竞争力和最活跃的生产力，在深化媒体融合进程中，突出领军人才培养和全媒团队建设，改革适应人才成长的体制机制，强实战培训，重制度激励，打造出一支政治坚定、业务精湛的全媒体人才队伍，在行业内具有广泛知名度和影响力。

二是秉持“在战争中学习战争”的思路。中电传媒在近年全国“两会”、庆祝新中国成立 70 周年等主题主线报道中，均派出百人作战，推动在实战报道中摸索经验、提高水平。疫情虽凶猛，但已经“百战”的采编队伍依然从容应对。

三是采编流程重构，实现新闻生产动态管理。中电传媒目前已形成全媒体统筹策划调度机制，整合各媒体原本独立的采编单元，在报道中组成采访创作团队、编辑制作团队、技术保障团队，变单打独斗为团队合作，实现共享融通。此次报道中，中电传媒把长期以来积累的基础能力转化为内容生产力，完成新媒体端搭建全要素专题的一次“集中调兵”。

二、立足行业，以用户思维结构主题，引发行业共鸣

作为能源电力行业媒体，行业内读者是主要受众。报道中，中电传媒始终保持独树一帜的能源电力视角进行报道，以用户思维结构主题，引发强烈的行业共鸣。

一是热点报道更深入。如媒体报道火神山、雷神山医院通电，仅做阶段性事件报道，中电传媒则深入发掘抢供电建设全程性报道，通过编制进度时间轴、全面数据、前线独家视频等形式展现行业贡献，体现行业媒体特征。

二是善画群像，展现宏大主题。此次报道是中电传媒采编队伍与各地记者站、通讯员队伍联合完成的。其间，中电传媒共收到全国通讯员有效投稿 46500 余件，积累大量优质素材。报道中打破线性报道思维，对代表性新闻故事进行归类，使议题更集中。通过多角度群像描写，生动展现一线能源电力工作者全貌，以小见大，展现抗“疫”宏大主题。

三是放大故事细节，细微处引发共情。在能源电力行业抗击疫情工作中，除火神山、雷神山通电外，更大的保供能战场是在保障社会用能。针对素材中的动人事迹，中电传媒以行业媒体视角切入，创作多篇有温度、引共情的报道。

三、创新微信专题报道模式，敏锐找到“最优解”

报告显示，疫情防控期间微信公众平台成为大众获取新闻最主要的渠道，本系列报道正是以微信专题模式推出，切合热点。

一是中电传媒始终坚持“移动优先、新媒优先”。在抗“疫”报道中使用“核心平台发布，媒体矩阵传播”模式，取得较突出传播效果。中电传媒坚持正向传播、创新融合传播上的努力赢得了用户。

二是疫情暴发正值春节假期，“两微”平台成为各媒体主要宣传阵地，中电传媒同时运营的 25 个微信公众平台集中发力发布报道。《中国电力报》微信公众号首次实现每日五轮满发，并持续近 60 天。

四、极致表达，编辑技法最大化，积极营造视听美学

报道中，中电传媒充分运用所掌握编辑手段和技法，最大化发挥平台承载功能，各专题均整体包装，在地方特色、编辑样式、色彩使用、素材选用等方面下足功夫，最终效果精美大气，成为“加分项”。

一是编辑手段丰富，极致使用素材。与以往不同，此次报道前方提供素材中，部分为抗“疫”一线人员用手机等非专业设备采集。编辑团队坚持好素材炒“好菜”的思路，将视频素材关键帧制作为动图，将优秀图片素材制作为海报，将视频素材整合为 MV 等，运用已有技术手段，盘活素材资源最大化使用。

二是拒绝模板，量身定制地方特色。系列报道根据各地人文、地理特征对各专题分别进行包装设计，特色鲜明，给予报道对象身份认同，传递关切和敬意。设计风格简洁大气，观感舒适。

三是标题制作创新使用方言，贴近一线，接地气。系列报道中，创新运用方言制作标题和内容，如武汉专题的“铆起”，温州专题的“鼓腰”，均有加油鼓劲的意思，即表明意思，又拉近与报道对象的距离；温州专题主题“风雨同舟”，“州”与“舟”同音，温州复工复产专题主题为“温州，正‘回温’”，标题创作简约又符合报道主题。

五、汇聚多平台立体化传播，紧抓燃点，提升全网触达率

社交媒体时代，用户注意力被海量信息包围，优秀创意、出众的故事需要借助传播力量抵达受众。此系列报道通过多平台联动推广，实现多平台资源无缝嫁接，在传播策略上可圈可点。

一是基于多平台入驻，传播矩阵形成一体化传播合力。除“两微一端”外，中电传媒已成功入驻学习强国、今日头条、百家号、新浪看点、人民号等十余个第三方新闻客户端，融媒体发布矩阵逐步形成规模。微信专题发布后，各平台并未“复制”，而是依据平台特质，发布内容后附跳回至微信专题的链接，引流回微信公众平台，实现各平台传播共振。系列报道先后共计 9 篇报道被学习强国平台推荐至平台首页。

二是发挥行业媒体优势，行业定向传播，“圈内”社交化传播。中电传媒在行业内拥有稳定受众，能源行业各领域建设有通讯员队伍，此次报道利用社交媒体的互动性，通过朋友圈、微信群内转发推广，传递能源电力行业归属感和自豪感，形成互相渗透的多级传播网络，让越来越多的人加入传播队伍，发布内容最大限度抵达受众。

六、网络协作新实践，融媒体小组工作制大放异彩

在中电传媒以往重大主题报道中，鼓励强强联合，根据报道需要自发组建融媒小组，形成以报道项目为载体，跨部门、多兵种、机动式的多支优秀报道团队。这种组织模式极大提升全媒体战斗力，影响和带动一大批编辑记者加快转型、开拓创新，有创意、有水准、有影响的融媒体产品层出不穷。在此次报道创作中，因不集中办公，融媒体小组通过即时通信软件实现网端“云”协作，圆满完成报道任务。这是在以往融媒体小组工作制的基础上进行一次新的尝试，可行性得到再次验证，为以后的报道提供丰富的实战经验。

（张子魁：中国电力传媒集团新媒体编辑部副主任，赵雅君、王怡然：中国电力传媒集团新媒体编辑部编辑）

“武汉”专题报道

案例类别：产品

中国石油报社 5G 智慧融媒体建设

苏文清

一、报社基本情况

《中国石油报》是中国石油天然气集团有限公司党组机关报，创刊于 1987 年，履行“喉舌、阵地、窗口、平台、智囊、监督”职能。为一周五刊，周一到周五出版，单面彩色印刷。《中国石油报》设有“一带一路”能源合作导刊、西部专刊、北方周末等专版，定期出版。

中国石油报社总部共有员工 302 人，其中编采人员 208 人。另在全国设立有 76 个企业记者站和区域记者站、6 个海外记者站，驻站记者 210 多人，并拥有 3000 多人通讯员队伍。

除主报外，中国石油报社还编辑出版发行《石油金秋报》《石油商报》《汽车生活报·油商周刊》）等子报。编辑出版的子刊有《中国石油画报》《石油政工研究》《地火》《新闻之友》《石油内参》等。

自 2000 年以来，《中国石油报》先后建设了中国石油新闻中心网站、《中国石油手机报》、中国石油报官方微博、中国石油手机网、石油数字传媒终端、中国石油报官方微信、油立方 APP 客户端、“石油清风”微信公众号、石油党建 APP 客户端、CNPC 海外社交账号等全媒体产品链。加上子报子刊，报社已形成“四报两网

两平台十刊”的全媒体矩阵。

二、融媒体建设规划

2019 年以来，为深入贯彻落实习近平总书记“加快推动媒体融合发展，构建全媒体传播格局”重要讲话精神，中国石油报社加快媒体融合向深度发展的步伐，实现媒体融合从相“加”迈向相“融”。

（一）确立“国际化转型、全媒体升级、主流新发展”新的战略发展目标

“全媒体升级”，就是传统媒体发挥品牌资源优势，注重质量提升，通过权威性扩大影响力；新媒体发挥灵活快捷互动优势，聚焦阵地拓展，通过新体制新机制扩大影响力。报社新闻产品要发展“报刊网端微视屏”，打造出“以互联网传播为主渠道、以报纸传播为重要依托”的新型媒体机构。

（二）构建“1+*N*+80”的媒体深度融合模式

1——以报社为基地的集团级融媒体中心。*N*——若干与集团公司各企业共建共享、互联互通的企业级融媒体平台。80——以各记者站为区域前沿纽带的融媒体基站。

（三）打造“策采编发评营”全媒体全流程一体化管理平台

提出实现“统一策划、一次采集、多元生成、多渠道发布、多维度评价、多元化经营”的全媒体生产一体化管理（见图 1），打造“策采编发评营”全媒体全流程一体化管理平台。

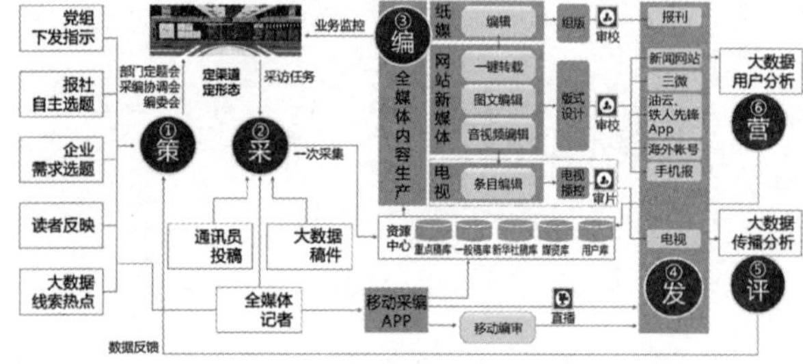

图 1 中国石油报社融媒体管理系统业务流程

三、5G 智慧融媒体中心建设

（一）融媒体指挥中心（硬件）平台建设

2019 年 3 月至 7 月，中国石油报社完成了融媒体指挥中心物理空间建设，是报社融媒体生产的“硬件”基础工程，是全媒体指挥策划调度中枢。

融媒体指挥中心使用面积合计约 520 平方米。其中南厅安装有约 20 平方米的 LED 大屏，可实现突发事件或重大新闻报道的实时指挥、任务部署、统一调度、协同工作，也是采前会、编前会、编委会召开的主要场地。南厅还设有 30 平方米的多功能头脑风暴室与休闲区。北厅设有 70 平方米的虚拟视频演播室，主要用于 5G 时代报社视频新闻产品的生产和制作。

（二）5G 智慧融媒体生产管理系统主要功能

2020 年 3 月初，报社启动 5G 智慧融媒体生产管理系统软件开发。选择业内技术先进、产品成熟的技术开发商组建联合项目组，在成熟产品的基础上整合优化、集成创新（见图 2）。系统主要包括 10 大功能模块。

图 2 集成成熟技术产品，整合优化、集成创新

1. 机构、用户、角色、权限、流程管理子系统。可以实现任意新建一个媒体机构，并实现对任意机构、用户、角色、权限、流程的任意配置，以满足报社“1+*N*+80”模式业务拓展的需要。

2. 全媒体采编管理子系统。融媒体生产管理系统的核心，是推动报社业务转型和融合发展的底层框架。可支持在一套独立的编采体系内完成“报刊网端微视屏”等多种渠道和多种形式的媒体产品的新闻采集和编辑加工。

3. 移动采编管理子系统。可与全媒体采编管理子平台无缝对接，实现新闻素材的及时回传，新闻稿件的图文、视音频移动编采，报纸版面的移动审核，多端产品的移动签发等。

4. 融媒体指挥子系统。涵盖全网监测、报道策划、融合采访、融合编辑、融合发布、传播力分析、任务统计等生产全流程，通过大屏实时进行数据可视化展示。实现全媒体统一指挥、统一调度，实现媒体生产过程的深度融合。

5. 中油传媒 APP 云媒子系统。实现全媒体新闻展现、数字报展示、视频直播、油城生活、营销活动、新闻互动等，允许集团公司各企业媒体及行业知名专家入驻，提供统一的资讯及数字报刊、音视频云媒发布管理。

6. 报纸组版子系统。提供面向多份报刊的组版管理，支持本地和远程组版的统一管理。包括对上栏、上版的稿件的管理、对大样的管理及与采编系统的对接。

7. 两微矩阵发布管理子系统。提供对微信、微博多账号编辑、排版发布一体化管理。全媒体采编子系统通

过标准的数据接口与双微矩阵管理系统相衔接，实现系统用户的身份验证以及采编工作平台稿件签发到双微矩阵管理系统。

8. 音视频管理子系统。满足对音视频采、编、播各环节生产需求。包括基础系统、收录系统、快编系统、转码系统、直播管理系统、点播管理系统、流媒体播放器、流媒体服务等。

9. 大数据应用及辅助采编子系统。一是引入媒体大数据服务，为选题策划提供素材，为多媒体稿件编辑生产提供新闻辅助。二是通过大数据，对原创稿件的传播效果进行分析，形成新闻传播反馈，促进新闻采编工作质量提升，为用户画像，并为绩效考核提供量化依据。

10. 与网站、抖音、广电业务系统的集成。提供标准接口，与现有新闻网站系统对接；基于抖音号、快手等视频平台标准 API，推送视频到抖音号、快手平台；提供标准接口，实现与广电业务系统对接。

四、融媒体建设过程中的创新

2020 年 9 月 15 日，中国石油报社 5G 智慧融媒体生产管理系统完成开发主体功能开发并上线内测，12 月 25 日上线模拟试运行，2021 年 2 月 22 日正式上线运行。

中国石油报社 5G 智慧融媒体生产管理系统具有以下突出特征。

（一）集成创新

汇集后发优势，整合全媒体采编、新媒体矩阵管理、大数据、云计算、人工智能领域多家技术领先供应商成熟产品，通过整合优化、集成创新，强化真正实现传统纸媒与新媒体生产一体化融合管理，打造技术先进、智慧程度高的全媒体业务一体化管理平台。

（二）功能齐全

实现“策、采、编、发、评、营”六个环节的一体化管理，涵盖报社采编业务以及经营工作的各个业务环节。做到全媒体新闻产品生产的“统一策划、一次采集、多元生成、多渠道发布、多维度评价、多元化经营”一体化管理。

（三）移动优先

工作界面上体现 PC 端、移动端、大屏端的三端联动，但更突出移动端，全新打造中油传媒云平台（APP 客户端），满足移动优先的时代发展需要。

（四）符合定位

媒体产品形态上，实现了“报刊网端微视屏”的全媒体生产管理，符合中国石油集团公司给报社“以纸媒为主的全媒体生产管理系统”的建设定位。

（五）深度融合

实现报社传统媒体与新媒体、报社主报与子报子刊、报社本部与各企业记者站、报社与各企业宣传部及新闻中心之间的全方位融合。集团所属企业宣传工作可以通过 6 种模式（见图 3）与报社 5G 智慧融媒体生产管理系统对接。

图 3　报社融媒体系统与集团所属企业宣传工作融合模式

目前，中国石油报社正在创新研究适合 5G 智慧融媒体生产管理的配套体制机制，努力打造与中国石油集团公司规模、实力相匹配的具有国际影响力的现代石油传媒。

（苏文清：中国石油报社媒体融合创新中心副主任）

案例类别：组织机构

中国气象报社：创新融媒体运行机制 提升气象宣传效能

近年来，中国气象报社通过体制机制创新，积极推动媒体深度融合，聚合气象力量，融合社会资源，取得突破性进展，气象宣传新闻舆论“四力”持续提升。

一、更新理念、统一思想、形成共识

自 2014 年起，报社逐步推动传统媒体与新兴媒体从单线式、点对点、非全面的联系，向相互支撑、相互融合、相互呼应的系统性、全面性融合转变。

报社以分级分层抓思想、抓学习的方式，打破思维惯性，统一思想、形成共识。重点从党委、领导干部、青年干部、普通职工等几个层面抓起，通过理论学习、调研学习、深入中央媒体现场学习，以及撰写系列学习体会文章、开设融媒体课堂、开展思想大讨论、组织专家座谈等多种形式，逐步形成理念共识，即瞄准行业动向，逐步构建以内容建设为根本、先进技术为支撑、创新管理为保障的全媒体传播体系。

二、调整机构、创新机制、迸发活力

（一）调整业务结构

1. 业务布局。报社主办或承办的媒体已由一份报纸逐步转变为拥有报、网、端、微等全媒体载体的“气象媒体方阵”，运营有《中国气象报》、中国气象新闻网、《中国气象报》微博和微信等媒体平台，同时承担中国气象局政府中英文网站、中国气象科普网及中国气象局“两微多端”等官方平台，形成微博、微信、快手、抖音等气象新媒体矩阵。

2. 机构设置。2018 年成立融媒体中心，将原来分属于不同部门的网、端、微平台整合为一体，同时融合设计、技术等岗位，成为媒体融合发展的试验场、先头兵。目前，融媒体中心人数达 30 人，占到采编业务人员的 45%。

3. 人才结构。于 2019 年开展全员双向选岗工作，通过人员结构重组，激发人才活力和动力。同时，发挥气象部门垂直管理优势，将各级气象部门有意愿、有能力参与动画、手绘、H5、短视频等全媒体产品生产的力量汇聚到报社大平台上来，充实力量。

（二）创新社内融媒体运行机制

完善横向联合机制，打破行政壁垒，调动优势资源，建立融媒体考核机制，实现融媒体策、采、编、发、评。

1. 建立全媒体指挥运行机制。

（1）全媒体统一指挥。在组织结构上，打破原有业务部室各自为政壁垒，实现总编室向全媒体总编室功能转型，牵头负责宣传任务统筹、重大选题策划、采访力量指挥，实现气象新闻一次采集、多次加工、多元生成、多媒体分发。

（2）改进编前会、周评会、策划会制度。编前会每日召开，全媒体参加，汇报选题策划、通报新闻线索、研究当日舆情，确定重点内容，布置产品生产；遇有重大突发事件或新闻时，增加召开频次。周评会每周五召开，点评一周全媒体产品传播效果，找问题、查不足、总结经验。策划会每周五召开，部署下周重要宣传任务、会商重大报道选题，协调采编对接联动。

2. 形成多个跨部门跨媒介的报道团队。成立了短视频组、摄影组、评论组、国际组等 14 个跨部门跨媒介的联合报道团队，推动各类媒介深度互联互通。特别是建立中国气象融媒体视觉创意工场，联合部门内外力量，激发创新活力，积极探索推出新形态融媒体产品。抓住短视频发展风口，推动中国气象局官方新媒体入驻快手等平台，拓展宣传阵地，初步形成传播矩阵，并连续开展三届全国气象短视频展播活动，形成视觉产品素材库和视觉产品生产制作作者群。

3. 建立融媒体业务考核机制。着眼绩效考核挥动融媒体指挥棒，动态调整绩效考核指标，对全体业务人员进行月度、季度、年度绩效考核，并开展业务评优奖励，鼓励采编人员深耕内容出精品，积极参与新媒体作品创作与创新。

（三）完善社站上下联动机制

报社设有 31 个记者站，通过建立新闻线索和重要选题定时报送等多个机制，基本形成协调统一、口径一致、快速反应、有效联动、分类施策的工作链条。

1. 建立新闻线索和重要选题定时报送机制。各记者站新闻线索和重要选题全媒体策划于每月 25 日前报送至报社，确保社站宣传报道计划的协调统一，有效解决了重点宣传策划精准落地的问题。

2. 建立联合策划机制及联合开展主题宣传机制。报社与记者站共同策划、共同采编，通过系列报道、主题宣传、全媒体专题等方式全方位展现气象事业发展的方方面面。

3. 建立专线联系机制。遇有重大天气气候事件、重大活动、突发事件等时，第一时间选取重点区域，建立微信等实时通信交流工作群组，统一指挥严把口径、共同商讨宣传策略、共享图文视频素材、展开多媒体联合直播等，高效获取一手信息。

4. 建立产品上下互推机制。报社和各记者站生产的各种形态的新闻产品，通过产品互推机制，形成宣传合力。

5. 优化激励机制。修订先进记者站优秀记者优秀通讯员评选办法，鼓励其向报社提供重要新闻线索、与报社联合开展全媒体专题策划和专项宣传等。

（四）深化对外合作机制

建立内外融合机制，打通传播渠道，初步构建了宽领域、多层次、深融合的协同合作宣传体系。

1. 深化媒体合作机制。通过确立双方责任人和联系人，提供重要采访线索、新闻通稿等方式，报社与中央媒体、行业媒体、社会媒体、政府网站、科普平台、国际传播平台、商业平台等，形成定期常态化合作机制，并通过联合策划各类融媒体产品以及联合开展大型主题采访活动等，有效将气象宣传全面融入主流媒体和社会媒体宣传战略。例如，与《人民日报》客户端合作创办每周一期手机弹窗推荐“天气展望”，与央视频合作开展汛期卫星气象服务慢直播，与新华网联合制作“聊天儿”数据新闻，全面增强在互联网舆论主战场的影响力。

2. 深化专家合作机制。与中国气象局中央气象台等多个国家级业务单位深化记者跑口机制，调动专家参与重大宣传策划、主题采访活动等，第一时间提供专家咨询。拓展与南京信息工程大学、成都信息工程大学等高校，中国科学院大气物理研究所等科研机构专家的联系，通过建立专家库，适时借助专家力量开展宣传。

三、融媒实践、放大效能、提升“四力”

基于以上业务布局、运行机制、人才结构的融媒体化，气象宣传效能持续放大，气象新闻舆论“四力”持续提升。

（一）宣传实践见效能

在融媒体运行机制的牵引下，报社融媒体宣传成效显著。

2021年“7·20”郑州特大暴雨期间，报社联动地方记者站，策划采写的独家图文报道《被洪水“冲跑”的气象局长，到底经历了什么？》，被《人民日报》、《新华每日电讯》、长安街知事等数十家媒体转发，被微博弹窗推荐并登上热搜榜，引发全社会关注，全网阅读量超10亿次。

在“壮丽70年 奋斗新时代”走基层看气象大型主题采访活动中，联合《人民日报》、新华社、中央广播电视总台等中央媒体、行业媒体、地方媒体共60余家（次）媒体120余人（次）深入23个省份采访报道，全景式展示气象事业发展巨大成就。

（二）公益活动见效益

报社不断将媒体合作机制推向深入，联合多家媒体和商业平台开展公益活动，提升社会效益。

2020年，联合墨迹天气、人民健康网、环球网科技举办“细数点滴，爱在行动”主题线上公益活动，邀请奥运冠军等26位公众人物，以公益海报、明星视频等形式共同呼吁公众关注气候和水。人民网、新华网等30余家媒体共同发声，150多个平台共同传播，全网总曝光量近2亿。

2019年，在国家网信办支持下，联合北京网络知名人士联谊会、微博科普、天气通组织开展“大V看气象”活动，邀请网络大V到中国气象局参与世界气象日直播，传播气象科普知识，3个小时吸引超过1400万网友参与话题讨论。

目前，报社正依托气象信息化建设，建设具备舆情监控、媒体融合、资源共享、信息分发和业务协同功能的气象宣传科普业务支撑平台，并配套建立运行机制，实现气象宣传科普信息一次采集、多次加工、多元生成、全媒体分发、全国共享。

（中国气象报社）

《中国气象》公众号

案例类别：组织机构

“小家厨房”激活年轻纸媒

随着新媒体时代的到来，门户网站、网络视频、微博、微信相继崛起，传统媒体逐渐式微。然而，有一份以“中国家庭”为名的报纸，在被时人称为“纸媒寒冬”的2015年7月创刊，它就是《中国家庭报》。

自诞生以来，《中国家庭报》就一直在探索转型之道，博观约取，厚积薄发，于2019年9月1日正式成立融媒体中心“小家厨房”，作为报社内容生产与传播的综合平台。

一、立足健康，服务家庭

《中国家庭报》隶属国家卫生健康委，以健康中国战略为立足根本，以人民健康为办报宗旨，以全国4.94亿家庭为服务对象，关注家风家教、健康产业，希望搭建起人与家、家与国之间健康互动的桥梁。这是《中国家庭报》的基本调性，也是旗下各媒体平台的根本遵循。

不管时代如何变迁，传播方式如何迭代，坚持正确导向、生产优秀内容永远是广大媒体应当遵循的基本原则。而优秀内容也正是媒体保持活力与竞争力的秘诀。“小家厨房”从诞生之日起，就以纸媒的严谨求实、注重社会责任来自我要求，为内容生产和传播筑牢了基底。

二、一次采编，多元生成

“小家厨房”在硬件方面特别设立独立综合演播室，以“同一选题，精细策划，分层报道；一次采编、多元生成、多平台发布”为思路。组织上，设有策划部、记者部、编辑部、新媒体部、音视频部、设计部、技术部7个子部门。其中，策划部是“小家厨房”的“大脑”部门，是一切决策的统一出口，成员由其他6个子部门主任构成，融媒体中心分管社委会领导主持工作，社长出席每周的策划部例会。架构上，立足行业，设有“1+*N*+1”的报道平台，即1份报纸、1个网站、*N*个商业平台网络账号（APP正在开发建设中）。“小家厨房”的运行逻辑保证了内容生产的速度，以及成品的深度和多维性。

三、岗位转型，融合升级

人才培养上，“小家厨房”坚持大力培养传统纸媒记者、编辑、美编、校对等岗位，在纸媒标准下，促进个人融媒体思路与技能的培养。目前，记者和编辑升级为“融媒体采编”，同时掌握视频录制、出镜报道、图片拍摄、脚本撰写等技能；美编升级为“视觉创意出品人”，除了负责报纸排版，能够独立承担图文设计报道工作；校对升级为“内容运营官”，增加了新媒体内容校对工作，同时承担网站、各类图文账号如学习强国号的内容编辑上传工作。

四、盘活资源，做好传播

（一）发动各方力量，促成共建共享

《中国家庭报》在多年深耕中，积累了大量卫生健康系统权威专家、媒体、企业资源，并在日常内容制作与后续宣发中，充分调动各界力量。例如，2020年初，新冠肺炎疫情暴发。“小家厨房”迅速运转，联合中国广告协会、国家卫生健康委卫生健康文化推广平台，发起了抗击疫情的公益宣传活动。中国家庭报社的工作人员连夜赶制了第一波系列公益广告“非常时期，过不一样的春节”，之后，中国家庭报社邀请备受人民群众喜爱的演艺界人士加入健康知识宣传中，美编一一为300多位明星画上口罩。在几百家广告公司的大力配合下，这些刊例总价超过25亿元人民币的公益广告遍布全国225个城市，还有无数的乡镇，从飞机场、火车站到各大商场、小区电梯，再到电视广告和12306的开机画面，都是“勤洗手”“勤通风”“避免聚集”等暖心的叮嘱。中国家庭报社“小家厨房”出品的户外公益宣传广告独树一帜，开创了媒体跨界融合云模式的先河。

又如，2020年4月8日，中国家庭报社联合中华慈善总会等单位共同发起“致敬医护，共抗疫情”一点敬意网络直播活动，号召社会长期持续关怀医务工作者。此次直播活动恰逢第71个世界卫生日和武汉解封，节目组邀请中国工程院院士、国家卫生健康委高级别专家组专家李兰娟共话“中国力量”，影视演员白宇、岳丽娜、郭晓婷担任公益大使对话医护人员代表。本次活动全网实时收看人数达823.6万，12小时话题阅读量近400万。

再如，2021年2月，在健康中国行动推进办的指导下，《中国家庭报》提供选题、素材等，配合北京卫视倾力打造“健康中国行动”指定科普节目《活过100岁》，权威的数据发布、极致的互动体验和来自专家的健康知识普及，对促进全民健康生活方式养成具有重要贡献。

（二）守好纸媒阵地，促进内容下沉

纸媒是《中国家庭报》的立身之本，也是“小家厨房”的主阵地之一。“小家厨房”精心策划的各种内容与活动，都会在版面上予以综合体现。这不仅是一种“工作轨迹”，丰富了报纸版面，更大的意义在于，《中国家庭报》在基层有着广大的读者群，类似报道可以激发他们接受其他形式健康科普、参加相关活动的积极性。例如，2020年4月30日，在全国爱国卫生运动委员会办公室等单位指导下，中国家庭报社举办了2020爱国卫生月网络直播活动。活动共分为三大篇章，分别为“为中国提高免疫力”“全程高能的陋习粉碎机”“改变年轻人生活方式的新时尚”，全国各地的数百家街道、社区还专门组织了观看活动。

（三）巧用微博话题，扩大活动影响

新浪微博平台因其开放性，具有很好的传播效果。“小家厨房”的每一次内容策划，都会紧密结合相关话题，讨论量均逾千万，甚至有的破亿，极大地提升了《中国家庭报》的社会影响力。

例如，2020年5月15日是国际家庭日，中国家庭报社联合中国人口福利基金会等单位，举办了2020年“国际家庭日”中国宣传活动暨网络直播活动，邀请相关领导、专家、家庭代表共话家庭健康，助力健康中国建设。据统计，活动话题阅读量为2.5亿，“最美家庭照”话题阅读量为1140万。

又如，2021年3月，在全国爱肝日之际主办“由内呵护，为肝减负”主题直播活动，还设置了肝脏健康有奖问答，并同步开设线上有奖活动搜索话题“爆肝自救指南”“爱肝日线上答题互动”。

再如，2021年7月，启动“无烟跑·聚有爱”系列活动，将健康中国行动中的控烟行动和全民健身行动相结合，通过线下跑、线上跟随“我支持100%室内公共场所禁烟”话题打卡的形式，积极宣传家庭及家人在健康生活方式养成中的作用，促进健康知识普及。

（四）强化自身特色，打造家庭文化

例如，2020年6月25日，中国家庭报社联合相关单位共同发起2020端午寻“艾”网络直播活动，共话节日历史，重温民族记忆。“十里不同俗”，节目分别与来自北京市、新疆维吾尔自治区、福建省、广东省、辽宁省的5个家庭视频连线。此次直播还深度结合蓬勃发展的汉服文化，开启汉服舞蹈视频征集。同时，广泛普及中医药特别是艾灸的相关知识，彰显文化自信。

又如，2021年8月，独家连线某酒店赤身男子闯入

房间当事人，邀请法律和心理专家，还原事件经过，提供法律和心理支持，面向全社会进行类似事件科普，人文关怀受到网友好评。

“小家厨房”是中国家庭报社倾力打造的全媒体传播体系，符合时代发展的需要，适应报社自身发展情况。中国家庭报社将继续发挥“小家直播”品牌活动模式的经验优势，结合线下活动的丰富经验，不断融合创新，探索传统纸媒新的盈利方式。更好地服务小家、贡献国家，助力健康中国建设。

（中国家庭报社）

案例类别：产品

银行业首个以新闻舆论及宣传思想工作为主业的客户端——“农银融媒”APP项目

农银报业有限公司是2012年12月经国家新闻出版广电总局批准，由中国农业银行注资成立的传媒专业全资子公司。公司现以一报一刊一中心为主要业务，“一报”为《中国城乡金融报》，“一刊”为《金融文化》期刊，“一中心”为新媒体中心，搭建了“三驾马车”并驾齐驱立体化的宣传格局。公司新媒体中心设立于2016年8月，通过逐步推进新旧媒体融合，发挥网络传播优势，以“农银融媒”APP为核心平台，宣传党和国家金融政策，报道金融业特别是银行业新闻。

“农银融媒”APP是由农银报业有限公司与北大方正电子联合开发的一款融行业资讯及专业服务为一体的手机客户端。自推出以来，围绕金融业、银行业新闻报道、信息传播、银行业专业服务发挥有效作用，受到金融业、银行业人士的欢迎。

一、建设背景

根据中办、国办《关于推动传统媒体和新兴媒体融合发展的指导意见》，自2014年起，从中央媒体到地方媒体直至行业媒体，皆大力推进新媒体建设，加快媒体融合发展步伐。在金融、银行行业宣传领域，有《金融时报》《中国城乡金融报》《中国银行保险报》《中国农村金融报》等媒体发挥作用，但缺少用户众多、实用性强、影响力广的手机客户端（APP）。在此背景下，农银报业有限公司依托30余年主办《中国城乡金融报》《金融文化》杂志、长期专业服务金融、银行业的经验，在主管单位——中国农业银行的大力支持下，与国内顶尖的媒体技术企业——北大方正科技合作，在2020年开发建设了“农银融媒”APP。

二、产品定位

“农银融媒”APP的基本定位为：一个以农银报业现有平台（报纸、杂志、新媒体）内容为基础，以银行新闻宣传和思想文化建设为主要功能，以有效服务数字化转型背景下的银行产品、服务营销传播为补充，连接、覆盖银行各级机构、党员干部及广大员工，适度协同总分行新媒体宣传渠道及资源，可持续扩展丰富功能的新媒体平台。

三、功能特点

“农银融媒”APP在设计思路上遵照“聚焦主业、功能合理、适度协同、逐步完善”的建设思路，按照“立足农行、面向金融业、深耕农村金融”的内容定位，力图通过持续建设和逐步推广，在一定时间内把“农银融媒”APP打造成为“《中国城乡金融报》在移动互联网上的有效延伸、扩展，农银报业新媒体核心平台和内容主产地”。从整体上看，“农银融媒”APP具有以下重要功能特点。

（一）提质“主业”推动融合

目前，“农银融媒”APP共设置“农行”“财经”“党建”“惠农”等13个内容栏目，以及资讯、视频、农银号、服务、“我的”5个实用性功能。在应用实效上，一是实现了报业公司内部媒体的有效融合。报业公司的报纸、杂志、微信公众号等，都有效集成于“农银融媒”平台，并且以图文、视频、直播、专题、海报等多种形式丰富展现。二是为农业银行总行、分行新媒体提供了融合平台。目前已在平台集成融合了20余个总分行新媒体（仍可扩展），实现“登录一个平台，尽览农行精彩”的目标功能。三是有效融合主流政经媒体，为农行人提供了一个精准、实用的信息汇集平台。“农银融媒”APP集中融合了《人民日报》、新华社、《经济日报》等主流媒体，以及“人民银行”“银保监会”等金融监管机构的新媒体，向读者特别是农行人第一时间提供有价值的专业信息。

（二）立足实用 适度协同

一是在服务功能上链接了益农融商公益扶贫商城、农行信用卡商城、农行普惠驿站等农行服务平台。

二是导入了网点预约、纪念币预约、开户行查询等农行客户专属服务功能以及“查酒店”“订门票”“查快递”等一些大众服务功能。

三是与农行有关部门沟通协作，探索立足“农银融媒”APP的宣传项目合作，以传播服务推动银行业务发展。

（三）有效评价 提升管理

一是通过APP管理系统，可清晰体现编辑、记者编（采）稿量及点击量等工作评价指标，给予客观量、质评价。

二是通过APP附加大数据系统，可以对宣传稿件的传播效果，转载阅读情况进行有效统计，在一定程度上切实评价正面宣传工作成效。

三是通过大数据系统，可在一定程度上有效评价各分行及总行业务部门相关宣传响应工作的效果。

四、服务成效

“农银融媒”APP于2020年7月正式上线运行。5个月来，主要发挥了以下作用。

（一）大幅度提升线上内容产品产能

依托“农银融媒”APP平台，农银报业线上内容得到大幅度提升，日刊发新媒体稿件从之前的每日6~8篇提升到每日约30篇，且分不同时段均衡推出，受到读者的欢迎。5个月来，农银报业依托APP与传统媒体（报纸、杂志）协同开展了“脱贫攻坚之农行印记”“走向我们的小康生活”“银行人学习民法典”“打造开放银行系列谈”等重要专题宣传报道，得到系统内外广泛关注，多篇（组）报道被人民网、新华网等主流媒体转发，取得较好宣传效果。

（二）大幅度增强媒体传播互动能力

近期，依托APP平台的丰富功能，报业公司先后与农业银行运营管理部联合开展了覆盖全行的“农行特色网点”主题评选、与战略规划部联合开展了“建言‘十四五’规划征集”等活动，均取得良好效果，得到相关企业和部门的认可与支持。

（三）新功能新栏目获好评吸引流量

针对银行业持续学习“习近平新时代中国特色社会主义思想”的需求，我们在APP平台设计开辟“学习强行”主题版块，近期主动对接总行党委办公室、组织部及宣传部等部门，聚焦全行对党的十九届五中全会精神的学习、宣传及贯彻。收到银行业读者热捧。同时推出“银行圈”及“农行小姐姐”版块，聚焦行业热点，展现行业亮点，普及行业知识，受到企业和行业读者的热情欢迎。

目前“农银融媒”APP注册用户量已达38万，工作日平均日活用户超过2万，且各项指标均在持续增长中。据了解，“农银融媒”APP也是银行业第一个以新闻领域及宣传思想工作为主功能的APP，填补了行业空白。

五、下一步建设设想

（一）做强特色功能，提升实用效果

2021年，将以提升交互性、内容权威性、积分累计性为指向，做强“学习强行”功能版块，进一步有效融合银行党建、培训及业务部门功能需求，使之成为银行员工政治学习、业务学习的掌上平台。

（二）做强视频功能，打造专业视频平台

针对视频内容产品需求量不断提升的形势，改进目前APP视频频道，突出加大行业短视频生产、刊发力度，特别是围绕金融、银行业知识普及、投资者教育、消费者保护等，做出特色，打出品牌。

（三）进一步推动融合，体现传播合力

通过APP的“融合平台”功能，一方面汇集银行内部现有微信、微博等新媒体账号、内容，另一方面加大政经类媒体内容的汇集，形成“金融银行专业新媒体矩阵”效应，通过重点推选、组织传播等形式，探索对重大主题宣传的平台引导功能，提升“农银融媒”APP的传播合力。

（四）逐步丰富功能，提升协同能力

在做好传媒主业的基础上，与银行总行部门、分行加强合作，在提升银行员工信息获取质量、工作效率、推动银行产品（特别是理财产品、贵金属产品等）销售、服务传播以及为银行管理者提供参考等方面不断丰富功能，产生实效。

（五）发挥平台作用，做好重点宣传

依托APP刊载形式丰富、信息量大、融合传播的优势，重点聚焦“中国共产党成立100周年”“全面建成小康社会”“十四五规划”等主题，做好宣传工作。

（六）科学稳健运营，做好风险防范

针对APP的运营、传播特点，完善专门的流程、机制，在现有条件下调配相应的人力资源，严格遵守新闻宣传纪律和农行保密制度，严控传播风险。

（农银报业有限公司）

农银融媒客户端

案例类别：组织机构

团结报社融媒体一体化平台项目

团结报社融媒体一体化平台项目于2019年1月开始实施，2020年12月完成终验。此前，经过数年的“全媒体”建设与发展，团结报社已形成“六位一体”全媒体传播格局。报社建设“融媒体一体化平台”，是为在新闻生产全流程贯彻“融合”理念，进一步提升媒介融合能力，更好地服务于多党合作宣传事业。项目着眼于在整合纸媒与新媒体渠道的基础上构建新的采编发流程，实现一次采集、多次发布、滚动传播，同时追踪原创稿件在舆论场中的传播情况，以之为基础开展绩效考核，实现报社提质增效、提升总体水平。

一、功能及创新

《团结报》“融媒体一体化平台”项目建设了统战报道媒体大数据资源库、报道指挥中心、全媒体采编发一体化生产平台、新媒体内容管理平台、全媒体传播分析平台、全媒体绩效考核平台、指挥中心拼接大屏幕等内容。

统战报道媒体大数据资源库：引入互联网多渠道数据，实现可扩展的数据统一存储管理，形成资源便捷获取功能，使得报社各层级采编人员可以快速、灵活地获取统战新闻信息资源，提高生产效率，成为全媒体报道指挥中心的基础。

报道指挥中心：利用统战报道媒体大数据资源库，分析和追踪互联网上统战和民主党派工作热点、协调调度新闻资源、跟踪传播效果。将传统的选题会、采前会、定稿会、编前会等内容集中于一套业务系统中进行综合管控，并通过PC、手机、大屏幕的联动方式进行查看，实时对记者报题、采访任务完成情况、稿件库、发布库进行联动，实现对互联网统战信息数据的监控和对报社各项规定动作的决策、协调、调度，为报社新闻管理和内容指挥决策提供服务，真正实现融媒体的报道理念。

全媒体采编发一体化生产平台：整合各种新闻资源与线索采集渠道，实现在一个统一的平台上，完成报纸、网站、移动客户端、微博、微信、大屏等多种渠道和多种形式新闻内容的采集、加工、审核、编辑和发布，通过方便快捷的“一键式”操作，实现多渠道传播，扩大信息的影响力和传播力。系统提供多种权限流程管理，方便报社不同部门编采工作人员并行工作，进行媒体新闻内容加工和多渠道平台新闻发布管理。

新媒体内容管理平台：新媒体矩阵管理与发布系统重点打造移动优先的新媒体矩阵管理体系，真正实现融合多元形态的管理方式。

全媒体传播分析平台：建立传播影响力指标体系与评价模型，通过大数据分析，对报社全媒体原创内容在互联网各终端的传播情况进行及时跟踪监控，实现不同颗粒度产品的传播效果分析跟踪，通过量化数据掌握报社产品在全网的实际传播情况，以及时调整传播策略和选题策划。

全媒体绩效考核平台：基于原创内容的全媒体传播数据，构建集“外部数据评价”+“内部专业评价”于一体、“自动化”+“人工干预”相结合的全媒体绩效考核原则和标准，建立考核模型，辅助必要的人工评价，生成可视化的考核结果，既包含内部人员的绩效考核、好稿评选、差错管理、奖惩管理等，也包含对于外部作者，如记者站、通讯员、自然来稿人员的稿酬发放。通过全流程的绩效考核系统实现对编采人员及相关岗位人员和外部作者的稿酬管理，体现报社公平、公正、公开的激励原则，激发人员的创作激情，提高办报质量。

该项目建设具有如下创新点。

（一）创新全媒体模式下的新闻采集方式

全媒体新闻采编系统支持在移动环境下，通过移动采编平台，利用手机就可以实现内容素材的上传、编辑、审核、发布，上传采访结果等。

（二）创新对媒体资源的统一指挥、调配跟踪

通过平台系统利用记者移动采编和GPS进行结合，总编辑可直接在多种设备上查看线索事件发生地最近的记者位置信息，不分媒体、不分部门，直接调配位置最近的一个或多个记者前出进行线索事件采访，并且采访回来的新闻素材可给各媒体进行共享使用。这一调配方式可以极大地减少人员和资源的浪费情况，保证对新闻线索的快速跟进。

（三）创新新媒体发布的集群化管理功能

过去的新媒体系统只支持一个单位的网站或客户端建设，该项目的新媒体矩阵管理系统可实现报社网站、客户端、微博、微信的内容管理与发布，同时还支持多站点、多客户端、多微的发布和管理。

（四）传播分析追踪能力

对原创稿件进行追踪分析，针对渠道，针对单篇，针

对宣传指令和话题进行传播追踪，获知影响力情况，还可将传播对应到人，实现人员创造能力。

（五）多元多维度的绩效考核模型

该项目建设了团结报社特有的全媒体绩效考核体系，涵盖微博、微信、网站、掌媒、纸媒等多渠道，通过自动汇聚纸媒和新媒体渠道的多维度KPI，自定义设置考核规则、考核流程和多样化的考核模型，对稿件进行多维度的量化评价，实现了融媒体统一量化考核，提高了团结报社全媒体采编业务考核的精细化管理水平。

二、目标用户群体

主要面对团结报社内部报纸及新媒体编采人员。

三、主要技术应用

1. 利用移动互联网、大数据和数据加密传输等技术，在保证数据安全的前提下，实现新闻“策采编审发”全流程的移动化操作。使采编人员摆脱时间和地域的限制，随时随地处理与采编相关的业务。利用大数据技术为编采过程实时推荐新闻热点，发现新闻线索，辅助策划、编辑过程。同时以移动协同工作群模式实现了报道策划、内容归集、采编互动、快速审签、多端发稿的跨部门协作。并对事前事中事后进行全流程的跟踪记录，全面保障了生产安全。

2. 利用多屏互动技术，以大屏、电脑屏、手机屏的三屏联动方式，及时采集多渠道信息、实时沟通互动、统筹协调资源、监控新闻生产过程、获悉新闻传播情况、即时补充调整新闻报道策划方案，满足了报社采前会、编前会、定稿会三会的业务场景。

3. 通过多元化多维度的融媒体绩效考核模型技术，自动汇聚纸媒和新媒体渠道的多维度考评指标，涵盖报纸、网站、新闻客户端、微博、微信等多渠道的考核元素。可自定义设置考核规则、考核流程，支持多样的考核模型，对稿件进行多维度的量化评价，实现融媒体统一量化考核。

四、社会效益

该项目的建设加快了团结报社媒体融合发展的进程，构建了团结报社全媒体传播格局，并培养了一支面向融合发展的全媒体编辑队伍；通过更多新技术新应用的导入，推动团结报社向移动化、智能化转变；对报业单位媒体融合转型具有较强的示范和推广价值。通过项目中的各项新技术手段的运用，团结报社进一步加快工作机制改进和流程再造，以“人的融合”促进融媒发展，不断推进“六位一体”全媒体建设，推进媒体行业的供给侧改革，继续发挥团结报统战主流媒体职能，提高报社在多党合作宣传领域的整体竞争力，巩固报社在宣传爱国统一战线及中国共产党领导的多党合作制度的重要舆论阵地的影响力。

（团结报社）

案例类别：产品

团结报社“数字团结”数据信息服务项目

《团结报》创刊于1956年，是全国民主党派主办的唯一一份报纸。近年来，团结报社实施全媒体战略，在信息网络、移动应用、社交媒体等新渠道传播民主党派声音，打造新型统战主流媒体。“数字团结”项目旨在建立基于新媒体新技术的大数据信息服务平台，通过对数字报读者用户管理系统及数字报发行系统的开发应用，对报社不同时期的数字报实现标准化、统一化管理整合，实现在不同载体上提供内容及功能服务。同时实现数字报出版平台搭建，相关增值内容可获收益，印刷发行成本大幅度减低。项目为传统纸媒数字化转型和行业类报刊融合发展提供切实可行的创新实践与成功案例。

一、统一整合多年数据库和数据流水库，读者服务体验提升

（一）实现历史库、流水库全线打通

《团结报》的历史报刊数据是报社最珍贵的数字资产，但目前存在扫描的历史纸报数据、电子排版文件、数字报页面互相分离的实际情况。通过项目的数据整合，实现了三种数据的格式化、标准化、统一化，并使每天产生的数字报流水数据能与历史数据无缝衔接，奠定了挖掘报刊历史大数据珍贵价值的基础。整合后，

开展多方面的云平台数据服务，发挥整体数据的价值。具体包括数据搜索、专题库服务、报刊阅读服务、数字剪报、数据推送分享、图片库、广告库、版面比对等功能。

（二）读者服务平台建设

数字报发布后，通过读者资源管理系统进行收费发行管理读者读报业务，并进行相关读者阅读行为分析统计和管理。同时实现权限控制，对不同权限等级的用户设置不同的访问权限和功能权限（当期数字报免费向用户开放）。实现用户独立使用、套餐管理、阅读卡定制、报纸发行统计、点击量统计等相关功能。

（三）适配主流载体，多终端同步体验，数据可移动阅读检索

通过系统研发，对读者用户平台实现各载体适配，用户可在PC端、移动网页、APP等多终端同步体验相同功能，并且依靠数据搜索系统，提供移动端报刊检索、专题库制作管理、剪报制作等功能。

二、内容增值服务有特色，付费阅读实现高收益

（一）数字报出版

《团结报》纸质报每周出版三期（周二、周四、周六），《团结报》数字信息服务满足多党合作宣传需要及受众需求，在不颠覆现有出版模式的基础上，实现与新媒体技术的更好融合。一是扩充原有电子版刊物发行日期，由原来的每周三次发布，增加为每周六期的数字报发行形式；二是按照不同的受众群、报道内容进行分类，在数字报的传播形式上，融入AR/AI（增强现实/人工智能）新媒体技术，增加电子剪报收藏夹，好文章闪电分享，动态视频报纸等功能，实现数字版出版的可视化；三是打造民主党派“大家”等系列微视频，将可视可感的视听技术植入数字媒体，增加报纸的可视性。

数字版出版的实现，既是对纸质版内容的有效补充，又依托“中央厨房”的共享核心编辑室，贯通数字版和纸质版的采编内容，实现数字版与纸质版的有机融合。

（二）为付费用户提供增值内容

将团结报社新媒体渠道的特色期刊《团结舆情》《民主党派微信热文排行榜》等内容融入数字团结数据信息服务项目中，未来可持续开发新内容。

三、主要创新点

1. 建立动态数据库，对数据统一化整合，实现历史库、流水库全线打通，为读者提供实时的报刊数据阅读、检索、剪报制作等功能，结合网站、微信、APP建设，解决数据信息服务移动化及多渠道化的需求，实现各载体适配，为用户提供良好使用体验。

2. 实现数字出版平台搭建，解决报纸版面有限等问题，扩展宣传力度和深度。同时，通过对增值内容叠加功能，将已有的部分增值服务内容进行融合，逐步提升数据信息服务价值。

3. 实现对数据信息服务的推广及发行，通过团结报社已有平台（微店）及数据平台对进行数据发行，实现在纸报发行不受影响前提下增加数字发行；项目实现在线注册、移动支付、多平台互动、线上线下同步运营等服务，实现365天全时段发行，为数据信息服务发行推广提供便利，提升用户体验感。

四、验收/评审情况

项目于2018年8月通过法定程序完成采购，由杭州网新颐和科技有限公司研发，于2018年8月签署合同并进驻部署，2018年10月初步完成开发并上线使用，经报社初步验收通过。其间项目运行正常，符合项目一期设定需求。

2019年10月，项目启动二期建设，由杭州前方科技有限公司负责升级服务，围绕使用体验、数据统计分析、配合报社中央厨房展示等功能进行二期升级。

2020年，项目进行第三期升级方案研究，围绕历史数据专题库、热文导读、有声互动阅读、数据分析等功能继续推动项目升级。

五、获奖及专利情况

本项目2019年获得王选新闻科学技术奖三等奖；2019年获得中国报业媒体融合、信息化和网络安全项目创新奖，并入选中国报业媒体融合项目优秀案例。

六、经济效益与社会效益

在国内数字报开启发展近15年、同行均未寻找到合适的发展和创收模式之时，“数字团结”项目通过内容创新组合、实现媒体自有空间与主流网络平台互通融合，提供有益内容服务等创新实践，实施首年实现数字发行超过10000份，收益近100万元，上线两年多，实现累计收益接近500万元，为报业数据服务发展提供一条新的可探索的思路和模式。

项目切实提升《团结报》的传播力、引导力、影响力、公信力，进一步扩大了《团结报》的舆论宣传效能，更好地凝聚民主党派成员及无党派人士，为统战系统提供专家智库咨询服务及舆情分析解读报告，对统一战线和多党合作事业的宣传、培训及实践给予助力。

项目通过信息内容整合、数据库建设、移动阅读、移动支付等技术应用，实现内容融合、移动平台建设，有效利用商业化平台，同时创建自有平台，将传统纸报内容及数字化传播手段有机融合，为统一战线和多党合

作事业提供资料库和宣传平台，为读者提供有益增值服务，各地读者对移动阅读、数据查询等功能充分认可。

项目实现了传统电子报向数字报的转变，为用户提供更多有益增值内容；实现纸报发行转向数据发行转变，依靠信息内容和技术互动互通，进行便捷应用；实现单纯纸媒电子报向全媒体自有空间、主流平台、商业平台的整体融合，形成全媒体传播体系；项目为传统纸媒数字化转型和行业类报刊融合发展提供切实可行的创新实践与成功案例。

（团结报社）

案例类别：产品

“对话太平洋”对美舆论斗争媒体深度融合

刘云云

当前，东西方两种文明激烈碰撞，社会主义、资本主义两种力量正面交锋。尤其是2020年以来，美国为转移本国抗疫不力，加大了对华抹黑和攻击。美国依靠其强势的英语，形成了一套话语霸权逻辑，并依托其强大的宣传机器在全世界大行其道。而中国在别人的战场上才刚刚起步。

通过英文短视频、短评解构美国话语、建构中国话语是“对话太平洋”团队的宗旨和目标。要想在全球范围内媒体深度融合时代脱颖而出，就必须有强有力的价值观引领。在国际舆论场上，要用西方听得懂的逻辑来展示我们的理念。“对话太平洋”团队所有成员都是中共党员，都有欧美留学和工作经验，英文功底深厚，内部形成了统一的价值观凝聚力，因此无论是在政治站位、对外传播语言还是对话逻辑上，都有独到的定力和优势。

一、“对话太平洋”的传播理念和优势

作为国内唯一聚焦中美舆论斗争的“对话太平洋”团队之所以在短时间内取得国内外媒体的广泛关注，主要是因为它通晓中美两国价值观的异同之处，并通过每一个产品，对内做到不遗余力地强化中国的价值观，对外做到不留痕迹地传递中国的价值观。

（一）传播理念国际化

每一个产品的成功都需要强有力的价值引领。“对话太平洋”善于利用美国的话语体系解构美国话语霸权，如媒体私有、企业私有、司法独立、法制健全、公民社会，还有最重要的——自由民主。“对话太平洋”认为：

媒体私有不等于新闻真实。美国媒体攻击中国媒体是“官方所有”，因此得出结论：中国媒体是宣传机器，它们报道的新闻都不真实。但是，媒体“私有”和“独立”并不是新闻“真相”和“客观”的同义词，媒体的所属权和报道的真实性并不具备因果关系。衡量一个报道是否真实，要就事论事，看报道本身。

企业私有不等于企业负责。美西方媒体攻击中国的企业不可信，因为它们归国家所有。这个逻辑非常荒谬。衡量一个企业是好是坏，要看它有没有提供就业、有没有按时足额纳税、有没有履行企业社会责任、有没有违法乱纪。企业的所属权和它的道德属性并不具备因果关系。

司法独立不等于司法公正。在美西方话语体系里，司法独立（程序正义）就意味着司法公正。但是，美国饱受诟病的保释金制度为富人大开绿灯，多数受害人并不买账。真正能为人民带来司法满意度与信任度的是司法公正（结果正义）。

法制健全不等于治安良好。美国可谓世界上法治最健全的国家之一。但是，健全的法制并没有给人民带来足够的安全感。美国民调机构盖洛普公布的2019全球法律和秩序指数排名中，中国第3，而美国仅排第36。中国常被西方攻击“法治不健全”，但是为什么中国人民比美国人民有更高的安全感?

公民社会不等于公平社会。美西方强调“小政府，大社会”，要求限制政府权力，强调民间力量。然而，皮尤研究表明，美国的收入和财富不公现象是所有发达国家中最高的。并且，在建立“公民社会”的幌子下，美国形形色色的NGO遍布世界各地，扶植代理人，搞分裂演变，破坏当地政治社会环境。

自由民主不等于良政善治。美西方认为，只要实行了一人一票的选举制度，就一定能带来公平和正义。然而，美国总统选举闹剧频出，疫情防控期间60多万人因患新冠肺炎而死亡案例更是凸显了美国的制度性弊端。

（二）传播内容接地气

“对话太平洋”团队的系列视频，跳出传统的宏观视角，杜绝穿靴戴帽，在一分钟甚至短短几十秒内让“有意义”的内容更“有意思”。对国内受众而言，在与用

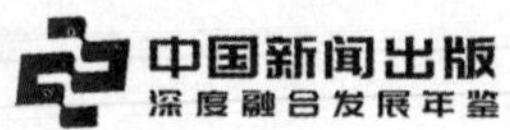

户实现情感共鸣的同时，传递价值共识。而对国外受众而言，快速的剪辑、地道的语言、一针见血的点评使得传播效果更为显著。英国BBC专注于中国媒体的分析师凯丽·艾伦一直跟踪“对话太平洋”视频，于2020年6月指出中国官媒采用这种新的传播手法“我还是第一次看到”。

（三）传播时效冒热气

“对话太平洋”及时跟进热点新闻，真、准、狠地做出反应。短视频之“短”，是一种限制，也是一种力量。当舆论热点出现后，“对话太平洋”团队往往能在最短的时间内找到最适合的切口，精准发力，一击即中。当外媒把中国新疆的教培中心污蔑成“集中营”时，团队迅速找到曾骑行新疆五次的英国退休警官，讲述他的新疆骑行故事。随后，这位警官的故事被国内各大主流媒体转载，他本人大受鼓舞，开辟了推特账号为中国发声。

二、“对话太平洋”系列视频及短评的传播效果

“对话太平洋”深耕中美关系，在多次重要对美舆论战中，都有“对话太平洋”的身影，多个作品被外交部新闻司官推转发。例如，2019年7月，“港独”分子的暴力乱港活动愈演愈烈，西方媒体对中国持续进行舆论攻击。“对话太平洋”精准发力，率先查证美国民主基金会为乱港分子提供巨额资金支持，为对美舆论斗争提供了权威确凿的证据，引领了舆论斗争，该视频和文字稿件迅速被国内各大主流媒体转发引用，为赢得舆论斗争主动性打下坚实的基础。

2020年新冠肺炎疫情暴发以来，“对话太平洋”团队密切跟踪舆情，紧扣中美热点话题，及时阐明中国立场，回应世界关切，选题的响应速度、报道角度、表现形式等在众多外宣产品中脱颖而出，取得了良好的传播效果，品牌效应得到持续发酵。

（一）针对美国政府的抹黑污蔑，“对话太平洋”及时跟进，用“以子之矛攻子之盾”的手法，揭露了美国部分政客和媒体的谎言谬论

通过观看、阅读大量美国官方媒体的视频及文字报道，“对话太平洋”汇总其自相矛盾的说辞，通过新颖的剪辑手法制作出《中国搞虚假信息宣传？看美国政客媒体戏剧性相互驳斥》。该视频于2020年4月7日在北京周报海内外社交媒体账号发布后，被国内外使领馆、网络大V、主流媒体和机构广泛点赞、评论和转发，全平台总浏览量超2500万，播放量1400万，互动22万。在推特平台上被今日俄罗斯（RT）、华为欧洲总部、伊朗驻华商会、委内瑞拉众多外交官以及英国工党官方推特转发。美国记者和电影制片人Dan Cohen转推时评论：“这条精彩视频揭露了美国政府发起的所谓‘虚假信息运动’背后的真相——他们之所以毫无根据地诋毁中国，实际是为了掩盖自己的抗疫不力。”

（二）“对话太平洋”及时捕捉美国反华势力的事实漏洞，主动出击，用事实说话，获得海内外舆论关注

例如，2020年6月8日，美国国务卿蓬佩奥给出一个列有120多个国家的名单，并表示：这120多个国家都支持对新冠来源做调查，请中国表态。记者查看该名单发现，有中国欧盟非盟等，唯独没有美国。经进一步查证，该名单其实是世界卫生组织5月18日发布的决议中所有提案国名单。120多个提案国中，有中国，没有美国。“对话太平洋”对美国缺席提案国一事穷追猛打，推出英文短视频《谎言之王蓬佩奥》，撕裂美国的虚伪面具。该视频引发舆论界强烈关注，被BBC、法国France24国有电视台截屏引用，并被国内各大主流媒体和机构社交媒体平台转载。《环球时报》记者就视频内容在第二天的外交部发布会上提问，发言人华春莹借机表态，“考虑到美国是当前全球疫情最严重的国家”，希望美方“邀请或同意安排世卫组织专家在适当时候赴美国展开考察”。该视频成为媒体助力外交的一次典范之举。

2020年，“对话太平洋”短视频节目及相关评论爆款频出，在海内外社交媒体平台均引发强烈关注，全平台浏览量超过10亿。值得一提的是，该系列节目观看量和阅读量均为自然产生，成为业界“黑马”。

“对话太平洋”陆续推出多种形式的高质量专访、编译视频和评论文章，产品覆盖各类海内外平台，读者年龄、文化程度跨度广，品牌和产品不断被上级单位、主流媒体和读者给予好评，在短期内形成了优质品牌效应。

（刘云云：北京周报社内容总监、首席评论员）

“对话太平洋”之一：《谎言之王蓬佩奥》

案例类别：产品

《新京报》全媒体传播矩阵平台

一、组织架构调整：划分总编辑中心，成立总编室与审读督导部，加速脱报向网

2019 年，《新京报》“全媒体中心”改名为“总编辑中心”，2020 年又将总编辑中心一分为二，成立 APP 运营部和平台运营部，协同联动，优化新媒体流程管理，推进多平台协同联动，打造集约高效的内容生产体系和全媒体传播链条，强化策、采、编、审、发与传播等环节的安全理念与品质管理。

淘汰落后产能，加速脱报向网。报纸编辑部只保留 7 人，并强化报纸与 APP 的互动与导流。新设总编室，介入日常报道工作中，发挥组织、协调、统筹等职责，改变各自为政的传统局面。设立审读督导部，负责对报社采编与传播工作全领域、全方位、全流程的监督与纠错，强化意识形态管理。

引导、“强制”全员从以报纸为中心，转向以 APP、以全网络、平台渠道为中心。经过融合转型，新京报真正实现了 7×24 小时全天候运行、后台一体前台多样、党委统一领导与主管编委负责有机衔接的采编管理体制。

二、打造全媒体传播矩阵：拥有各类传播端口近 500 个

2020—2021 年，《新京报》全面加强线上渠道建设，主打原创，坚持唱响主旋律，顺利实现了视频优先、移动优先的战略。报社“报、网、端、微、屏”等全渠道网络覆盖人数超 2.8 亿人次，初步实现全网络、全平台建渠道目标。拥有各类传播平台的传播端口近 500 个，每天阅读量超 5 亿人次。

新京报微博传播矩阵超过 37 个账号，2019 年 6 月 25 日，《新京报》官方微博粉丝数达到 3681 万，超越《上海新闻晨报》，成为全国都市类媒体粉丝第一，目前已突破 4550 万粉丝。在新浪微博媒体榜单上，《新京报》官方微博影响力列全部媒体账号第三，仅次于《人民日报》和《环球时报》。

《新京报》微信传播矩阵规模也超过 34 个公众号，覆盖粉丝人群超 1000 万人次。其中，超过百万的公众号包括《新京报》官方微信、政事儿、《新京报》书评周刊等。

在强化“报、网、端、微”格局的同时，《新京报》积极尝试开设抖音号、快手号。加大在抖音、快手等流量平台上的渠道建设，分别组建超过 25 个账号的小矩阵，都已取得不错的传播效果。其中抖音过百万账号包括：《新京报》、《新京报》贝壳财经、政事儿、北京知道、动新闻等。

积极入驻各平台媒体号，如企鹅号、头条号、百家号、一点资讯号等。同时，结合版权合作模式，让《新京报》生产的内容在全网络主要的门户网站、互联网平台实现即时分发与传播，极大地拓展了传播空间、提升了影响力。

此外，与喜马拉雅开启战略合作，重点发力音频类产品制作与传播推广。超过 25 档播客节目矩阵入驻喜马拉雅 APP，如“37 号热线”“拆案笔记”“下班了没”等，拓展主流媒体原创优质内容的音频传播新蓝海。

三、坚持移动、视频双优先战略：实现内容可视化表达

大力推动视频表达的全部门、全领域覆盖，报纸改版后，除保留资讯信息外，更多以二维码导流至《新京报》APP，对大量优质视频内容进行推荐。传播导流的视频化，让报纸与 APP 端互动连通成为现实。目前，视频表达的匹配度，已超过报社内容产品的三分之一。

2020—2021 年，《新京报》全面深化视频优先战略，视频产品化、栏目化，采编团队尝试全员视频化转型，我们视频继续深耕内容与传播，其他采编部门开始积极尝试视频化产品，建立视频化品牌，将内容与视频相结合，适应新媒体时代传播方式，取得不错的成效与进展。我们视频微博矩阵粉丝突破 2800 万，全网粉丝数接近 4000 万。拍者发力下沉，完成 10000 名拍者资源积累，实现上千区县布局，保证了视频内容生产的稳步发展，从武汉战“疫”、华中防汛抗洪到新发地疫情防控，全方位、多角度、持续化视频生产；推出一系列策划报道，如“百年百物见精神”建党百年系列短视频、“青藏科考”以及“战贫记”等。

部分采编部门已经建立视频品牌，向内容视频化转型。我们视频将人物访谈栏目化，《出圈》栏目屡次出圈，专访张文宏、钟美美、余秀华等热点话题人物，获得巨大流量；时政新闻部创建“知道视频”，开始

时政新闻视频化尝试，北京“两会”访谈间、全国“两会”连线直播、北京大雨慢直播等视频报道都引起了业内高度关注。

加大孵化垂直类的品牌项目。2020 年 8 月，推出全新的独立财经平台——贝壳财经，后推出独立 APP“贝壳财经 News”，它是基于互联网的内容原创平台，视觉化的深度报道，根植于云端的服务，强交互、矩阵化的整体运营，几乎所有的产品线设置都为移动互联网量身打造。

四、内容资源整合：推动优质内容共享、采编力量共享

坚持内容整合理念，提速报社机构深层次内容融合，实现采访线索共享、优质内容共享、采编力量共享。同一内容根据不同平台不同传播需要进行多重加工、多次分发，打造“中央厨房”式内容调度中心，打破了过去媒体的板块分割的运作模式，建立采编联动平台，统筹采访、编辑和技术力量，实现“一次采集、多元生成、多渠道传播”的工作格局。“中央厨房”是新闻生产的中枢神经，发挥着集中指挥、高效协调、采编调度、信息沟通等基本功能，使得报社内容得以统一调度，文字、图片、视频记者能够共享报道资源，实现无缝衔接，充分聚合采编声量。

五、生产流程再造：策、采、编、发、推全流程优化

2020—2021 年，新京报社全员继续以 APP 为中心进行采编流程再造，实现了由传统媒体向新媒体的整体转型。由总编辑中心负责网络热点舆情的监控与新闻信息的抓取，各采编部门全部实现深度化，按专业分工，或单独或协同，共同高效突破新闻的第二、第三落点，确保内容产品的深度与权威。深度报道部门保持独立的选题操作，不跟风热点、精心专做“慢”新闻，力争实现流量与话题，彰显《新京报》话语权。

在具体采编流程方面，突破传统“三审三校”的流程形式，打造“移动编审流程”，PC 端、移动端均可执行。通过《新京报》CMS 内容管理系统，建立了由记者、频道编辑、一级审核、二级审核、三级审核、内容超级管理员组成的六级移动编审系统。

不断优化再造采编流程，促进信息共享、资源优化配置，提升报社采编团队的一体化作战能力，将策划采写编辑分发推送流程进一步优化，为打造具有全国影响力的新媒体平台迈出新型主流媒体集团的又一步。

六、内容版权维护：强化版权意识，加大版权开发力度

《新京报》不断强化内容版权意识，尤其是新媒体版权意识。重视版权作用，收集打造专门的素材库。针对视频、图片或音乐版权方面问题对采编人员进行统一培训。

加大版权合作力度，确保了《新京报》优质内容在全网络主要平台的全覆盖，也促进了版权收入的大幅度增长。在版权、政务和媒体智库等方面共同发力，既拓展、延深新闻报道内容，也为经营工作开辟新的经济增长点。

七、社会效益评价：及时反馈传播数据，反哺采编内容

《新京报》数据系统打通微博与文章的关系，收回点赞、转发、阅读量等数据，为 APP 的展示提供有效辅助。建立《新京报》用户行为大数据收集体系，整体的手机报网、APP 等《新京报》自有产品的用户行为日志，为未来用户个性化推荐做数据储备以及资源储备。系统还打通了企鹅号与文章的阅读量关系，为后续展示提供基础。

此外，针对值得深入讨论的热点话题，推出数据翔实、脉络清晰的解释性文章。进行大数据挖掘与处理，充分发挥数据新闻、数据驱动的特点，从数据角度挖掘现象、分析事实，具有较强的逻辑性和说服力。

八、行业示范价值：打造全媒体传播矩阵，发挥新媒体标杆意义

新京报社的媒体融合秉承融合发展理念，用机构整合促进媒体融合，媒体融合总体体现为：“稳中求变、变中求进。”“主打原创”，坚持唱响主旋律，顺利实现了视频优先、移动优先的战略，并以我们视频、抖音、快手、微视频为抓手，巩固壮大“报、网、端、微、屏”等全渠道平台。打造全媒体传播矩阵平台，是传统媒体转型的成功范例，在业界具有良好的标杆意义。

（新京报社）

案例类别：产品

《新京报》“我们视频”

一、项目简介

“我们视频”是《新京报》旗下的新媒体实验项目，与腾讯新闻深度合作，也是新京报社着力打造的媒体融合项目。

该项目基于新京报视频报道部和北京风起云扬传媒科技有限公司，依托《新京报》记者队伍负责内容生产，腾讯提供技术支持和平台推广。北京风起云扬传媒科技有限公司是新京报控股子公司，负责“我们视频”项目运营，目前，公司法人代表、董事长和总经理由新京报社副总编辑王爱军兼任。

2016 年 9 月 11 日，“我们视频”上线，项目专注于移动端新闻视频报道，关注人性中的真善美，挖掘新闻事件背后的故事，用直播、短视频、小视频等移动端视频形态去覆盖新闻热点和重要新闻现场。这是《新京报》“移动优先”“视频优先”战略下的积极探索案例。

截至 2021 年 9 月，“我们视频”已形成内容（直播 / 短视频 / 小视频）、运营（UGC/ 新媒体）、商业、版权四大版块，采编规模超 120 人，日均短视频内容产量 100 条，占《新京报》单日内容产量的三分之一，助力《新京报》从图文原创内容生产平台向视频和图文并驾齐驱的融合内容生产平台转型。

二、具体案例

“我们视频”恪守新闻专业生产要求，坚持内容导向。在保持内容定力、专注内容质量的同时，全面推进理念、内容、形式、方法创新。

（一）正能量报道

“我们视频”坚持正面报道原则，积极弘扬正能量。参与中央网信办指导的“暖视频”系列报道，与新华社联合发起活动“遇见最美劳动者”，积极策划全国“两会”“我们来了”，让时政新闻民生新闻视频化，均取得较好传播效果。2018 年“跨省救援 800 克幼童小清嫣”直播时长近 10 个小时，“我们视频”联合警方、政务新媒体、社交资讯平台以及公益组织方面，用网络直播完成一场爱心接力，获评北京新闻奖。

（二）脱贫扶贫系列报道

2020 年是全面打赢脱贫攻坚战的收官之年。在此背景下，“我们视频”聚焦全国多地扶贫变迁，推出“战贫记”系列短视频，用高质量的视频刻画受到扶贫政策影响的人，还原扶贫、战贫故事，展现我国扶贫、战贫的决心和成果。

（三）抗疫报道

2020 年疫情袭来，全国各地人民齐心抗疫。“我们视频”及时报道全国支援疫区共克时艰情况。在抗疫初期，“我们视频”随医疗队到武汉采访报道，切实报道疫情信息，在一定程度上起到了“定民心、稳民心”的作用。

“我们视频”策划、推出的系列短视频《武汉连麦》展现了武汉人民抗疫期间的生活方式。《战“疫”新生》系列策划视频中，疫情中康复出院后的患者面对镜头，吐露战“疫”心声。我们发掘抗击疫情期间的暖心事迹，报道暖心题材，与各地政务进行沟通。

截至 2021 年 9 月 26 日，“我们视频”创建的微博话题“聚焦新冠肺炎疫情”阅读量已超过 101.5 亿，讨论量超过 64.5 万。

（四）北京本地报道

坚持正面报道路线深入人心，2020 年“我们视频”受微博邀请，参与由北京网信办和微博组织开展的“京彩 e 品 同心筑梦”主题活动，共同描绘北京人民美好生活。活动围绕北京精彩的人、事、物、景，设置“京彩 e 品”相关话题，“京城 24 小时”是子活动之一，它由北京市委网信办、微博和我们视频联合发起。项目之初，我们首先制作《恢复活力的北京 24 小时》宣传视频，并一次性通过北京市委网信办的审核，同时登上“学习强国”。与微博平台的合作让这次活动获得全量推荐，“我们视频”的内容在微博热搜、微博手机客户端开屏等优质位置曝光，同时获得杨幂、朱正廷、何晟铭等明星的参与推荐。

截至 2021 年 9 月 26 日，“京城 24 小时”话题阅读量已达 3.7 亿，讨论量达 59 万，唱响主旋律，弘扬正能量，助力新京彩。

三、传播创新

“我们视频”坚持移动端为中心，积极布局社交和资讯平台，探索 MCN 矩阵式传播。目前微博侧已形成包括 @《新京报》“我们视频”@ 世面 @ 我们视频暖心闻等在内的 10 个矩阵账号，粉丝突破 2300 万，日均原创热搜数超 4 个，日均阅读量“1 亿 +”。在微博头部话题主持人榜单中，“我们视频”长居头部位置。定位 15 秒的竖屏小视频，在快手侧粉丝超过 500 万，微视侧粉丝超 100 万，在多个榜单中排名前列。

（一）专题运营

“我们视频”创新MCN矩阵玩法，以专题式运营呈现政策进展，以开放平台微博吸引广大用户参与投票互动。2019年，垃圾分类政策备受关注。2019年7月，北京宣布将推动垃圾分类立法，“我们视频”MCN创建微博话题“北京将推动垃圾分类立法”，运用MCN矩阵传播优势进行“专题式”运营，从政策发布到政策解读，从专家视角到民众街采，多账号、多角度进行报道。最终，微博话题“北京将推动垃圾分类立法”阅读量3.5亿，讨论7.4万，秒拍视频播放量2205万，12.5万人次参与相关投票，助力信息生产传播。

（二）活动策划

融媒体作品《“我和我的祖国”快闪视频征集》是“我们视频”为庆祝中华人民共和国成立70周年进行的一次成功尝试，该作品采用时下流行的“快闪”拍摄形式，把爱国主义题材植入现象级融媒体产品。两个月的时间，“我们视频”拍者团队通过UGC共征集各行各业快闪短视频200余条。“我们视频”对外发布视频78条。该活动得到@公安部刑侦局、@自然资源部、火箭军@东风快递、@中国消防及全国消防矩阵账号等政务官微媒体官微、高校官微的发布传播。该活动微博话题阅读量1.7亿，讨论量9万，秒拍总播放量近13000万。该融媒体作品获2019年度北京新闻奖创意互动奖一等奖。

（三）IP孵化

“我们视频”以矩阵为基点，助力IP孵化，多元化培养全媒体人才。在《利奇马台风直播》中，“我们视频”记者俞金旻在上海外滩播报台风状况时，因自身形象和主持风格引发关注。“我们视频”利用MCN玩法，将话题“台风专用记者”推上微博热搜，在后来的迪士尼系列报道、台风救援报道中，记者俞金旻个人IP都为报道增加了亮点和吸引力。此外，我们人物专访栏目@出圈同样采用IP孵化模式，借助专访扶持栏目主持人@许研敏，截至2021年9月，@许研敏已拥有超41万粉丝。

四、拍者拓展

“我们视频”日常依托PGC的专业团队进行新闻事实交叉求证，UGC拍者团队提供爆料和素材支撑，严格三审流程，锻造出一套流程标准、高效准确的网络信源核实技法。目前，我们视频已拓展拍者10000人，实现全国2000个主要县（市）区域覆盖。

（一）“自有＋借力”融媒体尝试

2021年4月，由新京报社主办、《新京报》“我们视频”承办的“点赞逆行者”全国短视频征集活动上线，截至9月26日，全网阅读量超26亿。其中微博话题“点赞逆行者”阅读量15.2亿，快手端话题播放量9.3亿，评论互动量近50万。超过100个政务号及50多家媒体参与活动，网络传播效果显著，正能量示范效应明显。

（二）“视频＋图文”融合呈现

UGC拍者团队运营除了在短视频侧发力，同时还服务小视频、直播，甚至反哺APP及报纸。2019年7月3日，辽宁开原出现强对流天气，龙卷风在地面快速移动。我们根据拍者的投稿素材，先用小视频铺叙现场画面，抢占传播时机；随后滚动更新现场画面及采访增量，同时全网率先发起直播。新媒体及拍者全程跟进、全量推荐，第一时间把图文及视频整理出稿，在微信公众号上发出。次日的报纸版面上也出现了拍者提供的画面截图，整版专题带视频二维码，图文视频融合呈现。

五、传播成绩

上线5年来，“我们视频”成为新京报视频化的先锋力量，也为国内传统纸媒视频化融合转型发展提供借鉴。2016年，“我们视频”的“悬崖村回访直播”荣获2016腾讯网媒体高峰论坛年度直播报道奖。2017年，“我们视频”获北京市记协“北京新闻奖二等奖”、中国新闻史学会应用新闻传播学研究委员会“2017中国应用新闻传播十大创新案例”、《新京报》2017年度最具影响力新媒体奖、2020年微博百大视频号。

4年时间，《新京报》视频报道部的记者们实现了从文字记者向视频记者、融合报道记者的转身，“我们视频”从无到有，迅速成长为国内领先的资讯类直播和短视频品牌。

（《新京报》“我们视频”）

案例类别：组织机构

坚持真打通真融合 重构党报集团运行体系

——北京日报报业集团深度融合发展纪实

近年来，北京日报报业集团认真贯彻落实中央、市委有关媒体改革融合的战略部署，坚持党报姓党、守正创新、主动作为，在供给侧结构性改革、采编流程再造、体制机制创新、传播平台建设等方面采取深层次的改革举措，融媒体生产能力大幅提升，新媒体收益翻倍增长，取得良好的社会效益和经济效益，党报集团传播力、影响力、竞争力显著提升。

一、单位基本情况

《北京日报》创刊于1952年10月1日，是中共北京市委机关报。北京日报报业集团组建于2000年，目前旗下有《北京日报》《北京晚报》《北京青年报》《北京商报》《北京城市副中心报》《音乐周报》《新闻与写作》等9份报刊和1家出版社，日发行量50万份，形成了日报、晚报、周刊、月刊、出版物等结构合理、品种较为齐全的纸质媒体群，为市民提供全方位的服务，是北京地区发行量最大的报业集团。集团还有《北京日报》客户端和北京头条客户端；京报网、北青网、北京商报网等4家网站；《北京日报》《北京晚报》、北京头条等20余个微博账号；长安街知事、艺绽、北青深一度等40多个微信公众号；还负责运营“学习强国”北京学习平台。目前新媒体端日产能超2700条，日均阅读量两亿次，移动传播矩阵用户数达到2.46亿，已形成27个百万级、9个千万级粉丝平台，实现了报纸、网络、移动等多维介质的传播和互动，具有较强的网络传播力和影响力。

二、主要创新做法与实践

（一）快速“止血”，优化结构

2016—2018年有序关停《京华时报》《北京娱乐信报》《北京晨报》《京郊日报》《北京文摘》等生存困难和影响力弱小的报刊，将原有资源和采编力量转场融媒体。

（二）以内容发布端整合为先导，完成产品体系构建、生产流程再造和全媒体指挥中心建设

成立融媒体编辑中心，将新媒体发布端口一体化运营、一体化管理。确定“2+3+X”融媒体产品构架，报纸端方面，重点办好《北京日报》和《北京晚报》；新媒体端方面，集中力量办好“北京日报客户端”“长安街知事”“艺绽”三大新媒体品牌。启用经济适用的全媒体指挥中心，确立全天候融媒体采编流程，形成一支适应媒体融合发展需要，体现专业化、专门化、主责制的党报新媒体采编团队。

（三）建立结构扁平、分工明确、反应迅速的新型主流媒体组织架构

打通日、晚报两大编辑部，实现每一个生产单元的融媒体化，即每个生产部门都面向日报、晚报、新媒体三个端口进行融媒体内容生产。按照全天候融媒体生产流程划分出23个内容生产部门、13个内容发布部门、5个运行保障部门，形成“横向集约、纵向扁平、前端统合、后端分立、融合生产、分态传播”的新型组织架构体系。

（四）探索具有党报特色音视频产品发展路径

持续打造京直播、都视频、“纸上听”等视听产品，推动主流意识形态传播形式创新，2020年全年直播1200余场，发布视频8000余条，移动传播矩阵音视频播放量达120.3亿。依托党报理论评论优势，策划制作三季理论短视频“解码新中国”“解码全面小康”“解码百年大党”，播放量超1550万；评论短视频《新闻我来说》，创新结合评书等形式点评国际国内热点事件，截至目前共推出616期，各平台总阅读量达12.36亿；《光影记忆》截至目前全网推送186期，播放量超1亿，被2019中国新媒体大会评为“十大创新案例”；以“北京号”为抓手，打造“新闻＋政务”新媒体聚合平台旗舰品牌，已吸引200余家单位和机构入驻，多元互动式的传播体系基本形成。

（五）用传播力指数和成长性评价两个维度重构薪酬考评体系

在深入调研、反复测算、多次研讨的基础上，自2020年1月起实施《京报集团融媒体绩效考评方案（试行）》，建立起覆盖全媒体的多维度立体化绩效考评体系，进一步破除体制机制壁垒，推动全员深度转型。

（六）探索推进公司体制市场化运营

将原有北晚新视觉公司转型为京报移动传媒公司，打造集团融媒体支持平台，全面加强新媒体营销与推广。将集团所有的原创优质内容产品统一运营，实现收益最大化。与主要互联网平台建立合作关系，在电商带货等领域进行流量合作，达到更好的传播和商业运营效果。

（七）借助资本力量，增强造血能力

联合中信建投证券股份有限公司、北京金汇金投资有限公司共同发起百亿级网络信息安全母基金，在投项目奇安信已实现科创板上市，目前市值超过660亿元。与智明星通合作投资挑战者游戏产业基金。助力全国文化中心建设入股北创投，陆续投资北京外企人力资源服务有限公司股改等在内的6个市级重点项目，用多元经营的成果反哺新闻主业，助推媒体融合。

（八）进入融媒科技新领域

与北京枭龙科技有限公司共同发起设立北京融媒视界科技有限公司，借助AR眼镜开发和多场景应用，加快推动全员全媒体转型，强化多领域内容视频和图文复合传播。京报AR融媒体智能眼镜已配备给一线编辑记者，以工具变革和装备升级带动融媒体内容生产。

三、成绩成效与社会反响

（一）移动传播矩阵快速发展壮大

各新媒体产品面貌焕然一新，爆款内容不断涌现。现有60余个端口中，用户超过千万的有9个：《北京日报》客户端作为集团融合发展的拳头产品，总下载量突破1779万；北京头条客户端下载量超2000万；长安街知事领跑全国时政类新媒体，荣获第三十届中国新闻奖“新闻名专栏”一等奖，用户量超3000万；政知系列公众号粉丝数达2111万；日晚报微博粉丝突破2000万，出现多个亿级传播案例；《北京青年报》微博粉丝数达到1392万，北京头条微博2695万，北京晚报秒拍1302

万、天猫精灵音频节目1900万、抖音快手1260万；此外，还有艺绽、北晚新视觉、识政、京呈、长安观察、理论周刊等50余个在不同领域各具特色、富有活力的新媒体，共同构建起“全链条生产、全平台发布、全媒体呈现”的立体化传播格局。

（二）重大主题报道取得前所未有的传播业绩

积极探索主旋律宣传报道在新媒体的写作方式和传播特点，结合党的十九大、习近平总书记视察北京、改革开放40周年、新中国成立70周年，第二届“一带一路”国际合作高峰论坛、世园会、抗击疫情、全面建成小康等大事、要事，策划推出大量创意H5、直播、短视频等新媒体产品，引发全网好评和高密度转发互动。其中国庆70周年报道全景呈现盛况，总阅读量突破15亿，取得前所未有的传播业绩；围绕扶贫攻坚主题推出的百集短视频系列报道“京心助梦”，主题和铺陈叙事有高度、有情怀，全网阅读量超过1个亿，引起强烈反响。

（三）网络意识形态阵地持续扩大

中央网信办指定由《理论周刊》团队进行习近平总书记重要批示文章的再传播，策划推出新媒体产品“千字说理——改革开放精解”。微信公众号“长安观察”各平台粉丝总量突破100万，阅读量突破10亿。中国香港“修例风波”发生后，报社派驻香港报道组依托全媒体融合报道机制，较短时间内完成报道近400篇，出现了单平台播放量分别突破8.61亿次、5.2亿次的现象级报道，获得中宣部、中联办领导多次表扬和其他省市媒体同行的赞誉，成为地方党报在港报道的标杆。疫情防控期间，条分缕析西方对华舆论战的发展进程，拆解出“中国赔偿论”“口罩外交论”等多个荒谬论调，逐一刊文进行回击，累计发表文章百余篇，设置的相关话题在网络平台关注度接近10亿。

（四）广告营收形成多元经营战略布局

将传统报纸广告经营转化为报业融媒体经营，加大新媒体产品营销推广力度，沿着“纸媒广告刊发＋新媒体宣传＋落地活动打包”的一揽子宣传方案，提供商方向转型升级，不断提升主流媒体市场竞争力。2020年疫情背景下，新媒体全口径收入逆势增长，新媒体广告实刊同比增长47%，实收同比增长67%。同时，积极围绕报社主业布局投资业务，不断优化“三大基金、三大工程、六大项目”的战略布局，推动集团持续健康发展。

（北京日报报业集团）

案例类别：组织机构

《上海日报》英文采编发一揽子解决方案

《上海日报》自1999年创刊至今，20余年来始终坚持以市委外宣办“进一步巩固上海国际传播能力在全国的领先地位”的要求为方向，以上海城市大外宣为站位，以致力于成为中国最具公信力的外宣全媒体、亚洲最具影响力的英文媒体为目标，积极做好对外宣传工作。

2013年上海报业集团的成立，开启了媒体融合转型的新篇章。作为上海外宣的窗口，《上海日报》在此关键转折点上清晰地认识到整体转型的重要性，适时推出全新的融媒体品牌“SHINE”。

为服务全球互联网用户，适配互联网信息发布产品需求，融合传统媒体采编系统的优势和流程，《上海日报》成立产品研发部，全新自主研发了《上海日报》新闻采编流程管理系统DPS（Digital Publish System），为SHINE打下扎实的基础。

DPS是国内独创的英文新闻采编流程管理系统。在其研发过程中，我们吸取了多家国外英文数字媒体采编系统的优点，并且与中文采编流程系统的特点相结合，针对上海日报外宣媒体的特性，完全定制化的英文采编一体化系统。实现了融合从记者到编辑的不同角色，从选题、选稿到写作、排版、润色到最后审查、发布的不同步骤的一套完整解决方案。

围绕报社融合发展、全面转型，DPS系统于2017年10月试运行，至今已经历多个版本迭代，目前已具备新闻采编流程治理、多媒体内容整合、多渠道智能分发等功能，已全然成为《上海日报》的数字媒体核心，为报社新媒体业务拓展发挥了举足轻重的作用。

一、创新内容

（一）采编流程创新

由于受限于采编流程的要求，国内地方性英文媒体鲜有成熟的采编系统可以借鉴。而以Adobe为代表的海外采编系统虽然具备完善的英文内容编辑能力，但是其对审核流程的控制缺失以及高昂的定制化开发成本并不是报社可以接受的解决方案。以方正为代表的中文采编系统虽然在流程方面具备一定优势，但对于英文内容的编辑能力与排版需求则显得有些力不从心。

基于以上诸多对比考量，《上海日报》决定自主研发属于自己的采编一体化系统DPS,它结合了众家之所长，既符合内容流程的审批，对于英文多媒体内容排版也能游刃有余。更重要的是，随着DPS系统的推出，它将原先记者、编辑们各具特色的稿件交流方式进行了统一；将原本没有流转证明的稿件流程进行了统一，哪怕一个标点、一个空格的变化，都会在稿件历史版本中体现，方便查找和溯源；将原本一稿多发需要人工复制粘贴的重复工作，变成了一次勾选或一次点击，甚至设置了自动转发。流程上的优化与创新极大地提升了采编效率，让记者、编辑更能将注意力聚焦于内容创作本身。

（二）多稿源系统整合

《上海日报》作为一家外宣媒体，不仅是上海向世界展示自己的窗口，也是生活在上海的外国人获取国外讯息的重要渠道。因此《上海日报》的记者和编辑们在关注上海的同时也了解世界的变化。

多稿源整合系统（MDS）解决了记者、编辑原先需要通过重复多次登录多家通讯社、新闻源搜索素材，而且不同记者可能同时选用同一篇素材稿件等问题。MDS系统整合了纳入报社可采内容的数据源于一体，通过自动化语义分析、内容情感分析等人工智能技术，将海量新闻源内容自动打标签、归类稿件关键词、内容正负面态度、内容之间的相关度等。

通过将MDS同DPS两个系统整合打通，记者只需要在采编系统内即可快速查阅各类新闻源发布的资讯，既可以在拟定选题时自动筛选过滤出国内外通讯社已有相关内容稿件，也可以根据已有事件的关键词快速定位多家新闻源的内容，更可以根据已定选题快速补充内容素材，进一步提升工作效率。

（三）多媒体内容整合

新形势下用户的生活节奏逐渐加快，浏览信息时也逐渐趋向于丰富的内容呈现形式，如视频、音频、互动H5等，促使着报道的方式也不断迭代更新。

新闻可视化方式的创新是将传统新闻报道中的大量文字和复杂数据，通过简洁的图形、表格、图解、H5、短视频等方式来呈现。全新的阅读体验，使新闻的表达方式更加直观，新闻内容更加通俗易懂，容易被理解和接受，极大地提升了新闻报道的传播效果。

对于日益增长的视频内容，《上海日报》的采编一体化系统也增加了对于视频点播、视频直播以及第三方视频等各类形式内容的支持。基于合作方华为云的视频智能处理能力，使系统能够轻松支持不同码率和分辨率组合的自动转码，让用户根据网络环境和自身播放需求随时切换视频质量，保证完整呈现符合预期的内容。视频直播的加入更使得内容传播的形式更加多样化；内容呈现的方式多元化；与读者互动的体验多态化。

（四）智能标签体系与智能分发系统

在马斯洛的需求层次理论中，人们对像金字塔状的需求组成不仅仅是在消费市场的才清晰可见的，在媒体行业中同样有迹可循：最早的传统媒体读者专注于满足消费者最基础的需求——有新闻可读，他们并不在乎接收到的是何种类型的新闻。随着信息获取渠道的增多，传播技术水平的不断发展和提高，读者们又产生了新的想法——希望新闻可以契合自己独特的需求，或是代表自己的理念与观点。这样的需求推动了新闻推送个性化的出现。

千人千面的内容个性化推荐系统通过对英文内容进行语义分析，对文章主旨内容进行画像，同时结合用户访问的各类行为（搜索、点击浏览文章、评论、点赞、分享等），分析用户的阅读喜好，对用户进行一对一的画像，从而进行相关可能感兴趣的内容推荐，信息精准匹配、帮助用户发掘信息。也只有更了解我们的读者，才能为其推荐、生产更有针对性的内容。

（五）效果统计

约翰·沃纳梅克有句著名的天问：“我知道在广告上的投资有一半是无用的，但问题是我不知道是哪一半。”说的就是在传统广告时代，效果的不可统计。同样的疑虑也发生在传统媒体上，我们在报纸上刊登的新闻到底有多少人阅读了？有多少人分享了？这些都是未知数。但是在互联网时代，一个有效的系统就能让所有疑问迎刃而解。

随着内容质量的提升、传播效率的提高，我们需要更及时有效的统计数据做评估以及分析。在DPS内整合的KPI系统，既可以对每一篇稿件的传播效果进行统计分析，也可以对一整个专题内容进行监控。同时，不同角色的用户可以看到他们感兴趣的数据统计结果。比如记者可以查看自己撰写文章的阅读量和点击量等信息，评估所写内容的受读者的喜好程度，从而优化撰稿方式，生产出更为受众所接受的内容；部门负责人则可以侧重于部门稿量、环比变化趋势，为寻找团队阶段工作的优化方式，提供数据支撑；领导层则可关注于整体发稿量、PV和UV的变化趋势、媒体阅读量变化趋势、影响力变化趋势等方面。数字化、数据化是互联网带来的天然优势，用好数据也是媒体转型的关键所在。

二、重要意义及社会效益

通过采编一体化系统的上线、迭代优化，目前上海日报社采编团队已全员熟练使用。这标志着原本分割的报纸与新媒体已经完全打通，记者不再关心是为报纸供稿还是网站供稿，而是专注于优质内容的生产；编辑则根据内容呈现渠道的不同，有针对性地编辑内容并选择投放，做到量体裁衣。

根据数据统计，今年上半年在采编系统生产发布的原创稿件量同比增加21%，传播效果同比增长51.4%。

我们始终相信，通过《上海日报》英文采编发一揽子解决方案的实施与优化，《上海日报》向数字化媒体、智能媒体、智慧媒体转型的脚步会越走越快，也为打造具有上海气质的国际传播品牌目标助力。

（上海日报社）

新闻采编流程管理系统

案例类别：产品

上海日报社：驻沪跨国企业 国际传播合作交流机制项目

上海作为我国对外开放门户城市，历来受到国际资本和跨国企业的青睐。截至目前，上海已有跨国企业地区总部700余家。

为发挥好驻沪跨国企业在上海国际传播工作中的独特作用，从2014年开始，在上海市政府新闻办的指导下，《上海日报》牵头建立“驻沪跨国企业国际传播合作交流机制”（以下简称交流机制），成立“跨国企业传播俱乐部”（以下简称跨企俱乐部）。经过6年多发展，交流机制已吸引400余家驻沪跨国企业参与，覆盖了多个领域的全球五百强企业。

跨企俱乐部长期组织重要政策宣讲，并举办具有社会影响力的主题沙龙，使交流机制在中国企业国际化、地方政府外宣、长三角一体化合作等方面发挥了独特作用，也使《上海日报》进一步成为联结中外的桥梁、文化交融的枢纽，以及资源聚合的平台，切实提升外宣媒体的国际传播力。

一、融合方式创新——线上线下联动

交流机制成立6年来，上海日报积极实践“线下活动+线上传播”，以此产生联动效应。同时，根据线下与线上不同渠道属性，定制传播内容，以获得传播效果的量化和优化。具体来说，生产符合移动传播规律的视频、资讯内容，通过线上投放，在规模上触及更多受众。利用线下传播精准触达属性，生产深度内容，提升其社会影响力。

跨企俱乐部连续5年在上海市新闻办和上海市商务委的共同指导下，对在沪跨国企业进行主题案例征集，并通过与主流媒体合作，整合传播渠道，促进案例分享与传播，展现企业与城市的协调发展。这些案例，在这五年里通过两场展览、5场高峰论坛进行了大规模的传播。

2018年，我们配合首届中国国际进口博览会在沪召开举办了“改革开放40周年——跨国企业在上海”主题展。线下展览，以图文展板与展品相结合的方式，吸引了大量进博会参展人员及与会记者驻足观看。线上传播，基于企业递交视频所制作的“40年，跨国企业在上海”宣传视频在全市地铁、公交东方明珠移动电视上播放，全程触达上海千万出行人口。花生地铁全国频道首屏上线，点击量超过百万次，全网传播形成影响力。

2019年，联合意大利欧菲滤清器集团成功举办“环保实践家”英文征文比赛。比赛采取初赛复赛线上进行，决赛线下落地的形式。来自在沪公立学校、国际学校和民办双语学校参赛学生的演讲视频，汇聚了多元、全球性的环保价值观，在专题页面上获得了极高的阅读率和大量转发，活动最终触及453万受众。欧菲滤清器集团在其全球各大社交媒体平台上对本次活动进行了传播，实现了利用跨企全球传播资源讲好中国故事的初衷。

二、内容渠道创新——跨企成为“内容供应商”

跨企俱乐部着眼于策划系列传播活动，为驻沪跨国企业这一“内容供应商”策划了许多有吸引力的选题，具有鲜明的政策导向。具体形式如下。

（一）主题展

通过“创新与发展”“改革开放40周年”等主题的案例展，讲述了上海引入首个生物制药基地、新能源汽车先进动力总成研发、全球最大黏合剂生产基地、上海黄浦江两岸照明升级等重要项目。

（二）市咨会特刊

从2016年起，《上海日报》连续3年为市咨会策划出版特刊，每年邀请10多位跨国企业全球董事长、总裁或首席执行官为特刊撰写专栏文章。通用汽车、安永、普华永道的全球主席以及蒂森克虏伯的首席执行官等跨国企业高管亲自撰写文章，表达对上海的期许和建议。2019年市咨会期间，市咨会专刊刊登了17位跨国企业总裁的特稿，得到当届市咨会主席、安联全球总裁迈克尔·狄克曼的高度肯定。

（三）公益主题活动

2019年，《上海日报》整合跨国企业资源，在静安寺街道、陆家嘴街道、徐家汇街道和九亭镇分别举办4场环保集市，平均每场集市吸引了近万人次的居民参加。10家致力于可持续发展的跨国企业在集市上向社区居民展现最新环保理念。2020年，《上海日报》将联合可口可乐，推出“天下无废”社区环保行动。通过跨国企业服务社区，使社区成为向世界讲述“人民城市为人民”的重要素材，进而拓展社区的国际维度。

三、传播手段创新——实现跨企分众传播及二次传播

跨国企业普遍具有全球传播网络，特别是在跨文化传播领域，有着传统国际传播渠道无法比拟的优势。《上海日报》通过交流机制，探索出利用跨企资源做到分众传播和二次传播，从而提升传播效应的新手段，初步实现了本土传播渠道与跨国企业全球传播渠道的对接。

例如，在为主题展览征集案例过程中，有超过四分之三的参选企业自制评选活动的推广微信、微博。企业还会通过EDM邮件推送、Newsletter、内网企业公告、官网发布新闻稿件、向外媒推送企业资讯、企业官方社交媒体账号等多种形式开展传播。在网络投票阶段，许多参与跨国企业还发动其国内外业务合作伙伴，包括全球研发中心、合作科研机构、经销商等关注和参与评选。

四、平台建设创新——搭建政企交流桥梁

依托交流机制，《上海日报》搭建了多元且互通的平台。平台加强了跨国企业相互之间的沟通，中企与跨企之间的交流，政府与企业之间的互动，为上海深化改革、创新驱动、转型发展创造了良好的国际舆论氛围。具体做法如下。

（一）政策宣讲和互动交流

交流机制先后邀请上海自贸试验区管委会、市科委、市商务委、市环保局等政府部门负责人，以及上海高校智库专家参加交流活动，为跨国企业代表解读上海自贸区新政、上海加快建设科创中心22条意见、上海优化营商环境等重要政策。

（二）论坛和沙龙

通过年度高峰论坛和不定期举行的跨企沙龙，来自城市各领域的精英与驻沪跨国企业一起就各种热点议题进行研讨交流，向城市发展贡献“金点子”。出席的企业代表基本上达到副总裁或以上级别。2019年，跨企俱乐部围绕国务院办公厅发布《关于发挥品牌引领作用推动供需结构升级的意见》，推出“上海老字号”传播全案，以外籍专家视角解读英雄钢笔、上海制皂、回力球鞋等民族品牌的专题视频系列报道，并在海外社交媒体平台上推出。这组视频为“中企走出去”优化了国际舆论环境，与此同时，跨企俱乐部整合政府、跨企和中企资源，推出“民族品牌在全球传播环境下的传承与创新”主题沙龙。光明乳业董事长濮韶华、昕诺飞大中华区整合传播副总裁肖丹在该沙龙中对如何提升民族品牌影响力进行了深入探索。

五、服务路径创新——提升上海国际传播能力

跨企俱乐部成立6年来，在服务属性上积极创新与拓展，力争将上海的开放资源转化为上海国际传播能力资源。

（一）提升服务对象契合性

交流机制以地区总部在沪的跨国企业副总裁、公关总监及驻沪商会负责人为主要对象。获邀参加交流机制的跨国企业和驻沪商会均具有较广泛的全球网络和重要的业界影响力。

（二）完善制度规范，突出常态性

2015年，在上海市政府新闻办指导下，《上海日报》牵头制定了《驻沪跨国企业对外传播合作交流机制章程》，对交流机制的宗旨、活动类型、入会条件和流程、会员权利和义务、组织管理机构等进行了制度化规范。章程规定，交流机制实行会员制管理，驻沪跨国企业代表只要符合“热爱上海，愿意共同向世界传播上海，热心参与对外传播合作交流”等条件，即可自愿申请成为会员。为加强日常联络，由上海市政府新闻办指导，《上海日报》牵头建立了“驻沪跨国企业对外传播俱乐部微信群”，并负责微信群具体运营。截至目前，入群驻沪跨国企业代表人数已超过500人。

（三）精准对接企业需求，激发会员参与度

为满足这些企业的不同规模、行业属性及服务需求，《上海日报》于2020年将服务属性精细化、阶梯化，建立了跨国企业核心群。每日向成员提供舆情监测行业简报，并不定期对与企业关系紧密的热点新闻事件进行案例分析。

（上海日报社）

“驻沪跨国企业国际传播合作交流机制”报道

案例类别：产品

"齐鲁智慧媒体云"深度融合服务平台

曲涛 汤代禄

在推动媒体深度融合发展过程中，大众报业集团（大众日报社）按照自主可控、先进实用的要求，实施建设了深度融合服务平台——"齐鲁智慧媒体云"，形成了"内容＋后台＋终端"新型传播体系，为集团全媒体传播体系建设筑牢根基。根据山东省委、省政府的要求，持续推进"齐鲁智慧媒体云"扩展功能应用，与县级融媒体中心山东省级技术平台对接打通，引入各级融媒体中心入驻，引入党委政府、企事业单位、网络自媒体等入驻。

一、项目情况

"齐鲁智慧媒体云"主要包括"中央厨房""5G短视频智能生产平台""端媒统一生产管理平台""大数据开发应用"等融媒传播支撑项目，重点在智能生产、智能审校、智能传播、一体评价、数据智库、数据舆情、智慧党建、端媒管理、创新实验九大领域为全省媒体深度融合提供全方位服务。

（一）智能生产服务

"中央厨房"系统设计开发了选题管理、稿件审核、共享中心、权限管理等132项功能，定制开发审核流程、稿件审核等个性化功能77项，实现了从手机端就可完成策划、采写、投稿、审稿、编辑等工作。"5G短视频智能生产平台"拥有虚拟主播、语音识别、一键转视频等18项主要功能,通过人工智能技术优化和改造短视频生产模式，实现短视频的快速制作、拼积木式生产和海量生产。

（二）智能审校服务

为进一步降低媒体内容审核压力，降低重大政治性责任事故发生的概率，借助当前业界已有的文、图、音、视等内容智能审核技术建设新媒体智能审校系统。采用基于统计语言模型的校对技术和基于规则的校对技术，建立规则和统计相结合的混合校对方法。通过引入万亿文字的高质量语料，配置错误规则库和专业库，形成强大的查错能力。通过人工智能技术，自动识别文本、图片、视频和音频中的涉黄、涉政、暴恐、广告、违禁等内容。

（三）智能传播服务

通过引入智能算法＋党媒价值，形成党媒算法，对入驻平台的手机客户端，提供用户个性化智能传播服务。同时"齐鲁智慧媒体云"与各类分发渠道进行技术打通，对接《人民日报》人民号，对接微博、微信两微，对接腾讯企鹅号、百度百家号、今日头条号、一点资讯、网易新闻等新闻资讯平台，未来将对接抖音、快手、哔哩哔哩等短视频平台。根据各入驻媒体的需求，可提供与上述各第三方平台的对接，实现按需传播服务。

（四）一体评价服务

通过引入大数据监测分析服务，实时监测入驻"齐鲁智慧媒体云"媒体内容传播情况，从传播的媒体类型、时间节点、转载频次等方面汇集传播量化数据，以可视化方式呈现传播路径和传播趋势。将传播量化数据引入考核体系，完善传统考核方式。以一体化的思路重构考核规则，将传统媒体、新媒体的内容纳入统一的考核体系，引入量化数据，采取与评委网络量化评价相结合的方式，实现量化的一体化考核，引导优质内容适应互联网发展要求。

（五）数据智库服务

"齐鲁智慧媒体云"通过对新闻网页、论坛、贴吧、博客、新闻评论等网络资源进行全网采集和智能分析，整合专业分析团队，形成数据智库服务，包括引入网络热点监测、全省媒体重点报道等大数据服务，扩展报道选题策划视角；引入大数据智能检索服务、数据分析服务，丰富内容创作手段；引入数据新闻形式，创新技术与内容融合的报道模式。

（六）数据舆情服务

平台通过对信息的数据化、标签化、指标化、可视化，推出舆情监测、生态监察、态势感知等大众舆情服务，帮助各级党委政府了解社情民意做好舆论引导。

（七）智慧党建服务

搭建"智慧党建云"，推出党建大数据产品和应用，为党政机关、企事业单位、高等院校等提供党建信息发布、经验宣传、党务管理等一体化解决方案，用先进技术助力基层党建工作统领基层业务。

（八）端媒管理服务

开发"端媒统一生产管理平台"打通集团各端媒生产平台，实现稿件内容统一管理，多平台"一键分发"；汇集各端媒用户数据，整合形成统一用户数据中心。充分运用"5G+大智移云物区"等互联网技术,实现产品策划、采集制作、编辑包装、精准分发的全流程运行管理。

（九）创新实验服务

组建"5G融媒体实验室"，联合5G运营商和设备制造商，共同搭建展示、测试、应用平台。应用5G视频直播设备、5G+AR/VR/MR 直播制作系统、5G+AI 主播等新技术，实现直播互动、新闻采集、远程生产等媒体制作功能，探索 5G 环境下媒体发展新路径，融媒产品生产新方法，理顺融媒体产品的策划、设计、开发、传播链条，提高融媒体产品的生产效率。

二、成效与社会反响

截至目前，已累计新增 2.6 万条选题，28 万篇稿件，10.6 万余件短视频素材，6.85 万件短视频作品，累计汇集数据 127 亿条。

通过入驻“齐鲁智慧媒体云”与集团各媒体建立合作关系的机构累计有 5700 家。

“齐鲁智慧媒体云”入选国家新闻出版署 2020 年中国报业深度融合发展创新案例，同时获全国传媒界最高科学技术奖“王选新闻科学技术奖”一等奖，山东省政府设立的全省文化创新最高奖“山东省文化创新奖”。

三、融合经验体会

（一）技术创新

“齐鲁智慧媒体云”提供基于混合云的“网上大众”基础云平台，将提供网络、存储、计算、安全等方面的基础硬件支撑，提供操作系统、数据库管理、流式计算、Web 服务、反向代理服务等基础软件支撑，形成云计算中 IaaS（基础设施即服务）和 PaaS（平台即服务）的基础支撑层。“齐鲁智慧媒体云”全面引入语音识别、人脸识别、计算机动画等人工智能技术，同时利用大数据、区块链、VR、AR、MR、5G 等新技术，打通报纸、电视、新媒体，提供全媒体加工平台、新闻资源平台、大数据平台、舆情平台、报道协同平台等，引入技术创新支撑媒体深度融合转型创新。

（二）机制创新

大众报业集团充分发挥“中央厨房”中枢作用，紧紧围绕主题策划，通过“编辑部 + 融媒体工作室”“编辑部 + 课题组”等多种形式，探索打造适应互联网生态的“编辑部 +”新型采编架构，报网端微形成“大合唱”，使融媒体报道日常化、机制化。报网端微工作实现“一体化”，按照“一个指挥系统 + 一个业务团队 + 两类产品”模式，进行流程再造和组织重构。

（三）融合创新

近年来，大众报业集团不断强化与县（市）区和省直厅局的合作。通过“齐鲁智慧媒体云”的山东党媒公共服务平台职能，在《大众日报》客户端开辟山东 16 市级频道，开通县区大众号，构建党媒权威舆论平台。集团融媒体中心与“学习强国”山东学习平台深入合作，围绕省委中心工作，聚焦重大主题，共同策划推出一批宣传山东成就、展现地方新特色。在山东省政府新闻办的指导下，集团融媒体中心与部分省直厅局展开合作，丰富优化省新闻发布会宣传报道模式，围绕新闻发布会内容，转化融媒体产品，扩大传播体系，监控传播效果，提供全方位、全媒介、全流程融媒报道。通过积极探索跨界融合模式，进一步探索党媒与政务部门的深度融合创新模式，助力社会治理体系和治理能力现代化。

（四）传播创新

一方面，通过整合集团内各媒体发布资源，形成报网端微“大合唱”。另一方面，加强与“学习强国”等国内主流新媒体平台合作，重点打造“1+3+4+*N*”的传播体系。“1”是指“学习强国”平台；“3”是指《人民日报》、新华社、央视三大央媒；“4”是指《大众日报》、海报新闻、齐鲁壹点、半岛新闻 4 个集团主要客户端；“*N*”是指今日头条、百度、腾讯新闻、网易新闻等全国性商业平台。通过新型传播体系的建设和探索，进一步扩大了融媒体报道的传播力和影响力。

〔曲涛：大众报业集团（大众日报社）融媒体中心主任兼信息技术部主任，汤代禄：大众报业集团（大众日报社）融媒体中心副主任〕

案例类别：产品

一封家书 凝聚力量

——大众日报“发往前线的家书”大型融媒公益项目

兰传斌 李丽

“烽火连三月，家书抵万金。”为营造抗击疫情强信心、暖人心、聚民心的强大正能量舆论氛围，2020 年 2 月在抗击新冠肺炎疫情的关键时刻，大众日报联合山东省卫健委发起“发往前线的家书”大型公益征集活动，迅速形成线上线下征集热潮。随后，联合腾讯新闻、人民视频共同发起，携手全国 30 家主流媒体，在全国启动“战‘疫’家书”主题公益行动，一周内全网点击量突破 1.5 亿。活动综合运用文字、图片、海报、视频、音频、主题歌曲等多媒体手段，还邀请明星朗读家书，创作家书主题曲。主办方精选100篇家书结集出版《发往前线的家书》，大众报业集团党委副书记、总编辑赵念民在序言中写道："我们相信，若干年后，人们依然会用各种方式纪念这个春天，而那时，这些质朴的家书，会成为不少人漫长回忆的一个因由，那些滚烫的句子，依然会潮湿双眼。"

一、活动情况介绍

在抗击新冠肺炎疫情的关键时刻，《大众日报》主动承担党媒责任，联合山东省卫健委发起"发往前线的家书"大型公益融媒项目，旨在通过"一封家书"这一情感纽带，展现医务工作者英勇逆行的感人壮举，倾诉前线战士及亲友们的真挚感情，表达全省各界众志成城的勇气，振奋精神，凝聚力量，生动展现战"疫"过程中的山东担当、山东精神。

《大众日报》客户端自2020年2月13日全新上线该活动，首页重磅推出"发往前线的家书"专题，以"烽火连三月，家书抵万金"的构思和烽火颜色为背景进行设计包装，分"家乡来信""一线来信"两个子栏目，平均日更10篇以上，同步在学习强国山东平台、腾讯企鹅号、今日头条号等全国主流媒体平台进行投放。

活动一经推出，即获得空前关注，短短一个月时间，收到各方来稿来信566篇，它们出自前线战士、家属、亲友、同事、战友之手，最小的投稿者是刚会写字的小学生，最大的投稿者是年过八旬的老人。

活动随即在全国范围引起关注，腾讯新闻北京总部主动联系进行合作洽谈。随后，腾讯新闻、《大众日报》和人民视频共同发起，携手全国30家主流媒体，在全国启动"战'疫'家书"主题公益行动。2月18日，《战"疫"家书》在腾讯新闻上线，同时在腾讯新闻30个省级页卡专区推荐，迅速成为全国关注的热点，一周内全网点击量突破1.5亿。

2020年9月，由山东文艺出版社出版的《发往前线的家书》面世，11月13日，《发往前线的家书》出版座谈会暨赠书仪式举办，山东省图书馆永久收藏该书，并出具收藏证明。山东大学图书馆、山东师范大学图书馆、齐鲁工大图书馆等高校图书馆收藏该书。

根据安排，《发往前线的家书》英文版将于2021年初在美国上市，成为讲好中国故事的重要外宣题材。

二、融合创新基本经验

成效背后的深层逻辑，是《大众日报》融合发展的不断进步。近年来，《大众日报》将融合发展作为重中之重，媒体结构、体制机制、生产力传播力逐步优化提升，融合影响力跻身全国省级党报前列，并在艰辛探索中逐步形成了符合实际、富有特色、务实管用的融合路径。全媒矩阵建设"求优求好"，媒体融合实现"你我同体"，逐步形成以新媒体为主轴的全媒体生产传播机制，实现融合发展由点状积累向体系突破推进，从而激发生产力传播力、影响力。

其中，线上线下双向发力，多媒体融合传播、放大传播链长尾效应以及文化创意赋能融媒传播，是《大众日报》在全媒体战"疫"中的四大特色。

（一）线上线下结合双向发力

该项目运作的整个过程，《大众日报》客户端得到了山东省委宣传部、省卫健委、省直医院以及各地市职能部门的大力支持，在启动之前即通过医疗卫生系统采用各种渠道进行广泛宣传发动，活动首日就获得投稿近百篇，为线上发布、新闻采编和线下互动奠定了坚实基础。线上全媒体发布渠道全部打开，为线下发动和活动深化提供了广阔空间，每一篇手机端的掌上家书都在家属、同事、亲友的朋友圈进行广泛传播，有的家属受到鼓舞，家庭成员一个接一个拿起笔记录对前线亲人的思念，有的前线战士写了一封又一封家书发给我们，山东16个地市的宣传部门也加入发动宣传活动中，主动联系作者供稿，形成网上网下、线上线下的强大舆论正能量。

（二）多媒体融合形成合唱

《大众日报》客户端自2015年上线以来持续提升融合传播能力，特别是2019年客户端最新5.0版上线，形成了集信息发布、项目运作、活动组织于一体的全媒体运营平台，文字、图片、视频、开屏海报等各种传播手段综合运用，追求极致传播体验。在"发往前线的家书"大型活动中，每日精选部分家书制作精美海报，《大众日报》客户端也拿出最吸睛开屏为活动助力，形成强烈视觉冲击，很多医务工作者朋友圈被九宫格海报霸屏。

抓住短视频传播风口，让家书立起来、动起来、活起来，由现场采访、视频征集和后期加工而成的视频家书同步上线，一亮相就受到广泛赞誉，短视频家书拉近了年轻粉丝的距离，成为爆品。山东籍明星郭晓东哽咽朗读家书的单个视频点击量突破68万。

（三）放大传播链长尾效应

一场活动，一次传播，重要的是在全社会弘扬正能量的责任担当。从山东出发，扩展到全国30家主流媒体共同的行动，《大众日报》客户端携手腾讯新闻、人民视频把主流媒体的主流声音覆盖到全国全网，形成了众志成城、凝聚共识的强大正能量，放大传播链的长尾效应。

在视频家书、音频家书的基础上，《大众日报》组织创作了原创家书主题歌曲《纸短情长》，由大众报业集团常委、副总编辑李海燕作词，山东青年歌唱家徐子昊作曲并演唱，成为刷屏之作。

写家书、读家书、唱家书，再到出家书，《大众日报》在活动收尾阶段再次进行创新，策划出版《发往前线的家书》，由《大众日报》总编辑赵念民作序。这也是疫情防控期间，山东唯一一本由主流媒体活动集结并正规出版发行的图书。

（四）文化创意赋能融媒传播

“烽火连三月、家书抵万金”，该项目以杜甫一句古诗为源头，与抗击新冠肺炎疫情的战火的意境相勾连，形成“发往前线的家书”活动创意，在活动执行过程中，不断通过融媒体手段丰富项目形式，从写家书、录家书、读家书、唱家书到出家书，像一枚投入河中的石块，泛起层层涟漪，不断用文化创意迭代升级产品的品质，于平凡处展现不平凡的精神。

文化创意是媒体融合的题中之义，只有不断汇入创意的灵感，才让媒体融合变得更可持续，从单个媒体单个活动，到全国媒体联动，从一封家书到家书海报，从家书海报到视频家书，从视频家书到明星朗读家书，到结集出版家书，从出版家书到收藏家书，从收藏家书到英文版家书出版，每一次文化创意的叠加都赋能融媒效应，让人眼前一亮。

三、传播影响汇总

为抗击疫情提供强信心、暖人心、聚民心的强大正能量舆论氛围，是《大众日报》“发往前线的家书”大型主题公益活动的出发点，也是新时代党媒提升传播力、引导力、影响力、公信力的实战平台。

从2020年2月13日《大众日报》客户端全新上线“发往前线的家书”专题启动，到3月下旬首批援助湖北逆行勇士陆续返鲁，一个多月里，《大众日报》发挥各部门集中力量的优势，形成以《大众日报》新媒体采编运营中心为指挥部的项目运作平台，由“80后”“90后”青年记者编辑担纲主力，让正能量报道焕发青春风采，在融媒传播创新实战中攻城拔寨。最终，“战‘疫’家书”大型公益活动全网曝光量达到2.3亿，有着80年历史的《大众日报》在党媒战“疫”中为全省乃至全国抗疫阻击战形成后方舆论战线作出了自己的贡献。

《中国新闻出版广电报》撰文点评：《发往前线的家书》不仅让读者看到了一群群医务工作者迎难而上、百折不回的英雄气魄背后的感人故事，更看到了在全民战“疫”的宏阔战场上，你的心、我的心，汇聚成万众一心，你的力、我的力，凝聚起千钧之力。

真情无疆界，家书越古今。我们相信，疫情终将过去，战“疫”家书和家书背后的故事永远流传；我们相信，生活还将继续，战“疫”家书传递的温情、感动和正能量将伴我们继续前行；我们相信，历史的车轮滚滚向前，伟大的抗疫精神将成为一代人的精神剪影，铭刻在我们民族的精神谱系。

（兰传斌：《大众日报》融媒体运营中心主任，李丽：《大众日报》客户端主任编辑）

“发往前线的家书”专题

案例类别：产品

凝心聚力 勇扛主流媒体的战“疫”担当

——从大众日报“致敬白衣战士”系列公益活动谈起

于江 胡磊 李杰

2020年突如其来的新冠肺炎疫情让人们措手不及。对省级党报来说，疫情防控期间的新闻报道和活动策划无疑是一场大考。作为全权负责山东省委机关报《大众日报》广告经营和管理事务的全资子公司，山东大众日报融媒传播有限公司（以下简称大众融媒）凝心聚力，化危为机，于危机中育新机、开新局，公益当先，创新活动策划，大年初一即成立“公益广告专班”，策划推出的“致敬白衣战士”系列融媒报道，将社会效益放在首位，融合各种传播形式，组织实施了“抗疫”公益广告（含报纸版面、公益海报、手绘漫画、视频、MG动画等）、“汇聚力量 全民战‘疫’”系列专题、“致敬白衣战士”系列公益活动等内容，多角度、全方位发挥融媒优势，为抗击疫情贡献融媒力量。

一、公益当先，打响战“疫”第一枪

疫情暴发初期，大众融媒利用省级党报媒体资源和融媒技术优势，大年初一即组建“战‘疫’公益广告专班”，发挥融媒多形态、有效性优势，用好大众日报客户端、公众号、微博等宣传阵地，围绕疫情中个人防护、居家运动、不信谣、不传谣、向战“疫”一线工作者致敬等主题，紧跟疫情防控热点，把最新的疫情信息、最有效的防控方法、最积极的正能量，通过报纸版面、公益海报、手绘漫画、视频、MG 动画等多种媒体形式，立体呈现，共推出 100 余件融媒公益产品，为抗疫工作汇聚力量，擦亮 “大众融媒” 公益品牌。

战“疫”期间的融媒产品不仅提高了传播的广泛性，为抗击疫情工作贡献了实实在在的宣传力量，而且让纸媒的策划优势、内容价值快速延伸到移动端，成为保经营稳增长的契机。

二、后方护航，前线来电触发灵感

“致敬白衣战士”公益活动的灵感，来自湖北黄冈战“疫”一线的山东大学齐鲁医院医护人员的一个电话。《大众日报》刊登齐鲁医院援助湖北医护人员的照片后，他们认为这个历史的瞬间值得铭记，就找到大众融媒的负责同志，想收藏这天的报纸。从这个灵感出发，大众融媒组织专班，经过多次头脑风暴，几易其稿，终于形成了“致敬白衣战士”公益活动整体方案。方案主要由三大部分组成：第一部分，在《大众日报》连续 6 天用 12 个整版，刊发 1744 名山东援助湖北医护人员群英谱；第二部分，为 1744 名山东援助湖北医护人员制作专属的号外珍藏版；第三部分，出版《山东战“疫”》珍藏本，把《大众日报》战“疫”全景报道结集成册，留作珍贵史料，铭记这段不平凡的历史。

号外珍藏版成为“致敬白衣战士”公益活动的亮点。号外珍藏版由两个版面组成，一版是《大众日报》为每位队员制作的个人海报，一幅援助湖北医护人员的照片，配发个人介绍和战“疫”感言；另一版是“山东骄傲”4 个大字，铺底的是山东援助湖北医疗队抗击疫情的图片报道。“致敬白衣战士”号外珍藏版是《大众日报》创刊 81 年来第一次为某个集体出版的专属号外，疫情中的“逆行”足以让他们拥有一期专属的《大众日报》。

策划方案商定后，4 月下旬，《大众日报》第一时间与山东省卫生行政主管部门省卫健委作了沟通对接，双方一拍即合，敲定联手推出“致敬白衣战士”公益活动。省卫健委负责发文，征集 1744 名援助湖北医护人员的照片和战“疫”感言，大众融媒负责号外的设计制作、珍藏本的编辑等工作。

三、“珍藏”发布，致敬“真心”英雄

在山东省“5·12”国际护士节庆祝大会上,《大众日报》联合山东省卫生健康委员会举行了“致敬白衣战士”号外珍藏版和《山东战“疫”》珍藏本发布仪式。山东省卫生健康委员会党组书记、主任袭燕，大众报业集团党委常委、副总编辑王修滋共同为援助湖北医疗队优秀队员代表颁发了“致敬白衣战士”号外珍藏版。活动通过《大众日报》客户端向山东全省医护人员实时直播，引发强烈反响，大家纷纷表示，《大众日报》以党报的公益担当聚焦战“疫”医疗群体，彰显了“医者荣耀”。

为了扩大活动影响，给予医务工作者应有的更多的尊敬与礼赞，《大众日报》先后走进山东大学齐鲁医院、济南市第四人民医院、德州市人民医院、山东第一医科大学附属省立医院（山东省省立医院）、潍坊医学院附属医院等，将“致敬白衣战士”号外珍藏版和《山东战“疫”》珍藏本赠予援助湖北医疗队。活动得到了医院和医护人员的高度认可和一致好评，医疗队队员们对这份独一无二的号外珍藏版、珍藏本更是爱不释手。

四、多方联动，破冰经营困境

“致敬白衣战士”系列活动的举办不仅在社会上引起良好的反响，也吸引了有爱心、有责任心的企业主动参与，为“致敬白衣战士”活动的顺利举行提供支持、贡献力量。

随着全国战“疫”形势的发展，“夺取抗击疫情和经济发展双胜利”逐渐成为主题，各行各业在严守疫情防护要求的前提下，也开始了复工复产工作。结合山东省内复工复产工作的进展，大众融媒联合乐安慈孝公益基金会、山东省科协、山东农商银行等爱心机构、主管部门、企业策划推出近 50 个“汇聚力量 全民战‘疫’”系列公益广告版面和抗击疫情专题版面，讲好山东抗击疫情故事，展现山东人民团结一心、同舟共济的精神风貌，凝聚众志成城抗击疫情的强大力量，同时破冰疫情防控期间党报广告经营困境，有效带动经营创收 422 余万元。随着经营困境破冰，“致敬白衣战士”系列融媒报道逐渐升温，最终取得了多赢的良好效果。

五、打破常规，走出融媒新路

在这项活动中，大众融媒不仅发挥了省级党报不可替代的权威作用，也有效发挥了党报的品牌价值，带来社会效益和经济效益的双丰收。

而在技术应用环节上，“致敬白衣战士”系列融媒报道紧跟 5G 时代发展潮流，将 5G 直播技术运用在融媒经营工作中，打破了疫情防控期间活动场地和现实情况的束缚，使活动宣传搭乘融媒技术的快车，更广泛、更直接、更快速地传向社会各界。在“致敬白衣战士”5G 直播中，观看人次可以高达百万人次，远远超过以往活动的传播流量，这也让我们看到：融媒服务具有信息集散地作用，今后必将带来更广的市场。

（于江：大众日报融媒传播有限公司董事长，胡磊：大众日报融媒传播有限公司副总经理，李杰：大众日报融媒传播有限公司策划部编辑）

案例类别：组织机构

在中国 看 Frank 打开长三角“盲盒”

2018 年 11 月 5 日，习近平总书记在首届中国国际进口博览会上宣布，支持长江三角洲区域一体化发展并上升为国家战略。2020 年 11 月 13 日，习近平总书记在江苏省扬州市考察调研时指出，目前的长三角区域一体化发展从顶层规划到实际推动都取得了明显的成果，还要继续抓下去。

为深入贯彻习近平总书记重要讲话，在江苏省委宣传部、江苏省委网信办以及新华报业传媒集团领导指导下，《新华日报》“未来空间”工作室耗时半年精心策划组织了“在中国，看 Frank 打开长三角‘盲盒’”大型互动式融媒体行动。行动以英国主持人 Frank 的视角深入长三角三省一市（上海市、江苏省、浙江省和安徽省），探寻长三角区域一体化发展进展、感受变化、寻找答案。结合双语报道、新闻视频、新闻游戏、新闻 H5、虚拟和实体盲盒等创新融媒体产品，以“盲盒计划”的柔性方式进行线上线下的国际传播，让世界更多了解蓬勃发展的中国。

此次融媒体行动有五大创新点，具体如下。

一、追求年轻态

创新地将“盲盒”元素巧妙植入国际传播融媒体项目。盲盒，是当下全球年轻朋友热衷的社交新方式。盲盒所代表的未知、潮流、创新与共享，对应着当代年轻人对未来的不断探索与求知。一个没有标注的盒子，蕴含着许多奥秘，使人产生好奇心，只有打开了才知道抽到的是什么，这样未知的惊喜与日新月异、充满无限可能的长三角地区发展一脉相承。

在本次行动中，我们共设置了 6 个长三角“盲盒”，这也对应 6 个视频故事，具体包括：

1. 南通⇄上海，3–1.5= ？
2. 国产机器人如何畅跑全球？
3. 汾湖上的水葫芦去哪儿了？
4. 苏州市民如何直通沪医？
5. 南京人上海办证，需几步？
6. 如何从“小融合”到“大融合”？

一个故事就代表一个长三角区域发展一体化进程中所产生的问号，而打开长三角“盲盒”则代表着解开难题，探寻答案。以被国内外受众特别是年轻受众喜爱并充满悬念的盲盒为手段，吸引受众主动参与分发传播，扩大新闻产品的影响力和传播力。

二、追求真实感

以外国人的视角和表达方式切入，客观讲述长三角区域一体化发展故事，使国际传播更真实可感。主持人 Frank 是在中国生活近 30 年的英国人，深入三省一市探寻一体化进展、寻找的答案更令人信服，感受的变化更加真切。

三、追求柔性化

行动选取了六位长三角人的平凡故事，分别为：

1.2020 年 7 月 1 日沪苏通大桥通车后，一对在上海工作的南通小夫妻通勤时间缩短一大半。流动中的长三角，不断改变时空距离，打破行政区限制，便利了区内城间的要素流通。

2. 安徽一家智能装备公司机器人事业部总工程师从北京来到安徽芜湖，开启国产工业机器人研制之路，也见证长三角企业的一体化发展之路。通过上海 G60 科创云廊及旗下机器人产业联盟理事单位，体现安徽、苏州、杭州、上海等地企业的跨区域产业协同与合作，畅通产业链，促进产业转型升级。

3. 一名基层河长讲述因联合河长制的出现，使得江苏省苏州市吴江区和浙江省嘉兴市嘉善县的交界湖水葫芦污染问题得到有效解决的故事。在长三角生态绿色一体化发展示范区里，上海市、江苏省和浙江省三地联合治污，打破行政“藩篱”，“水乡客厅”呼之欲出。

4. 江苏省苏州市一位阿姨享受上海市医疗资源，跨省医疗手术、异地医保结算等一系列难题因长三角一体化政策的深入推进而轻松解决，公共服务共建共享，长三角百姓幸福感满满。

5. 一位南京人通过长三角“一网通办”专窗申请在上海开办公司，在南京递交材料，在上海领营业执照。“一张蓝图管全域”，推开行政区划“隐形门”，市场要素在长三角地区得到充分流动。

6. 从江苏省苏州市到江苏省宿迁市，一位园区挂职干部成为苏南苏北共建园区“纽带”，感受城与城间的包容共生。从“小融合”到“大融合”，长三角地区每个角落在区域竞合浪潮中你追我赶，却也在探索高质量一体化发展中共谋合作。

这六个故事分别对应着《〈长江三角洲区域一体化发展规划纲要〉江苏实施方案》所指出的加快产业创新、基础设施、区域市场、绿色发展、公共服务、省内全域“六个一体化”内容，在这样的身边人身边事中，长三角区域一体化发展长卷缓缓展开。让新闻故事与时代创新元素结合，每一个故事都带着一个一体化发展中可能存在的壁垒，“打开盲盒”就是“打破壁垒”和“找寻答案”。借助“盲盒计划”的柔性传播方式，让世界读懂当今蓬勃发展的长三角，不断迸发活力生机的中国。

四、追求可视化

融媒体产品线上线下，虚实互动。我们将盲盒玩偶实物化，分别以6个主题故事人物的职业为特征，设计与之相对应的玩偶形象，并巧妙与非物质文化遗产、来自江苏无锡的惠山泥人结合，制作成可爱的泥人玩偶；同时，在新闻游戏中嵌入虚拟盲盒，参与新闻游戏互动收集虚拟盲盒，即有机会获得实体盲盒，实体盲盒与虚拟盲盒相呼应，增强传播可视化。

五、追求立体式

此次活动全程将在新华报业全媒体，海外华文传统媒体、社交媒体及新媒体平台等同步发布，新闻短视频、新闻线上游戏同步落地国内外，立体式、矩阵式国际传播将大大增强主流媒体传播力。

12月1日，“在中国，看Frank打开长三角‘盲盒’”正式发布，“在中国，看Frank打开长三角‘盲盒’”新闻游戏、虚拟和实体盲盒等一系列融媒体产品上线。融媒体行动持续一周，新闻产品在集团全媒体平台、海外华文传统媒体、社交媒体及新媒体平台等同步落地，用户踊跃参与，掀起一波玩转“长三角‘盲盒’”旋风。

12月1日发布的同名游戏H5上线即爆款，游戏参与量仅在当天就突破了5000人次。据统计，截至12月16日0点，共有230670人次参与了“在中国，看Frank打开长三角‘盲盒’”游戏H5并成功抽取虚拟盲盒，其中70000多名用户成功集齐6个虚拟盲盒。

11月30日至12月10日，新华报业传媒集团连续推出双语报道、短视频、新闻H5、新闻游戏等融媒体产品和实物玩偶等新闻周边产品，报道长三角区域一体化发展进程，说好长三角故事，让世界读懂长三角，读懂中国。

此外，融媒体产品走出国门，国际国内双向传播。新闻行动及新闻作品被法国《欧洲时报》、澳大利亚《大洋日报》整版报道，美国《侨报》《华盛顿中文邮报》、俄罗斯《俄罗斯龙报》、日本《中文导报》、希腊《中希时报》、匈牙利《匈牙利新导报》、印尼《国际日报》、英侨网、中非新闻社等20余家海外华文媒体、海外社交媒体转载150余次，可统计阅读量超过70万。乌拉圭和意大利双重国籍的专栏作家丹尼尔·巴瑞奥在看到该作品英文报道后，非常感兴趣，主动在南美知名国际周刊《面孔与面具》上发表西班牙语文章报道“盲盒”项目和中国长三角一体化成就，西语电台网站La Radio Cooperativa在首页三个显著位置以西语重磅转载，中国驻乌拉圭大使馆官网亦全文转载，当日网站新闻动态头条发布。此外，海外账号“美好江苏”Facebook、Twitter、Instagram、YouTube等海外社交媒体上的总阅读数超过10万人次。英国人玛格丽特看到该新闻视频后评论说：英国大伯明翰地区和中国长三角地区很相似，希望今后两地多多交流、携手发展。

此次推出的“在中国，看Frank打开长三角‘盲盒’”大型互动式融媒体产品结合当代全球年轻人喜爱的盲盒形式，向世界讲述中国故事，让世界读懂中国。这也是一次探索如何让党的决策部署能进一步为年轻人所知晓、吸引年轻人参与的积极尝试。

本次项目既是一次媒体融合的尝试，也面向国际传播。扣准“长三角区域发展一体化”这一重大主题，借力“盲盒”这一充满乐趣的表达方式，化解重大主题所带来的严肃感。主流媒体应如何参与国家治理现代化？让重大国家战略成果“轻松”走进青年内心，走向国际，或许是一个很好的开始。

（新华报业传媒集团）

在中国，看Frank打开长三角“盲盒”新闻H5

案例类别：产品

江苏紫金云美术馆一、二期建设项目

2020 年 10 月，由新华报业传媒集团旗下江苏新华烽火数据技术有限公司搭建的全新数字化艺术平台——江苏紫金云美术馆完成对外发布，标志着这座拥有自主研发技术的云展馆顺利落成，实现了艺术和技术的绝妙结合。

一、创作背景

2020 年 2 月，在全国抗击新冠肺炎疫情进行时，江苏省委宣传部同省卫健委、省文联、新华日报社开展了“致敬江苏援鄂白衣勇士”书画捐赠系列活动。作为活动的重要组成部分，《新华日报》承办了江苏紫金云美术馆的建设，用数字化展览方式呈现捐赠活动中艺术家们创作的 3000 余幅作品。

云美术馆的搭建分为两期，其中一期馆存放赠予 7 家医院的 70 幅作品，二期馆存放赠予医护人员的 2900 余幅作品。

二、云美术馆策展：无中生有，似曾相识

云展馆对新华烽火团队来说，是一次从无到有的尝试：不仅要策展布展，进行展馆设计，还要突破技术难题。最终团队确定紫金云美术馆的策展思路为“无中生有，似曾相识”。

三、紫金云美术馆设计灵感

设计团队从世界各大美术馆的展厅布置中汲取灵感，如日本直岛地中美术馆、巴黎橘园美术馆以及伦敦泰特美术馆等，经过一遍遍沟通、修改、打磨细节之后，项目组最终决定以纯白色为设计语汇，通过墙壁立面线条的迭构延伸与灯光照明的折射变化，构建出一个极简素雅的空间。

四、紫金云美术馆技术突破

紫金云美术馆不同于以往的实体展。它是项目团队通过 3D 建模和全景漫游技术，在“云”上打造的一场虚拟的展览，场馆的构造和真实的美术馆一模一样，三维展厅又让观众真正做到移步换景，全方位沉浸式观展。

为了让观众身临其境，实现一镜到底的游览效果，技术团队在紫金云美术馆中布局了更多的热点，拼接叠加场景时增加了画面数量，虽然技术成本提高了，却优化了用户看展的体验。

五、紫金云美术馆的强交互性

云展馆不仅实现了观展人欣赏佳作的需求，还可以让观众通过留言板，随时随地对作品展览或艺术家进行评论，并且与其他艺术爱好者、艺术家互动交流。这样的交互模式，打破了传统观展的沉闷，让普通观众和艺术家之间有了情绪共鸣。

六、云展馆的强生长性

紫金云美术馆只是云展馆的一种类型，换个主题、换种设计，它也可以变身为博物馆、科技馆等，真正体现生长性与创造性。

七、云游展馆，未来提供更多衍生服务

对于新华烽火团队来说，他们不仅可以展示作品的基本信息，而且能够实现数据的深度挖掘和推送，当观展人大量浏览展览之后，系统会根据大数据算法，分析出用户浏览关注度、喜好度等一系列指标，为其量身打造并推送相关的展品供其欣赏，这将使网络观展更具智能化。

八、江苏紫金云美术馆建设技术

（一）3D 建模

3D 建模是计算机图形学中的一种技术，用于生成任何对象或曲面的三维数字表示。在本项目中综合使用了图像处理软件 Adobe PhotoShop 以及三维动画制作软件 3D Studio Max，对于场馆的整体外观、模型、内饰进行设计和开发。开发的主要过程是：

1. 场景布局。在场馆建模之前，我们需要对场馆进行整体布局，包括平面图设计、房间布局、浏览路线、

场馆格调、展示文案等元素进行规划和设计，寻求最优的展示方案。

2. 模型搭建。在确定整体场馆的规格和布局之后，就可以进行整体建模工作。对于本项目中，主要是建筑建模方向，可以从基本的几何体（立方体、圆柱等）开始，拉伸，截面，旋转，合成，加线建成模型。模型要尽量保持简洁高效，不能有多余的点线面，不然之后会造成材质和渲染的麻烦。

3. 模型渲染。当建立好模型之后，就可以进行材质、灯光和渲染的相关工作，我们可以为场馆中的不同模型设置不同的材质，模拟出墙面、地面、艺术品、装饰物的各种展示效果；通过控制灯光的种类、强度、形状、颜色、反射方式、阴影等来模拟真实的光影效果；最后通过渲染器把材质和灯光等元素进行融合，展示出最终的展示效果。

4. 模型输出。针对本项目，为了达到“移步换景”的漫游效果，需要无缝衔接场景中的视角，因此需要在用户的浏览路径上设置足够多的摄像机点位，基于摄像机点位进行全景图渲染输出，为后续开发提供基础的全景图支撑。

（二）全景漫游

1. 全景图。三维全景漫游是指在由全景图像构建的全景空间里进行切换，达到浏览各个不同场景的目的。

三维全景，是指将摄像机拍摄的水平方向 360°，垂直方向 180° 的多张照片拼接成一张全景图像，然后利用得到的全景图像，采用计算机图形图像技术构建出全景空间，让使用者能用鼠标控制浏览的方向，可左可右、可上可下观看物体或场景，仿佛身临其境一般。

与传统的三维建模技术相比，三维全景具有制作简单、数据量小、系统要求低等优点，并且可以通过 Web 方式展示在 PC 端和移动端。由于三维全景的上述优点，使其成为近年来迅速流行的虚拟现实技术，在虚拟展示、地图导航、数字城市等领域都有着极为广泛的应用。

在本项目中，使用的是球形全景图，标准的全景图为宽高比 2 : 1 的图片，我们采用 6000 × 3000 的图片进行后续开发。

2. 开发工具。本项目使用 Krpano 进行全景图开发的核心工具和架构。Krpano 是一款全景漫游制作软件和工具，这款高度灵活、性能卓越的轻量化全景漫游浏览器兼容 HTML5 和 Flash，支持 Webgl 下的 WebVR 展示。支持多种类型的全景图以及全景视频和环物全景，同时支持多种投影模式。提供简单高效的批处理方式，可在无须代码干预下迅速生成一个基本功能兼备的全景漫游项目。

（三）自由漫游

在 Krpano 的基础上，我们只能做到全景图视角的场景切换，或者模拟无缝切换的效果进行场景转换，但是还不能做到在全景视图中做到自由漫游的效果，如果要达到这种自由漫游的行走，就需要基于全景图，进行深度视图建模，为全景图创造立体空间，使视角能在立体中自由漫游。

（四）前后端交互

本项目前端采用 Vue 并集成 krpano 引擎，后端采用 SpringBoot 进行前后端分离开发，目前前后端分离已经成为互联网项目开发的业界标准使用方式，通过 Nginx + 后端应用服务的方式进行有效解耦，并且前后端分离会为以后的分布式架构、弹性计算架构、微服务架构、多端化服务建立良好的架构基础。

（江苏新华烽火数据技术有限公司）

江苏紫金云美术馆

案例类别：组织机构

“新华红”党建聚合服务创新团

一、背景及概况

作为拥有 83 年光荣历史和红色基因的江苏第一主流媒体，新华日报社在“主动、精准、创新、深度”服务地方的过程中，不断加快自身发展，整合提升 100 多个报网端微平台，构建了党报求“深”、客户端求“快”、网站求“全”、全媒体求“融”的强大融媒体雁阵，内容生产与事业发展双轮驱动、两翼齐飞。

为进一步激发基层党建活力，更好服务地方发展，新华日报发扬红色基因，联合江苏省委党校、《党的生活》杂志和江苏省委统战部等主体，围绕基层党建创新的现实需求，融合媒体创新技术，联动线上线下、场内场外，共同打造“新华红”党建聚合服务创新团，开创了集“新华红”思享会、“新华红”融媒服务和5G技术的“智慧党建”解决方案等为一体的党建融媒服务新模式，推动党建服务及相关领域的技术创新、模式创新和体制机制创新。

二、“新华红”思享会

（一）服务模式

自2019年起，新华日报社联合江苏省委党校、群众杂志社，由党报、党校、党刊携手，创新组织设置和活动方式，通过思想共建、组织联建、基层共治、资源共享、机制共创，组建了“新华红”党建创新研究院和江苏党建联盟。“新华红”党建研究院致力于在江苏省内打造一个凝聚各方力量、开展合作研究、共享研究成果、共同推进工作的智库平台，通过打造“先锋阵地”“闪光足印”“红色引擎”三大平台来推动党建及相关领域的技术创新、模式创新和体制机制创新，成为党建实境教育的前沿阵地、创新阵地和示范阵地。

（二）项目亮点

“新华红”思享会及“新华红”党建联盟在江苏全省范围内搭建平台，通过专家引领、技术研发、平台搭建、活动推广的方式，进行推广和拓展。初步统计已有300家单位加入党建联盟，汇聚了中央党校、省市党校教授等50名党建专家，举办了9场“新华红”思享会活动、20余场5G党建“新华云”直播与影像制作，活动的影响力不断扩大。

“新华红”思享会通过结合5G+传媒实验室、5G+党建网上展示馆、将VR/AR与党建工作结合，运用VR航拍、全景导览、三维CG动画、VR直播、AR等多种行业内领先技术，搭建“融入式党建”网上展示馆，提供VR/AR与党建工作的解决方案。努力打造成5G时代江苏最有影响力的党建聚合服务创新平台。

三、“新华红”融媒服务

（一）品牌打造

“新华红”党建聚合服务创新团以“新华红”融媒体工作部为融媒体服务平台，聚焦党建创新，运用短视频、直播等技术，传播党的声音。“新华红”融媒体工作部自成立以来，同江苏省内机关单位、新媒体平台紧密合作，接连推出现象级爆款产品，“新华红”逐渐成为江苏乃至全国有影响力的视频品牌。

（二）经典案例及社会影响力

在2020年初的疫情防控时期，“新华红”短视频部策划了一场持续12小时的互动推进式直播报道《逆风前行！12小时记录他们不一样的元宵节》。直播当日共发布跟进报道293条，其中视频报道超过280条，点赞5450个，评论数百条，全网点击过百万。该场互动推进式直播报道开创了新的直播形式，既节省了人力又通过开通通讯员账号扩大了直播展现力度。在江苏近百家媒体和机构用户中脱颖而出，荣登当月新华社江苏媒体热力榜。

在纪录片制作方面，“新华红”短视频部在2020年携手南京市委宣传部推出7集系列纪录片《传世名著·我们的节日》，被新华社APP、新华网、央视频、学习强国、ZAKER新闻、头条新闻等几十家媒体及官方微博转载，仅《春节》单集上线12小时浏览量达“500万+”。

另一个现象级纪录片产品是“新华红”短视频部与新华社联合制作的融媒体专栏《温度》，栏目推出了《温度·一片小树林》《温度·这里的“叶子”什么味》《温度·过端午 中国味儿 国际范儿》等一系列作品。其中，栏目特辑《温度：小康生活·3000名主播一年卖货50亿元 探秘“不眠网红镇”》，实现了全网总浏览量2.7亿的现象级的传播。

“新华红”短视频部还受邀江苏发展大会秘书处，推出《乡音乡情乡愁——文脉江苏》系列纪录片。旨在传达江苏精神，营造江苏发展大会氛围并为第三届大会预热和储备素材。

此外，“新华红”短视频部于2020年5月联合中共江苏省委统战部推出“助力小康·奋斗有我”主题微视频创意大赛。大赛启动以来，共征集到微视频作品296部、图片作品246组。江苏统一战线官网、江苏统一战线微信公众号、央视频、学习强国平台等陆续推出部分优秀作品展播，将微视频大赛的话题热度持续拉高，取得了良好的社会反响。9月30日至10月15日，江苏统一战线公众号投票帖阅读量33.5万，投票量26.3万，创历史新高。公众号关注度也由8月初的1.2万增至3.8万，扩大了统一战线的影响力和知晓度。

（三）经济效益

“新华红”视频部多元发展，除纪录片摄制、直播外，还承接了大量活动现场视频制作，如新华高峰会、“致敬英雄 砥砺奋进”云上战“疫”诗会、“新华红”思享会、首届江苏金融赋能乡村振兴发展峰会等。部门成立以来创收400万元。

四、“新华红”短视频产业联盟

（一）主要技术应用

2019年7月，《新华日报》《江苏经济报》与江苏联通签署共建的5G+传媒实验室，5G+融媒实验室和5G+XR联合实验室正式揭牌，标志着新华报业传媒集团的媒体融合发展进入全新阶段。根据合作协议，《新华日报》将在中国联通5G创新中心的技术支持下，重点开展基于5G技术的创新业务应用合作，进一步推进媒体深度融合，壮大主流媒体影响力，让党的声音传得更开、更广、更深入。

2019年9月，"新华红"江苏5G+短视频产业联盟成立。该联盟是在江苏省委宣传部、江苏省委统战部指导下，由新华日报社和中共南京市浦口区委宣传部共同主办，携手高校、电影协会、影视制作、媒体宣发、广告公司等单位及组织，以及学者、资深制片人/导演、编剧、导师、网红、自由摄影人等筹建而成。联盟成立的同时，启动县级融媒体中心"视频赋能"项目，以"省报＋联盟＋县级融媒体中心"为战略合作体，创新党建宣传内容生产平台和传播方式，不断巩固壮大主流思想舆论阵地。

（二）团队优势

"新华红"江苏5G+短视频产业联盟成立专家委员会，并聘请了南京大学戏剧影视艺术系周安华教授、南京师范大学影视系陈吉德教授等12位学者作为专家委员会委员。36家短视频产业优秀的企业和工作室、网红直播平台成为"新华红"江苏5G+短视频产业联盟的首批联盟单位。5G短视频产业联盟的成立，为"新华红"党建聚合服务创新团项目提供了强大的技术支撑和人才支撑。

"新华红"党建聚合服务创新团项目，是《新华日报》作为江苏主流媒体，顺势而为，综合运用党建创新的服务优势，发挥新时代"党的一个方面军"作用的生动实践。"新华红"短视频部将持续携手"新华红"江苏5G+短视频产业联盟，汇聚高校、电影协会、影视制作、媒体宣发、广告公司等单位及组织的力量，创新平台和传播方式，推动视频产业化生产，不断巩固壮大主流思想的舆论阵地。

（新华日报社）

案例类别：产品

长三角健康融创汇

一、项目背景

没有全民健康，就没有全面小康。"长三角健康融创汇"作为新华日报社品牌融合创新活动中的"航空母舰"，通过聚集多方资源，创新健康信息服务体系与模式、为构建强大公共卫生体系、服务人民健康贡献智慧、发挥力量，努力为大健康产业发展提供长三角实践、新时代范本。"长三角健康融创汇"是传统主流媒体融合创新和跨界发展的新举措、新IP，是主流媒体服务社会，发挥资源优势，打造媒体融合向纵深发展背景下的开放协同创新生态圈，向社会提供医疗健康服务的生动实践。

"长三角健康融创汇"项目的探索始于2016年，当年新华日报社发起"健康江苏全媒体大讲堂"，与国际国内医学界知名机构、单位以及广大的专家学者，共同打造江苏省内有影响力的医学交流平台、百姓生活医疗服务平台，助力健康江苏的建设夯实基础。

2020年2月，在"健康江苏全媒体大讲堂""健康江苏行"等活动的基础上，面对新冠肺炎疫情考验带来的新挑战、新需求，新华日报社将该项目提档升级，联合医疗卫生行业主管部门，江浙沪皖鄂中医药学会、中西医结合学会，三省一市相关院校等，运用云端新技术服务社会。

二、项目创新性

（一）活动主题：践行两大国家战略

"长三角健康融创汇"以"全民健康 全面小康"为主题，践行"长三角绿色生态一体化发展"和"中医药传承创新发展"两大国家战略，以长三角视角、一体化思路和高质量理念，构筑共建共享平台，为勾勒长三角健康蓝图，助力中医药这一独特卫生健康资源全面融入健康中国建设战略，夺取疫情防控和经济社会发展"双胜利"贡献力量。

项目包括一场长三角健康峰会、五场专业论坛、一个长三角中医药博览会、24小时在线问诊平台"云健康"以及打造"长三角健康智库""长三角健康协作体"等，汇聚主管部门、院士大师、医院高校、行业学会、专家学者、基层医生等力量，通过融媒体技术和传播平台，普及健康知识和防病技能，为提高全民健康素养作出贡献。

（二）办"汇"设计：突出"3个第一"

1. 第一次以"长三角"为名的健康汇。"长三角健康融创汇"充分发挥长三角一体化发展区域互联、资源融通的独特优势，共同探索卫生健康一体化发展合作路径、创新路径、振兴路径，探索专家共享、科研共享、教学共享、管理共享的合作共建模式。

2. 江苏 21 世纪以来的第一次中医药博览会。“长三角健康融创汇”下的“2020 长三角健康峰会暨首届中医药博览会”是江苏进入 21 世纪以来第一次全面展示“中医 + 中药”的大型展会，全面覆盖中医药产业链，提供产品最大化展示平台，彰显了江苏及长三角区域中医药发展成就，推动中医药健康服务业各领域间相互融合与跨越发展。

3.12 位院士、国医大师等第一次齐聚齐贺。“人民英雄”国家荣誉称号获得者、中国工程院院士、天津中医药大学校长张伯礼在线发表演讲，分享中医药助力健康产业理念。陈洪渊、王广基、陈凯先、王学浩、沈洪兵、黄荷凤 6 名院士，周仲瑛、夏桂成、邹燕勤、沈宝藩、李佃贵 5 名国医大师通过现场演讲、视频祝贺、线上分享等形式出席大会。

三、项目亮点

（一）层次高

国家主管部门、省、市、区相关领导出席，院士云集，“大咖”齐聚。中华中医药学会会长、原国家卫生和计划生育委员会副主任、国家中医药管理局原党组书记、局长王国强，国家中医药管理局政策法规与监督司原助理巡视员张恒有，江苏省人民政府副省长陈星莺，江苏省政府副秘书长王思源，国家中医药管理局政策法规与监督司法规标准处处长张庆谦，江苏省卫健委副主任、省中医药管理局局长朱岷，南京市政府副秘书长吴秀亮，溧水区委书记薛凤冠，溧水区区长张蕴等出席了开幕式。

（二）模式新

“长三角健康融创汇”采用“主 + 分”“会 + 展”“线下 + 云端”相结合的方式，构筑“产、学、研、媒”跨界融合的产业链，开创了办会办展的新范式。围绕“让采购商找到供应商，让供应商进入好市场、企业建起好渠道、百姓乐享好健康、城市赢得好资源、展会创立好口碑”的目标，活动主论坛、分论坛各有侧重，会、展深度融合，以展带会，以会促展，打通产业、汇集中外。峰会分为“逆行之歌”“中医担当”和“全民健康”三个篇章，既有“大咖”对话、一线视角观察，也有业内人士深度报告；五大论坛细分前瞻领域，对当下最热门、最前沿、最关注的话题进行研讨；博览会全景式展现中医药产业链；“云健康”作为新华日报社在客户端打造 24 小时在线问诊平台，7 × 24 小时在线，联动全国各地的医生、专家，三甲医院主治及以上医师坐诊，提供病情初步筛查、就诊转诊指引、居家隔离指导等服务。整个活动实现深度与广度有机结合，也体现了专业性与普及性的高度融合，为业内人士以及观众提供了更多观察视角。

（三）参与宽

参会参展的企事业单位、代表来自北京、上海、江苏、浙江、安徽、湖北、广东（深圳）、广西、河南、河北、山东、陕西、四川、海南、贵州 15 个省（自治区、直辖市）。

（四）传播广

《新华日报》依托集团旗下全媒体宣传矩阵，联合长三角媒体联盟对活动进行了充分报道，全网发稿 18607 条，运用融媒体技术手段，制作 H5、拍摄视频、网络直播、在线分享……形成全方位、多层次、多声部的主流舆论矩阵，达到“大珠小珠落玉盘”的良好效果。

值得一提的是，新华日报社还携手郁金香传媒，在北京、广州、杭州、苏州、济南、武汉、南昌、郑州、长沙、合肥、石家庄、福州、上海、南宁、天津 15 座城市利用户外大屏进行全国联播。

四、项目效应：“双效合一”

“长三角健康融创汇”全面展现了江苏乃至长三角的中医药发展成就，凝聚各方力量探讨健康产业的科学发展，对于弘扬中医药文化，深化“长三角卫生健康一体化”建设具有重要的意义。

中医药博览会吸引了来自省内外的参展商、大型药企、政府及相关协会重要领导嘉宾 1500 人，人流量累计 5000 人次，推动了溧水区的酒店、餐饮、交通、旅游、广告及印刷等相关产业的同步发展，带动当地就业人数达到 500 人。据不完全统计，酒店预订达到 1000 间 / 晚，展会期间带动周边消费 500 万元左右，现场签单量达到百万余元。康缘药业、亳州医药城有意携手签约落地中医药种植基地，预计规模达 10 亿多元。

同时，众多中医院以及康缘药业、扬子江药业、恒瑞药业等知名企业，为报社健康医药版块发展提供了丰富的客户资源，为未来新华报业在宣传报道、展会合作以及多元化经营发展等方面开辟了新的路径，铺设了更广阔的空间。

五、行业示范推广价值

“长三角健康融创汇”立意高远、策划新颖、组织有序、宣传力度大，充分展现了江苏乃至长三角地区医疗健康事业发展的成果，弘扬了中医药文化精粹。

江苏省人民政府副省长陈星莺表示，该项目齐聚学界和业界精英，为健康溧水建设和中医药创新发展提供了展示窗口，搭建了沟通桥梁，将有力促进全省中医药事业和产业全面发展，推动长三角地区卫生健康一体化。中华中医药学会会长、原国家卫生和计划生育委员会副主任、国家中医药管理局原党组书记、局长王国强指出，本次活动是认真贯彻落实习近平总书记重要讲话精神，助力长三角一体化发展战略的重要举措，也是贯彻落实《中共中央 国务院关于促进中医药传承创新发展的意见》和全国中医药大会精神，助力中医药传承创新发展的实际行动。

“长三角健康融创汇”是新华报业与卫生健康领域跨界融合、助力高质量搭建健康产业发展平台的又一战略落地，是江苏省党报和行业、地方合作打造的首个健康类大型IP。作为主流媒体，我们有责任、有义务在推动中医药与长三角一体化融合发展中，充分发挥平台优势，为助力长三角一体化高质量发展、实现健康中国的战略目标作出应有的贡献。

（新华日报社）

案例类别：组织机构

湖北日报融媒体中心

张小燕 张磊

湖北日报融媒体中心于2017年6月正式组建，其定位为《湖北日报》数字出版及新媒体平台运营枢纽，具体负责湖北日报新媒体内容生产、审核、发布，以及包括《湖北日报》客户端和《湖北日报》官方微信公众号、《湖北日报》官方微博、《湖北日报》官方头条号、《湖北日报》官方抖音号等各媒体号在内的新媒体平台的建设、运营、推广等。

湖北日报融媒体中心成立后，通过平台再造，生产流程优化、资源要素整合等一系列创新举措，大大加快了湖北日报媒体融合的进程，促进融媒生产能力的跃升，做大做强了各新媒体平台，制作传播了一大批“爆款”主流融媒作品，大幅提升了湖北日报融媒传播矩阵的影响力和传播力。2020年12月，湖北日报融媒体中心获选2020中国应用新闻传播十大创新案例。

一、以用户需求为抓手，加速采编融合改造，融媒生产能力不断跃升

湖北日报融媒体中心成立后，日常提供传播分析数据及全国、区域热点数据，引导编辑部优化日常报道选题，合理调度采编资源，对重点题材提前做好全媒报道规划，实现日常选题报道全媒化。

湖北日报融媒体中心以用户需求为导向，配合业务部门将原有采编系统升级为具备全媒制作功能的融合业务平台，使得编辑和记者快速掌握图文、图集、音视频、网络专题等常规网络形式制作能力，并对直播、动画、AR/VR、数据可视化、网络评选等内容功能及形式的运用有了进一步理解。

湖北日报融媒体中心还以热线解答、产品演示讲解、业务培训、专家讲座、交互问卷等各种形式，在编辑部范围内开展融媒制作技能培训，目前已累计培训逾3000人次，使得编辑部全员具备了较强的融媒生产能力。

按照“纸媒深度、端网速度”的发展思路，《湖北日报》始终坚持一体化发展方向。湖北日报融媒体中心作为主要实施部门之一，有力推动《湖北日报》一体化策划、一体化调度、一体化生产、一体化考核，在组织架构、操作平台、生产流程、考评考核等方面初步形成融合一体化格局。

湖北日报融媒体中心坚持以用户需求为重要抓手，与技术开发部门等密切合作，大幅改进了原有融合业务平台。融媒体中心深度参与建设了新一代全媒体内容管理发布系统（CMS）、区域热点线索汇聚系统、写作辅助系统等，进一步提升了内容生产、发布效能；参与建设了原创内容全网传播分析系统、全量数据统计系统、内容智能审核系统，进一步优化内容管理、平台运营效率；积极引进自然语言处理（NLP）、计算机视觉等大数据相关技术，推出了面向用户的个性化阅读引擎、用户画像、智能搜索等系统，进一步优化用户体验及提升内容传播效率。

到目前，湖北日报融媒生产效率和传播效果已实现大幅提升，各项数据增长翻番。全媒内容发布数量由原来每年不足4万条（篇），增长为目前每年逾11万条（篇）。2020年以来，湖北日报全媒体日均发布原创融媒稿件已超100篇，涌现出一大批“叫好又叫座”的融媒佳作。

二、发力传播矩阵建设，抢占全媒时代舆论制高点，不断提升党媒传播力

自2017年下半年起，湖北日报融媒体中心陆续建设、改造了《湖北日报》“两微一端”等各新媒体发布平台，不断提升运营水平，扩大各平台影响力和传播力。

截至2020年12月，湖北日报融媒体中心运营的12个发布平台，包括《湖北日报》客户端、《湖北日报》官方微信公众号、《湖北日报》官方微博、《湖北日报》

官方头条号、《湖北日报》官方抖音号、《湖北日报》官方快手号等，总用户数超过 4084 万，3 年多增量逾 3000 万。已形成较为完整的新媒体传播矩阵。

湖北日报新媒体主要平台具体用户数（粉丝）情况如下：

1. 《湖北日报》客户端（APP）装机量 750 万。月活跃用户是 2019 年同期的 2 倍。

2. 《湖北日报》微信公众号粉丝 265 万。2020 年，"10 万 +" 爆款文章数量 676 篇，"100 万 +" 作品 8 篇。影响力稳居全国省级党报官方微信第 1 名。

3. 《湖北日报》官方抖音号（头条号）粉丝 2227 万。2020 年，播放量过亿作品共计 65 件，单件短视频最高播放量 3.86 亿，最高点赞量 1930 万。影响力稳居全国省级党报官方抖音号第 1 名，在抖音媒体号全国总榜排名中最高时排第 3 名。

4. 《湖北日报》官方微博粉丝 412 万。2020 年，两个微博话题阅读量过亿。影响力最高时居于全国省级党报官微第 4 名。

5. 《湖北日报》官方快手号粉丝 430 万。2020 年，81 件作品播放量过 1000 万。影响力最高时居全国省级党报官方快手号第 1 名。

三、以做优做强内容为引领，爆款内容迭出，不断增强舆论引导力

根据用户和市场需求，湖北日报融媒体中心不断优化内容生产和产品结构：抽调精干力量，成立专班，加强选题策划，做好重点时政新闻的融合生产；强化外宣意识，借力新媒体平台传播好湖北故事；优化产品结构，在现有图文资讯内容为主的模式基础上，增加短视频、H5、长图、动画、VR 新闻等各类型新媒体产品供给；不断尝试推进 PGC（专业生产内容）+UGC（用户生产内容）生产模式，呈现更多元的优质原创内容。一大批爆款融媒内容产生了强大影响力。

《湖北日报》倾力打造的《致敬仁心 感恩大爱》大型融媒报道，荣获"2020 中国新媒体战'疫'十大精品案例（地方媒体）"。《致敬仁心 感恩大爱》分 32 个篇目，融合图文、海报、视频、H5、31 个子专题、微博话题，成矩阵、全平台、多媒体呈现援鄂医疗队感人事迹，深情送别逆行荆楚的白衣天使，向他们致以最崇高的敬意和感谢。大型融媒报道一经推出即引发刷屏效应。在微信平台共有 400 余家公众号转发。此外，全国先后有超过 500 家新媒体平台转载、推送本报报道。

湖北日报新媒体首发的《武汉金银潭医院院长张定宇》系列融媒报道，总阅读量 6935 万。这组融媒报道讲述了武汉市金银潭医院院长张定宇隐瞒身患渐冻症的病情，顾不上被新冠病毒感染的妻子，坚守在抗击疫情最前沿的感人故事。湖北日报全媒记者在金银潭医院实地采访、拍摄张定宇，记录他的工作日常，向大众展示了冲锋在前、挺身而出的共产党人本色。微信编辑精心排版、提炼标题，重磅推出。在微信平台阅读量高达 197.5 万、在看 2.5 万，评论 3519 条，在看和评论数均刷新了《湖北日报》单条微信纪录。短视频方面，经过编辑精心剪辑，文字和视频巧妙结合，张定宇顶着病痛和巨大压力奋战在抗疫一线的形象被很好地呈现出来，在抖音等平台被热推，播放量达 4124 万，点赞 243.8 万。

《湖北日报》官方抖音号于 2020 年 1 月 20 日正式推出"众志成城共克疫情"抖音合集。合集共计发布抖音作品 1366 件，总播放量高达 135.2 亿次。《湖北日报》原创抖音短视频《同济医生请愿参与治疗"不计报酬，无论生死！"愿平安！》，播放量高达 3.85 亿，点赞 1935 万，评论 59.9 万，转发 42.8 万。该短视频讲述在重大疫情面前，在最危险时刻，武汉医护人员将生死置之度外，主动请愿参与新冠肺炎患者救治的感人故事。《湖北日报》首发后，该短视频迅速发酵为全国热点，《人民日报》等各大央媒和主流网站均进行了转载，在微博、微信、今日头条等大型平台广泛传播。《湖北日报》原创抖音短视频《脱下隔离服，她的样子让人心疼》，呈现的是协和东西湖医院一名刚从重症病房出来的女医生，脱下层层隔离服的过程。套上厚重"外壳"艰难前行，满脸的压痕和汗水，皲裂的双手，网友看了后直呼"好心疼"。作品播放量达 2.11 亿，990 万网友为女医生点赞，30.8 万网友留言表达关心和祝愿。

2020 年以来，湖北日报新媒体平台已有 68 件作品阅读量（播放量）过亿。其中，阅读量（播放量）3 亿 + 作品 3 件，阅读量（播放量）2 亿 + 作品 9 件，阅读量（播放量）1 亿 + 作品 56 件。单篇稿件最高播放量达 3.86 亿。国家信息中心发布的有关调研报告显示，公众印象深刻的疫情信息来源中，《湖北日报》排名全国第五，仅次于央视、《人民日报》、新华社、《中国新闻周刊》。

（张小燕：《党员生活》杂志社社长、总编辑，张磊：湖北日报融媒体中心副主任）

《致敬仁心 感恩大爱》大型融媒报道

案例类别：产品

走向主战场 述说好生活

——湖南日报社“走向胜利”主题报道情况

2020年是决战脱贫攻坚、决胜全面建成小康社会收官之年。2013年11月3日，习近平总书记在湖南湘西花垣县十八洞村首次提出“精准扶贫”的重要论述。7年来，湖南全省各地牢记习近平总书记嘱托，奋力谱写决战决胜新篇章。湖南日报社党组认真学习贯彻习近平新时代中国特色社会主义思想和习近平总书记对湖南工作重要指示精神，自主策划了“走向胜利”大型主题采访活动。从2020年7月至10月底，历时3个月，党组、编委会成员带队，200多名记者编辑深入全省110多个贫困村，采写报道了湖南的生动实践和人民群众的幸福生活，发表文字、图片、视频等各类报道近500篇，总点击量5亿余次，获得良好社会效果。2020年10月29日，时任湖南省委常委、省委宣传部部长张宏森对“走向胜利”主题报道作出批示：报社领导班子成员既挂帅又出征，使主题宣传浓墨重彩。望紧扣决战决胜、收官“十三五”、开启“十四五”，再写新篇章。

一、主题突出，全面展现湖南脱贫攻坚的生动实践

（一）精心策划报道选题

“走向胜利”大型主题采访活动由两个子活动组成：一是“走向胜利——决战决胜市州巡礼”，以面为主，侧重宏观，聚焦市州层面脱贫攻坚的生动实践，由报社社委领导带队赴14个市州进行采访报道，重点采写每个市州决战决胜的综述性稿件，以每篇3000字的篇幅集中连续刊发；二是“走向胜利——决战决胜乡村述说”，组织报社各媒体记者走进110余个贫困村，分批次蹲点采访，重点关注贫困村和贫困户圆梦小康的生动故事。所有报道在《湖南日报》刊发，其他媒体亦开设专栏。两个相辅相成的系列采访活动，点面结合，主题突出，全面展现了湖南脱贫攻坚的生动实践。

（二）精心选择采访地点

“走向胜利——决战决胜乡村述说”计划采访100个贫困村，采访地点选得准不准，关系到这次采访的成败。在省扶贫办的大力支持下，从全省14个市州6900多个贫困村中精心挑选了110个贫困村，这些贫困村既有典型性又有代表性，脱贫之路各具特色，各有千秋，从而避免了报道的百村一貌、千篇一律。

（三）精心提炼脱贫经验

2020年7月27日起陆续推出的“走向胜利——决战决胜市州巡礼”专栏，以市州为报道对象，全景式展示湖南省7年来在产业就业、易地搬迁、金融扶贫、党建引领等方面的生动实践和典型经验。首篇报道《“首倡地”的答卷——湘西土家族苗族自治州“精准扶贫”生动实践》出手不凡，文章高屋建瓴，饱含深情，详尽描述了湘西土家族苗族自治州“精准扶贫”的生动实践，让人深刻感受到决战决胜时刻的壮丽场景。《“钢筋铁骨”的力量——郴州市以党建引领脱贫攻坚生动实践》《山乡巨变画卷新——益阳市产业扶贫一线报告》《桃花源里 豁然开朗——常德市以产业发展促脱贫攻坚的生动实践》《沸腾的群山——怀化市脱贫攻坚生动画卷》《百年梦圆——脱贫攻坚衔接乡村振兴的湘潭实践》等篇章，针对各个市州的特点，概括出不同的成功经验。

二、融合呈现，充分展现脱贫村民的美好生活

2020年8月6日，“走向胜利——决战决胜乡村述说”专栏开栏，以一天两村的节奏刊发融媒报道，截至10月28日，共发稿110篇。这些报道，聚焦湖南省110个贫困村脱贫的经验成效，讲好决战决胜脱贫攻坚的湖南故事。每个村一篇主稿、一条视频、一幅图片、一篇手记，文风“短、实、新”，一篇篇“沾泥土、带露珠、冒热气”的有思想、有温度、有品质的精品力作接连推出。报社各媒体融合呈现，各显其能、共同联手，将一幅决战决胜脱贫攻坚的画卷徐徐展开。

（一）“乡村述说”展现脱贫村民的美好生活

“乡村述说”聚焦最有典型性的贫困村、最有代表性的贫困户、最有故事的那个人，细腻地讲述了一个个生动鲜活的脱贫故事。开篇之作《不在世外的桃源》，文字清新朴实，用生动事例述说了洪江市黔城镇桃源村通过种植黄桃的蝶变成长；《牛人·牛本事·牛日子》，讲述了华南村姚沅桢养牛致富后成为村里贫困户争相学习的“牛人”。《能人栽下摇钱树》《世富村里欢声笑语》《“云栖”深入辣椒红》《橙甜，日子更甜》等篇目，字里行间洋溢着丰收的喜悦，舒展了一幅幅美好生活的画卷。

（二）“记者手记”画龙点睛思想引领

为重大主题宣传嵌入有独到见解的思想观点，是党媒的显著优势，亦是入脑入心强化引领的“撒手锏”。“走

向胜利——决战决胜乡村述说”报道精彩，所配“记者手记”同样精彩。如8月14日为《巧把茶叶变“金叶”》报道所配《巧方法背后有“笨”功夫》“记者手记”，由一个简短的现场见闻切入，阐发“勤奋努力的村民，可亲可爱的扶贫干部，正是脱贫致富的‘黄金搭档’”的感慨，可谓观照现实，入情入理，叩响心弦。

（三）融合呈现放大传播效果

对这次重要的主题采访活动，突出移动优先，全媒推介，融合呈现，所有报道、报社所有新媒体平台提前刊发或同步刊发，并通过省级技术平台向各县级融媒体中心分发，极大强化了传播效果。截至12月31日，专题报道累计点击量近5亿次。

新湖南客户端自8月6日开始搭建《走向胜利——湖南日报社聚焦决战决胜脱贫攻坚》专题，并制作了一批集媒体报道。报道融短视频、高清大图和文字稿于一体，文字凝练，表达鲜活，可视性强，传播效果好，很多稿件单篇点击量超过300万次。同时被省委网信办组织全网推送，人民网、新华网、光明网和学习强国等近40家主流媒体进行了转发，县级融媒体中心全部转发，巡礼系列市州党报全部在重要版面转载，构筑起省、市、县三级传播“走向胜利”的通道，有效扩大了传播的覆盖面，提高了到达率。截至10月28日，该专题集纳稿件120多篇，总点击量约3.6亿次。

华声在线网站在双首页要闻区以专题+系列稿件的形式重点推荐《湖南日报》刊发的报道，其中多篇重点稿件被学习强国、新华社客户端、人民网、凤凰网、百度、今日头条等20余家媒体平台转载，截至10月28日，累计点击量达1.4亿次。

三、深入基层，全面提升采编人员“四力”

这次主题采访，报社所有媒体参与，记者的人数和领导力量的投入，均创下了《湖南日报》创刊以来的新纪录，充分体现出党报集团作为舆论主阵地的政治优势和主导力量。通过深入基层一线采访，报社记者编辑“四力”得到了一次全面提升。

（一）采访深，记者基层受锤炼

贫困村大多地处偏远，交通不便。为了摸到“活鱼”，记者们早出晚归，跋山涉水，总行程两万余公里。他们走村入户，深入田间地头，与村民同吃同住同劳动，采撷了丰富的第一手素材。记者们表示，这次采访是对“脚力、眼力、脑力、笔力”一次难得的锤炼，对我省精准扶贫的伟大事业有了更直观深入的认识和思考。

（二）“传帮带”，良好作风有传承

年轻记者的成长，离不开老记者的“传帮带”。为了让好作风、好文风有传承，报社编委会按照新老搭配、传统媒体和新媒体搭配、主报与子报搭配等方式，组织了上百个融媒体采访小分队，老中青结合，实行“传帮带”。很多参加工作不久的年轻记者贴身跟学收获满满。

（三）反响大，领导读者纷点赞

7月29日，中共湖南省委宣传部常务副部长蒋祖烜对《湖南日报》“市州巡礼”首篇报道《“首倡地”的答卷》作出批示，予以肯定和表扬。该报道在所在市州也引起了强烈反响，市州党报转载巡礼报道，市州主要领导同志通过不同渠道、不同方式对报道进行了肯定。很多读者在新湖南、华声在线、“湘伴”微信公众号等新媒体留言，为湖南脱贫攻坚取得的成果欢呼，极大鼓舞了全省人民决战决胜的信心和力量。

（湖南日报社）

“走向胜利”报道专题

案例类别：组织机构

江西日报社“赣鄱云”融媒体智慧平台

黄万林 张天清 吴志刚 黄新阳

为加快推进媒体深度融合发展，构建具有强大影响力和竞争力的新型主流媒体，让主力军全面挺进主战场，2018年12月11日，江西日报社出台《关于推进江西日报社媒体融合的实施方案》，确定媒体融合发展的工作布局和战略目标，全面整合《江西日报》、江西手机报APP、江西日报微信微博、“赣鄱云”，在组织构架、采编流程、考核机制等方面启动媒体深度融合改革，集全社之力在移动端打造另一张“江西日报”。

2019年1月1日，江西新闻客户端开始试运行。2019年6月5日，在《江西日报》创刊70周年之际，江西新闻客户端正式上线。

江西新闻客户端由中共江西省委宣传部、省委网信办主管，江西日报社主办。目前，江西新闻客户端及江西日报微博、江西日报微信、江西日报抖音、“赣鄱云”等平台形成了《江西日报》唯一的移动端出口，媒体矩阵进一步扩大，江西新闻客户端用户数达到1250万，江西日报的微博、微信、抖音和今日头条等亦有近千万用户，移动端用户共计2300万，成为江西省最大的移动新媒体平台。

依托江西新闻客户端承建的“赣鄱云”，已经实现省、市、县三级在用户、技术、数据、传播平台纵向打通共享，通过发挥大数据、云计算的技术引领，将省市县媒体通过融合连成“一张网”，在推进全省县级融媒体中心建设方面成效显著，走出了有江西特点的媒体深度融合的新路。截至目前，“赣鄱云”用户总数已超过5000万，建成了2个设区市融媒体中心、70个县级融媒体中心，并成功跨出省门，援建了新疆“克州云”中央厨房，成为江西最大的“媒体云”。

一、党报党端同频共振，主力军挺进主战场

“赣鄱云”由江西日报社自主研发，具有独立知识产权，基因红是“赣鄱云”的灵魂。党报打造、党报运营，让“赣鄱云”一出生就姓“党”，让网络宣传舆论主阵地牢牢掌握在党的手中。

“赣鄱云”让传统媒体和新型媒体同频共振，同时，与人民日报社的全国党媒公共平台、新华社现场云及人民号、头条号、企鹅号、凤凰号、网易号等均进行了内容打通共享，把优秀的内容向全网推送，把江西的好声音推向全国。

“赣鄱云”拥有70个县（市、区）级融媒体中心，联合全国21家党媒组成联盟，已实现省内三级、全国联动，成为壮大主流舆论声音的“利器”，在重大事件、突发新闻、大型活动中通过“赣鄱云”融媒体平台携手联合作战，由原区域传播变为全域传播，形成宣传主流舆论主阵地。

面对融合大势，坚持守正创新。江西日报社通过“赣鄱云”全面提升融媒体水平，推动党报记者主力军进入网络宣传主阵地。在全国“两会”、省“两会”期间，多次亮相大型活动。

2020年初以来，疫情相关信息爆炸式涌现。《江西日报》、江西新闻客户端、“赣鄱云”立即全员全领域投入疫情防控的宣传报道中，第一时间进入“战时状态”，第一时间通知所有采编人员随时待命，并部署多路记者，全面投入疫情防控的报道中，在媒体融合、联动报道等方面全力出击，形成了党媒、党端、党云强大的“合力”，取得了良好效果。

《江西日报》、江西新闻客户端、“赣鄱云”在省融媒体中心统一协调指挥下，建立健全省、市、县三级融媒体联合联动工作机制，充分利用70余个县（市、区）级融媒体中心，在疫情防控的攻坚期和复工复产的关键期，开展联动报道，实现快速响应、资源共享、协同作战，在疫情防控与经济社会发展“两手都要硬，两仗都要赢”的实践中发挥了积极作用。

二、全国首个三级部署聚合型融媒体智慧平台

“赣鄱云”由江西日报社自主研发，具有独立知识产权，系全国首个三级部署聚合型融媒体智慧平台。依托这朵“云”，江西建成了2个设区市融媒体中心、70个县（市、区）级融媒体中心，并成功跨出省门，援建了新疆“克州云”中央厨房，成为江西最大的“媒体云”。江西成为全国县级融媒体建设的领跑者，在2018年5月举行的第十四届深圳文博会上，建成江西首个县级融媒体中心的分宜县作典型发言，中共中央政治局委员、中宣部部长黄坤明对“赣鄱云”融媒体经验给予高度肯定。

“赣鄱云”走出省外之前，已在江西茁壮成长了4年。面对新媒体环境下如何牢牢把握党的宣传舆论主阵地，提高新闻舆论传播力、引导力、影响力、公信力的全新使命，江西日报社主动作为、抢占先机，真正做到了“醒”得早，“起”得快。2014年，江西日报社开始筹划建设中央厨房，2016年10月，全国首个三级部署聚合型媒体融合平台——“赣鄱云”正式亮相。两年间，江西日报社内引外联，组织强大的技术研发团队埋头攻关，以创新为魂，突破了一个个难关，打通了一个个节点，创造了媒体融合“江西模式”。

作为江西省文化援疆的“样板工程”，“克州云”连线“赣鄱云”，让克州党委宣传部负责人感触很深。他说，“克州云”是新疆第一个真正意义上的融媒体中央厨房，它充分利用克孜勒苏日报社、克州电视台、克州网、州县零距离微平台资源，重点突出一个“融”字。

三、媒体融合发展的江西路径

“赣鄱云”融媒体智慧平台推进全省县级融媒体中心建设，发挥大数据、云计算的技术引领，将省、市、县三级媒体通过融合连成“一张网”，内容、用户、技术、数据、传播平台打通共享，打造媒体深度融合的“江西路径”。

“赣鄱云”融媒体智慧平台具有强大的数据储存、采集、分析及应用功能。这些大数据功能与各层级融媒体中心全部实时共享，确保了各级融媒体中心新闻信息产品生产、发布、考核各个环节都有据可依，新闻产品更快、更及时、更有说服力。“赣鄱云”融媒体智慧平台大数据还同时密切监测当地网络舆情，为地方党政领导进行舆情预警、研判提供参考，因而广受欢迎。

“赣鄱云”融媒体智慧平台扩大了县级新闻传播力、引导力、影响力和公信力。以前，县级媒体的传播仅限自己的平台在本区域传播，有了全省统一的“赣鄱云”

融媒体智慧平台，各地中央厨房在重大事件、突发新闻、大型活动中可以携手联合作战，生产的新闻信息产品不仅在本地站点媒体平台上传播，还同时在省级总站点媒体平台进行传播，攥成“拳头”集中发声。

“赣鄱云”融媒体智慧平台流程再造形成倒逼机制，提高了新闻生产力。县（市、区）级新闻生产机制体制只有进行改革，才能适应“赣鄱云”融媒体智慧平台流程构造。江西日报社依托“赣鄱云”融媒体智慧平台开展各站点经验交流、业务培训，提高了县（市、区）级融媒体人员业务素质，使各县（市、区）级融媒体采编人员融合理念、新媒体使用技能、内部考核管理都发生了根本性的变化。

加快了媒体融合步伐。“赣鄱云”融媒体智慧平台通过云端为各市县统一提供中央厨房、传播平台、大数据等融合要素，提供人员培训、物理空间建设指导等服务，各地不需要采购服务器、建机房、购软件，只要集中精力做好内容即可。同时，“赣鄱云”融媒体智慧平台的规模效应，为地方大大节省了建设中央厨房的成本，防止了重复建设造成的浪费。

服务了发展大局。“赣鄱云”融媒体智慧平台不仅是一朵“媒体云”，更是一朵“服务云”。该平台包括党建服务、政务服务、便民服务、电商服务等。目前，江西省人大、省政协、省纪委等20多个省直单位在“赣鄱云”融媒体智慧平台开通了政务分端，建立了与人民群众沟通的移动平台。“赣鄱云”融媒体智慧平台开通20多个功能服务模块，均与老百姓生活息息相关。其中，江西日报社与省高级人民法院和省内18家金融机构联合打造的“法媒银·失信被执行人曝光台”在全国引起巨大反响，得到多名中央领导的高度肯定。在2018年的全国“两会”上，“法媒银·失信被执行人曝光台”作为工作创新典型，被写入《最高人民法院工作报告》。

（黄万林：江西日报社社长，张天清：江西日报社总编辑，吴志刚：江西日报社江西新闻客户端内容总监，黄新阳：江西日报社江西新闻客户端运营总监）

“赣鄱云”智慧平台

案例类别：产品

全国首张AR直播报纸

张天清 杨惠珍 殷勇 吴志刚

2019世界VR产业大会于10月19日至21日在南昌举行。适应媒体融合发展的需要，江西新闻客户端—江西日报不断创新，推出了全国首张AR直播报纸，引发全国关注并赢得广泛赞誉。

一、全国首张AR直播报纸炫酷亮相

大家都知道在电视和手机上看直播，但谁想过在报纸上也能看直播？经过半年的攻关，2019年10月19日，江西新闻客户端—江西日报基于增强现实技术（AR）制作的全国首张AR直播报纸正式出版，在江西南昌开幕的2019世界VR产业大会上精彩亮相。

在更新江西新闻客户端后，读者只要点开客户端右上角“扫AR报纸”功能，对准这张报纸上作为大会主会场的绿地铂瑞酒店的照片，这张奇妙的照片就会幻化为江西新闻客户端—江西日报直播团队从现场传回的大会实时动态画面，从而做到“打开报纸看直播”。扫描报纸上南昌之星摩天轮和南昌三大VR（虚拟现实）产业基地图片，一个立体3D的摩天轮、产业基地全景图就神奇地出现在手机屏幕上。随后，又扫描南昌各方面VR应用的照片，一个个精彩的AR视频让人陶醉其中。

“打开AR，开启南昌VR之旅”，大会现场，看到报纸上这几个亮眼的大字，许多参观者都表现出极大兴趣，忍不住拿起手机体验。

“《江西日报》很有创意！”市民张先生接过记者递上的AR直播报纸后，很惊喜，对这份科技感满满、令人脑洞大开的报纸赞不绝口。

在2019世界VR/AR产品和应用展览会的A2展馆江西中直新经济展台，设置了专门的《江西日报》AR直播报纸展示区域。展览会对社会大众开放期间，感兴趣的市民均可前往现场，亲身体验和感受这张神奇报纸的魅力。

会上，有用户扫描体验这张AR直播报纸后大呼“好神奇，这张报纸上动起来的摩天轮真的是太漂亮了”。有些被记者采访的与会嘉宾对手中“动起来”的报纸感到无比惊奇，向记者连连询问这项技术。

为全景式反映大会盛况，本次 AR 直播共引入了 4 路直播信号。用户可以在各路信号之间进行自由切换，选择大会的不同场景进行观看。比如，选择第一路信号，可以看到记者在大会现场对嘉宾、安保人员、志愿者等人员的采访；通过第二路信号，可以看到大会开幕式、主旨演讲和主论坛的直播画面；通过第三路信号，可以跟随记者一起“逛”展馆，了解、体验 VR 领域各项最新产品及其应用；通过第四路信号，则可以观看到展馆内市民和这张 AR 直播报纸的互动体验。

二、打破新媒体与纸媒的受众界限

有没有一种新玩法，能够打破二维与三维的界限，让直播既保有传统媒体的端庄大气，又具备新媒体“酷炫”的视觉冲击力？有！这就是一个打破次元壁的直播“新物种”——AR 直播报纸。这个极富科技感的读报方式巧妙打破二维与三维的界限，实现了平面阅读和立体影像的无界转换。

和传统的电视、报纸相比，全媒体时代移动传播的特点显而易见：不受时空限制、去中心化、互动性、多元化。此外，视频、VR/AR、直播等技术愈发成熟，越来越多地出现在互联网媒体上。

媒体融合时代，传统纸媒应积极地与互联网接轨。移动互联像一把双刃剑，将传统媒体逼入改革的新境地，同时为传统媒体的未来带来了更多可能性。AR 以其全新的交互方式将虚拟世界与现实世界有效链接，在现实世界体验感受虚拟世界。这次尝试不仅是对媒体融合的全新探索，也为报纸的传播、呈现方式提供更加灵活多变的新思路。

这张报纸的推出，打破了新媒体与纸媒之间的受众界限，是江西日报深入推进媒体融合的一项重要成果。为做好这次创新，江西新闻客户端—江西日报多个部门打破传统的分工界限，做到了全程联动、配合，不仅在前期以团队攻关的形式完成技术开发，还联合组建了 20 多人的直播团队。2019 世界 VR 产业大会期间，江西新闻客户端—江西日报集中优势力量、优势资源，全力呈现精彩 AR 直播效果。

生动而具有场景感的视频，对受众具有天然的吸引力，这也是当前几大短视频平台大热的主要原因。AR 科技手段通过传统报纸与现代科技的融合，延展了新闻报道的视角，为图文报道增添了新活力，开启了新闻传播的新玩法。

三、以 AR 为手段的突破性技术升级

AR 技术指增强现实技术，是一种将真实世界信息和虚拟世界信息“无缝”集成的新技术，这种技术的目标是在屏幕上把虚拟世界套在现实世界并进行互动。

增强现实技术，不仅展现了真实世界的信息，而且将虚拟的信息同时显示出来，两种信息相互补充、叠加。在视觉化的增强现实中，用户利用头盔显示器，把真实世界与计算机图形多重合成在一起，便可以看到真实的世界围绕着它。增强现实技术包含多媒体、三维建模、实时视频显示及控制、多传感器融合、实时跟踪及注册、场景融合等新技术与新手段。这种技术最早于 1990 年提出。随着随身电子产品运算能力的提升，增强现实技术的用途越来越广。AR 系统具有三个突出的特点：真实世界和虚拟世界的信息集成、具有实时交互性、在三维尺度空间中增添定位虚拟物体。AR 技术可广泛应用到军事、医疗、建筑、教育、工程、影视、娱乐等领域。AR 技术应用于传统纸媒，读者只要简单地扫一扫报纸中的配图，即可获得图片衍生出来的视频、3D 动画或者网页信息。比如，某地突发龙卷风，报纸进行了跟踪报道会收集到视频素材，在 AR 技术的支持下，读者就可以在报纸上直接切身感受到龙卷风肆虐的威力。

近年来，随着新媒体强势崛起并吸引越来越多年轻人关注，在时效性和传播广度方面有诸多限制的传统媒体，纷纷感到危机，开始拥抱新的技术与形式，进行转型升级尝试。AR 技术凭借将虚拟、现实合二为一，创造新的三维环境以及阅读体验能力，获得了众多传统媒体的青睐，尤其是报纸媒体，多次应用 AR 技术进行创新报道，取得了良好的传播效果。

作为人工智能领域最具代表性的技术之一，AR 技术突破了空间、时间以及其他客观限制。此次创新立足于江西新闻客户端—江西日报在 2018 年世界 VR 产业大会期间推出的全省首张 AR 连版报纸——“AR 看南昌，越看越精彩”，并在其基础上，以 AR 为手段，进行了突破性的技术升级。其中，最为关键的就是在 AR 平台首次导入直播流，实现了 AR 与直播两项新技术的融合，形成了在虚拟空间把报纸变成屏幕的奇特效果。与此同时，为全景式地反映大会盛况，本报在 AR 直播中，引入多路直播信号。读者可以在各路信号之间进行自由切换，选择大会的不同场景进行观看，就像亲身走进大会现场一样。

为进一步提升体验效果，此次 AR 直播还植入本报虚拟主播“江小端”，引导读者更好地使用这张神奇的报纸；中国电信江西公司为此次 AR 直播提供全程 5G 网络支撑，以充分利用 5G 网络高带宽、低延迟的优势，带来流畅的观看体验。

在 AR 直播之外，这张报纸还集纳丰富的 AR 元素，读者扫描它上面的南昌三大 VR 产业基地和南昌之星摩天轮，其 3D 模型就会呈现出来；读者扫描代表南昌 VR 产业四大领域应用的照片，它也会“变身”为相关视频。

“这份报纸最大的亮点在于，可以翻开报纸实时看直播。”负责 AR 直播报纸技术开发的工作人员告诉记者。开发之初，其技术难点除了如何将 AR 与直播完美结合外，

还要考虑现场的网络波动等问题，攻克这些技术难点花了一两个月时间。

在新媒体突飞猛进发展的进程中，如何将新媒体与传统媒体有效结合，实现最佳的宣传效果，是当前值得思考的重要问题。传统媒体与新媒体的传播并不是独立的，两者结合效果才是最好，才能更大范围地达到新闻舆论传播效果。要聚人气，使传统媒体与新媒体相融合，做让群众都能看得到的传播。

传统媒体是新媒体崛起的土壤，新媒体是在传统媒体的基础上，增加了技术手段。以原有平台承载新闻传播内容，以新形式搭建新闻传播渠道，江西新闻客户端将拥抱更多更新的科学技术，在媒体融合的道路上行稳致远。

（张天清：江西日报社总编辑，杨惠珍：江西日报社副总编辑，殷勇：江西日报社社委会办公室主任，吴志刚：江西日报社江西新闻客户端内容总监）

"打开 AR 开启南昌 VR 之旅"专题

案例类别：组织机构

优化组织架构 推动深度融合发展

2014 年 7 月，全国重点新闻网南方网整体并入南方报业传媒集团（简称集团），开启与《南方日报》的融合之路，《南方日报》的原官网南网并入南方网，初步实现报网融合。2015 年 10 月，南方报业举全集团之力打造的拳头产品——南方 + 客户端正式上线。

以南方 + 的建设为契机，集团构建更加适应媒体融合的组织架构。通过优化调整设置部门，让原本分散在不同主体的同类资源进一步整合，产生"化学反应"，突破藩篱，激活每一个内部要素的力量，以"年轻态"应战"新常态"，形成此强彼强、此优彼优的融合新生态，有力推动媒体融合向纵深发展，建设新型主流媒体。

一、从顶层设计着力，变"局部融合"为"整体融合"

集团对整个组织架构作出了一系列的顶层设计，为媒体融合提供组织保障。2016 年 11 月，集团成立报网端融合运营委员会（以下简称融合运营委），作为集团报网端融合发展工作的议事协调机构。融合运营委主任由集团党委书记、南方日报社社长担任，执行主任由集团总编辑担任，分管报网端的其他班子成员任副主任，报网端有关部门负责人担任融合运营委成员。

融合运营委较好地完成了媒体融合的顶层设计，从机制上确保了一体化运营、全媒体改版、多层次改革等各项工作的开展，有力推动报网端深度融合。

（一）建立协商决策机制

融合运营委建立了高效透明的决策机制，全面协调指挥报网端融合运营，引导各业务单元打破利益藩篱，拆除资源壁垒，形成资源共享、优势互补的发展合力。近几年来，融合运营委领导开展了全媒体改版改革、融媒体中心建设、南方智媒云建设、协议薪酬改革、南方名记者培育工程等多项工作，有力推动报网端深度融合，通过报网端内容一体化生产、技术一体化支撑、经营一体化统筹，做强党媒的主责主业，努力探索既符合中央精神又具有自身特色的融合转型之路。

（二）定位不同介质发展方向

融合运营委针对不同目标用户，精准定位三个介质发展方向，实行错位发展。其中，《南方日报》要打造成为"政经纸""观点纸""深度纸"，以深度见长，以政治的高度、思想的深度、理论的厚度、人文的温度、文字的精度取胜。南方网要打造成为广东第一互联网新闻门户，以权威、即时、准确的新闻信息和政务发布取胜。南方 + 要打造成为广东新型主流媒体传播平台，以创意传播、爆款产品、开放互动、快捷服务取胜。三个介质协同不雷同、分工不分家，共同构成相依共存的融合新生态。

（三）实现报网端"此长彼长"

差异化发展之路取得显著效果。目前不仅总体覆盖人群达到了 2 亿峰值、技术支撑能力位居全国前列，综合经营指标更是达到了历史高位。2020 年，《南方日报》广告收入达到 5.93 亿元，同比增长 10.2%，继续在高位运行。其中，南方 + 收入达 2.66 亿元，同比增长 26%；南方网收入 1.5 亿元，同比增长 12%。可以说，报网端从相加到相融，达到了此强彼强、此长彼长、此优彼优的效果。

二、组建新的融合生产机构，试点推行扁平化组织结构

以南方+为枢纽，集团成立多个跨媒体的融合生产机构，试点推行扁平化组织结构。不仅进行物理“整合”，更关键的是进行化学“融合”，在协同发展中共创共享。

（一）成立南方+编委会，实现人员、内容、推广、运营“真融合”

为了有利于报网端融合、有利于南方+客户端的发展，集团成立了南方+编委会，负责全端内容生产的统筹管理、确保快速扩大的内容生产能力实现“可管可控”。

南方+的管理班子实行“专职+兼职”的体制。总裁、总编辑、总经理，由分管报网端工作的集团领导班子成员担任。副总裁、副总编、副总经理，则由该报采编部门、相关媒体负责人和技术、经营单位负责人担任。

同样，南方+编委会也采用“专职+兼职”的办法组建。目前，组成人员除3人为专职外，其他均为各媒体采编骨干。这样的人事安排增强了各媒体、各部门“共建共治共享”的积极性，实现了人员、内容、推广、运营的“真融合”，推动南方+客户端做大做优做强。

（二）成立报网端音视频部，可视化产品量质齐升

2018年底，集团对南方日报视觉新闻部进行了调整，将报纸版式设计工作剥离至要闻编辑部，将摄影摄像、视频制作等力量与南方+新媒体实验室整合，成立全新的报网端音视频部。

这样的调整极大提升了集团在音视频产品生产和运营方面的能力，能稳定提供大批量、多类型、高品质的可视化产品，短视频、H5、直播、虚拟现实等新技术成为家常便饭。

（三）成立报刊网端理论评论部，占领传统媒体和新兴媒体两个舆论阵地

2019年初，集团整合南方日报理论评论部和南方杂志社、南方网、南方+、南方农村报的理论评论队伍，成立报刊网端理论评论部，通过流程优化、平台再造、人员交流，实现一个管理主体、一体统一调度。

报刊网端理论评论部集合党报、党刊、党网、党端优势资源，全面融合，筑牢了“南方评论”高地，确保舆论场上的南方声音不缺席、成主导，在重大事件和重要节点上不可或缺、一锤定音。

（四）成立报网端产品研发中心，形成核心研发动力引擎

集团于2018年底成立报网端产品研发中心。该中心依托南方+技术中心、产品中心和南方网技术中心，联合集团其他媒体单元技术力量，整合资源进行产品研发，形成核心研发动力引擎，切实助力南方+发展，推动集团深度融合。

报网端产品研发中心用了不到一年的时间，完成南方+16个版本的更新迭代，为做强南方+移动媒体宣传平台进行技术赋能。同时，优化上线了南方智媒云，真正实现了媒体业务策、采、编、审、发、评、馈等全链条的技术100%自主可控。随着南方智媒云的上线，南方报业充分掌握了自主技术，原来在技术上被“卡脖子”的问题得到全面解决。

（五）成立报网端版权工作部，破解全媒体版权保护痛点

集团2018年底成立报网端版权工作部，将《南方日报》、南方网、南方+的版权归口管理，建成了集版权预防侵权、有效维权和运营管理于一体，制度、内容、技术和法律等方面有机融合的集团版权生态运维闭环。

目前，集团自主研发了集确权、监测、存证、维权于一体的一站式版权服务平台。该平台实现全网技术监测、线上存证、在线公证申请及公证材料与互联网法院的网络对接，极大提高了维权效率，降低了维权成本。

三、建立全媒体编辑部，采访部门全媒体化

报网端融合后，“一次采集，多元发布”成为新的业务流程，集团对各采编部门的组织架构和人员配备同步进行调整优化。

（一）整合四大编辑部，共同组成全媒体编辑部

进一步推进采编分离更彻底，原来由南方日报采访部门负责编辑的部分版面统一改由编辑部门负责，原来由编辑部门负责的少量采访工作划归采访部门，原来属于视觉新闻部下辖的版式工作室，也划归编辑部门。通过组织架构优化和资源重新配置，整合打造南方日报要闻编辑部、南方+内容中心、南方日报地方新闻部全媒体编辑部、南方日报珠三角新闻部全媒体编辑部，共同组成全媒体编辑部。它们分工明确、各司其职，形成了多个介质一体化运营、多平台发布的新模式。

（二）全力推进采访部门向全媒体采访部转型

《南方日报》所有采访部门均转型为全媒体采访部，记者从理念到实操均转型为全媒体记者。《南方日报》采访部门既承担报社的采访工作，也为南方网、南方+等新媒体平台服务，南方+没有另设采访部门。《南方日报》的采访部门、新闻部、记者站，同时也是南方+的采访部门、新闻部、记者站。

通过全媒体采编部门的建设，采编人员不断提高适应媒体融合趋势的内容生产能力、产品制作能力和精准传播能力，打造出一系列导向正确、品质精良、广受欢迎的精品，舆论引导力和社会影响力稳居业内前列。

（南方日报社）

南方+客户端

案例类别：组织机构

广西云数字媒体集团筹备组建

媒体融合从2014年成为国家战略以来，各地主流媒体进行各种尝试，涌现多个爆款产品，但都面临着“有爆款没用户，有流量没平台”的困境。究其原因，就是没有建立起一个基于互联网的、自主可控的融合平台。

为了解决这个问题，广西日报社（广西日报传媒集团）经过充分调研和论证，开展广西云数字媒体集团有限公司（以下简称广西云集团）这一全新机构的筹备工作，以此作为贯彻落实《关于加快推进媒体深度融合发展的指导意见》的重要抓手，提升媒体综合能力，把“广西云”打造成为辐射东盟、具有区域性国际影响力的融媒体品牌。

一、创新机制，探索媒体融合发展新模式

广西云集团是由广西壮族自治区党委宣传部主管、广西日报社主办的国有独资文化企业。广西日报社将旗下新媒体部、广西新闻网、深融办、教育培训项目组等部门合而为一，整合广西日报社信息技术中心有关互联网研发运维的职能，聚合南国早报新媒体部、南国今报新媒体部力量，组建成全新运营实体——广西云集团，并以事业群形式推进组织重构和优化，同时设置各行政职能部门。

广西云集团按照现代企业制度运行，出资者所有权与企业法人财产权相分离，采用合理的法人治理结构和科学的治理体制。法人治理结构由股东会、董事会、监事会、高级管理层及相应的职能机构组成，公司权力机构、经营机构和监督机构权责明确、互相制约、各司其职。

在业务推进中，重点负责承担自治区级广西云融媒体生态系统的规划、建设、服务职能，积极融入数字广西及中国—东盟信息港建设，从机制、人员、激励、内容生产、传播渠道、经营策略方面进行全新设计，以推动全广西媒体的融合事业大发展。

二、主要作用，推动“主力军”挺进“主战场”

在实际筹备建设中，广西云集团通过内容阵地建设、传播渠道拓展、技术能力提升、经营策略优化，推动“主力军”挺进互联网传播“主战场”，不但加速了广西日报社自身的媒体融合转型，而且加快了自治区级主流媒体融合步伐，推动全区主流媒体深度融合发展，带动全区县级融媒体中心高质量建设和运行，构建“新闻 + 政务服务商务”的智媒体传播服务体系。

（一）传统媒体和新兴媒体共融共兴

1. 对传统媒体和新兴媒体的人员清晰定位。优秀的编辑记者队伍，一直以来是广西日报社旗下各个媒体的优质原创内容生产者，广西云集团重点依托这部分优质资源，使其成为广西云集团内容平台的“采访端”。而广西云集团现有的编辑、设计及技术人员，则作为“制作端”及“发布端”，从产品策略、技术支撑等方面，制作出形态更丰富、更易于传播的作品。

2. 优化发稿流程，实现先网后报、先端后报。以“移动优先”为原则，以“先端后报”“先网后报”为目标，广西云集团通过制度建设、采编系统升级、设备配备更新等，实现传统媒体和新兴媒体之间的新闻生产与发布的“移动优先”，进一步扩大广西日报—广西云的影响力和竞争力。

3. 制定新媒体 / 网站稿费制度。广西云集团对照、学习南方日报社、浙江日报社、上海报业等国内一流媒体集团，制定覆盖日报集团采编人员的新媒体 / 网站稿费制度，激励传统媒体编辑记者的转型，将新媒体 / 网站稿件的发布时效、阅读量等作为考评的重要维度，并对每个月的新兴媒体发稿量作出规定，形成有力的约束机制。

4. 推动内容及策划联动。除日常的稿件互联互通使用外，在年度重要报道节点、党委政府中心工作、自治区各地重要活动的宣传报道中，广西云集团开展有针对性的重大策划，在记者资源、技术力量、媒体平台等方面与日报集团进行合作，从内容生产到媒体发布形成合力，推动新闻服务及经营性内容生产的良性发展。

（二）新兴媒体融合产生协同效应

1. 网端联动融合工作机制。广西云集团针对所辖的网站、客户端、社交媒体等媒体平台，执行新的网端联动融合工作机制，广西日报新媒体部和广西新闻网两个原先均从事线上业务的单位，从人员、部门、内容平台管理进行全新规划，做到减冗提质。在内容运营方面，产生了“1+1 ＞ 2”的效果：2020年11月27~30日，在第17届中国—东盟博览会、中国—东盟商务与投资峰会的报道中，广西日报—广西云客户端与广西新闻网的端网内容生产进行了人员和内容管理平台的深度融合，实现了发展创新，策划制作了7期多语种节目《东盟外交

官带你看东博会》。该节目获得东盟多国外交官的赞誉，也获得了业界的好评，提升了广西主流媒体在国内、国际的传播影响力。

2. 区市县多级主流媒体融合联动。广西云集团作为省级数字媒体融合实体，进一步推动主流媒体融合联动机制，在策划能力、内容规划、传播平台、技术支撑、联动能力等方面呈现强大的融合赋能效应。

广西云集团联合广西 14 个设区市主流媒体和 111 个县（市、区）级融媒体中心，推动建党 100 周年宣传报道，以“红·潮 100”为主题，进行大规模联动传播和 5G+8K+VR 全景直播，举办了包括“党辉灿烂——百城主题灯光秀”“红色快闪——同心向党快闪秀”“嘹亮拉歌——百首红歌颂党辉”等线上、线下相结合的主题活动。

三、构建多元业态，提高运营发展质量

广西云集团将发挥党媒公信力、影响力优势，紧抓互联网、大数据技术革新和文化产业大发展的战略机遇，大力拓展“广西云 + 政务服务、舆情服务、影视动漫、智慧社会、教育培训”等多元业态，构建“广西云 +”生态圈及产业发展格局。

一是加快融入数字广西与中国—东盟信息港建设，深度参与数字政府、数字经济、数字社会、数字技术等业态建设与发展。做好广西云党建平台、桂管家平台等数字化平台的升级运维，结合主流媒体自身优势，创新实施一批跨界融合项目。

二是与广西壮族自治区大数据发展局深度对接，加快建设政府网站集约化平台，组建政府网站集约化运维团队，精心做好集约化平台运维工作。充分运用好运营维护自治区政府门户网站的成功经验，持续深耕各级党委、政府的各类政务网站及新媒体建设、代运维产业。做好以“广西号”平台为基础的各项党政业务、党建服务，深度对接区直大型国有企业，拓宽政务服务新路径。

三是瞄准民生“靶心”，围绕民生服务和商业形态，拓展房产、汽车、教育培训、文旅、人才招聘、健康、体育等垂直细分领域业务，打造本地生活服务的入口，运营好广西智慧生活聚合平台，不断提高社会服务水平。

四是拓展“广西云 + 影视”的多元发展业态，打造特色鲜明、国内领先、辐射东盟的影视平台，逐步形成覆盖研发、创意、制作、发行、交易、培训、播出、衍生产品和延伸产业开发的影视产业链，如推出动画电影《湘江 1934·向死而生》，制作联动剧《留学生公寓》等。

四、发展规划，以创新技术带动内容经营双轨并进

在后续发展规划中，广西云集团将以创新技术带动内容经营双轨并进，推动集团高质量发展。

一是上线新一代平台型“新闻 + 政务服务商务”客户端——广西云客户端，改版广西新闻网，打通“学习强国”广西平台及广西电子政务云平台的数据，实现互通互动。

二是加快广西云省级技术平台升级迭代，主要实现步骤包括：建设省级数据中台，建设宣传管控指挥平台，建设大数据智能服务平台，升级广西云融媒体平台，建设“两中心一平台”融合平台，建设智能媒资共享平台等。

总的来说，广西云集团的筹备成立，是传统报业进行媒体深度融合的一次有益探索，也是推动主流媒体加速转型、加快变革的创新之举。广西云数字媒体集团将以积极昂扬之态融入数字广西的浪潮中，加快打造全国及中国—东盟区域具有较强影响力、竞争力、创新力、可持续发展力的新型主流媒体集团，为建设壮美广西、共圆复兴梦想、实现“两个一百年”奋斗目标提供有力思想保证和强大精神力量。

（广西云数字媒体集团筹备办公室）

案例类别：组织机构

推进媒体深度融合发展的“甘肃实践”

——甘肃日报报业集团锐意改革创新求变 推动融合转型取得丰硕成果

2020 年 9 月 26 日，中共中央办公厅、国务院办公厅印发了《关于加快推进媒体深度融合发展的意见》（以下简称《意见》），《意见》指出，要坚持正确方向，坚持一体发展，坚持移动优先，坚持科学布局，坚持改革创新，推动传统媒体和新兴媒体在体制机制、政策措施、流程管理、人才技术等方面加快融合步伐，建立以内容建设为根本、先进技术为支撑、创新管理为保障的全媒体传播体系，为传媒行业指明了深度融合的方向目标。

媒体融合是时代所向、大势所趋，是党中央着眼巩固宣传思想文化阵地、壮大主流思想舆论作出的历史性

战略部署，是新闻舆论传播手段、传播方式、传播内容、传播格局的深刻变革。

成立甘肃新媒体集团、“主力军”转战“主战场”、推进全省县级融媒体中心建设……在这场变革浪潮中，甘肃日报社、甘肃日报报业集团以习近平新时代中国特色社会主义思想为指引，深入贯彻落实习近平总书记关于推进媒体深度融合发展重要论述精神，按照中央宣传部和甘肃省委工作部署，在甘肃省委宣传部指导下，锐意改革，创新求变，全力推动融合转型并助力全省县级融媒体中心建设，建成甘肃省县级融媒体中心省级技术平台“新甘肃云”，提前一年完成县级融媒体中心基本建设任务，形成了独具特色的县级融媒体中心建设“甘肃经验”。在短短不到3年时间里，甘肃日报社、甘肃日报报业集团媒体融合工作取得了突破性进展，形成了独具特色的媒体融合发展的“甘肃模式”。

一、组建甘肃新媒体集团，党媒融合发展和新媒体建设取得突破性进展

2018年10月28日，甘肃日报报业集团以所属媒体的采编资源为依托，组建成立甘肃新媒体集团，并同期上线甘肃第一新闻党端——“新甘肃”客户端，不仅实现了甘肃日报社转型改革的历史性飞跃，而且翻开了甘肃省媒体融合发展的崭新篇章。新媒体集团成立后，迅速承接了省委宣传部“甘肃发布”系列政务新媒体及“甘肃新闻发布厅”频道，加上每日甘肃网、掌上兰州客户端等优质新媒体平台，形成了包括微博、微信等在内的移动传播新媒体矩阵，并入驻头条号、企鹅号、百家号、人民号等第三方平台，新媒体平台与渠道建设的显著拓展，使甘肃新媒体集团迅速成为甘肃省媒体融合发展的“领跑者”。

二、打造以新甘肃客户端为代表的优质新媒体平台，构建全媒体传播体系

甘肃新媒体集团着力打造新甘肃客户端、每日甘肃网、掌上兰州客户端等优质新媒体平台，构建分众化传播格局，形成资源集约、结构合理、差异发展、协同高效的全媒体传播体系。“新甘肃”客户端上线后，以“新闻+党建+政务+服务”为宗旨，构建了集新闻发布、媒体聚合、政务服务多种功能于一体的聚合型新闻信息平台，并吸纳全省各级党政机关、社会团体、高等院校、主流媒体官方发布等政务新媒体集中入驻；同步推出的甘肃移动新媒体信息聚合系统“甘肃号”，已有400余家单位和机构入驻。据初步统计，新甘肃客户端下载量已超过400万次，成为甘肃省最权威、最具影响力的新型主流媒体，成为移动端宣传省委省政府重要政策的主平台、传播甘肃好声音的主窗口。

三、推行“主力军转主战场”，创新机制为深度融合奠定基础

甘肃日报社、甘肃日报报业集团学习借鉴上海《解放日报》先进经验并结合自身实际，在全国省级党报中首批启动“主力军转主战场”媒体融合机制改革，制定出台了《甘肃日报媒体融合机制改革方案》《甘肃日报媒体融合采编绩效考核办法》《甘肃日报媒体融合采编流程》《甘肃日报媒体融合采前会和编前会制度》《甘肃日报融媒体指挥中心职责规范》《“新甘肃”客户端编辑规范》6项改革制度，于2019年1月起全面推行，实现了党报记者全部转为融媒体记者，新闻发布全面移动优先，党报采编主力军顺利转战移动新媒体主战场。由于机制的正向引领，采编人员转场的主动性不断增强，多写稿、写好稿、在新媒体平台多发稿的主动性和积极性不断增强。目前，甘肃日报社“主力军转主战场”机制改革在全国省级党报中走在前列。

四、创新内容生产方式，全面提升党媒传播力、引导力、影响力、公信力

在推进媒体融合的进程中，甘肃新媒体集团转变观念，积极应对融媒时代的舆论生态变化，通过加强新闻策划、淬炼思想、提炼选题、锤炼表达、团队融合，围绕主题热点，提早策划，主动作为，创新性做好主题热点宣传，努力提升“四力”。2020年、2021年全国“两会”报道中，新甘肃客户端提前精心策划，“融”传统媒体与新媒体，“联”前端与后方、媒体与被采访对象；“聚”各级融媒体中心移动端，实现全域覆盖、直达基层；“合”多家省级媒体持续推出多场跨省联动报道，使融媒体报道出新出彩，形成了强大的联动宣传效果。在疫情防控和复工复产报道中，新甘肃客户端全力发挥舆论引导功能，各新媒体平台刊发相关报道8000多篇（件），制作推送融媒体产品800多件，原创视频新闻450余条，阅读量达10亿次。2019年9月底，甘肃日报社、甘肃日报报业集团、甘肃新媒体集团在全国率先启动“守护母亲河 建设幸福河——推进黄河流域生态保护和高质量发展”系列报道全媒体大型采访活动，刊发稿件2.6万多篇，阅读总量超过千万人次，在社会各界引起热烈反响，并获得第30届中国新闻奖一等奖。2020年，甘肃日报社、甘肃新媒体集团共有68件作品获得甘肃新闻奖。

五、助力甘肃省县级融媒体中心建设，打造“全省一个平台一张网”

甘肃省县级融媒体中心建设由省委统一安排部署、省委宣传部统一协调指导、甘肃新媒体集团统一执行建设，在全国率先打造了省级唯一融媒体技术平台——“新

甘肃云”，实现了“平台统一、技术统一、数据统一、资源共享”的核心目标，“全省一平台、全省一张网、全省一盘棋”的建设理念逐步变成现实，形成了独具特色的县级融媒体中心建设“甘肃经验”以及“省带县”融媒体建设新模式，得到了中宣部领导、新闻界的专家及学者的广泛肯定。2019 年 3 月底，“新甘肃云”一期工程建成上线。目前，全省 86 个县（市、区）已全部建成融媒体中心并入驻“新甘肃云”，并已全面启动市级融媒体中心建设工作。通过“新甘肃云”一键传达系统，实现了省委宣传部报道指令向各县级融媒体中心第一时间传达借助“新甘肃云”云端稿库，来自基层的重要信息、重要稿件和融媒体产品传送至甘肃新媒体集团自有平台和第三方平台，同时，各县级融媒体通过云端稿库，第一时间取用省级平台发布的重要稿件和融媒体产品，实现了省、县信息共融共通，显著提升了主流舆论的渗透力、传播力、影响力。“全省一张网”的县级融媒体中心建设成果迅速转化为加强主流舆论传播力、影响力的强大成效，经受住了重大宣传战役的“大考”，发挥了独特作用。

2020 年，中宣部新闻局向全国下发专报以《“新甘肃云”省级技术平台集约建设成效好》为题进行了专题总结推广，肯定甘肃省媒体融合建设路径和“甘肃经验”。“新甘肃云”省级技术平台、新甘肃客户端“县级融媒 齐心抗疫”案例，获评人民日报全国党媒信息公共平台区域性平台优秀案例。甘肃日报媒体融合和“新甘肃云”建设，被国家新闻出版署评为 2020 年度全国报业融合创新案例。同时，由于重服务、轻资产，社会效益显著并且具有创新性、示范性，在全国达到了领先水平，因此“新甘肃云”项目荣获 2020—2021 年度“王选新闻科学技术奖”一等奖。

（甘肃日报报业集团）

新甘肃客户端

案例类别：产品

打造全省一个平台一张网

——甘肃日报报业集团（甘肃新媒体集团）助力全省县级融媒体中心建设的探索与实践

党的十九大以来，甘肃省委深入贯彻落实习近平总书记对宣传思想、新闻舆论和媒体融合工作作出的一系列重要论述精神，按照中共中央办公厅、国务院办公厅印发的《关于推动传统媒体和新兴媒体融合发展的指导意见》和《关于加快推进媒体深度融合发展的意见》，迅速安排部署，精心谋划布局，全力推动融合转型，全力构建网上网下一体、内宣外宣联动的主流舆论格局。省委宣传部加强对各级宣传部门和省属主流媒体的督促指导，加快思维理念、体制机制、平台建设、流程管理、技术研发、人才队伍等方面融合步伐，建立以平台建设为抓手、内容建设为根本、先进技术为支撑、创新管理为保障的全媒体传播体系，组建甘肃新媒体集团，建成甘肃省融媒体省级技术平台——“新甘肃云”，实现了全省媒体融合“平台统一、技术统一、数据统一、资源共享”的核心目标，形成了独具特色的县级融媒体中心建设“甘肃经验”以及“省带县”融媒体建设新模式。目前，全省 86 个县（区、市）已全部入驻“新甘肃云”。2020 年，中宣部“新闻工作专报”以《“新甘肃云”省级技术平台集约建设成效好》为题进行了专题总结推广。

一、践行守正创新理念，打造县级融媒体中心全省一个平台，纵向一张网

加强县级融媒体中心建设，是党中央作出的重大决策部署，也是巩固拓展基层宣传文化阵地、夯实党的意识形态工作根基的重大举措。2018 年 11 月 14 日，中央全面深化改革委员会第五次会议审议通过了《关于加强县级融媒体中心的建设意见》。2018 年 12 月 1 日，甘肃省委第一时间贯彻落实，制定下发《甘肃省加强县级融媒体中心建设工作方案》（以下简称《工作方案》），明确了三个阶段的“时间表”和“路线图”。根据《工作方案》，由省委宣传部、甘肃日报社主管，甘肃日报报业集团公司主办的甘肃新媒体集团全权负责搭建甘肃省县级融媒体中心省级技术平台。

甘肃省在县级融媒体中心建设工作中，坚持“全省一张网”“全省一盘棋”理念，由甘肃新媒体集团独家搭建甘肃省县级融媒体中心省级技术平台“新甘肃云”，

并负责指导全省 69 个县的县级融媒体中心建设，取得了极高的建设效率和良好的建设成果。2019 年 3 月底，“新甘肃云”一期工程建成上线，2019 年 12 月 30 日，全省 69 个县级融媒体中心全部入驻“新甘肃云”，提前一年完成县级融媒体中心基本建设任务，有关工作走在了全国前列。甘肃日报报业集团《党媒深度融合发展的“甘肃答卷”》入选国家新闻出版署 2020 年中国报业深度融合发展创新案例，在案例点评中指出：“新甘肃云”建设为全国报业媒体融合建设中解决西北地区欠发达问题提供了重要示范。由于重服务、轻资产，社会效益显著并且具有创新性、示范性，在全国达到了领先水平，“新甘肃云”项目荣获 2020—2021 年度“王选新闻科学技术奖”一等奖。

目前，按照中共中央办公厅、国务院办公厅《关于加快推进媒体深度融合发展的意见》精神和甘肃省委有关贯彻落实方案，甘肃新媒体集团正在全力实施“新甘肃云”二期工程，从平台功能迭代完善、平台能力提升、直播平台建设、区县客户端升级改版、大数据服务、机构入驻、平台安全等方面进行规划与实施，不断迭代升级，扩展新功能，提升平台能力和服务能力，更好赋能县级融媒体中心，夯实基层舆论平台的技术基石。

二、对标国家建设标准，实现了平台统一、技术统一、数据统一、资源共享

甘肃省县级融媒体中心建设的特点概括起来说就是“全省一平台，全省一张网，全省一盘棋”，实现了平台统一、技术统一、数据统一、资源共享。对标国家标准，形成以下特点。

（一）确保县级融媒体中心导向正确

省级技术平台“新甘肃云”将统筹全省所有县（市、区）的县级融媒体中心，建设全省“一个平台一张网”。省委宣传部通过省级平台可做到重要信息一键发布，有关要求一键传达，违规内容一键删除，从而实现全平台发布内容的可管可控，确保县级融媒体中心导向正确。

（二）扩大县级融媒体中心传播效果

通过省级技术平台“新甘肃云”，县级融媒体中心发布的内容经过审核后可直接在甘肃新媒体集团旗下报、网、端、微等多平台集中发布，重要新闻将推送至各类第三方新媒体平台，最大限度地提升县域新闻的传播力、影响力。

（三）节省县级融媒体中心建设费用

省级技术平台建设在技术投入上充分发挥集约化作用，统一建设方式的投入远小于各县独立建设的总投入，其规模效应为地方建设融媒体中心大大节约了成本，防止了重复建设造成的浪费。

（四）提高县级融媒体中心建设效率

省级技术平台“新甘肃云”为县级媒体融合中心建设提供了一站式解决方案，解决了县级媒体融合发展中的诸多难题。甘肃新媒体集团统一为各市县部署平台资源，并提供人员培训、技术指导等，大大加快了建设速度。

（五）保障县级融媒体中心技术运维

县级融媒体中心未来的技术运维工作需要持续的人力投入，就县级融媒体中心目前的技术人员储备来说，难以承担。依托全省统一技术平台，甘肃新媒体集团的技术团队将长期提供技术运营和服务，可有效解决县级平台的持续更新迭代和运维困难。

（六）联合县级融媒体中心实现协同作战

通过省级技术平台“新甘肃云”，打破原有省、市、县三级媒体的边界、层级限制，在重大报道中，可以通过省级技术平台，联合全省所有县级融媒体中心，统一策、采、编、发，改以往单兵作战为联合协同作战。这样使得省级平台变成一个覆盖全省的、开放式的全媒体指挥中心，全省各地可以同时行动、同时发声，实现同频共振，壮大主流舆论影响力，让党的声音传得更开、更广、更深入。

三、依托省级技术平台，发挥“新甘肃云”省级信息枢纽和指挥协调平台中心作用

“新甘肃云”省级平台既是全省媒体融合发展的技术平台，也是全省融媒体建设的内容生产中心、汇聚中心、发布中心和技术服务中心。为了更好地服务全省各县级融媒的内容建设，甘肃新媒体集团成立“新甘肃云”工作中心，全面负责入驻新甘肃客户端的甘肃号和县融媒频道的稿件审核、发布及推送。近年来，在抗击新冠肺炎疫情、复工复产、脱贫攻坚等重大宣传“战役”中，“新甘肃云”充分发挥省级平台信息汇聚及指挥调度中心作用，联动全省 80 个区县融媒体中心，省县联动，以省带县，协同作战，资源共享，同频共振，融合传播，彰显了媒体融合的强大合力。截至 2021 年 7 月 31 日，全省各县级融媒体中心通过“新甘肃云”省级技术平台上传云端稿库 91342 篇稿件，其中原创稿件 71341 篇；新甘肃客户端从中选取 19264 篇推送到新甘肃客户端“新甘肃云”频道。《甘肃日报》的《新甘肃云 · 县融媒集萃》栏目已出版“县融媒集萃”版面 70 余期，精编县级融媒体中心稿件 500 余篇。

四、利用省级技术平台，打造“一云两平台，一端两中心”

甘肃新媒体集团利用已经建成的融媒体省级技术平台——“新甘肃云”，依照“一云两平台，一端两中心”的基本思路建设，一体融合推进融媒体中心和新时代文明实践中心建设，成功研发市县新时代文明实践中心线上技术平台，在为各市县打造的一地一端上，创新性地加载了新时代文明实践中心的功能。新时代文明实践中心技术平台利用自主可控的“新甘肃云”平台和移动客户端，在推进新时代文明实践过程中，让群众可以通过客户端的首页进入新时代文明实践中心的后台，在客户

端“点单”，再由新时代文明实践中心“派单”，既实现了资源共享、互相借力，又充分发挥宣传与服务两大功能，“两个中心”融合发展，实现了志愿服务的精准送达，打造“指尖”上的文明实践中心，创造了“网上号召、网下响应”的特色管理模式，从而有力助推了全省新时代文明实践中心建设。目前已在28个区县完成部署，受到区县融媒体中心的高度评价。

（甘肃新媒体集团）

“新甘肃云”平台

案例类别：产品

“石榴云”：智在融合 一体赋能

——“石榴云”融媒体技术平台

成立新 江日辉 尹东 陈勇

党的十八大以来，以习近平同志为核心的党中央，深刻把握时代发展大势和媒体发展规律，作出了推动传统媒体和新兴媒体融合发展、加快县级融媒体中心建设的重大决策。新疆维吾尔自治区党委对此高度重视，作出“全疆一张网”工作部署。新疆日报社〔新疆报业传媒（集团）有限公司〕坚决贯彻落实中央和自治区指示精神，积极推动“石榴云”融媒体技术平台建设，为85个县级融媒体中心在内的各级媒体加快推进媒体深度融合发展提供技术支撑。

一、“石榴云”项目基本情况和主要创新点

（一）项目基本情况

自治区级融媒体技术平台“石榴云”（以下简称“石榴云”），是自治区党委深入贯彻落实习近平总书记关于推动媒体融合发展、做大做强主流舆论重要指示精神，落实党中央关于县级融媒体中心建设重大决策作出的工作部署，是宣传工作“全疆一张网”的核心枢纽工程。“石榴云”是国内首批按照中宣部、国家广电总局发布关于县级融媒体中心建设和省级技术平台建设规范标准建设的媒体云平台。由自治区党委宣传部统筹全局，做出“集约建设、一体赋能、统一管理”总体设计，其建设理念在国内属于领先，上线运行也标志着新疆媒体融合发展迈上了新台阶。

“石榴云”运用云计算、大数据、人工智能等技术，着力构建4个“1+85+*N*”运作体系。

1. 打造“1+85+*N*”超级编辑部。为各级媒体联合策划、报道、运营提供支持，全面提升媒体生产能力和传播效率。

2. 打造“1+85+*N*”客户端矩阵。实现重点内容全矩阵发布、运营活动全矩阵推广，通过协同作战放大传播影响力。

3. 打造“1+85+*N*”政务服务入口。构建“百姓指尖上的服务中心”，增强客户端用户黏性。

4. 打造“1+85+*N*”版权保护体系。助力媒体对原创内容进行版权追踪，还将引入区块链技术，形成覆盖全新疆媒体的版权保护体系。

（二）项目特点

“石榴云”以集中资源打造技术先进、自主可控的融媒体平台，通过云端为各媒体开展采编业务、公共服务、运营活动等提供技术赋能为使命。概括来说，“石榴云”的建设规划具备三大特点。

1. 流程一体化。“石榴云”着力打造全渠道融合生产能力，将线索、选题、素材、成品等数据全部纳入一个后台，选题策划、指挥调度和文字、图片、音视频、H5等多媒体内容的采集制作“一站式”完成，传送到报纸、广播、电视、网站、手机客户端、抖音号等不同渠道进行审核发布。依托“石榴云”建立起全媒体内容生产的整体架构，把过去分散在报、台、刊、网、端和其他第三方平台的采编力量和内容资源集中起来，真正建立起“一支采编队伍同时服务新媒体、报纸、广播、电视等多个平台”的一体化运行机制。

2. 生产智能化。“石榴云”将大数据分析和人工智能无缝嵌入采编业务全流程，通过人机协作方式实现智能化生产，提高生产效率、确保传播安全方面有着更为突出的意义。平台依托云计算和大数据分析，深耕舆情热点、传播影响力分析、用户画像等，提供支撑“策划、采集、编辑、审核、发布、考评、管理、追踪”全流程的智能化工具集，全面准确及时了解掌握社情民意、舆论反应和用户习惯，改变过去主要根据报道指令和模糊

价值判断安排选题，实现精准化生产、智能化推送；通过多维度数据挖掘分析，建立综合考量内容导向、创新方法、发稿量、点击量等指标的绩效考核标准，用考核指挥棒引导采编队伍转型；引入埋点计算，实时分析平台的运行情况，支撑平台构建产品优化和运营迭代策略。同时，“石榴云”借助自然语言处理、图像感知、知识图谱、鉴黄鉴恐鉴暴等技术，形成智能策划、智能编辑、智能审核等能力，着手引入短视频、数据新闻等智能生产机器人，与技术公司合作深耕多语种信息处理技术，提升媒体生产效率、内容质量和把关能力。

3. 数据资产化。“石榴云”对采集、加工、存储、应用等各环节产生的内容大数据、用户大数据、运营大数据进行全生命周期管理，将原有散乱的数据打上静态、动态及自动化标签，分门别类进行标记，实现跨领域、跨场景状态下数据价值的深度挖掘，为大数据时代的数据资产化和内容产业化提供全面支撑。

二、“石榴云”项目建设情况

2019年2月，新疆日报社成立媒体云专班，按照中宣部、自治区党委宣传部提出的“年底建成自治区级平台”工作目标，全力推进建设工作。在自治区党委宣传部的指导下，在自治区党委网信办、自治区党委编办、自治区发改委、自治区财政厅、自治区广电局等10余个部门的帮助下，在8个多月时间里，新疆日报社考察了10余个省级技术平台，与20余家行业领先的技术公司召开50余场技术说明会，组织了4轮专家评审，确定了最终的建设方案。2019年10月下旬，“石榴云”建设全面启动，新疆日报社以“同步实施、压茬推进”为工作原则，将专班分成不同的团队，同时推进商务合同磋商、技术方案审定和系统部署研发三方面工作，迅速完成平台核心系统建设，同时接入县级融媒体中心业务，加速迭代、边部署边研发边完善，确保如期保质完成建设目标。2019年11月25日“石榴云”开始试运行，12月23日正式上线；2020年5月11日，新疆日报社采编业务切换至“石榴云”平台；2020年10月28日，85个县级融媒体中心全部入驻“石榴云”平台；2020年8月13日，“石榴云”客户端在各大应用市场上架。

三、“石榴云”项目具体成效与社会反响

（一）以平台应用构建“全媒体”传播生态

“石榴云”平台以“四化”助推媒体深度融合。一是系统云端化。系统部署专属云机房，各级融媒体中心通过相应权限，在云端开展采编、服务、运营等活动。二是流程一体化。按照“一次采集、多种生成、全媒传播”要求，助力各媒体一支采编队伍同时服务多个端口。三是生产智能化。大数据分析和人工智能无缝嵌入采编业务全流程，提高生产效率，并确保传播安全。四是资源共享化。积极探索“新闻+政务服务商务”模式与新疆政务服务和公共资源交易中心等对接，集成30余个部门、单位的2800余项服务。“石榴云”客户端与新疆85个县市“好地方”客户端从技术到内容互联共享，构建新疆全媒体传播生态系统。

（二）以体制机制改革保障“全媒体”发挥作用

自2018年11月新疆报业传媒（集团）组建以来，在自治区党委领导下不断深化体制机制改革，推动媒体融合向纵深发展。

1. 构建新体制。树牢互联网思维，打破以报纸为中心的运作模式，整合了报、网、端、微等40多个平台渠道，打造一支队伍服务多个平台的工作机制。

2. 建立新机制。以“石榴云”客户端为牵引，将融媒体呈现作为重要的影响力评价指标，制定了《新疆日报原创新媒体产品绩效考核办法》及考核细则，用制度的“指挥棒”，引导现有队伍向全媒体记者转型。

3. 开展新实践。“石榴云”平台整合各方力量，采用图文、视频、海报、H5等形式，全平台发布稿件35万余篇，累计点击量超46亿次，20个产品传播量超过1000万次。特别是在全国“两会”期间，平台搭建“新疆全国两会新闻中心”，为自治区和兵团媒体提供“云跑会”支持，增强与新疆广播电视台的联动，加强与各县级融媒体中心的互动，让“云端跑两会”跑出了效果和影响力，受到中宣部7次表扬。在疫情防控宣传报道中，27个县级融媒体中心生产了157条产品，播放量过百万次，其中9个县级融媒体中心的20条产品，播放量过千万次，还出现了播放量过亿的现象级产品。

下一步，新疆日报社将加强与各媒体及融媒体中心的合作，继续开发完善“石榴云”平台功能，进一步加快推动全媒体传播体系建构，推进媒体深度融合发展，做大做强主流舆论，多层次、全方位、立体式讲好新疆故事，为贯彻落实新时代党的治疆方略提供强大精神力量和舆论支持。

（成立新：新疆日报社总编辑，江日辉：新疆日报社副总编辑，尹东、陈勇：新疆日报社媒体云工作组负责人）

“石榴云”客户端

案例类别：产品

立足四川 打造精神文明建设全媒宣传新引擎

——新时代四川精神文明建设全媒体综合服务平台

《精神文明报》创刊于1985年，是全国唯一公开发行，以宣传报道社会主义精神文明建设为主要内容，服务于全国精神文明建设战线的综合性时政报纸。近年来，报社依托精神文明建设全媒体平台，立足四川，围绕四川省委宣传部、省文明办的工作需求，为四川省委宣传部、省文明办重点打造了新时代四川精神文明建设全媒体综合服务平台。通过数据整合，技术＋内容支撑，集报纸、PC网站、“云端”直播、微信公众号、微博、微视频等于一体，精准定位受众群体，通过全媒体聚合效应，打造宣传、推广、服务四川全省精神文明建设战线的交互平台。

一、四川精神文明建设“云端”服务平台建设

新时代四川精神文明建设全媒体综合服务平台作为展现四川省精神文明建设成果，服务精神文明建设工作者的窗口性平台，不断深入探索和推进“互联网＋政务服务”模式，利用信息化技术开发实现“政务信息公开”“云办公”“便民服务”等服务功能，大幅提升政务服务智慧化水平。

（一）搭建精神文明建设媒体矩阵

为扩大四川省精神文明建设官方网络平台的影响力，以四川省宣传思想文化工作和精神文明建设的政务门户网站——四川文明网为龙头，推动21个市（州）、58个区（县）建成了文明网站，四川文明网为各地文明网站提供内容采编管理平台和技术支持，实现统一的信息编、审、发一体化管理，形成有机整体和宣传合力，在省文明办官方微信“文明四川”建设精神文明移动智能党务中心，按照资讯、活动、功能分类，整合四川文明网移动端、四川网上好人馆、视频直播等自建平台，聚集全省各级文明办33个微信公众号，建立新媒体矩阵，组成传播集群。自有的“文明新观察”“文明四川”“中国未成年人网”3个微信公众平台订阅用户总数为98.2万余人，微信平台每均阅读量为330余万次。

（二）研发信息化管理平台

在四川文明网首页开设了“文明大厅”导航入口，聚合展示文明创建、志愿服务、未成年人、道德建设等线上办公管理系统，整理汇总了历年文明城市、道德模范、身边好人等数据资料，供网友检索查询。搭建了四川省精神文明创建之窗动态管理系统，以“五大创建”各项测评细则为蓝本，实现了文明创建数据统计与监测机制、档案录入与管理机制、信息发布与稽核机制等功能，对文明创建进行动态管理。以“文明四川”微信公号为载体搭建的四川省未成年人成长环境监督举报平台，共收到涉及网吧、视频声频、出版物市场及周边环境等问题和关系未成年人学习、生活、心理、权益、服务等问题30000余条，核实并反馈处理的违规案例2120余起。此外，还建设了四川省宣传文化项目库申报系统、四川公民道德动态管理平台、网络文明传播志愿者动态管理平台、乡村学校少年宫档案管理平台等数字化系统平台。这些信息化的系统平台，极大地简化和方便了全省各地宣传部、文明办的工作流程，已成为省、市、县各级文明办必备的线上办公平台，受到广泛好评。

（三）开拓多媒介传播平台

利用3D技术，建设了“三基地一窗口”“四川好人馆”数字化展馆。其中“四川好人馆”通过图文、影音、动漫、互动等形式，实景呈现了时代楷模、道德模范、身边好人、最美人物、美德少年等先进事迹和高尚精神，为社会主义核心价值观宣传教育提供了便捷化、互动性、全天候的网上阵地。建设了云视频点播平台，打造了自有的流媒体资源库，已发布各类视频4600余个。利用现有平台设备可自主完成多机采集、切换导播、多平台网络推流等直播功能，共完成精神文明建设大型活动现场视频直播37场。

二、拓宽全媒体服务新范式，延展服务平台功能

围绕四川精神文明建设行业发展需要，以纸媒内容生产突破为龙头，在报社全媒体中心的框架下，积极对接新华社图文供稿库，利用富媒体宣传平台及行业权威资质、媒体影响力及核心行业资源，为四川精神文明建设提供专业权威的信息，基于内容价值衍生多类型的行业定制服务，延展服务范畴。

（一）建设品牌专栏

根据四川省精神文明建设的总体工作以及阶段性宣传要点，累计开设《蜀中城事》《川人榜样 时代典范》《文明创建每周报》等固定专栏8个，《成长微镜头》《非遗传承故事》等阶段性专栏20余个。在重要宣传节点，

利用四川文明网首页第一屏开设了《众志成城战疫情》《百年奋斗路 启航新征程》等聚合专栏20余个。

（二）打造公益广告库

报社打造了“四川省讲文明树新风公益广告展播”“百部看四川微视频展播”等公益广告制作发布平台，自主创作“第六届全国道德模范宣传漫画”“四川省全国文明家庭漫画”“2019年四川省公益广告”“2020年四川好人宣传海报”等先进典型、文明创建、巴蜀文化、志愿服务等主题平面公益广告和漫画85幅。首发《“法治四川行”主题公益广告》《“厉行节约 反对浪费”公益广告》等平面、视频、音频类公益广告800余篇（幅）。报社通过提供展播及下载功能及与地方文明网站的联动宣传，取得了良好的传播效应。

（三）开拓视频创播模式

在四川文明网上开设了文明微视栏目，入驻了抖音、快手、微信视频号等平台，发布公益广告片、公益宣传片、校园心理剧、微纪录片、微电影等视频内容，打造了《成长微镜头》《文化看四川》《四川省道德模范微电影展播》等视频专栏，创作了一批优秀的宣传片、公益广告片、微电影、主题活动MV。其中《文明四川人 有礼天下行》获原国家旅游局颁发的最佳微视频奖，《以针代笔 以线做墨 勾勒廉洁正气》获四川省纪委办公厅颁发的“廉洁四川，你我同行”微视频征集活动三等奖，《岁月载德》获四川省第二届公益广告大赛视频类一等奖。

（四）开展文明传播活动

围绕行业工作，在传统节日、重要纪念日等重要节点，利用微博、微信、互动专题开展“网上祭英烈”“向国旗敬礼”“百名学子讲党史”“中华小导游”等一系列爱国爱党、传承文化、弘扬新风的线上线下文明传播活动。通过不断深化活动内涵，提高活动品质，逐步提升活动品牌知名度和社会影响力。承办的“四川好人榜”发布仪式，共计17场，制作网络专题及宣传海报，开展“点赞四川好人”活动，通过视频直播、新华云图文直播、稿件报道、社会评论等，运用网站、微信微博平台对发布会仪式进行全方位报道，累计网络访问量达1200余万次。首创的“未成年人网络春晚”成功举办了10届，累计吸引了全国90余个省市区县、1000余所学校的未成年人参与活动，网络点击量累计逾4500万次，成为“我们的节日”重要活动载体，被网民评为“最值得期待的十大网络春晚”。

“新时代四川精神文明建设全媒体综合服务平台”通过为四川省各地精神文明建设工作战线提供优质内容服务，多样的宣传包装，精彩的互动体验，不仅得到了四川省委宣传部、四川省文明办及各地市州文明办的高度认可，也得到了中央文明办、中国文明网的赞扬，四川文明网在全国地方文明网站一直名列前茅，曾在中国文明网开展的全国地方文明网站季度测评中，10次登顶头名，多次获评年度优秀新媒体产品、年度优秀专栏、优秀网络文明传播活动等，使四川省的各类宣传信息不断登上全国宣传平台，得到了广泛传播。在工业和信息化部组织开展的政府网站评估活动中，四川文明网先后在2010—2012年3次荣获“中国政府网站领先奖”，2013年荣获“中国互联网文明传播贡献奖”，2014—2020年7次荣获“中国政务网站领先奖”。

（精神文明报社）

四川文明网

案例类别：产品

云南省级融媒体云平台——云南智慧云

杨之辉

云南日报报业集团利用云计算、大数据等技术，以“云南智慧云”新媒体平台为基础，建设了覆盖全省、互联互通的移动政务新媒体平台，跳出媒体内融合的“小圈子”，着眼云南省各级媒体的大融合，全力打造区域性、生态级、智能化的媒体融合平台。

一、产品简介

云南智慧云媒体云是为了满足传统媒体与新兴媒体融合发展需求而研发的整体解决方案。媒体云系统可快速开通涵盖集“PC站+手机站+手机客户端+微博+微信”等多个终端的一体化站点，便于整合传统媒体的采编力量，汇聚媒体和政务信息，提供政务和生活服务，打造集成多站点、多媒体、多终端的高效媒体融合平台。

“云南智慧云”在互联网思维和云计算技术之上，支持角色权限控制和移动审稿机制，确保内容安全快速发布；支持多站点分级管理；支持全平台内容和用户共享；支持多渠道传播和运营效果量化评估等，可以为传统媒体推进媒体融合发展提供安全、稳定、高效的服务。

二、关键技术

该平台在功能和设计理念上突破传统系统架构格局，创新了媒体融合应用，达到了较高水平。平台系统采用主流的分布式微服务架构进行开发设计，通过划分多个微服务，既方便今后功能的灵活扩充与优化升级，又能够快速、方便引用互联网主流的大数据服务到平台系统的软件开发中，以满足大数据模式下高并发量的互联网业务应用。

在广播、电视、新媒体的新闻融合生产应用、PC端、手机端、大屏端多屏互动的融合应用、市县乡三级新闻共享与信息互通的融合模式创新上，都具备多重优势以及实现了在指挥大厅大屏上“报道流”的融合跟踪展示，并具备新闻的协同指挥调度与流程监管等众多融媒业务功能，为县级媒体融合建设做好技术储备。

目前，云南智慧云平台已在省内8个州市的53个县级融媒体中心投入使用，在媒体融合应用上已见成效，极大地提高了县级融媒体中心的新闻生产效率和制播能力。

三、产品特点

（一）多站点

支持快速创建子站点，并可为站点绑定独立域名；可以分别对站点进行应用授权，同时提供丰富的内容模板和风格供站点选择；支持站点间用户和内容的共享，显著提高信息复用率；支持站点分组化管理。

（二）多终端

站点能实现“PC网站+手机网站+手机客户端+微博+微信”多终端一体化，支持站点内容一次发布多渠道呈现。

（三）多媒体

支持文章、图集、视频、音频、多媒体直播、专题、链接等内容模型，可以在线可视化编辑图片和音视频，多种内容形式可融合呈现。

（四）社交化

可一键推送内容至微博、微信等主流社交平台，可以在媒体云后台直接维护发布至微博、微信平台的内容。客户端用户可以使用社会化账号快捷登录，也能一键分享内容至主流社交平台。

（五）统计分析

通过对站点、应用、终端、频道、人员等多个纬度进行统计分析并输出相应数据报表，给运营人员提供决策依据。

（六）极致体验

简洁的用户界面、人性化的交互设计、像素级的品质把控，只为实现极致的用户体验。

（七）开放

提供常用的开放数据API接口、开发文档，可以降低与第三方系统进行整合所需成本。提供模板、风格和应用开发机制，通过扩展开发使个性化需求变得简单可行。

（八）安全

提供主机入侵监测与安全防护，对弱口令、高危账号、配置缺陷、病毒木马、网页木马、异常账号、反弹shell、异常进程、系统命令篡改等进行安全体检、监测；同时提供完整性监测、操作审计、进程监控、资源监控、性能监控、登录监控等。

四、平台特色

云南智慧云平台是将舆论引导与意识形态管理平台、政务信息公开与移动政务平台、社会治理和智慧民生服务平台三者融为一体的“新闻+政务+服务”的新媒体平台，是独具特色、经过系统思考和顶层设计、基于“互联网+”战略的媒体融合模式。

新闻：打造云南省县级融媒体中心最全面最权威信息发布的“云稿库”，构建全省共享互通的“中央厨房”，实现跨站点调用、跨区域订阅。

政务：云南智慧云汇聚呈现省市县三级政务微博、微信、客户端，政府部门入驻当地政务大厅发布信息、政务公开，入驻“民声”问政系统回应百姓诉求、践行“网络群众路线”。

服务：云南智慧云平台目前已打通“一部手机办事通”公积金、交管、医疗、户政等40余项通用政务和民生服务接口，提供精准扶贫、智慧医疗、网络教育等信息化建设服务。

五、经验与启示

县级融媒体中心是基层网络传播的重要载体，是做好党的新闻舆论工作的重要依托。新冠肺炎疫情暴发时，云南省大部分县级融媒体中心建设才初步完成资源整合，有的运行不久，应对重大突发事件的经验甚少。对于他们来说，如何面对突如其来的新冠肺炎疫情，显然是一场大战“疫”、大检阅、大挑战。

疫情暴发以来，云南省内县级融媒体中心积极响应党和政府疫情防控决策部署，开展联动报道，进行渠道深度融合，放大主流声音，为基层防控疫情构筑正面舆论堡垒的生动实践。

“云南智慧云”充分发挥平台宣管和通联协作功能，紧急启动联动报道机制，充分调动各区县融媒体中心的传播渠道。联动报道工作启动后，与平台链接的8个州市的53个县级融媒体中心立即响应，一键转载“云”上省级主流媒体疫情防控稿件，传递权威声音；融媒体中心微信公众号、微博、网站、村村通、大喇叭、小喇叭等各平台齐齐发力，与“云南智慧云”联动，迅速构建起多层次、全方位、一体化的基层疫情防控引导传播体系。

同时，“云南智慧云”在全省率先推出“疫情地图”“新冠肺炎症状自查”“发热门诊”“疫情知识智能问答”“患者同小区”等查询板块，实现了疫情数据和分布地图实时更新、新闻报道和辟谣信息权威发布、发热门诊和防疫知识智能查询。该平台系统通过省级平台将权威信息提供给广大县级融媒体中心移动端使用，产品帮助区级融媒实现了“媒体＋政务＋服务”功能，发挥了引导群众、服务群众的作用，传递了战“疫”信心，凝聚了群众力量。

与此同时，大量来自县（市、区）、来自基层的好新闻、好作品通过省级平台的推送扩大了传播力、影响力。据“云南智慧云”平台统计，2020年第一季度，疫情防控对垒阶段，玉溪、德宏、保山等8市州53家县级融媒体中心共发稿145220篇，每个平台平均发稿2740篇，日均每家媒体发稿30余条。各县级平台累计推送了省级主流媒体《云南日报》、云南网网站采写和制作的100余篇疫情防控稿件及新媒体产品。这组数据，充分证明了“智慧云平台”在“共同策划、精选主题、一次采集、分类加工、多元发布”运作模式下的传播力、影响力，展现了各县级融媒体中心的传播覆盖率。

疫情期间的交通管控导致物流运输困难，农产品滞销给全国多地农民带来很大压力。各融媒体中心、精心策划、重磅出击、矩阵传播，及时推出“云帮扶”战“疫”助农公益活动，通过融媒体直播，为受疫情影响的滞销农产品寻找买家，为提振地方经济凝聚力量，以实现疫情防控和经济发展“两不误”。

随着各地复工复产工作有序展开，县级融媒体中心第一时间发布全区各行业复工政策和企业复工名单，推出企业复工防疫知识指南和复工复产系列政策问答，通过媒体矩阵推送给广大群众，助推工业农业复工复产。同时，各地融媒体中心充分运用全媒体矩阵监测平台，第一时间掌握群众关注热点，加强部门协调联动，凝聚复工复产合力。

值得一提的是，经过疫情大考，各县级融媒体中心实现了有效宣传引导和自身发展壮大的双赢局面。据统计，2020年1月23日以来，全省县级融媒体中心的新媒体平台平均涨粉数超3万，其中新闻客户端、微信公众号用户平均增长率达12%。

在疫情防控与恢复经济活力的实践中，通过一系列线上活动，不断增强与用户和当地群众的黏性，县级融媒体中心的权威性和服务功能，再一次展示融合的力量。

（杨之辉：云南日报报业集团云南网地方新闻中心总监）

案例类别：组织机构

贵州组建首个融媒体云上编辑部：立足为县级融媒体中心服务 提升县级融媒体中心主流舆论阵地建设活力

如何完善中央媒体、省级媒体、市级媒体和县级融媒体中心四级融合发展布局？面对媒体深度融合发展时代大考，贵州日报报刊社、贵州日报当代融媒体集团组建了贵州融媒体云上编辑部，以“云编辑”为理念组建媒体团队，吸纳贵州全省县级融媒体中心实现“共建、共享、共融、共赢”，立足为县级融媒体中心服务，全面帮助提升县级融媒体中心主流舆论阵地建设。

一、背景与起因

县级融媒体中心建设是党中央将宣传思想文化工作向基层覆盖的重大举措。2019年5月，贵州省88个县（市、区）和8个新区（开发区、旅游区）融媒体中心全部建成挂牌并投入实际运行，已全部建立新媒体矩阵，初步形成分众传播、分类覆盖的格局。

县级融媒体中心作为我国媒体融合深度发展的必然产物，在“主流舆论阵地、综合服务平台、社区信息枢纽”等方面发挥了重要作用。但大量县级融媒体中心还处于发展初级阶段，一方面，县级融媒体中心的队伍组成主要来自原县级电视台及外宣中心等传统播报载体，工作模式陈旧，专业技术能力短板明显；另一方面，局限于本地的传播形式，其影响力、传播量、覆盖面均不够。

县级融媒体中心亟待“整合内需”与“满足外需”，“借船出海”解决人才储备不足、生产力低下等问题。

二、做法与措施

为解决县级融媒体中心面临的现实困境，探索出一种激发内生动力与外部有效支撑的模式，贵州日报报刊社、贵州日报当代融媒体集团发起组建了贵州融媒体云上编辑部，以“云编辑”为理念，构建了贵州首家覆盖全省县级融媒体中心的编辑部，协助入驻的各成员单位实现内容、技术、创意、策划等方面的“共建、共享、共融、共赢”。

（一）搭建平台实现云端合作

2020 年 7 月 21 日，贵州日报报刊社、贵州日报当代融媒体集团发布了首期《贵州融媒体云周刊》，宣告贵州融媒体云上编辑部的正式成立。在云上编辑部内采用新闻众筹的方式即各入驻成员单位联合策划，通过云连线的方式进行“头脑风暴”，随时产生策划选题。

目前，全省 96 家县级融媒体中心已全部入驻贵州融媒体云上编辑部，形成共建之势。与此同时，贵州省消防救援总队全媒体工作中心也已入驻云上编辑部，成为省级职能部门中首家入驻云上编辑部的单位。

通过思想碰撞，成员单位分别结合党委政府中心工作和重点任务，策划了“丰收季”“食光贵州”“我为群众办实事”等主题报道，让主题报道接地气、有故事。

作为服务单位，贵州日报报刊社、贵州日报当代融媒体集团依托各县级融媒体中心提供的素材与思路，以网言网语、海报设计、H5 交互、短视频等多种形式，组稿、设计、创意包装二度传播，并配合完成《贵州融媒体云周刊》编辑播发工作。

（二）授人以鱼不如授人以渔

《贵州融媒体云周刊》仅仅是云上编辑部组建生产的产品之一，更多的策划与联动依托于云上编辑部的合作。但是仅仅靠资源的整合报道，不足以解决县级融媒体中心面临的受资金、政策、人员、管理等多种因素制约的问题，不足以帮助它们克服发展后劲不足的实际困难。

授人以鱼不如授人以渔，云上编辑部从“输血式”合作转向“造血式”合作，调动激发县级融媒体中心的内生动力。

以贵州融媒体云上编辑部作为牵引，发挥“中场发动机”作用，贵州日报报刊社、贵州日报当代融媒体集团派出负责同志及业务骨干，通过 2020 年贵州省网络新闻传播季度交流暨专题培训会议与全省县级融媒体中心共同分享优秀创作案例，并且分别为铜仁、毕节等地的县级融媒体中心授课，将融媒体发展理念与技术“送货上门”。

如今，媒体之间已经跨越了时间与空间的距离，在云上实现了多形态、多平台的共享。碎片化的信息已呈现爆炸态势，此时精品新闻的策划就显得尤其重要。贵州融媒体云上编辑部秉持“谁提出策划谁就任项目组长、谁就是传播的主导者”的原则，其他成员单位配合执行，贵州日报报刊社、贵州日报当代融媒体集团运用人力、智力、物力帮助每个地方都享有开启爆款新闻的机会，有效提高策划深度、报道速度、传播效度、定位精度、覆盖广度以及内容温度。

（三）头脑风暴碰撞无限未来

在合作与交流中，发现县级融媒体中心在纵向交流上较为畅通，但是横向合作上还存在沟通不畅等问题。因此，贵州日报报刊社、贵州日报当代融媒体集团通过线下分享会的形式，为县级融媒体中心搭建了现实中的分享交流机会。

2020 年 12 月 18 日，“2020 年贵州媒体深度融合案例分享会”在贵阳举行，以“大考之下，主流新闻的 100 种表达方式”为主题，邀请贵州 11 家县级融媒体中心负责人做现场分享。

大家或谈论“媒体拥抱后县媒融合后时代的探索之路”，或分享“‘内容众筹’助推县级融媒体中心发展的探索与实践”，或是用多个案例共享“内外融合多重表达乡土味很‘上头’”，并且邀请了人民视频、《四川日报》等业界专家“云端”分享，展示了在各自阵地的媒体融合制胜法宝。

一个又一个精彩的鲜活案例，经验宝贵、干货满满，在头脑碰撞中大家集思广益，形成了“主流新闻的 100 种表达方式”。同时，以直播的形式，让各地融媒体中心持续关注与参与讨论，激发对未来发展的思路与想法。

三、成效与反响

“深度融合”是贵州融媒体云上编辑部的特点：依托云上编辑部的共享理念，助推主流媒体形成舆论矩阵。

融合资源，形成一股强大合力。县级融媒体中心原本就是将传统媒体与新媒体整合并发，形成集中发布攻势，将“好故事”提质升级，让“好声音”传播广泛。贵州融媒体云上编辑部再将资源整合，协助其二度加工与传播。不但在天眼新闻客户端、当代先锋网上给予更多呈现和推荐，还借助自身省级平台身份对外推送。如 2020 年第 4 期《贵州融媒体云周刊》以“玩贵州 凉一夏”为主题，分别推荐了黄平县、七星关区等 10 地的避暑旅游景点，将《贵州融媒体云周刊》内容“化整为零”，刊内每个单页形成一个独立的宣传海报，向全国区块链新闻编辑部及省外媒体做了多形态推介。

融合平台，打通媒体形态隔阂。传统媒体和新兴媒体不是取代关系，而是迭代关系；不是谁主谁次，而是此长彼长；不是谁强谁弱，而是优势互补。贵州融媒体云上编辑部每天会遴选县级融媒体中心选送的“短、新、快、活”的消息稿件和图片新闻，在《贵州日报》“天眼新闻”版面上呈现。由此，贵州融媒体云上编辑不仅打通新媒体发稿平台，更融合传统媒体的刊发平台，有效形成了县级媒体与省级媒体联动、新媒体与传统媒体联动、线下活动与线上产品联动。

融合协同，对内对外两手齐抓。协同能够实现对核心资源和优势资源的多层次、多形式的深度开发，延伸产品价值链。这样的理念同样根植于贵州融媒体云上编辑部。秉持着协同发展，推动媒体深度融合，贵州融媒体云上编辑部形成纽带作用：对外可以链接入驻单位的各类资源，县级融媒体中心在云上编辑部内形成良性竞争模式，并有更多的机会向省内外媒体学习和观摩；对外打通省内省外的联动，依托贵州日报当代融媒体集团的各个平台，与新华网、百度等央媒及各大商业平台形成深度战略合作，与湖北长江云、云南日报客户端等21家国内主流媒体长期联动合作，有效扩大受众覆盖范围。

除此以外，贵州融媒体云上编辑部也在重大选题中策划联动各地开展直播活动，依托贵州日报报刊社、贵州日报当代融媒体集团中央厨房，做到多路嘉宾、多个话题、多方平台同时推广，让云上编辑部产品“对内刷屏，对外好评”，帮助县级融媒体中心提升主流舆论阵地建设，牢牢占据舆论引导、思想引领、文化传承、服务人民的传播制高点。

（贵州日报报刊社）

案例类别：组织机构

全力打造贵州新闻传播“云”航母

——贵州日报报刊社“天眼新闻”客户端

2019年3月1日，天眼新闻客户端上线。天眼新闻客户端是由贵州日报报刊社、贵州日报当代融媒体集团（以下称报刊社、集团）倾力打造的现象级主流新闻客户端，是报刊社、集团深入学习贯彻习近平总书记关于媒体融合发展系列重要讲话精神的重要举措、重要改革和重要探索。

报刊社、集团强力推动媒体融合向纵深发展，积极适应5G时代传播环境新特点，从“相加”走向“相融”，真正实现“融为一体、合而为一”，按照做强全媒体新闻业务、聚合大数据智慧政务、丰富全领域社会服务、拓展物联网智能商务的发展理念，翻开媒体融合向纵深推进的崭新一页。

一、融通媒体流程，形成全方位共识

报刊社、集团按照“创新为要、流程再造、策划先行、导向为魂”的融合传播理念，进行一系列体制机制改革，建立适应全媒体生产传播的一体化组织构架，形成集约高效的内容生产体系和传播链条。

（一）做好顶层设计

报刊社、集团成立融合发展领导小组，组建编辑委员会和融媒体技术委员会。实施“大党建、大融合、大产业”三大战略工程，建立融合发展专题会议系列制度和《推动媒体融合发展实施方案》《优质原创内容泉涌计划》等近百项制度，全面推动内容生产体系、互动服务政务体系、运营保障体系3大体系建设，切实做好“移动优先、全员转型、平台支撑、内容生产、开放开发、技术引领”6篇文章。

（二）创新“机构融合”

按照融媒体指挥中心＋采访中心、编辑中心、技术中心“1+3”架构进行机构设置，推动报、刊、音、视、网、端、微、号8大平台及县级融媒体中心的共享共建。

2020年7月，集团启动实施贵州都市报与天眼新闻采访中心两个部门的整体融合转型，以脱胎换骨式改革激发《贵州都市报》这个拥有27年历史的报业品牌的发展新动力。

（三）再造采编流程

实现报刊网端采编人员100%融合，各家子报、子刊、出版社、文化产业等采编力量100%入驻“中央厨房”，所有新闻信息生产要素资源实现互通。

与浙江日报报业集团战略合作，引进“天目云”融媒体采编系统，利用大数据写稿、智能化审校、技术赋能二次传播，实现“一体策划、一次采集、多种生成、多元传播”。

（四）创新绩效考核

深化薪酬制度和分配制度改革，坚定不移实施移动优先战略，在全国党媒中率先实行“以网端传播力发稿费、党报党刊无稿费”的绩效考核新办法。

（五）融合终端品牌

报刊社、集团旗下的其他微信和微博平台全部迁入融媒体“中央厨房”，以频道形式与“天眼新闻”客户端融合发展；夯实以“天眼新闻”客户端为核心的融媒

体矩阵，发动市县融媒体中心和全省机关企事业单位采编力量进入平台，让正能量汇聚成大能量。

二、强化精品思维，生产高质量内容

坚持移动优先、天眼优先，将提升融合内容生产能力作为核心业务环节，实现移动端首发100%，高质量内容建设构建新生态。

（一）坚持内容原创化

建立“季策划、月策划、周策划、日策划和时策划以及紧急策划”6个层面的“选题策划会”制度，形成“选题竞争是重头、稿件竞争成常态”的良好氛围。大力实施“优质原创内容泉涌计划”，原创内容在“天眼新闻”客户端上的发稿比重超过80%。

（二）坚持“四力”常态化

由报刊社、集团领导及编委干部带头，持续抓好脱贫攻坚践行“四力”常态化、制度化蹲点采访报道活动，不间断推出“沾泥土”“带露珠”“冒热气”的融媒体策划报道，不断强化媒体与受众的联结。

（三）重视传播创新化

贯彻“无视频不新闻、无图片不传播”的理念，实施“创意泉涌”行动计划：每年投入100万元设立融媒体报道“金手指”奖，奖励优秀作品和优秀融媒体产品的创作团队；采购一批专业生产团队的创意作品，加快实施一批新技术项目，全面提升融媒体产品的传播力。

（四）坚持信息融合化

推动集团旗下内容生产单位领办“天眼新闻”频道、栏目。在严格遵守审稿程序的同时，试行专业新闻传播“四步响应工作法”：10分钟有图文快讯，30分钟产出短视频，2小时形成完整新闻呈现+信息补充，5小时内完成纸媒稿件。

三、强化跨界思维，打造特色“云”品牌

以“天眼新闻”客户端为中心，积极探索建立“新闻+政务”“新闻+服务”“新闻+商务”运营模式。

（一）加快创新赋能

通过“新闻+”运营模式，在“天眼新闻”客户端上增设“服务”板块，包括政务、生活、缴费3大项17小项具体服务，把“读者”转化为“用户”。

（二）加强传播聚能

构建“新闻+电商”“新闻+旅游”“新闻+教育”等多项运营模式，向“多屏、移动、交互”的融合传播、多样态融合产品转变。

（三）加速脱贫效能

围绕“新闻+脱贫”的思路，通过刊发“文军扶贫”公益广告、融媒体作品等形式，让品牌力成为农业产业高质量发展的新动力。

（四）加载服务智能

围绕“数惠大民生·服务千万家”的理念，着力提升96811综合服务平台服务能力。在新闻线索爆料等呼叫功能基础上，聚焦家政服务、修缮、装饰装修、洗涤、母婴护理、居家养老6大领域，62个加盟商家涵盖200余项服务项目，不断提升平台服务性，增强用户黏性。

四、紧抓技术迭代，实现服务一体化

依托“天眼新闻”客户端，充分运用好前沿信息技术革命成果，将“天眼媒体云”打造成集融媒体一“键”采集、编辑、发布、存档等于一体的生态化内容生产链。

（一）保持对新技术的敏感性

实现选派技术骨干参加省级以上大型前沿技术分享研讨培训、跟班实训学习常态化，逐步掌握了一批主导研发、安全可控、好用实用的技术平台。

（二）保持对新技术的主动性

将“天眼战队采访包”配备范围扩大到全体一线记者，积极自主研发“天眼媒体云”、天眼算法、数据库，搭建可追溯版权系统，把改革创新贯穿到媒体融合发展全过程。

（三）保持对新技术的创新性

持续推动媒体融合关键核心技术的自主创新，实施媒立方系统提质升级项目、“天眼新闻”客户端智能化升级项目、天眼新闻UGC用户视频生产集成项目等6大项目，自主研发“天眼媒体云”架构设计，突出移动化、社交化、视频化、互动化趋势。

五、深度融合，全面拓展影响力

体制机制立，则纲举目张。在媒体融合发展路上，报刊社和集团坚定信心、内外并举，不断探索具有鲜明特色的新型现代文化传播集团融合发展路径。

第四届全国党报网站高峰论坛发布的《2019全国党报融合传播指数报告》，《贵州日报》位居西部第一；荣获中国政府出版奖的《当代贵州》杂志出版质量继续稳步提升；“天眼新闻”客户端为全省9个市州和贵安新区、88个县(市、区)开通专属频道，为10多个省直重点行业开通专题专栏，“融行业、融领域”战役成效初显，月原创稿件突破2万条。

2021年全国“两会”期间，聚焦“两会”主要议程精心策划，重点围绕贵州省坚决打赢两场战役、夺取两个胜利谋篇布局，天眼客户端推出的原创报道6次获得中宣部“两会”阅评点评。

在脱贫攻坚战场上，先后推出大型系列主题航拍《飞越新贵州》尽览88个县（市、区）山河风光，推出“乡镇巡礼‘飞越山乡看巨变’大型系列直播活动”，全面展现贵州山乡的巨大变化……一个个大型主题宣传策划

着力呈现贵州经济社会发展取得的历史性成就和城乡面貌发生的翻天覆地的变化。

在疫情防控一线，天眼新闻3名记者冲在援鄂第一线，上百人的采编团队坚守全省战“疫”主战场，1人荣获“全国抗击新冠肺炎疫情先进个人”，多人获省级表彰……

一批批广传播、高点赞的新媒体作品，不断凸显品牌传播力、影响力，一个个“天眼战队”人用实际行动彰显团队战斗力、创造力，一项项服务让天眼新闻和广大百姓联结得更加紧密，共同推动天眼新闻向着年轻化、生活化、可视化、市场化不断迈进，朝着省内一流、西部领先、国内有一定影响力的发展目标砥砺前行。

（贵州日报报刊社）

案例类别：组织机构

新民晚报社“全媒体工作室”：个性人设＋垂直聚焦 打造“柔性轻骑兵”

2019年1月25日，中共中央政治局在人民日报社就全媒体时代和媒体整合发展举行第十二次集体学习，习近平总书记发表重要讲话，对推动媒体融合向纵深发展、做大做强主流舆论提出了新要求。为贯彻落实总书记指示要求，新民晚报社推出媒体融合改革新举措，2019年2月25日起，分3批成立12个全媒体工作室，优化运行机制，突出结果导向，提高工作效率，近两年的全媒体产品数量和质量明显提升。

一、概况

在12个全媒体工作室中，新民眼工作室努力打造本地主流时政类新媒体；金海岸工作室关注财经和民生；深海区工作室聚焦国际热点新闻；海上客工作室重点关注国际和港澳台时事风云；三分·天下工作室主打新闻访谈类短视频；新民夜上海工作室聚焦美食、旅游、购物、健身、艺术等领域；新演艺工作室关注时鲜文娱资讯；上海歆克勒工作室紧扣新闻热点，采用社交媒体、微电影、综艺真人秀等表现手法；帮侬忙工作室打造“为民服务解难题”的融媒体平台；新民手绘工作室把手绘形式与重大新闻巧妙结合；鹦鹉螺工作室主攻求学、求医、求知等方面的新闻、新知、新观念；运动汇工作室重点挖掘国内外体坛独家报道。

二、特色

（一）新人设：打造个性化

有了全媒体工作室矩阵，新民融媒不再是“大而全”的综合平台，而是变身为众多“小快灵”别动队。重中之重，是打造特色鲜明的个性化人设，上海歆克勒工作室是典型代表。由新民晚报社首席记者刘歆领衔，打造和蔼可亲、轻松诙谐的人设，紧扣本地热点，用网友喜闻乐见的短视频表现方式，展现丰富的社会生活。

在抗疫、进博会、制止餐饮浪费等报道中，歆克勒多次崭露头角，冲上热搜前列。他还反串扮演热情的“歆阿姨”，从普通市民视角出发，探讨在餐厅如何点餐、打包；居家买菜避免囤积、科学储存等实用妙招，内容短小精悍，寓教于乐。

海上客工作室同样人设鲜明，是观点犀利的“海派时事评论员”，也是与网友亲切互动的“海叔”，培养了众多铁粉。

（二）新聚焦：注重垂直化

各工作室成立之初就明确，要专注生产专业化、垂直化内容，这也是增强用户黏性、提高传播力和影响力的重要手段。

以帮侬忙工作室为例，着力于提高群众工作、舆论监督的垂直化内容生产能力。坚持跑现场、抓细节，反复核实，把每篇报道做透、做细、做实。投诉类报道的市民满意度超过80%、解决率超过85%。工作室认为：能解决群众急难愁的，就是“爆款”。

民生是金海岸工作室的关注点，结合热点刊发了不少读者参与度高的选题：《他们开始出境游了，网友有话说》《无印良品要来上海开菜场啦！大阪版本先送上》《太疯狂！盲盒公司要上市，它撬动的上亿市场，是泡沫还是机遇？》《“双十一”尾款付完了，你以为这就结束了？》等。

（三）新文风：追求接地气

全媒体工作室延续《新民晚报》“新民姓民”的办报特色，摆脱报纸稿件的传统模式，扔掉“偶像包袱”，追求接地气的文风。

新民眼工作室推出独家报道《模子！上海一对夫妻心头一动，一个通宵干了件令急诊科医生又惊又喜的事》，官微阅读量229万次，被全网转发，引发全市“投喂”医生的爱心接力。《垃圾分类段子笑SHI人，但上海人的拼劲我是服气的》《上海人今天“超 宽 距 排 队”获网友点赞》等原创爆款，标题生动、行文活泼。

金海岸工作室多次创作细腻温情的作品。“从上海自驾回湖北老家，路过武汉时，我泪如雨下……”，阅读量超千万次，字里行间的悲悯情怀、普通人的淳朴良善，让万千网友落泪。

夜上海工作室疫情期间推出大量“云报道”——云端艺术课、DIY健身、宅家观影、在线消费、我家厨房等，契合抗疫主旋律，丰富了宅家娱乐生活。

（四）新观点：挖掘更深入

除了鲜明人设、垂化内容和活泼文风，观点和深度也是多个全媒体工作室的“利器”。

深海区工作室坚持追求独家和深度，持续发力国际新闻融合报道，微信连创《第二波疫情已到暴发边缘，这一次欧洲准备好了吗？》《小心，中国周边这个邻国，可能成为下一个印度》等多篇10万+。全网流量也屡创佳绩，《塔利班拍了特朗普一个大马屁，结果受到一顿狂轰滥炸》《黄金周plus冰火两重天，没了中国游客的世界很怀念过去的美好时光》，当天流量均超300万。

新民眼工作室的《依法治港，坚决维护国家安全》《不“和稀泥”，方显公平正义》等全国“两会”原创评论获中央网信办推送；《上海封城？你想得可能有点简单了》《上海为什么允许居家隔离》等文观点鲜明，及时回应关切，正确引导舆论。

（五）新形式：探索多平台

12个全媒体工作室中，9个以微信公众号为依托，3个以视频或手绘见长，不断拓展表现形式。

新民手绘工作室把手绘与新闻、科普结合，创新推出清新的“二十四节气手绘版”，弘扬中华传统文化，兼顾新闻性知识性。《上海民生路标》《浦东，从来弄潮儿》等手绘作品屡获全网推送。战“疫”手绘全家福《一张拍不全的照片》登上了上海市抗疫展和抗疫物证捐赠展的主展板。

三分·天下工作室紧跟热点，由记者编辑轻松解读新闻事件和民生政策，是非电视类媒体中独树一帜的视频新闻栏目，在人工智能大会、世界顶尖科学家论坛和进博会引进AI主播，不断创新形式。上海歆克勒工作室与宝山文旅局、中国银联、广汽丰田等合作拍摄短视频，并多次为黄岩农产品直播带货。帮侬忙工作室也推出微信视频号和抖音号，发展新型传播手段。

（六）新架构：“柔性轻骑兵”

2019年，新民晚报社探索突破以部室为单位的传统组织构架，转变为以中心为块的扁平化新闻生产架构，继而全新创设全媒体工作室。在中心框架不变的情况下，通过柔性组合、迭代发展，成立多支战斗力强的“轻骑兵”，有利于高效抓住稍纵即逝的互联网机遇，避免整体结构调整带来的时机延误。

全媒体工作室由新民晚报社总编辑直属领导，每个工作室有3位核心成员，在保持原有工作职责不变的基础上统筹选题，组织优质内容生产；报社所有记者编辑，均可根据各自特长，参与内容制作。

记者逐渐改变单打独斗的写稿习惯，形成头脑风暴式的策划模式、合作协同式的写稿模式、采编互动式的编辑模式，多维度分析新闻事件本质。记者会写、会拍、会剪，还出镜做主持，互联网爆款频出，传播力、影响力大幅提升。

三、效果

全媒体工作室机制实施后，效果明显。以2020年新冠肺炎疫情报道为例。从2020年1月17日到12月10日，据不完全统计，新民晚报社融媒各端共生产10万+稿件905篇，近一半来自全媒体工作室，百万+作品179篇，约1/3来自全媒体工作室。数量和质量月均同比分别提高超过6倍和4倍，并呈现不断增长的态势。

（一）主流舆论的传播力更强了

工作室注重以互联网特点和方式传播优质内容，有效提升主流声音的传播力。《垃圾分类段子笑SHI人！但上海人的拼劲我是服气的》获“牛弹琴”转载，微信阅读量超60万次；《直击G20丨握手，排座……东道主的“小心思”》阅读量也达540万次。

（二）主战场的影响力更强了

全年超过5.5亿次的有效阅读，都是《新民晚报》在互联网主战场的影响力增量，充分体现了媒体融合、机制改革的成效。

（三）主力军的战斗力更强了

全年超过2500条的工作室稿件，是在完成好原有职责工作的基础上新增的工作量，充分体现了媒体融合1+1远大于2、一支队伍同时占领两个阵地的强大战斗力。

（四）媒体融合的信心更足了

工作室机制的实践成果为媒体融合创新发展打开了一条可行通道，大大增强了大家推进媒体融合向纵深发展的信心和思想自觉。

（新民晚报社）

全媒体工作室融媒产品

案例类别：产品

新民晚报社 AI 动画：《三毛进博记》“技术 + 创意”带动表达创新

2020 年 11 月举行的第三届中国国际进口博览会备受关注。进博会信息多、关注面广，为新媒体提供了极大的发挥空间，也带来了竞争激烈、信息同质化等问题。如何体现特色、突破创新，成为上海各家主流新媒体追求的目标。

新民晚报社联合米粒影业，独家策划推出《AI 动画：三毛进博记》系列报道，共 6 集，是业内首次试水 AI 动画新闻，将 AI 动画技术、短视频、动图、文字等有机结合，请来活灵活现的 AI 三毛和进宝与《新民晚报》记者一起逛进博，生动有趣地介绍优秀展品，体现了上海主流媒体在网络传播中的努力和探索。

第三届进博会期间，该系列视频 5 次登上微博本地热搜，2 次获得全网推送，各端口视频播放量和微博话题阅读量累计超过 850 万次。

一、产品特点及成效

（一）形式新颖，打造差异化产品

《三毛流浪记》诞生于解放前夕的上海，主人公“三毛”是几代上海人的童年记忆。2019 年第二届进博会期间，《新民晚报》就推出了《三毛穿越记》系列漫画，效果良好。2020 年，新民晚报又在客户端首次推出“三毛”的 AI 动画形象，加上进博会吉祥物“进宝”的形象，尝试开辟真人与高质量三维动画结合的短视频内容制作。利用“三毛”的影响力，打造《三毛进博记》系列视频，特色鲜明、形式新颖。5 集报道分别选取了 3D 打印展品、智能制造设备、智慧医疗展品、步态检测仪、高科技奶粉、极品奶油等多款高科技产品，向公众生动展现了进博会的魅力。系列报道特色鲜明，具有个性化、差异化的优势。

（二）AI、短视频结合，优化叙事结构

全媒体报道的主要特点之一是形式多样，尽可能多地调动用户感官，让阅读变得更轻松、更高效。《三毛进博记》在短视频的基础上，加入了 AI 动画元素，采取真人主持和动漫人物互动的叙事手法，改变了新闻内容的文本框架和结构，在枯燥内容中融入了互动机制，制造出很多看点。比如，在第 5 期《奶油与奶粉齐“飞”！这趟“顶级”之旅让三毛品尝“幸福的味道”》报道中，通过 AI 动漫人物“三毛”和“进宝”的提问及过渡语，引导主持人解答“高科技奶粉”和“新西兰奶油”的产品特色和价值，不仅能传播更多、更详细的展品信息，也让叙事过程更自然流畅。“三毛”和“进宝”两个动漫形象非常可爱、呆萌，在生动形象地传递新闻内容的同时，也带给用户舒适的视觉体验。

（三）坚持硬新闻底线，传播硬核信息

无论形式怎么变化，全媒体报道始终要坚持“内容为王”的底线，坚持输出优质新闻内容，真正服务读者。新民晚报客户端推出的《三毛进博记》不仅做到了形式新颖，也坚守了优质、硬核的内容标准。比如，每篇视频新闻都会搭配重点内容文稿，微信公众号推文还加了重点内容的视频动图，对新闻中最重要、最关键的信息二次曝光，方便用户在不同情景下获取信息。同时，视频内容也很精练，短短几分钟就将展品关键信息一一呈现，信息密度高，讲解清晰易懂。比如《88 克拉黑钻长这样，走路姿态也要有大学问，三毛打卡“尾款人”最爱展区》，短短 3 分钟介绍了消费品展区的占地面积、板块设置、展品种类、黑钻基本信息、步态检测仪使用方式和主要功能等，内容吸睛、节奏适度。

（四）既有高科技元素，也有浓浓情怀

经典漫画形象“三毛”伴随几代人成长，是不少人的童年记忆。该系列视频在推出前有一段 1 分钟的先导片，分别邀请“三毛”漫画创作者张乐平先生的儿子张慰军、电视剧《三毛流浪记》的主演孟智超在张乐平故居介绍了 AI 三毛的创作由来和思路，新 AI 三毛形象参考借鉴的是当年漫画家张乐平先生做过的一个木偶玩具，并由此通过动画软件重新建模而成。这个陪伴了好几代人童年时光的小伙伴如今穿越而来，带着浓浓的旧日情怀，使这一系列作品更具立体层次感。

二、制作过程

（一）授权

《三毛进博记》涉及两个虚拟人物，在报道中要赋予三毛和进宝形象、声音和动作，必须官方授权。经过与三毛之父、漫画家张乐平家人多次文件往来以及与进博局的协商，1 个多月后，终于拿到了相关授权文件。

（二）建模

6 月中旬开始三维建模。经反复沟通，终于找到了当年张乐平先生自制的木偶照片，解决了“三毛”的建模

问题。仅这一步就持续2个多月。

（三）脚本

传统制作1分钟动画需1周，如何在2天内生产1期三四分钟的动画新闻？9月中旬起，创意、摄制与技术团队深入探讨拍摄细节。3位记者提前采访企业，提取新闻点，撰写台词，而且提前拿到了展会现场布置图。

（四）摄制

拍摄难度大。主持人要与两个虚拟伙伴互动；摄像记者要留出三毛和进宝的活动空间，以免画面穿帮。拍摄时，一直对空气说话的主持人和左右腾挪的摄像常让围观者质疑：这两人到底在干什么？！

（五）后期

先由米粒影业完成AI技术合成，涉及表情、光线和光影效果等，晚报也派出责编对接需求，从动作幅度到眼神角度甚至配音口型匹配程度，都逐一校准。再完成视频剪辑、字幕制作，形成一条完整流畅的新闻短视频。

三、融合经验体会

运用各领域的最新技术，让新闻报道更精彩、更具可看性，是近年来媒体转型创新探索的风向标。在这个过程中，让新技术、新的表现形式服务于优质内容，仍是创新探索的决胜要素。

（一）内容为王

随着新技术的发展，近年来新闻报道的形式越来越丰富，手段也越来越多元。但万变不离其宗，优质内容是核心。扎实而优质的内容是一切创新的基础。《三毛进博记》系列视频巧妙地将AI动画和短视频结合，是对传统视频新闻的一种创新，而不是纯粹为了创新而走形式。该融合产品实质还是聚焦进博会最新展品，记者经过前期大量采访，从海量展品中甄选出最具新闻性和代表性的产品摄制成片，信息量大、特色鲜明，内容和形式巧妙结合。

（二）融合无极限

《三毛进博记》的亮点在于精致动画和实时新闻的紧密结合，在于真人、虚拟人物和新闻实景的紧密结合。比如，主持人低头看向三毛，三毛抬头回应，这在以往需要动画师一帧一帧地绘画调整，需要庞大的团队和难以计算的时间；有了动作捕捉技术后，前方记者提前2天拍摄，画面迅速传回摄影棚，动作演员在棚中看着素材画面配上相应动作，使得原本需要大量人力精力的动画得以在2天内完成。

然而，新闻的时效性却让我们连好莱坞都叹服的“两天动画”都等不起。于是，概念火热的AI人工智能登场了。依靠独有的画面解析技术和智能算法，在动作捕捉的同时，学习演员的习惯动作，并智能计算出下一个可能出现的动作。在AI的帮助下，动捕演员捕捉完的画面不再是碎片化的，无须大量修改细化，而是活灵活现的三毛，还能依靠算法来修改肢体幅度。动画制作、动作捕捉、人工智能三管齐下，进宝和三毛终于来到进博会现场。他们的拍手或者跳动，背后都是技术的驱动。

而将AI动画和新闻视频结合起来，更是前所未有的挑战。操作时，如何将虚拟形象和实拍实景融合，还有很多细节难题。在与技术团队不断的攻坚克难中，新民晚报团队终于将近乎完美的AI动画新闻呈现在大家面前，从“想到”到“做到”。这也是前沿电影拍摄技术与新闻视频动态融合的过程，可以说，融合创新无极限。

（新民晚报社）

《三毛进博记》融媒报道

案例类别：组织机构

齐鲁晚报·齐鲁壹点新型智慧媒体融合发展

魏新丽

作为深耕山东的区域媒体，齐鲁晚报社在融合转型中逐渐实现由报端向移动端、由纸媒向智媒的全面跨越：以建设“省内领跑、全国一流”新型现代智慧传媒为定位，实施“齐鲁晚报·齐鲁壹点”双品牌战略，做强“智媒、智云、智库”三大平台，做优“传媒+*N*”的业务模式，最终实现构建全新影响力的总目标。

一、实现主阵地由“报”到“端”的战略性转移

2020年9月，中央下发《关于加快推进媒体深度融合发展的意见》，要求“把更多优质内容、先进技术、专业人才、项目资金向互联网主阵地汇集、向移动端倾斜”。齐鲁晚报社按照这一路线要求，坚持“融为一体、

合而为一”的原则，确立了主阵地全面向移动端转移的总体思路，实现传播平台、传播形式、传播体系等由“报”到“端”的战略性转移，建立起以齐鲁壹点为核心的报网端微全媒体平台，总覆盖人群超过8000万人，其中，齐鲁壹点装机量超过4200万次，日活用户81万余人。

（一）建立新型现代传媒架构

《齐鲁晚报》从2016年起，通过组织机构重构和业务板块扩容，逐渐实现新媒体、采编、运营三位一体布局，建立适应移动互联要求的新型现代传媒架构。

一是坚持融合打通，将资源向线上转移。打破人员流动壁垒，各部门逐渐配备了专业的新媒体产品制作人员和视频生产人员；加快机构调整重组，强化扁平化机构设置，整合体育、文娱旅游、党建政务板块等，组建新的全媒体部门。

二是逐步完善了战略分发中心、用户运营中心、社群运营中心、大数据运营中心、新产品孵化中心、技术中心、视频中心等新媒体部门。这些部门承担互联网板块的新功能，补足了传统媒体在用户运营、渠道分发、大数据营销等方面的短板。

（二）以移动端为中心组织内容生产

齐鲁晚报·齐鲁壹点实现了以移动端为中心组织生产，注重内容采编流程的更新再造，从传统采编流程转向全媒体生产流程。建立了全媒体调度中心，作为内容策划、调度指挥、生产发布的责任部门，统筹报网端微内容生产。2020年，齐鲁晚报·齐鲁壹点疫情报道累计8万多篇，全网点击量超过80亿次；《平民英雄李保民》等四篇融媒产品全网传播过亿。

（三）围绕视频直播进行产品与业务的线上转移

齐鲁晚报·齐鲁壹点坚持贯彻“视频优先”原则，推进全员视频化、全行业视频化，实现传播方式由文图为主向视频为主的转变。重点打造了新闻类视频栏目“果然视频”、经营类视频栏目“壹视频”以及直播栏目“壹直播”等。

二、建立“智媒、智云、智库”三智矩阵

依托自有的技术团队，齐鲁晚报·齐鲁壹点将大数据、云计算、人工智能等移动互联网新技术广泛应用于新闻采编、运营管理等各领域，重点打造了以齐鲁壹点为核心的智能化生产平台，以齐鲁智云为核心的智能化大数据应用平台，以壹点智库为核心的智慧化资源整合平台。

通过建设智媒矩阵，齐鲁晚报·齐鲁壹点实现了四大方面的革新。

（一）生产效能的革新

随着智能化水平的提高，齐鲁壹点逐渐实现了智能采集、生产、分发、接收、反馈。在内容生产上，齐鲁壹点日均发稿量可达1万篇，智能抓取大大提高了平台内容的丰富度；在传播效果方面，注重渠道建设，加大全网分发力度，实现一键全网分发；在智能追踪方面，可对头条、百度、腾讯、新华网等多个分发渠道的数据进行回流和统计。

（二）用户连接的革新

齐鲁晚报·齐鲁壹点强调“在线化”属性，上线了“记者在线”功能，让740名记者全部上线壹点客户端，实时回复读者爆料；吸引“用户在线”，情报站入驻情报员已经超过18万人；做强“内容在线”，打造壹点号平台，吸引优质内容生产者聚拢，目前壹点号超过9000个，日生产稿件900篇；做好“服务在线”，聚合各行业专家大咖打造的“问壹点”，形成“壹点问暖”“壹点问财”“壹点问考”等矩阵。

（三）运营场景的革新

智媒平台助力齐鲁晚报·齐鲁壹点由单一运营场景转变为线上、线下相结合的复合智慧运营场景。智云提供的云数据服务，整合各平台所有用户数据，实现壹点上所有咨询、活动、广告的阅读人群画像描绘，做到千人千面。在此基础上研发了“蛙眼舆情、壹点智投、行业报告”等云产品，形成了由“云发布、云招商、云论坛和云会展”等构成的云服务矩阵。

（四）媒体话语权的革新

智库成为重塑媒体话语权的有力抓手，壹点智库通过聚合资深记者和行业专家，为知名企业、知名品牌、知名高校等生产智库报告和榜单，进一步强化在各行业的话语权。目前，已经落地19个研究中心，推出壹点“网络传播影响力”指数，录入监测对象600家。

三、营造“传媒 +*N*”的智媒生态

齐鲁晚报·齐鲁壹点通过做优“传媒 +N”的模式，不断拓展经营领域和经营业态，增强新媒体产品创新和融媒业态模式再造，加强在各垂直行业的影响力，深度参与社会治理。

（一）传媒 + 广告

在新形势下，升级全媒全案营销形式，用新媒体广告取代报纸广告，品牌广告和效果广告并重。大型话剧《孔子》山东首演，齐鲁壹点作为独家推广平台，重点利用短视频等新媒体形式进行包装营销，取得了良好的效果。

（二）传媒 + 内容

齐鲁壹点已经成为区域内优质原创内容的供应商，通过提高内容产品的直接变现能力，重点在版权、文创等方面进行突破。

（三）传媒 +“视频”

齐鲁晚报·齐鲁壹点于2020年8月底打造完成视频电商直播基地，立足于电商直播服务和齐鲁传媒MCN两大主线开展业务。基地面积达到3000平方米，拥有16个场景直播间，具备带货直播、直播培训实操、短视频场景拍摄等功能。

（四）传媒 + 党建（政务）

以党建为抓手开拓政务市场，拓展政务资源，实现经营模式从 ToB 向 ToG 转变。齐鲁壹点联合省直机关工委推出《决胜攻坚·向人民报告》党建访谈录视频专栏，山东省发改委、教育厅、商务厅等十几家省直单位主要负责人做客栏目，接受专访。

（五）传媒 + 技术

培植技术新业态，加强技术输出，培育赢利新空间。齐鲁壹点承接了山东省高院的融媒中心、经济导报的客户端等项目的开发，未来将继续扩大业务版图。

（六）传媒 + 大数据

加快推进云数据、云服务、云产品等布局。云高招和云车展已经成为线上线下结合的拳头产品。此外，数据车展、作文大赛、相亲会等，也都实现了与大数据的结合。

（七）传媒 + 文化产业

车展、高招会等展会都是成功的路径，同时加快在体育赛事、大健康、大教育、文旅、互联网培训等方面的布局，力争实现更大突破。

四、强化制度、人才、技术保障

融合转型中，齐鲁晚报·齐鲁壹点重点做好制度、人才、技术等方面的保障工作，为智媒建设扫清障碍、保驾护航。

（一）制度保障

深化体制机制改革，以移动为导向考核内容生产，报纸版面的稿件只打质量分，移动端稿件主要考核指标除了传统要素之外，还纳入了点击流量、转发转载率、评论数量等新媒体考核指标。对经营团队加大绩效考核力度，各个经营团队按照创收成果进行奖金分配，加大对新业态、新产品的考核权重。

（二）人才保障

大力培养全媒体人才和复合型专业人才，打造一支具有强大战斗力的融媒团队。建立了市场化的用人选人机制，通过定点培养、定向引进等形式引进一批专业人才和业务骨干；畅通人才流动通道，采编、运营、新媒体、技术等部门继续推进一体化运营。

（三）技术保障

一是通过引领智媒技术方向，探索人工智能、区块链等前沿技术与媒体应用的结合，全面提升齐鲁壹点的智能化水平；二是技术赋能内容生产和广告经营，提供实用性强的技术类程序和工具，如壹点频道技术中台为公益频道、壹点号、相亲、壹点音频等频道提供整体建设方案。

（魏新丽：齐鲁报系办公室副主任）

齐鲁壹点客户端

案例类别：产品

壹点云高招项目

周国芳

2020 年是山东新高考落地元年，新的考试科目、新的志愿填报方式、新的录取程序，没有经验可循，96 个志愿的选择与填报，对考生和家长而言是极大挑战。为更好地服务广大山东考生和高校，提升传统高考招生咨询会的品牌影响力，2019—2020 年，齐鲁晚报·齐鲁壹点教育新闻事业部依托技术、大数据和内容影响力，推出了“壹点云高招”系列融媒产品——“壹点云高招”小程序、高招直播、视频访谈等。

一、项目概况及创新性

依托技术优势，“壹点云高招”小程序是一款集线上直播、互动交流、学校展示、高招咨询、高校或专业检索、意向填报（预填报）等功能于一体的融媒产品，为的就是能给高校和考生提供一个线上咨询的解决方案。

项目创新性：

（一）形式创新

在传统概念里，高考招生咨询会更倾向于线下的、面对面的咨询交流。壹点云高招致力于提供“云咨询”的形式，在小程序界面，考生可以非常便捷地、足不出户地对心仪的学校进行检索，通过学校的专题页面进行了解。同时，小程序提供全天候的一对一咨询，也就是说考生一旦进入小程序，即可全方位、一站式地解决志愿填报问题。

（二）推广创新

在壹点云高招上线之际，齐鲁晚报教育新闻事业部全员上线进行推广。推广方式涵盖传统的图文、海报、短视频、社群等方式和渠道，此外，项目邀请了省内高校的招生办主任进行在线“打 call”，创新性的推广让产品迅速积累了原始用户，在高三考生和高校中打出了影响力。

（三）内容创新

壹点云高招系列产品中，《老徐话高招》《悦读大学》《专业解码》《云探校》形成了除基本的学校信息外的庞大内容体系。两档直播栏目和两档视频栏目，利用资深教育记者的专业优势，通过丰富的形式展现涵盖高校的专业特色、招生计划、志愿填报的技巧指南、考前心理调节等内容。

二、服务模式

“壹点云高招”小程序依托微信，用户通过搜索小程序名称或扫描小程序二维码即可进入。通过微信授权登录后可以实现搜索、咨询、观看直播等功能，此外，针对用户个性化需求，还设计了“关注”的功能，即通过点击关注某所学校，在个人中心可以实现快捷切换。

三、目标用户群体

1. 山东省内高三考生及家长。此外，还覆盖部分潜在的高考生群体。

2. 全国高校招生负责人。

四、项目亮点

2020 年，齐鲁晚报 · 齐鲁壹点立足线下高招会，创造性地引入技术、数据手段，开发出“壹点云高招”，试水线上高招会。5 月 8 日小程序上线后，打出了“人生紧要处，壹点云高招”的口号，体现了省级主流媒体的责任与担当。

“壹点云高招”创造性地展开了有针对性、受考生和家长欢迎的高考招生咨询服务，也提升了自身的影响力、公信力，收获了良好的口碑。

五、项目效益

（一）社会效益

帮助高三考生理性填报志愿，圆梦理想大学。

2020 年 6 月 14 日，综招本科场公益联动直播顺利结束。壹点云高招数据显示，在 1 个小时的直播过程中，考生和家长的观看量超过 30 余万次、评论数千条。一时间，学校的 QQ 咨询群爆满。2020 年创新的“线上 + 线下”问招模式，帮助近千位家长解答了志愿填报难题。据不完全统计，壹点云高招小程序用户访问量累计 20 万余次，2 万余人上线提问咨询了心仪院校。

系列产品“老徐话高招”总计播出 226 期，仅齐鲁壹点收看量突破 3214 万次。与高点击量不谋而合的是，节目对参访院校的影响力提升也得到认可。其中，2020 年率先与《老徐话高招》展开二级学院院长访谈合作的山东政法学院作为“学院”，录取线首次闯入“大学圈”。

（二）经济效益

依托壹点云高招系列产品，齐鲁晚报教育新闻事业部实现了创收的逆势增长。

1. 带动高校年度合作的签订。在传统媒体创收下滑的整体现实情况下，加之疫情的影响，2020 年整体创收形势不容乐观。但是通过“壹点云高招”系列融媒产品，调动了高校的宣传需求，实现了 2020 年高校投放的稳定，甚至实现了逆势增长。

2. 拓展了业务领域，实现创收结构的转变。以《老徐话高招》直播节目为例，节目内容围绕新高考做文章，开辟《院长来了》《走进大学》《云游系列》等子栏目，形式新颖，内容及制作具有较高的专业水准。同时，栏目更新频次高，点击量高，留言互动量高。除了各高校招办主任访谈外，特开辟“院长来了”分系列，目前包括齐鲁工业大学、山东农业大学、山东政法大学、青岛大学、山东交通学院等，对高校的二级学院院长进行专访。结合新高考的形势，将业务探及高校的二级学院。

作为一档通过网络平台播出的高招访谈栏目，《老徐话高招》之所以能够从同类节目中胜出，成为高校在山东进行招生宣传的首选。经过“复盘”不难发现，主要有四大秘诀——报社视频优先策略、多年专业积累、部门内部的团队“作战”以及跨部门合作，这些因素缺一不可。

突如其来的新冠肺炎疫情，影响的不仅仅是高校的招生宣传，对媒体创收也是极大冲击。如果拿不出线上拳头产品，单纯依赖线下活动，在与同行的竞争中无疑会落下风。在这种形势下，已经崭露头角的《老徐话高招》便成了教育新闻事业部的线上主打产品之一，向高校推广。

3. 实现异业招商的突破。在“壹点云高招”系统中，围绕高考生这一准大学生群体，特进行了异业的招商，带动了创收。

六、项目总结

高考报道、线下高招、线上答疑……2020 年 7~8 月，是教育新闻事业部一年当中最忙碌的两个月了。在疫情防控大背景下，物理上的隔离对高考招生咨询会造成巨大冲击，但也带来了新的机遇。一方面，互联网传播成为媒体宣传的主渠道，用户有更多时间获取新闻资讯，但同时对内容质量提出了更高要求；另一方面，在服务考生和家长方面，传统媒体的转型融合再次经历“大考”。

疫情严防严控期间，考生和家长除了大量的信息需求外，对媒体的服务也提出了更高要求。齐鲁晚报立足线下高招会，创新性地引入技术，开发出“壹点云高招”，试水线上高招会，创造性地展开了有针对性、受考生和家长欢迎的高考招生咨询服务。

作为曾经的传统媒体，齐鲁晚报擅长新闻的输出，但既然要融合发展，就不能局限在新闻本身，还要设计延伸出更多的服务功能。尤其在疫情防控的大背景下，在山东新高考落地实施的第一年，齐鲁晚报·齐鲁壹点更是责无旁贷。一方面，做好信息的传递，服务考生和家长，为政府排忧；另一方面，不断增强和提升自身的传播力、引导力、影响力、公信力。

2020年以来，面对越来越复杂的舆论环境和疫情防控的严峻形势，齐鲁晚报·齐鲁壹点不等不靠，不断推陈出新策划案，进行资源整合，在最短时间内发起了“壹点云高招”线上系列活动，服务了考生和家长，也提升了自身的影响力、公信力，收获了良好的口碑。

密切追踪传媒界最新技术动态，及时将新技术运用于新闻产品当中，已成为媒体提高生命力、增强竞争力的重要选择。依托技术优势，教育新闻事业部打造出“壹点云高招”产品。在云端咨询场景内，搭建了多线同时直播渠道，邀请各学校的招办负责人进行线上直播，并且通过直播弹幕能够实现实时互动咨询，搭建考生和学校的沟通渠道。直播有点赞、分享、回看、留言、邀请等功能，满足更多“00后”考生和家长的需求。

其实，无论是山东综招本科场公益咨询会，还是线上高考招生咨询会，这些都是齐鲁晚报·齐鲁壹点利用平台资源承担起了公益组织平台的角色，这也是主流媒体责任和担当的具体体现。

（周国芳：齐鲁晚报·齐鲁壹点行业新闻中心主编）

壹点云高招小程序

案例类别：产品

少年志教育融媒平台

少年志教育融媒平台以思政为引领、以平台为核心、以活动为抓手、以联盟为支撑，紧紧抓住媒体深度融合的契机，以“智”提“质”，蹄疾步稳，为巩固主流舆论阵地、引领青少年“扣好人生第一粒扣子”不断作出新贡献。

一、思政引领，少年志教育融媒服务平台全面构建

少年志教育融媒平台是江苏首家以“新闻 + 学习 + 实践”为核心的教育融媒体服务平台，目前已在交汇点APP、《扬子晚报》紫牛新闻APP开设专栏号，在扬子读写网设立少年志学习专区，江苏首个服务于青少年学习成长的融媒移动端少年志APP也已正式推出。目前，少年志教育融媒平台精准用户已突破百万。

一方面，少年志教育融媒平台坚持活动育人，先后推出了“童心战‘疫’”主题活动、“全面小康 追梦成长”融媒项目，以及“爱上经典·优秀传统文化名家名师微课堂”“少年志·云上跨年歌会”“宁聚青春 筑梦金陵”等一系列形式新颖、影响深远的青少年主题教育活动；另一方面，平台积极谋划打造青少年思政教育基地、思政教育智库，让思政学习线上、线下相融合，以增强思想政治教育的吸引力。少年志教育融媒平台成立之初，便邀请高校学者、思政名师、名校校长、英雄模范、行业标兵等共同组成思政专家智库，共同构建“空中思政课堂”，为青少年主流价值观引领把握脉搏。

二、品牌赋能，全省首个教育智媒平台潜力无限

在新华报业传媒集团和扬子晚报社的支持下，少年

志工作室成功引入先进技术力量，共同打造江苏首个服务青少年学习成长的融媒移动端——少年志 APP。好看的教育头条、主流的活动赛事、丰富的学习课程、同频共振的学霸圈子、强大的校园联盟……凭借强大的底层支撑和先进的大数据算法，少年志积极引入区块链技术开发“成长档案”，实现青少年素质认证从“纸上”到“线上”的转变，从而将少年志 APP 打造成学生、家长、学校和教育主管部门都欢迎的集“教育、学习、活动和评价”为一体的智媒体平台。

少年志教育融媒平台通过深入挖掘报道青少年成长励志典型，落地教育热点，拓展青少年核心价值观教育的实现路径，加强青少年思政教育的传播效果。平台上线运营后，陆续推出一系列的活动和课程。比如“战‘疫’·成长必修课”“高考公益课”“每日古诗课”“名师作文课”等，吸引超百万中小学生在线参与和学习。

目前，少年志教育融媒平台正在积极开拓，已吸引一批省内中小学名校入驻少年志平台，通过线上发布校园资讯、校园活动，线下组织联盟论坛、教师培训等方式，力求打造校园版的“今日头条”。

少年志线下活动品牌“少年行”正式启动，每一周到两周举办一次线下活动，组织中小学生走进博物馆、科创中心、传统文化教育基地等，组建少年志社群，为今后平台发展、社群运营积累资源。

三、创新形式，“少年志”系列重大主题活动入脑入心

2020 年，少年志教育融媒平台发布数千篇原创稿件、近千万次网络阅读量。技术赋能加速平台跃迁，少年志教育融媒平台发起线上直播近百场，视频播放量突破百万次。

逢教育报道的重要节点，“少年志”必在现场，以教育媒体的责任感，传递主流价值观与教育正能量。发起停课不停学、宅家花式运动会、世界名画名著 cosplay 大赛、春回校园、2020 高考冲刺等大型专题活动，围绕“新时代·少年说”校园行、“爱国立志我打卡”线上线下融媒行动、“童心战‘疫’”征文大赛、“全面小康 追梦成长”征文大赛等一系列重大主题活动，不断创新报道，重磅重锤，精品连连。系列活动总共吸引超千万中小学生积极参与。

2020 年由江苏省委宣传部、省文明办、省教育厅、新华报业传媒集团共同主办的“全面小康 追梦成长”全省青少年征文大赛，通过少年志教育融媒平台推广，吸引了 12.2 万余名学生参赛，13 市优秀选手作品展、童声话小康、童眼看小康等融媒产品先后亮相“少年志”，在青少年中掀起了“点赞小康”的热潮。

2021 年，在中国共产党迎来百年诞辰之际，以青少年学生为对象，以青少年融媒平台为阵地，少年志教育融媒平台推出“童心向党·江苏青少年党史教育实践”系列活动，其中主题征文大赛吸引超 16 万名学生投稿，系列活动有超 500 万人次打卡学习。少年志融媒平台旨在通过主题鲜明、形式新颖的系列主题活动，引导广大青少年学好党史故事，培养新一代青少年正确的历史观、民族观、国家观，激励广大青少年成为担当民族复兴大任的时代新人。

四、联盟打造，少年志基地启用助推教育联盟发展

2020 年，在集团的关心和报社的支持下，扬子晚报江心洲 5G 融媒科创中心（少年志基地）已正式投入使用。该合作是以少年志项目为抓手、以扬子云教育公司实际落户江心洲重点发展为目标的合作项目。该基地位于江心洲智立方 C 座，面积为 1500 平方米，由扬子云教育公司实际装修并运营。基地建成了包括 5G 直播室、文创展示区、产业协作基地、少年志联盟共享空间、会议培训基地及员工办公区等多个功能区域。目前，少年志教育融媒平台正通过联盟发展路径，外引内联，从品牌赋能、线上经济、线下培训、智能教育、新媒体生产等方面进行教育产业的布局发展。

五、双效合一，社会效益及经济效益“双丰收”

少年志教育融媒平台立志成为江苏首个基于区块链技术青少年综合素养平台的开创者和中小学生思政教育与智媒体的连接者，通过产业拓展，努力实现社会效益和经济效益的双统一。在社会效益方面，2019 年“少年志”入选集团首批融媒工作室。2020 年 11 月，新华报业传媒集团扬子晚报云教育中心（少年志工作室）被评为第五届全国未成年人思想道德建设工作先进单位。“少年志”教育融媒平台被推荐为全省宣传思想文化工作创新成果。在经济效益方面，扬子云教育深耕教育、多元发展、开拓创新，2020 年营业额突破 1000 万元。

（扬子晚报少年志工作室）

少年志客户端（安卓版）

案例类别：产品

战疫·苏史记

王文坚 李军 时力强

2020年4月23日，扬子晚报社联合江苏省档案馆，隆重推出大型开放式全媒体在线档案产品《战疫·苏史记》，谨献给在这场抗疫斗争中默默奉献的江苏儿女。

一、《战疫·苏史记》除了具备融媒体产品普遍特征之外，还具有独特气质

（一）致敬经典

《战疫·苏史记》沿袭《史记》《汉书》创制的中国史学经典体例，分为“纪”“表”“传”“志”四大板块。“纪”将记录江苏在这次抗疫斗争中的重大事件时间线、支援湖北的白衣战士全名单；“表”将记录江苏疫情的数据变化、江苏出台的各种重大抗疫政策等；“传”将为在抗疫斗争中的英烈、楷模和其他作出杰出贡献的普通人树碑立传；“志”将记录江苏各级机关、群众团体、企事业单位在抗疫斗争中的举措和努力。

（二）开放互动

《战疫·苏史记》将是江苏第一部“开放式”的战疫全媒体产品。这部史册的编纂者不仅仅是我们，更是在抗疫斗争中无私奉献的全体江苏人民。“不获全胜，绝不收兵。”这部全媒体档案上线后，每时每刻保持更新，并在全媒体平台定期公布《战疫·苏史记》的更新记录，让读者网友一起加入这本史册的完善、修订和监督中来。

（三）档案收藏

《战疫·苏史记》提供了多种阅读形式。读者网友可以登录紫牛新闻APP的“战疫·苏史记”频道，在手机上阅读手机版，也能登录扬子晚报网阅读PC版。在紫牛新闻APP上开放《战疫·苏史记》的PDF版电子书免费下载，并推出了精编版的实体书册，供读者收藏阅读。

江苏省档案馆对史册中的内容进行严格审核，珍藏成为永恒的国家记忆。2020年11月10日，《战疫·苏史记》入藏江苏省档案馆仪式隆重举行。江苏省档案馆向扬子晚报社颁发了“收藏证书”。

二、《战疫·苏史记》是“新闻写史的成功实践”

《战疫·苏史记》参与编纂的记者、读者、网友超过5000人，线上传播量突破2500万，在大家的共同努力下，1200页的《战疫·苏史记》电子书最终成稿并印刷成册，其中纪100余页，表13页，传600余页，志500余页。传，共收录133部，记录了118位楷模及楷模群体、15位英烈的感人事迹；志，收录了59家党政机关、社会团体、企业单位的战疫工作实践。

《战疫·苏史记》不仅是一部经典的融媒体产品，还是当下媒体营销策划的经典案例，更是实现营销收入360万元，实现了社会效益、经济效益双丰收。

江苏省档案馆馆长陈向阳评价说，在2020年4月23日南京解放纪念日那天，《战疫·苏史记》一经推出，就产生了广泛的影响和轰动的效应。它以“开放式”在线纪实编纂档案的方式，通过网民互动式补充、更新，全面、详细地收集战疫档案，让大众不再是档案的“纯读者”，而成为见证者、记录者、参与者、提供者，体现出历史的厚重和新闻的鲜活，使现实和历史无缝对接，既有新闻价值，更有档案价值、史料价值，成为江苏战疫斗争中现象级的新媒体产品，也是值得我们国家综合档案馆永久收藏的江苏记忆、珍贵档案。

《战疫·苏史记》在充分显示了开放、互动的媒体融合创新特征的同时，被中国记协有关人士称赞为“新闻写史的成功实践”，成为抗疫斗争中现象级产品。国内新闻传播研究领域著名专家、南京师范大学新闻与传播学院执行院长张晓锋认为，1200页的《战疫·苏史记》，在媒体传播转向网络主战场的背景下，在网络展现了江苏战“疫”全线过程。从时代记忆的角度，如此纵深、跨越度大的新闻产品，及时、真实地记录了时代，让抗疫英雄楷模流芳百世，也体现了文化传承，从而将留下厚重的历史画卷。

江苏省记协常务副主席刘守华说，《战疫·苏史记》把这段难忘的抗疫岁月写入史册，内容有序、丰富，而且是用电子书的形式，这开创了全新的“开放式新闻档案”体裁，读起来方便、舒服，既有纪传体历史的韵律美感，又有融媒体时代的特征，档案能够如此制作，影响深远。

（王文坚：新华日报社党委委员、扬子晚报总编辑，李军：扬子晚报社副总编辑，时力强：扬子晚报社编辑部主任）

《战疫·苏史记》电子书

案例类别：组织机构

羊城晚报报业集团全媒体指挥中心

近年来，羊城晚报报业集团努力贯彻落实习近平总书记关于媒体深度融合的系列重要讲话精神，全面加快推进传统媒体和新兴媒体深度融合的步伐，搭建全媒体指挥中心（全媒体融合传播平台），并配套实施采编机构改革，大力推进羊城晚报报业集团的移动优先发展，集团新媒体产品全网全平台传播数量取得了跨越式的发展。

一、6 年打造技术领先的新型主流媒体平台

2015 年，羊城晚报报业集团领全国业界之先，在媒体融合中以加强指挥、有效融合、提高效率、技术提升、实际应用为指导思想，大力打造全媒体指挥中心，推动采编机构改革，在媒体融合中发挥了关键性的作用。集团全媒体指挥中心，是羊城晚报日常采编工作的中枢和大脑。平台里汇集了全媒体的新闻信息和数据，借助先进的技术系统实现“一次采集、多元生成、多层审核、多次发布”，形成 24 小时不间断通讯社的工作模式。

日常工作中，值班总编、编辑中心值班主任、新媒体值班编委、图片总监、报网端值班编辑、审读等在指挥中心全天候值守办公，通过大屏、桌面电脑、手机移动端的相关数据场景，实时查看全媒体信息，完成全媒体采集和多端口发布。

2017 年，全媒体指挥中心进一步升级改造，成为一体督导、全盘掌控的信息可视化控制中心。全面升级后的全媒体指挥中心，集成 39 个子系统和子模块，将 DLP 大屏、PC 端和移动端三屏合一，形成了报道策划、指挥调度、流程监控和效果评价四大功能板块合一的实战中心。这次改造使指挥中心的实用性进一步加强，统筹、采访、编辑、审核、传播、评估、内容数据、流程数据、用户实时数据、版权追踪数据等实时在线，为媒体深度融合提供了大量的技术支撑。

2017 年，羊城晚报社入选“国家数字复合出版系统工程应用试点单位”；羊城晚报报业集团入选国家新闻出版广电总局确定的“国家数字出版转型示范单位”，羊城晚报报业集团全媒体指挥中心荣获 2017—2018 年度“中国十佳融媒体中心”。经过两年多的实践和技术升级，2019 年，羊城晚报报业集团的全媒体指挥中心荣获国家王选新闻科学技术奖一等奖。

二、全媒体流程再造，融媒体产品质量提升

羊城晚报报业集团的全媒体指挥中心总投入 800 万元，集全媒体的统一指挥、采集、整合、发布、运营于一体。全媒体指挥中心全面升级后，羊城晚报报业集团着力于在实践中不断细化融合生产和传播流程。一方面，加强数据支撑，强化技术引领；另一方面，通过岗位设置、考核指标以及人力资源调配上的全面创新，将人才、技术、资源不断向新媒体板块转移，以更好地提升全媒体指挥中心在数据支撑、线索发现、报道策划、指挥调度、生产监控等方面的综合能力。严格推行全媒体指挥中心值班、线上报题、一日三会等制度，技术牵引加强“舆情监控”，提供更精准的新闻热点题材，数据在线支撑统筹调度。每日的采编“三会”——采前会、编前会和定版会都在全媒体指挥中心准时举行，讨论舆情线索，重点策划原创“焦点新闻”选题，统筹调度全集团采编资源，从而大大提高了一日三会的工作效率，使报道策划更具针对性，使传统媒体与新媒体各平台端口采编协调更顺畅、更高效。

全媒体新闻报道指挥系统不仅仅是解决报社以往对线索、报题、采访任务的口头化管理流程，而是从线索来源、任务分配与稿件的编写流程和发布流程完整地进行管控和体系化处理，可使得报社（报业集团）在后续的媒体融合应用过程中，把“人”“事”“稿件”三种内容发布元素给完整地串联起来，形成一套完整的集指挥、控制、发布于一体的编采管理结构。指挥报道子系统是全媒体新闻报道指挥系统的一个重要组成部分。指挥报道子系统将报社传统的新闻策划会、采前会、定稿会、编前会、评报会、互联网大数据内容信息整合到一套业务系统中进行综合管控和查看，并通过 PC、手机、大屏的联动方式实时对互联网新闻、记者报题、采访任务、稿件库、发布库进行联动供报社领导、编辑人员进行集中查看，为报社新闻管理和内容指挥决策提供数据的收集、整理、挖掘、分析及应用。

2020 年上半年在抗击疫情报道中，《羊城晚报》、羊城派客户端、金羊网等平台发布与抗疫相关的新闻稿件超过 7 万篇，其中原创稿件超 3 万篇，《羊城晚报》

自有全媒体平台流量超5.3亿。疫情期间推出了《我们不怕》《疫·家人》《中国行！让我们共护家园》等4个上亿流量的“爆款”现象级短视频产品。

近几年，羊城晚报报业集团发扬敢为天下先的广东精神，经过创造和迭代升级，全媒体指挥中心已经成为羊城晚报报业集团深化媒体融合的最大最重要的平台，帮助集团全媒体移动优先发展，传播实现量级增长。集团已初步建立起包括报、网、端、微、抖音号、快手号、腾讯视频号等的全媒体矩阵，直接覆盖用户量1亿+，是目前华南地区最具传播力、影响力的新媒体矩阵。在2020年的抗“疫”报道中，羊城晚报官方抖音号抗疫专辑总播放量超过46.7亿次，位居广东媒体账号首位。

三、搭平台强强联手，占领互联网舆论主阵地

全媒体指挥中心统一管理集团内外所有基于新闻内容的数据资源，分析和追踪互联网热点、协调调度新闻资源、跟踪传播效果等，为采编人员提供新闻创作的分析服务，提高内容资源利用率，降低资源管理成本，提升新闻传播效果，为采编提供更符合用户需求的新闻数据。羊城晚报报业集团全媒体指挥中心真正实现了融媒体的报道理念，符合融合传播规律，使传统媒体、新媒体有机相融、兼容并蓄，并且具备了全程、全息、全员、全效媒体特点，通过指挥平台新业态实现了全媒体精准、高效、立体传播。

传统的原创报道内容更加具有独创性，版面更加精美，网端微的新媒体报道信息海量，频道内容丰富、垂直性更强，新媒体产品更有创意感，羊城晚报自有发布平台的传播能力得到稳步的提升。与此同时，积极联手腾讯、百度、今日头条、酷狗、荔枝等第三方头部平台，使全网全平台传播得到几何级的扩展。

通过全媒体指挥中心的改造升级，采编人员的危机感、主动求变意识也普遍增强，创新活力和工作干劲被激发出来。传统媒体和新兴媒体“两张皮”的问题得到了根除，生产效率提高，产生了一种“化学反应”，采编人员的全媒体专业技能也得到了迅速提升。目前，羊城晚报的全媒体采编人员已具备采、编、播、拍摄、剪辑等五位一体的能力。

在媒体融合不断走向纵深的大背景下，羊城晚报报业集团借助全媒体指挥中心的统筹指挥、资源、技术、产品、平台、人力等全面融合，集团网络新媒体板块推出了以“5G+4K+VR+AR+AI”为代表的新技术产品，给用户带来全新体验。用广告的创意、拍电影的手法、营销的理念，不断推出新媒体的产品，吸引海量的流量，提升用户到达率，积极探索传统媒体集团发展的新路径，推动媒体经营和品牌传播，不断提升主流媒体的舆论传播力、引导力、影响力、公信力。羊城晚报报业集团全媒体指挥中心是集团媒体融合发展的重要支撑，依托这个先进平台，有利于传统媒体占领互联网时代新媒体舆论主阵地，对于媒体深度融合发展具有指引和借鉴作用。

（羊城晚报报业集团）

案例类别：产品

羊城晚报社短视频传播矩阵

自媒体融合发展上升为国家战略以来，新技术新平台推动媒介生态出现了前所未有的变化，新闻呈现方式也越来越多样化。除了“两微一端”，以抖音、快手为代表的短视频平台已快速成长为新的主流传播渠道。最新数据显示，目前我国短视频用户规模高达8.18亿，短视频APP渗透率超过70%，吸引用户停留时间远远超过其他产品形式，已成为主流的内容消费形态之一。

羊城晚报社在推进媒体融合发展过程中，因应短视频“霸屏”这一传播新业态，打造了以羊城派、羊城晚报两大官方抖音号为龙头，涵盖快手号、腾讯视频号、微视等账号的短视频平台传播矩阵。目前，这一传播矩阵总粉丝量超过1400万，成为华南地区最具影响力的短视频传播矩阵。其中，羊城派抖音号、羊城派快手号的粉丝量在相应的头部短视频平台中均排在广东省媒体类账号榜首，羊城派抖音号更被抖音官方连续3个月列为媒体优质推荐案例向全平台推荐。

一、矩阵打造与团队组建

因应短视频用户规模高速增长态势，羊晚集团从2018年起就陆续在各大头部短视频平台布局。羊城晚报社客户端——羊城派分别于2018年12月，2019年8月、12月陆续入驻抖音、快手、腾讯微视三大平台；羊城晚报社也于2019年11月分别在抖音、快手上开设账号。

经过两年的运营与摸索，尤其是新冠肺炎疫情期间对于重大事件在短视频平台有效传播路径的探索，背靠集团优质采编资源的羊城派抖音号、快手号以及羊城晚报抖音号在广东媒体号中突围而出，跻身华南地区最具影响力短视频平台行列。

基于短视频市场增速加快与各领域叠加、渗透的强劲势头，2020年初羊晚集团进一步发力短视频，在羊城晚报作为首批媒体号入驻微信视频号后，决定将分布于各大短视频平台的7个账号有机融合，打造以羊城派、羊城晚报两大抖音号为龙头的短视频平台传播矩阵。

为更全面打造短视频传播矩阵，羊城晚报在原运营团队的基础上，还遴选了一批新媒体素养较高的新闻采编人员，专门成立了包括视频编辑、主播、审核人员在内的短视频传播矩阵团队。经过磨炼与整合，目前已形成了快速发现热点、生成视频、审核视频、发布视频的一整套相对完整、安全可靠的生产流程，可第一时间追踪全网热点，及时发布真实、权威信息，生产的内容在权威性和可靠性上拥有较大的优势。

二、内容生产与传播

基于5G时代信息传播碎片化特征以及短视频平台媒体属性，视频团队在生产新闻内容时，不再纠结于以往传统媒体的图文新闻以及访谈类长视频，而是通过对新闻事件的高度提炼，以秒为单位进行精简处理，制作以5~30秒版本为主，更为精简、清晰的视频内容产品，以场景化、视听化的信息呈现，让用户能够迅速了解新闻内容，快速传播。通过这种内容生产以及传播方式的调整和创新，羊城晚报短视频传播矩阵的传播力和影响力在短期内得到极大提升。

（一）降低阅读门槛紧追全网热点

作为传统的主流媒体，囿于以往思维模式，极易遇上传播壁垒，未能契合互联网草根用户的文化需求。

在不断摸索中，视频编辑团队在表现形式上不再纠结于以往大而全的新闻视频叙事风格，通过对页面生态、文字、标题、画面等要素的不断调整，采用简明扼要、平民化、接地气的表述方式，以秒为单位直奔重点处理视频，降低用户读懂新闻的门槛。如羊城派抖音号目前90%的视频产品时长都在10秒以下，便于受众在短时间内读懂一个新闻事件，契合目前大多数年轻用户阅读习惯，提高了用户互动可能性和参与度。

在内容选题上，视频团队背靠母体优质采编团队优势深挖本地新闻。如2020年5月，连接广州与东莞的虎门大桥发生波浪般异动，视频团队第一时间发布了记者发回的现场监拍视频，虽仅6秒，却生动地还原当时抖动场景，让用户第一时间了解事情真实情况，短时间内引发了大量用户关注，总播放量超过8400万次，点赞数超过73万。

（二）探索重大新闻事件的有效传播路径

2020年疫情期间，短视频平台一跃成为民众获取疫情信息的全新方式。为使全国各地尤其是与广东、湖北相关的抗击疫情信息及时触达更广泛的人群，羊城晚报尝试探索此类大型公共卫生事件在短视频平台上的有效传播，以广东一线抗疫、防控知识科普、防疫政策解读为重点传播内容，大量制作发布了主题鲜明、内容精简的系列短视频，在疫情动态播报、防控科普传播、稳定大众情绪等方面起了非常大的作用。

如曾参加第一军医大学原赴小汤山医疗队的南方医院24名医护人员写下请战书，主动要求赴防治一线工作。羊城派抖音号以"按满手印的战书"为主画面，及时制作推送短视频作品《17年前赴小汤山抗击非典立功，如今他们再次联名签"战书"》，医护人员救死扶伤、迎难而上的大无畏精神感动了无数人。仅10秒长的短视频迅速刷屏，播放量1394万余次，收获48.4万个点赞。

类似短视频产品，矩阵主账号羊城派抖音号共推送了1500多条，形成了《聚焦新型冠状病毒疫情》《广东抗疫日志》《海外疫情动态》三个合集，总播放量超过46亿次。

除了疫情报道外，2020年全国"两会"期间，羊城晚报还首次全面利用传播矩阵探索重大时政新闻在短视频端口的有效传播，同时在《羊城晚报》、羊城派抖音号开设了"聚焦2020全国两会"两个合集，以广东代表团为重点，主抓民生话题，共制作推送了上百条两会资讯视频，刷出了8000万多次的总播放量。

（三）"PGC+UGC"强化社交稳定输出

除了原创视频，视频团队还从抖音拍客平台、短视频平台用户爆料、羊城派记者帮爆料平台、各大热点热榜等信源，挑选最接地气、最平民化、最容易打动用户内心的新闻素材制成视频，拉近与受众的心理距离，从而引起用户情感共鸣，达到让用户大量转发、评论和点赞的效果，进一步强化了账号和用户的社交属性。

采取这种"PGC+UGC"生产模式，一方面保证了内容品质；另一方面也增强了资讯丰富度和覆盖面，保证了稳定输出。如在抖音平台，按照抖音的官方监测数据，目前羊城晚报短视频的更新量，排在全国媒体的前列，基本上能够保证平均30分钟一次更新。

三、用户群体

截至2020年10月14日，羊城晚报短视频传播矩阵的7个账号已有1400万粉丝。其中，羊城派抖音号810万，《羊城晚报》抖音号435万，羊城派快手号110万，覆盖了全国主要省份的重点用户，特别是年轻重度短视频用户。

以抖音平台为例，羊城晚报两大龙头抖音号1200多万粉丝中，男性用户占比为53%，女性用户占比为47%；其中20~50岁的粉丝占比为85%，重度用户占比77%。按地域来分，粉丝占比排名前列的为广东13%、江苏8%、河南7%、山东6%、浙江6%、四川5%、安徽5%，整体上以广东为主，覆盖全国主要省份的重点用户。

四、社会效益和推广价值

习近平总书记强调："读者在哪里，受众在哪里，宣传报道的触角就要伸向哪里，宣传思想工作的着力点和落脚点就要放在哪里。"

羊城晚报在推进媒体融合发展过程中紧紧遵循这一指示精神，在互联网用户高度聚集的短视频平台打造了一个有传播力、影响力、公信力的传播矩阵，让真实、权威、主流的声音抵达更广泛的受众群体，尤其是年轻用户群体。

依靠传播矩阵强大的用户覆盖面，羊城晚报在新冠肺炎疫情、全国"两会"、南方汛情等重大主题宣传报道中及时发布真实、权威信息，正面引导舆论风向，体现了主流媒体的责任与担当。

如疫情期间羊城派抖音号建立的3个短视频合集，加强了用户对新冠病毒以及防护措施的了解，给用户带去更翔实新鲜的信息，打消用户对病毒的恐惧感，3个合集传播效果极佳，总共46.7亿的传播量位列全国同类短视频报道前列。

在媒体融合步入深水区的当下，羊城晚报短视频传播矩阵的打造，对传统媒体加快媒体融合、抢占短视频传播风口具有积极的参考意义，也为传统媒体从可读到可视，从静态到动态，从一维到多维的演进提供了重要的方向。

（羊城晚报社）

案例类别：产品

自主融媒云平台赋能城市新发展项目

张锋 刘钦涛 石迎秋 王晨 孙昊

2020年初，习近平总书记在统筹推进新冠肺炎疫情防控和经济社会发展工作部署会议上发表重要讲话，深刻分析疫情形势和对经济社会发展的影响，明确提出统筹推进疫情防控和经济社会发展工作的重点任务和重大举措，为打好、打赢疫情防控战，实现全年经济社会发展目标任务指明了努力方向，提供了根本遵循。

按照习近平总书记统筹推进疫情防控和经济社会发展的重要讲话和重要指示批示精神，在疫情防控常态化的背景下，传媒行业既要善于顺势而为，更要勇于逆势而上；既要提高新闻舆论工作的有效性，更要发挥好自有新媒体新平台的独特优势。为此，济南日报报业集团凭借自身多年积累的良好技术储备，以"云聚万物，赋能百业"为设计理念，实施了"自主融媒云平台赋能城市新发展"项目建设，深度嵌入全市中心工作，加速融入经济社会生态链条，助力复工复产，助推动能转换，为推动媒体深度融合、赋能城市新发展提供"济南报业样本"。

一、高点谋划，精心组织，项目平台与活动快速落地

（一）强化组织领导

集团成立了以党委书记马利同志为组长的领导小组，在"五报一网五端一中心"的基础上，整合新媒体骨干力量，将集团技术团队整编入队，形成报业集团"自主融媒云平台赋能城市新发展"项目组。依托济南融媒体中心、新时代文明实践中心、舜网软件研究院，打造济南电商直播基地、短视频"双创"基地，启动项目。

（二）研发项目系列平台

通过研究分析形成"云系列平台"项目雏形，组织实施技术架构。依托舜网软件研究院的技术研发优势，集成政务云、融媒云、安全云、民生云、智能云、影像云，架构起涵盖40多项产品和服务的"大舜云"平台。同步优化济南市移动直播平台，搭建慢直播系统，构建起云系列服务平台的底层技术支撑。

（三）落地重点活动

为济南市提供青年人才"空中"招聘平台，自开办以来，累计点击量超3900万次，吸引5000余家企业发布提供39万个岗位。

为各区县提供云招商平台，26场"云招商"累计点击量过2亿次，累计签约额达1000亿元。

发起"云助农"公益项目助力销售滞销农产品。在此基础上，打造"云带货"平台，与市商务局等单位启动民营企业泉城好品"云推介"、市国有品牌"云展播"、济南文旅好品"云市集"等，系列活动拉动线上、线下销售额超5.3亿元。

搭建"云教育"平台，推出系列云课堂，例如，与济南市委党校合作开播"云党课"；与市委宣传部、市教育局联合出品"开学第一课"，推出六一"云演出"；联合山大举办战"疫"团课直播；联合市妇联、阳光大姐推出公益亲子"空中"课程；研发的"云追思·济南祭扫网"

平台，被确定为疫情期间全市唯一网上祭扫平台；“云培训”为湘西、武隆东西部扶贫协作地贫困群众提供免费就业培训。

打造济南市大型城市形象宣传平台——“直播济南”，先后推出直播带货季、乡村振兴季等；承办了中国新媒体年会等高端活动；联合市文旅局推出“云游济南”，为疫情期间济南形象展示增添新模式。集团凭借自身活动组织策划及技术优势，承办了全国首个电商直播节、山东省暨济南市消费扶贫产品展销周等，延伸服务举办电商直播培训和新媒体电商沙龙等。

二、自主技术，媒体优势，项目创新推动经济社会发展

项目以“5G+4K+MGC+AI”等先进技术为支撑，以“五报一网五端一中心”媒体深度融合矩阵为载体，推出系列“云场景应用”，覆盖党建、政务、教育、医疗、扶贫、创城、志愿服务等多个领域。

（一）云技赋能，以自建团队、自有技术为依托，赋能助力全市中心工作

项目由济南报业自有技术团队建设，拥有获国家发明专利和软件著作权60余项技术，自主搭建基于5G技术应用的“大舜云”平台，推出的“云招商”“云招聘”“云助农”等系列平台，构建起一个围绕全市中心工作开展创新服务的“云团”。

（二）云媒一体，发挥主流媒体独特优势，创新传播云模式

聚焦生产侧、分发侧，以技术为驱动重构媒体业务流程，构建以“济南报业全媒体＋央媒工作站＋头部平台”为核心的“云技术＋全网全域传播”新模式，实现多端共享、分发与传播。

（三）云政融通，利用“互联网＋新媒体”手段，助力党务政务服务上云

全国首创政府热线与党媒深度融合模式，打造泉城服务“总客服”掌上12345；联合市委党校推出的“云党课”，首期上线关注度就突破100万；“直播济南”作为济南市大型城市形象宣传平台，组织的“百家新媒体直播济南”全网点击量达9000余万次。

（四）云智融合，强化新一代信息技术成果运用，发挥科技抗疫的作用

依托权威数据，整合公开数据接口和防疫服务工具，推出的“济南市民防疫服务手册”入选国家工信部复工复产案例集，成为唯一由媒体研发的成功案例。

三、全案策划，全网传播，项目影响力大推广效果显著

“云系列平台”以媒体融合为引擎，主动赋能城市、行业、产业发展，落实“在危机中育新机，于变局中开新局”的要求，探索出疫情防控常态化形势下媒体履行职责、践行使命的新模式，也是对中央《关于加快推进媒体深度融合发展的意见》提出的“新闻＋政务服务商务”运营模式的新实践。

（一）社会影响大传播广

承办全国首个电商直播节，邀请千家企业共同开展电商直播，人民系、新华系、央视系等中央媒体矩阵以及头部平台的150余家媒体予以高度关注和报道，全网点击量累计超过2亿次，直播总观看量超过700万次，市委主要负责同志予以肯定；“云招商”吸引全市各区县参加，助力签约累计近200亿元，全网点击量过亿；“云展播”全国叫响“济南制造 天下共享”品牌，80余家企业300余款产品因此受益，企业线上销售额同比增长30%以上，整体拉动企业线上销售额超过5000万元；“云招聘”累计点击量超3000万次，吸引471家企业发布提供21609个岗位。

（二）媒体融合转型新形态不断丰富

目前，“云系列平台”已形成“云招商”“云展播”“云助农”“云招聘”“云课堂”“云创业”“云党建”“云志愿”“云演出”“云展会”“云竞赛”等各类应用场景，并且能根据不同的服务需求不断提供新的解决方案。

（三）屡次斩获权威奖项

2020年，“大舜云”平台获中国十大科技创新品牌，“云宣”产品获中国科技创新最佳技术成果，人工智能新闻生产机器人系统获首批山东省软件产业高质量发展重点项目，基于AI的智能媒体传播平台获山东省“第二批现代优势产业集群＋人工智能”示范项目，爱济南新闻客户端荣获年度全国报业十佳影响力平台、《人民战“疫”》山东省市级媒体唯一直播联动伙伴，“智慧党建云”获评全国“互联网＋党建”典型案例。

（四）推广示范作用显著

在全国招标项目中，中标合肥报业传媒集团、潍坊日报社“市级媒体云平台”等项目；为“对话山东”日本·山东产业合作交流会、山东与世界500强连线、山东旅发大会等高端活动提供技术支持，获省领导肯定。2020年6月以来，中宣部、中央网信办、中央文明办等部门前来调研，部分省市120余家媒体前来学习，中国传媒大学等多家国内知名高校前来考察。

目前“自主融媒云平台赋能城市新发展”项目持续完善工作还在推动中，下一步，济南报业集团将继续开拓创新，对接各区县、市有关部门单位，依据项目运行情况调整升级，整合更多资源，全面提升项目覆盖面和服务能力，为更好地推动济南经济社会发展贡献报业力量，作出报业贡献。

（张锋、刘钦涛：济南日报报业集团爱济南客户端副总编辑，石迎秋、王晨：济南日报报业集团爱济南客户端副总经理，孙昊：济南日报报业集团爱济南客户端总编辑助理）

案例类别：产品

泉城总客服暨济南市掌上 12345 智慧服务平台

卞思杰 汤启卫 张卫波 赵一帆

2021—2025 年是我国国民经济和社会发展第十四个五年规划时期，也是“两个一百年”奋斗目标的历史交汇期，习近平总书记多次强调，推进国家治理体系和治理能力现代化，必须抓好城市治理体系和治理能力现代化。

济南日报报业集团现有《济南日报》《济南时报》《都市女报》《当代健康报》《人口健康报》、舜网、爱济南客户端、新黄河客户端、济南发布客户端、舜时针客户端、健康山东客户端、济南融媒体中心等“五报一网五端一中心”，以及由各媒体运维的百余个微信公众号、微博、网站等组成的立体化全媒体矩阵，总粉丝量过千万。近年来，济南日报报业集团逐渐成为全市文化传媒领域改革发展领军者，是济南市乃至山东省深入推进媒体融合的“排头兵”。

一、平台情况介绍

围绕媒体融合，近年来，济南报业坚持“媒体 + 政务 + 服务”和“融合赋能，伴生城市成长”的“大融合”理念，积极构建全域全媒新生态，既推动人才、机制、技术等方面的内部融合，更促进以“社会协同”“公众参与”为标志的跨业融合，打造高效多能的新型主流媒体平台，深度嵌入经济社会发展，探索形成了媒体融合的“山东特色、济南模式”。

2020 年 3 月，济南日报报业集团与济南 12345 市民服务热线深入融合打造泉城总客服，这是国内首家把市民服务热线办理流程移动化的案例，也是将为民服务与党媒平台强强联合的创新案例。“泉城总客服”以架构在爱济南新闻客户端的济南市掌上 12345 作为移动端入口，实现了 12345 热线由发现问题、监督问题系统升级为办理问题、解决问题系统，助推济南报业作为党的舆论工作者兼具更强大的城市服务功能，探索形成城市政务服务与媒体融合一体化推进新方向，在全国首开先河。

泉城总客服暨济南市掌上 12345 智慧服务平台前期整合受理、查询、自助问答、排行、大数据功能，设立直通一把手、政策问答、监督办理、掌上 12345 情报站、热点关注等内容板块。在此基础上，为了更好地服务全市智慧城市建设，平台进行了功能拓展，包括爱济南 9.0 升级重构、济南市掌上 12345“智慧服务矩阵”建设等。济南市掌上 12345“智慧服务矩阵”建设开发掌上办单系统，实现掌上处理和督办市民反映的意见、建议和投诉，畅达民意沟通，更方便地监督办理流程，提高为民服务工作效率；开发语音下单功能，市民可通过语音形式反映问题、建议和意见；探索“互联网店小二”服务模式，构建 24 小时线上双向沟通渠道，将市直部门、区县、街镇、村居的 12345 热线办理员队伍，打造成“互联网 +12345 热线店小二”。“智慧服务矩阵”功能增至 15 项，增加监督、求助等社会监督功能及信用查询、e 警通、数字城管、公交查询、挂号等民生服务功能，智慧城市服务功能和服务范围不断扩大，实现了智慧服务事项和智慧功能的“一端办理”。

同时，泉城总客服暨济南市掌上 12345 智慧服务平台还积极投身社会治理，依托济南新时代文明实践中心和泉城义工，选拔骨干力量成立泉城义工 12345 为民服务团，邀请社会人士、市民代表组建“智汇泉城”济南市民智库，并在济南 12345 市民服务热线开设“市民智库”座席，一系列措施延伸了 12345 热线服务链条，实现了线上、线下互动，为城市治理体系建设和治理能力提升做出了实践探索。

二、工作成效与反响

泉城总客服暨济南市掌上 12345 智慧服务平台建设工程，凭借其权威性和服务性，取得了很高的社会美誉度，被亲切称为“城市新名片”。曾先后迎来中央及省内外近 50 余家媒体与单位参观学习。在 2020 年 11 月举行的全国深化“放管服”改革优化营商环境业务培训班上，济南 12345 市民服务热线以《推动政务服务热线“一线连通”“接诉即办”》为题，对泉城总客服在整合热线资源、实现政务服务“一线连通”和搭建省市平台、推进企业诉求“接诉即办”等方面的经验和成效作了典型发言。

泉城总客服暨济南市掌上 12345 智慧服务平台建设工程，统筹推进了济南市政务服务、城市管理、社会治理等各项建设任务，全面提升了城市数字化、网络化、智慧化水平；率先为国家政务服务与媒体融合发展一体化推进提供可借鉴的标准模式，探索城市治理新模式，创新城市治理体系，提升治理能力和水平，督促改进工作作风，增强服务群众的能力，为“五个济南”及“大强美富通”现代化国际大都市建设提供更强助力。

三、平台融合发展经验

（一）为党委政府与市民群众搭桥

济南 12345 热线是济南市最重要的社情民意沟通平台，是叫响全国的名片。经多次升级，12345 热线以现代化的手段、标准化和法制化的理念，成为济南市服务市民企业的重要渠道。济南日报报业集团在打造新型主流舆论阵地、推进媒体融合方面，尤其是在“两个中心”一体化建设方面，走在了全国前列。两者可谓强强联合。

泉城总客服对于探索创新城市治理和智慧城市应用新模式具有重要推动作用。架构在爱济南客户端上的济南市掌上 12345，作为泉城总客服移动端入口和 12345 热线移动服务主要平台，突出和强化移动优先的功能特点，更加契合群众移动社交的人际沟通新趋势，是践行“便民利企，服务决策”的重要载体。另外，济南市掌上 12345 逐渐成为深受党委政府和市民认可的舆论监督及民意沟通平台，并且在市领导和市纪委监委支持下，在济南市党风政风行风正风肃纪民主评议和社会治理中发挥着越来越重要的作用，在党委政府与市民群众间搭建起“连心桥”。

（二）对政府热线与党媒互联互通破题

城市治理体系和治理能力现代化水平的提升，需要充分借助智慧城市建设新经验，充分发挥媒体融合优势、大数据集成资源优势。泉城总客服暨济南市掌上 12345 智慧服务平台，探索形成城市政务服务与媒体融合一体化推进新方向，建立在 12345 是全国同行业标杆、济南报业媒体融合走在全国城市党媒前列的基础上，这是济南智慧城市建设领域的一件大事，也是济南市深化媒体融合的一项创举，是创新城市治理体系、提升治理能力和水平，督促改进工作作风、增强服务群众能力的一次重要探索和实践。

泉城总客服暨济南市掌上 12345 智慧服务平台建设，把更多便民利企智慧服务事项和功能，实现在爱济南客户端上“一端办理”。项目在应用场景中不断优化提升，加大服务功能和服务范围，把线上单位逐渐扩大到区县、街道、村居，在线形成不同社群圈子进行交流借鉴。加大智能化、大数据精准应用，实现信息共享一体化闭环运行，“一端在手，应有尽有”，市民使用智慧服务的舒适度和满意度不断提升。

泉城总客服暨济南市掌上 12345 智慧服务平台建设，也助推济南日报报业集团媒体融合跃级提升，构建起现代体系传播能力，便于巩固壮大主流舆论阵地，更出色地讲好济南故事；助力优化营商环境，以“互联网 + 政务”为济南市社会经济高质量发展作出贡献；助力智慧城市建设，以“技术 + 服务 + 移动平台”构建“掌上城市”“云端城市”，为城市建设贡献管用、能用的新智慧。

（三）为城市治理体系和治理能力提升加速

提升城市治理体系和治理能力现代化水平，是一个持续向前、不断创新的过程。泉城总客服暨济南市掌上 12345 智慧服务平台，全面推动了济南日报报业集团传统媒体与新兴媒体的深度融合。平台在发展中不断丰富和创新人工智能应用，强化互联网思维，以用户为中心，以体验为核心，为市民提供更方便快速的信息反馈和诉求办理服务。

按照规划，泉城总客服暨济南市掌上 12345 智慧服务平台建设未来将实现更多大数据的汇入，更多政府部门、民生服务接口的接入，努力搭建更广阔的智慧城市新平台，探索社会治理新模式，为济南市城市治理体系和治理能力现代化水平的不断提升继续发力。

（卞思杰：济南日报报业集团爱济南客户端总经理，汤启卫：济南日报报业集团爱济南客户端副总编辑，张卫波：济南日报报业集团爱济南客户端总编辑助理，赵一帆：济南日报报业集团爱济南客户端记者）

案例类别：组织机构

县级融媒体中心建设的福州探索

为进一步加快福州市县级融媒体中心建设，推动市县两级媒体融合，构建全媒体传播体系，有效壮大福州媒体矩阵的传播力、影响力，做大做强福州主流舆论，福州日报社发挥内容和技术优势，突出内容为本，市、县联动，扎实抓好县级融媒体中心建设，做大做强基层主流舆论阵地，更好引导群众、服务群众。

2018 年底，福州 12 个县（市）区融媒体中心全部挂牌。同时，在福州市委宣传部领导下，报社建成市级融媒体指挥中心，并作为市、县两级媒体联动的大脑中枢，进入实战试运行。2019 年，“福州新闻云”平台建成，福州日报社从技术平台、新闻资源、人才队伍、联动作战等方面为各个县级融媒体中心提供有力支撑，构建起“上情下达、下情上达、信息共享、同频共振”全市联动宣传大格局。

一、凸显四大特色

（一）技术平台融合

推进各区县融媒体中心技术平台标准化建设，打通县、市新闻资源，实现全市融媒体中心技术平台的无缝对接。根据县级融媒体建设规范要求，打通各媒体策、采、编、发环节，使原有的报纸、电视、网站、新媒体的记者编辑能在一个平台上进行编辑、审核、发布。在此基础上，建设市一级的“福州市新闻云”平台，使之成为市、县两级统一的指挥调度和集中分发平台，在一个平台上实现数据共享、技术共享、用户共享。2019年底，全市12个区县融媒体中心全部接入“福州新闻云”平台。实施移动优先战略，由福州日报社指导区县开展客户端、微信公众号等移动新媒体集群建设，针对区县要求，代建客户端。协助区县融媒体中心逐步入驻第三方平台，实现多点传播。

（二）新闻资源共享

借助技术平台的连接，实现市、县两级媒体融合。两级媒体新闻资源共享、发布平台共用、联合作战发声，各自审核、发布的稿件第一时间进入“福州新闻云”平台，不同平台根据需求自主选用。新闻资源共享，大大提高了县级媒体的内容生产能力。同时，以市级媒体作为“中枢”，打通与省级、中央、头部平台的合作联动，借助央媒平台的传播制高点，借助商业平台的流量，来扩大传播效果。建立市县联席会议制度、市县融媒体中心每日会商制度和舆情与传播效果通报制度。由报社协助区县再造一套新流程，搭建一套新架构，构建一套新机制，实现辖区内新闻资源的优化配置和生产要素有效整合。推进市县共同策划内容产品，报社旗下平台与区县融媒体中心联合生产、联合署名，有效提高内容生产能力。

（三）人才队伍共建

针对县级融媒体中心人才队伍建设问题，报社打破原有各自为政的传统模式，组建县级融媒体中心服务小分队，开展市、县两级记者编辑联合培训、联合采访、联合生产，通过实战提升采编人员业务能力。此外，还创新性地探索上下挂职机制、待聘制度，区县人员到福州日报社融媒体指挥中心挂职，福州日报社人员到区县融媒体中心挂职，共同参与指挥策划。加强对区县的常态化培训。每年组织2场以上集中培训，面向区县融媒体中心负责人、采编骨干人员，定期开展全媒体业务培训。

（四）重大战役联动

围绕内容生产，福州日报社发挥媒体优势，在各类重大主题、突发事件中，作为策划源头，为区县融媒体中心提供编辑思路，联动作战，一体发声。市、县媒体推出同题报道，共同打造爆款，引导关注热点，逐步形成了新媒体在重大主题宣传报道中“上下联动、同频共振”的宣传模式，有效壮大了基层主流舆论。在2019年“祖国，福州向您汇报——壮丽70年·福州故事”大型网络直播活动中，新媒体中心牵头策划，联手全市13家县级融媒体中心（含高新区）共同策划、共同制作、共同主持、共同发布、共同享用素材，13个县区各自推选主持人，讲述本区县的发展故事，产生了同频共振的良好效果，群众反响热烈。2020年11月至12月，新媒体中心创新性地联动12个县（市）区及高新区，通过大型网络互动专题，推出“有福之州 幸福花开”——“走向我们的小康生活”系列展示活动，全面展示福州市小康建设成果。专题设现场直播、区县巡礼、援建大事记等栏目，融合文字、图片、视频、图解等多种报道形式，全景化、多角度进行展示，由市、县两级媒体联合打造，共同策划、共同制作、共同主持、共同享用素材，成为市、县媒体联动的一次成功案例。组织县（市）区跨区域采访。创新“内容+服务”，做好“策划+活动”，培育地方特色品牌宣传活动。

二、项目成效：县级融媒体中心建设的福州模式初见成效

福州市县联动的融媒体中心建设模式，有效建立并运行了市县媒体常态化联动机制，打造“一体发声”的市县新媒体矩阵平台，建立务实管用的人才队伍交流共建机制，提升市县联动协同作战的实战经验。2020年底，各县（市）区媒体平台总用户数目标已超过300万（增长62%），“10万+”产品总数超过200个（增长195%），各类直播活动总数超过200场。各县（市）区融媒体中心显著提升了内容生产能力；快速放大了全网传播能力；做大了一个核心平台，做强了一批平台矩阵；运行了一套高效管用的联动作战机制；形成了一批联动作战案例。2019年，“福州新闻云”平台获得中国报业协会颁发的中国报业媒体融合、信息化和网络安全项目创新奖。

（福州日报社）

案例类别：产品

《武汉这一刻》微纪录片栏目

翟兰兰

长江日报报业集团《武汉这一刻》微纪录片栏目，开设于2020年1月23日武汉“封城”当天，团队成员下决心，有恒心，闯一线，强力、持续地实地拍摄了一批抗疫现场和人物。11个月以来，持之以恒，质量稳定，目前已发布精品视频124期，定格英雄的城市、英雄的人民，留下大量特殊时期的珍贵影像资料。

一、作品内容主要分为4个系列

（一）“在现场”系列

关注武汉保卫战重大节点、关键现场，记录那些将被载入史册的影像资料，走进系列枢纽，产生了一批现场感极强、富有震撼力的作品，如《60秒看火神山9天9夜热血鏖战》《方舱医院：全城日夜赶织的生命之网》《现场：响爆的120，呼入量正回落》《看！这是零点后的武汉》《直击全国首例患者清醒状态下脱离ECMO》《现场：拉网式大排查，全城与病毒鏖战》《休舱前最后10小时：有人无眠，有人含泪唱<朋友>》《你与我们，已是生死之交》等。

（二）“在疫线”系列

通过跟拍一系列温情感人的平凡人、小故事，彰显大难之时人性的光辉，产生了一批催人泪下的作品，如《金银潭医院战“疫”夫妻：住在车上的第23天》、跟拍一线环卫工人的《第八天：你若安好，便是晴天》、《95后公交司机陈强：开往春天的夜车》、《外卖骑手老计：有些人，存在便是星光》、《一个人的地铁站：想念刷卡进站的“嘀嘀”声》、《黎明骑行的医者：每天花3小时往返24公里》、《一碗热干面的情谊：山西医疗队来，免费！》等。

（三）“瞰武汉”系列

采用场景宏大的航拍，配之以动情的文字解说，展现空城武汉别样的情感，产生了一批感人至深的作品，如武汉加油灯光秀航拍产品《第七天，夜是彩色的》《第四天了，武汉，我们等你痊愈》等。这些“封城”期间的大量航拍素材，又为后来武汉重振阶段的视频产品打下良好基础。我们采用“对比”手法，将当时的空城与后来的人流如织交替剪辑，如此展现的疫后武汉，令世界惊叹。

（四）“正重启”系列

记录城市重启阶段的武汉，如《复工一瞬：上班才感觉生活恢复正常》《久违了，坐地铁去！》《武汉护士凌晨火车站接男友：60多天没见，一起走回去都浪漫》《万松园外卖订单翻倍！食客：我的快乐回来了》《武汉的早高峰，回来了！》。尤其是2020年国庆遇中秋，当天，长江日报推出节日特献《武汉这一刻：如你所愿！》，视频采用疫情期间所拍人物“当时的愿望”和“今天，我带你看”的叙事逻辑，反映当下武汉的复苏，一个个当时的“希望”，变成了今天的“日常”。该作品获新华社客户端和新华社Facebook官方账号转发，成为爆款，在海内外引起强烈反响。

二、项目亮点

（一）匠心打造，勇闯一线

疫情发生后，各媒体推出多样化报道，团队人员决定沉下心来，以一组纪录片的形式记录这个特殊时刻的武汉，为这座城市留下珍贵的影像资料。为了实现这一初衷，去一线，成了最基本的坚持。正因如此，我们的大量作品来自鲜活的一线。哪怕危险，哪怕艰辛，我们也从未放弃过对作品的极致追求。

（二）团队攻坚，践行“四力”

为了真正出精品，我们组了一个小规模的攻坚团队，不间断策划选题随时出击，不舍昼夜，长期连轴转。策划、拍摄、配音、脚本、剪辑各司其职，高效协作。大家常常都是跑完现场拍完，回来立即剪辑、打磨，有时候剪辑出来效果不理想，再次回到现场补拍、补采，直到达到精品要求，才可发布。李子云每天背着自己的无人机、单反还有直播设备，奔走三镇，赶赴现场；胡胜为了跟拍抗疫人物，几次彻夜跟拍，常常为一个作品打磨到深夜，疫情居家办公期间电脑坏了，又把报社的台式电脑搬回家继续剪辑，还克服了没有车辆的出行困难；刘慧虽暂时困在荆州老家，但在后方策划写作了大量选题、脚本，并担任配音，为作品增加深度、温度，一个令人感动的细节是：在老家山里没有话筒和录音棚，因此，《武汉这一刻》的所有配音，都是她躲在自家被窝里，用几层厚被子一裹，再拿手机录的。

（三）见证大事，精心策划

总在触摸武汉这座城市的脉搏，这座城市在进行什么，老百姓到底关心什么，我们的团队就出击去拍什么。

团队将栏目分为4个系列，记录这一刻的武汉："瞰武汉、在现场""在疫线""正重启"。重大现场，无论是"封城"当日，还是连夜赶建方舱，或是全城拉网大排查，抑或是零点武汉解封，所有的大事发生时，必须有《武汉这一刻》在场，这是团队的追求，并在苛刻地坚持。

（四）精心拍摄，用心用情

在拍摄方式上，航拍、跟拍、用户生产等模式结合，丰富镜头语言，形成了以纪实为主的精品短视频系列。有时候，为了一个氛围的营造、一个情绪的表达，会采用航拍+地拍的团队作战方式，精益求精，不达效果不罢休。

（五）创意制作，高度打磨

剪辑手法不断创新，悬念设置、倒叙、平行剪辑等多种方式并用，增强可看性。对后期效果反复打磨，大到整个作品的叙事逻辑，小到一个镜头的调色，再到作品的配乐，都用心用情用力，确保期期都是精品。

（六）品牌价值，日益显现

疫情期间每天一期（疫后每周三期），保持传播热度，形成受众对栏目的记忆点和期待度，正助力长江日报报业集团传播力建设。

三、社会效益及行业价值

1.100多期精品视频，留下大量珍贵影像，记录英雄的城市、英雄的人民。在武汉这个疫情主战场，难有一个视频栏目，如此强力、持续、坚韧地忠于记录，忠于一线。

2.在至暗时刻，《武汉这一刻》栏目对众多凡人英雄的报道，如同暗夜微光，给了身处疫情的人们以慰藉、以鼓舞，不负新闻人使命。

3.多篇作品成为爆款，是纸媒试水纪录片栏目的重大业务探索。如《武汉这一刻|你若安好，便是晴天》《武汉这一刻|第七天，夜是彩色的》《武汉这一刻|你与我们，已是生死之交》等阅读量超过百万次。

4.多次获央媒转发，如《武汉这一刻|金银潭医院战"疫"夫妻：住在车上的第23天》《现场：拉网式大排查，全城与病毒鏖战》《想你们了孩子们！宿管阿姨与大学生视频泪奔》等被《人民日报》等央媒转发，扩大了《长江日报》"四全媒体"影响力。

5.武汉重启阶段的《武汉这一刻》，真实反映了英雄之城的劲头，咬紧牙关地坚信"武汉疫后重振是输不起的战役，有全球风向标意义"，我们的作品较好展示了武汉保卫战成果，为树立中国形象、武汉形象提供了最直观印证。

6.作品获刷屏式转发，是打造《长江日报》视频品牌的重要一步。不间断生产、发布和推广，已让受众形成对栏目的记忆和期待，也让业内对《长江日报》的非文字传播有了全新认识。

7.单篇作品多次获奖。《武汉这一刻|如你所愿！》获湖北省2020年第三季度"网络宣传好作品"；《武汉这一刻|他让墙面"活"起来了！四年300幅墙面记录新农村的变化》获"决战决胜脱贫攻坚 小康路上一个不少"2020年网络视听作品征集活动优秀作品；《武汉这一刻|金银潭医院战"疫"夫妻：住在车上的第23天》获湖北广播电视局2020年度优秀主题原创网络视听节目及剧本作品。

（翟兰兰：长江日报报业集团融媒体中心视频产品中心主编）

《武汉这一刻》栏目视频专题

案例类别：产品

谨以此片献给我们一起走过的2020

陈智 王语哲 张颖 周炬

新闻作品如何反映人民的心声？2020年12月15日，长江日报微信、微博、大武汉客户端等新媒体平台发布"壹周画报"栏目年终特别版《谨以此片献给我们一起走过的2020》融合产品，同时推出视频版本，引发巨大量级传播和社会广泛共鸣。

一、从策划到制作，蕴含打动人心的力量

《谨以此片献给我们一起走过的2020》精选65张武汉战"疫"期间新闻照片，采用电影分镜头样式的"壹

周画报年度放映厅”形式，横屏长图呈现“封城”“奇迹”“回归”“2020 幸得有你”4 个篇章，定格了这一年属于武汉的城市记忆。

这是一个具有创新突破的新媒体产品，从策划到制作用情用心，是一次媒体融合的探索和努力。产品打破惯常宣传口吻，从普通人的感受上把握基调，尝试对话体系，文字精练、节奏精准，蕴含了打动人心的力量。

二、引发共鸣，全国 50 多家媒体转载报道

《谨以此片献给我们一起走过的 2020》在全国范围内引发强烈反响。

（一）全国媒体转载

长江日报微信公众号长图推文《谨以此片献给我们一起走过的 2020》阅读量 10 万余次，以长图为基础制作而成的同名微视频短片，微博播放量近 300 万次，以此为基础的微博话题“65 张照片回顾武汉的 2020”阅读量近 2000 万次。《人民日报》两微一端、《中国日报》、《中国青年报》、《中国妇女报》、中国长安网、央视频、澎湃新闻等全国 50 余家全国媒体、网站、商业平台第一时间转载。

（二）全国网友泪目

以下摘录来自人民日报微博、长江日报的微信网友的热评。

中央政法委新闻网站官方微博 @ 中国长安网：2020 倒计时了，这一年，不能忘记一座英雄之城！“65 张照片回顾武汉的 2020”安哥：这一年，致敬你，武汉！

共青团天津市委员会官方微博 @ 津彩青春：致敬英雄之城！

微信网友小鄂渝：看到一张张照片还是忍不住眼泪盈眶，我最爱的武汉，我的快乐与悲伤，坚强与脆弱，都在这里 ~ 你永远是我最爱的武汉啊！

三、融合产品背后的故事

2020 年的开始，猝不及防，有那么多瞬间让泪水猛地涌出眼眶，它们在脑海中定格，反复播放化为城市记忆……如果搬上大荧幕，会是什么样子？

循着这个思路，主创人员将珍贵的新闻图片，用电影放映的方式呈现武汉 2020 年的独家记忆。

（一）电影放映厅，融合创意传播新形式

这是一次成功的创意传播，对 2020 年新闻图片二次创作，并进一步制作成视频，实现一次内容采集、多重价值生成、多种形式融合。

手绘 + 实景 + 交互的电影放映厅“打开方式”，将传统的摄影图片通过精心制作，转化为令人耳目一新的新媒体长图形式；在微信中，配合背景音乐，视听结合，用户体验极佳，能最大限度地给予观看者沉浸式体验。

（二）时间再紧，细节上也不能打折扣

我们反复斟酌，经过多次头脑风暴，不断优化产品思路，终于确定了“电影放映厅”的呈现方式。

时间紧，但每一个细节不打折扣。电影式的裁剪，仅仅保留了一个“细长”的画面，横竖比接近 3 : 1。照片裁哪里？裁多少？哪些细节需要放大……主创人员都经过几轮反复讨论。

再三推敲文案、精心调图；中午发布长图版，下午转化成视频产品……主创人员全心投入，将各个细节都做到极致。

（三）产品要想打动人，先要打动自己

从一年海量新闻照片中如何挑图？武汉“封城”、全国医疗队援汉、火神山雷神山开建、方舱医院、线上开课、小区封控，清零、解封、核酸检测、高考、战汛、开学……主创筛选出 20 个关键词，梳理出整个产品的脉络。

搜集素材时，摄影记者用镜头定格下的瞬间再次打动了主创人员，同时还发现了许多之前没有注意到的“遗珠”。

比如，2020 年 2 月 15 日，“雪中起舞”中指挥交通的民警；3 月 19 日，拎着菜、打着电话的社区志愿者，阳光正好；3 月 20 日，春分日，樱花树下骑行的外卖小哥；6 月 17 日，患者出院前握住医生的手，手部力量恢复明显。7 月 7 日，黑板上的这句“高考冲刺没几天”。

（四）打破惯常宣传口吻，引发广泛共鸣

说话这件事，重要的不是说，而是对面倾听的人的情绪点是什么，引发“共情”比一个“精致漂亮的观点”更打动人。城市记忆既要找到武汉人的共同回忆，又要有城市的独特视角。那么，产品“说话的方式”显得尤为重要。

第一个篇章：封城 我的城，突然好安静。最初的文案：封一座城，护一国人。“普通老百姓会这么说吗？”——这是来自产品文案第一位读者的灵魂考问。

再三思量，主创放弃了“宣传口吻”，选择站在亲历者角度，描述所见所闻、所思所感。采用第一人称“我的城”的视角调整文案，共情的文字得到了网友的认可。

附：文案全文

谨以此片献给我们一起走过的 2020

2020 年
我们在武汉
相遇、相知、分别、重逢
有那么多瞬间
让泪水猛地涌出眼眶
它们在脑海中定格，反复播放
化为城市记忆
……
如果把这份回忆搬上大荧幕

会是什么样子？
（音乐提示语：点开我，观影效果更佳）
（交互提示语：电影马上就要开始了，手机旋转90°）
2019年底
来源不明的病毒向武汉悄然袭来
跨入2020年，正值春运
新冠肺炎已经悄悄地入侵了我们的生活
没有特效药
疫苗研制还需周期
病例数呈攀升趋势
……
每个人都揪着心
人们对生的渴望从未如此强烈

封城

我的城，突然好安静

在除夕的前一天
武汉暂时关闭离汉通道
这座拥有千万级人口的城市按下暂停键
客机停靠在廊桥边
少了喧嚣的车站候车大厅
霓虹彩灯自顾自地亮着
安静的城
仿佛时间凝固
人，去哪儿了？
他们在这里
他们来了
他们不顾一切地来了
他们夜夜守护着我
我很安心
我收到过他们送的菜、买的药
当我需要的时候
他们一直都在
无惧风雪
他们奔波不停

奇迹

我无法想象的事情在这里发生

一床难求！
怎么办？！
除夕夜，上百台挖机在蔡甸知音湖畔展开场平
火神山、雷神山为至暗时刻的武汉带来希望之光
36小时建成3家方舱医院
10多天1.4万余张床位一一就位
一座座方舱医院化身托起生命的方舟
一个又一个奇迹
让武汉在疫情最吃紧的2月
强势扭转战局
奇迹远不止这些
集中核酸检测9899828人
没有发现确诊病例
我们用科学手段证明“武汉是安全的”
为重启注入信心

回归

涌入如织人潮，与繁华的武汉撞个满怀

4月8日零时
江汉关钟声响起
武汉打开城门
按下重启键的武汉
从搏杀、冲刺到决战
一路振奋
跟随春天的脚步
迎着初升的太阳出发——
汽笛声
欢笑声
轰鸣声
踏着生活的节奏，一步一步
熟悉的烟火气回来了
平均50秒生产出一辆整车
在东湖边与爱人分享喜悦
在青春战场上尽情发光
才下高考考场，又上防汛“战场”
面对一场又一场大考，我们乘风破浪
我的城，安然无恙
踏平坎坷
我的武汉再成“顶流”
我看到了更多的游客
更靓的车
更多的盛会
我透过Louis Vuitton的“双眼”，看见武汉
好声音之夜，我听到音浪如潮
搏杀、冲刺、决战
我的城一路振奋
12月的武汉日渐寒冷
却依然热气腾腾，又上“热搜”
前三季度
武汉没有掉队
全国网友盛赞

2020，幸得有你

这一整年里
有那么多瞬间
让人心口一热
我们的快乐与悲伤
脆弱与坚强
都值得定格，回忆
宅家的日子里
心中有光
我们依然用向上的姿态舒展地活
我也想过放弃
但一次又一次
咬咬牙
我终于等来了春天
我在武汉重获新生，用力量感受生命的存在
我满怀期望，所以无惧风雨
我怀揣梦想，我尽情欢笑
我还是个小朋友
容我再哭一会儿
我舍不得你
我也不会忘记你
在这座城
从不缺少爱
永远饱含热情
2020 年还剩下 16 天
寒冬来袭
愿温暖常伴

（结语）
落幕不等于剧终
我和我的武汉
精彩继续

（陈智：长江日报社融媒体中心记者，王语哲：长江日报社融媒体中心美编，张颖：长江日报社融媒体中心编务值班，周炬：长江日报社融媒体中心编辑）

“谨以此片献给我们一起走过的 2020”融媒报道

案例类别：组织机构

媒体融合助力新时代文明实践 打通服务群众“最后一公里”

——兰州日报社“双中心”建设实践

兰州日报社深入贯彻落实中央关于推动传统媒体与新兴媒体融合发展和新时代文明实践中心建设精神，以共建、共通、共享、共融为原则，融合建设了兰州日报社融媒体中心和兰州市新时代文明实践中心，实现了“双中心”共享共建、一体发展，打通了服务群众“最后一公里”。

一、“双中心”融合做法

（一）平台融合共建

兰州日报社融媒体中心与兰州市新时代文明实践中心“双中心”，建设了报道指挥、移动采编、资源管理、矩阵管理、绩效考核、舆情监测、媒体大数据 7 大融媒体内容生产应用平台和演播室，以及集理论宣讲平台、教育服务平台、文化服务平台、科技与科普服务平台、健康促进与体育服务平台五大平台于一体的综合指挥平台，为新闻传播与志愿服务融合开展提供了支撑。同时，建设了共享办公空间，为融媒体中心采编人员与新时代文明实践中心工作人员肩并肩协同、面对面交流，提供了有效的空间保障。

（二）资源融合共享

1. 信息资源共享互通。在“双中心”技术平台支撑下，实现了新闻资源和志愿服务信息资源的共享互通。文明实践中心各分中心、站点，录入系统的信息会成为融媒体的新闻线索，融媒体中心会第一时间采访发布，文明实践中心也可以调取相关内容进行发布。

2. 人力资源融合共享。在实际运行中，文明实践志愿者是融媒体中心的通讯员，融媒体中心的记者也是文明实践志愿者。新时代文明实践中心有庞大的志愿者队伍，兰州日报社融媒体中心有专业的记者队伍，两个队伍通过业务进行融合，使志愿服务和新闻采集两方面的力量都得到了提高。

3. 渠道资源共享共用。截至目前，兰州市新时代文明中心拥有 8 个新时代文明实践分中心、115 个新时代文明实践所和 1016 个新时代文明实践点。建立志愿者队伍 3400 余支，实名认证志愿者人数超过 58 万人。兰州日报社融媒体中心依托《兰州日报》、《兰州晚报》及兰州新闻网、ZAKER 兰州、指点传媒等子媒的传播优势，打造了包含手机客户端、网站、微信、头条号、微博、新华社“现场云”直播、快手、百度百家号、腾讯视频、抖音、微视、VR 全景、H5 微场景等 13 种应用类型的 24 个传播平台；新时代文明实践中心有深入村社区的信息渠道。市民可通过“双中心”各大平台随时随地反映问题、提出需求，志愿者或记者第一时间进行对接，一对一解决问题。

4. 品牌活动共同开展。“双中心”通过融合共建、资源共享、协同发展，向市民提供集媒体、民生、政务为一体的“大服务”。《兰州晚报》创刊 40 周年系列活动之一“云书集”，就是“双中心”协作的成果。“双中心”共同策划活动，通过融媒体中心的平台进行宣传，向全社会募集山区学校所需图书；接下来，文明实践志愿者和记者一起进行收集、整理、汇总；最后“双中心”共同完成配送。“双中心”已经成功举办 50 余场公益活动，惠及 25000 多名山区学生及困难群众。

二、融合实践效果

（一）实现报社子媒融合，新闻内容集约化生产

兰州日报社融媒体中心通过统一的全媒体采编系统，将各子媒的采编资源进行整合、融通，打破了独立发展的“孤岛”局面，实现了资源共享、集约化生产、融合发展。例如，对兰洽会的采访报道，融合前各平台分别派记者采访，融合后只需要派一路记者，就能完成全媒体信息的采集，极大节约了资源，提高了工作效率。

（二）实现可视化统一报道指挥

融媒体中心通过报道指挥系统，统一管理线索、选题及策划，统一调配采编资源，实现全社新闻生产的进度、内容一体化管理，全媒体差异化呈现。融合以后，由编委会统一指挥，全社 300 名记者编辑统一调动、统一管理，同一个选题互相协作，避免了重复工作的资源浪费。例如：对新闻发布会的报道，指点传媒做现场直播，ZAKER 兰州做现场视频，《兰州日报》发布消息稿件，《兰州晚报》针对发布会内容进行深度采访报道。

（三）实现全媒体移动采编

记者在采访现场，可通过移动采编端第一时间将文字、图片上传到采编系统，各平台编辑可第一时间选用发布。通过“移动采集→移动编辑→移动签发”的流程，来稿时间提前了 120~180 分钟，发稿速度提前了 30~40 分钟。

（四）实现全媒体融合发布

兰州日报融媒体中心通过全媒体矩阵管理系统，并行接通了报纸、网站、微信、微博、客户端、户外屏等平台，实现“一个选题→多种形式→全媒体发布”。融合前一篇稿件要在各平台重复录入发布，融合后可实现多平台一键发布。

（五）实现大数据智能辅助生产

兰州日报社融媒体中心运用新闻大数据技术辅助全媒体新闻生产，实现传播分析、版权追踪、竞媒分析、用户分析，能够让新闻生产更加高效、传播更加精准。中心通过大数据智能辅助生产系统，可以对稿件阅读量、转载量、点赞量、评论量进行量化分析，也可以通过数据进行受众画像。

（六）实现舆情智能监管

兰州日报社融媒体中心借助媒体大数据技术和服务，通过对热点话题、地域新闻的追踪分析，能够实现主题舆情监测、舆情预警、舆情分析研判，实现了从“事后监测”到“事前监测”的转变。

（七）实现资源长期保存、科学管理

通过资源管理系统，对全社刊发稿件以及未刊发素材（文字、图片、视频、音频）进行统一分类存储管理，以便后期调阅、引用。之前，由于没有大容量的储存空间和科学的管理系统，只存储成品版面，照片和视频等原素材都无法长期保存、再次利用。现在可以将所有照片、文字、视频分类存储，建立素材资料库，提高素材的利用率。截至目前，已经保存了 3000 余张图片、500 余条视频素材。

（八）实现全媒体科学考核

通过全媒体稿件动态追踪，全面监测稿件传播效果，对记者编辑进行考核，改变以往主观考核的局面，保证考核公正公平。以前，考核按照稿件字数和版面大小以及主管评判来衡量，现在主要考核依靠传播力指数来评判。有可能一篇点击量低的 2000 字文章得分，还不如一条受众喜欢的 15 秒短视频。

（九）实现文明实践线上、线下同频共振

解决农村基层宣传思想文化工作和精神文明建设“谁来做、做什么、怎样做”的问题，实现“群众在哪里，文明实践就延伸到哪里”。以“中心制单、群众点单、中心派单、志愿者接单、社会评单、考核定单”相贯通的“六单”模式，进行实时调度、对接志愿者服务和群众需求，增加平台的互动性、服务性，做到文明实践线上、线下同频共振。截至目前，共接到群众“订单”2000 余条，落实解决 1500 余条，转办 500 余条。

三、融合创新经验

（一）业务创新

“双中心”融合系统支持可视化指挥，能够实现采

编资源的统一调配；支持在移动环境下，通过移动采编平台实现内容素材的生成加工；支持大数据智能辅助，能够有效提升采编质量和效率；支持媒体举证统一管理，可实现报社下属媒体及新时代文明实践中心之间内容的上传下达，真正实现全市新闻资源融合共享；支持媒资智能化管理，能够帮助建立智能化媒体资源库、文史资料库，提升媒资利用率。

（二）融合创新

兰州日报社融媒体中心和兰州市新时代文明实践中心“双中心”融合，采取平台共建、信息互通、资源共享、人员共融的建设方式，充分利用兰州市政务云资源建设了内容管理系统，有效避免了系统独立建设的云资源浪费；建立了共享办公空间，融媒体中心指挥中心也是文明实践中心指挥中心；建立人员共融机制，融媒体中心记者在业务开展中也是文明实践志愿者，文明实践志愿者也是融媒体中心通讯员。

（三）机制创新

“双中心”建立了“新闻＋志愿服务”的业务融合机制和互融互通机制，用新闻传播服务新时代文明实践志愿服务活动开展，把文明实践业务平台信息转换成新闻信息，实现新闻与文明实践志愿服务互融互通、共建共荣。

（兰州日报社）

案例类别：产品

兰州日报社：“兰美美”融媒体系列作品

韩彤 崔凌云 郭俊宇

“兰美美”融媒体系列作品是兰州日报社为讲好兰州故事，记录时代变化的脉搏，更好地抓住用户的需求，创作出的一个名叫“兰美美”的人物IP形象作品，通过漫画演绎、短视频故事、新闻资讯等多种形式的产品系列，打造适合新媒体时代宣传特征、用户喜闻乐见、有亲近感的人物IP形象。

“兰美美”名字寓意兰州的“兰”，旨在打造“精致兰州 美美与共”的主题思想。也期望可以用新兰州人的视角，去重新看见、解读、分享兰州故事和丝路文化。

一、兰美美融媒体IP形象的诞生

该人物IP诞生于2019年兰州市“两会”期间，兰州日报·ZAKER兰州出品漫画形式的H5产品《兰美美回家记》，塑造“兰美美”的漫画形象，用4期连载故事，讲述了大学毕业后在外打拼的兰美美，回到家乡后看到家乡变化、感受家乡温暖、了解到兰州的人才引进政策，最终决定留在兰州发展的故事。

每期漫画设定互动模式，将“兰美美是否要留在兰州”等问题抛给用户，用户在观看完漫画之后，可以通过手机端进行选择，为兰美美留言，帮助兰美美做出决定。

漫画一经推出，引起市民强烈反响和好评，通过每期帮助兰美美做决定的互动形式，形成了很强的阅读黏性。用大环境下的小人物故事与市民产生紧密联系。用百姓视角讲“两会”政府工作报告，浅入深出，耐读、好读、乐读。表现形式、互动方式，都是媒体融合创新的新尝试。

以此为契机，兰州日报社继续着力打造融媒体核心品牌，丰满兰美美的人物形象，完善组织人员架构，统一形象向外部对接，着力打造文化IP，为宣传文明兰州形象，配合兰州市中心工作提供全面的宣传策略。

在2020年的兰州市两会，《兰美美回家记》的续集漫画H5《兰美美读城记》，继续展示兰美美重新回到家乡兰州一年之后，用生动、具体的身边事讲述兰州的变化。

二、兰美美融媒体IP形象的立体传播

这样一个有血有肉的人物形象是怎么和用户建立链接、让用户认可的呢？

兰州日报社融媒体中心通过大量市场调研、人物形象设计、故事脉络创作，在人物的经历、性格、周围的人际关系、行为方式等方面进行了创作。兰美美身上有兰州人热情、有活力的样子，热衷接受新鲜事物，倡导健康、有趣、有品质的生活方式；也有爱玩、爱显摆的一面；她还幽默、爱调侃、敢于自黑，对生活中遇到的“不高兴”，用调侃的方式宣泄和化解。她是你身边贴心的闺密、朋友，能提前想你所想，为你提供最新鲜的资讯。也能在你困苦时给你安慰，欢乐时共同分享，她就是“你身边最了解你的那个朋友”。

在运营的两年时间里，“兰美美”系列融媒体产品着力开展三条产品线，从多维度、多层次展示，将人物IP形象根植在不同年龄层次、文化背景的用户中。“兰

美美”从最初的H5产品《兰美美回家记》拓展出众多新闻宣传子项目。

（一）漫画产品系列

漫画故事是整个兰美美产品的主线索和灵魂，所有衍生产品的诞生地。2020年是兰州市创建全国文明城市的决胜年，讲文明、遵礼仪，是每一个公民都应该遵守的行为准则。于是，《兰美美文明画报》应声出街。画报结合兰州人的生活实况，采用实景漫画的形式，一期一个小故事，轻松有趣地讲述文明兰州的故事。

在漫画中进一步塑造、丰富性格，描绘故事，展开人物关系，打造精彩的漫画、出乎意料的结局。身为新兰州人的“兰美美”和她的小伙伴们就像是我们身边的每一个兰州人。

全年共推出漫画12期，从文明出行到新农村改造，从卫生习惯到教育文明，以兰美美为主角的12个故事从文明建设的方方面面走进用户生活。漫画发出后，“这就是我，真替美美着急”“美美替我做了我想做的事”……这样的暖心评论不断从用户端发出。每期阅读量10000余次，在微信朋友圈形成了刷屏爆款，也有很多网友在每期更新后着急等待下一期的更新。兰美美真正走进了用户生活。

（二）新闻资讯早报系列

每日清晨在ZAKER兰州平台发布的《兰美美早报》栏目用文字+日签图片+音频/视频的形式，集纳推送当日须知的最新资讯和大事件，让用户可以在最短时间达到高效阅读、掌握重点新闻资讯的目的。该栏目已成为很多兰州市民早晨起床之后获得新闻内容的第一选择。“兰美美”也成了每天都能相伴市民的朋友。

《兰美美早报》的编辑团队是ZAKER兰州最资深的新媒体编辑团队，筛选最具价值的新闻内容，培养用户阅读习惯，用最短的时间收获最优质有效的资讯，成为一整天社交中的资讯储备。

（三）大事件整合策划

在全民皆网民的手机互联网时代，传播环境变得越来越艰苦，所以不能单纯地依赖一条新闻，或一次活动，或一条视频，这些都会是传播的核心要素，但是都不会是唯一的要素。整合新闻、事件体验、互动营销、社会化营销、口碑营销等手段，将内容做最大化的延伸，多渠道多手段曝光，将兰美美的符号渗透到兰州市民生活的方方面面产生强关联，以效果为根本，实行整合营销。

基于此，兰美美工作室在一些传统、重大的节日进行策划，以小见大用兰美美的视角解读传统文化、习俗。如《H5丨兰美美！奶奶喊你回家戴花绳》，以端午节戴花绳的习俗为切入点，引出传统节日在当下的境遇。《精致兰州丨兰美美游记：五彩的百年铁桥》、《揣着这份兰州避暑攻略，就是手拿王炸不会输》、母亲节《兰美美融媒体工作室母亲节特别策划|这封信写给独一无二的你》、《兰州地铁开通全攻略》等线上产品结合弹幕、点赞、招募、小游戏等互动形式，增强了用户黏性。

2020年初，兰美美工作室出品的《疫情防控全知道》系列短视频，如《上班如何做到“疫”无反顾？》《兰美美帮你捋一捋哪些情况一定要洗手？》《兰美美告诉你关于疫情的一些真相》《如何照顾家中老年人做好防护？兰美美帮你整理了要点》等系列短视频，也引起了全社会的广泛关注，无论是端内点击量还是端外的转发量都不断攀升，覆盖面、传播率和知晓度持续扩大。特别是春节防疫期间，市民大多“居家隔离”，实现了让兰州“抗疫”声音传播更远、覆盖更广的效果。

三、“兰美美”走出兰州，获全国网友点赞

“兰美美”融媒体系列产品在不断演进的过程中，始终秉持着“用户在哪里，兰美美就在哪里”的理念，2020年疫情期间，短视频流量迎来井喷式增长，用户大量涌向抖音、快手等短视频平台。这些平台也成为用户获取信息的最大通道。2020年下半年，兰美美工作室顺势而为，以抖音、快手为基地，创作发布了全新的短视频系列，“兰美美”也从平面的漫画世界走出来，以真实的人物形象面对用户。人物形象、性格特征、故事线都有了全新升级，用更加亲民的语言讲述自信、阳光的兰州女孩的故事。

进入短视频时代，真实可感的“兰美美”获得了全国用户的喜爱，粉丝范围覆盖了全国30个省（自治区、直辖市），粉丝互动也更加频繁。

“兰美美”短视频聚焦西部风土人情，打造文旅账号。2020年冬至，兰美美前往兰州市西固区张家大坪韭黄基地，为兰州冬季特产韭黄发声，展示古法韭黄种植村落的原生态面貌，引发了全国网友的好奇，单条视频播放量超过50万次，点赞数超过3000，评论1000余条。评论区网友就本地特产展开了热烈讨论，将兰州、兰州人、兰州特产用这样生动、真实的方式推介给了全国观众，得到了广泛好评。

人物形象IP是能够寄托用户情感、能够延伸和变现的载体。兰美美身上体现的兰州莎莎（兰州方言，美女的意思）的性格特点以及关怀有爱的情感寄托，以“文明”作为符号点来延续故事。当与兰州市民产生情感上的强关联之后，兰美美IP形象能够具有自带粉丝的力量，为《兰州日报》品牌创新提供力量，实现品牌差异化，为精致兰州定位的实现寻找新的机会点。

（韩彤、崔凌云：兰州日报社融媒体发展部副主任，郭俊宇：兰州日报扎客文化传媒有限公司副经理）

兰美美早报

案例类别：组织机构

深圳报业集团视频集约生产与运营方案

一、案例综述

《深圳报业集团视频集约生产与运营方案》项目于2019年5月立项启动，经过8个月的调研，该方案主要解决了三个问题：一是集团要不要把视频业务作为集团深化改革的主要突破方向；二是集团如何拓展视频业务（包括体制机制如何突破）；三是在拓展视频业务时如何做到成本最小化及收益如何最大化。

为了深入论证该项目的有效性和风险性，该项目经过三轮论证调研，第一轮是在集团内部进行调研，第二轮是学界专家团（复旦大学新闻学院）进行论证调研，第三轮是外部视听同业进行论证调研。经多方多轮多层次的论证调研，该项目在成本控制、生产效率、后期发展等层面具备突出优势。

结合当前媒体融合改革案例态势，即主要通过两个维度进行改革：一是技术驱动改革；二是机制驱动改革。《深圳报业集团视频集约生产与运营方案》正是管理机制融合创新发展的案例代表。该项目在顶层设计层面、业务流程层面、考核机制层面等三个层面实现完全自主创新：第一，优先组织架构的顶层设计；第二，以新媒体视频属性全面进行业务流程优化；第三，依托数据量化模型进行人员考核等。

2020年4月10日，该项目正式实施。据项目方案介绍，深圳报业集团视听中心作为集团深化改革的攻坚部门，它以对内为集团各媒体赋能、对外以为集团挖掘流量为发展使命。该中心是深圳报业集团总部下设视频独立生产机构，其以事业部的形态完全采用新机制进行建设，并积极对标互联网视频公司的组织架构、生产流程以及团队配置等。

二、顶层设计

对新建和改建两种模式进行反复对比研究后，该中心在顶层设计层面采用完全新建组织架构模式，并采用互联网视频公司的做法，实行四级垂直管理体系，且在建设初期，该项目创新性的在实际业务管理层面引入三向纬度的权责分立机制，为项目的平稳高效推进保驾护航。

具体而言，四级垂直体系：第一级是集团分管领导；第二级是轮值指挥长及轮值常务副指挥长；第三级是首席运营官（COO）、首席内容官（CCO）以及首席事务官（CAO）；第四级是该中心四大部门总监，具体是新闻部总监、项目部总监、栏目部总监以及事务部总监。其中，在第三级实际业务管理体系设立权责分立机制，首席运营官以内容生产和发展策略为主，内容官以导向把控和防范风险为主，事务官用数据说话、以坚持市场导向为运营官的生产模式提供优劣评估和监督管理。

三、业务流程

在业务流程层面，该中心以视频工业化生产链条为基础注入强大的新闻要素基因，创新建立了一套适应新媒体需求的新闻视频生产流程。该流程首先解决了报业长期以来在流程上关于视频业务的痛点问题，即视频生产是团队生产还是个人生产，以及团队生产是否按照广电模式进行建设的问题。

具体而言，该中心使用团队化视频生产模式，并以新闻主编负责制代替电视媒体的编导负责制进行流程生产。在这样的新流程下，该中心实现了三项重大突破：第一，传播效果的重大突破，该中心从7月13日发稿以来，在3个月的时间内，过亿传播的视频稿件已有4条、过千万的视频稿件已超过10条，并且做到周周有“百万+”传播级稿件；第二，生产速度的突破，该中心一条新闻视频从报题到发出的平均时间为2个小时；第三，生产规模的突破，该中心实现了单日人均稿件1~1.5条，较集团其他视频部门提升了130%左右。

此外，该流程在设计之初，还考虑到如何与外部跨界合作以及内容资源协同创新进行充分兼容。以深圳经济特区建立40周年专题为例，视听中心与人民日报、新华社、中央广播电视总台实现全面合作，并在微博平台获得全广东媒体话题数据量第一的好成绩。

四、考核机制

在考核机制层面，视听中心重视市场导向、坚持数据说话，建立一套以“四力”传播效果为框架的量化考核体系。此外，该中心还在全国范围内，首创视频业务人员的18级职业晋升通道，解决了报业媒体招不到优秀的视频人才以及留不住人才的问题。

为充分调动员工的主观能动性和创造性，营造良好的创作氛围，提高该影响力和竞争力，该中心还制定好稿奖励规则，根据视频综合流量或播放量评定标准，对制作出“四力”效果突出的视频好稿的团体和个人给予奖励。

新的体制机制在视听中心起到了压舱石的作用。以“四力”传播效果为例：在传播力上，8·26期间，该中心分别与人民日报社、新华社、总台CGTN等央媒合作完成了三个重磅视频产品《时间已经给出答案》《我在深圳》以及《来了奋斗就是深圳人》，总播放量4.5亿次，占集团8·26期间视频总传播量的1/3；在引导力上，该中心制作的稿件《深圳交警“膨胀”了！随衣携带小风扇清凉一整天》以小见大，一经推送，当日流量瞬间破千万，并被《人民日报》、中央广播电视总台、新华社等国内数十家主流媒体转发，体现了该中心强大的引导力；在影响力上，该中心推出《哪些功能你还在用QQ或将推出已读功能网友喊停》引发网友热议，腾讯QQ在微博平台随即回应该事件；在公信力上，该中心制作的稿件《响应深圳市生活垃圾分类条例 麦当劳对一次性餐具收费》经过4天时间发酵，最终使麦当劳官方将一次性餐具的收费从0.5元下调至0.1元，体现了该中心在传播效果上的公信力。

截至2020年12月，该中心已形成4个业务部门，总计32人的工作团队（研究生学历10人、本科学历21人），视频科班专业出身25人（中国传媒大学毕业生2人），海归人才7人。该团队也是全集团平均年龄最小、平均学历最高以及视频科班专业毕业人数最多的采编业务团队。

五、重大成果展示

《我在深圳，我爱深圳》广告级短视频由深圳报业集团视听中心独立策划制作，并由新华社和读特客户端联合发布。该片从五个角度即前海、光明科学城、治水提质、核心技术攻关以及脱贫攻坚充分展示深圳40年来的发展面貌。该片在8月26日当天发布后，1小时内播放量迅速突破100万次；在微博的综合传播量超过1000万次；据读特客户端数据显示，全网综合传播量达1.4亿次。

《时间已经给出答案》宣传片由深圳报业集团视听中心及人民日报客户端联合策划制作，并由人民日报新媒体矩阵及读特客户端联合发布。通过宣传片主题“时间已给出答案”展现深圳40年是“让不可能成为可能”的40年。该片在8月26日当天发布后，1小时内迅速突破100万次；在微博的综合流量超过2000万；据读特客户端数据，全网传播量已达1.8亿次。

《来了奋斗就是深圳人》外宣视频由深圳报业集团视听中心独立策划制作，并由中央广播电视总台CGTN在国内外有影响力新媒体平台挂本集团标志发布。该作品不仅是深圳报业集团首个在外网传播量突破1亿的视频稿件，也成为国家外宣阵地（中央广播电视总台CGTN）首个直接从非电视媒体机构中完整采用的外宣作品。据总台CGTN数据，经在国家外宣平台（含Youtube、twitter、Facebook等）发布后，此稿在外网传播量实现1亿的突破。

除了重大选题报道外，该中心的日常新闻视频同样亮点满满。以小见大，从细节、小事入手，述说更具感染力的深圳故事。稿件不但频频被《人民日报》、中央广播电视总台、新华社等国内各大主流媒体转发，更成为新浪微博和今日头条热搜榜的常客，“日日十万+，周周百万+，月月千万+”的优异成绩已成常态。以本集团新闻评奖为例，该中心首次参与集团新闻奖评选活动，就在12家参评单位中取得排名前五的成绩。截至2020年12月，深圳报业集团视听中心共斩获市级奖项4项，深圳市新闻奖一等奖1项、三等奖1项，行业类奖项1项，集团新闻奖6项。

（深圳报业集团视听中心）

“来了就是深圳人”视频

案例类别：组织机构

“读特”深化改革 打造“改革开放第一端”

2020年9月，中共中央办公厅、国务院办公厅印发了《关于加快推进媒体深度融合发展的意见》（以下简称《意见》）。《意见》指出，尽快建成一批具有强大影响力和竞争力的新型主流媒体，逐步构建网上网下一体、内宣外宣联动的主流舆论格局，建立以内容建设为根本、先进技术为支撑、创新管理为保障的全媒体传播体系。作为深圳报业集团全面深化改革战略设计的重要组成部分，读特客户端自2020年9月启动深改步伐。深圳报业集团通过集中和整合集团优势资源，改变集团新媒体平台“散、小、弱”的局面，形成以读特为龙头，同质化聚合、差异化创新的融媒矩阵。可以说，深圳报业集团本次深化改革的目标，就是做强做大做优读特，打造“改革开放第一端”。

一、改革背景：从“底座”上重新布局，突破“小马拉大车”窘境

当前，深圳正在抢抓建设粤港澳大湾区和建设中国特色社会主义先行示范区“双区驱动”的重大历史发展机遇，努力到2025年建成现代化国际化创新型城市，到2035年建设具有全球影响力的创新创意创业之都，成为我国社会主义现代化强国的城市范例。深圳的全新定位对深圳报业集团乃至读特客户端的发展提出更高要求。如何建设新时代一流传媒集团，打造主流新媒体平台，整合集团互联网和传统媒体优质资源，通过移动互联网快速传播到全国和全世界，讲好湾区故事、讲好深圳故事、唱响深圳声音，亟须进一步深化改革。在这样的背景下，读特客户端的深化改革要加速推进，要与深圳城市地位相匹配。

读特客户端2016年3月28日上线，从无到有，逐渐发展壮大，成为深圳经济特区和报业集团媒体融合发展的一面旗帜。但对标国内头部新闻客户端，读特不仅存在技术差距、内容差距、品牌差距，也面临着体制机制瓶颈，“小马”难拉“大车”的窘境愈发明显，亟待在管理架构设置、供稿机制、运营推广、核算考核、团队激励等方面进行改革突破。此次改革，旨在从“底座”上重新布局，以体制机制创新为支点，撬动读特飞跃发展，使其成为知名度、美誉度俱佳，影响力、竞争力俱强的新闻客户端品牌。

二、目标任务：将读特打造成为与深圳城市地位相匹配的标杆式新媒体平台

习近平总书记指出，“要坚持一体化发展方向，加快从相‘加’阶段迈向相‘融’阶段，通过流程优化、平台再造，实现各种媒介资源、生产要素有效整合，实现信息内容、技术应用、平台终端、管理手段共融互通，催化融合质变”。在本次深化改革中，深圳报业集团在体制的顶层设计上要实现读特客户端单独建制，并与深圳门户新闻网站——深圳新闻网全面整合，推动事业产业分开（采编经营分开）管理；在采编管理机制上，构建读特客户端“内容大平台”发展模式，优化集团报网端的联动协作，推动集团采编业务由按“块”管理向按“条”管理的转变；在经营管理机制上，推动读特的资本化、公司化、市场化、专业化运作；在技术支撑机制上，不断进行技术升级与迭代，引进高端人才，提升读特的智能化、平台化、移动化和数据化水平，推动由“技术服务内容”向“技术驱动内容”方向转变。

作为本次改革的目标之一，读特将从深圳特区报旗下客户端向深圳报业集团客户端升级，紧扣深圳改革开放的城市特质和建设先行示范区的城市使命，打造成为与深圳城市地位相匹配、与集团使命和实力相契合的标杆式新媒体平台。

读特客户端定位为“改革开放第一端”，立足深圳，面向湾区，辐射全国，连接世界。围绕这一定位，读特将汇集国内外改革开放的最新资讯、经验做法，培育改革开放文化，弘扬改革开放精神，助推粤港澳大湾区和先行示范区建设，建设成为世界观察中国改革、研究深圳先行示范的窗口。在众多新闻客户端中，改革开放是读特客户端的鲜明特质和标签。

三、改革启动：实行两步走策略，从“物理相加”迈向“化学相融”

习近平总书记强调，要抓紧做好顶层设计，打造新型传播平台，建成新型主流媒体，扩大主流价值影响力版图，让党的声音传得更开、传得更广、传得更深入。为抢抓“双区驱动”历史机遇，深圳报业集团稳中求进、锐意改革，以读特体制机制改革为突破口，大力推动读特与深圳新闻网的业务整合，展开新一轮媒体融合深化改革。2020年9月21日，深圳报业集团召开深化改革启动会，正式宣布以读特客户端体制机制改革为突破口，推动读特与深圳新闻网在内容、管理、经营、技术、队伍等方面的整合，继而带动全集团新媒体资源的整合、融合、聚合，做强党媒主流舆论场，全力打造与深圳城市地位相匹配的“改革开放第一端”。

读特体制机制改革，主要涉及读特单独建制、读特与深圳新闻网整合、读特与集团各媒体的融合生产、深新传媒的股权变更等内容。为确保改革平稳有序推进，读特客户端深化改革主要采取分两步走的方式进行。

第一步为启动改革的“一期工程”，主要解决基础性架构即读特的单独建制以及与集团各媒体单位的关系问题，同时将读特与深圳新闻网进行管理层面上的合并。

在此阶段，读特客户端将实现单独建制，成为深圳报业集团旗下与各报平行的媒体单位，与深圳新闻网进行董、监、高团队层面的合并，实现党网和党端的统一领导和管理。读特客户端成为深圳报业集团内容分发大平台和必发平台，以深圳特区报和深圳新闻网采编队伍为内容生产主力军，全面推动集团各媒体单位与读特的内容整合。同时，积极推动读特升格为深圳市委主管的数字媒体，纳入全市文化创新发展的重大项目之列。

第二步为改革的“二期工程”，与“一期工程”同步规划，在“一期工程”取得扎实成效后启动，主要是解决读特的成长壮大和可持续发展问题，即深层次解决

读特与深圳新闻网的人财物合并、资本运营、集团各媒体采编队伍整合等问题，真正实现读特与新闻网的一体化发展，与集团各媒体的融合生产，从“物理相加”迈向“化学相融”。

在此阶段，深圳报业集团将高举读特旗帜，加快读特客户端与深圳新闻网的全面一体化合并，实现读特客户端的公司化运作。同时，以“合并同类项”为指导方针，实施采编业务整合改革，加快实现集团采编业务由按“块”管理向按“条”管理的转变。

四、技术赋能：内容技术双轮驱动，“优”的事交给内容，“秀”的事交给技术

习近平总书记指出，我们要增强紧迫感和使命感，推动关键核心技术自主创新不断实现突破，探索将人工智能运用在新闻采集、生产、分发、接收、反馈中，用主流价值导向驾驭“算法”，全面提高舆论引导能力。本次读特客户端深化改革中一个目标和亮点，就是实现由技术服务内容向技术驱动内容方向转变，建立与此相适应的技术研发机制。让读特成为一个“优秀”的客户端，“优”的事交给内容，“秀”的事交给技术，实现内容和技术双轮驱动。

依据技术分类精准施策。读特客户端需要“三类技术”，一是日常使用的技术即读特运营所需要的新媒体技术；二是业务应用的技术即读特新媒体产品的开发及制作技术，如小程序、小游戏、H5制作运维等；三是研发型的技术即读特客户端的架构体系研发。其中一、二类具有个性化强、时间窗口化的特点，需要走“小团队”的路线；而研发型的技术往往具备平台型、长时间聚焦的特点，需要走“大技术”的路线。

建立自主可控研发团队。本次改革高度重视读特客户端的技术支撑，强化技术团队、技术创新与自主研发。深圳报业集团的技术公司专门成立了读特研发事业部，招聘读特急需的技术领军人才，强化读特研发，由读特客户端向集团技术公司购买技术服务的方式实现。

大幅提高技术人员比重。学习国内优秀的新闻客户端做法，技术研发人员和编辑人员比率争取达到1∶1强，真正实现技术和内容并重，实现研发和内容双轮驱动、一体化发展。

加大研发联动，为读特客户端提供内容生产和传播智能化支撑。读特研发事业部的技术团队积极探索建立作战研发体制，采用敏捷开发、快速迭代提升读特研发效率，从集成研发向自主研发逐步迈进，在AI人工智能算法推送、大数据分析、UGC短视频方面，吸引社会精英人才加盟集团，打造读特客户端专属的大数据及AI特色能力。

（深圳报业集团）

案例类别：产品

讲好中国改革开放窗口40年的奋斗故事

——“致敬拓荒牛·奋斗者的故事”系列短视频专题

深圳经济特区建立40周年，40年风雨兼程，40年风华正茂。40年前，一批又一批的南下大军，成为特区建设的“拓荒牛”。他们用自己的奋斗打造了这座城市的传奇，这是“拓荒牛”的骄傲，也是“拓荒牛”铸就的辉煌。深圳与深圳人的40年壮丽成长历程，充分印证了习近平总书记的论断：“幸福是奋斗出来的。”

在深圳经济特区建立40周年之际，为铭记奋斗历程、坚守初心使命，大力弘扬特区精神，深圳特区报读特客户端联合深圳市委组织部、宣传部、老干部局，策划制作推出“致敬拓荒牛”系列新媒体宣传专题作品，群像展示深圳老一辈建设者们敢闯敢试、勇立潮头、开拓进取的奋斗故事和拼搏精神。专题以“奋斗者的故事”系列人物专访为主线展开，全网传播覆盖数亿人群，网友点赞热议不断，以满怀浓烈情感的表达方式，让特区精神在新时代接续传扬，鼓舞深圳人民勇当新时代“拓荒牛”，续写更多春天的故事，为壮大主流思想舆论、“讲好中国故事”实践提供了先行示范的精彩样本。

一、策划缘起：导向为魂，立意上融入时代语境，发时代之先声

习近平总书记多次强调，党的政治建设是党的根本性建设，要把党的政治建设摆在首位。必须把统一思想、凝聚力量作为宣传思想工作的中心环节。广大老干部是党和国家的宝贵财富，是党执政兴国的重要资源，是推进中国特色社会主义伟大事业的重要力量。站在深圳经济特区建立40周年的重要历史节点，我们深刻认识到，在更高起点推进改革开放、建设中国特色社会主义先行

示范区的新征程，要自觉站在加强党的全面领导和党的建设大局上，传承好老同志的精神财富、发挥好他们的优势作用，为凝聚全社会共识、动员全市人民乘势而上、团结奋进贡献力量。

受习近平总书记关于“勇于回答时代课题，从当代中国的伟大创造中发现创作的主题、捕捉创新的灵感，深刻反映我们这个时代的历史巨变，描绘我们这个时代的精神图谱”论述的启发，我们深深感到，要为书写和讴歌老一辈特区开创者的奋斗精神而创作，讲好深圳故事，传播好中国声音，让更多人看到，与全社会共情，这是媒体责无旁贷的使命，是我们对这个伟大时代最好的回报。在查阅大量史料、精读见诸各类新闻报道的深圳早期建设者的奋斗故事基础上，我们试图从中挖掘那一代开荒者身上最突出最典型的气质风华，为这次创作的灵魂主旨找一个最佳载体。而后发现，老同志们身上所体现的精神特质不是别的，正是“敢闯敢试、敢为人先、埋头苦干”的特区精神，而特区精神的形象化身，就是“拓荒牛”！于是，我们把创作主题确定为“致敬拓荒牛”，通过致敬总结历史、感恩过往，通过致敬比照现实、发出号令，鼓舞当代特区人从四十载拓荒历程中汲取精神力量、接力奋进。

二、夯实基础：内容为王，以“小切口”故事映衬“大时代”背景

“奋斗者的故事”系列访谈人物主要包括深圳经济特区成立初期重要历史事件的亲历者、经济社会生活各领域的开创者、城市建设各行各业拼搏进取的奋斗者，深入挖掘他们人生故事中折射奋斗精神的闪光点和为特区事业拼搏奉献的真挚感情，以每周一期的频率用短视频、有声主题海报和访谈文章的方式综合呈现给读者。

为做好“奋斗者的故事”的内容储备，增强后续访谈对象的代表性和事迹典型性，主办方开展了详细的样本调查。深圳市委老干局提前两个月发动离退休干部较多的单位和街道社区组织推荐，在全市遴选了 51 名在深居住工作时间较长、涵盖各个行业领域的老同志，同时与深圳大学传媒学院合作，招募 10 多名优秀大学生，以老少对话的方式，倾听老一辈来深创业的初心故事，以及他们人生中的成功与遗憾。形成了 4590 分钟的访谈录音，整理成 50 万字的访谈材料和人物小传。创作团队从这份带着感情和温度的“拓荒牛”人物样本中，触摸到了深圳最真实的地气和人情味。

“奋斗者的故事”系列访谈坚持使用务实严谨的打法，在采写时突出以“平凡人”见证“不凡事”、以“小切口”故事映衬“大时代”背景的全新角度，大大增强了作品的可读性和共情力。其中，中国第一台数字程控交换机的研发员、深圳首个病毒实验室的筹建者、城市管理的“绣花人”、气象预报的“驭风者”，等等，都是第一次见诸公开报道。他们忆当年时脱口而出的“关键时刻要敢于负责任，敢于第一冲锋到现场”“年轻人嘛，应该去闯一番事业”“有条件要干，没条件更要干，‘干’把不可能变成了可能”“再危险也要上，没有一个人当逃兵”等，也成为网友称道的金句。

三、创新模式：移动为先，整合全媒体资源网上、网下同时传播

习近平总书记强调，“读者在哪里，受众在哪里，宣传思想工作的着力点和落脚点就要放在哪儿”，“网络空间……也应该成为我们党凝聚共识的新空间”。移动互联网已经成为信息传播的主渠道，我们从策划到创作到执行，一直坚持新媒体风格，就是为借助移动传播方式，突破同类作品“播而不传”的局限性，有力占据传播制高点。在发布策略上，统筹研究宣发时间节点和节奏，走出一条官媒首推、全网扩散、线下联动、融合造势的全媒体传播新路径。“奋斗者的故事”系列从 2020 年 8 月 10 日起，每周一在《深圳特区报》微信公众号和读特客户端双平台推出，稳定的高质量出品让人民日报 APP、今日头条、新浪新闻等新媒体平台纷纷转载；每期都登上学习强国，并成为“特区 40 年”专题的置顶专栏，多次获全系列推荐至全国平台首页，还收录进主平台“人物”频道，阅读量在特区 40 年系列宣传报道中独占鳌头。在 12 月 2 日由广东省委网信办主办的第七届广东省网络文化精品评选活动中，“致敬拓荒牛 · 奋斗者的故事”专题获得“城市印记类精品作品”和“最受网民欢迎作品”两项大奖。

除了线上传播，各种线下落地传播手段同步融合运用，打造了一道道独特的风景线：平安金融大厦、京基 100、中国华润大厦等多个地标建筑灯光幕墙持续一周发布“拓荒牛”精神宣传标语；开通 1 号线、2 号线两列“拓荒牛”主题宣传地铁专列，50 台主题宣传公交车行驶在市区主干道上；人流密集的机场、车站、广场及华强北、购物公园等大型商圈户外公益电子屏也滚动播出相关宣传海报和视频，营造了向“拓荒牛”致敬的浓郁氛围。

（深圳特区报社 · 读特客户端）

“致敬拓荒牛 · 奋斗者的故事”专题

案例类别：产品

丹东日报社：地方党报如何打造“媒体 + 政务 + 服务 + 商务”系列产品

王磊

2020年，面对突如其来的新冠肺炎疫情，丹东日报社党委在丹东市委的坚强领导下，坚持以习近平新时代中国特色社会主义思想为指导，全面落实党中央决策部署和市委工作要求，坚持“新闻宣传”和“融合发展”两手抓。一方面，以高度的政治自觉和责任担当，全力做好疫情防控和复工复产新闻宣传。另一方面，按照移动优先、视频优先的发展方向，不断推动媒体深度融合发展。经过一段时间努力，新闻宣传和媒体融合两项重点任务都取得了重大突破，形成了新的传播格局，推出了“媒体 + 政务”“媒体 + 服务”“媒体 + 商务”系列产品。

“媒体 + 政务”

丹东日报社发挥媒体深度融合成效，通过丹东市委市政府官方微信公号“丹东发布”以及报纸公众号、抖音号等，全方位、多角度、立体化宣传市委市政府团结带领全市干部群众，统筹推进疫情防控和经济社会发展取得的成效。特别是“丹东发布”，在抗疫报道中大显身手，以高度的政治自觉和新闻敏感，把做好疫情防控宣传舆论引导工作作为首要政治任务，精准发声、多元表达、全媒在线，全员每天工作均在12小时以上，深入宣传党中央和省委、市委决策部署，营造万众一心阻击疫情的舆论氛围，彰显了党媒价值和新媒体传播力量。全年共推送H5、海报、短视频等各类新媒体作品1000余条，单条浏览量10万次以上的推文达到32个，累计点击量4500万次，最高日点击量220万次，单条浏览量100万次。粉丝量从30万增长到33万多，先后两次名列“澎湃政务指数”辽宁榜第一名，夺得全国地市宣传榜第八名，对于扩大丹东知名度和影响力产生重要的促进和推动作用。

“丹东发布”取得的成效足以说明，只有坚持“移动优先”、媒体深度融合的发展方向以及“媒体 + 政务”的形式，不断创新传播手段和话语表达方式，全媒体、全方位、全流程进行新闻报道，才能实现信息传播的多渠道和立体化覆盖，进一步扩大新闻宣传传播力、引导力、影响力、公信力。

“媒体 + 服务”

在全市上下齐心协力抗击新冠肺炎疫情的背景下，丹东日报社紧紧围绕市委、市政府中心工作，特别是围绕统筹推进新冠肺炎疫情防控和经济社会发展各项决策部署，采取“媒体 + 服务”的方式，陆续推出“撑你”“宣你”“助你”“品你”系列公益扶持行动。该项行动一经推出，三产企业踊跃参加，“媒体 + 服务”的形式深得人心。

“撑你”扶持行动——助力本土旅游、餐饮业复苏的公益扶持行动，针对全市旅游景区、餐饮住宿等三产企业进行免费宣传，一经推出深受企业好评，累计参与企业达53家。“宣你”扶持行动——本土品牌公益扶持行动，青年记者深入车间、厂房，实地探访本土品牌和企业，用文字和镜头展现特色、呈现风采，免费刊播广告16条。参加两项公益扶持行动的企业、商户超过70家，取得了良好的社会效益，体现了党媒助力全市复工复产的社会责任。“助你”公益活动，邀请抖音辽宁运营部专家为企业义务服务，帮助企业利用抖音短视频和直播叫响品牌。“品你”公益活动旨在宣传丹东本地美食，进一步扩大东港梭子蟹、杂色蛤、大黄蚬、草莓、大米、凤城板栗、宽甸山参等美食的知名度。

“媒体 + 商务”

丹东日报社紧密结合工作实际，主动探索新的传播模式，先后注册了“丹东报业”“鸭绿江晚报”“鸭绿江宝贝儿”等抖音号，尝试直播带货。开展直播60余场，为草莓、杏梅等丹东市地方产品创建网络直销渠道，加大品牌宣传力度，促进产品销量增长，不断助力本土品牌产品全面推广。做大做强电商，打造“鸭绿江晚报·传递生鲜”自有品牌，与东港五四农场签订战略合作协议，启动线上商城和电商助农活动，推广以2020年丹东新米为主的10余个农特产品，销售2020年丹东新米2万多斤，形成新的收入增长点。

2020年，“丹东报业”抖音号点击量3500余万次，点赞量136.9万，粉丝6.7万，排名丹东地区官方抖音号第一，售出的东港大米大部分销往省内外。由此可见，“媒体＋商务”的方式不仅增加了新媒体的粉丝数，还进一步提升了丹东特产在省内知名度和美誉度。

（王磊：丹东日报社办公室副主任）

案例类别：组织机构

党的坚强领导推动媒体融合行稳致远

张国鹏

从各自为战的传统媒体到集报纸、广播、电视、网络、手机客户端、文学期刊于一体的综合性传媒机构，营口新闻传媒中心突破传播渠道限制、改进媒体运营模式、完善收入分配制度，从浴火重生到融媒质变，目标笃定、步履从容，一路走来，自信和底气来源于各级党委政府的坚强领导和全力支持。

与其他传统媒体面临的困境大致相同，曾经营口的市直媒体人员结构老化，传播平台单一，缺乏创新意识，收入难以为继。2016年11月，营口市委市政府决定谋求新方法，彻底扭转市直媒体的困境。最终确定合并营口广播电视台、营口日报社、营口晚报社等市直新闻媒体单位，筹建营口新闻传媒中心；新闻舆论宣传主业与经营创收辅业分离，加大财政支持、保障业务经费、完善机构职能设置，实现“主业做精、辅业做强”。

2017年6月，营口新闻传媒中心正式挂牌成立，在全国地级市率先推出“广播电视＋报纸＋手机台”的融合模式。融合后的营口新闻传媒中心坚持“移动优先”发展理念，坚持科学布局和改革创新，积极推动传统媒体和新兴媒体在体制机制、政策措施、流程管理、人才技术等方面加快融合步伐。

一、平台融合，移动优先发展、畅通传播渠道

（一）打造移动客户端“掌上新营口”

“掌上新营口”APP是营口新闻传媒中心融合后全力打造的第一媒体，它整合本地广播、电视、报纸、微信公众号等媒介的视听资源，实现报、屏、网、微、端相互支撑和版面页面、大屏小屏的共融互通。集中优势力量和先进产能向客户端靠拢，本地突发新闻、重大时政报道、舆论热点事件第一时间在客户端发布，尤其疫情期间，“掌上新营口”APP工作人员24小时轮流值班，重要信息在3分钟之内必须送达，快速、权威、准确地传播极大地满足了受众对疫情信息的刚性需求。自2018年6月1日正式上线运行以来，“掌上新营口”APP目前总访问量已经突破4330万次，APP下载量20余万次、注册用户10万多个。

（二）组建情报信息收集研判团队和全媒体指挥调度平台

作为新闻信息收集、整理、分发、传播的完整链条，二者相互协调、互为支撑。情报信息收集研判团队针对新媒体前沿信息技术、时政民生热点事件、域内外新闻线索进行收集整理研判，培养管理新闻志愿者队伍，提高新闻产品精准服务水平，牢牢掌握党媒在新闻媒体时代传播主动权和影响力。全媒体指挥调度平台在新闻线索分发、重大选题策划等方面打通全中心内容生产壁垒，实现选题统一策划、采访有序开展，内容多元呈现。目前，全媒体指挥调度平台除了设有专职管理和工作人员，还实行轮值制度，每月由一名副总编辑担任总指挥、由各业务部门派驻一名首席到指挥调度平台轮值，加大对重点选题的策划力度。

（三）积极占领新兴舆论阵地

营口新闻传媒中心作为新华社“现场云”平台的首批用户，2017年4月开始将移动直播引入重大新闻报道。2018年短视频用户呈爆发式增长，中心先后与抖音、快手、腾讯、新浪、网易等商业平台开展战略合作，推送原创短视频作品。为树立全员互联网传播理念，中心要求全员学习拍摄、制作短视频，并开设个人抖音、快手账号和部门官方账号，以新闻产品在互联网的传播大数据为杠杆，考核各频率、频道、部门工作实绩。

二、创新思维，以内容为根本，持续提档升级

（一）转变落后生产方式，构建新型生产关系

媒体融合后，中心组建大采访部、大编辑部，合并原本分离的新闻采编团队，建立全新架构，时政新闻稿件实现一次采集、多样生成、多元传播。对于音视频类融媒产品，打破部门限制，引入项目制、“工作室”制，

员工可自愿认领项目、自由组合团队。“早安营口”工作室、“播音主持”工作室、“飞越营口”航拍团队等多个项目和团队在提升媒体影响力和传播力方面发挥了重要作用。

（二）生产单元资源整合，集中力量打造精品

每年年初，由中心主要领导牵头，对所有栏目逐一评审，杜绝盲目开办栏目填充时段，对受众少、影响力弱的栏目和版面实行关停。对广播、电视、报纸、新媒体各生产单元实行模块式管理，推动频率、频道、版面资源整合、结构优化、打造精品。2021年以来围绕建党百年、“十四五”开局等重大主题，推出《党校公开课》《营口百年》《营回1921》《你好，我的营口》等一批精品栏目，备受社会关注、广收受众好评。

（三）借力先进技术，探索多元服务

营口市地方财政为传媒中心出资1.15亿元，新建1.2万平方米技术楼，建设的高清全台网及融媒体平台，可满足全天24小时新闻、电视剧、专题节目转播、直播、插播。广播三套频率在实现24小时播出的基础上，通过抖音直播实现看得见的广播。2020年12月31日，FM 95.1营口交通文艺广播直播间引入公安交警指挥中心路况视频系统，实现了警媒联动、资源共享的新突破。借助直播、航拍、短视频、客户端等新媒体技术，营口新闻传媒中心已从单一的内容输出平台走向多元的服务运营平台，给用户提供的服务不限于一篇稿子或一个版面，而是全方案供给，针对用户需求，提供从创意策划、全媒体传播、线下场景活动相结合的完整解决方案。

三、科学管理，强化队伍建设、凝聚人心士气

（一）把牢政治方向，强化队伍建设

2020年10月，中心党委在全体员工中开展提升“四力”锻造“四强”主题实践活动，以提高政治能力为根本、增强专业本领为关键、培养优良作风为基础，切实解决工作中特别是队伍建设中存在的实际问题。通过建立记者基础联系点工作制度，中心所有班子成员和241名骨干记者下到全市212个村和87个社区，了解基层工作，捕捉新闻线索，把实践当作最好的课堂，把群众当作最好的老师，做到“真走、真转、真改”。

（二）健全分配机制，激发员工活力

中心按业务职能将部门划分为三类，实行以岗定薪，以“工资收入+绩效考核”的制度，对人员经费进行二次分配，依据建设全媒体要求考核员工工作实绩，以新闻产品传播效果的大数据为杠杆激发员工多劳多得。2020年11月初，中心打破人员年龄、身份的限制，实行部门总监、副总监公开聘任，经过自愿报名、竞聘演讲、中心班子成员考核打分等环节，有29名总监、46名副总监脱颖而出，在各自岗位上发挥积极作用。同时，中心通过“青年成长计划”“圆梦计划”等为有梦想的员工打造成长、成才的平台。

（三）加大培训力度，解决“本领恐慌”

为培养全媒体专业人才，营口新闻传媒中心连续四年开展全员“大培训、大比武、大练兵”活动，解决员工的“本领恐慌”。通过中心集中培训、以会代训等多种方式加强员工政策理论、新闻业务能力和全媒体技术的学习，围绕策、采、编、播、技术等媒体主要业务开展岗位练兵和专项竞赛，如主持人大赛、短视频大赛、征文比赛等。如今业务培训、比武练兵已形成常态。

4年来，营口新闻传媒中心软硬件环境提档升级，员工业务素质显著提升，服务振兴发展的能力不断增强。上级主管领导、营口市委市政府主要领导多次到营口新闻传媒中心视察、调研、指导工作，给予政策、资金等方面的大力支持。尤其是技术楼投入使用、战疫情期间、营口电视高清频道开通等重要节点，市委书记、市长都亲临现场给大家提振信心，加油鼓劲。可以说，是党委政府的坚强领导有力推动了媒体融合向纵深发展。

未来，伴随着互联网技术与移动传播迭代升级，不断完善平台建设、创新媒体管理运营方式和手段，主流媒体的功能与价值会更加凸显，和用户的联结也将更加紧密，营口新闻传媒中心将以更高的政治站位和更强的业务本领履行好党媒的职责，以“主力军进入主战场打好主动仗”的紧迫感，全力打造更加具有影响力和竞争力的新型主流媒体。

（张国鹏：营口新闻传媒中心党委书记、主任）

掌上新营口客户端

案例类别：组织机构

“破”出融合格局 “立”住转型底气

——辽源日报社深化改革推动深度融合发展纪实

郭珍珠 汪琳

近年来，辽源日报社不断加强纸媒与新媒体深度融合，积极探索适应融媒时代新形势的创新管理模式，以健全激励机制、打造全媒体人才队伍、拓宽传播渠道、加强跨界合作等为着力点，既推动人才、机制、技术等方面的内部融合，又促进“社会资本运营”“公众参与互动”的跨界融合，使党媒职责得到进一步强化，“破”出媒体融合格局，“立”住转型发展底气。

一、因势利导，更新理念，打好主动仗

对于加强媒体融合、利用新媒体传播新闻，习惯了传统纸媒思维的很多老同志存在抵触情绪，部分年轻人初具新媒体意识但不会熟练应用新媒体软件。尽管辽源日报社于2014年成立了官方微信公众平台“辽源吉D微风”，满足了受众碎片化阅读需求，粉丝量与日俱增，但纸媒与新媒体记者在思想观念和身份转换上还没有达到真正融合，仍面临“你是你、我是我，各干各的”尴尬局面。

为此，我们结合工作实际，更新管理理念、传播理念，将重点任务放在转变人员观念、建立融媒体运营常态化机制等方面，让主力军挺进主战场、打好主动仗。通过兴趣引导，组建了“融媒体学习交流群”，报名入群的成员达55人。从最开始以日常生活、厨艺展示等小视频入手，到指定直播带货、复工复产、创城、教师节等时下热点话题进行拍摄、剪辑、创作，各部室同志之间在学习交流中不断提升技术水平，改进创作思路，提高创新能力，逐渐意识到“必须适应融媒时代的新形势、新要求”“早转型、早融合，报社全员就早受益”，大家参与的积极性、主动性大幅提高。成员们拍摄的短视频作品也日趋成熟，经常被发布在微信公众平台“辽源吉D微风”、抖音公众号“聊辽新闻”上，收到粉丝广泛关注和好评。

疫情期间，新媒体唱主角、媒体融合发挥优势。辽源日报社打破常规、因势利导，将宣传主阵地转移至“辽源吉D微风”，调动纸媒、新媒体记者力量，共同打好媒体融合宣传战。同时，积极与网信部门沟通，于2020年2月2日首次实现了由“每天推送一次”增加到“每天推送新闻3次、每次8条的业务功能”，新闻发布提速，信息量加大。

其中，总编辑郭珍珠、副总编辑林文博带头组织策划、编辑的《辽源战“疫”》《辽源好儿女援鄂出征》《面对疫情 辽源八旬老人主动捐款》《严寒中 他们守护辽源》《战“疫”，辽源勇敢逆行者》等微视频纷纷被人民网采用，把辽源干部群众咬紧牙关、共克时艰的战斗场面发布到最权威、最有影响力的舆论阵地上。

二、锤炼人才，突破创新，探索转型发展新路径

辽源日报社积极探索转型发展新路径，重点培育融媒体团队，并有针对性地开展“四力”拉练、业务培训、融媒体学习交流等活动，优化新闻内容，创新传播方式。

（一）推出“记者读党报”，利用新媒体音频扩大党报声音

为了将党的声音及时传扬在新媒体阵地上，扩大党建的影响力、传播力、感召力，总编辑郭珍珠反复斟酌，筛选出3名形象佳、口才表达好、政治敏感性强的新闻记者，化身新闻主播，利用音频播报的方式，将最新、最权威、最热点的国家、省、市级要闻大事和社会动态传播给广大受众。

（二）尝试技术创新，让“点亮”成为新媒体图片新闻的特色“招牌”

“辽源吉D微风”公众号开设了“我们的故事”专栏，以“创城”为主题，通过对比新旧城市面貌、运用图片点击切换技术，制作了图片新闻《辽源那疙瘩叫“丘下”“点亮”之后爱上它》，点击量突破1万次；同样运用此技术，聚焦辽源城市建设巨大变化、生态辽源建设进展情况，精心制作了《点击辽源 惊喜连连》《辽源 你怎么这么好看》等图片新闻，更为直观地展现辽源加快转型发展，努力实现“绿岸、悦人、景美、惠民”总目标。

（三）团队协作、用心策划，地市级党报也能登上大舞台

在总编辑郭珍珠的组织带领下，融媒体团队研究策划、协作拍摄、精心编辑的以展示辽源山水风情、推介辽源特色文化为主题的短视频《辽水心源》，被新华社客户端采用，浏览量达134万次；以创城为主题，精心创作的《辽源创城版 Mojito》在《人民日报》客户端播出后，点击量达13.3万次；为庆祝国庆、向祖国母亲献礼，融媒体团队集思广益、多次踩点拍摄、匠心制作的短视频《黑土地欢歌》再次被新华社客户端采用发布，获得吉林省融媒体类好新闻三等奖。同时，在国庆节专版上，刊发了《黑土地欢歌》专题报道，从各县区特色产业、致富带头人、种养殖大户等多个角度入手，全方位展示辽源决战脱贫攻坚取得的丰硕成果，与新媒体互为呼应；融媒体团队推出的短视频《滨水活力，美哉辽源！》被《人

民日报》客户端选用发布后，点击浏览量达6.6万次，使更多人了解到正在不断蜕变的新辽源。

（四）开通抖音公众号“聊辽新闻”，启动“直播带货”功能，培养一批优秀“网星”，推出高质量新闻作品

2020年7月23日，辽源日报社正式开通了抖音官方公众号“聊辽新闻”。8月5日，融媒体记者参与“辽源市三大书记电商扶贫直播汇”活动，从一线记者转换为带货主播，以直播的方式推销辽源特色优质农产品，为推动经济社会发展注入新动能。

随着媒体融合脚步的加速，融媒作品的质量也逐步提升。12月4日，辽源日报社“聊辽新闻”报送的短视频作品在全市首届短视频大赛中脱颖而出，共斩获6项大奖，分别为城市推介宣传奖、原创音乐奖、最佳演绎奖、优秀组织奖、新晋网星奖以及市委副书记韩阳亲自颁发的最佳作品奖。

12月6~7日，总编辑郭珍珠调动纸媒记者和新媒体记者，围绕“嫦五飞天”热点话题，精心设计编辑了《辽源写给“嫦五”的土味情话》《“嫦五”回复辽源的土味情话》《“嫦五”和辽源微信聊天记录曝光》等海报新闻；融媒体记者乘势而上，在寒冬冷夜中创作拍摄了短视频《“嫦五”我们等你回家》，引起广泛关注；12月17日，总编辑郭珍珠组织融媒体团队联系基层农民当演员，进行设计创作的情景剧微视频《西才哥卖土》在“聊辽新闻”发布后，引发众人关注转发。

（五）积极转型发展，借势融合创新，得到《中国新闻出版广电报》持续报道

辽源日报社成立融媒体团队后，持续加快转型创新、推动融媒发展，一系列举措和成果受到了国家级媒体的广泛关注。2020年7月1日，由中宣部主管，被誉为“新闻战线中的战线、舆论导向中的导向”的《中国新闻出版广电报》用大篇幅采写报道了《辽源日报社4月以来3次组团践行“四力”：“拉练”实打实 稿件竞出彩》新闻报道，并发布在《中国新闻出版广电报》、中国记协网等微信平台上。12月8日，该报再次报道《辽源日报社积极转型借势融合创新 真练 真融 敢创 敢闯》，被人民网、中国记协网、中国报业、中国报业协会、人民在线等多家权威媒体公众号转载，为辽源日报社今后进一步推动深度融合发展提振信心、鼓足干劲。

三、转变新闻生产运营机制，加强跨界合作，履行社会责任担当

为夯实媒体融合发展成效，辽源日报社加强与社会力量跨界合作，吸引社会资本，转变新闻生产运营机制，扩大传播效应。同时，全媒体记者发挥自身优势，不断延伸服务触角。疫情期间，他们想方设法帮助农民解决农产品滞销问题，助力脱贫攻坚。《辽源日报》和“辽源吉D微风”开设《村书记代言》《第一书记代言》专栏，刊发了《帮老乡渡难关 万斤优质地瓜期待“薯”光》《醇香的家乡笨榨豆油急寻销路》《40万穗黏玉米“去库存”迫在眉睫》等新闻报道，发动社会力量为农民“带货”，并进行跟踪回访，了解宣传效果、产品销售情况。事后，受益农民特意送来多面锦旗。

媒体深度融合、转型发展不能纸上谈兵，更不能简单化、狭隘化。在实践探索中，辽源日报社正努力跳出传播形式和内容简单叠加的框架，不断调整报网融合格局，健全体制机制，组织年轻人才成立融媒体团队，发挥才能才智，这虽然是一个非常艰难的过程，但也是有办法、有希望的，整体融合发展趋势向好。

尽管我们在综合型融媒人才队伍建设、运营机制改革、采编流程再造等方面还存在很多不足，但只要有自我革命的决心和勇气，主动作为、积极探索，终有一日会真正实现报业深度融合、成功转型。

（郭珍珠：辽源日报社总编辑，汪琳：辽源日报社经济部副主任）

辽源日报社抖音公众号“聊辽新闻”

案例类别：组织机构

出圈破阵 融合聚变 赋能“观海”构建全新生态

——青岛日报社（集团）全面推进媒体深度融合发展纪实

邹吉宏

一、项目介绍

为深入贯彻落实习近平总书记关于推进媒体深度融合发展、构建具有强大影响力和竞争力的新型主流媒体的指示要求，按照中央“十四五”战略部署和山东省委、青岛市委要求，2020年以来，青岛日报社（集团）在过去已有的基础上，打破不同部门、不同板块之间的边界，

出圈破阵、融合聚变，以“深度改革”倒逼“深度融合”，全面推进“架构重组、流程再造、考核转向、一体管理”，从破解“改革存量”和适应“创新变量”等方面，整体谋划、系统重塑、全面推进媒体深度融合发展。

青岛日报社（集团）打破原有青岛日报、青岛晚报、青岛早报、青岛新闻网等报网微端重复设置、资源分散、各自为战的局面，组建“9+1”十大全媒体生产中心，以观海新闻客户端为主体构建报社（集团）数字传媒中心，整合青岛新闻网、青岛观、掌控传媒、智慧青岛等优质资源，发挥“1+1>2”的聚变效应。

作为青岛日报社（集团）推进媒体深度融合发展的重要一极，观海新闻客户端于2020年8月17日正式上线，这是青岛推进媒体深度融合的一项战略性工程，也是青岛日报社（集团）转型变革的核心平台。

二、具体做法及成效

（一）架构重组，内容生产“一盘棋”

青岛日报社（集团）对《青岛日报》《青岛晚报》《青岛早报》三报采编部门进行融合，组建新闻大生产中心，下设的时政、经济、城市、区域等“9+1”行业全媒体中心，成为青岛日报社（集团）内容生产的主力军。在稿源库统一开放的基础上，以观海新闻客户端首发平台为主，通过记者高效协同作业，实现全报社（集团）采访团队的优化、重组与整合。加快外派上海、深圳等记者站及专题采访团队，践行“国内大事我必在场”的现代传播格局。

组建数字传播中心，推动青报网、掌控传媒、智慧青岛、学习强国青岛学习平台采编经营业务整体划入观海新闻客户端，建立统一的移动传播平台。青岛新闻编辑部保持相对独立的同时，与观海新闻客户端实现打通融合，数字传播中心初步形成以观海新闻客户端为统领、青岛新闻网相对独立的移动传播新格局。

（二）流程再造，移动优先

青岛日报社（集团）中央厨房运行实行编委会负责制，工作日由分管领导每天现场指挥调度，如有重大活动和突发事件，由编委会主任指挥调度，形成每周的总编辑协调会和每日的“三会”（上午选题会、中午督察会、傍晚编前会）联动运行机制。

同时，由新闻大生产中心下设的行业全媒体采编部门一次采集，所有文、图、视频素材汇总至中央稿库，各端根据定位和用户需求进行发布。观海新闻客户端确保首发，微信等新媒体同步推送。网站根据大数据的用户画像，对受众分层定位，实现报网微端的精准立体传播。报端根据新媒体的发布效果和用户回应，对稿件进行二次编辑或定向加工，增强报纸资讯的深度传播和独家传播。

（三）考核转向，倒逼记者转型

在媒体深度融合背景下，坚持开放办报办网意识，努力发挥考核的倒逼作用，引导采编人员强化“导向为魂、移动为先、内容为王、创新为要”的自觉，按照“速度、深度、角度”不同定位，制作出易于传播的精品稿件。

青岛日报社（集团）提出“六转二不”的考核管理体系即线索向平台转、语言向百姓转、主任向平台转、采编向白天转、发布向移动转、考核向移动转，新媒体考核占比逐渐向70%过渡，倒逼记者通过新媒体增量加分转型。

通过转变考核理念和改进考核办法，青岛日报社（集团）实现“四个转向”：由自我考核为主，转向用户考核为主；由报纸考核为主，转向网端考核为主；由固定考核为主，转向动态考核为主；由新闻资讯考核为主，转向创意创新创造产品考核为主。

（四）一体管理，资源优化组合

以中央厨房的物理空间为基础，以中央厨房的体制机制为核心，以指挥调度平台为统领，实行一体化管理运行。在架构重组中，时政、经济、区域、理论评论、舆论监督、青报观象山等新闻以《青岛日报》为主，城市、科教卫、文旅体等新闻以《青岛早报》《青岛晚报》为主，新媒体产品以观海平台（包括新闻网）为主，由各分管领导按照统分结合的原则，协同调度整个行业资源。

（五）人岗匹配，全面激发活力

2020年以来，青岛日报社（集团）启动70年来最大的干部人事制度改革。一是中层干部“全体起立、重新上岗”。84名处级中层干部重新聘任，28名中层干部转岗二线。二是大力选拔年轻干部，32名干部走上新的领导岗位。三是加大干部交流力度，优秀人才在不同部门、岗位之间合理流动和优化配置。通过调整，青岛日报社（集团）中层干部队伍年龄结构得到优化，形成以“70后”为主体的正处级干部队伍和以“80后”为主体的副处级干部队伍，为媒体融合发展注入新的生机。

（六）赋能“观海”，构建全新生态

观海新闻客户端以“智库、智能、智慧、智链、智趣”为媒体定位，以新闻资讯、智能服务、投诉受理为三大核心板块，致力构建高端智库形态、硬核帮办功能、自媒生态平台、智能用户体验、场景体验发布、大数据集成六大先发优势，以“观沧海，看天下”的胸怀，立足青岛、面向胶东、辐射全国，力争成为全国一流的区域性、现象级移动客户端平台。

新闻资讯方面，融合人工智能、大数据、5G等新一代信息技术，推出个性化推荐、虚拟新闻主播等产品，集合青岛日报社（集团）旗下所有优质内容，提供有速度、有高度、有深度、有温度的新闻。投诉受理方面，与青岛市政务服务热线12345联动，共同打造全市媒体网端投诉受理第一平台。智能服务方面，集合青岛最新、最热的服务类小程序、办事平台等，做智慧城市的先行者。

从过去各报网分头探索新媒体发展路径，到现在集中优势资源打出拳头效应，观海新闻客户端作为报社（集团）转型发展核心平台，正释放出前所未有的聚变能量。上线4个月以来，观海新闻客户端迅速建立起全新的产

品生态体系，每天发稿近1000篇。观海号已入驻政府、企事业单位及自媒体近100个账号，每天发稿600余篇。观海新闻客户端已成为本地技术最优、发布最快、更新最多、功能最强的新媒体平台，赢得党政机关、企事业单位、广大市民网友的高度认可。目前装机下载量已突破72万次，显示出良好发展势头。

在2020年第三届中国新媒体发展年会上，观海新闻客户端获“年度全国城市报业十佳融合创新客户端”荣誉称号；2020（GIAC）智能视听大会，观海新闻客户端荣获“2020智能视听新场景示范案例”奖；此外，观海新闻客户端还荣获“2020青岛信息化百佳典型案例”奖。

三、未来规划

观海新闻客户端的诞生为报社、集团发展提供了新的生态平台，它将发挥“1+1>2”的聚变效应，迎接5G时代的新技术新应用，融合一切资源，开放一切平台，创新一切服务，为用户创造价值，为客户创造资源。通过媒体深度融合，做大做强主流舆论，激发传统报业经营的活力和能力，统筹各传播端的运营力量，互相配合强化协作，推动集团整体经营发展。

下一步，青岛日报社（集团）将按照主力军全面挺进主战场、走好全媒体时代群众路线、以先进技术引领驱动、加大全媒体人才培养等要求，集中力量打造青报观象山、青小岛、观海评论等新媒体平台，进一步提升观海新闻客户端作为报社转型发展核心平台的定位；用市场的逻辑、资本的力量，赋能改造青岛新闻网。大力支持智慧同城的“智慧青岛”品牌，持续推进智慧街道系统等先进互联网平台；利用人力、专业、技术等资源优势，积极拓展政务、行业、区市、企业等领域，加快推进“城市直播厅”项目落地，形成新媒体传播矩阵生态，为青岛建设开放、现代、活力、时尚的国际大都市提供强大舆论支持。

（邹吉宏：青岛日报社观海新闻客户端副总编辑、编辑中心主任）

观海新闻客户端

案例类别：产品

“智慧青岛”一体化服务平台

赵振宇

一、项目概述

“智慧青岛”一体化服务平台是青岛报业传媒集团旗下青岛智慧同城信息科技有限公司推出的专注于移动互联网及城市信息平台领域的产品，拥有政务服务、生活服务等70余项功能，涵盖一次办好和医、行、住等多种场景，全方位满足用户需求，每月为21万用户提供公积金查询，为28万人提供社保查询和业务办理，方便1.2万位车主随时随地进行违章查缴，有13万用户通过智慧青岛进行公用事业缴费，医院挂号功能使用月均10万人次，打造方便、快捷、智能的青岛本地化信息服务平台。

目前，“智慧青岛”以科技为引领，探索出“传播+服务+社区”智慧城市服务新模式，构建起覆盖青岛10个区市、144个街道、500个社区及300万用户的智慧城市服务平台并复制到省外，跻身华东地区20强，特别是自2019年以来，进入用户快速发展时期。从媒体传播到便民服务、从用户场景到线下运营、从自主研发到多元平台，活力十足的“智慧青岛”模式正在成为青岛智慧城市建设领域不可或缺的组成部分。

二、项目亮点

（一）多元化城市服务模式

创新终身式、立体化、智慧型和就近办理的城市服务模式，提供面向对象细分的个性化、主动化和人性化城市服务，打造面向全覆盖、全主题、全方式的规范化、专业化、高效化城市服务，拓展面向热点事件的便捷化城市服务。

（二）线上与线下有机结合

线上为市民提供“足不出户网上办事”窗口，提供跨服务机构的信息共享和业务协同；借助社区服务站或其他城市服务网点校验和处理证照，真正实现“服务就在家门口”。

（三）多服务和多人群集结

智慧城市移动端运营平台面向城市级的“市民”，

以满足各类市民对社会公共服务方便获取为基本目标，通过融合各部门分散的、单一的服务，为不同群体的细分对象提供协同性、综合性、针对性的服务。

（四）可动态加载与渠道灵活接入

基于核心技术平台实现对各服务的动态加载和可视化管理，提供 PC、手机、移动终端、自助平台、市民热线等渠道的灵活接入。

（五）移动互联和云计算应用

智慧城市移动端运营平台的前端依托移动互联网和智能终端在多媒体数据采集及服务获取的优势，提供最便捷的移动应用。后台的数据中心充分应用云计算技术，提供云服务，服务效果既高效又经济。

三、项目服务和运营模式

（一）统筹规划，分步实施，试点先行，全面推广

“智慧青岛”一体化服务平台聚合政府与社会各方面的服务资源，以“市民为中心”，为市民提供全方位、综合性、主动式、人性化的便捷服务，逐步构建可持续发展的市民融合服务体系。

（二）立足当下，兼容并蓄，逐步融合，深化应用

以智慧城市移动端运营平台为支撑的公共信息服务体系的建设，立足已有的服务资源和建设成果，兼容并蓄，互补融合，充分发挥现有资源优势，在横向联合和纵向挖掘两个方面，按照实际情况逐步进行，不断深化应用。

（三）小步快走，快速见效，以点带面，稳步拓展

项目首先推进范围广、使用频度高、与市民紧密相关的服务实现应用，快速搭建智慧城市移动端运营平台，并实现在试点区域的开通，然后逐步以点带面，不断与共建部门和单位进行融合与创新，并按照市民需求拓展便民服务，不断扩充服务内容和产品，取得市民满意的服务效果。

（四）政府主导，市场运作，专业运营，持续发展

利用新一代信息技术搭建集个人事务办理、生活服务和社交网络等功能于一体的开放式智慧城市移动端运营平台，逐步形成政府宣传服务、了解社情舆论的阵地和市民虚拟的生活家园，体现政府为民服务的创新能力和水平。通过专业化运营团队，引进市场机制，通过服务效能提升获得市民的信任度；并在此基础上进行业务与服务拓展，一方面降低政府的长期的运营投入，另一方面促进城市服务平台长期稳定运营和持续健康发展。

四、目标用户群体

智慧青岛从政务、产业、民生三个层面全面提供互联网 + 解决方案，一站服务百姓民生、一键全局决策分析、一网融合社区生态、一体覆盖全部业务。平台目前拥有政务服务、生活服务等 70 余项功能，涵盖一次办好和医、行、住等多种场景，以媒体优势广泛链接内外资源，融合政务、商业、公益多方资源，全方位满足用户需求，同步实现“1+1+1 ＞ 3”的效果，更好地服务于政府、社区管理人员、居民、物业等多个群体，实现了媒体触角的延伸。

五、项目效益情况

通过不断修炼“内功”，智慧青岛获得多项资质与奖项：通过国家高新技术企业认定、“双软”认证、知识产权管理体系认证、“ITSS 网络运维三级”认证等；入选智慧城市专家工作站；获评 2020—2021 年度青岛市重点大数据企业，连续两个年度获得“优秀大数据产品”“优秀大数据解决方案”“优秀大数据应用案例”等四项大奖。

“智慧青岛”一体化服务平台，近 3 年保持高水平增长，2020 年收入同比增长约 75%，超过千万元，为青岛的智慧城市建设和改善市民生活质量做出了积极贡献。

六、技术应用和团队优势

（一）技术研发优势

智慧青岛拥有资深技术团队，以技术开发为新的切入点，借助报业集团强大的传播品牌，积极融入智慧城市建设，助力政府部门、企事业单位等打造智慧化平台，形成了“媒体 +”“智慧 +”“社群 +”“平台 +”的自演进发展生态。目前，已获得知识产权 29 项，实用新型专利 2 项。

例如，开发志愿者服务云平台，服务全市 1.2 万个志愿组织、158 万名志愿者，该模式已在省外复制落地；智慧工会平台，研发并投入使用工会知识库、智慧文化宫、客服机器人、职工互助保险查询等智能化系统，服务工会会员近百万；新冠肺炎疫情初期，开发疫网通疫情防控系统，服务 100 多家单位 15 万人次；复工复产时期，开发复工复产生活地图，方便居民一键预约开业理发店、景区等；刺激消费时期，开发文旅惠民地图，百项优惠直达居民。

（二）社群运营优势

依托自身平台和进社区活动构建细分社群。将社区居民、提供公益服务商家纳入社群，为以后开展各种活动打下人员、资源基础。另外，通过为政府部门、企事业单位打造智慧化平台，摸索出“一项目一社群”的社群运营模式，形成多元梯次群组。

七、行业示范推广价值

（一）社会效益价值

1. 城市智慧服务全生态。打造新一代智慧城市样本。推进智慧社区服务系统接入全市七区三市，下沉覆盖市区全部社区终端，连接数百万用户，实现全流程端到端服务。

2. 社区媒体传播新阵地。蹚出媒体转型升级的新路子，将社区用户转化为媒体平台用户，打造社区媒体传播新阵地。

3. 基层治理新格局。以服务政府、社会、群众为宗旨，从基层社区居民的幸福感出发，在完成街道层面智慧平台建设的基础上，进一步延伸触角至社区、到网格，将服务带到居民的家门口。

（二）经济效益价值

1. 资源集约效益，减低资金投入。智慧社区平台的建设将最大限度地利用现有城市信息化资源，有效降低政府项目资金的投入。同时，集约化的建设将为后续各种政府网上服务系统的建设提供了统一的基础平台。

2. 专业化运营，引领孵化新兴服务业发展。智慧社区平台将通过不断拓展的业务应用和服务及其形成的技术产品成果的市场化推广，通过城市服务的运营和便民服务拓展，经济效益也将形成良性增长，逐渐弥补建设、运维资金的缺口，长期实现盈利。

3. 资本吸聚效益，推动市场服务快速持续发展。按照“政府扶持，市场运作，企业经营”的建设和运营模式，逐步创建符合资本市场价值取向和运作规则的发展环境，通过与社会优势资源的深化合作，不断形成、保持和增长社会资本吸引力，终将通过资本市场获取资源，实现产业经济发展和社会投资发展的高价经济效益。

（赵振宇：青岛报业传媒集团智慧同城信息科技有限公司总经理）

智慧青岛客户端

案例类别：产品

“发现青岛——城市新地标·网红打卡地征集评选”活动

李莉莉

一、活动概况

为助力国际时尚城建设，全景展现青岛时尚文化，中共青岛市委网信办联合青岛日报社（青报网）在全市范围内开展“发现青岛——城市新地标·网红打卡地征集评选”系列交互活动，以充分展示开放、现代、活力、时尚的城市形象为主线，认真落实“办好一次会，搞活一座城”重要指示要求，彰显青岛文化特色，集政府机关单位、相关教学或旅游专家、相关自媒体大V、全国网友之力，挖掘出50处颇具青岛气质与特色的城市新地标和网红打卡地，盘活优质时尚资源，打造青岛特色网红城市。

在常态化疫情防控背景下，助力青岛文化旅游业复苏，促进文旅消费，精设“发现青岛——网红打卡地”探店活动6大主题路线，联合媒体代表、旅游达人、相关自媒体大V、特约摄影师、网友代表等组队探店，深入各区市解码时尚青岛，利用媒体融合新模式、新技术、新平台，向全球持续推介青岛文化和旅游资源，不断扩大青岛特色网红城市品牌影响力。

二、开展情况

（一）征集评选阶段：361处打卡地提报参评，300余万名市民网友参与投票评选，经过专家初评、网络票选、专家团复评，最终50处网红打卡地名单出炉

活动启动后，各区市、相关部门、企业、团体及个人通过线上踊跃报名，共吸引青岛各旅游景区、文化场馆、特色街区、酒店餐馆、大型商超、特色乡村等361处打卡地提交材料参选。其中，既有五四广场、奥帆中心等岛城经典打卡地，也有小麦岛、百果山森林公园等新晋网红打卡地，涵盖吃、住、行、游、购、娱各个方面。

经过专家审核筛选，120处参选地进入网络展示与大众评选环节。为期14天的网络票选共吸引300余万名市民（网友）投票，页面访问量达3760万次，总票数达80余万票，引爆青岛朋友圈，引发全城热议。

由中共青岛市委网信办、青岛市文化和旅游局、市委党校社会与文化教研部教授、中国海洋大学和青岛大学教授、旅游专家、知名自媒体代表等组成专家复评团，

通过专业与权威视角，从参选地的代表性、示范性、体验度等角度进行现场点评与打分，参考网络评选情况，评出 50 处“青岛城市新地标和网红打卡地”，并向社会公布。

（二）探店宣传阶段：精设 6 大主题探店线路，涵盖 20 余处评选出的网红打卡地，全市网络媒体同步报道，单次受众上百万人次

深度整合梳理50处“青岛城市新地标和网红打卡地”，精设 6 大探店主题路线，主题涵盖海洋文化、夜经济、城市记忆、工业旅游、电影之旅、田园风光。招募“青岛媒体代表、旅游达人、自媒体‘大 V’、摄影师与市民网友”等组成探店团队，深度体验青岛桃李春风田园综合体、即墨古城、海信科学探索中心、海尔世界家电博物馆等 20 余个网红打卡地，全方位展示开放、现代、活力、时尚的青岛形象。

三、活动成效与亮点

（一）互动性强，全民参与，内容传播焕发社交动力

活动征集阶段，以青岛市民为主导，自主推荐心目中的打卡地，各区市及各部门积极参与推荐，旅游景区、文化场馆、特色街区、酒店餐馆、大型商超、特色乡村等 361 处打卡地提交材料参选；评审环节，采用网络大众投票和专家评审相结合的方式，充分调动网民的参与积极性，为期 14 天的网络票选环节共吸引 300 余万名市民（网友）投票，页面访问量达 3760 万次；探店阶段招募旅游达人、自媒体“大 V”、摄影爱好者和普通市民网友一起参观体验网红打卡地，媒体宣传加上市民口碑传播，使打卡地知名度迅速攀升，每期探店宣传受众上百万人次。青岛媒体纷纷跟进效仿，衍生出《半岛都市报》“发现青岛宝藏级打卡地”、青岛电视台《青岛时尚》“我们的网红村”等一系列活动。

（二）持续创新，打造品牌，新闻作品多元价值衍生

活动聚焦时尚城建设，向全球展示、宣传、推介青岛时尚与文化资源，全面提升青岛特色城市影响力。活动不仅突出“山、海、城”特色文旅资源，同时持续创新，譬如，关注老建筑与新时尚的交汇，助力打造年轻人入驻的活力聚集区；侧重夜生活下的烟火气，探索夜经济的时尚活力；关注工业遗产的“复活”，探寻工业与旅游的深度融合……在突出沿海一线等传统文旅资源的同时，加入海尔世界家电博物馆奥帆的夜下市集、海信科学探索中心的亲子市集等各式时尚市集，为文旅消费构建出全新的场景。打造出的各种新热点与新玩法，让青岛文旅的时尚内涵更加丰富，青岛特色网红城市的体验更加立体，叫响“时尚青岛”品牌。

（三）全城新闻媒体与自媒体联动，差异化传播登上热搜

联合媒体代表、旅游达人、相关自媒体“大 V”、特约摄影师、全国网友等近 120 位（每期近 20 位）参与探店，全面推介青岛文旅资源，解码时尚青岛。

在自媒体平台选择上，既有抖音等视频类平台，一直播等直播平台，今日头条等新闻交互平台，也有微信、微博、小红书等国内综合类社交平台和 Instagram 外国社交平台，以网友喜闻乐见的交互方式，将青岛文旅资源与时尚元素以更加灵活的形式实现有效传播。

青岛日报纸端、青岛观与观海新闻客户端、青岛日报官方微信与微博全程跟进活动进行相关报道，并制作“发现青岛——网红打卡地”新媒体产品与抖音视频产品，联合青岛新闻网、半岛新闻、蓝睛、青岛财经、爱青岛等官方媒体进行全方位推广。

学习强国、青岛发布、青岛市文化和旅游局、崂山发布、西海岸发布、青岛文明网等在客户端、微博、微信等新媒体平台，持续推介“发现青岛——网红打卡地”活动相关新媒体产品，“时尚青岛”等话题热度持续走高，多次登上微博热搜榜。

四、融合经验体会

“发现青岛——城市新地标·网红打卡地征集评选”活动是在媒体融合大潮中，立足自身优质资源，发挥地方特色优势，创作出的技术先导、内容创新与用户交互的融合成果。

（一）把握传播规律，焕发用户思维

活动以导向为先，充分把握新媒体传播规律，增进用户友好，增强用户连接，优化用户体验，以活动回应青岛时尚城建设中心工作，构思精巧，形态活泼。选用自媒体“大 V”和普通市民网友一同探店青岛网红打卡地，以更加贴近用户的视角和方式去诠释主题，增强体验友好性，使作品取得较好的传播效果和社会效果。同时，为了扩大用户参与、提高媒体影响力，设计网页与抖音评论投票，激发用户参与评选，为青岛网红地打 call，从而为内容传播注入社交动力。

（二）视频技术加持新闻内容生态

活动坚持技术先导，采用无人机航拍、短视频、移动直播、Vlog、H5 等技术形态，借助传播技术手段，强化构思与创意，促进宣传内容与技术形态的深度融合。活动过程中，策划制作网红打卡地集锦视频、探店深度视频等 20 余个视频作品，充分发挥视频易传播、高参与的特性，同时加入移动直播，增强现场感和交互性，推出后迅速成为网红产品，尤其对年轻的分众用户具有引导作用。

（三）全面辐射，差异发展繁荣创作

活动构建全媒体传播体系，央媒、地方官媒、自媒体各尽其力，从而形成体系化、多级式、多重心的

平台阵地。活动充分调动多方宣传资源，广泛组织中央、省市新闻网站和商业网站、各区市官方微博、自媒体等进行全方位宣传，借助抖音、小红书、学习强国等各大平台进行推广，活动热度持续走高，影响力不断扩大。

（四）深耕内容表达，持续创新

在差异化、多元化的融合发展态势下，从现实生活和本地特色中寻找灵感，挖掘潜力，发挥青岛自身优势，生产出《绝美！青岛这个“人间秘境”藏不住了！》《终于找到了！青岛老城区宝藏级网红打卡地（多图＋视频）》等一系列具有全局眼光、地域特色、多元创新的优质新媒体产品，助推青岛特色网红城市更加立体，叫响“时尚青岛”品牌。

（李莉莉：青岛日报社观海新闻客户端总编室主任）

“‘发现青岛’入选网红打卡地”展示平台

案例类别：产品

青岛日报报业集团：老年生活大学融合发展项目

曲岱青　逄龙

老年生活大学融合发展项目是由青岛日报报业集团旗下《老年生活报》有限责任公司运营，服务于老龄社会的公益性大学。青报集团老年生活大学成立于2018年9月，学校借助体制优势、媒体优势和资源优势，打破常规的老年教育办学模式，创建了具有媒体印记的新型特色老年教育校园。

老年生活大学自成立以来，秉承“快乐学习，幸福生活”的办校宗旨，以全力打造“亲情化校园”为服务理念，突出“特色办学，创新课程，时尚生活”的办学理念。老年生活大学的建立是传统媒体转型的代表项目，是搭建老年教育平台的重要举措，实现了读者到学员的平稳过渡。学校在运营方面充分结合了媒体文化传播优势和老年群体聚集效应，运用“线上＋线下＋活动”的立体式教学模式，有效促进了媒体经营渠道的拓展，创立了文化养老产业链的条线，释放了涉老产业的红利。

一、发展现状及业绩

老年生活大学现设有3个校区，分别为中心校区、福州北路校区和利津路校区，在校学员9000余人，因推崇特色化、生活化、时尚化的办学模式，得到越来越多的中老年人的青睐，多数课程一席难求。

在老年生活大学教务人员配备上，以调用年轻新闻从业人员为主，很多人都有多年老年生活报采编、运营工作经验，了解中老年人的需求和特点，提供有针对性的教学服务。教学管理上，借助全国优质老年大学的传统管理模式，结合本地教师和学员的特点，突出人性化、亲情化管理理念，营造有归属感的校园氛围。

在课程设置上，兼顾传统与时尚、常规与创新的特点，不仅保留老年人喜欢的琴棋书画、吹拉弹唱等传统课程，还结合社会与科技发展，设立了智能手机应用、手机摄影等课程；结合学习融入生活的理念，设立了家庭营养餐、化妆与时尚造型。

老年教育需要品质，更需要专业化的教师。老年生活大学自开办以来，始终将教育质量和学习感受放在首位，借助青岛日报报业集团媒体和宣传优势，聘请并签约多位文联协会知名度、美誉度、专业素养高的名师专家授课，极大地提升了学校的教学质量。

打造“传统媒体＋新媒体”的宣传矩阵，运用直播技术丰富教学形式及内容。充分发挥老年生活报读者群体优势和社会公信力，面向社会扩大招生规模，开设学苑专版及乐学校报，服务于老年生活大学，扩大学校新闻热点事件的影响力；对于社会涉老敏感新闻话题，在校学员成为社会热点调查的主要渠道，服务于新闻事件的客观事实。

新媒体应用方面。开设老年生活大学公众号，用于发布涉老热点新闻、学校动态信息、名师宣传推广、学员学习成果发布及评选、健康知识普及等内容，通过学员转发传播涉老热点事件，扩大稿件的社会影响力；老年生活大学借助青岛报业集团以及《老年生活报》新媒体优势，自主研发青报云直播平台，搭建学习老年网络课堂，满足新时代老年人学习需求，结合青报云直播平台，嫁接品牌商家，策划实施了“8.12—9.90元嗨翻购”直播带货活动，吸引10余万读者、学员参与抢购，所有商品瞬间被抢购一空。

二、品牌塑造，创造平台红利

（一）主题课堂——“乐学”

“乐学”是老年生活大学校报的名称，也是学校办学品牌之一。“乐学”主题课堂是学校创新办学的重要体现，也是学校重点打造的互动性课堂品牌。已举办的课程有上合峰会非遗传承人——李文玲老师的剪纸主题课堂、禅绕画、古典音乐赏析、敦煌文化研究院的敦煌石窟艺术、陶艺彩绘体验、丝带绣、古诗词吟诵等30余期。

“乐学”主题课堂增加了学员的活跃度，提升了在校学员的参与感，利用主题课堂的优势与商业活动合理嫁接，以课堂形式推荐信誉度高、美誉度好的企业或产品，在学员中宣传推广，成为新型经济增长版块。

（二）研学旅游——“乐游”

“乐游”研学旅游是老年生活大学为满足学员集体出游的需求，以老年生活报社旗下子公司山东省老年国际旅行社为依托，打造的另一个活动品牌。

“乐游”研学旅游是摒弃口号化、形式化的研学旅游，是借助教学的优势，打造真正的旅游 + 课堂中老年研学旅游。活动由在校授课老师带队，结合旅游目的地的特色，策划特色课程内容贯穿活动。曾举办大型活动：2019 年 6 月 1 日，策划了“重返童年”莱州牡丹园春游活动，摄影老师带领 200 多名学员，开展了户外摄影体验课；2019 年 10 月，策划了 200 多名学员参加的“邑”叶知秋昌邑摄影写作会秋游活动，大家纷纷投稿参与摄影和写作作品的评选；2019 年 11 月 24 日，在中国老年大学协会和青岛市文化和旅游局的支持下，举办了首届中国（青岛）时尚老人邮轮嘉年华暨老年大学海上艺术节，150 多名模特、形体班的学员登上赛琳娜号邮轮，远赴日本福冈，并在邮轮上进行模特表演比赛，海上瑜伽课程和海上钢琴分享会也为艺术节增添了旅游情趣。

（三）课程输出，服务社区

老年生活大学自成立以后，以文化为平台，以服务为纽带，紧密结合政府需求，面向社区输出课程，扩大经济效益。凭借老年生活大学优质的办学口碑，学校连续 3 年中标市北区公益课堂招标项目，3 年共承接 2600 节社区课堂。2019 年，通过政府公开招标，中标李沧区 3600 节社区公益课堂项目，获得社会效益和经济效益双丰收。

三、媒体转型，平台思维驱动行业发展

老年生活大学的创建，是媒体行业转型，行业创新发展的典型项目，是平台思维运营理念的代表项目。老年生活大学是充分利用《老年生活报》的读者资源，通过老龄社会需求量较大的老年教育事业作为突破口，在后平面媒体时代，结合新媒体技术创立的老年教育平台。

（一）项目解析

中国已经步入老龄化社会阶段，随着国民生活水平的逐渐提高，文化需求愈发强烈。在全国，老年教育资源相对匮乏，基础配套建设不能满足老年教育需求，存在巨大缺口。媒体创办老年教育项目可以缓解公办老年教育资源缺乏的压力，在媒体宣传优势的作用下，老年读者热衷于参与信誉度高的企业创办的老年大学，为招生提供了必要条件，老年教育平台的搭建可以满足新时代中老年人社交的需求，成为晚年生活的一部分。因此，老年教育平台可以成为读者转化的有效途径，加速平台的聚集效应。

（二）项目优势

老年生活大学的创立是后读者时代，目标群体转化的有效过渡方式。带有媒体印记的老年教育平台，是延伸媒体行业发展的创新项目。传统媒体行业鼎盛时期，是依托庞大的阅读群体形成价值转化。信息化时代，信息渠道拓宽，单一阅读群体严重萎缩，造成信息价值逐渐缩小。将读者转化为学员，以文化和教育为核心，吸引读者参与到老年教育活动中，以文化校园作为经营活动的新阵地，通过活动策划实现行业有机结合，借助传统平面媒体的公信力、新媒体技术的推广应用、线下活动的互动体验等融合发展，服务于商业客户，成为传统媒体行业的新经济增长点。

（三）成功经验

为更好地创新发展老年教育事业，结合《老年生活报》以及青岛日报报业集团社会公信力，利用媒体优势和客户资源优势，青报集团老年生活大学创立了一条融合多行业、多渠道拓展的经营道路。利用老年教育的群体优势，老年生活大学与兴业银行青岛分行签订了战略合作协议，建立了金融学院，设立了金融知识主题课堂；与青岛思达心脏医院签订全年战略合作协议，挖掘老年生活报平面媒体价值，融合新媒体及直播课堂推广应用，策划线下分享会等方式，形成“平面媒体 + 新媒体 + 线下活动”的全方位、多层次的合作模式。

老年教育平台的搭建是充分利用媒体资源优势、融合宣传优势和客户资源优势转型之作。通过学员红利的释放，老年教育平台将成为下一个银发朝阳产业。

（曲岱青：《老年生活报》总编辑、青岛老年生活大学校长，逄龙：青岛老年生活大学校长助理）

老年生活大学公众号

案例类别：组织机构

“欢迎来我村看看——大型融媒体网络扶贫公益平台”项目

为深入贯彻落实习近平总书记关于扶贫工作的重要论述，巩固和推进党的群众路线教育实践活动中加强基层组织建设、打通联系服务群众“最后一公里”等成果，进一步把农村基层党组织建设成为推动科学发展、带领农民致富、密切联系群众、维护农村稳定的坚强战斗堡垒，“欢迎来我村看看——大型融媒体网络扶贫公益平台”开通运行。

“欢迎来我村看看——大型融媒体网络扶贫公益平台”项目由济宁报业传媒集团有限公司联合全市驻村第一书记发起，为精准扶贫提供的一个融媒体宣传平台，也是一个公益扶贫项目。济宁报业为鲁西南地区具有较强影响力的现代报业传媒集团，经过近年来的改革发展，现已形成由两报（《济宁日报》《济宁晚报》）、一网（东方圣城网）、两微（微博、微信公众号）、一端（掌上济宁 APP）及户外阅报栏构成的多元现代传播体系。

“欢迎来我村看看——大型融媒体网络扶贫公益平台”项目，是一个面向区域社会公众，整合传统媒体与新媒体平台，通过网站、微信、手机客户端等渠道提供扶贫信息服务、网络公益直播的媒体融合平台。该平台对报业集团旗下各类媒体进行资源整合，并联通各县、市、区以及省级资源平台，实现图、文、音视频等扶贫信息的一次采集、数据分析、层级利用，最终形成资源共享、技术先进、运行稳定的网络扶贫公益平台。

公益平台开设《欢迎来我村看看网络直播》《好书记 为我们村代言》《扶贫公益商城》《想致富吗？和我一起来进村创业》扶贫互助等多个栏目。通过线下集中展示和线上广泛宣传，对驻村第一书记代言的扶贫村产品进行同步推广，引导全社会力量共同参与到济宁市精准扶贫工作之中，推助济宁市产业扶贫。越来越多的第一书记在网络推销自己帮扶村的特色农副产品，让我们感受到在这个技术日新月异的时代里下派干部们带给我们满满的活力与真情。

“欢迎来我村看看——大型融媒体网络扶贫公益平台”融媒体宣传平台开通，创新线下集中展示和线上广泛宣传，第一书记通过网络视频代言的形式进行农产品推介，目前已发布 20 多个视频等融媒体形式，通过产业扶贫农村好项目的方式，开办公益商城，推销 14 种特色农产品，活动网页点击浏览量超过 82 万次，有效动员社会各界有资金、有技术、有经验、有资源的爱心人士成为扶贫志愿者，进入第一书记的扶贫项目中发挥自己的能量，支援“第一书记”打赢脱贫攻坚战。

2020 年以来，这场由济宁报业传媒集团有限公司联合全市驻村第一书记发起的“欢迎来我村看看——大型融媒体网络扶贫公益平台”活动在济宁本地聚起不少人气。

登录网络扶贫公益平台可以看到，第一书记们正在直播室内展播当地的特色产品。“咱们鱼台的龙虾个大体长，肉质洁白细嫩，味道鲜美，坚持原生态养殖，想要一尝的快下单哦。”第一书记们变身网红，以田间地头为直播间，为村里的绿色生态农产品卖力“打call”。首次直播 3 小时，在线互动 10 万余人，成交额突破 50 万元。体壮膏肥、香味浓郁的微山湖大闸蟹，口感嫩滑、蛋黄溢油的麻酱鸡蛋，雪白如玉、营养丰富的西纸坊村玉木耳等近 10 种济宁本地商品，一经上线就受到广大网民的追捧。

点开“欢迎来我村看看——大型融媒体网络扶贫公益平台”的活动链接，可以看到平台开设了“第一书记来啦”扶贫公益项目，以“主题宣传 + 新闻故事 + 扶贫代言 + 互动直播 + 大型活动 + 电商销售”的新模式，实现社会效益和经济效益的双丰收。活动精心挑选了质量上乘的济宁当地特色农产品，以东方圣城网和掌上济宁客户端为中介，最大限度地省去中间环节，快捷地搭建起卖家与买家之间的桥梁。观众可以通过直播间清晰地看到产品的信息与包装，全面地了解产品的特色与功用。同时，掌上济宁 APP 和东方圣城网同步开设公益商城，联合电商巨头淘宝，充分做好产品销售和导流变现。在开展线上活动的同时，线下同步开展互动宣传，吸引社会各界有资金、有技术、有经验、有资源的爱心人士成为扶贫志愿者，支援“第一书记”打赢脱贫攻坚战。电商是平台，公益是基础，通过策划相关促销活动在电商平台上燃爆，传递公益爱心，触动更多社会爱心人士参与脱贫攻坚，让商家农户得到引领。“1+1+1>3”，在这个创新模式的推动下，线上公益平台迅速获得认可，影响力迅速扩大，一下子把全国各地的爱心人士聚到一起。

“欢迎来我村看看——大型融媒体网络扶贫公益平台”不仅为贫困村农特产品开拓了销路，为 10 余个项目找到了资金，解决了销售渠道，还让更多群众能够直观了解到第一书记和驻村干部的扶贫故事、农村党员干部群众发展产业的故事，搭建了买方与卖方、产品与市场、农村与城市沟通的桥梁，有效助力脱贫攻坚。

2020年是全面建成小康社会目标实现之年，打赢脱贫攻坚战重心在农村，然而受新冠肺炎疫情影响，部分农产品出现滞销情况。“欢迎来我村看看——大型融媒体网络扶贫公益平台”项目，发挥互联网平台优势，增加特色农产品曝光，促进农产品电商交易，推动春耕备耕、复工复产。疫情同样使部分湖产品出现滞销难题，网络平台组织开展直播，微视频等线上促销活动，将精心拍摄的短视频发布到公益平台，借助大流量平台开启产品的助销之路。据现场工作人员介绍，短视频发布当晚就收到了数十个订单。通过活动，使滞销的农产品和文旅商品流通起来，拓宽农渔湖民增收渠道。

直播带货作为一种新的营销方式，“直播＋电商”成为新的商业模式。“欢迎来我村看看——大型融媒体网络扶贫公益平台”以线上流量带动线下销售，助力扶贫产业发展，为商户、企业“搭好台”开拓销售渠道，推介双方优势资源，确保产品质量同时增加了产品销量，与本地精准扶贫实现了合作共赢。

下一步，平台还计划拓展本地特色农产品销售，为助力济宁市特色农副产品扩大市场销售，进一步实现惠农助农，以网络直播为核心，努力打造成为覆盖济宁辐射周边的全功能、示范性网络扶贫公益平台，形成产业集群效应。加大宣传力度，发挥好济宁报业传媒集团旗下东方圣城网、掌上济宁客户端、微信、微博、新华号、人民号、头条号、抖音等强大的多媒体宣传矩阵，有效动员社会各界有资金、有技术、有资源的爱心人士成为扶贫志愿者，加入“第一书记”的扶贫项目，支援“第一书记”打赢脱贫攻坚战。

“公益扶贫”电商平台显而易见的好处是，可以通过这一方式帮助那些低收入户，还可以让“消费者”买到自己想要的东西。这个“大超市”中，有各种农副产品，图文并茂，琳琅满目。“公益扶贫”网络平台，是践行“互联网＋精准扶贫”新理念的有益举措。另外，“公益扶贫”电商平台也是干部和群众的“连心桥”。在日常的“交易”中，能够增进彼此的感情，群众能真切感受到温暖。同样，这对调动党员干部参与公益事业也具有很好的促进作用。因此，“互联网＋扶贫＋电商＋公益”实现的是多赢局面。同时，开卖农产品，也能够让农户“更有尊严”地脱贫。总之，精准扶贫不仅需要国家和地方的政策资金扶持，更需要通过现有科技手段多一些“智慧”扶贫，更期待这样的贴心扶贫能再多一些。

实施乡村振兴战略的重大部署是首次将农业农村工作上升为国家战略。这标志着我国乡村发展将进入一个崭新的阶段，也预示着一个以乡村振兴为发展目标的新时代到来。未来，“欢迎来我村看看——大型融媒体网络扶贫公益平台”将积极响应乡村振兴战略，深耕村庄产业，围绕乡村振兴、社会慈善、志愿服务等，不断加强引导、积极策划、打造平台、树立品牌，力促“网聚爱心、公益同行”，通过产业发展有效带动乡村致富增收。

（济宁日报社）

欢迎来我村看看——大型融媒体网络扶贫公益平台

案例类别：组织机构

坚持共融共通 打造新型传播平台

——淮北市推进媒体纵深融合创新发展

宗兆宣

面对全媒体时代发展大势和做大做强主流舆论的要求，媒体融合转型也已成为当前主流媒体发展的必然趋势。

2019年10月，由淮北日报社、淮北市广播电视台融合重组成立的淮北市传媒中心正式成立，拉开了淮北市媒体深度融合的大幕。淮北市传媒中心坚持守正创新、内容为王、数字化转型和人才优先发展战略，打造新型传播平台，对外拓展传播渠道，在重点领域和关键环节实现突破，通过体制机制创新、业务流程再造、传播平台建设、融合业务扩展，实现了组织融合、渠道融合、传播融合、机制融合、营销融合，生产布局逐渐合理化，传播渠道日益全能化，“主力军”挺进“主阵地”的步伐不断加快。

淮北市传媒中心（淮北日报社）已形成“报、台、网、微、端、音、屏”等融媒体矩阵，覆盖受众达到220万人，媒体公信力、传播力、引导力、影响力不断提升。经营业务多路并进、经营范围不断扩展，实现了经营多元化发展。2019 年运营总收入突破 5100 万元，同比增长 8%，职工人均年收入同比增长 14%，媒体融合发展开局顺利。

一、坚持党管新闻，顶格推动、顶层设计，深化传媒领域改革

面对改革中出现的各种难题，淮北市委市政府认真把脉，对症下药，为淮北市媒体融合发展清除了“路障”。

（一）全力以赴

市委书记和市委宣传部部长挂帅推进媒体融合工作，严把方向导向，守住根脉底线，及时研究解决媒体融合进程中的各类问题，确保各项任务无缝衔接、统筹推进。

（二）全程介入

市委分管领导带领编办、财政、人社、媒体等部门组成学习考察组外出学习考察，明晰媒体深度融合的方向路径。市委深改组和市政府常务会议专题听取市传媒中心建设工作汇报，明确提出工作原则和具体要求，仅用 5 个月时间就顺利完成媒体融合重组建设工作。

（三）全面配套

明确市传媒中心市委、市政府直属事业单位性质以及“事业单位、企业化管理”管理模式，按编制数核定对市传媒中心的定补资金，实行“定额补助、包干使用”。

二、坚持守正创新，激发潜能、激活动力，推进体制机制创新

媒体融合发展是一场重大而深刻的变革，必须由表及里，深入融媒体生产的每个流程和环节，加强体制机制创新。

（一）优化组织架构设置

淮北市传媒中心组织架构划分综合服务、新闻采编、产业经营“三大序列”，在新闻采编序列中结合新闻采编播发流程再造划分为指挥中心、采集中心、编辑中心、节目中心、数字媒体中心“五大中心”。

（二）创新新闻采编流程

成立新闻采编流程再造等 6 个专项工作组，按照新媒体率先重组、新闻采编融合重组、综合服务交流重组、产业经营归并重组的步骤统筹推进。

（三）稳步推进用人机制创新

打破人才使用壁垒，率先实现报、台原有人员、部室之间的融合重组。建立“工作室”制度，设置了节目制作、视频包装、音频传播和“微微（微博、微博）道来”等一批融媒体工作室，积极搭建干事创业平台。大力选拔年轻优秀人才，加大采编播、技术开发、经营管理方面的人才培训力度，促进各类人才融合发展，大力解决媒体融合专业人才短缺的问题。

三、坚持内容为王，精心设计、精彩呈现，加快业务流程再造

（一）加强重大主题报道

围绕宣传习近平新时代中国特色社会主义思想，开设专题专栏，让习近平新时代中国特色社会主义思想深入人心。2021 年初，策划开展了淮北建市 60 周年“砥砺奋进一甲子 绿金筑梦新时代”主题宣传，出版的纪念特刊《韶华》受到安徽省委宣传部阅评组表扬，制作的《1960~2020 庆祝淮北建市 60 周年 VR 全景看发展变迁》新媒体创意产品，微信受众近 60 万人。

（二）坚持走好群众路线

坚持以人民为中心的工作导向，把报道的触角伸向基层群众，推动“走转改”活动常态化。每月至少有一名中心领导带队走基层访民情，全体采编人员扑下身子“抓活鱼”，及时推出走基层主题报道和新媒体产品。

（三）切实加强顶层设计

立足淮北市区域主流媒体的发展实际，找准“本地化、短视频、直播”三大突破口，积极推动特色节目内容生产。深入挖掘本地新闻资源，推动网络现场直播成为新常态，通过客户端 2019 年完成网台联合直播、视频图文直播上百场次，观看受众 900 多万人次。

（四）重点打造中央厨房

发挥融媒体平台策、采、编、发、评一体化优势，切实加强集中指挥，定期召开编采联席会、编前会，及时沟通安排重大新闻、选题策划、采编进度、播发方式等，在融媒体平台上实现了集中指挥、高效协调、采编调度、信息沟通，实现了全媒体、全天候新闻集成发布。

（五）加快推进移动优先

落实移动优先发展策略，打造“相信”客户端区域媒体头部品牌，将新闻客户端打造成“信息服务 + 政务服务 + 信息服务”3 个中心。特别是在抗击新冠肺炎疫情期间，利用客户端建立“抗击疫情 淮北在行动”直播平台，累计刊发动态信息 4900 多条、图片 1.2 万多张、短视频 300 多条，阅读量 140 万次。扩大代维运营力度，截至目前代维运营网站、微博、微信、抖音号近百个。

四、坚持数字转型，分众传播、分类覆盖，强化传播平台建设

（一）率先建设自主可控传播平台

在安徽省率先与电信运营商战略合作，建设自主可控“云”平台，积极策划“5G+4K+AI”智慧融媒建设，积极推进基于大数据分析的舆情监控、新闻策划、决策参考系统，推动各类数据系统整合融合。

（二）扎实构建全媒体传播矩阵

与大洋、方正两家公司合作，实现了广播电视播控、

融媒体指挥、传媒云 3 个数据中心互联互通、资源共享，多种媒介形式融合，形成了报、台、网、微、端全媒体一体化传播矩阵。

（三）积极创新分众传播模式

利用大数据为绿金淮北客户端“移动、新闻、社交”赋能，积极打造“媒体 + 政务 + 服务”的本地信息生态枢纽。发挥广播、电视、报刊、客户端、网站、“两微”不同传播平台优势，把握其主要受众特点进行内容创作。

（四）充分用好信息技术革命成果

2020 年，引进 VR 全景(视频、直播)项目，进一步丰富了新闻传播手段；着手打造淮北市传媒中心媒体资源数据库，在为全市提供全面信息服务的同时，为自身新闻宣传工作提供数据支撑。

五、坚持共融共通，重塑模式、重引客户，实现融合业务拓展

加强资源整合与信息互动，不仅有助于精准把握受众需要，还能增强融媒体中心的“自造血”功能。

（一）加快推进“城市智屏”工程

与浙大网新合作，实施“城市智屏”工程，利用 5G、物联网技术，将公交屏、电梯屏、户外屏等室外屏纳入融媒体指挥平台进行一元化综合播控。

（二）大力推进政务服务创新发展

积极承接新闻宣传综合业务，在已有的报纸专刊、广播电视新闻专栏等合作基础上，大力拓展微信公众号信息发布、政务信息公开代维运营等互联网业务，目前已经与各县、区、市直各单位达成合作协议 150 多个。

（三）着力打造区域网络消费平台

突出本地特色，创新实施“云享·生活”工程，包括云享·车展、云享·房展、云享·购物、云享·助农、云享·培训、云享·车友会 6 大项目，推进主流媒体更加紧密地融入经济社会发展，实现“线上动员 + 线下行动”的有机结合，大力创新发展模式，着力壮大新增长点，形成发展新动能。

淮北市传媒中心将进一步完善媒体融合发展规划布局，深入实施“115”发展战略（坚持以人民为中心的发展理念，坚持以打造区域一流主流媒体为目标，实施媒体融合发展、内容品牌发展、产业多元发展、机制创新发展、党建保障发展 5 大措施），自觉承担使命任务，为加快媒体深度融合积累“淮北经验”。

（宋兆宣：淮北市传媒中心融合发展研究室主任）

案例类别：组织机构

地级市党媒新型主流媒体区域平台——“众媒云”

周劲 宋金淦 陈东升

2017 年，盐阜大众报社与中国报业融媒研究中心合作，通过顶层设计战略先行，在体制机制上全方位改革，重组组织构架、重塑薪酬考核、强化内容生产、再造采编流程、聚合先进技术、构建传播矩阵、培养复合人才、创新盈利模式，全力推进媒体融合向纵深发展。2020 年 3 月，地级市党媒新型主流媒体区域平台——“众媒云”基本建成，构建起集约高效的内容生产体系和全媒体多元化传播格局。

一、“众媒云”内容系统

“众媒云”服从服务于党的中心工作，以赢得人民认同为根本出发点，发挥权威地位和龙头引领作用，敲响“定音鼓”，与市委市政府中心工作及重点工作同心同向、同频共振，增强主流媒体传播力、引导力、影响力、公信力。

（一）“众媒云”七大发布平台

报、网、端、微、厅、号、屏，构建起全立体传播矩阵，畅通全方位传播渠道，形成全天候传播态势。“报”，包括盐城市委机关报《盐阜大众报》、都市生活类报纸《盐城晚报》；“网”，盐城地区重点新闻门户网站盐城新闻网；“微”，市委市政府官方账号“盐城发布”微信、微博、抖音、视频号，“登瀛观察”时政微信公众号、视频号、抖音号，“盐城晚报”微信、微博、抖音号，其中“盐城晚报”抖音多条作品流量破千万，最高一条流量破 5000 万；“端”，“盐阜大众报”新闻客户端、用户达 200 万的“我的盐城”客户端“头条频道”；“厅”，新闻发布厅、演播厅、展览厅；“号”，学习强国、今日头条、澎湃新闻等平台开通“众媒新闻”媒体号；“屏”，提供流媒体政务、商务传播发布的全息化 OLED 屏。

（二）“众媒云”七大内容品牌

众文、众视、众智、众趣、众听、众图、众漫，多元生产内容精品。在巩固传统文字生产优势的同时，重点发力视频、音频、图片、手绘和 H5、AR、VR、MG、全息报纸、全景报纸、视频报纸、电子杂志、一图读懂、九宫格等适宜传播分享的优质内容，以及数据新闻、舆

情报告、决策参考等媒体智库产品，通过沉浸式、互动式、全景式创新手段，使新闻呈现既“有意义”，更“有意思”。2019 年推出的视频《口述历史：永远的英雄》，在新闻客户端、学习强国、盐城发布等平台阅读量超 300 万次。漫绘作品《黄海湿地之一个真实的故事》，经新华社客户端播发后，阅读量超 100 万次。

（三）“众媒云”七大产品矩阵

“众媒云”产品矩阵主要选择有刚需、高频、有现金流、有团队、能延长内容产业链的项目进行打造，分七大矩阵：能量正、政务通、屏端秀、创意活、技术控、线下拼、文产炫，共 36 种产品（见下图），满足不同客户需求。在交互式传播中强化媒体与受众的联结，并围绕用户切入与客户的合作，聚力打造“新闻 + 政务服务商务”的泛媒体产业圈，增强自我造血机能和市场竞争能力。

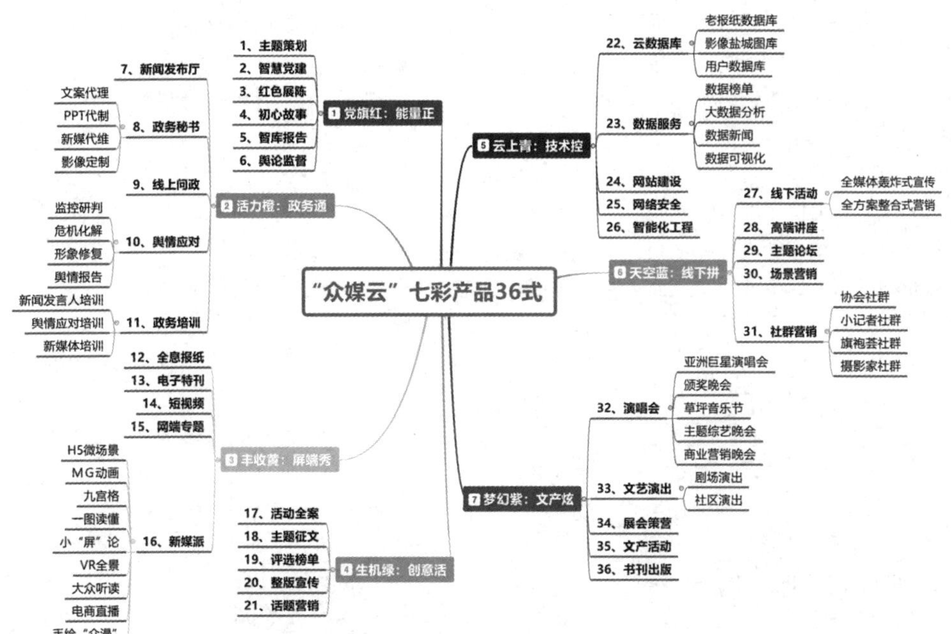

“众媒云”七彩产品 36 式

二、“众媒云”体制机制

“众媒云”是一个融媒体平台和生态合作圈，通过体制机制创新，打破传播边界，在内部融合上，借助组织再造、中央厨房、采编流程创新，强化内容生产；在外部融合上，联合政府、社会、企业等资源，拓展转型外延，释放强大生命力和创造力。

（一）“众媒云”七大采编流程

策、调、采、编、发、传、管，以全媒体指挥中心“中央厨房”为核心，健全全媒体指挥调动、协调联动、融通共享的工作机制，实现采编、运营、经营、技术等各块协同联动，报、网、端、微整体推进，形成集约高效的内容生产体系和全媒体传播链条。优化全媒体内容管理系统、传播效果监测反馈系统，推进采编资源和生产要素的有效整合和深度融合。

（二）“众媒云”“三三制”组织架构

“三三制”即三个三：“上层中层底层三层架构、前台中台后台三台设计、内容技术运营三驾马车”。“上层中层底层三层架构”即实行“科层制 + 扁平化事业部 + 阿米巴工作室”的人力资源管理体系，以更灵活的机制激发全体员工的积极性和创造力；“前台中台后台三台设计”即引入技术中台、数据中台和运营中台，为内容生产和用户营销的前台、发布传播和媒体管理的后台提供支撑。“内容技术运营三驾马车”即通过“内容、技术、运营三驾马车”共同推进媒体深融，三支队伍相互支持形成合力。

（三）“众媒云”赋能式薪酬管理

推进媒体系列职称制度改革，试行首席制、工作室主理制等激励措施，畅通采编播管、产品推广、技术运营等各类人才发展通道。集团考核到部门、部门考核到员工，员工薪酬由基本工资、岗位工资、采编绩效、经营绩效等组成，以工作成就感和职业预期充分调动员工积极性。鼓励记者编辑跨部门、跨媒体、跨专业自由组建工作室，工作室负责人发放一定的绩效，集团提供资金、平台、推广、技术、品牌等方面支持，成立了 30 个“众媒云”栏目工作室，着力打造高素质的全媒型、专家型人才队伍。

（四）“众媒云”七大盈利模式

“众媒云”设计七大盈利模式：2B、2G、2C、B2G2C、B2C2B、O2O、C2M，对内容系统、运营系统、执行系统重构，对收入模型重新设计，以“需求定位内容，内容驱动流量，流量赋能服务”，着力打造“十项全能 123”的全媒体全案营销的运营模式，有力提升“新闻 + 政务服务商务”能力，实现“线上全媒体、线下多场景”，增强报业自身造血功能，有效反哺集团采编和融合事业发展。2020 年集团广告收入比 2019 年增加 2600 万元，增长 42%，10 年来首次扭亏为盈，奇迹般地实现了逆势上扬。

（五）“众媒云”聚合类技术应用

“众媒云”立足于地市级媒体资金缺乏、人才不足的实际，时刻紧盯技术前沿，建立移动新闻采编平台、可视化数据大屏、传播效果监测评估平台、全媒体内容管理系统等，积极应用智能化的图文影音生产技术、数据的抓取和整合技术，提高内容生产和发布传播的智慧化水平。

三、“众媒云”核心竞争力

“众媒云”新型主流媒体平台颠覆了传统媒体运营方式，初步构建形成网上网下一体、内宣外宣联动的主流舆论格局，社会影响力和核心竞争力得到增强。形成了四大核心竞争力。

（一）权威声音引导力

用新语态传播新时代，“众媒云”用“主流价值观＋主流受众＋全网发布＋精准送达”的框架表达，服务市委市政府中心工作，助力各条战线在主流舆论场发出主流声音。盐城市第八次党代会召开之际，推出“言仲平”署名文章，以万字雄文的宏大篇幅，深刻回答“习近平总书记对江苏及盐城的殷殷嘱托，省委对盐城的殷切希望”时代考题，浓墨重彩描绘日新奋进的“强富美高”新盐城壮美画卷。新华社客户端等国内主流媒体平台纷纷转发，累计阅读量超 500 万次，为党代会召开营造了良好舆论氛围，也充分彰显了党媒在重大节点增强议题设置、强化舆论引领和全社会带节奏的强大能力。2021 年 9 月 13 日，由盐城市委宣传部、盐阜大众报报业集团共同主办的《理论周刊》创刊，紧扣当下时政热点，对当前政策、中心工作作出有见地的解读分析与指导，发表市及各县（市、区）理论学习中心组文章以及智库专家建言献策类文章，强化主流媒体的“显政”功能和担当，扩大主流价值影响力版图。

（二）内容生产影响力

“众媒云”记者行天下、见风云，驰而不息明眼力、强脚力、健脑力、练笔力。策划采写有思想、有温度、有文化、有品质的深度报道，在社会各界产生较大的影响。2019 年盐阜大众报获中国新闻奖消息类二等奖一个，2020 年获中国新闻奖图片类三等奖一个，2020 年、2021 年连续获得江苏新闻奖。2019 年 9 月，《盐阜大众报》启动了“追寻铁军足迹，牢记初心使命”大型融媒体新闻行动，刊发整版 27 个，制作视频 48 个，全网点击量过 5000 万次，系列作品被新华社客户端、人民网、学习强国等各大媒体平台转发，新华社客户端单篇报道点击量超 100 万次。

（三）全网发布传播力

“众媒云”采取全媒波段式传播：第一波“快点”传播，用号外、快讯等视频产品先声夺人；第二波“交点”传播，用新媒产品 H5、一图读懂等交互式传播；第三波“深点”传播，以版面报道、评论等，挖掘深度故事；第四波“外点”传播，对外发稿，全网外宣引发万众关注；第五波“后点”传播，用后续报道持续报道，不断推热；第六波“集点”传播，用网端专题、新品报纸，形成集合留存；第七波“延点”传播，不断关注后续新闻点，延伸报道，镌刻万众印。

（四）专业团队执行力

“众媒云”拥有训练有素的 200 多人“采编＋技术＋视频＋策划＋运营”的专业团队，致力于为客户提供全媒体、全方位、多维度、多场景的内容宣传方案。一批“80 后”“90 后”新媒体美工小编、网络工程师，打造了 20 多项技术发明专利和软件著作权，拥有融媒体传播力效果分析平台、融媒体市级舆情趋势分析平台、融媒体指挥调度平台，与客户共享。

盐阜大众报报业集团“众媒云”已在业内产生较大影响。2019 年全国报业发展大会上，中国报业融媒研究中心就“众媒云”的建设理念作主旨演讲。《新闻战线》《中国报业》等杂志多次刊发相关建设理念，近 50 家报社前来学习考察。2020 年，“众媒云”入选江苏省新闻出版局传媒融合发展优秀案例。2021 年，媒体深融“三三制”组织架构入选江苏省出版传媒融合发展创新案例，全省地市报仅 2 家入选。2020 年 9 月，“众媒云”设计单位中国报业融媒研究中心，应邀参加中宣部加快推进报业融合发展课题研究；2021 年 7 月，应邀参加中宣部《报纸出版管理规定》修订课题研究。

（周劲：盐阜大众报报业集团党委副书记、总编辑，宋金淦：盐阜大众报报业集团编委办副主任，陈东升：盐阜大众报报业集团党政办公室主任）

盐阜大众报业集团“三三制”组织构架

案例类别：组织机构

基于聚合类技术应用的采编流程再造

周劲 朱墨泉 宋金淦

2017 年盐阜大众报报业集团联合中国报业融媒研究中心，开始研发创新地市级党媒新型主流媒体区域平台，从 1.0 的“4+1”模式，发展到如今 4.0 的“众媒云”。“众媒云七彩采编流程”，遵循互联网传播规律，以“策调采编发传管”顺序，优化全媒体内容管理系统、传播效果监测反馈系统，建立健全全媒体指挥调动、协调联动、融通共享的工作机制，实时掌握各媒体平台全网传播情况和落地效果，推进采编资源和生产要素的有效整合和深度融合，实现采编、运营、经营、技术等各块整体推进，报、网、端、微协同联动，形成集约高效的内容生产体系和全媒体传播链条，提高了主流媒体的内容生产力、社会公信力、品牌影响力。

盐阜大众报报业集团还成立科技公司，进一步保障“众媒云”平台的技术先进性。科技公司与各大高校、研究院、互联网公司开展合作，引进领域内前沿科技，积极应用全媒体指挥发稿技术、智能化图文影音生产技术、数据抓取和整合技术，建立移动新闻采编平台、可视化数据大屏等应用场景。

一、“众媒云七彩采编流程”之策

“众媒云”新闻策划以可视化大屏为中心点，依托全网数据，实时滚动国内外最新热点新闻，从数据中挖掘全网媒体有关盐城新闻事件的报道稿件，给新闻策划提供参考。同时“众媒云”通过对数据的自动汇聚和多维分析，可以实现稿件监测、专题监测、传播监测、智能分析，快速发现新闻线索，实现全媒体指挥监测中心的智慧式管理和智能化运营。每周五上午，总编辑、值班总编主持召开策划会。梳理展示集团去年同期新闻策划和其他媒体亮点策划。在头脑风暴后形成策划方案，并现场明确责任，组织实施。制定出台《突发事件新闻报道应急机制》，根据事件分类与报道分级，明确组织机构及职责、宣传纪律及工作要求等，按照及时准确、积极稳妥、高效有序、正确引导的基本原则，抓好时机，掌握话语权，赢得主动权。

二、“众媒云七彩采编流程”之调

“众媒云”从线索来源、任务分配、稿件采编和媒体发布全流程进行体系化管控和处理，使得集团在后续的媒体融合应用过程中，把“人”“事”“稿件”三种内容发布元素串联起来，形成一套完整的集指挥、控制、发布于一体的采编管理结构。制定出台《采编工作周例会制度》，每周五下午，由新闻指挥中心牵头，召开采编工作周例会，总结上周工作、部署下周工作。借助大屏，可视化输出新闻热点、记者连线、直播分析等数据，辅助新闻指挥中心实现全体统一协作。通过后台配置，与采编系统进行部门稿库数据关联，一体化的稿件入库，可让记者供稿、编辑选稿工作更加简洁、直观。新闻数据大屏还对新华社电讯稿进行集中展示，对各部门选取的新华社电讯稿进行监控查看。

三、“众媒云七彩采编流程”之采

在策划会和周例会部署的基础上，每天上午8点半，各采访部门上报线索到平台，新闻指挥中心完善协调，报值班总编修订后，派单到各部门。“众媒云”平台提供多种高效、安全、快速的采访投稿通道，实现24小时不间断发稿。记者可远程访问系统，移动传稿、远程发稿。记者还可以通过查阅各类数据资源库，调用历史数据和全网数据对新闻事实进行回顾和整理。采访部门在不同场景下可采用最便利的方式上传文、图、视、画、音等类型稿件，经部门主任初审、指挥长（值帮班主任）或客户端总监复审后，汇聚在待编稿库的不同分类库中，统筹管理。值班总编可直接通过新闻数据大屏进行细化指挥，增加内容补充采访，完善稿件内容。

四、“众媒云七彩采编流程”之编

“众媒云”通过稿件绿色通道、独家稿件设置、分时共享新闻资源等形式，对新闻资源的进行按需共享，不同发布平台结合各自媒体特点对稿件进行编辑，将新闻资讯发布从单线生产流程，转变为多线并行、多渠道发布的编审流程。每天下午4点由指挥中心牵头组织召开编前会，值班总编主持对当天的版面安排和传播指数进行分析，并着重就采访工作和版面安排进行部署。为保证出版发布工作的有序进行，集团修订出台《新闻宣传审核工作职责》《三审三校岗位职责》《采编规范“30条”》，对新闻采访、编辑、审校各环节作出明确规定，有效强化了记者编辑的责任意识，提高了新闻生产的安全性。

五、“众媒云七彩采编流程”之发

“众媒云”共有七大发布平台：报、网、端、微、厅、号、屏，构建起全立体传播矩阵，畅通全方位传播渠道，形成全天候传播态势。为让主流声音以最快的速度精准送达目标受众，“众媒云”采取全媒波段式发布形式：第一波“快点”发布，用号外、快讯等视频产品先声夺人；第二波“交点”发布，用新媒产品H5、一图读懂等交互式传播；第三波“深点”发布，以版面报道、评论等挖掘深度故事；第四波“外点”发布，对外发稿，全网外宣引发万众关注；第五波“后点”发布，用后续报道持续报道，不断推热；第六波“集点”发布，用网端专题、新品报纸，形成集合留存；第七波“延点”发布，不断关注后续新闻点，延伸报道。

六、“众媒云七彩采编流程”之传

新闻产品发布后，才是传播的开始，“众媒云”注重树立强烈的用户思维，在传播有效性上下功夫：分析用户指数，根据传播力情况制成榜单；多维度把控原创新闻传播情况；记录被转载的篇次、篇目、路径、传播媒体分布及趋势变化等信息；统计分析原创稿件在报刊、网站、微信、央媒及第三方媒体平台的转载分布情况。根据传播效果和受众需求进行内容再生产，加强评论管理和互动交流，促进引发二次传播、分享点赞。经营部门策划举行形式多样的线下活动，与线上传播互促并进，形成采编、运营、经营、技术等各部门资源整合、协同配合、优势互补的良好状态，增强传播力和影响力，实现社会效益和经济效益双丰收。

七、“众媒云七彩采编流程”之管

（一）深化人事制度改革

通过建立符合行业特点的薪酬分配制度，推进媒体系列职称制度改革，试行首席制、工作室主理制等激励措施，畅通采编播管、产品推广、技术运营等各类人才发展通道。

（二）加强薪酬管理

通过集团考核到部门、部门考核到员工的层级考核方式，定制化考核系统，将员工薪酬分解成基本工资、岗位工资、采编绩效、经营绩效 4 个组成部分，调动员工工作积极性。

（三）加强队伍管理

通过专家讲座、业务练兵、导师结对、外出学习等方式，加强业务研讨、培训提升、团队文化建设。成立 18 个栏目工作室，在垂直化、细分化、个性化内容生产领域上发挥专长，培养适应新时代要求的全能型人才，鼓励员工朝着会策划、会采访、会出镜、会写稿、会拍摄、会新媒、会互动、会带货的方向发展，提升复合技能和综合素养。

（四）加强媒资管理

对发布内容、历史数据、记者入库、用户数据等媒资进行管理，整合入库的历史数据（1943—2017 年历史报纸）、采编数据（3 年内的文稿、图片、影像数据）、全网数据（3 个月之内的及时传播数据），所有数据按照不同维度进行语义分析、数据统计、内容索引，帮助采编人员精准定位新闻素材，挖掘数据潜在关联与价值。

（五）成立法务及版权工作室

负责版权管理，将白名单调整、区块链取证、作品维权、侵权应诉等工作常态化，有效解决版权工作的空白。

新的众媒云采编流程，从顶层设计着手，探索按照新媒体传播规律，创新重组架构内部内容生产流程，打通内部运营管理机制，整合优化内部资源配置，内容产品爆款频出，让新闻产品生产能力有了质的飞跃。

（周劲：盐阜大众报报业集团党委副书记、总编辑，朱墨泉：盐阜大众报报业集团技术部主任，宋金淦：盐阜大众报报业集团编委办副主任）

案例类别：产品

苏州“实境云课学法宝”学习平台

苏州改革开放 40 多年的光辉历程，是我国改革开放的一个精彩缩影，也是苏州党员干部带领广大群众不忘初心、团结奋进、攻坚克难，共同描绘的一幅壮丽画卷。其间，从实践中探索淬炼而成的“张家港精神”“昆山之路”“园区经验”——“三大法宝”，更是经过历史检验的城市瑰宝，是苏州永续发展的“传家宝”。

在新时代弘扬苏州“三大法宝”，是广大党员干部面对新的发展形势、应对新的困难挑战，激励斗志、再攀新高的“必然要求”。苏州市委把学习弘扬“三大法宝”作为党员淬炼政治本色不忘初心、砥砺奋进的重要举措，着力锻造一支体现“三大法宝”精神，有追求、有干劲、有能力、有办法的高素质干部队伍。

苏州日报报业集团（苏州日报社）以弘扬“三大法宝”为主轴，在全市开展“三大法宝”学习活动，通过多元交互的教学方式，让党员的理想信念教育与责任使命教育相结合，把提升党员素养与强化担当作为相结合，创造性开发教学模块和学习课件，通过线上、线下融合推进的方式，把苏州的“传家宝”发扬光大，让学习更可感，让经验更可学。其中开发的“实境云课学法宝”学习平台，为全市党员免费提供了一个随身的“三大法宝”知识库，借助手机随时随地学，不仅有效拓展了党组织学习活动空间，更实现了学习的可视化，让党员的学习徜徉指尖、漫步云端、浸润心田。

一、发挥移动优先，党课搬上指尖

党员理论知识的学习方式，特别是利用互联网获取信息能力的强弱，直接关系到基层党建的工作质量。基层党组织信息化建设能够推动党员学习的高效开展，尤其在常态化疫情防控时期，能有效解决基层党员灵活开展学习教育的难题。网络规范化学习建设有利于及时掌握每一位党员的学习动态，有效增强基层党组织学习力。

为充分调动党员学习的积极性，提高学习效率，各基层党组织均开展了一系列信息化建设举措。总结各基层党组织信息化建设，主要有以下几种表现形式：信息化管理平台、党建网站、党建管理软件、OA 系统等。但是在信息化建设和实施过程中，各党支部不同程度地存在以下问题：一是各种平台、网站的建设需投入大量资金、人力、物力去管理，而且有些平台需要在台式电脑上才能完成学习；二是在党员利用信息化学习平台学习的过程中，年轻党员接受新信息的速度较快，而一些老同志则较慢，每位党员应用信息化软件的能力水平也参差不齐，需要投入时间成本进行培训，以进一步提升学习效果；三是在信息化平台资料内容的选择上，一些学习资料内容陈旧、单一枯燥，对青年党员们吸引力不足，另外在平台的表现形式方面，运用影视、动画等资源开发较少。为此，苏州日报报业集团基于前期调研发现的问题，充分发挥移动优先、云媒传播的优势，力图通过多样化、立体化的形式，与时俱进打造了“实境云课学法宝”平台，将“党课”搬上“指尖”，打造了一款兼具潮流感、现场感、互动性的“三大法宝”在线教学系统。

二、主打实境轻课，激活学习动力

新的党课学习模式，让党员干部不受空间和时间的限制，随时随地利用碎片时间开展学习，在潜移默化中提高思想和理论素养。“实境云课学法宝”将基层党组织信息以及“三大法宝”理论内核、先进典型、先进事迹、真实史料等内容整合到智能终端。在“实境云课学法宝”平台中，利用互联网将课程资源传递到手机，实现了党员学习“不断档”，让理论教育更加入脑入心；同时有利于各个基层党组织的党员学习信息即时、便捷地互联互通，提高了基层党建信息化、数字化水平。

“实境云课”有两大特色：一是突出实境特点，邀请基层党员代表，走进张家港、昆山、苏州工业园区“三大法宝”的诞生地，重回现场、触摸当下，以实境化的呈现和讲述，重温“三大法宝”的发展历程、核心要义和时代价值；二是突出云课特色，党员在移动端扫描二维码就能打开学习平台，录入所在党支部和个人姓名，进入“云教室”。

目前，首期三堂云课已全部上架，“张家港精神”“昆山之路”“园区经验”每堂课都有 3 部 60 秒的微视频轻课，中间穿插互动问答，帮助学习者及时沉淀知识点。

同时，为保证学习的完成度，“实境云课学法宝”不仅有抽奖环节，还可领取定制版的“荣誉证书”。而未完成的环节，设置有黑白的暗色奖杯作为提示，以视觉效果刺激感官感受，来督促基层党员尽快按要求学习。通过借助技术手段，创新设计思路，党员学习的目标由“虚”变“实”，学习的考核工作由“软”变“硬”，在为基层党员提供学习平台、提供优质“精神食粮”的同时，激发党员主动实现自我提升，自觉提高党性修养及思想觉悟。

三、聚合 6 万党组织，小屏幕里大课堂

在开发过程中，来自苏报集团的采编、技术和文创骨干团队组成了项目组，为“实境云课学法宝”的精彩呈现注入重要力量。

技术方面，苏报集团数字产品创意中心自主设计开发“实境云课学法宝”，聚合了苏州 6 万多个党组织的信息登录数据，覆盖全市 56 万多名党员，使用“阿里云”服务器、nodeJS 技术语言、express Web 服务，具有线上方便建课、操作管理方便、可与手机互联等优点。

内容方面，苏报集团时政融媒中心选取《再燃激情苏州“三大法宝”读本》内容，结合市委关于进一步学习弘扬好“三大法宝”的最新要求，以基层党支部为计划实施起点，通过云课平台将“三大法宝”学习内容、要求、方法、注意事项等进行全面思考提炼，形成文本，再运用信息化技术，把文本内容系统化、标准化，按照相应分类、分层次融入“实境云课”的课程体系，形成“实境云课学法宝”学习内容。

为增加党员学习的兴趣、拓宽党员的学习眼界，主创团队不断充实课堂资源，运用视频、动画、文字、图片等多种元素使得“实境云课”丰富新颖。主创团队需要提前写好文案，制作封面和题板，准备相关拍摄工作，并进行精心剪辑。过去，H5 视频文件大、清晰度不理想。经过不断努力，配合新的视频压缩方式优化出一套更好的代码，提高了 H5 的稳定性、流畅性和视频的清晰度。为防止上线时出现卡顿现象，主创团队精益求精，组成了一个“云课测试群”，邀请了多位同事进入微信群，担任“质检员”。经过一周的压力测试，最终于 2020 年 3 月 20 日正式上线了一款高质量的云课产品，打开了苏报融媒产品开发的新视野、新思路。云课堂与苏报“三大法宝”线下教学活动相结合，同频共振、同向发力，产生了强大的影响力，并得到了苏州广大党员用户的高度肯定。

据统计，截至 2020 年 12 月底，“实境云课学法宝”平台访问量已超过 40 万次，参与学习党员中完成三期学习课程并达标的人数近 20 万人，为全市营造了争先进位、比学赶超的干事创业的浓厚氛围。

（苏州日报报业集团）

实境云课学法宝

案例类别：产品

建设大平台 打造徐州眼

——徐州报业传媒集团推进汉风号客户端建设的战略考量和现实路径

2020年，为落实中办、国办《关于加快推进媒体深度融合发展的意见》要求，徐州报业传媒集团（以下简称徐报集团）决定建设汉风号客户端，打造立足徐州、突出本土、具有传媒特色和智媒体功能的城市首席综合类客户端。2020年11月初，汉风号客户端开始登陆各大应用市场，推广下载工作也同步展开。短短两个月，下载量达到80万次，2021年用户总数将超过200万次。

汉风号客户端不仅是徐报集团全新的新媒体平台，同时发挥媒体中央厨房作用，带动再造集团"策、采、制、编、发、校、考、统"一体化流程，提高新闻发布和舆论引导的质量和效率，努力打造媒体融合的区域样板。

一、汉风号媒体矩阵建设情况

（一）功能定位

汉风号客户端定位为城市首席综合类客户端，立足徐州，突出本土和传媒特色，具有智媒体功能，服务用户锁定在徐州的人、徐州籍人士以及关心徐州的全球华人。它是徐州第一资讯平台、第一政务服务商务平台、第一掌上轻型社交平台；它虽然由徐报集团运营，但属于所有徐州人，是徐州免费的城市娱乐场和城市会客厅。汉风号媒体矩阵由"两微一端一抖一快"组成，成为徐报集团发展"新闻＋政务服务商务"的主平台和主阵地。汉风号以"最徐州"为极致追求，发挥徐州"城市之眼"作用，塑造网际空间徐州的形象识别体系。

（二）内容建设

汉风号客户端以"最徐州"为特色，本地内容主要来自三方面：首先是记者的专业内容生产；其次是入驻徐州号的企事业单位，从县市区、办事处到街道、社区，从县级融媒体中心到乡村新时代文明实践站。这是党报集团的独有资源，是只有党媒才能够凝聚汇集的力量；最后是进行圈层、社群的深耕细作，从网络"大V"、自媒体达人、意见领袖到普通网友的参与，在汉风号新闻资讯、生活服务板块互动发帖、留言。

（三）特色亮点

汉风号特色主要体现在以下三个方面。

一是大数据赋能。通过抓取用户行为和社群行为，对用户进行精准画像，实现信息的智能推荐；在AI和媒体的结合点上，围绕算法推荐、机器写作、机器辅助写作、自动语音合成、人脸识别、图像识别、人机交互等，发现智媒体和用户的新连接点，努力开创新模式，用科技让生活变得更便捷有诗意。

二是实现"最徐州"。围绕本土做文章，第一时间发布本地资讯，解读民生政策；吸引本地各党政机关、部委办局和本地"大V"入驻徐州号；在各订阅频道实行版主制，通过行业意见领袖，线上发布资讯，线下举办活动，吸引相应人群关注；开设"彭友圈"，打造徐州人掌上互动交流平台和投诉报料集散地。

三是注重与网友互动。汉风号在首页设置悬浮球，开通"云求助"，吸引用户线上爆料求助，且每条爆料求助有进展回复和追踪，为用户答疑解惑，吸引用户参与。无论是在"彭友圈"、短视频、直播，还是在普通资讯帖，评论转发点赞都是标配，着力打造徐州人互动交流的轻型社交平台。

汉风号一期工程上线之后，随即进入二期建设阶段，建成支付体系、接入政务服务等。后续还将在智媒体建设方面继续优化升级。

二、以汉风号平台建设为驱动，加快媒体深度融合

（一）汉风号客户端以互联网思维优化资源配置，把优质内容、先进技术、专业人才、项目资金向互联网主阵地汇集、向移动端倾斜，占领新兴传播阵地

作为徐报集团着力打造的新媒体平台，汉风号客户端与同名微博、微信、抖音号和快手号构成新媒体矩阵。新媒体矩阵坚持移动优先、视频优先的理念，强化体制机制创新和流程再造，用最前沿的传播方式，传递最新鲜优质的资讯，服务市委市政府中心工作，形成集约高效的内容生产体系和传播链条。

（二）汉风号客户端把党的"开门办报"优良传统和新技术新手段结合起来，强化媒体与受众的联结，以开放平台吸引广大用户参与信息生产和传播

汉风号客户端是一个开放的媒体平台，彭友圈聚焦徐州市民的吃喝玩乐、投诉爆料，为普通网友提供发声渠道；徐州号邀请各机关事业单位、大中小型企业、社团和公益组织以及各家自媒体入驻发帖，让大众参与到内容生产和发布中来。同时，通过开设《云求助》《问

政》《我帮企业问》等栏目，搭建普通网友与党政机关、执法单位的互动渠道，为网友解决实际问题，走好“网上群众路线”。

（三）汉风号客户端以先进技术引领驱动融合发展，专注内容质量，扩大优质内容产能，探索建立“新闻+政务+服务+商务”的运营模式

汉风号运用5G、大数据、云计算、人工智能、人脸识别等移动互联网领域的前沿技术，提高新闻发布和舆论引导的质量和效率，生产群众更喜爱的内容，建构群众离不开的渠道。同时，将各类便民链接接入汉风号客户端，通过“资讯+直播+订阅”的形式，进行多种形式的政务、商务合作，探索媒体经营的新形式。

（四）汉风号客户端实现了策采编发考核的一体化，落实移动优先，实现媒体的中央厨房式生产

汉风号上线后全面取代现有的报纸采编系统，打造策采编发考核统计一体化平台。记者采集来的文字图片视频全部通过汉风号上传，强调无视频不新闻，上传即视作发表。打破原有的采编流程，打通全媒体矩阵，实现报纸采编、网站采编、移动客户端采编、微博微信采编的统一加工利用，在汉风号后台，完成内容的汇集、采写、编辑、审核、发布、统计、考核等工作，形成集中采集、统一编辑、分类加工、多渠道分发的“中央厨房模式”，提高新闻生产质量和发布效率。

三、以新平台建设为契机，加强员工培训，激发创新动力

自2020年初以来，徐报集团先后启动了解放思想大讨论和“学思谈干”系列活动，从党委成员到业务骨干，分别走上讲台，讲担当、讲融合、讲创新、讲拓展，开启了全员学习、解放思想、交流激荡、实干苦干的新征程。

2020年6~7月，集团分两批新招聘45名大学毕业生，在集中培训后分配至编辑、记者、主持人、新媒体人员、技术人员等岗位。这批新人均具有本科及以上学历，为报业未来发展提供了新鲜血液。

2020年8月初，推出《关于徐州报业传媒集团人才培养计划的实施方案》，开展“三类人才”（精英型人才、骨干型人才、优秀型人才）评选，实施“报社人才123重点培育计划”，使集团成为吸引人才的聚能环、培养人才的孵化器、留住人才的凝固剂。

2020年国庆假期，集团启动“媒体融合催化季”学习培训和“每天学习一小时”活动，邀请国内知名高校的教授、学者以及行业内的专家，为全体员工讲授社会形势、经济形势、媒体融合趋势等内容，开思路、拓眼界、启灵思、增能力。

围绕报业改革发展中的热点、难点和痛点，开展全员创新项目大征集，引发员工“头脑风暴”。通过项目化方式，加强各类人才在媒体融合场景下的实际锻炼和使用，使他们在重大主题宣传、新兴媒体项目、重大公益活动等方面充分发挥作用，助推报业集团新闻宣传、舆论引领、媒体融合和报业经营、公益活动等方面取得新进展。

（徐州报业传媒集团）

汉风号客户端

案例类别：产品

专业化 系列化 项目化 平台化

——徐州报业传媒集团视频业务发展探索

党的十八大以来，以习近平同志为核心的党中央深刻把握时代发展大势和信息化趋势，作出了推动传统媒体和新兴媒体融合发展的重大决策部署。随着媒体融合不断深化推进，国内对于主流媒体自身内容生产优势的认识不断加深。能否吸引受众、留住用户，能否引领舆论、凝聚共识，最终要看内容做得好不好。不管什么时候，好的内容永远是根本，是舆论场上的“硬通货”。主流媒体要始终保持内容定力，不断深化内容生产供给侧结构性改革，在提高内容数量和质量上下功夫，不断强化内容生产优势。

随着5G时代来临和短视频兴起，视频成为新媒体发展和媒体融合不可或缺的内容。熟悉传统报纸内容和新媒体图文内容的报业集团，如何在视频生产上破局，走出一条报业集团生产高质量视频内容的创新之路？徐州报业传媒集团（以下简称徐报集团）经过近两年的探索和发展，走出了一条成果显著的成功之路。

一、队伍专业化，三条战线发力

徐报集团扎实推进新闻生产的视频全员化改革，力求做到“无视频不新闻”，并建立了“豹子视频”“六磅视频”两支专业视频队伍，在新闻视频记者全员生产、新闻视频专业生产、专题视频专业生产三条战线上同时发力。

“豹子视频”“六磅视频”两支专业视频队伍，前者主攻新闻视频，并为视频全员化提供培训、技术、设备等支持；后者主攻专题视频，主打城市形象片、公益视频、微纪录片和微电影，打造江苏一流的短视频产品、头部的短视频品牌。

“豹子视频”取自“报纸”的谐音，寓意是报业集团的视频项目，并象征着新闻视频具备豹子一般的速度和力量。“六磅视频”取自汉高祖“刘邦”的谐音，寓意扎根大汉之源的徐州，用文化的力量讲好中国故事。两支队伍总人数超过40人。

目前，“六磅视频”拥有3个较为成熟的摄制小分队，从2019年4月运营以来，已经掌握了高端宣传片、专题片、微纪录片等的摄制技术要领，获得长三角和江苏的省市一些奖项，在徐州和苏北地区有一定的知名度，并培育开拓出部分高端视频市场。不到2年时间，共生产精品视频50多个，记录600多个普通人的真实故事，让他们进入镜头成为最生动的主角。

“豹子视频”重点发力新闻视频、视频直播，围绕徐州重大活动策划摄制新闻视频，自主策划短视频产品内容。目前，已经基本做到徐州重大新闻现场都有豹子视频的人员，新媒体平台都有豹子视频的产品。

二、产品系列化，打造品牌影响

经过近两年的发展，六磅视频质量逐步提高，风格更加成熟；而豹子视频围绕重大新闻主题，进行新闻视频、新闻直播的大胆尝试，均成功推出一系列产品、作品。

六磅视频的40多部作品以四大系列为代表，《徐州战疫》系列微纪录片、《执笔绘桑田》全面小康系列微纪录片、《活起来的汉文化》系列文化短视频、《我给国家提建议》全国人大代表系列短视频等。

《徐州战疫》系列视频中，既有朴实细腻的人情冷暖，也有恢宏壮阔的时代篇章。六磅视频团队出征最危险的地方，创作了一批有流量又有质量的作品，多部作品收获流量超过10万。其中，《更爱你了，我的徐州》获得长三角短视频大赛优秀奖。

《执笔绘桑田》通过8个故事，从产业扶贫、文化扶贫、精神扶贫、农业扶贫等多个维度，展现了徐州农村、农民、农业在党的领导下，脱贫攻坚、走向富裕的波澜壮阔进程。

《活起来的汉文化》通过汉文化学者、汉服旅行女博主、海归文创设计师三个人物，讲述汉文化与当今世界的三种链接方式。视频取材新颖，立意高远，颠覆了人们对汉文化古板、高深的传统认知。精巧的选材和创意的视角，令其变得平易近人，富有极强的时代气息。

《我给国家提建议》一改往届全国“两会”的报道方式，在工作、生活场景中展现代表委员履职的日常，以Vlog的方式将代表的履职感触以及建议、议案的提出等问题更为真实生动地呈现，得到了代表们的一致认可。

豹子视频自主策划农房改善短片《小康梦照进新农房》，获得“2020长三角白鱀豚原创短视频大赛”铜奖，成为徐州地区唯一获奖作品。关注户外高温下工作者的短视频《赶烤》，分别被学习强国全国平台、新华社客户端、新华网转载，新华社客户端点击量超过107万次。短片《致敬劳动者的手》，获得“江苏省社会主义核心价值观主题微电影”大赛二等奖。

三、运作公司化，激发发展活力

媒体融合发展，要充分发挥市场机制作用，吸引社会力量参与，不断增强自身造血机能，实现可持续发展。后纸媒时代，面对新媒体的冲击，传统盈利模式带来的红利已将消失殆尽，新旧媒体下多个主体“同吃一锅饭”的弊端日益凸显，将平台项目化、项目公司化运作，是应对新媒体变革的重要经营举措。

徐报集团将六磅视频成立为公司推向市场，在明晰责任主体的情况下，和集团各经营部门形成强大合力，以视频服务为营收手段，探索一条新的经营道路，为集团非报产业的发展探路。

在我国视频产业快速发展的背景之下，徐州市场对高端视频的需求不断增加，视频产品的市场投入也呈现逐年增长态势。高端专题片的市场目前被上海、北京等的一些公司占据。六磅视频实行市场错位，在高端视频市场和外地公司竞争，具有本土优势和成本优势，经过发展可以在本地市场获取可观的视频收益。

2020年7月，六磅视频开始以公司模式运行。不断引进编剧、导演、摄像等专业人才，扩大队伍，同时逐步完善相关规章制度，为今后“六磅”长期发展、扩张经营、具备行业竞争优势打下坚实基础。

六磅视频内部实行项目制考核，根据视频摄制项目所需的人员多少、时间长短、成本支出等情况制定项目预算，项目负责人提出二次分配建议，多劳多得、优劳优得、不劳不得。这项制度能激发员工内驱力，提高员工的积极性、主动性、创造性，增加六磅视频的产能；同时充分地全方位地培养和激发每一位员工的主人翁意识、管理意识、精品意识，促进公司不断发展。

六磅视频实行市场错位，充分发挥报业在视频创意和剧本创作方面的优势，避免和社会公司或者电视台比拼价格和产能，以高成本带来高质量，高质量带来高价格，在高端视频市场和外地公司竞争，2020年仅下半年就已经完成超过100万元的营收。

四、未来平台化，汇聚产业力量

徐报集团布局长远，结合移动互联网发展和集团“汉风号”客户端建设，以六磅视频为主导，打造淮海经济区视频产业聚合平台。

目前，徐州的视频市场受疫情影响，很多中小传媒公司业务量剧减，生存面临困难。同时，很多传媒公司常年面临回款周期长甚至坏账风险，与行政事业单位和国企地位不对等，沟通难、业务成本高。没有一个成熟稳定的体系，导致市场恶性竞争，水平参差不齐。

视频是一个专业性很强的集成化产品，需要各方面的专业人才合作，但是一个小微公司很难覆盖方方面面人员，并且专业人才很难协调组织。很多业务时间紧迫，单独一家公司的人员无法在规定时间内成片。这样的背景下，催生了集团建设视频产业聚合平台的想法。

视频产业聚合平台锁定徐州市乃至淮海经济区视频产业的小微企业和从业人员，利用徐州报业传媒集团的公信力、影响力，以及六磅视频公司的行业领先地位，帮助他们消除发展痛点，从而培育和规范淮海经济区视频市场，促进产业健康发展。

平台建设在徐报集团“汉风号”客户端上，作为其中的一个独立板块，平台所有权为徐报集团。平台的技术建设和维护，由徐报集团负责。以平台为依托，利用徐报集团长久以来和一批政企单位形成的良好合作关系，更好地服务客户，抢占徐州乃至淮海经济区视频市场。整合徐州当地视频产业人才资源，如编剧、导演、摄像、后期制作、动画制作、配音、视觉平面等，持续提升六磅视频的产能和行业地位，为实现更多营收打下坚实基础。同时，建立和平台运行配套的行业协会，凝聚和整合徐州视频摄制企业，提高徐报集团在视频行业的话语权和引导力，重塑徐州市场的价格体系和品质标准。适时突破地域限制，吸引淮海经济区其他城市参与。

（徐州报业传媒集团）

案例类别：产品

一年583个10万+一个三线城市微信公众号年营收1000万元

汤丽

一、加快创新革命、深化融合，是成与败的博弈

2019年1月25日，习近平在中共中央政治局第十二次集体学习时的讲话中提到，推动媒体融合发展、建设全媒体成为我们面临的一项紧迫课题。要运用信息革命成果，推动媒体融合向纵深发展，做大做强主流舆论。

随着新型媒体时代的到来，加快媒体深度融合发展已成为传统媒体占领新兴传播阵地的核心要务、成为主流媒体提升市场竞争能力、增强自我造血能力的必由之路。2014年以来，泰州报业传媒集团坚持正能量、坚持正确方向、坚持科学布局、坚持改革创新，在体制机制、流程管理、人才技术等方面加快融合步伐，全力打造微泰州微信公众号，围绕影响力和竞争力深耕细作的新型主流媒体，经营收入爆发式增长。

微泰州2020年收获阅读量10万+文章583篇，实现经营收入1169万元。据权威的第三方平台新榜公布的数据，2020年中国微信500强，微泰州排第27名。在所有地级市媒体公众号中，微泰州排名第一。在江苏省委网信办与人民网舆情数据中心联合推出的重点新闻媒体微信排行榜上，微泰州长期位居第一。

国家新闻出版署组织开展的2020年中国报业深度融合发展创新案例征集工作，经专家评审，微泰州申报的创新融合发展思路，助推地方主流媒体公众号跃居全省第一，项目入围创新案例，并获得中宣部专项资助15万元。

二、坚持主流价值导向，占领主流权威舆论阵地

（一）坚守社会责任、传播网络正能量，引发广泛关注

在全国各地媒体公众号中，微泰州有一个鲜明的特点，就是传播正能量。不少稿件推出以后，瞬间被《人民日报》、新华社等微信公众号头条转发。

2018年7月13日《姜堰这个教师连续17年在家给学生补课，竟然没有人举报他……》以文字和短视频相结合的融媒体创新形式发布在微泰州微信上。讲述了坐落在江苏省姜堰区乡村的一间简陋小屋，每周末和寒暑假，小屋黑板前，总会站着一名白发苍苍的老教师，孜孜不倦地给孩子们讲课。老教师名叫马如松，79岁的他，连续17年免费辅导学生，在当地成为一段佳话。

作品内容丰富、新颖。采用文字和短视频相结合的融媒体创新形式呈现。短视频里场景特写、人物采访等多个镜头切换，加上感人的配乐，整个作品细腻、真挚。

作品在微泰州发布后，阅读量很快突破10万次，点赞数近4000。当月，作品被新华社等全国几十家媒体转载，全网点击量破千万，传递了正能量，引起广泛的社会影响力和关注度。

马老师的事迹也引起社会、当地政府、教育部门的广泛关注，整个泰州乃至江苏地区掀起了一股向马如松老师学习的热潮。2018年8月，马如松老师荣登“江苏好人榜”；2018年9月，马如松老师当选“最美泰州人”特别奖；2018年9月，泰州姜堰启动“公民道德建设月”，让“身边好人”带动“身边人”的活动，马老师的事迹也走进了道德讲堂，数千人到场聆听……现在，马如松老师“春蚕到死丝方尽，蜡炬成灰泪始干”的奉献精神仍在延续，这种榜样的力量也默默影响着越来越多的教师以及各行各业的人！

除此之外，微泰州还发布了《泰州王祥！出名了！》《下午4点，发生在利群超市门口的一幕……》《泰州陈未霞，好样的！》《今天中午，泰州人民医院门诊大厅发生的一幕！》等大批平凡人的好人好事。这些均采用了文字、新闻短视频相结合，表现形式丰富、新颖，且发布后都取得了较高的社会关注度。微泰州成为泰州地区传播正能量网络最强音。

（二）坚守公信力，在重大舆情和突发事件引导中凝聚民心

人民群众关注点在哪里，微泰州的报道触角就伸向哪里，2020年、2021年疫情期间，微泰州始终围绕读者最关心的方方面面，24小时不间断滚动发送最新消息。以2021年7月21日至8月28日为例，微泰州发布疫情即时情况通报及公众防疫措施等疫情相关稿件，共约470篇，10万+稿件数为260篇，头条都是10万+爆款，其中，单日最高总阅读量达270万次。多数为疫情防控知识，广泛且高密度地对疫情防控进行了宣传，有效助力了泰州市疫情防控工作，增强紧张感，提醒市民提高自我防范意识。

做有温度的新媒体，架起政府和百姓“连心桥”，正确解读政策措施、迅速回应、正向引导民众疑虑。区别于其他公众号，微泰州通过近5年的留言区建设，建立了良好的公众关系，注重留言条条有回应，不仅是精选留言，还包括很多未放出去的后台留言，在回复留言当中发出官方声音，消除民众质疑，澄清谣言，从而形成一批稳定、紧密的用户群，在用户心中形成了坚不可摧的信任度，为服务泰州市抗疫工作发挥了重要的舆论宣传作用。自2021年8月5日起，微泰州增加推送次数，每日推送频率高达8次，每推留言回复都在10分钟之内，每天回复量至少3000条。最高峰时期，粉丝留言最多的反而是：

“我们现在都习惯先看微泰州了！小编发声又快又准……谢谢小编！也要注意休息。”

“只有我们微泰州小编每个留言都回复。”

“小编你是机器人吗？”

“小编简直现代版的铁人！”

“等疫情结束，奖给小编一筐男朋友！”

“这个公众号的小编对留言回复最有水平。”

“小编真厉害，各种新闻都可以在这里看见，应该叫‘微全球’。”

“微泰州您是我见过最幽默风趣的小编，前无古人后无来者！从来不留言，第一次留言！”

…………

有粉丝忍不住留言：“我感觉大家不是来看新闻的，而是来看小编的。”这正是微泰州独一无二、不可复制的魅力。温暖而迅速地回应和互动，让人们看到的不仅仅是一个信息发布平台，更是一个能解决问题，能倾诉并给予帮助和安慰的“人”，这样一个“人”，能够吸引广大人民群众，形成网上网下凝聚共识、团结战“疫”的同心圆。这也正是微泰州之所以成为微泰州，能够从万千公众号的海洋里发出耀眼光芒的能量所在。

（三）保持竞争力，占领信息传播制高点

1. 从泰州来看微泰州的位置。泰州市委网信办每周、每月都会基于第三方平台的权威数据，公布新媒体榜单。微泰州以绝对优势位居第一位。以2021年8月8日至14日为例，微泰州一周的阅读量是1614.5548万次，第二名是263万，阅读总数约为第二名到第十名总和的4.6倍，在看数约为第二名到第十名总和的4.8倍。

2. 从全省来看微泰州的位置。江苏省委网信办与人民网舆情数据中心，联合推出“2021年上半年江苏省政务和重点新闻媒体微博微信排行榜”，微泰州获重点新闻媒体微信排行榜冠军。2021年上半年微泰州10万+文章是第二名的3倍。在江苏所有公众号中，微泰州长期排名第一，不仅超越了南京、苏州、无锡、徐州等人口大市、经济大市的媒体公众号，也超越了江苏交通广播网、《扬子晚报》和《现代快报》等省级媒体。

3. 从全国来看微泰州的位置。根据新榜提供的年终大数据，在纸媒榜单中，微泰州多次排名全国第二，仅次于《人民日报》；在全国地市报中排名第一。

4. 微泰州的标本意义。全国有6000多万个微信公众号，微泰州这样一个全省第一、全国第二的地级市微信公众号，不是出现在北京、上海、广州这样人口基数庞大、经济发达的一线城市，也不是出现在影响力覆盖全国的中央级媒体，却来自人口只有500万、粉丝基数相对较小的城市，成为全国地级市纸媒排名第一的公众号，也超越了很多全国著名的媒体。

三、构建全新融合格局、创新盈利模式

凸显党媒内在优势，以自我改革、资源共享为突破口，

创新体制机制，建设融媒体工作平台，实现集团人力资源与信息资源的共享互通，传统媒体和新兴媒体之间“有分有合，融而不同”。真正实现了从“你是你、我是我”，到“你中有我、我中有你”，再到“我就是你、你就是我”的转变，与此同时，采编部门和经营部门的架构和人才融合也不断深化。

2020年，面对突然发生的新冠疫情，泰州报业传媒集团及时调整采编经营融合架构，设立24个融媒中心，细分行业、深耕细作；由领导班子分工帮扶、挂钩指标，新媒体采编提前介入广告经营策划、洽谈，优化考核，鼓励采编人员与融媒各部门形成合力、服务经营。2020年，在疫情肆虐、各方投入紧缩的大背景下，微泰州实现经营收入1169万元。

2021年，在微泰州微信公众号成功实践的基础上，泰州报业传媒集团再次调整架构，构建全媒体传播格局：新建未来视觉、新泰州APP、学习强国平台等移动新闻产品，从而形成了泰州发布、微泰州、新泰州APP、泰州新闻网与《泰州日报》、《泰州晚报》等传统媒体齐头并进、融合发展的全新格局。

（汤丽：泰州日报社新媒体新闻部主任）

微泰州公众号

案例类别：产品

“打造泰州创客 助力创业富民”项目

曹茂良 翟明 高裕明

党旗所指，党媒所向。2020年是全面建成小康社会收官之年，也是脱贫攻坚决战决胜之年。面对“六稳”“六保”新命题新要求，同时为策应市委、市政府改善民生10件实事，泰州报业传媒集团顺势而为，推出“打造泰州创客助力富民创业”创新项目。一方面，充分发挥媒体资源优势，招募和培训优质创客；另一方面，以“创业富民”为抓手，服务“六稳”“六保”，赢得发展主动，为夺取疫情防控和经济社会发展“双胜利”贡献媒体人的力量。

一、搭建平台，招募新生代创业者

在危机中育新机，于变局中开新局。对于当下从事电商的年轻人来说，几乎面临同样的困境：不知道什么样的商品受欢迎，担心拿不到一手货源，或是连发了若干条视频，收获的仅是零星的几个点赞，等等。

为帮助更多的年轻人创业，泰州报业传媒集团由泰州晚报社牵头，倾力打造泰州创客中心，为年轻的创客们提供电商培训、基地实操、直播带货等全方位支持。

2020年7月，创客中心发布招募创客的消息后，很快迎来第一批小伙伴。他们是来自被联合国命名为“世界幸福乡村”的兴化市戴南镇董北村的5名年轻村干部，他们想通过网络把村里的石斛卖出去。紧接着，又迎来一群亮眼女主播，她们是从泰州市女性直播创业大赛的100多名选手中脱颖而出的优秀女主播。

与此同时，创客中心还吸引了不少企业的青睐。凤栖湖农场位于江苏省生态村、江苏省“水美乡村”——高港区口岸街道徐庄村。农场总面积达2000多亩，除了西瓜，农场内还种植了水稻、小麦等农作物。农场负责人希望能为报社创客中心供货。

溱湖蟹村产的“六月黄”冰醉蟹和香辣蟹、蟹黄油、蟹黄包、蟹田香米、鱼饼虾球、麻虾酱等远近闻名。蟹村负责人希望通过报社创客帮他们打开更广的销路。

据统计，仅2个月时间，创客中心完成首期近300名创客的招募以及覆盖农副产品、生鲜水果、服装饰品、食品饮品、花卉绿植、保健养生、体育健身等行业近30家商家企业入驻，为下一步创客中心落户、培训、直播带货奠定了基础。

二、技术赋能，让普通创客变身“网红主播”

授人以鱼，不如授人以渔。完成招募工作后，创客中心随即启动直播带货培训。邀请微泰州粉丝福利平台首席操盘手王钟葆，带货主播佐伊、杨琴、孙江涛等进行专业知识讲授，内容包括“几大直播平台的操作技巧”“带货直播前如何准备”“成为网红IP的人设定位秘诀”“如何打造直播爆品脚本”等。同时，安排导师模拟直播，做面对面指导。

春盛园艺室内观赏园艺植物的水培技术、郁金香花园花海展示与种球繁育技术等，均达到国内先进水平。

在泰州市农业开发区、南京汤山翠谷农业科技园拥有150亩研究和生产基地，温室大棚面积达到3.5万平方米。然而，受多重因素影响，花草销路一直不畅。负责人谭国华是南京农业大学原教授，多年前下海潜心园艺事业。他联系创客中心，希望能帮助企业渡过难关。2020年8月上旬，创客中心首场实战演练在春盛园艺举行。8名创客在导师的带领下轮番上阵，向市民讲解、推荐50余种水培花卉产品。8月下旬，创客中心举办吃播实训。新媒体短视频制作人、导演、演员佐伊作为特邀导师，带领两名优秀创客实战。当晚推介的是市区暹罗酒肆餐饮店的七夕套餐。该套餐原价417元，各大网站团购价为298元，创客中心争取到168元的优惠价格，准备了20份。结果10分钟售罄，消费者要求加推。

2020年9月初，创客们来到姜堰连办两场“蟹”直播实训；9月中旬，参加“夜泰美”啤酒美食节直播实训；10月，助力海陵农特产品销售直播实训……

年轻创客们在创客中心精心扶持下，进步迅速。在2020年海陵农民丰收节上，海陵区政府聘请了10位“海陵农特产品网络推广大使”，其中7位是创客中心的创客。当天，一拿到聘书，创客们就火速上岗，在“网聚青力 量 助农促消费”海陵新青年首场直播中，与海陵区副区长周海霞共同推介起海陵农产品。

在10月底举办的江苏省首届女性直播创业大赛总决赛上，包括刘璇等3位创客的成绩亮眼。其中，邹武俊获评“十大KOL女性标杆人物”，唐一凡、刘璇获得“十大最具培育潜力奖”。

三、创业富民，创客中心走出新天地

经过近半年的理论学习与实训，半数以上创客能够非常顺利地独立直播带货。他们在提高自己业务能力的同时，也在帮助本地或外省市企业、商家、农场推介产品。为全面建成小康社会贡献力量。

陕西省咸阳市长武县是泰州市对口帮扶结对城市。为庆祝“中国农民丰收节”，海陵团区委联合海陵区供销总社、陕西省咸阳市长武团县委，举办了海陵新青年助农直播节。本中心创客Tina和王培担任当晚活动主播。直播总时长接近3小时，共推介了来自海陵的5个商家的大米、菜籽油、秋月梨等10款产品以及来自陕西省咸阳市长武县的苹果和黄花菜。该场直播近5000人观看，成交订单1646笔，销售额超20万元。其中，长武县的苹果和黄花菜格外受青睐。

2020年10月中旬，受相关部门邀请，创客中心导师、“微泰州粉丝福利”首席操盘手王钟葆到陕西长武指导当地农民通过电商平台直播带货。同时，与当地签订残疾人电商培训合作协议，帮助当地贫困残疾人解决“脱贫不解困”的问题。考察期间，王钟葆通过微信朋友圈和抖音等平台带货，帮助长武农村合作社售出苹果数百箱。

新疆昭苏是泰州市对口援疆县。获知创客中心在陕西开展扶贫攻坚相关信息后，主动联系创客中心，希望联合举办一场直播带货和项目推介会。10月30日，昭苏网红县长贺娇龙走进创客中心，举办“牧歌昭苏 天马故乡”昭苏农特产泰州专场带货直播活动，创客中心刘璇担任助播。开播仅10多分钟，直播热度就冲到抖音江苏小时榜第一位，半小时不到排到抖音全站第八位。据统计，当日直播有28万人次观看，点赞数超过200万，带货营业额30多万元。

除了线上直播带货，线下推介也收获满满，水晶粉接到120吨的订单，5公斤黑菜籽油1000余单，新签约蜂蜜特约销售商家10家。

四、发挥媒体资源优势，培训直播带货人才

“打造泰州创客，助力创业富民”创新项目，主要实现了以下目标。

（一）服务中心，彰显党媒担当

近一年来，创客中心吸纳300多位青年创客加入，30多家企业商家入驻，组织20多场带货直播及项目推介。保守测算，在创客中心的推动下，至少带动3000人就业创业，开发就业见习岗位100个以上。

创客先后走进兴化市董北村石斛基地、农业园区春盛园艺、高港徐庄村、姜堰蟹村、“夜泰美”啤酒节，以及对口援助陕西长武县、新疆昭苏农牧和旅游业，取得了较好成绩。

（二）融合发展，打造平台经济

全媒体时代，传统媒体影响力渐渐式微。发挥传统媒体整合资源的优势，打造平台经济、流量经济，是传统媒体“于变局中开新局”的大胆尝试。创客中心作为报业集团打造的平台之一，能够借助直播带货等新兴媒体手段，通过培训、培养与利用网红带货主播，聚合客户，大量引流，有助于传统媒体走出困局。

（三）多元发展，促进都市报转型

互联网思维的去中心化、去中介化，使报纸经营的二次销售盈利方式发生方向性改变，精准消费成为广大客户的首选。创客中心的成功探索给晚报、都市报人的启示是要树立客户思维、多元化发展的理念，要在建平台、找用户、引流量上下功夫。只有方向对了，出路才会找到。

（四）提升“四力”，锻炼采编队伍

创客中心实施的过程，也是采编队伍“走转改”的过程。记者在采访中，需要深入基层一线，贴近群众，贴近生活，与群众打成一片，了解群众所需、所想、所盼，从而更好地提升自己，为基层群众服务，为社会服务。

（曹茂良：泰州报业传媒集团党委书记、社长，翟明：泰州报业传媒集团副总编辑、泰州晚报社总编辑，高裕明：泰州晚报社编委、总编办主任）

案例类别：产品

2020 中国金坛全球招商网络大会

一、项目背景

金坛正在以新能源汽车、新一代移动通信、生物技术和新医药、光伏新能源“三新一特”产业集聚发展为基础，不断推进园区平台升级。如今，中德（常州）创新产业园即将开园，位于其核心区域的中国（常州）德国中心也于 2020 年启动建设。

2020 年，常州市金坛区项目招引百日攻坚行动明确提出，坚持大小并举、内外并举，以量和质取胜，既要集中精力主攻高端重大项目，又要加大外资项目、优质中小项目引进，加强产业链研究，招引补链、强链项目。

针对世界各地疫情防控实际情况，新华日报社常州分社为金坛全程策划执行了 2020 中国金坛全球招商网络大会（以下简称金坛招商大会），突破传统模式，创新采用虚拟现实技术助力云招商。

二、项目情况

项目全称：2020 中国金坛全球招商网络大会。

项目时间：2020 年 8 月 16 日。

项目内容：招商专员登录虚拟现实演播大厅，现场连线投资顾问，发布招商热力图，开放投资云展馆，国内外媒体精准推送等。

活动规模：全球上线，全球推广。

活动规格：联合国工业发展组织上海投资促进中心主任赵晓蕾、德国工业 4.0 联盟主席德克·萨拉玛、埃马克（中国）首席执行官龙德、中国工程院院士陈芬尔、中关村电子商会会长栾润峰、德国鲁尔大学教授康斯坦丁·索库尼斯等现场连线登录虚拟大厅；常州市金坛区委书记和市长化身招商专员推介金坛。

三、融合创新

（一）角色融合，媒体化身城市推介专员

在 2020 中国金坛全球招商网络大会项目中，新华日报社常州分社基于深耕常州多年的媒体积累，成为政府服务顾问，化身为金坛城市推介专员，成为金坛对外推介的媒体窗口。

以招商为目的举办招商网络大会，不仅需要了解金坛经济社会发展状况，了解产业园区的政策福利，还需要对金坛城市特色、文旅产业、医疗基建等的社会发展有深刻了解。为此，新华日报常州分社将金坛作为研究对象，结合常年的媒体积累与数据调研，为金坛的推介提供了宝贵的文字和数据资料。

（二）技术融合，黑科技突破传统招商模式

“5G+VR/8K+AI”的媒体应用成为本次大会的新亮点，人工智能创新应用的融合为城市招商带来了新模式，5G 网络引领的高新直播技术应用也为全球了解金坛提供了更畅通的渠道。

在 2020 中国金坛全球招商网络大会中，团队策划运用了诸多网络新技术，是首次大型虚拟发布会仿真直播的创新突破。用“云技术”赋能“云招商”，借助数字化 5G 技术将线上线下相结合，让投资者更方便地了解金坛。

在大会虚拟直播大厅，联合国工业发展组织上海投资促进中心主任赵晓蕾对金坛投资环境进行了权威评价；埃马克（中国）机械有限公司首席执行官龙德、北电爱思特（江苏）科技有限公司总经理李世旭通过云端连线畅谈金坛投资故事；多位城市发展顾问也通过 AR 虚拟现实技术为金坛发展建言献策。

会上，还发布了金坛招商热力图和 3D 云展馆，囊括了投资者的刚需信息，绘制了一张帮助投资者们找寻最佳投资地点的“藏宝图”。3D 云展馆全链路展现金坛投资环境，以 VR、3D、视频、图片等形式进行展示，打开手机即可获取金坛特色产业信息、链接和联系方式，足不出户参观金坛展馆。

（三）渠道融合，智库邀约证言城市发展

如何为金坛发展证言，如何更好地向世界推介金坛优厚的投资环境，是该项目策划中最为重要的环节。突破传统招商会议自卖自夸的方式，新华日报常州分社为此次大会邀请了专业的权威机构进行投资评价，聘请了在金坛投资的企业家作为城市顾问“现身说法”，让金坛优厚的投资环境更有信服力。

为此，团队前后经历半年时间对接国内外企业家，突破疫情阻碍协调全国影视资源拍摄录制，最终通过虚

拟现实技术融入网络大会的虚拟直播大厅，丰富了核心内容。

（四）媒介融合，媒介联动制造全球效应

2020 金坛全球招商网络大会全程于虚拟直播大厅内进行。新华日报社常州分社利用媒体资源和政府渠道，针对招商需求的重点国际区域，在国外主流社交平台推特、脸书、优兔等平台进行了推介视频推送。联动了 160 余家欧美主流媒体对招商网络大会进行了直播和报道，增强了金坛的品牌效应，开启“全球同步”推介的全新模式。

此外，还联合抖音开设多个政务账号。举办“日进斗金快来坛”抖音挑战赛，引领了“金坛茅山 dou 起来”抖音挑战赛，合计观看量突破 1 亿人次。

为了让招商更有成果，新华日报社常州分社的资深记者驻点金坛，深度调查采访金坛投资营商环境，为金坛投资白皮书提供文字依据和强有力的证明。

四、成效反响

（一）招商见实效，投资意向络绎不绝

通过金坛全球招商网络大会，一批批考察团纷至沓来，招商引资捷报频传，大会实实在在发挥了招商作用。

招商网络大会通过互联网为全区招商赋能，新增项目信息 44 条，新增项目信息投资额 269 亿元，新增签约项目 25 个，新增签约项目投资额 128.36 亿元。截至 2020 年 10 月，大会筹备办公室接收到北京理工大学电动车辆国家工程实验室上海中心、上海复星集团、前海人寿集团、德国林德集团、德国麦德龙集团、金和软件等多家单位发来的投资意向信息。

（二）全球化推介，塑造城市招商形象

2020 中国金坛全球招商网络大会启动仪式累计观看量 200 万次；“日进斗金快来坛”抖音挑战赛视频累计播放量达 4707 万次；金坛招商视频在微信朋友圈传播超 600 万次。

此外，金坛云招商活动以英、德、西 3 国语言，9 个欧洲主要国家的国家级通讯社主发，在德国《每日镜报》《焦点周刊》《法兰克福评论报》等具有重要舆论影响力的全国性和地区性报刊官网发布。其中主发媒体共 21 家。稿件经由以上通讯社在 16 个国家的 164 家媒体落地转发，将金坛优秀的投资环境介绍给全球高新技术企业。

（三）新技术赋能，延伸网络招商体系

依靠大会活动，建立“三新一特”产业招商顾问体系。通过举办本次大会，邀请 10 多位产业专家、行业协会负责人等参与活动，该项目为搭建金坛招商体系提供了新方法、新思路。

主动与全国、省级“三新一特”产业行业协会负责人对接，通过邀请其参加峰会、参观考察等形式，向其介绍金坛优势资源，推介重点项目，交流洽谈互换信息。依托商会增强互信，建立信息发布新体系，为金坛与商会、与企业之间的合作建起桥梁和纽带，形成互惠共赢的信息网络平台。

此外，金坛还将以此次招商网络大会作为开端，排出全年适合网络推广的大型活动计划，深度整合招商网络大会的子活动，有效增强金坛全方位的吸引力，为项目招商引资做好铺垫。

五、经验体会

互联网技术发展，重塑着媒体的产业形态。通过 2020 中国金坛全球招商网络大会，深刻诠释了习近平总书记提出的“全媒体不断发展，出现了全程媒体、全息媒体、全员媒体、全效媒体。”

（一）切换角色，主动融入

将“传播者”的身份切换为“参与者”，提高媒体与新闻主体的互动性，做好城市媒体服务的积累，将新闻信息转化为政务服务指南，与城市发展同频共振。

（二）资源整合，技术创新

将新闻业务、视频业务、广告业务、会展业务、技术开发业务等进行深度整合，以市场需求为导向形成行业、品牌、产品的大数据库，并产生对应媒介经营的模块化服务包，通过定制化服务满足各类受众需求，提升媒体影响力。

（三）媒体联合，全球传播

作为主流媒体，将流程优化、平台再造，实现各种媒介资源、生产要素有效整合，实现信息内容、技术应用、平台终端、管理手段共融互通，利用良好的媒体公共关系进一步合作，不断扩大事件影响力。

（四）产业延伸，助力发展

通过媒体的力量赋能“互联网＋政务”，与政府共同探索政务新模式成为媒体深度融合的重要课题。将以往媒体只做传播者的观念变更，通过媒体的技术和渠道为政务赋能，通过媒体的力量让政务更加智慧高效。

（新华日报社常州分社）

“2020 中国金坛全球招商网络大会”

案例类别：产品

2020 世界工业与能源互联网暨国际工业装备博览会

一、项目背景

互联网下半场，新的网络架构在布局。常州始终面向新型数字基础设施建设发展趋势，聚焦工业和能源互联网及高端装备制造业领域最新技术与成果，对接整合全球资源，促进智能制造和智慧能源产业集聚，提高两化融合和节能减排水平，全力保障城市高质量发展。

继 2019 年打造工博会品牌以来，为拓展“工业互联”能力边界谋策寻道，共融工业与能源互联网“常州表达”，在江苏省人民政府、中国航天科工集团有限公司、国家电网有限公司的指导下，新华日报社常州分社联合常州市人民政府、江苏省工业和信息化厅、江苏省能源局、中国信息通信研究院等多个单位联合举办了 2020 世界工业与能源互联网暨国际工业装备博览会（以下简称 2020 工博会）。

二、项目情况

活动全称：2020 世界工业与能源互联网暨国际工业装备博览会。

活动时间：2020 年 9 月 16 日至 9 月 26 日。

活动主题：“新工业、新能源、新基建、新动能”。

活动内容：一开幕式、一峰会、一展览、十活动。一开幕式即“工博会”开幕式，一峰会即“工博会”主峰会，一展览即世界工业与能源互联网线上云展，十活动即十项系列专题活动。

系列活动：青年创业者峰会，新一代移动通信产业发展金坛茅山峰会，5G 开启“智造”新时代论坛，5G 场景融合应用主题论坛，新基建数字赋能高峰论坛，大数据融合创新发展论坛，国际轨道交通材料工艺论坛，城市能源互联网产业发展论坛，工业互联网人才与教育论坛，常州智能制造合作创新对接洽谈会暨 AI 闪耀工业智联时代论坛。

活动规模：开幕式、主峰会 500 人；系列活动 2000 人。

活动规格：开幕式参会主要嘉宾有省部级领导、市领导、院士及行业大咖参与的国际性盛会，是常州最高规格的政府活动。

三、融合创新

（一）角色融合——深耕地方，政务顾问角色成为大会联合主办

在发挥传统媒体优势的同时，新华日报社常州分社积极与常州政府对接，主动地融入城市发展的各个环节，掌握常州产业经济发展的第一手信息，由“播报者”转变成“政务顾问”的角色定位。

基于对常州工业与互联网产业发展的深度认知，新华日报社常州分社有幸成为活动主办单位和大会筹备组委会的成员单位，为整个活动提供专业的策划与执行服务，得到指导单位、主办单位的高度认可。

（二）技术融合——云聚现场，云数赋能各项环节创造全新模式

在 2020 工博会中，“新”成为大会的整体基调，大会策划以“云 + 端 + 网 + 屏”的沉浸体验为理念，融合了云连线、云平台、云直播技术 / 数字化智能会务、5G、虚拟现实 VR、全息投影等多种流行的技术，将技术创新的浓度与会议规格相匹配，云数赋能大会迈向新的高度。

“5G+VR/8K+AI”的媒体应用成为本次大会的新亮点。不论是大会现场的云端连线还是云展馆、官网、微信公众号和小程序的程序互通，5G 网络引领的高新直播和数据传输的技术应用，不仅丰富了大会的环节形式，也开辟了更多的信息获取渠道。

（三）渠道融合——智库邀约，千位大咖齐聚常州共话互联赛道

2020 工博会是江苏省内首个以新基建为主题的产业峰会。本次大会中，新华日报社常州分社充分发挥媒体智库优势，与联合主办单位共同邀请了包括中国工程院院士邬贺铨、倪光南、刘韵洁、吴峰、沈昌祥，欧洲科学院外籍院士周志华，工业互联网联盟指导委员会前主席德克・萨拉玛等超过 170 位国内外顶级行业专家，围绕最前沿话题展开热烈研讨。国家工信部领导、副省长等政要领导和 1500 余位行业专业嘉宾参加了开幕式、主

峰会和系列活动。

（四）平台融合——立体逛展，突破疫情阻碍助力双循环新格局

在充分考虑疫情防控工作的前提下，采用云技术赋能博览会，打造24小时永不落幕博览会立体传播矩阵。线下大会创新采用了云端连接的形式邀请大咖上云分享前沿观点；同时，邀请近百家代表企业上云展示最新工业装备成果，通过电脑、移动端实时解决供需难题。在疫情期间，为国际国内工业与互联网能源企业提供交流平台，打破壁垒助力构建国内国外双循环。

（五）服务融合——全案服务，深度融合媒体优势发挥聚集效应

以“工博会”为基础，以品牌为核心，以行业为导向，以战略发展为目标，新华日报社常州分社为“工博会”提供包括总策划、搭建、会务、技术、传播、结案六大方面深度融合服务。深度融入活动每一个细致的环节中，展现出“1+1>2”的聚集效应，形成了庞大的全案服务链。

四、成效反响

（一）带来招商成果

2020工博会成为常州工业和能源互联网产业链的延伸，带来了众多实际成果。主峰会共有1个战略合作框架协议和17个工业与能源互联网领域项目签约，总投资68.8亿元。同时，在十项系列活动中，有数十个项目完成了签约。

（二）成为行业风向

本次大会是一段时间内国内同等规模主题峰会中聚集嘉宾层次最高的大会，除了邀请众多院士现场演讲，还邀请了深兰科技、能链集团、天合光能、万帮数字能源、宗申产业集团和航天云网数据研究院（江苏）的相关负责人开展圆桌对话。国内外高校院所、行业联盟、行业龙头企业等共同参与系列活动，使得大会再次成为行业焦点和行业发展的风向标。

（三）构建交流平台

区别于2019年博览会的办会方式，在充分考虑疫情防控要求的前提下，本次大会采用5G技术连线外地嘉宾，通过VR、AR、全息等虚拟现实技术将传统博览会搬上云端，围绕工业互联网、能源互联网、黑科技和重大装备四个主题开设分展馆，将博览会打造成线上线下共同参与的创新型博览会。

（四）参与企业众多

本次大会设置了专题展区，展示了天合光能、星星充电、ITS研究院、苏文电能、深兰科技、微亿智造、理想汽车等专题展区，邀请科技企业展示了工业互联网、能源互联网最新产业创新成果，受到社会关注，行业反响热烈。星星充电主办的专场主题活动，面向未来先进充电的国家标准修订方案发布，共建全球移动能源生态系统。

（五）吸引媒体关注

新华社、央视、《科技日报》、《经济日报》、《新华日报》、省广电总台等中央省主流媒体刊发重点报道200余篇，重点推送稿件、开机页总传播量超过1亿次。央视网、新华网等重点新闻网站和新浪、腾讯等网络媒体推送转发博览会报道1000余篇，微博话题“打卡常州工博会黑科技”登上新浪微博热搜榜第6位，阅读量超1100万次。大会邀请函采用5G超人、产业列车等小游戏预热方式，让网友足不出户，身临其境。脸书、推特、新华丝路等平台向外传播报道近千篇，形成了全方位、广覆盖、立体式的宣传态势，广受海内外读者关注。

五、经验体会

互联网技术发展，重塑着媒体的产业形态。通过2020工博会活动，深刻诠释了“全媒体不断发展，出现了全程媒体、全息媒体、全员媒体、全效媒体”的理念。

（一）切换角色，主动融入

将“传播者”的身份切换为“参与者”，提高媒体与新闻主体的互动性，做好城市媒体服务的积累，将新闻信息转化为政务服务指南，与城市发展同频共振。

（二）资源整合，技术创新

将新闻业务、视频业务、广告业务、会展业务、技术开发业务等进行深度整合，以市场需求为导向形成行业、品牌、产品的大数据库，并产生对应媒介经营的模块化服务包，通过定制化服务满足各类受众需求，提升媒体影响力。

（三）媒体联合，全球传播

作为主流媒体，将流程优化、平台再造，实现各种媒介资源、生产要素有效整合，实现信息内容、技术应用、平台终端、管理手段共融互通，利用良好的媒体公共关系进一步合作，不断扩大事件影响。

（四）产业延伸，助力发展

通过媒体的力量赋能“互联网+政务”，与政府共同探索政务新模式成为媒体深度融合的重要课题。将以往媒体只做传播者的观念变更，通过媒体的技术和渠道为政务赋能，通过媒体的力量让政务更加智慧、高效。

（新华日报社常州分社）

案例类别：产品

精准对接融合驱动 做好服务两翼齐飞

——台州日报社“好产品 台州造”大型服务活动系列报道

张建平 黄保才 牟同飞

“企业得市场、群众得实惠、地方得发展。”从2019年至今，由政府牵线搭桥，台州日报报业传媒集团在线上线下搭建了本地产品与本地市场间的“桥梁”——“好产品 台州造”。

这一项目不仅让当地的老百姓享受本地企业产品，产品的影响力更是辐射全省乃至全国。这是台州市践行“服务企业、服务群众、服务基层”活动“走深、走实、走心”的生动注脚，也是在建设新时代民营经济高质量发展强市新征程上的重要举措之一。

在2019年10月24日举行的浙江省委常委会会议上，时任浙江省委书记车俊高度肯定台州市政府实施的“好产品 台州造”活动这一创新做法。“好产品 台州造”活动也被写入台州市五届四次党代会报告。该系列报道荣获浙江省新闻奖一等奖、浙江省新媒体创新应用经典案例等多项奖项。台州日报社被评为“浙江制造拓市场”最佳服务单位，是唯一入围媒体。台报集团旗下的台州好产品商城与天猫网、网易严选等18家省内电商一起获得“浙江制造拓市场”最具影响力电商平台称号。

一、新闻＋服务，精准对接，挖掘内需潜力，助推实体发展

台州是中国改革开放的先行区、民营经济的重要发祥地、长三角地区先进制造业基地，是浙江制造的重要板块。台州产业基础雄厚，拥有21个产值超百亿元的产业集群、63个国家级产业基地、66家上市企业，179个产品细分市场占有率国内外第一。台州还正在重点打造汽车及零部件、通用航空、模具与塑料、医药医化、智能马桶、缝制设备、泵与电机等七大千亿产业集群，实现由“制造”向“智造”的升级。

但是，2019年对台州这个经济外向型城市来说并不容易。中美贸易摩擦不断加大，以外贸出口为主的台州企业面临严峻考验。2020年受新冠肺炎疫情影响，对台州外贸出口型企业更是雪上加霜。如何打开国内市场，以更好地应对未来复杂的国际形势，成了全市上下必须思考和破解的问题。

经精心谋划筹备，2019年9月25日，一场由台州市政府主办、市经信局和台州日报社承办的“好产品 台州造”大型系列服务活动正式启动，拉开了让台州人认识和享用台州制造的好产品之旅。2020年3月12日，为应对疫情影响，台州市人民政府主办、市经信局和台州日报社承办举行“台州好产品网上团购节”正式开启。截至2020年12月31日，该系列活动累计销售产品136.6万多件，销售额达25.4亿多元。

这是台州深化“三服务”活动的特色做法和升级版，台报集团通过“新闻＋服务”精准对接，构建起“挖掘内需潜力，助推实体发展”新机制。

二、全媒矩阵体验式报道，全方位全天候引流，擦亮“台州制造”金名片

台州产品产能在台州，好口碑发力市场推广，牵引“内循环”，整个产业链就活起来。酒香还需勤吆喝，如何利用媒体优势，让更多的人了解台州制造，用上台州好产品，成了台报集团思考的问题。

报社美编专门设计了活动LOGO，基于汉字“台”，上方变形成为一个点赞的手势；下面设工业标志性的齿轮，代表台州造越做越大。通过媒体融合驱动，线上线下全方位对接展示台州好产品，搭起桥梁与纽带，在撬动内需的同时，提振企业、群众和基层的信心，树立高质量发展的导向。

台报全媒体中心认真比较了小红书、抖音等平台优秀的产品推广视频，推出开箱体验、产品试用报告、说明书式解读等更喜闻乐见的传播手段，展开了一场声势浩大的全方位推广“战役”。

全媒体中心在做好直播的同时，对展销的吉利汽车、星星冷链自动贩卖机进行深入体验式报道，开设《主播带你玩转台州好产品》等栏目，走进吉利、领克汽车展厅，试驾领克汽车，让读者身临其境，更为直观地了解台州制造，体验产品优势。

每场线下团购活动之前，台报团队都深入企业为展销产品和团购活动做好造势，以富有成效的宣传，吸引更多的消费者。活动结束之后，还对活动进行扫描总结，精编15秒短视频用于朋友圈、抖音等渠道传播，以优异的销售成绩，激发更多的消费者爱上“台州制造”。

三、对话“掌门人”，讲好企业文化故事，增强产品认同感

从“两水一加”到长三角地区乃至中国的重要制造基地，台州企业家的创业故事一箧又一箧。对于身边的“偶像”，读者总是感兴趣的。在新闻报道中，我们可视化台州企业家的拼搏精神，用台州企业的硬核文化，让台州制造在消费者心中打出更高分。

台报全媒体中心记者与台州制造大咖面对面，开设“对话掌门人”栏目，全方位展现台州企业的深厚实力、台州企业家的匠心精神、台州制造的高品质。

我们还组织小记者及其家长走进吉利汽车、星星集团、水晶光电等明星企业，带他们领略台州制造的魅力，以小手牵大手的方式，提升关注度。

台州新闻客户端共发布稿件50多篇，其中H5、VR、短视频、微直播等融媒体产品，除了在集团自有平台传播，还在抖音、微信公众号等平台全网推送，受到各方关注，更多消费者足不出户，点点屏幕就能了解台州制造，入手台州好产品。

四、传媒直播带货，线上线下齐发力，台州好产品走进千万家

直播带货，早已不是新鲜事。传统主流媒体带货，则是一件新鲜事。相比商业化的广告推广，政府与权威媒体的背书和解读式推广更具公信力。为此，台报以公信力为支撑，以全媒体为平台，以近百万用户为依托，线上线下齐发力，让台州好产品走进千万家。

（一）直播带货助力销售

从2020年3月31日开始，台州好产品商城市、县、镇、村四级妇联主席代言直播带货闪亮登场，总共举办22场直播带货活动，真正让台州本地制造企业迈出触网直播的第一步。

1. 以全程服务来激发企业参与。直播活动完全由政府出面做宣传，不向企业收取任何费用，并对参加活动的产品把关验收，保证产品质量、价格和售后服务，让市民放心消费。

2. 全媒体矩阵发力引流。在活动前、活动中，全力发动报纸、网站、微信公众号、客户端等媒体，以及电梯广告、宣传车等渠道进行铺天盖地的宣传，多媒体、多渠道引流。

3. 全方位技术和硬件支持。报社全媒体中心，网络技术人员全方位提供技术和硬件设备支持，确保直播所有需求。

（二）线上线下合力销售

1. 构建“1+*N*”线上平台。搭建了“台州好产品商城平台＋各商家平台”，台州好产品商城平台实现“线上发布—销售—配送”一站式销售功能。好产品商城涵盖有电动车、卫浴、厨具、服装鞋类等8大类2000余种产品，拥有商城会员5万人。“云企业馆”链接各商家平台，市民可以直接进入企业的天猫、京东店铺或其他有关网站进行购买。而“县市区馆”，汇聚全市各地代表企业和产品，市民可以登录好产品界面购买。

2. 构建“1+*N*”线下平台。通过“台州好产品展销中心＋企业实体门店”开启一站式销售，让台州企业直接面对消费者。

3. 开展上下游产品对接会。包括分行业上下游产品配套对接、重大工程项目与本地产品对接、房地产和酒店与本地产品对接、生产性服务业与制造业对接等活动，10场对接会有效促进本地产业配套。

4. 扩大线下活动覆盖面。深入开展台州好产品进商超、进乡镇、进社区、进校园、进广场“五进”系列活动。33场团购周活动足迹分布台州9个县市区和台州湾新区。2019年9月25日至10月7日的吉利汽车团购周活动，一举夺得1111辆领克和博越等车型、销售额1.25亿元的优异成绩。

（张建平：台州日报报业传媒集团党委书记、董事长，黄保才：台州日报报业传媒集团党委副书记、总编辑，牟同飞：台州日报报业传媒集团党委委员、副总编辑）

“好产品 台州造”专题

案例类别：组织机构

金华日报报业传媒集团“融媒金报”

金华日报报业传媒集团（以下简称金报集团）深入贯彻落实习近平总书记关于媒体融合发展重要论述和中办国办《关于加快推进媒体深度融合发展的意见》精神，于2020年初实施新一轮媒体深度融合改革。通过主流媒体基因和先进智能技术双核驱动，自主研发“浙中云”智能媒体平台，对体制机制、人员配置、采编流程、技术平台等

全面重构，“策、采、编、发”一体布局，“报、网、端、微、视、音、屏”一体运营，构建“智慧”媒体矩阵、“智能”技术平台、“全融”生产方式、“全链”传播格局，打造全程媒体、全息媒体、全员媒体和全效媒体的“融媒金报”。

一、规划引领，用理念共识凝聚发展合力

经过深入调研和研讨，制定《金华日报报业传媒集团媒体融合规划》，明确未来3年集团媒体融合工作总体目标、主要任务、基本途径。

（一）总体目标

以互联网思维为导向，先进技术为支撑，建立符合媒体融合趋势的体制机制为保障，把推进媒体深度融合作为重大改革工程，抢抓机遇、开拓创新，破解问题、解决矛盾，循序渐进、系统推进，经过三年建设，取得阶段性成效：坚守主流媒体阵地，提升新闻生产能力、传播能力，成为浙江省媒体融合走在前列的地市党媒。

（二）主要任务

打破部门壁垒和人为障碍，优化重组内部机构设置，在采编领域进行流程再造，优化内部运行流程，打开深度融合通道，加快推进全员融合、深度融合，探索打造全程媒体、全息媒体、全员媒体和全效媒体的“融媒金报”。

（三）基本途径

融合报、网、端的人力和智力资源，进行采编流程的全面再造，实现从形式到内容的融合，打造一次采集、多次生成、多元发布、多级放大、多渠道融合、多平台互动的融媒体采编发网络；以特色内容建设为目标，以打造共同栏目、共同品牌为切入点开展融合，实现报网资源的重新配置和内容的实质互动，使新闻信息资源配置达到最优化，提升媒体竞争力，促进集团完成向媒体融合的转型。

二、体系重构，用体制创新推动真正融合

发扬敢为人先、敢啃硬骨头的精神，在全国地市报业首开先河，大胆探索现有人员深度融合转型，推动从做增量向调存量转变，从相加到相融转变，从外围突破向正面强攻转变。

（一）全面重组内设机构

全面整合采编发力量，部门全部重构，人员全体起立，内部不分报纸与新媒体，只有融媒体，变“两驾马车”为“一驾马车”。改革后，集团内设机构由32个精减为29个，报纸由3张减少到2张，集团中层干部由95人减少到61人，使整个机构运转充分服务于媒体融合发展。

（二）创设“3+1+*N*”融媒体架构

按“采编分离、流水作业、移动即发、纸媒精编”原则，建立“3+1+*N*”（3个融媒体采编团队+1个融媒体技术中心+*N*个融媒体工作室）为主体的融媒体采编发一体架构。其中，“3”即3个融媒体采编团队，分别是时政融媒体采编团队、民生融媒体采编团队、人文融媒体采编团队。“1”即1个融媒体技术中心：负责集团信息系统规划建设，硬件运维、软件研发、技术输出，以及融媒体平台架构设计、实施、维护等工作。“*N*”即*N*个融媒体工作室，鼓励集团采编人员跨媒体、跨部门组成工作室或创意项目团队生产新闻创新产品，在报纸、客户端开设专栏专题，做“名记者”“名编辑”。

（三）建立“六个统一”运行规则

融媒体采编涉及“策、采、编、发”多个环节，金报融媒体建立“六个统一”（统一平台、统一指挥、统一策划、统一采编、统一审稿、统一运营）运行规则，完善“三全”模式（全媒策划、全媒采编、全媒发布），形成集约高效的内容生产体系和全媒体传播链条。

（四）构建新型采编流程

改革内部生产传播流程，建立健全融媒体工作机制，制订《金华日报新闻采编和版式规范》，实现报、网、端、微协同联动，形成集约高效的内容生产体系。

（五）修订绩效考核办法

2020年9月，金报集团对《金华日报采编序列月度绩效考核办法》进行了修订，充分考虑了媒体融合的发展要求。鼓励采编人员向融媒体全技能人才转型，加大融媒体作品考核比重。鼓励采编人员多写稿，写好稿优稿，多出融合创新的优质融媒体作品。

三、自主研发，用技术创新加快智媒发展

研发建设“浙中云”智能媒体平台，融合纸媒、网站、APP、两微等多种媒体形态，采用“模块化、标准化、分层化、可扩展”的积木式设计理念，按照“先进、可靠、长远发展”和“经济实用、好用管用”的要求进行设计。加大技术装备、设备等硬件投入力度，高度重视技术人才引进，为推动媒体深度融合提供强有力的技术支持和基础保障。金报集团于2019年10月开启“浙中云”建设，目前已投入1100多万元完成一期建设。

其中，主要是对“金华新闻”客户端进行技术改造升级，推出全新4.0版。一是整体设计全面升级，设计风格更加扁平化，强调沉浸式阅读体验，优化金华新闻整体视觉设计和交互设计。二是融合新技术打造智能平台。支持文章、图文、图集、专题、链接、视频、音频、活动、直播等丰富的内容展现形式，内容中还可以通过挂件功能嵌入H5、动漫、AR、VR、表单等各种类型的内容，使展示更加多元。引入AR扫描、语音播报、智能检索、机器人写稿、大数据分析等前沿智能技术，为用户带来更强科技感体验。三是区县（乡镇）定位功能。根据用户所在位置，自动定位，实现新闻内容的智能供给。县市区、乡镇、机关部门主页可进行个性化设计。四是布局5G时代强化视频权重。将视频作为底部导航菜单，涵盖视频、直播、音频等频道，加重多媒体内容在客户

端的分量。直播更加注重用户观看和页面交互体验，实现直播互动功能。

此外，本着安全实用、适度领先的信息化建设原则，这两年投入110万元开展了万兆核心网络升级改造，将金报局域网核心、汇聚层升级至万兆，为后期全千兆桌面奠定基础。投入150万元开展了超融合私有云平台改造，整合了原有多个虚拟化平台，提高了硬件资源的整体利用率，并为后期对接公有云提供基础。2020年新投入60多万元更新配置摄像、摄影、直播、视频剪辑等设备。

四、聚焦主业，用内容创新形成传播合力

充分发挥共融互通作用，催化融合质变，发挥一体效能，用专业人才打造内容精品，在及时性、权威性、准确性、思想性上下功夫，做到单向式传播向互动式、服务式、场景式传播转变，不断提高新闻宣传的精准性和时度效，实现融媒主责全员化、报端互动常态化、融创团队规模化、融媒作品多样化，进一步提升传播力、引导力、影响力、公信力。2020年以来，金华新闻客户端新增用户100多万。

2020年以来，金报集团推出的一系列重大主题报道和重点报道，从策划、采写、编辑到发布，都不断强化了媒体融合的力度。在做强文字的基础上，充分运用微视频、长图、海报、H5等新媒体手段，让作品表现形式更加丰富多元。如“从村口看窗口”系列融媒体报道网络阅读量超过200万，得到浙江省委宣传部表扬。“探寻·‘重要窗口’金华风景”大型系列新闻采访、“走向我们的小康生活”系列、“打造‘金’字招牌，书写‘华’彩篇章”系列报道、“武义菇农‘游牧’追梦实录”等重大报道和活动，均采用全媒体采访和发布的形式，真正做到了纸媒新媒的融合。

如入选2019—2020年度浙江省新媒体创新应用经典案例的“动听金华”，运用新媒体传播平台，把文字作品和音频作品组合起来，把当代文学与朗诵艺术嫁接起来，把线上传播和线下活动结合起来，对优秀文艺作品进行二度创作和内容深度开发。2020年先后策划推出“八味年味”听金华“暖”和“爱”战“疫”以及“云听两会”“我爱家乡 云游八婺”“艾青月致敬艾青”“高考，加油”“走读磐安”“此行无悔”“国庆特别策划——锦绣河山”等特别节目，吸引了著名诗人木汀、《人民日报》资深编辑虞金星、浙江省作协副主席陆春祥、湖南省《衡阳日报》总编辑林新华、《浙江法制报》副总编俞评等重量级作者投稿，杭州、温州、宁波等全省各地朗诵家协会重量级播音员、主持人朗读助阵，影响广泛。

（金华日报报业传媒集团）

《动听金华》专栏

案例类别：产品

最美思政课

——《此行无悔》进校园系列活动

思政教育是大学教育中的重要一课。2020年9月1日，习近平总书记在第17期《求是》杂志提出了殷殷期望：“思政课是落实立德树人根本任务的关键课程”，强调思政课程在大学教育中至关重要。为贯彻落实好习近平总书记重要讲话精神，金华日报社进行有益探索，策划推出了最美思政课——《此行无悔》走进金华校园系列活动。

《此行无悔》全方位记录了金华市107位援鄂医疗队员在湖北武汉期间的抗疫事迹，全方位展现金华援鄂医疗队员的勇气和大爱。该系列活动在2020年8月《此行无悔》正式出版发行后策划推出，将用好《此行无悔》一书与思政课相结合，全面推进《此行无悔》进校园活动，大力弘扬逆行而上、无私无畏的可贵精神，在八婺大地掀起《此行无悔》读书热潮，抗疫精神鼓舞各行各业共建和美金华。

活动邀请《此行无悔》书中记录的援鄂医护人员，走进思政课上分享抗疫故事，为思政课提供鲜活素材。在此基础上，还邀请战“疫”英雄之外的中国好人、道德模范等各行各业的平民英雄走进思政星课堂。截至2020年12月，已成功举办9场最美思政课、10场主题班会，邀请38名援鄂医务人员、中国好人、金华好人等各行各业“明星”，分享白医执甲逆行战“疫”的感人历程、平凡中做出的不平凡的业绩，为思政课提供了丰富、生动、鲜活的教材，为提升当代学生的思想道德修养、历史责任感与使命感，更好树立社会

主义核心价值观提供了新路径，受到广大师生热烈欢迎。

系列活动涉及金华市全部高校、覆盖每个县市（区），金华日报社全盘策划、积极对接，协同金华市委宣传部、市卫生健康委员会、市教育局等多部门共同组织实施，结合学校实际一校一策，形式多样，内容丰富。

除了高校最美思政课，系列活动还走进中小学主题班会课，援鄂抗疫白衣天使现身说法，通过情景剧表演、合唱、诗歌朗诵等形式，将思政教育润物无声地浸润到中小学生的心灵中。

一、具体成效及社会反响

《此行无悔》走进金华校园系列活动通过现场听课、录制视频、各平台新闻报道等方式传播覆盖百万余人次，受到高校师生和社会各界一致好评。各行各业“明星”分享时，经常触动在场所有人的泪点，引发全场共情共鸣。台下学生专注的眼神、泛红的眼眶、掉落的泪水是最好、最动人的育人注脚。春风化雨、润物无声之后，课堂后半部分的思政教师讲解则引导学生发现问题、分析问题、思考问题，在不断启发中让学生水到渠成地强化爱国情、强国志、报国行，真正做到“给学生心灵埋下真善美的种子，引导学生扣好人生第一粒扣子”。

同时，各行各业“明星”加入课堂，多方借力，使得最美思政课参与群体更多样化，影响范围更广、宣传力度更深，进一步打造金华最美思政课的品牌，实现全员全程全方位育人。学生们感慨：这是他们上过最为生动、最为深刻的最美思政课。“以往，课本里的理论知识好像离我们很远，但今天这样的人物，让我们感到亲近。初心是什么，就是这份勇往直前。”

该活动影响广泛，金华新闻客户端、金华新闻网、金华日报官微、金华新闻网官微等新媒体平台第一时间对活动进行图文＋视频报道。《金华日报》多次以大篇幅版面进行浓墨重彩的报道，多次登上学习强国，身边榜样逆行而上、无私无畏、敬业奉献、助人为乐的可贵精神，以及最美思政课满满正能量得到了广泛而深入的传播。

活动兼顾“全程贯穿”与“学段差异”，是探索大中小学思政课一体化建设的一次创新尝试，做到了政治自觉、导向鲜明，学段有别、因材施教，博采众长、拓宽视野，联系实际、务实有效，鲜活有趣、文风朴实，多元多样、彰显个性。学校借助此次《此行无悔》进校园互动，还特聘了宣讲“明星”为校外思政辅导员，创新教学艺术与教学模式，逐步形成第一课堂与第二课堂结合、课内与课外结合、理论与实践结合、线上与线下结合，积极探索方式方法灵活多样的思政课教学体系。

二、融合体会

触动心灵的教育才是好的教育，《此行无悔》走进校园系列活动，金华日报社策划在先，主动介入高校思政课堂、中小学主题班会，创新课堂形式和内容；邀请援鄂抗疫医护人员和金华本土各领域“明星”现身宣讲，既丰富了课堂内容，又传递了金华正能量。多方联动，多管齐下，让思政课堂亮起来，亮起来、活起来、火起来、暖起来。

（一）创新课程载体，让思政课“亮起来”

1. 创新课堂场所。思政星课堂不仅仅在传统教室，还在演播室、会议中心等，因势而谋，应势而动，顺势而为，让课堂变成了一个丰富多彩、开放包容的舞台。

2. 创新课堂布置。用喷绘、LED 等创意背景扮靓思政星课堂，精心设计各行各业“明星”海报等，营造浓厚、热烈的“追星”氛围，让援鄂医护人员、中国好人、金华好人等本土“明星”成为大学生争相追捧的偶像，弘扬传递热爱祖国、敬业奉献、助人为乐等可贵的品格和精神。

3. 创新课堂元素。不仅仅有教师讲课，还有援鄂医护人员、各行各业“明星”的分享、学生社团组织通过 PPT 或者微视频等作品。中小学主题班会课堂上还有情景剧、舞台剧、合唱、诗歌朗诵、快板等表演，通过现场互动、分享感悟、献花致敬，将学习英雄内化于心，更有学生创作手画肖像送给援鄂医护人员。课堂元素形式多样，效果喜人。

（二）打造流动课堂，让思政课“活起来”

1. 讲师团流动。相较于传统思政课，思政星课堂讲师团从《此行无悔》一书中“走”出来，走到各校课堂、同学们身边，将书上静止的文字变成可感可触的精神，成为心灵上的触动。除了援鄂抗疫英雄，还有金华本土各领域的行业“明星”和思政名师。其间，金华发布、金华日报社充分发挥媒体自身优势，邀请不同抗疫英雄和行业“明星”言传身教，在讲“好故事”同时“讲好”故事，着力增强课程的亲和力、针对性，努力打造学生想听爱学的“热门课”。

2. 学生流动。上课除了针对固定班级或专业，还面向学生社团等特定群体，甚至面向全校师生开讲，并创新性开设大学生＋中学生手拉手共听最美思政课的先河，更具有开放性和灵活性。

3. 立足长效。在活动中，多位援鄂医护人员、中国好人、金华好人等“明星”被浙师大马克思主义学院、浙江科贸职业技术学院等学院聘请，成为学校宣讲团成员、校外德育辅导员等，有效探索思政课长效机制。

（三）借助媒体传播力，让思政课“火起来”

课堂内，将新媒体传播技术和理念融入课程设计，设计弹幕互动、微视频拍摄、H5 制作等环节，上网、上端、上屏，增强思政课的时代感与吸引力；课堂外，全市主流媒体多渠道报道，扩大了最美思政课的传播力和覆盖面，调动了高校的积极性，进一步扩大了活动的品牌度和影响力，让思政课既有润物无声的效果，也有惊涛拍岸的声势。

（四）金华本土“明星”，让思政课“暖起来”

思政星课堂系列活动邀请《此行无悔》中的援鄂抗疫英雄和金华各行各业的“明星”加入，具有鲜明的金华本土特色。因地制宜、因时制宜、因材施教，在思政课传播金华满满的正能量，传递文明金华的好故事，让思政课变得更鲜活、更直观、更可亲。

（金华日报社）

思政星课堂

案例类别：产品

“文旅 +”深度融合 推进全域旅游惠民卡发行

全域旅游、美好生活！一卡通游、惠游全市 30 多家景区；单人年卡仅需 200 元，即可不限次数游览本市所有收费景区（门票总价超 2000 元）。

发行丽水全域旅游惠民卡，是市委市政府深入践行“绿水青山就是金山银山”理念，推动丽水文化事业和旅游产业融合，全市一盘棋，推动全市旅游资源跨山统筹，促进旅游业持续健康发展和企业协作、产品互补、品牌提升，并加快实现旅游发展成果共建共享，增进人民幸福感、获得感的旅游惠民工程、民生工程。

为推进文旅融合，在丽水日报业传媒集团在旅游原始积淀薄弱客观事实下，丽水日报积极探索“文旅 + 政务”。因此在丽水全域旅游惠民卡正式发行前，主动对接文旅主管部门，联合开展专项市场调研，携手制定惠民卡实施方案等，并经市政府常务会议审议通过。会后，丽水市政府就“丽水全域旅游惠民卡”专门召开新闻发布会，正式宣布对外即将发行。该消息得到了社会各界和广大市民的广泛关注和好评，当日丽水日报报业传媒集团“丽水网”微信公众号阅读量突破 20 万 +，处州晚报微博阅读量突破 130 万 +。

由于前期介入这步“先手棋”，丽水日报报业传媒集团顺利取得丽水全域旅游惠民卡独家承办发行权，负责惠民卡软硬件系统建设、渠道建设、社会推广、日常运维等系统化建设工作。

为确保政府民生工程落实到位，报业文旅项目成功落地，丽报集团优化合作布局，创新推进内外深度融合，举集团全力推进丽水全域旅游惠民卡发行工作，走出了富有报业特色的“报业 + 旅游”之路，实现政府部门、旅游业、报业和市民的多方共赢。

一是做好“+ 政策”的联动工作，通过部门协调，在整合丽水全市所有景区共同推进惠民旅游基础上，丽水市总工会发文鼓励和支持单位工会为会员办理丽水全域旅游惠民卡，配合各单位开展“职工疗休养”“春秋游”等工会活动；同时，为了体现丽水全域旅游惠民卡的公益性，向市级以上劳模、丽水好人、道德模范等特殊群体予以免费办理。

二是做好“+ 部门”内部融合工作，以高效推进发行工作为统一目标，丽水日报报业传媒集团集合采编、广告、发行、技术、行政后勤力量，合而为一，融为一体，以集团军作战方式，成立“丽水全域旅游惠民卡”服务中心，组织专职队伍，开展景区培训、惠民卡宣传推广，负责市民办卡、系统运维、技术指导、咨询投诉等，携手推进丽水全域旅游惠民卡项目建设和发行工作。

三是做好“+ 线下”社会化宣传推广工作，发挥报业集团宣传优势，做好融媒体宣传，集体深化三服务，走基层，进社区，开展了十余场线下推广活动，并提供全市 200 多家单位上门办卡服务，受到现场市民及办卡单位一致好评。

四是做好“+ 移动互联网技术”智慧旅游建设工作，发力移动端，完成“一次都不用跑”办卡软硬件系统建设；市民在家中用手机即可申请注册购买，后台 24 小时响应机制审核通过后，次日凭个人身份证或者手机二维码即可识别进入景区，既落实了“最多跑一次”改革要求，又优化市民办卡消费体验。

五是做好“+ 品类”服务优化工作，2019 年对软件进行二次升级，在单人卡基础上增设家庭两人卡、三人卡和四人卡，满足个性化需求；同时升级景区核销终端服务功能，实现景区实时连接系统后台，即时统计流量，不同阶段游客统计、消费偏好等画像分析，助推惠民卡景区实施精准化营销。

六是做好“+ 银行”服务网点建设工作，在报业大楼成立“丽水全域旅游惠民卡”旗舰店基础上，充分发挥银行网点分布广、服务专业优势，携手银行健全遍布丽水各县（市、区）及主要乡镇的线下服务网点，保证了丽水全域旅游惠民卡按时发行并提供办卡市民优质就近服务和咨询，尤其满足了老年群体线下办卡的需求。

七是做好“+商务”丽水全域旅游惠民卡增值赋能工作，联合相关银行推出“优惠办卡送100元油卡”“惠购”等优惠活动；携手本土家电、服装企业，联合推出“红包雨”和超60万元的“锦鲤大奖”抽奖活动。办卡市民不仅仅享受旅游优惠政策，同时享有其他专属权益。接下来将以惠民卡为流量入口，打通吃住游乐购旅游消费圈，优选精品酒店、民宿、名优特产等提供持卡市民联网优惠，提供持卡市民更多旅游跨界服务项目，让旅游惠民工程更惠民、更便利。

八是做好“+外埠”跨区域发行工作，为深入实施长三角一体化发展战略，针对上海市民发行了一定数量的丽水旅游卡，并为此升级软件，开发异地身份证号段识别、用户批量导入功能，实现“人证合一、线上领用”；接下来计划对更多的长三角地区城市、山海协作城市开放办理。

通过上述八大深度融合，丽水全域旅游惠民卡成为当地的“网红卡”“幸福卡”。自上线以来，当地办卡人数超8万人次，让惠民工程惠及千家万户。目前发行营收已超过1000多万元，随着深入实施长三角一体化发展战略，在丽水全域旅游惠民卡打破发行区域，面向更多城市发行的计划落地后，项目社会效益和经济效益还将成倍增长，发展空间巨大。

丽水全域旅游惠民卡的成功发行和未来更大发展预期，是丽水日报报业传媒集团践行“社会效益第一，坚持社会效益和经济效益相统一”的具体实践，也是丽报集团深化改革，推进融合发展，构建“报业文旅+政务+服务+商务+移动互联网+跨区域”新格局的创新实践。

（丽水日报报业传媒集团）

“丽水全域旅游惠民卡”宣传片

案例类别：组织机构

城市党媒纵深融合 打造内容生产“创新工场”

——以厦门日报社湖里区全媒体记者站为例 探索党媒采编团队转型成长记

郭筱淳

如果要点击2020年媒体发展的大事件，区县融媒体蓬勃发展必然榜上有名。2020年以来，全国区县融媒体中心建设全面发力，全面铺开、全面建成。在福建厦门，六个区也纷纷建成融媒体中心，它们依托中央、省市级媒体以及第三方技术公司的先进经验，快速建成运营融媒体中心，形成不同的发展模式。

区县媒体融合，是挑战，更是机遇。市级党媒不仅要主动融入，更要抢占这一风口。在这个过程中，连续多年蝉联全国副省级、省会城市日报十强首位的厦门日报主动靠近、积极融入、勇于创新，发挥其自身政治舆论把控力强、内容生产能力强等优势，以快、精、准的方式，实现市区媒体联动，全力打造内容生产的“创新工场”。

一、突围：团队进驻，率先成立区级全媒体记者站

在厦门，区级融媒体中心是依托区委宣传部，基本由原来的报道组编内团队组成。在转型过程中，他们普遍遇到了编内人员不具备采编资质以及采编内容生产、媒体运营人才奇缺的困境。在这样的背景下，厦门日报社全媒体记者站模式应运而生。

媒体融合，关键是人的融合。厦门日报社整合旗下所有媒体（包括《厦门日报》、《厦门晚报》、《海西晨报》、《城市捷报》、厦门新新媒体公司、《台海杂志》等）资源，于2019年率先在湖里区成立全媒体记者站，以专业团队进驻的方式，源源不断为区级融媒体中心输送全媒体人才，推动区级融媒体良性运转。

这个过程中，厦门日报社双管齐下，探索实现市级党媒纵深融合。

一方面，在创新机制上引领区级融媒体中心的运营。推动湖里区融媒体中心实行党委责任制、总编委领导负责制，下设采编中心、行政部、技术部、新媒体部、舆情数据部、文产部等“一中心五部”，形成了“党委统领、宣传部门牵头、各部门协同配合、主流媒体参与实施”

的组织架构，并参照厦门日报社的全流程编审机制，推动湖里区落实“三审三校”机制，确保政治舆论导向正确、宣发内容精准无误。

另一方面，在采编人员上实现深度融合。依托湖里区全媒体记者站，本着“缺什么、配什么”的原则，厦门日报社向湖里区融媒体中心派驻“总编”，主要负责融媒体中心内容生产的日常运营，把控内容生产的全链条；同时，派出集采、写、摄、录、编、网络技能运用及现代设备操作等多种能力于一体的现代化全媒体团队，担当融媒体中心的“大脑中枢”，深入介入区融媒体中心的“两微一端”内容生产的全领域、全过程。

二、锤炼：顺势而为，全能型媒体团队脱颖而出

融媒体时代背景下，区级全媒体记者站的建立仅仅是第一步，锤炼成全能型的全媒体记者人才团队才是制胜法宝。

对于厦门日报社而言，只会码字的纸媒记者要如何转型？如何真正成为全媒体新闻人？湖里区记者站的发展历程就是全媒型、全能型记者蜕变成长的历程。

在报社党委的引领下，湖里区记者站从当初的1名记者，发展为3名记者的小团队，如今壮大到10人的全媒体小分队。在队伍壮大过程中，记者不断增强本领，练就新闻采写编播的十八般武艺。

特别是2019年以来，区级融媒体中心的建成，给驻区的记者提出更新更大的挑战，这就要求他们必须顺应变化、适应变化，实现从单纯的文字记者，到掌握文字、摄影、视频、微信运营的“全能记者”的转变。

经过一年多的探索和努力，这支团队的人员已成功从单纯码字的记者变身为策、采、编一体的新媒体记者，实现一个人就能“全包”运行一个甚至多个官方微信号。更能实现团队作战，实现策划活动、采编运营、落地推动等一站式服务。在2020年疫情期间，厦门日报社湖里全媒体记者团队更是扮演着“全媒先锋队”的角色，他们面对疫情逆流而上，多次深入街道、社区以及机场防控一线，推出一系列有影响力、有传播力的全媒体报道。其中，《战“疫”夫妻：你在高压线，我在一线》《千里驰援雷神山，他是大家长》等报道一经推出，反响热烈，全网点击量都在2000万次以上。两会期间，湖里区全媒体团队更是探索创新推出《一图看懂政府工作报告》《头条Vlog | 直击委员代表们的“两会”时间》等全媒体产品，一经推出广受好评。

三、创新：用户思维，推出政务“爆款”全媒体产品

“受众在哪里、读者在哪里、用户在哪里，我们的工作重点就在哪里。”在这样的背景下，区级融媒体中心作为新建媒体平台，必须主动适应新时代，以媒体责任为第一要务，坚守“内容为王”，进一步优化新闻内容，打造群众喜闻乐见的新闻产品；同时，要坚持以用户为中心，吸引用户并做好服务用户的各项功能开发，从而导入用户，增强吸引力与影响力。

这意味着，拥有“新闻＋服务”双重属性的区级融媒体中心，必须多生产符合互联网语境的融媒体产品——对于他们而言，这也是积累和留住用户的有效手段，是提高用户参与度和忠诚度的不二法则。《厦门日报》作为资深城市党媒，拥有丰富的媒体运营经验，通过建立全媒体记者站进一步延伸服务触角，更多参与媒体融合的第一线，为区县融媒体中心打造成品化、多元化的融合媒体产品。

厦门城市面积小，人口基数少——就地域而言，各个区更是紧密相连，并没有明显的区域界线。这一定程度上造成区级融媒体中心出现内容同质化、传播力弱化等共性问题。因此，湖里区全媒体记者团队把内容生产作为第一生产力，迅速实现从单一的采编供稿思维到互联网用户思维的转变，不断在打造政务“爆款”全媒体产品上下功夫。

在这个过程中，他们依托“纸端”与“微端”，打造出两大拳头的新闻产品：第一，创新推出《先锋湖里》栏目——2020年3月，由湖里区委宣传部与《厦门日报》联手推出的《先锋湖里》栏目横空出世，在《厦门日报》第5版刊出。这个栏目每周刊登一次，内容紧扣区委区政府的中心工作，由湖里区全媒体记者团队一体化采编，至今已刊登20多期。其中，首期《108将守护鹭岛空中门户》一经推出，即成爆款，新华社、经济网等多家央媒转发，持续发酵。第二，深度运营“湖里头条”微信平台。2020年4月以来，湖里区全媒体记者团队从策划、采编、制作、推送等方面，全员投入、全程参与湖里区官方微信号“湖里头条”的运营。在这个过程中，全媒体团队始终坚持创新的理念，充分链接资源，运用微信平台打造内容生产的“创新工场”——他们联合辖区重点企业可口可乐公司，推出“热浪湖里”系列活动推文，通过给重点项目建设一线工人送水、送关爱，掀起线上线下热络互动，吸引上万网友的热情参与，更让群众身临其境感受到厦门岛内大提升的热情；他们推出城区历史人文故事《最湖里》系列，用小故事、小视角展现厦门经济特区发祥地的大发展大变迁，每个星期一篇精品推文，每篇阅读量都在1万＋……湖里全媒体记者团队的深度运营，不仅让湖里头条在内容、版式以及传播力方面不断提升，更形成了“吸粉”效应。数据最有说服力，湖里区全媒体记者团队参与运营以来，湖里头条粉丝已由8000+增长到21万＋。

可以说，无论是《先锋湖里》，还是“湖里头条”系列新媒体产品，湖里区全媒体记者团队都成功扮演着“内容生产商”的角色，实现了“一次采集、多种生成、

多元传播”的全媒体传播效果，生成的优质内容通过新媒体联盟的平台和渠道进行二次发酵，释放现象级的传播能量，让“城市故事”更加动人、让“城市声音”更加动听。

总之，湖里区全媒体记者站的运营经验告诉我们——城市党媒通过延伸触角，可以主动参与区县融媒体中心内容生产，成为区县融媒体中心建设的第一合作伙伴，提供最佳的服务保障。同时，城市党媒依托区级融媒体中心，也可以锤炼团队、培养人才，创出经验，迈出全媒体转型的创新步伐。

（郭筱淳：厦门日报新闻采访中心副主任、湖里区全媒体记者站站长）

案例类别：产品

《商丘日报》在战“疫”中的融合创新报道探索

闻力

2020年春天，新冠肺炎疫情突如其来。面对汹涌的疫情、浮动的人心，如何正确、有效地引导舆论，发挥党媒的定盘星作用？在这样的特殊时期，《商丘日报》交出了圆满的答卷。《商丘日报》坚决贯彻落实中央、省、市工作部署，把疫情防控人民战争、总体战、阻击战、全面复工复产、助推经济社会发展作为新闻报道工作的头等大事，勇于担当、积极主动，正面引导，大胆创新，着力营造坚决打赢疫情防控硬仗、做好复工复产推进经济社会发展的舆论氛围。

一、打破常规，创新探索报道方法

2020年1月27日，商丘确诊6例新冠肺炎感染者。疫情就是命令，防控就是责任，引领舆论就是媒体人的使命，假期延长，履行使命不能拖延。商丘日报社党委、编委会决定从1月27日（正月初三）到2月2日（正月初九）出版《疫情防控数字版特刊》，连续7期，每天通过商丘日报报业集团“两微一端”新媒体矩阵推送。成立了疫情防控数字版特刊融合传播特别报道组，采取全媒体记者网上办公加编辑轮流集中组版的方式投入战斗。开设了专版“抗击疫情，我们始终在一起”，及时引导舆论，引领方向。面对普遍存在的恐慌情绪，面对真假难辨的网络传言，党报记者积极承担主流媒体的职责使命，及时发声、权威发声，投入在这场没有硝烟的战争中，为这座城市提供了抗疫正能量。

移动端的《商丘日报·疫情防控数字版特刊》，做到停刊不停报，“纸”停“报”不停，日均阅读量达到120万，彰显了党报的权威性和传播力、引导力、影响力、公信力。数字版疫情防控特刊一经推出，得到社会各界和群众的欢迎肯定，《安阳日报》《锡林郭勒日报》兄弟报社迅速借鉴。市委对这一创新做法也予以好评。河南省委宣传部2020年第19期《河南新闻阅评》以《非常假期的非常担当》为题，对《商丘日报》春节假期《疫情防控数字版特刊》进行专题阅评。高度评价《商丘日报》新闻人奔赴基层抗击疫情一线，勇做“逆行者”。称赞《商丘日报》“彰显了地市党报的责任和担当，体现了党媒的服务意识和组织能力”。“将创新理念熔铸于整体策划、版面呈现、组合包装、立体传播的全过程，展示了媒体融合的理念创新和路径创新。”

二、疫情防控与谋划工作两手抓

疫情防控特别报道期间，报社党委要求大家，在如此大疫情新闻事件面前不能无所作为，虽然“四力”中的“脚力”受限制，但是大家可以着重增强、充分展示各自的眼力、脑力、笔力，多利用微信聊天、网络信息整合、电话采访等手段，与一线人员和相关部门及时联系，做好相关新闻采集。

编委会多次要求记者、编辑积极学习习近平总书记重要讲话精神和市主要领导开会调研关注的焦点，以此作为选题采写和稿件组版的价值判断标准，要求大家注意甄别信息，不要盲目传播。《商丘日报》重点围绕科学防控、精准施策、保障供应等环节组织稿件，先后开设了《抗击疫情，我们始终在一起》《坚决打好打赢疫情防控阻击战》《党旗在疫情防控斗争一线高高飘扬》《疫情无情 人间有爱》等专栏，大新闻、好故事、原创爆款大量涌现。

三、媒体融合，互动效果突出

商丘日报新媒体矩阵代表《商丘日报》发声。为了让广大人民群众第一时间了解典型新闻，首先通过商丘日报电子版、商丘网、商丘报业微博微信矩阵、手机商丘客户端等平台密集推送；继而通过采编人员在今日头条、抖音、百家号等注册的自媒体、公众号以及微信群、朋友圈，进行大放量扩散转发，从而实现全方位、全时段、全景式的融媒报道传播格局，取得了很好的效果。如2月4日上午，商丘市3名感染新型冠状病毒肺炎患者治愈出院的消息，记者深入一线采访后立即成稿，商丘日报新媒体公众号首创发布，新媒体微信公众号、商丘网、抖音号短时间内总点击量很快突破300万，疫情防控期间，商丘日报新媒体发布微博2000多篇、微信公众号1800多篇，有数十篇稿件获得了1000万的总阅读量。

四、应势而谋，积极引导复工复产

随着疫情形势的逐步好转，《商丘日报》应势而谋、顺势而为，及时引领主流舆论，履行担当和使命，在宣传报道上调整方向，在舆论导向上发力倡引。

编委会在多个微信业务交流群发出“编辑部吹风”，要求编辑记者学习领会中央、省、市委会议精神，拓宽工作思路，一是继续跟进做好疫情防控报道，重点围绕科学防控、精准施策、保障供应等环节组织稿件。二是开设“坚决打好打赢疫情防控阻击战 持续保持我市高质量发展态势”栏目，组织疫情防控与谋划发展统筹结合方面的系列报道，点题记者报道市直部门大局委上班伊始的工作谋划及行动情况；要求县区记者采写各自县区防疫工作与谋划脱贫攻坚、乡村振兴、产业发展及准备复工消息。

记者或利用微信电话联系，或在做好自身防护的前提下奔赴定点医院、乡村厂矿，捕捉新鲜素材，采写制作成文字或短视频。除了报道市委市政府工作大局和重要活动外，记者采写的《武汉司机的商丘一夜》《我市三名新冠肺炎确诊患者治愈出院》等文章典型性强，具有全国意义，新媒体阅读量迅速达到百万。

随着战“疫”的初步胜利，《商丘日报》及时刊发商丘市委《关于准确把握我市疫情防控形势重大积极变化 科学防控 精准施策 努力夺取疫情防控和经济社会高质量发展双胜利的意见》的文章，配发评论员文章《千方百计为企业复工复产“解锁”》，增设或恢复“努力夺取疫情防控和经济社会高质量发展双胜利”“持续保持我市高质量发展态势”“以党的建设高质量推动经济发展高质量”“脱贫攻坚大决战”“乡村振兴进行时”等栏目，指导思想由战“疫”为主转向疫情防控和复工复产并重。

经济社会发展逐步恢复正常，《商丘日报》内容更加丰富多彩，《我市各行各业开始逐步复工复产》《决战脱贫攻坚 奋进乡村振兴》等一波又一波聚焦疫情防控、复工复产、脱贫攻坚和春耕生产等方面的文图报道、赞美抗疫先锋的稿件接地气沾露珠带温度，在报纸版面和新媒体矩阵浓墨重彩次第呈现，较全面地报道了全市上下两手抓采取的各项措施和取得的成果以及涌现出来的先进人物事迹。这些文章充满了浓浓的人情味，传递出满满的正能量，极大激励了人们战胜疫病的信心决心，为该市全面复工复产、助推经济社会发展提供了强大舆论支持。

五、出版抗“疫”特刊，致敬英雄 礼赞时代

从2020年1月底商丘首次确诊病例到当年4月初武汉“解封”，在两个多月的时间里，《商丘日报》及时发声，引导舆论，廓清迷雾，指明方向。此间出版报纸50多期，开辟专版、专栏，及时发布全市上下齐心协力抗击疫魔的各类文字报道2500多篇、图片1500多幅，记录下一个个刻骨铭心的感人瞬间，推出一个个奋不顾身的“最美逆行者”，吹响了商丘战“疫”的嘹亮号角。这些弥足宝贵的新闻档案，留下了不平凡的历史记录。4月28日，《商丘日报》编委会将这些内容结集成册，策划推出了320个版面的巨幅特刊《庚子春·战“疫”特刊》，致敬英雄，礼赞时代。特刊推出后在社会上引起巨大反响。

作为主流媒体，越是在大事面前越要清醒坚定、服务大局；越是危急关头越要冲在一线，当好主力军、占领主阵地；越是非常时期越要创新思路、内容、路径、方法，提升传播力、引导力、影响力、公信力。《商丘日报》在抗击疫情的宣传报道中，不等不靠、主动作为，打破常规、创新探索，动引领发展导向，实施融媒体传播，努力壮大主流声音，增强新闻舆论“四力”，展现了地市党报非常时期的非常担当，树立起责任媒体的良好形象，为打赢疫情防控人民战争、总体战、阻击战提供了有力的舆论支持，为做好复工复产推进经济社会发展营造了积极的舆论氛围，以实际行动践行了地市党报非常时期的使命与担当，展现了责任媒体的良好形象和优良作风。

（闻力：商丘日报报业集团副调研员、编委办主任）

案例类别：组织机构

融媒时代坚守党报阵地 分众传播走进广阔天地

——解析焦作日报社“1+1”深耕服务模式

原晓蕾

把分众传播做到极致！

把精准服务做到极致！

把融合发展做到极致！

“我是谁？为了谁？依靠谁？”地处黄河之北、太行之南的河南省焦作日报社，主动回答时代之问，积极探索传统媒体创新之路，积极探索新兴媒体引领之路，积极探索传统媒体与新兴媒体融合发展之路，其“1+1”深耕服务模式受到业界广泛关注，3 年来吸引了 15 个省区的 87 家报社前来探讨交流，达成了深度共识，强化了行业自信。

2020 年 12 月 24 日，2020（第五届）党媒网站高峰论坛在深圳盐田举办。会上，人民网发布了《2020 全国党报融合传播指数报告》，报告对全国 377 家党报的融合传播情况进行了考察，并发布 2020 党报微信公众号传播力 TOP20 的名单。《焦作日报》与《人民日报》《广州日报》《中国青年报》等一道跻身前二十强名单。在全国地市报中排名第七位，全省唯一入选。

一、咬定青山不放松，传统媒体创新之路活力四射

面对新兴媒体的压力，传统媒体路在何方？焦作日报社从曾经的行业调侃“写谁谁看”中，打破定式，逆向思维。

（一）解决一个认识问题

1. 思考报纸自身传播规律的要求。互联网时代，报纸发展方向发生变化，不再是“大而全”“小而全”，而是实行分众化、专业化、专门化传播。任何一种产品，契合不契合市场需求，是其盛衰的基础。

2. 思考社会分工与阅读细化。读者阅读习惯改变，追求获取更多信息。报纸以自身调整，来适应社会分工的变化。焦作日报不拘泥于做纯新闻，转移重心兴办专刊，实现从无到有的突破，从而实现了逆势而上。

3. 思考政务公开、舆论监督的需求。信息发布、政策解读和舆情回应等，是中国法治建设的需要，是政府部门和行业部门在党报上开辟阵地回应公众的需求，这些部门和单位通过向党报购买服务，回应社会关切。

4. 思考党报品牌的影响力。地市党报的文化积淀和品牌属性，具有与其他媒体竞争的突出优势。党报品牌彰显的权威性和公信力，使广大读者思想上有“关键时刻看党媒”的媒体认知和接受预期。这是党报办专刊的资源优势。

焦作日报社做专刊主要基于两点认知：一是做专业化新闻专刊，确定合作单位；二是专刊要能带来社会效益与经济效益。焦作日报社经过不断学习、考察、酝酿，决定根据本地实际，利用党报品牌的影响力，在做好大众新闻传播的基础上，拓宽宣传渠道，开展“新闻 +”服务，实施分众服务、差异化报道，由政府部门、职能部门和行业单位向党报购买宣传服务，合作联办新闻专刊，走以专刊带大报之路。

（二）解决一个定位问题

地市党报专刊要突出新闻性、专业性和实用性，找准定位，突出个性特色，具有人无我有的独特魅力，这是赢得读者、站稳市场、保持生命力的基础。

以焦作日报社为例，目前，所办专刊有 80 个，几乎覆盖焦作市所有政府职能部门、群团组织和行业，形成了人民报纸人民办的势头。《焦作日报 · 警务周刊》《焦作日报 · 工会》《焦作日报 · 财税周刊》等，形成了以专刊带大报的强大力量和阵容。

同时，焦作日报社开展“新闻 +”服务，不但在报纸上做专刊，而且依托新媒体，发展“新媒体专刊”（托管合作单位微信公众号），开展“专刊 + 两微一端”全方位、立体化服务。目前，焦作日报社已完成 11 个移动政务平台微信公众号托管工作，包括焦作市委宣传部主管的《焦作发布》、市纪委主管的《清风焦作》、市文广新局主管的《百姓文化超市》等。

（三）解决一个内容问题

地市党报要想办好专刊，就要找准别人无法取代或难以竞争的位置，强化个性特色，发挥优势，扬长避短。

1. 投入人力办专刊。办好专刊，人是关键。报社舍得投入人力，配好配强专刊记者、编辑队伍，由其专职负责专刊稿件的采写和编辑出版工作。

2. 定位目标受众。内容永远是根本。在互联网时代，真正优质的内容、专业的信息，依然是稀缺资源。明确“刊登什么”和“刊登给谁看”的问题，读者是报纸专刊的接收者和传播者，也是“传受”同体，报刊的内容都要

和定位的目标受众相吻合。

注重策划选题，设置栏目。《焦作日报》对各类专刊精准定位，实行差异化报道，设置版面栏目、专题，达到了“大珠小珠落玉盘”的宣传效果。如《焦作日报·青周刊》开设有《共青团》《团情微讯》《12355》等栏目。《焦作日报·财税周刊》是焦作日报与市财政局、市国税局、市地税局联办的，版面设置有“财税资讯”“数字看民生”“政策解读”“人物风采”“税案传真”等栏目。这些专刊都彰显各自特色，既有专业化、行业化、个性化特点，又有共性化、大众化特点。

二、直挂云帆济沧海，新兴媒体引领之路方兴未艾

近年来，“微信公众号”逐渐成为广大读者猎取新闻资讯的主要平台以及发声地，在新闻传播方式上形成了传统纸质媒体相融合的趋势。焦作日报社积极主动把握机遇，在“微信公众号”新闻传播、服务应用上不断突破创新，探索出了一条符合焦作地区特色的运营模式。

（一）一花独开，开出公信力

焦作日报社的公众号《焦作日报》目前拥有粉丝 100 万，且 80% 的粉丝归属地为焦作，作为一个拥有 377 万人口的焦作市，五分之一以上的人口都关注了公众号，足以突显出“焦作日报”微信公众号在本地区的影响力。

作为焦作最具影响力的微信公众号，《焦作日报》始终秉持党媒姓党的原则，在内容生产上依靠焦作日报社大采编，人人都是全媒体记者，人人都是全媒体编辑。

在整个运营推送过程中，《焦作日报》创造了众多的 10 万 + 爆款新闻，例如：2020 年 4 月 28 日，焦作市组织产业集聚区第二次观摩期间，《焦作日报》微信公众号推送了《速看！王小平书记最新署名文章传递了什么讯息？》一文，在全市范围内引起强烈反响，当天阅读量达到 5 万 +，总阅读量累计 10 万 +，作为地方性政经新闻，能获得如此高阅读量，这和《焦作日报》围绕中心服务大局有密不可分的关系；9 月 8 日，在全国抗击新冠肺炎疫情表彰大会期间，《焦作日报》微信推送了《刚刚，人民大会堂，咱焦作人赵童获国家级表彰》一文，迅速刷爆了焦作人的朋友圈，大家纷纷转发点赞，总阅读突破 10 万 +，作为焦作正能量好故事，能有如此高阅读量，与《焦作日报》弘扬正能量讲焦作好故事有重大关系。

（二）百花齐放，放出满园春

在“焦作日报”微信公众号做强、做大、做优的基础上，焦作日报社与传统媒体无缝对接，增开了微信公号托管业务，对焦作地区的政务微信号进行托管，统一运营。目前涉及焦作地区常委部门、市直机关部门、社会团体、五城区 80 余家公众号。

要想保证微信公众号高效良性运转，就必须有健全的运营机制和奖惩办法。针对《焦作日报》微信公众号，焦作日报社先后出台了《焦作日报社新媒体中心发稿流程》《焦作日报社新媒体中心编辑工作制度》《焦作日报社新媒体 24 小时值班制度》等一系列规章制度。同时，《焦作日报》微信公众号在编辑发布过程中引进了纸媒编辑印发的“三审三校”机制，也是河南省范围内首家对公众号设立“校对”岗位的新闻媒体单位；有奖有罚，建立奖惩竞争机制，特别是今年以来，焦作日报社在月度好新闻奖上增设了新媒体类，对《焦作日报》微信公众号推送的好新闻、爆款新闻进行奖励，对“焦作日报”微信公众号推送文章出现的差错进行处罚，责任到人。

不仅如此，我们继续深化我们的工作，按照微、端、网、报不同形态的顺序进行流程再造，实现一次采集、多次发布、移动优先、精品党报，并与央微、央端、央号、大微、大端、大号合作，传播力、影响力、公信力、吸引力得到明显提升，融媒体建设综合水平在中原经济协作区、在全省都名列前茅，受到业界好评。

（原晓蕾：焦作日报社房产家装部主任）

案例类别：产品

宜昌市市县一体融媒体中心平台项目

赵伟 熊春波

宜昌市县一体融媒体中心平台建设总体布局为“区域融合、单点对接、省市县一体”的建设模式。2019 年 11 月，由三峡日报新媒体有限责任公司建设的“市县融媒体中心平台”正式上线，同步接入视频内容资源，实现报纸、电视、网络、14 县区各级媒体平台的深度融合。截至目前，平台已汇聚全媒体稿件（产品）468 万件，入驻移动端 1130 个、网站 330 个、信息专员 2875 人，整合对接了 260 余项“接地气”的服务，形成了省市县三级打通融合的“宜昌模式”，得到了中央及省委宣传部领导的充分肯定。

市级平台以建成为市委市政府舆论宣传和引导服务群众的重要阵地、推进市域治理现代化的工具平台为目标。2020年，从体制机制、组织架构、内容建设、技术平台、创新管理等方面整体推进全市融媒体中心建设，已初步形成全市一盘棋、一体化发展的格局。为各县市区提供资源赋能、技术支撑、定制开发、融合宣传、创新策划、对外联动、安全监控等服务，同时为每一个县市区配备1名服务专员，使市县联动机制更完善。目前，已为县级融媒体中心提供现场技术培训指导30余次，提供技术服务累计600余次，总工时16000小时，融合宣传30余期，内容安全监测数据10000余条，对接互联网资源260余项，定制开发"接地气"特色服务30余项。

一、平台建设一体化

（一）县级平台

通过点对点及分类指导，9个县市均实行"一类保障二类管理"，构建起"主任、总编辑、总工程师"的管理架构和"策、采、编、发"扁平化组织架构。市级平台统一为13个县市区开设了1网、2微、1端和1套融媒体生产平台。融媒体生产平台主要以自研为主，围绕"策、采、编、发、审、管"全流程，建设了线索汇聚、选题策划、融媒号、双微矩阵、融合编发、内容安全监测、专题设计、政务数据聚合、在线技术运维管理等系统，以宜昌发布和云上宜昌为龙头，打通了与"长江云"省级平台和市级政务集群平台数据，聚合了各县区融媒体中心，实现了省市县三级打通融合、立体发声、传播创新。

（二）城区平台

按照"集中托管、内容共建、资源共享"模式建设，市级融媒体中心为西陵区、伍家岗区、点军区、猇亭区提供专项服务，按照"新闻+政务+服务"融媒体中心建设规范，从物理空间、组织架构、平台建设、技术赋能等方式整体规划输出系列方案，指导实施。

借助城区独特优势，重点参与规划设计和实施，一是在物理空间层面上，改造升级西陵、伍家岗、猇亭融媒体指挥中心。二是建立以岗定人、平等竞争、按岗聘用的用人机制，设置指挥、采访、发布、技术四大部室。三是形成了以微信发布号为龙头，网站、小程序、今日头条、一点资讯、凤凰为拓展的区域矩阵。四是搭建"疫情防控民生信息平台"，极大服务了广大群众，受到一致好评。五是市级融媒体中心共同就活动策划、宣传联动、技术开发等内容，在西陵区成立融媒体创新联盟工作基地。

二、服务资源一体化

宜昌市县一体融媒体平台大力深化媒体+应用功能，在"+"上做深文章，市级平台为县级融媒体中心贴身提供资源赋能、技术支撑，广告设计、专题制作、系统开发、数据对接等服务，加强了县级融媒体中心技术力量、丰富了"媒体+服务"内涵，深受各县级融媒体中心欢迎。

（一）聚合权威政务信息

将市级平台聚合的政务及服务资源分众化地向县市区赋能，为各县级融媒体中心开设了招标采购、人事信息、食品安全、互动平台、办事指南等市民关注的专栏。

（二）定制开发应用服务

针对宜都、秭归、夷陵、枝江等县级融媒体的需求，自主研发了一系列"媒体+应用"：定制了农技微课、便民电话、超市配送、科普在线、全景旅游等服务；为宜都市开了政务频道，打通与政府网站政策、办事等数据资源；为秭归县开设"媒体+问政"，实现了平台与12345市民热线的打通融合。目前，已实现宜昌文明实践中云平台与各县级文明实践平台间的数据互通共享，共计服务注册志愿者32.19万人，文明实践服务团队3356人，发动活动次数3000余次。

（三）开展多样化"媒体+"服务

各县市区开展了活动会展、活动直播、直播带货、托管运营、云端演讲、专题策划等丰富的"媒体+"服务110余次。宜都以客户端为载体搭建了"媒体+配送服务商城"，提供了肉、菜等6大类生活物资自主选购平台，面向陆城城区330多个小区实现配送服务全覆盖，累计配送量超3万单。枝江举办了"颂祖国 爱枝江"电视歌咏大赛、杨梅采摘欢乐游、环中国自行车赛直播；长阳融媒体与中央电视台、央视影音等全国性平台合作，实现直播带货12场。

（四）"媒体+电商"助力疫后重振

市级平台建设了"宜昌市民e家生活"，依托自主开发的超市预订服务平台和便民信息平台，邀请本地350家超市、药店进驻。上线后，平台短时间内在本地查询次数突破150万人次。为助力宜昌疫后经济重振，又改造升级该平台，探索"+公益""+电商"等模式，已入驻商家56家，商品200余种，联合各县级融媒体中心线上线下发力，做大做强服务，助推经济复苏。

（五）"人防+技防"护航内容安全

针对全市融媒体平台自产和聚合的新闻内容，制定了系列安全管理办法，聘请了第三方专业网络安全公司提供专业网络安全服务，形成安全联动机制，保障技术平台安全稳定运行。对平台内容采取"人防+技防"模式，结合新华社敏感词库，对全市各级媒体的内容安全、技术安全情况进行安全监控，精准通报。从2019年至今共查改错别字、敏感词4.8万余条，抵御黑客攻击30余万次，有效保障了全市融媒体中心的网络安全。

三、联动宣传一体化

（一）上下即时联动，壮大主流舆论

在2020年初疫情防控宣传战役中，市级平台充分发

挥内容聚合、产品分发和技术支撑的作用，为县级融媒体中心提供全方位采编业务、通联合作、综合服务等支撑。

疫情期间策划推出了“坚决打赢疫情防控阻击战 宜昌在行动——市县融合抗‘疫’”网络专题，并联合宜都开设了疫情问题实时解答，集纳权威抗疫信息、畅通网友诉求回应渠道、汇集本地生活在线服务。集纳的全市各县市区抗疫稿件和疫情通报，疫情期间市级融媒体中心网络专班联动县市区共计处理诉求，转办县市区办理诉求7975件。西陵区2069件，伍家岗区2040件，夷陵区753件，宜昌高新区662件，当阳市401件，长阳自治县389件，点军区338件，宜都市249件，枝江市223件，秭归县183件，猇亭区182件，五峰自治县176件，兴山县174件，远安县136件。并将相关数据同步在各市县区问政平台，三峡宜昌网、宜昌发布微信公众号、三峡宜昌（宜点通）客户端集中展示，筛选加工后向长江云、荆楚网等省级平台和中央媒体推送，让宜昌抗“疫”故事传得更广。专题共集纳抗疫相关稿件近3万件，其中自采9100多件，阅读量10万以上185件。

（二）融合汇聚生产，互动多频传播

宜昌市融媒体中心集合人才和新技术优势，使用新产品形态，制作大量短视频、H5、长图漫画等融媒体产品，多形式多平台多渠道分发，提供重大主题宣传和舆论引导信息流。通过“全市融媒汇”微信群即时通联调度，让供稿、约稿、应急报道指挥一体化，破解了县级融媒体传播渠道单一、新媒体技术缺乏等难题，又助推市级新媒体发挥自身优势，通过专业化、区域化和垂直化来快速整合资源，做大体量和规模。比如，疫情期间，制作了《刷屏！直击宜昌》《快看！宜昌别样春耕》《宜昌，加速度！》等县市融媒集纳类稿件，第一时间全景式推介了宜昌各地最新抗疫和复工复产进展。近期市级策划了融媒聚力电商助农、微微道来理论宣讲等活动；围绕优化营商环境“71条”制作了短视频；围绕长江流域禁捕令，以海报等形式，并联合县级融媒体中心，推出了《禁》《全部上岸》等稿件。

（赵伟：宜昌三峡日报新媒体有限责任公司总经理，熊春波：宜昌三峡日报新媒体有限责任公司总工程师）

案例类别：产品

宜昌市12345市民服务热线深度融合项目

为深入贯彻落实党的十九大和十九届四中全会精神，坚持以人民为中心的发展思想，畅通人民群众诉求通道，三峡日报社与宜昌市政务数据局联合，通过“多个入口公开接收、统一调度闭环处办、媒体跟进监察督办”的建设模式，于2019年12月在全国率先创新打造“市民热线＋互联网＋全媒体”深度融合的12345综合服务平台“宜昌模式”。三峡日报社充分利用大数据、云计算等先进信息技术，积极适应当前公众诉求多样化、利益多元化、服务个性化、方式便利化的新形势，成立12345市民服务热线专班，全面负责热线日常管理，提交工单审核、调度转办、回访督办、舆情分析、综合考核工作，利用互联网技术创新搭建“7×24”小时融媒在线，建成集咨询投诉、信息智能、应急管理、效能监察和全媒体融合报道为一体的宜昌市12345一个号码管服务智慧联动平台，以互联网融媒体为核心通道、以党报工作者为主体成员的党媒成为听取群众声音、解决群众难题、创新社会治理的重要力量。

截至目前，受理群众诉求近43万件，开设报网微端专题专栏，日常密集跟进新闻报道，积极发挥“汇民意、解民忧、连民心”的作用，有效保证了410万宜昌市民和党委政府连接渠道的畅通，经历了疫情防控的大考检验，真正做到“一号受理、互联互通、方便群众、服务决策”，得到湖北省委省政府、宜昌市委市政府的充分肯定和广大群众的表扬点赞，成为充分发挥党媒参与社会治理功能、深度融入党委政府工作和人民群众生活的鲜活案例。

一、组建热线专班，拓展党媒融合服务

宜昌市12345市民服务热线是党委政府倾听民意的重要渠道，是党委政府与群众的连心桥，是社情民意的晴雨表。热线平台严格落实中央精神，把平台当作党媒体舆论引导新战场，当好政务服务和人民群众的“总客服”，进一步强化服务意识，奔着群众的需求、问题、困难去，不断提高听民声、畅民意、解民忧、纾民困的能力和水平，做到一个个电话化解群众烦心事，一篇篇报道温暖人心，一条条热线架起连心桥梁，为维护社会大局和谐稳定作出突出贡献。宜昌市委、市政府主要领导高度重视平台运行工作，先后视察12345市民服务热线，亲自签批每日12345市民服务热线情况专报，强调各地各部门主要负责人随时掌握12345市民服务热线汇集的涉及本地本

部门的群众诉求，亲自过问、及时督办，不断提质、提速、提效。疫情防控期间，根据宜昌市新冠肺炎疫情防控指挥部要求，12345 市民服务热线不断提高接线能力、提升服务质效、完善联动机制确保热线畅通高效，实行特事特办、坚持举一反三、强化跟踪问效及时办理群众诉求，切实解决群众困难，强化政策文件及疫情知识培训学习、提升能力、提高诉求解答质量及时回应社会关切。

二、全面高效覆盖，畅通群众诉求通道

（一）整合一号渠道，确保民声通道“全覆盖”

2019 年 12 月，三峡日报社与宜昌市政务数据局联合对 12345 市民热线进行改版，热线向在线转型，将原 12345 市长热线、宜昌市人民政府网网民互动平台、人民网地方领导留言板、荆楚网荆楚问政留言板、省政务服务 12345 热线以及政务新媒体等受理群众诉求渠道整合，实现热线电话 + 互联网 + 全媒体深度融合，形成 12345 一号管服务的深度融合智慧联动模式。三峡日报社安排专人负责网络新媒体民意渠道，实时查看，及时处理，确保件件有回音，事事有答复，网络民声通道无舆情。截至 10 月 20 日，12345 市民服务热线平台累计处理市民来电 194525 件，同时，收集处理省 12345、市政府网站、宜昌发布、人民网等网络媒体群众有效诉求 5379 件，整合后的新平台受理诉求量较往年同期增长两倍。2020 年初，汹涌而来的疫情，让 12345 市民服务热线成为疫情相关诉求最集中的平台。热线迎来了超强话务量，较同期增长 10 倍，单日峰值呼入话务量超过 8500 次。热线启动“战时机制”，日工作时间将呼入线路由节假日 3 条、日常 12 条增加至 18 条，同时加强融媒在线工作和夜班值守，7×24 小时一刻不歇，全天候受理解答市民诉求，经历了疫情大考，检验了党媒平台在关键时刻的战斗力。

（二）快速协调联动，确保高效运转解民忧

12345 热线建立快速联络、接诉即办机制，逐一联系承办单位，明确值班责任人，并为承办单位开发手机钉钉在线承接办理功能，实现政务服务及时响应。在湖北省率先实现 12345 热线业务平台远程办公，保障热线随时随地能高质量、高效率运转。12345 市民服务热线调度中心 6 人均由三峡日报社派出，专门负责市民来电中疑难急件的分派、跟踪和落实回访，对于市民反映的难件、急件，特别是涉及上学、就医买药等特殊困难和空巢老人、残疾人、独居青少年等特殊群体以及对隔离在家的困难人员等办件，及时分派到相关县市区和市直部门，12 小时内进行电话回访，询问办理进展，掌握落实情况，了解群众满意度。同时加强与诉求人的电话沟通，加强群众心理疏导、开导、引导，搞好矛盾纠纷源头化解。此外，通过“12345”热线考核通报督办倒逼，把整个城市突发事件的处置连接在一起，确保各地各部门疑难急件办理时效，切实做到真心实意解民忧。

三、强化跟进处置，舆论引导精准有效

（一）突出共性问题精准对接

2020 年疫情复杂，衍生的社会管理问题层出不穷。稍有不慎，就可能干扰疫情防控大局。12345 热线作为民意汇聚的“枢纽”，对群众来电加强分析研判。疫情防控以来，平台从交通（包括离宜、回宜、市内人员、市内货物运输）、生活（包括口罩短缺、生活物资短缺）、就医（包括发热求助、非发热求助、药品缺乏）、社会（包括人员聚集、社区管理、防疫消毒）等，设置 30 个不同事项分类，后续新增健康码使用及复工复产诉求共计 237 类。同时从每天数千例个性诉求中梳理出广受关注的共性问题，找出公共服务中亟须升级的“短板”，党媒高效运转，让社会治理与民意精准对接。

（二）积极服务党委政府科学决策

自 2020 年 1 月 23 日起，平台推出《宜昌市 12345 市民服务热线疫情咨询专报》每天 15 时准时报告市疫情防控指挥部，18 时上报宜昌市委办公室、市政府总值班、市委网信办，及时为疫情防控发出预警和处理建议。从疫情初期的“聚众打麻将”“口罩涨价”，到封闭管理期间的“市民奶粉药品缺乏”“市民紧急就医”，从备受关注的“滞宜人员交通出行”“滞宜人员生活困难求助”，到关乎每个人的“健康码使用”，不同时期的诉求均得到了市委市政府领导的高度重视，对疫情防控工作部署提供了重要参考。除每日专报外，12345 热线对群众诉求事项进行汇总、梳理、分析，对反映集中的热点问题、意见建议和重大敏感性问题及时编发《12345 市民服务热线办理情况通报》，为相关单位发出处理建议，妥善处置防范风险。

（三）确保舆论引导有序有力

从市民诉求来件中，及时收集诉求共性问题，在《三峡日报》上开设“12345——倾听·回声专栏”，在市级政务新媒体“宜昌发布”微信公众号上开设 12345 专栏，扩大热线的群众知晓度，及时联系媒体前线记者就群众关心焦点问题进行采访答疑。通过《三峡日报》、宜昌发布等市级融媒体平台持续发布多期《健康码常见问题答疑》等热点民生资讯，多条微信引发关注阅读超过 10 万 +。通过 12345 热线反馈后，宜昌市成立“健康码”推广专班，湖北通行的“健康码”与宜昌城市公共服务体系“市民 e 家”深度融合，广大市民不仅可以选择支付宝，还多了微信扫码的新通道，同时也为基层防控提供了身份证 +“绿码”实时验证的“双保险”。党媒引导有力，410 万宜昌市民的出行流动，变得明明白白。“解剖”热线，找准“痛点”，强化引导，充分发挥新时期党媒社会治理功能，疫情期间宜昌城市治理在平稳有序中悄然升级，党媒参与主导的 12345 市民服务热线成为特色鲜明、备受欢迎的民生服务品牌。

（宜昌三峡日报新媒体有限责任公司）

案例类别：产品

荆州日报社新闻梦工厂

荆州日报社“新闻梦工厂”从顶层设计着手，全面布局融合改革，历经塑形、铸魂、赋能、增效四个阶段的发展，已经形成较为成熟的转型模式。

一、顶层设计上，“新闻梦工厂”智媒体模式简称为 1+3+*N*

即围绕打造新闻 + 数字化生产与应用服务的智媒体（AIMT）这一中心，提供三项服务，即为用户提供全媒体内容生产与传播服务、政务信息发布服务、基于舆情数字监测与分析服务，建设 *N* 个应用平台。

二、组织架构上，“新闻梦工厂”由生产机构、研发机构、产业机构构成

生产机构包括以党报云中央厨房为核心的新闻工厂、以千部视频生产基地为核心的直播工厂和以 5+*N* 数据库为核心的创意工坊。研发机构长江新媒体技术研究院，下设多个实验室和工作室，自主研发了多点直播等多项融媒新技术。产业机构有 1658 文化创意产业孵化园和城市融媒体中心，其中城市融媒体中心以经营城市传媒产业资源为核心，拥有移动新闻生产工作站、全媒体虚拟演播室等全媒体智慧空间工作站，标志着荆州日报社整体进入人工智能新媒体时代，走出了一条从要素融合到产业链延伸，从传统媒体向智媒体转型的路子。

（一）塑形

报业融合的根本是新闻信息汇集与处理。如何完成这一汇集，不仅需要技术支撑，更需要从组织架构、采集流程、传播渠道、有效考核上建立系统化的适宜一体化运行的体制机制。荆州日报社“三步走一到位”战略就是从组织重组、流程再造、传播重构、管理创新上完成了融合布局。

“三步走一到位”，是推进采编、经营、综合管理深度融合和保障到位。其中最关键的第一步，是采编出版机构的深度融合。2016 年 3 月，报社推出了媒体融合 3.0 计划，自主设计的新闻梦工厂上线运行，并配套出台了确保融合标准化运行的《融媒体 3.0 手册》。这一改革彻底颠覆了运行 58 年的一媒体一编辑部模式。报社按新闻规律与出版流程将原有的 5 个编辑部 24 个部门全部拆分，整个报社采编部门分为前端和后端，共 10 个中心。前端含 6 个采访中心，后端为 4 个出版中心，中心采取总监负责制度。这种体制彻底打破了原有的编辑部运行模式，建立起一个集采访、出版、渠道、传播、转化、评估于一体的融媒体运行体系。

（二）铸魂

媒体融合，中央厨房是标配，这一理念已形成共识。但是如何用好中央厨房，真正地实现融合，就要给新闻梦工厂铸魂。在流程和机制再造的基础上，荆州日报社顺应移动化大趋势，实施移动优先战略，资源要素优化配置，移动直播、H5 应用等技术从无到有，短短几年内就实现了突破。

2016 年报社开发了 VR 直播室和生活直播两个微直播室，“荆女郎直播团”开省地市报先河，打造传统报业首个区域性网红品牌，获湖北省巾帼创业大赛优秀奖。2017 年开设荆云直播、荆州微视等新闻直播品牌，全年完成网络直播近百场，创作各类视频、微电影作品 400 多部。

（三）赋能

在整体转型发展上，荆州日报社提出了“三商”理念，即媒体要做内容生产商、渠道分销商、数据应用商。“三商”促进了“三转”，即实现从报人到全媒体服务商的转型、从一张党报向党报聚合云媒体的转型和从传统报社向现代化传媒集团的转型。

1. 内容生产商，注重需求侧，以需求侧的变化更新、改进供给侧。从传统产品到创意产品，报社发挥内容生产权威、公信力优势，打造强势 IP。2016 年以来，报社与本地纪委监委合作建设廉政文化产品创意基地，着力打造具有区域文化特色的廉政文化创作孵化平台，每年以廉政文化为主题制作一部微电影、一部专题片、一套连环画、一本书、一场活动，声名远播，成为纪委监委定制廉政产品的生产单位。

2. 渠道分销商，就是用户理念，把报社的创意产品“分销”出去，形成分类传播效应。报社加大了报、网、端、微、屏等多形态产品的生产，并有针对性地组建了四级垂直传播网络和商业平台分发网络，形成了对上对外分类传播矩阵。成功入驻新华社、《人民日报》和央视新闻 + 客户端，进一步优化源布局。通过多端建设集移动互联网、IPTV 电信网以及户外终端智能传播网于一体的全网络平台。

3. 数据应用商，则是利用报社掌握的区域数据，靠数据转化创造新闻再生价值。报社运用荆州第一搜索引擎楚网，通过创建若干个创新工作室，打造首个区域信息数字化应用与集成服务平台，目前已经建成的有党报

公共信息服务平台、荆报优选惠农电商平台、荆州楼市区域信息服务平台以融媒体中心数据处理系统为依托，努力建设以内容数字化建设为基础的集数字创意设计、出版与发行、版权交易于一体的5+*N*数字版权服务平台。包括荆州日报数字报、荆州非遗文库、荆州文学库、荆州图片库、荆州创意设计作品库等5大数据库和廉政文化创意生产基地、大健康创意作品生产基地、数字党建数据库等*N*个行业数据基地。2020年5+*N*数字版权服务平台获得工业和信息化部颁发的全国APP信息消费应用创新奖，2021年获得湖北省版权示范单位。

荆州日报“新闻梦工厂”是致力于建设融合生态链，拥抱智媒体的时代型媒体工厂，也是内容为王、技术为要，提供新闻+数字化生产与应用服务的专业型媒体工厂。

三、新闻梦工厂技术平台应用构架

新闻梦工厂基于第三方内容数据源、微信稿源、移动站点CMS系统稿源、PC端CMS等内容，数据通过数据导入新闻梦工厂资源平台，进行数据分析成为标准稿源数据，为其他频道提供内容数据。根据多彩内容数据情况与数据需求，开发其他第三方内容数据导出系统，进行内容数据导出。

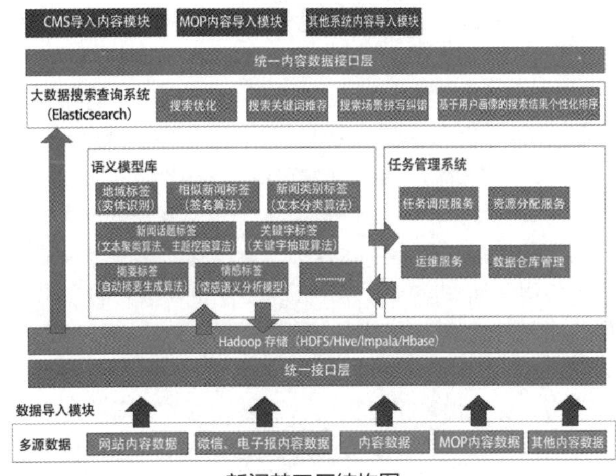

新闻梦工厂结构图

四、团队优势

荆州日报传媒集团，是湖北省最早的十大传媒集团之一。集团现有员工350余人，是华中科技大学、三峡大学、长江大学等大学的教学实习基地。

在事业发展上，集团形成了媒体发展与产业拓展两大集群，即以“三报一网多端”为核心的媒体融合矩阵集群，以“三公司一园区多平台”为中心形成了媒体产业发展集群。在融合模式创新上，对传统媒体实现了新突破。2017年以来，集团先后实施媒体融合3.0计划、融合4.0计划，自主设计并推出了新闻梦工厂、党报云中央厨房。被称为媒体融合“荆州经验”。在传媒产业突破上，集团以互联网、影视创作、文化创意设计等为主线，投资兴建荆州1658文化创意产业孵化园，集聚社会力量，形成了传媒平台+产业链的融合格局。孵化园引进42家创意企业（或个人工作室）进驻，形成产业链条。

五、效益分析

荆州日报社融媒体“新闻梦工厂”平台，采集和汇聚海量的、可以细分的数据内容，构建面向不同用户和行业的数据模型，提高信息服务精度和水准。借助该项目的建设，连接荆州日报新媒体已开展和拟开展新媒体业务，提供创新的业态和服务模式，为手机报、手机APP、微信等业务提供内容和技术支撑平台，从根本上推动《荆州日报》的科技水平和信息化水平，产生根本推动力，实现荆州日报新媒体转型升级的发展战略。

1.“内容订阅+推送广告”的传统盈利模式；2.“免费新闻+网络广告”模式；3.基于户外智媒体〔城市公共场所电子阅报栏（屏）、小区楼宇智能广告网〕的广告模式；4.用户阅读行为数据分析服务盈利；5.创意出版服务盈利。

荆州日报“新闻梦工厂”平台建设总投入预算是2000万元，2015年6月开始建设，2017年11月上线运营。从2016年的850万元，增长到2019年的3000万元。

（荆州日报传媒集团有限公司）

案例类别：产品

5+*N*数字内容版权服务平台

荆州日报传媒集团有限公司5+*N*数字内容版权服务平台以集团融媒体中心数据处理系统为依托，建成以内容数字化建设为基础的集数字创意设计、出版与发行、版权交易于一体的5+*N*数字化内容版权服务平台：

5：荆州日报社数字库、荆州非遗文库、荆州文学库、荆州图片库、荆州创意设计作品库。

N：以创意工作室为依托建立行业数字库如廉政文化创意生产基地、大健康创意作品生产基地等行业数据库。

2017 年来先后与中科大洋、清博大数据等合作，建成了集新闻大数据分析、舆情动态分析、政务新媒体数据分析、资讯数据视频化服务等内容数字化出版服务平台。

2019 年，将系统升级，与凡闻科技、智搜科技合作，围绕内容数字化出版、消费数字化转化、数字印务技术及衍生产品开发与版权交易三大核心，打造湖北地级市首个人工智能数字化平台。

一、建设目标

荆州日报传媒集团有限公司 5+N 数字内容版权服务平台将逐步成为数字内容创意出版产业一流的产、学、研平台；数字内容创意出版产业将成为荆州城市名片，将有力地推动荆州数字内容版权服务的发展，建立文字、摄影、美术、音乐、影像、影视、软件作品和权利人资源库。进一步规范数字版权行业“先授权，后传播”的次序，保护各个领域作者作品的著作权和其他相关权益，促进社会主义文化和科学事业的繁荣发展。

二、建设内容

荆州日报传媒集团有限公司 5+N 数字内容版权服务平台之 5 项和 N1 项内容建设情况如下。

（一）荆州日报社数字库

荆州日报社数字库是用于报刊数字版发布、更新的软件，只需将包含文章内容的纯文本进行简单标识，就可由本软件根据模板快速生成整个网站的内容，可使更新效率大大提高。荆州日报社数字库是荆州日报传媒集团有限公司自主开发并推出了一款“数字报刊”发布系统库，“数字报纸”库不仅提供的是整个报纸的全貌，而且阅读的过程体验和传统报纸高度契合，对于数字报纸，提供原汁原味的报纸阅读效果。

（二）荆州非遗文库

荆州非遗文库是数字化抢救保护荆州非遗文化和民俗文化，建设可触摸显示终端的大型云数据库。库存核心内容包括荆楚非物质文化遗产和荆楚民俗文化数字化工程两个内容。主要是通过云计算系统将荆楚非物质文化遗产部分的实物图片、制作工艺音像进行数字化处理保存，对荆楚民俗文化部分中的表演艺术、相关艺人艺术图景、影像等进行数字化保存。

（三）荆州文学库

荆州文学库是数字化保护荆楚原创文学和文学数字化，建设可触摸、可终端显示的大型文学数据库。库存核心内容包括荆楚原创文学和荆楚文学数字化工程两个内容。主要是通过云计算系统将荆楚原创文学部分的作品、图片、工艺音像进行数字化处理保存，对荆楚原创文学部分中的艺术加工、相关图书、影像等进行数字化保存。

（四）荆州图片库

荆州图片库是报社响应党的十九大报告“倡导创新文化，强化知识产权创造、保护、运用”“激发全民族文化创新创造活力，建设社会主义文化强国”等一系列重要决策精神的具体实践。图片库旨在建设荆州图片大数据平台、数字图片版权保护交易平台，并将陆续开展组织拍摄制作“荆州名片”系列形象宣传片、举办各种影像论坛、影赛、影展等活动。为本报记者、签约摄影师搭建与社会公众用户的便捷沟通，实现图片传播、图片展示、图片交易的操作便捷化和利益最大化。

（五）荆州创意设计作品库

基地由中共荆州市纪委、荆州市委宣传部授牌，荆州日报传媒集团有限公司承办。依托荆州日报文化创意孵化中心，立足传统媒体内容出版优势，利用互联网技术和新媒体表现力，着力打造具有区域文化特色的廉政文化创意作品库。 有“一室两厅一廊”即廉政文化产品创意名家工作室、展示厅、报告厅、文化长廊。其中名家创作室采用能人工作室 + 文化创意孵化园模式组建全媒体型创意生产团队；展示厅主要展示五大产品，即微电影（动漫、沙画、网络剧）、连环画招贴画、漫画、创新产品、党报 + 新媒体产品矩阵；报告厅为楚廉讲堂；文化长廊主要展示中国廉系列廉政故事、连环画和海报。

荆州市廉政文化产品创意作品库截至 2019 年 6 月 30 日，已经制作廉政微电影 8 部，廉政图书 4 套，动漫作品 20 余部，开展廉政活动及讲堂 10 余场次，制作廉政专题片 7 部，生产廉政 H5 产品 7 个，实现创收 200 余万元。

（六）大健康创意作品生产基地（N1）

在中国特色社会主义进入新时代，对建设健康中国、全面深化医改，提出了新目标、新任务的指引下，荆州日报传媒集团有限公司与荆州市卫生健康委员会紧密协作，创新打造健康荆州融合传播平台，抢占新闻舆论主战场，不断强化健康宣传工作的传播力、引导力、影响力、公信力，探索出一条可借鉴、可复制、可推广的健康宣传“荆州路径”，为全市卫生健康事业改革发展提供坚强思想保障和强大精神动力。

1. 以“健康荆州智慧医疗”官方微信公众号、荆州日报新闻客户端健康号、荆州日报双微、《荆州日报》《荆州晚报》“健康周刊”等全媒体矩阵为发布渠道，紧紧围绕深化医改、健康扶贫、疾病防控、服务体系、人才队伍、中医药发展、对口支援、医养结合等健康荆州建设主要任务，不断健全重大政策、重点工作解读机制，力争重大改革措施、重要政策发布与解读同推进。

2. 讲医患好故事、传行业正能量。深度挖掘活跃在荆州市医疗临床一线、奉献在我们身边的凡人善举，利用现代化传媒手段，对其进行全方位、立体式宣传报道，激发医务工作者的荣誉感和职业认同感，积极营造尊医重卫氛围，弘扬社会主义核心价值观，凝聚起推进健康事业发展的强大力量，担当起新时代赋予的造福群众健康的新使命。

3. 送医送药上门、延伸健康服务。积极策划“荆报健康大讲坛”“健康大篷车”等项目，多次携手各大医院走进社区、公共场所、偏远乡村、企业、学校等地，开展义诊和公益健康科普活动，助推健康荆州建设。为关爱老年弱势群体，特别策划为老服务健康公益行——“金婚情 · 健康梦”。

三、效益分析

荆州日报传媒集团有限公司 5+N 数字内容版权服务平台采取会员制模式，建立付费墙模块和流量计费平台，实现公益性与收费相结合。针对不同主体建立不同的通道服务，其中针对社会经济组织建设付费墙和流量控制模式，实行会员制服务。同时为推动数字内容服务的使用合理性和便利性，平台将通过二维码、知名网络和手机客户端，建立传播窗口，打通传播通道。实现数字资源全渠道传播。平台采取软件控制和硬件交互的应用模式运行。

（荆州日报传媒集团有限公司）

5+N 数字版权平台

案例类别：组织机构

着力推动从单纯办报向办全媒体转型

——株洲日报社实施移动优先深度融合的实践探索

一、基本情况

株洲日报社成立于 1957 年 10 月 1 日，是实行企业化管理的事业单位。目前，株洲日报社正致力于在网络平台再造《株洲日报》《株洲晚报》，打造了株洲新闻网、株洲网、掌上株洲客户端、智慧株洲客户端、株洲发布及多个微博微信矩阵为主体的新媒体集群。除新闻机构外，还有全资的新闻投资公司、报业文化公司，合资的品位传媒公司、健坤文化公司、新闻国际旅行社等。现有员工 230 名，员工中拥有正高职称的 2 人，副高职称的 16 人，中级职称的 58 人。2020 年两报平均期发 9 万份，日报 4.5 万，晚报 4.5 万。两报广告、发行收入 7800 万元，新媒体收入 1580 万元，其他经营收入 1200 万元。

二、融合转型的举措和成效

株洲日报社清醒认识到，移动时代的到来，人们的阅读习惯在变化，只把眼睛盯住传统纸媒没有前景，必须加快融合转型，打好卡位战，建设综合性的全媒体。早在 2015 年，株洲日报社就确立了“深度融合 移动优先”的发展思路，提出了从单纯办报到办全媒体转型的发展目标，从构建移动传播矩阵，改造提升传播平台、重组采编流程，着力培养全媒人才等方面具体实施。

（一）打造移动优先的传播矩阵，构建现代传播体系

株洲日报社把握分众化、差异化传播趋势，把移动优先作为重要战略，把“两微一端”建设作为构建多种传播形态、多元传播渠道的重要环节。目前，报社打造了以“株洲发布”为龙头、十余个小号为支撑的微博微信矩阵。株洲新闻网、株洲网、掌上株洲、株洲发布等综合排名在全省乃至全国同类媒体中处于领先地位，报社已从单一纸媒发展成为拥有三报、两网、一端、两户外以及株洲发布等 20 多个公众号组成的全媒体集群。“株洲发布”微博为全省党政微博第一名，“株洲发布”头条号稳居全国地市级发布榜单前列，株洲新闻网位居全国最具影响力地市级网站前列。

（二）改造提升传播平台，重组采编流程

株洲日报社小步快跑、循序渐进推进报业融合的硬软件建设，做实了融合转型的基础工作。重点抓了以下几件事：1. 建成中央厨房式全媒体指挥中心，并以此为龙头，打破部门单兵突进的传统机制，激活了融媒体生产的策采编发流程，整合旗下所有媒体的采访力量，形成了全社一盘棋的合力。2. 采编平台由单一 PC 端跃升到 PC 端 + 移动采编相结合，远程采编成为现实。3. 重组采编流程，把采编业务分为全媒体中心和全媒体平台两部分，全媒体中心为指挥协调中枢，负责各类媒体宣传任务统筹、重大选题策划、采编力量指挥；全媒体平台接受全媒体中心调度，具有独立编辑功能，负责特有、个性采写报道。

（三）主动作为，媒体融合向纵深发展

为顺应媒体融合纵深推进的趋势，我们一手抓向上向外融、一手抓向内向深融，两促进、两提高，报社媒体融合进入新境界。一是向上向外融，传播株洲好故事。主动进驻人民网、新华社客户端、今日头条、凤凰网、抖音、百家号及“学习强国”等大号平台，2020 年累计向上级媒体推送稿件 400 余条，把握了主动权，最大限度地在新型主流媒体唱响了株洲好声音。二是完善机制，实现内部融合。打破报社部门单兵突进的传统机制，调集全报社各部门力量，建立策采编发的快速反应新机制、新流程。以重要活动、重大事件、突发事件的直播报道为突破口，全媒体策划、全媒体部署、全媒体传播，准确、及时、全面、全覆盖记好“株洲日记”、讲好株洲故事。

（四）聚焦全媒人才建设，夯实融合发展基础

人才是第一资源，报社的声誉是一大批优秀的骨干记者支撑起来的。以朱理平、朱时正和朱金品三个工作室为重要抓手，通过社长、总编亲自抓，分管领导具体抓，构建主任带头、互帮互学、定期讲评、优稿优酬的采编工作机制，创新考核激励机制，推动资源向采编人员集中、分配向优秀人才倾斜，激励各类人才爱岗敬业，加快培养全媒记者、全媒编辑、全媒管理人才。建立首席记者制度，鼓励采编人员通过业务通道晋升，而不是行政职务提拔，引领全社形成政治强、导向正、业务优、作风好的浓厚氛围，聚焦主业、形成合力，更好地围绕中心、服务大局。

（五）遵循传播规律，构建舆论引导新格局

一是构建新闻传播“第二出口”，实现多渠道传播。创新新闻呈现方式，做到重大新闻提供二维码链接，推动新闻可视化，将无人机、短视频等新技术运用到融合生产，丰富受众体验，打破纸媒单一发布模式，推动传播形态向“全媒共享、多端发布、集中发力、多元呈现”变革，把市委市政府的声音传得更响、更广、更远。二是文图影音立体呈现，实现多样式传播。整合采编力量，组建报道团队，“报网端微”同时发力，文图并茂，影音立体，形成全方位、多样式、多声部的主流舆论矩阵，达到“大珠小珠落玉盘”的传播效果。改进传播方式，重大消息先上网再见报，先简报再详报，形成即时采编、即时发稿的传播机制。三是优化内容发布布局，实现多层次传播。以精品化理念为支撑，拓展新闻报道内容，创新新闻报道形式，挖掘新闻背后的新闻，一个主题采用多个语系、多个层次、多个角度表现方式，形成不同样式、不同角度、不同风格、不同形态的多次传播。

这几年，株洲日报社在市委、市政府的正确领导下，在市委宣传部的直接指导下，主动应对媒体转型的大趋势，在推动媒体融合发展方面进行了积极探索，报社获得中报协荣誉四项，即政务新媒体示范奖、融合传播优秀新媒体奖、融合传播优秀创新作品奖及传媒融合年度创新人物奖，两次被省报协评为“十佳报社”之一。

三、经验体会

（一）在理念机制上实现由“物理反应”向“化学反应”的转化

要切实树立共享理念，推动信息、内容、应用、技术、平台、终端、人才、管理等共享融通。其重点是用好融媒体中心，加速从“报网融合”走向“媒体矩阵”，构建载体多样、渠道丰富、覆盖广泛的现代传播矩阵。

（二）在传播路径上实现由“粗放型”向“精细型”的转化

一方面要树立品牌意识，通过整合、联合，扶持壮大拳头产品，最大限度放大其传播效应。另一方面要突出差异化发展，立足自身优势，认真研究自身融媒体发展比较优势，协调应对外部竞争，细分市场推进差异化发展，实现协同发展、合力竞争、互补传播，避免行业同质化、恶性竞争等问题。

（三）在内外整合上实现由“资源”向“资本”的转化

要紧紧依靠地方党报长期以来建立的比较优势，变资源为资本，通过市场融资、项目合作等多种方式，着力打造可控的多元平台。如积极探索与电商平台的合作，推介本地文化产品及特色农产品；强化与市外大传媒、大集团的合作，形成跨媒体的战略联盟，实现多元发展等等。其中，要重点发挥地市党报与地方政府“近水楼台先得月”的合作关系，加强同政府机构、企事业单位合作，参与智慧城市、智慧交通、智慧旅游、电子政务等信息化平台建设与管理维护，延长产业链条，增加盈利点，扩大影响力。

全国地市媒体正处于转型发展的关键时期，处于从“物理反应”向“化学反应”转变过程中。株洲日报社从三个方面着手：第一，移动优先，实现新闻可视化、可听化；第二，品牌迁移，实现标识图像化；第三，流程重构，实现技能全面化，推进一个记者为多媒体供稿，一个编辑在多平台推送。我们将虚心向同行学习，坚定一体化方向，激发人才队伍优势，以优质产品赢得受众，牢牢占据舆论引导、思想引领、服务群众的传播制高点。

（株洲日报社）

案例类别：组织机构

《岳阳日报》：采编融合聚变发力 宣传报道“四力”齐升

2020年开始，《岳阳日报》以巨大的改革决心，全力推进报社媒体深度融合发展，全面实施新的体制机制，按照“全媒体融合、新媒体优先、一体化运行”的改革思路，全面实施《岳阳日报全媒体全面融合方案》，报道的传播力、影响力、引导力、公信力大幅提升，报社的全媒体传播格局进一步形成。仅半年时间，《岳阳日报》新闻客户端共发稿4万多条，官方微信平台10万+产品36个，抖音平台用户增至115万，过亿浏览量产品2个，过千万浏览量产品26个，岳阳日报全媒体平台总用户达200万。

一、重建采编组织架构

报社按照“策、采、编、发”一体化运行原则，将所有采编部门整合为三大中心，即全媒体策划指挥中心、全媒体新闻采访中心、全媒体编辑发布中心。大破大立撤除了近年在媒体融合和新媒体平台、内容建设上作出突出成绩的新媒体中心，将岳阳日报新媒体建设的“单兵作战”推进为全报采编人员的“集团作战”。新的组织架构最大限度整合了采编资源，力推所有采编力量向新媒体和移动端倾斜，为全媒策划、全媒指挥、全媒采访、全媒发布提供了组织保障。

二、再造采编发流程

按照“统一指挥、一次采集、多元生产、梯次发布、立体传播”的基本要求，新的采编发流程设置做到了“八个统一”：统一报题策划—统一采前指挥—统一调度采访—统一收集素材—统一多元编辑—统一梯次发布—统一互动传播—统一评估考核。这一流程最大限度消弭了各部门、各平台间的条块分割现状，有利于充分发挥整体策划优势，整合各类信息资源，创新生产多形态的新闻产品，并通过多平台分级发布扩大传播影响。最大的改变是首发平台由过去的报纸转移到新闻客户端。

三、改革绩效考核制度

新的绩效考核制度一改过去以报纸为考核主平台的情况，全面向新媒体倾斜，新媒体与报纸的稿酬总量占比由原来的3∶7变为7∶3。这一考核制度有效倒逼所有采编人员迅速向全媒体转型，深度参与新闻内容生产供给侧改革，创新生产更多多元形态的新闻产品，尤其是新媒体优质产品的生产。

此外，根据全面融合的需要，《岳阳日报》还出台了策划、报题、采前会、编前会、优稿评选、线索奖励、转发考核等一系列配套制度，促推全员参与，助推宣传报道“四力”提升。

四、“融团队”强势发力，重大主题报道出新出彩

2020年初，《岳阳日报全媒体全面融合方案》刚刚开始试运行，就面临抗击新冠疫情、习近平总书记考察岳阳两周年两个重大主题报道。新的融合机制像一次“化学反应”，聚变迸发出出乎意料的强大合力，两个重大主题报道取得了很好的报道效果。

（一）全媒体策划指挥提前介入、统揽全局

2020年1月21日，岳阳抗击新冠疫情伊始，《岳阳日报》策划指挥中心就出台了《岳阳日报抗击疫情全媒体宣传报道方案》，并打破部室战线框架，按“策、采、编、发”一条龙全功能方式，组建了三个全媒体一线突击队，集中优势力量主攻重点；在产品生产上整合所有新闻素材，除纸媒的动态及深度报道外，连续策划创意生产了100余个短视频、制图、H5、手绘漫画等多种形态的新媒体产品；在传播上实施新闻产品分平台和多级发布，扩大影响力；在后勤上为一线采编人员足量提供了口罩、酒精、交通等各类保障。

2020年4月25日是习近平总书记考察岳阳并殷殷嘱托“守护好一江碧水”两周年，作为抗击新冠肺炎抗疫报道后的岳阳又一次重大主题报道，指挥中心又策划组织了“一江碧水润巴陵”《岳阳日报》沿江采访全媒体报道。此次策划以抽调20余名精干记者沿长江岳阳段163公里岸线沿江实地采访为载体，在10天时间里，纸媒推出8个整版沿江采访系列报道，一篇6000字综述稿并配发评论员文章，在《湖南日报》重要版面上稿一篇，并精心制作融媒体产品5个，综合各种素材在各平台发稿100余篇，多角度、全方位、多形态展示了岳阳生态环境治理的成绩和亮点。

两次重大主题报道充分发挥了全媒体策划指挥的“中央厨房”协调沟通作用，打通“报、网、微、端、屏”各平台终端，实现了重大报道“一体策划、一次采集、多种生成、多元传播”。

（二）全媒体团队采访整合资源、强力转型

在抗击新冠疫情和“守护好一江碧水”两次重大主题报道中，新的深度融合机制打破了过去部室分线和条块分割藩篱，最大限度整合了采访资源，采访中心根据报道需要，有权调派各部室记者组成报道小组，集中优势兵力进行战役性报道，并根据全媒体产品生产要求为采访团队配备文案、视频、主播、美编等采编资源。在实际采访过程中，两大主题报道记者强力向全媒体转型，不仅用纸笔记录新闻素材，还充分利用手机、摄像机、航拍无人机、数字录音机等新媒体设备走进一线现场，将各种新闻素材快速转发编辑中心，多元生成各种产品发布。

（三）全媒体编辑发布立体多元，传播有力

1. 产品发布多平台。在新的深度融合机制下，两大主题报道在产品多级发布上更加整合有效，所有新闻产品不仅在《岳阳日报》《岳阳晚报》、岳阳网、岳阳日报新闻客户端、岳阳日报官方微信、岳阳日报官方微博、江湖那些事官方微信、岳阳日报官方抖音、岳阳日报户外电子屏等自有平台发布，许多产品还推送转发人民日报新闻客户端、新华社新闻客户端、学习强国、新湖南、红网、今日头条、新浪、搜狐、腾讯等外联平台，扩大了传播覆盖面。

2. 产品生产多形态。两大主题报道充分发挥纸媒和新媒体各自优势，生产了大量符合各平台特点的多形态新闻产品。在抗击新冠疫情报道中，各新媒体平台生产推出了《H5 抗疫义勇军》《H5 岳阳抗疫致胜“八陈图”》等创意互动产品，《春光里，岳阳醒了》《勇士回家，这次终于可以看清你的脸》等短视频产品，《岳阳版乡村大喇叭》《MV 岳阳版桥边姑娘》等融合创新产品，《12 幅岳阳抗疫手绘漫画，看到泪目，看见希望》《十种人物，十种力量，岳阳抗疫英雄传》等手绘产品，《复工、复工！》《开工、开工！》等制图产品。在“4·25”两周年报道中，《岳阳日报》推出了 8 个整版《一江碧水润巴陵沿江采访系列报道》，对沿江采访活动连续 8 天开通移动直播，第一时间将长江沿岸两年的生态新变化展现给云端前的用户，全方位、多角度呈现了长江沿岸的生态改善与洞庭清波的壮阔之美，充分拉近了手机、电脑前用户与母亲河长江的距离。截至 4 月 22 日，移动直播发稿 500 多条，新华社现场云直播平台浏览量 30 多万人次，岳阳日报客户端移动直播浏览量达 22 万人次。并在抖音、岳阳日报 APP、微信公众号等平台推出了《百名河长看江湖图片征集》《春瞰巴陵水短视频》《家住岳阳长江边手绘长卷》《华龙 12 小时短视频》等多种形态的融媒体新闻产品，全方位、多角度对报道主题进行多元化表达。

3. 传播效能大提升。以抗击新冠疫情报道为例，《岳阳日报》全媒体外推各平台累计发稿 2890 篇，点击量超过 3000 万人次。《岳阳日报》各平台用户从 60 万迅速增长至 180 多万。

（岳阳日报社）

“家住长江边”融媒产品

案例类别：组织机构

重大主题报道地方党媒的融合创新实践

——宜春日报社全媒化全网化做好脱贫攻坚宣传的探索

黄卫明 彭晓英 彭文辉

一、项目介绍

重大主题报道是党媒宣传党委政府重点工作、引领社会舆论的重要途径，也是党媒提升传播力、引导力、影响力和公信力的有效方式。2020 年以来，宜春日报社紧紧围绕市委、市政府工作部署，将脱贫攻坚宣传作为新闻宣传工作的重中之重来抓，突破传统思维，将融合创新贯穿于脱贫攻坚整个宣传工作中，立足大宣传、全覆盖，统筹安排部署，立足报、网、端、视、屏全方位策划，全平台融合，全过程创新，确保脱贫攻坚宣传在全平台同步发力、立体呈现，营造出脱贫攻坚强劲声势。

充分运用“纸媒 + 互联网 + 精准扶贫”，在做好相关动态报道的同时，策划了“蹲点调研、解码易地扶贫搬迁、扶贫印记”等系列主题报道活动，记者们深入基层，聚焦扶贫故事，传递扶贫声音，充分展示宜春脱贫攻坚显著成效、壮阔实践和典型模范。通过文图专题、视频等方式，在报网端微视等平台传播，推出了一系列有思想、有温度、有品质的融媒产品，一批报道在《人民日报》《光明日报》《经济日报》和新华社、人民日报客户端，学习强国等平台刊发。

二、主要做法

报社积极做好脱贫攻坚报道全平台融合，凸显“端、网、报”流程，强化融媒产品策划，创新报道形式，借助新的阅读方式，让平面纸媒“动”起来，焕发新风采。面对疫情，积极开展公益活动，为滞销农产品进行线上推介助农获赞，彰显了党媒责任担当。一系列融合宣传让脱贫攻坚报道产生“1+1>2”的传播合力，一批热点融媒产品引央媒关注，扩大了影响力。

（一）社领导带队蹲点调研，大型融媒报道“带露珠”

2020年8月至10月，组织开展了“决战决胜脱贫攻坚——蹲点调研行”大型融媒采访活动，社领导带领10个采访分队，深入已脱贫的省级深度贫困村、省定贫困村蹲点调研，既报道贫困村顺利脱贫摘帽的经验做法，又讲好脱贫典型故事，《门楼岗的美丽蝶变》《村里来了个“风妹子”》等一篇篇“沾泥土、冒热气”的文字报道，配上生动图片、感人视频，在《宜春日报》、宜春新闻网、宜春发布微信、宜春万象APP等平台呈现，反映了脱贫攻坚给广大农村和农民带来的可喜变化，为脱贫攻坚鼓劲加油。

（二）“扫码读报看视频”，会“动”的《扶贫印记》专栏

报社重点推出《扶贫印记》专栏，从策划到采写拍摄，再到呈现方式，突出创新，让人耳目一新。记者深入全市7个已脱贫的深度贫困村，用镜头聚焦村容村貌、帮扶干部、脱贫典型等，运用“图文+视频+二维码”的形式，已制作发布10余期《扶贫印记》。报纸以“图文+二维码”专版推出专栏，读者扫码可看视频，平面的报纸专栏“动”了起来；报道同步在微网端推送，以点带面反映贫困群众获得感显著增强、脱贫攻坚取得显著成效的生动实践。通过多角度、故事化呈现，打造了一批传播广、点击量高、口碑好的融媒热品，《江西万载：百合花开，幸福到来》等多篇报道在《人民日报》、新华社客户端、学习强国平台刊发。

（三）第一书记代言“勤吆喝”，扶贫公益助农显担当

2020年初出现的新冠肺炎疫情，造成一些农产品滞销。为此，报社强化创新意识和热点意识，派出记者深入扶贫产业基地采访，采取第一书记代言，“视频+图文”方式，在日报、微信、抖音开展扶贫公益活动，为滞销农产品线上推介，全网带货。制作的《农户上万只土鸡土鸭滞销，宜春第一书记为TA们代言》和代言卖货视频等作品，一经发布，引来网民热转，爱心人士积极响应。贫困户滞销的鸡鸭、蜂蜜、大米等农产品很快销售一空，纷纷为报社公益善举点赞。

（四）解码易地扶贫搬迁，系列报道“有温度”

为充分展示全市易地扶贫搬迁的经验做法和成就，2020年5月，报社组织力量深入易地扶贫搬迁点采访，在各平台开设《决战决胜脱贫攻坚——解码易地扶贫搬迁》专栏，推出《“搬”出来的美好生活》等10余篇系列报道，宣传各地解决好搬迁群众产业、就业、社区治理等实际问题，确保搬得出、稳得住、逐步能致富的经验做法。坚持新闻业务工作重心前移的理念，宜春发布微信在报纸刊发前推出报道，形成良好舆论氛围。

（五）生动报道身边典型

在《宜春日报》和网站、APP等平台开设《决战决胜脱贫攻坚》《精准脱贫 共建小康》《走向我们的小康生活》等专栏，下设子专栏，发稿1000余篇。结合全市“脱贫示范户”评选，精选12人深入采访，在《决战决胜脱贫攻坚——感恩·扶志·奋进》专栏刊发《盲人盛泽邦：指尖上的“光明”路》等稿件，宣传报道了脱贫示范户的励志故事，这些身边典型，进一步激发了贫困户脱贫内生动力，凝聚正能量。乡村振兴版和新媒体平台开设《扶贫一线》《乡村故事》专栏，刊发《扶贫路上的“全家总动员”》等稿件100多篇。在理论版开设《脱贫攻坚论坛》等专栏，围绕脱贫攻坚的热点话题进行探讨。

三、成效反响

（一）讲好脱贫故事

报社通过融合创新，全媒化、全网化做好脱贫攻坚宣传，推出了上千篇有深度、有温度的融媒报道，透过一个个真实的扶贫故事、一个个生动典型人物，多角度呈现精准扶贫带来的变化，倾情讲好了各地各部门决胜全面小康、决战脱贫攻坚的奋斗故事，充分展示宜春脱贫攻坚生动实践、身边典型和积极成果。

（二）助农惠农获赞

第一书记代言带货报道不仅打通了各地农产品销售和运输渠道，帮助基层贫困户成功增收，还带动了当地旅游业的发展，提升了当地的经济活力，促进了“精准扶贫”的有力实施。

（三）浓厚宣传氛围

各类报道为宜春高质量打赢脱贫攻坚战营造了良好氛围、提供了舆论支撑、凝聚了精神力量。同时，积极践行媒体使命，展现党媒担当。

（四）引得央媒聚焦

一大批融媒作品引得央媒、省媒聚焦关注，提升了影响力。有40余篇脱贫攻坚融媒报道在新华社、《人民

日报》、《光明日报》、《经济日报》等央媒客户端、光明网及学习强国平台等省级以上媒体刊发或转发，进一步扩大了宣传效应。其中《整村搬迁 农家变样》《基层干部 脱贫攻坚一线忙》等在《人民日报》刊发；《决战决胜脱贫攻坚》在《经济日报》刊发；微视频《第一书记Vlog|咱们村里的“甜蜜”事业》在新华社客户端发布，点击量达150多万；《还是他！江西夺刀少年变扶贫先锋》在人民日报客户端、人民网微博等刊发，点击量130多万。

四、经验体会

（一）“报网端视屏”联动，创新叙事语态、呈现形式和报道样态，推动党媒传播力、影响力大幅提升，进一步放大新闻宣传效应

通过技术赋能，运用“图文＋视频＋二维码”的形式，平面纸媒在全媒体时代“活”了，从单纯的文字图片到文图视频同时呈现，读者“扫码读报看视频”，版面上的《扶贫印记》专栏“动”了起来，阅读动感“鲜活”。报道同时通过新媒体平台推送，对地方党报而言，融合报道形式，扩大了传播效应，为报业未来发展拓展了空间；对读者而言，增加了一种生动的增值享受。一年来，报社推出的系列融合宣传，通过“报网端视屏”联动呈现，让脱贫攻坚报道产生“1+1>2”的传播合力，不少报道引来央媒聚焦，进一步扩大了影响力。

（二）运用融媒宣传形式，积极开展社会公益活动，在扶贫宣传的同时助农增收，彰显了党媒的责任担当

党媒积极作为，采取第一书记代言带货的方式，通过视频、图文相结合的传播形态，在全媒体平台开展扶贫公益活动，助农惠农，积极为贫困户解困，公益之举获贫困户和社会点赞。在扶贫、民生等领域，聚焦社会热点，积极回应群众关切，发挥媒体自身优势，积极为群众排忧解难，党媒始终在路上。

（三）积极走转改，深入基层，践行“四力”，密切联系群众，转文风、改作风，全方位、多角度开展扶贫融媒采访报道，有力提升新闻队伍全媒体素养

记者编辑们深入基层一线，用脚丈量、用心感受，与干部交流，与群众话家常，知民情、听民意，有时从清晨采访到深夜，把所思所想、所见、所闻付诸笔端、图片、视频中，满含真情，推出了一篇篇有温度、带露珠的报道；一线采访让新闻记者们锤炼了“四力”，各种全媒体采访技能的现场运用，让大家对全媒报道有了真切深入的体会。通过脱贫攻坚新闻宣传实践，大家强化了宗旨意识，纷纷表示要牢记职责使命，积极创新作为，服务中心、服务群众，为地方发展贡献媒体人的力量。

（黄卫明：宜春日报社党委书记、社长，彭晓英：宜春日报社党委委员、副社长，彭文辉：宜春日报社采访部主任）

“扶贫印记”融媒报道

案例类别：组织机构

新余日报社打造“媒体＋政务＋服务”新型主流媒体平台

胡春俊 喻军华 刘敏 谢丹

习近平总书记指出，要坚持移动优先策略，让主流媒体借助移动传播，牢牢占据舆论引导、思想引领、文化传承、服务人民的传播制高点。放眼当下，我国融媒体中心已经形成“合作共建、独立自主、平台共享”三种建设模式，在舆论引导力和社会影响力方面有显著提升。而要进一步贯彻落实习近平总书记指示精神，单纯的形式体制创新已不能顺应融媒体改革因势而谋、应势而动、顺势而为的新趋势，融媒体改革亟待满足提供全面的信息资源服务，引导正确的价值观，提高基层媒体社会效应，全心全意服务群众的迫切需求。

近年来，新余日报社认真贯彻落实习近平总书记关于新闻舆论及媒体融合发展的系列重要讲话精神，坚持以人民为中心的工作导向，以当好党和政府的喉舌，反映老百姓的愿望呼声为己任，牢牢坚守贴近群众与服务群众的功能定位，完善工作体制，全面建造信息生产新程序，带动新兴主流媒体的发展，推动媒体之间相互贯通、资源信息共享，打造“媒体＋政务＋服务”新型主流媒体平台。

一、服务大局，巩固壮大主流思想舆论

（一）坚持导向为魂，移动优先，内容为王，创新为要

新余日报社在办好党报《新余日报》的同时，大力发展新兴媒体，构建了《新余日报》、新余发布“两微一端”、新余新闻网和余视频等6大融媒体平台，形成齐唱主旋律，共奏大合唱的立体化全媒体传播格局，有力提升了党报的传播力、影响力、引导力和公信力。新余发布的用户数量为全市总人口的2.4倍，传播力影响力位居全省前列，进入过全国前百强之列，被评为中国地市党报“优秀融媒体平台”，新余日报融媒体改革获“中国报业融合创新奖30强”，被中国报协党报分会授予“媒体融合十大突出贡献奖”，融媒体改革经验在《光明日报》宣传报道，吸引了来自安徽、内蒙古、四川、贵州、福建等地的宣传部门40余批次学习考察。

（二）充分发挥新闻媒体“内聚力量、外树形象”作用

新余日报社围绕市委市政府中心工作，聚焦社会热点，切实关注民生，突出抓好党报时政报道这个龙头，加强新闻宣传策划，报纸、新媒体齐发力，先后开辟“改革创新 实干兴余 · 再铸新时代‘工小美’新辉煌”“脱贫攻坚新余争先——我来话脱贫”“建设‘五型政府’助推高质量发展”“做行动派 促大变样”等重大主题宣传栏目，通过文字、图片、评论、音视频等方式进行立体、全方位的宣传报道。2020年新冠疫情防控期间，“新余发布”作为市委市政府授权的全市唯一疫情信息发布平台，坚守党媒责任与担当，发挥主力军主渠道主阵地作用，及时发布疫情信息、政策解读，组织记者深入抗疫一线采访，宣传报道全市各地抗疫情况，为全市做好疫情防控做出了重要贡献。同时，通过推进媒体融合发展，新闻作品传播力显著增强，每年有300多件新闻作品被《人民日报》《经济日报》《光明日报》、人民网、新华网、学习强国等中央主流媒体采用刊发，增长近10倍。

二、服务民生，用心用情奏响社情民意最强音

（一）锐青年志愿服务擦亮脱贫攻坚品牌

新余日报社新媒体中心依托党小组成立锐青年志愿服务队，这是江西省首支特色扶贫媒体记者志愿服务队。自2016年起，锐青年志愿服务队以“以新闻之力 凝聚青春担当”为宗旨，充分发挥共产党员的先锋模范作用，开展了30余起新闻扶贫特色志愿服务活动，助销扶贫农产品，受益贫困户上千人。2016年8月，发起爱心助卖立平葡萄，一上午帮助新余“葡萄爷爷”王立平销售2万斤葡萄；2017年7月，帮助人和乡贫困户销售滞销水果玉米14万斤；2018年7月，发起新余全城助销凤阳冬瓜，三天将20万斤滞销的冬瓜销售一空；2018年10月，锐青年队伍发起助销罗坊25万斤滞销雪莲藕，报道推出第二天，渝水区委区政府迅速开展了扶贫产品进机关食堂、进学校食堂、进企业食堂、进餐饮企业、进批发市场的“五进”活动，并联合机关单位、学校、餐饮企业、电商企业建立了扶贫产品销售微信群和帮扶平台，形成线上“刷屏”、线下接力、扶贫给力的品牌效应。

“新闻扶贫，我们在行动”打造了一系列“爆款”扶贫事例，形成了“刷屏”效应，不仅体现了政务、党报媒体为民解忧的民生情怀，还汇聚各界力量投身公益行动，促进了政府精准扶贫工作体制机制的创新，用正向影响力凝聚了全社会扶贫合力。新媒体中心的锐青年“新闻扶贫，我们在行动”项目，已经成为新余日报社线上线下媒体融合的典型品牌，被新余市委八届六次会议写入全会报告，成为扶贫方式的创新典型。2018年8月，江西省委常委、宣传部部长施小琳在新余日报社新媒体中心考察融媒体工作时，对此予以了高度评价。2018年9月，“新闻扶贫，我们在行动”系列报道荣获2018中国报业重大主题宣传年度双十佳融合传播奖。新余日报社锐青年志愿服务队被评为全市创建共产党员示范岗示范团队，获“新余青年五四奖章集体”称号。

（二）掌上问政平台畅通百姓合理诉求渠道

为加快推进传统媒体与新兴媒体的融合发展，主动适应媒体格局、舆论生态的深刻变化，新余日报社依靠强大而专业的新闻采编力量，抢占移动互联网舆论阵地，在新余发布APP、微信、微博三大平台开设《掌上问政平台》《同发声》《小新帮你办》三个掌上问政栏目，推行“掌上问政”的有益探索。三个掌上问政栏目由记者专人负责打理，全中心人员参与密切配合。市民可以在任一掌上问政栏目直接提问、反映诉求，栏目记者会随时把问题提交给相关职能部门，由其及时回应解决。两年来，“掌上问政平台”协调有关部门解决群众各种难题4000余件，得到了党委政府和老百姓的高度评价。

2019年7月，为响应市委、市政府要求做好新时代党的新闻舆论工作，打造整治“怕慢假庸散”、贯通党内监督同舆论监督及群众监督相结合的有力平台，中共新余市纪委、新余日报社联合下发《关于开展“掌上问政·党风政风”工作的通知》文件，成立全市“掌上问政·党风政风”栏目办公室。办公室设在市纪委党风政风监督室，负责“掌上问政 · 党风政风”日常工作的组织协调、督促检查工作；栏目办公室下设掌上问政编辑部，编辑部设在新余日报社，负责问政的日常工作。目前，全市入驻新余发布“掌上问政 · 党风政风”平台开展问政工作的主要职能部门近200家。通过限时办理、定期总结、网友评议等项目，各种难点问题能够快速与各职能部门实现无缝对接，确保回复解决率达100%，很多问政信息转办第二天就得到落实解决。

三、服务群众，实现阅览天下生活服务一点通

新余日报社将市、县、乡、村（社区）“四级”政务媒体融合在一起，新余发布客户端可随时随地观看中央电视台、新余台、分宜台，浏览《新余日报》；随时随地刷微博（集合本地几十家蓝 V 和个人大 V 为合力的微博矩阵）；随时随地浏览微信公众号（集合新余本地市、县、乡镇、村四级上百个政务微信公众号形成的微信矩阵），成为名副其实的融媒体产品。这样的双微矩阵实现了地市党报与省级党报的向上融合，以及市、县、乡、村四级舆论宣传阵地的向下融合，形成上下融合的大矩阵合力，打通了从市级到村级的基层宣传思想文化工作“最后一公里”，基层的声音第一时间传到党委政府，党的声音“飞入寻常百姓家”。同时，按照“新闻 + 服务”理念，新余发布新闻客户端还具有“公交线路查询”“汽车违章查询”“电影在线购票”“家政”“列车查询”等便民查询和商品展示、在线购物、大型活动线上移动直播等功能，为群众生活提供了极大便利。

（胡春俊：新余日报社党组书记、社长，喻军华：新余日报社党组成员、副总编辑，刘敏：新余日报社新闻采访部记者，谢丹：新余日报社新媒体部新闻总监）

案例类别：产品

媒体融合“鹰潭方案”

——地级市融媒体中心平台建设的探索与实践

袁因 吴年荣 周信 胡求堂

当下，县级融媒体中心建设业已完成，地级市融媒体中心建设迫在眉睫。地级市是比较典型的承上启下行政层级，对上有国家和省级，对下有县级和乡镇。如何推进地级市融媒体中心建设，这是全国地级市报社媒体人常常挂在嘴边的重要话题。

鹰潭日报社作为地级市党媒单位，化压力为动力，着眼全局、自我加压，不是消极地站在报社层面，而是主动出击，站在市级层面进行谋划和布局，积极推进平台融合、内容融合、技术融合，建成了鹰潭市统一的终端平台、编辑后台和技术服务平台，形成了共融共通、共享共赢的媒体融合生态，初步具备了设区市融媒体中心建设的架构、定位、功能、职责和规模，为全国地级市融媒体中心建设提供了鹰潭方案。

一、坚持理念为先，推进了全媒体时代“融合 +”

近年来，鹰潭日报社打破对“媒体融合”的传统认识，在媒体融合的广度上立足媒体单位但不局限媒体单位，大力拓展融合边界，将全市政务新媒体、部分有影响的自媒体以及本地民间组织、业界知名人士，通过行政下文或自愿入驻的方式，一并纳入融合范畴；在媒体融合的深度上，坚持平台、内容、技术齐头并进，创建了全市统一的媒体融合终端平台、编辑后台、技术服务平台，推进平台共建与数据共享。

正是基于媒体融合理念的创新，鹰潭日报社坚持问题导向、坚持项目抓手，通过系统研发推进媒体深度融合，将“可能性”转变为一个个现实。一是研发“中央厨房”系统，推进第一个层次的媒体融合，即报社所属媒体进行流程再造，并实现互相贯通。二是研发“鹰潭云媒”系统，推进第二个层次的媒体融合，即媒体与媒体之间的融合，全市所有政务媒体和部分自媒体入驻“鹰潭云媒”，免费享用统一的技术前沿的编辑后台。三是研发“鹰潭号”系统，推进第三个层次的媒体融合工作即媒体与非媒体主体之间的融合，任何机构、组织和个人都可以入驻并申请属于自己的“鹰潭号”，随时发布信息。

将主流媒体、政务媒体、自媒体、个人媒体等不同种类的媒体装进一个“箩筐”、关进一个“笼子”，有利于主流媒体在多元中立主导、在多样中谋共识、在多变中把方向，充分发挥品牌和内容优势，创新传播途径和传播手段，实现传统媒体和新兴媒体优势互补、一体发展；对于其他媒体而言，通过共享融通，便于快速生产优质内容，注重以内容优势赢得发展优势。

二、坚持平台为要，搭建了全市统一的媒体融合终端平台

遵循共享和整合的创新思路，鹰潭日报社将媒体功能从以往提供单一信息服务转变为提供多元化服务，多次对鹰潭在线客户端进行改版升级。

2016 年，1.0 版的鹰潭在线，只提供本地各类新闻资

讯，是一个比较原始落后的纯新闻客户端。随后，一年一次升级，更新版本（2.0 版），植入了全新的政务公开平台和移动网络直播平台，特别是政务公开平台，实现了政务（党务）信息公开平台由 PC 端到移动端的历史性转变，创建了横向到边、纵向到底的全域一体政务公开鹰潭模式；3.0 版的客户端新建了网络问政平台和民生服务平台；4.0 版，引进 UGC 功能创建“我秀”模块，搭建商务合作平台便于企业之间开展商务合作；5.0 版，植入“鹰潭号”系统，引入算法技术实行精准推送；尤其是 6.0 版，新增了鹰潭圈、鹰潭话、AR 扫一扫、学习积分等内容。

一次次的改版升级，就是一次次的品质提升，如今的鹰潭在线客户端功能更加齐全，内容更加丰富，体验更加智能。目前，拥有新闻发布、政务（党务）公开、网络问政、民生服务、商务合作等众多功能，作为鹰潭唯一的综合性的、多功能的大型移动网络平台，已发展为推进市级融媒体中心建设的统一终端平台。

三、坚持内容为王，创建了全市统一的媒体融合编辑后台

2020 年上半年，鹰潭日报社分别打通原有“城媒体”“中央厨房”和“鹰潭号”三个系统的后台接口，最终完成了以鹰潭云媒为载体的全市统一的媒体融合编辑后台的创建工作。

“鹰潭云媒”平台，拥有指挥中心、编辑中心、内容中心、监管中心、应用中心、机构中心 6 大功能模块，主要以解决信息汇聚难、流量传播慢、内容监管散的困境为核心，采用最先进的移动互联网技术和自传播模式，构建了城市移动互联网生态群。

使用统一的媒体融合编辑后台，有效地提高了信息共享程度，高效快捷地实现了新闻内容的流转和处理，推进了跨区域、跨部门、跨层级的智慧服务在线共享，大大降低了推广使用成本、提高了使用效率。

四、坚持技术为核，提供了全市统一的媒体融合云服务

新一轮媒介革命，技术是重要推动力量。鹰潭日报社主动出击，积极开展与第三方国家高新科技公司的业务合作，通过“报社出思路、公司出技术”的模式，搭建了鹰潭智能融媒云平台，为用户提供个性化智能技术服务。

该平台主要拥有包括但不限于以下技术：大数据技术、舆情监测技术、虚拟主播技术、算法技术、内容检测技术、云平台技术、VR+4K+5G 直播技术、爬虫技术及 UGC 功能等。其中，通过虚拟主播技术的应用，催生了全国首个双人 AI 虚拟主播“小柿”“大为”的问世；通过大数据云计算技术的应用，制作了一份《江西深入实施工业强省战略推动工业高质量发展新闻大数据报告》，得到了与会领导和各界嘉宾的充分肯定和高度评价。

五、坚持效益为本，提供了地级市融媒体中心建设鹰潭方案

鹰潭日报社始终坚持守正创新，不断探索媒体融合发展路径，通过盘活整合现有资源，以新技术、新手段、新设备、新思路，打造了全市统一的媒体融合终端平台“鹰潭在线”、全市统一的媒体融合编辑后台“鹰潭云媒”、全市统一的媒体融合技术服务平台“鹰潭智能融媒云”，催生了“问政鹰潭”等一系列新锐品牌，开创了“糍粑视频”“夜读人生”“每周播报”等独具特色、精准服务、细分受众和粉丝的新媒体产品，沉淀了新闻、政务、舆情、民生等各类数据数百万条，切实提高了媒体的传播力、引导力、影响力和公信力。

报社由过去传统的单一纸媒，变身为集报纸、广播、电视、网络、新媒体功能于一体的全媒体、融媒体。报社的用户，除纸媒的 2 万多订阅用户外，还增加了近 80 万的用户（客户端 27 万、微信 20 万、微博 8 万、抖音 22 万），日活跃用户达 10 万。

2018 年 3 月，鹰潭日报社因为积极推动媒体融合创新发展，获评“中国报业融合发展创新单位”；2018 年 8 月，鹰潭日报社选送的《新的智慧平台 新的服务体验——鹰潭成功创建全国首个新闻 + 政务 + 党务 + 商务客户端》案例论文，获评中国传统媒体融合发展经典案例奖；2019 年 12 月，“鹰潭云媒”编辑后台，被授予中国报业媒体融合、信息化和网络安全项目优秀奖。

（袁因：鹰潭日报社社长，吴年荣：鹰潭日报社总编辑，周信：鹰潭日报社新媒体中心主任，胡求堂：鹰潭日报社推广运营中心主任）

鹰潭在线客户端

案例类别：产品

政务公开“鹰潭模式”

——鹰潭日报社打造独具特色政务客户端的探索与实践

袁因 吴年荣 胡求堂 周信

加强政务新媒体建设，推进政务公开是新形势下践行网上群众路线、凝聚社会共识、提高社会治理能力的重要途径。党中央、国务院就推进政务公开多次下发文件，要求各级政府积极运用政务新媒体深入推进政务公开，实现决策公开、执行公开、管理公开、服务公开、结果公开。

近年来，鹰潭日报社围绕中心，服务大局，充分发挥主流媒体优势，以鹰潭在线政务客户端为平台，以推进政务公开为抓手，大力推进主流媒体与政务媒体深度融合，创建了一个“推进”、两个“创新”、三个“统一”的政务公开模式，即推进媒体融合与发展；创新政务公开形态，创新政务公开格局；统一终端发布，统一后台编辑，统一技术服务。

《中国报业》《中国新闻出版广电报》对鹰潭日报社推进政务公开的探索与实践进行了相关报道，鹰潭市也连续多年获评江西省政务公开先进单位。鹰潭日报社先后获评中国报业融合发展创新奖、中国传统媒体融合发展经典案例奖，以及中国报业媒体融合、信息化和网络安全项目优秀奖。

一、创新政务公开形态：打造由移动网站、微信微博大厅和政务号（鹰潭号）组成的政务新媒体矩阵——实现政务公开从单一形态到多种形态融合发展的转变

政府部门的优势在政务，媒体的优势在公开（传播），推进政务公开需要两者形成合力。如何推进专业媒体单位所属媒体与各政务媒体的融合与发展，如何创新政务公开的形态，是做好政务公开工作需要解决的首要问题。

2017年，移动网站正式上线。全市共169家单位在鹰潭在线客户端创建了移动网站，通过移动网站随时向社会发政务信息。

2018年，“微信大厅”“微博大厅”上线。全市各地各单位的政务微信和政务微博入驻鹰潭在线客户端。各单位通过政务微信和微博发布政务信息，同步在鹰潭在线客户端呈现。

2019年，鹰潭号上线。在鹰潭在线客户端创建了移动网站的全市所有单位开通了各自的政务号，通过政务号发布政务信息。

鹰潭日报社所属媒体与各政务媒体由此有效地实现了融合，形成了以移动网站、政务微信、政务微博和政务号为主体的政务新媒体矩阵，创新了政务公开的形态，为推进政务公开提供了强大的支撑平台。

二、创新政务公开格局：创建了“横向到边纵向到底、单位与领导相结合”的政务公开新格局——实现政务公开从局部覆盖到全域覆盖的转变

鹰潭日报社按照单位政务公开与领导个人公务活动公开相结合的思路，在移动网站、微信、微博、鹰潭号等政务媒体平台创建了横向到边、纵向到底、全域覆盖的移动网络政务公开模式，真正实现了鹰潭市政务公开由PC端到移动端的历史性转变。“单位”是指包括鹰潭市委各部门、市直各单位，各区（市）、驻鹰各单位、各乡镇；“领导”是指上至市委书记、市长，下到乡（镇）党委书记、乡（镇）长的全市各级党政一把手。下面我们以鹰潭在线客户端的移动网站为例予以说明。

点击进入鹰潭在线客户端“移动政务”板块可以看到：包括市委各部门、市直各单位，各区（市）、驻鹰各单位、各乡镇在鹰潭在线客户端创建了各自的移动网站，开设了相应栏目，及时向社会发布政务信息。

点击进入鹰潭在线客户端“政情”栏目，进入“领导公务活动专题”可以看到：包括市委、人大、政府、政协、其他（法院、检察院、军分区等）所有的市级领导都有各自的公务活动专题，按照时间顺序全面细致公开了他们在鹰潭任职期间的所有公务活动；进入“区乡领导在忙啥”专题可以看到：各区（市）委书记、区（市）长，各乡（镇）党委书记、乡（镇）长每周的公务活动情况，全面详尽地呈现在网友面前。

据不完全统计，鹰潭在线客户端三年来累计公开的政务信息近50万条。

三、统一终端发布：创建了统一的政务信息发布平台——实现用户获取政务信息从 *N* 个终端平台到一个终端平台的转变

此前鹰潭市的政务公开情况是：政务信息发布主体

有各级党委政府、市直各部门、驻鹰各单位，各乡镇等，数量众多；政务公开的载体有报纸、网站、微信、微博、APP，等等，种类繁多。面对这么多发布主体和发布载体，广大市民获取政务信息时感觉无从下手，极不方便。

鹰潭日报社创建了全国首个“新闻＋党务＋政务＋商务＋服务”客户端，将其定位为鹰潭市委、市政府机关客户端，由中共鹰潭市委、鹰潭市人民政府主办，鹰潭日报社承办，这对确立其作为全市统一的政务信息发布平台提供了官方权威；不断引进先进的移动互联网技术，对鹰潭在线客户端先后进行了4次改版升级，使之功能更加齐全，内容更加丰富，体验更加智能，为创建全市统一的政务信息发布平台提供了平台和技术支撑。

鹰潭日报社进一步拓展思路，采用网络爬虫技术，将各地各单位的政务新媒体纳入鹰潭在线客户端。在鹰潭在线客户端开发建设了“微信大厅”“微博大厅”和“鹰潭号”，成功实现移动政务网站、政务微信、政务微博、政务号融合到同一个移动终端平台。用户只需通过鹰潭在线客户端就可进入各单位的移动政务网站、政务微信、微博、鹰潭号，查看该单位发布的政务信息，极大地方便了广大网民了解政务信息。

四、统一后台编辑：开发建设“鹰潭云媒”平台，创建了政务公开的统一编辑后台——实现政务信息发布从多个平台操作到一个平台操作、一键推送的转变

实践中各地各单位从事政务信息发布的工作人员会遇到一个问题：不同的发布载体使用不同的编辑后台，如微信有微信的编辑后台，微博必须用微博的编辑后台，移动网站必须使用鹰潭在线客户端的编辑后台，发布一条政务信息，需进入不同的编辑后台才能完成编辑发布任务。

鹰潭日报社联合专业技术公司进行攻关，研发建设了“鹰潭云媒”平台。“鹰潭云媒”平台是根植于鹰潭在线客户端的编辑后台，是促进鹰潭全域网络政务新媒体深度融合的后台管理系统，可实现一张网络贯通鹰潭所有政务新媒体。

全市各地各单位入驻“鹰潭云媒”平台后，借助这个全市统一的编辑后台，可实现新闻、技术共享，具备一键推送功能。工作人员在该平台编辑好稿件后，可一键发送至本单位的政务移动网站、微信、微博、政务号等终端平台，大大提高了工作效率，提升了政务信息的发布品质。

五、统一技术服务：创新政务公开的手段与方式，提升了政务公开的质量与效果——实现了政务信息产品从枯燥乏味到可听可看、活泼有趣的转变

传统的政务信息多以文字或文字加少量图片的形式呈现，加上政务信息内容本身大多枯燥乏味，难以引起用户的阅读兴趣。鹰潭日报社大力引进网络直播、人工智能、大数据算法等前沿的移动互联网技术，让政务信息生动活泼起来，不但能看还能够听，不但可以看视频还可以观看网络直播，大大丰富了政务信息的呈现形式，提升了用户的体验感，政务公开的质量与效果发生了可喜变化。

每逢市“两会”召开，鹰潭日报社通过鹰潭在线客户端以视频＋图文的形式对开闭幕式进行网络直播，让广大网民通过观看直播来了解市政府的执政理念、工作思路和工作部署，得到了广大网友的一致好评；运用智能语音技术，让鹰潭在线客户端发布的政务信息，不但可以读，还可以听，解放了用户的双眼；运用人工智能技术，研发了全国首个双人AI虚拟主播，将政务信息输入操作后台，枯燥的文稿即可转变成央视新闻联播式的视频播报；运用大数据算法技术，鹰潭在线客户端后台可根据用户阅读偏好对其精准推送相关的政务信息。

（袁因：鹰潭日报社社长，吴年荣：鹰潭日报社总编辑，胡求堂：鹰潭日报社推广运营中心主任，周信：鹰潭日报社新媒体中心主任）

案例类别：产品

从0到100万 湛江日报官方微信公众号创新发展之路

罗磊

所有的传统媒体，曾经都是新媒体；现在的新媒体，在未来也是传统媒体。比如网站，对于传统报业的纸媒而言算是新媒体，但微公号出现以后，网站只能算传统媒体了。而目前随着抖音、今日头条等具有互动、个性化推荐等特点的新平台出现后，微公号也日益“苍老”。特别是对于众多地市党报微公号而言，粉丝数量增少减多、稿件打开率低、阅读完成率下降，已是不争的事实。

可以断言，微公号被新的技术平台取代只是时间的

问题。但在没有取代之前，如何运维好微公号，对以后适应新的平台发展有着积极的意义。

湛江日报官方微信公众号从 2015 年 3 月开通至今，粉丝数从 0 突破 100 万，创造了地市级党报微公号粉丝剧增的奇迹。但在充分享受新平台带来的“红利”之时，我们也应该反思，这种快速增粉后应该如何有效黏粉？这种办法是否可以适用微公号退出历史舞台之后新的传播平台？还有什么样的模式和经验可以复制？湛江日报微信公众号的创新发展之路或许值得探讨。

一、湛江日报微信公众号的发展历程

在微信公众号平台正式上线两年半之后，2015 年 3 月 20 日，湛江日报官方微信公众号开始正式运营。虽然起步较晚，但两年后则拥有粉丝突破百万，不仅成为湛江日报社微信矩阵的龙头，也成为湛江乃至广东名副其实的微信大号。至 2021 年 9 月 1 日，日微拥有粉丝达 1317183，连续三年入围由人民日报社、国家互联网信息办公室指导的全国党报网站高峰论坛所发布的党报融合传播指数报告（党报微信类）20 强。2018 年入围全国 10 强（见下表），是全国范围内唯一入围 10 强的地级市党报公众号。2019 年、2020 年均名列第 18。

2018年党报微信公众号TOP20

排名	微信公众号名称	排名	微信公众号名称
1	人民日报	11	西宁晚报
2	侠客岛	12	解放军报记者部
3	中国青年报	13	青岛日报
4	广州日报	14	CHINADAILY
5	杭州日报	15	梅州日报
6	河北日报	16	光明日报
7	经济日报	17	南方日报
8	湛江日报	18	厦门日报
9	长江日报	19	江门日报
10	海南日报	20	福州日报

二、湛江日报微信公众号吸粉之路

（一）由专门团队运维

2015 年 1 月 1 日，报社组建全媒体中心，主要负责微公号的注册申请及后续运维。运维初期，虽然粉丝数极低，但从《湛江日报》《湛江晚报》等传统纸媒以及湛江新闻网抽调的 6 名编辑记者主动转型。同样是从 0 起步，沉心微公号运营，编辑团队也在这个过程中收获了丰富的新媒体运维经验。

（二）技术团队提供有力技术保障

负责日微技术维护的网络技术开发中心的同事不仅精通 PHP、MYSQL、HTML、CSS、JS 等计算机编程语言，也懂得 UI 交互排版的美工设计，并且在有自己服务器和域名空间的基础上，熟悉微信平台开发文档。因此，能够从容驾驭微信公众号平台的二次开发。

（三）重大主题活动策划效果明显

2017 年以来，日微编辑团队先后策划进行了湛江好人、湛江最美社会体育指导员、“双拥杯”足球比赛谁是你最喜欢的球队、魅力中国城等投票活动。日微粉丝从 10 万增粉至 120 万，吸粉效应明显。

（四）商业活动推广“适可而止”

在日微成长初期，商业推广多采取投纸媒赠送微信推文或者低成本配合商业活动。在日微运营后期，为了维护日微本身的品牌，并精准对接商业推广活动，报社先后多次针对日微的商业运营进行严控，为日微的运营创造了良好的外围条件。

虽然严控了商业推文，但因为定位准确，运营得当，商业推文产生的效益日益明显，2021 年可创造产值突破 500 万。

三、湛江日报微信公众号黏粉之路

（一）编辑水平不断提升

据不完全统计，一名资深的微信编辑不仅需要有较好的文笔、灵活的资料收集整理技能，还需要掌握微场景技术（H5）、秀米等排版工具、表单工具、二维码处理、图片制作处理、音视频制作处理等技能。更为重要的是微信编辑还要有文字营销的思维。如何让粉丝浏览自己的推文？如何让自己的推文快速突破 10 万 + 如何做好后续的粉丝互动？上述大部分工作都靠微信编辑个人牵头完成。因此，日微在发展壮大的同时，通过此号的运维，也为报社新媒体平台发展储备一定的人才资源。

（二）原创稿件成内容“主力军”

2017 年初，新媒体运营团队增设舆情搜索岗位，负责收集有关湛江本地的资讯素材，分析研判可用线索进行再采访或者再编辑，很大程度上扩展了原创稿件的来源范围。目前，日微原创稿件达到 70% 以上。

（三）10 万 + 稿件带动阅读量提升

2015 年 3 条、2016 年 5 条、2017 年 44 条、2018 年 56 条、2019 年近 50 条、2020 年则达到了 197 条。10 万 + 稿件的显著增多直接带动了日微整体阅读量的提升。

（四）粉丝互动效果明显

从建号以来，我们就一直强调并重视和微信粉丝的互动。从 0 到 100 万，我们从来没有因为粉丝少而忽略和粉丝的互动，也没有因为粉丝剧增而减少和粉丝的互动。

和粉丝互动，我们一般采取两个办法。一是适时开展线上互动活动，二是经常性回复粉丝的评论留言。值得一提的是，编辑回复粉丝留言的过程中，都能较好地掌握一个度：什么留言应该直接回复、什么留言应该诙谐或者幽默地回复、什么留言可以作为线索题材。因此，常常有粉丝调侃：有些时候看小编的回复比看微信推文精彩。

（五）内部激励机制不断完善

俗话说：兵马未动粮草先行。在日微的日常运维中，我们做到奖惩分明。就日微编辑而言，考核设置了原创微信、创意微信、阅读量、单条微信点赞数、单条评论回复点赞数等不同方面的考核标准，达到相关标准均有不同级数的加级奖励。

此外，湛江日报总编奖也对包括日微编辑在内的所有新媒体平台编辑公开。设置了平台进步、创新创意、媒体融合等固定奖项。此外，亮点突出的新媒体产品也可申请一定额度的总编奖。

四、百万平台背后的反思

就微信的发展而言，湛江日报微信能从0做到拥有百万粉丝的平台，就是适应媒体环境变化的具体体现。

纵横不出方圆，万变不离其宗。不管以后还有什么新平台、新技术、新传播手段的涌现，通过对湛江日报微信公众号的运维分析，我们也能从其中找到几条永恒的规律，用于面对媒体环境风起云涌的变化。

（一）人才——创新的思维

传统媒体转型升级，首先是人才的转型升级。日微建号初期，首批编辑人员大部分出自传统纸媒。从报纸编辑记者到网络编辑记者，他们走出了报社转型升级的第一步。媒体的融合转型已经是不争的事实，融合转型其实就是传统媒体的改革创新，因此人才的培养是传统媒体适应新技术、新传播平台、新传播手段层出不穷的基础对策。

（二）内容——原创是基石

在互联网大环境下，“内容为王”也不会是一句空话。媒体最擅长的就是“内容为王”，这不仅是媒体的核心价值，在新的技术、新的传播平台无法为我所独用的市场环境中，“内容为王”也是传统媒体办新媒体，参与媒体融合转型的有力法宝。

（三）定位——清晰的受众群

大海航行靠舵手。对于新媒体平台而言，对平台的准确定位就如同为平台的发展找到方向。新媒体平台定位就要分析平台的属性、传播范围、受众喜好，等等，找到清晰的受众群。

对于以后从现有新媒体平台衍生出来或者完全创新出来的新平台，同样可以从平台属性分析受众群体。

（四）眼光——尝鲜新事物

对于媒体发展而言，随着新技术、新的传播手段的不断涌现，我们看到大部分传统媒体已经适应了新技术的革新。就现阶段而言，传统报业官方新媒体基本形成网端微抖的格局，也就是客户端、网站、微信微博和抖音号。

因此，处在互联网高速发展的今天，面对任何一个新鲜事物或者新技术新平台的出现，我们都应该有去尝试的勇气。今天的微信、抖音，明天或许还有基于虚拟互动、突破现有想象的互联网产品，我们都应该主动去了解和学习。这样，才能在信息技术革命的大潮中不被抛弃。

从0到100万，《湛江日报》微信公众号的运维经验，对于湛江日报社而言，这只是媒体融合转型的一部分，让大家能主动融合和适应媒体的发展，找到了一把打开媒体融合转型大门的钥匙。

媒体融合转型，我们一直在路上。

（罗磊：湛江日报社机关党委委员、网络党支部书记、融媒发布中心副主任）

《湛江日报》公众号

案例类别：产品

潮州日报社“2020年潮州市网上房地产交易展示会”

庞磊成 蔡泳

一、项目背景

2020年是一个特殊的年份，突如其来的疫情打乱许多人的工作生活节奏。随着我国疫情防控形势的逐步稳定，按照中央的统一部署，省、市各级纷纷出台相关政策与措施，全面支持企业复工复产，统筹抓好疫情防控与社会经济发展工作。其中，包括克服疫情影响，帮助房地产市场渡过“寒冬”，推动房产市场复工复产和全面复苏。

经过研判，潮州日报社认为，在当前疫情防控的新形势下，随着消费习惯的改变，房产销售逐渐步入网上营销时代。通过依托报社新媒体平台建设一个网上房展系统，增加购房者与房地产商的交互体验，最终形成三位一体在线智能服务平台，为企业分忧，为购房者服务，使网上房展常态化，打造网上“永不落幕房展会”是可行的，是传统媒体做强宣传广告业务、探索创新线上线下深度融合发展的一条新路径。

二、项目新媒体平台依托基础

《潮州日报》是中共潮州市委机关报。办报定位是：坚持党报性质，突出本土新闻，融合都市特色，彰显“潮”味“侨”味。

近年来，作为传统媒体的《潮州日报》在数字化时代迅速转型，在凸显报纸原有特色的基础上，运用新的传播手段，扩大传播空间，实现全媒体融合发展。目前，报纸、官方网站、官方微博、微信、潮州 + 客户端及头条号、抖音号、视频号联动发布新闻，全媒体高度融合，在大型活动报道上，实现新媒体滚动报道和现场直播报道。其中：

潮州新闻网——是《潮州日报》官方网站，是潮州发布新闻量最大、最具权威性的新闻门户网站，是外界了解潮州、获取潮州本地新闻及信息的最佳桥梁和窗口。

《潮州日报》官方微信——是潮州本土最具权威性和影响力的公众号，网友可获得富有本土特征的最新资讯、原创独家的鲜活内容以及基于党报职责的沟通服务。

潮州 +APP——依托报社强大的采编力量和资源，以最快速度为用户传递权威新闻资讯，打造“潮州新闻发布第一平台”，是移动端服务政情民生的新桥梁、新平台。

三、项目系统设计介绍

项目系统以潮州 +APP 为主阵地，开设房展频道，在首页焦点栏提供广告及入口。同时通过《潮州日报》、潮州 +APP、微信公众号、微信朋友圈、抖音号、潮州新闻网等多形式进行引流，形成以报纸平面、抖音短视频、微信小程序、APP 直播、VR 展示等多渠道全覆盖密集型宣传推广。

（一）界面设计

报社新媒体部经过技术攻关，制作了房展频道首页的互动界面。以手绘 3D 方位示意图为主界面，根据参展楼盘的外观特征，个性化设计每个楼盘的图样。加入动态效果及轻快的音乐，让市民可沉浸式纵览全市楼盘。

（二）功能版块

1. 主页面用立体 3D 地图，以各参展商楼盘地理位置为坐标，市民要了解某个楼盘，点击对应图示或标识，进入对应楼盘首页。

2. 楼盘首页分 4 个版块，第一板块为最上方焦点图，突出楼盘视觉特色；第二板块为楼盘相关参数和链接在线直播、VR 看房、视频看房等功能；第三板块展示楼盘在售房型，点击将进入房型页面；第四板块为楼盘详细图文视频介绍。进入房型页面，将展示房型价格、布局、面积，并有在线直播、VR 看房、视频看房等链接。每个页面都设置有对应的置业顾问，点击轻松在线咨询，并可预约线下看房。

（三）服务延伸

1. 主页面下方还附设有法务、房贷、交易税务、政策法规咨询等展区的入口或链接，以此衔接国土、税务、银行的网络资源，平台设置国土、税务部门办理相关房屋买卖业务的网络通道，提供相应的办事指南，为购房提供全方面服务。

2. 关注度最高的商品房展区，则提供最全面的房源展示并上线 VR 实景看房功能，参展商推出优惠房源、促进成交。对于楼盘的销控信息，展会平台及时标注，让购房者第一时间了解楼盘的可售房源情况。购房者通过展会平台也能与楼盘营销人员定向沟通，并可预约至楼盘现场看房，真正实现云服务低风险、高质量。

四、项目宣传推介

建立项目工作机构。以项目组为首负责牵头协调，设立招商组、宣传组、技术组、后勤保障组等，分工配合开展各方面工作。

抓实抓好项目宣传推介，制定详细工作方案，开展了包含前期、开幕二天、展会前期 10 天、中期 10 天、后期 10 天和后续 3 个月 6 个阶段的宣传推广活动。内容维度上包含分为硬广、软文、新闻报道、专题报道、视频广告、直播等内容。在开幕前阶段，推出报纸、推文、视频等形式的预告广告；在开幕期间，于潮州 +APP 进行直播，同时推送报纸报道、新媒体图文等；前中后期则固定发布一版通栏引流广告和刊登参展楼盘广告，配通栏房展报眉，并持续推送包括潮州市房地产业发展战略、当前态势，群众消费喜好趋势，各楼盘区位布局优势特点，指导性购房，房展效果及各方反映等内容的全媒体新闻。

2020 年 5 月 25 日，潮州市网上房地产交易展示会挑选在市人民广场 CBD 举行开幕活动，对扩大项目知晓率起了良好的宣传推介效果。

五、项目成效与社会反响

（一）深度融合出成效

项目大力推进媒体交融渗透向深发展，在传统媒体的优势基础上，与新媒体的开放性、互动性、参与性相互联结、相得益彰，使内容呈现形式向移动化、智能化、多元化迈进。项目体现了互联网思维能力，“以用户为中心”，变受众为用户，提高了网络交互能力；增强了资讯信息整合及传播能力，将分布式的资讯集纳成有价值的要素，通过文字、图片、视频、音频等多种形式，在恰当的时间、以恰当的方式向受众传播，形成了特有标识，增强了传播力、感染力，使项目成为网民热议、分享的话题。

（二）受众新鲜青睐

网上房展主界面画面生动美观，操作简单方便，让市民有方便、快捷、放心的购房新体验。消费者只要一机在手，足不出户，全城楼盘尽在“掌”握，随时随地可以沉浸式纵览全市楼盘。统计数据显示，网上房展平台日均访问量超过6000，平均访问时间3分钟，月总访问量近20万人次。新颖的购房模式、海量房源及优惠促销，吸引众多市民线上逛展。

（三）房企踊跃参展

对于参展商来说，网上房展所需成本大大低于传统展会，且项目具有不受时间和空间限制等巨大优势，给参展企业带来超值回报。项目得到国内知名房企龙头品牌和潮州本土实力雄厚房地产商的积极响应和大力支持，共有14家房地产企业、21个主流楼盘缤纷亮相。项目为探索潮州市传统房地产营销模式变革积累了有益的经验。

（四）强化了与金融业联系合作

本次网上房展，经过深入沟通联系，加强交流探讨，得到潮州农商银行、农业银行、建设银行、中国银行、工商银行、邮储银行6家银行积极进驻，共同以实际举措对冲疫情影响，促进房地产业复苏。项目进一步敦睦了报业与金融业的情谊，深化了合作。

（五）报社取得“双效益”

项目开展后，极短时间内就在潮州全城引起轰动效应，一段时间报社员工经常会被问：“你们报社现在转型做房地产了吗？”从侧面反映了项目宣传推介的传播效果。项目一方面提高了报社本土媒体权威、勇于创新的良好形象，扩大了《潮州日报》的影响力与美誉度；另一方面，增加了报社收入，项目收入在2020年报社收入项目中位居前茅，取得了良好的社会与经济“双效益”。项目成为潮州日报加快推进线上线下融合发展的又一探索创新实践。

六、项目前景展望

项目的开展，为报社加快线上线下融合发展积累了经验，也进一步启迪了思维、拓宽了思路。以该项目为基础，可以经过精心策划组织，与陶瓷、服装、食品、不锈钢等潮州支柱产业及汽车、家装、家电等各行业协会加强双赢合作，进一步延长拓展“网上房展”的网链，做大产业链蛋糕份额，努力使单纯的房展会，逐步延伸发展为潮州本土优势特色的“广交会”。

（庞磊成：潮州日报社新媒体部主任助理，蔡泳：潮州日报社新媒体部编辑）

网上房展专题

案例类别：组织机构

柳州日报社：打造“四大三全”主流媒体

韦太平

柳州日报社以习近平新时代中国特色社会主义思想和党的十九大精神为指导，不断增强“四个意识”、坚定“四个自信”、做到“两个维护”，积极推动媒体融合向纵深发展，努力构建以内容建设为根本、先进技术为支撑、创新管理为保障的全媒体传播体系，努力打造“四大三全”主流媒体，大幅提升了内容生产、信息聚合、技术引领能力，较好地承担起了“举旗帜、聚民心、育新人、兴文化、展形象”的职责和使命。

一、基本情况

柳州日报社是中共柳州市委直管的差额拨款事业单位，现有员工总人数为270人。通过推动媒体深度融合发展，拥有《柳州日报》、《柳州晚报》、柳州新闻网、柳州1号客户端和“一抖两博三微”（报社抖音号，日报微博、晚报微博和柳州发布、柳州晚报、柳报传媒微报微信公众号）为主力阵容的全媒体矩阵，涵盖了报、网、端、微、屏等媒体传播形态。在400万人口的柳州市，累计订阅、下载、注册用户达到400万。

柳州日报社创办了8家与报业发展配套的全资子公司，管理独立核算的柳州日报社印刷厂，兴办了民办非企业机构柳州市紫荆花书院。

二、打造“四大三全”传播格局

2017年，柳州日报社党委研究制定了《柳州日报社推进媒体深度融合三年行动计划》，以互联网思维推进报社内部机构改革，逐步打破传统纸媒和新媒体之间条块分割、交叉重叠的机构设置，组建书报编辑出版中心、数字出版运营中心、全媒体采写中心、全媒体营销中心，构建策、采、编、发一体化的扁平管理体制，实现了“四大三全”传播新格局，即新闻生产实现大编辑、大采写、大出版、大经营，新闻报道实现全媒体传播、全形态呈现、全时段在位。逐渐形成了一整套具有柳州鲜明特色的深度融合发展体制机制。

三、深度融合发展的主要做法

（一）理念融合：高度重视，舍得投入

对于中共中央关于推动媒体融合发展的战略部署，柳州日报社理念上先行一步、思想上高度重视、行动上迅速落实。2017年以来，柳州日报社自筹资金投入2600多万元，自治区和柳州市文化产业专项资金扶持600万元，先后建设了计算机中心机房、计算机局域网、全媒体采编系统、5G媒体专属基站等，并在广西14个地市报社中率先建成全媒体指挥中心。先进的软件和硬件设施，为深度融合发展奠定了坚实基础。

（二）体制融合：大刀阔斧，不拘一格

为适应深度融合发展需要，构建策采编发一体化的工作体制，报社把原来呈条块模式的日报记者部、晚报记者部、日报编辑部、晚报编辑部、新媒体中心及5家经营范围关联的子公司，整合成全媒体采写中心、书报编辑中心、数字出版中心、全媒体营销中心，在工作模式上实现数字化转型，报道方式上实现全媒体联动。

与此同时，以实现移动采编、提升发稿时效为目标，给一线记者配备全媒体装备。让他们能够记录、拍照、摄像兼顾，文字、图片、视频皆可，建立起反应迅速、采集高效、种类齐全的全媒体供稿体制。

（三）机制融合：统一协调，灵活高效

柳州日报社相继建立社长总编辑指挥协调机制、全媒体选题策划（采前会、编前会）值班制度、全媒体供稿发稿制度。这些制度的显著特点就是，统一协调、灵活高效、扁平化管理。社长、总编辑在重要时间节点、重大主题宣传、重大报道策划中直接在一线指挥、调度、协调。分管领导轮流在全媒体值班，每天上午、下午主持召开采前（报题策划）会、编前（选题决策）会，对重要时政活动、重大指令性采访、重大新闻事件和热点敏感题材（简称“三重一热”）进行集体研判，对策划、采访、编辑、出版、发布等工作环节进行全程统筹指挥。

（四）平台融合：资源共享，同频共振

柳州日报社通过机构改革实现扁平化管理、一体化运营，消除了各种各样的“梗阻”，采编指令能够一贯到底、立竿见影。各媒体平台之间的融合，能够实现资源共享、进行跨平台协作，打破了以往重大活动报道中各自为战、各顾各家造成耗费时间、浪费人力、稿件不足的窘况，不仅可以做到同时发声、同频共振，还可以做到滚动刊播、精准推送。最近一期中宣部“疫情防控、复工复产”报纸专题审读情况通报，高度肯定柳州日报社的融合发展成果：《柳州日报》利用“5G+VR”技术，通过广西云客户端直播（全国）两会，云端相聚、线上互动。

四、坚持党媒姓党立场不动摇

柳州日报社党委始终坚持党管媒体、党媒姓党的原则，坚持正确政治方向、坚持正确舆论导向，坚持团结稳定鼓劲、正面宣传为主。

（一）讲好时代故事

通过“一揽子”精心策划，全媒体同频发声，开设“在习近平新时代中国特色社会主义思想指引下——新时代、新作为、新篇章”“建设壮美广西 共圆复兴梦想——解放思想、担当实干”等20多个系列专栏。在中华人民共和国成立70周年之际，《柳州日报》推出76个国庆特刊珍藏版，用好《柳州日报》创刊70周年的宣传契机，《柳州日报》出版108个特刊版，报道了柳州70年来在经济、政治、文化、社会、生态文明等方面的建设成就，各界读者好评如潮。

（二）讲好柳州故事

精心策划、高质量完成了汽车产业“柳州模式”、全国工业城市水质第一、网红螺蛳粉的工业化之路等系列宣传，用“柳州话”讲好“柳州故事”。报社承办“紫荆花城 醉美柳州”全国媒体摄影名家柳州行大型采风活动，在全国重要城市（特别是大湾区核心城市群）推出30多个图文专版，努力让“柳州声音”传遍神州。

（三）讲好基层故事

增强采编人员“四力”，把新闻作品写在柳州的大街小巷、田间地头。由社长、总编辑牵头组织、策划、实施脱贫攻坚大型系列报道，派出采编骨干到三江、融水、融安、柳江进行为期两年的长期蹲点采访，旗下各媒体平台开设“决胜2020——脱贫进行时影像报告”主题专版，涌现一大批沾泥土、带露珠、冒热气的新闻精品，200多篇（幅）作品被《人民日报》《农民日报》《广西日报》等媒体转载。

五、迎着疫情逆行越战越勇

疫情就是命令，防控就是责任。

2020 年，以柳州 1 号 APP 为代表的柳州日报社新媒体平台，堪当大任、奋勇出战。开设了抗“疫”专题，下设若干子栏目，涵盖了疫情防控的方方面面，全天候滚动刊播。柳州发布、柳州晚报、柳报传媒三个微信公众号，每日以 12 发高频率推送。信息渠道来源权威、及时回应群众关切，涌现了 30 多个 10 万 + 爆款作品。跻身“全国抖音媒体五十强”的柳州日报社抖音号，以众多原创作品如“1 号星主播防护小提示”“柳州话土味版喊话”等，在用户中备受关注。《柳州战“疫”一线战报》《冷冬已去，暖春正来！一起为武汉加油！向奋战在一线的人们致敬》等融媒体作品获广西云、新华网、《人民日报》等自治区级、中央级媒体采用。2020 年 1 月至 12 月，柳州日报社全媒体矩阵累计发稿超过 10000 条，原创作品阅读量数以亿计。

传统纸媒《柳州日报》《柳州晚报》，在战“疫”宣传中起到了舆论压舱石的作用。浓墨重彩地宣传贯彻习近平总书记的重要部署、重要讲话、重要指示精神和党中央、自治区党委决策部署。开设专版、专栏充分报道柳州市疫情防控、患者救治、知识科普、复产复工等工作。初步统计，至今已刊发抗疫专版超过 400 个，为坚决打赢疫情防控阻击战营造了良好的舆论氛围。最近，中宣部在“疫情防控、复工复产”报纸专题审读情况通报中，肯定了柳州日报社开设的抗疫专栏：《柳州日报》的“让党旗在防控疫情斗争一线高高飘扬”，报道奋战在战“疫”一线鲜活事例，生动展现各行各业不怕牺牲、连续作战的光辉形象。

（韦太平：柳州日报社党委委员、编委）

案例类别：产品

在大歌中感悟 在融合中前行

——从柳州日报社融媒体作品《“侗”力之音》创作特点看地方党报深度融合效果

胡康怡 黎寒池

2020 年 10 月 17 日，国家第七个扶贫日，柳州日报社策划推出融媒体作品《“侗”力之音》。作品讲述了发生在全国扶贫开发工作重点县——广西柳州市三江侗族自治县良口乡燕茶村里的故事：侗族大歌这一宝贵的民族传统艺术之花，曾因村庄贫穷闭塞而濒临枯萎，在决战决胜脱贫攻坚中得以重新激活、绚丽绽放，它所凝聚起来的内生动力，助推干部群众携手创造更加美好的明天。

《“侗”力之音》在柳州日报社柳州 1 号客户端首发，一经推出便在全网形成刷屏效应，迅速被新华网、《中国日报》、网易、腾讯、广西网络广播电视台等众多媒体的客户端和公众号转载播出，入选国家重点栏目《我们的小康》，累计播放 4000 多万次。

《“侗”力之音》相关图文专题报道先后在新华社、《人民日报》《广西日报》等媒体刊播，深受好评。特别是相关图文专题先是在《人民日报》政治要闻版《扶贫印记》栏目刊发；后又得到《人民日报（海外版）》整版采用，向全世界讲述中国脱贫故事、传播中国好声音。

《“侗”力之音》获 2020 年度广西新闻奖（视频专题类）一等奖、2020 年中国地市报年度优秀新闻作品媒体融合类一等奖、2020 年“壮美广西・网播天下”原创网络视听节目网络新闻短视频优秀二类作品。其创作过程分析文章《在大歌中感悟 在融合中前行》刊载于《新闻战线》2021 年第 2 期（上），并获 2020 年度中国城市党报新闻论文（论著）奖一等奖。

随着新型主流媒体步入深度融合阶段，柳州日报社坚持以内容建设为根本，以多种举措加快构建全媒体传播体系。柳报人尤其注重把报道基层特别是脱贫攻坚一线作为联系群众的纽带、践行“四力”的平台、提质增效的抓手。本文试以《“侗”力之音》创作过程的“三个结合”为例，进行分析与探讨。

一、把坚持党的群众路线与运用新技术、新手段结合起来

以人民为中心、走好全媒体时代群众路线，是柳报人继承党报优良传统、为推动媒体深度融合高质量发展而探索的新课题，也是《“侗”力之音》创作的出发点和落脚点。

这是“走”出来的作品。自 2012 年以来，柳州日报社每年都围绕脱贫攻坚战略部署，定主题、抓策划、设栏目、搞活动；同时通过学习、培训、考核等措施，倡导柳报人到群众最需要的地方，用双脚丈量每一寸土地。

特别从2019年起，报社深化“开门办报”理念，提出“每周一练、每月一品”的扩大优质内容产能要求，运用新技术新手段，以互联网思维建立起与用户全新的连接，涌现了一批正能量有流量的作品，为《“侗”力之音》的诞生提供了富有生机的土壤。

这是“蹲”出来的作品。2019年1月，柳州日报社策划推出“决胜2020——脱贫进行时”影像报告栏目，派出4路记者，分头到三江侗族自治县良口乡燕茶村、融水苗族自治县拱洞乡高武村4个山高地偏的村屯蹲点采访。记者采用全景记录、片段定格、人物讲述、镜像特写等呈现手法，报道精准扶贫、脱贫攻坚中涌现的典型样本。截至2020年12月，该栏目在《柳州日报》播发专版专题90个，在报社的网、端、微等平台也有同步推送。全新的融媒体报道方式引起较大的社会反响。

记者从第一次进燕茶村感受并记录下侗族群众的勤劳聪慧，以及对摆脱贫困的渴望，已有3个年头；从第一次听到驻村扶贫工作队员吴纯娟带领村民齐唱侗族大歌，感受到团结向上的精神动力，也有两年。数载寒来暑往，记者与村民同吃同住同劳动，行程25000多公里，拍摄了3万多张照片和400多G视频。《“侗”力之音》即在此基础上的厚积薄发之作。

这是“磨”出来的作品。在坚持党的群众路线过程中，柳报人不断创新运用图文、视频、交互融合产品等全息形态，增强主流思想舆论的感染力和吸引力。这在《“侗”力之音》创作中得到集中体现。

立意与文案是一部融媒体作品成功与否的前提。报社党委书记、社长、总编辑吴怀辉同志多次主持召开策划会、定题会，确立采写的方向并全程具体指导。作品取名为《“侗”力之音》，语意双关，既点明民族传承的大歌唤起了侗寨儿女追求幸福的内生动力；更表明党的脱贫攻坚政策举措激发了广大干部群众凝聚起的磅礴伟力，这正是决战决胜脱贫攻坚的关键力量、时代强音。文案以象征乡村脱贫、乡村振兴中坚力量的青壮年代表——吴本清的讲述作为主线，散文诗式的行文仅871字，每一个字一个词都经过主创团队反复锤炼与推敲，追求表达的准确、简洁与优美。行文适应新媒体语言特点，多用短句，既思绪跃动又气韵流畅，达到生动、形象、明快的效果；同时，为了体现当地少数民族语言习惯和侗族大歌的表达特点，多处采用排比、对偶、比兴等修辞手法，较好地传递了侗家儿女热爱生活、积极乐观、纯真善良的情怀。

拍摄与制作是一部融媒体作品成功与否的关键。主创团队注重画面、文字、同期声和背景音乐之间的配合。特别是拍摄过程中，运用无人机和地面镜头的有效搭配，追求大景精美、细节丰满，精细打磨每一帧画面；剪辑过程中，注重画面的逻辑性，例如通过画面色调的渐变，表现时间和环境的变化、暗喻人物的成长和情感的升华。作品力求让人在如诗如梦的乡音中，走进侗寨群众的内心世界、领略民族瑰宝的艺术魅力、感受脱贫攻坚的干群风采。

二、把创新报道脱贫攻坚与体现地方民族文化特色结合起来

决战决胜脱贫攻坚的宏大背景、中华民族优秀文化的丰厚宝藏、侗乡干部群众的智慧与诗心，是《“侗”力之音》创作的灵感源泉。

一滴水可以折射出太阳的光辉。主创人员从宏观选题、微观取材，以全局视野、百姓视角，把握住几个特性。

一是独特性。三江侗族自治县是滇桂黔石漠化片区县，总人口40.6万人，侗族人口占总人口的58%，是广西唯一的侗族自治县，也是全国5个侗族自治县中侗族人口最多的县。2015年精准识别时，该县共有贫困村98个，深度贫困村占到67个，燕茶村便是其一。“决不让一个少数民族、一个地区掉队”，此地的脱贫攻坚，任务艰巨，使命光荣。

侗族大歌流传于广西和贵州的侗族聚居区，是一种多声部、无指挥、无伴奏的侗族传统民间合唱形式，先后被列入第一批国家级非物质文化遗产代表作名录和联合国教科文组织人类非物质文化遗产代表作名录。它不仅是音乐艺术，还是了解侗族的社会结构、婚恋关系、文化传承和精神生活的重要组成部分。

“饭养身，歌养心”，记者发现，在当地脱贫攻坚的过程中，歌声成为贯穿始终的一条线索。歌声是驻村扶贫工作队员吴纯娟联系群众的一大“法宝”；歌声也是村民激发内生动力的一把“钥匙”。

脱贫攻坚主战场中的深度贫困堡垒，特定地域性和浓郁原生性的民族文化，一群生性爱唱歌的人……要做好这“一滴水”的文章，融媒体正是最佳的表达方式。

二是纪实性。3个年头蹲点期间，围绕脱贫攻坚和民族文化特色，记者用笔和相机记录下大量内容。特别是2020年8月至10月，《“侗”力之音》项目组到村里与群众一起上山下田，原汁原味地记录、挖掘了一大批鲜活的故事素材。从立项到发布，历时62天，主创人员六进侗寨、七易其稿，最终将体验和感悟诉诸镜头和笔端。

三是原创性。作品中的3首配乐、歌曲，都是出自侗族群众之手，沾泥土带露珠，以古调新曲唱山乡巨变。当脱贫攻坚的主旋律与优秀传统文化交织，体现出很强的首创精神、民族特色、融合元素，能够迅速适应全媒体的报、网、端、微、屏等各种传播形态，转变为表达更生动、传播更广远的时代话语，使整部作品更具感染力和文化魅力。

三、把构建全新的融合传播体系与灵活运用项目制结合起来

媒体深度融合体系建设稳步推进、服务于内容高质

量生产的项目制灵活运用，是《“侗”力之音》创作的机制保障。

2017年，柳州日报社党委制订了《推进媒体深度融合三年行动计划》。经过不懈探索，从技术创新到产品创新、平台创新，报社迄今已形成了大编辑、大采写、大出版、大经营，全媒体传播、全形态呈现、全时段在位的“四大三全”融合传播体系，全媒体矩阵的传播人群覆盖面已经达到400万。

对于重大题材，社长、总编辑在中央厨房对策划、采访、编辑、出版、发布等环节统一指挥、调度和协调。根据融媒体作品的生产特性，报社成立跨平台的项目组，主创人员来自报社几大中心多个部门，在脚本采写、视频拍摄、创意设计、发布安排上充分体现了资源共享、优势互补等融合特点。整个策采编发过程，反映出全新融合传播体系运转下项目制运用的高效灵活。作品《“侗”力之音》的创作，正是报社“四大三全”融合传播体系高质量运行的一次生动实践。

（胡康怡：柳州日报社副总编辑，黎寒池：柳州日报社视频部视觉总监）

《“侗”力之音》融媒体报道

案例类别：产品

利用新媒体矩阵开展新时代文明实践活动

贵港日报社坚持以习近平新时代中国特色社会主义思想为指引，自觉承担“举旗帜、聚民心、育新人、兴文化、展形象”使命任务，加快推进媒体深度融合发展，利用新媒体矩阵开展新时代文明实践活动，成效显著，反响热烈。

一、开展文明志愿服务走基层系列活动，弘扬志愿服务精神

（一）面对疫情，党员记者冲锋在前，体现责任担当

2020年，面对突如其来的新冠肺炎疫情，贵港日报社提高政治站位，扛起责任，充分发挥了党媒“风向标”“定盘星”“稳压器”的作用。报社志愿者尤其是党员不惧危险深入一线采访，用手中的笔和镜头，聚焦重点、回应热点，传递战“疫”最强音，一篇篇报道给公众以力量和希望。《铁桶模式抗病魔——贵港做好各项疫情防控工作见闻》《社区干部当上“外卖小哥”》《疫情防控现场直击》《今天！贵港“白衣战士”出征湖北》等多篇新闻报道相继在报纸和新媒体平台发布，并获《广西日报》以及人民网、中新网、“学习强国”等转发。《“90后”梁意锦：千里单骑驰援武汉》获众多网友点赞，凝聚起强大的正能量。

（二）开展“记者走基层”活动，深入践行“四力”

1. 记者新春走基层，在行走中做“活”新闻。每年春节期间，贵港日报社记者进工厂、跑工地、到社区、入村屯，采写（拍摄）了一大批接地气、有温度、有深度而且可读性强的新闻。比如《把最大的年猪留给大伙》《老农给贫困户拜年》《我在大藤峡过年》等稿件，采访深入，故事性强，令人耳目一新。据统计，2019年和2020年，贵港日报社“记者新春走基层”活动共刊发文字稿82篇、图片32幅，平均每个记者4篇（幅）。“贵港宣传”微信公众号、贵港新闻网、新华社“现场云”直播等新媒体策划推出“这里是……”乡镇系列，在历史文化底蕴、经济社会发展、特色农业、新农村建设等方面全方位、多角度呈现基层新风貌，2018年至今，相继推出乡镇系列推文，点击量超10万+。

2. 记者走进革命老区，在采访中感受老区新变化。贵港是具有光荣革命传统的红色热土。根据自治区人民政府确认命名，贵港市的5个县（市、区）均属革命老区，革命老区乡镇（街道）51个，革命老区行政村799个。为了充分反映贵港革命老区红色历史文化和经济社会发展的显著成效，充分展示老区人民群众生产生活发生的巨大变化，贵港日报社组织记者到革命老区采访，推出“记者走基层·革命老区新貌”系列报道，记录老区风采、

追溯老区记忆、感悟老区变化、弘扬老区精神，激励全市人民昂扬斗志、艰苦奋斗，凝聚创新创业合力。截至目前，记者走基层采访革命老区系列活动一共刊发了16篇稿件，这些稿件有新意、有特色，如《大藤欢歌 百年圆梦》《老乡家园 春暖花开》《天国雄风动地来》等文章，在读者中反响较好。

贵港日报社通过开展文明志愿服务走基层活动，通过记者深入田间地头，用脚来丈量土地，用眼来发现好新闻，用心来思索好题材，用笔来写好人民群众奋斗圆梦的故事，使志愿服务宣传走进千家万户。

二、开展系列社会公益活动，在奉献中关爱寒门学子和困难群体

（一）发挥媒体作用，助力寒门学子圆梦大学

2018年和2019年，贵港日报社携手CCTV-7《聚焦三农》栏目组，面向贵港市广大农村地区，开展“寻找筹集学费的寒门学子”活动，在寒门学子与社会爱心人士之间，架起一座实现梦想与传递爱心的桥梁，彰显媒体的社会责任。活动中，贵港日报社在CCTV-7《聚焦三农》栏目组有关负责人的指导下，组织平时跑社会新闻的记者，通过纸媒、网站、微信等宣传平台，对“寻找筹集学费的寒门学子”活动进行全方位宣传，稿件发表后社会反响强烈，大大提振了寒门学子努力学习、实现梦想的信心。在活动中，贵港日报社推荐的16名寒门优秀学子，每人获得8000元的资助。

（二）开展摄影进万家公益活动，定格幸福瞬间

贵港日报社从2018年开始，策划组织志愿者开展“温暖全家福 摄影进万家”公益活动。在走进贵港市港南区新塘镇东和村的活动中，为该村50多户群众义务拍摄“全家福”，其中大部分家庭是贫困户。此外，还相继开展了主题为“浪漫婚纱 不老爱情”的“摄影进万家”公益活动、主题为“关爱留守儿童”的“摄影进万家”公益活动等。通过《贵港日报》专版、“贵港宣传”微信公众号、新华社“现场云”平台直播等多平台、全方位宣传，浏览量逾30万，网友纷纷点赞。

（三）开展“圆梦中国 我爱我家”社区公益行活动，记录千万家庭和谐美好生活

从2019年3月开始，贵港日报社携手贵港市精神文明办共同主办贵港市“圆梦中国 我爱我家”社区公益行活动。参与者中除了报社的志愿者，还有来自贵港市志愿者服务团队、荷城义工协会、港南区爱助义工协会、广西工业职业学院青年志愿者协会的志愿者们。在活动中，除了营造和谐美好的氛围，增进邻里感情外，还注重宣传孝道和为困难群众提供力所能及的帮助。除了提供志愿服务，志愿者们还用实际行动感染、带动身边人共同参与文明城市创建活动，使创城工作家喻户晓、人人参与。10场圆梦活动，共有200多名志愿者参与服务，媒体宣传浏览量逾100万，志愿者用行动阐述互助互爱本义，为“圆梦中国”传递幸福讯号。

三、开展“千名记者一线行”文明志愿服务活动，助力精准脱贫

2020年是决战决胜脱贫攻坚、全面建成小康社会和“十三五”规划收官之年，为了更好地宣传贵港的脱贫攻坚工作亮点和扶贫成效，从2020年6月8日起，中央、自治区、市级新闻媒体和各县（市、区）融媒体中心记者在贵港开展为期一个月的联合采访。贵港日报社作为地市级党媒，积极组织记者开展文明志愿服务，通过精心策划、主动对接、创新模式等全方位、多角度的宣传方式，讲好贵港脱贫攻坚故事、助力精准脱贫，营造了“脱贫攻坚，不获全胜、决不收兵”的浓厚宣传氛围。据统计，自开展“千名记者一线行”文明志愿服务活动以来，贵港日报全媒体矩阵以“贵港宣传”微信公众号、“贵港日报抖音”、贵港日报直播团队新华社“现场云”平台等品牌“龙头”为主阵地，共发布上百条消息、通信、微信、视频和直播，浏览量逾300万。

四、开展“网眼看贵港”新时代文明实践活动，构建网上网下同心圆

贵港日报社以构建网上网下同心圆为目标，创新“六大网络品牌”（网眼看贵港、网络文明自律、网络参政问政、繁荣网络文化、网络志愿服务、网络创业创新）公益活动，开展新时代文明实践，使文明实践活动覆盖面更广，受众更多。每年策划开展系列“网眼看贵港”活动，引导网民与市委、市政府同心同向；每年策划开展听取网民呼声和接受网民监督的“问政直播行”活动。从2017年开始，每年策划举办网络文化节，其中“舞动荷城”街舞比赛成为特色品牌活动，街舞网络直播阅读量超百万人次；2018年举办了广西第二届“花山诗会”；2020年策划开展系列“互联网＋扶贫”活动、“贵港记忆 遇见非遗”大型直播公益行活动；每年策划开展贵港市“好人好报”公益赠报活动、“礼让斑马线”文明志愿服务活动、关爱农村留守儿童和抗战老兵等公益活动，覆盖人群近400万人，真正彰显党媒作为主流媒体的责任和担当。

贵港日报社通过深入践行“四力”要求，不仅大大提升了采编人员的政治觉悟和本领能力，而且通过一系列灵活多样、创新特色的志愿服务活动，使志愿服务理念更加深入人心，成为乡村和社区群众感受新时代文明实践的有效形式。

（贵港日报社）

案例类别：组织机构

坚持守正创新破立并举 构建融合发展体制机制

韩万胜

近年来，榆林传媒中心为深入贯彻落实中办国办《关于加快推进媒体深度融合发展意见》和《关于推进传统媒体和新兴媒体融合发展的指导意见》，有效应对当前舆论环境、媒体格局、传播方式的深刻变革，以打造陕甘宁蒙晋交界有影响的新型主流媒体旗舰为目标，按照“讲政治、把导向，抓班子、带队伍，强学习、促融合”的思路，坚持党建引领，破立并举，迭代升级，转型创新，跨界发展，全力提升主流媒体传播力、引导力、影响力、公信力，闯出一条地市级主流媒体深度融合发展之路。

一、坚持党建引领，从分散到聚合，打造新型主流媒体旗舰

从2018年4月正式启动榆林日报社、榆林广播电视台和榆林新闻网三家市级新闻单位机构整合与媒体融合起，榆林传媒中心党委就确立党建引领融合改革的战略思路，坚持将“党管宣传、党管媒体、党管意识形态”要求贯穿媒体融合改革全过程、全领域，以党的建设破除改革障碍，创造性地将支部整合与媒体融合内设机构重置并轨，以三级党组织的重构融合带动媒体融合机构和体制的重建。率先对三家媒体党的工作机构进行重组，党委（纪委）、机关党委、党支部三级党组织并完成换届，实现了三级党组织书记“党政一肩挑”全覆盖，构建起统一高效的融合改革领导体制，为打造形态多样、手段先进、具有竞争力的新型主流媒体提供了强有力的组织保障。党的建设上坚持“两手抓、两促进”，围绕融合抓党建，抓好党建促融合。在党建责任落实上，结合业务实际，列出“责任清单”，明确“主体责任”，夯实“一岗双责”，建起“书记抓，抓书记”责任体系，形成夯实责任抓落实的党建工作新格局，有效解决了党建和业务“两张皮”现象，有力推动媒体深度融合发展。党建工作连续三年走在市直机关前列。

二、坚持迭代升级，从相加到相融，构建起“五位一体”新型传播体系

媒体融合不是简单“加减乘除”的物理融合，而是体制、机制、内容、渠道、平台等方面的化学融合。榆林传媒中心党委发扬敢为人先、敢啃硬骨头的精神，按照“合而为一，融为一体”的思路，坚持破立并举，突出移动优先，彻底打破原有报、台、网、新媒体部门界限，压缩行政后勤管理部门，强化业务部门，扩大新媒体部门，在机构设置上实现传统媒体与新媒体从“你中有我、我中有你”到“你就是我、我就是你”的根本性转变。

根据媒体融合发展要求，榆林传媒中心一次性将报、台、播、网和新媒体新闻业务“合而为一”，实现统一策划、统一指挥、统一采编、统一发布、统一运营。按照“实际、实用、实效”和“不跟风、不攀比、不浪费”原则，率先在省内建成市级融媒体报道指挥中心，率先在全国攻克报纸、电视、网络信息互通技术壁垒，构建起全中心“一张网”“一个库”“一条船”的系统平台，实现了文字、图片、视频内外网自由调取全覆盖。强力推进策采编播发流程再造，在内容、渠道、平台、经营、管理等方面深度融合，构建起“报、台、播、网、新媒体”五位一体的新型立体传播体系，建起拥有报纸、电视、广播、网站、客户端、微信微博、短视频商业号等全媒体传播矩阵，真正形成“移动优先、一体策划、一次采集、多种生成、多渠道发布”的传播格局。

三、坚持移动优先，从转型到创新，掌握舆论引导主动权、主导权

打通传统媒体、网络媒体两个舆论场，占领网络舆论场是主流媒体的职责使命。榆林传媒中心坚持“一体化”发展战略和“移动优先”策略，按照“扩张移动、巩固报纸、转型电视、做强广播、确保经营”的思路，积极推进内容供给侧结构性改革，全力提高宣传报道质量，全媒体舆论引导能力得到持续提升，总用户突破300万人。

扩张移动方面，新组建两微一端、短视频、学习强国等移动媒体编辑部门，形成从客户端、微博、网站到微信、广播，再到电视、报纸的新闻顺次发布机制。全面实施全媒体采编队伍建设，加大移动新媒体考核力度，新闻采编“主力军”加快挺进互联网“主阵地”，推出一大批“沾泥土”“冒热气”“带露珠”的融媒作品。三年来，榆林传媒中心运营的短视频号发布的作品累计阅读量近20亿次，其中阅读量超1000万的77件、超100万的500件。

巩固报纸方面，在确保办报质量的同时，大胆从内

容到版式进行创新，形成鲜明的版面风格和新闻报道特色，实现全彩印刷。《榆林日报》获得第七届传媒中国“融合创新十大移动传播品牌创新力地市党报”称号；在全国报业推动脱贫攻坚和生态文明建设工作座谈会上，获得“宣传工作先进单位”称号。1件调研报告在全国报业大调研活动中获得三等奖。

转型电视方面，在巩固提高现有优质电视节目基础上，整合资源，推出《超级课堂》《艺术家档案》等特色节目，取得良好的社会效果；自编自导自演的50集大型人文纪录片《长城纪事》、6集电视连续剧《省城陪读》实现全媒体推送，受到社会广泛好评。《走出家乡的榆林人》栏目获得“全国城市电视栏目创新力十佳”奖，《陕北民歌大赛颁奖晚会》获得“全国电视大型活动二十佳”奖。

做强广播方面，榆林传媒中心以听众为中心，全面优化3个广播频率节目，引进湖南电台芒果声音工厂自动化播出系统和节目体系，并入驻湖南官方音频平台，实现广播直播节目可视化。自创广播剧《树蛙》《我们一家人》被央广《中国之声》选用，《树蛙》荣获第十九届中国广播剧研究会专家评析二等奖。

四、坚持改革驱动，从固守到变革，激发媒体人创新创造活力

体制机制改革是实现媒体融合向纵深发展的关键。榆林传媒中心紧扣媒体融合发展需要，不断深化干部人事制度、薪酬分配制度、绩效考核制度等方面的改革，建立激励约束机制，最大限度释放改革活力，激发起改革内生动力。

干部人事制度改革方面，坚持“打破身份，统一管理”的原则，保留在编在册人员事业编制，将原有职务、职称、工资记入档案，实行单位内部聘用制；实行中层正职中心聘、中层副职正职提名中心聘、员工双向选聘制；聘用人员实行统一的劳动合同聘用制和绩效考核制；打破专业技术人员职称上升“瓶颈”，推进职称改革试点工作。深化“三项制度”改革，加大选拔优秀年轻干部力度，实现了能者上、庸者下、劣者汰，为想干事、能干事、干成事的人才提供舞台。

薪酬分配制度改革方面，打破身份界限，变身份管理为岗位管理，实行“以岗定薪、岗变薪变、倾斜一线”分配模式；按照岗位职责轻重、专业要求、工作强度、工作质量确定岗位绩效系数，实现多劳多得；建立动态绩效考核体系，实行单位总考核和各下设部门具体量化考核的配套制度；加大对好记者、好新闻作品的奖励力度，设立“总编辑奖”“中、省、市好新闻奖”等5个奖项，激励采编人员多创作新闻精品。

五、坚持“新闻+”，从媒界到跨界，抢占可持续发展的制高点

榆林传媒中心牢记全媒体时代媒体不仅是新闻发布者，更是信息传播者、服务提供者、关系建构者，坚持以“新闻+”思维，积极探索跨界发展，抢占媒体融合高质量发展制高点。

积极探索建立“新闻+政务服务商务”的综合传播模式，不断延伸新闻服务，提升服务百姓水平，增强主流媒体信息聚合力。推出媒体+政务的“百姓问政”平台，全市12县市区政府和136个市直部门单位全部入驻，总浏览量突破2000多万人次。常态化开展“旅游推介+直播带货”大型直播活动，助力文化旅游和脱贫攻坚。举办榆林市文化创意大赛，建成榆林文创产业资源库、文化创意展馆、文创产品电商平台。依托榆林新新传媒有限责任公司及其下属12个事业部，积极探索跨界合作，多维联动，全域传播的发展道路。三年来，举办200余场各类“媒体+”活动，社会影响广泛，创收效果明显。在经营活动中，始终把社会效益放在首位，坚持采编与经营分开，实行全媒运营模式，广告发行经营收入呈现逆势上扬的态势，年经营创收达到3000万元。

（韩万胜：榆林传媒中心党委书记、主任）

案例类别：产品

地市党报创新思维做好重大主题报道

——以宝鸡日报社“走进巍巍秦岭 感受中华祖脉”大型全媒体报道为例

张晓燕

做好重大主题报道，是主流媒体在网络时代提升核心竞争力、影响力的关键。作为地市级党报，如何结合当地实际，创新思维、主动策划并实施大型全媒体采访报道？宝鸡日报社“走进巍巍大秦岭 感受中华祖脉”大型全媒体采访活动，就是一次成功的尝试。

2020年4月20日，习近平总书记来陕视察时指出，

"秦岭和合南北，泽被天下，是我国的中央水塔，是中华民族的祖脉和中华文化的重要象征。"

宝鸡日报社结合学习贯彻习近平总书记来陕考察讲话精神，组织策划了"走进巍巍大秦岭 感受中华祖脉"大型全媒体采访活动。活动从2020年6月开始至8月底，历时三个月，采访总线路上千公里，记者足迹遍布宝鸡与秦岭相关的县区，用400多篇（幅）报道，以消息、通信、图片、视频等形式进行全方位全媒体展现，在读者和新闻业内引起了极高的关注。

一、凸显"两大特点"，做足重大主题报道的深度

近年来，这是宝鸡日报组织实施的规模最大、持续时间最长、反响最强烈的一次重大主题报道，也是秦岭所在甘陕豫新闻媒体中首家全方位纵深式对秦岭开展的立体式报道。在这场战役中，宝鸡日报围绕中心，"多兵种"协同作战，丰富了报道题材，创新了重大主题报道模式，做出了声势，做出了新意，突出了重大主题报道的魅力。

1. 立意高远，精心谋划，强势出击。对于习近平总书记的"秦岭观"，党报不仅要学深学透，更要践行在新闻报道当中。5月初，宝鸡日报社党委书记、社长冯军平组织召开了一次特殊的新闻业务会，提出全社出击做一次大型全媒体采访"走进巍巍秦岭 感受中华祖脉"，把大美秦岭、生态秦岭、绿色秦岭通过新媒体、报纸展示给广大读者。报社各部门抽出骨干力量，摄影、视频、文字记者及新闻主播共同组成七个小组，先后进入宝鸡与秦岭有关的七个县区，依次采访凤县、太白县、眉县、陈仓区、岐山县、高新区、渭滨区，从生态治理、环境保护、历史文化等方面进行深入采访。

主要领导抓重大主题，吃透上情下情，站位全局，系统谋划，调兵遣将，统筹指挥，是这次大型全媒体采访决胜的关键。6月18日，第一支采访小分队12名记者在冯军平的率领下向凤县进发。刚进山区半个小时，第一个Vlog作品《一入青山花似海》就通过"掌上宝鸡"发出，紧接着就是对嘉陵江源头、马头滩林场的全媒体采访，《王勃凤州履旧邑》《杜鹏程重走灵官峡》等20多条新媒体报道引发了读者热情点赞和手机转发。《宝鸡日报》在6月22日头版以两条消息、二版以整版推出"走进巍巍秦岭 感受中华祖脉"专题报道，将宣传态势推向高潮。以生动的故事呈现习近平总书记"秦岭观"，增加了报道传播力、引导力、影响力。

3个月的采访，报社领导每次都亲自带队指导工作，每天都在宝鸡网、"掌上宝鸡"、宝鸡日报微博等媒体上持续播发图文视频组合报道，有视频、图片合集、Vlog产品等，每个县（区）都以头版两条消息两幅图片、二版整版深度通信的规模强势推出"巍巍秦岭"的报道。3个月共计播出新闻产品200余件，图片200多幅、累计重磅推出12个整版、5万多字的深度报道，引起各界的高度关注，催生了井喷式裂变传播效应。

2. 图文视频组合，联袂报道，立体式宣传。有图有真相，有视频更有感染力。报社要求每个参加采访的记者都要成为"出镜记者"，对每个采访地点、对象都要提前做"功课"，在田间地头、深山密林、水库河道、乡村农家，文字和摄影记者们都面对镜头，认真出镜。新媒体的几名记者，更是一路走一路直播，读者和观众的视线跟随记者一道探访了大美秦岭。

《宝鸡日报》除了纸媒，还有手机客户端、官方微信、官方抖音、官方快手、官方微博，这些传播渠道连同报纸同步发送"走进巍巍秦岭 感受中华祖脉"采访报道，与此同时，人民日报客户端、央视新闻客户端、新华社客户端、凤凰新闻、腾讯新闻、网易新闻等都从这次报道中选取了部分视频、图片及文字进行了及时播发，形成了强大合力，达到了全方位、立体式的宣传效果。

二、把握"两个维度"，融合创新，深化主题报道的厚度

不同维度的秦岭，有不同的美。从不同层面立体反映，是重大主题的属性和要求。此次大型采访活动，宝鸡日报社从前期策划到具体实施，不仅充分考虑了秦岭的历史文化、人文故事，同时更关注秦岭的现代及未来，把握了"两个维度"，即历史维度、发展维度，使报道掘出深度，增加了厚度。

1. 注重历史维度，做深秦岭文化。所谓历史维度，就要从宝鸡境内秦岭山脉的历史文化角度去探寻秦岭的历史延革。《炎帝是中华民族的精神标识》《铁马秋风大散关》等稿件的刊发，使读者了解了秦岭是被历史文化渗透的"中华祖脉"。秦岭深处的凤县是"两当兵变"策源地，记者们重温红色故地，深入采访，挖掘出不少精彩故事，把与秦岭宝鸡段有关的红色文化透彻清晰地讲述给读者。

2. 注重发展维度，展示新秦岭魅力。秦岭是我国动植物基因库，是我国的"中央水塔"和南水北调工程的重要水源地，和周边地区气候、生活及生产有着密切的联系。同时，秦岭地区脱贫攻坚任务繁重，老百姓能不能摆脱"靠山吃山"的老路对绿色发展至关重要。记者站在秦岭现在和未来发展的维度，带着这些问题和思考走进秦岭，认真看，仔细听，深切去感受。在秦岭所辖县区采访，采访组感受到新秦岭的魅力，感受到"人不负青山，青山定不负人"。这一个个素材、一个个感受立体式传播出去，在社会各界引起强烈反响，同时更增加了重大主题报道的分量。

三、紧扣"三个创新"，延展重大主题报道的广度

随着时代的变化，读者对新闻的内容及报道形式要

求更高，重大主题报道，更要选取独特的视角，运用创新的思维，充分运用现代化手段，吸引读者阅读、悦读。

1. 及时立体传播，创新报道形式。做好重大主题报道的创新，必须利用移动媒体带来的快阅读、视听化和审美情趣，满足读者碎片化的阅读习惯和深入阅读的需求。

无人机空中航拍，每天播发 Vlog、抖音和快手短视频，引发了读者利用手机转发此次主题报道的热情，这些报道都用群众喜闻乐见的语言、以叙事表达“故事化”、视觉传达“文创化”、内容分发“智媒化”，深挖掘、全景式、大手笔展现出秀美迷人深沉厚重的大秦岭。

2. 坚持内容为王，创新报道角度。“走进巍巍秦岭 感受中华祖脉”大型全媒体采访活动，从开始策划到采访，都要求记者兼顾碎片化报道和深度报道，对每篇稿件都要求内容丰富、独特，报道角度、写作手法要新颖。每一个县区采访，社领导带队提炼出这个县区的特点，定好压轴的稿件，寻找最佳表现方式，用新媒体刊发短新活稿件，要求记者沉下去用心采访，把亮点特点挖出来。

3. 用心践行“四力”，锤炼采编队伍。此次大型采访活动，报社对采访人员要求老中青搭配结合，几乎让每个记者都有机会参与一次秦岭采访活动，是一次大战役报道的创新，同时践行“四力”，锤炼了新闻队伍。

在历时 3 个月的采访过程中，多岗位联合“作战”、多部门协调联动、优秀团队集中出击、融合媒体综合发力的工作模式，提升了采编队伍的整体能力。

这场创新思维的重大主题全媒体报道完美收官，而且带动了宝鸡周边地市新闻媒体“探寻秦岭”主题采访的热度。而此次大型采访，为报社以后做好重大主题报道打下了坚实基础。

（张晓燕：宝鸡日报社文化体育部主任）

案例类别：产品

党报 + 电商 破局媒体融合发展的新模式

——以宝鸡日报社“宝报优选”电商平台为例

潘国利

近年来，宝鸡日报社认真贯彻落实习近平总书记“8·19”“2·19”讲话精神和中央《关于推动传统媒体和新兴媒体融合发展的指导意见》，加快推进媒体转型升级，迅速布局新媒体，目前已经拥有宝鸡网、官方微博、官方微信和新闻客户端的“两微一端一网”新媒体格局，并积极入驻人民日报、央视新闻、新华社等央媒新媒体平台以及抖音、快手等社交平台，新媒体的影响力、传播力和公信力不断增强。

宝鸡日报社坚持守正创新，融合发展，坚持移动优先，一次采集，多平台播发，全天候在线，实时呈现一线新闻，不断增加 H5、海报、短视频、微互动、小游戏等新媒体产品，用受众喜欢的形式，讲好宝鸡故事。在媒体融合向纵深发展的当下，如何打造一款既有看点，又有卖点，不仅能展示宝鸡，而且能让百姓受益的产品？经过多方调研以及前期测试，宝鸡日报于 2020 年 4 月正式上线了“宝报优选”电商平台，通过党媒 + 电商的密切结合，探索融合发展的新模式和新路径。

一、助力脱贫攻坚引爆创意点

《宝鸡日报》是中共宝鸡市委机关报，1985 年元旦正式复刊，现为周 6 刊、对开 8 版，发行近 6 万份，是陕西一级报纸。宝鸡日报社坚持“四社”（政治建社、开门办社、人才立社、融合兴社）发展思路，统筹推进宣传、经营和管理三驾马车，积极向“五个党报”（实力党报、创新党报、活力党报、阳光党报、幸福党报）的发展目标迈进。

2020 年是特殊的一年，由于新冠肺炎的影响，广大农产品出现卖出难问题，作为党报不仅要发布销售难的信息，更要为百姓想办法、找出路。为了贯彻落实习近平总书记关于消费扶贫重要讲话精神，创新产业帮扶模式，给城市消费者提供购买绿色农产品及爱心帮扶的渠道，结合脱贫攻坚战最后一年的历史时刻，报社迸发出打造一款线上产品的创意，直接为农户和受众架起一座沟通的桥梁，让受众不仅在新媒体上看到新闻信息，更能看到农产品销售信息，并直接下单。经过多次论证，最终取名为“宝报优选”，既有报纸名字的元素，又有优选的品质内涵。这条产品的定位为专门推广宝鸡本地特色农产品和吃喝玩乐相关服务的电商平台。

通过确定线上流程，经过 1 个多月的测试后，形成了产品上架，受众下单以及收货和意见反馈全流程闭环，正式通过宝鸡日报新媒体平台“掌上宝鸡 APP”、宝鸡日报官方微信公众号以及宝鸡网等自有平台发布。

二、专业制作让“宝报优选”更有品质和内涵

线上征集，省时省力。为了扩大和丰富产品体系，报社发布了“宝报优选扶贫农产品征集令”，面向全市广大合作社、农户等进行产品征集，很快便收到了来自宝鸡 12 个县区的近百条产品信息。

实地探访，保证质量。为了保证品质，让受众买得放心，报社就征集的信息进行初步筛选，并进行前期沟通，主要就销售模式、结算方式、快递发货、退货更换等进行线上交流，达成初步意向后，前往农户家中实地探访，对其品质进行实地验证，特别是对其产品的各类认证查证后，签订法律合同，让一切操作均在法律的框架下进行。

专业制作，情景表达。为了让报社的宝报优选电商平台不同于简单的产品展示，有别于淘宝、京东等平台，报社对选定的每款产品，均进行故事化表达，通过新闻化的文案、照片以及视频，用讲故事的方式，展示产品，让受众爱看，愿意分享。

分批上线，全员转发。自从第一款产品上线后，报社逐一发现问题并进行改进，不断完善宝报优选的平台闭环，先后上线宝鸡产的苹果、土蜂蜜、锅盔、沙棘汁、豆花泡馍及擀面皮等特色产品。每款产品上线后都会转发到报社工作群，号召报社全体职工进行朋友圈转发，扩大平台影响力。

巧借东风，扩大影响。随着平台产品的不断丰富，我们借助各类传统节日以及电商节，策划活动进行包装推广，扩大宝报优选电商平台的影响力和知名度。先后策划了“宝报优选，双十一首届嗨购节”“宝报优选，你在他乡过年，精选的‘宝鸡味道’来了”等线上主题销售活动。同时利用春节大好时机，策划“宝报优选合作伙伴大拜年”系列活动，以视频拜年的形式，让平台的所有合作伙伴逐一进行大拜年，文章中同时附有相应产品的下单链接，让“宝报优选”在朋友圈呈现刷屏之势。

三、模式创新让农户增收让流量变现

回望“宝报优选”电商平台一年多的实践，得益于立足本地、模式创新的初衷，也让受众变用户、让流量变现成为现实。

平台主要服务模式为 B2C 及 O2O，整合数百家品牌商、生产商及线下吃喝玩乐相关实体门店，为平台用户提供团购、特价秒杀、整点秒杀、幸运抽奖、积分兑换、分享赚红包、直播带货等一站式电商解决方案。为消费者谋福利，为商家找销路，实现合作共赢新局面。

“宝报优选”电商平台运营模式主要是赚取佣金，前期探访到后期的文案、图片及视频制作直到是上架，均分文不取，免费服务，直接减轻了合作伙伴的压力，也成为宝鸡地区复工复产的拳头产品。

创新激发活力。随着“宝报优选”电商平台知名度的不断扩大，全国有名的电商平台“联联旅游”“旅划算”等区域负责人先后跟宝鸡日报对接，并达成合作意向。我们借助这些知名品牌的资源，进一步丰富了自身平台的产品体系，带动了线上销量。

助力脱贫，助力实体。自“宝报优选”电商平台上线以来，先后上线 300 余款产品，累计帮助贫困户卖出 100 万斤农产品（苹果、黄桃、花椒、锅盔、猕猴桃等）。同时，通过“宝报优选”平台，累计帮助企业和线下实体店销售 300 万元产品和服务。通过发放电子优惠券、满减活动、积分折现、再次购买优惠等活动方式累计为消费者减免 50 万余元。

实践是检验真理的唯一标准。通过不断的创新，宝鸡日报借助自身新媒体优势量身打造的电商平台，让报社在媒体融合的时代大背景下实现破局。宝鸡日报社将继续借助媒体深度融合的东风，将这一品牌打造得更加完美，让其不仅成为农户企业发展的助推器，更成为宝鸡形象展示的新窗口。

（潘国利：宝鸡日报社融媒创意部主任）

案例类别：组织机构

坚持“五个融合”加快主力军向主阵地挺进

罗继林 李若兰 付帅

党的十九届五中全会指出：“推进媒体深度融合，实施全媒体传播工程，做强新型主流媒体。”这为新时代媒体融合发展提出了新要求、新任务。德阳日报社结合工作实际，按照中央稳中求进工作总基调要求，提出了“1355”融合发展思路，即在指导思想上，坚持“一个方向”；在目标定位上，坚持“三步走”战略；在实施路径上，坚持“五个融合”；在改革方法上，做到“五个统筹”。新机制经受住了战“疫”宣传的考验：其间，

全媒体矩阵战“疫”宣传报道10000多条，其中新媒体平台发布疫情信息7000多条，总浏览量突破20亿，被央视新闻联播、新华网等中央级媒体采用1000条以上。率先报道的什邡“大树哥”潘大树、绵竹“90后”女孩王利等正能量事迹被广泛传播，中央广播电视台采用后专门写了感谢信，充分肯定了报社战“疫”宣传工作。

从最初的一张报纸，到如今拥有“报、网、端、微、屏”等多种传播载体；从发行量4万多读者的纸媒，到综合覆盖受众超过350万的本地主流全媒体平台。德阳日报社坚持“五个融合”，加快主力军向主阵地挺进取得明显成效。

一、基本情况

德阳日报社属公益二类事业单位，《德阳日报》于1984年9月创刊。经过30多年发展，现已形成“1+8+*N*”（以日报为中心，以德阳网、“两微一端”、户外媒体、九鼎传媒公司、揽胜旅行社等8个拓展平台为骨干，利用新华云、人民日报人民号、抖音等建立友好联动的传播平台18个）全媒体矩阵。近年来，报社先后获国家、省级新闻大奖50多项，荣膺“四川省先进新闻集体”“四川省党报投放价值十强”“中国十大影响力地市党报”等荣誉称号。目前，德阳日报社设立新闻中心、经营中心、管理中心三大中心，有14个部室，2个公司，在岗职工105人。

二、具体做法

（一）在指导思想上，坚持“一个正确方向”

始终把坚持正确政治方向摆在首位，增强“四个意识”、坚定“四个自信”、做到“两个维护”，自觉在思想上政治上行动上同以习近平同志为核心的党中央保持高度一致。坚持党的领导，把党管媒体的原则贯穿到报社改革发展的全过程，确保媒体融合发展始终沿着正确方向推进。坚持稳中求进工作总基调，稳步推进媒体深度融合发展，加快主力军向主战场挺进，不断巩固马克思主义在意识形态领域的指导地位。坚持公益属性，坚守社会责任，把社会效益放在首位、社会效益和经济效益相统一。

（二）在目标定位上，坚持“三步走”战略

结合中央《关于加快推进媒体深度融合发展的意见》精神，完善并制定了报社融合改革“三步走”战略。

1. 在调查研究基础上，通过顶层设计。结合实际，研究实施方案，列出时间表，画出路线图，稳步推进各项改革。

2. 通过1~2年时间，推进媒体深度融合发展，初步形成新兴和传统媒体一体化运行新模式。推出一批有影响力的新媒体产品，打造德阳最大原创稿件资源平台服务商。

3. 通过3~5年抓巩固提升，打造具有强大传播力、引导力、影响力、公信力的新型媒体集团。构建起网上网下一体、内宣外宣联动的主流舆论格局，建立以内容为根本、先进技术为支撑、创新管理为保障的全媒体传播体系。

（三）在实施路径上，做到“五个融合”

1. 突出理念融合，强化互联网思维。强化开放思维，把握新时期新闻传播规律，推动媒体融合改革，推进事业跨越发展。强化平等思维，树立媒体与用户互相尊重、平等沟通的理念，推动媒体与用户的良性互动。强化共享思维，加强与商业网站、自媒体的合作交流，同台竞技、公平竞争、资源共享、互惠共赢。强化引领思维，充分利用新技术新手段，引领媒体融合发展，与新华社、人民日报客户端等合作建立传播平台18个。

2. 突出技术融合，做强做大新媒体。加大人财物投入，以新技术为突破，着力打造有影响力的新媒体产品。重点打造新华云直播、报花直播2个直播平台，开通晚报抖音号，两年多来，发布作品近1400个，粉丝210万，浏览量突破22亿，其中千万+60多个，上亿的4个，2021年6月2日上榜蓝V日榜全川第5名、抖音热搜榜。目前，重点打造的“瞰德阳”微信小程序正在试运行中。

3. 突出平台融合，稳步推进策采编发流程再造。设立全媒体新闻中心、经营中心、管理中心，整合所有新媒体平台，建立新媒体部，重构了流程，形成了一次采集、多种产品、多媒体传播新格局。《德阳晚报》自2021年1月1日起休刊，休刊后全力运营晚报新媒体平台。新设立的融媒体中心，负责报社大数据平台的管理和指挥中心的运行，初步实现了流程再造。

4. 突出发展融合，推动产业新发展。发挥全媒体矩阵作用，全媒体经营中心下设2个公司，每年组织开展大型活动60多场次。积极拓展新领域，大力发展“直播带货”、农产品电商等新兴业务。探索研学旅行、小记者等拓展性项目。与政府部门合作，2020年7月在全省率先建立了消费扶贫生活馆，为40多家企业举办了30多场直播带货活动，初步实现了新媒体平台流量变现。

5. 突出机制融合，推动管理再创新。整合后勤部门，成立全媒体管理中心，下设党委办、办公室、发行部、计划财务部等部室，形成一体化的组织结构和管理体制。建章立制，持续完善绩效考核办法，加大考核力度，绩效考核实行加减分制度，初步改变了干多干少一个样、干好干坏一个样的现象。

（四）在改革方法上，做到“五个统筹”

1. 统筹组织领导力量。把媒体深度融合改革列入党委工作重要日程，摆在突出位置，成立了以总编辑为组长、副总编辑为副组长的领导小组，统筹推进报社各项改革。

2. 统筹政策资金保障。争取上级大力支持，报纸发

行实现了量价“两个增长”，直接增收700万元以上，为报社改革发展打下坚实基础。争取节能减排改造资金用于办公用房改造升级，为报社转型升级提供了基本硬件保障。

3. 统筹人才队伍建设。实施人才素质提升工程，打造全媒体采编播管人才队伍。优化选人用人机制，改革中，交流轮岗中层干部14人，中层干部副职面向聘用职工竞争上岗6人。积极培养后备人才队伍，近两年启用年轻科级干部4名，引进管理经营方面专业人才8名。

4. 统筹完善制度建设。先后出台了部室考核办法、绩效考核办法、新媒体平台流量变现考核办法、中层干部轮岗交流、职工双向选择方案等10多个配套改革文件。

5. 统筹改革环境营造。以党委会、党委中心组学习会、社务会等为载体，通过会议集中学、政策宣讲、谈心谈话等方式提高全体干部职工思想认识，营造出有利于改革发展的浓厚氛围。

三、几点体会

（一）始终坚持党的领导不动摇

党报姓党是党报的政治灵魂。坚持把正确政治方向摆在首位，坚持党管媒体，坚持把党的领导贯穿到报社改革发展的各环节、全过程，这是改革成功的重要保障。

（二）始终坚持守正与创新的辩证统一

守正是基础，创新是关键。遵循新闻传播规律和互联网发展规律，适应形势发展变化，突出问题导向，探索新举措新办法，创新体制机制。

（三）始终坚持运用先进技术

处理好内容与技术的关系，按照内容为本、技术为用，内容为体、技术为翼的要求，运用先进技术传播先进文化。

（四）始终坚持因地制宜深化改革

坚持重点突破和整体推进相结合，根据报社实际，因地制宜、积极探索、差异化发展。

（罗继林：德阳市社会科学界联合会党组书记，李若兰：德阳日报社党委办副主任，付帅：德阳日报社党委办工作人员）

《德阳日报》公众号

案例类别：产品

建平台 深融合 重治理 强服务

——全媒南充大数据平台（南充见APP）运行模式探析

杨雨龙 魏豪成

《南充日报》创刊于1952年10月1日，是一家拥有近600人的传统党报。近年来，南充日报社适应信息社会巨变和自媒体挑战，主动改革创新、转型融合，试图走出一条充满生机而又切合实际的发展之路。2019年12月，南充日报社初步建成了全媒南充大数据平台一期工程——南充见APP系统平台。2020年初，在新冠疫情防控关键时期，南充见APP初出茅庐，披挂上阵，单篇阅读量最高的两天之内突破400万，为南充实现疫情防控和经济社会发展双胜利发挥了重要作用，赢得了党委政府和人民群众的热烈点赞。截至2021年9月，南充见APP用户突破290万。南充见APP在建设过程中，始终突出建平台、深融合、重治理、强服务，着力打通宣传引导、政务服务、民生服务、社会治理用户终端。

一、整合“三大”平台，放大融合功能

（一）县级融媒平台

各县（市、区）融媒体中心以南充见APP为纽带、以全媒南充大数据平台为依托，建立自己的APP和数据平台，南充见APP作为用户平台成为县级融媒体中心的有效载体。

（二）文明实践平台

县（市、区）加快建设新时代文明实践中心，通过技术创新，将文明实践中心平台与县级融媒体中心平台搭建在一个屋檐下，两个平台互为支持、互为促进。

（三）用户服务平台

南充见APP是一个由南充日报社与科技公司合作研

发的具有媒体元素的客户端，南充见APP致力于用自己的平台承载县级融媒体中心平台和新时代文明实践中心平台，三台合一，全能使用，服务客户，努力放大融合功能。

二、坚持“四大”理念，找准融合定位

（一）以人民为中心

贯彻习近平总书记以人民为中心理念，打造新平台，建设客户端，让每一个用户都能充分享受到最快捷、最全面、最优质的信息服务和生活工作服务。

（二）以技术为支撑

新媒体时代，技术成为关键支撑。把技术置于媒体融合最优先地位，大胆运用、抢先运用大数据、人工智能、5G、区块链等最新技术，通过技术创新和革命，再造媒体生命力和发展前景。

（三）以内容为根本

内容为王始终是传媒的王道，也是信息交互平台的王道。始终坚持正能量总要求，质量第一、用户至上，不断以内容优势赢得发展优势。

（四）以终端为目标

客户就是上帝，终端就是目标。在坚持正确引导舆论的前提下，内容生产、政务服务、民生生活等均由生产者、传播者向用户终端聚焦用力，让客户满意，让终端智能，夯实用户黏性，增加用户依存度。

三、创新“五大”机制，拓展融合空间

（一）“市县共建”机制

南充日报社牵头建立全媒南充大数据平台，为各县（市、区）融媒体中心无偿提供完整的软件平台，避免了重复建设和标准不一、管理不齐等问题。南充见APP与各县（市、区）融媒体中心在行政关系上互不隶属，仅就技术平台共建共享、共管共用。

（二）“市县共享”机制

市县两级建立互为支撑、策应环流的工作平台，形成时效性强、公信力高的发声平台。市与县、县与县共享平台权利、共享信息资源、共享用户市场。通过“集结号”实现“一键通”，用户可在各端之间瞬间进出，自由往来，四通八达。

（三）“市县共管”机制

市县两级既分级管理，又共同管理，市级管理总平台，县级管理自平台。整合新媒体生产型人才、技术型人才资源，提高对平台和客户端的运营管理能力。

（四）“市县共用”机制

南充见APP和以南充见APP为纽带的各县（市、区）客户端，向广大用户提供新闻资讯、政务办理、民生服务等，做到“一机在手、一端在手、一切在手”，从而产生强大的用户黏性。

（五）“市县共利”机制

市县两级融媒体中心以两级客户端为载体，将客户端建成经营发展的新型平台，共同拓展市场、深耕市场、使用市场。南充见APP已经显露出舆论场和市场的活力，四川天府银行、中国电信南充分公司等主动寻求合作，与南充见APP签订战略合作协议，签订和实施经营合同500多万元。

四、突出“六大”重点，提升融合能级

（一）全市“一朵云”

体现“面向未来”的设计思想，建设超融合数据机房，所有数据都集成在“云”里，保证数据库的完整性、准确性、储存性。全市的各类数据都托在这朵“云”上，实现数据资源共享。

（二）全市“一平台”

全市共建统一的宣传管理和采编发工作的全媒南充大数据平台，在平台里宣传部门可下发通知、报道任务、指导意见，实现全域所有新媒体平台综合运营管理和联合发声管理，最大化扩大正面宣传能力，贯穿策、采、编、发、管、控、馈等所有环节，体现集约、信息、科学、高效、便捷的工作特点。

（三）全市“一主端”

打造覆盖全市的“五最”（融合理念最新、传播功能最强、平台技术最优、服务效果最佳、市场前景最好）新闻客户端——南充见APP，县（市、区）融媒体中心自主使用分端，分级负责。

（四）全市“一中心”

南充日报社建设全媒南充大数据平台，指挥中心市县共用，功能齐全，科学先进。指挥调度、统筹协调、舆情监测等上下通达、左右兼顾。

（五）全市“一张网”

南充见APP、南充新闻网系统支持子网站开设，可为每个县（市、区）融媒体中心开设子网站，单个站点支持PC网站、手机站、APP、数字报以及微信等多终端一体化管理，支持一键发布到多个终端，实现一次编辑、多渠道发布。

（六）全市“一键融”

以人民为中心，具有“融”“容”特点，既体现以媒体为基础的融媒体特点，建成“全程媒体、全息媒体、全员媒体、全效媒体”，适应未来融媒发展需要的多功能平台；又体现以人民为中心的社会发展和社会治理为目标的社会性融合容纳，为现代社会治理和高质量发展搭建信息化平台。

五、打开“七个”通道，扩大融合半径

（一）打开“内部通道”

通过全媒南充大数据平台的运行，解决南充日报社

旗下《南充日报》《南充晚报》、南充新闻网及新媒体群之间不通不畅的问题，实现报社内部各媒体平台的新闻采编流程再造，形成一体策划，一次采集，多元编发，集群传播。

（二）打开“市县通道”

各县（市、区）融媒体中心与全媒南充大数据平台互通互联、共享共用，实现市县并联、区域互动的传播模式，提高全市媒体资源的利用率。

（三）打开“媒体通道”

实现传统媒体形态的融合，让担负宣传职能的市县广播电视、官方网站、客户端、网络大V、有一定影响力的自媒体入驻全媒南充大数据平台；平台通过个性化定制等技术手段，满足相关媒体、网站的入驻，实现融合传播。

（四）打开“部门通道”

一是为市县两级党政机关、部门、单位搭建共享的社会现代治理平台，真正充分体现新闻+政务的效果。二是搭建民生服务平台，便捷群众生活。让市民在信息交流互动和手机客户端的运用中，享受科技红利，使生活智能化、信息化、现代化。

（五）打开“外宣通道”

做优外宣平台，增强传播时效。以本地强大的舆论场对接上级媒体，发掘使用优质新闻资源，既增强南充对于上级媒体新闻的吸引力，又打通了市县两级新闻生产、传播的绿色通道，形成全市宣传“大合唱”，增强传播力、公信力、影响力、引导力、感染力，牢牢掌握意识形态领导权、话语权、管理权。

（六）打开“发展通道”

通过科技支撑，搭建发展平台，为创业者提供发展之机，为经营者提供营商之机，实现平台融合经营、媒体矩阵传播，努力扩大发展效果。

（七）打开“个人通道”

将众筹模式引入平台运营，将自媒体吸入主媒体，将粉丝个人融入生产传播。激活和组织社会力量与主流媒体一道共生共荣，生产各种形态的信息产品，传播正能量，引导价值观，形成凝聚力。

（杨雨龙：南充日报社党委书记、社长，魏豪成：南充日报社融媒体中心副总编辑）

南充见客户端

案例类别：产品

三国源论坛项目

覃伟　王俊杰

2013年以前，南充在全省舆情较重，又大量外溢到麻辣社区、百度贴吧、新浪微博等处，南充缺少一个可以承担“舆情蓄水池”功能的互动媒体。为实现市内舆情可管可控，由市委宣传部主管、南充日报社主办的三国源论坛应运而生。

三国源论坛是以“搭建党委、政府与网民交流，提醒部门及时回复，实现网民诉求及时解决，防止舆情扩大化，化解舆情在萌芽中”为宗旨的一个网上平台。创建8年，三国源论坛已拥有独立访客300多万名，浏览次数700余万次/年，日均发帖600余条，是南充市本土唯一拥有互联网新闻信息许可的论坛。同时，南充市九县（市、区）、市直部门及所属企事业单位等1100家机构在三国源论坛完成实名认证入驻，已成为南充市网络诉求的主要集散地和网络舆情的重要“蓄水池”。

一、三国源论坛的运营模式

（一）强化制度，内容“三审”

三国源论坛先后编写《采编规范暨工作细则》《网帖管理办法》《平台管理规章制度》等制度确保内部运营安全。同时，定期对员工进行业务考核，确保其具备新闻人的职业素养、政治敏感、法规认识。在工作时，能及时甄别危险帖文“先卡后报”，按要求处置帖文。

在内容审核方面，坚持实行“三审”制，三国源论坛过滤词库收录了近300个关键词，一审就能拦住80%不良信息；实行“7×24”小时工作制，分白班、夜班两班倒，由值班人不间断审核内容，值班人员除了要完成自身工作时间内的审核任务，还要检查上一位值班人员工作时间内的内容，做到每篇内容三次审核。

（二）原创内容，为正能量鼓与呼

“包子有肉不在褶上”，包装得再好，一吃就露馅。作为南充日报社主办的社区论坛，从创立之初，三国源论坛就流淌着新闻人的血液，始终谨记生产有价值的优质内容，营造积极健康的网络舆论氛围，做到人有我鲜，人无我有。

创建以来，每位员工都有制作主题帖文的任务，其中生产了不少精品帖文。

（三）深挖特色，打造品牌栏目

论坛划分有六大版块，33 个子栏目。各大栏目除了招募版主进行管理外，自身也针对各大版块设置有特色栏目，例如舆情版块的“政民零距离”，校区版块的“花儿与少年”，公益版块的“爱心帮帮团”，摄影版块的“瞰南充”等，深受网民喜爱。

（四）创新活动，团结“意见领袖”

“一个没有用户的媒体，一定不是主流媒体”，三国源论坛作为互动平台离不开用户群。一方面，三国源论坛上线以来，每月都将评选“热帖奖”和“达人奖”，已成为论坛的品牌活动。另一方面，通过开展摄影采风、试吃观影等线下活动加强了用户黏合，以此建立管理员与用户的沟通渠道，增强用户归属感。

目前，南充市网络大 V、“意见领袖”等核心用户群已悉数入驻三国源论坛，且成为其心中的发帖首选地，近年来多次出现的重大舆情均率先出现在三国源论坛，为有关领导及时掌握情况赢得了时间。

（五）查缺补漏，增强用户体验

三国源论坛采用的 DISCUZ! 社区软件系统，随着全国社区论坛的影响力大幅度滑坡，软件服务商的技术更新升级也开始逐渐缓慢。

为弥补不足之处，多年以来，三国源论坛多次开展网上征集、线下组织网友讨论等形式收到了上百条论坛发展及操作体验等方面的建议。经上级领导同意，先后对三国源论坛及相关软件多次升级改造。

二、三国源论坛核心“引擎”——舆情“蓄水池”

2014 年底，三国源论坛与南充新闻网旗下的《政民零距离》栏目合而为一，论坛互动栏目建设和舆情“蓄水池”的建设齐头并进，以论坛的大量网友作为基础，以舆情专区政民互动带来的影响力为利器，使三国源论坛不断壮大。

（一）严格实行考核机制，考核结果纳入年度目标绩效考核分值

三国源论坛舆情版块上线以来，受到市委宣传部、市委网信办的大力支持，2015 年，市委宣传部、市委网信办责成南充新闻网三国源论坛制定了《“三国源论坛”网络诉求和舆情回复处置考核办法》，考核内容含全市各地各有关部门（单位）在三国源论坛实名注册、实时监测、诉求和舆情办理等情况，经主管部门同意后，每月底形成《“三国源论坛”网络舆情办理情况》分发给各地各部门（单位）。

每月各单位舆情处置回复情况的考核结果将在年底作为重要参考依据报送市政府、市政协，并纳入县（市、区）和市级有关部门（单位）年度目标绩效考核分值。

（二）舆情回应不及时，记者来督办、党报来通报

在日常运行中，三国源论坛舆情工作主要分为反馈、督办、考核三个步骤，首先告知涉及的舆情单位线下处理或公开回复；原则上要求涉事部门 3 天内作出回应，网络诉求和舆情复杂的可安排在 15 个工作日内办结。

如果限期内没有进展，则派出记者采访，督促单位积极处置，或在《南充日报》《南充晚报》上进行通报提醒。

（三）组建网评员队伍，扮演“水军”角色

三国源论坛工作人员积极分析舆情动向，协助相关单位监测处置，必要时组织本网评论员正面引导，用正能量淹没负能量。在南充市多件舆情事件发酵期间，三国源论坛网评员撰写刊发《〈“贫困指标”疯狂造假〉一文严重失实，是在“疯狂造假”》《顺庆区一餐饮趸船下沉 无人员伤亡》等帖文，有效阻止了谣言蔓延。

三、“多点开花”，全媒体领域展示三国源论坛

南充日报社旗下拥有《南充日报》《南充晚报》、南充新闻网、“南充见”客户端、微信微博等媒体平台共 30 多个。三国源论坛获得南充日报社党委大力支持，充分利用各平台资源，开专栏、建入口，传播力、引导力、影响力、公信力大幅增强。

（一）报网互动，增强影响力

《南充日报》《南充晚报》分别开设有“三国源论坛”专栏。版面内容由南充日报社全媒体记者挖掘论坛好故事；或对网民反映的问题进行深入调查采访曝光；或对部门单位已回复的诉求进行回访；或对拒绝回应、回应不及时的单位进行通报；或对舆情处置工作中表现优秀的部门单位进行宣传，分享其舆情处置工作经验。

（二）将论坛“搬”进微信，打通移动端用户访问入口

传统的 BBS 论坛强调内容发表，而新兴的 SNS 更加强调用户的交互性。2015 年，南充日报社斥资完成“手机 WAP 论坛页面”“微社区”的技术开发，创建“三国源论坛”微信公众号并嵌入“微社区”，PC 端论坛与“微社区”数据全面打通，成功打开移动端用户访问入口，享受微信多种特有功能，完成传统社区向移动化的转型。

1. 免去网址输入，一键登录发帖。“三国源论坛”微信公众号加入“微社区”后，其下拉菜单增加了快捷入口，免去了打开手机浏览器输入网址的流程，同时可以使用微信账号一键登录，内容发布能直接扫描用户手

机相册，实现内容即拍即发，大大简化网民发帖流程，帮助用户管理“碎片化”时间。

2. 强化用户互动，内容分享更方便。基于微信功能，用户可分享主题帖内容至微信好友、朋友圈；当有好友私信或被网友“@”时能通过微信及时获取提醒，加强了用户围绕帖子进行互动和分享的功能。

（三）将舆情处置工作阵地向移动端转移

近年来，南充日报社按照“全市一张网、融合一盘棋”推进市县两级媒体融合，带领和整合九县（市、区）融媒体中心，建设全市性、综合性融媒体中心——全媒南充大数据平台，打造出“南充见”手机客户端。

2020 年 1 月，“南充见”手机客户端一经上线，三国源论坛立即开启“南充见 APP 与论坛的数据互通”的定制研发工作，同年 10 月，正式在南充见 APP 上线，南充见 APP 与论坛的帖文数据、点击量、用户资料均实现互通，用户通过手机号码可同步登录两方平台，支持便捷的看帖、回帖与互动等操作。同时结合手机拍照，实现即拍即发，提供不亚于 PC 端的发帖与阅读体验。

另外，为南充见 APP 引入了大量论坛用户，避免了九县（市、区）、市直部门及所属企事业单位重复入驻。

（章伟：南充日报社融媒体中心总编辑，王俊杰：南充日报社融媒体中心记者）

三国源论坛

案例类别：产品

川江号客户端

2017 年，泸州日报社整合旗下两报一网（《泸州日报》《川江都市报》、泸州新闻网）的内容、平台和技术等资源优势，打造上线了川江号新闻客户端。上线三年多，川江号用户数已有 50 万 +，成为名副其实的泸州“第一党端”。

一、持续技术投入，打造泸州第一党端

泸州地处四川省东南、川渝滇黔接合部，是一带一路、长江经济带和西部陆海新通道重要节点城市。作为地处西部的一个地市级城市，川江号客户端的上线被市委市政府赋予了“泸州第一党端”的重要职责，并不断强化。

作为泸州市第一党端，川江号新闻客户端定位为“立足泸州，服务川江”，2017 年 8 月 1 日正式上线，旨在为政府和百姓搭建沟通的桥梁，一方面及时传递党和政府的声音，另一方面有效反映老百姓的诉求。2018 年起，川江号被列为泸州市融合媒体发展三大重点之一。

为了确保川江号的有序运行，早在 2016 年泸州日报社投入 350 万元，与方正公司合作建立的“中央厨房”，2018 年又追投 450 万元全新升级超融合系统“泸州云 · 融媒中心”。以“泸州云 · 融媒中心”为大脑和神经中枢，协调指挥报社旗下报、网、端、微 7 大类 30 个平台产品的新闻的策、采、编、发、评价和考核，实现了新闻生产建立在智能化基础上的常态化运行。泸州日报目前日均原创内容超过 150 条，新媒体产品单条最高阅读突破 1 亿。融媒体中心将大数据分析、GPS 定位等功能全部接入“泸州云 · 融媒中心”，支撑媒体的融合发展、新的文化业态的培育和对外合作。

二、围绕市委、市政府中心工作，传递主流声音

基于“泸州第一党端”的定位，川江号客户端在栏目设置上注重时政和经济结合，设置了头条、政经、区县、泸州云、评论、党媒关注，并在内容策划上树牢新闻宣传也是生产力的观念，始终助推产业高质量发展作为第一要务。

1.“三大千亿产业”，是泸州争创四川省和成渝地区经济副中心推动高质量发展的核心“动力”。2020 年 4 月，泸州历史上首个投资 200 亿元工业招商引资项目（恒力集团）开工，川江号推出“泸州建市（1983 年成立省辖市）以来最大招商”策划，展示了泸州大招商招大商的重大成果，尤其是近年泸州成功招引的一批 100 亿元、50 亿元、20 亿元投资项目，提炼了泸州产业招商的好经验、好做法，得到市委书记刘强和四川省副省长罗文的肯定和好评。

2. 川江号常态化开设《聚焦 · 2020 泸州目标》《融入双城圈 共建增长极》《泸州高质量发展这一年》等专栏（专题），对泸州产业高质量发展的生动实践进行常态宣传，润物细无声地“助推”；而在“两会”、每季度重大项目集中开工仪式、半年项目流动现场会、酒博会等关键节点，围绕市委市政府确定“六大攻坚行动”

主题，以“三大千亿产业”为切入，精心策划并推出深度系列报道，一展“中国酒城 醉美泸州”风采。

三、主动参与国家战略布局，提升客户端影响力

泸州与重庆相邻，是川南渝西的重要节点城市，市委、市政府在战略布局中牢牢抓住推动成渝地区双城经济圈建设的重大战略机遇，加快建成为四川省和成渝地区经济副中心。

响应市委、市政府号召，泸州日报社以川江号客户端为主导，大力宣传成渝融圈，为成渝融圈出谋划策。针对成渝融圈，川江号专门开设了《双城记》栏目。

2020年初，成渝地区双城经济圈建设上升为国家战略，川江号客户端推出了以“唱好双城记，共建增长极”为总栏题的系列策划。5月开展“唱好双城记，共建川渝合作典范”大型采访活动，深入重庆市荣昌区、永川区、江津区的22个采访点位，聚焦加强区域合作的成效和创新举措，提出了不少前瞻性思考。荣昌区委常委、宣传部部长赵天智在朋友圈为川江号的报道点赞。2020年5月，川江号与成都发布、四川发布等合作开展“我们都是圈内人”策划，推荐成渝城市群旅游文化资源，让网友了解了泸州旅游、文化、美食、产业。

四、立足本地，民生服务为先

川江号内容丰富，几乎包揽泸州的时事、民生以及国内国际重大新闻。自上线以来，一直受到泸州市民的广泛喜爱。

1. 新冠肺炎疫情期间，川江号客户端推出“泸州战疫一线报道”专题，每日制作《泸州战“疫”实时动态》，一图读懂当日新闻要点，梳理汇总区县、部门的战疫行动集中呈现。发布的H5《泸州战“疫”，我带头，我接力》引起全市党员共鸣，24小时10万人转发。主题策划“泸州战‘疫’·暖城记”系列，推出战“疫”夫妻档、前方一线、后方坚守、暖心金句等，用图文形势，展现泸州众志成城防控。1月23日至2月25日，川江号共发稿2500多条，总阅读6500万+。

2. 泸州长江大桥是泸州主城区仅有的两座长江大桥之一，2020年7~9月必须进行全封闭维修整治。这座大桥关系到泸州主城区130万人的出行，如果不做好引导，将会引起舆情聚集。川江号客户端在长江大桥维修整治中提前介入、服务民生、全程发布，把影响泸州130万人出行的民生大事稳妥渡过。4月9日，提前3个月告知市民长江大桥将进行维修整治。5月22日，为了让全体市民参为长江大桥维修整治献计出力，推出了《长江大桥维修整治，记者帮你问》，向全体市民征集维修整治建议，将收集到的150多条意见转给长江大桥维修整治宣传组。在6月5日召开的新闻发布会上对市民集中关注的高速公路收费、为什么不开通渡口、限行措施等问题进行了集中回复。在长江大桥为期3个月的封闭维修中，川江号客户端每周对长江大桥的进度做一次报道，及时透明告知市民进展。9月29日0点，长江大桥恢复通车，推出了通车视频直播，共计110万人次观看直播。视频《帅爆了，我的长江大桥》《感谢有你，我为泸州人点赞》全景回顾长江大桥从拆除桥面到维修整治完工情况，感谢全体市民的付出。3个月的时间，川江号推出了长江大桥维修整治图文、短视频800多条稿件，阅读总计2000万+，缓解了市民焦虑，赢得了市民和市委、市政府的掌声。

五、网络问政，践行网上群众路线

为践行网上群众路线主要阵地，川江号客户端开设了“有话请您说”——泸州市网络问政栏目，成为泸州市社会公共服务、舆情监测、新闻信息源、信息咨询的综合性媒体平台。

网友可在川江号客户端随时随地提问。栏目拥有短信自动通知功能，每个问题一旦受理或办结，问政人均能第一时间收到短信通知。“在线访谈”作为泸州市网络问政平台集中问政的一种方式，每周邀请一位县区或部门主要负责人参加访谈直播，通过视频和图文的方式，就网络热点、难点问题进行在线交流。平台目前已组织在线访谈242期，回答网民提问5708个。

网络问政实行“限时办结制”，被问政部门要求简单咨询类问题即时回复，一般问题3个工作日内回复，较复杂问题15个工作日内办结回复，特别复杂的问题30个工作日内办结回复。相关职能部门解决问题是否满意由群众说了算。限时办结后群众不满意，可以直接给“差评”。每月还会开展“第三方评价”，邀请社会各界人士站在中立的角度评议职能部门处理问题是否到位。平台实行“周统计、周分析”，每周就网民问政件进行分类分析，整理为简报报送给市领导，为全市科学研判网络舆情提供参考。很多可能爆发的问题，通过问政平台解决在萌芽阶段，让大量民生问题和社会矛盾第一时间得以处理解决。加强与各部门和网友之间沟通协调，保障了网络问政件件有落实，事事有回音。

泸州日报社通过建设川江号新闻客户端，迅速占领新的舆论阵地，让党和政府的声音传播更具影响力；同时，为泸州人民提供更加优质的新闻资讯服务，寻求真相不用再“东奔西跑”；还为“两报一网”融合发展、改革转型尝试了新路径。

（泸州日报社）

川江号客户端

案例类别：产品

安顺日报社：推进媒体融合 助力黔货出山

按照积极推进、科学发展、规范管理、确保导向的要求，以安顺日报社大数据智慧全媒体“融媒体中心”建设为抓手，以先进技术为支撑，推动传统媒体和新兴媒体在内容、渠道、平台、经营、管理等方面深度融合，打造了一批形式多样、手段先进、具有竞争力的新型主流媒体，“安顺日报社助农团”是安顺日报社推进媒体融合的平台之一。“十三五”以来，安顺各县区结合自身发展实际情况，坚持精准施策，采取产业扶持、就业创业帮扶、生态扶贫等措施，以非常之力、关键之举，全力巩固提升脱贫攻坚成效。脱贫攻坚难在精准、贵在精准、重在精准，为助力黔货出山，为安顺市脱贫攻坚事业做贡献，安顺日报社搭建了助农团网上商城、分销小程序、网络直播带货、线下助农悦游街等多个助农平台，帮助安顺本地农户销售农特产品，同时结合安顺日报社媒体资源优势，在各媒体平台上对农特产品进行宣传推广，截至目前，安顺日报社通过搭建的助农团平台共推广销售百余种安顺农特产品，帮助农户达成销售额600万余元，帮助农户的滞销产品成功脱销。

一、安顺日报社开发小程序分销平台提升了产品宣传力度

2019年7月，安顺日报社旗下子公司贵州悦读文化传媒有限公司对助农团网上商城进行优化升级，开发了“黔中live惠”助农团小程序分销平台，针对当地农特产品、酒店客房、餐饮等采用分销模式进行推广，打造助力黔货出山分销模式，客户不仅可以通过平台下单购买到新鲜的农特产品，还可以通过分享产品获得收益，“黔中live惠”分销平台的搭建，大大提升了产品的宣传力度，让更多的人通过分享了解到安顺本土的农特产品，销量也得到了很大的提升。截至目前，分销平台推出的刘官山药、紫云红薯、关岭版贵花椒等百余种农特产品通过该平台包装推广后取得了较好收益，小程序后台注册用户达8000余人，帮助农户达成销售额40余万元。

二、安顺日报社搭建直播平台拓展了农民群众的销售门路

2020年初，为解决疫情期间农产品销售难题，深入挖掘电商发展潜力，宣传推广安顺市特色农副产品，安顺日报社搭建了助农团网上直播带货平台，通过抖音、淘宝、微信等多个直播平台进行直播推广。“直播带货”全面提高了农产品供需信息的对接效率，让广大消费者足不出户，就能买到新鲜天然的农产品，同时拓展了农民群众的销售门路，开启了战“疫”助农的崭新模式。直播平台可以帮农户把山里的好货卖出大山，相信未来会有更多的农户也加入直播大军，成为农村电商事业中的“星星之火”。

2020年1月至12月，安顺日报助农团直播平台共开播17场，推荐了紫云小西瓜、紫云红薯、紫云大米、旧州茶叶、镇宁蜂糖李、荣鑫企业奶制品、天赐魔梨刺梨汁等多个本土特色产品，直播在线总人数累计达到11万余人次，帮助企业商家和农户达成销售额累计120万余元。

三、安顺日报社搭建了助农悦游街增加了群众收入

自2016年12月起，安顺日报社策划组织了“走进100个美丽乡村”大型线下活动，借助市场力量，与各行业进行联动，以致力于全民健康生活方式的推动和发展安顺美丽乡村建设为使命，通过新媒体线上运作，开展线下全民健康运动，大力推动全域旅游，推动黔货出山，助力美丽乡村建设。安顺日报助农团借助活动现场火爆的人气，搭建了悦游街农特产品一条街，邀请当地农户和商家到活动现场展示和销售产品，引来了不少徒友参观购买。截至目前，“走进100个美丽乡村”活动已成功举办了28站，线上线下参与人数累计达18万余人次，入驻悦游街的农户和商家达600余个，帮助西秀区刘官乡大黑村销售农产品、带动紫云自治县猫营镇黄鹤营村的蓝莓和普定县化处镇水井村的莲藕白岩村韭黄系列产品及关岭云上刺梨酒的销售，28站农产品销售累计多达500万元。有力地促进把生态转变为效益，切实增加了群众收入。

四、安顺日报社打造主流媒体+线下助农+电商助农助力脱贫攻坚

为积极响应国家脱贫攻坚的号召，安顺日报社致力

打造主流媒体+线下助农+电商助农的典型案例，组建“安顺日报助农团”，利用抖音平台《抖安顺》《千里眼》、微信公众平台、网络直播、“走进100个美丽乡村”活动等渠道，连线安顺本土农副产品种植业，通过线上+线下推广和直播带货的形式进行农特产品销售，全网推广本地农特产品，助力脱贫攻坚。助农团直播平台开启了“爱民助力”的崭新模式，使手机成为“新农具”，直播成为“新农活”，为本地农产品的销售提供了新模式、新途径。

（安顺日报社）

案例类别：组织机构

石嘴山市新闻传媒中心：以深化改革推进媒体深度融合

周学礼

推动媒体融合发展，打造具有强大影响力、竞争力的新型主流媒体，是新闻战线面临的一项重大课题。围绕习近平总书记关于推动媒体融合发展重要讲话精神，石嘴山市新闻传媒中心找准融合突破口，靶向发力，精准施策，以融媒体平台建设为支撑，以内容生产为核心，以机制体制创新为保障，在强化移动优先、再造采编流程、培养全媒体人才等方面持续用力，摸索出具有石嘴山特色的融合发展经验。

一、强化移动优先策略，率先拉开媒体融合序幕

中心按照“融为一体、合而为一”的总要求，充分发挥技术在融合中的引领作用，建立市级融媒体中心，实现了全媒体采编播管一体化。

（一）实行“一体化”运作模式

改变以往单一的采访、编辑、传播方式，建立集策、采、编、发为一体的采编团队，鼓励记者、编辑、主持人等在各角色间自由转换，着力构建以新媒体生产和传播为核心、符合新闻传播规律和新媒体发展规律的一体化运行机制；建立融媒体调度体系，打通报纸、电视、广播、客户端在指挥调度等多领域、全方位的共享通道，实现信息内容、技术应用、平台终端、人才队伍、管理手段共享融通，真正做到一体发展，放大一体效能。

（二）再造采编流程

把资源、技术、力量向移动媒体倾斜，成立以融媒体中心“中央厨房”为核心和技术支撑的全媒体协调中心、采集中心、编辑中心，高位指挥、高位协调、高位推动，扁平化管理，形成“一次采集、多元生成，多种产品、多元传播”的全媒体联动新格局，实现“新媒体—网站—广播—电视—报纸”传播流程再造。

（三）拓宽传播矩阵

在“两微一端”和新技术新领域集中发力，形成了以《石嘴山日报》、石嘴山电视台、石嘴山综合广播、石嘴山新闻网、“今日石嘴山”手机客户端、石嘴山手机台为龙头的党报、党台、党网、党端的全媒体传播矩阵。在执行重大宣传报道任务时，以全媒体、大兵团方式连续作战，针对不同媒体的特点，发挥各自优势，做到各展所长，优势互补。先后和央视新闻+、新华社现场云等签订合作协议，完成了地方主流新媒体、权威主流媒体和知名网络传播平台的矩阵打造。

（四）强化学界业界交流

2019年7月19日至21日，成功举办西部媒体融合改革论坛，以石嘴山媒体融合改革为例，邀请中国人民大学、上海交通大学、四川大学、重庆大学等高校的专家学者，以及《人民日报》、新华社、光明日报等中央媒体和西藏、内蒙古、贵州、陕西、甘肃、湖北、山东、四川等省（自治区、直辖市）的主流媒体上百名代表，就媒体融合改革与发展的问题对策等课题开展交流和研讨，凝聚了媒体融合发展的共识。

二、激活内生动力，率先再造媒体融合体制机制

中心牵住“平台融通、人才贯通”这个牛鼻子，从打基础、利长远的角度出发，认真梳理最根本、最迫切需要解决的问题，大刀阔斧地推进改革和融合。

（一）重塑组织架构

组建编审委员会、技术委员会、经营管理委员会，形成以新闻宣传为核心，以技术保障和经营发展为支撑的全新工作格局。大力实施移动优先策略，先后两次围绕移动优先对内设机构进行调整重组，使内设部门从原有的27个减少到17个，建立了采编播管一体化运行机制。打破身份界限，先后两次开展中层竞聘和全员双向选择上岗，使一批业务能力强、综合素质高的业务骨干走上中层岗位和重要业务岗位。

（二）深化薪酬制度改革

打破“干与不干一个样、干多干少一个样”的思维模式，以绩效管理为核心，围绕媒体自身特点，研究制定《石嘴山市新闻传媒中心奖励性绩效工资分配办法》，实现全员聘用、以岗定薪、同工同酬、兼顾公平，从根本上激发了干部职工的积极性创造性；以广播中心为试点，改革部门绩效管理方式，实行总监竞标上岗、费用包干、差额补助的管理方式，充分调动干部职工工作积极性和主动性，提升广播采编质量。

（三）推进经营体制改革

实行采编经营两分离，按照事企分离、市场运作的原则，对经营性项目进行剥离，纳入公司运营，并把部分非在编人员划转至公司，通过自主经营和承接政府购买服务方式，向中心各传播平台提供定制化新闻产品和服务，从源头上杜绝有偿新闻，使经营工作更好地服务和保障新闻宣传。

三、加强人才队伍建设，为融合发展蓄能增势

中心紧紧围绕全媒体时代发展要求，在现有人员和条件的基础上，积极探索人才培养新模式，加强人才队伍建设，努力打造一支高水平新闻工作者队伍。

（一）实施人才培养“五大工程”

以建立完善人事、分配、培训、奖励、考评管理体制机制为核心的人才激励工程；以加强与高校、优秀媒体合作为核心的人才合作工程；以对优秀记者、编辑、主持人实行多岗位锻炼为核心的复合能力提升工程；以加快选拔、培养、重用优秀年轻干部为核心的干部成长工程；以定期评选名记者、名编辑、名主持人为核心的新闻名家工程。截至目前，中心副高级以上专业技术人才 21 人，全国德艺双馨工作者 1 人，宁夏文化名家 1 人，自治区青年拔尖人才 3 人，市级 351 人才 20 人次。

（二）强化人才培训培养

研究制定采编播人员、技术人员年度业务培训计划，邀请全国、全区专家以及内部采编骨干，围绕采编业务、采编设备使用、言论写作等主题开展线上线下专题培训，每年开展专题培训近 40 场。同时以全媒体工作室（微视频报道小组）为载体，以项目化为依托，开展短视频、MV、动漫、H5 等融媒体产品创作培训，着力培养全媒体复合型人才；开展师徒结对活动，按照以老带新的实战培养理念，推动新人快速成长成才。

（三）健全人才激励机制

开展“首席记者（编辑、主持人）、技术标兵、岗位能手”评选活动，充分体现知识价值、岗位技能为导向的分配政策，大力营造崇尚知识、尊重人才，看重技能、弘扬实干的浓厚氛围，同时，为更好地发挥职称评聘工作的激励导向作用，打破了职称晋级终身制，建立“能上能下、能进能出、优胜劣汰”的竞争激励机制，鼓励专业技术人员积极学业务、比业务。

四、坚持内容为王，打造新闻精品力作

中心在推进媒体融合发展中，始终牢记职责使命，把生产有思想、有温度、有品质的优秀新闻作品作为新闻舆论工作的突破口和媒体融合改革的重点。

（一）着力打造现象级产品

持续深化强“三性”增“四力”教育实践工作，鼓励记者深入基层，不断增强脚力、眼力、脑力、笔力，推出“沾泥土、带露珠、冒热气”的新闻作品。推出的《赞！22400 元撒落一地……石嘴山街头上演暖心一幕》《点赞|10 分钟的生命“赛跑”！我市公交司机成功施救突发心脏病患者》等优秀网络作品，赢得了受众的广泛赞誉。

（二）组织开展“五创双争”活动

开展以创建名专栏、名专刊、名专题、名评论、名作品，争夺全国新闻奖、宁夏新闻奖为主要内容的“五创双争”活动，打造优秀的本土新闻宣传品牌。自 2014 年中心成立以来，先后有 300 余件新闻作品获得国家、自治区各级各类新闻奖项，其中 24 件新闻作品获得各级各类新闻奖一等奖。

（三）加强考评体系建设

成立质量管理部，全面负责中心报纸版面、广播电视节目、新媒体平台的质量监督管理工作，每周召开质量分析报告会，对各媒体刊发稿件质量情况及时进行分析反馈；完善《新闻宣传工作奖励制度》《差错登记扣罚制度》《新媒体考核办法》《六好稿评选制度》等制度，严格兑现奖惩，为精品内容生产提供制度保障。

下一步，中心将继续深入贯彻落实习近平总书记关于推动媒体融合发展的重要论述精神，推动新闻舆论传播力引导力影响力公信力迈上新台阶，努力为地市级党媒推进融合发展积累更多经验。

（周学礼：石嘴山市新闻传媒中心总编辑）

今日石嘴山客户端

案例类别：产品

爆款新闻短视频是如何产生的

吴志浩 李道权

推进传统媒体和新兴媒体融合向纵深发展，是当下新闻媒体面临的紧要课题。《新闻晨报》在继续引领主流媒体价值观的基础上，积极尝试媒体融合、转型发展，推动培育多个互联网媒体产品，不仅完成了采编流程体系的再造，还着力打造了旗下核心新媒体视频产品——021视频，探索了一条鲜活的、玩转新媒体的爆款产品融合创新实践路径。

《新闻晨报》021视频于2020年5月正式上线，定位上海，内容立足本地，原创是核心，旨在通过精准定位、灵活设计、有的放矢地建设《新闻晨报》扎根本地的融媒体。021视频的主角永远是一线，永远是一群自带高光的普通人，永远聚焦的是平凡人的平凡之光。通过讲述他们的平凡故事、暖心瞬间，在尽可能广的范围内聚党心、树新风、得民心。其与纸质报刊《新闻晨报》、移动客户端“周到上海”相配套，构筑起同频共振、互动互哺的强大势能。

一、深耕上海本地

作为深耕本地20年的媒体，《新闻晨报》在上海内容生产上有着巨大优势。在媒体融合进程中，《新闻晨报》充分利用内容供给这一优势，通过整合采编团队，再融合021视频具备的新媒体思维，以新的传播形式对新闻素材进行后期制作加工，用新的传播语态对优质新闻再造再传播，从小切口讲述正能量，传递“真情义”，实现内容与技术的深度融合，探索出一条持续生产海量爆款正能量短视频新闻的路径，为《新闻晨报》的持续发展和融合提供动力，也提升了《新闻晨报》的新闻舆论传播力、引导力和影响力。

数据显示，021视频目前月均超过200条原创内容登榜微博区域热搜，周均近5条原创内容登榜微博全国热搜总榜；微博平台月均播放量破1亿，全平台月均播放量破4亿，不少原创内容引爆舆论场并多次被《人民日报》、新华社、央视新闻、中国新闻网、《经济日报》、《中国青年报》等众多央媒转发。

充分利用公众资源，运用新媒体传播技术，提升新闻生产能力，丰富媒体报道内容，是主流媒体在内容生产加速融合的必经之路。021视频在多平台开放征集新闻线索，结合“周到上海”客户端等多个线上线下端口，打破传统媒体信息采集固有模式，用户可以随时使用手机爆料，为021视频提供最接地气的资讯素材，记者也可以及时掌握新鲜的、第一手的新闻线索，去杂存精，去伪存真，确保了内容生产的真实、准确、接地气。

二、讲好上海故事

自2020年5月上线以来，《新闻晨报》021视频始终以讲好上海故事为己任，发挥《新闻晨报》深耕本地的优势，不断向受众呈现一个个生动鲜活、触动人心、充满正能量的平凡人的平凡事、暖心事、有趣事。

总结021视频多次登榜微博热搜的规律，可以归纳为如下几类。

（一）平凡的感人事

021视频采访制作的《父亲第一条朋友圈献给女儿》聚焦的是平凡亲情，通过讲述年迈父亲学会使用微信后，发的第一条朋友圈来讲述父女间浓浓的亲情。视频累计播放量超1000万次，微博话题页阅读量达3亿，一度冲上微博热搜榜第二，被《人民日报》、央视新闻等相继转发。当天央视CCTV-1综合频道《晚间新闻》、CCTV-13新闻频道也对这一视频作了详尽再传播。

2020年教师节当天021视频推出的《30年师生情！初中师生15年后再成师徒》，通过采访上海格致中学的一名学生在获得博士学位后，念念不忘师恩，回母校成为一名普通的语文老师。而当年无私奉献的老师竟然成了自己的带教老师。这一视频播放量当天就突破400万次，登上微博热搜第七位，被《人民日报》、《中国新闻周刊》、环球网等权威媒体转发。

《防疫需要，新娘独走红毯医师新郎视频求谅解》则聚焦防疫之际医护的爱情、责任与担当，登上微博热搜23名，并被多家媒体转发关注；《萌萌熊爪爆红背后的暖心真相：聋哑人做咖啡师》在国际残疾人日当天推出，讲述上海一间网红咖啡馆背后的暖心真相：店员通过熊爪将做好的咖啡从“洞”中递出，咖啡背后是一群聋哑人咖啡师。视频在微博平台获得892万次播放、13万人点赞，被《人民日报》、央视新闻等主流媒体转发报道……

（二）平凡的暖心事

021视频全网独家跟踪报道《全城急寻RH阴性O型血！上海女子车祸急需RH阴性O型血，该血型在人群中仅占0.1%》《一呼百应！上海女子车祸急需RH阴性

O 型血，志愿者跨城为熊猫血伤者献血》《医院回应抢救熊猫血伤者：已有 50 多名志愿者献血，医院紧急调血，血量已满足前期治疗需要》系列报道，将一女子车祸后全城急寻“熊猫血”的信息传遍全网，众多志愿者看到报道后纷纷前来献血。平凡人守望相助的感人故事也被人民网、封面新闻等主流媒体传播，登上微博热搜，系列报道累计播放量破 500 万。

（三）平凡的趣味事

疫情平稳之后，上海按照国家部署稳步推进复工复学复市。围绕这一主题，021 视频采编制作的《幼儿园复学全班只来了一个人》通过讲述上海复学后学校精心准备的暖心故事，经微博平台分发后，迅速获得 2000 万次播放、36 万次点赞、微博话题页阅读量达 4 亿；围绕着节约粮食反铺张浪费，021 视频采编制作的《上海高校食堂推小鸟胃专属餐：生煎 1.5 元 /2 只，半份炒面 3 元》登上微博热搜第二，播放量超 1300 万，话题页阅读量达 2.8 亿，获《人民日报》等权威媒体转发……类似这样的报道均是聚焦生活里的生动细节与温馨时刻，而展现的是生活在上海这座城市里的平凡人不屈的进取、拼搏和敢为人先的风貌。

（四）平凡的生活事

021 视频报道的《上海遛狗不牵绳不挂牌将当场罚款》《上海行人闯红灯一律直接处罚》《上海地铁禁止电子设备声音外放》等聚焦资讯内容，均是事关衣食住行柴米油盐酱醋茶，但是通过新的传播模式与创新的表达方式，将上海的民生新规覆盖到更为广泛的受众，更深入地传递党的声音政府的声音，同时设置议题，激起受众的广泛思考和深度讨论。由于事关平凡人的生活事，系列视频多次登上微博热搜榜高位，累计播放量破亿。

通过以上实践，021 视频探索出一条持续生产爆款短视频新闻的路径，用短视频这一新型传播媒介呈现上海细节、讲好中国故事，倡导主流价值观，传递新时代上海人积极进取、守望相助、敢为人先的拼搏精神。

三、用好传播新路径

传统媒体的融合发展，要结合自身的传播影响力，同时奋力突破打造新 IP，构建新的、更适宜传播的、更被受众接受和喜闻乐见的多元传播矩阵。作为《新闻晨报》媒体融合的重要尝试，021 视频在多个新媒体平台实施定制式生产、分发与运营，建立起多渠道传播媒体平台，有效激活账号在微信视频号、抖音、快手、B 站等第三方平台的传播价值，同时实现多位一体、同步发声，有效扩大传播覆盖面。

与此同时，021 视频也积极谋划“大屏 + 小屏”传播路径，积极探讨楼宇、出租车、地铁、公交等传播路径，形成大屏与小屏“受众互动、内容互哺、影响力互补”的传播格局。

拓宽传播渠道能提升用户黏性和品牌效应，通过传统媒介与新兴媒介共同发力，能有效拓展媒体融合发展的广度和深度。正是基于这一理念，021 视频综合利用所属报纸、移动客户端、微博、微信、抖音、快手等多种媒介形态联动的方式，切实提高传播力、引导力、影响力、公信力。

推进媒体融合是一个系统工程，需要从思维、技术、用户、产品、业态以及机制体制等方面全面推进。接下来，021 视频将充分利用在媒体融合发展中的经验，发布更加完善、丰富、接地气的新闻内容，继续讲好上海故事、加大正能量新闻的传播力度、放大主流媒体的声音、扩展正能量在网络空间的传播频次和渠道，吸引更多、更广泛的群体持续关注 021 视频、关注《新闻晨报》、关注上海这座他们共同生活的城市。

（吴志浩：新闻晨报副主编，李道权：新闻晨报 021 视频总监）

案例类别：产品

“最美逆行者”系列融媒报道

全媒体不断发展，出现了全程媒体、全息媒体、全员媒体、全效媒体，信息无处不在、无所不及、无人不用，导致舆论生态、媒体格局、传播方式发生深刻变化，新闻舆论工作面临新的挑战。以“做中国一流智库媒体”为追求的《南方都市报》（以下简称“南都”），按照习近平总书记强调的加强传播手段建设和创新，实现新闻传播的全方位覆盖、全天候延伸、多领域拓展，推动党的声音直接进入各类用户终端，努力占领新的舆论场的要求，坚持正确舆论导向，强化与受众的连接，将深度融合、智媒转型成果充分运用于疫情防控报道中，充分发挥出全媒体时代主流媒体在党委和政府联系群众中的桥梁和纽带作用。

南都是此次新冠肺炎疫情防控报道国家队的参战媒

体，也是最早派出记者前往湖北抗疫一线的媒体之一，前后共有 15 名记者在湖北前线采访。南都“最美逆行者”系列融媒产品，通过全媒体报道、亮灯致敬行动和“众志成城——致敬抗疫者”专题展，坚持以“线上全媒体、线下多场景”的创意传播模式，在疫情报道的碎片化信息中成功突围，打造出全网阅读量 1.1 亿 +，体现主流价值观的现象级传播爆款。

“最美逆行者”系列融媒产品受到中宣部专题新闻阅评表扬、李希书记长篇批示表扬，亮灯致敬行动被中宣部推广至全国。“众志成城——致敬抗疫者”专题展期间，观展人数超过 3 万人次，其中专门预约到场观展致敬的团体有 280 余批次，主要为省市机关团体、企事业单位。专题展成为广东省开展党建交流活动的一个新阵地。

一、强化阵地意识，线上全媒体传播

2020 年 2 月 5 日，南都摄影记者钟锐钧跟随广东省第二批援助湖北医疗队进入疫区武汉，蹲守“重灾区里的重灾区”——汉口医院隔离病房，抢拍一个个感人瞬间，拍出最早一批带着战“疫”痕迹的前方医护人员肖像特写照片。

时任南都社党委书记、总裁梅志清，南都党委副书记、总编辑戎明昌亲自谋划，带领团队设计制作了一组极富视觉冲击力和感染力的海报，命名为“最美逆行者”。海报上没有豪言壮语，只有一张张放大的驰援湖北医护人员的朴素面孔。口罩和护目镜留下的印痕、未愈合的血痂、安普贴的胶渍、疲惫中的昂然和淡定，全都诚实地留在他们脸上，直抵观者内心。

从 2020 年 2 月 13 日起，南都在同一主题下，开发多种新媒体产品，先后推出海报《你们摘掉口罩的样子，很美！》、长图《印·记》、图文报道《你们摘掉口罩后，真好看！》《你的脸上有千言万语》、报纸中跨连版报道《疫·痕》等稿件，以肖像照片为主，定格广东省支援湖北省抗疫一线医疗队员摘下防护服和口罩后的瞬间，真实反映医护人员工作实景，展现他们不顾自身安危，用生命与“疫魔”搏斗的英勇精神。报道直抵人心，感动全网，取得刷屏之效，仅南都新媒体平台的阅读量就高达 1000 万 +，报道被《人民日报》、央视新闻、新华网、腾讯网等 160 多个平台广泛转载。

南都还上线 H5 产品“疫痕”照相馆《让我记住你的脸》，全本记录驰援湖北的广东医疗队队员，通过记住他们的脸，记住这段历史。H5 页面中，除了肖像图片，还有点赞致敬、留言、日记等互动功能，受众不仅可以在首页致敬点赞，查询了解前线医护人员的感人事迹，为他们加油鼓劲；还可在医护个人页点赞留言、转发。前线医护也可以在这个平台写下战“疫”日记，留下在前方的所见所感。通过“疫痕”在线照相馆，南方都市报搭建了一个全新的互动平台，实现了受众与驰援医护的连接。

二、多领域延展，线下多场景应用

为实现宣传效果的最大化和最优化，2020 年 2 月 17 日晚起，在广东省委宣传部的指导下，在南方报业传媒集团的部署下，南都与广州市委宣传部携手举办“为最美逆行者亮灯”致敬行动，制作一线医务人员巨幅 LED 屏海报，在广州塔、猎德大桥、广州大剧院等地标建筑 30 多个 LED 屏滚动播放，致敬英雄，一呼百应，燃爆全城。有评论称：“一个人的笑容，折射一座城市的精神，也反映一个国家的力量。”

发端于广州的这场亮灯致敬行动，迅速影响到广东全省。2020 年 2 月 18 日晚起，广东 21 个地市积极响应，陆续参加到该行动中来，共计推出 1000 多块 LED 屏礼赞英雄，全省一起把这场特殊的祝福传播得更远、更广，犹如传递火种一般，点亮了更多城市的夜空，温暖着更多百姓的心灵。亮灯致敬行动受到中央有关部委的密切关注，专门提出：各地参考广东的做法，让抗疫一线英雄的光辉形象闪亮在地标建筑，礼赞英雄。一时间，全国各地掀起了向一线医务人员亮灯致敬的热潮。

南方都市报并不满足于此，为让抚慰人心的力量实现最大化传播和价值，2020 年 8 月 4 日至 9 月 10 日，在广东省委宣传部、广东省文化和旅游厅的指导下，南方都市报联合广东省博物馆共同举办“众志成城——致敬抗疫者”专题展，精选 500 余幅抗疫照片和 121 件抗疫见证物，以“逆行——白衣执甲，向死而生”“致敬——危难时刻，感激有您”上、下两篇章，多视角、立体化回顾广东乃至全国抗击新冠肺炎疫情的战斗历程。

展览期间，南都与广州天河区委宣传部、天河区教育局共同发起“开学思政课 致敬抗疫者”活动，16.3 万名中小学生在班级教室里“云逛展”，上了一堂生动又特别的思政课，充分感受、深刻领悟“生命至上、举国同心、舍生忘死、尊重科学、命运与共”伟大抗疫精神的精神实质和丰富内涵。

从刷屏到刷楼（登上城市地标）再到刷城（全城亮灯致敬）、从线上到线下再到线上，南方都市报“最美逆行者”系列融媒报道，在国家面临重大战役的紧急关头、在抗疫斗争陷入焦灼的关键时刻，主动担当、积极作为，充分发挥主流媒体引导正确舆论、传播主流价值的作用，让直抵人心的报道实现最大化传播，在更大范围唱响了主旋律、凝聚起正能量。

（南方都市报社）

“让我记住你的脸‘疫·痕’”照相馆

案例类别：产品

《深爱 40 我圳好看》40 小时不间断大直播

随着人工智能技术的渗透融合，媒体行业正在经历一场深刻的变革，如何让技术赋能实现媒体融合发展的转型突围？为落实党中央决策部署，南方都市报社（以下简称“南都”）加快推动媒体融合发展，从媒体机构向数据公司转型，从融媒向智媒转型。其中，技术赋能成为南都转型的充分必要条件。但南都追求的技术，不是炫技，而是赋能，重在应用，要真正通过技术推动生产流程的变革、传播方式的创新、组织架构的优化、传播理念的升级。

《深爱 40 我圳好看》40 小时不间断大直播以及相关融媒体创意报道是南都在重大事件报道上探索创新表达的又一代表性作品，将 5G 技术应用于新闻生产之中，同时运用 AR、VR、3D 建模等技术，将特区的建设成就、城市文明、湾区融合等内容，融入南都姐姐团、女团热舞、云音乐会、慢直播等创意产品之中，形成“流量瀑布”的传播效果，充分展现南都融媒体生产的新能力。

技术创新向前一步，用户体验就能前进一步。该案例获得国内主要社交平台的高度关注，央视新闻客户端在直播中直接推流南都直播内容，今日头条、抖音、快手、南方 + 等均展开 40 小时不间断全程推流直播，抖音和快手还在站内深圳特区成立 40 周年专题页面推荐。微信为该直播免费开放朋友圈广告位。截至 2020 年 8 月 26 日，《深爱 40 我圳好看》直播在各渠道的总流量达 1064 万。根据用户以及商业渠道反馈信息，该直播传播美誉度高于当日同类市场同类产品。

一、技术赋能，应用最新科技传播工具

作为科技强市，深圳成为全国首个 5G 独立组网全覆盖的城市，5G 基站密度全球第一。正在朝智媒方向转型的南方都市报，积极研究和应用科技发展最新成果，在特区建立 40 周年之际，领全国纸媒之先，将 5G 传输技术应用于新闻生产之中，推出《深爱 40 我圳好看》40 小时不间断大直播。

同时，南都运用 AR、VR、3D 建模等方面的最新成果，推出《四十不惑 勇往直前》报道（VR 应用）、《深圳 40 年各产业产值之变》报道（3D 建模）、《深圳 CBD 亿元楼宇》报道（AR 应用）、《深圳数度 40 年》(数据可视化)等基于高带宽、低延时的创新应用类产品，获得社会各界高度好评。

二、年轻态表达，创意产品融入视频直播

伴随移动时代的来临，南都一直在研究如何将互联网这个最大变量，变成自身转型发展的最大增量，变成凝聚人心的最大能量场。

在此次 40 小时视频直播中，南都将女团热舞、云音乐会、南都记者姐姐团、揭秘打卡、慢直播等极具互联网色彩的创意形式，融入直播之中，但透过表象，向大众有效传递了深圳建设中国特色社会主义先行示范区的探索成果。

这样一个个霸屏朋友圈的创意产品，是南都探索占领舆论和意识形态阵地的有机部分，引发南都数百万用户强烈关注，形成“流量瀑布”的传播效果，央视频、人民视频等央媒，以及今日头条、抖音、快手、B 站、新浪微博等社交平台纷纷转播、分发，截至 8 月 26 日晚 8 时，全网阅读量 1064 万。

三、线上 + 线下，内容产品多样化展示

南都坚持以“线上全媒体、线下多场景”的创意传播模式，实现了内容产品的多样化展示、多介质推送、多元化传播。此次视频直播中，南方都市报调动珠三角各城市核心户外大屏，集中展示珠三角城市祝福深圳、珠海、汕头海报产品，传递珠三角协同发展的精神内核。在深圳，南方都市报邀请头部企业，喷绘双层巴士全城巡游，调用两架直升机组队航拍 CBD，有力营造特区建立 40 周年的热烈气氛。

同时，南都基于人脸融合技术开发互动产品《大佬，我们成团吧》，市民拍摄个人图片即可与深圳企业家同屏合照，每个市民都可与知名企业代表人物“同框成团”。该产品迅速在社交媒体火爆传播，到目前为止参与人数达到 82 万；针对调动市民参与积极性，南都开发出《南都姐姐团 等你来 pick》互动投票产品，社交互动效果明显。《数动心动！深圳四十连环画》数据产品，将抽象的数据可视化呈现。VR 全景系列视频，从立体视角，720° 视频回顾特区波澜壮阔 40 年，展望创新发展新时代。《刷屏！此刻，为深圳爆灯》《承认吧！其实你对深圳并不

了解》《如何一秒认出深圳人》等主题条漫、创意海报，均是10万+爆款，在朋友圈一时刷屏。

四、优质原创，六大系列报道聚焦建设成就

缺少了好的原创内容，技术创新就如无本之木、无源之水，媒体融合就会成为“新瓶装旧酒”。围绕深圳经济特区建立40周年，南都策划了六大系列报道，包括“见圳成长”“圳在回答”“圳在追梦”“圳在发声”“圳在前行”“我圳好看”等。

系列报道题材丰富，既有高屋建瓴的综述深度稿件，也有贴近民生的人物故事。其中，综述稿件《特区四十年，深圳向前飞驰》从特区自身、湾区视角、全国视角、全球视角剖析深圳特区40年的发展成果，展现了改革开放的成就与“中国之治”的力量。初步统计，8月以来，报纸端共发布版面超150个，南都APP客户端共计发布相关报道上千篇（条），总阅读量超千万。8月26日，南都推出“圳在前行”纪念特刊，80个版面集中推出，气势磅礴，内容翔实，从多个维度来阐释特区发展，全面展示深圳经济特区40年取得的建设成果。

持续推动技术升级是南都2020年的重要战略部署，积极探索将人工智能运用在新闻采集、生产、分发、接收、反馈中，全面提高舆论引导能力。此次《深爱40我圳好看》40小时不间断大直播以及相关融媒体创意报道，创新理念、内容、形式、方法、手段，有效整合各种媒介资源和生产要素，有力发挥出“强信心、聚民心、暖人心、筑同心”的舆论引导作用，充分展现、生动诠释了改革开放的辉煌成就和“中国之治”的力量。

（南方都市报社）

《深爱40我圳好看》40小时大直播平台

案例类别：产品

《南方周末》内容付费工程

《南方周末》是中国内地首家设立“计量式软性付费墙”的媒体机构，可借鉴经验不多，在摸索中前进。为保证安全、可控，相关技术研发和应用都由自有团队完成，内容建设则以《南方周末》采编和新媒体团队为主体。至2020年底，经过两年多“以内容付费工程统揽融合转型工作全局”的战略实践，《南方周末》初步形成以内容建设为根本、先进技术为支撑，以自主可控的自有平台为主体、商业合作平台为两翼的全媒体传播体系。相较工程之前，《南方周末》年原创网稿数增长42%、月均视频发布数量增长70%，H5等融媒体产品数量增长14倍；2019年打造了全网流量近20亿的现象级报道，流量创历史新高；三年来两篇报道获得中央最高批示，推动相关工作整改；会员数累计达16万；项目总收入3800万元。总体来说，这项工程成功构建了一个既能增强“四力”从而更好履行媒体职责使命又能深度融合并实现可持续发展的南周模式。

该工程先后入选由国家新闻出版署主办的《2020年中国报业深度融合发展创新案例》、中国新闻史学会应用新闻传播学会主办的《2020中国应用新闻传播十大创新案例》、中国高等教育学会新闻学与传播学专业委员会主办的《2018年度新媒体创新案例》等。

一、内容付费工程实施背景

自1984年《南方周末》创刊以来，36年一直持续生产着许多“出色”“独家”的报道、评论等，并因此使《南方周末》成为中国最著名的媒体品牌之一，以其特色与口碑拥有大量的认同者和追随者。

但在新的技术与传播大变局下，南方周末如何穿越“纸”“网”“端”始终保有强大传播力？如何通过重构商业模式为依旧炽热的媒体雄心找到可持续支撑？

因应这些变化，结合自身资源禀赋，《南方周末》经多方调研仔细论证，于2018年4月提出以“内容付费工程”统揽融合转型工作全局的战略思路；2018年8月，全新改版升级的APP 6.0版本上线，《南方周末》推出会员制，同年11月会员制全网上线，同时知识付费项目起动，

内容付费工程全面铺开。

二、南方周末内容付费工程是什么

该工程的目标，是以用户为核心、以内容付费为纽带、以付费会员为方向，再造南周的生产流程和消费场景，促进南周长期稳定可持续发展。

具体分为两大部分，分别对应付费墙和知识付费产品两个关键词：一是设立与会员制相贯通的计量式软性付费墙（即用户每月可免费阅读一定篇数，超过此篇数之后如需全文阅读则须付费成为会员），对南周内容的内在价值和产业链进行数字化挖掘与拓展，侧重于“媒体南周”的融合升级；二是打造有南周调性的知识付费产品线，推动南周从媒体跨进范畴更大的内容产业，着眼于“机构南周”的增长方式转型。

三、为什么选择软性付费墙

世界范围来看，设立付费墙（Paywall），通过在线内容收费抵御传统收入的下滑，甚至借此实现商业模式整体转型，是少数被证明既有效又具备一定可复制性的报业重生之路，能让媒体既保留主业又实现发展。《纽约时报》最典型，2012 年上线付费墙，10 个月后线上线下订阅总收入超过广告收入，一举突破该报延续逾百年的以广告为主要收入的模式。至 2020 年一季度线上订阅用户达 500.1 万，较 2012 年增幅 681%；纯数字发行收入增至 2019 年四季度的 4.46 亿美元，增幅 309%。

媒体付费墙模式各有差异，但基本共识是成败关键在其所依托媒体的内容价值；用户刚需度、运营能力、知识产权保护政策等外部环境，也是重要因素。

《南方周末》是中国著名的报纸品牌之一，已连续 11 年被中国邮政评为“中国畅销报刊”，在“中国 500 最具价值品牌排行榜”上，始终处于前十报纸之列，并一直是唯一上榜的周报。

但《南方周末》是综合类新闻媒体，必须降低付费墙对新闻公共性价值的影响，计量式软性付费墙就成为必然选择。也就是说，即使不是会员，仍可免费阅读一定量的南周原创内容。成为会员后，则能享有更多内容及其他福利——免费或优惠获得知识付费课程、以 VIP 身份参与线下活动等。因此，《南方周末》付费墙最大的特色是，不仅提供新闻内容的选择权，还有更多知识的选择权，以及一种南周调性的生活方式的参与权。

四、内容付费工程主要做了什么

技术：从《南方周末》APP 6.0 版本上线开始，经过 40 多次版本迭代，到目前的 7.3 版本，功能极大优化，用户体验持续提升。同时推进用户数据中心建设，通过数据驱动，实现信息传播与运营与营销的高效化、精准化、个性化。

内容：不断提高把关能力的同时，彻底消弭新旧媒体差别，融合旗下报纸、APP、微博、微信等各端，实现“一次生产，按需分发”；推动采编部门彻底转型，2019 年实施改版及报网端融合发展方案和考评调整，在生产、分发、考评等所有环节均对所有内容“一视同仁”；抓住阅读变化趋势，促进生产融媒体属性产品；优化新媒体矩阵，提高内容运营能力，研究平台“算法”，重视流量但不媚于流量，在乎平台但不被平台所役，始终清醒牢记传播的责任。

运营：加强内容整合运营，提升会员获得感，比如挖掘南周旗下多年积累的经典名篇、各类内容数据库，为会员提供特别权益；丰富运营模式，增强用户粘性，例如通过南瓜积分激发用户参与；探索合作，比如与财新、三联联合推出联名卡等；用大数据实施精准营销，设计“定向”的会员转化活动，减少打扰用户，提升营销效果。

知付产品：对外打通知识付费渠道网络，对内扫清内容生产转型障碍；推进从新闻到内容衍生产品的开发，比如将过往新闻报道二次开发成有声书；构建有南周调性的知识付费产品体系与品牌形象。“怎样讲好一个故事 . 南方周末写作实战训练营”“怎样表达一个观点 . 南方周末评论写作实战课”等自主研发原创课程将南周数十年在内容生产领域的“秘笈”抽取提炼成通用课程，同时提供修改作业、直播答疑等特色增值服务。

五、工程主要成果

一是获得更强的全媒体能力。优质内容是《南方周末》核心价值，而付费墙的设立，极大提高了用户对南周内容的期望值，倒逼《南方周末》提升品质，提高全媒体运营能力，彻底踏上融媒生产与传播的快车道。

两年多来，《南方周末》高品质内容生产力和传播力双双提高。优质内容在自有平台发布后，也有节奏地在其他合作平台推送，有效提高了品牌影响力。以南方周末微信公众号为例，具有标志性意义的 10 万 + 稿件数量持续增长，2019 年增长 26%，2020 年同比再增 45%；2020 年微信平台广告收入同比 2018 年增长 106%，品牌影响力转为实实在在的收益。

二是获得更好的智能化平台。《南方周末》APP 已形成媒体内容和知识付费两大模块，拥有支付、音视频播放、数据采集分析等多项新功能，增强了持续发展的后劲。

三是获得更多的用户数据。《南方周末》会员数已累计达到 16 万；知识付费业务“圈粉”17 万。随着技术水平与数据挖掘能力不断提高，用户画像日渐清晰，成为未来发展中最有开发想象空间的宝藏。

四是获得新型业务收入。自工程实施以来，除新媒体广告收入翻倍增长外，会员和知付产品直接收入达 1600 万元，这是《南方周末》历史上从未有过的新型业务收入。

六、融合经验体会

市场化机构媒体在选择融合转型发展路径时，绕不过两个“必须”：必须考虑自身资源禀赋和比较优势，必须考虑是否可持续。南方周末内容付费工程，归根结底，就是要从顶层设计上探索解决如何立足自身禀赋和比较优势构建可持续盈利模式这个关乎生存发展的根本性问题。

融合转型中则要时刻牢记媒体的职责和使命，不断增强导向把关能力、内容建设能力、全媒体传播能力、用户数据挖掘处理能力。这是南周在融合转型中全力坚守的方向，在巩固过去内容特色优势的基础上，努力建设内容更丰富、产品更多元、影响更广泛、用户更活跃、自有平台与第三方商业平台统筹协调注重综合效应最大化的南周全媒体传播体系，以期能在复杂的舆论环境中以更强的传播力更好地承担媒体责任。

（南方周末报社）

南方周末客户端

案例类别：产品

善择——中国企业社会责任云平台

一、平台建设背景

习近平总书记在企业家座谈会上的讲话指出：“企业既有经济责任、法律责任，也有社会责任、道德责任。任何企业存在于社会之中，都是社会的企业。”企业承担社会责任已成为当前我国构建社会治理共同体的一支重要力量。

但是，企业社会责任体系的构建，绝不是企业与生俱来或者水到渠成的事情，需要从法律制度、社会信用体系、激励约束机制、社会监督等不同角度加以引导、规范。中发〔2017〕25 号《关于营造企业家健康成长环境弘扬优秀企业家精神更好发挥企业家作用》文件，也将“推动企业家带头依法经营，自觉履行社会责任”，作为意见实施的基本原则内容之一。

一直以来，《南方周末》通过媒体视角关注着环境、公益、员工、产品等的企业社会责任相关领域。2003 年，南方周末报社联同国内多家专业机构共同发起了“中国企业社会责任调研”项目。调研根据企业公开信息、政府部门登记信息及第三方调研等资料，综合评估企业的社会责任表现并计分排名，形成企业社会责任排行榜。18 年来，中国企业社会责任调研评价体系不断与时俱进，已形成“1+*N*”榜单矩阵，每年调研企业数量近千家，覆盖了国有、民营、外资等不同性质和不同行业的代表性企业。

另外，由于社会责任涉及企业经营的方方面面，企业的社会责任数据散落在商品市场、劳动市场、资本市场以及社会等不同领域，呈现出碎片化、非结构化、片面性等特点。当前国内关于企业社会责任的评价数据大多来源于企业年报、企业社会责任报告或问卷调研，尚不能直观有效地为党和政府、相关企业的经营决策提供科学依据。

为解决以上问题，南方周末在持续 18 年的企业社会责任调研的基础上，借助大数据技术，开发了专业的企业社会责任大数据平台——善择云平台，以期对企业的社会责任表现进行实时、全面、定向的监测与评价，形成企业履责的“全息画像”，提升企业社会责任信息对相关单位科学决策及经济社会发展的服务效率。

二、平台功能

“善择——中国企业社会责任云平台”（以下简称平台），通过建设相关软硬件系统，采集、处理、分析企业在公司治理、守法合规、产品或服务质量、员工劳动关系、公平运营、供应链管理、公益慈善、生态环境保护等相关方面的数据，形成实时、动态的榜单和指数，用“媒体 + 大数据”形式，充分发挥数据的量化、测评、监督和服务功能，为政府、相关单位和企业的决策提供数据支持和服务。

平台具有以下三项功能。

（一）收集企业履行社会责任的“全息数据”

首先，利用现代爬虫技术，实时、定向跟踪分散于不同场域的数据源，全面采集企业在生产经营活动中对

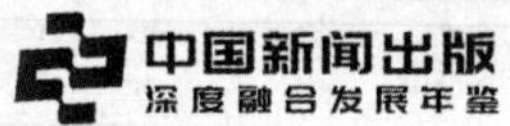

不同利益相关方的社会责任实时数据；其次，由专业分析员定期收集、分析、摘取、录入企业发布的年度社会责任报告、年报中的社会责任年度数据；最后，与外部专业机构合作建立数据交换机制，将其中涉及的社会责任数据纳入大数据平台。

（二）利用社会责任评价体系进行数据分析

首先，对收集上来的非结构化的企业社会责任数据，进行数据清洗，形成可量化分析的有效数据；其次，利用南方周末自主研发的企业社会责任调研指标体系、评价模型，对数据进行分析、计算，得出一系列社会责任榜单、行业榜单、子榜单，以及关键议题指数等。

（三）提供数据查询服务及决策支持服务

数据库可产生三类数据：一是宏观数据，包括监测企业的整体社会责任表现、某月社会责任舆情波动等；二是中观数据，生成不同行业的社会责任数据；三是微观数据，即某一企业的社会责任"全息画像"。既可为企业改进社会责任表现提供数据参考，也可为政府部门提供决策参考。

三、平台架构

平台设计的架构中主要包含服务平台层、数据获取层、数据加工存储层、数据输出展示层，并且将企业社会责任数据的标准化和安全机制贯穿在平台的设计中（见下图）。

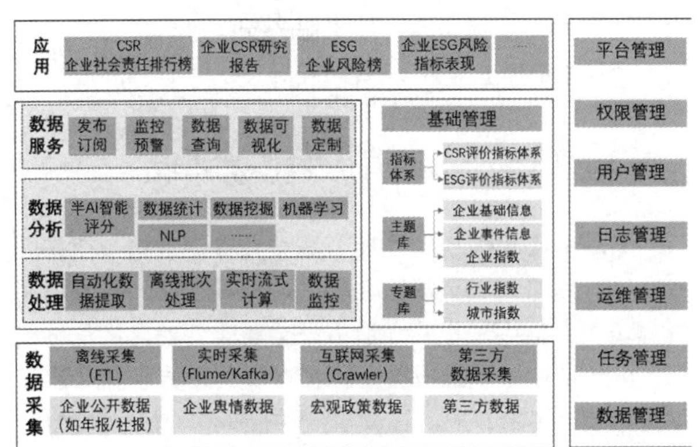

平台架构图

（一）数据获取

平台所搜集数据源具有公开性，不涉及个人隐私、不涉及政治敏感话题。平台主要有以下四种数据获取渠道：问卷调研、企业公开材料（企业发布的年度社会责任报告、年报以及企业官网信息）、专业数据库和媒体报道。

（二）数据存储加工

在企业社会责任大数据存储中，数据是基于企业级别收集的，平台可存储全面的社会责任大数据。

在数据加工计算过程中，采用《南方周末》自主研发的"中国企业社会责任调研指标体系"。该指标体系在参考国际社会责任标准的基础上，从社会责任管理、社会责任绩效和守法合规三大维度组织指标体系，共包括七大一级指标：责任治理、经济责任、产品与服务、员工责任、公平运营、环境责任和社区公益。

（三）数据输出展示

在数据输出展示层面，根据计算得分，自动生成统计图表；自动生成分析报告，包括行业社会责任分析报告、单个企业社会责任分析报告、不同议题分析报告；数据可视化，根据网络爬虫数据分析，生成实时的社会责任"热力图""趋势图"等。

四、平台效能

平台主要有以下效能。

（一）有效支撑《南方周末》"智慧转型"战略和智库建设

云平台是智库建设的"基础设施"。《南方周末》自2003年开始启动企业社会责任调研，2008年成立"南方周末—中国企业社会责任研究中心"，对企业社会责任的研究、报道和传播已经形成了专业优势。在"智慧转型"过程中，平台可进一步提高南方周末在企业社会责任领域的专业程度，更好地服务于企业治理和社会治理。

（二）为《南方周末》生产"智库产品"提供数据支持

目前，《南方周末》在企业社会责任领域的智库产品主要有两类：一是企业社会责任榜单，通过对企业社会责任数据的收集、分析和挖掘，每年发布企业社会责任排行榜。二是编写发布媒体智库报告，平台可为智库产品的生产提供支持。

（三）为《南方周末》业务拓展提供技术支持

目前，《南方周末》在社会责任领域的业务主要有四类：一是依托调研积累的大数据，为企业开展社会责任工作提供咨询服务；二是依托自2009年以来连续举办13届的社会责任论坛，与社会各界构建责任共识；三是依托《南方周末》传播渠道，多维度多角度开展社会责任传播报道；四是依托媒体的要素集聚功能，广泛参与社会责任实践。平台可为相关业务拓展提供数据支撑。

（四）为媒体智库化转型提供了新的参考和借鉴

近年来，随着媒体转型发展，媒体融合越来越向纵深化发展，越来越多的媒体开始强调深度和思想性，以深度内容成就精品化报纸成为行业转型趋势之一。建设传媒智库，离不开专业化的数据库建设。平台的建设为传统媒体的转型与融合发展提供了一种新的思路。

五、平台创新

（一）技术创新

平台运用NLP、机器学习、爬虫、AI人工智能评分等技术手段，整合和分析多方面的数据源，从海量数据中计算提炼出50多个关键指标，覆盖1600多个数据点。技术创新建设具体表现在以下两个方面。

一是让媒体智库从手工时代进化到了智能时代。平台通过爬虫技术和Bagging模型融合算法，克服了传统人工收集数据的困难性和局限性，从海量数据中计算提炼出的关键指标，目前覆盖了1600多个数据点，基本涵盖了企业社会责任领域的所有环节，并通过《南方周末》自主研发的计算模型进行量化分析，攻克了情感色彩判断在NLP领域难达到100%准确的技术难题，把模型准确率提高到90%。

二是通过业务和技术的不断推敲、磨合，完成了企业年报、社会责任报告、实时新闻报道、相关平台舆情等内容的多个社会责任功能模块构建，并实现各个模块的联动，以及模块间数据的联通，形成集责任信息采集、风险舆情预测、响应手段建议于一体的闭环系统，以智能、集成和联动的方式管理企业社会责任事项，让未知责任舆情看得见，并实现实时捕获与响应，从而使责任舆情管理更简单、更轻松。

（二）业务创新

近年来，《南方周末》的融合发展呈加速发展态势，其中最核心的动力来自媒体智库的建设，以及基于智库建设而带来的业务形态的转变。平台的建设，进一步提升南方周末乃至整个南方报业传媒集团的业务能力，通过生成智库观察报告、提供舆情分析等一系列产品和服务，形成新型服务业态，实现媒体融合发展。

（《南方周末》中国企业社会责任研究中心）

案例类别：产品

“半岛创意”全媒全案数字营销服务

龚程 宫岩 庄营

针对全新的传媒竞争格局和客户需求变化，2016年6月，半岛都市报社成立全媒体策划中心，组建专业的创意策划团队和技术支撑团队。2019年，全媒体策划中心扩充至20余人，构建起了商业策划、视频摄制、视觉设计和数据业务四个团队。积极开展全案整合数字营销，在品牌营销、会展策划、全案服务等领域探索创新，不断拓展内容边界，催生新模式新业态，着力打造“半岛创意”品牌。2020年，《半岛都市报》新媒体经营收入已占到总收入的70%以上。

一、创意+技术，强强联合团队协作

创意策划团队以“半岛创意”为引领。通过策划中心与各行业中心和技术部门的通力合作，充分利用H5、AR、VR、小程序、代运营、直播、短视频、大数据、人工智能等各类融合手段，在内容生产、行业服务、品牌架构、营销策划、活动创意、全媒传播、全案执行、视觉包装、商业视频、用户互动、渠道延展等领域探索创新，为合作伙伴提供定制化、全案化、专业化融合数字营销专业服务。

技术支撑团队以半岛传媒大数据公司为引领。大数据公司成立于2019年6月，旨在打造懂媒体的科技公司、懂科技的媒体公司，用信息技术创新推动社会发展、创造美好生活。以软件技术为核心，大数据公司业务领域已覆盖房产、医疗健康、教育交通、金融、新零售等。同时，全力推进新媒体大平台建设，打造新闻资讯传播平台、政务服务平台、大数据分析应用及舆情管理平台、内容资源共享交易平台、技术服务支撑平台以及人才、资本、技术、产业聚合平台。

二、活动数字化，造节办会整合营销

半岛传媒积极探索开展全案整合数字营销，在品牌营销、会展策划、全案服务等领域探索创新，不断拓展内容边界，催生新模式。造节办会整合营销，从重量级嘉宾云集的山东金融博览会到北方最大IP产业盛会青岛国际版权交易会，再到连续12届的国际车展，将整合、创意、技术等完美融合。

自2016年起，由山东省金融办和山东大众报业集团主办，半岛都市报社策划承办的山东金融博览会，分别在济南（2016年、2018年）、青岛（2017年）和潍坊（2019年）连续举办四届，以金融行业发展成就展、金融+实体经济高峰论坛和开幕式为三个主要活动。四年来，先后邀请林毅夫、姚景源、杨再平等数十位金融专家参加论坛，引进数十项签约项目。活动得到央视新闻联播、央视财经频道的宣传报道。

2018年上合峰会期间，充分利用包括音视频、直播、H5、线上线下导流等融合手段，通过自有新媒体矩阵和头条、腾讯等合作平台，为客户定制全新服务模式。同时，为大会创作“海晏峰极”手绘长卷，成为官方指定礼品，受到好评。

车展板块通过和齐鲁晚报、团车网等合作，使用数字营销手段，突破了过去单一依靠自有全媒体矩阵进行聚客的方式，连续12年主办了山东国际车展，主办了四场中型车展，并为春季、秋季国际车展提供了新型服务，汽车板块全年实现大突破。

2018年参与主办“中海外杯”ESCC西海岸国际电竞邀请赛，8个国家共42个战队参加比赛，同时，举办西海岸国际电竞产业峰会，邀请到了驻华使馆代表、行业头部企业代表和电竞行业专家学者，探索电竞+跨界共赢之道，活动得到央视国际频道等众多媒体宣传，充分展现半岛传媒渠道整合能力。

2019年7月，半岛都市报成功举办“2019青岛国际版权交易会”。此活动由青岛市文化和旅游局主办，通过公开竞标半岛都市报获得承办权。全球300余家城市版权主管部门和企业参展，其中国外企业50多家，展览总面积2万平方米。其间数万名观众到场观展、聆听论坛，国内百余家媒体对活动进行了全方位、大密度、高规格的报道。故宫博物院、陕西历史博物馆、中影集团、红纺集团等国内IP头部企业纷纷参展。

三、量身定制，打造客户服务新模式

目前，融合转型、数字营销已成为半岛都市报探索媒体融合发展的生动实践，以全方位服务于客户，先后为海尔集团、海信集团、青岛啤酒、鲁信地产、旭辉银盛泰地产等上百个大型客户提供数字营销方案，为客户创造巨大价值。

2019年青岛啤酒“王子海藻苏打水”，通过“海藻启示录”漫画、海藻互动H5、趣味短视频等方式，用创意形式趣解产品，轻松活泼兼具学理性，精准对焦消费者需求和消费心理，销售一路火爆。在这之后，全媒体策划中心成为青岛啤酒的首选合作伙伴，连续策划完成青岛国际啤酒节和“中国风韵+有趣创意”中秋活动。青岛啤酒节创意领先，抓住“啤酒节不仅是满足口食之欲，更多是追求精神层次的契合与满足”这一核心，通过多种创意方式建立和消费者的情感连接，采用微博+微信+H5+抖音等手段搭建“立体”传播渠道，展示青岛啤酒产品和在青岛国际啤酒节上的亮点，实现与核心用户的有效交互，进一步扩展触及更广消费族群。青岛啤酒大篷在青岛国际啤酒节24天共纳客720余万人，最多一天近50万人，创下历届青岛国际啤酒节之最。

在房产领域，全媒体策划中心靠过硬的本领创下了很多奇迹，不管是创意设计还是推广方式，都从客户需求出发，打造独一无二的服务方式。2020年，我们又承接了西海岸新区大通盈泰·金沙乐府项目的全案营销工作，结合金沙自身的推广节奏，每个月，全媒体策划中心创意人员会提前针对下个月的营销节，为其定制具有项目特色的宣传营销和活动推广方案，合作时间长达8个月。这份信赖开启了数字营销服务客户的另一种新模式。

“大圣丢了金箍棒！”2019年，青岛大街小巷充满了这则悬疑广告，这是什么意思？大圣的金箍棒去哪儿了？其实，这就是全媒体策划中心为青岛国际航运中心项目进行的创意文案。作为青岛唯一生态办公双认证的5A甲级写字楼，如何更有创意地让人们知道这个项目的存在？我们通过连载话题制造了一场全民悬案，从齐天大圣丢了金箍棒到话题升级，大圣大BOSS，再到开启BOSS生活，层层递进。创意文案加上线上、线下，户外、公交站亭、地铁、电梯广告、小程序等其他渠道以及真人版师徒四人街道快闪紧密配合，一次次点燃传播热度。仅以抽奖小程序为例，活动当日访问量破30万次，整个活动期间访问量近200万次。独特创意的方案+全面的线下推广方式，我们在创意中将一座写字楼建筑变得有故事、有温度。这项策划实现了报社的新客户开拓，报社带了短期投放破50万，全年投放破百万。

四、新业态创造，商业视频加速转化

面对客户的视频传播需求，半岛创意视频团队以新闻人的敏锐视角，从创意策划、脚本撰写到拍摄、剪辑和传播，在这里，客户享受到的是更专业、更惊喜的一条龙视频服务。政务服务方面，连续两年为城阳区委宣传部打造《精神文明奖获得者专题视频》，每年18个；为青岛市医保局打造医保局系列情景短剧《开心医保》，将生涩的医保政策和办理常识搬上荧屏；青岛市博物馆推出百期《会讲故事的博物馆》，展现百件文物的故事，“半岛创意”视频团队是指定合作伙伴。除了这些情景剧、系列剧，宣传片是另一特色，青岛市城阳区委宣传部、青岛市医疗保障局、青岛盟诺学校、鲁信地产、佳源地产等流媒体产品都大受好评。仅2020年前11个月，“半岛创意”视频团队视频创作带来直接营收百余万元，成功构架起文图视频传播链条，商业视频变现能力逐步加强。

2020年9月，中央出台《关于加快推进媒体深度融合发展的意见》（以下简称《意见》），要建立以内容建设为根本、先进技术为支撑、创新管理为保障的全媒体传播体系。在《意见》指导下，我们将继续践行新闻+政务、新闻+商务、新闻+服务的融合发展理念，以数字营销为抓手，探索更多新渠道，打开媒体融合发展新局面。

（龚程：半岛都市报社全媒体策划中心主任，宫岩：半岛都市报社全媒体策划中心策划主管，庄营：半岛都市报社全媒体策划中心常务副主任）

“大众名片王”小程序

案例类别：产品

基于区块链技术下的“半岛智媒链”数字融媒项目

单俊楠 白生龙 刘伦

“半岛智媒链”项目将在区块链技术框架下，综合运用区块链、人工智能与大数据、5G、云计算及边缘计算和物联网等当下前沿技术，规划打造以“内容链、质量链、能力链、管理链”四大链条为主体的智媒体生态链条，贯穿媒体的内容生产、渠道建设、平台建设、品牌建设、支撑体系建设等全要素、全环节。其中，内容链是核心，质量链是保证，能力链是动能，管理链是支撑，四大链条共同构建起半岛智媒链生态。

一、以“内容链”实现信源认证、版权追溯和高效精准的大数据舆情分析能力，通过搭建“媒资库”高效管理媒体内容数字资产

（一）内容链将实现媒体智慧大脑、可信存证、版权追溯、网络舆情、传播效果分析、媒资库、数字资产管理等系列应用开发和平台搭建

1. 媒体信源认证。建立一套完整的追踪新闻来源的系统，实现媒体信源认证和可信存证，直接从源头抑制假新闻的产生与传播。

2. 数字版权保护。利用区块链的底层技术架构，完成全网侵权监测系统的建设，最大限度地识别侵权行为，实现媒体新闻的版权追踪和保护。

3. 网络舆情监测。区块链真实、不可篡改的特点，成为精准分析网络舆情的绝佳切入点。在区块链基础上，舆情应对的方案将更具精确性。

4. 传播效果分析。解决传媒业广告营销效果不透明、有偏差的问题，实现传播效果有效分析、提高运营效率和准确性。

5. 媒资库搭建。构建一个海量、共享、可信度高的媒体融合内容数据库，搭建一站式数据中台。

6. 高效数字资产管理。运用区块链技术完成对新闻作品从确权、用权、维权三个环节中流转过程的完整记录，从而对媒体无形资进行产确权和价值评估。

（二）以“质量链”构建媒体内容生产流程和重塑公信力，实现内容生产供给侧结构性改革，形成集约高效的新传播体系和链条

移动互联网带来的信息碎片化和虚假信息泛滥一直是行业痛点，为意识形态工作、宣传工作提出了挑战。

1. 内容生产流程再造。质量链抓住优质内容价值回归的风口，利用区块链技术打造一套完整的新闻生产方案，实现媒体内容生产流程再造，让内容生产的每一次传播、每一次修改均可追溯，让矫正过程更为透明。

2. 公民新闻审核。在UGC/PGC/PUGC的传播趋势下，建立公民（个体或组织）新闻审核机制，解决传统媒体审稿过程中存在的主观性强、编辑权滥用等问题，提高评审质量，为大流量平台的内容审核带来新的解决方案。

（三）以“能力链”创新“新闻＋政务服务商务”运营模式和生态，通过各类资源的聚合联盟和逐步上链，形成媒体能力链矩阵

能力链将借助媒体自身优势，拓展产业创新和公共服务的新模式，提高新闻传播效率、减少信任成本、增强监管实时性。媒体区块链在知识产权、区块链生态圈、智慧社区、社会信用体系等方面的应用，将为媒体融合开辟全新路径。

1. 推进媒体IP化运营。利用新媒体进行跨界推广，基于版权竞合、价值链整合、大数据营销、社群化营销等探索IP化运营新模式，实现从内容提供商向综合文化服务商的转型。

2. 打造媒体主导的区块链生态圈。推进政府部门、行业协会、产业联盟、科研院所、创客组织形成合作共享机制，共同建设媒体创意区块链社区，实现政企联动、协同创新，打造区块链生态圈。

3. 建设区块链智慧社区。以智慧社区建设为中心搭建媒体区块链平台，进一步拓展媒体区块链在社区智能生活、智能服务等方面的应用。

（四）通过“管理链”探索媒体新的治理能力和治理体系的现代化建设，实现数字化、高效、安全、科学的治理系统和体制机制配套

管理链是实现媒体的数字、高效、安全管理的重要保障。按照资源集约、结构合理、协同高效的原则，在财务管理、人才管理、资本管理、资源管理方面，通过管理链反向推动体制机制、流程管理配套升级，实现媒体治理能力和治理体系的现代化。

二、项目建设

（一）基础服务建设

服务器技术架构按照高可用性、高扩展性、高融合性三个原则进行设计。

1. 高可用性体现在各个应用服务均采用分布式集群

部署方式，通过负载均衡的方式合理分流；另外对于数据存储集群，也是采取多节点备份、主从备份、定时备份等机制，确保数据的安全可靠。

2. 高扩展性上方面，细化服务内容，不同服务之间提供接口调用，保证各服务的低耦合性。可根据实际情况进行集群的动态扩容及迁移，满足区块链核心加密签名、链注册、链查询等对服务器资源需求有动态峰值需求的服务。

3. 高融合性方面，各个服务独立运行并相辅相成。区块链服务作为基础服务，对外提供加密、注册、查询、验证等服务。其他应用服务的资源由管理平台统一控制。

（二）区块链基础服务建设

Hyperledger（超级账本）是区块链行业中最大的项目之一，基于 Hyperledger fabric 搭建私有化部署、高性能、高吞吐、可扩展存储、通用智能合约和安全审计的区块链服务，为其他服务应用提供通用服务能力。

（三）舆情系统建设

行业化、服务化是舆情监测分析的发展趋势，将文本分类、文本聚类、文本摘要、倾向性分析等结合语料库和知识库，建立基于 SaaS 模式的舆情语义分析基础设施，可更好地实现人机结合，提高舆情研判的准确率。

舆情平台自动提供舆情分析的声量与情感趋势分析、媒体占比、热门站点分析、提及地与分析、热词云分析、提供舆论量、情感指数等判别指标，帮助用户更快速地锁定重要舆情，了解舆情全貌。

（四）数据中台升级建设

数据中台是支撑新媒体业务发展和大数据分析的核心。

半岛已初步建成以统一数据输入、分布式存储、统一服务数据、统一用户数据为中心的数据中台。半岛智媒链项目依托已建成的数据中台，对数据中台的数据输入、数据分析、数据整合、数据挖掘、数据存储、数据服务进行全面的改造。

1. 针对性改造数据统一输入服务。

（1）对外部数据进行爬取时，根据来源、时间、原创信息等信息进行预认证处理。

（2）对合作的数据源，统一进行加密存储、版权信息预认证处理。

（3）对自有平台数据以及业务数据提供统一数据录入接口，自动进行加密、认证、追踪服务。

2. 修改分布式大数据存储架构。对全量存储的数据进行加密、认证、追踪处理后统一放入结构化数据库中存储。

3. 修改统一服务数据平台。用户管理中心、图片资源管理中心、视频资源管理中心、稿件资源管理中心、统计数据管理中心、业务数据管理中心、统计分析管理中心等平台添加数据认证、数据追踪服务。

（五）数据抓取及版权保护系统建设

建立内容白名单、灰名单和黑名单。

白名单提供的内容可以直接进入采编经营协同中控平台的原始稿池，供编辑取用和发布。

对黑名单的咨询内容进行监控和实时版权比对，发现侵权行为即进行存证与维权。

灰名单是舆情系统主要信息来源，包括国家级主流媒体、主流社交媒体、区域强势媒体、行业媒体、地方主要媒体以及影响力较大的自媒体等。

抓取的内容除了作为稿源、版权、舆情使用外，与自产稿件关联后可以进行传播路径和传播效果分析，为生产、考核提供数据支撑。

（六）内部媒资库建设

媒资库存储的报社生产内容结果和原始素材，是报社的重要资产。内容生产环节经过策、采、编、发等环节产生的成品稿件统一存入媒资库中，稿件策划和采写环节的原始音视频素材以及文字都可存入原始稿库，作为媒资库资产的一部分。

媒资库的输出内容可以作为传播效果分析和版权追溯的数据来源。自产稿件经过和外部数据库的外部稿件比对，相同内容的稿件，可视为稿件传播的一个节点。通过对外部数据库中同源稿件的汇总，可勾勒出该篇稿件传播路径；通过路径节点上稿件的时间、转、赞、评等数据，可分析出稿件传播效果。

（单俊楠：半岛都市报社副社长，白生龙：半岛都市报社技术总监，刘伦：半岛都市报社技术开发编辑）

案例类别：产品

“新时代、新摇篮、新力量”——2020 长春电影节城市定向赛

长春电影文化历史悠久，素有“电影城”的美誉，电影文化不仅是过去的标本、更是现在的样本和未来的资本，办好中国长春电影节这张长春电影的文化名片，拓展和延伸产业链条，创新活动形式，对长春电影品牌发展、城市形象、城市活力、经济发展具有重要意义。

作为第十五届中国长春电影节的一项重大活动——2020 长春电影节城市定向赛，是由第十五届中国长春电影节组委会主办，长春晚报社全程策划、执行的创新融

合产品，同时是2020年长春市规模最大、覆盖面最广的定向类赛事。我们将长春这座城市的资源优势，以电影元素为载体，以定向赛为形式，以长春市为赛场，充分发挥长春晚报社的平台及内容优势，打造了一场促进民众与城市、体育、文化、旅游深度互动的“群众盛宴”。

一、项目具体情况

（一）基本情况

项目名称：2020长春电影节城市定向赛

赛事背景：第十五届中国长春电影节

赛事时间：2020年9月6日

赛事地点：长春市

赛事规模：5000人

赛事口号：新时代·新摇篮·新力量

起 / 终点：长春雕塑公园

线路设置：A、B、C、D四条线路（A、B、C为成人组线路，D为家庭组专线）

竞赛组别：成人组（5人，至少一名异性）、家庭组（4人，2大2小）

选手装备：赛事包、服装、号码布、完赛奖牌、赛事补给、打卡器

奖项设置：四条线路分别产生一、二、三、四等团队奖，完赛队伍每人获得限量版完赛奖牌

志愿者：200名

（二）具体玩法

赛事规则：起 / 终点→公布线路→打卡出发→到达打卡点（任务点）/ 进行打卡（完成任务）→到达下一打卡点→完成所有挑战任务→回到起 / 终点（完成比赛）

具体玩法：参赛队伍将从长春雕塑公园出发，沿自选线路，依次找到打卡点完成打卡，在规定时间16:00前回到长春雕塑公园（配合任务书、地图，玩法规则及任务点图例）。

挑战任务：柠檬酸酸酸、投壶、超级模仿秀、高跷行走、智慧拼图、衣衣不舍、四人四足 手脚并用 急速取水、逛长影世纪城、射箭英雄、拍照打卡

出行方式：步行 + 公交车 + 地铁 + 轻轨，严禁开车，严禁乘出租车、网约车，骑自行车，滑板等非公共交通设施

二、具体成效及社会意义

（一）参赛者：5000人深度参与，轰动全城

长春电影节城市定向赛集5000人深度参与，男性占比53%，女性占比47%，平均年龄38.5岁，职业覆盖面广，真正实现“男女老少齐上阵”，让每位参赛选手成为城市的代言人。赛事当天，5000名参赛选手身着特别设计的赛事服，在春城汇聚成蓝色的浪潮，相当于在城市投放5000个“移动广告机”，轰动全城。

1. 广交好友，引领社交新潮流。2020长春电影节城市定向赛接受团队报名、单人报名，在赛前、赛中为单人参赛者建立组队群、组队处，此次赛事不仅是一项依靠体力的自我挑战，更是连接社交的催化剂，参赛者在比赛中团结协作，比拼团队智慧，赢得属于集体的荣耀。

2. 多感享受，参赛者体验至上。赛事全力打造最优、最具特色的参赛线路，在每条线路上精心设计8大任务点，任务点上的游戏有意义且参与性极强，如家庭线路中“投壶”任务作为从先秦延续至今的汉民族传统礼仪和宴饮游戏，对于青少年传承古代文化礼仪别具意义；参赛选手还可以享受到逛长影世纪城、长春雕塑公园等景点的福利，了解长春的电影文化、人文气息；赛事现场、各任务点精心布置，标识明确，200名志愿者指引服务，保证了活动当天的秩序性；精美、极具特色的完赛奖牌，是参赛选手汗水的勋章。整场赛事参赛选手体验度极佳，玩、秀、娱、游、动、智相结合，广受好评。

（二）城市形象：城市影响正面积极

2020长春电影节城市定向赛向市民传递了绿色出行的理念、联合了城市资源，对城市产生了一系列正面积极的影响。

1. 传递绿色出行，深入城市文明理念。赛事倡导绿色低碳、文明出行，垃圾不落地，对缓解城市交通压力、减少环境污染起到积极作用，是一场极具社会责任的大型赛事。

2. 深度融合，电影文化更加丰满。第十五届中国长春电影节 + 城市定向挑战赛的玩法，让电影文化通过深度参与更加丰满，成为电影节里极具群众性的盛会。打卡点涵盖长影世纪城，电影院，任务点的挑战也融入电影元素，扩大了长春电影文化的影响力与宣传。

3. 联合城市资源，彰显城市内涵。赛事A、B、C、D四条线路亮点纷呈，涵盖旅游景点、历史文化、娱乐场所、自然资源等板块，覆盖全城，展现了城市特色，彰显了长春的城市内涵。

4. 15个商家深度参与，助力经济复苏。2020长春电影节城市定向赛背后的深意更是让所有参赛者关注奔跑的同时，带动春城产业也奔跑起来，唤醒疫情下的经济复苏，助力春城发展。赛事吸引了欧亚卖场、长影世纪城、吉视影城、爱尔眼科、国健妇产医院、万科地产等15个商家的支持及赞助，通过设置任务点打卡、完成任务的方式，让活动参与者深度体验，如国健口腔医院设置任务“柠檬酸酸酸”，意在向群众传递口腔健康的重要性，活动发放了电影票、优惠券、体验券，并加以报道助力商家宣传。

5. 激发热情，引领春城健康时尚。2020长春电影节城市定向赛以其有趣的形式，唤起了一份春城人心中追求健康美好生活的决心和信心。长春是重要的体育城市，体育氛围浓厚。2020长春电影节城市定向赛打造以“穿

越长春”+“解锁城市”为主题的文化体育项目，引领春城健康时尚，彰显长春体育内涵。

（三）媒体宣传：连续14天全媒体爆炸宣传

2020长春电影节城市定向赛在正式启动前13天，便开始了持续的全媒体报道，从赛事宣传、选手招募，到赛事全程、后期互动，最大限度地为赛事带来持续有效的曝光。

1.预热阶段传播效果最大化。活动报名阶段，长春晚报充分发挥媒体平台优势，扩散赛事及合作信息，招募渠道多元化，《长春晚报》共发布10篇报道（累计5个整版）、微信平台共发布14篇报道、微博、抖音等全媒体矩阵共同推广；电台、传统媒体、网络媒体、广告屏幕、自媒体等全方位报道；赛事任务点、赛事合作伙伴、运动俱乐部、协会等多渠道宣传，达到短时间内传播效果最大化，活动引发社会热度，直接吸引了5000位市民报名参与。

2.启动当天影响力爆炸性增长。赛事当天，《长春晚报》百家号现场直播，《长春晚报》快手号等平台直播分发，吸引了数万网友线上观看；5000名参赛者边参与边互动，做任务上传朋友圈，实时展示赛事现场情况；以《长春晚报》为首的媒体报道展示充分，社会各界通过观看直播、视频、微信阅读等方式了解此次赛事，活动启动时覆盖百万以上人群，影响超千万。赛事的高曝光度对宣传长春电影节、宣传长春城市形象起到极大的推动作用，最大限度地彰显了本届电影节办节宗旨、主题和特色，让电影节更具活力，更具有参与性，品牌形象更具社会影响力。

三、融合经验体会

对于创刊31周年的《长春晚报》而言，31年来，我们与这座城市同呼吸共命运，坚守时代变迁，审视变化与革新，坚守媒体的责任与担当，我们关心与传递这座城市的美好与热爱，更关心日新月异的未来。一直以来，长春晚报社不断创新创优内容，做实做强传播，我们深知最大优势是内容优势，优势资源要向新媒体进行集结，优秀活动需要不断与时俱进，这样才能形成核心竞争能力，继续稳步前行。

城市定向赛是一个可多元延展、可塑性高、拥有持续发展空间的品牌，不同产业的跨界融合可以不断孵化出新的玩法，联动地方政府、行业资源为参赛者带来更多未知的挑战乐趣。此次2020长春电影节城市定向赛，将电影节与定向赛结合，长春晚报社全程策划、执行，各个部门统筹配合，全媒体机制为内容与宣传提供坚实保障，社会反响热烈，影响深远，长春晚报将继续深耕赛事，不断策划激发创新活力，打造类型多样、可延展性强的品牌活动，在媒体深度融合发展之路不断前行，做有影响力的品牌传播。

（长春晚报社）

案例类别：产品

深圳商报＆读创（中国商事主体第一端）

丁时照 张玉斌 李迩 李普青 赵翔庭

自2016年12月正式上线以来，由深圳报业集团主办、深圳商报整体转型打造的读创客户端，致力打造与深圳城市地位相匹配的新媒体财经。从单纯的新闻客户端到深圳300万商事主体社交平台，再到“中国商事主体第一端”，深圳商报和读创在媒体深度融合发展上不断前行。2020年，读创——深圳300万商事主体社交平台项目入选国家新闻出版署发布的“2020年中国报业深度融合发展创新案例”，跻身中国媒体融合“第一方阵”。

“起步早，积淀深。”2016年，《深圳商报》推出以科技、财经为特色的新闻客户端——读创。2019年，《深圳商报》举全报社之力，将读创从纯资讯客户端升级为“深圳300万商事主体社交平台”，围绕企业全生命周期服务，建设以垂直社交、政策解读、商业知识等为主的全新生态。截至2020年底，读创的注册用户突破110万，入驻企业和协会超12万家。

一、影响力：打通政府服务渠道，建立企业聚集高地

从“新闻资讯”客户端升级为“深圳300万商事主体社交平台”后，读创在新闻资讯的基础上增加企业社交、政策解读、读创书院、企业服务四大版块，打造企业家交流生态圈，通过大数据、人工智能等手段为企业提供全生命周期服务，同时助力深圳打造国际一流营商环境，成为展示深圳营商环境的权威门户。读创“深圳300万商事主体社交平台”上线运营一年多来，得到深圳市、

区政府部门及企业认可。

（一）成为政府与用户对接纽带

读创强化企业服务进行迭代升级，受到政府机构关注，深圳市、区政府及职能部门纷纷与读创建立合作。2020年2月，读创与深圳市福田区合作，实现数据对接，用户可以通过读创直接登录福田政务，一站式办理所有业务；深圳市南山区将“读创圈”作为“创新南山2020——创业之星”大赛的官方资讯信息发布平台；与国家“832平台”对接，深圳扶贫办将读创作为发布各类重大活动和信息的平台；与深圳市社会组织总会签订战略合作协议，为全市各类社会组织提供数字化服务和平台支撑等。

（二）上线一年超过12万家企业入驻

从2019年开始，读创产品团队广泛走访、调研企业、商协会，不断根据企业需求优化系统与升级服务，先后推出了“读创——深圳300万商事主体社交平台5.0版”“读创社交圈升级版”等多个重要版本，想企业之所想，从“资讯服务”“工具服务”“市场拓展”“资源链接”等多维度进一步聚焦企业需求。一方面向企业智能推送精准资讯、最新政策等专属内容；另一方面提供企业管理等商务工具，实现千人千面；同时推出为企业社交定制的“读创圈”，高效助力商协会、企业、职场人士洞悉行情、拓展人脉、链接资源，助力用户链接商业资源快人一步。

2019年10月29日，读创“深圳300万商事主体社交平台”升级当天，宝安区工商联（总商会）旗下5268家企业整体入驻。截至2021年3月，入驻读创企业达到12万家。

二、传播力：精准服务流量爆款两不误

读创坚持定位特色，围绕国家疫情防控和社会经济发展“双统筹”的工作大局及中央、省、市重点工作，先后推出50余项小程序产品，为企业提供超200项服务功能。2020年，更是围绕深圳经济特区建立40周年的主题宣传推出了爆款产品，做到平台建设贴身服务、打造优质爆款产品“两不误”。据统计，读创2020年打造了2个点击量超亿级、4个超千万级、20多个百万级的产品。

（一）聚焦现实需求提供贴身服务

2020年新冠肺炎疫情发生以后，读创聚焦现实需求，率先推出科普与服务两大服务平台，不断推出为企业及用户提供贴身服务，建起与疫情防控、复工复产相关的互动平台，获得企业、用户认可。如：读创推出的新冠肺炎疫情科普与服务平台，受到政府部门、企业、个人等社会各界的好评与点赞。截至2020年5月底，新冠肺炎科普与服务平台用户查询量已突破1.4亿人次；读创战疫情企业服务平台则为企业提供精准服务，平台浏览量已超4000万。

（二）围绕主题宣传打造流量爆款产品火爆全网

2020年是深圳经济特区建立40周年，读创联合腾讯打造大型线上主题活动产品“深份证”于2020年8月21日上线。产品上线后迅速火遍全网，短短10天，参与办“证”的人数达到1700万人次，各渠道累计浏览量达到3亿人次，平均每分钟1250人次领取“深”份证。人民网、经济日报、中国青年报等多家中央媒体，以及浙江日报、湖北日报等30个省市区的186家主流媒体556个新媒体平台（渠道），接续转载报道本次活动。中国平安、华为、中兴通讯、麦当劳、必胜客等知名企业也参与到活动的传播中。深圳发布、i深圳等38个深圳市区政府部门融媒体平台纷纷为“深”份证活动摇旗呐喊。目前，“深”份证活动依然在网络上持续传播。

三、引导力：打造企业服务生态圈

什么时候办什么事？哪些是红线？哪些是红利？这些千企千面的个性化问题，是政府公共服务的“最后一公里”，也是读创客户端从“资讯”升级为“深圳300万商事主体社交平台”空间所在。

从采访到什么就报道什么，到用户需要什么就提供什么，《深圳商报》以读创为主阵地，努力推进生产模式的变化，把目标颗粒度细化到每一个市场主体——企业，从传统的资讯模式转型升级到参与企业的生态价值链建设，最终形成自己的企业服务社交生态圈。为此，读创确立了以AI+大数据算法为核心，围绕企业全生命周期提供全方位立体服务，在传统新闻资讯的基础上，打造以财经新媒体、垂直社交、舆情监测、政策解读、圈层互动、商学院等为主的全新生态。

四、创新力：探索报业融合新业态

经过一年的发展，读创（深圳300万商事主体社交平台）继续推进融合创新，将目标定位中国商事主体第一端。

（一）项目亮点一：创意内容为支点，技术撬动爆款产品

读创的转型过程，以内容创新、创意创新、技术创新多核驱动，使得转型后的读创客户端，在新的传播变革中，展现出更强大的生命力与影响力。

读创以创意内容为支点，借助新型AI大数据、人工智能等技术工具打造多款融媒体产品。如2020年8月21日，推出“来了就是深圳人，快来领张‘深’份证”融媒体产品。

（二）项目亮点二：以重点项目为突破口，追求社会效益最大化

读创以社会效益大的重点项目为突破口，有序推进探索新业态。疫情期间，读创先后推出了新冠肺炎疫情

科普平台、战疫情企业服务平台。针对企业用工难、资金短缺等问题，先后推出了口罩派送、金融服务、供需速配、公益溯源、惠企服务、政策一键查询等企业服务功能。截至2020年6月底，两大战“疫”平台合计已推出40余项服务功能，全面覆盖个体用户、企业用户两大群体，总访问量超1.8亿人次。

（丁时照：深圳报业集团总编辑、深圳特区报总编辑，张玉斌：深圳商报党委委员、编委，李迩：深圳商报读创平台部主任，李普青：读创首席产品官，赵翔庭：读创首席运营官）

读创客户端

案例类别：产品

“来了就是深圳人，快来领张‘深’份证”

丁时照 张玉斌 李迩 李普青 赵翔庭

2020年是深圳经济特区建立40周年。8月21日，深圳商报联合腾讯公司推出了“来了就是深圳人，快来领张‘深’份证”大型线上主题活动。用户只要选择第一次来深圳的时间，上传头像并挑选有时代和职业印记的服装，就能生成一张包含个人姓名、性别、深龄及独有编号的“深”份证。

产品上线后迅速火遍深圳，随即快速传播到国内各地及国外。到2020年9月1日，短短10天时间，参与办“证”的人数达到1700万人次，各渠道累计浏览量达到3亿人次。平均每小时有7.5万张“深”份证被领走，每分钟1250人次领取“深”份证。人民网、《经济日报》《中国青年报》《农民日报》等多家中央媒体，以及《浙江日报》《湖北日报》《河南日报》《山西日报》《西藏日报》等30个省区市的186家主流媒体556个新媒体平台（渠道），接续转载报道本次活动。中国平安、华为、中兴通讯、麦当劳、必胜客等知名企业也参与到活动的传播中。深圳发布、i深圳等38个深圳市区政府部门融媒体平台纷纷为“深”份证活动摇旗呐喊。

截至目前，“深”份证活动依然在网络上持续传播，参与者数量依然可观。合作方腾讯公司对此非常惊喜，相关人士表示，这是近年来腾讯与非中央媒体合作的最佳爆款和标杆之一。“深”份证这一融媒体产品，成为继人民日报军装照后又一全国性现象级爆款产品，是庆祝深圳经济特区建立40周年最火爆、最热门的融媒体作品。

一、高度凝聚城市印记，引发用户认同与共鸣

“深”份证这一融媒体产品，紧紧抓住了深圳经济特区建立40周年这样一个特殊时间节点。深圳是全国最大的移民城市，人员来自四面八方。“来了就是深圳人”，不仅是深圳十大观念中最触及心灵的一句，也是对这座城市包容精神的最精辟总结。深圳又是一座年轻的城市，同为深圳人，大家见面最常问的一句话就是：你来深圳几年了？年龄与“深”龄，成为一种有趣的对比，“深”龄也成为深圳人独特的问候语；再加上“深”份证与身份证的谐音高度重合，使得这一创意几乎只能为深圳独家享有。

在制作上，充满怀旧感的背景歌曲《南方以南》和蛇口开山“第一炮”等历史画面，成功勾起了无数人的回忆；而在互联网AI技术的加持下，人脸融合与换装术又让它极具现代感与趣味性，各年龄群体皆被吸引。

创意背后，满满的人文关怀才是俘获人心的关键。深圳经济特区建立40年来，有多少人来过深圳？这个数字一定是以亿为单位。深圳今日之辉煌离不开每一位建设者，深圳感谢每一位到来者的付出，这张“深”份证就是对他们的致敬与礼赞，也引燃了他们热情的回应。

“深”份证这一融媒体产品本质上体现了所有来深建设者对深圳的认同，对特区40年发展的认同，对改革开放成果的认同，从而形成情感共鸣和行为的互动，创造了活动初期每分钟就有1000多人领取“深”份证的火爆。

二、巧借人脸融合技术，让产品更“好玩”

“深”份证引入了人脸融合等AI技术，让产品更活泼有趣，圈粉无数。“深”份证活动是一款“好玩”“会卖萌”的融媒体产品，成功俘获了不同年龄层用户的心。在这款融媒体产品中，《深圳商报》及旗下读创客户端与腾讯合作，采用腾讯优图新的AI技术，在作品中引入了变脸换装的玩法。通过AI技术，用户可以生成从少年到青年、中年、老年的照片，而且还可以更换不同风格

的服装和造型。不仅“好玩”，也让用户在不同年代中穿越，更有代入感。借助AI技术，“深”份证这一融媒体产品跳出单纯说教的思维定式，使产品深得人心。

三、依托社交网络，实现传播裂变

得益于社交网络的裂变传播，在“深”份证的场景设计中，充分考虑了社交网络的传播规律，给用户留出参与空间，让用户去填补。用户在上传照片、选择信息、深度参与、后续传播的过程中，通过亲身体验，加入自身情感元素，生成自己专属的“深”份证，实现身心上的满足，产生刺激感、愉悦感。

在用户获得情感共鸣的同时，作品实现了裂变式转发传播。分享，已经成为移动互联网时代所有爆款作品诞生的源头和助推器。

四、喜获各类奖项，依然不断被提及

（一）快来领张“深”份证，成为流行语

作为庆祝深圳经济特区建立40周年的爆款作品，它没有走传统填鸭式路线，而是充分考虑新媒体作品的表现和传播特点，强化用户意识，满足用户情感，鼓励用户互动，最终实现不同地域、不同行业的网友都在制作自己的“深”份证，然后将自己的“深”份证以及对深圳这座城市的浓烈情感在自己的朋友圈广为转发，裂变传播，使“‘深’份证”成为2020年8月深圳最热词。

（二）“深”份证品牌，不断破圈复制

“深”份证刷爆朋友圈，成为网络爆款的同时，深圳各大知名企业和协会，除自发传播“深”份证外，还纷纷与《深圳商报》和读创客户端合作，推出的孪生作品同样火爆。其中，深圳商报与深商总会联合推出“深企证”，在企业广泛传播；与深圳市人社局、深圳技师学院合作推出“技能证”，影响巨大，包括广东省人社厅官方微信公众号“广东人社”在内的全国20余家媒体平台对此进行叠加推广。

（三）喜获各类奖项，依然不断被提及

“深”份证荣膺2020年广东“网络传播精品工程”特等奖；广东省新闻奖一等奖，深圳新闻奖一等奖。合作方腾讯公司相关人士表示，“深”份证是近几年腾讯与非中央媒体合作的最佳案例和标杆产品。凭借作品创意和亮眼的数据，该作品还获得了腾讯微创新奖。目前，“深”份证作为典型案例依然在持续传播。

媒体融合时代，以“爆款”称雄的，保鲜期大都很短；凭流量称霸的，线上线下一致认同的很少；靠口碑爆棚的，在两个舆论场良性互动的不多。“来了就是深圳人，快来领张‘深’份证”融媒体作品，是高流量的“爆款”，更是主流传播获得各界高度认同的作品，同时是庆祝深圳经济特区建立40周年最成功的融媒体作品。这样的作品具有样本意义。

（丁时照：深圳报业集团总编辑、深圳特区报总编辑，张玉斌：深圳商报党委委员、编委，李迩：深圳商报读创平台部主任，李普青：读创首席产品官，赵翔庭：读创首席运营官）

“来了就是深圳人，快来领张‘深’份证”活动

案例类别：产品

晶报说

2019年5月28日，《晶报说》产品第一期刊播。是由晶报社党委会、编委会全力打造，由晶报评论部主创的原创观点类短视频品牌栏目，通过对观点、价值判断进行影像化、可视化再造，坚持在网络阵地发出时代强音，目前已刊播350余期，点击率稳步上升。

一、全媒表达占领网上阵地

信息时代“人人都有麦克风，人人都是评论员”，但这同时意味着舆论进入“消息真假莫辨、观点鱼龙混杂”的生态。在《晶报说》栏目策划阶段，晶报社党委、编委会就将其定位于“深入剖析事件背后的价值，以温和而坚定的姿态呈现观点力量”，并要求该栏目对各种社会信息、网络信息进行准确分析和权威解读，通过全媒表达，在更大范围占领网上舆论场。

《晶报说》立足深圳、垂直深耕。在已刊播的350余期节目中，有给市委书记点赞的《市委书记暗访式调研，动真格才能发现真问题》，有肯定深圳人大基层工作的《为

基层人大工作贡献更多的“龙岗经验”》《人大代表之家：有了家就有了温暖》《回应民生关切，打造代表议事会品牌》，有讴歌深圳发展成就的《让农贸市场集“美丽”与“智慧”于一身》《把深圳标准的金字招牌擦得更亮》《深圳为什么能拿到这份靓丽的成绩单》《深圳高等教育要有成为“示范者”的抱负》《高水平的立法为深圳交通注入强劲动能》《企业登记“秒批”，政务服务改革“快进”》《保护知识产权，深圳做对了什么？》《优化营商环境，深圳在持续发力》《解码 < 深圳脚步 > 何以引发全网同频共振》《感动！这群特别的人献给深圳的诗》等。上述主旋律观点类视频产品，与纸媒中的社论与“橙见”，既有交叉又有重叠，纸媒与新媒体互为犄角，发出时代强音。

二、产品影像化，观点可视化

《晶报说》既秉承传统媒体评论的旗帜与灵魂的特质，又绝对不是将纸质评论照搬到网上，简单机械地充当纸质产品与新媒体产品之间的“搬运工”，而是因应现代传播格局，在产品形态上进行了创新与突破。简言之，《晶报说》是一款将产品影像化，观点可视化，并主动注入互联网基因的全新产品。

该产品推出之初，晶报社党委、编委会就决定举全报社之力，动用一切资源来打造这个观点视频团队。但传统纸媒进军短视频领域，不像广电那样有现成的设备、技术和人才，只能从零开始，内部挖潜，逐步积累。《晶报说》依托新闻事件，通过评论员口述方式，在视频中剖析事件背后的价值，这对团队的每一个成员来说都是全新尝试和体验。过去写出锦绣文章的评论员，摇身一变成为让人耳目一新并一亮的观点主持人。此外还有灯光、化妆，音频和视频的调试等，其间摸爬滚打的“试错”与探索，既有辛劳的汗水，又有甜蜜的收获。

三、“接地气”才有“高人气”

眼下的短视频行业流行“PUGC”概念。这个词由 UGC 和 PGC 组合而成。UGC 是让用户有代入感、感觉真实。PGC 是消除 UGC 中不专业的细节。因此，“PUGC”的含义即是用 UGC 的表现手法配合 PGC 的团队运作，为产品内容带来更好的流量表现。

具体到《晶报说》。首先是选题“接地气”，达到 UGC 所要求的代入感和真实感。比如，《深圳高考学霸有这样一个共同点》《拿什么对抗“千篇一律”的惶恐与焦虑》《接受孩子是个普通人，就跟世界和解了》《批改作业到深夜没有什么诗情画意可言》《“寻找深圳湾卖水的孩子”为什么被疯转》《当机长为美女打开驾驶舱》《那些年，深大旁边可以下海游泳》《亲历深夜扫楼式核酸检测，向战疫勇士们致敬！》等，都是非常生活化并具有话题黏性的社会热点议题。再加上 PGC 所要求的团队后期运作，包括选题的筛选和把关，音频和视频的质量管控等，尽量剔除产品中的非专业细节，从而达到 PUGC 的理念，获取流量，达到“高人气”的传播效果。

眼下，纸媒转型纷纷以视频生产为抓手，但总体而言，单个“作品”较多，能够持续、稳定、有节奏推出的产品较少。而在类型众多的视频产品中，观点类视频产品更是少之又少。《晶报说》持续播出 350 余期，收获了两个效益，同时，团队亦在不断完善、提升产品形态，使之进一步适应媒体融合新形势，实现更好的传播效果。

（深圳报业集团晶报社）

“晶报说：直抵事件与心灵，温和而坚定”宣传片

案例类别：产品

“i 深圳”：走出媒体融合的“深圳模式”

——全力打造“中国城市政务服务第一号”

胡文

受深圳市政务服务数据管理局的委托，在深圳报业集团全力支持下，晶报社依托《晶报》、晶报 APP 以及全国规模最大的政务新媒体矩阵，发挥专业优势和团队优势，从“i 深圳” 2018 年 8 月 17 日上线之日起即负责公众号日常运营工作。从 2020 年 6 月起，为适应快速发展的需要，双方乘势而上，共同组建了“i 深圳政务全媒体运营中心”（以下简称“运营中心”），建立了联席会议制度，健全了运行机制。

经过半年多的运行，“i 深圳”公众号已经成为深圳政务媒体的领军者以及深圳报业集团政务融媒体实践的典型样本。

2020年12月10日，在全市抗击新冠肺炎疫情表彰大会上，运营中心荣获“深圳市抗击新冠肺炎疫情先进集体”称号；12月11日，在2020年深圳市优秀政务媒体和自媒体网络评选活动中，“i深圳”荣登十大“2020年度最具影响力政务新媒体公号”榜首，一名年轻编辑入选“2020年度最受欢迎小编”十佳。

截至2020年12月15日，“i深圳”公众号的注册用户达到622万（其中以年轻人为主）。

2020年，“i深圳”的10万+现象成了常态，全年阅读量累计达到1.3亿。“i深圳”“互联网+政务服务”的鲜明特点和硬核功能得以充分显现，使之与新闻资讯类公众号明显区分开来，展现了媒体融合的“深圳模式”。

一、“i深圳”的成功实质，是深圳“数字政府”建设的成功

从时间节点看，“i深圳”公众号用户的急剧增长是由疫情之下的市民对于公共卫生政策、各项防疫措施以及自身生命安全的高度关注所推动的，但这一现象本身恰恰是符合行政规律以及新闻规律的。

疫情发生后，“i深圳”迅速进入战时状态，由一天一推变成一天六推，一天运营工作时间达到18小时，许多文章在零点前后推出，关注度不逊白天高峰时段。作为政务媒体，“i深圳”尽最大可能，以最快的时间、最权威的推送满足市民所需，消除信息不对称，增强市民的安全感和对政府的信任感。以2月21日推文为例，单篇阅读量达到了383万，迄今依然保持着“i深圳”单篇阅读量最高纪录，直接带来了其后三天一共63万用户的增长。

伴随全民战“疫”的深入推进，以“i深圳”公众号为入口，以“i深圳”APP为后盾，一个“i深圳”政务服务和政务媒体生态圈迅速成形。加上“i深圳”小程序在扫码进出小区的海量运用，大大增强了“i深圳”的知晓度和接受度——这就是媒体常说的运营推广。包括健康码、乘车码以及核酸检测查询、考分查询等功能的广泛使用，最终使之成为深圳市民手机上不可或缺的全能工具。“深i您”“深i企”等产品的推出，实际都为“i深圳”在各种场景下的应用起了助推作用。“i深圳”用户数量的超常规增长只是整个生态的自然结果。所谓全程媒体、全息媒体、全员媒体、全效媒体，都在“i深圳”上得到了充分展现。

需要指出的是，在“i深圳”公众号用户骤增的背后，其实有着平安技术团队的强力支撑。以预约口罩为例，“i深圳”公众号只是一个入口，预约功能的完全实现，是由跳转之后的“i深圳”APP来保障的，否则根本无法应对瞬间大流量的用户涌入。归根结底，这是由深圳“数字政府”建设所支撑的。这次与市民加强黏性的机会，表面上是留给了“i深圳”公众号，实质上是留给了深圳“数字政府”建设，留给了极具前瞻性的深圳市委市政府。这是“i深圳”公众号与一般媒体公众号以及某一职能部门公众号的根本区别。

二、遵循新闻规律，发挥专业优势团队优势

“i深圳”公众号并非完全意义上的新闻媒体，除了发布政务服务的内容之外，其他内容主要来自聚合。即便如此，其媒体属性仍显而易见。合作双方一致认为，必须提高政治站位、大局意识和把关能力，坚持正确的政治方向和舆论导向，依照新闻规律而非行政规律，发挥团队优势，进行专业化运营。

作为主管部门，深圳市政务服务数据管理局从未将“i深圳”视为部门领地。合作双方有着高度共识：即要站在全市的高度，围绕深圳市委市政府的中心工作，第一时间将便民利民惠民的政务服务资讯传递出去。

对于10万+，“i深圳”的原则是，不唯10万+，但决不轻易放过任何一次编发好稿以及冲击10万+的机会。

本着上述原则，“i深圳”在具体选稿时，注重显著性、接近性和服务性，广泛从中央、省市媒体以及深圳各部门、各区政务媒体中遴选、精编稿件，秉持开放、共享、共赢的理念，杜绝门户之见。正是这种视野和格局，构成了“i深圳”成功的基础。

“i深圳”的实践表明，任何时候，深圳市委市政府的动向和声音都是市民最天然的关切，这就要求“i深圳”必须立足深圳，并具有全球视野、湾区格局、家国情怀。事实证明，诸多事关深圳发展大局的时政、财经要闻，在经过“i深圳”的编辑提炼和话语转换之后，往往会被刷屏。

三、聚合区域综合资源，打造“中国城市政务服务第一号”

如今，每逢有重大消息，深圳市民已经习惯于从“i深圳”上获取权威信息，用户黏性十分之强。深圳市委市政府高度重视这一平台的政务服务和传播功能，多次给予充分肯定；政府各部门乃至新闻媒体亦协同配合，注重第一时间将重要信息通过“i深圳”送达千万市民。以“i深圳”为代表，政务媒体的传播力、引导力、影响力、公信力显著增强。而这一骤变，是在行业内普遍认为公众号红利已经消失、市场格局基本定型的情况下发生的，反映出媒体衍生发展的全新脉络和逻辑。

“i深圳”公众号的崛起看似时势铸就的一个偶然，但如果结合深圳在“数字政府”乃至“智慧城市”建设方面的巨大投入，“i深圳”现象其实是一个必然。

“i深圳”现象的出现，昭示了一种新的模式——区域资源聚合模式，即在地方党委政府的支持下，通过顶

层设计，特别是资源、技术的密集配置，形成相对集中的优势，打造区域头部媒体。在“i 深圳”公众号上，资源密集表现突出，这主要体现为政务服务资源；资金密集则主要表现在“i 深圳”APP 上，间接体现在“i 深圳”上；目前，“i 深圳”APP 下载用户量为 1867 万，是“i 深圳”公众号用户的 3 倍多。仅这一存量用户规模的激活，就是地方媒体依靠传统方式比如以内容驱动难以企及的。这无疑为媒体融合发展提供了新的思路。

“i 深圳”的区域资源聚合模式虽然只是一个开端，但其所取得的重要经验值得总结。这些经验既包括领导重视、资源聚集、技术驱动的体制优势，也包括依照新闻规律、强调新闻性和服务性的专业优势，以及二者融合相加的“化学反应”。而其他城市对“i 深圳”的关注和学习，已经证明了其创新经验可复制可推广，这是“i 深圳”的更大价值。“i 深圳”的发展如同一个信号，即媒体融合转型发展必须站在全局的高度、全域的范围来推动，而不只是某一局部的小敲小改。

在市委宣传部的指导和推动下，深圳市政务服务数据管理局和深圳报业集团决定在原有基础上全面升级和深化战略合作，按照“优势互补、互利双赢、深化合作、共同发展”的原则，以粤港澳大湾区和深圳先行示范区“双区”驱动为契机，按照“新闻 + 政务服务商务”的模式，充分发挥党政资源综合优势，朝着“中国城市政务服务第一号”这一目标，共同构筑“i 深圳”政务全媒体矩阵并开通视频号，共同探索“i 深圳”公众号与“i 深圳”APP 资讯内容的联动和拓展，共同打造在全国具有先行示范意义的政务服务新媒体品牌，走出媒体融合发展的“深南大道”，使“i 深圳”成为展示深圳城市形象的重要窗口，让“i 深圳”与 2000 万人口的城市规模相匹配，成为世界认知深圳、链接深圳的超级入口

（胡文：深圳报业集团晶报社副总编辑）

“i 深圳”公众号

案例类别：组织机构

深圳喜马拉雅

深圳市喜马拉雅深晚发展有限公司（深圳喜马拉雅）成立于 2019 年 7 月 18 日。由上海喜马拉雅科技有限公司和深圳晚报发展有限公司注资成立。深圳喜马拉雅致力于深耕粤港澳大湾区音频市场，用声音传播人类智慧，用声音创造美好生活。深圳喜马拉雅将通过五大赋能体系：设计赋能、科技赋能、声音赋能、社群赋能和流量赋能，从城市文化解决方案、声音广告、智能硬件、付费内容、会员体系、知识大使六大战略布局，全面发展深圳市乃至粤港澳大湾区的音频生态市场，打造声命共同体、超级融媒体、新空间媒体。

一、项目创新性

（一）实现强势渠道与海量内容“升维共赢”

喜马拉雅是国内领先的移动音频平台，占国内音频市场 70% 的份额，开创了先进的互联网音频生态模式。通过 PUGC 的内容生产模式，吸引了海量用户，并为用户提供全方位的内容视听盛宴。深圳晚报发展有限公司依托强势渠道和优秀的内容生产能力，联结喜马拉雅，创新传播方式，针对声音媒体平台的特性挖掘生产更多优质内容，实现升维共赢，充分融合移动互联网的快速、交互和传统媒体的专业、深度，最大限度地发挥双方的潜力。

（二）激发用户与内容“交叉转化”的潜能

喜马拉雅作为一个聚合海量声音和活跃用户，打造精品音频栏目的内容聚合平台，现有的中高端用户充分转化为《深圳晚报》在移动端的新兴媒体用户群；现有的丰富内容版权，成为《深圳晚报》可利用的优质资源。双方的合作，有利于扩大彼此的用户规模，丰富双方的内容产业链，从而实现用户与内容的“交叉转化”。同时，《深圳晚报》千万用户和渠道资源，也为喜马拉雅在深圳的落地运营提供更多的发挥空间。

（三）拓展“知识付费”市场，释放粤港澳大湾区知识经济潜力

喜马拉雅本身具有海量的优质内容，而粤港澳市场潜藏着旺盛的知识消费需求。深圳晚报发展有限公司与

喜马拉雅合作，将后者的优质内容与本土市场实现充分对接，其中隐含着巨大的商业机遇。同时，粤港澳沉淀了巨量的知识资源特别是课程资源，将这些资源整理和迁移到喜马拉雅平台，为商业运营创造更大的空间。介入知识付费市场，有利于深圳报业集团进行全面的互联网转型，对内容和经营系统的业务革新意义重大。

二、项目亮点

（一）超越常规项目合作模式，成立合资公司形成利益共同体

项目合作制因为分成的机制问题而面临着商业上的天花板效应。合资公司制一举解决这个问题，通过建立强大而紧密的互信机制，深圳晚报发展有限公司与喜马拉雅倾全力进行商业拓展，突破体制机制束缚，共同做大做强音频产业蛋糕，从而达到互利共赢的目标。此外，成立合资公司有利于深圳晚报发展有限公司享受喜马拉雅高速发展的红利，未来有更多想象空间。

（二）抢抓音频产业风口，在深圳市场重建传统主流媒体的竞争优势

音频产业已经成为举足轻重的新经济产业，也成为传统媒体转型发展的重要方向。从媒体竞争的角度讲，深圳晚报发展有限公司与喜马拉雅的深度合作，将在深圳乃至粤港澳大湾区建立新的优势，应对融合转型的压力。

（三）为纸媒传统业务进行声音赋能，增创商业增量

纸媒传统业务的下滑已是不争的事实，转变操作方式，进行业务转型，迫在眉睫。音频业务的开展，不会侵蚀纸媒传统业务，相反会为传统业务带来更多的互联网化的表现方式，不仅可以实现内容的升级改造，更可以提高商业增量，为深圳报业集团融媒体改革培养人才，探寻发展新路径，磨合新模式作出应有贡献。

三、经典案例及项目运营情况

自 2019 年 7 月联合喜马拉雅成立合资公司以来，深圳晚报发展有限公司在融媒体转型的道路上向更加市场化的方向迈进，并在运营中逐步形成有声图书馆、政务电台、品牌电台、有声明信片等成熟的音频产品。

（一）开展“安心行动”为湖北抗疫一线送去心理抚慰

2020 年伊始，为助力全国打赢防控新型冠状病毒肺炎感染的疫情阻击战，为广大市民群众及奋战在抗疫一线的医务工作者、志愿者等群体提供心理疏导服务，在深圳市委组织部等单位指导下，《深圳晚报》联合深圳喜马拉雅推出“安心行动”系列音频专辑和线下服务。3 月 14 日晚，深圳“安心行动”登上央视《新闻联播》，被《人民日报》《新华每日电讯》等央媒报道，各大媒体平台全网推荐阅读量 1 亿多人次，受到全国关注和普遍肯定。

（二）《空中音乐会》以经典交响乐致敬一线抗疫英雄

“空中音乐会”以音频专辑的形式将线下音乐会搬到线上，以英雄主题的音乐作品致敬一线抗疫英雄。目前，“空中音乐会”在喜马拉雅平台收听量已突破 284 万，《深圳晚报》电台也因此晋升为音乐频道月度优质主播。

（三）用朗读传播正能量，用声音助力抗疫战

2020 年 2 月，“众志成城，圳在声援——深圳市民抗击疫情全民朗读行动”正式启动，受到了市民和朗读爱好者的广泛关注，广大市民可以用朗读的方式传递自己的抗疫力量。活动期间，喜马拉雅专区总访问量超过 467 万人次。

（四）《深圳头条》资讯专辑，聚焦抗疫消息和本地资讯，提供权威新闻音频早餐

2020 年，深圳晚报发展有限公司联合喜马拉雅推出《抗击新型冠状病毒肺炎最新消息》（后更名《深圳头条》）疫情防控音频特别节目，《最新消息》上线后，受到了广大用户的关注，收听量和订阅量在短时间内增长明显，2 月 19 日，《最新消息》专辑总收听量突破 1 亿次，在喜马拉雅 APP 巅峰榜单上，位居新品榜和热播榜的双料第一名，专辑评分 9.5 分。

（五）有声图书馆，扫码听书，随时随地学习

2020 年 5 月，宝安区西乡街道党群服务中心有声图书馆落地。有声书架上陈列着《习总书记对你说》《初心和使命》等精选书单，营造浓浓书香的氛围。用户通过扫描图书图片旁边的二维码即可听书。

（六）开通政务电台，创新政务传播方式

2020 年，深圳喜马拉雅与深圳市总工会合作，策划推出了“暖工行动”，开设深圳工会电台，为全市小微企业职工提供技能培训、素质提升、就业创业等音频课程和心理疏导服务。

凭借声音媒介优势，深圳喜马拉雅正在成为政府机构的重要宣传阵地。通过政务电台，创新政务传播方式，打破公众刻板认知，树立政府亲民形象，越来越多的政府机构开始转向音频领域探索。

四、社会效益

深圳喜马拉雅合资公司成立以来，在声媒体领域的探索向更加市场化的方向迈进。经过近一年的运营，深圳喜马拉雅以其独特的产品体系、强势的流量加持，成为深圳政府和企业向创意性和有声化转变的平台和工具。经过坚持不懈的运营，深圳喜马拉雅平台已拥有注册用户数 1010 万，深圳晚报电台总收听量 1.6 亿，成为深圳乃至粤港澳大湾区重要的移动互联网平台。

五、经济效益

深圳喜马拉雅成立一年以来，共签订 55 个音频项目，

合同总金额超过1000万元。从相关数据来看，经济效益指标取得预想的成绩，开局良好，成本投入较少，属于轻资产运营。相比来说，收益较为可观，且未来仍然具有极大的商业挖潜价值。

55个运营项目中，与政府机构合作28家；与商业机构合作10家。共打造有声图书馆28个；品牌电台15个；大型朗读活动6场；创意有声空间6个。与深圳喜马拉雅产生连接的客户以政府机构为主，商业机构为辅。据统计，深圳晚报原有客户政府机构为300+；商业机构为200+，由此数据推测，深圳喜马拉雅市场可持续开发潜力还很大。

六、可持续性发展愿景

深圳喜马拉雅作为喜马拉雅大湾区总部公司，立足深圳，辐射珠三角及粤港澳大湾区，在开拓服务深圳市场的基础上，将继续拓展并稳固大湾区音频市场，快速打响深圳喜马拉雅在大湾区的品牌号召力，努力成为喜马拉雅体系内最有活力，最具创新性的合资公司和移动平台。

（深圳晚报社）

《深圳晚报》音频电台

案例类别：产品

泉州晚报社智媒体与大数据服务云平台构建与应用

2020年9月，由中共中央办公厅、国务院办公厅印发的《关于加快推进媒体深度融合发展的意见》正式下发，指出“要发挥市场机制作用，增强主流媒体的市场竞争意识和能力，探索建立‘新闻+政务服务商务’的运营模式”。近年来，泉州晚报社根据中央、省委、市委以及市委宣传部关于媒体融合的工作部署，按照“深耕主业、稳住大盘、创新转型、融合发展”的思路，持续推进媒体融合发展，在“新闻+政务服务商务”的运营模式上迈出实质性步伐。

2019年底投入使用的以报社融媒体中央厨房为核心的“泉州晚报社智媒体云与大数据服务平台”，通过技术赋能，构建一个由智能采编生产与发布系统、政务发布与服务系统、新闻大数据与舆情监测系统、AI视频生产直播系统、富媒体矩阵与社群互动管理系统、区块链版权追溯系统、商城系统、用户统一管理系统、智慧城市管理系统等九大部分组成的新型全媒体传播体系，同时，打破信息孤岛状态，运用BI和大数据技术，实现媒体平台用户在各行业中的应用，成为“新闻资讯+政务发布+生活服务”于一体的移动互联网综合信息与公共服务平台。其子平台之一“泉州晚报社媒体云平台”项目曾获得2016年度中国报业融合发展项目创新奖；子平台之一“泉州通客户端”获评2018年度“中国报业最具影响力创新性平台”。

一、建设新型智慧传媒，探索融媒体运营新模式

2015年，泉州晚报社推出全市首个新型移动新媒体——“泉州通”客户端。“泉州通”定位为主打“新闻资讯+政务发布+生活服务”三大功能版块，报社致力于将其打造成泉州最权威快捷的移动新闻资讯门户、掌上政务大厅入口、本地移动生活服务的高频入口，从而成为泉州智慧城市移动应用平台。“泉州通”APP自上线以来，经过多次的升级，截至目前注册用户数已经超过100万，最高日活量超30万，荣获2018年度“中国报业最具影响力创新性平台”。

2016年，报社全力打造“PC端+手机端+微博+微信”四位一体的“泉州晚报社媒体云平台”，平台集纳PC网站、手机网站、手机客户端以及微信微博等富媒体矩阵，利用全媒体大数据提供的相关服务，通过整合各种形态的媒体采编发布流程，配合通用和自定义的发布模板或是对接第三方发布系统，形成“多终端一体化、多模型集成化、单项功能专业化、设计体验扁平化、数据接口开放化”的全媒体传播服务平台，旨在打造一个覆盖全市、功能完备、互联互通、全市唯一的新型移动网络公共信息服务体系和新媒体大数据中心。同时，通过精细分析海量用户数据，精确掌握舆情动向，精准实施舆论引导。“泉州晚报社媒

体云平台”获得2016中国报业融合发展项目创新奖。

2018年，报社决定以建设融媒体“中央厨房”为抓手促进媒体融合发展。“中央厨房”立足报社发展实际需求，本着“实用、好用、管用”的设计原则，从“效率、成本、可扩展性”等三大因素统筹考虑，采用“云服务+本地部署”的方式，逐步建设成为技术先进、适当超前、功能适用的大数据智慧融媒平台，实现融合报道业务与资源、策划、加工、渠道、终端、受众等方面深度融合，进一步提升报社运营推广和盈利能力。

二、介入“智慧城市”建设，参与现代社会治理

泉州晚报社很早就意识到技术支撑对于媒体融合发展的重要性，为推进新媒体平台的开发和运营，2019年，泉州晚报社与上市公司南威软件集团共同出资成立一家合资公司，旨在通过资源整合、优势互补，全面激发各自在内容、产业、技术、运营、品牌上的优势，充分发挥泉州晚报社主流媒体的影响力和南威软件集团智慧城市建设运营能力，面向市民、企业、政府提供优质的城市功能服务、数据服务、媒体服务、运营服务、政务服务等，为打造新媒体平台提供了强大的技术保障。

比如，在2020年疫情防控中，报社结合泉州市政府的管控需求，联合南威软件集团在48小时内开发并上线“智慧防控”系统，创造了福建省首个依托移动互联网实现疫情信息采集和管控工作执行的新模式。“智慧防控”系统依托泉州通APP与小程序，搭建了智慧管控、口罩预约、复工登记、安全生产排查等应用，高效助力泉州市防控领导小组及相关部门实现对疫情的全域数据采集、全网信息公开、全时智能预警、全程科学决策，结合自身媒体的宣传引导，很好地服务本次抗疫工作，也成为媒体参与“智慧城市”建设积累丰富经验。

另外，报社与泉州市数字办建立战略合作关系，依托于泉州通APP，共同打造泉州市媒体与政务公共服务统一入口“泉服务”，推动各级各部门政务信息整合共享，为广大群众提供民生资讯、政务服务、生活服务，不仅实现资源配置最优化，也提升城市品牌和管理水平，为打造“智慧城市”奠定坚实的基础。

三、建立全媒体传播体系，实现社会效益和经济效益双丰收

（一）新媒体用户数超千万居全省前列

目前报社已打造了一个拥有报纸、杂志、网站、网络视频、电子屏、微博、微信、客户端等10多种载体的媒体方阵，共有20多个新媒体、自媒体，用户数超过1480万，居福建省地市报前列，每日总阅读量时常突破百万。其中，作为报社新媒体龙头的“泉州通”客户端目前下载安装数已超100万；东南早报微信公众号传播指数（WCI）稳居全省纸媒前列。

2019年以来，报社各媒体相继开设了抖音号，影响力稳步提升，其中泉州晚报号自2019年4月开通以来，粉丝数已超185万，累计播放量超100亿。东南早报抖音账号现有粉丝630万，粉丝数在福建媒体中名列前茅，截至目前，已有180条视频突破1000万+，7条视频播放量上亿，总点赞数2.3亿。

（二）加强创新丰富内容，实现自我造血能力

近年来，报社不断充实融媒体团队，先后购置了八讯道高清数字直播车，配备了移动直播设备和无人航拍机，形成一个由专业的航拍、视频直播、动漫、VR全景、H5制作人员组成的新媒体团队，策划推出了一系列原创视频、动漫、H5作品等融媒体报道，全媒体矩阵的作用发挥到极致。如2020年以来，报社新媒体团队在原有的技术上加以创新优化，形成一套相对成熟的“多元融合H5”模式，推出了一系列结合了短视频、动漫、图文、交互等多元化元素的综合性产品。例如，2019年报社新媒体团队策划推出闽南文化系列微视频纪录片《泉州·一镇一味》目前已完成10余件原创视频作品，在全平台播放量超过100万，成为旅游、招商、宣传的名片，对观众认识泉州、了解泉州起到了较好的推广作用。

2020年新年伊始，一场突如其来的疫情袭来，报社及时调整策略，从人力、财力上大力扶持新媒体的发展。报社新媒体团队结合实际情况，开设了《泉州通防疫云服务平台》等一系列专门为疫情制作的H5作品，在疫情期间更快更方便为泉州市民提供服务，总点击量达到100万+。同时，报社借助抖音号尝试新的拓展形态，如视频带货、直播带货等新模式加紧探索。2020年，报社抖音号承接了“助力湖北”直播带货活动，收获不少经验值，带货直播经营量在全国百余家参与媒体抖音号中位居前列。

2020年4月中旬，报社与喜马拉雅合作，推出了“泉州通”音频节目“泉州FM”，栏目每日及时抓取泉州本地、省内以及国内外重要新闻，播放量持续攀升。开播以来，“泉州FM”稳居喜马拉雅热播榜前十。同时也与天猫精灵、小度智能音箱等物联网平台合作，打造适合不同终端场景、不同交互形式的全新资讯内容形态，增强用户体验感，逐步实现内容变现的目标。

在传统媒体广告下滑的背景下，通过技术赋能，重构新闻信息生产与传播，构筑报纸、网络媒体、移动互联终端、富媒体共同组成的全媒体传播体系，在增强传播效果的同时大大提升报社市场竞争力，泉州晚报社新媒体广告收益逐年上涨，为媒体深度融合发展奠定了坚实基础。

（泉州晚报社）

泉州晚报社融媒体介绍

案例类别：组织机构

河北青年报社深度融合发展之路

随着移动互联网和新媒体的迅速发展，传统媒体的读者纷纷流向新媒体。面对传播环境和媒体格局的深刻变化，河北青年报社认真贯彻中央《关于推动传统媒体和新兴媒体融合发展的指导意见》的要求，坚持正确的政治方向和舆论导向，把社会效益摆在首位，加快推动传统媒体与新兴媒体融合发展，坚持移动优先、内容为王，以“媒体＋出版”为特色，打造具有强大传播力、影响力、公信力、竞争力的新型都市类新闻媒体。

经过近几年探索，河北青年报社形成了以《河北青年报》微信矩阵为龙头，带动报纸、微博、网站、新闻客户端等多媒介平台融合，联动视频直播号矩阵、平台号矩阵、网站频道等细分受众的融媒体传播格局。截止到2020年11月，河北青年新媒体矩阵粉丝数从2015年的122万增长至1522.37万人，年浏览量从2015年的3000万增长至83.94亿次，媒体品牌影响力、公信力持续提升。

一、全员转型

2014年以来，新媒体尤其是自媒体的强势崛起，给传统媒体带来全方位的挑战。在媒体融合的环境中，传统媒体要葆有传统的优势与特色，做出适应新变化的新媒体品牌，同时承担好“举旗帜、聚民心、育新人、兴文化、展形象”的使命任务，并不是一件容易的事情。

首先要面对的就是人员转型的难题，原有的采编人员缺乏新媒体知识，在新媒体策划创意和创新方面能力不足。在这种情况下，河北青年报社一方面加强对广大员工的培训，鼓励员工跨领域学习，快速成长，不仅熟练采编业务，还要掌握如摄影摄像、剪辑配音、图片设计等多项技能，以适应新媒体时代对传播的时效性、内容的多元性、形式的趣味性等要求，促进员工由传统报人向复合型人才转化。另一方面，大力引进适应新媒体内容生产、运营的人才。经过多年沉淀，河北青年报社拥有了一支能主动适应新媒体，开展自我学习、自主转型的员工队伍。

为适应新媒体需求，河北青年报社打破原有的科室界限，成立了融媒体中心，下辖8个项目部，负责微信公号、平台号、微博、短视频等内容的生产，形成覆盖面较全的新媒体矩阵。原有的纸媒编辑部，也将采编重点转移到新媒体端，并衍生出综合新闻部、财经新闻部、图书排版部、内容生产试验组等项目。还有河北青年报社教育中心及衍生项目等部门，这些部门实行项目制管理，在优化和完善内容生产、新媒体建设、广告经营、活动策划的同时，不断延伸产业边界，扩展生存空间。

二、内容为王

内容为王，传统媒体发展的基石是内容，新媒体发展的基石仍是内容。在传播的实践中，内容生产永远处于在整个传媒产业链和价值链中上游位置。只有持续生产有品质的真实内容、有内涵的原创内容、能满足用户需求的有价值的内容，才能更好地为用户服务，赢得尊重和信任。

河北青年报社紧跟媒体融合大势，把握新媒体传播方向，坚持移动优先、内容为王，一方面加强采编人员新媒体培训，加强重大选题策划力度，提高内容产品质量，强化原创优质内容生产，打造了一批有影响、有流量的深度垂直平台号，使之成为优质原创内容生产的“阵地”，另一方面强化原创内容生产高标准，策划推出一系列主流价值鲜明的原创报道，做好舆情舆论引导工作。

2019年，河北青年报社围绕党和国家及河北省委省政府重大工作部署，积极宣传党和国家的方针政策，陆续推出“壮丽70年 奋斗新时代”专栏、“爱国情 奋斗者”系列报道、“助力乡村振兴 河北青年有花YOUNG”“冀语我的国”等10多个新闻专题，并参与中国农民丰收节全国全媒体联动直播。河北青年报社承办了“青年看河北追梦新时代”主题活动，组织百名优秀青年探访河北省70年的辉煌成就，刊发文章260余篇，总浏览量突破1000万，得到中央网信办、共青团中央的高度称赞，人民网、新华网、光明网等中央及省市县各级媒体纷纷转载。

2020年，河北青年报社策划的“决胜2020：我们村里最熟悉的‘陌生人’”系列报道被河北省委网信办确定为2020年度重点主题宣传报道，累计推送相关稿件1100余篇，总浏览量达1.2亿次。在教师节推出特别策划“托举希望的人”系列报道，记者采访了10名扎根山区的青年教师感人事迹，先后被《人民日报》、新华社、人民网等媒体转发，累计阅读量近7000万次。

三、“媒体＋出版”

作为隶属于河北出版传媒集团的传媒公司，河北青年报社以集团公司为强大后盾，在融合发展中走出一条以“媒体＋出版”为特色的改革之路。

河北青年报传媒积极参加全民阅读活动，做好“阅·知·行”读书活动、农家书屋等用书征订工作，做好北京书市、深圳文博会、北京图博会、海峡两岸图书交易会、惠民书市等宣传报道工作，参与举办“我最喜爱的河北十佳图书”年度评选、“冀书新品”季度评选等活动，引起良好社会反响。

为深化“媒体＋出版”相融合，河北青年报全力做好“河北好书”融媒体平台建设，利用报纸、河青新闻网、微信以及今日头条号、百家号、童书直播间等传播渠道，对冀版图书、冀版教学用书进行多元化、多层次、全场景的营销推广，不断提升冀版图书的社会知名度和市场美誉度，实现销售引流。“河北好书”融媒体平台宣传稿件总点击量突破1亿次。

2020年，河北青年报受河北出版传媒委托，制作《名编荐书》视频栏目。该栏目由各出版单位的社长、总编辑、编辑室主任、优秀编辑出镜，向广大读者推荐图书，每期时长2分钟左右，风格高雅清新、专业大气，有浓郁书香和思想光芒，又不拘束、呆板，内容活泼，语言简洁、接地气，不仅精准体现了每本书的不同个性，还符合传播规律，具有强烈的吸引力和传播力，是目前短视频荐书栏目中难得一见的。《名编荐书》一经推出，便深受读者欢迎，目前已发布27期，浏览量超700万次，视频还被新华社客户端、学习强国河北平台、学习强国总平台等转载、推荐，在全国形成影响力。

2020年新冠肺炎疫情发生后，河北青年报社严格落实疫情防控责任，确保疫情防控和企业经营万无一失，同时发挥新媒体传播优势，加强舆情引导，及时发布权威消息，全力做好“两指南一手册”疫情防控图书、电子教学产品的宣传，累计推送相关稿件2.3万余篇，总浏览量达15.1亿次。

四、提升盈利

在媒体融合发展的进程中，河北青年报不断创新内容生产方式，提高新媒体内容生产能力，以内容影响力为依托，不断拓宽经营创收渠道。

1. 提高内容变现能力。河北青年报通过为互联网平台提供内容以及原创文章转载授权，深化与今日头条、腾讯、抖音、快手等平台合作，大幅提升版权收益和流量分成。同时，通过打造优质内容产品，不断提高阅读量和影响力，直接带动新媒体广告投放。

2. 在政务服务上积极创新，巩固新媒体托管业务，扩大政府购买宣传服务，实现社会效益和经济效益共赢。目前河北青年报托管了21个政府部门、企事业单位新媒体账号，总粉丝数达到1177万人，河北青年报社新媒体运营经验得到认可与好评。

3. 提供视频直播及制作，在巩固新媒体广告的基础上，打造以快手、抖音为代表的视频广告，创新广告投放渠道和形式。

4. 提高活动策划执行能力，通过举办培训、项目对接等特色活动增加创收。比如，为融创、碧桂园等客户量身打造多场宣传活动；承办河北省科技成果展示交易中心媒体开放日活动等。

5. 对接教育（图书、培训）、健康、财经等行业，将媒体公信力和内容赋能，提升盈利能力。

目前，河北青年报社的融合发展战略初见成效，实现了社会效益和经济效益的同步增长，为传统媒体转型升级和融合发展提供了有益的借鉴。接下来，河北青年报将以新媒体矩阵建设为中心，搭建两大内容体系（新闻资讯传播矩阵、垂类内容IP集群），力争2021年底新媒体矩阵粉丝总数达到2000万人，年阅读总量突破100亿次，打造强势地方媒体品牌。

（河北青年报社）

案例类别：产品

5G+VR/AR+新闻、政务服务商务的融合创新与应用

近年来，传统纸媒在媒体融合时代受到了移动互联网的巨大挑战，技术改变广告传播方式，引领广告创新发展。从2016年开始江苏经济报社便瞄准VR/AR/MR数字技术新领域，布局组建了江苏首个由媒体单位成立的专业VR、AR内容制作团队——新华90VR，专业提供VR数字内容制作、VR直播、VR航拍、CG动画、AR识别、全息应用等行业领先的数字技术解决方案，致力于VR/AR在5G下与新闻、政务服务商务的创新与应用。

随着5G网络不断地全面部署，VR/AR依托5G网络带来的低延迟、高带宽等优点，大大减少了VR/AR的不

良体验。VR/AR 的加快推进，让 VR/AR 技术成为生活的重要组成部分。目前，报社使用 VR/AR 技术在内容生产、行业应用上已经得到了用户的认可，目前已经形成从 VR，AR 拍摄制作、VR、AR 拍摄培训，自行研发 VR 新闻编辑系统，VR、AR 新闻客户端（新华 V 视），形成了全链条的新闻生产和技术服务能力。目前全国只有江苏经济报社新华 V 视 APP 同时具备 VR 和 AR 功能。

同时，报社与联通、移动、电信三大运营商进行了紧密合作，对新闻宣传、教育、文旅、农业等行业的结合不断尝试，探索出了一条“VR/AR+ 创新传播和技术引领”的经营创收转型道路，在党建、政务、会务、商务领域均有收获，报社先后获得全国百强报纸、江苏省十强报纸、江苏省科普产品研发基地、南京市科普教育示范基地等荣誉称号，新华 V 视 APP 及 5G+ 全息异地同屏新闻访谈系统等融媒技术探索获得省新闻出版局的肯定。

一、探索实践

（一）VR/AR+ 新闻

2018 年、2019 年，全国“两会”及省“两会”期间，报社积极配合集团出版部，使用交汇新闻客户端 AR 增强现实功能，做到开会期间每天《新华日报》头版头条 AR 扫图片看视频，真正让新闻动起来。2020 年与国家电网江苏公司合作拍摄制作了 VR 新闻专题片“地下 23 米的守护”，成为当年全国媒体中唯一用 VR 方式拍摄呈现的新闻专题片。

（二）VR/AR+ 党建

报社自主研发建设的数字党建内容，运用 3D 建模、VR、AI 技术集合 UNITY 引擎开发，实现了党建工作场景化、党员教育可视化。目前已推出 AR 数字党建展示系统、新华数字党建工作站（硬件）系列、新华数字展厅营销系统，为中共淮安市委宣传部、中共滁州市委宣传部、中共镇江市委网信办等多个党政机关提供了数字化党建服务，实现创收与传播效果齐飞的新格局。

（三）VR/AR+ 商务

通过和三大运营商的合作，对城市和活动进行创新广告宣传：2016 年，XR 数字内容制作团队首次执行商业项目，为常州市宋庆龄基金会提供了 VR 直播服务；2017 年至 2020 年先后为浙江移动提供绍兴马拉松、嘉兴高速枢纽、良渚古城遗址、衢州智博会、杭州美丽茶园拍摄制作 5G+VR 全景宣传片。2019 年 7 月，报社与江苏联通合作打造了江苏省首个 5G+XR 融媒实验室，共同探索 5G+XR 行业应用落地，目前已有 VR 智慧汽车、VR 智慧校园、5G+XR 虚拟演播。

（四）VR/AR+ 政务服务

2016 年为国家税务总局、北京市国税局提供 VR 全景办税导览制作；2017—2021 年与南京市农业农村局合作共建了南京休闲农业景点 VR 漫游、南京美丽乡村 VR 全景导览项目；2021 年为中共淮安市委宣传部“庆祝中国共产党成立 100 周年主题展览”官方 VR 航拍宣传片。

（五）VR/AR+ 会务

2017—2019 年为紫金网络传播创新峰会、世界智能制造大会提供 VR 直播报道，连续 2 年为上海进博会江苏主会场提供现场 VR 直播技术解决方案。2019 世界工业和能源互联网博览会在常州召开。报社 VR 团队受邀为本次盛会提供了 VR 全景导览看展会及 5G+VR 直播技术支持，这也是新华报业传媒集团首次将 5G 与 VR 直播技术结合实践应用。

二、成果收获

（一）新闻宣传有了新亮点

结合 5G+VR/AR+ 新闻的融合创新与应用，报社建设了融媒实验工场，已经吸引包括 40 多家媒体同行前来参观交流学习，并成功销售了多套自研的 VR 新闻编辑系统、相关配套硬件等给相关媒体同行，初步实现了从内容的生产者到技术创新研发者再到解决方案输出者的转型。

（二）经营发展有了新动能

5G+VR/AR+ 新闻的融合创新与应用中许多创新项目已成为报社新的经济增长点，在商业化增值服务提供、政府项目招标采购、整体技术方案输出、直播带货等领域成为报社发展新动力。

（三）未来发展有了新方向

全国有 1000 多家县级融媒体，瞄准行业报、专业报、县区融媒体市场，市场潜力巨大。利用 5G+ 数字融媒技术，着眼轻量化、低成本解决方案，为这个市场提供融媒技术，有着广阔的前景。未来将在 VR/AR/MR 新闻、智慧文旅、5G 党建及人工智能科普教育等四大方面着重进行探索。

在媒体融合发展新格局的战国时代，所谓强势媒体与弱势媒体，都重新站在同一条起跑线上。创新与探索将成为奔跑中的主旋律。江苏经济报立足自身特点以及本地媒介环境的实际，紧贴主业，大胆探索，量力而行，及时变现，初步形成了自己的 5G+VR/AR+ 新闻、政务服务商务的融合创新与应用模式。

（江苏经济报社）

案例类别：产品

科普中国·科学“答”人

一、项目介绍

“科普中国·科学‘答’人”原名公民科学素质模拟测试系统，在《全民科学素质行动计划纲要实施方案（2016—2020年）》（以下简称《纲要》）颁布的背景下，信息化时代的公众获取信息方式改变，科普中国·科学“答”人应运而生。自2014年起已经连续举办六季，由中国科协科普部主办，北京科技报社承办，调动各方资源，将产品打造成为以互动竞答为主体、适应现代公众整合信息习惯、提升公众科学素质的深度融合重磅产品。

二、平台特点及玩法

（一）产品产出特点

1. 题库权威：以《纲要》及公民科学素质读本大纲为立足点，通过生产科学权威、内容准确、形式丰富、趣味生动的题目，鼓励社会公众了解必要的科学知识、掌握基本的科学方法、树立科学思想、崇尚科学精神，同时培养一定的处理实际问题的能力和参与公共事务的能力。试题多方面覆盖本年度的社会科学热点和民众关注焦点。

2. 专家参与：科普中国·科学“答”人项目形成了一支由权威专家、科普网红和科技工作者组成的科学知识指导团队。广泛吸纳国内外相关领域具有较高学术造诣和威望、热心科学传播、深刻理解科技发展、敏锐把握时代需求的院士专家；熟悉互联网传播规律、在科学普及方面充满创意巧思、善于把握受众心理的科学网红；以及对科普工作抱有巨大热情，了解农民、青少年、城镇劳动者等目标用户群体具体需求的基层科技工作者。

3. 内容有趣：表达方式生动有趣，言简意赅，文字类、图片类、音视频类，不同类型的题目呈现出不同的特点。题目根据试题难度进行等级划分，围绕社会热点产生新题，并结合辟谣题目体现科学方法和科学理念。

4. 科学定位：凸显与全国其他科学答题平台的差异化。从用户的角度，科学“答”人更亲民、更贴近最基层公众，更倾向于公众贴身的“百宝智囊库”、形成通过娱乐的形式就可以开展学习的“贴身小册子”或者自己的一个知识渊博的老师，真正进入学校、街道、农村等，在基层中形成口碑效应。

5. 带动示范：带动各省市科协运用答题的方式服务于本区域公民科学素质的开展。入驻科普中国APP，创建的答题模式被多家单位和平台模仿采用，成为各个渠道动员公众利用碎片化时间获取信息的有效手段和创新模板。

6. 增强服务：与科普机构及科协单位建立广泛联系，建立长期稳定的协作机制，广泛联合科技社团、科研院所、大专院校和各类社会机构进行资源建设和内容传播。高度重视题库内容的科学性和权威性，细化分类，提供服务于各项公益活动的题库资源包。

7. 提升黏性：在用户基数和题库数量获得一定成绩的基础上，增强用户活跃度和互动性。科学答人开展多年来，积累了较大体量的用户，随着品牌的逐步深入，不断挖掘老用户继续使用科学答人的必要性和拉新的动力。

（二）平台规则及玩法

答题平台简化答题步骤，提升公众的体验感，体现“轻量化”特色，答题页面设计清新轻巧，答题逻辑清晰简洁，操作轻松便捷，互动挑战随战随到，多方面展现了“亲民、趣味”的特点。

1. 每日竞答玩法：公众选择每日竞答，每次竞答共计8题；每题15秒倒计时回答，答对一题得10分；每次竞答总计答对4题即算过关，可获得一星奖励，满星即可升级下一阶段，并获得100分进阶积分奖励；每日竞答不限答题次数；满阶后仍可继续答题积累答题分。

2. 挑战题玩法：公众选择挑战答题，规则是挑战100秒内答题。连续答对继续，答错离场；连续答对4题即算闯关成功，闯关成功可获得100积分。每人每天且仅有3次挑战机会。

3. 积分规则：总积分 = 答题分 + 挑战分 + 分享分 + 进阶分 + 签到分 + 惊喜分。充分运用挑战、分享、签到、激励等各种方式动员公众的积极性，并设置科学答人科学商城，让公众可以通过积分赢取对应的科学礼品。

4. 兑换规则：用户积分可到科学“答”人用户商城去兑换，兑换后除商城内的有效积分，不影响总的积分排行。

5. 答题入口：移动端入口为科学“答”人微信、科学加、小程序、微博。PC端入口为 http://kxdr.bkweek.net 搜索引擎入口为360、百度搜索引擎。

三、具体成效

科学“答”人充分发挥互联网优势，融合渠道传播，2020年互联网传播量达6371万人次，其中移动端传播量6269

万次，科学“答”人用户数达2288万，月活用户数达到53万。科学“答”人2020年全年完成线上竞答12次，2次科普中国APP线上合作推广。线下活动推广29场，线上线下活动连续举办多年，在深度融合发展方面取得了优异的成绩。

四、社会反响

科学“答”人以众创众融，服务全国的理念，贯穿于产品建设的方方面面，将产品打造成为深入融合、社会参与的重磅精品，获得了热烈的社会反响。

（一）题库服务案例

担当产品的公益职能。2020年科学“答”人为多家机构提供题库，助力科普工作的开展，包括各省市科协、学会、科普机构场馆、知名企业、中小学校。免费提供2000道科学知识题库资源包给辽宁、福建、湖南、陕西、甘肃、宁夏、青海、西藏、新疆、云南、四川等10多个省（自治区）为全国公民科学素质竞答活动提供权威题库支持。

（二）品牌彰显案例

1. 与加油向未来题库合作并得到品牌彰显。2018年，加油向未来节目热播，报社与央视创造“加油向未来答题小程序”开展题库合作，获得加油向未来认同并且在央视加油向未来中彰显品牌。

2. 科学“答”人助力全国青少年科技辅导员专业水平认证。与中国科协青少年辅导员协会进行合作，助力全国青少年科技辅导员专业水平认证笔试题库建设。

五、项目融合经验

（一）产品创新形式、自我突破、资源整合

不断创新科普形式、打破地域局限、领域局限和体制局限，推进科技优势资源互补，融合专家资源力量，为题库权威性和科学性提供了保障，为科学答人的内容建设奠定了坚实的基础，为产品的独特性和不可替代性提供了保障。通过不断创新、更新迭代、自有突破、资源整合、团队建设，形成了引领多家单位参与的科普生态，并拥抱变化，面对市场竞争快速调整。

（二）紧贴新闻传播规律，结合社会热点激发爆点效应

以科学传播作为产品打造的一项重要工作紧抓实干。以政策导向为依据、以热点事件为核心、以权威专家为助力、以渠道平台为依托，开展基于公众关切、政府重视、百姓生活密切相关的热点进行快速响应，产生爆点并引发关注。如结合国家脱贫目标，进行扶贫扶智的采风和走访，为贫困地区儿童送去科普资源，并通过活动采写的优质内容和典型案例，为世界公民科学素质促进大会提供了素材，内容面向世界展示，形成了项目的影响力闭环。

（三）紧抓科普领域重大活动和科普重要工作，加强合作和响应

结合科普领域相关单位的重要工作，进行科学“答”人产品内容的输出，获得广泛的社会认同。如科学“答”人与北京市公民科学素质大赛及相关赛事合作，发挥了科学“答”人产品的内容核心优势，同时也让科学“答”人出现在各个赛事中，权威性和科学性被一次又一次强化，获得了机构的广泛认同。

（四）不断强化公益担当，围绕疫情防控进行应急响应

以深度融合为目标要求，突破平台资源的限制，为产品不断注入新鲜血液，并力求产生造血功能，主动进行科普市场化的机制探索，围绕产品衍生了题库建设＋大赛的产品链条，为科普事业的发展提供了思路和模板。围绕2020年疫情，科学“答”人依托医疗健康的科普专家，三甲医院、学会、卫生机构为专家保障和权威背书，围绕疫情向公众及时解读疫情防控的科学知识，为公众提供科学的权威信息和精神食粮。

（北京科技报社）

科普中国·科学“答”人答题平台

案例类别：组织机构

打造家门口的科普集散中心

——上海科技报社“智慧科普”的实践与思考

于江

近年来，上海科技报社顺应媒体深度融合发展趋势，以内容建设为根本、先进技术为支撑、创新管理为保障，再造业务流程，调整人员结构，逐步形成了覆盖传统媒体、新媒体全渠道的科技传播架构。在推进内容生产、创新表现形式、提升传播效果的道路上不断探索，借助云计算、大数据、人工智能等互联网技术不断成熟，海量内容资

源不断丰富的有利条件，乘势而为，从科普这个领域为切口，针对科普传播的基层基础设施越来越好，但随处可见的屏幕设施利用率低，以及云端大量的科普资源存在落地难的困境这两大难点研发了智慧科普盒子。

一、上海智慧科普盒子的特点及优势

智慧科普盒子是在上海市科协的支持下，由上海科技报社自主研发的一种简单、智能、安全的互联网产品。其目的在于推广优质权威的科普内容，激活闲置存量屏资源，架起一座云端海量资源与基层设备落地的桥梁，实现科普资源的精准传播。智慧科普盒子在科普传播上具有五方面优势。

（一）适应性高，低成本改造存量屏资源

智慧科普盒子安装简单、使用简单、管理简单、环境要求简单。体型小巧。能适应各种常见的电视机、LED屏、广告屏、计算机显示器等大多数存量设备，即插即用。依托物联网技术，无须依赖现场网络。可以快速，低成本，便捷地将传统屏改为智慧科普屏，进行科普传播。

（二）科普资源的海量权威

智慧科普盒子对接云端资源池，所有资源从来源处严格把控，整合如科普中国等官方来源的海量、优质、权威、科学科普资源。资源类别面向全体人群，包括前沿、健康、辟谣、百科、军事、农业等；展现形式多样，如图文、视频、动画、直播等。

（三）科普传播的精准化

通过人工智能，大数据和云计算等互联网先进技术，对现有的科普内容进行数据挖掘，把原本海量、无序的科普内容进行整合，并根据地理信息、面向人群等特征，自动、实时、精准投放到资源，实现社区级粒度的“一屏一特色”。

（四）科普服务的智能化

接入智慧科普盒子后，内容投放简单便捷，传播数据一目了然。随时监控运行状态。设备从硬件防护，数据传输，内容监控等多维度进行安全防护，设置多种安全报警机制，确保在长时间稳定运行的同时，安全可靠。在潜移默化中实现公民科学素质的稳步提升。

（五）线上线下的融合性

以智慧科普盒子为中间媒介，打造一个线上线下相结合的科普信息化服务阵地，为基层科普工作者搭建一个统一的、便捷的、高效的科普工作平台。通过平台的推广使用，可以将基层科普信息员队伍凝聚在一个工作界面内，对其使用数据的跟踪和适当奖励机制，提高工作人员的工作积极性，增强基层科普服务能力。

二、上海“智慧科普”推广应用现状及成效

自2018年上海科技报社推出智慧科普盒子智能设备产品以来，已经在上海所有区都有部署应用。同时，智慧科普盒子正逐渐走出上海，为天津市武清区、山东省威海市环翠区、甘肃省兰州市等提供智能科普服务。

（一）推动了优质科普资源的落地应用

截至2020年底，智慧科普盒子已经在上海市2482块大屏上得到应用，这些大屏分属不同渠道建设，包括部分商业屏通过接入智慧科普盒子，这些传统屏被改造成智慧科普屏。通过提供科普服务标准化服务，与上海市农委的“一点通”信息平台、浦东新区“家门口”信息服务平台、长宁区智慧高地信息服务平台以及科大讯飞的智慧屏等终端进行了对接，整合了社会资源，开拓了科普传播阵地，推动了科普资源落地。

（二）丰富了基层社区的科普内容供给

与传统的科普方式相比，“智慧科普”的科普推送量、传播效果和资源利用率都有较大幅度提升。以上海市虹口区为例，仅2020年8月的科普内容播出总量就达240万余条次，视频27万余次，总时长合计12106小时，以一部电影2小时计算，相当于6000多部科普影片。在新冠疫情期间，“智慧科普”及时响应、快速感知、智能推送、智慧战“疫”，成为应急科普重要传播力量。在2020年1月23日至3月12日，智慧科普盒子共推送疫情科普资源2933条，其中视频372个、占比12.68%，图文1101条、占比37.54%，本地内容1460条、占比49.78%。全市播放总量522.25万次，视频49.81万次，视频播放总时长合计1.42万小时，为社区居民提供了丰富的战“疫”科普知识。

（三）提升了社区科普资源的利用效率

许多公共场所如社区活动中心、党建服务中心、学校、商业广场等都建有电子大屏，但由于缺乏专业的内容制作和维护人员，许多电子大屏经常处于闲置状态，这无疑是一种巨大的资源浪费。同时，形形色色的大屏系统和接口都不一样，也极大地增加了维护的成本。智慧科普盒子能适用于各种设备型号，即插即用，无须任何维护，从而大大地提高了科普基层设施资源的利用效率。

（四）提高了基层科普服务的能力水平

作为广大社区科普工作者的“科普小助手”，“智慧科普”的推广应用，解放了基层员工双手，有效避免了“科普中国”落地应用过程中所产生的“重建设轻管理、重数量轻质量”的现象，彻底解决基层社区优质科普内容短缺和科普人力资源不足的问题，打通科技传播和科普内容配置的“最后一公里”，提升社区科普服务的能力和水平，真正成为老百姓“家门口”的科普集散中心。

（五）实现对传播效果的数据跟踪

通过“智慧科普”网络，能够对内容类别、传播数量、播放时长、开机情况、热点感知等维度进行实时反馈，各个维度数据实现交叉验证，对科普传播效果的量化指标有了数据基础。定时发布数据报告，及时传递权威声音，让管理者能够量化掌握传播的效果，从而更加优化

服务水平。

经过前期的推广和应用，智慧科普走进公共场所，走进公众生活空间，持续稳定提供精准化科普服务，得到了广大科普工作者和社会公众的普遍认可，为提升基层科普服务水平、提高社会公众科学素质发挥了重要作用。未来将与新时代文明实践中心、基层的政务服务中心、综合性文化服务中心、街道社区双创中心等紧密结合，形成全方位立体化的推广平台，为人民群众提供更多更好的科普内容和科普服务。

（于江：上海科技报社副社长）

"智慧科普"公众号

案例类别：组织机构

发挥专业媒体优势 打造科普融媒矩阵

袁万茂

《湖南科技报》创刊64年以来，始终坚持面向农村、服务农民，在三湘大地播撒科学的种子，为湖南农业农村发展和广大农民发家致富作出了重大贡献。

习近平总书记在主持中央政治局第十二次集体学习时指出，要统筹处理好传统媒体和新兴媒体、中央媒体和地方媒体、主流媒体和商业平台、大众化媒体和专业性媒体的关系，要形成资源集约、结构合理、差异发展、协同高效的全媒体传播体系。

为贯彻实施习近平总书记的讲话精神，推动专业性媒体融合发展，在中共湖南省委、湖南省政府的大力支持下，在湖南省科学技术协会的大力推动下，湖南科技报社充分发挥专业媒体优势，建设湖南省科技传播信息化平台，打造科普融媒矩阵，推动报业深度融合发展，取得了良好的社会效益。

截至2020年12月9日，"科普湖南"微信公众号用户数为193万，科普湖南融媒体平台总用户数230万，总阅读量突破2亿人次；共建成科普湖南e站400家，科普湖南加"邮"站1268个；平台资源全面接入省内各地党群服务平台和邮政电商平台；生产原创科普文章3200余篇、科普海报挂图760余幅（套）、科普动画90部总时长约320分钟、科普视频44部总时长约590分钟、科普音频48条总时长约240分钟、科普互动小游戏20部。

"科普湖南"被评为最具影响力科技新媒体，荣获2019年科技传播奖；2020年中国科协网络平台宣传评价"四力"测试中，科普湖南融媒体平台获全国第二名，科普湖南微信获省级科协官方微信公众号全国第一名，科普湖南今日头条获全国第五名。2020年12月5日，湖南科技报社获评中国科技新闻学会科技传播奖优秀团体。

湖南科技报社在建设湖南省科技传播信息化平台，推动报业深度融合发展方面主要有以下做法。

一、科普为核心，平台为手段，推动报业融合创新

湖南科技报社决定以《湖南科技报》为基础，搭建一个以弘扬科学精神、传播科学理念、普及科学知识为目标的科普融媒矩阵。中共湖南省委在2016年第20次常委会上作出决议，同意建设湖南省科技传播信息化平台。报社由此开启了以科普为核心，以平台为手段、以技术为依托的科普融媒矩阵（"'两微一端'、一网、一屏、一库"：科普湖南微信矩阵、科普湖南微博、科普湖南移动终端、科普湖南在线网、科普湖南e站、科普信息资源库）建设。

二、专家当后盾，精准为先导，科普融媒亮点纷呈

湖南科技报社打造的科普融媒矩阵，科普是其最大的亮点，也是与其他融媒区别的地方。科普的关键是准确。报社充分整合和利用资源，依托湖南省科学技术协会关联的42名在湘两院院士、140多个科技学会和省科技传播大师、省科技传播首席专家等科普资源，通过微信、微博、客户端、网站、科普湖南e站、科普湖南加"邮"站等新型媒介与载体，运用短视频、直播、动漫、H5、VR等多种科普传播形式，构建起全方位、多层次、广覆盖、立体化的科普传播网络，实现最精准、最及时、最全面的科学普及。

疫情期间，科普融媒矩阵累计刊发疫情防控动态及科普宣传信息2017篇，阅读量4140万人次，平台（含微博、头条、网易号、人民号、百家号等）累计发稿5338篇，

总阅读量（含其他媒体转载）1.07亿人次，成为湖南抗疫的一支“科普奇兵”。

湖南科技报社科普湖南融媒体中心先后承办全国科普日湖南主场活动、全国科技工作者日、清华公益话剧《马兰花开》湖南巡演、湖南省青少年航天知识大赛等多项赛事现场视频直播，主办健康湖南、科普湖南大讲坛等现场直播，累计1000万人观看直播，社会反响良好。

三、对内提素质，对外引人才，团队力量趋向合理

湖南科技报社成立了由院士领衔、省科学传播首席专家团队、省科技志愿者总队等相关专家组成的“科普湖南”融媒矩阵传播专家团队。

湖南科技报社是一家传统媒体，在传统的新闻采写、编辑、排版具备较强的力量，但面对媒体融合发展的新趋势，大部分工作人员不具备视频拍摄制作、视频直播、科普动画制作、H5、互动游戏等方面的能力。为全面提升报社原有职工融媒体素质，湖南科技报社蔡建文社长主动参加全国社长融媒体学习班，学习归来，在报社举办了3场全体职工融媒体培训，同时报社融媒体中心举办两期摄影器材、视频制作的培训，给传统媒体编辑、记者启蒙。

湖南省科技传播信息化平台拥有录播、直播、蓝箱等专业设备的科普录播室。平台目前拥有主播、摄像师、剪辑师、合成师、录音师等，能胜任科普原创文章、视频制作、视频直播、科普挂图制作、H5制作、互动游戏制作等工作。目前，一支年龄结构合理、技术力量强大的人才团队正在形成。

四、科学抗疫情，全力稳生产，全面彰显社会效益

湖南省科技传播信息化平台于2019年11月15日正式上线。上线不久，就遇上新冠肺炎疫情。新冠肺炎疫情发生后，报社社长、总编辑靠前指挥，充分发挥科普融媒矩阵作用，第一时间联合湖南省卫健委、湖南省疾控中心、湖南省医学会、中南大学湘雅二医院等部门、单位，组织专家权威发声，积极为公众提供权威的疫情防控知识，在新冠肺炎疫情防控科普宣传中取得了良好成效，得到了湖南省委省政府和中国科协有关领导的肯定，取得显著的社会效益。

1. 重点针对农村、城镇社区居民特点与文化习俗，征集发布20条言简意赅、科学性强、通俗易懂的疫情科普宣传标语，制作系列宣传海报，中国新闻网、央视新闻网、新华联播网、新湖南、红网进行了转发。科普宣传标语在湖南省城乡广泛宣传悬挂使用达4.2万次。

2. 组织专家编撰了《新型冠状病毒肺炎大众防护与心理疏导》《新型冠状病毒肺炎防控知识100问》《新型冠状病毒肺炎校园防控手册》系列科普读物电子书。科普中国向全国荐书，学习强国湖南平台、省干部教育网络培训学院进行网络荐书，湖南省卫健委向全省推介，省教育厅向全省大专院校和中小学生推介。

3. 开展防疫知识网络问答。2020年2月3日起，“科普湖南”微信公众号推出《防疫知识知多少》科普知识问答，每日发布4道题，总参与答题近20万人次。

4. 加强了对疫情防控中网上涉科谣言的监测。针对网上流传的谣言，科普湖南融媒体中心制作辟谣海报在科普湖南在线网、“科普湖南”微信公众号及时发布，共发布辟谣信息160余条，开展疫情防控专家讲座直播7场次。

5. 组建了“抗疫情、稳生产”农技专家服务团开展线上科技咨询服务与讲座互动直播，指导农民积极抗疫、开展春耕备耕。2020年2月5日至8日，湖南科技报社组建起155名专家组成“抗疫情·保春耕·稳生产”专家在线农技服务团，截至10月9日完成服务咨询11208次，整理刊发技术咨询服务文章309篇，专题文章在科普湖南在线网阅读量累计达795万人次。报社组建农技服务团的做法被中国科协推介，新华社、《湖南日报》、湖南卫视进行了宣传报道。3月13日至17日报社组织水稻、油菜、玉米等专业领域的10位专家，做客科普湖南大讲坛，开展“抗疫情·保春耕·稳生产”现场直播，为农民朋友授课。十场直播累计400万人次收看。科协改革进行时、今日科协、《湖南日报》、湖南卫视等媒体进行了专题报道。

五、利用新技术，拓展新模式，助力科学素养提高

打造科普融媒体矩阵，湖南科技报社技术团队推行了融媒体采编一体化技术，结合大数据云技术，实现一体策划、一次采集、多种生成、多元发布。

《湖南科技报》一直坚持面向农村服务农民。报社打造科普融媒体矩阵，拓展服务模式，以提高公众科学素养为己任，连续组织了四届全省科学素质网络大赛，参与人次达到两千万人次。

科普湖南融媒体中心承办湖南省科协17场会议直播，在全国科普日举办了8场直播，拍摄41场次会议和活动，受到省科协的领导的高度赞扬和一致好评。

（袁万茂：湖南科技报刊有限责任公司董事、副总经理，湖南科技报社副社长）

“科普湖南”公众号

案例类别：产品

融合创新 推动科普事业发展

张西洪 雷家栋 黄姗姗

当今，全球已经进入移动互联网发展时代。在信息传播技术的推动下，传统媒体的发展格局发生了深刻的变化，传统报业开始受到新媒体的巨大冲击，在受众向互联网端口转移的背景下，媒体融合成为传统媒体实现转型升级的必经之路。

2014年8月18日，习近平总书记在中央全面深化改革领导小组第四次会议中强调，要推动传统媒体和新兴媒体融合发展。从央媒到地方各级媒体，大家都在努力探索，如何顺应互联网发展大势，以创新激发媒体生机与活力？《陕西科技报》作为科技行业传统纸媒，也在响应号召不断探索，在媒体融合的大潮中走出了一条独具特色的行业媒体融合发展之路。

一、建设背景：以科技传播为己任，主动推进媒体融合进程

我国十分重视科普工作，先后出台了相关规划纲要。在2016年召开的全国科技创新大会上，习近平总书记指出："科技创新、科学普及是实现创新发展的两翼，要把科学普及放在与科技创新同等重要的位置。"进一步强调了科学普及、科学传播的重要性。作为陕西省内唯一综合类科普报纸，《陕西科技报》于1980年创刊，陕西省科学技术协会主办，始终坚持正确舆论导向，推广农业高新科技成果，关注农业热点问题，普及科学知识，立足三秦大地，为陕西科技科普事业进步和经济社会发展作出了重要贡献，提供了智力支持。

随着现代社会已进入云计算、大数据新阶段，大众获取资讯的方式趋于便捷化、多样化，传统媒体传播已经不能满足"快、准、广"的要求。为应对新形势的变化，贯彻党中央关于推进媒体融合发展的重要部署，陕西科技报社积极主动推动行业媒体融合发展，力求在科普工作宣传与推动方面，走出一条真正的媒体融合之路。

二、发展历程：报+端+网+微全面融合，推动科技信息传播

2017年以来，报社响应互联网时代要求，着手打造新媒体传播形式，目前已建立起陕西科技传媒网、陕西科技传媒微博、水煮科技微信公众号、人民号、今日头条、百家号、陕西科技传媒抖音号、对话科学抖音号等10个官方新媒体平台，原创内容更新稳定，平台功能健全，拥有一定规模的粉丝群体。

2019年，报社积极响应中央关于媒体融合发展的规划要求，与技术支持方西安宏源视讯设备有限公司共同打造西北地区首个科技融媒体中心，在媒体深度融合路径上持续探索，不断推进。

三、建设内容：矩阵式传播，"社—政—企—媒"四位一体联动

陕西科技报社融媒体中心共包含三大部分：融媒体平台、融媒体指挥调度中心、用户APP。

融媒体平台包含十大基础支撑平台及一个采编APP。十大平台充分利用云计算、大数据等技术，融合多网多端，通过整合资源、打通渠道、优化流程，实现增强媒体的生产能力和传播能力。结合强大的大数据采集整理、算法计算，把内容、平台、用户三者相连，推进综合型智能化媒体融合平台的建立。采编APP可帮助记者实现内容采集、编辑审核发布的移动终端快速处理，应对紧急新闻事件，提高信息传递效率。

融媒体指挥调度中心可多角度、多维度实现内容生产业务数据、大数据舆情、新媒体传播影响力数据等多项数据的图形化展示、集中监看和指挥调度。数据可视化大大提升了新闻生产业务数据的可读性，可直观方便地了解各项工作的进展，更清晰地掌握生产效能和媒体传播效果。

正在开发中的移动端科普APP"你好科学"，针对广大用户，以"引导、服务"为宗旨，邀请专家入驻，随时随地便捷访问，资讯内容智能分类，满足不同场景及人群需要。

建成后的陕西科技报社融媒体中心，通过整合报、端、网、微一体化的运行架构，推进新闻"策、采、编、审、发、评"全流程再造，完善"一次采集、多种生成、多渠道传播"的新闻生产发布新形态，大大提升了内容生产的时效性，成为向开放性生产平台的转型、向协同生产模式的转型、向大数据分析及智能辅助服务的转型。未来还可作为对外科普服务平台，为陕西乃至全国的科普宣传及信息传播提供多维服务。通过打通传统媒体与新媒体之间，企

业与政府之间在经营管理以及内容生产等方面存在的壁垒，实现社（报社）—政（政府）—企（企业）—媒（媒体）四位一体联动，打造新一代的多元化媒体平台。

四、媒体融合成绩及社会反响

自2017年报社着手开展互联网媒体升级改造以来，从网站到手机端，从第三方平台到融媒体平台，报社本着“传递科技信息、普及科技知识、引导科学生活、提高科学素质”的办报宗旨，顺应时代及技术发展，充分应用互联网新媒体形式，取得了长足的发展。

（一）传统媒体与新媒体共生共融，实现多渠道扩能

报社以传统媒体的专业性为内容支撑，以新媒体的快速广泛性为传播扩能，实现了传统媒体与新媒体的共生共融。报社陆续建设开通了陕西科技传媒网、陕西科技传媒微博、抖音、人民号、今日头条、百家号等媒体账号，打造“陕科报榆林观察”“水煮科技”“对话科学”等融媒体子品牌产品，依托微信、腾讯微视、今日头条、抖音、火山、一直播等平台，针对不同用户阅读习惯及平台风格，制作特色科普内容，持续更新科普信息。截至2021年7月，报社新媒体平台累计发布近7.4万条内容，粉丝总量达104万，总获赞量3586万，累计阅读量29.4亿次。

（二）新技术赋能产业生态，以科技手段助力经济发展

随着5G网络的普及，视频传播在内容传播方式上的占比逐渐增大，短视频、直播、VR、AR等技术的应用更加广泛，新闻传播已经实现了视频常态化。

2020年新冠疫情期间，由陕西省科协主办，陕西科技报社、陕西省融媒体科学传播联盟、陕西省农技协联合承办开展了“抗疫助农·县长带货”公益活动。米脂、大荔、柞水、长武、吴堡、丹凤、榆阳区、洛南等地区领导班子成员为当地优质农产品代言，活动通过陕西省电信IPTV平台、陕西科技传媒网、抖音、微信公众号、微博等媒体平台进行展播，有效缓解了省内部分县（区）受疫情影响造成的农产品滞销，受到社会各界的广泛关注与好评。报社还先后联合榆林市有关部门开展“科技惠民消费扶贫”系列直播活动、“直播助残”带货线上线下公益活动、“5·23爱在榆林，会聚良缘”联谊等惠民活动，使报社影响力持续提升。

（三）整合优势资源，让行业媒体“融”出时代强音

陕西科技报社融媒体中心，作为首家科普型融媒体平台，受到了业界广泛关注。2019年4月，我们按照陕西省科学技术协会的工作安排，牵头成立陕西省融媒体科学传播联盟，整合陕西省媒体、高校及相关企业资源优势，为科学传播发声，联盟的成立为融媒体在科学传播方面更好发挥作用确立了方向，奠定了基础。

随着陕西科技报社融媒体中心的成熟运营，充分发挥传统媒体与新媒体的融合优势，促进各高校、媒体和科学普及有关机构资源互补和共同进步，推动融媒体深度融合、合作开发、人才培养、科学普及等工作，更好地传播科学、分享科学，为陕西省融媒体发展及科学传播事业作出贡献。

（张西洪：陕西科技报社社长，雷家栋：陕西科技报社副社长，黄姗姗：西安宏源视讯设备有限公司技术总监）

案例类别：组织机构

《农业科技报》“三农”特色全媒体传播与服务体系创新

农业科技报社扎实推进媒体深度融合发展，建成以“强农APP”移动客户端为龙头，融合“报网端微视”于一体的涉农全媒体传播平台矩阵，优化“策采编发评”工作流程，实现图文音视频融合传播，探索“新闻＋政务服务商务”经营模式，走出了一条为农宣传和为农服务的发展之路，初步构建了网上网下一体、内宣外宣联动、社会效益与经济效益相统一的“三农”特色突出的全媒体传播与服务体系。

一、建成“报网端微视”融合发展的为农传播体系

（一）内容融合

建成了采编发一体化全媒体采编系统，建立适应全媒体生产传播的一体化组织架构，再造新闻生产流程，全面打通纸媒、网站、微信等平台，实现内容一次采集，

跨媒体编辑，全介质发布，形成集约高效的内容生产体系和传播链条，实现了全平台内容的完美融合。至此，以新闻生产为基础，以用户关系为核心，以用户需求为指向的“新闻+”媒体运行体系初步形成。在内容建设上，始终坚持以用户需求为导向，突出为农民群众提供实用信息，及时准确地传递中央强农惠农的政策举措，深入浅出地解析急需的现代农业科技信息和实用的致富经验；在传播形式上，把理论性、专业性较强的内容“加工”成老百姓喜闻乐见的表达形式，生产了一批短视频、公益广告、海报长图、有声新闻等适合移动传播、受老百姓喜爱的新闻产品。

截至2020年12月，报社全媒体平台20%的新闻作品阅读量超过了10万+，有的文章阅读量达到上百万，留言评论万余条，涉农党报传播优势不断向互联网拓展延伸，面向干旱半干旱地区“融为一体、合而为一”的专业涉农新型媒体加快构建，已发展成为集“报网端微视”和“多平台”的“三农”特色突出的全媒体传播体系，成为助力乡村振兴，推动我国“三农”事业发展的主流舆论阵地。

（二）平台融合

坚持移动优先策略，建成报网端微视全媒体传播平台，实现传统媒体与新媒体互融互通。加强传播手段建设和创新，先后开办《农业科技报》电子版、开通数字报、创建“中国农科新闻网”，开通官方微博、微信公众号和“聚杨凌”微信公众号，建设了“强农APP”移动客户端，注册了今日头条、抖音号、人民号等自媒体推广账号和微赞、新华社现场云、央视新闻+等直播平台，推出视频、音频、直播等各类农科影视内容生产方式。基本形成了内部融合《农业科技报》、中国农科新闻网和微信、“强农APP”等移动端，外部链接今日头条、抖音、人民号、新华客户端等平台的媒体集群，实现从策划、议程设置、内容生产到平台传播的全链条融合。中国农科新闻网先后被陕西省委网信办授予“网络宣传最佳专题奖”和“网上重大主题宣传先进集体”。

在推进媒体融合发展中，报社特别重视加强自有平台建设，于2019年10月21日正式上线“强农”APP，这是一个集“三农资讯发布、线上农技服务、远程农技培训、涉农电商服务”等多功能为一体的移动互联网涉农媒体对农宣传与为农服务平台，通过运用智能AI+大数据+云计算技术，开设40多个“三农”类频道，汇聚全国600家主流媒体资讯内容，已形成15万余农业数据内容，被农民群众亲切地称为“身边的农科专家”“农民生产的农事百科”。强农APP也得到了社会各界的关注与肯定。2019年8月29日，时任省委常委、省委宣传部部长牛一兵同志在农业科技报社调研时，强调指出“强农APP的规划非常好，通过三个阶段逐步实现用户和业务向全国辐射推广，但注意要三步并作一步走，一边干一边起步，一边规划一边布局，到建党100周年（2021年）时要全部建起来”。在2020年第27届农高会期间，强农APP也受到陕西省副省长程福波、陕西省委网信办副主任黄永宏等领导的好评。

（三）管理融合

深化主流媒体体制机制改革，建立了“策、采、编、发、评”为一体的全媒体工作机制和适应全媒体的绩效考核机制，通过多次内部机构改革形成了由综合办公室、全媒体新闻采访部、全媒体编辑部、影视中心以及农业科技报传播运营中心、强农APP推广运营中心以及9个地市记者站组成的基本构架。初步建立了权责一致、分工合理、决策科学、执行顺畅、监督有力的运行机制和管理体制。

（四）人才融合

坚持实施全媒体人才队伍培育工程。一是制订报社人才发展计划，为引进和培育媒体融合内容生产人才、技术研发人才、经营管理人才和资本运作人才提供政策保障；二是建立符合现代传媒业融合发展的人才引进、培育、储备的薪酬考核奖惩管理体系；三是调整优化人才结构，研究创新用人机制和出台高端人才引进政策，探索职务、职称并行制度；四是加大培训教育力度，采取“走出去、引进来”等多种形式，持续提升人员队伍综合素质，打造了一批名编辑、名记者和善于运营传媒的精英团队，形成一支政治强、业务精、纪律严、作风硬的全媒体人才队伍。

二、打造助力乡村振兴的为农服务体系

（一）打造为农服务体系

报社依托杨凌科技、人才优势，组建了一支400余名农科专家教授组成的《农业科技报》专家顾问团队，为服务“三农”提供了强有力的智力支撑。搭建了报纸、网络、新媒体、农科影视、问农热线、农民培训、科技文化下乡、示范基地、科技论坛和出版科技图书等“科技为农服务十大平台”，并充分发挥智库作用，每年刊登农业技术信息4万多条，先后回答全国各地读者技术咨询3万多人次，举办科技下乡350多场次，服务群众100万人以上；开展农民技术培训130多场次，培训农民1.8万人；出版30余种农业科技类系列图书，免费发放30多万册。

（二）创立媒体推广模式

创建了“媒体主导农技推广新模式”，即以全媒体传播平台为依托，采取“媒体搭台、专家指导、合作社组织、企业参与、政府推动、农民增收”的模式，开展农业科技推广，先后在省内外建立了40多个农业科技示范推广基地，基地面积达6.5万多亩，服务农户一万多户，帮助农民增收6500多万元。随着乡村振兴全面推进，农业科技报进一步创新思路，优化服务，启动建设了乡村科技示范村（基地）和乡村振兴人才培训（实训）基地，

目前已为杨凌区五泉镇夹道村、斜上村等13个“乡村科技示范村”挂牌，与杨凌职业技术学院继续教育学院等5家科研单位和培训机构共建了“乡村人才培训基地”，与杨凌青皮果园火龙果示范基地等10家单位共建了“乡村人才实训基地”，并聘任首批“乡村振兴智库专家”11人，汇聚多方力量服务全面乡村振兴。《农业科技报》服务“三农”的创新做法得到了刘云山、赵乐际等中央领导的褒奖和肯定，并被新华社《内参选编》、中宣部新闻局《内部通信》《新闻阅评》、《中国新闻出版报》、人民网、新华网、《陕西日报》、陕西广播电视台等多家媒体宣传报道。

（三）创建“互联网＋农业科技推广”新模式

依托“强农APP”，成立了“问农”专家创新工作室，邀请400余名杨凌农科专家，在“强农”APP开通问农频道，已解答来自全国27个地区用户的农业生产难题上万条，开展“直播农技”“农科云课堂”等线上服务活动60多场次，受益群众近100万人次。“强农”APP直播农技·云课堂项目获全省网络公益优秀精品项目。强农APP已成为新时代杨凌示范区农业科技示范推广新载体。

农业科技报社以创新融合促发展，以用户至上、服务为本重建组织体系和经营模式，构建了上下贯通、运行高效的组织体系，逐渐形成了以全媒体矩阵、自身品牌、农科教资源优势为支撑、多种经营平台和模式相互协作、交互融合的多元化经营格局，为报社在媒体深度融合加快推进中实现转型发展打下坚实基础。

（农业科技报社）

强农客户端

案例类别：产品

“脱贫奔康·粤来粤好”

——广东“助力脱贫攻坚 共建美好时代”扶贫助农系列公益活动

2020年4月，为做好决战脱贫攻坚、决胜全面建成小康社会的网上宣传，南方农村报社在广东省委网信办等单位的指导和支持下，策划开展“脱贫奔康·粤来粤好”——广东“助力脱贫攻坚 共建美好时代”扶贫助农系列公益活动。

在本系列活动中，南方农村报社紧扣主题，整合智媒资源，打造“媒体＋直播＋网红＋电商”助农新模式，在充分发挥省级媒体宣传报道基础上，积极调动各商业平台优势，精准对接粤东西北贫困地区贫困人口和优质资源，积极开展网上直播、培训等电商扶贫助农公益活动，有效解决农畜产品滞销卖难问题，帮助其增收脱贫，唱响脱贫攻坚主旋律、传播正能量，为决战脱贫攻坚、决胜全面建成小康社会积极营造良好网上舆论氛围。

一、情况介绍

（一）活动概况

“脱贫奔康·粤来粤好”——广东“助力脱贫攻坚 共建美好时代”扶贫助农系列公益活动共举行4站直播带货活动，分别是4月19日举办茂名站活动、4月30日举办清远站活动、5月17日举办梅州站活动、6月6日举办汕尾站活动。

梅州市长张爱军、汕尾市长禄峰、清远副市长雷玉春、茂名副市长崔剑等领衔直播，为地方特色优质农产品代言。广东省委常委叶贞琴在梅州站活动连线直播时给全省扶贫干部鼓劲，对“脱贫奔康·粤来粤好”扶贫助农系列公益直播活动给予肯定，认为“直播带货是高质量打赢脱贫攻坚战的有力举措”。

（二）融合报道小组

主要参与成员：陈志深、杜源良、陈振兴、郑展能、任海文、梁罗娜、郑少锋、许东宜

统筹：冼伟锋、丁文琪

策划：陈永、胡念飞、周晓凤

二、活动形式

系列活动打造“市长县长直播＋网红助力＋线下采购＋电商培训”服务模式，采取“1+N”直播为主，短视频直播内容培训为辅的形式进行。通过地级市分管市领导＋有关县（市、区）政府及相关部门主要领导，联手直播推介当地特色农产品，讲好乡村振兴故事，通过直播助农增收。

“脱贫奔康·粤来粤好”扶贫助农系列公益活动主要产品形式为“短视频＋直播＋海报＋报道”：一是短

视频，提前录制有关领导出镜预告直播带货时间、介绍带货产品的视频素材，投放于网络平台为直播活动进行造势宣传；二是直播，携手抖音、快手等直播平台开展直播带货；三是海报，以直播出镜人员设计主题宣传海报，在会前通过朋友圈、微信群等渠道推广传播，扩大活动传播面；四是报道，巧妙运用短视频＋图文报道的形式，将各地优质农产品向外展示推广。报道围绕活动亮点及社会成效进行宣传，取得较好的二次传播效果。

三、活动情况

（一）茂名站

4月19日，茂名站活动上，通过“市长带你看荔枝”“网红地头直播看产品”“产地直供直采、销区订单供应”“线上体验＋交易”等云直播、云发布、云签约、云互动、云消费、云旅游模式，形成更加紧密的购销关系和长效产销对接机制，拉开了2020年茂名荔枝营销大幕。当天，茂名市人民政府副市长崔剑、茂南区人民政府区长廖述毅、电白区人民政府区长谭剑锋、高州市人民政府市长朱春保、信宜市人民政府市长王土瑞、化州市人民政府代市长邓泽友通过快手、南方＋直播间直播，组成“1+5”超强矩阵为茂名荔枝代言宣传。国家荔枝龙眼产业技术体系首席科学家、2019广东荔枝宣传大使陈厚彬现场连线，亮相助“荔”。直播期间，设在高州市、茂南区、电白区、化州市、信宜市等地的分会场先后与主会场连线，通过视频镜头，向网友们展示茂名荔枝种产销全产业链，其间，各市（区）长们还和上亿粉丝量快手网红、一直播网红同台直播推介。直播期间，线上线下共撮合全国各地荔枝采购意向6.66万吨，金额超10亿元，很好地解决了疫情期间农畜产品滞销卖难问题。

（二）清远站

4月30日，清远站活动上，清远市人民政府副市长雷玉春，清远市委网信办主任陈智，省人大代表、连山壮族瑶族自治县人民政府县长冯红云，英德市人民政府副市长罗伟权，清远市农业农村局副局长廖振灵，清远市委农办、市扶贫办专职副主任赖志军等干部轮番在抖音“南橘”直播间、南方＋直播间直播带货，一起为清远鸡、英德红茶、连山大米、粤北香菇等清远市优质产品“卖力吆喝”。

活动将直播供货企业的扶贫成效作为参与直播活动的前置条件，鼓励相关企业充当疫情“减压阀”，加大对贫困户农产品的收储力度，促进贫困群体“真受益”。积极推动“天农食品”“八百秀才”等重点扶贫企业以“保价收购”方式收购当地农户贫困户各类农畜产品超5000万元，让利超600万元，超过1.2万名农户贫困户直接受益。

（三）梅州站

5月18日，梅州站活动上，梅州市市长张爱军带领兴宁、蕉岭、丰顺、大埔等4个县（市），以及梅州市委宣传部、市委农办等部门的主要负责人和驻村扶贫干部等走进抖音“南橘”直播间、南方＋直播间，围绕“脱贫攻坚”“客家风情”“寿乡好货”等主题，轮番卖力为“嘉应茶”“梅州柚”“蕉岭黑木耳”“兴宁肉鸽”等梅州特色农产品代言推介，展示“世界客都”风采，讲述乡村振兴好故事，帮助老区苏区农户拓销路、促增收。

其中，梅州兴宁市径南镇陂蓬村党支部第一书记兼扶贫队队长薛峰在直播中表示，2020年以来，为进一步提升陂蓬农产品的销量，开拓新的销售渠道，他的团队与广州法通信息咨询服务有限公司合作，打造出互联网＋农产品出村进城智慧平台，连接抖音等直播平台，通过培养农民网红，利用当下最热的直播带货方式积极开展消费扶贫。他的这一做法充分说明不仅明星可以当网红，专家学者可以当网红，农民兄弟一样也可以当网红。

（四）汕尾站

6月6日，汕尾站活动上，汕尾市市长逯峰、汕尾市委常委李庆新及海丰县委书记郑俊雄，市城区区长罗光钊，陆丰市市长许伟明，陆河县县长陈壮勇等4位县（市、区）政府主要领导通过快手、南方＋直播间、“粤省事”等平台直播推介汕尾农产品，其中，本次活动是“粤省事”首次开展带货直播，也是“脱贫奔康·粤来粤好”扶贫公益活动首次联合超10家平台联动直播。

在认真总结前几站活动的基础上，汕尾站活动继续优化常规直播内容，大胆创新。一是设置了多达9次的连麦环节，内容更丰富更具挑战。既有市领导与相关农业经营主体连麦互动，推介汕尾新农村，展示相关农产品的种养、加工环节，让直播推介更接“地气”；还有县（市、区）主要领导与快手网红连麦，借助网红人气为直播助力推广。二是邀请了千万级网红现身直播间，有效为活动宣传造势。活动邀请了汕尾陆丰籍歌手、网络红人“广东雨神”卢大雨来到直播现场，和市长逯峰一起推介汕尾优品，借助其影响力，带动了一波网友关注、支持本次直播。三是同期举办广东乡村网红直播带货培训暨汕尾市网红直播带货培训班，为打造更多潜力网红，邀请一线行业专家，对汕尾地区有兴趣开展“网红直播”的人群进行培训，加快培育更多正能量乡村网红，助力数字农业建设。培训活动同步直播分发给全省各地，扩大了培训范围。

四、活动成效与体会

活动直播全网点击总量超过2亿次，点赞数逾千万次，实现线上销售逾700万元，线下销售逾2040万元，采购意向涉及的金额逾10亿元。

活动坚持“市长县长直播＋网红助力＋线下采购＋电商培训”服务模式，找准脱贫攻坚难点痛点，促进贫困群体“真受益”，直观呈现政府、企业及社会各方为打赢脱贫攻坚战的积极行动，让直播流量变致富能量，使贫困群体“真受益”，助力消费扶贫和乡村振兴。

活动是媒体+政务服务商务的深度融合典型，创新政务服务，充分发挥了媒体的宣传、链接功能，助力乡村振兴和消费扶贫。面对疫情挑战，各级党委政府看到了直播电商的新机遇，主动拥抱互联网，愿意用最新的沟通方式和互动手段，与网民交流，为农民纾困解难。南方农村报社在其中提供了多样服务，促使各级党委政府这一意愿落地：平台服务，以南方+客户端为主，链接其他商业平台资源，合理匹配相关垂直领域网红达人，有效促进“流量转化为销量”；宣传服务，开展全面宣传，组织一批短视频、宣传片内容在微博、微信朋友圈集中发布，提前设计制作“市县长宣传海报”“网红宣传海报”“活动产品海报”等多套主题朋友圈九宫格图片，推高活动声势。以“市县长”IP有效提升当地品牌形象；商业服务，除了确保直播产品安全、属名特优产品外，还将直播供货企业扶贫成效作为参与直播活动的前置条件，促进线下采购，精准对接扶贫资源和扶贫产品。

（南方报业传媒集团南方农村报社）

“脱贫奔康 · 粤来粤好”专题

案例类别：产品

广东农产品“保供 · 稳价 · 安心”数字平台

2020年，面对新冠肺炎疫情挑战，南方农村报社创新工作方法，抓住建设广东农产品“保供 · 稳价 · 安心”数字平台这一契机，开辟抗疫“第二战场”——保障民生，进一步深入实施移动优先、数据优先、用户优先的战略，同时提升服务效能，打造智慧服务新能力。

2020年1月26日，广东省农业农村厅部署搭建广东农产品“保供 · 稳价 · 安心”数字平台。南方农村报社作为核心力量之一，迅速投入平台建设工作，充分发挥媒体的链接和宣传功能，协助广东省农业农村厅联络各方力量，在24小时之内积聚力量把平台搭建起来。同时，草拟倡议书，向社会发出农产品“保供稳价安心”倡议；抽调全媒体采编力量，有序开展融媒报道、产销对接信息发布、组织农企驰援湖北等工作。南方农村报社的有关工作多次得到广东省委省政府领导的表扬。

从大年初三开始，南方农村报社迅速进入全员战时状态，各部门坚守岗位，各司其职。截至2020年5月，南方农村报共推出近300篇图文报道、52场次视频直播、90多个短视频产品，全网总点击量逾亿次。

一、直播农产品供应稳民心

受新冠肺炎疫情影响，春节期间全国多地蔬菜、肉类等供给出现短时紧缺的情况。大年初三（1月27日）起，南方农村报社即组织采编力量奔赴中山，广州南沙、从化，佛山南海，清远佛冈，云浮罗定、云城等地，深入生产基地、商超、批发市场等，联合多个网红开展公益直播18场，真实展现广东农产品供应充足的情况，影响网红粉丝合计超过1亿人。其中，广东省委常委叶贞琴连麦一场直播，对各方起到极大的鼓舞作用。这些报道在疫情初期对稳定民心有重大意义，且深受民众关注，单场直播在线人数最高达150万+。

二、助力扶贫产品“出山入湾”

随着疫情发展，农产品“卖难”问题凸显，扶贫产业更是受到冲击。南方农村报社记者多次走进贫困村的扶贫产业基地，直播扶贫产品的种养情况，请驻村干部带货。如直奔贵州乌蒙山，直播广东帮扶的贵州纳雍扶贫鸡养殖基地，在南方+客户端直播一小时带货233单，直播翌日上午10点，带货量已破千单。

从4月起，南方农村报社在省网信办、省农业农村厅、省扶贫办的指导下，在梅州、清远、茂名等地组织开展广东“助力脱贫攻坚 共建美好时代”扶贫助农公益活动，梅州市长张爱军、清远副市长雷玉春、茂名副市长崔剑等带队直播，全网总阅读量高达1.5亿次，实现线上销售256万元，带动线下销售1100多万元。其中，叶贞琴常委参与梅州场的直播连线，给全省扶贫干部鼓劲，对直播活动给予肯定，认为“直播带货是高质量打赢脱贫攻坚战的有力举措”。

三、助力农产品产销对接

受疫情影响，广东多地瓜果蔬菜、水产畜禽等农产品陷入卖难困境。在广东省农业农村厅的指导下，由广东农产品采购商联盟、广东省农业展览馆发起，借力广东农产品“保供·稳价·安心”数字平台，南方农村报社联合电商、商超共同启动“共克时艰 助农抗‘疫’——寻找滞销生鲜产品行动”，群策群力，高效对接，帮助农产品卖难问题落地解决。

面对后台反馈的信息，南方农村报社联动多方力量打通农产品销路。例如联动政府、媒体帮助英德的黑皮冬瓜解决卖难问题。2月中旬，与清远乡村新闻官指导服务中心开展“助农抗疫”活动。冬瓜滞销报道经腾讯新闻客户端、QQ浏览器和看点快报推送，不到10小时，便有四五十名热心人士找到清远乡村新闻官肖立鑫，联系买瓜事宜，订货量有10万多斤。再如，联合南方优品开辟水产品社区团购渠道，4小时售出1500斤南美白对虾；联合卜蜂莲花超市开展基地直采徐闻菠萝，第一批采购发车18吨，后续根据销售情况陆续订购发车，2020年采购200吨左右。

四、直播打响区域农产品品牌

为了助力农产品销售，从春节到5月18日，南方农村报社共组织了20场带货直播，超过40位市长、县长、镇长等走进直播间为广东农产品带货，累计直播时长超过70小时，点击超4亿人次，累计带动销售额超2000万元。

4月2日晚，由广东农产品“保供·稳价·安心”数字平台、广东农产品采购商联盟秘书处（广东省农业展览馆）、南方农村报、南方优品等单位联合举办的新会小青柑专场直播带货活动在江门市新会区成功举行，新会区副区长凌华威首次作为“带货主播”，在抖音直播间为新会特色农产品区域公共品牌代言。本活动通过“20个创意短视频”+“2个区领导代言短视频”+“1场专场直播”推广，阅读量达300万+，当日订单量达2.2万单，在线成交额176万元，刷新了广东全省县（区）长“短视频+直播代言带货”销售纪录。4月3日至今，活动主推的新会小青柑每天保持约1万元的营业额。

五、助力企业开启“新零售模式”

受疫情影响，涉农企业面临传统销售渠道不通的困难，南方农村报策划带着采购商走进企业种养基地的直播，采购商现场谈交易，普通消费者线上下单，助力涉农企业复工复产，开启“新零售模式”。春节以来，南方农村报组织采购商走进基地直播4场，促成超过10万斤对虾销售，总额超过300万元；超过10万斤石斑鱼销售，总额超过250万元；2000万尾虾苗销售，总额近100万元。

六、积极发出倡议，画好抗疫“同心圆”

抗疫期间，南方农村报社充分调动畜禽、水产、金融等垂直领域资源，适时发出倡议，积极宣传“保供·稳价·安心”数字平台，打造广东农业农村抗疫“亮丽品牌”。

畜禽领域开展了“拒吃野味多吃畜禽产品宣传活动”和“助力屠宰加工收贮家禽产品倡议活动”。2月6日，南方农村报农财宝典新牧网联合行业协会、企业等发起“抗疫稳产·保供助农”行动，呼吁全行业齐心协力化解当前的难题，并启动“拒吃野味·多吃正规饲养畜禽”的代言活动。逾200余家协会、知名企业加入“抗疫稳产·保供助农”行动中，吸引了近6000人参与代言。

2月8日，广东省农业农村厅兽医与屠宰管理处、南方农村报和广东省畜牧技术推广总站联合广东省家禽业协会、广东省畜牧兽医学会、广东省肉类协会、广东省养猪行业协会、广东省饲料行业协会、广东省奶业协会、广东省草食动物产业联盟、广东省动物保健品协会、广东省动物防疫技术交流协会等共同发起“抗疫助农·保供促销——助力屠宰加工收贮家禽产品联合行动倡议书”，倡议全省屠宰加工和冷冻收贮等企业要尽快开工，尽最大努力增加家禽产品的屠宰及收贮量，给予合理的收贮价格，发扬同舟共济精神，帮助家禽行业企业渡过难关。全省23家家禽屠宰加工收贮企业主动加大屠宰加工和收贮量，解决家禽养殖端压栏滞销问题。据不完全统计，共启动收贮计划1500万只家禽。

水产领域也开展了多项工作助力保供稳价。一是联合省渔业技术推广总站、广东省水产流通与加工协会、广东省水产商会等单位发起抗疫助农·保供促销——水产品联合采购行动倡议，向全行业呼吁：保护消费者的餐桌供应，保障食品安全，合理维护产品价格，维持行业健康发展。截至2月17日12时，共有30家水产品流通、加工通过南方农村报抗疫助农水产联盟平台报名，加入联合收购行动。二是调研并撰写《多种水产品积压滞销，亟须启动加工收储扶持》内参，并开展系列云课堂。三是开展系列云课堂，从2月9日至今共开设16次在线课程，1场线上论坛，累计观看人数近100万，助力养殖户提升技术，抗疫自救。

金融领域积极推动全省金融保险机构融入“保供稳价安心”数字平台。在广东金融支农联盟、南方农村报社积极推动下，建设银行广东省分行、农业银行广东省分行、广东省农信联社、人保财险广东省分公司、太平洋财险广东分公司、阳光农业相互保险广东分公司、广东省农业融资担保有限责任公司等近10家省级金融机构加入平台，与“保供”主体对接各类信贷、保险、担保等金融服务，为广东省农业经营主体开展春耕生产、及时复产复工，保障各地居民“菜篮子”“米袋子”“肉盘子”供给充足提供全面资金保障。

七、全力驰援湖北，携手共克时艰

南方农村报社依托“保供·稳价·安心”数字平台，参与组织广东农企驰援湖北抗疫公益捐赠，保障广东援鄂医疗队“湾区优品”，重点支持荆州“菜篮子”保供工作。截至3月18日，共组织了13批次驰援湖北抗疫公益捐赠，累计捐赠粤字号农产品652吨，总价值达1835万元。

4月1日，广东启动“鄂粤同心抗疫发展”六大行动、十五项工作，湖北广播电视台垄上频道代表湖北的“三农”媒体与南方农村报社签署《鄂粤“三农”宣传合作协议》，双方在推进鄂粤两省现代农业跨区发展中贡献媒体的智慧与力量。4月7日，中华全国农民报协会和农村新报(《湖北日报》农村版)向40家会员单位发出倡议，共同发起“全国农报一家亲 共推湖北农产品”宣传推介活动，南方农村报也积极响应倡议，大力宣传、推介湖北优质农副产品，宣传报道本地助销湖北农副产品情况，引导各网销平台、经销企业销售湖北农副产品。

八、融合报道小组

主要成员：南方农村报社记者杨娉婧、程胜涛、李敏、陈薇、张天琪、汤皓庭、马炳华、吴秒衡、谭家富、蓝东旭、柯学潜、程麒

统筹：樊静东、梁春桥、李力嘉

策划：陈永、张璐、胡念飞、周晓凤

（南方报业传媒集团南方农村报社）

“保供·稳价·安心”专题

案例类别：组织机构

构建特色化八融八品体系 打造行业新兴主流媒体

——中人社传媒深度融合发展创新管理

薛国华

推动媒体融合发展，是以习近平同志为核心的党中央作出的重大决策部署。从形融到神融，从量变到质变，中人社传媒积极响应号召，早谋划、早部署，通过科学部署、全面推进、改革创新、重点突破、资源整合，理顺体制机制、强化内容生产、拓展服务领域，以人民为中心，不断创新管理机制，努力探索管理模式，着力推进“八融八品”体系建设，即通过思想引融、制度导融、机构相融、人才向融、平台通融、技术促融、内容共融、运营化融，结合自身定位和资源优势，开发一体化人才服务、全媒体宣传、赛事及活动策划组织、网络技术开发及运营、直播、视频摄制、动漫表情包及视觉设计等八大系列服务产品。三年多来，逐步通过新媒体发展带来的运营理念、表达方式、产品类型、运作流程等方面的转变，推动传统媒体振兴提升，使媒体的融合发展呈现出良好发展态势。

一、政治引领，流程再造，新思想引领媒体融合新方向

强化喉舌意识和主业意识，无论怎么“融”，新闻媒体为党、为人民发声的使命不能丢，宣传群众、联系群众的主责不能丢，基层意识形态工作的主阵地不能丢。作为行业主流媒体，中人社传媒始终把党的政治建设摆在首位，保持敏锐的政治观察力和鉴别力，坚持正确政治方向和舆论导向，坚持党报姓党、正面宣传，站在思想解放前沿发心声、做先导，坚持网上、网下在政治上同一标准。从党中央治国理政新理念、新思想、新战略和中央、部、省重要决策、重大部署、重点工作中提炼出议题、转化为主题，打“组合拳”、播“连续剧”，唱主旋律，有高度、有温度、有品质，在围绕中心上有新作为，在服务大局上见新气象。

不可否认，移动互联网时代，媒体形态层出不穷，面对众多平台和产品，中人社传媒率先通过“制度导融”机制着力推动不同渠道、平台间的深度融合，塑融合发展之“形”。出台“一办法三制度”“全媒体编校制度”等，促进融合观念转变和生产流程再造，让传统媒体与新媒体水乳交融，改变传统以报纸版面为主导的采编方式，设计了24小时全天候生产融媒体产品的采编流程。

以党建为引领，聚焦中心工作，紧紧围绕“为谁办、给谁看、怎么看、经得看”，两次改版《人才就业社保

信息报》从一周双刊共32个版到一周一刊共16个版，突出强化专业性、可读性；升级湖南民生网；开发兴人社APP；组建以“中人社传媒”“头条人社”“湖南民生网”同名的微博、微信，强国号、人民号、头条号等自媒体平台为代表的微平台矩阵；建立视频中心，实现重大活动直播、转播；创办《湖南人才》内刊，获得省委组织部及省人社厅领导的高度肯定。

2017年，中人社传媒按照融媒体平台发展的要求和流程特点，弱化行政职能，强化服务功能，优化组织架构，搭建了“五中心一办”的组织框架，即新闻编辑出版中心、新媒体视频中心、技术支持中心、办公(财务)室。机构搭建好了，如何促进彼此之间真正融合？中人社传媒从报网端微视刊媒体平台机构合并改革着手，打破原有平台界限，实行组织架构和生产流程再造，实现传统媒体、新媒体共同运行和协作互补。“机构相融”之下，还打通了“六位一体”各平台体制局限，对所有新闻采编人员实行统一的领导班子管理、统一的财务制度，把所有新闻采编人员真正“融”入融媒体中心。

二、人才支撑，平台畅通，云平台构建全媒体传播新格局

融媒体时代，如何充分发挥人才优势，抓好主力人才融合这个关键，尽快形成一支统一、善战、决胜的主力人才队伍，是媒体融合进程中必须重视和解决的问题。

长期以来，中人社传媒坚持按照“能独立完成文字、音视频、图片采集、制作，全媒体平台发布”的要求，全面打造建设专业融媒体人才和通讯员两支队伍。

在专业融媒体人才培养上，通过“一帮一”“老带新”“走出去、请进来”等方式，越来越多的采编人员具备了“一专多能”的全媒体采编技能。在创新人才引进和使用机制上，重点吸纳融媒体采编、短视频制作、软件技术、大数据分析、经营等紧缺型人才，努力打造一支政治过硬、本领高强、求实创新、能打胜仗的创新型、复合型融媒体专业人才队伍。

同时，面向全省人社系统、高(技)校、企业，组建了通讯员(网评员)队伍，不定期开展宣传及业务知识培训，着力培养一支懂业务、懂宣传的精干通讯员(网评员)队伍，负责新闻信息及时报送、参与网络重点议程设置、引导正确舆论方向等。

此外，为进一步培育和巩固媒体人才竞争优势，中人社传媒畅通了各类人才脱颖而出的五大职业(综合服务、策划组织、采编出版、技术研发、运营)通道，彻底打破了唯有“当官”才有待遇、有地位的单一晋升模式。

与此同时，立足融媒体平台，将传统媒体的强项与新媒体优势互补，还构建了“云就业”可视化大数据平台、“云监控”舆情监控平台，不断提升数据分析及舆论引导能力。

除了“报网端微视刊”六位一体基础平台，数据库、移动屏也不断丰富中人社传媒的传播样态，带动综合传播力的显著提升。

三、内容提质，运营升级，新产品探索行业媒体发展新途径

融媒体时代是一场技术的变革。一方面，中人社传媒利用移动互联网技术来拓宽社会化传播渠道，将技术渗透到新闻信息采编、生产、传播、反馈等各个环节，自主研发策采编发融媒体数据管理平台“小兴云”，实现融媒体新闻报道“一体督导、一次采集、多种生成、全媒传播、效果跟踪、全盘掌控”。2020年9月，中人社传媒研发的全省人社宣传矩阵建设重要平台“人社云”正式上线，着力打造上下协同、整体联动，媒体融合、互联共享的人社智能化宣传矩阵，推动形成人社大宣传工作格局。另一方面，中人社传媒强化技术研发能力，将核心技术牢牢掌握在自己手里，建立了新媒体大数据中心、视觉资源中心等，以创新技术引领媒体融合发展、驱动媒体转型升级。

一直以来，中人社传媒秉承内容立媒、技术强媒、平台撑媒、服务振媒、产业兴媒发展理念，坚持“内容为王”，推进内容生产的供给侧改革。

坚持做好党的“喉舌”，强化议程设置，推出《壮阔东方潮 奋进新时代——湖南省人社系统庆祝改革开放40周年》《才聚芙蓉国》《决战决胜2020，湖南人社这么干》等大型主题宣传报道，获得省委组织部、省人社厅等部门的肯定和社会各界的积极反响。同时，通过开设“社保课堂”“第一招考”“小兴说法”“小兴调查”“小兴热线”“民生追问”等既有政策厚度又有民生温度、既有特色又有创意的融媒体产品，取得了不俗的传播力和影响力。

在一系列重大事件报道中，中人社传媒充分发挥“融媒体指挥中心”的“统一指挥、统一把关，滚动采集、滚动发布，多元呈现、多媒传播”功能，“报网端微视刊”全流程紧密协同、高效运转、互为补充，视频、直播、VR、AR、H5融媒体产品争奇斗艳，持续推动融媒体产品上水平，成为全媒体领域一道炫丽风景线。

此外，就业吧APP作为中人社传媒在全国率先开发的就业创业精准服务平台，连续两年举办全省大学生就业创业能力挑战赛，形成湖南促进大学生就业创业的品牌盛事和湖南模式。截至目前，就业吧APP吸引用户近50万人，注册企业近10000家，提供岗位10万余个，已经帮助20000余名求职者找到工作。

三年多，中人社传媒先后成功打造了“社保课堂”“大学之生”等优质内容产品，创办了“互联网+人力资源服务大会”“芙蓉人才大讲堂”“湖南省大学生社团就业创业能力挑战赛”等一系列在省内外享有盛誉的品牌

活动。

此外，中人社传媒打破采编、经营和新媒体壁垒，围绕客户需求，以创意为核心、以项目为载体，向政府和企业提供优质传播方案，向市场提供专业的内容和服务产品。

（薛国华：中人社传媒社长、总编辑）

兴人社客户端

案例类别：组织机构

广西科学技术普及传播中心全媒体科普信息传播平台建设

近年来，广西科学技术普及传播中心（以下简称“传播中心”）坚持正确方向，坚持科学布局，坚持改革创新，加快推动传统媒体和新兴媒体融合步伐，逐步建设了以内容建设为根本、先进技术为支撑、创新管理为保障的全媒体科普信息传播平台，传播科学思想，传递科技新知。依托所属纸媒品牌，结合自身优势，着力构建了由4个网站、1个APP、6个微信公众号、1个科普直播平台、15块大型LED科普信息屏以及相关头条号、微博、抖音号等组成的全媒体科普信息传播平台。

一、项目服务模式及目标人群

传播中心依托纸媒品牌，结合自身优势所打造的全媒体科普信息传播平台，是广西科协面向公众进行科学普及的重要窗口，承载着新时代科学传播使命。在保持导向正确、专注内容质量的同时，传播中心始终坚持守正创新，以推动高质量发展为视角，坚持以人民为中心这一工作导向和把握引导群众、服务群众这一工作出发点，明确科学技术普及传播定位，积极探索运用新媒体科普传播矩阵，全面进行理念、内容、形式、方法、手段的创新，强化融合转型、意识形态、网络安全、信息发布安全、采编团队建设等重点工作，进一步提高新闻舆论的传播力、引导力、影响力、公信力。在融合发展进程中，各网络平台形成了各自鲜明特色，具备视频、音频、网络图文等多产品生产发布能力，不断推出各类移动化、社交化、数据化、智能化的内容产品和信息服务，以图文、视频、动画、H5、线上活动等传播形式，为提升青少年、农民、城镇劳动者、领导干部和公务员四大科普重点人群提供科普信息服务，亮点纷呈。

二、项目亮点

传播中心充分融合“两报一刊”科普资源，拓宽传播渠道、搭建网络空间、开辟全新阵地，着力于借助新媒体、运用新技术提升科学传播能力和科技服务水平，逐渐形成以报、网、端、微、号，外加户外大屏的全媒体科普信息传播平台，全力构建资源数字化、渠道网络化的数字科普传播格局，呈现出如下亮点：

（一）主动作为搭平台

面对汹涌来袭的移动新媒体浪潮，传播中心顺应舆论传播格局的巨大变化，全面推动全媒体科普信息传播平台建设，逐渐形成多平台发展的传播格局，报网联动，舆论氛围不断向健康、向上、积极方向发展。一是加强重大议题设置，推出一批策划专题，制作一批全媒体科普精品力作，尤其注重让科学理论、正确舆论、优秀文化充盈网络空间；二是积极发展向上向善的科普文化，例如开设“最美科技人”“八桂科技英才风采”“奋斗路上，科界回响”专栏，深入挖掘、推广广西科学家、优秀科技工作者感人事迹，传播“好声音”“好故事”；三是打造正确网络空间主流，运用新媒体加强网上热点话题和突发事件的正确引导、有效引导，运用权威科普知识，及时澄清不实信息，引导广大群众明辨是非、分清善恶、弘扬正能量。

（二）精准传播聚人气

近年来，传播中心全媒体科普信息传播平台建设发展迅速，通过精心策划内容主题，及时发布第一手资讯，主动回应社会关切，面向四大科普重点人群精准传播；同时，在H5、短视频、动画等科普传播形式上，找准受众关注点，紧扣受众兴奋点，多用大众化的语言和表达方式，让受众易于接受、乐于接受，通过精准传播拉近与受众之间的距离，以点滴渗透汇聚人气洼地，以实效和时效赢得读者、粉丝青睐。

（三）应急科普显成效

在日常科普传播基础上，传播中心全媒体科普信息传播平台突出应急科普优势，以科学的精神、方法和知识服务于人民群众的健康生活和安全生活。针对群众关注的社会热点问题和突发事件，传播中心全媒体联动，及时解读，释疑解惑，做好舆论引导工作。尤其是充分运用新媒体，第一时间传播政府部门发布的权威信息，组织权威专家有效发声，用好权威平台和权威专家提供的科普内容，以群众易于理解的方式，及时回应公众关切，取得显著的科普传播效果。

2020 年初新冠肺炎疫情肆虐，在最关键的时候，传播中心全媒体多角度向公众提供权威科普知识，解读疫情防控措施，在紧急状况、重大考验面前切实履责、坚守担当。除了运用各报刊媒体及新媒体平台以多种形式传播疫情防控知识之外，还创新举办南方农技“云课堂”，种养技术通过“云端”直达田间地头，助力复工复产，获自治区党委鹿心社书记批示，受到农民群众欢迎；举办“广西援鄂抗疫英雄事迹报告会直播课”，全区 700 多万中小学、职校师生收看；创新开设少年强云课堂，邀请科普专家、新闻专家进行小记者培训、科技创新发明培训，广受学生欢迎；运用 15 块 LED 科普信息屏向全区群众及时播放疫情防控知识短片……充分发挥全媒体科普信息传播平台立体化传播优势，用科学精神、专业素养和创新力量，为坚决打赢疫情防控阻击战、总体战作出最大努力和积极贡献。

（四）线上互动造氛围

为丰富全媒体科普信息传播方式，创新科普传播手段，近年来，传播中心在各新媒体平台上策划组织开展了有奖问答、互动评选、短视频大赛等一系列活动，均取得了良好效果。同时，传播中心充分发挥新媒体的功能效用，倾听群众科普需求、及时回馈解答，激发群众学习科学知识的热情，真正做到听民声、答民疑、解民忧。

2020 年是“十三五”规划收官之年，同时是《广西全民科学素质行动计划纲要实施方案（2016—2020 年）》收官之年。为此，传播中心精心策划组织了“2020 年广西公民科学素质网络竞赛活动”，该活动主要在传播中心相关新媒体平台上开展，活动形式结合线上有奖竞答和线下颁奖，呈现形式以答题程序为主，辅以视频、图文等群众喜闻乐见的形式扩大宣传面，并运用报刊媒体刊登相关科学知识，多维度提高广西公众参与竞赛、学习科学知识的意识。本次活动内容丰富、形式多样、覆盖面广、实用性强，群众纷纷参与其中，据统计，从 4 月到 9 月参与答题 1033412 人次，在全区掀起公民科学素质建设热潮，为共同打好全民科学素质行动攻坚战夯实基础。

三、项目成效

近年来，传播中心坚持融合发展、深化改革的基本思路，着力进行全媒体科普信息传播平台的建设、创新、发展，为宣传、传播权威实用的科普知识，构建良好舆论环境奠定了基础。为了充分发挥科普媒体优势，传播中心围绕中心、服务大局、突出重点，积极创新创意，常态化宣传、传播重要“新闻热点 + 科普”信息，在长期的传播实践中积累、传播了丰富的、权威的科普信息资源，实现网上网下同频共振，宣传成效和社会效益显著。

（一）科普传播力进一步增强

传播中心全媒体科普信息传播平台第一时间传播国家权威部门发布的相关信息，用好权威平台和权威专家提供的科普内容，全媒体多平台、多角度呈现，科普传播效果得到显著提升。

（二）全媒体传播渠道有效拓展

充分发挥报刊等传统媒体权威性强，微信、微博、抖音等网络新媒体形式活泼、覆盖面广，LED 科普信息屏直接触达基层科普阵地的优势，统筹用好各类传播渠道，进行分类、精准传播，科普传播受众面进一步扩大。

（三）舆情热点分析助力科普传播

做好舆情关注与分析工作，对网络信息活动进行有效管理，及时了解公众对热点科学问题的疑问，以及传播中存在的科学性谣言，有针对性地进行解疑释惑和科学辟谣，满足公众需求，打造网络清朗空间。

（四）科普内容资源实现共建共享

通过全媒体科普信息传播平台大数据建设，凭借自身科普传媒优势及专家优势，有效生产、汇聚、利用相关科普信息资源，实现全媒体科普内容资源共建共享，同时创新科普传播方式，以群众喜闻乐见的形式呈现，更具针对性和权威性，对目标人群更加富有吸引力和宣教作用。

（广西科学技术普及传播中心）

案例类别：产品

广西农技云课堂

广西科学技术普及传播中心（以下简称传播中心）充分利用所属《南方科技报》品牌影响力和内容资源的专业化、权威性优势，牢记“面向三农，服务三农”的办报宗旨，为“三农”专业领域提供权威的信息服务和知识服务。作为行业类报纸，《南方科技报》及所属新媒体平台长期深入报道“三农”领域的新闻，尤其是在

2020年疫情期间，积极创新，做出了具有自身特色的创新探索。

2020年突发的新冠肺炎疫情，对我国农业发展造成较大冲击，常规的农业技术培训不能正常进行。在广西科协的指导下，传播中心联合广西农村专业技术协会在抓好疫情防控不放松的同时，积极响应党中央国务院保春耕生产的号召，创新推出广西农技云课堂，将各类春耕生产实用技术及时传播到千家万户。自治区党委书记、自治区人大常委会主任鹿心社对广西科协在新冠肺炎疫情防控期间创新举办农技“云课堂”工作作出批示，充分肯定农技“云课堂”在科学助力春季农业生产中的积极作用。

一、广西农技云课堂创新培训方式的构成

广西农技云课堂培训内容由主办方组织农业技术专家根据生产实际需要，决定由专业科普传播团队编辑录制。广西农技云课堂创新培训方式主要由现场直播、录播视频、在线互动三部分内容构成。

现场直播：根据农民群众生产需求，聘请有丰富农业技术实践和培训经验的专家、种植大户等实地授课，由专业科普传播团队实地录制，在“南方农事”“南方科技报”微信公众号进行现场直播。

录播视频：根据农时需要，结合当地农业产业发展需求，邀请自治区农业农村厅、自治区农科院等农口单位和科研院所的专家以及当地的“土专家”授课，由专业科普传播团队提前录制视频，定期在“南方农事”“南方科技报”微信公众号上推送培训视频。

在线互动：农技专家与观众在线互动，及时为观众答疑解惑；同时增加学习技术赢农资礼品、抢红包的环节，增加培训趣味性和增浓学习氛围。

二、服务模式及目标用户群体

从2020年2月21日开始，每周五晚上20：00广西农技云课堂依托“南方农事”、《南方科技报》微信公众号平台进行现场直播或录播。每期广西农技云课堂直播前，均制作电子宣传海报、预告视频，并在“南方农事”和《南方科技报》微信公众号进行预告宣传，预告播放时间和当期培训主题。广大农民群众扫码关注“南方农事”“南方科技报”微信公众号即可参与培训活动，直播期间实现观众与专家的线上互动，以直观实用的线上指导方式将各类生产实用技术及时传播到了千家万户，为农民做好农业生产、增产增收提供有力的科技支撑。

广西农技云课堂以广西特色产业、大宗作物等与农林牧副渔相关的生产管理技术为主要内容，为广西各级学会（协会、研究会）会员，各市、县（市、区）科协科技工作者，新型经营主体带头人、农村合作组织带头人、基层农技协会员、种养大户、致富能人、示范户及贫困户等提供培训服务，通过线上培训的方式传播农业生产管理知识，进一步提升农民群众的科学素质，激发内生动力，依靠科技脱贫致富。

三、开设广西农技云课堂的主要措施与成效

（一）汇聚权威专家，形成有力支撑

主办单位专门邀请自治区农业农村厅、自治区农科院等农口单位和科研院所的专家，组建了有丰富实践和培训经验的团队，准确“把脉”当前生产难题，精心准备培训内容。专家在直播中既有理论讲解，又有操作示范，并配PPT和小视频，图文并茂，通俗易懂。直播过程中，农民群众可向授课专家留言提问，专家选取问题即时解答；培训结束后，农民群众还可以观看重播，随时与专家联系咨询技术问题，为疫情防控期间广西农业生产保驾护航。

（二）激活线上课堂，创新信息服务

自上线以来，截至目前，广西农技云课堂已举办29期，观看总人数为391783。每期广西云课堂开展直播前，均通过微信公众号、微信群、自媒体、网站等科普媒体平台，广泛发布电子宣传海报，提前向全区各地农户预告；同时动员各设区市、县（市、区）科协积极发动当地农村致富带头人、经济能人、合作社和农技协会员等准时收看。在时间安排上，利用晚上收工后的时间进行直播，方便农民群众收看，力争培训覆盖更广。为保证直播效果，直播团队实时在线保障维护，确保播放畅通、稳定。

（三）直击田间地头，把脉生产难题

主办方通过线上方式，向农民群众、基层农技员及农业产业化龙头企业、家庭农场、合作社等群体征集需求建议，根据反馈的技术需求，结合当前农业产业实际，制定“云课堂”各期培训直播主题，如首期直播就是根据当前正值柑橘果树春季管护的重要节点确定主题。目前广西农技云课堂所培训内容已经涵盖柑橘管理、作物病毒病防控、百香果栽培、水稻病虫害管理、火龙果种植、家禽及水产养殖、蝗虫特色养殖等方面的技术。为增强观众与专家的互动，每期从观众留言中选取部分代表，奖励化肥、农药、农具等农资产品。

（四）坚定深耕“三农”，成效获得肯定

在创新实践过程中，广西农技云课堂呈现出“早、快、权威、实用”的特点，急农民所急，不间断地在线传播种养技术、传授致富真经，在农业生产的关键时节给广大农民群众奉上了一份抗疫保春耕实用指南，长期受到农民群众的追捧。

自2020年2月21日第一期课堂开播上线以来，广西农技云课堂平均每期观看人数10000人次以上，每期直播过后，观看重播的人数也在不断增加，在网络上给主办方点赞的留言、微信回复、电话蜂拥而至。观看直播的农民群众表示，农技“云课堂”接地气、培训技术

讲到点子上，是每周五必看的节目之一。通过农技“云课堂”，他们学到了急需的农业生产技术，对顺利开展春耕生产帮助很大，并希望主办方继续举办广西农技云课堂，以满足他们在各个时期，针对各个作物品种种养技术知识的需求。

（五）培育乡村人才，助力脱贫攻坚

主办单位以才育才，依托广西农技云课堂凝聚脱贫一线“智动力”，将农业生产领域的先进理念、专业技术、科技成果、先进经验等“软实力”带到贫困地区。积极发挥驻乡村选派干部、农村致富带头人和创业带头人等乡土人才作用，提升“造血功能”，大力激发贫困地区内生发展动力，助力贫困地区实现脱贫摘帽，高质量打赢脱贫攻坚战。

（广西科学技术普及传播中心）

案例类别：产品

教育周报·在线学堂：努力实现“互联网+”的多重融合

孟祥鑫 陈春华

一、项目情况介绍

《教育周报》于2010年5月创刊，经国家新闻出版总署批准，由辽宁北方期刊出版集团主管主办、教育周报社编辑出版，面向全国公开发行的教辅类周报，国内统一连续出版物号为CN 21—0088。为满足全国广大师生的需要，达到同步辅导的目的，报社结合教学实际，编辑出版了K12各学科多版本的报纸。2012年被中国邮政集团总公司纳入全国校园核心报刊序列；2017年被国家新闻出版广电总局评选为全国“百强报刊”。发行市场覆盖全国各省市县（市）区，有近千名渠道商，目前周单期发行量达250余万。

“教育周报·在线学堂”（以下简称“在线学堂”）是报社为推动融合发展，优化产业结构，加快数字化转型，于2018年初打造的“在线教育”产业项目；是基于《教育周报》出版发行业务延伸开发的一个重要平台，针对《教育周报》250万用户（家长、教师和学生）多层次、个性化的需求，提供更多内容性教育服务，以帮助学生提高学习能力为主要目标。“在线学堂”以打造“在线学习”“教育超市”的概念，将教育行业嫁接到移动互联网领域，通过线上线下联合互动新型交易模式，促使教育优质资源反复交易、快速流通，建立优质教育资源流通体系和市场体系，最终推进“互联网+教育+金融”的多重融合之路。

二、成效与社会反响

“在线学堂”是集报社发挥教辅内容和渠道优势，面向“大教育”产业，找准切入点撬动产业发展，是传统媒体与教育产业融合发展的探索与实践。该项目的开发和建设，可以为传统纸媒的产业化发展提供有力的行业依托，为大教育产业实现质量化发展和智能支持，为教育相关产业提供交流服务。平台的实施符合在线教育平台建设的需求，对于活跃辽宁省乃至全国教育行业市场，促进相关教育产业发展具有十分重要的意义。

该项目迎合用户需求，由出版融合发展辽宁重点实验室专家倾力打造，并给予技术支持。主要是通过先进的技术手段将教师资源、教学资源、课件资源等进行充分整合，以丰富的教育资源、优质的教学服务、操作简易性等形式，提供给用户。平台已积累全国近百名教育专家讲师，保证了课程内容深入紧贴教育核心，具有明确的教学目标和教学意义。

“在线学堂”自2018年10月上线以来，推出了K12在线知识体系、大语文、素养提升以及家长课堂等课程类别，至今课程总量已达4000节。特别是2020年疫情期间，“教育周报·在线学堂”免费开放，全力以赴配合支持各地教育部门部署“停课不停学，教育不断线”工作，并策划了“抗疫评书”视频课。此活动，引流粉丝进入在线学堂近10万人，每天听课人数达万人，为抗击疫情贡献自己的力量。该课程得到了“学习强国”辽宁学习平台的认可并收录，努力服务于全国广大社会学习者。目前，平台粉丝近40万，进入在线学堂学习的粉丝量已达25万，粉丝主要来源于《教育周报》的250万名读者。2020年9月5日，第四届中国数字出版创新论坛会上，经中国出版协会组织评选，本项目入选全国“出版融合创新优秀案例暨出版智库推优”。

三、经验体会

（一）传统出版与新兴出版融合发展势在必行

近年来，新兴出版和新媒体的蓬勃发展，使国内出版产业格局发生了根本变化：传统出版的垄断地位被打破，纸质图书销售增长乏力，发展空间受到挤压；新兴出版后来居上，数字产品层出不穷，特别是互联网教育产业发展方兴未艾。它不再只是单一的口头传授、辅助的板书及幻灯片，而是更为多样化，如在线视频、在线音频、在线知识库、在线互动游戏等。特别是K12教育行业是一个CR4不足5%的千亿刚需市场，近两年发展势头凶猛。据有关部门的统计数据显示，2013年至2016年，中国K12在线教育行业市场规模增长率基本保持在30%以上，2017年攀升至51.8%，市场规模达298.7亿元，成为规模化变现元年。因此，新形势下，整合传统出版资源加快数字化转型，实现传统出版与新兴出版融合发展势在必行。

（二）要为新兴数字产业迅速发展提供一切必要条件

数字产业是新兴产业，我们要全力以赴、全方面整合集团优势资源，并借力集团丰富的传统出版发行和销售渠道，以及良好的市场关系为在线教育产品等数字产业迅速落地提供保证。

1. 要联合作协与相关团体，为作家、教育名师做好有关服务，努力策划和承办系列活动。

2. 要联合教育机构和推广机构，对市场潜力较大的名师课程、作家图书进行有关推广宣传活动。

3. 要在寒假、暑假等节点策划具有影响力的赠书、报（试卷）、优惠券等单一或组合形式的促销活动，拉动服务品牌提升，吸引优质用户（爱读书人更爱学习），利用后期二次营销（收书人产生信任感）。

（三）要实现传统出版与新兴出版融合发展

为加快数字化战略转型，我们要深入发掘和盘活现有的教育资源，要以期刊集团旗下各媒体教育板块为基础，拓展经营服务，打造新型数字化教育产业服务平台，突出版面、网络、经营活动三位一体的运作模式。总之，要努力探索和创造一种既能适应未来、适应市场、适应教育产业发展，又能够被我们很好驾驭的全新的商业模式。

总之，我们要依托期刊集团和出版集团的文化、经济优势，通过技术平台标准建设和产业化运营，积极打造教育专业人才培训机构、作家、出版社、教育相关产品生产企业、课外培训机构、特色学校、教育产品电子商务平台等多方面元素在内的多层次教育产业结构，打造成全国一流的专业在线教育平台、全国一流的文化教育商务平台。

（孟祥鑫：辽宁北方期刊出版集团党委委员、副总经理、教育周报社副社长兼副总编辑，陈春华：教育周报社副总编辑）

《教育周报》公众号

案例类别：组织机构

数学周报社全流程数字化转型融合发展

王建超

近年来，数学周报社积极响应国家出版融合发展要求，在办好传统纸质媒体的基础上，为了满足读者多元化的阅读体验，从编辑的转型入手，加强数字出版融合、知识服务联动，不断积累数字资源，用心打造“线上刊物”，创新线上线下发行模式，大力推进“数字化”报社建设。

一、加强培训，修炼内功

从2015年开始，报社引领编辑迈向转型之路。其中一个举措是引进飞翔排版系统，让每个编辑学习，从而熟练操作排版软件，不仅提高了工作效率，也让编辑掌握了一项数字出版的基本技能。

随着数字转型的深入和各种新媒体的出现，报社逐渐加大数字出版理念的教育和新媒体能力建设。近年来，报社采取“请进来、走出去”的方式，组织数字出版与媒体融合方面的培训20余场，参加的编辑人员近500人次，帮助编辑牢牢树立媒体融合理念，并以巨大的热情投身于数字转型和新媒体应用实践。目前，《数学周报》每名编辑都有了自己的媒体矩阵，头条号、抖音、社群等各种形式不断出现，并从中尝到了“甜头”。

二、找准方向，寻求突破

在进行数字化探索过程中，《数学周报》紧紧结合报纸特点和受众群体的使用需求，寻求突破。其中一个项目就是增加线上产品——解题微课。作为教辅类产品，《数学周报》的读者对象是初高中学生。他们在使用报纸时，会遇到有些题目不会做的问题。因为学习能力存在个体差异，即使报纸上有详细答案，有些读者也看不懂。有鉴于此，报社专门组织编辑并邀请社外名师，针对重难点题目录制解题视频，清晰阐述解题思路或技巧，通过扫描报纸上的二维码即可观看。通过这一方式，报纸的发行量大幅提高，编辑们也找到了融合发展的一个突破口。

以此为基础，根据细致的市场调研，特别是广泛收集用户需求后，《数学周报》开始大批量录制知识微课。课程内容涵盖初高中人教版教材的所有内容。具体分为新课导学和中高考复习两大板块，从知识梳理、例题讲解、方法归纳三个方面对各知识点加以解读讲解。此举不仅提升了《数学周报》的服务水平，增加了客户忠诚度，还为报社积累了一批优质的数字产品资源。

三、多方合作，资源变现

与数字资源的积累同步，《数学周报》编辑部开发了线上增刊《数学周报·易学通》，配合线下报纸提供同步线上资源。其策略是利用国家新闻出版广电总局出版融合发展（武汉）重点实验室武汉理工数字传播工程公司的 RAYS 现代纸书线上编辑平台，以报纸上的二维码作为链接入口，为一线教师、学生以及希望课后督导孩子的家长等《数学周报》的受众提供全方位售后服务。其内容主要包括周报会员、名师微课、难点攻略、参考答案、自测试题、方法指导。《数学周报》线下传统产品为四开四版报纸，其中第一、四版为辅导类文章，主要讲解重难点知识，总结归纳解题方法。第二、三版为试题，用于巩固课堂所学，并测试知识掌握情况。读者在使用产品时，难免会对部分试题或本期报纸所包含知识点存在困惑，此时，读者可以扫描报纸上的二维码，观看相关的题型、视频或图文，加深对知识的理解。如果读者还有疑问，则可以向相应的编辑提问，编辑可以在线解答。

作为《数学周报》的线上出版内容，《数学周报·易学通》既与报纸密切相关，又有相对的独立性，不仅弥补了纸质报纸形式单一的缺点，也能激发读者的阅读兴趣，而且链接入口广阔，为学校教学、学生自主学习和家长辅导提供优质的配套学习资源，增强了学生的自主学习能力，营造出了一个良好的学习氛围。

经过两年的打磨，《数学周报》新型线上增刊已经初见成效，线上用户人数递增，月浏览量突破 200 万次，销售转化率接近 20%，对报纸的发行起到了很好的促进作用。《数学周报》线上产品在武汉知识产权交易所挂牌也成绩斐然，先后获得基金收入 100 余万元。

四、发行渠道，深度融合

一直以来，《数学周报》主要依靠分布在全国各地的经销商进行发行，这种传统发行方式效率不高，且经常造成信息不对称的现象。为此，数学周报社投入资金，开发全国发行连销网络平台。该平台主要服务于《数学周报》全国 300 多家代理商。它以连销网络平台建设为依托，对报刊营销渠道资源进行整合，逐步实现报刊全品种平台订阅。

1. 代理商在连销平台报单，客服人员直接受理，改变原来电话传真报单方式，准确、便捷、高效。

2. 代理商的来款、应收、预收、余额、转款结算清晰，一目了然。

3. 印刷、分发、结算、物流、各环节环环相扣，出现问题及时处理解决，更好地服务于代理。

4. 财务、发行管理报表数据查询简单、核算快速、准确高效。

5. 提供代理商对论文使用情况的查询平台，让其对论文的情况进行实时跟踪。

2017 年此平台立项开发，经过一年多的测试完善，2018 年 6 月投入使用，三年来，为《数学周报》的发行、管理、服务提供了有力的数据支持，提高了管理能力，也大大降低了运营成本。

五、深耕渠道，优推优选

在实现数字化转型过程中，数学周报社不只拘泥于研究和推广自身的产品，也在深耕渠道，遴选行业内的其他优质产品进行销售，或者利用其他平台，加大优质产品的推广力度。比如，通过与付费知识领域领跑者——深圳小鹅网络技术有限公司展开合作，利用该公司旗下的数字化工具小鹅通，开展全员线上营销，将小鹅通中的优质网络课程通过代理商渠道和编辑的私域流量进行推广销售，目前已经取得不错的效果。

六、携手社会机构，深度合作

2019 年初，《数学周报》与百度公司在 K12 教育领域展开全方位合作，为百度题库提供 100 多万道原创试题。

2020 年初，《数学周报》与向日葵科技公司共同开发真题网，该项目致力于深度研究中高考的命题趋势、规律，依托《数学周报》多年积累的专家和一线名师资源优势，打造讲、学、练、考一体化的网络辅导。

此外，《数学周报》充分发挥会刊作用，以中国数学教育学会为支撑，与《中国数学教育》等兄弟报刊合作，携手国内百个名师工作室、千所学校、万位名师，开展“百千万工程活动”，将一流学校、一流学科、一流教师的教育教学经验和资源推广出去，帮助教师学习现代教育教学理论，提高教师教育教学水平，做到优势资源共享，搭建互惠互利的平台，开拓共赢的渠道。

媒体的数字化转型是一个系统工程。《数学周报》

的融合发展也不只是简单做几个视频、开几场直播，而是从思想到流程到技能的全方位升级，变传统的“几支笔，几张纸”的编辑模式为数字化的生成方式，变传统的发行模式为基于互联网技术的营销模式。《数学周报》将随着技术的不断更新，始终跟随数字化发展的脚步，走好融合发展之路。

（王建超：数学周报社副总编）

数学周报公众号

案例类别：产品

内容学习平台建设——“易说”公众号

李丹

黑龙江报刊传媒集团有限公司领导班子以习近平新时代中国特色社会主义思想为指导，进一步理解和明确新时代意识形态工作的地位作用、目标任务、职责使命和实践要求，强化担当，开拓进取，通过多种形式、多维渠道弘扬主旋律，传播正能量，整合资源、求新求变，强化管理、推进改革，深入市场、拓宽渠道，各项工作稳步推进。科学制定战略规划，组织生产经营，开展自主创新，教辅报纸全新形象提档升级，创新数字出版业务多点开花，完成“双效”目标。

一、项目情况介绍

EasyTalk 易说公众号属于内容学习平台建设项目，服务号采取俱乐部营销模式，实行会员收费制，致力于打造沉浸式英语学习平台，全方位、多角度地为不同受众提供量身定制的精品会员服务。

（一）从事项目的资质背景

1．《育才报》资质：目前 EasyTalk 易说公众号已获得小程序和 APP 的上线资质。

2．《育才报》教育类报刊具有出版许可证。

3．许可内的工商营业范围：制作、代理、发布各类广告、企业形象策划服务、动漫产品设计服务、多媒体设计服务、应用软件开发与经营、电子商务信息咨询服务、经销文教用品、公益美术品、玩具、日用百货。

（二）项目具体内容

1．EasyTalk 易说公众号具有在线客服全程陪伴式在线咨询与答疑。

2．EasyTalk 易说公众号从功能模块角度分为在线学习、会员俱乐部、教师通道、在线题库、在线商城等。

在线学习涵盖了英语的听、说、读、写四大版块，包含英文文章，实事听力，单词听写，时文阅读，电子报刊阅读，写作指导，英文书写等。会员俱乐部分学生俱乐部和家长俱乐部，内容包括报刊练习辅导、语法讲解、听写单词、在线检查学生作业、历年中考真题及模拟题等；教师通道内含有备课教案、课件、知识清单以及历年中考真题；在线题库内有单项选择、连词成句、完形填空、阅读理解、写作等；在线商城内有《育才报》配套练习答案及解析以及《育才报》电子报纸。

二、具体成效与社会反响

EasyTalk 易说公众号以《育才报》的影响力为依托，于 2018 年底上线，其前期上线成本仅千元，在半年多的时间里粉丝累计达千余人，目前已经实现盈利，EasyTalk 易说公众号第一年在线上成功举办不同类型的比赛，如：一千零一夜之读报大赛、书法大赛，“我们都是追梦人”写作大赛及英语贺卡大赛，“我的假期时光”图文大赛等。前期仅靠线上宣传，其会员人数自然月增长率约为 38.2%，单次个别活动利润及收益率可观；后在线上举办各类招募会员活动 20 余次，活动期间会员月增长率可达 53.7%，收益率为 24.7%。EasyTalk 易说有《育才报》经验丰富的英语编辑队伍作为基础，得到了全省超百位一线教师的认可与关注，更有诸多家长和学生的信任与支持，易说通过线上的系列英语比赛及会员增值服务，能够提高学生学习积极性，并能够快速提高英语水平，在线英语教育的呼声越来越高。

2020 年，《育才报》将报刊的大部分内容放于“EasyTalk 易说”公众号，成功举办了“易说会员免费开放，共战疫情，用知识照亮希望！”公益活动、“学霸会员的专属秘籍”、开学季·“易说”会员大放送、双节·“易说”新活动，等你加入、双十一易说最新活动、年末会员福利大放送等会员招募活动。公众号累计粉丝突破一万人，会员突破900人。经济收益累计及粉丝人数呈稳增趋势。

三、融合经验体会

2010年，国家新闻出版总署发布了《关于加快我国数字出版产业发展的若干意见》，定义了数字出版的四大特征，即内容生产数字化、管理过程数字化、产品形态数字化和传播渠道网络化，同时确定了11种主要的数字出版产品形态，即电子图书、数字报纸、数字期刊、网络原创文学、网络教育出版物等。2013年，国家新闻出版广电总局按照“相对择优、示范引领、立足现实、着眼未来”的总体思路，部署实施了“数字出版转型示范评估”工作。2014年4月，国家新闻出版广电总局和财政部联合发布《关于推动新闻出版业数字化转型升级的指导意见》，从政策层面进一步明确了转型升级的总体要求、主要目标和主要任务。随着5G时代的到来，应更加充分认识到数字出版在中国出版业的关键性作用。

随着信息化，数字化技术的快速发展，出版内容的载体形式，实现手段，传播和营销方式，管理理念以及读者的阅读方式、阅读习惯等均发生了巨大变化，EasyTalk易说公众号提前做了大量市场调研，充分研究中小学生及家长、老师的阅读习惯。从实际出发，联合对出版行业有深刻理解的技术机构，借用外脑，在内容数字化整合延伸重组及线上服务方面有所突破。数字出版平台上的线上衍生产品并不是完全与线下内容割裂开来，而是出自线下内容，黑龙江报刊传媒集团有限公司进行线上线下交叉运营，以最小的人力成本和资源投入实现融合运营，通过线上产品及服务吸引新的客户，完成内部流程及组织架构的再造。同时，借助项目拉动，使线下活动由点连片，实现系列化、品牌化，推进社会效益和经济效益同步提升。在线上发展逐渐壮大的同时，《育才报》将继续巩固融合发展的良好效果，以报纸为母体，深化新媒融合发展形式、内容和“两微”的管理创新，继续推动内容与数字技术紧密衔接，在出版转型基础上全方面探索转型升级。

出版业进入一个大调整、大发展的新时期，数字技术延伸到了图书、报刊、音乐等文化内容产业，给出版事业带来了颠覆性、融合性和创新性的革命，如“易说”公众号中电子报纸这一栏目，令中小学生、老师及家长能随时随地掌握报纸内容。黑龙江报刊传媒集团有限公司在这个过程中也研究了如何抓住机遇，迎接挑战。拓宽媒体资源渠道，丰富内容展现形式。配合报纸、微信平台拓宽媒体渠道，增强传播力。同时，不断创新、探索内容的呈现形式，分析不同平台、不同受众群体，根据平台特性变化报道角度、方式，达到多视角、多平台、多用户之间互相联动、协同发展的效果。

在线教育以各自期刊为主要依托，其中，在线教育定位群体为师生、家长；数字出版则更为宽泛。黑龙江报刊传媒集团有限公司未来的在线教育将进一步培养学生自主学习，与素质教育相结合。《育才报》编辑部积极探索，在人力方面，加强培训学习、与时俱进，找准“痛点”，抓住读者的喜好。增加服务号的内容可读性，严格把关数字出版，严格遵循“三审三校”制度，使公众号导向更严谨，内容更丰富。在物力方面，发展新媒体业务板块，丰富内容产出，建立自己的数据库，以应对各种数字载体的需要。在财力方面，进一步加大宣传力度，加大推广投入。在设备方面，与技术公司深化合作，建立更加强大的数字出版平台。黑龙江报刊传媒集团有限公司遵循内容生产、平台建设、渠道开发、技术研发、终端生产这五项环节均向发展，提高旗下数字出版和在线教育平台的知名度，进一步打造值得广大读者信赖的媒体矩阵，取得经济和社会效益的双丰收。除此之外，在此次的EasyTalk易说公众号搭建中，由于网媒和纸媒受众具有一定的差异性，在选稿、制作标题方面除了遵循原来的规定外，还要更灵敏，反应更迅速。

2020年是不平凡的一年，通过黑龙江报刊传媒集团有限公司乔靓董事长的正确指导，全体员工的共同努力，EasyTalk易说公众号各项工作取得了全面胜利，增加了读者黏性，成功实现转型，取得了新的盈利点，双效丰收。

（李丹：黑龙江报刊传媒集团有限公司《育才报》编辑部副主任）

Easy Talk易说公众号

案例类别：产品

第十六届中国（深圳）国际文化产业博览交易会（云上文博会）

第十六届中国（深圳）国际文化产业博览交易会（以下简称文博会）由中宣部（国家新闻出版署、国家电影局）、文化和旅游部、商务部、国家广播电视总局、中国贸促会、广东省人民政府和深圳市人民政府联合主办，国家广播电视总局轮值主办，由深圳报业集团、深圳广播电影电视集团、深圳出版集团有限公司、深圳国际文化产业博览交易会有限公司具体承办。第十六届文博会于2020年11月16至20日（周一至周五）在文博会官网（www.cnicif.com）、微信小程序“文博会+”等平台，以“云上文博会”形式举办，进行“5×24”小时全天候展示与交易，这在文博会历史上尚属首次，实现了全新的办展模式转型。

第十六届文博会（云上文博会）立足使命担当，深入贯彻落实习近平总书记关于文化建设的重要指示精神以及党的十九届五中全会精神和高质量发展要求，在危机中育新机，在变局中开新局，呈现出“不一样的精彩”。云上文博会着重开展“五朵云”建设，即云开幕、云展厅、云招商、云签约、云大数据，通过展会平台、展示交易和服务方式创新，开启了文博会数字化元年，也开创了文博会和文化产业、会展业发展新局。展会通过模拟线下文博会场景，在云展厅设置了12大展馆，分别是1号馆文化产业综合馆、2号馆文化和旅游融合发展馆、3号馆智慧广电馆、4号馆媒体融合·新闻出版馆、5号馆电影工业科技馆、6号馆粤港澳大湾区馆、7号馆互联网馆、8号馆“一带一路”·国际馆、9号馆艺术品馆、10号馆创意设计馆、11号馆非物质文化遗产馆和12号馆工艺美术馆。其中，电影工业科技馆和互联网馆为本届新设展馆。第十六届文博会（云上文博会）共有3243家企业（机构）、21572件展品参展，参展单位较上届（2312家）增加931家，同比增长40.3%，创历史新高；第十一次实现全国31个省（自治区、直辖市）参展，第七次实现广东省21个地市全部参展；组织了40余家央企、100多家上市企业、38家近3年荣获“全国文化企业30强”的龙头企业参展；吸引了来自全球的30个国家和地区参展。吸引了来自英国、法国、美国、澳大利亚、西班牙、俄罗斯等106个国家和地区的10490名境外采购商注册观展。云上文博会线上总访问量（含PC端和手机移动端）累计达1448万人次，境外访问量累计达30120人次。展会期间，策划各类活动238项，包括投融资推介、项目签约、产品直播等。

近年来，文博会积极顺应信息技术快速发展趋势，持续加快数字化转型，云上文博会的举办为这一进程按下了“快进键”，标志着文博会正式进入了数字化元年。第十六届文博会加快推进媒体融合发展，强化互联网思维，落实移动优先战略，推动传统媒体和新媒体在内容、渠道、平台、经营、管理等方面深度融合，主要体现四大创新。

一、平台创新与融合

全新的展示交易平台，从线下到线上，这是本届文博会与往届最大的不同，由此衍生一系列新鲜事物。云上文博会利用互联网、大数据、云计算及人工智能等新技术，通过开展云开幕、云展厅、云招商、云签约、云大数据等“五朵云”建设，对线上展览模式进行全新的结构设计和流程再造，打造集展示、交易、交流、互动于一体的网上展会新平台。借助腾讯公司提供的整体技术支持与云资源支撑，云上文博会充分发挥网络方便快捷、不受时空限制、互动性强等优势，创新展会服务及产业交易对接模式，丰富展示形式，让文化企业在“云上”开拓更为广阔的市场，在互联网大潮中大显身手。由此实现传统展会的迭代升级，助推文博会线上线下深度融合和一体化发展。

二、展示和交易方式创新与融合

传统的线下展会主要包括面对面的展示、交易、洽谈，云上文博会打破了时间与空间的壁垒，使展商可以通过文字、图片、视频、3D等多种方式、多维度展示产品和项目，通过即时通信、预约洽谈、在线翻译、产品搜索、线上直播等功能与采购商交流洽谈，将文博会的现场展示搬到互联网上来，帮助广大文化企业以较低成本参与展示和交易。

三、展会服务创新与融合

云上文博会通过5G、视频直播、VR、大数据、AI等新技术应用，重点强化线上交易撮合。通过B2B展览模式，“5×24”小时不间断集中展示、精准推送信息、统筹资源、形成合力，并为交易双方提供诚信背景信息，在网上复制实体展双方互信的贸易洽谈环境，在5天内实现高频互动、充分交流，帮助企业对接市场，为参展企业带来更多的洽谈合作商机。同时，承办单位文博会公司参考借鉴了广交会等已经成功举办了的线上展会成功经验，及时录制了参会视频指引，编制了《参展指南》《云上文博会100问》等资料，不断强化参展商、采购商的会前、会中、会后服务，进一步提升线上展览的体验感和参与感。

四、内容创新与融合

首先，展示内容更加丰富。30%以上的文化产品和项目是首次亮相文博会，丰富了文博会的展陈内容，为文博会注入新的活力。其次，重点设置了4号馆媒体融合·新闻出版馆，集中展示媒体融合发展典型成果，突出融合发展的新趋势。通过线上体验方式，展现新时代文化精品工程，着重展示国内媒体融合发展的新产品、新技术、新业态，传播和普及融媒体新模式、新理念、新创意，以及线上精品图书、特色图书等展示交易。该馆设置了主题出版物展区、国内新闻出版发展新成果展区、国家数字出版基地展区和新媒体产品及技术展区四个展区，中国出版集团有限公司、深圳出版集团有限公司、中文在线数字出版集团股份有限公司和掌阅科技股份有限公司等近50家新闻出版行业知名企业、上市公司参展，全馆进行了3D搭建，整个展馆设计感、科技感、艺术感十足，具有良好展示效果。同时，配套举办了“数字出版高端论坛”“重新发现深圳——《深圳传》分享会”等多项文化活动。其中“数字出版高端论坛”由中国新闻出版研究院、深圳出版集团有限公司联合主办，以“融合发展，服务创新”为主题，汇聚政府管理部门、数字出版企业、新闻出版研究机构及科技领域的专家学者，在线分享前沿、深度、新锐的思想与经验，共同探讨数字出版的优秀案例、先进模式和发展趋势，活动播出后好评如潮。

（深圳国际文化产业博览交易会有限公司）

“文博会+”小程序

案例类别：产品

“致敬深圳40”——庆祝深圳经济特区建立40周年地铁系列主题活动

2020年是深圳经济特区建立40周年的重要时间节点，为建设和巩固新型舆论阵地、推动城市文明建设和地铁文化发展，经过近半年的精心筹划，由深圳报业集团和深圳地铁集团主办，深圳报业地铁传媒有限公司和深圳市地铁商业管理有限公司承办，深圳市公安局公交分局、深圳市消防救援支队特勤大队协办，共同推出“致敬深圳40”地铁主题宣传活动。从2020年7月16日开幕至2020年底，共举办了活动开幕式、主题列车、主题宣传片、主题画面轮播轮展、公益联动等多项系列活动。在整个活动中，主办方始终围绕着媒体深度融合发展的思路，传播广，影响大，活动整体覆盖量超1亿人次，取得了良好的社会反响，探索了媒体深度融合发展的新路径。

一、项目介绍

在本案例中，借助深圳报业地铁传媒有限公司的“地铁+融媒矩阵”和社会合作渠道，打破单一媒体的空间限制，融合线上线下，对同一内容形成多文本格式，在多平台传播。同时，在时间维度上，借助活动策划，以社会化活动和户外创意媒体进行事件前置，同步借助融媒体的二次传播和三次传播，进行宣传的外延和后延，突破单一媒体的传播时效限制。

具体而言，在本次系列活动中，媒体深度融合的特点主要体现在三个方面。

（一）传播链前后端的融合

在本次活动中，深圳报业地铁传媒既是活动的策划者、承办者，也是新闻内容的生产者、整合方，同时，还充分发挥了地铁传媒作为重要传播平台和传播渠道的作用，从传统户外媒体的单一渠道功能向整个活动传播链的前后端融合，从广告平台向媒体平台进行产业融合，取得了良好效果。

（二）媒体文本的多种格式融合

为了做好本次活动，深圳报业地铁传媒从活动策划开始就以媒体融合的思路生产内容，为了做好宣传，我们在内容上做了很多准备，我们从基层岗位找到了40名代表（包括清洁工、货车司机、售货员、工程师、地铁乘务员，等等），对他们进行了采访和拍摄，收集内容素材。同时根据地铁媒体、传统媒体（报纸、电视）、新媒体矩阵（公众号、视频号）等不同既定渠道的特点，组织生产不同媒体文本。主要包括：1条主题视频，40条短视频、一列创意全包车、一个活动开幕式创意主题站厅、60个12封主题灯箱、60米卡布灯箱、主题诗朗诵音频作品等不同"文本"的六大类信息产品，从线下到线上、从文字到影像、从静态到动态、从视觉到听觉，进行了多方向多类别的融合。通过媒体融合，我们把特区奋斗者的形象放到公众面前，把他们朴实的奋斗感言放到主题列车上，把他们的故事放到视频里，把他们的精神写进诗歌里。

（三）传播介质融合

本次活动主题重大，内容鲜明，传播的目标受众具有广泛性，受众的年龄、职业和所在区域都有较大跨度，因此，深圳报业地铁传媒在传播介质上采用了公众屏（报纸、户外媒体）、家庭屏（电视、广播）和个人屏（包括手机新闻端、公众号、视频号等新媒体）的全方位传播整合策略，并以内容为主线进行了渠道融合。

二、项目成效

本次活动紧扣主题热点，以"奋斗的深圳，最美的地铁"为创作主线，最终确定了"我的梦想，我的深圳"活动主题和系列创意内容的设计制作，包括"我的梦想，我的深圳"地铁场景设计制作、奋斗者号专列设计、"我的梦想，我的深圳"主题视频暨活动宣传片拍摄、"我的梦想，我的深圳"配乐诗朗诵音频制作等。以上内容经媒体报道和线上线下平台的同步展示和播出，活动开幕式全网曝光超过4000万人次，整体活动实施结束线上线下曝光覆盖1亿人次。主要包括：

1. 活动开幕式得到了社会各界的广泛关注和主流媒体的舆论支持，一周内，共有15家媒体对本次活动进行报道。其中，《南方日报》的南方PLUS平台、《深圳特区报》、《深圳商报》、《深圳晚报》、《晶报》发布了新闻报道；深圳新闻网发布了IN视频，"学习强国"深圳学习平台分别发布了主题视频和新闻报道，覆盖人数约500万人次；深圳广电集团的"深视新闻"栏目播放了新闻，时长27秒，"第一现场"栏目播放了新闻和采访，时长1分48秒，覆盖人数约107万人。

此外，深圳全接触、深圳达人说、深圳微时光等微信公众号头部大号分别在自媒体平台发布新闻报道，其中深圳全接触公众号同步在一点资讯、网易新闻、搜狐平台；深圳达人说发布了微博头条文章和微博；深圳微时光发布在公众号；深圳地铁发布了公众号和微博。

本次活动中，深圳报业地铁传媒发布媒体包括：奋斗者号主题列车一部、福田站开幕式主题站厅包柱15根、12封灯箱80块、LED大屏36个。媒体发布期间，覆盖受众5800万人次。

本次媒体深度融合活动不仅取得了良好的社会效益，也得到了商业市场的认可，"深圳移动""青菜拼车""悟空APP""宝能科技园"等商业客户用投放相关主题广告的方式为活动"点赞"，把企业愿景和市场诉求也融入活动中。

2. 在这一主题活动中，深圳报业地铁传媒还在公益内容的融合上做了大胆的尝试，为特区建设加油，为劳动者鼓劲的"加油！打工人"巨幅公益广告也引起了强烈的社会反响。

在本次宣传中，深圳报业地铁传媒在深圳地铁大剧院站发布大型卡布灯箱6幅，合计60米长的巨幅广告一组。线下覆盖人数约为1222万人次，同时共拍摄短视频两条，并在微信视频号、快手号、微视号、抖音号、微博等平台发布，都获得了较高的点击量。深圳文字类新闻在百家号、头条号、腾讯号、网易号、搜狐号、一点资讯、UC头条等移动新闻端发布新闻58条。央视网、新华网、搜狐、凤凰网、朝闻天下、读特新闻等30多家权威媒体也对本次活动进行了报道。

本活动引起了普通市民的支持和关注，深圳市民和地铁乘客对此活动反响热烈，多名乘客在微博上发表积极评论并"@深圳地铁"，网红博主"可爱仙仙仙""打卡"大剧院站，连续两天冲上微博"最热小视频"TOP5。

三、项目经验

在本次活动中，深圳报业地铁传媒探索了一条地铁媒体通过媒体融合建设新型舆论阵地的新路，并建立了地铁融媒框架模型（见下图）。

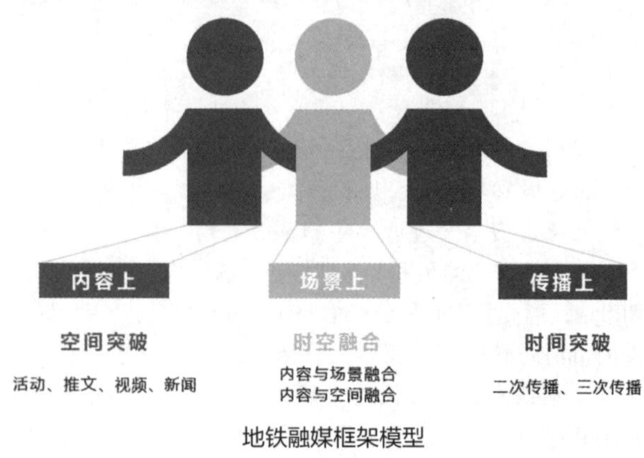

地铁融媒框架模型

这一地铁融媒框架模型的表达为：以内容融合为基础，以文本融合为纽带，以渠道（介质）融合为支撑，寻求更深层次的表达，更高效和广泛的传播，打造更具活力的融媒体矩阵。

在本案例中，深圳报业地铁传媒将重大主题宣传题材与普通市民的出行场景作为基础融合，策划设计了一系列场景融合的基础内容，比如在地铁站厅搭建的活动开幕式舞台、城市中流动飞驰的地铁主题列车、市民出行必经路径的灯箱媒体等。在此基础上，我们将这些基础内容在文本格式上做了多样化融合，生产了包括视频、音频在内的多种文本格式，让文本融合成为同一重大主题宣传的纽带，产生共振效应。其后，再借助不同的媒体介质传播，进行渠道融合，从而达到在传播时间和空间上的多层次表达。比如，户外媒体传播时间长，传播效果好，但受地域限制，融合线上媒体后，即可实现广域传播；通过场景融合的线下传播活动，制作成为线上传播的媒体内容，从而实现二次传播乃至三次传播。

深圳报业地铁传媒尝试了多层次表达的融合和高效率传播的组合。本次活动中内容生产的原始素材是基层建设者和奋斗者，既有不同特性，也有群体共性。据此，生产了一部主题宣传片，同时生产了多个大众喜闻乐见的短视频，还生产了精致温情的配乐诗歌，这实际是在同一个文本格式上，寻找多层次表达和深层次的表达，让主题宣传更加深入人心，形成口碑传播和自传播。事实上，多则以奋斗者个人为主角的短视频通过个人的微信转发等，也形成了难以估算的传播数量。

综上所述，此活动通过多场景、多文本、多渠道和多层次的表达，最终形成了一次非常立体和成功的融媒案例。

（深圳报业地铁传媒有限公司）

“我的梦想我的深圳”

案例类别：组织机构

成都地铁广告融媒体在线化发展

成都深报地铁传媒公司深耕地铁广告领域，对于传统户外广告媒体有多年的运营经验，在行业中处于领先地位。5G技术来临，万物互联，诞生海量的应用场景，当代人的生活、工作以及娱乐消费方式也在不断变化。成都深报抓住了这样的改变，乘势融媒体时代的发展，在充分利用传统媒体丰富资源的基础上，利用大数据分析，积极开展融媒体业务。打通线上线下流量闭环，让地铁广告不再仅仅是“广而告之”，而是实现“看到即买到”的流量直接变现。对广告主而言，实现了从单纯的品牌宣传到产品直接销售的跨越。

2020年一场突如其来的疫情，改变了人们的生活，冲击着社会各行各业。为响应中央的号召，把复工复产与扩大内需结合起来，把被抑制、被冻结的消费释放出来，把在疫情防控中催生的新型消费、升级消费培育壮大起来，使实物消费和服务消费得到回补，成都深报充分利用线下地铁媒体资源优势，运用官方公众号地铁头条号，开展线上商城和直播带货业务。依照线上线下相结合的模式，成功打造了四川线上购物节、9块9吃火锅、地铁网红直播带货挑战赛等活动，取得了良好的效果与社会反响，用实际行动诠释了党媒的使命与担当。

一、成都深报融媒体大发展

成都深报开设的公众号地铁头条号，每周设有5个栏目，分别是《新鲜资讯》《懂点地铁》《生活方式》《成都街巷》《吃喝玩乐》，目前已有20多万粉丝，粉丝黏性极强，同时建立了头条商城和全国首个地铁直播间。让地铁乘客在看到地铁广告时，即可扫描地铁广告上的二维码，直接进行线上支付购买。地铁直播间可直接吸引成都地铁日均700万人次的客流，地铁乘客在路过正在直播的地铁直播间时，可扫码进入直播间进行抢购。成都深报打造的地铁平面广告＋线上直接购物的商业模式，成功将线下流量导流到线上，实现流量闭环，进行流量变现，实现融媒体大发展。

二、拉动内需，消费升级，扶贫攻坚

四川线上购物节由四川省网商协会、四川省广告协会共同主办，四川广电传媒集团、成都轨道资源经营管理有限公司、成都深报地铁传媒有限公司、四川金熊猫地铁文旅股份有限公司联合承办。在2020年3月25日至6月30日进行，历时3个月时间。活动通过线上商城在线购物和地铁头条号直播带货等形式，开展线上非接触交易活动。活动进行多维度直播，精选好货，品种繁多，超低折扣，满足消费者多样化需求。本次活动直接带动参与企业消费近40亿元，累计地铁客流曝光超3亿人次。

四川线上购物节有近500家企业，近千家品牌上线四川线上商城，覆盖超市、百货、互联网零售、购物中心等多种业态，包含服装服饰、餐饮美食、美妆护肤、生活用品、农副产品、休闲零食、电子产品、家用电器、珠宝首饰等全品类商品。积极把消费促进和对口帮扶工作紧密结合起来，4 月 15 日四川线上购物节和农副产品流通协会合作的农副产品专场直播，一小时观看人次达数万，公益助农、直播带货销售总金额超 15 万元。

四川线上购物节活动意在顺应促进消费大势，助力扶贫攻坚政策，保障民生消费供需和促进尽快恢复经济发展的政策趋势。助力商贸企业开拓了新的经营模式，深度激发了企业的发展活力。智慧零售融入生态链，新型消费快速壮大，服务业加快数字化转型。“线上购”成功促进疫情期间消费转型升级。

三、促进消费，助力产业复苏，“9块9吃火锅”，惠民生促经济

为助力餐饮业复苏，响应国家复工复产的号召，成都深报地铁传媒还策划开展了“9 块 9 吃火锅”活动。活动从 2020 年 5 月 17 日至 7 月底持续近 3 个月时间，全城近 50 家火锅串串品牌，117 家火锅串串门店参与活动。10 小时直播云启动仪式获得百万网友关注，活动直接拉动全城火锅消费超千万元。

“9 块 9 吃火锅”活动由四川省广告协会、成都餐饮企业联合会主办，由四川广电传媒集团有限公司、成都轨道资源经营管理有限公司、成都深报地铁传媒有限公司、四川金熊猫地铁文旅股份有限公司联合承办，九眼桥牛肉火锅底料作为特别支持单位参与活动。活动有四大亮点：四川线上购物节商城发售近 3 万张，总价值 300 万元的 9.9 元抵百元电子券，直播间开展一元秒杀和送霸王餐活动；5 月 17 日全天 10 小时云直播，线上云启动“9 块 9 吃火锅”活动；人气网红，火锅串串门店吃播秀；热门地铁站、景点街采，地铁汉服美女主播带你逛成都。

“9 块 9 吃火锅”活动顺应促进消费大势，联合各大火锅串串品牌，聚合行业力量，开展惠民生促经济活动。“9 块 9 吃火锅”活动切中消费者的喜好，以火锅串串为切入口，点燃蓉城市民热情，刺激民众促进消费，拉动疫情期间经济回暖，提振市场信心，共同打造一场全城火锅盛宴。

四、直播带货，助力经济复苏，培育新职业

地铁网红直播带货挑战赛由四川省网商协会、四川省广告协会共同主办，四川广电传媒集团、成都轨道资源经营管理有限公司、成都深报地铁传媒有限公司、四川金熊猫地铁文旅股份有限公司联合承办。于 2020 年 5 月 1 日至 8 月 6 日举行，持续 3 个月时间，比赛分为招募期、培训期、比赛期三个阶段。比赛总收获投票数近百万，千人报名，万人参与，引爆全城。总决赛百人百场直播，持续近一周时间，众多 KOL 在线助力比赛，轰动全城，引起社会极大关注。

地铁网红直播带货挑战赛的总决赛在成都地铁里的深报太古里直播间举行，为全国首个地铁直播间，位于成都春熙路地铁站站内，紧邻太古里、春熙路商圈，受到众多品牌、企业、网络达人的关注，引发多平台联动，激起网上热议狂潮。数十家微博蓝 V 发布揭秘成都太古里直播间的互动内容微博。近百位网红以成都深报太古里直播间为背景创作短视频，吸引了广大粉丝群体进行模仿创作。同时多个百万级别公众号，如“玩味成都”“成都省钱小分队”，也参与到地铁网红带货挑战赛的报道中来，引发更多关注。成都本地虚拟主播“兰若 re”作为特邀选手参与了本次带货大赛，实现了科技与风口的对撞，巩固了“动漫”在成都文化名片中的地位。

总决赛于 2020 年 8 月 1 至 8 月 6 日举行，为期 6 天，线上线下同步直播，百人百场直播，声势浩大。本次大赛的货品种类丰富，涵盖了电子产品、生活日化、零食零嘴、家具电器、家庭美食、精美首饰、农产品 7 大类产品。为响应国家扶贫攻坚的号召，地铁网红带货挑战赛选择国家贫困县，红色文化发扬地，四川苍溪运山的脆红李作为直播产品。助力扶贫攻坚，爱心助农，地铁网红赛选手们在行动。

2020 年疫情加快了消费模式的转变升级，直播成为消费的新场景。深报太古里直播间顺应时代发展形势，落地高客流量春熙路地铁站，借助 700 万客流，宣传直播带货，推动消费转型。地铁网红带货挑战赛将筛选出一批优秀的电商人才，助力直播带货发展，助力经济转型。

五、结语

成都深报地铁传媒立足传统媒体，发扬自身媒体资源优势，积极开拓新媒体业务，打造融媒体矩阵。打破户外广告固有模式，充分运用地铁大数据，依照地铁平面广告 + 品牌营销活动 + 线上购物的模式，打造传统媒体向融媒体跨越的新模式，做融媒体转型的先锋兵。成都深报地铁传媒履行媒体责任，在疫情之时，运用企业自身资源及能力，助力复工复产，脱贫攻坚，帮助企业共渡难关，履行了党媒的责任与义务。

（成都深报地铁传媒有限公司）

“四川线上购物节”新闻报道

案例类别：产品

安顺日报社“走进100个美丽乡村”活动

一、活动概况

面对国内报业广告与读者数量严重下滑的严峻形势，安顺日报社顺势应变，强力推进“媒体融合发展、经营转型升级”工程，新成立贵州悦读帮文化创意有限公司积极应对。针对当前广大市民对乡村文化、旅游和健身的需求，成功策划“走进100个美丽乡村”品牌徒步活动，活动以安顺市为起点，面向贵州省，走向全国，让市民从城市走进农村，感受新农村变化。

“走进100个美丽乡村”目前已开展28站，从2016年12月的第一站走进平坝区塘约村以来，从最低3000余人的参与量到最多时13000人的参与量，平均每站约10000人参与。截至目前，共有20万余人次参与，170000多自驾游人次，悦读帮微信公众号视频拍摄《悦游记之走进100个美丽乡村》栏目，腾讯、今日头条、优酷等点击率达100万+；视频直播30万+人进行在线观看，“悦游街”成功入驻联盟商家100余家。随着线上线下参与人数的增加，引起了国内媒体的关注，在第二届中国（杭州）传媒创新合作项目交流大会上，安顺日报社“走进100个美丽乡村”项目荣膺“2017传媒创新合作项目TOP100”，2018年6月，“发挥党报优势促进融合发展——以安顺日报社‘走进100个美丽乡村’品牌活动为例”项目荣获“2017—2018年度中国报业新媒体项目创新奖30强”等荣誉称号。安顺日报社悦读帮文化创意有限公司获“中国报业优秀创新性平台”称号。

二、主要成效

（一）宣传美丽乡村

时下，许多市民还不了解建设得日趋完善的美丽乡村现状，安顺日报社举办的“走进100个美丽乡村”徒步活动，活动中安排各新媒体开展直播，活动后采取专版的形式开展活动回顾。针对自媒体高度发达的情况，每次活动都组织参与者自媒体新闻，让宣传呈几何级数增长，达到宣传美丽乡村的效果。

（二）报旅互动，推动全域旅游

“走进100个美丽乡村”活动持续开展，正成为发展全域旅游的有力推手，活动融入跑步、骑行、写生采风、摄影、民俗农家乐、传统手工艺作坊体验制作等，让游客真正感受美丽乡村的风情风貌和特色产业。活动把景区连成线路，以点带面，互动发展，把乡村游推向了新的热潮。把市民引导到乡村，把城市、乡镇、景区和乡村景点连成一体，达到景点串联景区，景区串联线路，形成旅游空间全区域、旅游产业全领域、旅游受众全民化的发展格局。

（三）带动全民健身

每次活动，都围绕美丽乡村布置10公里的徒步线路，让广大参与者围绕线路进行徒步活动，增添了健康的生活理念。通过“走”的形式既锻炼身体，又增进了相互间的交流，体验到活动的快乐。

（四）助力脱贫攻坚

着力推动乡村旅游发展与扶贫开发的有机融合。安顺日报社发挥媒体优势，在活动中帮助西秀区刘官乡大黑村销售农产品、带动紫云自治县猫营镇黄鹤营村的蓝莓和普定县化处镇水井村的莲藕、白岩村韭黄系列产品及关岭云上刺梨酒的销售，28站农产品销售累计多达550万元，有力地促进把生态转变为效益，切实增加了农户收入。搭建“黔中生活惠”平台，力促黔货出山，打造安顺大型农特产品电商平台，帮助农户销售农特产品。

（五）活跃城乡经济

随着20余万人的参与，30000多辆私家车10余万自驾游人次的参与，活动勾勒出安顺乡村游消费市场规模，将农成品带到城市，将城市的产品销售到乡村。各乡村的葡萄、荷月茶、山药、蓝莓和安顺本地品牌“魔力金刺梨果汁”“紫云红葡萄酒”在滞销的情况下，参与到活动中，现场每次销售都超过20万元，聚了人气、富了村民。

三、存在问题

随着“走进100个美丽乡村”活动的深入开展，提升了美丽乡村的人气，拉动了美丽乡村旅游，带动了农家乐等第三产业，推动了全民健身运动。但从最近几期活动中抽样调查显示，还存在一些问题，亟须加以改进。

（一）活动只停留在市内运行

纵观举办的28站活动，目前仅有一站在安顺市外举行，这种仅限于本地举办、本地媒体的封闭宣传问题凸显，久而久之只会形成“本地知名品牌”，走出去开展外宣合作亟待加强。

（二）活动传播力不够广泛

整个活动的宣传，借助中央、省级媒体宣传做得不够好，宣传形式仅限于报纸和新媒体，创新方式方法不多，缺乏广泛性和有效性，特别是对活动内涵以及社会关注的热点问题，展示手段老套、话语方式陈旧、报道时效滞后，导致宣传出现体内循环，与中央、省级媒体合作欠缺。

（三）活动内容相对单一

从几期活动的抽样中看出，活动大多只是停留在带领参与者到美丽乡村走走、看看、转转，活动结束人就散了，没有太多的衍生活动内容吸引参与者，加之外部机构同质化地开展类似活动竞争，使参与群众“审美疲劳”，造成参与人数有下降趋势。因此，丰富活动内容势在必行。

（四）“黔货出山”推广体系不够完善

目前，活动中展示的当地优质农产品销售渠道主要通过现场销售，“黔货出山”销售通道体系没有及时完善，融在线交易、综合服务、数据挖掘等功能为一体的“黔货出山”电商平台搭建没有达到预期效果。

（五）活动资金不足，品质难以提升

截至目前，举办活动主要资金来源为徒友报名费，其他资金支持较少，除去发放徒友活动物料以外，活动资金所剩无几，导致活动现场品质难以得到提升，活动内容难以丰富。

四、下一步打算

（一）横向拓展活动领域

为使品牌更亮，更具吸引力和影响力，将选择与省内外知名机构和知名媒体合作，将活动延伸到省内外开发较好的美丽乡村。“走出去、请进来”，有计划选择与省内外具有一定知名度的古镇名村开展活动，将活动立足安顺、走遍贵州、走向全国，把活动打造成省内一流、国内知名的品牌。

（二）纵向提升活动的影响力

安顺日报社为适应形势发展需要，与人民日报媒体技术股份有限公司合作，正在开发“安顺日报社大数据智慧全媒体”项目，为充分利用人民日报媒体技术股份有限公司资源，双方将共同打造的融媒体成长计划（安顺）培训、精品视频创作、安顺“穿越明朝·走进云峰屯堡”徒步活动，将借助人民日报社中央厨房的采编优势，全国党媒信息公共平台的渠道优势，中央厨房融媒体学院的培训优势，组织国际化的专业培训和短视频拍摄实践活动，借助平台机遇宣传“走进100个美丽乡村”系列活动，不仅可以把当地美丽乡村文化民俗风貌传播出去，扩大影响力，而且可以与省内外媒体人相互交流学习，提升专业技能，拓宽视野，从而提升影响力和传播力。

（三）开发开办系列活动

围绕国家发展战略与主流思想及省、市重大战略部署，认真谋划、主动对接、积极组织，进一步做好关联活动营销产品，实施好走进100个美丽乡村“百场旗袍秀”“千人长桌宴”“寻味乡愁”。积极响应“黔货出山”战略，打造仓储配送一体化，本土最大的电商平台“黔中生活惠”，满足市民生活所需。

（四）推进活动与媒体融合

安顺日报社将充分发挥各新闻媒体宣传优势，抢占移动数字化端口，依托党报，丰富新闻内容，改进内容呈现方式，利用安顺日报社大数据智慧全媒体先天优势，将传统媒体与新媒体相结合，新媒体传播实现媒体与受众的实时互动，强势推进宣传造势工作采用纸媒特刊、微博、微信等新媒体、楼宇广告、视频短片等打造新媒体产品矩阵，多种形式开展个性化宣传，营造全民参与的宣传氛围。

（五）挖掘和唱响“安顺乡村故事”

为繁荣美丽乡村文化，提升宣传效果。增加乡土文化元素，挖掘和唱响“安顺乡村故事”，不断丰富和提升安顺美丽乡村的内涵。收集散落在安顺乡村大量的历史记忆、方言、小曲小调、祖训家规等非物质文化遗产资料，复活传统乡村民间故事等。围绕安顺美丽乡村良好的自然生态，积极探索将文化创意产业植入美丽乡村建设，着力打造“乡村旅游＋创意消费”品牌的发展模式，努力通过“走进100个美丽乡村”活动，努力实现脱贫攻坚成果同乡村振兴有效衔接。

（贵州悦读文化传媒有限公司）

出版集团（社）

案例类别：产品

青少年儿童双语融媒体阅读产品——“知了”融阅读系列

一、研发背景

2019年在中共中央政治局就全媒体时代和媒体融合发展举行第十二次集体学习时，中共中央总书记习近平强调，推动媒体融合发展、建设全媒体成为我们面临的一项紧迫课题。习近平总书记的重要讲话和中央有关文件，战略性、指导性、针对性地推动了媒体与媒体、媒体与人、媒体与技术、媒体与产业更深层次融合发展，为新闻出版深度融合发展指明了方向。

2020年以来随着疫情防控常态化，线上阅读、学习已经逐渐成为青少年儿童生活中重要的一部分。将优质的资源与先进的技术结合，让符合青少年儿童价值引领和兴趣爱好的阅读内容以融媒体的方式呈现，从而激发青少年儿童阅读的积极性，提升综合能力与素养极其重要。

在此背景下，中版集团数字传媒有限公司作为中国出版集团旗下专业运营数字传媒业务的子公司，依托中国出版集团强大的品牌影响、深厚的内容积淀和先进的技术力量，聚焦深度融合发展，推动媒体融合从“相加”阶段向“相融”阶段迈进。在青少年儿童阅读领域，公司坚持以优质、核心阅读资源为基础，发挥公司大数据综合运营平台的技术优势，以数据化、智能化为抓手，打造出青少年儿童双语融媒体阅读产品——“知了”融阅读系列（“知了”阅读馆、“知了”微阅读）。

二、产品亮点

“知了”融阅读系列，从青少年儿童实际阅读场景出发，以解决“读什么”“怎么读”“读的效果如何”为目标，通过融媒体形式展示阅读内容，结合智能语音识别、大数据分析等先进功能，为青少年儿童提供一站式线上融媒体阅读解决方案，引导青少年儿童读好书、读经典，通过阅读提升综合素养，打好中国底色，开阔国际视野，培养有理想、有本领、有担当的时代新人。

（一）“内容＋技术”——创新融通

“知了”融阅读系列以权威、高质量内容为核心，紧贴《教育部基础教育课程教材发展中心 中小学生阅读指导目录（2020年版）》，夯实青少年儿童阅读主流精品内容阵地。从国内青少年儿童的阅读能力出发，将阅读资源按学龄前，小学（一二年级、三四年级、五六年级），初中，高中划分，同时增加主题、兴趣等标签，让青少年儿童从产品端获得适龄且优质的融媒体阅读资源；从技术方面，为青少年儿童阅读打造安全放心的技术服务平台，通过智能分析提供融媒体阅读服务，优化阅读体验，保障学校阅读活动开展，培养学生的阅读兴趣，养成阅读习惯，逐步提升阅读素养。

（二）“产品＋场景”——应用融通

“知了”融阅读系列，强化产品与场景的关联性，关注需求调研、选题策划、资源研发、数据分析等环节，积极参与青少年儿童分级阅读体系建立，构筑融媒体运营的底层逻辑闭环。结合青少年儿童实际阅读场景，开发出“知了”阅读馆、“知了”微阅读，全方位、梯度式满足学校、机构、家庭不同的线上数字阅读需求。

（三）“项目＋渠道＋运营”——价值融通

“知了”融阅读系列，通过技术标准、课题研究、B端、C端多渠道的全媒体运营，深入服务青少年儿童阅读市场，致力于为国内青少年儿童提供融媒体阅读内容，专业线上阅读服务，点亮阅读路径，提升阅读综合素养，弘扬中华优秀传统文化，增强文化自信。

（四）“动漫＋文化”——板块融通

“知了”融阅读系列，以中版猫“知了”为IP形象，打造拟人化的产品形态，有效推动动漫与文化的跨界融合，产品形象深受青少年儿童喜爱。未来产品的设计与策划，将结合先进技术，引入人工智能、自动语音识别技术（ASR）、语音合成技术（TTS）、人机对话技术（NLU）等手段打造“知了”智能语音机器人，以技术创新助力动漫与文化的融通。

三、产品介绍

“知了”融阅读系列包含基于移动端服务的“知了”阅读馆（APP）以及基于微信端服务“知了”微阅读，依托统一用户体系管理，统一资源体系管理。统一用户体系可以完整记录用户在不同阅读场景下，不同产品中的阅读、使用轨迹和数据，描绘用户阅读成长完整画像；为进一步研发中小学阅读的知识服务体系，在线阅读相关课题研究，阅读产品的迭代更新等奠定了坚实的数据基础。标准化的资源体系可以精准进行资源管理，资源使用分析，保证内容访问的安全、稳定。基于此，充分把握内容资源和用户使用两端数据，为未来青少年儿童阅读产品研发提供了指引。

（一）“知了”阅读馆（APP）

“知了”阅读馆产品以 APP 产品形式通过不同功能模块为青少年儿童阅读提供了一站式移动端服务。产品着重于满足用户个性化阅读需求，根据阅读能力测评结果，从泛读、精读、听书、AI 阅读课程等方面为用户提供个性化的专属阅读服务。产品内容以个性化、智能化 AI 阅读课程为核心，为学生提供专属的阅读成长学习路径。课程设计从培养中国学生核心素养出发，借助童声语音识别、AI 语音打分等先进技术，通过交互式电子书、教师视频讲解，广播剧式音频，在线直播互动活动，在线练习等打造出内容丰富的阅读课程。配合阅读课程，提供了大量的中英文泛读、听书资源，拓展阅读的范围，并通过阅读打卡、阅读分享等活动促进阅读习惯养成。

（二）“知了”微阅读

“知了”微阅读以通过微信端嵌入学校公众号的方式，实现数字阅读与社交的融合，为学校提供精品数字阅读服务。学生从本校的公众服务号验证后即可进入专属微阅读空间。阅读资源可根据学校需求灵活定制，确保学校获取可用且适用的阅读内容。产品充分利用阅读者的碎片时间，调动阅读积极性，营造以学校、年级、班级为核心的读书、听书圈，分享阅读的快乐。

四、产品成果与市场经验

（一）产品研发进展与成果

经过近半年的系统调研、产品设计、功能开发，“知了”融阅读系列一代产品已经开发完成，产品中包含 2000 余种经过了分级分类、加工梳理的中外文正版电子阅读资源，丰富的融媒体阅读形式带给了用户不一样的阅读体验。产品一上线就得到了各中小学校、教育培训机构以及各地教育相关部门的普遍肯定。

（二）产品市场推广与成果

随着 2021 年 7 月中共中央办公厅、国务院办公厅印发《关于进一步减轻义务教育阶段学生作业负担和校外培训负担的意见》出台，回归阅读成为教育市场的关注热点，产品紧紧把握市场机会，不断进行内容更新和功能迭代优化，已与部分省市学校确定了合作意向，达成了销售。产品商业模式上兼顾 B 市场与 C 市场，可根据具体需求匹配灵活销售模式，在短期内迅速扩大产品的受众和知名度。同时，通过本系列产品，数媒公司也积极参与到了相关的课题研究与开发中。将会从数据采集、数据分析、研究方法等角度，深入开展课题研究，形成有关的报告，从而进一步紧抓市场需求，开发更好的阅读产品。而且，产品注重国际化推广，力求通过产品将中国的语言和文化推向世界。

五、结语

阅读是获取知识、增长智慧的重要方式，是传承文明、提高国民素质的重要途径。青少年儿童正处于世界观、人生观、价值观形成的关键时期，阅读对于提高青少年儿童的思想政治素质和科学文化素养具有重要意义。阅读资源是学校文化建设和课程资源建设的重要基础，好的阅读产品是开展阅读活动的载体。根据青少年儿童的阅读能力有针对性地推广阅读，辅以融媒体和动漫的呈现，对减少阅读障碍、提升阅读体验、培养阅读兴趣有至关重要的作用。中版集团数字传媒有限公司的“知了”融阅读系列正是在深度融合发展的指导意见下应运而生，产品秉承着“传承知识、改进知识、发展知识”的理念，通过融媒体及 AI 技术将精品阅读内容服务于青少年儿童，引导孩子们通过阅读打好中国底色，开阔国际视野，增强综合素质，做有理想、有本领、有担当的时代新人。

（中版集团数字传媒有限公司）

知了阅读馆客户端（安卓版）

案例类别：产品

“悦中医”知识服务平台

一、项目背景

国家“十四五”规划提出了“全面推进健康中国建设”的重大任务。把保障人民健康放在优先发展的战略位置，坚持预防为主的方针，深入实施健康中国行动，完善国民健康促进政策，织牢国家公共卫生防护网，为人民提供全方位全周期健康服务。党的十八大以来，党中央把维护人民健康摆在更加突出的位置，召开全国卫生与健康大会，确立新时代卫生与健康工作方针，印发《“健康中国 2030”规划纲要》，发出建设健康中国的号召，明确了建设健康中国的大政方针和行动纲领。

2020 年是特殊的一年，新冠病毒肆虐，疫情使得大众更加重视医疗卫生的发展和自身健康的保障。作为中国传统医学的中医在此次抗击新冠的一线战役中发挥了重要作用。国务院《关于促进中医药传承创新发展的意见》指出中医药学是中华民族的伟大创造，是中国古代科学的瑰宝，也是打开中华文明宝库的钥匙。党十八大以来，以习近平同志为核心的党中央把中医药工作摆在更加突出的位置，切实要把中医这个祖先留给我们的宝贝继承好、发展好、利用好。

近年来，中国出版集团正在形成古籍、辞书、翻译、百科学术文化、音乐、美术、法律、少儿等专业数据库，同时已汇聚拥有 20 多万种资源，力图构建一个以数据为核心、以出版新业态为导向的由内向外、逐步延展的大数据现代知识服务体系，为在线学习与内容数据服务打下坚实的数据资源基础。中版集团数字传媒有限公司（以下简称中版数媒）依托中国出版集团强大的品牌影响、深厚的内容积淀和优秀的技术力量，聚焦深度融合发展，以推动精品内容的筛选、传播和应用为主攻方向，致力于打造国内一流的数字传媒企业和精品数字内容综合服务商。

“悦中医”就是在这样的大背景下，整合中医出版资源和名家资源，面向政府机关、企业、研究院所等机构打造的，以用户智慧健康管理、用户智慧阅读管理为主体的中医知识服务平台。旨在让用户足不出户即可享受精品知识融媒体阅读，场景化一站式服务，线上线下融通的精准中医知识检索、在线健康咨询和预约挂号等增值服务，从而构筑更“轻”更高效的服务“云生态”，成为汇聚权威专家的“云”中医，为高品质生活“把脉”。

二、项目内容

“悦中医”知识服务平台是中版数媒推动深度融合出版和创新发展的一次探索与实践。该平台是以当前领先的“一切即服务”为技术理念，以将云计算、大数据、人工智能等先进技术与中医传统文化深度融合发展为目标，以服务出版和中医产业链上下游为宗旨，以弘扬中华优秀传统文化，推动中医文化的传承和发展。平台通过传统文化和科技融合，应用新技术为内容生产和传播赋能，提高了传统文化优质内容的表现方式和影响力。通过对出版产业和中医产业各自产业链环节上不同要素的融合，进一步推动了中医康养内容与融媒体智能服务二者的创新与发展。通过产品与应用场景、传播方式、交互等要素的深度渗透与融合，围绕内容的基本表达形成以用户为中心的中医内容生产、传播与创新模式，使得内容能够迅速地接地气、聚流量，提高了用户的黏着力。

（一）“悦中医”核心优势

创新的阅读模式：为企业级用户提供融媒体阅读解决方案，感受跨平台、多媒体的阅读体验。

权威的中医服务：汇聚中医名医名家提供在线问诊咨询服务，中医经典古籍构建中医知识体系。

智能的定制方案：为用户提供个性化知识学习和服务方案，根据用户身体健康状况私人定制健康保健方案。

（二）“悦中医”APP 主要功能

融媒体阅读：“悦中医”提供丰富的多媒体和融媒体类型资源，用户可以根据自己的阅读喜好选择对应的图标类型的内容进行阅读，也可以对融媒体资源选择可听可读可看的阅读模式。内容分类展示，可根据自身喜好按类别阅读。

全站智慧搜索：用户可以通过“搜索”关键词对全站的内容进行多角度多类别智慧搜索。搜索结果涵盖各种媒体类型，聚合各个模块精品内容。

在线问答：用户在“悦中医”的服务界面，可进行中医问答服务，获得专业医生的回答。还可通过输入关键词为问题寻找答案，也可从“热门问答”列表中寻找感兴趣的问答。

挂号绿通：在“悦中医”的动态和服务界面，为用户提供了在线预约挂号中医专家的绿色通道。用户通过实时更新的号源动态选择相应的中医专家进行线上挂号预约，线下完成就诊。

立即咨询：在首页和服务界面，“悦中医”提供了直接与中医专家进行“1对1”即时咨询的服务。该服务是“悦中医”的特色项目，需由运营后台开通并分配次数。获得服务权限的用户可以通过“立即咨询”与中医专家即时通信。

（三）“悦中医”具体服务

融媒体阅读解决方案：中医编创融媒体展示平台支持跨平台、多媒介的内容展示终端，支持各种形态的阅读体验，满足不同用户的阅读习惯，适用于不同的阅读场景。可兼容APP、小程序、大屏机等各种终端产品，也能植入机构用户已有的APP、小程序和公众号中进行无缝衔接，或者兼容各种大屏、车载系统等进行阅读。

中医知识内容服务聚合平台：平台汇聚出版行业、医院和各大名家精品资源，推动中医在维护和促进人民健康中的重要作用。同时依托平台架构的知识体系为用户提供精准的知识推荐等知识服务。

中医名家问诊：为机构用户提供名家在线问诊服务的机会，科学解读健康知识，促进企业用户员工健康管理。

定制界面定制内容：为机构用户定制不同的界面和内容，打造机构专属的知识服务体系。

为企业用户画像：平台利用强大的数据分析能力，采集用户行为数据，帮助用户画像，让企业实时跟踪用户学习兴趣和阅读数据，从而为精准营销提供依据。

三、成效与反响

“悦中医”知识服务平台于2020年8月25日上线发布以来，积极投入运营销售和资源建设，短短4个月时间取得了较好的成效。

在资源内容建设方面，公司深挖中医经典名著价值，弘扬传统文化，坚定文化自信。公司为响应国家全面推进健康中国建设，重视中医药经典医籍传承及价值挖掘，弘扬传统文化，整理出版中国历代中医典籍图书，充分发挥其应有的价值。并在内容生产上多元化融合出版，以编创平台为基础，形成中医爱好者生产内容的UGC、公司联合中医专业团队生产内容的PGC等多种生产模式。另外，公司积极开展国际数字版权合作。集中精力在中医药专业精品版权上进行合作，并且布局海峡两岸及香港、澳门内容联通和创新发展，开拓和引进了一批海峡两岸及香港、澳门中医药优秀数字资源，将海峡两岸及香港、澳门中医药文化发扬光大。

在中医知识服务能力方面，探索新型知识服务模式，公司邀请了国家顶级中医专家团队，大大提升了产品的权威性和竞争力。“悦中医”平台获得了国家中医药管理局、中国中医药信息学会、中国医药导报杂志社、中国中医科学院中医药发展中心等中医机构专家学者的大力支持。公司全面引进了慈方中医馆的中医大夫成为“悦中医”驻站专家，提供专业的中医知识文章、疑难问题解答和在线“1对1”咨询服务，受到社会的关注，获得了用户的好评和赞誉。

在运营销售方面，公司组建了一支专业活力的中医运营和内容编辑团队，对中医药知识深入研究，积极探索中医内容创新。同时，拥有一支实力强劲的营销团队，大力推广“悦中医”产品，目前已与20多家企业客户达成意向，开通企业账号和试用权限，并且从用户那儿收集真实反馈和需求，更进一步促进了“悦中医”产品的优化。

四、融合经验体会

“悦中医”知识服务平台从出版到中医的跨界融合是中版数媒的一次大胆创新和尝试。项目通过精准的产品定位，实现场景化运营和融媒体知识服务。跨业务的架构设计使得平台还能提供多用户、多租户、多机构、多媒介等运营服务。

（中版集团数字传媒有限公司）

悦中医客户端（安卓版）

案例类别：产品

“穿越时空的大运河”IP运营平台

“穿越时空的大运河”项目是中国出版业数字化转型升级的代表作品，是内容创新、科技创新、管理创新的探索与尝试，在传统出版转型升级、融合发展的道路上呈现诸多亮点，形成IP全产业链开发运营。相关文创产品、教育课程、VR体验等陆续上线，形成大运河IP主题矩阵，取得了良好的成果，展现出中国出版深度融合，发展创新的全新面貌。

一、内容介绍

“穿越时空的大运河”数字影像作品，以全长2700千米的中国大运河为背景，跨越杭州、苏州、洛阳、北京等14个城市，穿越2500年的历史时空，生动地还原了夫差开凿邗沟、隋炀帝巡游、张继夜泊枫桥、赵匡胤陈桥兵变、利玛窦进京、康熙治河等10余个中国故事的精彩历史瞬间。

影像以3米×25米的LED巨幕呈现，实现了三维动画与二维场景的完美融合，是文化、艺术和现代科技相结合的一部综合产品，其中动画人物1700余个，大小船只200余艘。

二、产品特色

“穿越时空的大运河”数字影像作品是一部艺术创新之作，影像在原创百科全书式全景历史长卷的基础上制作而成。这种绘画展现方式目前在国内尚属首创，是对运河传统文化的当代诠释。

数字影像汲取最新的科技手段，将传统与现代相结合、历史与未来相结合、文化与科技相结合，不仅展现了大运河的历史风貌，而且对中国文化遗产的现实命运进行了强烈的表达与思考。

三、展览效果

该数字影像在2018年8月北京国际书展以及10月北京市文博会两次展出，取得了良好的双效成果。

2019年10月，以“穿越时空的中国”为主题的影像展在德国法兰克福书展的国际艺术展区亮相，引起巨大轰动。

法兰克福国际书展副总裁傅蓝称，此次影像展览是本届法兰克福国际书展的最大亮点。

国家新闻出版署进出口管理局副局长赵海云表示，此次展览可视为一个新的起点，展现出中国的文化创新以及中国出版界的精神。

英国DK公司前CEO伊恩·哈德森、总编辑乔纳森·麦考夫参加本届法兰克福国际书展开幕式并高度赞誉了影像展。最终DK公司出版了图书《DK穿越时空的大运河》，并在全球同步发售。

据统计，展览期间共有10万人次现场观看影像展，《人民日报》、新华社、中央电视台、中国政府网以及诸多海外媒体分别给予了重点报道。其中，央视《新闻联播》在展览当天即以《中国出版商数字影像展受关注》为标题报道了此次展览。10月20日《人民日报》则以《“穿越时空的中国”让运河故事活起来》为标题做了报道。中国政府网则转发了新华社的报道。

2020年9月的中国国际服务贸易交易会上，“穿越时空的大运河”数字影像展成为各界焦点，多次亮相于央视新闻频道。

2020年11月至2021年6月，该数字影像在中国国家博物馆展出。

四、“穿越时空的大运河”同名图书

（一）被世界一流图文公司出版

影像展同名图书《DK穿越时空的大运河》在第一时间得到了英国DK公司总编辑乔纳森·麦考夫的认可，是DK首次出版的中国原创图书。

乔纳森·麦考夫亲自为这本图书写下读者寄语：“这本美丽的书是中国最具天赋和想象力的画家之一杜飞和世界领先的图文出版公司DK合作的成果。在这细节丰富的32页里，杜飞巧妙地把大运河的历史与中国本身的历史融合在一起，讲述了战争与贸易、文化与娱乐、自然灾害和各色人物等宏大主题。这些多彩的画面让过去充满生机，从2500年前开挖第一条河道的民夫们，到极富现代气息的观光船。每幅全景插图都讲述了有趣的细节和令人激动的逸事，这里是发现与喜悦的宝藏之地。

“DK很荣幸能与杜飞合作这本书，也很高兴能够把对中国历史和文化的深层解读带给全世界的孩子们。”

麦考夫在接受《人民日报》（海外版）的采访时，给予了该书更高的赞扬：“第一次看到杜飞的大运河画作时，我就知道这本书DK一定要出版。画作栩栩如生、颜色丰富，包含生动的文字、有趣的事实、众多人物以及动人的历史故事，这些元素都是DK所重视的——既达到教育和知识普及的目的，又不乏趣味。”

“《DK穿越时空的大运河》讲述了世界上最长的运河的建造过程，大运河的修建使得中国各区域、各民族联合起来，贸易和文化交流因此而繁荣。本书将运河的建造过程和中国历史交织起来，书中既有2500年前挖掘第一条河道的民工，也有现代天津的观光船，为世界各地的孩子们打开了一扇通往最古老文明的窗口，这很有价值，也充满了趣味！此外，我们与中国最具实力的出版社之一的紧密合作也让这本书的品质有了提升。我们与中国大百科全书出版社有着深远的合作，这一合作也使得内容——画作与文字——不仅准确，也符合史实。”

“《DK穿越时空的大运河》一书是DK出版史上的里程碑，它源于全球读者对中国历史和文化的兴趣，DK也正好通过儿童和成人出版满足了这一需求。我们致力于用简洁、生动、客观的方式展现知识，中国的历史遗产既有深度又很精妙，能够帮助我们达到这一目标，所以它扮演着越来越重要的角色。”〔来源：《人民日报》（海外版）2020年4月23日《悦读空间》栏目〕

（二）专业的内容创作团队

这本书背后有着强大的内容创作团队作为支持。美国加州大学伯克利分校教授、中国历史地理学家、运河专家托马斯·哈恩，中国大运河文化遗产专家张廷皓等人都参与探讨每一幅运河长卷的整体构图与绘制细节。

长卷的绘制者杜飞则是中央美术学院教授、国家一级美术师。他从事壁画教学与研究工作长达25年。擅长用写实的手法和叙事性的情景构成方式，创作中国历史题材的作品。他的作品涵盖了从壁画、油画到雕塑等多种艺术形式，被陈列于中国的博物馆、音乐厅、体育馆、公园、地铁等公共场所。主要作品包括《乃服》《泱泱华夏》《北大荒人颂》《老河街》等。

五、相关产品

（一）用H5技术制作“运河注”

专业技术人员运用H5技术，不仅将画中掌故、人文地理用动态词条的方式交替呈现在“动态长卷”之中，还精心地将词条图文并茂地再现在移动端。观众只需扫描《DK穿越时空的大运河》书后的二维码，在手机上点击光标，便可享受一场知识的盛宴。

（二）大运河·小剧场音频情景剧

《DK穿越时空的大运河》共14个跨页，创作团队给每幅跨页制作了十几分钟的配套音频。

音频脚本撰写者将14集音频作为一个整体进行构思，找到跨页中不同人物与大运河之间的奇妙联系。

出版社在给故事找配音演员时也颇具心思。因为图书核心受众为儿童，趣味性就必不可少。恰好书中有个贯穿始终的“主人公”——小猫“绣虎”，于是出版社请到一位8岁的小女孩为其配音；其他配音演员则来自专业配音公司，他们曾参与制作多部知名音乐及配音作品。

（三）与腾讯联合开发“大运河”小程序

创作团队利用中国大百科全书出版社的优势，提炼“穿越时空的大运河”影像中的精华，挖掘长卷中隐藏的知识点，将音频、3D模型以及图书销售链接等融入与腾讯公司共同开发的“穿越时空的大运河”小程序，让读者与运河、人物、船只深入展开“对话”。人们只要用手指轻轻拨动手机屏幕，就能让船只360度旋转起来；小程序里的画卷既能动又能“说话”。全新的用户互动体验让运河的故事更加鲜活。

（四）紧跟风尚，开发图书相关文创

美术编辑从《DK穿越时空的大运河》的每幅长卷中选取造型新颖、意义独特的画面元素进行“抠图”，找工厂采用“单面丝印＋热转印”的方式印制在帆布袋上。目前共有5款帆布袋面市。

“穿越时空的大运河”凝聚着新时代出版人独特的创意与灵感，他们用无尽的智慧讲述了真正的中国故事，让中华文化的魅力在世界舞台尽显。而与图书相关的多样化产品，更让大运河的故事不再单薄。它们共同向世界展现出真实、立体、全面的中国，迈出了中国文化走出去的重要一步。

（中国大百科全书出版社有限公司）

“穿越时空的大运河”小程序

案例类别：产品

“易阅通＋＋按需印刷＋”全产业链融合发展创新

一、产品简介

“十三五”期间，为服务我国科技、教育发展，中国图书进出口（集团）有限公司（简称中图公司）以自主研发的易阅通为基础，推出“易阅通＋＋按需印刷＋”全产业链融合发展创新产品，作为数字化融合发展、重塑核心竞争力的重要抓手。

“易阅通＋＋按需印刷＋”合作内容来自72个国家和地区，2700余个出版品牌，涵盖100多个语种；中外文电子书刊（含有声书）资源累计215.23万册，OA资源累计70万篇；可供按需印刷图书目录总品种280多万种，按需印刷图书品类累计473万种，进口出版物按需印刷率达到30%。截至2019年12月底，易阅通覆盖海外国家和地区达到85个，服务国内外图书馆900多家，实现销售收入2.82亿元，利润3342万元。

“易阅通＋＋按需印刷＋”全产业链融合发展创新产品通过开发易阅通数字平台集群，构建了我国权威的数

字资源交易与服务中盘；通过建设辐射亚洲的按需印刷生产中心，构建了纸电融合发展的价值产业链；通过全方位运营推广中国优秀数字资源，打通了中国出版物数字化“走出去”的主流渠道。

二、产品布局

为平稳推进“易阅通 ++ 按需印刷 +”全产业链融合发展创新项目，中图公司通过以下五个方面进行产品布局。

（一）基础架构升级

打造基于海量文本数据的“中国国际出版大数据中心”（简称“大数据中心”），中图公司对原有数据中心进行扩容升级，提升存储能力、容灾能力、备份能力，支持大数据运算、存储和分析等需求，探索云存储服务、人工智能等新技术为数字平台集群持续赋能。

（二）平台集群开发

打造数字平台集群，完善数据加工框架，以“易阅通 +”的方式有效延伸和扩展服务，针对不同类型客户开发不同平台集群。

1. 易阅通 + 国内机构客户，打造易阅通升级版。

2. 易阅通 + 国外机构客户，升级易阅通海外版，推出中国电子书库。

3. 易阅通 + 原版教材，打造易阅通教育平台。

4. 易阅通 + 延伸服务，开发 OA 服务平台。

5. 易阅通 + 审读，开发内容审读平台。

（三）海量资源聚合

完成百万电子书资源聚合，通过业务延展、纸电融合、渠道对接等多种方式，实现数字资产再倍增，更好地满足广大国内外读者的需求。

（四）按需印刷升级

完善全球按需印刷服务体系，实现“按需印刷 +”技术升级、服务升级。引入国际先进的数字印刷生产设备、印后加工设备，与国内外优秀按需印刷设备商、软件公司、生产商共同开发适合按需印刷的全套流程软件，建立包括订单管理、自动化生产、物流管理的按需印刷运营平台，完善全球服务体系。

同时，着眼于精准服务市场，开展进口出版物全品种微库存电商服务，结合现代化仓储物流管理建设，提供从按需印刷到物流配送的全方位服务，解决出版业长期存在的供应链问题，为出版行业提供全新的价值链管理解决方案，形成纸电融合发展新业态。

（五）深耕全球市场

深拓市场广铺渠道，实现数字资源运营能力提质增效。着重挖掘已有国内外渠道潜力，增强易阅通平台黏着度，通过多元化的特色产品满足细分市场的特定需求；同时，努力拓展新渠道，全面覆盖全球有效运营网络。针对国内外不同市场，开展本地化、精准化、个性化的营销政策。如针对海外机构客户直销市场，根据客户的经费情况以及馆藏建设需要进行产品推荐，跟踪采购流程，提供专业的个性化服务；针对海外渠道市场，结合各渠道特点制定有效的全年营销及促销政策。

三、融合发展成果

以“海量资源、全球服务”为定位，“易阅通 ++ 按需印刷 +”全产业链融合发展产品取得了积极的成果，主要体现在以下四个方面。

（一）易阅通撬动媒体融合

“易阅通 ++ 按需印刷 +”产品上线以来，以推动传统出版和新兴出版融合发展为根本方向，以数字化转型升级为重要抓手。目前易阅通已经成为集发现、购买、使用、管理于一体的一站式专业内容服务平台，并按照“1+N”布局思路源源不断地向外输出平台能力，先后衍生出中图教育平台、内容审读平台、出版物采选平台以及服务海外图书馆界的“中国电子书库”“中国学术电子书库”等系列平台和产品，实现资源、管理、服务全打通，形成以易阅通为核心的平台集群和产品矩阵。

依托中图云服务平台技术，中图已建成系列云数字图书馆，形成覆盖众多细分市场的业务新模式，打造了“易阅通云数字”图书馆的特色品牌。

（二）按需印刷打通纸电融合

中图公司按需印刷基于先进的数码印刷技术，打造了覆盖全出版产业链的有机生态，提供“一本起印、本本不同，一书 e 码，先卖后印”的供给侧解决方，并通过构建“全球按需印刷联盟”，开创“72 小时中国图书全球直供”的出版印刷发行新模式，有效促进了纸电融合。

（三）数字化促进新旧业务融合

“易阅通 ++ 按需印刷 +”全产业链融合发展创新产品以数字化提升了中图公司进出口传统业务，巩固了主业根基，借助按需印刷缩短物流环节，提高供货效率，公司牢牢占据国内经营进口出版物的行业龙头企业地位，年均进口世界 110 多个国家和地区的近 40 万种出版物、1400 多万册（份）出版物，供应国内机构客户。

（四）国际化推动海内外融合

依托“易阅通 ++ 按需印刷 +”全产业链融合发展创新产品，中图公司构建起全方位、立体化的国际交流合作体系，逐步形成实物出口、数字出口、国际会展、海外出版与发行、全球按需印刷五位一体的全方位国际传播体系。

目前，中图公司已在土耳其、伊拉克、塞内加尔等国家的学术机构开设“中国馆”，输出以习近平总书记系列著作为代表的中国主题类图书；“中国学术电子书库”成功入选国家数字出版精品遴选推荐计划并实现海外高校图书馆销售；以中国电子书店为媒介，面向海外个人用户直接推广销售中国电子书；通过渠道合作等方式，中国电子书已覆盖海外 85 个国家和地区的 900 余家机构。

四、产品社会反响

“易阅通++按需印刷+”全产业链融合发展产品是中图公司坚持将社会效益放在首位，整合内容资源，创新体制机制，转变经营方式，着力提高内容聚合和数据资产管理规模化集约化的一次全新尝试。“易阅通++按需印刷+”合作伙伴包括商务印书馆、中华书局、上海译文、爱思唯尔、美国化学会、剑桥大学出版社等国内外权威出版机构等，此外还与亚马逊、苹果、谷歌等十几家海外主流数字平台对接，覆盖全球80多个国家和地区；打通了销往国内外上万家图书馆等机构用户和几百万个人读者的营销渠道，可实现中国电子书在全球80%以上的零售市场直接销售；按需印刷初步形成全球布局，实现中国图书100多个国家和地区72小时直供。

“易阅通++按需印刷+”产品推动了传统出版与新兴媒体、纸电、海内外出版等多方面的融合发展，2018年易阅通获得世界知识产权组织颁发的“版权金奖”、中国出版协会颁发的“融合出版创新奖”、五部委联合颁发的“国家文化出口重点项目”，连续三年荣膺“全国优秀图书馆数字内容供应商”称号。2019年“易阅通++按需印刷+”入围国家新闻出版署遴选推荐数字出版精品项目。

这些奖项既是对“易阅通++按需印刷+”全产业链融合发展创新产品的肯定，也是对中图公司融合发展的鞭策和鼓励。中图公司将坚持以先进技术为支撑、内容建设为根本，以融合发展为“一体”，创新出版方式、提高出版效能，为提升中国文化软实力作出应有的贡献。

〔中国图书进出口（集团）有限公司〕

易阅通

案例类别：产品

“诗词中国”融媒体出版传播平台

一、项目总体介绍

（一）项目概要

“诗词中国”项目是中国出版集团以“激发民间诗性，唤醒生命诗意”为宗旨，以传统诗词鉴赏与创作为核心内容，以手机客户端、微信公众号等移动互联网平台为主要传播形式，辅以音视频大赛、网络直播答题、文化讲座、创作采风、论坛研讨、书刊出版、诗歌音乐会、文艺晚会等多种形式的系列活动，是一个以弘扬中华优秀传统文化为内容核心的深度融合发展项目。

该项目面向全社会普及和推广中华优秀传统文化，既取得了持续广泛的社会影响力，带来极好的社会效益，也取得了4000余万元的经济收入。2013年，“诗词中国”项目作为“文化中国”的一部分，被批准列为“国家新闻出版改革与发展重大入库项目”，并得到中宣部领导的肯定和支持；“诗词中国”系列活动多次登上《新闻联播》，两场颁奖典礼在中央电视台全程转播，组委会策划发行相关诗词类图书22种，发行总量近120万册。项目获得了“吉尼斯世界纪录——最大规模的诗词竞赛”“中国创意工业创新营销金奖”“出版机构优秀客户端TOP10”，北京惠民文化消费季文化消费品牌榜“十大文化艺术活动”等跨领域的多项荣誉。

（二）联合主办方

“诗词中国”系列活动是由中国出版集团直属公司中版文化传播有限公司策划承办，由中国出版集团、中央广播电视总台（原中央电视台）、光明日报社、中华诗词学会、中华诗词研究院、中国移动通信集团于2012年9月首创的传统文化普及推广活动。

（三）专业学术团队

为保证项目品质，“诗词中国”组建了学术委员会，聘请中央文史馆馆长袁行霈先生担任学术委员会主任。南开大学教授、诗词大家叶嘉莹，中华诗词学会原会长郑欣淼，以及北京大学中文系教授钱志熙、南京师范大学教授钟振振等高校知名教授，中华诗词学会常务副会长范诗银，副会长林峰、刘庆霖等诗词名家共计30多人，受聘成为“诗词中国”顾问委员及评审委员会成员。此外，王蒙、蒙曼、杨雨等文化名家及知名学者，均受邀参加过“诗词中国”相关活动，并始终保持良好的合作关系。

（四）项目影响力

2012—2021年，“诗词中国”已成功举办五届大赛，组织了10余场研讨、讲座和沙龙，举办了9场启动仪式和颁奖典礼，在全国各地先后建立了12个创作基地和定点合作单位，出版了11期《诗词中国》丛刊，开发培训课程500课时。“诗词中国”共收到当代人投稿的原创诗词作品45万余首，诗人自主存档作品27万余首，总计存档当代原创诗词作品70余万首。大赛投稿用户覆盖全国32个省（自治区、直辖市）、香港特别行政区、澳门特别行政区以及18个海外国家和地区。2017年，第三届“诗词中国”大赛获吉尼斯世界纪录“最大规模的诗词竞赛”称号。“诗词中国”已成中国最大的传统诗词大众普及、推广与传播平台。

（五）创新传播实践

“诗词中国”以“激发民间诗性，唤醒生命诗意”为宗旨，通过举办古典诗词创作大赛及系列活动，汇集并推广了一批反映当代生活、展现时代风采的原创诗词佳作。在宣传推广方面，“诗词中国”六次登上《新闻联播》《新闻直播间》《东方时空》《文化十分》《特别关注》等栏目及新华社、《人民日报》《光明日报》等主流权威媒体均进行过报道，中央领导也多次批示，取得了明显的社会效益。“诗词中国”社会影响力逐步提升，推动了近年的诗歌热潮。

在创新传播方式方面，“诗词中国”也取得了一定的成绩。目前，“诗词中国”手机客户端移动市场的预装及下载量达到3900万，入选第十三届新闻出版互联网发展大会“出版机构优秀客户端TOP10”；“诗词中国”媒体矩阵的注册用户及粉丝数达90万，产出过传播量超千万的话题及多篇“10万+”文章，公众号发起的“我有一壶酒”微信续诗活动阅读量近300万次。

此外，“诗词中国”尝试与各方跨界合作诗词类文化活动，均收到良好效果。与中央电视台合作的《中国诗词大会》社会反响热烈，“诗词中国”团队参与了首季节目的命题、海选、嘉宾推荐工作，并策划出版了同名图书《中国诗词大会》，发行量超过80万册。与中国移动联合推出的“诗词英雄”网络直播答题活动，参与人数超过15万人；2018年10月，承担了中宣部“学习强国”APP的文化频道诗词类栏目的创建工作，目前已全部上线。“诗词中国”团队还与北京电视台、《小十月》、中华世纪坛、北京国子监联合举办了诗词朗诵会、诗歌音乐会等多场活动，均受到广泛好评。

“诗词中国”同样着力打造项目的国际影响力。2016年6月，“诗词中国”邀请中日双方诗人汇聚人民网直播大厅，举办了两场主题论坛。2017年12月，第三届“诗词中国”挑战吉尼斯世界纪录“Largest poetry competition”成功。目前，“诗词中国”已收到包括美国、英国、新西兰等18个海外国家和地区诗词爱好者投稿的诗词作品，参与范围覆盖六个大洲。“诗词中国”为已经沉寂一段时期的海外汉诗创作与研究工作点燃了热情。

二、平台特色成果——“诗词中国”手机客户端

“诗词中国”手机客户端，是中国出版传媒旗下中版文化传播有限公司自主设计并开发的传统文化类自媒体平台，也是“诗词中国”系列活动的主要传播平台之一。截止到2021年9月，客户端的预装及市场下载总量达到3900万，在同类型APP中稳居榜首。其中，在百度手机助手、华为应用市场的下载量均突破1200万，应用宝的下载量为658万，均位列应用市场同类型APP的首位。

“诗词中国”手机客户端包括诗词轮播、诗词大全、以诗会友、诗人档案、参赛平台五个主要板块，依托中国出版集团丰厚的出版资源，收录了包含《全唐诗》《全宋词》在内的庞大的古典诗词作品库，并以此为基础进一步开发了诗词主题搜索、诗词格律检测、原创作品存档发表、诗友评论交流、个性化诗笺制作、诗词美文鉴赏等功能，并支持通过开放式链接与微博、微信等自媒体平台一键分享，是一个内容权威、实用便捷的古典诗词学习交流工具。

“诗词中国”手机客户端，是一个将中国出版集团的出版内容优势与移动互联网的传播方式、自媒体平台的运营方式相结合的产品，它以古典诗词为核心，在传统单向学习的基础上，赋予诗词作品以更加时尚的表现形态和更接地气的功能，由此形成了以诗词学习者和诗词爱好者为核心的垂直社群，在提升“诗词中国”品牌影响力的同时，也达到了弘扬中华优秀传统文化的效果。

三、“诗词中国”融媒体出版传播平台的社会效益

（一）以弘扬中华优秀传统文化为内核，思想内容积极向上

中华文化源远流长，积淀着中华民族最深层的精神追求，代表着中华民族独特的精神标识，为中华民族生生不息、发展壮大提供了丰厚滋养。中华诗词是中华民族历史与文化传承的重要载体，是文化的血脉；中华民族与生俱来的诗意表达和对诗意生活的崇尚，铸就了中华民族的伟大魂灵，是民族薪火相传的内生动力。“诗词中国”融媒体出版传播平台以古典诗词为内容传播的核心，面向大众倡导诗意的生活方式，为中华优秀传统文化的弘扬与传播、增强国人的文化自觉和文化自信方面作出了积极贡献。

（二）相关部委关注，多次获得中央领导批示

“诗词中国”自2012年举办以来，获得了国务院、中宣部等有关部门领导的多次批示和表扬。国务院原副总理马凯同志曾4次对“诗词中国”及其系列活动做了

批示，给予高度评价，批示中说："让中华诗词插上现代科技的翅膀，这是一大发明，必将对中华优良传统文化的弘扬发挥重要的促进作用，也将对信息消费发挥积极的拉动作用。"批示称"诗词中国""必将对传承、繁荣和发展中华诗词事业作出积极贡献。"

（三）探索传统出版与当代新媒体结合的有效途径，践行中国出版集团出版"国家队"的行业使命

中版文化传播有限公司是中国出版集团公司全资子公司，是中国出版业"国家队"的成员单位，在目前媒体融合这一发展大趋势下，不仅要在传统出版领域的规模处于领先地位，更应该在承担文化使命、革新出版技术、探索出版发展方向上进行思想引领和积极实践。"诗词中国"融媒体出版传播平台创造性地将传统诗词内核与互联网传播规律相结合，进行了有益、有效的探索。

（四）群众参与面广、受众面多、信息传递快捷，是走群众路线的积极实践

民族文化的继承和传播需真正走"群众路线"，否则就容易陷入"单方作秀"的尴尬境地。在阅读出版领域，真正走群众路线就是愿意深入了解普通大众的阅读习惯，并愿意以普通大众喜闻乐见的形式普及文化知识，不自恃清高，主动深入群众进行传播。"诗词中国"通过线上线下相结合的方式，创造了文化品牌运营的新模式，围绕古典诗词领域不断深耕，掀起了全民诗词普及和推广的热潮；项目打造的富有时代性的"互联网＋诗词"垂直社区，以诗会友，用诗词记录当代生活、描绘盛世图景，成为国人亲近中华文化遗产、展示民族自信和文化自信的窗口，是中华优秀传统文化走群众路线的积极实践。

（中版文化传播有限公司）

诗词中国客户端（安卓版）

案例类别：产品

老字号焕发新活力

——"荣宝斋数字交易服务平台"建设运营情况综述

一、项目基本情况

随着信息技术发展日新月异，各行各业与技术的融合日益紧密。如何拥抱互联网，探索一条新的发展道路，是摆在传统老字号企业面前的一个重大课题。作为拥有348年历史的荣宝斋，一直主动创新，积极拥抱新技术，探索发展新模式。

荣宝斋所属的北京荣宝斋科技有限公司（以下简称荣宝斋科技）依托荣宝斋的书画文房经营、木版水印、拍卖展览等现有业务，整合荣宝斋的资源和品牌优势，运用现代信息技术，建设了"荣宝斋数字交易服务平台"。该平台是以荣宝斋线下资源优势为基础、以数字化网络为交易渠道、以网络大数据服务为手段，为整个艺术品市场提供服务的立体式数字化综合性艺术品交易服务平台。

荣宝斋数字交易服务平台自2015年6月正式上线以来，从零起步，目前已经基本实现荣宝斋现有实体业务的线上化，涵盖在线拍卖、文房四宝线上销售、在线官方商城、艺术家综合服务、IP授权、荣宝生活等相关业务板块。经过5年多时间的发展，平台经营规模大幅增加，盈利能力不断增强，在荣宝斋整体销售中的占比不断加大，在行业中具有较强的影响力。

二、社会效益和经济效益情况

荣宝斋数字交易服务平台，既融合了荣宝斋各项传统实体业务，又通过网络无限延展的特性实现荣宝斋优势资源最大化，有效实现了荣宝斋的转型升级，为荣宝斋在互联网时代发挥"国家画廊"的行业引领作用奠定了坚实基础。

平台目前服务约8000名书画家，站内积累了50万条艺术数据，版权数据量超过30万，平台浏览量超过1亿，全平台用户量超过100万。通过数据挖掘和大数据技术相结合，为艺术行业提供数据引领，为大众提供保质保真的书画原作。此外，荣宝斋科技发挥网络优势，于2020年1月25日发起"共抗新冠疫情、艺术传递力量"书画义拍活动，共筹集善款156万元，得到了行业内外广泛好评。

平台自2015年6月正式运营，年平均增长率超过50%，快速实现了盈亏平衡。2020年面对新冠疫情的不

利影响，整体经营继续保持快速增长，全年销售收入近亿元，净利润超过600万元，在整个艺术品市场萎缩严重的不利形势下，实现了逆势大幅增长。

三、相关融合业务板块

（一）在线拍卖

荣宝斋百年来一贯坚守“诚信为本、荣名为宝”的核心价值理念，坚持传承中华优秀传统文化，同时承担着促进当代艺术发展的责任。荣宝斋在线拍卖平台以2B的模式运营，平台艺术作品来源清晰且极具艺术审美价值，赢得了众多艺术家和收藏家的信任。并逐步开拓当代名家、近现代轻收藏级作品，以满足不同级别需求，聚拢高端买家。

荣宝斋在线拍卖是目前国内唯一以自营模式运营的线上拍卖平台。平台自上线以来目前已经合作艺术家约8000位，年成交作品约36000件，客单价约1200元/件，平台交易量在国内当代书画原作线上交易排行中稳居前列。

（二）文房四宝线上销售

平台进一步整合融通新旧文房四宝产品供应链，自主开发了两个全新的文房品牌“如磨”“虚中”，2020年已经开发产品200个，年销售近1500万元。同时不断对原有产品进行优化升级，通过对产品外观包装的重新设计，进一步增加产品的辨识度，以促进品牌的标识化。

到2018年，荣宝斋传统文房网络销售已排名第一。在2020年疫情期间，继续保持稳定增长，全平台线上销量达6500万元，进一步拉开与同行业竞品之间的距离，优势地位持续扩大。

（三）官方自营商城

官方自营商城作为荣宝斋的互联网数字化平台，主要从三个方面来实现，一是将荣宝斋固有业务逐步实现全面上线；二是荣宝斋分店入驻开展线上交易；三是在前两者的基础上，开展居家生活、非遗手作精品销售业务，以及线上艺术教育知识付费业务，目前已有60多种国家非遗品类入驻，实现了荣宝斋线上线下资源的融合。

（四）艺术IP授权

跨界合作是大势所趋，艺术和其他领域的融合能够迸发出新的火花，促进荣宝斋老字号的“年轻化”。荣宝斋科技的艺术IP授权主要有两方面，一是扩容优质艺术IP资源池，二是将艺术IP与现代商业开展授权合作。荣宝斋科技目前整合完成了六大授权板块：传世名画系列、东方大师系列、敦煌系列、西方大师系列、潮流系列、当代中青年艺术家系列，为线上线下业务提供多样化的输出渠道和商业变现渠道。

荣宝斋科技在谋求业务拓展的道路上，深入研究、充分挖掘六大授权业务内容，积极开展跨界合作，努力实现艺术IP商业赋能。荣宝斋科技的IP授权业务开展是建立在深入了解和尊重合作方的品牌理念和品牌价值，极大限度地服务于品牌。

目前荣宝斋科技已经与人民日报文创、谦禧文化、福瑞达集团·颐莲品牌、喜茶等众多商业品牌完成IP授权合作，相继出品了为隆重纪念建党100周年的“人民荣宝”文创礼盒、荣宝斋×喜茶×Digiway限定“灵感之茶”礼盒、荣宝斋×颐莲联名限量版礼盒等产品。相关活动全媒体传播量近亿次，获得了广泛的关注。

（五）艺术家综合服务

艺术家综合服务是基于荣宝斋数字交易服务平台，打破荣宝斋不同部门和不同业务的界限，融合线上线下的资源，为艺术家提供全产业链一站式专业、高质量的综合服务，最大化地实现资源整合的价值。

目前已有“蔡澜行草展”“又一春——寇克让书法作品展”“复现——荣宝斋木版水印120年”等成功案例，获得广泛关注。

（六）荣宝生活

“荣宝生活”是荣宝斋面向“90后”“00后”年轻人倡导的一种“新中式、慢生活”的生活方式和价值主张，是贯通荣宝斋年轻化、新业务线上线下深度融合的流量入口，更是提供线上VIP会员的线下体验场所。2020年荣宝生活的部分项目已经在西安等地落地运营，近期还将与莫干山文旅局、景德镇文旅进行深度合作。

四、融合经验体会

在五年多的平台建设运营实践中，荣宝斋科技收获很大，体会也很多。要做好实体与网络的有效融合，实现传统产业的转型升级，建议做好以下几个方面的工作。

（一）创新体制机制

体制机制是一项基础性工作，在项目建设之初就应该做好提前规划。一是实行项目的实体化运作，确保相对独立性；二是完善法人治理结构，实现股权与经营权分离；三是完善公司内部治理结构，通过市场化方式组建公司经营管理层；四是建立健全激励约束机制，通过有效竞争及奖惩，充分调动人员的工作积极性。

（二）打造核心人才队伍

事业成败的关键在人，面对不断迭代的新技术、新模式、新业态，墨守成规、抱残守缺、狭隘的经验主义，只会错失发展机遇。因此，建立一支具有较强学习能力和市场竞争力的年轻的核心人才队伍至关重要。

（三）不断提升创新能力

互联网是赢家通吃，没有中间路线可走，不进则退。在互联网行业唯一不变的就是变化。一种新的模式上线，立刻有成百上千竞争者出现，唯有持续投入、快速更新、不断迭代，才能建成护城河，从而在互联网行业占据一席之地。

（四）做好与实体融合互动

随着我国智能手机的普及，互联网流量见顶，互联网获客成本越来越高。通过线上线下融合打通的方式，既可以将实体产业互联网化，打通线上销售渠道，又可以实现线上线下流量互通，实现流量资源最大化变现。同时，这也是传统企业快速实现突破互联网业务的最佳选择。

（五）兼顾互联网及传统行业发展规律

只坚持互联网规律，罔顾传统行业特性是饮鸩止渴，不可能实现可持续性发展。传统企业 + 互联网的融合发展过程中，在结合互联网运营规律的同时，必须充分尊重传统行业的特点。

荣宝斋数字交易服务平台自建立以来，整合荣宝斋的自身资源和品牌优势，推进线上线下融合，不断探索艺术品网络经营的模式，有效推动了老字号转型发展，展现了强大的发展潜力。

（北京荣宝斋科技有限公司）

荣宝斋在线公众号

案例类别：产品

中国共产党思想理论资源数据库：用科学技术传播中国化马克思主义的重大创新工程

在信息化、数字化迅猛发展的背景下，随着大数据、云计算、人工智能等新技术的应用，人们获取信息、知识的方式发生了根本性的改变，在这样的时代背景下，传统出版社想要巩固宣传思想文化阵地、壮大主流思想舆论，就必须主动适应信息化要求，积极推进自身转型升级。作为与我党同龄的百年党社，人民出版社一直坚守在党的思想理论传播和舆论宣传的前沿阵地，紧跟时代步伐，不断创新出版和传播方式，大力推进数字化转型和融合发展。

2008 年，在中宣部、新闻出版总署的直接指导下，人民出版社承担了国家重大马克思主义数字传播工程——中国共产党思想理论资源数据库（以下简称数据库）的开发建设工作，并于 2010 年建成上线。数据库上线以来广受好评，被广大党政干部和专家学者称为“用科学技术传播中国化马克思主义的重大创新工程”，成为网络传播马克思主义的重要阵地和融合出版的成功案例。

一、坚守百年初心，创新建库理念

（一）高站位谋划，高标准落实

建设中国共产党思想理论资源数据库，是深入贯彻落实习近平总书记关于加快推动媒体融合发展重要讲话精神，在全媒体时代扩大党的声音传播、以党的思想理论占领互联网主阵地的重要举措，是党中央赋予人民出版社的光荣使命。为此，人民出版社切实提高站位，认真统筹谋划，周密组织实施，严格建设标准，项目伊始就确定了“建成全党全国具有唯一性、完整性的党的思想理论权威数据库”的目标。在内容范围上，最大限度整合资源，力求重大理论问题、重大历史事件、重大战略举措、重要历史人物全覆盖，做到时间上不间断，内容上不断档。在内容质量上，传承人民出版社高质量编校出版的优良传统，按照纸书万分之一的差错率要求制定加工标准，重点图书差错率标准提升至三万分之一，重要经典著作校对超九个校次，努力确保文字无差错，为把数据库建成精品工程打下坚实基础。

（二）新技术赋能，移动端优先

数据库建设中，贯彻落实习近平总书记“用主流价值导向驾驭‘算法’”要求，始终高度关注技术前沿动态，注重运用信息技术革命成果。积极应用人工智能技术，组织百余位专家学者对理论著作知识点的内在逻辑进行分析提炼，建立面向理论文献的语义模型，并研发与之匹配的知识点提取及检索算法，将复杂的理论文献知识化、条理化，开创了“知识点阅读”新形式，成功实现文献检索方式从传统的篇目、章节检索到知识点语义检索的飞跃。同时，坚持移动优先，拓展开发微信小程序和阅读器两个移动端版本，推动数据库为更多年轻人和“手机族”所知所用。

（三）以需求促发展，以服务助传播

积极探索数据库长效健康运营的内生动力，突破把纸质出版物从实体“搬运”到网上的单一功能，深度挖掘、精准回应用户查阅检索理论文献的实际需求，结合高质量的数字化成果，开发经典著作引文比对这一新型服务工具，让原来需要花费几天甚至数月查引文、校引文的工作，在数据库上一键搞定、一搜解决，给理论研究带

来极大便利，大大提高党的思想理论的传播力。

二、三大特色打造精品数据库

数据库系统、完整地收录了建党以来出版的所有马克思列宁主义中文版经典著作、党和国家重要文献以及大量相关学习研究资料，并配以功能强大的数据库使用工具，形成了一个内容权威、功能实用、使用简便的专业精品数据库。

（一）内容丰富，权威资源全覆盖

数据库完整系统地收录了人民出版社建社以来出版的中国共产党思想理论的主要著作和文献，并有针对性地收录整合了中央文献出版社、解放军出版社、外文出版社等著名出版单位大量相关重要出版物，全面覆盖我国出版的所有马列经典著作、全面覆盖公开发表的所有中央文件文献、全面覆盖党和国家主要领导人所有著作、全面覆盖所有法律法规。目前，已收录了约15000册图书、7000多万个知识点，下设14个子库。

（二）功能先进，检索效率极大提升

数据库分为图书库和知识库两大板块，通过自主研发的特色查询工具，实现了文献检索方式从传统的篇目、章节和关键字词检索到知识点和语义检索的飞跃，极大地提高了检索效率，优化了检索结果，获得王选新闻科技一等奖。

1. 图书库。电子书支持全文检索，可在检索结果中点击链接进入电子书页面，输入检索内容自动在文本中高亮显示。同时支持章节检索和图书检索，用户能够通过以上功能查询到包含相关信息的章节或图书。

2. 知识库。包含党和国家重要文献专题知识库、马克思主义专题知识库和经典著作引文比对三大特色工具，为用户提供党的思想理论权威知识服务。

（1）知识点查询：在数据库检索框中输入相关的知识点，通过若干知识点的多次组合，在数据库中检索到所需要的相关知识点的论述。

（2）专题知识库：按照知识来源分为党和国家重要文献、马克思主义两个专题库，用户根据需要在相应库内检索，即可快速精准地获取与查询知识点相关的论述。不同于一般的关键字、词查询，本功能可以按照语句的意义查询，有效突破传统的以关键字词检索的局限性。

（3）经典著作引文比对：用于把所要引用的经典论述与数据库中的著作原文进行比对，通过人工智能算法可校对出用户的引文差错，并提供准确引文出处，用户可直接跳转到原文出处，复制使用准确内容。

（三）多种版本，满足多场景使用需求

为更好地满足不同用户多场景的使用需要，数据库开发了镜像版、网络版、手机认证登录版（微信小程序版）和移动终端版多个不同版本，并针对不同版本提供定制化服务，不断优化用户使用体验，提升用户满意度。

镜像版数据库，安装在用户单位的服务器上，通过单位局域网可直接使用。网络版数据库，用户绑定IP后即可通过互联网访问使用。数据库配套手机认证登录版，被授权的手机号用户可通过微信小程序扫码登录PC版数据库,用户在外出差或处于单位局域网外想使用数据库时，就可通过小程序扫码在计算机上登录并使用。移动终端版数据库，用户可通过手持移动终端（如阅读器）直接阅读预装在阅读器内的图书，也可联网后在“中国共产党思想理论资源数据库”专区免费下载阅读相关图书。

三、“双效益”显著

数据库上线以来服务人数已达3000多万，在思想理论界、社科界树立了良好的口碑，被广大党政干部和专家学者称为“用科学技术传播中国化马克思主义的重大创新工程”，成功打造了精品理论数据库品牌。此外，数据库先后荣获多项国家级重要奖项，如“第五届王选新闻科学技术一等奖”“第三届中华优秀出版物电子奖”“第二届中国出版政府奖音像电子网络奖提名奖”等。同时，数据库上线运营以来经济效益也十分突出，近年来销售收入稳步增长，累计销售收入近亿元。

（人民出版社）

案例类别：产品

党员教育数据库：新时代党员教育培训“线上大百科”

中国共产党一直十分重视党员的教育管理工作，并且把建设马克思主义学习型政党作为重大而紧迫的战略任务来抓。特别是党的十八大以来，以习近平同志为核心的党中央全面加强党的领导，全面推进从严治党，党的面貌焕然一新，深得党心民心。

作为我党成立的第一家出版单位，一个世纪的岁月

里，人民出版社始终肩负着崇高的历史使命，坚守在党的思想理论传播和舆论宣传的前沿阵地。在信息化、数字化迅猛发展的背景下，人民出版社紧跟时代步伐，不断创新出版和传播方式。尤其是近年来，人民出版社认真贯彻习近平总书记加快推动媒体融合发展、构建全媒体传播格局重大部署，大力推进数字化转型和融合发展，精心打造融合出版矩阵。秉持“内容出版＋知识服务”、“互联网＋党建”（智慧党建）、媒体融合的发展思路，人民出版社最新研发推出了专门服务于新时代党员教育培训工作的专题数据库——党员教育数据库。

一、六大资源精准满足用户需求

党员教育数据库（以下简称教育数据库）是人民出版社全面贯彻“互联网＋党建”和“内容出版＋知识服务”理念，在深刻洞悉党建领域对知识服务需求的基础上，以新时代党员教育培训工作为中心，通过知识图谱、人工智能、大数据分析等先进技术打造的新时代党员教育培训“线上大百科”。

教育数据库严格对照《中国共产党党员教育管理工作条例》提出的党员教育培训要求，紧密对接政治理论教育、政治教育和政治训练、党章党规党纪教育、党的宗旨教育、革命传统教育、形势政策教育、知识技能教育七大党员教育培训基本任务，借助媒体融合的技术优势，收录了电子书、视频、课件、试题、问答、案例六大内容资源，帮助用户更精准、更高效地获取相关知识、理解知识、解决问题。

（一）电子书

系统收录马列经典著作、党和国家领导人著作、党内规章、反腐倡廉、法律法规、会议文件等方面的电子书资源，电子书资源包括正式出版图书的电子版，以及根据党员教育所必需的学习内容制作的数字出版电子书。重点图书可做到纸书与电子书的同步出版上线，方便各级党组织及时、便捷地获取学习资源。

（二）视频

收录了视频党课、动画党课、党史纪录片、重大主题活动、图书导读等丰富的多媒体学习资源，有效帮助党员深刻领会党和国家重大精神、努力理解马克思主义立场观点方法。

其中，视频党课紧密围绕党和国家重要工作部署和最新学习要求，第一时间邀请权威专家录制党内规章、思想理论、最新形势政策等内容的讲解视频，为各级党组织开展“三会一课”提供权威资源，如《中国共产党党章发展史》《学习习近平法治思想十八讲》《“不忘初心、牢记使命”主题教育十讲》《十九届四中全会精神解读》等。动画党课以基层党务工作、党纪党规为重点，通过活泼的动画短片，为基层党务工作者、广大党员详细讲解相关知识，提高党员教育培训的趣味性和易用性，如《党务工作小百科》系列动画。

（三）课件

根据各基层党支部的学习需要，及时提供习近平新时代中国特色社会主义思想学生读本、党史学习教育、马克思主义理论研究和建设工程重点教材等方面的课件素材，有效满足不同用户的学习阅读需求。

（四）问答

基于习近平新时代中国特色社会主义思想、党内规章、文件文献等权威内容，教育数据库以“一问一答”的形式提供智能检索，问答条目全面覆盖新时代党员应知应会的所有知识点。教育库支持以直接提问的方式获取所需知识，并可按内容来源、适用对象、内容主题等进行二次筛选。所有问题均提供权威解答，可直接关联到该知识点所在图书进行上下文阅读，为各基层党组织、广大党员开展教育培训和理论学习提供高效的自助问答服务。

（五）试题

围绕习近平总书记重要讲话原文、党内规章、党史国史、文件文献等重要内容为基层党组织开展党员教育培训、党员学习自测提供丰富权威的试题资源。所有试题均提供答案及权威解析，并能够关联所涉及知识点的图书原文，引导党员全面理解知识内容，实现以测促学、学懂弄通的目的。

（六）案例

依托大数据、云计算等技术，精心筛选各地区（行业）具有参考价值的党建典型案例，为用户提供精准的党建案例搜索服务。案例数据实时采集、更新，有效帮助各级党组织通过学习借鉴实际案例，更好地指导工作实践。

二、数字赋能新时代党员教育培训

党员教育数据库通过丰富多样的资源形式、多维度的知识服务，助力党员学深悟透、融会贯通，有效提高党员教育培训现代化、科学化水平，精准满足党组织开展党员教育培训、党务工作者从事相关工作、党员进行自主学习等多种需求。

（一）创新党员学习方式，提升党员教育效能

突破党员学习教育的时间和空间限制，打破了传统教育“你讲我听”的扁平化、灌输式的模式，以系统全面的学习资源和灵活多样的学习形式为广大党员提供了夯实的理论支撑，为各级党组织开展党员学习教育工作开创了多媒体、开放式、立体化的教育模式，有效提升党员教育效能。

（二）培养党员学习兴趣，提高党员全面素养

积极凸显党员在教育学习中的主体地位，所有学习资源紧密对接党员教育基本任务，以理论结合实践，力争做到党员用什么、学什么就提供什么，缺什么就补什么，真正做到“学以致用”，努力推进党员由“要我学”到“我要学”的转变，使党员通过积极主动的学习切实提高自

身素养。

（三）助力基层党务工作，提高党务工作效率

在为广大党员提供学习资源的同时，为基层党务工作者开展实际工作提供了丰富的内容资源和成功的案例借鉴。如专门设置服务于基层党务工作者的图书专栏，及时更新党务方面的相关图书，方便党务工作者随时查阅；通过“一问一答”的形式，为党务工作者在实际工作中遇到的疑点难点提供权威解答；根据中央学习重点，第一时间提供相关试题资源，协助党务工作者组织党员开展学习测试；精选全国各级党组织的特色党建活动和高效的党务工作方法，供基层党务工作者借鉴参考，助力各级党组织切实提高党务工作效率。

三、深度挖掘创新服务模式

党员教育数据库于 2020 年 7 月正式上线，上线后，根据不同用户需求，采用三种模式向用户提供服务。

1. 数据库服务模式：用户可直接浏览查询相关学习资源。

2. 党务工作者服务模式：在此模式下党务工作者可获得基于本单位党员学习教育的内容使用授权，进而将教育数据库中的内容作为素材，根据工作需要改变内容形态或自行创作。例如，在 2021 年的党史学习教育活动中，很多党务工作者通过教育库获得了千余道党史试题，采用自己组卷、印制试卷或导入自有党建平台试题系统开展了党史竞赛活动。教育库还上线了《中国共产党简史》系列 PPT 课件，供党务工作者下载作为主题党课的教学课件直接使用或修改使用，提升教育效果。

3. 党建学习平台内容服务模式：该模式顺应媒体融合趋势下内容供给新模式，以数据接口的方式向用户的党建学习平台提供内容资源。目前，很多地区、单位为充分利用信息技术改进党员教育管理而建设了党建学习平台，此种服务模式可将教育库中的内容资源与用户平台的功能结合起来，充分发挥用户平台作用，形成更好的应用效果。

四、“双效益”显著

自上线以来，党员教育数据库坚持以习近平新时代中国特色社会主义思想为指导，深入贯彻落实党中央对新时代党员教育培训工作的部署，运用互联网技术和信息化手段创新党员教育培训模式，通过向用户提供丰富多样的学习资源和多维度的知识服务，不断巩固宣传思想工作的网络主阵地。

上线以来，在取得明显经济效益的同时，2021 年 7 月，党员教育数据库还荣获“第五届中国出版政府奖网络出版物奖”，可谓“双效益”显著。

（人民出版社）

案例类别：产品

融媒体背景下内容产品的多元开发

——以“笔尖上的古诗词”融合出版项目为例

鲁艳芳

随着互联网技术不断发展，数字应用、电子技术的迅猛革新，以手机、计算机、电子阅读器等新兴互联网产品为终端提供服务的新型媒体，更能迎合受众的碎片时间、碎片化阅读需求。广大读者有了更多的可选择性，纸质出版面临前所未有的机遇与挑战。为应对出版环境和读者需求的变化，传统出版与新兴媒体的融合转型势在必行。党的十八大以来，以习近平同志为核心的党中央高度重视与新兴媒体的融合发展。东方出版社积极响应国家号召，在传统出版的基础上，深化精品意识，深耕内容，运用各种形式和技术手段，融合传统出版和数字出版，进行了各种案例的尝试，取得了一定的社会效益和经济效益。

一、缘起及情况介绍

2017 年，随着大语文教育概念的不断推广，越来越多的家长关注孩子的大语文学习。同时，央视节目《中国诗词大会》的火热播出，激发了家长和孩子们学习古诗词的热情。而部编本教材的统一使用，部编本教材中古诗词内容比例的加大，也让家长重视孩子古诗词的学习。

在这样的社会前提下，东方出版社策划推出适合孩子学习的最美古诗词学习产品。综合调研市场上销量较好的古诗词产品，以及社群运营中部分家长和老师反馈

的问题，东方出版社发现，更多家长在孩子的古诗词学习中，除了希望孩子通过学习古诗词获得良好的语文素养、会将诗文运用于写作之外，父母更希望孩子在语文测试中，古诗词类别题能够不失分。而当前大多数孩子在古诗词的学习中，普遍存在不扎实的现象。很多孩子会背很多古诗词，却不能理解意思，也不能正确书写。如何让孩子在学习中扎实掌握古诗词，不单纯能应付考试，还能感受古诗词中蕴含的中华文化之美，是东方出版社拓展本套产品的思路。同时了解到，虽然教育部要求将书法教育纳入中小学课程教学中，但是书法教育的落地情况不好，越来越多的家长担心孩子的书法问题。为了满足孩子诗词学习和书法练习的需求，策划了本套产品“笔尖上的古诗词”。

二、多元开发、多元融合

如何让本套产品更多地服务于广大中小学生的诗词学习需求，如何做好本套产品的市场推广。东方出版社在选题立项之初，便开始与平台沟通，对本套产品的市场推广和基于优质内容基础上的多介质开发进行了大量的工作。

（一）与百师通平台沟通，做好本产品的首发

2017 年底，当有选题策划思路后，东方出版社与百师通平台沟通，希望共同打磨本套产品，共同推广，以降低出版方的市场风险。

百师通平台凭借自身在付费课程策划和推广中的优质经验，与东方出版社对本套产品进行了音视频开发。百师课堂将古诗词讲解课及书法课打包，以 499 元的价格做付费课程推广销售，同步打包材料里涵盖东方出版社纸质礼盒产品。通过本轮推广，共销售纸质诗词礼盒套装 12000 套，并获得少量付费课程版权收益。

（二）东方出版社自行开发拥有自主版权的诗词视频课及书法视频课

为了将与百师通合作的推广模式向更多平台推广，且适应音频课逐渐被视频课替代的趋势，2018 年，东方出版社自行开发了诗词视频课 120 节及书法视频课 20 节。在推广的过程中，将书法视频课授权给成长树平台捆绑《笔尖上的古诗词：中小学生硬笔书法字帖》销售，并约定最低销售份额不低于 2000 份。同时，我们将诗词视频课程 120 节授权喜马拉雅平台销售，本课程进入喜马拉雅的小书包项目推广，一年后，本课程收益达近 90 万元。视频课程推广的同时，增强了本套产品的曝光度，也同步带动了纸书的销售，且后续音视频产品可进一步向其他平台推广。

（三）与有自主开发诗词课程的平台匹配，提供纸书礼盒

在本套产品的推广过程中，东方出版社同步推广纸书和音视频产品，了解到部分平台有自行开发诗词视频课程的意愿，故以东方出版社纸书内容为中心，协商对方内容参照东方出版社纸书内容考量课程安排。在此基础上，东方出版社与 ahaschool 平台达成合作，对方通过私域流量推广他们自行录制的课程，同时赠送东方出版社的礼盒产品，销量达 13000 套。

（四）录制古诗音频，用于推广和回馈粉丝

通过资源置换的方式，请播音员录制 120 首古诗的音频，将音频上传东方出版社有赞店铺、暖心灯公众号、喜马拉雅暖心灯小站及活动社群，用于回报粉丝，推广本套产品。

三、社会效益和经济效益

（一）社会效益

本项目推广后，除了正常的销售推广外，项目部基于内容开展了一些拓展性活动，如与西贝莜面后台公号及 APP 合作了 21 天学习古诗词比赛活动两期，线上参与人达 3 万。与上海 VIPKID 少儿英语栏目及千丁教育组织古诗词 21 天学习活动，参与者达 4 万人，反响较好。与游游妈及特殊儿童中心合作，开展特殊儿童古诗词 21 天朗读活动及诗词大会，受到社会广泛赞誉。2018 年，《给孩子的最美古诗词：部编本必背古诗词 120 首》入选国家新闻出版署 2018 年农家书屋重点出版物书目，后在新疆重点落地推荐使用，帮助当地儿童学习古诗词。

（二）经济效益

本套产品出版后，通过各种营销和推广方式，为这套产品带来了一定的经济收益。全套产品纸书码洋达 1000 万元，多介质、多形式拓展的课程收益达 100 万元。

四、融合经验体会

（一）多种途径知识获取的现实需求

随着数字应用、电子技术的迅猛革新，大众对知识的获取，已经不仅限于纸质图书，各种公众号、APP、有声平台，各人有各人的学习和消费习惯。同时，对于知识的呈现方式，也有不同的学习习惯。故基于古诗词内容开发出来的音频课、视频课及书法视频课，均有一定的销量和受众，而同一内容的各种深度开发，为本套书的内容赋予了更多的价值和收益，出版方也因版权收益，让项目盈利更多。在目前传统出版利润不断被压缩的市场情况下，单一内容的多元开发是保证出版社收益的有效方式。

（二）同一内容的深度融合开发，并不影响纸书的销售

很长时间内，传统出版者认为，同一内容的多维度开发，会影响纸书的销售。通过本项目的推广，可以看出，本项目 80% 的纸书销售，来自私域流量的精准推广及与音视频的捆绑销售，二者互相促进，有效融合，颇受读者喜欢。通过开发其他形态的同一内容，不但不会影响

纸书的销售，还会促进纸书的销售。

（三）以用户为中心

无论何种形态的知识呈现，能获得用户的认可和购买，都离不开以用户为中心。在本项目中，东方出版社在核心内容的设置上，解决用户学习古诗词的现实需求问题，在内容呈现中，既考虑学生年龄段的认知水平，又照顾孩子学习的趣味性需求，且与部编本语文诗词内容同步，符合目前大多数家长、老师和学习的学习需求，因而获得了大家的认可。在策划和设定音频课及视频课的内容和呈现方式时，既注重大方向知识符合之前论证的用户需求，又做到与纸书内容差异化，拓展更多的历史文化知识，并注意趣味性呈现，满足了读者的需求。在推广的过程中，我们以21天训练营、诗词朗诵、比赛等各种形式进行，都是考虑当前学生需要需求，以用户为中心考虑的结果。

（四）融合发展是趋势

哪里有需求，哪里就有市场。社会的进步，电子技术的革新，5G时代的到来，都决定优质的内容不止一种呈现方式，融合发展是趋势。传统出版社有强大的优质内容和作者资源，对内容进行多元的开发和推广，是提高社会效益和经济效益的有效途径，也是未来做精做好内容的趋势。

（鲁艳芳：人民东方出版传媒集团人民联合书业副总经理）

案例类别：产品

东方出版社“柏杨系列”版权运营创新项目

于蕾

近年来，随着数字技术、网络技术的飞速发展，传统出版与新兴出版融合发展已成为我国出版业的未来发展方向。尤其在中央颁布《关于推动传统媒体和新兴媒体融合发展的指导意见》后，“融合发展”迅速成为当今热词，在传统出版与新兴出版融合发展的趋势下，出版的核心始终是内容，版权资源始终是出版社的核心竞争力。东方出版社近年十分重视推动版权运营的理念，2020年东方出版社以年度重点选题“柏杨系列”为标杆，做了电子书先行、多种数字产品形态开发等一系列创新工作。

一、“柏杨系列”项目基本介绍

“柏杨系列”项目是东方出版社2020年初签下的重点项目，柏杨是当代知名作家，所著图书堪称经典之作，如《中国人史纲》《丑陋的中国人》《柏杨白话版资治通鉴》，都是读者耳熟能详的作品。

此次东方出版社签约书目包括《柏杨白话版资治通鉴》《柏杨曰》《帝王之死》《皇后之死》《柏杨资治通鉴记事本末》。

《资治通鉴》作为中国最伟大的编年体通史巨著，以深邃的历史眼光，总结了历朝历代的政治智慧，更是古代帝王借鉴往事、治理天下的必读课本，堪称“一书定天下”。柏杨先生历时十年，皓首穷经，将《资治通鉴》翻译成《柏杨白话版资治通鉴》，解除了现代人了解历史的阅读障碍。将上起春秋战国，下至宋朝建立之前，1362年间无数的故事，化为177个有始有终、连贯完整的大事件，展现在世人面前，成就了《柏杨资治通鉴记事本末》。

面对这样的选题，体量庞大，纸书出版周期较长，经社领导、编辑部和数字出版中心多番讨论后，确定“柏杨系列”出版数字先行。这是东方出版社数字出版先行的创举，对于出版社既有压力又有动力。既然要创新，最好能在传统的数字出版电子书和有声书的基础上再有突破。分析其内容，《柏杨资治通鉴记事本末》《帝王之死》《皇后之死》这三本因其故事性强，很适合改编、再创作、演绎成评书，又根据不同出版形态的难易程度最终确定了以《柏杨白话版资治通鉴》电子书先行、后续开发《柏杨白话版资治通鉴》有声书和《柏杨资治通鉴记事本末》《帝王之死》《皇后之死》三本的评书版本。

二、电子书的运营

（一）市场调研

立项之前，在编辑部的配合下，做了初步的市场调研，对“柏杨系列”在电子书的市场有了一定判断。立项后出版社瞄准了电子书市场渠道中用户与之匹配度比较高的Kindle平台，并且根据其掌握的用户大数据及相关产品的销售情况大数据对产品市场做出了较为精准的预估。

（二）电子书运营

经过前期充分的调研和沟通，最终确定了《柏杨白话版资治通鉴》（全72册）电子书于2020年4月27日在Kindle首发上架的方案，整套定价2200元，并且以249元的价格参加5月1日的该平台年度大型活动——

超级镇店，活动为期一天。此活动平台一年只做两次，并且举其站内所有资源为活动引流，含金量很高，再加上柏杨的名气，相当于强强联合，一天时间即实现销量1408套，销售额35万余元，回款20多万元的好成绩，位居平台站内销量排行榜榜首。

由于柏杨在文坛的地位，其所著图书大多为经典常销书，不宜频繁参与促销活动，尤其在《柏杨白话版资治通鉴》上架前后发现，即便以2200元的价格销售，依然有不错的动销，所以在超级镇店活动后，很少做促销活动，但这套书一直保持着热度和高度，有节奏的运营一套电子书的生命周期。

有了《柏杨白话版资治通鉴》的成功案例，东方出版社又陆续上架了《柏杨资治通鉴记事本末》和《柏杨曰》，定价分别为999元和99.99元，并分别于“十·一”的黄金时期做了为期一天的镇店之宝和为期两周的开机屏活动，效果都非常不错：《柏杨资治通鉴记事本末》一天售出400余套，《柏杨曰》于活动期间售出近700套。根据2020年11月不完全统计数据，柏杨系列的电子书总应回款为50余万元。

三、有声书运营

与电子书转码便捷、上架简单相比，有声书的开发流程相对烦琐，需要选主播、校对、修改、后期剪辑、片头片尾制作等。东方出版社根据图书的体量及其市场定位，预估其制作成本最低100万元，且需要至少两年才能完成全部制作，加上现有声平台对成品合作给的推广权重较低，很难出爆款。综合以上因素考虑，完全自己开发的话，虽然版权独有，但面临成本过高、周期过长、推广运营难等困难，压力比较大。所以在与编辑部沟通后，我们确定了与当下有声平台市场占有率最高的喜马拉雅共同开发版权共有的合作模式，这样就解决了成本高、回款难的问题，且由于喜马拉雅专业的有声制作实力，上架时间得以保证，且得到高流量重点推广，同时出版社也保证了对版权的拥有。可以说是一举三得，兼顾了著作权人、出版社和平台方的三方利益。

《柏杨白话版资治通鉴》有声书（共3500集）于2020年7月10日以299元/套的价格在喜马拉雅上线，上线当月即挤进喜马拉雅巅峰榜中新品畅销榜前三，并于当月取得知识付费新课榜（全网有声平台有声产品）第11名的好成绩。上架后更是多次取得畅销榜、历史榜前三。2020年7月28日，《柏杨曰》（共160集）以199元/套的价格在喜马拉雅上线。

在2020年的喜马拉雅“123”狂欢节中，截至12月1日10时，《柏杨白话版资治通鉴》获畅销书销量第一，活动首日销量400余套，活动期间销量1300余套，在活动期畅销榜总榜名列第二。截至12月27日的数据显示，《柏杨白话版资治通鉴》（共3500集）总点击量239万余次，总销量3679套，实现销售额近80万元。

四、评书开发

《柏杨资治通鉴记事本末》《帝王之死》《皇后之死》这三本在内容上具有很强的故事性，适合再改编再演绎，因此经过与编辑部多次沟通讨论，决定将此三本开发成评书。

评书不同于有声书，需要讲演者不仅对内容有深刻理解，还要具备将其转化为另一种艺术形式的改编功底，出版社和编辑部、主创团队经过多次对主播的筛选，最后确定了评书领域的老前辈刘兰芳的弟子望小白主播，并且请刘兰芳老师录制推荐语。评书版本的《柏杨资治通鉴记事本末》和《帝王之死》《皇后之死》已于2020年底在懒人听书上线。

五、版权运营与融合经验体会

（一）与领域内重点渠道深度合作

“柏杨系列”项目是一个十分有开发价值的大IP。对这样的版权必须立体开发才能使其价值得到最大限度的发挥，并且要与重点渠道做深度合作。渠道掌握着行业内用户和产品最全的大数据，立项前可对市场有一个较为精准的判断，做到心中有数；产品上架后还可以充分利用渠道的流量使产品得到最大限度的曝光。

（二）内容为王的时代，价格不再是决定购买与否的主要考虑因素

“柏杨系列”数字产品，无论电子书还是有声书，都是走的高端高定价路线，尤其是电子书，售价并不比纸书低，但是效果却很理想。在活动前后两周时间内，即便以2200元的原价，依然售出几十套，后期也一直保持动销。可以说当今读者的数字产品付费意识已经形成，加上时代的进步，大众对知识获取的需求不断增加，所以只要内容足够好，数字化产品更能满足当代人碎片化阅读的需求，市场前景更为广阔。

（三）以版权为核心，多维度深度运营

版权运营即对版权进行系统的设计、计划和控制，有效提供版权产品和服务，为著作权人带来利益，为运营方带来效益。出版社要做好版权运营就需要对市场有整体的把握、了解和敏锐的嗅觉，挖掘优质选题，提出创意开发方案，传统出版者要树立版权运营的思维，开阔自己的视野，打开思路，努力做到一个版权多次开发，丰富产品形态，对版权做多维度、深度的版权运营。

融合、创新发展既是经济发展新常态下发展数字出版产业的重要目标和任务，也是推动产业发展所要坚持的立场和态度。融合不是传统出版与新兴出版的相互替代，而是双方在内容、技术、渠道、经营和管理方面多样化、多层次、全方位的融合互补，从而实现互相借力、交融共通、共同发展。

（于蕾：东方出版社数字出版中心负责人）

案例类别：产品

人教网

一、项目情况介绍

（一）项目介绍

“人教网”（网址：www.pep.com.cn）是人民教育出版社（以下简称“人教社”）的门户网站，是人教社为我国基础教育领域广大师生免费提供增值服务的教育资源服务平台。“人教网”于1999年上线运营，为数以亿计的基础教育师生提供培训、答疑、资讯等方面的网络增值服务。网站年均独立访客（UV）约3700万人次，日均页面浏览量600万次以上，仅2020年1—8月，日均浏览量超1015万次，日均访客数逾186.6万人次，是目前基础教育领域、出版领域影响力最大、用户群体最多的免费教育资源服务平台之一。

（二）项目发展历程

1. 第一阶段建立和发展期（1999—2015年）。面向全国的中小学教师和学生，以学科资源服务为核心业务，免费提供人教版教材配套教学设计、课件等教学资源。截至2015年，“人教网”已拥有近百个一级子频道，57个学科频道。

2. 第二阶段为深化发展期（2016—2019年）。2015年7月，“人教网”大规模改版，平台定位融合官方资讯、产品宣传和资源服务为一体，平台功能和服务更加丰富。资源建设方面，自2016年围绕统编三科教材开展资源建设，开发上线课程资源累计1400余个。

3. 第三阶段为服务全面升级期（2020年）。提供个性化、立体化的网络服务，提供网络专题、线上专题活动、专题网页、图书期刊等电子出版物的立体化服务；以高中教材为主丰富免费教学资源，上线学科配套同步教学资源。

二、项目具体成效

近年来，“人教网”的运营和服务全面升级，根据人教社及人教社各部门和社属企业的网络服务需求，提供个性化、立体化的服务。具体包括：网络专题的技术开发和内容运营、图书期刊等出版物的立体化服务等，形成了一套集网页开发、资讯发布、资源加工、活动运营、会议服务为一体，线上线下连通、纸数融合的互联网服务模式。

（一）为人教社提供全面的资讯和宣传服务

1. 发布新闻资讯，宣传重点出版物。作为人教社官方网站，“人教网”在充分发挥门户网站宣传企业形象、发布行业资讯的作用同时，围绕统编版、人教版教材的应用，常态化开展教材和配套教辅、音像产品、数字产品等的宣传推广。

2. 运营活动专题，开展线上活动。配合国家、行业、企业的重大活动、节庆等相关活动，以“人教网”为平台策划、开展形式多样在线专题活动，通过网络与用户分享基础教育行业、教材出版的优秀成果，年均运营各类活动专题30余个。如2020年策划上线“人教开讲啦”系列专题活动，邀请基础教育和教材编写专家开展网络直播专题讲座共计20期，所有专题讲座沉淀为平台资源，用户可随时回看。

（二）教材应用和教研活动立体化服务

1. 建设免费优质教材配套资源。2016年全国义务教育道德与法治、语文、历史三科统编教材开始使用。面对全新的版本、全新的教材以及更高的教育教学目标，为帮助实现统编教材大范围覆盖及快速应用，到“人教网”开发义务教育统编教材教学解读课程。截至2019年底，义教统编三科完成同步课程资源1429个，资源覆盖一年级到三年级、七年级到八年级，共10个册次。2019年，针对高中新教材研发建设配套教学资源，资源覆盖10个学科：历史、政治、语文、英语、化学、生物、物理、地理、数学A版、数学B版等。

2020年初，认真贯彻党中央、国务院和教育部关于疫情防控工作的部署，为延期开学期间的广大师生提供教学资源和学习支持服务，在教育部教材局、基教司等部门的指导下，2月14日上线“人教版中小学教材电子版”网络专题，提供2020年春季中小学教材及教参电子版共计600余个品种，供广大师生免费下载使用。截至3月8日，“人教版中小学教材电子版”运行稳定，日访问量（PV）超过4000万次，服务全国超1.4亿名师生用户，累计使用超过22.6亿次，下载超1.47亿次，服务器总访问量高达570亿次，下载教材电子版总流量超3500Tb（1Tb=1000Gb）。

2. 提供纸质图书立体化服务。为人教社出版的纸质教材和一般图书提供立体化服务，进行纸书配套数字资源制作、加工处理、制作二维码、资源上传、专题开发等工作，支持纸书配套资源在网页端和手机端的扫码获取，实现新业态下的纸数融合。

3. 在线教研活动技术支持。根据学科编辑室、学科学会需求，基于“人教网”的可定制化活动平台模块，给线上教研活动提供技术支持，可实现作品征集、在线评审、在线投票、作品展示、证书打印功能，是人教社编辑室及各学科学会开展网络教研交流展示活动的重要渠道。

（三）子平台研发和运维

根据人教社教材质量管理工作、学术作品征集工作等具体业务的实际需求，“人教网”陆续开发运营“中小学教材意见反馈平台”“人教报刊社投稿系统”“在线会议系统”等多个子平台和系统，通过信息技术和网络平台，打通人教社与用户的沟通渠道，创新升级了人教社作为出版企业的信息技术服务能力。如 2015 年上线“人教报刊社投稿平台”，人教社多个品种的期刊的投稿、审稿、稿件使用情况等全部实现计算机终端操作；2017 年上线“中小学教材意见反馈平台”，进一步加强人教社与用户的联系，对及时修订完善教材、促进中小学教材质量的整体提高有一定的帮助。

三、社会价值和反响

1. 符合企业发展和企业文化建设需求。“人教网”的属性之一为人教社的企业官网，需要对人教社的企业品牌、企业动态、企业产品进行全方位的展现。作为企业官网，主要职能是为人教社提供专属的企业宣传、产品宣传、非资源类客户服务，为人教社企业形象及各个产品板块的宣传与推广提供更加即时、专业、全面的服务，同时作为站群及各项服务的统一官方入口。通过对企业产品、企业文化、市场动态的全方位宣传推广，拓展人教网现在提供的产品服务的深度，加大产品宣传的力度，加强企业资讯、产品资讯、市场资讯的广度，进一步提升人教社品牌在市场上的影响力。

2. 符合出版行业融合创新发展的需求。自 1950 年成立以来，人教社在教育部党组的领导下，主持或参与拟定了 2000 年以前历次中小学各科教学大纲；根据我国教育改革和发展的需要，先后研究、编写、出版了 10 套全国通用的中小学教材；累计出版各类出版物 4 万余种，发行量逾 600 亿册。

1999 年，中国第一批互联网人开始利用互联网开创历史先河，中国的普通百姓第一次认识到了互联网带来的便利。“人教网”也是在此情况下建立的。“人教网”是人教社的门户网站，也是人教社为我国基础教育领域广大师生免费提供增值服务的教育资源服务平台。“人教网”秉承“为人教社用户服务，为基础教育服务”的服务宗旨，为包括人教版教材用户在内的数以亿计的基础教育领域广大师生提供培训、答疑、资讯、互动等诸多方面的网络服务。

3. 符合服务广大中小学师生用户、促进教育均衡的使命。根据教育部的要求，全国义务教育教科书道德与法治、语文、历史三科统编教材自 2016 年 9 月起开始使用，中央对统编教材的统编统用提出了明确的指示，提出了三年实现全覆盖的要求。全新的教材，更高的教育教学目标，对教师的教育教学提出了更高的要求。

在教学活动中，教师需要丰富的教学资源，需要多维度多层面的教材解读和教学分析、教学设计等素材。网络教育教学资源的研发与建设，满足了一线教育工作者的需求。教师可以通过网络资源平台下载教育教学内容，丰富课堂实践，扩大师生学习的信息量，使师生更多地享受到优质资源的机会，有利于提高教育教学水平。

“人教网”提供大量的统编版人教版教材配套数字教学资源、形式多样的学科在线交流展示活动、内容丰富的在线专家讲座系列活动，为广大教师提供了汲取资源和养分的渠道，提供了交流展示的平台，有利于与广大用户建立联系，帮助他们提高自己对教育教学的理解，并应用于课堂教学中去，提高自身的业务水平，从而促进教育均衡。

（人民教育出版社有限公司）

案例类别：产品

教师网络培训和服务平台

一、项目情况介绍

（一）基本情况

“教师网络培训和服务平台”（网址：px.pep.com.cn，以下简称“培训平台”）是人民教育出版社（以下简称人教社）围绕基础教育教材和教学，以一线教育工作者的需求为核心，以国家统编教材和人教版教材为线索，提供立体化培训服务和优质内容资源的基础教育服务平台，有利于促进教育公平，推动全国一线教育工作者的教学水平和专业能力均衡发展。

“培训平台”于2012年上线运营，2017年3月改版，通过持续的迭代和运营，创新了一套通过互联网技术为基础教育教材培训提供网络支持的“互联网+教材培训”模式，形成了以立体化、规模化、品牌化、个性化、精品化为核心的多种模式并存的“基础教育教材培训服务网络支持体系”，持续提供免费优质培训资源、线上线下一体化培训服务。

“培训平台”响应国家推动的教育公平战略，弥补了传统人教版教材培训在培训范围、培训周期、培训专家、培训内容、培训效果等方面的不足，为包括“三区三州”在内的老少边穷地区提供全面培训和教学指导，实现了全天候、全方位、全学科、常态化的全员培训，助力一线教师的教学能力提升和专业成长。

（二）获奖情况

2016年，荣获2015新闻出版业互联网发展大会暨第九届全国新闻出版业网站年会“优秀互联网+创新项目”称号。2017年，在中国出版协会与中国新闻出版研究院共同主办的“第十届新闻出版业互联网发展大会”上，荣获“优秀互联网创新项目”奖。2018年，荣获第四届中国出版政府奖提名奖音像电子网络出版物奖提名奖。2019年，荣获第七届中华优秀出版物奖音像电子网络出版物奖提名奖。

（三）项目发展历程

1. 探索启动阶段（2012—2016年）。配合人教社线下教材培训，探索线上线下培训服务模式，初步完成平台系统开发、培训上线、资源建设。

2. 深入发展阶段（2017—2019年）。2017年完成平台重大升级改造，平台3.0版本上线，逐步实现网络培训规模化，学科在线活动常态化，启动统编教材配套教学资源的建设，网络培训与线上教研服务体系逐步完善。

3. 融合创新阶段（2020—2025年）。2020年更新“会议系统”“可定制网络培训系统”两个子系统，具备实名注册报名、培训课程直播回放、签到签退、学时统计、电子证书发放等功能，实现网络培训活动定制化。继续围绕国家统编教材应用和推广开展培训，结合基础教育新需求、信息技术新发展，不断提升融合创新网络培训服务能力、在线活动策划能力、配套资源建设能力，打造以立体化、规模化、品牌化、个性化、精品化为核心的多种模式并存的“基础教育教材培训服务网络支持体系”。

二、项目具体成效

（一）全面立体的网络服务模式

1. 同步培训模式立体化。为人教版教材传统培训提供线上线下联动的网络配套支持服务，发布人教社主办的国家级人教版教材培训会及其他相关培训教研会的培训视频及课件，满足教师对人教版教材教学的培训需求。

2016年以来陆续开展义务教育统编三科教材国家级培训；2019年以来陆续开展高中三科教材国家级培训。承担培训会现场摄录、视频剪辑等技术服务工作，按照教育部要求发布高中统编三科培训部分视频。

2020年2月，为保障教师在疫情期间继续接受高质量的教材培训，按照教育部基教司等部门的指示，发布“2020年普通高中统编教材国家示范培训”和“普通高中统编教材国家示范培训班”的相关视频。

线下培训视频合计74场次，456小时。

2. 直播培训覆盖规模化。2016年至今，举办国家义务教育统编教材、人教版教材、高中新教材等教材网络培训会，覆盖31个省（自治区、直辖市），累计参培教师逾1000万人次，覆盖人教版教材的全部使用区域。

培训模式的创新，满足全国尤其是边疆等地区教师的培训需求。延展教材培训的覆盖地区与人群，降低培训实施难度和成本，已成为各地教育部门的常态化培训，是人教社教材培训业务的重要组成部分。

2020年，在疫情防控期间，人教社教材培训依托“培训平台”全面正常开展。

8月1日至3日，教育部主办、人教社承办的“2020普通高中统编三科教材国家级示范培训（第二期、第三期）”直播圆满结束，直播时长123小时，累计注册报名19.4万人，覆盖使用高中统编新教材的21个省市，直播并发峰值16万人次，后台答疑12.4万条，回收调研问卷35.9万份，培训满意度98.35%。

7月27日至8月9日，“2020人教版高中新教材网络培训”第一、第二批先后开展，培训10个学科，覆盖使用人教版高中新教材的19个省市。培训75场，时长215小时；培训注册报名人数35.2万人，直播并发峰值9.4万人次。

网络培训视频合计690小时。

3. 在线应用活动品牌化。为提升教师业务水平和专业素养，构建共建共享共同成长的交流平台，陆续举办了小学语文海峡两岸及香港、澳门优质课展示、中学历史教学片段评比、高中地理微课教学评比、人教版小学数学微课征集、人教版义教阶段英语微课征集等活动，部分单一活动投票总量超过400万。

2020年4月至9月“2020年统编历史教材线上优秀教学课例征集活动”上线，面向全国历史学科教师征集教学课例。10月28日至30日，人教社主办的“2020年统编中学历史教材教学研讨会”在杭州举办，通过“线下研讨+网络直播”的模式展示征集活动的课例，直播观看人数达7.71万人次。

4. 优质同步课程促共享。开通《在线课堂》专栏，邀请相关专家，针对一线教师的痛点问题，以翻转课堂的形式组织用户与专家在线实时互动，通过课前课后作业巩固学习效果。

5. 培训内容精品化。“培训平台”自上线以来，持续为用户免费提供优质教材配套教学资源。随着义务教育和高中国家统编三科教材的使用，研发教材配套解读课程和教学资源，覆盖16学科192品种，共计文本44792篇、视频4086个。

（二）成熟稳定的技术支撑

“培训平台”融合网络直播、云计算、大数据等新技术为一体，应用特点如下。

1. 成熟稳定的网络直播技术应用。以高并发的大型在线会议系统做支撑，每年常规举办全国教材和教学网络集中培训。2016年秋季开始，统编三科教材先后举办30场网络培训，培训规模逐年增长，累计服务教师逾千万人次。培训进行时，参培教师通过直播答疑平台和微信公众号进行现场答疑；培训结束后次日提供培训视频回放。并发在线端口数最高可达50000点，单日参培教师最高可达71万人次。

2. 安全可靠的云计算服务应用。依托阿里云云计算产品和服务，采用成熟的系统架构，保障系统稳定运行。采用服务端安全监控防护、负载均衡（SLB），启用HTTPS安全协议、7×24小时的网站安全监控服务，建立安全防护应急机制，系统安全性达到国家等级保护三级标准。

3. 大数据技术应用。通过大数据技术，收集分析参培教师的信息和学习行为数据，形成培训报告，帮助教师针对个性化问题制订培训计划，为培训组织者改进培训课程体系提供依据。

三、社会价值和反响

1. 有利于提升教材培训服务质量。响应国家促进教育公平、推动教师业务能力均衡发展的战略，弥补人教版教材传统培训在培训范围、培训周期、培训专家、培训内容、培训效果等方面的不足，促进一线教师教学能力提升和专业成长。现已成为人教社教材培训业务的重要组成部分，也是基础教育和出版领域最大免费培训平台。

2. 有利于促进教育教研均衡发展。在互联网访问已基本普及、移动网络和移动终端快速发展的背景下，“培训平台”提供的全学科全天候免费培训服务，使“三区三州”在内的老少边穷地区教师也能获得权威的教材培训和优质的配套教学资源，促进贫困地区教师业务水平提升，促进教育均衡发展。

3. 有利于实现教研活动常态化。“培训平台”汇集教材编者等学科专家与优质学科配套课程，解决教学痛点问题，实现“以教研带培训、以培训促教研”的常态化教研活动，得到全国一线教育工作者的一致认可。

（人民教育出版社有限公司）

案例类别：产品

人教数字教材产品

一、产品概述

人教数字教材是面向中小学师生，依据国家课程标准，以传统纸质教材为蓝本，针对信息化环境中教与学的新需求，以提高教学和学习效果，发展学生核心素养为目标，利用互联网、数字媒体、大数据等技术手段，融教材、数字资源、学科工具、应用数据于一体的立体化教材。它承载着立德树人根本任务、发展素质教育的功能，是学科教学与信息技术深度融合的产物，具有落实课程标准、支持教学活动的基础性、知识体系和体现认知规律的逻辑性、与其他资源和应用关联、跨平台共享等特点。

人教数字教材的研发工作，从2013年起被列入“教育部教育信息化工作要点”，先后荣获第八届中国数字出版博览会组委会颁发的“2017—2018数字出版优秀品牌”，中国音像与数字出版协会颁发的“数字媒体设计”创意大赛提名奖，被中共教育部直属机关委员会评选为2014年度教育部直属机关“优秀创新工作案例”等奖项。入围国家新闻出版署2019年度数字出版精品榜单，“中国教育装备展示会金奖产品”称号等奖项，在同行业有示范引领作用。

二、产品建设

人教数字教材是人教教材的数字形态，为数字化教学提供基础资源和基础应用，为基础教育信息化提供基础连接和基础服务，对于优化教育教学理念、模式、内容和方法，推动中小学教学与信息技术的深度融合，串联教与学过程中的多种应用场景，承担着核心、关键的作用。

（一）产品品种

人教数字教材是与人教版纸质教材内容相匹配的全学科全学段数字产品。产品内容涵盖基础教育领域小学（语文、数学、英语、道德与法治、音乐、美术）、初中（语文、数学、英语、道德与法治、历史、地理、物理、化学、生物、音乐、美术）、高中（语文、数学、英语、政治、历史、地理、物理、化学、生物、美术）三个学段共 11 个学科 200 余个品种。

（二）产品设计

1. 内容设计。产品在教材 PDF 内容基础上，科学规划，系统研发，通过先进的数字技术手段，形成包含文本、图片、音频、视频、动画等富媒体优质资源内容，配套研发适应信息化课堂教学应用所需要的实用功能与系统的学科工具体系，满足信息化背景下教与学的新需求。

2. 以促进教育信息化发展为导向的设计思路。对于教师，以数字教材为基础，提供围绕教材重难点的示范性资源、各类学科教学工具、通用阅读工具，解决教师备授课工具操作复杂、寻找资源费时费力的需求痛点，有效支持教师课前、课中、课后教学需求。对于学生，数字教材提供的不同类型音视频和交互动画等内容，激发学生学习兴趣，贯穿课前、课中、课后学习环节，有效助于时时可学的实现。对于企业，提供数字教材加工工具，实现数字教材的内容制作、发布等流程，以此提升数字教材的标准化生产效率。

总之，数字教材通过优质资源内容与功能工具应用，为促进信息化环境下学科内容与课堂教学深度融合、促进区域教育资源均衡，提升教与学的效能起到基础与核心的作用。

三、产品应用服务

（一）市场推广应用

1. 落地应用情况。借助人教社教材发行的渠道，经过与多个省市出版、发行系统的合作，人教数字教材已在北京、天津、上海、广东、云南、河北、河南等 20 余个省（自治区、直辖市）落地，数字教材的师生用户已经近 2000 万，建设近 20 所示范校、样板校。

2. 业务模式拓展。通过与教育信息化行业内的软件、硬件厂商的合作，实现了数字教材与多个应用系统的对接，扩大了数字教材的应用方式。

（二）以服务促进发展

联合各地教研部门积极开展教研、培训、课题、大赛等活动，使人教数字教材在教与学的多个环节中实现深入应用，基于数字教材的教学模式研究在有效地开展，通过人教数字教材产品提供相应的培训和服务，满足师生在信息化环境下对基础性数字资源的基本需求，以国家及地方教育云平台为依托，坚持应用驱动，逐步形成基础性数字资源持续开发应用和共建共享的新机制。

四、产品价值

人教数字教材产品研发与应用是在教育信息化背景下积极展开的，有利于促进国家教育政策落实、教育规划实施，有效地促进了区域教育资源均衡发展，具有重大社会效益和行业示范价值。

（一）落实国家发展规划纲要等政策的要求

人教数字教材符合国家政策，属于国家政策优先支持的领域和范围。为了进一步完成《教育信息化十年发展规划（2011—2020 年）》确定的教育信息化目标任务，2016 年教育部发布了《教育信息化“十三五”规划》，再次强调了教育信息化对教育改革发展的支撑引领作用，而信息化在教与学中的应用更是“十三五”规划中的重点。自 2013 年起，“人教数字教材”的开发已连续多年列入教育部《教育信息化工作要点》。

2017 年，作为中华人民共和国成立以来首个统筹指导管理全国教材工作的组织机构——国家教材委员会的正式成立，标志着我国教材建设工作步入一个新的历史阶段，是教材统一性与多样性的体现，以各级各类教材“教什么”“教给谁”“怎样教”为重要职责。人教数字教材从内容资源建设、技术、标准、运营模式等各个方面探索基础教育数字化发展有效途径，为国家教材发展整体规划和顶层设计提供决策支持。

（二）对教育出版的融合发展与转型升级具有重要的示范作用

人教数字教材对教育出版的融合发展与转型升级具有重要的示范作用。当前，出版业正在进行转型，教育出版的转型升级意义重大。本产品研发与应用实施可以解决当前教育出版的转型升级中普遍存在的产品形态单一、缺少互动、无法满足教育实际需求等问题，充分发挥传统教育出版单位在教学资源开发、课程整合等方面的优势，形成了一个能够满足教学需求的智慧教学整体解决方案，形成了数字教育出版的新模式，对教育出版转型升级的带动和示范作用。

（三）对基础教育信息化发展有重要推动作用

当前教育信息化已成为我国教育现代化发展的重要推动力量。教育信息化战略实施以来，一直存在着“信息化对教育变革的促进作用不足”“信息技术在教学应用中的水平不高”等问题，推进教育信息化的积极性有待提高，力度有待加大。人教数字教材通过教材、资源和应用的融合创新提升了教育信息化的效能，强化了教育信息化对教学改革，尤其对是课程改革的服务与支撑，将信息技术融入课堂教学和学生个性化学习过程中，在教育服务供给方式、教学和管理模式等方面，积极推动着教育信息化在教学中的深化应用。

在传统的课程体系中，教材是教学资源的核心。因为纸质教材是课程标准的具体化，是教师进行教学的基本依据，也是学生获取知识、发展能力的基础载体。随着教育信息化的推进，课程体系和教学模式也在发生着潜移默化的变革。但无论如何变革，基础教育阶段的教学都需要体现国家意志的课程知识体系，数字教材在教育信息化环境下，理应起到与纸质教材在传统教学中类似的基础性、示范性作用。它能为教师和学生提供能满足教学基本需求的基础资源和基础服务，能有效提升师生备授课、自主学习的水平和效率，推动教育信息化常态化发展。

（四）对区域教育资源均衡有重要支持促进作用

通过数字教材落地应用，引领行业标准建设的同时，在行业产品服务、信息化教育资源共享方面起到了积极的促进作用，对区域教育资源建设，促进教育均衡发展做出了非常切实的推动。

（五）具有积极的社会效益

人教数字教材对社会效益的示范影响作用巨大。作为基础教育领域的典型示范性产品，人教数字教材积极参与社会公益事业，积极参与教育扶贫行动，特别是2020年疫情期间，针对湖北地区免费开放数字教材产品，支持湖北地区“停课不停学”活动，经北京中勤永励资产评估有限责任公司第三方评估，捐赠价值为2.5亿元，被中央各大媒体报道，具有巨大社会效益。

（人教数字出版有限公司）

案例类别：产品

“中华经典资源库”融合出版

一、项目综述

（一）项目背景

“中华经典资源库”（以下简称资源库）是展现、阐释和推广中华优秀传统文化的大型视频资源建设项目。为深入贯彻落实习近平新时代中国特色社会主义思想，落实党的十八大、十九大和十九届二中、三中、四中、五中全会精神，落实中共中央办公厅、国务院办公厅《关于实施中华优秀传统文化传承发展工程的意见》和《国家中长期语言文字事业改革和发展规划纲要（2012—2020年）》，教育部、国家语委启动并委托人民教育出版社统筹实施资源库项目建设。2013年正式启动，分期建设。

项目规模宏大，制作精良。汇集当代著名朗诵艺术家、权威学者和书法艺术家，通过诵读、讲解、书写等表现形式，用兼具知识传播性和艺术欣赏性的影像精品，引领大众更深入地了解中华经典，增强对中华优秀传统文化的认同感和传承意识。

（二）领导小组与专家团队

资源库项目建设以来，受到教育部、国家语委领导高度重视，国家语委主任、教育部副部长田学军同志担任项目领导小组组长。古典文学大家叶嘉莹、袁行霈，哲学与宗教学专家楼宇烈，汉语言文字学家王宁，现代汉语研究专家陆俭明，朗诵艺术家方明，书法家欧阳中石、张海，担任项目总顾问。同时，项目组联合北京大学、清华大学、中国人民大学、北京师范大学、中国书法家协会等10余家高校和学术机构，组织包括古代文学、哲学、史学、诵读和书法等方面100余位国内权威专家参与建设工作。共同打造一个具有中国特色、中国风格、中国气派的文化出版精品。

（三）项目成果与社会反响

截至目前，项目第一至第六期项目成果已出版，第七期正在全力建设中。第一期选取和出版完成了中小学语文课程标准推荐背诵篇目中100篇大众熟知、文质兼美的古诗文；第二至第六期着眼于对中国文化影响深远的“经、史、子、集”四部经典要籍，围绕《论语》《老子》《诗经》《史记》《红楼梦》《三国演义》“两汉乐府诗”“诗圣杜甫”等70余部作品或专题，以及少数民族经典、吟诵、书法主题，共建设出版精品资源300余集。

成果丰富、雅俗共赏，立足当下、传承经典，得到了中央和教育部领导的充分肯定。在努力实践融合出版的同时，项目组举办了“一带一路”送经典活动，邀请专家学者走进“一带一路”沿线学校，现场示范朗诵、讲解经典，捐赠资源和产品，助力脱贫攻坚，带领师生走进经典、体悟经典。通过授权电视、网络播出等方式，成功实现了项目建设成果向海外孔子学院输送，向我国香港、澳门、台湾地区输送，获得了良好的社会效益和深远的社会影响。

二、出版深度融合实践

（一）深挖出版价值

项目建设之初，就在受众定位、内容选取、表现形式等层面充分考量论证，为后续的融合出版打下坚实基础，力求出版价值最大化。因此，“资源库”确立并始终秉承以下原则。

1. 教育性。在内容的选取上，基本覆盖全部语文课程标准推荐的中小学生必背古诗文，统编语文教科书古诗文单元、“课外古诗文诵读”部分内容，以及各学段学生应知应会的传统文化经典要义。在形式上确立了诵读、讲解和书写三部分组合的呈现方式，与语文学科朗诵、阅读理解和书法教学相呼应，能够对教学提供有针对性的支持与服务，具有很高的教育出版价值。

2. 艺术性。充分挖掘经典作品中美的元素，综合运用丰富影视艺术手法展现，让人在对艺术之美的享受中熟悉、热爱经典，在具备整体性的基础上突出个性，使得最终出版效果达到较高的艺术水准。

3. 普及性。作为一项重大的文化建设工程，资源库的学术性、典藏性决定了它的学术高度和品位，面对亿万普通大众，深入浅出的讲解能够将学术广泛传播，资源库利用平实易懂的语言和故事化的表达，传递出能够被广泛接受和吸纳的文化与思想精髓，将学术性与传播性完美结合。

随着项目成果不断积累，信息技术不断发展，资源库后续建设将对资源进行更深度的挖掘与整合。进一步满足中华优秀传统文化内容在教学和个性化学习等方面的需求，实现内容的数字化、交互功能的智能化、资源结构的碎片化，通过全新资源体系构建，进一步满足中华优秀传统文化在传播、教学和个性化学习等方面的需求。

（二）出版形式多样化

“中华经典资源库”项目出版形式立体多样，努力探索出版深度融合的新模式、新路径。

1. 纸电融合。项目组对视频资源讲解部分原稿进行了大量整理、审改和润色，出版音像产品的衍生图书——《中华经典诗文精讲》。采用纸介质与数字媒体相结合的新形式，读者可以通过扫描图书配套二维码获取名家朗诵和书法赏析视频，进行正音和书法练习，以多种方式记诵诗文，感受艺术熏陶。

对 300 多幅书法作品进行细致的整理，甄选出其中 67 幅作品，最终编辑出版图书《中华经典资源库 · 书法名家写经典》，为书法艺术的创作、教学提供有益借鉴。读者也可以通过扫描书中二维码，观看作品书写过程，感受当代中国书法的艺术水准和审美特征。

2. 音像出版。按照音像出版的高标准，从内容、编校、画质、音质等各方面严格把关产品质量，出版多个版本的 DVD、CD、U 盘音像制品，满足不同地区、不同应用场景下的使用需求。

3. 数字出版。随着项目成果日趋完善，资源库项目将搭建资源库资源管理应用平台。秉承融合创新性、差异性、易整合性原则，运用云计算、大数据以及人工智能等技术，根据不同使用和教学目的，对资源进行有机重组，以“高内聚、低耦合”的设计理念，实现匹配用户使用场景，高效激活学习内容，为学习者提供从内容到技术全方位的服务。使每个资源得到最大化的价值体现。最终实现信息内容、技术应用、平台终端、运营管理手段共融互通，促进文化出版深度融合发展。

（三）跨媒介传播

适应媒体融合发展的趋势，实现丰富的跨媒介传播，推动中华优秀传统文化创造性转化、创新性发展。

1. 广播电视媒体。资源库内容持续在主流广播电视媒体播出。2014 年至今，资源库第一至第六期成果已在中央广播电视总台、中国教育电视台、澳视澳门电视频道、北京人民广播电台、西安电视台滚动播出，受到社会各界的广泛关注和好评。

2. 官方网络媒体。网络媒体的传播可以进一步实现传播的广度。项目成果已在中宣部“学习强国”学习平台、教育部官网、国家语言文字网、央视频、人教网、网络孔子学院等全面上线，拓宽网络媒体的渠道，实现免费点击观看，助力中华优秀传统文化的广泛传播。

3. 商业网络媒体。除官方网络媒体外资源库还在腾讯视频、喜马拉雅等商业平台上线，借助平台优势，将资源库的优质内容推送给更多网络用户。创建今日头条、抖音、快手短视频号。资源库内容的视频形态在短视频领域具备独特的传播和应用优势，将其中的精彩片段进行选取和发布，可以满足移动用户利用碎片化时间，在移动端便捷使用资源库的需求。

4. 自媒体。创建与运营官方微信公众号，将资源库的经典内容进一步重构，与当下受众关注的热点相结合，以更加轻量化、多媒体化和趣味化的形式进行资源精准推送。以更符合当代青年群体阅读习惯和审美趣味的方式，实现更为广泛的触达和更为快速的传播。

综上，通过对出版深度融合的持续探索与实践，不断深挖出版价值、丰富出版形式、拓展传播渠道，资源库项目得以在受众覆盖面、产品实用性、操作便捷性和文化影响力等方面不断提升。

（人民教育电子音像出版社）

案例类别：产品

《高中学习资源融媒体项目》（光盘 + 客户端）

《高中学习资源融媒体项目》（光盘 + 客户端）是以普通高中学科课程标准为指导，通过光盘（CD－ROM）与网络相结合，利用云平台的大型数据库，为广大中小学生提供丰富的音视频与多媒体资源的系列产品，为学生理解和掌握教材知识、提升综合素养提供帮助，对教师起到启发教学和推动教学的作用。

一、项目背景

此项目是人民教育电子音像出版社为贯彻落实习近平新时代中国特色社会主义思想和党的十九大精神，响应中共中央办公厅、国务院办公厅提出的大力推进教育信息化的号召，落到实处的专门举措。2019 年 2 月，中共中央办公厅、国务院办公厅印发的《加快推进教育现代化实施方案（2018－2022 年）》提出，促进信息技术与教育教学深度融合，支持学校充分利用信息技术开展人才培养模式和教学方法改革，逐步实现信息化教与学应用师生全覆盖。2020 年 6 月 30 日，中央全面深化改革委员会第十四次会议通过了《关于加快推进媒体深度融合发展的指导意见》。出版社根据基础教育各学科课程标准，坚持正确的改革方向和先进的教育理念，充分借鉴国际课程改革的优秀成果，结合当前实际情况，开发有特色的教材配套学习资源，创新资源传播渠道和获取方式。

此项目实现了学习资源多终端融合和网络化应用，让优秀的权威的资源能快捷、方便地送达广大师生并高效地使用，充分发挥其应起的作用，从而书写了教育出版融合创新的“奋进之笔”。

二、项目特点

2019 年秋季，人民教育电子音像出版社在对第一代高中多媒体光盘调研总结的基础上，结合新课程标准和新版教材，开发第二代产品，即《高中学习资源融媒体项目》（光盘 + 客户端）。内容方面，根据新课标和新教材，注入新理念、新方法和新内容，尽可能体现新课标要求的学科核心素养，以立德树人为根本任务，发展素质教育。技术方面，在保持原有的光盘载体基础上，结合互联网技术，增加配套计算机客户端应用程序，解决了用户无光驱问题，同时使资源更新更为便捷。

（一）指导思想

为贯彻落实习近平新时代中国特色社会主义思想和党的十九大精神，响应中共中央办公厅、国务院办公厅提出的大力推进教育信息化的号召，策划了《高中学习资源融媒体项目》（光盘 + 客户端）。

此项目根据《普通高中课程方案（2017 年版）》以及各学科课程标准，坚持正确的改革方向和先进的教育理念，充分借鉴国家课程改革的优秀成果，结合当前实际情况，开发有特色的教材配套学习资源。

（二）设计理念

高中学习资源的开发制作融入了新理念、新技术和新内容，体现在以下几点。

1. 采用新的开发技术，实现多终端、网络化应用，体现了融合发展的技术创新。

2. 符合新修订的高中课程标准的要求，体现新课标精神。

3. 以学生为本，抓住学习重难点、助力学生自主学习。

4. 体现学科特色，突出学科亮点，不搞千篇一律。

总体而言，学习资源在技术上与网络相结合，提供给用户更为方便的使用场景。采用更为成熟、稳定的软件框架，呈现崭新的界面，实现更为智能的人机交互，配套多终端应用，解决部分没有光驱设备的用户无法读取光盘的困境。在内容设计、教学方法、交互功能和界面风格各方面进行优化、升级和创新，更符合高中学生的学习特点，做出了学科特色。

（三）技术优化

高中学习资源采用了先进的软件框架技术来满足学生和教师的使用需求。高中学习资源采用“光盘 + 客户端”的组合形式，计算机客户端中各学科的资源模块、界面设计、操作方法均与光盘保持一致。

通过计算机客户端，用户可以直接从互联网下载与光盘完全一致的学习资源。在联网的情况下，每年最新修订的内容将通过服务器推送给用户下载更新使用，进一步确保了光盘产品的及时性、准确性和科学性。

通过计算机客户端，用户能统一管理各学科各册高中教材多媒体光盘的内容资源，用户下载光盘对应的学习资源后，即可在同一个程序中进行教材选择。

（四）内容更新

高中学习资源主要包括电子书、精讲、精练三大板块，物理、化学和生物增加实验板块，语文和英语增加课文录音 / 朗读板块。

1. 电子书。将教材内容以电子书形式原汁原味地呈现出来，并根据各学科特点，在页面中嵌入各类学科相关的学习资源。这些学习资源主要包括：文科有课文朗读、背景介绍、重点解析、词汇点读、影视材料、图文欣赏等，理科有思维导图、思考提示、概念说明、重点解析、图片展示、动画演示、高清实验、参考答案等。

电子书中还设计了《微课点拨》栏目，用短视频的方式，短平快地解决高中课程教学存在的突出问题。

2. 精讲。精讲视频是通过名师授课的形式进行，由主讲教师将每单元的内容进行细化，结合单元的重点、难点进行系统梳理，帮助学生解惑除疑，更好地掌握和运用本单元知识，并引导学生反思总结。每个视频时长在 10~15 分钟，能有效抓住学生的最佳注意力时机以提高学习的效率，也更符合学生的学习习惯。

精讲视频的设计和讲授均由国内知名的专家负责，他们都是学科的带头人，在教育教学领域均有突出的贡献，能深入浅出地引导学生高效学习，因此保证了视频的高质量。

3. 精练习题。提供智能评测功能，帮助学生及时检测学习效果，巩固所学知识。有三大特点：精、准、新。第一，习题“精”，即通过较小的训练量，获得最佳的训练效果，帮助学生通过典型习题的训练领悟相关知识，从而提高学习效率。第二，习题“准”，大部分习题编写专家都参与了高中新教材的编写工作，因此他们能在充分熟悉教材的基础上进行设计和严格筛选，准确抓住重点。第三，习题“新”，习题均是全新设计，并根据新课标的修订和社会、文化热点的变化进行更新。

精练习题主要以巩固性的练习为主，适当加以拓展。学生通过完成每单元的精练习题，结合智能评测等功能，及时检测学习效果，巩固所学知识。

4. 实验。是实验者通过实际的实验操作，引起学生观察、思考，是实验教学的主要手段。实验视频主要以理科教材中的实验文本为主要题材，适当地进行拓展，通过规范化、标准化、科学化的真人实验操作和讲解，采用多种拍摄手法，方便学生理解和消化。同时，实验视频在一定程度上解决了实验条件不足或实验危险性的难题。

5. 课文朗读 / 课本录音。对于文科学科（尤其英语学科），设置课文朗读 / 课本录音板块，使学生能轻松找到听力素材。学生既可以通过听录音提高听力理解能力，培养语感，也可以通过跟着录音朗读的方式来学习标准的发音，并掌握一些朗读技巧。

总之，高中学习资源集中了优秀的教师资源，采用最新网络技术，结合“动画、视频、图文、影视”等多媒体手段，充分发挥网络与多媒体“使用方便、直观、形象、生动”等特点，在当前国家大力推行“双减”政策下，提供的学习资源对教师起到启发教学和推动教学的作用，不仅能帮助学生巩固教材相关知识，还能指导学生如何学习，解决学生在学习中可能遇到的重点、难点问题，提升学生的学习能力和拓宽学生视野，使学生的学习更高效。

三、社会效益与经济效益

《高中学习资源融媒体项目》中的光盘产品，其精致的教学内容深受广大学生的欢迎。特别是实现了“光盘 + 客户端”的使用方式后，解决了部分用户计算机没有光驱的问题，实现了无盘也可用，更掀起了订购的热潮，成为人民教育电子音像出版社的拳头产品。

（人民教育电子音像出版社）

案例类别：产品

基于数字课程出版云平台（ICC 平台）的课程出版及应用服务

高瑾 徐瑾 赵莉

信息技术的进步与发展，对人们的生产方式、生活方式、工作方式，甚至思维方式都产生了深刻影响。以云计算、大数据、物联网和人工智能等为代表的新一代信息技术在教育教学中的应用迅速普及，引发了深刻的教与学的变革，学习已经成为不受时间、空间限制的活动。教学活动的开展也突破校园围墙的限制，借助在线教学平台创设的教学环境，让学习者能成为学习真正的“主人”，以自主、合作、探究、展示等多种形式，调动学生的主观能动性，让学生积极参与到学习的过程中来。

立足时代发展要求，紧密跟踪信息技术、教育技术和出版技术发展的前沿步伐，围绕教育改革和教育信息化建设基本要求，高等教育出版社（以下简称高教社）

在线教育服务模式探索工作起步早，投入大，成果显著，2014年数字课程出版云平台（亦称ICC平台）顺利上线，为高教社数字课程建设、出版及应用服务等业务的开展提供了有力的支撑。

数字课程出版云平台（ICC平台）是由高教社自主设计研发的课程出版与服务平台，为学校提供课程定制应用服务支持，促进信息技术与教育教学的深度融合，支撑翻转课堂、线上线下混合式等教学模式改革，提高教与学的效率与效益。

数字课程是将教学内容、教学活动、教学环境(ICC平台)和教学服务有机融合的新型数字教材建设、出版模式，是将传统教材出版向课程出版拓展形成的全新模式。数字课程通过对各类一流本科课程建设成果的在线出版，突破了传统教材出版在内容和呈现形式上的限制，在有效保护数字知识产权的同时，形成可持续建设的良好机制，实现优质课程资源的共建共享。

一、基于数字课程出版云平台的课程出版及服务特点

（一）真实还原教学过程

课程结构与实际的教、学过程紧密结合，遵循教学规律，还原完整学习周期，再现真实教学情境。

（二）具备丰富且贴近课程教学的正版学习内容

数字课程为教师提供了丰富且贴近课程教学的正版学习内容、资源和题库。教师借助已经出版的数字课程，加入自身的特色内容和教学设计，快速搭建符合本校教学需要的数字课程，提升自身教学水平和教学质量。

（三）具备丰富多样的互动场景

数字课程提供多种线上教学互动工具，如课堂讨论、课程答疑、学生互评、投票等，让师生突破时空限制，随时随地参与学习互动，教学相长。

（四）提供科学评价体系

数字课程提供过程性评价、试题、试卷的统计分析等教育管理与评估服务，帮助教师在课程进行中全方位监测学生学习进度和学习过程，并依据科学评价体系为师生提供详尽的学习成果分析报告。

（五）为优质课程提供出版服务

数字课程出版服务是将教学内容、教学活动和教学环境有机结合，使教师独到的教学设计像文字、图片、视频、音频等教学内容一样成为出版物的重要组成部分。严格按照国家电子出版物出版标准和出版流程，将精品内容、教学设计、活动安排通过在线技术封装出版，为优质课程提供知识产权保护，为资源及课程的共建共享提供可持续发展的良性机制。

采用数字课程出版服务发布的课程可便捷、规范地与同行教师分享，有利于学生自主学习，而网络出版更新的快捷性，使学科进展等新内容可及时反映到正式出版的课程中。这使教育出版在反映教学成果的及时性、学科内容的先进性等方面得到了提升。

（六）为多种教学模式提供服务

数字课程出版云平台为教师提供依据教学目标、教学条件和教学内容要求而进行教学模式选择和实施的系统能力，可以支持在线教学模式、混合式教学模式以及自主学习模式。通过学习活动设计系统，教师既可以按照不同的应用模式搭建课程，还可以使用平台提供的教学工具实现在线学习、随堂测试、自测练习、作业、讨论和师生答疑等线上教学活动。平台为教学全过程提供了适应不同教学模式的线上环境，并将学生在学习过程中的全部数据记录下来，生成学习过程和结果报告，为教学评价提供支撑。

二、出版课程定制应用，实现优质课程资源共建共享

截至2020年12月，高教社基于数字课程出版云平台已建设课程2800余门，课程出版500余门，为国内近300所高校26万人次开展课程应用服务。借助已出版的优质数字课程的全部或部分内容，面向有课程建设需求且课程建设能力还有待提高的院校提供课程建设的定制服务，是数字课程定制应用的主要模式。获取应用服务的教师通过购买使用全部或部分已出版的数字课程内容，再加入自身的特色内容和教学设计，以较短的时间和较低的成本，快速形成适应于本校教学的数字课程，提升自身教学水平和教学质量。数字课程出版模式使得优质在线课程建设成果也能够像传统教材一样，得到数字知识产权的保护，形成在线课程可持续建设的良好机制，实现优质在线课程资源的共建共享。

三、不断打磨，深化服务

高教社秉承“助力教学改革，服务课程建设，打造教学精品”的理念，不断加大投入打磨平台功能，打造精品数字课程内容，完善和提升面向课程建设者和使用者的服务能力。针对每门数字课程从建设初期就组建由学科教师、学科编辑、技术编辑组成的课程建设团队，从课程的教学设计、资源建设、教学活动组织、教学评价分析等方面，全方位地为数字课程的建设及应用开展支持服务，跟踪课程应用过程中的使用数据，为应用单位提供课程建设和使用培训、学习评价报告、在线答疑等服务，帮助应用单位提升课程建设和应用水平，助力教学改革。

四、主动作为，服务社会

高教社大力推进传统出版与新兴出版融合发展，积

极开拓基于数字课程出版云平台的课程出版及应用服务，始终坚持把社会责任放在首位。在2020年春季新冠肺炎疫情防控期间，“数字课程出版云平台”积极响应国家和教育部的号召，发布《停课不停教、停课不停学——数字课程与你一起行动》的通知，联合教委和高校，发布优秀数字课程推荐目录，协助高校教师选好课、用好课、讲好课，并依托数字课程出版云平台开展资源共享与经验交流。2020年3月，高教社联合江苏省高校在线开放课程中心仅用20余天出版《高校防控新型冠状病毒肺炎疫情培训教程》，为高校师生开展及时、科学的防控新冠肺炎疫情培训，服务于疫情防控大局。上线一周时间，学习人数就逾20万人次，学习范围覆盖全国各省（自治区、直辖市），以及20余个国家的众多海外学子。本平台还特别推出疫情防控中央指导组专家、浙江大学李兰娟院士担任主编的《传染病学》数字课程及新冠肺炎专题，作为“开学第一讲”；还有疫情防控中央指导组中医药专家、天津中医药大学校长张伯礼院士的《中医内科学》，福建中医药大学校长李灿东教授的《中医健康理念》等优秀数字课程，服务广大师生。

在2020年春季学期，数字课程出版云平台开辟绿色通道，为全国高校免费提供在线教学功能及近千门优质课程资源，运行课程数量950余门，涉及285所高校的各个学科，学生使用平台累计时间超过906053小时，教师使用时间超过18352小时，使用课程资源365688条，试题超过52000道，试卷超过4500套。课程中发布讨论主题11650条，讨论回复6万余条，讨论浏览次数近20万次。课程提问5191个，回答18447个。教师发布作业3012份，学生提交作业67748份。高教社百余名优秀编辑和资源技术运营人员24小时为高校师生提供教学服务和学习支持。

基于数字课程出版云平台的课程出版及应用服务是高教社面对新时代新要求，融合信息技术，对传统出版进行转型升级的实例之一。高教社将进一步把握好新时代信息技术发展的新趋势，利用好信息技术发展的新机遇，乘势而上，着力打造融合发展的新业态，进一步提升服务教育教学改革的能力和水平。

（高瑾：高等教育出版社数字运营部副主任，徐瑾、赵莉：高等教育出版社数字运营部经理）

数字课程出版云平台客户端

案例类别：产品

“智慧职教”体系推动职业教育融合发展与教学创新

曹喆

当前，我国正在加快推进教育现代化，建设教育强国，努力办好人民满意的教育，培养德智体美劳全面发展的社会主义建设者和接班人。职业教育作为培养高素质劳动者和技术技能型人才的一个教育类型，在社会经济发展中承担着重要使命，当前正按照《国家职业教育改革实施方案》推进各项改革。“智慧职教”以服务我国职业教育领域教学信息化为己任，依托现代互联网技术，努力推动优质教学资源共建共享，助力职业院校深化教育教学改革，落实立德树人根本任务。通过不断完善，推动职业院校“三教改革”，提高教学质量，促进教育公平，构建网络化、数字化、个性化、终身化的教育体系，建设“人人皆学、处处能学、时时可学”的学习型社会，有着重大意义。

“智慧职教”在线教学服务系统是由高等教育出版社建设和运营的职业教育资源共建共享和在线开放课程建设平台，截至2021年7月，“智慧职教”共服务1200余个国家、省、校级职业教育专业教学资源库的在线运行；共有5000余家职业院校、行业企业在该平台上参与了资源库建设；共汇聚颗粒化资源400万余条、结构化课程1.5万余门，院校在线小规模课程（SPOC）41万余门，在线开放课程（MOOC）3900余门，资源总量逾1PB，注册用户达1600余万人，教授学生近7000余万人次，产生在线教学互动日志逾150亿余条，日均活动量100余万。平台用户覆盖了全国全部1468所高职院校和3000多所中职学校。

一、“智慧职教”成为职业教育数字资源新基建

职业教育专业教学资源库将成为新时期国家数字教育资源公共服务体系重要组成部分。“智慧职教”教育服务生态系统作为国内最大的职业教育教学资源共建共享平台，是我国职业教育信息化水平的重要标志，是推动职业教育“教师教材教法”改革的重要力量，是国家数字教育资源公共服务体系建设重要成果。尤其是在抗击疫情期间，“智慧职教”平台积极响应教育部通知要求和工作部署，为“停课不停教，停课不停学”贡献了自己的力量。

（一）自觉肩负使命，始终将社会效益放在首位

自 2020 年 1 月 28 日起，智慧职教平台第一时间开展行动，为湖北省等 20 余个省教育行政部门提供线上教学服务方案。配合 100 余所高职院校及 90 余个专业联盟制定教学实施方案。按照国家、省、校三级立体资源网络，为各级各类学校提供丰富的教学支持。在疫情防控期间作为教育部面向全国推荐的首批 22 个在线教学平台之一，免费提供平台运营的所有职业教育专业教学资源库。海量优质资源成为全面保障在线教学实施的坚实基础。

（二）促进教育公平，助力全面“建成”小康社会

“智慧职教”平台课程在中西部地区的教学应用广泛，按使用区域累计应用总量占比达到 57%，为优质资源共享、促进教育公平起到重要作用。平台为了更好地巩固拓展脱贫攻坚成果，为实现乡村振兴良好开局奠定坚实基础，还组织策划了以“懂农业”“爱农村”“爱农民”为系列专题，遴选一大批有建设基础的优质数字化课程，同时新开发部分数字化资源，满足农民就业创业、开展耕读教育、发展技术与技能培训等网络教育需求。

（三）落实立德树人根本任务，全面贯彻党的教育方针

平台着重通过专题页面传播分享各地各校先进经验，持续提供思政课程和思政主题教学案例，是国家级课程思政示范项目展示平台，开展广泛宣传共享，大力推广课程思政建设好经验好做法，全面推进课程思政高质量建设，将思政工作体系贯通人才培养体系全过程，构建全员全程全方位育人大格局。

二、“智慧职教”创新教育出版与服务新模式

经过不懈努力，“智慧职教”在职业院校中形成了稳定的用户群和较高的美誉度，加之高等教育出版社的品牌影响力，具有较强的不可替代性和业务可持续性。投入运行以来，资源容量、用户规模大幅增长，市场反响、品牌形象持续向好。

（一）“互联网＋教育出版”的出版新模式

面对教育信息化 2.0 的浪潮，“智慧职教”积极谋求在内容数字化、传播网络化、应用智能化方面的融合创新。“智慧职教”以现代信息技术为支撑，以优质资源为根本，以信息化条件下多种教学场景为线索，以机制创新为保障，打通资源建设、汇聚、管理、分发、应用、反馈的链条，主要通过两种新模式为出版开辟更大的空间。一是通过与传统出版业务深度协同，打造资源＋平台＋服务＋出版的新形态教材，推动传统出版提质升级，支撑传统出版业务新形态教材近 1100 种，近两年共发行近 800 万册。二是不断探索课程出版新模式，即以一门课程的数字化教学资源和教学过程为内容、以支撑课程运行的网络平台为出版载体、以（教师）调用授课和（学习者）在线学习为主要消费形式的出版新业态，有效保障了在线教学内容的知识产权，有利于推动优质资源广泛、深入应用，构建可持续的资源共建共享生态，形成了“一书一课一空间”的新范式，并得到了职业院校的广泛认可。

（二）教育服务与资源研发新模式

“智慧职教”上运营的内容资源体现了我国职业教育资源供给的最高水平。内容资源涵盖相关专业或课程教学标准规定内容，覆盖专业基本知识点和技能点，颗粒化程度较高、表现形式恰当，能够支撑同类课程不同应用场景的教学应用需求。“智慧职教”以信息化条件下职业院校师生及职业培训人员线上线下混合式教学及在线自主学习为主要应用场景提供教育服务新模式，通过为学校开通专属云端教育服务，为“教”和“学”提供移动、智能的教学空间，并将优质教学资源高效分发给教师组课、授课，将教师二次创作后的在线课程（SPOC 或 MOOC）推送给学生或受培训者学习，并以智能化技术提高教学效果、管理监测教学进程，推动以翻转课堂为特征的教学方式方法革新。不少职业院校通过这一教育服务模式创新，打通资源应用的“最后一米”，推动优质资源进校园、进课堂，实现融合创新。同时“智慧职教”以教育部相关专业与课程建设及教学改革项目为引领，适应互联网要求下的职业教育资源开发的建构逻辑，与全国高水平职业院校、高水平教师团队协同行业企业力量共同研发各类适应“互联网＋职业教育”的教学资源。

（三）一体化设计的服务体系新模式

“智慧职教”平台的推广运营充分利用高教社遍及全国的教学服务网络和专业化的院校代表队伍，通过教材业务和数字化业务融合营销、融合服务，实现集约化推广，使用户规模和黏性有大幅提升。通过大面积试用，吸引了大批院校用户，形成了口碑宣传，同时借助高教社在战线独一无二的品牌影响力，迅速打开局面。同时，通过后台大数据分析，及时发现活跃用户及其使用规律，进行精准营销。通过教育行政部门项目引领，同时发挥高教社在教育领域的影响力，依托其在教材和资源建设、内容审核把关、产品宣传推广等方面的专业优势，“智慧职教”平台持续吸引高水平院校、高水平教师和标杆性行业企业参与内容资源建设，使优质资源源源不断地

汇聚并持续更新；通过大面积的免费试用，快速扩大平台的用户群体；利用高教社遍布各地的教学服务中心和专业化的院校代表队伍，通过融合营销、融合服务，一方面做好宣传推广，另一方面做好技术保障，为师生提供周到细致的服务；面向职教教师，围绕教学资源建设与应用、信息化教学设计与实施等热点、难点，组织各级各类教师培训和教学研讨活动，降低教师的学习门槛，授之以渔；通过精品课程遴选、“应用之星”选拔、优秀教学实践案例征集等活动，推出一批精品资源和明星教师，形成示范效应和口碑传播。

（曹喆：高等教育出版社在线职业教育发展中心副主任、高等职业教育出版事业部副主任）

案例类别：产品

《普通话 1000 句》产品集群

——语文出版社深度融合发展产品

我国幅员辽阔，人口众多，拥有多民族、多语言、多方言、多文种，推广普及国家通用语言文字，是增进民族间地区间交往、促进经济文化等各项事业发展的必要条件。现阶段，推广普及普通话在提高劳动力基本素质、促进职业技能提升、增强就业能力等方面具有重要作用和现实意义。

2018 年，为深入贯彻落实习近平总书记关于将推普纳入脱贫攻坚工作的重要指示精神，推动实施教育部、国务院扶贫办、国家语委《推普脱贫攻坚行动计划》（2018–2020 年），为广大普通话学习者提供规范、实用的入门级学习用书，受教育部、国家语委委托，语文出版社编写出版了《普通话 1000 句》。

《普通话 1000 句》的编撰坚持三个原则：一是坚持正确导向，体现社会主义核心价值观，传承和弘扬中华优秀传统文化；二是坚持统筹兼顾，内容充分考虑我国基本国情及区域差异，最大程度体现普遍性与实用性；三是坚持语言应用规范，语法正确，内容表达清晰，用字用词准确，符合推广与普及国家通用语言文字的基本要求。

《普通话 1000 句》在内容编排上呈现四大特色：一是体例简洁，以大主题、小场景、简单句为基本框架，易学易用；二是情境感强，聚焦生活、学习、工作中的常见情境，贴合日常使用需要；三是句式简单，符合语言学习规律；四是字词句容量适当，用字约 1400 个，成句 1029 条，以最常用汉字和高频词语为基础，学习难度适中。

为了更好地为学习者提供服务，语文出版社在广泛征求各级语委、相关专家和普通话学习者意见的基础上，经过反复研讨和打磨，利用先进的新媒体、新技术手段，打造出以《普通话 1000 句》为内容核心，通过图书、网站、APP、手机游戏等载体形式，呈现图文、音频、视频、动画等资源类型，具有学习、跟读、评分、评测等功能的产品集群。该产品集群由七个子产品组成。

一是《普通话 1000 句》配套多终端数字产品。把中央广播电视总台播音员贾际、付淳朗读的男女声示范音频，发布在手机网站、APP 等终端，只需扫一扫书后的二维码，学习者即能时时可学普通话、处处可学普通话。

二是《普通话 1000 句》微课程。包括 94 集“五分钟课程”，以《普通话 1000 句》中的小场景为教学主题，详细讲解普通话语句的使用，辨析语句中的难点字词发音，促进普通话的深入学习。

三是《普通话 1000 句》学习与测试系统。在“语言扶贫 APP”上部署具有学习、跟读、评分、测试等功能的《普通话 1000 句》学习板块，并通过在线测试系统，利用语音合成、口语评测、人工智能、云计算等技术，为学习者提供良好的测试体验，并给予互动、反馈、指导，激发学习者的学习兴趣，促进学习者普通话水平的提升。

四是公益游戏《普通话小镇》。国内首款推广普通话公益游戏《普通话小镇》，通过寓教于乐的方式，助力普通话学习。该游戏以语音评测为核心技术，以“小镇养成”为玩法载体，以乡村日常生活、学习、工作为游戏场景，帮助广大青壮年农牧民提升普通话水平。游戏上线之后，举办了面向三区三州居民、城市务工人力、乡村居民、中高职学生等群体的多项联合运营活动，其社会化营销共覆盖 1.7 万 + 村庄、1000+ 中职学校、23 家平台、350 万 + 务工人员，辐射 5.5 亿人次。双周注册量高达 60 万 +，相关平台口碑峰值达到 9.4 分。

五是《普通话 1000 句》多语种翻译本（纸电同步）。为了给海外汉语学习者提供优秀的学习资料，针对海外汉语学习的图书需求，语文出版社联合教育部中外语言交流合作中心打造《普通话1000句》多语种翻译本，出版了英语、日语、西班牙语、俄语、法语、阿拉伯语六个语种版，为海外汉语学习者提供权威、实用的学习用书，还配套制作了具有示范朗读、在线测试等实用功能的数字资源。

六是基于《普通话1000句》的《HSK标准会话教程》。为满足全球汉语学习者语言学习及水平考试的需求，推动汉语进一步走出去，扩大世界范围的影响力，语文出版社联合孔子学院总部，根据《普通话1000句》改编开发出一套针对HSK考试的听说教材——《HSK标准会话教程》。全套教材共五册，每册对话、生词及课后听力练习全部配有示范音频，方便学习者预习、跟读及自学；第一册和第二册配套“动画课文”，将静态、无声的课文变成有声有色的动画故事，方便学习者理解与记忆；第三册至第五册配套短视频微课，教授语法和重点词语，同时为翻转课堂教学提供范例。

七是《普通话百词百句》（纸电同步）。2020年，为了给学习者提供更加便携的学习用书，语文出版社从《普通话1000句》中精选100多个最基本的、突出“急用、必用”的句子，并结合52个未摘帽贫困县所在地区的语言生活实际和需求，从《方言词汇调查表》中挑选200多个生活实用词语，编制了《普通话百词百句》口袋书。该书小巧便携，扫描二维码可获取发音规范的音频资源，同时，音频资源也植入“语言扶贫APP”中，免费提供给学习者使用。

《普通话1000句》产品集群综合传统出版与新兴出版的优势，通过融合发展的方式，将优质内容与多元载体、多样资源、多维服务打包送到学习者手中，为学习者提供立体沉浸式阅读体验。《普通话1000句》产品集群，一方面为贫困地区青壮年劳动力激发普通话学习动力、提高普通话学习兴趣、加快普通话学习速度，为加强自身“造血”能力打好语言基础发挥了坚实的保障作用；另一方面，也为推动我国文化“走出去”，弘扬与传播中华优秀传统文化，扩大汉语在世界范围内的影响力作出了一定贡献。基于取得的大量社会效益，《普通话1000句》产品集群获得了大众的广泛认可与业内的高度肯定，教育部官网于2019年10月14日，人民网于2020年12月10日，《光明日报》于2020年12月10日、12月21日相继给予相关报道。

《普通话1000句》产品集群是语文出版社深度融合发展的一个典型，也是其中一个缩影。近年来，语文出版社因势而谋、应势而动、顺势而为，紧紧跟随新闻出版业数字化转型的浪潮，以数字语文理念为指导，以数字语文工程为抓手，不断拓宽拓深融合发展之路，为我国语言文字的研究、教育、学习、应用等提供了专业且多元的融合出版物。

（语文出版社）

案例类别：产品

人邮融智知识服务平台

李海涛 赖青

人邮融智知识服务平台（以下简称人邮融智）是人民邮电出版社在当前全媒体不断发展，信息无处不在、无所不及、无人不用的背景下，充分发挥自身优势，紧紧围绕融合发展顶层设计，开发并深度运营的全媒体知识服务平台，是出版社运用信息革命成果，坚持一体化的发展方向，加快从相“加”阶段迈向相“融”阶段，加快构建融为一体、合二为一的全媒体传播格局的背景下打造的全媒体知识服务平台。

一、平台基本情况

人邮融智分为数据层、产品层、服务层三个组成部分，其最显著的创新点在于用户和资源等各种类型的数据完全融通并能实现数据高效的结合与复用，实现了从线下出版机构向线上知识服务机构的转变。人邮融智以用户数据中心和内容资源中心为基础核心（数据层），以具体业务部门的数字产品为对外运营的窗口（服务层），通过人邮融智数字孵化中心的柔性功能组合实现产品自由搭建与分散运营（产品层），可以让不同领域的业务部门，甚至某一个小方向的三五个编辑快速调用用户数据与内容资源，组合出自己所需要的数字产品，自行运营，推动用户、内容在自己的垂直领域内落地，深度聚焦IP，推动分级运营实现数字内容的价值，构建内容、用户、运营一体的数字新生态。

（一）平台资源情况

人邮融智目前拥有数字资源超过100万种（音视频课程、电子书、有声书等），对外提供服务的子产品近40个（含网站类、公众号类等），总用户数超过300万，月活用户近200万，日活用户约10万，2020年实现数字业务收入约4000万元，所支撑的新形态图书实现销售码洋2.5亿元。

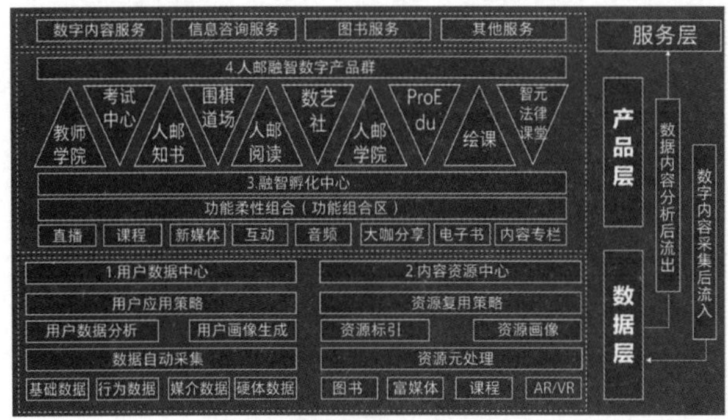

人邮融智知识服务平台

（二）平台核心体系与建设方向

人邮融智所包含的产品矩阵是围绕人民邮电出版社的优势出版领域而打造的，覆盖的用户人群与现有的出版领域高度重合，在用户的获取和用户的黏性上有着天然的优势。每一个线上运营产品就相当于传统出版机构中的一个出版分社，如人邮学院是教育出版中心的线上课程平台，数艺社对应线下的数字艺术出版分社，可以说线上的人民邮电出版社（人邮融智知识服务平台）已经初步形成，线下出版机构向线上知识服务机构转变将成为现实。

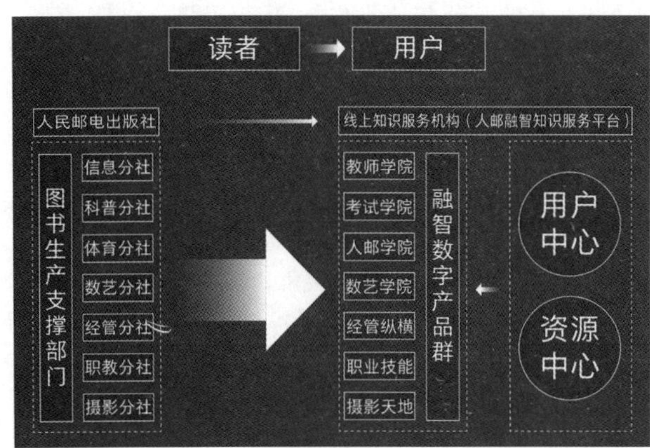

传统出版转型知识服务示意图

通过底层平台支撑，传统纸质图书、新形态图书及新媒体工具为平台引流，产品矩阵通过多样化的知识服务模式为用户提供多形态、全媒体服务，实现了线下图书销售到线上知识服务的转变，为全媒体出版格局以及知识服务生态体系的构建奠定了基础，使出版社传统出版与新兴出版业务从“相加”迈向“相融”，实现了读者转用户，线下出版机构向线上知识服务机构转变，并

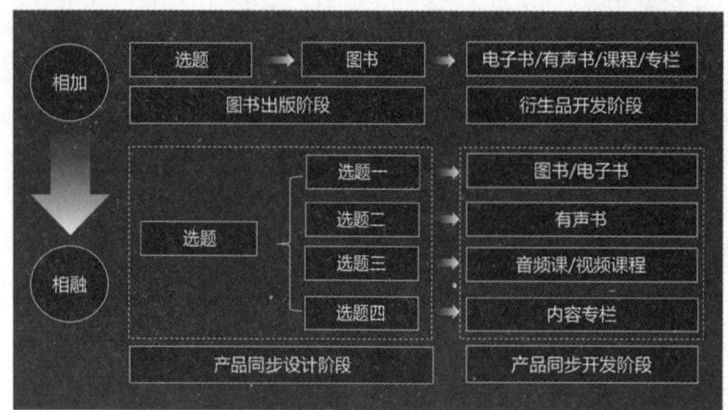

选题策划相加迈向相融示意图

以此为依托，推动了全社层面的全媒体生产格局的形成，实现了内容优势领域从单一图书的一元向图文课程、音视频课程、直播、专栏等多元化产品拓展，改变产品生产的逻辑，将原来的“选题—图书”生产链转换为“一个选题同步策划多种形态产品”的全媒体生产格局，实现了产品和服务形态的多样化、一体化发展。

二、平台技术亮点

人邮融智的技术亮点突出，首先是通过融智数字孵化中心，可以低成本、短周期地开发产品矩阵，降低各垂直领域数字产品项目运营的成本风险；其次是产品矩阵所包含的内容数据和用户数据全部融通，充分实现了用户复用和资源复用，真正实现了内容与用户的数字资产的有效管理；再次是基于平台的用户画像体系和资源画像体系的大数据分析可以更加有效地为数字运营提供支撑，提高数据运用的效率，也为人邮融智知识服务平台再次迭代升级，利用大数据、人工智能等先进技术，主动为用户提供更加精准、优质的产品和服务，更好地发挥供给侧在市场中的作用奠定了基础；最后是直观的数据展示为全社层面开展知识服务树立了信心，提高了编辑参与的能动性，带动出版社从线下出版机构向线上知识服务机构进行整体转型。

三、平台经济效益与社会效益情况

平台2020年累计实现数字业务收入约4000万元，所支撑的新形态图书实现销售码洋2.5亿元。平台入选国家新闻出版署2019年度数字出版精品遴选推荐计划，在第十二届新闻出版业互联网发展大会获评“优秀知识服务平台”，并荣获第五届中国出版政府奖音像电子网络出版物奖，平台所属的子产品“人邮学院慕课平台”荣获第四届中国出版政府奖网络出版物奖提名奖；以人邮学院、人邮教师学院、考试与培训学院、数艺设、智元法律课堂等网站及微信公众号为代表的数字产品通过直播课、音频课、视频课等服务实现年数字业务收入超过2000万元，累计用户数量也由2018年不到100万迅速增长到现在的 300 多万，并且月活用户、日活用户、付费用户比例数据均较优质。同时，人邮融智知识服务平台始终坚持社会效益优先，在疫情期间通过免费开放资源，为人民群众提供了丰富的精神食粮。在疫情期间，平台旗下的“人邮学院”全面向用户免费开放，涉及开通的院校近 190 个，超过 7.5 万名学生使用，另开通个人账号近 3 万个，累计学习人次超过 119.7 万，累计学习时长近 18 万小时；“人邮专业自主学习资源库”开通院校用户 210 多个，累计学习人次超过 4.6 万人次，累计学习时长超过 1.4 万小时；“异步社区”新增注册用户 9 万多人，累计免费学习人次超过 58 万，累计免费学习时长 8 万小时；以提供电子书数据接口的方式，依托可知等第三方分发平台向 1000 多家高校图书馆和公共图书馆提供超过 14000 册电子书的免费借阅，持续时间长达 5 个月。

四、平台建设经验与展望

人邮融智的开发与运营为出版社立足传统出版，进一步发挥内容资源优势，以信息化培育新动能，以新动能推动新发展，深入推进数字化转型升级，实现数字出版可持续发展提供了技术、内容、产品、人才储备。目前平台已经具备了商业化运行的基础，并取得了较好的探索效果，从系统性能、用户体验、产品架构等各个方面，都处于行业内领先水平，为各垂直领域知识服务的开展提供更大的想象空间；基于数字产品的用户数据与内容数据的统计、分析、呈现、价值挖掘等，在业内产生了重大影响，为传统出版企业自主研发、构建数字资产管理提供了参考。

人邮融智知识服务平台为人民邮电出版社未来的融合发展创造了坚实的基础，创新了业务模式，为全面调动出版社的编辑力量开创知识服务新篇章创造了有利的条件。未来，平台将持续投入资金优化功能设计、优化运营场景，并在各垂直领域充分利用内容优势开展互联网知识服务，整合数据，建立核心的用户池和流量池，引活水，拓高渠，实现数字业务收入继续高速增长，坚持以正确导向引领数字出版，以一体化发展构建全媒体传播格局，完成出版社知识服务商业模式进化。

（李海涛：人民邮电出版社有限公司信息技术部主任，赖青：人民邮电出版社有限公司信息技术部副主任）

案例类别：产品

“悦”系列知识服务产品

一、情况介绍

（一）简介

“悦”系列知识服务产品是依托电子工业出版社自身积累的资源优势，以用户思维为导向，利用知识关联与发现技术、知识图谱展现技术、大数据分析技术、版权保护技术等精心研发的知识服务产品系列。该产品在统一资源管理和用户管理平台下，面向不同用户场景需求分为四个子库，分别授权。对于机构用户通过 IP 地址限定访问的方式进行授权，个人用户需登录购买授权的方式进行访问。产品系列由悦读、悦学、悦知、悦智四个子库产品组成。

“悦读”产品以电子书为主线，为用户持续提供纸电同步电子书阅读服务，产品不断提升用户阅读体验。

“悦学”紧密结合教学需求，构建了课程知识体系，重点打造了一批精品课程资源，整合了知识条目、课件、教案、视频、动画、图片、实验、案例和音频共 9 种类型的数字资源。

“悦知”构建了特色知识服务产品——“E 知元”，该产品依托积累的电子书、论文、标准、设计电路包等多种类型的内容资源，以知识地图、知识束等图形化方式展现知识元、资源之间的关联关系，目前已建设完成了电子技术、物联网、互联网 +、北斗导航等多个特色专题数据库。

“悦智”围绕智能制造领域政府、行业、企业、研发组织等用户需求，实现面向智能制造的、能够集约化提供内容生产、企业发展水平诊断、需求分析、技术咨询、案例比对、个性学习、考核评估等功能的智能制造知识服务系统。

（二）创新点和亮点

在内容组织与知识展现方面，创新使用知识地图展现方式，通过知识体系构建、知识组织梳理和知识化加工，对相关知识点和资源进行分类标引工作，最终以知识元为单元将多种类型的数字资源进行知识关联组织，以知识地图、知识束等图形化方式展现各类知识和资源之间的关联，大大方便了用户使用。在市场运营方面，借力科技与标准重点实验室成立的科技出版与知识服务应用联盟，结合已有渠道资源，面向目标用户开展推广营销服务，已探索出一种专业出版领域可行的市场化运营模式。

（三）主要技术

该系列产品综合利用相关技术和标准，对数字资源加工、内容质量控制、知识管理与服务、运营和交易服务实现高度的专业出版管理。利用知识关联组织技术、构建知识体系，建立知识和资源之间的关联，并利用知识图谱展现技术，以知识地图和知识导航的方式展现知识和资源及其关系。利用用户大数据分析技术，为用户提供热点排行。利用版权保护技术保证满足用户正常阅读和使用的同时，防止非法复制传播。

（四）目标用户与服务模式

该系列产品主要面向高校图书馆等机构用户群体，是 TOB 为主的服务方式，产品推向市场后，目前已有机构用户 300 余家（个人用户 60 余万）。

（五）社会效益和经济效益

该系列产品的开发，推动了出版社内容、技术及业务的数字化转型，通过为图书馆用户提供的数字资源服务，可以丰富馆藏资源，减少占地空间，更好满足用户多种形式的阅读、研究、学习需求。通过持续资源更新服务，发展一批稳定的机构用户群。疫情期间，免费开放使用，助力疫情防控，点击量大幅增加。

（六）行业示范推广价值

在专业出版领域，国外数字出版产品占据了国内大量市场份额，国内专业出版面临巨大挑战。“悦”系列知识服务产品，以专业内容资源和基于市场的商业模式为纽带，融合内容、商业模式和运营管理，走出了一条市场化的道路，该种模式为我国专业出版数字化转型升级提供了有益探索，在行业内具有良好的示范推广价值。

（七）所获得的奖项及荣誉

2016 年获得了“法兰克福书展第三届中国创意工业创新金奖”；2017 年获得了中国科学技术情报学会知识组织专业委员会颁发的“2017 年度知识服务最佳实践奖”；2018 年第十一届新闻出版业互联网发展大会获得了知识服务创新奖；2018 年第八届中国数字出版博览会被评为“2017—2018 年度数字出版优秀品牌”；2019 年入选国家新闻出版署“数字出版精品遴选推荐计划 2019 年度入围项目”；2021 年获第五届中国出版政府奖音像电子出版物奖提名奖。

二、使用说明

（一）悦读

“悦读”系统提供电子书服务，在检索分类方面，系统采用权威的中图法分类，方便用户检索和查询图书。同时，系统通过对用户阅读兴趣的区分，提供个性化的推荐。

“悦读”系统现有电子书 2.2 万余册，随着电子书阅读需求的增加，系统已逐步实现纸电同步。访问权限采用 IP 号段控制，开通了 IP 账号权限的机构，可全文阅读全本电子书，机构内个人用户无须注册即可直接访问。同时，产品也支持个人用户购买使用。

系统访问地址：https://yd.51zhy.cn

（二）悦学

“悦学”系统提供多媒体教学资源库服务系统，依托电子社自身优质的数字化资源，为高校图书馆、科研院所、企业等机构用户提供多媒体数字资源的在线展示、搜索和播放等服务的多媒体数字资源服务系统。该系统具有丰富的多媒体资源，增强教与学的互动性，适用于计算机端。“悦学”系统现有课程 162 余门，有教案、课件、视频、动画、实验、音频、图片、案例等资源 13000 余个，现有知识条目信息 100000 余条。

系统访问地址：https://yx.51zhy.cn

（三）“悦知”（E 知元）

“悦知”（E 知元）是基于电子工业出版社优质内容资源，以知识元为基础，通过学科体系建立知识地图（即知识图谱），从而辅助用户以点带面学习相关知识并提高业务技能的知识产品。该产品有知识导航、热度搜索、知识地图、专题知识、知识元检索等核心功能，适用于计算机 Web 端与安卓版手机端、Pad 端。

产品目前有电子技术、物联网、互联网 +、北斗导航 4 个专题资源包。目前产品涵盖知识元 10000 余个，知识条目 20000 余条，知识图标 40000 余个，知识关联 10000 余条、电子电路设计包 900 余包、电路标准 4500 份、相关期刊 7 家、论文 30000 余篇。

同时，为了方便学习，“E 知元”还对用户学习进行实时跟踪，通过“热度排行”模块，学习者可以了解其他用户热搜的知识领域。在“专题知识”模块，学习者可以了解到更多种类的拓展知识内容，有效为学习者提供了知识元的深度学习功能。

“E 知元”访问权限采用 IP 号段控制，开通了 IP 账号权限的机构，在 IP 范围内，可全文阅读、播放产品内的电子资源。

系统访问地址：计算机 Web 端：https://e.51zhy.cn

安卓版手机端、Pad 端下载网址：https://www.51zhy.cn

（四）悦智

围绕智能制造领域政府、行业、企业、研发组织等用户需求，以优质内容为核心，以政策研究、行业分析、企业咨询、社会推广为延伸，推进产品形态多元化，实现一个面向智能制造的、能够集约化提供内容生产、企业发展水平诊断、需求分析、技术咨询、案例比对、个性学习、考核评估等功能的智能制造知识服务系统，利用手机APP、微信等延伸应用，探索形成互动式、体验式、个性化等新型运营模式，通过多渠道实体经营+多终端通道运营的商业模式，形成内容生产、知识服务、线上线下销售的商业闭环，培育具有市场化效果的新兴出版业务，探索出版融媒体一体化的知识服务发展模式。

悦智系统目前已经有50个智能制造知识词条资源（视频+PPT+Word），100个智能制造新模式应用精选企业案例，100个工业知识软件化精选案例，100个智能制造数字产品设计与仿真应用，20篇产业分析研究报告，300本智能制造电子书资源。

悦智系统可以通过计算机、智能手机浏览器进行浏览电子书、产品设计工业APP、项目案例、研究报告、知识词条资源进行查看。机构用户访问悦智系统权限采用IP号段控制，开通了IP账号权限的机构，可获取资源的阅读权限。

系统访问地址：https://znzz.51zhy.cn

（电子工业出版社有限公司）

华信智慧馆公众号

案例类别：组织机构

社会科学文献出版社融合发展管理创新之路

在新的时代背景下，出版业的高质量发展、融合发展对出版社的管理提出了新的要求。融合发展是社科文献出版社近年来重要的战略布局之一，在“互联网+”和大数据时代背景下，社科文献以特色优势为基础，立足传统出版，发挥内容优势，充分运用新技术，推动传统出版与数字出版的有机结合，提供集数据平台、纸质出版、学术传播、国际推广为一体的全产业链知识服务体系。融合发展也对机构组织管理提出新的挑战，社科文献秉承制度先行、组织构架及流程支撑、信息化落地、人才激励为保障的融合发展管理创新布局，有节奏、高效率地推进了出版社融合业务的开展。

一、制度创新

近几年，为做好顶层设计，先后发布了《关于加快发展信息化与数字出版工作的决定》《数字出版战略规划（2015—2020）》《社会科学文献出版社关于推动融合发展的指导意见》等战略规划文件，明确了数字出版和融合发展的整体框架，确立了发展目标、任务、路径及保障政策。这些制度全面推进数字产品建设，加大考核、奖励力度，完善组织构架，加强人才队伍建设。2018年，社科文献进入融合发展全面转型期，明确提出“智慧型出版社”的发展战略。以“智慧出版”和“智慧学术”全面提升编辑出版效率，向学术界和用户提供全面的知识服务，形成面对用户和学者的完整知识服务链。

二、体制机制创新

（一）组织构架

社科文献出版社构建了三位一体的融合发展构架模式。一是在社级层面组建信息化工作委员会负责数字项目、数字学术平台项目及融合项目选题的评审，进行融合项目技术评审、技术支持、技术验收等。二是内容部门设置融合项目岗位，开发运营相关融合项目并计入部门当年任务；成立融合发展办公室，统筹协调数字项目、融合发展项目，发挥数字总编室职能。三是成立数据中心，为融合发展提供信息、技术、数据服务和支撑。社级委员会、内容部门和数字职能部门共同组成的智慧出版一体化的组织架构完成了融合发展的顶层设计，合理、有效地利用了各类生产要素和媒介资源，保障了融合发展各项工作有章可循、有序可依，更有利于新兴出版的投入核算和风险考虑，保证了企业的良性运转。

（二）考核机制

社科文献在考核机制创新方面设置双效益指标；加

强学科建设，设立分编辑委员会；鼓励内部创业，发展甲骨文、索恩、方寸、九色鹿等学术图书品牌；发布《社会科学文献出版社青年创新基金实施办法》，设立青年创新基金，用于资助社科文献社青年在纸书项目、数据库项目、融合发展项目、学术科研项目、信息化建设项目、合作服务项目、营销项目、管理项目等探索性、前瞻性和创新性项目，鼓励申报跨学科、跨平台创新项目；组建文稿编辑中心，推动编辑转型。

三、管理融合创新

（一）信息化管理

为贯彻落实社科文献社智慧出版 3.0 的战略规划和安排，为数字化转型提供技术支撑、数据支撑和平台支撑，出版社在信息中心基础上成立数据中心，作为本社数据、技术、信息的统一归口管理部门，负责本社数据、信息和知识资产管理、治理和服务工作，提供技术中台和数据中台服务，开展基于学术出版生态建设和智慧出版社建设所需的各项数据的采集和整合、组织和管理、分析和挖掘、应用服务和数据产品开发工作。

（二）专业化管理

充分利用社内暑期工作会议、年度工作会议、月初工作会议，不断完善、调整和推进社科文献社战略目标、发展目标。在各专业职能领域，采用专业委员会治社的管理办法，分层次充分发挥综合协调职能。采取分编委会专业化引领、社专业化平台建设、编辑室学科专业化建设、编辑专业化转型四位一体的内容专业管理模式。

（三）平台化管理

社科文献社以资源整合学科建设平台为核心，人力资源支撑平台建设为基础，进一步加强各平台能力建设，明确各平台提供的能力清单与服务清单，打通各平台接口，优化流程，提升平台相互协作效率，形成平台合力，发挥平台整体效应。

四、人力资源管理创新

（一）人才建设

为快速推进数字化转型升级，社科文献在人才队伍建设上下足功夫，发布了《数字出版岗位设置及奖励政策》和《编辑分类管理办法》，鼓励人才数字化转型。做好“三个一批”，即在出版社内部挖掘人才，从编辑、发行、行政管理各系列中转型一批；从高校的相关院系应届毕业生、部门实习生中招聘一批；从合作的技术公司及业内其他公司引进一批。积极建设数字出版人才吸引、培养、激励、培训、考核及评价机制，注重信息化与数字出版骨干人才的培养力度，制定了信息化与数字出版岗位系列，全力打造数字编辑、信息技术、数字产品营销三支信息化与数字出版人才队伍。

（二）激励机制

社科文献以项目制为核心设计数字出版部门内部激励政策；通过建立利益共享机制和数字出版交易规则，调动各传统编辑部门参与数字出版工作的积极性和主动性；在薪酬制度上保证数字出版人才收入不低于传统出版人才收入；在数字出版人才考核、评价及培训上，建立了一系列适合数字化人才队伍建设的机制，为快速发展和行业领先提供了坚实的人才基础。

总之，通过社会科学文献出版社多年的努力，我们构建了新时期融合发展的新模式：一是“大平台＋小团队”，改变层级结构，打破“部门墙”，打开部门边界。二是“开放、共享”的业务平台开放，人才开放，新形势下能快速满足客户需求，实现跨部门、跨职能、跨层级、跨区域的高度协同。三是“项目核心制”，以项目为纽带，以学术资源建设为核心，通过平台和技术无缝链接业务和职能部门，形成多元化的任务团队。四是“班长的战争”，充分发挥编辑室作用，充分授权。五是“员工在线”，通过信息平台，以项目为中心，让一线员工快速调动各类资源响应需求，知识库、产品库、管理资源库强强对接，为融合生产提供全面支撑。

目前，社科文献融合业务发展迅速，成效明显，特色突出，涉及专业数据库、学术科研服务平台、电子书、音视频、学术直播、定制化生产等，合作单位包括中国社会科学院、中山大学、聊城大学、扬州大学、湖北大学、新华社等全国近 800 家智库研究机构，服务 4.5 万余名科研人员；“中华文化发展智库平台”等多个学术科研平台获文旅部国家文化创新工程项目、第十二届新闻出版业互联网发展大会“优秀创新项目”等各项荣誉。

面对学术发展的新要求，社科文献将继续创新工作流程和知识服务模式，以业务主体（个人、组织）为中心，以赋能为基本思路，通过推动出版社“智慧七化”（互联网化、流程化、数据化、移动化、知识化、协同化、智能化）建设，完善工作流程和制度，构建赋能型的互联网知识服务平台和学习型出版平台，推动内容知识库、出版社知识仓库等基础知识库建设，促进学术科研平台品牌化建设，形成积极的学术生态，更好发挥其助力学术研究的功能和作用，引领出版社高质量可持续发展，为中国特色哲学社会科学学科体系、学术体系、话语体系建设贡献力量。同时，高度重视经济效益和社会效益的双丰收，力争 5 年内实现年收入规模翻一番，发挥社科文献作为一流出版社对全国出版机构的引领作用和社会责任。

（社会科学文献出版社）

案例类别：产品

皮书数据库

皮书数据库是秉承社会科学文献出版社聚焦中国发展与中国经验的出版传统，打造的智库成果整合发布与知识服务平台，是出版社坚持贯彻融合发展理念的核心成果和集中体现。

皮书数据库以品牌资源、产品优质深得用户和业界认可。截至 2021 年，已有海外用户近百家，涉及 10 多个国家和地区。国内机构用户已超过 400 家，个人用户超过 20 万人。曾荣获“第三届中国出版政府奖·网络出版物奖”提名奖、“2019 年度国家新闻出版署数字出版精品遴选推荐计划”等荣誉。

一、项目基本情况

（一）建设历程：从皮书到皮书数据库

经济蓝皮书《一九九七年中国：经济形势分析与预测》是社科文献皮书系列的开山之作，随后社会蓝皮书、农村绿皮书、世界经济黄皮书等多个品种相继推出。皮书系列甫一问世，就受到政府机构、专家学者和社会公众的关注和欢迎，因其政策咨询性、学术导向性和社会影响力方面的创新和突破，很快成为业界知名图书品牌。

2003 年 12 月，每本皮书均随书附赠电子光盘。这张光盘有全文检索功能，还可累加其他光盘内容。这一融合图书出版和电子音像出版的举措，给用户带来极大便利，也正式开启皮书系列的数字出版之路。

之后，出版社开始尝试专业数据库建设。2009 年 5 月，皮书数据库（机构用户版）发布。2011 年 3 月，皮书数据库（二期）上线，在完善产品建设的同时尝试向学术平台建设转型。2014 年 5 月，新版皮书数据库上线，以“皮书研创出版、信息发布与知识服务平台”为基本定位，立足品牌、专注质量、打造精品。近年来，皮书数据库建设已进入全面融合发展阶段，旨在打造分析解读当下中国发展变迁的智库产品和知识服务平台。

（二）聚焦“当下中国”研究领域，深耕优质内容资源

1. 全面聚合优质资源。以“皮书系列”为核心，全面整合分析解读当下中国发展变迁的专业著作、智库报告、学术资讯、调研数据等。截至 2021 年 7 月，收录图书 1.2 万本、报告 22 万篇、字数近 50 亿。内容涵盖中国社会、中国经济、中国行业、中国区域、中国文化传媒、世界经济与国际关系 6 大主题，覆盖教育部《学位授予和人才培养学科目录》13 个一级学科、《国民经济行业分类》20 个门类。已聚合社科院系统、国内高校、党政机构的专家学者 6 万余名。

2. 探寻资源建设蓝海。以出版社作者资源为核心，与一流智库机构强强联手，共促成果价值最大化。已与北京大学中国社会科学调查中心、上海财经大学高等研究院、中国发展研究基金会等近 10 家机构达成资源合作。

（三）立足学术、专注质量，打造数字出版精品

皮书数据库将专业性落实到从资源采集，到产品策划、知识体系建设、产品呈现，再到服务用户和市场的生产运营全链条。

1. 搭建专业知识体系和产品架构。通过对皮书系列内容特征的分析，充分学习借鉴各类标准规范，自主研发了包含主题、学科、区域、行业、时代、类型、学术共同体等多种维度的完整系统的知识关联体系，以及标准化、规范化的内容资源编辑标引规则。

基于此，在充分考虑资源特色、潜在受众、产品导向的基础上，根据“皮书系列”研究内容建设六大基本子库，并下设多个二级三级子库；追踪重大战略政策、学术研究前沿、经济社会热点持续推出政策热点、行业发展、全球治理三大系列特色专题库；深度开发皮书数据资源，建设指数库、图表库；全面展现皮书作者、皮书机构、皮书内容动态、皮书发布会信息，与图书资源实现互联互动。

2. 充分借力技术，提升使用体验。以成熟的资源分类体系及分类映射关系表为基础，依托社会科学知识词典，建立内容资源之间的知识关联网络，可通过学科、区域、行业、研究主题、现实热点等路径实现资源的按需定制和精准推送。通过主题概念相关和分类层级相关等方法提示知识之间的关联关系，达到知识扩展和知识发现的目的。随着新词发现、智能分词等技术的运用与持续优化，数据库智能检索和智能推荐等功能体验持续提升。

（四）以用户需求为核心，提供精准知识服务

以党政用户、高校及科研机构、企业用户、社会大众 4 类用户为核心，从精细化内容服务、解决方案服务和个性化定制三方面服务用户。

精细化内容服务方面，面向细分领域用户需求打造特色专题库。面向党政用户，围绕其关注的创新驱动发展、乡村振兴等中国发展重大理论和实践问题，打造政策热点系列专题库；面向企业用户，推出康养、汽车产业等

行业发展系列专题；并利用知识图谱、数据服务等手段助力科学决策。

解决方案服务方面，深入学术科研全流程，提供学术科研服务平台建设、科研项目立项分析、论文选题和写作指导等服务。个性化定制方面，基于皮书系列知识体系，实现了按主题、问答等多种形式的定制服务。

（五）构建线上线下一体化的营销体系，打造平台影响力

皮书数据库实现了线上推广与线下皮书发布会、路演、学术会议的联动，推动图书用户和数据库用户池互通共享。与新华网等权威媒体合作营销，共同策划了70余篇数据新闻、专家解读视频，以优质内容吸引用户，搭建起资源、学者、媒体三方的合作交流平台。持续发布“皮书数据库影响力报告”，立足内容数据和运营数据，以用户真实感知和反馈为原点，展示资源、作者及数据库影响力，为皮书研创机构、皮书作者了解成果影响力、优化研创方式提供参考。

二、具体成效与社会反响

皮书数据库是业界公认的传统出版单位数字化转型升级和深度融合的典型成果之一，已成为了解当下中国发展变迁和当今中国智库研究成果聚合的重要平台，也是讲好中国故事、发出中国声音的重要窗口。

截至2021年，已斩获“第三届中国出版政府奖·网络出版物奖”提名奖、“搜索中国正能量 点赞2015”科技创新奖等国家级和行业级奖项7项；多次被党媒、行业媒体报道；获得中国人民大学图书馆、首都师范大学图书馆、国家图书馆等图书馆用户、中共中央党校等党政用户、中国银行有限股份公司等企业用户及大量个人用户的高度评价。

拥有海外用户近百家，涉及10多个国家和地区。国内机构用户超过400家，个人用户超过20万人。2020年新冠疫情期间在业界率先推出数据库限免阅读活动，社会反响热烈，活动累计使用人数达3万人，累计阅读量90余万次。销售回款连续多年保持在1200万元左右，处于同行领先水平。

三、融合发展经验及体会

（一）注重顶层设计，做好制度建设

皮书数据库是社科文献的 “一把手”工程。出版社决策层力抓主推的数字出版发展战略、数据库产品建设工作布局、在业务推进上主动求新求变等思路，在皮书数据库的实践中得到了很好的执行。出版社也从组织机构、薪酬激励机制、内外部合作交易机制等多方面为数据库建设提供了强力制度保障。

（二）立足优质资源，坚持专业化，专注质量建设

皮书数据库成功的秘诀之一便是立足传统出版优势。皮书系列的优质资源和品牌效应，使皮书数据库的建设工作从一开始就站在很高的起点。

产品策划和建设时，坚持专业化，专注质量建设。立足皮书品牌资源，整合一流智库机构的研究成果，以确保学术质量；通过打造专业的编辑标引规范和知识关联网络、由学科编辑策划专题产品等方式提升产品质量；深入了解用户需求，不断顺应并借力技术发展，优化产品功能，提升服务质量。对质量的孜孜追求，不断完善升级产品，是皮书数据库不断发展的重要保障。

（三）数字出版与传统出版联动发展

通盘考虑传统出版与数字出版工作，最大限度地形成传统出版与数字出版联动发展的局面，会对数据库产品建设工作乃至数字出版业务发展产生极大的促进作用。皮书数据库的使用量已经纳入出版社皮书评价的指标之一，皮书数据库的运营数据也为皮书出版的选题策划、营销推广等，产生了倒推作用。

（社会科学文献出版社）

皮书数据库客户端

案例类别：产品

中国社会科学文库

一、产品简介

为了适应互联网环境下读者需求的变化，更好地服务于哲学社会科学“学术体系、学科体系、话语体系”建设，中国社会科学出版社根据自身特点，整合优势资源，于2018年初开发上线了《中国社会科学文库》（软件著

作权登记号：2018SR590859）。

《中国社会科学文库》整合了中国社会科学出版社20000余种学术电子书资源，是目前国内更新最快、学科最全的正版哲学社会科学学术电子书数据库。文库内电子书全部按照章节实现了知识单元的条目化加工，从学科、主题、知识、关键词等维度进行了扩展标引，目前包括11个子库，100多个专题库，已经加工提炼超过90万个条目与170万个图片图表资源，30小时的视频资源，累计超过75亿字。

二、产品内容特色

《中国社会科学文库》内容资源覆盖哲学社会科学全部学科，作者单位覆盖中国全部双一流高校及中共中央党校、中国社会科学院等重点科研单位，基本反映了当下中国哲学社会科学研究的现状与水平。其中国家社科基金项目、中国社科院创新工程项目、教育部人文社科重大项目、省部级人文社科优秀科研成果项目等超过3000余种，如《习近平新时代中国特色社会主义思想学习丛书》《当代中国学术思想史丛书》《中国脱贫攻坚调研丛书》《国家高端智库成果文库》《庆祝中华人民共和国成立70周年书系》《中国社会科学院学者文选》《中国社会科学院学部委员专题文集》《中国社会科学博士文库》《中国社会科学博士后文库》《剑桥中国史》等重点内容。近百种图书荣获中国出版政府奖图书奖、“中国好书”奖、中华优秀出版物奖、“三个原创一百”图书奖和全国优秀通俗理论读物奖等国家级奖励。

《中国社会科学文库》下设中社智库学术资源库、党政学术资源库、马克思主义理论学术资源库、哲学宗教学术资源库、经济研究学术资源库、文学艺术学术资源库、国际关系学术资源库、历史考古学术资源库等十几个子库与“一带一路研究”“四史学习”等近百个专题资源。

三、产品功能特色

《中国社会科学文库》定位于技术领先的哲学社会科学全学科数字阅读与数字人文科研工具平台。

（一）实现了多维检索与筛选功能

检索功能包括图书检索、知识点检索、图片检索、论文检索、学术观点检索、PDF及全文文内检索等，实现了精确、模糊、二次、表达式、分词、自动联想等检索功能，可按照资源类型、知识分类、作者机构、获奖图书、本馆购买资源、相关度、点击量等完成内容资源筛选。

（二）实现了资源互联

数据库内的图书、图表、条目、章节、图片、参考文献、音视频等碎片化内容资源实现了跨学科关联，形成完整知识图谱，方便用户一键拓展阅读，帮助读者形成高效、专业和体系化的学习。

（三）实现了知识挖掘

机器通过学习学科专业语料和海量文本数据，自动聚焦相关信息、相关人物、相关事件、相关主题词等，通过大数据分析叠加词云呈现方式，为用户开展科学研究提供了新的研究线索。

（四）实现了按需定制、纸电同步

《中国社会科学文库》可针对不同用户定制不同的子库资源，开发不同的产品形态，做到千馆千面、千人千面。机构用户进入文库界面可以看到只针对自己机构的购买资源；个人用户可根据输入的关注喜好（关键词或分类），得到推荐的相关内容。《中国社会科学文库》每年至少更新2000种学术新书资源，实现了纸电同步出版，同步周期小于3个月。

四、目标用户和服务模式

（一）目标用户

《中国社会科学文库》销售模式是典型的B2B2C模式，目标用户是高校图书馆、城市公共图书馆、政府科研机构等，而最终使用用户是高校的师生及机构科研人员。

（二）服务模式

最常用的服务模式包括在线包库服务与本地镜像服务两种方式。

在线包库为SaaS服务方式，按照用户选择资源量的多少和时间长短为用户提供在线云服务。本地镜像服务方式需要将系统和数据安装到用户机构指定地点，由用户负责系统的日常运行。

除去提供产品，为了吸引更多用户访问平台，使用平台资源，还要针对用户提供一些个性化的服务，如增加SSL安全认证、将文库内容纳入高校内部统一发现平台、增加Carsi联盟认证登录，帮助联盟高校学读者离线访问数据库、为用户提供定制化数据库使用报告、配合图书馆结合数据库举办阅读推广和知识竞赛活动、提供数字人文或者数据库使用的相关培训，帮助读者对文献资源进行深度开发与利用等。

五、社会效益

《中国社会科学文库》在2018年成功申请软件著作权证书，并在当年第八届中国数字出版博览会获得“创新项目”荣誉。在2019年“第十四届中国北京国际文化产业博览会”中国数字出版创新论坛上，《中国社会科学文库》被中国出版协会授予“产品创新技术应用”奖。2020年9月，《中国社会科学文库》成功对接中国教育和科研计算机网联邦认证与资源共享基础设施（CARSI），为联盟机构在校外访问创造了便利条件。2020年初，《中国社会科学文库》成功对接国家知识服务平台。

2020年上半年，为了响应行业倡议，配合国家防疫抗疫工作的大局，《中国社会科学文库》向全社会免费开放使用，并制作了抗疫内容专题和突发公共事件处理专题，方便用户学习相关专业知识。数据库免费开放的三个月期间，个人用户访问量成倍增长，页面访问数达到92万人次，用户阅读次数将近24万人次，具有很强的社会影响力。

2020年底，《中国社会科学文库》二期改版工作完成，除了在功能和用户体验上有显著改观外，还加入了有声书资源和视频资源，让《中国社会科学文库》学术知识服务平台的品牌化、规模化、体系化的优势不断扩大，竞争优势更加明显，盈利能力和社会影响力显著提升。

六、经济效益

《中国社会科学文库》自2018年上线至2020年底，已有700余家国内机构用户（含香港6家、澳门1家、台湾9家）、16家国外机构用户开通试用。页面访问次数超过800万次，阅读图书人次超过300万次，日均在线人数近2万人。

截至2020年底，已有近百家机构正式采购了《中国社会科学文库》，这其中包括国家图书馆、上海图书馆、中国社会科学院、中共中央党校（国家行政学院）、中共北京市委党校、中国人民大学、吉林大学、复旦大学、陕西师范大学、浙江师范大学、德国柏林国家图书馆、澳大利亚莫纳什大学等重点机构，累计实现销售收入近1500万元。

（中国社会科学出版社）

中国社会科学文库

案例类别：产品

中国近代影像资料库

一、产品简介

《中国近代影像资料库》（www.lzp360.com）是目前国内最大的、以近代历史照片为主要内容的专业历史研究数据库。影像库目前收录了1840年至1949年6万多幅珍贵的历史照片和近百部近代历史视频，建成900多个组图内容，并配以300余万字的文字介绍，广泛、真实、生动地反映了中国近代的历史变迁，通过摄影的语言特性，真实、客观、形象地再现出特定历史条件下的重要事件和人物的原貌，挖掘图片背后的故事，致力于为历史研究者、爱好者提供专业的知识服务。全库按两种范畴共建立50个分类，如老照片、绘画、手稿、书影、视频、建筑遗址、遗物照片等资源类型。既描绘了近代中国的壮美山河、历史风貌与风土人情，又揭示了近代中国人民遭受的罕见苦难，那些为民族独立和人民解放牺牲的千万英烈及英雄事迹，更是发人深省。本库对深入推广爱国主义教育具有重要意义。

《中国近代影像资料库》中的照片多数来自国内外图书馆，如故宫博物院、中国国家图书馆、英国伦敦维尔康姆图书馆、耶鲁大学拜内克古籍善本图书馆、东京帝室博物馆、荷兰民族学博物馆、德国柏林国家图书馆、法国国家图书馆、杜克大学图书馆、盖蒂中心等国际权威机构，同时也有知名海外摄影家及收藏家，如苏格兰摄影师约翰·汤姆逊，美国社会经济学家、人道主义者和摄影家西德尼·戴维·甘博，德国建筑师恩斯特·柏石曼，随军摄影家小川一真、托马斯·查尔德，此外还有部分照片来自国内外战地记者实录、各地档案馆、照相馆等。

二、产品资源

（一）《中国近代影像资料库》包含六大内容模块

1. 历史今日：每日一则历史大事件滚动展示。

2. 图片：6万张图片，可按主题、类型和地点查看，每年更新1万张。

3. 组图：多角度呈现同一主题，反映特定时期的社会风貌。

4. 专题：近代历史发展脉络，集中展现事件的起因、进展、趋势和影响。

5. 视频：珍贵视频真实再现历史情境，感受历史魅力与韵味。

6. 图说历史：以图片为载体，配以纪实性故事，让历史“活”起来。

（二）《北京旧影》子库

《北京旧影》精选了 5000 幅图片，还原了清末到民国时期的北京历史面貌。精选出的老照片和档案资料集中于北京的坛庙、古刹、祠堂、会馆等建筑，这些历史遗存成为北京老城文化的重要组成部分。作为彰显北京古都风韵的主要空间轴线，北京的城墙和街道是历史人文遗迹的文化景观，胡同也是北京传统生活的重要承载区域。拍摄这些照片时，北京的局势并不稳定，甚至炮声隆隆。北京是北洋政权的中心，总统、内阁像走马灯一样更换。比较重要的事件有袁世凯称帝、府院之争、张勋复辟、直皖战争等。

三、功能简介

（一）图片检索

1. 快速检索：支持全文、标题、作者、关键词、地点检索。

2. 高级检索：支持检索结果中的二次精确检索。

（二）图片个性化

1. 支持图片的放大、收藏、关注、下载、点赞、手机微信端转发。

2. 推荐相关图片、相关组图、图说历史等。

（三）多终端浏览

1. 支持计算机、苹果、安卓等不同终端阅读。

2. 微信绑定手机，计算机端同步浏览。

3. 扫码已阅图片，可脱离 Wi-Fi 使用。

4. 绑定服务号“点读历史”，为用户提供拓展阅读等其他增值服务。

四、服务方式

《中国近代影像资料库》支持在线版包库、本地镜像、镜像托管、资源定制等多种服务方式。

五、社会效益

《中国近代影像资料库》于 2018 年 4 月取得国家软件著作权证书 [软件著作权登记号：2018SR591400]，并在 2019 年“第十四届中国北京国际文化产业博览会”中国数字出版创新论坛荣获“数字渠道创新应用奖”。《中国近代影像资料库》的子库《北京旧影》数据库入选“2019 年北京典籍与经典老唱片数字化出版项目”。2020 年，《中国近代影像资料库》经过审核后成功入围中国教育和科研计算机网统一认证和资源共享基础设施（CERNET Authentication and Resource Sharing Infrastructure， 简称 CARSI）联盟，为高校提供教育科研资源共享服务，品牌影响力不断提升。

为了在新时代下继承和弘扬中华民族不屈不挠的民族精神、培育社会主义核心价值观、实现中华民族的伟大复兴，中国社会科学出版社联合全国各地高校图书馆和公共图书馆，共举办几十场爱国主义和历史文化题材老照片展览，吸引了当地大量市民和学生群体驻足观看，引起了社会的强烈反响。《中国近代影像资料库》充分发挥了其在爱国主义教育、培育社会主义核心价值观中的重要作用，增强了民族自豪感，激发了人们对于历史学习的兴趣。

六、经济效益

《中国近代影像资料库》于 2018 年初上线，至 2020 年底，已有 500 多家高校图书馆、公共图书馆、企事业机构用户开通试用，在北京大学、中国人民大学、国家开放大学、同济大学、广东省图书馆等国内知名学府和图书馆拥有大量读者，我国港澳台地区的图书馆也有大量读者，北美洲、欧洲及东亚各国的重要机构如哈佛大学、剑桥大学、德国柏林图书馆、日本早稻田大学等也拥有一批读者，页面访问量已超过 100 万次，累计用户访问量已经超过 30 万次。

中国社会科学院、吉林大学、辽宁省图书馆、河北省图书馆、四川省图书馆、杭州市图书馆、福州市图书馆、哈尔滨市图书馆等几十家重点机构已付费购买，累计实现销售收入近 500 万元。

（中国社会科学出版社）

中国近代影像资料库

案例类别：组织机构

人民卫生出版社深度融合发展之路

近年来，人卫集团、人民卫生出版社有限公司（以下简称人卫社）按照习近平总书记关于推动传统媒体和新兴媒体融合发展系列讲话精神，充分发挥医药卫生专业出版的资源优势和品牌优势，提出“健康中国，数字人卫”的核心发展理念，把数字化战略定为集团核心发展战略，以实际行动全面推进“互联网＋文化”“互联网＋医疗”“互联网＋教育”，从服务医学教育、助力医药人才培养、普及卫生健康知识等方面，全方位满足医药专业人员和广大群众在全媒体时代的数字化学习和阅读需求。人卫社是原国家新闻出版广电总局授予的数字出版转型示范单位、复合出版工程应用试点单位、数字内容资源知识服务模式试点单位，连续获得多项文化产业发展专项资金、中央国有资本经营预算支持，多项数字平台及产品荣获奖项及赞誉。

一、顶层设计，统筹推进数字出版工作

人卫社在融合发展过程中，始终坚持“健康中国，数字人卫”的核心发展理念，服务医学教育事业、助力医药人才培养、普及卫生健康知识等，快速推进数字出版转型升级。科学制定符合自身发展需要的数字出版转型战略，通过顶层设计、统筹规划形成合力，建章立制调动各方积极性，协同推进、扎实落实，才能高效务实地推动融合工作。人卫社的主要举措包括：一是在“十二五”“十三五”规划中将“升级实施转型数字化，构建智能智慧的终身服务”作为重点工程并配套制定数字出版战略规划和相关工作计划。二是成立以董事长任主任委员，总经理、总编辑任常务副主任委员，公司分管领导任副主任委员，各部门主任参加的新媒体出版战略规划和信息工作委员会，负责统筹规划人卫社数字出版转型升级工作。三是创新成立职能部门智慧数字中心，负责人卫社数字出版转型升级的协调实施、督导落实、项目孵化等工作，成立了自主经营自负盈亏的全资子公司——人民卫生电子音像出版社有限公司和北京人卫智数科技有限公司，创新母子公司协同管理机制，制定管理办法和制度。四是编辑资源融合，建立部门间编辑协同工作机制，培养互联网思维、资源整合和应用能力，培养项目管理创新能力、富媒体创作加工能力，打造出符合媒体融合时期新要求的新型编辑队伍、实现编辑资源融合。五是作者资源融合，建立由医学专家、数字专家、教育专家和技术专家融合共建创作团队，通过创客形式推动“作者—编辑—读者”团队人的融合、思维融合、出版融合。六是组织机构融合，融合组建全国高等学校医学数字教材建设指导委员会和相关专家委员会，创建中国医学教育慕课联盟、中国医学教育慕课平台、中国医学数字教育示范基地融合对接。

二、资源融合，集团数字转型形成合力

（一）数据资源融合

明确母、子公司的数据资源由母公司统一管理，在管理层面解决资源调用核心问题；制定数据资源内部有偿使用管理办法，明晰在不同资源类型和应用场景下，资源使用部门与资源制作部门间的付费机制；制定数据资源建设规划和资源建设标准，围绕出版社发展中心工作，有计划地整体推进资源建设，持续打造高质量、拥有自主知识产权的医学数字资源；搭建人卫内容云平台，集合人卫社成立以来的图书内容资源，音频、视频、动画等富媒体资源；制定数据资源对外使用管理办法，以授权使用、有偿使用、合作共赢为基本原则，创新开展资源外部合作。

（二）选题策划融合

一次策划、多种内容、复合出版是选题策划融合的目标。一是将传统出版选题与数字出版选题统筹考虑。二是建立新的选题策划机制，明确要求选题数字化比率，以推动和鼓励出版选题向立体策划发展、内容资源向立体开发发展。三是建立传统编辑部门与数字出版部门的合作机制，共同建立数字产品生产流程。

（三）表现形式融合

人卫社基于医药卫生知识传播的特性，创新打造融合图书，通过互联网和二维码，将纸质图书与音频、视频、动画、课堂互动、在线习题甚至增强现实技术（AR）进行了融合。现如今，人卫融合教材已发行3000多万册，实现了良好的“双效益”。疫情期间，人卫社免费为全国各医药院校提供各学科、各层次电子教材资源560余种。

三、深挖市场，寻找数字业务新增长点

人卫社基于“人有我优”的理念，成立了由42所院校组成的中国医学教育题库院校联盟，以帮助院校提升考务工作效率，推动教考分离，提升教学实效，推进教学评估

为目的，建设高质量、高水平、高信度、高效度、内容丰富、功能多样、随时更新、可长期使用的中国医学教育题库。

四、创新机制，激发子公司创新积极性

2013年人卫社将数字出版中心独立成立全资子公司——人民卫生电子音像出版社有限公司（以下简称电子音像公司）。人卫社创新所属单位管理机制，制定所属单位综合管理办法，从人力资源、资产管理、生产经营、质量效益等多方面入手，不断为各所属单位发展注入活力、简政放权。

五、创新孵化，建立数字平台研发新模式

2016年，人卫社基于中国诊疗实际并参考国际先进经验，利用国有资本金预算资金和人卫社自有资金，组成团队开始孵化中国临床决策辅助系统（即“人卫助手”系列）。2019年1月，人卫社成立第二家专注于数字出版的全资子公司——人卫智数科技公司，负责建设运营“人卫助手”系列，服务于临床医务工作者知识能力和临床诊疗能力的提升。该项目入选了2019年国家新闻出版署数字出版精品遴选推荐计划。

六、广泛合作，提升产品力和竞争实力

人卫社与腾讯、百度、阿里、平安、科大讯飞等技术公司进行合作，打造人卫知识服务品牌（Inside），基于各自优势在人工智能等领域共同研发服务医药领域的相关产品和平台。同时，围绕国家卫健委中心工作，服务政府部门、协会、学会，不断加大建设和运营力度。近几年仅合作项目收入超千万元。

七、以“互联网+卫生健康”为目标，形成人卫新媒体矩阵

在新媒体方面，人卫社建立了以“人卫健康”微信公众号为龙头的新媒体矩阵，是提升人卫社健康教育、健康促进、健康传播综合水平的重要载体。“人卫健康”以“传播健康知识，服务健康促进”为主旨，每天向广大读者、用户传播专业、权威、科学的健康知识。人卫社“强国号”上线后得到“学习强国”平台重点推荐，每日更新新型冠状病毒肺炎相关防控知识，通过图文、音视频等多媒体形式，向平台广大用户提供权威、科学、实用的卫生健康知识服务。人卫快手号上线后以生动、精练、直观、活泼的短视频形式传播健康知识，丰富了医药卫生知识触达用户的渠道。

八、拥抱未来，积极创新探索新技术

1. 人卫3D解剖学：人卫3D解剖学利用VR技术构建了系列教程，用户通过硬件系统与穿戴设备的结合，通过控制器对模型进行拾取、旋转、隐藏和复原等交互操作。人卫3D系统解剖学（教学版）荣获第四届中国政府出版奖音像电子网络出版物奖提名奖、中华医学会第八届全国医学教育技术优秀成果奖一等奖等。

2. 人卫眼视光虚拟仿真实训系统（眼视光VR）：利用VR特性达到人机交互技术的完美结合，包括眼部解剖生理、眼视光检查技术两大模块内容，沉浸式场景设计让使用者如同置身真实场景。

3. 医学人工智能技术应用：在医学人工智能技术基础层面，人卫社在医学考试辅导系统、中国医学教育题库等项目中应用人工智能机器学习、自然语言处理等技术，让各类系统更好地服务于医药院校教育。在医学人工智能技术应用层面，人卫社已经在“人卫助手”系列知识服务数字平台中开始研发人工智能技术场景化“落地”。

以上八个方面是人卫社迈向“全程媒体、全息媒体、全员媒体、全效媒体”深度融合的几点探索和经验，我们仍在人才、资本、技术、机制、体制等多方面开展更多、更广泛、更深入的探索和实践。

（人民卫生出版社有限公司）

案例类别：产品

人卫融合教材

一、项目介绍

2014年8月，中央全面深化改革领导小组第四次会议审议通过《关于推动传统媒体和新兴媒体融合发展的指导意见》，强调坚持以先进技术为支撑，以内容建设为根本，推动传统媒体和新兴媒体在内容、渠道、平台、经营、管理等方面深度融合。人卫社积极实践创新探索

传统出版和新兴出版融合发展之路，在出版转型升级的时代背景下，总结教材数字化转型经验，于2017年推出以纸质教材为载体和服务入口、综合利用数字化技术的新型立体化教材——人卫融合教材。

人卫融合教材充分体现了互联网技术与出版服务的深度融合与应用创新。通过二维码等技术将纸质内容与数字内容融合、线下服务与线上服务连接，读者阅读纸书的同时可以通过扫描书中二维码阅读线上数字内容，实现传统出版的升级发展，并形成融合出版的生产流程、内容体系和管理体系，引领人卫社数字化转型升级和融合出版高质量发展。

（一）模式创新和技术创新引领发展，构建融合出版新业态

人卫社积极推进出版融合向纵深发展，率先提出纸书内容与数字服务相融合的全新出版模式，并搭建“融合教材全流程平台——一书一码激活平台—人卫图书增值应用平台”的完整体系；同时率先将AR技术引入医学教材，打造国内首套医学本科AR教材。2020年，在已有平台基础上成功研发人卫融合出版编审平台，实现“编写—加工—出版—资源管理”融合出版全流程一体化平台，造就出版融合新生态。

（二）聚拢最大的医药专业用户群，服务健康中国

截至目前，人卫融合教材平台总用户数356万人，涵盖医药学专业院校教育、继续教育、毕业后教育各阶段的学生及从业人员，助力医药学教育和医疗卫生服务，为健康中国建设贡献力量。

（三）实现融合出版服务和医药教育服务创新

教材中印制二维码、AR识别图，用户激活后通过融合教材APP（人卫图书增值APP）或网页版在线、离线阅读。音视频、动画、三维模型、图片、教学课件、扩展阅读、测试题等丰富的内容资源满足教师、学生的各种需求。

（四）项目核心亮点

1. 内容优：以内容为本，坚持原创精品。已累计出版融合教材2600余种，包含数字资源20余万个，均以富媒体资源为主。

2. 功能新：以技术创新引领，自主研发融合教材AR等创新应用，真正意义上将增强现实引入图书出版。

3. 体系强：自主开发人卫融合出版编审平台，实现融合出版全流程规范化、一体化。

4. 服务广：人卫社教材服务医药学各阶段各领域用户，产品支持计算机、APP、HTML5等终端应用。

（五）主要技术

人卫融合教材应用二维码技术（活码）、HTML5技术、大数据、增强现实技术（AR）、AES高级加密算法等，支撑产品可持续良性发展。

（六）融合创新，实现双效益

社会效益方面，人卫融合教材引领出版转型升级，创新教材出版模式，为医药教材注入新动力，在深化医教协同、推进医教改革、培养新时代医学人才过程中贡献力量。经济效益方面，人卫融合教材前期数字资源制作投入较大，随着资源规模化制作转化以及凭借纸质教材的销售优势，经济效益逐渐向利好发展。

（七）优质内容和成熟体系，输出行业典范

人卫社始终把融合发展作为工作的抓手，充分发挥数字技术和数字资源对传统图书出版的支撑作用。目前人卫融合教材形成了完整的融合教材生产、发布和应用的完整体系；同时，质、量双优的数字资源建设体系已具有规模并形成成熟的流程和管理模式。以上体系均可方便地应用到行业发展。

二、成效与社会反响

人卫融合教材是在出版转型升级的时代背景下，人卫社积极实践创新探索传统出版和新兴出版融合发展之路的智慧结晶，同时也是人卫教材数字化融合出版发展进程中的重要一环。

（一）坚持正确的政治导向，推动媒体融合发展，服务医教协同，促进行业协同发展

人卫融合教材出版4年以来一直紧跟时代步伐，推动媒体融合向纵深发展，积极探索教材纸数融合编写模式的创新、知识内容的立体化呈现创新、教材传统服务模式到教学应用服务模式的创新，构建质量为先、创新引领、协同高效的融合出版体系，引领行业的发展，并将积累的建设经验分享给出版业同行，参与相关国标、规范的制定。

（二）建设专业化、高水平的内容资源，建立质量保障体系

出版社领导一直高度重视人卫融合教材项目的实施，制定《人民卫生出版集团医学数字资源建设规划》，力求打造我国医学教材的优质品牌。同时，人卫社聚拢了国内顶尖的优秀作者队伍和一批专业的项目编辑、技术人员和营销人员，以及经验丰富的30多家音视频、动画制作公司。由此可见，人卫融合教材始终以高水平建设为目标并有效落实。

经过多年的发展沉淀，人卫社逐步形成《融合出版数字内容编辑出版流程》《融合出版数字资源制作标准》等一系列涵盖融合出版编写、加工、出版、管理相关的规范和制度，确保融合出版高效优质运转，促进出版社转型升级。

（三）创新技术应用与新型业态可持续性发展

人卫融合教材为自主研发，搭建“融合教材全流程平台——一书一码激活平台—人卫图书增值应用平台”的数据体系。2019年，获得《出版物处理方法和装置》技术专利一项。同时率先在国内医药学院校教育教材中引入增强现实技术，并与大数据教育应用平台互通（题库平台、教学平台），进行精准服务。

人卫社研发人卫融合出版编审平台，实现“编写—

加工—出版—资源管理”全流程一体化，构建规范高效的融合出版体系。该体系相关系统已成熟运行，可方便地应用到行业其他出版社。

人卫融合教材“纸数一体化”建设作为人卫社医药教材建设的常规模式，已形成良性发展机制，而且内容建设和平台研发均在用户驱动下不断迭代发展，整体上已形成支撑业务持续发展的建设和运营模式。

（四）不忘初心，坚持文化自信，获得良好社会反响

人卫融合教材建设始终不忘文化初心、坚持文化自信，牢记传播文化、传授知识、弘扬科技的使命，在内容资源聚焦上着力打造优质产品，使传统出版与科技手段形成高度融合。

人卫社首创医学 AR 融合教材，教材一经出版获得国内外的一致好评。2019 年，人卫融合教材的内容支撑平台——富媒体资源库，荣获中华医学会教育技术优秀成果奖（2016—2018）二等奖。

在创新发展过程中，人卫社始终把社会效益放在首位，回馈社会。新冠肺炎疫情期间，积极落实教育部印发《关于在疫情防控期间做好普通高等学校在线教学组织与管理工作的指导意见》的工作要求，免费开放 300 多本教材配套数字资源；上线《抗击新型冠状病毒肺炎医务人员临床防护培训手册》等 9 本纸数融合防护手册，开放二维码免激活应用，服务读者做好疫情防护。

三、人卫融合教材出版体会

习近平总书记提出的“推动传统媒体和新兴媒体融合发展，尽快从相‘加’阶段迈向相‘融’阶段。”的重要论述为出版事业创新发展指明了方向和目标，照亮了人卫融合教材建设的路径和希望。

数字化技术作为教育出版活动中强而有力的支撑，发挥着传递知识内容的重要媒介作用，对于提高教师和学生的信息素养、培养创新精神起到重要的作用。

人卫社作为一家有 60 余年历史的出版社，始终专注于医药卫生和医学教育领域。人卫融合教材始终以习近平新时代中国特色社会主义思想为指引，坚持正确的政治方向和科学的出版导向，将医学知识有效垂直化地拓展到医学教育领域的各个方向，并实现了从数字出版到内容消费、从学科知识服务到岗位知识精准保障等一套全新的解决方案，开创了出版业资源整合和融合发展的全新思路。

人卫融合教材秉承技术创新、编辑创新、理念创新，做好机制融合、内容融合、数据融合、平台融合、技术融合、服务融合，为数字中国战略、教育强国战略、文化兴国战略和健康中国建设作出应有的贡献。

（人民卫生出版社有限公司）

人卫融合教材应用视频

案例类别：产品

深度融合发展创新产品——车学堂

一、融合发展业务

（一）基本情况

“车学堂”主要面向各类驾驶人和交通从业者提供安全教育服务，由人民交通出版社全资子公司北京行翼科技有限公司自主开发运营。

（二）融合发展团队

目前，车学堂团队已经形成了一支专业的内容与政策研发队伍、技术开发与产品研发队伍、产品推广与销售队伍、平台运维队伍和代表行业最高水平的专家智库队伍，设置了数字内容编辑、动画设计师、教学设计师、销售经理、产品经理、互联网运营经理、新媒体经理和技术开发人员等新兴媒体岗位。

（三）融合发展思路

1. 把握正确导向，落实双效俱佳的考量标准。始终坚持正确的政治方向、舆论导向、价值取向，弘扬“生命至上、安全第一”的安全生产理念，不断推进全社会交通安全文明素质教育提升。

2. 科学规划，打造国内一流交通安全教育主阵地。

重点面向普通驾驶人、职业驾驶人、交通运输从业者和重点非驾驶人提供专业、个性化的交通安全教育服务，着力解决交通安全教育知识体系不够完善、交通安全教育数字内容精品稀缺、交通安全教育知识服务方式落后等行业痛点。明晰发展思路，确立以市场为导向、以用户为中心的发展思路，发展以流量变现为代表的互联网广告业务，以增值服务为中心的VIP题库业务，以创新服务为中心的云直播业务，以拓展服务为中心的短视频业务，打造具有持续生命力和稳定增长的产品矩阵。

3. 做优内容，构建交通安全教育精品矩阵。构建了横向覆盖驾驶证初学、继续教育、安全教育等全教育层次，纵向涵盖小车、客车、货车等全车型驾驶员，形成了包括37个专业课程及题库VIP产品在内的交通安全教育数字产品矩阵。

4. 精心运营，打造出版融合发展新模式。

（1）打造稳定可靠高效的系统平台。

（2）构建清晰可持续的盈利模式。平台已形成包括单独网课销售、书网一体化销售、互联网广告、VIP题库增值服务和新媒体运营、互联网保险等在内的盈利模式。

（3）形成了一套适合自身产品模式的运营方案和策略。采用AARRR模型作为用户增长的重要方法，使得年新增用户由10余万增长到200万。

（4）构建了一套完整的运营服务体系。

（四）融合发展创新点

1. 内容创新。车学堂内容创新要点是好、快、准。好是指内容质量要过硬，要保持正确导向，要独具特色；快是指内容更新要快，要保持时刻“新鲜”；准是指内容要准确，要保持较高的专业性和权威性。

2. 产品创新。车学堂坚持以“可用、易用、爱用”来作为创新产品的标准。创新研发了驾培理论学习一体化解决方案，开发上线了互联网广告系统和题库VIP增值服务系统。

3. 技术创新。全面应用人脸智能比对、二维码验证等先进技术，确保每一位学员学时真实有效完整，国内率先达到了“真人学、真在学、真学了”的学习效果，实现了监管全过程、全天候、可视化和实时化。

4. 运营创新。利用两微一端、“一抖一快”平台，“横向到边”覆盖各类终端，“纵向到底”覆盖各层级用户，建立起满足交通参与者安全文明出行需求的产品服务生态体系。

5. 服务创新。一是精心准备，做足售前咨询服务。二是认真对待，精准开展售中个性化服务。三是贴身服务，细致做好售后服务。

6. 管理创新。一是实行公司化运营，发挥灵活快速的决策优势，培育市场商机发现能力和建立快速反应机制。二是创新采用ABC三类人才管理方法，妥善解决工资总额不足的行业难题。三是引入第三方合作伙伴共同运营，资源共享，价值分享。四是以业务流程改革为核心，创新内容制作和管理机制，满足融合发展业务需求。

二、具体成效

（一）运营数据

1. 用户总体数据。截至2020年年底，累计用户突破400万人，下载超过4740万次。2020年度新增用户170万人，较上年增长65%，日活超过25万，用户每日平均使用时长接近240分钟。

2. 用户行为数据。车学堂两周用户留存率保持在50%以上，远高于行业平均水平（行业平均水平为10%~15%）。日启动次数日均100万次以上，其中日均使用三次及以上的人群占比达50%以上，表明大部分用户为深度用户。使用二级页面的转化为92%，三级页面的转化为78%，表明用户流失率很低。

3. 移动端广告数据。移动端广告展示量每日超过100万次，视频播放人次580万/日。

（二）社会效益

立足交通、服务交通，为促进驾培行业供给侧结构性改革、引领传统出版单位数字化转型升级示范方面提供了一些借鉴。

一是填补国内优质交通安全教育数字产品市场空白，为助力交通安全教育转型提供示范。

二是为传统出版单位如何顺利实现核心业务转型提供借鉴。“车学堂”平台上线后，初步实现了从单一教材出版到驾培综合解决方案服务的转型，圆满完成纸质产品的转型升级。

三是为传统出版单位如何打造好一款爆品提供借鉴。数字出版产品开发难，销售推广更难，运营服务难上加难。产品销售落地后，重点就转为运营好、维护好和服务好，车学堂在此方面做了有益的探索。

四是为传统出版单位如何对数字出版实行公司化运作提供借鉴。车学堂业务实行公司化运作成效显著。内部资源建设、技术开发、销售运营部门一应俱全，形成了高效衔接、顺畅互动、有效转化的业务链条。

（三）经济效益

经测算，2018—2020年，“车学堂”网课收入和互联网运营收入等累计已达4740万元，利润达1400万元。

近年来，“车学堂”收入呈持续快速增长态势。2018—2020年均复合增长率超过140%，2020年度互联网运营收入（含互联网广告、VIP增值服务收入）近千万元。

三、社会反响

（一）知识抗疫

2020年2月10日，“车学堂”率先紧急上线并向行业免费开放了行车安全公开课和金牌教练员网课。截至

2020年11月底，已有来自全国27个省份459000名驾驶人登录学习行车安全公开课，视频流量约1678TB；已有来自全国28个省的42304名教练员报名免费参加学习金牌教练员网课，观看课程时长超过25万小时，视频流量约429TB。经测算，车学堂疫情期间开展停工不停学活动公益支出全年超过650万元。

（二）示范作用

1. 书网一体化思维，为核心业务转型提供示范。以图书打开市场，以平台提升学员体验，采取买书送网、以书带网、以网促书的一体化措施，形成的书网一体化解决方案成为市场攻坚战中的一把利器。

2. 矩阵思维，为构建产品生态体系提供示范。经过5年多的建设，车学堂构建了国内最完整的交通安全教育产品矩阵，为成功运营打下坚实基础。

3. 运营思维，为实现双效统一提供示范。（1）注重移动优先；（2）侧重用户思维；（3）主张宣传先行；（4）坚持服务为本。

4. 迭代思维，为可持续发展提供示范。产品开发上，从只有1个小车网课，逐步构建了包括大车、出租车等在内的37个产品体系。技术发展上，引入智能客服机器人解决用户24小时服务的问题，引入人脸活体识别确保用户身份验证准确，引入分布式运算技术确保平台运行稳定，引入大数据分析技术提供个性化的VIP增值题库业务。

（三）获奖情况

2020年，“车学堂”金牌教练员及职业驾驶员网络课程入选中宣部“2020年度数字出版精品遴选计划”；2020年，“车学堂”客车网课和货车网课获得国内首个五星级质量评价证书；2019年，获得中国知识服务峰会之“致敬知识服务专业教育类产品”；2018年，获得中国知识服务峰会之“致敬专业知识服务品牌”；2018年，“车学堂”小车网课获得我国驾培行业首个机动车驾驶培训网络课程评价证书，也是最高等级的网课质量评价证书；2017年，获得第七届中国数字出版博览会“数字出版创新作品”。

此外，车学堂团队因为疫情期间表现突出，还为人民交通出版社获得“全国交通运输抗击新冠肺炎疫情先进单位”和“驾培行业抗疫高度社会责任感先进单位”，车学堂负责人获得“驾培行业抗疫高度社会责任感先进个人”荣誉称号。

（人民交通出版社股份有限公司）

案例类别：产品

中国航海知识服务平台——航海教育生态圈

一、基本情况

（一）人员构成

“中国航海知识服务平台——航海教育生态圈”项目直接参与系统建设与应用的团队成员包括20人。其中，核心成员5人，涉及航海、计算机、法律和金融专业；其他成员15人，主要负责软件研发、产品推广和系统维护工作。团队成员中，具有高级技术职称6人，中级职称14人。

参与本系统建设的顾问团队，来自创办了20年的“水运图书工作室专家沙龙”，专家顾问团队有36人，其中新闻出版行业专家2人，互联网行业专家3人，技术类专家31人。该沙龙聚合了行业行政管理、航运企业管理和产学研领域的诸多高端人才，通过建立专家微信工作群的方式，融合专家团队，并发挥专家团队的整合协调优势，为产品的需求分析、系统研发和推广应用等环节提供智力支持和实施保障。

（二）平台打造

2014年中国航海知识服务平台项目获批，2017年6月项目通过验收。项目实施期间，完成了航海知识e问e答知识库、船上工作模块知识库、航海英语视听说视频素材库、海事海商案例知识库、货运技术知识库、航海气象知识库、船员岗位培训与评估系统和航海职业教育热题库自助学习系统等资源建设。

中国航海知识服务平台项目于2017年7月进入应用规划阶段，经广泛的专家论证、技术可行性分析以及市场信息反馈，将项目的第一阶段应用落脚点确定为航海教育生态圈。

为了提升本项目的市场应用价值，航海教育生态圈的内容建设主要为增量资源，以确保知识的时效性。同时，规划了理论知识管理平台、实践经验管理平台和技术创新平台，以此确立理论、实践和更新三位一体的知识管理机制。

项目开发了航海职业教育热题库自主学习与训练系统和船员岗位培训与评估系统，分别涵盖船员学历教育和适任培训（执业资格）的理论部分和适任培训的实操评估部分与岗位培训与评估，以此覆盖一个船员从入门到入行再到入职的航海学历教育、适任培训和岗位培训职业生涯教育的全过程。

航运业是与国际接轨的全球性产业，对船员履职要求理论知识水平高，实操技术能力强，且知识更新的频次较快，因此，学历教育够用、适任培训实用、岗位培训好用成为我们航海教育生态圈的服务标准。这也是目前我国职业教育改革战略的方向。

航海职业教育热题库自主学习与训练系统由出版社水运中心与大连天维理工信息研究所合作开发，将落地航海职业教育院校和船员适任培训机构；船员岗位培训与评估系统是出版社水运中心与上海齐家赛弗船舶技术有限公司合作开发，将落地航运企业及船员管理公司。航海教育生态圈的规划理念“以内容为主，系统为辅”，内容的够用、实用、好用，是我们知识服务的最大优势。

（三）社会合作

支撑并主导三个学习周期运行的主体，分为管理级、操作级、支持级和服务级。船员主管机关为管理级，考试机构、培训机构等为操作级，航海院校、航运企业、外派机构、服务机构等为支持级，出版机构为服务级。以上主体均为该项目的资源建设合作方。

（四）社会效益

1. 航海教育生态圈的规划与实施，将为国家职业教育改革提供思考方向以及可供借鉴的解决方案。

2. 航海技术创新平台聚合的技术，将努力为推动航海技术进步，服务国家智能航运产业政策，变革现行公约的内容和体系框架，增强我国在国际海事组织的话语权作出贡献。

3. 通过系统应用，大幅简化船上工作的流程和内容，给船员船上工作带来轻松感和安全感，增强船员对职业的归属意识。

4. 通过船岸航行数据同步技术，使岸基海务人员对船舶航行安全、航行效率的管控更加实时有效，实现了技术创新赋能安全生产。

（五）经济收益

航海教育生态圈阶段产品船员岗位培训与评估系统和全球航海信息智能服务系统阶段产品船舶航行智能导航系统均已商用，已在数十条船上安装并使用。

1. 船员岗位培训与评估系统分为培训和评估两个模块，课程分为标准化课程、第三方课程和企业自建课程，目前已有数百名用户使用。

2. 通过云计算介入航线规划，在确保安全航行的基础上，航行里程更加优化，为航运企业和船舶管理公司节约油耗，里程优化亦可缩短航行时间，提高船舶周转效率。

3. 通过独有的数据镜像功能实现了船岸物联，大幅提升岸基海务人员的工作实效，单人管控更多船舶成为可能。

4. 本系统使得船舶航行更安全，也可让岸基船舶管控更有效，防控船舶搁浅、触礁等安全隐患，避免安全生产事故导致的重大财产损失。

二、项目介绍

（一）知识众筹与技术众筹

1. 知识树——知识众筹。在中国航海知识服务平台中，针对“航海知识”规划了一棵知识树，用于知识众筹。这棵知识树翔实生动地描绘出本平台的知识体系，包括：（1）树干部分：航海技术、船舶工程、港航工程、航海保障、海事海商五大部分。（2）树枝部分：指每一个知识体系下按照职能管理属性进行若干分类，共 7 个树枝。（3）树叶部分：指每个分类下包含若干个科目，共 36 个科目。

2. 应用图——技术众筹。在中国航海知识服务平台中，针对“服务”设计了一张应用图，用于技术众筹。本项目建设内容主要服务于政府机构、航运企业、科研院所以及其他航运业从业人员。

产品表现形态有：Web、Pad、手机、U 盘、船载终端、镜像应用系统。

（二）搭建管理平台，形成落地产品

在项目实施环节，根据知识众筹，设计了理论知识、实践经验两个内容建设子平台，在理论知识子平台构建了航海知识 e 问 e 答知识库，该知识库包括航海学、船舶结构与货运、船舶管理（驾驶专业）、船舶辅机、船舶电气与自动化、船舶操纵与避碰、主推进动力装置、船舶管理(轮机专业)、船舶动力装置等科目共计 870 万字。在实践经验子平台构建了船上工作模块和海事海商案例知识库，该知识库包括保险、理赔案例、海事案例（共三辑）、防海盗案例、货损案例（共四辑）、水上交通事故案例（共四辑）、仲裁案例（共两辑）共计 2100 万字。

根据技术众筹，设计了一个技术创新子平台，用于航海新技术研发。

理论知识和实践经验两个子平台衍生出“航海教育生态圈”应用模型，技术创新子平台衍生出“全球航海信息智能服务系统”应用模型。生态圈的阶段性产品是“船员岗位培训与培评系统”，“全球航海信息智能服务系统”的阶段性产品是“船舶智能导航系统”。

（三）航海教育生态圈

航海职业教育培养链、大数据和朋友圈，形成三位一体的航海教育生态圈。

一名船员的职业生涯，要经历入门的学历教育、入行的适任培训和入职的岗位培训三个学习阶段，我们把

这三个阶段定义为航海职业教育培养链。

三个学习阶段各自有各自的知识体系和教学与培训大纲，它们之间既区分，又交叉，形成了航海教育大数据知识生态。

支撑并主导三个学习周期运行的主体，有航海院校、船员培训考试发证主管部门和航运企业，由此形成了航海职业教育朋友圈。

“中国航海知识服务平台——航海教育生态圈”于2019年入选中宣部“数字出版精品遴选推荐计划”。

（四）全球航海信息智能服务系统

全球航海信息智能服务系统通过船岸海图数据同步，实现岸基对船舶航行的大数据支持。随着系统的广泛应用，会大幅提升船员船上工作效率，岗位职责也会得到有效简化，进而促进相关公约法规变化，实现“少人船”目标。岸基技术支持会需要大量的海务船长和机务轮机长，使船员回到岸上工作成为可能。

随着2021年船舶营运管理和货物管理两个系统的开发应用，通过聚合航运公司的海务、机务和航运等业务部门的内部数据，将会为航运公司提供包裹式的一体化智能管理系统。同时，通过实现与代理、供应、港务、港口国检查、安全体系审核等辅助业务外部数据对接，将促成船运业务与辅助业务的一体化，优化产业链结构，提升产业发展效率。

该项目“基于海图大数据的船舶智慧航行服务关键技术研究与应用”荣获中国航海学会科学技术奖一等奖。

（人民交通出版社股份有限公司）

案例类别：产品

化工安全教育公共服务平台

刘砚哲 王薇 朱亮

化工安全教育公共服务平台（以下简称平台）是由中国石油和化学工业联合会指导、化学工业出版社承担建设，是专注于化工安全的国家级在线培训平台。平台孵化于2015年度文化产业发展专项资金项目“危险化学品信息投送与知识服务云平台”。

一、出版社成立专门部门，高级职称5人

化学工业出版社专门成立了数字内容研发部，目前社数字出版工作由社党委书记、董事长、总经理周伟斌直接分管。数字内容研发部目前有10名全职人员，各地代理共计20余人。其中编审2人、副编审3人、中级职称5人。全职人员主要毕业于清华大学、华东理工大学、北京化工大学、北京师范大学、中国地质大学（北京）等，其中硕士及以上学历占比44%，人员年龄分布在老中青三个年龄阶段。

二、平台内容：安全教育体系完整，专业内容资源优质

平台课程依据国家相关部门颁布的《化工（危险化学品）企业主要负责人安全生产管理知识重点考核内容（第一版）》《化工（危险化学品）企业安全生产管理人员安全生产管理知识重点考核内容（第一版）》《危险化学品安全监管人员提升专业知识培训重点（第一版）》《特种作业人员安全技术培训考核管理规定》《化工自动化控制仪表特种作业人员安全生产培训大纲及考核标准》等制作。平台充分考虑炼化行业、煤化工、氯碱、精细化工等不同行业不同岗位特点，系统研发平台课程，满足企业个性化培训需求。同时，平台课程覆盖化工（危险化学品）生命周期全流程（生产、储存、使用、经营、运输、废弃），切实落实化工（危险化学品）闭环管理。

平台邀请权威专家（化工安全生产应急管理决策者，危化品相关法规、标准、文件核心制定者，化工安全科研人员，安全生产技术人员，企业一线安全生产管理人员，高校教师等三百余名）授课，并建立了完备的课程体系，包括法律法规标准、企业安全管理、企业安全技术、应急管理培训、细分行业安全、国内外事故案例、国外引进认证课程、安全专题培训等。

平台从4个维度搭建化工安全知识体系，目前有40余个系列，2000余门化工安全培训课程。平台有国内最大规模的化工安全事故案例片共计200部左右，真实再现事故过程，深入揭示事故真相。平台独家引进美国化学工程师学会认证课程，专家翻译，专业制作。平台有化工安全法律法规标准规范数据库，1950年至今的事故案例汇编库，电子书1000余本，试题3万多道，并实时发布行业资讯，为政府和企业提供一站式全方位信息服务。

平台内容资源紧扣当今化工安全、应急管理热点和难点问题，内容深入浅出、贴合实际，为化工企业管理人员、从业人员、安全生产部门、安全生产技术服务人员、

学校及科研院所实验室相关人员提供安全教育保障。

三、技术先进性：专注学习效果和学习体验

平台利用计算机及AI技术，可实现实名认证、人脸识别、AI监考、随机考试、自动组卷、自动阅卷，答题数据分析和统计等功能。可定期统计培训学习情况和考试测评结果，形成培训通报。诸多手段大大提高了学习效率和培训质量，也有利于检验学习成果，发现学习过程中的薄弱环节，增强学习针对性。为每位学员提供完整的培训档案，终身可查的培训证书。

四、社会合作：全面开展与相关部委、协会及高校企业合作

目前平台与应急管理部、中国石油和化学工业联合会、工业和信息化部、人力资源和社会保障部、生态环境部、交通运输部、各化工园区以及中石油、中石化、中海油等央企都建立一定合作关系。包括：接受应急管理部委托承担中办、国办《关于全面加强危险化学品安全生产的工作意见》（以下简称两办《意见》）全国宣讲视频的录制和剪辑工作；承担中国石油和化学工业联合会委托的两届“石油和化工安全生产月短视频比赛”；与中石化燕山石化、天津石化、洛阳石化、齐鲁石化等合作开发系列化工企业安全生产系列课程；与北京大学、浙江大学等单位合作共同开发国家级化工安全实验室系列课程；与中国化工教育协会合作建设国家开放大学石油和化工学院化工安全技术专业；与美国化学工程师学会合作独家引进并翻译了其在线课程等。

五、社会效益：数字出版奖，应急管理部推荐并发感谢信

2019年平台入围国家新闻出版署“2019年度数字出版精品遴选推荐计划”。

2020年12月应急管理部致信感谢平台为全国化工安全教育所做的贡献。

2021年4月平台入选中宣部组织的“全国百佳数字出版精品项目献礼建党百年”。

2021年9月平台获中国出版协会“出版融合发展优秀案例”。

平台2019年1月上线，应急管理部危化司在2019年6月召开的全国危化品安全监管工作交流会议上给全国所有分管危化的厅长和处长推荐平台，作为全国危化监管人员和企业主要负责人在线培训平台。目前江西、湖南、新疆、天津、四川、重庆、河南、吉林等地应急管理部门都先后发布了利用平台开展安全生产和管理培训的文件，要求辖区相关人员在线学习和考试。

2020年面对突如其来的新冠疫情，平台在社党委领导下，迅速行动，于1月29日（初五），正式启动利用在线资源开展战“疫”学习公益活动；2月1日（初八），平台免费在线课程正式上线。战“疫”学习公益活动内容和形式经过认真策划，服务对象包括危化品安全监管人员、企业主要负责人和企业员工，实现了化工相关从业人员全覆盖。平台活动发布后应急管理部危化司孙广宇司长第一时间将活动推送到全国危化监管人员工作群，中国石油和化学工业联合会领导及联合会系统也大力宣传，进一步扩大了受众范围和社会影响力。

平台围绕应急管理部中心工作第一时间增加了两办《意见》在全国的宣贯工作，全国共计58942人次进行两办《意见》课程学习，完成77911.7学时培训。

2021年7月应急管理部向全国征集危化品安全培训数字资源，由平台具体实施，以推动数字资源共建共享，提升优质资源使用效率。

目前，平台已经有实名注册专业用户22万。已为全国26个省（自治区、直辖市）政府应急管理部门、化工企业、高校师生等行业相关人员提供安全知识培训服务，总学习时长1010万学时；组织考试18万余场，40多万人次参加考试；平台累计收入700万元。2020年平台访客数达468860人，浏览量10880619次。

六、经济效益：上线3年，收入700万元

平台2019年正式上线，2019年平台收入63万元，2020年平台收入300多万元，2021年至今平台收入近300万元。2020年收入主要来自应急管理部政府购买服务、重庆市应急管理部政府购买服务、扬州化工园区政府购买服务；中石油大庆油田化工、中石化洛阳石化、中海油中海沥青、中国天辰工程有限公司等大型国企；山东京博控股集团公司、浙江巴陵恒逸己内酰胺有限责任公司、河南心连心化工有限公司、四川成都玉龙化工有限公司、山东先达农化股份有限公司、天津凯莱英制药有限公司、青海省博鸿化工有限公司、海南富山集团有限公司等大中小型民营企业；上海赛科石油化工有限责任公司、北京燕山石化液化空气气体有限公司等合资企业。中国科学院大学、北京化工大学、中国石油大学（华东）、中北大学、浙江中医药大学等高等院校。

（刘砚哲、王薇、朱亮：化学工业出版社有限公司数字内容研发部编辑）

化工安全教育公共服务平台

案例类别：产品

中国建筑出版在线

一、产品介绍

“中国建筑出版在线”的前身是“中国建筑全媒体资源库与专业信息服务平台”，是原国家新闻出版广电总局“新闻出版改革发展项目库”入库项目，也是中国建筑工业出版社获得的（以下简称建工社）第一个国家资金资助的数字出版重大项目。项目旨在建设以建工社的图书资源为核心内容的“全媒体资源库”，构建建筑专业数字出版信息服务平台、资源采集加工平台、复合出版平台和基础平台4个平台，开展建筑图书、建筑图库、标准规范、知识服务、教育在线、工具书等六大在线服务。

“中国建筑出版在线”为住建行业从业人员提供全方位、立体化、多终端、多渠道的知识服务，为线下纸质图书提供线上增值服务，通过基于ISLI / KLS标准的二维码或其他形式识别码将纸质图书与线上富媒体内容相关联，实现平面纸书与立体网络富媒体内容的融合（包括视、听、看、测试练习等），达到阅读、深化学习和辅助理解的目的。一方面，通过在纸质图书中应用二维码等识别码，形成一个强关联的互联网入口，通过扫码将用户引流到线上并收集用户的阅读行为习惯，依靠大数据分析用户画像能够在未来做到精准营销；另一方面，通过相关练习、题库等内容，辅以大数据分析用户知识点薄弱环节，实现智能导学。另外通过一书一码，使每本书都有了“身份证”，不仅可以保障正版图书权益，也真正提升了正版图书服务，同一本图书由于面向的层次不同，还可以通过网络提供差异化的服务。

自2013年10月正式上线至今，“中国建筑出版在线”经过8年的建设运营，累计服务用户近700万人次，累计营收逾2亿元，双效俱佳，受到了业内的好评，获得2013年全国新闻出版业优秀数字出版平台、2016年新闻出版产业示范项目、2017年专业知识服务品牌、入围国家新闻出版署2019年度数字出版精品遴选推荐计划等诸多荣誉。为适应移动互联网的发展需要，建工社又在平台基础上开发了“建工社微课程”微信小程序，自2016年2月上线至今，视频累计播放量超亿次，形成了内容权威、形态丰富、质量上乘、及时更新的内容产品体系，在建造师群体中有极高的认知度，数字收入大幅增长的同时也极大地促进了正版纸书的销售，获得了2019年互联网发展大会“优秀创新项目”、2019年第九届中国数字出版博览会“数字出版创新项目”等荣誉。

二、创新分析

（一）市场背景

建筑行业是中国的支柱性行业，拥有庞大的从业人员群体和产业基础：据不完全统计，全国从业人员约5000万人，开设建筑相关专业院校近4000所，科研机构约3000所；同时，我国的建筑产业正面临全面的转型升级，对从业人员的素质和技能要求在不断提高，建筑类数字化专业知识服务市场需求和发展空间很大。此外，伴随着网络环境的逐步完善和手机上网的迅速普及，用户付费逐渐形成习惯，本产品即以垂直领域专业人员对专业知识的精准获取为目标，在标准支撑、大数据采集与分析、用户画像等基础上，将优质纸书与多形态多终端数字产品与服务相结合，构建出版单位的全媒体运营体系，满足用户便捷获取专业知识与服务的需求。

（二）创新经验

1. 理念创新。产品以ISLI / KLS、CNONIX等标准为基础，以建造师等建筑领域从业人员的专业需求和使用趋势为导向，通过知识服务技术、二维码技术、DRM技术以及大数据等技术应用，探索以用户为中心的全渠道服务模式；在知识服务全流程产业链的创新模式下，实现一个内容多种创意、一个创意多次开发、一次开发多种产品、一种产品多个形态、一次销售多条渠道、一次投入多次产出、一次产出多次增值的生产经营运行方式。

2. 体系创新。通过面向应用，构建管理运营支撑系统，突破了传统资源库模式，极大增强了内容资源的服务能力；采用二维码生成管理系统，为传统纸书提供在线知识服务产品的入口，实现用户向互联网服务平台的迁移和积累以及最终用户信息的收集；通过嵌入式知识服务，可以将知识服务内容资源方便灵活地接入施工企业的管理系统，为施工企业内部用户提供知识服务；通过对知识应用的行为数据以及专业社区中用户互动行为数据的采集，细化构建用户画像模型，分析用户的深度使用需求和使用趋势，为知识内容的精准投送提供依据；通过对产品选择、渠道流通、内容应用以及用户行为的分层大数据信息模型构建，开发综合的大数据采集、挖掘、分析和应用系统，支撑出版社内容选题精准化、服务精准化以及交易精准化，促进出版社知识资源生产与供给能力的大幅度提升。

3. 技术创新。产品采用统一客户端的用户界面模式，将复杂的专业知识阅读以及在线学习等功能集成到客户端中，突破了传统电子书阅读 APP 的局限性，为建造师等建筑领域从业人员获取专业内容提供了一站式的统一服务。采用了全局 DRM 技术和内容自动分发技术，不仅能实现销售—授权的主控和自动流程，更可以支持转售、转借、转卖和样书试读等多种灵活的业务模式，使数字内容资源的销售完全可以与传统纸质产品销售的灵活性相媲美。创造性地应用纸屏互动技术，从源头进行版权保护，实现了对纸书与数字产品的内容及服务一体化管理。

4. 运营创新。产品进一步探索出版融合和转型升级，形成一套以用户为中心全渠道知识服务产品的管理和运营方案，弥补传统出版模式远离用户的不足；打造一批具备熟稔互联网产品建设和运作的人才团队，并将其融入出版社的原有组织架构中；探索各部门间的协作和管理机制，形成兼顾传统出版和数字出版的新型出版组织架构。同时，逐步构建基于云服务的知识服务产品运营模式，通过该平台和各个渠道商、内容加工商、技术服务商紧密合作，突破出版社内容提供者的有限角色，使出版社以知识服务运营商的角色真正参与到产品的运营管理，并在整个知识服务产品的运营中处于核心位置。

（三）产品应用的意义

“中国建筑出版在线”推出后不但满足了建筑业规模庞大的从业人员的知识内容应用及学习需求，还突破性地将传统纸书与数字内容、知识服务建立内在的深度融合和互相支撑，通过一系列管理运营支撑系统、应用系统及客户端系统的开发和应用，实现了内容资源的深度 DRM 管理及灵活分发和销售，为建工社聚集和运营终端用户创造了必备条件，也为建工社实现深度出版融合起到了积极的推进作用。

1. 对国家和社会的意义。产品深入贯彻国家“十三五”发展规划纲要提出的“互联网 +”深度广泛应用，促进“互联网 +”与各行业的融合创新，搭建资源开放共享平台，推动线上线下结合等新兴业态和移动多媒体、数字出版等新兴产业的快速发展，深化出版发行等传统产业转型升级，加快发展现代文化产业，为文化业态创新与产业融合发展提供基础研究和借鉴作用。

2. 对出版行业的意义。产品贯彻落实《新闻出版业“十三五”时期发展规划》的主要任务，加强行业共性关键技术研发与应用，推动建设新闻出版业新兴业态的支撑环境；加快内容资源数字化处理，数字内容智能化和知识化组织、管理、呈现、存储等技术研发与应用，有效促进了新闻出版业传统业态的数字化转型升级，推动了新兴业态多元化、融合发展的模式创新。

3. 对出版单位的意义。在运用新技术、探索新模式、构建新业态方面，“中国建筑出版在线”以 ISLI / KLS、KOI、CNONIX 等为核心标准支撑，围绕领域内专业知识体系构建和内容智能化应用模式，以全局性 DRM 为核心的专业知识内容智能化分发及建立知识精准投送等服务模式和应用需求，通过纸屏互动二维码应用体系，面向以建造师为代表的庞大从业人员，构建全方位、立体化的知识服务平台，在相关核心技术基础上开发相应的应用支撑技术模块，形成一系列基于实践的实证性示范方案、知识体系、应用系统、知识产品和运营服务机制等成果。

〔中国建筑出版传媒有限公司，建知（北京）数字传媒有限公司〕

中国建筑出版在线

案例类别：产品

AR·3D《地理》数字教学资源系统（初中版）

AR·3D《地理》数字教学资源系统（初中版）由中国地图出版社有限公司、南方出版传媒股份有限公司、北京路上智能科技有限公司历时四年联合研发而成。本项目由中国地图出版社有限公司提供内容策划和编辑，南方出版传媒股份有限公司提供渠道支持，北京路上智能科技有限公司提供技术和服务。

一、政治导向

基础教育课程是国家意志在教育领域的直接体现，

立德树人，坚持正确的政治方向、出版导向是基本原则之一。同时，地图具有很强的政治性和科学性，体现了国家的意志，是国家版图的主要表现形式之一。本系统与国家审查通过的教科书紧密配套，其中的教学地图资源严格遵守地图审核规定，通过自然资源部审批，系统中的地图和地理动画符合我国政治和外交立场，政治导向正确。

本系统积极响应习近平总书记关于《加快推动媒体融合发展，构建全媒体传播格局》的指示，为实现“两个一百年”奋斗目标、实现中华民族伟大复兴的中国梦提供强大精神力量，本系统的研发注重提升学生的自主性、积极性和思想性，侧重于对知识的表达和理解，提倡积极向上的情感、态度、价值观，推动媒体融合向纵深发展。

本系统对加强国家版图意识教育、加强爱国主义教育、弘扬社会主义核心价值观、传承中华优秀传统文化，帮助学生实现全面健康发展等方面都有重要意义。

二、专业导向

AR · 3D《地理》数字教学资源系统（初中版）是一套体系完整、知识点全面、采用多媒体技术为老师学生进行地理数字教育的资源系统，率先将天文数据库应用于初中地理教学体系，率先实现多媒体数字地图叠加和分层呈现技术。

在传统地理学科教学中，仅仅通过纸质教材，不能看到时空背景下地理事物的运动变化，导致学生难以理解一些抽象的地理知识。AR · 3D《地理》数字教学资源系统（初中版）以教育部《教育信息化 2.0 行动计划》为纲要，利用新兴信息技术对教学内容进行动态模拟，打破传统的、纸质的平面地图认知教育的局限，使教学对象由静态变为动态，由平面变为立体，采用地图叠加和分层技术，将抽象变为具体，抽丝剥茧般地化难为易，能激发学生兴趣。学生可以边观察、边操作、边思考讨论，既活跃了课堂气氛，也体现教师主导、学生主体的教育理念，使教与学成为有机的整体。

AR · 3D《地理》数字教学资源系统（初中版）极大地拓展和丰富了传统地理教学界限，由有限内容扩展到无限内容，为地理教学的发展开拓了新的方向。本系统优势明显，填补了现有地理教学资源产品的缺陷。

三、创新性

（一）本系统是一套体系完整、知识点全面的新媒体新技术新服务的地理数字教学资源系统

系统依据教育部课程标准开发，模块、章节设计符合课堂教学要求，内容覆盖课标全知识点并略有扩展，目前版本包括《AR · 3D 多功能教学地球仪》《地理 AR · 3D 教学软件（七年级上）》《地理 AR · 3D 教学软件（七年级下）》《地理 AR · 3D 教学软件（八年级上）》《地理 AR · 3D 教学软件（八年级下）》五个独立软件，内含 60 个模块、780 个子模块，2200 余知识点，语音时长大约 480 分钟。内置天文数据库，42 个独立设计、制作的教学短视频，1600 张高清授权图片，50 幅手绘插图，200 幅高清标准数字教学地图，基本满足了初中学段地理教学的素材、资源需求。

（二）率先将天文数据库应用于初中地理教学（可自定义设置）

由 1500 个计算公式组成，可以呈现出前后 100 年、地球上任意地点、与教学相关的所有天文地理数据，内置全国 43 个城市和世界 78 个国家的天文地理数据选单。

（三）率先实现多媒体数字地图叠加和分层呈现技术

本系统通过多媒体数字地图叠加和分层呈现技术，解决了目前传统纸质挂图中存在的问题：呈现形式单一，各知识点不能融会贯通，单一挂图造价高、使用不便、信息更新滞后等问题。

四、目标用户群体

本套系统适用于学校多媒体教学终端课堂教学，也可下载安装到教师、学生的使用终端，用于课前备课、课前预习和课后复习等。

目标用户群：全国 5.26 万所初中学校，4400 万初中学生。

五、服务模式

构建三位一体的新媒体新技术（服务）的教学资源研发、发行体系，可以缩短业务链、降低业务成本，提高研发、服务效率。

六、项目亮点

1. 全系统 AR+3D 呈现，AR · 3D 地球仪贯穿整套教学系统。

2. 内置全国首创的天文数据库。

3. 200 张多媒体数字地图叠加呈现。

4. 内置 1600 张高清授权图片，42 个教学短视频，50 幅手绘插图，若干 3D 动画、小游戏；各模块配同步练习、解析、答案。

5. 适用于一切智能终端、移动终端；可离线使用，满足碎片化学习需求；各模块可插拔、适配各教材版本；可配置教室、教师、学生。

6. 可随时内容更新、优化。

七、主要技术

软件后台应用 Spring、Spring MVC、Hibernate、MyBatis、

Shiro 权限管理等框架，session、Servlet 页面数据交互 mysql 数据库，通过 Java 语言开发交互功能，HTTP 联网请求，与前端进行信息交互验证。

AR 增强现实方式通过 Unity3D 引擎与高通 Vuforia 工具 SDK 相结合，实现扫描识别卡运行软件。

软件模型动画通过 3D Studio Max 三维模型和动画渲染制作工具开发。

（中国地图出版社有限公司）

案例类别：产品

《古诗词遇见中国地理》融合出版项目

刘鹏

一、项目介绍

（一）内容简介

古典诗词和文化的现代解读，是近些年的热门选题。古典诗词中涉及许多地理知识，如地形、地貌、气候、水文等，一般书对此往往不做重点解读。如王之涣《凉州词》中有“春风不度玉门关”的描述，然而一直以来，读者只知道战士戍守边塞，边塞苦寒而又遥远，但是并不清楚诗中的玉门关到底在哪里，春风又为什么不度玉门关。再如，刘禹锡在《浪淘沙》中写道：“九曲黄河万里沙”，那黄河的含沙量到底有多少？这些问题如果不解决，恐怕就无法真正理解诗词内涵，更无法深入认知地大物博、历史悠久的中华文化。

《古诗词遇见中国地理》出版融合案例立足于“诗和远方”，围绕这一话题，从五个方面对“诗和远方”的关系进行解读，旨在让读者深入理解诗词内涵，感受中华文化的博大精深。这五个方面分别是出版一本书，拍摄动画片，拍摄真人秀，绘制手绘地图，制作趣味拼图文创产品。实现传统出版与动画、视频、动手实践相融合。具体包括：

1. 出版一本书。《古诗词遇见中国地理》由国内知名作家杨金志编著，共分 7 大景观主题，分别为黄河、长江、大地、大海、名山、名城、名楼。从自然地理与人文地理的角度展示古典诗词的精神内涵和文化世界，架构编排合理，内容丰富。全书精选 100 组（篇）与中国地理有关的古典诗词，从地理的独特视角切入，对古典诗词和传统文化进行现代阐释，从地理角度对诗词的创作地，诗词中出现的地名，以及该地的地理概貌、历史演变、气候、水运、文化遗迹乃至旅游文化资源等进行说明和阐释，用现代人的观点阐释和解读诗意。

2. 拍摄动画片。配合《古诗词遇见中国地理》一书，共分为 7 集，对应 7 个主题。动画片的主人公为云图和诗月。男主人公云图是一个现代人，地理迷。有一天他收到一个奇怪的包裹，带他穿越到女主人公诗月生活的清朝。女主人公诗月是一个饱读诗词的淑女。男主人公需要在清朝寻找到散落在各地的 7 张地图碎片，才能重回现代生活，由此引出了云图和诗月二人的冒险经历。二人在各地通过诗词解谜，学习地理知识，完成任务。动画中涉及了大量古典诗词同地理知识结合的内容。让读者能够在看动画片的过程中，学习相关知识。7 集动画片的二维码均已印刷在《古诗词遇见中国地理》一书中的每章章首，可以扫码观看。

3. 拍摄真人秀。配合《古诗词遇见中国地理》一书 7 大主题和 7 集动画片，共分为 7 集。在拍摄过程中，基于动画片寻找了形象类似的主人公云图和诗月。两人身着动画片中同款的服装。通过对话，畅聊诗词与中国地理相关问题。真人秀是动画片的延续，内容寓教于乐，使读者轻松学习古典诗词与地理知识。

4. 绘制手绘地图。配合《古诗词遇见中国地理》一书 7 大主题。这些手绘地图采用传统中国绘画中三山五园的绘制风格，与古典诗词有机融合，国画、古典诗词，尽显中国传统文化中的诗书画意，表现相应的主题内容。特别是手绘地图中标注了古典诗词中出现的地名，将古典诗词中诗人的写作地点或描写地点进行地图定位。手绘地图中展示了中华大地山河的壮美，多样的地理环境，古代诗人面对当时的场景，吟诗咏叹。今天爱好旅游的人们，追寻诗人的足迹，到当年诗人作诗的地方寻访，面对现场，往往语言略显贫乏，通过地图对照，寻找此地当年诗人留下的语言，抒发自己的感情。7 幅手绘地图分别是黄河、长江、中国自然景观、中国水系、中国名山、中国历史文化名城（部分）、特色亭台楼阁。

5. 制作趣味拼图文创产品。基于手绘地图，制作了黄河和长江的趣味拼图文创产品。每个文创产品为 276 块拼图，拼图的正面为手绘地图，背面为《古诗词遇见中国地理》书中描写黄河和长江的诗词。在诵读古诗词的同时，饱览祖国壮美河山。

围绕《古诗词遇见中国地理》相关产品，也同时衍生出其他形态的内容，包括学生活动课程《古诗词里的黄河故事》等已开展多场学生现场课。后续，这些衍生内容将不断丰富，实现由一个主题带来N种形态产品的出版融合。

（二）项目实施进度

项目于2019年10月启动，确定选题方向，联系作者，在全书定稿后，与视频制作公司确定动画片和真人秀的拍摄方案并完成拍摄。同步完成手绘地图的设计和绘制，趣味拼图的设计制作。2020年12月完成《古诗词遇见中国地理》一书的印刷。与项目相关的其他内容正在持续研发中。

二、成效与社会反响

本作品通过从不同维度解读“诗和远方”，让读者获得立体式的阅读体验。取得了较好的经济效益和社会效益。

在2020年北京数字精品内容推荐会上，《古诗词遇见中国地理》进行出版背后的故事分享，几千人在线观看直播，获得好评。

在2020年11月，北京市建华实验学校110余名学生到中国地图出版社学习“古诗词里的黄河故事”课程，获得了较好的社会反响。

2021年5月，《古诗词遇见中国地理》入选中国图书评论学会“中国好书”5月榜。

2021年7月，《古诗词遇见中国地理》实现版权输出，与商务印书馆（香港）有限公司达成该书繁体版出版协议。

截至2021年7月，《古诗词遇见中国地理》已累计重印3次，印刷量达35000册。

2021年7月起，《古诗词遇见中国地理》重新整合每个主题内容，包括视频、文字知识等，陆续发布在中图研学院公众号、头条号等媒体。自发布之后，每期观看人数达到万人以上，公众号粉丝量成倍增加，取得了较好的推广效果，也带动了相关产品的销售。

三、融合经验体会

在融合出版实施过程中，需要确定好一条与选题相关的主线，把握好这条主线，进行相应的产品开发。《古诗词遇见中国地理》正是秉承这一理念，通过一个选题出发，紧紧围绕7大地理景观主题，衍生出了丰富多样的作品，产品类型尽管丰富，但可以归为7大主题中的一类，相对集中，这是一次较为新颖的尝试。

在设计相关产品时，最大的特点是深入浅出，以大众喜闻乐见的语言表达形式，将古诗词的内涵和意蕴通俗化、具体化、生活化，具有较强的文化传播效力。从地理的视角出发，用地图串联知识，用知识诠释地图，从故事传说到诗词文化，从地理概貌到人文景观，内容丰富、逻辑严谨。全面解读古诗词中出现的地理知识，以及诗词本身所蕴含的丰富的人文历史内蕴。注重知识面的广阔性和全面性，凝聚了对中国古典诗词文化内涵的深入思考与独到见解。沉淀着丰富的传统文化内涵，蕴含着广博的地理历史知识，充满可读性与趣味性。

做好新媒体营销工作。《古诗词遇见中国地理》系列产品中，本身自带视频产品，这些视频产品通过在不同的新媒体平台上播出，进一步增加了读者的关注度，进而带动了相关产品的销售，取得了较好的效果。

通过这些形式丰富的产品，运用新媒体的营销手段，吸引更多读者了解产品，进而提升产品的销量，获得较好的经济效益和社会效益。

（刘鹏：中国地图出版社编辑）

《古诗词遇见中国地理》之“黄河”动画片

案例类别：产品

“中国经典水利史料”融合出版

张小思 马爱梅

“中国经典水利史料”项目为中国水利水电出版传媒集团自主研发的具有独立知识产权的融合出版项目，旨在通过深挖传统水利文化经典内涵，提供知识服务，传播中华优秀传统文化。项目立足全媒体出版，努力实现“一种内容、多种媒体、同步出版”。

一、项目情况

在知识资源构成上，本项目包括水利历史文献、水利历史图片、谕旨奏章、历史档案、碑刻拓片等多种类型内容资源。在产品形态上，项目开发出纸质出版物、电子出版物、数字出版物、融合出版物等系列出版物类别。

（一）纸质出版物

1. 大型水利古籍整理系列丛书——《中国水利史典》。聘请专家及国内外学者对我国水利古籍资源进行了梳理、筛选和系统整编，精选数百种经典水利古籍进行标点、注释等整理考证，策划出版大型系列丛书《中国水利史典》（5000余万字，51分册）。内容按照我国水系、流域，分为综合、长江、黄河、淮河、海河等十卷。

2. 长江流域水利古籍整理系列丛书——《长江水利史料丛刊》。分流域对内容资源进行评价分析，评估调查涉及长江流域水利古籍出版情况，策划出版《长江水利史料丛刊》系列图书，包括《蜀水考（外二种）》《洞庭湖志》等长江治水典籍6种。

3. 水利古籍单行本。本项目对所收水利历史文献内容资源的历史价值、文献价值、学术价值等进行评估，精选文化底蕴丰厚、学术价值高、有现实意义的水利典籍，策划出版水利典籍单行本，并申报国家古籍资助。其中《道光朝东西两防海塘全纪》《河防一览》《中国古代河工技术通解》分别入选2015年、2016年、2017年国家古籍整理出版专项资助项目，现已出版面世。

（二）电子出版物

1.《中国经典水利古地图（CD-ROM光盘）》。从项目内容资源中析出中国经典水利古地图2000余幅，主要精选收录水利经典古籍、历代治河奏折呈表、海内外各藏书机构中的珍稀地图，并按主题特色进行多维度专题分类。

2.《中国经典水利古文献（CD-ROM光盘）》。从项目内容资源中析出水利重要古籍资源3000万字，包括经点校整理、繁体排录、全文数字化后的水利典籍，文体类型丰富，内容涉及历代治水经验总结、政府水政方针、官员和水利专家治水主张和构想、水利地形和水利工程描绘等。

3.《中国古代河渠图（CD-ROM光盘）》。从项目内容资源中析出中国古代河渠图约2000余幅，主要选录有历史代表性的，能够反映我国大江大河水道水系、流域地形、湖泊源泉分布的古代河渠图，并按河道特点进行专题分类。

4.《中国经典水利史料（U阅通）》。《中国经典水利史料（U阅通）》是对上述三个光盘项目的内容集成，功能更为强大，查询快捷，实体便携。

上述4种电子出版物，以U盘或光盘为载体，便携性强，既能获得原版图书的阅读体验，又支持内容资源进行多种检索。

（三）数字出版物

在“纸电同步”融合出版思想的指导下，对项目内容资源进行数字化深加工和知识标引，最终形成了包括水利历史文献、水利历史图片、谕旨奏章三个子库的“中国经典水利史料数据库”。

水利历史文献数据库，包括经点校整理、繁体排录、全文数字化后的水利重要古籍2000余万字，可实现全文检索、电子书阅读，以及对书名、人名和朝代的定向搜索。

水利历史图片数据库，收录了水利经典古籍、历代治河奏折呈表、海内外各藏书机构中的珍稀地图4000余幅，并按主题特色进行多维度专题分类，吸收大量专家学者对地图文化的最新研究成果，支持多种检索方式。

谕旨奏章数据库，是对200余种经典水利典籍进行横向分析，将文献中散存的谕旨奏章提取出来，按时间序列将围绕每个重大水利事件的谕旨奏章串联起来，以时间轴的形式体现历朝历代兴水利除水害的重大举措。

（四）移动终端出版物

鉴于目前大众阅读对手机终端的依赖性逐渐增强，项目还开发了“中国经典水利史料”微信公众号，在现有内容资源的基础上，进行手机终端数据库功能开发，它是目前唯一面向移动端开发的水利古籍数据库，支持多种查询方式，实现即时阅读。

（五）文创产品

本项目通过对内容资源的文化含义、内容品质、受众群体等因素进行分析，将大量大众所熟知的、承载文明基因的、具有历史美感的古地图（如明代潘季驯《全河图说》）进行数字修复和艺术复原，进行内容资源二次开发，形成具有收藏价值、观赏价值和研究价值的文创产品。

二、项目具体成效与社会反响

（一）项目具体成效

1. 具有独特的文化传承价值。本项目对水利类古籍史料的系统收集整理在出版领域尚属首次。本项目收录整理了众多水利史上独一无二的经典水利史料，对当前治水兴水、防灾减灾和相关学科的研究有极大的学术价值和文献价值，具有抢救挖掘文化遗产的深远意义。

2. 具有指导现代水利建设的现实意义。本项目将中国经典水利史料历史地理数据信息进行内容架构和指示关联，为解决全国流域水资源利用问题，开展现代水利科学研究和经济社会可持续发展研究提供宝贵的历史依据和史料印证，对于指导现代水利建设具有重要的实用价值和现实意义。

3. 出版方式灵活，示范水利行业知识资源融合转型。本项目对水利史料的灵活出版，既可以实现大量水利史料以简便、快捷、灵活的方式满足大众阅读、科研咨询的需求，又有利于以统一的标准口径对整个水利行业知识体系进行整合，进而为将来国家行业知识资源总库的建设与应用做出有益的尝试和铺垫。

（二）社会反响

1. 斩获多项大奖，多次在国内重要展会展出。本项目中析出的纸质系列出版物《中国水利史典》荣获第六届中华优秀出版物奖图书奖和第四届中国出版政府奖图书奖提名奖。本项目中析出的纸质出版物《河防一览》被评为“2018海峡两岸书籍设计邀请赛十大最美图书”。2019年7月，《中国水利史典（10卷20分册）》入选中宣部主办的“书影中的70年 新中国图书展”。2019年10月，《中国水利史典（10卷20分册）》在国家博物馆举行的“伟大的变革——庆祝改革开放40周年大型展览”第四展区“历史巨变”中展出。

2. 引起学界对中华传统水文化的关注、挖掘和研究。项目出版过程中，就引起相关学科领域的持续关注和强烈反响。项目正式上线运营后，获得多所国内外图书馆和科研院所的试用和购买。此外，该项目还获邀在中华书局开发的“籍合网”上线运营，与“中华经典古籍库”“中华善本古籍数据库”等优质数据库资源一起向社会推广。

3. 助力水利传统文化走出去。在收录水利史料的同时，还吸收了学界数十位专家学者的最新研究成果，对促进中西方文化交流，解密中国文化对世界历史文化的影响有重要的意义，在文化出版“走出去”方面有着天然的历史背景和对话优势。

三、融合出版经验体会

（一）技术融合

本项目对中国经典水利史料的灵活出版，使古代水利历史文化出版传播形式已不再仅仅局限于单一的文字或图片，它将内容呈现形式无限延伸，出版载体由纸质图书、PC端向移动端延伸，为受众相对较小的水利历史知识的传播与获取提供了便利。

（二）内容融合

本项目将原来固化在纸书中的内容拆分与重构，形成完善的内容知识体系和产品链条，“中国经典水利史料”的IP逐渐得到专家学者的认可赞同。但在这种模式下，如何充分调动编辑的积极性，投入线上内容生产，值得深入思考。比如，项目中对视频项目的开发投入成本相对较高，投入与产出比是否能平衡，还有待市场检验。

（三）渠道融合

本项目通过打通线下线上渠道，形成产业链效应，对纸质图书的出版起到了很强的宣传和助推作用。在当今这个知识付费时代，线上内容变现的出现加剧了对传统出版的冲击，在融合出版中应注意将优质内容与线上渠道对接，特别是挖掘社会受众较广的文化热点，扩大除纸书销售收益外的新的内容变现方式。

（张小思：中国水利水电出版传媒集团编辑，马爱梅：中国水利水电出版传媒集团专职副总编）

中国水利史典公众号

案例类别：产品

“数字水”水利水电知识服务产品矩阵

一、紧跟国家政策导向，开展“数字水”建设

近年来，党中央和国务院对新形势下的水利工作作出了一系列重大部署，国家对水利的投入和支持力度不断加大，对水利科技研发推广、水利科普以及水文化建设也提出了更高的要求。同时，国家对知识服务和新媒体融合发展等给予了前所未有的重视，出台了多项国家级规章规划和指导意见等重要文件，从各个方面给予了大力支持，从政策上有力地刺激和推动了出版行业转型升级与融合发展。

中国水利水电出版传媒集团有限公司（以下简称水电传媒）作为大型中央国有文化企业，积极响应国家政策，紧跟文化产业发展趋势，坚持走融合发展之路，构建了一个中心、两个主平台、多个专业知识服务产品的完整产品矩阵。“数字水”水利水电知识服务产品矩阵（以下简称“数字水”）是水电传媒数字化转型升级战略的重点工程，以水利水电知识服务平台、专题知识库、离线阅读产品、单体APP、知识社交、决策咨询、解决方案等多种形态产品与服务组成，为用户提供全方位一站式水利水电知识资源与服务。“数字水”于2019年入选首批“数字出版精品遴选推荐计划”。

二、立足水利水电出版，打造数字产品与服务

“数字水”以水利水电专业为特色，以内容资源为

基础，大力推进出版业态融合发展，致力于为水利水电行业内外相关各级政府部门、高等院校、研究机构、决策咨询机构、企业单位、图书馆等提供专业内容资源与知识服务。

（一）以专业知识服务平台为基础

“数字水”建设的知识服务平台包括：水知识助手知识服务平台、行水云课水利教育服务平台、阅能新能源发电知识服务平台、水与艺术新媒体互动平台等。

（二）以专题型数据库为支撑

“数字水”研发了多种水利水电专题数据库，包括：中国河湖大典数据库、水利水电规程规范数据库、中国现代江河水利志数据库、中国经典水利史料数据库、中国水利年鉴数据库、中国水利统计年鉴数据库、中国水利发展报告数据库等。

（三）以离线阅读产品为辅助

水利U阅通电子书以U盘为载体，满足离线场景下的阅读需求，读者用户可在近2万种水利及相关图书、标准、工具书中定制选择，并具有检索、复制等多种功能。

（四）以其他丰富种类产品为补充

包括山洪来啦、水利智慧公报、水利水电工程建设质量验收评定掌中宝、水魔方、中华治水故事、水与传统民居数字博物馆等APP、MPR、VR产品。

三、以制度建设为保障，提升项目与资源管理水平

（一）制度管理

为更规范开展“数字水”的建设工作，水电传媒以制度建设为保障，建立健全了与业态发展相适应的资源管理、版权管理、产品研发、营销推广等相关规章制度，出台了一系列促进数字化转型的规程规范文件、管理办法和激励机制，建立相互协助、配合良好的协作机制。建立完善监管机制和考核体系，全面监督管理建设的内容和过程。

（二）内容资源建设与管理

“数字水”的建设过程从生产的源头抓起，强化内容资源的统一管理，根据水利水电行业数据特点制定了数据加工标准、建立了水利水电知识体系，对2万余种图书进行加工；同时，开展了外部资源合作建设工作，同70余家机构签订了战略合作协议，建立近30个科技著作出版基地，与近20家行业机构建立了数字内容资源合作关系，持续收集知识资源。多个平台和专题数据库共享底层数据管理等基础系统，实现资源共通共享、高效利用。

（三）标准建设

水电传媒结合自身情况制定了《水利水电专业基础数据结构标准》《水利水电专业数字产品存储与备份规范》等一系列技术、产品和服务相关的企业标准，充分发挥标准对产品建设的指引与规范作用。

四、以产品带动知识服务模式创新，为融合发展增添动力

“数字水”构建了完整的水利水电内容资源数字化传播与知识服务平台，带动水利水电专业知识服务模式创新，促进专业出版领域数字化转型升级，为融合发展增添新动力。

（一）理念创新

“数字水”依托水电传媒在水利水电出版领域所具有的雄厚实力和领先地位，聚集水利行业内外各类单位以及相关机构的优质内容资源，促进行业内数据融合和资源整合，推动水利专业内容资源的共建共享，充分体现工作理念的创新。

（二）知识体系建设创新

为满足水利水电科技和文化事业高质量发展的需求，总结归纳水利科技成果，“数字水”系统归纳整理出一系列的相关专业和知识结构，制定了水利水电知识体系，并在实际应用中不断调整完善。同时与中图法进行了关联，可利用主题词分析系统对资源进行主题词分析与自动标引。知识体系的研究制定填补了水利行业的空白，具有开创性和创新性。

（三）技术创新

“数字水”在规模化资源与组织技术、基于大数据全样本的用户行为分析技术等方面均进行了技术实践。“数字水”将全部内容资源进行清洗、整合，用知识体系进行串联，为提供其他服务奠定基础。系统利用特征向量技术，自动生成章节数据的关键词并匹配标引内容的知识分类。通过数据挖掘技术，根据用户行为自动推送不同关联内容，通过“自适应”方式自我完善。

（四）服务模式创新

“数字水”有针对性地设计研发不同的产品形态，采用资源合作、产品合作、平台服务合作等不同的模式提供服务。依托水电传媒丰富的资源优势、各类产品的运营大数据以及强大的专家支持体系，对数据进行深层次挖掘开发，为行业提供个性化定制化的咨询、决策支持与解决方案服务。

五、“数字水”的行业示范意义

“数字水”是水电传媒融合发展工作的一项核心工程与主要成果，是传统水利水电专业出版数字化转型升级的成功实践，是资金、技术、内容、人力资源密集型投入的新兴出版业态。

（一）提供多样化服务，推动专业科技出版数字化转型

“数字水”能够实现完整、专业的信息处理流通和

知识服务功能，为水电传媒从单一的纸质出版发展到全媒体出版乃至于知识服务提供商提供有力支撑。这在一定程度上，将为科技出版单位从传统出版向数字出版转型升级提供一个可资借鉴的全新运作模型。

（二）升级知识运用管理方式，增强水利水电科技出版核心竞争力

“数字水”将水电传媒所有相关图书以及其他相关水利内容资源数字化，建立知识服务平台和数据库，增加了知识的传播渠道。通过高、新、尖、精的水利现代化科学技术知识的快速传播，有助于提高出版工作的科技含量，占领制高点，拓展新领域，提升我国科技专业出版的国际竞争力。

（三）深耕科技垂直领域，服务水利行业改革发展

“数字水”全面系统地汇集水利水电行业内的专业内容资源，提供全面、权威的水利水电专业内容资源和知识服务乃至解决方案，能够为践行“节水优先、空间均衡、系统治理、两手发力”的治水思路，推动水利高质量发展，提供更加及时、有效、权威的知识服务。

（四）传播水知识，弘扬水文化，保护水生态

长期以来，水电传媒坚持立足水电、传播科技、弘扬文化、服务社会的企业宗旨。“数字水”可以实现水利水电专业内容数据资源社会效益的最大化，使水利知识普及更广泛深入，传播更高效快捷，引导社会公众维护水安全、保护水环境、学习水科学，高度认同和普遍支持水利事业，为新时期水利高质量发展营造良好正确的舆论氛围。

（中国水利水电出版传媒集团有限公司）

“数字水”专业服务平台

案例类别：产品

“中知编校”智能图书编校排系统

党的十八大以来，以习近平同志为核心的党中央高度重视媒体融合工作，把推动传统媒体与新兴媒体融合发展作为重大任务进行部署。作为中央文化企业的一员，知识产权出版社有限责任公司积极响应中央号召，以习近平新时代中国特色社会主义思想为指导，全面贯彻落实党的十九大和十九届二中、三中、四中、五中全会精神，努力践行高质量发展要求，培育产品新形态、探索服务新模式，自主研发了“中知编校”智能图书编校排系统，该系统是业内首创、自主知识产权的集图书编辑、校对、排版功能于一体的智能化图书出版系统，实现了图书出版全流程电子化管理，系统力图建立起一套集版权保护、智能化编校排、图书出版、印刷服务、版权管理与运营于一体的出版全产业链生态系统。该系统旨在为图书出版行业打开新思路，为出版业深度融合发展作出积极贡献，是践行习近平总书记新发展理念“创新、协调、绿色、开放、共享”在出版领域的首个典型力作。

一、系统功能介绍

该系统可以实现编校修改记录同步在原稿数字留痕，实现图书出版全流程电子化；结合强大的知识库应用，对易错词、敏感词、语法句法等智能定位纠错；版式库模板化建设，实现一键式排版，极大促进出版行业标准化建设，推进出版内容的精细化生产；系统支持多种数据格式之间的相互转换；复杂单元准确识别并可智能修正，简便快捷。系统由多个功能模块组成，各子模块可单独使用也可组合应用，支持云端化、产品化两种应用模式，系统向其他应用开放端口，最终实现技术共享、成果共享、利益共享。具体功能介绍如下：

（一）电子化流程管理系统

系统含三审三校、发稿、排版、数据加工的电子化管理。图书出版流程涉及的相关人员，可通过用户名和密码登录系统跟踪稿件状态、查看稿件内容、上传 / 下载稿件等，并实时记录不同角色的操作记录。该系统已实现与云章 ERP 系统的数据对接，实现了图书出版全流程电子化管理。

该系统还可与知识产权出版社自主研发的原创认证平台对接，在创作初期即可实时完整地保存作品的创作过程及结果，为司法维权提供的有效证据。

（二）核心编校排工具

集编辑、校对、排版功能于一体的图书出版加工工具，

含原稿留痕、电子折校、智能审校、一键式排版及多种数据格式转换等多个模块，各个模块可单独使用也可组合应用。

1. 原稿留痕。可以在电子原稿上实现所有的编校操作，可视化修改，所见即所得。不同角色的电子修改可同步在原稿界面留痕，实现对出版过程数据电子化存档，符合出版行业规范。同时审校内容得以自动保存，不但可以直接输出审稿修改记录报告，而且通过长期系统的自学习积累，形成审校知识库，为智能化编审工作提供有效帮助。

2. 电子折校。在编辑界面模拟手工折校方式，同步显示原稿图像进行对比，以电子化折校方式代替传统手工折校，减少文字誊录时间，提高工作效率。

3. 一键式排版。系统目前含100多个常用模板，通过选择模板，可直接对稿件进行对应版式排版，达到一键排版效果，减少手工排版工作量，同时支持自定义设置功能，可修改或增加模板。

4. 智能审校。系统以知识库为支撑，采用独创的智能算法，通过深度学习等技术手段，可辅助编辑进行高效智能审校，节省人工劳动。目前系统可针对正误词进行报警提示，并给出修改建议；针对敏感信息给出定位及修改建议；针对图表序号、标点符号用法不规范，给出定位及报警提示；针对书稿中明显的版式错误，给出定位及报警提示；针对法条引用给出准确内容的校验参考。

同时系统知识库已与黑马校对、术语通、方正审校系统成功对接，兼容了其他校对的校验结果，并在稿件中给出定位提示。

5. 多种数据格式转换。系统能够融合多种文件格式，可以对数据进行多种格式的转换，支持不同数据格式的导入导出功能，可实现图书资源“一次性制作，多元发布”。

（三）复杂单元识别与编辑工具

具有自主知识产权的数学公式、化学式、表格编辑与识别工具，集复杂单元识别、提取、编辑、校对等功能于一体，既可嵌入编校排工具使用，又能单独作为识别及加工工具使用。

二、市场反响热烈，试用热情高涨

2019年8月14日“中知编校”智能图书编校排系统产品发布会在国家知识产权局顺利召开。与会嘉宾对该系统给予高度认可和评价，共同祝贺出版社在行业中取得新突破，发布会现场即与五家出版社签订试用协议。多家媒体第一时间对发布会现场给予了报道和转载，在业界产生了很大反响和热点关注。

系统于2020年5月完成云平台的搭建，8月通过专家评审验收并在知识产权出版社内部正式投入使用。截至目前已为两家出版社提供了工具定制开发服务，市场收入98万元，同时正在与多家出版社、机构进行合作洽谈。未来系统将为全国500多家出版社上万名编辑等从业人员提供定制化开发及云端化的在线编校排服务。通过共享资源、合作加盟等方式，逐步扩大云平台规模和市场影响力，通过市场运营形成较大的数据流量、业务流量，实现社会效应和经济效益双增长。

三、创新推动变革，社会效益显著

“中知编校”智能图书编校排系统依托政策优势，以行业应用切入，通过对出版资源的整合和加工，旨在建立起一套集图书出版资源搜索、处理、加工、挖掘于一体的出版全流程产业链体系。

（一）促进出版业数字化转型

系统的首个功能就是实现出版行业的电子化办公，使出版业脱离手工劳动阶段，让编辑人员从繁重的案头工作中解放出来，提高编辑工作效率；同时电子化办公能够充分利用智能化手段，实现准确定位、便捷查找、智能提醒，同时实现电子化存档，提升对出版数据的管理水平。

（二）建立出版业数字化行业标准

本系统依托大数据技术，建立了一套开放、动态的知识库。依托先进的神经网络技术，结合编辑实战工作经验，通过便捷知识资源提示方式，为图书出版严把政治关、文字关、规范关、知识关。

本项目的输出文件以国际标准的XML格式为基础，可实现多种数据格式之间的自由转化，满足图书的电子化开发、富媒体开发、再版修订、个性化定制等需求，符合数字化阅读、网络阅读的要求。

（三）实现出版行业智能化

智能技术的引进，可以降低机械性、重复性劳动，解放编辑生产力提高出版效率，可以将编辑从大量机械劳动中解放出来，更多地关注图书的策划、运营，从而加速整个出版行业的市场化转型。

（四）实现对出版资源的整合加工

本系统通过内容资源的积累，形成庞大的出版资源数据库。利用大数据技术，对这些数据资源进行深度分析、整合加工，实现出版内容的分拆、嫁接，为出版社提供新的知识服务营利模式，同时可以与电子书、数字印刷、数据服务等互动融合，实现出版资源的再开发、再利用，孵化新的价值增长点。

四、获奖情况

2020年，“中知编校”智能图书编校排系统在多项行业盛会上精彩亮相，在业界引起广泛关注并斩获“十佳出版新技术应用企业”荣誉称号、“出版融合创新优秀案例暨出版智库推优”奖、“2020年度中国版权最佳创意产品奖”和“2019—2020年度数字出版创新技术”奖。

五、结束语

“当今世界正经历百年未有之大变局”，2020年新冠肺炎疫情暴发以来，传统出版流程及工作方式受到一定影响，“中知编校”智能图书编校排系统全流程电子化出版方式及云服务平台，使出版工作不再受地域和空间的限制；智能化的编校排服务，可以使出版业更多同仁从中获益。它的建设顺应时代发展需求，符合出版行业发展内在规律，是促进传统出版行业转型升级的有益探索。新的技术带来新的动能，新的动能助推新的发展，相信“中知编校”系统的推广及应用定能为推进新闻出版业深度融合发展作出积极贡献！

（知识产权出版社有限责任公司）

中知编校公司网站

案例类别：组织机构

“中国特色扶贫实践”项目

丁云

一、情况介绍

消除贫困，是中华民族的千年夙愿，也是人类的共同使命。中华人民共和国成立以来特别是改革开放以来，中国共产党带领中国人民持续向贫困宣战，谱写了中国脱贫事业的壮丽篇章，创造了中国减贫史乃至人类减贫史上的奇迹。党的十八大以来，以习近平同志为核心的党中央把扶贫工作放在治国理政的重要位置，探索出一条中国特色扶贫开发道路，脱贫攻坚成就举世瞩目，受到国际社会广泛赞誉。

（一）实施背景

当代世界出版社作为中共中央对外联络部主管主办单位，始终坚持以密切贴合中联部主体业务、服务配合党的对外交往工作为立社之本，近年来更是积极顺应国际传播新形势新特点，与时俱进，守正创新，积极推进出版深度融合发展，着力对一些精品外宣图书进行立体化开发，努力为党和国家外宣事业发挥新的更大的作用。

2020年是我国脱贫攻坚决战决胜之年，是全面建成小康社会收官之年。为向国际社会介绍人类减贫的中国探索和实践，分享中国脱贫的经验和做法，当代世界出版社以习近平新时代中国特色社会主义思想为指导，自觉践行外宣使命，主动回应国际社会关切，与中联部国际交流中心合作开发了“中国特色扶贫实践”系列视频课程。

该视频是在《中国共产党领导脱贫攻坚的经验与启示》一书（该书英文版曾获得2019年中宣部对外出版项目）的基础上开发的配套资料，主要面向来华交流访问的外国政党政要。由中共中央党校（国家行政学院）马克思主义学院院长张占斌教授组织牵头一线师资力量担任主讲，共分为六集，每集约30分钟，时长共计约180分钟，并配有英文字幕。

（二）内容简介

第一集《走出一条中国特色的扶贫开发道路》以中国近现代史为背景，全面分析了中国共产党始终致力于带领人民脱贫致富的深层原因；第二集《中国脱贫攻坚的主要路径》从基础设施、环境保护、产业发展、特殊地区、群众获得感五个要点入手，详细介绍了减贫脱贫的主要路径，并分条缕析每条路径的意义与要点；第三集《中国脱贫攻坚重在精准》以“扶持谁”“谁来扶”“怎么扶”“如何退”流程为主线，强调精准在扶贫工作中的重要性，并重点讲述了“四看法”“督察问责”“三方评估”等地方扶贫实践中摸索出的工作方法，有很强的可操作性和可复制性；第四集《中国脱贫攻坚的五点经验》系统总结了减贫脱贫的实践经验，阐述了加强党建、把握精准、增加投入、社会合力、群众参与在脱贫工作中的职能定位和重要性，并就这五个方面的机制化建设和常态化管理分别给出了建议；第五集《中国脱贫攻坚应极力避免的几个现象》从防返贫、止形式、需扶志、重党建的角度深度梳理了扶贫实践过程中出现的若干问题，剖析了问题产生的原因，并给出了纠正方案；第六集《中国脱贫攻坚的意义与启示》从经济、政治、治理体系等方面总结了中国脱贫攻坚胜利的国内意义，以中国特色为切入点阐述了中国减贫脱贫的世界意义，并表明了中国政府愿意加强同各国减贫合作、为世界减贫事业提供更多公共产品的意愿。

（三）项目优势和特色

这套课程在开发过程中充分考虑了外国受众的思维模式和语言习惯，是为向国际社会更好地讲述中国扶贫故事量身打造的融媒体产品。

1. 内容上，既具有思想性和理论性，又具有实操性和推广性。聘请权威师资力量参与授课，由中共中央党校（国家行政学院）多年致力于减贫脱贫领域研究的教授担任主讲，力求兼顾理论深度和通俗易懂性，深入浅出、娓娓道来、语速适中、内容充实。

2. 翻译上，体现了高度的精细化。整体译文力争精准到位，将许多中国的俗语谚语及扶贫领域专有名词以最贴近、最形象的方式呈现出来，方便外国友人理解。

3. 表现形式上，体现了高度的可观赏性。PPT 制作精良，图文并茂，选用素材丰富，援引真实案例和数据，视频清晰流畅，观感轻松有趣。

总体来看，这部课程在课程设计、内容呈现、师资水平、翻译质量、后期制作等每一环节上都倾注了相关领域最专业的资源。我们期待借助这一媒介，在国际减贫合作方面与更多的国家政党、政府及社会各界进行深入交流，为共同建设远离贫困、共享繁荣的美好世界作出积极贡献。

二、成效和社会反响

“中国特色扶贫实践”视频课程，全面介绍中国减贫的政策要点、实施情况、主要成效、经验启示，并结合当代世界出版社 2020 年出版发行的《一个都不能少：中国扶贫故事》（该书获得中宣部 2020 年国家主题出版重点出版物目录和中宣部 2019 年对外出版项目）中的典型案例，勾画出了一幅完整的中国特色减贫脱贫的画卷，让外国友人们能够更直观地感受中国贫困地区的现实巨变，更深入地了解脱贫攻坚战节节胜利的内层机理。

2020 年 10 月 12 日至 13 日，在中共中央对外联络部和中共福建省委共同举办的“摆脱贫困与政党的责任”国际理论研讨会上，《中国共产党领导脱贫攻坚的经验与启示》（中、英文版）和《一个都不能少——中国扶贫故事》（中、英文版）作为配套阅读书目在会议主题书展中亮相。来自 100 多个国家的约 400 位政党代表和驻华使节、国际机构驻华代表、发展中国家媒体驻华代表、智库学者等通过线上或线下方式参会。他们纷纷表示，中国因地制宜、将扶贫与扶志扶智相结合等扶贫理念，不仅适用于亚洲国家，也同样适用于非洲、南美洲大陆上的广大发展中国家。今后要加强政党交流、加强国际合作，共同推动全球减贫目标早日实现。

“中国特色扶贫实践”视频课程，后续还将推出法语、西班牙语、阿拉伯语等多语种版，并通过政党、政治组织、民间组织等交流渠道，以及中共中央对外联络部举办的各种国际政党交流对话活动等平台积极向国际社会推广宣传。

三、融合经验体会

“中国特色扶贫实践”系列视频课程的推出，是当代世界出版社响应中央号召，将习近平总书记“推动媒体融合向纵深发展”与“讲好中国故事”相结合的一次积极尝试，在实践中取得了成功，打下了基础，收获了经验。

（一）这是对外讲述中国扶贫故事的一次媒体融合创新实践

目前，互联网新媒体的发展方兴未艾，并逐渐成为宣传国家意识形态主旋律的首要平台，传统出版行业纷纷将主体业务向全媒体领域延伸拓展。当代世界出版社深刻学习领会中央关于媒体深度融合发展的指示精神，积极配合中联部对外工作实际需要，紧跟行业发展新趋势，发挥创新精神，精心打造了一部对外讲好中国扶贫故事的精品出版物，并以图书视频 1+1 的形式展现出来，符合了媒体深度融合发展的趋势。

（二）视频依靠信息传播过程中的独特优势，在对外宣传工作中发挥良好的实际功效

相较于传统实体图书，视频是一种网络虚拟资源，可以通过互联网快捷传播共享。对于想要了解中国的外国友人而言，足不出户即可全方位了解中国脱贫事业取得的历史性成就和宝贵经验，还可以随时随地反复观看学习视频内容。此外，视频可以让观众更快速便捷地获取内容，拓展传播覆盖面，方便交流互鉴，使宣传效果最大化。这种方式突破了地理空间的局限，大大提高了对外宣传工作的效率。

（三）视频课程的推出在新冠肺炎疫情持续蔓延的国际背景下具有特殊意义

截至当前，新冠肺炎疫情全球大流行的态势并未得到实质性遏制，国际人文交流合作也受到了极大的影响，双边、多边高层人员互通互访受到限制，但政策沟通、民心相通的举措和进程不能中断。该视频的推出，可以让外国政党政要在跨国活动受阻受限、不能来华访问的情况下依然能够通过远程视频、网络平台等方式进行观看，从而全面学习和借鉴中国脱贫攻坚的有益经验。此外，鉴于新冠肺炎疫情在未来一段时间内依然会维持高流行的状态，国际疫情防控的高压态势转入常态化，视频将成为今后一段时间对外宣传工作的主要方式之一。

（丁云：当代世界出版社社长、总编辑）

案例类别：产品

网聚阿语数字内容 打造海外阅读平台

——五洲传播出版社 that's books 阿语数字阅读平台阿语地区放异彩

董宇

从 2011 年开始，五洲传播出版社（以下简称五洲社）探索“农村包围城市”的走出去路径：在阿拉伯、拉美等欠发达地区，瞄准这些地区数字出版刚刚萌芽，内容分散、技术落后，且英美平台浸淫不深的有利时机，自建（that's books）阿语数字阅读平台（以下简称 that's 阿语平台）“造船出海”，将中国内容镶嵌在本地内容中，直接为全球 2.1 亿阿语用户提供优质的数字内容和便捷的阅读服务，旨在产生经济效益的同时推动中国技术、标准、平台与服务走出去，在阿拉伯地区产生中国影响。这是五洲社贯彻“一带一路”倡议，借助数字化技术和手段助推“走出去”模式和渠道突破的实践。

一、内容聚合，海纳百川

自 2016 年初上线，that's 阿语平台在拥有阿拉伯出版商协会、埃及出版商协会、突尼斯出版商协会、约旦出版商协会、开罗书展、阿布扎比书和沙迦书展等阿拉伯战略合作伙伴的基础上，与来自黎巴嫩、沙特、阿联酋、科威特、约旦、叙利亚、摩洛哥、突尼斯、埃及、阿尔及利亚、巴勒斯坦等近 20 个阿拉伯国家的 110 余家本土出版商签订了数字内容授权协议，获得 1 万多种电子书授权。此外，还整合了国内近 20 家出版机构 2000 多种外文版中国内容图书数字资源。2020 年，that's 阿语平台位居阿拉伯本地数字阅读平台排行榜第二名，被阿拉伯主流媒体评价为“送给阿拉伯读者的中国礼物”。

二、走出国门，飘香丝路

现在，that's 阿语平台已经在阿拉伯国家出版业界产生了很大的影响。中国无论是从数字技术发展，还是资金投入而言，都处于领先地位。阿拉伯出版商合作伙伴对来自中国的技术和经验充满期待，认为 that's“这个来自中国的亚马逊是中阿文化交流最有创意、最真实的平台”，不仅为阿拉伯图书走出去提供了国际平台，也为阿拉伯出版行业实现数字出版转型带来了机会。that's 阿语平台的合作伙伴都迫切希望能借助中国的技术和理念来帮助他们加速进行数字化转型。正如埃及出版商协会数字出版部长谢里夫 · 白克里在 2016 年开罗书展中阿数字出版论坛上指出：“阿拉伯的数字出版业正在为寻找正确的发展道路进行不同的尝试。现在中国数字出版方面发展经验非常值得关注。”埃及主流媒体《大门报》称赞：“that's 把阿拉伯地区的图书、杂志数字化，加速了阿拉伯地区数字出版发展，将助力阿拉伯图书走向世界，促进阿拉伯出版行业进入新时代，是中阿文化交流中的一个里程碑。”

2017 年，that's 阿语平台在阿联酋沙迦书展举办阿联酋首发式，活动得到了大批阿拉伯出版界权威人士的支持，现场汇聚包括阿拉伯出版商协会秘书长巴沙尔 · 希巴鲁在内的三分之一的出版巨头。

三、技术过关，攻克难题

that's 阿语平台是覆盖全部阿拉伯国家的跨国跨地区的阿语数字阅读平台。为满足不同市场用户需求，that's 既有基于移动终端苹果和安卓系统的 APP 程序，也有 PC 端网页版和手机浏览器版。平台架构具有稳定性强、安全性高、简单易用、交互性佳等技术特点。更为重要的是，that's 阿语平台针对制约阿拉伯地区数字阅读发展的两大瓶颈提出了解决方案。

首先，针对阿语地区图书和电子书数据格式芜杂、随意的问题，制定了统一的数字内容加工标准和元数据标准。

阿拉伯出版商提供的图书排版文件格式多样，txt、Word、3B2、PDF、InDesign 等。一些出版商也制作 EPUB 文件，但由于阿拉伯地区没有统一的数字加工工厂，一般都是出版商让编辑自己进行加工。这样导致了每个出版商，甚至是同一出版机构的每个编辑制作的 EPUB 文件标准都是不一样的，随意性强。以上这些阿拉伯地区数字转型的现状导致现有的数量不多的 EPUB 文件实际应用性差。为此，that's 逐步制定形成了统一的阿拉伯语数字内容加工标准和元数据标准。

其次，针对阿拉伯语言文字的特殊性，定制开发了阿语电子书阅读器。

阿拉伯文拥有独特的自右向左认读语序。同时，阿拉伯字母的书写形式会受到语境的影响，即同一个字母在单词的不同位置中的形态不同。因此，阿文在数字化过程和阅读器解析数据的过程中易出现乱码、变义等错误。这些都大大增加了阿拉伯语电子书的阅读器难度。国际主流数字阅读平台如亚马逊 Kindle 等也是在近两年开始支持阿文电子书。that's 率先开发了阿语电子书专用阅读器、完美适配阿语言文字特点以及阿拉伯读者的阅读习惯，并且可与国际电子书标准对接。

最后，that's 阿语平台开发了面向所有内容供应商的全自助管理后台系统。内容供应商可以从提交授权图书版式文件（或 EPUB 电子书文件）、电子书文件校验、元数据填写、电子书文件（批量）上传到电子书上线状态查询、电子书下载统计、财务结算等全流程的自助管理。这实现了 that's 阿语平台公开、透明的运营原则。that's 是唯一为内容提供商开设后台自助服务端口的阿语数字阅读平台。

that's 阿语平台为内容提供商开设后台自助服务端口，得到众多合作伙伴的认可与赞赏。黎巴嫩文学出版社社长说："that's 这样一个来自中国国有背景的平台非常开放、透明，让我们出版商感到很放心。通过平台的管理后台，我们可以自助上传管理自己的图书，也可随时查询销售情况，了解自己图书都被全世界哪些读者购买下载。"

四、创新模式，落地海外

在拓展海外落地方面，五洲社一直关注如何让"中国文化"搭上"中国创造"的快车走出国门，走进阿拉伯用户。自 2015 年 5 月，我们就开始积极推动与华为、中兴等中国国际知名的移动终端设备商间的合作，并有所突破。2015 年 11 月与华为签订了战略合作协议，双方合作将围绕包括应用预置、华为海外运营商合作等内容和形式展开，共同打造海外移动阅读平台。目前正逐步落实各项具体合作，深化实践"中国文化 + 中国创造"的走出去新模式。

2017 年至 2019 年，that's 阿语平台凭借丰富的阿语本土资源优势，通过市场招标，与华为合作为埃及三大电信运营商（Vodafone、Orange 和 Etisalat）的用户提供手机阅读服务，这是第一家中国数字阅读平台通过市场竞争进入阿拉伯电信运营商市场，提供定制的数字阅读产品及营销服务，大大提升了中国数字阅读产品的品牌、技术、平台与服务的国际影响力。截至 2021 年 8 月底，that's book APP 在谷歌市场的下载量超过 640 万次，平台日均访问量 5 万，用户遍及全球 175 个国家和地区。其中埃及下载量 116 万，沙特下载量 101 万，在北美欧洲也有一定数量的用户，美国 1.9 万，法国 1.2 万。

that's 阿语平台推陈出新，打造走出去新模式，2016 年被中国出版协会和中国新闻出版研究院评为"优秀互联网 + 创新项目"；2017 年荣获北京图书订货会"十佳出版新技术应用奖"；2018 年被中国出版协会和中国音像与数字出版协会授予"数字出版模式创新"奖；2019 年入选国家新闻出版总署"2019 年度数字出版精品遴选推荐计划"。

五、支付革新，服务本土

阿拉伯语因为其在伊斯兰教中的特殊地位，全球的穆斯林信众都有使用阿拉伯语、阅读阿拉伯语书的需求。为了向全球阿语用户提供更丰富、更便捷的阅读服务，that's 阿语平台不仅在整合本土内容资源上和攻克阿语数字阅读难题上做了很大努力，进行了相当大投入，更着力在使平台本地化上下功夫。

一方面，多币种支付适应跨国平台。各个阿拉伯国家之间的货币不同，that's 作为一个为所有阿拉伯语用户提供阅读服务的平台，除了国际通用货币美元之外，还接入了包括阿联酋迪拉姆、黎巴嫩镑、科威特第纳尔和沙特里亚尔在内的 8 个主要阿拉伯国家货币，时时转汇，只为便捷用户的阅读服务。为了覆盖在线支付欠发达地区，平台还接入点卡和话费等支付方式。

另一方面，为了向中国国内 40 余所开设阿拉伯语专业的大专院校和全国数 10 家伊斯兰教经学院的读者提供人民币支付服务，五洲社还特别接入了支付宝和微信的支付方式。

（董宇：五洲传播出版社图书出版中心数字部主任）

that's books 阿语数字阅读平台

案例产品：产品

油气田开发知识服务平台

刘玮 刘阳

油气田开发知识服务平台是石油工业出版社有限公司知识服务的核心产品。作为具有较强专业性的知识服务平台，包括油藏、采油采气、提高采收率、钻井、固完井、试井、录井、测井、井下作业等九大方向，涵盖常规技术、新技术、案例、工艺流程、课件、期刊、图书、标准等八种资源，是专为石油行业科研人员、工程及技术人员服务的大型数字化平台。它是目前油气田开发方向唯一全面而深入的知识服务平台，内容上更具专业性、科学性和权威性，操作更加灵活便捷，功能更加强大。

油气田开发知识服务平台突破传统知识库建设方式，改变了传统知识服务平台只有图书或期刊的情况，通过一线调研走访了油田企业、工程建设企业、相关高校及研究院所，收集了大量的用户需求，根据用户需求为其制定个性化知识服务模式，以满足用户日常工作需求，真正达到贴近用户，服务用户的目的。

为此，石油工业出版社有限公司邀请行业专家根据行业特点以及用户实际情况开展知识体系建设，以此为切入点，将油气田开发相关图书、论文、标准进行碎片化处理后纳入基础库中，通过知识体系建设的内容进行条目选题，根据确定的选题萃取知识，再将这些知识条目按照标准进行自动化编撰，形成全新的知识内容，通过专业编辑审核与专家审核共同把关形成全新的知识资源来服务广大用户，该种模式完成的知识资源更加符合用户日常工作需求，实现用户即查即用的目标。

油气田开发知识服务平台为用户提供一站式的知识查询服务，以应用型学术资源分类体系及分类映射关系表为基础，提取内容资源元数据，依托石油工业出版社建社60余年来出版的15000多种图书出版资源，与石油行业14万篇油气期刊资源，建立了知识关系网络。知识服务平台内的资源由行业专家进行了二次编辑与标引，将图书资源与期刊资源深度挖掘，通过多维度、多种逻辑关系梳理，对资源进行精准提取，并按照特定格式形成新的知识条目类型，每一种知识条目都对应着不同的知识需求。

平台特色主要体现在以下几个方面。

一、应用型石油知识体系

为了更好地服务油气田企业与科研院所，平台根据不同企业的实际情况组织专家梳理出一套全新知识体系，基于原有油气田开发的九大技术分类，对每一个分类又进行了更加细化的分类，使得分类总数达到60个，分类对应油气田企业生产业务的技术方向，在用户使用知识服务平台过程中，可以直接根据需要查询的问题进行定向搜索，即可获取大量相关的技术资料，让用户的知识获取更加便捷。

二、准确便捷的石油知识搜索方式

平台提供多维度检索方式，支持一键检索和高级检索，方便用户快速精准定位所需资源；同时为了保证资源搜索的匹配度更加精准，在全文检索技术的基础上，又对每个资源进行了人工标引，确保用户能够高效获取信息。

三、创新的资源模式

平台基于现有图书、期刊、标准等资源基础上，根据用户信息反馈，创新开发出常规技术、新技术、技术案例、工艺流程和培训课件等资源形式，用于满足用户多样化的知识需求。

常规技术模块将油气田生产中的常用技术进行具象化描述，对这些技术从原理到设备进行了详细的介绍，数据以出版资源为基础，按照用户使用场景进行知识萃取，以满足用户日常技术资料使用的需求。

新技术模块是对国外油气田开发技术进行长期监测，将国外油气田开发领域的最新技术信息资源进行深度挖掘，通过专业学者的翻译、编辑形成全新的知识条目供用户查询，满足用户对国外技术资料的需求。

案例模块是将油气田生产中常用技术在各个油田企业的使用情况进行汇总，帮助用户对所需技术应用情况有更加清晰的认识。

工艺流程模块是将油气田企业生产中常见的技术环节进行逐步和详细的描述，为用户对新员工开展技术培训提供便利。

平台利用专业知识体系，形成油气田开发知识图谱，通过知识图谱来完善用户搜索优化，帮助用户更容易地找到自己想要的资源。创新的目录定位技术，将资源类型与知识体系进行组合，形成资源的精准坐标，将海量资源内容放入一个个精准坐标中，用户通过自身需求快速寻找坐标内容，获取技术资料，将日常资料查询的效率提高几十倍以上，提升用户工作效率。

经过两年多的建设，油气田开发知识服务平台基础架构已经搭建完成，积累资源将近 10 万条，其中：常规技术 648 条，新技术 494 条，工艺流程 114 条，图书 8000 种，期刊 79000 条（论文集期刊 8800 条），标准 1858 条（含行业标准、企业标准等），案例 1505 条，百科词条 4944 条，课件 500 个。

四、“双效益”显著

平台 2018 年底正式上线，2019 年正式开展推广销售工作，当年销售收入 135 万元，2020 年在国际油价暴跌、疫情全球蔓延的双重压力下，整个石油行业受到前所未有的冲击，平台仍然完成 88 万元的销售收入，同时新增 6 家企业正在开展试用。平台在两年间完成总销售收入 223 万元，基本实现项目投资回收，展现出优秀的商业价值。

油气田开发知识服务平台是石油工业出版社有限公司融合发展与数字化转型的拳头产品，作为专业领域的出版机构，打破固有图书编辑的惯性思维，真正从用户出发，开展资源内容建设工作，形成了全新的知识内容创作模式，设计出更加实用的知识体系建设方法，开创出一套知识服务平台的新理念，为出版行业知识服务提供新的参考案例。

（刘玮：石油工业出版社数字出版中心主任，刘阳：石油工业出版社数字出版中心数字编辑）

油气田开发知识服务平台

案例类别：产品

油气 E 作业

郎东晓 刘玮 张旭东

一、平台简介

油气 E 作业平台是“互联网 +”时代诞生的新型“工业信息化管理 + 知识服务”整体解决方案，石油工业出版社依托于物联网、云计算、大数据、移动应用、图像识别等技术，帮助基层管理人员实现“岗位标准化、作业流程化、管理数字化”，最终完成信息化与油气田业务的深度融合。平台中“石油科技知识云”模块集作业区知识点、安全电子书、标准等知识服务信息为一体，帮助用户合理利用重要知识内容，提高工作效率和业务能力。

二、平台背景

当前，全球范围的新一轮技术革命和产业变革正在孕育兴起。我国正处在全面深化改革、加快转变经济发展方式、实现经济结构战略性调整的关键时期。“十二五”以来，随着“两化融合”国家战略的部署和不断推动，中国石油天然气集团有限公司及下属油田企业都在积极开展单个信息化业务系统向综合业务应用转变的集成整合与深化应用工作。

为实现油田管理效率和质量根本性的飞跃，出版社从生产单位的管理和学习需求出发，孕育了“油气 E 作业”平台，以实现相关管理者对生产运行状况的实时监控，并通过连续的信息流反映企业生产运行状况，提高生产管理单元的劳动效率，逐步建立起“有人巡检，无人值守”的管理体制。同时，充分利用出版社海量的内容资源，为企业提供便捷、高效、精准的数字化知识服务，提高员工技能水平，丰富员工专业知识，助力生产高质量进行，实现智能、安全、绿色的数字化油田。

三、应用领域

1. 作业区生产管理业务：生产运行计划执行与跟踪、生产数据远传系统的采集和监控、气田气井的管理等。

2. 一线井站的主要业务：巡回检查、常规操作、分析处理、检查维修（施工作业）等。

四、平台应用情况

“油气 E 作业”平台基于 SOA 的架构开发，具备较好的通用性与实用性，可灵活部署至各类生产单位。西南油气田分公司正在推广使用的作业区数字化管理平台就是油气E作业平台的衍生版本之一。“油气E作业”已在中国石油西南油气田分公司41个作业区进行了推广应用，截至2020年12月各基层单位依托平台完成工作任务近500万余次，平台收录工作质量标准74185条，设置29892个RFID扫描点和8692个拍照点，初步实现作业区基础工作和业务管理的规范化操作、数字化管理和量化考核。借助新型信息化工具的应用与推广，中国石油西南油气田分公司顺利取得两化融合管理体系评定证书。

以中国石油西南油气田分公司的二级单位蜀南气矿为例，以平台为支撑，通过强化业务主导，结合QHSE基层站队工作，将“岗位标准化、属地规范化、管理数字化”与平台一站一案、周期任务、监督考核对应，按照日、周、月、年对中心站的日常任务进行梳理、下发，实现了线下管理向线上管理转变。蜀南气矿通过“油气E作业”平台和物联网完善建设项目，充分结合“中心站+无人值守”管理模式，全年撤销老区中心站8座，老区向新区输送人员113人，有效促进了作业区生产组织模式优化。

五、创新技术

（一）物联网技术应用

一线场站班组人员日常作业使用的手持终端，通过RFID标签扫描识别、物联网网关数据传输、GPS定位等物联网技术并结合线上审批、数字签名、数字留痕、离线数据传输等方式强化了风险作业管理与现场风险受控，实现生产操作安全受控。

（二）云计算技术应用

平台在作业区、场站层面对海量的计划、任务数据进行处理，利用云计算的分布式计算，解决任务分发，并进行计算结果的合并，大大提升了数据处理的效率，并确保作业区各类业务流程任务的稳定运转。

（三）图像识别技术应用

平台手持终端通过图像识别技术实现人脸识别进出站，并结合AR技术实现设备拟合、设备工艺流程拆分等应用。

六、创新技术功能效果

（一）促进资源整合，生产管理高效协同

依托平台，可帮助油气田企业有效调度各类资源，连接其他业务系统，打通信息孤岛，满足多样化管理需求。搭建三级生产管理平台，实现井站、作业区、矿区各单位协同运行。以PC端与移动端相结合的方式，实现应用系统移动应用化，随时随地可共享平台数据，推进数据有效流转、高效共享，为员工提供一个高效的协同办公平台、学习平台、信息获取平台。

（二）优化业务流程，信息化管理全覆盖

基于逐步规范的业务管理流程，将现有的多层级、多专业的业务梳理转变为数字化管理模式，优化为巡回检查、常规操作等十一大管理流程。简化作业区综合职能，推进作业区生产组织优化，强化一线场站基础工作管理，实现一线场站基础工作的信息化管理全覆盖，实现一线基础工作的标准化、规范化管理。

（三）建立基础工作质量标准信息化支撑

基于企业生产运行基础工作标准化管理成果，管理人员通过平台进行在线编制工作质量标准，实现数据增值和经验沉淀，帮助企业建立标准化作业体系数据库，有效提高了编写质量和效率，作业标准在云端更新后可实时同步至所有终端。移动智能终端将工作质量标准由“厚”变“薄”，成为携带方便、查阅快捷的随身专家库。

（四）实现工作效率、质量双提升

以数字化的作业标准库为工作参照，依托手持终端移动应用，延伸数字化管理触角，实现现场操作过程中的步步提示、步步确认、数据录取等操作，让规范与标准落到了实处，落到了员工的眼里、手里、心里。切实提高一线工作质量，优质高效完成工作。质量与效率提升了，生产场站的巡检频次降低了，一线员工的工作量自然减少了。

（五）构建QHSE管理标准体系

借助信息化手段使标准、规范、流程和制度实际落地，着力在日常生产操作过程中对员工安全能力与意识的培养与提升，推动QHSE由传统线下“表单化” 管理模式向实时在线“数字化”模式转型升级。

通过作业许可办票全过程的管理，将替代原有纸质办票的方式，不仅强化了企业监管作业许可的力度，还杜绝了现场补资料，时间无记录等不规范操作，让每一位作业许可参与者提升责任感，形成安全习惯，对作业安全负责。

终端采用GPS定位、现场身份验证、拍照确认、数字签名、时间戳记录等方式，形成了多维度的过程数据链条，实现了QHSE数字化过程管理。

（六）实现工作精细管理量化考核

任务下发到基层一线并通过手持终端执行后上传至平台，借助数据挖掘技术，可实现各类数据分析，通过专业图形数据一体化展示技术，来直观、全面地掌握工作情况，实现基础工作的数字化管理、精细化管理、多维度评价和可量化考核。

七、应用价值

（一）提升基层单位两化融合能力

在企业逐步规范基层部门业务管理流程中，结合QHSE管理的工作特点，实现十三大管理流程的标准化，流程执行全面跟踪；有效提升基层单位数字化管理效率。

（二）提升 QHSE 管理体系运行管控能力

借助信息化手段，使标准、规范、流程和制度实际落地，在日常生产操作过程中提升基层员工安全意识，改变 QHSE 管理由传统线下“表单化”向实时在线“数字化”模式转型。

（三）提升基层单位经济效益

作业区关键业务流程信息化覆盖率 95%；作业区数字化考核能力提升 85%；一线井站劳动用工减少率 21%；作业区数字化管理效率提升 95%，作业区办公成本减少 300 余万元。

八、获奖情况

在 2019 年中国石油天然气集团有限公司举办的“中国石油梦想云创新大赛”中荣获二等奖；在 2020 年第十届中国数字出版博览会获得“创新技术”奖。

（郎东晓：石油工业出版社总经理助理，刘玮：石油工业出版社数字出版中心主任，张旭东：石油工业出版社数字出版中心数字编辑）

油气 E 作业平台

案例类别：产品

主题 IP“他们正在改变中国”的品牌融合运营与发展

一、项目背景

为深入贯彻中国石化集团公司品牌建设和社会责任工作要求，围绕“两个三年、两个十年”战略部署和品牌建设阶段性目标，中经录音录像中心积极贯彻落实品牌建设有关工作，开展品牌创建工程，全面推进品牌战略实施，特此策划主题 IP“他们正在改变中国”，贴合时代热点，通过对主题 IP 进行品牌化运营，打造独特的“文化名片”。

主题 IP 项目通过图书、影视、论坛等多种形式，不仅展示了中国企业为推动中国经济快速高质量发展所做的不懈努力，还体现了中国企业的社会责任担当。

二、项目主要策略

根据品牌建设和社会责任工作的相关要求，中经录音录像中心持续开展品牌创建工程。继续深度挖掘时代热点，全面推进品牌宣传工作实施，通过品牌化运营进行精准定位，持续生产优质内容，传递核心价值观。

（一）立足内容源，深度裂变，品牌化扩展

主题 IP 创设之初，雏形是一本 40 位财经媒体人讲述 40 家企业奋斗史的图书《他们正在改变中国》。此后，该书凭借强大内容源裂变出同名纪录电影，讲述了中国石化、三峡集团、格力集团等 7 家企业的故事，让公众深入了解这些推动中国经济发展进步的企业背后的故事，为中国企业的未来发展注入新动力，更加强化了企业的品牌形象。

基于纪录电影的主体内容，进行深度解读，其中中国石化单集节目《为美好生活加油》成为对主题 IP 内容的重要裂变之一。

中国石化的变革史，是中国石油石化工业引领者的锻造史，是国有企业通过市场化改革走向强大的缩影。中国石化始终践行“绿色低碳”战略，从自主创新的高效环保芳烃成套技术解决粮棉争地矛盾、改善人们“穿衣难”的问题，到开发新型清洁能源页岩气夯实“川气东送”的资源基础，再到雄安新区地热开发绿色供暖模式打造全国第一个无烟城，展现了中国石化为美好生活加油、为绿色家园减碳的可持续发展理念，实施绿色企业行动计划的良好形象。

深入解读中国石化企业形象，传播企业文化，提升核心竞争力。“爱我中华、振兴石化”的企业精神和“三老四严”“苦干实干”“精细严谨”等优良传统，在片中都得到很好的体现。

通过中国石化推动石油化工行业的发展变革，加之相关领导对中国石化整体情况的高度概括，结合奋战在一线的普通员工、行业专家的讲述，展现了石化人“攻坚克难”的坚定决心，落实中央“创新、协调、绿色、开放、共享”新发展理念的伟大实践。

系列纪录片和短视频，与纪录电影相辅相成，多角度展示了石化行业为人们的美好生活所做出的努力。短视频中雄安地热温暖万家、油气工人说的“哪里有油气哪里就是家”“石油变棉花”等，更是向公众展现了中国石化的企业责任，以及石化员工的独特风采。

中国石化是众多推动中国经济快速高质量发展的企业中的一员，我们通过用影像语言的记录与讲述，从细微之处强化品牌形象，向公众传递企业的价值观。

（二）纪实手法，真实呈现

纪录电影对石油化工行业中的代表企业——中国石化进行纪实拍摄。通过行业专家、一线员工对企业发展历程的讲述，以讲故事的形式展现了企业的发展和转变，传递出中国石化的“绿色低碳”“科技创新”等企业发展理念，加深了受众对中国石化、石油化工行业的了解，传递并宣扬了企业社会责任感和核心价值观。

（三）多渠道分发，品牌化推广

主题 IP 产业链以图书内容为核心，基于传统媒体，对内容进行多角度裂变，深度结合用户不同的接受习惯，将不同的内容形式匹配不同的宣传渠道。

推广过程中，充分利用爱奇艺、腾讯视频、西瓜视频、芒果 TV、抖音、今日头条等平台的交互性，并且结合中国网、《经济日报》《环球时报》等主流媒体的强大公信力，扩宽用户覆盖面，深度打造主题 IP 的品牌专属化形象，使主题 IP 不断迸发出新活力，形成持续的影响力，进而为主题 IP 的持续性打造奠定强大基础。

三、项目实施举措

在主题 IP“他们正在改变中国”的实施过程中，中经录音录像中心有限公司将主题 IP 内容进行全方位项目分解，各项目间既相互独立，又相互融合，相辅相成，共同推进（见下图）。横向延展、纵向贯通，深度转化项目成果实现多维裂变，立体式带动主题 IP 品牌稳步建设。

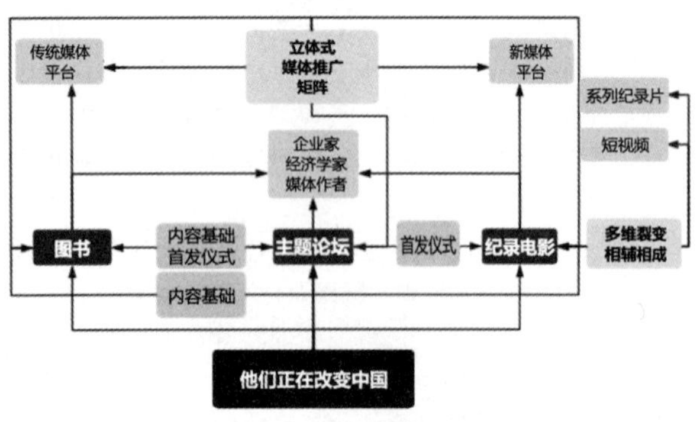

主题 IP 项目分解示意图

在主题 IP 项目中，通过图书联动传统媒体传播通道，通过纪录电影等联动短视频平台、长视频平台、社交媒体等新媒体平台，运用互联网手段，进行广泛推介，形成以视频为主的新媒体传播通道，实现有规模的资源整合与共享，强化品牌影响力，多维度提升品牌美誉度，精准把控品牌传播的广度与深度，提升品牌信息传播的有效性。

（一）主题论坛项目

“改革·改变·展望”年度财经论坛，以“回顾40年·致敬70年·迎接两个100年”为主题，分为“改革改变了中国”主题研讨会、“中国经济实践论辩”两个议程。22 位经济学界专家、16 位企业家亲临现场，参与了本次论坛的主旨发言与圆桌讨论，提出了很多有建设性的观点。

在年度论坛中通过新书发布仪式、纪录电影首发仪式、主题快闪活动，多角度展示了丰富的企业文化、品牌内涵；同时，基于论坛形成的强大资源融合，也为推广企业品牌构建了立体式的传播矩阵，为未来企业宣传推广的深入进行奠定了坚实基础。

（二）纪录电影项目

纪录电影《他们正在改变中国》基于中国改革开放 40 年与中华人民共和国成立 70 周年的发展历程中所取得的成就，以及中国的未来发展方向，以时间轴的形式，分行业、分阶段地全面展示了中国企业、中国经济的发展状况。

四、项目实施成效

（一）项目延伸成效

截至 2020 年 12 月，主题 IP 已经连续发行三季：第一季为致敬中华人民共和国成立 70 年的纪录电影《他们正在改变中国》，该片作为 2019 中国（广州）国际纪录片节“庆祝中华人民共和国成立 70 周年主题单元”的展播影片，入围“金红棉影展”，出品单位中国经济出版社也因此成功当选“中国十大纪录片推动者”机构。第二季为庆祝澳门回归 20 年的纪录片《澳门故事——我们这 20 年》。第三季为立足脱贫攻坚决胜年的专题纪录片《为了总书记的嘱托》，这张独特的“文化名片”已实现全网综合点击量 2.5 亿次。

特别是专题纪录片《为了总书记的嘱托》，全方位展示了中国石化帮扶甘肃东乡县布楞沟村实现脱贫致富等方面所做的工作，以及东乡县布楞沟村实现脱贫后发生的翻天覆地的变化，这既是广大干部群众辛勤努力的成果，也是无数中国石化人的心血和付出，更是乡村振兴路上石化力量的重要体现。

2021 年度致敬建党 100 周年的纪录片《拥抱能源革命》，更是中经录音录像中心品牌深度传播的最好见证。我们将目光聚焦到能源行业的变革上，聚焦到推动能源行业发展的无数党员群众身上。通过各个维度，展示了能源变革中多个能源企业的创新举措，反映了能源变革背景下，党领导能源企业追求科技创新、抢抓时代机遇、勇担使命责任，为中国能源行业革命贡献中坚力量。

（二）项目示范成效

主题IP“他们正在改变中国”，全方位、多角度进行策划、开发、创新内容形式，结合品牌建设工作的相关要求，进行品牌管理及推广，深度结合5G时代下媒体传播方式，整合多方资源，提升有效传播率，深层次传播了企业形象、品牌形象，进而强化了企业的核心竞争力和驱动力。

通过汇集传统媒体、新媒体、中国石化媒体传播矩阵之间的传播渠道，实现资源整合式传播。横向进行内容深度延展，纵向进行内容深度传播，从而实现快速获客的目标，强化品牌影响力，进而提升品牌信息传播的有效性。

5G时代，传统出版业需积极进行创新变革，着重发挥内容阵地的优势，并逐步走向网络空间。主题IP“他们正在改变中国”正是融媒体时代传统出版业转型发展的一次尝试，将主题IP进行品牌化打造和品牌化传播，未来可实现更加多元化的创新裂变，这也是出版公司从传统出版向融合出版转型发展的重大实践。

（中经录音录像中心有限公司）

纪录电影《他们正在改变中国》

案例类别：产品

“智汇三农”农业专业知识服务平台

中国农业出版社始终立足“三农”开展出版工作，在60多年的发展过程中积累了大量精品、权威的农业专业内容资源，面对新传播技术快速发展下“三农”领域阅读升级服务需求，为了创新知识服务模式、再次发挥内容资源价值，满足用户查询、阅读、学习等需要，出版社从内容资源整理加工、知识体系构建、新技术赋能入手，精心打造了全面性、专业性、智能性的“智汇三农”农业专业知识服务平台。平台于2017年初上线，根据用户需要定期更新扩充内容资源，系统功能不断升级完善，产品更加精品化、智能化，为“三农”发展提供了智力支持。平台先后入选2019年度数字出版精品项目、第五届中国政府出版奖。

一、产品功能及技术架构

（一）产品功能

主要功能模块包括三农书城、主题数据库、三农信息、出版服务、智汇园地等。三农书城为用户提供电子书查询索引、在线阅读等服务；主题数据库是以图书资源为基础，采用条目式知识服务的数据库，包含条目、图片、视频等各类型资源；三农信息汇总了国家、地方、企业等相关农业方面的科研及产业项目信息；智汇园地包括圈子组建、用户管理、在线互动、社交分享等；个人中心为用户提供资源管理、数据采集、个人知识管理等工具。

（二）技术架构

平台体系建设技术架构：知识收集层将海量的结构化或者非结构化的图文、音视频文件单个或批量上传入库；知识管理层将获得的原始海量数据（文本、图片、视频等）根据知识模板匹配技术，进行知识的抽取、组织，形成相关的知识资源库；知识加工层对海量资源进行语料处理，再通过机器学习和人工标引的方式对知识点之间的关联关系进行描述；知识发布层根据构建的知识体系将知识点封装成农艺学库、畜牧兽医库等。

二、产品亮点

“智汇三农”平台底层构建了权威的农业专业知识体系，集书城、主题数据库、资讯、科研工具、社区等一系列功能于一体，建设宗旨在于汇聚农业领域内的权威专业知识，构建农业领域产学研知识服务社区，以大数据、语义分析、云计算技术为支撑，建立内容、用户、企业、政府之间的互动和关联，促进各类型出版物、知识内容的多形态融合和多渠道传播。

（一）内容的全面性

汇聚了建社60多年来积累的权威精品内容资源，内容全面，拥有九大数据库，涵盖了农业科研、教育、科普、数据支撑等方方面面。资源量为目前“三农”领域之最，包含电子书、条目、图片、视频等资源类型，图书、农业标准等电子版权为本平台专有，满足科研、教学、科普、生产、推广等多方面需求。

（二）功能的创新性

将图书碎片化，把图书中重要的知识点、单元提炼出来，形成独立的知识条目，再由编辑加工标引，对每一个条目进行标题梳理、分类归纳、关键词提取、摘要编写，使得每一本图书都可以得到充分的使用，可以从内容的角度对图书搜索，从内容的角度判断这本书的针对性，大大提高了高校师生的工作效率。将图书的阅读从“图书→内容”变为“内容→图书”。

（三）分类的创新性

内容均为专业的农业知识，包含所有大农业的学科及内容。平台以各种涉农的分类为基础，结合学科专业及应用，在权威作者和农业专业出版编辑的指导下，创新性地搭建适合农业专业内容的分类体系，使前台呈现的内容更有智能性。

三、产品市场情况

“智汇三农”农业专业知识服务平台以农业行政主管部门、农科院系统、学校、公共图书馆及涉农企业等农业机构为主要目标市场。

农业行政主管部门即农业厅、农业局、农技推广站、植保所 / 站等隶属于农业行政主管系统的部门。农科院系统主要包括中国农业科学研究院以及各省的农业科学研究院。学校市场包括涉农和综合类高等、高职及中职院校，学校层次多，数量多，需求强烈，是重要目标市场。公共图书馆对该平台也有一定的需求，可为其用户提供生活、乡村文化、科普教育方面的知识。另外与涉农企业，如大型的种子公司、农机公司、农资公司、种植大户、养殖大户等都可以达成采购协议。

“智汇三农”平台作为“三农”领域权威性农业知识服务平台，汇集了大量农业专业内容资源，知识体系完整，使用智能便捷，更有利于增强农业科技传播效果、提高农业从业者专业素养，已服务于超过百家机构单位，对全面推进乡村振兴、加快农业农村现代化作出了贡献。

四、产品发展前景

目前，“智汇三农”农业专业知识服务平台在中国市场上属于独创性产品，填补了农业专业知识服务市场的空白，在农业专业领域存在刚性需求。而中国农业出版社有限公司 60 多年积累的内容资源优势、品牌优势、渠道优势及人才优势可为产品在市场中的发展提供强有力的支撑。

（一）农业知识需求旺盛

我国是一个农业大国，职业农民、农业教育机构、农业行政管理部门、农业科研院所等对农业知识的需求旺盛，这些广阔的市场为本项目提供了巨大的发展空间。

农业教育拥有巨大的受众群体，学校层次多、数量多，全国各地均有覆盖。另外，党和国家高度重视农民教育培训工作，“智汇三农”平台将为农业教育及职业农民培训提供权威的农业专业内容资源和智能便捷的知识服务渠道。全国庞大的农业行政管理队伍是出版社图书的受众之一，也是“智汇三农”平台的重要受众，特别是分布于各省、市、县的农业机构，平台的数字化内容资源可满足他们获取知识的便捷性要求。全国有国家级农业科学院 1 所，省级农业科学研究院 34 家，下设若干研究所，333 家地市级农业专业研究所。这些科研机构的研究人员，数量多、专业水平高。科研人员在科研过程中需要的大量资料、数据都可以通过数字模式购买和阅读。

（二）农业出版领域优势明显

中国农业出版社有限公司积累了宝贵的出版资源，培养了一批优秀的专业编辑，出版了一大批立足“三农”、服务社会的优秀读物，形成了完备的农业图书结构体系，出版能力稳居农业类出版社第一，农业学术著作、实用技术推广和涉农教材品牌影响力稳居前列。

出版范围涵盖农业领域的种植、养殖、农业经济、农史古籍、农业百科、期刊、农业标准，以及大众读物领域的生活、文艺文教、美术、少儿等方面；同时，作为教育部指定的“教材出版基地”，全方位推出高等教育、职业教育、农民培训等不同教育阶段的各类教材。经过 60 余载发展，综合实力稳步提升，为我国“三农”发展和农村文化繁荣作出了重要贡献，牢固确立了在“三农”出版领域的主力军地位。

五、产品示范推广价值

中国农业出版社有限公司的出版范围涵盖专业出版、教育出版和大众出版，是农业出版领域的领头羊，在出版行业具有较高的代表性，在项目建设中摸清了资源及平台建设思路，已经建立较为成熟的运营模式。公司注重提升用户体验及产品优化，根据平台运营的情况反馈，结合市场调研的情况，及时对“智汇三农”平台在页面优化、资源管理、第三方接入、商城优化、数据库优化等方面进行升级迭代，使平台功能模块的运行、资源的管理、农业专业知识内容的获取更加便捷高效，更好地满足了市场需求，使产品逐步精品化。现在平台进入稳定的运行阶段，预期发展前景广阔。整个产品的建设及运营将在同类出版行业中起到很好的示范推动作用。

（中国农业出版社有限公司）

案例类别：产品

中国地理标志产品数字资源服务平台

张晶晶

一、项目基本情况

“中国地理标志产品”数字资源服务平台(www.fangwubook.com)，以下简称“平台”，是中国质量标准出版传媒有限公司自主开发建设，拥有独立知识产权，基于互联网、手机移动端阅读模式，集纸媒电子书、数字视频、音频、富媒体图书、在线电商服务于一体的网络数字交互平台。

项目从立项至今已有10年，走过了一条“纸媒出版—电子图书—富媒体图书—平台建设—音视频建设—移动阅读—版权输出—文创开拓—在线电商”的发展之路。自2019年8月上线运行以来，广受关注与好评，与多家单位开展数字资源服务合作，是公司融合出版、创新发展的典型案例。平台现有电子书1110件，数字视频528件，音频308件，富媒体图书308件，图片12000幅。

本项目是基于国家“十二五”重点规划图书、2012年国家新闻出版改革发展项目库入库项目、2013年财政部中央文化企业国有资本经营预算资助项目“中国地理标志产品大典”60分卷中文版的内容资源基础上，创新融合发展模式，策划的数字资源服务项目。

平台对1180件地理标志产品数字资源进行收集、创作与合成，为用户提供了悦读、品牌、发现、资讯、出版五大核心服务模块。

“悦读”为用户提供了与地理标志产品相关的各类视听资源，包括富媒体图书、普通电子书、听书、视频资源、纸质书等5种类型，全方位满足了用户的需求。用户既可以按照地区进行图书的筛选查看，也可以对筛选结果进行排序，保证了用户可以方便快捷地找到自己需要的相关图书资源。

“品牌”展示了各地区或企业的定制产品，包括实体产品、文创产品和地理标志生产企业的品牌建设历程，为地理标志产业开展经济合作、产业投资开辟新途径，提供新思路。实体产品着力于各地独具特色的地理标志产品平台展销；文化产品重在地理标志产品与其地域文化的体验式结合。用户既可以通过定制的方式购买各地地理标志产品，也可以超值的价格享受各地文化之旅。此外，平台上的产品均经过了国家相关行业主管部门的认证，让用户买得舒心，用得放心；品牌建设主要介绍各地知名企业的品牌故事，为企业宣传打开了一扇窗口。

“发现”是用户自由交流的空间。用户可以在平台上发布共享地理标志产品质量特性、地域环境、历史人文等不同类型的文字、图片、视频，全方位宣传展示地理标志产品在富裕农村经济、振兴产业发展、助力美丽乡村建设方面所产生的推进引领作用。

“资讯”汇集了国家、省区市各级政府、行业协会支持开展地理标志产品产业发展的相关政策信息、新闻公告，为地理标志产品企业健康有序快速成长提供信息咨询服务；在资讯板块，用户还可以免费查询地理标志产品相关的标准规范要求，用数据比对地理标志产品所独具的质量特性。

“出版”是收集中国地理标志产品相关信息的重要渠道。个人及企业用户可以通过平台即时提交满足需求的地理标志产品信息和定制需求，为地理标志产品宣传推广开辟一个便捷、高效、专业的窗口和通道。

2017年，为补充平台数字产品资源，公司连续两年投入资金开发筹建“中国地理标志产品多媒体资源库”项目，对数字资源服务平台的视频资源进行必要的补充和完善，同时开发了微信客户端,进一步丰富了平台宣传推介方式。2020年,“中国地理标志产品数字资源服务平台”计算机端、IOS端、Android端向国家版权局申请计算机软件著作权登记证书，此三项证书已于2020年9月29日核发。

未来，公司将组织开展平台建设工作，项目将依托中国地理标志产品数字资源服务平台,为地理标志生产企业、广大消费者提供基于“互联网+文化”理念的中国地理标志产品文化创新服务。服务内容包括但不限于诸如文化创意产品设计制作、产品质量检验检测测试数字视频制作发布、产品生态产区考察体验、产品区域性研讨会展会召开发布等，打造基于数字资源服务平台的创新型、数字型、服务型发展项目，为国家质量提升发展计划以及中国品牌产品对外交流合作提供质量保证和智力支持。

基于以上开发及规划，我们形成了“纸书+资源服务平台+多媒体资源库+文创服务”的产品矩阵，形成了在地理标志行业具有显著品牌效应的产品系列维。

二、融合创新经验

历经了中国地理标志产品项目融合发展的过程，公司有下述有益的启发。

（一）策划要立意高

习近平总书记提出了构建“一带一路”倡议，提出要讲好中国故事，传播中国声音，增强中国在国际上的话语权。本项目立意高、定位准、思路清，契合中央要求和国家战略，符合经济社会发展的需要和人民文化生活的需要。

（二）内容要质量精

公司坚持把中国地理标志产品融合出版项目打造成为国家精品出版工程的目标不动摇，咬定传世典藏的高品质不放松，成立专门的编辑部，对产品的出版质量在内容把关、编辑校对、设计、评审、印装、上线等环节实施精细化管理，严把质量关，努力做到出精品，打品牌。

（三）出版要多元化

现代出版要主动顺应“互联网+”时代潮流和数字出版发展趋势，加快出版与新兴技术的融合，秉持“内容为王”的目标，对传统纸媒图书进行数字化、碎片化、深度延伸加工，为社会各界提供便捷的阅读、搜索和服务工具。

（四）宣传要深大广

公司不仅积极主动地向各省政府机关、企事业单位、图书馆进行宣传，还联合各地文化单位举办丰富的线上线下阅读体验活动，让更多的读者知道地理标志产品，喜欢地理标志产品。此外，通过参加 BIBF 等国家大型版权贸易平台积极推动大典走出国门，向世界展示中华文化的独特魅力，为更多的读者开启中华民族“天人合一”的文化之旅。

三、成果应用情况及取得的效益

（一）社会效益

1. 支持“三农”发展，服务社会民生。地理标志产品已成为一个大产业，成为国民经济的重要组成部分。其中，农产品类地理标志产品约占总数的94%，并呈现快速增长趋势，部分已成为地方经济发展的引擎。保护与发展地理标志产品是提高农产品市场化组织能力、提高农产品竞争力、解决农民就业、增加农民收入的重要途径。地理标志是“最三农”的知识产权，是解决“三农”问题的一条新手段。

2. 继承传统工艺，推动品牌建设。平台把我国特有的民族生产工艺和标准生产方法进行总结升华，形成系统化、规模化的民族文化产品，对继承民族特色工艺，指导政府监管和生产经营，宣传质量特色具有重要的意义。

3. 弘扬中华传统文化，宣传质量特色。通过平台建设，把我国特有的民族生产工艺和历史文化故事进行提炼总结，形成数字化、生动化、规模化的中国地理标志产品数字资源库，这对继承民族特色工艺，弘扬中华传统文化，宣传质量特色具有重要的意义。

4. 重视品牌推广，保护知识产权。平台通过向广大读者宣传普及地理标志产品知识，有利于促进地方品牌推广和保护知识产权，有利于品牌发展的长效机制和良好环境。

（二）经济效益

“大典”自 2015 年出版以来，累计销售 2000 套，实现销售收入 987 万元，《中国地理标志产品集萃》入选职工书屋及农家书屋，累计销售 3000 套，实现销售收入 84 万元，《中国地理标志产品日历》累计销售约 10000 册，实现销售收入 35 万元。

2019 年 5 月，中国质量标准出版传媒有限公司与中国大百科全书出版社签订了“大典”图片授权协议，获得图片版权收入 27 万元。2020 年，与北京中外翻译咨询有限公司签署了“大典”中文版版权授权协议。获得版权收入 40 万元。2020 年，与江苏睿泰集团合作洽谈本平台资源项下有声读物、富媒体电子书及音视频等资源的版权合作，实现版权收入 20 万元。平台自 2020 正式运营以来，共计浏览量 59624 人次（2020 年 16243 人次，截至 2021 年 9 月 43381 人次）。

〔张晶晶：中国质量标准出版传媒有限公司（中国标准出版社）团委书记、认证认可与质量分社副社长、副编审〕

案例类别：产品

“悦读中医”知识服务平台项目

翟理 孙海洋

一、项目简介

“悦读中医”知识服务平台项目，是依托“悦读中医”这一品牌进行拓展建设一体化的数字化平台，融合包括 PC/ 移动端平台、新媒体及连锁书吧等载体，向院校、行政机构、社会团体、社区及个人用户提供知识服务和健康服务。一方面推动知识服务体系的建立，以及对用户数据的收集和分析，促进中医药行业大数据平台的建设工作；另一方面加大中医药优质数字内容资源的传播范围和力度，进一步弘扬中医药这一中华民族优秀传统医学和文化。

二、项目内容及案例

（一）全国悦读中医活动

全国悦读中医活动是由国家24个部委组成的中医中药中国行组委会主办，由中国中医药报社有限公司和省级中医药管理部门及其他行业单位共同承办的唯一国家级中医药全民阅读品牌活动。截至目前，活动覆盖人群突破1000万人，成员单位500余家，创作中医药相关文化科普作品超过4000个。

（二）“悦读中医”新媒体矩阵

“悦读中医”新媒体矩阵目前已建成包括悦读中医微信订阅号、悦读中医今日头条号、悦医家微信服务号、悦医家中医书院服务号、悦读中医快手号等在内的传播矩阵。订阅用户总量超过150万，其中悦读中医微信订阅号用户超过65万，成了出版社新媒体宣传阵地的第一大品牌账号，起到了用户引流、图书宣传、传播中医药知识文化、健康科普等职能。

（三）“悦医家”移动书馆

“悦医家”移动书馆是基于新媒体矩阵用户基础打造的微信端应用平台，通过汇集最专业、最权威的中医药内容知识，为广大中医爱好者、初学者和从业人员提供包括电子书、纸质书、线上课程和其他实体商品在内的产品和服务。

（四）“悦读中医”名家讲堂

悦读中医名家讲堂是基于悦读中医活动拓展的线下品牌，通过邀请中医药名家携名作走进大型书城、高校、医院等举行名家讲座、读书沙龙、精品书展等形式多样的活动，推进全民阅读和健康中国战略落地。目前已经先后在多个城市举办了10期超过20场高品质讲座。

（五）“悦读中医”书吧

悦读中医书吧是基于已形成的“悦读中医”品牌和2016年国家11部委《关于支持实体书店发展的指导意见》中相关要求而创建的连锁书店品牌，旨在营造多元化服务、专业化服务、学术氛围浓厚的沉浸式阅读空间，满足在校师生日益增长的精神文化需求。目前已在广州中医药大学、山东中医药大学和辽宁中医药大学等院校建成落地。

三、项目创新亮点

（一）新媒体建设与产品服务的结合

“悦读中医”新媒体矩阵长期位居国有出版单位新媒体排行榜前列。本项目实现了“微信公众号—用户—产品”之间的有效连接，节省了大量的推广成本和时间。同时，坚持“轻应用”的设计理念，摒弃传统PC端门户网站的概念，所有的注册、浏览、购买、阅读的功能全部都可以在微信端实现，做到随地可买，随时可看。

（二）助力“悦读中医”活动的线上环节

本项目充分利用移动端的优势，强化“悦读中医”活动在线上的投票、展示等互动环节，利用微信便利的转发、传播功能，同时促进活动的影响力进一步扩大。

（三）内容形式丰富，助益用户学习与成长

本项目以图书为基本服务内容，除了根据出版社传统图书类别进行分类外，还基于每本图书提供文字类、音频类、视频类和漫画类四种内容资源。其中的内容资源，均来自每年度“悦读中医”活动所征集的参赛作品，包括基于该图书所创作的书评、感悟、文学、音视频、漫画等，为用户提供深度阅读所需要的素材和资源，并且能方便快捷地应用到学习和工作中。

（四）创新支付模式，增强用户黏性

本项目顺应目前移动阅读、移动支付的趋势，主要面对个人用户，即“悦读中医”公众号的粉丝进行推广，不仅针对单本图书进行销售，同时加入会员制模式，包括月费、季费、年费等支付方式，辅以会员积分、有奖转发、消费满赠等运营手段，极大地利用微信端的传播优势，实现产品的推广与销售，增强用户的品牌认知与使用黏性。

（五）强化用户数据统计与行为分析

本项目充分利用微信端的部分数据统计功能，能完整地捕捉到用户的基本数据、页面数据、访问数据和流失情况等，从而有助于辨析用户的年龄结构、教育背景、专业方向、从事工作等信息，促进产品的内容丰富、体验改善，也为出版社的传统出版工作提供部分数据支撑。

（六）场景化的用户体验，构建三方共建校园书店新模式

通过构建“出版社—院校—经销商”三方共建模式，即由出版社提供品牌冠名、专业图书和宣传渠道，院校提供场地和政策支持，经销商负责前期投入和日常运营，实现了互利共赢、风险共担的模式，减小了校园书店落地的阻力，从而实现长期稳定运营。

四、社会效益和经济效益

（一）项目社会效益

1. 有利于推动传统出版与新兴出版融合发展。基于出版社大量的内容资源，灵活使用包括电子书、视频、资讯、新媒体等形式，丰富用户体验。同时，创新运营模式，采用与社区和机构共建的模式，有助于解决传统数字出版产品在市场推广方面的老大难问题。通过本项目的示范效应，为传统出版单位转型升级提供思路和解

决方案。

2. 有利于推动中医药的传承创新发展。符合《中共中央 国务院关于促进中医药传承创新发展的意见》中关于加强中医药文化宣传和知识普及的要求。通过本项目的实施，有助于加强中医药文化全媒体传播平台建设，丰富传播内容和方式，打造优秀中医药文化品牌，推动中医药进校园、进社区、进乡村。另外，本项目不仅为出版社培养了一批同时具有中医药专业知识和数字化、信息化技术能力的中坚力量，还结合国家中医药管理局相关人才培养计划，实现中医药从业人员专业知识和数字化观念的双重提高。

3. 有利于推动新闻出版行业全民阅读工程的建设。根据中宣部《关于促进全民阅读工作的意见》，到2025年，通过大力推动全民阅读工作，基本形成覆盖城乡的全民阅读推广服务体系。通过本项目的建设，有助于推动数字阅读的广泛应用，推进阅读活动资源的跨地区、跨部门整合。

4. 有利于推动国家专业数字内容资源知识服务模式试点工作。作为国家专业数字内容资源知识服务模式试点单位，本项目有助于实现与国家资源中心数据互通，打造特色知识服务平台，加强产品运营。

5. 在抗击新冠肺炎疫情中的特殊作用。在抗击新冠肺炎疫情期间，“悦读中医”知识服务平台从各种疫情防控信息中精选中医药相关内容及时推出权威、实用的文章，产生多篇10万+爆款，为彰显中医药防控新冠肺炎疫情作用发声和传播正能量。同时，还积极策划相关课程免费提供给公众，多维度加大中医药课程传播力度，获得广泛赞誉。

6. 荣誉和奖项。2014年度公众喜爱的科普微信公众号；首届“大众喜爱的50个阅读微信公众号”；第二届“大众喜爱的50个阅读微信公众号”；第三届“大众喜爱的50个阅读微信公众号”；第四届“大众喜爱的50个阅读微信公众号”；全国书业2016年度“最受欢迎公众号”；全国书业2018年度“最受欢迎公众号”；“2019年全国社店营销及年度人物推展活动”中获“最受欢迎公众号”；第十一届新闻出版业互联网大会获“融合出版创新”“优秀数字阅读平台”；“2018—2019年度中医药行业新媒体传播优秀案例”；中宣部“2019年度数字出版精品遴选推荐计划”项目；第十届中国数字出版博览会战“疫”数字内容精品；国家新闻出版署2021年“献礼建党百年百佳数字出版精品项目”。

（二）项目经济效益

通过本项目的建设，为公司融合（数字）出版构建了集品牌活动、数字阅读、音视频课程、纸书销售、商业广告在内的数字业务模式，每年贡献直接业务收入超过200万元，助力数字化转型升级业务的进程。

（翟理：中国中医药出版社有限公司数字出版中心主任助理，孙海洋：中国中医药出版社有限公司数字出版中心项目专员）

悦读中医公众号

案例类别：产品

中华人民共和国民法典 · 法信小程序学习版

《中华人民共和国民法典·法信小程序学习版》（以下简称《民法典 · 法信小程序版》），是人民法院出版社为贴合法律人学习《中华人民共和国民法典》（以下简称《民法典》）实际需求，将线上小程序与线下传统图书相结合，开发设计的一款融媒体图书。

一、项目背景

移动互联网时代，专业出版社向读者群体提供知识服务的方式发生了新的变化。许多新技术、新软件的出现，都可以更好地帮助专业出版机构以更加灵活的形式，提供给读者更广阔的知识服务和专业内容。

“法信 · 民法典小程序”就是人民法院出版集团在移动互联网场景下，依托专业的法律知识资源和大数据技术，自主研发、设计、开发、编辑的一款即时查询、研习民法典的精准、快捷的在线工具。其通过三大板块（法典全文、立法资料、相关文献）及五大功能（法条变迁、新旧对照、关联法条、关联案例、参阅文献），为法律人提供随时随地学习民法典的移动学习工具和相关知识资源移动数据库。

“法信・民法典小程序”在2020年6月上线以后，受到法律人和社会公众的广泛使用和好评，截至2020年11月，已获得百万人次浏览使用，在法律圈及社会公众中收获了良好的口碑和影响力。

同时，考虑到在专业知识学习，法律人学习《民法典》仍然有使用传统纸质图书研习法条的记录、批阅习惯，2020年9月，人民法院出版社将线上小程序与线下传统图书相结合，开发设计了《民法典》融媒体笔记——《民法典・法信小程序版》。

二、项目亮点

本书以传统法律图书结合微信小程序作为法律知识资源拓展为特色，以“融媒体图书”的形式，提供给读者与法条相关的案例、司法解释等海量资源，可做到实时更新、新增最新司法解释、法律文件、权威案例等内容，为纸质图书的法条内容作了有效拓展和纸质增值。不同于以往的传统单行本法条，《民法典・法信小程序版》具有以下亮点。

（一）纸质图书与线上小程序紧密结合，补充拓展海量学习资源

《民法典・法信小程序版》将线上工具“法信・民法典小程序”的海量资源与纸质图书阅读相结合，既满足读者在学习时进行线上知识拓展，又便于线下在纸质图书上进行批阅和记录。帮助法律人更加准确、全面地理解法条。

1. 知识增值扫码即达，重点法条快速定位。《民法典・法信小程序版》在每个章节前，以及《民法典》新增和修改的500多个重点法条之后，均标识了与该章节、该条文相对应的小程序码，读者扫码即可进入“法信・民法典小程序”指定位置，免费获取关于该法条的全方位知识资源：（1）法条变迁：该法条从诞生到修订的变迁历程。（2）新旧对照：相较于在先法条文本的增、删、改对比。（3）关联法条：与本法条相关的上位、下位法律及司法解释中的关联法条。（4）关联案例：本法条直接引用或实质相关的权威来源案例。（5）参阅文献：本法条直接引用或实质相关的法律文献。

2. 最新司法解释、权威案例即时新增。随着未来《民法典》相关司法解释的陆续出台，法信民法典小程序会实时更新相关司法解释；司法实践中最新审理的司法案例等资源，也将被陆续梳理、新增到对应法条项下资源。可以说，这是一本实时更新的《民法典》学习工具书。

3. 高效学习资料包增值提供。《民法典・法信小程序版》还提供由专业法律编辑团队精心梳理的“高效学习民法典资料”，并生成相应二维码，针对司法实践中适用民法典的疑难、热点问题和民法典中的新理念、新原则、新概念、新条款，从最高人民法院民法典贯彻实施工作领导小组编著的《中华人民共和国民法典理解与适用》丛书中，摘编权威的理解与适用观点连续刊载，实用性强、覆盖面广，读者可通过扫码免费阅读，获取更多知识增值服务。

（二）设计布局简明实用

1. 书眉快速定位具体法条。在图书正文部分，书眉奇数页的右上角和偶数页的左上角均附有本页所在的章节以及本页所含的法条序号，读者可快速根据知识点以及法条序号查找到所需法条。

2. 增改条文醒目提示。对于《民法典》中新增和有实质修改的条文，均在条文后添加“增”“改”标识，提示读者该条为重点法条，醒目清晰。

3. 预留批注区方便书写。考虑到读者做笔记和批阅的需求，《民法典・法信小程序版》在内文版心右侧预留出书写区，以便读者做知识点批注和书写。

4. 封面设计精致耐用。（1）封面采用烫金工艺，法徽设计小巧精致，红底金字彰显我国第一部《民法典》的厚重感。（2）封面采用软皮材质，经久耐用，便于读者日常携带和进场翻阅。

（三）配套提供由央视主持人倾情朗读的《民法典》有声版

为帮助法律人拾起碎片学习时间，解放双眼，本书还配套提供有声版《民法典》。每章之前附有二维码，扫码可收听由央视著名主持人李修平、贺红梅、崔志刚、张仲鲁男女声朗读的《民法典》条文及草案说明，奉献一部优美醇厚的民法典。可供读者随时听学。

综上，《民法典・法信小程序版》作为一部有特色的融媒体图书，融合了纸质图书、微信小程序法律知识资源库、音频有声版《民法典》几大功能特色，为读者提供超越任意一种单一形态的融合性知识服务。

三、社会反响

《民法典・法信小程序版》于2020年11月中旬出版面世，在宣传及发行过程中受到读者的普遍赞誉和广泛好评。

（一）读者认为解决了法律知识学习痛点

读者普遍反馈该书满足了法律知识学习中拓展案例、真正理解法条的实际需要，解决了法律知识学习痛点。

（二）入选“学习强国”APP推荐书目

《民法典・法信小程序版》入选“学习强国”APP推荐书目，入驻“学习强国”APP图书板块。

（三）入选“樊登读书”推荐书目

2021年1月，《民法典・法信小程序版》被樊登在“樊登读书会”直播节目中专门推荐，受到读者欢迎。

（天平文创视觉设计有限公司）

案例类别：产品

法信 · 民法典小程序

《中华人民共和国民法典》（以下简称《民法典》）是中华人民共和国成立以来第一部以“法典”命名的法律，是新时代我国社会主义法治建设的重大成果。为深入贯彻落实党的十九届五中全会精神，推进媒体深度融合，实施全媒体传播工程，做强新型主流媒体，人民法院电子音像出版社借助《中华人民共和国民法典》颁布的时机，充分利用“法信”平台在法律实务界的优势地位，打造出全国领先的“法信 · 民法典小程序”移动端产品。“法信 · 民法典小程序”的上线运行是人民法院电子音像出版社深入学习贯彻习近平总书记的重要讲话精神，充分运用信息化手段加强《民法典》学习培训的重要举措，对保障《民法典》正确有效实施具有十分重要的意义。

一、产品情况介绍

（一）产品的形态

“法信 · 民法典小程序”是由人民法院电子音像出版社法信团队依托“法信”法律知识资源和大数据技术，自主研发、设计、开发、编辑的一款即时查询、研习民法典的精准、快捷在线工具。其对《民法典》1260条法律条文逐条梳理，数据容量达到千万级，以微信小程序为载体，通过四大板块及五大功能，成为法律人随时随地学习民法典的线上研习工具和查阅相关知识资源的移动数据库。

1. 四大板块。

（1）法典全文板块：收录《民法典》1260条法条全文并支持三种快捷检索方式，包括关键词检索、目录检索、条文序号检索，方便用户随时随地搜索、学习法典条文内容。

（2）立法资料板块：细致收录立法机关关于《民法典》的草案说明和修改情况汇报，使用户对《民法典》的编纂过程、历次审议修改说明了如指掌，了解立法意图。

（3）相关文献板块：智能推送“法信”期刊库中关于《民法典》的学术研究文献，囊括《民法典》条文蕴含的海量知识点。

（4）司法解释板块：收录最新司法解释的标准文本，标注失效文件和不再参照的指导案例，并对所有的民法典配套司法解释逐条进行关联引用和关系编辑。

2. 五大功能。

（1）法条变迁功能，可完整展示每一个法条从诞生到修订的变迁历程。例如，关于收养人条件的规定呈现了从1991年《收养法》到1998年修正的《收养法》再到《民法典》第1098条的变迁历程。

（2）新旧法条对照功能，旨在比对《民法典》法条文本与在先法条文本，不论是新增、删除或未修改的状态，经过点击对照一目了然。

（3）关联法条功能，智能推送与本法条相关的上位、下位法律、司法解释中的关联法条，辅助理解适用《民法典》法条。

（4）关联案例功能，智能推送与本法条直接引用、实质相关的权威案例要旨，服务法律工作者用好《民法典》、在校法学生学好《民法典》。

（5）参阅文献功能，智能推送与本法条具有密切关系的法律著述文献。

就产品的长期形态而言，“法信 · 民法典小程序”将结合《民法典》实施后在理论界探讨的新热点和审判实务中的新问题，进一步收集整理《民法典》实施过程中的新理论新成果，融合中国民法学界权威专家观点，形成全貌式呈现一流民法学界最权威的理论与实务成果，汇聚中国民法理论与实践创新智慧，集民法发展最高成就和司法裁判大数据于一体的数据库平台，届时平台数据容量将较初期发布时的体量翻倍。产品交互上增加个性化推荐功能，充分运用图文、音视频丰富页面呈现方式。

（二）产品的价值、意义

1. 产品的独创性。此前国内还未有以某一个部门法为核心建设的法律评注类融媒体产品。纸质书作为传播媒介具有固化、平面、线性的特征，而融媒体产品的容量具有可拓展性，其所具有的超链和搜索功能可以提供无限量的数据信息，拓展读者的思维。因此，通过不同媒介载体的整合，实现资源、技术、人才、生产等要素的融合共生，建设一个多维度立体知识结构的融媒体产品具有独特性和创新性。

2. 内容的权威性。“法信”平台作为中国最大的法律知识与案例应用平台，收录了大量全国人大和最高人民法院权威立法司法观点与案例要旨，在实务界一直占据领先地位，能够保障“法信 · 民法典小程序”的内容在理论与实务方面的权威性。

3. 广阔的群众基础。《民法典》婚姻家庭编、继承编增加或修改完善了最有利于未成年子女原则、离婚冷静期、夫妻共债共签、亲子关系确定、隔代探望权、口头遗嘱等内容，均是对司法实践规则的总结，直接回应了人民群众普遍关切的现实问题，贴近群众，具有广泛的群众基础。

4. 鲜明的时代意义。《民法典》在我国法律体系中，属于仅次于宪法的重要基本法，是社会生活的百科全书，是时代精神、民族精神的立法表达。其在全面总结我国民事立法和司法实践经验的基础上，对相关民事单行法律进行系统编纂，形成我国民商事领域的基本行为规范，为民商事活动提供基本遵循，为人民法院审理和执行民商事案件提供实体法依据，为新时代坚持和完善中国特色社会主义制度、实现“两个一百年”奋斗目标、实现中华民族伟大复兴中国梦提供完备的民事法治保障。随着《民法典》自2021年1月1日起实施，人民法院电子音像出版社把握法学前沿，建设一个融多种媒体样态的对《民法典》逐条评析、注解的融媒体产品，对法学研究、法律适用等都具有时代意义。

二、产品成效及社会反响

“法信·民法典小程序”于2020年6月2日上线后，得到法律界及有相关需求人士的广泛应用和一致好评，被评为“大家赞誉的出版应用新技术”“2020年十佳数字阅读项目”。“法信·民法典小程序”在加大普法宣传力度，推动营造尊法学法守法用法的良好环境做出了杰出的贡献，实现了社会效益和经济效益的双丰收。

（一）厘清发展路径，逐步拓宽市场空间

“法信·民法典小程序”在已拥有130万注册用户的“法信”平台基础上研发而成，具有良好的用户基础，可以广泛应用于各类领域、各种场景。在推行全民学习《民法典》的背景下，小程序一经上线推广应用，即获得热烈的反响、持续的好评，用户群体显著增多，呈现全面健康可持续的发展态势。随着《民法典》的深入贯彻落实，结合理论发展实践新成果，实现广大审判、实务人员的需求，产品不断迭代升级，可预见未来具有更广阔的市场空间，带来良好的经济效益。

（二）推动融媒体产品落地生根，增强企业核心竞争力

人民法院电子音像出版社深耕法律知识领域专业发展建设，在推出中国首家深度融合法律知识服务与案例大数据服务的数字化网络平台——“法信”平台后，近年来不断研制推出各类数字化平台、应用程序等符合市场发展、人民需要的创新型产品。通过积累丰厚的法律前沿技术及科研成果，增强知识交流和挖掘水平，组织上线以“法信·民法典小程序”为代表的创新产品，紧跟发展趋势，辅助高端人才的知识产生与知识凝练，全面促进了法律知识在数字化领域的发展与延伸。通过以技术创新、商业模式创新、管理创新为主体的创新驱动发展模式，促进了复杂产品研发与承销，为引导和推动融媒体产品的发展不断做出新贡献，企业核心竞争力不断增强。

（三）落实中央重大决策部署，取得良好社会效益

人民法院电子音像出版社始终坚持正确的政治方向和出版导向，深入贯彻落实《关于加快推进媒体深度融合发展的意见》，推动媒体融合向纵深发展，着力构建融为一体、合而为一的全媒体传播格局。同时加快深化体制机制改革，加大全媒体人才培养力度，构建网上网下一体、具有强大影响力和竞争力的新型主流媒体。建立以内容建设为根本、先进技术为支撑、创新管理为保障的全媒体传播体系，牢牢占据舆论引导、思想引领、文化传承、服务人民的传播制高点。

“法信·民法典小程序”的研发、推广是以习近平新时代中国特色社会主义思想和党的十九大精神为指引，优化产业结构、推动高质量产品发展的重要举措。

（人民法院电子音像出版社）

法信·民法典小程序

案例类别：产品

关于音乐专辑融合创新开发的思考

——以《人民的战役——战“疫”优秀公益歌曲选集》为例

李木子 竹岗

在当今移动互联全媒体时代，数字技术与智能化设备应用正影响并作用于各行各业。数字出版将是未来一个重要的发展方向。

自2013年现代出版社数字出版部成立至今，已经相继推出了彩虹绘本馆APP、启蒙绘本馆APP等电子书千余种，在喜马拉雅、懒人听书等平台推出有声书50余种（近

10万分钟）。尽管在数字出版领域还处于初步发展阶段，但现代出版社已经具备了较为成熟的运营模式。因此，面对2020年初突如其来的疫情，面对瞬间被打破、受到严重冲击的传统出版模式，我们仅在短短两个多月里就完成数字音乐专辑《人民的战役——战“疫”优秀公益歌曲选集》，并成功地于2020年3月19日在各大平台上线发布，迅速受到广大用户的喜爱。

一、缘起、目的及意义

2020年的春节，一个本该万家团聚的日子，被突如其来的疫情打乱了节奏。“封城”“一级响应”等一系列措施让全国人民都意识到这是一场没有硝烟的战争，一场关乎每个人生命安全的战争。在这场战争爆发的第一时间，有那么一群人，他们挺身而出、迎难而上，成为最美的“逆行者”。作为文艺工作者和出版工作者，我们虽然无法奔赴一线抗击疫情，但却能以文化助力、以音乐助威的特殊方式为奋战在一线的工作人员加油，为与疫情斗争的人民和国家加油，用实际行动践行“培根铸魂”的责任与担当。

面对人员管控、居家隔离、减少外出等各项疫情防控措施，各行各业在2020年上半年想持续以往高效有序的工作都是相当困难的。特别是以纸媒为根基的出版业，受到了难以想象的冲击。因此，本专辑采用了一种产品形态数字化、传播渠道网络化的新形式——“异地录制”+数字出版+线上平台推广模式。这也成为现代出版社在音乐出版物数字出版领域方面的第一次尝试。

二、专辑内容与形式

（一）专辑内容

《人民的战役——战“疫”优秀公益歌曲选集》由中国歌剧舞剧院与现代出版社联合编辑出版，挑选了中国歌剧舞剧院创作人员和歌唱家的优秀作品，希望用音乐传情，用歌声言志，成为温暖、鼓舞和凝聚人心战胜疫情的社会动力。

专辑共收录25首歌曲，总时长110分钟，收录了国家一级作曲孟宪斌、莫凡、李昕，国家一级编剧任卫新、著名词作者车行和游暐之、著名音乐人、著名歌手以及各地文联、音协领导的作品，也有各地机关党员干部、民主党派人士有感而发的“走心创作”。这些歌曲是站在不同的视角谱写而成的，音乐风格也各有千秋。

歌曲演唱者有著名演员、歌手佟大为，国家一级演员张其萍，青歌赛金奖获得者师鹏以及中国歌剧舞剧院的优秀演员，如国家一级演员、中国金唱片奖获得者黄鹤翔，国家一级演员、中宣部文化名家田彦，著名歌手、2018年度十大国语金曲奖获得者黄琦雯，“金钟奖”获得者王一凤，湖南省政协委员、中国女书文化推广大使李雨儿，“金钟奖”获得者李勇君，著名原生态歌手高保利，青歌赛银奖获得者张全，等等。

（二）数字音乐专辑的出版模式

1.“异地录制”模式。由于专辑筹备过程正值2020年春节期间，也是我国疫情最为严峻的时刻，疫情防控期间的各项措施都让出版的各个重要环节受到阻碍和制约。特别是专辑中涉及近50名词、曲作者和编曲者，与他们的沟通和协调均通过线上远程形式，仅仅是版权的授权工作就持续了一个多月，相当于筹备时间的一大半。

更困难的是，在这个特殊的时期，疫情将大家分隔在天南地北，无法聚在录音棚面对面共同完成作品。所以，专辑中的歌曲大部分采用了“隔空录音”的方式制作而成。大家在家用各自的设备甚至手机录制自己演唱、演奏的部分，再由录音师统一进行后期制作。这样的方式，为后期制作带来了相当大的困难，如音频格式的不同、录音质量的参差不齐、空间混响的不一致，降噪系数的不同、各个声部的同步，等等，可是录音师克服重重困难，以最快的速度，保质保量地完成了歌曲的缩混。这种利用新的“异地录制”模式开发更加多元的音乐产品，改变了行业内很多传统模式，逼迫我们加快新技术的开发、新理念的更新，成为本次疫情带来的意外收获。

2. 融合创新出版形式。本专辑采用的是传统的纸质出版和音像制品+近年来新兴的数字出版和平台推广的融合创新出版形式。

现代出版社以“现代音乐”的品牌，依托强大的作者资源、成熟的制作技术、多元的编辑力量，以及强大的营销推广团队，打造更加成熟的特色内容。注重发展特色内容，联手外部成熟技术团队，并与成熟网络平台构建特色合作，建立了项目投资少、周期短、见效快、效益高的短平快共赢模式。这或许将是现阶段以及未来较长一段时间出版行业发展的最佳途径和目标模式。

出于以音乐助力抗疫的目的，从筹备、出版到平台上线只用了两个多月。专辑于2020年3月中下旬发布后，因内容符合当下热点、制作品质精良，短时间内即引起收听热潮。各大平台也将其作为优质、优选的内容板块，重点向用户推荐。

学习强国APP第一时间上线该专辑，并在“电台—听文化”首页做滚动宣传；喜马拉雅平台更是将我们的内容作为优质品种，通过重点展示和推广，向全平台和会员推荐。该作品还在懒人听书、蜻蜓FM平台上线，以其话题的时效性、制作的精良品质和极具正能量的故事内容，在发布上线后迅速受到广大用户的喜爱。

这张专辑的发布不仅在《音乐周报》《文艺报》《北京晚报》等报刊刊登了专题报道，还在中国歌剧舞剧院官网、现代出版社官网、中国记协网、中国作家网等网站，以及新华网、新浪网、搜狐网、澎湃新闻和新华网、凤凰新闻客户端、现代出版社官方微博、现代音乐及现代出版社公众号等国内各大平台发布新闻稿，引起各界关注，得到了良好的社会效益。

三、总结与思考

尽管这次的新冠肺炎疫情给人们的生产生活带来诸多的不便，甚至是各种无法预估的困难，但我们依然跨越了一切阻碍，打破了客观条件的限制，创造出一个又一个奇迹。如同这张专辑的筹备和出版，困难和机遇是并存的 。

现代出版社运用数字出版的新技术、新理念，克服疫情给传统出版模式带来的一系列困难，使得这张公益歌曲专辑高效率、高质量地顺利出版发布。其中，词曲作者费用、歌唱家费用、录音费用、制作费用、数字专辑线上运营费用、后期实体光盘的生产费用全部由现代出版社投入。虽未产生任何经济效益，但却具有较强的社会效益，在很大程度上具有较强的现实意义。同样，也因其在“抗疫”特殊时期的数字化出版将具有重要的历史意义。

当然，在完成这张专辑的过程中，我们战胜了一些挑战，但也在其中发现了不少问题：（1）如何在把握社会热点和目标用户的需求基础上进行深度策划与开发；（2）如何使内容以更加立体化多维度的形式呈现，从而打造多种形态的数字化产品；（3）对于音像制品如何快速有效地解决“异地录制”模式产生的一系列技术问题；（4）针对产品的宣传、推广、传播，如何通过高效的技术手段扩大数字出版产品的平台兼容性，等等。这些都将成为现代出版社今后在融媒体环境中数字出版方面要不断挖掘、开发和解决的问题。

2020 年，是中华民族和全人类共担风雨、共克时艰的一年，这也将在辉煌史册中写就多难兴邦的新一页。一代人有一代人的责任，或许回望历史，那些留下的创作、挥洒的情感、坚守的精神，更能让我们体认先辈们的重大贡献，以及今天我们又能为后世子孙留下些什么？而我想，《人民的战役》这张专辑正是我们想要的回答。那些对“抗疫”典型人物事迹的传颂和弘扬，将通过音乐之声留下时代的印记，通过网络传向更远的未来。

（李木子：现代出版社音乐事业部助理编辑，竹岗：现代出版社音乐事业部主编）

人民的战役——战“疫”优秀公益歌曲选集

案例类别：产品

教育知识服务平台：“教育科学文库”

教育科学文库是为满足广大教育工作者的专业需求而开发的专业性知识服务平台。平台集教育科学出版社历年来出版的教育理论、教育管理、教师教育、教育心理学等 17 个大类的精品图书，通过关键词提取、结构划分和碎片化拆分，形成 5 万余条知识条目，并按照政策理论、教育教学、学校教育三个方向，形成教育理论、教育行政、学科教研等十几个子库的产品集合。用户可按照知识点进行精准检索，使查询和使用教育专业知识的效率大大提高。平台通过专业资源、专业平台、专业生态圈建设服务教育工作者和教育事业发展，促进教育科学知识和先进理论的传播。

一、文库建设的价值与意义

（一）建立国家级优质的教育理论知识服务平台是时代的需要

我国的教育改革正面临着全新的要求，在教育改革发展中利用好信息技术，让信息技术的优势全面发挥，是高效高质进行教育改革发展的必然需求。但我国的教育信息化发展仍面临很多的困难与挑战，特别是理论类数字教育资源有效生成机制尚未形成，优质教育理论资源尤其匮乏。目前，在国内使用较多的教育领域外文数据库是斯普林格数据库和爱思唯尔数据库，这两个产品的特点是十几个领域数据库打包出售，不允许拆分，用户必须集中采购，而且采购费用高昂，并以每年5%~7%的幅度涨价，造成用户负担很重。据了解，大学和科研机构每年都有采购数据库服务的专项经费，但是其中用作采购国外数据库的经费占比达到了80%，国内的大量产品只能占有很少比例的经费。而且国外产品为纯英文产品，更适合国外的社会文化背景，只有少数用户可以无障碍阅读和合理借鉴，国家宝贵经费被浪费。“文库”的建设正是要解决这些问题，其推出填补了该领域的缺失，发布以来获得了广大用户的好评。

（二）通过优质的知识服务平台满足教师需求是行业发展的需要

“国家的希望在教育，教育的希望在教师。”知识服务平台能够促进教师专业素养的提升、专业知识结构的优化、专业技能的提高及专业态度的养成和升华，这更是行业发展的内在动力。当前，更多的教师开始利用信息技术提高自身的科研能力，向研究型教师发展。因此，高效、优质的知识服务平台已经成为教师们迫切的需求。“文库”的建设为广大教育工作者获取高质量的专业知识提供了便捷、可靠的信息平台，为教师专业进阶和教育教学改进提供了助力。

（三）打造教育领域知识平台生态圈是用户的需要

教师希望获得高效、优质的专业知识服务，而互联网上各类综合性知识服务平台的特点往往是“大”“全”“海量”等，与教师的需求相比往往存在缺乏科学的体系、资源质量较差、平台没有活力等问题。为此，“文库”在开发时即针对这些短板进行了专门设计。在内容资源结构上，“文库”是依托专业出版社正式出版的图书资源作为基础开发的知识平台，其逻辑结构完整性和理论水平权威性是有保证的；在知识体系构建上，“文库”邀请教育领域的专家参与顶层设计，邀请一线骨干教师进行结构化拆分和标引，保证了产品较高的专业水平，更符合教育工作者需要；在资源质量保证机制上，产品除了“三审三校”外，还要再经过数字出版的编审流程。各种机制保证了产品符合专业特点和教师需求，而且“文库”内可以实现大数据分析和数据清洗，更容易刻画清晰的用户画像和当下热点事件。

“文库”受到财政资金支持，是我国教育领域为数不多的专业性知识服务平台。“文库”上线几年来一直以服务中国教育事业改革和发展、助力千万教育工作者专业成长为宗旨，并不断丰富资源、拓展服务。

二、文库建设的成果

“文库”启动建设以来，已对教科社历年的出版物资源进行了数字化加工和结构化处理，提取了关键词，形成了主题词表，构建了知识服务体系，并通过信息服务平台推送给用户，使他们能够及时、准确、便捷地获得丰富的信息资源和智慧启迪。截至目前，“文库”高质量完成了以下四大建设任务。

（一）建设系统化知识体系与颗粒化知识条目的融合平台

“文库”满足了知识体系所需要的大量框架的结合，重新构建了大体量的知识体系。教科社在前期制订了详细的体系规划和统一的归类标准，并贯彻到产品的每一个开发环节中，对“文库”内各种资源进行梳理分析，按照知识体系标引各个知识点，形成知识体系与知识条目相融合的专业平台。

（二）构建基础词表，满足用户精准获得优质专业知识内容的需求

在建立标准的基础上，为了提高产品的搜索精度，教科社建立了一套基础词表，词表总体规模超过5万条。同时，保证新资源中的新词汇可以快速补充到词表内，以满足用户及时、精准获得优质专业知识内容的需求。

（三）一线教师与学科专家深度参与产品构建，确保科学性、实用性、易用性

基于“由用户打造的产品更适合用户使用”的理念，教科社聘请相关领域的优秀教师完成产品标引和关键词提取工作，同时聘请教育行业专家成立专家委员会，从顶层设计入手，对提取的关键词进行审核并确定词与词之间的关联关系。通过教师与专家的无缝对接，提升产品的科学性、实用性、易用性。

（四）汇集大量实用优质资源，帮助教育工作者提高效率

“文库”将大量的重印十几次、几十次的经典教育著作进行数字化处理，产品支持按照整书、篇、章、节、词条等几个维度进行查询搜索，并且支持各维度之间的跳转。用户可以从最细微的词条找到相关章节进行学习，或跳转到全书学习整体体系脉络。

三、文库实现的功能和服务

“文库”系统地整合了教科社多年来出版和积累下来的教育文献资料、教育理论著作和教师教育读物，以解决大量专业性极强的内容资源所面临的传统出版完成后的再开发、再利用的问题，为广大的教学研究人员、一线教师服务。通过使用“文库”，用户可获得以下四大类数据信息服务。

（一）查询、阅读、编创、发表的一整套解决方案

“文库”除了提供查询和阅读功能，还在知识服务平台中增加了编创和发表模块，在平台首页可以跳转到教师出版网的编创模块。用户可以按照个人需求自由创作，可以在搜索界面查询“文库”中的知识条目内容进行引用。用户编创好的资源可以导出发表，也可以在平台内发表。对符合需求的作品，教科社将颁发数字出版证书；对于符合出版要求的作品，可以纸书形式出版，

并按照规定支付稿酬。

（二）大量经过三审三校的成体系知识源数据

“文库”率先将经过三审三校的教育理论图书资源打碎后，按照知识体系重新归类整合，开发形成适用于教育管理人员、一线教师、教研人员、班主任及德育工作者的图书阅读库、知识查询工具库，为广大教育工作者提供科学、准确、丰富的专业内容资源。

（三）便捷的知识搜索平台，友好的论文创作环境

“文库”连接编创平台，可以根据用户需要跳转到编创环境。用户不仅可以在“文库”系统中查询教育领域各种知识条目，也可以在编创界面快速查找需要的资料，搜索、阅读、引用一气呵成。编创界面具有自动保存功能，可有效防止用户保存和撰写的宝贵资料丢失。

（四）从理论研究到实践应用的百科工具

“文库”按照知识体系分成政策理论、教育教学、学校工作三个方向，内容涵盖从教育理论到教育教学，从学生心理辅导到学校基建等各个方面的专业资源，知识条目更新量每年不少于5000条，能够满足教育领域各个群体的需求。

（教育科学出版社）

教育科学文库

案例类别：产品

谜宫

王志伟

一、项目简介

《谜宫》是党的十八大以来，特别是在习近平总书记对文化博物馆事业的经典论述与期望下，故宫出版社立足对故宫博物院古建筑、文物与历史的深入挖掘，本着“让收藏在博物馆里的文物、陈列在广阔大地上的遗产、书写在古籍里的文字都活起来”的初衷与努力下，出版的一款富于故宫历史文化特色的、适合广大青少年及历史爱好者的、贴近大众文化生活的产品。目前《谜宫》项目已经出版了两个品种：《谜宫：如意琳琅图籍》《谜宫：金榜题名》。

《谜宫》以紫禁城为历史背景，讲述真实的历史文化故事，通过对宫廷档案、绘画、文物等内容的铺垫与渲染，引导读者重重闯关，开动脑筋，运用大量中国传统文化知识来开解故事谜题。实现了实体书加线上互动平台的有机结合。十余件随书附件包括复刻乾隆通宝、抄经帖、透明宣纸、剪纸、丝带等，为读者创造构思巧妙、新奇难解的文化谜题，辅助以适当的在线提示以降低难度。线上部分还融入了近百个故宫历史的硬知识，深入浅出地为读者营造在阅读中学习文化典故的环境，带来不一样的学习与娱乐体验。

《谜宫》以深藏故宫的历史档案和文物为核心内容，展开一段曲折惊险的宫廷历史故事。让广大读者在阅读中体验一场缘于真实资料渲染下的历史穿越。在阅读中充分感受到宫廷历史解谜的魅力。另外，《谜宫》穿插大量故宫硬知识，将建筑、文物、绘画、制度等文化信息深入浅出地呈现。对加深读者的传统文化认识、破除当前清宫剧的误导具有巨大的现实意义。

《谜宫》创造了实体书加线上平台多元互动的崭新范式，十余件随书附件更是带来了读者的深入互动体验，严肃的历史档案以轻松诙谐的情节预设展开，这在内容上具有行业独创性。

《谜宫》一书打破单纯的文字阅读体验，引入与书本阅读配套的手机端软件，读者可以在游戏中做出选择，左右剧情，甚至决定主人公的命运。我们还埋入了诸多隐藏剧情：读者的选择和经历，可能开启一个隐藏的篇章。根据读者的选择，剧情有十多个不同的结局。除此之外，还可以在APP上解锁多达100个历史史实。同时，该APP还具有防盗版功能，通过实体书上唯一的二维码，正版读者可以登录该APP，盗版用户则无法登录。

《谜宫》的宣传推广结合故宫博物院展览和重大院内外活动，在国际博物馆日、读书日、世界遗产日、图书博览会以及各类文创大会上的精彩宣推也为同类出版物与市场的深度结合带来良好示范。

二、产品创新

第一，《谜宫》实现了传统出版物与多媒体技术的充分结合。这套书是以实体书配合手机客户端来实现互

动解谜的，读者在手机端的引导下可以在线上、线下获取大量关于紫禁城建筑、文物与宫廷历史的知识，也可以说是另外的一种参观体验。

第二，《谜宫》是一套汇聚了线装书、毛笔、抄经帖、18 世纪紫禁城平面图、乾隆制钱等多种配件于一身的书籍。这本书的情节预设在清朝，所以书中所附的全部附件都是具有那个时代的特征的。仿古线装书的形式传承自故宫博物院宏富的古籍收藏，故宫博物院拥有 60 万件古籍，很多都是海内孤本，我们对这种殿本书籍形式的追仿，也使用了大量的手工工艺，其实这就是故宫人对非遗传统、工匠精神的一种致敬。

第三，《谜宫》将会给读者带来体验真实历史的感觉。为了让这部编纂的故事符合严肃的历史，我们通过查阅大量文献、档案，经过严谨的考证，恢复了乾隆时代的紫禁城平面布局；制作了当时流通在北京地区的宝泉局乾隆通宝；图籍中的文字故意模仿清代的语言传统，甚至考虑到了避讳的问题；通过查证档案，东西六宫中居住的妃子也被我们一一锁定。令贵妃到底是不是住在延禧宫里呢？乾隆皇帝是否真的有一位香妃？清代宫廷如何进行皇子教育？皇帝怎样给皇太后过寿？皇宫过年是什么场景？当年那些传教士与皇帝有怎样的互动？这些读者喜闻乐见的宫廷往事都会出现在这本书中。

第四，《谜宫》的解谜环节经过奥秘之家团队的精心设计，几十个关卡中的上百个紫禁城知识点（史实）随着谜题的逐渐开解而铺陈在读者面前，环环相扣，扣人心弦。情节虽然是编纂的，但是在解谜的过程中，仿佛真实的历史就发生在读者的身边。当然，这套书的结局不是唯一的，还包括暗藏的对故宫实景的探寻玩法，这将会是一种沉浸式的参观和阅读体验。

三、社会效益

（一）对故宫的意义

《谜宫》中藏着很多谜题：譬如，宫中错综复杂的建筑和道路是如何布局的？东西六宫中到底发生了什么故事？乾隆年间的紫禁城是否真如清宫剧里描写一般光景？一方面，这本书会引导读者来紫禁城游览中轴线，还会对故事发生的主要区域慈宁宫、东西六宫等地有更多的涉及，引导读者去发掘和探访，这对紫禁城的游客群体也会产生一个良好的分流作用。另一方面，《谜宫》是出版和游戏相结合的独特创新方式，会促使好奇的读者拿着《谜宫》实体书，带着手机，一边在线上解谜，一边在故宫实地一探究竟，让游览故宫玩出新意境、新趣味。

（二）对新技术手段的意义

如今，互联网已经在人们的生活中无处不在，尤其是对于年轻人来说，互联网移动端早已成为信息知识来源的重要渠道。《谜宫》是故宫出版的首本创意互动解谜书籍，通过这部书独特的实体书籍 + 线上游戏的解谜体验，让纸质书泛黄的宣纸书页，书中墨笔小字、精美插画、奇特符号，无不隐藏着紫禁城的秘密；还有多件暗藏玄机、样式各异的随书附件：毛笔、抄经帖、书签、洒金信笺、剪纸、乾隆年间的紫禁城全图，30 多个环环相扣的谜题任务……附加着紫禁城历史文化的点点滴滴。在书籍和线上游戏的结合下，读者不仅能领略到中国风解谜游戏的乐趣，破解一段段尘封的历史，还能融入游戏角色，亲身体会、了解紫禁城的历史知识文化，让这些历史文化知识在自己的游戏角色中活起来，动起来，变得更有趣，更有吸引力。

（三）对青少年寓教于乐的意义

《谜宫》用解谜游戏的方式，带领读者玩了一场紫禁城的历史文化探索之旅，它还是一本极好的亲子图书。小学六年级以上可以单独玩《谜宫》。小学六年级以下则可以在家长的陪伴下一起玩，是很好的亲子互动读本。阅读《谜宫》，文化厚重的历史画卷会在读者眼前徐徐展开：太和殿广场上典礼庄严、韶乐飘飘，乾隆为自己的生母“甄嬛”的历史原型——崇庆皇太后在慈宁宫举办八十大寿庆典，还有科举制度中的一应仪式和规范，文治武功兼修的乾隆帝不仅重视传统礼仪，还极其孝顺。在读书玩游戏中，这些中国传统文化礼仪和孝道家风也都会潜移默化地影响家长和孩子们，寓教于乐，远胜于单纯的说教。

（四）对出版大环境的意义

《谜宫》是故宫出版的首本创意互动解谜书籍，通过这部书独特的实体书籍 + 线上游戏的解谜体验，填补了中国解谜游戏市场的空白。益智推理解谜游戏在西方国家长期以来一直风靡，以其益智性和老少皆宜性独树一帜。目前，虽然越来越多的国人接触解谜游戏、喜爱解谜游戏，但中国的解谜游戏市场并未走入成熟：市面上以中国文化为载体，讲述中国本土故事的优秀内容更是凤毛麟角。《谜宫》一书，用古籍的形式，将中国风的解谜内容与历史知识、传统文化融为一体，让玩家通过寓教于乐的方式，了解故宫、了解历史、了解中国传统文化。因此，《谜宫》既是突破传统的纸质书籍，亦是填补中国解谜游戏市场空白之作，更是弘扬传统文化的一次创新尝试，也从另一个角度创新了故宫文化知识传播的方式，让一本书的内容做到了线下线上以及实地三结合。这种尝试，可以说一开出版界、游戏界多元结合的典范。这也是对老生常谈的出版业是否是“夕阳产业”的一次有力回击。原来，出版创新正当年！依然是有着无限潜力的朝阳产业。

（王志伟：故宫出版社宫廷历史编辑室主任）

案例类别：产品

学生专用 AR 地球仪

“学生专用 AR 地球仪”项目创造性地把 AR（增强现实）技术应用到地球仪上，极大限度地拓展了地球仪所能展现和提供的内容信息。本项目侧重于拓展教学地球仪的功能，是一款针对初中生地理学习推出的细分市场产品，配以 AR 初中教学内容，让初中地理教学与学习都变得更容易、更直观。

一、专业导向

“学生专用 AR 地球仪”打破传统的、纸质的平面地图认知教育的局限，结合实体地球仪，将 50 多个与地球和地球仪相关的教学地图、演示动画等内容呈现于手机、iPad 等移动设备中，结合手机等终端 APP，用 3D 动画、互动模拟、文字解说、语音讲解等各种方式，演示解说初中教材中难以理解、难以想象、难以教学的各种地理现象，如地球的形状和大小、地球运动、昼夜现象、四季更替、地形图和地形特征等，通过屏幕同步，教师可以将 APP 投影到大屏幕进行教学，学生也可以使用移动终端进行自主学习。具有比传统地球仪更高的技术含量，更注重知识点的互动操作功能，为老师的教学和学生的学习打造一个全新的地理学习场景。使教学对象由静态变为动态，由平面变为立体，由抽象变为具象，化难为易，能激发学生兴趣。

“学生专用 AR 地球仪”极大地拓展和丰富了传统地球仪的内容界限，由有限内容扩展到无限内容，为地球仪的发展开拓了新的方向。

二、业务管理的规范性

（一）资源内容标准化

“学生专用 AR 地球仪”专门针对学生的学习和老师的教学内容进行了全方位的优化，软件部分的 APP 针对产品中的图、文、声、像及地图等内容制定了统一的数据规范和技术标准，明确规定数字资源的数据格式、尺寸、分辨率等方面的要求，保证数字资源风格一致、内容贴切、效果生动，并具有现实教育意义和突出的教育效果。

（二）地理学科专题地图编辑规范化

制定了严格的地球仪和专题地图设计制作规范和质量规范，严格遵照国家公布的《地图管理条例》《地图审核管理规定》等地图相关法律法规，杜绝了政治性问题（如错绘我国国界线，漏绘南海诸岛、钓鱼岛等）和科学性问题。

三、平台打造

“学生专用 AR 地球仪（初中版）”是测绘社推行媒体融合改革，利用新技术推出的一款教学地球仪。整个产品包括实体地球仪和数字 APP 两部分。其中，实体地球仪严格遵守国家法律规定，遵守国家公开地图表示规定，强化国家版图意识教育，反映我国的政治立场；APP 的研发注重提升学生学习的自主性、积极性，侧重于对知识的表达和理解。“学生专用 AR 地球仪”遵守地图审核规定，通过自然资源部审批，产品中的地图和地理动画符合我国政治和外交立场，政治导向正确。

四、项目亮点

将地球仪与手机等终端 APP 等结合，拓展了地球仪的地理教学功能，拓展了地球仪所能展现和提供的内容信息，丰富了教学手段，增加了学生学习兴趣。

采用 AR（增强现实）技术，用 3D 动画、互动模拟、文字解说、语音讲解等各种方式，演示解说初中教材中难以理解、难以想象、难以教学的各种地理现象，如地球的形状和大小、地球运动、昼夜现象、四季更替、地形图和地形特征等，有助于知识理解和掌握。

通过屏幕同步，教师可以将 APP 投影到大屏幕进行教学，增加了课堂教学的直观性和生动性。

手机操作简便，下载并安装 APP 后，学生可以使用移动终端随时随地进行自主预习、复习，增加对知识的理解和掌握。

五、社会效益与经济效益

社会效益：本项目合理利用地球仪硬件资源，利用计算机技术，拓展了地球仪功能，丰富了地球仪信息承载量，为地理学习和教学提供强大的资源支持，能有效提高学生学习地理的效率，提供了新的教学手段和方法。整个项目，为测绘社树立了良好的企业形象和品牌效应，对教育装备和地球仪行业有很强的示范和指导作用。

经济效益：本地球仪自上市以来，受到学校师生的一致好评和热烈欢迎，以至于AR功能成为现在教学地球仪的标配。本产品自上市以来，已经销售近3万个，销量远高于不带AR功能的同类产品，极大满足了地理教学和学习的需求，带动了整个教学地球仪的发展。

六、行业示范推广价值

本项目创造性地把AR技术应用到地球仪上，极大拓展了地球仪所能承载的地理信息内容、文化内容和教学内容，具有极高的行业示范效应，对地球仪尤其是教学地球仪的发展具有引导性重大贡献。

七、主要技术

采用AR（增强现实）技术、三维动画技术、多媒体互动技术。把游戏互动技术移植到本项目中来，使本项目更加直观、操作更方便。

“学生专用AR地球仪”项目目标用户群体：初中老师和学生。

（测绘出版社有限公司）

案例类别：产品

“生动科学”AR学习资源平台

郭洪亮 韦玮

“生动科学”是在教育部备案的一款AR学习类APP，是一个基于AR增强现实技术，面向青少年的学习资源平台。平台包含数学、物理、化学、地理、生物、科普等初中阶段数百个知识点。“生动科学”结合初中课本与教学大纲，通过AR技术，将多位名师总结出来的抽象、难懂的知识点，进行三维原理演示、语言讲解、操作互动、考试评测等多元化一对一解析。

一、项目概述

2016年5月30日，习近平总书记在“科技三会”（全国科技创新大会、两院院士大会、中国科协九大同时召开）上提出，“科技创新、科学普及是实现创新发展的两翼，要把科学普及放在与科技创新同等重要的位置”。党的十九大报告进一步强调文化自信和建设创新型国家。因此，向社会各界尤其是青少年儿童普及科学知识、弘扬科学精神具有十分重要的现实意义。2019年6月6日，中国5G商用牌照正式发放，为“生动科学”AR学习资源平台的普及使用提供了技术环境保障。

随着AR技术的不断发展，其应用场景也在不断扩大。2020年上半年，华为、苹果公司不约而同地在其手机产品中内置了AR类应用：AR地图、AR激光扫描仪。两大世界知名企业的举动，被认为开启了AR技术全面商业化的大门。

“生动科学”项目基于当前日益成熟的AR技术、依托出版社出版的纸质图书以及音像制品资源，结合手机端APP以及电脑客户端展现的交互元素多样增强现实场景，为青少年儿童读者带来逼真生动的视觉体验。“生动科学”致力于将简单知识直观化，将抽象原理形象化，知识生动清晰，交互丰富有趣，操作简单方便，为学生营造身临其境的沉浸式学习体验。平台可兼容多系统各种设备，随时随地想学就学。

2020年8月，“生动科学”已成功在教育部备案。平台包含数学、物理、化学、地理、生物、科普等初中阶段数百个知识点。“生动科学”结合初中课本与教学大纲，通过AR技术，将多位名师总结出来的抽象、难懂的知识点，进行三维原理演示、语音讲解、操作互动等多元解析。同时，“生动科学”内容还包括天文、地理、生物、古生物、博物、工程技术、中国传统文化与技术等精品科普内容，通过趣味性的AR互动模式开发，逼真地反映知识内容，促进了传统出版与新兴技术、媒体融合，符合新闻出版融合发展要求的创新内容生产和服务、重点平台建设、拓展内容传播渠道、拓展新技术新业态等多项政策方向，是文化产业深入发展，加快传统出版与新型出版融合的必然要求。

平台的发布，打破了目前国内AR产品或图书面向的用户人群年龄两极分化明显的现状。在产品应用上，“生动科学”一方面与海豚出版社拟出版的AR科普图书深度融合，另一方面还是一种新的聚合媒体，能容纳不同形式的数字资源素材，还能沟通读者、作者、专家、出版社、图书馆、学校等不同群体或机构，为未来科普领域的知识服务、科技内容合作等奠定平台基础。接下来，平台将会为中小学、出版社、科技馆、博物馆等机构提供定制化AR资源建设服务。

二、产品关键技术

作为以AR技术为先导的科普平台，“生动科学”拥有如下关键技术。

（一）总体技术构架

“生物科学”总体技术构架如下图所示。

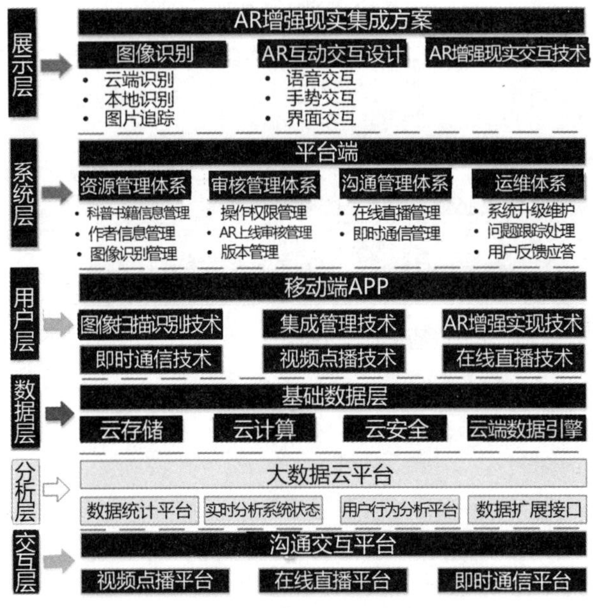

“生物科学”总体技术构架

（二）AR增强现实技术

通过实时地计算摄影机影像的位置及角度来建立现实空间的坐标系，并加上相应图像、视频、3D模型的技术，在屏幕上把虚拟信息（物体、图片、视频、声音等）融合在现实环境中并进行互动，从而形象逼真地还原出科普的现实场景，构建一个更加全面、更加美好的世界。

（三）图像追踪技术

通过运动检测和目标跟踪的检测算法，在追踪过程中更新虚拟元素在真实世界的坐标位置。

（四）AR交互手势

识别用户特定的手势指令，触发相应的模型动画，使互动交互更加自然。

（五）三维动画交互技术

利用专业的三维数字游戏引擎技术，为客户端用户提供多方位、立体的视觉和交互体验。

（六）URL防盗链技术

它是一种保护视频资源安全的技术。通过使用防盗链技术，会自动实时生成一个视频的播放链接，该链接只在指定时间内可用，可以有效地保护视频内容。

（七）内容分发网络CDN技术

通过在网络各处布置节点服务器，将源站内容分发到遍布全国的加速节点，实时根据网络流量和各节点的连接、负载状况、到用户的距离和响应时间等综合信息，将用户的信息重新导向到距离用户最近的服务器节点上。使网民可以就近取得所需内容，提高相应速度，减少相应延迟，有效提高站点的访问速度。

（八）用户行为数据统计和实时分析技术

将客户端采集的用户行为数据进行归类和统计，形成对用户使用区域、用户使用习惯、营销结果的实时分析数据，便于更加精准地了解客户和产品的使用状况，为高层决策提供依据。

（九）大数据统计与实时生成技术

通过专业的大数据统计方式与计算方式，将各种珍贵的客户使用数据进行汇总整理，并输出为图表等直观方式进行显示，为高层决策提供相应依据。

（十）多内容电子化集成管理及版权保护技术

实现对数据库内容与所在书籍章节的导引对应，在整个生产过程中，不产生明文和完整的视频文件内容，可以实现在任意生产环境下的版权保护。

三、产品五大优势

（一）海量内容资源丰富，含5大学科6大板块

“生动科学”APP内目前内容包含物理、化学、数学、生物、地理和趣味科普6个板块，目前内容资源数超500个，市面上可见AR类产品的内容资源数未见达到如此体量的。这些内容涉及学科知识、航空航天、自然生命、科学人文、机械运转、远古生物等多个主题，还将开发中国传统文化与礼制、“一带一路”文明史等内容，涵盖领域极广，既有常规的科普解答，也有生活中的好奇探索；既有生命的本质追寻，也有宇宙的浩瀚展现；既有科技的发展介绍，也有文明的积淀传承。

（二）内容权威专业，知识精准呈现

产品内学科知识点和科普知识的提炼、分解、评测、解说和审核均由专业团队完成，包括初中教师、行业专家、中国科学院教授等。保证内容的权威性和专业度，保证知识点讲解和呈现的精准度。

（三）三维效果逼真，身临其境的学习体验

三维图景投射在用户身处的真实环境中，瞬间营造身临其境的学习体验，将真实场景与虚拟场景无缝结合。

（四）多种交互功能，轻松掌握知识

产品内每个知识点设有语音讲解、操作互动、考试测评等内容。用户不仅可以身临其境地学习，还可以自己动手参与学习过程，加深对内容的理解，轻松掌握知识点。

（五）多种产品形态，适合多终端多场景使用

“生动科学”产品目前开发了适用于Android端和IOS端的版本，适用于以上两种操作系统的智能手机和平板电脑。同时，还开发了网页版，方便用户在学校、图书馆等场景下在计算机上使用学习。另外，还开发了适合大屏使用的版本，适合在触摸屏等硬件上使用。多种产品形态照

顾到了目前可触达用户的所有使用场景需求。

“生动科学”产品作为海豚出版社在全媒体时代将图书出版、知识学习和新技术相融合的创新性平台，其内容来源于图书出版物，又能反哺图书出版业务在AR科普类图书上选题的丰富性，将AR技术与科普图书相结合，为科普图书和科普教育带来革命性的变革。同时，“生动科学”作为一个相对独立的平台产品，具备将用户、创作者、传播者、出版社等价值环节打通，提高效率和效益的能力。平台建设还将为资源的综合利用创造基础，进而吸附更多的优质资源，最终创新科普出版模式，探索并引领行业发展。

（郭洪亮：海豚出版社“生动科学”项目组负责人，韦玮：海豚出版社品牌运营部主任）

生动科学客户端

案例类别：产品

“文泉学堂”系列专业知识和教学服务平台矩阵项目

温韫辉

“十三五”期间，清华大学出版社（以下简称清华社）就将融合出版的目标定义为：实现出版社由单一产品形态向复合出版产品形态升级；从提供产品向提供内容资源、技术、服务转型，并由出版社下属的音像电子与数字出版分社承担数字内容建设、平台建设、联动运营三方面工作，以此探索清华社的数字出版转型道路，带动全社整体的融合出版发展。经过3年多的发展，出版社的“文泉学堂”系列专业知识和教学服务平台矩阵已初具规模，并在商业化运营推广中取得了一定的成绩。

“文泉学堂”的深入融合实践探索

“文泉学堂”是由数字教学运营中心负责的专业知识和教学服务平台矩阵，按照用户使用场景和产品形态划分为多个平台，各个平台基于统一的“用户中心”“资源中心”“权限中心”，在后台数据上已全面打通。用户一经注册登录，可在多个平台间同步身份信息，自动登录和跳转，各平台定位详见表1。

表1 “文泉学堂”系列平台介绍

名称	核心功能定位	类别
文泉学堂门户	综合门户，聚合搜索	导航，在线服务入口	资源类
文泉学堂知识库	为高校图书馆服务的知识库	资源类
文泉书局	电子书在线阅读平台	资源类
文泉课堂	在线课程平台	资源类 工具类
文泉题库	在线组卷工具	资源类
文泉考试	在线答题和测试系统	资源类
文泉云盘	随书配套附件	课件上传工具和阅读平台	工具类
文泉教学	教师自助服务	工具类

不同的平台之间可以灵活组合，既能够独立提供服务，也可以嵌套整合，提供更强大的功能。各个平台之间的结构关系（见图1）。

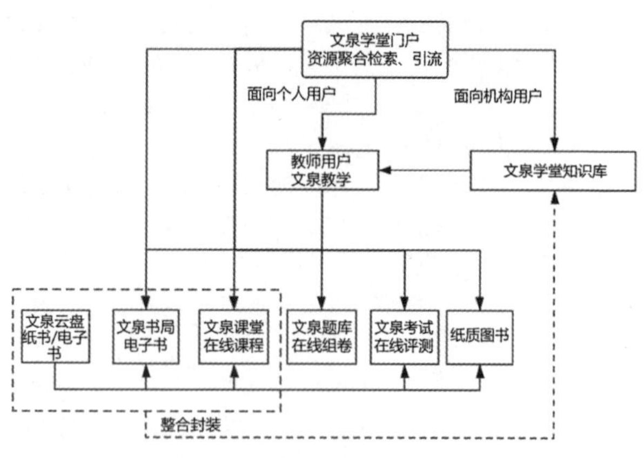

图1 “文泉学堂”各平台之间关系

在各平台建设和运营的过程中，数字分社同步带动了全社编辑开发和出版全媒体选题产品，推动发行业务的数字化产品销售转型，在清华社的深度融合发展道路上探索出自己的特色，总结出自己的心得。

（一）产品建设紧密贴合政策方向

以《教育信息化2.0行动计划》为指导，清华社在“文泉学堂”系列平台建设中围绕“教学考练评”五个方面展开。就高校师生在施教和学习过程中主流的应用场景，出版社基于统一的用户体系，将用户分为学生和教师两级用户权限，针对性地开发对应的产品和特色功能，详见表2。

表2 “文泉学堂”系列平台对应师生应用场景

对象	应用场景	对应平台
学生	考前复习专业课程内容，练习习题	（2B）文泉学堂知识库 （2C）文泉学堂门户、文泉课堂
学生	课外阅读电子书，自主进行探索性阅读或学习本专业教材	（2B）文泉学堂知识库 （2C）文泉学堂门户、文泉书局、文泉云盘
学生	通过线上课程自主学习或辅助课程内容学习	（2B）文泉学堂知识库 （2C）文泉学堂门户、文泉课堂
师生	满足研究课题或撰写论文查找专业内容的需求； 学科前沿领域探索性阅读和学习； 查找和引用参考文献内容，自动生成标准表述文字	（2B）文泉学堂知识库 （2C）文泉学堂门户、文泉书局、文泉云盘
师生	阅读纸质图书，通过二维码扩展阅读音视频资源，或练习配套的习题，学习配套的课程	文泉云盘 文泉课堂
教师	准备期末考试试卷	文泉题库
教师	挑选教材，在线查看电子教材，或者申请纸质教材样书	（2B）文泉学堂知识库 （2C）文泉教学、文泉书局、文泉云盘
教师	下载和整理教学课件、教学素材	（2B）文泉学堂知识库 （2C）文泉教学、文泉书局、文泉云盘
教师	组建私有课程，在线组织学生教学，辅助线下教学	（2B）文泉学堂知识库 （2C）文泉课堂

（二）纸数融合、线上线下融合，全方位迎合师生的学习和教学应用场景

清华社在高校馆配市场，以“双一流”“双高”建设为契机，服务于学科建设、科学研究、人才培养等，在已有的纸质图书馆配业务基础上，于2018年底提出“为高校图书馆提供全方位专业知识服务”的整体解决方案。方案包括纸质图书与数字资源知识库产品相结合；线上服务与线下服务相结合等。

纸数结合方面，考虑师生用户的使用场景，纸质图书的阅读行为更适用于历时较长的深入阅读，系统学习行为；数字资源知识库的核心用途是迎合师生对大量数字资源的高效率、精准检索需求，通过碎片化阅读大量资源的方式进行高效率学习和研究。

线上线下联动方面，线上服务充分发挥互联网的特性（以结构化的高质量教学内容一对多地提供循环复用的在线服务）；线下服务更容易带动现场氛围和提供针对个体的知识服务。在线下，以走入校园图书馆的形式，开展专题讲座和学术交流活动，把优秀的作者和学术前沿动态引入校园，更能提升校园的专业知识学习氛围。

2020年，在抗击新冠肺炎疫情期间，清华社积极响应教育部关于“停课不停学”的号召，快速应对、主动作为。1月28日，清华社率先向社会免费开放“文泉学堂知识库”平台的教学资源。清华社的知识战“疫”公益行动，在较好地保护出版社数字资源的同时，为读者提供持续稳定的在线阅读服务，为全国高校师生用户在新学期正常开展在线教学工作保驾护航。此举得到清华大学党委陈旭书记的表扬，也引发全网多家官方媒体和自媒体账号的宣传报道。

（三）整体架构体系，产品之间互相嵌套，深度融合

各平台既能够独立提供服务，也可以嵌套整合，提供更强大的功能。例如，“文泉学堂知识库”整合封装了“文泉书局”“文泉课堂”“文泉云盘”的功能，嵌套“文泉教学”，对机构付费用户提供资源和功能整合的平台服务；“文泉云盘”嵌套在“文泉书局”中，读者不仅可以扫描纸质图书的二维码获取新媒体扩展阅读服务，也可以通过桌面端浏览器购买和阅读电子书，并同时获取扩展资源，更适用于学习和工作的场景；“文泉课堂”与“文泉云盘”互相嵌套，提供图书配套的在线课程学习功能和在线习题功能；“文泉学堂门户”整合了“文泉书局”“文泉课堂”“文泉云盘”“文泉教学”等，提供资源聚合搜索和导航，并作为“文泉学堂知识库”的入口，依据用户的IP地址，提供自动判断，提示跳转到本校的知识库，免费使用资源；“文泉教学”嵌套在“文泉学堂知识库”中，师生用户不仅可以在线申领纸质教材样书，更可以直接阅读数字教材。

（四）应用成熟的商业模式，直销结合代理，线上线下整合销售

针对师生用户主流的消费模式或采购行为，清华社对应采取线上线下结合的销售模式，针对不同的采购主体，通过直销或代理商进行销售。

在收入方面，近两年“文泉书局”和“文泉课堂”零售收入近50万元；“文泉题库”及“文泉学堂知识库”正式成交院系及图书馆超过50余所，成交额将近400万元。

应用成熟的商业模式，兼顾个人和机构用户，拓展主流市场，提供特色的线上产品和服务，清华社得到了师生的广泛认同，同时也获得了较好的收益，看到了持续发展的方向。

（五）紧密联合大学出版社，共同发展

基于对“文泉学堂”特色的专业学科数字资源和教学服务定位的认可，自2019年下半年起，清华社逐步联合20家大学出版社的优质内容资源，共同构建数字化时代的新型产业合作关系。

从未来发展来看，清华社将联合更多的大学出版社，共享融合出版工具和平台，汇聚更多专业学科内容资源，为学科建设、学术研究、人才培养发挥更大的作用，共同打造数字教学服务生态链，不断推动融合出版向纵深发展，为我国大学出版在信息化时代下的发展赢得更广阔的空间。

（温韫辉：清华大学出版社文泉学堂项目运营中心主任）

文泉学堂公众号

案例类别：产品

“人大芸窗”智慧教育打造融合出版生态 全方位建构数字化教育解决方案

廖熠

一、项目情况概述

中国人民大学出版社将数字出版与传统出版相结合，已建立起较为完善的数字产品研发服务体系，在媒体融合的趋势下获得了长足发展。目前出版社数字出版业务服务于出版社以教材为核心、以学术著作和大众图书为两翼的“一体两翼”产品结构，数字出版重点布局在数字教育、学术数据库和数字阅读三个方向。

中国人民大学出版社经过多年的努力，在教育信息化 2.0 时代面向不同终端、不同阶段的用户需求，形成了“人大芸窗”智慧教育品牌，芸窗取意“芸”聚全球优质高校资源，打开一流大学学习视“窗”。数字教育板块以“用数字技术推动高等教育进步，助力高等教育实现内涵式发展”为理念，做强做大“人大芸窗”智慧教育融合出版生态，针对不同的用户群、不同的学科、不同的终端，形成了多种类型的数字教育产品，全方位建构数字化教育解决方案。

“人大芸窗”建设有人大芸窗数字教材、人大芸窗慕课平台、人大芸窗职教学苑、人大芸窗应试培训、芸窗 e 财会、芸窗思政等数字教育产品线，覆盖人文社科教育领域的各个出版方向，提供全方位的数字化教育解决方案与产品。真正实现了三大融合：传统出版和新兴出版的融合、出版和科技的融合、出版和教育的融合。

（一）传统出版和新兴出版的融合

借助手机、平板电脑等移动终端设备接受教育已成为常态化。“人大芸窗”智慧教育以各种类型的新形态教材充分满足用户随时随地教与学的需求。

人大芸窗数字教材是在出版与教育融合变革的大背景下，面向全国高校师生打造的智慧教育平台，提供一套与传统教学紧密衔接、可扩展、智能化的数字化教学解决方案。平台于 2013 年立项，2014 年上线运营，2019 年升级改版，以教育信息化 2.0 行动计划为指导，运用大数据与人工智能技术，依托中国人民大学出版社在人文社科领域的优质教材资源，将传统教材和多种形式的数字内容有机融合，使二者互为支持、优势互补，构建以用户为中心的个性化教学体系，提供包括电子教材、PPT 讲义、教学资源库、学科题库、教学测评等在内的全流程在线教学综合服务。

芸窗 e 财会聚焦多学科交叉、亟须融合发展的财会学科，以“财会名师在线传道，服务未来财会教育”为理念，云集财会名师名家，建设名师理论课与仿真实训平台全面结合、多种介质综合运用、信息技术与教育教学深度融合的财会新形态教材，真正将出版的编辑优势、名师的内容资源优势延伸到新兴出版，依托先进的技术和渠道，推动出版融合发展，实现了一个内容多种创意、一个创意多次开发、一次开发多种产品、一种产品多个形态、一次销售多条渠道、一次投入多次产出、一次产出多次增值。

（二）出版和科技的融合

大数据、云计算、VR 等技术与出版的结合不断深入，推动着出版业内容呈现和产品形态的持续创新。“人大芸窗”智慧教育融合出版涵盖了在线教育、翻转课堂、备课平台、VR 课程、慕课等多种教育教学服务模式与产品，已获得自主研发的软件著作权 20 多项。

“全国高校思想政治理论课听课记录系统”充分利用大数据和云计算技术对全国高校思想政治理论课及相关活动进行数据收集与分析，通过量化分析和感性描述的评估方式在短时间内全面了解和掌握思想政治理论课教学情况。

VR思政课则将VR技术融入思政课建设中，通过身临其境的阅读体验，重塑出版的媒介形式和知识传播模式，让学生从单纯的“看”教材到“进入”教材，跨越了媒介的局限性，与情景实现了融合，使得思政课教学由知识传授、理论教育的过程深化为能力提升、价值认同和信仰坚定的过程，进而贯彻落实立德树人的根本目标。

（三）出版和教育的融合

芸窗互动教学平台围绕“课前—课中—课后”三大场景，倾力打造的电子教材、教学资源库、名师直播等优质数字教育产品已广泛进入高校，成为出版与教育跨界融合的典型。

面对新时代大背景下的教学改革趋势，人大出版社汇聚财会名师、优秀教材和权威资源打造了人大社财税实训平台。这个“内容+平台”的一体化数字教育产品以企业典型业务为主线，以就业为导向，以能力为本位，高度仿真出纳、网银、申报做账、开票、认证、个税、纳税申报7大实战系统，构建数字化、个性化的课程体系，配套实训教材，所练即所用，让学生与工作岗位无缝对接。

在全国防控新冠肺炎疫情的关键时期，为响应教育部“停课不停教，停课不停学”的要求，人大出版社邀请学界名师和业界名家，于2020年3月开始推出近200场名师直播活动，以极为强大的阵容、极具深度的主题、极其深入的互动，在高校圈、实务圈乃至更广泛的受众圈获得了热烈反响和积极反馈。疫情期间开展的公益直播课是一场充分利用互联网的活动，也是出版和教育的融合典范，引领了一场基于科技保障的学习革命，实现了防疫和教育的双赢。其中仅大型金融·财务名家公益直播课多平台累计学习人次就超251.27万，总留言超过30000条，切切实实地用名家直播助力了“停课不停学”。

二、成效与社会反响

“人大芸窗”智慧教育打造融合出版生态，全方位建构数字化教育解决方案，取得了良好的经济效益和社会效益，也得到了广泛的好评。

“人大芸窗”荣获“2017年度影响力在线教育品牌”。人大芸窗数字教材于2013年入选中央文化产业发展专项资金重大项目，目前已升级到2.0版本，提供197门在线课程，构建了一个覆盖经济、工商、法学等学科的数字化资源体系，为人文社科学校提供全方位的在线教学支撑。自2014年9月上线至今，已有中国人民大学、上海对外贸易大学、西安交通大学等500多所高校使用，已覆盖全国113.8万付费用户，累计已产生近4000万元的经济效益。人大芸窗数字教材先后荣获“2017年中国人民大学教学成果二等奖”“2018年数字出版创新论坛出版融合创新·年度推优技术”“第八届中国数字出版博览会创新项目”和2019年“第十二届新闻出版互联网大会优秀数字教育平台”。

“人大芸窗”旗下的其他数字教育产品也取得了不俗的成绩和一系列行业奖项，其中“人大芸窗职教学苑”入选2019中国数字出版创新论坛“融合发展创新应用推优案例”，“人大社财税实训平台”荣获第十三届新闻出版业互联网发展大会“互联网+出版创业项目”和第十五届中国数字出版创新论坛出版“融合优秀案例暨出版智库推优”。为数字出版行业做出了积极的探索示范，在融合出版方面做出了标杆，尤其在全国的大学出版社中有巨大的行业示范推广价值。

三、融合经验体会

（一）社会效益优先，实现双效统一

要坚持正确的出版导向，始终坚持将社会效益放在首位，牢牢守住意识形态阵地，落实“立德树人”根本任务。在此基础上守正创新，推进组织融合、业务融合、要素融合，探索数字化环境下内容、生产、传播一体化，努力实现社会效益和经济效益有机统一。

（二）内容为本，发挥各自优势

出版的本在于内容，要深入推进资源的聚集整合，以传统出版为根基实现并行并重、优势互补、此长彼长，推动传统出版和新兴出版实现融合，充分发挥自身优势，差异化发展，引入合作方的资源，建设具有较强内容整合力、行业影响力的数字化出版内容服务平台，共享共赢。

（三）技术为用，运用先进技术

技术变革让内容的呈现形式和传播方式都有很多的改变，这就要求我们具备创新的意识和勇气，要与时俱进地持续提升，走在时代的前沿，坚持内容为本、技术为用、内容为体、技术为翼，运用先进技术传播先进文化，积极利用5G、区块链、人工智能等前沿技术，更好地发挥出版内容资源优势。

（廖熠：中国人民大学出版社数字教育事业部副总监）

人大芸窗数字教材

案例类别：产品

中华优秀传统思想文化传承融合发展实践及路径研究

——以中国思想与文化名家数据库为例

朱亮亮 李晓改

一、项目简介

“中国思想与文化名家数据库”是中国人民大学出版社在数字学术领域重点打造的学术数据库，是一个汇聚中国历代经典思想与文化名家生平、观点、著述和年谱的专业知识服务平台。项目以中国历代思想与文化名家为核心，由百余位海内外著名学者精心挑选，收录300多位思想与文化名家，涵盖人物简介、生平、主要思想、著作、评价、年谱等，立体呈现人物风采。

核心资源包括由清华大学新闻与传播学院院长柳斌杰和著名历史学家戴逸教授领衔主编的“中国近代思想家文库”，以及《康有为全集》《梁启超全集》等经典著作，面向广大思想史研究学者、高等学校、学术研究机构用户，提供全面、丰富、专业的研究资料和知识服务。

项目已在海内外超过500家高校、公共图书馆使用，得到了良好的市场反馈，被包括人民网、光明网、新华网、CCTV等媒体广泛关注，给予高度评价。2019年，荣获第七届中华优秀出版物提名奖，入选国家新闻出版署举办的第一届“数字出版精品遴选推荐计划”。2021年4月，入选国家新闻出版署组织的“读掌上精品 庆百年华诞——百佳数字出版精品项目献礼建党百年专栏”，在人民网、新华网、央视网、光明网等19个平台进行展示推广，向社会免费开放100天，以精品数字内容献礼建党百年。

二、项目背景

中华优秀传统文化是中华民族的精神命脉，对中国特色社会主义建设具有重大意义。党的十八大以来，习近平总书记发表了一系列重要论述，强调“要讲清楚中华优秀传统文化是中华民族的突出优势，是我们最深厚的文化软实力”，指出要“推动中华优秀传统文化创造性转化、创新性发展，不断提高人民思想觉悟、道德水平、文明素养，不断铸就中华文化新辉煌”。

积极挖掘和弘扬中华优秀传统文化和文化传统，通过多种方式推动广大读者接触和接受中华优秀文化，是出版者的重要责任。中国思想与文化名家是中华民族最具特色和最为显著的文化标志和文化符号，是构成中华文化基因的重要组成部分。正是从古至今各代思想与文化名家的不懈努力，铸就了生生不息的中华文化血脉。

为更好地促进中国思想文化传承融合发展，人大出版社积极探索传播新路径，创新发展，打造了国内首个以“思想与文化名家”为主题，集各类研究资料于一体的知识服务平台，从而更好地继承中华民族薪火相传的伟大精神瑰宝，传承中华优秀思想文化。

三、项目架构

项目架构见下图。

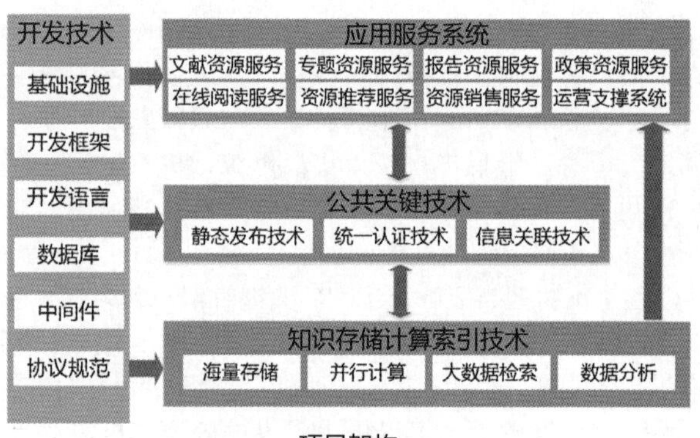

项目架构

四、内容资源和功能

“中国思想与文化名家数据库”内容资源权威、丰富，功能强大。

（一）人物收录全面且权威

《中国近代思想家文库》由戴逸、王俊义、耿云志等百余位海内外著名学者倾力打造，精心挑选中国思想与文化名家，入选思想家既有代表性，又比较全面。横向收录了各个学派、专业领域的代表人物；纵向选择了各个历史阶段、各大重要思潮的重要思想家；发掘了一些被遗忘、被忽视的重要人物。

（二）人物评价公允且客观

基于学者们的深入研究重新评价思想人物，突破传统的框架，力求平实、公允、客观，对学术界已达成共识的进步思想家的评价，在原有基础上，吸收了新的研究成果，又有提高和深入。

（三）文献资料丰富且珍贵

项目收录1万余篇经典著作、13万篇研究文献，涉及哲学、史学、教育、文化等12个学科。涵盖晚清及民国时期书信、演说词、公函、章程、诏书、宣言、发刊词等珍贵资料，囊括大量新发现的文献材料。

（四）支持多样化检索和阅读

项目支持标准检索、高级检索，设置多组筛选项，文章提供在线阅读和原版阅读，可通过网站、移动端、手机浏览器等多终端使用，满足不同场景下的阅读需求。

（五）知识关联和应用

项目通过结构化的加工，对内容数据进行了深度挖掘，同时将人物生平及主要经历制作成年谱，梳理其主要经历和成就，以时间轴的形式进行编排展示，直观、清晰地展示了人物的一生。

五、成效与社会反响

（一）坚持社会效益和经济效益相统一

“中国思想与文化名家数据库”目前已在海内外超过500家高校、公共图书馆使用，累计覆盖用户数达2000万人以上。市场反馈良好，口碑效应明显，双效结合，社会效益突出：入选2019年第一届数字出版精品遴选推荐计划；荣获2019年第七届中华优秀出版物奖音像电子游戏出版物提名奖；2019年中国国际大数据产业博览会第二届新闻出版大数据高峰论坛“数字出版创新成果奖”；2018年第十一届新闻出版业互联网发展大会“优秀知识资源”；2016年10月获财政部文化产业发展专项资金支持。

（二）入选“百佳数字出版精品项目献礼建党百年专栏”

2021年4月，中国思想与文化名家数据库入选国家新闻出版署组织的“读掌上精品 庆百年华诞——百佳数字出版精品项目献礼建党百年专栏”，以精品数字内容献礼建党百年，向社会免费开放100天，在人民网、新华网、央视网、光明网等19个平台进行展示。专栏上线运行期间，数据库为50多个国家和地区的用户提供了服务，累计访问量200多万，向海内外用户展示了数字出版讴歌新时代、满足新需求的优秀成果。

（三）社会责任与担当

2020年抗击疫情初期，数据库坚持社会效益为先的原则，面向广大用户免费开放，提供专业知识服务的数字化融合出版产品，访问量超过千万，充分体现了大局意识、责任意识，为保障人民群众的文化利益而提供知识服务，用文化知识凝聚力量。

六、融合经验体会

融合创新是数字化时代出版企业可持续性发展的根本需求。经过近些年的发展，人大出版社在管理理念、人才结构、生产流程、渠道融合等方面有了长足的进步，建立起了融合出版全流程机制。

（一）管理理念

人大出版社在信息化建设与融合出版发展方面一直都具有超前的意识与管理理念，2005年成立数字出版中心，2012年成立数字公司，2016年申报出版融合发展重点实验室，这些战略规划都充分显示了出版社对于数字化发展的先进管理理念与长远的建设规划。经过项目实施与资源整合，形成了成熟、统一的数字化项目出版管理流程，形成了鼓励创新机制，并能将创新的成果付诸实施，开花结果。

（二）人才结构

人大出版社2012年成立数字化公司，部门与运营机制改革措施的实施，都是为了强化人才机制的改革，通过吸纳多样化的人才，做好传统出版人才与新兴出版人才的融合，充分发挥所有人的主观能动性、专业性与创造力，从而带动企业创新能力的提升。

（三）生产流程

生产流程的创新是出版社新兴业务发展的基础，是出版社高效推动融合出版的保障。人大出版社通过出版管理系统的升级改造让数字资源的生产管理与数字产品的策划实施融入出版管理流程，通过新技术的研发与出版社资源的整合应用，开发了大量新形态融合出版产品。生产流程的创新已经为出版社生产效率的提升提供了积极的推动，还将为出版社的创新发展提供持续的技术支撑。

（四）渠道融合

人大出版社经过多个数字化项目的实施，在传统营销渠道的基础上建立了包含新兴数字化业务的综合营销渠道，并且打通了线上线下的渠道，从产业合作上与新媒体企业在内容、渠道、运营上充分沟通融合，形成了成熟的产业链效应，能全方位推动数字化产品的输出能力，建立了高效的运营推广渠道，实现了整个运营推广流程的产业化融合。

七、结语

习近平总书记指出，中华优秀传统文化是中华民族的精神命脉，是涵养社会主义核心价值观的重要源泉，也是我们在世界文化激荡中站稳脚跟的坚实根基。在当前融合发展的背景下，人大出版社已经为技术与出版的融合、科技与文化的融合奠定了坚实的基础，为技术的创新、产品的创新、业务的创新提供了良好的条件。“中国思想与文化名家数据库”的建设，是人大出版社积极发扬敢于创新的优良传统，助力中华优秀思想文化传承的实践，是对中华优秀传统思想文化的挖掘和阐发，是实现中华传统美德的创造性转化、创新性发展。

（朱亮亮：中国人民大学出版社数字出版中心副主任，李晓改：中国人民大学出版社数字出版中心产品经理）

中国思想与文化名家数据库

案例类别：组织机构

基于合肥综合性国家科学中心平台的前沿科技出版传播中心

一、深度融合发展的时代背景和必要性

传统媒体与新兴媒体融合是传统出版单位发展的必由之路，也是出版人致力于新时代社会主义文化大发展大繁荣的重要抓手。习近平总书记提出“加快推动媒体融合发展、构建全媒体传播格局”重要指示，中国科学技术大学出版社积极思考如何在已经取得的数字出版成果基础上，抓住机遇向纵深发展。

中国科学技术大学出版社依托中国科学院、中国科学技术大学的品牌、人才和资源优势，整合科技出版力量及相关资源，打造若干具有国际影响的前沿科技出版工程、期刊、科学数据库、科学普及工程，利用大数据、人工智能、5G、AR、VR 等前沿科技手段，加快前沿科技学术研究成果的普及与传播，加速学术研究与出版融合、前沿科技与出版融合，紧锣密鼓地推进合肥国家科学中心前沿科技传播中心融合发展建设。

二、机构创新的融合发展基础

（一）获得奖项及荣誉

中国科学技术大学出版社近年来“实施精品战略，抓重点项目出版”效果明显，国家重点出版项目获批捷报频传，“十三五”国家重点出版物出版规划项目入选数名列全国前列、C9 高校第三位。在数字音像方面，出版社获批、完成国家出版基金数字出版项目《坐着时间去飞行——互动探索自然奥秘的科学之旅》《宝宝的物理学》《交互体验神奇的微观世界》。国家出版基金规划管理办公室对中国科学技术大学出版社近年来国家重点出版项目工作给予了高度肯定。

（二）推进教材立体化建设

为了更好地支撑高校教学及学科发展，服务“双一流”建设工作，中国科学技术大学出版社顺应时代发展趋势，充分发挥数字出版优势，深度挖掘教材资源，对教材进行立体开发。以纸质教材为基础，以学科课程为中心，以多媒体、多形态、多层次的教学资源和多种教学服务为内容，配套制作多媒体课件、电子教案，开发网络课程，建立教学资料库。疫情防控期间，出版社免费提供校内电子版教材，保障师生科研工作的顺利开展。教材立体化建设在数字出版领域的推动和发展促进了中国科学技术大学优秀教学资源的有机整合与充分利用，有利于学术交流、科学普及以及人才培养，极大地助力学校“双一流”建设工作。

（三）服务地方经济社会发展和文化建设

中国科学技术大学出版社集中围绕安徽文化、安徽农业、安徽科技教育这三大安徽优势，整合有关徽商、徽州文物、徽州艺术等丰富资源，组织出版《阅读徽州》《徽州文化大辞典》等图书，并计划着手建立徽文化数据库。此外，开展丰富多彩的全民阅读推广和科普系列活动，数字出版在其中彰显了独特的优势，发挥了积极的作用。多种数字出版物亮相中国科学技术大学科技活动周，将先进的科研成果以生动形象的方式呈现给公众，为广大读者提供了全新的阅读体验。

三、适应深度融合发展的机构组织创新途径

中国科学技术大学出版社按照积极推进、科学发展、规范管理、确保导向的要求，立足传统出版，发挥内容优势，积极探索适合出版社实际情况和特色的融合发展道路，加速学术研究与出版融合、前沿科技与出版融合。

在“十四五”规划中，中国科学技术大学出版社继续推动深度融合发展，科学制订战略规划和相关工作计划，实施精品战略，抓重点项目出版，在融合发展机构组织改革、数字人才培养和出版传播中心建设等方面进行积极探索，在专业垂直领域进行数字资源的深挖和拓展，实现极具特色的“数字＋传统”“出版＋科技”深度融合发展。

（一）建设前沿科技出版传播中心

中国科学技术大学出版社历来以打造前沿科技学术出版基地为战略方向，近年来更是以国家重点出版物规划为抓手，策划、布局和出版一批有示范意义的立体化学术出版工程。基于合肥综合性国家科学中心的科技研究平台，目前正在筹建前沿科技出版传播中心，以出版为基础和核心，以融媒体内容生产及传播为导向，出版、传播、普及与推广前沿科技学术研究成果，加快前沿科技学术研究成果的普及与传播，加速学术研究、前沿科技与出版融合。

前沿科技出版传播中心将以已出版的《量子科学出

版工程》《可控核聚变出版工程》《中国手工纸文库》等一系列示范性出版工程为基础，整合中国科学技术大学数十个学术期刊的内容资源，从建立专业科学数据库入手，逐步推进人工智能、大数据和5G技术与出版的融合。前沿科技出版传播中心的设立必将加速和提升相关工作的效率和质量，推动高端学术出版工程的有序开展。依托综合性国家科学中心和中国科学院的支持实现联动，通过长三角区域一体化的战略布局实现辐射效应，推进前沿科技出版传播中心的融合发展建设。同时中心面向科技战略、科技伦理、知识产权等领域研究，可以更加迅速地应用最新的科技手段，为我国的科技数据库建设探索出新的道路。

（二）建设高素质出版融合发展团队

目前，中国科学技术大学出版社从事融合发展的团队由一批高素质的出版人才组成，团队成员均为出版社骨干编辑，大多具有副编审职称，承担过多项国家重点出版项目。未来，出版传播中心将在合肥综合性国家科学中心的平台中利用相关的人才政策，吸收、引进更多的高端人才。

（三）构建知识服务平台，积极寻求合作

中国科学技术大学出版社精准聚焦国家教育教学改革的“强基计划”，构建知识服务平台，将开设相应板块努力探索适应校情、适应国情、面向世界、面向未来的基础学科拔尖人才培养的新模式，实现优秀人才的选拔和培养与国家发展有机结合，体现高校人才选拔培养与国家发展战略的同心同向，在基础科学、高技术与交叉科学前沿研究领域提供学术信息保障、公共信息服务平台支撑和科学交流与传播服务。

中国科学技术大学出版社积极与国内一流高校、知名高新技术企业、科研院所和国家重点实验室等寻求合作，已经同中国科学院、中国科学技术大学、合肥综合性国家科学中心、中国科学技术大学先进技术研究院、科大讯飞等建立了稳定而深度的合作关系；与中国科学技术大学先研院新媒体研究院以及皖新传媒通力合作；与国家出版融合发展（武汉）重点实验室——数传集团达成战略合作，加入出版融合产业联盟，探索为消费者提供高端文化服务新模式。这些尝试给前沿科技出版传播中心未来通过融媒体方式向社会大众发声提供了宝贵的成功经验。始终致力于搭建知识服务平台，创建读者数据库，始终以优质纸质内容为核心，通过精准匹配线上的资源，实现知识服务转型，为读者提供多元化、精准化服务的融合知识产品。

（四）持续推动教材立体化建设

在目前的教材立体化基础上，除了制作多媒体课件和电子教案、开发网络课程、建立教学资料库外，中国科学技术大学出版社积极拓展新的展现形式，建设优势学科题库，整合学科难点，丰富原有精品教材内容，升级教学功能，利用视频课程、三维课件展示等方式优化体验感。未来，将根据国家关于高校教材的指导意见，充分发挥数字出版物的特点和优势，根据不同学科、对象、应用环境来设计教学，以最大限度地满足多样化、个性化的教学需要，为学校教育服务，助力人才培养。

四、结语

中国科学技术大学出版社“一心一意谋发展，脚踏实地做出版”，找准定位，明确方向，积极争取国家层面的政策支持，深度挖掘学校人才资源、教育资源、科研资源，整合前沿领域科学研究优势，充分利用数字技术，为广大读者提供有特色的、高质量的科学技术数据库服务，促进学术交流和科学普及，服务社会，打造具有科大特色的国家前沿科学技术出版中心、高校精品教材与科学教育出版基地、重要知识服务平台。

（中国科学技术大学出版社）

案例类别：组织机构

技术赋能 创新驱动 引领教育出版数字化转型

一、情况介绍

作为我国外语教育出版行业的排头兵，外语教学与研究出版社（以下简称外研社）顺应“互联网＋教育”发展趋势，于2014年成立全资子公司——北京外研在线数字科技有限公司（以下简称外研在线），以优质内容为基础，深度融合尖端信息技术，不断延展产品与服务，在成熟的出版主业中孵化新机遇，激发出版融合发展的活力和创造力，形成新的综合竞争力，实现自身的转型升级与可持续发展。

成立6年多以来，外研在线已走在了国内教育出版数字化转型的前端，构筑了涵盖内容、软件、硬件、培训和运营“五位一体”的商业布局，为全学龄段用户提供专业、科学、高效的一站式智慧教育解决方案，致力于建设现代化外语智慧教学体系，创设多方参与的外语教育新生态。近年来，公司和旗下产品频获来自教育部、中宣部、国家新闻出版署等政府部门的认可，同时，也获得诸多重量级行业奖项。

二、具体成果

依托外研社优质的纸质教材，外研在线融合先进信息技术，建设涵盖内容、软硬件、服务的数字出版生态，对高品质教材内容进行价值放大与创造赋能。目前，外研在线的产品与服务已覆盖全国31个省(自治区、直辖市)的1700余所高校，服务全学段用户超7000万人。

在基础教育领域，外研在线以品牌教材为切入点，运用大数据、人工智能等技术，打造外研K12教学云平台、外研优学等数字产品，提供优质教学资源，覆盖课前、课中、课后全流程，为教师、学生、家长提供APP、网站、小程序、公众号等全端产品服务，全面助力高效教学。

在高等教育领域，外研在线围绕外研社优质教材，打造了集“教、学、评、研、管”为一体的Unipus智慧教学解决方案，将优质教材、海量数据、机器学习分析等深度结合、应用创新，实现精准化、个性化教学，切实赋能施教者、驱动学习者、提效管理者，不断推动高等外语教育教学改革。

在继续教育和职业教育领域，外研在线打造集“产、学、研、用”一体化、“院校+企业+产业学院运营商”三主体办学模式，为院校和企业提供具有产业特色的应用型人才培养体系，为建设具有中国特色的全民终身学习的教育体系贡献力量。

此外，外研在线作为北京外国语大学网络教育学院（简称“北外网院”）的指定技术服务提供商，为其提供专业化、智能化的远程教育综合解决方案，已成为中国远程教育服务领域的一面旗帜。

三、价值贡献

在院校层面，外研在线将信息技术与高质量的数字出版内容结合，变革出版，赋能教育，充分发挥互联网企业优势，支持全国高校基于先进技术开展教学模式探索和教育教学改革，并形成示范标杆，带动全国高校外语教育信息化改革和创新。

在行业层面，外研在线将内容这一核心能力进行价值放大，通过对传统出版内容资源的整合与创新，运用人工智能、大数据、云计算等前沿技术，打造数据驱动的全景教育生态。同时，公司加强与中国高等教育学会、中国英汉语比较研究会、美国教育考试服务中心（ETS）、英国文化教育协会(BC)等机构的深度合作，携手亚马逊、驰声、猎豹等优质行业伙伴，不断研发新技术、新内容、新产品，探索出版行业数字化转型升级与外语教育信息化创新发展之路。

在社会层面，外研在线秉承“内容向善，科技赋能”的理念，致力于借助智能手段将优质教育资源和服务普惠更多人，服务国家人才战略目标，不断满足国家发展所带来的教育教学改革需求。比如，公司旗下的中国高校外语慕课平台UMOOCs实现了跨学校、跨区域、跨国界和跨文化的教育资源共建共享，将优质课程资源惠及西部学生，支援西部地区外语教学，实现教育精准扶贫，推动教育公平。值得一提的是，2020年疫情期间，公司免费开放旗下全部重点产品，支持院校在线教学和学生在线学习，为全国抗疫贡献了积极力量，获得了高校在线开放课程联盟联席会的认可，以及CSR中国教育奖组委会颁发的“战疫行动”特别奖和“最佳年度CSR品牌”奖。

四、融合发展经验

外研在线承载国内信息化改革与出版行业数字化转型使命，积极打造智能化外语在线教学和学习平台，为院校提供科学、系统的一站式支持服务，为全国不同地区、不同层次的学习者提供优质、公平的教育资源。历经6年多探索，外研在线在产品生态、技术创新、人才队伍、组织管理、支持保障等方面加快融合创新的步伐，逐渐走出符合自身特色的发展之路。

产品生态方面，作为国内最大、最权威的语言教学资源提供商，外研在线的生态在无限进化，从单一地输出产品转变到研发课程、软件、硬件、云和服务为一体的综合解决方案，以数字内容为依托基础，以数字产品为核心增长点，以数字服务为配套支持，不断深挖、延展纸质教材的价值，围绕客户需求不断纵深地进化自身业务生态，成为全景、综合的教育服务提供商，对用户实现全面、深度赋能，不断探索数字时代出版业务发展的新路径。

技术创新方面，诞生自传统出版行业、探索向智慧教育转型，外研在线始终秉承初心，大幅增加研发投入，企业研发人员占员工总数的比重为66%，拥有软件著作权近90项，自主开发的基于学习者模型的学习分析技术、自动评阅引擎等国内领先。2020年12月，在自然语言处理领域的权威赛事——中文语法错误自动诊断大赛（Chinese Grammatical Error Diagnosis，CGED）中，外研在线团队在公认难度最大的一项“语法纠错（Top1）”赛道获得全球冠军。团队在比赛中使用的技术，已成功应用于公司产品，精准赋能教学。

人才队伍方面，公司积极优化激励机制和人才引进机制，搭建合理人才梯队。除了传统出版业人才，公司持续吸引产品、技术、运营等领域的互联网行业顶尖人才，并建立轮岗机制保障人力资源供给和整体流动，以推动整体业务的融合发展。外研在线的管理人才兼具专业技能与业务技能，具有广阔的国际视野、深刻的行业洞察力和丰富的管理经验；专业人才涉猎教育、信息技术、多语种等领域，技能树完整齐备；业务人才涵盖内容、产品、技术、运营和科研等领域，人才图谱全面。

组织管理方面，随着业务范围不断扩大，员工人数不断增加，外研在线从业务实际需要出发，不断进行组织架构的调整和优化，以实现更高效的协同和组织运作效率。此外，公司践行扁平化管理机制，搭建公司内网，建设信息共享、资讯公开的平台，通过主题午餐会、员工团建等形式增加上下级、跨部门平级间的交流。

支持保障方面，外研在线一路的发展壮大，离不开外研社的大力支持。外研社鼓励外研在线以互联网公司形式运作，进行体制机制创新和探索，并给予外研在线专家指导、学术资源、经费投入、平台搭建等方面的支持，为公司发展保驾护航。

始于过往，面向未来。作为外研社全资子公司，外研在线将基于行业和用户需求，不断升级教育出版生态，为广大教师和学生用户提供内涵丰富、形式多样的教与学解决方案，全面做大做强各学段生态布局，助力外语教育质量提升，为建设出版强国、教育强国做出更大贡献。

（北京外研在线数字科技有限公司）

Unipus 智慧教学与研究公众号

案例类别：产品

外研阅读平台

外研阅读平台（unistudy.top）是外研社打造的，以英语阅读为核心，英语测评为辅助工具的英语阅读平台。平台为学校用户提供英语阅读教学服务，融合赛事服务、阅读培训、教学科研活动，以线上线下联动模式赋能外语阅读教学全流程，提高学生的英语阅读能力，培养学生核心素养的在线学习平台。平台为个人用户提供个性化阅读和自主学习服务，帮助其提高英语阅读水平。

2016 年 11 月，外研阅读平台（当时名为“爱洋葱平台”）被新闻出版广电总局确定为出版融合发展重点实验室。2017 年 5 月被列入新闻出版广电总局规划发展司“改革发展项目库 2017 年入库项目名单”，并获得了教育部 2017 年文化产业发展专项资金支持。2018 年荣获第八届中国数字出版博览会“创新技术”奖。

一、平台结构

为适应不同用户需求，外研阅读平台建设了产品矩阵，包括大学版、个人版、中小学版、家庭版以及 APP 和小程序。

二、核心价值

外研阅读平台核心价值是通过测试、推荐、学习三个步骤形成学习闭环。针对个人学习者，为其提供阅读资源和测试工具，帮助其了解自身英语阅读水平，并形成学习计划。针对各级学校用户，平台通过大数据分析，为教师提供学生学业进展分析，协助教师了解学生学习进程，调整教学安排，形成教与学的良性循环。

三、特色功能

外研阅读平台有三大特色功能：立体化阅读、诊断测试和数据追踪。

（一）立体化阅读

外研阅读平台提供的立体化的阅读方案，包括默读、听读和讲读三个部分，融合英语阅读的三种不同模式。默读即“看书”。平台结合英语阅读需求，开发定制阅读器，通过查词、笔记、搜索、分享、阅读模式切换等功能，帮助用户解决阅读过程中遇到的困难并完成相应的学习积累。听读即“听书”。通过听书或边听边看的模式，用户可以提高相应的听力能力和阅读能力。讲读即“学习”。通过数字课程用户理解所读图书的文本内容，学习文化知识和语言知识。

（二）诊断测试

外研阅读平台诊断测试分为英语分级阅读定级测试和英语阅读微技能诊断测试。这两种测试均为外研社自主研发。

英语分级阅读定级测试：基于《中国中小学生英语

分级阅读标准（实验稿）》，采用自适应算法，针对性推送试题，精准判定级别。系统自动评分，实时获得测试结果和反馈报告。测试篇章包含故事类和非故事类篇章，难度适宜，简短有趣，知识性十足，主题贴近学生生活。适用于小学至高中阶段。教师通过测试结果和班级报告可以了解每位学生的阅读级别、班级阅读级别分布情况、班级阅读素养发展阶段分布情况、当前学生阅读理解能力发展目标、当前学生阅读习惯发展目标以及适合学生的阅读书目。个人用户可以通过测试和查看反馈报告，明确自己目前的阅读级别，查看阅读级别的增长曲线，找到适合自己的阅读书目，循序渐进地提高阅读水平。

英语阅读微技能测试：参照《中国英语能力等级量表》（CSE），秉承促学测评（assessment for learning）和导学型评价（learning-oriented assessment）等理念，帮助学生了解自己各项英语阅读微技能的现有水平，发现存在的问题，适用于高中至大学阶段。个人用户通过个人测试报告，明确学习的起点，设定学习的目标，改进学习方法。对于学校和教师来说，该测试支持学校的教—学—评一体化建设。为学校提供个性化教学依据，提升语言教学效能。合理、充分地运用在线手段进行无纸化测试，为教师提供教学研究支持。

（三）数据追踪

外研阅读平台运用大数据获取和可视化技术，实时捕捉学生阅读轨迹，记录学生阅读习惯与阅读行为，为老师提供在线阅读教学管理服务并生成数据分析报告。数据可以清晰呈现班级整体和学生个人的阅读进度，支持教师通过数据分析进行教学管理工作和科研工作。对于个人用户来说，可以随时了解自己的阅读及学习进度，把握学习进程。

四、内容资源

外研阅读平台根据不同年龄段的需求，针对性地提供不同的精品内容资源，具体形式包括电子书、听书、数字课程等。针对大学及以上用户，平台精选涵盖 10 个学科，14 个分类的 3000 余本电子书。针对中小学生群体，根据中小学生英语分级阅读和学习的需求，提供了以外研社经典分级阅读书籍为主要内容的电子书、听书和数字课程，初步满足了中小学生进行个性化分级阅读和学习的需求。

五、运营活动

外研阅读平台开展了多种形式的运营活动，包括读书会、阅读赛事、阅读培训、科研课题等，为打造外研社在英语线上阅读教育的品牌形象占据了有利的市场地位。

（一）读书会

外研阅读与实体书店合作，举办线下多种形式的读书会活动。创办《通识访谈录》节目，通过采访相关关键人物，介绍国内外通识教育的理念、方法。读书会的典型代表有：“以‘文’为本识人文”讲座，主讲嘉宾朱绩崧；“浅谈叶嘉莹的诗艺与人生”讲座，主讲嘉宾汪荣祖等。

（二）阅读赛事

联合各级学校组织“英语读后感大赛”，以赛促学，为学校发现和挖掘优秀选手。举办线上书评大赛，拓展学生阅读视野，增强英语实际应用能力。阅读赛事的典型事例有：2019 年悦读人——“外研社杯”中国政法大学第一届英语读后感大赛；2020 年悦读人——“外研社杯”嘉兴学院第一届英语读后感大赛等。

（三）阅读培训

自 2017 年起，联合国内外高校青年教师和优秀留学生，创办博雅教育体验营。体验营核心是以小班教学为主的人文研讨会，学生在引读人的指导下，一同阅读选定的文本或浏览其他形式的内容（电影、音乐、图像等），在课堂上以讨论的方式进行学习，使观点相互碰撞，提升英语综合能力。

（四）科研课题

自 2017 年起，外研阅读平台与中国英语教学研究会计算机辅助外语教学专业委员会（ChinaCALL）、北京外国语大学网络教育学院合作，共同开展了基于阅读教学平台的相关研究，在核心期刊发布论文，探讨利用阅读平台进行线上线下相结合的混合教学模式在培养学生学习兴趣和促进学习效果方面的作用。

六、典型案例

（一）外交学院——BTI 经论课课程思政的融入

外交学院利用外研阅读平台加强经论思政课程的教学，在专业的基础上融入思政元素。外交学院以课堂教学为主渠道，利用外研阅读平台引领学生主体的参与，从而培养学生英汉语语言、翻译核心能力和素养；培养学生语言能力之外的能力即课程思政所强调的能力。

（二）北京外国语大学——博雅教育工作坊课程

2020 年，北京外国语大学北外学院和外研阅读平台共同举办了线上线下相结合的博雅教育课程，作为北外学院选修课程，完成课程并通过考试的学生获得 1 学分。课程内容为《伦理学导论》。教师带领学生在线阅读伦理学经典作品，并完成相关作业和考试。学生在“伦理学导论”课程学习过程中打开了思路，提升了逻辑和思辨能力，在老师的引导下，用中正客观的角度了解了西方的自然、人性根基和伦理生活，也对个人如何追求更高的快乐与幸福，承担责任与义务有了更深的认识和思索。

（三）海南外国语职业学院——科学测评助力线上线下混合式教学与科研

2020 年春季学期，海南外国语职业学院使用外研阅读平台英语阅读能力诊断系统对相关同学进行英语阅读能力测试。整个测试环节流畅，测试报告丰富翔实。班级报告，让授课教师了解学生的弱项以及自己在教学中忽略、不重视或重视不到位的环节。整体上，此次测试结果与学生的日常表现相一致，较好地体现了学生的真实阅读水平，非常契合日常教学中对学生英语阅读能力的培养目标。

七、总结

经过多年的努力，外研阅读平台已建成一个由网站、手机 APP（安卓端 +iOS 端）、小程序等不同产品形态和功能构成，以服务大中小学阅读教学、中小学家庭英语学习和个人英语阅读学习为目标，实现全媒体、全学段、全链条的智慧阅读学习平台。

（外语教学与研究出版社综合出版事业部）

外研阅读客户端

案例类别：产品

京师书法产品

京师书法是通过科学的课程设计，将优质的教学资源和先进的人工智能自动评测技术相结合，为普及书法教育精心打造的智慧书法教学解决方案。

方案采用模块化设计，可根据不同市场需求灵活组成不同级别的方案，后台管理系统可视化呈现全国、省、地、市四级实时数据，助力教、学、评、管全环节。京师书法着力解决书法教育普及推广过程中遇到的专业教师数量不足、学生书法学习兴趣不足、课堂教学资源不足等痛点问题，致力于让每个学校都能开好书法课。

一、产品特点

（一）专业深入的教学研究，科学完善的教学流程设计

由优秀书法教研团队专业研究，将范字解析、临摹练习、智能评测等多个模块融为一体，形成一套科学完善的书法教学流程。

（二）优质的内容资源，丰富的教学方式

提供教材课程、通用课程、特色课程、硬笔课程、名家讲解等多种教学方式，充分满足教师教学需求。

（三）三种评测方式，多维智能评测

采用人工智能评测技术，对学生作品进行重叠对比、并列对比、智能评测，多维度、全方位评价学生书法学习效果，提升书写能力。

（四）云服务架构，在线迭代升级

采用基于云服务的产品架构，可实现版本及资源在线实时更新。

（五）聚焦教育场景，教学数据可视化

实时掌握教学动态，帮助教育管理部门直观了解开课数据和软件使用情况。

二、一个平台，五大模块

云端数据管理后台，包括：数据可视化、字库管理、资源检索、智能测评、内容生产五个模块，为京师书法的前端功能提供有力支撑。

三、八大系统，四类课程

（一）八大系统

京师书法拥有八大系统，分别是京师软件管理系统、京师课程教学系统、京师互动直播系统、京师作业评测系统、京师资源检索系统、京师资源拓展系统、京师书法字库系统和京师书法学生系统（专业版、旗舰版）；京师书法从书法课堂教育实际出发，独创五字授课法，从讲、播、练、纠、评五个环节，全方位服务书法课堂教学。

（二）四类课程

在资源方面，为满足各地区差异化教学需求，京师书法提供了课件制作工具以及教材课程、通用课程、硬笔课程、特色课程四类书法课程，支持书法教学及拓展使用，不仅包括书法入门指导及特色书法教学服务，还

包括丰富的书法教学资源。

1. 标准教材课程：匹配国标教材《书法练习指导》，以北师大版书法教材为核心，同时也适配了人美、湘美、青岛、西泠等版本课程内容。

2. 通用书法课程：提供了欧体、颜体等楷体通用课程，课程中均安排了基础笔画、偏旁部首、结字规律、集字练习等基本学习内容和拓展内容，分段进阶，K12 全学段可通用，适用于未选定教育部审定书法教材的地区。

3. 硬笔书法课程：匹配统编版小学语文教材一二年级的硬笔写字教程。

4. 特色书法课程：将传统文化融入书法课程，如写对联、写斗方、写扇面等，提升学生学习书法的兴趣。

四、推广情况

京师书法曾获“数字出版创新成果奖”等奖项，入围国家新闻出版署“2019 年数字出版精品遴选推荐计划”。目前，京师书法在试点推广阶段已进入全国 30 个省市地区，试点学校总量约 2000 所，开课总时长已达 37000 余小时，服务师生超 100 万人。

京师书法目前已开发上线普及版、专业版和旗舰版，对标不同需求的价位段。

（一）普及版：纯软件教师端方式，教室具备上网的投影设备或电子白板，就能开展书法教学

此版本产品已进入北京市、天津市、安徽省、河南省、河北省、甘肃省、辽宁省、山东省、重庆市等 30 个省市的近 2000 所学校，服务 100 多万名师生。

京师书法普及版由于其基础的教室配置、低廉的使用成本、简洁的交互设计，极大满足了中小学校的书法教学需求，提高了非专业老师的上课效率，一经推出即受到业内专家和一线师生的一致好评。

目前，京师书法普及版在全国的开课学校仍在快速增长，使用区域的书法开课率也明显提升。以重庆购买产品的学校为例，书法开课率已达到 100%。

（二）专业版：教师端 + 学生 Pad 端，满足轻量化书法教室需求，适合于普通书法专业教室使用

京师书法专业版通过配备教师端软件系统、教师高拍仪和学生端 Pad，实现教师与学生之间的教学互动，提供完整专业的书法教、学、练、测、评等教学环节。教师端进行教学演示，学生端自主学习，将枯燥的书法教学转变为生动有趣、互动性十足、参与度更高的课堂体验。

在教学互动过程中，对于学生通过 Pad 上传提交的作品，老师可以在教师端轻松实现对学生作品展示、圈注点评、直播示范、录制微课等功能，还能对照教学系统完美展现学生作品和范字的重叠对比、并列对比，以及根据相似度、重心、大小等维度对学生作品进行智能测评打分，充分体现了数字化互动教学的优势。

目前，京师书法专业版已在北京市、天津市、重庆市、安徽省、吉林省、山东省、四川省等学校展开使用。学生们可以更加系统、直观、简便地学习书法，并与老师教学进行互动，提高书法教学效率。

（三）旗舰版：教师端 + 学生端临摹桌，适合高端专业书法教室。市场价位根据教室规模和配套设备，在 50 万元—100 万元之间

京师书法旗舰版配备触控大屏一体机、教师端软件系统、教师端高拍仪、学生书法临摹台、交互式数字临摹屏、学生用高拍仪、学生端软件系统等软硬件。这种软件 + 硬件共同组成的京师书法智慧教室，将现代科技技术融合传统书法教学，实现书法智慧教室数字化教学、个性化学习，是现代书法教学中必备的一套教学装备。

京师书法专用临摹屏坚固耐用，采用先进的防蓝光技术，清晰度好，可自动调节亮度，润眼护眼。屏幕具有独立 Android 操作系统，支持十点触控，速度快。临摹桌面设有洗笔器，并配备笔墨纸砚、笔山、镇尺等文房耗材，极大地提高了学生对书法学习的兴趣。

科学性和实用性是书法临摹台的主要特点，通过临摹结合、精确对比等循序渐进的学习过程，达到精临范字的目的，实现书法教学专业化、标准化、流程化，能极大提高书法教学效果。同时，还能让学生科学地学习书法，把本来困难的书法临摹变得简单有趣，培养学生学习书法的信心。

目前，京师书法旗舰版已经在广东省、天津市、六安市部分学校安装交付。利用信息数字化、网络化以及软硬件结合技术开展书法课堂教学的京师书法智慧教室，不仅构建起师生互动的书法教育新模式，还有助于学校弘扬书法文化、打造书法特色学校，实现学校办学水平、办学品位的整体提升。

五、运作模式

京师书法客户群主要是中小学校，特别是以小学为主。主要推广方式是通过普及版软件迅速扩大市场占有率，达到书法课开课目标，之后通过收取软件服务费、安装专业教室及教学衍生品（如练习册）方式实现收入。推广渠道如下。

（一）股东渠道

作为科大讯飞公司子产品，包含到科大讯飞智慧教育投标项目中。例如，讯飞蚌埠项目，3500 所教室安装了京师书法产品。北师大出版集团方面，结合书法教材市场推广软件产品。

（二）自建代理商

发展一批在当地有市场影响力的代理商销售京师书法产品。代理商主要来源，主要以当地软件销售商为主，如河北泰沃信息、山东青岛代理商等，其在当地已具备一定的渠道资源。

（三）人民社团和公益基金

利用书协等人民社团性质的组织和公益基金会等渠

道推广产品。如向甘肃东乡族布塄沟小学捐建书法教室，后续依托公益基金继续拓展市场。

（四）融媒体产品模式

通过智能书法练习册 + 软件服务方式推广智能书法练习册。例如，河南项目通过安装免费软件快速拓展市场，对于使用北师大书法教材的可直接利用渠道下沉到学校安装开课，截至目前河南省覆盖学校已达450所。

在国家不断加大素质教育，特别是对传统文化的日益重视的形势下，京师书法作为一款贴合市场时机的产品，未来时机成熟时可考虑借船出海，助力将书法产品推向海外，弘扬中华优秀传统文化。

（北京京师讯飞教育科技有限公司）

京师书法公众号

案例类别：产品

北京体育大学出版社内容可视化产品服务及应用

一、市场分析

（一）数字出版市场发展现状

随着信息科技的飞速发展，新闻出版的数字化程度越来越高，出版方式也不再以单一图书形式呈现。更为丰富的数字化产品和专业解决方案成为新的融合出版模式。虚拟现实、增强现实和混合现实被认为是未来重要的具有颠覆性的技术方向之一，当前市场上虚拟现实研发及使用普遍面向较为低端的娱乐、科普等浅层需求，通过简单技术集成手段，将多个不同技术领域的成熟技术进行交叉组合，并不能成为未来技术颠覆创新的根本动力。建设和开展专业内容可视化技术的研究，对相关学科进行高端引领，重点突破，面向行业进行专业成果转化，提供深度综合性服务，对出版业态的转型升级具有重大意义。

（二）自身优势分析

北京体育大学出版社依托北京体育大学的科研优势和专业资源在体育领域，以“产、学、研、用”为一体的模式，结合体育运动和运动健康相关内容资源，联合学校高新技术产业的专业技术力量将VR、AR与混合现实技术应用到体育专业出版，探索体育专业内容可视化出版的新型融合业务产品模式。为积极响应国家“新一代人工智能发展规划”号召，出版社积极组建“体育大数据中心”围绕体育领域的训练、教学、比赛、运动健身等整个体育产业链进行数据采集、存储、整理、清洗、挖掘和分析。

（三）基于3D可视化技术的体育融合出版需求分析

交互式3D体验、VR/AR等技术正在以前所未有的速度发展，体育出版行业拥抱变化，采纳3D可视化手段是发展的必然。而动作捕捉、基于3D引擎的快速动画制作等技术的发展为体育出版行业实现3D可视化制作打下了良好的基础，融合应用并发展这些新技术不仅是体育出版行业供给侧改革的迫切需求，同样也是技术发展的大势所趋。

基于3D可视化技术的体育融合出版不仅是对体育出版行业的创新，同样也是相关技术发展的极佳机遇。新技术的发展离不开合适的应用场景，体育行业由于其特殊性，对动作细节全方位观察的要求使其成为3D可视化技术应用的最佳场景，是发展交互式3D可视化内容制作以及发布等相关技术的理想阵地。

二、产品分析

（一）内容可视化产品概况

面向体育融合出版的3D可视化内容生产流程，真实再现运动员的动作离不开动作捕捉技术。动作捕捉技术是指记录并处理人或其他物体动作的技术，通过记录人体的动作，并将其转换为数字模型，可以用于生成二维或三维的计算机动画，在体育中对于运动信息的表达、研究与应用都有着重要的价值。在制作体育内容时，动作捕捉技术一般要求能够方便、快捷地捕捉人体的运动姿态，而且不影响运动员的运动，使用场景灵活，不仅能在室内使用，也能够满足户外使用的需求。目前常用的动作捕捉技术包括光学动作捕捉、惯性动作捕捉以及基于视觉的动作捕捉技术，本套产品为不同应用场景下的动作捕捉技术选择提供依据。

（二）内容可视化产品核心技术分析

光学动捕技术是目前出现最久，也最为成熟的动作捕捉技术。该技术通过贴在运动员身上的标记点，利用高速红外摄像机追踪标记点的位移，将追踪数据传输到电脑上，从而完成动作捕捉的全过程。光学动捕除了技术成熟外，最大的优点是测量绝对精度高，精度达到毫米级甚至亚毫米。

惯性动作捕捉技术是近年来快速兴起并逐渐普及的动作捕捉技术。该技术通过在运动物体的重要节点佩戴集成加速计、陀螺仪和磁力计等惯性传感器设备，由传感器捕捉目标物体的运动数据，再将数据传输至数据处理设备中，经过数据修正、处理后，最终建立运动目标的三维模型。惯性动作捕捉的技术优势在于信号量相对较少，实时计算压力小；姿态测量灵敏度高、动态性能好；对环境适应性强，不受光照、周边外界环境干扰，且不怕遮挡。此外，可实现多目标捕捉，测量范围大。惯性动捕系统使用方便，设备小巧轻便，便于佩戴，相比于光学动捕系统成本低廉，应用范围更广，但在绝对定位精度方面不及光学动捕系统。

基于视觉技术的动作捕捉则是通过高精度相机从多个不同角度对运动目标进行拍摄，通过对运动帧进行处理和分析，最终还原出被追踪目标的轨迹信息。这种捕捉方式的最大优势是不需要穿戴任何设备，对被测量者的运动没有额外约束。但现阶段该技术的缺点是测量误差相对较大，在对细节要求很高的体育应用中有时不能满足需要。

在3D体育内容生产过程中，针对不同的应用场景，需要对动作捕捉技术进行选择、优化，以及不同动作捕捉技术的融合，以满足具体的应用需要。

（三）相关应用案例分析

北京体育大学出版社内容可视化应用围绕硬件系统打造、软件平台开发、标准体系建设等几个方面全面展开，取得了较好的实际成果。

案例：内容可视化产品助力国家击剑队备战东京奥运会。

在击剑过程中运动员的四肢、躯干以及头、颈的运动按照一定的顺序进行，形成了动力链系统与运动轨迹。对轨迹线、距离、时间、速度、角速度、时序等数据进行挖掘与分析，就能够洞察并掌握运动员在击剑运动中的技术动作要领的应用情况。由于分析都是基于量化数据，整套分析体系与结构可以被计算机所理解，形成自动化的分析系统，帮助教练员与运动员节省大量的时间，深入理解技术动作中的细节。

传统的击剑运动技术分析主要采取拍摄视频的方式，通过慢放回看分析。但视频拍摄难以对运动员躯干、手臂、脚部与剑尖的移动轨迹进行精准的3D记录，更不能对各种速度、角速度等重要参考指标进行分析。在缺乏量化数据的情况下，对运动员的训练历史数据无法进行量化对比分析。使用视频拍摄，教练员与运动员一般还是通过主观判断进行视频解读。而且普通的视频拍摄帧率速度有限，对于快速运动无能为力。传统的可量化的动作采集与记录方法是光学动作捕捉技术，但光学动作捕捉与分析设备操作复杂，对场地空间环境条件要求苛刻，在训练中难以实现。同时，运动员之间有身体互相遮挡的情况，会导致光学数据丢失，数据不完整。另外，光学系统的输出结果需要专业技术人员进行二次整理和计算，无法在实际训练中对运动员的训练情况进行实时反馈。

目前国家现代五项击剑队采用新型的智能运动感知技术对队员的动作进行即时的量化评估，利用运动学模型和统计模型对运动过程进行定量分析与可视化展示，可用于实际教学训练中。该技术采用基于MEMS技术的高精度传感器芯片，低延时高传输率的无线通信技术和正向运动学姿态重建算法实现全身3D运动模型的重建，对身体骨骼姿态和关节角度在运动过程中进行实时监测，可以实现运动员在击剑过程中每一帧运动数据之间的精准量化分析与数据对比。

该技术不受训练环境和场地空间影响，随时随地可以进行训练，设备准备和穿戴过程少于5分钟。在该技术长期使用的基础上，可以通过采集大量运动员训练过程中产生的数据，形成基于大数据的击剑运动动作模型库。未来该模型库可通过人工智能数据分析技术为击剑运动的各关键指标提供全标准参考。参照该标准，运动员将能够进行针对性的生物力反馈强化训练，提高训练效率。

三、结语

由于体育行业的特点，在3D可视化环境下观察丰富的动作细节成为用户关注的一个重点。把握用户关注点，充分发挥技术创新潜力，在体育出版行业率先实现3D可视化内容生产与发布全流程，不仅在体育出版行业有着重要的现实意义，对于许多相关行业都起着引领与带动作用。本项目的工作不仅目前在国内具有领先性，在国际上同类型的研究也并不多见，本项目的工作成果可以辐射到其他行业中，促进相关行业发展。

（北京体育大学出版社）

案例类别：产品

智荟数字出版社

陈俊武

智荟数字出版社是北京理工大学出版社自有技术团队独立研发的出版社综合业务数字化管理平台，现已开发完成10个子系统，另有两个子系统在研。

其全部或部分子模块系统已经在多家出版单位落地应用，实现了社会效益和经济效益双丰收。

一、子系统介绍

（一）数字出版管理系统——出版资源、电子书运营管理

数字出版管理系统将传统出版与数字出版有机地融合在一起，提供高效便捷的生产方式和生产流程，为出版企业提供科学的管理方式。

1. 逻辑严谨：全流程打通，任意节点正反向互逆检索。展现多维度的一对多、多对多数据关系。

2. 接口预留：预留多种数据库底层接口，可实现与出版社其他信息系统（如OA、ERP等）的数据交换。

3. 智能化高：支持一键批量上传资源，自动关联元数据与资源文档。支持一键批量下载多品种任意资源。

4. 扩展性强：字段实时定义、实时生效；存储规则随定随用；存储扩容简便；支持WEB、FTP资源调用。

5. 安全性高：账号与机器绑定，多级角色、权限审核确认机制。

（二）XMLEDI电子数据交换系统——ERP系统与渠道商业务平台数据交换

XMLEDI电子数据交换系统于2013年开发并投入使用，成功地实现了出版社ERP系统与新华渠道、民营渠道、电商渠道等渠道商经销平台以及与物流系统、财务税控机等业务系统间基于XML格式的数据交换。该系统已经应用于多家单位，得到了较好的评价。开通数据交换对接的渠道如下。

1. 提高效率：自动传输元数据和配套资源文件，提高工作效率90%（一个业务经理以往一周的工作量，现在仅需半天）。

2. 灵活规范：采购单无缝转换为ERP批销单，实现按规则自动拆单、主次库区优先级发货、优先消耗老印次等转换规则。

3. 自动传输：各种业务单据自动传输，且单据元素为可配置，支持业务单据导入、导出。

4. 助力营销：每个渠道可供书目是独立互不干扰的，且可自定义营销套装，实现自定义营销套装等同ERP套装发退货。

（三）馆配业务管理系统——出版社馆配部门数字化业务管理平台

馆配业务管理系统是专门为出版社馆配业务部门设计开发的业务管理系统，其借助信息化技术，引入先进管理理念和流程，将馆配服务、馆藏管理、馆配商管理与出版社馆配部门日常业务工作有机地结合在一起，实现馆配服务的系统化、信息化、个性化、大数据化。实现功能如下。

1. 系统化管理：对出版社馆配业务环节所涉及的各类信息进行系统管理。

2. 信息化管理：建立一个简单易操作、功能完善的交互式工作平台，对海量信息资料的存储、检索和利用将更加迅速和方便，减少重复劳动，提高出版社对信息的控制能力，提升出版社的信息化水平。

3. 个性化管理：提供灵活多变的可定制功能组件，提供可定制的系统接口，使各级、各类单位可视工作需要而个性化定制系统软件，为该系统与出版社其他系统的对接预留接口，充分提升系统的可用性。

4. 大数据化管理：将图书馆主馆信息、分馆信息、联系人信息、适用分类、馆藏信息、经费信息、中标信息、走访信息等与信息技术进行融合，支持订单生成与订单导入功能。可编辑浏览、导入导出MARC数据、对MARC数据进行批套和转换等操作。支持书脊条码打印、书目条码打印和Excel对比批套等辅助功能。实现馆配服务的大数据化。

（四）新书发布及库存查询系统——无障碍全品种推荐与库存查询

新书发布及库存查询系统为图书经销商和最终用户提供最新的图书信息及对应图书的实时库存。出版社将新书封面、书目信息、目录、样章等新书内容上传到系统里，通过系统实时展示给用户，提高用户获取图书信息的速度，增加采购效率。

（五）图书增值服务资源管理系统——随书富媒体资源管理与展示

图书增值服务资源管理系统用于出版社图书二维码

增值服务。

1. 文件类别自由定义：可通过系统上传任意格式文件，如音频、视频、课件、答案等，由系统自动生成对应二维码，印刷于书中对应提供增值服务的位置，供读者扫码使用。

2. 支持一码多文件：除了可以上传单一文件生成二维码，也可根据实际服务需要上传多文件，组成静态网站内容。通过一个二维码访问静态页面点击不同文件条目的方式链接多个文件。

3. 多级审核发布机制：根据出版社管理和审校原则，为确保发布的文件符合国家出版管理条例，不含有不符合规定的出版内容，系统设立了一人上传，多人审核后发布的管理机制。

（六）基于 ERP 的数据统计分析系统——可配置式数据统计分析

基于 ERP 的数据统计分析系统以 ERP 系统数据为基础，多维度进行企业生产、销售、财务、资源分析。

1. 模块组成：主要由用户模块和统计分析模块两部分组成，用户模块包含登录和用户权限设置等功能，统计分析模块包含发行常用指标与报表、编务常用指标与报表、出版常用指标与报表、财务常用指标与报表、其他决策类常用指标与报表等。

2. 分析模型：系统以时间为主要条件来统计显示不同时间段出版社常用业务统计情况，以表格和图表结合的方式显示统计结果，清楚直观。通过统计分析的结果使使用者更加清楚地了解出版社的业务变化情况。

（七）图书在线采选系统——智能化可查重式数据采集

图书在线采选系统采用 B/S 架构，供机构用户（如图书馆、科研院所等）进行大宗采购，符合机构用户采购流程和行为习惯，有别于采用“购物车”模式的市面同类产品。

（八）人力资源与固定资产管理系统——符合 GB/T 14885—2010 标准的资产管理

人力资源与固定资产管理系统包含人力资源管理和固定资产管理两部分。

1. 人力资源管理：对出版社部门、员工、劳动合同、薪酬、招聘、培训、社保、考勤等相关信息进行管理，通过系统进行无纸化管理，极大减少了人力资源管理工作中烦琐、反复的常规记录工作。

2. 固定资产管理：包含资产档案、资产采购、资产使用、资产调拨、资产维修、资产处理、供应商、维修商信息等若干子模块管理。

（九）修云系统——出版社 ERP 系统功能增补集

修云系统是根据出版社业务需求，从编务、印刷、发行、财务和物流五个方面对原 ERP 系统功能进行增加和补充，优化原有功能，增补新的功能，完善企业现有 ERP 系统，节省相关购买和开发资金。

（十）MARC 工具——全行业免费推广使用的 MARC 工具软件

MARC 工具主要为帮助图书馆采编人员和出版社馆配编辑直接进行简单快速的 MARC 数据交换及管理，其包含馆藏查重，MARC 数据批套，MARC 数据精准、模糊查询及导入导出，可阅读和浏览，MARC 与 EXCEL 和 WPS 之间的相互转换等功能，是一款免费提供给全国出版机构使用的 MARC 工具软件。

二、产品优势

1. 自主研发、迭代快速：所有模块均为自主技术和自主研发，产品换代升级无障碍。

2. 业内超前、模式领先：多个子模块系统于业内超前研发。

3. 市面稀有、功能全面：馆配业务管理系统作为一款专业服务于出版单位馆配部门的业务平台，在出版领域属于稀有产品。

4. 数据互通、协同合作：所有模块与出版单位的 ERP、官网、OA 等均能实现数据交互，尤其是 XMLEDI 电子数据交换系统不仅实现了与出版社 ERP 系统的数据交互，还实现了与“三大电商”、各地新华书店省店系统、全国馆配商、渠道商等业务平台的数据交换。

（陈俊武：北京理工大学出版社有限责任公司数字出版中心主任）

理工数媒公众号

案例类别：产品

Sun Cloud 课程视频库

孟睿

“Sun Cloud 课程视频库”（以下简称尚库）是由北京理工大学出版社联合众多知名教育、培训机构打造，以雄厚的师资力量、丰富的课程资源，致力于为用户提供优质的在线教育学习服务。

一、尚库平台内容

市场现有平台的课程内容多为自有教材配套视频或自有录制课程，且只有部分热门分类，课程内容注重技能的速成。而尚库收录内容全面，视频库课程框架完整，课程多按教材目录分节教学，更注重知识的积累。

尚库平台课程内容涵盖研究生入学考试、公职类考试、成人职业技能鉴定考试、全国大学英语等级考试、英语语言能力考试及本科课堂教学等主题。

尚库平台集政策解读、考点详解、课程综述、学校专业现状评析于一体；贯穿复习前筹备、基础学习、真题详解、冲刺大串讲、考点预测等各个环节；通过雄厚的师资力量、丰富的课程资源，致力于为用户提供优质的学习服务。

尚库平台参照《授予博士、硕士学位和培养研究生的学科、专业目录》对课程进行科学分类；该目录是国务院学位委员会学科评议组审核授予学位的学科、专业范围划分的依据。根据规定，培养研究生的高等学校和科研机构以及各有关主管部门，可以参照本目录制订培养研究生的规划，进行招生和培养工作。因此为了更加方便用户学生能够更好地针对备考专业进行复习，选用此目录作为尚库的学科分类依据。课程资源涵盖 13 大类目，已有千余门课程，万余节课时；同步机构教学进度，更新及时且每年持续更新。

二、目标用户群体

尚库主要为本科和高职院校在校学生、同等学力申硕的考生、在职员工提供考研备考学习服务。目标用户主要为本科高校及高职高专院校的图书馆、教育处，区域图书馆、科研机构等机构用户。

三、配套有“尚库教育”APP

尚库配套有尚库教育 APP，APP 包含尚库平台上的所有课程资源以及北京理工大学出版社在售的所有电子图书，内容资源权威，收录内容全面、课程框架完整，能满足各类考生的需要，是用户备考学习的首选。区别于视频库平台主要针对整个学校机构提供服务，尚库教育 APP 更加适用于每个用户，每一个学生可使用自己的账号登录 APP，检索收藏所需课程。可根据自己的学习习惯将课程与电子书整合成资源包，不仅方便用户自己快捷浏览，更可以快速分享给别人，多用于教师有针对性地选取教学资源后分享给学生。

北京理工大学出版社秉承 “科技传承、文化传播”的出版理念，致力于为各大院校提供优质的教育支撑服务，因此，尚库教育 APP 除了为老师及学生提供丰富的教学视频和优质的电子书资源外，还为用户提供了自有资源上传分享的功能，教师可通过尚库教育 APP 将课件、答案、教学资料等打包成课程包，分享给学生，为教师教学和知识共（分）享提供工具。

尚库教育 APP 开发过程中在防范侵权上采取了许多对策。更考虑到移动设备内存较小及移动网络不够稳定的特点，在视频分发上特别采用了碎片化切分技术，防止非法盗链和下载的同时也能减轻移动端的使用负担。

四、服务模式

为了满足不同硬件支持条件和使用环境的需求，采用了两种服务模式。

（一）远程包库网络访问

对于没有条件自己配备硬件服务器的机构，可通过外部网络远程访问项目产品。平台将自动识别用户来访 IP，若访客 IP 属于视频库已购买机构的 IP 范围段内，用户无须登录即可享有所有平台使用权限。

（二）用户本地镜像访问

考虑到校园网网速状态，可将视频库平台镜像到机构用户本地服务器，用户通过内部网络访问学习。

五、项目亮点

（一）名师课程

力邀各界教育名家精心录制，使名师课堂突破了地域与场景的限制，直达每位考生面前。讲课老师来自国内一流高等学府和知名培训机构，其中有多位名师曾是各类考试的命题组成员。不定期同已购买机构共同举办专题讲座，为名师与学生提供面对面交流的机会，帮助考生们轻松高效地复习备考，取得优异成绩。

（二）分类权威

平台主要学科分类依据为《授予博士、硕士学位和培养研究生的学科、专业目录》，该目录是国务院学位委员会学科评议组审核授予学位的学科、专业范围划分的依据。根据规定，培养研究生的高等学校和科研机构以及各有关主管部门，可以参照本目录制订培养研究生的规划，进行招生和培养工作。因此为了更加方便用户学生能够更好地针对备考专业进行复习，选用此目录作为尚库的学科分类依据。

（三）三分屏教学

平台精品课程采用三分屏展示方式，同步显示授课老师视频与课程内容 PPT 视频，使学生如置身课堂身临其境地体验网络教学。模拟教师面对面授课指导，老师根据课程重点进行深度标引，生成课程目录，学生可以通过课程目录有选择性地跳转学习或回顾观看。视频库的每一段视频都由从事考试教材审读工作的资深编辑进行分类，并采用专业化深度标引工具加入了分段提醒与注解。每一位用户都能便捷地找到自己需要的视频内容，且分段的注解对考生的复习有极大的帮助，也克服了在培训班课堂中笔记记录不详引起的复习盲点。

（四）切片

为防止非法盗链和下载，采用了 M3U8 切片 + 加密技术，将课程视频切分为每 6 秒一个视频片段，减轻缓存压力，提高校园网观看学习流畅度。

（五）版权保障

所有视频均取得了著作权人或版权方的授权，《版权授权书》列有所有视频资源的哈希值，保证视频来源合规、安全。

（六）配套 APP

配有功能更私有化、多样化的 APP，为机构下的个人用户提供私有学习服务。

（七）教师分享

设有教师个人模块，教师可上传多种格式的资源文件，如 PDF、WORD、PPT、MP4 等，满足机构内教师教学分享需求。

（八）后台管理

为方便机构用户使用，专为机构用户提供了管理后台。由机构老师自有创建和分配教师、学生账号，且对教师上传的内容进行多级审核制度，确保分享在平台上的内容合规。

（九）数据分析

为机构用户提供平台使用分析报告，后台可自动根据图书馆或机构管理员的需求出具相应的视频库使用报告，方便机构老师更好地掌握校内学生的使用情况，为后续服务提供参考依据。

六、主要技术

（一）全免费软件部署

本项目产品开发及部署软件为 Java 和 MySQL，全部为免费软件，部署机构无须额外购买软件。

（二）M3U8 流媒体播放技术

视频库平台利用流媒体播放技术，保护视频的版权，防止非法盗链和下载。对课程视频进行切片，达到一边下载一边观看的效果，缩短启动延时，减少用户在线等待时间，避免播放中断，使学习品质得到提升。

（三）多重访问控制

通过计算机技术对用户使用设置了多重访问控制，系统会自动校对注册码、服务器硬盘号、访问客户端 IP 地址段、账号密码等信息，验证信息缺一不可，均验证成功方可正常使用，保证正版用户的使用权利。

七、社会效益和经济效益

通过众多高校的接入使用，实现了社会效益和经济效益双丰收。

尚库为在校学生提供专业高校的复习指导，为在职用户提供考研学习、复习服务，满足各类考生的学习、复习需要。

目前已与全国多个地区的多家代理商签订了代理销售协议，开通试用 270 余家单位，正式签约销售 5 家，得到了使用单位的充分肯定。

尚库可为全国约 280 万考生用户提供国内平均教学水平以上的教学服务。

（孟睿：北京理工大学出版社有限责任公司数字出版中心技术部主管）

Sun Cloud 课程视频库

案例类别：产品

中国政法教育资源服务平台

林一楠

“中国政法教育资源服务平台”项目基于中国政法大学出版社自建社以来拥有的海量法学出版及专业作者资源，依托存量法学教育出版产品，通过数字化、结构化手段，标引知识点形成有体系的知识树形结构，并结合网络采集、抓取、编校等步骤，建设以学者及教师为中心的内容集合，核心数据层内容不仅包括文字性的出版成果，同时也更多地将音频、视频等多媒体资源涵盖其中，使知识点与授课人原本两个黏性不高的数据元素有机结合，形成去中心化的知识网状结构，这种有机结合催化出了新的内容生产模式，同时雪球效应也使知识圈层延展扩大，相互链接形成闭环，产生动态可扩充的知识集合体，再利用互联网垂直扁平的特性，将枯燥传统、粗颗粒度的授课方式迁移至互联网，运用信息化数字化手段，结合文字与多媒体内容，形成有广度、有宽度、有深度的在线富媒体知识课程，颠覆原本过于单薄扁平的教育模式，帮助学习者从知识点到知识网的构建，使学习更加系统有序。这样一来，传统业务与新兴业务相互支撑、互相完善，在法学教育的垂直领域赋能融合出版的新模式。

“中国政法教育资源服务平台”项目的建设分为以下三个阶段。

第一阶段，建设法学知识体系、学者数据库及开展相关服务。以法大出版社的近万种存量出版物及数千名作者为数据资源核心，运用信息化手段，将原有存量资源结构化拆分重组，标引形成新的知识结构，并根据现有的作者资源为基础层数据，通过互联网结合抓取、采集、编校等功能，随时补充更新知识维度与人物维度的内容，使资源富有可持续性，做到学者与知识的互相依赖、有机结合，形成“活”的知识资源。

第二阶段，建设基于法学知识体系的多媒体数据库并形成多种产品形态。依托于已形成的基础层数据，采集该数据集合中相关的学术成果、法学理论、音视频等资源，也将不断丰富形成多媒体的知识内容，建立理论与学者横纵相连的知识结构，形成去中心化的网状多媒体数据库。同时针对不同领域的知识型、学术型、技能型需求，开发面向相关群体及机构的内容产品，实现数据库级的资源市场化运作。

第三阶段，在前面两个阶段的成果基础上建设完成中国政法教育资源服务平台。项目前两个阶段完成后，基本形成了完善的“政法学者动态数据库”“政法知识数据库”及“政法教育资源富媒体数据库”，结合前两个阶段工作的有序进行，数据库将不断丰富并扩充。

基于以上的数据库内容，结合三个数据库“互通共享”的资源特性，可观的作者动态数据集合，促进新的出版内容的产生，形成法大出版社全新的融合出版模式，同时结合法大出版社背靠的专业性教育资源，利用互联网垂直扁平的特性，通过开设公开课、慕课的方式，根据不同受众，由点到面地服务于政法机关、专业院校相关群体，最终形成在新业态下服务于融合出版与在线教育的“中国政法教育资源服务平台”。

“中国政法教育资源服务平台”借助移动互联网技术手段，围绕法大出版社的内容资源和广泛的用户优势，以 PC 端与移动终端为载体，通过在线平台、WAP 等应用模式，将传统的图书阅读、多媒体资源播放、在线教育等服务融为一体，为用户提供便捷的智能化的知识服务平台，主要包含标准化的全媒体资源管理系统、内容采集系统、产品发布系统、电子商务运营系统、在线学习系统、版权保护系统、第三方接口、网络及硬件支撑环境系统架构设计等模块。

平台技术架构上基于 J2EE 架构实现，利用 Web Service 等手段，确保平台在大规模应用场景下的性能稳定、安全可靠。同时基于技术架构的开放性特点，降低对特定供应商的依赖，有利于保持系统的向后兼容性、可集成性和可扩展性。在最为重要的数字资源存储功能上，平台设计了可靠有效的 DRM 保护机制，可抵抗高频的恶意访问攻击及非法未授权拷贝，同时在后台管理及所有可能与业务生产和管理相关的环节上，均设置相关的安全策略。平台也具有较强的通用性，可兼容主流硬件环境和操作系统，支持服务器集群和虚拟化方式部署，可通过交换机或专门的 LB 设备实现负载均衡，保证高并发访问被平均分配至各个应用服务器群，确保在高访问量的情况下系统的稳定运行。

平台主要的功能模块有全媒体资源管理模块、资源发布模块及电子商务模块。全媒体资源管理模块可对图书、章节、图片、视频、音频、课件、专题及课程等多媒体资源进行全面管理与展示，实现后台对资源的多维度查找和管理，对资源的版权信息做详细的记录，包括版权的授权期限、权属变更等信息。资源发布模块可以让用户对多种类型的数字资源学习使用，包括电子书、音视频、课件等，同时向用户提供高级检索功能，可以按产品名称、上架时间、作者、出版机构、关键字、分类体系等多重属性或元数据查询检索，结果列表可通过按相关性排序、关键字关联排序等方式呈现。电子商务模块可进行多种形态的产品营销，包括数字产品及实物商品，支持热门商品排行、在线试读、商品推荐、评价与用户互动等功能，可根据用户的浏览历史、订购记录、收藏评论的产品进行个性化展示。

“中国政法教育资源服务平台”在商业化运作上，主要分为在线授权端（在线版数据库）和镜像数据库端（镜像版数据库）两种产品形态。在线版数据库是面向通过互联网访问资源的用户，用户可根据资源分类查找，进行资源的阅读、购买、学习等操作。镜像版数据库属于内部本地化部署的数据库产品，通过在本地服务器进行使用，主要面向政法机关和法学院校等机构用户。该版本的特点在于可根据机构用户的不同需求，将数据库的数据分类或者其他维度进行数据打包，通过设置镜像库权限，对生成的镜像库中的资源进行加密，并一键安装部署，生成资源库密钥与机构用户的服务器进行绑定。

“中国政法教育资源服务平台”的建设将夯实法大出版社信息化数字化基础，加快出版社从纸质出版到数字出版的发展进程，提升出版社的市场美誉度和竞争力。平台结合全媒体资源管理控制、数据挖掘、知识体系构建等成熟手段，科技含量高，技术先进可靠，在法学教育领域具有开创性的意义，将推动法大出版社数字内容与传统出版业态在内容、渠道、管理的全面融合。在未来平台也将秉持致力服务好法学教育的宗旨，承担起为我国培养法学专业生力军的重大使命，为提升国家法治化水平，向着早日全面建成法治中国而努力奋进。

（林一楠：中国政法大学出版社信息中心副主任）

案例类别：产品

中央民族大学出版社团结书社特色文创产品开发

——以《纹以载道》为例

曹红玉

团结书社即中央民族大学出版社有限责任公司北京读者服务部，是中央民族大学校园内实体书店，升级改造之后以全新面貌服务于全校师生及周围社区居民，并积极进行以图书为内核的文化产品和文化服务创新，本案例以图书《纹以载道》和相关文创为例，希望为首都文化产业高质量发展、校园实体书店深度融合发展做出努力。

一、团结书社基本情况与资源优势

团结书社是立足于中央民族大学、立足于中央民族大学出版社的校园书店，校园实体书店是构建校园阅读文化的综合实体，具有校园社区属性、实体经济属性、文化平台属性等多重属性，是服务全校师生以及周围社区居民的校园内实体阅读体验空间，是中央民族大学学术科研成果的展示空间，是本校师生创意创新实践进行转化的聚合平台。团结书社由传统的图书销售场所转型为聚合资源优势、资源特色，为全校师生提供优质文化服务的综合平台、文化创新的转化场所，进行多业态经营的综合空间，充分发挥资源优势，进行实体书店深度融合发展的探索。

二、图书是“文化全产业链”开发的起点

实体书店是天然的内容场域，图书作为内容产品，具有文化价值链接的作用，一本图书的内容或者观点可以引起消费者的共鸣、认同、反思、反对等，多个消费者可以通过同一内容产品进入同一个或者相近的思维场域。以“书”为本，更可以进行“文化全产业链”的开发，从日常消费品到影视、游戏再到主题乐园，一本好书就是一个好的IP资源。团结书社链接着丰富的民族文化资源，从各民族日常生活习俗及用品，到民间文学、艺术再到体育、游艺、杂技等，都独具特色，都讲述着中华民族的故事。

三、团结书社结合自身优势进行出版领域深度融合探索

团结书社以各民族纹样为起点，图书和相关文创产品为载体。通过联合本校师生研发特色文创为推手，更好地弘扬中华民族优秀文化，为“中华民族文化之美”转化为文化生产力寻求一条新道路，为中央民族大学师

生创意创新创业实践提供平台，更是在实体书店深度融合发展的路上不断探索。

中央民族大学美术学院每年组织学生进行下乡创作，并进行汇报展览。团结书社积极联系本校美术学院师生，作为学校内唯一的校园书店，为学生的作品提供场地进行展览、展示。2018 年展示了视觉传达专业学生的下乡展和毕业展作品，惊艳四座。2019 年毕业季，视觉传达专业毕业生将部分毕业创作展示到团结书社，成为书店陈列的一部分，既增加了民族风情，又展示了民大师生的创作成果。

四、图书《纹以载道》与“纹以载道”文创产品

（一）图书《纹以载道》

中央民族大学出版社将出版美术学院教师徐进的教学成果——图书《纹以载道》，结合基础纹样与创新纹样的视觉传达课堂教学案例。徐老师在带领学生充分了解各民族历史文化、风土人情、生活习俗、传统艺术等要素的前提下，到民族地区进行实地调研、采风，感受当地的日常生活，向当地居民了解民族故事，在具体的情境中加深理解，获取第一手资料，收集当地最有特色、最具代表性的文化符号与纹样。在忠实提取文化符号与纹样之后，对典型的纹样与图案进行总结、描绘，形成手绘或者电脑矢量图，最后融合创新，运用到具体的情景和文化产品上。根据学生的相关作品和徐进老师的相关科研成果，《纹以载道》逐渐成稿，目前正在编审、校对环节。

（二）《纹以载道》文创产品

团结书社与美术学院共同开发文创品牌“纹以载道”，以图书《纹以载道》为基本蓝本，开发相关文创产品，作为师生设计成果的转化平台。用民族纹样讲民族故事，将中华民族传统纹样应用到具体的文化延伸品之中，并进行生产销售，取得广泛好评和良好效果。

五、团结书社打造“纹以载道”文创文化品牌

团结书社“纹以载道”品牌的文化衍生品有明信片、丝巾、纸胶带、帆布包、团扇、包装纸，还在不断地研发之中。

（一）以苗族纹样丝巾为例

学生根据苗族背扇及相关纹样设计的丝巾，“背扇”又称“背儿带”，是西南少数民族女性服饰中常见的配饰，多为方形或者“T”字形，用于包裹孩子。西南少数民族女性将孩子放在“背扇”中，背扇上绣有具有象征意义的图案和纹样，例如，代表迁徙的城池纹、讲述传世神话的蝴蝶纹、具有子孙延绵吉祥寓意图案等，可粗浅地分为动物纹、植物纹、几何纹等，这些纹样主体突出，具有高度几何化、程式化的特征，是人民群众对日常生活中的“美”的总结与凝练，是“无字”的文化讲述与历史载体。

方形丝巾中的纹样是对传统苗族纹样进行变形与再设计，使图案更加清晰明确、简洁而富于装饰性，几何纹、花卉纹与城池纹不同比例交互呈现，既美观又有秩序感。采用强烈的对比色，撞色的配色方案具有原始艺术特点，又不失现代审美特征。

（二）相关活动

团结书社以“书”为本，通过特色文创深度发掘图书内容，作为一个“民族文化内容”的“场域”，团结书社策划、组织、实施了多场阅读文化活动。“一个好的书店需要具备能够发生文化事件的能力”，同时需要整合文化资源。

在 2019 年北京国际图书节期间，团结书社作为北京特色书店，参与到点亮京城市民夜生活的阅读活动之中，并且当晚与 MUJI HOTEL BEIJING 空间合作，举办了民族纹样特色文创展览，同时邀请民族纹样文创产品的主创为读者进行了一场别开生面的分享，获得了参与活动的市民的广泛认可和媒体的大量报道。

（曹红玉：中央民族大学出版社有限责任公司北京读者服务部经理）

案例类别：产品

开放云书院项目

张暾

一、项目背景

国家开放大学出版社（以下简称国开出版社）将传统纸质教学资源与数字化学习资源、多种媒体及移动介质进行有机融合，通过立体化设计，以互联网为核心，运用云计算、大数据、移动互联网和人工智能等现代信息技术的革命成果，向终身教育学习者、开放教育体系

学生提供可选择、多样化、全方位的学习资源。

项目核心平台为开放云书院，包括数字出版运营支撑系统、网站和在线客户端(Android、iOS、Windows)，另外，还开发了离线客户端(Android)，并取得了“开放云书院数字阅读平台软件著作权登记证书”。

本项目有丰富的版权资源：一是国开出版社在开放教育领域长期积累的3000多种拥有数字出版权的教材资源；二是获得国开独家授权的5万门优质课程资源，7万学时视频。覆盖文法、经管、理工、外语、农林医药、教育、艺术等多学科，共涉及238个专业(方向)的体系化的教学资源。经过2017至2020年的不断运营，截至2020年12月1日，本项目提供的数字教材约1300个品种。融合出版教材发行总数2790万册；项目用户275万名；数字化学习资源商品总数累计4764种；配套学习资源包667种。

二、项目特色

(一)专注开放教育，提供不可替代的优质内容与服务

项目定位准确，把服务开放教育学习者作为首要任务，经过多年潜心研发，已经建设完成全品类、跨专业、多层次的产品结构。产品应用覆盖到国开全国44个分部(省级电大)各级教学机构，具有充分的不可替代性。

(二)资源融合创新化，内容服务多样化，打造经典模式

项目以服务国开新型开放教育为切入点，兼顾职业教育、继续教育，以开放云书院为基本支撑，将传统纸质教材与数字化学习资源进行有机整合，将数字化学习资源与移动终端相结合，适应移动互联网时代用户习惯和学习方式的变革，向学生提供可选择、多样化的学习资源，从规划、生产到服务，逐步形成独特的业务模式和服务模式，对于传统教育出版转型升级具有一定的借鉴价值和示范意义。

(三)以专业获得读者，以服务赢得增长

项目的可持续性一方面依托于国开的持续招生与教育教学内容的不断更新，另一方面依靠国开出版社具有融合出版服务能力的团队。随着融合出版产品的研发、上线、运营及服务，国开出版社锻炼了一支能做数字产品、能做互联网运营服务的数字出版人才队伍。两方面为项目的可持续运行提供了市场、内容和服务的保障。

从目前的情况来看，数字教材每学期都会有比较稳定的用户群体，经过与渠道院校进行沟通，未来将继续增加产品品种。国开出版社将在开放教育、职业教育等领域加大产品、平台以及其他资源服务的推广力度，并结合用户反馈意见和相关新技术的发展，在平台及客户端易用性、资源易用性等方面不断优化，提升服务质量，更好地吸引用户、留住用户，从而保持良好的社会效益和经济效益。

三、项目创新

项目在内容、技术和应用模式三个方面进行了大胆的创新设计。

(一)内容创新

以开放教育课程为单元打造内容；严选作者、严控流程、严抓创新；注重内容设计的科学性、趣味性、互动性与实用性；研发多种类型的数字教材，服务多样化的学习需求。打造的内容主要有以下几类：全媒体数字教材、学习资源包、移动终端+资源定制、AR教材、虚拟实验教材等。

(二)技术创新

项目在技术方面，通过打造数字化学习资源云服务平台，运用云存储、大数据、移动互联网技术，为学习者和教育培训机构提供集数字资源查询、订购、交易、配送、下载、学习于一体的服务，具有iOS、Android和Windows三种客户端版本，支持离线学习和在线状态下的信息交互，支持学习记录云存储以及跨终端云同步，并利用二维码技术和AR技术实现了数字资源服务与纸质图书服务的融合。内容产品采用EPUB富媒体排版技术，将数字教材与各类学习平台、资源平台融通。

(三)应用模式创新

项目主要有四种产品融合形式和应用模式：一是纸质图书+数字资源；二是定制终端+数字资源；三是教学平台+数字资源；四是数字资源在线销售与配送。

四、应用案例及分析

(一)学习资源包——纸质图书与数字资源融合应用案例

学习资源包是以课程为核心，通过融合出版的方式，对纸质教材、教辅和数字化学习资源进行一体化规划，打造的融合出版产品。将数字教材、PPT、视频课件、复习指导和试题等资源组合成资源包，按照图书印制数量(一册一码)授权生成二维码，便于用户扫码获取数字资源，并具有防盗版的作用。平台根据实际需求，随时增发、优化学习资源，并利用APP消息机制，精准通知用户资源更新情况。在纸质图书封面标注二维码，学生扫描二维码即可免费下载和学习相关全媒体数字教材。

(二)定制终端+数字资源——八一学院士官学历教育案例

定制终端+数字资源是为满足部队士官学员的需求开发的产品。定制终端“O学派”平板学习电脑，预装开放云书院离线版客户端和专业内所有学习资源，以课程为单位建立学习资源包，定制终端一次性发放，物流成本低，并且方便携带，使士官学员在不脱离岗位的情况

下顺利开展数字化学习。

（三）数字出版平台与教学平台对接案例分析

开放云书院与国开中优学院的教学平台进行了技术对接，实现了用户账号、数字教材资源和学习记录的互联互通。开放云书院根据匹配的学生、专业和选课信息，为学生配送相应的数字教材。开放云书院阅读器与中优学院移动学习 APP 深度融合，在中优学院移动学习 APP 内置开放云书院阅读器模块，实现数据的无缝对接，方便学生随时随地地阅读数字教材，并可实现学习记录的全程记录与同步。

（四）数字教材机构配送服务

通过机构配送的模式为用户提供数字资源服务，具有传统纸质教材发行服务不可比拟的优势。一是环保高效，节约运营成本。通过在线配送资源，节省仓储、物流成本，节约时间成本。二是精准服务，提高管理效率。通过导入用户信息，可以通过后台直接匹配每个学生的订单数据，直接将不同专业课程的学习资源包，配送给学生，节省管理成本。三是支持移动学习，提升学习效率。学生通过移动终端，可以随时随地地进行学习，提升学习效率。开放云书院已先后给河北广播电视大学特殊教育学院、山西广播电视大学、武汉广播电视大学等提供了数字教材配送服务。

五、项目社会影响力

（一）项目的重大意义

项目是国开出版社坚持融合发展，数字化转型升级稳步推进的阶段性成果。形成了新的业务模式和服务模式，起到示范引领作用。数字教材的优化升级将有助于丰富“融合出版”形式，深化“融合出版”的内涵。

（二）项目的获奖情况

《中国铸造发展史（第二卷）》《百名院士专家讲科普（第二辑）》《和者达道——非传统安全与和谐发展》获 2019 年度国家出版基金资助。“中国近现代史纲要”“思想道德修养与法律基础”思政网络课程（含数字教材）入选 2019 年北京市与中央共建人才培养项目——高等继续教育信息化服务平台和在线资源开发建设项目。国开出版社获得中国出版协会、中国新闻出版传媒集团颁发的 2018 年度“融合发展创新应用”奖。“开放云书院”2018 年、2019 年获中国出版协会、中国新闻出版研究院颁发的“优秀数字教育平台”奖。

（三）项目参与的公益活动

先后在国开“春风志愿者行动”、山西省“农村干部学历提升工程”、向光华基金会“书海工程”公益平台捐赠图书（含数字教材）、援助贵州分部建设“小康悦读之家”公益项目、“智慧教育进校园”暨“阅读中国”爱心图书捐赠活动中发挥积极作用。

在 2020 年新冠肺炎疫情防控工作中，国开出版社凭借开放云书院，积极助力武汉“知识抗疫”。为电大学员免费提供数字教材，保障学生学习。编辑出版数字教材《开学第一课——科学防控新型冠状病毒感染》《理性防疫从“心”开始》。录制《开学第一课——科学防控新型冠状病毒感染》专题音像节目。

（四）服务教育“走出去”战略

国开出版社在教学资源的“走出去”方面一直在不断探索。数字教材经过几年的发展，主要在以下领域取得了一定的成绩：“工业汉语”系列数字教材助力海外办学；数字教材服务孔子学院；对外汉语教学教材研发与推广工作等。

（张暾：国家开放大学出版社副总经理）

案例类别：产品

深度融合创新产品《党性的诠释》

——跨界合作 深度挖掘优质内容资源

徐燕萍

首都经济贸易大学出版社主要出版社科人文财经类图书，主题类出版也是首都经济贸易大学出版社的重要出版方向，《党性的诠释》就是跟党性教育相关的主题类内容音频产品，从产品的策划伊始到最终呈现乃至后续运营，积累了一点心得体会，希望能与各界同人进行探讨交流，以期得到更多的学习机会。

一、优质的内容基础

首都经济贸易大学出版社于2016年所出版的图书《党性的诠释》因选题意义重大、形式新颖获评北京市主题出版重点项目。由于切入精准、内容鲜活，很好地实现了理论的厚重和传播轻巧化的结合，图书一经推出即受到读者的普遍欢迎，《北京社区报》刊发书评，很多基层党支部选用本书作为党员培训教材，几经修订再版。

2019年，中组部举办第四届全国党员教育培训教材展示交流活动，集中展示了两年来各地区各部门各单位党员教育培训教材建设的最新成果，对进一步提高党员教育培训教材建设水平起到了指导引领作用。本书在此次交流活动中喜获“创新教材奖”。

本书的最大特点就是通过讲故事的方式对党性内涵进行阐述，配以丰富的历史图片较好地克服了理论说教的“冰冷面孔”。作者魏晔玲是中共北京市委前线杂志社总编室主任、中国期刊协会常务理事、高级记者。多年来，坚守在新闻媒体工作一线。作品先后20余次荣获北京市新闻奖、北京市期刊奖、全国党刊奖等奖项。个人荣获“北京市优秀新闻工作者”等荣誉，入选“国家治理青年人才培养计划”。

二、专业的声音演绎

随着互联网及多媒体技术的迅速发展，大众获取信息及阅读信息的方式发生了重大变化，党性教育内容及教育手段也应该适应时代发展的要求，以使得党性教育发挥更大的作用。

为此，依托《党性的诠释》一书首都经济贸易大学出版社特推出有声版，由作者协同中广联合会有声阅读委员会的专家进行脚本创作和内容凝练，聘请北京广播电视台著名播音员进行编辑录播，确保音频内容的政治性和专业性。

三、严谨的产品制作

本项目入选了北京市宣传文化引导基金优秀网络出版项目后，首都经济贸易大学出版社专门成立了项目管理小组，由社领导牵头带领熟悉编辑业务及数字出版业务的小组成员，严格按照项目管理要求进行项目实施、进度及风险等管控，以保质保量完成本项目的验收。

在项目启动后的脚本正式编写时，作者需要首先写出逐字口语稿，使用自然语言，要有对象感，避免长难句，容易理解。由于脚本是对书中知识的重新生产，立足原书，经过转述、深加工、创造性的创作，因此需要尽量避免大量地引用原文，因为书面用语在音频环境下不容易被听众理解，要保证讲述过程就像在跟人聊天一样，对听众也要避免进行说教或对价值观进行硬性输出。

项目在推进过程中正逢发生新冠疫情，期间对脚本的内容审核、样片的试录、播音人选的确定、音频的录制以及成品的质量审核，都是在线上进行一遍遍的沟通交流，所有项目组成员都耐心细致地对产品进行反复打磨，以期达到理想的效果。在成稿阶段，作者和编辑所负责的稿件必须达到内容品质标准，无事实性错误，且编辑技术性错误控制在万分之五以内；在审核阶段，总编审读送审稿件，确保没有红线问题，内容品质达标；在定稿阶段，作者和编辑确保落实总编反馈的红线问题和品质意见，复核稿件，确保无事实性错误，编辑性错误的差错率应小于万分之五；在校对阶段，校对定稿后稿件进行核校，协助检查事实性错误，并确保编辑技术性错误差错率符合出版标准，小于等于万分之一。对此阶段文稿编辑技术性错误进行统计，形成书面记录；在上线阶段，保证上传的对应稿件、音频不出现任何一致性差错。本项目的执行为我们所有参与人员提供了一次难得的经验和教训积累机会，为以后实施类似项目打下了坚实的基础。

四、深刻的运营反思

本项目最终录制成果为36个音频文件，其中包括1个开篇词以及35个精选故事。扫描本文文末所附的二维码即可查看这些文件。

本产品的受众主要为9000余万共产党员及众多入党积极分子和热爱党、积极向党靠拢的进步群众，非常适合在“学习强国”平台进行产品的传播，因此平台方也对我们的产品给予了充分的肯定和极大的帮助和支持，对内容做了进一步的审核，提出了很多宝贵的专业建议和指导，使产品更加优化，也使出版社在主题类产品的制作中获益良多。线上看似短短几分钟的内容背后，是作者、有声阅读专家、演播者、出版社编辑、平台栏目负责人各领域专业人士的默默付出和携手努力。

传统的出版流程更多的是策划编辑根据自己已有的出版经验和市场感受来对产品做各种规划，但这市场感受更多地依赖于个人阅历，主观性较强，所以难免会出现自我感觉不错但市场却不给面子的情况。在分析本产品的市场数据时，其实也发现了类似特点。产品中的每条音频都是一个独立的故事，从最初的设想来看，估计受众对一些名人逸事会更感兴趣，对党性的认识能于细微处见真章。但从迄今为止的收听量来看，收听量最大的一条却是“《论共产党员的修养》的主要内容”，这条音频的收听量是其他音频的几倍，这给我们带来了反思，看起来平淡无奇的标题，却有更好的点击率，这说明受众的关注点其实更在于了解一些曾经有所耳闻但并没有深入探究的知识。通过类似这样的数据分析，比如，不同时间的曝光量、收听量、留存量等，受众的用户画像就可以得到进一步的细致完善，这些都能为我们对后续产品的设计制作提供更有价值的指导。

五、后续的深耕计划

本产品面世后，由于音频载体拓宽了传播方向，使得优质的图书内容得到了更广的宣传，从而很好地带动了图书的销售，目前总计已销售数万册。

另外，作者依托《党性的诠释》图书及音频资源申报了北京市第十六届哲学社会科学优秀成果奖，该奖项是中共北京市委、北京市人民政府为繁荣发展首都哲学社会科学事业，鼓励社科工作者围绕改革开放和社会主义现代化建设，开展学术研究，推动理论创新，服务首都发展而设立的政府奖。作者很荣幸地收获了北京市第十六届哲学社会科学优秀成果奖二等奖。为此，首都经济贸易大学出版社也深受鼓励，为了更好地迎接中国共产党建党 100 周年，首都经济贸易大学出版社将开发党性教育相关的小程序，除了已有的《党性的诠释》电子书及音频产品外，还将与作者再次联手制作《党性的诠释》系列微课程，积极开展对应的线上线下活动，围绕着党性教育相关课题做进一步的内容挖掘及运营渠道拓展，希望能借此项目的后续发展，积累更多的制作运营经验。

本项目从纸本出版到有声转化自始至终都得到市委宣传部和市新闻出版局的支持，制作运营过程能够顺利推进也得益于北京宣传文化引导基金的支持。数字出版依然任重而道远，特别是对于首经贸社传统中小型出版社来讲，成本压力、人员配置、运营管理等一系列问题都是避免不了的，但面对市场的倒逼，总还是需要我们挖掘自身的价值，加强与社会各界力量的合作，不断地学习、尝试和探索适用于本社的改革之路，增强自己的应对能力，来勇敢地面对未来的发展。

（徐燕萍：首都经济贸易大学出版社总编室主任）

《党性的诠释》有声音频

案例类别：产品

一本图书可以“走”多远

——以《决战金融街》IP 运作为例的图书融合创新

王玉荣

一、概述

近些年，随着互联网多种形态媒体攻城略地带来的行业外部压力，各出版社不断探索新的出版模式，积极寻找应对当前出版困局的途径。以图书 IP 开发为代表的深度融合创新方式出现了不少新亮点，引发了读者新的兴趣点，延伸了出版社的利润空间。首都经济贸易大学出版社首次尝试了图书《决战金融街》的市场化 IP 运作。这一成功案例也成为北京市宣传文化高层次人才培养资助项目“出版融合下的重构困境与创新突破”的阶段性研究成果。

2018 年，出版了反映现实题材的财经小说《决战金融街》，同期，北京新闻广播电台购买了这部小说的广播版权，制作了同名小说长篇连播节目。从 2018 年国庆开始，在北京新闻广播电台晚间黄金时段 7：30 连续播出，连续两个多月共播出 124 集。2019 年 10 月，该同名小说连播节目获得中国广播联合会有声阅读委员会（以下简称“有声阅读委员会”）组织评选的“中国有声——70 年 70 部优秀有声阅读文学作品”奖，并于同年底获得有声阅读委员会“2018 年度创优评析小说连播节目一等作品”奖。首都经济贸易大学出版社和有声阅读委员会也因此签订了战略合作伙伴协议，积极开展更深入的合作。同时，基于良好的合作互信关系，作者已经授权首都经济贸易大学出版社独家代理本书全版权运作，正在积极寻找合适的影视合作机构，希望能将这个故事性强、反映当下时代背景又充满正能量的优秀作品早日搬上屏幕。

二、《决战金融街》的出版及其 IP 运作

（一）小说的策划出版情况

出版《决战金融街》可以说纯属偶然。笔者在自己的微信朋友圈看到有人转发作者的投资培训文章，出于寻找选题的职业习惯就关注了作者的公众号，发现其中有一个名为《决战金融街》的电视连续剧的众筹宣传很吸引人，于是，笔者联系作者，阅读了这个小说底稿的梗概、目录和样章，故事内容很精彩，题材也热门，还是金融专业人士执笔，因此笔者认为有一定的出版价值。作者感受到出版社对其作品的欣赏和出版诚意，并考虑

到相通的财经背景，便与出版社一拍即合，签订了出版合同。

小说作者是在证券投资行业工作 10 多年的研究总监，结合自身多年从业经验和阅历见闻创作了这部现实题材的长篇小说。小说立足于改革开放后波澜壮阔的社会经济变革大背景，讲述了以东方雨、谢在渊、罗啸为代表的年轻的资本市场精英和以南风骤、柳慕青为代表的民营企业家创二代的奋斗故事。围绕这几位主人公的事业打拼以及感情纠葛，不仅映射出一场关于资本与实业相爱相杀的金融大戏，也剥茧抽丝般描绘出最近十几年来经济转型与资本市场变迁的画卷，折射出改革开放 40 多年来的经济发展脉络。

编辑加工完全书之后，笔者仿佛看见了金融街上的刀光剑影和百态众生，体会到民营家族企业的困境与艰辛，洞察出顶级投资高手的专业与良知，领略了媒体人的责任和勇气。在小说里，改革开放大潮中的各色人等登场后，人性的贪婪、资本的威力、永恒的正义在背叛、阴谋、救赎、重生中一览无遗。对比市场上的同类小说，本书无论从思想导向还是从故事情节、矛盾冲突、文字叙述、语言对话来说，都堪称出类拔萃，可以说达到了“为时代画像”的要求。

（二）广播版权的成功运作

在本书定稿准备交付印厂之际，笔者感觉有些意犹未尽，觉得这样一部费尽作者心力的优秀作品不应该仅仅止步于图书出版，似乎还应该再“走”得远一些。又是一次机缘巧合，在出版社社长的帮助下，首经贸社和有声阅读委员会建立了联系，商议开发本书的广播形态产品。有声阅读委员会秘书长了解了书稿的大致内容后，便和首都经济贸易大学出版社初步达成广播版权购买意向，《决战金融街》的广播权最终郑重交给北京人民广播电台。在此期间，出版社和作者通过友好协商签订了广播版权的独家代理协议，明确了双方的权利、责任和义务，并约定双方按比例共享本书此番 IP 运作的新收益。

2018 年 9 月下旬，书稿下印厂后，广播剧也进入录播准备阶段。2018 年国庆节，本书印制完成，与此同时，在北京人民广播电台改革开放四十周年专题纪实文学频道，本书同名有声小说开始连播。本书上市后，出版社在官方微信公众号上进行了新书宣传暨赠书活动，短短几天阅读量便超过 6000 人，这对于出版社来说是以前没有过的热度。在获得广播版权交易收益的同时，凭借纪实文学连播的宣传效应，本书也提高了销量。同时，有些读者也开始收听广播剧，体会声音传达出的与文字不一样的感受。这充分说明广播节目和图书产生了一定的联动效应。

有别于过去一本书出版后基本要先经过市场热销后才会进行 IP 开发的做法，《决战金融街》则是在小说上市之前就已经凭借其内容的优势主动出击寻找 IP 运作机会，这给了出版社一个新的发展思路——市场是检验出来的，或许也能靠主动出击创造出来。

（三）影视版权的开发推进

小说出版前作者原本就是希望拍电视剧的，但由于多种原因至今未能如愿。借助小说广播版权运作的成功经验及小说本身具备的影视改编的优势，加之当下现实题材的行业剧越来越受关注，出版社又和作者补充签订了包括小说影视版权在内的全版权独家代理协议，希望尽可能帮这本书在融合之路上“走”得更远。

三、出版社对图书 IP 的深度开发经验

这次图书 IP 的成功运作引发笔者很多思考：在实践中，有许多亮眼的图书 IP 运作项目往往都是由实力很强的大型出版社或出版集团牵头实施的。其特点是高投入带来高收入。那么，对实力不强的普通出版社而言，在无法高投入的约束条件下，如何也能在媒介大融合、文化大繁荣的趋势下，围绕图书这一种产品创造出不唯一的收益呢？选择一些现有图书进行 IP 开发从而获得外围收益是否也是一种模式呢？基于《决战金融街》这个还在进行中的图书 IP 开发项目，笔者总结出以下对图书进行 IP 开发的经验，简称“四力（利）”，希望对尝试图书 IP 开发的出版社和编辑有所帮助。

（一）眼力

对书稿或选题的眼力，也就是判断与把握，是编辑非常重要的专业能力，在判断选题或书稿内容时，也要有对其内容是否有 IP 开发价值以及价值高低的预估能力。

（二）权利

权利是说知识产权的确权。搞 IP 开发，知识产权是保障合作各方利益的必要条件，也恰恰是图书能依靠 IP 开发获得额外收益的根本保证。出版社如果看好一本书的 IP 开发价值，在最初签订出版合同时，就要和作者商量好包括出版权在内的其他著作权的转让或代理等条款以及合作期限。

（三）想象力

对于文化产业而言，可以说想象力就是生产力。图书的 IP 开发有一定的模式可以借鉴，但并不是本本相同，也并非固定不变，当然也并不是任何一本书都适合进行 IP 开发。作为项目牵头者，编辑既要实事求是根据图书特点来提取 IP 开发点，也需要发挥想象力，运用跨界思维，从看似普通的图书中挖掘其潜在的 IP 价值点。

（四）整合力

整合力是指对出版行业内外的人力、资金、物力等资源进行整合的能力。这是实现图书 IP 运作非常重要的综合能力，也是决定一本书融合创新能“走”多远的最重要的因素。基于一本图书的 IP 运作项目往往有高投入、高产出的特点，仅靠普通出版社自身几乎是完不成的，必须借助外部力量和多方资源才能实现，对编辑而言，行业内外的资源整合能力就格外重要。

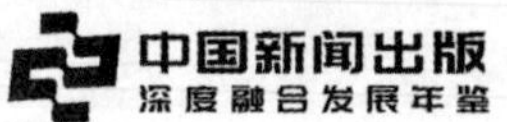

四、结语

随着数字经济的快速发展，媒体融合已经越来越深化，传统出版的供给端和需求端都发生了极大的变化，其跨行业的替代产品也在快速迭代更新，不断抢夺内容产品市场。产业数字化的挑战与机遇要求传统出版企业必须踏上飞速前行的融合列车，才能不被时代抛弃。而如何低成本、高效地实现融合发展则成为摆在传统出版社面前的现实难题。通过整合社会资源、巧用杠杆效应，挖掘图书蕴藏的IP价值，是一条值得尝试和探索的途径。

（王玉荣：首都经济贸易大学出版社编辑室主任/副编审）

《决战金融街》有声音频

案例类别：产品

腾云数字出版平台

一、基本情况

（一）概况及背景

融媒体时代背景下，出版业态不断发生变化，产业边界日益模糊，产业融合已成必然趋势，5G的普及更是将带动内容生产逐步视频化直播化，知识内容体系在人们工作生活中将被随时调用，融合将体现在工作和生活的方方面面。出版转型不是要取代传统出版，而是在不同环节的生态共享融通、集聚创新。出版的内容变现不再是单一的纸书和电子书，而是纸书、电子书、音频、长短视频整体考虑，利用新媒体的传播形成全网络营销体系的整合，推动传统电商、自媒体电商、知识付费和线下的融合。

一直以来，出版传媒都以纸为媒，缺少声音、图像、视频、虚拟现实的互动等。从2015年起，内容产业的呈现方式愈加灵活，有声、数字、动漫、AR、VR、知识付费等，可惜只是“墙角数枝梅”，未曾百花开。从传统出版行业来讲，一方面，长期以来内容生产团队囿于传统思维，缺乏创造力和想象力；另一方面，传统出版编发逻辑和自身技术匮乏阻碍了创新变革的步伐。

针对出版行业面临的亟待解决的问题，腾云数字出版平台运用大数据、人工智能等国际先进技术，提供从选题策划、协同编纂、智能审校、产品制作、融合出版到智慧运营的一体化解决方案，助力出版机构提升出版效率和质量，具备数据服务、知识服务、行业评价等专业服务能力，使出版机构实现传统出版和数字出版的深度融合，充分发挥自身优势，走出适合自身特点的高质量发展之路。

（二）产品介绍

中国知网结合多年来大规模集成整合出版各类海量文献的实践经验，以及对我国数字出版特点和规律的深入研究和了解，创新性地将XML加工、知识元深度标引、动态重组、自动化流水线等国际前沿核心技术，有机嵌入出版资源采集、编辑加工、资源管理、产品设计、产品发布等出版流程，成功打造了一个面向数字出版全生命周期的整体解决方案——“腾云数字出版平台”，实现了对数字资源的高度增值开发和跨媒介、多形态发布。

平台包含历史存量资源的数字化加工标引、内容生产的协同采编、全媒体资源管理和存储、数字产品制作和多元发布等功能，可以利用大数据技术实现分众化产品设计，使产品更加贴合用户使用习惯和目标，快速开发适应数字时代的融合出版产品和知识服务产品，增强内容资源的生命力和商业价值。

平台支持按照客户需求，定制开发数字阅读平台、知识服务平台、在线教育平台等运营系统，使数字产品直接投放到市场，直接服务消费者。同时，支持向CNKI平台投送知识库产品，实现渠道市场共享，拓展产品市场。

2020年，腾云数字出版平台完成了平台的重大升级。

一是，平台充分应用中国知网在出版大数据、机器翻译、内容审校、智能创作、知识图谱、智能OCR、XML编辑排版等领域最新技术，在生产、出版、发行、传播等整个生命周期实现技术方面的重大升级。

二是，与知网星空·心可书馆及知网在线教学服务平台打通，进一步拓展了CNKI对出版社数字产品的运营渠道支持。

（三）产品创新点

1. 技术创新。

（1）智能 OCR 工具。支持对简体中文、英文、各少数民族语言（蒙、藏、满、维吾尔、壮、彝等）、各类符号等的识别。工具应用成熟的基于深度神经网络的 OCR 识别、XML 智能化碎片化加工、文本挖掘、自然语言处理、概念关系词典构建等核心技术，大大提高了识别准确率，印刷体识别精度>99.9%，并支持手写体识别。

（2）自动写作机器人。通过融合知识图谱关联数据（Linked Data），大数据算力与知识库协同服务，提升面向现有各种粒度的知识搜索与内容推荐技术能力，实现对内容的自动整理，根据作者需求，实现对内容的自动写作，提供个性化的创作素材，服务出版效率提升。

（3）内容智能审读系统。以满足出版内容安全、质量控制、效率提升为核心目标，以中国知网多年的期刊审读经验和国家级监管项目相关违规内容知识库为基础，提供内容合规性审读、讲话一致性比对、问题观点审读、文本准确性检查等功能和服务。

（4）图书专著检测。利用知网“学术不端文献检测系统”，在“内容资源不出社”的前提下，结合出版机构自有资源，提供基于内容的同语种和跨语言的相似性检测服务，智能挖掘和定位文献“创新点”与“核心点”，发现内容中抄袭剽窃、写作不规范等行为，帮助出版机构提高审稿效率、保证内容原创、避免版权纠纷、提升出版质量。

（5）自动翻译。利用自动机器翻译技术和自然语言处理技术，结合中国知网积累的庞大语料库，对各类文献进行高精准度中英即时互译，辅助读者快速浏览最新的国际学术成果。

2. 服务创新。

（1）打通知网星空·心可书馆，为出版社提供数字图书发行和运营服务。知网星空·心可书馆以“中文经典学术著作”遴选项目为基础，收录我国各学科领域具有标志性、基础性、前瞻性和引领性的经典学术著作和精品专业类图书，精心打造的网络化出版发行平台，面向全球各行业 2 亿多名专业读者提供服务。

知网星空·心可书馆已经和中华书局、中国人民大学出版社、上海人民出版社、人民邮电出版社、复旦大学出版社、上海辞书出版社等 100 多家出版社建立合作，收录了数万种学术著作精品。

（2）与知网在线教学平台打通，为出版社的融合出版和数字教学提供云服务。知网在线教学服务平台是中国知网推出的新一代在线教学服务系统，与 CNKI 世界知识大数据深度融合，提供线上直播、在线教学、知识付费等一站式全方位网络在线教学服务。

平台汇聚院士、长江学者、产业专家等知名学者，打造网络精品课程，内容覆盖金融、科技、党政、医药、农业等多个重点行业。平台推出的“学术大讲堂”系列公益讲座，已打造多个高精尖课程，1 万多节学术课程，近千家机构入驻。“出版精品展”汇聚了各出版社的精品数字课程，包括中国计划出版社、机械工业出版社、西安地图出版社、北京体育大学出版社等各类融合出版和数字教学精品。

二、案例效益评价

（一）先进技术在融合出版领域的应用和实践引领数字出版技术创新

中国知网始终坚持自主研发、自主创新，在数字出版和知识服务领域形成了完备的核心技术体系。迄今，共获得了 300 多项专利和软件著作权，多次荣获国家、省部委各级奖项，创下了多个行业第一。

腾云数字出版平台加大内容智能处理、智能搜索、智能 OCR 识别、XML 智能排版、大数据挖掘、用户画像等经过充分实践的先进技术的应用，不断提升融合出版领域数字化和智能化水平。

（二）持续助力出版转型升级和融合发展，促进行业高质量发展

中国知网一直以来秉承共担时代责任、共促行业高质量发展的理念，通过腾云数字出版平台的持续升级，不断把最新的数字出版技术、方案、服务，通过各种展会、论坛，通过各类合作、项目的方式，与出版行业共同成长，用中国知网的经验，为行业转型升级和融合发展贡献力量，为科技强国、文化强国、教育强国做出应有贡献。

2020 年第十届中国数字出版博览会期间，中宣部副部长张建春和中宣部副秘书长、出版局局长郭义强，中宣部出版局副局长冯士新，中国外文局副局长陆彩荣，北京市委宣传部副部长王野霏等领导莅临中国知网线下展厅，并听取中国知网 CEO 张宏伟工作汇报。

（三）腾云数字出版平台在出版行业的深入应用，为出版机构融合发展提供技术保障

中国知网通过不断把自身实践经验和先进技术积累融入腾云数字出版平台，长期以来，不断深耕行业，与书、报、刊各出版机构持续良好合作，服务新闻出版行业数字转型升级和融合发展。

腾云数字出版平台已服务 5000 多家期刊杂志社和 200 多家图书出版社，涵盖数据中心、协同编纂、增强出版、在线教育等应用方向，提供多种基于大数据的智慧应用。

（同方知网数字出版技术股份有限公司）

案例类别：产品

“大家读书”融媒体项目

——同读、同听、同学习《习近平谈治国理政》第三卷

关威威 仝绍琪 金乐楠

习近平总书记曾多次倡导“爱读书、读好书、善读书”。“大家读书”(The Reader)融媒体项目——同读、同听、同学习《习近平谈治国理政》第三卷由中国外文局煦方国际传媒、外文出版社联合策划制作。该项目将《习近平谈治国理政》这一全面系统反映习近平新时代中国特色社会主义思想的权威著作做成随时随地、触手可及的有声读物，把有深度的内容做得有温度，倡导共同学习、领会、传播领袖著作思想的社会文化氛围，旨在以移动化、社交化、可视化的方式传播领袖著作，吸引国内外年轻受众深入理解习近平新时代中国特色社会主义思想。

该项目于2020年8月7日在喜马拉雅FM平台首发上线，成为全网唯一拥有版权的优质“三卷”有声读物，引发社会各界关注。截至2020年11月20日，喜马拉雅平台已发布音频125期，总播放量近3000万人次，单期收听量最高近200万。系列微访谈节目产品在国内外平台的总播放量为415万次。与此同时，经“学习强国”学习平台音频工作组专业审核，已在该平台重点推荐。现将其主要内容与亮点陈述如下。

一、细分内容，精选朗读者

项目以“大家读书”为主题，对应全书19个专题，92篇文章，邀请相关领域的权威人士、专家学者、青年代表参与录制。“大家”既包括名人名家，也包括普通大众，以榜样精神引领示范、各界人士同频共振，使领袖著作与思想深入人心，促进参与共享。

中文版系列产品，邀请我国政治、经济、社会、外交、生态、体育等领域专家学者与权威人士，各省区市优秀党员代表，全国人大代表，优秀青年代表等参与朗读，按照朗读者的专业领域匹配相关内容。通读全书92个章节经典段落，制作92期产品，打造权威学习读本。

英文版系列产品，邀请“三卷”英文核心编辑团队、中国翻译名家、各领域专业人士、在华外籍专家学者、优秀青年代表等参与朗读。精选60个适于英语阅读的精彩章节，制作60期产品。

参与读书的嘉宾包括中国疾控中心首席流行病学专家吴尊友、北斗卫星导航系统总设计师杨长风、C919大型客机总设计师吴光辉、中国天眼(FAST)总工程师姜鹏、人民艺术家王蒙、故宫博物院第六任院长单霁翔、中央民族大学教授蒙曼、中国环境科学研究院首席科学家柴发合、中国翻译协会顾问唐闻生、“国家友谊奖”获得者潘维廉（William N.Brown）、湖南卫视主持人汪涵、相声演员姜昆、杭州良渚遗址管理区负责人蒋卫东、“最美奋斗者”王辅成、“时代楷模”高德荣、“改革先锋”张黎明、十八洞村第一任扶贫队长龙秀林、全国抗击新冠肺炎疫情先进个人、武汉市公安局刑警涂可蔼等。中国外文局副局长方正辉、中国外文局副局长兼总编辑高岸明、中国网总编辑王晓辉、外文出版社首席英文专家贺军、外文出版社英籍改稿专家David Ferguson等领导专家，中国最资深英文播音员金梅芬、林少文等、各省市广播电视播音主持、“三卷”编辑核心团队人员也参与了英文版朗读工作。

二、多方发力，确保高效率

该项目在中国外文局相关部室指导与支持下得以顺利开展，煦方国际传媒负责项目整体运营，与外文出版社、中国翻译研究院、翻译资格考评中心等单位共同组成项目团队。外文社投入图书版权，参与项目策划、中英文稿件提供，部分嘉宾邀请等工作；煦方国际传媒投入运营与录制力量，负责项目策划与整体运营、朗读者邀约、生产标准制定、国内外录制统筹、多平台发布与项目宣传推广等工作；中国翻译研究院协助专家学者等朗读嘉宾的邀请工作。

项目团队对在朗读内容、开放报名、录音制作等方面可能存在的风险进行预判并提出相应规避措施，严格审核每一位朗读者，做背景调查；严格执行原著朗读，不做阐释解读；严格规范生产流程，实行三审制度；严格音乐素材使用，确保版权清晰、内容准确等。

三、专业录制，严把质量关

产品制作中，每位嘉宾读书时，均有语言编辑随同

听读，逐字逐句对照原文，音频制作完成后，对照原著逐字逐句进行“三级审校”，以确保内容准确无误。通过专业录制、剪辑和配乐合成，音频产品给受众以更舒适的听觉感受，以极强的语言表达和内容感染力唤起受众的情感共鸣。音频录制过程中，团队为读书嘉宾拍摄照片、视频花絮，用于后期制作产品头像、宣推短视频等用途。

四、每日更新，善用微传播

“三卷”有声书专辑在国内喜马拉雅 FM、“学习强国”学习平台、中国外文局官方微信公众号，国外脸书 (Facebook)、优兔 (YouTube) 和播客 (Podcast) 等新媒体平台发布，每日黄金时段更新。在平台上，每条音频均附有对照文本，听众可以对照参考、实时互动、即时反馈，最大限度地提升用户体验的友好度。

“三卷”有声书贴近新媒体时代受众的认知方式和移动阅读习惯，符合网络微传播规律。广大网友评价称，“可做耳边读物，各行业大咖领读，内容理解起来更生动了”“随时随地收听”“有质感”“值得收藏”“让人受益匪浅”“无障碍领会领袖治国方略的好产品，值得点赞”“发现了宝藏”，还有不少网友在后台申请参与读“三卷”活动。

五、多维推广，扩大影响力

“三卷”有声书专辑获得“学习强国”学习平台首图位置推广，并在喜马拉雅 FM 首页、推荐、政务、党员学习及全国地级以上城市首焦位置推送。还被天津、江西、广东等地方媒体报纸、网络和新媒体账号（包括南方都市报），中国北斗卫星导航系统、中国地质调查局、国家能源集团、北京外国语大学国际新闻与传播学院等专业领域官方账号，任文、汪涵、蒙曼等嘉宾个人社交账号等多渠道转载发布，在车载音频、校园广播、哈佛校友会等多场景播放，实现了多维度全方位立体化传播。

录制音频的同时，围绕科技、文化等领域嘉宾，同步策划拍摄了 20 余集微访谈节目，邀请嘉宾就北斗、超级计算机、故宫文物等社交平台受众广泛关注的热点话题讲述故事，衍生的短视频产品发布于 China Matters(视界中国) 国内外各平台账号。

六、形式创新，发展深融合

该项目将重点工程内容移动化、社交化并广为传播，是时政书籍有声阅读的优秀实践范本，让知识触手可及，让价值随声入心。项目策划扎实、组织有序、细节周到、进展顺利。从对读书嘉宾的挑选邀约到音频的录制推广，无不体现出中国外文局在重大主题活动组织策划上的专业性，在新媒体运用与管理水平上的独特性，在加快媒体融合、提高国际传播能力方面的坚定性。通过邀请组织各界人士参与，有力有效地使领袖著作深入人心、凝聚民心、赢得民心，是覆盖领域广泛的现象级活动、创新内容形式的代表性策划、体现融合水平的标志性作品，所积累的经验和认识值得业界广泛推广和借鉴。

七、累积经验，玩转新传播

“大家读书”项目是在视听领域传播的一次新尝试，为新时代做好媒体融合和宣传工作提供了借鉴。一是延长活动线，加强深度融合。新时代的传播工作注重互动性和参与性，将“由点及面”的单向传播转换为全领域参与，调动社会各层级的力量，打造出覆盖更加广泛、集约化效应更加显著、影响力更大的传播机制。“大家读书”巧借读书项目，邀请自带话题和流量的大咖参与，将分散的社会传播资源聚拢，开展多方合作，汇聚各方力量，可以形成优势聚集、协同合作的传播格局。二是扩宽产品线，探索传播方式。融媒体时代的传播产品可以实现多层次延伸拓展，重点图书等产品可创新驱动，探索新的传播方式和载体渠道，探索新的可能性，用更多元、创新的形式增强传播效果、扩大传播范围，实现各类信息和产品互融共通，催生融合质变，放大效能。

（关威威：中国外文局煦方国际传媒总编室主任，仝绍琪：中国外文局煦方国际传媒中文编辑，金乐楠：中国外文局煦方国际传媒英文编辑）

大家读书《习近平谈治国理政》第三卷中英文版

案例类别：产品

新华书店网上商城项目

一、项目概述

新华书店网上商城是由新华书店总店发起，联合全国各省市新华书店共同打造的出版物全产业链文化电商平台。新华书店网上商城秉承“为读者找好书，为好书找读者”的服务理念，通过“文化＋技术＋渠道”的方式，创新引领新华书店转型发展，着力推进全行业信息互联互通，为更好地满足读者需求和行业健康发展提供服务及保障，为深入推广全民阅读、建设书香中国和推进新时代文化建设贡献力量。

中央领导高度重视新华书店网上商城建设，中宣部部长黄坤明同志多次作出批示指示，要求“将新华书店网上商城建设成为国家出版物网络发行主力军、主渠道、主平台”。新华书店网上商城贯彻落实中央领导指示精神，坚持技术创新、产业协同的发展理念，在中宣部和中国出版集团的直接指导下，在地方出版发行集团等的支持参与下，上线运营取得初步效果。

二、目标与定位

（一）努力打造全民阅读生态圈，成为国家出版物互联网发行主力军、主渠道、主平台

新华书店网上商城牢记初心使命，以满足人民精神文化生活新期待为出发点和落脚点，传承新华精神，传播先进文化，认真组织做好党和国家重要文件文献、重点主题出版物的宣传、展示、发行、推广工作，广泛开展形式多样、内容丰富的主题教育活动和全民阅读活动，引导人民群众提升阅读兴趣、养成阅读习惯、提高阅读能力，力争成为引领全民阅读、建设书香社会的主推手。

（二）努力实现全行业互联互通，成为出版产业领先的融合发展平台

新华书店网上商城坚持融合发展，顺应互联网发行趋势，拓展新模式、打造新空间，将线下体验、服务与线上用户流、信息流融合，将全国新华书店实体门店打造成支撑全渠道发行业务的数据节点和服务中心，不断推进行业标准化、信息化建设，促进行业信息互联互通，加快从相“加”迈向相“融”，助力产业效能不断提升。

（三）努力做大品牌影响，成为具有竞争力的大文化电商平台

新华书店网上商城在坚守主业基础上，努力推动经营多元化，积极拓展服务覆盖面，借助丰富的产业资源优势和线上线下融合优势，深入打磨具有中国文化特色的定制产品、品牌衍生品、文化消费品，全方位展示新华书店品牌深厚的文化积淀，光大党在延安亲自创建并领导的文化品牌，努力成为实现社会效益和经济效益双丰收的大文化电商平台。

三、融合创新模式

（一）核心产品

1. 大文化电商平台。是基于新华书店网上商城各类应用和系统等自有渠道、合作渠道和第三方平台，以丰富的出版物、文创产品、新华定制产品等为主要经营内容，以图文、音视频、直播等多种内容经营形式，实现各类文化产品的综合售卖，全方位满足广大用户文化产品购买和多元化阅读的需求。

2. 行业服务平台。包含在线馆配、在线集采、整合营销、物流仓储等平台和系统，是面向出版机构、新华书店、图书馆等主要行业用户，在产品销售、产品定制、供应链整合、营销推广、信息服务等多个方面为行业用户提供服务，提升产业协同能力。

3. 大数据服务平台。以新华书店网上商城全域数据为基础，通过大数据技术，构建起涵盖书目、商品、库存、会员、交易、物流、用户行为等完整的出版发行大数据体系，为行业主管部门提供决策依据，为各类行业主体提供诸如出版优化、图书采购、榜单推荐等多场景、全流程的信息服务。

（二）创新举措

1. 突出优质内容特色。重点围绕商城各类线上平台和应用，深耕 PGC 内容运营，联合重点出版社通过优质内容，发挥意见领袖的作用，以“纸电”结合的形式，满足用户获取不同领域知识的需求，形成商城特有的优质内容为驱动的运营模式。

2. 打造重点营销活动。发挥行业渠道资源整合优势，围绕“中版之夜”“423 阅读”“重点数字专栏”“学习强国”积分兑换“新华独家”“线上线下联展”等内容，打造一系列有影响力的线上线下重点营销活动，形成“小活动周周有，大活动月月有”的营销局面。

3. 开展精准读者服务。开展以用户为中心的运营活动，依托大数据技术，深度挖掘商城线上线下应用场景

中的商品、用户、消费等数据，提供精准的特色栏目、精品活动、图书推荐和购买服务，以多种方式触达、吸引、留存用户，有效提升商城的品牌影响力。

4. 丰富文化产品体系。以“立足文化、服务产业”为宗旨，在扩大独家书、优质书、明星书等图书品种的基础上，引入一线品牌供应商，丰富商城产品种类，积极构建起以党建书柜、扶农助农、新华文创等为主的大文化产品体系，实现图书与文创产品的融合。

5. 线上线下联合运营。打造“城市书房”“百年书房”等特色线下体验店，借助网络技术和智能设备，打通线上应用场景，构建起从商品、会员到客户服务一体化、智能化的线上线下运营模式，并加快推进全国新华书店线下体验空间建设，实现线上与线下融合发展。

6. 深化品牌业务合作。与学习强国等各类专属领域的优势平台和伙伴合作，通过线上线下服务、优质内容输出、品牌价值赋能，开展诸如“馆网融合”“新华定制”等多种形式的融合创新业务，为商城持续发展带来持续性流量和资源。

（三）融合特色

1. 打造线上线下一体化服务模式。依托线上平台和全国新华书店线下实体门店，打通线上线下两个应用场景，实现用户线上下单线下发货、线下体验线上参与，并通过开展线上线下同步的营销活动和阅读活动，实现线上线下相互导流，让线上成为线下的营销和宣传中心，线下成为线上的体验和服务中心，创新形成线上与线下融合的图书发行新模式。

2. 形成面向读者的整合服务优势。整合出版社专业作者和内容资源、新华书店渠道资源、图书馆会员和馆藏资源，以及社会合作方丰富的产品和营销资源，打造一系列优质图书内容和文化产品，以及线上线下整合营销活动，形成“馆社店”资源融合优势，为广大读者用户提供全面、专业的“借买还”一体化综合服务、优质文化产品和多样化阅读活动。

3. 实现行业上下游数据互联互通。通过创新业务合作，打通上下游数据共享，将出版社新书书目信息及时传达到图书馆和各地新华书店，将新华书店图书订购和图书馆馆藏需求给到各出版社，将新华书店销售数据形成畅销榜单有效同步出版社和图书馆，充分实现上下游互联互通，助力各方扩大市场销量规模，整体推动行业良性互动和转型发展。

四、融合发展效果

1. 两个效益突出，服务大局坚决有力。突出服务大局意识，广泛宣传党和国家重大思想、战略、方针、政策。商城先后入选中华人民共和国成立70周年优秀电子书推广平台、习近平新时代中国特色社会主义思想重点数字图书传播平台、中宣部主题出版物营销推广平台，入选2019年度“数字出版精品遴选推荐计划”，获得中国出版集团“融合发展综合奖”等多项省部级以上荣誉称号。

2. 行业合作深入，融合发展成效初显。已实现全国新华书店系统对接，形成用户线上下单全国新华书店发货的发行新模式；与全国主要出版机构建立业务合作，上线百万种优秀图书，销售独家图书百余种。与国家图书馆、朝阳图书馆等创新开展“你选书我买单”“在线馆配”业务；与学习强国联合建设“学习强国”新华书店网上书城，以及线下体验空间，实现线上线下学习联动。

3. 创新市场运营，品牌影响明显提升。发挥平台渠道资源和线上线下融合优势，联合全国新华书店，以线上线下相结合的方式参加全国书展，联合重点出版社、知名作家，配合签售、讲座、论坛等多种活动打造“新华独家”营销品牌，引入热销图书，获得微博热搜点击量，有效提升品牌影响力和经济收益。

（新华互联电子商务有限责任公司）

新华书店网上商城公众号

案例类别：产品

“古籍整理工作平台”项目

朱翠萍

一、“古籍整理工作平台”概述

随着现代信息技术在古籍整理中的深度应用，衍生出新的古籍知识整理方式，通过对古籍资源的精细化加工和处理，改变古籍知识的获取、标注、比较、阐释与表现方式，进而改变我国古籍出版的模式，“古籍整理工作平台”即是在这一背景下诞生的。“古籍整理工作平台”主要包括两大模块。

（一）古籍整理众包

古籍整理众包，主要是起调控和组织功能。包含任务创建、发布，流程调控，费用结算等环节。项目管理员创建并发布任务，申领者就可以在平台上看到任务名称、工作要求、字符数量、报酬金额。申领者可以根据自己的专业特长、兴趣爱好、时间自由程度及报酬情况，筛选并领取任务，相关费用在平台上进行统计。通过平台培训注册者，使其快速掌握古籍整理用字、标点、校勘、标引、版式等规范，以及基本的数据处理技巧，打造了一支跨时空的线上编校队伍，有效缓解了人力不足的问题。

众包模式在一定程度上解决了大型古籍整理项目在人力数量方面的需求，同时还突破了地域性障碍和个体时间分散、随意的难题，使人力和时间都得到了充分、有效的利用。同时，任务分配和成员安排，也都在平台上得到了有效调控。任务分合一目了然，流程环节可以根据需要无限循环；在线工作人员的工作量及薪酬情况可以一键导出，既节省了记录与统合的时间，又避免了手工记账的烦琐与疏漏。

（二）古籍整理编辑器

古籍整理编辑器是用来编辑、处理古籍文本数据的工具集合。该编辑器包含了基础的编辑功能以及成分标引、自动校勘、字形转换、全半角符号和标点错误检查等自动化批处理功能。可以处理多版本校勘，新旧字形和繁简字形替换，内容层级标引和专名标引，检查全半角错误和标点共用错误等问题。批处理功能可以提升文本处理效率；自动检查功能可以有效弥补人工检查疏漏；成分标引功能不仅标识了文本内容的层级逻辑，还可以为后续生成排版文件打下基础。

另外，编辑器所集成的“文字属性整理平台”“联机词典”在疑难字录入、释读方面提供了很大帮助。尤其是“跨库检索”功能，因其与“中华经典古籍库”关联，有效地扩展了在线工作人员的知识外延，增强了判断的准确性，既避免了重复工作，节省了时间，还在很大程度上保障了文献整理的质量。

二、市场价值

“古籍整理工作平台”利用众包形式和融合智能技术的编辑器，解决了古籍整理与编校人手不足、进度缓慢、耗资耗时巨大等一系列痛点难题，具有较大的市场前景。市场价值主要通过以下途径实现。

（一）委托加工服务

利用平台的技术优势和充实人力资源，承接大型古籍文献编纂业务，从而获得一定的委托加工费用。

（二）平台授权

平台授权的定价模式主要由综合工具本身的功能状况以及处理的文献数量所能节省的人力成本来确定。平台授权，一般是以年费形式收取，授权范围和年限可以根据具体需求灵活协商。

（三）技术服务

古籍整理平台所集成的技术资源，既可以作为一个综合性整体提供服务，也可以根据项目需求选择任一技术，甚至还可以针对具体情况，定制开发相应技术，从而获得一定的技术服务费。

以上服务的目标客户包括出版社、高校、科研院所、地方文献整理机构等，市场范围非常广阔，市场价值巨大。

三、项目优势

（一）简明清晰的使用界面，有效提升用户体验

“古籍整理工作平台”可通过门户网站“籍合网”直接登录进入，实现了与其他数据库相关联的使用方式，有效加强了各产品线之间的连接。在网站首页的“任务大厅”栏目可以清晰直接地查询到可供申领、申领完的、整理中、已定稿的项目；通过查询“任务明细”可以了解到申领任务内容、报酬、申领状态等信息，操作流程简便，便于申领者快速熟悉工作流程，用户参与感和沉浸感较强，可以长期地参与到古籍整理实践中。

（二）专业多样的整理内容，充分吸引用户申领

“古籍整理工作平台”已经初步完成了《中华大藏经续编》的《藏传典籍部》《南传典籍部》《印度典籍部》等书的审校工作，同时上线的还有“史地数据库”中的史地文献及现代学人著述《杨明照论文集》《郑天挺日记》等，内容涵盖古今，类型多样，能够满足文史哲及其他相关专业使用者的需求。

（三）形式多样的沟通渠道，高效凝聚用户群体

“古籍整理工作平台”可实现任务申领、报酬发放的短信通知，除此之外，还可以通过“古籍整理编校研修群”（2217人）、“古联在线编辑咨询群”（497人）、“中华大藏经续编审校群”（1745人）等，将平台派发的任务及时在QQ群里进行公告；同时也发布了“i编纂”微信小程序，实现手机客户端直接申领整理任务、显示工作模式等功能，从而能够较为精准地捕捉用户状态，根据用户实际的水平、经验、时间等状况高效率地实现任务收发，多平台功能并举，以此达到聚拢客户群体的目的。

（四）务实直接的反馈机制，能够实现双向共赢

在“古籍整理工作平台”中，每项任务所包含的报酬直接显示在页面之中，申领者通过绑定银行卡和签署协议，在规定时间内完成任务并通过审核后即可获取相应报酬，对于公司及用户来说，其方便和快捷程度毋庸置疑。

（五）高度一致的情感认同，促使用户加强参与

“古籍整理工作平台”的用户有着相似的教育背景和专业方向，对中国古代传统文化典籍具有浓厚的喜爱之情，同时也拥有“整理国故”的热情。在线参与古籍整理的过程中，用户群体之间相互结识，交流、分享经验、

心得，并通过师友之间互相推介，不断有新的人员融入其中，用户群体逐步扩大。

（六）协调得当的运作机制，保障整理流程通畅

“古籍整理工作平台”有一套系统、高效的运营模式。在任务派发、任务审核（严格遵循“三审三校”模式）、人员筛选、工资发放、答疑解惑等层面均形成了行之有效的运行体系，用户可以在各个环节体验到无缝衔接的使用感受。

（七）效果良好的宣传模式，有效扩大品牌影响

“古籍整理工作平台”自上线以来，得到较多媒体关注，如《古籍整理出版开启 3.0 时代》（《光明日报》2018 年 5 月 22 日）、《浩瀚古籍 邀你线上审校——中华书局搭建数字化整理平台，招募社会力量》《是股票操盘手 也是审校志愿者》（《人民日报》2019 年 1 月 10 日）等。2019 年 7 月“古籍整理编校研修班”的成功举办，吸引了线上线下共计 2800 余名学员参加。这些报道和活动使得“古籍整理工作平台”有了较大的社会影响力，在文献整理领域造就了较好的口碑，甚至还在此基础上延伸出了“古籍整理培训平台”。

四、国际交流

（一）开放的访问平台

“中华经典古籍库”作为品牌成功范例，已经与海外众多高校及图书馆，如美国加州大学伯克利分校东亚图书馆、哥伦比亚大学东亚图书馆等进行了深度交流和合作，“古籍整理工作平台”作为与数据库关联性较大的衍生平台，已经具有较大的开放程度。

（二）国际化的编校人员参与

“古籍整理工作平台”打破了时空限制，远在美国、德国、俄罗斯、泰国、印尼的中国留学生也陆续参与到古籍编校工作中来，进行了一场跨时空的相聚。

总之，“古籍整理工作平台”作为一个“资源、技术、人才”集聚的综合性工作平台，不断吸纳优秀项目、储备优质人才。每一次项目的发布，都是一次优化平台的机会，平台也因此得到升级与迭代，为数字出版行业起到了重要示范作用。目前，平台已拥有独立商标和技术专利 3 项，自主知识产权 10 余项。从内容到技术，都呈现出独到、便捷、新颖的特点，在古籍文献整理领域产生较大的影响力和品牌效应。

〔朱翠萍：中华书局古联（北京）数字传媒科技有限公司总经理助理〕

“i 编纂”小程序

案例类别：产品

“古籍引文校对系统”项目

一、情况介绍

“古籍引文校对系统”是中华书局、古联公司在信息化与数字化环境的挑战与机遇下，在多年古籍数字化建设的基础上，通过分析古籍相关文献的相互引用现象和知识传承规律，总结古籍引文知识结构特征和对象之间的关系，而开发的自动化系统，可批量、快速、准确地识别出引文内容，实现对出自古籍的引文的自动校对和便捷修改。

参考文献、引文内容差错或著录不规范，是编校中一类极难清理干净的质量差错，尤其是对古籍文献的引用，编辑无法依赖自身知识储备，查阅文献也较为困难。而不规范的引用，如引文内容错误、文献出处信息残缺都会给读者造成困扰。当下古籍数字化的蓬勃发展，为查验引文及出处提供了较为方便的途径，但仍需手动逐条检索，且由于各类数据库产品在内容准确性、全面性及功能便利性上的不足，核验引文仍然较为困难。古籍整理出版行业迫切需要一个引文核查工具，能够帮助编辑、作者分析并校对文献中引文的疏漏，提高工作效率和质量。

2017 年，古联公司启动“古籍引文校对系统”研发项目，计划利用公司积累的精加工结构化语料，构建古籍语料库，研发一套自动化的引文核对系统，实现自动识别、核对稿件中的引文和出处信息，并提供修改意见，达成书稿中古籍引文的自动校对。

语料库方面，以《中华经典古籍库》的 15 亿字精加工古籍整理本语料为核心，吸纳期刊、学术论著、传统文化普及类语料，建立规范引文句子语料库，利用字际关系、专名语料库，共同构建了一个大规模古籍语料库，

并随着产品建设不断扩充。

引文识别方面，使用包括基于规则、统计、本体的方法等从古籍文献中抽取引文相关内容，标识出引文、引文作者、引文出处（书名、卷/篇等），由用户确认。用户可以修改、新增引文及出处，最终形成引文语料；还可自定义识别策略，可识别行中引和提行引。

引文校对方面，支持机器自动校对和人工辅助校对。通过将识别出的引文与语料库匹配来进行机器校对，可进行结果导出，并允许用户根据结果进行在线校对。

2018 年 1 月，古籍引文校对系统研发和初验完成，并向中华书局各编辑室开放试用。系统依据编辑反馈的意见、建议，对识别和校对算法、操作做了优化，且持续对语料库进行扩容。

在此基础上，古联公司开发了古籍编校辅助工具在线版，2020 年 9 月又研发了“文达编校工具 Word 插件版”，调用古籍引文校对系统的 API 接口，实现在本地 Word 文档中进行在线引文校对，并在新的载体工具的研发和使用中，促使校对系统不断完善。

二、成效与社会反响

本项目是在国家数字出版转型升级和实施中华优秀传统文化传承发展工程的大环境下进行的积极探索。主要创新点如下：

（一）实现网络校对功能

本系统采用网络架构，以 Web 服务器、语料计算服务器和系统服务器等分布式存储实现在线校对功能，从而支持大文件、多终端和多用户的应用及协同服务。

（二）具有机器学习功能

本系统通过多种模型和算法，能够记录分析用户引文校对行为和修改数据，并据此完善语料库及规则。

（三）实现语料库自动化建设

不同于传统模式，本项目充分利用古籍专业知识，通过机器引文模型自动挖掘和抽取数据，快速建设完成事实引文语料库、关联语料库、规则库和原文语料库，从而提高了语料库建设的效率和质量。

（四）提出了一种基于数据关联的古籍自然语言处理方法

本项目在研究了大量注疏文献和笺注成果以及文史类期刊论著的基础上，将语法的因果关系问题转换为数据相关关系问题，提取大量的半结构化古籍文献在句法和词法上的特征，结合知识库词表，实现了对人名、地名和书名等专名的识别和抽取。

三、社会反响

“古籍引文校对系统”“文达编校插件 Word 版”上线后，主要在中华书局内部小范围使用，未做大规模推广。至 2021 年 9 月，系统服务的用户约 100 位，功能使用 2283 次，系统共识别到引文 6 万余条，其中与语料库完全匹配的 754 条，相似匹配的 53690 条，校对匹配率 89.2%。

除此之外，古联公司还利用此系统协助其他兄弟出版单位解决引文较多的书稿的引文识别、校对问题。

生活·读书·新知三联书店的《胡汉中国与外来文明》出版项目，740 千字的书稿有超过 2200 条引文，涵盖古籍、碑铭、论著各类文献，资料查找不易，编校难度极大。我们利用系统自动识别、校对，再投入编辑力量逐条校对，以 220 个工时完成了所有引文校对工作，找出约 210 处引文或出处著录不当、参考文献可疑的问题，相比全人工校对，效率提升约 300%。

巴蜀书社的《红楼梦》《旧五代史辑补》《宋代文话全编》《宋代文学述评合集》等出版项目共计约 2000 万字的编校工作都需要进行大量文献比对，这在过去需要耗费大量的人力和时间。我们利用系统批量识别、标记出可能含有引文或辑自经典文献的内容，自动比对语料库中与之相似的内容，输出全部校对结果并高亮标出差异之处，出版社只需投入少量人力，就可以在短期内完成校对工作，工作效率提高了 500%。

四、社会效益

古籍引文校对系统，实现了对 XML 古籍数据内容资源的二次开发利用，促进了传统编辑与技术的融合，促进了图书出版的质量、效率提升，取得了良好的社会效益。

（一）有利于推动中华优秀传统文化的传承发展

本项目通过对古籍文献引文脉络的梳理，做到对现代学术成果引经据典的正误判断，让书写在古籍里的文字真正焕发时代光芒，是践行两办关于“实施中华优秀传统文化传承发展工程”的体现。

（二）有利于推动我国古籍出版业数字出版转型升级

当前，出版业正处在数字出版转型升级的攻坚阶段，本项目结合编辑工作应用场景二次利用核心资源开发技术产品，是由浅层次文献服务到深度知识技术服务转变的重要尝试，对业界具有较好的示范意义。

（三）有利于推动科技与古籍出版的融合

引文校对向来费时费力、严重制约古籍的出版效率。本系统利用文献内容数据结合计算机技术，实现一键快速自动校对、输出结果，减轻了编辑 95% 以上的工作量，是科技与出版融合的完美诠释。

（四）有利于推动数字出版产品的多元化

古联公司一直以提供行业领先的古籍数字出版服务为宗旨，打造出了“中华经典古籍库”等一批较知名产品，但客户对象主要是高校、公共图书馆，不能体现规模优势。本项目通过古籍技术服务，将服务对象扩大到出版社编辑和作者上，实现了用户和产品的多元化经营，有助于构建“古籍联合”产品生态服务体系。

五、融合经验体会

古籍引文校对系统的研发和运营推广，为古联公司在古籍整理自动化与智能出版方向继续深耕打下了基础，积累了经验，提供了动力。经验体会主要有以下几个方面。

（一）数字化是古籍整理出版的未来

古籍数字化并不是一个文本的简单还原过程，而是一个标准化、知识组织、文化探索的过程，代表着古籍整理、开发、利用的发展方向，是未来古籍整理的主流，也是古籍整理工作走向产业化发展的关键途径。

（二）标准化是古籍数字化的必由之路

古籍引文校对系统的研发基础，是古联公司的15亿字高质量、标准化古籍数据。标准化是古籍数字化的基础，直接影响资源的制作质量和提供服务的效果。因此，建立古籍数字化领域标准，将古籍资源深度、精细加工，推动资源整合、信息交换，是古籍数字化迫在眉睫的任务。

（三）推动古籍整理出版行业协同发展是出版深度融合发展的应有之义

积极促进内容、技术与人才的有机结合，提高编辑加工效率、降低门槛、扩大群众基础，不仅是实现中华书局自身发展，而且要带动整个古籍出版行业的协同发展，共同为中华优秀传统文化的传承创新贡献力量。

〔古联（北京）数字传媒科技有限公司〕

案例类别：产品

传播数字“非遗”内容 践行文化强国使命

2020年9月，中共中央办公厅、国务院办公厅印发了《关于加快推进媒体深度融合发展的意见》，要求用好市场机制，增强市场竞争意识和能力，鼓励通过合资合作、兼并重组、利用多层次资本市场融资上市等打造形成一批知名品牌。创新完善多渠道投融资机制，推动媒体融合项目技术研发、市场开拓与金融资本、社会资源有效对接。开展“媒体+”多元业务，构建“广电+”生态体系，实现事业产业有机统一、良性互动，增强自我造血机能，推动可持续发展。

随着数字技术的不断发展，在未来的时间里，数字出版将是出版业的发展方向。南开大学出版社数字出版中心“秀山堂里话非遗”产品，与传统出版产品相比，有着得天独厚的融合发展条件。新媒体时代的学习者从空间消费逐步转向时间消费，数字出版产品可以从空间和时间两个维度把握学习者，真正做到了立体化传播。新华国采教育网络科技有限责任公司在外部产品和提供用户服务实践中，通过建立信任机制、风险防范机制、版权保护机制、质量保障机制、利益分配机制等一系列制度和机制，形成科学合理的深度融合，凭借标准和规则的制定与监督贯彻，充分发挥组织、协调、管控作用，促进“秀山堂里话非遗”产品平台内外功能分工、合作研发、知识转移、资源合理配置、绩效高效实现，也保障了外部产品和提供用户服务深度融合模式的创新，进而保持和提升“秀山堂里话非遗”系列数字课程产品竞争优势。

《关于加快推进媒体深度融合发展的意见》指出，要“坚持正能量是总要求、管得住是硬道理、用得好是真本事，坚持正确方向，坚持一体发展，坚持移动优先，坚持科学布局，坚持改革创新”，为推进外部产品和提供用户服务深度融合指明了方向。

外部产品和提供用户服务深度融合发展，不能仅靠数字出版一个部门的推动，新华国采有限公司在线学习平台与数字教材平台应用，通过“秀山堂里话非遗”系列数字课程产品，与南开大学出版社数字出版中心、天津市多媒体教育技术研究会开展数字出版技术研发合作，发挥好提供用户服务、社会合作、协调的作用，获得了较好的社会效益和经济效益。

中华民族具有连绵不断的文明历史，创造了博大精深的中华文化，为人类文明进步作出了不可磨灭的贡献。中华文化积淀着中华民族最深层的精神追求，包含着中华民族最根本的精神基因，代表着中华民族独特的精神标识。中国共产党自成立之日起，既是中华优秀传统文化的忠实传承者和弘扬者，又是中国先进文化的积极倡导者和发展者。中国社会正处在重要的经济转型期，广大民众的物质生活的提高，带来精神文化需求的多样化，而民族民间传统文化面临着急剧流变和消失。“秀山堂里话非遗”系列数字课程产品在外部产品与提供用户服务的实践中，担负起非物质文化遗产教育与传承的责任。

一、外部产品与提供用户服务实践与探索

“秀山堂里话非遗”系列数字课程产品历经5年时间的研发与制作，主要将列入联合国教科文组织非物质文化遗产

保护名录的中国 40 个项目内容制作成系列数字课程。

2016 年“秀山堂里话非遗”系列数字课程产品自筹经费 36 万元，研发拍摄制作了《妈祖文化》非遗文化课程 32 学时（8 章 24 小节），先后用时 2 年时间，奔赴 7 个国家和地区的 38 座妈祖古庙进行拍摄，陆续有 5 所院校的 36 名师生参与项目，探讨多媒体教学技术把古老非遗文化内容的呈现手法，课程设计适合选修课、通识课，既丰富了选修课、通识课的资源，也解决了师资不足的困难。在院校使用过程中受到广泛好评，同时也积累了非遗文化内容的数字呈现的方法与手段，课程知识点的配比等产品研发经验。

2018 年，在新华国采主办的新媒体论坛会上，“秀山堂里话非遗”产品进行了隆重发布，正是在这次论坛上，收集了院校用户对产品的应用建议。比如，展示数字课程中聘请了知名非遗传承人来担任讲师，但是传承人因地域口音不同，对用户收听收看造成了一定影响。在第二版课程研发中，即调整为邀请知名学院的专家教授来担任讲师，但演示操作又不太熟练，拍摄效果不连贯。第三版课程中采用了年轻的学者老师讲解课程内容，非遗传承人来做课程演示，在线平台测试中更好地调动了师生们的学习兴趣。

另外，产品在教学设计上也进行了探索，新华国采在线学习平台找出学习者对非遗文化的理解过程，分析出介绍的递进内容层次与扩展知识面比例，不断地根据用户反馈的数据对产品进行打磨修订。现在的产品不再是一个个枯燥的历史年代故事，而是深挖非遗文化的人文故事，寓教于理、寓教于乐、寓教于情。

二、产学研融合发展创意新 IP

新华国采与多媒体学会的理事院校、南开大学出版社数字中心开展了产学研实训基地合作，一些相关专业的师生积极参与中国非遗文化系列数字课程的研发工作，解决制作中遇到的各种问题。同时也吸收一些学生的毕业论文课题，产学研融合发展促进复合型人才培养。

部分高校师生还为中国非遗课程设计了衍生文创产品，方便课程学习的实操体验。2019 年 5 月世界智能大会上，新华国采公司设立展台，在新研发的校园无人书店里，3200 个京剧、书法、篆刻、剪纸等中国非遗文化课程的衍生文创产品销售一空，受到了参观者的喜爱。后续在中国非遗进校园的学习项目中，也将增加提供课程的衍生文创产品的配置。还将根据一些社区、企业提出的需求，研发针对不同学习者的中国非遗文化课程，并为学习者提供学时证明。

目前已研发了中国非遗文化系列数字课程 20 门产品，10 门已取得了著作权，由南开大学出版社数字出版。第二批 10 门课程（包括海外版）已继续投入研发。

外部产品和提供用户服务的融合实践，正在人工智能、多媒体教育技术、虚拟现实应用、动扑与知识图谱等方面继续发力，为中国非遗文化系列数字课程产品做贡献。

三、外部产品和提供用户服务的路径实践

新华国采公司与南开大学出版社、天津市多媒体教育技术研究会的合作，是互联网企业与传统出版行业、教育行业合作共赢的典型案例。三方通过优质内容的数字化转型，为教育院校在传统文化方向的教学提供了有力支撑。

在产品推广应用过程中，新华国采公司充分发挥数字化平台优势，不仅对内容面向院校的推广提供了支持，更是将院校教学当中的反馈形成数据支撑，对内容的调整转型优化提供了重要参考。

四、外部产品和提供用户服务的实践价值

（一）更快促进数字出版产业发展

伴随经济发展，分工的细化，没有任何一种产品或服务可以由一家企业完全实现从生产到销售的全过程。在数字出版产品的研发和运营过程中，机构组织融合是市场经济的必然选择，也是经济发展的必然需求。新华国采在加快外部产品和提供用户服务进程中，也为南开大学出版社的数字产品转型提供了支撑和渠道，提高了数字产品产业链的效率。

（二）促进落后环节发展

外部产品和提供用户服务实践过程，使数字出版各环节形成良性发展，任何一个环节的落后都必然影响外部产品和提供用户服务发展的步骤，必然迫使相对滞后的环节加速发展。融合加强沟通与合作完善统一标准，最终推动数字出版产品的整体发展。

（三）突破可能的发展瓶颈

目前网络提供的大量免费资源，使得很多用户可以免费享受文化快餐，于是很多人默认为网络刊物就是免费，这就是中国数字出版面临的一大难题。如不能实现数字产品的正常销售，数字出版产业的发展也就无从谈起。数字产品不等于电子书，免费也不代表版权电子书的未来，传统的渠道功能就是把纸变成钱，数字产品的关键在于外部产品和提供用户服务融合，真正实现产业的融合，出版、运营商只有承担起应有的责任才能有所突破。

（新华国采教育网络科技有限责任公司，天津市多媒体教育技术研究会，南开大学出版社有限公司）

非遗文化系列数字课程公众号

案例类别：产品

全国大中专教材网络采选系统项目

一、项目简介

全国大中专教材网络采选系统（以下简称采选系统），是以中国中职教育、高职教育、大学教育的在校师生为服务对象，以推动中国教育信息化建设、教育出版数字化转型为目标，而构建的集教材信息发布、纸质教材选购、数字教材阅读、教材分析评价为一体的网络平台。首创大中专院校师生在线选用课程教材的先河，面向普通高等教育、职业教育院校提供服务，目前已为全国300多家院校提供课程教材的在线指定、选购、数字阅读服务。为全国首个面向院校的集教材在线采选和数字资源使用为一体的综合型服务平台。

"全国大中专教材网络采选系统"免费为各级各类中高等院校提供全品种教材搜索、教师教材指定、师生教材选购、教务信息管理、教材选购管理、教材采购与使用大数据分析等服务。2017年上线以来，采选系统分步分批建成PC端、移动端的两个平台产品，构建起纸质教材电商系统、数字教材与资源生产与发布系统、在线授课与学习系统、大数据分析系统四个子系统，完成44个模块、580个功能点的研发，取得软件著作权30个。

目前，接入平台的合作出版社234家，高教社、机工社、化工社等35家大型教材出版社全品种征订，可供教材发布量达到28万种，现货覆盖率超过95%。为打通产业信息链，采选系统努力实现教材书目数据的实时发布，已通过自主研发接入14家出版社的ERP系统，实现了书目数据实时对接。

二、项目建设内容

（一）纸质教材电商系统

该系统汇集全国各级各类出版机构的教材出版信息，包括每种教材的ISBN、题名、作者、译者、定价、版别、开本、页数、适用专业、适用分级、学科分类、中图分类、封面、目录、内容简介、试读章节、相应资源等信息。按照行业标准和市场要求进行数据清洗后，形成标准化的统一数据。

利用云计算技术与全国1.52万所大中专院校校园网进行有效对接，并与战略合作经销商的库存系统实施对接，在"教材信息发布系统"中供师生选购教材，实现通过网络随时报订，实时生成订单，由教材经销商进行线下备货配货，借助电子商务改变传统选书模式，服务于院校师生及经销商。

为适应学校统一采购教材和学生自主采购教材的两种方式，纸质教材采购系统将构建两套结算体系。一为学校财务结算体系，由学校统一结算纸质教材采购款项。二为注册用户结算体系，与主流第三方支付平台对接，服务于自主采购教材的学生或教师用户。

系统目前可为大中专院校提供完善的教材选用审核服务，通过"教材信息发布系统"将符合国家教育教材管理规定的优质教材进行整合展现、重点推荐。院校在使用平台进行教材采选时，可根据审核管理需求设置审核层级、审核角色等，切实帮助院校提升教材采选效率，并成为贯彻国家教材委、教育部对于教材"凡选必审"要求的重要抓手。

系统同时着力于打通产业信息链，采选系统努力实现教材书目数据的实时发布，已通过自主研发接入14家出版社的ERP系统，实现了书目数据实时对接。

（二）数字教材与资源生产与发布系统

数字教材与资源生产与发布系统将集聚各出版机构的数字教材与线上资源，与纸质教材电商系统对接，确保用户检索到相应资源后，即可由后台大数据的推送获得同类学科或同一作者的相关数字教材，以便进一步选用。为实现完全的知识产权保护，此系统中的数字教材不提供下载，可缓存于客户端远程阅读。

出版社等内容方可在平台上开通资源加工账户，将碎片化的分散资源结合院校课程规划、专业规划加工成为一体化数字教材与线上课程等，并形成基于知识点的知识地图，教师及学生用户可检索、收集、整理平台的数字资源内容，形成便捷的资源汇集使用。

自新冠肺炎疫情发生以来，全国大中专教材网络采选系统第一时间加入由北京市委宣传部的"战'疫'+我，首都出版联合行动计划"，向所有高校免收平台服务费用，提供在线教材指定、选购和管理的免费服务。整合呈现的免费优质数字资源达到19个专业的3000余种免费电子教材和158个国家级资源库，形成了免费优质资源的超级在线入口，全力支持和保障高校"停课不停教、停课不停学"。

（三）在线授课与学习系统

在平台纸质教材与数字资源加工的基础上，采选系统还建设了符合线上教学需求的在线授课与学习系统。

院校师生可通过系统实现学习任务布置、音视频课程、微课、课件、笔记等功能，满足师生对在线教学的多样化需求。同时系统独创性的设计开发了PPT插件功能，教师可通过插件及平台实现教学设计、课程加工制作、学习任务布置等功能。同时平台可进行线上考试、打卡签到等学习行为，实现线上教学的完整流程。

在线授课与学习系统的建设完成将实现网络化、数字化学习，同时与纸质教材、数字资源深度打通融合，将纸质教材—配套数字资源—在线学习全流程串联起来。助力出版机构教材发行，为广大师生使用数字教材产品提供专业化、个性化服务。

（四）大数据分析系统

该系统针对教材出版数据、院校选用数据、教材采选订单流转数据进行分析，形成大中专教材发行全产业链数据综合汇集能力，对教材整体动销数据形成系统分析及展现。可为出版机构、教育行政管理部门、院校教材管理人员提供数据支持。

同时平台还可针对视频课程、教案等教育资源的质量及经销商服务进行评价，可以通过大数据及云计算技术对教材出版信息、使用者购买阅读行为、教材销售数据等进行分析加工，为行业提供专业化、权威性的分析报告及市场反馈，建立科学、公正的教材评价体系。

在此基础上，形成“Education Intelligence Big Data（EIBD）教育智能大数据”的平台型产品，面向机构用户提供行业咨询服务。

三、项目建设意义

采选系统作为全国首个教材综合服务平台，为教育出版行业数字化转型提供了重要支撑，并实现从院校教务需求出发，切实为教育领域14973所大中专院系提供教材管理服务，搭建起从教材出版社到院校的线上信息化桥梁。

采选系统目前可实现三个方面的重要价值。

一是成为出版社的营销利器。采选系统直接与院校教务系统或教务数据对接，可迅速高效地获取院校真实的用户信息、课程信息，用户画像真实精准。打通了教材出版发行行业与教育院校之间的信息化数据壁垒，使课程教材动销数据清晰地呈现出来，具有巨大的教材营销数据运营价值。

二是成为院校教材管理中枢。采选系统通过对符合国家意志的优秀教材整合展示，结合“红书包”等定制化功能，为院校获取教材信息提供了准确的线上渠道。同时通过院校多层级审核管理设置，为教育行政管理部门、院校党委审核课程教材，统揽教材采购与使用管理提供了一站式解决方案，为院校贯彻落实国家教材管理规范提供了有力支撑。

三是成为教育资源应用平台。采选系统通过对出版机构优质数字资源的汇集与精准匹配，实现对教师课堂教学的信息化赋能。线上教学系统为学生使用立体化新形态教材及各类数字教学资源提供了网络利器。同时也通过大数据技术切实推动了出版社数字资源面向院校端推广发行时的对接效率，提升教育资源的发行效率。

采选系统应用云计算、大数据、机器学习、数字版权保护等技术，以来自院校、出版社、用户行为等方面的数据为驱动，准确地展现了中国教育出版市场的状态。首创大中专教材网络采购模式、课程教材在线管理模式，为教材出版产业链中的各参与方均提供了线上管理工具。打通教材与课程内容制作—纸质教材在线采选—数字教材与资源配套—线上教学辅助—大数据分析决策等环节，形成教材生态闭环，构建起了以教材为核心的知识服务在线生态体系，推动传统出版行业与教育、互联网的深入融合。

（新华国采教育网络科技有限责任公司）

全国大中专教材网络采选系统

案例类别：产品

《中国制度面对面》融媒体出版物

北京学习云数字传媒有限公司（以下简称学习云）系中共中央宣传部主管的图书、音像电子出版单位学习出版社的全资子公司，拥有独立的发行资质与能力，从创立初就担负着学习出版社数字出版转型升级重大工程建设任务；担负着数字图书、数据库及音像产品建设与营销服务任务；担负着构建面向党、政、军、群开展时政教育宣传工作的全媒体网络传播平台建设任务；担负着面向全国机构用户和网络用户，开展时事政治类图书文献的纸电联合发行服务等。承接运营学习出版社出版的全品种图书、音像制品（音视频）的市场化、商业化运营业务，充分与渠道商、平台商、技术开发商进行合作，提升时政主题出版内容的社会影响力，达到经济效益和社会效益双丰收的目的。企业的宗旨是“运用先进技术，传播先进文化”。希望通过我们的努力，为用户提供更好的精神文化产品和更优质的服务。

“理论热点面对面”系列读本是中央宣传部理论局在深入调研的基础上，组织理论界专家学者撰写的通俗理论读物，从2003年开始一直沿袭着学习出版社精品制作、特色鲜明、创新进取、专业专注的出版风格，对广大干部群众普遍关心的热点难点问题，进行了深入浅出的回答，用最新素材阐述理论问题，用身边事例说明深刻道理，图文并茂、文字生动、通俗易懂、观点准确、说理透彻，具有较强的针对性和说服力，是广大干部群众、青年学生理论学习的重要辅助材料。目前“理论热点面对面”系列已经成为通俗理论读物市场的响亮品牌，每年一册在手，尽览世事热点。

为积极响应党中央的号召，探索数字化转型升级的道路，学习云开始对学习出版社进行出版内容的数字化加工、产品化开发、平台化应用、融媒体化发展等工作，渐渐形成自我独具特色的、纸电同步的、符合出版社特性及需求的发展道路。

《中国制度面对面》融媒体出版物是学习出版社2020年5月出版的时政重点出版物，本书以习近平新时代中国特色社会主义思想为指导，围绕《中共中央关于坚持和完善中国特色社会主义制度、推进国家治理体系和治理能力现代化若干重大问题的决定》及党的十九届四中全会大会精神，分16章从党的建设、政治、经济、文化、社会、生态文明等方面介绍了中国特色社会主义制度建设的成果及发展规划。

为更好地进行宣传推广，扩大其社会效益，学习云对《中国制度面对面》的内容进行融媒体化加工，其有声版内容由著名播音员（方亮、郑岚）进行录制，总时长412分钟，并按图书的章节结构进行切分。微视频内容的制作，全部改用动漫的形式，共16集，每集时长约5分钟，总时长77分钟，有声和微视频内容可以通过图书封底的验证码直接进行扫码观看，实现纸电同步出版发行的目的。

其次为加强对《中国制度面对面》内容的学习，读者与我们之间的互动联系，我们通过“中国制度面对面官微”来进行多方面的、多话题的阐释，并邀请写作组的专家进行讲解，给大家呈现出一个综合全面、多方位、多形态的内容结构体系。

社会效益：目前《中国制度面对面》动漫微视频在学习强国平台累计播放量突破10000万人次，在快手、抖音平台累计播放量超过23299.1万人次，微博话题阅读量达1354.5万次；有声书播放量突破130万次。

获奖信息：入选2020年主题出版重点出版物选题目录；入选2020北京数字出版精品推荐有声书系列。

（北京学习云数字传媒有限公司）

《中国制度面对面》融媒体

案例类别：产品

一阅而起汉语分级阅读绘本

童婧

一、项目概述

《一阅而起汉语分级阅读绘本》是专为3～8岁中国儿童打造的系统式、沉浸式母语学习方案。

全套书共8个级别，前6级内容可覆盖学前儿童的阅读需求，后2级可作为小学低年级儿童的阅读拓展材料。目前已出版前4级。

本套书根据新版小学语文课程标准及《3～6岁儿童学习与发展指南》编写，从现代汉语中常见的字、词、短语、句子入手，将基础认知、习惯养成、自然百科、民俗节日、民间故事等素材作为识字、阅读的材料，让孩子在整套书学习结束时能习得1500+的生字，能有逻辑地完成看图说话，由亲子共读顺利过渡到自主阅读。

图书内容将相对抽象的识字过程融入轻松活泼的绘本阅读，旨在帮孩子搭建从学前到小学的学习阶梯。

（一）作者团队

程瑛瑛：北京师范大学教育学院毕业，资深儿童图书编辑、副编审，学前教育专家，幼儿园课程设计专家，曾发表过文章《汉语分级阅读初探》。

边小扉：北京师范大学中文系博士，文艺评论人，曾任一线语文教师，有丰富的K12语文教学经验。已在《儿童文学》《少年文艺》《文汇报》《文艺报》等期刊报纸上发表作品10万余字。

龙晓添：广西师范大学文学院副教授。著有《跟孩子一起读读我们的神话》《记住乡愁》，《少儿国学》杂志专栏撰稿人。

曾忆梦：儿童文学作家、副编审，曾任《中国儿童画报》主编，出版图书十余册，发表有儿童文学作品三十余篇。

王溦昕：北京师范大学儿童文学硕士，资深儿童图书编辑，《幼儿的图画书世界》副主编，参与《儿童的文学世界》《儿童文学阶梯阅读与评测》等阅读指导书系的编写。

李想：笔名李凯琳，童书作者、资深儿童畅销图书编辑。作品《不！我不喜欢被你碰——遇到身体侵害怎么办？》荣获引领成长第六届“上海好童书”奖，所作丛书荣获2018年度“中国童书榜”100佳童书、2019年搜狐风尚生活大赏“十大生活中的安全教育”童书。

郑二利：文学博士，副教授。参编著作两部，发表文章数十篇。

王灵捷：文化创业者，城市里的自然探索者，曾出版给中国孩子的百科《我们的大自然》。

（二）插画团队

助画方略(ILLUSALON)插画师平台成立于2014年，是海内外知名的国际插画平台。其旗下签约插画师，多次荣获“布拉迪斯发插画奖金苹果奖”“博洛尼亚插画奖”“金风车大赛奖项”“全球插画奖”“韩国南怡岛娜美杯插画比赛”“美国3×3插画奖”等。

二、传统出版物创新及与新媒体融合发展的尝试

（一）传统出版内容的创新

识字阅读一直是家长们的刚需，识字阅读产品在市面上也是屡屡出新。但纵观以往的产品，识字与阅读的功能大都割裂开来。识字产品多以识字卡片、相对抽象的识字书为主，而阅读产品多以绘本或童话为主。

在实际调研过程中，公司得到了部分读者的反馈：识字书高效，但形式较为单一，在儿童学习过程中相对刻板、枯燥；图画书形象、趣味性强，但文字的难度不一，很多儿童在阅读大量图画书后还是不能完全解决识字问题。

教育专家研究发现，儿童的早期阅读一般会经历三个阶段：第一阶段，培养阅读的兴趣；第二阶段，培养阅读的习惯；第三阶段，培养阅读的能力。在培养阅读兴趣的阶段，需要有良好的语言环境和适合阅读的文本。如果没有太多简单有趣的、遵循儿童认知发展的入门读物可供选择，可能会使儿童产生挫败感，长久以往，甚至会失去阅读的兴趣。

为了保护儿童的阅读兴趣，让学前儿童能够在识字敏感期，或者说在阅读关键期读到与自身阅读水平相符的汉语读物，创作团队借鉴英语国家学习英语的方式——分级阅读，从儿童阅读能力和认知水平出发，创作了本套图书。所选汉字皆为生活中的常用汉字，且能与部编版小学语文教材相衔接。而后根据精选的1500+汉字的难易度和常用程度，对故事文本进行编写，以保证同一级别内文本的难度相近，但不同级别间文本的难度又逐步提升。

在设计本套书的文字内容和图文编排时，创作团队遵循“阅读趣味+审美熏陶+识字能力”的原则，将识字与阅读合二为一，帮儿童培养整体认读的习惯。内容设计上还充分考虑了以下三个方面的内容。

1. 绘本系统设计与孩子的认知水平和心理发展水平需要相匹配。

2. 绘本语言与孩子语言习得的内在逻辑需要吻合。

3. 文字的选取和设计从现代汉语中常见的字、词、短语入手，并将其与传统童谣、民俗节日、成语故事、民间故事、自然百科等相结合，同时也能够满足儿童入学前对识字阅读的需求。

为了使本套书充满趣味性，让孩子在阅读过程中获得成就感，创作团队还设计了丰富的测评配套，如故事音频、阅读识字游戏、趣味识字卡、阅读奖励贴纸、阅读打卡图、阅读小奖状等。家长还能通过这些多元的测评配套，及时了解、掌握孩子的阅读能力和水平，与孩子更好地进行互动。

（二）新媒体环境下内容呈现方式的创新

随着近些年读者阅读习惯和阅读方式的变化、移动硬件的不断推新、软件服务商开发的移动端专用软件、微课程及短视频内容的兴起和蓬勃发展，移动端的使用量远远超过了PC端。更多人使用手机或可移动平板电脑阅读可视化内容、学习新知，其中，音频收听和视频学习是最主流的获取知识、拓宽视野的方式。

1. 移动端音频内容——“活用”。无论儿童学习哪种语言，“听、说、读、写”都是非常重要的学习方式，“听”更是排在首位。同时，在当下，相较随身携带成册的纸质图书，越来越多的读者也养成了听书的习惯。因此在图书设计之初，公司便考虑将故事内容音频化。但在哪儿听、怎么听，如何“活用”图书内容，是需要仔细调研和讨论的。

为了方便用户使用音频，公司对比了多个移动端的音频平台，最终选定将音频置入微信小程序。

一是因为，相较其他移动端音频平台，微信用户群体更为庞大、更有包容性（能覆盖其他平台使用者）；二是为了让用户操作能够更加方便，家长只需打开微信，扫描书中的小程序码，即可给儿童播放音频。这样的音频播放方式不受时间和地域的限制，既可搭配纸质图书收听，也可单独收听，且收听过程中可随时暂停和续播，儿童遇到不明白的地方还可拖动进度条重复播放部分内容，实现了纸质图书的“活用”。

2. 移动端视频内容——“用活”。为解决读者外出携带大体量纸质图书不方便的难题，基于移动互联网的便利性和可操作性，公司将每一册纸版图书的内容制作

成视频并上传至小程序及视频平台，或与电子童书平台合作，制作成电子绘本，视频内容完美还原纸质书精髓。

学前儿童的好奇心强，以图像思维为主，但能够集中注意力的时间相对短，因此识字的随机性较大，有时比较难达到有目的地识字。

为了解决这一问题，公司不仅在图书视频或电子绘本中加入了人声朗读，还在页面中突出了重点汉字，并在后文中反复标记前文已出现的重点汉字，让儿童的学习更加轻松、有侧重点。

如此，读者既可以在有网络的条件下在线观看视频课程或电子绘本，也可以将内容下载，随时随地观看学习，真正“用活”图书内容，让读者使用内容时更加方便。

〔童婧：国开童媒（北京）文化传播有限公司《一阅而起汉语分级阅读绘本》主笔、项目负责人〕

“童媒 e 读”小程序

案例类别：产品

基于融合出版云平台的智慧教育产品群

钱渊欣 崔璨

面对人工智能对教育领域的影响，以“大教育”出版为目标的华东师范大学出版社（以下简称华东师大社），积极应对行业升级的机遇和挑战，综合社内丰富的教育内容资源和新兴的新媒体技术，带领勇于创新的专业编辑队伍，打造为传统出版单位提供融合出版服务的云平台。通过加大推进人工智能与教育出版的深入融合，基于云平台进行产品创新和优化升级，研发智慧教育产品群，积极探索从以纯粹的教育图书出版向以教育出版为基础、以教育服务为目的、以教育资源整合开发为核心的融合出版服务创新模式。

一、搭建融合出版云平台

（一）平台架构

“智慧树”教育出版云平台（以下简称云平台）以便捷、高效、智能为设计前提，在技术层面上包含三大中心（资源中心、分发中心、用户中心）构建起的立体矩阵，同时通过一个核心枢纽（数据响应）贯通内容、渠道、用户、服务这几个维度的和谐统一、融合共生，重新定义产业链。

云平台的“资源中心”将华东师大社所有图书、音视频、课件等资源统一精细化、碎片化管理，完成企业内部资源全方位管理，目前图书资源万余本，各类多媒体资源数量达到百万级别。而“发布中心”通过预留接口，将出版社对外服务的内容从资源中心提取、封装、发布到阿里云，面向最终用户，形成“一次制作、多次发布”的完整模式，并打通“资源中心”“发布中心”和“应用系统”，实现全流程“发布端融合”。

（二）出版赋能

云平台很好地解决了传统出版资源复用率较低等突出问题，通过科学的提取、制作与发布流程，创造性地为传统出版赋能。

一次内容上传，便可实现多平台、多渠道、多 APP 端发布，解决了人工重复发布效率低的问题。通过该平台，传统编辑能将音视频、网页、图片等数字资源十分方便快捷地进行可视化制作，零技术基础也可轻松制作想要的 APP，所见即所得地生成配套纸质图书的融合出版产品。

平台支持各种营销手段，如在线支付、订阅、激活码激活、消息推送、二维码精准跳转等，并具有多终端支持能力，支持 Android、iOS、手机和平板，满足编辑在不同办公环境和设备条件下的制作需求。

（三）模式创新

云平台通过“资源中心”有效地整合了内部资源，“发布中心”可将对外发布的内容通过阿里云发送至不同平台端，实现“一次制作，多次发布”的“发布端融合”模式。同时，云平台将融合出版产品矩阵的用户统一管理，收集分析用户信息，逐步构建用户画像，为用户带来精准的个性化体验，打造“用户端精准”模式。

编辑可以调取“资源中心”的资源，轻松制作融合出版产品，灵活搭配营销方案，发布后及时通过后台数据，对产品进行调整，形成一个闭合的出版生态圈。同时，也可根据需求不断迭代功能、添加模块，对平台界面进行修改，更好地满足用户学习需求，打造“以用户为中心”的融合出版新模式。

二、构建多维产品格局

基于融合出版云平台，华东师大社已经构建出多维产品格局，逐步实现“教育出版生态圈”。云平台打通了社内资源和外部分发渠道，在此基础上建成一套包含APP、微网站、WEB网站等渠道共存的产品矩阵，并在保持原有产品线的基础上着力打造“智慧教育”产品群，策划推出一系列面向教师教育、人工智能教育等方面的相关课程资源，线上线下双联动，不断探索融合出版新领域。

（一）典型产品1——数字学习平台

数字学习平台依托华东师大社强大的教育出版实力，将海量的教育视频资源融入纸质图书中，利用二维码等相关技术精准地对某个试题、某个知识点进行解析，学生足不出户便可享受名师辅导，还可对知识点进行测评，更加有效地掌握重点。同时，平台对学习过程中收集到的数据进行大数据分析，通过数字化手段指导传统出版的发展，逐步优化纸质书的质量及服务，同步带动纸质图书销量，最终打造前后端全面的“书网合一”的教育出版新业态。

截至2020年11月，开发含二维码图书140种，微视频一万余个，数万道试题，涵盖从小学到高等教育各学段中语文、数学、外语、物理、化学、音乐等各学科。在2020年1月至10月期间，累积活跃用户近200万人，月播放量81万次。

（二）典型产品2——“大夏悦读”教师教育系列产品

华东师大社以“大夏悦读”教师教育系列产品构建“资源平台+资源内容+运营服务”三位一体的教师终身学习知识服务的生态环境。通过资源中心整合社内已出版的数千种教师教育类的图书和期刊等出版资源，搭建“专、精、特”的教师阅读云平台。平台针对不同需求细分教师阅读领域，提供精准化阅读服务。教师通过定制版kindle、APP、微信端和网站可进行优质教育资源和精品网络课程的学习，进一步推进及拓展教师阅读行为，提高教师自身素养、丰厚育人底蕴。

目前，“大夏悦读”已经培养了一批忠实的教师用户，并在各地教师培训市场落地开花。2020年11月，柳州市教育局组织千余名中小学班主任参加了2020年“区培计划”市级统筹项目——中小学班主任培训班，基于“大夏悦读”教师教育云平台的线上研修学习，得到了柳州市教育局的高度评价。

（三）典型产品3——智能教育系列课程

为了响应国家对科创教育的重视，以及近年来人工智能对教育市场的影响，华东师大社与业界知名企业积极合作，针对STEAM、人工智能、机器人领域开展结合教材、教具、教师培训及赛事等综合的智能教育解决方案，打造青少年科创教育系列丛书和课程，为我国的教育事业助力。

近年来，华东师大社已陆续与乐高集团、优必选科技公司合作策划推出了一系列人工智能和AI知识教材，包括国内首部《人工智能》（高中版）、《AI上未来智造者——中小学人工智能精品课程系列丛书》等，引起了强烈的社会关注与反响。2020年，又与中国新兴科技企业DJI大疆创新围绕机器人教育的课程设计、教师培训及试点落地等方面开展全方位深入合作，已推出针对中小学生的《机器人与人工智能》系列教程。

以AI、STEAM教育图书为基础，华东师大社还为学前到中小学的学习提供了优质教具、课程、多媒体资料、教育平台、教师培训等全方位、立体式的创新教育服务产品。目前，全国共有数百所中小学将引入华东师大社智能教育系列丛书作为选修课或校本课程。云南省昆明市百余所中小学和上海市嘉定区青少年科创集散地已开始使用系列课程进行教学。

三、建立数字运营体系

经过长期耕耘，华东师大社在平台和产品两方面已经具备了丰富的优势和经验，但为了突破传统出版与用户间的壁垒，真正了解用户需求，形成“以用户为中心”的服务模式，华东师大社一直为实现“用户端精准”这一目标而努力。

以云平台的搭建和“发布端融合”为基础，建成的一套包含APP、微网站、网站等渠道共存的融合出版产品矩阵，逐渐吸引大量用户。截至2020年11月，平台总访问量超5000万次，累积注册用户数约200万人。

在积累海量用户数据的基础上，云平台将用户统一管理，精准定位；大数据中心通过应用大数据、用户画像技术，开始探索对用户群的分析，尝试建立初步的用户画像，对用户进行智能推荐；根据统计结果进一步完善用户的个性化服务体验，力求实现真正的“用户端精准”。

未来，华东师范大学出版社将继续深耕内容，最大限度地发挥内容资源效用，突出价值引领和内容品质，打造融合出版精品内容和优质品牌。同时，灵活使用新技术新手段，不断激发科技进步给传统出版带来的新动能。积极借鉴互联网运营策略，提升对新市场、新业态、新领域的感知力、认知力和适应力，提高产品的需求适配性，并且加强多维度品牌建设，建立线上线下多维度场景的融合出版品牌矩阵，拓展出版领域，提升出版社优势内容和品牌建设的传播力与影响力，最终实现覆盖面更广的市场效益。

（钱渊欣：华东师范大学出版社有限公司信息中心主任，崔璨：华东师范大学出版社有限公司信息中心科研助理）

教育汇客户端

案例类别：组织机构

英汉大词典编纂处融合发展之路

辞书是我们人类文明的重要结晶，是文化传承的重要载体。特别是重大辞书的编纂发行，体现着一个国家、一个民族的深厚文化积淀和创新发展能力。《英汉大词典》是中华人民共和国成立后由国家规划的中外语文词典编写出版中规模最大的一本英汉双语词典。1975 年 8 月，周恩来总理抱病给上海下达编写任务。1978 年，国务院批转 22 号文件，建议将《英汉大词典》与《辞海》等一同列为国家文化建设重点科研项目，应体现国家水平。《英汉大词典》是我国第一部真正自主研编的大型英汉双语工具书，凝聚了中国英语学人的智慧和心血。

英汉大词典编纂处是负责《英汉大词典》的专门编纂机构。1992 年，上海市新闻出版局同意建立英汉大词典编纂处，内设于上海译文出版社。2007 年，经中共上海市委批准，英汉大词典编纂处独立为具有独立法人资质的事业单位。和同一时期成立的辞海编纂处一样，英汉大词典编纂处是时代背景下组织机构创新的体现。

英汉大词典编纂处的融合发展之路是依据《英汉大词典》的融合创新展开的，《英汉大词典》从传统工具书到数字化转型，再到深度融合发展，创新是编纂处发展的内驱力。

一、英汉大词典编纂处融合发展之路的总体目标

2020 年 12 月，黄坤明同志在《辞海》（第七版）出版座谈会上的讲话中谈到要“紧跟科技发展步伐，创作出版更多形态丰富、时尚便捷的掌中书”。编纂处融合发展的目标是将《英汉大词典》转型为一种继往开来的融媒体英语学习品牌，核心是做好词典内容研发，使其立心书、传世书、良心书的底色与科技、教育深度融合，用技术为其赋能，使其成为形态更加丰富、使用更加便捷、群众基础更加深厚的掌中书。

（一）权威准确、代表“中国声音”的立心书

始终坚持正确的政治方向和出版导向不动摇，语言是一国文化的重要部分。《英汉大词典》注重收录“中国词条”，在词典中书写中国故事。《英汉大词典》作为“立心书”，可以更好地服务国内英语学习者，在东西方沟通与交流中弘扬中国文化。

（二）坚定文化自信，打造传世精品的传世书

《英汉大词典》1987 年被列为国家“七五”规划重点科研项目；1993 年首届国家图书奖；1993 年精神文件建设五个一工程入选作品（一本好书）。《英汉大词典》（第二版）是“十一五”国家重点规划项目，2016 年，《英汉大词典》荣获“中国版权金奖”。《英汉大词典》（第三版）列入《2013—2025 年国家辞书编纂规划》。出版 31 年来，《英汉大词典》累计印数超过 100 万册。

（三）学者独立研编，坚持内容原创的良心书

《英汉大词典》由著名翻译家、英语语言文学研究专家、复旦大学杰出教授陆谷孙先生主编，先后 100 多位中国英语学人参与，历经十几年潜心编纂成书，代表我国英汉双语辞书编纂出版的科研能力和国家水平，是我国英语领域内颇具代表性的权威工具书，称得上是一本内容过硬的良心书。

（四）技术赋能辞书，打造融合创新的掌中书

英汉大词典编纂处多年来持续推进数字化转型，深化融合发展。《英汉大词典》品牌下的融媒体英语教育产品，在坚持《英汉大词典》辞书产品形态的同时，深耕品牌和词典优质内容，将《英汉大词典》由单一工具书产品转型为英语教育品牌，逐步实现大型原创性双语工具书与英语学习产品的深度融合发展，走出一条传统重大辞书品牌传承与创新之路，最终《英汉大词典》融媒体英语教育产品将是科技支撑、教育融合的掌中产品。

二、《英汉大词典》数字出版及融合发展的实施路径

英汉大词典编纂处的数字出版和融合创新之路经过十三年的发展，经历了以下几个阶段。

（一）搭建融合发展复合型人才队伍

英汉大词典编纂处的数字化转型及融合发展以搭建数字化的人才队伍为切入点。自 2007 年起，编纂处与英国牛津大学出版社合作开展辞书编纂项目，实现编辑的数字化转型。吸纳有计算机背景的专业技术人才，引进有教育背景的英语课程编辑，是深度融合发展过程中培养起来的人才队伍。

（二）完成生产流程的数字化改造，实现生产方式的创新

《英汉大词典》数字化建设有良好的基础，完成全文数据标引，实现生产流程的全数字化，建成例证库，

完善词典例证数据库体系。

1. 辞书数据标准和词典数据的标引。在《英汉大词典》数字化转型的过程中，数据标准是打通编辑业务和数字出版业务的关键。《英汉大词典》Schema 是国内双语工具书领域较早建立的辞书数据标准。

2. 双语工具书编纂出版平台。是一套基于 XML 的协同编纂工具，词典编纂人员管理、权限分配、进度监控、词条编辑、审核等都在该平台上完成，实现词典编纂流程的全数字化改造。

3. 词典例证素材库。服务于大规模例证增补工作，确保例证更新工作流程规范化。目前例证增补工作已平移至例证库平台，近两年例证库新增例证数量约 6000 条。

（三）充分利用先进科技，产品形态不断升级

辞书是为用户服务的，为适应现代出版趋势和用户使用习惯，编纂处加快出版融合的步伐，创新内容表现形式。

1. 基于微信的微辞书服务系统。以《英汉大词典》数字资源为核心内容，提出“高度数字化”和“深度社会化”的编纂理念，启动“读者融入计划”，邀请用户参与词典编纂修订。

2.《英汉大词典》APP。《英汉大词典》数字产品形态为原生 APP，提供 iOS 和 Android 两个版本，除了一般查词功能，还为英语学习者提供了不少增值服务。该产品目前已经进入内测阶段。

未来，依靠《英汉大词典》优质的内容资源，筛选译文核心内容资源，在数字产品中设计开发英语课程模块，实现词典和课程各部分的融合共生，在数字产品体内形成词典内容生产的闭环，完成数字化环境下词典编纂修订动态发布的解决方案。

（四）创立“辞书 + 英语教育”理念，实现出版与教育融合

《英汉大词典》品牌下的融媒体英语教育产品中的英语学习课程以“辞书 + 英语教育”为理念，以《英汉大词典》丰富的例证资源为基础，有一支年轻的内容团队，开发了多样化的英语课程，实现了出版与教育的产业融合发展。

1. 免费时文阅读课程。教育产品研发团队通过微信公众号“魔都晨曦来临”执行免费英语课程“时代的句变”，积累目标用户近 30000 人；疫情期间，新开免费英文版“庚子疫情述要”，用户满意度高。

2.The Tidbit & Plus 付费课程。每节视频课 15 分钟，词汇、句法全覆盖，可高效利用碎片时间；课程话题多元，源于全球要闻发生现场，了解话题背景，拓展通识文化。

3.“人文经典”付费课程。“轻杯过海”和“人文传统课”两种课程 3 年服务核心用户近 5000 人，课程续报率维持在 50% 左右。人文经典课程面向高级英语学习者，核心用户群体稳定，充分体现《英汉大词典》的品牌价值。

4. 词汇语法课程。课程团队正在研发词汇语法课程体系，将用户定位在基础教育阶段。基础教育英语学习需求规模大，可惠及更多的英语学习者，实现社会效益和经济效益双丰收。

目前，融媒体英语教育产品已经陆续在译文 Club 商城、喜马拉雅等平台上线，以“The Tidbit”课程为例，2020 年 6 月上线以来，收益良好。目前，该课程实现销售总额近百万元。

三、结语

新时代对辞书编纂的要求是“守正出新”。所谓“守正”就是不忘初心，坚持正确的方向导向，严格遵循辞书编纂规律，确保编纂质量，做“立心书”“传世书”“良心书”；所谓“创新”是指紧跟时代步伐，利用先进的技术，吸收最新知识成果和最新发现，用富于时代气息的语言形式和技术手段大胆创新，做广大人民群众喜爱的、触手可及的“掌中书”。

（英汉大词典编纂处）

英汉大词典客户端

案例类别：产品

德语教学与文化交流在线平台

夏涵容

“德语教学与文化交流在线平台”是同济大学出版社德语与欧洲文化出版中心在传统出版基础上，通过同济大学音像出版社的数字平台，将图书出版、语言教学和文化交流相结合，实现进一步深化内容和资源整合的综合出版平台。在纸质出版的优质内容基础上，通过实施 “互联网 +”的战略和基于数字平台的广泛推广，

增强传统出版的活力，并提升社会效益和经济效益。“德语教学与文化交流在线平台”主要包括同济德语网站（www.tongjideyu.com）、布谷德语课官网（class.tongjideyu.com）、微信公众号“同济德语出版中心”和“跟阿福学德语”“同济德语”APP，以及新近开通的哔哩哔哩（B 站）账号“同济德语出版中心”，是一个全方位的德语数字平台。

一、同济德语网站

同济德语网站（www.tongjideyu.com）是同济大学出版社德语与欧洲文化出版中心（以下简称“同济德语出版中心”）的官方网站。该网站的“每日德语”栏目提供与德语语言和欧洲文化相关的学习内容，由大量优质文章构成，文章内容包括德语语法词汇练习与答案解析、德语惯用语例析、德语动词精讲、职场德语、德语成语典故等，实用性强，是对课本以外的德语语言学习的有益补充。

该网站的《文化交流》栏目还有大量介绍德语国家文化的内容，如德语笑话、德国餐桌文化、德国民族服装、德国人名来历等，题材丰富，趣味性和可读性强。

值得一提的是，为了进一步优化图书配套资料（如音视频、参考答案、听力原文等）的下载，给读者带来更好的使用体验，原先由该网站“下载中心”承担的下载功能已迁移至布谷德语课官网，实现了集在线播放、本地下载和倍速调节于一体的数字资源平台。

二、布谷德语课官网

布谷德语课官网（class.tongjideyu.com）是同济德语出版中心的在线教学平台。作为专业的德语学习在线课堂，布谷德语开设的精品课程均由教育部直属同济大学留德预备部等权威教学机构和其他一线德语名师录制而成，课程围绕但不局限于同济德语出版中心已出版纸质图书内容，是对“图书 + 视频课 + 在线题库”模式的创新实践。视频录制和后期剪辑均由出版社自行完成，这在控制成本的同时，也因为有专业德语编辑的主导和参与，使课程内容质量得到更多保障。布谷德语课官网至今已上线 17 门付费精品课程，如同济大学留德预备部俞秋似老师主讲的“新求精德语初级语法课”，德福备考一线名师徐立华老师主讲的“德福 /DSH 语法考点解析”“德福满分 4000 词”，李常胜、胡达老师主讲的“德语核心词汇 · 中英双语精解”，“大牛老师”刘露露主讲的“10 课玩转德语发音”，彭彧老师主讲的“大学德语四级考试 · 强化辅导与测试”，还有杨建培教授主讲的“德福 /DSH 考试常见句型转换”等，从德语入门到中高级进阶，从满足兴趣爱好到专业备考辅导，覆盖全面，为学员提供了即学即练，反复学、反复练的平台，极大地丰富了线上教学的内容和形式，提高了教学质量。线上视频课程减小了时间和空间的限制，可以将优质的德语教学推广到更大的范围，这也对树立和提升品牌形象起到了建设性作用。

上文说道，布谷德语课部分课程是与相关图书配套的。为推进融合出版，一些课程在最初的设计和制作环节就立足于纸质图书，或在推广环节上与纸书紧密关联，以促进线上课程反哺纸质图书。学习者可在学习线上课程的同时，同时购买本社德语类相关图书学习。例如，徐立华老师主讲的德福备考系列课程，就可以搭配先前本社出版的、由徐老师编著的纸质图书《德福新题精讲精练》和《德福听力进阶训练》来学习；又如，推广彭彧老师主讲的大学德语四级备考视频课程，又可以反过来促进彭老师编著或参与编写的大学德语应试系列图书，如《大学德语四级词汇全攻略》《大学德语四级应试全攻略（2020 年版）》等。事实上，同济德语出版中心的应试“全攻略”系列图书，在考生中颇受好评，销量也一直较稳定。

三、微信公众号“同济德语出版中心”和“跟阿福学德语”

公众号“同济德语出版中心”和“跟阿福学德语”是同济德语出版中心运营和参与运营的新媒体平台。“同济德语出版中心”公众号是一个微信服务号，以每月 4 期的频率推送内容，一般包括头条（如新书、新课的介绍和宣传）加数条常规学习内容推送。常规学习内容的推送目前已完成了“德语进阶计划”“初级德语学习计划”和“疑难解析 + 小练习”三期推送计划，都特别有助于读者平时在零碎时间的碎片化积累和学习。近期，“同济德语出版中心”公众号又开始了包括“德语刷题打卡”和“跟历史学德语”这两个栏目的推送计划，继续为订阅了本公众号的用户推送优质、实用的德语学习内容。特别值得一提的是，学习文章属于“同济德语出版中心”公众号的常规推送内容，文章内容多摘选、改编自同济大学出版社已出版的德语类图书，这样既能将曾经出版过、经受了时间和市场考验的好书重新发掘出来，详细地展现在读者面前，又能通过一定程度的内容营销，吸引越来越多的德语学习者了解和认可本社德语类图书，实现并促进线上线下相结合的图书推广。

“跟阿福学德语”是一个由同济德语出版中心、同济大学留德预备部和阿福（Thomas Derksen）团队共同打造的德语学习和文化交流的公众号。每期围绕一个主题（如德国咖啡文化、戏剧节、手机套餐、冬季运动，等等），一周推送 3 次，分别为引入篇、词汇篇、实践篇以及阿福录制的教学小视频和练习，内容兼具娱乐性和实用性，实现主题式的德语教学和文化交流，“跟阿福学德语”的每期内容也会在同名微博同步更新，通过多平台推广，已经在德语学习者中形成了一定影响力。

四、"同济德语"APP

"同济德语"APP实现了纸质图书的电子化、立体化、多媒体化。同济德语出版中心将德语语音类、听力类的教材教辅制作成点读书的形式，并在"同济德语"APP上发布，使传统图书的使用更具有互动性，提升用户体验，其中具有代表性的点读书有《柏林广场》系列的"词汇手册"、《新求精德语强化教程》的"词汇手册"等。同济德语出版中心还积极尝试纸质图书与APP内容融合的出版方式，如2020年出版的德语名著简读本系列，就在每个章节的相应位置都印有该部分音频的二维码，读者用手机扫一扫即可收听朗读音频，此外，每本书的封底贴有独一无二的二维码，扫码进入"同济德语"APP即可阅读该书电子版，更有设计精美的互动学习卡辅助阅读，同济德语出版中心这种对基于纸质图书的多媒体学习方式的探索，在不断优化读者阅读体验的同时，也传递着当今时代外语学习的全新理念。

"德语教学与文化交流平台"中的网站、APP、公众号以及B站账号都在过去两年多时间里逐渐搭建起来："同济德语出版中心"公众号订阅数已逾2万，布谷德语课用户数已超过2.5万，"同济德语"APP下载量已超10万，开通仅一年的B站账号粉丝也近两千。平台在疫情期间激流勇进，不仅大力推进线上课程的开发和制作，还在2020年上半年开展"同济德语"APP全场德语图书免费读的活动，让读者即使在购书不便时也可以进行免费的线上学习，这体现了同济大学出版社和同济德语出版中心强烈的社会责任意识，也收获了社会广泛好评。

综上所述，同济德语出版中心虽然在图书出版领域取得了优异成绩，但也没有安于现状，而是积极考虑如何在纸质图书优势内容的基础上，探索和拓展新时期出版的新模式，完善用户服务和知识服务，把传统图书出版与知识服务结合起来，打造"德语教学与文化交流在线平台"，实现跨界、跨越式发展。同济德语出版中心的每个编辑也都真正融入集体，面对新的市场和形势，分工协作，和整个中心共同茁壮成长。希望同济德语出版中心在未来不断发展，取得更加优秀的成果！

（夏涵容：同济大学出版社德语与欧洲文化出版中心编辑）

布谷德语课

案例类别：产品

"复旦i学"融媒体平台

李华 高婧

一、项目概况

"复旦i学"（网页端访问地址：http://app.readoor.cn/app/dt/pd/1544059443?s=1）建设了一个基于外语教材的智慧教学云辅助系统。系统充分发挥复旦大学出版社外语领域的出版优势，以复旦版大学英语教材每年几百万册教材为主，利用移动互联网和云平台，结合富媒体资源，把纸书内容全面课程化、题库化，实现了教育数字化和互联网化。

项目以SaaS（Software-as-a-Service软件即服务）模式为基础，不断探索传统内容出版与智慧教学的有机整合。以改善教材同质、服务单一、应用低效等问题，以便捷化、个性化、智能化为特点，以深度的移动互联、融媒体应用、大数据智能云计算为技术核心，打通出版社、学校、任课教师、学生四种角色的云端交互。能够降低所面向学校的教学应用建设门槛，同时通过良性竞争和庞大的本专科教育市场，实现服务增值，并辅助选题开发、培养复合型人才，这是在现有融合出版实践基础上的一次创新变革，也是响应国家媒体融合、教育现代化战略的重大工程。

众所周知，外语学习离不开多媒体资源。随着技术的发展变化，原先以传统的磁带、光盘为载体的资源已经能够通过互联网的云存储实现共享。因此，项目把音视频、习题、课件等多种类型的资源整合，支持PC端、APP端（iOS、安卓均适配）、微信端三个端口，一个账号自由切换，统一记录。

项目的目标用户是使用复旦社外语教材的300多所院校的外语教师和学生们，通过两个二维码实现互动，一个是纸书配套二维码，学生可以扫描二维码获取配套资源，包括“绑用测查”四大功能，实现线下到线上的便捷关联。一个是班级二维码，实现了班级和学生的轻松管理。通过服务的在线化，学习、测评等统计数据的采集和反馈，提供学习报告，以此为教育教学质量的提升起到促进作用。

通过线上线下的产品捆绑，以“一书一码”为突破口，提升产品融合度、体验感，并保护配套的课件资源，在教育融合出版基础上进行迭代升级。伴随移动互联网的普及，我们需要提供体验度更好的课件应用，开发合适的承载形态，以便适应用户的体验度需求，让学生体会到新载体带来的便利。在教学层面，急需要配合教材的一套双向反馈机制，借助新技术，让教师和学生之间充分互动，让老师方便地了解到学生的学习问题，并通过反向交互协助查漏补缺。同时反哺出版社更好地进行内容调整更新，确保教材顺应时代潮流、新颖不老套、科学有活力。

二、项目内容

平台围绕复旦大学出版社本专科各类教材的特点，通过新技术、新载体提供全流程的智慧教学体系解决方案，建成管理后台、呈现前端，为整个本专科教学的信息化辅助带来一种典范探索案例，并在此基础上丰富数字课程体系，扩大更广泛的用户积淀。平台主要包括以下几个。

（一）在线题库、数字课程管理子系统

整个管理后台包含了素材库的管理、融媒体编辑工具、题库与课程创建工具、权限与层级管理模块。能够从源头清晰梳理既有资源、新增资源，并通过在线编辑的方式快速打磨成可发布的题库、课程，同时，实现库内组卷、跨库组卷、自定义课程等个性化处理。

（二）支持多端的智能前端应用（包含教学资源平台和学习测评应用）

应用端主要面向终端教师和学生，支持 PC、微信、移动端等基本载体，并能够高效对接后台，以良好的用户体验供教师下载资源、供学生进行测评、学习、查看解析等应用操作，能够利用任何碎片时间进入适当的学习场景。

（三）教师监测入口

通过识别码技术，教师能够自由组建班级并聚合所在班学生，实时监测其学习的情况，包括但不限于成绩统计、正确率情况、学习时间等数据，能够作为平时成绩的重要参考。

（四）一书一码 O2O 子系统

基于传统的二维码引导技术，进一步研发容错性极佳的一书一码 O2O 服务，方便快捷地为每一册书配备唯一识别码，供学生一键激活，这也是较好的版权保护方式。

（五）用户管理与智能数据分析反馈子系统

建设完善的用户一站式登录机制，确保“一号多端”，在此基础上建立起针对不同角色的智能数据分析与反馈机制，通过智能算法设定，将浏览、学习、评测的数据作为智能反馈的依据，便于教师预警、学生自查，实现极简而有效的教学辅助。

三、项目亮点

本项目的突出亮点在于以下几个方面。

（一）商业模式创新

项目以出版社每年 300 万册教材配套为基础，通过一书一码，实现了线下到线上的用户获取，为后续知识服务提供打下了精准的用户基础。同时解决了防伪和用旧的问题，保护了出版社的商业利益。

（二）技术创新

项目提出了二维码管理新技术，建立整套生产、配套、发货、应用流程，降低了成本，从而使得一书一码可以大规模应用；实现了课程编辑器，可以完全仿真教材，通过移动端应用和计算机网页版应用，实现了线上课程和线下教材无缝衔接；实现了数据智能，通过大数据采集和分析，提供了学习报告。

（三）用户价值创新

移动端和计算机端应用，对学生的英语学习，在音视频的播放和做题练习上，都提供了更好的用户体验。用户也可以利用碎片化时间，提高学习效率。线上服务提供了学生到老师到学校到出版社的链接。学生、教师和学校可实时掌握学生学习情况。出版社也从原来单向内容提供变为双向反馈，为选题和改良提供了依据。

四、市场效果与价值

项目的市场数据非常可观，目前累计超 105 万的客户，累积访问量超过 1 亿次。APP 的下载量近 82 万次，会员总数约 50 万人。

项目通过提供的教育服务不仅联系了教师与学生，而且与教材学习的内容紧密相关也不可替代，具备充分的黏性，具体表现如下。

（一）极大降低外语教材配套多媒体课件的部署成本

项目采用 SaaS 模式，能够保障客户的私密性与灵活性，按需获取资源、部署课件，而在教师与学生端，业务逻辑简洁，维护成本低廉，不再需要以往的实物载体模式，浪费资源的同时也耗费了大量人力物力与时间成本。项目实施完成后，能够通过开设账号、条码导流的形式，让各种角色很快进入其场景。另外，数字资源本身也形成销售。

（二）通过线上化、智能化等特点在教材出版竞争中占据一席之地

本项目是复旦大学出版社寻求产业转型、寻求市场竞争突破的重要手段。凭借良好的体验、更智能的服务、更简洁的流程，我们能够在教材出版的市场竞争中获取相当的新增客户，并通过长期服务进行维系，这与以往

完全依托内容、印刷工艺、实物配套等的“实体竞争”截然相反，是通过“软”实力取胜。

（三）进一步开拓数字课程市场，实现融合出版的业务升级

通过本项目的建设，在服务学校、教师的同时，依托平台开拓更广阔的数字课程市场，以满足终端学生更广泛的学习需求，结合“两微一端”，进一步落实全媒体营销，让课程配套教材焕发更多的生命力，让融合出版的边界不断延伸。

（四）有助于将数字化转型的有益尝试作为行业借鉴

项目充分进行资源整合，利用传统的内容渠道优势，借助新技术、新载体，使得教材出版与智慧教学邂逅，为整个教育出版行业带来一种新的思路与契机，形成示范意义。

（五）项目具备可持续性

多年来，复旦大学出版社提供的内容已经供很多院校的学生所学习，随着新技术、新业态对教育界的革新，我们的平台及时给教师和学生提供了必要的学习支持与辅助，特别是随着智能移动手机的普及，能让师生通过手机、二维码在线随时获取丰富的资源与在线化服务，其智能化和大数据分析也提供了对于在线学习的分析与支持。随着更多新技术的兴起，我们也将不断更新系统，以更好地服务高校师生，为高等教育助力。

（李华：复旦大学出版社总经理，高婧：复旦大学出版社电子音像分社副总编辑）

i学客户端

案例类别：产品

“复旦新学术”融媒体平台

李华 高婧

在媒体融合、数字化转型的浪潮下，复旦大学出版社及复旦大学电子音像出版社以学术出版为重要的转型阵地，打造了复旦新学术融媒体平台。平台旨在建设学术出版的“新”门户，通过不同功能板块的资源聚合、传播与共享，以图文音视频等多媒体形式，数字化学者的学术成果，凝聚学术研究者。平台依托复旦大学学科优势、复旦社名家优势及数字出版的积累，通过流量项目的引流增值，形成盈利，以此打造上海乃至全国学术数字出版的重要高地和品牌。

经过建设，目前的复旦新学术平台由几个层面的内容构成：1个线上门户网站（域名：www.xinxueshu.cn或www.fudanxinxueshu.com）；4个移动端自媒体号：微信公众号、头条号、人民号和微博：主要集结门户端的精华，推送优秀的学术论文、介绍高端的学术论坛和活动、发布相关学术资讯，制作优质原创学术专题；4个视频号：微信视频号、抖音号、小红书号、B站，主要发布原创学术短视频；1个学术讲座论坛“复旦新学术大讲堂”：主要邀请一流学者就学术专题、热点进行讲解、对话和对谈，对核心问题发声，展示不同学科看待问题的视角与观点；背靠的1个虚体中心：上海学术与文化创新共享中心，主要进行课题发布和学术指导。由此，形成“线上＋堂上＋线下”的融媒体格局。

一、平台建设

（一）门户建设

门户网站主要作为计算机端访问的入口，它主要包括5个一级栏目（入门、首发、头条、数据集、创新坊）和3个衍生栏目（活动、学问、云集）。

1. 首发＋头条。定位学术成果的全媒体发表。首发板块将以论文的投稿和发表为主，充分融合了大数据的概念，深度开发了用户系统、期刊页面；头条板块则聚焦观点类的短小文章和微视频。

2. 入门。定位学术经典的权威推荐，构建每一个学科不能绕过的知识体系，提供中外的必读论文和图书。通过专家推荐，结合定量分析，总结独家书单。对于合作的学者，还会以视频的方式请其介绍相关领域的学术前沿、分享有价值的研究成果等。

3. 数据集。主要是吸纳、整合高校优秀的课题数据成果，共享学科专题数据库或者专业数据库。目前已经累积了基于本社图书产品，研发或正在研发的数据产品，包括三国戏曲集成数据库、大学英语教师培训视频库以及建设中的柏克莱加州大学东亚图书馆藏碑帖数据库等。

4. 创新坊。希望能够聚集具备活跃度的学人、机构、

虚体中心开设网上工作室，呈现这些创新个人及团队的活动、课题及成果。

5.活动。主要介绍即将举办的学术活动、论坛、读书会，并对重磅活动进行回顾与报道。考虑到移动媒介时代用户的使用习惯，更多地在移动端推送活动，以此实现更多的互动。随着直播的迅速发展，多次活动都以直播的方式进行。

6.学问。是针对学人的全媒体数据库，目前以发布学术微访谈为主。访谈视频以短视频的方式发布在流量视频平台上，获得了众多阅读量，能在泛娱乐时代给短视频平台带来积极正面的价值引领。

7.云集。是研究课题的合作及部分学术课题的产业化孵化。

（二）移动端建设

1.微信公众号。平台在移动端的策划更有针对性，如会针对热点进行专题的策划。另外，也会根据不同移动平台的特点发布契合该平台的内容，形成多维度的影响力。

2.短视频建设。当下，短视频渠道已成为互联网第三大流量入口。基于此，我们在相关视频平台都开通了账号，发布学术名家视频资源，获得了大量关注。

截至2021年9月，门户和移动端共发布内容超过2000篇，总用户人数近5万人。移动端学术成果最大阅读量7.3万次，视频类最大阅读量达18万次，部分内容获得多家公众号的转载。

二、对外合作与推广

在对外合作方面，已与近50种刊物和10多家单位机构达成合作，针对合作对象的特点和诉求，形成个性化的合作模式。

在传播推广方面，考虑到硬推广模式较为生硬，也很难打开局面，因此将平台的推广与师生学者更为关注的学术研究、学术讲座、学术比赛结合在一起。在这个过程中传达和强化复旦新学术的品牌权威度。

（一）建立复旦新学术大讲堂品牌

以复旦新学术大讲堂为平台和品牌，举办了多种形式的线上线下讲座、论坛、研修班、工作坊和学术沙龙等，多位顶尖学者分享学术观点与成果。

1.线上研修班。截至2021年9月，已举办系列线上研修班42次，约190位专家开设了204场学术讲座，超过10万人次在线收看。

2.线上线下结合的培训营与工作坊。策划组织了多场线下学术训练营、博士沙龙暑期工作坊等高水准的学术活动，获得了专业领域的重要关注。部分线上培训获得收益。

（二）以上海学术与文化创新共享中心为学术科研平台，提供一对一针对性的学术课题指导

项目背靠的虚体中心挂靠复旦大学文科科研处，主要功能是定期发布一些课题；对一些有志于科研的青年学者进行培训辅导，使他们逐渐成为平台原创成果提供的主力；请各学科领军人物不定期口述、全球视频直播他们的学术思想等。

中心针对部分院校学术科研的需求，组织专家深入院校指导课题，并孵化学术成果。既针对性地解决院校个性化需求与困难，同时孵化的成果在平台进行线上发布或出版。

（三）举办赛事

连续两年合作举办第五届、第六届全国大学生学术英语词汇竞赛，每年全国900多所高校十几万学生参与，在举办大赛的同时，也较好地在学生群体推广了平台。

（四）构建学术评价体系

与复旦大学图书馆合作建设的“新世纪人文学术专著要目”，作为人文社科评价体系建设的第一步，旨在对难度最大的学术专著进行收集、整理和评价，为人文社科学术评价打下基础。同时，正在建设的复旦大学评价研究院将会以平台作为高水平学术评价、评议与成果展现的平台。

三、知识产权

截至目前，平台也获得相关自主知识产权：获得软件著作权3项，分别是新学术网期刊信息化系统、新学术网论文首发系统、新学术网新世纪人文专著评价软件。申请专利1项，名称为适应于新学术平台的匿名用户行为挖掘与资源推荐方法。发表论文1篇，研究此平台的《融合出版背景下学术出版的数字化探索》发表于《上海市文化创意产业发展2019年度报告（出版领域）》（蓝皮书）。

四、社会反响

平台先后获得人民网、文汇网、上海观察、中国社会科学网、搜狐科技等主流媒体的关注与报道。同时，也有来自读者和专业学者的认可。

五、市场效益

平台经过一段时间的运营与推广已产生相关收益，主要来自学术培训和数据库销售，目前总销售额超过200万元。

六、总结

平台顺应中央关于媒体深度融合、推动科技融合创新的相关文件精神，立足复旦、依托长三角、辐射全国，希望引领全国“互联网＋学术”发展模式的风气之先。其价值在于：（1）成为国内首个人文社科全媒体首发平台，实现学术成果全媒体快速发布，保护学者的知识版权；

（2）为期刊提供集群服务，扩大期刊影响力；（3）正本清源，打造学术精品，树立权威；（4）充分整合优质资源，打破校际界限，成为共享窗口；（5）探索以科学、全面、动态的学术评价体系为基础的学术推荐模式；（6）进行知识创新，促进学术成果的转化。

项目在做好初期内容深耕与品牌定位的基础上，将坚持品质化内容的传播，做好影响力，未来希望做到：第一，使百年的上海学术变成一种文化资源；第二，使上海人文社会科学资源得到有效整合，打破校际界限，建立一个大型的人文社科研究共同体；第三，为未来上海的城市（智慧城市或者全球城市），提供文化软实力支撑；第四，使上海高校人文社会科学的知识生产、思想创造、文化创新成果能够惠及广大市民，从而建设成为传播好中国学术的权威融媒体学术平台。

（李华：复旦大学出版社总经理，高婧：复旦大学出版社电子音像分社副总编辑）

复旦新学术公众号

案例类别：产品

“慕知悦读”融合出版平台

仇芳芳 俞瑜

一、项目背景和目的

在融合出版发展的大趋势下，上海交通大学出版社积极探索新模式，理顺资源数字化→资源管理→资源分发三大环节，将社内的资源进行整合，以出版的新形态、新渠道迎接新的挑战，“慕知悦读”融合出版平台就是这一大环境下的成果，该平台的建立以社内资源数字化为起点，产出电子图书、有声读物、语言点读、视频微课等丰富产品，并进行一定的数据关联，再对资源进行科学的存储和管理，进一步通过各种合适的终端进行分发（包括自有APP和合作平台等），创造了一定的经济和社会效益。

自2019年，“慕知悦读”融合出版平台共计产出数字产品逾2100种，自建APP“慕知悦读”会员数已达25万人，在外部合作平台投放的产品点击量超过1100万次，创收近500万元。

二、项目主要内容、特点、优势

“慕知”二字源自“慕之”，灵感来自《离骚》，曰：两美其必合兮，孰信修而慕之。转化为“慕知”二字，实则是“敬慕知识”的意思。

“慕知悦读”融合出版平台以电子图书、有声读物、语言点读、视频微课为载体，以教材教辅、外语学习、社科人文、理工医学等为主要内容切入点，将交大社优质资源进行数字化开发。

（一）丰富多元的资源产出

上海交通大学出版社的数字产品，已从最初单一的电子图书，发展到有声读物、语言点读、视频微课等多种形式，进而拓展到词卡、题库、AR等更丰富的产品形态。截至2020年，上海交通大学出版社累计产出电子图书2000余种，有声读物60种，语言点读20种，视频微课30种，词卡10种，题库3个（规模20万条），AR产品1种。

1. 现有数字资源成品。电子图书的代表产品是《平易近人》系列三卷本电子书、《像绣花一样精细》徐汇卷和金山卷电子书等。有声读物的代表产品有《平易近人》系列三卷本有声书、《查医生援鄂日记》有声书（已入选2020年全国有声读物精品出版工程）、《问天之路》有声书、《巅峰对决：马云马化腾争霸风云录》有声书、《钱学森精神读本》有声书等。语言点读产品包括“英文经典”系列、“阶梯阅读”系列、“你好，中文”系列、“跟土豆DORI学韩语”系列、“跨文化交际日语晨读”系列等。视频微课产品包括《走进小古文·阅读与训练》（该系列纸书年销量50万册）、《初中英语语法专练》《小学数据应用题精练》系列、《名师作文指导直播课》系列等。词卡产品有《图图识字》系列、《英国中学课程IGCSE-数学词汇》等。题库包括有住院医师规范化培训题库等，AR产品为《微微本草》。

2. 通过融合平台进行资源重组。“慕知悦读”平台有知识库、课程和题库功能等，除出版社编辑开发的电子书、有声书、音视频课程成品内容外，还可以将知识库中的数字内容进一步细化拆分。通过题库功能按内容模块重新组合成新的数字产品使用。已开发的大学英语四、六级题库内容即是在此基础上的一次尝试，也为后续进一步开发主题资源、提升编辑策划和创新能力提供宝贵经验。

（二）颇有成效的资源分发

1. 运营自建“慕知悦读”APP。包含以“交大之星”和“星级训练”为主的热销、畅销、长销的教材教辅品牌资源，以小语种、英语四级、六级、托福雅思、中高级口译等高等教育为主的外语学习资源，以及出版社结合优质的作者资源和高质量的图书资源，自主开发的一系列知识付费内容和听书产品。

2. 与各大知识服务平台进行个性化合作。上海交通大学出版社紧抓行业热点，积极开拓，挖掘优质重点纸质图书和作者资源，与喜马拉雅 FM、得到、爱奇艺知识、微信读书、抖音、哔哩哔哩等主流音视频内容的知识付费平台深度合作，在这些平台上建立了官方频道或者专门页面，将定制的产品分发至合适的平台，促成销售。

已成功开发《逻辑，你认为正确就一定正确吗？》《运营思维 20 讲》《顶级商学院的 10 堂魅力演讲课》《蒋丰说日本十大侵华人物》等知识课程。现有有声内容逾 40 个专辑，上传声音逾 2300 条，每年安排新制内容保持在 5 个品种以上。其中，《平易近人》系列与喜马拉雅达成独家有声合作，专辑点击量逾 1337 万次。其他产品累计播放量 97 万次。鉴于上海交通大学出版社在爱奇艺平台上的积极表现，获评 2019 年爱奇艺知识年度潜能新势力机构。

3. 与电子书 C 端 B 端渠道合作海量分发。作为常规电子阅读业务，本融合出版平台已实现涵盖亚马逊、京东、当当、腾讯、得到、掌阅、豆瓣、超星、可知、知网等国内主要电子书平台的零售和分发合作业务。目前，全平台现有超过 2000 种电子书在架销售或供机构用户阅读。通过纸电联动和纸电同步的尝试，不断提高电子书上架速度、数量和质量，并根据图书出版的实际情况，不定期进行更新。

4. 在微信公众号深耕社群营销。为推广以“慕知悦读”APP 为主的融合平台资源，上海交通大学出版社使用官方微信公众号（粉丝数 30 万 +）进行宣传。同时，在更细分受众的微信公众号“交大教学出版资源”“交大数字出版资源”等进行特定领域内容的推广。发布文章合计阅读超过 10 万次。

（三）具有一定担当力的稳定团队

上海交通大学出版社自 2009 年全面开启数字出版业务，通过近十年的积累和打磨，形成了一支具有担当力的稳定团队。平台建设、数据库建设、电子书渠道铺设等，每个方向都有团队成员独当一面，通过一步步的摸索，形成了具有出版社特色的数字出版团队。团队以内容数字化的“产品经理”作为主要定位，配合一定的技术辅助，扬长避短，在融合出版的大趋势下，快速适应新的时代，获得自己的市场解决方案。

三、项目市场地位和社会效益分析

在通过融合出版平台获得经济效益的同时，上海交通大学出版社不忘企业肩负的社会责任。特殊时刻，“慕知悦读”融合出版平台发挥了特殊的作用。

2019 年，上海交通大学出版社持续分发《平易近人》《平易近人（军事卷）》《平易近人（外交卷）》三本数字图书，配合中宣部第一批重点数字图书上线传播专项工作，已经上线 14 家传播平台和 7 家新闻媒体“新时代新经典——学习习近平新时代特色社会主义思想重点电子书专栏”，实现全本免费阅读和内容展示。

2020 年初，新型冠状病毒疫情暴发，对我国人民的生产、生活和学习产生了巨大的影响。在书店、电商物流等受到严重影响的情况下，上海交通大学出版社充分发挥融合出版的优势，在 2019 年建成并运营良好的“慕知悦读”融合出版平台基础上，第一时间将线上资源免费开放，通过免费向大众提供平台资源、支持在线教育和积极参与产业观察和研究等诸多措施，不仅满足读者居家期间精神需求，更解决学生居家学习的需求，也彰显了出版单位的社会责任和使命担当。“慕知悦读”平台首批免费开放全场 300 多种电子书资源，包含经管、社科、人文、理工、教育等不同领域。开放当日，“慕知悦读”APP 的下载量、阅读量都达到平日的 10 倍以上。

为配合中国音像与数字出版协会数字阅读工作委员会提议，积极响应中国音像与数字出版协会《数字阅读行业战“疫”倡议书》，提供优质内容，参与可知、当当、京东、掌阅平台相关专题中，供大众免费阅读。

在“慕知悦读”APP 上开辟了“停课不停学”教学电子版专栏，免费推出本版教材和教辅的电子书以及部分教学配套资源，至今依然在有效服务各高校师生，提高在线教学质量。

（仇芳芳、俞瑜：上海交通大学出版社数字产业部编辑）

慕知悦读客户端

案例类别：产品

地方文献云出版平台

俞瑜

“地方文献云出版平台”项目是上海交通大学出版社推广数据库了解客户需求后立项的，可帮助拥有文献的馆藏机构或出版单位迅速建成数据库。利用该平台既可建单体数据库，也可建多个既独立运行又可跨库检索的集群数据库。产品可单独销售，也可联合运营。盈利模式有：“以数据库作为服务”的模式为图书馆等机构提供数据库使用服务；“以开发平台作为服务”的模式为文献拥有者提供数据库建设服务。该项目为上海交通大学出版社创造了500万元以上的营收，为上海交通大学出版社数字出版发展奠定了坚实的基础。

一、缘起：交大数字出版的文献数据库发展之路

早在2013年，交大数字出版的文献数据库就开启了发展的大门。与上海交通大学历史系深度合作的《中国地方历史文献数据库》是探索之作。这个数据库的上线，让上海交通大学出版社团队在数据库技术、文献整理、推广等方面，积累了丰富的经验。

上海交通大学出版社在这一领域的发展路径，也日渐清晰。主要依托母体高校和兄弟高校优秀的学者和专家资源、自身具有较高水准的古籍编辑和懂技术的数字编辑资源，成熟的技术资源，协同图书馆、档案馆等机构完成馆藏资源数字化，并支持专家学者开展多样的学术交流，依托自身的数字营销团队宣传和推广。

二、调研：市场对数据库和建库同时需求

在我国，无论是藏于民间的地方文献，还是藏于公馆的政府档案，以及各类传世典籍文献，都是中华民族延续数千年的宝贵财富。特别是藏于农民家中的文献不少都损坏严重，再不抢救，将永留遗憾。利用数字化手段进行整理，既利于原件的保存，也利于传统文化的挖掘和传播。

目前，拥有此类文献的馆藏机构或缺资金、或缺文献整理人才、或缺数字化人才。本项目建设的地方文献云出版平台，就可让有类似文献资源的馆藏机构不必花费大量资金用于数据库平台的研发，而将主要精力专注于文献的整理和数字化加工，并通过本平台自主建库，对外运营。部分机构和个人也可和上海交通大学出版社合作，以平台和资源互补的方式共同完成数据库建设，并分享运营成果。

这一想法在上海交通大学出版社主办的地方文献专题研讨会上得到多位学者和机构的响应和讨论。上海交通大学出版社在数据库直销过程中，更是得到收有此类文献的馆藏机构的大力认同。因此，“地方文献云出版平台”正式启动建设。

三、项目成果和经济效益

已建成的地方文献云出版平台，是一个集合了上海交通大学出版社的数据库平台，同时它也是可以快速帮助机构建设数据库的体系（包括技术架构和文献整理团队等）。

（一）成果一：承载上海交通大学出版社7大数据库的平台

地方文献云出版平台上线后，承载了上海交通大学出版社的7大数据库，包括《“平易近人”系列微库》《东京审判文献数据库》《中国地方历史文献数据库》《中国司法档案数据库·江津卷》《中国商会档案数据库·保定卷》《东亚笔谈文献数据库》《犹太难民与上海数据库》，这些数据库都采用统一的建库技术形成框架，文献整理、编目、标引后入库。

上述数据库，通过云平台整合呈现，不但为技术减轻了压力，也在推广时产生了集群效应。基于此，上海交通大学出版社在文献类数据库的建设和市场中，具有了一定的影响力。在上海交通大学出版社的实际推广中，不乏机构通过平台了解后，购买多个数据库的情况。中国人民大学（图书馆）、中山大学（图书馆）、中南财经政法大学（图书馆）等都采购了两个以上的上述数据库。

当前，上海交通大学出版社数据库采购和试用的用户（主要是机构类），除了上述提及的，还有上海图书馆、香港中文大学、澳门大学、哈佛大学、普林斯顿大学、斯坦福大学等百余家。

（二）成果二：利用平台和团队帮助机构建设数据库

根据建设7个数据库的成熟经验，上海交通大学出版社的团队和“地方文献云出版平台”拥有了帮助其他机构建设数据库的经验。在实践中，上海交通大学出版

社承接了机构的文献整理和建库需求，从文献整理、编目、系统搭建、入库等全流程进行服务。

四、项目社会效益

（一）助力上海交通大学出版社获得认可和荣誉

上海交通大学出版社在2014年获得了上海数字出版转型示范单位的殊荣，这是对上海交通大学出版社此前数字出版业务发展的肯定，也是对此后发展的鞭策。在2014—2016年期间，上海交通大学出版社除了发展电子书业务外，最核心的就是数据库业务。在2017年开启数据库平台的建设，可谓承前启后、继往开来，不再是单体数据库的“单打独斗”，而是整合数据库群，并丰富了盈利模式。2018年，上海交通大学出版社获评总署的知识服务模式试点单位称号，对上海交通大学出版社的平台化探索路径是一种肯定。

（二）明确上海交通大学出版社知识服务发展路径

上海交通大学出版社目前对于自身的知识服务模式有了一定经验，明确了“一库两服务”的方针。所谓“一库”就是“将品牌出版物数字化，打造以数据库为基础的融合平台”，所谓“两服务”就是“搭载成熟的知识付费渠道，提供学术背景的在线教育服务”和“满足大众阅读需求，与多平台合作的电子阅读服务”。其中，“一库”是上海交通大学出版社数字出版业务的核心。

总结过往，展望未来，我们把“将品牌出版物数字化，打造以数据库为基础的融合平台”这条路径的发展划分为三个阶段，分别是1.0基础阶段、2.0进阶阶段、3.0融合阶段。

在1.0基础阶段，上海交通大学出版社主攻将品牌出版物（如“东京审判”出版工程）进行数字化，建成单体数据库。

2015年总局发布了《关于推动传统出版和新兴出版融合发展的指导意见》，上海交通大学出版社积极响应号召，对自身的产品进行了深入分析与发展的思考，开启了2.0进阶阶段的大门。前期形成的专业数据库“集群”效应，促使我们打造了云出版平台，《地方文献云出版平台》项目应运而生，并获得上海市新闻专项的支持。

3.0融合阶段，“将品牌出版物数字化，打造以数据库为基础的融合平台”的思路进一步明确，随后孵化出了《住院医师规范化培训云平台》《汉字魅力：东亚笔谈文献资源的数字化多维度开发与跨媒体融合应用》《基于大飞机出版工程的立体化知识服务平台》这些项目，一个IP多种用途，数据库作为基础支撑，融合教育、咨询等多功能的平台类项目成型，其中前两者获得中央文产资金支持。

由此可见，本项目建设对上海交通大学出版社意义极为重大，是跨越台阶之作。

（俞瑜：上海交通大学出版社数字产业部编辑）

上海交通大学出版社数据库

案例类别：组织机构

上海砥翼教育科技有限公司：砥才翼行 守正出新

严岷

上海砥翼教育科技有限公司是上海教育出版社有限公司（国有资本）与上海进馨网络科技有限公司（民营资本）共同参股组建的国有控股混合所有制企业。砥翼公司基于上海教育出版社有限公司授权的教材及相关教育资源，建设包含产品开发、教育服务、营销与销售等完整产业链的数字化业务平台，在此基础上进一步打通上海世纪出版（集团）有限公司与终端用户之间的联系，打造教育服务、培训、出版为一体的1至9年级数字教育产业闭环业务。

砥翼公司严格按照《国务院关于国有企业发展混合所有制经济的意见》（国发〔2015〕54号）要求，积极探索国有资本、非公有资本相互融合的混合所有制经济改革的有效途径，推动完善现代企业制度，健全企业法人治理结构；增强国有经济活力和影响力，主动适应和引领互联网经济发展新常态；实现各种所有制资本取长补短、相互促进、共同发展，夯实社会主义基本经济制度的微观基础。

砥翼公司在加强出版深度融合发展方面，完善公司顶层设计与制度建设，合理规划公司组织架构和生产运营模式，确保混合所有制公司体制顺畅运行；运用互联网+与数字新媒体等专业技术，以“技术+内容”双引擎深入推进中小学教材与教育相关产品数字化资源挖掘与深度开发；整合公司内容研发、技术开发、销售运营等关键环节和要素，打造具有开放性、复合功能的在线教育数字化业务新平台。

一、基于国有控股混合所有制企业发展要求，立足文化企业的属性，完善顶层设计和制度建设

砥翼公司按照现代企业制度的要求，进一步确立、落实企业的市场主体地位，健全混合所有制企业的法人治理结构，建立并完善经营计划制订、下达、执行、反馈的闭环工作流程及机制。基于现代企业制度的架构，提高国有控制权效率，规避运营风险。进一步优化国有股东和非国有股东之间的控制权分配，保护非国有股东在混合所有制企业经营管理中的决策权，强化企业对市场的敏感度和反应的即时性，提升业务运作效率。处理好所有者与经营者之间的关系，优化经营模式，提升经营绩效。

砥翼公司按照上海市委宣传部和上海世纪出版（集团）有限公司关于国资管理的要求，建立了完备的制度体系，为确保国有资产监督管理有效实行提供切实的制度保证，落实国有资产保值增值目标，构建起国有资本经营预算制度和企业经营业绩考核体系，对出版行业国有文化资产运营管理体制优化做出了积极的探索。

职业经理人制度的建设是现代公司治理的重要闭环。砥翼公司大力推行国有企业职业经理人制度，以市场为导向，选聘认同企业核心价值观、具备相应能力素质的职业经理人，依据企业章程负责企业经营管理。职业经理人实行任期制，按照市场化原则决定薪酬；建立并完善对职业经理人的契约化管理，严格制定并落实职业经理人任期管理和绩效考核方案，探索设置激励手段，实现职业经理人与企业利益相捆绑、共进退。

砥翼公司坚守文化企业的社会价值导向，严把内容意识形态关口。公司专设总编辑，由上海教育出版社有限公司委派，负责审核公司内容产品的政治导向，在内容的政治和导向安全审核上具有一票否决权。公司制定了意识形态工作责任制实施细则和落实意识形态工作责任制任务清单，全面贯彻意识形态工作责任制。制定了内容生产意识形态管控制度，在数字化内容研发生产全流程强化内容的政治性、思想性、导向性等方面的审校，并专项落实意识形态管控，严格把握内容的政治方向与价值导向。关注在线教育产品的“绿色化”，基于主要用户为中小学生这一特殊性，加强APP平台对未成年人的全方位保护，确保未成年人的合法权益不受侵害。

二、以融合AI技术应用和互联网转型为重要抓手，以用户为导向，呼应新时代教育改革发展的要求，深入推进中小学教材与教育相关产品数字化资源挖掘与深度开发应用

砥翼公司在产品规划、设计、开发、运营等环节运用互联网思维，呼应互联网传播移动化、社交化、视频化、互动化的趋势，依托先进技术和专业人才，为互联网移动端注入优质内容，做大做强服务平台，占领新兴传播阵地。打造全新的基础教育数字化学习应用平台，实现传统教材及教学内容的数字化、场景化、智能化。

砥翼公司始终秉持服务教育的理念。2020年的新冠疫情、2021年的“双减”政策，倒逼线上教育行业改革，要求线上教育行业回归教育本质，创新教育服务体系与功能。砥翼公司强化内容生产全流程的专业研究与设计落地，提供满足学生学习场景需求、解决学生学习问题的体系化的教育服务。通过场景化的学习资源，帮助学生培养解决复杂问题的思维和创造力思维，激发学生源自本心的、自主性的学习动机，从而引发学生的深度学习。

砥翼公司强化用户思维。首期推出的“沪学习”APP，以“会学习、更有趣”为设计理念，以技术驱动形成全链路的学生陪伴式学习解决方案变革，为上海地区1至9年级学生提供丰富的课外学习辅导资源，助力学生全面成长。针对中小学生的学习习惯和年龄特点，以学生为本，深度挖掘教材内容资源，开发包括课本点读、预复习、口语测评等功能的多种学习工具，延伸家庭辅导学习场景，提升学生学习效果。提供文学、人文社科、艺术、科普等多领域的数量众多的数字化阅读资源和个性化的阅读服务，满足中小学生多样化的阅读需求。强化运营驱动，关注用户体验，加强与用户之间的有效互动，持续推动产品的内容创新和升级。

砥翼公司坚持服务于立德树人教育根本任务和学生未来发展的时代使命，基于平台累积的学生学习过程和结果等大数据，进行关联分析和深度挖掘，从而直观地呈现出学生的学习状态、学习投入、学习进度、学习效果等，给予有针对性的指导和建议。长期跟踪学生学习行为的变化，帮助学生改善学习状态、提升学习效能，培养自主学习、终身发展所需具备的必备品格和关键能力。

砥翼公司积极推进数字化产品版权登记保护与应用。公司对开发的APP产品进行软件著作权登记，对部分具备条件的技术申请专利。开发基于教材与教育类图书的数字化产品，制作基于数字化教材的SDK（软件开发工具包）等，构建多样化的教材数字化产品应用场景，建立、完善教材数字化产品授权分发模式，拓展教材数字化产品应用场景。

三、充分整合和优化国有资本和民营资本的优质资源，整体谋划布局平台建设、内容研发和产品规划

砥翼公司全力整合国有资本和民营资本的各种优质资源和生产要素，促进优势互补和协调发展，建立协同创新创造机制，有效聚合技术、人才、资金等要素资源，实现内容生产、技术应用、平台搭建、市场运维、管理

协调共融互通的一体化均衡发展。

砥翼公司作为上海教育出版社有限公司与上海进馨网络科技有限公司共同成立的国有控股混合所有制公司，继承股东双方严谨、创新的基因，拓展新思维、开创新渠道、提供新动能、形成新优势；借助上海教育出版社有限公司强大的教育资源和学科内容体系以及上海进馨网络科技有限公司丰富的市场运营和研发实力，实现资源共享、优势互补、协同并进，在流量、资源、数据上占据先发优势。

砥翼公司积极探索出版产业融合发展的实施路径，全力打通上海世纪出版（集团）有限公司与终端用户之间的联系，分步骤、多渠道推进上海世纪出版（集团）有限公司丰富的内容资源的数字化转化实践，探索从传统纸媒内容向数字化服务的进阶，创新产品形态，构建起适应产品特性的可复制的盈利模式。

（严岷：上海教育出版社有限公司社长助理、上海砥翼教育科技有限公司总编辑）

沪学习客户端

案例类别：产品

WE 外语智慧教育平台项目

WE 外语智慧教育平台（以下简称 WE 平台）全心致力于为高校师生提供一站式外语智慧教学数字解决方案。WE 平台集在线教育、课堂互动、备课资源、测试评估、科研支撑、重要赛事和教师培训与发展于一体，涵盖教、学、测、评、研、赛等外语教育的各个方面。WE 平台践行“Explore, Enhance, Excel”的理念，旨在为高校师生提供优质的数字化教学科研资源与服务，与师生齐心协力，开创智慧教育时代外语教育的共同未来。

一、平台应用概况

目前 WE 平台累计注册学生用户超过 450 万人，教师用户 2.2 万余人。学生选课超过 1000 万人次，学习时长约 4500 万小时，积累学习记录超过 1.9 亿条，日活跃用户达到 50 万。全国 700 多所高校使用 WE 平台开展外语自主学习，课程涉及大学英语、英语专业、高职英语、多语种等不同类别。

二、平台子系统简介

在 WE 平台中，WE Teach、WE Learn、 WE Write、WE Test、WE MOOC 等子系统聚焦于外语教学，给学生提供了移动互联网时代便捷的泛在学习体验；WE Research、WE Develop、WE Contest 等子系统支持教师职业发展，充分满足教师对课堂教学、备课、科研、培训等多种需求。借助 WE 平台，一大批外语教学工作者和研究者汇聚于此，共同探索信息化背景下外语教学的多种可能性和未来发展趋势。

在教学支持方面，WE 平台向教师提供了数量庞大的教学数字资源库，助力教师备课。资源库的内容涵盖音频、视频、电子课件、微课等不同类型的多媒体教学资源，包括 400 多种教材的电子课件、4300 多条音频资源、4000 多条视频微课资源、2400 多条阅读资源、10 万多题的测试资源，教师可根据教学需要灵活选用，丰富课堂教学内容。

在学生在线学习方面，WE Learn 子系统的设计强调学习者在学习过程中的主体地位，不是简单地将知识传递给学习者，而是着重在在线学习过程中不断构建的过程。系统基于网络协作学习的相关理论，将学习同一门课程的学生连接起来，形成了一个基于竞争与协作的学习社区。在这里，学生可以分享学习成果，协同完成学习任务，教师可以开展多样的教学活动。同时，借助智能评测引擎及学习数据分析技术，系统能为教师课堂授课、课下辅导、教学管理等提供更为全面的支持，如跟踪学生的课堂互动表现与学习难点，及时发现学习过程中存在的问题，协助教师开展对学生线上、线下学习全过程的形成性评价。截至目前 WE Learn 累计开发了 200 多门外语类数字学习课程，覆盖了大学英语、英语专业、高职英语、多语种等多个层次。同时系统还支持教师自建在线开放课程，促进高校特色校本课程的建设工作。

在测试评估方面，WE Test 子系统在有效吸收先进外语测试理念、融合当前国内外最新技术手段、全面整合有效资源的基础上，全新打造集海量题库、智能组卷、网络机考、机器阅卷、成绩统计分析于一体，面向各层次外语考试的计算机辅助外语测试系统。WE Test 子系统针对外语教学特点，为学校外语考试及日常训练量身定制，基于互联网运行。其主要设计目标是为各类学校外语网络考试提供一个统一的基础性服务系统，借助这个系统，学校既可以组织大规模的期中或期末考试，也可以让学生自由上机进行自测，以达到课后、考前灵活练习备考的目的。WE Test 子系统主要由组卷中心、机阅系统和机考系统三大部分组成，使得传统考试中组卷、考试、阅卷、分数统计等费时费力的过程得以高效解决，极大减轻了教师的工作量。系统所配试题，涵盖听、说、读、写、视频等各种题型共计 60 余种，覆盖大学英语、英语专业、高职英语等各种层级，既包含水平测试题库，也包含课程测试题库。在教师科研和培训方面，WE Research 子系统提供系列外国语言研究论文索引、语言与语言学百科全书、外国语言研究论文全文数据三大数据库以及在线科研工具，并提供慕课，供教师进修使用。其中“论文索引”收录新中国成立至今国内千余种报刊、研究文集信息，涉及英、俄、日、德、法、西六大语种。“语言与语言学百科全书”收录了共计 1 万余语言与语言学相关词条内容。“全文数据”收录上海外语教育出版社出版的 70 余册学术论文集，包括文学、语言学、翻译学、外语教学、文化等类别。

三、平台技术架构

在技术方案上，WE 平台基于云计算平台搭建，业务层基于 ASP.NET 实现，通过负载均衡器分配流量，可根据访问压力自动扩容。数据层基于 SQLServer Alwayson 搭建高可用集群，配合 Redis 实现热点数据高速缓存，实现数据库读写分离和灾备。静态资源存储在对象存储（OSS）空间，通过内容分发网络（CDN）向用户提供访问。动态页面通过负载均衡器（SLB）分配用户流量至 WEB 服务器。WEB 服务器通过 ECS 服务器自建，可根据访问压力情况自动伸缩。WEB 服务器访问用户数据，首先至 Redis 缓存服务器获取，如果获取不到则访问数据库服务器。数据库服务器往往是系统架构中最薄弱的环节。为实现高可用性，数据库服务器通过自建 SQLServer 实现，多台服务器搭建高可用集群，通过 Alwayson 实现数据库读写分离。Redis 缓存服务器一方面提供热点数据高速缓存，另一方面为数据库流量平滑提供支持，将突发写入流量转换为队列按序更新，缓解数据库压力。作文批阅引擎是基于外教社信息技术有限公司自研的全景作文批阅引擎。口语评测是基于讯飞云语音评测引擎。

四、用户反馈

WE 外语智慧教育平台上线以来，凭借其良好的用户口碑，在高校外语教学实践中得到了广泛应用，日常使用平台的高校已达 700 多所。WE 平台之所以备受广大师生喜爱，其关键之处可以归结为以下三点。

1. 智能化。大数据、人工智能等新兴技术的赋能让平台能够对学习行为大数据进行更深度的挖掘和分析。平台实时采集学生学习行为数据及教师教学数据，基于数据挖掘准确预测潜在学习问题，并协助师生改进学习计划，提升教学质量。

2. 社区化。平台通过互联网将全国学习同一门课程的学生连接起来，打造了一个基于竞争与协作的学习社区。同学之间可以分享学习经验，发布学习动态，协同完成学习任务。学生在平台中所有学习行为都会获得努力值奖励，通过努力值榜排行，学生可以占领好友封面，接受好友点赞。

3. 移动化。移动化已成为高校师生开展在线学习的共识。根据用户行为大数据分析，平台中超过 90% 的学生用户和超过 60% 的教师用户使用移动端开展在线教学活动。为顺应这一趋势，平台对教与学的各个环节提供了全面的移动化互动体验，为各类教学活动的开展提供了极大的便利。

五、行业示范作用

WE 平台为上海外语教育出版社加快推进数字化转型、深度实施融合出版提供保障，同时也为出版社在数字转型中赢得了可观的经济效益。平台累计上线数字课程超过 200 门，涵盖大学英语、高职英语、英语专业、多语种、独立数字课程等各个种类，支撑超过上千万册纸数融合教材的发行，实现数字课程年销售码洋超亿元。

WE 平台在高校外语教学中的广泛应用，对我国外语教育数字化发展在广度和深度上都发挥了重要的推动作用，产生了巨大的社会影响。全国超过 450 万高校学子使用 WE 平台开展外语数字化学习，数万名外语教师基于平台探索新型外语教学模式，从而为我国外语教学改革的实施提供了强有力的支撑。2020 年底，WE 外语智慧教育平台从全国 447 家出版社的 604 个申报项目中脱颖而出，成功入选“2020 年度数字出版精品遴选推荐计划”。

随着我国高校教学改革的深入推进和信息技术的飞速发展，基于计算机或移动设备的多媒体教学模式以及自主学习理念已深入人心。数字教学平台作为高校开展在线学习的载体，目前已成为高校出版社纸质教材出版的必要支撑。WE 平台经过多年的发展，在关键业务规则、学习行为挖掘、智能引擎、技术架构、持续化运营等多个方面积累的一定的经验，对于高校出版社建设同类平台具有重要的借鉴意义。

（上海外语教育出版社）

“WE 外语智慧教育平台”宣传片

案例类别：产品

聚典数据开放平台

一、产品亮点

（一）响应数字阅读用户查检需求，填补市场空白

随着移动互联网的兴起，数字阅读在整体阅读市场中所占比例显著上升。移动阅读具有随时随地，随手可读的特点，传统纸质工具书无法满足用户在移动阅读时即兴的知识查检需求。独立的工具书数字产品，需要用户在阅读界面和工具书应用之间反复切换，操作不便，使用体验欠佳。融合多种专业工具书的“聚典数据开放平台”彻底解决了用户在数字阅读中便捷查检知识内容的需求痛点，填补了市场空白。用户只需在阅读界面，选取想要查检的词，发起调用请求，查询结果就即刻呈现到用户界面，方便快捷。

（二）数据安全有保障，下游企业开发便易

对于出版机构，在进行数字产品开发时，版权内容数据安全是其最担心的问题之一。以往出版企业在向合作方进行版权授权时，需要交付全部的数据内容，数据安全没有保障。但聚典数据开放平台采用数据云存储，API 调用的方式提供知识服务，内容数据始终保留在自有平台内，版权安全得到保障。

原有版权授权方式，将原始数据交付给下游企业，企业需花费大量精力对数据进行加工，搭建系统；授权给不同企业时，因技术标准差异，通常需要重新开发；若涉及多个专业学科门类的内容，非专业人士在处理过程中也容易产生错误。当出版社图书修订，数据更新时，又需要再次交付数据，重新加工，造成大量的重复开发和资源浪费。而聚典数据开放平台中的数据内容，始终由出版机构负责维护，能最大限度保证数据的准确性，且所有下游企业均以 API 方式调用，只需分别选配各应用所需的工具书即可，极大地减轻了下游企业的开发工作。该模式让出版机构立足自身优势，继续专注于优质、权威的工具书内容生产和数据维护，互联网企业专注于其擅长的产品运营和用户维护，各展所长，各尽其能，共建良性的知识服务产业链和生态圈，共同为用户提供优质的知识服务。

（三）清晰掌握用户数据

在传统出版时代，或是直接交出全部数据的数字产品授权模式下，出版社对用户产品使用情况的了解非常有限。而聚典数据开放平台，能清晰地获得用户的使用动态，每日使用人数，使用次数，查检热词，查询较多，而平台暂未收入的词等，都能够清晰地获得。一方面，平台可根据这些信息，及时调整各项技术参数，优化配置，提供更加稳定、流畅的服务；另一方面，基于用户反馈，可以对内容进行针对性的增补和修订，能够向用户提供更加准确、丰富的内容，使之成为真正意义上的以用户为中心的互联网产品。

二、市场价值

1. 工具书数据具有通用性，避免了下游企业重复开发，重复加工海量的高度专业化的工具书数据。

2. 该模式可使工具书出版和数据内容生产过程更加完善，更新更加及时高效。

3. 该模式充分发挥数字出版产业链上各环节的优势和能动性。出版社致力于编辑生产专业的、可信的内容，下游应用开发企业发挥产品设计、用户运营的能力，共同服务广大读者。

4. 该模式维护了产业链上各环节的利益诉求，是一种多方共赢的发展模式。

该产品已获得产业链上下游的广泛认可。2019 年 11 月聚典测试版上线，2020 年 8 月正式版上线，截至 2021 年 8 月底，已有 10 余家出版社在平台开户，提供了近百种优质工具书，共计超过 180 万词条，约 3.6 亿字内容。聚典也已向掌阅、起点读书、豆瓣阅读、咪咕阅读、上观新闻、澎湃新闻等近 20 家国内头部阅读和新闻客户端提供数据服务。

三、目标群体

聚典数据开放平台面向机构用户提供服务，主要分为：

图书馆：拥有阅读 APP 的大型图书馆。

在线阅读平台：如起点读书、掌阅、QQ 阅读等。

网络搜索平台：如百度、搜狗、360 等。

在线教育平台：如有道、新东方、纳米盒等。

在线资讯平台：学习强国、人民网、新华社等。

通过这些已有庞大用户群体的龙头产品，本平台可服务我国大部分网络用户。

四、主要技术

聚典数据开放平台建设所需的云技术、API 技术、分

布式数据分析技术、知识标引技术、结构化加工技术、全文搜索技术等都已比较成熟，达到了项目实施的各项需求，用户体验日臻完美，为项目顺利实施提供了技术保证。

聚典数据开放平台，实现了前端展示、内容资源管理、机构后台管理（机构管理、权限管理、接口管理）、用户后台管理、令牌认证、加密传输、软件开发包（SDK）、使用监控、统计报表、大屏展示等功能，成为目前国内领先、功能完备、技术先进的工具书数字出版平台。

聚典数据开放平台在应用过程中不断更新迭代，一方面不断完善各项已有功能，另一方面根据市场反馈开发新的功能，如内嵌搜索框到第三方 APP，增加纪年换算功能，提供古今地名对照和双语互译接口，以及根据客户需求对库中词典数据进行个性化排序输出等，使聚典的应用场景越来越丰富。

在用户数据统计分析方面，目前数据大屏已经可以完整采集并分析终端用户（读者）、机构用户、供应商、词典、词条等各个级别和层次的瞬时数据、时段数据和长期数据，从而为内容建设、参数设置、产品运营和销售提供重要参考。

五、内容水平

入库数据内容首选各类荣获国家级奖项的权威工具书，如《辞海》《汉语大词典》《大辞海》；次选学界已有定评且为各学科领域代表性的工具书，《中国历史大辞典》《中国文学大辞典》，等等。

《汉语大词典》是我国目前规模最大的汉语语文工具书，是一部特大型历时性汉语语文词典。全书收条目 37 万余条，约 5000 万字。《汉语大词典》释义准确，义项齐备，资料翔实，从整体上历史地反映了汉语词汇发展演变面貌。联合国教科文组织将《汉语大词典》定为世界权威工具书、联合国汉语翻译工作用书。

《辞海》是我国目前唯一的大型综合性辞书，既收单字和普通词语，又收各类专科词语，兼具语文辞书和专科辞书的功能，收词丰富，检索方便，实用性强，深受广大读者欢迎。《辞海》（第七版）总字数约 2350 万字，总条目近 13 万条，在内容方面进行大量与时俱进的修订和增补，学科架构更趋完善，知识体系更趋系统。

除此之外，还首先入库了《现代汉语大词典》《中国成语大词典》《中国典故大词典》《同义词大词典》《反义词大词典》等语词词典，并为《汉语大词典》所有词目加注了拼音，建立了 40 多万条目的语词库；其次逐步入库《马克思主义大辞典》《哲学大辞典》《欧洲历史大辞典》《管理学大辞典》等专业百科辞典，建立近 50 万条目的百科库；再次是采购《英汉大词典》《汉英大词典》等双语词典，建立双语库；最后是建立古今地名库和历史纪年库。总条目已达 150 多万条。

六、迭代计划

聚典将进一步增加数据类型，丰富数据内容，拓展用户渠道，从而使“聚典数据开放平台”成为国内数据量最大、内容质量最优、学科最齐全、技术最先进的工具书数据开放平台，保持业界的优势地位。具体工作计划如下。

数据类型：在平台已有词条释义、古今地名、纪年换算、双语互译等数据类型的基础上，增加古诗文鉴赏和中外大事记等数据类型，为更广泛的应用场景和更多样的客户群体提供服务。

数据内容：在现有 180 万条数据的基础上，继续充实平台数据内容，力争在 2022 年底将数据扩充至 300 万条，并根据维基百科、百度百科等网络百科高频词的数据情况，进行针对性词典资源采购和条目增补工作，从而进一步提高聚典平台的查得率。

用户渠道：目前聚典已覆盖大多数阅读类应用，未来将着重拓展新闻资讯类、在线教育类客户，尝试拓展学术类、搜索类和浏览器类客户，进一步推进内嵌于中国知网、中新金桥、中文在线、超星、畅想之星、术语通等数字经销平台的合作，力争将调用数据提升至 1 亿次 / 季度。

（上海辞书出版社有限公司）

案例类别：产品

让好看好读百年党史飞入寻常百姓家

——《文献中的百年党史》全媒体通俗读物这样打造

许苏宜

习近平总书记强调，要运用信息革命成果，推动媒体融合向纵深发展，做大做强主流舆论，巩固全党全国人民团结奋斗的共同思想基础，为实现“两个一百年”奋斗目标、实现中华民族伟大复兴的中国梦提供强大精神力量和舆论支持。我们始终将总书记的重要指示作为指导出版工作的基本原则，在 2021 年中国共产党成立

100 周年大庆之际，学林出版社（以下简称学林社）倾力打造《文献中的百年党史》这一权威作者、权威文献、权威表达的优质内容文本，在全面、准确呈现中国共产党领导人民走过的百年历程取得的辉煌成就、创造的宝贵经验的基础上，精耕细作、精心打造、精心开发“字音图视”四位一体的内容产品，积极探索新颖呈现、多元呈现、立体呈现，使好看好读的百年党史，飞入寻常百姓家。

一、坚持政治导向和使命担当，打造权威准确的“立心书”、无愧时代的“传世书”

习近平总书记指出：要“学习党史、新中国史、改革开放史、社会主义发展史”，“历史是最好的教科书”，“中国革命历史是最好的营养剂”。作为出版工作者，学林社自觉承担起为时代画像、为时代立传的崇高使命，坚持好以人民为中心的出版导向，宣传科学理论、传播先进文化、弘扬优秀主流价值，用心用情为人民出好书。紧紧围绕中国共产党成立 100 周年等重大主题，打造展现党的奋斗历程和历史功勋，反映时代新气象和人民新创造的扛鼎之作。

因此，在策划百年党史通俗读物时，学林社首先要找到能够扛鼎之作的作者，既要理论水平高、学术能力强，又能够深入浅出，举重若轻，把党史写得通俗易懂、老少咸宜。李颖，中央党史和文献研究院第二研究部主任、研究员，长期从事党史研究，多次参加中央交派重大任务《中国共产党历史》（第一卷）、《中国共产党的九十年》《中国共产党简史》等党史基本著作编写。2019 年学林社和李颖共同策划出版《细节的力量——新中国的伟大实践》，出版后好评如潮，获评 2019 年度“中国好书”。因此当学林社向李颖提出要打造一部迎接建党百年、好看好读的党史通俗读物时，李颖很愉快地拿出了“文献中的百年党史”这个她积累二十年、酝酿两三年的选题设想。经过反复沟通，双方达成共识，《文献中的百年党史》的定位是：一部好看的百年党史、最美的理论读物。

《文献中的百年党史》2020 年 11 月正式出版。该书依据党的重要文献，以中国共产党百年历史发展为序，每年一件（组）珍稀文献，百年百个（组）重大事件，串起一部党的不懈奋斗史、理论探索史和自身建设史。

出版后即受到社会各界广泛关注和好评。以榜首之荣入选 2020 年度“中国好书”，入选中宣部出版局“庆祝中国共产党成立 100 周年好书荐读”首批图书等，入选 2020 年中宣部主题出版重点出版物，央视新闻 423 世界图书日特别直播推荐。上市至今重印 15 次，《人民日报》、新华社、《光明日报》《解放日报》《中国新闻出版广电报》《中华读书报》等权威媒体大篇幅报道或刊登重磅书评，荣登光明书榜、解放书单等媒体榜单榜首、书店榜单 30 余次。

二、创新表达方式，立体开发内容过硬、文字精美的“良心书”和形态丰富、时尚便捷的“掌中书”

全媒体时代，党史除了纸质文献以外，更走向了立体化、多元化的传播道路。学林社充分挖掘“文献中的百年党史”，多维度、全方位、立体性地开发了丰富多样的产品形态，使党史故事“动起来”“亮起来”“活起来”。

一是打造内容过硬、文字精美的“良心书”，同步推出彩色版、单色版两个版本。中国人民解放军后勤指挥学院一级教授邵维正将军评价本书是一本不可多得的大众化党史读物。这本书既有学术著作的严谨，又有通俗作品的表达。一位大庆的读者说：“这书写得真好，简单易懂，普通人都能看明白，不用费尽脑筋去猜。我之前看的都是野史，没有官方定论，搞不清真假，看完后人生观都变了。”该书在当当网 423 主题出版图书中进入热卖榜 TOP10。

该书使用了诸多难得一见的档案文献，内含近 400 幅图片。因此，为了让读者有最好的阅读体验，每一页都是单独设计图文设计，裸脊锁线，可以完整打开。被媒体誉为最美的党史读物。

为展示图片效果，该书采用彩色印刷，但彩色版成本高，图书定价相对也高。为了让更多的读者能够看到这部书，我们同步推出单色版。

二是赏心悦目、寓教于乐的“系列文创”。我们量身定制了“文献中的百年党史”主题系列文创，创造性地同步和新书推出，将文献的概念融入主题周历、笔记本、“为中华崛起而读书”联名铅笔之中，借助新潮实用的文创产品，让党史文献与红色文化真正走进日常生活，焕发新时代新活力。《文献中的百年党史》主题文创产品一经推出，便好评如潮，成为红色文创爆款。

三是悦耳动听、随时可听的“音频书”。为方便都市白领以及老年人“悦听”，学林社制作了由清华附中 100 名教师诵读的《文献中的百年党史》有声版，通过喜马拉雅、阿基米德、学习强国、央广网等传播，实现党史的悦读、悦听。

四是多维空间、立体展示的“云展览”。与科大讯飞共同策划、制作《文献中的百年党史》“虚拟主题展厅”，接上电子屏或者戴上 VR 眼镜，云展厅即浮现眼前。

三、创新传播手段，助力党史理论党史故事“破圈”“出圈”

全媒体时代不仅仅是要求媒体种类的全，更是强调人类信息交互的全程、全息、全员、全效性。因此，在《文献中的百年党史》的出版和传播过程中，学林社非常注重创新传播方式，助力党史故事传播得更广更深更远。

一是注重“补强”“提升”，使《文献中的百年党史》

在诸多出版物中脱颖而出。以“吹响建党百年第一波号角”的定位，联手上海市党史研究室、中共一大会址纪念馆在中共一大会址纪念馆举行首发式，实现《文献中的百年党史》第一次亮相，引起广大媒体的高度关注。《人民日报》、新华社、学习强国、《光明日报》《解放日报》《文汇报》等权威媒体，以及《中国新闻出版广电报》《中华读书报》《作家文摘》等行业报和《扬子晚报》《广州日报》《深圳晚报》等各大地方媒体第一时间报道。人民网、光明网、上观新闻、中国新闻出版广电网、未来网、澎湃新闻、东方网、周到上海等线上媒体更是多角度、多方位报道本书及文创详细情况。

二是注重“跨界”“多元”，使“文献中的百年党史”深入人心。创造性地开创“新书+文创”的发布方式，用“文献中的百年党史”主题文创的爆红，点燃本书的第一个营销高潮。

借助主题周历、主题铅笔、云展览，《文献中的百年党史》参加第三届长三角国际文化产业博览会，促进扩大了党史宣传普及的受众面，拨动了年轻受众的心弦。

三是注重“全员”“全效”，使《文献中的百年党史》覆盖全年龄段。针对党员干部，《文献中的百年党史》在人民网、学习强国进行连载和展开专题报道，该书入选“学习强国”四史推荐读物。针对老年人，《文献中的百年党史》及文创在全国各大新华书店重点陈列，并注重了传统媒体如《作家文摘》的书摘、书评的投放。针对年轻白领、学生群体，《文献中的百年党史》及文创在包括朵云书院、钟书阁、思南书局等网红书店进行重点陈列展示，全线产品同时上线当当、京东、文轩以及近几年兴起的有赞商城、各大媒体、大V公众号和视频号、抖音平台，从而使各个年龄层次的读者都在自己习惯的阅读渠道和路径看到这本书和文创产品。一位84岁的老军人读者反馈说，该书写得真好，文笔真好，他一天看三四个小时。

（许苏宜：学林出版社专题部编辑）

案例类别：产品

全媒体思维创新打造讲述中国抗疫故事的范本

——《在一起》助力伟大抗疫精神传播“入脑”“入心”

胡雅君

党的十八大以来，以习近平同志为核心的党中央，深刻把握时代发展大势和信息化趋势，作出了推动传统媒体和新兴媒体融合发展的重大决策部署。为加快推进新闻出版深度融合发展，学林出版社（以下简称学林社）坚持守正创新，用全媒体扩大主流价值影响。

2020年新冠肺炎疫情是新中国成立以来我国遭遇的传播速度最快、传染范围最广、防控难度最大的重大突发公共卫生事件。2020年9月8日，习近平总书记在全国抗击新冠肺炎疫情表彰大会上指出：“在这场同严重疫情的殊死较量中，中国人民和中华民族以敢于斗争、敢于胜利的大无畏气概，铸就了生命至上、举国同心、舍生忘死、尊重科学、命运与共的伟大抗疫精神。”

2020年9月29日，学林社推出《在一起》这部迅速反映时代、彰显时代精神的作品。该书以抗疫期间各行各业真实人物、故事为基础，以纪实的手法塑造了抗疫一线可歌可泣的平民英雄群像，以一个个剖面折射出抗疫人民战争的全景画卷，生动阐释了感天动地、气壮山河的伟大抗疫精神。在进行打磨内容的同时，精心策划，实现纸书、电子书与同名电视剧同步上市，探索多维立体传播，让优秀的中国抗疫故事走进更多读者的视野。

一、坚持优质内容为王，打造讲述中国抗疫故事的范本

习近平总书记指出：“内容永远是根本，融合发展必须坚持内容为王，以内容优势赢得发展优势。”全媒体时代，信息无处不在，但思想深刻、见解独到、价值独特的优质内容依然稀缺。只有做好内容建设，新闻出版才能提升传播力、引导力、影响力、公信力。2020年，中国人民打赢了一场伟大的抗疫战争。围绕抗疫重大主题，学林社要努力打造能展现中国人民团结一心、同舟共济的精神风貌，强信心、暖人心、聚民心的好的抗疫故事范本。

因此，在策划选题时，一部正在进行的抗疫题材时代报告剧《在一起》引起了我们的关注。该剧是国家广播电视总局重点指导项目，国家卫生健康委和中共上海市委宣传部给予大力支持，参与主创均为国内现实题材创作领域的一线人员。当学林社提出要打造一本讲好中国抗疫故事的范本时，与剧方一拍即合。但剧方最初交过来的初稿是剧本，并不能达到出版要求。学林社认为，好的抗疫故事，真实是它的生命，只有说真话、讲真相、道真情，才能入脑入心、拨动人的心弦。因此，学林社专

注内容质量，以全媒体思维创新内容表现形式，对内容进行多方面处理，以提升内容传播效果。

一是对《在一起》原有文本内容进行充实、提升，以真实细节充实情节，呈现千千万万普通中国人抗疫的真实状态。考虑到读者的阅读习惯，学林社要求作者将仅有台词的初稿改成情节流畅、适合阅读的故事文本。并让作者在基于真人真事的基础上，辅以大量真实细节，记录中国人坚强与伟大的集体记忆。

二是增加“主创说”板块，挖掘鲜为人知的台前幕后的故事，引发读者情感共鸣。《在一起》以抗疫典型人物、典型事件为切入点，以纪实手法，讲述抗疫期间各行各业平凡人挺身而出的英雄壮举。对于经历了新冠肺炎疫情的读者来说，主创们既是剧作参与者，也是疫情亲历者，他们的真实心路历程更能引起读者的情感共鸣。因此，在故事之外，增加编剧、导演、主演等众多主创的创作手记，也为图书出版后各类媒体宣传提供了内容支撑。

三是补充大量现场创作照片素材，用一个个艺术剖面折射“抗疫”人民战争的全景画卷。全媒体时代，图片是内容的重要载体，与文字相辅相成。作为抗疫题材时代报告剧同名图书，《在一起》的创作着眼于“真”，好的照片更能增加内容的真实感与纪实感。

二、创新“互联网＋抗疫出版”，纸电同步上市，立体传播抗疫精神

遵循习近平总书记关于媒体融合的重要指示，深入推进媒体融合，要用全媒体扩大主流价值思想传播，形成“网上网下同心圆”，“让正能量更强劲、主旋律路更高昂”。《在一起》立项后，学林社积极探索让内容真正成为传播的介质，实现纸电同步出版，电子书优先发布，纸书同步线上预售、线下精准发行的“互联网＋抗疫出版”的深度融合发展格局，吸引更多读者重温感人抗疫故事，领悟抗疫精神。

一是实现纸书、电子书与电视剧同步上市，电子书优先发布，AI语音智能朗读，读者可随时看书听书，让抗疫故事“入眼”又“入耳”。2020年8月《在一起》立项后，为扩大抗疫故事、抗疫精神传播，便确定要同步制作电子书。该书优质的内容获得腾讯、爱奇艺双平台认可。9月28日，电子书率先在腾讯、爱奇艺、QQ阅读、微信读书等平台当天限免上线，很多读者抢在剧播出前“一读为快”。9月29日起，电子书在腾讯、爱奇艺上与电视剧同屏链接，并在电视剧主页置顶推荐。来自腾讯平台的读者评论说：很真实，很感动，这是2020年的一部历史。微信读书专门设“用最温暖的方式记住他们”专题书单推荐《在一起》；并提供AI智能语音朗读；该书上线即登新书榜第一；一位读者评价道：“真实”是看这本书最直观的感受。

二是纸书同步线上预售，京东、当当、天猫、淘宝全线上架。同时，与东方卫视旗下东方B加商城达成合作，试水通过电视购物进行纸书预售，剧播出期间，纸书导购视频每天在东方卫视播放。

三是“互联网＋抗疫出版”助力纸书线下精准发行。电子书、纸书全线上架后，为线下纸书发行提供了数据支撑。自9月29日起，《在一起》搭配宣传海报，即在上海、武汉各大书城上架销售。

四是配套制作《在一起》新年礼盒。《在一起》上市后，获得社会各界广泛好评。《摆渡人》原型之一老计说：“其实我也不是作者，所有经历过那场灾难的武汉人才是。”《方舱》单元编剧六六坦言，能去武汉实地采访创作，是她加入剧组创作的主要原因，“我相信庚子年的故事一定会写入历史”。为此，在即将告别2020年之际又配套制作《在一起》新年礼盒，感谢所有关注和支持《在一起》的读者。

三、建立融合传播矩阵，助力抗疫故事抗疫精神“入脑”“入心”

全媒体时代，舆论生态、媒体格局、传播方式发生重大变化。正如习近平总书记所说，宣传思想工作要把握大势，做到因势而谋、应势而动、顺势而为。《在一起》的出版和传播过程中，创新传播内容，建立融合传播矩阵，从单纯的纸书、电子书，到各种媒体并用，提升传播效率，助力抗疫故事、抗疫精神“入脑”“入心”。

一是坚持正确舆论导向，以真实细节打动人心，让中国抗疫故事更具有说服力。《在一起》一位作者说：我们不需要编，我们只是把我们最感动的人和事“织”起来。《在一起》就是以伟大的抗疫精神为经纬，用真实的细节和典型的人物形象，织就了一幅全景式的抗疫斗争的感人长卷！

《在一起》出版后受到社会各界广泛关注和好评。新华社、人民网、上观新闻、文汇APP、东方网、《中国新闻出版广电报》、上海市政协头条、《新民晚报》、书香上海、看看新闻等主流媒体纷纷报道宣传“《在一起》出版，致敬平民英雄”。文汇APP以“2020年，他们用逆行换来清零，我们用文字唤醒记忆”做主题报道，并连续发布书摘，引发读者共鸣。潜江新华书店、西安市新华书店、曲江书城以及在一起电视剧、哔哩哔哩影视娱等微信、微博新媒体也纷纷发文推荐《在一起》。

二是顺势而为，与上海广播电视台、耀客传媒、腾讯、爱奇艺、优酷等跨界合作、联动宣传。第一，在东方卫视、浙江卫视、江苏卫视、广东卫视、湖南卫视、腾讯、爱奇艺、优酷8大平台播出的同名电视剧开播特别节目上，《在一起》首次亮相，宣布9月29日纸电同步上市，掀起第一波宣传热潮。其次，联合腾讯旗下如腾讯新闻、QQ浏览器、QQ阅读、微信读书等内容平台置顶《在一起》宣传资讯，实现巨大宣传曝光。

三是应势而动，在“四史”学习热潮中，《在一起》作为讲述中国抗疫故事的范本，生动阐释了抗疫精神，受到东方学习读书会、长三角虹桥读书会共同推荐。

（胡雅君：学林出版社专题部编辑）

案例类别：组织机构

"书匠中国"出版融合产业基地

一、总体介绍

天津人民出版社"书匠中国"出版融合产业基地主要功能为辅助编辑团队完成出版融合创意方案落地，弥补传统编辑人员在出版融合方面的技术短板和资源短板，降低出版融合所需的成本。该基地由线上线下两大部分组成，线上部分主要由出版社2020年建设完成的中央文产项目"出版产业服务交易平台"构成，该平台吸引多家传统出版业印刷、排版企业入驻，同时吸引了中国移动、科大讯飞、方正科技等品牌合作；线下部分由"书匠中国"众创空间构成，该众创空间也是天津市优秀众创空间，先后孵化"法眼察""编辑说""小金同学"等多个出版融合产品品牌。目前，"书匠中国"出版融合产业基地已成为天津人民出版社数字经济高地，承担天津人民出版社多项数字出版及出版融合业务。

二、基地功能区分述

（一）基地线上部分

线上部分为"出版产业服务交易平台"，该项目针对目前图书出版过程中生产环节存在的交易信息不对称、供求信息寻找困难等行业难点，而推出的行业综合性服务平台。该平台可缩减出版方业务开展周期，有效避免了产业交易风险。降低了传统排版、印刷企业生产过程中的业务成本。

本平台包含：信息交流、技术支持、素材库、出版服务、版权发布、法律服务、服务交易等模块。

在信息交流模块中，主要提供了论坛信息发布，以及信息采集两个子模块。论坛发布模块可以提供发布所需服务平台，并由系统后台推送到相关服务商的信息页面；同时，服务提供商也可以在信息发布模块定向推送可提供的服务内容，来达成合作意向。

技术支持模块，针对目前出版融合领域内的互联网产品或出版融合项目，出版机构可以进行技术采购等交易内容。例如：手机APP研发制作、网站建设、HTML5页面制作等。

素材库模块，包含字体库、音频库、图片库、软件使用授权库等。对于体量较小的出版机构，素材库的成立是帮他们解决素材版权采购的最有效途径。

出版服务模块，可以对图书出版环节中图书设计、生产等环节进行服务外包。可以让更专业的设计团队对图书进行包装设计，还能运用最先进的按需印刷技术对传统出版进行革新。

版权发布模块，对于有版权贸易需求的供需双方可以提供挂牌信息，并且此模块并非仅针对图书的版权贸易，还包括影视改编权、音频改编权、游戏改编权等版权的交易。

专家咨询模块，由平台运营方聘请经验丰富的专家团队入驻，并提供低价咨询服务，以此能够高效快捷地解决出版过程中编辑遇到的问题。

服务交易平台模块，目前行业内存在服务验收与款项支付的矛盾。因此，本平台可以提供交易结算平台，由供需方自行拟定 。

同时该线上交易平台还与科大讯飞、中国移动、东软集团、方正集团等多家国内先进科技企业达成合作入驻平台，为传统出版社编辑开展出版融合业务建立有效的信息沟通渠道。

（二）基地线下部分

天津人民出版社线下部分主要由"书匠中国"众创空间构成。本众创空间入孵企业主要致力于出版服务、知识产权、图文设计、数码印刷等出版相关的服务领域。

众创空间以初创企业及个人或团队创业者为目标群体，发挥天津人民出版社现有品牌优势以及出版行业资源优势，专注出版服务领域，为各类文化出版创业团队提供优质服务。众创空间的成立，对于出版业所需的一些新技术、新媒体等业态的发展有很大促进。目前一些新技术应用的市场价格昂贵，开发成本高，而基地内初创团队可以拥有成本低，形式灵活的特性，这对天津市的出版融合发展起到了良好的助推作用。

众创空间充分利用天津人民出版社自身在出版产业领域的优势资源，对所孵化创新创业团队进行业务扶持、资源供给，让新创业团队在创业之初能有充分的出版资源功能服务渠道得以匹配。同时能够获得业内金牌导师的指导，大幅降低新创业团队的试错成本及时间成本。众创空间聘请了一些行业顶尖人才担任创新创业导师，目前聘请果麦文化传媒公司董事长路金波、北京皮皮鲁总动员文化科技有限公司CEO郑亚旗、加州州立大学洛杉矶分校终身教授白春生、东软睿创科技企业孵化器总经理李印杲等多名出版、创投领域人士担任创业导师。让新创业团队在创业之初就能充分利用出版资源，在出版产业内能够有较高的起点。

在天津人民出版社知识服务团队的帮助下，众创空间成功孵化“叨叨律法”“法眼察”等线上法律咨询产品，团队于2019年6月成功实现独立运营。成立于众创空间内的“中图快印”数码印刷公司在众创空间团队帮助下在创业两年内实现了营业收入过200万元。同时众创空间还发挥天津人民出版社资源优势，联合百度创建《编辑说》直播栏目，旨在向网络读者开展线上图书内容分享，提升图书影响力。截至目前，《编辑说》直播栏目共开展12期直播，观看人次达110万。直播间邀请到唐帅、卢永琇等6位天津人民出版社重点作者做客，相关参与编辑30余人次，大大提升了出版社新媒体营销效果。

（三）基地出版融合硬件设施

基地旗下共有办公面积560平方米，按功能区域分为：开放式共享办公大厅、众创咖啡会议区、图书阅读区、录音棚、摄影棚、虚拟演播室、新媒体培训室等。目前拥有办公工位60席。同时基地还拥有SONY FS7超清摄像器材、专业级非线性编辑设备等多媒体素材制作工具。

（四）基地出版融合政策优势

为了发挥天津人民出版社的社会责任，为出版业培育更多后备人才力量。一方面，基地积极申请天津市青年就业见习基地，通过见习基地可以吸引更多活跃的大学生创意，为日渐丰富的出版融合形式增添更多想法。另一方面，吸引更多青年实习人员可以降低基地内容产出所需的人力成本。2019年12月基地成功获批天津市青年就业见习基地，这一基地获批可为每名在基地见习学生每月获得一定见习补贴，让学生在基地接受实际项目培训与锻炼，系统掌握从理论到工程再到产品的重点难点，增加学生就业成功率。

三、基地品牌合作

本产业基地为充分发挥创新创业活力，激活天津出版业态，目前基地已与中国移动天津分公司、东软（天津）集团、科大讯飞等品牌达成合作。重点在于信息技术开发、出版产业融合、人工智能技术、5G产品开发等方面进行深度合作。

1. 同天津移动分公司建立合作关系，依托天津移动已有阅读产品服务包，植入出版社线上自营微店。即通过天津移动阅读产品包向出版社自营微店导流。

2. 结合各平台资源优势，开发成适合线上传播的产品形态，与今日头条、抖音等流量大号合作开辟线上产品分红模式。与部分网红团队创建出版社历史类、党政类大号，以及筛选出版社作者资源打造知识达人，形成线上知识付费收益模式。

3. 天津人民出版社众创空间同天津市文化传媒商会合作，依托自身内容资源、场地优势以及创业政策优势建立天津新媒体大号集结地。以内容资源置换流量资源，通过这一合作能够弥补出版社在线上营销阵地的短板，为后期出版社知识付费，线上销售渠道奠定基础。

2020年11月，天津市和平区建立科技创新党建联盟平台，本基地作为首批入驻成员单位代表共同为党建联盟平台揭牌。共包含天津市55家大中型企业，天津人民出版社的优势在于拥有丰富的党政理论内容，可为大量企业提供党建知识服务包，并针对不同企业开展订制个性化党建活动，同时与联盟平台内各大企业建立阅读订制服务合作。该合作主要以整合社内图书、电子书、听书、作者资源，以企业阅读需求为导向，结合企业工会活动、人事培训等形式，订制企业阅读产品。这一举措将为天津人民出版社内容传播提供更宽广的渠道，让融合产品形态也能更丰富。

（天津人民出版社）

案例类别：产品

三代AI+纸笔物联学习质量监测教辅书系

当今世界出版进入一个新的发展阶段，中国的出版事业也进入了一个崭新的发展时代。伴随着数字技术、信息技术、网络技术的迭代发展，出版行业的融合发展趋势越来越突出。融合优势越来越彰显，这也成为各出版企业深耕细作、推陈出新的方向。同时，教育出版具有其特殊的使命和责任，高质量融合发展要求我们需要紧跟教育教学改革的步伐，为提高教育质量，加快推进教育现代化，为融合信息技术的新型教与学模式提供有力支撑。

天津教育出版社多年来积极寻求融合传统出版与数字化技术的新出版模式，以顺应时代发展，引领出版行业的数字化变革。在传统纸质教辅的基础上，连续开发了第二代书网链接教辅及采用普适纸笔物联现代交互纸张的第三代AI+教辅，服务广大师生及家长。

一、项目情况介绍及具体成效

（一）第一阶段：基于多维复合出版码的书网链接教辅

天津市中小学目录推荐教辅“学习质量监测”书系作为天津教育出版社的拳头产品，很早就开始积极寻求信息化的技术融合发展，并于2013年与天津天下出版科技有限公司共同发布了基于第一代多维复合出版码全媒体教辅图书，并创立“点滴学习”品牌。次年更迭为第二代多维复合出版码书网链接教辅。

“点滴学习”是在国家教育信息化三通两平台的大背景下，以学生刚性同步作业需求下应运而生的。其使用场景完全保留了学生原有在纸质教辅上作业学习习惯，又能够通过使用“点滴学习”帮助他们在短时间内有针对性解决作业中的问题。实现以纸为主，以屏幕为辅的使用目标，达到学习焦点不漂移的目的。

为了便于用户使用，教辅上印有的多维复合出版码，支持多介质、多通道、多交互的使用方式。学生在做作业时，可通过扫描条形码、输入串码或专用点读遥控器设备等不同的方式，通过广电网络电视、个人电脑、平板、智能手机等多种终端设备，完成学习资源的获取。

学习资源内容形式也是多种多样的，其中自主拍摄的内容主要有三类。视频内容科学严谨，主创团队包括质监作者、编辑、教研员及一线授课教师。内容均围绕作业和教辅展开。

第一类为一题一解，此类资源针对一道题目的讲解。视频讲解中重要信息的提示和总结，右面主屏幕是主要讲解画面。我们将一段3—5分钟的微视频细分、碎片化为三部分，包括：思路点拨、解答示范、归纳点评以及相关视频，支持让学生有针对性地观看所需内容。

第二类为一课一讲，这类视频是针对一个知识点的讲解。包括：引导概念、重点讲解、典型例题三个部分。

第三类是试卷解析类，此类资源是针对真题试卷的讲解。包括：命题思路、试卷版图、分值分布三个部分。

第四类是英语听力资源，这类资源可以实现重播视频、语速选择、关闭文本等功能，通过将英文听力视频化，让用学生使用时能看到教师的口型，从而提高教学质量。

这些微视频并非是让学生像在视频学习网站上一样，长时间触网观看内容，而是利用微推介和微诊断逻辑框架针对性进行观看。实现学习质量监测上已有的题目，小题大做，举一反三。

截至目前，产品已经积累资源约1.3万语段，资源时长6万多分钟，覆盖16个区的小学一年级到高中三年级全部年级，在100种学习质量监测和总复习书籍中使用，每一年所服务的天津师生家长超过百万数量。

（二）第二阶段：基于教改课改学科课程导向的AI+教辅

三代AI+质量监测书系是以交互纸为主导，屏幕辅助，智能笔为灵魂。在教辅图书基础上，衍生了挂图、环创墙报，导学案，笔记本、纠错本，以及各类订正笺等交互纸张类型。智能笔使用方式与传统书写笔一致，同时能够实时记录书写笔记、书写习惯。师生可以通过在点阵纸上点击或使用手势指令等方式与云端进行交互。

师生使用操作步骤如下：

第一步教师布置作业。教师通过在三代AI教辅上勾画完成作业布置，通过系统通知消息将其告之学生与家长。

第二步学生高效作答。学生使用智能笔在三代AI教辅上可以进行作业作答。作答过程中，学生单击题干系统帮助学生可强化审题，双击可以收听题目要求和建议做题时间等，同时只是播放难题、易错题、高频考点题等题目的辅学音频。

第三步教师批改作业。这是该产品的核心亮点功能，教师直接用智能笔在纸质练习上批改，同时利用平板或手机加以辅助，纸上批注内容及相关数据可以呈现在屏幕中，通过手势指令集可以注入语音批语。同时，通过教师“点击”可以使用已有基于核心素养的知识—问题，技能—错误，能力—缺陷三个维度评语。此外，支持教师手写评语，并将新评语汇聚到生态评语库中，供分享及后续使用。学生收到教师批改的作业后通过手势指令，可以看到和收听到教师发布的语音评语。

该批改环节也可以称为二次教学环节，教师针对学生的一次批改就是一次一对一精准、高效的二次教学，通过这种方式帮助教师突破课堂边界，拓展教学时空，扎扎实实地落实了课堂改革。

二、融合出版产品意义与社会反响

三代AI+质量监测书系面向学科教学和跨学科教学的信息化融合应用，推动教学与信息化的深度融合，面向区域信息化融合创新机制探索。面向“互联网+”的教师专业能力提升，助力教师专业发展，推动跨校、跨区县的教师学习培训和专业研修。面向促进学生个性化全面发展的成长路径，推动大数据在精准教学和评价方面的应用。注重教与学过程中数据的收集分析和利用，并与学生综合素质评价相结合，提升课堂教学和育人的有效性。

产品将优秀教育传统和先进技术相结合，培养学生自主学习的意识和习惯，重视差异化教学和个别化指导，推动个性化学习。坚持育人为本。利用现代信息技术提升教育质量，为消除“数字鸿沟”提供可能的实现路径和可操作的模式方法。注重信息化发展过程中学生用眼卫生的研究和大数据应用。

三代AI+质量监测书系，以主流常态化赋能增强教育，在与区域教育质量监测体系无缝对接，让区域质量监测常态、实时化的同时，还能与当前各类教育资源平台、人人通学习空间、智能辅导题库系统有效对接，其效果是实现无处不黑板、无处不课堂、无处不教研的微学微教生态。三代 AI+ 教辅融合大单元教学理念，引领新时代的教育变革。

三代 AI+ 质量监测书系，面向立德树人核心素养教改课改，以进化思维推进 K12 教育，以回滚增强赋能逻辑，保证主流常态沿袭传统教学习惯，实现规模权威教学与个性精准教学的兼顾，无时空限制完成，群体 & 人体的最小语音评语微课，深化新时态教育评价改革总体方案的落实，有效助力教育信息化 2.0 与中国教育现代化 2035。

2019 年，正值改革开放 41 周年纪念，在深圳举办了第十五届中国（深圳）国际文化产业博览交易会（简称“文博会”）。天津教育出版社的三代 AI+ 纸笔物联系统代表天津出版传媒集团参展，参展期间得到了业界同行及广大市民的关注和好评。通过产品展示向其他省市的单位宣传了新时代教辅图书的发展方向，产生了积极良好的示范和引领效果。

2018 年 9 月，271 教育集团总校长赵丰平一行数人，参观了天津天下出版科技有限公司，并对天津教育出版社的纸笔物联教辅系统给予肯定。双方决定不断加强在教育出版领域的合作。

三、融合出版经验体会

在三代 AI+ 学习质量监测的研发和出版过程中，天津教育出版社有如下经验体会。

1. 深刻体会技术赋能教育、技术赋能出版的价值。

2. 深刻理解教育出版的社会责任、社会价值。

3. 深刻领悟深度融合出版任重道远。出版人应立志高远，踏踏实实走好融合出版的每一步。

（天津教育出版社）

案例类别：产品

神奇动画涂色书

当今世界出版进入一个新的发展阶段，中国的出版事业也进入了一个崭新的发展时代。伴随着数字技术、信息技术、网络技术的迭代发展，出版行业的融合发展趋势越来越突出，融合产品的市场优势越来越彰显，这也成为各出版企业深耕细作、推陈出新的方向。

“神奇动画涂色书”系列是新蕾出版社（以下简称新蕾社）自 2015 年年起着力打造的图书产品，也是新蕾社在出版融合领域富有创造精神和开拓精神的积极尝试。

一、项目情况介绍及具体成效

（一）以创新精神发掘融合出版图书选题

2015 年底，在寻找图书选题的过程中，新蕾社发现了一套颇具新意的儿童涂色书。该书以涂色为载体，创造性地加入了 APP 和故事，让每本书都能通过涂色和拍照，生成单片时长为 5 分钟的有声动画片。5 年前，融合出版物尚是一个新鲜事物，在以新、奇、特见长的童书出版领域同样如此。面对这样一款涂色书产品，高昂的技术费用、未知的市场接受度以及紧迫的出版周期，都为这套图书的出版带来不小的挑战。然而最终，新蕾社还是凭着出版人的韧劲和勇气，在 2 个月的时间里，实现了纸质书的翻译、编校、印制，以及配套 APP 的配音、汉化、上线测试和安卓版本的开发。在全社人员的通力合作和默契配合下，“神奇动画涂色书”第一辑在 2016 年 4 月的“世界读书日”前顺利亮相。

“神奇动画涂色书”是一套专门为 4~10 岁孩子打造的创意涂色书，配套 BLINKBOOK 应用程序使用，第一辑包括《我有一支魔法棒》《遨游海洋》和《好看的童话故事》三册。《我有一支魔法棒》讲述了小男孩在魔法棒的帮助下和斑马、天堂鸟、蝴蝶、孔雀等小动物亲密互动的故事，同时向小读者介绍了动物的生活习性和保护色的作用。《遨游海洋》是一个发生在蔚蓝大海的故事，主人公有会唱歌的管口鱼，圆鼓鼓的气球鱼，站着游泳的海马，提着灯笼的安康鱼等，它们告诉我们海底动物的习性和神奇的天赋，让小读者在涂色的同时尽情遨游在美妙的海底世界。《好看的童话故事》内含两篇安徒生经典童话故事，分别是《皇帝和夜莺》和《丑小鸭》，让小读者在涂色的同时感受经典童话的神奇魅力。

本产品探索多渠道全方位出版，融合出版之核心在于配套的移动端 APP。该书选择“涂色”这一符合幼儿兴趣的形式为切入点，每册通过简短、有趣的故事将 16 幅涂色画串联起来，孩子只需经过涂色、拍照这两步，就可以收获以他的涂色作品为蓝本的有声动画，并可以在移动端反复收看，让幼儿涂色的体验感、互动性和功能性更强，立意新颖，形式创新，具有鲜明的时代特色。同时，基于APP的识别功能，只有轮廓线以内的色彩会被识别，所以即使幼儿涂出了边界，也不会对动画效果有太多影响，年龄小的孩子也可以收获满满的成就感。这一新颖的童书产品巧妙地将涂颜色、听故事、看动画这三项幼儿常见的活动融合到了一起，更生发出多种创意使用方式，促进孩子视、听、动等多感官、多通道的综合发展，寓教于乐。

（二）以开拓精神紧握融合出版物知识产权

2020年9月，中办、国办在《关于加快推进媒体深度融合发展的意见》中明确指出，要推动主力军全面挺进主战场，以互联网思维优化资源配置，把更多优质内容、先进技术、专业人才、项目资金向互联网主阵地汇集、向移动端倾斜。同时，要以先进技术引领驱动融合发展，推动关键核心技术自主创新，专注内容质量，扩大优质内容产能，创新内容表现形式，提升内容传播效果。

在“神奇动画涂色书”的销售过程中，我们越发感觉到要掌握核心技术即移动端APP的开发。只有具有独立的自主知识产权，才能将“神奇动画涂色书”系列做大做强，并为异业合作和版权输出带来更多可能。基于此，在“神奇动画涂色书”上市一年后，新蕾社即着手打造原创版的涂色书第二辑。

在产品升级过程中，新蕾社面临两大难题，一是如何让图书产品本土化与国际化并重，二是如何让移动端功能多样化。在两年的打磨中，新蕾社用编辑的匠心和市场敏锐度解决了上述问题。

针对本土化和国际化的问题，新蕾社选择了具有中华传统文化特色的民间故事，如《猴子捞月》《小猴子下山》，也有在世界范围内大家都耳熟能详的安徒生童话和格林童话选篇。在程序的开发上，同时架构了IOS版本和安卓版本，采用国际通用的UNITY开发平台，将“神奇动画涂色书”的内容通过“涂色动画秀”APP导入拍摄图像，以贴图形式赋予动画，生成有声动画片，上传服务器后形成分享链接，为后续APP上架和对外推介做好准备。

针对功能多样化的问题，新蕾社结合引进版“神奇动画涂色书”的编辑、使用心得和销售反馈，创造性地加入了配音功能。点击配音按钮，读者可以自选旁白线和角色线，根据字幕颜色的变化定位时间，进行配音，就如同卡拉OK的呈现形式一样，生成自己的配音动画作品，简单直观。如果对配音效果不满意，读者不仅可以消除配音，保留原音，也可以多次配音，取最优效果。在“拍照—识别”技术方面，考虑到低龄读者拿不稳、对不准而导致的识别欠佳问题，新蕾社充分利用手机的水平仪，读者通过观察屏幕中央的圆点是否在圆圈中心，从而判定设备是否端平拿稳，进而呈现最优的拍照和动画呈现效果。同时，为了避免图书盗版，新蕾社为每册书加设了解锁码，保护消费者的权益和使用体验。再者，为了方便读者将作品分享，新蕾社加设了上传和分享按钮，实现了一键上传朋友圈的功能。

2019年度，新蕾社出版了神奇动画涂色书的第二辑，申请并获得了由中华人民共和国国家版权局颁发的计算机软件著作权登记证书，让“神奇动画涂色书”原创版APP——涂色动画秀的技术自主权得到认证。

2020年度，新蕾社开启了“神奇动画涂色书”系列第三辑的研发，加入AR、互动游戏等功能，力图实现涂色书产品和技术的再升级。

二、融合出版产品社会反响

“神奇动画涂色书”第一辑问世后，曾在2018年被评为天津市优秀图书，是传统少儿出版在融合出版领域的新尝试与新探索。

在常规线上线下销售渠道之余，新蕾社积极探索异业合作新模式。2017年，实现了“神奇动画涂色书”与餐饮巨头必胜客的合作，作为必胜客儿童生日会的礼物送给小朋友。2018年，再次拓宽渠道，实现了“神奇动画涂色书”与知名奶企蒙牛旗下未来星品牌的合作，随奶制品走入千家万户。

“神奇动画涂色书”两辑8册，合计印制超10次，累计销量超50万册，APP累计下载量约120万，进驻第三方下载平台10个，实现了良好的社会效益和经济效益，并在积极输出版权中。

三、融合出版经验体会

在“神奇动画涂色书”的研发和出版过程中，新蕾社有如下经验体会。

（一）坚持内容为王

把内容建设放在第一位，既是对传统出版的要求，也是对融合出版的要求。新技术日新月异，只有牢牢把握内容导向，坚持正确出版方向，出版无可挑剔的、别具一格的高品质图书，才能让融合出版物成为畅销品和常销品。

（二）始终以用户需求为中心

互联网时代，知识生产过程、复制手段、传播途径都发生了重大变化，消费者也由读者身份实现了向用户身份的迁移。技术、平台、内容、渠道在推进出版深度融合发展中缺一不可，但技术的服务对象、平台的资源集聚、内容的优质高端、渠道的方便快捷，其最终的指向维度是用户。要树立用户至上的理念，在深入了解用户文化消费观念、心理特点、个性需求的基础上，为用户提供数字化程度高、移动化运用便捷、信息含量丰富的优质精神文化产品。同时，转化策划思路，从编辑视角转化为用户视角，从重点考虑出版需求转化为重点考虑用户需求，成为融合出版带给传统少儿出版社的新要求、新挑战。

（三）融合出版产品不断更新

融合出版产品更新快、迭代快、客户反馈便捷，是其区别于传统出版物的一大显著特点。利用好这一特点，新蕾社可以根据大数据指向，吸纳客户需求，更新融合出版产品，实现产品的不断升级，力争带给用户更优试听阅读体验。

（新蕾出版社低幼科普中心）

新蕾享读公众号

案例类别：产品

“渝书坊＋楼下·健身阅读智慧屋”项目

一、项目背景

2015年7月4日，国务院印发《国务院关于积极推进“互联网+”行动的指导意见》。随着近年来移动互联网的发展，越来越多的行业逐步与互联网接轨，社会信息沟通方式发生了巨大变革！作为给人们提供知识、丰富精神文化内涵的图书出版行业，也应跳出传统服务模式，搭上“互联网+”的列车，寻求跨界合作，向新型服务模式转型。

文化乃国之灵魂，体育乃国之脊梁。习近平总书记指出，一个没有精神力量的民族难以自立自强，一项没有文化支撑的事业难以持续长久。利用新的科学技术手段打造文化体育事业，是文化体育强国的重要组成部分。提升国民文化体育自觉，坚定文化自信，丰富文化体育产品的创新和供给，能促进文化体育繁荣发展，提高国民文化体育素质，对促进国家文体事业的发展具有非常重要的意义。

二、项目简介

“渝书坊+”项目是重庆出版集团以共建多元化阅读生态、推广全民阅读为切入点所打造的智能化全民阅读空间，旨在通过“共享阅读”理念，以“7天免费阅读”的模式，逐步培养市民的阅读习惯，进一步促进全民阅读发展。项目分为线上平台与线下网点两大板块，线上平台主要载体为“渝书坊+”公众号及小程序，其依托大数据、云计算、人工智能等新技术，将作者、内容、读者联系起来。为读者提供网上快速免费借阅或购买图书；纸质书、电子书、有声书随心选；智能识别阅读偏好，个性化推荐内容产品；与作者、编辑、出版社互动，实现文化交流等服务。

“渝书坊＋楼下·健身阅读智慧屋”则是“渝书坊+”项目将阅读与生活跨界融合的应用场景之一，秉持“全民阅读”“全民健身”的国家战略号召，把健身、阅读两者跨界融合，在社区范围内打造24小时自助智能文化休闲场所。项目采用全程互联网管理，居民通过智能人脸识别系统进出，利用微信服务号及小程序自助实现图书借阅或购买、健身运动、私人定制、健康管理、社群交流等。并利用大数据分析，为每个用户提供个性化的文化健康指引。

三、项目意义

“渝书坊+”项目便捷、智能化的阅读服务，能丰富大众精神文化生活，让大众享受到科技创新、文化装备系统提升、“互联网＋文化”带来的便利，有效改善全民阅读现状，推进“全民阅读”，提高国民文化素质，建设“书香重庆”。

“渝书坊＋楼下·健身阅读智慧屋”项目适应当今城市生活碎片化节奏下，人们低碳出行、便捷服务、社群交往的生活方式。不仅有利于市民身心健康与全民素质的提高，还将引领社区居民阅读习惯、健身习惯进入一个新的时代，有利于全民健身、全民阅读的推广发展。在提供优质阅读内容的同时，也致力于为读者打造舒适的阅读生态服务，让读者方便阅读，爱上阅读，使阅读成为一种更美好的体验和享受。

四、项目亮点

“便捷”——用户在社区内就能满足自己的健身需求，在健身的同时又能享受阅读带来的愉悦。

"智能"——通过互联网，读者只需10秒钟即可在手机上完成注册及图书借阅流程，后台可实时调取个人阅读数据。

"共享"——图书可以相互扭转，减少资源浪费。

"免费"——7天免费阅读，培养市民长期阅读的习惯。

五、项目创新性

"渝书坊+楼下·健身阅读智慧屋"立足于重庆，以"互联网+图书、健身"的模式，打造集阅读、健身于一体的24小时自助智能文化休闲场所。满足城市居民"5分钟生活圈"的文化及健身服务需求。

项目将抛弃传统图书馆及健身房在商圈建点的模式，将网点落户于社区内，让社区居民步入小区感受在家健身阅读的便捷与乐趣。除配备基础健身器材与书籍外，项目建设了智能人脸识别系统方便居民进出，同时开通了微信服务号及小程序方便居民自助借阅、购买图书、健身运动、健康管理等；建设大数据后台，通过对大数据的分析，为用户提供个性化的文化健康指引。

六、项目运营状况

"渝书坊+"项目以机关、社区、学校、商业中心等更贴近市民生活的场所为建设地点，以线下网点和线上平台相结合的方式，为居民提供便捷、智能的阅读服务，满足群众阅读需求。目前，项目已与重庆市直机关工委、田坝中学、必胜客等单位开展合作，建成开放式平台2个，闭合式平台22个，覆盖30000人，各网点配备党建、社科、文学、生活、科普类书籍50000册，根据后台大数据分析，图书月均借阅率达28.5%以上。

"渝书坊+楼下·健身阅读智慧屋"已建成大渡口体育文化公园、江北区鲁能星城、阳明山水、长安华都、沙坪坝西城丽景等11个网点，约2000平方米，价值67.5万元的图书，约1.5万册供市民借阅，覆盖居民8万人以上。

七、取得的成效

（一）社会效益

"渝书坊+楼下·健身阅读智慧屋"将文化与体育有机融合，形成社区文化健康服务新模式，丰富了文化体育产品的创新和供给，为工作生活忙碌的都市人在阅读与健身方面提供便捷服务的同时，提高了国民文化体育素质，促进了国家文化体育强国战略的发展。

"渝书坊+楼下·健身阅读智慧屋"针对的群体为社区居民，这个群体内有大人也有孩子，将不定期选取相应网点开展"亲子阅读活动"，以此活动号召家长多陪孩子阅读，从小培养孩子们的阅读习惯，助力祖国下一代人才的培养教育。

2020年新冠疫情发生后，"渝书坊+楼下·健身阅读智慧屋"秉承项目建设宗旨，服务于终端用户、提升市民文化体育素质为己任，不断升级迭代以满足消费者需求。面对来势汹汹的疫情、形势异常严峻的境况，为了满足居家隔离的市民的精神文化需求，给在家进行自我隔离的市民提供更多、更丰富的精神文化食粮，重庆出版集团加快"渝书坊+楼下·健身阅读智慧屋"的升级建设，在疫情期间免费为市民开放电子书千余个品种，有声书百余个品种，服务人群超过10万人次。

（二）经济效益

"渝书坊+楼下·健身阅读智慧屋"目前已建成11个网点，2020年受疫情影响，截至12月底，累计实现销售收入120万元。

（重庆出版集团有限公司）

渝书坊+小程序

案例类别：产品

"安全阅读云"项目

一、项目情况介绍

近些年来，大数据、人工智能、5G、区块链、云计算、移动情境感知等先进信息技术的落地与应用，使人们的阅读媒介、阅读习惯发生了重大的变化，阅读需求呈现多样化、个性化、分众化的特点。这为传统出版单位带来了巨大的机遇与挑战。迫切需要解决内容生产与用户的失联问题，形成良性的生态，达到传播内容的协同和用户行为的协同。面对这一机遇与挑战，这就需要出版机构用信息技术为传统出版赋能，加速物联网、人工智能、大数据等新技术的应用，构建全方位、多层次的内容生产体系，聚集更多更好的导向正确、主题鲜明、内容丰富、载体多样、获取便捷的优质文化教育内容资源。

在这一思想指导下，重庆出版集团这两年始终坚持“内容导向、需求导向、创新导向和共赢导向”为指导原则，加速出版与科技的融合，倾力打造高质量数字出版产品矩阵，优化用户体验，积极探索和调整产业结构，逐步形成“1221”产业布局，投资建设了功能强大的数据中台，即“安全阅读云”（又被称为文化教育大数据中心）。通过该数据中台把自有和第三方的文字、音频、视频等所有优质文化教育内容集成起来，通过“大数据中台”按照统一的标准进行清洗、整理、分类、打标签，建成非结构性数据管理系统，可对数据进行挖掘、分析、应用。该数据中台对内能够为数字出版产品的选题策划、审校、加工、印制、销售等提供数据辅助决策，对外可为用户提供多重体验的个性化知识服务，结合大数据、人工智能、移动情境感知等技术，加速在内容、载体、服务、发行、营销等全产业链的升级和改造，重构数字出版新的经济增长点。“安全阅读云”具有较为严格的内容审核手段，借助“机器＋人工”双重模式，按照相关新闻出版内容监管政策和行业标准，分别对“用户生产内容”“专业生产内容”以及“职业生产内容”等来源的内容数据进行严格把关，确保数字出版领域的文化安全和意识形态安全。然后通过统一的平台把数据流输出到各种应用端，从而实现价值的变现和数据经营，扩大文化教育产品和服务的供给，缩小教育内容数字鸿沟、促进教育公平，构建真正数字出版生态圈。这样就有力地减少了资源的交互成本，实现了大数据、人工智能为主导的资源协同和去中心化；并通过新出版＋的方式，跨界进入学校、机关、社区，通过 VR/AR、超高清视频、5G 网络等信息传播技术的应用，打造线上和线下相结合的立体式宣传网络，协同资源，联动合作，积极抢占互联网舆论高地优势，服务人民群众日益增长的精神文化需求。

“安全阅读云”的数据采集、清洗、打标、管理等基本能力已经实现，目前已经汇聚了图书、图片、电子书、有声书、视频、试题、期刊、论文 8 类数据内容资产；制定有数据采集、数据加工、数据交换共享、数据质量、数据安全管理等标准规范体系 20 个。

二、项目取得的成效

依托“安全阅读云”，目前已形成“学习强国”数字农家书屋、渝书坊＋、渝教育＋、“我家小书柜”“阅读重庆”全民阅读服务平台、“中国音乐史”数字阅读服务平台等高质量数字化产品矩阵。

第一，将数字出版产品打造成宣传思想文化阵地的最前沿，落实文化企业的“导向要求”，引导主流文化、先进文化。一方面，通过数字信息技术的应用和数字出版产品的营销推广，发挥“触角”作用，实现党的先进理论“飞入寻常百姓家”；另一方面，通过媒体融合推动舆论宣传方式创新，让国家政策宣讲深入浅出，让核心价值观的渗透接地气、有温度，更好地凝聚共识、汇聚力量；除此之外，通过 VR/AR、超高清视频、5G 网络等信息传播技术的应用，打造线上和线下相结合的立体式宣传网络，协同资源，联动合作，积极抢占互联网舆论高地优势。“学习强国”数字农家书屋，便是一个典型范例。通过资源整合，以学习强国重庆学习平台为主要线上载体，以农家书屋触摸大屏为主要线下载体，统筹推进重庆市新时代文明实践中心、所、站建设试点，将“学习强国”数字农家书屋打造为学习宣传党的创新理论、巩固党在农村的执政基础、培养践行社会主义核心价值观、丰富群众生活，持续深入移风易俗、助力乡村振兴战略实施的重要载体和阵地。

第二，在坚持出版主业的基础上，积极寻求文化领域的深度融合发展，参考“互联网＋”的业务模式，“走出去”实现出版与教育、体育、餐饮、网络文学等其他文化消费形式相结合，通过人工智能、移动情境感知、5G 等先进信息技术，实现移动知识服务、智能阅读生态、个性化推荐等特色服务功能，融合发展既能让数字出版产业得到稳定、快速的增长，还可以刺激大范围文化消费动力，服务人民群众日益增长的精神文化需求。重庆出版集团近些年推出“渝书坊＋”模式，旨在构造智能化全民阅读生态，目前已与学校、银行、餐饮、健身、网络文学等领域开展多重深度合作，打造出“楼下·健身阅读智慧屋”“盛世阅读网”等产物，创新阅读新载体、新平台和新环境。除“渝书坊＋”之外，“渝教育＋”也是重庆出版集团实现融合发展战略的另一创新尝试，基于自身丰富的教材教辅数据资源，建设以教育内容为主的数据智能化基础教育生态，与此同时，以市场化运营和公益化捐赠两种发展模式，为缩小教育内容数字鸿沟、促进教育公平提供有力支持。

三、经验体会

重庆出版集团的数字化转型融合发展模式已经初见成效，基于“明确发展方向—部署生产格局—融合创新成果”三步走的战略，抓牢文化企业意识形态属性的同时，也兼顾了产业属性和经济效益指标，为其他地方出版单位开展数字出版业务提供了较为成熟的经验借鉴。

首先，明确数字出版生态建设的战略发展方向，具体以“内容导向、需求导向、创新导向和共赢导向”为指导原则，加速出版与科技的融合，打造高质量的数字出版产品矩阵，优化用户体验，助推集团数字化转型升级和深度融合发展；其次，积极部署产业格局，打造可持续发展的“1221”产业发展模式，在兼顾作为文化企业的意识形态属性的同时，也牢牢抓住其产业属性，实现自身可持续发展与实现满足群众精神文化需要“齐头并进”；最后，在坚持做强做大出版主业的同时，积极整合资源，谋求融合创新发展，高度重视用信息技术为出版主业赋能，提升文化产品和服务供给能力和质量。

（重庆出版集团有限公司）

案例类别：产品

“天生数学”新媒体矩阵

李勇

一、项目简介

（一）项目介绍

“‘天生数学’新媒体矩阵”产品是西南大学出版社（原西南师范大学出版社）出品的优质数学教辅融合数字平台，与“小学数学同步练习”“数学文化”“口算·笔算·妙算天天练”“口算练习册”“智慧优学轻巧练”等小学数学教辅图书深度融合。

以帮助小学生高效学习数学为目的，提供优质的数学拓展资源以及专业、高效的服务，通过与教育行政部门、教研部门、学校通力合作，让该数字服务平台在教师、学生中得以快速、广泛应用。

通过构建“小程序＋服务号＋订阅号”组合模式，形成“新媒体矩阵”全方位服务体系，并与多端统一开发框架Taro、集群、负载均衡等技术充分结合，为用户提供全方位的数字化服务。

致力于为广大小学生及其家长提供独家的优质资源，将“有趣更有用”的高价值内容精准推送给家长。小程序：提供答案核对、错题本、口算闯关等功能服务；服务号：提供优质同步视频课、拓展练习题等；订阅号：分享最新教育资讯、学习方法、育儿经验等。

该数字服务模式可以解决目前数字资源针对性不强、教育资源不均衡问题，该项目充分发挥数字应用的优势，以数字应用为核心，实现数字服务与图书出版深度融合，为出版企业探索一条可持续的融合发展方向，为出版行业建立应用示范。

（二）关键技术

1. 集群、负载均衡技术。使用集群和负载均衡技术，扩展服务器带宽，增加吞吐量，增强网络数据处理能力，提高网络的灵活性和可用性，保证了系统的高可管理性、高可用性、高可靠性和高扩展性。

2. 多端统一开发框架Taro。使用多端开发框架Taro进行小程序的研发，Taro遵循React语法规范，采用与React一致的组件化思想，可以轻松地在应用中传递数据，并使得状态与表现分离，降低程序的耦合性，使程序变得可维护、易复用，并采用虚拟DOM进行界面渲染，性能好，速度快。

（三）意义和必要性

党的十八大以来，以习近平同志为核心的党中央坚定不移实施科教兴国战略和人才强国战略，坚持优先发展教育，大力推进教育领域综合改革，持续加大教育投入，教育现代化加速推进，教育总体发展水平进入世界中上行列，取得了全方位、开创性的历史性成就。党的十九大明确提出建设教育强国是中华民族伟大复兴的基础工程，必须把教育事业放在优先位置，深化教育改革，加快教育现代化，办好人民满意的教育。

第一，有利于落实《国家中长期教育改革和发展规划纲要（2010—2020年）》。明确指出未来10年教育的工作方针就是“优先发展、育人为本、改革创新、促进公平、提高质量”。本项目通过构建“小程序＋服务号＋订阅号”的优质服务模式，对传统教育形成有效的补充，规模化解决教育资源均衡问题，提高教育整体水平。

第二，有利于落实《国家教育信息化十年发展规划（2011—2020）》。指出：教育信息化应以促进义务教育均衡发展为重点，以建设、应用和共享优质数字教育资源为手段，促进每一所中小学和幼儿园享有优质数字教育资源，提高教育教学质量；帮助所有适龄儿童和青少年平等、有效、健康地使用信息技术，培养自主学习、终身学习能力。本项目通过“新媒体矩阵”促进跨区域、跨城乡、跨学校的资源与数据共享，对促进我国小学基础教育信息化发展，促进教育均衡发展有重要作用。

第三，有利于落实《中国教育现代化2035》。指出，要加快信息化时代教育变革。利用现代技术加快推动人才培养模式改革，实现规模化教育与个性化培养的有机结合。创新教育服务业态，建立数字教育资源共建共享机制，完善利益分配机制、知识产权保护制度和新型教育服务监管制度。本项目致力于为广大小学生及家长提供优质资源和创新教育服务，将高价值内容精准推送给家长。通过该平台，家长可以更高效地辅导孩子学习，孩子可以获得更加优质高效的课外学习体验，激发孩子学习兴趣。

第四，有利于推动教育出版产业转型升级。信息技术的快速发展，给传统出版业带来了机遇与挑战，党和国家对出版行业提出了从传统出版向数字出版转型升级的时代要求，如何通过盘活存量资源，利用新技术、新理念，构建有特色、符合实际的运营模式，是每家教育出版社积极探索、努力发展的方向，本项目正是建立在这种背景下的，通过构建数字服务模式，为传统出版企业转型升级、为企业发展探索一条可持续发展道路。

二、项目成效与社会反响

（一）融合出版图书收益

“天生数学”融合图书出版图书 70 余种，300 万册，带动西南大学出版社图书销售收益 100 余万元。

（二）知识付费

“天生数学”提供特色“拓展训练”视频讲解、“能力提升题”讲解、优质视频课程等，已经初步形成一套知识付费体系，目前用户知识付费累计收入超过 30 万元。

（三）广告收入

产品上线一年半，累计实现广告收入 20 万元，包括公众号广告、CPA、CPS 等类型广告。

（四）社会反响

产品上线后，获得广大老师、家长的一致好评，产品上线一年半，用户已经突破 100 万，付费用户超过 3 万。

2020 年新冠疫情期间，“天生数学”小程序免费开放给广大用户，每日访问用户数超过 10 万人次。

（五）获奖情况

2019 年 11 月，“天生数学”被中国出版传媒商报评为 2019 年“新锐最受欢迎公众号”；2020 年，“‘天生数学’新媒体矩阵”项目获 2020 年重庆市数字出版发展专项资金资助，资助金额 10 万元；2020 年 9 月，“天生数学”被重庆市音像与数字出版协会评为“2019 年度重庆市优秀数字产品 / 服务”。

三、融合出版经验体会

（一）从“用户需求”到“用户体验”

在传统的产品设计中，常常只关注产品能给用户提供哪些功能和服务，于是将原来图书上的内容搬到数字媒体上，然而读者并不认可，这就是典型的不顾用户体验。“天生数学”充分重视影响用户体验的多方面要素：功能服务、产品界面、展现形式、操作按钮、使用场景等，并根据用户的反馈不断更新迭代，保证产品拥有旺盛的生命力。

（二）从“单一载体”到“矩阵互动”

新媒体时代，优质内容的传播不再只是依赖图书和网站，而全媒体更强调矩阵互动，利用其丰富的媒体形式、广泛的传播渠道，更容易产生影响，更容易赢得用户。“天生数学”新媒体矩阵构建“小程序 + 服务号 + 订阅号”与图书互动的模式，各自提供最适合该平台的内容，共同为用户服务。

（三）从“平均用力”到“重点突破”

以往的图书融合产品中，我们常常是单本图书融合，或者是一套图书进行融合，这是以图书产品为中心的“平均用力”，由于用户分散，资源有限，往往过一段时间就“销声匿迹”了。而要开展出版业的深度融合，应当聚集出版社更大范围的力量，以用户为中心，围绕出版社传统出版优势领域重点打造，重点突破，树立品牌影响力。

“天生数学”是以出版社优势数学教辅图书为依托开发的重点项目，以数字平台为核心，聚集用户和服务，通过不断运营活跃用户，逐渐培养用户消费习惯，构建多种商业模式，做大做强一个板块。

（四）从“单打独斗”到“合作共赢”

出版社在资源、编辑人才等方面有优势，但是技术方面往往跟不上。以前，出版社只是抽调内部人员进行融合图书产品的开发，但往往由于经验不足、技术落后等原因使得产品的竞争力不足。“天生数学”项目中，西南大学出版社与有实力有经验的互联网公司探索深入合作模式，共同研发，共同运营，实现优势互补，合作共赢。

（李勇：西南大学出版社电子音像 / 数字网络分社新媒体编辑）

天生数学小程序

案例类别：产品

重庆大学出版社：融合出版业务服务系统

董康

一、项目介绍

（一）项目简介

1. 项目概况。重庆大学出版社自主研发并运营的“融合出版业务服务系统”项目，是基于云计算和大数据技术打造的一套融合出版支撑架构，将内容生产者、内容消费者（读者、用户等）有机链接，集在线云出版、在线教学、学习决策辅助、兴趣发现、考试测验、知识认证、版权保护与交易为一体，面向不同用户群体，提供多样化的融合出版和互联网运营服务。

2. 项目成果。荣获 22 项软件著作权、3 项高新技术产品的认定；11 项研发成果先后荣获了财政部、重庆市的专项资助；多项成果先后获评重庆市“互联网 +”试点示范项目、“2019 年度重庆市数字出版优秀项目”“优秀创新项目”“2020 年大数据智能化产业发展项目库入库项目”“数字出版模式创新项目”。

3. 主要功能系统。通过信息技术介入融合产品的生产与运营，提供快速产出与服务支撑。在完成策划与数字内容建设后，将资源上传至数字资源管理系统，通过二维码管理系统输出可用于印刷的二维码，串联起线上线下应用，部署好的资源可以对外提供阅读和教学服务，实现多元交互融合。主要包括以下几个子系统。

（1）融合出版支持系统：融合产品生产、运营所需的各个管理支持系统，涉及二维码管理系统、数字资源管理系统、数字课程管理系统、电子（样）书管理系统和 AR/VR 产品管理系统等。

（2）融合出版物管理系统：管理新形态纸质出版物，可对接出版单位现有 ERP 或者官网纸书数据库，实现出版物跟各个应用系统和服务的高效整合。

（3）应用服务系统：主要包括面向用户、客户的应用型系统，在一定范围内可实现高度的定制化应用，主要包括数字资源在线应用系统、慕课学习系统、课堂教学应用系统、在线阅读系统、新形态教材支撑平台等。

（4）用户管理系统：包括基于 SaaS 环境的 B 端用户管理系统（如出版单位、院校、教培机构等）、个人用户管理系统等，可实现用户准入、授权和服务沟通等功能。

（5）运营数据分析系统：运营过程中产生的运营数据、行为数据等的收集、存储，预处理、处理和分析、展示、应用等环节和功能的管理。

4. 主要服务模式。本系统提供两种服务模式。一种是面向出版单位，为其提供融合出版支撑系统，并间接服务读者的 B2B2C 模式。以 SaaS 方式向出版单位交付包括融合出版物管理、数字资产管理、教学服务管理、读者用户群管理和网校运营平台等多个软件系统，帮助其快速上线融合出版产品和对外提供增值服务。而另一种是直接面向终端用户，如为读者与院校师生群体提供在线课程开设、在线学习和多模式课堂教学服务的 B2C 模式。

（二）项目创新性

1. 出版模式创新：通过二维码、AR、大数据等技术，实现教材图书、数字资源及课程、互动平台三位一体深度融合，增强用户黏性。

2. 服务模式创新：提供基于 SaaS 模式的便捷服务，大幅降低中小出版单位实现融合出版的研发门槛和生产运营成本，缩短融合产品上线周期，实时更新发布数字产品。

3. 大数据引领出版生态重构：依托平台实现新形态教材和互联网化图书的生产和交付，通过全生命周期的用户数据聚集、分析，用于选题策划、产品完善。以数据驱动产品迭代研发，实现出版生态的重构。

4.“一码多能”应用创新：二维码可同时实现资源码、物流码、课程码、互动码多种应用，“一书一码”提供数字资源版权保护。“一码多能”的创新，让二维码成为出版物中人与人、人与物、物与物的高效连接器。

（三）项目亮点

1. 数据画像多维度评估产品效果：采集学习者多个维度的学习行为数据，深度挖掘、分析，进行多维度可视化评估，生成学习者的数据画像，进而实现数据驱动的“因材施教”和个性化自主学习。

2. 数字出版与在线教育相结合的云服务应用模式的创新：以数字出版方式，实现优质教育教学资源的云采编、云生产和版权交易，以确保内容的优质、高效和便捷分发；以在线教育方式实现数字内容的在线发布、销售和应用推广，从而实现运营价值，再反哺生产，形成产业链闭环。

3. 创新的双“融合”赋能模式：通过技术、数字内容与人才的融合，传统教材、数字资源和教学服务工具类应用平台的融合，赋能出版机构和院校，将信息化教学水平和传统教材的教学服务能力，提升到一个新高度。实现纸书、数字资源与互动应用三位一体融合发展，打造出全新的新形态教材和互联网化图书，提升出版物和出版机构的竞争能力和服务优势。

4.“中央市场”与“中央厨房”式的数字资源生产与交付架构：构建庞大的集约化资源管理中心，实现了数字资源的集中管理，单一资源的多点复用。

（四）主要技术

项目主要技术包括二维码、增强现实（AR）、大数据及数据可视化等技术，Web3D 等技术。

二、具体成效与社会反响

重庆大学出版社根据出版业务流程，结合行业实际需求，孵化的“融合出版业务服务系统”，凭借自身的服务能力在多个方面发挥了积极的作用。特别是在 2020 年疫情期间，为教育系统的“停课不停学”提供了高效稳定的服务，服务能力得到极大彰显。

（一）为院校教师提供支撑课堂智能化教学的工具型应用平台

本项目下的应用系统“课书房教学云平台”，具高度自由的互动教学系统、支持大规模集中开展的教学评估系统，为院校教师提供支撑课堂智能化教学的工具集，实现慕课、翻转课堂、混合式教学等多种教学模式。同时，为院校教育教学改革提供数字内容、教学工具和大数据支撑。

疫情期间，重庆大学出版社响应“停课不停学，学习不延期”的倡议，免费开放平台。来自 1400 余所院校 6000 余位老师，在平台上开设在线课程，进行在线备课、授课、答疑及练习等互动教学活动，服务 20 万余名学生的在线学习。

（二）赋能传统出版数字化转型升级

本项目赋能传统出版单位的数字化转型升级，尤其是教育出版服务能力得到显著提升。

本项目下的“新形态教材支撑平台”整体解决方案，覆盖新形态教材的开发、管理、推广应用和运营等全业务链，纸书内容、数字资源与互动应用三位一体融合发展，成为出版社转型升级中的重要一环。截至目前，重庆大学出版社已进行 200 余本新形态教材的建设发行。疫情期间，推出免费公益课专区，访问量超 300 万人次，获得大量五星好评。

三、融合经验体会

（一）彻底转变观念，树立融合发展思维

编辑人员作为融合出版的主力军，其观念的转变至关重要。首先要从根本上转变观念，全员树立融合发展思维，传统图书编辑角色需转变为融合出版产品经理，在策划、设计、印制、内容制作、运营、发行等环节实现有效衔接。因此，重庆大学出版社成立了数字出版领导小组和数字选题论证委员会，定期召开数字出版选题会，深入推进我社的融合发展产品和业务。

（二）积极创新内容生产和服务

内容是出版的根本，是核心竞争力，要主动适应用户多样化、个性化、分众化的消费需求，适应互联网传播移动化、社交化、多媒体化趋势，推动内容生产向实时生产、数据化生产、用户参与生产转变，并通过建立内容中心、用户中心、数据中心，提供精准服务，最大限度地满足用户需求。进而延伸出版产业链和价值链，实现能力提升和价值增长。

（三）切实加强重点平台建设和深度应用推广

线上与线下融合的平台是出版社开发产品、提供服务的重要载体，出版融合发展和数字化转型升级，必须有平台支撑。近年来，我社在融合发展方面聚焦重点平台建设，并初显成效。

基于“融合出版业务服务系统”，一方面打造覆盖融合出版全业务流程的软件平台，以便快速上线融合出版产品和对外提供增值服务。另一方面，在社内外大力推广拥有丰富的融合型数字产品和服务的应用平台，实现更好的营销效果。

（董康：重庆大学出版社数字出版部主任）

融合出版业务服务系统

案例类别：产品

重庆出版集团：渝教育——智慧教育一体化解决方案

一、建设背景

中共中央、国务院印发《中国教育现代化2035》明确了到2035年，总体实现教育现代化。加快形成现代化的教育管理与监测体系，推进管理精准化和决策科学化。充分利用现代信息技术，丰富并创新课程形式。

《教育信息化2.0行动计划》提出促进数字校园建设全面普及，推动实现各级各类学校数字校园全覆盖。

2020年6月，重庆市委、市政府印发《重庆教育现代化2035》，提出构建信息化时代教育新生态。打造智慧教育新场景，汇聚智慧教育新资源，创建智慧教育新模式，提升智慧教育治理水平。

《重庆市加快推进教育现代化实施方案（2020—2022年）》提出，到2022年，教育现代化取得重要进展，教育综合实力处于西部前列，基本建成教育强市。

重庆出版集团积极响应“互联网+”和发展数字经济的国家战略，形成以“内容出版、出版数字、数字经济、经济服务、服务内容”五大板块为核心的企业战略，规划出“一圈两线两端一网”——“1221”战略（见下图）。

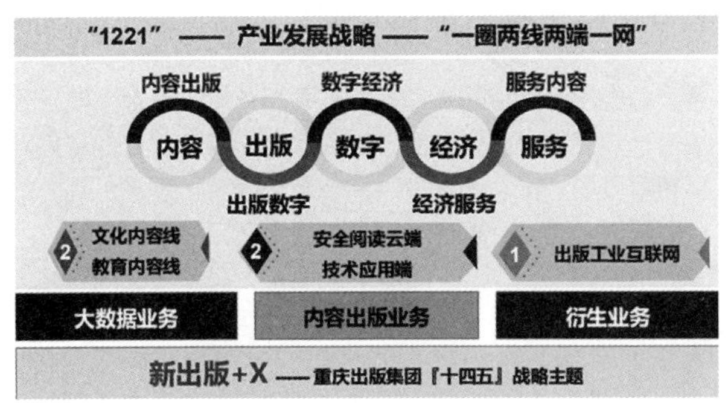

“1221”产业发展战略图

重庆出版集团依靠完备的文化教育应用支撑能力具备了生产庞大的文化教育资源库的能力，同时借助人工智能（AI）、互联网、大数据等技术，奠定了文化与教育的行业应用开发基础，推动“出版+教育”的跨界融合，助力传统教育向智慧教育的变革。

二、建设优势

重庆出版集团拥有70年积淀的公信力，是重庆市最大的唯一的综合出版企业，综合实力排全国前列，同时集团还是国家数字教材教辅生产应用单位，拥有国内优秀的高新技术人才200余名，具备产品设计、研发、测试、安全、运维、运营等完整体系，充分具备为教育持续提供服务的能力。

重庆至乐文化传播有限公司，是重庆出版集团的全资子公司。公司专注教育新型基础设施建设和出版融合发展，致力于以大数据、云计算、人工智能、区块链等新一代信息技术，构建“5G+智慧教育”公共服务生态和出版产业互联网服务体系，支撑教育高质量发展、出版智能化升级。

三、项目架构和建设内容

（一）“5G+智慧教育”生态架构

渝教育公共服务平台，是重庆出版集团在新技术条件下服务教育事业的新型基础设施，平台基于大数据、物联网、区块链等技术，提供数字资源、数据治理以及远程教育、智慧课堂/教室、校园安全等智能场景应用，通过全链路生态建设，为教育主管部门、教师、学生、家长、学校提供融“德、智、体、美、劳”教育为一体的“管、教、学、测、评、研”全方位数字化、智能化服务，促进线上线下教育融合发展，推动教育数字转型、智能升级融合创新，支撑教育高质量发展。

1. 内容资源平台。发挥出版集团内容资源优势和内容安全把关优势、做好数字教材教辅的内容服务，是新时代出版人义不容辞的使命和担当。

平台围绕立德树人根本任务，将精品内容融入教材、试题、教案、课件、素材、视频、微课、同步练习题。海量的内容资源，支撑起了包括编程教育、数字阅读、素质教育、教师培训、校本资源平台等核心板块。

2. 教育数据工坊。承担大数据相关的基础服务能力。通过对教育应用数据、内容数据、教育机构数据进行加工、清洗、挖掘、标注，使数字内容标签化、标准化、资产化，通过统一的数据标准规范，接入各方。

链接用户、应用、内容，打通应用层、内容层，为需求者提供定期完整的大数据服务，从而实现个性化教育、智能化监管。

3. 产品应用矩阵。以自主研发和联合研发为主，整合国内一流的教育应用，围绕智慧课堂、智慧阅读、智慧校园、培训学习、赛事服务、新高考等教育教学场景的全链路应用服务。

（二）渝教育部分应用介绍

1. 智播云教师培训系统。适用于大班课教学、活动现场直播、视频会议等多场景，满足教委、学校、教育机构的培训需求。系统包含直播中心、讲师中心和管理后台三大板块，提供课程管理、直播间管理、连麦、文档白板、屏幕共享、互动聊天、课程回看、资料管理、内容审核、课堂报告等丰富功能，为用户带来多端流畅的观看体验。

2. 校园书坊（数字图书馆）。依托 RFID、物联网、AI 人工智能技术，以云计算技术为基础，以智慧化设备为手段，实现资源与资源相连、资源与人相连、人与人相连，为阅读空间提供智慧化服务。

3. 赛事服务系统。具备赛事说明、报名通道、注册登录、新闻资讯、作品上传、作品展示、评分 PK、投票 PK、在线评分、随机分组、功能服务 SaaS 化等功能。

4. 成绩分析系统。自主研发核心算法，包括：适应新高考的分科统计、赋分成绩转化、有效分计算、单双上线统计；常规教学考试场景的四率分析、分科分段数据、班级数据统计、成绩均衡性计算分析、历史数据对比。

运用可视化图表化繁为简，将复杂的关联数据转化为简单图形，直观表现成绩分析结果，为学校提升学生成绩和教师教学水平提供决策支持。

5. 高考志愿导师。运用位点原理，通过数学模型、运筹学和大数据分析等计算方法，能帮助考生科学准确填报高考志愿，最大限度排除因招生计划、考生数量、试卷难度差异等因素所带来的影响，可实现与历年位次直接对比。

独创位点法技术，更适合新高考省市。安全可靠，双系统双保险，录取率达 99%。操作便捷、数据完整，精准预测分数，支持 PC 端和 APP 端，最快 10 分钟内生成一套完整的高考志愿。

6. 重庆云课堂网络平台。是在双减政策和疫情防控的背景下产生的，帮助教师、学生获取优质的教学资源，打造人人皆学、处处能学、时时可学的智慧教育环境，促进学习方式变革和教育模式创新，实现减压增效，精准教学，终身学习。

四、具体实践与成效

智播云教师培训系统于 2020 年 6 月上线，完成 6 次人教版教材教师转版培训，2021 年完成 14 次教科院教研活动，累计观看逾百万人次，获得一致好评。现已成为重庆市教科院教研活动唯一应用平台。

赛事服务系统已成功承办 2021 年重庆市教科院高中历史优质课大赛等多个赛事，其中教科院比赛已有来自 41 个区县与 7 所名校的教师参与，并有 24 位评委评审。

成绩分析系统于 2020 年初在重庆市朝阳中学上线运行，从最初单一类别、单一科目、单个维度分析到多类别、多科目、多维度（四率分析、分科分段、赋分、有效分）分析，维度不断丰富，准确度不断提升；积淀了大量的教育教学数据，为学校提升学生成绩和教师教学水平提供支持。

在 2020 年 8 月 26 日重庆市大数据应用发展管理局公布的关于大数据产业发展试点及资金支持的项目名单中，重庆出版集团的“重庆市 5G+ 智慧教育资源应用服务平台”入选并获得资金支持。

五、社会反响

一是减小教育资源差异；二是加强教育内容安全；三是强化教育统筹监管；四是去粗取精统一建设；五是打通教育数据孤岛。

六、融合经验体会

在中国传媒行业的各种业态中，出版集团最具备构建新型出版传媒集团的业态结构和综合优势，从某种意义上分析，最能够适应传统出版和新兴出版融合发展的国家出版传媒发展战略与发展目标。

教育信息化必须把握融合发展契机，结合多项技术，整合各类内容和应用资源，为教育产业提供综合性的服务平台，扩大教育内容资源入口和出口，成为教育信息化发展新阶段下，推动教育发展和变革的强大抓手和工具。重庆出版集团的“渝教育”正是以此为宗旨设计建设的。

（重庆至乐文化传播有限公司）

重庆出版集团融合发展战略

案例类别：产品

出版工业互联网：聚合产业资源 赋能出版行业 推进业态创新

——重庆出版集团深度融合创新发展

一、建设背景

随着信息时代的到来，传统制造业也已从数字阶段向网络阶段迈进，由此工业互联网迅速兴起，并获得飞速发展。我国的工业互联网仍处于起步与探索的阶段，尚未形成完整的模式和体系。但我国工业互联网的市场态势良好，其发展具有重要意义。

2020 年 3 月工信部发布《关于推动工业互联网加快发展的通知》提出，加快工业互联网等新型基础设施建设，推动工业互联网在更广范围、更深程度、更高水平上融合创新，培植壮大经济发展新动能，支撑实现高质量发展。

《重庆市以大数据智能化为引领的创新驱动发展战略行动计划 (2018—2020 年)》、2020 年 5 月重庆市经信委与市通信管理局联合发布《2020 年全市工业互联网工作要点的通知》等文件精神，要求深入实施工业互联网创新发展战略，推动制造业加速向数字化、网络化、智能化发展。

重庆出版集团拥有 70 年积淀的公信力，是重庆市最大的唯一的综合出版企业，综合实力排全国前列，同时集团还是国家数字教材教辅生产应用单位，拥有国内优秀的高新技术人才 200 余名，具备产品设计、研发、测试、安全、运维、运营等完整体系，充分具备为教育持续提供服务的能力。

重庆至乐文化传播有限公司是重庆出版集团的全资子公司。公司专注教育新型基础设施建设和出版融合发展，致力于以大数据、云计算、人工智能、区块链等新一代信息技术，构建“5G+ 智慧教育”公共服务生态和出版产业互联网服务体系，支撑教育高质量发展、出版智能化升级。

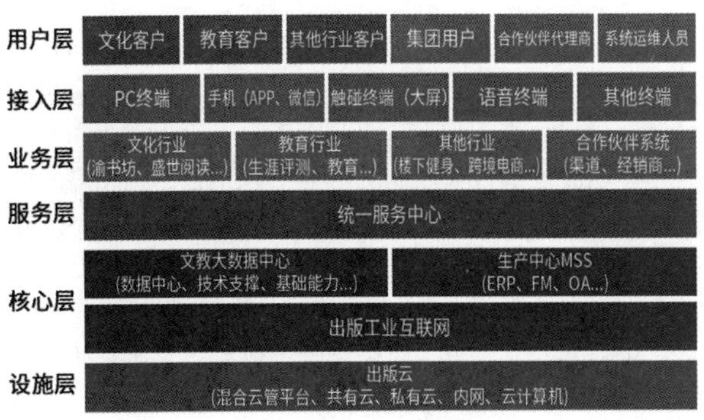

重庆出版集团 IT 总体规划

二、建设概况

（一）简介

出版工业互联网，借助云计算、大数据技术与工业经验知识相结合形成工业数据基础分析能力，把技术、知识、经验等资源固化为专业软件库、应用模型库、专家知识库等可移植、可复制的开发工具和微服务；提供数据存储、数据共享、数据分析和工业模型构成的完整工业数据服务链，聚合各类传统专业处理方法与前沿智能分析工具，帮助用户方便快捷地实现工业数据的集成管理和价值挖掘，努力打造文化行业工业互联网标识分析体系二级节点。

为连接作者、编辑、美术设计、印刷厂商、经销商、纸厂、物流、仓储、读者、读书反馈等上中下游角色，提供一个统一的平台，提供丰富的供需信息，加强各环节不同角色的联系，为整个产业链上的不同角色提供全链条服务。

（二）内容

1. 图书产销管理平台（见下图）。图书产销管理平台包含图书选题策划、版权管理、作者管理、书稿三审、书号申请、稿费和生产费用管理、原材料管理、印务管理、客户管理、销售管理等诸多功能。主要解决图书生产流程控制、原材料采购和使用、产品销售支持及销售策略等诸多功能。

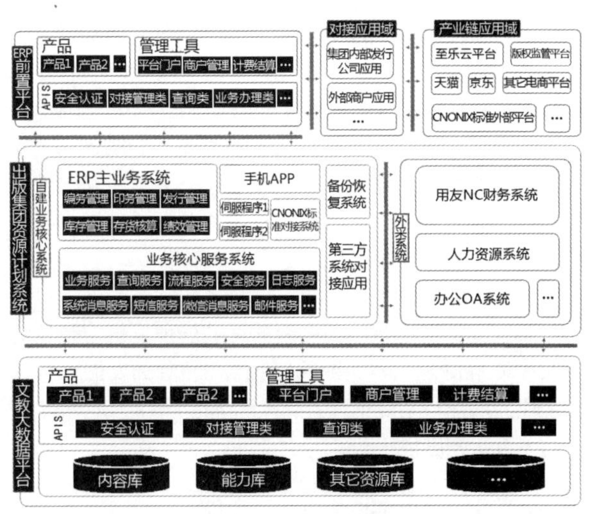

图书产销管理平台架构图

2. 工业应用服务平台。工业 APP 是基于工业互联网，承载工业知识和经验，满足特定需求的工业应用软件，是工业技术软件化的重要成果，是实现工业互联网平台价值的最终出口。

3. SaaS 层应用。基于 5G 移动互联网自助出版发行平台是通过移动互联网实现原创作品出版、版权交易、APP 应用等多功能的自助出版平台，其主要建设内容包括网络文学、微视频、音乐、手机游戏，以及 APP 等原创作品。

（三）一期应用实践

图书产销管理平台已于 2019 年 12 月底开始试运行，2020 年 6 月 1 日正式上线，图书产销管理一期实现了集团主营业务全流程系统化管理，共计 11 个系统模块，完成需求特性 229 个。7 个业务模块为编务管理、印务管理、采购管理、销售管理、仓库管理、存货管理、财务平台。

（四）二期建设计划

二期建设包含对账改造以及对接批销商、零售商的分销管理平台。同时增加电子书、有声书的销售功能，内部调拨退货、内部调拨调整折扣等需求。

增加国产密码技术应用，建设具备高安全性、高可靠性的数据保护机制，保障用户登录系统的安全性，有效实现系统访问控制，并对系统流转过程中的关键业务数据进行加密传输、加密存储。

三、优势与创新

（一）稳定性

软件系统建设采用先进和高度商品化的软硬件平台、网络设备和开发工具。在进行项目的系统设计、开发和测试时采用科学有效的技术和手段，确保项目建成投入使用后能持续稳定地运行。

（二）安全性

系统的安全性充分考虑网络的高级别、多层次的安全防护措施，包括备份系统、防火墙和权限设置等措施，保证业务数据安全；同时考虑系统出现故障时的软硬件恢复等急救措施，以保障网络安全性和处理机安全性。

（三）可维护性

提供对系统自身的集中操作维护的方案，真正做到使系统能在数据损坏、丢失等极端情况下通过备份数据导入的方式实现数据恢复。

（四）可拓展性

系统充分考虑软硬件平台的可扩展性及软、硬件的负载平衡机制。随着关键软件系统和硬件的发展以及管理功能的增加，系统具有灵活和平滑的扩展能力。

（五）先进性

系统设计在保证系统稳定的前提下，选用最新的开发软件，将国际上相关领域和行业最新的成果用于本系统建设，确保在未来较长时间内系统架构的健壮性，为后续拓展更多业务服务能力提供良好的基础。

四、具体成效

出版工业互联网建成后，将为作者、编辑、印刷厂、经销商、物流服务商、数字内容加工商和读者提供一个统一的平台，提供丰富的供需信息，加强整个产业链上不同角色的联系。同时，将极大地提升集团工作效率，降低生产成本，预计每年节省人力成本 300 万元左右。预计收益如下表。

出版工业互联网建成后预计收益

收入项目（万元）	2020 年度	2021 年度	2022 年度	小计
节省人力成本	100	300	300	700
平台交易提成	20	50	50	120
会员收入	0	20	50	70
增值服务	10	50	100	160
合计	130	420	500	1050

五、社会价值

出版工业互联网响应了国家工业智能制造建设，能够有效应对国际工业智能转型挑战。有利于消除信息孤岛，促进企业内、企业间信息互联互通，实现信息、服务、技术资源共享；能够推动数字化、智能化生产，实现人机智能融合创新，提高生产效率，提升产品服务质量；能够协助出版业数字化、智能化转型，带动出版行业经济发展，实现行业协同智能制造。

六、融合经验体会

（一）注重出版业数字化建设

数字化出版是全球发展的趋势，以融合发展推进数字化，应当抓住一些具有带动作用的重点领域和关键环节。出版业只有加强自身内容建设，建立便捷的内容支付手段，实现出版全流程的数字化、智能化，才能让产品尽可能多地传播给消费者，实现文化产品消费与生产、提供、服务一体化发展。基于移动互联网自助出版发行平台就是立足于数字内容积累，通过加强自身内容建设，实现多平台、多渠道、跨媒体出版。

（二）吸引融合发展人才，建立人才库

创新、创意人才是出版传媒企业传承与发展的核心要素，目前传统纸媒出版一方面人才流失问题比较突出，另一方面对全媒编辑、全媒记者、全媒管理人才和技术人才等融合发展人才吸引力不足。在加强培训、培养的同时，要推进和强化新闻出版改革，解决体制机制问题和薪酬待遇问题，既留得下人才，又能吸引住人才。

（三）坚持通过融合创新坚守优势领域

在未来的发展中，出版传媒企业需认真面对社会公众阅读习惯的变化，坚持与新技术及新媒体融合，实现传统业务的转型升级，生产出满足社会公众需要的优秀产品，维系并重塑其在出版领域的竞争优势。

（四）加快 5G 环境下的新业务布局

5G 时代，物联网会因为信息传输和存储效率的提高加速推进，让读者与出版单位之间，读者之间以及读者与内容、产品之间有了更紧密的连接与互动，充分发挥用户优势。未来具有数字阅读功能的智能产品、数字阅读消费场景都将得到拓展，对出版业的内容和服务模式创新提出新要求。因此，出版业要加强对前沿技术的研究和创新应用探索，加快 5G 环境下的新业务布局。

（重庆至乐文化传播有限公司）

案例类别：产品

汽车维修技师知识服务平台项目

乔志雄 修吉航

当前，我国正处在从工业大国向工业强国迈进的关键时期，要适应新一轮科技革命和产业变革的需要，要完善现代职业教育制度，要培育和弘扬严谨认真、精益求精、追求完美的工匠精神。为推进中国制造的“品质革命”提供源源不断的动力。

一、项目可行性和必要性

（一）项目可行性

2017 年的《政府工作报告》提出，要大力弘扬工匠精神，厚植工匠文化，恪尽职业操守，崇尚精益求精，完善激励机制，培育众多“中国工匠”，打造更多享誉世界的“中国品牌”，推动中国经济发展进入质量时代。此项目立足解决行业发展中存在的问题，推动汽车维修行业规范健康地发展。“汽车维修技师知识服务平台”的建设得到了中国汽车维修行业协会的大力支持，奠定了良好的社会基础。

我国汽车行业发展很快，汽车行业已经成为人民生活中必不可少的大产业，目前中国保有车辆平均车龄约 4.9 年，并且随着进入存量市场平均车龄还在持续增长。截至 2018 年末我国汽车保有量达到了 2.4 亿辆，保有量有望在 2020 年底超越美国成为全球第一大保有量市场。“车龄 + 保有量”双效驱动汽车后市场高速发展，成为汽车行业的新增长点。

随着信息交流的便利化，“汽车行业 + 互联网”为缩短经济不平衡区域的信息化距离提供了可能。2018 年汽车维修保养市场电商渗透率仅为 5%，预计 2025 年可达 17%，线上消费化的趋势将驱动消费者对汽车维保 O2O 服务依赖程度加深，并提供模式创新的基础。随着汽车后市场信息的透明和服务的完善，降低成本、提高技工技能成为各个维修厂首先要解决的问题。

（二）项目必要性

随着我国汽车保有量的持续增长，汽车迅速进入家庭，我国已经开始全面进入汽车社会。据统计，全国平均每百户家庭拥有 25 辆汽车，而目前全国共有 4S 店 2.35 万家，占全国维修业户总数的 5%。

汽车行业面临重大挑战，急需提高生存和生态效益。当前，全国维修经营企业共计 42.96 万家，在营业收入、单车产值、进厂台次三个最主要的指标上，呈逐年下滑趋势。一方面是客户的消费趋于理性，另一方面是价格战压缩了市场整体价格。

汽车从业人员的素质关系到汽车使用过程的安全和质量。目前我国汽车维修厂低学历工人占比极高，通晓现代汽车原理，会用仪器、设备诊断和排除汽车故障的技术工人不超过 35%。而在日本和美国的汽车维修企业，故障诊断技术工人合格率都在 70% 以上，汽车维修从业人员的能力培训成为当务之急。

二、项目实施条件

（一）资源条件

辽宁科学技术出版社有限责任公司下属《汽车维修技师》杂志是全国汽车维修行业公认的技术含量最高的杂志，在汽车维修行业内享有很高声誉。汽车维修技师杂志社近 20 年出版的期刊收集整理了最新车型案例上万篇，汽车电路图 3 万余张，为项目建设提供了坚实的资源基础。

汽车维修技师杂志社自 2013 年开始，组织专人对汽车维修领域的期刊、图书、图片资源进行整理、分类、整合，积累了丰富的资源加工、系统开发、项目实施方面的经验。另外，杂志社通过专家资源进行技术培训和组织技术研讨会数百场，培训汽车维修技师上万名，为项目建设奠定了专业基础和人才优势。

（二）技术支持

1.“汽车维修技师知识服务平台”前端采用 MVC 框架，其优点如下所述。

（1）分离任务（输入逻辑，业务逻辑和显示逻辑），易于测试和默认支持测试驱动开发（TDD）。

（2）可扩展的简便的框架。MVC 框架被设计用来更轻松的移植和定制功能。

（3）强大的 Url Routing 机制，为 SEO 提供更好的支持。Url 可以不包含任何文件扩展名，并且可以重写 Url 使其对搜索引擎更加友好。

（4）使用 ASP.NET 现有的页面标记、用户控件、模板页。

（5）对现有的 asp.net 程序的支持，使用如窗体认证和 Windows 认证、url 认证、组管理和规则、输出、数据缓存、session、profile 、health monitoring、配置管理系统、provider architecture 特性，大大节省了代码的开发成本以及提高了开发质量。

2. 数据库采用 mysql 数据库，其主要优点如下。

（1）性能卓越服务稳定，很少出现异常宕机。

（2）开放源代码且无版权制约，自主性强、使用成本低，遇到问题，可以很快获取到帮助。

（3）软件体积小，安装使用简单，并且易于维护，安装及维护成本低。支持多种操作系统，提供多种 API 接口，支持多种开发语言。

三、项目设计概述

（一）内容建设

辽宁科学技术出版社有限责任公司下属《汽车维修技师》杂志社经过长期的调研和专家组的反复论证，以 20 多年的积累和沉淀为基础，依托强大的专家团队、近千名一线维修技师作者团队和中国汽车维修行业协会的鼎力支持，推出“汽车维修技师知识服务平台”。该平台意在打造一个集数据加工、检索、分享等功能为一体的汽车维修数据信息服务平台，主要功能是数据信息的数字化转换制作、编辑加工、存储管理、加密发布、在线浏览等。利用精确搜索、分类搜索和模糊搜索等手段，用知识图谱将内容和知识点进行深度挖掘和关联，通过智能分析和归类，科学直观地以图片、文字等内容为展现形式，方便维修行业从业人员理解和掌握汽车维修知识。

平台主要分为以下内容。

1. 维修资料。整合各品牌、各车型的技术资料，信息全面，查找方便。

2. 检测数据。图文并茂，各种检测设备检测数据的真实展示并配以详细的说明。

3. 诊断报告。针对不同的故障现象可在系统中查找相符的处理信息。

4. 维修实例。业内维修高手的维修纪实。

（二）平台建设

“汽车维修技师知识服务平台”采用 .net core 框架，.net core 是一个跨平台的高性能开源框架，用于生成基于云连接的 Internet 的新的应用程序，可以建造 Web 应用程序和服务，Iot 应用和移动后端，可以在 Windows、MacOS、和 Linux 上进行开发和部署。在 asp.net4.x 重新设计更改了体系结构，形成了更精简的模块化框架，生成 webui 和 webapi 的统一场景；集成新式客户端框架和开发工作流；基于环境的云就绪配置系统；内置依赖项注入（可以使用第三方替换）；轻型的高性能模块化的 HTTP 请求管道；能够在 IIS、Nginx、Apache、Docker 上进行托管或在自己的进程中进行自托管；定目标到 .net core 时可以使用并行应用版本控制；简化新式 Web 开发工具；大大提高了服务器的并发性能以及请求处理速度。

四、项目远期规划

《“十四五”规划和 2035 年远景目标建议》中指出：要发展战略性新兴产业。加快壮大新一代信息技术、生物技术、新能源、新材料、高端装备、新能源汽车、绿色环保以及航空航天、海洋装备等产业。汽车维修技师杂志社提前布局，与各车企和维修厂商合作，在杂志中创建新栏目，收集新能源汽车的维护、保养、使用中出现的各种问题及解决方法，用以充实汽车维修技师知识服务平台的内容资源，保证业界内容资源领先的势头，引领行业前行趋势。同时探索网络直播授课、录播视频讲解、3D 建模动画等多种表现形式，力争将晦涩难懂的基础理论转化为简单易学的动手操作。在扩大涵盖内容的基础上，通过不同的模式增加用户的黏合度。在扩大平台社会影响力的同时保证一定的经济收入。

五、结论

“汽车维修技师知识服务平台”是辽宁科学技术出版社“十四五”规划中的重点项目，是数字化转型的关键布局。平台沿袭搜索网页极简入口风格，降低用户使用的难度，缩减用户从使用到获得答案的步骤和时间，精准提供所需资源。在原有数字出版基础上，采用国内领先技术结构化版式文档技术、多媒体复合数字出版技术、跨平台阅读技术等多项数字出版高新技术，促进出版业态的转型和创新，推动汽车维修行业新业态的形成。随着平台内容的不断积累、技术的不断更新，会使平台更全面、更优化地为读者服务，为出版社的数字化转型提供更多支持和帮助。

（乔志雄：辽宁科学技术出版社副社长，修吉航：辽宁科学技术出版社数字出版中心数字编辑）

汽车维修技师知识服务平台

案例类别：产品

中国蒙古学文库全媒体数字资源知识服务工程

为了更好地铸牢中华民族共同体意识，弘扬和传承少数民族优秀传统文化，积极推动各民族对伟大祖国、中华民族、中华文化、中国共产党、中国特色社会主义的高度认同，不断推进中华民族共同体建设。辽宁民族出版社于2010年开始酝酿策划以本社始于1997年的大型国家级重点图书项目《中国蒙古学文库》第一个100部图书资源为内容核心的——中国蒙古学文库全媒体数字资源知识服务工程。

历经数年的研讨、分析、论证和提升，在项目负责人、辽宁民族出版社社长兼总编辑李凤山的带领下，在数字化出版项目团队成员的共同努力下，中国蒙古学文库全媒体数字资源知识服务工程于2017年5月成功入选国家新闻出版改革发展项目库，并于同年11月获得国家项目基金。中国蒙古学文库全媒体数字资源知识服务工程是依托辽宁民族出版社学术权威、填补空白、极具影响力的《中国蒙古学文库》图书资源进行的数字化加工生产，同时配以图片、音视频，DB富媒体读物等资源而建立的全媒体资源管理平台；基于互联网、大数据、知识体系而打造的全方位、立体化的新型知识服务工程。

通过深入的市场调研与沟通，辽宁民族社深刻地认识到：随着科技的进步和读者需求的改变，单一的纸质图书已经无法满足读者，尤其是年青一代读者的阅读需求。全媒体不断发展，出现了全程媒体、全息媒体、全员媒体、全效媒体，信息无处不在、无所不及、无人不用，导致舆论生态、媒体格局、传播方式发生深刻变化，新闻舆论工作正在面临新的形势、新的任务、新的挑战。与人们阅读习惯的改变相比，我们大多数媒体的转型已然落后。融合发展不是谁吃掉谁，也不是一哄而上搞大工程，而是各自找到自己的定位、特色，大而全可以，小而精也不错。纸质图书产品和数字化图书产品不是替代关系，而是迭代关系。正是基于这样的考虑和认识，出版社通过项目带动、平台支撑、开放联合等运营机制，实现产品链、价值链、产业链和全媒介发展；通过搭建平台、资源集聚、渠道聚合、项目开发等多种方式和路径，实现多元产业拓展的新格局；通过精心打造和悉心运营，知识服务工程项目也会成为融合发展浪潮中一朵闪亮的浪花。

辽宁民族出版社“中国蒙古学文库全媒体数字资源知识服务工程”按照项目书的规划安排，逐步、逐项地完成文库内容资源的整理、分解、碎片化标引工作、全媒体内容资源制作工作、内容资源入库工作、系统内部测试校验工作，并对原文件中因时代久远而产生的民族文字物理瑕疵予以修缮。建设的系统平台包含了全媒体数字资源管理系统、知识体系管理系统、Web端应用系统，运营&电子商务系统等，具体功能包括：图书库、篇章节库、图片库、音视频库、条目库、作者库、论文库，还有采集工具、自动化引擎、体系管理、全文检索、发布管理、导航管理、关键词管理、会员机构及行为管理、定价支付管理等。用户通过Web端浏览器进行平台的访问和注册，在购买使用时间（半年或全年）服务后，可以在平台系统上检索、查询、浏览全部中国蒙古学文库的图书、章节、图片、音视频、DB富媒体、作者、论文等全媒体数字化资源，也可以针对关键词进行全文检索和分类查询等。

辽宁民族出版社解放思想，凝聚共识。在“中国蒙古学文库全媒体数字资源知识服务工程”规划内容、表现形式、作者团队编排等方面积极探索、勇于创新。针对第一套100部文库的著作特点和社会价值，优先启动了五十余位高龄专家的著作数字化出版工作，专家在本次数字化出版的过程中，对纸质著作中的一些学术观点和研究数据予以完善和更新，学术研究成果得以焕发二次青春，与时俱进，绽放新的活力。数字化出版让他们的研究成果以新的科技形态，在互联网巨大能量的推动下，在广阔无限的虚拟空间里传播生长。这样的创新和大胆的做法，使该项目更加符合和适应新时代的要求，更加符合出版产业数字化转型快速发展的方向。

辽宁民族出版社于2018—2019年期间，先后在沈阳和呼和浩特召开了中国蒙古学文库全媒体数字资源知识服务工程启动会议、一次专家会议和二次专家会议，《中国蒙古学文库》编委会总编辑格·孟和、文库办领导、蒙古学专家学者、内蒙古自治区图书馆代表、内蒙古自治区高校师生代表、北大方正电子公司工程师代表、出版社数字化出版团队成员参加会议。会议先后就中国蒙古学文库全媒体知识服务平台的UI设计、栏目设置、图书数字资源（蒙古文&汉文）全书检索和碎片化检索功能、全媒体资源检索功能、客户管理模式、内控安全、信息安全、后期运营模式、IP资源衍生等相关议题展开了充分讨论。

通过研讨和推介，知识服务平台已经得到了蒙古学专家、高校图书馆、蒙古学教授，社科院领导的认可，对平台的知识关联、镜像子库、全终端应用等扩展功能有非常清晰的需求，客户画像更加精准，潜在购买欲已逐渐形成。同时对辽宁民族社第二个100部文库内容资源数字化工程的规划（推进中）以及第三个100部文库数字化的运作模式提出了建设性的宝贵意见。

2020年9月25日，该项目顺利结项，正式投入市场销售运营。在实际的运营销售环节，文库知识服务平台不可避免地要面对内容专业性过强、人口密度低、读者基数少等不利因素，但是通过数字化项目团队成员一年多诚挚的服务，灵活的运营，定制化的销售模块，高速优质的内容资源更新，为广大读者、教学科研单位提供全面应用蒙古学学术研究成果的最佳解决方案，在蒙古学学术领域中已经取得了很好的社会效益和经济效益。

文化自信是一个国家、一个民族发展中更基本、更深沉、更持久的力量。各民族优秀传统文化都是中华文化的组成部分，中华文化是主干，各民族文化是枝叶，根深干壮才能枝繁叶茂。“中国蒙古学文库全媒体数字资源知识服务工程”有起点，但永远不会有终点。随着科学技术的进步，国家的富强，民族政策的进一步推广，才能不断促进各民族在理想、信念、情感、文化上的团结统一，构筑中华民族共有精神家园，使各民族人心归聚、精神相依，形成人心凝聚、团结奋进的强大精神纽带。我们有信心，也有能力，通过一代代民族出版人的共同努力，把这项工作更长远、更高质地推进下去，为文化的传承、社会的进步，贡献我们民族出版人的坚韧力量！

（辽宁民族出版社）

中国蒙古学文库全媒体知识服务平台

案例类别：产品

慧谷阅读全民阅读平台

一、项目背景

2020年4月23日，中国数字阅读云上大会线上开幕。大会以“e阅读，让生活更美好”为主题，以“5G+新阅读新体验”为年度办会方向。大会首次采取线上虚拟会场形式，打造集“节展会”于一体的云端盛会。大会以H5作为官方互动平台，设置了开幕式、阅享品牌馆、阅听朗读馆等多个内容板块，全方位展现5G给数字阅读及泛文化行业带来的变化。

根据2019年党和国家在数字阅读领域的政策部署，以及市场、内容、用户、趋势等多个维度，分析2019年中国数字阅读产业的发展现状、用户行为习惯以及未来发展趋势，辽宁出版集团看准时机，发挥自身优势，打造覆盖大众出版、教育出版、专业出版三个重点领域的5G阅读云平台——慧谷阅读。

慧谷阅读平台建立的初衷为积极推动传统出版向新媒体方向转型，平台搭建本身以5G技术为支撑，紧贴中国数字阅读云上大会政策和方向，搭建框架方面以H5为核心，发挥5G技术下大带宽、低时延、海量连接这三个重要指标能力，以满足用户最舒适的体验度。对设备硬件升级的同时，满足低时延的要求，打通新型网络新架构，优化网络切片能力，实现USERCF大数据分析功能，千人千面系统精准营销；打造智能化用户标签体系，3种标签类型、8大系统模块描绘用户画像。通过以上支撑，外加运营本身，开展的多项活动，保障了平台起步阶段的稳定运营。

二、项目建设内容

搭建慧谷阅读全媒体数字阅读平台，该平台将覆盖数字内容采集、数字资源加工、数字资产管理/发布、数字产品运营的数字出版全业务流程，并结合出版融合发展（辽宁）重点实验室积累的阅读大数据、人工智能硬件和5G技术等技术核心推动拥有主流价值观内容的传统出版企业面向互联网新媒体进行转型的一站式解决方案和配套技术平台。主要建设内容包括以下几点。

（一）建设融媒体内容制作中心

组建数字内容加工与开发团队，建设新媒体基地，以数字内容生产为主线，同时具备短视频、影视剧、微电影等多媒体内容制作及3D游戏开发能力，进而形成“1+4”数字出版体系，即1本图书创意同步开发电子书、有声书、微电影/精品课、3D/AR/VR游戏4种新媒体产品。

（二）建立全媒体数字管理发布系统

汇集并上架发布数字阅读内容资源，面向社会大众提供电子书、有声书、微视频等文化内容的阅读收听收看，设置少儿阅读、教辅微课、通识课程等个性化学习栏目，为社会大众提供一个终身阅读学习的开放式综合型平台。内容资源一方面依托于辽宁出版集团现有的数字内容资源，主要包括小说、散文等大众阅读类、小猪稀里呼噜等儿童读物类、美术、建筑设计、口腔医学等专业知识类以及教育教辅类资源等；另一方面向其他内容提供商购买或者以合作的方式获取更多优质内容。

（三）建立大数据决策分析平台

创新阅读方式、提高阅读效能，通过多维度对大数据进行实时抓取、分析、预警，描绘出使用者画像，进而提供最优数据调用方案，为读者用户提供其感兴趣的学习内容，平台通过大数据技术对用户登录的IP，用户浏览记录，用户观看时长，用户收藏，个人信息修改，留言以及讨论等多个方面的信息数据进行采集分析，通过用户行为分析算法模型，推导出用户的行为模式以及观看喜好，从而推荐给用户更加有针对性的内容资源。

三、项目建设目标

该平台的建设是响应国家关于全民阅读的号召，全面落实《全民阅读“十三五”时期发展规划》是贯彻落实建设学习型社会、倡导全民阅读文化发展战略的一项重要举措，同时也是贯彻落实出版融合数字化转型出版的一个重要抓手，项目建设内容以及运营模式符合国家和政府的政策引领导向。

本项目汇集辽宁出版集团在内的多家出版企业优质内容资源，覆盖大众出版、教育出版、专业出版三个重点领域，为读者用户提供更加丰富的阅读内容、更加方便的阅读工具、更加专业的知识服务，项目平台将搭建完整的知识服务运营模式，开展引入全国更多出版机构入驻，带动整个出版产业新媒体化转型升级。

该平台的建设落实，不仅要服务于辽宁本土的出版业，同时要辐射全国的出版企业，该平台可面向全国出版企业提供数字内容加工服务以及数字产品管理和运营服务等，实现数字产品跨区域、跨平台销售，实现数字产品多渠道变现的目标。

最后，通过本项目的建设，为社会大众提供一个终身学习的平台，面向少儿、学生、宝爸宝妈、职场人士、老年人等不同的社会群体提供优质阅读学习资源，满足大众读者多样化、个性化的学习需求，实现“人人乐学、处处可学、时时能学”的学习型阅读平台。

四、项目建设及运营成效

慧谷阅读平台研发建设到正式上线至今，已经取得了显著效果，实现从无到有。平台通过重点选题、增加流量入口、功能优化等工作，现已经初步打开教材教辅市场。

内容资源存量方面，现阶段电子书1000余本，有声书400余本，精品课200余节。选题方面以尖子生为首的精品课程，现已辐射全国多所中小学，覆盖学校超千余所，自2020年4月末上线8个月的时间，用户积累量超18万人，完成从0到1的突破，三年后预计用户可达160万人。

流量入口方面，以图书加印智能二维码为切入点，形成多种数字资源为传统纸书赋能的新模式，现阶段共有《小米多诗词王国漫游记》《诗词咏流传》《尖子生》《水彩插画练习》《唢呐》《二胡》《第二编辽宁省高考志愿填报指南》等百余种品类精品图书印有慧谷阅读平台二维码发行。

（辽宁鼎籍智造传媒有限公司）

慧谷阅读 H5

案例类别：产品

阅读吧·校园共享书房

一、项目背景

2020年5月29日，李克强总理代表国务院在第十三届全国人民代表大会第三次会议上所作的《政府工作报告》，将全民阅读再次（连续7年）写入其中。随着中小学教材新变化，“大语文”时代已经来了，语文阅读的重要性不言而喻，青少年阅读水平的提高，有利于提升我国国民素质和社会文明程度，亦有助于满足我国发展高质量经济结构的人才需要。英国哲学家弗兰西斯－培根说过："读书使人明智，读诗使人灵秀，数学使人周密，科学使人深刻，伦理使人庄重，逻辑修辞学使人擅辩，凡有所学，皆成性格。"

因此，在推动全民阅读，建设书香校园的大背景下，鼎籍智造公司启动"阅读吧"校园共享书房项目。本项目从 2019 年 9 月份开始运营，截至 2020 年 11 月已经覆盖全省沈阳、抚顺、营口、锦州、鞍山、本溪等城市 100 余所学校，项目累计实现收入 200 余万元，服务学生 10 万人，组织活动上百场。

鼎籍智造公司就是在这个时代背景下，充分挖掘辽宁出版集团图书出版发行优势，通过互联网信息化技术、阅读大数据分析和智能借阅设备，为中小学提供"智能 +"阅读解决方案，提高学生的阅读数量和阅读效果，培养孩子的阅读兴趣和阅读习惯，创新全民阅读活动方式，营造"书香校园"浓厚氛围。

二、项目内容

"阅读吧"校园共享书房项目以"社交 + 数据 + 服务 + 公益"四个部分组成，由共享图书漂流、阅读大数据、校园活动、知识公益四个部分组成，有效推动全民阅读书香校园的建设。

（一）图书漂流（社交）

通过目前的入校基础和学生用户，鼓励奖励学生免费赠书（给予一定奖励），图书加印唯一标识绑定学生用户，在图书不断的借阅过程中，学生可以看到自己所赠图书的阅读轨迹和分享评价，"以书为媒"链接所有爱读书的学生，形成读书分享社交体系，促进书香校园建设。

（二）阅读大数据（数据）

通过对接分级阅读平台，将孩子线上线下阅读数据进行汇总，通过阅读大数据评价体系，将按照地域、学校、班级进行分析，也可以根据孩子阅读习惯分析兴趣爱好，还可以通过阅读理解进行综合素质分析等；另外，为家长提供阅读提升分析，让家长了解孩子通过阅读提升了哪些方面的能力。

通过线上线下阅读数据采集，由出版融合发展（辽宁）重点实验室联合省内知名教育专家建设大数据阅读分析模型，精准学生阅读画像和学情分析，从学生入学开始进行阅读能力测试，通过我们的项目服务逐步培养学生阅读兴趣，教授学生阅读方法，建立学生阅读成长档案，形成学校、区县、地市、全省的中小学阅读大数据分析报告，让我省中小学阅读情况有数据可依，真正实现全省百万学生的阅读大数据分析。

（三）校园活动（服务）

围绕学生在诗词、阅读、写作、朗读、表达等方面进行综合能力培养，通过"华育杯"作文大赛、"教育周报"读后感征集大赛、"小布老虎"小作家成长摇篮计划、作家进校园等活动，将全省优质教育资源进行整合，全面提升学生的大语文综合素养，激发学生的阅读兴趣，让学生在快乐中阅读，在阅读中收获知识。

（四）公益活动（知识公益）

项目将联合社会团体、公益组织、知名企业一同组织爱心公益活动、图书阅读活动、知识分享活动等，每年将向贫困地区的学校进行图书捐赠活动，组织知名儿童作家到学校进行公益讲座，建立公益图书角。计划到 2022 年底图书捐赠学校覆盖不低于 100 所，图书捐赠数量不低于 5 万本，举办公益活动不低于 100 场，覆盖人数不低于 10 万人。

"阅读吧"校园共享书房项目通过企业买单模式进行落地，政府和学校不需要任何投入，项目涉及的图书、设备、软件、活动等费用由鼎籍智造公司承担，通过企业投入运营的模式进行，该模式解决了政府和学校资金投入的问题，同时也保证了项目后续的服务质量。

三、项目运营情况

2019 年 12 月，阅读吧·智慧书房项目进入试运行阶段，主要完成了软件系统开发、产品平台搭建和进校园服务试运行，智能借阅设备已经入驻 100 余所中小学校，累计注册用户数超过 10 万人，学生借阅频率小学为 1.5 周 / 本、中学为 2.3 周 / 本。未来将在已有学校形成试点经验的基础上，不断优化教育产品服务矩阵设计，并快速扩大产品覆盖人群，通过大用户流量和高产品转化才能实现摊销项目综合成本，保证项目持续运营和形成大教育产业目标，另外，在本项目基础上增加面向企事业单位、主题阅读空间、公共阅读服务等场景服务。

四、项目效益分析

本项目效益产生的来源主要通过辽宁省内直销、省外代理的销售模式。

在省内直销模式上，利用辽宁出版集团渠道资源，进行省内直销，在北方图书城、教材发行公司、辽宁教育出版社和辽海出版社等已有渠道资源上，为全省中小学进行项目推介。2021 年进行项目部署 800 所学校，实现年营业额 1.2 亿元，服务用户数 60 万人。

在省外代理模式上，将本项目运营模式进行全国招商代理，这样可以在不增加项目成本的基础上，快速增加智慧小书房覆盖人群，快速推动项目规模扩大和集团教育品牌形成。全国招商代理不但覆盖了项目扩张时需要投入的硬件成本和运维成本，而且可以零成本增加软件平台用户资源，实现汇聚全国教育用户，这些用户资源再通过教育联盟产品矩阵进行增值服务，最终智慧小书房项目将打造一个面向学龄阶段家庭的垂直教育消费市场的综合运营平台。

除此之外，本项目还可应用于其他场景，未来充分利用智慧书房项目积累的软硬件基础和运维服务经验，面向企事业单位提供专业图书学习，面向餐饮、宾馆等服务场所提供主题阅读专区，面向社区、公园等公共场所提供文化建设专区等。

（辽宁鼎籍智造传媒有限公司）

鼎籍学堂公众号

案例类别：产品

抗疫融合创新项目《这是个秘密——一个冠状病毒的自白》

张东君 焦琰

一、项目简介

《这是个秘密——一个冠状病毒的自白》融合创新项目是由黑龙江科学技术出版社、新华社黑龙江分社联合出品，2020 年 2 月 1 日开始设计，2020 年 2 月 7 日完成出版的电子出版物，书号为 ISBN 978-7-900885-04-3，视频 4.09 分，44.5MB，插画 20 幅，分割图片 50 多幅，配音效果渲染，引人入胜。项目以视频动画的融合媒介，新冠病毒以第一人称的自述方式，把病毒的传播途径，如人流密集区域聚餐、逛街、打麻将，飞机、火车、出租车等公共场所，传播的时机比如不戴口罩，不洗手、挖鼻子、揉眼睛等乘机通过黏膜进入人体等需要强调而又容易忽视的常识细节，简洁而生动地刻画出来了。然后，通过自述的“三怕”，一怕 N95 口罩、15 步洗手法、56℃以上 + 浸泡 30 分钟，二怕火神山、雷神山、钟南山，三怕举国战“疫”。通过另外一个侧面反映新冠病毒并不是不可战胜的，只要人们通过科学的防治，通过医护、科研人员的努力，就一定能够打赢这场疫情防控的人民战争、总体战、阻击战。本项目获得 2020 年黑龙江省优秀科普微视频奖。

二、项目背景和目的

2019 年 12 月 8 日，武汉发现一例不明肺炎患者，2020 年 1 月 23 日至 25 日，在三天时间内，全国多个省区市启动了重大突发公共卫生事件一级响应，疫情防控工作得以迅速、有序开展。疫情防控，没有谁是“局外人”，没有谁是“分外事”，党中央成立应对疫情领导工作小组、发起“一级响应”、一批批“逆行”医疗队、人民子弟兵驰援武汉，政府工作人员“网格化”包保、“地毯式”摸排，企业加班连夜赶制医疗防护物资，群众自发捐款捐物……岂曰无衣，与子同袍。作为出版人，出版社岂能置身之外，黑龙江科技社拿起自己的武器，通过联系权威作者、解读疫情进展，剖析新冠肺炎防控方法、注意防控点，快速出版相关读物，通过声音、图片、动画等立体媒体，利用绘本、手册等纸质与电子媒介形式，通过互联网、移动互联网快速播发，传递到读者，建立起以自我、家庭、社区网络化的防护模式，从而为打赢这场人民的阻击战做出了应有的贡献。

《这是个秘密——一个冠状病毒的自白》项目主要是采用视频动画的形式，更直接、更清晰地表达新型冠状病毒的恶毒与狡诈。由于采用声音、动画的多媒体表现，声音的穿透力强，画面动感十足，读者通过视觉和听觉双重感官接收信息，更容易引起读者对新冠病毒的重视，在实际生活和工作中保护自己，比如通过戴口罩等正确防护手段，从而切断病毒的传染途径。

三、项目融合创新点

（一）媒体形态新

该电子出版物采用了文字、图片、声音、动画等多种制作效果。画面逼真，文字简短扼要，插画画风清新，将病毒的狡诈恶毒表现得淋漓尽致，画面各要素配合紧致，疫情防控宣传的创新表现手段。配音制作与画面相辅相成，缓急有制，高低错落，通过声音给读者传递出了病毒的恶狠、阴险与狡诈，告诉人们要谨慎防范，同时，又采用激昂的语调表现出医疗战线科研人员抢抓时间，刻苦攻关，研制新冠疫苗，全国人民齐心协力打赢这场人民战争的信心和决心。整个视频自始至终，紧凑而有节奏，观看画面如身临其境，气氛渲染恰到好处。

（二）融合创作机制新

由于时间紧迫，为了快速制作、发布出版物，消除网民恐慌情绪，实现了黑龙江科学技术出版社与新华社黑龙江分社联合打造适合移动互联网传播的媒体传播形态，一种漫视频形式的融合出版物《这是个秘密——一个冠状病毒的自白》。由出版社负责文字内容审读把关，负责插画，负责申请电子出版物出版号；实现了新华社黑龙江分社负责技术制作，负责配音，由新华社传播平台优先发布，出版社通过其他合作平台再发布传播的融合出版机制。

（三）出版时间快

该出版物于2020年2月7日出版，为国内抗疫出版的第49个出版物（出版资源库），也是黑龙江科学技术出版社出版的第四部抗疫作品。为了增强人们对新冠肺炎病毒的认识，集策划、文案、编辑、插画、审校、配音、美工、后期制作多个工种，采用并行推进、交叉作业，线上线下、7天工作模式，在一周时间之内制作完成，上线播发。

（四）内容衔接紧

该电子出版物是出版社制作纸质图书《新型冠状病毒预防绘本（有声版）》上线发行时隔一周出版的，与纸质图书构成新冠病毒预防防控科普的姊妹篇，延续了上部图书的画风、文字表述，保持了科普知识的连贯性，对读者来说，具有延续性。在内容策划上，根据防控疫情形势的发展，为了消除人们对病毒的恐惧，通过病毒自白的形式，把病毒的狡猾冷酷、人间肆虐刻画得栩栩如生，同时向人们阐释了病毒最喜欢什么、最怕什么，让人们看懂它、听懂它、战胜它。此出版物是《新型冠状病毒预防绘本（有声版）》的姊妹篇，在第一本绘本传播的基础上，又掀起一个传播的高潮，增加了人们对疫情防控的认识，科普了新冠病毒的知识，起到了移动互联网宣传的作用，得到了社会的广泛认可。

（五）社会效益表现在传播效果突出

该电子出版物发布当日即引起网民广泛关注，社会影响力快速提升。

1. 媒体传播面广，访问量大。电子出版物自新华社APP发布阅读量突破150万次，新华社微信公众号10万+，跟帖7800多条。随后商业视频平台转发，腾讯视频点击185万次，新华网微信10万+，跟帖2200多条。艾灸5555公众号转发1.2万阅读量。

2. 电子出版物同步投放数字阅读平台，提供疫情防控数字阅读服务，扩大在数字阅读受众中的影响力。比如在喜马拉雅、中国图书书柜、湖北三新等不同听书阅读平台，都得到较好的反响。百度收录达到84.5万条记录。

（六）获奖情况

由于本作品呈现效果好，影响力大，先后获得黑龙江省不同奖项。本项目作品获得了黑龙江省科技活动组委会颁发的2020年黑龙江省优秀科普微视频奖。本项目作品还获得了黑龙江省版权局、黑龙江省版权保护协会颁发的“强化版权治理优化版权生态”主题作品最佳有声读物奖。

（张东君：黑龙江科学技术出版社有限公司社长助理，焦琰：黑龙江科学技术出版社有限公司编辑部主任）

《这是个秘密——一个冠状病毒的自白》融媒报道

案例类别：组织机构

蓝色草原·听书平台

一、“蓝色草原·听书平台”建设背景、意义和必要性

（一）打造“讲好中国故事，提高国家文化软实力”的需求

为加强非物质文化遗产保护、传承和利用，加强少数民族文化保护、传承和创新，挖掘弘扬蕴含其中的民族团结进步思想内涵，在维护多样性中增强共同性、包容性，立足本社的实际，运用数字化、网络化、智能化技术，通过全媒体手段，对以《格萨（斯）尔》《江格尔》为代表的蒙古族非物质文化遗产进行保护、传承、开发、传播，打造“讲好中国故事，提高国家文化软实力”的蒙古语全媒体主渠道文化传播平台，建设成为传播人民

群众喜闻乐见内容的具有较大影响力的蒙古文听书平台，并以此为基础向蒙古国、布里亚特共和国、卡梅克共和国等周边国家有力传播中国声音和讲好中国故事。

（二）深入贯彻习近平总书记重要讲话精神

2019 年 7 月 15 日，习近平总书记在赤峰博物馆了解红山文化等史前文化发掘保护情况和契丹辽文化、蒙元文化等历史沿革，并观看了古典民族史诗《格萨（斯）尔》说唱展示，并同《格萨（斯）尔》非物质文化遗产传承人亲切交谈。习近平总书记指出，我国是统一的多民族国家，中华民族是多民族不断交流交往交融而形成的。中华文明植根于和而不同的多民族文化沃土，历史悠久，是世界上唯一没有中断、发展至今的文明。要重视少数民族文化保护和传承，支持和扶持《格萨（斯）尔》等非物质文化遗产，培养好传承人，一代一代接下来、传下去。要引导人们树立正确的历史观、国家观、民族观、文化观，不断巩固各族人民对伟大祖国的认同、对中华民族的认同、对中国特色社会主义道路的认同。

为了认真贯彻落实习近平总书记“要重视少数民族文化遗产的保护和传承”重要讲话精神，根据赤峰市现有《格萨（斯）尔》文化资源基础，内蒙古科学技术出版社于 2019 年 10 月—2020 年 9 月，4K 摄制完成了 1000 小时格斯尔说唱节目录制。

（三）推动文化和科技深度融合

2019 年 8 月，科技部、中央宣传部、中央网信办、财政部、文化和旅游部、广播电视总局六部门印发《关于促进文化和科技深度融合的指导意见》。文件指出：“以数字化、网络化、智能化为技术基点，重点突破新闻出版、广播影视、文化艺术、创意设计、文物保护利用、非物质文化遗产传承发展、文化旅游等领域系统集成应用技术，开发内容可视化呈现、互动化传播、沉浸化体验技术应用系统平台与产品，优化文化数据提取、存储、利用技术，发展适用于文化遗产保护和传承的数字化技术和新材料、新工艺。”

“蓝色草原·听书平台”的建设，是加速推进内蒙古科学技术出版社数字出版产业全面升级的有力手段。该社将持续构建以“互联网 +”思维和全新的产业发展视角为指引、以先进技术为支撑、以内容建设为根本的产业发展新格局，从而实现文化和科技的深度融合。

二、“蓝色草原·听书平台”创建情况

内蒙古科学技术出版社自 2018 年初开始策划建设“蓝色草原·听书平台”。“蓝色草原·听书平台”一期工程于 2019 年 8 月上线，二期工程于 2020 年 7 月上线，三期工程于 2021 年 7 月上线运营。平台将融合互联网、移动 APP、传统出版、传统文化和电台，以数字有声资源的形式传播政治理论、文学、儿童、科普、历史、胡仁乌力格尔、《格萨（斯）尔》《江格尔》、祝词颂词、传统文化等内容，完成了有声数字内容的录制（包括自主录制上传发布）、发行与传播的完整生态链，填补了大型综合性蒙古语听书平台的空白。“蓝色草原·听书平台”（APP）在各大 Android 应用商店、iOS 手机 APP Store 和腾讯应用宝成功上架，用户可自由下载安装应用；“蓝色草原”商标已于 2019 年获得国际分类第 38 类和第 41 类注册证书；“蓝色草原·听书平台”（V1.0）、“蓝色草原·听书平台”（V2.0）于 2020 年和 2021 年分别获得计算机软件著作权登记证书；2020 年内蒙古科学技术出版社已获得网络出版服务许可证。

平台具有目录列表排序、搜索、下载、收藏、分享、评论、点赞、弹幕、热门、动态、倍速播放、定时播放、播放记录、文字与音频同步显示、自助录制上传发布音频、VIP、付费、广告展示等功能。

三、“蓝色草原·听书平台”内容建设情况

平台内容建设从 2014 年开始，目前已上线运营的图书、格斯尔、胡仁乌力格尔、好来宝等共计 11000 多集（条）、25 万分钟音频资源；待上线的资源还有 11 万多分钟；每月制作有声资源约 6000 分钟；平台已收录全区 10 多家汉蒙语广播电台；受众可随时随地收听所喜欢的有声资源或电台节目。

（一）坚持正确政治导向，发挥政治思想宣传主阵地作用

精心诵读和传播《习近平谈治国理政》《习近平总书记系列重要讲话读本》等重要政治理论有声书，向广大受众提供了深入学习习近平新时代中国特色社会主义思想的主渠道，使他们更加坚定为实现中华民族伟大复兴的中国梦而奋斗的决心，发挥了习近平新时代中国特色社会主义思想宣传主阵地作用。与内蒙古自治区翻译中心（自治区人民政府网站）签订战略合作协议，合作建设有声资源共享服务项目，坚持在第一板块、第一时间传播党和政府的声音。

（二）弘扬中华优秀传统文化，铸牢中华民族共同体意识

一直以来，该平台非常重视大力传承弘扬中华优秀传统文化，先后制作上传蒙古语版《三国演义》《水浒传》《西游记》《红楼梦》四大名著，还收集整理上传了《钟国母》《穆桂英大破天门阵》《薛仁贵》《封神演义》等 30 多部以中国古代历史题材为主的胡仁乌力格尔，受到广大蒙古族受众的普遍好评；同时，为认真落实习近平总书记在考察内蒙古时“要重视少数民族文化保护和传承”的重要指示精神，开展了以《格萨（斯）尔》《江格尔》为代表的蒙古族非物质文化遗产的保护、传承、开发、利用和传播工作。2019 年 11 月—2020 年 9 月，抢救性 4K 摄制《格萨（斯）尔》说唱节目 1024 小时；2021 年 3 月、9 月，4K 摄制江格尔演唱节目 130 小时。

用心用情讲好新时代中国故事、内蒙古故事，弘扬中华优秀传统文化、传播传承优秀民族文化，在认真落实党的民族政策，增强民族团结，铸牢中华民族共同体意识，打造祖国北疆亮丽风景线等方面，发挥了应有的积极作用。

（三）传播科学普及知识，努力营造尊重科学的社会氛围

“蓝色草原·听书平台”很重视科学普及有声读物的制作和传播，先后精心制作了《自然之谜》《宇宙之谜》《人体之谜》《抽象的数理化》《世界100种新兴科技》等数十部有声科普读物，努力营造尊重科学的社会氛围，努力点燃广大青少年受众的崇尚创新激情。

（四）肩负起社会责任，积极开展各类公益活动

2020年初疫情发生以来，本社肩负起出版单位的社会责任，于2020年1月30日（正月初六）线上推出了蒙古语《新型冠状病毒感染防护》电子版和有声书，向广大农牧民受众免费提供收听服务，深受群众和社会各界的好评；在党史学习教育中，向100个贫困嘎查村30000多位农牧民免费推送“蓝色草原·听书平台”所有内容资源。

四、“蓝色草原·听书平台”宗旨和目标

“蓝色草原·听书平台”始终践行“讲好中国故事，提高国家文化软实力”的初心使命，遵循“搭建音频平台，传播文化精粹”的宗旨，沿着“立足本区、面向全国、走向世界”的蓝图轨迹，以构建北疆“无限听书世界，文化精粹宝库”为核心目标，对每集有声资源进行严格的政治导向、内容质量把关，守好意识形态主阵地，举全社之力将平台打造成人民群众喜爱、党和政府放心的听书平台。

平台将认真落实党的民族政策，增强民族团结，弘扬民族文化，巩固和发展平等、团结、互助、和谐的社会主义民族关系，在打造祖国北疆亮丽风景线等方面，将发挥积极作用。

“蓝色草原·听书平台”在习近平新时代中国特色社会主义思想的指引下，进一步增强政治意识、大局意识、责任意识和忧患意识，牢固树立正确的出版导向，铸牢中华民族共同体意识，始终争做社会主义文化强国伟大实践的建设者、中华民族优秀传统文化的传播者，努力在新征程中实现伟大复兴梦想。

（内蒙古科学技术出版社）

案例类别：产品

“素养植根”高中语文融媒体智能学习系统项目

王勿匆 崔业双 李敏 王小伟

“‘素养植根’高中语文融媒体智能学习系统”是在国家教育信息化不断推进、语文课程改革走向深水区的大背景下，由山东人民出版社、北京师范大学语文素养植根研发团队和北京汉雅天诚教育科技有限公司联合研发的一款代表未来语文课程新生态的教育产品，是为满足不同层次群体对优质语文教育的个性化需求而推出的一个智能学习平台。

一、研发背景

近年来，国家信息化建设已推进到4.0，教育信息化改革也迈进了2.0时代，伴随着《普通高中语文课程标准（2017年版2020年修订）》，新课标、新教材、新高考对语文课程改革提出了更高的教学要求。为此，三方联手发挥各自优势研发出品了“‘素养植根’高中语文融媒体智能学习系统”。

（一）顺应国家课改形势

近年来，国家为加快教育现代化和教育强国建设，推进新时代教育信息化发展，出台了多项政策文件，如《中国教育现代化2035》《加快推进教育现代化实施方案（2018—2022年）》《教育信息化2.0行动计划》《2019关于促进在线教育健康发展的指导意见》等，要求加快信息化时代教育变革。包括但不限于依托信息技术营造信息化教学环境，促进教育思想、教学理念、教学模式和教学内容改革，促进信息技术与学科教学深度融合的探索等。

（二）满足语文课改的扩容需求

《普通高中语文课程标准（2017年版2020年修订）》凝练的语文核心素养，更新的语文课程内容，直指“互联网+教育”的赋能工程。传统大班额形式难以满足学生个体发展和国家人才建设需要，信息技术在教育领域尚未形成较为成熟且具推广价值的应用。“‘素养植根’高中语文融媒体智能学习系统”就是针对上述问题，为满足不同层次的教育发展诉求而研发的智能学习系统，旨在为改变高耗、低质、无效的语文学习提供一套系统的解决方案。

（三）满足个性化学习需求

教育对象是有着生命体征的鲜活个体，在常规语文

教学中，教师很难关注到普通学生中的一般个体，更难兼顾每个学生的个性化学习需求。以人工智能为技术基础搭建的"'素养植根'高中语文融媒体智能学习系统"可记录每个学生的学习行为和学习轨迹，依据真实状态勾勒学生的学习增值曲线和认知地图。

二、产品简介

"'素养植根'高中语文融媒体智能学习系统"是一款代表未来语文课程新生态的教育产品，该系统运用人工智能技术，遵循语言学习规律和学科特点，融合多模态的教学资源，按照专题学习的理论模型进行的技术实现。该产品包括学生用户、教师用户和机构用户，可实现手机端、Pad 端、PC 端的智联互通，支持时时处处可教可学的语文学习新生态。

三、研发团队

（一）出品方

出品方山东人民出版社出版过国标语文教材，拥有多年开发经营教材教辅的资源和经验。近几年，山东人民出版社积极探索智慧教育产品研发，并着力打造集聚内容资源、增强用户黏性的服务平台，开启数字教育融合出版体系建设。

（二）内容研发团队

内容研发团队由北京师范大学文学院博士生导师张秋玲教授领衔，团队集结了全国名特优高中语文教师 30 余人，20 年来深耕"产—学—研"一体化高端教育资源的研发，已为 100 多所中西部地区的中小学校提升办学品质、打造精品课程、改善校本教研提供了系统化改革方案。团队推出的"语文素养植根工程"已在全国十多个省市，300 多所学校进行推广，初步统计惠及中学语文教师近万人，该项目在教育精准扶贫的国家战略中贡献颇多。

（三）技术研发团队

技术研发团队来自北京师范大学人工智能学院宋继华教授领衔的北京汉雅天诚教育科技有限公司，该公司拥有"国家高新技术企业"和"中关村高新技术企业"资质，在语言教育领域有着长期的技术与资源积淀，多次承担国家重大项目，如教育部中外语言交流合作中心"长城汉语""国际教材编写指南平台""汉语桥俱乐部 APP"等国际中文教育领域品牌产品的研发和运营，在国民语文教育、海外华文教育、少数民族双语教育等领域积累了丰富的成果和经验。

四、产品特色

（一）学习理念专题化

产品是对专题学习理念的技术落实，充分遵循了"思维为主线，读写为两翼"，"读—思—写"三位一体的课程逻辑，将思维训练与语文专属活动深度联结，构筑了一个以学生为中心，以问题为起点，设置不同层级学习任务和学习活动，围绕任务组织资源，依据学情有序投放，实现班级授课制下个性化学习的智能系统。

（二）学习资源多模态

系统内资源分为学生资源和教师资源。学生资源包括以文字为主体，兼顾图片、视听、微课等多种呈现方式的基础阅读资源、拓展阅读资源、自主测评资源等；教师资源包括以教学设计和备课资源为主体的教学型资源和助力其走向名师之路的支持型资源。除已建好的静态资源，还有遴选出的学生生成、教师生成、师生互动、专家生成四类动态资源。

（三）资源推送智能化

系统将依据学生的学习数据进行学习力的研判，为其推送适合个性化学习特征的资源，帮助其找到合适的互助同伴，同时构建个人学习数据库。根据教师偏好进行资源收集与推送，以帮助教师构建个性化教学资源库；教师还可与专家进行线上交流互动，建设专属职业发展智库。

（四）支持服务专家化

系统设计了系列化的教学支持服务，师生可得到"量身定做"的专家在线或面对面个性化服务。"陪伴助学"贯通了"教师端"和"学生端"，设置了四条补偿教学路径：一是推送个性化学习资源；二是在线寻求同伴的帮助，群智解决问题；三是教师开设小窗，对有诉求的学生进行一对一精准教学；四是向在线专家求助，专家会在限定的时间内给出指导。

五、推广运营

（一）线上推广

1. "素养植根"微信公众号。定期推送研发信息、教学支持文章、学习支持问答。建立产品专栏，进行产品宣传和预售。通过交流群及时了解用户需求，实现与用户的深度互动。

2. 线上公益直播课。北京师范大学素养植根工程团队教师长期助力举办"新课标・新教材・新高考——语文可以这样学""问鼎高考"系列线上公益直播课。公益课自开播以来，广受好评，已累计为 1 万多名教师提供服务，为产品宣传打下了良好基础。

3. 官方网站。提供产品简介及下载二维码，同时可发布活动公告、新闻等，也可作为用户展示自我的平台，丰富服务形式，增强用户与品牌的黏性等。

（二）线下推广

1. 打造标杆。目前，已与山东省内外部分学校签订合作协议，签约学校将作为联盟成员试点。后续会为学校提供专家试用指导，致力于用实际教学效果将联盟学校打造成信息技术赋能教育提升的示范学校，形成具有较广辐射效应的品牌工程。

2. 定制化服务。产品上线后，将为学校提供教学情况诊断及优化方案、听课评课及教学指导、观摩游学、课题申报或论文撰写指导等教研服务。

3. 地方联动。产品上线后，将成立“高中语文融媒体教学研究联盟”“全国高等师范院校语文教师信息素养研究联盟”，集各地市优秀教研及高等师范院校的语文课程与教学论的专家力量，推动深化课程改革背景下的语文教学研究，逐步形成具有引领性的智库联盟。

六、社会反响

2020 年 10 月初，山东人民出版社甄选了省内外不同水平的学校对产品进行公测，师生反馈良好。他们认为，该产品有助于开展互动式、启发式、探究式等个性化课堂教学，有助于形成对教与学行为进行有据评价的大数据，帮助教师优化教学设计和教学方法。

七、融合经验体会

（一）内容为王

在融合出版的维度里，内容建设是根基，开发思想是再生力，好的学科与信息技术深度融合，可使理论研究成果有效转化落地。“‘素养植根’高中语文融媒体智能学习系统”即是基于专家团队 20 多年理论研究技术实现的典型范例。

（二）技术赋能

本产品将代表先进理念的语文教学设计与教学软件设计合二为一，用信息技术手段赋能语文教学活动，既能记录、评价学生的阅读行为，又可训练、提升教师的 TPACK 知识，实现了技术助力教育的软着陆。

（三）渠道多元

在融合出版的形势下，除了传统的线下营销，还应注重线上营销渠道。营销团队熟练掌握平台渠道规则和话语体系，以用户至上的理念，营造和组织社群小圈子。在社群圈子足够稳定和成熟后，可做知识付费、知识服务等项目。

（王匆匆：山东人民出版社有限公司文教理科编辑室副主任，崔业双、李敏、王小伟：山东人民出版社有限公司文教理科编辑室编辑）

“素养植根”高中语文融媒体智能学习系统学生端（安卓版）

案例类别：产品

17IPBOX 文化创意服务平台

王锐

一、项目背景

2018 年 5~10 月，公司具体实施了由省委宣传部指导、山东省文化厅、山东出版集团、山东广播电视台等主办，山东出版传媒股份有限公司等承办的 2018“泰山设计杯”文化创意设计大赛，“泰山设计杯”已列为《山东省文化创意产业发展规划（2018—2022 年）》重点项目。

二、项目简介

17IPBOX 文化创意服务平台是公司结合山东新旧动能转化“十强”产业建设，依托山东出版品牌、渠道和资源优势，充分发挥线上线下文创 IP 资源整合、设计和运营能力，聚合山东出版集团现有优质 IP 资源和市场优质 IP 资源，全力打造以文创人才资源库和精品 IP 资源库为主的集文创 IP 孵化、IP 定制、IP 运营服务的文化创意综合服务平台。同时，线下打造文创门店，通过对优秀文创作品的推介、孵化、运营，延伸线上与线下融合发展的文创产业链。

平台已聚合公司开发的以传统文化为核心的“东方集韵”IP 系列文创产品、以“情感文化”为主题的“老照片”系列文创产品、以中国节庆为方向开发了“新都市年画”系列文创产品等资源。“17”取“一起”的谐音，“IP”为知识产权，“BOX”直译为箱子，取聚合之意，17IPBOX 即聚合文创资源。17IPBOX 品牌突出齐鲁文化特色，将传统文化与创意有机结合，将传统出版与文化创意深度融合，融入众多贴近生活的中式文创商品，为大众提供更有创意、更有品质的产品及生活方式。

三、项目建设条件

（一）国家政策大力扶持开拓文创领域，产业地位不断提升

习近平总书记在党的十九大报告中明确指出："中国特色社会主义进入新时代，我国社会主要矛盾已经转化为人民日益增长的美好生活需要和不平衡不充分的发展之间的矛盾。"创新驱动是中国经济进行结构性改革的国家战略方向，"十三五"规划提出要推动文化产业成为国民经济支柱产业。文化创意产业在国家经济发展战略中具有重要地位。

（二）文创行业的快速发展，助力出版业转型融合

在"十三五"时期，中国新闻出版业总体上处于转型升级阶段，即从传统出版向传统出版与新兴出版融合发展、传统出版业态向多元内容业态转型升级的阶段。出版社本身就是文化创意企业，积累了丰富的优质内容、优秀作者和明确的读者对象。利用资源优势策划和生产文创产品，是转化资源、延伸产业链的有效途径，同时也有利于拓展图书品牌内涵，提高文化机构影响力。

出版文创以出版内容为基础，以创意为核心，通过产业化、系统化的运作，与相关业态进行有机融合。以"出版＋文创"的新模式，促进传统业务转型，实现品牌及产品升级。

（三）IP 浪潮推动文化创意产业步入发展的快车道

IP 即"Intellectual Property"的缩写，被译为知识产权，原指权利人对其创作的智力成果所享有的权利。IP 浪潮的兴起让我国文化创意产业迎来了发展的黄金期，IP 开发带来了巨大的社会影响和商业价值，基于同一 IP 的衍生开发已成为文化创意产业发展的重要方向，也成为提升文化品牌生命力的重要途径。近年来，腾讯、阿里巴巴、网易等互联网企业纷纷以 IP 为纽带，布局文化创意产业。如腾讯提出"新文创"战略，已在多个领域构建基本完整的文化创意产业生态链条。

（四）高新技术在文化创意产业中的重要性凸显，推动文创产业高质量发展

高新技术助力创意设计方案真实完整地呈现，实现从前期创意策划、方案设计到中期的现场制作及后期维护等全流程覆盖，对于推进文化创意产业科技创新，利用高新技术更新文化创意产品的创作模式和传播方式，达到创意设计和文化科技的双轮驱动。未来文化创意产业的发展必须依赖于相关领域强大的高新技术，二者的深度融合是不可避免的趋势。

四、项目创新性和亮点

（一）大数据技术支持

以用户大数据为基础，深度洞察用户习惯，实现多维度精细化的统计分析，使产品不断改进及提升平台的运营模式，并将内容与受众进行匹配，实现精准推广。

（二）全员营销体系

通过利益刺激底层会员实现快速裂变，从而触达千万级别的群体阵容，实现品牌、销售的双丰收。

（三）丰富的内容资源

通过整合山东出版内部 IP 资源、国内外知名 IP 资源、自有 IP 孵化培育等方式，实现全领域覆盖和矩阵分类。目前平台已对接 2129 家 IP 方，签约入驻 655 家，对接 212 个 IP 衍生品牌，签约产品 1963 款 6013 个 SKU，为项目的实施夯实了基础。

五、项目目标用户群体

普通用户、设计师、艺术家、文化企业、行业领袖、头部名人。

六、服务模式

本项目通过自身 IP 资源、购买 IP 资源、孵化 IP 资源及短视频直播带货方式与企业品牌项目合作实现销售收入。

七、主要技术

1. 通过用户数据采集、处理、分析为品牌商提供大数据技术支持，分析 IP 与品牌属性、受众群体特征，为品牌筛选精准匹配的 IP，实现精准推广。

2.B/S 架构的后台结构设计，基于 Java 语言开发，使得整个平台更加稳定、安全。

3. 前端语言采用 HTML5+CSS3+jQuery 响应式布局，根据不同设备内容适应性展示，让用户在不同设备下都能友好地浏览网页内容，目前平台二期已经完成开发，实现了 17IPBOX 小程序 +PC 端的前端应用及展示。

4. 图像压缩技术。本项目利用数据压缩技术在数字图像上的应用，通过去除数据冗余来减少表示数据所需的比特数，减少图像数据中的冗余信息，从而用更加高效的格式存储和传输数据。

八、社会效益

本项目结合当前文化产业发展方向，以文化分享为中心，通过 IP 孵化运营、文创产品定制、文化消费、文化创作，打通文化创意与产业需求，将文化各行业进行有机融合。截至目前，项目平台已入选 2019 年山东省重点文化产业项目库项目，并基于平台开展了"文创快闪店"，开发了"东方集韵"系列 IP 产品、"老照片"系列 IP 文创产品等，并策划了"齐心鲁力 # 我们的战'疫'

日记”微博主话题，话题阅读量达到 1.1 亿人次，讨论量 10.6 万次，平台充分发挥了山东出版在品牌、资源、渠道等方面的优势，实现线上资源与线下实体产品完美结合，有效推进融合出版产业创新与转型升级，将传统出版单一状态向 IP 产业多元化状态发展，助力山东出版在创新融合中持续发展。

项目通过文化创意人才库的建设，实现文创人才资源的整合和充分运用，为开展 IP 商业合作、文创产品转化落地及版权流通等提供人才基础；通过资源库的建设，吸纳了国内优秀的文创 IP 资源，而丰富的 IP 内容资源为开展 IP 商业合作、文创产品转化落地及版权流通提供了内容基础，形成了良好的社会效益。

九、经济效益

本项目通过产业价值挖掘，实现文化创意的经济效益。自 2020 年 1 月平台正式运营以来，制订三年运营规划，分别在平台营收、IP 版权签约数、渠道运营、全员营销运营、内容规划、市场发展规划、运营推广规划、平台流量等 14 个方面制订每季度详细运营目标，产品覆盖文学、动漫、游戏、影视、名人五大领域，并于 2020 年 3 月启动全员营销系统，目前平台已对接 3757 家 IP 方，签约入驻 1169 个 IP，对接 397 个 IP 品牌方，签约 2895 款产品的 7864 个 SKU，实现收入共计 241 万元。

（王锐：山东数字出版传媒有限公司营销合作部副主任）

17IPBOX 文化创意服务平台小程序

案例类别：产品

“小荷听书”有声读物出版阅读平台

刘东杰

一、精准的市场定位

“小荷听书”有声读物出版阅读平台是山东教育出版社紧紧抓住在线知识服务这一互联网教育新风口，重点打造的高起点、高品质、高性能的移动听书产品。“小荷听书”以全国中小学生为主要目标群体，内容资源以自主开发为主，同时为其他出版社的有声图书发布提供平台，创新开启可听、可读、可视的全阅读模式。

2018 年 6 月，“小荷听书”正式上线运营。目前已上线音视频资源 1300 多个专辑，30000 多个独立音视频，总时长 17 万多分钟，粉丝量 91 万多。

二、便捷的功能应用

“小荷听书”实现了微信端、移动端（安卓版、苹果版）、PC 端产品的开发上线，构建起阅读服务全平台。在功能上实现了音频和视频编辑发布、专辑管理、会员管理、统计管理、专辑推荐、智能检索、活动展示、在线投票、在线审核、消息推送等功能，具备音频文稿同步播放、倍速播放、定时播放、后台播放、文稿自由缩放、全文检索等众多个性化应用。实现 VIP 开通、专辑购买、章节购买、莲子赠送、莲子抵扣等销售功能，方便读者自由选择。以图文声影并茂的形式推送音视频读物。

三、优质的内容资源

在内容上，“小荷听书”着重关注青少年心灵成长，引导少年儿童提升文化素养，重点围绕弘扬社会主义核心价值观、学生学科素养提升和学科学习等方面积极打造有声读物精品。现有“文学佳作”“传统文化”“名家讲坛”“学生必读”等 24 个精品板块。严格内容质量把控，按照图书出版三审流程对内容进行加工审核，后台设置有三审流程，与纸质三审意见表同步操作。

“小荷听书”注重高品质、高标准优质音频和视频内容资源开发，推出了著名作家张炜的《古船》《狮子崖》、梁晓声的《梁晓声童话》、刘海栖的《有鸽子的夏天》等众多原创佳作；为培养广大青少年综合素养，丰富学生课内外学科知识，并让他们轻松掌握有效学习方法，上线了《乐高小课堂》《斑马 AI 课——和外教一起学英语》

《马麟春藤类植物绘画技法》《朱丽秋讲作文》等精彩视频课程；为进一步落实中办、国办印发的《新时代学校美育工作意见》，“小荷听书”与山东省吕剧院等合作，开发《龙凤面》《借年》等10余部优质戏曲作品，宣传中华优秀传统文化，加强青少年的审美教育、情操教育和心灵教育，也丰富了青少年的精神生活。

为做好鲁教版高中地理教材的培训工作，“小荷听书”录制开发了“鲁教版高中地理教材使用培训讲座”专辑，供广大师生使用。

疫情期间，为指导公众科学防疫，激发战胜疫情的信心，讴歌抗疫中涌现的先进人物和团体，“小荷听书”专门增设了“爱是桥梁”板块，制作推出《实用中西医结合防治新冠肺炎200问》《中医大讲堂——新冠肺炎防治》等音视频资源，上线了《逆风而行》《我们在一起》等优质抗疫歌曲和《坚守平凡》《和你在一起》等文学作品。

“小荷听书”所有上线资源以打造高品质精品内容为目标，邀请国内播音名家诵读，如《骆驼祥子》《老实人》特邀著名播音员李野默先生录制。著名播音艺术家鞠萍、陈淳、康辉等播音作品均已在“小荷听书”上线。

四、密集的营销推广

（一）线下阅读活动

“小荷听书”在不断优化完善内容建设的同时，也开展了一系列社会公益阅读活动，通过策划丰富多彩的活动不断聚拢人气，增加受众黏性。2018年以来，“小荷听书”组织了60多场“我爱朗读”线下系列公益阅读活动，通过专家范读、专家点评、评选优秀、配乐发布等环节，增强了活动的参与感、实时性和互动性，极大地调动起广大读者尤其是青少年学生的朗读热情，以实际行动推动全民阅读，为5000多名学生提供了展示的舞台。

（二）线上阅读活动

2020年伊始，受疫情影响，小荷听书“我爱朗读”活动创新活动模式，积极开展线上朗诵作品征集和投票活动。4月份，“小荷听书”发起济南、烟台、潍坊、威海、枣庄、临沂六地市朗诵作品征集活动，吸引了大批朗读爱好者参与，“小荷听书”精选了26部优秀作品进行了公开展示。为迎接六一国际儿童节，“小荷听书”组织开展了“致敬童年 放飞梦想”专场朗诵活动，受到广大儿童及家长的一致好评。

为了加深青年一代对“五四”运动历史意义和时代价值的认识，用五四精神激励广大青年青春心向党、建功新时代，讴歌和践行社会主义核心价值观。2020年5月开始，“小荷听书”与山东省音乐家协会联合推出“奋斗的青春”2020青年原创音乐作品征集大赛，向全国高校在读学生公开征集原创公益音乐作品。征集到的系列优秀作品，展现出广大青少年致敬抗疫英雄、感恩师长、赞美家乡以及奋勇拼搏、勇于担当作为的情怀，“小荷听书”平台也积极地将这些优秀作品向社会进行了公开展播，以期感染更多的青年朋友。

五、行业的跨界融合

“小荷听书”已实现与招商银行APP的嵌入链接，招商银行的APP全国累计用户量超过1.5亿，有较好的用户接受度。针对“小荷听书”产品，招商银行将利用其完善的线上票券体系，为用户提供多样化的优惠选择，开展阅读积分等活动，通过平台用户引流和线下活动引流，在短期内提升“小荷听书”的关注度和知名度。这种行业合作的跨界融合具有广阔的开展空间。

六、良好的社会影响

项目已获奖项：入选2020年度国家新闻出版署数字出版精品遴选推荐计划；2020年，“小荷听书”上线的作品《我的森林笔记》入选“2020年全国有声读物精品出版工程”；2020年，“小荷听书”上线的作品《学懂汉字》，荣获中国音像与数字出版协会“2019年度十佳数字阅读作品”；获第七届中国数字阅读大会“2020年度十佳数字阅读项目”；获第五届“大众喜爱的阅读新媒体号”；获第十三届新闻出版业互联网发展大会“2020互联网+出版创新项目”；“小荷听书”研创团队荣获2020年“山东省工人先锋号”；2020年“小荷听书”入选第六批山东省重点文化产业项；获2019年中国数字出版创新论坛“出版融合创新·年度推优融合发展创新应用项目”；获2019年中国知识服务大会“致敬平台—出版类”荣誉；入选2018年山东省新闻出版广播影视产业重点项目；获第八届中国数字出版博览会2017—2018年度“数字出版·创新项目”。

（刘东杰：山东教育出版社社长）

小荷听书客户端

案例类别：产品

高等数学融合出版

一、项目简介

高等数学融合出版项目通过利用多种互联网平台将优质课程资源和学习体系提供给全国的广大受众，实现由线上线下课程、知识服务、配套图书出版等共同组成的一体化数学学习解决方案，打造专业数学内容品牌。主要建设内容包括：每年制作 10 余种考研课程、大学数学资源库建设、10 余种考研数学图书出版、新媒体运营、社群运营以及平台建设。项目团队的构成除了山东科学技术出版社内部的优质出版力量，还包括山东大学、山东财经大学、山东师范大学、南京大学等 10 余所高校的优秀数学教师。通过优秀高校教师为专业内容把关，保证了项目内容的专业性和高质量。

二、项目创新性及特色

（一）以内容研发为核心工作，以内容质量取得市场竞争优势

通过利用高校优质教师资源建立研发团队，针对大学数学、考研数学等内容做深度教学研发，以尊重教学规律、注重考试实用性为准则，形成由体系化课程、碎片化资源和课后服务组成的成熟数学教学体系。

（二）项目内容生产团队经验丰富、水平高

山东科学技术出版社与山东大学、山东财经大学、山东师范大学、南京大学等 10 余所高校的优秀数学教师有长期合作关系，为优质、专业的内容生产提供了保障。山东大学数学学院在教育部 2017 年第四轮学科评估中与北京大学、复旦大学共同被评为 A+ 学科，学术水平全国领先；刘建亚、吴臻、崔玉泉、展涛、郭大钧、周学圣、张天德、韩国平等教授在社内出版图书，其中张天德教授及其团队已与山东科学技术出版社签约为战略合作伙伴关系。

（三）项目通过图书发行渠道助力营销推广

与传统培训机构依赖地推的方式推广产品相比，依靠社内发行渠道推广产品具有效率高、性价比高、可信度高等特点。通过加深与各渠道商的合作，依靠原有的数学图书发行资源以及政策优惠，借助地面渠道、网络渠道和作者渠道，形成立体的营销方案，达成广泛传播。大力维护、发展渠道商，借用渠道商的流量来引流，是项目获得流量的源泉。

三、项目商业模式

项目具有多种商业模式，以课程产品、培训服务为主要盈利手段。

（一）线上培训盈利

如今用户已经意识到线上学习的优越性，线上学习习惯已经逐步养成，并愿意为优质内容服务买单。通过图书发行、免费资源提供、市场营销等手段获取的流量，带动线上课程的销售实现盈利。

（二）线下培训盈利

依托优质的资源和师资，可以拓展到线下培训，线下培训具有更高的利润率。与线下中小培训机构相比，项目具有教学名师资源、图书资源、线上讲解资源、课程方案资源。项目同时可以与其他培训机构合作，由机构招生，项目负责内容产品输出。

（三）IP 流量盈利

通过新媒体运营打造品牌 IP 和名师 IP，实现吸粉、引流和转化。流量盈利作为一种补充的变现手段，在市场中有成熟的变现模式，时机合适即可产生盈利。

（四）平台盈利

通过建设自有平台，可以通过会员付费、课程销售、知识服务等方式盈利。

（五）图书盈利

在目标市场中，数学辅导书为刚需，通过辅导书销售实现盈利。

四、项目组织架构

项目通过公司化进行运作，其中业务部门设立教学研究院、图书产品部、数字产品部、媒体运营部、营销部。

（一）教学研究院

聘请高校优秀数学作者团队，按照项目目标研发课程、制定标准、建设课程体系。通过研发高质量的大学数学内容和教学体系，形成产品核心竞争力。

（二）图书产品部

负责与教学研究院沟通，在研究院指导下完成图书

组稿、编辑、出版，并完成教学相关资料的制作。

（三）数字产品部

负责与教学研究院沟通，在研究院指导下完成数字课程制作、数字资源制作、自媒体数字内容的组稿、制作、发布工作。

（四）媒体运营部

负责品牌IP和名师IP的运营方案，并实施多平台运营。通过市场调研、需求分析制定有针对性的IP运营策略以及社群运营策略，完成优质内容的精确、有效输出。

（五）营销部

负责课程的推广和销售以及图书发行，利用全国销售渠道实现图书铺货，并借助各店铺流量推广自身品牌，完成引流。

五、项目产品与运营情况

（一）大学数学课程

项目现有大学数学课程资源达300小时以上。目前在B站为山东大学张天德教授开设"张天德数学"直播间，由张天德每周三、周五直播山大泰山学堂高等数学同步课程，以及各类不定期数学讲座，累计观看人数已超过十万人次。

（二）考研数学课程

项目现有考研数学课程100小时以上。2020年组织张天德团队拍摄制作了考研数学基础班、考研数学强化班、考研数学冲刺班等课程并发布至知识付费平台（千聊）销售，课程时长共计110余小时，累计学习超过10000人次。

（三）大学数学资源库

项目已制作完成大学数学微课库，内含微课200余个，平均时长8分钟。资源库作为数学内容体系中的基础，为用户提供无障碍的自主学习体系。

（四）畅销大学数学图书及考研数学图书

《吉米多维奇数学分析习题集题解》《高等数学同步辅导》《高等数学习题精选精解》等年销量达10万册以上，2020年8月上市《考研数学历年真题全解》系列，4个月实现销量超过4万套。

（五）新媒体运营与社群运营

项目旗下公众号"张天德数学"粉丝量达40000人，日平均发表文章3篇，平均阅读量1000人次以上；B站"张天德数学"投稿270余件，粉丝数5500余人，累计播放量75000次；微信读者社群达6000余人。

（六）平台建设和运营

开发运营自有手机APP，整合项目中所有的线上内容资源和服务，其功能包括课程购买、图书购买、课程直播及回放、网上测试、作业提交与反馈、社群交流与答疑等。

（山东科学技术出版社）

张天德数学公众号

案例类别：产品

"尼山馆藏"海外推广项目

"尼山馆藏"海外推广项目是数字尼山书屋项目的重要组成部分，是山东友谊出版社贯彻习近平总书记关于推动中华优秀文化走出去，不断增强国家文化软实力的总体要求，是中华文化、中国出版"走出去"的重要数字平台，是尼山书屋商业模式的尝试和实践。

一、项目定位

"尼山馆藏"海外推广项目旨在搭建一个出版"走出去"的馆配渠道和平台，破解尼山书屋海外商业模式难题。基于数字尼山书屋整合的国内外展现中华优秀文化的优质出版资源，采用先进的数字加工技术，由技术公司进行全格式转换，再通过与海外馆配中盘商合作，将数字图书资源推送给全球公共图书馆和学校图书馆，扩大中华优秀文化的传播力和影响力，同时实现优质数字内容的销售盈利。

"尼山馆藏"海外推广项目计划通过3年的建设和布局，收集汇总国内出版的中华优秀传统文化图书，在进行数字化加工后，上线数字尼山书屋，面向海外机构用户和个人用户推送。重点推进数字尼山书屋上线的外文版图书进入海外主流图书馆馆配目录，在获得销售收入的基础上，打造100—200种长销数字版中华优秀传统文化图书。

二、运营模式

“尼山馆藏”海外推广项目在实现途径上，主要包括打造尼山馆藏数字资源库和开拓海外馆配渠道两部分内容。

尼山馆藏数字资源库的建设主要围绕中华优秀文化和当代中国主题整合国内出版社的优质内容资源，作为尼山书屋藏书，通过数字化加工转化成数字版，打造数字图书馆，满足全球不同国家和地区读者的阅读需求。

海外馆配渠道建设，以和美国OverDrive公司（赛阅公司）的合作作为突破口，基于数字尼山书屋平台，整合中国优秀传统文化内容资源，通过赛阅公司遍布全球78个国家和地区的超过6.5万家数字图书馆网络，实现数字图书资源的国际化输出与销售，为全球读者提供优质阅读资源。

三、项目实施基础

（一）专业化运作

山东友谊出版社曾先后承担了多个国家级数字出版项目，在项目实施方面积累了一定的经验。尼山书屋“走出去”工程（包括“尼山馆藏”海外推广项目）是山东友谊出版社的重点项目，社内成立了专门的项目组，同时制定了相关配套的项目管理制度，为项目的有效推进提供组织上和制度上的保障。

（二）前期基础

2013年，尼山书屋成立于孔子的诞生地尼山脚下，初衷就是保护和传承中华民族的优秀传统文化。目前，已有42家尼山书屋在欧洲、美洲、大洋洲、亚洲、非洲的24个国家落地。搭建尼山书屋“走出去”平台，建立数字尼山书屋，就是要将我国优秀传统文化在世界范围进行传播，扩大中华文明在世界文化体系中的影响力，增强话语权。

2016—2021年，尼山书屋“走出去”工程连续四次入选中宣部、商务部等五部委联合评选的国家文化出口重点项目。此外，尼山书屋“走出去”工程还入选了2015年国家新闻出版改革发展项目库，并被列为重点扶持项目；被列入国家新闻出版广电总局“丝路书香”重点工程；荣获第三届中国创意工业创新奖新商业模式奖银奖。数字尼山书屋和尼山馆藏项目也先后入选国家新闻出版广播影视产业项目库重点项目。国家新闻出版广电总局把海外尼山书屋纳入新闻出版系统海外传播的重要渠道之一。

“尼山馆藏”海外推广项目是在海外实体尼山书屋相继落地和数字尼山书屋建设的基础上衍生出的子项目。随着尼山书屋在世界各国的落地和业务拓展，尼山书屋数字资源库的建设也随之启动。2015年7月，全球首家数字尼山书屋在新西兰落地，实现了数字化阅读。时任国家新闻出版广电总局孙寿山副局长出席仪式并致辞。2015年8月，单机版数字内容资源库设计和开发工作完成，同步进行数字内容资源的数字化加工转换，2016年6月完成资源库整体架构设计，2016年10月导入内容数据进行测试。

同时，尼山书屋的线上交流平台——尼山书屋门户网站开发于2015年5月开始启动。2016年12月，尼山书屋网站中文版完成开发和内部测试，经验收后上线试运营，实现了图书的阅读、销售、展览、馆藏、国际出版与版权贸易五大功能。2017年12月，尼山书屋网站英文版也上线试运行。

（三）海外合作平台

美国OverDrive公司成立于1986年，总部位于美国俄亥俄州克利夫兰市，是一个数字阅读平台和数字内容服务提供商，拥有行业内丰富的电子书、有声书和其他数字媒体内容，是为图书馆和学校提供数字阅读平台和数字内容的全球服务商，其服务的图书馆和学校已达6.5万多家，分布在78个国家和地区，美国90%以上的公共图书馆、英国和爱尔兰70%以上的公共图书馆、澳大利亚和新西兰85%的公共图书馆都是其服务对象。这为“尼山馆藏”项目的海外拓展提供了良好的用户基础和市场覆盖。

四、项目创新点

（一）灵活的定价策略

尼山馆藏的合作平台充分尊重版权方的定价权，兼顾国内国外图书市场的差异化定价策略，有利于充分保障版权方获得更高的海外销售收益的同时，也不影响国内各平台的销售。

（二）严密的版权保护机制

国外的版权保护机制对于馆藏数字内容的流通有一套比较完备的管理和加密技术体系，可以相对有效地防止数字内容资源的任意复制，从而提高单品种图书的销售收益。

（三）直接面向用户的精准营销

尼山馆藏平台与尼山书屋其他子品牌的线下活动相互配合，彼此带动，可以直接面向用户进行定向营销，同时也可以直接收集用户需求和反馈，有针对性地充实和完善尼山馆藏平台的内容与功能。

（四）开放共赢的合作机制

尼山馆藏平台的内容合作，采用非排他合作方式，版权方在渠道不冲突的前提下，可以同时和其他平台商合作，充分尊重版权方利益最大化的权利，从而实现多方共赢的最终目标。

的个性化阅读需要。

五、效益分析

（一）社会效益

“尼山馆藏”海外推广项目在社会效益方面尤为显著，着眼点是推动中国优秀文化的全球化传播，促进中西方文化交流。

1. 传播、推广中华优秀文化的数字化平台。通过“尼山馆藏”海外推广平台，大量介绍中华优秀传统文化的优质数字图书与海内外读者见面，这对推广中华优秀文明、文化起到重要的作用。

2. 探索中国出版“走出去”的新模式。通过“尼山馆藏”海外推广项目，以海外图书馆作为媒介，对于中国文化全方位走向世界，推动我国数字出版创新发展具有重要意义。

（二）经济效益

在经济效益方面，本项目的盈利点包括数字图书销售收入、个性化数字产品收入等。

1. 同美国 OverDrive 公司开展合作，基于“尼山馆藏”海外推广项目平台，借助公司遍布全球的图书馆网络和零售平台，实现数字图书资源的国际化输出，实现优质图书资源海外销售的盈利。

2. 通过已拥有的数字内容资源，形成越来越丰富的内容资源库，整合成不同的数字化产品，满足海量用户的个性化阅读需要。

六、阶段性成果

“尼山馆藏”海外推广项目已入选 2018 年度新闻出版改革发展项目库，正在有序推进。

2018 年 2 月，山东友谊出版社正式启动“尼山馆藏”项目。目前已获得 3000 余种图书的数字内容全球授权，涉及出版单位超过 160 家，正在陆续进行数字化加工后上架销售。目前已上架美国赛阅电子书馆配平台图书 871 种，实现销售额超过 3 万美元，销售范围涵盖美国、加拿大、英国、德国、澳大利亚、新西兰、新加坡、奥地利、卢森堡、荷兰、智利、韩国、马来西亚等 15 个国家和地区的 179 家公共图书馆和学校图书馆。

七、总体评价

尼山书屋“走出去”平台及“尼山馆藏”海外推广项目，是山东友谊出版社遵循中央“大力弘扬中华民族的优秀传统文化”的实际举措，也是响应国家文化发展战略，在“走出去”模式上进行的新探索，目的是打造中国出版、中国文化“走出去”的重要数字化平台和窗口。

（山东友谊出版社有限公司）

案例类别：产品

《老照片》融合出版项目

王伟辰

“《老照片》融合出版项目”入选国家新闻出版署 2019 年度数字出版精品遴选推荐计划，也是山东省唯一入选该计划的项目。

该项目建设内容主要包括：老照片数字资源库、老照片交易平台和知识服务平台、文创等周边产品与服务。

一、资源库建设与完善

（一）资源库平台升级

多媒体资源库是融合运营的基础。此次升级主要围绕图片商城展开，提供完善的图片交易系统，实现会员上传图片及音视频并实现资源入库、管理、定价、交易等各项业务流程。

1. 从老照片平台易用性以及功能深化完善改革的角度，在实名认证、图片内容众筹、图片社区交互、标签化处理以及图片标准检索系统等模块，做出相应的升级调整，使得系统更加易用。

2. 从资源在线安全交易角度，探索图片深度水印算法，以及更适合并发的下载算法，打造安全、高性能的平台。

（二）加大收集各类有价值老照片的力度，充实老照片资源库的品类与品种数量

1. 收集藏在海外的中国老照片。晚清以来，来华的外国人几乎每个人都藏有大量中国老照片，从第一个来中国摄影的法国人于勒·埃及尔，到拍摄五四运动、中国各地民情的美国人甘博，等等。这些巨量的老照片并没有系统地引进国内和深入研究及利用。此外，尚有大量的老照片未被发现和开发，如 1908 年来华并在中国生活了 40 年的英国人威廉·詹姆斯·霍金斯，目前他的后人手中收藏有他所拍摄的中国老照片 1 万多幅，亟

待开发。

引进这些照片，我们可以采取以下策略：（1）成立历史影像研究中心，负责与海外中国老照片藏馆的通联工作，并完成部分海外馆藏老照片入驻交易平台，以供研究者使用；（2）与国内知名高校历史系合作成立老照片研究机构，从事老照片的研究、出版以及展览等工作；（3）成立历史影像研究会，连续出版相关图书，进行资源整合和共享；（4）出版画册，如《岁月中国 1956》（汤姆·哈金斯）和《岁月中国 1984》（傅杰明），并通过纸质书的出版，数字化所有老照片。

2. 收集国内摄影师的照片。《老照片》出版以来，积累了大量摄影师资源，但未真正涉足摄影圈。2017 年末，《老照片》获得第二届中国摄影图书榜“年度摄影史论图书”奖，这证明《老照片》在摄影界存在相当的影响力。尤其是 2019 年，摄影家李百军的《生产队》、胡武功的《对影胡说》，标志着《老照片》开始与当代摄影师合作。通过摄影师们所研究的独特领域，叙述中国社会不同发展阶段的面貌。

3. 收集和收藏个人手中的老照片。自从《老照片》出版引起的“老照片热”以来，老照片市场方兴未艾。

目前《老照片》编辑部收藏老照片有以下优势：①《老照片》在业内形成了权威性和公益性，深得作者和读者的信任；②不同于一般收藏家，编辑部收藏老照片用于研究和发表；③编辑部有专业的数字化处理能力。

（三）老照片数字化整理

在初期，老照片数据库可分为三大类：一是海外中国老照片馆，海外私人收藏和馆藏中国老照片大多没有做精确的分类处理，相当数量的照片也没有相关解说。因此，老照片尚需专业地整理分类和解读。二是中国摄影家馆，中国摄影师作品，这需要编辑部与摄影师共同选取照片，并扫描制作。三是家庭老照片馆，个人手中的老照片以家庭照片为主。

二、交易平台及知识服务的建设与运营

（一）与藏馆和海外私人收藏者合作

海外私人收藏者和藏馆的需求各有不同，藏馆多以公益性展示、提供研究为主，私人收藏者多以营利为目的。

1. 与藏馆合作。通过成立历史影像研究会的方式，对馆藏中国老照片研究和解读并出版。

2. 与私人收藏者的合作。目前，这些私人收藏者手中的中国老照片一般每幅在 200~500 元。但出版社更倾向于合作开发，共担风险和共同盈利。

（二）与中国摄影师和收藏者合作

20 世纪 30 年代以来成名的中国纪实摄影师版权意识很强。出版社除做好这些知名摄影师的工作之外，更倾向于未成名的摄影师、摄影记者、摄影宣传干事等，以相对低廉的价格购入或以分成的方式代理其版权。

（三）与个人合作

《老照片》品牌在读者中一直有巨大的影响力，深受信任。但大多数人并没有版权意识，在接下来的工作中，出版社将对来稿照片买断版权或取得代理版权。

三、文创产品及服务项目

（一）展览方面

编辑部策划和参与了多场老照片主题展览，其中“时代的印迹——《老照片》二十周年展”获得了“文化部 2017 年全国美术馆馆藏精品展出季优秀展览项目”，既取得了良好的社会影响，又积累了丰富的办展经验。当下，人们集体回顾历史的最好方式之一就是观看老照片展，在接下来的几年，编辑部计划结合时代主题，在出版图书的同时策划多场老照片展览。

（二）文创空间和文创产品制作与销售

2018 年文博会上，“老照片怀旧空间”引起观众的瞩目。《老照片》文创产品具有相当的市场前景，老照片、老物件是时代的产物，是中老年人怀旧的情感依托，是青少年了解历史的实物参照。《老照片》文创空间恰能为其提供相应的需求。

（三）建设老照片主题讲堂

该主题讲堂拟与《老照片》出版同步，由山东画报出版社主导、个人投资者辅助的形式，邀请影像史学研究学者、摄影家和有故事的普通作者开讲，并进行线上二次开发。

（四）与南开大学历史学院合作成立历史影像（老照片）研究中心

召集和整合老照片研究学者以及老照片资源，并连续或定期出版相关图书，刊发最新的影像史学文章，打造影像史学学术基地。

（五）各类型的主题大画册出版

大画册是高端的具有收藏性质的图书，国内这一块市场潜力巨大。在经济实力允许的前提下，尝试打破此市场的瓶颈，引领大画册的制作，对出版社的品牌建设和经济效益都是有益的。

（六）新媒体合作

1. 为有关流量平台提供图片及故事产品。目前，《老照片》已和今日头条图片频道合作良好，收益颇丰。接下来在图片资源更加丰富后，将进一步与其他流量平台合作，聘请专家或团队策划每月专题，并收集、整理照片，撰写图片故事，根据各平台大数据测算的热点话题，选择契合的主题，进行内容发布。

2. 制作发布短视频和音频。短视频市场是当下中低端市场中效益最大的一块蛋糕。比如，针对某一历史事件的老照片进行解读，整理反映近代以来女性服饰变迁的老照片，等等。音频方面，一是请专家对老照片进行解读，形成专栏并录制视频；二是与专业播音员合作，

分类朗读已刊《老照片》文章。

（七）家庭影集（相册）

为需要制作个人或家庭影集的客户量身定制，提供个性化精准服务，以图书、视频、电子相册的形式展现个人或家庭的经历。

（八）纪录片制作和口述视频制作

规划与老照片有关的历史事件的纪录片制作和个人或家庭口述史视频制作，与专业摄影团队或与电视台栏目合作、录制和发行。目前已与山东电视台合作推出“一张照片”项目。

（九）合作成立老照片主题茶馆或咖啡馆

摆陈老照片展品并定期更换，可作为老照片主题讲堂的开展场所。推广老照片主题空间的概念，根据客户的实际需求，策划如城市主题空间、历史事件主题空间、老字号主题空间等。

（十）成立老照片学术团队

从出版社和《老照片》的长远发展看，拥有一个强有力的学术团队至关重要。不论是展览策划，还是图书出版，以及新媒体开发，离不开专业人士的参与和谋划，所以编辑部准备在做以上工作的同时，注重学术团队建设，特别注意老中青的结合。

（王伟辰：山东画报出版社老照片融媒体工作室编辑）

老照片网站

案例类别：产品

“中国非物质文化遗产图画书大系”项目

一、项目简介

“中国非物质文化遗产图画书大系”（6册）是一套围绕我国“非遗”而创作的以3~6岁儿童为目标读者，题材新颖、内容优质、装帧精美、编校质量上乘的图画书。为进一步满足低幼年龄段小读者的阅读需求，明天出版社借助信息化、数字化技术手段，配合纸质书制作了丰富的影像资料、有声读物、绘本动画、视频精讲等数字化资源，并利用网络将书籍与数字化资源巧妙结合，改变传统的文化传播方式，让儿童更加轻松、有趣地了解和学习非物质文化遗产，了解文化中的故土，认识美丽的中国。

运用了新兴技术的“中国非物质文化遗产图画书大系”项目能更加直观、便捷地向小读者展示传统文化独特的艺术魅力，降低了儿童对书本内容的理解难度，有利于中华民族传统文化伟大智慧和深厚情感的传承。

产品上市后深受小读者喜爱，得到众多业内专家的好评并多次获奖，取得了良好的社会效益和经济效益。

二、背景意义

非物质文化遗产是指各种以非物质形态存在的与群众生活密切相关、世代相承的传统文化表现形式，它既是历史发展的见证，又是珍贵的、具有重要价值的文化资源。我国各族人民在长期生产生活实践中创造的丰富多彩的非物质文化遗产，是中华民族智慧与文明的结晶，是联结民族情感的纽带和维系国家统一的基础。

截至2017年，中国入选联合国教科文组织非物质文化遗产名录项目总数已达39项，成为世界上入选“非遗”项目最多的国家。然而这些民族文化中的瑰宝如今却日渐淡出人们的视野，尤其当下儿童在大量阅读西方引进版图书的同时，缺失了对自我文化的认同。在思考如何让今天的儿童了解传统文化时，图画书这种文学表达样式进入我们的视野。作为世界范围内被公认为最适合儿童阅读的图书样式，图画书自20世纪末引进中国，经过近20年阅读推广人和出版人的不断努力，如今已成为儿童读物市场非常重要的组成部分，更成为学前儿童家庭书架必备的图书品种。

“中国非物质文化遗产图画书大系”希望通过深厚的文化底蕴，借助新兴技术将“非遗”项目独具魅力的艺术形式和其传承中积淀的丰厚文化资源呈现给今天的儿童，让他们在轻松愉悦的阅读中了解中华民族千百年来在民俗、文化、艺术等方面多姿多彩的智慧和创意，从而产生对中华文化的亲切感和认同感，成长为具有中华品格和中华风骨的中国人。

三、项目内容及亮点

“中国非物质文化遗产图画书大系”以生活为叙事场景，展示了民间技艺与民间艺术中 6 种非物质文化遗产的工艺、内容及特色。其所体现的使命感与责任感在于用阅读让孩子们形成一种文化自觉，更好地传承中华非遗之美。

（一）项目内容

“中国非物质文化遗产图画书大系”由 6 本图画书组成，分别讲述我国不同地区、不同形式的非物质文化遗产项目。

《游园》介绍了中国非物质文化遗产项目昆曲。作品用清秀的线条和淡雅的色彩描绘出昆曲的婉转和苏州园林的清秀，将看戏、游园作为主线，把昆曲和苏州园林巧妙串起。情节跌宕起伏，耐人寻味，抒情性强，具有十足的感染力。

《影子爷爷》介绍了中国非物质文化遗产项目皮影戏。作品通过皮影爷爷与豆子之间的故事，用诙谐轻松的基调，展现民间皮影戏的淳朴自然。全书色彩明丽，人物造型质朴，阳春白雪与下里巴人融为一体，阅读与体验交融互动，令人身临其境。

《蓝花坊》介绍了中国非物质文化遗产项目苗族蜡染技艺。画家精工细作，蓝调美丽雅致，苗寨的淳朴天然跃然纸上。作者通过美好的故事演绎苗家女儿从出生到长大学习蜡染织布的全过程，为读者展示了极富风情的贵州风光。

《小小虎头鞋》介绍了中国非物质文化遗产项目剪纸技艺。故事通过讲述家在陕北的姑姑送绣花鞋给侄儿的习俗，把我们带到一个由虎头鞋创造的世界。本书吸纳民间剪纸的设色特点，造型古拙、风格粗犷，包含着浓郁的泥土气息和鲜明的地域特色。

《虎头帽》介绍了中国非物质文化遗产项目虎头帽。作品讲述华裔孩子黄一虎所在的橄榄球队通过戴上虎头帽神奇赢得比赛的故事。作者将福建围屋和传统民间儿童服饰等中国文化元素作为穿插于故事中的背景，通过一条明线展示出新一代中国小移民的内在精神与现实碰撞的火花。

《放风筝》介绍了中国非物质文化遗产项目风筝。作品主要以京派风筝为特色，让胡同里和谐、平凡的百姓生活跃然纸上。通过妈妈爸爸和我一起做风筝，抖出风筝的前世今生。色彩艳丽，情节生动，具有十足的感染力，为读者展示了奇妙多彩的风筝艺术。

“中国非物质文化遗产图画书大系”项目将纸质书内容进行数字化展示，在原有图书的基础上加入二维码，读者通过扫码获取每册书对应的数字化资源。配套资源分为 3 种展现形式。

图文展示。配套资源融合书的绘画特点，配以图文并茂的文字内容，截取部分原书中的图画，对书中没有的内容进行知识引申和扩充，满足读者对书本外知识的渴求。

音视频介绍。磅礴大气的系列图书视频，对全套书籍做了详细的阐释，让孩子了解图书背后的故事和内涵。对比过去传统的文字说教，孩子更容易被富有冲击力的画面所吸引，视频让原本枯燥的知识增加了可读性。

绘本动画。为方便儿童理解，对每册书的内容做了生动形象的动画，由最为了解图书内容的编辑为孩子讲解图书，让孩子从过去的“看”书变为“听”书。

（二）项目亮点

1. 从儿童的感受和视角出发，将中国传统文化的表达、本土民俗的情感和记忆与图画书这种特殊的图书形态形完美地结合，让孩子们爱看并易于接受，传递出中国当下兼具传统而现代的精神气韵。

2. 以二维码为入口链接与之紧密相关的影像资料、绘本动画、音视频讲解等数字化内容，使平面阅读扩展为多媒体阅读。新兴技术的助力让孩子们轻松愉快地学习和了解传统文化知识，为帮助孩子们在成长过程中树立正确的祖国观、民族观、文化观和历史观做出了有价值的探索。

四、社会反响

产品上市后，受到各界人士广泛好评。“中国非物质文化遗产图画书大系”（全 6 册）获得山东省图书馆第三届奎虚图书奖优秀奖、2019 年经典中国国际出版工程立项项目。《游园》获得《中华读书报》2018 年度“百佳”图书、新阅读研究所 2018 年度“中国童书榜”优秀童书、《出版人》杂志 2018 书业年度评选 · 年度图书，入选第四期新青藤寒假童书榜、2019 年度桂冠童书。《影子爷爷》入选魔法童书会 · 妈妈眼中的 2018 中国原创好童书 TOP10 、魔法童书会 · 妈妈眼中的 2018 中国原创好童书网友票选 TOP10。

在上海童书展成功举办“传承非遗文化，认识美丽中国”的新书发布会，海飞、刘海栖、秦文君、方卫平、陆梅、陈香、汤汤等嘉宾莅临出席，《中华读书报》《出版商务周报》《中国出版传媒商报》《中国新闻出版广电报》等重要媒体对新书发布做了报道，受到了业内外人士的广泛关注。

五、融合经验体会

2020 年“中国非物质文化遗产图画书大系”销售码洋约 400 万元，获得了良好的社会效益和可观的经济效益。该项目中应用的新技术，在纸质书之外借助电子设备将知识进行了拓展延伸，使阅读变得更加富有趣味，增强了读者黏性，提升了用户体验。新形式的图画书让原有纸质书全面升级，发行量不断上涨，发货码洋持续上升。

项目的成功实施使得传统纸书篇幅固定、单向输出、缺乏灵活阅读体验等一系列问题在新技术的应用下得到了很好解决。今后明天出版社将继续坚持社会效益优先、两个效益一起抓的基本原则，依托丰富的少儿图书内容资源，利用新媒体、新技术，将优质内容与新兴传播方式、新兴商业模式融合，为少儿读者提供优质的阅读资源和阅读服务，努力以高质量、高品位、高格调的多元化产品来赢得市场。

（明天出版社有限公司）

明天慧学公众号

案例类别：组织机构

构建“三体系五工程” 全面推进出版融合发展

——时代出版传媒股份有限公司数字出版工作实践与探索

卫敏 马嵩

随着数字技术的进步，人工智能、大数据、云计算等不断催生新产品、新业态、新模式、新产业，数字正在全方位冲击出版产业链、价值链，形成从量到质的颠覆。从产品形态变化到产业业态变化，从渠道结构变化到竞争格局变化，无不对出版提出数字变革的新要求。数字改造、数字优化、数字创新为出版业高质量发展注入新的动能和要素。作为出版人必须思考如何以创新的思维、全新的模式、与数字化新形势相适应的方式和手段来推动文化与科技深度融合，打造数字出版全功能服务，引导出版新供给、新消费、新业态，不断满足人民日益增长的美好生活需求。

近年来，时代出版传媒股份有限公司认真贯彻落实中央全面深化改革、推动媒体融合的要求，将传统出版与互联网技术、文化服务、综合运营进行全面嫁接，全力推动向数字出版的转型升级，打造独具特色的推进模式。

一、管理为本，构建出版融合发展“三大管理体系”

时代出版紧抓数字化变革趋势，依托一批国家级平台、各级各类融合出版重点项目，积极构建数字出版管理体系，逐步形成“出版融合发展推进体系”“数字出版精品建设体系”“文化科技融合创新体系”三大管理体系。

（一）出版融合发展推进体系

以国家《关于推动传统出版和新兴出版融合发展的指导意见》为指引，实施“数字出版一把手工程”。董事长挂帅，公司总经理、总编辑、分管副总及相关单位、部门主要责任人组建核心管理团队，按季度召开融合发展专题推进会，形成由1个管理部门、4家重点企业、6家特色企业组成的“146”出版融合发展推进体系。公司科技信息部统筹全公司资源，实现优化配置、科学调度。所属各出版社、新媒体单位明确责任领导，建立融合发展专员队伍。根据产品特点确定重点单位及特色单位，4家重点单位为时代新媒体出版社、安徽教育出版社、安徽科技出版社和时代漫游公司；6家特色单位为安徽人民出版社、安徽文艺出版社、安徽少儿出版社、安徽美术出版社、黄山书社、华文书局。各单位根据各自的业务发展方向，形成在垂直细分市场深耕的数字产品规划。

（二）数字出版精品建设体系

以《国家新闻出版署关于组织实施出版融合发展工程的通知》为指引，时代出版聚焦内容建设，牢牢把握文化职责使命，坚持内容为王，实施“数字出版精品矩阵建设工程”，提高发展质量。公司通过政策、资金等措施积极推动各单位围绕自身优势，集中打造精品数字出版产品，如安徽人民出版社“智慧党建”、安徽科技出版社“乐龄听书”、安徽教育出版社“智慧课堂”、安徽文艺出版社“数字音乐教学”、安徽少儿出版社“萌伢童书”、安徽美术出版社“纸上行舟”、黄山书社“安徽省古籍数据库”、新媒体出版社“数字阅读”、时代漫游“豚宝宝”、少儿国际“动漫IP开发运营”等。紧抓主线做内容，融合媒介做运营，时代出版精品数字产品矩阵初见规模。

（三）文化科技融合创新体系

以国家《关于促进文化和科技深度融合的指导意见》

为指引，实施“科研应用转化工程”，形成了由1个博士后工作站、2个技术中心、3个重点实验室、4家高新技术企业构成的“1234”文化科技融合创新体系。分别是新闻出版业首个博士后科研工作站，新闻出版业唯一一家国家级企业技术中心，省数字出版工程技术中心，国家新闻出版署出版融合发展重点实验室、国家新闻出版业科技与标准重点实验室、动态数字出版省重点实验室及时代出版所属的四家国家级高新技术企业。体系建设以国家出版融合发展重点实验室为核心，鼓励基于优质内容和场景构建的技术创新和开发运用，努力将实验室打造成为公司知识服务、资源聚合、技术推广和人才培养的平台。

二、创新为擎，打造出版优化升级“五大推进工程”

党的十九大以来，特别是面对后疫情时代，时代出版积极推进出版供给侧结构性改革，以数字化、数据化、数智化为路径，开发新产品、新业态、新模式，加快向数字出版转型开拓，着力实施 “五大推进工程”。

（一）实施数字内容培育工程

一是设立每年1000万元的“出版融合发展专项基金”，重点扶持精品数字内容建设。二是加强电子书、有声书建设，通过提高考核权重、修订考核指标，推进数字产品开发，激励引导精品数字内容制作运营。三是开展数字出版精品工程建设，按季度召开“数字出版‘一把手’工程”推进会，对精品数字内容项目，发现一批、储备一批、扶持一批。已经培育出的“皮影中国AR绘本”“豚宝宝学前艺术数字课程”“乐龄听书平台”，先后入选“中宣部数字出版精品遴选计划”。

（二）实施重点项目示范工程

自主开发项目管理软件系统，做好项目的跟踪、监督及管理。充分发挥各类项目如“文化强省项目”“省战略性新兴产业集聚基地项目”“公司融合发展专项基金资助项目”等重点项目的示范引领作用。抓实“皖版书刊数字化综合服务平台”“安徽省全民阅读平台”“安徽省新闻出版大数据统计” 等省级资源整合项目。着力推进“安徽省基本古籍库”“新安医学数据库”“黄梅戏内容资源库”等极具代表性的安徽省优秀文化数字化转化开发项目。以精良的项目实施和优质的管理服务促进项目在产品上落地、在产业上生根、在产值上见效，不断拉长内容产业链。

（三）实施“互联网+”融合工程

积极对接互联网企业，补足传统出版单位技术应用和数字化运营短板。与北大方正、武汉数传合作，提升数字内容“编”的能力；与中文在线、喜马拉雅、掌阅科技合作，提升数字内容“发”的能力；与百度、字节跳动、同程旅行合作，提升数字内容“供”的能力。积极利用抖音及微信视频号平台传播优质数字内容、推广数字产品，线上活跃度迅速攀升。先后出资参股懒人听书、京东数科、宝葫芦、樊登读书等互联网及信息技术领域头部公司，通过资本合作促进技术融合，打通产业链的上下游。

（四）实施科研成果驱动工程

对融合发展相关单位业务方向进行分类整合，优化拓展重点实验室研究方向，设立四个研发分中心，分别是动态出版技术研究中心、智能化服务技术研究中心、资源研发与标准研究中心、教育出版模式与应用研究中心，将所有数字出版业务相关单位纳入科研创新体系框架内。由实验室自主研发的“动态数字出版系统关键技术研究及应用”，荣获“安徽省科学技术进步二等奖”。不断引进数字出版相关领域的权威专家，强化实验室“智囊”与“外脑”的作用，着力做好科研服务主业、提升主业。

（五）实施创新人才培养工程

人才兴则企业兴。近年来，公司不断加大人才引进和培养力度，通过自主选拔、集中培养，先后实施五期153名“四个一批”（经营管理、专业技术、市场营销、青年英才）人才培养。组织海外数字出版专项培训，已完成赴英国牛津布鲁克斯大学、美国纽约州立大学两批次36人的境外培训。设立1000万元的青年创新创业扶持基金——“翼基金”，已资助33个项目，为广大青年员工搭建了创新实践的平台，为出版融合发展营造了良好的学习氛围，为年轻人营造想干事、能干事、干成事的氛围。

面对新征程、新使命，出版人要以满足人民精神文化生活新期待为出发点和落脚点，坚守以人民为中心的创作要求，以市场为导向推动供给侧结构性改革，把握数字经济新引擎，加快从传统出版到数字出版的转型，适应数字经济、数字消费要求，在守正创新中肩负起举旗帜、聚民心、育新人、兴文化、展形象的使命任务，开创“十四五”时期出版工作新局面。

（卫敏：时代出版传媒股份有限公司科技信息部主任，马嵩：时代出版传媒股份有限公司科技信息部副主管）

案例类别：产品

党建融合项目——“智慧党员活动室”

汪峰

一、项目背景

2015年9月，中共中央办公厅印发《关于加强社会组织党的建设工作的意见（试行）》。2017年1月18日刘云山指出“要建立党员电子身份信息”，赵乐际指出“推动基层党建传统优势与信息技术高度融合”。2016年3月，“十三五”规划纲要提出，要确保党始终成为坚强领导核心，发挥党总揽全局、协调各方的领导核心作用。2016年10月，“十三五”规划纲要提出，要确保党始终成为坚强领导核心发挥党总揽全局、协调各方的领导核心作用。2016年12月，国务院印发《“十三五”国家信息化规划》明确提出：推动“互联网+党建”。2017年4月，中央印发《中央企业党建工作责任制实施办法》，推进“中央企业党建工作落实年”。

党的十九大报告中，习近平总书记指出：“实现伟大梦想，必须建设伟大工程。”这个伟大工程就是我们党正在深入推进的党的建设新的伟大工程。坚持从巩固党的执政地位的大局看问题，把抓好党建作为最大的政绩！坚持和加强党的全面领导，坚持党要管党、全面从严治党，善于运用互联网技术和信息化手段开展工作。

一直以来，许多基层党支部都存在诸如开展党内生活没有固定场所，缺少仪式感；支部活动形式单一、党员参与热情不高；党建工作和业务工作结合不紧密，效果不明显等痛点、难点。

二、项目介绍

（一）基本情况

近年来，安徽人民出版社积极以信息技术融党建，以标准建设促党建，推出的“智慧党员活动室”数字化资源服务平台，集成了党建核心服务，打破了传统党建活动做展板、宣传栏、发放宣传手册等宣传模式，设计六大党建学习活动场景区域，满足了基层党支部三会一课、主题党日、民主评议党员等会议和学习需求。

“智慧党员活动室”数字化资源服务平台项目依据《中国共产党支部工作条例（试行）》，紧扣党支部标准化建设的具体要求，充分利用信息技术和日常党建工作相嫁接、相融合，以软硬件相结合的模式——一套智慧党建信息采集发布系统+交互式智能大屏，让“党员活动室”智慧起来。让基层的党支部，在党员活动日、党员集中学习、党员会议、工作研讨、案例分析、小组讨论等场景中，充分利用新技术、新媒介、新媒体的传播优势，并将此融入党建工作中，通过听、看、读、交互等多媒体立体化的呈现方式，从而开辟了基层党组织在开展各类党员活动、学习的新模式。

硬件部分采用市面上最先进的高清多功能交互智能平板，搭载安卓和Windows企业版双系统，用于党建学习等多个方面的信息展示、查询、互动，以多媒体形式进行内容呈现。

软件部分是自主研发的“智慧党员活动室”系统。分别设置公共学习资源板块和标准化建设板块，为基层党支部日常活动提供丰富的内容支撑和新媒体形式服务。内容涵盖党建学习、党建知识库、最新热点、专题数据库、支部书架、影视资源。

平台内置党建工作交流、视察场景的欢迎页面风格模板和多媒体模板。可插入、输入自定义欢迎词、背景并实现修改。展示过程中，可在页面上进行签名，并通过二维码把签名内容进行保存、分享。无须打印横幅和签名墙，有利于节能环保，并提高整体工作效率。

平台将党员和党组织相关工作或活动信息以图表的形式进行展现，主要是对党员相关信息进行数据整合分析和展示，通过智慧大屏快速推送传递信息，让用户一目了然，有利于党员保持工作进度，方便领导进行工作监督和掌控，及时了解具体的党员和党组织的现状，助力党建工作有效地开展。

党建智能会议功能可实现现场快速召开各种党课、党会，无须复杂的设备调试和繁杂线材。内置电子白板、无线传屏、内容批注、书写内容扫码、邮件分享等功能。通过多种形式召开党课、党会，打破传统“一人讲、大家听、上边念、下边看”的呆板形式，助力党建工作高效开展。

（二）功能介绍

党建风采模块为党建宣传工作打开了一扇方便之门，成为传播党建文化、凝聚党员力量的桥梁，借助智慧党员活动室信息化平台，可以开展各类党建主题宣传活动。活动中的每位党员，每个故事，每张图片，都可以进行推广和宣传展示。

党建互动信息墙通过党建互动现场功能，积极调动大家的学习积极性，营造一个良好的学习氛围，同时可以进行多屏同一活动，通过微信扫码手机端进行统一管理操作，实现了异地、多屏、多个党支部共同参与的互动现场，打造党建轻松学习环境，提升党员凝聚力和组织归属感，打造全体党员共同参与的“智慧党员活动室”。

党建 VR 互动学习区以 86/98 寸智能党建互动大屏、党建服务一体机、党建 VR 一体机、体感互动设备等为载体，集合了党建信息化平台的功能应用、会议互动功能、VR 学习功能等。数字党建 VR 展厅可实现控制多台 VR 一体机同时学习，大屏同步展示 VR 内容；还可支持互动翻书学习、微信签到、留言、抽奖、投票等大屏互动应用；包含互动教学控制系统、党建互动教学直播、点播系统。

党史党建历程区充分利用滑轨互动展示系统，互动滑轨屏利用定制系统对动态目标实现自动连续，动态展示墙打破了传统电子展项的束缚，大屏幕系统自主移动。以中国共产党发展历史为主线，展现党建历史沉浮。

党建电子宣传区由 3 台 43 寸的党建互动智能终端联拼而成，将专题教育、党务学习、党建动态、党建流程、规章制度、党史故事等系列内容与背景墙进行巧妙设计后，变成融为一体的党建宣传学习区。同时，还引入智能机器人作为宣传区的服务“人员”，为广大党员提供包括迎宾接待、党务咨询、导览讲解、人脸识别、有奖问答 / 党知识测试、语音交互、视频音频录制等二十多种功能服务。

党建智能阅读区集结专版电子书阅读器和党建 AI 音箱等智能终端，集成喜马拉雅党建资源构建党员有声学习园地，通过“一码多书”= 1 个二维码 +5 本有声书差异化呈现方式，专业大咖的解读使用户短时间内接收到书籍精髓，解决传统书籍陈列的千篇一律的问题。

通过“智慧党员活动室”前端展示系统、后端管理系统可个性化制作平台内容和页面。支持上传、网站链接、触摸交互等多种形式建立党建公共学习资源、最新资讯、党员风采、党会纪要记录、展示平台需求。有助于激发党员学习兴趣，从而促使党员整体素质的提高，使党组织建设更加多样化、信息化和透明化，推动党建工作的科学发展。

（三）产品特色及优势

安徽人民出版社充分利用新技术、新媒介、新媒体的传播优势，并将此融入党建工作中，通过听、看、读、交互等多媒体立体化的呈现方式，智慧党员活动室信息化平台可以应用在党建会议、党建学习、党建展示，从而开辟了基层党组织建设的新模式。打破了时空界限和场地限制，探索数字化党支部建设模式，提升了基层党建工作的数字化、智能化水平，推动党建工作向实时感知、资源共享、高效协同、智能分析、科学决策的“智慧党建”纵深发力。

该系统利用新媒体新技术的传播优势，通过软硬件一体机形式，为基层党支部带去基层党组织建设的新模式，针对性地解决了各地各单位建设党员活动室中常见的环境打造难、党建互动难、党员集中难、名师邀请难、成果展示难、三会一课跟踪难等实际困难。整合基层党组织实际需求，实现了对党员学习、党务管理、党员监督、党建宣传、远程党建一体化的交互式智能管理。

（四）应用场景

该系统目前已经在合肥市图书馆、安徽省图书馆、安徽省省安全厅、歙县县委、芜湖江北公安分局、庐江县总工会、安徽出版集团等单位，这些基层党支部通过投入 3 万 ~5 万元，即可实现党支部党员活动室的智能化、信息化改造，极大促进了这些基层单位党建工作的信息化升级，也大大提升了这些基层党支部的工作效率。

（汪峰：安徽人民出版社融合发展中心主任）

案例类别：产品

“乐龄听书”音视频内容服务平台项目

丁凌云 陈军

一、项目简介

“乐龄听书”是国内第一款专门为老年群体提供音视频内容服务的移动互联网产品，根据《国家健康中国行动（2019—2030）》《国家积极应对人口老龄化中长期规划》等精神，安徽出版集团暨时代出版传媒股份有限公司下属安徽科学技术出版社自主建设运营。

“乐龄听书”秉持服务老年人群“健康生活、休闲娱乐”的出版定位，旨在通过音视频为老年人提供各类高品质内容服务，以解决老年人精神文化需求，提高老年人的生活质量，并以打造高质量精品音视频内容、追求极致用户体验、实现老年听书细分市场占有率第一为目标，成为科技与文化融合的优秀典范。

定位精准、内容丰富、专业权威、体验卓越是产品的四大亮点。

（一）定位精准，服务老年群体

“乐龄听书”以60~75周岁老年人为核心受众，紧扣其精神文化需求，采用老年人喜闻乐见的演播形式，提供高质量的服务和产品供给。

（二）内容丰富，形式多样

“乐龄听书”为老年人提供养生保健、戏曲相声、小说评书、隔代抚育、老年教育等各类有声资源，节目丰富，形式多样，包括专题、有声书刊、课程等，涵盖老年人健康、学习、娱乐各方面。

（三）专业出品，科学权威

“乐龄听书”内容由出版社专业人员联合各行各业专家精心打造，确保科学性、专业性、权威性，更将专业知识通俗化、复杂问题简单化，做到让老年人听得懂、学得会、用得上。

（四）重视需求，追求体验

“乐龄听书”注重老年用户需求，追求优越用户体验，内容制作、产品设计等都以老年人为中心，字号更大、导航更清晰、操作更便捷，让老年人尽情享受有声阅读的无穷乐趣。

“乐龄听书”以优质音视频内容为特色，以平台为服务入口，逐步构建老年人线上文化消费“生态圈”，符合当下老龄化社会发展方向，顺应融合发展趋势，对传统出版企业转型升级、构建和谐社会、服务国家养老事业起到积极的促进作用。

二、具体成效与社会反响

“乐龄听书”于2019年11月22日正式发布上线，随着运营策略的不断丰富，下载用户、注册用户、活跃用户均在不断增长。

（一）内容建设

“乐龄听书”主要聚焦健康生活、休闲娱乐等老年人核心需求，上线内容资源超过7000小时。

“乐龄听书”基于安徽科技出版社多年积累的医学保健内容资源及医疗领域专家资源储备，以老年人的第一刚性需求健康养生为内容特色定位和独家内容主攻方向。通过书刊的有声化改编、自主策划录制等途径，现已建成《疾病防治》《中医养生》《强叔说健康》《有声刊》等数10个精品栏目，推出一批优质健康养生节目。这些节目同时在懒人听书、蜻蜓FM、喜马拉雅等平台上线，总播放量达千万次。

通过内容运营留存促活效果明显，根据节日节点或热点事件，如世界睡眠日、高血压日、糖尿病日、老年痴呆日等以海报或者微信公众号等形式推出优质节目，APP内保证每天都有新节目或新内容上线。

在新冠肺炎疫情期间，“乐龄听书”积极开辟“抗击疫情”专区，用有声的力量助力全民抗疫。“乐龄听书”制作的《新型冠状病毒疫情集体场所防控100问》有声书登上喜马拉雅巅峰榜No.1，在学习强国、懒人听书等音频平台收听总量超过200万人次。

（二）运营推广

1. 新媒体运营。除了自有公众号，已在抖音、快手、西瓜视频、新浪微博、今日头条等平台开设自媒体账号，累计发文500多篇，阅读量20万次。

2. 活动运营。逢母亲节、端午节、重阳节等节日均开展线上线下活动，如建社区书屋有声书架、健康知识公益讲座、“爱要大声说出来”朗诵比赛、“孝心·敬老”主题摄影比赛，结合更名开展了万元征名大赛，为庆祝建党100周年、纪念八一建军节开展了“聆听军功章里的故事”，曝光量、拉新人数等指标均超过期望值。现着力策划、打造以老年人为主体的、线上线下互动的“乐龄节”，塑造“乐龄听书”品牌，丰富老年人的精神文化生活，助力推动全社会老龄事业的发展。

3. 资源开拓。加入了中国音像与数字出版协会有声读物委员会、地方老龄产业协会，参加各地养老展、文博会等开拓合作资源，与几十个有声、养老产业上下游机构建立联系，为“乐龄听书”的优质内容生产、商务推广等奠定基础。

（三）产品研发

“乐龄听书”包括Android和iOS移动客户端、微信小程序、资源管理后台几个部分。移动端APP先后迭代了20多次，小程序迭代了15次，经过数次迭代，目前产品功能更加丰富，使用更加流畅，用户体验更加优越。

“乐龄听书”产品设计注重以老年人为中心，力求简单直观、重点突出、操作方便、流畅稳定，体验优越。“乐龄听书”APP UI设计、响应速度、服务器性能等优于95%以上老年人相关的APP。

“乐龄听书”已申请相关商标10多项，提交专利申请1项，申请获得软件著作权2项。

“乐龄听书”研发的“医声码”项目，开创了服务区域健康科普新模式，获得了医院、患者高度认可。该项目升级版在合作的三甲医院分批落地，让更多的老年朋友通过扫码免费收听到相关的专业科普知识。

（四）社会影响力

2019年获安徽省文化强省专项资金支持。2019年获中国数字出版创新论坛“数字渠道创新应用”。2020年获中国出版融合创新优秀案例暨出版智库优秀推广案例。2020年入选中宣部数字出版精品项目。2020年入选第十届中国数字出版博览会助力脱贫数字内容精品展。

“乐龄听书”上线发布受到了《中国新闻出版广电报》、今日头条、《上海老年报》《光明日报》等数十家国家、地方媒体的集中报道。疫情期间，音数协有声委《有声阅读动态》，出版资源库、编辑邦（新闻出版研究院）等公众号均报道了“乐龄听书”积极助力全民抗疫。

（五）经济效益

“乐龄听书”于2019年11月正式上线，目前尚处于建设初期培育阶段，但自主生产的优质内容通过渠道分发已获得100多万元的经济收益。

（六）社会效益

我国60岁及以上人口数量已超2.64亿，人口老龄化程度进一步加深。“乐龄听书”作为一种数字文化消费形态，是国家文化产业的重要组成部分，不仅能够解决老年人精神文化刚性需求，符合老年社会发展方向，而且是出版融合发展的一次创新实践，对服务地方经济社会发展、文化建设，推动科技进步、行业发展都有重要意义。

三、融合经验体会

（一）在变局中开新局，实践出版+的融合发展理念

传统出版企业的融合发展是大势所趋，实施融合发展需要源源不断的创新与活力。“乐龄听书”的建设运营已经打破了出版社传统的布局、管理、薪酬、激励等体制机制，以优势内容资源为基础，依托新媒体技术，借助互联网传播，充分调动项目组成员的积极性、创造性，努力向细分市场深度进军，逐步与互联网行业接轨，进一步激发体制机制活力，以实现更大的、实质性的突破。

（二）在探索中辟新路，建立一套实用的运营模式

出版社实施融合发展项目是“摸索前行”，边建设、边学习、边总结、边改进。项目已探索出了一整套较为完善、实用的管理办法，包括业务流程、日常管理、岗位职责、薪酬绩效、质量控制、合同文本、业务表单等。“乐龄听书”建设运营的实践为其他同类型文化企业的融合发展、转型升级提供了典型案例和鲜活样本。

（三）在实战中育新人，打造一支复合型专业团队

“乐龄听书”大部分成员是从传统出版岗位转型而来，对于新岗位、新领域的要求存在专业技能、专业水平的不足，互联网思维、融合思维的转换也非易事。为了保障项目建设的效率和效果，“乐龄听书”一直明确并践行在实战中打造新型人才队伍的目标，通过参观学习和高质量的各种培训，全员、全流程、全方位树立新思维，目前已建成一支面向市场、贴近行业、善于思考、勇于探索、能于实践的战斗团队，成为出版企业转型升级的新生力量。

（丁凌云：安徽科学技术出版社社长，陈军：安徽科学技术出版社社长助理、听书事业部总经理）

乐龄听书客户端

案例类别：产品

“百年逐梦大别山”融合出版项目

一、项目背景

大别山区位于鄂豫皖三省交界之处，是一个集老区、山区、库区于一体的国家级贫困区。2020年4月，安徽省人民政府发布公告，包括金寨在内的9个县（区）成功摘帽脱贫。这片红色的土地在中国共产党的领导下，终于脱贫圆梦，壮丽新生。作为对这一伟大时代呼唤的回应，安徽教育出版社策划“百年逐梦大别山”融合出版项目，将传统出版同互联网数字出版技术深度融合，立体展示安徽省金寨县及大别山地区精准脱贫、全面建成小康社会的丰硕成果，见证红色精神在新时代的传承和发扬。

二、项目内容

项目以大别山地区脱贫攻坚奔小康为主题，完成四个产品的打造：纸质图书《大别山上》、富媒体电子书《百年逐梦大别山》、有声读物《大别山追梦人》、文创产品IP。

（一）纸质图书《大别山上》

该书系安徽省著名作家潘小平创作的长篇报告文学，全书30万字。该书在长期的实地采访和深入的田野调查基础上，用报告文学的形式，以丰富的资料、饱满的情感、细腻的笔触、典型的事迹，生动描绘了安徽金寨及大别山地区传承红色基因，实现从贫穷走向小康、从落后走向振兴。该书已入选中宣部办公厅《2020年主题出版重点出版物选题目录》，国务院扶贫办、中国作家协会“脱贫攻坚题材报告文学创作工程”。

（二）有声读物《大别山追梦人》

在从贫困奔向小康的新生道路上，大别山儿女用无数个体生命的牺牲、奋斗谱写了伟大的时代篇章，显示出普通民众对历史进步的巨大推动作用。作品从第二次

国内革命战争开始讲述到当下，发掘了大量隐没于颓墙衰草中的人物及其事迹，记录了他们在追梦路上的不懈奋斗和顽强拼搏，作品内容注重个体叙事与宏大叙事相结合，具有浓厚的人文精神。

故事以有声听书的形式讲述，由安徽大学新闻传播学院融媒出版研究中心专业有声制作团队进行录制、演绎该作品。

（三）富媒体电子书《百年逐梦大别山》

该富媒体电子书以纸书《大别山上》为基础，以 H5 富媒体电子书为呈现形式，深挖原书创作素材，结合实地采访、调查，获得了大量扶贫一线真实素材。作品精选了 8 大精准扶贫举措、8 个典型脱贫案例、9 个产业扶贫案例、4 个在脱贫攻坚战中默默奉献的基层干部等典型，从平凡人物视角观察、记录时代进步，生动展示老区人民在中国共产党领导下的百年新生之路。

该作品运用互联网数字技术，融合文字、图片、音频、视频、动画等多媒体素材，进行 H5 全媒体制作，可听、可读、可交互，突破纸书在载体、篇幅上的局限，方便互联网传播。该书还以超链接形式将大别山老区的特色项目和地方特产直接推送到读者面前，扩大了当地农副产品的品牌影响力，带动了网店销售。

（四）文化创意产品

位于大别山腹地的金寨红色文化资源丰富，山高谷深的地理环境也赋予金寨丰富的自然资源。金寨按照“革命老区、红色金寨、加速崛起、绿色发展”的理念，探索出一条革命老区脱贫致富、科学发展的新路子。

项目以“出版 + 衍生品”的形式打造文化创意 IP。文创产品主要选取茶油、山核桃、茶叶等 10 余种代表性产品，通过包装成明信片、创意书签、文化帆布袋等衍生品，并与富媒体电子书第八章内容互动关联，宣传大别山区特色产品。

文创产品集图书出版、地方优秀文化、山区特产为一体，兼具文化创意、文化教育、满足文化消费。产品包装设计采用工笔画的风格，描绘大别山、梅山水库等旅游景点，与大别山自然风景地貌相呼应；主标题贴合革命红军形象，将象征和平的号角、白鸽融入其中，整体色调大方典雅，又极具地方文化特色，能够有效触发消费点。

三、成效与社会反响

本融合出版项目以脱贫攻坚为主题，所讲述的安徽金寨县乃至大别山区在中国革命历史上均拥有重要地位，题材的分量使得本项目天然具有厚重恢宏的史诗品格，其意义不仅在于讲述了“站起来”和“富起来”的中国故事，还在于细致展现了中国在世界减贫事业中的杰出担当和伟大贡献。

纸质图书《大别山上》成功入选中宣部 2020 年主题出版重点出版物。自 2014 年中宣部实施该项目以来，这是安徽唯一入选的本土作家和本土题材的创作，社会效益显著。同时，项目通过打造集富媒体电子书、有声读物于一体等多种形式的融合出版物，形成丰富的融合出版产品形态，为读者提供多样化的精神文化内容服务，优化读者阅读体验。项目于 2021 年申报“数字出版精品遴选推荐计划”“全国有声读物精品出版工程”等奖项，进一步促进安徽教育出版社精品出版良性循环。

项目所涉及的多媒体内容资源十分丰富，如有富媒体电子书、有声听书、纪录片等，方便利用多种渠道宣传、展示，取得较好的文化传播效果。有声读物投放在喜马拉雅、懒人听书等国内主流听书平台，传播红色文化，讲好安徽金寨及大别山地区在精准脱贫之路上的动人故事。

四、融合出版实施经验、体会

当今时代，社会生活中的人们思想活跃，享受着科技发展带来的便利，这一变化也为文化传播带来更加兼容并蓄的社会环境。在 2020 年脱贫攻坚战成功实现之时，立足文化自信，讲好中国故事，传承好中国优秀文化尤为重要。“百年逐梦大别山”融合出版项目以新媒体创作意识为主，采用富媒体电子书、有声读物、文创 IP 打造等多种形式，展示、记录时代成就。安徽教育出版社在选题策划之初就整体考虑采用融合出版形式，在实施中更是充分地认识到融合出版是推动出版业纵深发展的新动力，对编辑人员自身综合素质也提出更高的要求。

（一）融合出版是推动出版业纵深发展的新动力

安徽教育出版社作为一家传统出版社，积极响应党和国家关于“出版业要推动产业机构调整和升级，加快从主要依赖传统纸介质出版物向多种介质形态出版物的数字出版产业转型”相关要求，转变出版思路。当下新兴文化传播平台的兴起，证明读者希望选择有趣的形式和内容。本社通过互联网数字技术，增强内容趣味性、可读性，这种活泼多样的形式，一经发布就受到读者的欢迎。因此，出版社只有充分认识到融合出版是一种推动出版向纵深发展的新动力、新模式，才能真正做好融合出版。

（二）在选题策划阶段，整体考虑融合出版形式

在实施融合出版项目中，安徽教育出版认识到融合出版不是传统出版的简单改版，也不是单一数字出版产品的叠加，而是要充分运用互联网技术时段对出版产品、服务体系进行自我改造，为用户提供多场景、类型更加丰富、多选择的阅读体验服务。融合出版类项目从策划到实施对编辑的融合思维创意策划能力、实施能力提出更高的要求。相比传统出版物，融合出版物具有多内容形态、多产品形态的属性。这就要求编辑在选题酝酿阶段，就要凭借自己选题敏感、选题价值捕捉提出具有创新意义的选题，还要考虑产品载体形态、制作、生产到运营全过程。选题策划中要融合互联网思维，了解当下读者对阅读的迫切需求和阅读流行趋势，站在读者的角度，

优化阅读体验；也要考虑到，融合出版产品要与出版社整体发展方向和发展规划一致，准确定位，在优势领域充分发挥产品特色。

（三）编辑人员提高自身素养

数字时代融合出版快速发展，基于内容的出版成为大趋势，编辑必须加强自身素质建设以快速适应全媒体数字出版环境，成为学者型、工匠型专业人才，才能提高现代文化服务水平。编辑只有深度了解当今读者的需求变化，具有超前的创新意识，具备一定的互联网营销宣传能力，用心编辑，才能提升融合编辑出版的效率和效益，出版更多更好的优秀融合出版物。

（安徽教育出版社）

《大别山追梦人》有声听书

案例类别：产品

童书互动式体验项目 AR 版《熊猫日记》系列

安徽少年儿童出版社（以下简称安少社）在 2010 年成立新媒体事业部，专门从事融合出版相关工作，先后建立“优乐互动图书平台”“阿诺乐智岛系列早教 APP”“萌伢童书公众号”“安少社读者服务平台”等数学阅读平台及儿童教育平台，逐渐走出一条属于自己的创新融合发展之路。

优乐互动图书平台于 2011 年 6 月测试上线。它着眼于互动阅读这一市场，通过独创的阅读引擎、开发环境以及社区平台打造互动阅读完整产业链，并以平板电脑的技术特点和互动内容的展示特性，给读者带来了全新阅读体验。该平台早期开发了《丑小鸭》《卖火柴的小女孩》等 23 册世界经典故事的互动电子图书，后期又开发了精品互动图书《开满兔儿伞花的地方》《云朵变的小羊》《年的故事》等。《开满兔儿伞花的地方》荣获第三届中国出版政府奖（电子出版物奖提名奖）；《年的故事》荣获第六届中华优秀出版物奖（音像电子游戏出版物提名奖）。此外，《开满兔儿伞花的地方》和《云朵变的小羊》（HD 版）自上线以来，获得了国内外终端用户、专业评测推荐机构的一致好评。 产品登录苹果商城仅 3 天即登顶苹果商城图书销售排行榜冠军宝座，并长期雄踞畅销榜 TOP10 畅销榜。 与此同时，本产品也已经推出英文、法文版本并将其投放至苹果商城六十多个国家和地区，获得国际市场的认可。

在 2014 年，安少社打造的“阿诺乐智岛”系列早教 APP 正式上线，它是安少社联合众多资深教育专家、以“儿童全方位智能成长”为主题而打造的精品教育课程。该系列产品以家庭为环境、以丰富的教育内涵和崭新的数字技术为手段，构建了一种“儿童、产品、家长”并重的中国亲子教育新模式。

2016 年安少社推出的《优乐互动 · 4D 认知卡》（2 册）进一步紧跟数字出版潮流，将纸质认知卡上的图形和数字技术结合起来，用户下载移动客户端扫描卡片，便会出现一个会动的立体的三维模型，展示卡片上所介绍的东西，开启一种有别于传统模式的阅读体验。

2017 年安少社通过移动用户端发布了“安少英语”APP，安少社在固定科目教辅数字内容上实现了零的突破。该产品分为点读课文、练口语、基础训练听力、单词听写四大板块；更有早读、课前预习、课后巩固、阅读训练、听力训练、语法训练等八项内容。同时在巩固孩子学习英语方面有很好的指导和促进作用。APP 累计用户突破了 20 万。

2018 年开始，安少社更加注重传统文化和原创作品的出版，工作的重心向编辑室与新媒体部门配合倾斜，安少社对于融合发展的理念在转变，寻求利用数字技术提升数字内容的同时提升纸质内容，让数字内容辅助纸质内容，让静态阅读变成动态阅读，让单一体感变成复合体感。

《熊猫日记》是一套由获得了中国政府图书奖、中宣部“五个一工程”图书奖、全国优秀儿童文学奖等国家级奖项的作家杨红樱女士创作的作品。

该套图书是作家观察、调研、构思了 3 年，才创作出来的作品，是真正给中国孩子，也适合全世界 2 ~ 5 岁孩子看的，具有浓郁中国文化特色的成长图画书。主角、故事、情感，所有的细节都实实在在体现出鲜明的“中国元素”。

《熊猫日记》共 40 册，首推“春天的故事”10 册。孩子们在书中会结识一只名叫咪咪的中国大熊猫，跟随他的脚步走过春夏秋冬，走进人类社会，以日记体的形式，从温暖的春天写到寒冷的冬天，将新奇有趣、丰富多彩的知识融入字里行间，在他的日记里感受一年四季的变化和生命的绽放。

《我是中国大熊猫》：熊猫是世界珍稀动物，是中国的国宝，是国际友谊的使者。小朋友都很喜欢大熊猫，而“我”，是大熊猫咪咪，最喜欢吃竹子，欢迎小朋友走进“我”的日记。

《醒来了》：天空响起了滚滚雷声，这让大熊猫咪咪感到害怕。这时，青蛙呱呱被雷声唤醒，他告诉熊猫咪咪：不要害怕，这是春雷，春天到了，冬眠的动物都要醒来了！

《花儿朵朵开》：春光无限好，熊猫咪咪和青蛙呱呱出来赏花啦：迎春花迎来了春天；一望无际的油菜花一直开到田边；先开花后长叶的玉兰花开了！樱花开了！桃花开了！梨花开了！

《从小长大》：熊猫咪咪和青蛙呱呱一起去小河里游泳。他俩遇见了一群小蝌蚪，青蛙小时候就是小蝌蚪。咪咪听了，非常惊讶……

《吃得饱，长得好》：熊猫咪咪最喜欢吃竹子，其他的动物喜欢吃什么呢？青蛙呱呱喜欢吃害虫；鸟儿喜欢吃虫子；宝宝贝贝呢？他们爱喝牛奶，爱吃水果和蔬菜……

《我爱我家》：竹林里的大树下面有一个树洞，这就是大熊猫咪咪和妈妈的家。其他小伙伴的家在哪呢？鸟儿的家在树上，宝宝和贝贝的家在楼房里……家里很温暖的爱。

《漂亮衣服》：大熊猫咪咪不怕冷，因为穿着一件厚厚的黑白花衣。斑马的衣服也是黑白相间的……宝宝和贝贝呢？他们一年四季穿不同的衣服！

《清明节》：今天4月5日，是清明节。这一天春光无限好，是个适合春游的好天气。熊猫咪咪陪青蛙呱呱看见人们在清明节进行放风筝、荡秋千、种树苗等活动，还在这一天吃了美味的野菜馍馍。

《比赛冠军》：春光正好，青蛙呱呱要去参加跳高、跳远比赛，咪咪每天都陪着他练习。到了比赛的那一天，各地的运动健将都来了。青蛙呱呱的竞争对手都很厉害，他能拿到比赛的冠军吗？

《我想上幼儿园》：熊猫咪咪想知道人在小时候是怎么过的，他和青蛙呱呱跟着宝宝和贝贝来到了幼儿园。幼儿园里有很多小朋友，他们在一起唱歌、做游戏，开心极了。

该套图书可以让孩子了解中国优秀的传统文化，记住那些被具象表达的科普知识，养成良好的行为习惯，获得人生最初的审美体验。

一、简洁的文字传达丰富的知识，培养孩子的认知能力

书中的文字简洁却不简单，凝练却不抽象，带着孩子一起细细品读，你会发现这些文字不仅优美而考究，一字一句中更是蕴含着深刻的道理。以直观、有趣的方式将中国传统文化和科普知识传达给幼儿，也符合他们的认知习惯和心理特点。

二、精巧的插图细节提升知识性，培养孩子的专注力和观察力

《熊猫日记》的插图邀请了童书绘画经验非常丰富的插画师团队进行绘制，图书插画在准确传达文字内容的基础上，还进行了丰富的细节构思和处理，有助于提升整套书的知识性和趣味性。

三、有温度的故事带来丰富的情感体验，培养孩子的情商素质

这是一套有温度的故事书，孩子在这场阅读盛宴里，不仅能成长为一个知识广博的人，还会懂得家对一个人的意义，获得各种丰富的情感体验。

四、扫码伴读，丰富孩子的视听体验

除了有趣的故事和精美的插图，这套书还邀请了专业播音员配音，扫描背面的二维码就可以听到精彩的故事。每本书配合故事内容添加了不同的音乐和音效，孩子可以一边看图，一边听故事，音效里穿插了不同动物的叫声，家长不用带孩子去动物园，也能带孩子认识各种动物，来一场动物知识的科普。

五、扫描内容图片，增强现实技术场景体验

本项目旨在构建多媒体融合环境，推动数字出版转型升级，建立“纸质内容＋增强现实技术进行图片识别＋微信平台语音＋资源”的服务体系，打造二维码扫描获取音频，从听觉感受图书；下载应用程序，扫描书中图片获得增强现实技术交互式场景，从视觉感受图书。同时将该项目推广，在国内外起到示范效应。

2019年“原动力”中国原创动漫出版扶持计划入选作品公示，全国仅有95部作品入选，安徽少年儿童出版社的《熊猫日记》成功入围。“原动力”扶持计划由中宣部负责实施，为支持引导优秀原创动漫作品的创作生产，推动动漫出版产业繁荣发展而生，具有广泛的社会影响力。

2020年《熊猫日记》第一辑AR版成功实现版权输出，项目登上美国《出版视角》杂志“精选全球版权输出作品”。

（安徽少年儿童出版社）

案例类别：产品

写好中国字系统项目

一、项目名称

写好中国字系统。

二、项目介绍

中国的汉字有三美：意美以感心、音美以感耳、形美以感目。要想真正写好中国字，要从了解欣赏入手，只有了解了中国汉字的演变历史，乃至了解相应与之关联的背景、朝代和人物，才能真正传承中国汉字的精华。写好中国字系统项目旨在通过软硬笔书法教学视频和书法写字评测系统两个主要部分，建立系统的书法线上教学平台。让更多的学生更好地接受书法的良好教育，同时也解决了学校缺乏书法教师和书法评判标准不专业的问题。同时该项目将艺术、美学和汉字三者融为一体，通过每集一个汉字的讲解，时长为3~5分钟的短视频，由书法协会的书法家或者书法专业的教育专家讲解这个字的演变历史及演示每种字体的书写要点和规律，配以精彩的解说文案——关于各个汉字背后的故事或者某种字体的代表人物，或者是演变过程中发生的一些重大历史事件，等等。最后在用户书写时，此系统能扫描用户的书法作品上传云端后台进行人工智能的演算，最后给出用户相应的评分，并出具修改意见，让用户在不停地改正中，学习正确的书写手法和字体文化。此项目通过科学的手法和直观的理解来让用户更深地体会我们中国博大精深的传统文化。

这是针对中小学生学习写字开发的融合出版产品，针对目前中小学生书写教育高度依赖纸质教材和语文老师讲解的单一手段，是书写教学的有效辅助，必然有巨大的市场需求。

安徽美术出版社一直关注写字产品，并致力于运用新理念不断研发写好汉字的新产品。之前推出的书法资源包教学视频项目的推广和应用已然验证了这个项目的可实施性和可操作性，这个项目更加完整，涵盖更丰富，是优化和升级乃至替代产品。

三、项目背景、意义、重要性

汉字是世界上唯一一种能够作为艺术的文字，流传时间最长且依然在使用的唯一文字，是东亚文化圈沟通交流的重要手段，是“一带一路”的重要文化载体，是中小学生学习传统文化的重要入口，是民族情感维系的重要纽带。“写好中国字”项目旨在通过写字而潜意识地教育学生的为人，在了解和书写中国字的过程中感受为人的道理，写好中国字，做好中国人！

识字与写字是语文教学中非常重要的一部分，现在的语文老师大多是以笔画正确、间架结构合理作为教好写字课的标准。安徽美术出版社开发的这个项目旨在通过循序渐进的教学示范方法，通过每个汉字由甲骨文演变至楷书这个过程中汉字背后的故事和包含的意义，由浅入深、由易到难、有序可循地引导学生掌握汉字笔画、部首、结构各要素之间的关系，让孩子掌握由汉字关联出的相关知识。

这一项目的实施不仅响应国家政策要求、创新传统出版方式，更是安徽美术出版社提升教育服务工作，搭建高质量沟通平台的新举措！

四、项目合作方简介

株洲市科技创新公共服务平台建设于2017年10月，是在株洲市科技局指导下，按“政府引导、市场化运作”原则组建的科技创新公共服务主体。

株洲市科技创新公共服务平台围绕创新型企业培育及项目培育、成果转化、高新技术成长建立了较为完善的科技创新公共服务产品体系。公共服务产品主要包括科技创新要素公共服务产品、科技成果转化服务产品，科技创新专业服务产品。

株洲市科技创新公共服务平台正围绕创新型企业培育，持续打造平台专业服务能力、科技创新能力、成果转化能力，造就“科力芯”公共服务模式，努力将平台打造为长株潭自创区最具活力的科技创新公共服务主体和“全国一流、中部标杆”的科技创新服务示范平台。

五、项目合作方式

写好中国字系统项目教学视频部分由安徽美术出版社负责制片，版权为安徽美术出版社所有。此项目评测系统部分由株洲市科技创新公共服务有限公司负责开发，在系统开发完成后，安徽美术出版社将全款买断此软件的版权，后期将按照每年支付一部分金额的指标委托株洲市科技创新公共服务有限公司维护此系统的云端及后台，系统后期的所有权及开发权都在安徽美术出版社。

六、项目现阶段进度

现阶段已基本完成了该项目的视频制作阶段，仅有少部分需后期补齐。

该项目的系统软件开发部分，现阶段已确定基本算法和系统构架图，目前就该算法进行测试和大数据收集整理，并对系统后台云端计算速度进行测算。

七、项目经营计划

此项目意在安徽美术出版社相关平台上推出此系统链接，以增加系统基础流量，再服务于出版社传统图书产业，在相关图书中都增加此系统的链接，形成一个全方位的循环服务体系。此系统在经营上主要以教学视频增加流量，后使用评测系统进行进一步修改学习，让用户在使用系统后的书写习惯和书写作品都有相应的进步。

八、项目盈利情况分析

写好中国字系统项目主要以教学视频负责流量的积累，评测系统负责通过提升用户的书写效果来产生收益，全系统观看书法教学视频将以免费的形式观看，用户在使用评测系统时，给用户的作品评分阶段也计划免费，在用户需要系统出具具体专业修改建议时，系统将进行每个字 0.1 元的收费，用户也可使用购买系统会员的形式来免费无限次使用此功能，会员以年计费，每年现计划收费为 1298 元。

九、项目社会效益与经济效益

从社会效益来看，近年来中小学素质教育首推书法写字，本项目的实施将会进一步提升和推动传统文化复兴。安徽美术出版社将书法写字教学、传统文化传承、新兴技术手段和顶级专家资源结合起来，可谓强强联手，是融合出版的高质量产品，也是获得国家奖项的有力竞争者！

从经济效益来看：首先，依赖传统纸质出版物的写字教学手段单一，教学效果一般，本项目丰富了教学手段，更加契合教学实际需要，将会更受市场欢迎；其次，本项目不仅可为中小学生教学服务，也可为所有爱好书法的入门读者服务，在教育市场之外也将会形成较大的市场需求！

此项目一是在出版方式的创新，在传统出版静态纸质基础上，加入音视频效果；二是出版内容的创新，将美学和艺术融入汉字的教学之中去，辅之以名人故事、历史事件、专家简介等内容，教学内容简洁而丰富，效果必然令人惊艳！同时，这是针对中小学生学习写字开发的融合出版产品，针对目前中小学生书写教育高度依赖纸质教材和语文老师讲解的单一手段，是书写教学的有效辅助，必然有巨大的市场需求。

十、项目风险预防

该项目现阶段的风险为系统算法的保密性，因为此系统一经推出将会是全国仅有的集软笔书法和硬笔书法评测系统为一体的整体书法教学系统，此系统在市场上将拥有独一性，所以在系统算法的加密上，安徽美术出版社联系系统开发公司对写好中国字系统进行多方位数据加密，以确保系统算法不会被窃取。

十一、项目实施遇到的困难

该项目在实施的过程中首先就要解决的是系统软件开发时的创新性原则，经过长时间的市场调研，目前市场上还暂无软硬笔结合的书写评测系统，其难度在于软件开发过程中无法有任何的借鉴，从基础算法到系统全局开发全部为从零开始。为确保系统算法的准确性，后台人员需不停地对系统算法进行修改，同时安徽美术出版社对于系统评测结果的多样性也需进行反复试验。

（安徽美术出版社）

《写好中国字》（下册）视频

案例类别：产品

毛笔书法学生必备资源包

一、项目的背景、意义和重要性

随着时代的发展，特别是计算机时代，人们逐渐以键盘代替写字，这是历史发展的必然性，但从教育是传承文化的重要途径的角度来看，学校是教育的主要阵地，书法应该在学校中得到重视。

现阶段的书法课程，多数与语文和美术合并。学校的书法老师师资又相当匮乏。学校对于书法课程的安排有心无力。此项目的完成不仅能填补学校对于书法教学的空白，还极大地节省了家长为了孩子而准备书法学具的时间。

此项目的收益范围主要为各中小学家长购买产品后所产生的利润。

二、项目申报理由

一是重在传播中国传统文化，书法艺术是中华民族古老文明的象征，是中华民族传统艺术的瑰宝，承载着中华文化的深厚内蕴。书法教育是爱国主义教育、民族精神教育的极好载体，书法学习中有丰富的教育元素，关乎中华传统文化的继承和发扬。

二是通过此项目增加书法课程的教学，有利于促进学生提高自身素质和德智体美劳全面发展。通过资源包配套视频中书法老师讲述我国悠久、灿烂的书法文化史，会激发学生的民族自豪感，更加热爱我们伟大的祖国，此即以字育德；读帖是分析观察的过程，临帖是思维运行的过程，其都可以发展学生的智力。

三、项目内容介绍

中国书法是世界上最独特的“东方艺术”，她的独特个性、丰富内涵和育人价值是其他艺术（包括美术）所不能比拟的，书法教育具有育德、启智、审美、健体等作用，在提高学生思想素质、智能素质、审美素质以及强化人格力量等方面具有其他学科无法替代的优势。此项目不仅在提高学生综合素质方面有着显著的效果，同时也培养了学生的良好书写习惯。

此项目内容涵盖视频教学和配套学具。视频教学是配套目前安徽省内正在使用的《书法练习指导》（西泠版、北师大版）教材组织拍摄的，邀请安徽省的专业知名书法家授课，主要解决目前学校专业书法老师资源稀缺的现状。配套学具是将学生练习书法时所需的笔墨纸砚等用具，配套成盒，方便携带和使用，选取的用具均经安徽美术出版社专业书法人士多次市场调研，物美价廉，经久耐用。旨在让学生在学习的过程中充分认识书法的实用价值和艺术价值，学习和继承书法艺术的重要技巧，培养学生热爱祖国语言文字的情感，增强民族自尊心和自信心。

此项目就安庆试点情况来看，“毛笔书法学生必备资源包”拥有较大市场，优势突出，可行性强。从长期发展讨论，项目必须做到升级和多样性，才能做到可持续性发展。后期通过“毛笔书法学生必备资源包”的开发及销售，项目组还将研发《美术资源包》，以扩大美术资源的利用，提高孩子的创造能力与审美能力，全面传播优秀的中国传统艺术文化。

此项目由安徽美术出版社“纸上行舟”公众号平台承担扫码播放工作，做到实时与教材更新一致。

四、社会效益、经济效益分析

从社会效益来看，书法作为一门艺术，起着培养优良思想，渗透健康意识，提高艺术水平等诸多积极作用。此项目意在配合书法教材的深度使用，让中国传统文化在义务教育阶段得以传承，普及传统文化教育，提高学生整体修养。

此项目现阶段已在合肥市和安庆市中小学进行推广，2018 年项目开始至今产生利润已过百万元。

五、项目实施中的困难

项目实施及后期营销中存在着一定困难与风险。项目实施中存在协调不足，用具质量不过关等困难。项目主要风险为同类产品的竞争，市场上同类教学包数量繁多。一旦资源包配合教学视频的模式大范围推广，对于本产品长期销售存在潜在风险。为了更好地规避此类风险的发生，安徽美术出版社要将“毛笔书法学生必备资源包”进行不断升级，增加配套视频资源的多样性及资源包产品的质量优化，把后续产品做精做强。

（安徽美术出版社）

名家授课 · 书法练习指导 3~6 年级配套视频

案例类别：产品

AR 四大名著

"AR 四大名著"是全国百佳图书出版单位黄山书社推出的一套富媒体古典绘本，是其运用现代科技演绎传统经典的一次有益尝试。此项目的建设，对于推动中华优秀传统文化创造性转化、创新性发展，加速传统出版行业与现代科技的融合发展等具有重要价值。

一、项目建设的背景和意义

党的十九大报告指出：文化是一个国家、一个民族的灵魂。文化兴国运兴，文化强民族强。没有高度的文化自信，没有文化的繁荣兴盛，就没有中华民族伟大复兴。而源自中华民族五千多年文明历史所孕育的中华优秀传统文化，讲清楚了我们文化的根脉、本源，是新时代推进我国文化强国建设的不竭源泉。中华优秀传统文化典籍浩如烟海，承载着中华文明生生不息的命脉和基因，向人民群众普及中华优秀传统文化，对于提升全民文化素养，推动社会主义核心价值体系建设意义重大。然而，限于传统典籍多为文言文，长篇累牍，一般读者尤其是少年儿童读者往往难以喜闻乐见，限制了中华优秀传统文化在青少年读者中的传播和普及。

例如，作为我国古典长篇小说经典之作的"四大名著"，自问世以来，便流传广泛，影响深远。近代以来围绕四大名著，出现了适应社会发展和读者阅读需求的各种版本，如绣像版、名家点评版、连环画版、青少年版、注音彩绘版等，但这些版本形式上仍为图文结合的二元结构，带给读者的仍是传统的阅读体验。近年来，新媒体技术的发展和移动互联网的普及，为传统文化的创新性发展提供了新的路径和可能。

黄山书社作为专业传统文化出版社，一直致力于推动中华优秀传统文化创造性转化、创新性发展，在创新中华优秀传统文化传承方面积极探索，不断向广大读者尤其是少年儿童读者推出具有创新性的中华优秀传统文化读本。"AR 四大名著"就是在此背景下，运用现代科技赋能传统经典的一次有益尝试，是践行中华优秀传统文化新媒体传播工程的生动体现。

二、项目的主要情况

"AR 四大名著"主要面向少年儿童读者群体，将中华优秀传统文化的经典内容，嫁接 AR、智能算法、短视频等前沿技术，使四大名著中的人物、器物、情节等 3D 化、动态化，使经典中的内容场景可视化、互动化、游戏化，使四大名著中的经典场景跃然纸上，极大地扩展了四大名著的内容广度和交互传播性，提升了经典的可读性和适读性，从而激发广大少年儿童读者对中华传统优秀文化的兴趣，养成阅读优秀传统文化的好习惯，培养传统美德，传承中华优秀传统文化精神。

目前，项目中的《AR 西游记》已正式出版，《AR 三国演义》《AR 红楼梦》《AR 水浒传》将相继出版。

三、项目的特色和价值

本项目具有五大创新。

其一，致敬原著，精心改编。本项目定位是少儿读物，为了符合少儿群体的认知水平和阅读习惯，我们对四大原著进行了精心的改编，保留了原著的主要故事情节，并邀请相关专家进行审稿，保证内容的准确性。此外，语言上力求通俗易懂，还增加了注音，既有助于少儿自主学习阅读，也适合家长指导孩子阅读，让经典能够在孩子们心中生根萌芽。

其二，AR 场景，活灵活现。本项目技术团队安徽蓁叶文化科技公司经过技术研发，利用 AR 及技术，为四大名著构建了 600 多个人物、建筑、场景等 3D 模型，突破了传统图书只有图文的二元结构，融入了声音、动画、3D 模型以及交互程序，丰富了内容资源，拓展了阅读空间，可以有效激发孩子们的阅读兴趣。

其三，原创绘画，图文并茂。为达到精美的呈现效果，贴近少儿的阅读需求，本项目插画采用了卡通风格，创作了近百幅插画，力求人物形象、情节场景等生动有趣，图文相得益彰。

其四，互动游戏，动脑动手。为了激发孩子的阅读兴趣，我们突出"AR 四大名著"的交互性，精心设计了 AR 互动小游戏，能够实现小读者与四大名著中的经典人物（如《三国演义》中的刘备、诸葛亮；《水浒传》中的鲁智深、李逵；《红楼梦》中的贾宝玉、林黛玉以及《西游记》中的孙悟空、猪八戒等）的卡通形象进行互动，这些互动小游戏能增强图书内容的益智性和趣味性，帮助孩子们锻炼思维能力和动手能力。

其五，故事听读，名著百科。本套书配套 APP 中加载了每一部经典的音频资源，可以随时随地听故事，提供线上线下两种阅读方式，感受经典名著的魅力。名著百科是对四大名著中的人物、道具、建筑等知识的补充延伸，可以拓展知识面，进一步激发孩子们对经典名著的了解和喜爱。

四、项目的效益分析

社会效益方面，项目中的《AR 西游记》于 2019 年 7 月正式出版，并在第 29 届全国图书博览会（西安）上举办了新书发布会，反响强烈，中宣部出版局副局长许正明专程到黄山书社展台，仔细了解《AR 西游记》的出版情况，给予了较高评价。2019 年 8 月 2 日，在中国黄山书会（合肥）上，也同样举行了新书发布会，吸引了一大批读者朋友和多家媒体的关注。2019 年 8 月 21 日，在北京国际图书博览会上举行了新书推介会并和印度皇家柯林斯出版社签订了印地文数字版权输出协议，推动了中华优秀传统文化走出去。《AR 西游记》出版以来，得到了人民网、安徽电视台、《安徽日报》《中国新闻出版广电报》《中国出版传媒商报》、新浪网、搜狐网、《安徽画报》《市场星报》、安徽财经网等网站和报纸的全方位的宣传报道。此外，本书还得到了央视原著名主持人董浩的大力推荐。

经济效益方面，目前已实现利润初显。通过建立多渠道的营销推广计划，项目中的《AR 西游记》自上市以来，取得了不俗的销售业绩，累计销售已近 4000 册。

五、项目的风险和应对措施

本项目虽两个效益显著，却也存在一定的风险与不确定性，主要体现于图书的销售与推广及读者对 AR 技术的接受度上。根据同类书的表现：浙江文艺出版社《给孩子读诗》AR 版，当当网好评 18 万多条，估计销量 50 万册以上；江西人民出版社《成语接龙》AR 版，当当网好评 8300 多条，估计销量在 5 万册以上；中信出版社《科学跑出来》系列，当当网好评达 4600 多条，估计销量在 3 万册以上；山东教育出版社推出的 AR 图书《恐龙大世界》，当当网好评达 850 多条，估计销量在 1 万册以上等。可见目前 AR 技术的接受度还是很广泛的，最主要的风险则在于 APP 的推广和图书的发行上。

对此，黄山书社制定了初步的应对措施：第一，和广大渠道商沟通，并介绍项目的突出优势；第二，充分利用社群营销和线上平台，提升图书销量，实现社会效益和经济效益最大化。

综上所述，《AR 四大名著》是黄山书社推出的第一套“文化 + 科技”的新媒体融合出版物，该套丛书打破了单纯的纸质出版物的模式，利用 AR 技术，对经典名著进行立体开发，拓展阅读空间，适应当下时代发展的新特点，同时，本项目重在挖掘传统经典名著，利用现代科技普及传统文化，具有较高的科技文化融合水平，有利于传承中华优秀传统文化，就整个出版行业而言，是创新性的。

该套丛书出版完成之后，黄山书社将积极签订数字版权输出协议，推动中华优秀传统文化走出去，同时借此契机加强并保持较高的科技文化融合水平，进而建立“科技 + 文化”的产业模式。

（黄山书社）

AR 古典绘本《四大名著》链接

案例类别：产品

皖版书刊数字化综合服务平台

卫敏 田龙 吴雷 茆昌盛 王田莘

一、项目简介

随着技术的进步，数字出版产业逐渐成为出版业重要的战略业务方向，知识付费稳步发展、市场潜力巨大，产业规模呈现持续扩张，众多出版商纷纷入局知识付费市场，试图从纸质书生产商转型为知识付费内容生产商。数字内容传播载体及运营环境的变化，对出版业版权和内容资源管理技术的要求越来越高。为应对迅速变化的行业形势带来的挑战，公司依托自身内容资源及技术优势，立足出版主业，打造了“皖版书刊数字化综合服务平台”项目。通过建设具有数字化管理、立体化开发、市场化运营的专业数据库和数字出版服务平台，即皖版书刊的版权资产数据库、内容资源数据库，皖版书刊管理平台、基于皖版书刊数据库的数字阅读平台，为各出版社和相关管理部门提供完整的版权管理及资源管理应用服务。实现以数字化的形式为在皖出版、报刊机构保存内容资源，为进一步立体化开发、商业化利用打下基础。项目还能够为全民阅读提供优质在线阅读资源保障，推动精品皖版出版物的生产、传播，提高全民阅读的消费和服务水平。

二、项目成果介绍

本项目主要包括 1 套系统、2 个数据库建设。1 套书刊数字资源管理系统建设采用省委宣传部层、时代出版层以及出版社层面的三层管理系统；2 个数据库建设包含版权资产库建设及内容资源库建设。

一套书刊数字资源管理系统：提供出版社层、时代出版层，以及省委宣传部层的 3 层管理系统。出版社层：主要提供版权及内容资源相关的管理功能。时代出版层：主要提供各家出版社的版权及内容资源相关的统计分析数据，以及资源统一对外发布平台。安徽省委宣传部层：主要提供检查各家出版社、期刊社书刊数字化完成程度的统计数据。

版权资产库：对各出版社存量版权资产合同清查梳理，建立版权线上追踪机制，规避侵权风险。邀请版权研究专家，对各家出版社的版权合同规则进行梳理，形成版权合同模板库，最大限度地获得版权权利。内容资源库：完成各家出版社存量内容资源的清查、数字化加工、采集入库、结构化标引等管理工作。载入至少 3 万册有效版权书刊的内容资源。

三、项目创新性与亮点

（一）完善基础设施建设，构建出版数字资源库

该项目立足公司融合发展转型，通过建设具有数字化管理、立体化开发、市场化运营的专业数据库和数字出版服务平台，为各出版社和相关管理部门提供完整的版权管理及资源管理应用服务。在专业数据库方面，以安徽古籍丛书为尝试，策划开发安徽基本古籍数据库项目，拓展数字馆配市场，并以此数据库项目建设为开端，积极建设专业数据库产品，尽早形成专业数据库矩阵，推动出版企业转型升级。

（二）打造数字内容的版权与资源运营系统，积极为全民阅读工程服务

项目基于皖版书刊数据库开发，打造皖版书刊阅读平台，推动精品皖版出版物的生产、传播，提高全民阅读的消费和服务水平，完成管理平台与主流的书刊销售平台、电子书阅读平台、听书平台的对接，提升全省出版机构对版权资源的运营管理水平。在充分利用现有设施基础上，举办“书香安徽”系列活动，充分发挥网络等各类媒介在培育阅读文化中的重要作用，净化网上、网下出版物市场，激发全民阅读热情，培养阅读习惯，为全民健康阅读营造良好环境。

（三）积极对接互联网龙头企业，补足传统出版单位技术应用和数字化运营短板

与武汉数传集团合作，提升数字内容“编”的能力；与中文在线合作，提升数字内容“发”的能力；与北大方正合作，提升数字技术应用转化的能力；与腾讯公司合作，提升数字出版融合开发运营能力。以产业融合拓展渠道，与中国银联“云闪付”平台合作开展云阅读惠民活动，实现全国、全网精准客户引流。积极利用抖音短视频平台传播优质数字内容、推广数字产品。

（四）多项技术整合，保持项目先进性

技术创新是保持项目先进性的核心需求，企业只有抢占新技术和新产品的制高点，才能取得竞争优势，尤其是在知识经济时代，技术创新更加重要。图书版权资源是出版社的核心资产，图书版权数量庞大、种类繁多，设计的权利主体及权利关系复杂，如何将海量的版权信息进行有效管理，是出版社面临的现实问题。为了让皖版图书数字化工程建设更加全面、系统、先进，本项目采用多项先进技术整合方法。包含知识导航技术、数字内容转换技术等应用技术、知识可视化搜索提取技术、OCR、智能标引、语义分析等关键技术。

四、申报项目价值与效益描述

（一）多次获省级重点项目支持并荣获国家级荣誉

项目自实施以来获得了良好的社会反响，先后获得 2019 年安徽省战略性新兴产业基地项目专项资金支持、2020 年安徽省文化强省资金支持，在第四届中国数字出版创新论坛中荣获 2020 年出版融合创新优秀案例暨出版智库推优奖。

（二）为全民阅读提供丰富资源保障，构筑优势互补商业模式

此外，该项目为全民阅读提供了优质的在线阅读资源保障，充实了在线阅读板块图书资源，使安徽全民阅读网成为安徽全民阅读门户网站。成功联动省内所有出版社提供皖版精品图书，开展“皖版好书·阅见未来”“因爱出发·书香伴成长”云阅读惠民月活动，取得良好效益。此外，为着力构建线上线下优势互补的商业模式，实现线上阅读与线下体验的无缝衔接，公司积极筹办线下阅读推广活动，已成功举办“横看唐诗竖读宋词”“100 个看上去很傻其实一点都不傻的问题”“方以智传”等线下阅读推广活动 10 场，邀请了多位作家及出版单位领导，为近千人提供了优质阅读资源共享，为读者带来精神的熏陶。皖版书刊数字化综合服务平台的建设推动了精品皖版出版物的生产、传播，提高全民阅读的消费和服务水平，取得了较好的社会经济效益。

（三）规范版权资源运营，推进文化数字化建设

该项目是以时代出版为应用示范做好皖版图书版权资源运营的重要基础试点工作，在实现产业升级和数字化转型的同时，系统的统一建设，避免了各家出版社系统的重复建设而造成的浪费。聚集整理了全部皖版图书内容资源库，打造了皖版图书版权集中管理运营平台、为后期服务于省全民阅读的开放性的图书数字化阅读平台打下基础。此外，该项目的实施是推进文化数字化建设、加快新型信息消费基础设施建设的重大工程，是畅通文化生产和文化消费的重要举措，是全力打造“三个强省”加快建设美好安徽的重要抓手。

五、融合经验体会

（一）从转型升级到融合发展，需“内合外联”

“内合外联”是安徽出版集团在内容产业上的发展思路，即对内相关相近板块进行资源整合，对外寻求产业合作。不仅是单向整合内部资源，还需要走向双向支撑和推动的局面。“皖版书刊数字化综合服务平台”项目通过整合各家出版社版权资源，形成合力，促进版权资源与技术研发、线上线下渠道运营等方式深度融合，构建皖版书刊管理平台、数字阅读平台，实现对版权资产、内容资源数字化转化与全方面管理、运营，实现了出版形态创新和融合发展，对提高精品出版物的生产、传播和数字阅读的消费、服务起着重要促进作用。

（二）立足基础设施建设，打造精品内容资源，做好产品运营

近几年，公司立足传统出版，发挥内容优势，运用衔接技术走向网络空间，积极推动数字化内容生产，努力实现出版内容、技术应用、平台终端、人才队伍的共享融通，形成一体化的组织结构传播体系、管理机制，形成数字出版的核心优势。目前数字化建设虽然取得不少成绩，但仍存在突出问题，尚未真正实现深度融合，需要寻求有效路径，转变思路，从逐步突破转向全面优化。

2020年中宣部文改办下发《关于做好国家文化大数据体系建设的通知》，标志着数字时代文化发展即将迈入新阶段：以新基建为基础支撑、以文化数据为关键要素、以体系化应用激活文化生产力。出版企业要在注重版权保护与版权运营的基础上，推进精品数字内容建设，加快构建融合发展的平台，拓展新的传播渠道，扩大内容影响力，实现内容资源的充分利用，加快融合发展的技术体系建设。

（卫敏：时代出版传媒股份有限公司科技信息部主任，田龙：时代新媒体出版社有限责任公司社长、时代数媒科技股份有限公司总经理，吴雷：时代新媒体出版社有限责任公司总编辑，茆昌盛：时代数媒科技股份有限公司融合事业部主任，王田苹：时代数媒科技股份有限公司技术开发部工程师）

案例类别：产品

中小学黄梅戏富媒体读本——黄梅小镇

杨小红 倪钦霞 刘璐璐 张骏驰 吴丹丹

一、项目创作背景及意义

戏曲是中华传统文化艺术中的瑰宝。黄梅戏位列“中国五大戏曲剧种”之一，是安徽最具影响力的地方戏曲剧种和戏曲品牌，被国务院批准列入第一批国家级非物质文化遗产名录。然而就黄梅戏艺术文化教育产品来说，内容相当匮乏，且形式单一。根据调查，目前市场上只有一些纸质图书和教材，用新技术、新媒介、新概念来呈现的黄梅戏富媒体数字读物可以说是空白，这从根本上制约了广大读者（特别是青少年）对黄梅戏戏曲艺术的认知和优秀传统戏曲的传播力。

为响应中央关于振兴戏曲艺术的倡导，大力推动“戏曲进校园”活动，本项目力求探索适合黄梅戏发展的校园戏曲普及教育之路，创建一套立足于小学生的系统、完善、专业、实用的内容“学科”体系，出版图、文、声、像沉浸式、交互式、体验式的数字化黄梅戏教育富媒体读物，切实可行地推进安徽黄梅戏戏曲文化创造性转化、创新性发展，提升青少年的戏曲艺术素养。

二、项目简介

中小学黄梅戏富媒体读本是一款寓教于乐的数字教材产品，融入了丰富的戏曲知识与戏曲美学元素，融合了现代数字媒体技术，通过动画、视频、音频、微课、游戏等多种表现手法建立交互式教学体验，全方位、立体化展现黄梅戏艺术魅力，让青少年在戏曲欣赏、课堂互动教学、游戏体验中赏玩黄梅，提升戏曲艺术素养。该产品主要目

标用户为7~14岁在校学生、黄梅戏在校授课教师。

三、项目成果介绍

中小学黄梅戏富媒体读本——黄梅小镇通过虚拟场景和游戏式界面中设置“看一看”“唱一唱”“学一学”“玩一玩”4个体验式社区，通过看、唱、学、玩4个板块完成经典剧目欣赏、戏曲选段跟唱、基础动作教学、戏曲知识学习的功能，服务于中小学黄梅戏戏曲教育。通过与黄梅戏著名表演艺术家韩再芬合作，打造“再芬黄梅特色戏曲学校”，为中小学提供黄梅戏课程整体解决方案，采用“戏曲进校园”和“三点半课堂”等方式推动项目采购和家长付费。

（一）项目主要内容

1.“看一看”：由韩再芬老师和再芬黄梅团队青年演员重新演绎黄梅戏戏曲中符合小学生心理认知特点，有益于其心智发展的9部经典剧目选段。选段选自《打猪草》《天仙配》《女驸马》《牛郎织女》《打樱桃》《闹花灯》《戏牡丹》《徽州女人》《闹黄府》。

2.“唱一唱”：通过曲谱跟唱，学唱黄梅戏经典选段，更为直观地领略黄梅戏戏曲艺术的曲调美和唱腔美。

3.“学一学”：由再芬黄梅优秀戏曲演员示范教学经典选段中手眼身法步基本技法，帮助授课老师和学生更好地学习戏曲基础动作，体悟原汁原味的黄梅戏韵味。

4.“玩一玩”：将专业戏曲知识，如戏曲曲调、戏曲装扮等以互动游戏的形式加以呈现，让学生在自主游戏的过程中学习戏曲知识，提升学习的趣味性。

（二）项目亮点

1. 传承经典。精选黄梅戏戏曲中符合小学生心理认知特点，有益于其心智发展的9部经典剧目选段，构建小学阶段9部教学课程。经典剧目选段选自《打猪草》《天仙配》《女驸马》《牛郎织女》《打樱桃》《闹花灯》《戏牡丹》《徽州女人》《闹黄府》。

2. 创意新颖。设置丑丑、妞妞两位小学生动漫人物形象，由黄梅戏戏曲专家和儿童心理学专家以动漫人物视角创作文学脚本，串联成16个故事，将经典剧目、经典曲调、戏曲人物、戏曲专业知识融为一体。

将动画故事、戏曲欣赏、游戏交互、教学微课堂等丰富的富媒体形式融入数字读物，立体、直观、生动地展现黄梅戏戏曲文化。

3. 模式创新。在黄梅小镇这一虚拟场景和游戏式界面中设置“看一看”“唱一唱”“学一学”“玩一玩”4个体验式社区，通过看、唱、学、玩4个板块完成剧目欣赏、曲谱跟唱、基础动作教学和知识点互动的功能。

4. 权威性强。由中国文联戏剧家协会副主席韩再芬等优秀戏曲表演艺术家、音乐教研员和一线优秀音乐教师共同参与，专业性强，保证孩子们在原汁原味的艺术熏陶中提升黄梅戏戏曲素养。

四、申报项目价值与社会效益描述

（一）多次获得国家及省级重点项目支持

该项目聚集国内优秀的黄梅戏表演艺术家、黄梅戏文化研究专家、中小学教育专家与新媒体编辑技术团队，创建出一套系统、完善、专业、实用的黄梅戏“学科”体系，打造出可供安徽省乃至全国中小学生了解、学习、体验黄梅戏文化艺术的富媒体数字读物。项目及衍生项目多次获得了国家及省级重点项目支持，累计获得资助近200万元：国家“十三五”重点出版规划项目——中国黄梅戏数据库；原文化部国家文化创新工程项目——黄梅戏文化教育“富媒体”资源平台；国家新闻出版署改革发展项目库入库项目——基于徽文化的黄梅戏数字教材开发与应用平台；安徽省科技厅重点研究与开发计划项目——基于虚拟现实技术的黄梅戏富媒体数字化资源库建设及应用示范研究；安徽省战略性新兴产业集聚发展基地项目——基于融媒技术的黄梅戏数字文化体验项目开发及资源库建设；中国出版协会2020中国数字出版创新论坛——出版融合创新优秀案例暨出版智库推优项目；入选“第五届中国出版政府奖”提名奖——电子出版物《黄梅小镇——中国黄梅戏富媒体数据库》。

（二）传承经典文化，提升艺术素养

该项目可为在校师生，特别是广大农村、边远地区学校师生提供免费的黄梅戏教学知识服务。目前，已在安徽省合肥市、安庆市部分学校以及上海市御桥小学等学校开展了教学应用，得到师生的一致好评，为中华优秀戏曲文化在中小学课程中进行创造性转化、创新性发展提供了具体的案例，有效助力“戏曲进校园”“传统文化进校园”。

（三）携手腾讯公司，推动以黄梅戏为突破的文化资源数字化

2020年8月，同腾讯公司签订了合作协议，对黄梅戏文化的特色资源进行整理、整合，建立黄梅戏文化资源数据资源库，开发“云戏黄梅”小程序，开展面向互联网的黄梅戏文化运营，用户为中心的黄梅戏艺术体验之旅帮助更多用户了解、欣赏、学习、保护黄梅戏，开拓黄梅戏的新媒体传播渠道。

（杨小红：时代新媒体出版社有限责任公司原总编辑，倪钦霞：时代新媒体出版社有限责任公司综合编辑部主任，刘璐璐：时代新媒体出版社有限责任公司数字内容开发部副主任，张骏驰：时代新媒体出版社有限责任公司数字内容开发部工程师，吴丹丹：时代新媒体出版社有限责任公司综合编辑部编辑）

案例类别：产品

"江苏中医在线"项目

傅永红 杨淮 缪青

一、总体情况

（一）项目背景

城乡社会和经济发展不平衡的客观现实，让基层卫生技术人员较难获得及时而有效的高质量继续教育。基层全科医生不仅需要学习临床基础知识，更要掌握先进的医学发展及相关政策法规、规范临床操作，来提高临床疗效。《健康中国"2030"规划纲要》提出"构建中医药基层服务体系"，基于基层卫生人员接受继续教育培训的现状及需求，为基层提供专业有效的学习方式是振兴中医药及促进基层卫生服务事业发展的一项重要举措。

"江苏中医在线"的开发，为"构建基层中医药服务体系"目标的真正落地提供了平台和资源，使得基层医生的培训工作更加深入、高效。

（二）项目简介

"江苏中医在线"项目是基于云计算和大数据技术打造的"互联网 +"中医知识服务及培训、管理平台，整合了江苏全省中医专家及培训课程资源，构建"一站式"在线中医培训服务。平台通过微信开发，将医疗培训服务直通到人，为广大基层医务人员提供"精准、及时、交互式、全天候、全程顾问式"的信息服务，全面提升中医科技推广服务效能。

二、项目内容

"江苏中医在线"充分利用省内优质的中医资源，共建专家库、知识库，并统一管理系统内的用户资源、数据资源，实现数据库共建共享。

（一）系统功能

各业务系统主要支撑大数据资源的实际应用，遵循"规划清晰、配置灵活、维护便捷、运行稳定、便于二次开发"的建设原则，按照统一规划、分期建设的要求，完成以下业务系统的开发。

1. 学习资讯发布系统。发布相关政策法规、基层卫生技术人员中医药知识与技能培训方案、大纲和培训要求，以及中医师承工作等其他有集中培训要求的人才培养项目信息等。

2. 在线考核系统。建有专业配套题库，用户可以自定义组卷规则，集成积分系统，实现积分制，生成成绩统计报表，与用户系统绑定。该题库既可以与学习流程相结合进行评测，也可以独立使用，如定期举行在线知识竞赛等。考试设定时间限制，有倒计时提示，到时自动交卷，学员可在线查询考试成绩。

3. 专家咨询系统。中医专家按医院分科归类，培训对象可以在线提问，专家一对一回复。系统后台可实时查看专家发布内容、回复问题的动态信息，并对用户提问量、专家回复数量进行统计。

4. 网络视频培训系统。利用流媒体技术发布中医基础理论、中医诊断学、中药学、方剂学、中医内科、中医外科、四大经典等视频课程，用户可以在线接受培训和咨询互动。

5. 知识库系统。按中医基础理论、中医诊断学、中药学、方剂学、中医内科、中医外科、四大经典等分类，设置检索功能，方便资料查阅。系统以电子书阅读及数据库两种方式展示，一期实现"中医药知识与技能培训立体化教材"及本社优秀中医典籍的在线阅读。二期实现基于数据库的信息检索和内容呈现。

（二）资源开发

1. 电子书 31 本。包括"基层卫生技术人员中医药知识与技能培训"的 4 本配套教材及 27 本中医典籍。

2. 音频 3200 分钟。有声书的学习方式便于年龄稍长的农村基层卫生服务人员随时随地进行学习。

3. 视频。包括 53 个精品视频课程和近 800 个知识点视频。视频授课专家均为南京中医药大学的教授及副教授，拥有丰富的教学及临床经验。视频课程形式活泼、重点突出，注重知识间的逻辑联系，动画效果的使用可以有效提高学员学习趣味性，帮助学员理解原理和本质。

4. 题库有近 6000 道题。题库建设对学员的自查、备考极其重要，可随机生成 10 道题、10 分钟小试卷的设置，适用性强，便于学员利用碎片化时间进行在线练习。

三、项目效益

在研究基层卫生服务人员学习需求的基础上，"江苏中医在线"采用文本、音频、视频相结合的方式，开展教学。学习平台还设置有"咨询"板块，学员可随时随地与专家互动，是学员身边贴心的"随身老师"。"考核”板块则有助于学员实现自评自测、查漏补缺，切实提高基层卫生服务人员的医技医术，造福百姓。

“基层卫生技术人员中医药知识与技能培训”专题是“江苏中医在线”实施过程中较成功的线上线下培训案例。其中，专题学习数近30万人次；图书学习数近13.5万人次，单本阅读次数最高近4.5万人次；音频学习数近18万人次，单本书收听次数最高近6万人次；视频学习数逾7万人次，单个视频点击量近4000人次。

四、项目的示范性及创新性

（一）线上线下融合，多种培训形式

“江苏中医在线”的开发为线上线下相结合开展医疗知识和技能培训，提供了经典案例，有效提升了基础卫生服务人员的医疗水平，并有效缓解了他们工作和学习之间的矛盾。围绕不同的培训专题，立足学员需求，打造完整的培训体系，从学到考，从课程到题库，为专题学员提供一站式服务。在音频、视频、知识库等功能开发时，以满足用户体验为前提，对视频课程的选题、对授课专家的选择、对学习时长的控制，皆是为了服务专题学员。尤其是在疫情防控不松懈的当下，基层卫生人员医疗知识和临床技能培训任重道远，因此充分发挥网络，安全、有效地开展线上培训意义重大。

（二）内容资源保质，复用实现增值

平台功能核心为“学习+培训”，正式学员的来源为江苏省中医药管理局，内容呈现规范、严谨。中医理论和中医药知识经典深邃、历久弥新，在较长时间内不会发生较大变化，因此内容制作时精益求精保证质量，为资源的多平台、长时间复用奠定基础，横向纵向双向延伸。该系列视频课程的亮点在于“逻辑结构化、内容专题化”，通过将既有课程微型化成更有针对性的细小专题，重点突出，实现“一次大投入、分阶小投入、长远大收入”。

（三）聚合专家资源，促进内容生产

在新媒体内容的生产过程中，聚合了南京中医药大学及其附属医院的中医专家资源，在为学员提供高质量全天候培训资源的同时，亦成为全媒体选题策划的作者后备军，从而打造一流的作者团队。

利用“咨询”板块，增强专家与专家、专家与学员、学员与学员的“提问—回答”“评论—再评论”的互动黏性，同时通过后台数据分析，掌握用户的场景需求及使用体验，以受众优先为原则，增强出版社与读者的关系紧密度，由此建立读者社群，实现线上资源的实体产品化，如学员用书策划等。

（傅永红：江苏凤凰科学技术出版社有限公司副总编辑，杨淮：江苏凤凰科学技术出版社有限公司医学分社社长，缪青：江苏凤凰科学技术出版社有限公司数字出版中心副主任）

江苏中医在线小程序

案例类别：产品

农技耘 APP 融合发展项目

郁宝平 缪青 张小平

一、总体情况

（一）建设背景

长期以来，农业知识服务工作存在供给方、技术推广方和技术应用方相互割裂、资源分散，方式单一、手段落后、效能低下等现象。

同时，原有的纸质农业图书，出版发行受到各种因素的影响，发行量下降。农民一方面对图书的阅读意愿下降，而另一方面农业大户对农业知识的渴求却在增加。传统图书对于农业技术推广的成效来讲，门槛高、效率低。如何让这些成果真正落实到农民手中、落实到田间地头，迫切需要利用现代信息技术搭建以融合、开放、赋能为特征的农业知识信息化服务平台，将出版社、农业科研教学单位、农技推广部门、社会化服务组织和新型农业经营主体有机整合起来。

2016年11月，由江苏凤凰科学技术出版社与江苏农产品品牌发展中心（江苏农村经济杂志社）共同建设的“农技耘”APP上线运营，为打通农业知识服务“最后一公里”探索“融合方案”。

（二）建设目标

利用大数据、云计算技术，整合各类农业科技资源，建设“互联网+农业科技”的战略性、基础性支撑平台——江苏农业知识服务云平台，实行“平台上移、服务下延，融合发展”，促进农业知识服务及科技信息互联互通、资源共享共用，力争建成运行稳定的“全天候、一站式”农业科技信息服务平台。

二、平台内容

农技耘 APP 立足自主创新，集成开发了多项先进、实用的系统应用，其他主要功能如下。

农业资讯发布系统：开设《应时农事》《农业科技》《市场行情》《农业气象》等 10 多个栏目，实现各类农业信息图文、视频内容的采编、发布、分享及全频道资讯检索、分类推送功能。

问答及专家技术咨询系统：开设“快速提问”板块，实现开放式分类提问；开设“农业专家”板块，按行业分类匹配农业专家，实现农户与专家一对一开展在线咨询答疑，满足了不同行业、不同地区农户对农业技术问题解答的个性化需求。

网络视频诊断与培训系统：应用流媒体技术，自建媒体端口，开展专家网络视频诊断直播（点播）和视频学习。

农业知识服务库系统：整合种植业、养殖业相关业务基础资源数据，建设农作物品种库、植保库（病虫草害图谱库）、主推技术库、畜禽品种库、土肥库等农业知识库，提供信息检索等服务。

三、平台运营

（一）技术支持

农技耘平台的开发以自研为主，定位于市场化的互联网产品进行运营，定期进行功能迭代及错误修复、版本更新，同时不断适应新系统及新机型，能较好地兼顾用户的操作体验和功能要求。

（二）内容运营

1. 强化资源整合。统筹全省农业科研、教学、推广资源，将基础数据、科技成果、农业专家、服务对象等全部导向云平台。以数据开发、平台对接等多种形式，积极与南京农业大学、江苏省农科院等教学和科研单位主动对接，协同参与专项业务系统开发与服务。

2. 注重推广应用。平台面向全省的各类用户全面推广，有效落地，实现区域全覆盖、产业全覆盖和农业科技示范户全覆盖。

同时加强宣传推广。面向基层、面向行业多途径广泛宣传推广农技耘 APP。结合各类培训、相关会议等活动开展专题宣介，每年定期举办“农技耘推广周 / 月”活动，集中推介应用案例、经验典型，不断扩展用户群体。加强学用指导。定期进行现场教学培训，将农技信息化暨农技耘 APP 的操作应用作为课程，指导各类人员注册安装、熟练使用。

3. 创新内容服务。苏科社通过农技耘 APP 项目的实施，充分利用传统农业图书出版的内容优势，结合江苏农村经济杂志社的媒体资源内容，针对云平台“全天候、开放性、交互式”的特征，开展多途径、广覆盖、低成本、个性化的知识普惠服务，探索了在互联网条件下的数字化融合出版之路。

四、社会影响

目前，平台经过 5 年的运营，打造了具有融合、开放、赋能特征的信息化农业知识服务平台，促进了农业科技信息互联互通、资源共建共享，构建了新时代江苏农业知识服务及推广新机制和新模式，显著提升了服务效能。

农技耘 APP 项目 2017 年获得江苏省省级现代服务业发展专项资金补助，2018 年荣获“首届江苏省报刊媒体融合创新优秀案例”。

2019 年，农技耘 APP 入选 2019 年度全国数字出版精品项目。

2020 年，农技耘 APP 接入江苏省政务服务平台，荣获江苏省人民政府第九届农业技术推广奖三等奖。

五、运营成效

农技耘 APP 为新型农业经营主体和广大农户提供“全天候、一站式”农技信息服务，打通农技推广“最后一公里”，成为江苏农民的“新农具”。

截至 2021 年 9 月，农技耘 APP 注册用户已达 40 万人，各大应用市场的下载量达 200 万次，平台总访问量达 2 亿余次，成为国内由省级主办的用户量最大、活跃度最高的信息服务平台，涌现了一批明星用户和“网红专家”。平台累计编发各类资讯 6 万条，阅读量达 1 亿次。邀请专家累计举办网络视频直播 250 期，发布农技视频 900 个。开展在线问答互动，互动回复百万条。农技耘 APP 把“指尖上互动”转化为农业新技术、新成果、新资源的互联互通，成为江苏最大农业科技信息“集散地”，营造了科技支撑乡村振兴的浓厚氛围。构建起科技供需融合、线上线下协同的新型农技知识服务模式。

六、项目示范性与创新亮点

（一）探索了融合出版新模式

苏科社通过农技耘 APP 项目的实施，搭建了农业科技知识服务与产业、专家与农户对接的信息化桥梁。同时积极发挥自身“江苏省数字出版转型示范单位”的作用，充分利用传统农业图书出版的内容优势，联合江苏农村经济杂志社的媒体资源，创新“媒体采编/职业生产内容（OGC）+专家发布/专业生产内容（PGC）+用户上传/用户原创内容（UGC）”的一体化知识传播，实现农业科技知识单向传播向供需融合转变，开启多途径、广覆盖、低成本、个性化的知识普惠服务，探索了出版社在互联网条件下的数字化融合出版之路。

（二）满足了传统农业出版向数字化、服务化转型的需要

本项目的实施，让农业知识、农业成果真正落实到农民手中、落实到田间地头，经济价值、社会效益显著。从本项目的专家队伍来讲，都是相关农业科技成果的首席专家，对相关技术的推广更具准确性和权威性，这就让基层农业科技推广工作者有了很好的随身老师。

同时，坚持以“公益、助农”导向，创新服务模式。利用大数据、云计算技术，实行“平台上移、服务下延”，通过免费注册下载农技耘APP便捷获取数据查询、在线咨询、共享交流等功能应用，实现多途径、广覆盖、低成本、个性化的大规模农业知识普惠服务。

（三）满足农业知识服务发展的需要

结合现代农业产业技术体系建设，农技耘APP上线运行以来，迅速得到农业农村部、江苏省委省政府的高度认可和全省农业部门的一致认同，广受农户好评，是目前江苏省范围内用户量最大、活跃度最高，真正“落了地、跑起来、有数据”的农业知识服务平台。

七、项目推广意义

（一）成为农民身边贴心的“免费高级专家”

将农业专家、农技人员与农民联系在一起，精准用户达40万，打造了农家“有声有色的贴心专家”，有利于普及农业科学知识、倡导科学生产方法，同时，还是社会主义精神文明建设的新窗口，有利于弘扬社会主义核心价值观，真正实现专业服务“三农”的社会价值。

（二）构建了“互帮互助”的专业协作关系

平台涌现的一大批明星用户和深受农民欢迎的“网红专家”，通过平台互相借鉴先进技术和经验，推动着农业技术的全面提升。大量的农技人员不仅是平台的“活用户”，还是被平台培训的技术“种子”，在技术推广实践中把平台的专业指导撒向农村每一个角落。

（三）有利于开展“精准扶贫”

真正“落了地、跑起来、有数据”的农业知识服务平台，有利于开展“精准扶贫”，对守住脱贫攻坚成果，为脱贫地区产业帮扶补上技术、营销短板，促进产业提档升级，为农业增效农民增收作出积极贡献。

（郁宝平：江苏科学技术出版社有限公司总编辑，缪青：江苏科学技术出版社有限公司数字出版中心副主任，张小平：江苏科学技术出版社有限公司“三农”出版中心主任）

案例类别：产品

小凤凰FM——少儿知识服务平台

“小凤凰FM”少儿知识服务平台是依托凤凰出版传媒集团及外部优质的儿童读物资源打造的少儿知识服务平台。目前平台包括微信小程序（小凤凰lite）、微信公众服务号（小凤凰FM），未来还将拟建设APP程序。

内容选品标准兼具文学性、艺术性、教育性和趣味性。平台目标用户是3~12岁的孩子及其父母。建设方向是打造一个“孩子更喜欢、妈妈更放心”的少儿知识服务平台。通过移动互联技术，依托文字、彩图、音频、视频、AR等载体，生动展示凤凰版文学、低幼、动漫、科普、教育等各类内容产品，并在相应纸媒读物印制小程序码吸引读者，实现线上线下融合，打造新型读者生态圈。

一、项目背景

随着“互联网+”的发展，知识服务理念已经深入人心，少儿知识服务市场风起云涌，凯叔讲故事、少年得到、咔哒故事等平台取得了巨大的成功。经过广泛调研细分市场，江苏凤凰少年儿童出版社（以下简称苏少社）推出“小凤凰FM”少儿知识服务平台，致力于将曹文轩、黄蓓佳、金波等大量儿童文学优质出版资源储备和专业编创团队结合，向幼儿、青少年所需知识垂直领域深度拓展，打造专业且具备权威性的知识服务，完成从传统出版向融合出版的升级转型，实现书、刊、网互动互联。

与互联网公司不同，我们的知识服务是紧密依托纸质书刊资源，不是无源之水。在形式上也是紧密结合纸质书刊，为纸质书刊的销售助力，也可以将纸质书刊读者有效转化为线上用户，提供增值服务，从而创造新的利润增长点。通过两年多的实践，已经证明这条路是切实可行的。

二、项目亮点

该项目把融合出版落到实处，实现了线上资源紧密依托线下资源，具有示范性与创新性。音频内容多基于已经出版的书刊内容，既可以保证内容的品质，又可以在对应的书刊上印制小程序码，把读者从线下导流到线上，并且为读者提供增值服务。让读者通过一本书、一本刊进入苏少书刊的新天地。

苏少社还将刊物中的优质 IP 进行精品化运营，打造成有声剧《阿古侦探社》。实践证明，这样的内容资源是很受用户喜爱的。而有声剧又反过来增加了刊物的订量，并且即将推出配套有声剧的单行本图书，实现了最大限度的书刊互动。

苏少社还在杂志来稿小作者中挖掘人才，鼓励小作者成长为小主播，录制脱口秀节目，并且将节目文字版发表在杂志上，形成连载专栏《“二战”那些铁家伙》。通过这一系列举措，真正实现了 O2O2O——从线下到线上，再回到线下，形成真正的产品闭环。

在音频录制方面，苏少社邀请了金话筒获得者——姜林杉等多位电视台、电台主播，以及拥有大量粉丝的网络主播，通过娓娓道来的音频讲播形式对内容进行演绎。通俗易懂，帮助少年儿童更好地理解文字内容。

在技术方面，苏少社使用了集群和负载均衡技术，保证了系统的高可管理性、高可用性、高可靠性和高扩展性。使用了多端开发框架 taro 进行小程序的研发，使程序变得可维护、易复用，并封装了低级的 API，提高了开发效率。

三、项目进度

2019 年 7 月 1 日正式上线。截至 2021 年上半年，上线音频总个数已超过 7000 个，总时长超过 1000 小时。另外，还提供了小学语文、小学数学、小学英语、书法教程等课程资源，包括 3000 多个视频文件，250 多个音频文件。提供的教育辅助功能包括：口语评测、听写助手、计算训练、拍照批改、作文素材、答题乐园等。平台用户总数已超过 25 万，总收听时长超过 700 万分钟。书刊印码超过 1000 万册，会员收入超过 17 万元。

小凤凰 FM 先后入选获评：2019 年、2020 年、2021 年凤凰出版传媒股份公司数字化转型重点项目；2020 年江苏省出版传媒融合发展优秀案例；2020 年江苏省省级现代服务业（新闻出版）发展专项资金项目；2020 年桂冠童书创新项目；2020 年凤凰出版集团创新项目。

由于平台天生具有国有出版社的基因，所以自始至终都是将社会效益放在首位。目前，曹文轩、黄蓓佳、金波、祁智等一批知名儿童文学作家的作品均已上线。2020 年初新型冠状病毒引发的肺炎肆虐全国期间，小凤凰 FM 不仅及时上线了音频版肺炎防治手册，还把平台中的优质内容免费提供给广大用户，为家长分忧，为孩子提供知识和快乐。

四、项目规划

1. 继续精选社内资源，特别是一批获奖图书将会优先录制上线，为用户提供高质量的产品和服务。进一步加大和集团兄弟单位的合作力度，录制更多资源，扩展更多出版社。开工制作“儿童文学精品赏析导读课程”“曹文轩作品精品广播剧”等项目。

2. 加大和集团外优质资源的合作。目前已经和江苏少儿频道的知名主持人签订了战略合作协议，准备利用电视台和视频直播渠道推广平台，同时也吸纳他们的优质资源投放在“小凤凰 FM”上。另外，还有南京视网么科技公司、南京优必学文化科技有限公司等多家公司已经和我们达成了合作意向。

3. 苏少社会继续坚持在 UGC（用户生产内容）的道路上走下去，在原有的作文小主播、每日叫早等栏目的基础上，挖掘优秀小主播人才，打造互动性更强的栏目。目前已经录制了《“二战”那些铁家伙》等由孩子原创的精品专辑，未来还将制作更多这样的优质内容。

4. 按照“十四五”规划期间，苏少社 80% 的大众出版物、90% 的期刊、70% 的教育产品的资源将全部在“小凤凰 FM”上体现。还将建设网上购书系统，让用户在小凤凰 FM 里即可直接购买相关书刊。

5. 苏少社还将把线上新增资源反向出版，目前已经在策划的有《阿古侦探社》丛书、《动物日记》等书系。未来，这一比例还将继续扩大。

6. 拟举办“小凤凰”杯作文大赛、小主播比赛，首先在省内推广，后期逐步辐射全国。同时与社会资源合作，举办朗诵演讲培训班，形成新的利润增长点。

7. 建立线上的儿童文学名家俱乐部，通过作家与读者的互动提升读者黏性，提高出版社和作家的社会影响力。可以通过扫码进直播活动举办线上讲座和访谈，利用作家的亲笔签名作品、写作指导、线下见面会等建立起激励机制。

五、项目前景

“小凤凰 FM”少儿知识服务平台不是另起炉灶的互联网产品，而是紧紧依托纸质书刊的融合发展项目。它的初衷就是为了促进纸质书刊的销售，为读者用户提供更佳的体验。融合发展不是单纯地去纸质化去线下化，而是发挥线上线下各自最大的优势，结合共赢。投入的最终产出不仅是平台收入，还包括纸质书刊的销售增量和深远的社会效益，风险并不比出版纸质图书的风险大很多，因为从本质上来说，线上知识服务只是线下知识服务的拓展和延伸。

项目团队组成合理，既有熟悉出版社资源和诉求的出版社编辑，也有精通互联网游戏规则的技术公司，还有掌握了大量音视频录制经验和资源的音像制作团队。凤凰集团是全国排名第一的出版集团，资源积淀深厚，投资经验丰富，在项目策划、具体实施和运营维护中都有充足准备。只要在知识产权保护、保障课程质量等方面加以重视，就可以有效控制项目风险。

“小凤凰FM”是苏少社在融合出版领域的一次重大尝试。2020年春季的新冠肺炎疫情已经提醒出版人，发展融合出版刻不容缓，如果只固守线下的业务，则将面临较大风险。我们希望通过“小凤凰FM”，将苏少社乃至凤凰集团已有的线下少儿出版优势逐步转化到线上，通过全网各类渠道的分发和合作，逐步打造具有品牌价值和权威性的知识服务平台，加强精品内容传播，扩大社会影响力，提升企业文化竞争力，实现优质资源的价值转化，帮助全国排名第二名的少儿刊群和少儿文学原创重镇实现融合出版的成功转型。

（江苏凤凰少年儿童出版社有限公司）

“小凤凰FM”小程序

案例类别：组织机构

浙江科学技术出版社的全媒体融合发展：科学防疫产品线纸电声一体化运营模式

丁云

浙江科学技术出版社（以下简称浙科社）的纸电声一体化项目发端于2017年在喜马拉雅平台的《Hello，健康》栏目。前期只是为了推荐纸书而录制的几十个音频节目，到了2019年则开始针对性地制作有声专辑。充分发挥传统出版企业的专业优势、作者资源，依托新媒体、新技术，深度挖掘优质内容进行纸电声一体化运营，让全媒体产品能更快速、更广泛地传播。

新冠疫情期间，浙科社累计印刷防疫图书64000余册，向社会各界公益捐赠防疫图书7000余册，线上免费电子图书4种点击量150万次，制作防疫音频专辑2个总时长11814分钟，点击量近600万次；免费开放《普通高中生物教科书》数字教材并提供配套教学资源。

一、传统纸质图书的出版发行及公益捐赠

在2020年新冠肺炎疫情期间，浙科社出版相关防疫新书4种（电子出版物2种），重印1种，累计公益捐赠6000余册，由于恰逢春节假期及物流停运，市场部选用邮政特快和顺丰速运将图书快速地送到读者手中，另外，还积极在各大网络平台上线浙科社防疫图书的电子版，供读者免费阅读。

1. 由浙科社出版的《传染性非典型肺炎》，名誉主编钟南山院士，主编李兰娟院士，总结了2003年疫情的诊治和防控经验，其中的临床诊治、流行病学和管理控制内容，对本次新冠病毒的防控具有重要的参考借鉴价值。李兰娟院士在接受中央电视台《新闻1+1》栏目采访时表示，该书将以最快速度重印，及时分发至一线工作人员手中，这对医务工作者和行政管理工作者提高抗击新型冠状病毒感染的能力具有重要意义。浙科社加班加点通过邮政快递和顺丰速运将5000册图书公益捐赠给全国各省市疾控中心防疫办公室。

2. 针对疫情居家防护的重要性，组织同济大学附属东方医院（国家紧急医学救援队）专家编写《疫情来临时——新型冠状病毒肺炎居家防护指南》，普及面对疫情在居家防护过程中的科普知识，该选题获得中国科普作家协会立项，累计印刷27100册，公益发放2000余册。该书电子版得到了人民网、中宣部出版物数据中心服务平台及央视新闻客户端的权威推荐，数字版阅读人数超过20万+。

3. 与浙江省疾病预防控制中心共同推出《新冠肺炎防控：企业返岗返工防护手册》，累计印刷44000册，该书电子版在浙江省疾病预防控制中心官网及中宣部出版物数据中心服务平台上线，通过都市快报下属快报APP免费向市民赠阅图书50册。

4. 为普及疫情防控科学知识，使人民群众增强防疫防控意识，做好自我防护工作，保持健康的生活方式，

浙科社紧急联系浙江省疾病预防控制中心制作出版《众志成城防控疫情 公众预防科普手册（画报版）》电子版，该电子书在火把知识服务平台、学海教育等平台上线，数字版阅读人数超过 30 万 +。

5. 李兰娟院士留言板：新冠肺炎战“疫”记忆（2020 年 1 月 24 日至 3 月 28 日）在亚马逊 Kindle、微信阅读等多个平台向读者免费分发，数字阅读人数超过 100 万次。

二、新媒体出版物的快速传播

在新冠肺炎疫情期间，浙科社利用公众号、抖音号、主播号等各种新媒体方式发布权威的“科学防疫”新媒体内容。

疫情暴发后第一时间联系浙江大学传染病诊治国家重点实验室李兰娟院士，在春节假期团队加班加点编辑制作李兰娟院士防控疫情的有声栏目《疫情防控，树兰在线》（146 集 11794 分钟），将大众对疫情最关注的问题用声音演绎的方式进行权威解读，2020 年 2 月 1 日专辑在蜻蜓 FM、懒人听书、喜马拉雅、咪咕阅读、掌阅有声、火把知识、京东有声、微信听书、可知、中国知网、中文在线旗下 17K 小说网等各大平台上线，并且每日就疫情发展做持续更新。节目在各大平台上线，累计播放量超过 700 万次，荣登喜马拉雅健康养生新品榜 NO.1。

面对新型冠状病毒肺炎疫情，延迟开学，居家不外出的小朋友们也对新型冠状病毒产生了好奇心。为此，浙科社与浙江省疾病预防控制中心特别推出了关于“病毒疫情”的少儿版节目《戴皇冠的病毒》（6 集，60 分钟）解答小朋友们心中的疑惑。2020 年 2 月 7 日专辑在蜻蜓 FM、懒人 FM、喜马拉雅 FM、咪咕阅读、掌阅有声、火把知识等平台上线，累计播放量超过 100 万次，用户反馈节目制作精良，深受小朋友喜爱。

三、专业社的社会责任和政治担当

身为出版企业，在特殊时期有责任有义务加强对疫情防控知识的宣传普及，帮助公众科学地自我保护和救助他人，并以此为契机在全社会形成尊崇科学、相信科学的氛围，有效纾解焦虑情绪，消除恐慌心理，筑起疫情防控的坚实防线。浙科社运用新媒介、新技术、新方法，寻找科学知识宣传普及与时代精神、现代价值之间的契合点，建立广大群众与抗疫先锋模范、社会正能量之间的精神共鸣，传播正能量，让互联网用户和读者有获取第一手信息的途径，不信谣，不传谣，让生涩的科学知识及原理更为生活化，更接地气。李兰娟院士在疫情期间几次亲赴武汉带领医护团队抗击疫情，这样的典型人物，能够更广泛地凝心聚力引领精神，激发情怀，激励心志，传播正能量。纸电声一体化的全媒体出版扩大了编辑和营销团队的视野，充分发挥新媒体、大数据等技术的应用，加强与听众、网友的交流互动。工作人员通过大数据算法匹配，有针对性地制作读者、用户们关注的内容，并积极开展科普教育和舆论引导。浙科社在抗击新冠疫情履行社会责任方面的表现如下。

1. 有较高的政治站位和社会责任感。第一时间就着手组织出版防疫抗议图书和数字出版物，并免费投放到各大互联网平台。新冠肺炎疫情发生以来，从“依法科学有序防控至关重要”的叮嘱，到“坚定信心、同舟共济、科学防治、精准施策”的总要求，是习近平总书记对科学防治的要求，为做好新冠肺炎疫情防控工作提供了重要遵循。浙科社主动挑起加强对疫情防控知识的宣传普及的社会责任，帮助公众科学地自我保护和救助他人，并以此为契机在全社会形成尊崇科学、相信科学的氛围，有效纾解焦虑情绪，消除恐慌心理，筑起疫情防控的坚实防线。

2. 权威专家团队领衔，保证内容的科学性和专业性。在新冠肺炎疫情暴发后，浙科社第一时间跟李兰娟院士进行接洽，策划出版来自权威专家对疫情防控的工作解读和防疫资讯，缓解公众春节假期延长、居家隔离的焦虑情绪。

李兰娟院士作为抗疫先锋，在疫情期间几次亲赴武汉带领医护团队抗击疫情，这样的典型人物，能够更广泛地凝心聚力引领精神，激发情怀，激励心志，传播正能量。

3. 充分发挥新媒体、大数据等技术的应用，加强与听众、网友的交流互动。《李兰娟院士——疫情防控 树兰在线》节目分成院士原音传递和网友问答两个板块。原音传递根据科研团队的研究进程，不断更新和发布李兰娟院士接受权威媒体采访的访谈原音。网友问答则实现了院士与网友之间的紧密互动，网友在留言板给院士留言，工作人员通过大数据算法匹配话题的热度，让院士有针对性地解答网友广泛关注的防疫问题、展开科普教育和舆论引导。这种形式得到了大众的认可。

总之，在经营过程中浙科社建立了纸电声一体化的运营思路，坚持“思想引领时代，知识服务用户”的价值观，打通浙江科学技术出版社全媒体出版格局，依托现有的作者资源、内容资源，重构商业模式、业务流程、分发渠道，培养创新团队和专业人才，是浙科社对未来出版产业的长远布局和战略部署。

（丁云：浙江科学技术出版社市场营销及新媒体部副主任）

《李兰娟院士——疫情防控 树兰在线》有声节目专题

案例类别：产品

好奇激发兴趣 实验推动科普 服务引领阅读——《好奇魔盒》融合发展知识服务体系

丁云

《好奇魔盒》是浙江科学技术出版社（以下简称浙科社）和都市快报社“好奇实验室”联合开发的针对7岁以上孩子的STEMA科学实验盒子。遵循STEAM方法，设计了10个实验，包含户外生存、应急救援、电磁、风力等实用知识，引导孩子从身边的事物开始观察，在点滴的变化中探究其源，动手实践验证答案、总结思考，提高孩子对科学的兴趣，综合提升孩子的观察、动手、空间想象、逻辑推理、专注等多项能力。这些富有生活化的小实验，对场地的要求并不高，孩子在家做实验在家长的引导下，通过阅读实验说明书，在家长和老师的指导下独立完成实验，并根据实验手册指引进行拓展性的思考。遇到困难还可以扫描实验指导手册中的二维码，观看官方版实验操作过程，跟着视频中的带教老师一步一步完成实验操作。《好奇魔盒》还设计了一条故事线，通过漫画加实验指导的形式，让孩子以“科学战士”的身份接受挑战，学习技能，获得称号。

一、依托产品，以全民阅读活动为载体构建融合发展知识服务体系

根据这个科学盒子自身的特点，团队设计了好奇激发兴趣，实验推动科普，服务引领阅读的“未来科学家成长训练营”的线上线下融合发展知识服务体系，以故事和实验为切实入口，在内容、知识结构体系和实验设计上符合6~10周岁孩子身心发展特点，充分激发孩子的好奇心和求知欲。以视频教学亲子实验、科普宣传活动、全民阅读为载体开展形式多样的科学普及推广活动，用精准服务提升出版品质引领全民阅读新风尚。

社区文化礼堂、学校、商场、企业以及图书馆只要提供合适的场地和配备基本的材料，浙科社就会派营销编辑前往开展公益性科普活动，并且会根据每场活动的受众及时调整课程设置和呈现形式，进而产生截然不同的互动效果。在活动方案中引入OBE(基于学习产出的教育模式)理论基础，以目标受众的预期学习产出为中心来组织开展实施教学，评价学生和老师之间的互动，使得孩子们通过实验的过程能够明白科学原理，通过传授科学实验报告的记录方法，引导孩子仔细观察、认真记录，收集整理并归纳总结，让孩子的思维可视化，旨在激发青少年的好奇心，培养和引导孩子们爱科学，学科学。

自2019年6月开始，浙科社已经开展了三十余场科普活动，活动形式和活动成果得到了社会各界以及家长的广泛好评。

二、根据服务对象定制个性服务方案，品牌活动多样化

在线下开展形式多样的进社区、进企业、进商场、进校园、进科协、进妇女儿童活动中心的“未来科学家成长训练营”“未来科学家亲子训练营”活动得到了社会各界以及家长的广泛好评。实验环节最好地体现了产品设计的核心、STEAM教育理念：提出问题→设计方法→利用科学、技术、工程、数学和艺术等解决问题→运用理性方法验证效果。相同的材料，不同的孩子能玩出不同的效果，在实验的过程中他们收获了快乐，掌握了科学原理，强调思考的方法。

（一）企业活动方案

2019年8月华数的亲子训练营、消费者保护协会首届契约节训练营活动都是以家庭为单位，孩子跟家长共同完成实验任务，嵌入了与企业形象相关的闯关环节，最先完成全部实验的家庭闯关胜出。将知识科普与品牌宣传相融合，得到了主办方和参与者的极大认可。

（二）社区、科协、妇联活动方案

2019年7~8月，在杭州西湖区骆家庄文化活动中心针对留守儿童开展了四场科学家训练营活动。基于实验探究，记录实验过程，完成实验报告。

2020年8月，在杭州市科技交流馆的活动中，参与孩子年龄差异比较大，一年级到六年级都有，就设计了高年级的孩子为组长，4~6人一组的小组竞赛模式，通过知识竞答环节获取关键性实验材料，组长带领低年级的队员共同完成挑战任务，老师提供学习策略，引导学生自主、探究和合作完成实验过程。在这个过程中自发地进行了分工，队员清点材料、有队员阅读说明书、有队员按照步骤操作，有队员记录实验结果。竞赛游戏增强趣味性和提升孩子的团队协作意识，真正做到了让孩子

轻松地“玩中学”“学中玩”。

2021 年 9 月，杭州市妇女活动中心的活动，我们将一天的活动设计成亲子活动场景，20 个盒子拆分成了三个年龄段：幼儿园中大班、小学低段、小学中段，活动覆盖了 60 组家庭，提高了整体的效率，有效降低了活动单位的成本。活动报名通知发出后半天 60 组家庭就全部报满了，还有很多没有报上名的读者要求增开场次。市妇联也表示活动可以在寒暑假持续举办。

（三）科普进校园方案

2020 年 11 月，在杭州市科协的组织下活动进入杭师附小“科技周”，目标群体是学校一到四年级的学生。由于场地较小，学生们以班级为单位进入活动室，带教老师则按照不同年级孩子的学习和动手能力特点设计实验。

（四）公益进病房

2021 年由于疫情，原定在线下开展的训练营活动暂缓举行。5 月中国抗癌日期间，浙科社通过中国抗癌科普协会向全国 12 个儿童肿瘤病房的医院捐赠了价值近万元的《好奇魔盒》，请各肿瘤科室的医生将这份特殊的礼物在六一儿童节之前送给小患者，把快乐送给有需要的孩子。

三、增强品牌露出，多种途径进行产品和活动的宣推

《好奇魔盒》就是融合发展知识服务体系基于产品和内容服务的一次探索，在线上依托“好奇实验室”百万粉丝的公众号、抖音号以及快抱 APP 做科普，让读者了解到新的产品，在线下我们开展形式多样的公益性科普知识讲座。同时也在天猫平台和抖音平台进行实验视频的播放和直播营销活动。自 2019 年 6 月开始，浙科社已经组织 20 余场直播宣传活动。

浙科社近年来借助“全民阅读活动”整合优势作者资源、专家资源、营销活动资源。确立创新型知识服务体系的构建，将科学性强、专业性强的知识以浅显易懂、群众乐于接受的方式进行传播，通过有影响力的阅读推广人及形式多样的阅读推广活动直面终端读者和基层群众，打造线上、线下全面融合的科普知识服务体系。该体系做的是浙科社最擅长的领域——科学普及推广工作，立足点和核心是“科学知识”，基层群众真正需求的高质量的内容。产品的内容是核心，知识是关键词，服务是附加值。通过知识服务和阅读引领，推进“书香浙江”和全民阅读工作在浙江的落地。团队在实践中探索前行，总结经验，“服务基层、满足用户需求”是对全民阅读工作向纵深发展的理性解读和前沿探索。提升服务质量，优化服务模式，真正做到将社会效益放在首位，实现社会效益与经济效益相统一，是传统出版企业义不容辞的社会担当。科普从娃娃抓起，这是提高中华民族素质与国家科技创新软实力的重要举措之一。注重科学与实验的融合，用孩子们喜欢的方式做科普宣传，推动少儿阅读教育事业和少儿科普事业深度发展，是我们设计“未来科学家成长”训练营活动的初衷；通过精准的活动策划、大众媒体和自媒体的宣传扩大活动的影响力和知识传播效力，真正带动全民阅读之风、科技创新之风是科技出版单位的社会责任。浙科社将在科普事业这条道路上辛勤耕耘，扎实前行。

（丁云：浙江科学技术出版社市场营销及新媒体部副主任）

案例类别：组织机构

基于“青云在线”打造 K12 数字化教育整体解决方案

浙江青云在线教育科技有限公司（以下简称青云在线）成立于 2016 年 3 月，由浙江教育出版集团、浙江出版联合集团和博库数字传媒集团有限公司作为联合控股方，公司以服务义务教育课程改革为宗旨，以培养学生核心素养与关键能力，满足学生全面而又个性化发展为目标，培养学生适应 21 世纪生活与工作所需要的核心素养与关键能力，利用互联网、数字技术向学生、老师提供优质的课程内容和科学的学习方案、教学方案。

作为浙江出版联合集团四大平台之一，青云在线承担着浙江教育出版集团以及浙江出版联合集团的融合发展和数字化转型的任务。公司成立以来，以融合出版服务为切入口，同步推进课程服务和知识服务，积极探索传统出版单位，尤其是教育出版融合发展和数字化转型的路径，努力打造 K12 数字化教育整体解决方案。

经过四年多的发展，青云在线在融合发展方面取得了一定的成绩，也积累了不少有益的经验，取得了较好的社会效益和经济效益。公司通过国家高新技术企业、杭州市“雏鹰计划”企业和杭州市企业高新技术研发中心认定，取得信息网络传播视听节目许可备案，申请软

件著作权超过20件；“STEM未来计划”数字融合课程平台入选“2019年数字出版精品遴选推荐计划”；“青只课堂”在线教育服务平台、“STEM未来计划”全媒体出版平台、“浙教学习”APP先后获得浙江省第二十六届、第二十七届、第二十八届树人出版奖·数字类正式奖；2020年，公司营收达到4100万元，并首次实现盈利。

公司主要项目及产品情况介绍如下。

一、融合服务

融合服务以为纸质图书提供配套数字资源或技术支持为主，在这方面，青云在线也进行了诸多尝试，围绕语文、数学、英语等学科开发了多个不同类型、不同功能的产品，并通过提高图书定价的形式实现数字产品的变现，年营收超过2000万元。

在语文学科，青云在线针对生字类的教辅品种开发了生字动态笔画演示、读音演示、笔画、偏旁在内的数字化产品。在数学学科，青云在线主要围绕一些重点品种开发了包括微课、拓展题、难题解析等在内的配套数字资源。同时，还自主研发了口算练习类的移动应用——“青只口算”APP。通过与好友进行口算PK等功能，该产品拥有良好的用户活跃度，并通过技术支持的方式输出到广西教育出版社。在英语学科，青云在线为听说口语类的英语教辅提供包括听力训练、口语测评在内的技术支持服务，学生可以在线上进行听说训练，以适应不断变化的英语中考形式。后续，青云在线计划打造基于纸质作业的“精准教学”融合服务项目，项目通过采集学生的作业情况，形成区域、学校和学生个人的学习大数据，并提供错题本、难题解析、学情分析、智能推送等功能，帮助区域提高教学质量，帮助教师调整教学策略，帮助学生提升学习效率，减轻家长负担。

二、课程服务

拓展性课程服务是青云在线核心业务之一，青云在线以科技创新、综合实践、安全心理、艺术素养等课程为主线，积极开发包括纸质教材、线上平台、线上教学资源、配套材料以及培训服务等在内的课程服务一体化解决方案。

（一）科技创新

科技创新类以“STEM未来计划”数字融合课程为核心，包括在线课程服务平台、项目学习配套图书及工具材料、教师培训等，以K12教育阶段的教师和学生为主要用户群，以提升学生的核心素养，提高学生的实践创新能力，培养未来人才为目标，是教育信息化条件下可常态化教学的K12教育数字融合课程。课程通过为师生提供覆盖教学全过程（课前、课中、课后）的多样化的教学素材、学习资源、评价工具、信息共享等资源和服务，旨在打造基于数字技术的K12教育整体解决方案的样本，延伸出版产业链。

“STEM未来计划”数字融合课程已在浙江省内超过250所学校落地使用，在嘉兴、杭州市上城区、湖州市南浔区区域开课，年实现营收500万元，课程还入选“2019年度数字出版精品遴选推荐计划”。

青云在线逐步拓展科技创新类课程服务体系，完善科学实验、人工智能、智慧农业、航空航天等板块的产品和服务，开发了科学实验配套的线上资源及平台，整合教学微课、实验演示、延伸阅读、科学小报等多种功能，打造STEM创新教室样板、智慧农业大棚样板，已形成一套成熟的针对科技创新类课程的整体课程服务体系，其中，科学实验产品年营收超过900万元。

（二）综合实践

综合实践板块以浙教版《综合实践活动》和《劳动与技术》教材为核心，以“纸质教材＋线上平台”的形式呈现。线上平台为师生提供教学课件、教学设计、教学微课以及各类音视频辅助教学资源，线下与线上相结合的教学方式，有效减轻了教师的教学负担，增强了课堂的趣味性，从而提升了课堂教学效果。目前课程在嘉兴市落地使用，年营收超过200万元。

（三）安全、心理健康

在安全教育板块，青云在线开发了《安全伴我行》小学生安全教育在线课程。活泼有趣的动画有效地提升了学生学习安全知识的兴趣，丰富了课堂教学的形式，受到了师生的一致好评。在心理健康教育板块，计划开发的“心理健康在线教育平台”已列入后续工作计划，平台拟以H5和微信公众号两种形式呈现，实现帮助学生自主发现问题、解决问题；帮助教师了解学生的心理健康状况；帮助家长了解不同年龄段孩子的常见心理健康问题及其典型表现，分辨自己的孩子是否遇到了心理问题，并给出相应的解决办法等功能。

（四）艺术素养

青云在线以硬笔书法教育为重点，开发了《趣味写字入门》和《书法练习指导》线上教学平台，线上线下相结合，以动画导入和真人演示的形式将硬笔书法的技巧和要领传授给学生，既减轻了教师的备授课负担，又丰富了课堂教学的形式，有效激发了学生学习书法的兴趣，让枯燥的写字教学变得生动活泼。

后续，青云在线计划与华东师范大学合作，打造浙教版初中数学教材，搭建智能化的数字教材服务平台。平台集教、学、评价、管理四项功能为一体，能够为各级教育部门和广大师生提供高质量的学科数字资源和完整、系统、高效、智能的智慧教学服务，成为未来数字教材的样板。

三、知识服务

知识服务板块主要解决学生课前预习和课后复习两

大难题，以打造义务教育阶段移动端学科辅导整体解决方案为目标，相继开发了“浙教学习”（小学版）、“浙教高分”（初中版）APP以及“浙教学派”智能移动学习终端。其中，“浙教学习”和“浙教高分”APP分别针对小学和中学两个学段，围绕语文、数学、英语、科学四门主要学科，为学生提供同步学习、培优训练、教辅难题解析、作业布置（需加入班级）、在线考试等多种学习功能，以满足学生课前预习、课后复习的需求，进一步巩固课堂教学效果。自2019年9月上线以来，产品用户量已超过80万，会员付费充值金额超过200万元。

在APP的基础上，青云在线着力打造“浙教学派”移动学习终端产品。“浙教学派”是一款符合浙江省中小学学情的定制化平板产品，围绕语文、数学、英语、科学四门学科，整合浙江教育出版集团全学科教辅配套资源、青云在线自主开发的学科数字课程（如《魔法拼音王国》《轻松学数学》《读写碰碰车》《快乐学文言》等）和第三方资源和功能应用（全学科AI互动课、课文点读、口语测评、字词听写、口算闯关等），为学生定向提供同步学、同步练、专项突破、特长发展等学科教学辅导方案，满足教师、学生、家长在新的教学场景中对数字化产品的应用需求，提高效率。

（浙江教育出版社集团有限公司）

案例类别：产品

移动端知识服务产品矩阵

一、产品简介

“移动端知识服务产品矩阵”是依托浙江教育出版社的图书资源和渠道优势开发的移动端融合产品集群，主要面向全学段C端用户提供包括图书增值资源、优质推送文章、图书电商、精品数字课程、线上活动和智能学习工具等在内的各类知识服务，主要包含“青云端”系列微信公众号6个、“青云端”系列微信小程序2个、“浙教学习”APP（小学）和“浙教高分”APP（中学），已形成稳定的广告、电商、知识付费的商业化模式，成为国内传统教育出版社中最早探索融合发展路径并实现商业变现的典型示范之一。

二、产品特色

经过多年融合发展的实践探索，浙江教育出版社以自身丰富的内容资源和渠道优势为依托，将新媒体、新技术与图书深度融合，不断建设出一套适应自身发展的教育融合产品矩阵，主要有以下三个特色。

（一）发挥渠道优势，积累大量精准用户

随着互联网红利消失，线上产品的获客成本日益增高，教育领域的精准用户的获客成本常常高达数千元。然而对于传统教育出版社而言，图书产品是我们触达用户的专属渠道。利用纸书这一低成本的引流渠道，我们可以用很少的资金投入积累大量的精准用户。

本产品矩阵内的“青云端”系列微信公众号最早于2015年9月上线，创新性地利用传统出版单位的渠道优势，将纸书读者转化为线上用户，是全国最早通过微信公众号为图书提供数字化增值服务的产品之一。截至2020年底，本产品矩阵累计总用户数已突破340万，其中微信公众号用户280万，小程序用户20万，APP用户50万。用户画像清晰，主要为浙江省内K12阶段的学生、家长和老师，其中男性占比30%，女性占比70%，用户年龄主要集中在26~45岁。

（二）深耕内容建设，打造全面的移动端学习解决方案

优质的内容是一个产品立足的根本。秉承浙江教育出版社在教育出版领域的专业性和权威性，在内容资源建设方面，本产品一直注重用户需求和使用体验，不断更新迭代优质的资源和服务，主要分两块：首先，通过对纸质图书进行全媒体开发，矩阵内各产品利用印制二维码的方式为图书提供图文、音频、视频、动画等各类配套资源和服务。截至2020年底，本产品已原创开发了近3万条内容资源，主要包括图书配套听力、教学课件、有声书、电子书、视频微课等，满足了图书读者多元化的需求，提升了图书的价值和市场竞争力。其次，从K12阶段的学生、家长和老师的实际需求出发，本产品还针对性地开发了课内同步、课外拓展、兴趣培养、家庭教育、教师培训等方面的延伸内容资源和服务，为用户提供全面的移动端学习解决方案。

截至2020年底，各产品内的资源和服务累计使用量破亿次，受到师生、家长的广泛好评，具有较高的市场价值。

（三）强化互联网运营，创新产品盈利模式

本产品作为教育垂直领域里的优质产品，其用户黏性、活跃度、付费转化率、团队综合运营能力在全国出版社中都名列前茅。本产品自上线之初，项目团队就不断强化互联网思维，积极开展互联网运营。在用户运营方面，我们围绕学科开展各类线上活动，建立社群，开展精细化运营，不断增强用户活跃度，树立品牌口碑；在内容运营方面，我们针对用户的实际需求开发刚需的内容和服务，并通过收集用户反馈，不断提升内容和服务的质量。运营数据显示，2020 年本产品累计月活跃用户稳定在 50 万左右。

在互联网时代，用户是核心资源，精准、稳定的用户流量可以带来巨大的商业价值。基于专业的互联网运营，本产品创新性地探索出包括广告、电商和知识付费在内的盈利模式。在广告业务方面，本产品根据用户属性，主要为优质在线教育品牌做推广，如掌门一对一、作业帮、编程猫、猿辅导等。在电商业务方面，本产品作为本社图书的微信端宣发平台，主营本社市场图书的微信端销售。同时，本产品将精品资源和服务以单独定价或会员付费的形式面向个人用户收费，实现内容变现。根据营收数据显示，2020 年本产品年销售收入近 400 万元。

三、社会效益

本产品始终坚持“知识服务用户”的理念，为用户提供优质内容，传播正能量，获得了用户的广泛好评，成为浙江省内颇具影响力的专业教育类产品。

截至 2020 年底，本产品累计总用户数已突破 350 万，月活跃用户稳定在 50 万左右，“青云端”系列微信公众号上阅读量 10 万 + 的推送文章累计 27 篇，单篇阅读量最高超过 60 万。尤其是在新冠肺炎疫情期间，本项目积极响应党中央和浙江省委号召，把疫情防控相关工作放到了最重要的位置上。首先，充分利用新媒体矩阵，在春节期间及时科普病毒和防疫知识。同时，按照教育部“停课不停学”的通知要求，上线教材教辅电子书、视频课程供学生免费使用，得到省内各地市教育主管部门的推荐，累计点击量近亿次。

四、经济效益

本产品已形成稳定的广告、电商、知识付费的商业化模式。截至 2020 年底，各产品累计总营收超过 800 万元，其中广告累计营收 460 万元，电商累计收入 130 万元，知识付费累计营收 240 万元。从近 3 年的营收数据可以看出，产品的经济效益连年增长，其中广告营收平均占比 60%，电商营收平均占比 16%，知识付费营收平均占比 24%。同时，产品在知识付费板块的营收增速最快，且占总营收的比例也逐年增大。

随着教育信息化 2.0 的推进和出版融合发展的进一步深入，教育类用户对线上学习和对融合产品的需求量会不断增加，本产品积累的大量教育类用户以及优质内容资源和服务将具有巨大的市场前景。

五、获奖情况

第二十八届浙江树人出版奖・数字类正式奖；第二十五届浙江树人出版奖・数字类正式奖；第 36 届浙江优秀出版物（数字出版物）编辑奖正式奖。

六、经验体会

近年来，媒体融合已逐步上升为国家战略，融合发展已成为出版行业的新趋势和方向。本产品矩阵自 2015 年上线以来，积累了大量融合出版方面的实战经验，成功探索出了一条适合传统教育出版社的融合发展路径，成为传统教育出版转型的典型案例，对传统出版单位的融合发展具有较大的借鉴价值和示范意义，主要总结为以下四点。

（一）发挥渠道优势，建立用户基础

利用好纸书这一低成本且精准的用户入口是传统出版单位融合发展的渠道优势。传统出版单位应根据自身特点，充分发挥优势，将线下图书读者引流到线上产品，建立精准的用户基础。

（二）深耕内容，加强互联网运营

为用户提供教育内容和服务一直是教育出版单位的使命。在产品建设中，教育出版单位一定要从用户的实际需求出发，深耕内容建设，打造一批高质量的教育融合产品。同时加强互联网运营，从单一产品开发升级为提供“产品 + 服务”模式，增强用户活跃度，提升产品价值。

（三）转变思维，重视人才培养和队伍建设

相对于传统教育出版，互联网环境下的教育出版融合发展亟须创新型人才。参与其中的中高层管理者和编辑研发人员，不仅要有融合的思维，还要有融合的知识和能力，因此出版企业应抓紧培养懂教育、懂出版、懂技术的复合型人才，为融合发展建设提供人才保障。

（四）开展合作，深度融合

教育出版的融合发展不能简单地理解为只是内容知识或产品层面的融合，还应包括渠道的融合、与资本的融合以及产业层面的融合。只有产业链条上的各个角色（包括内容、技术、平台、运营商、硬件等）进行融合和合作，才可能实现出版的良性融合发展。如传统出版单位在技术和运营方面存在短板，应积极开展与互联网技术公司的合作，共同开发融合产品，创造多赢机会。同时，根据融合发展业务的需要，还可以成立相应的项目子公司、分公司或参股公司。

（浙江教育出版社集团有限公司）

案例类别：产品

浙江省“云馆配”图书采选平台

已连续成功举办14届的“浙江省馆藏图书展示会”是国内规模最大、品种最丰富、专业程度最高的行业展会之一，原定2020年3月在杭州国际博览中心举办。受新冠疫情影响，让浙江新华碰到了成立70多年来前所未有的危机。

在浙江出版联合集团的决策部署下，浙江新华把疫情当作加速转型的倒逼机遇，大胆创新。本项目产业特征突出，是一种全新的商业模式，一种新的场景塑造和价值创造，为促进馆配产业链高效和谐运行，出版融合与创新发展提供助力。

浙江省“云馆配”图书采选平台（以下简称“云馆配”）项目为业内首创，且唯一具备融合创新条件，具有国内前瞻的引领性和示范作用，随着项目的深入，辐射全国，进一步扩大影响力，创造行业最有价值的品牌。

一、产品简介

“云馆配”是浙江新华多年来深耕行业的经验与实践，运用“互联网+文化+传统会展”的创新形式，将“馆配会”开办到云端，通过在线展示、供需匹配、搜索浏览、特色专区等功能，互补线下图书展示会。项目主要建设云端采选一体化专业服务平台，发挥浙江新华馆藏业务的助推剂作用，搭建起出版社、馆配商与图书馆之间的桥梁，努力打造成为展示精神文明成果的重要窗口。

二、项目意义

如果将线上展会作为交易场所的话，对于TO C端模式来说就与淘宝、京东等无异。而对于TO B端或G端，企业应将对行业的理解，以及产业链上的资源融入线上，凸显与电商平台的不同价值。这正是“云馆配”打造成为行业中成熟解决方案的意义。

三、现有基础及实施情况

“云馆配”是信息技术与馆配业务的深度融合，是浙江新华在数字化融合创新上的一次“云突破”。这种“新玩法”讲究用户思维，强调专业化、场景化、互动化服务，注重社、店、馆之间信息的交互。至今，已成功召开三届“云馆配”。

为搭建具有浙江新华特色的“云馆配”，建设初期经历多次系统重构，引入新技术，突破传统系统架构下的性能瓶颈。现今的平台是运用信息技术在馆配业务模式下的深度融合，以创意的场景化线上采选新模式，带来现代馆配的一种“新玩法”。

前期，根据馆配业务基本模式，反复模拟用户习惯，从图书产业链各环节用户角度出发，构建出“云馆配”的闭环生态体系。

1. 平台具有成本低、品种全、时效新、人数不限、时间灵活等优势。

2. 平台提供的选书模式丰富，可按学科分类、出版社、推荐图书、畅销书等分类浏览进行采选，也可批量荐购。完善的学科分类与中图分类对应关系，精准推送，增加用户选品概率。

3. 参会用户自主管理，可设主次两级账号，实现多点同步参会。后台保存数十亿级用户访问记录，达到毫秒级处理。

4. 高度还原线下现场订购体验，精细打磨数据呈现模式，直观提供更为丰富的图书内容。创新推出“一指禅”纯键盘便捷操作模式，极简操作，轻松订购。

5. 借助阿里云存储海量资源文件，引入开源搜索引擎。平台前后端应用微服务化，实现负载均衡，保障数千人同时在线操作无卡顿。300万次压力测试提交不出错，保障数据安全，系统故障5分钟内快速恢复。

6. 多端联动，方便采选。用户随时随地通过网络进行便捷采选，电脑、手机可同步订购。可视化大屏实时播报，热点排行实时掌握。用户已购信息图表展示，一手掌握本馆采选动态。

7. 线上实时互动。界面醒目位置随时发起沟通，供方全员化身线上客服，实时互动交流。出版社直播在线荐书，解读典藏经典，专设订购界面，方便下单采购。

8. 体现专业的标准化信息优势。平台近50万种图书详情及配套MARC数据，340G精彩试读、音频试听、视频试看等高质量资料展示，提升选购体验。

9. 积分活动增加订购积极性。采取积分活动，增加用户订购黏性。

四、项目实施进度安排

项目以边使用边建设的宗旨，计划实施期限3年，自2020年2月启动，至2022年5月结束。按阶段任务目标，完成指定工作绩效。

2020年2月，调研论证、业务衔接、平台设计研究方案、部署云端。3~4月，平台搭建，仿真测试，上线运营。2020年4月成功举办首届春季“云馆配”。

2020年5月至2021年3月，总结分析，完善功能、优化界面、新增研发。2020年10月中旬成功举办秋季“云馆配”。

2021年3~4月及10月，择期举办春、秋季“云馆配”。目标：运用新技术，丰富平台功能和内容，实现移动端、PC端等多场景联动选采。

2022年3~4月，择期举办春季“云馆配”。目标：实现线上线下互通互补，充分融合，形成具有浙江新华馆配特色的全新服务平台，支撑馆配业务常态健康发展。

五、取得效益情况

（一）经济效益

1.2020年春秋两季云馆配共实现2.61亿元图书销售码洋，2021年春季云馆配实现1.85亿元图书销售码洋。为浙江的文化建设交出数字发行产业的高分报表，为全国馆配业提供了宝贵的“浙江经验”。

2. 随着项目的实施和不断完善，知名度随之提高，得到广泛应用，可逐步实现业内及跨行业、跨区域的合作收入。本项目可促进全国馆配市场良好有序竞争，使其成为具有中国特色的馆配产业。通过行业共建共享，项目的建成不仅有助于提高行业效率，节约成本，还将助力传统出版发行行业潜在的经济效益。

（二）社会效益

1. 亿元订单背后，客户遍及全国28个省市地区。每季“云馆配”都有近500家供应商受邀参展和来自全国数百近千家的图书馆受邀参会，参会人员数千人。以2021年春季“云馆配”统计为例，平台累计访问数65万次，访客数8.3万，采选次数162万，累计IP个数3.1万，均创历史新高。

2. “云馆配”的10个展区中，值得关注的是之江新华荐品馆，展馆以专题书单形式呈现，共推出26种主题荐品专目，总计5000余种精品图书。同时特别设置“浙版党史学习教育图书”“新青年说百年”两个主题书单，为建党100周年“云端献礼”，充分展现了浙江新华的社会责任担当。

3. 平台设置了特装馆，大大提升了重点供应商图书的推荐能力。科学出版社成为2021年春季云馆配高校图书馆最喜爱的出版商，采订码洋1075万元，同比增长28%，有效提升作为馆配产业上游链条中供应商的分量。同时兼顾中小型供货商的参展力度。以社科文艺类组为例，参展供应商292家，较2020年增加了49家，中央音乐学院出版社、云南美术出版社等都是第一次参加浙江“云馆配”，相信这些新加入的中小型供货商将会成为浙江“云馆配”上又一股中坚力量，让社店一起“阅”然云上。

4. 据统计，2021年春季浙江“云馆配”共有46家图书馆同步开展了读者荐购活动，读者荐购码洋1305.76万元，码洋占比55.06%。将专业图书采选工作下放至读者手中，借助大众参与的力量，使图书馆采选变得更加开放。

为此，平台特别增设“云淘”展区，以电商分类的方式呈现，同样的数据资源，不同的展现形式，带给读者更简单便捷、亲和友好的交互感。在采选工作专业化转向大众化的过程中，读者切身感受图书馆鲜为人知的工作日常，进一步打通人与书之间的交互壁垒。提质增效的同时，也能通过读者的荐购情况，反馈读者阅读需求，全面兼顾加强读者黏性的服务要求和提升采选体验的服务使命，达到共建馆藏的服务目的。

5. 平台引入直播带货新体验。在精选荐品书单采选码洋贡献占比中，浙版传媒好书、中版集团重点图书、党政读物经典推荐实现了较高的销售转化，占比约为27.98%。在12场直播带货中，书单受到522家图书馆客户青睐，累计采选1.4万册，实现销售码洋369万元。

六、总结

谋新求变，在不断的变革中探寻完美。辉煌属于过去、成绩已成历史，全新的智慧应用在丰富提升采选体验的同时，也给大家留下了深刻的记忆，展现了浙江新华勇担行业融合创新发展领跑者的诚意和速度。

“云馆配”依然会在期待中再次升级归来，浙江新华期望以云端为舞台，做大浙江新华的朋友圈，做深馆配产业的新空间，做强发行融合发展的新天地。

（浙江省新华书店集团有限公司）

案例类别：产品

深度融合传播 唤醒沉睡的“资产”

——以《见证：<倾听 · 人生>20 年精选集》为例

王勇 徐赛华 王珊珊

在信息高度发达的网络时代，一家隶属于城市党报的电子音像出版单位，怎样改变“辅助作战”的被动模式？在媒体深度融合传播的变局中，如何寻新机、开新局、创新业？近年来，杭州汉书数字出版传播有限公司做了有益的探索。

一、单位介绍

杭州汉书数字出版传播有限公司是杭州日报报业集团旗下的国有全资出版公司，也是杭州市属唯一的音像电子出版单位。公司依托杭州日报社，拥有专业的媒介策划、图文编辑、影视制作和数据研发应用团队，具有快速聚合覆盖报网声屏的媒体平台资源能力。

公司出品的音像电子出版物《南方的起源——跨湖桥文明》《杭州，一座运河造就的城市》《西湖全书》等作品，曾入选国家重点电子音像出版物规划；公司参与制作的大型电视连续剧《东方》曾在央视一套播出，并获全国“五个一”工程奖。

二、案例背景

2020 年，是《杭州日报》的《倾听・人生》栏目创办 20 周年。该栏目以第一人称口述实录的呈现形式，记录小人物的故事，版面一落地就受到读者的喜爱，迄今已经讲述了 1000 多个真实生动的人生。

20 年里，该栏目拿遍了省市乃至全国的新闻奖，多篇稿件获评中国新闻奖，2006 年该栏目被评为浙江省首届新闻名专栏，这是新闻业内对栏目的褒奖和肯定，也是《杭州日报》的一份宝贵“资产”。但是，随着新媒体的快速发展，报纸读者逐步分流，《倾听・人生》专栏也面临读者群体收缩、好专栏面临“沉睡”的严峻考验。

在此背景下，杭州汉书数字出版传播有限公司积极探索媒体深度融合发展的新路径，提前谋划、精心策划。组建《见证：<倾听・人生>20 年精选集》媒体深度融合项目组，探索将报、网、声、屏、电子音像出版等传播平台深度融合，以《倾听・人生》专栏作品这一核心产品为“原料”，针对不同的用户精选烹制色香味俱全的各式“美食”。

三、组织架构

《见证》项目组阵容强大，组长由杭州日报社的社长、总编辑担任，报社副总编辑、编委、汉书公司负责人和报纸副刊编辑、出版编辑等 10 多人各有分工、各司其职。

四、呈现形式

2020 年 7 月，杭州日报从《倾听・人生》专栏刊发的 1000 多个故事中，按照“真实、好看、精彩”的选稿原则，突出时代意义，坚持鼓舞人心的出版方向，精选出 56 个，分成 6 个不同篇章，于当年 10 月出版《见证：<倾听・人生>20 年精选集》图书。同时，特别邀约朗诵名家录制了听书产品，并展开以图书内容为主体的新闻报道、电子书、线下活动等丰富的出版活动。

五、效益统计

据不完全统计，从 2020 年 10 月 30 日推出产品到 11 月 30 日，一个月的时间内，《见证：<倾听・人生>20 年精选集》覆盖 20 万报纸订户读者，杭 + 新闻客户端、杭州日报微信、杭州日报微博、杭州日报抖音等新媒体平台总阅读量超 100 万，通过《见证：<倾听・人生>20 年精选集》图书发行和电子书发行，项目直接效益超 70 万元。沉睡的“新闻资产”得到了高质量的变现，取得了社会效益和经济效益的双丰收。

六、产品展示

1. 报纸：《杭州日报》
2. 新媒体：杭 + 新闻、《杭州日报》微信
3. 出版物：图书、光盘、音频

七、线上活动

1.《杭州日报》整版介绍《见证：<倾听・人生>20 年精选集》，覆盖 20 万报纸订户读者。

2.《杭州日报》微信推送《见证：<倾听·人生>20年精选集》，覆盖160多万微信用户。

3. 杭+新闻客户端文章推送，覆盖40万手机装机用户。

八、线下活动

1. 杭州晓风书屋体育场路总店，读者见面会。

2. 杭州城市阳台乾嘉书房，读者见面会。

两场读者见面会邀请到杭州知名媒体人主持，通过作者、编辑、读者、网友等不同群体的沟通互动，重新“揭秘”故事，从而丰富了融合传播的内涵，提升了融合传播的效果。

（王勇：杭州汉书数字出版传播有限公司董事长，徐赛华：杭州汉书数字出版传播有限公司总经理，王珊珊：杭州汉书数字出版传播有限公司编辑）

《见证：<倾听·人生>20年精选集》专题

案例类别：组织机构

博库数字出版传媒集团：打造数字出版产业闭环 构建融合发展生态圈

面对数字融合对出版产业发展的新挑战，2019年初，浙江出版联合集团将业态相近、拥有移动互联网基因的图书电商、数字出版、电子音像出版、期刊出版与新媒体运营4家单位整合，重新组建博库数字出版传媒集团（以下简称博库集团）。围绕打造全产业链现代出版传媒企业目标，博库集团通过理顺体制机制，优化资源配置，着力做大做强原有业务板块，积极布局新兴业务，产业闭环进一步完善，融合发展的联动效应和生态价值初步显现。重组以来，博库集团营业收入年均增长15%以上，利润年均增长20%以上，进入良性快速发展阶段。

一、升级线上图书销售体系，打造流量和数据入口

以大数据分析手段，深挖用户需求，建立品牌体系和全渠道线上连锁矩阵，推进线上图书销售体系的全面升级。

建立多品牌全渠道线上连锁矩阵。以博库为主品牌，丰富完善多个特色子品牌，打造自有平台、天猫系、京东系等电商体系，完成电商平台全渠道销售矩阵建设，实现对50%以上在线图书购买用户的覆盖；优化供应链管理。扩大品种布局，加强中盘供货能力，持续提高商品组织、渠道运营、物流配送和技术支持等能力，继续推进图书供应链管理升级；完善仓储物流体系。通过投资新建、扩建改造等系列措施，建成覆盖全国的四大仓储基地，提升发货时效和服务品质；狠抓精细化运营和模式创新。从产品端发力整合运营资源，重点补齐运营类目短板，调整产品线结构。综合运用直播、短视频等新兴传播形式，加强内容引流，打造社区流量入口，增强基于内容认同的用户黏性，全面提升品牌认同感和复购率。

博库集团图书电商板块已建立50+家在线书店、30万分销商组成的线上图书电商连锁矩阵，全网用户超过1亿，成为全国最大的国有线上图书销售平台，被中宣部确定为重点扶持的线上图书销售企业。

二、营造知识产品消费场景，开启未来书店模式

基于用户知识需求，注重技术赋能，整合新媒体、视频直播等流量入口，以社群化、内容化运营为手段，逐步推进实体书城改造升级，打造符合未来文化消费与休闲场景需求的新型全域空间，探索未来书店新模式。

增加线上流量入口。转变以引导到店为目的的线上流量开发思维，围绕用户需求丰富服务手段，线上线下多渠道融合，为用户提供更为方便快捷的购书体验；强化社群运营。根据不同实体店的用户覆盖特点，分类目与相关社群合作，构建B2B2C的社群运营和销售模式，拓展团体用户，丰富产品结构。将书店定位于做用户知识服务平台，在纸质图书基础上，通过业态融合、品牌合作、产品引入，逐步增加电子书、音视频、课程培训，以及知识服务周边硬件产品等，进一步打开经营空间；逆向引导用户到线上。以全域运营思维破解书店空间局

限，逆向引导用户到线上，通过社群、新媒体账号、店铺，构建线上用户池和消费场景，与实体空间形成完整服务体系。

通过流量融合、产品融合、业态融合和空间融合，博库集团实体书城焕发出强大生命力，辐射区域内品牌影响力逐年提升，并对出版与电商板块起到强大的品牌支撑作用。

三、探索出版 3.0 模式，实现全媒体内容生产

以用户为中心，通过电商销售数据分析市场趋势，统筹纸书、电子书、音视频等全媒体内容的策划出版，借助新媒体传播形成全网营销体系的整合，探索出版 3.0 模式。

转变以单一图书产品为标准的评估方式，从知识服务角度重构版权价值评估体系，实现版权内容评估全程可量化；加强与版权公司、出版机构、知识教育平台等合作，构建优质内容资源库，深化数字内容和版权衍生价值开发；充分利用电商业务沉淀的用户数据，捕捉市场热点，建立大数据选题标准，为内容生产环节提供强有力的数据支持。2020 年，博库集团运用大数据技术产生选题 300 余种，与出版机构合作出版纸质图书近 200 种，销售码洋近 1 亿元。

通过原创、转授、联合开发、共同投资运营等形式，博库集团目前运营 5 万余项版权内容，涵盖纸书、电子书、音视频、在线课程等。2020 年疫情期间，博库集团 24 小时内上线包括 6000 多本电子书、3000 多个音视频内容的《免费阅读、共克时艰，取得战“疫”胜利》专栏，72 小时开发上线涵盖全学科全学段 156 种教学用书的浙江省数字教材服务平台，充分展现了数字出版和技术保障能力。

四、建构新媒体矩阵，推动内容与用户良性互动

针对传统出版单位不掌握用户信息，用户大量沉淀在电商渠道、电子书和音视频平台这一行业痛点，借助图书电商和数字出版优势，细分用户和渠道，建立博库悦读、天下网商、云小胖、博学少年等一系列新媒体品牌，打造新媒体矩阵。

一方面，通过媒体渠道的建立和版权内容碎片化传播，不断吸附用户，形成用户流量池，为出版提供良好的用户基础；另一方面，对用户进行画像分析，建立用户模型，实现用户和内容的精准匹配，形成二者之间双向良性互动。天下网商新媒体矩阵将知识性内容以文章、图解、视频等形式进行碎片化传播，全网新媒体账号订阅用户超过 1300 万，2020 年累计阅读量上涨 160%，达到 4.2 亿人次；通过收集用户反馈信息，策划出版纸书、电子书 10 余种，推出企业内训和个人职业教育两大系列音视频培训和线下培训课程，2020 年业务量同比分别增长 60% 和 300%。

通过新媒体矩阵建设，博库集团在大众阅读、少儿阅读、电子商务等细分领域获取可高频触达用户近 2000 万。对用户浏览行为的技术跟踪和大数据分析，为出版和电商业务的按需服务、精准营销提供了重要依据。

五、打造知识服务平台，发挥对数字融合的牵引作用

基于用户和内容优势，加快版权内容整合和知识产品开发，构筑基于未来知识消费场景的火把知识服务平台，致力于推动出版、传媒和教育三大领域的高度融合。

重组后，博库集团启动文化浙江建设重点实施项目火把知识服务平台。平台依托图书电商板块 1000 余家供应商（出版机构）资源和破亿知识阶层用户群体，自主研发“火把”知识服务应用，通过向出版机构提供纸书、电子书、音视频、在线课堂等知识产品从选题、加工到运营、销售的一站式技术解决方案，赋能出版机构，整合优质内容资源，打造高品质知识服务产品集群。火把知识服务平台目前已引入 100 余家全内容授权合作方，获得 5 万余篇原创文章授权，音视频精品课程近 500 种，纸质图书近 60 万个品种。

火把知识服务平台着眼出版行业未来发展趋势，以新媒体信息流模式实现用户互动，以大数据技术将教育资源与用户深度知识消费需求进行匹配，将积极探索出版与新媒体、教育三大行业深度融合的全新业务模式。

六、围绕融合发展与生态建设目标，拓展新业务板块

着眼未来数字出版的商业维度，博库集团按照“小前端、大平台、富生态”的发展原则，致力于通过共同价值观的形成，打造开放式文化生态链。

重组后的博库集团深度梳理各板块优势资源，通过项目投资、业务孵化、改造升级等多种措施，丰富业务生态，逐步形成板块联动和跨业融合。基于电音、期刊与数字出版领域多年积累的优质内容和作者，与音视频平台合作，孵化多个有声出版品牌；基于数字教材开发与少儿刊群板块师资、用户资源，合作开发在线教育项目；基于网络游戏出版领域产业研究和内容审读优势，投资参股游戏发行公司，试水游戏运营；基于供应链优势积极参与未来社区项目，进一步推动知识产品融合和线上线下流量融合。

通过数字出版生态链闭环建设，博库集团从单一图书电商业务的发行企业，快速转型为融合发行与出版、线上与线下、传统与数字为一体的全产业链出版发行企

业，业务布局涵盖图书、媒体、电子音像、电子书、游戏、有声出版与图书电商、实体书城、知识服务、在线教育、游戏运营等，并承担浙江省数字教材服务平台的开发与运营任务，企业综合实力与市场竞争力显著提升，融合效应推动集团进入高速成长期。

（博库数字出版传媒集团有限公司）

火把知识客户端

案例类别：产品

大象课堂融媒教育云平台

“大象课堂融媒教育云平台”是大象出版社结合市场需求及自身业务特点重点打造的融合出版项目，并已列入中原出版传媒集团特别管理的重点项目。该项目充分利用云计算、大数据、人工智能等新技术，依据教育测量学、教育统计学原理，为河南省教育管理及区域教学水平的提高提供真实可靠的数据支撑，在微信生态环境下，以“面向产品、面向市场、面向服务”的理念，构建考试评价、精准测评、教师培训三位一体、具有大象特色的数据化教育服务体系。以精准测评为基础，以精准化数据分析为依据，围绕“大象E学”“大象E考”“大象E教”三大板块运营，为教师、学生、家长提供差异化、个性化、少而精、准而全的智慧教育服务。

该平台基于区域学情、教情特点而构建的立体化线上教育服务，主要包括以下几项。

一是大象辅导直播课平台。可实现在线直播课堂、线上教学、在线点播自主学习、在线互动辅导答疑等功能；二是公开课课程内容服务功能；三是为教师线上教学提供个性化助教服务；四是为学生及家长提供助学服务；五是中、小学生全学段、全学科、全知识点的在线课程体系；六是教师的教育信息化技能培训、课程培训等。

我们提供了从小学到高中全学段的教学效果测评、考试评价系统服务、考后普适性纠错训练及个性化精准纠错训练服务；融合大数据与人工智能等技术进行教情、学情分析服务；提供国家、省级名师名课，由一流专家在中考和高考前为学生提供线上难点答疑、辅导课和精准训练等。

一、建设思想

“大象课堂融媒教育云平台”围绕集团公司“做强主业、做大产业，关联跨界、内合外联，转型升级、融合发展”的总体思路，构建基于微信生态的教育出版融合服务平台，以平台的三统一（统一用户、统一消息、统一格式）、两集成（工具集成、资源集成）为技术支撑，从品牌、产品、技术、服务及团队实现全面提升，组织整合集团内部及外部的优质教育内容资源，建立专业化运营团队、市场化商业模式、个性化用户服务，通过线上线下产品融合、营销融合，打造以数据驱动、人工智能为引领的高效教学体系，打造一个涵盖从幼教到成人教育全覆盖的智慧型服务体系。

二、实施模式

（一）“内容 +”战略模式

组织整合内外优势资源，全面加强内容资源建设，尤其是原创内容的建设，大力推进外部优质资源的引进及合作，在保证出版社对用户及行为数据拥有主导权的前提下，重点引进成体系的教育内容资源，经过标引和重新构建，形成独具特色的内容资源服务模式。

（二）“技术 +”战略模式

大力推进基于完善产品和服务的数字出版流程再造工作，将平台的题库、编辑工具、二维码管理、运营公众号管理等应用子系统，延伸至纸质教育产品（教辅、试卷、作业练习册、在线课程等）的编辑、审校等工作环节中；以考试评测为切入点，引入大数据和数据分析技术，逐步扩展至学习管理、教学辅导等领域；开发基于人工智能技术的智能推荐、动态规划、知识图谱与知识管理工具，提升产品的用户体验和智能化水平。

（三）“运营 +”战略模式

项目分为核心产品部分和增值服务产品部分：一是核心产品部分是指数据化的教辅产品，通过对纸质教辅产品、测评试卷进行数据化改造升级，进行难度划分，施行差异化教学与学习，弥补传统纸质教材品种单一、呈现形式单一的不足，并能够与用户形成有效沟通互动。

二是增值服务产品部分主要利用平台所具有的三统一、两集成，以用户需求为导向，以基础拔高、差异化服务，以小程序、公众号的开发实现各类不同功能、不同需求产品的集聚，形成教育产品服务矩阵，以精准化、个性化的产品服务获得增值。

三、主要产品

“大象 E 学”——为基础教育阶段的学生提供辅导，包括：精准作业（学生端）、错因分析、错题集、纠错训练、优点阅读、文心作文、中考学习、书法课堂、学情报告（学生端）；为学生提供精准、高效、个性化的在线学习服务，包括教辅图书试题讲解、知识点视频讲解、每周试题推送、作文在线批改等功能，为学生提供便捷的一站式在线学习服务。

“大象 E 教”——为中小学教师提供教学教研、个人素质培养服务，包括：备课资源、单元评价、定制试卷、学情报告（含教学建议）、教辅合作、培训进修。

“大象 E 考”——为基础教育阶段的学生提供学习和联考服务，包括：联考成绩、志愿填报；为教育单位提供考试及教学评测的整体解决方案，提供考试服务、考情数据分析服务，以及为教育主管部门的教育决策改革、教师教学指导、家长学习辅导、学生精准学习及培训提供数据支撑。

四、产品创新

（一）行业创新

开展面向教育成果数字化（以移动互联、微信小程序为主）出版过程的需求分析、组织架构、流程优化、过程管理、工作机制等研究，变革传统出版模式，形成新型而又高效的数字出版模式。

（二）模式创新

1. 教育出版文化与信息科技相融合。借助数字化和信息化手段，作为传播、交流、共享优秀基础教育成果的主要方式；以大数据、移动互联等技术助力学校文化建设与发展，助力教育出版产业转型与升级。

2. 融合发展及数据库碎片服务。在优秀资源成果收集与整理的基础上，通过资源整合，构建立体化的出版平台。

3. 模式创新。实现传统教育出版的产业升级。利用我社长期积累的资源优势，建立传统出版优势与移动互联运营相结合的发展模式，实现出版产业转型升级。

4. 细化产业定位。为教育管理部门的决策提供数据支撑、提升教师教学服务水平、开拓学生精准学习与个性化成长领域。

5. 资源整合与融合发展。聚合了优质基础教育资源，既是一个高端的基础教育数据库内容资源供应平台，又是智能一体化的综合教育服务平台。

（三）技术创新

大象课堂融媒教育云平台以微信公众号和小程序矩阵为主体呈现形式，打通各公众号的用户，形成用户池和大数据库，聚合所涉及的教育类公众号推文和教育类服务。

五、产品优势

（一）应用平台建设优势

大象出版社自 2010 年已进入数字教育领域研发，累计投资近 2000 万元，已经形成了一系列成熟的数字教育产品，如大象电子书包、考试与教学测评服务系统、智慧型题库、数字出版与学习平台、H5 动画制作工具、流媒体加工工具、移动端推送服务系统等。

（二）出版专业知识服务内容的优势

1. 《寻根》期刊。是由大象出版社主办的综合类文化期刊，1994 年创刊，连续获得河南省优秀期刊、河南省二十佳期刊、全国期刊方阵“双效期刊”、第二届国家期刊奖百种重点社科期刊、第三届国家期刊奖提名奖。

2. 《数字教育》期刊。是由中原大地传媒股份有限公司主管，大象出版社有限公司和海燕出版社有限公司主办，河南省基础教育教学研究室、河南省电教馆、河南省教育科学研究所协办的教育信息化理论双月刊。

（三）已有学习资源优势

目前已经建设了涵盖小学、初中、高中全学段的同步备课资源，依托新课标和教材体系持续更新，形成了优质的精品助教资源，由全国基础教育领域的知名专家和一线名师制作，包涵教学设计、重难点突破、教参精要、疑难题讲解等多个资源子库，提供 8300 多个文本、课件、音频、微视频等富媒体资源，同时，智能题库已入库 60 余万道优质试题，并保持持续更新。

（四）教师教学、培训资源优势

以“基础教育智库”项目为抓手，已与北师大出版社、教育科学出版社、江苏教育出版社达成协议，将建成权威的教育教学出版碎片库。

（五）可持续发展的优势

“大象课堂融媒教育云平台”具备健康持续的商业运营模式，以项目为依托，进行持续经营及融合发展，实现了传统编辑队伍与数字编辑队伍的融合、传统产品深度挖掘与多元化开发、数字资源高效复用与增值。

（大象出版社）

大象云课堂小程序

案例类别：产品

“小出版家”最美出版研学

牟斌 刘燕芳

一、项目简介

“小出版家”最美出版研学，是河南科学技术出版社依据教育部发布的《关于推进中小学研学旅行的意见》，依托中原出版传媒集团雄厚的实力，结合图书出版的优势，以及已经转型升级的儿童手工项目的基础上，联合河南省新华书店发行集团、印刷集团和物资集团，自主研发、设计的精品研学课程和路线。通过出版各环节开发课程，开展研学教育服务、图书出版、衍生品开发等内容，让学生通过专业、有趣、独特的出版职业体验，感受出版的价值和意义。

结合研学教育，通过中原出版博物馆、出版社和印刷厂等的参观和实践等活动，相继形成完善的研学课程20余节，已开展百余场研学实践活动、出版10余种研学类图书。通过丰富多彩的实践内容，让学生参与到“一本书的诞生”“中国印刷术”等特色实践活动中，树立作家、编辑、出版人等职业梦想。

二、项目背景

随着教育部对“双减”政策的推行、对研学产业的不断优化升级，以提升大中小学素质教育为目标，研学教育已成为劳动实践教育、综合实践活动的一种重要形式，继承和发扬了我国传统游学“读万卷书，行万里路”的教育理念和人文精神，成为素质教育的一项新内容。

“小出版家”通过让学生亲身体验，感受出版的价值和意义——把有趣的、有价值的内容变成图书、融媒体资源、品牌IP等，为学生打开一扇看世界的窗户。

三、项目意义

通过“小出版家”最美出版研学，结合中原出版传媒集团图书出版全流程优势，制定完善、专业的课程，为素质教育添砖加瓦，实现出版＋教育的服务形式。

结合劳动教育、综合实践教育，提升学生的学习能力、创新精神和实践能力。“弘扬工匠精神，提高职业素养。”建设知识型、技能型、创新型的人才，培养德智体美劳全面发展的社会主义建设者和接班人。

为学生提供崭新的素质教育实践平台，让学生拿起“扳手、螺丝刀”体验一本书从写作、编辑、制版、印刷，然后装订成书的一系列生产过程。开阔学生视野，培养学生的实践能力，磨砺学生的意志力，增强集体意识和团队协作能力，以敬畏的姿态对待职业。

四、项目内容

（一）“小出版家”研学课程

课程整体设计主线是阅读—创作—编辑—设计—出版—印刷—营销，让学生对书有整体认知。通过阅读，让学生产生表达欲望，学习表达能力；通过创作，把想传播的东西表达出来；通过校对，让学生的表达更规范、更严谨；通过设计，实现美育教育；通过出版，了解纸媒、互联网等呈现方式；通过印刷，了解印刷技术、纸张等；通过营销，了解图书的“最后一公里”。部分课程如下。

1. 小出版家的第一课——参观中原出版博物馆。观展馆，学出版历史，思考出版人的价值。了解“出版＋创意＋科技”的中原出版内容，感受中原深厚文化底蕴。

2. 消灭差错——我是小校对。了解编辑、校对工作的基本方法和流程，了解质检标准，体会出版工作的规范和严谨。

3. 四大发明——印刷术。了解印刷术的历史，观察现在的印刷方法和设备。体验雕版印刷和活字印刷。

4. 体验融媒体出版。了解教育信息化发展过程，认识并体验数字教材、VR、AR技术等。

5. 古法造纸术。了解传统造纸方法；体验传统文化，树立爱国情怀。了解纸的特性，学习折纸和衍纸的方法，体验纸艺活动。

（二）衍生品开发

“小出版家”除课程外，还开发有课程材料包、线上课程等；结合书籍制作全流程，依托河南厚重文化，开发文创产品、教具、电子产品等衍生产品；结合教育周边，开发玩教具、研学书籍等。

（三）课程开发、图书出版服务

为丰富“小出版家”体系，完善研学课程，开展对外服务，打造研学主题图书，培育优质研学专家等。服务于如红色文化、非物质文化、博物馆文化、黄河文化、工业文化、少林文化、医药文化等研学课程及路线的开发。

1. 少林研学方面，协助少林寺申报的《少林问学》已取得河南省教育厅特色课程。

2. 在中医药方面，与河南省中医药大学、仲景祠共同开发研发研学课程及研学周边。

3. 国家工程方面，以南水北调为主题，已开发《江河相会：最美课堂在穿黄》《向水而学：南水北调水文地理课》等图书。

4. 工业、农业研学方面，与“好想你”“宇通客车”正在合作开发研学课程和图书出版等项目。

旨在打造“豫教版综合实践课程”，做好出版本行，做好教育服务，形成一体化的综合实践课程体系。

五、项目目标

1.“小出版家”是在发挥文化行业优势服务教育行业，建立出版实践基地、开展实践活动、开发系列研学图书等，促进学生“做知识的发现者、做梦想的编辑者、做文化的传播者”。

2. 搭建具有示范效应的中原文化研学教育课程体系，希望在河南省乃至全国同行业范围中发挥着引领示范作用。

3. 研学本身就是一项立意高远的教育事业，承载着企业的社会责任和公益服务属性。“小出版家”正在培养一批高水准的专业化的研学师资队伍、图书出版队伍，为研学教育贡献力量。

六、取得成就

1. 河南科学技术出版社有限公司中小学研学课程方案系列产品被列入 2019 年度河南省教育装备创新成果名录。

2. “最美出版研学——走进中原出版 圆梦‘小出版家’”精品课程已经被列入河南省教育厅精品课程。

3. 商标注册，已完成第 41 类、第 9 类、第 39 类、第 16 类商标注册。

4.2017 年，挂牌郑州市科普示范基地、郑州一中创客基地、郑州八中创客基地。

5.2018 年，“中国综合实践数字教育平台”入选国家新闻出版广电总局改革发展项目库。

6.2019 年，“两只老虎中小学综合实践教育服务平台”荣获中国数字出版创新论坛“产品创新技术应用”项目奖。

7.2020 年，“中小学劳动教育中的手工非遗传承出版融合平台”成功入选国家新闻出版署 2020 年度数字出版精品遴选推荐计划。

8. 已开发的图书有《龙乡学问 问学龙乡》《研学旅行在郑州》《非遗故事 STEM 科学探索》《江河相会：最美课堂在穿黄》等。

9. 正在开发的研学课程和图书有《中国红枣》《最美红枣诗集》《中医药文化寻源——中原中医药文化遗迹考察记》《中医药问学》《少林问学》《最美少林诗集》等。

七、项目特点

1. 主题鲜明，让学生体验编印发流程，体会一本书的诞生过程，向学生传授出版文化知识，感受“劳动”的快乐，体验出版人的职业特点。

2. 展现中原出版产业的风貌，体现出彩河南。集中各方最优资源让学生了解中原出版业的生产基地，发挥社会价值。

3. 搭建桥梁，让优秀的作者资源、专家资源更好地为教育服务。

4. 体验阅读书籍，感受阅读的乐趣，深入了解书的意义等。

八、商业模式

1. 图书出版方面，围绕“小出版家”精品课程，加强对外合作，以“书”为主业主责，充分发挥文化出版传媒的优势。开展特色研学课程，在中原出版集团现有的书法美术研学（河南美术出版社）、作文阅读研学（文心社）、小记者研学（河南青年时报）等的基础上，开拓诸如红色文化、非物质文化、博物馆文化、黄河文化等研学路线，做内容服务。

2. 研学活动方面，开展“小出版家”最美出版研学实践活动，联合具有特色的研学基地，例如，信阳新县红色研学、“好想你”红枣、少林文化、医圣祠等实践基地，共同开发研学课程并实现文化关联、资源共享。

3. 研学服务方面，为研学机构、学校等做研学课程开发，为同类品牌做产品服务，做定制化课程设计服务，实现共赢。

4. 研学平台搭建，建设研学实践教育服务平台，通过网络进行资源整合。实现研学实践课程标准化，连接研学机构、学校、学生等多方用户，提供系统化、专业化的研学课程、研学培训、耗材销售及相关服务内容。

走进中原出版，圆梦“小出版家”！

（牟斌、刘燕芳：河南科学技术出版社有限公司新科技出版部编辑）

案例类别：产品

“天下农书”数字图书馆

一、天下农书数字图书馆解决需求痛点

乡村振兴战略的实施，市场对“三农”出版内容需求领域空前扩大；读者、用户群体空前扩大；内容传播方式空前变化。过去集中在农业生产和农业技术，现在是五位一体，涵盖产业、生态、文化、治理、组织、人才、脱贫等多方面，是全领域、综合性的、融合化的内容需求；过去读者集中在农业人口和农业科技推广、管理人员，现在是各级党和政府、社会资本、产业界、社会各方面都关心乡村振兴；过去主要是传统出版的图书，现在是手机阅读、网络阅读。越来越多的人相信，不能到达读者手机的传播效果都是零。这是移动互联网高速发展的结果。但是另一方面，农村读者购买力弱，购买欲望不强；出版弱，“三农”出版在图书细分市场中品种少、体量小；渠道弱；透支后农家书屋时代等。如何破解“三农”出版和传播难题，是摆在全国“三农”出版人面前的一个共同的痛点。“天下农书”正是这种问题导向的有解方案。

二、“天下农书”农业数字图书馆资源优势

（一）品种新

入馆图书主要为近几年出版的新品种，主要以传播推荐“三农”领域最新知识为主。在各社新增资源中，大部分图书实现了纸电同步，数字图书馆同步上架，保证用户在第一时间阅读到最新鲜的知识内容。“天下农书”数字图书馆内资源同其他相近产品的内容资源没有重复性，同其他同类产品的内容形成互补。

（二）格式全

6000种图书资源的全格式加工。在集团和股份公司支持下，委托河南新华书店全媒体加工中心对数字图书馆内容资源进行加工制作，加工格式包括：XML格式、EPUB格式、PDF格式等。全格式的内容资源加工，为下一步开展知识标引、知识体系搭建、知识库的开发提供了完备的技术支持。

（三）内容丰富

加上集团整合的其他内容，图书品种以服务乡村产业振兴的内容为主，还包括文化、健康、青少年教育等内容，“天下农书”内容资源达到一万种以上。

三、“天下农书”农业数字图书馆的平台优势

天下农书数字图书馆开发电脑端和手机端，具有多种检索方式，用户可离线阅读，可对内容进行标注、画线和书签功能。可根据机构用户开设属于自己的机构馆，可实现页面的自主定制，具有完善的版权保护功能。

（一）定位专门性

既有现代农业科技和经营管理，满足种养大户、农业技术推广人员、新型职业农民学习需求，又有大型学术专著和“三农”问题研究，满足科研人员学术研究。其中很多品种不乏为出版社印数少且发行量也很少的珍贵专业性图书。

（二）资源多样性

30家地方科技出版社的专业出版资源，从山东的蔬菜、湖南的水稻、湖北的小龙虾、河南的小麦、陕西的苹果，到贵州的苗药、云南的普洱茶等，涵盖了农业的地域性和多样性色彩。

（三）知识新鲜性

入馆图书主要为近几年出版的新品种，大部分图书实现了纸电同步，保证用户在第一时间阅读到最新的知识内容。一部分图书在没有明确印数的情况下，率先出版电子图书，维持每年10%的新书品种更新率。

（四）平台先进性

创造性融合图书馆和电子商城的功能，具备电子书试读、电子书借阅、电子书购买、纸质书购买、电子书收藏、书评交互功能。电子书图书借阅、购买和纸质图书购买多平台服务于一体，读者的多样化需求可以在一个平台内便捷实现。

（五）管理灵活性

机构用户可以通过后台进行自主管理，可以对属于自己的机构馆进行页面设置，包括机构馆自有LOGO、广告图、发布信息咨询，以及根据自身特点，立足当地产业和资源特色设置特色专题，形成各具风格的机构馆。同时，在自助选书平台，管理员可以到中心书库采选符合自身需要的品种。

（六）使用便捷性

天下农书不仅在电脑端完美呈现，其最大优势的手机APP客户端，可以对借阅图书在网络环境下下载，在

离线环境下阅读，帮助农人实现把万卷农书装进口袋，随时随地掌握科技的目标。

四、“天下农书”数字图书馆实现迭代更新

“天下农书”数字图书馆围绕一个目标，实现三个转型，重点推进两个融合，实现迭代升级。一个目标：全心全意为乡村振兴服务。三个转型：一是内容转型，从提供泛内容服务，向提供精准解决方案转型；二是传播转型，从单一纸质图书传播，向纸质图书、电子书、有声书、视频书、数字图书馆、数据库、培训融合传播转型；三是平台转型，从封闭的出版社向开放的知识服务平台转型。两个融合：与农业产业深度融合，与教育培训深度融合。

（一）搭建开放性升级服务平台“布谷云”

平台设置有“三农”头条、专家库、云学院、云社区和图书馆（“天下农书”数字图书馆）等模块，用户注册后，可以浏览“三农”头条信息，观看“云学院”视频课程，同专家进行线上问答，阅读“天下农书”万卷电子图书等。出版社开放内容生产体系、打通用户各类需求，转型为知识服务平台运营者。邀请专家、“三农”达人和典型标杆到平台入驻，成为平台开放内容生产者。新平台采用先进的网络技术，开展内容知识智能推送和用户行为大数据分析。以“布谷云”APP为核心，形成“布谷”系列传播矩阵，包括“布谷开讲”系列音视频课程、“布谷乡村创业帐篷训练营”“布谷生态农场”等。建成后，“布谷云”平台将成为提供“三农”信息、专家服务、网络课堂、阅读服务、社群和供需发布为一体的一站式开放性知识服务平台，成为全省乃至全国服务乡村振兴的“新农具”。

（二）组建特色产业发展智库

组建了中原甘薯产业发展智库、中原肉羊产业发展智库等一系列特色产业发展智库，提供主推特色产业发展的解决方案，形成助力产业振兴的智库出版模式。智库出版包括一个主推方案，一系列培训课程、技术手册、视频课程。这些解决方案是通过与产业深度融合，以用户的需求为出发点，以产业难点和痛点为导向，整合产业的不同环节形成整体解决方案。

（三）参与新型职业农民培训

借助全省新兴职业农民培育项目，发挥资源优势，实现与“三农”教育培训的深度融合。通过“天下农书”项目的IP孵化，围绕线下培训，实现与培训的深度融合，搭建起“三农”知识传播的线下服务体系，在全国高素质农民创业创新大赛决赛优胜者中遴选出的一批优秀典型，入选重点出版项目乡村科普“聪明书”系——“乡村创业路标”系列，这批典型被聘为乡村创业培训导师，其所在农场被指定为乡村创业实训基地。

（四）搭建新媒体传播矩阵

利用抖音、头条、微信公众号等公有平台，开设“天下农书”“天下农书（养殖版）”“天下农书（中药材）”“天下农书（黄河蜜薯）”等一系列账号，发布知识信息和短视频，借助平台流量，扩大内容知识的受众面，积累垂直用户，搭建网络垂直服务体系。

（中原农民出版社）

案例类别：产品

数字教材应用云

一、项目简介

数字教材应用云平台由河南教育电子音像出版社主办，为中小学数字教材在河南省的全覆盖以及规范化、规模化、常态化应用提供支撑。基于数字教育服务，构建包括数字教材、智能备授课系统、教育人工智能、教育大数据服务及教师培训等服务于一体的综合服务体系。建设了基于互联网的教育教学支撑生态，是出版深度融合发展的重要探索，形成了较为成熟的发展模式和特色。

数字教材应用云项目以数字教材为核心，备授课资源为依托，布局大数据综合评价服务、人工智能教育服务和教师培训服务，即“一核心三服务”体系。包括数字资源及相应应用系统，数字资源包含数字教材、数字图书、数字教参及其他数字教育资源；应用系统（智慧教育系统）包含备授课系统、作业系统、组卷系统、学习空间等，涵盖课前、课中、课后全流程应用。在数字资源建设和应用上，依据国家和河南省教育信息化建设相关文件要求，以统一用户认证和管理中心为基础支撑，以数字教材建设与应用为核心支撑，以基础教育资源建设为业务支撑，主要围绕数字教材的应用，提供更加丰富的教育教学支撑服务。

二、目标用户群体

数字教材应用云以K12阶段中小学师生为主要服务

对象。大数据综合评价服务可以为各级教育机构和学校、家长提供数据分析报告，有利于科学指导教育教学和学生学习，现有注册用户数约150万。

三、服务模式

基于“3+N”模式，围绕教、学、研、考、评、管等教学及管理环节，打造全流程、体系化的教育资源服务系统，满足教师开展课前、课中、课后教学活动的实际需求。数字资源为师生的教与学提供基础服务；教学应用服务通过数据采集、数据整理分析及精准评价，为各类用户提供不同层级的学情分析报告，进行个性化学习资源推送。

四、项目亮点

（一）基于教育实际及教学需求，精准提供高质量数字教育服务

目前在线数字教材包含小学、初中9个年级、12个学科共264本教材，基本实现了在河南省的学段、学科全覆盖，为全国数字教材版本、学科最全的服务平台。智能备授课系统是一个集数字教材、教案、微课、素材、专题、测评等资源以及备授课智能化功能为一体的综合教学业务支撑系统，目前有各类资源103331条，试题100万道，涵盖小学各种试题类型，支持老师进行手动组卷和智能组卷，能很好地满足教师在教育信息化环境下的教学需求。

教育大数据服务是在数字教材、智能备授课系统服务基础上的重要转型和探索。一是把纸质出版与教育大数据分析相结合，通过“纸数结合”的产品，以数字化赋能教辅出版；二是为教育局、学校、教师、家长等提供学情报告，助力教育高质量发展。

（二）深耕数字教育服务领域多年，体现国企责任担当

2020年疫情期间，河南教育电子音像出版社主动担当、积极履行社会责任，开展“抗疫助学”活动，免费开放河南省中小学数字教材服务平台，并增设“抗疫助学”资源专栏，供全国师生免费使用。2月12日起，在全国率先录制从小学到高中各个年级、各个学科（3544节）的同步课程，平台免费提供“名校同步课堂”在线课程服务。到4月30日，页面浏览总次数（PV）85.44亿，独立访客总人数（UV）2.40亿人次，主动承担网络服务流量费达500万元，有效保障了疫情期间河南省1800多万中小学师生在线备课、线上教学，以及学生在线学习等教学活动，受到全省教育系统和师生家长广泛好评。

五、主要技术

数字教材应用云平台采用云服务模式，平台建设中采用云计算、分布式缓存系统、负载均衡系统和分布式文件系统等技术，提升系统服务能力。同时利用智能化图片扫描分析系统，进行数据采集，并结合先进的大数据分析技术，对数据进行整理分析，为各类用户提供不同层级的学情分析报告，进行个性化学习资源推送。

六、创新性

（一）行业创新

1. 形成了数字化（以移动互联、PC客户端矩阵为主）出版产业链。开展面向教育成果数字化出版过程的需求分析、组织架构、流程优化、过程管理、工作机制等研究，变革传统出版模式，形成高度集成且高效的数字出版产业链，加快数字出版业的发展。

2. 开展高端教育数据库智能服务模式的研究。建设数据库后，探索更加智能化、符合用户需求的课程化服务及资源智能化供应的产品服务体系，不断探索传统出版转型升级的新模式。

3. 实现“出版＋教育＋互联网”的深度融合。通过不断摸索和研究，逐步形成教育出版成果数据库工程的标准体系架构、信息资源规范化标准、内容采编、加工标准、内容发布流程和数据库产业发展模式，打造“出版＋教育＋互联网”的数字教育服务大平台。

（二）模式创新

1. 教育出版文化与信息技术的深度融合。借助数字化和信息化手段，作为传播、交流、共享优秀基础教育成果的主要方式；以大数据、移动互联等技术助力学校文化的建设与发展，助力教育出版产业的转型与升级。

2. 融合发展及数据库碎片服务。在优秀资源成果收集与整理的过程上，通过资源整合，构建立体化的出版平台，包含：数字资源库、移动端多场景应用、数字图书、课程化网络培训。

3. 细化产业定位。依托已有的优势资源，搭建集“专家指导、数据驱动、教学研修、精准测评、个性学习、持续发展”的立体化综合性教育服务平台。

4. 资源整合与融合发展。聚合了全阶段、全版本、全学科、多形态的优质基础教育资源，同时又各成模块，将是一个高端的基础教育数据库内容资源供应平台，又是智能一体化的综合教育服务平台。

七、社会效益和经济效益

（一）符合教育信息化建设发展的国策

《国家中长期教育改革和发展规划纲要(2010—2020年)》提出：“信息技术对教育发展具有革命性的影响，必须予以高度重视。”在推动教育信息化科学发展方面，探索“政府政策支持、企业投资建设、学校持续使用”的模式，把市场配置资源的优势充分发挥出来，有利于

促进教育均衡发展，提高教育质量。

（二）促进出版融合发展

通过传统出版与新技术的融合、实体出版与数字服务的融合、数据库与知识服务的融合、出版服务与教育服务的融合、学生学习服务与教师教学服务的融合，多种系统应用平台相互联通，充分发挥多年来积累的教育资源，实现促进出版的深度融合。通过项目的实施，2020年数字教材发行码洋约2000万元，数字教参发行码洋约800万元，大数据学科质量测评试卷约1亿元码洋，取得了良好的社会效益和经济效益。

（三）领先的数字化教育服务的普惠性平台

数字教育云平台不但实现了传统出版与新兴出版的融合，实现了专业出版与行业服务的融合，还实现了知识创作和知识服务的融合，将个性化教学、移动在线培训、数字出版服务、高端数据库知识服务、大数据分析等多种功能在一个平台中一体化解决。平台以中小学为主要服务对象，具有一定的公益性和普惠性，提供免费大规模中小学学情数据采集服务，让许多基层学校特别是农村学校积累了属于自己的“数据资产”，为推动师生个性化教与学，促进学习和教育质量提升，提供了有力的数字资源和大数据支撑，推动了河南省基础教育信息化的发展。

八、行业推广示范价值

数字教材应用云平台立足于数字出版，以提供数字教材、智能备授课系统、数字图书等数字资源服务为基础，辅以大数据学科质量测评、题库组卷等教学服务，驱动数字出版和传统出版融合发展，是大数据赋能出版的重要转型探索，开创了数字教材常态化应用、规模化应用的“河南特色”模式。同时，积极探索业务融合发展，通过构建以数字教材为核心的全流程智慧教育服务体系，探索出了一条“定标准、建平台”开放共建的教育出版服务模式。

（河南教育电子音像出版社有限责任公司）

案例类别：产品

玩美手工

玩美手工（郑州如一文化发展有限公司），是中原出版传媒集团下属河南科学技术出版社率先创立的手工品牌，深耕八年、倾力打造的中国手工文化创意全产业链集成商。它力求为手工爱好者和从业者提供全媒体出版、休闲体验、手工素材选购、教育培训等一站式综合服务；为行业提供手工产业园、博览会、博览中心、艺术大赛、名师养成等第三方服务项目。

玩美手工独立运营，公司注册资本2000万元，拥有4万平方米“国际手工文化创意产业园”，是国内手工行业的头部品牌。

一、项目介绍

玩美手工全产业链是河南科学技术出版社依托多年来在时尚手工图书领域积累的品牌价值和资源价值，在对欧美、日本手工产业的学习研究和对我国创意手工市场需求的深入调研后，在全国率先打造的平台。通过多年深耕和探索，逐步形成以全媒体出版、教育培训、材料工具设备供应、博览会、博览中心、教育机构实验室一体化建设为主营业务，线上线下融合发展的立体化产业链，实现了两个效益双丰收。

年营业收入1000余万元，40多万会员/粉丝，平台年访问量1000余万人次，连续3年实现盈利；2013年获信息化发展资金166万元；2015年获中国手工文化创意产业全媒体出版工程财政资金资助600万元；2019年入围中宣部全国16个数字出版精品项目并获得奖励20万元；2015年被国家新闻出版广电总局评为全国数字出版转型示范单位。

近期规划：放小聚大，集中力量往高质量、可持续发展方向努力；优化整合组织构架，迎合行业发展趋势；积极扩界关联，布局更有前景业务领域，为产业发展创造更多机会。

二、项目优势

政策：国家新闻出版署重点项目库；河南省重点信息化扶持项目；中宣部精品项目。

内容：千余种手工图书出版；数万篇手工教程；深度版权合作；十万种可供产品；百余门手工课程。

平台：玩美手工创意产业云服务平台；中国国际手

工文化创意产业博览会；“玩美杯”中国国际手工艺术大赛；中国国际手工文化创意博览中心；中国手工艺教室联盟。

推广：手工图书＝媒介；每年新增数十万读者；现有渠道和会员；出版社品牌影响力。

师资：图书作者资源；200家合作教室；手工名师团；欧美、日本合作名师。

三、发展历程

2006—2011年：起航发力；2012—2014年：铸造品牌；2015—2017年：国际传播；2018—2019年：高质量发展。

四、品牌力量

（一）图书出版，一个全国最大的手工全媒体出版机构

出版涉及纸质图书出版、手机出版、网络出版等全媒体领域。目前，已出版各种手工图书和数字阅读产品2000多种，市场占有率连续8年保持在30%以上，居全国第一。

（二）玩美手工网

塑造一个手工艺术作品分享、交流互动的网络平台，聚拢行业手工爱好者和从业者，搭建一个手工行业窗口，为本社手工全产业链集成服务提供引流，进而推出一个手工艺“全球买、全球卖”的双向电商服务平台。

（三）中国手工艺网络大学

着力打造手工教育证书认证体系，填补了国内行业网络认证体系空白；为全球手工名师、手工爱好者、从业者提供了一个可教可学的网络平台。

（四）第三方入驻聚合

借助第三方网络平台的流量优势，通过电商平台、社群平台的入驻，实现线上电商分销平台的集成，打造一个集合营销服务体系。

（五）中国国际手工创意产业博览会

每年5月在郑州国际会展中心举办，已成功举办5届，成为中国最大、国际上有较大影响力和商业价值的手工博览会，被称为“业界发展方向瞭望台”和“行业展会标杆”。

（六）“玩美杯”中国国际手工艺术大赛

每年一届，奖金丰厚，由国际名师组成的评审团坐镇，重在发掘、鼓励和培养有潜力的新人，树立中国手工品牌。

（七）中国国际手工文化创意博览中心

由东、西两馆构成，东馆建成“玩美手工·生活美学馆”，用于手工图书、精品展销、阅读、定制、体验，传播手工技艺之美，引一城美学潮流。西馆建成“拾艺人·佰工坊”，用于面料、线材、工具设备销售，手工坊集聚，满足大众的美学消费需求。东、西两馆既错位经营，又融会贯通。博览中心让学以致用畅变通途；线上线下完美融合，将单一的“卖图书”行为，延伸为“卖图书、卖培训、卖材料、卖工具、卖定制”五卖集合，塑造了一个永不落幕的博览会和手工集市，手工研学基地、手工专业书店和出版使生活更美好的体验中心。

（八）中国手工文化创意产业园

一个全国唯一的手工创意产业园，产业园占地36亩，建筑面积4.3万平方米。能带来良好的效益增值，提高企业抗风险能力，为科技社下一步产业的高质量发展提供更多的机会和条件。

（九）手工研学美劳基地

一个全国最专业的出版手工研学美劳基地。

依托科技社在手工美学和劳动教育方面丰富的课程和教材，出版产业园和博览中心优美的环境、齐全的配套设施，众多作品展示及手工坊体验、一站式的材料供应，为各级教育机构、大中小学生打造了一个全国最好最全最专业的手工研学、审美教育、劳动教育基地。

（十）玩美手工生活美学馆

一座城市的生活美学顾问。

美学馆作为面向城市人群打造的创意手工时尚休闲消费综合体，旨在为手工爱好者提供休闲、学习、选购手工商品等服务，倡导一种休闲、有品位的生活理念和方式。

（十一）工具/原材料经销批发

目前，已发展各级经销代理商200余家，经营范围覆盖拼布、编织、刺绣、彩绘等10多个门类。汇集布料、线材、工具、设备等全球知名品牌数十个，可供商品突破10万种。

（十二）专业培训

职业培训：和高校及职业学院合作，面向学生开展双证制的手工职业教育。

创意培训：面向大众开展各类手工兴趣课、研习课、系统课。

证书课程：面向专业手工爱好者提供各类国际专业证书课程及讲师资质证书课程培训。

高研课程：面向经过系统专业培训的学员提供拔高课程，邀请国际顶尖大师授课。

五、品牌定位

做平台商、做集成商，做资源和内容的整合者，做策划和创意的传播者。

1. 整合玩美手工网、网络大学、中国手工艺教室联盟、名师资源、高校资源、图书资源，搭建“中国手工文化创意产业云服务平台”，线上线下开展各类教育培训项目及IP创意策划孵化项目。

2. 整合电商全网销售平台资源和郑州跨境电商的政策环境及地域优势，搭建手工艺“‘买全球、卖全球’的双向电商平台”，往线上集成商转型。

3. 整合中国国际手工创意博览中心、中国国际手工创意产业博览会、中国国际手工创意产业园和全球知名的材料工具设备的品牌资源，塑造“中国手工创意产业商管服务平台”开展合伙人联营业务，往商管服务商转型。

六、品牌定向

传统图书出版和材料销售是基础是服务；培训是整个产业的带动，是中枢神经；线上是玩美手工做强的基础保障；知识付费和教育市场是玩美手工提质增效的重要突破口；创意策划和民族手工艺“双创”研发是玩美手工走出去的最好路径。

七、商业模式

打造一个虚拟经济和实体经济融合经营的手工文化创意全产业集成商。

八、盈利模式

图书销售—素材销售—广告收入—培训收入—版权输入。

九、品牌价值

1. 推动中国时尚创意手工行业发展，解决行业难题。

2. 出版使生活更美好。（1）打造一座城市的生活美学顾问。面向城市人群打造创意手工时尚休闲消费综合体，倡导休闲、有品位的生活理念和方式，探寻一种生活方式、领尚一座城市，收获多彩人生。（2）让手工艺术走进人们的生活。致力繁荣中国手工文化，引领手工生活美学走进千家万户，满足人们对美好生活的向往。（3）出版传承文明。随着社会发展，很多辉煌的传统民间手工艺正濒临失传，历史文化瑰宝已逐渐没落。而种种现状表明，中国手工艺潜在机会很多、市场容量巨大，急需有人来传承、创新，急需通过媒介的力量去推广、去引导，让传统艺术文化普及并与现代艺术融合，发扬光大并发挥其新的生命力。

通过线上线下、书里书外，生动诠释了出版可以这样做，塑造了不一样的出版、不一样的出版社。

（郑州如一文化发展有限公司）

案例类别：产品

RAYS 出版融合整体服务解决方案

一、基本情况

（一）概况及背景

国家新闻出版署出版融合发展（武汉）重点实验室（以下简称实验室）是全国首批 20 个出版融合发展重点实验室之一，以武汉理工大学和长江出版传媒股份有限公司为依托单位，武汉理工数字传播工程有限公司（数传集团）为共建单位，于 2016 年 12 月获国家新闻出版署批准建设。

目前，实验室是全国 392 家出版社、2000 余家期刊社的出版融合智能服务机构，是中国科技部、中宣部同中央网信办、文化和旅游部在全国出版行业唯一批准的“国家文化和科技融合示范基地”。同时，实验室共建单位——武汉理工数字传播公司已成为多个国家级出版融合示范单位：国家数字传播工程创新人才培养示范基地、国家新闻出版署融合出版智能服务技术与标准重点实验室、国家出版融合数据共享研发基地等。

实验室紧盯国际新技术前沿和新闻出版业发展趋势，创新科研理念、管理体制、经营机制和产品业态，加强对出版融合关键技术的研发、共享与管理，实现高水平科研人才与新兴数字技术的对接，为新闻出版行业发展提供技术支撑，推动文化与科技产业的深度融合。

（二）产品创新

武汉理工数字传播工程有限公司创造性研发了国内一流的出版融合云平台——RAYS 平台，通过在纸质书刊上匹配具有大数据标签的二维码，二维码中包含线上衍生内容资源与服务，引导读者在阅读纸质书刊的过程中，通过扫码付费享用线上深度阅读内容或其他增值服务。同时，RAYS 平台可在读者扫码后迅速抓取读者数据、分析读者喜好，帮助出版单位持续为读者提供精准的知识和服务，形成新的消费模式。

2017 年，实验室基于 RAYS 平台创造性地提出了“现代纸书”概念——纸书售卖+纸质图书线上内容服务售卖，引发行业关注。RAYS 平台获得工信部 2019 年新型信息消费示范项目（新闻出版信息服务全国唯一），中国新闻科技类最高奖——王选奖一等奖。

（三）创新特点

1. 技术创新。为解决出版单位空有海量知识资源却无法提高利用率、提供知识服务内容单一、模式单调、出版从业角色（作者、编辑、出版单位、读者）缺乏互动沟通，进而导致的缺乏市场竞争力，经济效益低下等行业痛点问题。RAYS 平台结合大数据技术，对知识资源融合、知识定向推送以及知识服务大规模定制等关键技术进行了研究，具体包括：①海量异构知识资源融合技术，基于知识图谱整合传统媒体、网络媒体、移动媒体的多渠道、多平台、多格式的内容资源，构建起多内容符号封装和多呈现传播形式的统一资源库和知识库，形成资源中心，进一步利用二维码技术将纸质图书与线上深度知识服务链接，提供深度的知识转化服务；②基于时空大数据的知识服务精准推送技术，基于用户时空行为完成"理想用户画像"，实现知识的有效调度；③面向多角色的知识服务链大规模定制技术，打通知识服务供需两端，重构新闻出版业作者、编辑、读者知识服务生态关系，助力新闻出版机构从内容产品生产商向知识服务供应商转变。

2. 服务模式创新。RAYS 平台基于技术，打造了出版融合全流程的解决方案，为全国出版单位和编辑提供了创新的出版融合技术及运营思路。

（1）创新的运营团队。基于 RAYS 平台的出版融合服务体系设立了一支资深互联网运营团队，吸纳全国互联网领域、营销领域顶级专家近 100 名，着力帮助编辑更好地策划基于纸书的线上内容资源和服务，帮助出版单位落地"现代纸书"构想。运营团队通过对各个出版单位进行实地调研，制作了一系列适用于全品类纸质出版物的分类运营指导方案，并结合编辑的个性需求，进行项目制专业辅导。

（2）编辑创新培训。编辑创新培训服务由三部分组成：一是由国家新闻出版署出版融合发展（武汉）重点实验室联合三大协会（中国出版协会、中国期刊协会、中国编辑学会）共同发起，会聚了出版行业领袖及互联网策划专家，以颠覆出版行业的前沿技术与思潮，帮助编辑打造互联网思维、技术思维、产品思维，向知识服务者转型。该培训至今已在全国组织近 100 场，培训编辑数量达到 3 万多人。二是由国家新闻出版署出版融合发展（武汉）重点实验室单独牵头完成，实验室总工程师施其明及近 10 名高级培训讲师共同组织该培训，至今已开展近 300 场，培训编辑数量近 3 万人。三是线上板块的培训。RAYS 平台上打造了"红榜做书"作为线上板块，让每一位参与培训的编辑既能熟练掌握"现代纸书"制作方法，还能领取启动奖励金，至今培训编辑近 5000 人。

（3）优质内容服务。基于 RAYS 平台的出版融合服务体系中还拥有极其强大的优质内容服务，用于解决"现代纸书"制作过程中编辑对接数字资源服务的问题。体系中拥有海量数字内容及讲师资源的小蓝书传媒，并携手喜马拉雅 FM、学而思、VIPKIDS、高途教育等知名 FM、教育品牌，为编辑提供图文、音频、视频、直播、问答等高品质数字资源及多元化需求对接服务，帮助编辑打造更优质的"现代纸书"线上内容服务。

（4）出版金融服务。出版金融服务依托出版融合运营基金——由国家、地方文创产业投资基金与社会资本共同发起成立，总额达 5 亿元人民币，用于解决出版机构制作"现代纸书"的成本覆盖等问题，提前锁定未来收益，降低市场风险，并逐步形成基金"投入—运营—退出—再投入"的良性循环。

二、"两效统一"实现情况

（一）社会效应

1. 出版融合关键技术研发更新。依托多个国家科技支撑计划项目，攻克了一批拥有自主知识产权的关键技术，获得和申请国家发明专利 16 项，获得软件著作权 44 项，发表高水平论文 22 篇，出版学术专著 4 部，制定企业标准 6 项。

2. 带动行业人才发展进步。基于 RAYS 平台的出版融合编辑创新研修班、出版融合技术编辑创新大赛等，培训职业编辑达 4 万人次，提升了行业内的整体人才素质，帮助编辑掌握出版融合技术、运营理念等，并逐步向知识服务经纪人转型。

3. 壮大主流舆论阵地。RAYS 平台不仅为我国出版机构提供出版融合的技术平台，更为融合转型提供了整体解决思路及方案，帮助出版单位创新内容生产和服务，有效扩展内容传播渠道，增加收益利润。增强出版单位的传播力、引导力和公信力，壮大主流舆论阵地，坚守意识形态安全。

4. 助力我国新闻出版业供给侧改革。RAYS 平台有力地助力了我国新闻出版业的供给侧改革，以纸质书报刊为介质，将优质、多形态的知识资源与受众的理想需求进行对接，形成基于"内容 +"的数字内容产业融合体系，从供给侧扩大优质信息消费供给，拓宽了知识服务供给的深度、广度和覆盖面。

5. 公共服务。在 2020 年初新冠疫情期间，位于疫情中心的武汉重点实验室结合自身技术优势，开发了基于 RAYS 平台的智能学习机器人新产品，联合长江出版传媒集团、天津出版集团、中文天地出版传媒集团股份有限公司、浙江出版集团等众多出版单位推出在线教育服务，将教材教辅图书的线上资源免费投送给全国的学生和家长，助力"停课不停学"。RAYS 平台也因抗疫的出色表现先后入选了科技部"科学抗疫——先进技术成果信息共享服务平台"、武汉市东湖高新区首批科技企业抗疫创新应用案例与技术产品清单。

（二）经济效益

截至 2021 年，RAYS 平台已改造全国传统书报刊总印册量 35 亿册，读者总数超过 2 亿人，为新闻出版行业创造了超过 10 亿元额外收益，对行业发展产生了巨大影响。

〔国家新闻出版署出版融合发展（武汉）重点实验室〕

案例类别：产品

《朝读经典》全媒体出版与数字教育服务平台

一、项目简介

《朝读经典》全媒体出版与数字教育服务平台以《朝读经典·培育和践行社会主义核心价值观学生读本》纸质图书为基础，通过国学专家、专业播音主持的通力合作完成录音，利用先进的数字技术，开发成有声版。

纸质图书由湖北人民出版社出版，著名历史文化学家冯天瑜主编，读者年龄段主要涵盖小学至高中。内容涵盖中华文化元典《诗》《书》《易》《礼》《春秋》《论语》《孟子》《老子》《庄子》以及其他史书典籍、历史人物故事，传统音乐、戏剧、书画、历法、节日等多方面。

二、项目背景和目的

（一）项目背景

当今世界，文化在综合国力竞争中的地位和作用更加凸显，越来越成为民族凝聚力和创造力的重要源泉，博大精深的中华优秀传统文化是我们在世界文化激荡中站稳脚跟的根基。习近平总书记在十九大报告中强调，要深入挖掘中华优秀传统文化蕴含的思想观念、人文精神、道德规范，结合时代要求继承创新，让中华文化展现出永久魅力和时代风采。

顺应弘扬中华优秀传统文化和培育践行社会主义核心价值观的时代要求，湖北人民出版社历时数年，开发出一套将社会主义核心价值观与中华优秀传统文化创造性结合，面向广大青少年学生的国学读本——《朝读经典》。该读本出版后，受到社会各界的普遍关注和好评，省内外反响强烈。随着该书使用范围的扩大，读者对其配备辅助用书、音视频资源的呼声也日益高涨，传统的纸质读物已无法满足读者的用书需求。

随着科技的进步、互联网信息技术的发展，阅读已步入移动网络时代。以互联网为依托进行的全媒体出版已经成为新闻出版业的战略性新兴产业和出版业发展的主要方向。与此同时，优秀传统文化的教育和传承，也需要更多元的方式和载体来实现。教育部《完善中华优秀传统文化教育指导纲要》便明确指出："推动优秀传统文化网络传播，制作适合互联网、手机等新兴媒体传播的传统文化精品佳作。"基于此，为了更好地担负起弘扬中华优秀传统文化的责任，顺应时代要求、行业发展趋势和读者需要，湖北人民出版社依托《朝读经典》扎实的内容基础和广泛的读者基础，开发出与之配套的多媒体资源，打造出适用于手机、平板等移动设备的有声版。

（二）项目意义

1. 利于中华优秀传统文化的弘扬与传承。该项目的内容取自传统文化典籍，以国文（语言文字）、国史（历史系统）、国伦（伦理道德）教育为核心，涵盖家国情怀、社会关爱、人格修养的方方面面。能使青少年由浅入深地提高对中华优秀传统文化的认知度，潜移默化地增强对民族优秀传统文化的自觉与自信，更好地实现中华优秀传统文化在青少年身上的传承与弘扬。

2. 利于社会主义核心价值观的培育与践行。该项目的内容编写，真正认识到中华优秀传统文化是"中国特色社会主义植根的沃土，是当代中国发展的突出优势"，在坚守中华优秀传统文化并将其作为民族根脉的同时，充分挖掘极具普适性和传承性的精神内核，寻找其与社会主义核心价值观的根本性联系，让青少年在领略中华优秀传统文化的独特魅力，饱览其韵律之美、形象之美和意境之美的同时，自然地感受到优秀传统文化的当代价值支撑力，感受到社会主义核心价值观的文化根脉所在，真正实践了传承与创新的要求，成功迈出了中华优秀传统文化传承发展的坚实一步。

3. 利于探索传统文化服务当下的创新路径。我国的优秀传统文化不仅停留在纸上，也活在人们的口口传诵之中。随着"互联网+"的推出，互联网与各领域的融合发展，已成为不可阻挡的时代潮流。以网络多媒体形式展现中华优秀传统文化，是对传统纸质出版的突破。对于加强传统文化普及与教育，促进青少年学习方式的升级具有积极意义。

因此，该项目是践行文化强国，增强中国文化软实力，提高中华民族文化素养的重要举措，具有重大意义和广阔前景。

（三）项目必要性

1. 顺应时代要求与读者需要。通过有声读物传播传统文化是时代的要求和读者的需要。计算机技术、网络技术的应用，给传统的传播方式带来了颠覆性的革命，在传统传播方式基础上，利用好新技术进行传播有利于更好地弘扬中华传统文化。《朝读经典》全媒体出版与数字教育服务平台的建设出版，对于学习了解优秀传统文化、弘扬传播优秀传统文化起着重要作用。

2. 是传统诗文阅读特性的客观要求。我国的传统诗文有其特殊的内容、形式和风格，其语言特色，尤为重要的一点便是讲求节奏和韵律。从早期的诗、乐、舞合一，到后来诗、词、曲与音乐的紧密关联，乃至散文中对声韵的自觉追求，可知“声音”这一要素是我国传统文学中不可分割的组成部分，它与文字的表意功能一起，促成了作者创作心境的完全抒发。因此，要更好地传达以我国传统诗文为载体和主要表现形式的中华优秀传统文化的灵性之美，有必要辅以专业的朗诵和恰当的配乐，这样既能为青少年阅读古诗文提供声音范本，又能通过声音的感染，引导他们领略我国传统文化的独特魅力。

3. 最大限度地发挥优秀内容的社会作用。该项目是对优秀纸质出版物的再度开发，其内容蕴含着丰富的思想道德资源，且深受读者认可。以更多元的形式呈现，能够更加全面地渗透至日常生活，在传播传统文化精华和核心价值观方面，发挥更大的作用。

三、目标用户群体及服务模式

该项目目标用户群体为中小学生、中小学教师以及热爱传统文化的大众读者。

该项目是《朝读经典》读本的数字应用支撑和功能延展，增加纸质图书的服务能力。为学生提供可视化、情景化的电子教材、专业诵读及拓展知识服务，为教师提供专业的课程示范、课程指导和辅助服务。

四、项目特点及优势

（一）内容上，注重中华优秀传统文化与培育和践行社会主义核心价值观的高度融合

该项目是在潜移默化之中，实现中华优秀传统文化在青少年身上的传承与弘扬，实现社会主义核心价值观在青少年身上的培育和坚守。

（二）形式上，注重传统出版与新兴业态的融合创新

该项目内容包括网络多媒体课堂、交流分享、数据库等多种形式。整合利用核心资源进行全媒体开发，突破传统出版的限制，为优质内容的使用发掘了更为广阔的空间。

（三）使用上，注重操作的便捷性与互动方式的多样性

该项目涵盖小学至高中阶段课程，并按照24字社会主义核心价值观进行归类呈现，用户可以通过手机、平板等移动设备，浏览纸质读本的全部内容，查看重点字词注释，聆听正文和释义的名家朗诵；赏析国学经典篇目；还可自由选择配乐，诵读经典文章并发表诵读内容，聆听其他用户上传的音频内容并进行点赞、评论、分享主流社交平台操作。传播渠道和方式为互联网、移动终端、互动教学APP等。

五、主要技术

该项目采用大数据、云计算、数据库以及语音流媒体技术，在提供电子教材和听读服务的同时，采集用户阅读、诵读数据，进而通过大数据分析用户阅读习惯及阅读频次，为学校开展传统文化教育及组织阅读活动提供管理工具和数据基础。

六、行业示范推广价值

项目是一个基于互联网的开放式平台，集中了中华优秀传统文化的内容资源，让世界有了更多渠道了解中国深厚的历史、传统和文化。该项目是践行国家文化强国，增强中国文化软实力，促进中华优秀传统文化艺术“走出去”的重要举措，具有重大意义和广阔前景。

（湖北人民出版社有限公司）

案例类别：组织机构

图书出版数字化流程创新

一、复合出版工程成果使用情况

以复合出版工程系统为基础，构建了数字化生产与发布一体化系统并应用于生产实践，产生了良好效益。

（一）图书数字化生产流程

1. 选题信息从ERP同步到复合采编平台。华中科技大学出版社出版业务全流程在云章ERP上运行。选题在ERP中完成论证后进入稿件验收流程，策划编辑验收稿件时，通过“是否数字化”项选择“是”后，在分社负

责人审批通过后，选题信息同步到03包复合采编平台。在ERP及复合采编平台中都有跳转按钮，实现账号同步，方便编辑切换。

2. 初审。责任编辑登录复合采编平台后，上传策划编辑转交的电子稿到平台，再从平台下载稿件开始审改加工，在此过程中，可能会调用01包编辑工具、02包智能审校、03包批注工具进行书稿加工。加工后保存稿件到平台，平台保存稿件版本，并从版本中提取编辑加工痕迹、生成审稿记录，责编完成初审后，填写审稿单件表，将稿件在平台中提交复审编辑。

3. 复审、终审。流程同初审。

4. 责编定稿。责编（通常是初审编辑）在平台收到终审发来稿件，处理复、终审意见后定稿，定稿后：三审意见及审稿记录表同步到ERP，触发ERP中“责编定稿”待办。

5. 排版。定稿文件（.docx）交给排版公司进行飞翔排版。

6. 责校。排好后书稿（纸质或电子档，如为电子档责校编辑使用03包批注工具进行加工）交责校统稿。

7. 质检。责校处理好的稿件交质检（纸质或电子档，如为电子档责校编辑使用03包批注工具进行加工）处理。

8. 清样核红。质检处理好稿件交责编确定后，送排版公司改样，责编对清样核红后下厂。

排版公司将成品电子文件同时提交给责任编辑，责任编辑交数字出版部上传到17包发布平台。

（二）数字化发布

1. 图书产品元数据及版权数据发布。ERP提供新增产品发布功能，被授权人员可将产品元数据自ERP中发布到17包。

2. 图书文件数据由数字编辑导入17包。数字编辑将排版公司交付的成果电子文件（低精度PDF）通过01包编辑工具批量加水印后导入17包。

（三）数字内容运营

17包将图书文件数据及书目数据推送到“华中出版”小程序、华中科技大学出版社官网电子书城，可实现书目信息及时、完整、准确、高效展现，并支持试读及购买，形成闭环。同时探索各分社微信公众号与小程序关联，调动起分社、编辑及营销三方积极性，形成了营销合力、自5月上线试用以来效果良好，受到分社及营销部门积极响应，正在加快图书上架速度。

二、项目建设成果

（一）有效促进了信息化建设

如前所述，以应用示范项目实施为契机，统筹信息化与数字化技术支撑体系建设，全面升级了出版社管理信息系统，构建了图书数字化生产与发布一体化系统、实现了ERP为核心的管理信息系统与03包为核心的数字化系统的集成，奠定了华中科大社基于网络、远程协同工作模式的技术基础，在本次疫情中得到全面应用，保障了全社出版业务的正常进行，经受住了疫情的考验。

1. 全面升级、完善现有信息系统。

（1）ERP升级。全面升级编印发财四大模块，编务系统中新书选题申报增加成本核算功能、在提印与印制环节之间增加了“营销信息”流程，以汇聚将生产过程产生的图书元数据，改变了原有营销人员向编辑采集的方式，解决了效率低、差错高、不及时的问题。同时上线ERP编务系统的手机版本，经营数据统计分析系统，系统支持外网使用。

（2）上线OA、旺店通、网上发行、银企直接系统。2019年3月至2020年5月，本社陆续上线了OA、旺店通、网上发行、银企直接四个业务系统，并实现与ERP集成。

2. 构建了数字化生产与发布一体化系统。以03包为核心、集成01包、02包系统实现图书内容数字化生产，生产出的产品通过ERP对接17包及20包，实现数字内容发布与运营。

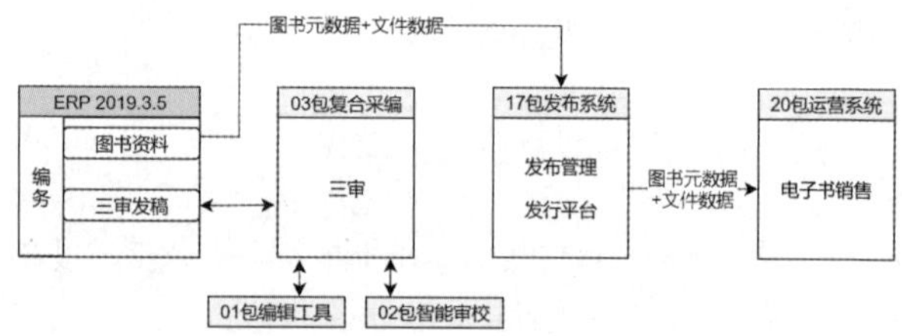

数字化生产与发布系统架构图

3. 实现了复合出版工程与云章ERP有效集成。以03包与云章ERP为核心，实现了以复合出版工程为基础的生产数字化系统与以云章为基础的管理信息化系统流程对接与数据集成，并上线使用。

（二）有力推动了出版转型与融合发展

1. 促进了出版转型与融合发展机制建设。为推进应用示范工作，华中科技大学出版社先后出台《应用示范专项资金管理办法》《图书数字化生产流程》《融合教材生产管理办法》等管理制度，明确了各项流程与职责，并通过经理办公会纪要等方式督促落实。

2. 信息化、数字化能力得到全面提升。一是在科技项目处统一管理下，按示范项目管控要求组建了项目领导与实施机构，在项目实施过程中，得到科技项目处的悉心指导与帮助，对项目规划、设计、计划、实施等有了更深入的理解，数字化专门人才队伍得到了锻炼提高。二是以示范项目为基础构建的信息化与数字化技术支撑系统，已成为出版业务人员全员参加、全员应用的基础工作环境。组织多次应用培训，截至2020年4月30日，累计培训近20次，参训人员1000余人次，全社编辑及相关人员信息化、数字化素养得到普遍提高。

3. 信息化及数字化系统得到普遍应用。“信息化系统人人用，数字化系统编辑用”已成为华中科技大学出版社工作常态。截至2020年8月31日，全社参加工程分包应用编辑135人，占编辑总数的72%；编辑使用工程分包生产图书317种，占同期品种的20.9%；发布系统对接13家电商平台。

应用示范工作有力推动了华中科大社出版转型与融合发展，有力促进了出版社向基于网络、安全可控、管理规范、运行高效的现代出版企业转变。

（三）提升了经营效益与行业影响

1. 经营效益。在出版环节，协编平台保障了疫情期间图书生产正常进行、采用数字化生产单书平均生产周期缩短2个月、数字化审校工具帮助杜绝了重大内容错误。在营销环节，信息系统一体化提高了图书数据汇集及分发效率，营销中心同期减少专职人员近10人，开始采用电子样书替代纸质样书，有效降低了成本、提升了效率。

2. 行业影响。应用示范工作受到管理机关及同行的高度关注，中宣部出版局、湖北出版局数字处、多家兄弟单位来社调研。2020年6月，湖北省委宣传部出版处组编的《出版动态》（总第21期）“华中科技大学出版社抗疫常态化下保生产、谋转型、促发展”专题介绍了华中科大社示范工作经验。

三、示范效应

随着示范应用工作的持续推进，华中科大社对复合出版工程的理解更加深入、对复合出版工程之于行业的重大意义更加理解、依托工程构建基于数字化出版社的目标更加坚定，也愿意分享复合出版工程试点、示范工作经验教训，推动工程成果惠及更多兄弟单位。

（一）接待上级主管单位来社调研

先后接待中宣部出版局出版融合调研组、湖北省宣传部来社调研，调研报告对本社依托复合出版工程、推进出版转型与融合发展取得的成绩给予了充分肯定，对试点示范工作中存在的问题进行了全面了解，并建议出版局加大工程在省内的宣传推广，推动全省出版单位利用工程成果实现转型升级与融合发展。

（二）接待同行来社交流

先后接待武汉理工大学出版社、合肥工业大学出版社、华中师范大学出版社、武汉大学出版社等同行来社调研，同时联合工程研发单位，举办“图书数字化审校”等网络培训，联合长江出版集团举办“智能工具助力图书生产提质增效研讨会”，参会人员500余人次。

（三）提供示范工作宣传材料

2020年4月，按照科技项目处要求，提交国家新闻出版署官网—重大科技工程—成果展示栏目华中科技大学出版社示范工作宣传材料，在专业期刊发表图书数字化生产流程创新论文。

（华中科技大学出版社）

华中出版小程序

案例类别：产品

“乡村振兴书箱”复合出版工程项目

一、项目概况

为了助力湖北省全面实施乡村振兴战略，服务扶贫工作大局，湖北科学技术出版社2018年5月启动“乡村振兴书箱”复合出版工程。该项目依托科技社多年“三农”出版工作经验和丰富的内容资源，通过数字化、平台化的开发，形成“图书出版+数字新农村科技知识服务平台+专家下乡辅导”的立体出版形态，建立现代传播体系，满足不同层次、不同区域的农民和扶贫工作者的知识需求。

项目围绕三大模块展开实施，其中“乡村振兴书箱”出版工程是核心，升级后的数字新农村科技知识服务平台上的所有数字化内容资源，将面向“乡村振兴书箱”的读者免费开放，对于有需求的地区，将组织多批次的专家深入农村，开展多主题、有针对性的辅导，解决知识传播“最后一公里”的问题。

“乡村振兴书箱”出版工程——湖北科学技术出版社结合当前农业、农村发展新形势，从已面世的“三农”图书中“精选一批”，同时新“策划一批”，符合乡村振兴战略总要求，反映农村发展新理念、生产新技术、经营新方法的优秀图书，组成“乡村振兴书箱”。

数字新农村科技知识服务平台升级工程——2015—2017

年，湖北科学技术出版社策划并搭建了集数字资源采集、加工、管理、应用及发布的数字新农村科技知识服务平台。本项目在此基础上，对平台知识库和交互系统进行升级，优化检索，实现语音播读，自动答疑等多种功能，所有数字化内容将作为配套支撑，免费向“乡村振兴书箱”的读者提供，实现纸质与数字结合、传统渠道与新媒体渠道结合的复合出版模式。

专家智库下乡服务工程——项目将组织湖北省农科院、华中农业大学、湖北省乡村振兴研究院等机构专家组成“智库”，将农技知识、致富经验送到农村的田间地头，为广大农民做好知识服务。

二、项目成果展示

（一）乡村振兴书箱完成全部出版工作

乡村振兴书箱系列图书已完成全部出版工作，共分为八大系列，书目如下。

1. 融合发展书箱。包括湖北省乡村振兴研究院主编的《乡村振兴之路——实施乡村振兴战略 建设现代美好家园》，及“现代农业创业”丛书、“农业干部知识更新系列”丛书等。

2. 绿色高效产业书箱。包括绿色高效栽培技术系列、园艺栽培系列等。

升级后平台功能清单

系统	模块	描述
网站 /APP	首页	（1）分类展示推荐的电子书、有声书、视频 （2）扫码：扫码纸书二维码，定位到与纸书关联的数字资源（电子书 / 音频 / 视频） （3）搜索：支持模糊匹配（标题 / 书名 / 作者） （4）广告轮播 （5）最新资讯
	电子书	（1）电子书列表页：分类导航或者分栏展示 （2）电子书详情页：作者 / 出版社 / 内容简介 / 收藏 / 阅读 / 相关书籍推荐列表显示 （3）电子书阅读：支持目录 / 书签 / 亮度调节 / 字体设置 / 阅读进度记忆等功能；支持语音播读；支持章节试读 / 章节付费
	有声书	（1）有声书列表页：分类导航或者分栏展示 （2）有声书详情页：作者 / 出版社 / 内容简介 / 收藏 / 音频播放 / 相关听书推荐列表 （3）音频播放
	视频	（1）视频列表页：分类导航或者分栏展示 （2）视频详情页：作者 / 出版社 / 内容简介 / 收藏 / 视频播放 / 相关视频推荐列表 （3）视频播放
	“三农”问答	（1）搜索：支持全文检索；显示常用检索关键词 （2）热门问答列表 （3）问答详情页：支持字体大小设置 / 收藏 / 语音播读
	个人中心	（1）个人信息：头像 / 昵称显示 （2）设置：支持头像修改 / 账号名显示 / 昵称修改 / 性别修改 / 个性签名 / 手机绑定 / 注销 / 版本显示 （3）支付：购买记录 （4）收藏夹：图书 / 有声 / 视频 / 问答 （5）注册：手机 / 第三方（运营平台账号 / 微信、QQ）
后台管理	标签管理	分类标签自定义增、删、改功能
	知识服务管理（资源管理）	（1）电子书、有声书、视频管理：基本属性编辑（封面 / 作者 / 简介等）；支持上传、解析、分类标签设定、检索 （2）问答管理：录入 / 编辑 / 批量导入导出
	二维码管理	生成二维码，纸质书数字化资源关联
	发布管理	资源检索 / 上下架 / 首页推荐状态等设定
	内容管理	资讯内容编辑、发布
	广告管理	轮播广告配置、发布
	系统管理	用户管理、权限管理、日志管理
	统计管理	销售排行、阅读点击排行、搜索排行等图表显示

3. 种植养殖产业书箱。包括一地多种高效种植模式系列、“湖北省园艺产业农技推广实用技术”丛书、种植养殖实用技术系列等。

4. 职业培训书箱。包括“农村劳动力转移就业职业培训教材”丛书、中医类职业培训系列、大学生就业指导系列等。

5. 健康扶贫书箱。包括《现代家庭医生》《常用药物用药兵法》以及常见疾病的防控系列等。

6. 美好生活书箱。包括象棋围棋系列、武术系列以及生活系列等。

7. 科学普及书箱。精选了“中国科普大奖图书典藏书系”等科普精品图书。

8. 少儿成长书箱。包括少儿安全知识系列、行为规范系列、名著导读系列等。

（二）“乡村振兴书箱”复合出版工程数字新农村科技知识服务平台升级工作完成

为提升平台知识服务水平，湖北科学技术出版社以PC端为基础，手机移动端为突破点，针对“数字新农村科技知识服务平台”中的知识库、交互系统以及自主出版服务功能进行升级改良。

（三）组织多场线下活动，取得了良好的社会效益

2018年11月2日上午，《乡村振兴之路——实施乡村振兴战略 建设现代美好家园》图书首发仪式在武汉成功举行，多家媒体报道。各级领导和专家会集一堂，共同研讨，有力推动了后续专家下乡活动的进行。“乡村振兴之路”获评“长江传媒2018年度十佳图书”。“乡村振兴书箱”亮相2019年湖北省新华书店图书订货会和湖北三新公司春季黄石馆配会，受到各单位参会人员好评。2019年3月31日，“乡村振兴书箱”参加湖北省新华书店黄冈分公司“三下乡”惠民活动。2019年4月17日，竹溪县委书记余世明在第24个世界读书日即将来临之际，向全民阅读活动和全县广大党员干部推荐了《乡村振兴之路》。2019年9月12日上午，在宜昌召开的湖北省农业科技“五个一”行动暨科技助力乡村振兴现场推进会上，“丘陵山区迈向绿色高效农业”丛书举行了首发式。入选2018年湖北省扶持优势文化产业发展专项资金资助项目。

（四）“乡村振兴书箱”复合出版工程凸显抗“疫”主题

1. 书箱出版工程。在疫情防控的攻坚时期，湖北科学技术出版社在书箱中特别增加了《新型冠状病毒肺炎预防手册》《新冠肺炎防控科普指南》等9种系列防疫图书，免费向公众发放。

2. 免费开放数字新农村科技知识服务平台中所有数字内容资源。在紧急出版抗疫图书的同时，湖北科学技术出版社免费开放其电子版，上线各大电子书平台，供广大用户阅读，同时将电子书、音视频等成果在平台上线，“数字新农村科技知识服务平台”所有数字化内容资源均免费供读者浏览使用。

3. 农业专家录制视频课程，指导春耕生产。当前湖北春耕生产正加紧推进，项目组紧急联系全国农业技术推广服务中心防治处，录制农技指导课程，2020年3月28日在数字新农村科技知识服务平台免费播放。后续还将召集更多农业专家参与其中，持续更新。

4. 创建党建品牌“红种子”，开展党建活动。本项目充分利用自身资源优势，创建党建品牌“红种子”，开展主题为“播撒‘红色种子’ 振兴‘乡村书箱’”的党建活动。湖北科学技术出版社与湖北省农业科学院等单位机构的相关部门进行合作，邀请“三农”专家下乡深入农村，开展多主题、有针对性的辅导及线上讲座；并鼓励“书箱”的阅读者参与互动，推动“红种子”与振兴书箱阅读深度融合。

（湖北科学技术出版社有限公司）

乡村振兴书箱客户端

案例类别：产品

“绿手指”绿色生活产业服务平台项目

一、项目概况

“绿手指”绿色生活产业服务平台项目在“绿手指”品牌资源储备的基础上，以“互联网+”的方式实现应用创新、模式创新，通过搭建集数字化采集、加工、管理、多元发布于一体的技术平台，建设涵盖植物百科、园艺设计、园艺生活等全媒体内容的园艺知识数据库，为用户提供多元、立体、个性的知识服务及全媒体出版、社交分享、旅游、园艺培训、服务、商品购买等方面的产品、服务支撑。本项目旨在打造中国园艺传媒第一品牌，构建绿色生活垂直场景O2O综合服务体系，提供绿色生活一站式整体解决方案。

项目主要完成绿色生活知识服务体系建设、绿色生活全媒体产品线建设和绿色生活“文化+”产业化拓展建设三大子目标。

二、项目成果展示

绿手指项目组自成立以来，一直秉承向大众传播绿色生活理念和生活方式的核心思想，致力于满足园艺产业相关的知识服务和消费需求。旗下的“绿手指”图书品牌，位居全国园艺图书市场排名第一位。引领园艺图书市场走向，打造精品是“绿手指”一直秉承的做书标准。目前“绿手指”已经成功打造了一系列具有市场影响力的畅销产品线。

绿手指项目组巩固园艺内容产业优势，利用资本杠杆，整合社会优势资源，向“出版+”产业拓展，做国内园艺、园林全产业链内容资源整合平台，做园艺生活整体解决方案提供商。已发展成园艺产业全产业链生态系统中具有比较优势的领先企业。

（一）实施公司化运营

2018年6月注册成立湖北绿手指文化科技有限公司，并注册“绿手指”商标。

（二）内容建设

1. 全媒体图书出版。形成了以花园设计师系列、DK园艺系列、入门系列、花园MOOK系列、鉴赏系列、植物百科系列、新农人系列和植物手绘系列等为主的图书资源产品线。

2. 数字资源建设。（1）微信、微博、论坛、视频课等新媒体资源；（2）协同编撰；（3）数字资源中心；（4）素材存储。5000条素材存储，包括4729个植物百科词条、235个园艺文化词条和36个世界花园词条。

（三）平台建设

1. 平台技术框架搭建。

（1）知识服务。①识花神器：用户打开应用可使用拍照识花和识花宝典两种途径来识别未知的植物。②实时问答：用户碰到难题，借助搜索功能答疑。但是对于答案不满意，想要更详尽的答案，使用了实时问答服务。③绿手指学院：绿手指品牌打造的视频课程，分为视频专栏和小讲堂直播。④搜索引擎：全文检索引擎，包括关键字检索、智能排序等，需满足大容量迸发的在线用户，并保障其检索效率。⑤知识百科：知识体系构建采用PGC（专家生成内容）与UGC（用户生成内容）相结合，保证知识内容的高质量、高速度、高效率收录，逐步扩宽“绿手指”知识内容的广度与深度。

（2）社交分享。①分享渠道：微信（朋友圈、群）、QQ（好友、群、空间）、新浪微博等热门社交软件。②互动社区：划分不同的板块，满足用户的社交需求，并配备官方管理员对互动社区进行管理。

（3）电商平台。①精准营销：结合数据中心的大数据分析，针对用户特征投放商品广告，为精确的受众群找到精确的需求。②自营业务：出售绿手指品牌自有的精品资源（图书、课程、视频等），以及引入的国外经典期刊（花园MOOK）等。③合作商家：严格的准入审核机制，绿手指平台进行基于应用场景和用户需求的一站式专业设计。合作商家出售包括植物、土壤、肥料、工具等相关一系列物品。④商家入驻：可以对店铺的商品进行管理，包括上架商品、下架商品、商品信息修改、订单管理，等等。⑤平台管理员入驻：除了自营部分跟商家具备相同的功能外，可以添加和删除商家，发布公告（折扣、活动等），调整商品搜索排序、首页推荐、板块信息修改等。⑥广告管理：文本链接广告、赞助广告、内容相结合广告等。⑦支付渠道：支付宝、微信支付、银联支付、网上银行等，所有时下的热门支付渠道。

（4）线下板块。①文创产品支持。②家庭园艺设计：用户想要在自家阳台、花园、室内布置家庭园艺，可使用平台家庭园艺设计板块。用户可以查看平台提供的所有风格的家庭园艺设计图片。有定制需求，也可以联系平台的签约设计师进行设计。③线下花友聚会：平台定期举办不同地方的，具有特色的花友线下聚会活动。加强了用户的黏性，同时还能对合作商家的产品进行推广。④园艺旅游：提供具有特色的旅游线路，并且配有绿手指特有的知识服务，增加用户的黏性。也可与旅行社合作特定的线路，平台为用户提供增值服务。

2. 平台PC端。

3. 平台APP端。

（四）线下业务拓展

1. 创建杂志。（1）《花园MOOK》。绿手指推出的《花园MOOK》系列丛书，是日本最著名的园艺杂志*Garden&Garden*的唯一中文授权版，丛书每期一个专题，会推荐大量的经典花园案例，分享当下最流行的园艺资讯和最权威的园艺知识。（2）《凤舞楚天芳草香》。2019年3月，省林业局与长江出版传媒集团签订了关于花木盆景杂志划转的协议。5月联合花木盆景杂志社出版1期《花木盆景》世园会增刊《凤舞楚天芳草香》。

2. 文创产品。尝试文创及其他园艺产品，例如，布袋、笔记本、明信片、围裙等。2018年，策划文创产品“物候”系列，包括手账本2本，转转书4本，纸胶带4款，冰箱贴72个。

3. 绿手指读书会（年会）。2016年绿手指成立了园艺读书会，每月读1本新书，每周请一位园艺专家或达人来分享园艺知识和故事。在2016年12月于武汉举行了第一次读书会年会，2017年举行了第二次；2018年在无锡举办了“绿手指”嘉年华。

4. 旅游线路开辟。“绿手指”国际花园研修之旅的行程已达日本、英国、坦桑尼亚等国，形成了稳定的商业模式，今后将持续策划推出“文化＋旅游”产品。

2016年9月，日本北海道园艺研修之旅；2017年3月，澳大利亚墨尔本园艺研修之旅；2017年5月，日本东京园艺研修之旅；2017年9月，日本北海道园艺研修之旅；2018年5月，日本东京园艺研修之旅；2018年6月，比利时、荷兰园艺研修之旅；2018年7月，英国园艺研修之旅；2019年5月，英国园艺研修之旅——切尔西花展。

三、项目取得的社会效益

（一）获得的奖励以及取得的成绩

“绿手指”垂直式园艺产业服务模式在第三届中国创意工业创新奖评选中获“新商业模式银奖”。“‘绿手指’绿色生活产业综合服务平台”获评湖北省新闻出版广电产业“双百工程”示范项目。“‘绿手指’园艺知识服务平台及产业应用项目”入选2017年国家新闻出版广电总局新闻出版改革发展项目库。2017年湖北省宣传文化发展专项资金资助项目。2016年湖北省文化大发展大繁荣资金资助项目。《中国历代花经丛书（第一辑）》列入“十三五”国家重点图书出版规划，入选总局2016年度普及类古籍整理图书专项资助项目。《种菜书》入选2016年向全国老年人推荐的50种优秀出版物。《花园医生》入选2014—2015年度全民阅读年会50种重点推荐图书。《绿手指园艺丛书（第二辑）》（6本）获得“第12届引进版科技优秀图书”荣誉称号。《节气手帖：蔓玫的花花朵朵》《种菜书》获2017年湖北省公益基金资助。“绿手指”团队先后荣获长江出版传媒“先进典型团队”“品牌贡献奖”“改革创新奖”。“绿手指”图书稳居开卷园艺图书市场第一位。自主策划和摄制的“园艺小讲堂”微视频节目首次播出时，取得空前成功，每期播放量达30万+。“绿手指”品牌具有较强的园艺精品出版话语权，已在国内园艺界成功地掀起了多肉种植潮、刮起了玫瑰月季风，打造了国内品质最高的园艺类MOOK杂志。园艺专家智库聚集了国内最具影响力的园艺达人、大咖、专家资源。近10年来，积累了10万+的花友粉丝群，且具有颇高的忠诚度和购买力。

（二）举办多场营销活动

寻找美丽新世界——绿手指花园旅行推介会；用植物装扮秋冬生活（2017年华中图书交易会宣传活动）；《铁线莲栽培12月计划》新书推介会；绿手指园艺园林摄影大赛；绿手指园艺手绘设计大赛；插花培训；插花沙龙。

（湖北科学技术出版社有限公司）

案例类别：产品

湖北教育K12智能教育学习平台

陈露亮

根据中央全面深化改革委员会第十四次会议通过的《关于加快推进媒体深度融合发展的指导意见》精神，湖北教育出版社建设了“湖北教育K12智能教育学习平台”并已投入运营。

该项目在湖北教育出版社的出版融合发展实践中，始终坚持正确导向，积极运用大数据、云计算、人工智能等前沿技术，为湖北省中小学学生、教师、学生家长提供优质的数字内容资源，有效提高教学效率，促进信息技术与教育教学深度融合，推动基础教育教学改革，提高教育教学质量，具有较大示范推广价值，符合中共中央政治局就全媒体时代和媒体融合发展的布局，符合全国新闻出版深度融合发展创新案例征集活动的要求。

一、项目介绍

“湖北教育K12智能教育学习平台”依托湖北教育出版社丰富的优质内容资源，积极探索和推进出版业务流程数字化改造，通过内容生产模式的升级和创新，深入线上教育和知识服务领域，建设一个适用于K12阶段不同年级学生使用的交互式在线学习平台。

项目建设运用移动互联网时代的人工智能、大数据、云计算等最前沿技术，为湖北省中小学生、教师、学生家长设计了适用于各种移动终端的智能辅导平台。该平台通过新兴互联网渠道，创新整合延伸教育出版的产业链，构建线上线下一体化发展的教育内容传播和服务体系，有效连接了官方教材教辅数字资源服务、公立学校的课堂教学、家庭课后学习辅导三大场景，打造“教”与“学”的闭环，提供有效的学习能力提升服务。

二、目标用户群体

（一）公立学校教师

针对教师研发了PC端“趣教课堂宝”和移动端“趣教”两款产品，作为课前、课中、课后的教学使用软件。

PC 端软件“趣教课堂宝”，是提供给教师使用的备授课系统，配套正版教材教辅，提供教学所需的各类资源和功能，提升课堂体验，提高教学效率。可跨 Windows、Linux 平台，实现 3D 交互体验、手机端控制和人工智能应用。

移动端软件“趣教”是专为中小学教师设计的课后管理软件，帮助教师管理班级以及实时掌控学生学习的数据，具体功能包括教学日历、学情分析、家长互动、班级管理等。

（二）学生

“湖北教育”APP 是涵盖 K12 阶段全学科内容的智能数字教辅学习软件，配套湖北教育出版社正版教材教辅使用，贴合中国学生学习特点，将“学、练、测、评”融为一体，为学生提供课内学习、课外辅导等经典功能。

在内容方面，覆盖全学科、全学段，包括课内学习、课外辅导、课后作业、名师讲解等内容，涵盖了学生学习的各类场景和需求。通过积累每个学生的学习数据，逐步实现个性化学习辅导。

在体验方面，设计了激发学生学习兴趣的各种学习机制和学习方式，如部分课程采用动画教学、游戏化的进阶式学习、设置各种能够及时反馈的奖励等。

小程序是为中小学生打造的全学科智能学习应用平台，基于“湖北教育”APP 中可实现的功能及内容，在小程序中配置相应模块，实现资源同步，方便学生多平台同步使用。

（三）学生家长

家长端研发了“孩有为”APP，是一款帮助家长提升孩子学习能力的手机软件，家长通过软件能更加方便地了解孩子的学习情况，也有助于家长采用更适合自己孩子的教学方法，让孩子能够轻松地进行学习。

三、服务模式

“湖北教育 K12 智能教育学习平台”打通了各大学科教研、教学、学习、练习、测试和评价等环节，能够获取教学与学习过程中用户个性化的使用数据，形成用户数据的闭环体系。了解用户使用反馈后，以用户为中心，为用户提供更有效的学习能力提升服务，有利于在市场中建立竞争优势、形成良性循环，不断扩大用户规模，获取经济效益。

四、项目亮点

“湖北教育 K12 智能教育学习平台”以湖北教育出版社官方权威教材教辅为基础，覆盖中小学教师教学和学生学习全方位教与学场景，将传统图书读者转化为线上用户，为中小学生学习提供数字资源与应用服务，为终端用户提供“一站式学习服务平台”，进一步推动教育信息化融合创新发展。

项目根据中国学生的学习特点，设置了课前预习、早读、课后巩固、课外辅导等功能，通过独特的游戏闯关模式，提升学生的学习兴趣，让学生爱上学习。

五、主要技术

本项目运用人工智能、大数据和云计算技术、移动互联网技术，技术先进、安全合规。项目底层数字系统由账号系统、支付系统、数字资源系统、大数据系统等几大模块共同支撑，具有明显的技术优势。主要体现在以下四个方面。

第一，平台数据库采用高度结构化设计，保证数据的规范化和标准化，遵循国家标准和行业标准，为平台提供可靠的数据支持。

第二，平台采用 Java 技术，严格遵循安全性原则，使用 HTTPS 协议提供可靠的数据传输，最严格的防火墙配置，使用 Mybatis 技术杜绝 SQL 注入，最大限度地保证系统、数据安全。

第三，平台采用集中式系统架构，数据和应用的集成集中在中间件一级进行处理，同时保证系统能在各种操作系统和不同的中间件平台上移植。采用的系统体系架构、开发语言到各平台服务器的选型都充分考虑到移植性的要求。

第四，平台制定统一的数据标准、网络标准和应用标准，形成决策层、调度层、操作层之间相互衔接的标准体系。在系统设计过程中要求考虑系统实施的分步性、阶段性，提供逐步实施的具体方法。

六、双效俱佳

当下众多出版单位正在探索融合发展之路，打造出版融合型内容产品，力争在网络教育和知识服务产业抢先占得一席之地，扩大市场份额。

“湖北教育 K12 智能教育学习平台”打造的一站式学习平台顺应了时代发展的这股潮流，是探索融合发展运行模式的创新之举。项目突出融合发展理念，抓住数字出版转型的机遇，在强化内容和产品建设的同时，盘活现有资源，在创造优质的社会效益的同时，不断增强市场化运作能力。

在运营过程中，湖北教育出版社能够掌握用户闭环使用数据，为教辅出版物提供有力的修订依据，为进一步探索和打造出版融合产品提供数据基础。湖北省普遍存在的情况是中心城市及重点学校的教育资源丰富多样，而偏远地区及普通学校的资源相对匮乏。“湖北教育 K12 智能教育学习平台”在设计和建设中力求最大范围地用科技赋能教育，提供线上学习服务能够有效促进优质教育资源共享，起到促进教育公平的基础作用。

本平台自2020年2月1日上线以来，产品已多次迭代更新，持续的运营维护，用户数量稳步增长。截至目前，平台总注册用户数量已超过50万人。

七、行业示范推广价值

1.“湖北教育K12智能教育学习平台”是出版融合产品与服务的创新项目，充分利用、整合了湖北教育出版社现有教辅内容资源，有益于推动传统出版产业链实现数字化转型升级，提高教师信息技术应用能力，推动教育信息化建设的发展。

2.“湖北教育K12智能教育学习平台”开发建设中运用现代化的教学和学习方式帮助教师减轻教学负担、提升教学和学习效率，将促进湖北教育出版社品牌价值和社会效益的提升。

3.“湖北教育K12智能教育学习平台”项目的建设对探索和推进出版业务流程数字化改造，建立选题策划、协同编辑、结构化加工、全媒体资源管理等一体化内容生产平台，推动内容生产向实时生产、数据化生产、用户参与生产转变，对实现内容生产模式的升级和创新具有借鉴意义。

（陈露亮：湖北教育出版社有限公司新媒体业务中心主任）

湖北教育客户端

案例类别：产品

物联网、3D打印等技术支持下的中小学创客教育课程

“物联网、3D打印等技术支持下的中小学创客教育课程”项目是为了落实《实践活动纲要》《科学课程标准》而研发的基于互联网、物联网、人工智能、3D打印技术，培养学生创新思维、创造能力、工匠精神的新型教育产品。该项目是出版与物联网、3D打印等技术的深度融合，是出版产业和其他产业跨领域合作的战略性项目。项目主要建设内容包括研发创客学生用书、教师用书、创客教育课程体系、物联网编程模块、结构组件，制作数字资源，建设创客展示间等。

长江少年儿童出版社发挥自身的出版优势，出版中小学校容易实践的创客教材，为培养中小学生的信息素养和创新能力提供核心课程；同时开发物联网模块、结构组件等创客工具，为中小学创客教师专业发展提供服务支撑，打造独具特色的智慧创客教育生态体系，助力中小学创新教育与信息技术的融合发展。

一、内容为王，创新为要。“创客教育”融合发展项目应时而生（2017）

（一）科技、教育、出版三板块碰撞，擦出融合发展项目——创客教育的火花

2017年，是长江少年儿童出版社创客教育的起步之年。

1. 科技发展日新月异。3D打印技术、物联网技术的迅速普及，人工智能技术的崛起，云技术的成熟给教育的发展、出版的发展提供了技术支持。

2. 教育正在改革。《教育信息化“十三五”规划》提出：有条件的地区要探索跨学科学习、创客教育等新的教育模式中的应用，提升学生的信息素养、创新意识和创新能力。

3. 出版。党的十八大以来，以习近平同志为核心的党中央高度重视传统媒体和新兴媒体的融合发展。

作为深耕少儿教育领域30多年的传统出版社，在出版业进入融合发展的新时代，传统出版社应该何去何从？

这时，在教育、技术、出版三大板块碰撞最激烈的地方，创客教育作为热点进入了长江少年儿童出版社的视野。

（二）内容为核，整体策划，建立了课程统整、技术工具融合的创新出版模式

创客教育需要在以“创客教育课程”为内容核心的指导下，整体策划教材和教室方案。

1. 创客教室（技术融合）：在课程内容指导下的工具、材料、技术的有序组合。

2. 创客教材（内容呈现）：课程有序实施和推进的系统内容方案。

3. 服务与保障（促进跨媒体有效整合）：为用户提供创客教育一站式服务。前期基于学校设计教材和教室的配套方案；后期为教材、教室的使用提供指导，促进项目跨媒体板块在使用中更好地整合，为教学服务。

经过一年的调研和试验，长江少年儿童出版社创客教育方案初步形成，并在武汉市试点学校开展试验。同年7月，创客教育成功获得“2017年度省级宣传文化发展专项资金”支持，项目正式启动。

二、优化迭代，加快融合。“创客教育”融合发展矩阵构想初步形成（2017—2019）

（一）应课程之需——细化

2017年下半年，长江少年儿童出版社开始根据创客教育课程统整结构多头推进创客项目。

邀请湖北省教科院王志兵教研员担纲课程总设计及教材主编。根据课程体系，结合教材中的教学案例，开发“创课”所需的资源包、工具包，并根据学校特点初步设计普及版和升级版的创客教室方案，并将教材和资源包下沉到学校教学中试验。

同时，设计了创客教室的样板间，并随着课程的细化不断升级完善。2018年，第二代创客教室样板间全新升级。2019年，长少创客空间在爱立方大楼建造完毕，成为第三代创客教室样板间，来自全国各地出版界、教育界等的相关领导、专家、同行来此参观、学习和交流。

在这个过程中，发现长江少年儿童出版社为教育提供内容资源30余年，熟悉校园文化，了解学校实际需求，编辑在长期从事与教育有关的内容制作、内容加工中形成的策划编辑能力，在融合发展项目中同样成为决胜的重要因素。

（二）顺教育之势——迭代

2017年7月，创客项目正式启动，在随后的几年里，教育新需求不断出现。长江少年儿童出版社秉承“内容为王，整体策划；创新为要，优化迭代”的方式，不断对创客项目进行升级迭代。

第一代：确定以“教室”+“教材”的融合发展形态。以物联网、3D打印为技术支持的创客教室，以《综合实践活动课程指导纲要》指导下的《综合实践活动·创客》为教材支撑，与教室配套使用。

第二代：拓展“创”品牌，融入“艺术创造”元素，形成“科技创造”+“艺术创造”的双创融合项目。融入以书法为特色的设备，形成以“艺术创作”为特色的教室——书法教室。

第三代：继续拓宽延展“创”的范围，构建“创多维、造无限”的“创客教育矩阵”。以“劳动教育”为契机，逐步在原有创客教室基础上升级为创客教室、书法教室、劳动教室等系列教室，形成“创客教育矩阵”，并开发《劳动实践指导手册》等配套教材，作为教材支撑。

三、营销转型，利润倍增。“创客教育”遇见了“大市场”（2018—2020）

2018年9月，经过为期一年的课程研发，研发成果正式投入市场。2018年11月，长江少年儿童出版社创客教育教学一站式服务方案亮相湖北教育装备展，迎来了一批有教学需求的教育局领导和学校校长，创客销售正式启动。目前，已在襄阳四中初中部、荆州市沙市区大赛巷小学、武穴市实验小学、武穴市师范附属小学等多所学校建设了创客教室样板间，还有15所学校、18个地区的创客教室正在跟进。

（一）项目成长性强，利润倍增潜力大

2018年底长江少年儿童出版社初闯市场，2019年实际推进创客项目的销售工作，目前，项目在成长、在发展，成交额和利润都呈积极增长的态势。

（二）市场规律、营销策略分析

在营销中，不断调整营销方案，从卖教材到卖教室，最终到卖整体设计方案，营销团队找到了属于自己的营销方式。

（三）转型成果：营销组合出击，“飞奔”数个月

“创客教育”融合发展矩阵初步构建，书法教室、劳动教室、创客教室三管齐下，发现国家在这方面的资金投入较大。据统计，共有18个区表达了与长江少年儿童出版社的合作意向，营销团队正在全力跟进。

（四）问题分析

在营销过程中，也遇到一些阻力：创客教师素质结构不均衡，推广运营难度大、周期长、见效慢；项目复杂，体制不完善等。

四、发挥优势，补足短板。“炼”综合创新之能力，守出版之初心（2021至未来）

（一）借助科技，服务教育，以各种创新的出版方式做精做深做透内容加工，树立“长少文教”品牌形象

作为出版社，核心任务就是以导向为魂，做好内容的精加工。无论内容载体如何变化，技术如何发展，守住“内容”，就是守住出版的初心。在创客项目中，做精内容资源，融合技术资源，让新的学习方式成为可能，为教育提供新型教学环境。未来，仍旧要以内容为核心，借助科技手段，顺应教育发展，为少年儿童提供内容精良、形式新颖的内容。

（二）总结经验，灵活机制，催化融合质变，放大出版效能

在运营中，发现融合发展项目需要用灵活的营销方

式、管理机制去适应项目的运营；需要管理层争取政策去支持这个开拓探路的产品；需要企业的整体转型，拓展经营范围给项目发展空间；需要从内部管理入手，调配人手、发挥各类人才优势。

（三）集约资源，高效协同。创造符合新时代阅读方式和学习方式的“未来阅读环境”，让传统出版社敢于直面未来

传统出版社拥有宝贵的高质量的内容资源，应充分挖掘，充分发挥编辑的创造能力，部门之间的协同能力，整合内容、融合媒体，让图书出版与教育、科技高效协同，为少年儿童创造一个符合新时代阅读方式和学习方式的阅读大平台。

传统出版社不会终结，只要以“技术支持，内容为本”为铠甲，以“把握时机 创新手段”为利刃，就拥有面向未来的勇气和能力。

〔长江少年儿童出版社（集团）有限公司〕

智慧学习公众号

案例类别：产品

湖北美术出版社“出版 +”深度融合发展项目

湖北美术出版社自成立以来，坚持把社会效益放在首位、努力实现社会效益和经济效益相统一。在做强做优出版主业的同时，始终以开放的思维，积极提炼核心竞争力，为发展拓展新的可能性。近年来，在传统媒体与新媒体融合及多元化发展方面尝试开展综合运营项目，以适应经济新常态和响应中央有关精神要求。这些项目均是以本社的内容资源和作者资源为依托，以专业出版为基础，旨在找到一条适合美术专业出版社的品牌化建设和可持续发展路径。

一、项目情况介绍

（一）围绕“出版 + 数字技术”打造大型融媒体项目“唯美民艺馆”，促进传统出版向数字化转型

自 1985 年建社以来，本社深耕民族民间艺术出版，其中“唯美民艺馆”重点图书出版产品线拥有优质图书近千种，其中，重点图书如《中国法帖全集》（17 卷）、《中国古版年画珍本》（11 卷）、《图说中国非物质文化遗产 · 中国最美》（3 辑 18 册）等，先后多次获国家图书奖提名奖、中国图书奖、中国艺术图书奖、湖北省政府奖、湖北省“五个一”工程奖等国家及省部级大奖，具有良好的社会影响力。

“唯美民艺馆”融媒体项目即是以“唯美民艺馆”出版产品线的内容为基础，致力于将传统民族民间艺术出版与新媒体技术相结合，以数字化阅读产品形式，推动民间艺术出版和传播的数字化进程，为用户提供交互式、富媒体、多层次的艺术阅读内容，让传统文化、艺术走向大众。本项目入选国家新闻出版改革项目库、武汉市媒体融合重点项目库，获评为湖北省宣传文化发展专项资金项目和湖北数字出版专项资金资助项目。

该项目（一期）现已建设完成，具体包括五个方面的内容。

1. 融媒体资源库。包括元数据内容管理系统建设、数字化内容加工以及多媒体内容制作。数字内容资源涵盖 31 个民间艺术分类，包括 3963 篇民间艺术科普文章（内容涉及艺术历史、种类分布、工艺流程以及保护传承）和 7350 张高清艺术图片。

2.PC 门户网站及民艺资源展示平台。网址：http://minyi.dodoedu.com，实现了民艺分类展示、民艺书画专题、民艺传承、民艺短视频等功能模块。

3. 移动 APP。完成配套 APP 开发并已上架应用市场，APP 主要实现了民艺资源移动展示和线上交易功能。

4. 针对大众与特定用户的内容应用开发。针对民艺传承人群体提供了认证及民艺物件的交易系统；针对民艺书画爱好者制作了民艺书画赏析内容，并开发了民艺书画分类展示模块。

5. 平台运营推广。与项目的技术支持方——湖北博盛数字教育服务有限公司建立运营合作关系，通过其开发运营的在线教育平台进行宣传推广。在湖北省肺炎疫情防控“停课不停学”网络教学活动中，该项目的数字资源进入省教育厅制定的《湖北省中小学疫情防控期间开展网络教学服务保障企业》目录，作为免费学习资源向全省中小学生开放，获得了良好口碑。

（二）深度挖掘“出版 + 文创”，推出多个文化艺术 IP 品牌，成功打造千万级产品线集群

自 2016 年国务院发布了推动文化创意产品开发的文

件以来，文创开发已成为流行趋势。美术专业出版社的文创开发必须以出版内容资源为基础，聚焦文创产品内涵，挖掘消费者的实用性需求和创新创意需求。在“出版 + 文创”的探索过程中，湖北美术出版社针对不同人群的需求，开发了“古漱堂”和“自在森活”两大系列的文创产品，品牌效应已初见端倪。

1.“古漱堂”：弘扬具有中国民族、民间特色的传统文化。立足中国传统文化，旨在将中国博大精深、灿若星河的民族民间艺术以现代的、生活的、实用的形式展示在现代人面前，将专业艺术普及化，让古典审美与现代时尚恰当融合，并融入现代生活。经过几年积累，这个系列已经逐步形成自己的特色，产品品位高雅，设计精美，品质精良，有鲜明的中国印记和特色。

目前已成功注册“古漱堂”文创品牌，涵盖书房文化的各类别产品的设计与制造，以及生活美学场景的空间呈现。这个系列定位高端，产品全部由非遗传承人手工制作，无论是用料、设计、制作都可称得上一流，所以一经推出就得到市场认可。

已成功开发带有浓厚中国文人特色和收藏价值的出版物《景苏园帖》《米氏云山》；由非遗传承人手工制作的“笔墨纸砚”中国书法书写套装文化产品；充满中国传统民俗风味的“中国古版年画”系列文创产品；“游于艺”文盒便携装等，即将陆续面市的有笺纸、活字、香道、书画复制、宣纸抄写等系列产品，发货码洋已达千万元。

2.“自在森活”：关注时尚生活美学，针对女性用户精准研发，脱胎于湖北美术社图书品牌“绘森活”。“绘森活”自开创以来做到了本本重印，多本对外输出版权，累计发货码洋 6000 多万元。旗下拥有大批国内有号召力的知名插画师和粉丝群体。

目前已成功注册“自在森活”文创品牌。“自在森活”是“绘森活”的文创延伸，意在通过图书 + 文创，相辅相成，让品牌影响多元化、立体化，实现图书与产品的共赢。这个系列的产品定位爱好艺术与生活的文艺女性群体，产品风格给人一种自洽的舒适感。产品涉及日历、月历、笔记本、明信片、书签、帆布包、丝巾、贴纸等多个品类。

目前已成功开发“水彩花卉日历”系列产品、“呆萌小动物”系列产品、“十二花神”系列产品、“插画师定制版”系列手绘本等产品。销售渠道覆盖线上和线下，线下主要是新华书店、各大连锁书店和独立书店；线上开设“自在森活”淘宝专营店，并在本社的天猫旗舰店和相关社群进行销售，发货码洋达 600 余万元。

二、“出版 +”项目的具体成效与社会反响

（一）助力中华优秀传统文化传承发展体系建设

“出版 +”的深度融合发展项目以整合中华优秀民族民间艺术出版资源为基础，以“呈现介质多媒体化，信息内容高共享化，内容服务精品化，传播模式跨平台化，推广范围世界化”为操作模式，深入挖掘传统文化精髓，创新产品和传播方式，有利于积累文化资源、传承中华文脉和提升大众文化素养。

（二）提升内容资源的传播效率和生活化应用

国内的文化艺术纸质出版物丰富，但这些出版资源数字化的程度较低，许多珍贵的资料被湮没，甚至随着时间流逝而消失。本社进行融合发展的目标之一就是将这些资源激活，充分发挥其作用，真正发挥数字出版“一次制作、多元发布”的整体优势，与此同时，实体文创产品的开发也有效实现了内容资源的生活化应用。

（三）推动艺术出版转型升级融合发展

该项目是美术专业出版社基于自身专业优势，探索专业出版资源转型融合发展的重要尝试。纸质出版融入新的技术和形式，为纸质出版带来全新面貌，实现 1+1 > 2 的效应，是传统纸质出版在新时代背景下的重新诠释。

（四）促进中华优秀传统文化艺术“走出去”

该项目以中华优秀传统文化和当代中国时尚文化的内容资源为基础，进行多元化开发与推广。既有数字化的内容呈现，又有实用性的文创产品；既能满足国内内循环需求，又适合向外推广促进外循环。在打造中国艺术出版品牌、推动中华优秀传统文化对外传播和市场化转型方面，均具有突出的创新精神。

三、融合发展经验体会

这一项目的启示有四点：一是出版社的融合发展要来自内生性动力，才有可能付诸实施并取得成效；二是出版社的融合发展要以深厚的内容资源与作者资源积累为基础，才有可能成为可持续发展的项目；三是出版社的融合发展要有人才队伍、营销渠道和管理制度的支撑，才有可能产生规模效应；四是专业出版社的融合发展要始终坚守专业出版特色，才有可能打造辨识度高的文化品牌。

在未来发展中，湖北美术出版社将延续融合发展的工作思路和安排，推广扩大已有文化品牌的影响力，力争继续走在全国美术专业出版社的前列方阵中。

（湖北美术出版社有限公司）

唯美民艺馆客户端

案例类别：产品

父母教练

张诞

一、出版导向

坚持正确的出版导向是海豚传媒成长和发展的头等大事。作为中国童书出版领域的领军企业，本次数字出版项目，即“海豚父母教练”的数字产品确保不出任何导向问题，是海豚传媒必须完成的严肃任务。

（一）政治导向

政治导向是出版导向的首要导向，是出版工作的原则性问题、框架性问题，主要解决为什么人服务，即服务的方向。在此数字项目中，海豚坚持正确的政治导向，严格符合国家大政方针政策和法律法规，为广大父母家长提供科学家教知识服务。具体来说，做到了以下几点。

1. 坚持马克思列宁主义、毛泽东思想、邓小平理论、“三个代表”重要思想、科学发展观、习近平新时代中国特色社会主义思想。

2. 坚持为人民服务、为社会主义服务的方向。“海豚父母教练”的数字产品坚持为0~12岁孩子的父母服务，帮助父母增强教育意识，掌握科学教养方法，促进家庭和谐的同时，推动整个社会的团结与安定。

3. 贯彻“百花齐放，百家争鸣”的方针。“海豚父母教练”数字产品以教育学、心理学为理论基础，整合全球家庭教育新理念、新趋势，涵盖家教理念、家教方法、儿童心理、亲子关系、素质培养、品格培养、孕产育儿等板块，涉及父母成长的方方面面，决不因公司或个人的个人倾向或风格偏好而有所偏重。

4. 将社会效益放在首位，实现社会效益和经济效益相结合。家庭是一个人接受教育的第一场所，父母的言行会深深地影响孩子的认知，“海豚父母教练”数字产品致力于助力父母的成长，父母的“三观”是否正确，会影响到孩子一生的价值判断和行为选择。因此，海豚始终把社会效益放在首位。当然也必须考虑经济效益，本数字产品三条产品线（海豚听书、海豚主题微课、海豚专栏课程）的设立和投入市场的方式就是充分考虑经济效益，保证产品的长期可持续发展。

（二）专业导向

出版业在本质上是内容产业，内容是出版业的根本与生命线。为保证产品的专业导向正确，“海豚父母教练”数字产品依托经典教育学、心理学理论精粹，整合全球家庭教育新理念、新趋势，为父母的成长提供全面系统的养育知识。

2014年初，海豚组建了家教育儿编辑部，开启了“父母教练”图书产品线的研发与运营，已出版图书产品40余册。2018年，海豚教育研究院正式成立，积极整合全球幼教智慧落地中国，全面助力海豚教育资源生态圈建设。研究院已整合全球各领域的专家，为家庭教育提供专业而实用的指导。

基于以上两方面的资源，2019年开始，“父母教练”产品线正式升级为开放式、学习式平台“海豚父母教练”。在组建了专业数字出版团队的基础上，“海豚父母教练”通过向家长提供更多线上的数字产品，包括音频、视频（录播、直播），社群辅导，全方位升级父母的育儿知识库，最终引领、陪伴、成就新时代智慧的父母！

海豚传媒始终践行“生命的高度不在于金钱，企业的价值更在于利他”的宗旨，主动承担起数字出版的社会责任。首先，在展开市场竞争和品牌塑造的过程中，严格遵循出版产业的相关法律法规，深入落实科学发展观，积极培养和践行社会主义核心价值观，为构建和谐社会贡献力量；其次，积极推广“海豚父母教练”品牌，提倡科学管理、精益求精，抓住“内容为王”的基本原则，决不一味“向钱看”而出版包含色情、暴力、猎奇、迷信等低俗、庸俗、媚俗内容，以社会公德、职业道德、个人品德相结合的约束框架塑造企业形象；最后，在海豚传媒自律的同时，主动承担起监督数字出版市场的责任，与社会公众共同监督和抵制数字出版中的违规行为。

出版企业基层党组织建设工作是党的建设的重要组成部分，是党的文化方针路线政策在出版企业进行全面贯彻落实的重要保证。海豚传媒为更好地履行社会责任，积极做好企业自身的党建工作，建立了系统的、动态的基层党建管理体系。在数字产品生产过程中，各基层党组织积极响应上级党组织的活动号召，认真学习相关文件和精神，积极落实相关的工作要求。在数字产品内容生产完成后，基层党组织相关负责人根据数字产品的内容质量和相关负责人的表现进行客观评价，在后期进行统计和公示、申请复议以及奖励和惩罚。

党的十九届四中全会决定指出：要“注重发挥家庭家教家风在基层社会治理中的重要作用”，把“家庭 家教 家风”，放在了提高国家治理体系和治理能力现代化的高度，对此，海豚传媒也高度重视。“海豚父母教练”的数字产品在传播和弘扬良好的家庭教育文化上发挥着积极的示范作用，同时海豚传媒始终践行着自己的政治导向和专业导向，主动承担起出版企业的社会责任，做好企业的基层党建工作，努力维护社会体系的稳定和安全，为提高国家治理体系和治理能力现代化贡献自己应有的力量！

二、项目简介

本项目作为教育出版类数字产品，以音频、视频（录播、直播）课程为主要形态，向0~12岁孩子的父母提供全面的育儿知识后援和教育服务，帮助父母增强教育意识，掌握科学教养方法，引领、陪伴、成就新时代智慧的父母。

本项目为知识付费订阅模式，即将知识转化成产品，吸引用户进行订阅，因此海豚推出了三条相应的产品线：海豚听书、海豚专栏课程、海豚训练营。从产品服务周期的角度看，三条产品线的服务周期依次递增。将海豚听书先行投入市场，了解用户的点状需求，即用户某个具体的养育痛点，发散性地做网状数据收集，对某些用户特别关注，急需解决的问题作为分析对象开发专栏课程和训练营，专栏课程主要以录播课程为主，系统、全面、高效地在特定时间（10分钟 / 节）解决用户的难题；训练营课程采用直播、录播加社群服务的形式，为用户提供全方位的知识服务。

本项目依托海豚父母教练品牌优质的内容资源，以及海豚儿童教育研究院的专家智库和前瞻的教育理念，在教育理论观点的阐发上，有扎实的专业理论背书。3条产品线形成3种产品形态：听书、专栏、训练营，形成了有效的组织结构。3条产品线分别进行整体的内容策划，用户根据自身对内容的需求和具体的生活场景对产品进行音频、视频、社群及3种形式组合的选择，具有一定的开发价值。

目前，海豚听书已经解读了20多本书，录播视频课程超过100节，音频内容超过300条。训练营产品有3个子产品，2021年开营6期，招生超300多人。

海豚始终把社会效益放在首位，本数字出版项目致力于帮助每一个家庭建立良好的亲子关系，从而促进整个社会的和谐安定。从经济效益的角度看，听书产品生产周期短，成本相对较低，变现速度较快，在快速投入市场检测收益效果的同时，为专栏课程和训练营起到一定的引流作用。

目前，市场上知识付费订阅产品种类多，但专业机构制作垂直领域知识服务内容的精品并不多见。海豚深根儿童教育和父母教育21年，为更高效地传递养育知识、更好地服务各种家庭，以幼儿教育为切入点，针对性地满足用户的个性化需求，真正帮助父母解决育儿过程中的困惑和难点，实现可持续的发展。

（张诞：海豚传媒股份有限公司数媒事业部总经理）

《父母教练》公众号

案例类别：产品

中国小学生在线科学课

一、背景分析

日新月异的科学技术对人类和社会发展有巨大作用，科学教育对于提升国民的科学文化素养和创新能力意义重大。培养拔尖创新人才成为提升我国综合实力与国际竞争力的关键因素。

（一）国家政策

高校越来越重视数学、物理、化学、生物等基础学科的支撑引领作用，相比体育、艺术类的竞赛，科创竞赛更受重视。教育部2019年提出基础学科拔尖学生培养计划2.0，着力培养未来杰出的自然科学家、社会科学家和医学科学家。2019—2021年拟建260个基地，其中190个理科基地，10+医科基地。

在基础教育领域，2017年2月教育部印发并要求执行的《义务教育小学科学课程标准》，小学科学课被列为与语文、数学同等重要的“基础性课程”，并将起始年级延伸到小学一年级。

世界各国的科学教育都受到教育界以及越来越多学生和家长的关注。美国在1993~2013年，出台了5部关于科学教育课程的法律法规。英国在1988年将数学、英语、科学并列成为核心课程。澳大利亚教育协会提出了科学课程的优先行动计划。在德国，科学课同样与语文、数学并列为小学的3门核心课程，其课程内容非常广泛，涉及地理、社会、经济学、生物学和自然科学等。

各个国家的课程标准在具体表述和实施上各具特色，但都把科学教育贯穿于基础教育阶段，从而确保了科学教育的连贯性。科学课不仅仅是一门课程，它还关乎学生思维习惯和科学精神的培养。

（二）小学科学教育现状

在此背景下，科学课程的改革和发展受到了前所未有的关注。然而，目前小学科学教育现状堪忧。

1. 教师队伍结构成为制约科学教育的瓶颈。网络调研发现，当下科学教师师资队伍构成情况复杂。其中有数学、语文教师兼任科学课，也有即将退休的老教师和教干类，专职科学教师严重不足，且主要集中分布在城区重点学校。乡镇和村级小学科学师资匮乏。由于师资不足，先进的科学教育理念和方法难以践行。

2. 教材和实验问题。不同地区经济发展和教育资源不平衡，科学教材也分各种版本。另外，存在班级共用教材的情况，导致科学教材在学生和家长心目中没有存在感。

科学是一门实践性很强的学科，缺少场地和经费支持的学校不具备实验条件，难以开展科学实验。

总体来说，比起语文、数学，小学科学课时较少，师资紧张，教材存在感弱，实验开展难。

3. 在线教育的蓬勃发展。2020年10月，中国教科院课题组指出，未来教育将逐渐走向智能化、数字化、融合化和终身化。

在新科技革命的驱动下，教育体系从网络化向智能化加速跃升，人工智能将重塑学习环境、重构学习流程以及创新教育管理。

随着5G技术的落地应用，在线教育加速普及，直播课堂、网络点播等成为学校开展教学的重要方式。

二、海豚科学课程产品方案

海豚传媒科学馆藏书丰富，内容上涵盖科学启蒙、科学常识、知识百科到科学探索，形式上，从传统图书、玩具书、玩教具等实物产品，到视频、音频、动画等虚拟产品，再到亲子活动方案策划、知识付费等增值服务，海豚科学馆品类齐全、产品丰富。

海豚科学项目组认为，小学阶段是培养科学思维的黄金时期。小学生从幼儿的吸收性心智转向推理性心智。他们好奇心强，喜欢问“为什么”“怎么样”“如何”等问题，并努力找出事实背后的理由，或者事件间的关系、因果联系等。他们内在更稳定，有能力投向更广阔的科学世界。

海豚科学馆提供一站式科学资源和科学探究服务，实现学习资源多元化、学习管理智能化、学习体验个性化、学习过程趣味化、学习效果数据化。

三、中国小学生在线科学课

针对校内小学科学课程师资紧张、课时不足、教材存在感弱、实验开展难等问题，海豚科学项目组整合业内优质资源，依照中国小学科学新课标，参考国外小学科学课标，从源头确保课程体系、课程理念、教学方法的先进性和专业性，打造属于中国孩子的趣味科学探究课程。

（一）课程理念和特色

1. 探究式学习：风趣活泼的专业教师进行理论讲解和实验示范，带领孩子进行科学观察、科学实验和科学记录。

2. 多元学习资源：科学音乐、AI互动、探究实验、科学动画、思维图表、科学绘本等资源，激发孩子的学习兴趣，从不同角度帮助孩子建立多元理解，从而越来越接近事物的本质和真相。

3. 面向未来的融合课程设计：从孩子的生活实践出发，让孩子理解身边的自然现象和常见的物理化学现象。鼓励孩子像科学家一样观察、思考、比较、使用工具、发现并阐述结论，深刻地感知到人与自然和谐共处的意义及科技进步对人和环境的影响，引领孩子走进科学世界。

4. 构建结构化的知识网络：实践科学方法，掌握多种思维图表工具和类比法、模型法、对照实验、控制变量法等多种实验方法，为中学阶段的学习做好知识储备及思维和能力准备。

（二）课程目标

基于主题的跨学科融合课程，帮助孩子扩大知识储备，提高动手能力，培养阅读能力、思辨能力和创新能力，引导孩子关注社会和环保，提升孩子的科学思维和生态素养，具备全球视野。

（三）课程介绍

根据不同阶段孩子科学探索的敏感期，海豚科学研发出不同的主题科学探究盒和科学阅读课程，覆盖小学科学四大板块：物质科学、生命科学、地球与宇宙科学、技术与工程，循序渐进地提升孩子的科学素养。

以《水的世界》科学探究为例，包含10节AI互动课，20个水主题实验，教师会带着孩子探究水的特性、水的三态、水的旅行、云的形成、水土流失的原因、创意净水材料，制作雨量杯、水体模型，最后完成自己的科学笔记和科学报告。

（四）课堂形式

线上学习和线下实验相结合，实现课堂学习、家庭学习和纸质练习的优化组合。

1.AI 互动课堂：真人教师讲解，情景化教学，探究式学习方法。高频 AI 互动和花式练习，实现学习效果数据化。

2. 社群训练营：帮助孩子答疑解惑，给孩子搭建真实的讨论交流和自我展示的平台。利用网络平台，组织科普讲座、观影交流、直播课等活动，提升孩子学习科学的热情。

3. 完整探究闭环，高效科学学习：魔法卡片激发孩子兴趣，AI 场景化科学探究，闯关题库及时巩固所学，作品分享让孩子成为科学小老师，学习报告让家长轻松了解孩子的学情。

4. 丰富的实验材料，轻松打造家庭科学角：原创配套实验盒子、科学笔记和科学报告等，方便孩子在家体验、探索和展示。

四、项目体验

教育是科技发展的基础，青少年儿童的科学教育关系到一个国家未来的综合国力。大力实施在线科学 AI 课堂，能避免教育部门和学校重复开发科学教育资源，解决师资短缺问题，降低学生系统科学探究的门槛，切实减轻家长经济负担。通过手机或者平板，孩子就能接受优质的科学教育，促进科学教育的公平。

（海豚传媒股份有限公司）

海豚科学客户端

案例类别：产品

《马克思主义大辞典》融媒体资源库

一、情况介绍

《马克思主义大辞典》融媒体资源库曾入选中宣部“2019 年度数字出版精品遴选推荐计划”，是以《马克思主义大辞典》数字化、网络化、智能化为起点，集专业度、体系化、服务性为一体的数字出版项目。

《马克思主义大辞典》由中央马克思主义理论研究和建设工程咨询委员会主任徐光春担任主编，44 家党政军学单位的近百位专家历时 5 年编撰而成，填补了国内整体性视角研究马克思主义的辞书空白。该书先后被立为国家社科基金特别委托项目、“十三五”国家重点图书出版规划项目、国家出版基金资助项目、迎接党的十九大主题出版重点选题。辞典出版以后，被国家出版基金规划管理办公室评为“特别优秀”结项项目，并先后荣获第七届中华优秀出版物奖、第五届中国出版政府奖。

《马克思主义大辞典》融媒体资源库依托《马克思主义大辞典》，秉承其科学性、权威性和专业水准，坚持发挥优势、拓展平台、延伸功能。

（一）推广“马克思主义大辞典”微信公众号

公众号提供多项服务：词条目录查询功能；定时推送词条，内容类型分别为“重要文献”“基本概念”“重要人物”“重要事件”等，并设立《时事政治》专栏。

《马克思主义大辞典》公众号自 2018 年运营维护以来，截至 2021 年 9 月已有粉丝 3.04 万。粉丝反应热烈，称这是一个“宝藏公众号”，表示“相见恨晚”，并与公众号打造的“崇文君”形象为了学习伙伴、亲密朋友。

（二）开发“马克思主义大辞典”检索小程序

为了完善词条精准检索功能，更好地满足粉丝的查询体验，从前期问卷调查和市场调研，到设计、开发，前后经过一年多的精心打磨。2020 年 9 月，《马克思主义大辞典》检索小程序成功上线。

小程序设计原理以满足考研政治备考生、马克思主义理论专业师生、相关理论从业者和爱好者等用户学习研究需求为出发点，注重功能设计和外观设计并举。功能设计上，设置核心功能“关键词检索”，达到海量词条快速检索的效果；在此基础上，设置二次检索，在已有检索结果中，选择“发展阶段”“理论类型”，实现“精准检索”。添加“电子阅读”功能，便于理论体系阶段一目了然。根据潜在用户的学习研究习惯，设置多种笔记效果，如画线、文字想法、语音想法、心得总结、“一键显藏”等。按照简洁雅致、逻辑清晰、顺应习惯的原则，对页面布局、功能位置、呈现方式等进行精心的设计。

检索小程序上线一年，累计用户 2.1 万人，并获赞如潮，众多用户表示“特别方便查阅”“考研同学的宝藏小程序”。检索小程序实现了《马克思主义大辞典》所有条目的完整智能检索，成为学习马克思主义理论有口皆碑的智能帮手。

（三）开设《马克思主义大辞典》强国号专栏

“学习强国”学习平台是面向全党、覆盖全社会的公益性学习平台，平台管理规范、内容权威、影响巨大。为了更好传播《马克思主义大辞典》，崇文书局通过递交申请、严格审批，最终获准入驻，于2021年3月1日正式上线。

“崇文书局”强国号将《马克思主义大辞典》作为主要内容，开设专栏，全面、系统推广马克思主义理论。自上线以来，单篇阅读量最高达8.5万次，点赞量最高达1.1万次，推送内容受到平台用户的关注和喜爱。

2021年4月，在全党深入开展党史学习教育之际，《马克思主义大辞典》专栏推出“学党史·悟思想”相关词条，以每日一词的方式，讲述中国共产党的历史，阐释党在各个历史时期的基本原理、重要会议等内容，以满足“学习强国”学习平台广大党员等用户研习党史的需求。

（四）筹备“马克思主义大辞典”资源数据库

经过对市场需求的走访调查和对公众号、小程序用户画像的分析，发现《马克思主义大辞典》所具备的专业性和权威性不可撼动，且用户群体稳定，具有开发成PC端、做成资源数据库的市场价值，上线后将会提供专业、权威、便捷的网页版辞典检索服务，为新时代学校思想政治理论课改革创新服务。

二、社会效益

（一）有助于推动马克思主义大众化

一是符合读者用户已经改变的查检习惯，传统查检方式受场景环境限制，且马克思主义理论书籍的查检内容繁多、复杂耗时，而本项目利用强大的数据管理和信息调用系统，提供海量词条资源快捷精准检索，极大地提高了检索效率，进而有利于提高读者用户的使用频率。二是整合运用融合媒体传播渠道，解决传统纸书线下购买渠道的单一性，让更多人以更低的时间成本和购买成本，获得超值的查检服务。三是基于优质内容开发多种功能，丰富了马克思主义理论学习的方式和场景，利用阅读与笔记、心得等功能，切实满足读者用户的学习查检需求。

（二）有利于引导工具书数字化、网络化、智能化探索

一是顺应形势发展，运用“互联网+”思维，丰富工具书的展现形式。二是此项目作为国内首部马克思主义理论专科辞典的出版融合开发，为业内专科辞典提供了数字化、网络化、智能化的可能性和借鉴性。三是强化辞书出版社的责任感、使命感，共同提高权威工具书市场占有率，传播专业科学知识。

三、经济效益

《马克思主义大辞典》融媒体资源库主要通过以下途径产生经济效益。

（一）个人用户收益，主要来自《马克思主义大辞典》检索小程序

崇文书局坚持将社会效益放在首位，肩负着推广马克思主义大众化的使命感，秉持着保证持续健康运营与提供检索服务相统一的原则，通过对用户意见征集和对市场检索产品调研，制定了合理的产品价格。考虑到考研人数逐年递增、马克思主义理论学习重要性提升，并随着检索小程序在学生群体内口碑式的传播，预计这款小程序不仅能够维持良性运营，还能收获可观的经济回报。

（二）馆配机构用户收益，主要来自《马克思主义大辞典》资源数据库

经过对用户意见征集和对市场检索产品调研，《马克思主义大辞典》资源数据库主要分为三种产品形态，一是根据客户特定需求开发完整的产品体系，包括移动端和计算机端关联使用；二是直接授权客户通用版的使用权限，提供给仅需使用计算机端的用户；三是通过数据接口形式提供服务，提供资源的分类、检索、详情、多媒体内容的访问地址、资源统计数据，提供给仅需数据资源接口的用户。此项目的市场潜在用户主要为各级党校、高校图书馆或马克思主义学院等相关院系。

四、融合发展人员构成

策划、审核：韩敏、李佩颖

功能、原型、UI设计：黄玮、曹梦奇、杜娜姿

资源内容整理：李乔斌、王圆缘、靳亚兰、张卓、肖月、王亚欧、黄玮

小程序、数据库开发：武汉码书文化科技有限公司

营销渠道运营：李乔斌、张卓

日常运营维护：黄玮

五、融合经验体会

（一）优质内容始终是出版融合发展的重要内核

坚持以内容为核心，对内容的深耕细作与呈现形式的创新探索，始终是出版工作的重点。优秀出版物的价值随着传播呈现形式的丰富而提升，正是因为《马克思主义大辞典》是一部作者权威、内容专业、收录科学的工具书，才能带来真实的读者用户流量。离开优质内容的形式创新，就如同无源之水、无本之木，终究昙花一现、归于沉寂。因此，要坚持以优质内容为内核，深度挖掘

其中有价值的内容，努力探索适合内容传播的呈现形式，实现出版之后的价值生长。

（二）人才融合是出版融合发展的实现基础

出版融合发展已成为新时代出版业高质量发展的大势所趋，这也对出版行业人才提出了新要求。编辑始终是出版行业的核心，人才融合就是要求编辑具备多元能力，促进自身知识体系和工作思维的转型升级。新时代的编辑，应根据行业变化趋势，在专注案前工作的同时，注重养成互联网思维，关注新技术、新渠道、新业态，了解读者心理，深入分析读者画像，做好出版工作。

（三）技术融合是出版融合发展的有力支撑

《“十四五”规划和2035年远景目标纲要》中关于出版行业的论述中提到，实施文化产业数字化战略，加快发展新型文化企业、文化业态、文化消费模式，壮大数字创意、网络视听、数字出版、数字娱乐、线上演播等产业。数字化要立足于人工智能、大数据、区块链、云计算、5G等新技术，利用好新技术的蓬勃发展态势，做好传统出版与新媒体的深度融合，丰富内容呈现形式，提供精细化服务，满足多元化需求，创新商业运作模式，以助推出版行业发展。

（崇文书局）

案例类别：产品

长江洪水防御全媒体出版平台

一、项目介绍

“长江洪水防御全媒体出版平台”项目按照“模式+技术、资源与服务平台+应用示范”的模式开展研究工作，整合关于防洪抗旱工程的研究资源，通过大数据出版平台实现数字产品销售、用户管理、数据分析等功能；通过跨平台发布实现下游分销渠道的多样化；建立跨平台互动阅读自助出版系统。

系统结构设计采用数据库、模型库、方案库“三库一体”，以“方案驱动”运行，以数据库管理模式进行模型管理的设计思想。系统结构设计上是新颖的三角式的三库系统，其特色是提出了“方案库”的概念和“方案驱动”的构思，并予以实现。进行建设的内容是二维、三维、四维世界的相关内容，实现自有平台经营以保证内容的独有性，实现用户全掌控并保证用户的黏性和活跃度，实现资源传播及更新的时效性以保证持续盈利能力。

按照专业拟定“方案驱动”支持系统数据库的内容，根据长江水利委员会内已有资源进行归纳整理，形成资料库。打造PC端电商平台，设置个人/个体专刊并提供开放端口；上传及下载功能；官方商城展示、交易、拍卖；预留3D及OTO开发端口；作品在线投稿功能；阅读浏览、视听、信息推介、素材统一便捷管理；上传及下载；开放式端口；在线投稿；移动端商城；数据收集及统计，后台个性化页面发布设计，DLC资源阅读增值功能；大数据抓取，大数据分析。

（一）项目背景

我国有悠久的水旱灾害史料，长江流域最早见诸文字的洪水灾害记载始于公元前185年（汉高后三年）：“夏，江水汉水溢，流民四千余家”；最早的干旱灾害记载见于公元前190年（汉惠帝五年）：“夏，大旱，江河水少，溪谷绝”。最早的水文观测是公元前256—前251年，秦蜀守李冰修筑都江堰工程，设三石人水尺；近代第一个水位站是1862年在汉口设立的海关水尺，于1865年开始有连续的、系统的水文观测记录，其次为1877年长江宜昌站。气象观测资料始于1873年的上海徐家汇天文台，其次为1885年的汉口站，都有100多年的历史。这些珍贵的历史记载为我们分析水旱灾害规律提供了丰富的资料。因此，深入研究并正确认识长江流域重大自然灾害的成因和特点，探索并掌握灾害发生发展的规律和趋势，制订相应的防治对策，不仅是有关专业部门的任务，而且是各级政府的重要职责，也是全社会关注的重大问题。

随着互联网的广泛应用，手机、移动阅读器等终端设备的普及，正促使图书编辑出版进行一场变革，而彻底改变了人们对于图书出版的传统理念。全流程数字出版平台的建设，利用互联网或移动平台，可以实现作者、编辑部、读者之间的互动，使内容制作、产品生成更有针对性，真正体现数字出版大规模满足读者个性化阅读需求的特点。云计算的超大规模和存储功能为广大科研工作者对海量数据进行针对性的挖掘整理、查找、分析、对照、统计、研究提供了准确、方便、快捷的可能。正是在这样的大背景下，长江出版社与长江防汛抗旱办公室、长江勘测设计研究院、长江水利网站、长江有线电视台共同打造长江洪水防御全媒体出版平台。

（二）项目的意义和必要性

长江流域幅员广阔，自然灾害的种类繁多，一旦发生自然灾害，所造成的危害程度相对也更为严重。数千年来，长江水利的发展为今人留下了众多的水利瑰宝，众所周知的有：岷江都江堰、沟通湘桂的灵渠、纵贯南北的大运河、横亘东西的长江大堤、捍御潮灾的浙江海塘和星罗棋布的圩垸、围田等。更为重要的是前人开发治理长江的丰富实践，通过千百年来水旱灾害的实际考验和科学总结，为进一步综合治理长江提供了宝贵经验和历史借鉴。水利事业是一项特殊的事业。一方面，需要不断引进运用科技的新理论、新方法、新工艺；另一方面，又需要借鉴历史的经验，参照以往传统的做法，尤其是在紧急处理突发性的事件、解决影响因素复杂的问题、作出重大宏观问题决策等情况下，更是如此。作为大数据平台的数据库，能够最大限度地全面实现资料的有机存储，保证信息的实时收集、更改和录入，并且可以无限复制和使用。因此，以丰富的数据资源为依托，建立一个相互沟通、探讨的技术交流平台，实现一次加工、多渠道应用发布，不仅可以促使学术出版的繁荣，出现百家争鸣、百花齐放的局面，还可以通过平台上的专家指点，进一步提升其价值，有效地促进学术成果的转化，使学术更好地为治江事业服务。

二、项目架构

（一）长江防洪抗旱减灾研究出版平台

1. 建立一个全程数字化的分布式协作编辑发布平台。全程数字化的信息采集、编辑、制作、存储、检索以及出版，使整个图书编辑编纂流程及信息沟通保持高效、畅通。通过平台的先进性，对长江防洪抗旱减灾的各种信息进行数字化，转换成统一的电子文档格式，并在进行相关加密处理和版权保护后，将其安全发布到资源管理平台，实现资源的数字化增值。

2. 建立一个全面、完备、安全的知识库。完整保存和管理数字化的图文、多媒体资料，方便再利用。通过对数字内容的结构化加工技术、本体构建技术、语义标注技术的综合应用，生产基于不同领域、专业的知识库。

3. 建立一个灵活可变的跨媒体个性化数字出版平台。实现图书内容资源完整的采集、加工，以及简单元数据信息标注、存储，以及包含基本检索、浏览功能的内容资源发布。

4. 建立一个相互沟通、探讨的技术交流平台。建立在互联网基础上的综合内容数据库，给专家读者提供多方面进行广泛交流的平台和内容，同时建立多媒体资源库。整个系统按层设计，每层之间通过松散耦合的方式相互通信，自下而上分别由数据模型层、加工标引层、数据层、智能挖掘层、信息服务层及访问层组成，其构架如下。

第一，长江洪水、洪灾、旱灾平台。包括长江洪水、洪灾、旱灾；近百年来大洪水、洪灾、旱灾纪实等动态栏目。

第二，长江防洪规划平台。包括流域长江防洪规划、区域防洪规划、支流防洪规划等动态栏目。

第三，长江防洪工程建设平台。包括堤防工程、分（蓄）洪工程、水库防洪、河道政治等动态栏目。

第四，长江防洪非工程措施平台。包括洪水预警预报系统、防洪管理、超标准洪水紧急措施等动态栏目。

第五，长江城市防洪平台。包括长江流域各大重点城市的防洪等动态栏目。

第六，长江抗旱减灾平台。包括抗旱规划、抗旱管理、抗旱减灾措施、抗旱应急水源工程等动态栏目。

第七，长江防洪重大课题研究平台。包括三峡工程建成后长江中下游防洪形势变化研究；三峡工程建成后长江中下游蓄滞洪区功能、布局和定位调整研究；长江流域山洪灾害风险分析与减灾对策研究；长江流域城市洪涝灾害治理标准与模式及其预报预警技术研究等动态栏目。

第八，长江经济带建设研究平台。防洪抗旱工程是长江经济带发展的首要条件，要在现有防洪体系总体布局的基础上，根据长江经济带新型城镇化发展的新要求，加强防洪建设，保障城乡居民生命财产和公共基础设施安全，引导城镇化发展在长江防洪减灾体系框架内合理有序布局。实施防洪抗旱减灾重大工程。包括干支流堤防建设、中下游蓄滞洪区建设、重点地区除涝工程建设、山洪灾害防治、提高抗旱能力等动态栏目。

（二）安澜兴国——长江防洪纪录片

通过独特的视角，展示长江防洪取得的伟大成就。旨在增加长江防洪的媒体宣传力度，提高我国治水行业的国际交流水平，以及对广大普通百姓进行水利防洪抗旱知识的科普传播。

（三）长江防洪抗旱减灾学术图书

长江防洪抗旱学术图书是以长江治理开发资源为依托，以“长江防洪抗旱”为品牌打造的系列化图书，其目标是以项目为基础，以图书为载体，以市场为手段，会聚一流的科技作者，打造特色品牌，提供一流的科技图书，从而为推动治江事业作出贡献。

（长江出版社）

案例类别：产品

湘潮党课——智慧党建整体解决方案

一、项目背景

党的十九大报告强调，坚持“三会一课”制度，推进党的基层组织设置和活动方式创新，着力解决一些基层党组织弱化、虚化、边缘化问题。2019 年 11 月，中共中央办公厅印发《2019—2023 年全国党员教育培训工作规划》，倡导党员教育要创新运用信息化手段。2021 年 2 月 20 日习近平总书记在党史学习教育动员大会上指出，在全党开展党史学习教育。

新时代下，党员教育是推进党组织自我革命的必要要求，同时也对党员教育培训工作提出了更高标准，体系要更加健全、教育要更加规范、形式要更加新颖。党刊党报作为党的喉舌，是党的重要思想武器和政治阵地，在党员教育中发挥着至关重要的作用。因此，如何运用互联网技术和信息化手段，推进党刊党报进行出版融合，创新党员教育培训形式，为基层党组织党建教育提供助力，是党刊党报等媒体面临的新挑战。湘潮党课便是在此背景下应运而生，旨在为基层党组织打造党建教育新模式。

二、项目定位

湘潮党课是湖南人民出版社依托自有红色资源、党建资源、党史期刊品牌《湘潮》，立足湖湘本土，通过充分挖掘湖湘红色文化，运用互联网技术和信息化手段，将党建培训和新媒体深度融合，以标准好党课、线下好体验、智慧好管理三大核心业务，为全省基层党组织丰富党内生活和推进党建实务，提供线上线下融合课程与服务的智慧党建整体解决方案。

三、项目介绍

（一）产品方案

党史期刊品牌《湘潮》与时代同行，紧紧围绕中共中央加强基层党组织建设的指导思想和总体要求，以实体期刊为出版融合创新提供支撑，结合湖南省基层党组织开展党员教育培训的现状，组织高水平的专家队伍，通过深度挖掘与整合湖南省丰富的红色资源和党建资源，运用新媒体技术开发线上授课与线下研学相结合的“新党课”产品，用于支持基层党组织开展党性教育培训活动，创新党建教育形式。其主要服务包含线上课程服务中心和湘潮党课内容模块。

（二）线上课程服务中心

线上课程服务中心是湘潮党课的课程运营服务平台，集成所有课程资源和提供班级管理服务，用户可以通过移动端或 PC 端进入课程中心进行学习。服务中心还提供和分享优质的党建课程教学设计的下载，协助党组织完成党员教育课程开设，实现教法创新改革，激发党建教育的内生动力，其功能主要体现在以下几个方面。

1. 提供直播、录播、点播、学习资源、学习管理等多类型课程服务，将线上课程中心接入微信服务号——湘潮服务号，以微服务集成的方式提供一站式课程学习管理。

2. 同步更新湘潮党课的课程资源和配套课件包，前者供用户自主学习，后者协助党组织自行开设党课。

3. 提供移动端、计算机端两种主流学习方式，满足用户不同的学习环境需求。

4. 提供班级管理服务，为每一个服务单位设立专属班级，方便集中式管理。

5. 提供配套课程服务，包括课前通知、课中记录、课后反馈，全方位保证上课质量。

（三）湘潮党课内容模块

课程内容依托于湖南人民出版社丰厚的党建资源，在保证正确导向的基础上，充分挖掘湖湘地方红色资源，运用新媒体技术进行加工和再创作，将湖湘红色文化深度融入课程体系，以直播、视频、音频、图文、H5 等形式，讲好高质量党课，声情并茂地再现红色革命事迹、红色人物故事、脱贫故事、抗疫故事。同时提供电子图书库、党建案例库、党建理论库、党建活动库等资源库，为基层党组织丰富党内生活和推进党建实务提供精准的内容服务，让广大党员干部在党建学习中传承红色基因，坚守初心本色。

课程主要有以下 5 个模块：直播党课、主题教育课程、地方特色课程、主题阅读课程、活动课程。

1. 直播党课。湖南人民出版社联合国内知名党建领域专家，以专家数十年党建教育经验为依托，科学设置课程大纲，涵盖理论研究、党性教育、党建务实、时事政策多个方面，以线上直播授课和课后点播回看的方式，开发符合当前时代发展的党员干部教育课程，用走“新”更入心

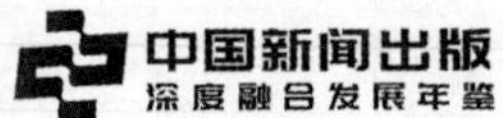

的直播课程，引导党员干部认真学习践行习近平新时代中国特色社会主义思想，坚定理想信念，践行初心使命。

2. 主题教育课程。以引导广大人民群众深刻认识党为国家和民族作出的伟大贡献，深刻感悟党始终不渝为人民的初心宗旨为根本任务，通过开设主题教育专题，系统地讲述党史、新中国史、改革开放史，社会主义发展史，让党员干部学史明理，学史增信，学史崇德，学史力行。

3. 地方特色课程。以挖掘湖湘地方红色资源、讲好地方故事，传承红色基因、书写中国特色社会主义建设发展成绩为初心，充分利用湖湘地方红色文化资源，一地一课，覆盖全省各地市州，讲好湖湘地方党史故事、红色故事，赓续红色血脉。

4. 主题阅读课程。依托湖南人民出版社丰富的主题图书库，通过精心选取红色历史、党性修养、家风建设等多种内容的书籍，开发精读视频、思维导图、有声故事等内容，打造出高效阅读课程，让党员干部在阅读中固守初心。

5. 活动课程。邀请党史专家、金牌解说员以革命历史遗址、先烈故居、纪念馆等爱国主义教育基地为活动地点，制定党建教育活动，并提供详细的活动方案，包括活动主题、活动流程安排、注意事项等，最后通过直播云游、3D 全景图、现场打卡等多样化的方式，开展生动有趣的党建教育活动。

四、项目特色

（一）坚持正确导向，加强顶层设计

湖南人民出版社打造湘潮党课，始终牢记使命，牢固树立政治意识、大局意识、责任意识、阵地意识，服从服务于党和政府工作大局。旗下的所有产品，都坚持用最为严格的要求对内容进行审核，保证政治导向上的正确性，牢牢守住底线。为此专门制定了《三审三校管理制度》《新媒体内容审核管理办法》，通过建立高标准的工作机制，为媒体融合发展提供制度保障。

（二）拥抱互联网思维，以用户为中心

湘潮党课始终以用户为中心，把用户体验做到极致。为满足用户不同的学习环境和要求，线下搭建“党建学习书屋”提供沉浸式研学和学习空间，线上建立湘潮党课服务中心并开发专属服务号，为用户提供丰富的课程和学习资料，还可以根据用户不同的需求开发定制化课程模块，提供专门的党建活动方案。

（三）推动媒体融合，打破线上线下壁垒

湘潮党课充分运用新媒体、新技术，通过新手段、新形式、新方法创新党建教育新模式，系统有效地开展党课，传播弘扬党的精神。主体融合思路是通过党史期刊、党建书籍等实体读物与新媒体融合，创新党建教育新模式，扩大党刊传播力，提升品牌影响力；线上与线下融合，建设一体化学习平台，打破空间壁垒，构建全场景教育学习闭环。

（四）以技术为驱动，创新产品形式

湘潮党课积极拥抱互联网新技术，并结合自身实际进行转化应用，运用新媒体技术将缺乏可读性的党史内容进行可视化加工，打造一系列当下用户喜爱的新媒体创新产品，其表现形式包括：直播、点播、微课、图说、有声读物、H5 游戏等。

（五）发挥专业优势，高效运营管理

湖南人民出版社充分发挥自身党社与《湘潮》党刊的专业优势，以湘潮党课作为精品党建内容输出平台，以湖南省新华书店的“党建学习书屋”作为营销分发平台，配备专业的产品、内容、运营及服务团队，从初始产品开发到后期维护运营全部由专业人员完成，旨在保证产品的高开发效率、高水平服务和高质量内容。湘潮党课以一周为周期，五个课程模块持续更新，保证优质稳定的内容输出。

（湖南人民出版社湘潮事业部）

湘潮党课线上课程中心

案例类别：产品

贝壳网精准教育互动平台

贝壳网创建于 2015 年，是中南出版传媒集团旗下核心分公司湖南教育出版社依托 30 多年的专业教育出版资源优势，倾心打造的 K12 精准教育互动平台。

贝壳网以“让教育更开放，资源更均衡，机会更平等；让学习更高效，发展更全面，成长更自由”为目标使命，以“以技术创新推动教育创新，以资源均衡推动教育均

衡”为发展模式，以“用户为本、内容为先、体验为上、服务为王”为核心理念，致力于为广大教师、学生、家长、学校、教研机构提供精准优质教育解决方案，打造开放、高效、全面、自由的新型教育生态圈。

一、产品建设情况

（一）教育教学资源

6年多来，贝壳网积极推动教育出版融合创新，不仅建设了为传统教材、教辅及一般图书提供增值服务的配套数字化资源，还针对湘教版国标教材开发了配套的数字教材、AR资源、教研云平台，实现公司纸质出版物富媒化、互动化、智能化，不断探索教育出版深度融合发展。

贝壳网依托教育出版积累的资源优势，以教学资源切入教育信息化领域，建设了优课大师、备课资源、微课资源、公开课精选、实验精讲、虚拟实验室、幼教资源、名师工作室、中小学课程等一系列精品教育内容资源，涵盖幼儿、小学、初中、高中各学科、各年级，以及大多数主流教材版本，包含教学设计、课程资源包、教案、学案、课件、拓展资源、视频、音频、试卷、习题、图片、教材解读等所有类型，能够充分满足教师课前、课中、课后的教学需求，充分满足同步教学、考试复习、中高考复习等不同场景中的教学需求。截至目前，贝壳网累计内容资源数量超过4040万个，总容量超过125TB，论数量还是质量均处于全国领先的阵列，已成为湖南省乃至全国中小学教师生最受欢迎、优质教学资源最多，同时也是最具竞争力的教育资源平台之一。

（二）教育信息化产品

6年多来，贝壳网借助互联网、云计算、大数据、人工智能等前沿技术，成功开发了云悦智慧教研与教师发展平台、综合素质评价系统、智能测评云平台、新高考整体解决方案、贝壳网APP等一系列提高教与学效率的产品，搭建了资源生产系统、课程生产系统、教材生产系统等完整数字内容生产管理体系，形成了围绕“教—学—研—测—评—管”完整闭环的产品服务，在国内同类教育出版社中处于领先地位。

云悦智慧教研与教师发展平台通过一系列子系统促进教育优质均衡发展、提升教师队伍建设、支撑学校教研管理、辅助教师日常工作；综合素质评价系统是应对素质教育以及中高考相关政策要求推出的信息化系统，能够帮助学校便捷开展评价工作，助力学生综合素质整体提升；智能测评云平台能从考试组卷、扫描、阅卷、成绩报告等多个流程帮助学校组织考试，助力教师教学和学校教学管理；新高考整体解决方案创新性整合生涯教育、学业规划、选科决策、走班教学等，是系统性解决新高考改革政策背景下学校所面临的问题与挑战的一套整体解决方案；贝壳网APP包含了数字教材、智慧教辅、在线课程、问答社区、学生活动等功能，充分满足学生用户的各类学习诉求；贝壳网资源生产管理系统、课程生产管理系统、教材生产管理系统等整套数字内容生产管理体系，对不论是教育类出版机构，还是专业类、大众类或少儿类出版机构，都是其走向转型升级和融合创新的必备工具。

（三）家校共育网

贝壳网旗下家校共育网是面向全国学校、家庭的一站式家校共育服务平台，为全国的学校、家庭提供专业的家校共育服务体系。家校共育网整合了国内最优秀的家庭教育资源，如朱永新、孙云晓、李玫瑾等100余名全国有影响力的家庭教育专家，研发了超2000课时的家庭教育课程和配套图书，形成了一套包括青少年心理测评、0~18岁分阶段家庭教育音视频课程、专家答疑等板块的家庭教育指导服务体系，成功举办了四届具有全国影响力的“新家庭教育文化节”。湖南省妇联于2019年授牌家校共育网为“湖南省网上家长学校”。

二、整体运营情况

（一）市场运营情况

贝壳网以“资源圈地，售后扎根，服务绑定，换道超车”为运营模式，在湖南省直至全国范围内稳步发展，目前已经在湖南省内永州、岳阳、益阳、娄底、郴州、常德、邵阳、湘西、长沙等几十个县市成功落地，并在陕西、河南、山西、广西、福建、宁夏、内蒙古、江西等多个省外地区推广使用，助力区域教育信息化与教育均衡发展。贝壳网旗下家校共育网服务370万名家长，家长学习参与率超过95%，课程观看量达2.8亿余次，家长满意度超过97%。截至目前，贝壳网和旗下家校共育网合计注册用户超过900万人次，覆盖全国26个省市区的60180所学校。

贝壳网OEM整体解决方案面向全国教育出版机构，提供区域优质教学资源库建设、教师信息技术应用能力提升平台建设、家校共育平台建设等功能，帮助传统教育出版机构快速搭建线上教育平台，共享“互联网＋教育”发展经验和成果，全方位助力数字化转型升级。目前，已经成功在山西省和宁夏回族自治区实现整体OEM方案部署，助推区域教育资源均衡发展。

（二）活动运营情况

贝壳网及家校共育网创建以来，举办了一系列活动赛事，累计参与或关注人数超过5000万人次，为广大老师、学生和家长提供了学习成长的平台、展现自我的舞台。

1. 湖南省中小学教师在线集体备课大赛。备课大赛以“信息技术与学科教学深度融合”为主题，创新设计了“组建团队、线上备课”的比赛形式，充分契合老师的日常教研备课模式。自2016年开始，一年一度的备课大赛已连续成功举办五届，赛事覆盖面遍布三湘四水，影响力逐渐辐射全国。在2020年备课大赛中，共有20741支参赛团队，92131名参赛教师，4900所参赛学校，覆盖湖南省全部 14 个地州市的全部 122 个县 / 市 / 区。

2. 新家庭教育文化节。2017—2020 年，贝壳网和旗下家校共育网连续成功举办了四届“新家庭教育文化节”，文化节会聚国内外最知名的家庭教育专家、学者，以契合时下热门的家庭教育主题，以及一系列内容形式丰富多彩的家庭教育主题活动为载体，吸引了全国 20 多个省份的人群参与和观看，在全国范围内带动了一场前所未有的家庭教育热潮。其中，2020 年第四届新家庭教育文化节云上大会共吸引全国 306 万家庭观看学习，深受社会各界和广大家长的好评。

（三）品牌社会影响

贝壳网累计获得 19 项软件著作权、22 项商标注册、3 项发明专利，获得了由教育部教育管理软件评测合格证书、ISO 9001-《质量管理体系认证》、ISO 20000-《信息技术服务管理体系认证》、ISO 27001-《信息安全管理体系认证》、信息系统安全等级保护备案，形成了较强的知识产权壁垒。

贝壳网入选国家新闻出版署“数字出版精品遴选推荐计划”、《百佳数字出版精品项目献礼建党百年》专栏、国家新闻出版改革发展项目库、中关村科学城互联网教育产业发展联盟、湖南省企业科技创新创业团队。贝壳网旗下家校共育网被湖南省妇联认证为“湖南省网上家长学校”。贝壳网先后获得第十一届新闻出版业互联网发展大会“优秀数字教育平台”、百道网“2017 年度少儿和教育知识服务品牌”、2018“回响中国”腾讯网年度教育盛典“教育行业影响力品牌”、2019 中国数字出版创新论坛“出版融合创新 · 年度推优”、《中国出版传媒商报》“最具成长价值 · 出版百强团队”、中国互联网教育评选盛典“2020 中国互联网教育领军企业”“2020 中国互联网教育优质平台产品”等一系列行业奖项。

经过 6 年的跨越式发展，贝壳网通过重点项目与转型升级的融合、书与网的融合、线上与线下教育服务的融合，探索出了一条适合教育类出版机构进行融合发展转型升级的道路，已经发展成为战略清晰、产品完备、技术全面、内容丰富的精准优质教育解决方案服务商，成为教育出版机构转型升级和融合创新的成功范例。

（湖南教育出版社贝壳网）

贝壳网

案例类别：组织机构

融合出版试点：有色金属出版分社

汪凡云

一、概况介绍

有色金属出版分社是中南大学出版社成立的融合出版试点部门，整合有色金属品牌优势和数字出版相关职能，以有色金属学科为主要切入点，从内容、渠道、平台、经营和管理等方面深度融合，积极推进全社数字出版转型升级与融合发展。

有色金属出版分社依托中南大学构建的完整高水平的有色金属学科链，以及有色金属学科 12 位院士领衔的高水平专家队伍，并会集我国有色金属行业知名专家学者的作者队伍，以建设打造有色金属全媒体出版平台为核心战略，融合出版转型升级等工作紧紧围绕这一核心目标进行规划和开展。

有色金属出版分社的实施推动了出版社优质内容资源与数字技术优势的结合，集传统编辑与技术骨干为一体，实现了传统出版与新兴出版在内容、渠道、平台、经营、管理的深度融合。

分社人员构成包含了技术人员、核心研发人员、综合运营人员、数字出版编辑、融合出版编辑、产品经理以及数字加工人员等。分社出版业务实现了全流程覆盖，在有色金属领域初步形成数字出版流程再造，初步实现了一次制作、多次发布、整体运营。融合出版基本实现从相“加”阶段迈向相“融”阶段，从“你是你、我是我”变成“你中有我、我中有你”，进而变成“你就是我、我就是你”。

二、阶段成果

有色金属出版分社成立以来融合出版已初现成果，先后获批并执行国家出版基金 5 项、国家文产资金 2 项、湖南省文产资金 2 项、长沙市文产资金 2 项、国家新闻出版改革发展项目库项目2项，共有7个项目18种有色金属图书被列入国家“十三五”重点图书出版规划。

有色金属出版分社通过积极推进融合出版相关工作，带动了出版社的数字出版转型升级，出版社2014年底被评为“湖南省数字出版转型示范单位”，在同类出版单位中排名第一。2018年在数字出版转型示范单位评估中被评为“全国数字出版转型重点示范单位”（知识服务方向）。

有色金属出版分社全力打造有色金属全媒体出版平台，服务于有色金属出版的全流程。在有色金属全媒体出版平台建设过程中积极运用新技术，实现了“内容+技术”的完美结合，主要成果如下所示。

（一）研发“复合数字出版平台”

出版社数字出版团队利用技术优势自主研发了“复合数字出版平台”，对出版社现有的有色金属图书、期刊出版过程进行了数字化出版流程再造，制定了《编辑标引图书工作指南》《标引编辑绩效考核标准》《排版员考核标准》等相关标准，保证了数字化加工、碎片化处理、专业标引的合理化和规范化。在数字化加工过程中，组织了一批拥有有色金属学科背景的博士、硕士对资源进行标引，确保数据的专业性；建立标引、加工、入库环节的三次审核机制，保证内容的准确性。

平台主要功能是通过对出版资源的专业多维度标引及深度的数字化加工，挖掘知识内容的脉络及组织结构，并通过相应技术手段制作出跨媒体、跨平台的多层次产品形式。复合数字出版平台是出版社数字出版工作的基础，保证了出版社数字出版工作的顺利进行。目前，已经累计加工的资源超20亿字规模，在此基础上建设了《中国有色金属知识库》、有色金属科技图书馆、有色金属电子图书等数字化产品。

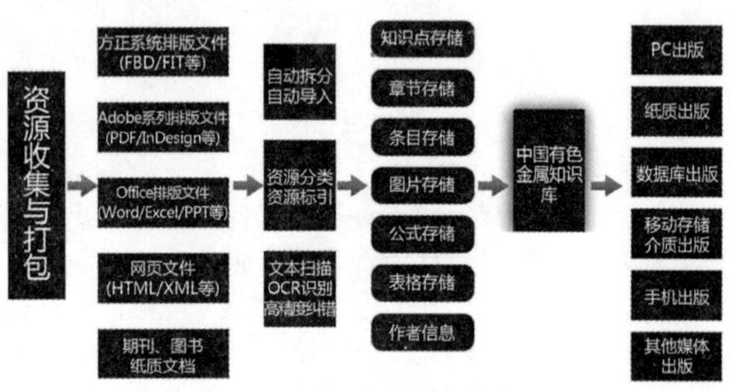

复合数字出版平台架构图

（二）建设有色金属行业唯一的《中国有色金属知识库》

有色金属出版分社依托中南大学构建的完整和高水平的有色金属学科链，出版了大量有色金属图书并多次获国家大奖，出版了代表行业最高水准的有色金属期刊。在对本社资源特点详细分析的基础上，规划建设了《中国有色金属知识库》。知识库的建设是具有专业知识背景的编辑对出版资源进行二维标引，即字面维度和知识体系维度，通过本社自主研发的“复合数字出版平台”上进行深度数字化加工，将其加工成为一个个知识点，实现有色金属专业知识的内聚与外延，成为具有知识网络结构的高质量专业知识库。

同时，有色金属出版分社自主研发搜索引擎技术，为用户提供强大的检索功能。与传统知识检索引擎仅能进行文字检索相比，《中国有色金属知识库》的用户不仅能够对标题、关键词、全文、作者等项目检索，而且形成了独有的对知识点检索、图检索、表格检索、公式检索等功能，用户可以快速定位所需，非常符合用户检索需求。

《中国有色金属知识库》先后荣获第三届中国出版政府奖网络出版物奖，首届湖南出版政府奖音像制品、电子出版物和网络出版物奖，第二届湖南出版政府奖音像制品、电子出版物和网络出版物奖，第四届湖湘优秀出版物奖，第三届中国有色金属出版物奖网络出版物奖特别奖，赢得了国家、省与有色金属行业的认可，社会效益尤为突出。

（三）建立有色金属科技知识服务门户网站

有色金属出版分社自主建设数字出版平台——“有色金属在线”网站（www.cnnmol.com）。“有色金属在线”核心是依托《中国有色金属知识库》搭建的内容投送和电子商务平台。网站通过在线的方式为行业用户提供各种知识服务及产品，主要包括：有色通搜索引擎、有色金属论文在线、有色金属资讯、学术会议、行业最新资讯、行业交流、有色金属书城、科技图书馆、电子书、数据库等产品和服务，是国内唯一的一个面向有色金属行业人员提供科技知识服务的专业网站。

（四）有色金属期刊移动应用集群

有色金属出版分社紧跟移动互联网浪潮，自主开发移动应用客户端。目前，已成功研发《中国有色金属学报》《中国有色金属学报（英文版）》《中南大学学报（自然科学版）》及《中南大学学报（英文版）》苹果APP客户端，并发布到苹果公司的应用商店，面向全球用户提供免费下载。读者能够通过移动平台随时随地查看期刊文献，包括期刊最新每期内容浏览功能及文献知识库的检索功能，进一步提升期刊服务质量。该项目获得了第二届湖南省出版政府奖网络出版物奖。

（五）“扫码通”数字出版平台

“扫码通”数字出版平台是为适应新形态图书需求，实现增强出版而打造的一款服务于图书和期刊的内容生产、发布平台。

“扫码通”的服务模式是通过扫描纸质出版物中的二维码，提供相应的富媒体资源与服务给读者。该平台持续稳定生产运营中，已有多个成功案例，现在已经为出版社图书、期刊提供全面服务。其中，在战“疫”期间发挥重要作用，多本战“疫”图书通过该平台以电子书、有声书和视频书的形式实现在线出版。该平台获得了“第五届湖湘优秀出版物数字出版物奖”。

（六）图书出版产品

在图书出版方面，有色金属出版分社积极拓展融合出版业务，充分依托中南大学的学科优势和人才优势，紧密结合有色金属学科及行业特点，以学术为本，注重出版特色和品牌建设，积极、及时组织出版和传播有色金属前沿领域的重大理论和创新技术成果。

“有色金属理论与技术前沿丛书”《精细冶金》《有色金属炉窑设计手册》《采矿手册》“有色金属理论与技术前沿丛书（第二批）”“有色金属技术手册系列——《重有色金属冶金生产技术与管理手册 锌卷》”等先后获得国家出版基金资助。

有色金属出版分社汇聚国际最前沿的有色金属学科研究成果，形成了标志性成果，为国家技术发明、科技创新提供了重要支撑，充分体现了出版人的责任担当。

三、案例意义

综上所述，有色金属出版分社牢牢坚持正确的政治方向，严格把控出版质量，积极对接行业需求，在内容与技术上勇于创新，取得了一系列社会效益与经济效益并重、社会效益尤为突出的专业成果，赢得了有色金属行业与出版行业的高度认同。同时，分社深刻领会转型升级与融合发展的要义，在服务模式上大胆探索，行业示范作用明显，推广价值大。

（汪凡云：中南大学出版社有色金属出版分社社长）

案例类别：产品

基于课程出版理念打造金课教材《大学体育》

唐天赋

一、项目背景

现代信息技术和新兴媒介的快速发展，使得传统出版物囿于单一媒介的传播模式被彻底颠覆。近年来，大众出版领域率先开始了融合出版的实践，一大批有声书、视频书、AR 图书等多元媒介深度融合的新形态出版物在图书市场崭露头角，并得到了广大读者的喜爱。随着媒体融合和教育信息化的深入发展，教育出版领域也在教育部一系列政策文件的激励引导下积极探索，开启了教材出版的融合创新之旅。

党的十八大以来，为贯彻落实立德树人教育根本任务，教育部以课程教材建设为主要抓手，相继发布了《关于一流本科课程建设的实施意见》（教高函〔2019〕8 号）、《全国大中小学教材建设规划（2019—2022 年）》和《普通高等学校教材管理办法》等一系列政策文件，要求高校打造一批具备高阶性、创新性和挑战度的“金课”，并组织建设信息技术与教育教学深度融合、多种介质综合运用、表现力丰富的新形态教材，以满足互联网时代学习特性需求。新时代的教材不再是单一的知识载体，它必须与课程融为一体，承载更多的教育教学功能。因此，“课程出版”理念被众多教育出版专家相继提出。

中南大学出版社在策划出版这本《大学体育》时，提出了基于课程出版理念开发新形态教材的具体思路，力求为“金课”教材建设探索一套全新的出版模式。

二、项目策划思路

（一）厘清课程出版的内涵

课程出版是教育出版转型升级过程中一种全新的出版模式，指充分利用信息技术手段，将课程的教学过程作为出版内容进行动态复制与公开传播。课程出版的主要载体包括在功能丰富的在线教育平台和新形态的融媒体教材。

1. 在线教育平台。是教育信息化的产物，其功能基本已经能够满足现阶段教学全流程的需要。目前，全国绝大多数高校都引进了在线教育平台，在线教育已成为高校创新教学内容、改革教学方式的重要载体。对出版社来说，在线教育平台不仅是课程出版选题来源的主渠道，也是课程出版实践的主战场，更是承载数字媒体资源的绝佳载体。通过在线教育平台，出版社可以为教材配置丰富的课程资源，并给学习者提供相应的教学服务。但值得注意的是，如果只是简单地把课程资源迁移至线上，缺乏持续的课程优化迭代，以及配套的教学服务和管理运营，课程出版将失去生命力。

2. 融媒体教材。是现代信息技术与教育出版深度融合的创新成果，是融合传统纸质媒体和新兴数字媒体的新形态教材。传统纸质教材因经过专家、作者的反复打磨和出版社的“三审三校”，内容的思想性、科学性、普适性都有保证，一直以来都是最为可靠的教学工具。

但传统纸质教材因其载体形态单一，在讲述比较抽象的内容的时总是被人诟病不够生动。而数字媒体资源如慕课、微课等数字课程资源，虽然在内容呈现形式上丰富多样，但在教育实践中带给学习者更多的是“生动而不深刻”的学习体验。这是因为慕课、微课等课程数字资源推崇的知识碎片化、通俗化，让知识传授在整体性、逻辑性和科学性上有所欠缺，使得学习效果打了折扣。而基于课程出版理念开发的融媒体教材遵循学习的基本规律，利用多种形态媒体的互补优势，能充分展现课程内容、服务教学过程、实现教学目标。

（二）遵循“金课”建设标准

《关于一流本科课程建设的实施意见》对“金课”建设的标准做了明确要求即高阶性、创新性、挑战度，其教材也必须严格遵循。

1. 知识、能力、素质有机融合。“金课”的高阶性标准要求课程实现知识、能力、素质三者的有机融合，提升学生解决复杂问题的综合能力。这就要求“金课”教材在顶层设计上必须根据课程体系构建育人目标明确的教材体系，在保证教材内容思想性、科学性、适宜性的同时，还需为学生提供可拓展的学习时空和可应用的学习场景，从而激发学生学习的积极性，活跃学生的思维，实现知识传授、能力培养、价值引领的有机统一。

2. 模式创新、融合赋能。“金课”的创新性标准要求课程内容反映前沿性和时代性，教学形式体现先进性和互动性，学习结果具有探究性和个性化。这就要求“金课”教材必须创新出版模式，通过融合出版技术来增强自身的功能。新形态的“金课”教材不仅可以持续地更新内容，反映学科领域的发展动态，而且配置了丰富的教学服务和自主学习功能，以适应翻转课堂、研究性学习等新颖的学习形式。

3. 因材施教、有效增负。“金课”的挑战度标准要求课程要有一定难度，学生需要跳一跳才能够得着。由于高校学生来源广泛，其学习基础和学习能力存在差异，如果只是一味地提高课程难度，将很难保证“有效增负”的目的。因此，基于课程出版的“金课”教材应考虑融合更先进的AI技术，让自身成为一种能识别学习者特征，并提供差异化的学习资源与教学服务的工具，帮助教师真正实现因材施教，有效增负。

（三）确定编写原则

公共体育课（简称公体课）不同于其他课程，涵盖了近20种体育项目，每门选项课的教学内容、教学方法、教学形式以及测评标准都自成一体，大多数学校采用的是课内外一体化和学训相结合的教学模式。因此，教材编写人员在编写时应着重考虑教学内容、教学方法和教学形式三者的有效整合，充分利用在线教育平台、体育健康类移动应用、学校新媒体矩阵将课内外体育教学活动融入教材，力争以教材为基点打造一个学、练、赛、评一体化的学习生态圈。

1. 一体化开发。基于课程出版的融媒体教材最终呈现出来的是新形态教材和课程数字资源两大部分，在编写之初必须整体考虑、一体化设计。首先，应根据公体课各选项课的教学特点，为教学内容选择合适的呈现形式。例如，运动项目的基本技术，在纸质教材中可简单介绍其动作方法和要领，而实际应用和训练方法则可制作相应微课详细讲解。其次，应根据选项课的教学内容，建设在线开放课程，将部分课堂教学活动搬到线上。这样既可以拓展选项课的体验渠道，提高学生的学习兴趣，又可以方便没有选修的同学了解选项课的具体内容，为其提供参考。最后，应针对选项课的教学目标和国家体质健康测试的达标任务，设计相应的课外训练活动和运动处方。此部分内容可借助第三方的体育健康类移动应用或开发专门的程序来实现，以帮助学生在合理的运动负荷下，科学有效地提升锻炼效果。

2. 多元多维选材。课程出版的可持续性和融媒体教材的可扩展性，给教材内容的多元、多维创造了条件，可以弥补公体课师资配备、课时安排以及纸质教材篇幅上的局限。因此，我们在编写时应根据选项课的教学大纲，针对大学生的生理特点和学习动机持续开发多元、多维的学习课程，在丰富学生学习体验的同时，让他们都可以选择自己感兴趣的运动项目，并找到符合自己运动水平的锻炼方式，从而有效提升学生的身体素质，培养学生的户外运动技能。此外，我们还可以利用在线教育平台的课程管理后台做学情分析，通过研究学生的学习记录、学习评价以及和学生的互动交流来分析学生的学愿学能，并依据分析结果为学生提供精准的教学服务，满足学生个性化的学习需求。

三、项目实施效果

（一）创新课程资源建设，促进学校“三教”改革

如何实现将“生命教育”融入体育教学，做到因材施教，构建良好的师生交互通道，又能有效促进学校“三教”改革，是本教材在出版过程中重点研究的课题。我们充分利用出版社和体育教研部自主研发的扫码通平台、CSU阳光体测云平台以及武汉数传集团的数字出版管理系统Rays，配置了丰富的课程资源，创设了全新的教育时空，极大地满足了新时代大学生个性化、场景化、社交化的学习需求，让他们在丰富学习体验的同时，都能找到适合自己的项目进行学习，从而有效锻炼身体素质，养成终身体育锻炼的习惯。同时，将一线教师从大量低层次、重复性的教学活动中解放出来，让他们有时间研究分析在教学中遇到的问题、收到的反馈，及时完善教学内容、教学方法、教学形式，针对大学生的生理特点和学习动机持续开发多元化的学习课程，从而有效促进学校的体育课程建设。此外，教材的编写团队和使用院校涵盖了4所学校，不仅能够共享各自的优质教学资源，

还能获得足够多的学生样本。编写团队能够从3个平台调取学生的学习记录和体质健康测试成绩，与各个学校的一线教师一起分析学生的学习动机、学习兴趣、学习困难，并依据分析结果为学生提供更精准的教学服务。

（二）拓展融合出版边界，发挥教材育人功能

课程思政、“三全”育人教育理念的提出完全颠覆了传统的教育范式。如何打破固有课程边界有效融入思政元素，实现公共体育课程与思政课程同向同行，形成协同效应，对课程建设与教材出版来说都是必须思考的新课题。因此，中南大学出版社尝试利用融合出版的动态性和开放性，持续创新教育载体，不断拓展本教材的边界。首先，在教材中设置了《人文体育》栏目，并配套制作了视频书，通过挖掘体育历史中生动的育人元素来弘扬体育精神，以期做到“以体育人、以文化魂”。截至目前，该栏目的浏览次数达69235次，平均观看时长约25分钟，深受同学们地喜爱。其次，充分利用融合出版的开发性，进一步探索“三全”育人与教材出版的融合形式。例如，在教材中链接了《阳光社团》栏目，宣介学校的体育社团和各类校园品牌赛事；联合学校团委、学工部共同挖掘学校优势体育项目资源，围绕学校高水平运动员、教练员策划系列专题，利用学校新媒体矩阵来宣传校园体育文化。

（三）助力学校科研工作，叠加融合出版功能

“让所有学生达到《国家学生体质健康标准》合格标准”是高校公共体育课程的主要教学目标之一，也是学校体育工作者亟待解决的紧迫课题。在确定本项目之初，中南大学出版社就将此课题纳入出版计划，明确了研发“CSU阳光体育体测云平台”，增强教材教学功能的科研任务。目前，该平台已投入试运行近一个学期，深受学生的喜爱，获得了广泛好评。学生通过该平台不仅可以查询到本人体质测试的各项数据及成绩，比较客观地对自身的体质健康水平进行综合评价，还可以获取相应的运动处方，从而掌握科学合理的锻炼方法，有的放矢地提优补弱。

（唐天赋：中南大学出版社有限责任公司人文社科出版中心副主任）

【微课学堂】舞狮—课程概述

案例类别：产品

天闻数媒智慧教育产品创新

杨沐 杨毅 陈春井 袁瀛寰

天闻数媒的智慧教育产品以ECO云开放平台为数据资源整合为出入口，以ECR智慧教育资源平台为教育教学应用资源池，依托“AI课堂”智慧课堂平台及智慧应用终端，共同构建完整的智慧课堂。

一、天闻ECO云开放平台

天闻ECO云开放平台是天闻数媒智慧教育产品的数据资源整合平台，接入各级各部门的各类数据、教育机构、教师、学生、家长的各类数据，形成教育大数据中心。数据中心通过对数据的处理、把之前孤立的应用整合起来，数据互联互通，联结教育生态内外的应用及服务，实现内外融合、开放与创新作为智能化教学。通过统一身份认证、统一应用接入、统一安全管理、统一数据标准、统一主数据、统一数据分析、统一信息门户、统一服务管理等功能是实现教育大数据的整合和应用，为线上课堂提供更好的用户体验和个性化教学。

二、“AI课堂”智慧课堂平台

“AI课堂”智慧课堂平台（简称AI课堂）集授课容器、群组、教学活动库、富媒体课例、统一搜索、数字徽章等工具和服务的教育平台课堂级入口。其基于云平台部署，结合人工智能和大数据分析技术，实现移动化、智能化、互动化、个性化教学，完整覆盖课前、课中、课后多教学场景。

（一）AI课堂主要功能

AI课堂主要功能包括智能备课、智能授课和智能作业和资源中心。

1. 备课智能。AI课堂提供一种由富媒体课例智能创建系统构建的富媒体课例，它不仅包括了常用的音视频、图片、文档、试卷、游戏、动画等资源，还包括了互动过程中的投票、研讨等类型，覆盖课前、课中、课后3个时间维度，并且可以根据分组设置进行个性化的分层

教学。此外，课堂中进行板书录制、结合声音录制，实现智能板书，可回放、可分享，便于学生个性化学习，自适应学习以及教研使用。

2. 智能授课。AI 课堂提供授课容器，授课基于协同桌面，包含电子白板，文件展示、活动资源以及常用工具等，支持师生课堂互动。其作为一种业务容器，能够快速集成其他应用与资源，作为富媒体容器，它可以展示音频、视频、图片、试题以及个性化教学工具等，全部是融合在一个单一窗口内，进行展示。

3. 智能作业。AI 课堂提供海量试卷，试题供老师布置作业使用，且支持老师根据知识点或章节进行组卷，支持新建试题，及导入本地试卷。支持学生在线作业作答，作答结果接收，作业详情查询和作业批改，并支持作答结果统计和全面的作业分析。

4. 资源中心。AI 课堂资源中心主要为教师备课提供各种教学素材及课例，让教师的备课更轻松便捷。包括课例、课件、视频、音频、图片、文档、动画 7 类资源，支持老师上传或收藏相关资源。

（二）AI 课堂的价值

AI 课堂对传统教学产生了革命性的影响，在教学实践中具有重要的特色和应用价值，主要体现在以下五个方面。

1. 有利于构建理想学习环境。AI 课堂依据建构主义理论设计课堂教学模式，按照知识建构螺旋上升的特点，围绕课前、课中、课后的教学环节，利用多媒体、新技术和智能设备，基于动态学习数据分析和“云 + 端”的运用，能够创造和展示各种趋于现实的学习情境，增进师生间、生生间的立体化沟通交流，有利于开展协作、探究学习，实现学习者知识意义的建构。

2. 有利于促进课堂形态的重大变革。AI 课堂教学中现代信息技术手段的深度应用，使课堂形态发生了重大变革。新技术、新媒体和智能终端为学习者提供了丰富的认知工具与支撑环境，为师生建立了更为开放的教室和课堂活动。

3. 创新课堂教学结构和模式。AI 课堂在教学观念、教学内容、教学方式和教学流程上都发生了重大变化，课堂教学模式被“颠覆”。教学进程从“先教后学”到“先学后教”“以学定教”，学习与智能测评在前，教师依据课前测评分析，有的放矢，分层教学，通过分组讨论、精讲点评、分层练习等方式组织更加个性化的课堂教学，课后教师能够给每个学生发布个性化的作业，真正实现了个性化教学和因材施教。

4. 构建全过程学习评价体系。AI 课堂，其核心是对学生的学习全过程进行动态、实时的诊断评价和反馈。利用大数据学习分析技术提供测评练习，教师能够快速地对学生的学习全过程作出诊断评价。

5. 实现智慧课堂的常态化应用。智慧课堂取得实际成效的前提是常态化应用，常态化应用的前提是具有先进、方便、实用的工具手段。通过 AI 课堂，提供教学活动设计与推送功能、动态学习评价与数据分析功能、灵活方便的智能终端应用功能等，实现常态化教与学的应用。

三、ECR 教育资源云平台

ECR 教育资源云平台是天闻数媒打造的面向用户的基础教育资源公共服务云开放平台。平台通过建立资源体系标准和接口标准，统一资源管理，形成资源生态自循环，提供云化版资源中心、题库中心、课程中心，为天闻数媒各类产品提供精品优质资源。平台资源更新即时迅捷，一键直达用户，可为全网用户提供教与学服务。平台创新了教育资源 C2C 服务模式，让资源从用户中来到用户中去，生态自循环，保障资源的可用性。

（一）平台主要功能

ECR 教育资源云平台基于 B/S 架构，建设有“三个中心和四个模块”。三个中心即资源中心、题库中心、课程中心，用于展示基础教育阶段的海量教学资源，包括课件、教学设计、课例资源包、微课、音视频、动画、试题、试卷、素质副科课程和平台名师素养课堂等。四个模块即管理系统模块、运营系统模块、交易系统模块以及积分系统模块。平台通过四个模块构建了项目的管理、运营、交易和积分系统。

（二）平台资源体系

ECR 教育资源云平台构建结构系统、设计科学、类型丰富、形式生动、使用便捷的多学科、多层次、多用途的数字教育资源体系，以支撑教师的课前备课、课中授课、课外研修；支撑学生的课堂学习，同时助力学生的个性化自学、提升其能力，开阔其视野，主要包括同步资源、微课程视频、专题资源、测评资源四大类。

1. 同步资源。整合了课件、教案、学案、课文朗读以及动画、音视频、图片、文本素材等内容，总量超过 60 万条，覆盖全学段、全学科，覆盖主流 180 个版本，同步更新改版教材与资源。

同步资源精准匹配，适合同步教学需求，促进学情分析与智能测评。

2. 微课程视频。内容覆盖小初高全学段全学科，专注于“讲”，以“视频”为载体，以“重点、难点、考点”为内容，以“巩固知识、提升能力、提高成绩”为设计目标，以“知识点总结、重难点点拨、技巧应用和考点强化”为主要内容。总量近 2 万节。微课程视频类型丰富，内容优质，形态微型且高清。

3. 专题资源。紧扣学科特点建设，总量超过 110 个专题。重点突破学科的重难点、知识模块，补充某种课型（如作文课、翻转课程）的系列性资源，是对教学需求的资源性强化。

4. 题库资源。提供与教材同步的精品试题和试卷，总量超过 120 万条，覆盖初高中 9 科所有教材以及高中必修和重点选修教材。资源覆盖全学段全学科，题型丰富全面，难度分布全面均衡，同步、专题、真题、名校模拟种类齐全，试题拆分细致、标引详细、匹配知识点、准确率高、便于测评。

（三）平台的价值与特色

1. 构建了以个性化、智能化为核心的资源服务体系。ECR 教育资源云平台以实现优质教育资源均衡发展为目标，构建以个性化、智能化为核心的资源服务体系。平台采用开放的架构，拥有优质的内容资源，实现了优质教育资源共建共享，提供个性化、智能化资源服务，实现了资源动态实时更新。

2. 创新了教育资源服务模式，创新了教育资源生态建设模式。ECR 教育资源云平台的建设以技术引领服务创新，依托大数据技术、人工智能技术、云计算技术和云服务技术在教育领域创新了教育资源服务模式，创新了教育资源生态建设模式。

〔杨沐：天闻数媒科技（北京）有限公司总经理，杨毅：天闻数媒科技（北京）有限公司副总裁，陈春井：天闻数媒科技（北京）有限公司事业部总监，袁瀛寰：天闻数媒科技（北京）有限公司事业部副总监〕

案例类别：产品

基于 5G+ 大数据技术的“智慧作业”出版项目

一、项目背景

随着计算机和互联网技术的蓬勃发展，教育迎来了前所未有的机遇和挑战。“从 2019 年中共中央、国务院印发《中共中央国务院关于深化教育教学改革全面提高义务教育质量的意见》指出‘促进信息技术与教育教学融合应用’，到 2020 年时任教育部党组书记、部长陈宝生在全国教育会议上指出要‘促进教育信息化与因材施教深度融合’”。这必然催生更多教学方式的创新，也对教学内容和教育出版的创新提出了新要求。

教育出版要更好地服务于教育，服务于民生，就必须顺时应变，在推动传统出版和新兴出版融合发展，推动媒体融合向纵深发展的同时，深度参与教育信息化建设，实现纸质教育资源与数字教育资源融合，出版信息化与教育信息化融合。

江西教育出版社在教育出版创新发展的路径上，以教育领域里的民生热点痛点问题、承教启学的重要环节——“作业”为切入点，以切实为师生和家长减负增效、实现可持续精准教育扶贫、促进教育公平、提高教育质量为目标，以“出版 + 信息技术 + 教育”为模式，联合江西省教育技术与装备发展中心、江西软云科技股份有限公司全力打造基于 5G+ 大数据技术的“智慧作业”出版项目（下称“智慧作业”项目），推动出版与教育的融合发展。

二、项目建设目的

“智慧作业”项目建设目的如下：一是推动“教育出版 + 信息技术 + 教育”的深度融合发展；二是提高教育质量，促进教育资源均衡化发展，提升大规模因材施教的深度及广度，实现教育精准扶贫的可持续性；三是致力于师生和家长减负增效，严控作业量，促进学生完成好基础性作业，杜绝将学生作业变成家长作业或要求家长检查批改作业；四是探索教育公共服务平台和大规模应用或课后作业的创新模式，为教育出版与教师研究或实施因材施教策略、模式和个性学习、教师教学提供数据支撑。

三、项目主要内容

“智慧作业”依托江西教育出版社纸质教辅和江西省教育资源公共服务平台已有的云计算基础设施，在不增加中小学师生工作量，不改变中小学师生现有作业模式的前提下，将互联网、视觉成像和大数据等技术应用到学生日常纸质作业中，通过高拍仪、点阵笔、移动终端等动态采集学生过程性数据，经 AI 自动切题和数据分析，将作业固化的内容碎片化并重新组织，即时生成专属错题本、配套的名师错题微课等个性化学习资源和学情分析报告，构建以学习者为中心的学业评价体系，帮助教育管理者进行科学决策，最终达到因材施教、提升教学质量、减负增效目的。

（一）解决痛点

“智慧作业”项目建设重在解决以下三个教育痛点。

1. 教师对教学反馈情况掌握不够：教师对学生个体的学习情况只有大概印象和粗略了解，深入不到具体知识点，无法对学生学情做准确评估，难以因材施教。

2. 学生难以获得个性化学习指导：统一制订的学习方案不适用自己的学习能力，学习效果差。

3. 存在信息孤岛：教育管理部门对学情状况掌握不足，出版社无法及时获得教辅使用情况反馈等。

（二）组成部分

“智慧作业”项目系统分为四部分，自下而上分别为出版层、采集层、技术层、应用层。

1. 出版层。主要是指出版社选择精品教辅，根据系统要求进行版式微调、铺码、增加学号、固定版心、减少跨栏排等，来提高作业采集精确度。

2. 采集层。主要是指学生或教师在作业批改完后，通过智能笔、一体机、高扫仪、高拍仪完成纸质作业的采集上传，为技术层的“智能分析”提供后勤保障。

3. 技术层。主要指系统先对电子教辅进行碎片化，并对内容进行多维度标识和归类。

4. 应用层。主要是指系统向教育管理部门和出版社提供监控区域教学管理服务，向学校提供校级学情报告、年级作业报告等服务，向教师提供作业报告、错题讲解稿等服务，向家长和学生提供作业错题归纳、联考错题归纳等服务。

（三）主要特点

1. 借力智能技术，破解教育难点。学生学业负担重一直困扰着广大家长、老师和学生。“智慧作业”项目以不改变现有作业模式为前提，将成熟的光学扫描识别技术、结构化知识图谱、云题库、人工智能引擎及大数据分析等先进技术应用到学生日常纸质作业中，动态采集学生过程性数据，即时生成每个学生专属的错题集，并推送错题解析微课。错题集不仅有错题作答记录，还能自动推送相关例题，举一反三，有助于学生针对性练习，提高效率。同时，系统自动采集功能可使用教师在批改作业时，只需判别对错，无须对错题进行详细订正，有助于减轻教师负担。

2. 挖掘作业数据，探索因材施教。“智慧作业”项目通过对学生纸质作业的大数据采集、错题数据深度挖掘和错题微课精准辅导等，形成学生学情数据并实时推送至“人人通”学习空间，构建学生学习数字档案。系统不仅能为实施学生综合素质评价提供数据支撑，还能帮助教师及时掌握学生学习状况，把握教学重难点，调整教学方法。根据学生学习能力将分层作业落到实处，有效调动全体学生的学习兴趣，使不同性格禀赋、不同兴趣特长、不同素质潜力的学生都能接受符合自己成长需要的教育。

3. 智能推送微课，做好学困生帮扶。“智慧作业”项目在教育、出版、通信等公司的通力合作之下，把现有的家庭电视机顶盒在线升级为“人人通”学习机。学生回家后，可以利用“人人通”学习机或“江西智慧作业”微信端等方式，及时收看本人错题集，借助微课视频自主学习，遇到疑难点还可随时通过系统提供的联系方式与授课老师取得联系，实现名师辅导帮教。同时，项目将为江西30万建档立卡的在籍贫困生家庭免除宽带费、电视收视费，实现教育精准扶贫的可持续性。

4. 激发名师动能，共享优质资源。“智慧作业”项目资源由江西省教育厅组织本社、全省教研员、电教系统人员和中小学名师，共同承担“智慧作业”配套微课资源的研发、录制，配套题目解析制作工作。依据本社出版的主要教材版本配套同步练习册，由江西省教育技术与装备发展中心组织开展作业微课征集活动，在网络学习空间人人通应用考核指标的驱动下，目前已集得微课86202节。通过江西省教育资源公共服务平台、“江西智慧作业”微信端、家庭电视机顶盒，向全省中小学生个性化推送全省名校名师的配套微课资源，有效推动实现优质教育资源的广泛共享。

四、效益

（一）促进“教育出版＋信息技术＋教育”融合发展

“智慧作业”项目在不改变用户使用习惯，通过智能笔、一体机、高扫仪、高拍仪与纸质教辅建立联系，结合互联网、视觉成像和大数据等技术，为教育管理部门、学校、教师、学生和家长提供服务。这不仅加快了传统出版资源的数字化、碎片化，提升了纸质教辅和教学质量，增加了用户与纸质教辅的黏性，搭建了出版人与学生、家长和老师实时互动的桥梁，而且促进了“出版＋信息技术＋教育”的融合发展。

目前江西教育出版社已出版配套“智慧作业”项目的教辅300余种，累计发行近6000万册，各类客户端用户超200万名，实现了良好的社会效益。

（二）促进教育均衡化发展和提升教育水平

截至2020年10月，“智慧作业”项目已有7359所学校参与应用，发布了近万节名师精品微课，累计使用学生数约480万人，采集作业7873万次，已基本实现免费向全省学校、师生及家长提供个性化作业辅导服务，较好地解决了教育民生问题，促进了教育资源均衡化发展和教育公平。

（三）加速推进教育信息化，助力因材施教

“智慧作业”项目实施共有4.99万名教师参加了智慧作业微课录制和培训。通过作业微课征集活动，广大教师信息技术应用水平在应用中得到提升。目前，已集得微课共计86202节，为5G+大数据下的“智慧作业”系统实施的可持续性奠定了基础。

（江西教育出版社有限责任公司）

案例类别：产品

《大中华寻宝记》融合出版项目

一、项目基本情况

《大中华寻宝记》融合出版项目源自二十一世纪出版社集团出版的大型原创知识漫画图书——“大中华寻宝系列”。该系列共出版了《北京寻宝记》《黑龙江寻宝记》在内的28册图书，单本最高印数达150万册，全系列累计销售超过3300万册，深受广大小读者的喜爱。2018年，“大中华寻宝系列”发货码洋1.6亿元；2019年，发货码洋高达1.91亿元；2020年，发货码洋达2.39亿元，实现销售业绩的稳步提升。“大中华寻宝系列”以中国23个省、5个自治区、4个直辖市、2个特别行政区为创作背景，讲述一群机敏睿智的少年，联合千年超能神兽，遍游祖国各地，展开奇妙玄幻的寻宝故事。丛书以独特的漫画元素和创新的故事语言，悬念迭出的情节和匠心独运的编创，将神州大地的地理风貌、历史遗迹、文化艺术、物产资源等内容巧妙融合，为读者开启一场场足尖上的中国之旅，是中华文化别开生面的呈现。

“大中华寻宝系列”不仅经济效益极佳，在社会效益方面，更是屡获大奖：《大中华寻宝记》融合出版项目在推动出版深度融合中起到良好的示范带动作用，于2019年成功入选国家新闻出版署数字出版精品遴选推荐计划；因创新IP的发展理念，以及历经数年对原创动漫IP的深度打造，获得中国文化IP领域的专业奖项金竹奖最佳原创作品奖的殊荣；2019年12月，《大中华寻宝记》凭借优质的出版内容和良好的价值观导向，荣获国家图书领域三大奖项之一——第七届中华优秀出版物（图书）奖；2020年度，获得中国版权最佳内容创作奖；2021年度，《大中华寻宝记》融合出版项目入选“百佳数字出版精品项目献礼建党百年专栏”项目。

秉承拉长作品价值链，实行全媒体覆盖，深度挖掘IP资源的经营理念，二十一世纪出版社集团早在2012年便把“大中华寻宝系列”当作“种子工程”进行布局，以其最优质的内容故事和可无限拓展的IP属性，启动《大中华寻宝记》融合出版项目。该项目旨在深入挖掘优秀图书出版资源，推进少儿文化创意产业转型升级、融合发展，构建互联网时代中国少儿文化创意产业转型融合的O2O新生态，使弘扬优秀传统文化和社会主义核心价值观的好选题、好故事得以最大限度推广与多样性艺术展现。

二、项目建设情况

目前《大中华寻宝记》融合出版项目主要内容如下。

（一）图书产品建设

“大中华寻宝系列”目前已出版地理漫画、知识小说、神兽系列、恐龙科普、立体拼插、历史寻宝记等多个产品板块。其中地理漫画板块28种，知识小说8种，神兽系列13种，恐龙科普3种，立体拼插1种，历史寻宝记1种，共有50余种图书产品。

（二）数字化产品建设

数字化产品主要包括有声书、动画片、“中华寻宝大会”知识竞答小程序，以及微信公众号、抖音号等的运营维护。

1.《大中华寻宝记》有声书：基于“大中华寻宝系列”图书内容衍生的《大中华寻宝记》有声书于2018年4月在喜马拉雅平台上线。该广播剧共45集，累计播放超400万次，单集最高点击率超20万次。通过儿童广播剧的形式，《大中华寻宝记》带给孩子们一场听觉盛宴。小听众们可以跟着“大中华寻宝记”广播剧一起去探寻未知，身临其境地领略祖国的大好山河和各地风土人情。

2.“大中华寻宝记”动画片：基于“大中华寻宝系列”大型原创知识漫画图书的持续性畅销，经过三年的精心筹备与孵化，由上海京鼎动漫科技有限公司和二十一世纪出版社集团有限公司联合出品的《大中华寻宝记》动画片，已于2018年12月20日在中央电视台少儿频道《银河剧场》首播。该片收视率表现上佳，多日居全国同时段动漫节目第一名，并将在网络平台进行新一轮的热播。

《大中华寻宝记》动画片获奖颇多，不仅入选国家广电总局推荐的2018年第三季度优秀国产动画片，还被中国版权中心评为优秀原创动漫作品，并入选原文化部产业司“国家动漫企业项目资源库”。

3.“中华寻宝大会”微信小程序：围绕“大中华寻宝系列”图书展开的全民阅读推广活动——“中华寻宝大会”，以图书内容为蓝本，以微信小程序为载体，以知识竞赛为形式，广泛宣传中华优秀传统文化，以极强的互动性受到全国小读者的热烈欢迎。数字化线上阅读结合线下推广活动同步展开，覆盖全国数百座城市，举办活动千余场，参与读者达数万人，迅速实现了跨地域的全民阅读推广，并使此文化 IP 赢得了更多圈层人群的关注。2018 年，“中华寻宝大会”第一季 H5 以中华优秀传统文化的人文、地理、历史等知识为蓝本，采用答题闯关形式，受到了广大读者的好评，3 个月间斩获 5000 余名参赛者。“中华寻宝大会”第二季微信小程序于 2019 年“世界读书日”正式上线，增加了读者出题、体力管理等读者高频互动模块，以及徽章管理、个人仓库、积分管理等奖励互动模块，极大增强了用户黏度。同时，高度强调家乡文化主题，设置经典模式与闯关模式双模式互动，激发小读者的家乡认同感，参与人数超过 1.5 万人。“中华寻宝大会”将不断丰富知识题库，每年启动春、秋两季活动，与更多的小读者进行阅读互动。

4. 创意化营销助力品牌成长：在图书的营销推广方面，我们以创意化的营销推广，覆盖全国。以全方位、立体化的营销推广，把 IP 营销、线上营销与活动营销相结合，以主题知识竞答活动“中华寻宝大会”为模式，已在全国数十个城市的展会、书店、图书馆、学校举办宣传活动上千场，覆盖读者超过十万人，极大提升了图书的销售转化率。在全国范围建立“中华寻宝大会”推广人、意见领袖团队，开展公益校园行、百城千店大促销、场景化互动体验、“大美中华杯”征文大赛等活动。“大中华寻宝记”微信公众号高频率、高品质的推文，也十分有效地赢得了读者关注度。搭建“大中华寻宝记”自媒体营销矩阵，抖音号“童书寻宝记”，微信公众号“寻宝战队”等账号，在多个流量平台积累超高人气。我们正以新媒体融合的方式进行互联网创意营销，使 IP 知名度实现更大程度的传播。

5. 全方位 IP 品牌打造。具有超级 IP 基因的“大中华寻宝记”，以市场需求、优势资源和数字内容平台为基础，构建起一条复合型产品链。二十一世纪出版社集团将对“大中华寻宝记”这一文化 IP 进行多元化的开发，并有步骤地延伸至手伴、文创周边、儿童用品、文旅行业等相关业态。目前，已开发笔记本、手提袋、文具袋、立体拼插等周边文具和玩具，深受孩子们的喜爱。

2020 年，“大中华寻宝记”携手上海环球港凯越酒店打造了主题 IP 客房，为携带儿童出游的家庭提供童趣非凡的入住体验，进一步提升了 IP 品牌影响力。在全国开设多家“大中华寻宝记”主题馆示范馆，形成全国范围的、大规模的“大中华寻宝记”品牌宣传态势。

优质的 IP，通过多样化的版权推广与运营，必将成为文化品牌未来获得高速增长的核心驱动力，也将以其独特的内在文化价值成功俘获消费者。IP 版权运营要以优质的原创内容为基础，以成熟的品牌形象为依托，二十一世纪出版社集团将继续致力于将少儿文化 IP“大中华寻宝记”进行更加多元化的开发，并有步骤地延伸至动漫影视、游戏、手伴、文创周边、儿童用品、文旅行业等相关业态，使这一弘扬中华优秀传统文化和社会主义核心价值观的优质 IP，充分发挥其高附加值的属性，获得最具多样性的呈现及推广。同时，利用阅读推广和新媒体传播的力量，使“大中华寻宝系列”中蕴含的地理、历史、民俗等海量文化能够真正地“活”起来，顺应时代发展进程，传承和弘扬中华优秀传统文化，为进一步提升中华文化软实力贡献力量。

（二十一世纪出版社集团有限公司）

寻宝战队公众号

案例类别：产品

融合创新主动破局 试水纪录片《屋脊的慧眼》

李智 周荀 陈晓君

一、产品规模

《屋脊的慧眼》（*Eyes of Wisdom in Tibet*）是时长 90 分钟的纪录片，产品形态为高清 DVD 两盘（上、下集），普通话配音，中英文字幕，容量 6.5G。

此外，该产品还创作了纪录片同名主题曲《屋脊的慧眼》及 MV、宣传片、电影节海报、片花等周边材料。

二、产品内容

《屋脊的慧眼》是广东教育出版社联手马德里亚洲国际电影节最佳纪录片导演田喆打造的一部纪录片，也是广东教育出版社在新时代行业转型升级的浪潮中媒体融合的跨界之作。凭借其选题的“高立意、高站位”，《屋脊的慧眼》成功获得代表我国出版最高水平的国家出版基金的支持。

《屋脊的慧眼》用双线叙述的方式记录了世界屋脊上两个关于“慧眼”的故事：一个讲述的是世界前沿的亚毫米波天文望远镜从阿尔卑斯山脉落户世界屋脊；一个阐释的是距今已有2000多年历史的藏天文历算在民间的深远影响及应用。纪录片以一位藏族姑娘的博士求学之路为线索串起两个故事，以强烈的对比映照，展示现代与古老的交融、前沿科学与传统文明之间的和谐共存。

纪录片分为上、下两集，上集着重呈现亚毫米波天文望远镜在西藏羊八井的建设和运行，下集着重记录藏天文历算对藏民族生活生产的深远意义。

主创人员聚焦科技内涵与其社会文化关系的外延，运用田野调查和民族志研究方法，对世界屋脊的人物故事和中国天文界重大事件进行了长达11年的影像纪录，完美诠释了科学人类学、跨文化人类学的视角在纪录片中的运用及价值。

三、主创人员

（一）纪录片总导演

田喆：高级记者，中央电视台科教频道原导演。执导作品曾荣获2018年马德里亚洲国际电影节最佳纪录片导演奖、最佳纪录片提名奖、国家广电总局2018年第四批推荐优秀国产纪录片；曾获评国家广电总局2018年度国产纪录片及创作人才扶持项目优秀导演。

（二）纪录片选题策划

李智：广东教育出版社副编审，广东特支计划“青年文化英才”。

（三）纪录片总策划

王俊杰：原中国科学院国家天文台党委委员，中组部团中央第17批博士服务团成员，现挂职西藏自治区科学技术厅党组成员、副厅长，国际天文联合会会员。

（四）纪录片顾问

白伦占堆：西藏大学研究生院副院长，教授，西藏大学藏族文化史硕导，兼任西藏自治区博物馆特邀研究员，西藏社会主义学院特聘教授。

（五）纪录片撰稿

崔文华：中国艺术研究院研究员。担任《大国工匠》《大国崛起》等系列专题片的总撰稿；撰写编导的电视纪实片、专题片近百部，如《澳门岁月》等；2017年以《精诚笃爱：孙中山与宋庆龄》荣获国家广电总局优秀撰稿。

四、产品价值与优势

（一）讲好中国故事，担负时代使命

党的十九大报告指出：“推进国际传播能力建设，讲好中国故事，展现真实、立体、全面的中国，提高国家文化软实力。”《屋脊的慧眼》高立意、高站位讲述中国故事，主要体现在选取“科技＋文化”两个主题作为叙事背景：一个是代表现代天文国际领先地位的中德亚毫米波望远镜的建设和运行，另一个是远古却直至今日依然富有活力的藏天文历算。两个事物在各自领域实属独特，当这两个事物在神秘烂漫的雪域高原相互碰撞，可以说在同时期乃至将来的纪录片都是难以复制的。该部纪录片选题的独特与宏大，加上拍摄地复杂的自然环境和人文环境，多年来让影视界望而却步。本产品瞄准这一“可遇不可求”的选题，以极高的政治素养迎难而上，在建党100周年、西藏和平解放70周年的伟大时刻，用纪录片的形式将中国价值、中国制度、中国力量寓于其中，面向世界彰显中华文明海纳百川、多元融合的胸怀，把“文化创新”“科技强国”的中国形象诠释好、传递好，利用影视作品不可比拟的表达力，努力为一个优质的中国好故事创造缘起，为广大观众传递科技探索和文化传承的信念。

（二）提供新时期出版融合的新思路

广东教育出版社立足30多年教材教辅研发经验，具有懂导向、懂教育、懂内容的深厚能力和核心优势。与以往传统出版单位仅作为图书或音像制品版权出版者浅层次参与版权运营不同，本社选择以出品人的主导姿态开展“出版＋影视”的深度合作。项目推进过程中，本社从头到尾不缺席：在脚本创作、影视拍摄、后期制作等环节中定调和把关，确保教育价值和教育功能得到恰当体现；宣传推广期充分利用系统内广电总局搭建的影视剧出口平台，向外输出版权；在IP资源整合阶段，围绕“天文科普”+“传统文化”，打造中小学“西藏研学旅行”“科普亲子游”等项目。由此，从《屋脊的慧眼》影视项目出发延伸开发出一套立体化的出版融合产品及服务，为“在路上”的出版融合提供新思路。

（三）保留珍贵的望远镜建造影视资料

在中德亚毫米波望远镜项目之前，国内工程技术人员有光学、射电等波段望远镜建造经验，亚毫米波望远镜建造尚属空白。中德亚毫米波望远镜项目启动后，本项目主创团队克服重重困难，记录了望远镜从瑞士拆运到西藏羊八井，又在羊八井天文站安装调试的全过程。虽然当时拍摄设备匮乏，但是这些影像资料依然是迄今为止中国天文学界天文设备安装的最完整影像资料。

（四）凸显跨文化人类学研究意义

《屋脊的慧眼》在纪录片细分领域属人类学纪录片。影片中关于藏天文历算的内容属于纯粹的文化人类学，而羊八井天文台建设部分呈现的中外科学家群体的活动，具有跨文化人类学的田野考察记录价值。世界屋脊上如此跨文化的现代天文学合作方案和经验在全世界迄今独一无二的，可为人类学理论研究者和实践者提供参考和依据。

（五）记录援藏情深，镌刻民族大爱

羊八井的援藏干部常年承受高原反应，忍受精神孤独，背负着常人难以理解的压力和挑战，他们研究能力强，

实践经验丰富，是西藏建设与发展的生力军。他们不忘初心，留在祖国最需要的地方建功立业，用实际行动镌刻着西藏自古以来各民族交往交融的历史事实，践行着习近平总书记在中央第七次西藏工作座谈会上强调的“老西藏精神”——缺氧不缺精神、艰苦不怕吃苦、海拔高境界更高。

五、产品创新点

出版企业创新出版融合模式，涉水“出版＋影视”跨界合作，以人文情怀浓厚、外国人易于接受的人文纪录片形式，对外输出中国文化，塑造和展现“科技中国”“人文中国”。纪录片将“科技传承”“文化传承”的宏大话题解构到一个个故事中，刻画出全身心投入祖国事业的传承者形象，揭示平凡的坚守恰是对文化自信最好的践行。

六、取得成果

该产品已通过国家三大基金之一的国家出版基金的评审并立项，获得186万元资助，项目现已通过国家出版基金管理办公室2019年、2020年年检；该片日前成功入围享有中国纪录片界“奥斯卡”美誉的2020年国际纪录片节金红棉奖复评。学习强国平台发文《大型纪录片<屋脊的慧眼>带你叩问苍穹》，掀起学习热议；《中国新闻出版广电报》邀稿刊登《融媒出版主动破局 试水纪录片<屋脊的慧眼>》一文，为“出版＋影视”跨媒介融合提供路径探索，该文经中国记协网等多家媒体转载，引发行业和市场的广泛讨论。

项目后续将在国际和国内两部分增强纪录片的社会效益。国际方面踊跃参评“丝绸之路影视桥工程”“当代作品翻译工程”等重点工程和译制项目，以及各地国际电影节、纪录片节。国内方面正与国际频道、爱奇艺、优酷等影视平台开展合作洽谈。根据教育部、中共中央宣传部联合印发的《关于加强中小学影视教育的指导意见》，积极申报“中小学影视进校园”，激励青少年学习先进人物和美好事物，发挥广东教育出版社立德树人的立身之本。

（李智：广东教育出版社副编审、产教融合事业群首席运营官，周蔺、陈晓君：广东教育出版社编辑）

《屋脊的慧眼》高清MV

案例类别：产品

“小屁孩大IP”多媒体融合拓展项目

一、原始出版项目：“小屁孩日记”系列少儿读物

“小屁孩日记”（*Diary of a Wimpy Kid*）系列为风靡全球的国际畅销童书，自2007年出版至今，已被翻译成65种语言、共78个版本在全球热卖，全球总发行量突破2.5亿册，常年雄踞美国《纽约时报》畅销书榜前列。2009年新世纪出版社引进该书简体中文版权，经过10年经营现已发展成为拥有8条产品线、65种图书，截至2020年底国内累计销量达1600万册的畅销书。该系列图书多次荣获中国书刊发行业协会颁发的“全行业优秀畅销品种”奖项，并获得了首届“南粤出版奖（出版物）”、首届“岭南书香十佳童书”奖等奖项。

（一）内容简介

《小屁孩日记》是一本漫画与涂鸦加上文字说明的另类日记。主人公格雷是一个刚上初中的小屁孩。他心地善良，勉强算得上诚实，有那么一点小聪明，天性爱玩，因为外表的欠缺，只好狠练“内功”，希望通过自己满脑子的鬼点子吸引大家的眼球。“小屁孩日记”系列图书以生活化的口吻和笔调、令人发噱的笑料和滑稽的插画，入木三分地刻画出一个“时而天真、时而叛逆、时而顽皮、时而无奈”的青春期男孩形象。该书通过格雷的口吻对中学生的学习、生活环境进行了近距离的真实描绘，无形中有一种解密的感觉，让孩子发现原来远在万里之外、大洋彼岸的少年们也都是充满烦恼、冲动、善良的小屁孩，颇有“同一片蓝天、同一本书”的感觉。另外，作者采用随意而简朴的叙述方式，简化了生活的烦琐，短短几行字就提炼出个性鲜明的人物、笑料百出的情节，对孩子的写作和创新思维的开拓未尝不是一种帮助和启示。

（二）作者介绍

杰夫·金尼（Jeff Kinney）是《纽约时报》排行前列的畅销书作家，他创作的“小屁孩日记”系列图书曾6次获得美国儿童选择奖的最受欢迎图书奖。杰夫曾被《时代》周刊评选为“全球100位最有影响力人物”之一。杰夫在华盛顿度过了自己的童年，1995年搬到新英格兰地区生活。如今，杰夫与他的妻子住在马萨诸塞州，并在那里经营着一家叫作“天方夜谭”（An Unlikely Story）的书店。

二、品牌延伸：“小屁孩大IP”多媒体融合拓展项目

2018年“小屁孩大IP”多媒体融合拓展项目正式启动，从有声书、电子书到跨界艺术展，再到微信公众号、微信表情包，突破传统图书营销的思维定式，深入挖掘“小屁孩”IP的潜能，将其打造成多媒体融合的经典童书品牌。

（一）“小屁孩日记”微信表情包

2018年下半年，为响应广大中国读者的吁求和呼声，新世纪出版社“小屁孩日记”编辑营销团队积极投入“小屁孩格雷”（日记主人公）表情包的策划、制作、上线、推广进程中。经过与美国DWK团队数月的磨合沟通和漫长的微信表情包审核流程后，“小屁孩日记第一季”微信表情包终于在2019年初成功上线。紧随其后，“小屁孩日记第二季”表情包也在2019年中上线。

“小屁孩日记”微信表情包的投放配合着《小屁孩日记·注音版》图书的上市推广，在各种公众号与社群一起宣传，这一全新的IP形态为图书宣传渠道开拓出新的领域。

（二）“小屁孩日记”百度输入法表情包

2020年2月，“小屁孩日记”表情包正式加入百度手机输入法的表情包库。这款表情涵盖两季“小屁孩日记”微信表情包的全部内容，并且能在任何聊天软件上使用。无论是微信、QQ，还是微博、豆瓣，“哈屁族”能通过百度手机输入法把“小屁孩日记”的IP形象带到各个地方。

（三）“小屁孩碎碎念”微信公众号

自2017年创办以来，公众号在四年的时间里坚持每日更新，已开辟《单词卡》《手作课》《大树洞》《教你画》《小游戏》等栏目，并在2019年举办历时6个月、面向全国读者的“《小屁孩日记》阅读大使”评比活动。通过时尚新颖的文风和有助学习的知识延伸，吸引了大批“哈屁族”。每月有400左右的粉丝增长量，截至2021年9月24日已有18067位粉丝，且粉丝互动活跃。2019年，在微信公众号“小屁孩碎碎念”上开展的“小屁孩阅读大使”全国招募活动，吸引了来自全国各地的书迷参与，于2020年初评选出15名“阅读大使”。作者杰夫·金尼为其中10位“全球阅读大使”录制了问候视频。

“小屁孩碎碎念”能第一时间为粉丝带来新鲜资讯，配合所有版本的《小屁孩日记》的图书营销活动，搭建粉丝与作者杰夫·金尼沟通的桥梁，并且经常通过活动向粉丝派发周边礼品，这些举动都有效地带动了图书的热度。

（四）“小屁孩日记”电子书、有声书

自2019年4月起，《小屁孩日记》中英双语版26册电子书陆续在掌阅电子阅读平台上市。掌阅电子阅读器iReader A6也做了《小屁孩日记》联名定制款，配备“小屁孩”专属皮套。在2019年7月，《小屁孩日记》有声书也在清湖公司录制完成，并在掌阅有声书平台投放。新世纪出版社与掌阅达成互惠合作共识，双方利用已有资源，对纸质书、电子书、有声书进行全方位宣传推广，提高“小屁孩日记”品牌的知名度。

（五）小屁孩环球玩趣艺术展

为增强《小屁孩日记》的图书品牌影响力，在2018年至2019年间，新世纪出版社在全国各大城市陆续举办了6场大型“小屁孩日记”专题展，涉及的城市包括广州、东莞、茂名、杭州、重庆等。其中，2018年4月在广州商业广场举办的“小屁孩环球玩趣艺术展”是迄今为止全球最大的“小屁孩日记”专题展。“小屁孩日记”专题展打破传统书展的静态模式，在现场设立拍照互动区、绘画体验区、有奖游戏区等多维空间，让参观者既能看到《小屁孩日记》出版10年的发展历程，又能亲身参与到绘画、演讲、舞台剧等活动中。

（六）“小屁孩日记”网络公开课

“小屁孩英语课堂”系列网络公开课由《小屁孩罗利日记》译者、《小屁孩日记·英语学习笔记》注释作者冯玉婷主讲，深受不同听众、读者群的好评。借英语学习讲座的方式推广中英双语版图书，是《小屁孩日记》系列图书有别于其他儿童文学类图书的一大特色。

“小屁孩阅读课堂”系列网络公开课是由《小屁孩日记》项目工作组和各大电商平台合作打造的线上儿童阅读指导课。“小屁孩阅读课堂”由各个资深编辑主讲，分享写日记、写读后感、做读书笔记的方法，广受听众好评，也另辟蹊径地宣传了《小屁孩日记注音版》和《小屁孩日记中文版》。

2020年，“小屁孩日记”系列图书迎来了同样由作者杰夫·金尼创作的“兄弟篇”新系列《小屁孩罗利日记》；《小屁孩罗利历险记》于2021年上线。这为“小屁孩日记”融媒体项目提供了新题材，打开了新思路，并且，当下图书电商平台及数字内容平台迅速发展，给图书的线上营销和内容电子化提出了更高的要求，也提供了大量的机遇，相信这将是一个难得的品牌更新良机，“小屁孩日记”多媒体融合发展项目也会更进一步。

（广东新世纪出版社儿童文学出版中心）

小屁孩碎碎念公众号

案例类别：产品

教师培训在线服务系统

李师伟

一、项目背景

一是目前大部分教师培训面授活动依然采用人工手动统计报名、签到、问卷、学时的方式，人力成本高，难以避免人工错误，且无法即时获取活动数据。二是受全球疫情的持续影响，常规举办的教师培训面授活动受到很大的限制，由此大量培训课程由线下转到线上，并借助互联网快速实现，成为一种广受欢迎的教学形式。为满足教师教育培训及其他业内教育培训在培训形式、授课效果、数据服务等方面的相关需求，本项目应运而生。

二、项目简介

教师培训在线服务系统项目（以下简称教培系统）以整合优质培训资源、提供优质培训服务、提高教师综合素质为宗旨和目标，搭建了一款专注提供线上线下培训服务的跨平台系统——教培系统。由广东海燕电子音像出版社（以下简称海燕社）自主开发并提供技术支持，服务于广大教育机构、培训机构及教师个体，提供丰富、专业、优质的培训资源及数据服务。

三、项目进度

教培系统于2020年1月立项，6月完成前后端核心功能开发，7月正式上线教师培训在线服务系统，8月开始稳步进行产品迭代。上线以来，运行情况良好，功能可延展性高，培训内容资源翔实，用户量增长速度快，用户体验反馈良好。

9月开始进行商务推广，与多家专业培训机构和教育类企业确立了长期合作关系。11月、12月进入市场推广阶段，目前已为广东省教师继续教育学会举办的多场教师培训面授活动提供了软件技术支持及服务保障。

四、项目成果

（一）前期调研——深入客户群体，获得精准用户需求及市场经验

教培系统在需求调研阶段通过探访广东省多家专注于教师培训业务的企业以及一线教师群体，收集了大量行业经验和精准的用户需求。进入灰度测试阶段，通过邀请国有教材发行企业和市场化教师培训机构进行试用，在发现和纠正问题的同时，不仅收获了更多教师培训业务经验和产品意见反哺于产品设计优化，而且协助教材发行企业和培训机构沉淀教师培训用户行为数据，为优化教师培训活动提供有力的技术支持和数据支撑。

（二）平台建设——产品上线迭代，实现多种培训场景，使用体验轻量便捷

教培系统由“两端一后台”组成。前端包括“教师培训基地”微信小程序和“教师培训基地”PC端平台，后端是用于资源管理和数据分析的业务管理后台。

2020年7月正式上线后，进入产品迭代阶段，目前已进行多次大版本更新，能为线上录播、直播和线下面授这三种培训场景提供全流程服务。业务管理后台除了能够进行内容管理外，还可快速提供全面、便捷的数据服务，支持大数据分析，从而达到为培训机构优化活动组织流程、提高活动组织效率的目的，也有助于构建培训行政管理、培训组织、教师三者之间的优良教育生态，实现信息共享。

（三）软件著作权登记

目前教培系统已获6项软件著作权：南方传媒教师培训管家小程序软件、南方传媒教师培训管理平台软件、南方传媒教师培训基地小程序软件、南方传媒教师培训数字化资源平台软件、南方传媒教师培训资源管理系统软件、南方教培基地小程序软件。

（四）深入开展教培活动

教培系统已为广东省教师继续教育学会主办的多场教师培训面授活动提供了软件技术支持及服务保障，为广大教师用户提供了便捷、优质的培训资源及服务。

2020年9月，海燕社与广东省教师培训头部企业正式确立了长期合作关系。该企业是提供教师专业化发展与成长、中高考备考培训与联考等服务的教育垂直企业，拥有各类国家级教育教学专家合作资源，致力于解决课堂教学中的实际问题，为学校管理层和一线教师提供专业指导和特色服务。

以上合作，有效推动了地市教育局在线上线下培训中使用教培系统，吸引骨干教师成为平台用户，积累用户资源和培训资源。通过深入教培活动，协助培训机构

沉淀教师培训用户行为数据，既为地市教育局、学校提供了与提高教师培训质量相关的决策数据，也为优化教师培训服务提供了有力的技术支持和数据支撑。

应用案例之一：2021 年中考备考高级研修班系列活动。教师培训在线服务系统在 2021 年中考备考高级研修班系列活动中主要提供培训活动报名、调查问卷填写和课件下载服务。

① 2021 年中考备考高级研修班（湛江场）：2020 年 11 月 7—8 日。

新增用户近 800 人，调查问卷填写率高达 90%，课件下载总量高达 1000 次。

② 2021 年中考备考高级研修班（汕头场）：2020 年 11 月 14—15 日。

新增用户近 850 人，调查问卷填写率高达 90%，课件下载总量高达 1500 次。

③ 2021 年中考备考高级研修班（狮山场）：2020 年 12 月 4—11 日。

新增用户近 850 人，调查问卷填写率高达 90%，课件下载总量高达 1500 次。

（五）项目申报——成功申报 1 个国家级出版融合案例评优奖项

项目成功落地后，在 2020 中国数字出版创新论坛上，海燕社教培系统被中国出版协会授予“出版融合创新优秀案例暨出版智库推优”。

（六）团队建设——组建了产品策划与技术研发团队，为项目建设提供坚实保障

为保证项目的顺利推进，海燕社加强了专门人才队伍建设。成立融媒体中心（分社），通过多种渠道和方式重点引进专业技术人才，已组建具备自主研发能力的技术团队和数字产品策划能力的产品运营团队。团队拥有较强的产品设计和开发能力，已在短时间内高效率地搭建起教师培训在线服务系统和发票查重系统，目前两个系统都已如期顺利地上线运营。

同时，培养“互联网 + 出版”复合型人才，提升已有编辑人员的互联网数字化能力，打造了一支高水平的学科内容策划编辑队伍，为舆论导向和产品内容提供了安全和质量上的保障。

五、未来三年预期成果

（一）协助开展教师培训工作，由点到面逐步推广，快速积累用户

教培系统从 2020 年 9 月起面向全广东省逐步推广。协助各地市教育行政部门顺利开展教师培训工作，为各地市教育行政部门提供功能完善、使用便捷、安全可靠的教培系统。

2021 年，力争在省内 8 个地市试点使用，系统累计服务骨干教师用户达到 8000 人次。2022 年，争取在 12 个地市推广使用，系统累计服务骨干教师用户达到 15000 人次。2023 年，争取推广地市达到 18 个，系统累计服务骨干教师用户达到 25000 人次。

（二）筑牢用户基础，提供下沉渠道，拉动海燕社营收利润双增长

教培系统能为海燕社其他数字教育项目的开展和推广提供下沉渠道，沉淀优质专家团队资源，筑牢用户基础和渠道基础。因此系统除了本身可带来线上线下培训合作分成外，还有助于大幅拉动海燕社传统出版业务板块的销售实洋和毛利，主要体现在线下教辅等出版物和线上课程的销售增长上。下表所示为 2021—2023 年本项目预期能带来的增收增利情况。

2021—2023 年项目预期增收增利表

年份（年）	实洋（万元）			毛利（万元）
	总计	传统出版业务	线上线下培训分成	
2021	608	544	64	121.6
2022	1022	910	112	204.4
2023	1536	1366	170	307.2

六、项目价值与社会效益

海燕社一直致力于出版融合创新发展的探索与实践，教培系统的推进和落地是海燕社近年来在出版融合创新发展道路上取得的重要突破。

作为面向市场的教育类跨平台系统，教培系统有效融合了传统出版社的内容优势和融媒体转型升级后的传播优势。一是在内容方面，发挥出版社“三审三校”的制度优势和出版社丰富的作者资源优势，向用户提供丰富、专业、高质量的培训内容资源。二是在传播媒介方面，突破了传统出版社以纸书、光盘为主要传播媒介的格局，拓宽了以小程序、网页等为载体的互联网传播渠道，通过直播公开课、精品录播课等功能实现了优质内容的多渠道分发。三是在用户服务方面，实现了内容的载体从线下到线上的转型升级，内容的云存储和平台数据可视化为用户便捷获取知识服务、培训机构优化知识服务提供了技术支持。

教培系统未来将向社会效益和经济效益的双丰收稳步迈进。

（李师伟：广东海燕电子音像出版社副社长）

教培基地小程序

案例类别：产品

“朝夕阅读 不负韶华”——2020 广州读书月项目

为配合疫情防控工作部署以及复工复产期间广大市民的阅读需求，进一步坚定信心，提升广大市民思想境界，增强精神力量，为疫情过后的文化生活融入更多暖色调，2020 广州读书月期间以“朝夕阅读 不负韶华”为主题，以文化地标亮灯、“书香羊城”十大好书发布、花城 3D 书摘漂流馆、“大咖领读”云分享、数字阅读地铁专列等为核心内容，通过融媒体传播营造书香满城的全民阅读氛围，着力打造广州首个“线上”读书月，在全市乃至全国均起到了良好的示范带动作用。

一、组织全城地标为阅读亮灯，空中启动读书月

联动广州塔、花城广场、北京路、流花展贸中心、广州地铁、广州图书馆、广州购书中心、广州各大新华书店、广州报刊亭等场所，以户外亮灯或张贴主题海报的形式空中开启 2020 广州读书月，用阅读点亮城市，营造浓厚阅读氛围。同步制作快闪小视频，广泛传播于各类媒体渠道中。

二、创新融合阅读方式，引领全民“趣”阅读

（一）上线花城 3D 书摘漂流馆，斩获四大创意奖项

可 360° 旋转的广州塔周边，环绕收录着百余本经典书籍，点击书名即可查看详细书摘。书摘漂流馆以书摘为引，旨在让更多人体验阅读的快乐，涵养“深阅读”习惯。书摘漂流馆中融入了诸多广州元素，50% 以上的书摘源自历年“书香羊城”十大好书，还特别设置 2020“书香羊城”十大好书专题页面。花城 3D 书摘漂流馆累计参与人次超过 101 万，项目斩获了四项国际创意大奖，包括 2020 金投赏金奖、2020 特美（TMA）移动营销银奖、2020 国际数字商业创新奖（艾奇奖）银奖、2020 现代广告奖优秀奖等。

（二）策划“大咖领读”云分享，名家见面不打烊

2020 年 4 月 10 日至 4 月 30 日，陆续邀请阿来、吴军、武斌、许德友、陈辉权、梁天山、陈雨、苏菲、大老振等名人名家做客“大咖领读”云分享栏目，并参与录制“为读书月打 call”视频。每周都有 2—3 位名家的分享在学习强国、南方 + 客户端、新花城客户端、书香羊城微信公众号、广州购书中心、广州市新华书店、岁阅湾等广州全民阅读线上平台发布视频。

（三）打造阅读地铁专列，让阅读触手可及

联合广州图书馆、广州地铁三号线共同打造“悦读地铁 · 码上阅世界”数字阅读专列。在 2020 年 4 月 23 日至 5 月 25 日一个多月的时间内，乘坐地铁三号线的市民将有机会与各类名著相遇，乘车同时经典阅读相伴，感受触手可及的数字阅读氛围。阅读地铁专列发车以来，深受市民青睐，众多市民纷纷“打卡”阅读专列。配套的 H5 互动游戏“测试你的作家气质”参与人次突破一万人次。

三、发布 2020 十大好书，掀起阅读“珠江潮”

（一）做好评选工作

2019 年 11 月开启评选工作，前后历时 4 个多月，后期在疫情背景下着重采用线上评选的方式进行，最终基于 200 多家出版社自荐、数十名行业专家推荐、广州图书销售量及借阅量数据分析等基础形成初选书单，再通过网络投票、专家评审复选终选环节，产生《简读中国史：世界史坐标下的中国》《我心归处在敦煌：樊锦诗自述》《清明上河图：十三郎》等社科、文艺、少儿三大类别每个类别各十本好书，广泛掀起“书香羊城”全民阅读“珠江潮”。

（二）做好宣传工作

一是利用网络票选充分预热。前期全网累计参与读者超 500 万人次，创历史新高。二是发动书店设展促销。广州购书中心、各大新华书店、学而优书店等均通过线上、线下展销的方式进行专题陈列。三是利用“学习强国”广泛宣传。2020 十大好书揭晓新闻登上“学习强国”推荐首页，阅读量超 130 万，点赞数超 4.5 万。邀请康辉、张维为等作家、阅读推广人、组委会成员单位参与录制的 30 个领读十大好书小视频，其中已有 22 个登上“学习强国”总台。“学习强国”读书频道更是特设“2020‘书香羊城’好书推荐”专题。四是打造“两微”阵地深入互动。广州图书馆微博“十大好书”阅读总量突破 150 万，“书香羊城”、广州图书馆、广州日报、广州购书中心、广州新华书店、南国文艺、广州市团校等官方微信账号均对十大好书做了连续发布。

四、发挥社会阅读力量，公益阅读为读书月增彩

2020 广州读书月期间，广州公益阅读共策划 47 场线

上公益阅读活动，累计14746人次参与，单是4月23日世界读书日当天即上线5场活动，超过800人次参与。在这些活动中，有讲述如何培养青少年的科幻思维和创新能力的“科学幻想”主题活动；有带领读者深耕名著的线上分享活动；还有一众阅读推广人根据自身专长，为公众分享书籍、传授新知的分享活动；还推出了100分钟深读文学名著活动、线上诗文朗读活动等。一系列精彩的活动致力于无差别均等阅读服务，充分发挥了广州民间阅读组织力量，践行了“让阅读成为一种生活方式”的理念。

五、全方位整合全媒体宣传，营造阅读新风尚

（一）充分利用“学习强国”全国影响力

积极向“学习强国”投稿读书月文字类、图片类、视频类稿件，共被收录内容81篇。其中28篇入选全国总台（1篇登上“学习强国”推荐首页），35篇入选广东省平台，17篇登上广州市学习平台，1篇入选《中国新闻出版广电报》强国号。《中国新闻出版广电报》《中国出版传媒商报》等全国性媒体也均对读书月进行了宣传报道，产生了良好的全国影响力。

（二）充分发挥本地媒体辐射力

一是设置“新花城”专题。整个读书月期间均在首页大图轮播展示，专题中读书月相关新闻累计超过30篇。二是做好新华社、《南方日报》《南方都市报》《羊城晚报》《广州日报》《信息时报》、广东电视台、广州电视台、广州发布、广州文明网、广州青年等媒体通讯报道工作，累计发布新闻近100篇。三是在广泛的媒体报道覆盖面下，读书月新闻辐射国家新闻出版署官网、中国文明网、广东省文化旅游厅、广州政府网、广州文明及广州发布等十余家政府媒体，人民网、凤凰网、新浪、网易、南方网、其他省市地方媒体（如新民网、华西新闻网、大众网等）对相关内容转载报道超过50篇。

（三）充分调动自媒体传播力

一是以书香羊城微信公众号为宣传主阵地，设置读书月专题页面，全面报道广州读书月重点内容。二是联合广州图书馆、新华集团旗下自媒体矩阵，及时发布读书月相关活动讯息，宣传推广书香羊城十大好书。三是联动网易哒哒微信公众号定制广州读书月条漫，吸引青年读者，阅读量超过10万。

（四）充分布局线下媒体带动力

一是调动广州塔、北京路商圈、天河商圈、芳村商圈等10余个全城户外广告资源为阅读亮灯。二是广州市地铁电视全线覆盖全民阅读主题广告，所有线路每天循环播放“阅读，让花城更美好”主题宣传片32次，覆盖地铁高峰时段，在中山纪念堂、体育西路等人流量大的站点投放地铁LED大屏全民阅读主题广告。三是投放50个报刊亭全民阅读主题广告，用书香装点城市主干道。

（书香羊城全民阅读活动组委会办公室）

花城3D书摘漂流馆

案例类别：产品

“智慧禁毒”校园毒品预防教育示范基地

曾令宪 钱艺琴

一、建设背景

党的十八大以来，以习近平同志为核心的党中央高度重视禁毒工作，强调“要把禁毒工作作为象征中华民族伟大复兴的义举善举来做好”。中共中央、国务院印发《关于加强禁毒工作的意见》，国家禁毒委制定《关于加强新时代全民禁毒宣传教育工作的指导意见》，旨在加强新时代全民禁毒教育工作，建立完善、全覆盖的毒品预防教育体系。广西作为我国西南重要的出海通道，毗邻境外毒源“金三角”地区，禁毒任务艰巨繁重。因此，切实加强青少年毒品预防教育成为当前禁毒工作的重中之重。

二、建设目标

项目以“预防”为宗旨，“主动拒绝”为目标，联合禁毒管理部门、学校、社会组织，共同打造“智慧禁毒”教育基地，依托基地开展主题线下活动和培训，把毒品预防教育从传统的“单边教育”转变为“立体教育”，提高青少年对禁毒教育知识的学习兴趣。同时，探索建立校园毒品预防教育指导方案，推动校园毒品预防教育

工作常态化，打造具有品牌特色的毒品预防教育新模式，形成示范效果，并不断推广应用。

三、建设内容

项目以“图书 + 数字内容 + 平台 + 活动”的建设模式，聚焦学校、学生，为学校提供毒品预防教育基地建设解决方案。依托基地建设，将内容产品制作、禁毒科普教育、禁毒教学服务、禁毒教育探索及禁毒主题活动结合为一体。同时与禁毒管理部门、禁毒专业院校开展“产、学、研”合作，建设面向青少年的专业禁毒宣传教育复合出版工程，打造“智慧禁毒”校园毒品预防教育品牌。

项目以广西教育出版社“十三五”国家重点出版规划项目“青少年禁毒宣传教育复合出版物”为建设基础进行拓展延伸，建设涵盖图书、音视频、动漫、VR/AR 等产品形式，从禁毒教育切入，融入爱国主义教育、安全教育、法制教育等主题教育内容，打造全新的毒品预防教育分级阅读产品体系。同时，设计禁毒教育课程资源，组织开展包括教师培训、学生志愿者团队建设、防毒技能进阶课堂、智慧禁毒校园主题活动等，打造具有校园特色的毒品预防教育活动；与禁毒管理部门联合举办面向社会大众的禁毒主题作品征集活动，丰富毒品预防教育内容，营造全民禁毒风气；创新“互联网 + 禁毒教育”思路，开展包括“禁毒知识竞赛”“禁毒知识测试”等线上互动科普活动，提高学生学习禁毒知识的积极性和持续性。

通过基地建设推动校园毒品预防教育体系建设，采取边实践边总结经验的方式，探索建立具有普遍指导意义和推广价值的校园毒品预防教育指导方案，推动校园毒品预防教育工作常态化。

四、建设模式

创新“产、学、研”模式，构建“产、学、研”联盟，采取“政府 + 企业 + 学校 + 社会服务组织”合作方式，共同打造“智慧禁毒”预防教育品牌。

（一）禁毒管理部门、禁毒专业院校提供专业指导

1. 提供政策指导。为基地建设提供政策指导，包括基地建设标准建议，国家禁毒教育政策指导等。

2. 提供专业指导。结合多年开展禁毒教育的工作经验，在活动开展和内容策划上提供专业指导。

（二）出版社发挥专业优势，开展内容建设与活动策划

1. 内容建设。将爱国主义教育、安全教育、法制教育等教育内容融入项目内容建设，开发包括图书、系列视频、漫画、课件、宣传海报、AR/VR 等形式产品，为基地建设提供丰富的产品及内容资源。

2. 活动策划与组织。联合禁毒协会等社会组织，组织开展教师培训、学生志愿者团队建设、智慧禁毒校园主题活动等主题活动，打造具有校园特色的校园毒品预防教育活动。

3. 基地运营。开发涵盖禁毒知识宝典、禁毒知识测试、禁毒知识 PK 等功能的线上平台。联合禁毒管理部门、禁毒协会及各基地校，开展“禁毒宣传教育周”，举办“禁毒知识竞赛”“禁毒 PK 赛”等线上活动，将禁毒知识学习趣味化，并为校园毒品预防教育基地提供内容更新服务。

（三）基地校积极配合基地建设

基地校负责配合基地建设，提供必要的场地；组织教师、学生配合开展各项活动；反馈在开展禁毒教育工作中存在的困难；提供对基地禁毒教育内容、产品在使用过程中的意见反馈。

五、项目社会效益

（一）有效推动禁毒教育工作

项目充分契合国家禁毒工作的要求，并充分考虑当前校园禁毒教育工作的难点和痛点，从多维度的知识框架入手，融入包含主题教育的、适合青少年自主学习的毒品预防教育分级阅读产品及配套数字资源，并依托互联网平台最大限度地普及毒品预防教育。同时通过示范基地的建设实践，对毒品预防教育工作的路径和内容进行研究，有助于探索提升禁毒教育成效的工作方法。

（二）“产、学、研”相结合的示范项目

项目建设与禁毒专业院校研究成果紧密结合，是“产、学、研”相结合的示范项目，将研究成果转换为可用于教育实践的产品，实现科研成果的落地应用，同时研究成果在实践应用中的效果反馈将进一步推动研究的优化完善和新课题的孵化，不断推进毒品预防教育研究工作，更好地服务于禁毒事业。

（三）助力推动融合发展

项目采取“政府 + 企业 + 学校 + 社会服务组织”的合作方式，有效地将服务于毒品预防教育的政府部门、企业、社会团体的职能、业务、渠道进行整合，充分发挥各机构能效，同时推动禁毒宣传教育的现代化与资源均衡发展，推动出版的融合发展，是新形势下禁毒教育与科技融合的典型案例。

六、项目经济效益

本项目打造的“智慧禁毒”品牌得到了广西多个市、县禁毒办的高度认可。2020 年广西教育出版社成为多地校园毒品预防教育示范基地的推荐建设单位，品牌形成了较强的权威性和较大的影响力。同时，根据各地禁毒管理部门与学校开展毒品预防教育工作的计划与实际条件，已完成近 20 所校园毒品预防教育示范基地的建设，

毒品预防教育的产品及服务已覆盖超过200所学校，建设规模仍在不断扩大。线上动画、直播活动吸引超过7.5万人次观看、学习，促进了毒品预防教育知识的广泛传播和普及。举办的“开学‘第一课’禁毒宣传进校园”等活动得到了“中新网”“人民网”等主流官方媒体的报道与肯定，社会反响较好。目前项目累计实现收入110多万元。

七、融合经验体会

（一）垂直化打造，小市场，大作为

项目在毒品预防教育领域开发多样化产品，充分利用校园现有条件开展校园毒品预防教育基地建设，避免在硬件建设方面的重资产投入，降低了成本，同时结合校园文化策划组织主题活动，提高了学校开展毒品预防教育工作的积极性，从而推动校园的毒品预防教育工作。对于出版社来说，把毒品预防教育作为垂直领域的市场进行开发，普及低成本的基地建设模式，可将各个学校开展毒品预防教育的有限经费汇聚，形成较为可观的经济效益，也具备较好的持续性。

（二）整合资源，树立品牌，增强竞争力

项目以基地建设模式建设，通过整合图书及内容资源，并提供活动策划与组织服务，解决了学校开展毒品预防教育专业能力不足的问题，推动了传统出版与新兴出版的有机融合，将图书、资源、活动服务的灵活整合，有效解决了数字资源目前在政府与学校采购中遇到的定价问题，既体现了数字资源的价值，又实现了收入增量。此外，内容的更新能为学校提供最新的毒品预防知识及符合当下阅读习惯的产品形态。同时，打造“智慧禁毒”品牌，不断提升品牌影响力，可有效提升产品市场竞争力。

（三）找准定位，深度合作，提升公信力

青少年毒品预防教育是一项由政府主导的工作。本项目充分发挥各方面力量优势，将资源与渠道整合。出版社则深耕内容建设，提供专业的产品及服务。政府部门既能为出版社提供在毒品预防教育方面的专业指导，优化产品与服务，又提升了出版社内容与服务的公信力。同时充分利用社会组织，既能发挥社会力量的专业能力，又降低了项目的建设与运营成本。

（曾令宪：广西教育出版社数字出版部主任，钱艺琴：广西教育出版社数字出版部副主任）

智慧禁毒系列动画

案例类别：组织机构

深度探索融合发展之路

——以广西科学技术出版社创新发展为例

面对数字化与信息化带来的挑战与机遇，作为一家地方专业出版单位，广西科学技术出版社（以下简称广西科技社）在数字化转型方面不懈努力，深度探索融合发展之路，在实践中形成了一些经验认识。下文着重从“融合发展现状”“融合项目”“融合产品”层面展开分析。

一、出版社融合发展现状

在全国范围内的出版社中，地方专业出版社的数量众多，每个地方专业出版社，有其各自的特色出版方向。地方专业出版社能否实现数字化转型升级，将在一定程度上影响整个出版业融合发展的质量。数字化是大方向，但是具体到出版单位选择什么样的路径实施，是一个重大考验。以下结合广西科技社的融合发展现状做相关分析。

（一）抓好专业特色

专业特色是出版社的优势，是源头活水，只有抓好专业特色，才有可能提供优质内容和服务的创新。众所周知，理、工、农、医是科技出版社的传统板块。作为一家地方专业出版社，广西科技社的融合发展工作注重充分发挥专业优势，不断推进专业板块的数字化转型升级。传统图书出版方面，出版社在传统医药、农业读物、动植物研究、文化遗产等领域出版了大批的精品图书。在现有的纸质图书资源上，出版社策划实施了一批融合出版项目。近年来，出版社实施了“中国—东盟传统医药全媒体出版项目”，面向东盟国家进行传统医药数字资源的整合与开发；实施了“广西农家书架复合出版工程”，面向农村提供阅读服务，改善包括少数民族地区在内的广大农村阅读环境，提高基层群众的知识文化水平……出版社以出版融合转型升级为研究方向，以履行社会责任为研究准则，明确运用出版融

合理念，孵化了一批融合创新项目，为出版业融合发展提供实践案例。出版社以专业资源为依托，联结其他产业的机构，重组优势资源，共同开拓业务，延伸产业链条。开发多种形态的融合出版产品，打造“一次开发、多次增值”的盈利模式，扩大产品增值空间。以融合出版产品为入口，加强跨产业合作，将衍生产品转向网络动漫、电商等领域，促使产业链条的联动更紧密，实现全产业链运作。

（二）深耕地方资源

地方资源是地方出版社的独特优势，地方出版社有责任为地方经济社会发展提供文化支撑。广西是少数民族聚居地，多民族文化相互交融。广西地处祖国南疆，是我国少数民族人口最多的自治区。千百年来广西各族人民创造的具有浓郁民族特色和地域特色的文化，是中华优秀传统文化的重要组成部分。

进入数字化时代，数字阅读得到快速发展。数字阅读因其碎片化、个性化、社交化的特性，受到广大读者的欢迎。随着大众阅读的习惯发生变化，出版业有必要发挥专业优势，深耕地方资源，借用新技术进行“创新性转化”，争取做到“创造性发展”。这是地方专业出版社融合发展的必然路径。

近年来，出版社注重加强经营管理，加快多元化发展，在数字化出版等新经营模式方面做出积极探索。出版社正在建设的“广西数字博物馆”项目，以新技术、多媒体手段集中展现丰厚多彩的广西资源的数字化博物馆，项目分“文博馆”“自然馆”“非遗馆”“地标馆”“民族医药馆”“文创馆”“美食馆”“农业馆”“工业馆”“景区馆”10个板块，打造若干子分馆集群，向大众展示广西重点文博单位、自然保护区、非物质文化遗产、地标产品、医药成果、文化创意产品等独特资源，打造广西最具优质体验的“线上博物馆”。项目依托3D、全景图像、全息虚拟、动画、短视频等技术，制作一批多形态的全媒体出版物。还有，同步建设线上主题数字资源库和线下实体数字展示中心。出版社通过实施这一项目，积极探索“数字出版+智慧文旅+阅读体验”的产业融合发展路径。

根植出版资源，整合跨界资源，开创出版与文旅、教育产业融合发展新方向。出版社积极打造数字化平台，如广西研学旅行网、广西中小学生综合素质评价信息管理系统。出版广西研学实践教育系列教材，设计“壮美广西”“我和我的祖国”“未来名校生”等系列研学实践教育标杆课程及线路，推出“研学实践教育高峰论坛”等多个具有影响力的品牌。同时，培育广西研学实践教育发展的数字化产业链条。广西科技社在2019年入选广西首批“自治区级中小学生研学实践教育基地”，为广西新闻出版领域唯一一家入选的单位。

二、融合项目建设成果

广西科技社服务党和国家文化宣传工作大局，挑起地方科技出版社的责任担当。立足专业特色，整合出版资源和优秀专家队伍，策划并实施大型融合项目。通过实施大型项目，把原本分散的出版资源和其他行业资源整合到一起，将十多个产业的中下游的链条联结到一起，进而形成一个“上游整合、中游联结、下游延伸”的产业链辐射圈。出版社建设中国传统工艺振兴计划复合出版项目，助力优秀传统文化传承体系建设，加强文化遗产保护，促进中国传统工艺的传承与振兴；出版社建设中国—东盟传统医药全媒体出版平台，策划出版了一批以中医药、广西民族医药为基础的传统医药纸质图书、数字出版物，推出了多媒体资源库，促进中国与东盟国家之间的传统医药科技文化交流；出版社建设中国—东盟版权贸易服务平台，为中国与东盟各国提供版权产品展示、资讯交流、版权代理、版权交易等专业综合服务，响应“一带一路”倡议，推动中国出版“走出去”。该项目借用东盟国家熟悉的语言讲好中国故事，传播中华文化，促进中国与东盟国家版权交易与文化交流；出版社建设广西网络动漫大赛富媒体平台，举办广西网络动漫大赛，注重探索融合发展，培植优质动漫IP形象，孵化文创产品，加速广西文化产业的转型升级。“办好广西网络动漫大赛”被写入广西壮族自治区人民政府办公厅《中国—东盟信息港建设实施方案（2019—2021年）》。

三、融合产品创新探索

现阶段，广西科技社着重对地方资源进行全方位的融合产品开发。系统研究广西文化符号，全面梳理广西地方资源，对讲好广西故事、塑造广西品牌、树立广西形象，增强地方文化自信，具有积极意义。出版社对地方资源融合产品的创新探索路径主要分为以下几个步骤。

（一）梳理资源，挖掘符号

全面系统梳理广西资源，深入挖掘具有广西标志性的且在全国乃至世界范围内有影响力的自然遗产与人文遗产。以数字化的手段展现广西的自然遗产与人文遗产资源，挖掘广西的文化底蕴，展现民族风韵，树立美丽广西、厚重广西、幸福广西的新形象。出版社通过对自然资源与人文资源分类研究，选取了多个优质选题。这些选题都是经过反复论证后确定，每一个选题都作为精品图书重点打造，每一个选题都选择最知名的作者撰稿，确保书稿的高质量。这些书稿配合多媒体开发，为下一步数字化资源的转化工作提供优质的内容支撑。

（二）打造产品，升级形态

进行产品集群设计开发，重点打造数字产品矩阵，如VR产品、AR产品、3D动画产品、手机互动游戏、360°全景H5，等等。这些融合产品主要以跨屏幕终端进行传播，如网站、APP、微博、微信等。积极运用新兴技术手段，辅助融合产品形态创新。融合产品形态包括全媒体主题出版物群策划、文化资源数字平台建设、文化创意与文艺作品创作、体验式产品与参与式活动设计。出版社以纸质图书为基础，制作出版一系列电子书、音频、视频、AR、VR、短视频作品等多媒体出版物，组织大型文化活动，建设文化产业项目。灵活融入新技术手段，使得地方资源的呈现形式更为新颖活泼，增强大众对地方文化的认同。

（三）集群发展，延伸产业链

在打造项目和开发产品方面，出版社积极构建集群发展模式。着重以地方文化符号为基点，有效地扩展产品链，创造新的增长点，延伸出版的价值，把内容创意、科学技术、营销服务等环节紧紧联系在一起。重视研究新业态、新形势，布局融合项目和融合产品，布局延伸产业链。

四、结语

以先进技术为支撑，以内容建设为根本，创新产品新形态，构建传播新渠道，打造有影响力的融合产品，探索融合发展转型升级的创新路径。出版社坚持创新出版理念，以新兴技术结合数字出版的形式，积极调动各方资源，打造数字化精品项目。以数字产品为优势，有效地扩展业务链，创造新的利益增长点，延伸数字出版的产品价值。未来，出版社在融合发展的核心业务上，力争做到延长品牌价值，生产周边产品，实现全产业链运作。

（广西科学技术出版社有限公司）

广西科学技术出版社有限公司公众号

案例类别：产品

左江花山岩画文化景观 VR 复合出版项目

随着以互联网技术和数字出版为代表的新兴业态的发展，为文化遗产的保护工作带来了“融合发展”的转型机遇。左江花山岩画文化景观 VR 复合出版项目的实施，即该方面的融合发展创新案例。

一、项目概述

左江花山岩画文化景观 VR 复合出版项目是广西科学技术出版社探索传统出版与新兴出版融合发展的创新案例，是一个利用 VR（虚拟现实）技术宣传推广世界文化遗产左江花山岩画文化景观的复合出版项目。项目利用新近流行的视觉影像手段如 3D 影像、VR 技术等，融合互动游戏优势，推动花山岩画的立体宣传。

项目 VR 技术在出版领域的创新应用，表现为将图书与技术、实景拍摄与 3D 建模、VR 展示与互动游戏相结合。通过融入新技术，让读者对花山岩画景观有全新的文化体验。该项目的实施，有益于丰富花山自然风光的对外展现方式，使得花山岩画的呈现形式更为新颖活泼。项目首次对左江花山岩画——广西第一处世界文化遗产进行多媒体全方位的产品设计开发。项目实践成果，对今后利用新科技宣传推广历史文化遗产起到积极示范作用，为出版业态转型升级积累宝贵经验。

二、项目背景

花山岩画地处广西崇左市左江及其支流明江流域，左江花山岩画文化景观由山体、河流、台地共同构成。花山岩画的绘制年代可追溯到战国时期至东汉时期，距今已有 2000 多年历史。左江花山岩画描绘了中国壮族先民骆越人的社会生活图景，具有丰富的社会内涵、艺术价值和考古科研价值。2016 年 7 月 15 日，在土耳其伊斯坦布尔举行的第 40 届世界遗产大会上，左江花山岩画文化景观成功入选《世界遗产名录》。花山岩画成为中国第 49 处世界遗产，实现了广西世界文化遗产的“零突破”。同时，它还填补了我国岩画类世界遗产的空白。申遗成功是荣誉，也是一个新的起点，随之而来的问题就是花山岩画的保护工作。近年来，花山岩画的保护工作受到了社会的关注。

在此背景下建设该项目，既能以新技术、新手段保护花山岩画，又能直观展现中华文化的魅力。打造花山岩画文化品牌，以融合产品助力文化创新传播。

三、项目构架

（一）产品设计构架

1. VR 实景。通过实地拍摄崇左市宁明县具有代表性的花山岩画及左江景色，将其制作成供手机用户可观看的 360° 全景 H5。用户通过手机或个人电脑可领略花山的美丽实景风光，还可将全景 H5 一键分享至微信朋友圈。

2. 3D 文物。主要运用三维 CG 技术，虚拟再现传统民俗文物，如环首刀、扁茎短剑、铜鼓等。用户用手指 360° 拨动 3D 文物图片，可对其放大或缩小进行查看。

3. VR 场景还原。主要还原骆越祭祀场景及古人生活场景。VR 场景还原采用 3D 建模和动画模拟拍摄的技术手段，再现骆越文化中的祭祀场景和其他生活场景。

4. 互动游戏。用户通过手指触击手机屏幕或其他触摸屏，可获得游戏式的互动体验。该部分重点展示花山岩画绘画技术，以及岩画颜料配制知识。

（二）产品展示的主要内容

1. 导视界面。用户可自主点击进入四个主功能“热点”图标，即“实景 VR”“3D 文物”“VR 场景还原”“互动游戏”。

2. 内容部分。

（1）实景 VR。用户点击屏幕后，可以 360° 旋转画面，选择任意角度来观看花山区域的美丽风光。项目通过实地拍摄花山以及左江景色，将其制作成适合用户观看的全景 H5。用户通过手机或个人电脑可领略花山区域的美丽风光，获得一种沉浸式的视觉观感。

（2）3D 文物。主要运用三维 CG 技术，以虚拟影像技术再现骆越民俗文物，如环首刀、扁茎短剑、铜鼓等。用户点击任意图标即可进入对应的器物展示界面。以铜鼓为例，用户可在屏幕上清晰观察到铜鼓色彩、铜鼓纹理细节，并且可 360° 旋转展示。用户可自由选取角度观看铜鼓的细节画面，也可以用手指拨动 3D 文物图片，可对其放大或缩小进行观察。

（3）VR 场景还原。主要通过 VR 技术展示古骆越人的祭祀和其他生活场景。当下，很多历史场景难以生动还原，而通过 VR 技术进行场景重建，可重新演绎历史故事。通过建模、场景切换，生动“复活”历史时空里的骆越文化场景，给用户带来更为全面立体的文化观景体验。项目借助 VR 技术，着力实现“在历史里行走”的视觉效果。重点采用 3D 场景建模的制作技术，使用户在动画虚拟界面中，可漫游在古骆越生活场景里。用户戴上 VR 头盔即可进入一个虚拟仿真视界，轻微转头或摆动肢体，可在 VR 视界中感受飞翔俯视及环视的感觉，获得立体化的互动体验。

（4）互动游戏。第一环节，互动环节中展现花山岩画的“绘画”材料。用户在参与互动游戏过程中，可自主选择制作画笔的颜料素材，相关颜料素材，如猪血、藤条、矿物、羽毛等（随机出现 6 种原材料，只有 2 种是正确的）。用户可选择 1 种或多种素材，游戏中设置一位“尊师”角色来提醒用户调配的颜料是否正确。第二环节，模拟古骆越人采取的藤条攀爬作画过程。游戏需要用户双手同时操作，一只手点击按钮保持“攀爬”状态，另一只手作画，闯关通过后可进入下一环节。

四、项目创新的经验与启示

（一）技术创新——VR 技术促进文化产业的创新

文化产业是以内容为核心的产业，科技的发展让优质内容得到更好的呈现。尤其，当前 VR/AR 技术与数字出版业务的融合，市场前景广阔。VR 技术是一种可以创建和体验虚拟世界的计算机仿真系统。它利用计算机生成一种模拟环境，使用户可快速沉浸到虚拟现实的视觉环境之中。

以先进技术为支撑，以优质的内容为建设根本，创新文化遗产的产品形态。该项目通过先进科技手段立体展现花山岩画的历史风貌与自然风貌，如通过融入 VR、3D 动画、互动游戏等技术，展现花山岩画及周边环境景观、古骆越人的生活环境与状态，丰富文化遗产的展现形态，弘扬和传承传统文化。这恰恰响应习近平总书记在多次强调的，“要系统梳理传统文化资源，让收藏在禁宫里的文物、陈列在广阔大地上的遗产、书写在古籍里的文字都活起来。”

（二）产品创新——积极打造地方少数民族文化品牌

文化遗产的保护与传承，是一项重任。通过出版业、文化产业、科技产业等的融合发展，带动民族文化的创新发展。该项目的实施，属于打造地方少数民族文化品牌的先决之策。

当前，社会公众的阅读习惯发生了巨大变化。“VR+出版”已成为出版社融合发展转型的一大方向。用户不仅可以在虚拟仿真的视觉环境中欣赏花山岩画景观的自然风貌和了解相关文物历史，还可以在 VR 场景还原的影像中“触碰”到虚拟世界里的人和物，获得较强的互动体验感。出版社充分利用新技术手段，创新产品形态，以产品创新助推文化产业升级。该项目有规划地对花山岩画的文化资源进行数字化开发，将其推向全国乃至全世界。

（三）产业链创新——文化的传承需要打通跨界产业链

产业链概念最早由 17 世纪西方经济学家亚当·斯密提出。早期这一概念主要用于解释产业的专业化劳动分工安排，发展至今又有不同的释义。关于数字出版的文化产业链，可细化至数字视觉设计、数字文化衍生品研发、数字品牌运营等方面。通过项目运作，打通跨产业合作脉络，架通产业链的合作桥梁。

当前，技术创新的力量加速了出版业与其他产业的联动。近年来，广西科学技术出版社注重加快数字化转型，积极探索复合出版的新产品形态、新服务方式、新市场模式。花山岩画的图书资源借助VR技术，可生成立体化的全媒体出版物以及相关文化创意衍生品。通过该项目的开展，从数字出版行业拉动其他相关产业如旅游产业、电子商务产业、文化产品产业等的发展。这也将催生出新的经济增值空间，带动地方社会经济的发展。

五、结语

该项目产品以VR视觉传播为切入点，传播中华优秀文化，顺应传统出版和新兴出版融合发展的新趋势。项目利用新技术的立体化、动态化、智能化的传播优势，立足传统出版，转型数字出版，探索“文化+”融合发展新路径。

（广西科学技术出版社有限公司）

“梦回花山”客户端（安卓版）

案例类别：产品

书天堂——基于流量运营的新阅读生态系统

赵茜 莫朝富

对于出版社而言，最大的用户就是读者。但长期以来，出版社缺乏获取和分析“出版后”第一手用户数据的途径和手段，形成了“有读者却不知道读者是谁”的普遍现象，极大浪费了用户数据价值。而在寻求对外合作的过程中，与当当、喜马拉雅、得到等互联网平台进行合作时，出版社也往往处于被动地位，平台不会向我们提供最终用户的信息。出版社往往“一问三不知”，不知道读者到底是谁，不知道哪些读者喜欢哪类产品，不知道读者对自己产品有什么意见建议。这样，造成出版社用户需求变化响应不及时、内容生产粗放化、营销宣传资源宣发不精准等一系列问题，极大地制约了出版社市场化、服务个性化和数据集成化的发展进程。

在这样的背景下，广西师范大学出版社集团结合自身的数字出版实践经验和出版优势，策划、实施了“书天堂——基于流量运营的新阅读生态系统”项目（以下简称书天堂）。项目基于大数据应用技术，以“内容为主、技术为辅”的原则搭建了集编辑、营销、发行于一体的书天堂平台。平台以“一书一码”技术作为用户引流基础，以手机端（APP）为主要载体，通过给用户提供丰富的、深入的阅读体验，重新定义出版、阅读。

具体而言，“书天堂”平台共包含七个子系统：管理数据中心、集团内部各岗位PC管理端、书天堂APP（IOS版、安卓版）、书天堂读者小程序、书天堂读者H5版、书天堂作者大咖小程序版；平台功能共涵盖20个大项、198个小项，主要功能包含：读者会员服务与管理、内容资源管理、知识服务管理、电子商城管理、订单管理、分销管理、财务结算管理、平台数据管理、线上线下活动管理、系统管理、组织管理、认证管理、互动消息管理。系统可承载800万人以上的读者注册，支持100万人同时在线使用。软件技术、架构、安全性可达到行业内领先水平。平台主要实现以下功能：一是聚合出版社的纸电资源，为用户提供丰富的、深入的阅读体验。同时让用户参与内容传播、内容产品分销，以达到沉淀用户的目的。二是让出版社直接接触用户并获取第一手用户数据，建立用户数据库。通过专业的大数据分析工具对用户的购买信息、阅读习惯、浏览信息等进行挖掘分析，为出版后的精准营销和个性化服务提供数据支撑，促进出版融合发展。三是平台兼具内容资源的管理和高效流转功能，通过调动出版社、编辑、用户、书评人等各方的积极性，对平台的全媒体内容进行多渠道、立体化传播。四是借助图书专营店的巨大流量与丰富店铺商品种类（特别是立体化配套的媒体类型）为平台引流用户，对用户的行为实现流量反馈，为出版社的内容再生产提供指导。以上四个方面的实现来打通出版业信息通道，实现出版环节联动化，促进内容生产体系再造。

项目于2019年正式启动，于下半年正式上线书天堂小程序。书天堂APP则于2019下半年启动建设，并于2020年10月开始在各大手机APP市场上线安卓版、IOS版，正式投入市场中。截至目前，“书天堂”平台会员总人数6446人，日浏览量上千，总浏览量达上百万。书天堂平台上的内容资源不仅仅是一本书，还围绕书本内容全方位地开发多形态的数字产品，如有声书、音视频课程、知识导读和解析、知识问答、书评等，内容涵盖人文、社科、艺术、历史、儿童等各个板块。目前，已上传图书信息 2197 本，电子书 456 本，商品总数（含文创周边等）共 2504 个；各类数字资源上千个，含 110 个课程，1205 个视频资源；图书导读视 / 音频资源上百个；有声书 26 本，live 讲座 7 个，领读资源 110 条。资源仍在陆续填充中，种类日益丰富。

从平台的运营来看，书天堂结合出版社的特色，不定期开展线上、线下活动，提高用户的活跃度，培养用户习惯，收集更多的用户数据。在线上活动方面，主要通过打造经典活动来留住用户。一是开展线上领读活动，打造阅读氛围。“领读活动”通过邀请作者、编辑等人领读，与读者共读一本或几本图书，在平台营造良好的读书氛围，丰富读者体验。2020 年已开展“食物探险者”“那些元气满满的作家”“遇见名家——阅读的力量”“萨默塞特 · 毛姆——一个伟大的讲故事的人”等近 10 场活动，参与人数上千人，总浏览量约 20 万，读者好评不断，也积累了一批稳定的读者。在疫情期间，书天堂受中共上海市虹口区委宣传部委托，与建投书局联合发起“在线抗‘疫’，以‘读’攻毒”第二期公益共读活动。活动以书天堂微信小程序为载体，邀请书籍作者、译者或编辑等担任领读人，以 14 天为一个阅读周期，通过每日线上打卡交流的形式，在疫情期间与读者一起读书，共享智识生活。二是开展特色活动，丰富读者体验。书天堂多次为出版社的线下活动提供线上服务，如线上报名、线上阅读等，实现线上、线下双联动。在 2020 年的“4·23 世界读书日”期间，书天堂配合出版社的读书活动，开启了线上“共读 1 小时”活动，活动报名总人数近 3000，总访问数近 20 万。5 月，书天堂开展了线上纪念活动，为悼念和告慰图书《平如美棠》的作者饶平如爷爷，邀请读者在线上留言，点燃蜡烛，活动取得了较好反响。10 月，书天堂开通“王蒙漓江之夜”“秀峰文学论坛：后疫情时代文学的可能”两场大型活动的线上报名通道，承载了上千人的报名，为活动的顺利开展提供了便利。

此外，书天堂还开展了一系列图书促销活动，让读者得到更多的优惠。以书展、节庆日等时间为节点，书天堂开展了“6 · 18 大促”“阅读能量包”“双十一云阅读”等一系列主题图书促销活动，在一个平台上同时售卖图书、电子书、有声书，周边文创等商品，实现纸、电、文创同步销售。此外，以新书为契机，书天堂将新书的电子书、有声书同时上线供读者试看、试听，实现新书的立体化宣传。其中，《疾病密码》这本新书在封底印上了书天堂的二维码，首次在书上实现了“一书一码”，让读者在买书前便可获取图书相关数字资源，得到良好的阅读体验。

在 2020 年的下半年，在拼多多、有赞、孔夫子旧书网等电商平台上申请开设书天堂专营店，计划联动图书专营店的巨大流量与超越同行业的店铺商品种类特性为平台引流用户，通过书天堂为用户提供的新阅读体验实现流量反馈，为出版社内部的内容再生产提供指导。

近一年来，书天堂项目产生的直接收益和间接收益上百万，取得了较好的经济收益。在社会效益方面，项目不仅有利于出版社的发展，也是为出版行业的发展提供范例。

对于出版社集团而言，书天堂项目的实现，一是能提供专业化的线上阅读方式，给读者丰富的阅读体验。二是将纸质书与电子书联合售卖，让利读者，探索新营利模式。通过让用户分享电子书的链接、二维码进行分销获利，不仅扩大了电子书市场，也可助力纸质书宣传，扩大纸质书销售。三是获取更多的用户数据，对出版大数据进行可视化数据分析，实现精准营销。同时用数据作用于集团公司的选题策划、内容生产等，促进出版发展。

对于出版行业而言，书天堂项目结合自身产品属性，用户受众的特性，总结并匹配读者需求，提高读者体验，为出版行业提供用户画像、精细化运营的思路和实践，也为行业提供了通过数据、流量的运营而获取有价值信息，致力于出版发展的思路，共同探索行业新的发展模式。

（赵茜：广西师范大学出版社融合发展中心运营专员，莫朝富：广西师范大学出版社融合发展中心产品主管）

案例类别：产品

中国村落文化数字出版平台

欧华鹏　包先芳

“中国村落文化数字出版平台”是原国家新闻出版广电总局立项，获中央文化产业发展资金扶持的融合出版项目。该平台由中国村落文化资源库、中国村落文化网、中国村落文化系列丛书、中国村落文化产业服务平台 4 个子项目构成，是一个以村落文化为内容，以信息技术为支撑的数字出版平台，旨在把优质传统文化资源进行融合出版，促进村落文化产业发展，助推乡村文化振兴。项目以获得国家部委认定的约 1 万个中国知名村落为对象，从村落的自然环境、人文历史、传统建筑等方面加以整理出版，并宣传推广。

2020 年 12 月 18 日，以中国村落文化资源库和中国村落文化网正式上线为标志，该项目建设基本完成。

一、中国村落文化资源库

中国村落文化资源库是本项目的核心组成部分，目标是科学、系统地收集整理中国现存的村落文化资料，并将其碎片化存储进入资源库，方便检索，使资源库成为全国各界科研、学习与传承村落文化的重要数据资料来源。

目前全国入库村落数达到 8000 多个。入选的村落，从村落的地域、生态、起源、姓氏、民族、风俗、服饰、建筑、生产方式、生活习惯、社会结构等，多层面、多角度对其文化资源进行挖掘整理，入库记录，最大限度地呈现乡村的文化全貌。比如，在“浙江省衢州市龙游县塔石镇泽随村”的页面上，就介绍了该村的行政区划、村庄概况、村民收入、产业发展、公共设施、民俗文化、所获荣誉的详细信息。同时在平台的地图页面上有其方位标志，点击即可获得泽随村的精准村落位置。除此之外，资源库还有该村的图片库和视频库，从而形成文字—图片—视频三位一体的村落文化资源。

根据用户的需求，在资源库主页及每个村落的主页上，都分别设计有“递交村落”“主题搜索”“类别搜索”“地图搜索”四个功能，在利用信息技术实现内容的碎片化存储的基础上，实现递交村落信息便捷化，同时以主题索引、分类标引、地图链接等功能，用户可以便捷、迅速地获取资源库里的所有村落信息。这是一套系统完整的资源库体系，资源库实现了“人人皆可成为中国村落文化的记录者、传播者，人人皆可使用这些中国村落文化资料的收集整理、补充完善、分享传播的互生机制”。

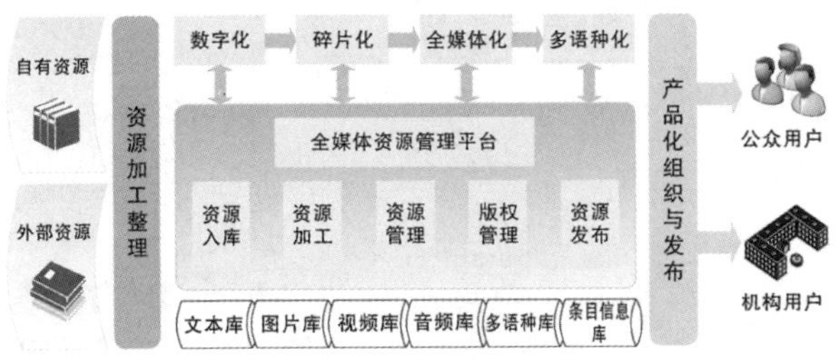

资源库建设的业务逻辑图

二、中国村落文化网

中国村落文化网是资源库的前端展示窗口，网站有资源库的入口，即进入资源库要通过网站主页。网站同时是相对独立的，除了有资源库端口外，还有名村志、村落保护、村落文化、村落产业、乡村游学、活动（中国乡村榜、八桂乡土论坛）等实用又富有时代气息的端口（栏目）。

1. 名村志。名村志聚焦中国名村落，从村落风物、村落建筑、村落人物、村落风俗等方面综合挑选出最具有价值与影响力的村落，展示其独特魅力，展示中国村落之美。

2. 村落保护。村落保护关注政府、社会组织和个人等主体对传统村落的保护工作，从政策分析与保护实例两个层面宣传、展示村落保护工作的经验和成果。

3. 村落文化。该栏目宣传、展示村落一般意义上的文化，从文化形态、民俗活动、科研成果等不同的角度和层面，揭示村落文化的意义和价值，以及各地的文化活动。

4. 村落产业。栏目从产业规划、乡村特产、乡村旅游、乡村工艺、乡村民宿等方面关注乡村的生产生活与经济模式，研究、发掘、宣传、推广乡村产业政策、产业案例和产业模式。

5. 乡村游学。本栏目是根据平台延伸项目“乡村研学旅行”而特别设置的，重点关注乡村游学的政策与案例，展示乡村游学的魅力与特色。栏目对青少年传承优秀的村落文化起着重要作用。

6. 活动（中国乡村榜、八桂乡土论坛）。活动栏目主要服务平台的中国乡村榜、八桂乡土论坛两个活动，是这两个活动发起、投票、预热、活动播报等环节的主阵地。

三、中国村落文化系列丛书

中国村落文化系列丛书目前出版了理论、实操、文艺等多个系列的近 30 册图书。

理论类图书从揭示村落深层文化着眼，目的是发现传统村落的运行和发展规律，如《乡土日常：灵验·磕头·传说》《中国婚俗的传统与变迁》《从土绅到地方精英——近代江南地方权势阶层的演化》《多民族乡村共同体生成机制研究》《秧歌百年小史》等，都是从不同角度去发现村落某些方面的规律。

实操类图书主要记录、介绍、总结当下乡村土地管理、产业发展、基层组织等方面的实用型书籍，这些书籍是乡村管理者和村民都亟须的，对当前全面推进乡村振兴具有积极的作用。如《“增减挂”宏略——增减挂钩政策助推广西脱贫攻坚和乡村振兴研究》《命脉——广西基本农田布局优化及高标准基本农田建设研究》《乡村重建——广西村庄用地布局优化研究》《桂土鼎新——广西农村土地制度改革创新研究》等。

文艺类图书是从文艺的视角和笔触，去记录乡愁，发现乡村之美，用文艺作品反映乡村生活和世道人心。如《故土钩沉》《巴某蝶变》《八桂山水谣》等。

四、中国村落文化产业服务平台

产业服务平台是通过会展、论坛、活动和线上推广等多种形式服务村落文化产业，平台可实现三大服务功能：一是为乡村旅游与特产（农特产、手工艺品）供需信息服务；二是为乡村旅游、品牌升级与推广、村落改造、村落开发等提供智力支持；三是为引进城市的资金、技术推动农村特色产业开发，促进乡村经济建设。目前已搭建了广西村落文化研究会、中国乡村榜、八桂乡土论坛、爱村游等多个村落文化产业服务平台。

1. 广西村落文化研究会。研究会是一个传承与保护村落文化的研究、交流、指导平台，由热心社会文化事业、致力于保护乡土文化、传承乡土文明的文化研究界、建筑设计界、出版界以及各级党委政府、企事业单位相关部门人士自愿结成的公益性、学术性的法人社会团体。

2. 中国乡村榜。乡村榜由漓江出版社和乡村复兴论坛组委会（清华大学建筑学院、中国扶贫基金会等机构）联合推出，是在乡村振兴战略实施的背景下，对中国乡村魅力的一次综合排名。旨在通过榜单的评选，充分展示中国乡村的魅力，为乡村脱贫和乡村振兴提供发展思路。2019年6月21日，首届中国乡村榜在乡村复兴论坛·大埔峰会上正式发布，榜单一经发布，便引发强烈关注，全国近80家媒体的报道或转载，阅读量超过120万次。

3. 八桂乡土论坛。论坛由漓江出版社和广西国土资源规划院联合策划推出，服务国家乡村振兴战略和广西党委政府有关乡村振兴的中心工作，是中国村落文化数字出版平台项目的产业服务平台之一。首届八桂乡土论坛在广西自然资源厅指导下，由南宁市西乡塘政府、广西国土资源规划院和漓江出版社主办，于2019年11月在南宁市美丽南方国家田园综合体内举行，成为广西首个与乡村振兴有关的大型论坛，产生了良好的社会效益与经济效益。八桂乡土论坛每年举办1—2届。

4. “爱村游”微信公众号。“爱村游”微信公众号是线上服务平台之一，与中国村落文化资源库、中国村落文化网共同构成了线上服务平台矩阵。

五、项目建设与荣誉

漓江出版社在中国村落文化数字出版平台立项后，即成立“数字出版部”（现改为“融合发展部”），由该部门主要负责项目的具体实施。数字出版部在项目推进过程中，承担了绝大部分工作，创造性地实现了项目目标，平台由此获得了众多荣誉，其中影响力较大的有：2016年8月，平台获广西壮族自治区新闻出版广电局评为该年度“广西优秀数字出版项目”；2020年9月，在第十五届中国北京国际文化产业博览会和中国数字出版创新论坛上，平台被中国出版协会授予全国性的“出版融合创作优秀案例暨出版智库推优”荣誉称号。

（欧华鹏：漓江出版社数字出版部主任、副编审，包先芳：漓江出版社数字出版部副主任）

中国村落文化网（中国村落文化资源库）

案例类别：产品

《阿加莎的毒药》（节目版有声书）

张津理

《阿加莎的毒药》（节目版有声书）改编自漓江出版社同名图书，由漓江出版社编辑联合喜马拉雅知名主播吕鹏（曾任江苏广播电台主持人，后入驻喜马拉雅，所制作播讲的《大案纪实》及《大案纪实2019——正议人间》上线3个月即登上喜马拉雅人文类节目榜单前10）。该产品以互联网思维为指导，针对当前有声书用户的收听习惯，在原书基础上加入了大量有时效性、贴合当下阅读偏好的内容，将原书的20万字扩充到100万字，制作了全套95集的有声书，定价为69.90元。产品上线后，因其趣味性和科学性收获了一批忠实用户，取得了一定的经济收益，并起到了推广漓江出版社图书的良好传播效果。

一、产品开发背景

2018年，中国有声书市场规模达46.3亿元，年均复合增长率为36.4%；有声书用户规模达3.85亿人，年均复合增长率为26.7%。2018年第四季度，喜马拉雅3个月月活用户均超过7000万人，稳居综合平台首位；懒人听书则以超过800万的月均活跃用户规模在垂直平台中处于领先位置，这两个平台的主营板块皆以有声书为主打，从另一个侧面反映了有声书的市场占有率和巨大的市场前景。（数据来源：艾媒咨询）

当“听书”已经成为一种新的阅读方式，当碎片化阅读和场景沉浸式阅读逐渐成为人们日益接受的一种生活形态，音频节目的陪伴属性也浮出水面，当解放双手、解放双眼，只用耳朵就能随时随地阅读，有声书的市场价值也因此产生。

但随着有声书市场的进一步发展，当市场回归理性，用户增长不再是各大平台的主要关注指标，用户体验、使用习惯以及产生的用户黏性成为新的关注增长点，如何打造精品内容就变得非常重要。节目版有声书在这样的大环境下孕育而生，它依托原纸质书的精品内容，在此基础上深挖用户心理，用互联网思维升级文稿，打造符合用户收听习惯的新兴有声书。

2019年，以漓江出版社的《阿加莎的毒药》为蓝本，联合喜马拉雅、非星凡文化知名主播吕鹏，首次共同打造节目类有声书，为漓江出版社图书的有声化探索了一条新路径，力争促进图书在声音领域的广泛传播，实现图书另一种形式的多媒体化。

二、产品简介

“犯罪小说女王”阿加莎·克里斯蒂在她众多令人着迷的推理小说中，构思了无数悬念与谜团，也使用了各种各样的毒药。在小说里，毒药不仅是受害者被害的原因，也是推动情节发展的要素。阿加莎的创作中展现出丰富而准确的化学知识，而这却鲜为她的读者所知。2017年，英国著名侦探小说家、剧作家凯瑟琳·哈卡普的《阿加莎的毒药》图书由漓江出版社出版上市，这既是一部趣味横生的科普著作，也是视角独特的文学研究，可谓对侦探小说的侦探，在推理迷中掀起了一股化学热潮。

2019年，漓江出版社联合喜马拉雅知名主播吕鹏，以互联网思维为指导，针对当前有声书用户的收听习惯，在原书基础上加入了大量有时效性且贴合当下阅读偏好的内容，将原书的20万字扩充到100万字，制作了全套95集的节目版有声书《阿加莎的毒药》，定价为69.90元。

该产品每集都包含了克里斯蒂在推理小说中使用的一种毒药，不仅从科学角度介绍了该毒药的化学性质、效果，更结合了历史上使用该毒药的真实案例进行分析。通过主播仿佛推理小说般层层推进又充满悬念的讲述，听众既能了解关于各种化学物质的知识，也能再次回味阿加莎的经典作品情节，明白她成功制造悬念的秘诀所在。当然，就像阿加莎在小说情节中使用毒药元素一样，在有声书里分析毒药，不只是出于文学、科学解读，更多的是为了让人们清楚地了解各种毒药的构成和危害，在生活中掌握科学常识，从而避免受到伤害。

三、产品目标用户画像

1.《阿加莎的毒药》节目版有声书针对自身特点，将目标用户锁定为以下三种人群：推理小说爱好者，“犯罪小说女王”阿加莎·克里斯蒂的粉丝；司法学爱好者；化学爱好者，尤其是对“毒药”领域有一定兴趣的人。

2. 目标用户年龄定位：18~45岁。

3. 目标用户男女比例：各占50%。

四、产品用户黏性增强措施

1. 产品上线的第一周，漓江出版社以直播的形式，邀请主播与听众互动，对专辑宣传起到了积极的作用。

2. 整张专辑以日更的形式进行运营，在每天一更的运营过程中，每一集以一个悬念开始，以一个悬念结束，以吸引听众不断地听下去，同时提升完播率。

五、产品上线后效果

（一）经济效益

2019年5月，《阿加莎的毒药》有声书上线。截至2021年9月9日，该有声书收听量达182.8万，共1.7万人订阅，评分高达9.3分。漓江出版社喜马拉雅主播号在此有声书项目中获得的净收益为86569.60元。

（二）社会效益

对相关图书起到了良好的传播效果，在有声书领域打响了漓江品牌，为漓江出版社图书的有声化进一步发展奠定了良好基础。

（三）所获奖项

2020年1月，该产品荣获“广西出版传媒集团2019优秀数字出版物”荣誉称号。

（张津理：漓江出版社融合发展部编辑）

“阿加莎的毒药”有声书

案例类别：产品

接力出版社“人工智能”媒体融合出版项目

刘蓉慧

为贯彻落实习近平总书记在全国宣传思想工作会议上的重要讲话精神和对媒体深度融合的重要指示精神，助力建设教育强国，接力出版社立足传统出版优势，创新运用新兴媒体，依托原创优质内容和科技前沿，紧抓人工智能教育窗口期，努力为国家培养人工智能高端人才提供基础教育支撑，贡献少儿出版的力量，接力出版社联合中国科学院计算技术研究所策划、开发了中小学“人工智能”媒体融合出版项目。该项目由我国人工智能学术领军人物、中国科学院计算技术研究所学术委员会主任徐志伟研究员带领团队耗时两年精心研发而成，现已通过广东省教育厅审定，成为国内最早经教育主管部门审核通过的中小学“人工智能”系列教材之一，并获得中国出版协会2020年度“出版融合创新优秀案例暨出版智库推优”。

一、立项依据

（一）时代的呼唤和国家战略的需要

当前，全球新一代人工智能蓬勃发展，给国际国内政治、经济、文化和民生带来革命性的影响。为紧抓人工智能发展的重大机遇，世界各个主要发达国家纷纷将人工智能作为提升国家竞争力、维护国家安全的重大战略来部署。2017年7月，国务院印发《新一代人工智能发展规划》，人工智能上升为国家战略。2019年，习近平主席在致国际人工智能与教育大会的贺信中指出，人工智能是引领新一轮科技革命和产业变革的重要驱动力，正深刻改变着人们的生产、生活、学习方式，推动人类社会迎来人机协同、跨界融合、共创分享的智能时代。把握全球人工智能发展态势，找准突破口和主攻方向，培养大批具有创新能力和合作精神的人工智能高端人才，是教育的重要使命。

（二）教育高质量发展和科技创新人才培养的需求

智能技术与教育的融合创新，成为推动教育变革与发展的内在动力。二者的深度融合创新发展，必将带来教育观念、教学模式、学习方式的变革，从而推动传统的教育理念、教育模式、管理模式、治理模式乃至教育生态发生深刻而持久的变化，形成智能时代的教育新生态。习近平总书记在全国教育大会上强调，我们要抓住机遇、超前布局，以更高远的历史站位、更宽广的国际视野、更深邃的战略眼光，对加快推进教育现代化、建设教育强国作出总体部署和战略设计。

（三）传统出版转型和出版新业态探索的要求

为贯彻落实习近平总书记关于人工智能教育的重要讲话精神，从出版角度推动形成全社会关注人工智能的人才培养环境，接力社以中共中央办公厅、国务院办公厅印发的《关于加快推进媒体深度融合发展的意见》为指导，积极探索智能时代的媒体融合出版新业态，努力构建全媒体时代出版新格局，打造人工智能媒体融合出版项目。

二、指导思想和目标

以习近平新时代中国特色社会主义思想为指导，全面贯彻党的教育方针，全面落实立德树人的根本任务，加强社会主义核心价值观教育，有机融入中华优秀传统文化，引导学生坚定“四个自信”，立足于我国科技创新前沿成果和中国特色社会主义建设伟大成就，从基础教育和素质教育的要求出发，围绕核心素养，构建完备的基础内容体系，以计算智能、感知智能、认知智能、行为智能四大模块基础知识和基本技术为主线，采用自主探究 + 项目式教学的混合教育模式，依托教材图书、课程资源、编程软件、芯片 / 传感器、教学平台五位一体的多平台、多层次、立体化学习体系，培养青少年人工智能科学素养、计算思维和数学建模解决问题的能力，培养一大批具有创新精神和合作能力的时代新人。

三、项目构成

本项目突破传统单一的纸质教材出版模式，构建以“人工智能”系列教材图书为核心，依托互联网、大数据、机器学习、物联智能、自动驾驶等，打造一站式、可普及的人工智能智慧教育课堂，实现真正意义上的媒体融合出版。

（一）教材图书

“人工智能”系列教材图书（全十一册），完整覆盖三年级至九年级的学习。其中，小学三年级至六年级各分上、下册；初中七年级至九年级各年级一册。

（二）课程资源

基于“人工智能”系列教材，开发了循序渐进、螺旋式上升的课程体系，满足中小学校开设人工智能普及教育的智慧课程。课程资源包括教案、课件、微课视频、软件录屏、在线测试题库以及个性化的课程学习档案。

（三）编程软件

本项目配套的编程软件，能够支持学生在平板端、PC 端等不同平台进行断网环境下的可视化编程学习。断网环境下的可视化编程学习是本项目的一大优势。

（四）芯片 / 硬件

围绕“人工智能”系列教材内容，开发配套的蓝牙主控板、V32 主控板、智能物联主控盒等芯片硬件。学生通过蓝牙连接或数据线连接的方式将编好的程序下载到主控板，结合各类传感器和结构件材料，即可体验人工智能是如何实现的。

（五）教学平台

教学平台分别设计了教师端口和学生端口，动态测试题库可支持教学随堂测试，题库涵盖基础内容和可供学有余力的学生进一步探索的优质试题。平台积累的学生学习档案大数据，可为教育决策提供数据支撑，有效促进教育公平与高质量发展。

四、项目特点

（一）实现教材、课程、软件、硬件、教学平台的融合统一

本项目构建了以教材图书为核心，依托人工智能前沿科技，打造一站式解决中小学校开展人工智能教育的需求、真正意义上实现媒体融合的出版项目，有效帮助学校实现可规模普及的人工智能智慧课堂。

（二）注重青少年人工智能知识与能力素养的同步建构

本项目将帮助青少年构建三个层面的知识体系和能力素养。一是人工智能的基础知识和技术原理。涵盖计算智能、感知智能、行为智能和认知智能四方面内容。二是编程语言和编程程序设计的知识技能。从图形化编程到运用高级编程语言，对较复杂、综合性较高的项目进行程序设计和编程，形成系统的编程语言知识与技能。三是逻辑、概率、统计等在人工智能中的应用，能够有效扩充青少年的数学知识体系。

（三）突出青少年计算思维发展与科学方法奠基

计算的方法是贯穿本项目的重要科学方法。从知识、能力、素养到方法论的掌握，本项目为学生奠定扎实的人工智能科学素养和正确的世界观、价值观和方法论，帮助青少年成长为具备人工智能科学素养、创新精神、计算思维、探究能力、实践能力和运用数学建模解决问题的创新型人才。

（四）推动教材内容实现立德树人的目标

教材是教育教学活动的核心载体，是中小学生最基本、最重要的精神食粮。本项目教材全面贯彻党的教育方针，全面落实立德树人的根本任务，充分体现社会主义核心价值观，将中华优秀传统文化有机融入教材，彰显出中国特色社会主义建设所取得的成就，从根本上实现立德树人和实践育人。

五、项目预期

（一）建成一个人工智能出版完整套系

将党中央和国务院关于新一代人工智能战略规划以及科技创新人才培养的要求全面落地落实到基础教育环节，填补人工智能教育体系化空白，实现教材在全国范围内的适用和覆盖。

（二）打造一个出版融合新业态标杆项目

实施出版 + 战略，实现出版与科技、教育有机融合，向产业链前后延伸，打造研发平台、实验空间、教学基地、赛事活动等，推动出版经营模式全面转型升级。

（三）构筑一个新型阅读生态

顺应数字产业化和产业数字化趋势，立足人工智能的多领域运用优势，构建文字、图像、音视频以及多人互动的阅读新平台和空间，推动传统阅读向沉浸式、互动式阅读转型升级，打通阅读落地的最后一公里。

（四）形成一个全国知名、面向世界的青少年人工智能教育品牌

依托中国—东盟自由贸易区和粤港澳大湾区的辐射优势，推动两广在基础教育中融合创新发展人工智能教育和体系化建设，加强对外版权输出和内容影响。

（刘蓉慧：接力出版社广州编辑部主任）

“人工智能”媒体融合出版宣传片

案例类别：产品

首阳教育云平台

李强辉

一、项目简介

（一）项目概述

首阳教育云平台（简称“云平台”），是陕西师范大学出版总社自主投资建设的数字“新基建”和市场化运营的数字业务平台，包括“中教参”期刊服务、在线教育培训及融媒体数字阅读等主要板块，以及学术文化、大众阅读类拓展板块，是本社服务期刊数字化经营、拓展教师培训在线业务、尝试数字课程运营、探索新型知识付费、创新融媒体出版的主要平台，也是本社传统出版数字化转型升级与融合发展的试验田、练兵场和主阵地，致力于服务中学教师、中小学生及阅读爱好者。

（二）平台功能

“云平台”分为支撑层“首阳云平台”和应用层“首阳教育”两部分，含PC版（www.shouyangedu.com）、APP（苹果版和安卓版）、微信公众平台（+H5）三端，通过构建“内容＋用户＋商务＋决策”四大基础管理系统，从根本上解决统一的内容资源聚合、用户数据整合、商务结算支持、数据分析决策等基本问题，为数字融合项目开发运营提供基础平台支撑和模块化功能服务；通过期刊服务、在线课程、数字阅读等前端应用的构建，为教育出版，特别是期刊数字化管理与创新经营提供场景化应用支持，示范带动大教育及其他业务板块数字融合创新发展。

平台采取模块化构建策略，开发预留与其他模块或系统的标准API接口，以打通底层数据，实现数据交换，以一个统一的模块化管理平台提供业务支撑。基于灵活强大的后台管理功能和前端业务功能，为用户提供全终端的在线教育服务和数字阅读新体验。

1. 前端业务功能。3大频道12个子栏目：首阳课程（点播课程、直播课程、订阅专栏）；中教参（纸质刊、电子刊、投稿审稿、会员服务、会议管理）；首阳阅读（纸质书、电子书、有声书、阅读专题）。辅助栏目：富媒体、虚拟商品、新闻动态、广告位等。个人管理：我的学习、收藏、消息、订单、会员、账号安全、信息设置及投稿查询等个人中心功能。

2. 后端管理功能。包括：内容资源聚合（面向运营的首阳资源库、面向管理的全媒体数据中心）；用户数据整合（统一用户中心、API接口）；商务结算支持（购物车、第三方支付、订单管理、平台折扣、优惠券、平台分成）；数据分析决策（首阳统计、操作日志、阿里云监控）等。

（三）平台优势

1. 平台化思维与市场化运营，构建编辑出版部门与技术支持部门深度融合“命运共同体”。

2. 授之以渔，激发潜能：教会编辑基于平台开展数字业务，而不是由运营支持人员代劳，最大限度地发掘各部门的资源优势和内容价值，激发青年编辑的创造力和能动性。

3. 借助大数据分析、云计算等技术，实现内容资源聚合、重组与关联，发挥聚合聚变效应，实施精准服务。

4. 丰富的标准化API接口，使平台功能升级和第三方对接更加便捷高效，易扩展。

5. 重点业务，全程支持：针对直播课等重点商品，提供解决方案、应急预案、实操培训、设备调试、课前演练、现场服务、数据统计、课程下载等全程跟进服务，把深度融合落到实处。

二、项目建设成效

2020年7月16日，首阳教育云平台正式上线试运营，运行稳定可靠，各项业务顺利开展，成效显著。其中，首阳直播课不仅是对新时代教育培训新模式的积极探索，也是借助新基建支撑新业务的成功实践，成为疫情常态化下我社业务创新的最大亮点。

平台上线一年来，注册用户2.3万余人，项目营收超过300万元。截至2021年9月，已上架运营直播课程、点播课程、纸质刊、电子刊、纸质书、电子书、有声书、订阅专栏、阅读专题、虚拟商品等13类商品约450个；发布新闻动态、征稿通知等119条，公益广告30余则；期刊在线投稿6000余篇；产生各类订单近2.4万个。其中教师培训直播课99场，参与学员4万多人次，得到全国各地专家和老师的好评，超出预期，双效俱佳。

中学生物教学编辑部“第五届‘生物教科研课题研究与论文写作高级研修班’”直播课是首阳云平台上线试运营以来承担的第一个正式直播项目，吸引了全国各地400余名生物教师，参与在线直播及回放观看的人数累计超过3000人次。中学数学教学参考编辑部“中学数学新课改实施能力提升高级研讨会”参与学员超过650人，累计观看超过2000人次。中学化学教学参考编辑部“‘核心素养’时代高考化学命题及复习备考策略研究(直播)”，参与学员接近5000人，累计观看超过3万人次，创造新高。

多学科、体系化的线上直播课程为教师提供了更多的选择，有效促进教师专业能力提高和教师职业素养提升。中学化学教学参考编辑部“高考复习教学专题公益讲座”等20多场公益课也在首阳云平台陆续开讲，通过教师教育公益培训的实施，传承“西部红烛精神”，助力教育扶贫。

总体而言，首阳教育云平台建成一年来，社会效益显著，经济效益持续稳定增长，有力地带动了数字融合发展。

三、融合发展经验

迎接新时代的挑战，就是要借助数字新基建，推动出版新发展。首阳云平台给本社产品升级、服务转型、业务进化提供了有力支撑。持续推动首阳云平台的运营是本社数字融合创新发展的重要抓手，也是今后一个时期数字出版的中心工作。而“云平台”的持续运营和良性发展，离不开“平台、机制、人才、业务”这四个核心要素。

(一)“云平台”稳定运行是业务开展的基础

从2018年启动建设到2020年上线试运营，本社经历了策划调研立项、技术开发测试、优化核查验收、业务培训推广、管理办法出台、运营机制建立等，还与北京网梯公司组建了一支专业的项目建设运营团队，确保平台稳定可靠，并在运营中不断调整优化系统功能，实时监控，严格管理，重点支持，全程跟进，不断复盘，查漏补缺，改进方法，为各项在线业务顺利开展提供有力的平台支撑和技术服务。

(二)市场化合作机制是持续运营的保障

制度是规范，机制是保障，它们更是合作共赢的润滑剂、业务创新的催化剂。本社通过建设运营首阳云平台，引入市场化合作机制，创新制度，激发各方潜力和创意，有望破除制约传统出版部门与技术服务部门深度融合发展的“两张皮”，加速优质内容与数字技术融合。

(三)融合人才培养是持续运营的支撑

新时代新发展，是机遇也是挑战。传统出版转型升级与融合发展为传统编辑提供了机会，也提出了更高的要求。本社从项目需求调研、功能测试、平台运营全过程都强调编辑的全程参与和学习，通过成立数字融合创新小组、项目实战演练、编辑一对一培训、录制平台操作微课等方式，把编辑培养成为会策划、能管理、懂运营的“项目经理”，为项目持续运营提供人才支撑，使之成为推动融合发展的先锋队和生力军。

(四)开展数字业务是持续运营的关键

只有各项业务真正开展起来，“云平台”的运营才能持续发展。各业务部门充分把握核心优势，从最易上手或见效的业务切入，策划开发合适的数字产品或转化传统出版优势，基于“云平台”或第三方平台开展运营，在此过程中快速完成产品升级、服务优化和业务进化，转型升级自然水到渠成。本社不仅充分发挥新媒体矩阵的集群效应，还全面梳理传统出版优势，做好优质内容资源、作者资源、读者资源的整合开发，借助数字化手段转化这些优势，延续、放大或重塑品牌价值，如“中教参”“卓越教研”“爱读写”“绩优学案”等重点品牌，最终构建“首阳+”品牌矩阵。

总之，平台需要在运行中不断适应业务新需求，快速迭代优化，以丰富的功能、良好的状态、持续的服务，支撑业务发展；业务需要顺应市场变化，适时迭代升级，从简单初级的数字产品，向复杂高级的融合服务进化。只有业务与技术彼此融合，相互推动，不断进化，云平台的运营方可持续，数字融合发展方入大道。

(李强辉：陕西师范大学出版总社数字出版中心主任)

首阳云平台公众号

案例类别：产品

丝绸之路历史地理信息开放平台

景明

一、丝绸之路历史地理信息开放平台简况

丝绸之路历史地理信息开放平台(以下简称“丝路平台”)是2015年国家文化产业发展专项资金扶持项目。该项目源于首都师范大学历史学院张萍教授担任首席专家的国家社科基金重大招标项目“丝绸之路历史地理信息系统建设”，由丝路历史地名数据库、丝路水环境信息系统、丝路历史土地利用与覆被信息系统、丝路交通与商贸数据库、历史城址地理信息系统、丝路考古遗址

与文化传播数据库、民族与宗教数据库等 7 个科研子项目和丝绸之路历史地理信息开放平台、历史地理通用 GIS 科研平台 2 个技术平台组成，在 7 个专题方面提供全面的丝绸之路历史地理数据查询服务和权威的 GIS 服务。

“丝路平台”于 2017 年 6 月发布测试版，在历史地理学界引发热烈反响，并入选“2017 年历史地理学年度十大事件”。2018 年 9 月完成技术平台子项目验收。2021 年 5 月完成结项验收。

二、“丝路平台”技术架构、功能与特点

（一）技术架构

“丝路平台”采用基于 B/S 的分布式、松耦合的多层体系结构，分为数据库层、数据操作层、业务逻辑层、应用层等。数据库层采用 Oracle 关系数据库，以空间、时间、民族、宗教、语言、资料类型等多种分类来组织文献数据，数据结构采用多库关联方式，用不同的数据表容纳不同层级或组合的数据。数据操作层采用 Java 组件技术开发，封装各种不同的数据类型，提供查、增、删、改操作。业务逻辑层采用 Java 组件技术开发，封装数据提取、分析工具，为应用层提供技术支撑。应用层采用 Java Web 技术、分布式技术，应用 Ajax、多级缓存、Web 服务等技术，满足多用户、高并发、大访问量的需求。

技术开发遵循国标及行业规范。数据库采用目前最为成熟的关系数据库。代码系统符合 UCS/Unicode 国际标准，可支持各种文字代码体系。采用繁简字转换系统，支持繁、简两体汉字通检，可适应海内外各种汉字环境。图片及视频数据均转换为国际标准认可格式。

（二）平台主要功能

1. 平台提供查询、分析和自动绘图功能。查询功能按照时间、地名和数据类型等多种要素进行查询，而分析功能主要依靠多种空间分析函数，对重建出的地理现象进行空间抽象和模拟；自动绘图功能则主要提供用户使用系统自带数据或者自身专题数据进行的个性化专题地图绘制。

2. 平台嵌入多种地理数据分析模块和多种空间模型。时空谱分析、Markov 链条分析、R/S 分析、层次分析法、“度—簇”结构分析和 GM 预测功能等主要的空间分析方法嵌套进入本系统，用户可以根据自己的需要，实现个性化的空间分析功能。

3. 多种空间建模方法与地理信息系统的融合。以空间模型的方式展现较为复杂的时空关系，同时支持用户以自有专题数据建模或将自有专题数据和系统本身数据结合，生成自身需要的工程模型、水文模型或者格网化空间数据集等。

（三）平台特点

1. 综合性。平台提供了统一的时空框架，集沿线民族、宗教、文化、经济、环境、聚落与城址等多要素于一体，可跨多要素数据库进行综合性历史地理研究。

2. 工具性。平台开发、嵌入一系列模型软件，集数据集成与分析于一体，揭示不同要素之间复杂的时空变化关系，具有极强的专业性。

3. 开放性。平台采用 WEBGIS 进行发布和维护，提供了专门的用户交流模块，使全球用户都能参与系统的内容更新与维护。

三、“丝路平台”创新点

（一）丰富了丝路专题及其空间关系研究成果

平台立足系统化、专题化、数据化研究，改变了中西方学者对丝路研究范围广泛，但对于商路如何开辟、商人如何进行商业运作、宗教与文化的传播路径及其空间关系成果较少的状况。

（二）有效解决古今地名准确对应问题

平台建立起全面、规范的丝绸之路历史地名数据库，为丝路全方位研究打下坚实基础，这解决了将丰富的丝路历史地理信息标示在今天的地图上时难于厘清历史地名演化过程、进行古今地名准确对应的问题。

（三）改变了丝路研究及其成果展现的方式

平台依托 GIS 技术，将地理、环境、文化、宗教、民族、商贸、交通与城镇发展作为一个统一的空间整体来分析，解决了丝路研究直观呈现、动态模拟、多维分析的难题，改变了丝绸之路研究以内容描述为主的现状。

（四）历史地理通用科研平台提升了科研效率

平台整合项目基础数据与基础功能，推出了具有独立知识产权的历史地理通用科研平台。通用科研平台以“标准化、产品化”为方向，以“适用、好用”为标准，切合历史地理研究单位实际需求，提升了科研效率，推动了 GIS 技术在历史地理研究中的应用。

四、“丝路平台”应用成果转化与绩效

（一）平台主要成果

1. 建成“丝绸之路历史地理信息开放平台”。基于丝绸之路历史地理基础和专题数据成果，搭建起面向丝绸之路历史地理综合应用、分析、开放、共享的平台体系。

2. 建成具有独立软件著作权的历史地理通用科研平台。基于丝路平台成果，提供包括平台门户定制、数据中心集成、基础历史地理数据资源、自建研究专题、数据处理工具、可视化模型分析工具、成果自主发布等一站式通用科研平台解决方案。

3. 开发了系列专题数据集。平台建设生成了系列空间数据集，包括丝绸之路城镇城址、交通商贸、考古遗址与文化传播、民族政权、生态环境、土地利用和一套丝路地名数据库、部分古旧地图数字化成果，共计 8 个部分。截至目前，平台基础专题数据入库数量 500 余类，

超过 200 万条。

（二）平台应用情况及衍生成果

1. 平台在参研科研机构得到广泛应用。平台坚持边研发边应用、应用促进研发的原则，使平台在建设过程中得到了很好的应用。截至目前，丝绸之路历史地理信息开放平台已在陕西师范大学、首都师范大学、云南大学、中国地质大学（武汉）等多家科研机构中应用。

2. 平台在历史地理学界得到广泛应用。截至目前，平台注册用户 5000 人，IP 访问量已达 45000 人次。

3. 项目取得系列科研成果。在丝路平台项目实施带动下，项目专家与各子项目负责人完成并发表数十篇高质量专业学术论文，对地理信息系统（GIS）近年在史学及数字人文领域的发展进行了总结，对丝绸之路历史地理信息开放平台设计、理念进行了探索，对丝路交通道路进行了地理复原，对近 1000 年丝路沿线生态环境重建进行了探索，同时对丝路文化传播进行了探索，其中在 CSSCI 期刊发表学术论文 17 篇，受到学界关注。

4. 项目取得丰硕育人成果。在项目实施的过程中，在各子项目负责人带领下，来自陕西师范大学、首都师范大学、中国地质大学（武汉）、云南大学等高校的近百名本、硕、博学生和博士后科研人员参与了项目，包括硕士生 75 名、博士生 7 名、博士后研究人员 1 名。在项目实施的 5 年时间里，参与科研的学生与项目共成长，在完成科研任务的同时，发表研究论文多篇，其中 70 余位同学以 GIS、丝绸之路、历史地理等作为自己学位论文的主题。丝路项目在取得系列重要科研成果的同时，育人成果同样丰硕。

（三）项目建设取得了良好的社会效益

丝路平台已走到国际学术的前沿，受到学界高度关注。2020 年 12 月，平台入选 2020 年数字出版精品遴选推荐计划；2021 年 4 月，入选国家新闻出版署“百佳数字出版精品项目献礼建党百年专栏”。人民网、《光明日报》、出版人杂志、《中国新闻出版广电报》等权威媒体进行了宣传报道，在社会上产生了广泛影响。

丝路平台的开发，锻炼了总社的项目运营团队、技术开发团队及编辑团队，带动了出版社数字化转型。下一步，总社将在平台运营方面发力，向潜在机构用户推介平台，扩大发放试用账户范围，提高平台的知晓度和接受度，加强与专业销售代理机构合作，增强定向触达，以更好地发挥平台应用潜力。

（景明：陕西师范大学出版总社文史出版中心融合编辑）

丝绸之路历史地理信息开放平台

案例类别：产品

西北大学出版社“智慧教材”项目

强薇　柴洁

出版与新媒体的深度融合是增强产业核心竞争力的根本途径。依托新技术开发基于优质内容资源的融媒体出版物将是未来出版业转型的核心，只有开发出市场认可、技术领先、用户体验好的产品才能真正提升市场竞争力，出版与新技术的深度融合成为出版业高质量、可持续发展的重要抓手。

西北大学出版社从 2009 年即着手融媒体教材的策划出版，经过十余年的不断探索、实践、创新，现已形成“传统纸书+数字化资源包”模式的融媒体教材——智慧教材。

一、“智慧教材”出版背景

随着教育信息化时代的到来，利用新技术对教育教学进行精准化管理、教育资源数字化等，已成为未来教育不可逆的发展趋势。高等教育环境的大变革，促使高等教育教材出版的转型升级。同时 5G、互联网+、智能通信技术、“云计算”的应用普及，为教材的出版转型升级提供了技术支持。

为更好地满足高等教育的教学需求，西北大学出版社从“纸书+光盘”的多媒体教材开始，跨出了融媒体出版的第一步。随后借助二维码技术，研发的“*Move-Learning*”系列教材满足了在移动终端设备进行实时学习的新的教学需求。这种可移动教学教材的出版，标志着西北大学出版社融媒体教材出版雏形形成。随着大数据、VR、数字建模等技术的广泛使用，催生了西北大学出版社“智慧教材”的出版。在适应当代大学生个性化学习需求的同时，仿真实训教学环境满足了教材与读者的交流互动，这种个性化、可交互教材的出版，标志着西北大学出版社融媒体教材出版结构基本健全。

二、“智慧教材”内容

“智慧教材”是指以传统纸质教材为基础，突破媒介限制，通过在纸书中建立读者入口，为纸书配套多元化的数字资源与服务，充分挖掘、满足读者个性化的阅读需求，读者可在阅读纸书的同时，利用移动设备获取持续性衍生内容服务，开启互联网时代的互动式阅读体验。

“智慧教材”是西北大学出版社为高等教育层次打造的全新教材，是具有交互功能的现代纸书，它不仅能满足高校教育教学需求、提升教师影响力，还能将出版社、教师、学生放置在同一空间内进行直接交互，不断提升知识内容的服务功能。

（一）“智慧教材”特点

定制课堂 + 仿真实训 + 互动体验。

1. 定制课堂

（1）利用 VR 技术，实现专属课堂，满足学生个性化需求。

（2）根据学生课件反馈，进行大数据统计分析，有针对性地推送相适应的学习内容。

2. 仿真实训

（1）利用建模技术，将抽象化的知识具象化，使过去靠想象的内容，直接具象为立体模型。

（2）模拟现实工作环境，将理论直接运用于实践，更好地将学校学习与工作现实相联系。

3. 互动体验

（1）将学习训练游戏化，把具体的学习任务规划为一个个游戏关卡，使得学生在游戏通关的过程中掌握相应的学习内容。

（2）建立教师、学生、编辑的互动社区，化解沟通障碍，实现三者间的无缝对接。

（二）“智慧教材”结构

“智慧教材”以纸书为基础，将多种媒介与传统纸书相融合，生产出新的复合载体，更好地呈现满足市场要求以及学生个性化需求的内容。

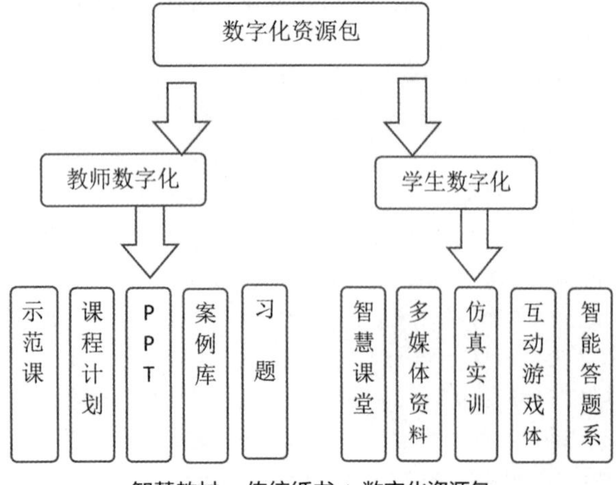

智慧教材 = 传统纸书 + 数字化资源包

1. 教师数字化资源包——教师入职小助手

（1）示范课。请名师录制示范课，重点讲解授课方式和方法，为教师适应新形态教学提供帮助。

（2）课程计划。由资深教师确定教材的授课计划，即课时安排和课程要求。

（3）授课 PPT，以便教师上课参考。

（4）案例库。搜集整理与教材相关的案例，实时更新。

（5）模拟考试题，便于教师考察教学效果。

2. 学生数字化资源包——学生专属定制课堂

（1）智慧课堂。利用 VR 技术请名师录制微课，为学生营造一对一服务的专属课堂，充分尊重学生的个性化需求。

（2）多媒体资料。将案例、拓展知识等与多媒体技术融合，使教材资料立体化。

（3）仿真实训。采用建模技术，针对专业特色，模仿部分真实环境，实现一体化教学。

（4）互动游戏体验。将训练内容与游戏相结合，充分调动学生的学习积极性。

（5）智能答题系统。将教材中的客观题做成智能题库，由系统自动评判打分。

（三）“智慧教材”的数字融合生态系统

1. 技术。多年的融媒体出版经历，使得西北大学出版社已拥有经验丰富的技术合作伙伴，研发团队为广大教师提供最出色贴心的技术支持服务。由西北大学出版社申请的数字出版项目“基于云服务的一体化电子教材服务平台”于 2014 年入选“国家新闻出版改革发展项目库”，2016 年建设完成并投付使用。2019 年西北大学出版社又与武汉数传建立合作，引入国内一流的出版融合服务平台——RAYS 系统。借助该系统对全社编辑进行了数字出版转型专项培训，现全社教材基本实现全媒体融合出版。

2. 内容。西北大学出版社携手高等教育各专业的专家、学者以及常年从事一线教学的资深教师，共同探讨、寻找传统纸书与数字技术的结合点，使得教材内容更符合教师与学生的个性化需求。

3. 培训。西北大学出版社紧跟高等教育教学发展的前沿方向，汇聚教育与出版行业的专家和学者，为广大教师提供线上、线下对话交流机会，帮助与会者构建未来的知识服务模式，引领数字出版融合创新发展。

（四）“智慧教材”使用效果

西北大学出版社已出版“智慧教材”百余种，涵盖了高等教育各个阶段等不同教学层次的多个专业，在全国多所高校中使用，教学效果良好。其中，《财务管理项目化教程》入选“十三五”职业教育国家规划教材，《财务会计》视频课件被评为“教育部首届课程思政师范课程”，《计算机网络》等 10 余种图书被评选为“陕西省高等教育优秀教材”。

2020 年初，新冠疫情肆虐，面对突发的教学需求，“智慧教材”发挥自身优势，百余种“智慧教材”上线 RAYS 平台，供高校师生免费使用，真正实现“停课不停学”，赢得了广泛赞誉。

三、“智慧教材”销售创新——IP 打造

“智慧教材”除传统纸质教材销售渠道外，西北大学出版社从 2019 年开始，逐步与知名网络阅读平台合作，把“智慧教材”的文字及多媒体内容进行数字化改造，并把版权资源转化为 IP。

（一）纸书内容资源的数字化升级改造

要将纸书内容版权转化为 IP，就要使纸书能满足线上阅读的格式需求。西北大学出版社委托技术公司将 80 余种教材升级为 EPUB、MOBI 格式，以满足各网络阅读平台的阅读需求。

（二）与网络阅读平台合作，将版权转化为 IP

1.To B——图书馆馆配、高校采购。西北大学出版社通过与畅想之星电子书平台、万物可知电子书平台、世纪超星电子书平台、青书学堂开展合作，将智慧教材以电子书的形式，销售到图书馆及高校院系，供教学、阅读使用。

2.To C——线上零售。西北大学出版社通过与亚马逊、掌阅等电子书零售平台开展合作，将智慧教材以电子书的形式，直接销售到终端读者，提高教材的传播覆盖率。

四、“智慧教材”的社会效益和经济效益

（一）社会效益

“智慧教材”出版至今已百余种，在全国 25 个省的多所高校中使用，深受教师、学生欢迎，社会反响好，先后获评“十三五”职业教育国家规划教材、教育部首届课程思政师范课程、陕西省高等教育教学改革研究项目、陕西省高等教育优秀教材、中国大学出版协会优秀教材、中国出版行业优秀畅销书、兵工高校优秀教材、中国高等院校影视学会优秀教材等。

（二）经济效益

作为融媒体出版物“智慧教材”在教材销售市场更具有竞争力，除融媒体纸书销售获益外，与多家阅读平台合作，将版权转化为 IP，数字资源独立销售收入 150 余万元。

（强薇：西北大学出版社有限责任公司新形态一体化教材研发部主任、副编审，柴洁：西北大学出版社有限责任公司编辑一部主任、副编审）

“智慧教材”宣传片

案例类别：组织机构

“读者·新语文”中小学阅读与写作教育平台

“读者·新语文”中小学阅读与写作教育平台是读者出版传媒股份有限公司阅读服务与数字出版方向重要的募投项目之一，以“五个新”为根本宗旨：新理念，专注青少年阅读写作能力提升；新高度，关注读写能力对个人成长的重要影响；新尝试，借助科技创新力量实现个性化读写教育；新方法，利用互联网实现阅读写作方法跨时空传播；新思想，着力培养“故事思维”的读写能力。项目总投资 3491 万元，于 2018 年 5 月 11 日经上市公司股东大会审议通过并提交证监会备案，2018 年 8 月 26 日正式启动。截至目前，项目建设进展顺利，运行规范，业内评价及社会反响良好，经济效益可期，这标志着“读者”品牌优质内容资源的价值转换得以初步实现，融媒体建设取得阶段性成果。

一、项目背景

“读者”品牌旗下最重要的资源是语文资源，“读者·新语文”中小学阅读与写作教育平台作为正在建设中的数字出版融媒体平台，旨在将优质的语文资源音频化、视频化，打造集名师微课发布、在线教育辅导、线下语文讲堂、媒体融合出版等为一体的线上线下相结合的数字化语文教育平台，同时构建以“听故事、读故事、讲故事、写故事”为核心的阅读写作课程体系，研发自有版权的课程书系，推动“品牌＋课程＋培训”三位一体的特许加盟体系的构建，从而实现“读者”品牌优质内容资源的价值转换，实现读者 IP 资源的直接转化。

“读者·新语文”项目建设秉持的理念是：“真正好的语文一定是有美学意味的，是用鲜活生动的文字，提供美好的生命体验，服务于‘人’的教育。”项目建设内容包括：设计完成集音视频课程发布、阅读与作文数据库检索、在线教育辅导、在线作文批改、客户数据内容挖掘为一体的线上语文教育服务平台；积极挖掘各类名师、作家、编辑、演讲家、朗诵家资源，完成音视频课程 12000 集，建设拥有 4 万篇作文素材的语文作文素材库；研发出版以“故事·作文”为核心理念，贯通中小学语文阅读写作教学辅导的系列图书与辅导读物；策划出版面向市场的，与音视频课程相配套的语文阅读写作、传统文化等主题的系列丛书；通过合作、自建、加盟等方式，建立以“读者·新语文”为品牌的线下语文课程辅导机构系统；结合线上教育平台推广、音视频课程及配套教材营销、线下培训机构加盟等业务的开展，每年举办线上线下推广活动不少于 20 场，根据市场需求，推广线上写作训练营、音视频课程用户群线上运营等工作，提供一条完整的语文学习服务链，让丰富的语文教育资源服务学校、教师和学生。

二、项目建设情况

（一）平台开发有序推进，运行稳定

“读者·新语文”新媒体矩阵积累用户超过 120000 人，累计阅读量超过 500 万次，单篇文章阅读量高达 83 万次，多篇文章入选今日头条“青云计划”，获得今日头条官方“10 万 + 爆款认证”，“读者·新语文”小程序后台注册用户累计近后台注册用户累计近 60000 人，日活跃人数超过 1000 人，已陆续有用户充值入账，实现日常运营常态化；针对“长尾巴月读社”阅读盒子的自有客户端开发已完成；特色融媒体产品——“长尾巴月读社”阅读盒子首批产品于 2020 年底开启线上预售，2020 年 2 月正式发货，内容研发、硬件配套设备更新及文创生产工作稳步推进，团购及线上零售、营销配比等多渠道实现销售超过 700 套，势头良好，目前已生产 5 期盒子产品，后续生产稳步进行中；“长尾巴月读社”微信公众号、抖音号等账号注册完成并开始运营，各类宣传渠道对接工作正在积极有效开展。

（二）音视频课程建设成效显著，反响良好

2018 年 8 月至今，“读者·新语文”系列音视频课程累计投入制作 4500 余集，包括语文基础知识建构、阅读写作指导、人文通识教育、应试提分技巧四大体系，制作完成 2000 余集，课程体系、专业水准、实用程度及制作水平受到多个第三方合作平台的高度肯定。其中，《魔法作文课：家长不焦虑的作文课》（音频版）于 2019 年 4 月 23 日在国内一线知识付费平台“喜马拉雅”正式上线，课程订阅量近 6000 份，累计播放量超过 30 万次，总计实现销售收入超过 30 万元；2020 年，重点打造的“读者·新语文：小学语文高分 400 讲”入选喜马拉雅 123 知识节重点课程名录（全站入选 9 门课程）；“读者·新语文”名师库建设工作取得长足进展，与全国范围内近 200 位语文一线名师达成初步合作意向，并与南京大学、复旦大学、北京师范大学、上海师范大学、兰州大学、西北师范大学等多所高校、多位教授形成了较为稳定的合作关系，为音视频课程开发、配套图书开发搭建理论框架并进行学科指导。

（三）线下教材开发取得突破性进展

与国内多所高校共同合作开发的“沉浸式”戏剧体验及综合素养提升课程，包括三级 33 个剧目，涵盖学前至小学阶段，面向培训机构、幼儿园及小学语文课堂，已陆续有成品交付，已签署授权合同并进入实施阶段；专注于小学阶段写作训练《魔法写作教室》已初步成型，并与学大教育达成了初步的合作意向，即将签署《战略合作协议》并在西北区整体投放；“‘沉浸式’戏剧体验及语文素养提升特色课程”已陆续有成品产出，《整本书阅读读写教材》等其他特色教材也在积极推进中。

（四）推广营销及渠道建设强力助推

由读者集团发起成立的“读者·新语文朗读联盟”于 2018 年 10 月 26 日正式成立，截至目前已有全国范围内 67 所学校正式加入联盟并挂牌，各类阅读推广及分享活动开展得有声有色；自 2018 年底至今，“读者·新语文”在全国各地举行“进校园”演讲活动及各类阅读推广活动 60 余场，现场参与人数超过 10 万人，省内外多家媒体广泛报道。

三、项目建设成果及亮点

1. 在融媒体发展大背景下，将“读者”积累的优秀语文资源音频化、视频化，通过线上线下多种渠道广泛传播，积极助力书香校园建设，传播优秀传统文化。

2. “新语文”系列线上活动的广泛传播及线上社群运营模式的构建，有望打破语文教育资源地区差异化的藩篱，让优质教育资源的共享成为可能。

3. 积极响应国家关于加强融媒体建设的号召，建成“读者”旗下首个集名师微课发布、在线教育辅导、线下语文讲堂、媒体融合出版等为一体的融媒体平台。

4. “读者·新语文”音频课程线上首发获得市场认可，标志着“读者·新语文”在知识付费及线上教育领域的初步尝试取得良好效果，“读者”品牌影响力得以进一步延伸和强化。

5. 通过新媒体矩阵、线上平台的运营及知识付费产品的营销推广，首次抓取了“读者”品牌多年来积累的用户信息，为大数据分析建立了基础。

6. 以“读者·新语文”线上课程为依托，与《读者》杂志发行工作紧密结合，策划推出“订刊物送课程”的营销策略，进一步推动线上精准营销和线上期刊发行渠

道的拓展。

7. 在项目执行过程中，逐步锻炼了一支有经验、有想法、有策划能力、执行力强、充满活力的创新型团队，为传统编辑向数字出版产品经理的转型积累了宝贵经验。

8. 业内评价及社会反响良好。项目启动以来，倡导理念及系列活动得到社会各界的广泛关注，项目成功入库国家新闻出版总署改革发展项目库、2019 国家文化产业发展项目库，并获得 2018 年省级工业和信息产业发展专项项目资金资助。2019 年 1 月，“读者·新语文”中小学阅读与写作教育平台获得第十二届新闻出版业互联网发展大会“优秀数字教育平台”荣誉称号。2020 年，“读者·新语文”阅读写作教育平台成功入选“国家新闻出版署 2020 年度数字出版精品遴选推荐计划”，同时入选 2020 年度国家“百佳数字出版精品项目”；获得第十届中国数字出版博览会“优秀品牌”奖；2021 年，获得“2020 年甘肃省宣传思想文化工作优秀创新案例”荣誉称号。

（读者出版传媒集团）

案例类别：产品

敦煌书坊

白鑫

“敦煌书坊”是甘肃教育出版社根据自身在敦煌学、丝绸之路历史文化等学术研究成果领域的传统出版优势以及敦煌手工书（文创产品）的探索，同时整合读者出版集团相关出版资源，依托“一带一路背景下的敦煌学和丝绸之路研究数据库与知识服务平台”重点打造的一个多元化的融合出版、学术支撑平台（品牌）。

“敦煌书坊”由线上、线下两大板块构成。线上：“敦煌书坊”网站（http://dunhuang.gseph.xyz/）、“敦煌书坊”微信公众号、“敦煌书坊”微信商城；线下：敦煌学等相关领域传统出版和敦煌手工书（文创产品）创意、研发与生产、营销等。线上线下相互促进、融合发展。2020 年，“敦煌书坊”平台（品牌）实现利润超过 300 万元。

一、线上平台

（一）“敦煌书坊”网站

“敦煌书坊”网站是“新闻出版改革发展项目库”入库项目，并获得中央文化产业发展专项资金资助的“一带一路背景下的敦煌学和丝绸之路研究数据库与知识服务平台”的项目运营平台。其以服务于“一带一路”倡议为出发点，以建设敦煌学和丝绸之路研究知识总库、以用户需求和市场需求为导向建设知识服务平台为主要目标，旨在以数字化的手段打造国内这一研究领域的知名学术品牌，提供出版与科研、学术的对接服务，实现品牌打造与平台运维联动，推动传统出版与新兴出版的融合发展。

1. 项目已经形成了由国内外敦煌学、文献学、简牍学、丝绸之路历史文化研究、考古、文物保护、图书馆学、传统出版与数字出版等多学科、多领域的知名专家组成的咨询团队。

2. 项目建设中系统梳理甘肃教育出版社以及读者集团关于敦煌学和丝绸之路研究的出版资源，并通过版权合作等方式，并整合科研院所和文博单位的资源。现已数字化加工学术专著 2000 余册，古籍 500 种，期刊 500 期，论文 6000 篇，图片 50000 幅，音视频 500 段。

3. 技术方面以数据挖掘，语义分析，自然语言处理，深度学习等核心技术为基础，并联合国内领先的数字出版技术企业对数字化加工后的资源打散重组，构建了敦煌学和丝绸之路研究知识索引词表和语料库，构建了网状知识数据库。

4. 平台具体包括：（1）敦煌学和丝绸之路研究数据库，将全面整合历史古文献、图书期刊论文报告、图片视频音频共 3 种类型的资源，经由数字化加工和知识组织，建成基础资源库、全媒体素材库共 2 个类型的知识资源库，并在此基础上建成索引目录数据库、古文献数据库、研究成果分类特色数据库和遗珍资源库等产品库。（2）敦煌学和丝绸之路知识服务平台包括知识管理和发布平台、科研辅助平台。目前，数据库产品建设与知识服务体系构建已完成，取得国家版权局计算机著作权登记证书 6 个，另有 5 个正在申请当中。

5. 数据库产品建设与知识服务体系构建已完成，其产品“敦煌书坊”网站 2019 年上线运营并接入国家知识服务平台 CKRSC，产品 UI 设计中大量使用了莫高窟壁画与彩塑中的纹案、手势、服饰等元素，有着浓郁的敦煌特色与丝路风情。清华大学、兰州大学历史文化学院、浙江大学历史系、陕西师范大学历史学院、宁夏大学西夏学院、北方民族大学、重庆邮电大学、宁夏回族自治区图书馆、台北联合百科电子出版有限公司等机构开通使用（试用），疫情期间向个人用户免费开放。

6. 项目成果在2019中国数字出版创新论坛上被评为“出版融合创新·年度推优：数字渠道创新应用”，在第九、十届中国数字出版博览会上进行了展示，在数次敦煌国际学术研讨会上向学界专家、学者进行了演示，受到学界“内容专业、体系健全、检索精准、界面友好、使用方便”的较高评价，已经成为敦煌学界认可的国际敦煌学研究重要的数字化资料平台、学术研究成果展示平台、出版平台。

（二）“敦煌书坊”微信公众号和微信店铺

“敦煌书坊”微信公众号是“一带一路背景下的敦煌学和丝绸之路研究数据库与知识服务平台”的移动端入口，也是学术研究成果数字化加工后向普通读者推介的一个窗口，还是微信商城的引流工具，已经成为国内敦煌学界公认的敦煌学研究成果自媒体发布平台。“敦煌书坊”微信商城既销售敦煌学及相关学科纸质图书和手工书（文创产品），也有电子书和音视频资源。

二、线下平台

（一）敦煌学等相关学术研究成果的传统出版

甘肃教育出版社是读者传媒（国家第二批数字出版转型示范单位）子公司，读者集团“敦煌学出版中心”的牵头单位，多年来在地方文化、西北史地，特别是敦煌学、简牍学、丝绸之路研究等学术领域形成了专业的出版特色。先后承担并完成国家“八五”至“十三五”重点图书出版规划及国家新闻出版改革发展项目库入库项目3个、国家出版基金项目8个（均为敦煌与丝绸之路相关研究成果），并连续五届获得中华优秀出版物奖。自2019年起，由于“敦煌书坊”线上线下融合发展的促进作用以及品牌号召力，甘肃教育出版社敦煌、丝绸之路学术研究成果出版数量从以往的每年几种、几十种一跃而起，2019—2020年出版相关图书近200种，其中国家“十三五”重点出版物规划项目《俄藏敦煌文献叙录》出版结项，国家出版基金项目《敦煌学通论》《甘肃藏敦煌遗书研究文献引得》出版结项，《敦煌学通论》入选中国好书榜月榜。根据2020年11月的统计，甘肃教育出版社当年利润中，敦煌学等相关学术研究成果的传统出版及文创产品的贡献已经接近25%，超过300万元，改变了以往甘肃教育出版社敦煌学等相关学术研究成果的传统出版只有社会效益、经济效益十分有限的尴尬局面。

（二）敦煌手工书（文创产品）

敦煌手工书主要在文化艺术方面开发优秀选题，不断挖掘可利用的敦煌、丝绸之路出版资源，以手工制书（文创产品）的方式，结合线上数据库、知识服务资源，激活传统与现代的情感链接，探索和传承中华民族优秀传统文化。近几年策划了一系列很有社会影响力的手工书和文创产品，如《敦煌的故事》《敦煌古代体育图录》《九色鹿——敦煌剪纸艺术》《敦煌佛教感通画研究》等图书或文化创意产品，多项作品获得了国际性印刷、创意奖项。

三、“敦煌书坊”对甘肃教育出版社融合发展的重要意义

敦煌学是一门国际性的“显学”，至今已有100多年的历史。同样，自德国地理地质学家李希霍芬在1887年首次提出“丝绸之路”和“海上丝绸之路”概念以来，“丝绸之路研究”也走过了130多年的历史。近年来“一带一路”倡议为敦煌学和丝绸之路研究带来新的机遇。在此大背景下，利用数字出版新技术，建设专业数据库与知识服务平台，系统地梳理敦煌学和丝绸之路研究的资料与成果，精确解读敦煌文书的内容，总结古代丝绸之路文明交融的历史经验，对于丰富敦煌学和丝绸之路研究的体系，促进与丝绸之路沿线国家的交流合作，都有着积极的现实意义。

“敦煌书坊”社会效益有以下几方面。

一是服务于国家“一带一路”倡议，响应党中央和国务院关于文化产业发展繁荣的战略部署。“敦煌书坊”将通过为学术研究提供新型服务模式，以实际行动为繁荣和发展我国文化产业做出努力。

二是有利于敦煌学和丝绸之路研究的发展，提升资源使用效率，提高学术研究价值。敦煌学和丝绸之路研究领域积累了大量的、多类型的内容资源，但由于多种原因，行业内尚无系统、权威的专业性的数据库和知识服务平台，“敦煌书坊”可以对这些内容资源进行整理、生成产品、进行传播。

三是践行“媒体融合”的部署，以知识服务带动传统出版与新兴出版的融合发展。“敦煌书坊”形成了品牌建设与平台建设联动发展的运营模式，实现了传统出版和数字出版的优势互补，将切实推动出版社的融合发展与转型升级。

（白鑫：甘肃教育出版社有限责任公司副社长、副总经理、副总编辑）

敦煌书坊公众号

案例类别：产品

“手艺的温度——中华非物质文化遗产精粹”传统文化融合出版系列

李真真 袁璐 雷棚

一、数字时代文化基脉

党的十八大以来，习近平总书记大力传承中华优秀传统文化、赋予中华优秀传统文化时代内涵、运用中华优秀传统文化治国理政、阐发中华优秀传统文化应对国内外重大挑战，将中华优秀传统文化提升到崭新阶段，有力地凝聚了民族精神，将中华优秀传统文化转化为实现中华民族伟大复兴、构建“人类命运共同体”的强大精神力量。在党的十九大报告中，习近平总书记再次指出：“文化是一个国家、一个民族的灵魂。文化兴国运兴，文化强民族强。”总书记要求，推动中华优秀传统文化创造性转化、创新性发展。

四川地处中国西南部，古称巴蜀，秦代修建都江堰后物产丰富，素有“天府之国”的美称。随着中国以更加开放的姿态走向世界，具有四川传统的文化成为中国传统文化中的一张特色名片，为中华民族对外交流乃至中华文化的传播做着特殊贡献。这片热土上的人们勤劳善良，透着坚韧和机灵，由此凝结的生活文化，传承至今的精神力量，值得书写珍藏，发扬继承。

在数字化快速发展的背景下，利用图文、网络直播、短视频、全景VR展示等融媒体技术方式，更加生动地呈现中华传统文化的独特魅力。在传统出版中，社科文化类图书依赖于接受对象的喜好，出版方与读者交流渠道单一，读者意见反馈路径呈单向势态。如今，数字化工具的广泛运用，使得双方甚至多方的联系趋向交互性、参与性、多元化。

首先人们对于文化知识的个性化需求无限放大，提供方集中、综合地展示特定内容，更能取得人们的信任，增强彼此的黏性。例如，在网络平台，新媒体对相关书进行宣传；在传统媒介，将二维码印刷在书中，将人们的关注引到线上。其次，新媒体的出现，颠覆了传统信息的接收方式，信息从整块化转变为散点化、碎片化，不再受到时间、空间的限制，使得大众接受的状态更为宽松。

基于此，四川人民出版社策划“手艺的温度——中华非物质文化遗产精粹”传统文化融合出版系列，紧扣总书记“推动媒体融合向纵深发展”和全面贯彻落实关于弘扬中华传统文化重要讲话精神的指示，迎合数字化时代发展的需求，多方面丰富图书阅读体验，为宣传推广中华传统文化、整合优秀文化资源，打造可推行、易传播的具体实例。

自2018年以来，四川人民出版社建立矩阵式融合出版品牌“盐道街3号书院”平台及“锦书云”融合出版孵化平台，将社内包括融合出版图书、有声书、直播课堂、动画视频、在线学习平台、知识服务内容等媒体资源进行整合。优良的融合出版环境和平台资源，为“手艺的温度——中华非物质文化遗产精粹”传统文化融合出版系列提供了坚实的基础。

二、出版系列内容一览

“手艺的温度——中华非物质文化遗产精粹”传统文化融合出版系列初步由图书（1+*N*）、微纪录片（3集+*N*）、小程序、研学服务、文创设计等组成，并根据科学技术的发展调整形式，综合展示传统文化内容。

本系列依托巴蜀文化资源，对内容资源进行多维度整合，具有内容发布与展示、对外输出社会化服务等功能。其中，图书、视频内容以四川传统文化、非物质文化遗产为背景，以20余位传统手艺人——银花丝传承人、蜀锦传承人、夏布传承人、龚扇传承人、竹纸传承人、年画传承人等为依托，真实地记录手艺人的成长生活、精湛技艺以及手艺的继承与发扬，让人可以真切地感受到手艺人对手中之物的执着，充满烟火气的坚守。本系列的初衷之一，即从平实中挖掘传统文化代表性事物的历史、现状、传承等，呼吁大众关注、保护传统文化，传扬大国文化精神。

坚定文化自信，通过深入研究把中华优秀传统文化的精神标识、文化精髓提炼出来、展示出来，手工艺便是一种传统文化的精神标识。在“一带一路”倡议提出八年来，文化“走出去”欣欣向荣。本系列主题明确，具有海外本土化及衍生品开发潜力，可翻译为多国语言在不同地区市场发行，能让“一带一路”沿线国家和地区及其他国家受众感受到中国传统文化手艺领域的丰富、精巧，其中蕴含的生活气息与匠心创造，从而增强民心相通，促进民间友好交流，进而推动“文化走出去”。

本系列支撑多维度整合内容的方式，可带动新媒体等不同媒介策划多矩阵营销宣传，增强传播互动性；同时具有市场授权开发的品牌基因，未来还可与K12教育、文创产业、文旅产业达成深入的产品与服务开发合作。

三、“慢活儿”促成双效益

融媒体是媒介载体快速发展的组合，天然包含了快的属性。而“手艺的温度——中华非物质文化遗产精粹”传统文化融合出版系列兼顾了技术方式的“快”与传统工艺的“慢”。本系列从萌芽至初现成效，技术在不断更新，内容却保持着磨细功的状态。其中，文稿的多次修改成型、视频的制作完成，时间跨度近两年。

《绵竹年画》《羌绣技艺》《道明竹编》3集微纪录片，为手艺人讲述、手艺场景实录，呈现各手艺产生的独特地理环境，手艺人的饱满情绪，彼此同中有异，异中存同，展现着地域之美、人格之美，很好地响应了“十三五”国家弘扬传统经典文化的政策方针。视频围绕“精品战略”，在秉承“坚持绿色、精品和创新”的创作原则前提下，将其中的文化内涵与市场规律相融合，具有鲜明的主题内涵、价值观念和时代精神。

不仅如此，本系列还与高校策划合作国家文化产业项目，并与高校就传统手艺的创新和传承为出发点，成功举办摄影、设计大赛，使这种文化推广更具有互动性和参与性。在此过程中，学生通过与世人生活息息相关的手艺物件，体悟到中国的匠人精神。了解手艺，可作为参与历史、如今、未来的一条有趣的线索。2020年12月，本系列入选第十届中国数字出版博览会助力脱贫攻坚数字内容精品展。

“图书＋视频＋小程序＋研学服务＋文创设计”的组合，让本系列不仅有社会效益，还兼顾经济效益。图书收益、视频播放收益、研学服务收益、衍生产品（含IP孵化、文创等）授权收益等，让融合出版在融媒体的熏陶下，焕发着独特的生机——文创产品“道明竹编平安扣”就是例证之一。2020年12月，为更好地推动中华文化特别是春节文化走出去，促进中外文明互鉴和民心相通，帮助国际受众在体验春节文化中感知中国、了解中国，国家新闻办公室对外推广局开展了“幸福中国年”2021年春节文化主题出版物和文创产品征集活动。“道明竹编平安扣”从全国脱颖而出，成为15项入选产品之一，实现本系列文创产品社会效益和经济效益的双效统一。该产品海外征订量已超过1万件，是本社首次实现融合出版文创产品“走出去”。

每一个文化产品的背后，都深藏着中华优秀传统文化蕴含的思想观念、人文精神、道德规范。文化作为互联网内容建设的主阵地，也把社会主义核心价值观融入社会发展的各方面，转化为人们的情感认同和行为习惯。

（李真真：四川人民出版社副社长，袁璐：四川人民出版社融合出版部主任，雷棚：《龙门阵》杂志执行编辑）

盐道街3号书院公众号

案例类别：产品

神奇飞船之中华寻宝

——“我爱我的祖国”少儿社会主义核心价值观融合出版系列

李真真 袁璐 林袁媛

一、出版背景

随着时代科技的日新月异，数字化媒体的发展带来了阅读方式的多样性。据图书行业统计和观察，以往购买少儿图书更多的是被动消费，尤其是科普类图书，即读者购买图书，被动地接受书中传播的科学知识。而现在有了数字化媒体的应用，家长给孩子买书更趋向于自主性、交互性、参与性消费，家长可以就书中的内容在媒体平台上进行反馈，还可以利用自媒体对相关信息评论、转发，生产并传播相关信息。

在融合发展背景下，读者对于少儿科普知识的个性化需求无限放大。以往少儿科普内容的大众化传播已经难以满足人们的需求，分众化、窄播化进程逐步加速，数字化媒体根据大众的个性化需求进行私人订制，将少儿科普知识加以筛选、整理、加工，呈现给受众满足其个人爱好的少儿科普内容，生成二维码印刷在书中，引导读者使用手机扫码在网络平台观看，完成点对点的传播。

同时，阅读方式的多样性使大众信息接收习惯从整块化转变到散点化、碎片化。以往少儿都是单一形式地阅读科普书，时间受限，空间受限。“神奇飞船之中华寻宝”根据图书内容开发的在线学习平台是寓教于乐的好方式，能引起孩子的兴趣，通过音视频和游戏，能更好理解书本的内容，掌握其中的知识，在乐趣中完成对知识的储备。在线学习平台（小程序形式）使用方便简单，结合图片、文字、音频等生动展示绘本内容。友好的人机交互，符合童心的界面设计，灵活的操作方式，与图书融会贯通，让孩子在故事中、游戏中收获知识与快乐。

自2018年以来，四川人民出版社紧跟出版业转型升级、融合发展变化的步伐，建立矩阵式融合出版品牌“盐道街3号书院”平台及“锦书云”融合出版孵化平台，将社内多种媒体资源，包括融合出版图书、有声书、直播课堂、动画视频、知识服务内容等在平台上进行整合，孵化出顺应时代潮流、有效整合、适应现代阅读习惯的出版物。

二、项目定位

为让少年儿童及时了解世情、国情、省情，培养他们开阔的视野、发展的眼光和明辨是非的能力，及时推出一部兼具市场开发和授权潜质，立足社会主义核心价值观和教育部教学大纲，从导向到内容上保证正确性，并全面贯彻落实习近平总书记“推动媒体融合向纵深发展”和关于弘扬中华传统文化重要讲话精神的指示，迎合数字化时代发展的需求的国产少儿爱国主题数字精品工程十分必要。围绕“精品战略”，在秉承“坚持绿色、精品和创新”的创作原则前提下，实现动画内容的文化内涵与产业发展的市场规律相融合。

“神奇飞船之中华寻宝”融合出版项目正是围绕以上政策和方向，为6~10岁读者群体开发的一套展现中国梦主题的科幻题材的少年儿童爱国主义教育融合出版物。一方面具有鲜明的主题内涵、价值观念和时代精神，通过本融合出版物展现中国的美好景色、悠长历史、丰富人文、大国风范，从而进一步增强青少年的爱国情怀，弘扬主旋律，传递正能量，也间接展示了我国改革开放以来取得的重大成就和巨大变化。另一方面，本融合出版物专门设计了具有中国特色的卡通形象，符合儿童审美，故事立足于孩子的视角，用生动有趣的寻宝历险故事，让孩子跟随主人公开启探索冒险之旅，激发他们的好奇心和探索欲。同时，利于各种媒体形式的传播，挖掘品牌基因。

三、项目情况

“神奇飞船之中华寻宝”融合出版项目由图书、视频动画（34集）、在线学习平台组成。利用当今流行时尚元素，构思场景写实，具备很强的内容独特性和原创性。

图书与视频动画均以34个省级行政区分为34个单元，讲述了藏族小男孩达瓦和藏族小女孩梅朵为帮助外星机器人酷宝回家而环游中国，收集中国34个省级行政区碎片搜寻归家线索的故事。路途中的所见所闻让他们了解了祖国的历史文化，游览了祖国的大好河山，那份作为中国人的自豪感与爱国情与日俱增。

图书还配以对应的知识链接和语文小词典，既具有故事性，又饱含知识性。在线学习平台设置问答模式，将知识点嵌入问答通关环节中，寓教于乐，有知识趣味性。

四、项目价值

在“十四五”提出推动媒体融合向纵深发展、迎接建党100周年的背景下，本融合出版物从导向上弘扬主旋律传递正能量、从内容上紧扣教育部教学大纲、迎合数字化时代发展的需求，以培养我国少年儿童树立文化自觉和文化自信、推动“文化走出去”的少儿社会主义核心价值观，让少年儿童了解中华历史文化，了解当代中国的科技发展、教育、人文地理等世情、国情、省情，了解当代中国的发展离不开党的正确领导和引领，进一步增强少年儿童的爱国情怀，培养他们正确的价值观、开阔的视野、发展的眼光和明辨是非的能力有积极的促进作用。

自2018年来，本融合出版物动画片获批中宣部2019年“原动力”中国原创动漫出版扶持项目；入选及参展：2018年杭州国际动漫节、2019年第十五届中国（深圳）文博会四川省大熊猫IP参展项目、2019年第一届“天府书展”智慧阅读展、2019年成都国际数字版权交易博览会、2021年第十一届数博会“纪念建党百年红色数字内容主题展”、2021年BIBF智慧书展平台IP授权展、2021年第十七届中国（深圳）文博会“庆祝建党百年红色主题数字内容”精品展等，产生较好的社会影响。

本融合出版物形式多样，针对电视、新媒体等不同媒介策划了多矩阵宣传推广，视频动画从卫视播放到网络投放，在线学习平台（小程序形式）覆盖人群广，动画片已经获得多家视频平台和电视台合作意向；预计经济效益分为图书收益、动画播放收益、在线教育平台收益、衍生产品（含IP孵化、文创等）授权收益等，未来还可与K12教育、文创产业、文旅产业达成深入的产品与服务开发。

本融合出版物主线明确，极具海外本土化及衍生品开发潜力，可翻译为多国语言在不同地区市场发行，为“一带一路”及其他国家少年儿童观众带去对中国大好河山、文化、科技、建筑成就的基本认识和了解，从而增强民心相通，并促进民间友好交流，进而推动“文化走出去”。

为了在文化的制高点上赋予各个行业“文化+”的价

值，四川人民出版社融合出版团队将在未来凭借新兴技术运营、整合出版内容，突破出版业介质和服务能力的壁垒，策划出版更贴近时代的创新融合出版物。利用“互联网 + 内容 + 市场交易”的模式，进一步整合市场资料、创新交易模式、利用市场金融平台创造新的盈利点。

（李真真：四川人民出版社副社长，袁璐：四川人民出版社融合出版部主任，林袁媛：四川人民出版社融合出版部编辑）

案例类别：产品

K12 阶段多学科教育出版数字整体化解决方案

一、项目背景与目的

教育关乎国家的未来、民族的命运。党的十九大报告明确提出“优先发展教育事业”，“加快教育现代化”。当前，VAR、大数据、3D 打印、人工智能等计算机数字技术深刻改变着人类的思维、生产、生活、学习方式，对教育教学的组织机制、资源形态、工具呈现等都带来了巨大的变革。

如何在教育出版领域真正实现教育与技术的融合仍是难以解决的问题。针对这一痛点，四川教育出版社深入调研、深度讨论、深层实践，联合实力出众的技术供给方共同研发，在整个 K12 教育阶段进行资源和技术整合，打造了本项目，在探索未来教育教学新模式，开拓教育出版融合发展的新道路上，迈出了坚实的步伐。

二、项目主要内容、特点、优势

本项目是全国首个成功将 VR 虚拟现实、AR 增强现实、AI 人工智能、3D 视频、大数据等新兴技术综合运用于整个 K12 教育阶段，并真正实现教学应用的数字化解决方案，是推动教育出版数字化转型的典型出版融合发展案例，以提升教学质量，体现高品质、个性化教育为目的，同时注重教育公平的实现。

通过几年的努力，项目已经实现了全学科全学段数字化覆盖，其中以数字化学习需求最大的初中地理、小学英语、中小学语文等学科为重点建设学科，形成了包括千余种数字化镶嵌图书、“川教学习 APP”、海量音视频、国家级科研项目等完整的产品研发、生产体系和完善的产品矩阵，并探索出一条资源深度利用，经济上低投入高回报的良性发展的商业模式。

1. 初中地理学科

（1）以恰当的技术手段契合学科的学习特点。项目活灵活现地展示了如“大洲和大洋”“中国的疆域”等初中地理学科中难以理解的、抽象的知识点，并制作时长 3~5 分钟的动画或者视频微课，有名师提示考点，帮助学生加强记忆、加深理解，再辅以真题测试，让学生做到活学活用。

（2）融合传统文化，引领价值观教育。在学科教学中加强了国土、领海、国境和国家丰富的物产、多样的气候等专题的 3D 视频动画和 AR 动画，培养学生的爱国精神和家国观念，引领学生形成正确的价值观。

（3）解决学科学习的痛点，促进教育公平的实现。项目以微课的形式帮助学生牢记抽象知识点，以 3D 动画、VAR 技术生动、直观地展示难点、专题，以线上竞赛，线下习题巩固记忆，帮助备考，受到学生的一致好评。免费资源覆盖全部课标学习内容，以嵌入式二维码等为使用载体，学生无须支付额外的费用就能使用，推动教育公平的实现。

（4）以线上打通线下，出版融媒教辅。在 APP 上线并广受好评后，设计出全国第一本真正意义上的融媒教辅——《秒懂中国 / 世界地理》，做到软件与纸质教辅无缝衔接，二者协同应用，提升教学效率，真正为教学插上技术的翅膀。

2. 小学语文学科

（1）依托优质课题，打造融媒体系。项目依托韬奋基金会全民阅读促进会、国家新闻出版署出版融合发展（四川新华）重点实验室的课题——统编语文“整本书阅读”课程化研究整体方案，将纸媒与新媒体融合，打通线上和线下学习。

（2）三位一体，打造“整本书阅读”课程体系。阅读 + 音频：小学一至三年级的读本配有全书音频，让学生能够在多个场景下、多种体验下开展阅读。课程 + 视频：邀请小初高名师定期开展“整本书阅读”课程讲授，从阅读策略、情节结构、主题思想、艺术手法等多方位打造系统的“整本书阅读”课程。互动 + 小程序。打造线上阅读互动小程序，学生可以在阅读过程中及时向其他同学分享自己的阅读疑点难点，并向其他同学分享，在互动中实现阅读成果巩固及输出。

（3）课程设计新颖，体系化显著。该课程的特点在于体系化的课程设计，包括课堂使用设计、任务驱动安排、过程跟踪、评价成果输出等内容。

（4）一流的课程创作团队。项目组的成员包含全国一流的学生阅读研究者，多年深耕学生阅读研究的教研人员，在学生阅读领域有所建树的一线名师等，专业水平高，结构合理。在设计上不希望学生阅读落入结构化的窠臼，保证课程化起到的是引导作用而非灌输作用。

3. 小学英语学科

（1）依托丰富优质资源打造。英语学科依托四川教育出版社丰富的出版资源打造，以川教学习 APP 的形式呈现内容，并与经教育部审定通过的川教版小学英语教材完全同步，功能全面。

（2）针对用户需求的定制化产品。项目顺应互联网传播移动化、社交化、视频化、互动化趋势，综合运用多媒体表现形式，生产满足用户多样化、个性化需求和多终端传播的出版产品。

（3）交互式的学习模式。项目运用人工智能、大数据和云计算技术、移动互联网技术，以 APP 客户端作为主要渠道，建设一个交互式在线学习平台，包含学生端、教师端和家长端。

（4）技术助力，提升学习效率。集有声听读、教材点读、学习行为监测与评价系统、自适应测评系统、交互系统于一体，运用 AI 智能批改作业、AI 语音测评、大数据分析等技术有效地提高了教学效率，帮助学生实现自主学习和英语能力的提升。

三、项目的实施过程与进展

项目在四川省学校的覆盖率已超过 90%，惠及上千万学子。“秒懂初中地理 APP”于 2017 年 9 月上市，两次在央视《新闻联播》出镜，《朝闻天下》《新闻直播间》进行过专门报道。现有用户近 50 万，注册教师 3000 余名，覆盖数千所学校。融媒教辅《秒懂中国 / 世界地理》于 2019 年上市，累计销量 20 余万册。

川教学习 APP 于 2018 年 9 月上市，覆盖全省 80% 以上的各类学校。现有用户数 20 余万，转化率超过 40%。

四、项目成效与社会反响

1. 贯彻中央精神，加快高质量教育体系建设。党中央指出，教育对于经济社会发展具有基础性、先导性和全局性作用，是提升国家软实力的重要支柱，要整体推进“课程思政”，促进教育与价值引领有机统一。项目十分重视对学生的价值引领作用，注重培养学生的爱国精神和家国观念，着力强化学生对中国传统文化的认同感、理解度，增强其对民族、祖国的热爱之情，让社会主义核心价值观在学生心中得以根深蒂固。

2. 推动教育均衡发展，促进教育公平实现。习近平总书记在给国际教育信息化大会的贺信中提出，中国要坚持不懈推进教育信息化，努力以信息化为手段扩大优质教育资源覆盖面。项目在设计之初就遵循了这样的思想和理念，以四川教育出版社小学英语教材和川教版小学英语教辅封底的二维码为载体。这一价格低廉、教学资源丰富的形式对师资力量薄弱、教学基础设施条件差、经济实力较弱的学校和地区来说，将极大地提高学生的学习兴趣，促进教育品质的提高，推动教育公平的实现。

3. 提升教学质量，体现高品质个性化教育。项目基于整体性的海量教育教学资源，针对不同发展程度的学校、老师、学生，能够结合不同年龄段的学生学习特点，提供个性化的服务。不管是优质名校、成长型学校，还是薄弱学校，都可以从中选取提升自身教育品质的个性化基因。

4. 推动教育出版数字化转型，以技术助力教育发展。传统出版的数字化转型一直是出版行业探索的重点与前沿，项目中应用了手段先进的人工智能技术、大数据技术等进行 APP、平台开发，对四川教育出版社各个学段、学科的教辅进行全面优化升级，满足教辅图书教与学全角色、全场景的需求，更广泛连接与服务用户。

五、项目经验与体会

教育关乎国家的未来、民族的命运。如何将教育出版与互联网新兴技术融合发展是值得思考的问题。

以互联网思维全面建设教育出版与线上、线下教育融合的新体系，不仅仅需要保障内容的专业性，互联网产品的特点与用户的体验性同样值得重视。而类似人工智能、大数据等技术手段，也是融合发展的关键思维模式。利用好这些手段，打磨出专业性的产品，重视用户的体验，才能在教育出版融合发展的过程中，适时调整各项策略，让平台的运行和经营和持续化发展。

四川教育出版社在数字教育出版领域的探索从未停止，将着力打造在线学习、混合学习、协作学习的融合型多元数字化产业生态链，打造产品闭环，以数字技术为教育出版赋能，用融合发展为教育教学助力。

（四川教育出版社）

川教学习客户端

案例类别：产品

基于高校在线教育需求的数字教材开发项目

李波翔

高校教材出版和学术出版，是大学出版社的重要使命。传统的教材出版方式，已经不能满足一线教学的需要，至少是跟现在的教学脱节的，尤其是慕课、智慧课堂应用愈加广泛的今天，纸质教材逐步被边缘化，老师们期待新型教材、立体教材的呼声很高。

通过调研发现，以往采用网址、网盘、二维码、QQ群等向老师提供课件的方式，已经不能满足一线老师的需求。老师们的需求归结起来有以下几点：（1）优质教学资源的互通互用，避免重复建设；（2）课前预习、课堂教学、课后作业等环节打通，提供教学辅助功能；（3）内容具有通用性，包括跨平台使用、跨终端使用等。

一、项目建设情况

四川大学出版社建设基于高校在线教育需求的数字教材开发项目，主要经历了两个阶段。

（一）教学需求推动教材转型探索

2019年7月至2020年4月，这一阶段是项目探索时期。“学术论文写作概论”和“学术道德与学术规范”是四川大学研究生新生的两门公共课，是新生教育中的一部分。学术论文写作贯穿研究生阶段，故而课程安排在研一。2019年，该两门课程要改版重印，同时，四川大学启动了100门通识课程建设工作。以此为契机，出版社联系到研究生院，提出将该两门课程制作为数字教材，教学方式改为线上教学。优势有三：一是符合学校“双一流”建设课程改革的方向；二是数字教材+学习平台的组合，便于学生在线测试、学习进度管理，也方便教务管理，解决师资问题；三是降低教材成本，同时满足学生个性化学习时间，可多次重复学习。经研究生院同意，当年研一新生18000人就采用该数字教材形式上课，取得了较好的反响。

在这一阶段，出版社没有自主的学习平台做支撑，采用了第三方技术公司的平台做底层、自主编辑制作数字教材。由于第一年使用，考虑到新模式和系统磨合期，出版社承担了全程的教务工作，学籍导入、学习跟踪、成绩导出等工作，均由数字传媒分社完成。这一阶段的应用，使得出版社对教学过程管理更加明确，对一线教学需求更加清晰。在此过程中，出版社发现，数字教材作为一种教学资源的形式进入教学环节，具有广阔的应用空间。

（二）从技术合作到自主创新

这一阶段时间为2020年5月至12月。基于2019年的成功案例，该两门课程得到了四川大学研究生院、学工部的认可，除了在研一新生继续采用线上学习的基础上，大一、大二新生新开设“学术论文写作概论”和“学术道德与学术规范”两门公共课，也采用线上学习形式，这给出版社系统建设带来了不小的压力。从之前应用第三方平台的基础上，发现了一些与教学需求不匹配的地方。数字教材及课程建设一直是四川大学出版社融合出版工作的探索方向，出版社经过慎重考虑，决定自建平台，并于5月份启动了技术合作方招标工作。

同年9月，全新的“大川课堂”在线学习平台上线，四川大学本科生、研究生共40000余人通过本平台开始进行线上学习。系统的迭代升级工作持续进行，截至目前，新版本的云雀数字教材服务平台已经上线运营，与之相配套的云雀线上线下混合式教学平台在10月上线。

二、功能描述

（一）对数字教材的认识

经过近两年的实践探索，四川大学出版社认为，数字教材是以课堂教学为目标，通过富媒体手段组织起来的数字化教材，它不以平台功能为约束，具有通用性。为了进一步理解数字教材，需要厘清两个关系。

1. 数字教材与纸质教材的关系。数字教材与纸质教材是两个独立产品，内容有相似性，在表现形式上不同，二者可以单独使用，也可以配套使用，通过一定的身份识别验证手段，可以建立纸质教材和数字教材的关联性。

2. 数字教材和课程的关系。目前，各高校热衷课程建设，以慕课、精品课、混合金课为代表的各类课程建设体系层出不穷，总的来看，内容表现形式主要是以视听内容为主。数字教材作为富媒体内容，在内容表现形式上更加多样，不仅仅涵盖视听内容，对富文本、3D图形、H5动画等都有较好的表现力。

（二）数字教材的创作

数字教材主要由作者、出版社来完成内容策划编写工作，课程建设主要由教师参与脚本创作，课程内容体系更贴近教学。在本项目中，出版单位制作数字教材，提供给老师作为教学素材，一线教师根据自己的教学方式和需求，增减数字教材内容模块，组合成新的教学资源包，即线上课程，既可以提供给学生预习、复习，也可以作为教学辅助材料在课堂使用。就内容的精细度而言，可以说，数字教材是粗版的课程。

在这过程中，出版社重新拾起了内容生成单位的职责，对内容的组织生成具有高度的主动权；同时，配合系统平台的使用，数字教材可以追踪到终端用户，既可以获得一手的用户信息，也可以配合纸质教材销售，增加教材复购率。而对教师而言，获得了基础的教学资源，可以有效减轻备课压力，把更多的精力用在教学设计和教学过程中。大学出版社按照专业学科建设自建资源数据库，在服务高校和教材建设方面进了一步，值得学习。

数字教材还提供了任务点设计，可以布置课堂作业或者测试卷，自动进行阅卷和分数统计，相应的知识点归集功能正在设计过程中。

三、商业模式

与传统教材相似，数字教材的发行也是采用 2B2C 的模式；不同的是，没有中间商，学校作为教学单位充当了采购的角色。在学校看来，数字教材属于线上教学的一种，归为课程体系，所以，形成了学校买单、学生使用的消费模式。数字教材的人均定价，保证了出版社有利润，卖同样数量的数字教材，比纸质教材更挣钱。

在 2021 年的使用过程中，仅四川大学一家，单本数字教材的利润达到了 15 万元，超过了原纸书的利润。目前，四川大学人文大讲堂、战“疫”思政课、通识课等课程，已经陆续在平台上线，更多数字教材的开发，也已在计划中。下一步，除了系统迭代升级以外，出版社的传统教材将按照“教材 + 数字教材”的形式再版，为高等教育提供更优质的内容。四川大学出版社也将向其他大学出版社开放本系统，共同制作、出版优质教育内容，促进高校课程改革创新。

（李波翔：四川大学出版社数字传媒分社副总经理）

云雀数字教材出版服务平台

案例类别：产品

“轨道在线”AR 数字教育平台

一、项目概述

（一）项目建设

随着我国经济社会的转型升级及《中国制造 2025》行动纲领的推进，我国对科学技术与智能制造的发展愈加重视。作为为经济社会培养高素质技术技能型人才的教育，必须更加注重培养学生的创新能力与实操能力，而这些能力的培养离不开现代教育技术与手段的运用。

“‘轨道在线’AR 数字教育平台”作为西南交通大学出版社进行新闻出版融合发展转型的重点项目，自 2016 年 1 月开始启动建设，项目立足出版社现有的轨道交通领域优质的图书资源优势，采用行业领先的 AR 超媒体资源制作技术，构建基于 AR 的轨道交通及相关行业的超媒体数字教育平台。

该项目移动平台于 2017 年 5 月正式上线运行。通过数年的功能调试、修改、完善内容扩充，该项目在轨道交通职业教育领域已经形成了一定影响力，广受一线师生好评。

（二）入选精品

2019 年 5 月，国家新闻出版署组织开展了数字出版精品遴选推荐计划 2019 年度项目申报工作，这是国家新闻出版署首次组织对数字出版产品和服务进行整体遴选推荐。经过行业专家全面、细致地评审，最终 95 个项目从全国 375 家出版、文化企事业单位申报的 517 个项目中脱颖而出，“‘轨道在线’AR 数字教育平台”作为四川省唯一项目成功入选。

（三）Web AR 阅读系统

Web AR 阅读系统，区别于传统的基于 APP 的 AR 阅读平台，用户使用时无须另外安装 APP，只需使用手机浏览器、微信、QQ 等基于 Web 的已有平台，即可轻松体验 AR 交互资源。基于 Web 的 AR 数字教育系统，使用户摆脱了对 APP 的未知风险、容量不足的焦虑，更加便捷，更易上手。目前，基于 Web 的 AR 系统在国内处于起步阶段，在数字教育领域的应用更是鲜有成熟案例。

2020 年，在突如其来的新冠肺炎疫情袭扰下，传统出版业遭受巨大冲击，为了适应市场需求，贴合用户的使用习惯，出版社全面升级了"'轨道在线'AR数字教育平台"，开发了基于 Web 的 AR 阅读系统，实现了互联网环境下数字资源多渠道和多形式地传播，为新形态教材的开发建设乃至出版社业务范围拓展提供了有力支持。

平台首期开发完成的基于 Web 的 AR 超媒体图书——《城市轨道交通综合监控系统》《电力机车构造》《汽车发动机电控系统构造与检修》已经正式出版，并在读者中形成了一股 AR 交互学习的体验风潮，成为一线教师提升教学效率的利器。

二、AR 技术及其在高校教育中的应用

AR 技术，它是一种将真实世界信息和虚拟世界信息"无缝"集成的新技术，是把原本在现实世界中的一定时间空间范围内很难体验到的实体信息（视觉、味道、触觉和声音等信息），通过电脑等科学技术，模拟仿真后再叠加，将虚拟的信息应用到真实世界，被人类感官所感知，从而达到超越现实的感官体验。真实的环境和虚拟的物体实时地叠加到了同一个画面或空间同时存在。

截至目前，AR 技术与出版的结合主要集中在大众图书和少儿图书领域，在高校教育中的应用较少。"'轨道在线'AR 数字教育平台"更关注于教育图书和专业图书领域，这一类图书具有深度阅读场景，在出版实践中更具操作意义。AR 技术在教育教学中存在刚性需求，具有以下几个方面的优势：（1）AR 技术是已有教学情境的极大补充；（2）AR 技术可以将难以实现的教学情境在一定程度上动态展现；（3）AR 技术将单一的教学讲授过程变成了互动的沉浸式学习，增强学生的学习兴趣；（4）AR 技术有助于学生成为学习的主导者；（5）学习效果更容易统计，有利于教师优化教学环节并对教学实现精细化控制与管理。

增强现实 AR 等新技术在新闻出版业尤其是高校教学领域的运用，为人们提供了沉浸式的阅读方式，造就了跨时空 / 跨感官的阅读体验，为教育教学提供了前所未有的渠道尝试，为教育信息化的实现提供了有力的实践论证。

三、项目的运营模式

"'轨道在线'AR 数字教育平台"目前基于 H5 端和 APP 端为终端用户（涵盖院校教师、学生和自学者）提供服务。用户可利用移动设备与纸质图书结合，实现数字资源的阅读、交互和学习功能。该项目采取以下三种运营模式。

（一）B2C 模式

个体用户购买纸质图书，使用客户端和 H5 端扫描纸质图书中带有 AR 标识的图片，在移动终端中进行对应 AR 资源的学习。同时，个体用户也可在平台客户终端中检索购买其他 AR 超媒体图书数字资源，系统可以依据用户的学习记录及数据分析推送相应资源，方便用户选择购买学习。

（二）B2B 模式

出版社与学校、培训单位等机构进行线下推广销售及平台云服务购买。服务协议签署后，系统管理员新建机构，完成机构用户的资源授权。

（三）B2B2C 模式

出版社完成机构的资源及平台使用授权后，教师、学生、员工等可登录系统进行 AR 超媒体图书资源的检索与阅读学习，同时支持学生浏览其他未授权的 AR 资源并进行个人在线购买，自主学习。

四、项目的成果

"'轨道在线'AR 数字教育平台项目"立足西南交通大学出版社现有的轨道交通领域优质的图书资源优势，采用行业领先的 AR 超媒体资源制作技术，打造适宜立体化知识点展示和教学的 AR 超媒体教材。

目前，项目平台已开发完成 30 余门 AR 超媒体课程，建成思维导图、高清图片、音频、理论教学视频、实践微课、网页交互、二维骨骼动画、三维立体动画、三维仿真等 9 个门类 5000 余个精品融媒体资源，出版发行的《铁道概论》《电力机车构造》《高速铁路概论（AR 版）》等 20 余种 AR 超媒体教材一经面世，便在院校中掀起"AR"学习的浪潮，反响热烈，目前在线学习人数累计已超过 7 万人次。

五、项目的意义和发展

"十三五"以来，国家新闻出版广电总局和财政部联合发布《关于推动传统出版和新兴出版融合发展的指导意见》，强调按照积极推进、科学发展、规范管理、确保导向的要求，立足传统出版，发挥内容优势，运用先进技术，切实推动传统出版和新兴出版在内容、渠道、平台、经营、管理等方面深度融合。"'轨道在线'AR 数字教育平台"的开发和应用，对构建轨道交通行业 AR 超媒体资源的研发和生产，以及推动行业级教育服务都有着重大的现实意义和指导意义。

1. 应用 AR 超媒体制作技术，制作行业领先的 AR 超媒体教学资源库。2016 年国家《十三五规划（2016—2020 年）》明确提出，"大力支持虚拟现实（VR/AR）等新兴前沿领域创新和产业化"，VR/AR 的时代即将来临。在此形势下，教育行政部门应实施积极的支持政策，鼓励、推动 VR/AR 技术在教育领域的应用。"'轨道在

线'AR 数字教育平台"的开发，符合国家的发展规划，在出版及教育领域具有引领社会的重大意义。

2. 搭建行业级运营平台，汇聚数字内容资源。本项目的开发运营，聚焦行业级的超媒体数字教育平台建设，有效推动轨道交通专业领域超媒体数字资源的整合，充分将本专业领域最新教学资源归拢到一个统一的平台上，有助于实现行业数字资源的汇聚，丰富行业数字内容，实现产业规模效益。

3. 丰富行业数字产品形式，创新多种商业盈利新模式。本项目在出版社既有业务的基础上，创新性建设了 AR 超媒体资源等数字产品形态，实现了 AR 教学资源与教育平台融合，实现了纸质教材和 AR 教学资源融合，实现了传统出版业与互联网融合。

4. 助推数字出版与新兴出版融合发展。本项目的运营，对于专业出版社探索数字出版盈利模式、数字出版业务规律、数字出版内容管理结构将产生积极影响和示范效应。

本项目的顺利实施，对于我国数字出版由浅层次的资源加工向深度加工、产品研发、教育服务的行业纵深方向发展有积极的推动作用。

"'轨道在线'AR 数字教育平台"在受到市场认可的同时，荣幸地入选 2019 年数字出版精品遴选推荐计划项目，这是对成都西南交大出版社多年探索出版融合发展取得的成果的肯定，也是对本社积极打造"中国轨道交通出版高地"的极大鼓励。

（成都西南交大出版社有限公司）

"轨道在线"AR 数字教育平台

案例类别：产品

文化旅游互联网 + 平台

张忠 鄢来勇

一、引言

国家于 2015 年《国务院关于积极推进"互联网 +"行动的指导意见》中已推动"互联网 +"战略思维，于 2018 年成立国家文化和旅游部，正式提出文化和旅游融合新的命题。以位置为共通点的文化和旅游在以地理信息为基底的平台上实现融合重构，整合旅游文化产业要素、区域历史文化内涵和专业地图出版社存量资源。一方面，该平台立足地理信息空间定位，以数字管理技术挖掘旅游文化内涵，使之搭载的旅游文化地理信息数据具备精确、舒适、新颖的交互体验。另一方面，具备部分旅游服务和地图产品线上营销等功能。

本文介绍"文化旅游地理信息服务平台"的总体设计、主要功能与开发实现过程，以期基于文化和旅游的深度融合重构，推动出版业的融合转型。

二、平台设计

（一）总体框架设计

平台基于"天地图"地理信息服务资源，利用 WebGIS 技术，采用 SOA 架构进行设计，构建集地理数据存储、管理、应用于一体的服务系统——文化旅游地理信息服务平台。

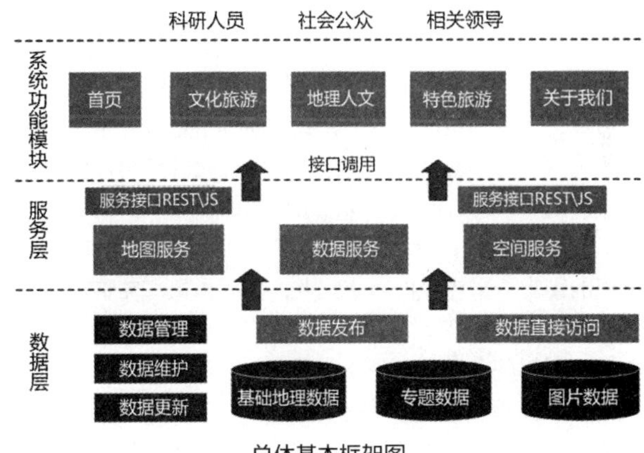

总体基本框架图

1. 基础设施层。根据硬件环境构建存储磁盘阵列、安全设备、Web 服务器、应用服务器和数据库服务器、交换机、服务器机柜以及相关网络配套设施。

2. 数据层。平台的核心基于空间数据库技术，实现地理空间数据存储、管理、采集、更新等完整的生产技术流程。

3. 服务层。实现数据服务、空间服务、地图服务、资源目录服务、监控接口服务等，以服务接口方式提供给平台各类应用系统进行调用和访问。

4. 平台系统层。根据项目建设需求，构建的一系列可扩展的、可模块化划分的应用系统。

5. 用户层。针对平台用户不同的使用目的，进行数据更新、维护、发布、浏览、访问、科研分析、知识共享、知识发现。

6. 运维支撑安全保障体系。作为系统稳定、高效、安全运行的基础，主要包括一系列的安全管理制度、安全手册、安全保密协议、网络环境、硬件环境和软件环境综合安全等级设定和设计。

7. 标准规范技术支撑体系。主要构成了系统设计、开发、建设的参考，对于有可供参考的国家标准、行业标准首先直接借用。对于没有可供参考的标准规范，以方便设计、支持扩展为主，进行系统设计、数据库设计等。

（二）数据库结构设计

系统数据库总体分为空间数据和属性数据。空间数据库整体采用 GeoJSON 和空间坐标进行存储管理。属性数据库采用独立的数据库创建，增强系统的独立性，保证数据的安全，以满足分布存储的需求。

1. 空间数据存储设计。空间数据采用 postgresql 存储空间坐标和 GeoJSON 格式数据进行存储管理。

2. 属性数据存储设计。属性数据主要是采用 postgresql 进行存储，其他如文本、图片等数据采用 MongoDB 进行存储。

（三）系统界面设计

平台主要建设标的包括后台运维管理系统、文化旅游地理信息服务平台网站两部分。后台运维管理系统是为管理员提供一个主要包括数据资源的发布与管理、平台访问量监控、用户管理、日志管理等的管理维护网站数据的平台；作为网站前端的文化旅游地理信息服务平台，对文化旅游资源和地理人文数据进行多样化的展示，以四川省作为试点，先行开发了《四川印象》部分。

1. 界面风格设计。风格设计：针对方便用户操作、易用的需求，整体界面简洁大方，摆放得当，文雅得体。用户导航显示：布局结合大众软件按钮布局方式，通过文字和图标配合示意，简洁明了。

2. 界面板块划分。由网站导航页引领，以省级行政区块为切口，划分首页、文化旅游、地理人文、特色文化（分省印象）、关于我们运维管理系统等板块。

（1）首页：通过一个统一的门户实现文化旅游、地理信息、关于我们和友情链接等信息的展示。

（2）文化旅游：主要以图文、列表和地图等方式显示，分为旅游推荐、景点、美食、特产、指南等模块，可进行区域、类型、关键字检索。

（3）地理人文：展示蜀道、名人、古诗词的具体地理位置，共收纳 8 条蜀道、48 位名人及大量古诗词。结合空间地理信息技术，以列表和地图相结合的方式，将地方特色旅游与本地相关的名人、古诗词呈现在地图上。支持资源目录检索，可以对其基本信息进行查看，简单的地图点、线、面元素标绘和测量等功能。

（4）特色旅游：按四川区域特色，设定了地图上的藏羌彝板块，有文化旅游资源和文化走廊史话两部分。

文化旅游资源：将特色旅游中景点的音频、视频、360 全景、图片、文字等，按照位置在地图上进行呈现，同时用户可以对其数据进行查看与浏览。

文化走廊史话：展示本版电子书《藏羌彝文化走廊史话》，支持翻页和章节导航，提供目录导览、放大缩小功能，方便用户更好地去了解当地藏羌彝文化走廊的特色文化。

（5）关于我们：对成都地图出版社有限公司的介绍、联系方式、地址、淘宝链接。

（6）运维管理系统：在后台管理中将前台页面所涉及景点、美食、特产、民俗风情、特色旅游、名人、古诗词、用户、日志等进行管理。基本是以表格的形式进行数据库的增删改查等基本操作，对景点、美食访问量的统计分析，以及人员登录信息和访问的监控。

三、平台开发实现

（一）系统功能实现

平台具备以下功能。

1. 统一的数字地图数据库。基于空间数据模型设计实现一套时空数据库，内容包括基础地理信息数据、特色文化旅游数据等。

2. 多媒体数据的存储管理和展示。采用 NoSQL 非关系型数据库技术来对多媒体以及碎片化的文件进行存储和管理，有效提高了服务访问的稳定性和文件存储的安全性。

3. 基于 WebGIS 实现对地理数据存储、管理应用。结合地理空间技术，展示特色地域文化、名人、古诗词等具体地理位置并提供多种功能。

4. 旅游文化资源动态展示。将旅游数据与空间地理信息技术相结合，在社会群众了解其内容和来源的同时，也方便群众了解其地理位置。结合 360 度全景，让人们在了解特色地域文化的同时，又可以全景观看其美丽的自然和人文景观。

5. 地图图件的快速浏览。地图模块承载大量的高清图件，通过高清图件无级浏览的方式来提高图件的访问效率和流畅度。

（二）主要功能实现

1. 首页。景点、民俗风情、地理人文、地图上的藏羌彝、用户注册登录、用户个人中心等功能。

2. 文化旅游。美食、景点、特色、民俗、名人、古诗词等模块内容的位置展示和检索，对下辖各级行政单元历史文化的介绍，支持数据聚合、地理数据叠加、简单的标绘和测量。

3. 地理人文。提供点数据的聚合展示；线数据的透明度调节；资源目录查询与导航功能；简单的点线面的标绘与量算；底图以矢量、影响、地形三种方式切换。

4. 地图上的藏羌彝。提供《藏羌彝文化走廊史话》电子书格式数据，含章节导航、翻页、目录导览、缩放等功能。

5. 运维管理平台。运维管理系统主要实现基于平台发布的数据集进行管理，对平台监控数据、统计数据进行管理，实现各类型数据的查看、添加、删除、编辑，实现数据资源的推荐置顶；实现用户管理，可进行添加管理员、封禁用户等操作；实现用户日志管理，可查询系统日志；实现对用户评论的管理；实现平台访问量监控，包括景点数据访问量、美食数据访问量、地图资源数据访问量统计；实现分类管理、数据发布、数据类型和数据量统计、用户访问统计。

四、结语

"文化旅游地理信息服务平台"展示了中国丰富的文化旅游资源，将文化旅游元素与地理信息技术相结合，向用户展示旅游文化的空间之美、地理之美。后续通过上线运营并不断充实完善，为产业创新加油续航。

（张忠：成都地图出版社有限公司副总编兼数字出版部主任，鄢来勇：成都地图出版社有限公司社长）

案例类别：产品

"脱贫在路上：贵州脱贫攻坚群英谱"融合出版项目

脱贫攻坚，是前无古人的伟大事业。贵州作为中国脱贫攻坚的主战场之一，在中国反贫困史上，矗立起光彩熠熠的贵州里程碑，为中国乃至世界的反贫困事业提供了"贵州样本"，书写了中国减贫奇迹的贵州精彩篇章。贵州人民出版社作为一家地方人民出版社，讲好贵州脱贫故事，为决战决胜脱贫攻坚营造良好的舆论氛围、提供强大精神动力，意义重大，使命非凡，责无旁贷。在此背景下，贵州人民出版社依托自身拥有的主题出版资源，在 2020 年策划实施了"脱贫在路上：贵州脱贫攻坚群英谱"融合出版项目，旨在全面总结宣传贵州决战决胜脱贫攻坚的巨大成就、宝贵精神、成功经验、先进事迹，讲好"英雄辈出"的贵州脱贫攻坚故事。

一、项目主要内容

"脱贫在路上：贵州脱贫攻坚群英谱"融合出版项目（以下简称项目）以讲好贵州脱贫攻坚故事为主题，以中共贵州省委宣传部推选出的贵州脱贫攻坚优秀人物事迹为蓝本，通过挖掘推荐、层层筛选，讲述脱贫攻坚党员干部的鲜活事迹。同时，以贵州脱贫攻坚历史进程为基本脉络，记录脱贫历程，宣传伟大成就，弘扬攻坚精神，充分展示贵州自党的十八大和贵州实施大扶贫战略以来，在脱贫攻坚事业中取得的重大历史成就。

（一）脱贫攻坚知识服务平台

项目是基于 H5 开发的以脱贫攻坚为主要内容的知识服务平台，产品包括数字产品和实体产品。除汇集贵州经验、贵州模式、贵州智慧、贵州精神的相关图书和数字出版物外，还开展面向全体党员，特别是基层驻村干部以脱贫攻坚为主题的原创作品征文活动，以文字、音频、视频等多媒体形式，深度挖掘脱贫攻坚一线党员的感人故事和先进典型，弘扬时代主旋律，传递时代好声音。

（二）网上帮扶商城

以电商形式服务农村产业项目，帮助贫困地区农民解决农产品及特色文创产品的销售问题。

（三）栏目设置

设置《农村电商经验谈》《农林养殖经验谈》《异地搬迁经验谈》《劳务派遣经验谈》等栏目。设置《防返贫》《挂牌督战》等与时政相关的栏目。让基层扶贫干部通过平台提供的各类知识内容和工作实践经验，丰富其带领群众脱贫、预防返贫、巩固脱贫成果，形成持久发展动力。

二、项目建设情况

项目自上线以来，在平台建设、内容加工、营销推广和版权引进方面主要做了以下工作。

（一）研发数字产品

围绕中央和省委关于脱贫攻坚的系列部署，结合贵州人民出版社出版的脱贫攻坚系列图书研发数字产品，产品形态包括电子书、有声书、音视频、原创文学等。

（二）开展原创作品征文活动

面向全省奋斗在扶贫一线的党员干部、驻村第一书记、大学生村官、扶贫志愿者建档立卡贫困户开展"2020

年脱贫攻坚主题征文”活动。共收到 129 篇征文，经组织专家评审，遴选出 29 篇作品汇编成《山那边——贵州脱贫攻坚主题征文集》电子书，在“脱贫在路上：贵州脱贫攻坚群英谱”平台上发布。

（三）图书数字化加工

对贵州人民出版社已经出版的脱贫攻坚类图书进行数字化加工，力争实现纸电同步；引入其他出版单位优质数字版权资源，充实平台内容，如贵州教育出版社《2018 年贵州脱贫攻坚群英谱》、贵州科技出版社《农村电商知识读本》等符合项目主题的电子书在平台上线。截至目前，已完成图书数字化加工近 400 种，累计约 1.2 亿字。

（四）搭建网上帮扶商城

服务农村产业项目，开展电商业务，帮助农民解决农产品及特色文创产品的销售问题。目前，通过商城交易的商品数量 2200 余种（含电子书），实现销售约 16.2 万元。

（五）进行项目推广

充分利用新华书店线下渠道进行项目推广。该项目现已入驻贵州 10 个市（州）新华书店及移民安置点新华书店，累计覆盖用户近万人，累计阅读量近 10 万。

三、项目突出亮点

（一）首创性

本项目是贵州省内首个以脱贫攻坚为主题的融合出版项目，充分利用新媒体快捷便利的传播方式，精准解读和传播中央及省委的政策，传播具备可读性的内容、实用性的脱贫攻坚知识，让用户更通畅地获取脱贫攻坚的内容及知识服务。

（二）实用性

项目平台集中展现了奋战在贵州脱贫攻坚一线的党员干部群众和单位团体的先进事迹，总结宣传了在脱贫攻坚进程中形成的贵州经验、贵州模式，可供扶贫干部学习借鉴。同时，搭建网上帮扶商城，开展电商业务，服务农村产业项目。

（三）指导性

围绕中央、省委关于脱贫攻坚的系列部署，项目平台汇集了展现贵州经验、贵州模式、贵州智慧、贵州精神的相关出版物，通过数字阅读的方式呈现给广大用户。设有《农村电商经验谈》《农林养殖经验谈》《异地搬迁经验谈》《劳务派遣经验谈》等栏目，让基层扶贫干部通过平台提供的各类知识内容和工作实践经验，丰富其带领群众脱贫、预防返贫、巩固脱贫成果，形成持久发展动力。

四、项目运营目标

建设基于 H5 开发的知识服务平台（小程序）项目，是贵州人民出版社数字化转型的一次全新尝试。开展脱贫攻坚主题原创作品征文活动，可以积累 IP 资源。相较于一般原创文学作品，主旋律、正能量的网络原创产品，在国内目前还处于相对空白阶段，具有较大的想象空间。

（一）短期目标

形成完整的产品体系、具备内容自生能力。搭建媒体矩阵，发展国内、国外内容分发能力。

（二）中期目标

孵化具有双效，并具备冲击国家出版领域大奖的优秀出版物。实现走出去目标，对外版权输出。

（三）远期目标

平台具备盈利能力，能够持续产出优质 IP 产品，吸纳一大批垂直领域优秀作家。成为重要的数字出版平台、党和国家在数字出版领域的重要文化传播阵地。

（贵州出版集团贵州人民出版社）

脱贫在路上 H5

案例类别：产品

本草风物志·中草药数据库

一、项目名称

本草风物志·中草药数据库。

二、项目介绍

“本草风物志·中草药数据库”由贵州出版集团全

资子公司贵州数字出版有限公司进行开发建设，该项目由政府项目资金带动，企业配套资金支持积极开展运作。项目于2017年建设完毕，2019年入选“国家新闻出版署数字出版精品遴选推荐计划”；2021年入选 “百佳数字出版精品项目献礼建党百年专栏”。

贵州是一个典型的多民族聚居省份，其中世居的少数民族主要有苗、土家、仡佬、水、彝、侗、布依等47个民族，苗医药是贵州民族医药研究中的主要对象。“本草风物志·中草药数据库”是按照国家中医药战略要求，结合贵州省中草药特色资源以及贵州出版集团多年来积累的中草药精品书籍出版资源搭建的知识服务数据库平台，“本草风物志”综合参考了《中华本草·苗药卷》《中国常用中草药彩色图谱》《贵州民族常用天然药物》《精选草药彩色图片彩色图集》《梵净山药用植物》等专著，将这些精选图书进行数字碎片化收录。

目前数据库包含中草药8000余种，图像资料16000多张，知识条目16000多条，从药物类别、临床科目、性味、主治功效等多个纬度进行功能归类，对每一味中草药的介绍涉及其各种命名、基原、形态、资源、性味、用法、考证、临床应用、药理学研究等多方面。根据《新编药歌五百解》《梵净山药用植物》等一些经典的贵州中草药图书单独策划了“药歌”“茶药”“贵州少数民族医药精选”“梵净山药用植物名录”等专题库。用户可以根据自己的需求在数据库中进行中草药条目查询、专题阅读、电子书阅读等。

三、目标用户群体

数据库针对不同的用户群体建立了网页版（机构版）以及微信版（个人版）。目前访问量达到170万人次，据数据分析统计，用户主要以“80后”“90后”为主，位于25~40岁，用户使用率广东、江苏、北京、山东、吉林等地占比较高。根据资源使用率情况来看，《中国茶药大全》《看家中草药》等图书的阅读率最高，说明用户对日常养生的重视度越来越高。

四、项目创新性

本项目是一个深度结构化的中草药知识数据库，实现了对中草药知识条目的别名、来源、形态特征、性能功效、单方验方等特征标引项的自动分析与提取，同时完成主治功效、药物类别、临床科目、性味等类别的自动分类。

在用户行为分析方面，“本草风物志”数据库工作后台可直接进行用户画像分析，可随时查看到网页端及微信端的每日数据，有详细的访问统计以及趋势分析、资源使用率、用户行为分析、用户流失分析等功能，帮助公司更好地了解用户需求，不断提升功能。

五、项目成效

随着对中草药的不断深入研究，新的认识和成果还将不断出现，“本草风物志·中草药数据库”将成为反映贵州中草药文化的资料库，这种形式不仅能持续地反映贵州中草药文化的发展轨迹和取得的研究成果，而且将使这些研究成果更有效地服务于社会实践。项目成效具体有以下几个方面。

（一）中草药资源数字化

该项目已在中草药数字化资源上进行了碎片化及条目化，并收录了8000余种中草药、16000张图片、知识条目16000多条，从药物类别、临床科目、性味、主治功效等多个纬度进行功能归类，该项目已在中草药数字化平台建设上作出了卓有成效的探索。

（二）特色专题内容建设

项目结合了贵州本地中草药特色进行建设，录入了多本贵州民族医药电子书，如《中华本草苗药卷》《仡佬族医药》《毛南族医药》《布依族医药》《苗族医药学》等，并针对《梵净山药用植物》等区域性“药用植物”本地类图书进行深度加工，形成专有子库内容，建设贵州少数民族医药精选图书专题模块等。突出了平台的特色性和唯一性，更好地丰富贵州特色中医药文化传播内容，对少数民族中草药的记录与传承发挥了重要作用。

（三）明确的服务对象

数据库针对不同的使用人群提供机构版和个人版两种版本使用，机构版已与中华书局等专业数据库出版服务商达成推广合作，目前已向全国20多家中草药高校提供无偿试用服务，并通过这一方式形成了有效的推广，获得经济效益。目前，总访问量达到170万人次。

（四）强大的用户数据分析

平台配置了后台数据统计分析系统，分别从用户基本数据、页面统计数据、用户访问数据、流失用户几个方面进行数据可视化分析及传播效果分析，对了解用户资源使用深度情况有着很好的分析作用。

六、社会效益及经济效益

（一）社会效益方面

祖国传统医学的博大精深，民族医药特色鲜明，对各民族特色医药资源的搜集、挖掘、整理和传承势在必行。“本草风物志”通过数字化、信息化、网络化、产品化手段，加强中医药文化全媒体传播平台建设，创作中医药文化精品，促进中医药与广播影视、新闻出版、数字出版等有效融合，打造贵州本土优秀的中医文化品牌。

（二）经济效益方面

“本草风物志”机构版自2017年4月正式上线以来，通过市场推广向国内20多家中草药大学机构如长春中医药大学、山西中医药大学、上海中医药大学、成都中医药大学等提供试用服务，并与部分大学达成了正式合作。

七、融合经验体会

近年来，“互联网 +”已上升到国家战略，国家新闻出版广电总局、财政部联合印发《关于推动传统出版和新兴出版融合发展的指导意见》，深刻阐释了出版业跨界融合发展的新起点。推进互联网 + 出版转型不仅是履行国家政策的战略目标，更是顺应时代发展的需要。在这样的背景下，贵州数字出版有限公司也在持续探索融合发展之路，在技术手段、运营模式上不断推陈出新，加大融合型人才培养力度，创造融合型内容产品。

本项目主要以打造专业垂直的细分产品来积累用户，通过传统出版物与新兴出版技术在内容、平台、运营方面的深度融合，实现了贵州中草药研究成果展示的一体化传播体系。

在技术上，数据库自动分析中草药条目的结构化特征，对别名、来源、形态特征、性能功效、单方验方等特征标引项进行自动提取，并完成主治功效、药物类别、临床科目、性味等类别的自动分类。遵循 COUNTER 标准的数据统计模块，记录了各种系统访问数据，能可视化地生成资源画像、用户画像。

在内容设计上，明确数据库产品定位，划定资源整合目标范围，通过对内容资源的解读构建数据库知识体系。坚持对优质内容、精品内容的策划，加强开发有贵州特色的民族医药图书，保护本土特色文化，对民族特色中草药的记录与传承都将发挥重要作用，促使优秀的中草药研究成果更有效地服务于社会实践，并为贵州特色中草药文化“走出去”打下基础。

在渠道融合及内容变现方面。“本草风物志”打通线下线上渠道，采用合作运营的模式，帮助产品快速进入陌生市场，资金投入和风险相对较小，盈利又很可观。例如，将知识服务数据库通过产品授权的方式，与当地运营商进行洽谈得到相应的利益分成。

在运营传播上，对“本草风物志 · 中草药数据库”进行了整体包装设计，设计内容包括品牌标志、辅助图形、具体产品应用、广告宣传推广系统及网络推广系统，使得产品确定精准独特的品牌定位，树立了鲜明的产品形象。为产品建立了新媒体运营专组，保持每周向用户进行消息推送，策划线上线下活动在贵州本地新闻、全国主流新闻客户端推广，并积极参加了深圳文博会、BIBF、孔学堂书展、民博会等各类展会，都取得了良好的效果。

（贵州数字出版有限公司）

本草风物志 · 中草药数据库公众号

期刊集团（社）

案例类别：组织机构

三联生活周刊的融媒体发展与转型

2017 年 1 月，三联生活传媒有限公司注册成立。这家基于《三联生活周刊》发展而来的公司定位转型的第一步是将传媒公司变成一家内容传播公司。二者的区别在于对内容的定位不同，前者的内容是为传播而生的，其商业模式是内容传播形成社会响应和关注，媒体获得内容传播的广告收益。而后者不仅可以依靠内容本身获取收益，更能数倍放大传播效果，获取更高的广告价值。想要实现向内容公司转型，先要完成传播介质的更新，另外一点是把传播的内容本身变成可销售的产品，也就是传播知识而不是信息。

《三联生活周刊》及其微信微博、三联中读 APP 等新媒体产品对新冠肺炎疫情的报道，就是内容生产和传播路径向内容公司转型的一个极佳案例。通过一线记者现场报道 + 后方记者多维度报道 + 过往报道资源库整合 + 中读音频、抖音小视频等多媒体呈现 + 海报设计品牌露出 + 肩负物资信息协调工作，疫情之下，三联生活传媒公司调动所有资源，用新闻的专业性向社会传递真实而负责任的信息。一线记者现场报道树立了媒体公信力，赢得了大量读者的信任和赞赏。原创内容带来的激增流量，因为这种内容生产与供给有机体的形成，报道流量又形成了各个环节系统性的增值流量。比如，为了疫区读者有更便捷的阅读渠道，中读平台上架四期“新冠特刊”相关主题电子刊，并与纸刊联动打通用户信息。通过官方渠道购买纸刊的读者以及全年订户可以免费获赠本期电子刊，中读 VIP 会员也可以在会员期内免费解锁阅读权限，四期电子刊领取数超过 22 万人。此外，疫情期间，中读抓住被困在家的用户和潜在用户的需求，快速反应：利用自己的媒体化基因组织内容生产，传递疫情消息，提供科普知识、防护指南；灵活制定各种推广策略，联合线上线下不同渠道拓宽用户场景。抓住重大公共事件引起的社会关注，及时将公域流量转化为私域流量，使得中读在危机之中迎来了一个发展的小高潮：2 月新增访问用户 15 万人，新增注册用户 34 万人。

数年间，三联生活传媒公司旗下形成了包括杂志、APP、微信、微博及其他新媒体产品在内的内容生产与传播矩阵，打通了超级平台的渠道通路，也使得三联新媒体矩阵整体增强了营收能力。

2018 年，三联生活周刊微信公众号 10 万 + 文章 546 篇，2019 年 669 篇，2020 年 1105 篇。2018 年三联生活周刊微信公众号在全网微信公号影响力排名 500 强中位列第 80 名，2019 年上升到第 40 名，2020 年则达到第 15 名。由此可见，微信公众号已成为三联的核心资产，是我们传播与广告收入的最主要来源，我们的影响力排名决定着我们的定价权与营收总金额。2020 年微信公众号和有赞店铺产生的总流水超亿元，营收来源包括广告、文创产品、熊猫茶园、纸质杂志、中读会员与课程销售等。内容生产、传播介质的变化实现了三联从传媒公司向内容公司的转型，营收构成也因此发生重大改变。来自新媒体渠道的营收在全部收入中的占比逐年增长：从 2017 年的 40% 上升到 2018 年的 48%、2019% 年的 61%、2020 年的 74%。新媒体收入占比不断增加表明了三联生活传媒公司在营收结构上已经发生了根本性变化，在传统媒体广告和发行不断下滑的趋势中，三联利用新媒体融合和转型，找到了一条新的发展路径。

在传媒公司的转型战略中，抢占超级平台的头部位置至关重要，无论是之前的微博、微信，还是正在试水的短视频都是如此。三联生活传媒正在寻找的下一个低成本超级平台，可能是抖音、快手，也可能是今日头条、B 站……2020 年 1 月 24 日，《三联生活周刊》首个抖音账号，发布周刊记者从武汉一线传回的现场短视频，该条视频获赞 50 万次。此后，账号发布新冠肺炎系列报道，以疫情回顾、短资讯、科普短视频为主，共发布 14 条、获赞 208 万、涨粉 50 万，播放量最高的一条浏览量达到 2132.4 万次、点赞 51 万次。

与传媒公司借助微信公众号、微博、抖音内容通过渠道变现的方式不同，三联孵化的中读项目自身就可以通过销售直接产生营收。但是，产品所在的知识付费赛道，自 2020 年开始整体下行，中读也面临巨大的营收压力。用技术推动“中读 APP”迭代的想法出现在公司的规划中。2019 年中读开启与微软在 AI 方面的深度合作，便是基于这样的考虑。未来中读项目也必须找到自己的互联网蓝海——技术驱动中读进化的道路，将其平台化，以便技术能够迅速介入，推动转型升级。

中读上线以来，内容聚合了 86000 余篇文章，内容数据量大致相当于纸刊 70 年的内容产量，同时这些内容 80% 以上都是自有版权，为未来的数据发掘和数据资产化奠定了基础。这些内容数据的建立，意味着中读内容生产效率大为提升，初步具备了形成人文知识平台的基础。当中读从一个自制课程平台升级为人文知识垂类平台之后，就能够容纳更多技术的介入，使得技术驱动平台升级就有了可能性。当内容量足够丰富之后，就可以通过技术手段获取用户的兴趣、偏好、使用习惯，甚至他们获取知识的方式，将有更多信息和数据来作为中读下一步迭代的燃料，这也是中读迭代必要的基础设施建设。无论是中读的课程，还是来自其他平台的课程，在基于互联网的运营过程中将数据本身作为下一步中读人文平台实现数据化转型的方式。中读项目的数据化战略，正是在传媒公司转型第二步“内容数据化”的轨道上推进的。中读项目的更长远规划，也就是传媒公司转型的第三步，则是“数据资产化”：我们现在看到大多数可能的内容产品都是一次性产品，未来一定要让数据本身形成可以反复使用的资产。

三联的转型升级之路以中读为突破口来破题，由“两微一端”带动传媒公司整体转型与融合。中读以内容优先，就是选择了整体转型融合发展道路：由媒体升级为内容产品公司，再蜕变为互联网公司；内容产品借由微信微博通道，进入超级平台，嵌入互联网生态。最终自然形成公司内部各个环节在各自转型的同时，相互协同与融合发展的新格局。在传统媒体艰难度日的大环境下，三联生活传媒公司 2017—2019 连续 3 年，不仅利润正向，还实现平均年利润增幅在 10% 以上。经过 3 年转型，传媒公司内部结构优化，互联网基础设施搭建初步完成。2020 年传媒公司全面进入互联网，各个板块加速发展，不仅新媒体收入占比大幅提高，公司总体利润也获得大幅增长。这些显然都是公司整体转型与融合带来的结果。

内容为王，在互联网时代仍未过时，加大内容生产的投入而非减弱，才可能在新媒介环境里找到生存之道。目前的大格局里，传统媒体的转型与融合，借助公域流量是主流道路。因此，进入超级内容平台的头部位置，重要且关键。在我们完成头部化的过程中，值得总结并在未来需要以此为原则继续前行的经验是以下三点。

1. 生产力：稳定、持续、高质量的内容生产能力是生存的根本。

2. 个性化：内容本身必须个性化，才能在互联网平台具有不可替代性。

3. 公共性：不是新闻性而是公共性，才是内容产品的核心竞争力。

以公共性内容生产形成优势传播资源，广告收入直接传播变现，这是我们目前主要的内容经营模式。这背后非媒体性收入（现场、视频、综合项目等）占比仍然不够，意味着我们目前内容经营的格局是媒体品牌强而商业品牌弱，这也是我们接下来需要解决并达成平衡的经营重点。未来几年，我们将继续深化融合发展，不断探索转型升级的道路，我们的目标是建立新型互联网平台与生态。这是过去我们创建的互联网渠道与平台的升级：目前我们以双微为互联网新型渠道，初步建造了一个相对完整的产品链，这既是一种实体生态，也是未来发展的基础。接下来，我们要完成的是从实体生态往互联网生态的转换与升级，把以双微为主的公域流量向以中读为核心的私域导流，在公 / 私域间达成新的平衡。未来我们的实体产品链将全部导入三联全媒体平台——中读，创造出新的互联网平台，同时促使中读不断进化，成为技术导向的、领先的互联网内容产品，最终实现公域与私域流量融合，从而建立真正的互联网生态。

由中读破题开始，选择整体的转型与融合道路，全面进入互联网赛道，三联生活传媒公司在媒体融合发展与转型的道路上正在稳步前行。

（三联生活传媒有限公司）

案例类别：产品

三联中读

一、项目简介

“三联中读”（以下简称“中读”）是由国内著名文化刊物《三联生活周刊》创办的聚焦于社科人文领域的知识付费及内容分发平台。“中读”依托于《三联生活周刊》强大的品牌影响力、内容生产与聚合能力以及周刊 26 年来丰厚的人文知识储备，汇集了周刊及其他第三方优质内容资源，应用大数据、H5、智能语音等互联网新技术，对内容资源进行深度挖掘与融合，打造出包括音频、视频、图文等多种形态的立体化、个性化知识产品，为用户提供读书新知、生活美学、艺术音乐、历史地理、心理教育等多方面的陪伴式知识服务。

“中读”以《三联生活周刊》的转型为起点，为用户提供广泛的个性化知识产品，目标是构建产品、社区与电商的互联网平台，最终建立开放的知识服务生态，探索出一条传统知识在新介质背景下的生产与传播的创新之道。

二、项目特点

1. 以《三联生活周刊》的转型为起点，高位接入互联网最新潮的知识产品生产与销售方式，“中读”的目标是构建产品、社区与电商的互联网平台，并最终建立知识服务生态。

2. “中读”的知识产品，在用户消费过程中，利用大数据分析手段，对其阅读行为中的内容兴趣、知识需求、互动模式进行解析，对用户的知识需求进行画像，为用户提供精准的个性化知识产品。

3. 在为用户提供广泛的个性化知识产品，并由此积累足够量数据后，生成知识产品的分析与评价系统，同时提供个性化的知识学习方案。

4. 在建设基础性知识产品生产的同时，引进出版、教育机构的新媒体产品，尤其是数据库，为专业人士建立检索平台，也为各知识生产机构建立销售平台。

5. 平台基本成型之后，为知识产品的用户、生产者、评级机构建立垂直或混合型交互社区，使知识产品的生产、消费与反馈、再生产循环系统充分运转起来，更良性地进行知识生产。

6. 与上述知识生产与流转相匹配，“中读”由此建立更精准高效的电商平台，同时借用人工智能等技术手段，建成开放型知识服务生态，尝试并探索出一条传统知识在新介质背景下的生产与传播的创新之道。

三、项目技术先进性

随着“中读”项目系统规模和复杂性的不断增加，如何保证整个产品的创新及其快速发展的需求，如何在有限的时间和资源下完成这些目标，对“中读”的技术架构及其开发方式提出了巨大的挑战，对此我们在规划产品或者功能需求时，不再一次性地追求大而全，而是遵循产品 MVP 原则，通过提供最小化可行产品获取用户反馈，并在这个最小化可行产品上持续快速迭代，直到产品或者功能到达一个相对稳定的阶段。

1. 采用云计算弹性集群，确保整个系统可以快速满足业务的发展需求，且按需使用计算资源，既能满足业务扩展的需求，又能节约不必要的浪费。

2. 采用持续集成软件开发实践，每次集成都通过自动化的构建（包括编译、发布、自动化测试）来验证，从而尽早地发现集成错误，确保开发质量。

3. 整体架构不再使用单一结构开发，进而采用更为先进的前后端分离方式来搭建三层体系结构，在保证质量的同时，可以让分工更加明确，执行效率更高。

4. 为提高开发功能复用率及开发效率，整体功能都采用组件化开发，包括前端、电脑端、安卓端、iOS 端和 H5 端。

5. 尽可能使用自动化的方式提高效率，包括但不限于测试自动化、监控自动化、打包上传自动化等。

四、主要社会效益实现情况

中读入选中宣部和国家新闻出版署组织的“2019 年度数字出版精品遴选推荐计划”；中读音频课《了不起的文明现场》和《了不起的世界文明》入选国家新闻出版署组织实施的“2020 年全国有声读物精品出版工程”；中读获得由中国新闻史学会应用新闻传播学研究委员会颁发的“2020 中国应用新闻传播十大创新案例之原创数字内容产品”奖；中读获得第三届中国出版集团融合发展奖之综合奖；中读的《我们为什么爱宋朝》视频课获得北京市广播电视局颁发的“2019 年北京优秀网络视听节目·优秀网络视听专题节目”奖及中国电视艺术家协会颁发的“2019 中国综艺峰会匠心盛典之匠心视效”奖；中读获得《新周刊》主办、《每日经济新闻》协办的“2018 中国年度新锐榜”之“年度新媒体”奖；中读《了不起的文明现场》产品团队获得中国出版协会主办的“2019 中国知识服务大会致敬项目之致敬大众通识类产品经理（团队）”奖；中读入选《出版商务周报》评选的“2018 出版业十大融合创新项目”；中读项目获得三联书店品牌效益年特别贡献奖；中读获得新知榜评选的“知识付费人文艺术课程 2018 年度优秀出品机构 TOP10”“2018 知识付费优秀出品机构 TOP30”“2019 年度 20 大内容出品机构”以及“2020 年度十大知识付费平台”；中读在 2020 年第十三届新闻出版业互联网发展大会上入选“出版机构优秀客户端 TOP10”（中国出版协会 / 中国新闻出版研究院）；中读入选光明网评选的“百佳数字出版精品项目（大众出版类）”；中读入选“2020 中国文创新品牌榜文创百强”（北京市文化创意产业促进中心）。

五、项目运行总结

“中读”作为《三联生活周刊》谋求媒体转型的一个探索性项目，在继承三联传统品牌优势的基础上，谋求互联网 + 时代的创新与突破。至今已经生产制作了数千个知识音频产品，音频产品总时长达到 13000 余小时，作为融合型知识服务平台的定位和面貌日益清晰，其提供的优质内容在用户与行业内外均获得了良好口碑。

“中读”项目充分体现了共享经济时代的移动互联手机产品的特点，构架清晰，完成了从阅读、体验、购买、支付、使用、评价等闭环交易。为用户提供了简单而丰富的文化消费入口，为学术专家、高校教授等知识生产者和传播者提供了便捷的传播形式与互动途径。中读创新性地实现了同一 IP 从杂志、图书开发为音频课，或将音频课 IP 升级为视频课、图书、杂志、活动的融合出版的创新发展形态，探索出一条传统媒体转型发展的道路。通过对传媒、出版与知识生产这三者之间跨界融合的探索，中读以一种全新的方式为用户提供人文知识，让读者在方寸屏幕之间重新建立对阅读的期待。

2021 年，中读在继续搭建知识服务平台的基础上，更多引入三联优质原创内容资源，构建起三联全媒体私域平台，创造性地探索并形成新型的公域/私域流量转换机制，彼此融通、相互加持，以期最终建立真正的平台与生态。“中读”项目自 2017 年正式开展运营以来，在用户量、内容资源、产品营收和社会效益等方面均获得良好成绩。2018 年至今，项目获得国家级奖项 2 个，行业级奖项 13 个，地方级奖项 3 个，2020 年营业收入达到 4000 万元。“中读”出品的一系列知识课程也因其保持了三联出品的高水准，获得了良好的社会反响和用户广泛认可。项目自运行以来，不仅收获了良好经济效益，还获得了良好的社会效益，成为传统媒体转型与融合发展的成功案例。

（三联生活传媒有限公司）

三联中读客户端

案例类别：产品

人民画报社“人民记忆”系列视频产品

在短视频高增长的发展背景下，人民画报社跨部门成立项目组进军视频平台推出“人民记忆”系列产品，依托独家照片资源精心打造可视化全媒体产品，“历史影像讲述＋视觉特效”的创新形式受到用户好评。相关视频播放量突破4.8亿，粉丝数突破220万，不仅产生刷屏、爆款之效，也在有关评选中荣获大奖，成为既叫座又叫好的精品佳作，走出了一条传播力、引导力、影响力和公信力俱佳的路子。

人民画报社“人民记忆”系列视频产品将珍贵影像与特效剪辑、幕后讲述等多种形式结合，选题策划出新出彩，将个人历史与国家历史、宏大叙事与个人情感相结合，在内容呈现、视频风格、互动交流等方面增强贴近性，讲述精彩的影像中国故事。多条视频播放量突破千万，多次登上平台热榜，并被收录至相关专题全平台推荐，在主题报道中发挥了重要作用。

“人民记忆”系列视频产品是“纸质期刊进驻短视频平台的成功案例”，被快手平台认定为“优质媒体号”，和《人民日报》、新华社等入选 CTR－快手播赞比榜前十；入选 B 站涨粉擂台赛榜首，是破万粉最快的账号之一。相关产品获得中国画报协会金睛奖融合创新一等奖、原创短视频内容奖二等奖，中国外文局新媒体创意大赛种子作品，以及 B 站“星海计划”精选稿件一等奖等。

一、主动进军视频平台，让独家影像资源发挥优势，吸引更多年轻用户

“人民记忆”系列视频产品依托几代摄影记者留下的珍贵照片，精心打造可视化全媒体产品。针对年轻用户的特点，活用图片又不拘泥于图片，运用 3D 建模、AE 特效等技术使照片“动”了、历史“活”了，引发年轻用户的强烈共鸣。《家国永念》《飒爽英姿 铿锵玫瑰》《星辰大海我们来了》等多条视频播放量破千万，被百余家媒体转载，极大地提升了人民画报的影响力。

依托于该项目的《人民画报》快手账号是平台第一档老照片类短视频“网红”，因涨粉速度快、作品质量高，被平台认定为“优质创作者”和“优质媒体号”，是“纸质期刊进驻短视频平台的成功案例”。该项目的《人民画报》B 站账号被平台官方称为“最快破万粉的 UP 主之一”，首条视频《你的青春，我来守护》在零起步的基础上发布仅几个小时便登上热门榜，并蝉联三天热门排行，被众多大号“共青团中央”“我们的太空”转载。该账号多条视频登上平台热门，因优质原创内容得到平台、用户的认可。

二、参与重大主题报道，选题策划出新出彩，“开门办刊”扩大合作资源

在重大主题报道中，“人民记忆”系列视频把生产真正具有传播力、影响力的融媒体精品作为目标，视频屡登平台热门，与新华社、《人民日报》、共青团中央等深度合作，被学习强国平台首页置顶推荐，探索直播、云合唱、主题云课等形式，有效创新融媒体报道形式。

“开门办刊”扩大合作资源，提升传播效果。精心做好首个警察节报道，联合人民日报社新媒体中心、公

安部新闻宣传局制作视频《谢谢你，人民警察》，成为全网爆款产品，被学习强国、中国长安网、《大众日报》等百余家媒体转载；致敬戍边英雄，联合西藏军区制作视频《我们守的是国门，我们肯定骄傲》，蝉联两天B站热门，被学习强国、人民网、央视网等几十家媒体转载；聚焦脱贫攻坚主题，与快手平台策划制作《悬崖村搬家》主题视频2集，小切口讲述脱贫故事，在俄罗斯、韩国等海外平台推出，取得良好传播效果；聚焦国庆唤起用户爱国情怀，联合青春北京策划制作“我和天安门有张合影”融媒体产品，在微博、快手主持发起话题，相关阅读（播放量）近千万；致敬人民空军，特约原创歌手王上作词作曲，推出视频《起飞！在祖国需要的时刻！》，迅速登上B站热门，全站排名前50。

紧扣重大节点创新报道形式，让正能量更强劲。学习贯彻习近平总书记在科学家座谈会的讲话精神，制作推出钱学森、黄旭华、于敏等科学家系列视频，播放量超千万。钱学森主题视频上线1小时即成为B站热门，被中国历史研究院、共产党员、上海交大等账号转载；创新两会融媒体报道，策划推出《第一次全国政协会议到底有多重要》《人民代表为人民》等系列报道，播放量近700万；在毛泽东同志诞辰127周年之际，结合《人民画报》老照片、封面和珍贵原声策划推出缅怀视频，展现毛泽东同志波澜壮阔的一生，被学习强国平台首页推荐，视频播放量破千万；全方位、多角度做好高考报道工作，《揭秘！高考考卷从这里运出》等视频播放量突破800万，登上快手热榜，被收录进高考专题。

抗疫报道不断创新产品形态，策划推出了“俄罗斯如何硬核防疫”的海外直播，登上快手平台热搜第二位，实时热度近800万，同时相关话题引发二次传播，话题登上知乎平台热榜，热度近200万；作为B站特邀创作团队，参与由中宣部、中组部、中央军委等主办的“抗疫英雄”全国抗疫短视频创作活动，策划制作的短视频《与病毒交锋30年，她在追求什么？》受到相关部门肯定，作为B站“抗击肺炎”置顶视频首页展出；联合天使童声合唱团、著名音乐人何沐阳推出两支公益歌曲MV《愿平安归于你》《春暖花开》；与全国移动电视协会合作，参与制作“来自武汉抗疫前线的图片”系列视频，落地上海公交地铁等移动平台，日均受众近亿次。

做好抗美援朝出国70周年系列主题报道，深挖历史图片资源，相关播放（阅读）量近4000万。策划制作原创短视频《谁是最可爱的人》，并联合新华社、共青团中央、央视电影频道等联合发布，视频上线3小时登上B站热门；参与共青团中央“致敬抗美援朝”主题云团课的直播工作，讲述抗美援朝照片背后的故事；联合共青团中央策划发布抗美援朝独家原创海报10余幅，被《人民日报》微信公众号、学习强国党史频道转发推荐。

做好航空航天主题报道，推出视频《从“嫦娥一号”到“嫦娥五号”，究竟改变了什么？》，展现中国航天人自主创新精神，迅速登上平台热门，并受邀在学习强国平台“嫦娥奔月”专题首页置顶推荐，受邀在北京科学中心“大国重器之九天揽月”展览全天播放；策划制作Vlog视频《揭秘“嫦娥五号”发射前的48小时》，第一视角带领用户深入现场了解发射的台前幕后，被B站“嫦娥五号探月任务”专题收录并在全平台推荐。

三、探索独具特色的运作模式，进一步盘活资源，为传统期刊媒体深度融合创新探索新路径

人民画报社“人民记忆”系列视频产品适应不同平台、受众需求，既有面向短视频平台的“刷屏”之作，也有面向中长视频平台的深度解读，形成优势资源综合运用、不同产品形式紧密互动的全媒体报道新格局，达到“个性化定制”的精准传播效果。

持续输出优质、稀缺的内容。该项目在绝对坚持底线、红线的前提下，让内容接地气，让用户感受作品温度。主打怀旧和情感共鸣，依托独家照片资源精心打造可视化全媒体产品，紧贴热点，静态选题热点化。

“影像讲述＋视觉特效”的创新内容制作形式。根据平台规则和用户兴趣，适应新媒体碎片化的传播规律，对视频进行专业化制作和包装，通过特效剪辑、三维渲染、视频抠图等形式，对文案撰写、图片选择、剪辑制作到后期包装等多个环节精心制作，丰富影像表现力。

研究平台规则，精心运营。通过数据优化运营，对数据精准解读，更好地洞察用户需求，提升账号数据。同时，参与官方话题、直播、评论互动，做到运营接地气，让用户真正成为铁粉。

推动媒体融合发展，是以习近平同志为核心的党中央着眼巩固宣传思想文化阵地、壮大主流思想舆论作出的重要部署，也是媒体顺应传媒格局、受众需求深刻变化的必然选择。人民画报社将认真贯彻落实习近平新时代中国特色社会主义思想，增进融合自觉，焕发创造激情，不断创新理念、内容、体裁、形式、方法、手段、业态、体制、机制等，推进媒体融合向纵深发展。

（人民画报社）

《你的青春，我来守护》视频

案例类别：产品

智能订阅 规范管理

——“人民司法”融媒体在线服务平台

张晓萍

《人民司法》系最高人民法院机关刊，创办于1957年。随着中国特色社会主义法治建设，杂志已成长为面向国内外公开发行，年订阅量超140万份的法治类权威刊物，在司法理论和实务界均产生了广泛影响。

《人民司法》自创办以来一直是自办发行，全年征订。杂志社没有专门的发行机构和专职发行人员，工作中一直使用最传统的手工Excel表录入单一固定格式。为适应融媒体发展需要，提高发行效率，2019年3月，杂志社与北京宾德科技有限责任公司合作研发《人民司法》期刊发行在线服务平台应用软件系统，同年12月31日平台正式上线启用，由此实现了对期刊销售发行信息化建设的全面布局，推进落实了线上线下深度融合的“新零售”服务模式，融合规范了网络化的渠道发行全覆盖。

2019年年末突如其来的新冠疫情，对自办发行期刊的经营产生巨大影响。疫情初期，线下订阅模式突然被按下暂停键，原有的工作模式和经营模式受到了严峻的挑战。我们积极应变，迅速切换到“线上”经营模式，利用线上工作平台和管理系统组织线上发行。结果在大役之年不但顶住了期刊发行下滑的趋势，而且实现了价、量微升。由此杂志社深刻地认识到，线上模式已成为自办发行期刊的主流模式，构建以线上为主、线上线下相结合的出版发行工作模式，不仅是当下应对疫情的有效措施，还是未来适应融媒体发展的方向。

一、平台概述

“人民司法”在线服务平台是根据期刊发行业务需求，将期刊订阅系统配置为以线下发行互联网为基础的数据库，将线上线下订单统一标准化管理，功能齐全、高效智能的在线发行服务平台系统。该系统解决优化了以单一固定的传统汇款模式订阅期刊，针对各级行政事业单位支付方式量身定制的多种类汇款订阅，完美融合了线下银行对公汇款和邮政商务汇款订阅方式，形成了订阅渠道全覆盖，减轻了各个环节工作人员繁重的工作压力，实现了订单两次审核规范化管理模式，让广大读者足不出户就可订阅最高人民法院机关刊。

该系统是一个集线上门户网站、微信小程序、线上线下后台的多端系统。线上门户网站植入了工行聚合支付及第三方税务税控共享平台云票的端口，支持登录、订阅、付款、开具发票等一系列程序化功能。微信小程序包含了登录、订阅、付款、开具发票等功能。线上后台包含了角色管理、区域管理、订单管理、发行管理、对账管理、发票管理、审核管理、统计管理以及信息留痕等功能。系统中不同的用户界面根据功能的需求调用本身系统模块及各个能力系统。

二、平台主要功能

（一）期刊维护

即对杂志社以往和当前需要销售的期刊进行上架、下架的操作。包括：期刊上架前的信息审核；基本信息的录入、修改；上架、下架等。

（二）规格管理

即对期刊不同的年份规格的设置。包括：针对每类期刊添加多个规格年份及相应的价格；对期刊规格进行上、下架操作；修改、删除单个期刊的规格信息。

（三）订单管理

即线上平台订单和线下手工录入、导入订单，工作人员对订单审核进行待发货处理。包括：录入期刊订阅基本信息及客户信息并保存；根据线下订单信息，通过Excel格式批量导入订单管理；根据实际操作业务将订单数据导出Excel格式；对订单多字段检索；区分订单来源，获取来自微站的标识，对订单进行审核及待发货处理。

（四）补刊管理

即针对订单期刊已经寄发但是客户没有收到的情况，进行补发处理。

（五）赠阅管理

即针对赠阅的期刊创建赠阅的订单。

（六）信息留痕

即记录管理员及工作人员登录系统后，对业务进行的相关操作，形成相应的工作日志式的记录，便于追踪查证。

（七）期刊发行管理

即根据查询条件获取订单中待发行的期刊数据，根据期刊名称、客户名称、时间及发行方式进行检索等。

（八）优惠活动管理

即根据用户的不同设置期刊的售卖价格。包括：选择不同渠道订户，设置价格并支持编辑、修改、删除渠道用户；根据渠道用户和期刊名称进行检索。

（九）统计分析

即通过表格、图形等多种形式统计期刊在各个地区的发行情况，包括类型、时间、数量、包装、单价、金额等。

三、平台核心亮点

一年多的实践运用，“人民司法”在线服务平台展现出以下优点和亮点。

（一）审核管理（包含订单审核和发票审核）方面

通过实现交叉审核，即录入订单的工作人员不允许审核订单，需要其他工作人员进行审核，大大降低了业务出错的概率。审核的数据来源于审核通过的订单，同时区分非渠道和渠道用户，线上订单审核也包括审核订户提供的开具发票信息，审核完成时生成电子发票同时发至订户。审核错误时需退回给订户，订户修正后再次提交。线下订单审核错误时需退回给订单录入人员，由录入人员联系订户修正后，再次提交审核。

（二）发票管理方面

对于非渠道发票，存储已经通过审核开具的电子发票信息，如果用户需要纸质发票，可以批量勾选要开发票的数据，导出 Excel 格式的数据表，引入税控机中批量打印纸质发票，同时针对以往未开具发票的订单，可以根据查询订单补开发票。对于渠道发票，支持开具纸质发票统一通过批量导出 Excel 格式数据表的形式，引入到税控机打印纸质发票。

（三）聚合支付方面

通过兼容工商银行的聚合支付接口，改变了传统的支付及结算方式，工商银行聚合支付包含支付宝、微信以及工商银行、农业银行、北京银行、交通银行、中国银行等 19 家银行的银行卡均可以进行支付。同时支持快捷支付，只要输入银行卡号，点击确认即可支付。特别是电脑端聚合支付，通过工商银行的聚合支付，销售收入的款项可直接进入账户。各渠道款项由工商银行分别和其他平台进行结算，大大降低进账款项人工反复对账确认结算的重复工作量。

（四）对账管理方面

针对线下订单赊账的情况进行账单管理，用户可以先下订单，平台开具发票给用户进行报销，报销后将钱款汇到平台，平台收到钱款后将实际收到的金额录入平台进行审核，审核通过后冲抵应收账款同时发刊。

1. 订单对账管理：针对散客用户线下赊账产生的订单会存储在订单对账管理中，由财务人员根据收到的实际钱款进行审核，通过后会冲抵应收账款。

2. 渠道对账管理：针对大客户用户线下赊账产生的订单会存储在渠道对账管理中，由财务人员根据用户每次打款实际收到的钱款进行审核，通过后用本次实际收到的钱款冲抵应收账款。

四、平台未来可扩展性

（一）扩展线上营销模式

随着线上销量的不断增长，可以设计多种营销策略，根据用户的购买习惯，可以设计打折活动，满减活动，团购凑单活动等。根据用户的采购方式及诉求，设计符合用户购买心理的营销模式。

（二）扩展电子刊物及论坛

随着纸媒电子化程度的不断深化，可以将部分期刊做试点，形成电子化刊物，在平台上出售，分为免费期刊和部分付费期刊，根据用户对期刊不同程度的诉求，选择是否对知识进行付费的操作，同时设置用户交流论坛，可以分享自己对一些期刊的想法和心得，同时收集用户信息，完善平台产品及销售模式。

（三）形成行业品牌效应，搭建纸媒服务平台

通过不断对平台功能的优化和升级，建立以用户诉求为导向的营销策略，逐步提升用户的购物体验，产生品牌效应，可以为其他纸媒期刊提供销售橱窗，通过免费提供销售窗口，抽取佣金等方式赚取收益，形成一个多维度的服务平台。

五、与其他企业合作共赢

随着业务的不断升级，平台功能的迭代优化，可以和社会其他杂志社及相关企业进行业务合作，根据各自的优势板块的融合，将服务再次升级，提高用户的订购体验。同时在平台上能够形成数据分析中心，通过对用户的行为分析驱动平台的迭代方向。

（张晓萍：人民司法杂志社综合室主任）

人民司法小程序

案例类别：产品

COSMOHits

一、项目情况概述

（一）项目由来及内容

COSMOHits 是由时尚杂志社旗下一线时尚女刊《时尚 COSMO》（以下简称为 COSMO）于 2019 年下半年着手策划，2020 年正式推出的线上动态视频双月刊，2021 年起改为月刊。COSMOHits 的创立初衷是希望顺应时代潮流，提前开启属于 5G 时代的杂志模式。将传统的杂志阅读模式转换为“90 后”、Z 世代读者更为适应的读图、读视频模式，拓展不同阅读习惯的读者群体，让 COSMO 的精神及内容能够向更年轻的群体传递。同时也响应当下社会对可持续性发展的追求，减少印刷物的生产，将时尚杂志引导向更节能、更环保的呈现形式。

在 COSMOHits 中，创意短视频取代传统文本成为内容输出的核心载体，成为首个视频杂志。视频、平面、文本等多媒体结合的形式在信息过剩的大数据时代既为读者提供全方位的信息获取途经，又能令读者根据自己的偏好有选择地获取传递内容。

COSMOHits 每期由一个传递 COSMO Fun，Fearless，Female 精神内核的主题贯穿涵盖时装、美容、人物、专题、艺术、生活方式等领域，扣准当下流行文化，所邀请到的每一位合作者都是为了表达 COSMO 的观点而来，令 COSMO 精神辐射到广阔的人群。

（二）项目结构

1. 产品结构。COSMOHits 的产品结构可以分为编辑内容和后期呈现两大组成部分。编辑内容在杂志创立之初分为人物（明星）、时装、美容、专题四个板块。

每个板块由 1~2 个栏目构成，每期含有 5~6 个栏目。COSMOHits 的封面故事人物的选择保持了与 COSMO 纸刊等质的水平，每期都会选择 1~2 位态度鲜明、独树一帜的明星与 COSMOHits 一同发声。时装、美容板块每期皆由 2 个栏目组成，栏目内容涉及时装、美容产品介绍、主题视频等。COSMOHits 专题板块由一个大专题栏目构成，内容涵盖艺术、情感、生活方式等领域，涉及对明星、艺术家、KOL 以及文化机构等深度采访，针对特定命题展开全面的讨论。

每个栏目由视频、平面大片及文字构成，跳转链接视各栏目需求而定。实现多媒体结合的呈现形式，带来开创性的媒体形态，为读者带来视听享受。

2. 人员结构。COSMOHits 的编辑团队由 COSMO 纸刊团队的原班人马打造而成，基本沿袭了 COSMO 纸刊的人员结构。每篇稿件从选题汇报到交稿由相应责任编辑全程制作，并与各组（文娱、时装、美容、专题）总监实时沟通。每组总监负责在前期对该组责任编辑的制作内容进行大方向，以及后期提交稿件制作水平上的定夺及把控、汇报与执行主编。

执行主编负责整期杂志内容的统筹与策划，并与出品人和主编共同把控整本刊物的出品质量。此外，COSMOHits 还另设有统筹编辑，负责协助执行主编与各个责任编辑进行沟通，对制作流程推进，并对刊物的视觉设计及后期制作进行把控与协调。

（三）项目创新性

1. 搭载平台。COSMOHits 以微信小程序作为其搭载平台，令国内受微信覆盖的人群无体验负担，实现无时间限制、无地域限制的阅读，突破传统纸质杂志的表达和传播局限，符合以 Z 世代为核心人群的观看体验需求，让读者得以随时随地地灵活翻阅浏览杂志中的内容。

2. 阅读交互体验。COSMOHits 为读者提供的交互阅读体验也是业内一次极具突破性的创新。受益于对时下人们使用电子产品时的行为习惯及新兴搭载平台的研究与分析，COSMOHits 将交互设计引入读者的阅读体验中，在读者阅览杂志时增添了更多触屏手势。每类触屏手势都在相应页面对应着不同的功效，为读者增添新鲜阅读体验感的同时，也对不同功能进行了梳理及分类，令读者能够更便利地在阅读平台中寻找、切换页面。此外，交互设计的引入也为内容的版式添加了更多元的设计元素，兼具功能性及美观性，紧跟时代潮流。

3. 商品选购模式。COSMOHits 的革新之处不仅在于其领先于时代的阅读模式，还在于“即看即买，所见即所得”的阅读购物相结合的商品选购模式。COSMOHits 作为老牌时尚女刊的衍生刊物，其内容中不乏业内资深编辑精选的单品介绍类时尚资讯。其单品介绍页中嵌有对应单品的品牌官方跳转链接，便捷读者购买的同时，亦保证了读者选购的渠道合法性及正规性，为下单的读者省去后顾之忧。

4. 品牌合作形式。与时下新媒体的紧密结合不仅让读者能够拥有最前端的阅读体验，也为各类品牌合作提供了更多优质的可能性。除去前文提及的单品跳转链接嵌入，COSMOHits 还在不断突破现有的广告宣传方式，不停尝试更多创意广告的新方法、新思路：为品牌提供了突破常规的视频广告位，由 COSMO 纸刊团队的原班人马为品牌提供量身打造的定制内容，品牌内容及 COSMOHits 原生内容相结合，呈现出顶尖视觉体验。

5. 项目数据分析。作为线上杂志，COSMOHits 包含用户消费行为、阅读习惯等在内的数据皆可以在后台直接获得，为编辑团队提供最直接、最真实的数据以便解析用户习惯，根据数据分析调整产品结构、制作内容，不断精进产品本身，贴近用户的真实需求。

二、具体成效及社会反响

（一）吸引目标用户群体

据后台反馈数据，COSMOHits 的用户群体中 65% 为“90 后”人群，60% 的用户居住在超一线及一线城市，本科及以上学历占比 80%，与预期目标人群基本吻合。

（二）销量

2020 年，COSMOHits 每期销售量均超 10000 册，平均单期销售量达 48500 册。累计销量在面向非特定粉丝群体的线上杂志中远超平均水平。

（三）杂志观看数据

70% 的单刊累计阅读时长超过 1 小时，50% 的单个用户重复点击视频超过 3 次，用户超过 1 小时的累计阅读时间及反复点击视频的行为，说明了产品内容对于用户存在相当的阅读价值，有 98% 的读者点击进入了品牌单品跳转官网页面，其中 30% 的用户进入了所有单品官网页面，印证“即看即买，所见即所得”与购物相结合的阅读模式在读者群体中存在普遍的适用性。

三、经验体会

（一）项目技术来源及合作单位

每期 COSMOHits 皆由编辑内容及后期呈现两大模块构成。编辑内容中的视觉部分，如创意视频、平面大片等，主要是 COSMO 编辑团队与业内知名团队合作而成（创意视频部分如 IGUFILM、艺术家柳笛等业内一线视频团队；平面大片如韦来、范欣等知名摄影师）。

后期呈现分为设计及后期技术两部分。设计由美编负责，后期技术则交由成都移联创科技股份有限公司落地实现。

（二）项目发展现状、存在的主要问题及阶段性发展目标

COSMOHits 自上线以来，受到了读者、品牌及业内的广泛好评，但在以下几点中仍有一定可待提升的发展空间。

1. 与平台限制的结合。COSMOHits 的创立初衷是提前开启属于 5G 时代的杂志阅读模式，但受限于微信小程序的功能和现阶段国内通用的移动通讯技术的限制，在用户使用体验上并未完全达成预期，使用时有时会存在卡顿、不连贯的情况，影响读者浏览时的整体感观。

COSMOHits 将会在 2021 年的制作中重新联合设计团队，针对 2020 年的 6 期杂志作出反馈及规划，在 2021 年上线的杂志中融合当下平台、网络等发展现状，对杂志作出相应调整，减少使用时不流畅的体验。

2. 宣传力度。COSMOHits 上线一年来，秉承着线上（COSMO 社交媒体平台及时装美妆博主）线下（商圈路牌、电子屏等线下投放形式）相结合的全渠道推广模式进行每期杂志的宣传。

COSMOHits 将在周年庆时推出规模较大的集中宣传活动，并预计在 2021 年展开 COSMOHits 晚宴、COSMOHits 观影团等线下活动，邀请明星、读者等一同参与其中，线上线下相结合，树立 COSMOHits 的品牌形象，推动其品牌化。

3. 后台数据利用率。COSMOHits 拥有大量的后台数据反馈，但目前这些数据并未得到完全的有效利用，导致产品只能在局限的几个范围内作出调整提升。

COSMO 团队现阶段已经开始着手处理 COSMOHits 后台的数据分析，提升数据的有效利用率，以此进一步调整提升其未来发展。

4. 内容篇幅。有别于传统纸质媒体，新媒体中的内容篇幅不宜过长，并适合采用以视频、图片等视觉表现为主，结合以文字辅助说明的呈现形式。避免文章冗长，令读者失去兴趣或为读者带来阅读负担的情况。COSMOHits 经过一年的尝试与摸索，现在已经将篇幅逐渐缩减并固定下来，并都以视频、图、文相结合的模式展现给读者。

（《时尚 COSMO》“COSMOHits”编辑团队）

COSMOHits 小程序

案例类别：产品

中国姑娘

一、初衷

“让世界听到中国之声，让世界看见中国之美。”

在过去的很长一段时间，欧美文化和日韩潮流都深深影响着中国的年轻人。但是，对于中国人而言，源远流长的中国文化是更丰富多元、更值得人们弘扬和宣传的内容。文化，是一个国家、一个民族的灵魂，也是我国的独特优势。而中国的女性，汇集了中国的美好和文化于一身，是中国之美的最佳代言。随着中国文化对外输出的日益加深，我们能看到日本乃至整个亚洲和世界，对于中国女性审美的报道和深入研究。日本媒体高度评价中国女性之美是独立心与女性意志的体现。

作为媒体，《时尚 COSMO》始终以弘扬中国文化为己任，坚持文化自信，希望通过高质量内容发扬和传播中国之美的风格和中国之美的价值导向，让 C-BEAUTY（中式美）成为一种潮流和符号，增强国人的文化认同感，从中国传播到全世界，让世界听到中国之声，让世界看见中国之美。在这样的契机下，《时尚 COSMO》“中国姑娘”项目诞生。

二、“中国姑娘”的精神内核

（一）“看见女性力量”

2020 年初，无数一线医护人员驰援武汉，女性比例保守估计在 70% 以上，但当时对于她们的报道却少之又少。《时尚 COSMO》作为受众以女性居多的媒体，让社会“看见女性力量”是责任，也是追求。因此，“中国姑娘”的第一期内容诞生了，主题是“逆行中的她力量”，旨在为一线工作的女性发声。10 天时间，我们收集女性逆行者素材 300 余份，采访 40 余人，并且还联合一些品牌好友向武汉、孝感等地的 5 家医院捐赠了近 500 万元的女性用品，切实帮助到了这些美丽的女性。

（二）“聚焦中国之美”

中国历史悠久、疆域辽阔，她孕育出了世界上最杰出、最璀璨的文明体系。在这广袤的宝地之上，以秦岭淮河为界，有北辰如风，南星如水。不同的地域和文化特征，养育了同根同源却又各有不同的中国姑娘。而中国姑娘，正是中国之美的最佳表达。

随着疫情的好转，《时尚 COSMO》在复工之初就投入“中国姑娘”项目的拍摄当中。2020 年，“中国姑娘”来到广州、成都、上海和天津，《时尚 COSMO》希望通过展现中国各个城市的不同风貌来体现该地区女性的特色美，从而由城市逐步点亮全国，向世界普及中国之美。对外，我们同根同源；对内，我们百花齐放。

（三）具体内容呈现

1.“中国姑娘”广州站，由广州姑娘钟楚曦演绎。在百年照相馆“艳芳照相馆”的胶片下，见证了广州的百年变迁。三个梁艳芳，有着一样的名字，却身处不同时代，谱写着各自的广州故事。1982 年的留学女、2000 年的打工妹和 2020 年的上班族，是时代的缩影，广州的故事，亦是广州姑娘的故事。演员钟楚曦，通过自己的记忆和理解，向大家讲述广州的饮食文化、生活习惯和粤语魅力。

2.“中国姑娘”成都站，由三位成都姑娘：李斯丹妮、赵露思和 Fil 小白演绎。《时尚 COSMO》在成都读到了两种截然不同的风格——成都的春熙路、太古里非常繁华，节奏也比较快；但同时成都的一大特点也是慢节奏的、慵懒的且随性的。就像有篇文章中写到的那样，都江堰的水是从天上流到人间，是入世之水；九寨沟的水则是从人间流到天上，是出世之水。成都和成都姑娘，同时具备这两种特点。

李斯丹妮的部分叫作《成都之道》，通过李斯丹妮成都话的旁白，向我们介绍一些成都的特点和规矩，展现出成都人的一些特点和方式。

赵露思的部分叫作《少城日记》，描绘的是成都出世的感觉，慵懒、随意和慢节奏，是成都的白天。

Fil 小白的部分叫作《夜游成都》，描绘的是成都入世的感觉，是潮流文化的碰撞和精彩的夜生活。

这三个片子的标签和特点，不仅是她们三个姑娘各自的特点，也是成都的特点。

3.“中国姑娘”上海站，由上海姑娘江疏影演绎。上海，旧时是东方巴黎，车水马龙十里洋场，华灯初上歌舞升平。无数文人骚客汇集于此，有些故事至今仍是大荧幕上的热门题材。而今，上海是中国最核心的城市，也是中国的经济中心。上海姑娘也像上海一样，永远走在时代之前——上海和上海姑娘的腔调说在骨子里的。她们的精致，无论是战火硝烟黑白乱世，还是今天的百花齐放岁月静好，上海姑娘就是这样，在历史的洪流、在传统与现代之间，婉转而行，迂回展步。

上海姑娘的故事，从一件旗袍开始。沪派旗袍，是百年的传承，是独属于上海姑娘的岁月。

4. “中国姑娘”天津站，由天津姑娘宋祖儿和毛晓彤演绎。东临渤海，北依燕山的天津卫，大俗又大雅。天津北站始建于1903年，是时间的标尺，是天津人的回忆。马上过年了，天津姑娘踏上了回家之路，一幕幕关于家的记忆涌上心头。家，是爸爸宽阔的肩膀，是熟悉的嘎巴菜，是二姑包子的香气，是不加火腿肠的绿豆面煎饼果子，是水滴的呐喊，是沙窝萝卜和竹板声声。天津姑娘，是掌上明珠。天津，是渤海明珠。如今，她们踏上了回家之路。

（四）项目意义

“中国姑娘”项目在2021年走到北京、西安、苏州、洛阳、沈阳、长沙等七个城市，特别策划了“2021武汉站”，旨在纪念那些为疫情作出贡献的人们；也特别策划了7月献礼的一站——澳门姑娘。除此之外，《时尚COSMO》在2021年把目光聚焦在中国姑娘的精神内核之上，深入探讨独属于中国的精神文化，切实贯彻“让世界听到中国之声，让世界看见中国之美”的初衷，将源远流长的中国文化推向全世界。同时，《时尚COSMO》也将致力于保护各个城市的独有艺术形式和非物质文化遗产，并联合当地相关部门，进行落地的推广和活动，让更多人看到“中国姑娘”。我们以媒体之力，为中国文化的传承做出自己的一份贡献。

三、具体成效、社会反响与经验体会

“中国姑娘”项目在2020年取得了卓越的成绩和广泛的社会影响，在成都站特别获得了成都市委宣传部的宣传和帮助，并受到当下年轻人的极大关注。

“中国姑娘”全网相关话题累计达3.52亿，微博#中国姑娘#话题阅读量达1.6亿，明星话题总量达2.3亿，相关明星话题单期最高阅读量1.3亿（#江疏影夜上海旗袍大片#），视频总播放量达5000万以上，并屡次登上微博热搜。

为了让“中国姑娘”项目的内容更加丰满，《时尚COSMO》在2020年还携手欧莱雅集团，与进博会进行内容合作，将世界色彩带来中国，用中国之美普及世界。除此之外，《时尚COSMO》突破性地与国民IP王者荣耀进行跨界合作，王霏霏、李斯丹妮、张含韵、郁可唯、孟佳、黄龄六位“乘风破浪的姐姐”鼎力加盟，将中国姑娘的精神更加鲜明化。与此同时，“中国姑娘”也与诸多现象级综艺进行了跨界合作如《创造营2020》，并联动小红书APP、抖音APP等进行受众互动，获得广泛且深入的影响。

“中国姑娘”项目的成绩，恰恰反映了当下主流年轻人对于中国和中国文化的热爱与支持。这些年轻人，正通过自己的方式，表达对祖国的热爱。爱国不仅是口号，更是行动。《时尚COSMO》抓住这一趋势，坚持“不忘本来、吸收外来、面向未来，在继承中转化，在学习中超越”的基调，坚持创作更多体现中华文化精髓、反映中国人审美追求、传播当代中国价值观念又符合世界进步潮流的作品，希望“中国姑娘”项目，能够以鲜明的中国特色、中国风格和中国气派，走向世界。

《时尚COSMO》“中国姑娘”，定会在新的一年更拼更勇，越走越远。

（《时尚COSMO》“中国姑娘”编辑团队）

“中国姑娘”专题

案例类别：产品

“青年文摘·好课”RAYS现代纸书

一、产品概况

《青年文摘》1981年1月创刊，共青团中央主管，中国青年出版总社主办，是中国发行量最大的青年杂志，单期发行超过100万册。作为中国青年出版总社有限公司的社办期刊，它积极传播科学文化知识，以“引导青年，服务青年”作为自己的办刊理念，紧贴青少年生活的各个层面，启迪性、哲理性、现代性和指导性并举，在期刊市场中独树一帜。《青年文摘》曾荣获首届国家期刊奖、第二届和第三届国家期刊奖提名奖，两次被评为“全国百种重点社科期刊”，在历次全国国民阅读情况调查中，连续入选“读者最喜爱的十种杂志”之列。2013年和2015年连续两届被国家新闻出版广电总局列入“百强报刊”。“互联网+”时代，《青年文摘》坚持走传统媒体和新媒体融合发展之路。2013年青年文摘杂志社被国家新闻出版广电总局列入首批“数字出版转型示范单位”。2015年，《青年文摘》获得由中国期刊交易博览会、DCCI互联网数据中心颁布的“2015期刊数字影响力100强”称号。

2018年4月，青年文摘杂志社与国家新闻出版署出版融合发展（武汉）重点实验室RAYS平台合作，启动了“青年文摘·好课”现代纸书项目。该项目立足于知识付费风口，基于融合出版模式，定位于杂志核心读者群，沿着大语文方向，用精准、细分的产品，服务于青少年的成才与成长。依托纸刊构建的线下阅读场景，把为纸刊读者量身定制的新媒体数字阅读产品和知识服务，通过二维码同步推送到读者的智能手机终端，用融合型出版模式，为传统纸媒的发展探索了一种全新的产品逻辑和出版生态。

该项目历经公众号、社群书、小程序数次迭代，现已拥有名师直播课、作家写作课、高分作文课、精品美文课、文摘读书课、成长心理课6种课程，线上读书会和未来Q主播2项活动，以及聆听经典、文摘电台2类听书产品。截至目前，共推出近200位作家、30余位名师，视频直播超过1800分钟，线上音频及图文产品600余项。已积累超过20万用户，社群书微信群127个，转化率位于同类产品前列。

二、使用场景

《青年文摘》集萃来自互联网、期刊、图书、报纸等各路媒体的名篇佳作，旨在为青少年提供最全面的阅读解决方案。入选的大部分文章具有“经典性”和“趣味性”，是语文阅读的风向标、高考作文的素材库；也是中国人学好母语、写好作文的典范文本；更是青少年健康成长的心灵读本和成长伙伴。《青年文摘》的读者主要是初中、高中阶段学生，尤其是喜欢阅读和写作，对文学和文艺作品感兴趣的富有文艺气质的青少年人群，是广大青少年课外拓展阅读的第一选择。

当青少年读者打开《青年文摘》杂志阅读各类优秀文艺作品的时候，很大程度上也具有提升自己阅读写作能力的动机。因此，“青年文摘·好课”从大语文和小文艺两个方面切入，针对青少年的成才与成长，结合纸书中《好学有方》《高分作文联盟》等栏目，以名师直播课、作家写作课、高分作文课、精品美文课等线上资源，充分满足青少年群体的需求痛点，帮助学生不断提升阅读和写作水平。

三、技术特点

“青年文摘·好课”现代纸书，是基于RAYS系统的具有“交互”功能的纸质出版物。通过在传统纸质书刊上加印二维码，在二维码中配套线上衍生内容资源与服务，引导用户在阅读纸质书刊的过程中，通过扫码付费享用深度阅读内容或其他增值服务。同时，系统可在读者扫码后迅速抓取读者数据、分析读者喜好，帮助出版单位持续为读者提供精准的知识与服务，形成新的消费模式。

“现代纸书”RAYS系统是基于国家新闻出版广电总局出版融合发展（武汉）重点实验室共建单位武汉理工数字传播工程有限公司自主研发的出版融合解决方案。RAYS系统分为四个核心端口：出版端、编辑端、作者端、运营端，各端口间各司其职又相互关联。出版端主要负责“现代纸书”项目的整体管控，包括内容管控、收益管控、数据管控，让出版单位高管对社里生产现代纸书的情况了如指掌；编辑端和作者端主要负责内容生产，编辑和作者可基于自己的纸质出版物内容，借助RAYS系统提供的21套标准做书模板、303个互联网应用，作出极具个性化色彩的“现代纸书”；运营端为出版单位数字中心、编辑部使用，对线上衍生内容和服务进行包装和定价，进行持续的运营和管理。

四、融合体验

“青年文摘·好课”现代纸书采用DLC内容服务模式。DLC（Downloadable Content）即“追加内容下载包”。其中，部分内容资源免费共享，部分满足读者精准需求的数字内容资源以付费方式获取。《青年文摘》在期刊封面、目录页和宣传页提供现代纸书平台入口，在期刊目录页提供“青年文摘·好课”现代纸书平台二维码扫码入口，配以引导语“扫码加入好课帮，成长路上添助力”。读者扫码进入小程序后，可获取各项数字资源及加入付费会员等。从封面开始，醒目的服务引导语便开始吸引读者的眼球。翻开杂志，抢眼的整版设计与详细的服务体系介绍营造出足够吸睛的场景化营销。个性化的整版线上资源介绍，让读者一目了然，获取所需资源。配合不同阅读场景设计不同侧重点的扫码引导语，紧贴阅读需求。

此外，“青年文摘·好课”还致力于打造一种线上的会员生态，只要付费加入会员，就可以畅享所有数字资源。会员分为月卡、季卡、半年卡和年卡，定价拉开梯度，购买会员的用户，可以不限量使用平台内所有的好课产品。

五、效益和价值

“青年文摘·好课”现代纸书用融合型出版模式，为传统纸媒的发展探索了一种全新的产品逻辑和出版生态，由此，《青年文摘》实现了从内容容量到产品平台，再到用户服务的全方位提升。项目入选中国新闻出版传媒集团主办的“全国新闻出版深度融合发展创新案例”。作为融合出版优秀典型案例，“青年文摘·好课”在历届出版运营基金投资决策委员会项目路演中获得与会专家的高度关注，作为“现代纸书”的优秀案例在武汉刊博会和北京数博会多次亮相，受到业界多方好评。

党的十八大以来，习近平总书记一直高度重视传统媒体和新兴媒体的融合发展，《青年文摘》作为传统媒体中的优秀代表，近年来与RAYS的合作加快了自身融合发展的步伐，在帮助青少年树立积极健康的人生观、价值观、世界观方面发挥了重要作用，取得了良好的社会效益。

2019年底，该项目24项出版融合产品在武汉知识产权交易所以117万元挂牌成交；2020年10月，16项出版融合产品在武汉知识产权交易所以104万元挂牌成交；2021年1月，13项出版融合产品在武汉知识产权交易所以110万元挂牌，产品估值和线上订单成交额稳定增长。此外，"青年文摘·好课"还获得第二届出版融合技术·编辑创新大赛年度奖（期刊类唯一奖）、第三届出版融合技术·编辑创新大赛出版融合最具人气奖，实现了经济效益和社会效益的双赢。

技术的进步引领期刊业从"出版"向"出品"全面转型。纸质期刊不再是唯一的产品形态，围绕内容而生的多维产品理念，被期刊业广泛认可。产品跨界的目的，看似为了延伸品牌，实则是为了向"读者"提供更加多元立体的阅读体验，用产品不断验证"需求"的外延。在这个过程中，重新发现老读者的新"需求"，并不断去满足更广义的"读者"。这一点在后疫情时代，变得尤其突出。《青年文摘》通过新的产品和渠道，找回因疫情一度"失联"的读者，并打破时间和空间的局限，让更多的读者重新认识到《青年文摘》可以为其所提供的价值。在此不断探索与创新的过程中，《青年文摘》立足思想引领主责主业，为青少年创造更高质量的文化供给，在新时代全面建设社会主义现代化国家新征程中，与当代青年共创未来，共同成长。

（青年文摘杂志社）

青年文摘好课帮

案例类别：组织机构

长风破浪会有时 直挂云帆济沧海

——北京《瑞丽》杂志社有限公司融合创新发展

常晔 刘佳

2020年，北京《瑞丽》杂志社有限公司成立北京《瑞丽》数字科技有限公司（以下简称瑞丽数科公司），这是瑞丽在品牌引领下，通过多年时尚文化内容积淀和行业资源的积累，在实现全媒体融合发展，向打造时尚产业数字生态服务平台进行转型迈出的新步伐，也是瑞丽在深度融合发展过程中，机构组织层面进行的改革创新尝试。

一、关于瑞丽数科公司

（一）成立背景

移动互联网科技的快速发展，使媒体行业发生了根本性的变革，流量和平台控制了经济命脉，传统媒体行业的商业模式被彻底颠覆。

消费正成为我国经济增长的主要动力，在消费新格局下，数字生态系统将不断聚合消费市场。种草经济下的新营销体系，不同路径的营销不再是割裂存在，而需要借助内容、社群等手段形成全新的营销闭环。

为顺应新媒体发展趋势，作为传统媒体的《瑞丽》，面对挑战逆风启航，在新的发展战略下，成立瑞丽数科公司，搭建时尚产业综合全链数字服务平台，进行以服务消费为目的的新尝试。

（二）确定发展目标

瑞丽数科搭建的时尚产业数字生态服务平台，不仅是品牌与用户深度交流的时尚生活消费平台，也将是专业一站式的用户数据和内容驱动的时尚产业服务平台。

（三）创新业务模式

以服务消费为基本点，通过媒体服务、直播电商、赛事活动、教育培训、艺人孵化与经纪五类业务模式，依托《瑞丽》杂志社原有的时尚基因、媒体品牌、内容优势、明星和粉丝资源，整合地方供应链，打造时尚产业的数字生态全链服务平台。

（四）清晰业务指向

通过瑞丽数科媒体矩阵流量及合作第三方流量对品牌进行营销服务；以优质内容和与地方政府共建供应链体系为主导的电商业务；以数据分享、用户交换等方式沉淀出瑞丽流量池；打造中国新中产与国产优秀品牌的深度融合，服务美好生活。

（五）明确运营模式

借力自有媒体平台，制造热点话题形成强大市场音浪，吸引流量，构建时尚热点引导者地位；以红人经济为基础，通过赛事活动和培训体系塑造素质红人，形成有标准的红人挖掘、签约、创作支持、流量曝光、广告与电商变现的全覆盖，赋能 MCN 整体行业向上发展；通过吸引品牌客户广告投放或为客户对接优质主播直播带货，形成清晰的变现链路，塑造规模的盈利能力。

二、瑞丽数科发展初见成效，社会反响显著

布局流量平台、经营流量风口，瑞丽数科成立半年时间，各业务线发展即初见成效，社会反响显著。

（一）全媒体业务格局显现优势

1. 数字媒体矩阵达成热点覆盖。瑞丽数科旗下瑞丽 up、瑞丽网、辣椒娱乐等多个媒体 IP，在微信公众号、新浪微博、抖音、快手等社交媒体平台开展矩阵式账号运营，全平台制造热点话题，全网每月覆盖近 3000 万次。

2. 为年轻用户精准定制线上杂志。基于微信、微博两大平台，《The R STYLE》以一线、二线明星为核心，拍摄时尚品质大片（全网自建话题 #The R:STYLE# 阅读量达 352 万 +）；《瑞丽 YOUNG》以粉丝经济为切入点，拍摄流量明星，制作精准 & 精品原创内容，打造全网曝光的流量高点（# 林凡梦想狩猎者 # 话题全网阅读数破 1263 万人次）。

3. 娱乐跨界带来新收益。拓展时尚娱乐资源，以明星代言为主，实现话题流量与商务营收兼具，累积实现艺人代言收入近千万；跨界直播综艺，话题微博阅读数累积破千万，获得大量网友好评和关注。

4. 联合品牌定制活动 IP。了解 Z 时代年轻用户喜好，定制打造活动 IP。如联合 OPPO 乐划锁屏合作“我要上封面”活动，召集年轻人记录自己的青春片段，分享生活中的“高光时刻”。活动上线一个月，收到 3.5 万 + 优质投稿，优秀作品斩获 4 亿 + 曝光量，达成参与度与美誉度的双赢。

（二）直播电商塑造盈利模式

品牌客户对广告投放的需求，从单一的品宣需求发展为品效合一，甚至效益转化需求更为强烈。因此，直播电商带货模式，成为完成客户品效合一需求的路径之一。

1. 特色直播，效益口碑双赢。创办 26 年的瑞丽品牌，不仅对国内一、二线城市读者深具影响力，其辨识度更是深入覆盖三线及以下城市，瑞丽数科电商直播联动地方产业，为有需求的地方特色产品带货，助力地方产业升级的同时，获取收益。

（1）瑞丽直播助农项目 × 李佳琦直播间，在 2020 年 9 月“公益扶贫”直播专题中，以提升优质农产品品牌认知度、开拓农产品销售市场为核心目标，通过顶流主播“直播代言”模式，为吉林省特色农产品引流助销。两款助农产品累计曝光 50 万 + 人次，GMV170 万元。

（2）瑞丽数科 × 快手联合打造首届瑞丽 99 购物节，联手德云社知名相声演员孙越，共同打造快手平台直播首秀。直播间以民间曲艺切入国货精品，文化、公益、商业属性相辅相成，为消费者带来一场“有的赏、有的玩、有的买”的文化直播带货。直播间 GMV 达到 223.8 万元。

此次购物节，江西省赣州市寻乌县授予瑞丽数科为“爱心助农企业”、云南省沪滇合作促进会为瑞丽数科颁发“爱心扶农”证书。

2. 综艺型直播电商 IP 新打造。与抖音、快手、腾讯视频、芒果 TV 等平台级流量巨头共建大型营销项目，联手平台制作 PGC 直播节目，与热播剧播出频率保持同步。力邀薇娅与剧中明星、业内专家、意见领袖及瑞丽签约红人 / 模特，共同打造“剧体验，明星款”时尚专业购物类直播带货综艺，营造“时尚 + 视频 + 购物”的跨平台新 IP。

联合腾讯制作直播带货类综艺《鹅外惊喜》，瑞丽美妆魔盒登录直播间进行固定时段合作，通过直播为品牌打通顶流平台通路，为品牌带来高价值传播以及销售转化。

（三）以品牌赛事驱动商业活动新业态

1. 瑞丽模特大赛 IP 输出。截至 2020 年，已举办 16 届的瑞丽模特大赛，签约打造大量瑞模，以此为积淀，瑞丽数科将瑞丽模特大赛 IP 向博鳌地方政府输出，联合举办健康美丽大赛；汇聚游戏 IP 和平精英、联合凯撒旅游等产业，与当地政府联合举办海南跨年夜游戏嘉年华，实现以瑞丽模特大赛 IP 为契机的多维度合作，并达成商业共赢。

2. 瑞丽之星赛事延伸。“瑞星”赛事是举办多年的线上选秀，旨在选出形象好、气质佳、有特长，带有时尚属性的主播、艺人、多领域 KOL 等多栖发展的全能偶像。瑞丽数科成立后，对“瑞星”赛事进行升级，围绕赛事，通过瑞丽星学院，打造国内专业“红人”“艺人”的选拔、培训与运营平台。

（四）时尚职业教育与少儿美育同时推进

1. 时尚职业教育助推新职业发展。2020 年 6 月 28 日，人力资源社会保障部办公厅、市场监管总局办公厅及国家统计局办公室联合发布《关于发布区块链工程技术人员等职业信息的通知》，互联网营销师正式成为 9 个新职业之一。

瑞丽数科在互联网营销师新职业申报初期，就积极参与互联网营销师的推进工作，申报成为北京地区的培训中心及职业考评基地，助推新职业的发展。

2. 瑞小星 IP：聚焦少儿美育教育。锁定“少儿时尚艺术教育产业”，精准定位 3~16 岁有文化艺术提升需求的群体，专注美育培养，聚焦形体塑造、艺术修养训练、素质教育三大板块。致力于亚洲少儿时尚教育第一品牌的打造。

（五）艺人经纪以人为本

通过赛事签约艺人，塑造旗下艺人时尚、颜值、才艺兼具的个性化风格，对签约艺人进行多方位经纪，提

供商务机会，也达成艺人对品牌不同圈层的传播需求。

三、顺势而为，融合创新势在必行

《瑞丽》数科的成立，是瑞丽从传统媒体向数字媒体融合发展的新业态、新模式的探索。

围绕“瑞丽”核心 IP，依托多年媒体服务积累的编辑创意、行销策划和传播能力，《瑞丽》数科通过业务创新与对外合作，不断打造新的 IP 型业务，推进时尚产业数字生态服务平台的不断完善。

作为瑞丽深度融合创新发展的试点性项目，在《瑞丽》数科成立的半年时间里，瑞丽还在不断进行思考和尝试，希望找到传统媒体数字化转型的最优模式，达成可持续性发展，同时，希望借此尝试，为更多的传统媒体转型找到新的发展路径。

（常晔：北京《瑞丽》杂志社有限公司综合业务部总监，刘佳：北京《瑞丽》数字科技有限公司全媒体中心编辑）

案例类别：组织机构

《知识就是力量》杂志社构建互联网 + 阅读、传播、活动三大媒体融合矩阵创新探索

何郑燕

一、情况介绍

自从党中央在 1956 年号召“向科学进军”以来，由中国科学技术协会主管，中国科学技术出版社主办的《知识就是力量》杂志一直是中国面向大众普及科学的一面旗帜，是新中国科普事业的开路先锋，启迪和激励了一代又一代的中国人。

《知识就是力量》1956 年 3 月创刊，由周恩来总理亲笔题写刊名，党和国家寄予厚望。60 多年来，无论是在新中国建设年代、改革开放初期，还是在全面建设小康社会、加快社会主义现代化建设征程中，《知识就是力量》都紧密围绕社会主义建设和改革开放中心任务，成为我党传播科学思想、普及科学知识、提升科学素质、培养科技人才、推动科技进步、播撒科学种子的重要阵地。

经历了六十余载风风雨雨的《知识就是力量》，凝聚了众多科技工作者的心血，许多著名科学家，如高士其、茅以升、钱学森、李四光、华罗庚、周光召等都为其创作了优秀的科普文章，近百位院士将其科学精神和科研成果以通俗易懂的方式广泛传播，内容涵盖生物、天文、航空、航天、军事、通信、能源、物理、化学、数学、心理等学科领域。

在党和国家领导人的关怀下，在中国科协党组书记处的指导下，2014 年 1 月，《知识就是力量》杂志全新改版，开始了传统媒体与新媒体融合发展的新征程。改版后的《知识就是力量》杂志以纸刊为核心，成功搭建了移动刊、互联刊、数字刊和微刊多刊联动，中文刊、英文版、藏文版、盲文版多语种版本互通，微平台、网站、线上线下科普活动互动，为公众提供“有知、有趣、有用、有益”的科普知识的全媒体平台，成为中国科协科普信息化的践行者，取得了阶段性成果。

2014 年 7 月 25 日，党和国家领导人到《知识就是力量》杂志社调研，对《知识就是力量》全媒体平台给予了高度肯定，在讲话中指出，《知识就是力量》杂志对我国科普事业发展功不可没，希望《知识就是力量》成为点燃青少年科学梦想的火炬，传播最新科学知识的窗口，弘扬科学精神的阵地，推进科普信息化的先锋和培养集聚科普人才的基地，为推动科普事业发展、加快建设创新型国家做出应有贡献。

（一）丰富的资源积累

《知识就是力量》杂志累计已刊发近百位院士的文章，其中 2014 年 1 月改版后新增 61 余位院士为杂志进行创作，累计有将近 6000 余位科学家、科普作者与《知识就是力量》杂志进行合作，实现汇聚的科普创作团队资源约 150 家。

（二）媒体融合发展三大创新模式

2014 年至今，《知识就是力量》杂志全媒体科普年传播阅读量超过 15 亿人次，长期关注用户超过 145 万人，发表原创科普文章超过 5000 篇。研发传统媒体与新媒体融合发展的科普创新产品和服务，形成三大创新模式。

二、三大创新模式

（一）内容创新：纸刊为核心，形成创新“音频 +

视频 + 数字刊”阅读模式，打造知识就是力量多形态科普产品矩阵

1.《知识就是力量》新媒体平台的内容创作以原创科普内容研发和汇聚科普内容资源推送为主，将深奥且专业的科学知识通过语言通俗化地写作，结合图文、音频、视频等多媒体形态，科普内容质量符合国家新闻出版标准。

2.《知识就是力量》推出的《知力小百科》有声科普产品，结合纸刊内容，精选科普知识点，邀请知名主播、知名青年科学家共同录制。

3. 自主研发“知力科学小记者素养课”等线上教育产品，引导青少年读者一步一步成长为科学小记者。学生在打卡后留言：收获颇丰，希望能学到更多。

4. 开发“知力微课堂”等视频产品，配合杂志销售订阅，方便读者在纸刊阅读的同时，延展到更形象生动的视频课程学习上。

5. 开发科普阅读数字刊《知力精华》《知力智库》，分别在龙源数字期刊网等多个互联平台上为读者提供多元化阅读体验，累计发布超过 200 期，总下载量超过 272 万，多次荣登小米多看阅读平台杂志畅销榜前 10。

6. 在少数民族科普上，自 2015 年 3 月开始，在西藏自治区、青海省等藏族聚居区开展了中国科协“藏族青少年科普阅读行动”，免费配发《知识就是力量（汉藏文）》杂志 124 万册，校园征文活动覆盖藏族学生近 1100 万人次、重点培养并维护藏族科普教师 160 余人。线上总传播量超过 1 亿人次。研发藏汉双语科普融媒体内容，以图文、漫画、音频、视频等不同类型作品分别在知力微信公众号以及西藏自治区科学技术协会的官方微信公众号、官方网站上发布。

7. 在面向听障读者方面，与盲文出版社共同合作开发有声读物，为全国近百家图书馆及特教学校免费提供适用于此类读者的科普知识。

（二）渠道创新：渠道是根基，创新“纸刊 + 移动互联多客户端阅读入口”媒体模式，打造知识就是力量科普传播矩阵

打破传统期刊只靠邮政及订阅发行的单一渠道传播模式，以纸刊《知识就是力量》杂志为基础，充分结合媒体融合发展的思路，创新“纸刊 + 移动互联多客户端阅读入口”媒体模式，形成了包括知力微平台及知力网、学习强国、人民号等在内的主流客户端入口，建立起了为公众提供“有知、有趣、有用、有益”科普知识的全媒体平台。

1. 打造高聚合度、高传播率、高响应度的科普传播矩阵。打造科普传播矩阵快速、及时、权威地组织热点事件科普。如 2020 年妇女节期间，为中国科协人才中心开展“用科学家精神凝聚前行动力”系列活动宣传，对奋斗在一线的女科技工作者进行专题报道，全媒体平台传播总计 5457.5 万。项目入选第五届“五个一百精品评选活动”网络正能量专题活动。

2. 通过纸刊多媒体化增强杂志阅读的趣味性，通过扫描纸刊上的二维码，可以看到与纸刊内容对应的视频，进行拓展性阅读。

3. 丰富移动互联刊及数字期刊合作平台，走出科普杂志融合新型媒体出版之路。与国内最具代表性的期刊数字阅读平台合作，如与多看阅读联合推广“停课不停学”知力电子刊阅读包，让青少年们在疫情期间在线学科学，读好书。

4. 多管齐下，形成移动互联科普传播机制。《知识就是力量》杂志建立了自己的微平台、网站、新媒体刊等新媒体平台，更建立了自有主流移动新闻客户端联动传播，包括学习强国、人民号、央视频、今日头条、搜狐新闻客户端等。

（三）运营创新：服务抓关键，创新“移动互联 + 科普线上线下活动”模式，打造知识就是力量网络与落地科普运营矩阵

打通运营关键环节——服务读者，创新科普线上线下互动传播模式，扩大科普知识的传播渠道，提升品牌知名度，提升品牌竞争力。

1. 从纸上阅读服务延伸为线上线下活动引导培养读者热爱科学，加强新媒体传播与科普活动的有机融合。如举办 2020 中国科幻大会“青少年未来科学梦想教育”分论坛，根据论坛内容完成视频课程制作，进行广泛传播。

2. 充分利用社会资源力量，将科普的声音传递给更多读者，实现期刊品牌传播的广度与深度。如与社会机构开展“科学抗疫，致敬‘逆行者’”主题征集活动，活动收到投稿 2758 份，参与学生覆盖全国 31 个省。开展“四月少年科学季”活动，邀请欧阳自远院士为青少年带来题为《改造火星梦——红色火星的蓝色星球梦》直播课，微博话题参与人数超过 1.3 亿人次。

三、团队与效益

《知识就是力量》编辑团队具有全媒体意识，将“媒体融合发展”的思路贯穿于整个流程，培养了一支懂经营、懂出版、会管理的队伍和高素质的职工队伍，为杂志社发展提供人力资源保障。

《知识就是力量》杂志社获得“中直机关青年文明号”、中国科协机关团委授予“青年文明号”“2015 中国改革管理创新奖”、《全民科学素质行动计划纲要》“十二五”实施工作先进集体、第八届首都民族团结先进集体等荣誉，连续几年在期刊社会效益复核等级中被评为优秀。

（何郑燕：《知识就是力量》杂志社副主编）

《知识就是力量》公众号

案例类别：产品

新闻付费阅读：财新传媒的践行与思考

一、国内付费阅读市场兴起

互联网革命势不可当，传媒行业首先受到影响。网络技术的迅速迭代，持续颠覆和解构媒体的商业模式、内容生产及传播方式。其中，以原创生产为主的传统媒体因不具备互联网平台的流量优势，其主要营收来源——广告被大量分流，下滑严重，已经威胁到自身的生存与发展。

在过去的10多年间，互联网平台以极低的价格从传统媒体手里拿到版权，再以免费的方式传播，借以占领市场、换取未来收入。从各个行业的经验来看，对用户的长期补贴、对生产端的极致挤压本身是不平衡的。内容长期免费必然会带来质量下降，进而引发市场的回调和分化。高阶资讯和知识的需求逐渐凸显，一些有能力生产优质内容的机构开始尝试付费阅读，互联网平台也出现部分响应之声。

在这样的背景下，2017年，财新传媒决心开始尝试新闻的付费阅读。其时，这在国内严肃新闻领域尚无先例。

二、开启新闻付费阅读

财新传媒于2017年11月6日正式启动新闻内容付费阅读模式，推出了以财新通、数据通为主的一系列产品。通过三年积极的市场开拓，截至2020年第三季度，据国际期刊联盟（FIPP）发布的《2020全球数字订阅报告》显示，财新以51万付费订阅用户名列全球第10位，成为唯一入围榜单的中国媒体。

从财新传媒的付费实践来看，付费获得读者认可的基础，仍在于内容本身。互联网技术的发展让内容生产门槛大大降低，机械式生产的海量信息资讯充斥其间。客观、准确、深入的新闻报道成为稀缺品，尤其当重大社会事件发生的时候，高品质的报道是读者的刚需。

财新传媒自成立后发布过数十篇引起社会强烈反响的调查报道，报道领域覆盖金融、政治、民生、医疗、科技等，持续生产高品质的报道为财新积累了良好的品牌口碑。

2020年新冠疫情突发，财新传媒第一时间派出精锐采编团队奔赴前线采访，编辑部各部门从经济、健康、科技、民生、国际等诸多角度同时聚焦疫情，将疫情相关报道拓展至国计民生相关领域。《财新周刊》连续11期推出疫情题材封面报道，追踪新冠肺炎病源，并反映了试剂盒缺乏、患者难以确诊、医生群体出现感染等问题，引起广泛关注。

值得一提的是，财新传媒的编辑部不设任何流量指标，确保了新闻的严肃性和准确性，在一定程度上扭转了社交媒体以流量为目标、内容趋于低俗的不良趋势。

三、产品运营与技术投入双管齐下

财新传媒在近年来持续的互联网转型和新媒体实践中，深刻感受到，互联网相对传统媒体的竞争优势很大一块来自技术和运营。

第一，技术创新能力。互联网是由技术更新推动的，技术构成了其最核心的竞争力。在几年的转型过程中，通过不断的人才招募和持续的技术投入，财新传媒逐步培养了一个较为完善的技术队伍。2020年，财新传媒自主研发了知识管理系统织雀平台（Philetairus Platform）。利用这一知识管理平台，可以为用户提供更好的信息组织方式；避免运营编辑重复劳动，保证信息的准确性和一致性；为搜索功能提供更多扩展能力；提高用户关联阅读的准确性；为标签、专题、栏目等功能赋予非符号的内涵；提供高度数字化的服务。

第二，运营在互联网企业的生产中扮演着非常重要的角色，可以说是确保产品成功的关键所在。财新早在2015年底便在公司内部成立了专门的运营部门，从内容运营、用户运营和活动运营三个方面来着力，在财新网、财新客户端以及财新新媒体的创立、建设过程中发挥了重要作用。财新通等新闻付费产品上线三年来，运营从“拉新”（增加新用户）和“拉收”（增加收入）两个目标，围绕用户的需求，向产品技术端提出了大量需求和优化改进，同时通过多种运营手段和财新三端产品将财新通推向更多用户，并争取了更多的转化。

近两年，财新传媒积极拓展各种传播渠道，扩大在第三方平台的影响力，包括微信、微博、知乎、头条号，同时还通过可视化互动图表和短视频，制作了大量适于社交传播的普及版信息，在内容严格把控的同时，将高质量内容下沉到不同读者圈层。

四、技术助力产品形态创新

在互联网生态下，数字化技术已经被更多的媒体所用，财新传媒利用技术不断丰富产品形态，推出数据新闻、音频报道、短视频报道等，并开发与新闻有关的数据产品，提高了用户阅读满意度，提升在线时长。

2019 年，财新传媒旗下原创音频节目平台财新 FM 上线，日播新闻评述节目《重点来了》、日播早间资讯节目《财新 Morning Call》为主的丰富节目矩阵，深受听众欢迎。

2020 年，财新 FM 试水抖音短视频平台，将财新网的新闻报道进行视频化的再创作。截至 2020 年 8 月，财新 FM 积累超过 130 万粉丝，累计获赞 240 万，单条视频最高获赞量 21 万。同时利用抖音平台的商业功能，打通了优质内容与付费订阅的新渠道。

除音频外，财新传媒专门设立数据新闻中心，通过可视化方式呈现“数据新闻”，以作为对传统文字报道的补充。财新数据新闻中心自成立后发布数百件优秀作品，在国内外屡获殊荣。作品《洪水暴至》《楼市十年》《青岛中石化管道爆炸》《周永康的人与财》连续四年获得亚洲出版业协会（SOPA）卓越新闻奖；《国际无烟日：平装就绪》荣获原国家卫计委中国烟草控制大众传播活动一等奖。这些优秀的作品不仅为中国读者创造全新阅读体验，并为中国新闻媒体融合创新带来重要的、积极的意义。

此外，财新传媒在提供新闻内容的同时，还开发了与新闻相关的数据库，让新闻资讯不再是独立的一段文本，而成为立体交互的数据资源。同时，在智能算法推荐、存量文章推送方面，财新传媒也做了有益的探索，对于提升读者的活跃度和转化率起到了重要作用。

五、市场推广与用户引导

作为国内第一家全面收费的新闻网站，财新传媒通上线之后，立刻引发了市场的高度关注。财新传媒也相应地安排了一系列推广活动，在机场和一些商业地标，针对目标用户广告，旨在突出专业新闻的价值、激发读者对于调查报道的支持，同时展示团队实力。在线上销售的同时，财新传媒还积极发展机构用户，向金融机构的客户定向销售，对部分国内高校学生给予优惠。总体而言，财新积累的长期读者相对高端、专业，认可财新传媒的价值，也视付费为对编辑部的一种有形支持，因此订阅规模迅速放量。

付费阅读的推出并不是终点，而是处于不断的优化和完善过程之中。首先，财新传媒对各产品的定价策略做了优化，并在运营的过程中不断调整，完善更加清晰的产品体系：以新闻阅读为主的“财新通”和在新闻阅读基础上增加了数据库功能的“数据通”。

接着，针对不同读者的需求，又开通了月订功能和特定单篇文章付费阅读的功能，并与外部平台进行销售合作。此外，针对金融业的垂直类用户开发了寄身于微信平台的试验性产品“我闻”。至此，财新付费产品矩阵已基本成形。

财新拓展收费模式，一方面，有助于建立和培养用户的付费习惯，让新闻付费的理念在公众意识中越扎越牢。另一方面，也是“借鉴国际同行经验，为寻求基业长青作出的重要探索”。

六、意义重大，前景可期，仍需努力

对于艰难转型的严肃新闻行业而言，实施付费阅读可以起到以下作用：凸显原创新闻价值、抑制造假和恶炒风气、重建媒体的自身造血机制、推动“四力”建设（影响力、公信力、传播力、引导力）。

付费阅读在中国市场尚未成熟，相关配套环境仍不完备。在培育用户消费习惯的同时，还需从维护知识产权、打破平台垄断等方面努力，推动新闻报道付费阅读的潮流，进而以优质的内容获得用户的认可，进入良性循环。

最后，仍需强调的是，线上付费阅读融合了内容、运营、技术、销售各部门，但依然应当注重媒体内部的防火墙建设。编辑部应保持自身的独立性，与运营、销售、技术部门既合作又隔离，坚持客观报道原则。这从长期来看，也是新闻价值得以体现、付费阅读得以实行的根本。

（财新传媒）

案例类别：产品

婚姻与家庭幸福研习社

刘萍　丁敏　矫丹红

婚姻与家庭幸福研习社，由婚姻与家庭杂志社于 2019 年创办，既是对习近平总书记关于家庭、家教、家风建设系列重要讲话的积极回应，也是为满足现代男女追求婚姻家庭幸福这一普遍刚性需求的服务实践。

《婚姻与家庭》杂志，由全国妇联主管，是全国妇联重要宣传舆论阵地，家庭文明建设工作排头兵。创刊 36 年来，从传统纸媒到全媒体平台，实现媒体融合跨越式发展。微信、微博、抖音、快手等全媒体平台粉丝超过200万。近两年充分发挥资源优势，在人力、内容、宣传等方面进行全面整合，充分发挥资源的互补性，开拓创新，以设立项目的形式，促进“线下”到“线上”的转型与联动。

一、项目介绍

婚姻与家庭幸福研习社是基于婚姻与家庭关系垂直领域的互联网学习平台。下设恋爱学院、婚姻学院、家教学院、巾帼学院、健康学院和公益学院六大学院，按照生命发展历程打造系统课程，提供亲密关系、婚姻经营、家庭建设、亲子教育等领域的科学智慧，陪伴中国家庭不断成长，让用户在学习中获得经营幸福家庭的能力。

婚姻与家庭幸福研习社名师团队是由婚姻家庭研究专家陈一筠、中国性学会原副理事长马晓年等一批权威专家组成，还有国内哲学、社会学、伦理学、教育学、心理学、医学保健、性科学、法律、儿童青少年教育、婚姻家庭情感维护、咨询救助、危机干预等领域的卓有成就的专家学者和富有实践经验的一线专业工作者，确保了课程内容的科学性、权威性和实效性。

二、学院内容及社会影响力

（一）恋爱学院

找到最好的爱情，让爱住在心中！恋爱学院，帮用户解决恋爱中的各种难题！

婚姻与家庭幸福研习社恋爱学院的课程是以音频形式呈现，将系统课程拆解成细小知识点，每节课程时长10分钟左右，方便学员利用碎片化时间学习提升自己的恋爱技能。课程覆盖两性心理、爱情本质、恋爱心理等模块，已上线《恋爱心理必修课》《如何让异性更喜欢你》《怎么让伴侣间越吵越亲密》等热门课程，累计听课受众达4200人次。

（二）婚姻学院

幸福的婚姻，用脑成长用心经营！婚姻学院，揭秘婚姻的经营秘诀，一起打开幸福婚姻的大门！

课程覆盖当代婚姻观、沟通技巧、情绪管理、夫妻角色等模块，重点探讨提升夫妻情感、优化沟通模式、改善家庭关系。其中《洞悉婚姻潜规则 掌握幸福婚姻的经营之道》《婚姻成长训练营：教你厘清吵架真相 收获幸福家庭关系》《12节危机管理课 给婚姻注入新活力》等课程深受好评，累计听课受众达13000人次。

（三）家教学院

家教学院，引领用户做合格父母，当好孩子人生的第一位老师！

课程重点探讨增强孩子自信心、发掘孩子性格资源及提升孩子情绪管理能力的理念和方法，让孩子身心健康地成长。课程覆盖家风家教、习惯养成、新家庭教育观等模块，已上线《家风：一个家族宝贵的故事传承》《用心理学培养孩子学习力》《听刘墉讲亲子教育 让孩子懂规矩、有教养、更聪明》等32套课程，累计听课受众达41000人次。

（四）巾帼学院

文明服务你我他，巾帼儿女绽芳华！巾帼学院是婚姻与家庭幸福研习社和全国各地妇联共同推出的联合学院，通过精心打造一系列课程，如儿童安全、家庭暴力、婚姻权益等课程，教育和引导广大妇女践行社会主义核心价值观，提高综合素质，实现全面发展。目前，上线18套课程，累计听课受众达3100人次。

（五）健康学院

健康是人生最大的财富，婚姻与家庭幸福研习社健康学院开设健康管理、儿童健康、心理健康等家庭课程，帮助用户更好地了解健康知识，养成健康生活方式。其中《协和名医帮你调理内分泌，从根本上解决经期不适》《协和名医的科学抗老课，保持皮肤年轻态拥有少女肌》等课程定位女性需求，科学实用，深受广大学员欢迎。

（六）公益学院

让知识发声，爱更有力量！公益学院致力于让每一个家庭成员都有机会享受到优质的家庭教育，并专门为此设置了长期的免费课堂，发挥了媒体的社会责任。

公益课程涵盖家庭关系、夫妻情感、亲子教育、个人成长等领域，总计58套课程，目前公益学院已经为9800人提供了包含科学防疫、心理疏导、家庭暴力、法律成长等相关内容。尤其在抗疫期间，持续推出15套抗疫能量公益课程，涉及儿童心理、家庭教育、心理疗愈等方面，与心理专家共同为疫情防控筑起一道心理防线。

三、项目总结

截至2020年12月，婚姻与家庭幸福研习社共上线106套课程，注册用户13428人，课程惠及70000人次。未来，婚姻与家庭幸福研习社将进一步完善课程体系，丰富课程资源，充实音视频内容，同时拓宽宣传渠道，创新推广方式，不断扩大平台覆盖面和影响力，让更多的家庭能够受益。

（刘萍：婚姻与家庭杂志社总编，丁敏：婚姻与家庭杂志社课程平台主管，矫丹红：婚姻与家庭杂志社活动运营）

婚姻与家庭幸福研习社

案例类别：产品

中国家庭幸福成长计划项目

刘萍 朱凌楠 邵雁

“中国家庭幸福成长计划”是婚姻与家庭杂志社于2016年正式启动的融媒发展项目。

习近平总书记高度重视家庭工作，多次发表重要讲话，强调要注重家庭、注重家教、注重家风。做好家庭工作，发挥妇女在社会生活和家庭生活中的独特作用，发挥妇女在弘扬中华民族家庭美德、树立良好家风方面的独特作用，以小家庭的和谐共建大社会的和谐，形成家家幸福安康的生动局面，是党中央交给妇联组织的重要任务，也是妇联组织服务大局、服务妇女的重要着力点。作为全国妇联所属婚姻家庭领域全媒体平台，如何能发挥我们的独特优势，担当中国家庭幸福生活引领者的职责使命，一直都是杂志社创新发展的方向。

《婚姻与家庭》杂志，由全国妇联主管，是全国妇联重要宣传舆论阵地，家庭文明建设工作排头兵。创刊36年来，从传统纸媒到全媒体平台，实现媒体融合跨越式发展。微信、微博、抖音、快手等全媒体平台粉丝超过200万。近两年充分发挥资源优势，在人力、内容、宣传等方面进行全面整合，充分发挥资源的互补性，开拓创新，以设立项目的形式，促进“线下”到“线上”的转型与联动。

一、项目介绍

“中国家庭幸福成长计划”项目精准定位目标用户，深度挖掘用户需求，面向25~40岁已婚人群，以两性关系、亲子教育、女性成长为核心内容，以在线课程、深度咨询服务及其他相关延伸服务等为主要产品形式，打造最专业的婚姻情感帮服体系。

项目发起初期，与10余家心理培训机构建立长期合作关系，其中包括中科博爱（北京）心理医学研究院、心教育平台、华夏心理培训学校等，这些机构为项目提供了源源不断的专家资源。项目深度运营“中国家庭幸福成长计划”公益微讲堂及“婚姻与家庭幸福成长”社群，与“幸福能力提升营”等线上线下讲座活动相结合，并为有需要的家庭提供幸福成长服务方案。

二、项目内容

（一）“中国家庭幸福成长计划”之公益微讲堂

公益微讲堂是“中国家庭幸福成长计划”的核心内容，在荔枝微课平台，以图文、音频形式定期开展线上公益讲座，传播婚姻智慧、提升幸福能力、重建亲子关系、提高女性修养、活出全新自我，让中国家庭在学习中幸福成长。

截至2020年12月，项目已邀请百余位专家学者在线授课，举办165次公益微讲堂线上直播，累计直接受益用户达近235.8万人次。单场讲座听课人数最高达4.1万人次。

（二）“中国家庭幸福成长计划”之“幸福能力提升营”

“中国家庭幸福成长计划”之“幸福能力提升营”系列活动，为广大粉丝提供以图文、音频、视频等形式丰富的线上深度进阶课程，覆盖两性关系、婚姻情感、亲子教育、幸福能力、女性成长等众多模块。目前，“中国家庭幸福成长计划”组织各类主题的促进营、提升营、训练营，累计听课受众达2.5万人。

（三）“中国家庭幸福成长计划”之“一对一咨询”

项目充分利用婚姻与家庭杂志社行业资源，汇集婚姻情感、家庭关系、亲子家教、女性成长等领域专家及专业心理机构，对专家与机构进行标签化、信息化入库，为广大用户及家庭提供深度咨询服务，目前已签约“一对一咨询”服务的咨询师（机构）有50余位。

（四）中国家庭幸福成长社群

项目重点打造“课程＋陪伴＋咨询”的活力型社群运营模式，通过专家课程、群友互助及志愿者陪伴、专业咨询等内容的相互补充配合，为需要婚姻情感帮助的朋友搭建起一个及时交流、互帮互助的情感服务平台，目前项目已经组建了百余个“中国家庭幸福成长计划幸福成长群”。

（五）“中国家庭幸福成长计划”之线下大讲堂

婚姻与家庭杂志社联合地方妇联、民政部门、心理学专业机构，以及各类协会组织等单位开展“中国家庭幸福成长计划”线下讲座活动。讲座活动走进学校、社区，服务广大用户与家庭，增强粉丝黏度，为粉丝提供更精准服务。

三、社会影响力

（一）连接杂志读者，打造交流互动平台

利用婚姻与家庭杂志社沉淀的品牌资源和专家资源，

提供更为精准的服务，与用户建立深度链接，借助互联网技术弥补纸媒时代传统媒体与读者之间的沟通鸿沟。

（二）服务妇联工作，提供精准专业帮助

配合全国妇联中心工作，推出年度重头策划，联合各地方妇联共同推出系列公益课程。2020年疫情严峻时刻，联合中科博爱等心理机构以及心理专家共同推出抗疫心理健康课，缓解疫情之下的心理压力，引导广大妇女、家庭以积极的心态面对疫情，收到很好的效果。2020年反家暴日之际，联合地方妇联推出“遭遇家暴怎么办”系列公益讲座，为妇联干部提供法律知识科普，受到各地妇联一致好评。

（三）汇聚专家力量，提升家庭幸福能力

《婚姻与家庭》创刊之初，于光远、费孝通、雷洁琼、罗琼等担任杂志顾问，妇女研究领域的众多专家学者刘启林、杨大文、巫昌祯、王伟等都曾是杂志的撰稿人。《婚姻与家庭》杂志长期办刊过程中，在婚姻、情感、家教等方面积累了丰富的专家资源。曾奇峰、杨凤池、岳晓东、胡慎之等心理学大咖，陈旭、李军、李莹、桂芳芳等法律专家，也都参与到项目中来，形成了“中国家庭幸福成长计划”专家库。通过公益微讲堂、幸福能力提升营、线下大讲堂、幸福成长社群、一对一咨询等形式，服务广大粉丝，促进女性身心健康成长，促进家庭幸福能力的提升。

（四）打造人格IP，实现有温度的服务

将客服功能人性化，打造“小婚家”和“小编姐姐”两个人格化IP，并赋予不同的功能及性格定位，提供有温度的情感咨询服务。

（五）公益+商业模式，建立可持续项目发展体系

微讲堂分为每周公益课和收费的深度阶梯课程；咨询项目也同样有免费咨询和收费咨询的区分，免费咨询为邮件形式；收费咨询分为来电、微信语音及视频、面询三种形式。既保证了服务广大用户的公益性，又提高了专家咨询师参与项目的积极性，在实现项目可持续发展的同时创造了一定的经济效益，合作机构和参与的专家老师对项目持续开展保有较高热情。

四、项目总结

婚姻与家庭杂志社立足自身定位推出的“中国家庭幸福成长计划”，是将杂志社内容资源与专家资源，线下渠道资源与线上平台资源相融合，推出的集“学习+服务+引领”为一体的媒体融合项目，在传播正能量，宣传积极健康婚恋观念，帮助女性走出情感心理困境，引领中国家庭幸福成长方面发挥了积极的作用。

（刘萍：婚姻与家庭杂志社总编，朱凌楠：婚姻与家庭杂志社社会活动中心主任，邵雁：婚姻与家庭杂志社活动策划）

“小婚家”微信号

案例类别：产品

《中华遗产》杂志全媒体融合——赏音+悦读+乐享

刘睿

内容与宣传的互融、资源与服务的共融，是新时代媒体提升自身价值，提高读者认可度的有效途径。“《中华遗产》杂志内容全媒体融合拓展项目案例”，总结了多年以来，《中华遗产》杂志作出的尝试与努力：以多种新媒体技术作为媒介，对内容进行全方位转化；通过开拓新平台的方式，扩展市场与读者服务。

“媒体融合”自2014年上升为国家战略。党的十九届四中全会通过的《决定》提出：“建立以内容建设为根本、先进技术为支撑、创新管理为保障的全媒体传播体系。”这是中国为适应信息化社会和全媒体时代发展大势，所提出的重要任务，表明新时代将媒体融合工作，当作国家制度建设和国家治理体系现代化的重要内容。

《中华遗产》杂志以此为契机，围绕传播优秀内容这一宗旨开展工作，赢得了读者好评，也取得了一定的经济效益。

一、项目缘起

《中华遗产》杂志自2004年创刊以来，渐渐成为传播中国传统文化的主流媒体。2008年2月，《中华遗产》加入中国国家地理杂志社旗下，作为该杂志社3个重要期刊之一。其时，《中国国家地理》杂志已是受到大众

瞩目的优秀科普传媒，《中华遗产》杂志借鉴其成功经验，很快开始在纸媒之外，尝试更多的新媒体呈现手段，如 2009 年开通新浪“微博”，10 年间在网络上收获粉丝超过 130 万，大幅拓展了杂志的传播人群，也进一步驱动杂志展开“全媒体融合计划”。

二、“全媒体融合计划”的框架搭建

《中华遗产》杂志以图文并茂的方式，全方位展现了中华文明，既有着深刻的知识内容，也具有极高的视觉美，令读者发挥继承优秀历史文化的能动性。对全媒体的设想，主要基于杂志特色，并进一步增强读者的阅读感受。

从以上需求出发，《中华遗产》杂志于 2015 年开创《夜读》节目，以音频形式、借助各平台（遗产自有的微博、微信，合作的网易云等）传播优秀内容。经过 5 年的打磨，该节目成长为遗产杂志成熟的子 IP，也借以完成了《中华遗产》杂志对于内容的一次“深度”探索。

2020 年，疫情对纸媒的发行带来巨大影响，《中华遗产》杂志开始尝试输出内容的新方式。为此，《中华遗产》开展与知乎合作——“悦读”，把优质内容在新平台进行整合，打造全媒体 IP。

除此以外，基于杂志内容开发的“乐享国风文创系列”，是兼具传统文化元素与时尚创新的产品，使读者在玩赏美物的同时，也可以获取知识。

“赏音 + 悦读 + 乐享”，《中华遗产》杂志在媒体融合视域下，构建出了综合的内容扩展项目，不断获得好评。

三、项目的实施

互联网时代为社会带来无可比拟的传播便利。但与此同时，也让更多群体在接受方式上非同化，传统媒体更因此遭遇拓展传播渠道的挑战。

《中华遗产》杂志力求运用新手段，将传统文化、现代生活合为一体，借助更多平台，让内容“出圈”，使读者受益的同时，提升杂志形象。

（一）关于项目的“赏音”部分——“遗产夜读”

快节奏的生活下，如何令读者对文字内容保持耐心，这是传统媒体面临的一大难题。2014 年前后，电台 APP 的出现带给遗产新灵感——是否能制作一档以《中华遗产》杂志为依托的电台节目？既减轻繁重的阅读负担，也赋予文字以不同的感染力。

考虑到杂志特色为历史人文，文风沉稳，故而内容定位为晚间睡前节目，更新时间为 21：30 后，在听众入睡之际，以历史故事束一日纷繁，获“进一寸”的欢喜。不为贩卖知识焦虑，只为爱好历史的人打造一叶扁舟。

频道简介道出杂志编者的心声：“平生无所好，唯愿将这不老江山，一一看遍。谢客应有憾，嫌车马太迟，将好韶光怠慢。千秋转蓬过，而今抖开指尖书册，我就把这莽原暮雪，水静寒波，青山荒漠，棹桨船歌，放于你面前。”

在确定目标之后，《中华遗产》杂志开始组建义务朗读团队，寻找合适的主播，还幸运地邀请到不少专业人士加入。如央视主持人任志宏诵读了《机关奇术——心动，机动》；配音演员边江诵读了《古代美男：艳羡与悲哀》；张杰诵读了《士人春秋：管仲的舞台》；苏柏丽诵读了《浮生琐记，吴地风流》；夏磊诵读了《古墓机关，宝藏还是陷阱》。

每期七八分钟的节目，在文稿、主播、剪辑、校对的通力合作下，制作时间最少为 10 个小时，但每每收到听众的热烈反馈，都让人感到由衷欣慰。

如今，节目已更新 300 多期，最高播放量为 21 万，平均播放量 5 万，并屡次出现在网易云音乐推荐节目中。

“夜读”需要良好的“吸音设备”。在音频处理方面，使用 Adobe Audition / cubase。项目责编也具有“配音”专业素养，这是该节目得以成功的必要条件。

（二）关于项目之“悦读”部分——“知乎悦读”

知乎是中文互联网最大的知识平台，注册用户数以亿计，日活达数千万。深度的历史文化内容，恰是知乎急需的。

《中华遗产》杂志与知乎合作，在平台开设机构号；对接垂类责编；合作盐选专栏、MOOK 杂志书。借助知乎的流量与影响力，也可以扩展纸媒的受众面和知名度，思考知识付费领域的可能，增加营收的多样性，有助于充分利用杂志的优质内容，提升自身的品牌价值。

项目小组的编辑，有数年互联网平台工作经验，在“大数据搜索”“精准对接运营”“机器算法识别优质内容”“吸引高权重用户传播内容”方面具有长足的计划，保证了项目的良好推进。

运营短短 5 个月，即取得了一定的成果：知乎“盐值”达到较高水平，超过了 99% 的机构账号。其中，内容质量超过 99%，创作力超过 97%，活跃度超过 97%，影响力超过 96%。

热门的篇目有《古时候没有电，古人是怎么过夜生活的？》《古代存在外科手术吗？》等。

高点击量如，“上古时期世界各区域的文明之间是否存在交流与互动？”话题。

账号目前共获得数万次赞同，并收获不同数量的“喜欢”“收藏”和“专业认可”。

（三）关于项目之“乐享”篇——“国风文创”

“多媒体融合”能成为杂志传播效果的“倍增器”，除了依托新形式——如“夜读”，好平台——如“微博”“知乎”等，更要不断产出对内容转化的新创意，“国风文创”即最好的体现。

文创满足人们拥有美好、精致的物质需求。《中华遗产》杂志内容本身即有对古代生活的解读，杂志的文创产品，使读者不仅能从文字上了解传统艺术之美，更有机会亲身接触和感悟。

以2020年设计的文创桌游《醉游中国》为例：它依托杂志中《最中国的山水》专辑的内容，再现了古人博弈的一种棋类游戏。游戏里使用的骰子，选取汉代特有的“十八面骰子”，进行复刻，而游戏地图中的地名，则都与古代名胜相关。每完成一局游戏，玩家犹如在棋盘上畅游了一趟中华名胜。

该产品问世不足1个月，已销售数千套，在传播知识的同时，也为杂志创收。

另外，文创小组还根据《禅那》的特别策划出品了“禅修笔记本”；根据《传拓》的特别策划设计了“传拓折扇”；根据《信笺》一文制作了“尔雅鱼笺”。

“国风文创”项目组编辑与“中华遗产”微博、微信平台联合宣传，建立了新的微信服务号——“玲琅阁”，链接微信读者群，将杂志传播3D化。将对古典生活与物质之美，寄于文创产品，将杂志的传播融于产品销售中。

四、探索“全媒体融合”的意义与前瞻

微信、APP、小程序深刻影响了人类信息传播的模式。该如何让这些新技术，为传统媒体所用？一个行业面临变革时，往往也最能触动反思。

杂志和新媒体完全可以融合成“新生态”。全方位的融合计划，为遗产杂志带来了革新：以服务客户为根本，锻炼团队的全媒体能力，培养复合型采编人才，为《中华遗产》杂志的发展探索新的道路。

未来，《中华遗产》杂志将狠抓根本——高质量内容，进一步拓展“新媒体融合项目”至视频领域，设计以“再现古代生活”为主题的作品，将传统文化、艺术元素、学者思考合为一体，带给读者更丰富的体验。微博与微信的知识推广，则立足于史书、档案，为读者发掘“小人物”的趣味故事，力求以小见大，通过发散性思维，让每条内容都能在现实中寻到回响。

全媒体时代，推动优质内容与技术、平台、渠道、需求精准对接，进一步强化主流价值传播，将是遗产杂志工作的重点和亮点。

（刘睿：《中华遗产》杂志编辑部内容总监）

遗产夜读

案例类别：产品

科技部、国家卫生健康委、中国科协、中华医学会“新冠肺炎科研成果学术交流平台”

一、平台概述

2020年，突如其来的新冠肺炎疫情，是百年来全球发生的最严重的传染病大流行，是中华人民共和国成立以来我国遭遇的传播速度最快、感染范围最广、防控难度最大的重大突发公共卫生事件。在中华医学会的正确领导和果敢决策下，中华医学会杂志社利用既有的数字出版和传播平台技术快速搭建了“新冠肺炎科研成果学术交流平台”，优先发布新冠肺炎科研成果，为中国及全球的抗疫提供了智库支撑。

在此次疫情之初，中华医学会杂志社迅速做出响应，有条不紊地联合社会各界力量，开通新冠肺炎相关学术成果的绿色服务通道，免除所有相关稿件的费用，迅速搭建“新型冠状病毒肺炎科研成果学术交流平台”，及时汇聚与新冠肺炎相关的研究和诊治经验，以最高质量、最快速度发表科研成果，刊发的论文全部免费开放，为疫情防控和临床诊治发挥指导和参考作用。

在2020年3月26日的国务院新闻发布会上，科技部徐南平副部长表示：“新冠肺炎疫情是全球共同面对的问题，要解决这个问题，必须依靠全球科技界的共同努力，集中全社会的智慧，应该共同面对、共同研究、共享成果。”对此，中国科技界进行了分享基因组信息、搭建学术共享平台、构建交流机制和开展技术合作研究和技术服务工作等四项工作。“搭建学术共享平台”即为“新型冠状病毒肺炎科研成果学术交流平台”，在疫情早期，中华医学会杂志社构建了快速高效的执行团队，系统性地打造了新冠肺炎科研成果的优先出版流程，在杂志社全体成员不舍昼夜的努力下，短短70天即完成101种期刊776篇文献的全面上线，据统计，前期论文从收稿到发稿的平均时滞仅6.22天，成功诠释出版界在助力抗击疫情方面的“中国速度”。

二、内容质量控制体系和快速发表通道

为贯彻习近平总书记关于坚决打赢新冠肺炎疫情防控阻击战的重要指示精神，充分保障“新型冠状病毒肺炎科研成果学术交流平台”可供科技人员发布成果、发表观点、参与讨论、开展述评，科学指导全民抗疫，中华医学会杂志社不断对平台进行内容梳理和架构升级。

为此，中华医学会组建平台学术指导委员会，邀请钟南山、李兰娟、王辰、张伯礼院士担任组长，新冠肺炎相关专业的中华医学会专科分会的主任委员和中华医学会系列期刊的主编、副主编担任委员，为平台的学术质量保驾护航。平台上线的全部论文均严格按照中华医学会杂志社相关规定进行同行评议，并经过期刊总编辑、杂志社总编室及社领导审核把关，确保稿件的编校质量。疫情期间，为确保所有科技成果第一时间的有效呈现，杂志社做到所有稿件从审稿到出版不超过 2 周，稿件审稿完成后 24 小时内完成在线出版。

在保证文献质量的基础上，中华医学会杂志社对平台界面也进行了持续优化升级。平台设置的“今日概览”栏目，以数据形式每日播报平台文献发布的情况；通过文题、作者和期刊等形式快速搜索平台内相关文献；对文献依据学科方向、文献类型等进行了科学分类，进一步方便读者快速查阅文献。

平台上线的述评 / 专论类文献，是在疫情的防控和疾病诊治过程中一线医生，尤其是专家的声音和经验。此外指南共识类文献是在疫情防控过程中总结出来的集体经验，非常有利于指导医务工作者开展疫情的防控、诊疗、预后、心理辅导等。在这场没有硝烟的战斗中，这些文献都是一线战士最核心的“武器”。

三、向全球共享“中国经验”

在新冠肺炎全球暴发的大背景下，中国的疫情防控政策和措施正得到国际社会的热切关注，“中国经验”进入全球学习时。

在科学出版领域，中国期刊发表的相关学术内容正逐步被全球各大数据库收录，不断为全球科研人员、临床医务工作者及公众提供及时、全面、系统的科学知识。2020 年 3 月世界卫生组织（WHO）特别建立了冠状病毒出版物数据库（Database of Publications on Coronavirus Disease），每天通过书目数据库搜索、相关期刊目录检索等方式从全球收集更新有关新冠肺炎的最新科学发现和知识；截至 2020 年 3 月 11 日，已有 21 种中华医学会系列期刊的 134 篇文献被该数据库收录。而随着疫情在全球不断蔓延，为了贯彻落实习近平总书记在二十国集团领导人特别峰会上的讲话精神，促进国际交流，向世界介绍我国抗击疫情的临床经验和科研成果，为进一步方便全球快速获得抗疫中国经验，4 月 1 日正式上线“新型冠状病毒肺炎科研成果学术交流平台英文版”，WHO 新冠专题随即在显著位置添加了平台链接，以方便全球共享；4 月 3 日，爱思唯尔集团新冠专题正式添加平台链接；4 月 14 日，威科集团将平台链接添加至威科全球医学平台 Ovid 的新冠内容中心。此外，新冠肺炎疫情防控网上知识中心也以通栏图片形式对平台进行了宣传、链接。中国平台的科研抗疫成果，就这样向全世界免费开放，为全球抗疫展现中国智慧，提供学术支撑。

新型冠状病毒肺炎科研成果学术交流平台更是胜利走出国门，开辟中国医疗科技成果走向世界新航线的最新尝试。数据显示，2020 年 3 月，来自国外权威数据库的统计显示，中华系列杂志全文访问数据量比往常增加近 4 倍，充分展现了全球对中国抗疫经验及成果的重视及肯定。

四、结语

截至 2020 年 11 月 29 日，新型冠状病毒肺炎科研成果学术交流平台（中文）已上线 126 种期刊的学术论文 1404 篇，英文平台上线 79 种期刊的论文 632 篇，人文专栏上线文章 72 篇，平台累计阅读量近 400 万次。平台发布的优质内容得到了国内外学者的一致好评，一些指南类的文献阅读量超过 10 万，部分优质的学术成果被翻译成英文在国外的权威期刊上进行了转载。鉴于公众需要及时获悉 COVID-19 相关专业科普知识，包括疾病的防控知识、流行病学数据、诊治技术进展等，部分重磅论文和人文类文章在上线的同时通过中华医学会杂志社微信公众号矩阵同时推送，文章上线后立即被各大媒体争相报道，包括新华社、人民网、科学网、中国科学报、凤凰网、健康报等，有效地促进了科学信息在公众间的传播，为科学防治提供了及时可信的科普支持。

“新型冠状病毒肺炎科研成果交流平台”是中华医学会杂志社在媒体融合发展、数字化转型工作中，依托中华医学会杂志社多年的数字化产品能力积累，采用杂志社拥有自主知识产权的期刊出版平台和知识服务体系，快速迭代上线的知识服务型数字产品的最佳范例之一。所有平台论文基于中华医学会杂志社自主研发的数据标准（CMA JATS）加工生产，该数据标准在国内科技出版领域处于领先地位，实现了平台生产内容的多元传播，并能迅速被各家数据库、搜索引擎收录入库。所有文献基于中华医学会杂志社资源管理和知识管理平台生成适应各终端的流式文档，支持高清图片、公式、视频的阅读和播放，在 APP 端增加了更多人性化服务。实现了富媒体出版，支持数据、视频、音频等多形态内容的发布。

中华医学会杂志社在党中央和主管部门的正确领导和果敢决策下，迅速统筹协调杂志社各相关部门力量积

极行动起来，在此基础上建立的国家级学术交流平台，以最高质量、最快速度发表科研成果，得到了一线抗疫“英雄”们的欢迎，多次受到上级部门的肯定，圆满完成了科技期刊在疫情防控中应有的学术支撑和智库支持服务，出色地履行了学术期刊的社会责任。6月7日，国务院新闻办公室《抗击新冠肺炎疫情的中国行动》白皮书中提到了相关平台工作；11月，该平台入选了中宣部数字出版精品遴选推荐计划。这些都是对杂志社所有工作同人的最大肯定和鼓舞。未来，我们仍将坚定优先出版服务，促进科学技术成果传播效率，把国内一流的科研成果留在祖国的大地上。

（中华医学会杂志社）

新冠肺炎科研成果学术交流平台

案例类别：产品

全媒体讲好青年抗疫故事

——中国青年杂志社“2020青春战疫”融媒体报道创新

新冠肺炎疫情发生后，中国青年出版总社党委高度重视，第一时间组建了《中国青年》杂志全媒体“战疫青年专题报道组”（以下简称报道组），持续、深入开展疫情报道工作。

此次战疫报道主要依托《中国青年》杂志新媒体和《中国青年》杂志，形成了移动优先、刊网良性互动的全媒体报道局面。根据抗疫进程，中国青年杂志新媒体分别推出8大系列报道，1部报告文学、1个征文活动、1个网络倡议活动、一批科普作品，通过通讯报道、理论解读、征文展播、科学普及、网友参与等，共同组成“2020青春战疫”融媒体创新报道，采取图、文、音频、短视频、漫画等多种形式传播，对抗疫进行了全方位立体式的追踪报道，产生了强烈社会反响。其中《<中国青年>专访韩毓海：青年人应从这次抗疫中读懂什么》一文被学习强国首页、团中央微信公众号转载后，得到李克强总理肯定。多篇报道被中宣部时代楷模发布厅、学习强国首页、团中央、央视网、光明网及各级团组织推荐、转发，社会反响强烈。

截至2020年6月4日，《中国青年》杂志新媒体共报道抗疫人物480位。《中国青年》杂志微信公众号上共发表报道267篇，其中原创183篇；头条号上发表报道264篇，其中原创188篇；《中国青年》杂志微博发布抗疫报道千余条，累计阅读量超过4000万。这些新媒体报道产品不断输送给《中国青年》杂志，推出抗疫专刊3期、专题报道8期，发表报道164篇，总计约40万字。《中国青年》第4期《2020青春战疫》专刊，加印2.3万册，被送到武汉江汉方舱医院。

一、产品内容形式多样，丰富多彩

根据抗疫进程，中国青年杂志新媒体陆续推出8个系列报道，对习近平总书记回信精神、对共青团和青年在抗疫中的感人故事等进行了融媒体报道。

（一）引导广大团员青年，深入学习贯彻习近平总书记给北京大学援鄂医疗队全体“90后”党员回信精神

2020年3月16日，报道组迅速反应，当天推出《总书记，收到回信啦！北大援鄂医疗队这些“90后”们很振奋》。3月18日，中国青年杂志微信公众号以“中国青年，好样的！”为主题，推出了“学习习近平总书记回信精神”系列报道，在网上引发热烈反响。之后，《中国青年》杂志推出专题报道。

（二）以融媒体系列报道形式，持续在网上报道共青团和青年抗疫感人故事，大力传播青春正能量

中国青年杂志全媒体在抗疫报道中，加强对共青团贡献度的宣传，加大对青年典型的挖掘力度，加强对广大青年的思想引领。

1. 聚焦团组织，推出“共青团在行动”系列报道，对全团落实党中央重大决策部署进行宣传解读。从2020年1月25日开始，中国青年杂志新媒体先后编发了《防控疫情，共青团在行动》《团旗，飘扬在疫区最前线——荆楚青年奋战疫情防控一线实录》等报道，对团中央、全国青联等落实党中央决策部署的有关抗疫行动，深入报道了湖北等地以及各战线团组织防疫抗疫事迹。此外，《中国青年》杂志发表了卷首语《引导青年有序参与社会治理大考》等，及时将习近平总书记和党中央关于疫情防控工作和复工复产工作的指示精神转化成青年语言。

2. 聚焦青年抗疫集体，推出“阻击疫情中的年轻人”报道，在社会上广泛激发青春正能量。从2020年1月29日开始，《中国青年》杂志新媒体推出“阻击疫情中的年轻人”系列报道，先后推出《以前你们保护“90后”长大，现在“90后”保护你们》等10多篇报道。其中，5篇被团中央公众号转载，4篇阅读量超过了10万。全网搜索“阻

击疫情中的年轻人”相关报道，共产生相关信息 2440 条。

3. 聚焦抗疫青年典型，推出“战疫青年，封面人物”系列报道，发挥榜样人物引领作用。2020 年 2 月 9 日开始，《中国青年》杂志新媒体开始推出“战疫青年，封面人物”系列报道，率先发现并报道战疫中涌现出来的各类青年典型。截至 2020 年 4 月 24 日，共推出 27 篇，报道了 27 位青年人物，被全网转载千余条。

4. 聚焦“90 后”团员、团干部，推出《擦亮团徽的“90 后”“00 后”》系列报道，突出团员先进性。该系列报道了 13 位抗疫一线的共青团员和团干部的事迹，受到团中央基层建设部的肯定，进一步引导广大团员团干部在为人民服务中砥砺品质，在抗疫和复工复产中担当作为。

5. 聚焦特定青年群体，推出针对留学生和新兴青年的专栏报道，加强对这类青年的思想研判和积极引导。针对海外留学生是否该回国的焦虑情绪，《中国青年》杂志新媒体及时推出《留学生活》专栏，推出了《收到漂洋过海的“健康包”，叫我怎能不爱国》等 13 篇报道。此外，针对新兴青年群体，自 2020 年 4 月 24 日开始推出“平凡生活里，有我的英雄主义”系列报道，推出《武汉骑手老计：我在茫茫人海》的报道，聚焦快递小哥抗疫期间的感人故事。

（三）策划推出“青年应从抗疫中读懂的力量”系列专访，邀请知名专家解读抗疫中的制度优势

2 月 27 日开始，《中国青年》杂志微信公众号推出《<中国青年>专访韩毓海：青年人应从这次抗疫中读懂什么》，首次明确对国内国际两个战场、伟大的人民、制度优势的保障、讲好抗疫故事等进行了解读，获得了李克强总理的肯定。此后，陆续推出深度专访《全球抗疫，中国青年应从“四个对比”读懂“四个自信”》等系列理论访谈，引导广大青年从全球抗疫中读懂中国的制度优势和责任担当，进一步增强“四个意识”，坚定“四个自信”、做到“两个维护”，增强民族自豪感。

（四）聚焦青年心理健康，推出“生命在呼唤”系列图文，为青年及时缓解心理压力

为缓解青年的精神压力，《中国青年》杂志新媒体邀请国家级心理咨询师，以问答形式发表了《宅家太久，如何缓解“低谷情绪”与焦虑？》等多篇心理科普文章、原创漫画，引导青年珍惜生活，热爱家庭、热爱生命，加强学习。

（五）推出报告文学，用文学笔触真实记录青春战疫

2020 年 8 月，团中央宣传部、中国青年出版总社共同策划，推出报告文学《战疫绽放青春——致奋勇战疫的中国青年》，全文共 4 万余字，先后于共青团中央微信公众号、《中国青年》杂志微信公众号推送，引起巨大反响。

（六）积极推出公益活动，引导广大青年加强自律，与社会共成长

1. 记录青春记忆，推出“我的 2020 札记——抗疫时期的青年思考”作品征集活动，引导青年深入思考人生价值。该征集活动于 2020 年 2 月 8 日正式推出，主要面向 35 岁以下中国青年，引导青年对中国抗疫时期的国家治理、社会运行、日常生活、家庭亲情、个人成长等进行观察和思考。共收到 2000 余篇随笔、散文、诗歌、家信、海报、短视频、Vlog 等。

2. 联合多家环保单位，发起“禁食野生动物，争做自律青年”倡议活动，引导青年敬畏自然、敬畏生命。2 月 20 日，中国青年杂志社联合中国环境报社、北京林业大学生态法研究中心等共同发起“禁食野生动物，争做自律青年”网络倡议活动，得到网友的积极响应。截至 2020 年 3 月 5 日 16:00，“禁食野生动物，争做自律青年”活动专题、报道总阅读量达 7207 万，微话题阅读量达 1679 万，参与评论、讨论量达 9.8 万。

3. 联合阿里巴巴共同推出“青春正能量 共圆英雄梦”公益活动，帮战疫英雄及子女圆梦。2020 年 3 月 6 日，中国青年杂志社联合阿里巴巴天天正能量启动“青春正能量共圆英雄梦”活动，3 月 23 日，为山东省第九批援鄂医疗队队员武伟华圆梦，当地电视台积极宣传推广。此外，《中国青年》报道的武汉大学人民医院“95 后”护士贾娜获评阿里巴巴第 331 期正能量奖，让青年医护人员受到很大鼓舞。

二、融合创新，积极推动传统期刊向新媒体转型

（一）刊网融合，新媒体先行

在“2020 青春战疫”系列报道产品中，《中国青年》杂志实行“刊网融合、新媒体先行”的报道战略，保证了报道的时效性。随后，根据纸刊的选题安排，从中选择优质内容，保障了疫情期间纸刊的正常编辑出版。

（二）一体策划，发挥品牌优势

《中国青年》杂志本次“2020 青春战疫”系列产品，充分发挥传统媒体品牌优势，和各级团组织联动，加强选题的一体化策划，为读者提供大量前线的一手素材，先后被人民日报、共青团中央、中宣部时代楷模发布厅等官方新媒体联系转载、开放素材权限等，使传统媒体品牌优势在新媒体端得到较好体现。

（三）深度传达，覆盖各类读者

本产品内容丰富，形式多样，充分考虑到不同类型的读者需求，提供了人物报道、专家访谈、个人故事、纪实文学、线上活动、短视频报道等多种产品类型，在中国青年杂志的各新媒体端进行不同方向的深度传播，力求各类读者都可以找到其阅读所需，实现了传统媒体向新媒体的全面融合与转型。

（中国青年杂志社）

中国青年杂志公众号

案例类别：产品

《中国科学院院刊》："智库战'疫'"

——释放国家高端科技智库媒体传播动能 践行智库期刊使命担当

新冠肺炎疫情暴发后，大疫当前，使命在肩，中国科学院作为国家高水平科技智库，在抗击疫情中积极发挥智库作用，围绕疾病防控体系、应急管理体系、科学攻关体系、社会治理体系建言献策。在主编白春礼院士和中国科学院科学传播局的指导和支持下，《中国科学院院刊》（以下简称《院刊》）作为国家高端科技智库重要传播平台，快速反应、主动作为、搭建平台，开通"智库战'疫'"专栏，组织相关领域权威专家针对疫情可能对我国经济社会发展造成的影响建言献策。利用畅通的多圈层新媒体传播矩阵，第一时间将主流权威声音进行全网分发，为抗击疫情和促进经济社会发展提供有益的借鉴，充分彰显了智库期刊的社会价值和使命担当。

疫情暴发初期，相关新闻主要集中于最新进展和数据通报，公众和决策层对于准确、权威的信息需求量巨大，及时、准确地提供对疫情的科学分析和应急对策成为当务之急。疫情如战场，以最快的速度将专家的声音传播出去是《院刊》要打好的一场"硬仗"。2020 年 2 月 5 日至 3 月 5 日，《院刊》策划组织了 17 篇文章，刊载于 2020 年第 2 期和第 3 期《智库战"疫"》专栏，并第一时间发布到由《院刊》微信公众号、官方网站、学习强国号、中国网 / 中国发展门户网、今日头条、搜狐号、企鹅号等组成的《院刊》新媒体传播矩阵上。

一、"一次采编、多元传播"确保主流权威信息第一时间发出

为了适应多媒体传播的场景和模式，《院刊》在内容策划生产时将需求前移，在文章采编时即精心设置组织架构，形成"一次采编、多种生成、多元传播"的模式。

为保证学术质量，《院刊》在第一时间成立了由副主编、编委及领域专家组成的审稿专家组，开通绿色审稿通道，加快审稿流程，平均审稿时间为 2.8 天，对录用文章采取网络优先出版，并利用新媒体传播矩阵第一时间在 PC 端和移动端发布内容。

得益于《院刊》编辑团队的高效运转和强大战斗力，从收稿到正式出版，稿件平均加工时间仅 6 天，平均出版周期仅 27 天；从约稿到编辑再到分发上网，《院刊》编辑团队及新媒体成员 24 小时时刻待命，即时编校、即时推送，将准确、权威、专业的信息迅速送达用户。从影响核心受众，到向社会公众传播科学思想，畅通的多元化、立体化传播渠道成为《院刊》第一时间发声的有效保证，在关键时刻发挥了重要作用，极大地增强了智库应急成果"思想产品"的时效性，延长了信息生命周期，扩展了内容的影响广度和深度。经历了这场"智库战'疫'"，编委们成为《院刊》"智囊"的作用更加凸显。

二、"精品"内容打造和新媒体全网传播，极大提升了《院刊》影响力

（一）《智库战"疫"》栏目新媒体平台圈层影响力

1. 由《院刊》官方网站、微信公众平台、邮件推送构成《院刊》的内圈传播。截至 2020 年 5 月 18 日，《院刊》官方网站和中国知网中《智库战"疫"》专栏文章的下载量为 43660 次。向中国科学院邮件系统用户及院刊作者、读者推送的邮件近 40 万封。

《院刊》微信公众号 2020 年 2 月 10 日至 3 月 5 日的阅读次数达 258720 次，阅读人数为 201821 人，分享次数为 24422 次，分享人数为 19412 人。例如，2020 年 2 月 13 日发布的《周成虎等：新冠肺炎疫情大数据分析与区域防控政策建议》24 小时阅读量达到 1 万次，《"新冠肺炎"疫情对中国经济的影响分析与对策建议》24 小时阅读量达到 7800 次，《陈雪峰等：抗击疫情凸显社会心理服务体系建设刻不容缓》24 小时阅读量达到 5500 次。

2. 由中国科学院官方网站、学习强国平台、人民网、新华网、中国网 / 中国发展门户网等主流官媒构成《院刊》的中圈传播。《院刊》与中国科学院官方网站同为中国科学院的重要宣传窗口，一直有着密切交流，《院刊》内容是中国科学院官方网站《访谈 · 视点》专栏的主要信息来源。疫情期间，《院刊》与中国科学院官方网站紧密联动，《智库战"疫"》栏目内容成为中国科学院官方网站"抗击新冠病毒：中国科学院在行动"专题中《中科院专家视点》栏目的主要信源，有 12 篇文章被收入该专题。

在学习强国平台上，《院刊》的《智库战"疫"》栏目文章总阅读量达 333830 次，点赞量为 15252 次。此外，在学习强国平台科技版板块主页《科学防治——打赢疫情防控阻击战》专栏中，《科学思考》分栏目收录了《院刊》的多篇文章，如《基于大数据回溯新冠肺炎的扩散趋势及中国对疫情的控制研究》等。中国网 / 中国发展门户网

也第一时间对《智库战“疫”》栏目全部文章进行了转载。

3. 由头条号、企鹅号、搜狐号等市场媒体平台构成《院刊》的外圈传播。《院刊》在商业媒体传播中成绩不俗，其中搜狐号“中国科学院院刊”的累计阅读量为16.7万次，头条号“科学参考”的累计阅读量为7.7万次，企鹅号“中国科学院院刊”的累计阅读量为28.9万次。

（二）《智库战“疫”》媒体融合传播辐射影响力

《院刊》文章已成为许多大众媒体了解科技界动向和选题策划的信息来源，这体现了《院刊》作为国家高端科技智库媒体平台的作用。《中国新闻网》根据2020年2月15日《院刊》微信公众号推送的《张志强：国际生物安全战略态势分析及对我国的建议》，推出了《专家建议：四大体系构筑中国生物安全战略》的衍生报道；《院刊》协助人民网采访张志强并上报专报；《瞭望》周刊以此为线索，在采访张志强、陈云伟等专家的基础上形成专题报道。

《法制日报》对2020年2月17日《院刊》微信公众号推送的《陈雪峰：抗击疫情凸显社会心理服务体系建设刻不容缓》进行了追踪挖掘，并于2020年3月3日推出了《突发公共事件心理危机干预不能缺位 用法律筑起一道心理“防护墙”》的衍生报道；这篇文章的核心内容也成了2020年全国两会代表的提案：全国人大代表郭乃硕在2020年第十三届全国人民代表大会第三次会议上提出“建立健全社会心理服务体系”的建议，其核心内容、主要观点、文字表达等多次直接引用该文观点。此外，《法制日报》记者主动向该文作者陈雪峰约稿，将该文摘编刊登在2020年4月2日第五版《声音》专栏，进一步扩大了《法制日报》的影响范围。中新社(中国新闻网)、学习强国、新浪网、搜狐网等媒体转载或摘编《陈雪峰：抗击疫情凸显社会心理服务体系建设刻不容缓》的核心内容，通过多个平台进行了宣传。

三、充分发挥国家科学思想库核心媒体的内容优势，保持内容定力，专注精品内容产出

新冠肺炎疫情暴发后，《院刊》在追踪与观察舆情信息的基础上，结合定位，提出高端智库权威发声的思路预设。编辑部紧紧依靠编委的力量，充分挖掘编委在学科积累、政策研究、话题设置以及时机把控等方面的深厚积累，通过网络研讨凝聚主题。与此同时，迅速组织、调动专家库资源，从应急治理体系、产业供应链、生物安全、社会心理需求，以及数字化社会和疫情后经济恢复所要面临的问题进行策划约稿，在《智库战“疫”》专栏中第一时间提供科学权威、观点鲜明的信息内容和应急对策，为疫情防控提供及时准确的政策供给，充分展现出“国家科学思想库核心媒体”的责任担当与智力资源积累优势。

（《中国科学院院刊》编辑部）

《智库战“疫”》合辑

案例类别：组织机构

走在科技期刊媒体融合前沿的《中国中药杂志》

丁广治

《中国中药杂志》作为我国科技期刊中较早开展媒体融合探索的期刊之一，面对近年来的各种机遇与挑战，尝试施行了独具特色的“双转型”策略，即新旧媒体同时转型，双轮驱动，不仅积极探索数字化出版传播的新模式、新技术，加强新媒体社交平台微信公众号的建设，同时对原有期刊纸媒也充分挖掘潜力，实行大幅度的升级改造。三条主线铺开，均投以大量人财物力，分别拓展，各创佳绩，同时又高度融合，相互提携，极大地促进了期刊品牌效益和市场效益的共同提升，业已形成了新的期刊运营发展格局。

一、升级改造传统纸媒，带动期刊学术质量和整体质量提升

中医药是具有我国优势与特色知识产权学科，近年来受到国家高度重视，国家级重点基金项目科研成果不断涌现，学科建设与产业发展迅速提升，《中国中药杂志》借助这一难得发展机遇，首先对期刊纸媒实施升级改造，转型传统办刊思路，多途径入手，开拓新的发展空间。

（一）以互联网大数据为参考借鉴，转变传统办刊思路与方式

《中国中药杂志》高度重视文章质量，2020 年组稿率达到 35.05%，并刊出了 29 个热点学术专题。但与传统模式所不同的关键创新点是——并不盲目追求高精尖、高大上，借鉴并融入互联网时代信息化、大数据的技术理念，通过对中国知网等数字化出版平台的数据检索，不断追踪当下的行业关注热点、重点科研课题和专家以及相关高下载和高被引数据，形成了对文章录用依据的新的价值观体系，争取实现出版传播市场效益的最大化。看似是技术手段层面的转变，实际上是对根深蒂固的传统办刊理念的变革，从以专家和课题为导向、以期刊编辑部为主导，转向以科技信息市场为导向、产业需求为主导，坚持回归科技期刊作为科技产业链的重要组成之一、服务行业信息需求的办刊初衷。

（二）打造中国最美期刊，提升科技期刊装帧设计质量和品牌形象

《中国中药杂志》自 2015 年起，将全年 24 期封面采用独立的中国风手绘特色设计，选择当期重点文章或学术专题，将其科学内涵与中国传统文化相结合作为主题构思，精美独特的封面设计和装帧印刷受到了广大读作者的欢迎和追捧，并吸引了大量优质专家稿件回流。近年来多次获得“中国最美期刊”“中国最美医药卫生期刊”等奖项。

二、引进数字化出版传播新技术、新模式，提升期刊数据及排名

《中国中药杂志》为半月刊，年发文量 700 多篇，是高发文、高下载和高被引的学术型期刊，全部文章均实现网络首发出版。新技术、新模式不仅迅速带来传播数据方面的效益，同时也吸引了大量行业领域内知名专家学者为加快文章出版周期而将原拟投稿到国外期刊的优质文章转投给本刊。

自实施网络首发以来共提交 2305 篇文章，平均提前 108 天上线。首发期间，总下载量达 448993 次，篇均下载量 194.8 次，单篇最高下载量 4412 次。明显高于与知网签约期刊 115.43 次的网络首发平均值。在中国知网的总下载量从上一年度的 89.8 万次大幅度提升至 98 万次。2020 年在我国科技期刊中总下载频次排名第 15 位，总被引频次第 10 位。

通过中国知网数字出版平台上尝试增强出版模式，2019 年精选 40 篇文章，2020 年扩展为 100 篇。有利于保障文章的科学性、严谨性和可重复性，并有效减少了作者稿费负担。目前部分作者尤其带有大量图表的大综述的作者，为了大幅度压缩正式出版文章页面，会主动要求做增强型出版，积极配合提供各种附加资料。

2020 年分别与 Trend MD 公司和方正公司签约，实施对中文及中英文双语版本的精准推送合作，为数字化出版传播市场创造新的收益点。

三、高度重视微信公众平台建设，提升期刊传播影响力

2020 年，以中医药专业科普与文化为定位的《中国中药杂志》微信公众号粉丝量达 21 万。2019—2020 年共计发文 3300 余篇，总阅读量 1052 万次，其中原创作品 634 篇，原创阅读量 260 万次。对纸媒论文和学术专题的微信推送累计阅读量达 36 万次，篇均 3300 余次。并以头条形式对全年 24 期的封面推荐论文进行了重点发布，阅读量接近 9 万，篇均阅读量 3700 余次。

2017 年，短视频《青蒿素原料的资源再生研究》和《从形态到基因 中药鉴定学的文艺复兴》获得科技部、中科院联合举办的“全国优秀科普微视频作品”荣誉证书。2018 年，以“科技期刊微信等新媒体平台盈利模式的研究”为方向，中标并圆满完成中国科协科技期刊青年编辑研究项目。2020 年，受邀负责《中国科技期刊发展蓝皮书（2020）》中“科技期刊在新媒体及社交平台发展状况”章节的写作；原创《从两个诺贝尔奖看创新的意义以及中医药的未来》获得国家互联网信息办公室和中国互联网发展基金会组织的“五个一百”网络正能量精品评选的“百篇网络正能量文字作品”。

近年来，本刊微信公众平台还尝试了多种电商经营模式，在广告、电商以及多途径开发合作项目上的年均收入超过 20 万元。

四、案例——化挑战为机遇，刊媒融合共同发力

疫情期间，本刊在严格把关的前提下，从 300 余篇抗新冠来稿中，以追踪组稿、严格筛选的形式，精选出 39 篇优质论文，全部通过开放绿色通道、加速审稿流程和报批流程，在中国知网新型冠状病毒肺炎专题研究成果 OA 平台面向全球进行网络首发，并集成 4 个学术专题刊出。至 2020 年底，在中国知网平台的下载量超过 6.2 万，篇均下载量 1595，篇均被引频次 7.61，单篇最高引用 39 次。设计了 5 期与中医药抗击新冠疫情主题相关的纸质版封面，通过官方微信公众号分别对封面推荐论文及专题进行了宣传，并先后推送了 18 篇中医药抗新冠病毒论文或专题，总阅读量 110441 次，7 日阅读量为篇均 6135.6 次，单篇最高阅读量 1.9 万。同时，微信平台及时抓住热点机遇，大力宣传中医药抗击疫情的正能量社会信息、临床及科研成果，包括主编张伯礼院士获得“人民英雄”国家荣誉称号、承办单位中国中医科学院中药研究所进行抗病毒中药筛选的宣传报道及相关论文、来自武汉抗疫一线的临床论文等。与中华中医药学会以及中国知网合作，开展有关中医药抗新冠疫情方面的活动如中医药抗击新冠学术大讲堂国际直

播，并有3篇文章入选以黄璐琦院士为主编的中英文抗击新冠肺炎精选双语论文集。

五、高投入，高回报，全面提升期刊运营发展实力

《中国中药杂志》在人力资源成本以及期刊整体运营方面实行自收自支，2020年向承办单位中国中医科学院中药研究所上交50余万元管理费。编辑团队人员构成和规模远超国内科技期刊平均水平，现有9位硕博士学历编辑，其中6位专职负责纸质版运营，2位专职负责新媒体平台运营。

目前，每年在新技术开发与推广传播合作方面的人财物力经费成本投入达百万元，包括纸质版封面设计，定期购买期刊数据检索分析报告，增强出版作者稿费补贴，精准推送付费，新媒体平台升级改造，微信公众号原创作者稿费，中英文双语翻译及出版费用，以及新媒体专职人员的人力成本投入，各种软硬件配套，等等。主要的创新发展投入经费来源是历年中标的中国科协精品期刊项目资助经费，2019年以后为卓越计划梯队项目资助经费。

高投入，形成了高回报，极大地促进了期刊数据排名、品牌知名度、社会效益以及经济效益的综合实力全面提升，发展空间得到更加充分的开拓，并最终通过行业专家作者、期刊编辑部、出版传播平台、信息市场等整个产业链的良性循环，实现了高起点、高水平的运营。2020年编辑部年经营总收入税后达到532.6万元（其中不含40万元卓越项目经费），成功实现科技期刊信息产业化运营，并成为我国科技期刊媒体融合深度发展的实力范例。

（丁广治：《中国中药杂志》编辑部主任）

《中国中药杂志》公众号

案例类别：产品

“中国战略新兴产业”融媒体矩阵

朱永旗 赵涵 艾丽格玛

一、顺风转舵、勇于开创

“中国战略新兴产业”融媒体矩阵雏形源于杂志向国家新闻出版广电总局申请建立的中国战略性新兴产业信息聚合平台项目。该项目获得了国家新闻出版广电总局大力支持，顺利通过专家审核，列入2014年新闻出版改革发展项目库。2016年财政部下达专项文化产业专项资金，信息聚合平台于2017年底建设完毕，并于2018年1月通过审计验收。

在信息聚合平台的基础上，进一步开拓了第三方平台账号、APP和Wap端。其中，自中国战略新兴产业今日头条号2019年开通以来，以专业深度的原创文章获得了读者的欢迎，订阅用户16万+，多篇文章成为阅读量“10万+”的爆文。

在融媒体矩阵创建的征程中，杂志业务流程也得到了优化，传统媒体与新媒体不断融合，联动形成“内容生产、渠道协作、业务合作、平台搭建”的业务模式。做到“当天采、当天写、当天发”，大大提高了新闻时效性，锻炼了记者的快速反应能力。通过突破传统思维，改变以纸媒为核心的构造，杂志社上下合力，打造了刊网微融合发展的新路径。

当前的“中国战略新兴产业”融媒体矩阵，可根据实际需求，解决采集、编辑、资源整合、互连互通、内容发布等问题。融媒体矩阵产品制作流程符合采编及业务人员的工作方法与习惯，切实提高工作效率，降低运营成本。

从最终效果来看，杂志记者转型成为融媒体记者，具备了快速的新闻反应能力，新闻报道及时登上中国发展网、中国战略新兴产业网及官微等移动端，缩短和减少了杂志新闻类稿件的反应周期。生产方式上实现：通过政审后，自己撰写和约稿，自己快速上网上微；自己的文章自己现场拍摄配图配视频（视频剪辑由新媒体专业人员解决）；上网文章深度加工再刊登在杂志上；营销自己的文章。对记者稿件和约稿质量考核，不以总编、编辑部主任评判为唯一标准，以移动端和网络端读者阅读量、转载量和评论量为主要标准，改变记者传统的稿件写法和标题制作方法。

新媒体在作为传统编辑部生产内容载体的同时，领引杂志内容写作创作的变化，实现了通过网络阅读量、评论量、网络问卷等考核机制对传统发行渠道读者评价的替代。

二、平台助力，冷启动变“热引擎”

通过入驻今日头条等第三方平台，杂志借助平台大数据优势，事半功倍地加强了新兴产业相关新闻传播力和影响力。引发了良好的媒体融合效应。“中国战略新兴产业”今日头条号作为融媒体矩阵的重要成员，充分挖掘平台规则，借力第三方合作平台的推荐算法，深入研究标题、配图、新媒体传播规律，进行了充分的思考和创新性的探索。其粉丝数在第一个月就从 400 人增加至 1 万人，目前有超过 16 万人关注，跨越冷启动阶段，成为融媒体矩阵扩展影响力的重要引擎。

在全国两会、新动能、“双创周”等重要新闻宣传工作中，杂志记者承担其中与新兴产业和驱动创新相关的选题，在多平台实时刊发，根据终端的读者构成和传播特点，调整内容和形式，形成多样的版本，获得较好的评价和反馈。

在新兴产业垂直领域，“中国战略新兴产业”是今日头条上粉丝量居于前位的账号之一，阅读量、推荐量双高，且与读者互动频繁，多次引发新兴产业相关事件的大量传播和讨论。账号内容的高质量获得了平台及读者的认可，得到今日头条大量弹窗推荐，单篇文章推荐量 200 万多次，获得了较好的推广效果，获得“优质财经领域创作者”称号，多次获取青云计划奖励，充分利用其带来的流量红利，进一步扩大了触达范围。

融媒体矩阵有包括军事观察员东旭（134 万粉丝）、物理一百分（130 万粉丝）、财经评论员郑凯（49 万粉丝）、儿科医生李爱科（38 万粉丝）、电子科技大学（20 万粉丝）、今日头条专家团成员陈里（13 万粉丝）等在内的多个高粉丝量、高质量账号关注互动，通过读者矩阵的转发传播，进一步借平台之力撬动高势能传播途径。

融媒体矩阵始终追求高质量新闻、原创精华内容的传播，全年平均每篇文章的阅读量在 1 万次以上，获得读者反馈 1.7 万多次。不盲目寻求高频发稿和新闻搬运，充分发挥传统媒体采编原创新闻的优势，深入研究媒体融合的“玩法”，真正做到了传播效果好、社会影响大，围绕中心、服务大局、贴近人民、面向实际。

三、融媒体矩阵反哺编辑部采编逻辑

原创文章内容来源包括传统采编团队从纸质刊物专题策划出发，进行适合新媒体渠道传播的内容改造和标题重制；新媒体编辑部根据时事热点和微观与宏观趋势，进行以新媒体传播为主要渠道的内容采编。

经过长时间的探索、试验、经验总结和内部培训交流，新媒体编辑与杂志编辑部门形成了一体化的采编及选题流程，记者撰写发布于平台上的原创文章，可即时根据传播规律和读者实时反馈总结经验，反哺杂志采编工作。

新媒体编辑注重总结经验教训，进行头脑风暴，制作新媒体工作创意思维导图，探索第三方平台多方面功能，如申请原创、双标题、外图封面、专栏作家、子母号等。同时，定期总结新媒体运行相关经验，进行融媒体记者标题制作培训、后台同步培训，并多次尝试图文深度结合 + 视频内容等多媒体传播方式的创新。

在运营过程中逐步创立了包括流程制作、内容排查，融媒体好稿评价标准、数据统计、政审等工作流程，纳入报社及杂志社公开发布的工作流程手册，进行规范标准的运营，将看不见、摸不着的媒体融合传播规律经验数据化、流程化，可重复性和可操作性较高。

四、社会效益和经济效益显著

融媒体矩阵编辑运营过程中的一些反馈和思考让编辑部产生了深刻的思维变革，编辑部基于新媒体传播规律进行的选题构思、标题整改、内容采写，获得了读者的好评，成为报社及杂志社媒体融合创举的先头兵，取得了明显的社会效益。

国家信息化专家咨询委员会常务副主任周宏仁针对信息聚合平台项目提出：“我国战略性新兴产业发展良好态势备受关注，如果有一个系统的、完善的、权威的传播战略性新兴产业信息的平台，不仅有利于国家有关部门及地方政府及时掌握战略性新兴产业发展状况和相关信息，也有利于行业从业者深入了解行业技术前沿、市场状况等，从而更好地把握投资方向。”“建成后的信息聚合传播更有权威性、引导性，对于我国战略性新兴产业发展意义重大且深远。”国家发改委投资研究所副所长、研究员汪文祥指出：“正确的舆论导向和完善的资讯将为战略性新兴产业发展提供强大助力，但我国目前在报道战略性新兴产业发展上存在薄弱环节。因此，建设相应的资讯平台意义重大。”

作为国内唯一的、系统的、权威的国内外战略性新兴产业发展、技术前沿、市场资讯的权威发布平台，中国战略新兴产业融媒体矩阵为主管部门、产业、企业、研究机构提供权威、即时、有深度、可依赖的数据及咨询来源，做有深度、有温度、有力度的专业媒体。经济效益方面，通过增加发行、广告、数字化版权、信息使用、会议论坛、品牌延伸经营收入，进一步加强联盟、研究院合作机制；扩展资源合作渠道，融媒体矩阵为杂志整体发展建立了新的合作可能性。

2020 年 11 月，“中国战略新兴产业”融媒体矩阵中的“中国战略新兴产业”今日头条号荣获中国经济传媒协会举办的第 32 届中国经济新闻大赛融合报道类三等奖。

融媒体矩阵平台创建以来，杂志社经济收益也不断提升。从2015年亏损减发工资，到2016年融合发展进一步推进，经济效益逐步好转，2020年底全年净利润人均10万元，杂志社账面现金流400多万元，取得了明显的经济收益。

（朱永旗：中国战略新兴产业杂志社总编辑，赵涵、艾丽格玛：中国战略新兴产业杂志社编辑）

中国战略新兴产业网

案例类别：产品

《中国护理管理》：讲好护理人的故事 讲好护理科研的故事

《中国护理管理》杂志社成立于2001年，二十年来，为创造一流的学术期刊与推动护理管理发展而不断努力。《中国护理管理》杂志是由国家卫生健康委员会主管、国家卫生健康委医院管理研究所主办的学术性期刊，是中国科技核心期刊、中国科学引文数据库（CSCD）来源期刊。刊物面向全国470万护士群体，追踪与报道护理管理领域的最新成果和动态。为打破学术期刊"很专业，但也有距离"的传统印象，杂志团队勇敢探索打造新媒体平台——"中国护理管理"微信公众号于2014年5月创建，针对的特定人群为专业护士，现有近50万人关注。近十年，是我国护理事业快速发展的时期。党的十八大、十九大作出"实施健康中国战略"的重大决策部署，强调要全方位、全周期保障人民健康。国务院学位委员会将"护理学"定为国家一级学科，全国开展护理专业国家临床重点专科建设，护理专业的吸引力和队伍的稳定性向好发展。

2020年是极其不平凡的一年，习近平总书记在"5·12"国际护士节到来之际代表党中央，向全国广大护士致以节日祝贺和诚挚慰问，指出广大护士为打赢中国疫情防控阻击战、保障各国人民生命安全和身体健康作出重要贡献。为了向广大医务人员致敬，同时从疫情防控常态化角度出发，《中国护理管理》杂志社决定充分发挥线上学习的前瞻优势，推出一套纸版期刊与新媒体深度融合发展的组合拳，更好地促进了广大读者和作者、临床和学校工作者进行深度交流。

一、成立新媒体工作组

在杂志社传统运营模式下，编辑部与新媒体部分别对学术内容与新媒体内容进行策划与组稿。期刊的作者与读者以临床与高校管理者、研究者为多，研究型文章理论多、科研方法丰富；而新媒体受众更加广泛，以基层护士为多，他们期望能用碎片时间轻松地阅读，所以在选题与内容的呈现上截然不同，因此必须在单位内部率先打破壁垒，新媒体编辑需要知道通过学术的传播能够帮助护士提升科研与学术能力，而学术编辑也需要学习如何将临床护士吸引来学习和引用学术文章。经讨论决定采取对外——与作者通力合作，充分调动作者积极性；对内——全体人员均参与策划与宣传，其中学术编辑全部在新媒体部轮岗至少两周，学习新媒体文章推广方式。

二、学术期刊文章的微信推送竞赛活动

疫情期间，纸质刊物不能及时送到读者手中，且订阅数量有限，不能满足更多的护士学习文章的需求，因此及时决定将发表在期刊上的优秀文章以微信的形式进行推送。因为是第一次尝试，对于推文的形式与效果没有预期，大家协商采用竞赛形式，由学术文章的编辑与文章作者沟通，对文章进行改编，让学术文章不同于以往，更能吸引读者。并且在推送安排上也做了要求，都在头条推出，阅读量累计为发出后的1周，以达到竞赛的公平公正，通过对题目和内容的改写，统计文章发出后1周的阅读量和相关平台转载次数确定内部竞赛结果。本次活动最终刊登18篇学术文章的微信稿，1周阅读量从2000余次增至1.4万次。如原学术文章题目为《机动护士在手术室护理人力资源管理中的应用》，经题目改编为《病房护士来手术室做兼职吧》，3天的阅读量已达1万以上；原学术文章题目为《火疗技术温度变化规律的研究》，经题目改编为《腰酸腿痛？您尝试过中医火疗吗？》，并配以动态火疗图，1周内有3个平台申请转载。原学术文章题目为《加速康复理念下术前机械性肠道准

备对胃癌术后康复相关影响的研究》，经题目改编为《肠道准备，我们可能一直做错了》，1周内阅读量9000余次，有2个平台申请转载。此次活动既展示了期刊的学术水平，也起到了良好的宣传效应，在一定程度上提高了优质作者投稿积极性，同时为后期来稿选题等编辑工作打下了基础。

三、组织开展公益云端课堂

《特别策划》栏目是《中国护理管理》杂志最重要的栏目，聚焦我国卫生护理政策及行业热点，组织相关领域专家撰稿，作者基本上都是各医院护理管理者、护理学院院长等资深专家。每期特别策划通过座谈或微信会议，听取全国范围内专家们的建议，从各角度通过多种形式进行报道，形成一个有机的整体，使栏目更具有导向性。2020年精心策划的12个主题为：护理管理模式创新实践、虚拟现实技术与护理、临床营养管理、循证护理研究进展及剖析、产科护理和助产、医护人员职业健康防护、护理教育改革与实践、儿童危重症护理管理、失智症照护、专科护理门诊、加强老年患者护理服务、全民健康助力全面小康。这些优质的文章需要更快更好地推出并方便读者学习，不同于普通来稿，这些文章具备专家效应，因此有别于普通文章的微信推送，决定通过视频授课形式，充分利用网络便利拉近作者与读者的距离。在执行主编的带领下，以编辑部为主拟定直播主题、内容、日程，并邀请专家按照模板录制课程；由新媒体部、经营部、学术部通过微信、官网等渠道发布直播通知和课件，同时各部门合力进行学员留言与微信群交流反馈。

自2020年5月首播至11月，《中国护理管理》杂志社云课堂设立的两个模块，分别是“云作课”（作者讲文章撰写）、“云评台”（专家点评业内热点），已成功播出了10期。播出后的1周内会把教师的授课PPT在“中国护理管理”微信公众号推出以殄读者。

在年底的一次调查中显示，云课堂的参与者主要集中在省会城市（90%以上），播出的所有内容都深受人们喜爱。参与者更关注科研选题与设计（70.59%）、论文撰写与发表（39.22%），与专科相关的新进展与实用技术（49.02%）。并对未来平台提供的服务（如选题、播出时间、时长等）提出了宝贵的建议。100%的参与者愿意将此项活动推荐给他人。

截至2020年底，云课堂全部浏览数58404次，全部访客数33281人次，全部表单数44497张，已建有12个微信群共2700名较为固定的学员，最高时有2000余人同时在线学习。此活动纯公益性质，不收取任何费用，授课专家十分积极与支持，从一篇文章的选题、撰写过程、修改体会等超出文章字面内容进行倾情讲授。

四、总结

微信公众号作为杂志的重要媒体形式，在日常工作中十分注重对护士风采的报道，如在疫情期间向全国征集反映护士在抗疫一线奋斗的原创文章。收到投稿约1650篇，经筛选编辑共推出100余篇，文章凸显了护士在抗击新冠肺炎中的崇高职业精神。很多粉丝留言为护士加油、打气，致敬抗疫一线的医护人员。目前杂志社所有工作人员均已掌握微信推文方法，通晓网络课堂运作方式，与专家和作者、读者建立了更加深厚的友情。通过此次系列活动，杂志社真正履行了作为护理领域学术媒体应该尽到的义务——职业价值宣传，讲好护理人的故事；学术宣传，讲好护理科研的故事。未来，立足应用驱动，立足深度融合，《中国护理管理》杂志社继续深化对新媒体平台的系统建构，聚焦于为护理工作者打造适合的发展平台、建构适合的学习范式、探寻适合的学习路径、提供适合的学习资源，积极推进交互化、精准化的资源供给。

（《中国护理管理》杂志社）

中国护理管理云课堂

案例类别：产品

中国科技期刊卓越行动计划之科技期刊数字化运营国际平台

2019年11月22日，由中国科协、财政部、教育部、科技部、国家新闻出版署、中国科学院、中国工程院联合实施的“中国科技期刊卓越行动计划”（简称“卓越计划”）正式公布了入选项目名单。中国知网凭借自身在大数据、云计算、智能分析方面的技术积累，依托在期刊出版、运营、传播、服务方面的丰富经验，始终致力于利用权威的数据、先进的技术、国际化的平台为出版界提供专业的产品和服务，成功中标卓越计划之科技期刊数字化运营国际平台服务项目（以下简称平台）。

平台包括八大系统，以世界知识大数据为支撑，以科技期刊决策支持系统为特色，以智能投审稿系统、集群化发布平台以及多语种呈现等为重点，为加快推进中国科技期刊国际化、现代化、全球化、集团化、专业化、多维化进程提供运营支撑，赋能期刊高质量发展。

一、世界知识大数据：期刊国际化运营的重要保障

知网以版权合作、法定许可、合理使用为数字化著作权授权机制，建成了以中国知网为大数据存储与整合传播中心的“世界知识大数据（WKBD）实时聚合平台”，已按“全文 + 摘要混合收录模式”动态汇聚 80 多个国家和地区、700余家国际出版社的学术期刊、会议论文、专利、标准、研究报告、专著、博硕士论文共计5亿多篇 / 条（2.8亿篇全文，3 亿条摘要），其中学术期刊覆盖 JCR 期刊的 94%、Scopus 期刊的 85%。利用大数据技术，实时掌握读者动态数据，以数据反馈为支撑，构建读者与期刊的双向服务与反馈机制，为期刊定位、编委遴选、选题策划、专家推荐等提供强有力的决策支撑。

二、智能审校工具：期刊现代化质量管理的有效手段

论文学术不端检测。以 WKBD 为核心比对源，可检测抄袭、篡改、一稿多投、分拆发表、不当署名等学术不端行为（伪造行为检测功能尚在开发），检测内容包括中、英文等文字内容，还包括公式、表格、数据、图形等。

论文创新性查证。WKBD 的高级检索、专业检索以及创新点指纹比对功能，支持期刊编辑比较查证，包括图形、表格、公式、数据、观点、论据、方法在内的论文创新内容，以有效避免低水平重复论文的发表。

审稿专家的大数据遴选与智能推荐。基于知网规范的专家库和 WKBD 的作者画像系统，支持期刊按照任意研究领域、方向、课题、学术成果、审稿历史等对审稿专家进行详尽的了解、评价和遴选。系统亦会依据每一篇待审稿件的学术特征，智能推荐适合审稿的专家。

编—作—审协同审稿平台。知网基于 OKMS 与 WKBD 开发的编—作—审协同审稿平台，支持在期刊责编、主编、编委监督下，作者、审稿人进行双盲评审规范下的直接线上讨论，可有效避免审稿偏颇导致对“奇特稀”论文的错误退稿，以保证期刊的学术公平与质量。

以上工具为期刊有效把控稿件质量，夯实质量品牌，提供了有效的智能辅助决策手段。

三、协同编排体系：期刊全媒体发布的高效途径

协同编排体系是为作者、编者提供的一个基于 XML 数据的协同编辑排版系统，通过作者、编者和智能排版引擎三者的协同编排共完成出版工作，同步完成文档结构化和排版工作，满足印刷出版和数字出版需要。并借助全媒体传播媒介进行发布和传播，真正做到从作者开始实现出版内容的“一次制作、多元发布、多渠道融合、多平台互动”，形成载体多样、渠道丰富、覆盖广泛的融媒体传播矩阵，实现媒体之间的边界消融，促进内容资源的整合。

四、全流程服务：期刊集团化、专业化发展的必要支撑

平台以传统、增强、数据、协创论文的网络首发为主要数字出版模式，面向期刊的国际化“策、作、编、审、校、排、发、服、存”决策和运营全流程及其动态战略管理，全方位搭建“数字化、网络化、协同化、自动化、智能化”的运营环境、运作模式与操作手段，实现图文、专题、H5、视频、直播等多形式内容的全流程一体发布。

中国知网在过去 20 余年发展中，积累了丰富的面向期刊全流程出版运营与服务的经验，目前，“腾云”全流程编辑出版平台在线期刊用户达 3288 家，个人用户 7926057 人，日均审稿近 2 万篇。这些经验将成为平台稳定、专业运营与服务的重要保障。

五、海量国际用户：期刊全球化发布的受众基础

2019 年“中国学术期刊全文数据库”等中国知网系列数据库产品成功落地 65 个国家和地区的 1600 多家高校、科研、政府、智库、医院、企业等各位机构，终端读者达 1.7 亿，年下载文献量逾 23.3 亿篇次，在全球科教网站的访问量排名位居第三；被国家商务部、原文化部连续 7 年评为“国家文化出口重点企业”，被原国家新闻出版总署授予“中国新闻出版‘走出去’先进单位”称号，为学术成果的“全”“准”“快”传播提供核心保障。

六、意义重大：助燃中国科技期刊内涵式发展

本项目是中国科技期刊卓越行动计划专门针对中国期刊出版当前所处的特殊变革期而特别设立的，旨在抓住期刊出版数字化、智能化变革的重大机遇，着力提高科技期刊产业的融合发展能力、自主创新能力和可持续发展能力，推动科技期刊数字化、集团化、国际化进程，加快形成有效支撑世界一流科技期刊建设的科技期刊出

版产业链体系。

“世界一流科技期刊”建设关乎“创新驱动发展”战略，中国科技创新国际竞争能力与话语权建设和中国科技期刊的未来，而科技期刊数字化运营国际平台作为中国科协、财政部、教育部、科技部、国家新闻出版署、中国科学院、中国工程院联合实施的“中国科技期刊卓越行动计划”的一部分，已经充分说明建设国家层面的科技期刊国际运营平台的重要性。

在我国这种小作坊式、独自经营的出版模式下，要求各期刊编辑部自立门户、独立创建并运行网站，不但重复投资、浪费资源、成本提高，而且规模小、效率低、人员不专业、资源不能共享。所以建设国家层面的科技期刊国际运营平台也是期刊界的共识，一方面，实现期刊出版网络化、发挥数据集成的优势，进而靠规模来扩发中国期刊在国际上的影响力；另一方面，国家层面的平台在传播与交流国家科技信息成果、引导国家科技研究发展方向、提升国家科技形象、维护国家科技信息安全等方面，将会发挥越来越重要的地位。

平台已于2020年12月9日通过中国科协第二阶段的鉴定验收，并从项目执行之初，持续关注期刊需求，并不断地为科技期刊提供运营服务。“科技期刊数字化运营国际平台”的成功实施必将谱写中国科技期刊内涵式发展新篇章。

（同方知网数字出版技术股份有限公司）

案例类别：产品

融合用户思维和生态理念的教学媒体创新

互联网时代，新业态对传统出版的冲击不言而喻。《中小学数字化教学》期刊坚持融合创新，实现了期刊出版的逆风飞扬。

一、整合内外资源，打造出版生态

（一）创新办刊，生态发展

“十三五”期间，人民教育出版社（以下简称人教社）积极落实《国家教育事业发展“十三五”规划》，贯彻教育部决策部署，大力实施“创新、融合、引领”的数字出版战略，成效显著。为促进教育、出版和技术深度融合，人教社于2017年7月创办《中小学数字化教学》期刊。办刊理念：“面向教育现代化，引领数字化教学”；内容规划：让一线教师“看得懂、学得会、用得上”；办刊方针：“顶天立地”——理论探索和教学创新实践相结合；服务方向：“纸数融合”的数字化出版服务数字化教学。

期刊以用户为中心构建出版生态系统，按照“中央厨房”的模式建设平台和出版体系，对媒体资源、用户资源、数据资源和内容资源进行整合管理。生态逻辑下，内容被编辑选择到合适的产品上发布，用户信息和行为数据通过数字产品被采集和分析，更符合用户需求的内容通过用户或期刊被生产出来，再发布。如此周而复始，形成了融合出版的正向生态闭环。

（二）整合资源，成绩喜人

《中小学数字化教学》设编辑部和新媒体部，现有员工6人，主编、副主编由人教社领导和专家兼任，成立了由顾明远、张景中、杨宗凯、韦志榕等领衔的专家委员会，囊括人教社各学科专家的编委会，汇聚了阿里巴巴、腾讯、科大讯飞、中文在线等互联网巨头的理事会，并建立特约编辑团队。

期刊与众多省市教研部门保持沟通，与互联网教育机构建立深度合作。期刊通过编委会专家为内容把关；通过理事会吸收技术、拓展市场；借助教师俱乐部调动广大教师的积极性，实现多方互利共赢。

2020年，纸刊销售量突破4.5万册/期，电子刊销售每期过万，为西部七省区捐赠电子刊66万多册，电子书在官网提供免费阅读，微信公众号和小程序即时提供电子刊有偿阅读。期刊的总流通量已经突破11万册，官微用户近6万，经营收入突破千万元。

二、坚持实施精品战略，融合创新服务用户

（一）内容为王，品质立刊

期刊由人教社总编辑郭戈担任编委会主任，人教社副社长王志刚担任主编。教育部原副部长刘利民，中央电化教育馆馆长王珠珠以及张景中、顾明远、何克抗等十几位专家题写了创刊寄语。选题质量由编辑（部）和编委（会）共同把关，内容质量主要由人教社各学科专家把关，编校质量由编辑（部）负责。期刊根据自身特点执行四审四校一核一读制度，差错率在0.5/万左右。

期刊出版，人才是关键。期刊充实专委会、编委会、

理事会等智力资源，强化作者队伍建设，借助教育部课标组、人教社教材编写专家，挖掘建立省市教研员和特级教师（名师）作者队伍，让核心作者不断裂变。并通过重点栏目、重点文章的示范引领，让种子作者横向拓展圈层，纵向向上链接顶端专家，向下拉动青年骨干作者。

（二）用户思维，社会肯定

期刊以用户需求为导向，以引领方向、创新价值、贴近教学、服务教师为目的，重点打造专题、名师引领、区域示范、典型案例等品牌栏目，打造核心竞争力。

2019年期刊被人大复印报刊资料全文转载14篇文章，2020年上半年被人大复印报刊资料全文转载17篇文章。2020年10月，入选2020年《中国学术期刊影响因子年报》统计源期刊。在中国期刊协会和中国教育装备行业协会主办的征集推荐中小学图书馆馆配活动中，本刊获“中小学图书馆推荐优秀期刊”称号。

“《中小学数字化教学》一直在引领中小学数字化教学理论探索与应用实践，可以说期期有特色、篇篇是看点，是我们推进普遍性质的数字化备课、做好数字教材深度应用的最好学术助手。”国家“互联网＋教育”示范区宁夏教研室在一份公函中如是写道。

（三）业态创新，融合发展

期刊坚持“纸数联动”立体化融合发展，打造“两刊一微一网一端”创新平台。“两刊”即纸刊和电子刊，“一微”即微信公众号，“一网”即官网，“一端”即教师俱乐部客户端。期刊联合人教数字教育研究院举办了4届中小学数字化教学研讨会，参与人数达数十万。期刊不仅建立了媒体矩阵，还经常与人教社的媒体互推，共享流量。

期刊将融合理念融入整个出版流程中。生产融合：从选题源头开始融合，由纸刊后期配给数字产品的不同步发行转变为纸电同步的流程一体化；编辑加工模式上，由传统编辑和新媒体编辑相互独立转变为传统编辑和新媒体编辑充分融合。发布融合：将数字内容分发到平台（资源库），实现“一次制作、多次发布”。用户融合：通过平台将数字产品用户信息和纸刊读者信息进行统一管理。根据用户需求设计数字内容产品，形成产品矩阵。

融合的根本在于服务受众。期刊关注数字化课堂的重组、再造、创新，关注教育从专有资源向大资源的转变，在选题方向上重视教师信息素养的提升，聚焦一线课堂与信息技术融合的效果。

三、积极应对疫情影响，优质高效保障出版

（一）优先出版，改进流程

新冠肺炎疫情期间，期刊实施“优先出版”策略，即先在官微“优先出版”，再由纸刊登出。新媒体编辑对“优先出版”的文章进行改编，使之符合屏幕阅读的要求；文章在纸媒刊出时，突出深度和广度，使之符合纸面阅读的习惯。期刊第3期定稿后即在官微推出，确保读者获取最“新鲜”的杂志。官微的阅读数据、用户留言，也为纸刊的组稿提供了参考和支持，深化了媒体融合的程度。在传播形式上，不仅注重文字传播，还设计了语音导读，使用短视频的形式进行传播，增强传播力度。专栏文章陆续分发到官网、搜狐平台及官微小程序中，将一些文章进行整理、编校后，登在纸刊并附上相关二维码，形成纸数媒体的深度融合。

（二）胸怀大局，担当使命

为贯彻落实党中央教育信息化的战略决策，加强舆论引导，推出了相应的专栏、专题和系列文章，取得了较好的社会反响。还特邀专家解读《中国教育现代化2035》，配合教育部“基础教育信息化应用典型案例”评选活动，设立《典型案例》专栏。

2019年向“青椒计划”中的青年教师、三区三州地区的教师捐赠期刊5000余册；发起封面人物评选活动，让青年教师尤其是乡村教师有机会在刊物封面一展风采；举办了超过数千名教师参加的多场论文写作公益培训。

在战“疫”教学中，科学引导教师开展在线教学，帮助教师提升数字化教学能力。2020年第3期刊登包括北师大陈丽教授的《应对疫情，网络教学为何在初期“翻车”》等一系列战“疫”文章，并策划落实了“停课不停学专题”。教育部办公厅印发《关于深入做好中小学“停课不停学”工作的通知》后，融合创新传播形式，全力服务“停课不停学”工作。《桑新民：与瘟疫赛跑，教育如何才能不落后》在官微首发后，引起较多讨论，引发大家对“停课不停学”中的教育问题进行系统性、体系化的思考。并与桑新民教授在官微开设“疫情中的教育思考”专栏，创设教育思想交流碰撞的窗口和教育创新经验分享的舞台，部分网文经加工整理后还在纸刊发表。

官微刊载的疫情相关内容传播迅速，大受欢迎，其中《调研报告丨疫情期间，线上教学开展得如何？可以怎样改进？看看数据怎么说》一文首发后，《人民教育》等媒体纷纷转载，并引起教育部相关领导的关注，一些观点也成为教育部后续出台政策的依据之一。

2020年5月，响应教育部基础教育司号召，推出《中小学数字化教学抗疫增刊》，及时总结和传播了疫情期间中小学线上教学的可行做法。

不忘初心，方得始终。《中小学数字化教学》始终坚持正确的政治方向，着力推进改革创新，愿与千万名中小学教师共同成长，共同拥抱数字化教学的春天！

（人民教育出版社《中小学数字化教学》编辑部）

《中小学数字化教学》公众号

案例类别：产品

育朵：0 ~ 12 岁儿童成长知识服务平台

——基于传统期刊的内容整合与挖掘

一、项目概况

（一）项目背景及基本情况

在人口发展趋势的背景下，母婴及儿童教育行业已成为新兴、充满刚性需求的行业，相关儿童经济产业促生这个行业产生更为立体化的媒体平台。全媒体升级转型是传统媒体的重要课题，打造具有核心价值、强大影响力、竞争力的强势媒体品牌，是面对挑战与竞争的必然选择。

育朵 APP——0 ~ 12 岁儿童成长知识服务平台，依托《父母必读》《少年科学画报》两本具有 40 年历史、深受用户信赖、极具品牌价值的媒体，深度挖掘期刊的内容资源，通过融媒体技术手段创新内容生产、传播与服务方式，形成贯通传统媒体与新兴媒体的传播平台。该项目以“儿童”为本，以“用户需求”为中心，结合不同年龄段儿童身心发展特点，设计专业、有体系的场景库模型。针对这些场景，为儿童成长提供专业资讯、相关文创、衍生产品，加速从纸媒向包含线下活动和线上“多屏文化生态系统”的融媒体发展模式全面升级，将现有数十万读者的纸媒全面升级为服务全国数百万用户的融媒体平台，构建新型的多业态内容产业链，推动整个行业的发展。

（二）目标用户群体

全国 0 ~ 12 岁儿童家庭。

（三）服务模式

重构内容传播与服务方式，以“更好满足儿童成长需求”为核心，以儿童生活中的真实情境为场景定义需求，建立场景式内容数据库，线上依托育朵 APP、育朵微信公众号、育朵微博等育朵融媒体矩阵，采用文字 + 音视频等多形态手段，结合纸质书、线下落地活动等，以服务包的形式为用户提供不同场景下的儿童成长服务。

二、项目特点

（一）以用户为中心，利用大数据打造动态场景

儿童成长场景模型建设的基础是儿童成长过程中的真实生活场景，如家庭、幼儿园 / 学校、户外、社区等。比如家庭场景模块中，吃饭就是一个典型的小场景。以往关于孩子吃饭问题或是从营养或是从行为单方面提供资讯服务，但孩子吃饭问题包含着健康、营养、教育、心理等跨领域的内容。围绕孩子吃饭这一场景，为用户提供全方位内容服务，包括面向家长的图文专题、系列视频课程、直播交流，面向儿童的关于吃饭的互动小游戏、绘本，在儿童吃饭时播放的音乐等各形态产品。通过对“吃饭”这一场景的深度解析挖掘，既帮助家长培养健康快乐的美食家，为儿童综合素质培养和健康成长打下基础，又极大拓展了传统媒体对专业内容与行业资源的整合能力，更好地满足新生代父母的新需求。

（二）重构内容生产与传播方式，形成多业态内容产品链

以儿童为中心，按照主题模块提供场景式成长解决方案，探索完善了多形态产品开发体系，对内容开发全流程进行模块化和一体化的把控。建立了从选题内审、立项、主题确定、多形态产品制作到后期包装、运营推广全方位的系统化流程管理体系。将互联网思维融入场景的每个层面，不再区分传统媒体和新媒体，都是围绕“用户需求”进行传播和影响，以用户为核心，根据数据及用户需求，动态升级各个场景模块，探索广告、增值、电商等多业态经营模式。

2019 年，育朵携手知名心理学家柏燕谊，开展主题 IP 模式合作，以视频课《学点心理学，成就孩子好未来》开发为核心，衍生线上训练营、主题论坛、深度工作坊、图书合作、文创产品等多种类型的合作。

（三）创设品牌虚拟化形象，探索品牌 IP 化建设路径

平台自上线之日起便创设了育朵一家四口的人物形象，包括育妈、朵爸、小育和小朵，以及一个特定性格设置的宠物小龟，使用户在与“育朵”互动的过程中，产生人与“人”互动的感觉，从而完成用户对“育朵”的立体认知，也为衍生文创奠定了良好的品牌基础。

三、运营措施：深度运营与全渠道互动

该平台围绕儿童成长的重要场景展开深度运营，通过知识提供、在线答疑、直播互动、社群活动等多种方式为用户提供服务，同时广泛开展全渠道合作扩大影响力。以儿童阅读场景的深度运营为例，2019 年，联手喜马拉雅，重磅打造绘本阅读的 100 节音频课《绘本大师课》。

2020 年 4 月，在世界读书日期间，以“儿童阅读”场景为核心，以《绘本大师课》为抓手，整理配套的近 200 本书展开系列运营工作。4 月 20 日至 5 月 5 日开展了“遇见大师，阅读有意思”16 场系列公益直播活动，同时整合各出版单位、幼儿园、阅读推广机构资源，发挥平台力量：一是提升知识服务品牌育朵的知晓度；二是借此开展《绘本大师课》的销售，以期实现社会效益和经济效益双丰收；三是实现育朵 APP 的引流。

此次直播充分整合专家、出版社、幼儿园、阅读推广机构等资源，销售课程的同时带动配套书籍的销售，实现一个活动带动多产品销售，整体提升了品牌影响力。同时活动吸引了人民网、北青报等多家媒体的关注和报道，各渠道、幼儿园、用户等都纷纷发来感谢，表示线上直播充分发挥了互联网的优势，随时随地可以观看到直播课程。

通过多个重要场景的内容生产和运营活动，公司从产品、业务、技术、团队四方面进行充分融合，促进融媒体业务的有效探索。

四、社会效益及经济效益

育朵平台汇聚 200+ 位跨领域顶级专家，1000+ 集在线精品音视频课程，1000+ 篇电子专题文章，10000+ 分钟精细解读，通过文字、图像、音视频等多媒体形态，实现“听、看、问、聊”一体化，为父母提供丰富的关于少年儿童成长的知识体系，并通过系列直播、沉浸式读书会、针对性训练营、跟踪式家庭教育咨询等多种形式的线上线下活动，调动多感官体验和友好交互。

（一）推动期刊融合发展

经过一年运营，“育朵”融媒体矩阵用户已超 10 万，实现了社会效益和经济效益的统一，对于传统媒体探索利用自身资源进行深度融合发展具有积极价值与意义，对传统期刊内容资源的价值挖掘、生产及传播方式重构起了极大的推动作用。

（二）担当社会责任，有效助力公益活动开展

育朵还积极参与公益活动，2020 年疫情期间，推出“爱传万家 温暖同行”公益行动，为家长和儿童免费开放 10 门音视频知识付费课程，共 200 多节课 1000 余分钟。北京近 50 家幼儿园积极响应，通过微信公众号、教师群及班级群点对点发放给家长和儿童，该活动线上浏览量超过 3 万，近 1.3 万人次收听。并加入了北京市委宣传部的“数字出版 + 我一个”行动计划，首都新闻出版、人民日报以及行动计划的 100 多家企业均相互转发了文章。同时，还受邀入驻新浪全国公益课程平台。

此外，育朵还借助平台优势有效支持了北京市妇联“陪伴，我们在一起”家庭教育主题活动，北京市计生协“云上社区科学育儿家庭服务”等各类公共文化服务项目中。

（三）经济效益显著提高，有效实现资源整合

育朵融媒体矩阵运营两年多以来，收入稳步增长，为公司整体营收做出了一定的贡献。近两年收入增长达 371%，实现社会效益和经济效益的同步增长。

未来，育朵将伴随儿童、父母、时代的成长，时刻关注家庭教育生活新理念，通过创新技术构建“大数据 + 场景模型 + 内容云库 + 多形态产品”的媒体新业态，提供无处不在、如影随形的儿童成长支持系统，助力新时代父母养育面向未来的强国人才，为千万个中国家庭带去幸福与美好。

（北京承启文化传播有限公司）

案例类别：组织机构

革故鼎新 融合发展 协作共赢

——有色行业核心国有企业 · 一级学会 · 一流高校联合出版模式探索

钱九红 马雯

有科期刊出版（北京）有限公司（以下简称有科出版）是具有独立法人资格的出版公司，2015 年由有研科技集团有限公司（以下简称有研集团）发起成立，旗下 7 本科技期刊均为行业内的高影响力品牌期刊。2019 年，有科出版携有色金属期刊集群获“中国科技期刊卓越行动计划—集群化试点项目”（全国仅 5 家）。有科出版于 2019 年引入中国有色金属学会（以下简称学会）、2021 年引入中南大学出版社作为战略合作伙伴，逐步发展为国内唯一由有色行业核心国有企业、一级学会、一流高校联合出版的创新平台公司，通过不断扩大出版规模，收获了跨学科创办新刊、跨地域合办新刊的宝贵经验，同时数字化建设、出版平台建

设也初见成效。

一、迈出法人化第一步

1961 年，北京有色金属研究总院科技情报研究室成立，陆续创刊《稀有金属》（1977 年）、《稀有金属（英文版）》（1982 年）、《分析试验室》（1982 年）、《稀土学报（英文版）》（1983 年），1992 年改为科技信息所。

2015 年 10 月 16 日，进一步适应国家对科技期刊出版的政策要求，推动科技期刊业务健康发展，有研集团将所属二级单位科技信息所转制，独家发起成立具有独立法人资格的出版公司——有研博翰（北京）出版有限公司（现“有科出版”），注册资本 100 万元，为国有独资公司。2020 年 8 月，更名为有科期刊出版（北京）有限公司。

据《中国科技期刊发展蓝皮书（2020）》显示，目前单刊编辑部作为出版单位的数量为 3269 家，占比 76.24%。有科出版打破了传统的非法人单位编辑部出版模式，成立具有独立法人资格的出版公司，迈出了快速发展的第一步。

二、战略合作，强强联合

中东有石油，中国有稀土，有色矿产是中国特色优势资源，有色金属是中国的关键战略领域，《稀有金属（英文版）》《稀土学报（英文版）》曾代表中国特色领域期刊登上法兰克福国际书展，有科出版拥有天然的领域优势；创办第一本中国分析化学领域英文刊，旗下期刊均为国际知名、国内领先，有科出版具有学术期刊经营优势；注册地在北京市西城区，同时科技期刊出版属于文化产业，符合首都核心区域未来发展定位，有科出版具有区位优势。为充分利用自身优势，有科出版提出了做大做强融合发展的战略目标，通过引入战略合作伙伴，共同打造中国有色金属领域期刊出版平台。

作为国家一级学会，主办 16 本科技期刊，拥有 31 个学术分支机构，17 个地方有色金属学会，238 家团体会员，43000 名个人会员，学会具有丰富的期刊资源和行业影响力，是发展我国有色金属科技事业的重要社会力量。有研集团和学会共同见证了我国有色金属事业的蓬勃发展历程，在共同打造有色金属领域期刊出版平台的战略目标上不谋而合。

2019 年 6 月 12 日，北京产权交易所出具增资凭证，学会出资入股，成为重要的战略合作伙伴，注册资本变更为 125 万元，有研集团占股 80%，学会占股 20%。

有科出版通过引进行业一级学会战略合作伙伴，开启了行业核心国有企业、一级学会联合出版新模式。

三、跨学科、跨地域，扩大出版规模

为不断完善市场化运营机制，在出版市场立住脚跟，有科出版紧跟国家宏观政策，逐步扩大出版业务，以丰富的办刊经验、敏锐的洞察力跨界创办英文新刊，并开启了校企合作办刊、期刊一站式服务的业务。

2015 年，在中国科技期刊国际影响力提升计划 D 类项目中，有科出版获得我国分析化学领域第一本英文期刊的创办资格，填补了国内分析化学领域英文刊的空白。《分析检测（英文）》创刊一年被 ESCI 数据库收录，创刊两年被 Scopus 数据库收录，创刊三年被 EI 数据库收录。

正是由于多年积累，在行业内有良好的口碑和影响力，江西理工大学将历时 6 年申请获国家新闻出版广电总局批复同意创办的新刊《钨科技（英文）》（取得 CN 号）——江西省第一本也是唯一英文刊，交予有科出版组建出版。《钨科技（英文）》创刊于 2019 年 5 月 20 日，恰逢习近平总书记赴“稀土王国”“世界钨都”——江西赣州“稀土钨稀有金属产业基地”考察调研，《钨科技（英文）》作为支撑国家战略资源钨的重要学术平台，生逢其时。

四、有色金属期刊集群化建设已见成效

有科出版通过共享办刊资源、加强培训交流、提升数字化办刊水平、提供期刊一站式服务的方式，构建了遍布全国、覆盖全行业、层次分明、功能各异的大型有色金属期刊集群，成为国内有色领域科技期刊出版的龙头单位。

2019 年 9—10 月，有科出版构建了有色金属期刊集群，总计 68 本，占行业期刊总数的 99% 以上，覆盖了有色金属、有色矿产、冶金、理化分析、自动化及机械设计等各个行业；有 16 本国际影响力旗舰期刊、52 本优质行业代表性期刊；遍布全国 11 个省或直辖市、39 家学会协会、高校、研究院所、企业。

2019 年 11 月，有科出版以“立足有色科技、服务创新发展，打造世界有色金属科技出版集团”战略目标，携中国战略领域有色金属期刊集群，从全国 25 家申报单位中脱颖而出，入选中国科技期刊卓越行动计划集群化试点子项目及单刊子项目（全国仅 5 家），获批资助总金额 3000 余万元，这是迄今为止我国在科技期刊领域实施的力度最大、资金最多、范围最广的重大支持专项。背靠国家项目的支持，有科出版踏上了集群化发展的快车道。

五、并购重组，做大做强做优

为赢回科技期刊海外数字出版版权，反哺有色金属

领域科技发展，助力科技强国的建设，亟须打破期刊之间隔阂，以内容为资源，以网络为平台，实现融合发展，建设国际化的数字出版平台。有科出版对国内有色金属行业内相关单位进行调研，确定了下一步战略合作对象为中南大学。中南大学是拥有世界上最为完备、国际一流的“地、采、选、冶、材、工”有色金属学科体系链，并且拥有国内唯一的有色金属全媒体数字出版平台，数字出版工作成果显著。双方经过多次的调研交流，达成了合作共识。

2020 年 1 月 19 日，有科出版与中南大学旗下出版公司——中南大学出版社签署了战略合作备忘录。

2020 年 8 月 28 日，有研集团、学会、中南大学出版社、有科出版四方签署《关于有研博翰（北京）出版有限公司增资的合作框架协议》，商定中南大学出版社以中国有色金属知识库及其相关产品所有权向有科出版增资。

2021 年 6 月，增资项目完成了挂牌，股权和知识库的评估、公示、备案，摘牌等工作，有科出版成为有研集团、学会、中南大学出版社三家合资的期刊出版公司，这为打造中国有色金属科技期刊集群，建设高水平数字出版平台，汇聚有色行业科技信息，推动国家有色金属专业科技和行业发展打下了良好的基础。

六、以内容为资源，以网络为平台，融合发展初见成效

2020 年，有科出版联合中南大学出版社，以中国有色金属知识库为基础建设了数字化出版平台，包括期刊复合数字加工平台及统一发布平台。自主研发了“复合数字出版平台”并建立了文献数字化加工流程，初步完成知识服务关键整体架构，包含有色金属本题库、语义分析模块、大数据处理模块、可视化表示模块和数据存储模块。基于“有色金属在线”平台完成了期刊统一发布平台的一期建设（http://www.cnnmol.com/）。

有科出版紧密团结在以习近平同志为核心的党中央周围，践行习近平总书记提出的“要办好一流学术期刊和各类学术平台，加强国内国际学术交流”重要指示批示精神，承担着中国科技期刊卓越行动计划集群化试点项目，肩负着“立足有色科技、服务创新发展，打造世界有色金属科技出版集团”的重要任务，对标国际一流出版集团，加速构建国家科研论文和科技信息高端交流平台，努力实现从追跑到并跑再到领跑的转变，助力科技强国梦。

〔钱九红：有科期刊出版（北京）有限公司董事、总经理、党支部书记，马雯：有科期刊出版（北京）有限公司稀有期刊部经理〕

案例类别：组织机构

科印传媒：产业媒体的融合化转型之路

常晓霞

科印传媒成立于 2006 年，隶属于中国文化产业发展集团，脱胎于拥有 60 余年历史的中国印刷科学技术研究院，是服务于印刷包装产业的综合性行业媒体。

自成立之日起，科印传媒一直坚定地推进传统媒体与新媒体的融合发展与创新。经过不断的探索与实践，目前，科印传媒已经逐步发展成以赋能行业为核心，印刷媒体、会展服务、教育培训三大板块并驾齐驱的业务模式，产品覆盖期刊出版、网络服务、新媒体运营、国际展会、大型活动、线上 + 线下教育培训等众多形态。科印传媒以信息、知识及服务持续引领并推动行业发展，致力于成为卓越的文化传媒公司。

一、积极进行数字化转型，布局全媒体生态建设

1957 年，《印刷技术》——印刷行业的第一本杂志诞生。此后，跟随改革开放的步伐，密切服务于行业发展的需求，科印传媒又陆续创刊了几本杂志，到 21 世纪初，形成稳定的刊群，在推动印刷行业快速发展过程中起到了重要作用。

但近些年，随着网络技术和数字技术裂变式发展，媒体人都深刻感受到媒体格局的极速调整和媒体生态的重大变化。尤其传统纸媒，受到的挑战日益严峻。行业媒体如何在此严峻形势下生存与发展，走出传统媒体与新媒体融合发展的新路，成为日益紧迫的转型命题。

（一）数字化探索和全媒体布局之路

早在十几年前，科印传媒主动求变，开启了数字化探索之路。

2005 年，科印传媒创立科印网。到目前为止，科印网已发展成为印刷行业第一门户网站，经过 16 年建设，科印网已经汇集海量优质内容资源，拥有广泛的读者群。

同一时期，在数字媒体建设方面，科印传媒还尝试过电子期刊、手机报、iPad 版、微博等多媒体形式，取

得了丰富的实战经验。

2012年底，科印网率先推出官方微信公众号，这是印刷行业中创建的第一个媒体公众号。其后两年，印刷技术、标签技术、印刷经理人、数字印刷官方微信公众号陆续开设。至2014年，科印传媒已构建起全方位服务于行业的新媒体矩阵。

2014年，科印传媒正式推出全媒体战略，构建纸媒、网络与移动媒体间内容共享、融合发展机制。针对纸刊、网站、新媒体端不同的特性与要求，科印传媒布局了各媒体的角色与功能定位。

纸刊——打造和深化内容的主力；新媒体——承载快速报道、广泛传播功能；网站——综合、整合内容的平台。

同一主题内容，率先在新媒体上曝光、报道，通过纸刊深度解读、系统化梳理，借助网站汇集优质内容，支持查询、回溯信息等功能。而以官方微信为代表的移动媒体，是全媒体战略的突破点。

（二）全媒体战略成效

到目前为止，科印传媒启动全媒体战略已有7年。科印传媒已从一家以期刊为主的传统媒体，转型为拥有期刊、网站、微信公众号、手机报（曾经）的全媒体平台，在印刷包装业中的媒体影响力稳固并得到了持续的提升。

启动新媒体之前，科印传媒的几本纸刊，读者人数合计2万~3万人。5个微信公众号建立之后，读者粉丝人数呈阶梯式逐年增长态势。到2021年6月底，已有16万人之众，这在产业从业人员258万人的印刷包装业中占比6%。在众多制造产业中，这是读者覆盖面较高的比例。

如今，新媒体传播手段和形式仍在不断发展变化，科印传媒也与时俱进，密切关注媒体生态变化，积极尝试新传播手段。例如，2020年新冠肺炎疫情暴发，线上直播等媒体形式异军突起，科印传媒旗下的各微信号率先尝试直播会议，以线上方式推广新技术、新理念，获得了行业的极大关注；2021年，短视频形式得到越来越高的读者关注度，科印传媒旗下的各微信号又纷纷开发了视频号，文字内容和相关视频内容同步上线，更加丰富了媒体表达形式，读者粉丝人数稳定增长。

二、不断丰富媒体产品，不断探索新盈利模式

（一）由媒体服务，衍生出品牌会议、培训、学历教育等优势项目

从纸刊起家的科印传媒，信息内容是主要产品，纸刊广告是主要收入来源。产品形态、收入模式、收入来源都较为单一，发展有天花板。

因此，科印传媒比较早就开始尝试突破，不断丰富信息产品，不断探索新盈利模式。在印刷行业创办了多个品牌会议、品牌展览，组织了培训、参观、游学、学历教育等项目，在不断丰富信息产品、不断提升媒体认知度的同时，也持续锤炼了服务能力，增长了盈利水平。

以全国印刷经理人年会为例。从2002年开始，一年一度的经理人年会，成为行业年度盛会。年会邀请经济学家、行业专家解析形势，邀请优秀企业介绍转型与创新经验，邀请优质设备商介绍最新技术动态。丰富深入的内容、高频有效的交流，使年会的聚力与平台效应得到行业的广泛认可，经理人年会项目也在逐年发展中，成长为创收百万元以上的会议项目。

（二）汇集行业资源，孵化创办全球排名前三的专业展会

科印传媒不断丰富媒体产品的最重要成果，是孵化、成熟运营了被誉为“世界印刷业东方之眼”的行业展会——全印展。从2003年到2020年，全印展已经举办8届，展览面积从4万平方米扩展到最高11万平方米，展商数量从480家增加到1030家，专业观众从近4万人跃升到10万人。全印展的体量规模，已经跻身全球同行业展会第三名。

因为具有丰厚的媒体基因，相比同业其他展会，全印展是媒体宣传最丰满、服务属性最强的展会。以2020年第八届全印展为例，展会前后，科印传媒通过“纸刊+网络+微信”的形式，组织了全方位、多频次报道；展会期间，以科印传媒为主组织了几十场交流活动。“展会+会议”“参观+交流”“技术观摩+设备购买”“信息获取+合作洽谈”，全印展构成了丰富的信息场与交易场，将上游设备器材供应商、印刷生产企业、下游终端品牌商全产业链有机凝聚在一起。可以说，全印展是科印传媒各类资源的集大成者，也是融合化最全面、最典型的范例。

三、从信息服务到知识服务，从流量思维到用户思维

从打造多元信息产品，到探索出品知识产品，是科印传媒确定的另一转型方向。在这一转型方向上，科印传媒由信息提供商向知识服务商转变，由曾经的流量思维向用户思维转变。这是科印传媒遇到的全新挑战。

享学云是一款专注为制造领域从业者提供专业知识服务的APP，是科印传媒据以转型的重要阵地。享学云采取S2B2C模式，由平台向企业、员工逐级下沉，保证覆盖效率。创办两年，享学云已上线课程超过百门，个人用户超过3万。同时，线下组织各类主题实训营，为企业定制内训，定制课程，延伸学习场景，丰富服务类型。逐渐探索出O2O知识服务新模式，得到行业内的广泛认可。

四、坚持内容为王，不断厚积内容建设能力

任何时期，优质内容都是媒体不变的核心竞争力，是保持媒体生存发展的根本之道。

2003年，创刊不到一年的《印刷经理人》杂志，推出“中国印刷企业100强排行榜”。这是科印传媒刊群推出的首个榜单。到目前为止，一年一度的百强榜已经产生19届榜单，是全行业了解大型企业经营态势、产业组织结构变迁脉络的重要窗口，也成为政府部门观察产业发展的重要信息工具。受百强榜单启发，各刊纷纷推出市场调查报告，以数据实证方式，帮助从业者了解市场脉动、辅助科学决策。

基于大量一线数据，以及对行业的长期跟踪观察，科印传媒陆续出品了多个科印报告，形成多品牌报告系列。这些科印报告以全面、深入、前瞻性分析赢得业界高度关注，树立了科印传媒信息服务的领航者形象。

每年一度，科印传媒会将行业的数据资料与分析报告汇集起来，编撰《中国印刷业年度报告》。该年度报告自2002年开始刊行，距今已出版20年，是国内外被广泛引用的数据源，也已成为产业研究者必备的典藏书。

长期的行业观察、数据沉淀、产业报告分析，逐步厚积出科印传媒的产业研究能力。2020年初，科印传媒成立产业研究中心，并系统规划内容建设，以“科印数据”“科印报告”“科印调查”三个系列，进一步加强对产业发展趋势、细分行业走向、市场变化特点、技术演变路径等的梳理与追踪分析。

科印传媒这些年来的转型探索目标是明确的，一直在“如何建设内容力”“如何延伸传播力”“如何打造服务力”“如何集成影响力”四个方向上努力探索。经过10多年的转型努力，科印传媒已经从以期刊为主的传统媒体，发展成为印刷行业知识与信息服务的综合媒体服务平台。未来，还将沿着内容品质专业化、内容展示多媒体化、传播方式立体化、用户服务互动化、广告营销复合化的方向，继续精进发展模式，构建核心竞争力。

（常晓霞：北京科印传媒文化股份有限公司总经理、印刷技术杂志社社长）

案例类别：产品

《故事会》APP 多元内容立体化分销云平台

张凯

一、立项背景

2014年11月，习近平主席在首届世界互联网大会的贺词中强调：“当今时代，以信息技术为核心的新一轮科技革命正在孕育兴起，互联网日益成为创新驱动发展的先导力量，深刻改变着人们的生产生活，有力推动着社会发展。”正如习近平所深刻指出的，互联网已经深刻地改变了人们的阅读方式和消费习惯。为了更深入地服务读者、加强杂志和读者的亲密关系，上海故事会文化传媒有限公司认真学习、深刻领会习近平网络强国战略思想，积极布局新媒体，经过一年多时间的反复研究和论证，推出了《故事会》APP一体化建设方案，于2017年先行上线了兼具数字期刊订阅、阅读两大功能的移动应用产品——“《故事会》官方正版APP”。

《故事会》APP上线初期就集聚了十万以上的用户群，产生了稳定的经济收益，但公司并没有因此而止步不前。创新是互联网的固有基因，也是互联网高速发展的核心动力。公司抓紧调研了一批“互联网+”创新案例，吸收借鉴包括但不限于出版行业在内的业界先进经验，不断探索、创新故事会深度融合发展模式。

在此背景下，公司开展了此次项目的建设，准备进行一次更具有创造性、时代性、实效性的APP迭代升级。

二、项目简介

本平台由上海故事会文化传媒有限公司官方联合上海触讯信息科技有限公司出品。

《故事会》自20世纪60年代创刊以来，已成为大众流行文化的代名词，以其卓越的故事创造力，一直深受读者喜爱，阅读人数超过15亿人次。

公司敏锐地把握时代脉搏，坚持立足于全媒体运营，将《故事会》APP打造成多元内容立体化分销云平台，创造性地采取前后端高效率同步分发模式，能够以精确到秒的速度将《故事会》全媒体内容直达前端、直达用户。

平台支持IOS、Android、微信端体验，形成了遍布互联网各大平台的新媒体矩阵。平台终端用户目前已经近150万。

平台以上海世纪出版集团为依托，分销内容既包含了《故事会》杂志，还收录了上海世纪出版集团10余家出版社的优质电子书、电子杂志产品。随着内容生产、融合发展的步伐不断加快，平台还将为读者提供更多更优质的大众视听服务，努力成为上海国际大都市出版深度融合发展的典型，形成可复制、可推广的一整套有效经验。

三、平台建设具体情况

平台主要包含了两部分：一是融合出版管理后台（PC端操作），二是前端矩阵（包含苹果系统APP、安卓系统APP、微信公众号H5服务等）。

（一）后台管理

后台依托并协同全国融合出版技术领军企业，同时也是国家高新技术企业上海触讯信息科技有限公司成熟丰富的融合出版技术经验合作打造，使用了自主研发的内容加密解析引擎、DRM版权保护、超媒体模块化拼装、数据分析引擎等领先技术，具备运行高效稳定的内容分类整理、上传及用户管理、运营模块、数据统计、在线分析等众多功能。

（二）前端矩阵

1. 端口：IOS、Android、微信H5。

2. 功能：（1）内容类型：电子书阅读（PDF、epub、富媒体PDF）、有声书（MP3）、视频课程（MP4）、专栏、图文资讯。（2）购买方式：单本电子书、电子杂志购买；单个音频、视频购买。（3）打包购买：VIP会员订阅功能（按月或全年）。（4）分销功能：生成分销二维码、扫码完成分销后微信提现。（5）积分功能：做任务（读书、读杂志、听书）赢取积分、兑换虚拟币入口。

（三）内容来源

1. 故事会文化传媒有限公司。《故事会》半月刊杂志（2000—2021年）、《故事会》文摘版杂志、5元精品故事、当代故事文学、黑色悬疑系列、有声故事系列（悬疑推理、儿童故事）、故事会编辑写作课程。

2. 上海世纪出版集团其他出版社。咬文嚼字杂志社：《咬文嚼字》；上海科学技术出版社：《科学》《科学画报》《张江科技评论》《大众医学》《车迷》；上海人民出版社：《理财周刊》；上海教育出版社：《小学语文教师》《小学数学教师》《看图说话》；上海少年儿童出版社：《小福尔摩斯》《上下五千年》《少年文艺》《小朋友聪明学堂》《小朋友快乐手工》《娃娃画报》《故事大王》；上海书画出版社：《书法》《书法研究》《书与画》《艺术当代》《公共艺术》；上海科技教育出版社：《中学科技》；《旅游天地》杂志；世纪文景畅销书系；上海音乐出版社：《音乐爱好者》。

3. 360南瓜屋：部分精品有声书。

四、项目进展

平台从2016年开始启动，无缝衔接了《故事会》、上海世纪出版集团的内容优势和上海触讯信息科技有限公司的技术优势，于2017年开始试运营上线。

2018年开始设计新的分销模式、VIP模式等，优化后台管理，于2019年书展期间APP全新升级上线，并推出了百元阅读卡免费送活动，受到了书展读者的广泛喜爱。

目前，前后台搭建基本已经成熟，正在进一步研发基于《故事会》APP的碎片化数据库，并整合到平台上来，实现一定程度的智能数据对接、用户画像引擎、个性化算法推荐的系列功能。

截至目前，平台拥有了1000余种内容、超过130万终端用户、百万级营收、2家机构分销团体、千万级的阅读点击量、10多位主播团队。

五、社会效益和经济效益

（一）在传统媒体深度融合领域形成示范

《故事会》APP在2019年上海书展上进行了产品迭代后的第一次公开亮相，召开了产品发布暨分销商签约仪式，在出版界形成了一定的影响力。

从行业发展来说，这是直面市场、推进出版融合发展的大胆探索和创新实践。公司积极融合多种上下游渠道，一方面创造性打造了和邮政等社会机构的分销合作生态，另一方面和诸多优质的内容生产商合作，形成了开放性的内容资源体系。

在此基础上，公司充分发挥渠道资源优势，学习借鉴超媒体、移动互联、移动分销等“互联网+”理念，致力于打造一款市场化的创新产品，形成我国出版业融合发展转型过程中的一个典型案例。

（二）以读者为中心，为读者提供更好的阅读体验

从读者的角度，《故事会》APP以读者为中心，提供优质期刊内容资源，满足广大读者在信息化时代精神文化日益增长的需求，努力成为互联网时代碎片化阅读期刊，是读者获取信息、生活娱乐的重要平台。

（三）延伸产业链条，拓宽经济收益来源

公司发挥“工匠”精神，用心打磨产品，以《故事会》APP为增长引擎，研发推出了VIP阅读实体卡，并进一步策划相关文创产品，使得产业链条更开放，IP的影响力最大化。

在三年后，有望形成千万用户级规模的市场化内容产品，结合未来的内容付费收入、线下渠道收益、线上广告收益，预测能够达到每年数百万元的经济效益。

（张凯：上海故事会文化传媒有限公司副总经理）

《故事会》客户端

案例类别：组织机构

深度融合激发党刊全媒体活力

——中共重庆市委当代党员杂志社融合出版、迭代发展的实践探索

唐春林 李剑峰 全丽

中共重庆市委当代党员杂志社作为仅有75名职工的杂志社，自筹资金投资7000万元建成数字出版基地，投资近700万元研发、改造客户端，投资400万元建成融媒体中心，投资200多万元建成演播中心。在大力推进新媒体平台和项目建设的同时，通过媒体融合发展提升传统党刊品质，每月全国邮发量保持在120万份左右、发行收入超过1亿元，探索出一条融合出版、迭代发展的路子。

一、经验概述

（一）高点站位、全局谋划

为了建设好互联网上的马克思主义阵地，让互联网这个“最大变量”变成事业发展的“最大增量”，当代党员杂志社坚持高点站位、着眼全局，近年来召开了数十次总编会和理论中心组学习会进行专题学习，就推进党刊全媒体融合发展的目标、方向、路径、举措等重大问题进行研究部署，从媒体融合的体制机制、平台终端、人才技术等关键处、要害处破题，找准变革创新、融合发展的方位坐标，确定媒体融合发展的时间表、路线图，确立了构建以重庆市委党建门户七一客户端为支点的“4+3+N”全媒体格局——“4”即七一客户端、七一网、“党建头条”微信公众号、“重庆党建”学习强国号4个新媒体平台，“3”即中共重庆市委机关刊物《当代党员》、党员干部修养读物《党员文摘》、“三会一课”专业党刊《党课参考》3本党刊，“N”即重庆党刊全媒体微博、抖音、快手等20多个平台账号，形成网上网下一体、内宣外宣联动的党刊全媒体传播体系。

（二）解放思想、夯实队伍

在探索融合出版、迭代发展的实践过程中，当代党员杂志社认识到，阻碍媒体融合发展最大的瓶颈是思想问题。在社总编会的带领下，重庆党刊人深刻理解“四全媒体”的本质内涵，积极转变思想观念，树牢全媒体协同协作、融合发展的意识。采编队伍实行全员转型，全员培训运用文、图、音视频等多形式表达的全媒体生产能力，以适应全媒体的发展需求。通过在全媒体生产过程中锤炼脚力、眼力、脑力、笔力，采编人员从原来单一的“笔杆子”成长为能采会拍、能写会剪、能编会校的全媒体人才。

（三）战略引领、制度保障

在逐渐厘清深化媒体融合发展的形势任务后，当代党员杂志社相继出台《中共重庆市委当代党员杂志社媒体融合发展战略》和《中共重庆市委当代党员杂志社数字出版转型发展战略》等文件，确定分阶段、分步骤实施数字化建设的战略目标，以及重构采编流程、建设高品质客户端、深化内部管理机制改革、完善人才激励机制等重点任务。随着媒体融合发展不断深入，及时修订媒体融合发展相关制度，出台《关于推动媒体融合向纵深发展、构建“四全”媒体格局的办法》和《媒体融合创新激励办法》等制度，以适应新形势下“四全媒体”发展趋势，推动高质量融合发展。

二、行为阐释

（一）内容创新

以内容建设为根本，深耕内容质量，优化内容供给。

1. 精心创制融媒体精品力作。2019年创制的融媒体产品《“不忘初心、牢记使命”主题教育微视频党课100讲》，传播量超过2000万人次，《人民日报》在报道重庆开展“不忘初心、牢记使命”主题教育时对微视频党课100讲点名表扬。品牌化打造《中国故事100部》系列作品，以受众喜闻乐见的音视频为主要形式，以微党课、微故事为主要内容，以移动端为主要载体，内容丰富、形式新颖，被“学习强国”作为重点推荐产品，被评为“重庆市2019年度优秀数字出版产品”。

2. 着力创建新媒体品牌栏目。聚焦党建工作热点难点，推出《党建小课堂》品牌栏目，用系列图解的表现形式，指导基层党建党务工作，被众多新媒体广泛转发。组建全媒体时评队伍，打造时评专栏《七一时评》。新冠肺炎疫情暴发后，推出《让党旗在防疫一线高高飘扬》等近70篇原创《七一时评》，被各大媒体广泛转发，为疫情防控提供了有力的舆论支持。

3. 探索具有融媒体特点的党刊新形态。根据融媒体的呈现方式对党刊进行深度改造，将音视频以及H5、动

漫等新媒体作品有机融入党刊页面。2019 年 1 月推出的融媒体作品《共同书写长江经济带高质量发展新画卷》被评为第四届期刊主题宣传好文章；2020 年 7 月推出的全媒体作品《为了总书记最牵挂的大事》获得中宣部“决胜全面小康、决战脱贫攻坚”期刊主题宣传优秀选题资助。

4. 依托精品内容开展品牌活动。在七一客户端和“党建头条”微信公众号举办的“学习贯彻党的十九大精神网上知识竞赛”“民法典与你同行”网络知识竞赛等活动，参与者超过 5000 万人次，产生了良好的社会影响。

（二）平台创新

以先进技术为支撑，研发自办平台，建设重大项目。

1. 完善全媒体传播平台。坚持移动优先的发展理念，按照媒体智能化、内容智慧化、服务智库化的方向，先后投入近 700 万元研发、改造重庆市委党建门户七一客户端，凸显精品新闻、智慧党建、个性服务特色。依托党刊全媒体的内容优势，在学习强国、微信、抖音、快手等平台上开设党刊全媒体账号，推动主流声音立体传播、多向传播、海量传播。

2. 以重大项目建设为引领。利用自有资金，建成期刊数字出版基地和融媒体中心，构建起统一指挥调度的采编、排版、集成和发布中心；建成全媒体演播中心，运用虚拟演播、实时直播、在线访谈、远程连线等技术，实现全媒化传播、可视化呈现、艺术化展示；联合南京大学等单位共建国家新闻出版署“智慧出版与知识服务重点实验室”，为推进媒体深度融合发展奠定坚实基础。

3. 扎实推进数字项目建设。相继完成“三会一课”党员干部教育平台、党建及社科期刊策采编管发平台、“党刊 + 智慧党建”全媒体融合应用平台等多个党刊融合发展和党建信息工作平台建设，提升党刊全媒体用户黏性，延伸党刊全媒体服务功能。

（三）机制创新

以创新管理为保障，全面深化改革，激发内生动力。

1. 推进机构改革。经中共重庆市委组织部和市委编办批准，撤销新媒体部，设立全媒体中心，统揽全社各个媒体，实现传统媒体和新媒体编辑一体化管理。2021 年 1 月，《当代党员》编辑部（全媒体中心）被评为全国新闻出版广播影视系统先进集体。

2. 重塑采编流程。把原来分散的采编力量、分立的发布终端整合起来，形成“统一策划、集中采集、移动优先、多媒发布”的融媒体生产流程。原创作品首先在七一客户端等新媒体平台发布，根据传播数据分析，对新媒体作品进行二次加工后，再择优选编上刊，显著提高了新闻生产力。

3. 完善分配机制。在采编人员的月度绩效考核中，把全媒体原创作品的考核权重提升到 80%，既考核发稿量，更考核传播效果，取得了明显效果。改革以后，每月全媒体原创稿件增长 51%，平均阅读量增长 73%，传播力指数不断提升。

三、融合亮点

（一）深度融合激发党刊全媒体活力，生动诠释了传统媒体与新兴媒体不是此消彼长而是此长彼长、不是取代而是迭代发展

在新媒体风生水起、取得长足发展的同时，传统党刊的综合品质得到进一步提升，保持了稳步发展态势。《党员文摘》多次荣获“全国期刊数字影响力 100 强”“中国最美期刊”等荣誉。近年来，三本党刊每月邮政发行量稳定在 120 万册左右，年发行经营收入超过 1 亿元。

（二）以服务党建为核心，以优质内容为根本，将党刊的权威性指导性和新媒体的交互式传播相结合，增强了以七一客户端为支点的党刊全媒体的传播力、引导力、影响力、公信力

七一客户端入选国家新闻出版署 2019 年度数字出版精品遴选推荐计划项目。杂志社先后荣获“全国新闻出版行业文明单位”“国家数字出版转型示范单位”“中国出版政府奖先进出版单位”等各类荣誉 2000 余项。总结重庆党刊融合发展经验的多篇论文在《中国记者》《传媒》等杂志上刊发。

（三）打造了一支政治过硬、业务精湛的全媒体人才队伍

在深度融合、转型发展的过程中，党刊社的专业人才不但没有流失，反而从原来的 40 多人增至 70 余人，并涌现出一批享受国务院政府特殊津贴专家、中国新闻出版行业领军人才、中国出版政府奖优秀编辑、重庆市十佳新闻工作者等高层次人才，为党刊全媒体高质量发展提供了人才保障。

从“你是你、我是我”到“你中有我，我中有你”再到“你就是我，我就是你”，当代党员杂志社探索出一条从“互联网 + 党刊”到“党刊 + 新媒体”再到“党刊全媒体”的融合出版、迭代发展新路子。

（唐春林：中共重庆市委当代党员杂志社副总编辑，李剑峰：中共重庆市委当代党员杂志社全媒体中心负责人，全丽：中共重庆市委当代党员杂志社全媒体中心编辑）

七一客户端

案例类别：组织机构

辽宁北方期刊出版集团编辑出版全流程数字化转型

占星星

辽宁北方期刊出版集团（以下简称期刊集团）通过“3+1”项目建设，实现了从投稿、编辑、加工、存储到输出、发行的全流程数字化转型。

一、以项目为抓手，实现流程再造及提升数字资源处理能力

期刊集团以项目促转型，连续3年获得国家和省政府文化产业项目资金的扶持。

（一）辽宁北方期刊编辑出版数字化改造项目（2014年8月立项）

2017年11月30日，期刊集团的编辑出版数字化改造项目顺利通过专家组最终验收，标志着历时2年建设，期刊集团实现了从编辑出版生产业务流程到平台应用的全过程数字化。

该项目结合期刊集团实际，重点构建报 / 刊数字化生产平台、报 / 刊内容资源管理平台、题库资源管理平台和全媒体运营发布平台，实现报 / 刊数字化投、编、审、改、发管理；在数学试题、微课等优势教育教学资源基础上，为学生提供权威、专业、定制化、强交互式的个性化学习服务平台。

整个项目包括硬件环境建设改造与设备配置运行、软件搭建、资源管理与加工三大组成部分。硬件部分具有很好的拓展性，演播大厅和录音室的设计非常专业，具有前瞻性。软件部分构建了编辑出版四大生产平台和两个应用平台，是整个项目的重中之重。在人才培养方面，该项目帮助编辑提高了业务水平，所有编辑人员均能够自主排版，线上操作，实现一次出版多次发布。

（二）全国连销网络建设项目（2013年4月立项）

该项目通过架构全国200个重点发行城市的统一联销经营实体店，配之以网络管理平台，增强期刊集团全国报刊发行网络功能，巩固和扩大发行市场，于2018年7月建成并投入使用。

项目内容由硬件和软件两个并行的工程组成。硬件工程由沈阳总部，石家庄、郑州、北京三个编辑分中心和物流基地，以及200个教辅产品联销店构成。软件工程主要由门户网站、产品展示、应用软件和行政服务等主要应用软件系统组成。

项目实现内外协同在线一体化，通过后台ERP系统与B2B平台、移动端混合APP接口集成，支持报刊业务在线数字化，实现商流（以报刊发行为主，扩展内容管理和委外生产等）、物流和账务一体化，支持支付宝、微信支付和短信服务等功能。

（三）辽宁期刊资源数字化公共服务平台建设项目(2015年10月立项）

该项目服务于辽宁期刊界，利用数字技术，以期刊资源整合数字化运营为目的，建设期刊资源公共服务网络平台，为公众提供期刊的历史资料数字化回溯加工、数据库建设和全文检索服务，满足期刊的网上订阅、网上售卖和数字期刊的在线终端（移动、网络等）有偿或开放阅读等需求。

项目建设包括期刊社数字内容生产平台、期刊社资源管理平台、网刊发布及运营平台、移动阅读平台、配套硬件环境建设、电子商务平台六个方面组成。

项目在兼容各期刊社（部）原有网络系统平台的基础上，建立辽宁期刊基本信息库，形成互通互容、资源共享，形成以公众服务为中心的平台运营模式。

（四）国家数字复合出版系统工程应用示范项目，即SF30：期刊复合出版运营服务应用示范项目

期刊集团于2018年12月中标该项目，2019年3月开始实施。截至目前，已完成预定的考核目标和示范任务。项目包括6个分包，包括“出版机构运营服务及支撑系统”“期刊社复合采编系统”“多形态广告发布系统”“全媒体资源管理系统”“发布管理系统”“富媒体电子书制作工具”。

通过项目实施，共完成多本期刊数字内容的生产与运营，形成了广告运营服务完整的生态链条。项目的实施提升了期刊采编工作效率和数字产品服务的运营管理水平，进一步提升了期刊集团的数字化生产水平和知识服务能力。项目在东北乃至全国具有引领作用，先后在天津、沈阳等地完成项目推广活动。

二、在全流程数字化改造的基础上，让传统一线编辑转型为融合发展的主力部队，重新挖掘纸媒的价值链，强化融媒体产品输出

期刊集团重新挖掘纸媒的价值链，将改革创新延伸到一线，推动全员、全过程、全方位改革，真正释放出

一线员工的创新、创造能力；引入数传集团 Rays 平台，对传统纸质报刊进行升级改造，以适应新时代读者的阅读习惯，改善阅读体验，开创包括音视频在内的多元化知识服务模式，重塑报刊的生命力和影响力。

基于此项合作，期刊集团所有编辑人员全部进驻 Rays 系统，所有 K12 教育报刊均实现数字资源配套销售，即在纸质书刊上印制二维码，在二维码中配套线上衍生内容资源与服务，引导用户扫码享用深度阅读内容或其他增值服务。

配套数字资源由一线编辑开发制作，包括音视频微课、题库、电子试卷、问答、直播等应用，截至目前，所有 K12 教育报刊均实现数字资源配套销售，由一线编辑参与开发的 265 项融合产品，陆续挂牌武汉知识产权交易所，交易总金额已经超 182 万元。2019 年 3 月，期刊集团荣获国家新闻出版署出版融合发展（武汉）重点实验室颁发的“出版融合编辑创新优秀组织奖”。

三、超越纸媒，积极转化存量资源，积极拓展线上生存空间

期刊集团构建了高质量线上社群，涵盖旗下全部报刊品牌，合作新媒体及视频平台如微信、头条号、CIBN、爱奇艺等近 20 个，通过视频服务、自媒体平台和电商渠道积累粉丝数已超过 120 万，其中《教育周报》微信公众号粉丝数达到 39 万；全年新媒体广告业务实现营收 150 余万元，利润率为 80%，同比增长两倍以上。2020 年受疫情影响，期刊集团开展了近 50 场直播，进行大量的短视频、问答等多种在线营销方式尝试，为继续推进线上营销厘清了方向。

期刊集团充分调动传统资源优势，积极拓展大教育业务，释放 K12 教育内容资源和市场资源。2018 年 10 月，“教育周报・在线课堂”正式上线，截至目前，平台已经成功签约 7 名学科带头人，组建了一支近 60 人的专业教师录课团队，围绕学科重难点，提供紧贴教材设计意图、到章到节的知识点视（音）频解析课程，推出 K12 教育课程体系，完成各学科类别近 3500 节课程的上传工作。同时，课程得到“学习强国”平台的认可并收录。目前，在线学堂平台粉丝量已近 30 万。2020 年 9 月，“教育周报・在线课堂”项目成功入选第四届中国数字出版创新论坛“出版融合创新优秀案例暨出版智库推优”。

2018 年，期刊集团垂钓传媒成功入选总局评选的“全国报刊媒体融合创新 30 佳优秀案例”。目前，垂钓传媒已经突破既有垂直领域，面向市场提供全方位视频制作业务，除制作播出 22 档钓鱼类视频栏目外，积极拓展医疗、体育及教育领域，与中国医科大学附属第一医院达成合作，提供智慧医疗等宣传视频制作服务；与东北育才中学联合开发 K12 系列精品课程；与知名篮球运动员王子瑞等合力打造知识付费线上产品。期刊集团视频年产量已达到 1.2 万分钟，视频素材累积超过 15 万分钟。

期刊集团融合转型发展路径已经十分清晰，与巨人同行、对外合作取得重要进展，生产流程与商业模式变革进入深水区，结合自身行业资源条件，探索出一条独具特色、卓有成效的转型融合发展之路，在辽宁省报刊界产生了很好的创新先行、典型示范作用，社会效益和经济效益正逐渐彰显。

（占星星：辽宁北方期刊出版集团综合办公室主任）

案例类别：组织机构

垂钓传媒深度融合发展创新探索之路

辽宁《垂钓》期刊社有限公司（以下简称垂钓传媒），创立于 2001 年，主办单位为辽宁北方期刊出版集团有限公司，隶属于辽宁出版集团。

垂钓传媒旗下拥有业内领先的杂志《垂钓》和《路亚中国》，杂志拥有国家正规国内统一刊号及国际标准刊号。目前《垂钓》杂志拥有超过 300 人的作者团队，月输出精品文字总量超过 8 万字。

垂钓传媒目前制作播出的视频栏目共有 30 余档，内容覆盖游钓类、钓具介绍类、访谈类、钓技教学类、钓鱼剧情类、纪录片类等。目前，垂钓传媒视频年产量已达到 11000 分钟，视频素材累积超过 120000 分钟。

垂钓传媒数字化转型历程：2013 年筹划传媒媒体数字化转型，组建新媒团队；2014 年完成“两微一端”建设，推出了悦钓 APP 客户端；2014 年和四海钓鱼频道合作，开展视频业务。组建视频团队；2015 年与乐视体育合作创办行业类第一个互联网视频钓鱼频道；2015 年实现行业第一场钓鱼赛事互联网平台直播；2016 年开始与国内各大主流互联网平台合作，多平台布局；2017 年实现钓

鱼赛事活动会议全媒体平台直播；2017 年 8 月与国家级媒体单位 CIBN 进行合作，创办 CIBN 钓鱼频道。

一、垂钓传媒融合发展第一阶段：数字化改造

（一）新媒体矩阵的建立

垂钓传媒率先建立强大的新媒体矩阵，包括悦钓平台（全网 25 家分发平台）、微信公众号（垂钓、路亚中国、微社区）、今日头条（UGC 内容生产）、官网论坛（PC 版、手机版）、视频项目垄断运营 PGC、互动号（微信、QQ、社群）。目前垂钓传媒的总粉丝数有 712318 人，总点击量有 7564 万次，视频播放总时长达 1.5 亿分钟（相关数据截至 2020 年 10 月）。

（二）建立视频分发平台

2014 年，垂钓传媒基于发展趋势判断互联 + 体育大趋势、移动视频以及短视频技术时代即将到来，提前布局视频业务，从图文转向多媒体，视频为重点数字化改造的项目，其中内容分发为重中之重。视频分发的建立使得垂钓传媒成为钓鱼行业中第一个专业内容分发平台。

二、垂钓传媒融合发展第二阶段：数字化转型升级

垂钓传媒以数字化转型为第一要务，通过数字化转型，将其贯彻到垂钓传媒的每一项业务中。

（一）编辑业务的数字化转型

1. 网刊互动传播模式——扫码看视频。读者通过手机扫码文中二维码即可观看到与文章内容相呼应的视频，视频与杂志内容紧密结合在一起，丰富了杂志传播的内容，又加强了视频内容的专业性文字解读。

2. 尝试电商模式，培养读者线上消费习惯。开展渔具“疯狂购”活动，前期重点为客户处理尾单。在杂志上开辟版面，利用自身优势及资源，将图文、扫码看视频、扫码购买结合在一起，通过新媒体渠道传播。

3. 坚持内容为王，利用新媒体与读者互动。积极利用悦钓 APP、微信、微博等全媒体平台与杂志栏目进行互动，既拓展了受众群体，又活跃了杂志版面，加强了钓友对杂志的关注度。

（二）发行业务的数字化转型

与超星、悦读网、博看网、读览天下、咪咕阅读、中国知网、龙源期刊网等平台合作。仅博看网一家平台中，《垂钓》的总试读次数突破 63 万次，其中仅数据库部分的试读次数达 60 万次。

（三）经营业务的数字化转型

全媒体营销，将视频、杂志、新媒体等资源进行整合，主动为客户提供增值服务，积极为客户提供广告创意、全案营销服务等。

三、垂钓传媒融合发展第三阶段：全媒体融合

（一）垂钓传媒目前的规模

1. 全媒体平台覆盖：平面媒体、数字电视媒体、互联网视频媒体、线上新媒体、赛事活动平台等。

2. 全渠道覆盖：大屏幕（OTT 智能电视、数字电视）、小屏幕：手机移动端、PC 电脑端。

3. 数字化融合编辑出版：年文字总输出 95 万字、实现网刊互动阅读模式、线下发行和线上数字发行同步开展。

4. 视频业务：精品栏目 29 档，年视频内容成片总时长 10925 分钟，素材总时长近 5 万分钟，年拍摄脚本总文字超过 51 万字。

5. 专业赛事服务：年均举办钓鱼赛事直播 10 场，累计观看人数超过 1400 万，单场最高点击观看超过 80 万次。

6. 互联网内容输出分发：媒体平台合作数量达到 25 个、年均总点击量超过 8100 万次、年均线上新媒体融合活动超过 100 场。精准黏性粉丝总数达到 21 万。

（二）垂钓传媒未来媒体融合发展思路

1. 强化 CP（内容提供商）优势。传统媒体与互联网以及新兴技术将会加速融合。报纸杂志借助新技术的新媒体化，广播电视网络化及最新的数字电视技术都会得到进一步发展。垂钓传媒全媒体平台将会通过利用各种媒体和技术（互联网和移动互联网，以及新技术）传播媒介和渠道，遵循“内容为王”原则，全方位覆盖目标受众全体。

2. 全网、全流程、平台分发，按平台特点分发。垂钓传媒内容分发运营中心，以细化内容分发方式拓展分发渠道，扩大覆盖范围。分发中心由编辑部、市场商务、视频业务部门的人员共同组成。

3. 开拓 SP（服务提供商）市场。利用垂钓传媒的行业资源，通过 CP（内容提供商）优势提升用户影响力的同时，还从服务层面为渔具行业提供基于互联网、移动互联网的互联网 + 的全案营销服务（互联网推广、电商、咨询调研、终端，以及其他的服务增值业务），实现协同效应。

四、垂钓传媒融合发展第四阶段：战略规划

（一）做大做强《垂钓》杂志电子发行

《垂钓》杂志从 2015 年开始着手进行电子期刊的运营，通过第三方运营，目前垂钓电子期刊已接入了加拿大 PressReader 公司的电子期刊网站及 APP，德国 MEDIA CARRIER 为航空公司、酒店及高峰论坛提供专属阅读服务的平台。也尝试与中国台湾的 MZ+ MagV 等平台建立合作，让中国垂钓文化真正“走出去”。

（二）打造悦钓新生活钓鱼基地连锁运营品牌实体产业及游钓线路旅游产品

悦钓新生活是垂钓传媒发起并正在筹建的钓鱼基地连锁运营体系，目前该项目已经与辽宁省石佛寺水库、辽宁盘锦北旅田园景区达成合作协议，钓场类别覆盖淡水及海水，以满足不同级别钓鱼人群的出钓需求。待“悦钓新生活”钓鱼基地连锁运营综合体系全部搭建完毕后，垂钓传媒将基于该体系策划发起大型钓鱼赛事及嘉年华活动，进而衍生出国际级钓鱼赛事、钓鱼文化节等具有特色 IP 的产品以及游钓线路旅游产品。

（三）基于垂钓传媒旗下《垂钓》杂志、路亚中国、悦钓钓鱼等商标打造文创产品

垂钓传媒基于垂钓传媒旗下《垂钓》杂志、路亚中国、悦钓钓鱼等商标 IP 打造联名款限量文创产品，产品线覆盖打火机、户外野餐盒、户外服饰、手工渔具等钓鱼人在从事户外运动时能使用到的产品，实现产品的销售以及精准用户群体信息及大数据获取。

（四）紧跟互联网时代风口，持续拓展短视频及视频相关业务

垂钓传媒基于自有视频及运营团队，可为业内客户提供短视频账号基础建设、定位分析与剧本策划、视频拍摄与剪辑特效服务、账号直播运营服务等一站式全托管服务。

（五）“垂钓传媒优选好货”渔具主题造物节电商直播带货

垂钓传媒专业团队可针对业内客户进行天猫店铺数据精准分析，通过客群画像、产品销售情况、对标竞品分析等多角度全方位获取一手专业数据，同时基于店铺分析数据制定一周选品策略，精选店铺内最具竞争力的爆品进行样品对接；发起“垂钓传媒优选好货”渔具主题造物节电商直播带货活动，打造具有行业权威媒体认证背书的直播电商项目，以提升客户产品销量，促成更多合作。

上述数据只是垂钓传媒在融合发展探索之路中所取得的阶段性成果，在未来的工作中，垂钓传媒还将面对更多严峻的挑战。对于传统媒体转型而言，一时的成效并不代表成功，但如果是有效的尝试，也会让我们看到无限的希望。传统媒体其实也蕴藏着强大的潜力，只要我们不断去挑战，并适时调整步伐，必能探索出一条具有自身特色的媒体融合发展之路。

（辽宁《垂钓》期刊社有限公司）

案例类别：组织机构

《意林》杂志打造全网影响力的探索之路

姜雪

随着科技的进步和发展，人们获取信息的方式已经改变。以前，人们往往通过报纸、电视、书本以及广播来获取信息。如今，人人都有智能手机，现代人获取信息基本都是通过手机、电脑等方式。信息技术的不断发展，为融媒体平台建设提供了重要基础。

2014 年 8 月 18 日，党中央通过《关于推动传统媒体和新兴媒体融合发展的指导意见》，将媒体融合上升为国家战略。此后《关于促进移动互联网健康有序发展的意见》《国家“十三五”时期文化发展改革规划纲要》等文件相继出台。在宏观政策的鼓励和促进下，我国媒体融合持续推进，在广度和深度上均实现了稳步拓展。

2016 年 2 月 19 日，习近平总书记在党的新闻舆论工作座谈会上发表重要讲话，指出随着形势发展，党的新闻舆论工作必须创新理念、内容、体裁、形式、方法、手段、业态、体制、机制，增强针对性和实效性。要适应分众化、差异化传播趋势，加快构建舆论引导新格局。

在这种背景下，意林杂志社紧跟时代趋势，不断扩展阅读内容的手段，增强同阅读者的互动，借助新技术，积极开通新的传播方式，拥抱互联网，进行融媒体转型。让用户在进行内容阅读时有了更多的形式选择，不再是纯文字的形式，而是加入了更多音频以及视频，这种生动丰富的表达形式极大地增强了阅读者的兴趣，为读者提供多种表现形式为一体的资源与服务，以满足众多受众群体的不同需求。

意林杂志社的媒体融合由期刊编辑部和新媒体部共同完成，编辑部现有编辑 12 人，要负责期刊内容的采编及微博、微信、抖音的内容提供；新媒体部现有 4 人，主要负责对线上所需内容的加工制作（如图文内容、短视频内容、音频内容）、知识付费和直播的技术支持以及第三方合作渠道拓展与日常维护。从最初的官网、微博，到后来的微信、抖音，《意林》杂志还入驻了今日头条号、一点资讯、趣头条、搜狗号、人民号、喜马拉雅、蜻蜓 FM、荔枝 FM、企鹅 FM 等商业平台，并利用小鹅通、千聊、荔枝微课等平台进行知识付费内容建设，结合企业微信搭建

意林书友会用户社群。在没有大量资金、人力、物力投入的情况下，杂志社尽可能完成线上线下融合互动，将内容在新平台进行传播。媒体融合，意林一直在路上。

一、线下产品升级：让杂志变得可“视听”、可互动

2016 年起，杂志社将有声内容放入纸质杂志内，在刊中融入二维码，将纸质内容与云端数字内容融合，读者扫码就可以收听《有声意林》。《有声意林》内容在喜马拉雅、蜻蜓 FM、荔枝 FM 等音频平台的累计播放量达到 5000 万，为意林的宣传推广达到良好的传播效果。

不仅如此，通过杂志扫码，用户还可以观看意林微信版精选文章，以及一键订阅购买《意林》。现在，用户在杂志上扫码还可以收听到在线课程，看意林短视频。并能一键直达“意林书友会”微信圈子小程序，发帖留言和编辑互动。

二、线上意林内容矩阵建设：两微一端加短视频

《意林》杂志微博粉丝量 390 万，年发微博数 5000+，年阅读量 35600 万 +，位列 2019 年微博“读书作家类”博主排名前三。意林小语微博话题阅读量 1.3 亿。

意林杂志社在与新媒体结合过程中，重视媒体推广策划，联合多家蓝 V 进行微博话题合作，完成多次宣传推广活动。比如 2018 年《意林》杂志十五周年的时候我们做了微博话题“青春就是与意林同龄”，当天在话题分榜排名第一；2019 年微博话题“意林承包高考作文题”，70 家蓝 V 参与话题互动，话题阅读量 6194 万，讨论 17.6 万，高考当日微博话题连续 5 小时在教育分榜榜单前 10 名。2020 年微博话题“一起读意林”，有 50 家蓝 V，30 家图书号和图书馆号相助参与，话题阅读量 355 万，讨论 1.4 万。

《意林》杂志微信公众号意林（ID：yilinzazhi）粉丝量 250 万 +，全年无休保证日更，年度发稿量 1800+，年阅读量 5000 万 +，常年位居新榜排名 500 强。并利用微信广告进行变现。

《意林》杂志抖音号粉丝量 65 万 +，作为纸媒的另一种风格体现，意林从专业性的角度去提炼内容，力求符合当前媒体受众的阅读喜好，运用简练的语言文字戳中受众的内心，单条作品最高获赞 10.2 万。

三、线上意林多平台分发：数字出版 + 第三方商业平台

《意林》杂志连续多年入选“数字期刊影响力 100 强榜”。

与中国知网、龙源期刊网、掌阅、博看、亚马逊、中邮阅读网、万方数据等业内知名互联网阅读平台商有着长期良好的合作关系。数字版权方面有着稳定收入。

同时，意林积极入驻第三方商业平台，争取更大程度的内容曝光。意林杂志博客粉丝量 11 万，累计阅读 3284 万，今日头条粉丝量 51 万，累计阅读 1113 万，一点资讯、趣头条、搜狗号、人民号等平台内容的累计阅读达 2500 万。

四、线上运营新思路：深度用户运营和直播带货

意林杂志在小鹅通、千聊、荔枝微课等直播平台累计用户量达 20 万。并荣获小鹅通 2018 年度最具影响力内容平台奖。意林杂志社始终坚持以服务读者为本，为读者提供个性化服务。通过一系列运营手段将用户进行串联，让用户在整个业务流程中运转，获得服务，产生价值。

2016—2020 年，意林利用自身独有的资源，借助重要时间节点和平台，组织一系列产品衍生的公益阅读、线上讲座和直播等活动。例如，在千聊直播平台，意林携手多位作家、老师共同打造精品小课，为学生提供课堂上学不到的知识！

意林杂志社组织了系列线上公益讲座，邀请了雨魔、伍剑、黄文军、沈嘉柯、马叛、李尚龙、老丑、浮生、周珣、陈思呈、韦娜、何家豪、米炎凉、苏缠绵、汪星宇、王琛、一两、九穗禾等作家从阅读、写作、心理、早恋、成长励志等多方面和读者分享互动，有些直播的学习次数达到上万次。

此外，《九堂课赢中考作文》《15 节课学透小学作文》《低起点逆袭的 8 堂人生进阶课》《星宇的名校校友趴系列公开课》，以及北大附中王来宁《论语》青春版等系列课程，都受到用户的支持和喜爱，并实现了一定程度的变现。

意林书友会现有成员 1.9 万，意林小学生联盟、中学生联盟和元气青年营微信社群人数累计 7000+。2020 年的世界读书日，意林在自有平台发起读书月活动，并组织作者、编辑打造公益直播课，利用小鹅通第三方技术平台的服务，带领读者读书打卡，重温经典篇章。为期 1 个月的线上活动，其间有上千粉丝每天打卡读书，相互鼓励、陪伴！直播购物兴起后，意林杂志社的编辑们更是加强学习，在淘宝、抖音、腾讯直播等平台上为读者带去多场精彩直播，将期刊内容和社会热点、专业知识相结合，多维度触达读者。

随着各种信息技术的创新，媒体人也要全面掌握融媒体平台技术，运用技术眼光去发掘传统媒体与新媒体的融合点。建设专业的人才队伍，才能更好地提升传统媒体的综合服务能力。但媒体深度融合往往需要大量的资金支持，对于意林来说，在资金和人力有限的情况下，通过自主学习、视频学习 + 案例复盘等形式增强员工的综合能力，除了加强对现有人员的培训，提升员工的新

媒体应用能力之外，也在积极引进先进人才。融合是发展趋势，也是传统纸媒和新媒体优势互补的最好结果。

目前意林杂志社媒体融合可以说初步实现了线上图文内容制作到短视频内容制作、直播等全流程的融合形态，并能够结合社群运营触达读者，增强内容传播效果。未来，还将加强自身全媒体人才队伍建设，培养一部分的复合型人才。不断学习，提高技术能力和创新能力，在融媒体时代做强自己。

（姜雪：吉林意林杂志社新媒体部总监）

《意林》公众号

案例类别：产品

《幼儿园》杂志现代纸书项目

一、项目背景、意义

《幼儿园》杂志创刊于1979年，由国家一级出版社——明天出版社主办，是一份关注幼儿心智平衡发展的专业幼儿期刊。它以3~6岁幼儿、幼儿家长及教师为读者对象，倡导亲子共读的阅读理念和科学先进的幼教理念，分为上半月刊故事刊和下半月刊智能刊，致力于培养“情感智能均衡发展的宝宝”。

自创刊至今，《幼儿园》杂志坚持规范出版，编校质量、装帧设计、印刷质量均符合国家和行业标准，发行情况良好，多次获得新闻出版总署推荐的优秀少儿报刊奖、中国少儿报刊金奖、山东省优秀期刊、华东六省优秀期刊奖等荣誉，深受广大读者的欢迎。

作为一份创办42年的老牌幼儿期刊，《幼儿园》杂志深具内容优势和编辑优势。近年来，《幼儿园》杂志在深耕主业的同时注重产业延伸，积极拥抱新媒体技术，率先把握转型、创新、升级的新契机，在跨界融合中实现杂志的媒介平台价值，为读者提供更加优化的阅读体验；力求在扩大自身社会影响力的同时，打造全新的知识服务生态链，提升出版效能。

二、项目内容及展现形式

《幼儿园》杂志现代纸书项目是在充分考虑幼儿阅读习惯、阅读体验的基础上，以二维码作为多元化内容的延伸入口，结合多媒体、AR、微信公众号等新技术、新媒体，为纸书配套各种线上数字化资源和增值服务的出版融合项目。该项目有效解决了传统纸质期刊篇幅固定、单向输出、缺乏灵活阅读体验等一系列问题，在做到内容增量、产品提质的同时，打破了传统出版中从编辑到读者的单向内容服务模式，建立了编辑与读者之间长期而持续的双向互动关系。

（一）新技术引领新模式

2017年6月至2020年12月，《幼儿园》杂志先后在《虫虫特工队》《好奇问问吧》《奇趣大讲堂》《动物大百科》等栏目以及封面运用AR技术，读者只需使用手机登录软件平台，利用“扫一扫”的功能，即可将栏目中的内容立体呈现，跃然于现实生活，小读者可以面对面互动。这个新的可视化环境不仅可以实现真实对象与虚拟数字对象共存，还可以进行知识的拓展延伸，让早期阅读变得更加趣味盎然。

（二）数字化资源，多样化呈现

自2019年1月开始，《幼儿园》杂志线上数字化资源更新与纸质期刊发行节奏保持一致，每月配置与故事刊、智能刊和英语刊相配套的数字化资源，以图片、音频、视频等多样化的呈现形式让小读者在寓教于乐的过程中享受阅读、动手、思考的乐趣，以孩子们喜欢的、更容易接受的现代化技术手段帮助他们增强动手能力，开发多元思维，养成健全人格，平衡心智发展。

编辑部在每本期刊的封二和内容页印制二维码，读者无须下载任何应用软件，只需通过微信中的“扫一扫”功能，即可获取纸书配套的故事音频和实操教程视频等线上资源。

1. 故事刊：听故事、学知识，亲子互动交流。配套故事音频：给孩子讲故事，可以帮助宝宝集中注意力，在潜移默化中提升孩子的语言能力。家长陪伴孩子听故事的形式，不仅可以让孩子愉快地学习知识，还可以促进亲子间的感情交流。

2. 智能刊：资源大礼包，共享亲子互动快乐时光。

（1）动动手，玩出立体刊：以立体刊制作教学视频呈现，爸爸妈妈和孩子一起通过剪裁、粘贴等方式把二维平面期刊变为三维立体期刊，让孩子在动手过程中学习百科知识。

（2）涂一涂，做一做：以涂涂做做操作教学视频呈现，和孩子一起在杂志上涂一涂、做一做、剪一剪，让杂志“活”起来。

（3）时令水果营养推介视频：引导孩子健康饮食。

（4）宝宝安全故事音频：讲述日常生活中的安全小知识，对宝贝进行贴心有效的安全教育。

（5）机智大侦探形象诞生过程探秘：用图片展现机智大侦探的创作过程，为孩子揭秘形象背后的制作秘密。

3. 英语刊：配套音频和配套答案。《小斑马英语》是专为 3~6 岁幼儿创设的英语启蒙刊，以简单重复的句型、日常实用的单词、巧妙的游戏设计和纯正的美式原声音频，为孩子营造轻松有趣的英语学习氛围。

《幼儿园》杂志线上数字化资源的配置一直秉承着“习得现代化功夫 练就多样化本领 助力多元化发展”的理念，兼顾培养早期阅读、开发多元智能、提高审美能力、锻炼动手能力等多个方面，让爸爸妈妈在专业的育儿指导下，借助多样化的技术手段，把握住 3~6 岁幼儿语言丰富的关键时期以及思维、智能发展的重要时期，陪孩子在学龄前期打好各项基础，帮助孩子顺利度过幼升小阶段。

三、行业示范推广价值

鉴于传统纸质期刊篇幅固定、单向输出、缺乏灵活阅读体验等一系列问题，新形式的杂志将会是传统杂志的全面升级，有着较大的行业示范推广价值。

第一，可丰富期刊内容，延伸知识点。基于幼儿的阅读特点与接受度，低幼期刊有着图多字少的特点，这对于科普等讲解性栏目来说，易造成“我们讲不完，孩子看不懂”的现象。而线上数字化资源即可解决类似“困境”，在纸质期刊之外借助电子设备进行知识的拓展延伸，让早期阅读变得更轻松、更直观，更加贴合幼儿实际需求。

第二，可激发幼儿阅读兴趣，培养幼儿良好的阅读习惯。对于识字量较少的幼儿来说，可听、可玩、可互动的期刊对于升级他们的阅读体验、培养他们的阅读习惯能起到积极的推动作用。这种“新型期刊”不仅是传统期刊自身的重大转型，也是读者阅读方式的重大转型。

第三，该项服务模式简单便捷，读者无须下载任何软件，只需通过微信中的“扫一扫”功能，即可获取配套的故事刊、英语刊、安全绘本中所有故事音频，以及智能刊上的所有实操教程视频。与大部分运用二维码和多媒体应用技术的期刊不同的是，《幼儿园》杂志的服务内容与二维码并非单一的对应关系，而是一个二维码对应多项服务内容，即每月期刊的所有服务内容，都包含在两个二维码中。这样不仅避免了烦琐的步骤，也提升了读者的使用体验。

四、项目效益

项目自成功实施以来，取得了良好的经济效益和广泛的社会效益。

第一，《幼儿园》杂志在 3~6 岁幼儿的兴趣点上实现了操作性较强的新阅读模式，家长及幼儿教师对此有着广泛好评。基于此，《幼儿园》杂志在少儿报刊界起到了积极的示范作用，杂志主编于 2019 年 4 月受邀，专门就“低幼期刊创新融合发展”这个专题，为广大同人做了讲解报告。

第二，新技术的应用为《幼儿园》杂志增强了社会影响力、读者兴趣度与读者黏性。随着新技术的引入，读者的用户体验得到提升的同时，期刊的发行量也在上涨，发货码洋持续上升。

随着电子产品的广泛普及，数字阅读越来越被人们所接受，与新媒体、新技术结合的现代纸书不仅为传统纸质图书提升了阅读体验，促进了纸书销售，还带来了额外的线上营收，顺应了未来出版融合发展的大趋势。

五、融合经验体会

在融合发展的大背景下，面对新一代的小读者群和“80 后”“90 后”的家长群，作为专业的幼儿期刊，《幼儿园》杂志只有紧跟时代潮流，创新办刊思路，以传统纸媒“内容为王”的优势为基础，以符合时代特征的新技术应用为引领，才能盘活几十年的丰富内容积累，为传播优秀的少儿文化、参与千万个亲子家庭的人文建设和幼儿人格培育贡献自己的一份力量。《幼儿园》杂志将积极迎接变化，努力抓住发展机遇，不断强化互联网思维，激发新的活力和创造力，争取迈向期刊出版新阶段。

（明天出版社有限公司）

明天童书公众号

案例类别：产品

《江苏船舶》融合新媒体 助力船舶与海洋科技文化传播

一、期刊简介

《江苏船舶》创刊于1980年，是由江苏省交通运输厅主管，江苏省造船工程学会、江苏省船舶设计研究所有限公司主办的国内外公开发行的船舶科技期刊，拥有国际标准刊号ISSN 1001-5388、国内统一刊号CN 32-1230/U，双月刊，全年出版六期。

该刊可读性强、资料实用，旨在促进船舶科研、设计及技术交流，传播国内外造船先进技术、先进经验、先进产品以及造船业的信息与动态，报道学会活动及动态等，已成为深受广大读者欢迎的船舶实用性技术刊物，在全国造船界具有一定的影响，目前是国内发行量最大的船舶专业科技期刊。主要内容包括内河及海洋船舶、渔船、高性能船及高速渡船、玻璃钢船、工程船、船舶检验、船用设备和新材料介绍、各种设计与报价的实用资料、船业信息等。

二、期刊拥有新媒体简介

（一）OSID码

OSID开放科学计划（Open Science Identity，OSID）是由国家新闻出版署出版融合发展（武汉）重点实验室发起的，面向学术期刊行业的一项开放科学公益性计划，于2018年初正式启动。OSID可以有效连接期刊、作者和读者的关系，实现期刊品牌效应的最大化。

《江苏船舶》紧跟步伐，于2019年第1期就加入OSID。每篇文章的作者需要将文章的语音或视频介绍及开放的科学内容与数据等材料按照要求上传到OSID码中。通过在期刊每篇文章上添加OSID开放科学（资源服务）标识码，为读者提供增值服务。

自2019年第1期就加入OSID后，截至2020年12月17日14:00，总浏览次数已达14278次。

（二）微信公众平台

《江苏船舶》期刊微信公众平台汇集了江苏省船舶设计研究所有限公司与《江苏船舶》期刊相关信息，旨在促进船舶科研、设计及技术交流，传播国内外造船先进技术、先进经验、先进产品以及造船业的信息与动态，报道江苏省造船工程学会活动及动态。2020年11月，随着《舰船科普》栏目入驻公众平台，平台在各个高校、船企、船舶设计院等的影响力不断扩大。

目前，《江苏船舶》期刊微信公众平台分为3大板块：科普板块、《江苏船舶》期刊板块以及江苏省船舶设计研究所有限公司板块。

1.科普板块。进入海洋世纪以来，蓝色国土守卫、海洋资源开发、海洋军工竞赛，在世界范围内愈演愈烈，归根结底是一个国家海洋综合实力的竞争，竞争的关键是海洋认知能力的比拼，体现的是海洋工程装备及高技术船舶的较量。《江苏船舶》作为与江苏省造船工程学会共同主办的一本国内外公开发行的船舶科技期刊，是船舶科研产出的重要载体之一，应是科技创新的一部分，同时也应在科学精神、科技创新、科学方法等各个方面起到极强的传播功能。

基于此，2020年11月，《江苏船舶》期刊微信公众平台联合江苏省造船工程学会新开设舰船科普板块，以此响应国家号召，促进船舶海洋文化的传播与发展。每一期的科普文章均采用大量图片、视频配合文字生动地介绍各类船舶的特点、用途等，适合各个年龄阶层的读者，真正提高了船舶学习和从业人员的科学素质。

2.《江苏船舶》期刊板块。广大读者、作者找到“期刊在线”菜单，即可获取一键式服务，包括期刊简介（简介+征订）、稿件查询、当期目录、过刊浏览、OSID等，极大方便了作者查询稿件、投稿等。

自该刊2020年第3期起，每一期都利用微信公众平台对该期文章进行推送，仅推送了3期内容，阅读量都达到了500以上。且每一期的推送内容都丰富多彩，主要依据各个作者在OSID码中上传的开放数据资料编辑推送内容，集文章相关图片、视频、语音、文字等于一体。

3.江苏省船舶设计研究所有限公司板块。江苏省船舶设计研究所成立于1978年，隶属于江苏省交通运输厅，是江苏省唯一专业从事船舶设计研究的科研院所，主要从事各类民用运输船舶、军辅船舶、工程船舶、特种船及钢结构的研究与设计工作。近10年来，该所以市场为导向，依靠自身的科研实力，进一步加大了运输船舶和工程船舶的研究与开发力度，取得了突破性进展，尤其各类工程船舶、特种船舶的研发，紧跟世界研究成果，处于国内先进地位。为适应国家科技体制改革的要求，江苏省船舶设计研究所按照现代企业制度完成了改革转制工作，于2003年5月13日注册成为江苏省船舶设计研究所有限公司。

该板块尤其展示了江苏省船舶设计研究所有限公司的产品介绍以及最新动态，给广大船舶企业、船舶人搭建了一个交流平台。

三、新媒体支撑力量

（一）强大的技术背景支撑

《江苏船舶》作为船舶与海洋工程类的期刊，专业性强，势必需要有强大的技术背景支撑其发展。而江苏省船舶设计研究所有限公司拥有专业技术人员近 60 名，其中教授级高级工程师、高级工程师近 30 名，40 年来为增进我国造船和水运事业的发展与进步发挥了积极的作用。因此，江苏省船舶设计研究所有限公司是《江苏船舶》期刊蓬勃发展的强有力后盾。

（二）广泛的读者群体

该刊读者群主要为从事船舶科研、设计、生产的工程技术人员和管理人员，港航部门的管理人员和机务人员，造船专业的大中专院校师生以及船舶关联企业的技术人员和管理人员，因此其读者群体广泛，为微信公众平台的粉丝发展奠定了基础。

（三）OSID 码的融合

OSID 码包括了作者的语音介绍（可录制 5 段录音）、作者在线问答、学术圈、开放科学数据与内容。自 2020 年第 3 期开始，每一期出版后都将当期文章在《江苏船舶》期刊微信公众平台上推送，推送时每一篇文章末都会附上文章的 OSID 码。

OSID 对作者而言，论文展示形式更加立体化，传播速度更快，传播范围更广；将以前因篇幅有限无法交流的内容完整呈现；建立与读者的在线交流，扩展人脉，线上实现学术研究的延展性。

（四）科普工作的展开

科技支撑经济发展，科普工作意义深远。因此，该刊自 2020 年 11 月起，联合江苏省造船工程学会积极开展科普工作。“舰船科普”目前已进行了多期，内容丰富多彩，适合各个年龄段的人士，每篇文章都有一定的阅读量，第一篇文章阅读量达到了 585 人次。

除了线上科普，《江苏船舶》编辑部还开展了线下实地科普活动。带领青年人员到船上参观，由设计师带队讲解船舶构造等内容。

（五）平台公益性

“江苏船舶期刊”微信公众号不向读者、作者收取任何费用，所有内容均为无偿分享，尤其科普工作，旨在助力船舶与海洋科技文化传播，让更多人了解海洋、了解船舶，积极投身船舶与海洋事业。

四、总结

《江苏船舶》期刊微信公众号从 2020 年 8 月开始发展，巧妙地将《江苏船舶》期刊、科普工作以及江苏省船舶设计研究所有限公司融合在一起，仅 3 个多月取得了可喜的成绩：截至 2020 年 12 月 25 日，已吸引了粉丝 1117 人，且关注人数每日都在增长。

《江苏船舶》期刊微信公众号扩大了《江苏船舶》期刊在全国范围内的影响力，吸引了更多高质量稿件，提升了期刊本身的内容质量。下一步，《江苏船舶》编辑部将借助微信平台开通期刊在线购买服务。

《江苏船舶》期刊微信公众号不但为《江苏船舶》期刊广大投稿作者提供了方便快捷的服务通道，同时真正做到了无偿宣传科普船舶与海洋文化。

随着中央《关于深化改革培育世界一流科技期刊的意见》的发布，中国期刊业又站在了一个新的时代起点上，《江苏船舶》期刊正在努力，借助微信公众平台，做强做优期刊内容的同时自觉担当传播船舶与海洋文化的使命。

（《江苏船舶》编辑部）

江苏船舶期刊公众号

案例类别：组织机构

《实用临床医药杂志》开启学术期刊全网融合出版新征程

《实用临床医药杂志》是由扬州大学、中国高校科技期刊研究会主办的综合性医学学术期刊，现为中国科技论文统计源期刊（中国科技核心期刊）、中国学术期刊影响因子年报统计源期刊、《科学引文数据库（SCD）》来源期刊、RCCSE 中国权威学术期刊（A+）、中国高校优秀科技期刊。

在信息化改革力度不断加大、5G产业的互联网化与物联网化趋势持续增强的大背景下，《实用临床医药杂志》积极转型升级，开启了学术期刊全网融合出版新征程。

一、学术出版全网融合出版

（一）秉承传统，探索创新

谈学术出版全网融合出版，就必须简要回顾《实用临床医药杂志》的历史。《实用临床医药杂志》始于1989年的《扬州医学院学报》，1997年更名为《江苏临床医学杂志》，2002年改为《实用临床医药杂志》，2020年开始启用《实用临床医药杂志（医工结合创新研究）》，探索从综合性学术期刊向医工结合交叉学科积极转型发展。

杂志创刊时，就提出“将本着实事求是、勇于实践、大胆改革、不断探索、努力创新的精神，力争把刊物办好、办活、办出特色”，数十年来始终秉承这一理念，不断探索和创新。

进入21世纪，乘势而为，《实用临床医药杂志》开通电子收稿邮箱、开发并使用官方网站。现如今，5G产业的互联网化与物联网化趋势持续增强，杂志再次迅猛出击，开启学术出版全网融合出版新征程。

（二）筑好平台，打好骨架

开展学术出版全网融合出版，首先搭建平台。

1. 期刊。当前纸刊仍是中国学术期刊的立身之本，也是刊发论文的基础载体。《实用临床医药杂志》开辟医工结合创新研究专栏，专门刊载医工结合创新研究领域论文；开辟专家述评、智库研究报告、中西医结合药学、新型冠状病毒肺炎防治研究等专题；为优秀论文提供“绿色通道”——优秀论文优先发表并在线优先出版。

2. 官方网站。务求实用导向，分设医工结合专题以及期刊动态、编委专家、审稿指南、期刊在线、作者导航、知识服务、健康科普等栏目，便于用户快速找到所需内容。同时，本刊刊载的论文及时上传至官方网站，并按照优先发表、当期目录、医工结合专题、过刊浏览等分门别类，便于编辑对论文及时整理，为读者阅读及引用提供方便。2020年6月、7月，官方网站（网址：http://jcmp.yzu.edu.cn/）顺利通过百度“官方”认证、360“官网”认证，并更新百度百科、360百科信息，打通了读者与作者链接至官方网站等的重要通道。

3. 投审稿系统。2020年5月27日，《实用临床医药杂志》官网投审稿系统正式启用，作者在线投稿、专家在线审稿、编辑在线办公、主编在线办公等均可在线完成，同时取消其他所有投稿路径。官方投审稿渠道的建立，确保作者投稿渠道的唯一性与安全性。

4. 官方微信。于2020年6月9日正式开通并第一次向用户推送信息，头条文章阅读量超过1300。微信公众号菜单栏下设有《用户中心》《期刊在线》《关于我们》等栏目，用户获取信息方便快捷。官方微信可链接至官方网站、投审稿系统，并定期推送期刊相关新闻及医工结合研究领域最新信息。

5.AR出版界面。面向未来进入元宇宙时代，进行学术出版全网融合出版的关键一步和创新尝试。在AR界面，点击marker页上各个按钮就能进行相应的资源查看，期刊介绍视频、官方网站链接、公众号二维码、创刊词、历史沿革，《实用临床医药杂志》的一切信息，在这里都能找到。AR技术的引入，让期刊具有更多的科技属性，实现科技赋能。

6. 实时互动。值得一提的是，《实用临床医药杂志》的官方网站、投审稿系统、官方微信、AR界面之间已经实现即时互动，使编委、审稿专家、作者、读者的实时在线交流成为可能。

（三）关注内容，丰盈血肉

借助学术出版全网融合出版，本刊力争实现一次性生产、多媒体发布，为优秀学术论文赋能，奠定学术期刊高质量发展的坚实基础。

1. 优秀文章优先发布。

2. 建设代表国家水平的分领域集中发布平台，如医工结合创新研究领域、生酮治疗领域等。

3. 加强学术诚信，保证科研成果的科学性和学术质量。

4. 加强平台传播能力的提升。

5. 优化同行评议及编辑出版流程，做到保质提速，2020年本刊的出版时滞仅为83天。

6. 平台所有论文免费向读者全网开放，真正实现科研成果的快速共享。

7. 力争打造成为中国医工结合领域最新科技成果集中展示和传播平台。

8. 紧紧围绕国家期刊管理政策法规，使相关文件和规定配套协调，为期刊发展营造有利的环境和条件。

二、平台建设，事半功倍

良好的平台建设，再加上持之以恒，必然能够收到良性反馈、形成良性循环。

《实用临床医药杂志》学术出版全网融合出版开启以来，截至2020年12月28日，共有3013位注册作者通过投审稿系统投稿1810篇，有270位审稿专家通过投审稿系统完成审稿，10多位编辑在线编辑226篇稿件，目前仍在稳步增长中。

官方微信建设半年时，推送23期内容，关注人数超过1600人次（无僵尸粉），他们经常与编辑部互动。

三、与时俱进，承担社会责任

（一）把握时机，组织新冠病毒肺炎研究专题

2020年，新冠肺炎病毒成为全球关注的焦点。《实

用临床医药杂志》积极响应中国科协的号召，主动参与世界卫生组织新冠肺炎数据库建设，授权世界卫生组织使用高校医学系列期刊新冠肺炎相关论文元数据。

《实用临床医药杂志》编辑部主任钱锋，作为中国高校科技期刊研究会医学期刊专业委员会主任委员，积极牵头组织各高校医学期刊推荐优秀新冠病毒肺炎论文入选世界卫生组织新冠肺炎数据库。

（二）开展活动策划，勇担公益重担

在 2020 年度“江苏期刊明珠奖·优秀栏目和优秀策划”评选中，《实用临床医药杂志》报送的“哈特穆特·米歇尔‘诺贝尔奖专家工作站’”策划活动，获评 2020 年度“江苏期刊明珠奖·优秀策划”。

（三）其他活动

《实用临床医药杂志》积极推动“最美逆行者活动”顺利开展；策划并积极联络专家，面向全国范围内呼吸科临床医务人员开展公益巡讲；主办第一届中国高校科技期刊创新融合发展论坛，打造以中国高校系列医学期刊为核心的医学学术生态体系。

（四）收获肯定

“中国科技核心期刊（2020 版）”（又称“中国科技论文统计源期刊”）揭晓，经过多项学术指标综合评定及同行专家评议推荐，《实用临床医药杂志》入选中国科技核心期刊。

中国知网公布的《中国学术期刊影响因子年报（自然科学与工程技术·2020 版）》显示，《实用临床医药杂志》属于 Q1 区，影响力指数（CI）在临床医学综合类期刊中排名第 13 位（13/123）。

《实用临床医药杂志》被中国科学评价研究中心评为“中国权威学术期刊（A+）”，并在“临床医学”类型中排名第 7 位。

《实用临床医药杂志》被评为 2020 年度中国高校优秀科技期刊。

四、及早布局未来的融合出版工作

目前，《实用临床医药杂志》的学术出版全网融合出版已初见成效阶段，目标是打造中国学术期刊尤其广大高校学报转型发展的最佳实践样本。在此，我们对学术出版全网融合出版提出以下几点建议。

1. 提高政治站位，增强融合出版理念，把广大学术期刊媒体融合发展理念提升到政治高度，将互联网这个最大的变量转化为出版行业发展的最大增量。

2. 加强融合出版体系设计和建设的软硬件投入，采用文字、图表、图像、声音、视频等多种表现形式进行综合展现。

3. 关注 5G、大数据等新技术等带来的技术革新和对学术期刊出版工作的机遇和影响，及早布局未来的融合出版工作，重视融合出版跨界人才的培养。

4. 加强学术期刊品牌建设与信息聚类工作，拓展在新型科研环境下的学术研究和知识服务能力。

（《实用临床医药杂志》编辑部）

《实用临床医药杂志》公众号

案例类别：产品

医工结合创新研究　突破交叉学科“蓝海”

钱锋　史宏灿　索晓灿

《实用临床医药杂志》第一主办单位为扬州大学，是国内学科门类较为齐全的综合性大学，具备构建跨多学科交叉融合研究的基础，与华为、中科院苏州医工所等国内顶级研究机构有着深度学术合作；第二主办单位为中国高校科技期刊研究会，长期以来为其提供一个高起点的发展平台；现为中国科技论文统计源期刊（中国科技核心期刊）、中国学术期刊影响因子年报统计源期刊、《科学引文数据库（SCD）》来源期刊、RCCSE 中国权威学术期刊（A+）、中国高校优秀科技期刊。

当前，《实用临床医药杂志》借助平台优势、积极转型升级，正在从原先的“临床医学领域”向“医工结合在临床医学领域的创新研究”转变，挖掘学科发展潜力，打造医工结合与临床医学多学科交叉融合的一流中文学术期刊。

一、医工结合创新研究

2020 年下半年，国家自然科学基金委员会成立第九大学部——交叉科学部，交叉领域科学再次受到科学领域的重点关注。医学与工程学密切结合、相互促进，产生了医学和工学的结合点，即医工结合研究。此即《实用临床医药杂志》近年来关注的重点。

《实用临床医药杂志》根据自身特点和资源优势，借助多个优势平台，在其他同类期刊较少关注的“医工结合多学科创新研究在临床医学的应用”领域寻找学科突破的“蓝海”。2018 年，《实用临床医药杂志》即开始面向国内外专家、读者发布《“医工结合与临床研究”2019 年专题征稿启事》。

突破交叉学科“蓝海”，《实用临床医药杂志》胸有成竹——凭借着医工结合创新研究，《实用临床医药杂志》成功完成差异化期刊定位选择，深度挖掘期刊发展优势，多角度、多层面构建真正的医工结合创新研究。

（一）医工结合创新研究领域集群化

1. 立足创新引领，构建跨多学科学术交流平台，推动医科与工科、理科等多学科交叉融通，刊载反映医学工程领域技术和社会发展的最新成果，是临床医务工作者与医工结合研究人员交流专业信息和发布研究成果的阵地。

2. 务求实用导向，为临床上遇到的各种诊疗难题寻求工程技术领域的解决方案，为医工结合研究人员提供科研成果合作与转化的平台，促进医工结合双向研究的推进和成果转化。

3.《实用临床医药杂志》以“医工结合创新研究”专题为基础，扩展医工结合创新研究领域，逐步开发医工结合研究专题、医疗器械创新与知识产权保护、研究热点及前沿（Research Highlight）、医工结合与护理研究等，不断丰富医工结合创新研究知识领域内涵。

（二）刊载平台多样化

1. 期刊。是杂志的立身之本。《实用临床医药杂志》自 2018 年以来开辟专栏刊载医工结合创新研究领域论文；针对特色鲜明的论文、结合热点，开辟专家述评、智库研究报告等专题；为医工结合创新研究领域论文提供论文发表“绿色通道”，只要符合论文发表要求，即为其缩短发表周期、提高发表效率，并优先进行数字出版。

2. 官方网站。设有“论文专区”，分设《优先发表》《当期目录》《医工结合专题》《过刊浏览》等栏目，可先于中国知网等数据库优先刊发文章数据，第一时间面向读者。

3. 官方微信。可链接至官方网站、投审稿系统，并定期推送期刊相关新闻及医工结合研究领域最新信息。读者关注官方微信后，即可随时获取相关信息，并与投审稿系统绑定，获得投稿文章的动态提醒。

杂志通过差异化期刊定位选择，挖掘期刊发展优势，自 2018 年以来已刊登“医工结合研究专题”文章 160 余篇，涉及 5G 医疗、生物工程、新型合成材料等多领域与临床医学相结合，为做好临床医务工作者与医工结合研究人员专业信息交流和研究成果发布的阵地，积极推进国家重大战略尽己之力，《人类病毒组——预测莫测之事，识别真正之敌》《计算生物学的学科进展及其人才的缺乏》等优秀文章更是纷至沓来。

（三）深耕学术建设，不断收获肯定

“中国科技核心期刊（2020 版）”（又称“中国科技论文统计源期刊”）揭晓，经过多项学术指标综合评定及同行专家评议推荐，《实用临床医药杂志》入选中国科技核心期刊。

中国知网公布的《中国学术期刊影响因子年报（自然科学与工程技术・2020 版）》显示，《实用临床医药杂志》属于 Q1 区，影响力指数（CI）在临床医学综合类期刊中排名第 13 位（13/123）。

《实用临床医药杂志》被中国科学评价研究中心评为“中国权威学术期刊（A+）”，并在“临床医学”类型中排名第 7 位。

《实用临床医药杂志》被评为 2020 年度中国高校优秀科技期刊。

二、为医工结合领域贡献力量，社会反响强烈

医工结合创新研究能做的，不仅是突破交叉学科“蓝海”，更是在此基础之上所能提供的综合服务之力量。

（一）把握时机，组织新冠病毒肺炎研究专题

2020 年，新冠病毒肺炎成为全球关注的焦点。《实用临床医药杂志》积极响应中国科协的号召，主动参与世界卫生组织 COVID-19 数据库建设，授权世卫组织使用高校医学系列期刊新冠肺炎相关论文元数据，向全球抗击疫情的医护人员和科研工作者更加全面、更加广泛地分享中国新冠肺炎研究进展和防治经验。

《实用临床医药杂志》编辑部主任钱锋，作为中国高校科技期刊研究会医学期刊专业委员会主任委员，积极牵头组织各高校医学期刊推荐优秀新冠病毒肺炎论文入选世界卫生组织 COVID-19 数据库。

（二）开展活动策划，勇担公益重担

在 2020 年度江苏期刊明珠奖・优秀栏目和优秀策划评选中，《实用临床医药杂志》报送的“哈特穆特・米歇尔‘诺贝尔奖专家工作站’”策划活动，获评 2020 年度江苏期刊明珠奖・优秀策划。

这一策划活动源于 2019 年刊发的“生酮饮食疗法慢性病管理”系列主题文章，青岛德贤糖尿病医院院长朱兵团队发表的文章《让胰岛 β 细胞修生养息：以高脂低碳生酮饮食干预为核心的“五位一体”Ⅱ型糖尿病整合治疗新方案》，引起广泛关注。《实用临床医药杂志》作为学术交流和中西医学合作的纽带，积极联系并促成德国诺贝尔奖获得者哈特穆特・米歇尔教授（Hartmut Michel）与青岛德贤糖尿病医院合作共建 Hartmut Michel 诺贝尔奖专家工作站（院士专家工作站），产生了广泛的学术影响和社会影响。

此外，《实用临床医药杂志》积极推动“最美逆行者活动”开展；策划并积极联络专家，面向全国范围内

呼吸科临床医务工作人员开展公益巡讲；主办第一届中国高校科技期刊创新融合发展论坛，着力于推进“中国高校医学系列期刊品牌联盟”建设，打造以中国高校系列医学期刊为核心的医学学术生态体系。

三、医工结合创新研究必将促进医工交叉的深度融合和共赢发展

几十年来，全球的医工结合实践已取得一系列突破性成果。电子显微镜、序列分析、质谱技术的应用使医学研究的深度有了质的飞跃；智能传感器、云计算、人—机共融的智能制造模式等在临床实践中崭露头角；大数据时代催生了数字医疗的迅速发展，使患者就诊方便快捷地从基础研究到转化研究……这些无不彰显医学与工程学科相互交叉、融合、渗透的必要性。

然而，交叉的医学学科集中于某一学科的偏多，实质性融合不到位，交叉的工程学科和医学学科没有形成“一对多”和“多对多”的学科交叉模式。医工交叉的产学研转化链尚未成熟，研究的成果不能很好地对接临床需求；医工交叉教学和人才培养方面融合难。

医学与工程学科的交叉融合既是机遇又是挑战，“医工结合创新研究”则显得更加迫切与备受期待。正是基于这些考量，《实用临床医药杂志》以“医工结合创新研究”为着力点，多方尝试整合优势资源、发掘学科发展潜力，最终促进医工交叉的深度融合和共赢发展。

（钱锋：《实用临床医药杂志》编辑部主任、中国国际科技促进会医工结合分会执行会长，史宏灿：扬州大学医学院 / 扬州大学转化医学研究院院长、《实用临床医药杂志》主编，索晓灿：《实用临床医药杂志》编辑部编辑）

案例类别：产品

深耕垂直领域 推动渠道与产品全面融合

——天下网商新天网云媒体建设

媒体融合发展是传媒领域一场重大而深刻的变革，传统媒体和新兴媒体经过短暂此消彼长后，在融合创新的推动下，呈现互为补充、相得益彰的良性发展态势。面对这一重大变革，天下网商加快改革创新步伐、丰富报道手段、推进产品升级、优化服务质量，走出一条传统媒体融合创新的发展之路。

天下网商在变革中寻求创新突破，围绕“全媒体 + 服务”的形式，通过“一次采集，多次编辑，全渠道发布”的模式，推动媒体融合发展。以专业的新商业内容创作平台为基础，聚拢读者及用户；挖掘用户需求，围绕知识与传媒产品开发，打造营销和培训服务平台；积累案例和用户数据，强化新技术应用，通过数据分析不断改进媒体内容和服务产品，逐步形成良性互动的产品闭环。

一、精准触达用户，以优质内容打造媒体影响力

以杂志为基础的天下网商全媒体平台是互联网商业垂直领域的头部媒体，聚焦于互联网商业领域内的趋势动态、商业案例、人物故事、干货解读等，深耕新商业生态十年，按品牌电商企业、中小型电商企业、创业者、用户、行业研究者等不同层级，策划组织优质原创内容，完成对 B 端和 C 端用户的精准内容触达。

目前，天下网商全媒体矩阵以《天下网商》杂志为基础，以微信公众号为主阵地，以抖音、B 站等视频平台为新战场，覆盖以电商从业者为主、科技与生活兴趣读者为辅的三大类人群，全域累计用户（读者）1300 余万。

以体制机制创新为动力，天下网商积极探索全媒体报道模式。打破原有架构，大力建设后端内容采集一体、中端技术支撑一体、前段传播渠道一体的全媒体组织架构，通过资源、协同、服务、管理的一体化发展，按照“一次采集、多种生成、多元传播”的模式，建立内容丰富、形态各异、载体多样、覆盖广泛的现代传播体系。

以内容建设为根本，借助新平台放大主流声音。围绕互联网商业的从业者、数字经济下的新变化、互联网商业的新趋势等领域内热点话题，天下网商全媒体以“数字经济孵育新职业”“十年云栖，‘数智’中国”等为主题，组织专题报道，广泛报道行业新闻，深度洞察行业趋势，并通过整合业内一线专家、研究机构、头部企业资源，为领域内从业者提供多层次信息服务。

作为专业媒体，天下网商注重内容精品化程度和综合影响力，深挖行业背景，做出多篇有质量的深度报道。如经过天下网商多方采访，推出深度报道《月薪 4 万仍一将难求，这个新职业火了》，着眼外卖规划师这一新兴职业，分析该职业的现状和未来发展状况，引发业内外热烈讨论。同时，天下网商始终坚守媒体责任，常年跟踪乡村教师、数字助农等公益题材，以生动的人物报

道讲述新时期互联网经济背后的公益故事。

2019年，天下网商全媒体平台总流量超过2.5亿，其中，67篇文章流量超百万，多篇文章被南都周刊、第一财经、凤凰科技、财经、36氪等媒体转载。

2020年，天下网商对全媒体渠道进行梳理，剥除低效与无效渠道流量，聚焦有效优质流量增长，精细化运营关键渠道，全年全媒体矩阵总阅读量达3.7亿（不含微博、短视频），公众号矩阵粉丝量近百万。

2021年，天下网商对矩阵账号进行梳理，重点运营商业、生活矩阵，持续打造专业化、深度化媒体报道。截至2021年8月，天下网商全渠道总阅读量1.63亿（不含微博、短视频），全渠道推送短视频298条，总播放量近5亿，获赞量超600万，天下网商媒体矩阵粉丝数269.56万。

二、立足媒介优势，构建新型电商营销服务平台

发挥媒体传播优势，为企业提供专业营销服务，是天下网商探索拓展媒体经营空间的第一步。在营销领域，天下网商全力构建品销合一的全新电商营销生态，整合全域KOL资源，以优质内容为载体，以媒介策略为核心，基于数据化工具，为品牌提供一站式全域营销解决方案。

品牌营销服务，致力于通过内容帮助品牌重新塑造C端消费者认知，挖掘内容营销数据背后价值，为品牌提供通过内容沉淀全域消费者资产的创新解决方案。天下网商品牌营销深耕美妆、食品、大快消、家电等品类，与海尔、小米等品牌达成长期合作关系。

行业营销服务，与各大电商平台进行行业联动，提供大促期间品类联动的全域营销方案，包含IP共创、媒介营销、整合营销等服务，内容制胜、品效合一。其中共创IP“正宗原厂地”，依托数字助农的报道，走南闯北（15个省、25个正宗原产地），打响原厂地地标影响力。

内容营销服务，专注内容生态，为品牌提供深度的内容营销服务。发挥媒体深谙内容运营、熟悉媒介特征的优势，针对不同的渠道，产出适合匹配的内容，获取高展现精准曝光。

直播营销服务，专注为品牌、商家提供全域直播营销服务，通过提供直播整体解决方案、店铺直播代运营、建立直播基地等方式，构建起完整的业务闭环。截至2021年9月，天下网商代运营行业直播间包括天猫超市、淘宝吃货、飞猪官方、阿里健康、天猫国际进口超市等，品牌直播间包括小米、海尔、雅诗兰黛、顾家家居、卡萨帝等。总运营直播间超过50个，总带货金额超过26亿元，荣获淘宝直播2020年度TOP直播服务商、淘宝直播2021年3月商家直播服务商TOP1、天猫消费电子行业第一直播服务商、行业官方账号直播第一服务商。

三、深挖市场痛点，构建专业电商培训服务平台

在媒体运营过程中，天下网商立足电商成长之所需，依托专业媒体品牌影响力，整合各类优势资源，孵化面向电商行业企业与个人的培训服务产品，已成长为线上线下融合多元化、全方位的电商学习平台。

面对瞬息万变的商业环境、传统电商的升级转型，天下网商通过把握最新的商业风向，同步最新、最有价值的前瞻讯息，沉淀为新学习内容，对商家进行多维度的商业赋能。从入门到深入，从细分专业到全方位管理，从线下到线上，天下网商针对不同阶段的电商从业者和企业，推出不同的培训产品，提供24小时不间断学习平台。截至2021年9月，天下网商培训体系已累计服务用户超千万人次。

面向品牌企业，天下网商提供全面培训体系产品，包含电商企业的系统架构、组织管理、岗位培训与绩效考核，企业可根据自己的学习需求，面向企业全员，共建自我经验梳理、自我提升能力的良性自循环学习生态。

面向个人及小微商家，天下网商主要提供基础知识、店铺实操培训等专业服务。从新手入门到专业提升，为卖家提供最专业的电商资讯、行业知识和操作实务等服务，帮助卖家快速成长。

四、强化数据赋能，为推动行业发展贡献媒体力量

天下网商以媒体内容服务为基础，通过营销服务和培训服务，沉淀了上万家企业和商家数据，通过整理分析这些数据，既可以深度剖析电商行业发展趋势，也可以挖掘市场痛点，针对性开发产品，实现数据对行业和企业的赋能。通过数据赋能，一方面，帮助媒体决策内容采集方向，优化营销和培训服务品质；另一方面，可以聚合行业资源，反哺行业生态，为新商业从业者创造一系列探讨行业问题、互相交流学习、对接精准资源的平台。通过新网商峰会、淘宝直播俱乐部、电商短视频联盟等一系列活动，天下网商连接新商业领袖与全行业精英，多维度诠释和传递新商业理念。

通过融合创新，天下网商逐步形成了以内容为枢纽、以媒体链接用户和业务、以业务服务反哺媒体的新型媒体运营形态，即“全媒体＋产品服务”。这一形态让媒体更加专注于内容的产生和传播，让产品服务能更加重视用户需求的满足，并不断推动媒体获取更多富余资源，去探索5G、人工智能、大数据等“新基建”技术在新兴媒体中的应用。

（浙江天下网商网络传媒有限公司）

《天下网商》公众号

案例类别：组织机构

深度融合《浙江林业》构建全媒体传播体系

《浙江林业》杂志创刊于1989年，是浙江省林业行业的主流传播媒体、生态建设的权威发布平台。杂志始终坚持正确的舆论导向，坚持四项基本原则，坚持正确宣传党的方针政策，严格把好政治关，坚持弘扬主旋律，知名度和美誉度不断提升，四次获得“梁希林业图书期刊奖”，蝉联两届“华东地区优秀期刊奖”。

近年来，杂志社抢抓机遇，坚定不移推进媒体深度融合，成为浙江林业宣传的“重要窗口”。

一、以主题策划为契机，构筑新闻宣传网络

《浙江林业》杂志社持续强化政治素质，全员深入开展马克思主义新闻观教育，认真贯彻落实习近平总书记系列讲话精神。从新闻报道策划、采访到作品编辑、审校环节，全程贯穿高标准、严要求，确保编校品质，使内容生产向精准化、定制化方向发展，充分发挥传播价值的最大化。

杂志社每年和各地市林业部门联合做好相关主题宣传，派记者深入各地基层，实地采访，提升了林业宣传的专业度和准确性，拓宽了林业信息网络的辐射面，确保正确的政治方向、舆论导向和价值取向。如持续关注中国义乌国际森林产品博览会、花博会、苗交会的专题，结合新媒体推文进行宣传，既丰富了林业宣传内容，又加强了与地市局的专业交流，为进一步扩大林业信息宣传的影响力起到了良好作用。

同时，杂志社注重公益宣传，树立正确的价值观和建构意识形态。结合“世界湿地日”“世界环境日”“世界野生动植物日”“浙江生态日”“节约粮食”等相关主题进行公益宣传，创意设计具有人文气息的林业公益广告，原创的“百万亩国土绿化”系列公益海报被“学习强国”平台选用，反响热烈。通过丰富多彩的主题宣传，不断增加林业人的自豪感和归属感，增强社会各界对林业工作的认同感。

二、以新媒体为桥梁，搭建信息交流平台

为进一步加大对全省林业重点工作的宣传，扩大林业的社会影响力，《浙江林业》杂志每期策划不同主题，以专题报道、图片展示、约稿访谈等形式进行宣传，用心打造优质内容，助推林业宣传出新出彩。与此同时，杂志社将传统媒体与新媒体紧密融合，开通“美丽浙江”微信等新媒体的宣传窗口，在浙江林业网开设专栏，全方位、多角度对各项林业工作进行解读和挖掘。同时，加强全媒体编辑力量，提高图文、音视频、H5等多形式高品质内容制作水平，充分融入文、图、动画等元素，运用配音、旁白、字幕等手段，打造兼具新闻性与艺术性的作品，将优质内容传播得更广更远。

在互联网思维下，杂志社致力于全方位多角度宣传林业和生态文明建设的成就与努力，选材于网民关注的林业热点新闻，展示浙江唯美的生态文化景观，全面直观地反映出我省林业发展的新进展、新面貌，传播主流价值观，传递正能量，将林业的宣传效果推向一个全新的高潮，营造人人关注林业、参与林业的良好氛围。

美丽浙江自2015年开通以来，坚持内容为王，强化原创策划，推出了一系列有社会影响力的活动。2015年重点策划了“浙江最美古道”评选活动，并陆续推出古道寄乡愁诗词、浙江最美古树视频、浙江最美森林等内容。公众参与互动热情高涨，不到1个月，粉丝数从0突破到3000人。之后，美丽浙江紧紧围绕宣传热点和社会关注点，持续推出了“浙江最美古树”“最美鸟类”“浙江最美森林氧吧”等最美系列评选、“国有林场LOGO”征集、“浙江林业十大成就和十件大事”投票等一系列影响面广、好评率高的主题活动，得到公众的高度认可。2019年是中华人民共和国成立70周年，为充分展示在共和国70年光辉历程中浙江林业事业的辉煌成就，杂志社在《浙江林业》杂志上特别推出“献礼70年”专题，同时在“美丽浙江”微信公众号上连续推送浙江林业70年的发展和成就，以此庆贺中华人民共和国的70华诞。

三、以丰富活动为载体，传播林业好声音

美丽浙江微信公众号坚持每日推送，鼓励原创，近5年来，累计推送5000多篇文章，300多万次阅读量，近5万次点赞。连续被评为全国林业系统十佳微信公众号，在浙江省林业政务微信影响力排行榜中，美丽浙江微信公众号常年占据榜单前三名。

在媒体融合过程中，注重强化受众思维，注重用户体验，从而提升用户参与度，增强用户黏性。

2016年6月，为进一步提高全社会关注朱鹮、保护朱鹮的意识，“美丽浙江”推出浙江朱鹮征名暨保护小使者选拔微电影拍摄活动，将活动推向一个全新的高潮。拍摄的微电影《宝贝回家了》获得2016年网络影视年度公益奖、第五届亚洲微电影艺术节金海棠奖好作品奖、浙江省科普作家协会优秀科普作品金奖、浙江省第四届微电影大赛三等奖。2017年3~6月，为大力宣传花卉新业态发展经验，开展了“多彩浙江——最美赏花胜地”评选活动，为有效推动活动开展，提高活动的影响力和知晓率，美丽浙江微信公众号联合浙江林业网、浙江林业微信、微博、APP等平台同期推送新闻报道。全省各地近30个林业官方微信公众号、微博一起发声，共吸引约13.8万人次参与，有效票数达19314万票。12月“多彩浙江之最美赏花胜地”网络投票开展，此次投票参与人数达到23.9万人次，平台投票总数达到229.2万票。2018年3月开始推送“最美赏花胜地”系列，每周推送“多彩浙江之最美赏花胜地”系列片，通过精美的视频，生动直观地传播赏花胜地的美景，该系列总阅读达到6.04万人次，近万人进行了转发。2019年10月9日，开展浙江省公益林建设“十件大事”“十强村集体”“十个微故事”评选投票活动，历时10天，美丽浙江平台共9.43万人次参与活动，历史访问量高达119.81万人次。

浙江林业杂志社深耕内容，以创新驱动全媒体传播体系建设，成为广大读者学习林业方针政策、掌握林业科技知识、发展林业产业的好帮手。下一步，杂志社将继续以打造具有较强传播力、竞争力的新型主流媒体为目标，以内容建设为根本、先进技术为保障，实现从内容到渠道、经营到管理、平台到队伍等多方面深度融合，争当媒体融合发展的主力军。

（浙江林业杂志社）

美丽浙江公众号

案例类别：组织机构

《精灵与男孩》系列图书的多媒体融合与立体化营销

廖子睿 陈忠坤

一、项目简述

缘起于2020年一场突然袭来的疫情，让人们对生命的存在与意义，还有未来的生活方式和行为进行一次置之死地而后生的思考之时。这套倾注涵养与爱的生命教育系列图书《精灵与男孩》（10册）带着可以疗愈疫情后时代身心健康的内容走到了每个人的面前，主题曲《小光》之歌应时而生。这首带着找回生命那束不可或缺的光的歌曲，以“点亮自己，帮助别人，读一套书，唱一首歌”的方式，希望聚焦新冠肺炎疫情反复肆虐之下人与人之间的共情，做到人人帮我、我帮人人。

二、项目特点

在2020年新冠肺炎疫情反复肆虐的情况之下，根据这套图书的倾注涵养与爱的生命教育的特点，以图书的主要特质生命共情为基础：一个叫小光的孩子，因为自己的鲁莽和冲动意外地失去父亲后，在自己的生命挫折中用帮助别人的方式，重拾生命中失去的色彩和光芒。小光与此同时还获得了跨越生命挫折和厚重心墙的悠然成长，并逐渐理解了生命当中的四件事情——道谢、道爱、道歉和道别。这是一套能让孩子与大人一起成长的提升生命素养的系列好书，更是一个值得进行多媒体融合与立体化营销的好项目。

三、产品特质

基于该系列图书所呈现、包含及延展的效果，读者在其中可获得的将会是生命成长中的10种领悟能力和更能直击内心情感及成长的东西：（1）情绪管理的方法；（2）信守承诺的原则；（3）了解谎言的危害；（4）物质与精神的把控；（5）暴力行为的原因；（6）网络世界的隐忧；（7）爱与珍惜的抉择；（8）友情与背叛的思考；（9）关爱与自我的成长；（10）再见与珍重的期许。这些属于文化价值和精神面貌的东西，《书香两岸》杂志进行了多媒体化的融合及呈现。

四、产品多媒体和立体化呈现

开发舞台剧，已经实现了在中国台湾地区的落地演出，并在此基础上进行该系列舞台剧的策想和展出的在线分享，2020年2月进行线上分享，在线参与试听听众突破2万人次，转载和分享活动的人数超过5万人次。

创作出了该系列图书的主题曲——《小光》，并在2020年北京的BIBF国际图书展上进行了主题为“帮助别人，点亮自己，读一套书，唱一首歌”的线上首唱会。这是一场专业的国际性图书展会和在新冠肺炎疫情下，北京BIBF书展采用的第一次最大云平台的图书交流和展示，此次图书主题曲的线上首唱会，吸引来自国内和国外的专业图书行业专业人士和大众读者进行了观看，后台的监控数据显示当天有接近100万人在线，并在此平台和基础上，有着不小的热度。而且在新冠疫情之下，图书以主题曲的方式表现较为新颖，图书的内容也贴合了生命教育的热点，非常具有抚慰人心的特质和意义。

在新冠肺炎疫情和后疫情时代，针对该系列图书开发出了倾注涵养与爱的生命教育共情小课堂10节，已经部分在喜马拉雅和荔枝微课上进行上线传播和分享，听众在线上分享后表达了相当的热情、赞许和感动。文本中深入浅出地讲述了“生”与“死”及人生意义的课题，但是却毫不生涩，不但孩子能看得懂，大人也会被感动，生命中的共情得到了最大的发挥。

五、产品案例所达到的现实意义

“生”与“死”的问题常让人讳莫如深，今生为何而来？生命的价值与意义为何？死后的世界又是如何？特别是最后一个问题，大概是很多人都很难知晓和解答的问题，特别是在新冠肺炎疫情以后和后疫情时代的到来。而该系列图书产品案例的多媒体融合和立体化营销不只是落在产品上，而是真正体现在现实中。

该系列图书的主题曲《小光》的创作与武汉有着密不可分的关系，该主题曲的谱曲作者及唱作人CQ王京正是真实地生活在当时武汉疫情最高峰下的武汉人，是一个本真善心的人。特别值得说明的是，《精灵与男孩》系列图书（10册）的主题曲——《小光》正是在武汉解封的2020年4月8日那天完成谱曲的，而后进行了视频唱作的剪辑和录制，其案例的真实性和本身的意义已经超出了产品案例多媒体融合和立体化营销的高度，而是一个具有新冠肺炎疫情疯狂肆虐武汉市民坚持乐观向上、积极生活的缩影，这不只是《书香两岸》杂志选此项目进行申报的一个原因，因为还有这个项目的内容作者是来自中国台湾地区的林秀穗和廖健宏，加上主题曲的唱作人来自当时疫情下的英雄城市武汉，再加上该系列图书的编辑是来自广州，这样的两岸协助的生命共情的项目是《书香两岸》所看重的，也是杂志一直以来坚持的，让两岸同胞能够在面对许多危难的时刻更多地共情，这不只是中华同胞之间血脉的历史联结，更是两岸同胞和谐共处和继往开来更好的方式。

六、产品案例所讲求的社会效益与价值

习近平总书记指出，新形势下宣传思想工作使命任务是“举旗帜、聚民心、育新人、兴文化、展形象”。帮助少年儿童树立正确的价值观，“扣好人生的第一粒扣子”，这是我们努力的方向，更是媒体及文化机构的社会担当。

少年儿童是国家和民族的未来，是实现中华民族、中华文化伟大复兴的担当者。在媒体融合的大背景下，创新文化传播方式，增强少年儿童对中华优秀传统文化的理解、对国家和民族的认同，并接过传承和弘扬中华优秀传统文化的接力棒，真正成为实现民族伟大复兴的后备队和生力军，这是生产精神食粮的文化单位及媒体必须担当的社会责任。

《精灵与男孩》生命教育系列图书（10册）中透过故事在虚实交汇之中让阅读者体悟生命中那些隽永和挥之不去的人之常情，比如友情、亲情和爱情，等等。从故事的细节和视觉中，文字和图画那种黑白相间的铺陈，是涵盖小光对生命这件事情认知的隐喻。系列图书从小光对身边人情绪的不理智、遭遇生命挫折开始着笔，又在帮助身边人的过程中慢慢找回生命色彩的故事和图画的创意贯穿始终，都是秀穗老师和建宏老师非常严谨和认真的创作态度所形成的。这既是小读者的福音，更是非常具有哲理性的亲子教养和生命教育，是能够培养孩子珍爱生命、理解他人、换位思考、拥有同理心的好文本，值得更多的教育工作者和长辈们去阅读和思考。

这些理解、珍惜、换位思考和同理心本就是好生命价值聚合所可以形成的一种正向能量和社会效益，这种效益大多是来自精神层面的，而精神面貌是能够推进生命成长和社会发展的很大的动因，在该产品案例成案及多媒体化的形式过程当中，比如来源于《精灵与男孩》系列图书（10册）深度融合开发的出来的舞台剧、主题曲、生命共情小堂课（10节），还有未来大电影及更多形式的呈现，都少不了展现图书内涵和主题的归一——“帮助别人，点亮自己”！

在新冠肺炎疫情不断地反复肆虐当中，产品内容所体现的人文情怀、社会效益和价值更能展现新闻出版深度融合的能量，而聚焦在以人为本的当代中国社会——人性的本善论和本恶论的争论持续多年，人类社会在善恶之中总有自身的表达和选择，但善的选择往往能够让社会更加和谐和人性更加温暖。正如“善意的谎言”那样，虽然不被鼓励，但在东方社会讲究人情文化的背景下，不希望伤害他人的美意及本质应该要受到肯定，大家都

期望人们可以和谐相处。

更何况是在新冠肺炎疫情肆虐之下的2020年到2021年，甚至未来的很多年，新闻出版深度融合更会成为一种不可或缺的责任，照耀着许多人生命前行的方向，呵护许多人生命的温暖，《书香两岸》以此为念，做了该产品的申报，并获得了入围，人与人之间彼此能够达成圆满与欢乐，就要不断提醒自己：真诚待人与互相信任的态度，才是维系当今社会最重要的关键力量，这才会成为最大的社会效益与价值！

（廖子睿：广东新世纪出版社编辑，陈忠坤：《书香两岸》杂志社执行社长）

图书《精灵与男孩》主题曲《小光》线上首唱活动

案例类别：产品

河南科技期刊传媒集团：打造创新云平台　探索知识服务出版新模式

为助力河南省科技创新体系建设，河南科技期刊传媒集团以省科技厅属期刊的数字化出版转型为导向，以“政府主导、示范引导、共建共享、集成创新”为原则，全力打造服务全省科技工作者的“创新云”，加强基础性、公益性和开放性的科技宣传信息数字化资源库、特色期刊资源库和公共服务平台建设，取得了新成效。

一、项目概况

期刊集团拥有《河南科技》《创新科技》《乡村科技》三本杂志，在数字出版转型之初，我们就开始对河南省科技创新云服务平台的顶层设计，充分发挥期刊集团在全省科技系统内的宣传出版工作中的重要作用和资源优势，以及常年承担的省科技厅重要工作任务所积累的科技信息数据资源，积极主动地开展了科技宣传信息数字化资源库建设，紧密结合3本杂志定位的特色期刊资源库建设，构建起服务全省科技工作的“创新云”，着力打造一个数据中心，着力建设两个管理平台，着力强化实现三大系统功能，着力培育四大产品形态，差异化定位和构建五大科技创新云，探索以云平台为载体的知识服务和数字出版新模式。

（一）一个出版数据中心

数据中心是云平台建设的逻辑起点，旨在满足科技宣传信息多种符号资源、媒体数字资源、传播载体、传媒形态、终端显示出版等全要素需求，为科技数据从内容资源协同加工、编纂、管理、知识库构建、多元化出版、知识服务、科普服务和科技宣传等方面提供全方位数据资源安全与保障。

（二）两个网络管理平台

两个平台是云平台运营的关键。一是在本地构建安全、稳定、高效的局域网管理平台，完成科技数据内容的汇聚、研究、生产、加工与管理，完成科技数据产品的发布与应用封装。二是将创新服务与应用在云端部署，依托创新云实现覆盖广泛的外网平台管理，实现知识服务一站式、分众化、互动化和多应用无缝集成。

（三）三个系统基本功能

主要包括：

一是满足全省科技行政管理系统科技数据汇聚、分析研究、协同编纂加工、出版和服务的数字化流程改造。

二是能够实现服务全省科技工作者的三本期刊、各类科技图书画册、专题工作报告和科技统计分析可视化、微视频等各类内容资源多元化数字出版。

三是基于统一对外服务平台的社会公众网上“云”服务。

以上三个基本功能，实际上也是数据资源共建共享、内容资源协同编纂和知识服务“创新云”平台的内部基本构造。

（四）四个数字应用产品

主要包括：

1. 网刊在线。其主要功能包括：网页出版、数字期刊、按需出版、专题活动、新闻资讯等内容。

2. 数字阅读。具体包括：移动APP阅读、智能触摸终端阅读、微信阅读等。

3. 知识服务。具体包括：专题服务、场景应用、智能检索、分众化服务。

4. 创新产品。具体包括：在线学习、政策培训、自助出版、数据库出版、科普宣传等。

（五）五个科技创新云

结合河南省传统产业转型升级、新兴产业发展壮大、未来产业谋篇布局，在顶层设计上将“创新云”平台按照一云多用的理念，用“科技政务云”“转移转化云”“农业科技云”“科技信息云”和“中原健康云”来体现，完成全媒体资源库建设和云服务功能的实现。

二、项目成效

（一）数据中心建设

已完成700多万硬件系统和数字化流程改造投资，以及数字出版系统、软件系统的引进和个性化功能开发等。

同时，遵循数字出版资源库建设的技术规范、标准和功能设计要求，加强数据资源建设，截至目前，初步形成了河南省科技宣传出版特色数字资源库。

（二）两个网络管理平台建设

完成安全、稳定、高效的内网管理平台建设，主要包括内容协同编纂系统、同步生产系统和数字内容管理系统，满足了内容的生产、加工与资源管理。

随着创新云的推广应用，已实现外网络管理平台的有效运行，基本实现了知识服务一站式、分众化、互动化和多应用无缝集成。

（三）三大系统基本功能建设

已推出的“创新云”数字出版核心业务应用的开发和不断扩展，基本达到了整个出版流程的无纸化办公，提高了工作效率。初步实现数据库整合，后续将持续扩大不断增加的科技政策、讲话项目等数据资源覆盖面。完成云平台主要功能开发，将“河南科技大数据”与中国知网、万方、维普数据资源在创新云平台上实现全站一框式检索。同时，区分“高端装备制造、先进材料、生物质资源与新能源、食品工业技术与装备、新一代信息技术”五大重点产业，建立专门的数据库和社会公众云服务。

（四）四大数字应用产品建设

产品形态包括：网刊在线、数字阅读、知识服务和产品创新四个方面，期刊集团按照移动优先的原则，实现科技媒体宣传形态的多样化和多渠道媒体宣传方阵，主要包括传统媒体、网站、微信端、智能客户端等。

在网站建设方面，建成科技政策培训平台、河南科普在线，在科技政策培训、科学普及、创新方法、自创区建设、知识产权等网群发挥了较好的宣传带动作用。

在微信端方面，打造一系列的微信公众号，如豫科技、知服聚等，将最新的科技资讯推送给读者。

在智能客户端方面，全部自主研发，面向科技系统、产业园区、重点实验室、工程技术中心等目标客户进行销售，取得了良好的社会效益和经济效益。

（五）五个创新云平台建设成效

科技创新云的一云多用工作，基本建成了科技政务云、农业科技云和转移转化云，且已向省科技厅、知识产权局等全省行政管理系统推广应用。

截至目前，期刊集团的数字出版工作，受到了中共河南省委宣传部、文改发办、新闻出版局和科技厅的高度重视和大力支持，写入河南省委豫发〔2016〕32号文，荣获“河南省数字出版转型发展示范单位”荣誉称号，科技厅专文支持鼓励加快发展。累计获得计算机软件著作权23项，提升了期刊集团的创新能力和研发能力。

三、发展经验与体会

（一）做好数字出版转型顶层设计

数字出版转型的顶层设计至关重要。期刊集团在提出进行数字出版转型时，经多方调研考察，对比先进单位的经验，找出自身的资源优势和领域优势，对照本单位在省科技厅的职能属性，依托期刊集团期刊集群化特点，明确向社会提供数字出版、知识服务的转型方向。

（二）建设专业数字出版人才队伍

数字出版融合发展离不开专业人才的支撑。在明确数字出版转型方向后，引进计算机专业人才5名，组织全员（含美编、编辑、编务和营销传统出版工作人员等）数字出版专业培训，打造一支技术过硬、创新能力较强的数字出版人才队伍。

（三）持续加大数字出版资金投入

数字出版是一项资金投入大、收益增长慢的工程。期刊集团启动至今，已累计投入近千万元资金，但仍未全面建设完成，后续还需进行不断的加大投入和开发。同时，也希望国家在政策和资金方面能够给予数字出版更多的支持。

（四）持续开展融媒体宣传模式创新

坚持内容为王，不断开发创新型、符合用户需求的新产品。期刊集团在出版转型的征程中，坚持做好宣传出版的同时，不断开拓新的业务模式，比如音视频制作、知识服务、政策研究与培训等，后续还将进行按需出版、AR/VR等服务的尝试与探索。数字出版的深度融合发展，只有不断地创新，才能不被时代的潮流所淹没。

（河南科技期刊传媒集团有限公司）

案例类别：组织机构

时代邮刊：催化融合质变 打造湖湘新型主流媒体

2020 年 6 月 30 日，中央深改委审议通过了《关于加快推进媒体深度融合发展的指导意见》，强调要建立以内容建设为根本、先进技术为支撑、创新管理为保障的全媒体传播体系，牢牢占据舆论引导、思想引领、文化传承、服务人民的传播制高点。

近年来，湖南时代邮刊有限责任公司（以下简称时代邮刊）紧紧抓住发展机遇，积极回应时代挑战，沿着内容传播平台化、邮政文化传媒基地化、期刊发展集团化“三化”企业精神，从理念、机构、人才、技术等层面催化融合质变，打造湖湘新型主流媒体，已取得初期成效。

一、理念的融合

（一）宣传理念的融合

在办新媒体理念上，时代邮刊高度重视《时代邮刊》的核心价值和政治、业务追求。在实践新媒体的发展历程中，坚守政治正确理念，无论是在平时的宣传报道、话题策划上，还是在重大事件节点上，时代邮刊传统媒体和新媒体宣传部署保持高度一致。

（二）思想的融合

时代邮刊在加快推动融合转型方面，在力量配置调整、绩效奖励、内容生产等方面，从上、中、下三个层面形成坚决推进全员转型、把核心资源全力向融媒体关键环节倾斜的统一认识。

二、机制的融合

随着媒体融合的纵深推进，时代邮刊实现了顶层设计和流程再造，对刊社部门进行重组，除传统“编辑中心、发行中心”外，按照融媒体发展的需要，孕育出新媒体中心。在此基础上，公司还进行了部门架构再造，设置运营组、技术组、创意策划组、短视频组、文创研发组 5 个小部门，责权利更加明确，也更方便指挥，跨专业组建专门的项目小组，多岗位策划协作，形成工作合力。

（一）运营组——打造新媒体内容生产中心

时代邮刊媒体融合转型重点在“准”“新”“微”“快”上下功夫，打造与主流媒体品格和气质相一致的移动新闻精品。“准”就是恪守内容真实性原则，为用户提供真实客观、观点鲜明的信息内容。例如，运营组 2020 年 10 月推出的《共同铭记！长图致敬在看的你！》一稿，通过手绘长图的形式展示了中国邮政人参与抗“疫”全过程，向社会准确传达中国邮政作为行业“国家队”的责任与担当。“新”是要创新内容表达、丰富呈现形式，推出各种样式和形态的移动新闻产品。时代邮刊代运营的“湖南邮政”微信公众号每周二推出的《湘邮播报》栏目，由专业播音员配音，以声频形式给用户提供了全新新闻体验。“微”是多提供短小精悍、鲜活快捷的信息。例如，为长沙市司法局设计制作的“宪法宣传日”MG 动画，生动诠释了宪法的神圣和威严。“快”是要抢占第一时间、第一落点，快速做出反应、迅速送达用户，在传播中抢得先机。新冠疫情期间，时代邮刊为长沙市民政局报道采编的《社区不再出具这些证明，请知悉！》，第一时间传达权威资讯，图文点击 29439 次，打开率达到 90% 以上。

（二）技术组——打造客户服务大数据中心

时代邮刊根据自身服务特点，定制专属以支撑服务公众号运营为中心的轻量级、集约型的新型技术服务团队。时代邮刊技术团队基于微信公众号运营，围绕所服务的行业特色，深挖用户需求，打造专属客户服务的大数据中心。

（三）创意策划组——打造品牌传播中心

时代邮刊新媒体中心创意策划运用公司的媒体、央企、技术、网红等资源优势，为客户提供线上线下活动策划创意、宣传包装、活动执行、推广传播等一站式服务，深受客户欢迎。如时代邮刊策划执行的首届湘西猕猴桃网销节直播活动，触达并吸引了 200 余万人次观看，签约销售 7000 万斤，销售额共 1.2 亿元，有效带动湘西州松柏猕猴桃销售走到线上，帮助农民增收，助力精准扶贫。

（四）短视频组——打造视听传媒中心

时代邮刊迅速嗅出新媒体发展的新路子，率先进行自我革新，号召全员抖音，迅速形成抖音传播矩阵，最多的个人账号达到 10 万粉丝。同时，时代邮刊打造的“时代邮刊”官方抖音媒体号，粉丝达到 121 万，每天从官媒的角度向社会输出权威新闻资讯，播放量和互动量屡创新高；新媒体团队运营的“天台风云”正能量 IP 大号，现有粉丝 84 万，向社会持续传递温暖和正能量。

（五）文创研发组——打造专属文化传媒基地

时代邮刊始终紧扣住融合发展的主题，在服务邮政文化传承方面，“时代文创”研发推出“邮行中国”车载系列、“邮传天下”摆件系列、“喜邮天降”节庆系列、“咚咚靓影”照片书等富有邮政元素和邮政文化的文化创意产品，广泛应用于邮政会员权益礼品、大客户维护、工会活动奖品等方面，并已随着中国邮政的足迹遍布湖南省各个区县以及多个外省区域。

三、人才的融合

媒体竞争关键是人才竞争，媒体优势核心是人才优势。在选人、用人的机制、体制上，时代邮刊花大力气培养全媒体人才，将团队建设放在融合转型重中之重，努力实现人才的融合。

（一）创新人事和分配制度

强化双向选择机制，同工同酬、定岗定责、能上能下、能进能出，优化队伍结构。支持建立首席制、责任制等岗位聘用制度，拓宽各类人才发展通道，多劳多得、优劳多得、奖能罚庸、奖勤罚懒。

（二）优化人才发展环境

落实人才激励政策，坚持德才兼备、唯才是用，打破身份等限制，实行中层干部竞聘制度，拓宽选人用人渠道，建立健全全媒体人才职称制度体系。为高端人才、急需紧缺人才引进提供特殊支持、开辟绿色通道，对特殊人才给予特殊待遇。

（三）健全人才培养体系

时代邮刊采取“走出去、请进来”的办法，把现有的编辑、记者送出去培训，通过我为“三化”练本领、业务研讨、观摩交流、比赛选拔等方式，加快全媒体人才培育和转型。

（四）拓宽后备人才储备

当前，国内高校新闻院系基本都开设了新媒体课程，但与融合发展实践结合还不够紧密。时代邮刊主动联系，先后与湖南大学新闻传播与影视艺术学院、湖南科技学院等建立联合培养机制，组织交流会、调研考察等活动，壮大行业人力资源储备。

四、技术的融合

首先，找出为谁而技术。有别于其他技术公司提供技术输出，时代邮刊的技术主要服务于已有的邮政系统、金融行业和政企单位。其次，找准为什么而技术。时代邮刊的技术服务以微信公众号为圆心，提供宣传和推广的技术支撑。最后，找寻可升华的空间。服务对象和服务定位明晰后，时代邮刊技术团队根据客户特点，结合技术发展最新趋势，自主研发技术项目。

团队开发了针对金融系统的会员抽奖小程序、线上商城、互动小游戏、会员养成系统等，盘活客户资源，进行深度营销；开发了针对邮政系统的快件揽收系统、线上排队机、邮商联盟平台等，打破了大众对邮政的刻板印象。

五、社会反响

（一）坚持政治导向，把好内容生产关，引导社会正向舆论

作为主流媒体，时代邮刊不管媒体如何变革、形势如何多变，始终坚持正确的政治导向，把好内容生产关，做好内容的垂直深耕，旗帜鲜明引导正确舆论导向。

（二）履行社会责任，投身国家脱贫攻坚战，助力乡村振兴

公司主动对接市场，在由国务院扶贫办指导、由农业农村部和中国邮政集团共同主办的“919扶贫助农电商节”期间，借助新媒体平台优势，以惠农合作项目为抓手，结合各级政府关注的农产品进城难题，将特色农产品组织起来，通过线上预售、商城拼团秒杀、线下集订分送等方式在全国范围内进行销售，进一步畅通工业品下乡、农产品进城双向通道，助力脱贫攻坚。

（三）树立期刊转型样本，打造湖南媒体融合转型标杆

时代邮刊坚定信心、先行一步，筹建新媒体宣传矩阵，微信公众号、技术服务、创意策划、视频创意、文创研发等新媒体产品，助力邮政、金融客户多渠道推广品牌形象，其宣传推广、运营模式的组合创新，极大地发挥了平台矩阵的作用，对品牌、产品、业务的推广效果显著。

（湖南时代邮刊有限责任公司）

案例类别：产品

建立全媒体传播体系　促进内容生产深度融合

2020年6月30日，习近平总书记主持召开中央深改委第十四次会议，会议审议通过的《关于加快推进媒体深度融合发展的指导意见》（以下简称《意见》）强调，加快推进媒体深度融合发展，要深化体制机制改革，大力培养全媒体人才，尽快建成一批具有强大影响力和竞争力的新型主流媒体……《意见》为全媒体时代持续推

进媒体深度融合发展指明了方向。

湖南时代邮刊有限责任公司（以下简称时代邮刊）2013年底成立新媒体中心，着手公司转型，在打造“时代+”全媒体平台、拓展渠道基础上，深化内部体制机制改革，进一步优化全媒体采编网络和工作流程，明晰“内容建设为根本、先进技术为支撑、创新管理为保障”的实现路径和手段，以精致内容为载体，在强化纸质出版发行的同时，提升数字出版实力，大力开发新媒体运营服务产品，逐步形成了“邮政+金融”商业模式，锤炼优质的全媒体宣传服务内容。

一、坚持一体发展

报刊等传统媒体具有权威性、专业性等优势，但也存在传播速度慢、单向传播、互动性不强等不足，这些不足恰恰可以通过加快推进媒体深度融合发展加以改进。

实践中，时代邮刊坚持和新兴媒体一体化发展，通过流程优化、平台再造，实现各种媒介资源、生产要素有效整合，实现信息内容、技术应用、平台终端、管理手段共融互通。在媒体融合发展中，时代邮刊不仅没有因为新兴媒体的冲击而衰退，而是进一步拓展了发展空间、巩固和壮大了主流舆论阵地。

二、坚持科学布局

时代邮刊明确自身功能定位，在内容生产、技术应用、音视频等方面做出特色、体现优势，通过优化调整媒体种类布局结构，形成“资源集约、结构合理、差异发展、协同高效”的全媒体传播体系。

（一）明确发展思路，实现从自我改革到服务输出完美转变

时代邮刊从自身开始进行媒体融合转型，打造“时代+”全媒体平台，目前公司已经实现微信公众号、微博、企业抖音多平台联动，输出优质内容，宣传企业文化。

时代邮刊有着强大的“邮政基因”。从传统媒体转型到新媒体的融合转型过程中，时代邮刊坚持“内容传播平台化”“期刊发展集团化”“邮政文化传媒基地化”的“三化”发展战略，打造具有中国邮政特色的全媒介体系，依托邮政，把围绕邮政做好新媒体宣传服务作为融合转型的突破口，建成邮政文化传媒类业务的辅助设计中心、主题邮局文创设计研发中心、邮政业务会员管理中心、金融类业务的积分换礼中心、企业公众号的运营中心，一路稳扎稳打，已一步步坐实“邮政新媒体服务专家”称号。目前，时代邮刊已成功与湖南、湖北、吉林、江西、海南等省级邮政达成战略协议，其中江西的上饶、南昌、吉安、宜春、九江，湖北恩施，吉林四平等地市邮政也与时代邮刊深度合作。

按照“经营媒体”思路，时代邮刊加大全案营销、创意营销力度，定期召开经营分析调度会，开辟了一大批新的市场资源。目前，运营合作了中国农业银行湖南省分行、中国邮储银行湖南省分行、长沙银行信用卡、兴业银行、浦发银行、交通银行湖南省分行、湖南省农行、湖南省建行、湖南省邮储银行、长沙银行、华融湘江银行、浦发银行、兴业银行、吉祥人寿、中邮保险等25家总行及二级分行公众号，以及其他地市农行等客户单位，运营效果受到业内人士一致好评。

（二）打造精品产品，一站式全媒体服务深得客户赞许

融合转型中的时代邮刊，形成了以微信公众号运营服务为中心产品，衍生发展了技术开发、网站建设、文创产品、线上线下活动策划、微信直播、抖音运营、手绘设计、杂志广告、朋友圈广告、视频拍摄等11个优质媒体品牌服务产品。为所服务的邮政系统、金融行业、政府部门、企事业单位等226家客户单位提供一站式的全媒体宣传服务，深受客户好评。

时代邮刊在融合转型道路上，不断分析数据、总结经验、研究用户习惯，努力改革传播话语方式，如将一周邮政重点资讯由专业播音员配音成语音播报，以声频形式给用户提供了全新新闻体验。

三、坚持媒体融合

（一）注重内容建设

时代邮刊始终把内容生产作为媒体融合发展的根本，充分发挥自己采编队伍专业、信息渠道权威、采编流程规范等内容生产优势，生产更多优质内容。同时，严格图片和文字三审三校制度，严把信息安全关，维护知识产权。

同时，时代邮刊认识到创新内容表现形式、提升内容传播效果的重要性，不断推进内容创新，用互联网思维去研究信息的表现形式，从市场的角度考虑信息的选择，从初始的单纯图文推送，发展到手绘条漫、H5、短视频多种表现形式于一体，生产的新闻产品更加适合全媒体平台传播，充分激活优质内容资源，满足受众不断变化的信息需求。

（二）强化技术赋能

时代邮刊通过技术提升、品牌再造，定制专属以支撑服务公众号运营为中心的轻量级、集约型的新型技术服务团队。有别于常规的互联网公司动辄以万以千计的技术团队，时代邮刊技术团队基于微信公众号运营，围绕所服务的行业特色，深挖用户需求，打造专属客户服务的大数据中心，走出了适合自身定位和特点的技术发展之路。

团队开发了针对金融系统的会员抽奖小程序、线上商城、互动小游戏、会员养成系统等，对盘活客户资源，进行深度营销起到了积极作用；开发了针对邮政系统的快件揽收系统、线上排队机、邮商联盟平台等，打破了

大众对邮政的刻板印象，重塑邮政高效、务实、与时俱进的全新品牌形象。

（三）推动文创衍生研发

时代邮刊成功开发了“邮行中国”车载系列、“大龙”骨瓷系列、“邮传天下”摆件系列、“喜邮天降”节庆系列、“咚咚靓影”照片书等文化创意产品，成绩显著，受到了中国邮政及其客户的广泛喜爱，让丰富具体的邮政形象更加具象地走向百姓生活。

（四）短视频发力

时代邮刊强化内功，率先进行自我革新，号召全员抖音，最多的个人账号达到 16 万粉丝。同时，时代邮刊打造的《时代邮刊》官方抖音媒体号，粉丝达到 121 万，每天从官媒的角度向社会输出权威新闻资讯，播放量和互动量屡创新高；正能量 IP 大号“静静不静”，现有粉丝 86 万，向社会持续传递温暖和正能量。

另外，时代邮刊组建视频摄制团队，推出了湖南省农行扶贫助农短视频，宣传金融助力脱贫攻坚成效；为长沙市司法局设计制作“宪法宣传日”MG 动画，生动诠释了宪法的神圣和威严；为建设银行湖南分行拍摄的《白蛇传》系列作品，向用户普及普惠金融知识。

四、彰显社会效益

时代邮刊融合转型之路，依托邮政，但不依赖邮政，从服务熟悉的邮政系统，积累服务经验，到参与市场化竞争，精耕金融、辐射政企，时代邮刊融合转型的每一步都稳扎稳打，履行媒体社会责任担当，进一步向社会提供优质多样的综合服务。

（一）塑造湖南期刊转型样本

在时代邮刊媒体融合转型过程中，完善自有平台功能，一体推进优质内容、优质平台和优质全媒体品牌建设，大力发展新业态、新应用，扩大主流价值影响力版图。

（二）贴近群众、服务群众

向用户提供的服务产品面向公众与社会，始终追求优质的内容、美观的设计、流畅的技术体验，在满足客户需求的同时，也为百姓的生活提供了便利。作为一家文化类企业，致力于为社会提供优质内容，通过技术开发“电子书屋”，为用户提供线上阅读平台和资源，为推动“全民阅读”做出贡献。

（三）助力电商扶贫

通过技术开发建立电商服务平台，并通过直播、活动等丰富的形式，帮助电商平台和农户售卖扶贫产品，最大限度利用了媒体资源优势，承担了媒体应该承担的社会责任。

随着习近平总书记重要讲话精神和《意见》的进一步贯彻落实，时代邮刊全媒体传播体系建设必将进一步加快，从而推进媒体深度融合发展，唱响时代主旋律。

（湖南时代邮刊有限责任公司）

案例类别：组织机构

江西教育传媒集团
组建融媒体中心促进媒体深度融合

江西教育传媒集团（以下简称集团）隶属于江西省教育厅，前身为江西教育期刊社，创办于 1950 年。2012 年，江西教育期刊社由自收自支企业化管理的事业单位转制为企业；2015 年，更名为“江西教育传媒集团有限公司”。

集团连续多年荣获江西省直机关“文明单位”称号，2012 年被评为“江西省文化体制转企改制先进单位”，2014 年获“江西省数字出版转型示范单位”称号，2016 年获“江西省五一劳动奖状”，2020 年在第二届江西年度十件经济大事、十大经济人物、功勋企业评选中获“江西抗疫贡献企业”，集团财务部荣获“2020 年度江西省三八红旗集体”称号。集团下属的汉光公司和嘉艺德公司 2012 年、2017 年获江西省“巾帼文明岗”，汉光公司 2018 年被评为江西省“国家高新技术企业”。

集团紧跟媒体融合步伐，大力推进媒体深度融合发展创新。

一、成立专职部门，明确职责定位

江西教育传媒集团原来有汉光教育科技公司、人人科普公司、三友科技公司 3 家从事教育信息化、新媒体工作的部门（子公司）。

为了高强度推进媒体融合，在原有工作基础上，于 2020 年 1 月成立融媒体中心。

融媒体中心的主要职能为：负责《江西教育》（周刊·管理）、《江西教育年鉴》的内容策划及文稿编校审，承担江西教育学习强国号、微信公众号、视频号，中国教育发布 APP、集团官网等多个平台的运维，负责江西省委教育工委、江西省教育厅和全省教育工作的宣传报道、集团形象宣传与品牌建设、中国教育报刊社江西记者站以及新媒体的内容开发、编校数字化转型与开发、新产品研发等工作。

二、优化条件待遇，打造重点部门

选调高素质人才，组建强大队伍。将集团内部最优秀的人才，集中到融媒体中心，保障了人才的质量；同时制定了14人的规划编制，保障了人才的数量。融媒体中心目前有正高职称1人、副高职称2人、中级职称5人、初级职称1人。同时选调新媒体专业素质高的年轻人，确保了部门的发展活力和后劲。

提高部门待遇，增加凝聚力。在薪酬改革顶层设计时，将融媒体中心的奖励系数确定为1.3，为第一档、最高的薪酬待遇，充分体现了集团对融媒体中心工作的重视，也为吸引更多的优秀人才加入创造了条件。

优化办公条件，确保工作效果。为了保障移动办公的实现，一次性为融媒体中心配备了5台高性能笔记本电脑，1台高配置的影音编辑台式机，1台佳能5D4高端相机及配套的广角、中焦、长焦镜头。

三、赋予协调职能，形成矩阵合力

（一）纸刊与公众号新媒体平台互动，形成部门（中心）内部宣传合力

在办好《江西教育》（周刊·管理）的基础上，融媒体中心着力打造好《江西教育》微信公众号。在2020年初的疫情和春节放假期间就开始正常运转、满量推送，为疫情防控宣传作出了重要贡献；2021年，强力推出了学生安全温馨提醒系列30余条，并通过学校安全工作网络推送，阅读量几乎都是10万+，最高的50万+；随着影响力的提高，粉丝数量激增，从当初的不足2万到现在的15万+。2021年6月，《江西教育》视频号正式开通。2021年，推出了“沙画绘党史 童心永向党”“基层暖新闻”“党建与思政”“建党百年”“春到赣鄱校园 诗意的美”等系列策划，人民网、新华网、学习强国等平台同步推送或开设专题，阅读量10万+的近百条、100万+的30余条，传播力、影响力进一步增强。

（二）建立集团内部协调机制，形成多刊物多平台的矩阵合力

集团有《江西教育》《教师博览》等9种期刊、8个微信公众号、2个网站，中国教育报刊社江西记者站也设在集团，这些都是强大的宣传阵地，覆盖了从学前教育到高中教育、从教育行政部门到普通教师，是江西省教育系统影响力最大的宣传媒介。集团将对外宣传的协调功能赋予融媒体中心，从而使不同读者对象的宣传阵地能同时启动，实现教育宣传的全覆盖，进而极大地提高了宣传效果。

（三）充分利用对外宣传平台，极大地提高媒体融合宣传效果

根据江西省委教育工委宣传部的安排，将《中国教育发布》的江西端口由传媒集团融媒体中心负责管理，上传发布反映江西教育改革与发展的图文。2020年11月9日，“江西教育传媒”学习强国号（2021年2月更名为“江西教育”学习强国号）正式上线，这是江西省教育系统首个学习强国号，由江西省委教育工委、江西省教育厅主管，由江西教育传媒集团负责运营，由融媒体中心承担后台运维。该强国号分“动态与典型”“党建与思政”“媒体矩阵”3个栏目，每天推送不少于5篇稿件，产生了良好的社会效果。

四、由融媒体中心牵头推动的2020年疫情宣传的成功案例

2020年的新冠肺炎疫情发生后，集团按照江西省委教育工委、江西省教育厅的部署和要求，从自身资源优势出发，充分利用中国教育报刊社江西记者站和集团的《江西教育》《教师博览》等9种期刊、8个微信公众号、2个网站等宣传阵地，创造性地开展了全方位、多角度、不断档的宣传，通过强大的宣传矩阵，引导全省教育系统，特别是广大师生做好疫情防控工作。

亮点1：充分发挥宣传阵地作用。中国教育报刊社江西记者站全面报道江西省教育系统疫情防控工作情况，累计在《中国教育报》上发稿58篇，其中1版27篇（含头条8篇）、2版15篇，在中国教育新闻网发稿计90条，在全国地方记者站中遥遥领先。融媒体中心组织专门人员撰写相关稿件，在新华网、人民网、学习强国、江西省融媒体中心多次选用。

亮点2：把专题策划和重点策划结合起来。策划了“全省中小学开展线上教学”“全省高校以实际行动关爱疫区学生、留学生”等专题，精心制作了《抗击疫情，我在江西承诺》H5、《我是江西小小防疫宣传员》H5，策划制作了公益歌曲《预见奇迹》，相关稿件和制作的视频在新华网、人民网、学习强国、江西省融媒体中心多次选用。

亮点3：深挖刊物内涵，创新宣传策划。集团旗下的微信公众号、网站宣传在疫情防控期间不断档，特别是在春节期间全部正常运转、满量推送。《江西教育》微信公众号即时推出“疫情防控：江西省教育系统在行动”“线上教学”“党员、教师就是一面旗帜”等专题策划，全方位展现江西省教育系统的疫情防控工作动态，取得了良好的社会反响。《教师博览》《江教在线》《开心幼儿》《三友科技》《指尖科普》等公众号和网站，充分利用云数据等技术，根据各刊的读者定位，精准进行了有针对性的群体宣传，确保刊物在宣传疫情防控中起到重要的媒介作用。

亮点 4：多元融合传播，形成共鸣效应。为了让更多的人知晓疫情防控怎么做，集团通过文字、图片、视频和“共同战‘疫’”主题作文、摄影作品征集活动，精心制作了《抗击疫情，我在江西承诺》H5。同时，在江西省教育厅、江西教育电视台等公众号推送。策划制作了抗击疫情的动画片。

亮点 5：传媒效果显著，形成了规模效应。2020 年 2 月 6 日，《预见奇迹》开始在江西省教育系统的宣传平台推出。2 月 7 日，在新华社客户端推送，总浏览量 20 万 +。2 月 13 日，《预见奇迹》再次登陆“学习强国”江西平台，得到了更广泛的传播。

《抗击疫情，我在江西承诺》H5 累计阅读人数 25 万 +。

《江西教育》微信公众号累计发布疫情防控稿件 200 余篇，全方位展现江西省教育系统的疫情防控工作动态，取得了良好的社会反响，粉丝量激增。

同时，各大国家级、省级主流媒体和教育主流媒体，也在第一时间对江西省教育系统在疫情防控中奋勇争先进行报道、转载、评论，在网络和社会上引起强烈反响，并获得一致好评。

（江西教育传媒集团）

《江西教育》公众号

案例类别：组织机构

建设南方党建智库 服务全面从严治党

一、项目创新性

“南方党建智库”筹建于 2017 年 11 月，是南方报业传媒集团党委贯彻落实党的十九大精神重点项目之一，是南方传媒智库矩阵的组成部分，也是南方报业“智慧党建”服务的重要平台，由南方杂志社牵头南方报业各时政党建相关传播、研究和技术服务资源重点建设。三年多来，党建传播、党建研究、党建服务三大核心构成竞相迸发、成效明显，党刊智慧转型初显成效。

目前，南方党建智库已成为广东省最具权威性和影响力的党建智库之一，也是全国党刊界融合发展、转型升级的成功样本。作为广东省党的建设研究会理事单位，该智库多次圆满完成各级组织部门委托的党建课题研究，成功主办广东基层党建创新案例遴选，助力新时代党的建设新的伟大工程，为基层党建创新贡献党刊力量。

二、服务模式

南方党建智库对标党的十九大关于建设中国特色新型智库的要求，按照南方报业传媒集团“深度融合，全面转型”发展路径，根据广东基层党建实际，突出“中国特色、南方气质”，确立“党建传播、党建研究、党建服务”三大核心任务，明确“上级党委部门决策党建工作的参谋、机关企事业单位研究党建工作的助手、广大党员群众参与党建工作的平台”工作定位。同时，针对基层党建服务需求，推出 7 大类、19 项可以个性化、定制化的党建传播、研究与服务项目，内容包括党建创新传播、党建宣传片摄制、党建知识动漫制作、党建个案研究、党群服务中心规划建设、党建教育培训等。

三、目标用户群体

广东省各级党委组织部门、机关企事业单位、党员干部群众等。目前，南方党建智库已与广东各地各单位合作共建 16 个基层党建研究基地，与省直有关单位及各地党政机构开展大量合作，为各行各业各地区党建需求提供全方位的个性化、定制化服务与产品。

四、项目亮点

（一）以新型智库建设探索党刊智慧转型

南方党建智库是全国党刊界首个党建智库，率先在全国地方党刊提出“智慧转型”的发展思路，着力当好广东全面加强党的领导和建设的参谋和助手。

2017 年 10 月，党的十九大报告明确指出“加强中国特色新型智库建设”。2017 年 11 月起，南方杂志社牵头集团优势资源打造“南方党建智库”。作为集团重点项目，近三年来，南方党建智库建设，党建传播、党建研究、党建服务三大核心构成竞相进发、成效明显，党刊智慧转型初显成效。

在全国党刊系统，南方党建智库是全国地方党刊首个党建智库，南方杂志社率先提出党刊“智慧转型”的发展思路。2018 年 12 月，南方杂志社发起“全国党刊红色教育联盟”，将联盟秘书处与南方党建智库秘书处同步建设，统筹“全国党刊红色教育基地”申报和管理，在广东、四川、河北等地共设立 11 个红色教育基地。2019 年，首次发起全国暨广东基层党建创新案例遴选活动，共征集到 600 多个省内外创新案例。

（二）强化党建理论研究的传媒视角

南方党建智库定位明确、服务性强，符合组织工作需求，在建设过程中得到了广东省委组织部的大力支持和关心指导。省委组织部连年指导南方党建智库具体开展党建课题研究，先后交办广东省物业管理党建第三方调研、广东省镇街党校建设系列调研、领导班子政治建设课题研究等，并将课题研究报告作为省委制定相关党建工作决策的参考依据。

相较于政府智库和高校智库，媒体智库最大的优势是了解基层，贴近实践，自备强力传播平台，具有丰富传播经验，可以通过有效传播提升智库产品知名度，扩大智库成果的影响力。

2020 年，南方党建智库高质量完成“领导班子政治建设”国家级重点课题调研项目以及中组部、省级、地市级党建研究课题 20 多个，培育出广东竞争力报告特刊《赢在后劲》《强自基层——2019 年广东基层党建创新力报告》等党刊特色品牌，针对广东社会组织领域党建工作、镇街党校建设工作等，采写多篇内参报道，承担国家级党建课题研究，得到省委领导批示和省委组织部领导高度评价，为广东各级党组织全面从严治党提供智力支撑。

（三）培育党刊持续发展能力

南方党建智库是“南方报业传媒集团落实高质量发展三年行动计划（2020—2022）”重点项目，是南方报业“智慧党建”板块龙头项目，着力构建推动报刊网端内容生产、技术支撑、经营统筹“三个一体化”，建立党建宣传、党建研究、党建服务之间相互支撑、相互促进的发展闭环。

经过两年多的实践探索，南方党建智库各项任务进展顺利，“重构媒体融合发展闭环”的效果日益体现。南方杂志社牢固树立集团融合发展“一盘棋”思想，充分利用集团“智慧党建”板块各单位各部门的优势资源，根据不同类型客户的党建服务需求，提供个性化、定制化的党建服务，牵头各单位、各部门充分发挥各自的能力和特长，开展各具特色的党建服务，推出了一批社会效益、经济效益“双丰收”的党建服务示范项目。

同时，南方党建智库与南方报业各媒体、各部门的党建类服务策划合作形成常态，报刊网端经营一体化格局初步形成，党建宣传、党建研究、党建服务之间相互支撑、相互促进的发展闭环已初步建立。

五、团队优势

南方党建智库汇聚广东一流党建学者、国内顶尖党建权威，其中特聘理论专家学者包括李忠杰、竹立家、党国英、陈金龙等国内权威专家学者近 200 人；项目协调人经省委组织部推荐兼任广东省党的建设研究会理事。同时，在南方杂志社内部设立专职研究员岗位，制定研究员考核激励管理办法，积极鼓励党刊采编人员转型研究员。

六、社会效益

南方党建智库平均每年承担国家级、省级和地市级的党建研究课题近 50 个。其中，由广东省委组织部委托南方党建智库就“广东省物业管理党建”第三方专题调研、领导班子政治建设课题研究、广东镇街党校建设等工作撰写的专题研究报告，为省委相关工作提供决策参考，多次获省委领导批示表扬。2020 年 9 月，南方党建智库与广东省扶贫办联合调研撰写的“广东扶贫济困日十周年”研究报告，获得广东省委、省政府主要领导同志批示表扬，省政府常委会议专门安排议题进行深化讨论。

传媒业界对南方党建智库建设给予积极评价。《中国新闻出版广电报》《传媒》《青年记者》等业界权威报刊多次撰文，持续观察南方党建智库建设，认为南方杂志社通过建设南方党建智库“参与社会治理，提供智慧服务”，“根据自身的特点及时转型”，“找到了合适的发展路径”。

七、经济效益

近年来，南方党建智库在党建服务项目方面涌现出不少代表案例，根据不同客户需求提供个性化、定制化服务产品，推出一批党建视频、研究报告、红色展陈等全案策划，高标准打造系列党建基地等。通过强化用户意识，重塑智慧党建核心业务，党建服务打开了新局面，智库类服务收入占比稳步上升。2018 年，南方杂志社各项智库类策划、服务、产品，超额完成年度经营目标，智库类经营收入首次超过传统广告版面经营收入，成为党刊可持续发展新的“增长极”，智慧转型成效初步显现。

八、行业示范推广价值

媒体深度融合是一个全新的生态系统再造过程，除内容、渠道、平台等方面需要进行一体化融合外，南方杂志社深入实施移动优先、数据优先、用户优先战略，发挥媒体连接社会资源的平台优势，遵循“传媒 +”的总体思路，以技术升级和机制创新为抓手，打造有中国特色、南方气质的南方党建智库，已取得阶段性成效。

南方党建智库的建设，是观察党刊如何提升传播力、实现自身转型发展的样本。党刊只有从自身的特点和条件出发实现突破，才能实现全媒体的跨越式发展。党刊只有形成了自身独特的报道特色，拥有高质高量的原创作品，才能形成刊物的核心竞争力，才能在新媒体时代占据一席之地。党刊等传统媒体有其自身的独特政治价值和社会价值，与新媒体既有竞争又有互补，唯有实现优化组合、功能互补，方能留住并扩大受众。

（南方杂志社南方党建智库秘书处）

案例类别：产品

持续推进“两个融合”
着力打造广东独具价值的党刊全媒体传播矩阵

近年来，南方杂志社以内容建设为根本，持续推进“两个融合”（与南方报业集团的深度融合、与新媒体的深度融合），围绕“全面加强党的领导和党的建设”构建起包括《南方》杂志、南方党建智库、《南方杂志·理论季刊》《南方杂志·领导参阅》、“南方+”新闻客户端观点频道、“南方+”新闻客户端党建频道、南方杂志微信公众号、南方党建视频、南方党建智库网、《南方》杂志电子版等媒体和产品的党建传播全媒体矩阵，着力打造广东独具价值的思想理论阵地和党员干部学习园地，着力走好全媒体时代的群众路线，着力唱响主流舆论的南方声音，不断探索和创新融合转型的党刊路径。

一、既遵循规律、顺应形势，打造南方杂志微信公众号、南方党建视频等产品，又立足实际、借船出海，共建“南方+”新闻客户端、南方党建智库等平台，开创党建报道融合创新新局面

近年来，南方杂志社提出打造“党建全媒体”的发展思路，党建新媒体项目入选广东省委宣传部年度创新项目，深耕融媒体内容及产品，着力打造广东最专业的党建全媒体传播平台。以南方+党建频道、《南方》杂志微信公众号作为核心平台，学习强国、《人民日报》客户端、求是网等中央媒体平台作为提升影响力的传播平台，企鹅号、头条号、荔枝FM等作为市场分发平台，重点经营的抖音号短视频传播平台，目前粉丝数达24.4万，单条最高阅读量3000万。四级平台优化配置、结构合理清晰，有效提升党建宣传影响力和公信力。

2018年8月1日，由南方杂志社牵头承建的“党建频道”在南方+客户端正式上线，成为省级新闻客户端里率先开设的党建专业频道。上线以来，南方+党建频道立足鲜明的党建特色，及时跟进党建动态信息、各地党建经验、党建精品故事等，读者关注度稳步上升，频道每日稿件近半被南方+首页选推，部分重点原创报道全网点击量超千万。《一把手谈文明创建》《组织部长谈党建》等栏目是党建频道打造的重磅专栏，即突出权威专访，又有独家资源。“战‘疫’进行时”系列特刊及新媒体产品，在疫情期间积极发挥主力军主渠道、主阵地作用，切实扛起省委机关刊的责任与担当。2020年，围绕以“双统筹”夺取“双胜利”，先后发布了动漫、音视频、H5海报等全媒体原创产品数百件，相关产品通过人民日报客户端、南方+客户端、学习强国广东平台等主流平台广为传播，全网阅读量超过2000万，为统筹推进疫情防控和经济社会发展提供了舆论支撑，获得省委宣传部《广东新闻阅评》两次专题表扬。

二、既突出思想引领，突出党建特色，又围绕“全面加强党的领导和党的建设”构建体现广东最权威时政党建大刊社视野的综合立体传播格局

深度调研《“广东扶贫济困日”活动10周年专题调研报告》得到李希书记、马兴瑞省长、叶贞琴常委等领导的批示肯定。《笔从溪碧来》系列融媒体报道，得到了省委宣传部《广东新闻阅评》表扬。《蹲点老区访初心》系列报道入选中宣部主办的第四届“期刊主题宣传好文章”。《从先行先试到先行示范》等关于经济特区建立40周年的报道，获得省委副书记、深圳市委书记王伟中的批示表扬。

优化《要论·传习录》《新思想引领新时代》等理论专栏，深耕《南方·理论季刊》及“南方+”新闻客户端观点频道、党建频道，推出了《制治战“疫”力》《脱贫攻坚的中国创举与广东实践》等重点理论策划。围绕以“双统筹”夺取“双胜利”，推出30余篇战“疫”系列深度评论，其中《复工的从容脚步写着中国的韧性与坚强》一文被《求是》杂志全文转载，为《求是》杂志首次刊发广东地方党刊的评论员文章。

南方党建智库聚焦党建垂直领域的关键环节展开深入研究，着力当好广东全面加强党的领导和建设的参谋和助手：以基层党建研究基地为载体开展党建研究工作，与江门市委、广药集团等单位合作共建了11个基层党建

研究基地，并推出研究报告、视频、党建空间等一批研究成果。承担全国党刊红色教育联盟秘书处的管理职能，审核通过并授牌成立了12个“全国党刊红色教育基地”。

三、既坚持有高度、有深度，力求有规模、有气势做好主题报道，又坚持有温度、有功用的作品，力求讲好新时代的红色故事、广东故事，着力在接天线与接地气结合点上持续强化内容供给侧结构改革，努力走好全媒体时代的群众路线

2020年，南方杂志社在学习强国APP开通广东学习平台粤刊专区，《南方》杂志学习强国号上线，开设“今日推荐”“理论高地”“政经深读”等七个栏目，推出极具党味的全媒体产品。逐步形成了全方位、多角度、多层次刊、网、微、端党建报道矩阵，进一步扩大传播范围，提升品牌影响力。第22期《南方》杂志重磅推出了50个版的大型专题全媒体报道《历史交汇创新章——谋筹“十四五”蓝图 奋进现代化宏景》，以理论成果多角度阐释、深层次解读五中全会精神，并全面系统报道广东以总书记重要讲话精神为指引，贯彻五中全会精神，努力探索新发展格局的有效路径。“江望”人文环保纪录片和怀念五四先驱主题的系列融媒体产品均获得省委宣传部阅评表扬。

《小南说案》《南方微学堂》《错别字别错》等专栏，《“党的组织生活制度”动漫学堂》系列宣传片，运用多种新媒体技术手段，形式活泼，寓教于乐。2019年“党员干部微信表情包”产品荣获广东新闻奖，省政数局将其纳入粤政易APP中，作为全省公务员内部沟通专用表情包。创新推出的智能应答机器人“战疫AI”，提供防疫知识科普宣传被《中国新闻出版广电报》专门报道。

四、以建设南方党建智库为重要平台，以南方党建视频为重要抓手，不断丰富壮大全媒体生产与传播体系，着力以内容表现形式的创新和传播效果的提升讲好中国共产党的故事

南方党建智库高质量完成中组部年度重大课题，承担“领导班子政治建设”国家级重点课题调研项目以及省级、地市级党建研究课题20多个。主办“守初心 担使命”全国党刊基层党建创新案例暨首届广东基层党建创新案例交流会，发布《强自基层——2019年广东基层党建创新力报告》等多件全媒体产品，并推送到人民日报客户端、学习强国广东学习平台等，进一步扩大了南方党建智库党建研究和党建宣传的影响力，增强了与全国党刊及省内各地基层的黏合力。

着力增强党建视觉表达手段和传播效果，视频专栏《最美第一书记》深入挖掘广东脱贫攻坚一线的典型人物和感人故事，2020年已推送超20期，全网阅读量超过1000万，获得省委组织部高度肯定，被中宣部邀请参与央视《你好，新时代》视频大赛。推出《吾土吾乡·红色村VR巡礼》等若干VR全景交互产品，带领观众全方位了解脱贫攻坚与全面小康的故事。

五、强化党刊带头做好党建的意识，牢固树立“宝贝人才”意识，创新融合发展体制机制，加快主力军全面挺近主战场

目前，杂志社共有中共党员57名，占总人数的80%，确保了重点岗位党员全覆盖。近年来，南方杂志社进一步完善考核和激励细则，引导采编经营部门的生产力向网络平台和智库产品转移，实现原有架构、机制、流程的再造。创新成立“思想烩工作室”“视界工作室”“融媒体中心”，指派杂志编委、南方名记牵头负责；以南方报业传媒集团启动“南方名记培育工程”为契机，打造“南方名记工作室”；扩大发展全媒体发展部，在广东省级媒体中率先搭建党建视频专业制作团队，形成了比较全面化、专业化、复合型的全媒体人才队伍。以“南方名记”“南方主笔”为重点，以一批人带动一群人，不断提高适应融合媒体趋势的技术能力、产品制作能力和传播能力，提升融媒体精品生产能力，着力造就一支有“脚力、眼力、脑力、笔力”的“南方铁军”。

（南方杂志社）

案例类别：组织机构

传统IP+新媒体的融合创新发展

——家庭期刊集团新媒体创新发展纪实

林维兵

习近平总书记指出，推动传统媒体和新兴媒体融合发展，要遵循新闻传播规律和新兴媒体发展规律，坚持传统媒体和新兴媒体优势互补、一体发展，坚持先进技术为支撑、内容建设为根本，推动传统媒体和新兴媒体在内容、渠道、平台、经营、管理等方面的深度融合。

根据总书记指示精神，家庭期刊集团有限公司（以

下简称家庭期刊集团）从发展大局出发，与国内新媒体行业翘楚易简集团合作，成立广州家庭文化传媒有限公司运营家庭期刊集团新媒体业务，探索出一条媒体融合发展的新道路。

一、传统 IP+ 新媒体 = 强强联合

微信公众号等新媒体平台的兴起，让传统媒体剔骨重生，迈入转型赛道。创刊于 1982 年、我国发行量最大的文化生活类期刊之一的《家庭》杂志，身上光环耀眼，被新闻出版总署纳入“中国期刊方阵”最高层、海内外读者累计过亿、获奖无数。

《家庭》杂志并不止步于传统媒体领域，在移动互联网的浪潮中，扮演着传统媒体数字化转型的重要角色。早在 2011 年微博兴起时，集团就开始数字化转型布局，成立微博小组进军新媒体；2014 年，站在公众号风口，《家庭》杂志以公众号“饭米粒”（来自“Family”的音译）拉开进军新媒体的序幕。

虽然拥有成熟的采编系统，但在新媒体领域，《家庭》仍沿用传统媒体的思路做事，使其一度陷入孤军奋战的状态中。

与此同时，新媒体已从野蛮生长进入内容为王时代，公众号对优质内容以及 IP 的需求日益强烈。《家庭》在传统媒体领域拥有的影响力、内容生产力，以及出版资质对新媒体来说是锦上添花。相反，新媒体唯快不破的灵活运营方式和传播渠道，也是传统媒体所欠缺的。

据此，家庭期刊集团一直在寻求新媒体领域的突破点。经多方考察，集团与国内新媒体行业的翘楚易简集团成为战略合作伙伴。易简集团拥有科技文化、财经健康、体娱等数十个原创大号，坐拥近 5000 万用户流量池，并于 2015 年登录新三板。2018 年 12 月，双方共同发起成立广州家庭文化传媒有限公司，运营家庭期刊集团的新媒体业务。

传统 IP 与新媒体碰撞，各取所长，等在前方的是更多机会。首先，转型后的《家庭》杂志微信公众号，采编团队并没有将纸媒《家庭》内容直接搬到公众号上来。除了要具备敏锐的热点洞察力之外，关键是要找到痛点，带动用户的情绪并与之产生共鸣。另外，及时对文章进行复盘总结能让团队更好掌握公众号的调性，在尝新中不断前进。

成熟的内容生产团队，让家庭杂志公众号迅速进入大众视野。原有的影响力，加上易简集团与美宜佳合作的线下涨粉渠道，短短 3 个多月，《家庭》杂志公众号用户迅速增长到 250 万。此外，不少同行看中了《家庭》杂志传统 IP 价值，主动提出要将自己的账号合并到《家庭》杂志来运营。5 月底，《家庭》杂志公众号完成了一次合并，用户达到 370 多万。

2019 年恰逢《家庭》创刊 37 年，以此为契机，6 月家庭期刊集团与易简集团共同在广州举办了“《家庭》37 年，从 370 万到 370W”新闻发布会，“370 万”是指纸媒《家庭》高峰时月发行量达到 370 万册，“370W”是家庭杂志新媒体的最新用户数。从 370 万到 370W，家庭期刊集团迈出传统媒体融合发展的关键一步。

在业内人士看来，家庭期刊集团与易简集团的合作模式会是未来的一种新方式，有内容却苦于不擅长运营的和懂运营却没有合适 IP 的合并在一起，将碰撞出新的火花。

二、坚持正确舆论导向，严把意识形态关

《家庭》杂志微信公众号作为官媒，有别于社会其他自媒体账号。在新媒体出版工作中，始终坚持正确舆论导向，坚持掌握网络意识形态主导权，坚持宣传主旋律、弘扬正能量。把意识形态工作纳入重要议事日程，同时纳入采编团队每期选题申报履职尽责的重要内容，让意识形态工作落到实处。

《家庭》杂志公众号保持日更，工作量大，工作节奏快。在内容生产过程中牢牢掌握意识形态工作主动权，对公众号每天要发布的内容严格执行三审制度，始终坚持正确的思想导向，未出现一篇违背主流意识形态的文章，较好地做到了“守土有责、守土尽责”。

三、优质内容 + 连接性 = 新媒体

在《家庭》杂志公众号采编团队看来，从传统媒体到新媒体，最大的困难是思路的转变。

内容上：纸媒《家庭》是一本讲故事的传统媒体，新闻覆盖能力相对正统，注重故事的连贯性和完整性。而公众号更注重于观点的输出，故事的完整性倒在其次。

用户上：两者用户调性不同，纸媒的呈现形式使其很难和用户（读者）产生直接的互动，而新媒体可以与用户做到“零距离”，实时的互动交流让用户的代入感更为强烈。

机制上：传统媒体出版流程时间较长，从报选题、采编到总编审稿、定稿，纸媒《家庭》发刊已是一个多月后。而新媒体的节奏快，当天发生的事第一时间跟踪报道，节奏上比传统媒体要快很多。

根据新媒体的特点，《家庭》杂志公众号编辑团队秉承“服务于家庭，服务于女性”的内容宗旨，定位于女性情感类，围绕广大女性关心的情感、亲子、心理等方面生产内容，推出了一批较有影响力、深受广大读者欢迎的优质文章。

紧追社会热点，注重独家发声。对于社会热点事件，《家庭》杂志公众号注重从女性的视角发声，用女性的眼光解读，逐步形成了在这一领域的话语权和舆论制高点。

传播“女性之声”，讲好中国故事。作为广东省妇联下属媒体，《家庭》杂志公众号注重传播妇联之声，

注重女性意识、性别意识，运用新媒体平台独有的传播影响力和资源优势，讲好中国故事。

深刻解剖社会问题，深度之中蕴含温度。作为媒体类公众号，《家庭》杂志公众号秉承传统媒体的严谨、务实，不盲目跟风、不人云亦云，在解读、分析社会问题、家庭问题、情感问题时，力争做到有高度、有深度，同时蕴含温度，蕴含人性的力量，不搞"假大空"，说实话、说真话、说人话，把话说到用户的心坎儿上，与他们平等对话，做知心朋友。

2020年3月，新冠肺炎病毒肆虐，《家庭》杂志公众号采编团队充分彰显媒体人的社会责任感，联合《人民日报》新媒体、"我是K董"公众号，共同策划推出大型抗疫条漫专题《中国抗疫图鉴》。专题一经推出即成为爆文，被4000+主流媒体转载，全网点击量破10亿，被列入央视2020年五一晚会《中国梦——劳动美》、五四晚会《奋斗的青春最美丽》节目背景墙，并在十三届中国国际漫画节开幕式暨第十七届中国动漫金龙奖上，荣获"抗击疫情"特别奖。

新媒体时代，光做好内容还不够。为加强与用户（读者）的黏性，《家庭》杂志新媒体团队注册了个人IP"我是家庭君（ID：jiatingjun123）"，通过社群建设等方式与用户建立深度联系；同时设置各种小程序，与用户（读者）进行深度互动。

优质内容加上连接性，让家庭杂志微信公众号渐渐在激烈的市场竞争中闯出了一条路，得到了更多读者与业界的认可。

四、微信公众号+微博+头条号+百家号+抖音号+快手号=新媒体矩阵

这是一个变革的时代。在努力做好《家庭》杂志微信公众号的同时，我们入驻了今日头条号和百家号，形成图文内容多平台分发。近几年来，短视频是风口，我们审时度势，很快成立了短视频内容生产小组，并入驻抖音、快手和B站，开通了视频号，《家庭》杂志由此形成了微信公众号+微博+头条号+百家号+抖音号+快手号+B站的新媒体矩阵，以不同形式的内容满足各种层次及年龄层的读者需求。

新媒体时代，传统媒体的结局绝不是走向衰亡。传统媒体与新媒体也不是对立的关系，二者相互融合是大势所趋。站在新的时代起点，传统媒体转型与融合发展永远在路上，在这条路上，家庭期刊集团进行了一些探索，取得了一点成绩，但做得还远远不够，未来依旧任重道远，我们依然会在这条路上进行艰苦卓绝的探索和开拓，永无止境。

（林维兵：家庭期刊集团新媒体运营总监）

案例类别：组织机构

创立新媒体公司 推动《新周刊》媒体融合转型

2016年，在新兴媒体迅速普及，传媒行业发生深刻变革的大环境下，广东新周刊杂志社有限公司全力推进媒体融合，创立新周刊（广州）新媒体发展有限公司（以下简称新媒体公司），引入互联网管理制度，在体制机制改革方面作出积极的尝试，实现公司采编经营的整体创新转型。

一、基本情况介绍

《新周刊》媒体融合发展从2013年起步，随着2016年新媒体公司成立进入发展的快车道。目前，新媒体公司旗下拥有四大媒体产品，分别是新媒体集群、《新周刊》APP、文创流量电商、视频项目，成为全网粉丝3000万、年度全网流量破10亿的全国头部媒体，媒体融合转型成效凸显。

2016年成立至今，新媒体公司营收逐年递增，屡创新高。2016年，营收为70余万元，2020年，营收将突破4000万元。

2016年至今，新媒体公司获得了新浪微博颁发的"十大影响力机构（广东）"、2018新榜大会颁发的"年度融合新媒体"、中国新闻文化促进会等机构联合颁发的"2019创新创意超级杯创意融媒体"及省出版集团颁发的"2019年度改革创新奖"等多个奖项。此外，基于项目良好的运营情况，新媒体公司还获得2017年省宣传文化发展专项资金及南方传媒2020年度报刊高质量发展专项资金，累计扶持资金超500万元。

二、具体成效与社会反响

新媒体公司坚持党管媒体原则不动摇，以精品内容做

大做强主流思想舆论，实现社会效益与经济效益双丰收。

（一）强化导向管理，聚焦主题主线，传播社会正能量

新媒体公司严格落实意识形态责任制，秉承“弘扬主旋律，传播正能量”的理念，先后推出“建国七十周年”“粤港澳大湾区”“经济特区成立40周年”等一系列专题或主题报道。

2020年新冠疫情突发，新媒体与杂志快速联动，共发布疫情防控有关报道382篇，其中原创文章150篇，10万+文章20篇。其中《抄作业这样的蠢话，我不想再听第二次》在《新周刊》微信公众号（48小时）阅读量超50万。

新媒体公司旗下平台持续关注社会热点，推出《丁真背后，一个贫困县低调的努力》等热点专题，文章阅读量均超10万，引发广大读者共鸣，取得了良好的传播效应。

（二）强化新媒体平台建设，启动内容产品升级，开辟多元化盈利模式

新媒体公司大力强化新媒体集群、《新周刊》APP内容建设，积极进军文创流量电商，发展可视化内容，不断开辟新的内容阵地及受众。

1. 建立新媒体集群。2013年，新周刊微信公众号正式上线，2016年新媒体集群初现雏形。经过5年的发展，新媒体集群已拥有新周刊、九行、有间大学、新周猫、硬核读书会、F小姐6个公众号及相应微博号，运营百家号等15个聚合媒体平台。

截至2020年12月底，新媒体集群微信公众号用户数超283万，其中《新周刊》微信公众号用户数近170万，进入新榜全国排名50强。微博用户数达2063万，平均阅读量超50万；10万+文章270篇，位列业内头部媒体，已成为新周刊媒体融合发展的强大基石。

自2015年新媒体集群首次入驻聚合平台至今，平台数量从5个增至15个，总阅读量从3760万增至近3亿人次。

2. 进军流量电商。2018年，新媒体公司设立“繁象”文创流量电商项目，开设微商城、微信小程序、天猫旗舰店、淘宝企业店进行周边产品销售，通过线上、线下活动进行营销推广，通过合作分销等方式扩大销售渠道，实现品牌周边的经济效益和社会效益。

预计2020年实现营收450万元，比2018年成立之初增加350万元。

3. 上线《新周刊》APP。2019年6月，新媒体公司推出手机客户端全新产品《新周刊》APP，延续“新锐”精神，是《新周刊》媒体转型发展的重要举措。

《新周刊》APP持续完善选题制度，坚持每周选题会和每日编前会，策划热点选题；丰富栏目形式，目前已有8个周更栏目和1个日更栏目，并每周上线两期互动话题；吸引多家品牌合作，为未来商业化做好铺垫；通过加快技术迭代，加强应用市场投放，积极开展线上线下运营推广等方式，开拓更大的目标用户群，助力新周刊品牌传播。

截至2020年12月底，新周刊APP累计用户数超50万，月均活跃数近8万；APP原创文章共900篇，APP总阅读量达100万，月均生产原创文章达100篇，月均策划热点选题超10篇。

4. 开设视频栏目。2020年，新周刊积极进军视频等领域，目前已设立四个团队，形成赛马机制。新媒体公司旗下有原创纪实人物视频栏目《局外人》以及聚焦年轻人生活方式的《各式各YOUNG》。

《局外人》自2020年6月首次发布以来，共推出13期视频，微博总播放量达1744万，腾讯新闻总播放量达850万，并与微博纪录片、腾讯新闻等达成了稳定的PGC合作关系，初步打响视频品牌知名度。

《各式各Young》自2020年5月推出以来，APP端内72小时平均点击量超过平均日活的40%；微博平均阅读量超60万，平均观看量超33万，粉丝数超20万。

三、媒体融合经验体会

（一）深化主流媒体机制改革，全面激发企业活力

2016年，新媒体公司坚持党管媒体的前提下，采用市场化操作手段，积极尝试不同的业务形态，在反复试错过程中总结经验，最终确立新媒体集群、文创流量电商、APP、视频四个项目，成功打造新媒体产品矩阵。

新媒体公司突破固有的经营模式、分配模式，充分利用大数据分析、优化人才考核评价机制等手段，造就企业创新能力。一是改变衡量标准，用数据判断一个媒体是否具备影响力、一篇文章好与坏的标准，培养真正的互联网思维；二是发掘用户价值，以用户思维进行产品设计，密切关注用户体验和口碑传播；三是利用APP自有数据优势，使媒体与用户之间找到更便捷准确的沟通渠道，指导内容生产与运营方向；四是全面实行绩效考核，用互联网公司标准，设定各个岗位的绩效考核标准，以绩效激励员工。

（二）以《新周刊》APP为龙头，推动传统杂志与新媒体融合

《新周刊》APP是2020年新媒体公司两项重点媒体融合项目之一，致力于成为中国最新锐的生活方式平台，通过APP内容运营、线上产品开发和商业合作，将其打造成为头部新媒体品牌。

《新周刊》APP客户端作为杂志栏目稿件发布平台，是一个全面收藏《新周刊》内容、获得沉浸式体验的地带。同时，新周刊将利用新媒体的运营方式、内容生产方式进一步促进传统杂志转型，生产能够迎合互联网时代读者的内容，使《新周刊》APP成为杂志优质内容的发酵点、传播点，成为新媒体与传统媒体融合的流量平台，让传统杂志迸发出新媒体时代的新锐火花。

（三）专注内容质量，扩大优质内容产能

2019 年，为进一步提高内容深度与品牌影响力，新媒体公司对《新周刊》微信公众号的内容生产模式进行首次升级，制定内容生产制度及流程，对选题汇报、文章提纲及信息量作出更细致的要求，并总结多个选题操作模板。全年 10 万 + 文章达到 121 篇，是 2018 年的 233%。

2020 年，新媒体公司再次启动内容和流程升级，成立深度写作组，深耕万字优质内容，推动“强运营”方法，加强采编人员的时间意识、责任意识、质量意识，以精细化、数据化、全面化运营助力深度原创爆款的生产与传播。全年 10 万 + 文章达到 270 篇，是 2019 年的 123%。

（四）创新内容表现形式，提升内容传播效果

2020 年，新媒体公司开设 2 档视频栏目。经过试验已逐步摸索出高流量视频操作技巧。一是选题需从话题性出发，通过人物故事引起情绪共鸣，引发大众思考；二是以微信、微博、腾讯视频、B 站为主宣发平台，积极与优质平台合作，实现矩阵式传播；三是建立完整清晰的运营推广流程，采取强运营手段，充分利用数据分析，延长视频传播链条，提高用户关注和品牌认知。

“十三五”时期是新媒体公司从创业孵化到发展壮大的关键时期。展望“十四五”，新媒体公司将紧扣中央《关于加快推进媒体深度融合发展的意见》总要求，坚持移动优先，以深化体制机制改革、深度推进新媒体人才培养为两个关键，以新媒体产品开发为抓手，通过发力视频、直播、互动等媒介产品，打造具有多元化生态的新媒体运营平台。

（广东新周刊杂志社有限公司）

《新周刊》公众号

案例类别：产品

全力打造 APP 项目　引领《新周刊》进入新锐 2.0 时代

贯彻落实习近平总书记关于媒体融合发展的讲话精神及上级工作部署，为完成《新周刊》的自我迭代，探索新的商业模式，2019 年 6 月，广东新周刊杂志社有限公司（以下简称杂志）推出手机客户端全新产品《新周刊》APP。从一本杂志到一个 APP，《新周刊》延续“新锐”精神，旨在创新媒体传播方式，是新周刊媒体转型发展的重要举措。

一、基本情况介绍

《新周刊》APP 的用户定位为有知识、崇尚独立思考、追求生活质量的都市人群。自 2019 年 6 月上线到 2019 年底，《新周刊》APP 用户总数从 0 增长到 15 万；截至 2020 年 12 月底，用户总数已超过 50 万，月均活跃数近 8 万。《新周刊》APP 被评为南方出版传媒股份有限公司 2020 年度报刊高质量发展专项资金（创新转型）项目，并入选“2020 中国数字出版创新论坛中国出版融合创新优秀案例暨出版智库优秀推广案例”。

目前，《新周刊》APP 团队共有员工 25 人，包括内容创作团队以及负责技术开发、数据分析、社群运营在内的团队。2021 年，还将增设一支负责商业运作的团队，为 APP 商业化道路提供强有力支撑。

二、具体成效与社会反响

《新周刊》APP 强化导向管理不放松，持续生产有价值的内容和产品，传播力和影响力日益增强。

（一）疫情、粤港澳大湾区系列等主题报道，全体采编出动，致力于打造爆款

新周刊坚持党管媒体原则不动摇，严格落实意识形态工作责任制。作为重要意识形态阵地，《新周刊》APP 严格按照《新周刊（广州）新媒体发展有限公司内容产品导向管理办法》等制度要求，从选题阶段到发稿阶段，全面落实三审三校，强化特殊防护期的舆论安全管理，并将内容安全纳入员工绩效考核范围，全面加强导向管理。自 2019 年上线以来，新周刊 APP 未发生任何导向错误。

2020 年新冠疫情突发，新周刊 APP 与杂志、新媒体平台快速联动，紧扣疫情防控主题进行宣传报道。新周刊 APP 开设“新周刊疫情”“武汉加油”“我是武汉人”3 个疫情专栏，记录前线抗疫、各地支援、居民生活等情况，为营造良好的疫情防控舆论环境发挥了积极作用。截至 2020 年 12 月底，新周刊 APP 发布与疫情防控有关的原创报道近 200 篇，全网阅读量近 15 万，其中《抄作业这

样的蠢话，我不想再听第二次》成为网络爆款，转发至新周刊微信公众号48小时阅读量超过50万，在今日头条阅读量超过150万；《在吃这件事上，武汉人太难了》，聚焦“封小区”之后的武汉买菜问题，传播效果良好，转发至新周刊微信公众号48小时阅读量超10万。

2020年7月，《新周刊》APP策划了“9+2粤港澳大湾区城市人文系列”专题，采访了广州、深圳、珠海、佛山、中山、东莞、肇庆、江门、惠州，外加香港、澳门两个特别行政区共计11座城市，以早上9:20至晚上9:20为轴，用系列文章和视频，刻画出这12小时内不同人群的生活状态和生活方式，展现大湾区城市群积极向上、超越自我、勇于创新、勇于突破的“南派之美”。系列报道推出后，收获了读者的良好反馈，从一开始对文章“有些疑惑”，到后面的“翘首催更”，读者的变化直接反映了专题主旨逐渐深入人心。10篇文章在72小时内的总阅读量为1.5万，其中《中山：满城皆是“扫地僧”》单篇最高阅读量达2500。

《新周刊》APP持续关注社会热点，为民发声、勇于直言，推出《爷爷好惨，每颗滞销水果都跟他有关》《降价的无印良品，其实早就掉价了》《“抄作业”这样的蠢话，我不想再听第二次》《“不批作业”的老师们：教学正在成为一门副业》《生个孩子还要排队，中国女性太难了》《被家暴后依然很美？可别恶心人了》等热点专题，转发至新周刊微信公众号48小时阅读量均超10万，收获了众多读者反馈，取得了良好的社会效应。

（二）锐见主稿、周更栏目、日更栏目、原创视频一个都不能少，塑造新周刊流量枢纽

截至2020年12月底，《新周刊》APP共生产原创文章900篇，总阅读量达100万，月均生产原创文章达100篇，月均策划热点选题超10篇，爆款文章创造了全网863万的阅读量。

《新周刊》APP品牌栏目《锐见》关注社会热点、焦点话题，加大采访力度，共推出原创文章350篇，文章转发至《新周刊》公众号后，共产生30篇10万+文章，平均流量达8.9万。原创视频栏目《各式各Young》聚焦年轻人千姿百态的生活方式，已入驻b站、微博、腾讯视频等平台。APP端内72小时平均点击量超过平均日活的40%；微博平均阅读量超60万，平均观看量超33万，粉丝数超20万；单篇抖音最高（12小时）点击量超8万。有趣便利店、芭比游乐园、社畜碎碎念等8个周更文字栏目内容涵盖生活方式、热点解读、潮流美妆、科技创新等领域，形态活泼，内容丰富，用户黏性持续增强；日更文字栏目——《朝花午拾》聚焦热点、快速发声，自2020年5月上线以来，平均总阅读量从400+提升至700+。

此外，《新周刊》APP在用户互动方面也进行了多种尝试。每周上线两期互动话题，“驳击俱乐部”聚焦针对热点事件或新旧观点的辩论性讨论，“新周茶话会”侧重于在实际生活的基础上延伸话题的开放式讨论，是用户最为喜爱的板块之一，在提升用户黏性的同时吸引了包括腾讯电竞、万达电影等多家品牌定制商业话题，为未来商业化做好铺垫。

三、媒体融合经验体会

（一）全面汇聚新周刊内容，打造自有媒体融合创新性平台

2020年，新周刊杂志社大力整合杂志、新媒体集群、《新周刊》APP、生活方式研究院四大内容出口核心资源，将《新周刊》APP打造成集《新周刊》所有产品为一体的综合型自有平台，除原创栏目外，还涵盖《新周刊》杂志、《新周刊》众多公众号内容、文创产品销售以及话题互动栏目。在APP最新的版本上设立了4个板块，分别为“原创”“必读”“排行榜”和“最新”，不仅能让读者将每月两期杂志的文章悉数阅读，还对种类繁多、各具特色的周更、日更栏目做了更清晰的指引，满足不同读者的阅读需求。

作为《新周刊》重点媒体融合项目，APP在公司转型发展中发挥着关键作用。APP与《新周刊》杂志共同推进内容改革，成为杂志栏目稿件首发平台，以APP端反馈的数据作为杂志稿件的初步评价标准，在加大APP供稿量的同时提升杂志稿件质量，加快实现媒体融合与打通；互动话题栏目则是APP最早实现内容变现的板块，目前已总结出商业话题定制的方法论；除推出原创视频节目《各式各Young》外，还引入新周刊杂志社其他团队的视频节目，满足不同读者的观看需求，形成良性竞争，进一步提升视频的内容质量。

（二）加快技术迭代，创新活动方式，不断拓展用户群

为助力《新周刊》品牌传播，《新周刊》APP持续进行迭代升级、创新活动形式，探索更具成效的运营推广模式。一是自上线至今，共更新了20个版本，通过新增互动话题板块，上线神策数据统计，优化文章加载体验及增加文章推荐功能等方式，进一步提高用户使用体验；二是上线《新周刊》小程序，作为连接APP的桥梁，为《新周刊》用户提供互动平台，大大提高了评论转化率。三是积极展开线下活动的运营推广，策划百日读书活动，开发课程音视频产品、周边衍生品，并联合多个品牌进行媒体推广、线下推广等，吸引更多、更高质量用户。

（三）深化体制机制改革，激发团队的积极性和创造性

《新周刊》APP突破固有的经营模式、分配模式，参考互联网公司的管理机制，设置了规范、合理的KPI考核指标。采编团队以写稿量、阅读量为考核指标；技术团队以用户数、用户活跃数为考核指标；商业拓展团队以广告营收收入作为考核指标。同时，还设置了激励奖项，如稿件超流量奖、爆款奖、月度奖、用户数达标奖、产品运营季度奖、业务提成等多个奖项奖金，充分调动

团队的积极性和创造性，实现 APP 经营目标。

今后，新周刊 APP 将继续坚持正确舆论导向，立足南方，放眼全球，致力于打造为以内容建设为根本、先进技术为支撑、创新管理为保障的新媒体传播平台，助力新周刊提升品牌传播力、引导力、影响力、公信力。

（广东新周刊杂志社有限公司）

新周刊客户端

案例类别：产品

广西期刊传媒集团少儿期刊沉浸式互动内容打造

温尚超 陈婷婷 罗礼萍

一、期刊简介

广西期刊传媒集团少儿期刊《作文大王》于 2001 年创刊，倡导“自由的表达、愉快的抒写、平等的交流”的作文理念，为基础教育服务，推进作文教学改革，努力为广大小学生及教师提供最新作文教育理论支撑下的阅读与作文教学模式，以新技术、新媒体推动期刊融合，呈现写作阅读新范式。

《作文大王》入选 2017 年国家新闻出版广电总局向全国少年儿童推荐百种优秀报刊名单，在全国重点报刊及少儿类报刊编校质量抽查中零差错，五获中国优秀少儿报刊奖金奖，获“中国最美期刊”称号，两获广西期刊奖，被评为广西双十强期刊、广西优秀社会科学期刊，是中国邮政发行畅销期刊。

《作文大王》致力于打造交互型纸质出版物，将线上与线下服务相结合，实现读者、作者、编辑的三方交互与共赢，赋予期刊阅读全新的沉浸式互动新乐趣，给师生读写教学与家庭教育、亲子互动带来更多欢乐。

二、沉浸式互动栏目：《大王脱口秀》

（一）策划背景

《作文大王》中的《小记者广角镜》栏目是小读者反映现实、交流经验、抒发感情的写人写事平台。刊物以该栏目为依托，充分发挥“小记者”互动特色，将小学生观点表达、作文呈现、作文点评结合起来，带领小读者参与沉浸式的期刊互动。

（二）内容模式

1.“作文 + 街头采访 + 脱口秀视频 + 弹幕作文”模式，以纸刊刊登的作文为热点话题基础，编辑深入街头、校园，就作文及作者观点随机采访小学生、老师、家长。

2. 制作视频采访脱口秀趣味短视频节目——《大王脱口秀》，在新媒体平台及互联网播放，结合各平台“弹幕”模式，读者、观众发送留言参与作文点评和话题讨论。纸媒联动，充分让小学生、老师、家长自由表达观点，真正起到亲子、师生间“自由表达、平等交流”的效果。

（三）内容效益

沉浸式互动栏目《大王脱口秀》，挖掘、呈现出了“我的理想就是卖菜”“骂人，你会吗？”“我不喜欢这样的大人”“红包有毒”等热点主题，直面新时代小学生的思想动态和生活。其中，“骂人，你会吗”主题，由一线教师班级管理实践案例衍生，配合学生写作实践，结合小学生街头采访、脱口秀视频、读者互动点评，最终升华为教师教学论文，并入选各级教学实验创新案例展示。

街头采访的主题由小学生发现、提出，背景环境是小学生熟悉的学校、街头，采访、发表观点的对象是小学生、家长、老师，且沉浸其中。该内容切实做到了自由的表达、平等的交流、愉快的抒写，让读者沉浸式参与的同时，产生实际的教学互长效益，切实推动了教学的发展。

三、亲子互动类沉浸式内容：“演期刊”亲子短视频

（一）策划背景

短视频因其短小精悍、娱乐性强、传播便捷等特点，日趋成为大众热捧的休闲方式。据《第 44 次中国互联网络发展状况统计报告》，青少年占据了网民总量的 26%，其中 20% 的青少年表示“几乎总是”在看短视频。

为提升文字内容吸引力，引导青少年正确使用短视

频产品，塑造积极向上的三观，展示真我风采，《作文大王》使用少年儿童喜爱的短视频形式，积极拓展亲子类沉浸式互动内容。

（二）内容模式

1. 精选《作文大王》休闲阅读板块的短笑话、小故事精品，改编成小剧本，向全体读者提供，并向全国的小学生家庭征集笑话演绎视频。

2. 小读者与家长以 UGC 模式共同演绎、录制有趣的短视频作品并发送到指定邮箱，《作文大王》对视频素材进行专业剪辑。视频通过微信公众号发布，读者可分享、评论、点赞。同时，视频转化为二维码，与纸质刊物关联，期刊的读者可在阅读杂志时扫码观看，实现编辑、读者、作者的三方交互。

（三）内容效益

"演期刊"亲子短视频顺应短视频时代潮流。在拍摄短视频的前期，小读者与家长共同阅读期刊，挑选适合自己演绎的期刊内容，加深了对期刊内容的理解。在将期刊内容转化为短视频作品的过程中，小读者与家长亲身参与，沉浸式体验文字作品的魅力，亲子共创全新互动内容产品，发掘生活中的趣味，增进了亲子间的沟通。

四、沉浸式期刊共创内容——读者"独家定制"

（一）策划背景

随着社会的发展、生活水平的提高，越来越多的读者有强烈的个人作品展示与定制需求。期刊封面承载着刊物特有的艺术符号，与期刊内容紧密相连。将期刊封面与读者创作、个人定制服务结合，可让读者获得沉浸式体验。

（二）内容模式

1.《作文大王》充分利用纸刊封面空间，打造沉浸式互动型读者创作、个性化定制出版活动。每期封面均为绘本画面，全年封面按序相连即为一个完整的绘本故事。读者根据封面展开想象，创作独家绘本故事并投稿展示。

2. 编辑选择优秀作品，为读者进行个性化绘本电子书定制。活动同时在纸刊及新媒体平台开展，获得多地老师、家长的积极响应。

（三）内容效益

首期封面独家绘本定制创作活动共收到优秀作品四百余份。本内容产品与各地小学"读写绘"课程相结合，为教师开展沉浸式作文教学提供了强有力的辅助。读者通过"观察—想象—创作—定制"出版，获得深层次、多元化的沉浸式阅读参与体验，更好地激发阅读兴趣，作品和个人价值得到充分展现。

五、沉浸式期刊阅读体验——"云共读"接力

（一）策划背景

在抗疫攻坚期间，《作文大王》响应主题出版，策划"经典诗词云共读"云上接力，让青少年体味传统文化丰富的人文内涵，培育民族精神和文化自信，坚定抗击疫情必定胜利的信念。

（二）内容模式

1. 以期刊"新作文课堂"栏目基础，美文、赏析、诵读三位一体。线上线下，号召青少年学生参与诗词云接力，沉浸式参与期刊内容，在网络上掀起古诗词浪潮。联系各个学校，参与活动的学校以班级为单位，面向师生进行诵读视频作品征集。

2. 参与活动的师生录制好视频之后，发送到指定邮箱，编辑人员对视频素材进行专业剪辑。编辑将视频按内容分类，按主题发布在"广西期刊传媒集团"微信公众号里。读者可以在公众号中为自己喜欢的视频点赞、评论、投票，进行"云 battle"。

（三）内容效益

《作文大王》经典诗词"云共读"接力活动自推出以来，得到广西多所学校的大力支持，共收到优秀诗词朗诵视频作品 300 余份，目前已展示了 33 次、100 多名小学师生的优秀朗诵视频。其中，活动参与者、《作文大王》特约作者——广西柳州的陈何意老师的诗词"云共读"接力视频，被推荐至学习强国平台展示。

《作文大王》通过脱口秀街头采访视频、期刊 UGC 短视频共创、读者独家创作定制、"云共读"接力等多元形式，打造沉浸式期刊互动内容，在以文字为主导的基础上，增加贴近小学生生活的互动实践内容、个人展示内容、个人创作内容，让读者深入结构文本，在沉浸式阅读之余获得视觉、听觉、触觉体验，以及思维力、表演力、观察等能力的展现与提升，是对作文阅读类少儿期刊沉浸式互动内容的有效探索。

（温尚超：广西期刊传媒集团总编辑助理、副编审，陈婷婷：广西期刊传媒集团作文大王杂志社执行主编，罗礼萍：广西期刊传媒集团作文大王杂志社编辑）

广西期刊传媒集团少儿期刊沉浸式互动内容打造（产品案例）

案例类别：产品

“小书童”在线有声阅读平台

温尚超 王之瑶 陈曦

一、项目基本情况

“小书童”在线有声阅读平台是全国少儿阅读基地——广西期刊传媒集团自主研发的线上阅读平台。平台以 5~12 岁少年儿童为主要服务对象，以经典阅读、亲子阅读、辅助课堂阅读为抓手，精选优质少儿图书，配合学校语文课堂教学要求，拓展课外阅读，甄选权威出版社和优质版本，保障少年儿童良好阅读习惯的养成。目前，“小书童”在线有声阅读平台已建成线上阅读平台和读写服务平台两个重要部分。

（一）轻松有趣的线上阅读平台

进入移动互联网时代，知识不断被碎片化，阅读也成为碎片化的行为。因此，“小书童”平台主要采取“听读”模式为用户提供内容：每天定时更新音频，并设置 1~2 道题目检验用户阅读效果；音频内容利用碎片时间，引导用户充分集中精力，捕捉信息；每日题目引导用户深入理解所读书目的内容和思想，训练用户的语言表达和概括能力。“小书童”紧跟小学语文教学要点，配合小学语文课堂，精选国内外优质儿童读物，让阅读更有连续性和关联性，帮助用户养成深度阅读、系统阅读的习惯。

（二）个性有用的读写服务平台

1. 对读写任务进行个性化点评。“小书童”配合每日的听读音频，布置题目，测试和引导孩子们对当日阅读内容的理解、把握。部分题目会要求孩子完成简单的片段写作训练，如细节描写、人物刻画等，帮助用户学习优质少儿读物的写作技巧，加强用户在写作方面的练习。

“小书童”平台为每个用户的答案撰写个性化评语，并对用户读写表达进行客观评价和针对性指导，同时针对他们的表现，与家长进行不定期交流。“小书童”团队充满温度的做法得到了少儿用户和家长的喜爱和认可。

2. 以书目为中心，配套阅读线上课程。“小书童”充分发挥线上阅读的优势，在每一期阅读任务开始前开设导读课，以帮助孩子了解所读书目的基本概况、作者及创作背景等，帮助孩子们拓展知识，为更好地把握阅读内容奠定基础。

此外，“小书童”会根据阅读课程内容或主题，开设线上写作指导直播课，讲解作文写作的技巧，布置写作训练任务，针对提交的作文进行个性化点评，并为优秀习作提供发表平台，从而实现对用户读和写的“一站式”全方位服务。

3. 提供迁移素材，开阔多元化视野。“小书童”基于微信群等社交平台组织线上阅读社群，将同样需求的用户整合起来，以社群为单位，定期提供丰富多样的迁移阅读素材，为用户开阔视野，拓展知识面。以“四大名著”系列为例，“小书童”提供趣味性内容，分享相关的影视剧片段、歌曲、舞蹈、戏曲等内容，让孩子们从更多元化的角度欣赏中国传统文学名著的魅力。在兼顾素质教育的同时，素材拓展还包括小升初考题分享，帮助家长和孩子了解命题风格和习惯，能从容面对学校语文考试中相关的考题。

二、项目成效与反响

（一）助力语文学习，开展公益活动

2019 年春季新学期开始，全国中小学生统一使用部编版语文教材，这对小学生阅读提出了更新、更高的要求。因此，“小书童”致力于帮助更多小学生和家长解决阅读和写作方面的困扰，多次走进校园，开展公益阅读公开课、讲座等活动。“小书童”的阅读学习模式对小学语文课堂现有的教学模式和教学活动设计大有启发，并以持续不断的线上阅读学习作为语文教学的补充和助力。

（二）精准针对用户需求，赢得市场好口碑

在“小书童”的线上阅读课程中，每一本书读完时，我们会设置形式丰富的“终极任务”。任务内容包括但不限于作文、图画、手抄报、涂色、小视频、故事接龙……形式多样的“终极任务”让孩子在快乐中磨炼阅读力和写作力，在轻松愉快的“玩乐”中爱上阅读与写作，更为孩子提供了交流与协作的机会。

“小书童”以用户需求为中心，真真切切地为用户解决“急难愁”问题，努力为少年儿童的学习成长创造更好的条件，承担起引导少年儿童成长成才的责任，赢得了良好的口碑。

（三）深化集团资源整合和业务协同

“小书童”在线有声阅读项目背靠广西期刊传媒集团的《作文大王》《奇趣百科》《数学大王》系列品牌少儿期刊等出版资源。在平台运营过程中，积累了许多

用户习作和各式“终极任务”产出作品，为集团少儿期刊不断输送优质作品和优质选题，拓展了集团的文化衍生产品、反向丰富集团的知识产权储备，进一步深化集团阅读写作类的资源整合与业务协同开发，走出一条更清晰的文化产业服务链。

（四）深度推广少儿阅读，践行“全民阅读”战略

作为在线有声阅读平台，推广少儿阅读、践行“全民阅读”的国家发展战略是“小书童”的核心工作和天然使命。为了让更多少年儿童能够好读书、读好书、善读书，同时不受时间和空间的限制，“小书童”借助直播、视频、音频等交互手段，让阅读和写作变得有趣、有用、有效；同时严把选书关，为用户的开卷有益保驾护航；分享阅读的技巧、学习方法，帮助用户提高读书的效率、质量和能力；积极建设线上阅读社群，陪伴用户和用户家庭养成阅读习惯，积跬步以至千里。

三、项目融合经验体会

（一）借助新技术，积极推广少儿阅读

“小书童”从策划、开发到运营，始终围绕少儿阅读推广的初心，努力适应技术发展进程，结合“互联网+”的时代优势不断探索新模式、新路子，以阅读推广为宗旨，以服务为核心，努力优化和完善平台功能，借助技术手段，将传统的阅读活动转化为多层次、多角度的交互式阅读体验。这是推广少儿数字化阅读的积极尝试。

（二）发挥企业优势，为平台建设提供强大助力

“小书童”在线有声阅读平台背靠的广西期刊传媒集团是全国首家高校期刊集团。集团从事少儿出版业多年，了解行业发展情况、熟悉小学语文教育和少儿身心特征。集团现有的系列品牌少儿期刊为平台建设提供了良好的载体，同时能够满足用户读写训练和阅读成果的呈现和展示，激励用户的参与热情。集团拥有大量优质的出版资源、完善的营销渠道和庞大的读者群，这些都为“小书童”平台的发展提供了强大助力。此外，扎实的粉丝基础及优质的纸刊内容也帮助提高了用户对平台的信任度和接受度。

（三）线上线下结合，形成良性循环

在阅读活动逐渐数字化、网络化和智能化的背景下，“小书童”团队将线上课程、纸刊宣传以及线下活动推广串联起来，取长补短，互相促进，形成“线下体验——线上学习——线下实践”的良性循环。“小书童”积极开展线下阅读推广活动，邀请更多习惯于传统阅读模式的孩子和家庭感受新兴阅读方式的便利和优势，让更多孩子和家庭真切感受“小书童”的“听读”、训练和阅读活动的趣味和价值，进而转化为“小书童”的用户。

“小书童”在线有声阅读平台积极强化互联网思维，坚持传统媒体和新兴媒体优势互补，坚持以技术为支撑、以内容建设为根本，不断尝试、不断探索，推动传统媒体和新兴媒体在内容、渠道、平台、经营、管理等方面的深度融合，把传统出版的影响力向网络空间延伸，更好地促进少儿阅读事业乃至全民阅读事业的良性发展。

（温尚超：广西期刊传媒集团总编辑助理、副编审，王之瑶：广西期刊传媒集团奇趣百科杂志副主编、副编审，陈曦：广西期刊传媒集团新媒体编辑）

“小书童”在线有声阅读平台

案例类别：产品

陕西首创：《女友》杂志 开创互联网发行新模式 推动媒体融合发展

一、项目引言

为提升网络空间话语权，巩固和壮大党的宣传思想文化阵地，《女友》杂志创新技术和手段，在陕西省首创互联网发行新模式，链接新时代年轻人，营造良好的舆论氛围。

《女友》杂志以纸媒发行渠道变化为主要研究对象，探讨媒体融合的发展路径，提升了杂志销量，在全网实现了9000万+的话题阅读量，深入传播了习近平新时代中国特色社会主义思想。

从在传统媒体发声到在互联网强势发声，从传统营销跨界到互联网营销，该项目充分体现了“女友”的媒体担当，有力地推动了陕西省传统期刊转型融合发展，

也为传统媒体如何在新形势下创新传播主流声音、抢占互联网宣传主阵地积累了先进经验。

该项目先后荣获“首届陕西媒体融合传播创新案例征集评选活动”创新奖、“2020年度陕西省宣传思想文化创新竞赛”创新项目奖。

二、策划背景

（一）国家有号召：加快媒体融合进程，抢占互联网宣传主阵地

党的十八大以来，以习近平同志为核心的党中央高度重视传统媒体和新兴媒体的融合发展，总书记多次在不同场合强调要利用新技术、新应用创新媒体传播方式。当前，媒体融合持续深化，已经进入融合发展的关键期，必须树立互联网思维，才能充分发挥新媒体在宣传思想工作中的优势和作用，以新的思路推动宣传思想工作新发展。

（二）《女友》杂志有行动：开创互联网发行新模式，推动媒体融合发展

《女友》杂志响应国家号召，加速融媒体发展进程，增强媒体与受众的联系，利用网络做发行，将宣传触角深入年轻群体中，向广大年轻人传播主旋律，抢占互联网宣传主阵地。

自2019年至今，《女友》杂志根据自带的时尚属性和多年拍摄正能量明星封面的经验，率先开启网络销售新模式，取得了社会效益和经济效益双丰收，为行业作出了转型融合发展示范。

三、分析及主要做法

《女友》杂志创新技术和手段，借助互联网对每月新刊采取全方位网络销售，实现发行量逆势大增。杂志封面拍摄自带流量的正能量明星，并巧用明星粉丝经济杠杆，在“女友”微店、淘宝店将“《女友》杂志＋明星海报”打包捆绑销售，吸引“Z时代人”关注、了解《女友》，在网上引发“女友”热潮，引爆杂志销量，从而向更多的年轻人传播积极、健康、美好的生活方式，完成了融媒体时代期刊发行方式的创新尝试，取得了良好的社会效益和经济效益。

（一）主要做法

1.搭建多个平台，把互联网作为杂志发行的重要平台。5年前，“女友”建立官方淘宝店铺，销售《女友》杂志及周边产品；2019年，店铺重新升级，同时还在微信平台开通官方微店，借助多个互联网平台，完成杂志发行和销售的渠道建设。

2. 借助明星效应，提升杂志销售。每月拍摄1~2名正能量明星、名人，请他们为“女友”代言，参与“女友”公益话题讨论，做好正能量舆论传播。将“杂志＋明星海报＋明星话题”呈现在“女友”新媒体平台，多次露出，多次宣传，借助话题热度为杂志销售预热。

3. 依托“女友融媒体矩阵”，借助200万粉丝进行造势营销。每期拍摄封面明星前，根据“女友融媒体矩阵”各平台属性，策划专有话题、制作杂志预售的关键词和关键内容，在互联网露出，由200万粉丝进行转发和传播，制造热点话题，进行营销造势。

4. 编辑部全程跟进，形成完整的营销闭环。前期：根据热点话题，筛选大热的正能量明星作为封面人物，制作拍摄、采访提纲；在“女友融媒体矩阵”发布拍摄预告，提升粉丝对当期杂志的期待值；拍摄期间通过微博互动，发布拍摄花絮，进行铺垫曝光，其他平台联动宣传。中期：拍摄话题在互联网发酵、汇聚，攒够热度后，宣发淘宝、微店预售渠道链接，借助话题效应刺激读者购买；乘势销售一周后，预售通道关闭，随后调取购买数据，将预售数字报至发行部。后期：提前知晓网络预售数字，有的放矢进行印制、打包、快递等。网络预售先付款后发货，读者关注的是杂志品牌内涵，看重的是杂志收藏价值，鲜少出现退货现象。对比传统发行渠道，不仅实现了杂志销售数字暴增，也有效避免了退货损失。

5. 全省首创，示范引领传统媒体创新之路。《女友》杂志借由32年的品牌积淀和资源累积，锐意创新，根据杂志自带的时尚属性和多年拍摄明星的经验，于2019年在全省率先开启网络销售发行新模式，拓宽数字时代传统媒体的发展空间和路径，从渠道平台角度重塑了媒体商业模式。

（二）实际效果

《女友》杂志借助互联网拓展发行渠道，将媒体声音传递给更多年轻的读者，构建了媒体融合发展新业态，实现了社会效益同经济效益的完美统一，形成良性循环。

1. 丰富品牌内涵，实现“女友”品牌年轻化升级。杂志网络销售的主要受众群为“90后”“00后”，借着每期拍摄有代表性、有话题度的明星，自2019年1月至2020年10月，有关《女友》杂志的阅读话题点击量全网超过9000万，杂志成功扭转熟龄印象，“女友”品牌形象焕发更年轻蓬勃的活力。

2. 杂志销量暴涨。通过明星效应，借助新媒体平台传播，在网络预售后，长尾销售依然势头强劲，实现了《女友》杂志每月30万册的发行量。

3. 强化“女友”品牌，拉动“女友融媒体矩阵”全平台流量。带动“女友”品牌旗下各媒体平台的阅读量，尤其是微博阅读量增长明显。据后台数字统计，在杂志网络销售的后两周，微博话题热度持续不减，新媒体相关阅读量同比提升500%。

4. 实现了媒体融合建设和盈利之间的双向循环。《女友》杂志通过网络渠道销售，增加了杂志销量，提升了发行收益，“杂志＋海报”的销售模式，取得了较好的社会效益和经济效益，完成了融媒体时代期刊发行方式的创新尝试。

四、社会反响

《女友》杂志全新的互联网发行模式，强化了新时代网络主流意识形态凝聚力和引领力，助推了公益行动在全民心中落地生根。

（一）传播“爱和美”，在年轻群体中传递正能量

《女友》早在20年前就在进行封面明星拍摄，截至2020年10月，已拍摄超过500位正能量明星、名人。流量与内容共建，向活跃在互联网的年轻人传递偶像正能量，《女友》爱和美的价值观成功渗透进年轻群体。

（二）“女友公益”出圈，吸引更多人参与到公益活动中来

12年前，《女友》杂志终身认养了三只大熊猫。如今，在互联网发行如火如荼之时，《女友》乘势推出全明星公益宣传：在拍摄封面时，请封面明星录制公益宣传片，通过抖音、快手、微信、微博等新媒体平台输出，提升曝光量，号召人们共同加入保护大熊猫的公益行动中去，关爱濒危动物、守卫美丽地球。截至当前，已有50多位明星艺人为公益发声，引发百万名读者参与到“女友公益”活动中来。

（三）荣获“首届陕西媒体融合传播创新案例征集评选活动”创新奖、“2020年度陕西省宣传思想文化创新竞赛”创新项目奖

2020年5月，“《女友》杂志利用互联网做发行”案例，荣获由陕西省传播学会主办的“首届陕西媒体融合传播创新案例征集评选活动”创新奖。

2020年12月，该案例荣获陕西省委宣传部主办的“2020年度全省宣传思想文化创新竞赛”创新项目奖。

五、启示与思考

在舆论生态、媒体格局大变革的当下，《女友》杂志打造“全陕西首创、覆盖全网、互联互通”的发行新模式，实现杂志发行量暴增至每月30万册，22个月累计完成了9000万+的话题阅读点击。在互联网上发出了强劲的主流媒体声音，向广大年轻读者有效输出了有筋骨、有道德、有温度的社会主义核心价值观，取得了社会效益和经济效益的双丰收，为传统媒体向互联网媒体的融合转型发展做出了有益探研。

（陕西女友传媒发展有限公司）

案例类别：产品

读者蜂巢

张涛　赵爱华

一、概述

自2014年以来，读者杂志社新媒体部——北京读者天元文化传播有限公司在新媒体产品建设的道路上，做了诸多探索，读者蜂巢APP是对《读者》杂志资源整合最完整、对用户数据汇聚最完善、对内容产品类型支持最全面、对运营方与用户交互最直接的代表性数字化产品，是《读者》杂志探索媒体融合的典型产品。

二、产品简介

读者蜂巢的建设是依托读者杂志社40年来积累的优质内容资源，利用数字化、信息化技术手段，升级内容资源和信息化管理系统，在制定加工标准和分类体系表的基础上，完成《读者》自创刊以来历年内容资源的数字化加工整理，并对这些资源进行分类标引，所有资源通过资源管理系统进行管理。围绕《读者》杂志的核心内容资源和读者群，建构起“宏内容+微内容”的内容体系，在媒介场与社会场两个领域，通过出版机构专业化生产的“宏内容”和来自社会化媒体平台的“微内容”，建立移动互联网时代的数据资产。构建基于大数据和用户行为分析的“终端+平台+内容+社交”的矩阵式场景应用，涵盖网站、垂直社交阅读类APP、系列微信公众号等的服务形态。以数字内容出版和数字全媒体等形式整合业务资源，打造特色数字出版商业模式，对公司业务进行品牌强化和品牌嫁接，提升衍生产业链的盈利能力。

三、产品组成

（一）读者蜂巢平台矩阵

读者蜂巢的平台矩阵包括：读者蜂巢APP客户端、读者蜂巢WAP端、读者网站。其中，读者蜂巢APP客户端包括iOS客户端和Andriod客户端。《读者》杂志的数字化成果集中展示在这三个具有互联网和移动互联网代表性的平台上，首次向用户提供全部《读者》杂志数字订阅和在线阅读服务。读者蜂巢APP和读者蜂巢WAP端两个平台是读者蜂巢主要的内容载体，承担着移动终端应用的功能。

（二）《读者》杂志内容资源数字化

读者蜂巢完成了《读者》杂志40年共737期杂志资源的数字化，并首次向用户提供在线订阅和阅读服务，完成了《读者》杂志自创刊以来3.83万篇文章，3万余幅插图，3500余幅漫画，600余个专题彩插，3000多幅世界著名摄影、绘画作品的标签分类重排工作。

（三）硬件系统和网络环境系统

根据读者杂志社的实际情况以及公有云发展的完善程度和安全程度，读者蜂巢部署在公有云环境上。既能按需采购灵活配置，也能减少在硬件设备上的投入，还可提升项目的安全性。部署对象包括：读者蜂巢客户端应用程序、CMS内容运营与发布平台、读者蜂巢WAP平台、读者网站、微信小程序。

（四）读者CMS运营与发布系统

读者CMS运营与发布系统能支持读者蜂巢APP、读者蜂巢WAP端、读者树洞小程序、读者网站的运营与管理，经过13次版本升级，稳定运行的版本号为V1.60。CMS运营与发布系统的功能包括内容上传、内容采集、编辑、发布图文音视频内容、审核用户投稿与评论、统计数据、商品管理与销售、广告与营销发布、用户管理等。

CMS运营与发布系统主要从以下三个方面进行日常运营：内容运营、用户运营、活动运营。利用内容标签和用户兴趣标签，通过内容挖掘、内容策划、向不同的用户传递有价值的内容，从而提升产品的价值，提升用户的黏性和活跃用户。活动运营通过优惠券、兑换码、分享赚、会员卡、短信群发、用户等级和用户勋章等营销方法，有效支持运营活动目标的达成。

四、产品核心价值

（一）版权保护

读者蜂巢项目的实施改变了传统的杂志版权销售模式，从源头上实现了版权管理，以接口分发的方式替代传统发放电子文件的方式。通过数字接口分发版权，可有效监控到分发方的版权使用情况，完整地追踪杂志版权路径，更精准地掌握电子杂志的版权分发情况。这对《读者》杂志版权保护是一个本质的提升，为出版传媒机构的转型提供了可借鉴的样本。

（二）营销创新

在营销活动体系的搭建上作出以下创新：兑换码+兑换口令、分享给好友赚读贝、含有独家权益的读者VIP会员卡。

常规的兑换码指生成一批各不相同的数字编码，登录平台进行兑换后发放权益。本项目在此功能的基础上，增加了口令兑换功能，例如后台生成一个口令名称为：祝全体老师教师节快乐，所有输入此统一口令的用户均可享受相应的独家权益。这种灵活的兑换方式，增加了运营的灵活性。

分享给好友赚读贝，指一个用户把商品分享给好友后，此用户可获得相应的虚拟币，此虚拟币具有购买商品的价值。这种方式增加了通过社交获取用户的可能性。

读者VIP会员卡纳入了《读者》杂志的阅读权益，同时有阅读和收听《读者》自制内容的权益，此会员卡可面向B端的用户，也可面向C端的用户。将杂志和自制内容集合为一个权益包，并采用月卡和年卡制，增加了读者订阅的灵活性。

（三）“社群+互动”的运营模式

付费读友圈和免费读友圈的社群模式，使每个用户既可以是内容生产者，也可以是内容消费者。内容创作者与内容消费者之间互动通道的打通，有利于增强用户的黏性，沉淀出优质的用户，从而形成良性的社群发展氛围。这种模式对平台的运营能力有较高的要求，却能有效地解决目前付费用户复购、完成率不高等行业痛点。

（四）用户兴趣与用户画像技术

依托算法等技术分析工具，以“标签”为核心应用，挖掘每一个用户的人口属性、行为属性、社交网络、心理特征、兴趣爱好等数据，构建用户画像体系，多维度获取用户行为数据、交易数据及用户反馈等，实现数据的全面采集，有助于辅助用户运营策略的制定，从而形成一个良性的循环路径。

五、社会效益

1. 立足于读者杂志社的核心特色资源，建设具有特色的分类数据库，实现优质、有效内容的高度聚合，盘活出版资源，提高出版内容资源在数字时代的生产力、传播力和影响力。

2. 通过科技与传统出版资源融合的方式，提升读者传媒的技术应用水平，以实现再造数字出版流程、丰富产品表现形式、推动数字出版产业链的完善的示范作用。

3. 有助于推动整个期刊行业的数字化进程，为西部地区的出版传媒机构的转型提供可以借鉴的样本。

4. 提高生产效率。为内容创作、编辑、审核、运营等各环节的人员提供统一的数字化操作系统，基于结构化内容实现产品的全生命周期管理。

5. 增强服务能力。通过对纸媒、网站、客户端以及微信公众号等平台资源的整合管理，实现跨媒体资源管理，促进企业业务的一体化经营。

六、产品成果

读者蜂巢自2019年3月上线以来，累计注册用户6.6万人，用户访问浏览量超过360万次，总销售量15万单。应用上架至苹果应用市场和国内8大主流移动应用市场。用户注册量、日活量、月活量稳定上升。用户黏性高，评论反馈等用户行为活跃。

除《读者》杂志内容的数字化外，另一个主要建设内容为新媒体时代知识阅读服务和内容的建设。项目团队依托“读者”品牌和北京的资源优势，联络优质作者资源，制作出有“读者”特色的听书、课程、专栏、音频、视频等内容和知识付费类课程、写作训练营业务，为用户带来除杂志内容之外的内容选择，同时增加了公司的营收。

七、总结

读者蜂巢项目的建成是国内第一个《读者》杂志最全订阅平台，也是读者集团最丰富的内容资源平台，以大数据和用户行为分析技术为依托，应用符合移动互联网用户的消费习惯，实现了“读者”品牌价值、丰富的内容资源与信息科技的有效融合，加速读者的科技创新和转型升级。

读者蜂巢是通过技术手段助力传统媒体企业数字化转型的创新产品模式，以内容带动精准社群服务、文化知识服务等，是传统出版企业进行融媒体创新的一个有益尝试，是“读者”品牌在新媒体时代进行技术产品建设的一个创新探索，为“读者”品牌发展和读者的线上业务发展发挥了重要作用。

（张涛：读者杂志社副社长、副总编辑，赵爱华：读者蜂巢项目经理）

读者蜂巢客户端

案例类别：产品

看熊猫全媒体立体传播平台

罗彬 张黎玥

一、项目概述

“看熊猫全媒体立体传播平台”是一个在载体上由传统出版物和新媒体集群构成，在形式上融合了图文报道、移动直播、音频视频，在传播渠道上结合了电子杂志、网站、客户端、微信公众平台，以及其他第三方平台为一体的传播平台。平台充分整合中国大熊猫保护研究中心和成都大熊猫繁育研究基地的熊猫资源，构建可持续发展的大熊猫文化传播体系，源源不断地为用户提供服务。

平台由《看熊猫》杂志（中英文双语）和熊猫主题图书等传统出版物，熊猫音视频、熊猫解说、《看熊猫》电子杂志（多语种、多形态）等新媒体产品，熊猫研学、熊猫文化进社区和校园，熊猫书店等落地活动，以及熊猫文化“走出去”等重要部分构成。

二、项目创新性及服务模式

根据规划，平台主要是打造一个熊猫立体传播平台，由传统媒体与新媒体融合、线上与线下结合的方式，共同传播热爱大熊猫、保护大熊猫的意识及弘扬和平友好的邦交理念、传递健康生态的环保理念、拓展产业共生的文化发展理念。

目前，国内尚未有集合书、刊、短视频、新媒体、线上传播与线下活动为一体的大熊猫文化传播平台。因此，看熊猫全媒体立体传播平台在市场上具有很强的竞争实力。

项目的具体定位及服务模式。

（一）传播“熊猫文化”的权威性平台

《看熊猫》杂志是全球唯一一本中英文双语、以大熊猫为主要报道对象的权威杂志。同时，四川看熊猫杂志有限公司与中国大熊猫保护研究中心、成都大熊猫繁育研究基地为战略合作伙伴；并与动物保护专家、博士张志和，大熊猫研究专家、“熊猫教父”胡锦矗，保护生物学家、中国科学院院士魏辅文，“大熊猫文化全球推广大使”周孟棋等一大批专家、学者友好合作，构建了“熊猫文化智库”，共同为传播“熊猫文化”出谋划策。

平台整合大熊猫权威机构的资源，借助于行业权威专家、学者的智力，通过编辑出版《看熊猫》杂志（中英文双语）和熊猫主题图书（多语种）、“熊猫文化”进校园、进社区等诸多手段，将“看熊猫全媒体立体传播平台”建设成为全球传播“熊猫文化”的权威性平台。

目前熊猫主题图书已出版熊非熊系列图书《忘忧村的黄金盘》《熊猫明历险记》《熊猫王》等，后续多本图书已在策划中。

熊猫文化进校园、熊猫文化进社区系列活动目前是在成都的华阳中和社区、一里塘社区等社区以及大熊猫发现地雅安市的五个区县各选择 1 所学校试点，未来将会在成都各市区进行该项活动，共计将超 100 所学校，在这些学校成立“读者报 & 看熊猫阅读示范基地”，开展图书推介、讲座分享等活动。

（二）“熊猫出版物”策划中心及内容输出平台

整合《看熊猫》杂志的优质内容、新媒体产品中积累的音视频素材，以及从事“熊猫文化”研究和推广的专家、学者、作家、摄影家等多方资源，形成“熊猫文化”庞大的资源库，为文轩在大熊猫主题出版提供优秀资源和策划，力争将平台打造成文轩“熊猫出版物”的策划中心，源源不断地为文轩出版提供服务。

（三）文化“走出去”的重要平台

以《看熊猫》杂志（中英文双语）为纽带，以主题图书、文创产品、文化交流、熊猫灯会、熊猫研学等多种形态，实现熊猫文化“走出去”，共同传播“热爱大熊猫、保护大熊猫”的意识。比如在有大熊猫赠送国的地方，根据不同地区出版不同语种的刊物和举办文化交流活动，在当地广泛传播大熊猫的科普知识和熊猫文化。最终以“熊猫文化”为桥梁，弘扬中国对世界的和平、友好的理念。并以此让平台逐步形成文化贸易、文化交流等跨国交流中心。

（四）最具特色的主题研学平台

“天府三九大，安逸走四川。”“熊猫文化”已经成为四川乃至中国最重要的文化名片。看熊猫公司与“文轩研学”已经携手自主开发了大熊猫主题研学课程，开展了多次“熊猫研学”活动，获得学生及家长的一致好评。

我们拟加强“熊猫研学”的建设力度，与中国大熊猫保护研究中心和成都大熊猫繁育研究基地进行深度合作，在资源上高度聚合，最终形成在全国最具特色、最具权威性的大熊猫主题研学基地，成为研学的示范性项目。

（五）打造熊猫主题文化空间和珍稀动植物阅读天地

“看熊猫”联合成都大熊猫繁育研究基地，共同打造熊猫书屋。大熊猫在保护生物学领域，被定义为旗舰种和伞护种。书店中除了大熊猫相关书籍，还覆盖其他珍稀动植物书籍、影视资料等。书店还将结合 VR、AR 技术，打造虚拟体验空间，让人们能更加深入地了解大熊猫、了解其他动植物，从而更加热爱和保护它们。

（六）形成商业闭环，搭建垂直产业链

大熊猫具有天然的稀缺性，受众具有高度的精准性。平台在资源上具有垄断性和权威性，在产品结构上具有多样性和丰富性，在传播力上具有立体性，在文化活动上具有强有力的可操作性。所以，平台将紧紧围绕“熊猫资源”和“熊猫文化”深耕细作，形成商业闭环，力求实现“产品—产业链—资本市场”的发展路径。

三、项目目标用户群体

根据对“熊猫资源”的盘点和对市场的精准分析，《看熊猫》杂志将“看熊猫全媒体立体传播平台”的主要受众定位为中外大熊猫爱好者。

四、项目亮点

（一）形态多样

看熊猫全媒体立体传播平台是一个集新媒体、传统媒体、线上、线下于一体的综合性媒体集群。随着平台内容的积累和完善，项目衍生的产品，如图书、绘本、动漫、电影等可进行电子出版和发行。同时，项目衍生出了一系列的线下活动，如熊猫研学、熊猫文化进校园、熊猫文化进社区，等等。

（二）内容丰富

从内容本身来讲，关于熊猫的话题一直都是热点，平台既有知识性的《看熊猫》杂志、熊猫出版，又有互动类的熊猫研学、熊猫文化活动，还有熊猫 APP 等。当各项目成熟后，内容将做进一步的扩展，延伸到保护其他濒临物种和生态环境，届时形成全方位的濒危动物保护和健康生态理念的服务平台。

（三）受众广泛

大熊猫性情温顺，具有丰富的情感，不仅因为呆萌可爱的形象受到各国人民的喜爱，其身上体现出来的“熊猫文化”更是被世界广泛接受。

大熊猫讨人喜欢的背后是一连串这样的数字：成都大熊猫繁育研究基地年接待中外游客高达 921 万人次（2019 年数据）。而国外动物园更是因为大熊猫的入住经济效益大幅提升：英国爱丁堡动物园引入大熊猫后，两年之内游客数量增加 400 万人次。由此可见，大熊猫的粉丝不仅囊括了各个年龄阶段人群，更是广泛分布在世界各地。因此，喜爱大熊猫的人群可以直接转化成平台的用户。同时，鉴于人们对大熊猫的喜爱程度，平台的用户转换率及忠诚度都会比较高。

（四）渠道健全

目前，该项目已经拥有比较成熟的传播渠道：音视频传播平台、图书及报刊出版发行。同时，看熊猫公司的母公司新华文轩出版传媒股份有限公司为践行文化“走出去”的国家战略，积极开拓海外传播渠道，这为熊猫文化更好地传播提供了窗口。

（五）团队成熟

整个项目团队的成员，多为“90 后”年轻人，充满活力且具有创新能力。同时，平台广泛借力从事大熊猫科研保护的专家、学者，以及多年来从事大熊猫文化传播方面的专业人士，他们能为项目提供强有力的专业支持。

（罗彬：读者报社社长，张黎玥：读者报社新媒体运营中心副主任）

看熊猫公众号

案例类别：产品

智慧研学 APP——贵州研学旅行综合服务平台

一、项目背景

2016 年，教育部等 11 个部门联合印发了《关于推进中小学生研学旅行的意见》，要求各地积极开发一批育人效果突出的研学旅行活动课程；建设一批具有良好示范带动作用的研学旅行基地；打造一批具有影响力的研学旅行精品线路；建立一套规范管理、责任清晰、多元筹资、保障安全的研学旅行工作机制；探索形成中小学生广泛参与、活动品质持续提升、组织管理规范有序、基础条件保障有力、安全责任落实到位、文化氛围健康向上的研学旅行发展体系。为推动“研学旅行”教育实践活动的广泛开展，积极探索制定中小学生研学旅行工作规程，建立并完善研学旅行服务及基地的准入标准、退出机制和评价体系等，规划建设贵州研学旅行综合服务平台。

二、产品简介

“智慧研学 APP”是为推动研学旅行规范健康发展，由贵州画报期刊传媒集团（贵州新闻图片社）所属《新课程导学》杂志社建设运营的研学旅行综合服务平台。平台遵循“规范管理、注重质量、确保安全”的原则，依托大数据、云计算、区块链、移动互联等信息技术，为教育主管部门、中小学校、企事业单位和第三方服务机构等提供研学旅行基地营地展示、主题线路规划、研学课程研发、研学服务定制、研学导师培训、服务资格审查、研学流程监管、质量考核评价等全流程服务。并致力于推动打造“十大特色主题、百条精品线路、千项产品活动、万人广泛参与”的中小学生社会实践教育服务体系，推动研学旅行活动更加规范、精细、安全和高效地开展。不仅服务于贵州广大中小学生，更是面向全国打造多彩贵州研学品牌，让更多的中小学生通过研学活动了解贵州，为贵州争创全国研学旅行示范区打下坚实基础。

三、平台功能

（一）线上审批

贵州研学旅行综合服务平台将对全省研学旅行的活动规划、计划准备、执行标准、主题内容、课程实施、服务对接、过程监督、安全监管、效果评价等全部实现线上规范管理。每一个参与者均可以通过平台随时了解每次研学活动的主题、课程、行程安排、出行时间、出行目的地。执行方案通过主管部门进行审批报备等相关信息。线上审批可实现研学旅行活动的公开化、透明化，最大限度地提高纵向管理、横向协调的工作效率。

（二）流程监管

通过云端数据和信息管理，为建立科学监管和评价体系提供真实的数据基础和资料来源。研学旅行电子档案资料主要包括工作计划、工作方案、服务单位、研学记录、影像资料、总结材料、教师优秀文稿、学生优秀文稿、学生综合表现记录、研学目的地、人文资料等，这些资料作为学校研学工作的考核内容和学生个体学分考核内容，有利于逐步完善研学活动学分考评体系。

（三）考核评价

研学旅行结束后，出行方在线上对研学基地、研学课程、研学组织、承接单位做出及时评价，评价结果可以通过平台集中展示排名，促进研学旅行各要素不断提高自身服务标准，提升研学服务质量。教育主管部门据此可评选出研学旅行活动表现突出的师生及研学工作成效显著的学校。据此可评选出优质服务单位，所有表彰在平台上展示，便于学校选择更优质的服务单位，也更有利于促进我省研学旅行工作健康有序开展。

四、综合服务

依托大数据、云计算、数字化、移动互联、移动定位等信息技术，打造“互联网 + 基地 + 服务”专业化研学旅行综合服务平台。以研学活动管理创新为导向，以精细化服务为目标，体现“精细、准确、规范、快速”的服务理念，使研学活动的开展更加高效、精细，为研学旅行教育主管单位提供了一个统筹管理和规范研学旅行活动的有力工具。平台针对应用场景的不同，将提供定制化的解决方案，面向研学基地营地、中小学生、教育管理部门，提出系统化路径。

（一）面向中小学生

将通过研学旅行基地、研学旅行课程、研学导师与导游、研学旅行评价、定位导航服务等，进行解决方案制定。

1. 研学旅行基地大数据构建。通过信息服务和商旅服务，建立研学实践教育基地（营地）体系，自身或周边拥有良好的餐饮住宿条件、必备的配套设施，具有独特的研学旅行资源、专业的运营团队、科学的管理制度以及完善的安全保障措施，能够为研学旅行过程中的学生提供良好的学习、实践、生活等活动的场所。

2. 研学旅行课程构建。课程建设、课程规划、课程实施三步走，实现研学旅行课程构建。

（1）课程建设方面。建立小学阶段以乡土乡情研学为主、初中阶段以县情市情研学为主、高中阶段以省情国情研学为主的研学旅行课程体系。将研学旅行、夏令营、冬令营等作为青少年爱国主义和革命传统教育、国情教育的重要载体，纳入中小学生日常德育、美育。

（2）课程规划方面。《教师指导手册》研学旅行线路图、行程安排、教师安全指导方法、学生行为规范及安全须知、教师的指导策略或方法、学生学习单等。

（3）课程实施方面。《学生研学手册》除必要的信息类内容外，最主要的是学习单。包括背景信息、项目目标、项目任务、项目要求、过程记录、反思与评价、拓展阅读等。

3. 研学导师资源构建。通过线下培训认证和线上预约的方式，提供师资方供给的解决方案。线下通过报名笔试、面试、认证、见习考核的方式与线上筛选系统实现信息同步。

4. 研学旅行评价体系构建。将从过程反思评价、作品成果评价、体验探究成果评价三个方面入手，实现全方位、多角度、高效能的专业性评价体系构建。

5. 定位导航服务构建。通过下载手机导览客户端，或租用定制导览终端的模式提供自助研学服务。

（1）通过电信提供的 LBS 服务接口为用户提供定位、导航功能。

（2）提供与 GPS 相结合的报警服务。

（3）提供与定位服务的相关配套的服务，如周边设施搜索。

（4）自动为用户生成最佳的旅游行线路等，并实时记录用户轨迹。

（5）自助播报功能，根据用户所处位置自动播报相关的景点信息。

（二）面向基地营地、面向主管部门

将通过研学门票网上预定、研学实时流控告警、平安研学监控、研学车辆及停车场管理、多媒体查询等方面，进行解决方案的构建。

1. 研学门票网上预订。通过电信宽带、手机短信授权码发送、网上支付进行景点、研学基地和研学主办方、学校用户的串联。

2. 研学实时流控告警。研学旅行的出入口部署客流分析系统，实现对客流的在线统计分析及实时流量告警等服务。

（1）客流分析业务管理平台：负责对前端客流终端的管理和客流相关业务处理；主要由客流分析管理模块、客流数据中心服务、智能客流分析模块（Web 业务报表分析服务）组成。

（2）前端系统：核心设备是具有视频客流分析功能的终端，对前端各个通道口视频进行分析，得到经过通道的双向人流基础数据。

（3）Web 远程访问用户：通过 PC/ 手机实现远程客流统计报表的访问以及对全球眼平台视频的监控。

3. 平安旅游监控系统和研学车辆及停车场管理。通过 IP 网络实现监控中心和 4G 手机的双监控，各种类型的前端监控设备，做到足够的监控软硬件保障，严格防范整个研学旅行过程。车辆管理方面进行主要路段实时监控和车流数量自动统计管理，同时，与公安系统连接，确保车辆安全。

4. 多媒体查询——研学旅行多媒体查询系统。包括但不限于研学旅行三维电子地图的查询、旅游综合查询、游客可进行住宿设施查询、餐饮设施查询、购物设施查询、商务设施查询、娱乐设施查询等。

〔贵州画报期刊传媒集团（贵州新闻图片社），《新课程导学》杂志社〕

智慧研学客户端

案例类别：产品

视阅 APP——出版融媒体综合服务平台

一、项目背景

近年来，以大数据、云计算、物联网、5G、AR/VR、区块链、人工智能等为代表的新一代信息技术日新月异，正引领新一轮的技术革命和产业变革。在新闻出版领域，新技术的创新应用正不断推动行业转型升级和媒体融合向纵深发展，“互联网 + 大数据”正在加速重构新闻出版业的格局、模式和生态。数字经济时代下，出版正由传统以纸媒为主的出版发行方式，向内容数字化生产、跨介质出版的现代化出版经营模式转变。

二、产品简介

视阅 APP 是在中共贵州省委宣传部的支持和指导下，由贵州画报期刊传媒集团（贵州新闻图片社）倾力打造的出版融媒体综合服务平台。平台以“新视野 · 阅多彩”为理念，围绕文化出版提供新闻资讯、书刊订阅、影像摄制、图库定制、版权登记、创意设计、研学旅行、品牌推广等服务。

三、平台系统

（一）融合出版管理系统

1. 出版协同编纂平台。利用大数据、云计算、人工智能等先进技术，打造基于互联网环境的数字化内容生产平台，满足内部编辑、外部作者、合作机构、新媒体读者等不同角色之间跨地域、跨终端的协同工作需求，为作者、编辑提供 SNS 内容社区、即时通信工具、视频会议、网盘等内部交流分享渠道，具备完善的富媒体在线编辑功能，包含公式编辑器。系统特性：采用多任务并行管理模式、可视化工作流引擎、细粒度任务分解机制、基于 XML 的复合文档技术、基于内容分类的体例模板定制、提供稿件批注过程留痕、多维度作者专家能力指标体系及考评机制。

2. 富媒体出版物编辑工具。数字媒体制作工具软件，可同时解决桌面设备和移动端设备上交互式数字富媒体的制作、发布、购买以及阅读等一系列问题，编辑器采用图层的编辑方式，实现复杂的图像和动画效果，并内置个性化素材库，可随时管理和选取素材资源。系统特性：一次制作跨平台发布；无须编程快速掌握；富媒体交互创造精彩无限；丰富的模板让设计随心所欲。

3. 数字出版大数据融合中心。打造聚合、分析、展现出版单位各类数据资产的核心平台，全面支持新媒体所需要的多媒体信息的存储和管理。系统价值：从底层设计上支持多渠道发布，易于集成和扩展；支持按照概念体系智能碎片化内容资源，通过概念图谱分析与学习实现资源的条目化、分类和标注；支持对资源的加密封装，实现资源的版权保护；采用新一代数据管理技术存储非结构化数据；集群容量无限扩展；高性能分布式检索引擎；支持千万级数字内容产品数据。

4. 数字产品版权管理系统。提供规范版权管理和运营过程、保护著作权益、规避侵权风险、有效执行版权战略的信息系统解决方案。集版权资产管理、版权资产运营、版权资产健康检测于一体的版权综合性管理系统。系统特性：自动进行版权健康检测、监测、预警；多维度版权运营信息汇总展示、趋势分析、辅助运营决策；以全媒体内容资源管理为基础的微版权管理。

5. 内容电商平台。实现在线创作投稿、在线阅读、在线销售、社区分享互动、线上线下阅读推广活动等营销全过程的数字内容产品电商服务平台。打破纸媒时代的单向传输，缺乏反馈渠道的难题，在线创作投稿拓宽入口通道，便于管理线上线下活动。系统特性：支持多形态数字内容产品包装；打通数字内容产品发行完整链条，实现读编良性互动；提供跨渠道终端阅读引擎，支持社交分享，阅读行为分析，多分辨率自适应等；提供多样化订阅策略，助力数字内容产品发行营销。

（二）图片资源管理系统

图片资源管理系统（多彩贵州图片云）以《贵州画报》60 多年来所积累的图片资源为基础，联合省级版权登记中心规划打造，主要利用大数据、云计算、区块链等数字技术，建立多彩贵州图片云“1+*N*”系列子云平台，为各级单位、各类企业定制专属图片资源库，对图片资源和档案材料进行智慧化分级分类，实现图片资源的海量储存、原创作品版权的存证登记、数字资产规范管理。并通过共建图库、专题供图、采风活动、书刊出版、展览展示等形式，服务多彩贵州品牌形象的打造和传播。

1. 图库定制。为相关单位企业定制专属图片资源库，建立一套简洁灵活的智能图片管理体系，可以帮助各单位的新媒体传播窗口对品牌文化内容资产有统一的认识与利用，对图片资源的获取和分享、权限管理有更好的体验，能够有效降低管理成本，灵活存储检索图片。

2. 影像摄制。为各单位相关会议活动等提供摄影摄像人员及技术支持，指派专业摄影、摄像师或记者定向服务，为各单位文化建设和宣传提供资源支撑，为专属图片库不断提供优质资源，满足各类文化品牌推广需要。

3. 宣传服务。依托期刊媒体和“视阅”融媒体平台，为各单位相关会议活动等指派专业记者，进行采访报道。在所属杂志和新媒体平台定期刊载合作单位相关专题活动信息，为合作单位品牌宣传提供服务及平台支持。

4. 整理存储。对合作单位现存图片档案进行规划管理，对历史图片资料进行拍摄或扫描，通过校色调整后入库存储，并进行分级分类管理，同时提供影像智能管理平台专用账户，对专属图片库系统进行管理。

（三）新闻采编发布系统

为编辑提供移动采编 APP、基于 LBS 的移动采编可记录投稿的地理位置，进行移动投稿、审稿、签稿、新闻协调、向网站、两微一端发稿等操作。移动采编在稿件投递、采访任务、线索跟踪的基础上，强化了对稿件流程的选择和处理。通过与融媒体平台的接口对接，可方便采编业务人员随时随地进行移动采编的办公，满足数据 PC 端和移动端的同步，延伸采编人员的移动办公方式，可快速促进内容处理采编工作的开展。

1. 数据新闻加工。数据可视化和数据新闻，是一种媒体大数据基础上的全新新闻生产方式，对大量的数据和信息进行分析、处理，运用可视化和叙事化的手段，创作出一种新的新闻报道方式。可视化新闻加工帮助编辑人员对新闻选题进行多维度、多视角、长时间轴、大数据量的新闻内容全方位分析和透视，改变原有的新闻制作模式，提升报社的可视化新闻生产能力。

2. 可视化展现编辑。提供拖拽式数据新闻编辑工具，包括折线图、饼状图、柱状图、地图等的制作加工能力。

3. 数据编辑。数据新闻基于统一的数据格式 JSON 及 XML 数据标准。可视化组件支持统一的 Resful 接口以及 JSON 数据规范。数据编辑提供人工编辑数据和自动连接数据源两种方式，可以导入 CSV 格式的数据文件。数据的编辑可以实时预览效果，预览支持纯 Web 方式可视化展现，不需要安装任何浏览器插件。稿签编辑，可对数据新闻的稿签进行编辑，包括作者、关键字等信息。

4. 数据新闻输出。数据新闻可以导出为 xml 文件、图片文件或 HTML 产品包。输出的数据新闻支持跨浏览器、跨屏、跨端展现。支持将数据新闻发布到网站。制作的数据新闻支持兼容各种主流浏览器以及移动终端浏览器。

5. 图片加工。编辑图片稿时可不调用 PhotoShop 进行在线图片快编：剪裁、旋转、缩放、水印、添加文字等基本编辑功能。快编可以很方便地对指定图片缩放、剪裁、加字、加水印、旋转等常用操作。

6.GIF 动画合成。提供 GIF 动画合成功能，提供制作工具可以将视频转为 GIF 动画、支持将多张静止的图片组合成 GIF 动画。

7. 视频快编。支持视频快编，提供基于视频内容库的 B/S 网页版编辑软件，用户在办公电脑通过浏览器登录直接对素材进行快速剪辑的能力。

8. 动态工作流程配置。针对不同的发布场景的需要，根据不同的稿件类型、不同的发布渠道，定制不同的审核流程，编辑可以自定义审核流程。

9. 多渠道智能发布。针对互联网的发布，提供多渠道发布功能，内容资源的整合统筹，集中发布、一键撤签、按需发布、定时发布、批量发布等多种发布策略，实现内容发布的统一运营支撑。

〔贵州画报期刊传媒集团（贵州新闻图片社）〕

视阅客户端

新闻网站

案例类别：产品

“十二时辰长安秀”大型城市秀活动

“十二时辰长安秀”是首创以5G新技术、新场景创意为依托的24小时不间断城市秀。借助网剧《长安十二时辰》IP原型，基于陕西文化特色和全国市场消费需求，深度融合文旅、脱贫、商业、美食、消费等主题，展示了以西安为核心，辐射陕西全域的众多重要点位，串联起今日西安与古代长安之间的跨时空文化历史连接点。

活动收获全网5.15亿次浏览总量，微博话题“十二时辰长安秀”阅读次数在直播结束当天破2亿。24小时不间断直播中，各地网友刷屏：“应该以最大的视野和角度来滚动连续地播放这么好的立体城市秀”“长知识了！孩子听入迷了”“中国文化博大精深”……

“十二时辰长安秀”不仅是一场文化大秀，更是“文化+电商+城市”的传承与创新。以“十二时辰”的时间维度、“长安”的空间维度、“城市秀”的展示维度，分为“梦回大唐”“乐享西安”“力量长安”三大篇章，突出“文化自信、绿水青山、人间烟火、脱贫攻坚、西迁精神”五大板块，内容设置围绕好物推荐、美食探访、户外音乐等，呈现文化赋能消费的新模式，秀出精彩西安，秀出大美陕西，秀出活力中国。

“十二时辰长安秀”由陕西省委宣传部、陕西省委网信办指导，西安市委宣传部、人民网人民视频、陕西广电融媒体集团、陕文投集团共同主办。

线下，“十二时辰长安秀”在西安大唐不夜城设主直播间，在京东航天直播基地的全息智能直播间设“陕西好物”直播间，在大唐西市设文旅直播间。线上，人民网、京东、抖音、新浪微博、联通手机营业厅、游陕西APP等中省市县300多个媒体和平台联动直播、传播。陕西广电融媒体集团（陕西广播电视台）携287个平台一同参与，其中包括108个县级融媒体客户端、75个市县融媒号，形成了以“县级融媒体中心”为依托的多维立体式传播。

值得一提的是，本次活动启用了全息直播间。在“古韵新演”板块，西时代言人佟丽娅邀请广大网友一起走进七夕全息云歌会。这是全国首档将全息技术与直播相结合的歌会，舞台效果惊艳，以往无法实现的幻境通过全息技术跃然眼前。不同于传统直播，全息技术通过全息投影，将物体立体地呈现在人们眼前，真正实现“裸眼3D”。两个小时里，全息技术加持的沉浸式舞台，充满古风国韵的表演，让网友们身临其境，品味一场震撼的视听盛宴。

一、城市与影视IP深度融合显亮点

在网剧《长安十二时辰》IP原型基础下，结合传统文化内涵与传播的要求，“十二时辰长安秀”有三大亮点：一是以陕西历史文化为核心，以彰显文化自信为主题，巧妙策划了助农活动，与国家乡村振兴发展战略目标相结合，对农产品与旅游资源进行推介；二是全渠道打通，连接线上线下300多个媒体和平台共同参与，形成多维立体式信息传播，以此获得最佳的社会传播效应；三是邀请明星代言，46位明星嘉宾代言十二时辰，与网红联合，线下活动线上直播，在技术加持的基础上，通力传播城市风采。

二、“套环式”传播、递进式融推

“十二时辰长安秀”融合传播呈现“三多”特点：一是多概念融合，“十二时辰长安秀”有深厚的历史背景与文化内涵，串联起今日西安与古代长安之间的跨时空文化历史连接点，通过对其中的文化要素进行解读，打造多元化概念的城市秀；二是多渠道畅通，在多概念融合的基础上，针对不同的模块选择网络平台、购物平台、社交媒体平台、短视频APP等进行活动预热和传播，全矩阵营销使得信息传播更加深而广，以此来提升活动的社会传播效果，使得线下活动举办与线上互动传播更加密切；三是多感官体验，在传统明星和网红参与传播的基础上，创新采用全息技术，打造网络沉浸式表演，使得人们在参与的过程中从平面化的视觉、听觉感受，转

变为高质量立体环绕。每一活动环节层层相扣，传播层层递进。

三、多内容、多轨道、全方位运营

对于大型活动来说，碎片化资源有利于受众分阶段、分时段跟随活动的节奏逐步了解内容信息。多轨道运营的情况下，受众不论从哪个渠道都可获得信息，获得信息数量、内容丰富度增加，在初步了解“十二时辰长安秀”每个时辰不同活动的基础上，可在直播平台观看感兴趣的活动内容。24小时活动举办，吸引不同时段、不同年龄、不同喜好的受众群体参与其中，从而获得更加全面的媒体融合传播效果。不仅如此，多轨道运行可在不同的阶段，与不同的智能技术相结合，实现媒体传播与技术应用的双轨道，在5G技术的应用下，进一步打破了电视、报刊的延时呈现形式，在每个时辰、每个活动内容，打造差异化、特色化的内容产品，以此进一步强化媒体融合创新传播。

四、线上线下跨界破圈

“十二时辰长安秀”活动为线上线下融合探索开了好头。媒体线上传播正在向着数字化、智能化的方向升级，而线下活动也向着互动化、情景化的方式前进。通过加持VR技术、5G技术、大数据技术等，能够更好地打造线上线下一体的融合传播体系。全息直播间的应用，将全息技术与直播相结合，使媒体技术与内容生产实现了深度耦合。“十二时辰长安秀”的探索表明：在技术的影响下，媒体边界不断消融，跨界融合格局正在形成。

（人民网）

十二时辰长安秀官网

案例类别：产品

“我的丰收我的节”70地庆丰收 全媒体联动直播

一、产品介绍

2019年中国农民丰收节重心进一步下沉到县、乡、村，综合考虑农时农事特点、乡村文化代表性、脱贫攻坚和乡村振兴等因素，农业农村部从全国筛选了70个农民参与度高、特色鲜明、代表性强的地方节庆活动，全方位、立体化地展示丰收景象及农民、农村、农业新貌。

人民网提前策划、统筹组织，融合中国电信5G网络技术，克服直播活动地域广、规模大、技术新带来的难题，在全国各地的县、乡、村架设400多个机位，配备5G直播车、5G无人机、VR摄像机等设备。“2019中国农民丰收节”当天，人民网在“全媒体指挥中心”投入150人进行信号播控，对外统一输出直播信号，联动全国200多家媒体和直播平台，以“5G+VR”“5G+无人机”等形态，首次成功实现了庆丰收现场的多形态、立体化、同时段并发式直播。

同时，人民网创新手段多元生成，遵循“全程媒体、全员媒体、全息媒体、全效媒体”的规律，通过短视频、AR报纸、点赞投票活动等对直播内容再加工利用，在境内外平台进行二次传播，进一步扩大了中国农民丰收节的声势和品牌。

二、社会效果

这场覆盖神州大地70个地方喜庆丰收现场的联动直播，吸引了超过1亿人次观看。在迎接中华人民共和国成立70周年之际，展示了全国70个地方富有特色的丰收节庆活动，呈现祖国悠久灿烂的农耕文明、丰富多彩的民族风情、千姿百态的丰收美景，展示中国新农村、新农业、新农民。通过5G技术、“5G+VR”直播、AR技术，人们无论身处何地，都可以欣赏中国的丰收盛景，让记得住的乡愁滋润心田。这场联动直播也成为迎接中华人民共和国成立70周年参与人数最多、范围最广的预热活动之一，为做好重大节庆报道提供了有益的参考和借鉴。

同时，《人民日报》联手《农民日报》《广西日报》《四川日报》等18家中央省市主流报纸，联动推出“同一照片、同一视频”的AR报道，使用人民视频客户端AR扫描报纸上的丰收节图片，即可观看精彩视频。这是中国农民丰收节报道首次运用AR技术，形成了央媒和省市三级报纸的传播矩阵，也是推进全国党媒深度融合发展，创意共享、技术共享、内容共享的有益尝试。

在微博平台上，@人民网、@人民视频、@微博同城共同发起“最美丰收季”话题，联动全国70地120余个微博账号直播庆丰收活动。话题被微博热搜置顶推荐，并登上新时代榜单，累计阅读量超6500万。人民网联动快手共同发起“我为家乡代言”视频征集活动和全国直播庆丰收活动，征集优质短视频产品超过1000部。

除利用国内各大媒体平台进行丰收节报道之外，联手人民网美国、英国、澳大利亚等12家海外分公司，通过Facebook、Twitter、YouTube等海外社交媒体平台，对直播进行广泛传播，向世界展现中国丰收盛况。

农业农村部对宣传效果高度认可，认为本次直播创新了农业农村工作的报道模式，将为三农工作的信息化传播开启新篇章。天津、吉林、黑龙江、陕西等多省市点赞人民网的直播新模式，要求当地宣传部门迅速组织全网再分发当地直播内容。

三、突出亮点

1. 立意角度巧、议题设置好、传播声势大，创造了5G时代三农报道的新模式，并且充分利用直播成果，与纸媒进行AR联动报道，制作各类短视频在境内外平台推送，形成跨平台、跨地域、跨媒体的传播体系，有力有效地配合了庆祝中华人民共和国成立70周年的主题，营造了喜庆气氛。

2. 地域广、规模大、技术新、融合深，是自2019年6月6日我国发布5G商用牌照后，首次运用5G技术实现全国范围的多点并发式联动直播，拓展了5G技术在“全程媒体、全员媒体、全息媒体、全效媒体”上新的应用场景。

3. 充分运用媒体融合的平台化思维和“中央厨房”的核心理念，人民网优化了直播内容生产、聚合、分发的智能化平台，统筹传统媒体与新媒体、中央媒体与地方媒体、主流媒体与商业平台，以流程优化推动内容产出，以技术应用驱动报道影响力，从内容生产机制上对媒体深度融合发展进行了突破性的探索，具有重要的样本意义。

（人民网）

“我的丰收我的节”专题

案例类别：产品

人民网内容风控业务

2019年1月25日，中共中央政治局就全媒体时代和媒体融合发展举行第十二次集体学习。习近平总书记指出，要从维护国家政治安全、文化安全、意识形态安全的高度，加强网络内容建设，使全媒体传播在法治轨道上运行。

2020年6月30日，中央全面深化改革委员会第十四次会议召开。会议审议通过了《关于加快推进媒体深度融合发展的指导意见》（以下简称《意见》），指出推动传统媒体和新兴媒体加快融合步伐，尽快建成一批具有强大影响力和竞争力的新型主流媒体，建立以内容建设为根本、先进技术为支撑、创新管理为保障的全媒体传播体系。

人民网信息技术有限公司依托人民网厚植的政治基础和雄厚的品牌实力，面向社会开展内容风控业务，致力于为业界搭建“共商、共建、共享、共赢”的内容风险管理平台，提高对各种形态海量内容的审核能力，同时开展从业人员培训，以开放的姿态输出风控能力，与各网络主体共同维护网络信息内容安全。公司认真贯彻媒体深度融合发展要求，在业务的发展过程中实现“三大融合”即传统媒体基因与新技术融合、跨领域融合、事业发展与产业发展融合。

一、传统媒体基因与新技术融合，打造“人机协作”内容风控模式

按照《意见》提出的“把党的优良传统和新技术新手段结合起来”“要以先进技术引领驱动融合发展，用好5G、大数据、云计算、物联网、区块链、人工智能等信息技术革命成果”等要求，人民网内容风控业务以人工判断能力定义审核底线，以机器智能水平反映审核工作效率，打造“人机协作”发展模式。

（一）人工经验是内容风控业务的核心

人民网自 2012 年起开展内容风控业务。在审核方面，机制上形成统一标准、统一规范、统一系统，产品服务类别已拓展至全媒体、全品类，包括文字、图片、音乐、动漫、音频、视频、游戏、论坛、公众号、小程序等，并支持产品风控、运营风控、审核系统风控等业务服务，协助客户对疑难内容进行把关，从源头上厘清问题，将风险内容细化为量化指标。多次协助政府部门进行互联网舆情监控，并在全国“两会”、党的十九大、中美贸易摩擦、中华人民共和国成立 70 周年等重要时间节点提供专业的巡查支撑。2019 年，共研判审核信息近 1.5 亿条，下架驳回有害信息 10 万余条，有效帮助各互联网主体化解内容风险，保障运营安全。

在培训方面，自 2019 年 6 月起，人民网信息技术有限公司着力开拓互联网内容风控培训业务，致力于“帮助新媒体读政策，帮助新媒体人读懂世道人心”，至今已开展 8 场社会培训和数十场业务交流培训，并且是国内首家面向社会发放《互联网内容风控培训合格证书》的机构。

在标准方面，人民网信息技术有限公司正致力于从实践中总结经验，与各大互联网企业共同研究制定互联网内容风控的行业标准，包括信息发布平台内容安全等级划分及评测细则，并逐步对标准进行迭代，成为具有可操作性的行业自律性指引。制定符合市场规律的各种信息发布安全等级和规范，为企业提供内容安全测评和等级评估，对相关问题提供完善的解决方案。

在人才培养方面，公司着力建立符合新时期的内部人才培养标准和激励措施，打造敢于创新、能够适应互联网内容风控环境变化的优质队伍，形成“专职核心团队＋灵活就业型后备团队”的完整人才体系。第一，建设核心团队，加大对风控政策、产品、后台系统、审核策略的深度研究。第二，探索“灵活工作型”人才储备体系，挖掘、聘用内容领域相关行业退休专家、共享人才。

（二）新技术是重要辅助手段

人民网信息技术有限公司与中科院自动化所开展深度合作，利用人工智能技术赋能风控业务，专注“AI+ 风控”技术研发，建设“内容风控大脑”，提供各种场景下视频、音频、图像、文本等多模态内容的语义理解、场景识别、目标检索等服务。

“内容风控大脑”包含智能计算平台（系统）、数据标注中心（数据）以及服务应用三个部分。其中，智能计算平台（系统）下设全网全媒体高通量数据的采集和感知、多源异构数据的可信存储和共享、人工智能核心计算引擎、全媒体数据的深度挖掘四个核心技术子平台；服务应用包括内容安全服务、内容监测及版权服务、内容情报挖掘服务、内容安全内控服务、内容安全测评服务及内容审核服务。

目前，平台已完成了初步版本的建设，初期系统已经在网信、公安等单位投入使用，未来还将面向社会开放，覆盖安防、教育、工业、医疗等多个场景和行业。同时，借助人民日报社传播内容认知国家重点实验室的科研力量，公司正开展内容智能审核和风控评级研究，计划形成具有国际影响力的系统性原创成果，促进行业融合发展。

二、实现跨领域融合，探索“内容风控＋枫桥经验”新型合作

按照《意见》提出的“要走好全媒体时代群众路线，坚持以人民为中心的工作导向，坚持贴近群众服务群众，创新实践党的群众路线”的要求，自 2020 年 7 月起，人民网信息技术有限公司与山东济南网安实地对接，探索“内容风控＋枫桥经验”结合发展的新型合作模式，开展 3 个月的试点合作。

试点合作中，双方共同筹建了山东省首家“枫桥式网警工作站”，深化以大数据智慧化应用为核心的新警务建设，能够及时发现社区网民的敏感信息、负面言论、案件事件和邻里纠纷，进而化解矛盾。2020 年 9 月 11 日晚 8 时许，人民网内容风控平台推送了一条可疑视频，济南网警迅速行动，第一时间落地查人，将线索推送至分局网警大队和派出所核查，发现某小区一名 4 岁男童被陌生女子抱走，短短 40 分钟迅速破案，抓获犯罪嫌疑人，避免了一起家庭悲剧。

同时，双方成立“工作专班”，创新建立警企定期联席会议机制，研究解决涉网络安全和有害信息封控的工作难点问题。试点期间，人民网信息技术有限公司多次受济南市网警邀请，参与济南网络安全宣传和防护活动，为济南市高新区互联网企业提供内容风控培训。截至目前，已为 300 余家企业提供培训服务，受到互联网企业的高度评价，参训企业代表纷纷表示培训内容以前从未接触过，更没想到网上不良信息隐藏得那么深，以后要多听培训才能更好地在网上与不法行为斗智斗勇。

三、实现事业发展与产业发展融合，探寻主流媒体发展新路径

主流媒体搭建内容审核与安全管理平台，提高对全媒体内容导向的把关能力，既是提高全媒体传播管理科学化水平的事业要求，也是媒体谋求全媒体时代通过提供社会化服务找到发展新路的产业需求。内容风控是加强意识形态管理的一项事业，也完全可以形成产业，成为党媒的经济增长点甚至是增长极。

按照《意见》提出的“要发挥市场机制作用，增强主流媒体的市场竞争意识和能力，探索建立‘新闻＋政务服务商务’的运营模式，创新媒体投融资政策，增强自我造血机能”的要求，人民网内容风控业务发展兼顾“事业发展与产业发展”，兼顾“社会效益与经济效益”。

业务开展期间，累计服务了中央网信办、济南网安等多个政府部门，以及腾讯视频、蚂蚁金服、喜马拉雅、小红书等约40家互联网企业。2020年，政府和企业客户总量较2016年增长了4倍。

社会效益方面，人民网内容风控业务为国家意识形态管理作出了突出贡献，切实帮助各大企业做好内容审核和安全巡查，以意识形态建设为基础，不断强化企业内容安全防护能力，树立正确的网络安全观，进一步为经济社会发展提供保障，为互联网的长效稳定筑起了钢铁的长城。

经济效益方面，业务成功建立起良性的“新闻＋政务服务商务”运营模式。据最新财务数据显示，2019年人民网信息技术有限公司实现利税超过1亿元。通过技术手段，极大地提升了工作效果，取得社会效益、经济效益双丰收。

（人民网信息技术有限公司）

案例类别：组织机构

人民视频

作为推进媒体深度融合发展，构建人民日报社全媒体格局的重要举措，人民网与腾讯、歌华有线、北广文资歌华四方共同推出移动可视化平台——人民视频，打造中央级视听内容制作、集成和发布的全流程一体化生产平台，推动各种媒介资源、生产要素有效整合，构建全媒体传播格局。

人民视频客户端面向5G时代的全新内容生态，在内容方面，提供丰富多元的视听产品，涵盖资讯、互动直播、短视频、纪录片、发布会等各类形态；在产业方面，加强与政府、企业联动，积极推进“内容＋政务服务”的运营模式，打通央地联动的传播体系；在技术方面，布局VR、AR、虚拟数字人等前沿技术领域，实现跨媒介融合。同时面向广大用户征集贴近生活的视频作品，将优质内容聚合、加工，通过一键分发系统推送各大平台和终端。通过不断的探索和实践，大大提升了融媒体中心的内容建设能力和传播力。

一、多样内容产出

（一）新型网络直播节目的融媒机制

在2020年初抗击新冠肺炎疫情斗争中，人民网人民视频与各地媒体、区县级融媒体中心通过节目连接，共建共享节目平台。1月24日发起国内第一档以疫情防控为主题的网络直播节目《人民战“疫”》，65场特别直播节目，联动直播平台300多家，超过8亿观看量，单期最高播放量2000万，为打赢疫情防控阻击战提供了有力舆论支持。

第一，全国75家媒体、区县级融媒体中心记者参与出镜连线，大纵深真实呈现全国各地疫情防控情况，《人民战“疫”》由此成为全国疫情防控资讯的可视化网络直播平台。第二，全国251家媒体、县级融媒体中心和商业平台通过人民网提供的统一信号，将《人民战“疫”》特别直播节目在本地平台进行直播，让本地群众了解全国各地疫情防控措施，提高个人防护意识和公共卫生安全意识，实现了双向共享互动，为疫情防控阻击战提供了有力的舆论支持。全国媒体和区县级融媒体中心实现大联动，各地新媒体记者纷纷在《人民战“疫”》直播中出镜，生动实践了“你中有我，我中有你”的融媒发展理念。

在疫情深刻影响全球的背景下，在加快形成以国内大循环为主体、国内国际双循环相互促进的新发展格局中，以5G新技术、新场景创意“十二时辰长安秀”，首创24小时不间断城市秀，向世界展示中国文化自信和消费自信。“十二时辰长安秀”借助网剧《长安十二时辰》IP原型，基于陕西文化特色和全国市场消费需求，深度融合文旅、脱贫、商业、美食、消费等主题，展示了以西安为核心，辐射陕西全域的众多重要点位，串联起今日西安与古代长安之间的跨时空文化历史连接点。300多家媒体和平台共同参与，46位明星嘉宾代言“十二时辰”，社交媒体平台用户参与度高达9亿人次，话题浏览量超2亿，为后续此类形式节目的推广复制提供了模板。

（二）IP化内容运营

2019年2月，人民视频、《人民日报》（海外版）联合出品6集系列纪录片《吟唱之美》。纪录片通过讲述富于中国特色的声音艺术及其背后的人物故事，反映中国数千年以来的文化价值观、道德观与审美观，折射改革开放以来中国声音艺术的传承与创新。纪录片推出后，引发网友热议，更有不少网友、戏迷，从人民网下载本片后，上传到B站、百度贴吧等平台，成为传播推广本片的“自来水”，整体覆盖人数高达1.5亿。

网络纪录片《走出果洛》讲述了藏族同胞索知合带着果洛藏族手工艺文化产品走出果洛，寻求非遗创新与发展，带领藏汉同胞借助“非遗”脱贫致富的故事，反映了党中央对少数民族地区非物质文化遗产传承的高度重视和关注。纪录片荣获国家广播电视总局2019年度优秀网络视听作品推选活动扶持项目“年度优秀网络纪录片”。

2020年8月，人民视频推出原创人物纪实微访谈栏目《科学星图》，讲述中国科学家的故事。通过视频讲述他们光环背后的生活，倾听他们超前的科学理念，播出后总观看量超过3000万。

2020年10月，人民视频制作出品《夜归人》第二季，坚守“找准选题、讲好故事、拍出精品”这一准则，讲述人们从疫情非常态的生活回归常态的故事，呈现出夜归的人生百态，总曝光量1.2亿，在微博、知乎都引发热议，阅读讨论量超过1.4亿。

此外，人民视频与山东省粮食局携手打造了齐鲁粮油动漫短片，通过塑造齐鲁粮油的卡通IP形象“齐麦麦、鲁果果”，以轻松诙谐的表达方式传递粮油科普知识，助推“动画IP+粮食产业”的深度融合，也取得良好的效果。

二、融媒体时代UGC内容运营

人民拍客是人民网人民视频打造的一支以传播正能量为主的拍客队伍，自2014年创立以来，秉持人民网“权威 实力 源自人民”的宗旨，坚持“从群众中来，到群众中去”的理念，肩负营造良好舆论环境、凝聚社会发展力量的责任，逐步成长为一支有影响力的队伍。经过6年的发展，人民拍客的足迹已遍布全国31个省（自治区、直辖市），其中来自山东、江苏、山西、浙江四个省份的拍客数量最多。截至目前，共发展50余万名人民拍客开号入驻。

在内容运营层面，结合重要时间节点策划发起征集和评选活动，将征集到的优质内容，通过人民视频客户端以及其他新媒体渠道进行全面推广，并多次取得良好的传播效果。例如，“人民拍客看崂山”荣获第三届IAI国际旅游奖；“人民拍客@2019”走进西安，来自铁路、公安、消防、媒体等领域的优秀机构及个人被推选为2019年度十佳拍客等。

三、技术赋能“内容+政务服务”

（一）人民现场：短视频+政务发布+互联网运营

“人民现场”是人民视频推出的政务短视频MCN，让受众第一时间看到政务短视频资讯。人民视频与外交部、国资委、农业农村部、公安部、应急管理部在短视频与直播领域开展深入合作，生产了一系列爆款短视频产品。“人民现场”获评“2019年度中国融媒体创新产品”。

（二）AI政务：移动化、可视化、智能化升级

人民视频与青岛市城阳区共建融媒体视听工作室“阳光房”，这是国内首个基于政务公开建设的融媒体视听工作室。工作室启用“AI公务员”，以短视频的形式，向群众解答政务办事流程，让政务公开更加便捷、生动和亲切。“阳光房”打通了人民视频与城阳融媒内容生态的渠道，实现央地互动的传播体系，顺应了5G时代移动化、可视化的发展大势，让广大群众足不出户，就能了解办事流程、反映问题诉求，架起了党委政府和群众双向互动的“网上连心桥”，是共商共建共治共享的社会治理新平台。

（三）区域融媒：共享资源形成传播合力

人民视频与青岛高新区共建融媒体中心，从内容、技术、管理、培训四个维度探索央地互动的区县级融媒体中心建设，双方实现平台打通、资源共享。人民视频发挥“上接天线、下接地气”的平台优势，从顶层设计、团队建设、策划创意、爆款打造、培训实训、媒体资源等多个方面入手，让青岛高新区融媒体中心“脱胎换骨”。目前，该项目进展顺利，正在树立起央、地垂直交互的县域媒体融合的合作标杆。

（四）5G+VR：提升全媒体时代影响力

2020年全国“两会”期间，人民视频线上节目《“两会”云客厅》利用5G低延迟、高画质、强互动的技术优势搭建起虚拟演播厅，10期节目邀请38位嘉宾“一键入厅”、云上对话，结合两会VR展馆，受众可以零距离感受两会。

2020全国科技活动周期间，人民视频助力打造“永不落幕的科技周”，统筹了传统媒体与新媒体、中央媒体与地方媒体、主流媒体与商业平台的资源，打造全国科技活动周全媒体传播矩阵。首次推出VR线上科技云展厅，借助5G网络的迅猛发展，通过VR、Web 3D等先进技术，公众足不出户、借助任意显示设备平台就能线上参观科技展览；利用“5G+8K+千兆”专线，在开幕式现场搭建自有直播系统，实时提供高清直播信号，实现了低时延、高速率的多地实时多屏对话。

（人民视听科技有限公司）

人民视频客户端

案例类别：产品

人民拍客

人民拍客是人民网打造的一支以传播正能量为主的拍客队伍，自2014年以来，秉持人民网“权威 实力 源自人民”的宗旨，坚持“从群众中来，到群众中去”的理念，肩负营造良好舆论环境、凝聚社会发展力量的责任，逐步成长为一支有影响力的队伍。

经过多年的发展，人民拍客规模已发展到50余万人，拍客足迹已遍布全国31个省（自治区、直辖市）。人民拍客平台也成为以短视频为核心、集聚合分发为一体的短视频互动社区。

一、技术赋能，打造“UGC+PGC+PUGC+MCN”的深度融合新平台

通过技术赋能，人民拍客已实现了多垂类运营和多元化发展，目前已形成专业拍客、学生拍客、企业拍客、媒体拍客、政务拍客等多群体、多层次矩阵。

一是内容生产辅助。通过热点发现与追踪平台、舆情监测和分析系统，实现新闻线索追踪，实时热点分析，全网舆情监测。二是传播效果分析。通过传播效果分析系统，实现传播影响力分析，渠道传播情况，地域传播情况，传播特征分析和比较，作品版权追踪。三是内容运营分析。通过运营分析平台，实现流量分析，内容分析，用户分析，来源分析，主题运营报告，新媒体运营分析。

二、大事件、大活动，拍客融合创造内容价值

人民拍客是人民网针对重大主题、重要事件、重要节点以及重点工作，策划创意完成视频拍摄，生产多种类型视听产品的重要新媒体矩阵资源。

2020年初，面对突如其来的新冠肺炎疫情，人民网打出了“疫情就是命令，直播就是新闻”的5G直播节目《人民战“疫”》。节目联动75家媒体拍客深入医院、社区、交通要道等防控一线，直播视频连线地点遍及湖北、湖南、江西、广东、浙江、福建、河南、青海、河北、吉林、陕西、内蒙古、北京、天津等20多个省（自治区、直辖市）。

在全民战“疫”的大背景下，武汉、黄冈、鄂州等重点地区医院医生也成为人民拍客的一员，《人民战“疫”》通过与这些医生拍客的视频连线，让人们了解真实情况，展现医护人员的真实工作场景，为物资缺乏的医院发布求援信息，及时反馈基层呼声，为群众提供帮助，传达真实、科学的防疫信息，澄清网络谣言。

2020年1月至3月，人民网启动人民战“疫”短视频征集和评选活动，联动4000余位拍客参与，共征集到短视频17104条，从新闻热点、人物故事、科普辟谣、文艺创作等角度，全方位展示全国乃至全球的抗疫故事。通过筛选，其中150条作品进入专题展播，60条获奖作品在学习强国、中国教育台、梨视频、快手等渠道重点推广，引起强烈反响，大大提升了人民拍客的社会影响力。

三、第一时间、第一现场，人民拍客深入生活

人民拍客深入生活、反应快速，为人民网提供了最具时效的新鲜内容和最富生命力的真实选题。在2019年“利奇马台风”“长宁地震”发生时，人民网联动整合个人、媒体和政务三大拍客资源，第一时间报道灾情和救援进展，第一时间辟谣，让最真实准确、最权威可靠的信息得到最大范围的传播。2019年7月，人民网人民视频客户端编辑在拍客上传作品中发现新中国第一代海军老兵吴禄忠的故事，随即联系北部战区海军某部和武汉市有关部门，共同开启帮助老人登舰圆梦的行动，并制作《老兵，请登舰》短视频，全网播放量超2000万。

人民视频广泛开展各类短视频征集活动，盘活拍客资源，调动拍客积极性，一方面丰富了客户端的视频内容，另一方面也丰富了广大人民群众的文化生活。

2020年开展的《遇见我的大学》《全民悦读》《寻找“粽子节”制作人》《我为“光盘”代言》《我和我的“蓝朋友”》等短视频征集活动，调动了数万拍客的积极参与，集纳优质视频几十万条。尤其是一些专项、专题征集活动获得了大学生拍客、消防拍客、公安拍客等垂类拍客的广泛参与。

四、品牌活动，线上线下互动联动

2019年12月，“人民拍客@2019西安行”活动组织全国各地近百名机构和个人拍客，在西安著名景点和

政务、公益服务等场所进行拍摄，制作短视频200余条。在分享会上，来自各著名媒体机构的几位专家老师分别就《5G时代如何创作优秀短视频》《避开自媒体制作的那些坑》话题进行分享。来自铁路、公安、消防、媒体等领域60个优秀机构及个人被推选为2019年度十佳拍客。“实拍+分享+总结”的品牌活动，受到拍客群体的极大欢迎。

人民网利用技术优势、资源优势，打造了人民拍客队伍，已成为当今融媒体生产中的一支重要力量。人民拍客也伴随着短视频、直播行业的发展，成为新时代互联网生活的记录者、体验者、推动者。

（人民视听科技有限公司）

案例类别：产品

《卫星知识局》：卫星遥感技术与媒体报道的创新融合

李晓云 郭建伟 祁丽君

从2019年开始，新华网推出卫星新闻产品《卫星知识局》，在国内媒体中率先将卫星遥感技术与媒体报道相融合，创新出一系列卫星影像和遥感大数据的使用场景和产品，在自然灾害、生态治理、科学考察、重大工程、城市建设等方面探索出多种卫星遥感技术的应用方式，创造出全新的报道形态。

一、视角新颖独特，独到运用卫星视角俯瞰时事热点和重大工程项目

中国大地幅员辽阔、地貌丰富，这些宏观的景象，往往要从卫星和航拍视角，才能发现其不可思议之处。本栏目通过独特的视角，紧随时事热点带你“俯瞰”脚下这片神奇而美丽的土地，调用多颗国内外高精卫星，运用定制化手段进行拍摄，并且运用时序卫星图见证重大工程的拔地而起变化，通过融媒手段展示热点事件背后的知识点。

党的十八大以来，习近平总书记通过作出重要指示批示等方式，一如既往关注三明发展，牵挂着三明人民。新华网思客创新视角推出卫星新闻《卫星告诉你，三明凭什么被称为“宝藏城市”？》，通过卫星影像及遥感分析，带你领略这座名副其实的魅力之城。该策划内容翔实、章节明了，通过“八山一水一分田”“风展红旗如画”“青山绿水是无价之宝”三个章节表明这座城市的地理特点、红色气质以及践行绿水青山的理念实践，条理清晰、逻辑鲜明。第一章节“八山一水一分田”，通过三明市地形示意图及地形数据，领略闽中、闽西北地区、武夷山脉与戴云山脉之间的山水城市，在地形趋势与山水比例中，感受“水缠绕着山，山阻挡着水，山水相遇”的独特景观，以及“北有周口店，南有万寿岩”的中华古老文明记忆。第二章节“风展红旗如画”，从中央红军长征的四个出发地之一——宁化出发，盘点这片红土地上的重点革命史迹分布，中央苏区的核心区、中央红军长征的出发地、红旗不倒的革命根据地、伟人革命的重要实践地，一个个红色故事，就是一段段厚重的历史，红色基因在这片土地上代代相传。第三章节“青山绿水是无价之宝”，追溯时任福建省委副书记的习近平在三明市将乐县常口村调研时提出的“青山绿水是无价之宝，山区要画好‘山水画’，做好山水田文章”理念，通过卫星遥感技术展现这块“中国绿都”绿色发展理念以及高质量发展成效。青山、绿水、红土地，策划通过遥感卫星分析、卫星影像展现、无人机航拍等新型技术展现这片土地践行“绿水青山就是金山银山”的实践以及蜕变，让网民如同置身在绿色森林之中感受这座城市的气息。

2020年11月14日上午，中共中央总书记、国家主席、中央军委主席习近平在江苏省南京市主持召开全面推动长江经济带发展座谈会并发表重要讲话。习近平总书记强调，要全面把握新发展阶段的新任务新要求，坚定不移贯彻新发展理念、构建新发展格局，把保护生态环境摆在更加突出的位置，推动长江经济带经济社会高质量发展、可持续发展。新华网思客紧随热点，创新视角推出卫星新闻《卫星告诉你，长江经济带是个什么“带”》，通过卫星影像及数据分析，带你领略这条跨越中国东西的腾飞巨龙。该策划内容翔实，章节明了，通过“中国大地上的‘金腰带’”“巨大引擎‘经济带’”“一江清水‘生态带’”三个章节出发，条理清晰，逻辑鲜明。第一章节通过长江干流、流经区域等基本知识点出发，在介绍中国地理现状的同时带出长江的概况，以及引出由长江而形成的长江经济带，通过一系列地理知识和数据分析，讲明这条腹地辽阔的长江经济带。第二章节由地理知识上升到城市带，聚焦长江流域的一串城市明珠。

从“长江三角洲城市群”到“长江中游城市群”“黔中城市群”“成渝城市群”“滇中城市群”，依托这条“黄金水道”，三个城市圈区域经济发展将呈乘数级提升。第三章节由城市发展转移到生态建设，通过卫星实景展现了“共抓大保护，不搞大开发”理念下的长江沿线生态建设，深刻践行了“走出一条生态优先、绿色发展的新路子，为长江经济带高质量发展、可持续发展提供有力支撑”的发展理念。该策划融合创新理念，是篇具有创意的融媒产品。文章通过卫星新闻、Magic视频、无人机航拍等新形式、新手段，增强报道现场感和画面感。在新媒体报道中具有创新意识，多角度、新视角展现了长江经济带经济发展过程及生态修复过程。

二、紧追时政热点，重大社会热点事件不缺席

在新冠肺炎疫情初期，武汉这座拥有千万级别人口的城市戛然“静止”。疫情之下，这座城市发生了什么？新华网思客独家联合中国资源卫星应用中心、长光卫星进行“定制化”卫星遥感拍摄，推出《“动”“静”之间，感受武汉的英雄气质丨卫星知识局》，对比离汉通道关闭前后的城市变化，聚焦武昌火车站、武汉长江大桥、汉阳老城区等地，通过以往街道的“静”与火神山、雷神山、方舱医院的“动”做对比，在动静之间体会武汉为什么是一座英雄的城市。该作品利用卫星影像，生动展示了疫情前后武汉城市的变化，在一动一静对比之间，体会这座城市抗击疫情的坚定信心和斗志，感受这座城市的英雄气质。该作品在新华社客户端、新华社微信、新华网客户端、新华网微信、思客平台等各端口展示，并被澎湃新闻、腾讯网、搜狐网、大河网、东方网等超过100家媒体转载，阅读量超过1000万，网民留言500多条，有网民称：“期待春暖花开，热干面加油！”“每个人，都是城市的英雄！”该作品被网民一致认为是用卫星看疫情中武汉的佳作，在卫星图中看到了武汉城市的动静之变，感受到了抗击疫情的坚决信心。

2020年南方汛期期间，新华网思客知识中心根据汛情最新动态，策划推出“卫星地图看汛情”系列报道，跟随汛情进展，用卫星视角跨越中国南北大江大河的汛情情况及防汛工程。截至8月中旬，该系列策划已推出《卫星地图看洪灾：“告急”的鄱阳湖发生了什么？》《卫星带你看，是什么守卫着长江？》《卫星带你看，是什么守护淮河安澜？》《卫星带你看，如何守护好“排水难”的太湖？》《卫星带你看，黄河那些治水防洪工程》等7篇“卫星看汛情”报道，通过气象雷达卫星、高分卫星等影像资料，聚焦长江流域、淮河流域、黄河流域等地的汛情发展，运用地理地图信息以及江湖关系分析鄱阳湖、太湖等具有代表性的易涝地区，并以太空视角俯瞰三峡工程、小浪底工程等我国主要水系之上的防汛工程，看它们如何在汛期到来时为人民筑起一道道安全防线，抵御“洪水猛兽”。该系列策划播发后，在学习强国、新华社客户端、法新社、新华网客户端、新华网微信等各端口展示，超300家媒体转载，总阅读量超过2000万，在各平台均获得网民一致点赞好评，在汛情期间起到较好的汛情信息及时公布、防汛安全知识讲解、重大工程认知等宣传引导效果。

运用卫星影像、遥感分析、地理地图处理等方式，追踪突发热点、聚焦城市演变、发现自然生态演变。自《卫星知识局》开栏以来，多篇稿件获得中央网信办全网置顶推荐，整体阅读量已达到30亿，已成为卫星遥感数据在新闻报道中的创新案例。

（李晓云：新华网思客知识中心常务副总监，郭建伟：新华网思客知识中心创意策划室主任，祁丽君：新华网思客知识中心编辑）

案例类别：产品

新华网《思客数理话》富媒体升级项目

《思客数理话》是新华网重点打造的大数据可视化栏目，已播发稿件百余篇，稿件有数据、有分析、有新意，冰冷的数字做成有温度的新闻，且帮助受众从数字中看到事实、亮点和趋势，展现了新华社记者敏锐的新闻敏感性和把握大格局大方向的能力。2020年，《思客数理话》栏目进行富媒体升级，截至目前共推出《3754篇新闻报道里看武汉的春天》《这832个点，透露“战贫之路”上的艰辛与奋斗》《Z世代就业观大揭秘：他们更看重什么？》《解读神舟十二号的6、5、4、3、2、1》《哇，百万亿！“挖”，新天地！》等150多期贴近热点、有数据有分析的产品以及《大河奔流——黄河流域生态保护和高质量发展》大型系列智库富媒体产品，获得受众

积极评价。

一、以大数据为抓手，挖掘数据背后的本质

该栏目围绕重大主题、时事热点积极发声。一方面，针对复杂多变的网上舆论，利用丰厚、安全、可追溯的舆情大数据资源，围绕疫情防控、假期出行、就业、教育等网民关注的民生话题，以及金钱豹外逃、马拉松遇难事件等舆情热点，第一时间推出数据分析，做到既不失语又不误语，在众说纷纭中积极引导社会舆论，扩大主流价值影响力版图。另一方面，深度挖掘新华睿思数据云图分析平台、思客调查、媒体大脑等自有平台的数据内容，并结合统计数据、行业报告等专业数据，在纷繁复杂的数据池中，厘清事件背后的原因与本质，使数据更直观，使结果更具说服力。如《“一降一增”！2021年的春运客流有什么特点？》，通过对春运车票预订量、新冠肺炎防控情况、全国高速公路拥堵趋势预测、网民对于春节返乡态度等多个数据的分析发现，2021年春运因为新冠肺炎疫情和就地过年倡议，客流在短途和长途呈现“一降一增”的态势。《两头热、躺吃旅行、音乐节破圈……花样翻新的“五一”假期》通过行业数据、出行数据、调查数据等分析了常态化疫情防控下，“五一”假期，人们压抑已久的出游、消费热情被点燃。产品首先从旅游年龄段“两头热”，“00后”涨超570%切入，通过“五一”假期全国接待国内游客人数、国内旅游收入及恢复情况、交通旅客发送量等数据，印证了这个“五一”假期出现“补偿式旅游”的新趋势。随后，产品通过大数据分析及调查问卷结果反馈，分析受访者出行意愿、假日期间的出游特征等，精准描绘“五一”假期旅游景点的热度情况。数据分析可以看出，出境游转“内需”，去“人少的地方”成为新趋势，文化旅游热度不减，红色、夜色备受青睐。同时，产品展现了对经济复苏和疫情防控的满满信心，更让世界看到中国经济的强大复苏活力和光明前景。

二、以“小切口”做“大文章”，从数据中看亮点与趋势

《哇，百万亿！“挖”，新天地！》选择挖掘机指数这个经济复苏的“晴雨表”，对销售情况变化进行大数据分析，以点带面展现出中国经济在风雨中企稳回升的韧性与信心。《半天上了7次热搜，这个话题为什么让网民红了眼眶？》数据分析产品，紧紧抓住2021年2月25日全国脱贫攻坚总结表彰大会一上午7个相关话题登上微博热搜这一小切口，将舆情数据、话题热度、网民情绪等以可视化形态呈现，展现网民对于脱贫攻坚战取得成就的直观感受。报道简洁不失深度，感人且厚重，兼具可视化与可读性。此次报道在全国脱贫攻坚总结表彰大会当天下午发布，引发网民关注和共鸣。《3754篇新闻报道里看武汉的春天》关注到武汉解封一周年交通热、开工忙、出游多等细节，多角度、多维度感受武汉重启一年的烟火气，传递“一切都在越来越好”的正能量。“地图来了”系列产品充分运用地理信息，将疫情中的中高风险区域、确诊病例流调结果等信息及数据整合为地图数据产品，直观展现区域风险变化，受到一致好评。

三、以富媒体为引领，推动5G富媒体向纵深发展

该栏目不断创新大数据展现方式，除数据图、GIF动图、短视频等形态外，还综合运用5G+AI声像分析、声波可视化、3D数据可视化、卫星遥感地图、地理地图信息、SVG互动、AR模拟、360度全景和H5等制作手段，创新可视化形态。这类稿件既展示数据之美，又使报道更加生动、鲜活，更让内容常写常新、受众入脑入心。如《5G+AI声像分析，掌声里的“共振时刻”》首次创新性地运用5G+AI声像分析“黑科技”，将分析数据与视频、音频、动图、数据图等形态相结合，用视觉声波带领观众体验政府工作报告的掌声“密码”，分析掌声与民意的“共振时刻”，是新华网将AI声像分析技术应用到新闻报道，推动5G富媒体不断向纵深发展的新尝试。产品采集了政府工作报告全程中的37次掌声，制作超过300个声音切片，精准分析了160个能量值，形成了一份关于掌声的密码图谱。随后，产品将一长串看不懂的数字，经过“编码译制”，分析出政府工作报告中能量值最高的掌声、掌声最密集的部分、最受关注的掌声，以及持续时间最长的掌声，并生成灵活可见的数据图和数据可视化视频。通过掌声传达出“只要我们坚定信心，勇担使命，就一定可以交出全面建成小康社会的优异答卷，风雨无阻地把民族复兴的伟大事业推向前进”的坚定信念。藏在掌声密码里的那些情感、能量、回应、共鸣，也随着跳动的数字跃然而出，让我们“所听即所见”。产品推出后，在新华社、新华网、新华网思客等社内微信公众号上，阅读量迅速突破10万；在新华社客户端和新华网客户端上，阅读量超100万。此外，产品被学习强国平台、中国新闻网、中国网、中国经济网等百余家媒体机构转载，并迅速占据今日头条、腾讯、百度、新浪新闻、新浪微博、爱奇艺、好看视频等互联网平台头部区域，形成刷屏之势，累计访问量高达1.1亿。

此外，该栏目创新打造出融知识化、沉浸式与交互性于一体的富媒体产品《大河奔流——黄河流域生态保护和高质量发展》，是新华网推动5G富媒体向纵深发展的新尝试。

该富媒体产品综合运用竖屏互动视频、VR全景、3D模拟、媒体大脑MAGIC视频、手绘长图、卫星数据、专家访谈、数据分析、H5等富媒体形态，全景式展示黄河

流域生态保护、长治久安、水资源节约集约利用、高质量发展和弘扬黄河文化等多方面内容。产品首先通过黄河上的羊皮筏子及船工号子带领受众身临其境地进入产品页面，产品主页面由七部分组成。第一部分“大美黄河”以竖屏互动视频为特色，了解黄河流经省份、从善淤善决善徙到70年不断流的基本情况；第二部分“绿色屏障”通过卫星图对比、VR展现、3D+AR模拟等方式了解黄河两岸由黄变绿的进程；第三部分“岁岁安澜”展示黄河上中下游的治理难点，引出大型水电站分布图，展现黄河调水调沙成果；第四部分“大河息壤”以互动数据图为亮点，突出黄河流域经济发展的优势与劣势；第五部分“流动史诗”通过手绘长图的形式，展现黄河流域的文化传承，并在其中添加黄河流域博物馆数据库、咏黄诗词库、河洛文化宝藏指引、黄河上中下游航拍等内容；第六部分“因水制宜”通过图文讲述黄河多种节水方式；第七部分“专家解读”则进一步就黄河流域生态保护、高质量发展、水土保持等方面进行解答。产品内容丰富，既有黄河诗词数据库、沿黄博物馆数据库、河洛文化精品文物、沿黄九省区经济发展数据等丰厚可靠的内容集纳，通过互动方式增加用户黏性；还有多位相关领域专家学者严谨、专业的解读，通过专家观点集纳页以及思客问答扩展阅读，解读黄河流域高质量发展能否借鉴长江经济带的经验、黄土高原如何保持水土、黄河流域如何合理利用优先的水资源等受众关注的话题。

（新华网思客知识中心）

《大河奔流——黄河流域生态保护和高质量发展》富媒体

案例类别：产品

《习近平谈治国理政（1–3卷）》语音陪伴套装助推理论传播创新

高赛 王恩慧 董腾飞

2021年是中国共产党成立100周年，对于媒体而言，也是加快推进深度融合发展、开启高质量发展的关键年。习近平总书记多次强调，“要把网上舆论工作作为宣传思想工作的重中之重来抓”“要适应公众获取信息渠道的变化，加快提升主流媒体网上传播能力”“要创新改进网上宣传，运用网络传播规律，弘扬主旋律，激发正能量，大力培育和践行社会主义核心价值观”。先进的理论若无先进的传播手段支撑，很难深入人心；正确的主张若没有快速多样的先进技术传播，便无法有效占领舆论阵地。

《习近平谈治国理政》第三卷出版发行后，光明网发挥思想理论网站特色，推出《习近平谈治国理政（1–3卷）》语音陪伴套装，通过领读、诵读、解读、伴读等方式，将理论编印材料转变为形式多样的音频节目，为基层单位深入学习习近平新时代中国特色社会主义思想提供优质载体和材料。中宣部第180期《新闻阅评》整期对套装创新理论传播予以肯定，中央纪委国家监委信息中心等150多个单位引入该套装内容，供党员干部学习使用。套装上线后，中宣部“学习强国”平台在首页推荐，多个端口分发推送，累计阅读量、下载量超2.51亿，不断将学习贯彻习近平新时代中国特色社会主义思想引向深入。

一、优质资源有机整合，内容系统全面

习近平新时代中国特色社会主义思想是一个博大精深、系统完备、逻辑严密、内在统一的科学体系，学习中如若零敲碎打，很难全面系统科学地认识理论，甚至可能出现以偏概全、歪曲理论本意的错误，这也是一些党员干部理论学习中的常见问题。《习近平谈治国理政（1–3卷）》语音陪伴套装以光明日报原创内容为主体，聚合中央权威媒体优质报道案例，形成长达3600分钟的独家音频。策划强调整体性、系统性、逻辑性，内容按卷划分但不孤立，设有“领读学习篇”“专家解读篇”“典型案例篇”“名家诵读篇”等若干板块，一方面，在内在逻辑上将第三卷与先期出版的第一卷、第二卷并行成列、有机统一，构成对习近平新时代中国特色社会主义思想的全方位呈现；另一方面，在强调“读原著”“学原文”的同时，注重引导“悟原理”，既有宏观把握，又有个案梳理，帮助党员干部准确认识理论、把握理论，

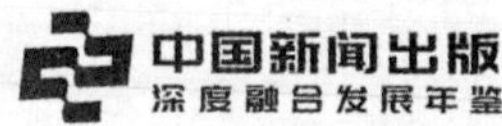

可称是一套权威、完备的学习物资。

二、解读阐释深入浅出，助推听懂学深

为引导党员干部在深入深刻上下功夫，《习近平谈治国理政（1–3卷）》语音陪伴套装注重拓展学习和答疑解惑，内置400集权威学习资料，从理论解读和案例讲述两个角度深化原著学习，促进理论学习由表及里、由浅入深、循序渐进。“专家解读篇”邀请72位理论专家结合专著、讲话的具体篇目，从小切口深入阐述理论体系的核心要义和实践要求；“典型案例篇”通过对我国脱贫攻坚、重大工程、辉煌成就等主题的生动讲述，以50余个鲜活故事诠释“习近平新时代中国特色社会主义思想”这一主线和灵魂，推动学习往深里走、往实里走、往心里走，引导党员干部知其事、究其道、用其法。相较于阅读编印材料，音频节目有更强的交流性和代入感，更容易拉近听众与学习内容和讲解人的距离，每集音频10分钟左右，短小精悍、通俗易懂，真正让群众听得懂、能吸收、可转化。

三、调动基层参与诵读，激发学习积极性

该套装以多接口U盘为内容载体，并配有学习笔记、蓝牙耳机等配套学习工具，以全媒体语音便携方式让随时随地、多种媒介学习成为可能，为广大党员干部全面系统深入学习习近平新时代中国特色社会主义思想提供了优质的学习载体和学习材料，是破解基层理论学习“散”“懒”“浅”“虚”痛点问题的积极尝试。

“领读学习篇”主要是对《习近平谈治国理政（1–3卷）》及习近平总书记系列重要讲话部分内容的原文诵读，旨在敦促党员干部原原本本学，一字一句落实走深。套装版内容以邀请耳熟能详的“业界名音”朗读为主，并有基层各行各业党员干部参与领读，他们中有全国人大代表、政协委员，也有学者教授、文艺名家，更有基层普通干部、各行业的青年代表，邀请这些人参与音频录制，有助于在基层党员干部中激活学习动力，引领“诵读潮”。通过“学”与“教”的有机统一，在各行各业形成示范效应，扩大理论学习的线下参与。

四、打造全媒体套餐，方便随学随记

“伴读”是该语音陪伴套装的突出特性。套装实体产品配有多种转换接头，可实现手机、电脑、车载音响、iPad等多类媒介读取，方便用户利用休息、散步、乘车等时间收听音频节目，为广大党员干部提供了一种以新媒体方式学习习近平总书记系列重要讲话精神的便捷途径，契合当下受众利用不固定场景和碎片化时间获取信息的特点。

不同于传统编印材料，《习近平谈治国理政（1–3卷）》语音陪伴套装连通线上、线下，将虚拟节目与实体产品相结合，将理论宣传落地化。实体套装中的学习资料会在光明网以专题网页形式同步推出，在线内容紧跟时政热点不断更新，套装用户可随时下载最新学习材料，从而实现线下温故、线上知新。学习笔记等实体套装配套工具，更为广大党员干部随学随记提供了便利，促进自身深入思考学、联系实际学。

中宣部《新闻阅评》评价，套装紧跟时势、整合资源、创新产品、创意表达，探索网络理论宣传的实体落地，实现新内容与新技术共生。这既是媒体融合的有益尝试，也是理论传播的路径创新。

在中国网络视频研究中心主任王晓红看来，“套装具有很强的产品化特征，以全媒体产品为载体把优质、权威的理论内容提供给用户，是对理论传播创新的有益尝试，更是贯彻落实习近平总书记关于深化媒体融合要求的具体举措、实际行动”。根据《2021中国网络视听发展研究报告》，网络音频用户规模达2.82亿，用户规模进一步扩大。王晓红认为，网络音频用户后生动力强劲，理论传播相较于视频形式，更适合以音频方式传播，通过场景化应用，让用户随时随地以全媒体语音方式学习最新理论成为可能。

习近平总书记强调，宣传思想工作要把握大势，因势而谋、应势而动、顺势而为。顺应“四全媒体”发展趋势，加快推动媒体融合发展，这也成为主流媒体提升传播力、引导力、影响力、公信力的重要契机。深入学习贯彻习近平新时代中国特色社会主义思想是当前和今后一个时期全党的首要政治任务，也是理论宣传的重要职责。光明网将继续在中央主管部门的指导下，紧跟时势、整合资源、创新产品、创意表达，以“语音陪伴套装”的形式探索网络理论宣传为契机，进一步进行理论传播的创新尝试，努力实现大众传播和党内传播并存，新技术与新内容共生，深入学习贯彻习近平总书记“七一”重要讲话精神，推动党史学习教育持续深化，以理念创新推进媒体融合高质量发展。

（高赛：光明网副总编辑，王恩慧：光明网视频编辑部主编，董腾飞：光明网视频编辑部编导）

《习近平谈治国理政（1–3卷）》语音陪伴套装

案例类别：产品

央广网：习近平治国理政思想国家声音库暨习近平新时代中国特色社会主义思想声音平台全媒体传播工程

为深入贯彻落实习近平总书记对总台工作一系列重要指示批示精神，央广网依托总台“5G+4K/8K+AI”战略格局，依托网站成立22年在线广播音频直播、点播大数据优势、集全网之力建设党的十八大以来习近平总书记原声时政特稿独家音频大数据库，举全网之力承建总台“十四五”规划项目“习近平治国理政国家声音库《习声回响》暨传播习近平新时代中国特色社会主义思想权威声音平台”全媒体大数据传播工程。2021年5月18日，央广网首页首屏推出“习近平治国理政声音库暨传播习近平新时代中国特色社会主义思想权威声音平台”频道，全力打造党的意识形态重镇和国家广播电视台新媒体时政“头条工程”高地。

一、高起点、高标准、高质量建设时政品牌栏目，精心做好习近平新时代中国特色社会主义思想和习近平总书记大国领袖网上宣传，打造传播习近平总书记重要讲话原声、权威解读习近平新时代中国特色社会主义思想引导高地

党的十八大以来，央广网聚力建设习近平治国理政国家声音库暨习近平新时代中国特色社会主义思想声音平台全媒体传播时政特稿“头条工程”，全媒体传播习近平总书记的重要活动、重要会议、重要著述、重要讲话、重要文章、重要批示、重要回信、重要贺电等相关新闻报道，其中包括大量习近平总书记在活动现场的同期声和会议现场的讲话原声录音，涵盖经济、政治、文化、社会、生态、党建、国防、外交等各个领域。这是其他形态媒体少有和不易呈现的特色资源，也是广大党员干部收听、学习习近平总书记系列重要讲话精神的权威平台。

央广网以媒体融合促时政报道创新，依托党的十八大以来习近平总书记原声时政特稿独家音频库资源优势，经过精细化剪辑与包装，将国内报道鲜有的习近平总书记音频原声、相关报道、解读评论通过新媒体渠道推送，2015年9月推出习近平总书记原声时政特稿栏目《习声回响》，2018年6月1日推出习近平总书记治国理政国家声音库暨传播习近平新时代中国特色社会主义思想权威声音平台——习近平总书记每日金句原声＋权威专家评论解读时政特稿专栏《每日一习话》、习近平总书记重要活动重要讲话金句原声创意动漫海报时政特稿专栏《CNR声漫》，用心用情讲好习近平总书记治国理政、管党治党、爱民为民的故事，构建PC端、客户端、微博、微信、直播态新闻、大数据新闻、VR/AR、无人机航拍等全媒体传播格局首页首屏头条传播体系，致力让新思想成为时代最强音。

二、聚力“头条工程”，打造时政品牌栏目，壮大主流阵地，入选重大主题议题项目、重要奖项表彰，中宣部《新闻阅评》刊文肯定，全面提高新闻舆论传播力、引导力、影响力、公信力

央广网坚持台网并重、先网后台、移动优先、守正创新，在“润物无声”和“入脑入心”上下功夫、见功力、出实效，全方位、全媒体创新做好习近平总书记治国理政实践报道，做到习近平新时代中国特色社会主义思想“天天见、天天新、天天深”，推动党的创新理论“飞入寻常百姓家”深入人心、落地生根，获中宣部《新闻阅评》、中华全国新闻工作者协会《三项学习教育通讯》刊文肯定。

央广网《每日一习话》《习声回响》《CNR声漫》被中央网信办、国家网信办列为习近平新时代中国特色社会主义思想网上宣传阐释重大主题宣传和重大议题年度扶持项目，人民出版社上报中宣部列入“十四五”规划重大出版选题，形成全方位、多层次、多声部全媒体传播习近平新时代中国特色社会主义思想主流舆论矩阵。

2020年12月17日，央广网实施习近平治国理政思想国家声音库《习声回响》暨传播习近平新时代中国特色社会主义思想权威声音平台全媒体大网评传播工程被评为中央网信办“2020年度网评特殊贡献单位”，《习声回响》工作室被评为中央网信办“2020年度优秀网评工作室”。专栏《每日一习话》被评为中央网信办“2020年度优秀网评栏目”、中央广播电视总台2020年度优秀作品奖新媒体栏目一等奖，列入中央广播电视总台台史馆“头条工程”参展项目，2021年被列为国家博物馆“复兴之路”展览项目。

（一）持续重点建设时政栏目《习声回响》，不断优化提升“头条工程”强化品牌效应

2017年，央广网习近平治国理政思想国家声音库习

近平总书记原声金句创意微视频专栏《习声回响》被评为中央网信办重大主题宣传和重大议题设置十佳项目，入选由中央宣传部、国家发展改革委、中央军委政治工作部、北京市委主办“砥砺奋进的五年”大型成就展，央广网“头条工程”媒体融合成果首次参加党的十八大以来以习近平同志为核心的党中央团结带领全党全国各族人民取得辉煌成就的大型成就展。

2018年，央广网习近平总书记原声金句创意微视频专栏《习声回响》被列入中央广播电视总台“头条工程”项目，荣获中央广播电视总台央广2018年度优秀节目评选一等奖，《习声回响 一个共产党员人的初心》融媒体报道参加中央电视台建台暨中国电视事业60周年发展成就展“升级头条工程，让新思想成为时代最强音”成果展示。同时，《习声回响》专栏获评中央网信办2018年网上重大主题宣传和重大议题设置习近平新时代中国特色社会主义思想音频专栏，国家广电总局中国广播电影电视社会组织联合会评选“2018中国广播创新融合十佳案例”。

2019年11月6日，《习声回响》被中国高等教育学会新闻学与传播学专业委员会、中国人民大学新闻学院联合中国传媒大学、复旦大学等11所高校新闻学院及今日头条共同开展的年度新媒体创新案例推选为年度新媒体“创新报道”推荐案例，纳入全国新闻院校科研和教育优秀案例库，以图书、电子出版物等出版方式呈现。

2019年12月2日，中宣部新闻局第413期《新闻阅评》以《<习声回响><CNR声漫>高站位传播总书记声音》为题刊文肯定央广网习近平治国理政思想国家声音库《习声回响》《CNR声漫》作为宣传习近平新时代中国特色社会主义思想的特色栏目，将广播声音优势与新媒体优势结合，探索对习近平总书记重要讲话和重大时政报道融媒体的新路子：一是发挥优势，打造传播习近平总书记重要讲话声音权威平台；二是创新为要，多样态即时呈现和诠释新思想、新观点；三是树立核心意识，重大活动不缺位，以速度赢得先机。

（二）全新改版升级时政新媒体专栏《每日一习话》，触达用户超60亿次形成“刷屏”之势

2019年7月23日，中宣部新闻局第259期《新闻阅评》以《央广网<每日一习话>精准解读总书记用典》为题刊文肯定，央广网设置的《每日一习话》专栏，配合重大时政活动和时间节点，突出核心价值观引领，弘扬传统文化润物无声，对习近平总书记历次重要讲话、文章引用的典故进行精心梳理、精细传播，追溯习近平新时代中国特色社会主义思想的源头活水，在社会上产生了广泛、深远影响。

2019年10月，央广网习近平治国理政思想国家声音库暨习近平新时代中国特色社会主义思想声音平台全面升级改版，央广网习近平总书记原声金句专家评论解读专栏《每日一习话·礼赞七十年》采编团队在中华人民共和国成立70周年宣传报道工作中作出突出贡献，荣获中央广播电视总台突出贡献嘉奖。

2020年9月28日，《每日一习话》被国家广播电视总局评为2019年度优秀网络视听作品推选活动优秀作品。2020年6月，央广网时政新媒体专栏《每日一习话》在创立两周年之际改版升级，以习近平总书记讲话原声音频为核心，主动设置议题，增加专家解读和评论内容。改版后，栏目内容更加深厚，定位更加鲜明，舆论引导能力进一步提升，截至2020年12月中旬，已有130余期被各大主流网站和新媒体平台在首页转载推送，在各主要平台累计触达用户超过60亿人次，形成连续“刷屏”全网之势。

〔央广网文化传媒（北京）有限公司〕

案例类别：产品

“远山的回响”脱贫攻坚系列报道：全媒体谱写新时代山乡巨变的中国实践样本

为记录好、呈现好决战脱贫攻坚、决胜全面建成小康社会伟大壮举，充分彰显中国共产党担当使命、一诺千金的不懈追求，立体、鲜活、讲述中国人民群众脱贫攻坚、共建美好家园、共享幸福生活的生动实践，深刻诠释我们党人民至上的价值理念、真挚厚重的人民情怀，2020年11月9日至20日，中央广播电视总台央广网策划推出决战脱贫攻坚系列全媒体传播矩阵报道“远山的回响”，专题以每篇稿件核心人物为主角，以水彩手绘的画面配合诗意的田园风光，设计格局清晰，风格大气精致。2020年11月9日在央广网PC端、手机央广网、央广网客户端、央广网微信公众号、央广网官方微博等平台首页首屏首条推荐，同步在“学习强国”、今日头条平台等首页推送。同时，央广网、中央人民广播电台微博置顶设置热搜话题，今日头条上均添加“远山的回响”挂栏。11月9日18时，由央广网策划制作“远山的回响”主题MV《远山的回响：谱写新时代的山乡巨变》正式推出，词曲悠扬宏大，生动展示了“远山的回响”主旨报道精神内核，全面阐释了全党全国决胜全面建成小康社会、决战脱贫攻坚的决心和信心。主题 MV《远山的回响：谱写新时代的山乡巨变》刊发后，被中宣部学习强国平台置顶推荐。截至 2020 年 12 月 22 日，“远山的回响”系列报道被中央网信办置顶推荐各大中央、地方重点新闻网站、商业平台转载，央视网、国际在线、人民网、光明网等百余家新闻网站转载，累计阅读量超过 7344 万次，# 远山的回响 # 微博话题阅读量达到 632.3 万次，被评为中央网信办“2020 年度优秀网评议题设置”。

一、突出“五性”，聚焦中国千百年绝对贫困攻坚阶段如何啃下最后的硬骨头，见证中国共产党第一个百年奋斗目标一诺千金兑现历史瞬间

2020 年是决胜全面建成小康社会、决战脱贫攻坚之年。当前，脱贫攻坚战进入关键时刻，如何啃下最后的硬骨头， 需要媒体真实地瞄准突出问题和薄弱环节，既要展现我国在脱贫攻坚领域取得了前所未有的成就，彰显中国共产党领导和我国社会主义制度的政治优势，也要聚焦贫困地区的真实问题，关注群众如何发挥主体性，内生动力如何激发的生动实践。讲好扶贫脱贫的中国故事，为决战决胜脱贫攻坚提供强大的精神动力。央广网策划推出“远山的回响”正是以此为出发点，推出的一组新闻报道。

“远山的回响”栏目通过“五性”，即故事性、冲突性、纪实性、情感性、乡土性，真实、生动地还原了发生在中国大地上轰轰烈烈的脱贫战役和老百姓致富奔小康的精神头，展现全国万众一心、众志成城，坚决打赢脱贫攻坚战，实现 2020 年全国全面脱贫的奋斗目标的决心和实践。报道用习近平总书记关于扶贫工作的重要论述的关键词做“扣”，选取了总书记考察走访过的十个典型村。贴近火热生活、走进群众心坎，创新开展全媒体传播，把镜头对准人民、版面留给人民，深入挖掘先进典型和感人事迹，反映亿万群众平凡生活的温度与感动，接地气、聚人气、鼓士气，产生了广泛、深远的影响。

为了帮助贫困地区脱贫，长期以来，社会各界以多种形式开展帮扶，思路清晰、手段多样、热情高涨。“远山的回响”聚焦于此，从教育扶贫、旅游扶贫、电商扶贫、产业扶贫等主题切面进入，以鲜活故事和娓娓道来的讲述展现人物，记者在打出差异化、写出新鲜感的同时，描绘了新时代的山乡巨变，揭开献礼中国共产党建立 100 周年的序幕。

央广网派出 10 路记者，深入 10 省区习近平总书记考察走访过的十个典型村，通过蹲点式调研层层挖掘当地脱贫攻坚的感人故事，寻找“脱贫之后怎么办、好日子要如何干”等问题的答案，始终凸显脱贫地区干部群众“平凡坚守 不忘初心”的价值观。

二、既有告别千年绝对贫困倒计时的新闻时效性，又有思接古今、面向未来的逻辑思辨性，《每日一习话》专家解读评论与“央广时评”媒体评论相结合，既有时代高度，又彰显历史深度

中央广播电视总台央广网实施全媒体传播工程，央广网发掘传统媒体和网媒融合潜力，用好中央广播电视总台独家时政报道资源，多点布局特色鲜明的栏目，突出习近平治国理政国家声音库暨习近平新时代中国特色社会主义思想声音平台品牌特色，以习近平总书记关于扶贫工作的重要论述金句原声音频 + 专家权威评论解读时政特稿 10 期《每日一习话·远山的回响》为引领开篇，10 期“远山的回响”深度报道同时配发央广网署名评论员十篇系列“央广时评”。央广网品牌栏目之间相互联动、相互映衬、共同发力，担负起了思想舆论引导、传播的重任。

“远山的回响”10 期习近平新时代中国特色社会主义思想声音专栏《每日一习话》——习近平总书记论决战脱贫攻坚系列“金句原声 + 专家评论”解读，形成“锦上添花”的传播效果。《【每日一习话·远山的回响】老百姓的幸福就是共产党的事业》等多篇文章刊发后，被中央网信办推荐全网置顶推送。

“远山的回响”邀请中央广播电视总台资深评论员撰写、配发十期评论文章，评论结合所报道的内容，既针对文中当地脱贫效果给予高度肯定，又对报道的扶贫经验、做法精彩分析、点评，与报道内容遥相呼应，升华报道主题，赋予了专题更高的站位和理论深度，升华提炼了核心主题，达到了宣传、引领的突出作用。

三、增强“四力”，带露珠、沾泥土、冒热气，蹲点体验式报道真情实感引发社会共鸣

“不断增强脚力、眼力、脑力、笔力，努力打造一支政治过硬、本领高强、求实创新、能打胜仗的宣传思想工作队伍。”在 2018 年召开的全国宣传思想工作会议上，习近平总书记再次强调“四力”，为新闻工作者提高本领能力指明了努力方向。央广网切实践行，推动宣传思想工作不断强起来，将“四力”融会到“远山的回响”采访报道中。

从《远山的回响 | “临时家长”的操心事儿》《远山的回响 | 县里有个“羊银行”》《远山的回响 | 大湾女儿的“金算盘”》等多篇核心主题报道中可以看到，记者牢牢抓住了主人公在实现愿望的过程中遇到的“困难”，真实展现主人公与他人及环境的矛盾，体现了主人公与土地及乡村的羁绊与情感。文章笔触细腻、细节丰富、情绪饱满、人物立体，层层递进、打动人心，影响深远、好评如潮，引发了强烈的社会共鸣。

〔央广网文化传媒（北京）有限公司〕

案例类别：产品

半月谈基层党建融媒体学习站

——提供智慧党建新体验

网络发展到哪里，党建工作就要覆盖到哪里。半月谈杂志社、半月谈新媒体中心推出“半月谈基层党建融媒体学习站”，依托新华社、半月谈强大的全媒体权威内容，整合党建学习资源，联动基层党建融媒体体系，打造“党建＋时政＋政务＋服务”的融媒体学习平台。

半月谈基层党建融媒体学习站，通过“AI+4K+5G”的空间互动体验，从智慧党建学习屏到云智慧党建框到VR党史馆，从线上到线下，从辅助党建学习到辅助党建工作，构建系统性学习平台，服务基层治理、落实基层党建升级、提供智慧党建新体验。

一、产品简介

智慧党建学习屏：采用京东方研发的4K高清类纸护眼屏，配合自行研发的学习站系统。通过遥控点播和自动播放两种模式，即可选择首页时政视频、学习中央、学习地方、学习党史和学习本地六个板块进行交互学习和党建宣教。

在此基础上，智慧党建学习屏升级产品——智慧党建一体机，开启“智慧党建＋智能会议”时代，其包含了智慧党建学习屏的所有功能，并融入了智能办公会议功能。

云智慧党建框：19个主题系列，内容云端更新推送，支持图片、音频、视频多种形式，提升基层党建内容宣教的时效性。迭代传统党建学习栏，提升党建学习体验的科技感和艺术感。

半月谈智能学习音箱：半月谈杂志内容全面音频化，20多个专辑、上万条内容实时更新，还融合喜马拉雅平台超一亿条优质音频内容。丰富的学习内容、创新的学习方式和互动机制，为基层党员小组提供学习服务和群众文化服务。

智慧党建宣传栏：设立多种党建学习模块，方便群众扫码即可获取内容；通过云平台的配置更新，宣传栏持续服务热点内容，减少基层频繁更换的工作，实现基层党建智能化。

半月谈基层党建融媒体学习站，还融合党建云SAAS、云图书馆、VR党史馆、红色朗读亭、智慧书柜等产品，满足基层党建学习和工作的各种需求和场景。

权威标准、智能规范、服务便民，是半月谈基层党建融媒体学习站的核心配置。“学习站”内置的智慧党建学习屏通过区域播控平台，定时播放学习内容，同时由运营人员采编客户当地要闻资讯，实时同步本地资讯。

“半月谈基层党建融媒体学习站”的相关功能设置，是半月谈杂志编辑部按照党建标准化、规范化要求选编构成的数据库。在当前智能化技术大发展的背景下，实现党建宣传工作与信息技术的深度结合，实现媒体的深度融合以及向纵深发展。“半月谈基层党建融媒体学习站”，第一时间把新华社的新闻资讯和党的声音传播到基层、深入基层。

二、应用布局

学习站的应用场景适合各地的基层组织工作学习空间。党群服务中心，社区活动中心，县乡新时代文明实践中心，文化大礼堂，文化服务站等都是半月谈基层党建融媒体学习站的舆论阵地。

半月谈基层党建融媒体学习站目前在全国9个省份落地，已达成协议2000余个站，其中已建设完成并投入使用百余个站点。学习站累计访问超过961798次，累计用户数达到120187人次。每一个布点就是一个舆论阵地，每天都会有权威新闻机构和官方平台的海量内容，通过大大小小的学习站及时将中央精神传递到全国大江南北。

三、项目介绍

（一）随时随地自主学习

贵州省贵阳市石阡县大坪村是新华社的帮扶村，2020年在大坪村设立“半月谈基层党建融媒体学习站”。基层扶贫干部评价半月谈学习站：“党员群众通过手机扫码即可收听‘学懂弄通新思想’‘十九大精神解读’‘改革开放’等20余个党建主题音频，党建学习不再受场所限制，并且使党中央的声音第一时间传达到我们基层，有效解决了党员群众的学习与工作、生活的冲突，实现了由‘定时集中学’向‘随时随地自主学习’转化。”学习站得到了社内值班简报的肯定和表扬。同时新华社党委会议室设立的半月谈基层党建融媒体学习站，对进一步改进党员学习方式、提升党建工作水平提供了有力保障。

（二）互动式学习教育服务

教育部基础教育司利用“半月谈基层党建融媒体学

习站”提升党组织的组织力和战斗力。教育部基础教育司依托“半月谈基层党建融媒体学习站”，为党员提供“听、视、阅”一体的互动式学习教育服务。“智慧党建学习屏”以播放党建知识、本地新闻为核心功能，丰富的党建内容让党员群众通过手机扫码即可收看和收听。党员每天定时收听、收看新华社和半月谈相关新闻资讯、时政评论、思政视频等，提升了党员教育的便捷性和实效性。智慧党建促进教育部学党史、悟思想、办实事、开新局。

（三）党史学习教育新阵地

2021 年 8 月 3 日，“大栅栏街道半月谈基层党建融媒体学习站”正式落成。大栅栏，北京市前门外一条著名的商业街，地处北京中心地段，是南中轴线的一个重要组成部分。

为进一步提高基层党建工作的科学化、规范化、信息化水平，大栅栏街道与半月谈杂志社共同建设“半月谈基层党建融媒体学习站”，分别于铁树斜街社区党群活动中心，大栅栏街道办公大厅、政务大厅设点。

大栅栏街道与半月谈积极拓展党建宣传新渠道，打造党史学习教育新阵地，创新数字化党建新模式，有效推动了基层党建工作实现新跨越。半月谈基层党建融媒体学习站的落成，是大栅栏街道坚持党建引领，构建共建共治共享社会治理新格局的生动实践，是持续开展“我为群众办实事活动”的重要成果，为大栅栏地区高质量发展注入了新活力、再添新动能，让党建引领的热度和温度源源不断渗透到百姓身边。

（四）机关党建信息化建设

2020 年 12 月 24 日上午，由济南市委市直机关工委承担的省市一体化推进济南加快发展重点项目——半月谈基层党建融媒体学习站示范点启动活动在济南市委党校举行。

2020 年以来，济南市委市直机关工委深入学习贯彻中央的安排部署、省委市委关于省市一体化推进济南加快发展的工作要求，积极探索党员教育信息化、智能化发展路径，进一步创新“智慧党建 + 基层党建”的党员教育模式，增强教育实效，提升机关党建质量，共同打造了基层党建融媒体学习站，这是半月谈杂志社命名的山东首个学习站示范点。学习站的建成启动，为党员干部群众搭建了政治锤炼、思想洗礼、学习交流、丰富教育形式的智慧平台，为推进机关党建信息化建设作出了示范引领。

（五）新时代党群服务

2021 年 7 月 9 日上午，西南地区首个半月谈基层党建融媒体学习站——重庆市龙门浩职业中学校学习站正式启动。

重庆市龙门浩职业中学校利用半月谈基层党建融媒体学习站，借力龙职中信息技术全市领先优势，依托学校已建成的国家级 VR 体验中心，整合党建学习资源，联动基层融媒体体系，打造“党建 + 时政 + 政务 + 服务”的融媒体学习平台，全方位推进龙职中智慧化建设和宣传工作提档升级。学习站将面向全区所有党的基层组织提供公益性服务，推动基层党建工作落实落地上台阶；学习站面向全校党员、师生开放，真正实现“为党育人、为国育才”目标；工作站还将在新华社及半月谈新媒体中心的指导之下，以面向全国服务为己任，以大型高端党建论坛为载体，打造“基层党建红色基地和打卡地”，多形式、多路径、多渠道、全方位地将丰富多彩的党建工作做实、做细、做落地，为基层党建工作做出应有的贡献。

半月谈基层党建融媒体学习站所有内容时时更新，把握传播领域移动化、社交化、可视化的趋势，及时准确发布信息，不断提升传播效果。真正成为“时事政策顾问，生活学习益友”。

半月谈基层党建融媒体学习站认真“做好顶层设计，打造新型传播平台，建成新型主流媒体，扩大主流价值影响力版图，让党的声音传得更开、传得更广、传得更深入”。

未来，半月谈基层党建融媒体学习站将融合更多新技术、新场景、新内容，为基层党建智能化探索新道路。

（半月谈新媒体中心）

学习站商城

案例类别：产品

《半月谈》APP 党媒更懂公考

《半月谈》是中宣部委托新华社主办的时政刊物，是一本语言风格务实明快的优秀党刊。《半月谈》APP，作为半月谈杂志社官方客户端，是针对公职考试推出的在线学习平台，近年来积极开拓用户市场，发挥党媒优势，给广大考生提供优质的考试时政资料，推动高质量信息的传播。

《半月谈》APP内容涵盖时政评论、公考题库、公考课程、《半月谈》电子版、公考图书等，培训课程涵盖公务员考试、政法干警考试、事业单位考试、军转干考试、招警考试、选调生、教师招录考试等，是国内唯一兼具党媒属性的公考学习平台。

一、内容优势：党媒更懂公考

自2017年以来，《半月谈》公考致力于传授实用解题技巧和方法，形成40+课程门类，共计1500+小时课程，课程涵盖各级公务员考试、事业单位考试的笔试和面试。《半月谈》公考紧跟市场需求，在多年摸索中形成具有鲜明党媒特点的主打产品，如“60天上岸计划”“读时评，学申论”“每天5分钟，申论80+”等课程。

主力讲师团队由新华社高级编辑和原部委公职人员组成，“考公务员，看半月谈”已成为考生口口相传的上岸方法论。公考课程与品牌理念一脉相承，具有鲜明的旗帜主义和精神，实事求是，把握考生需要。通过解读时评、时政热点，在传授实用解题技巧方法的同时，更在潜移默化地输出正确的价值观导向。

二、产品优势：激励用户，存量带动增量

《半月谈》APP以“公考培训”为核心，以“品牌辐射力与权威的师资”为依托，进行“公考培训、事业单位培训、在职和党建培训”，并集优质的师资、专业的团队、科学的教研，打造行业领先产品。

《半月谈》APP通过“每日任务+督学打卡+社群答疑”的用户自我激励学习模式，驱动存量用户带动增量用户，在产品端实现裂变式增长。在打卡课程中，培养学员每天的学习习惯，打卡成功满天数即可全额退学费。产品设计上，以《半月谈》APP为平台主体，结合微信公众号、哔哩哔哩、小红书等多个外部平台的优势，承载内容，完成从引流、促活、留存、转化的一列动作。

三、精细运营：降低运营颗粒度

一方面，半月谈客户端内置“上岸吧”社群板块，激励用户贡献日常学习笔记、心得体会。同时，团队运营公众号、知乎、B站、小红书、微博、爱奇艺、腾讯视频、CCTALK等10余个新媒体渠道，针对不同平台的调性做对应的内容投入，精选了部分课程、范文、金句、热点等内容，经过运营包装作为获客内容。这些社交账号的作用有两个：（1）出圈，在各大平台通过分享优质内容以提高半月谈公考的市场认知度和认可度；（2）引流，通过活动、答疑、留言回复等方式为APP和社群引流。

另一方面，依托《半月谈》媒体资源优势，《半月谈》客户端与华为教育、小米应用、OPPO应用、腾讯课堂等达成深度联运合作。平台从公域流量获得私域流量的同时，也要守住形成流量壁垒，这便是社群的力量，是降低运营颗粒度的措施，也是“留量”的根本逻辑。流量减去蒸发量等于留量，团队通过话术引导、课程赠送、社群活动增加黏性，进而促进高客单价转化。

四、平台展望

从2017年至今，《半月谈》APP的营收喜人，呈现迅猛发展的势态。面对今后的发展，《半月谈》APP将会不断优化其功能，不断向用户输入先进高效的学习理念，用户可便利地加入在线答疑、参与互动学习环节。精准地推送内容，唤醒用户学习，学习记录，在线检测，让用户检验自身的学习成果。为用户打造更加便利和贴心的教学服务，使广大考生真正受益。

（半月谈新媒体中心）

《半月谈》客户端

案例类别：产品

法律答“疫”

高斌 马志为 杨景茹 郭荣荣

2020年2月8日，正义网在检察日报社的指导下，推出了首个互联网疫情防控法律咨询平台——法律答“疫”平台。当日，上线消息得到了人民网、新华网等中央媒体的转发。该平台创新采用线上问答模式，700余名全国各界法律工作者实时对网友提问作出解答。在疫情防控的特殊时期，跑出了部委规章发布3小时即有解答的“正义网速度”。

截至2020年3月16日，法律答“疫”平台已解答

网友疑问497个，正义网新媒体各平台发布相关稿件超700篇，总阅读量突破1000万。正义网官方微博带话题“法律答‘疫’”共发布相关微博近百条，相关微博话题阅读量达957.6万，相关讨论4361条。

一、与“疫”赛跑，打造高时效问答平台

2020年2月7日，编辑部接到要尽快制作并上线法律答“疫”平台的任务，2月8日晚8点左右，平台成功上线运行。一个从一无所有开始“打拼”的平台，是如何做到仅在20个小时内变得“血肉丰盈”？

所有的成就来自答“疫”平台上线小组（也称“疫”时小组）的努力。小组最初只有6位成员，包括2位美编、1位技术人员、3位编辑。从接到通知的那一刻起，团队就开始多线程推进工作，由两位编辑画版、征集志愿者、收集网友提问、后台建栏目加文章，同时与美编、技术沟通版面效果等问题。团队成员也纷纷通过微信、抖音等各种途径自发转载志愿者招募信息。

横在团队面前的第一座大山，是沟通难度的加大。因疫情防控需求，团队成员均为远程线上办公，为保证沟通效率，电话会议基本未断线。团队遇到的第二个难关是，时间紧、任务重的境况下，所有信息均需要编辑手动采集、整理和添加。2月8日当天，一名编辑组建了正义网法律答“疫”平台公益志愿者微信群，备案、添加志愿者百余人，相当于5分钟添加一个人；同时还整理网友提问并一对一联系志愿者进行答复并审核。

从部署到落地，法律答“疫”平台在保证产品质量过关的基础上，仅耗时一日便正式上线，此种速度前所未有，也体现出了正义网编辑部不畏艰辛，能打硬仗的优良作风。

平台成功搭建，为群众解决法律困惑的“连心桥”完成了一半，如何快速纾解不安情绪、解决实际问题成为下一个需要攻克的难关。每多一分钟，提问者的焦虑就会增加一分，为了即时解答网友疑问，“疫”时小组经过商讨，采用了问答形式，并把公布答案时间设定为3小时，一方面给公益志愿者足够的思考、作答时间，使其答案更加贴合实际、贴近民生，另一方面也给编辑审核留有余地。

由于回答网友提问及时、答复客观公正有见地，法律答“疫”平台得到了广大网友的信任与依赖，2月8日平台上线后，网友提问每日剧增，平台浏览量每创新高，更多公益志愿者申请加入队伍。

二、“一箭三雕”，借外脑建立“疫”时法库

法律答“疫”平台上线后，各界法律工作者积极报名响应，志愿者人数一周内激增至400多人。与庞大的志愿者团队相比，网友每日所提问题逐渐类型化，提问的合理分配十分重要。“我想为疫情防控尽一点微薄之力”“网友提问可以尽管安排给我”……这样内容的志愿者请求，小组成员一天会收到无数条，如果不能对网友提出的问题进行合理分配、对志愿者进行有效引导，那么轻则之前的努力产生不了好的问答效果，重则会失去平台公信力。

经过商讨后，“疫”时小组决定与时俱进，对答题规则进行创新。法律答“疫”平台的法律专业志愿者团队由检察官、法官、法学专家、律师等法律专业人士组成，一人回答问题只代表一个面，客观性、全面性有待加强。为真正解决网友疑问，提供全方位的法律指导，小组成员在广泛咨询志愿者意见后，采用两名志愿者共答一题的模式。在此模式下，不同行业的志愿者从不同角度进行问题解答，既有效服务了提问的网友，又促进了志愿者之间的业务交流，更为编辑审核提供了借鉴，可谓“一箭三雕”。

为保障专业性，正义网编辑部在严格落实“三审三校”机制的同时，充分运用外脑，由所有志愿者共同建立了“疫”时法库，把平时网友提问中最常涉及的法律法规及部委规章等全部归纳在一起，便于志愿者参照和引用，也大大节省了编辑审核志愿者回复引用法律法规是否正确的时间。法律答“疫”志愿者队伍的建立，为正义网今后工作开展提供了专业的外脑智库。

三、多“屏”协同，打出融合发展先声号

平台上线当日，报纸、新媒体同时发布了《法律答“疫”来啦！互联网疫情防控法律咨询平台上线》一文，以报纸、网站、新媒体平台同频共振，打响法律答“疫”第一枪，亮出了栏目品牌。

随后，正义网官方微博设置了法律答“疫”话题，每日选取法律答“疫”平台中与普通网友生活、工作息息相关的内容进行置顶推荐，并在评论区内积极引导。广大网友在评论区进行相关问题的讨论时，也给有同样疑问的网友以实际操作上的建议，一定程度上延伸了平台的功能。

在微信端，小编通过在留言区与网友的即时互动，一方面引导社会舆论，另一方面向编辑反馈更多网友疑问，同时调解相关争议。网站、微信、微博之间的内容相互推荐、资源共享，借助网友进行二度创作，完成二次传播。正义网今日头条、网易新闻等各个新闻客户端账号上，也同步对法律答“疫”内容进行精选推荐，进一步扩大传播力与影响力。

各平台还根据自身的特点和优势，通过添加照片、视频、超链接、H5等，给网友呈现不同的关注要点和阅读体验。通过多平台联动，使媒介、网友、志愿者参与内容生产，并成为整个系统的新生产要素。此种专业生产力与用户生产力的结合，带来了媒体生产力的再构造。用户的生产、传播和其他社交行为，也促进了内容在多个平台之间的流动。

平台建成后，一直在不断调整与改进。首先是新技

术的引进与运用，平台后期基本废除志愿者信息的人工添加，直接采用相关技术对志愿者报名信息进行适当抓取与展示。其次是内容不断充实，形式更加丰富，后期平台在支持问答的基础上，还开拓了实时查询、法律法规展示的模块，支持查询疫情防控相关信息；网页端、微信小程序提问栏对问题描述作出全面升级，增加提问者信息、问题概览和详细说明等功能，在充分满足受众表达欲望的同时，也能让编辑第一时间了解网友疑问。此外，平台还升级改造了答复呈现形式，将网友提问与志愿者答复同时展示，一左一右，方便查看，更加方便受众阅读。

微信端同样成绩喜人。检察日报正义网微信公众号文章《【法律答“疫”】村委会擅自封路合法吗？》阅读量达 1.3 万。有网友留言：“科学管控！积极防控！”起到了良好的法律宣传效果和舆论引导作用。

法律答“疫”平台在为广大网友提供法律服务的同时，积极宣传引导了舆论，教育、引导社会各界严格遵守疫情防控措施，依法有序进行疫情防控，避免其触犯相关法律法规，有效助力疫情防控，也为今后检察日报各平台重大项目统筹推进、媒体深度融合发展积累了经验。

（高斌：检察日报社融媒体中心新媒体传播一部负责人，马志为：检察日报社融媒体中心新媒体传播一部二审编辑，杨景茹、郭荣荣：检察日报社融媒体中心新媒体传播一部编辑）

法律答“疫”

案例类别：产品

澎湃在线内容风控智能平台

随着互联网内容产业的发展，以及监管政策的不断规范，内容风控市场正持续扩大，由此带来的内容审核及审核岗位培训、评估等需求也急速增加。

结合自身向全链条内容生态服务商转型的战略布局，东方报业有限公司（澎湃新闻网）开发了网络信息内容风控智能平台项目，将互联网新型主流媒体公信力、影响力扩展至更宽阔的领域，进一步利用澎湃新闻自身优势拓展业务范畴，提升媒体融合发展的整体能力。

特别是，中共中央办公厅、国务院办公厅印发了《关于加快推进媒体深度融合发展的意见》后，明确提出“支持主流媒体搭建内容审核与安全管理平台，向社会提供第三方服务，提高对全媒体内容导向的把关能力”。

澎湃新闻开展内容风控项目是贯彻落实中央政策精神的有益探索，旨在发挥党媒党网在内容把控方面的核心优势，助力互联网尤其是商业平台信息内容生态良性发展，营造清朗的网络空间。该项目也是澎湃新闻打造多元业务体系、增强自我造血机能的重要尝试，是澎湃新闻建立以内容建设为根本、先进技术为支撑、创新管理为保障的全媒体传播体系的有益探索。

一、项目背景与创新性

在大数据、人工智能技术日趋成熟的助推下，互联网内容产业呈现几何级数增长。海量图文、影音内容通过种类多样的媒体平台对外传播，由此衍生内容风控需求激增。

与此同时，近年来中宣部与中央网信办、文旅部、国家广电总局等机构陆续出台制度措施，强化对互联网内容的监管，明确平台内容审核要求及审核细则，对平台内容输出提出更高要求。而媒体市场中，自媒体用户原创内容（UGC）快速发展，图文、音频、弹幕、视频流等多元化内容形式使得内容管控精准化成为市场化互联网平台的必然诉求。

目前在主流市场上，除了央媒人民网开展了一小部分内容风控业务，其他主流媒体尤其是省级媒体尚无类似项目。

二、团队优势与规模

项目由澎湃新闻自主研发内容风控智能审核平台，并有专门的运营管理团队。

澎湃新闻作为党媒党网，在内容风控行业具有天然优势。尤其在定价相对高的涉政检测场景，更有高水平的服务输出能力。

内容风控项目组织构架包括核心管理团队、技术研发团队、基础业务团队、培训团队等部分。其中，核心管理和培训团队以澎湃新闻骨干人员输出为主要构成，项目负责人为澎湃新闻副总编辑黄杨。

团队搭建配合业务开展情况分步骤实施，目前团队规模大致为 60 人，并视业务发展实际情况灵活增减。

（一）完备的内容风控资质

澎湃新闻持有的《互联网新闻信息服务许可证》《广播电视节目制作经营许可证》等专业证照，可为子公司提供专业领域的有力支撑。

（二）成熟的内容把控能力

从《东方早报》到转型为澎湃新闻网，前后 16 年的丰富媒体实践，运营团队对风险管控有较强的经验和判断能力。依托澎湃新闻深耕新闻出版、互联网新闻信息业务多年经验，团队在内容风控方面及风控业务培训、审核员技能评定服务等方面亦有成熟的把关能力。

（三）完整的风控流程

借助澎湃新闻完善的多级审核制度流程经验。子公司在图文、视频及音频等审核领域实施二级至四级审核流程，提升审核质量。7×24 小时的平台监控，采取及时处置的机制。

（四）庞大的敏感词库

积累多年的行业专业敏感词库可直接转化应用至审核体系中，尤其是涉政类方面，词库完备准确并保持动态的更新机制。

三、创新服务模式与目标用户群体

综合考虑澎湃新闻现有业务范围、技术水平等因素，风控项目围绕内容审核第三方服务、内容审核员培训及能力评估与测试、内容审核系统安全评估等方面展开。

（一）内容审核第三方服务

内容审核业务主要为非专业媒体发布的内容提供第三方内容审核服务，其中包括政府部门发布的政务内容、企业及个人发布的自媒体内容，以及网友自发内容，主要形式为文字、图片、头像昵称、音频、视频、直播、跟评等。

（二）内容审核员培训及能力评估与测试

项目还可以为商业平台提供内容审核员培训及能力评估与测试。以习近平总书记关于网信工作的重要论述、马克思主义新闻观、互联网相关法律法规、审核标准与流程和具体案例等内容，构成内容审核员管理培训体系，提升审核人员职业素养，并可通过搭建培训相关内容的题库，实现对内容审核岗位人员的能力测试；构建围绕审核人员理论、实务及实操三方面能力及素养的评估参考指标，为行业评估标准提供科学依据。

（三）内容审核系统安全评估

针对有内容审核需求的商业网站，从制度和流程、后台技术能力、信息内容数据抽查分析、内容安全协调处置能力和内容审核资源配置能力等五个方面全面评估企业内容安全保障能力。

评估既可为商业平台提升自身审核系统能力提出专业的建议意见，同时也可为监管部门对商业平台的审核系统全面摸排盲点、痛点，提高企业风险防范能力及内容生态治理水平。

四、主要技术应用

内容审核以“机器智能审核＋人工审核”的复核方式为主。机器审核通过训练，不断优化自然语言处理能力和对有安全风险的内容风控模型；由于风险内容的边界模糊，目前人工复核团队的配备无法由机器取代。澎湃新闻依托自己研发的智能审核平台，让有经验有训练的审核团队通过专业化、规范化的流程把控风险。

其中，图文审核借助实时更新的敏感关键词库和图片识别技术进行甄别，打造高效优质审核体系；视频及音频审核领域利用人工智能技术手段以及基础设备硬件，对视频及音频内容进行截帧审核把控；内容标签分类业务将依托澎湃新闻现有词库及标签体系和持续优化训练，对留存素材进行智能化标签分类，建立具有智能比对、筛选功能的精准素材库。

五、社会效益与行业示范推广价值

自 2003 年起，国家多个部门陆续发布对互联网内容监管的相关政策。内容发布要求上，积极健康、向上向善，符合社会主义核心价值观；内容管理人员及技术要求上，需要具有相匹配的内容审核队伍，健全的技术保障措施；内容审核及监管流程上，要求内容生成事中审核，先审后发，内容分发事后监管。

开展内容风控项目，既能满足澎湃新闻平台化战略布局实施需求，也可以成为对外服务输出强化“澎湃”品牌口碑及商业价值的业务增长点，稳固澎湃新闻互联网新型主流媒体的影响力，实现良好的社会效益。

同时，该项目有利于加速媒体融合转型发展进程。内容风控业务是将澎湃新闻核心竞争优势升级转化，形成可对外输出并具商业潜力服务模式。将与澎湃新闻业务形成互动，打造多维度产品体系、完善业务板块，也是对媒体融合转型发展的践行样本。

风控项目的实施推广有利于推动风控产业的合理发展，形成起示范作用的培训测试体系、规范从业人员的资质，提升行业整体审核水平。同时也可为监管部门提高属地企业风险防范能力及内容生态治理水平提供有价值的参考。

（澎湃新闻）

澎湃清穹

案例类别：产品

澎湃新闻对政务平台的创新发展

王鹏

澎湃新闻政务号运营三年以来，严控门槛、严格把关，在“接地气”中坚决守护好媒体的“真心”，全国各级政务机构入驻超过1.5万家，发展成为中国党媒中最大的政务平台，并和商业政务平台不同，坚持以人工编辑和推荐为主、以地方和行业发展改革为特色，坚持遵守中央对政务新媒体要求，成为一个以政务本源为传播重点的政务平台。

一、注重引入内容的质量而非数量，缓解政务号和公众的焦虑

澎湃政务号始终坚持减轻各方焦虑和压力，而不是去增加；坚持做好公众号和人民群众之间的桥梁，汇聚、创造并传播优质内容和主流价值，而不是去卖萌或故意制造低级笑点。为此，澎湃没有片面追求对入驻政务号的数量考核，而将质量作为重要考核指标，让政务号安心创作优质内容，不用盲目追求蹭热点、抖机灵、标题党、玩套路、拉流量。

同时，澎湃注重日常和政务号的有效沟通及合作，提供精致的编辑服务。例如，在2020年新冠肺炎疫情期间，澎湃政务号先后推出“疫情防控工作问题建言征集”“全国复工复产指南”“抗疫第一线快报”等适合平台化特色的新媒体产品，集纳澎湃政务号优质抗疫内容，吸引多方关注，相关政务号所隶属的政府管理机构主动对接公众建言，推动进一步完善防疫抗疫措施。

二、扩大政务号优质内容的传播，并利用技术等优势和政务号共同创作

澎湃政务号的推荐机制以专业媒体编辑的人工推荐为主，让政务号的优质内容进得来、传得出。例如在2018年4月，山东省公安厅在其澎湃帐号上发布临沂市一位警察的儿子、女婿都是警察并先后牺牲的感人故事，经澎湃推荐后，被上至央媒下到地方性网站的很多媒体、网站转发，形成强大影响力，很多读者留言致敬。

类似经过澎湃政务号进一步扩大传播的例子，几乎每天都在上演，教育部澎湃账号上发布的贵州乡村教师梁俊带领学生们唱歌的报道、西藏自治区网信办澎湃账号发布的藏族阿妈和边防战士的故事、同济大学澎湃账号直播的中国深潜器探索四千米海底、深圳市公安局澎湃账号直播的警营开放日……这些传递主流价值的优质内容，在澎湃政务号上的阅读量均远远超过10万+。3年来，绝大多数国家部委和副省级城市等重要政务号都已经入驻澎湃政务号，在传统媒体运营的各类公众号中高居榜首。

同时，澎湃和入驻的政务号建立起有效、及时的沟通渠道，共同策划、创作优质内容。比如，北京大学区域与国别研究院在2020年新冠肺炎疫情期间，与澎湃政务平台合作推出“再看世界”的专题，关注疫情对全球的深刻影响，关注海外华人的健康与生活，关注“一带一路”倡议的推进，在学术圈和澎湃用户中均引起重大反响，很多在海外的中国留学生积极投稿。中国驻日本大使馆、中国对外友协等外交和外事机构也将澎湃政务号作为宣传中国和日本等国在疫情之下互相帮助的主要阵地之一。再如，2020年是中国核工业创建65周年，中核集团等央企通过中国核工业报和澎湃政务平台联合搭建的“口述核史”专题，向公众分享近60位当年参与核工业建设的亲历者口述的故事和细节，重温大国崛起的秘密，以更好地传承先辈精神，激励当下的奋进者前行。

澎湃还与政务号建立联动机制，对政务号发布的内容建立“发现—研判—采访—报道”的机制，跟进补充报道或深度报道。比如水利部在其澎湃账号辟谣“三峡大坝变形溃堤在即”的不实网络传言后，澎湃新闻进行深度报道，阐释“三峡大坝变形的谣言为何站不住脚”，与水利部声明互相配合，让谣言迅速消散。同时，澎湃经常和公众号合作推出新媒体创新产品。2018年4月，澎湃政务平台和国家统计局合作发布《2017农民工报告》的新媒体产品，被澎湃读者称为“史上最美的农民工报告”。到2019年国庆前夕，澎湃新闻又和国家统计局一起推出手机游戏《我画你猜：建国70年，人民生活有这些变化》，读者动动手指，就能通过“游戏+动画图表”的创新形式，形象地了解到人民生活的进步。

三、赋能用户和共享成果，用“互联网+”推动政务号背后的区域发展

首先，澎湃将政务平台定位为“以区域发展、各行各业改革创新为重点”，响应中央要求，积极推出政务

服务，发挥在时事新闻原创报道和深度报道上的优势，聚焦各级各地方的创新发展，总结先进经验，提炼为可复制、可推广的内容。比如，2020 年 1 月中央财经委员会第六次会议提出推动成渝地区双城经济圈建设之后，川渝两地互动频繁，交流合作日益升级，这些动态通过“重庆发布”“成都发布”等澎湃政务号不断呈现给澎湃用户，并主动和相关澎湃政务号所从属的川渝两地政府机构沟通，发布长篇原创报道《成渝之春》，进一步呈现成渝两地的热烈反响和行动，详细介绍两地相关部门工作方式的变化，让公众对成渝“搭伙”发展有了更深入的了解和期待。澎湃将中国社科院、深圳综合发展研究院等近百家高质量、影响力较大的智库和双一流高校发布在澎湃政务平台的研究成果，每周挑选结集发布《澎湃政务智库一周精选》，直送众多国家部委、各级政府机构的主要领导手中，为各地区、各系统、各行业发展提供智慧参考。当前，很多省市县区的宣传部或网信办每周都要下载该产品并报送当地主要领导。为了帮助入驻的各地方各系统更好地发展，澎湃政务平台相继上线“中国城市发展日报”“地方发展议事厅”两个产品。其中，“中国城市发展日报”每天从各大权威媒体报道、各级政府部门官方发布中精选各地发展的最新动态、新政解读等，涉及城市发展决策、城市建设、城市治理、城市安全等多个领域，展示各地发展成果和经验，不仅充当地方政府和公众之间联结的桥梁，还推动城市之间互相借鉴、共同发展。“地方发展议事厅”则是一个联系政府、公众、媒体的互动平台，请公众对各地、各级的地方发展“提建言，谋策略，说问题，补缺失”，请政府部门回复解惑，从而努力把政府服务延伸到基层、把问题解决在基层，以形成“地方发展的决策参考、社会治理的有力抓手、社会矛盾的纾解平台”，为地方发展提供坚实支撑。

在为澎湃政务号赋能过程中，澎湃特别注重对“真心”的坚守。2019 年底，澎湃政务平台和全国妇联等合办“女性正能量论坛”，创造性地邀请澎湃新闻近年来报道过的优秀女性代表出席，用真实的人物和故事来展现女性半边天的力量，很多在场人员和收看直播的澎湃用户都表示“感动”。国家地震局、自然资源部等随后纷纷表示要与澎湃合办类似活动。

（王鹏：澎湃新闻政务中心负责人）

澎湃新闻政务平台

案例类别：产品

第一财经：系列“云上会”——企业抗疫生存指南

疫情突发之下，中小企业面临复工和生存难题，一方面急需专家排忧解难；而另一方面，行业专家、头部企业又“有话要说”，急于倾诉。对此，第一财经迅速反应，率先把视线从关注疫情情况、防控情况，转移到经济落脚点，转移到疫情下的企业生存问题中，自主策划推出以“企业生存抗疫指南”为主题的全新新媒体视频产品“云上会”。

一、踏准战“疫”节奏，展现专业洞察

2020 年 2 月 20 日，首场“云上会”急速推出，邀请分众传媒创始人兼董事长江南春等嘉宾，与众多网友云上畅聊企业战“疫”“行动力”；3 月 3 日，“数字化生存”专场，邀约对数字化战略素有研究的北大教授陈春花对话三位大中小型企业代表，整场讨论上理论与实践相结合。每一场都引发网友热烈回应，直播开始前上千网友进群征集提问，直播还未结束，集纳了精彩对话的快速专题便已建成。

自此，“云上会”项目始终紧跟疫情防控工作阶段性重点，不断探索、逐渐升级，成为疫情之下，电视团队在网端建成的一个内容高地。以“危中寻机 化危为机”为出发点，最初开启了以稳外贸为主题的系列直播，聚焦国内外疫情双重打击下中小外贸企业的真实感受和急迫需求，汇聚行业商会嘉宾、专家，探讨寻求不同类型的外贸企业在操作层面最有效的应对之策。随着国内疫情形式转好，“云上会”又将关注点放在了经济社会复苏、企业复工复产上，其中对于相关政策、细则解读更是迅速及时。2 月 8 日，上海市出台《上海市全力防控疫情支持服务企业平稳健康发展的若干政策措施》（简称“沪 28 条”），策划团队迅速反应，特别邀约政府、机构和

企业对话，详解上海抗疫惠企28条；4月14日《上海市促进在线新经济发展行动方案（2020—2022年）》出台，策划团队在方案出台一天后便抓住热点，在“新经济 新动能 企业战‘疫’转型新机遇”的主题下统筹策划了一场聚焦在线新经济的“云上会”特别节目，通过智能医疗设备、人工智能、数字赋能产业等在疫情中积极开展在线新经济的企业代表和专家学者的线上交流，展现了高新技术企业在这一特殊时期“危中寻机”，通过技术创新升级为疫情后的企业经营发展和产业升级蓄能蓄势的动力和信心。

从关注中小企业困境、搭建交流沟通的桥梁，助其“危中寻机”到记录社会经济复苏、企业复工复产，为多方提供政策解读，经验分享的平台，再到如今的定制化服务，为头部企业展现战“疫”成果和成功案例提供渠道，第一财经“云上会”项目密切关注上海疫情防控和经济复苏，紧跟政策落地步伐，不仅为政府、企业、专家、国内外金融机构搭建桥梁，分享战“疫”经验共克时艰，更是不断拓展边界，为尚处困境，危中寻机的企业探路，助其开拓新思路，开辟新机遇，体现了专业财经媒体的社会责任和专业洞察。

二、大胆创新的是形式，扎实硬核的是内容

形式上，“云上会”项目脱离电视传统制作手段，率先大胆尝试使用外部视频通话软件，把视频聊天室功能引入财经视频产品中。项目中试用过了现在市面上大部分具备视频会议功能的视频通话APP，包括钉钉、会汇、飞书、腾讯会议、QQ聊天室、Welink等，并且在直播过程中承担了切割出现黑场、网络不稳定可能会卡顿、嘉宾不会使用要手把手提前教等种种风险，最终以目前比较稳定的呈现形式，得到了各方认可。

内容上，“云上会”项目体现了第一财经专业优势，通过经济复苏中的热点、难点领域，如企业数字化管理、即时通信行业、外贸行业等，将观察的触角深入各个行业。“云上会”通过行业中的“头部企业+腰部企业+小微企业代表+行业专家”嘉宾组合、“观察社会—传递信息—创造价值”的内容架构，以及行业案例的积累，生动地绘制了一幅中国企业的抗疫图景，内容与价值相互作用，构建了一个循环生态。

同时还通过与用户群组互动，链接起孤立和离散的个体，实现对话场的构建。其内容扎实硬核更是为“云上会”的高务实性打好了基础，较为全面地覆盖整个行业需求，切实对整个行业进行赋能。

三、从公益行动起步，在商业道路腾飞

“云上会”项目最初是第一财经在疫情之下发起的媒体公益行动，意图为小微企业生存、经济社会复苏承担起媒体责任与力量。实际上，正是因为“云上会”产品的这份“专心”，使其在流量和经营数字上也都获得了很大成功。2020年2月20日推出首期，开播即获得全网500万的流量，累计直播超30场，凭借每场平均百万+的全网流量表现，吸引了大批客户。开播10天即收获客户订单，50天得到华为、联想、IBM、飞书等7家客户400余万元合作签单，截至2020年11月已获20多家客户，近900万元的合作订单。

四、广泛链接，实现“云上会”产品的迅速蝶变

在“云上会——企业抗疫生存指南”取得成功之后，第一财经将这一项目形态进行了丰富的演变，尽可能多地链接新的应用场景，从而诞生了一批优质视频内容。

（一）链接金融：产生了“2020下半场”投资策略会、财富管理报告会

2020年6月底，第一财经重磅推出网络直播产品——《2020下半场投资趋势谈》。一个多月时间里完成27场直播，吸引49家金融机构的54位嘉宾参与，总播放量超2600万，单场最高播放量超过150万。从8月13日起，项目升级为《2020·布局 财富管理报告会》，围绕房产、银行理财、基金投资、外汇、黄金等资产配置话题，直播超过20场。

（二）链接大型会议：演变成3×24小时“云端峰会”

2020年7月9日至11日，第一财经打造“2020世界人工智能大会”云端峰会，集结多组导演团队，连续三天的直播大放送，相当于打造了一个专属的WAIC频道。数据统计，世界人工智能大会开幕式及全体会议+主题论坛+行业论坛+3×24小时一财全程大放送，总播放量达到2.032亿次。其中，全程大放送汇聚100+位嘉宾，50+场对话，累积观看量超过1亿次。9月24日至26日，全球顶级金融科技盛会“2020·外滩大会”召开，第一财经为大会提供3天接力网络直播，策划精彩内容，将以多主题、多样态、多创新的方式，打造云端峰会的衍生场景。

（三）链接海内外高端访问：产生了《顶级投资人》这样的高端视频访谈

自2020年7月起，第一财经推出《顶级投资人》视频栏目，对苏世民、达利欧、罗杰斯等风云人物和各大财富管理全球首席投资总监进行视频专访。通过对话这些具有全球影响力的投资“大佬”和头部资产管理人，探讨2020年疫情冲击之下，如何理解极端波动的全球市场，以及投资理念和投资决策将如何随之发生变化。

这些探索和实践仿佛打开了想象的“阀门”，财经视频应用场景变得空前广阔。财经视频不再只是冰冷的数字、枯燥的解读，而是可以从“特写”“全景”到“AI”……受众通过专业视频服务，实现在财经世界数字空间“畅游无阻”。

创新从未止步，“云上会”在丰富演变的同时，也不断地在主题报道中有所作为，2020 年 11 月 12 日，浦东开发开放 30 周年庆祝大会举行。第一财经立即组织专业力量，深入解读习近平总书记重要讲话，从开发、开放、创新、金融、城市治理等角度精心策划，邀请 10 余位财经、政经领域重量级嘉宾展开讨论，于大会次日开始，连续多日通过一财网端、电视等渠道密集推出五场“云上会·再出发”场内与线上相结合的专业论坛，凝聚专家智慧，及时进行深入分析解读，从浦东看中国、看世界未来发展格局，发出有思想、有力度的声音。

通过“云上会”视频产品，第一财经不但为企业寻找到数字化生存变革的路线图，而且摸索出一条自身内容产品演进的路线图，完成自身生产方式的裂变。这是一次专业媒体的“自我革新”，也是一次专业媒体的“破阈迁徙”，更是专业创造价值的延展持续。

（第一财经）

系列“云上会”专题

案例类别：组织机构

华龙网融合创“芯”加快打造新型媒体集团

近年来，华龙网集团深入贯彻落实习近平总书记关于媒体融合发展的重要论述，在传播技术、舆论生态和媒体格局发生深刻变化的时代背景下，坚持以内容建设为根本、先进技术为支撑、创新管理为保障，着力练好内功，提升党网“四力”，增强自我造血机能，全面坚守主阵地，打造现代传播体系与大数据人工智能综合布局的新型媒体集团。目前，华龙网在全国省级重点新闻网站中传播力排名第二，连续八年获得中国新闻奖，其中四次一等奖，综合实力位居全国新闻网站前列。营收连续多年实现增长，2019 年营收 2.69 亿元，利润总额 3629 万元。

一、着眼全局谋划，明晰党网新型主流媒体发展战略

大数据、人工智能、移动终端的广泛应用，标志着智能化媒体时代的到来，将媒体融合的进程推向新的发展快车道；同时，党网发展也面临不断迭代的互联网新技术的新挑战。

2019 年以来，基于舆论生态、传播格局的深刻变化，结合新形势、新要求，华龙网明确了以新闻发展为龙头，以技术驱动为核心，以大数据应用为基础，以“互联网 +”产业为动力，抢抓大数据智能化创新发展机遇，深度融合、数据赋能，打造现代传播体系与大数据人工智能综合布局的新型媒体集团的发展战略。明确战略实施以“内容 + 技术 + 运营”为方向，以“一芯（‘华龙芯’智慧数字技术能力中台）、两云（安全云、内容云）+*N* 平台（‘1+41’客户端矩阵、数字阅报屏矩阵和手机报矩阵等）”为路径，在组织架构、人力资源、资金调度、机制保障、有效管理、文化建设共六个方面实施落地。

二、坚持移动优先，建立适应互联网生态的新型采编架构

近年来，为更好适应媒体深度融合发展需要，华龙网集团不断调整优化组织架构，合理整合部门机构和职责职能。

（一）整合设立融媒体新闻中心

整合设立融媒体新闻中心，改革生产机制，创建“融合创新部”，将记者、编辑、主持、视频、美术、编导、后期包装、H5 技术等岗位组成工作室，将传统式、单项式传播向互动式、场景式转变，在音视频、VR、AR、MR 等流媒体内容的供给上，时刻保持内容新应用新。同时集中力量打造《百姓故事》《追光》《四分半》《渝论场》等精品内容、知名栏目，加大深度报道和时政评论，做有温度、有态度、有厚度、有视野广度的全媒体。随着 5G 时代的来临，让视频化、视觉化成为内容表达的主流，加速升级视频化转型。

（二）新设移动端运营中心

新设移动端运营中心，进一步打通内容与技术、运营的深度融合。在“核心级、紧密级、协同级”三级协同传播渠道基础上，从自主平台创建及深耕 + 借船出海第三方平台 + 中央省市级新闻平台联盟，形成立足重庆、走向全国、面向世界的综合媒体传播力，构建了三个覆盖重庆全市的立体式新媒体传播矩阵。

"1+41"融媒体客户端集群形成了统一技术标准、统一后台管理、统一用户数据和统一服务能力的新型传播平台，已成为区县融媒体中心主要载体，下载量达到2400万、日活跃量225万，被中央网信办《网络传播》杂志作为媒体融合经验向全国推广；2020年的疫情防控宣传中，客户端集群联盟联动效果明显，在技术、内容、运营多方面发力，产出多个爆款作品，得到了包括人民日报在内的业内高度认可。

重庆手机报集群订阅用户1000万，在2020年的疫情防控期间，手机报协调三大运营商免费增刊，新增用户140余万，各区县疫情专刊累计发布1400余期，覆盖用户达2.65亿，充分发挥了党和政府的应急动员和维稳功能作用。

超过3000块智慧数字屏是重庆唯一入驻党政机关及事业单位的室内多媒体终端，已经成为规模仅次于人民日报电子阅报栏的党报数字屏媒体。

华龙网围绕"新闻+行业""视频+移动""平台+资源""产品+应用"专注内容质量，连续8年获得中国新闻奖，其中4个一等奖。2020年，华龙网作品《2019对话1949:时代变了 初心未变》获第三十届中国新闻奖融合创新一等奖，这是重庆新闻界首个中国新闻奖媒体融合类一等奖作品。

三、强化技术引领，打造"华龙芯"智慧数字技术能力中台

在媒体发展的过程中，技术本身逐步从"支撑者"的角色转变为"引领者"。华龙网通过重组设立技术中心，打造"华龙芯"智慧数字技术能力中台，加速采编发流程全方位改造升级，形成自主核心技术与产品应用，运用大数据智能化驱动媒体深度融合。

在横向上，对内通过融合华龙网内容分发平台、渠道，通过线索分析、资源管理、绩效管理、任务管理、网站站点管理、即时通讯、视频能力的融合，辅以移动端采编系统的建设，加速采编发流程再造，提升内容生产传播效能，打造融媒体中台。对外以平台型产品建设为方向，坚持移动优先战略，深度介入数字重庆、智慧城市建设的发展契机，通过政务服务融合、智慧生活服务融合打造政务服务中台和智慧生活中台。

在纵向上，汇聚集团信息资源，通过领域建模、机器学习、大数据挖掘等技术，构建企业大数据中台，提升集团大数据能力，打造共享标准体系，建立集团统一指挥调度机制。同时，通过AI/AR/VR、人工智能、虚拟主播、区块链等先进技术进行封装融合，打造基础能力中台，为各业务平台持续"供氧"。

在"华龙芯"上构建的内容云将对华龙网及重庆全域可利用的数字资产汇聚，形成数字资产资源库，为内容价值提供变现能力。而安全云，则通过混合云基础平台以及自动化运维体系，保障系统安全、网络安全、数据安全，为业务平台持续提供稳定安全的防护能力。

四、实现运营赋能，"互联网+产业"反哺壮大党网综合实力

全媒体发展，除拥有优质的内容生产能力和先进的技术服务，其发展后劲还需要紧跟用户需求、客户需求、社会需求，形成深耕渠道的综合运营能力。华龙网对运营和产业板块支撑部门职责架构进行优化升级，专门设立经营管理办公室统筹协调。

全渠道、强传播。为区县提供深度的融媒体培训、内容代运营、爆款产品支撑，全媒体活动策划等，实现人才有培养、内容有帮扶、活动有联动，真正做到合作有保障。

华龙网通过自身的迭代，把最前沿的技术、新的互联网玩法，引入各区县各企业，将能力全方位输出，对合作伙伴的产业、生产经营管理进行"内容+技术+运营"的赋能，创建合作共赢的发展氛围。

围绕主业积极探索"互联网+产业"新模式，增强党网综合实力。打破以政务宣传、手机报为主要收入的单一经营结构，形成以广告宣传、移动信息增值业务、技术集成开发服务、互联网产业为核心的收入结构，营业收入从2014年的1.62亿元增长到2019年的2.69亿元，增长66%；利润总额从2014年的865万元增长到2019年的3629万元，增长320%。

五、加强队伍建设，激发团队干事创业活力

媒体深度融合发展需要人才、资金、资产、技术、品牌等多方面资源，而各方面优势的充分发挥，归根结底都需要人才。全媒体人才需要懂技术、懂新闻、懂市场，还要具备数据追踪、用户体验、传播分析和产品构建等方面的技能。

创新全媒体人才引进、培养机制，通过校招、社招等方式补齐采编人员缺口，开展各类针对性系统化培训，增强全体采编人员"四力"，培养全媒记者、编辑、管理人才。2019年以来，分别针对中层干部实施"中干赋能培训计划"、采编团队实施"采编特训营培训计划"、商务运营团队实施"商务运营铁军培训计划"等多项重点培训工作，全面提升员工综合素养、激发潜力，持续培养一支"政治过硬、本领高强、求实创新、能打胜仗"的融媒体人才队伍。

2019年，华龙网记者首次登上中国记协、全国三教办举办的"记者大讲堂"，结合华龙网一年两获中国新闻奖一等奖的经历，生动讲述重庆媒体人在一线增强"四力"、创作新闻精品的背后故事。2020年，华龙网一人获第十六届长江韬奋奖（韬奋系列）。

（重庆华龙网集团股份有限公司）

案例类别：产品

重庆“1+41”融媒体客户端集群建设项目

付勇 汪雅洁

按照中共中央办公厅、国务院办公厅《关于加快推进媒体深度融合发展的意见》工作要求，在重庆市委宣传部的指导下，重庆华龙网集团坚持正确方向、一体化、移动优先、科学布局、改革创新的原则，大力推动融媒体客户端集群建设和发展工作，大胆探索区县级融合发展的渠道路径，移动大数据云平台建设取得长足进展。

通过重庆市统一平台、统一数据、统一用户、分端运营的创新方式纵向整合了41个区县官方客户端，作为重庆市区县级融媒体中心建设的最终成果和首要载体。

目前项目总下载量超过2700万，日活跃用户260万，各区县客户端用户达到当地常住人口的70%，建成了全国唯一的省市、区县级全覆盖的融媒体移动传播体系。

一、顶层科学布局，市级、区（县）级全域覆盖

为逐步建成面向基层全覆盖的主流舆论阵地，综合服务平台和社区信息枢纽，加快媒体转型升级、融合发展，华龙网集团将客户端建设发展纳入集团移动化发展战略，组建专业技术团队负责重庆融媒体客户端集群平台打造和运营维护，重庆融媒体客户端集群已成为重庆市级、区县级媒体融合发展的核心平台。

重庆融媒体客户端集群由42个客户端组成，形成“1+41”“龙头＋龙身”的架构，“龙头”是“新重庆”客户端，由华龙网集团运营，起到主动力和主引擎的作用；“龙身”是重庆市41个区县客户端，内容各区结合区域特点自主运营，是传播到达的力量源泉。这样在技术上形成了统一平台、统一数据、统一服务的标准，既克服了区县技术人才短缺的困难，又保证了集群内容的差异性及安全的稳定性。42个客户端看似独立，实则相通，为统分运营打下了良好基础。

（一）核心技术自主创新

开发自主可控的客户端技术大平台，利用5G、大数据、云计算、人工智能、区块链等技术，采用原生语言开发与H5相结合，集成20多个功能服务模块，如：新闻模块、政务模块、生活服务模块等，构建标准化的功能服务超市。

（二）重点强化互联互通

注重向客户端集群提供统一的技术标准，并为不同平台提供便捷接口，形成统一的底层数据管理能力，实现用户系统一体化、数据集中化、服务组件化、区县运营自主化。

（三）坚决确保运营安全

守牢“零事故”红线，采用人工采编审核和技术平台敏感词过滤，双重保障内容安全，采用“防火墙＋非法请求过滤＋请求限流＋HTTPS安全请求＋服务器网络隔离”完整方案，确保服务器安全。

（四）实现抱团发展

成立重庆融媒体移动传播联盟，通过42个客户端上下一致、左右协同的互动和配合，实现内容联动、资源打捆、力量聚合，使资讯的到达率、阅读率、点赞率不断提高。

重庆融媒体移动传播联盟的运营模式，在进行主题宣传时，效果尤为显著。比如，新冠肺炎疫情期间，联盟发起网络接力倡议不聚集不扎堆，重庆所有区县同步参与，全覆盖无死角。以美食、美景为策划点，推出爆款融媒体产品《春暖花开疫情散去 我在重庆等你来聚》，这些能勾起乡愁记忆的景点、引人食指大动的美食，激发区县网民自发刷屏，接力活动因为影响力倍增，一周时间，全网阅读量1.88亿，点赞评论量281万，《人民日报》专门刊发评论《不聚，是为更好相聚》点赞，用接地气的方式宣传防控知识，增强了全社会抗击疫情的信心和合力。

二、移动优先，服务先行，走好全媒时代群众路线

近年来，重庆市认真贯彻落实党中央、国务院关于推进“互联网＋政务服务”的决策部署，聚焦让企业群众办事更高效、体验更愉快的目标，大力推进政务服务线上“一网通办”，实现24小时服务“不打烊”。区县融媒体中心具有属地化、本土化的鲜明特点，利用这一优势，重庆融媒体移动传播联盟打造属于本地老百姓的一地一端移动互联网生态服务系统，把重点放在问民需、为民事、讲本地故事上。

重庆融媒体移动传播联盟以重庆市渝快办政务服务平台为基础，区县的政务、公共、行业服务为补充，全部纳入区县融媒体平台建设，努力把“渝快办”打造成为全市社会治理和公共服务的网上“总门户、总平台、总枢纽”，推进政府治理体系和治理能力现代化，并且将“渝快办”接入各个APP中，方便用户办理各类政务事项，真正做到让用户喜欢用，离不开，实现群众便利

最大化。

融媒体客户端作为区县级融媒体中心的主要平台，整合了当地各级政务资源、社会资源、媒体资源等，并扩展为本地智慧政务、智慧城市建设的首要入口，作为集群平台的上行数据池。市级层面，由“新重庆”客户端牵头，制定相应的技术规范标准、运营合作标准，联动和整合市级政务、新闻、宣传、商家等资源，将市级的信息数据形成共享云，提供给41个客户端应用。在一个云平台上，市级和区县级的数据能充分共享，上下通畅。

三、统分运营，社会效益与经济效益充分结合

重庆融媒体客户端集群平台在内容、运营上采取“统分运营”的模式，即各区县客户端在产品设计、功能布局、新闻内容、运营推广、招商广告等方面根据自身的特点自主运营、自担风险、自负盈亏，同时也参与重庆融媒体客户端集群联盟的统一主题内容策划、宣传推广运营活动。“统分运营”模式，既保证了平台的安全性、技术的先进性，又保持了区县媒体的独立性、多样性、积极性。

在内容推广上采取共享互推，提升传播力。新冠肺炎疫情期间，重庆融媒体客户端集群平台在新重庆客户端开通战“疫”频道，每天定时将各区县最新抗疫动态推送给所有用户，同时也把市委市政府、市疫情防控领导小组和市级相关部门权威发布第一时间分发给区县客户端，打通基层战“疫”宣传“最后一公里”；活动推广上，实现全市联动，借助2400万用户的平台，活跃度达到量级提升。

除了内容之外，重庆融媒体客户端在运营上也采取“共享运营”模式，坚持资源共享。新冠肺炎疫情期间，针对农户商品滞销、外销困难的情况，重庆融媒体客户端集群平台联合“拼多多”开展抗疫助农活动。平台联动江津、开州、巴南等10余个区县，收集了1500余名农户信息、集纳120余种商品，为商家制作宣传海报50余张，通过重庆客户端集群平台发布多篇助农宣传稿件，阅读量超过200万，共计助力农产品销售近600吨。尤其是推出《抗疫助农！重庆开州区区长为开县春橙直播带货啦买它！》，邀请重庆市开州区委副书记、区人民政府区长蒋牧宸做客助农直播间，和新重庆客户端主播一起给网友们当“客服”，当天售出春橙10万余斤，开州区区长也特别来电感谢了重庆融媒体客户端集群的支持。

同时，重庆融媒体客户端集群也在积极探索“收益反哺区县”的新模式。由华龙网专门成立招商小组，全市联动统一招商，极好地整合集群各客户端的数据、资源、流量等，不断突破地域的影响和限制，撬动全国市场，极大提升市场竞争力、品牌效益和张力。所得运营收益，由集群每个成员共同分享。通过运营和分配机制的不断优化，反哺各个区县，达到良性循环。

经过4年的发展和探索，客户端集群联盟已初具规模，通过集群联动，将受众拓展到本土以外。在战“疫”报道中，重庆融媒体客户端集群立足矩阵，统一技术规范和运营合作标准，策划推出了大量主题鲜明、传播广泛的融媒体产品。

抓好县级融媒体中心建设，能够实现县域内媒体资源的有效整合、高效利用，也是更好服务群众、满足群众美好生活需要的有效途径。重庆创造性地打造县级融媒体中心的“客户端集群样本”，将新闻宣传、综合服务的触角延伸到区县，不断以互联网思维优化资源配置，提升主流媒体的舆论引导力，摸索出一条适合县级融媒体中心发展的创新之路。

（付勇：重庆新华龙掌媒文化传播有限公司总经理，汪雅洁：重庆新华龙掌媒文化传播有限公司运营主管）

案例类别：产品

冀云·融媒体平台 打造全国媒体深度融合新“样板”

李建 田少华 韩伟 武昊宇

一、背景介绍

建设冀云·融媒体平台，是河北省委深入贯彻落实习近平总书记关于推动媒体融合发展、做大做强主流舆论重要指示精神，落实党中央关于县级融媒体中心建设决策部署作出的一项重大部署。河北省委书记、省人大常委会主任王东峰作出明确指示，提出具体要求。

冀云·融媒体平台自2019年10月上线以来，在实施“冀云时间·全省融媒体中心联动报道”品牌，运用“云”联动强化全省媒体深度融合，巧用“大数据＋人工智能”助力疫情防控，“做政务”“做服务”，做社会治理的

好帮手等方面持续发力，探索以“平台型媒体”建设推动新型主流媒体建设的新路子，更好地引导群众、服务群众，为提升社会治理能力现代化水平提供有力支撑和坚强保障，蹚出一条媒体融合发展的河北之路，获评国家广电总局“全国广播电视媒体融合成长项目”，成为河北省唯一上榜单位，平台同时荣获“王选新闻科学技术奖”一等奖。

二、做法成效

（一）“冀云时间”，联通县级融媒构建“平台型媒体”

冀云·融媒体平台作为河北省县级融媒体中心的指挥调度中心和公共平台，目前已为174个市县融媒体中心开通入驻账号，实现全省全覆盖；为147个县级融媒体中心开发了本地特色客户端，并已全部上线运营。借助这一优势，平台加强媒体资源整合，创新性推出“冀云时间·全省融媒体中心联动报道”品牌，在重大活动、重要会议和主要节点，常态化联动河北省各地县级融媒体中心开展宣传活动，共同打造主题、题材、形式相统一的媒体产品，并在各地分端上同步开设专题，实现地方分散的内容资源在同一平台汇聚交流，全省集中发声的运行新模式。

新冠肺炎疫情发生以来，冀云·融媒体平台第一时间汇聚93家市县融媒体中心开设“战疫”频道，同步推出“冀云时间·一起战‘疫’”专题，构建全省疫情防控宣传工作“一张网”，单篇浏览量超过5000万人次。同时，发挥融媒体优势，在河北省开创了首家融媒联动战“疫”宣传网络直播新模式，策划推出大型网络直播节目《冀云·河北战“疫”》，全面展现基层一线抗击疫情的工作经验、先进典型和务实措施，最高单篇点击量超过6600万，打赢了疫情防控舆论仗。

2020年全国“两会”，冀云·融媒体平台与河北省各市县融媒体中心联动，在冀云客户端总平台和河北省各县级分端首屏，同步开设“两会”频道，推出《冀云时间·县级融媒报“两会”》专题，精选全省各县级融媒体中心的“两会”相关报道，反映基层干部群众学习习近平总书记在两会重要讲话精神和政府工作报告，振奋精神，鼓足干劲，努力实现全年经济社会发展目标任务的信心和决心，全景展现省市县三级媒体围绕全国“两会”共同营造浓厚舆论氛围的生动实践。

为“走向我们的小康生活”营造良好的氛围，冀云·融媒体平台与河北省147家市（县）融媒体中心实现互联互通和资源共享，共同策划推出“冀云时间·我们的小康生活”系列短视频征集活动，用镜头记录人民群众的小康故事，展现燕赵儿女为全面建成小康社会奋斗圆梦的精神风貌。

国庆、中秋双节期间，冀云·融媒体平台再次联动全省县级融媒体中心，推出《冀云时间·我的国 我的家》专题报道，采写制作推出60余篇（部）贴近节日主题、贴近地域特色、贴近群众生活的新媒体稿件和作品，使冀云·融媒体平台与县级融媒体中心深度融合、联动常态化。

为深入做好党的十九届五中全会精神的阐释解读，冀云·融媒体平台联合全省县级融媒体中心，推出“宣讲轻骑兵 乡音说全会”系列融媒体报道，用群众喜闻乐见的形式和接地气的语言，把党的声音传达到基层，相关作品点击量达百万次。

（二）“云”联动，“弱现场”情况下打造“强传播”

冀云·融媒体平台凸显省级指挥调度中心优势，实现全省性重大活动宣传统一部署、统一指挥。河北“百县百校万人同日上冰雪”活动，在冀云·融媒体平台调度下，通过线下集中上真冰雪、线上百屏同步直播的形式，带动全省27万人同日参与到冰雪运动中来，活动实况登上央视《新闻联播》，并被新华社、《人民日报》等多家央媒报道。

在河北省新闻战线“奋力夺取‘双胜利’，记者走基层”启动仪式上，通过冀云全省指挥调度系统，全省宣传系统182个分会场统一通过移动、便捷的互联网接入方式召开双向互动视频会议，10秒之内指令即时分发到各市县融媒体中心。

2020年全国两会期间，自主研发国内领先的具备云端采访、直播导播等功能的“冀云采”远程视频采访系统，推出了AI虚拟主播“冀小蓝”，开创了直播新样态“云直播”，打出一套云端采、编、发创新组合拳，实现“弱现场”情况下的“强传播”，助力全国两会报道“云端出彩”，受到中宣部两次表扬。

（三）巧用“大数据＋人工智能”，让疫情防控“耳聪目明”

新冠肺炎疫情期间，冀云·融媒体平台以开放共享的技术平台、大数据、云计算等手段为支撑，将疫情数据、舆情数据、心理平台、空中课堂等通过数据库共享、端口栏目（页面）统一配置等方式，向市县融媒体中心下沉，为基层抗疫宣传提供一手权威信息和实用功能，平台影响力和权威性明显提升，多项工作得到中宣部肯定。

平台应用大数据抓取和大数据智能分析等前沿技术，研发并推出周边疫情查询、假日出游荐行、高考志愿AI智能填报、助农信息收集等一系列平台类、工具类系统，并输出到全省县级分平台，服务公众。其中，《河北疫情实时动态》累计传播量突破5400万次。与河北省卫健委联合推出的“河北在线心理咨询平台”，是河北省首家由新闻媒体建设运营的心理咨询平台，已有810万人次咨询访问；疫情期间与市县相关部门联合开设的“空中课堂”，实现了河北省云上教育的资源汇聚和信息共享，累计在线人数达5000万。

（四）“做政务”“做服务”，做社会治理的好帮手

平台积极探索大数据在各个行业的应用场景，为各级党委政府、媒体、企业发展提供数据支撑和智力支持，

赋能各地各部门各单位社会治理体系和治理能力现代化建设。2020年上半年，围绕疫情防控、复工复产等重点工作开展舆情监测预警及数据分析工作，撰写新冠肺炎疫情日报、大数据分析专报数百期，河北省委、省政府主要领导同志多次批示。目前，已有3025家单位入驻冀云《问政河北》平台，每天收到群众诉求近百条，累计收到各类诉求20000余条，答复率超过90%，帮助网友解决了大量实际问题。

截至目前，冀云·融媒体平台已开通政务民生服务功能50多项。

三、经验启示

冀云·融媒体平台一年多建设运营的探索与实践，让我们深刻体会到聚合推动了整合，深化了融合。冀云·融媒体平台作为县级融媒中心的省级总平台，一方面经由它基于互联网的技术平台，支撑起了河北省县级融媒体中心的建设和运营；另一方面在融媒生产、客户端建设、大数据分析、一体化宣传指挥调度、公共服务等方面持续发力，构建起“新闻+政务服务商务”完整的融媒体内容生产和传播应用体系。

推进媒体深度融合发展，只有把各类媒体资源、社会资源视为自己的资源，深化自身体制机制改革，建立适应全媒体生产传播的一体化组织架构，构建新型采编流程，通过算法、数据驱动来实现对各类社会资源的科学配置、有机整合、全面融合，才能让资源的能量和效益在自己的平台上“变现”，实现从“媒体型平台”向“平台型媒体”的转变，占领新兴传播阵地。

（李建：长城新媒体集团总编室副主任，田少华：长城新媒体集团总编室宣传管理科科长，韩伟：长城新媒体集团总编室综合外联科副科长，武昊宇：长城新媒体集团总编室质量评估科科长）

案例类别：产品

智慧党建云平台

一、研发背景

2018年7月3日至4日，全国组织工作会议在京召开。习近平总书记在会上指出，要“探索加强新兴业态和互联网党建工作”。互联网党建是基于网络空间产生的一种新型党建形态。实现互联网和党建工作的有机融合，是扩大党在网络空间号召力和凝聚力的必然要求。

智慧党建相关产品应用处于起步阶段，没有形成统一的产品标准和产品形态，市场具有广阔前景和无限潜力。人民网、中国移动以及各类企业，都在积极开发相关应用，市场处于初步探索阶段。

抓好党建是基层党组织的首要任务，借助信息化手段，助推党建工作实现科学化、智慧化，是信息时代的必然选择。传统党建工作复杂繁重，随着信息时代的到来，基层党建工作应适应新形势、新要求，提升科技化信息化水平。将信息技术应用到党建工作中，既是信息化时代发展的客观要求，也是党建工作改革创新的必然要求。智慧党建云平台结合当前基层党建工作现状，服务于各级基层党组织，为党建党务工作提供信息化解决方案。

智慧党建云平台的出现是新时期党建工作的需求，也是推进全面从严治党不断深化的具体体现，各级党组织应强化党建主体责任，切实把平台建设工作做到实处。开发线上党组织管理、党员管理、学习培训、“三会一课”、考勤管理、民主评议、党建资讯等功能，实现党组织党员齐心为党建工作与经济建设出谋划策，建立健全干部监督网络，动员更多党员群众，从政治纪律、政治规矩、政治生活等方面对党员干部开展监督指导工作。

二、产品简介

“智慧党建云平台”由大众报业集团出品，山东省互联网传媒集团旗下山东大众信息产业有限公司建设和运营，是为迎接建党100周年，推进基层党组织标准化建设而开发的大型信息化平台。它综合运用云计算、物联网、大数据、虚拟现实等先进技术，集党建宣传、学习培训、党务工作、党建管理于一体，助力基层党组织打通党建工作“最后一公里”，增强组织凝聚力，实现党务管理的信息化、智慧化。

平台采用软硬件结合的形式，将系统前端预装到4K

高清触摸屏电视中，所有操作均可手动触屏完成，生动直观、方便快捷。也可将系统预装到安卓系统的手机和平板电脑上，投屏至普通智能电视，由手机或平板电脑控制操作使用。

平台后台放置于云端，用户输入账号、密码即可进行系统设置、内容上传、稿件推送、互动管理等操作，不需配置服务器等存储设备。平台适用于各级基层党组织，其前端大屏可放置在党建展馆、党员活动室、单位大堂等场所，用于党组织会议、党员集体学习、党建工作演示汇报等不同场景，其后台可以在任意电脑登入，随时更新内容、推送稿件，设置互动议题，在大屏呈现。

三、产品功能

（一）学习资源

1. 共享内容实时更新。平台运维团队每日精选中央和省委关于党建工作的重要讲话、重要文件、规章制度，党建工作的典型报道、先进经验，党建宣传视频、优秀党课视频等，实时推送，供用户学习使用。

2. 本地内容随时上传。用户可自行上传本单位领导讲话、党建文件、同事的学习心得等内容，包括图文、音视频等，供内部学习分享。

3. 党报党刊一屏尽览。平台汇集全国各级党报、党刊的电子版，实时更新，可随时随地阅读学习，用户还可自行订制在大屏显示的报刊种类。平台还嵌入了“学习强国”“灯塔在线”“大众日报”“海报新闻”四大客户端内容，可实时浏览。

4. 红色展馆在线参观。平台集纳了全省 50 余个爱国主义教育基地的 VR 展馆，可身临其境在线参观，足不出户感受爱国情怀，接受红色文化的熏陶和洗礼。

（二）党建宣传

党建信息直通“学习强国”“大众网”“海报新闻”等主流媒体。

1. 宣传稿件直推媒体。平台后台与大众报业集团各媒体后台直接联通，用户党建相关稿件，可通过后台直接推送至“大众网”党建频道及《大众日报》海报新闻客户端，由编辑审核刊发，优秀稿件还可推送至“学习强国”山东平台。

2. 优秀稿件全员共享。被上述平台刊发的稿件将择优在平台前端大屏的《党建交流》栏目发布，便于用户展示宣传成果，同时供平台所有用户学习浏览。

（三）党务管理

1. 组织管理。平台可展示多级党组织整体架构，直观展示单位各级党组织的架构，方便汇报演示。

2. 数据分析。平台具备强大的云端存储和数据分析能力，党员档案等信息可即时上传，随时查阅；对于组织内党员的年龄、性别、学历、党龄等数据可实时分析，直观呈现。

3. 留痕管理。用户可将“三会一课”“主题活动”的图文、视频等材料发布到系统，用于汇报交流。材料将永久存储于云端，随时查阅，实现留痕管理。

4. 群团管理。实现对基层党组织联系的群众团体的信息化管理，包括群团人员、群团活动等。

（四）互动功能

“智慧党建云平台”可通过微信小程序绑定用户单位每位党员的微信，通过手机与平台的互动，实现考勤管理、民主评议、党建答题、党费交纳、自设背景等功能。

1. 考勤管理。管理人员通过后台发起活动考勤，平台生成二维码，党员通过微信扫描二维码签到，实现“三会一课”和“主题活动”的考勤管理。

2. 民主评议。通过手机发起评议，在平台上生成二维码，党员微信扫码即可投票，投票结束后，平台前端即时展示投票结果。

3. 在线答题。平台提供基础公共题库，并支持各单位自行上传试题，管理人员在后台发起答题活动，党员通过微信小程序进行答题，活动将记录个人答题时间、次数和分数。

4. 党费交纳。后台上传交纳党费情况，在前端大屏展示。

5. 自设背景。平台《常用工具》栏目内置党旗、入党宣誓词、社会主义核心价值观背景，可以代替党建活动的横幅、展板。支持自定义模板，输入标题、时间、背景等，即可生成会议背景图，方便用于更多场景。

四、产品优势

（一）媒体优势

“智慧党建云平台”依托大众报业集团强大的媒体优势，汇集海量学习资源，可实现在线观看，集体学习。

（二）智能管理

平台具备完善的智能管理能力，可方便实现党组织管理、党员管理的信息化、科学化。集中展示本单位的党组织架构、党员信息等，并通过大数据分析进行可视化呈现。对于党组织开展的“三会一课”“主题教育”等活动，均可自主添加，便于留痕管理、展示汇报。平台还集成了党旗、党章、入党誓词等内容，实现在大屏上的标准化展示，满足入党宣誓、主题党日等活动需要。

（三）党建宣传

平台具备强大的后台推送能力。用户可以随时上传、更新党建活动、会议纪要、领导讲话、学习心得等内容，实现集中存储、留痕管理和大屏展示。对于用户开展党建活动的报道，还可通过后台推送至多个客户端和平台，从而实现更好的宣传效果。

（四）党建互动

平台具备强大的服务功能。用户可通过手机或后台发起活动，实现考勤管理、民主评议，推动党建工作的科技化水平。提供自定义背景等常用工具，使党建工作更加便捷高效。

五、产品反响

智慧党建云平台自发布以来，获得了用户单位的一致好评，其中为山东省市场监管局建设的智慧党建云平台获得了全省机关党建创新案例一等奖。平台极大地提升了基层党建工作的科技化、信息化水平，打破了传统条件的限制，让更多党员参与其中，党组织和党员信息实现互联互通，健全“智慧党建”相关工作机制，提升党建工作的效率和质量。

汇集海量学习资源，实现组织智慧管理，手动触屏便捷操作，大屏高清精彩展示，党建成果直达媒体——“智慧党建云平台”全面助力基层过硬党组织建设！

（山东省互联网传媒集团股份有限公司）

案例类别：产品

大众舆情协同处置云平台

一、产品介绍

大众舆情协同处置云平台是面向政府和企事业单位的全网舆情监测与处置系统，集数据采集、数据处理、数据分析等功能于一体，以大数据思维监测和分析海量的互联网公开数据，实现互联网信息的实时采集和处理，并结合自然语言处理、机器学习和人工智能等技术，对互联网信息的情感属性和有效信息进行自动研判，为用户提供全网话题、全网热点、重大事件、民生热点等重点关注舆情的订阅和处置服务。

大众舆情协同处置云平台以舆情事件处置为流程化依据，从“发现到结办”，各级各类任务节点一站式跟踪。基于实时监测、全面融合的舆情监测采集系统，将舆情信息按事件特点分级分类，并通过信息预判、差异处置等前置精准分析，在事件触发时，按照事件类别、重要性主次等因素，将事件处理任务精准指派到关联单位部门的人员。

系统实现了全类别事件任务工作流程线上转办，线下处理引导反馈等专项工作的有效全程跟踪，从舆情发现—舆情指派—舆情处理，到领导全程督察的自动化一站式工作流程，真正实现高效协同；促进跨部门、跨系统信息的互联互通，构建从上到下、横纵联合的舆情研判与处置机制，进一步加强相关单位对互联网信息监管，建立起应对网络突发事件的快速处理机制。

二、关键技术

（一）大数据采集

通过网络爬虫和一些网站平台提供的公共 API 等方式从网站上获取数据。这样就可以将非结构化数据和半结构化数据的网页数据从网页中提取出来，并将其提取、清洗、转换成结构化的数据，将其存储为统一的本地文件数据。

（二）垃圾过滤

即便通过关键词进行数据过滤，也会有一些包含关键词的垃圾信息、广告信息等。这些信息严重影响用户的操作体验，并且会影响统计结果的准确率和说服力。使用长短时记忆神经网络算法（LSTM），深度提取文本语义特征，自动分析网页中的正文内容，精准高效地识别各类场景中涉恐、涉政、广告等垃圾信息，提升内容监测效率。

（三）情感倾向性分析

系统采用基于语义的文本倾向性研究方法，对文章内容进行人工智能的情感分析，为用户及时发现负面信息提供保障。

（四）智能预警

针对网络舆情爆发的媒体、平台进行无死角覆盖，确保舆情信息都能及时被发现，对舆情信息的分布、趋势、传播路径等方面进行多维度呈现，并基于卷积神经网络算法（TextCNN），自动提取舆情文本语义特征信息进行分析，对负面舆情信息进行预警，令用户轻松了解舆情动态。

三、主要功能

（一）舆情监测

实时监测各大权威新闻媒体、主流门户网站、论坛、博客、在线社交网络平台、微信公众号、数字报、行业垂直站点和新闻客户端等互联网公开信息，提高舆情话题相关信息的全面性；同时利用自然语言处理、大数据、人工智能技术，开发情感分析、数据有效性、自动聚类等模型，对采集的数据进行挖掘和分析。

（二）舆情预警

预警信息分为三种类型：手动预警、关键词预警和系统预警，手动预警是指在舆情监测模块中点击预警操作后的预警信息，关键词预警是指命中了关键词预警专题的信息，系统预警是指经系统模型分析后自动向用户预警的信息。

（三）处置转办

此环节对监测到的互联网舆情信息进行转办和处置反馈。舆情转办人收到推送的舆情信息后需要根据舆情的属地及涉事主体等信息将舆情信息指派给具体的处置人，支持将指导建议一并发送。

舆情处置人收到转办的舆情后，可根据舆情内容，结合业务数据，在线下对舆情事件进行核查/处置。

舆情线下处置完成后，可将核查/处置结果通过系统反馈至舆情转办人，支持将处置情况通过图片、链接的形式导入系统中。

整个舆情处置过程都会在系统中实时跟踪，可随时查看舆情信息接收情况、阅读情况、现阶段处置人、处置反馈等信息，领导可对处置中或处置完毕的信息进行指导建议。

（四）事件分析

对于需要持续关注的某个热点事件，可以通过设置舆情专题的方式进行追踪，通过设置专题名称、多个关键词、作者、网站名称、排除网站名称等条件，设置出所关注的热点对事件进行持续追踪，分析热门舆情事件在互联网上的传播概况、传播路径、传播溯源、转载媒体、网民反映、关键词云、地域分布、微博传播情况等。

（五）全文检索

支持用户通过设置关键词和逻辑关系在系统采集的数据库中对相关舆情进行搜索，支持按新闻、微博、微信、客户端、贴吧、论坛、博客、视频、短视频等类型的信息搜索，关键词搜索支持标题、正文、发布时间、作者、来源、出处等字段。

四、产品特点

自主设置处置转办流程：用户可自主设置舆情处置转办的角色、权限、工作流程和限定时间，厘清责任，实现舆情信息从上到下的层层转办，处置结果从下到上的层层反馈，在平台上形成舆情事件发现、转办到处置的工作闭环。

灵活对接舆情监测数据：平台既可直接对接大众舆情监测云平台，又可导入其他监测平台的舆情数据，保证被处置舆情信息的全面、及时、准确。处置人员可随时查看舆情事件的传播态势和传播数据，为合理处置提供参考。

处置过程可全程监控、留痕：可随时查看舆情事件当前处置人、处置进度、剩余时间等，处置进展一目了然，处置过程全程留痕。处理完毕后，可一键导出处置报告，包含事件概述、传播分析、处置详情等，并可对下属单位处置情况实施考核。

模块化架构，手机端操作，加密传输：平台采用模块化架构，可迅速配置各项功能，支持手机端操作，用户可用手机随时随地查看处置过程，上传图文等处置情况。平台可本地化部署，并对数据进行加密传输，确保信息安全。

五、效益情况

首先，该平台可以有效帮助合作单位提升社会形象。合作单位在使用产品时可以全面了解自身信息，及时获知工作的不足，可针对性调整工作节奏以及日常宣传战略，从而有效提升自我社会形象，获得社会认同、提高公信力。其次，该平台可以推动合作单位工作落地，实现服务于民、造福于民的工作宗旨。例如，一些政府部门可以借助产品掌握职能监管范围内的工作落实情况，及时获知工作中存在的问题、落实不到位的情况，让政府工作真正服务于民，惠利于民，公众收获幸福感，有利于和谐社会的构建。最后，该平台为合作单位节约了成本。合作方以购买第三方服务的形式购买产品，该形式为平台合作单位减少了在软件开发以及后期维护、使用等方面所投入的大量人力成本和资金成本。该平台同样可以实现一次购买行业内、系统内都可以通用，上级统领下级，实现集约化管理，从这个层面来说，也可以节约大量的人力和资金成本。

（山东省互联网传媒集团股份有限公司）

案例类别：产品

党的创新理论原来可以这样学

——“习语常听”系列融媒体

陆峰 张妍妍 唐韵

金句是思想之眼。党的十八大以来，习近平总书记的重要讲话金句迭出，生动传递一系列治国理政新理念、新思想、新战略，总结党和人民在奋斗过程中的伟大创造、伟大实践，向世界表达了中国立场、中国智慧和中国精神。由中国江苏网策划推出“习语常听”系列融媒体产品，就是通过对新思想富矿的深度挖掘，以小切口表达大主题，依托金句呈现方式，做到了传播形式生动可感，传播效果“走心入心”，为讲好习近平新时代中国特色社会主义思想探索了一条新的实践路径。

习近平总书记关于治国理政的一系列重要讲话思想深邃，视野宏阔，如何将讲话精神转化为传播便捷、易于分享的新媒体产品，让更多读者通过移动端来学习领会，更好地扩大传播面，提升影响力？2019年全国“两会”期间，中国江苏网率先策划推出“习语常听”的特别版“两会听习语”系列H5产品，围绕“初心”“全面小康”“奋斗”“学习”“‘两山’理念”“中国精神”“对外开放”“以人民为中心”8大关键词，聚焦习近平总书记重要讲话精彩片段，13天点击量超过1500万。

这一系列新产品推出不久，即引起高度关注，产生积极反响。中宣部《每日要情》点名表扬系列产品。新华社在两会宣传报道综述文章中，充分肯定“两会听习语”系列策划，“让习近平总书记重要讲话精神入脑入心”。此后，系列产品荣获2019年度江苏省好新闻一等奖，2020年度江苏省网络视听新媒体十佳栏目（节目）、江苏省报业2020—2021年度新媒体创新项目，列入江苏省委网信办2021年理论宣传重点项目。作为“E起学习”专题报道主打内容，获得第三十届中国新闻奖二等奖，并入选中国新媒体年鉴。

目前，该系列产品已先后推出逾200期，成为创新宣传新思想的品牌栏目，其做法和特点主要体现在以下几个方面。

一、主题厚重，紧扣时代脉搏

“新闻工作者要把握时代的脉搏，认识新闻的作用，要看到新闻事业是党和人民的喉舌，担负着反映舆论、引导舆论的一个重要任务。”中国江苏网将深入学习宣传习近平新时代中国特色社会主义思想作为首要任务，“习语常听”在策划之初就以深入研究习近平新时代中国特色社会主义思想，积极探索移动端传播规律，打造习语系列融媒体产品为自身责任。

（一）站位高，聚焦重大主题

“习语常听”主动设置议题，每逢重大节点都深入挖掘习近平总书记重要讲话精神，分主题系统梳理新思想的丰富内涵和内在联系，为广大网友提供思想引领。2020年，在我国全面建成小康社会、实现第一个百年奋斗目标，开启实现第二个百年奋斗目标新征程的时代背景下，“习语常听”及时策划推出“全面建成小康社会”“脱贫攻坚”“人民至上”“中国精神”“人类命运共同体”，反映中国重大部署，提振人心。

（二）反应快，实现热点全覆盖

中国国际进口博览会开幕、中国人民志愿军抗美援朝出国作战70周年纪念、中国扶贫日……“习语常听”紧跟习近平总书记最新活动、最新讲话，迅速提炼重点、亮点，第一时间为网民带来权威、精准的信息。在2020年新冠肺炎疫情暴发之时，“习语常听”及时宣传了习近平总书记在战“疫”各个阶段亲自指挥、亲自部署的重大举措，推出《战“疫”必胜！中国必胜！》《武汉之行 习近平为心中最可爱的人点赞》《一切为了人民》等一系列作品，产生了强信心、暖人心的宣传效果。

二、场景体验，创新学习形式

“要坚持移动优先策略，让主流媒体借助移动传播，牢牢占据舆论引导、思想引领、文化传承、服务人民的传播制高点。”习近平总书记多次强调，做好宣传思想工作，比以往任何时候都更加需要创新。“习语常听”借新媒体技术发展之东风，坚持移动优先，探索互动式、服务式、体验式理论学习服务开发，并不断在实践中丰富。

（一）可视化 + 场景化表达，实现“形”与“神”有机相融

“视觉感”和“画面感”是“习语常听”将理论传播大众化的重要途径。系列融媒体产品融图文、音视频等多媒体形式为一体，并采用一镜到底、动画、手绘动漫等手段，展现现实场景、虚拟场景、艺术场景、动态场景四大场景，使内容与形式完美结合，“立体化”学习新思想的方式让人耳目一新。如《声动长江》以长江沿线11省的动态画卷为背景，呈现习近平总书记讲话金句，带网友顺流而下，感受沿江风光、感受长江文化。《“大朋友”习近平给小朋友的暖心寄语》以飞纸飞机、

升降国旗等动画方式引出习近平总书记对小朋友们的殷殷寄语，体现总书记对广大少年儿童的关心关爱。

（二）参与式＋代入式互动，实现“情”与“理”的高度统一

“习语常听”在还原习近平总书记现场原声的同时，配合当期主题，注入点赞、“摇一摇”、答题、触发动效等互动环节，增加了产品的代入感和趣味性。如《金秋时节 来听习近平总书记“三农”金句》结尾采用了“摇一摇”，让网友在参与“收粮”的过程中感受丰收的喜悦；《习近平“航天寄语”引领航天强国梦》让网友参与模拟长征二号火箭升空，感受到满满的民族自豪感……这些互动环节带动产品节奏，使得产品“活”起来，寓情于理，融情于景，让用户深刻体会到金句蕴含的丰富思想内涵。

三、立体传播，线上线下聚力

“习语常听”系列融媒体产品包含图文、音频、视频、H5等多种展现形式，以其良好的平台兼容性，为多平台同时推送提供条件。产品一改单一的传统传播方式，大大提高了传播力、影响力和引导力。

（一）分享式学习＋裂变式传播，打破传统单一传播思路

每期“习语常听”产品同步在网、端、微媒体矩阵进行推送，方便网友根据自身媒介使用习惯进行选择和学习。每期“习语常听”以H5形式在“新江苏”客户端首发，以视频形式在“学习强国”江苏学习平台发布，以图文＋音频＋视频的方式在中国江苏网、理论之光等省级主要媒体发送，每期还结合主题制作精美海报，用户可通过海报上分享二维码实现微信在线传播，进一步扩大了覆盖面和到达率。

（二）线上学习＋线下打卡，打通理论大众化“最后一公里”

“习语常听”以线下活动为载体，进一步“走出去”，通过“线上学习＋线下打卡”的组合，收获更多人的知晓和喜爱。“习语常听”走进“礼赞新中国 奋进新时代——江苏省庆祝中华人民共和国成立70周年成就展”，与群众现场互动获得好评；跟随“学习打卡我来了”40余场线下主题活动，走进江苏40多个县（市、区），让更多人找到了学习新思想的便捷途径，进一步推动了新思想在基层落地生根。

四、产品思维，重构生产机制

“习语常听”制作对内容质量、形式创新、时效保证要求颇高，为保证高质量生产，中国江苏网以产品生产思维代替传统新闻生产思维，厘清产品生产各要素之间的关系，重构“习语常听”等学习产品生产机制，成立专班制作团队，形成标准化的生产流程。

（一）专班团队，专职负责

“习语常听”的专班制作团队由中国江苏网常年深耕马克思主义大众化产品的专业骨干力量跨部门整合而成，并邀请“E起学习工作室”的江苏省中国特色社会主义理论体系研究中心主任郭广银，江苏省社会科学院院长夏锦文等多位社科名家担任学习顾问，为内容生产提供指导和支持，在江苏乃至全国范围内打响了品牌影响力和知名度。

（二）丰富拓展，形成系列

在“习语常听”持续推出的基础上，制作团队根据已有经验，上线更加丰富多元的学习产品，包括《学习海报》《习语问答》《学习微镜头》等系列产品。在人人都有麦克风的互联网时代，“习语常听”立足习近平总书记重要讲话精神可视化，积极扩大主流价值影响力版图，让新思想传得更广、更深、更远。

（陆峰：新华日报社党委委员、副总编辑、中国江苏网董事长、总编辑，张妍妍：中国江苏网编委，唐韵：中国江苏网首席编辑）

“习语常听”系列融媒产品

案例类别：产品

精准互动传播 推进马克思主义大众化

——“马克思主义·青年说”系列活动

陆峰 张妍妍 韦轶婷

习近平总书记强调：“无论过去、现在还是未来，中国青年始终是实现中华民族伟大复兴的先锋力量！”青年的理想信念关乎国家未来。青年时期是一个人世界观、人生观、价值观形成的重要时期，是培养和训练科学思维方法和思维能力的关键时期，在这个时期形成怎样的理想信念、价值取向，不仅事关个人人生方向，更

关乎党和国家事业发展。

时代需要信仰，青年需要信仰。信仰对当代青年来说，意味着什么？今天，青年如何读懂马克思，如何践行马克思主义？正是基于这些思考和追问，新华报业传媒集团中国江苏网于2017年策划推出了“马克思主义·青年说”系列活动。系列活动历经5载，成为具有较大影响力的理论宣传创新品牌，入选人民网评出的媒体深度融合探索与突破优秀案例奖，第二届活动专题“青春，向伟大思想致敬”获中国新闻奖二等奖。中宣部《新闻阅评》给予充分肯定。系列活动围绕青年人这一重点群体开展精准传播，用青年人的语言、青年人接受的方式传播马克思主义，加深青年学生对马克思主义的理解与认同，推进马克思主义大众化。

策划执行“马克思主义·青年说”系列活动，中国江苏网在以下四个方面进行了创新实践。

一、创新内容设计，让抽象理论“活”起来

2017年5月24日，“马克思主义·青年说”系列活动在南京航空航天大学成功启幕。这5年，陆续推出“创作暨演讲大赛”“我读马列经典”大型微朗读活动、“信仰的味道”高校思辨PK赛、“请回答，新时代的强国青年！”大型知识闯关竞赛、“E起学习”网上思政微课堂等特色活动。用青年人的语言、青年人接受的方式传播马克思主义，加深青年学生对马克思主义的理解与认同，使理论学习变得“有意思”“都爱听”“真相信”。中宣部《新闻阅评》给予肯定，指出“以大学生喜闻乐见形式传播科学理论，展开思想引导，让‘大道理’渗入年轻人群体，是管用、有效的”。教育部官网表扬该活动：紧扣主题，精心设计活动内容。强化互动，发挥榜样引领作用。创新形式，推动线上线下结合。时任江苏省委书记娄勤俭在多次讲话和《求是》杂志署名文章中对活动给予肯定，强调要紧密结合时代发展和江苏实践来宣传马克思主义，多用通俗语言和生动的形式来宣讲习近平新时代中国特色社会主义思想这一马克思主义中国化的最新成果，让更多年轻人能真正听懂听进去，明确要求全省高校“深化拓展‘马克思主义·青年说’系列活动”。

二、创新学习方式，使思政课“热”起来

“思政课教师，要给学生心灵埋下真善美的种子，引导学生扣好人生第一粒扣子”，习近平总书记的谆谆教诲和殷殷嘱托，为推进思政课建设指明了方向和着力点。系列活动特别策划推出“青马公开课”和“E起学习”网上思政微课堂。以习近平新时代中国特色社会主义思想为核心，以“家·国”为主线，围绕初心、奉献、奋斗、孝亲等习近平新时代中国特色社会主义思想核心关键词，汇聚全省20多所重点高校40位知名思政教师的思想精华，通过40余部微视频展现，成为江苏贯彻落实习近平总书记在学校思想政治理论课教师座谈会上重要讲话精神的一项具体举措。

引导青年人坚定马克思主义信仰，仅靠简单的活动还远远不够，还需要社科名家们的解析引导，做青年学生思想的导航人，用信仰去点亮信仰。在活动中，中国工程院院士、时任东南大学校长张广军，人民日报社原副总编辑张首映等知名专家学者倾情参与。长江学者特聘教授、南京师范大学王永贵教授，河海大学黄明理教授等省内外近40位社科名家现场为青年师生们指点迷津，明事理、辨哲理、讲真理，把“彻底的理论”讲彻底，引领学生在学理论、用理论的过程中感受真理魅力，增进他们的政治认同、思想认同和情感认同。

2020年春，在抗击新冠肺炎疫情战斗中，全国上下一心，共克时艰。许许多多感人至深的中国战“疫”故事，感动了无数人，也激励了无数人。“马克思主义·青年说”团队第一时间制作推出“抗疫精神”精品思政课，邀请江苏省支援湖北疫情防控前方指挥部副总指挥鲁翔，南京航空航天大学马克思主义学院院长王智等全省12位高校思政教师和专家学者，围绕“中国之治”“青春奋斗”“人类命运共同体”等习近平新时代中国特色社会主义思想关键词，为高校青年学生上一堂思政大课。把大国战“疫”的生动实践融入思想政治教育，利用多个渠道，讲好战“疫”故事，说透背后的道理，强化价值认同，用一系列极具说服力的事实为青年学生“扣好人生的第一粒扣子”。

三、创新活动载体，把真理“用”起来

习近平总书记在纪念马克思诞辰200周年大会上发表重要讲话时强调：“马克思主义始终是我们党和国家的指导思想，是我们认识世界、把握规律、追求真理、改造世界的强大思想武器。”

“马克思主义·青年说”通过各种线上线下活动引导青年学生真正理解马克思主义，用马克思主义中国化的最新成果，用习近平新时代中国特色社会主义思想武装头脑，在增进对中国特色社会主义的理解与认同之中，做新时代的“青年马克思主义者”。

在江苏省开展“信仰的味道”高校思辨PK赛。南京大学、河海大学、南京航空航天大学、苏州大学等15所重点高校组建17支思辨战队，围绕“马克思为什么是对的”“马克思主义如何走进青年，赢得青年”“社会思潮怎么看”三大主题，开展180天的线上线下辩论，观点交锋、唇枪舌剑。整个辩论赛共342万人次参与投票，有效引导广大青年坚定理想信念、筑牢精神根基。获得辩论赛最佳辩手的河海大学学生郝娜同学分享其参赛心得：通过活动认识到马克思和青年学生有什么关系？在她看来“我们与马克思主义应当是相互需要的关系。我们需要马克思，需要他为我们构建科学的人生观与价值观。同时，马克思主

义也需要我们，需要我们青年一代肩负起传播马克思主义，实现马克思主义理想的历史使命。”

四、创新传播形式，使影响力“强”起来

“马克思主义·青年说”系列活动对创新高校思政课堂做了积极有效的尝试，探索出一个可复制、可推广、可参与、可传播的马克思主义理论大众化的实践模式。同学们通过交流、辩论、参演，有效地参与到学习和思考当中，不再是死记硬背，不再是空洞理解，而是真真切切地感受到马克思主义理论的真实性、真理性，体会到马克思主义理论的博大精深。

同时，以现代传媒新手段、新方法，推动马克思主义大众化传播。每年活动除了制作专题全景、全程宣传展示外，还充分运用移动端的传播和互动参与，开设了“马克思主义·青年说”微信公众号、抖音号，设计制作了多个爆款H5产品，其中《信仰的力量》《真理的味道非常甜》《习近平新时代中国特色社会主义三十讲》《习近平谈治国理政（第三卷）》等特色鲜明、互动性强的作品，取得了很好的传播效果。

党的十八大以来，习近平总书记围绕培养什么人、怎样培养人、为谁培养人这一根本问题，以高远的历史站位、宽广的国际视野、深邃的战略眼光，高度重视培养中国特色社会主义建设者和接班人。5年来，“马克思主义·青年说”项目组不断探索创新，把马克思主义教育与现实相结合，引导更多青年、青少年深刻认识到中国共产党为什么“能”、马克思主义为什么“行”、中国特色社会主义为什么“好”等基本道理，用习近平新时代中国特色社会主义思想武装头脑，在对中国特色社会主义的理解与认同中，做新时代的青年马克思主义者。

（陆峰：新华日报社党委委员、副总编辑、中国江苏网董事长、总编辑，张妍妍：中国江苏网编委，韦轶婷：中国江苏网首席编辑）

第五届“马克思主义·青年说”官网

案例类别：组织机构

湖南红网：深耕基层 壮大自我

喻帅明

一、超前布局，深耕基层

红网2001年成立至今，始终坚持围绕中心，服务大局，反映人民群众心声，充分发挥了“党网”的重要作用。

2002年，红网率先全国开始建设市级分站，2007年又率先建设县级分站。2009年，湖南省委宣传部、省委网信办专门部署，划拨2000多万元推动红网122个县级分站建设，成为全国最早全面建立省市县三级分站体系的网站。2010年，《红网手机报》正式上线，解决了县市区党委政府缺乏有效主流媒体发声的困境，用户累计超过800万，合作创办手机报的县市区、单位已有117个。2015年，红网自主研发的新闻客户端“时刻新闻”上线，并同步开通14个市州频道和122个县市区频道，为基层打造移动互联网主流传播阵地。同年，省委省政府出台《关于推动传统媒体和新兴媒体融合发展的实施方案》，明确要求“把红网（分站）作为本地媒体融合发展的平台来建设，各市（州）、县（市、区）要聚合报刊、广播、电视、客户端等媒体资源”。作为红网新媒体建设的拳头产品，开创了省、市、县三级党媒“四共”融合模式（共建平台、共生内容、共享受众、共促传播），是全国首个分市州、县市区发布新闻的客户端。目前下载用户2065万，影响力连续雄踞全国省级网媒APP前三，被中央网信办列为全国五大重点新闻客户端。2020年，在中国新媒体大会上，时刻新闻客户端被中宣部确定为全国6大有特色、有影响力的地方新媒体之一，排名第三。

2016年，红网开始推进建设“红网云”融媒体平台。同年10月，湖南省委网信办批准红网在市州设立直营分站，快速推动湖南省传统媒体与新兴媒体融合发展。2017年，红网新媒体集团成立，旗下拥有“湖南红网传媒有限公司”“湖南红网文化传播有限公司”“湖南红网新媒科技发展有限公司”三家全资子公司，并上线“湖南新闻LED联播网”，通过“户外高清大屏＋室内电子屏”双屏联播互动的信息传播网络，真正实现了基层讯息全省线上融合、户外传播的综合信息传播新格局。“红网时刻LED联播网”正在向全省各市县交通要塞延伸，

打造了最具传播价值的城市直播间，即将从“千屏联播”步入“万屏联播”时代。2018年，大力推进“县级融媒体中心”“新时代文明实践中心”和“红视频”“红网云”等新业态、新应用的建设推广。

二、融出特色，壮大自我

（一）分站体系进一步延伸

红网面向各街道打造的“社区云”平台，为街道社区提供资讯、便民等各项服务，参与的街道超过40余家，真正打通了服务群众、引导群众的“最后一公里”。红网长沙分站与天心区携手开启构建省、市、县、街道四级联动新媒体平台。随后，又在芙蓉区建立直营分站。2020年，红网益阳站开始在当地建立乡镇工作站，红网分站体系逐步向乡镇/街道延伸。

（二）传播矩阵进一步拓展

在“网报端微视屏”六位一体传播矩阵的基础上，红网传播矩阵进一步扩展，由省委宣传部牵头建设、红网负责运营的“学习强国”湖南平台，供稿量、日活率均居全国前列，覆盖党员超400万。2018年，红网举集团之力重点打造“观潮的螃蟹”微信公众号，用接地气的语言精准解读党委政府中心工作，影响力逐步凸显，被湖南省委宣传部评为“党的创新理论大众化示范平台”，特别是2020年疫情期间，多篇文章得到湖南省委主要领导的表扬。

坚持自有平台与外部平台矩阵相结合，重视新媒体平台建设。目前，红网已经建立了以人民日报客户端、央视频、今日头条、新浪、网易等21个新媒体平台号为主体的新媒体矩阵。建立以总站为牵头带动子公司、市州分站抖音、快手号矩阵的模式，着力提高红网在短视频在互联网舆论场的引领力，努力增强传播的生动性、有效性，完成现象级流量产品多件。

为各党委部办托管承建的红星网、红星云、三湘统战网、湖南长安网、湖南人大网、湖南文明网等平台开展运营服务。

（三）融媒业态进一步优化

1. 内容提质增效焕然一新。红网是最具互联网基因的新媒体，一直致力于融媒体时代更好引领网络舆论的有益探索。充分利用新技术、新手段，实现了新闻作品的融合创新，增强传播力和影响力。近年来，在党的十九大、全国“两会”、抗洪救灾、疫情防控、脱贫攻坚等重大会议和事件主题报道上，抢占传播制高点，取得了显著的成效，形成了融媒体报道的独特风景。在第29届中国新闻奖评选中，《H5丨改革开放40年·长沙有多“长”》获一等奖。《湖南十四市州脱贫攻坚纪实长卷》用融媒体手段全景生动展现湖南十四市州脱贫攻坚经验成效，被学习强国全国平台、《人民日报》客户端等重点推荐，全网总点击超8500万，各方好评如潮。《朗读者·红色家书》《拾究之路》等理论学习专栏令人耳目一新。《湖南最后的慢火车》《小蟹观“两会”》《时小刻数读湖湘》等成为舆论引领的现象级作品。

2. 视频化转型卓有成效。2017年，在湖南出版集团的大力支持下，红网开始全力推进“红视频”战略，推动全员视频化转型，通过两年多的发展，转型成效已经凸显，打造了《红色故事》《红色青春》《红军长征在湖南》等红色短视频专栏，成功举办了全国首届红色短视频大赛，成功掀起新一轮的红色文化热潮。《我们湖南》《你好，40年》《红色印记》《年夜饭》《咱这一家子》等新闻大片制作精良，特别是为庆祝建党99周年，重磅推出的全4K级六集红色纪录片《红色印记》，被100余家主流媒体、商业网站转载，学习强国全国平台重点推荐。70%以上的采编人员掌握了基本的视频拍摄、制作，原创视频作品为2018年同期的71.6倍，短视频生产质量显著提升，打造了《汉字寻根》《“奥”游非洲》《萌说新语》等大量精品短视频专栏报道。直播成为新业态，被广泛运用到十九大、全国“两会”、高考、脱贫攻坚等重大主题宣传中。2019年2月，红网部分入驻马栏山文创视频产业园，助推“红视频”战略转型，“学习强国”红视频制作基地正在稳步推进。

（四）技术融合进一步升级

1. 流程再造，实现内部深度融合。红网是双软认证的国家级高新技术企业，拥有多项软件专利。红网自主研发了“红网云”，实现了红网内部全平台联动，实现了采编流程的再造。

2. 升级平台，大力推进县级融媒体中心建设。围绕县级融媒体中心“新闻+政务+服务+商务”的平台功能，通过与阿里、腾讯、索贝、凡闻等国内互联网知名专业公司深入合作，完成了技术的升级迭代。红网云系统升级改造成融媒体中心技术平台，已被湖南省委宣传部正式确定为县级融媒体中心建设的省级技术平台。目前，依托“红网云”省级技术平台，已建成并验收完成的县级融媒体中心达54家。

3. 跨界融合，推动媒体融合向纵深发展。以“红网云”平台为基础，衍生打造新时代文明实践云、党建云、网上群众工作云、“湘农荟”平台和智慧城市平台等，推动媒体融合不断“出圈破局”。2018年，红网开始“新时代文明实践云”平台建设，并出“两个中心”融合共建的创新模式，打通“红网云县级融媒体中心”和“新时代文明实践云”的技术壁垒。目前，已为长沙望城、永州冷水滩等30余个区县的两个中心融合共建提供服务。

着力打造的“华菱党建云平台”“湘税党建云平台”成“智慧党建云”标杆。网上群众工作云已成为“大国小鲜”的重要社会治理助政平台，建成国网湖南电力融媒体中心，推动媒体融合向企业延伸。2019年12月，红网与株洲醴陵市人民政府达成战略合作协议，着手醴陵市智慧城市建设。

2020年3月，湖南疫情严重期间，根据省委领导指示，红网打造了助力群众“卖难”的“湘农荟”农产品营销平台，先后开展了34场助农带货直播，联动近千家商超以及一级批发商线下售卖，实现了关注流量和带货销量双丰收，各平台总点击量超13.46亿人次，线上线下综合销量超5734.1万元，关联带动销售超20.3亿元，为解决疫情期间农副产品“卖难”问题和脱贫攻坚收官战，发挥了生力军的重要作用，获得了省市县各级领导和职能部门的一致好评，获中国新媒体扶贫优秀案例提名奖。

（喻帅明：湖南红网新媒体集团总编室主管）

红色纪录片《红色印记》

案例类别：组织机构

融为一体 合而为一 “大江网+信息日报”开启新兴媒体主导传统媒体融合发展新模式

王宣海 罗玮虹

融合发展关键在融为一体、合而为一。习近平总书记关于推动媒体融合发展的一系列重要论述，为媒体深度融合发展指明了方向。2017年8月，江西日报社顺势而为，决定用新兴媒体来主导传统媒体融合发展即大江网融合信息日报，以新闻网站整合市场化报纸，在采编融合的深度、发展定位的精度、发行覆盖的力度、经营服务的宽度、新闻传播的长度上共融互通。

3年多来，大江网和信息日报成功实现“一体化”运作，网站和报纸品牌影响力及经营收入取得双赢。2020年，信息日报完成收入1951万元，首次实现反哺网站利润200多万元；大江网（大江传媒）的影响力和传播力继续保持在全国省级网站第一方阵，经营总收入继2017年突破亿元后，在受疫情影响的情况下继续保持高速成长。

一、人才融合，采编流程再造注入发展动力

人才是媒体发展中最重要的优势资源。网报融合首要考虑的便是“人才融合”，通过采编流程再造等机制创新，促使既懂传统媒体又懂新媒体的专业人才不断学习提升发挥主观能动性。

创办于1984年的信息日报原有近百人。融合之初，信息日报仅保留了夜班编辑部、地市新闻部、广告部和发行投递服务部四个部门，总人数40余人，其余人员一律并入大江网，将网报采访力量打通成为一个团队。记者实行“一岗双责”，同时向网报两个平台供稿；编辑则相对分开，统一调度管理。这一方面大大提升了网站采访、内容生产的力量，另一方面也合理有效地分解了报纸的人力成本，一举两得，为网报融合发展注入强劲的内在“合力”。

借鉴一流互联网公司管理经验，网报建立一体化考核机制，所有部门、岗位每月制定并考核各自的任务目标，将考核结果与薪酬挂钩。同时，推进全体采编人员向全媒体复合型人才转型，加快技术赋能内容生产和创新，以适应新媒体时代的需要。

2020年，信息日报原地市新闻部并入大江网地市分站，成立了大江网地市新闻部，通过管理方式的创新，网报采访团队在设区市层面也实现了全面融合。信息日报夜班版面编辑被定期指派到网站不同部门轮岗参与各类融媒体产品的制作，为下一步实现网报编辑团队的彻底融合作准备。

二、理念融合，互联网思维统领媒体融合发展

在推进媒体融合过程中， 大江网用“用户思维”进一步深入把媒体的功能与用户的需求对应起来，利用新兴媒体的优势，补长传统媒体曾经的短板。

借助大江网新媒体传播优势与报纸采编人才优势互补，信息日报采取“细分市场小而优”的发展思路，在内容上不再追求“大而全”，对用户群和客户群精准定位，围绕“江西人的政经读本”做文章，主攻政读、问政、财经等新闻，推出了《江西政读》《市（厅）长一周》等原创品牌栏目，以专业、精准、齐全、深度的新闻报道，聚焦全省各地市县主要领导政务活动、百姓关注的民生大事，牢牢锁定党政人员、企事业单位人员等细分市场读者的关注重点，让受众形成了“欲知江西政经事，就看信息日报”的口碑。

2019年1月，江西省“五型”政府建设领导小组办公室与大江网联合，携手打造“五型”政府建设扩大社会参与加强社会监督平台，开启了“政府+媒体”全新网络问政模式。平台在信息日报开设《助力江西省“五型”政府建设》专刊，广泛宣传动员全省上下积极参与“五型”政府建设，方便企业和群众监督。

大江网利用新媒体优势，加快网报“两微一端”新媒体平台融合，推出《信息日报》客户端、《信息日报》小程序，各新媒体平台与网站PC端、报纸版面形成“网报端微视”五位一体的融媒体矩阵，通过不断推出的内容产品，与目标读者进行深度互动及数据分析，全面打通网报内容的立体传播通道，根据目标读者的内容需求搭建新平台制作新内容，持续做强做优网报融合独特的竞争优势。目前，大江新闻客户端下载量850万，《信息日报》客户端下载量达400万，均跻身于江西主流新闻客户端。大江网每日覆盖人群超5000万，信息日报新媒体矩阵用户已达1500余万。

三、产品融合，精品频出彰显创新合力

网报人才、理念的深度融合，强化了“内容为王”的媒体核心竞争力。大江网始终保持内容定力，专注内容质量，扩大优质内容产能，提升内容传播效果。网报在重大主题宣传及重要新闻报道中运用“中央厨房”模式，按照“报网端微视”五位一体、互为协同的融媒体报道策略，紧扣主题主线，突出移动优先、强化融合传播，从粉丝用户的需求着手，推出了一系列接地气、入人心的新媒体作品和主题策划。

《十九大报告学习词典》H5作品，仅6天时间总阅读数就超过了1000万次，成为全国媒体解读十九大报告中少有的千万级爆款作品。

《初心连环画》是大江网结合江西红土特色、以答好“时代之问”为导向而精心策划的原创专栏，用连环画的形式聚焦赣鄱儿女的初心故事，2020年荣获第三十届中国新闻奖三等奖。

2020年全国“两会”，网报精心谋划，推出系列融媒体访谈及产品，累计参与互动人次达800万，《@江西人，总理给大家送“宝”来啦！快来赣鄱寻宝！》被中央网信办《网络传播》杂志微信公众号推荐。

2020年抗“疫”报道中，大江网、《信息日报》以融媒体为阵地，生产各类战“疫”特色作品，在实战中检验了媒体融合发展的成果，彰显了融合传播的力量，网报策划推出融媒头条《疫情面前，这就是江西！》、网络专题《英雄城·平凡人：战“疫”24小时》、系列新闻报道《战“疫”连线》等作品，综合阅读量超1亿次。

四、经营融合，夯实根基壮大网报事业

融合发展后，信息日报社成立了经营管理委员会，进行网报经营管理的重构。从网站抽调经营高管及中层干部，全面整合并打通网报管理通道，组建信息日报特刊部和重组信息日报广告部。由大江网的运营母体江西大江传媒网络股份有限公司全面代理《信息日报》的广告、专版、特刊，并以“特刊”为抓手，通过垂直细分市场，全面推进与各级政府及企事业单位的合作。

2019年，《信息日报》推出的特刊代理版面(包括地市版、专版、第三方广告版等)总数超500个，为网站创收800多万元的同时，《信息日报》也增收160多万元，做大了网报双平台的收入和利润。这些特刊客户受益于网报深度融合的全媒体传播优势，宣传效果远超以往单纯在报纸上的投放。

《信息日报》发行策略也做出了重大调整。利用大江网“江西新闻门户网站”的影响力和《信息日报》的品牌效应，与厅局县区合作办报，推动《信息日报》发行量增长。目前，《信息日报》与设区市及厅局建立战略合作关系，连续推出了国资、环保以及新余、萍乡等厅局及设区市系列专刊。2020年，《信息日报》与江西省退役军人事务厅联合推出《江西退役军人专刊》，发行覆盖全省退役军人系统，成为江西百万退役军人最重要的宣传阵地。

《信息日报》的经营模式由原来“广告为主、发行为辅”变为“发行为主、广告为辅”。报网融合后，《信息日报》舍弃低价发行策略，每份报纸每年可实现10元左右的利润。组建发行投递事业部，将部分富余人员转化为送报“小哥”，降低发行成本增加收入。在报纸提价的情况下，2018年以来，《信息日报》发行量连续三年增长，成为江西报刊发行市场上都市报“龙头”。

2019年，《信息日报》荣获“2018—2019中国媒体融合创新最佳品牌奖”。大江网和《信息日报》这种由新兴媒体主导传统媒体发展的融合模式得到了众多传媒专家点赞认可。北京大学新媒体研究院院长、教授、博士生导师谢新洲曾盛赞：这是“媒体融合”的一个很好的案例。

中流击水，奋楫者进。在以导向为魂、内容为王、创新为要、关键在人、重在管理的融合方法论的指引下，三年多的融合发展实践，处在发展拐点的《信息日报》不仅实现了凤凰涅槃，还建立了大江网和《信息日报》“1+1>2”的媒体融合长效机制，达到了“你就是我，我就是你”的境界。

（王宣海：大江网、信息日报社总编辑，罗玮虹：信息日报社编委）

《初心连环画》专栏

案例类别：产品

《岭南名医》栏目

孙朝方 黄海昀 汪芳

没有全民健康，就没有全面小康。党的十八大以来，习近平总书记高度重视人民健康，强调要把人民健康放在优先发展的战略地位，把以治病为中心转变为以人民健康为中心，树立“大健康”理念，努力全方位、全周期地保障人民健康。

健康中国，共建共享。念兹在兹，无日或忘。《羊城晚报》金羊网《岭南名医》栏目正是基于践行健康中国战略，助力提升居民健康素养的初衷萌芽、发展而来。

《岭南名医》以《羊城晚报》全媒体平台作为发声平台，依托广东三甲医院的名医资源，搭建名医与大众的健康科普桥梁，以“网络传播＋健康服务＋名医智库＋社群活动”为主线，线上、线下全方位多维度为大众提供健康服务，致力于打造华南健康垂类信息聚合平台新名片。

2016年6月栏目创建以来，《岭南名医》始终秉持用户至上理念，结合大众关注的健康热点，从单纯纸媒走向“报网端微”全覆盖，从单一的图文到视频、音频、漫画、直播等多元化表达，从线上云科普到线下健康活动、义诊服务，产品形式不断创新，力求为群众提供喜闻乐见健康服务。

一、内容表达创新：紧跟热点，多元化呈现

手机时代，信息传播速度快，健康谣言成为网络谣言的重灾区，谣言往往比真相跑得更快。向大众传播权威靠谱的健康知识，是传统媒体的优势，也是社会责任担当。《岭南名医》以三甲医院顶级专家阵容，百姓视角、科学表达，为大众提供喜闻乐见且权威靠谱的健康知识。专栏聚焦百姓关注热点，特别针对四类重点人群：孕产妇、中小学生、都市白领、老年人开展专项健康宣教行动；倡导健康生活方式，依据时令节气开展顺时养身科普，润物细无声，提高居民健康素养。

栏目从大众关注热点入手，创新性地以“网络传播＋健康服务＋名医智库＋社群活动”为主线，采访三甲医院名医专家，通过图文、视频、音频、漫画、H5、直播等多元化表达方式，进行健康科普立体传播。

2020年，受新冠肺炎疫情影响，健康科普线上直播需求迅猛增长，《岭南名医》抓住直播风口，大幅度增加直播、短视频产品的制作传播，将三甲医院名医请到《羊城晚报》直播室，就群众关心的话题如《戴口罩如何护肤？》《孩子牙齿意外脱落怎么办？》《警惕卒中背后隐形杀手—房颤》等进行科普直播，与用户互动，深受好评。为适应移动端短视频的发展潮流，视频形式从“横版”发展到“竖版”，由直播内容衍生出来的超短视频（60秒），在抖音号、视频号上进行二次传播，效果良好。

《岭南名医》在金羊网日均PV32万，图文稿件在全国近300家媒体和商业网站中得到转载。基于内容原创性及多元化平台需求，强化新媒体传播以及媒体集群的传播运用，实现报、网、两微一端联动报道，与受众互动更及时更紧密，进一步提升品牌栏目的传播力、影响力和公信力。

二、传播方式创新：从纸端到云端，全媒体立体化传播

《岭南名医》作为羊城晚报集团重点打造的健康垂直类新媒体产品，实现了纸端到云端传播的大融合：从报纸到PC端、移动端，再到新媒体矩阵。近年来，在羊城晚报自有平台“两微一端一网”建立专题专栏，以每日发布3~7篇原创科普报道的频率编发相关报道。专题策划同步在《羊城晚报·健康版》推送。例如2019世界慢阻肺日系列专题在“报网端微”全平台发布，覆盖用户近5000万。多年来，《岭南名医》专栏健康服务曝光量达68亿。

《岭南名医》一贯注重在PC端、移动端、媒体联盟的曝光，制作的大量优秀原创科普视频被学习强国选登。除金羊网首页建专题入口外，在羊城晚报金羊网微信公众号、羊城晚报客户端“羊城派”、今日头条、腾讯企鹅号、大鱼号、天天快报、趣头条、百家号等平台也同步推送。随着栏目发展，开设了抖音号、视频号等，在羊晚抖音平台（华南最大的抖音号）上传播。

此外，《岭南名医》还与腾讯医典、上海报业集团“海上名医”、医师报等深化合作，打破地域限制，以专家远程连线、多地连线互动、演播室直播录制等多种形式，采访全国各地多位重量级医学大咖，让健康科普走得更远。仅直播一项，总曝光量就超8100万。

三、产品服务创新：用户至上，线上线下互动

《岭南名医》联手广东三甲医院成立了《岭南名医》

智库，截至2020年9月，逾400名知名专家入驻《岭南名医》智库，成为羊晚集团健康科普的专业智囊。钟南山院士、陈君石院士、抗疫先锋张忠德教授等众多名医大家均对《岭南名医》栏目给予了大力支持。

2020年新冠疫情期间，《岭南名医》广邀名医“云”科普，线上指导科学防疫抗疫，通过“短视频＋直播”的创新形式，赋能健康传播，温润医患关系。

此外，栏目重视弘扬中医药文化瑰宝，积极做好中医药科普传播。2020年携手广东省中医院德叔医古团队，推出“生活中的中医智慧”系列直播和短视频，让上工治未病、预防大于治疗的观念深入人心。

身无病，心无忧。为贴近大众需求，让科普“从权威中来，到群众中去”，《岭南名医》还注重打造线下品牌活动，先后联合广东省卫健委等政府相关部门，以及医院、学校、社工机构等社会各界力量，举办“健康知识进万家”活动，开展健康大讲堂、名医进社区进校园活动超百场，直接受益人群超3万人次。

通过“线下活动＋线上直播＋‘报、网、端、微、视’立体化传播”的模式，实现羊城晚报集团自有多媒体平台资源与今日头条、企鹅号、搜狐号、腾讯视频等外部平台资源的联动传播，让传播效果最大化。

四、运营创新：实现两个效益双丰收

《岭南名医》是羊晚集团推进媒体深度融合，探索垂类行业创新发展的一个案例。在内容运营上，形成采编、运营、技术三位一体。从选题策划、内容构建，到视觉、技术产品融合，核心团队始终以用户为核心，紧跟热点趋势，与时俱进，打造栏目竞争力。同时，运营团队将网络安全工作放在最高优先级，强化各项审稿把关制度。

经过几年耕耘，也取得了一些成绩：《岭南名医》连续三年被广东省网信办列为广东省“一网一品牌”重点创建项目；2018年获得中国报业协会颁发的“2018中国报业重大主题报道＋服务年度双十佳案例奖”；2019年获得中国晚协首届融媒体奖新媒体品牌栏目三等奖。2019年在国家卫生健康委主办的首届儿童青少年近视防控高峰论坛上，《岭南名医》栏目负责人作为唯一地方媒体代表，在健康教育分论坛上分享健康科普传播经验。此外，该栏目还得到广东省网信办连续3年资金扶持，项目合作收益数百万元。

五、未来：联手外部平台，通过技术赋能，惠及更多人

展望未来，《岭南名医》将进一步加强与外部平台的合作，特别是与集团合作方的内容共建。在内容共建合作上，外部平台重点输出技术、设计、融媒解决方案，以及内容运营策略、传播渠道拓展等；而羊城晚报报业集团着重发挥品牌影响力、公信力，以及内容策划、导向把关、政府合作等方面的优势，实现双方优势互补。

当前，羊城晚报报业集团着手与UC在广州共建短视频内容生产和产业孵化基地，打造产业园区，循序渐进推进各类与内容生产、产业孵化、投资融资、产品销售等相关的制度建设，与阿里大学合作开展短视频培训，全面提高园区生产人员生产能力和内容产品质量，未来将通过以上途径聚合广东和周边省份的短视频生产资源，以此与阿里高质量的成熟电商体系进行对接，同时实现社会效益和经济效益，形成新的文化产业集群，打造广东短视频内容生产高地。

在健康垂直领域与阿里大健康形成深度合作，在VI、VR、区块链等技术的支持下，推动健康科普、健康服务，惠及更广泛的人群。

（孙朝方：羊城晚报编委、金羊网总编辑，黄海昀：羊城晚报金羊网总编辑助理，汪芳：羊城晚报金羊网编辑）

案例类别：组织机构

南方＋：广东省委省政府第一权威移动发布平台

一、项目背景

2015年，南方报业传媒集团从打造自主可控平台、巩固壮大主流舆论阵地的战略高度出发，决定以南方日报为基础、倾全集团之力建设南方＋客户端。为此，南方报业特别是南方日报大力推进内容供给侧结构性改革，把优质的新闻资源、产能、成本从传统的版面、栏目中释放出来，向南方＋转移，从而实现党报影响力在新媒体平台的迁移和扩增。

从2015年10月上线之初，南方＋就被赋予了“广东省委省政府第一权威移动发布平台”的重要职责。这个定位在5年多的建设实践中不断得到强化。

（一）最权威

南方＋充分发挥南方报业的内容生产优势和资源整合能力，对内兼容了集团旗下媒体的内容发布，包括《南方日报》《南方杂志》南方网《南方农村报》《南方周末》《南方都市报》《南方人物周刊》《南都周刊》等的优质内容；对外不断聚合全省政务新媒体，把握省内重大新闻及重要资讯在移动端的首发权，牢牢占据广东省委省政府第一权威移动发布平台的位置。

（二）最及时

在2020年、2021年抗“疫”报道中，南方＋客户端充分发挥党端引领作用，及时传递疫情最新信息，讲好广东抗“疫”故事，上线战“疫”频道，相继推出全国疫情地图、广东疫情地图、同行速查、全球疫情数据等实时疫情信息查询工具。南方＋快速的反应、充足的信息量和准确的新闻点，收获了用户的一致好评，也让各级党政干部、公务员等主流群体看到了自主可控平台的新能力、新价值。

（三）最广东

除了为用户提供新闻资讯，南方＋客户端还依托与广东省及各地党政机关的长期合作，不断提升自身服务能力。目前，南方＋已设立21个城市频道。通过内部资源整合，南方日报21个记者站、南方网21个地方频道和南方＋客户端的21个城市频道正在推进一体化运行，未来将实现党报、党网、党端在省内各地的全面覆盖，全方位构建主流舆论阵地。

正是依靠强大的平台功能，5年来，南方＋客户端传播力与日俱增，下载量逐年增加，从1000万、3000万、5000万、6000万，到2020年底突破7000万；南方号入驻量逐年增加至1000家、3000家、5000家、6000家，2020年底达到7000家；实现了主流传播的百万＋、千万＋、亿＋，平台总发稿量已超过260万条，新媒体产品生产近3000件，直播超过6600场；营收从最初的1000万元逐年增加至3000万元、1.2亿元、2.11亿元，到2020年底达到2.6亿元。

二、平台定位及服务模式

最初即将其定位为广东省委省政府第一权威移动发布平台，服务好省委省政府中心工作；并打造成为南方报业传媒集团具有龙头地位的新型主流媒体平台，带动集团整体融合转型。

服务模式：“新闻＋党务政务＋服务”服务体系构建起以新闻传媒为核心，融合党建服务、政务服务、文创服务、数据服务、交易服务、城市服务、智慧生活的业务结构和服务功能。

三、用户覆盖群体

用户覆盖群体主要分为核心用户、垂直用户、大众用户。其中，核心用户为党政机关决策层，垂直用户为垂直领域或地域的关注者，大众用户是关心广东经济社会发展的群体。截至2020年12月底，南方＋客户端下载量已超7000万，月活用户近500万，覆盖各级领导干部、公务员、企事业单位职工、都市白领、大中专和高中学生等群体，以及所有关注广东发展的省内外用户。

四、项目亮点和创新性

（一）构建了南方报业特色的立体传播体系

项目充分运用新技术，研发了多个系统及上百个服务，实现“一次采集、多种生成、多终端发布、多渠道传播”，持续赋能内容、运营、经营；新媒体产品爆款频出，全网点击量屡破亿；通过小记者、小学生诗歌节、高考咨询等各类特色运营活动，拉动下载，扩大品牌影响力；打造全媒体广告系统、智慧党建、直播带货等，创新集团经营方式，提升创收能力。

（二）打造深读场景，为忠实用户提供信息获取的快速通道

在做好领导人活动、中心工作、人事动向及反腐行动等硬核资讯报道的基础上，南方＋还致力于通过高质量的政经类、深度类、观点类内容，打造深阅读场景。

（三）满足多重需求，为大众用户提供海量信息与实用工具

除了作为资讯平台，也承载着为用户提供实用工具的角色。如随着新冠肺炎疫情病例轨迹发布，南方＋在开发出全国疫情、广东疫情地图两大实时工具的基础上，还上线了确诊病例周边小区查询的本地特色工具；针对2020年高考，南方＋与广东省考试院联合推出《高考一本通上线！你关心的信息都在这了》查询H5，滚动更新权威发布分数线等招生录取信息；为满足疫情防控常态化的需求，上线了“在＋上课”等在“+”系列服务功能，拓展了南方＋的服务能力边界，成为广东师生在疫情期间上课的主渠道之一。

五、主要技术应用

充分运用大数据、云计算、人工智能、区块链、5G、AR/VR等新技术，建设了“南方＋”移动智媒体平台，该平台为媒体内容生产和传播提供全方位、立体服务能力。如：南方号自媒体子平台，服务7000家政务机构，成为广东规模最大的移动媒体信息发布平台和政务新媒体聚合平台；南方拍客报料子平台，扩大UGC内容生产；5G+4K+VR直播子平台，每年支撑直播活动3000场；高并发、高可用投票子平台，累计支撑投票10多亿；运用区块链技术的版权运维子平台，发现疑似侵权链接近875万条，实现全线上取证维权；移动媒体广告子平台，支持几十种新媒体广告形式；多渠道、高到达的精准推送子平台，可瞬间向千万级别用户推送消息，99.8%的消息

毫秒级可达；推出了基于南方党媒算法的智能推荐，在充分考虑用户兴趣的同时，强化正能量舆论引导能力。

六、团队优势

集团成立了报网端融合运营委员会，举集团之力建设“南方 +”，实行“技术一体化支撑、内容一体化生产、经营一体化统筹”，以促进集团整体融合转型。在报网端融合运营委员会下，又相继成立报网端产品研发中心、报网端音视频部、报网端版权工作部、报刊网端理论评论部以及南方 + 编委会，以加强“南方 +”的技术研发和内容采编工作。

内容与技术双轮驱动，既聚拢了一大批高素质新闻人才，也保有一支精干而高效的研发队伍，短短 5 年内通过科技创新引领发展，对内做到了媒体行业技术领先，对外联系高校及科研机构，建立产学研合作中心和实习培训基地，共同培养集团产品设计与技术研发的高素质人才。

七、经济效益

本项目经济效益显著，近 3 年累计支撑经营收入 3.6 亿元、带动税收增加 1086 万元。

八、社会效益

（一）高品质新闻弘扬社会正能量，为粤港澳大湾区营造良好舆论环境

推出了一大批现象级新媒体产品，如反腐力作《武松来了》全网点击量过亿；广东疫情地图实时疫情信息查询系统便于公众做好自身防范，访问量达 2.24 亿人次；H5《“两会”学习日记》获得中宣部表扬等。

（二）打造教育等民生服务，服务网民

建设了高并发、高可用活动运营服务平台，支撑大型活动顺利开展。如投票系统累计支撑各类评选活动投票数超过 15 亿；疫情期间开通“在 + 上课”（粤课堂）频道，上线 8000 多节官方课程，总点击量超过 1.2 亿人次，得到省教育厅肯定，发文指定为官方渠道；连接“粤省事”，为网民提供办事服务，全力支持广东省“数字政府”建设。

（三）深度融合政务服务，助力政府信息化

对接全省政务发布资源，在全国率先推出政务自媒体“南方号”平台，充分发挥主流媒体的桥梁纽带作用，集聚整合广东省各级各地党政机关的信息发布资源和政务服务资源。

九、行业示范推广价值

项目深入推进了媒体深度融合转型，荣获 2017 年度王选新闻科学技术奖一等奖，在人民日报人民网主办的全国党报网站高峰论坛上，连续 4 年被评为地方党报自有 APP 传播力首位，得到行业高度认可，年接待调研单位近百家，多家单位表达了合作意愿。同时，经过中国国家标准化管理委员会审核批准，发布了《智慧媒体大数据平台与应用系统之间的数据接口规范》（标准号：Q/NFBY 02–2020）、《媒体数据采集与处理规范》（标准号：Q/NFBY 01–2020）两个企业标准，有很好的示范推广价值。

（南方 + 客户端事业部）

南方 + 客户端

案例类别：产品

壮观客户端

一、项目概况

壮观客户端是 2019 年广西新桂传媒有限公司（广西新闻网）为顺应全媒体时代媒体融合发展趋势，强力实施“移动优先”战略，集合广西日报传媒集团内容和技术力量，重点攻关、自主研发的一款综合性移动媒体平台，是广西最大的互联网融媒体内容生产、网络舆情、UGC 兴趣平台实现转型升级的示范性工程。

该项目瞄准媒体融合发展全程化、全息化、全员化、全效化特点，主动对标国内媒体先进客户端，在优化融媒体内容信息传播的同时，着力提升“视频”“社交”“聚合”，以及全员媒体内容生产等传播能力，为融媒体创新发展寻求新路。

该项目国内首创同路多人多点、双轨驱动的全息直播系统，自创分布式“问政广西”舆论监督管理系统，嵌入式多端点信息聚合系统等。自2019年9月中旬上线运行后，先后经历第16届中国—东盟博览会、中华人民共和国成立70周年、广西北流5.2级地震、2020年新冠肺炎疫情防控期间中小学空中课堂、2020年清明全区网上扫墓等重大事件报道、直播，综合传播效果、传播能力均有明显提升，取得较好影响。

壮观客户端投入应用后，完善了“广西云”融媒体生态系统，为广西日报传媒集团实施“移动优先”战略增添新的力量，项目提高了传播效率，扩大传播影响力，在一系列重大事件传播中产生深远影响。项目建成后，在之前良好的网民基础上，通过良好的运营，壮观客户端的安装量和日活量都达到了理想的指标。同时配合广西云、广西新闻网的宣传推广，广西新闻网互联网影响力得到有效增强，得到了专业人士及受众的认可。

另外，通过自主研发，壮观客户端成功带动广西日报传媒集团研发团队的成长和进步，本单位的技术团队在团队合作、研发流程、项目规范等方面取得了较大进步，极大增强了集团的技术输出能力。

二、项目特点

该项目整合广西新闻网现有的资源，设置新闻、论坛、视频、问政、服务等多个板块；在内容展示、用户交互、视频玩法、网络问政、专业服务等方面推动创新。

（一）在新闻内容创新上，突出“视频优先”，借助视频提升核心价值观传播力

平台的视频类型分为点播和直播，在点播部分实现用户上传与新闻发布后台联通，编辑在发布后台可以编辑调用用户在前端上传的点播视频。直播部分，在国内首创同路多人多点、双轨驱动的全息直播系统，在直播形式上支持单人直播、多人直播、图文直播、带货直播等多种方式。以主题为单位，通过邀请可多人参与，多人同时开启多路多点直播，可由观众自由选择直播线路。系统的直播硬件支持可简可繁，既可支持简单的手机即时开通直播，亦可支持专业摄像团队的多个专业机位切换。在严把直播准入关的前提下，直播开播过程轻便简洁，为广西云实现UGC（用户生产内容）建立了良好的基础。在播放终端上，系统同时支持电脑、H5网页、微信、APP播放，直播的传播扩散极为便利。

（二）在信息聚合方式上，采取多种手段，实现机器与人工干预结合，及时有效收集区内用户关注的信息

图文新闻是壮观客户端的重要板块，该板块聚合了区内多种渠道的新闻信息，包括报纸、网站、公众号、政府发布的内容等。平台采取关键词抓取、人工推送、智能检索等综合方式，迅速聚合不同内容生产平台发布的信息，达到“聚合传播”的目的。对于感兴趣的内容，网友可以通过评论、点赞功能发表自己的看法。

（三）在社群建设上，充分利用广西新闻网原有相关产品，进行有针对性的升级扩展，提升平台的影响力

平台依托广西最大社区“红豆社区”用户资源，延伸建立“问政广西”平台，设置问政、发布厅两个子板块，优化舆情信息收集及处置流程。“问政广西”平台已成为广西壮族自治区党委网信办重点支持打造品牌栏目，已经开成“区内网友在栏目里发布问政信息→由红豆社区审核转交相关部门→相关部门就信息描述的事件处理并回复网友→网信办进行监督”的问政流程闭环。发布厅平台也汇集近百场各厅局、地市发布会内容。下一步将配套建设地方舆情应答平台，进一步完善平台功能；在网友交流上，将传统PC社区用户兴趣分组，设置达人堂、豆友圈等，通过新增功能巩固旧用户、吸引新用户，让用户信息安全性更为可控，引导正能量传播。

（四）在行业服务创新上，涉足多领域垂直服务，尝试由新闻平台向服务平台的转变

壮观客户端规划了包括健康、汽车、房产、教育、旅游、母婴等在内的垂直服务。以点带面，先从教育、招聘、房产几个频道做起，实现客户端全平台的支付、互通、精细化管理，辅之以平台原有的信息发布、互动、小视频、直播等功能，构成一个适应各个群体用户需求的综合性客户端。

（五）在技术创新上，建设了壮观内容管理中台，通过微服务实现与广西新闻网各个平台的内容互通

中台聚合了广西新闻网现有内容发布系统、红豆视频、广西网视、政务发布厅等平台的内容，与各个平台的内容实现即时互通，组成了一个实际运作的融媒体平台；通过大数据平台对网络上的海量数据进行爬取、分析、筛选，把其导入中台，丰富信息量；通过分析用户在壮观客户端上的访问轨迹，形成用户画像，从而更好地向用户推荐其喜欢的内容。

三、相关荣誉

1. 该项目软件著作权已通过国家版权局审核认证，荣获2019年中国报业协会媒体融合、信息化和网络安全项目创新奖。

2. 2019年11月，该项目顺利入选第一批数字广西建设标杆引领重点示范项目。

（广西新桂传媒有限公司）

壮观客户端

案例类别：产品

陕西头条客户端

陕西头条客户端是由陕西广播电视台和西部网融合打造的新闻客户端。几年来，聚焦主责主业，顺应趋势，守正创新，把“全媒体生产”和“多渠道传播”作为手段，坚持“移动优先”，积极运用微视频、图解、海报、动漫、动图、H5、手绘等创新手段，使正能量宣传更加丰富，塑造了西部网“可信赖、可作为、可依靠、可服务”的媒体形象。

一、坚持移动化，建立跨平台多渠道的融合机制

建立“内外合作”的跨平台融合机制是陕西头条实现深度融合的重要举措。陕西头条在传播平台和渠道更高层面进行强有力的传播及拓展，在正能量新闻宣传、对外传播、新闻发布、互动参与、网络直播、短视频等层面上形成覆盖全国全省、强有力的传播矩阵，既形成自主管控的主流媒体平台，各平台和渠道之间又统一策划和运作，相互关联，相互依托，相互支撑，相互助力。

目前，陕西头条开设头条、联播、视听、天下、图片、正在播、听陕西、专家谈、秦知道等18个频道，提供正能量事件类直播平台“蓝直播”，网络问政平台“民生热线”以及汇聚陕西广播电视台直播点播和热点视频的“视听”服务。同时，开通“陕西号”，面向各级政府、企事业单位、媒体、高校、国企等开放入驻，是集新闻资讯、公众信息、网络问政、手机视听、互动直播等于一体的移动新闻聚合平台。2016年开通以来，参与陕西省所有重大主题、重大活动和重要事件的新闻报道，已成为陕西省新媒体宣传的重要平台和传播新阵地，区域有影响力的移动新闻客户端。

新版陕西头条为适应智能化需求，通过大数据采集、清洗、分类、加注标签，应用“人工+算法”的“主流媒体算法”，实现内容精准推送，向打造“智慧陕西头条”迈出第一步，形成陕西省新闻信息大数据。

目前，陕西头条与学习强国陕西学习平台建立策划、内容、活动等联动统一机制。已构建起覆盖全省“省市县”三级通联架构，包括厅局、市县、国企、开发区等400人通联队伍，与全省近460家省市县三级党政部门建立网络问政渠道，有100多家政务、媒体、学校、交通等单位入驻陕西号。陕新发布已实现省政府新闻发布、厅局新闻发布、各市新闻发布的信息汇聚、图文视频直播、发布实录等功能。同时，联通107个县级融媒体中心，提供稿件和新媒体产品，实现相互融通，相互助力。

二、创新报道手段，“微传播”形成“大能量”

陕西头条以“在场、现场、立场”的新闻报道理念，始终立足于新闻场的前端，主题宣传报道、热点突发事件、民生关注等从未缺席。注重运用互动直播、图解数读、动漫视频、无人机航拍、全景VR、H5画报、RAP说唱、快闪等报道方式，制作系列“微产品”，通过分享转发“微传播”，形成宣传“大能量”。

例如，2019年为营造中华人民共和国成立70周年良好舆论氛围，西部网策划陕西省“点赞祖国”短视频大赛、“这里最陕亮——陕西城市形象宣传片展播”“我爱你中国”公益快闪、“点赞祖国”大直播等策划。2020年的抗战疫情报道，相继上线“战疫”专区，开通“战疫”频道，搭建“陕西疫情实时动态查询”大数据平台、防控新冠肺炎陕西实时辟谣平台等多个平台，形成了“战疫一线党旗红”“战疫日记”“战疫课堂”“战疫家书”“战疫情 暖色调”“战疫情 陕西文艺工作者在行动”“送戏进万家”“送影视剧进万家”“大学慕课”“中小学优课”等数十个“战疫”专题。截至2020年3月底，西部网、陕西头条推出海报、图解、微视频、VR、漫画、H5、手绘等695条，发布相关微博、头条号、抖音等2万余条，累计浏览量15亿人次。实时辟谣平台发布辟谣信息277件，访问量3570万人次。同时，推出10组400多件公益系列海报，10部系列短视频，近400场直播，508条音频以及《战“疫”家书》《战疫情 校长致学生的一封信》《我的“战疫”日记》等系列互动，形成组合产品+融合传播。

三、顺应分众化传播，推动专业化内容生产

加强内容供给侧改革，强化品牌专栏建设。《陕西头条》“专家谈”邀请50多位年轻新锐的专家学者、政府官员和经济界人士组建“头条智库”，定期发布经济、文化、旅游、农业、电商等解读文章，为陕西高质量发展建真言、献良策。推出“图梳馆”“秦知道”等深度解读产品，“图梳馆”以图解数据解读梳理大政方针、时政热点，“秦知道”进行深度新闻背景分析。

组建“蓝直播”“五味什字”“陕西忒别忒”“娃

呀”“西部健康”等工作室，推动专业化内容生产。例如，2020年“蓝直播”开展各类直播超过1000场次，服务于陕西省主题宣传、重大活动、新闻事件、新闻发布、文化活动、群众体育等，开展正能量、特色化事件类直播。“五味什字”短视频工作室打造“原创＋品质”精品短视频，已推出11个系列150部作品，和人民日报新媒体中心联合制作的短视频《陕西24小时》刷屏朋友圈，《美丽中国·陕西》《陕西向西，跑起来》等正能量短视频得到广泛传播。“蓝直播”被国家广电总局评为2018年度全国网络视听节目内容建设重点推广项目。“五味什字工作室”和“蓝直播”入选2019年度国家广播电视和网络视听产业发展项目库。

四、把握立场，用权威声音加强舆论引导

“陕西头条”加强舆论引导，在一系列突发事件中，反应迅速，首发权威报道占领舆论高地，澄清谣言，以正视听。《民生调查》栏目创始于2013年，建立了一支稳定的民生调查报道团队，结合热线线索，开展涉及民生热点难点的采访报道，发布报道超过2000条，实现主流媒体的责任与担当。民生热线作为陕西网络问政、走网上群众路线的先行者，搭建政府和用户顺畅互动桥梁，与全省460多家省市县三级党政部门建立问政渠道，累计收到网友留言20万多条，反馈4万余条，促进建言献策、释疑解惑、化解矛盾。

2020年，民生热线手机端全新改版上线，实现了用户便捷查询留言办理进度，跟帖评论等功能，丰富了用户留言渠道和形式，使民生热线栏目实现移动化。截至2020年12月，民生热线收到陕西网友留言17023条，其中有效留言有3837条，编辑转达了3600条，各级党政部门回复了3307条，整体回复率超过91%。

五、“内容”与“用户”有效连接，提高传播力

陕西头条在把握传播规律时，把用户单向“传播”变为双向“连接”，让内容与用户有效对接。例如，近两年清明节，《人民日报》英文客户端和陕西头条、发现陕西英文频道联合组成直播团队，全程英文直播公祭轩辕黄帝典礼。陕西头条还策划推出“世界青年看陕西”系列主题活动，在陕西省丝博会、农高会等重要活动中，策划线上专题展示和线下交流活动相结合的方式，带领世界各地的在陕留学生、外国友人等深入活动，融新闻报道与互动参访为一体。策划开展《定格——外国人眼中的陕西》影展等活动，通过“外国人的视角对外推介陕西”。

2020年以来，陕西头条先后策划推出“战疫情 保供应 促增收”助农销售系列活动、“陕耀·网络扶贫e起来”“消费扶贫 好客‘油’礼”活动等一系列线上线下助农销售活动，利用省内互联网企业、网络媒体、网红、直播带货主播等优势资源，助销农产品。

（陕西西部网）

“点赞祖国”短视频大赛

案例类别：产品

蓝直播——正能量事件类直播平台

随着智能手机的推广以及5G的快速发展，“直播”拥有更加广阔的发展前景，成为当下信息传播最有效的手段和途径。“蓝直播”是西部网推出的正能量事件类直播平台。作为陕西门户级直播平台，把握“现场、在场、立场”的原则，侧重于重大主题、重要活动和新闻事件等的直播报道，通过多元化的直播手段和互动模式，传播主流价值。“蓝直播”被国家广电总局评为2018年度全国网络视听节目内容建设重点推广项目，并入选2019年度国家广播电视和网络视听产业发展项目库。

一、顺应规律，守正创新，打造新闻报道新生态

“蓝直播”依托陕西广播电视台、陕西网络广播电视台及西部网媒体资源，积极发掘多场景应用，打破直播平台内容同质化问题，打造特色品牌化直播，将事件性直播变为陕西互联网生态环境架构的重要组成部分。直播内容涵盖时事、文化、体育、教育等多个领域，自2016年开播至今，已完成直播3000余场，总时长达1万

多小时，累计观看破亿人次。

“蓝直播”作为门户级正能量直播品牌，在全国两会、陕西两会、农高会、丝博会等重大事件中，高度重视传播手段建设和创新，做到“能直播尽直播”。每年“两会”期间，“蓝直播”从代表、委员履职开始，在多个重要节点进行图文、视频直播，及时准确报道大会要闻；丝博会、农高会等重大活动，“蓝直播”采用“开幕式 + 高峰论坛 + 签约仪式 + 主播探馆 + 嘉宾访谈”多机位切换的直播形式，力求立体呈现活动全貌。同时，每年直播近 200 场全省新闻发布会，各厅局的发布信息第一时间通过陕西头条在全省广泛传播。

2020 年，“蓝直播”深度融合全国网络媒体与陕西地市区县媒体资源。例如，“云上音乐会”“台风‘黑格比’登陆 记者直击防风一线”“直击黎巴嫩大爆炸现场”“乘风破浪 目标火星”“慢直播：黄河之水天上来”“一部《庐山恋》一生庐山情 庐山国际爱情电影周”“揭秘 2600 年前古芮国 陕西刘家洼遗址新发现”“秦腔好搭档”“陕西第十一届戏迷大赛”“京剧名家名段荟萃 国家大剧院上演粉墨人生”“2020 年全国青年体操冠军赛”“2020 西安（融创）马拉松赛”“2020 年全国蹦床冠军赛”“决战华山之巅 2020‘一带一路’国际腕力体能总决赛”“陕西省群众舞蹈大赛”“名企面对面”“陕西名优新特产品展销会”“看唐长安人如何‘乐居长安’”“抖动商洛网红大赛媒体见面会”“一睹为快！陕西发现颜真卿墨书书丹墓志”“‘我爱我的家乡’融媒大直播”等一系列精彩好看的直播节目，既扩充了陕西头条直播体量，也彰显了品牌效果。

二、整合资源，创新体验，激发平台可持续发展的活力

“蓝直播”以“直播 + 现场”，创新互动模式，“直播 + 专业”形成优质流量担当，“直播 + 策划”创新新闻体验，展现“事件性直播”专业化特质，与“网红直播”形成鲜明对比，引导网友形成价值体系和情感认同，积极推动社会主义核心价值观更加深入人心，以高质量的直播形式、优质的推送平台、便捷的操作方式，逐步形成频率频道对“蓝直播”形式的认可和依赖。

“蓝直播”以直播形式报道陕西重大事件及各类活动，播出期间起到了良好的社会价值，吸引了优质媒体资源、社会机构入驻，开设了子账号。2020 年，“蓝直播”已经吸纳秦腔广播、戏曲广播、新闻广播、体育频道、文艺频道、影视频道等陕西广播电视台资源，把各频率频道的线下活动呈现在陕西头条上。拓展地市县融媒体中心、记者站或新闻广电机构加盟“蓝直播”，使其成为报道当地热点事件和大型活动的优质平台。依托其自身的优质内容产出，使平台原创内容焕发出生机与活力。

“蓝直播”不仅拥有编辑记者直播团队，通过招募结合定向培养、教育引导结合实践养成的模式，在高校选拔百位才艺主播，打造了一大批能适应多场景应用的“小屏”专业主播。同时，针对不同的用户群体，邀请专业主播参与直播策划，实现节目全程跟踪、宣传，增强用户、节目、主播三者粘性。

目前，“蓝直播”使用的是全媒体一体化导播系统，这是基于全媒体融合业务发展的一款集音视频采集、切播导播、直播、录制、字幕弹幕、混音、多画面开窗、云机位等功能于一体的全媒体一体化系统软件。它颠覆了传统导播机笨重而繁杂的音视频切换方式，通过稳定、高效的音视频导播场景，为全国“两会”、陕西“两会”、丝博会、杨凌农高会、清明公祭轩辕黄帝、高铁通车等重大新闻事件的现场直播提供了稳定可靠的支持和保障。

（陕西西部网）

蓝直播平台

案例类别：产品

第八届中国（绵阳）科技城国际科技博览会云展馆

唐金龙 肖翔

随着中共中央办公厅、国务院办公厅印发《关于加快推进媒体深度融合发展的意见》，媒体融合进入纵深阶段，已经从媒体自身队伍、业务和形式的融合，走向了更为深入的跨界融合。主力军全面挺进主战场，做大做强网络平台，占领新兴传播阵地进入了新阶段。

2020 年 9 月，由封面传媒承建的“第八届中国（绵阳）科技城国际科技博览会云展馆”（以下简称科博会云展馆），成为全国首个由媒体自主技术建设的大型云端高

科技云展馆，也是全国目前最大的全场景云端适配的3D智能云展馆，开展仅5天就吸引了270余万注册观展用户。在以科博会云展馆为主平台的展会活动中，本届展会共吸引了691亿余元的项目签约，云展相关报道在全网形成亿级传播，得到了科技部及业界的肯定和点赞。这一次影响力广泛的有益尝试，为媒体跨界融合提供了新的可能性，为探索“新闻＋政务服务商务”的运营模式提供了新思路。

一、新业态，云展破题带来媒体机遇

一方面，受疫情影响，2020年全国的博览业受到了巨大冲击。另一方面，5G、云计算、大数据、AI、R＋技术等新兴技术日益成熟并得到广泛应用，让会展服务也上云成为行业大趋势。从中央到地方，都发出了创新会展服务模式，贯彻展会业态创新的号召和要求。

从行业角度来看，一些处在互联网技术前沿的头部科技企业和大型云商，相继发力进军云展行业。2020年8月28日，腾讯云会展发布全新“1+3易服务”体系，腾讯云副总裁、腾讯文旅总裁曾佳欣表示，未来3年将落地100个云会展项目，与生态伙伴共享10亿元商机，服务1亿用户参会参展。华为云依托其强大的平台生态和ToB、ToG端的优势资源，也悄然成为国内多个云端展会的技术集成方。广交会、上海世界人工智能大会、天津世界智能大会等多个大型展会都在2020年相继上云。

从产品角度来看，云展本身已经超出技术平台的范畴。作为招商引资、品牌传播、人才吸引的综合型产品，云展具有政务、商务和公共服务多方面的要求，不仅仅需要流畅的云服务和可靠的技术能力，在内容服务、传播路径、展示设计、策展规划、发布策略等多方面都提出了全新的课题。而这一系列的能力整合，其实契合媒体融合的发展要求，一方面，3D全景解析、VR、MR视频等一系列视频新技术，也是云展视觉效果的基础技术，近年来已成为主流媒体创新表达方式的技术支撑并被广泛采用，同时融媒建设成果又为媒体打开网络传播渠道提供了平台依托；另一方面，内容生产、展示设计，以及大型活动的传播策略，恰恰是主流媒体的优势。

在云展业态快速形成，而新技术环境下的交互传播刚性需求又遭遇短板的时候，融合转型后的主流媒体就有可能成为潜在的综合解决方案提供方。封面传媒在科博会云展馆上的成功，也正来自将媒体融合的综合优势转化为一体化的解决方案，实现了科技引领下的跨界融合。

二、新支撑，亿级传播源于融合优势

通过一组展览相关数据，可以对科博会云展馆有所了解：5000余组3D模型组、1800余件科技展品，云展活动5天时间里，累计观展次数达2309.24次，相关媒体发布的科博会信息覆盖用户数量达到了4.95亿。综合百度等搜索引擎的数据，从2020年8月末开始，全网对科博会的关注度持续飙升，截至2020年9月25日24时，科博会全网搜索热度同比上涨120%。此外，资讯平台的数据还显示，科博会期间绵阳的资讯热度也大幅上涨，累计涨幅达510%。

这些数据背后，事实上是媒体融合的综合能力体现和效能转化。封面传媒早在2016年便提出智媒体的发展理念，围绕“智能＋智慧＋智库”进行融合转型。传统内容团队植入技术基因，自建技术团队，技术团队和内容团队深度融合，接受内容培训。在全国主流媒体中，首个设立产品技术委员会，建立技术营销中心、视频中心、内容运营、内容平台等系列融合部门，构建起了一支具备“技术＋”能力的复合型人才队伍。

在科博会云展馆的建构过程中，封面传媒一方面组建以融合部门为主体的策划设计团队，由参与了多年科博会报道活动的采编人员以及设计人员构成，根据技术标准，用最短时间完成了展览的创意构架和布展策略，为展览上云做好了内容准备；另一方面以软件工程师和视频工程师为主体的技术团队，则以设计方案为蓝本，快速进行系统建构，只用了一个半月的时间，即完成了策展、设计、组展、建模、开发、数据分析等多方面的工作，在云端搭建起目前国内规模最大的3D智能云展馆。

与此同时，封面传媒利用自身强大的内容生产和传播能力，为云展馆赋能。在科博会云展活动的5天时间里，封面新闻“云上科博会”专题发布原创内容230余条，在封面新闻客户端阅读量已超过4200万次。科博会88条稿件视频在腾讯新闻、今日头条等多平台传播，封面新闻官方微博及四川各个市州媒体微博账号联合转发传播，其中“中国科技城20年”阅读量5418万次，“云上科博会”1577万次，“第八届科博会9月21日在绵阳举行”600万次，“云博览封面造”1500万次，抖音快手发布科博会云展馆多条，播放量965万次，全网传播超1.4亿次。

三、新平台，技术赋能产生平台价值

传播技术学派学者麦克卢汉认为，特别是在电子化时代，媒介具有前所未有的积极的能动作用。媒介引起了事物的尺度变化和模式变化，媒介改变、塑造和控制人的组合方式和形态。

云展本身是一种新型媒介的技术组织形式，它以全新的技术架构和呈现形式，实现与观展用户间更多维度和深层次的交互。这样的交互沟通，在综合作用下，将产生更加长远的影响，对相关产业形成平台效应。

仔细分析，科博会云展馆通过技术创新，让观展互动更具吸引力，特别是针对移动端的三大创新，打破了展览的时空限制，让潜在的投资者能够随时将云展放进口袋，随身携带，直接带动了展览价值的提升。

（一）首创 3D 展品交互，实现了重点信息可视化互动性

在云展馆中，3D 呈现和交互技术首次延伸到了展品一级，高科技展品的参数和内部构造一目了然，动态呈现，专业观众在观展后，可以通过云洽谈直接预约厂商洽谈业务。

（二）智能应用的突破，全程为企业、用户和政府部门提供大数据服务

充分运用会展大数据管理系统及数据可视化技术，在云展览平台上植入智能客服功能，实现了全程“AI+ 大数据”辅助导览，同时，通过用户画像、用户行为分析，形成云展数据的分析报告，向参展企业提供全方位的参考信息和可视化报告，助力产业发展。

（三）多级加载技术的突破，大幅提升云展体验

科博会云展馆充分借鉴了此前云展的经验成果，将场景的一级加载更迭为多级加载，在保证视觉效果的同时，让云展平台更适用于当前网络速度和小屏呈现的要求，大幅缩短了用户开启线上观展的时间和获取关键资讯的路径。

与科博会云展馆面向 C 端用户的数据相对应，还有一组数据也值得关注：云展馆中的参展企业达到了 581 家。根据绵阳当地发布的数据：中国科技城以云博览平台为依托，通过云展览、云推荐、云洽谈、云签约等方式集中展示签约项目 105 个、签约金额 691.73 亿元。

四、新空间，跨界融合带来模式创新的全新可能

根据公开报道，四川省科技厅对科博会云展馆作出了如下定位：继续将科博会云展平台建成四川科技创新的展示平台、交流合作平台和影响力广泛的科普平台，打造永不落幕的科技创新盛会。

据一系列数据显示，科博会云展馆具备持续助推产业发展，进行科普教育和服务地方经济的基础能力，并且与传统展会不同的是，云展的数据、模型和系统可留存复用、不断迭代，持续面向公众开放。这就为下一步创新运营模式开辟了新的空间。

可以看到的是，融合转型后的主流媒体依托新兴技术，整合自身综合优势，通过云展这一新型媒介技术组织形式，开辟全新的运营空间。主流媒体也有可能从传统的内容生产和传播渠道提供方，进一步成为平台的建设方和运营方。以科博会云展平台为依托，封面传媒将有可能与更多的科技企业和地方政府建立深远的合作关系，同时也为下一步建立具有更大产业价值的云展大数据中心打下了基础。以云展破题“新闻 + 政务服务商务”的跨界运营模式，已成为媒体深度融合、整体转型的一种全新可能。

（唐金龙：封面传媒行政人力部总监，肖翔：封面传媒总经理助理、首席解决方案专家）

案例类别：产品

云南网：新时代文明实践中心云平台

杨之辉

为了推动新时代文明实践中心的相关工作，结合《关于建设新时代文明实践中心试点工作的指导意见》以及各地的相关需求，云南网以智慧化、信息化、特色化为核心，基于新时代文明实践中心的建设需求，集宣传、学习、活动、志愿者服务于一体，为“群众点单、中心（所、站）制单、层层派单”提供全流程技术支撑服务，致力于打造集宣传展示、互动互通、管理调度于一体的新型信息化新时代文明实践云平台。

一、平台简介

新时代文明实践中心云平台是一款为文明实践工作深度定制的云平台，通过组织管理，实现多级指挥；通过“点单制” 管理模式，实现项目在线流转，有效匹配群众需求和志愿服务。真正做到了线上、线下相结合，使培训管理流程化；群众点单与志愿者接单相结合，使志愿服务精准化；平台管理与工作记录相结合，使指挥管理高效化；工作展示与综合分析相结合，使文明实践数据化。集宣传展示、互动互通、管理调度于一体的新型信息化融合平台，能打通宣传群众、教育群众、关心群众、服务群众的“最后一公里”。

二、平台特点

1. 全面支持市、县、乡、村多级新时代文明实践体系。在文明实践云南平台上，为市、县、乡、村各级管理单位设置管理权限。

2. 为“群众点单、中心（所、站）制单、层层派单”

提供全流程技术支撑。平台支持自下而上地收集需求，自上而下地组织活动，为群众提供文明实践活动的调研“菜单”，让群众按需点单，形成闭环，推动志愿服务活动精准、常态、长效地开展。

3. 集新时代文明实践活动需求发布、宣传、管理、参与于一体，致力于成为基层文明实践活动的智能助手、掌上志愿者之家、服务群众的智能平台。

4. 移动优先，有效支撑多渠道多终端接入呈现。多渠道接入：文明实践平台可通过集成到云上系列 APP，也可定制专属 APP，还可以通过微信公众号和小程序等多种形式接入，项目建设速度快。多终端呈现：平台支持多终端同步无缝对接，支持移动端、计算机端、指挥大屏，满足不同场景下的使用需求。

三、平台架构

（一）打造志愿服务宣传阵地

实现文明实践活动网上、网下同频共振，打通基层宣传思想文化工作“最后一公里”，继续巩固基层舆论宣传主阵地，持续推动乡村振兴和农村精神文明建设。

（二）志愿服务协同管理

“新时代文明实践中心云平台”可有效解决志愿服务存在的问题，平台不仅能提供最基本的志愿者信息管理、志愿者注册、服务项目发布、招募等功能，还能对活动项目时间、进度等综合数据进行统一管理及分析，使志愿者信息的管理和决策科学化。

（三）实践中心、所、站系统化管理

显著将文明实践中心与文明实践所、站、基地融会贯通。建立平台和终端贯通机制，打造实时智能的文明供需平台，推动文明实践供给侧和需求侧精准对接，其意义在于整合社区资源、提高管理效率。

（四）资源整合、共享

盘活各类资源，对域内资源进行优化配置、统筹使用、发挥效能；充分发挥云平台的阵地作用、聚力作用、辐射作用，开展丰富多彩的学习、传播、实践活动。

（五）全面覆盖

采取“集中 + 分散”“线下 + 线上”“固定 + 流动”相结合原则，针对新时代文明实践中心的县、镇、村三级层面，实现对中心管理者、志愿者、服务对象的全面覆盖。

（六）安全可靠

安全证书加密，区域分级管理 + 用户实名认证，同时支持攻击防护与防欺诈，以保证平台安全稳定运行。

四、平台技术创新

（一）业务流程标准化

群众点单：通过手机端、计算机端、站所大屏设备或上门等形式。

中心汇总：中心汇总群众通过所有入口上报的点单信息。

统一派发：管理中心根据统单结果生成活动计划派发给相关站所。

志愿者接单：管理中心将计划推送至相关负责人，可在手机 APP 接单。

群众评价：志愿活动开展完后，由管理员发起群众对服务进行评价，可通过微信公众号进行。

（二）操作便捷

志愿服务流程：完善的志愿者注册、登记及服务开展流程。

活动信息发布流程：无论活动发布或咨询信息发布，简明易用，快速稳定。

业务管理流程：针对人员、活动事项或组织机构提供清晰便捷的管理流程。

（三）扩展应用

文明实践中心 + 县级融媒体中心：能够在新闻采访、新闻传播分析、舆情处置反馈等领域，支撑对接全市统一的指挥调度平台，并逐步实现区（县）、街道、社区更大范围的互联、互通、互融。

文明实践中心 + 乡村振兴：坚持“借外力”与“强内力”相结合，对接群众需求，设计服务项目，培育志愿品牌，激发基层参与热情，发挥群众主体作用，着力提升新时代文明实践试点工作的实效性感染力。

（四）新技术应用

区块链应用，VR 技术，AI 技术，5G 技术。

五、实践与启示

建设县级融媒体中心的关键是“融”，建设县级文明实践中心的关键是“实”，处理好县级融媒体中心和文明实践中心关系的关键是“和”。融媒体中心和新时代文明实践中心二者是线上和线下的关系，双中心一起建有利于防止县级融媒体中心和新时代文明实践中心“各说自话，互不来往”。

借县级融媒体中心建设的春风，文明实践活动能够得到更广泛的宣传，也能可管、可控、可调度。而有了新时代文明实践中心的助力，县级融媒体中心也可以随文明实践活动一起“飞入寻常百姓家”。

在融合发展的实践中，云南网综合利用各方资源，以各类主题实践活动为抓手，充分考虑发挥融媒体中心、新时代文明实践中心的优势，创新推出“融媒体中心与新时代文明实践中心再融合”的做法，两个中心依托县级融媒体中心客户端聚合平台，搭建新时代文明实践志愿服务平台所需功能模块，推动新时代文明实践“实”起来、“活”起来。

建设中，云南网发挥融媒体中心的优势，将融媒体中心打造成为全县新时代文明实践中心的“最强大脑”。

既发挥好融媒体中心“中央厨房”的优势，盘活各类资源，对域内资源进行优化配置、统筹使用、发挥效能；又充分发挥融媒体中心的阵地作用、聚力作用、辐射作用，开展丰富多彩的学习、传播、实践活动；要同步谋划、同步推进两个中心建设，将融媒体中心打造成新时代文明实践中心的线上平台，实现文明实践活动线上、线下同频共振；同时，立足本地实际，把准功能定位，充分发挥主动性与独创性，因地制宜，多点发力，探索建立既彰显优势又突出特色的发展模式，为当地经济社会高质量发展作出积极贡献。

同时，云南网将新时代文明实践中心和融媒体中心进行融合建设运营，在数据接口上实现互联互通，将新时代文明实践中心的入口接入已经建成的、具备一定影响力的新闻客户端、微信公众号以及门户网站等，同时，在新闻产品上也留下新时代文明实践中心的接口，实现流量的相互导入、信息内容的互联共享。

目前，云南网已在红河县、砚山县、芒市、广南、开远等10余个融媒体中心建设运行新时代文明实践中心云平台。

融合实践证明，两个中心的深度融合，充分发挥了阵地作用、聚力作用、辐射作用，让基层的好声音、好故事“上得来”，分发到中央、省级全媒体矩阵渠道，同时让党的声音“下得去”，实现志愿者的宣传覆盖，打通党和人民群众信息沟通的“最后一公里”，让党的创新理论“飞入寻常百姓家”，实现融媒体中心与文明实践活动线上、线下同频共振。

（杨之辉：云南日报报业集团云南网地方新闻中心总监）

案例类别：产品

聚力打造贵州媒体融合发展的“多彩云”品牌

“多彩贵州宣传文化云”（以下简称多彩云）是贵州省县级融媒体中心省级技术平台，是全国首个覆盖全省宣传思想文化系统的省级综合信息服务平台。以数据“聚合、融通、应用”为主线，在整合全省宣传文化系统数据平台和数据资源的基础上，建设覆盖全省、统一规划、统一平台、统一架构、统一资源、统一接入、统筹利用的宣传思想文化数据共享、管理大平台，是创新推动贵州宣传思想文化工作与大数据深度融合、加快推进媒体融合发展的贵州实践探索。

自启动建设以来，在全国实现了“两个创新、三个率先”，即创新自主研发“多彩云”大数据平台，创新建立县级融媒体中心省级技术平台版权机制；率先实现全省88个县级融媒体中心数据全接入，率先实现全省88个县级融媒体中心移动客户端全覆盖，率先实现省、市、县三级宣传思想文化系统数据“聚通用”。

一、基本情况

（一）建设完成情况

经过三年多的技术攻坚，“多彩云”初步完成了以融合传播、业务集成、数据资源、技术支撑、管控指挥、信息服务“六大平台”为核心架构的平台研发。

2018年3月，“多彩云”在全国率先启动。

2018年5月，“多彩云”在全国率先正式上线。

2019年4月，“多彩云”省级技术平台初步建成。

2019年5月，“多彩云”在第二届数字中国建设峰会和2019深圳第十五届文博会上，两次得到了中共中央政治局委员、中央书记处书记、中宣部部长黄坤明的高度肯定和赞许。

2019年7月，黄坤明部长到贵州省考察调研期间，再次听取“多彩云”工作情况汇报，并作出重要指示：“‘多彩云’的建设做得好、很全面，其思路和做法比较超前”，提议将“多彩贵州宣传文化云”命名为“多彩云”。

2020年1月，“多彩云”系列移动客户端集中上线，标志着贵州省“一云统揽、全媒联动，协同互通、互惠共赢”的智慧融媒生态圈已初步建成。

2020年1月，“多彩云”智媒管控平台上线，实现全省9个市（州）以及88个县级融媒体中心数据的“三个一”功能。

2020年7月，“多彩云”传播管理系统上线使用，实现全省宣传工作统一指挥调度，宣传指令“一点即达”，确保指令传达安全可控及执行效果追踪。

2020年8月，初步建成贵州新时代文明实践中心省级平台。

2020年9月，成功申报“贵州融媒体大数据创新中心”。

2020年10月，完成98家贵州文明网网站集群建设及交付上线。

2021年1月，网络信息内容生态治理指数系统上线，实现对网络信息全生命周期的态势感知、综合研判、响应调度、及时管理和跟踪评价等综合治网能力。

2021年1月，互联网违法和不良信息举报中心上线，实现信息公开、安全警示、一键举报、网络志愿服务等功能。

（二）数据汇聚情况

目前，“多彩云”已横向打通了11家省直宣传文化单位，纵向接入了9个市（州）和88个县级融媒体中心数据，共汇聚省、市、县三级近276万余条数据，接入403个应用，开放API接口29个，覆盖全省65家县级融媒体中心客户端应用。

二、聚能——一云统揽，全媒联动

（一）平台统揽

以跳出“新闻”用“融媒体、融服务、融商务”的思路，基于“多彩云”平台，聚合多彩贵州网、电商云、多彩宝、政务云、众望、文旅云、多彩黔行等平台资源实现协同赋能，着力打造集力量整合、应用聚合、服务融合于一体的新型综合信息服务平台，形成了聚焦重点、纲举目张、以点带面的全媒体协同效应。

（二）传播整合

作为全国媒体融合的主力军，“多彩云”坚持移动优先策略，率先实现全省88个县级融媒体中心移动客户端全覆盖，为全省宣传思想文化单位提供集生产、发布、监管、服务于一体的媒体融合技术支撑，助力提升基层媒体传播力、引导力、影响力、公信力，已跻身同行第一方阵，为全国媒体融合提供了“贵州样本”。

（三）服务聚合

以向内整合、向外聚合为抓手，以“新闻+政务服务商务”为实践路径，横向上，在省级层面上聚合新闻、政务、民生、旅游相关数据和服务，并通过“多彩云”系列移动客户端实现服务下沉；纵向上，在实现省、市、县三级宣传思想文化系统数据“聚、通、用”基础上，通过为各县级融媒体中心定制开发特色化、本地化的服务功能，探索和创新高效集约的为民服务模式，助推当地产业高质量发展。

以万山区为创新试点，将全区政务服务事项清单化并通过移动端向群众提供便民服务，“解锁”区内跑腿、家政、维修等生活便民服务，接入万山区特色电商服务、旅游服务、文化服务等，切实打通了服务群众的“最后一公里”，成功打造了新闻+政务服务商务的“万山红”模式。

（四）综合治理

贵州省委全面深化改革委员会2020年第七次会议确定，加快推进贵州网络综合治理体系建设，并基于“多彩云”平台建设贵州网络综合治理体系技术平台，加快贵州治理体系和治理能力现代化步伐。目前，智媒管理平台、传播管理系统、网络信息内容生态治理指数系统、互联网违法和不良信息举报中心的“四位一体”治网体系布局已初步形成，实现300多家新闻资讯网站、700多家政府网站、1000多个微信公众号、微博账号及百度号等渠道数据的采集覆盖，标志着“多彩云”从“管”的单向模式向“治”的多元主体协同模式跃迁。

三、赋能——标准先行，政企共建

（一）标准先行

严格对标国家《县级融媒体中心省级技术平台规范要求》，建立数据资源目录、数据采集和管理标准，出台了《贵州省市（州）融媒体中心技术平台规范要求》《贵州省市（州）级、县级融媒体中心考核评估管理办法》《“多彩云”“三个一”指令管理办法》等配套制度，使媒体融合发展有章可循、有规可依，始终朝着正确方向发展。

（二）政企共建

按照“党管媒体、党管数据、党管技术”和“行政聚合、企业运作”原则，以省委宣传部作为项目云长单位，省委网信办作为牵头单位，多彩贵州网作为承建运营单位，全省各级宣传文化系统单位参与共建“多彩云”。2019年8月21日，省委宣传部、省委网信办正式批文，同意在多彩贵州网组建多彩云事业发展中心，由多彩贵州网组织专业团队，设置特设机构，按照“行政聚合、企业运作”的原则，专职负责建好、用好、管好“多彩云”。2019年8月26日，贵州省县级融媒体中心省级技术平台及多彩云事业发展中心揭牌。

（三）拓展合作

多彩贵州网充分发挥贵州省管大一型国有文化企业人才、技术优势和省级唯一的媒体融合大数据创新中心优势，创新“产学研”合作机制，共建深度融合“生态圈”。先后携手华为技术有限公司、贵州省公共大数据重点实验室、中电科大数据国家工程实验室、国家CCDI版权云及相关科研院所等，共同构建以企业为主体、以市场为导向、产学研深度融合的技术创新体系，为推动全省媒体深度融合发展提供智力支撑，实现社会效益与经济效益有机统一。

四、蓄能——自主创新，安全可控

（一）自主研发技术平台

“多彩云”通过创新应用云计算、人工智能、大数据等前沿技术，采用公有云和私有云相结合的物理架构，引入大数据采集、分析、存储等相关技术，加入人脸识别、语音识别、视频分析等AI（人工智能）先进算法，自主研发了互联网数据采集平台、大数据计算管理平台、大数据标准平台、人工智能引擎等。

（二）技术创新取得新成效

三年多来，多彩贵州网组织百余人的专业技术团队深耕技术创新，一行代码一行代码地“敲出”了3项专利（视频剪辑设备、互联网视频采编系统、互联网视频剪辑装置）和65项国家计算机软件著作权证书，推动多彩贵州网取得CMMI 5认证，做到了平台自主研发创新，确保了数据安全可控，实现了把关键核心技术和数据掌握在自己手中，真正意义上实现“党管媒体、党管数据、党管技术”，为做大做强主流舆论阵地筑牢数据安全防线。

（多彩贵州网有限责任公司）

多彩云

案例类别：产品

打造有温度的政务民生服务平台

——多彩宝互联网文化传媒产业发展“新模式”探索实践

一、引言

多彩贵州网旗下贵州多彩宝互联网服务有限公司组建于2015年12月，抢抓大数据、“互联网+”发展机遇，通过改革创新、整合资源、苦干实干，自主研发推动“云上贵州多彩宝”政务民生服务平台建设，助力数字政务、数字民生、数字经济发展，在全国成功探索平台“建设+运营”协同发展、“政府扶持+市场运营”相互促进的新模式，走出了一条互联网文化传媒企业深度参与大数据发展的新道路。

“多彩宝”APP业务涵盖政务、民生、生活、电商等领域。截至2021年9月，平台装机用户数突破6800万，实名注册用户超过1544万人，平台交易额突破57亿元，累计服务人次达5.1亿人次，已发展成为贵州覆盖最广、功能最全、用户最多的数字民生、数字政务、数字商务平台。多彩宝公司先后获得“专精特新”培育企业、省级“五一劳动奖状”、国家高新技术企业、贵州省大数据企业50强、商务部“数字商务企业”等荣誉，并被贵州省政府列入拟上市重点培育企业。

二、零起点，如何实现产业破局

2014年7月，省委、省政府高标准组建大一型互联网文化传媒企业多彩贵州网。新成立的多彩贵州网，由两家新闻网站整合而成，既面临做好党的新闻宣传事业主业，又要推进产业发展的“双重任务”，毫无成功案例可借鉴。如何破局，是摆在公司党委面前的第一项课题。

恰逢当年，贵州开启了大数据发展的大门。公司党委抢抓大数据战略和“互联网+”行动历史机遇，敏锐地提出可依托大数据、互联网技术，搭建全省统一的便民服务平台，解决老百姓缴纳水、电、燃气等生活费用“缴费难、排队难”等民生问题。当时，基础力量薄弱，在没有模式、技术、资金等优势的情况下，公司想方设法整合资源，运用互联网思维推进平台建设。一是积极争取上级部门的支持；二是通过市场合作获得银行平台建设资金支持；三是与第三方技术服务商开展技术服务外包合作。2015年2月，多彩宝平台正式上线运行，开启了公司互联网产业发展新征程。

三、勇开拓，服务民生天宽地阔

“积土而为山，积水而为海。”刚起步的多彩宝平台在业务、技术、资金等方面受阻，只有迎难而上，才是当时唯一的出路。业务上，公司项目团队与一家家合作单位对接、汇报，也吃了不少闭门羹，最终达成业务合作；技术上，公司设法引进优秀技术人才，从零起步组建技术团队，实现核心系统自主研发；资金上，公司积极开拓思路，运用市场手段对外融资……经过不懈坚持和努力，多彩宝平台用户量和交易额开始实现快速增长。

2016年6月，时任贵州省委书记陈敏尔在调研多彩宝平台时指出：“多彩宝业务是一座‘钻石矿’，要抓紧开拓市场，成为贵州大数据应用的好案例。”为加快推动多彩宝平台建设，省委宣传部等省级部门先后召开两次专题推进会，把多彩宝作为宣传文化系统参与大数据战略行动和“互联网+”行动的重要项目。自此，公司步入了发展的快车道。

2018年1月，省政府将公司提出的“推动‘多彩宝互

联网 + 益民服务’城乡全覆盖”列入当年十件民生实事。当年底，公司圆满完成任务，使贵州成为全国第一个实现水、电、燃气缴费等基础互联网民生服务城乡全覆盖的省份。

四、走新路，苦练内功赢得市场

2018 年 11 月，多彩宝平台与云上贵州移动服务平台全面融合，升级为“云上贵州多彩宝”，并被纳入深化“放管服”改革优化政务服务工作范畴，成为贵州政务服务网移动端唯一门户。

“云上贵州多彩宝”平台的建设发展，得到了国家及省领导的高度重视和关心。2019 年 2 月，时任省委书记、省人大常委会主任孙志刚来到“云上贵州多彩宝”调研，对平台建设发展寄予殷切期望。同月，省委常委、常务副省长李再勇到平台调研，强调“云上贵州多彩宝”作为全省政务服务移动端“一张网”，不仅要实现服务查询，还要打通数据，实现办理。7 月 13 日，第十二届全国政协副主席、国家电子政务专家委员会主任王钦敏率领国家调研组一行专程到云上贵州多彩宝调研政务信息资源开发利用及大数据发展情况。10 月 22 日，时任省委副书记、省长、现任省委书记谌贻琴到公司调研，指出要与时俱进提升创新发展能力，为全省广大群众提供更多更便捷的“掌上办”“指尖办”民生服务，努力走在全国前列。

从民生服务到政务服务，我们深感责任重大，使命光荣。“云上贵州多彩宝”从便利事项办理、提升服务效率、优化营商环境等方面助力“数字政府”建设，为群众和企业提供便捷优质服务。目前，“云上贵州多彩宝”已向老百姓提供包括电子身份证、公积金查询（提取）在内的 1778 项高频服务。为进一步实现便民服务移动化，打造本地化特色服务样板，“云上贵州多彩宝”创新提出推进市（州）本地化特色服务平台建设，整合接入省内各市（州）自有特色服务和应用。如今在贵州，老百姓只需“进一张网”，即可“办全省事”。

五、战疫情促消费，发展数字经济新业态

新冠肺炎疫情暴发，多彩宝积极发挥平台优势，承担企业责任，全力以赴助力疫情防控。第一时间在多彩宝平台推出“疫情防控服务专区”，向用户提供全国疫情实时数据、确诊病例小区速查功能，提供新冠病毒肺炎知识、就医流程等多种热门问题类别。搭建“企业复工复产申报备案登记”等平台，助力企业复工复产；同时，利用平台大数据分析体系，为全省群众“在家办事”提供了有力支撑。其中，由多彩宝建设的“双网强基”基层社会治理平台，入选国家工信部“疫情防控和复工复产复课大数据产品和解决方案名单”。

2020 年 4 月，为助力疫情后经济复苏，贵州出台《多彩贵州促消费百日专项行动方案》，依托多彩宝平台发放政务消费券，平台开通多彩贵州消费券专区，建立风控机制和“实名制”领券机制，助力疫情后的经济复苏政策落地更精准、更可靠。活动期间，面向餐饮、零售、汽车促消费方面累计发放消费券 103 万套，拉动消费 2.57 亿元；发放新购汽车加油券 2 万套，拉动消费 26.87 亿元；文旅领域促消费方面带动交易 9944.26 万元，消费带动成效明显。

同时，多彩宝平台上线“黔货商城”，助力消费扶贫，汇聚全省各地优质农特产品通过平台对外销售，实现销售订单量 96.31 万笔，金额 4.28 亿元，超过 87.35% 的农特产品销售到省外，真正实现黔货出山、出省。团队积极联合各地商务部门开展“‘9+3’贫困县扶贫助农”抖音直播活动，带动 12 个县区农特产品销售 2219 万元。

六、促改革，创新机制激发活力

多彩宝公司依靠人才、技术、资金、市场等核心要素，瞄准市场谋发展。2016 年启动引入社会资本推进企业“混改”，先后引入 3175 万元战略投资。2019 年 9 月，中宣部、贵州省委宣传部批复同意多彩宝公司开展员工持股试点。目前，公司正稳步推进融资、上市、员工持股等工作。按照打造“平台的平台、通道的通道”战略，公司加大科技创新应用力度，积极推动与全省政府机构、平台、企业合作，赋能实体经济数字化转型升级。

七、启示与思考

互联网文化传媒企业产业发展和转型，必须充分认识、积极拥抱市场，才能找准产业发展新坐标。

（一）紧紧围绕国家大政方针

多彩宝公司的发展，紧紧围绕贯彻落实国家和省推进大数据战略等重大方针政策，立足服务民生和市场需求，顺应了时代发展的要求。

（二）树立以用户为中心的理念

多彩宝政务民生服务平台发展壮大的根本在于面向市场，利用现代科技手段为用户提供优质的产品和服务，有效满足了用户需求。

（三）完善体制机制大胆改革创新

多彩宝公司脱胎于国有企业，在制度建设、治理机制和发展战略等方面遵循市场规律，勇于突破传统体制机制，找到发展新路。

（四）坚持核心技术自主可控

公司始终坚持打造技术团队，把创新主动权、发展主动权牢牢掌握在自己手中。

（五）建设一支优秀的人才队伍

公司视人才为第一核心资源，注重人才培养和团队建设，不断吸引、凝聚、锻造优秀人才。

（多彩贵州网有限责任公司）

案例类别：产品

5G 智慧电台项目

一、项目简介

湖南平安小精灵文化发展有限公司（以下简称平安小精灵）成立于2006年，是湖南广播影视集团有限公司（湖南广播电视台）的国有全资子公司，坐落于中国数字文化传媒高地——马栏山（长沙）视频文创园。公司主营业务为5G智慧电台服务体系，该体系以人工智能、大数据、云计算、区块链技术为底座，对传统广播体系进行智能化、集约化流程再造，通过智能抓取、智能编排、智能播报、智能监控、云端分发，一键式自动化生成新闻、资讯、天气、路况、音乐串接等播出内容，仅需5分钟即可生成一套24小时安全播出的高品质电台节目，帮助传统地方电台解决“缺人才、缺内容、缺运营”等问题，让基层媒体更好地发挥主流舆论阵地、综合服务平台和社区信息枢纽的功能。

2020年9月17日，习近平总书记考察湖南长沙马栏山视频文创产业园时，仔细听取了5G智慧电台的项目介绍、应用场景，观看了5G智慧电台的系统演示，听了广播剧《半条被子》片段，并称赞这样的产品就非常好，传递了党的声音，也解决了实际问题。

5G智慧电台创建快、投入少、效益明显，能为地方电台带来“管理＋技术＋内容＋运营”的整体赋能。截至2021年8月，5G智慧电台已经签约服务全国27个省份近400家广播电台频率。先后荣获国家广播电视总局“智慧广电”传播分发类先进案例、广播电视“媒体融合”成长项目，入选广播电视和网络视听产业发展项目库等。公司牵头起草的湖南省地方标准《5G智慧电台建设规范》，联合国家广电总局规划设计院制定行业标准，推动广播行业智慧化、规范化发展。

未来，5G智慧电台将通过服务全国1000家电台，搭建“千县千频”战略平台，在基层开创“千县千频、千频千面”的传播新风貌，连接公共区域大喇叭、应急广播系统等设施，更好更快地将党和政府的声音传到大街小巷、田间地头，成为新时代基层社会治理的新工具、新平台。

二、主要产品及服务

主要产品

公司致力于构建全新的广播行业升级创新基地。目前，基地以5G智慧电台服务体系为主要产品，为用户提供“管理＋技术＋内容＋系统”的整体集成服务，主要包括iMango节目云和iMango专业电台播出系统。

1. iMango节目云。包含三大节目体系（资讯、音乐和私家车），200档优质节目，20档专属定制节目，近3万小时不同类型的节目储备，包含党建、新闻、文艺、社科、亲子等多种类型，节目库每个工作日更新，确保时效性。每个节目模板均可实现24小时编排播出，满足不同地域、季节、节日和时间的需求。

2. iMango专业电台播出系统。5G智慧电台提供了先进的数字广播自动化系统——iMango专业电台播出系统。在播出系统整体设计时，充分考虑到各种类型电台，如音乐体系电台、语言体系电台等各自特色需求，因此iMango专业电台播出系统已将各种体系电台需求功能融为一体，能满足各种类型电台的日常使用需求，在操作性、简便性、安全性及智能性方面达到了较高的水平，为县级广播媒体单位提供轻量级智能化的播出平台、一站式服务解决方案（见下图）。

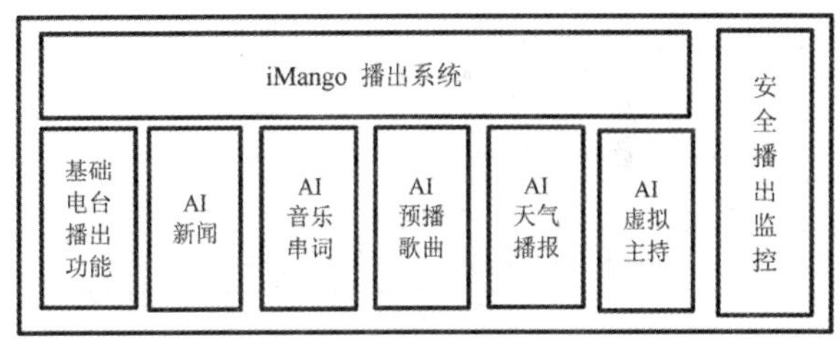

iMango播出系统功能（播出端）

基础电台播出功能：整个iMango播出系统，支持传统电台的播出系统各种方式及标准。

AI新闻：自动抓取全网16万个新闻资讯源，利用算法对抓取的新闻资讯进行智能文本分析和智能审核。根据广播新闻节目编辑规则进行智能编排，生成时政、财经、体育等不同类型的完整节目。利用NLP自然语言处理技术和语音合成技术完成新闻生成和播报。

AI虚拟主持：用于新闻资讯播出，导播只需输入新闻资讯文稿或通过“节目分发管理系统”自动获取下发的新闻资讯文稿，自动生成指定某主持人的语音包生成播出级别的音频上架播出。

AI 音乐串词：iMango 为每一种歌曲类型精心预设的衔接方式，详细定义了前奏、尾奏、最佳进歌点、最佳出歌点、年代等属性，通过设置实现歌曲流畅连接。自动串词功能以“介绍上一首歌曲，介绍上一首歌曲的歌手，再介绍下一首歌曲”方式，达到一种承上启下、现场直播的效果。

AI 预播歌曲：iMango 可以在指定的播出位置，预报近 3 首歌曲，预报方式以“主持人的开头介绍、近 3 首歌曲的高潮部分组合”每首歌曲的高潮部分平均在 10—20 秒。

AI 天气播报：iMango 自动从中国气象局官网或墨迹天气接口获取天气信息，然后以人工智能智能方式，将获取的天气文本信息转换成语声音频，并自动编单播出。

安全播出监控：当 iMango 主播或备播没有声音信号输出时，安全播出监控系统会自动播放垫乐，防止空播。

慢录系统：将 iMango 主播播出内容实时录制存储。

3. iMango 节目分发管理系统。该系统是 5G 智慧电台的智能后台管理系统（中央厨房），整个系统采用 Java 语言设计，从功能上分三层结构，分别是用户端、主体业务功能层、管理层（见下图）。

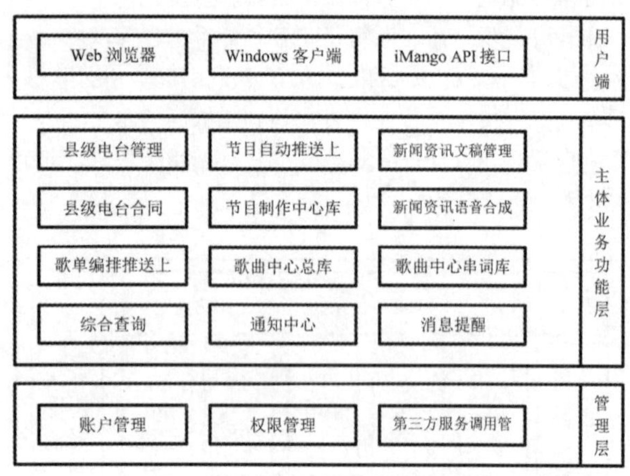

iMango 节目分发管理系统功能

三、社会效益与经济效益

（一）经济效益分析

5G 智慧电台项目总投资为 7000 万元，目前已完成投资 1128 万元。项目上线后，每年的服务费用为 9.9 万元~14.9 万元 / 台，预计 2020 年实现营业收入 4018.87 万元；2021 年实现营业收入 8037.74 万元，收益 320.37 元，基本实现盈亏平衡；2022 年实现营业收入 10047.17 万元，收益 2507.33 万元。

（二）社会效益分析

1. 以优质内容夯实基层舆论阵地。习近平总书记强调，“建设具有强大凝聚力和引领力的社会主义意识形态，是全党特别是宣传思想战线必须担负起的一个战略任务”。5G 智慧广播电台充分发挥站位高、把关严、资源优、队伍强、节目优的自身优势，紧抓“头条工程”，确保习近平新时代中国特色社会主义思想的宣传位居首位、发出首声。联合人民日报、中央广播电视台等央媒，制作宣传社会主义核心价值观的系列音频节目，在全国合作电台打通播出，将中央媒体策划制作的新闻和文艺节目送到群众家门口，传递到百姓心坎上。与当地政府和职能部门合作，通过广播搭建起政府和百姓的沟通桥梁，确保县、乡、村一级舆论导向安全，牢牢守住基层宣传思想阵地。

2. 以先进技术把党的声音传到田间地头。习近平总书记强调“要探索将人工智能运用在新闻采集、生产、分发、接收、反馈中，全面提高舆论引导能力”。5G 智慧电台通过 AI 智能技术，快速将国家大事、“三农”政策、新闻资讯、天气、交通等信息，通过系统推送到车载广播、村村响应急大喇叭、手机 APP、小程序等渠道，实现一次内容生产，多渠道内容传播。在新冠肺炎疫情期间，5G 智慧电台及时发布中央省市救灾抗疫措施和便民服务信息，强化了广播在应急服务中的主力军作用，以先进技术赋能基层广播电台，唱响主旋律、壮大正能量，把党的声音传到大街小巷、田间地头。

3. 以全面赋能促进县级融媒体中心良性运营。5G 智慧电台为合作电台提供先进的管理模式、智能化的广播系统、优质的节目内容和实用的运营方案，让基层媒体从业人员有时间和精力去从事更有价值的融媒传播及运营工作，促进基层广播媒体良性运营。5G 智慧电台的首批合作单位—衡南县融媒体中心清泉之声在使用 5G 智慧电台一年后，营收增长超过 3 倍。

5G 智慧电台还组织“智慧广播创造营”，以“课程讲解 + 案例分享 + 实训实操”的模式，传递先进融媒发展经验和管理经验，先后为全国近 800 名县级广播业务骨干提供培训和交流服务，壮大基层全媒体人才队伍。

（湖南平安小精灵文化发展公司）

案例类别：产品

“大舜云”平台

一、建设“大舜云”平台的目的和意义

“大舜云”平台的建设，是舜网利用新一代信息技术全新打造的融媒服务产业互联网云平台，更是落实习近平总书记对媒体发展的重要批示精神的一项重要战略举措。平台集成“政务云”“融媒云”“安全云”“民生云”“智能云”“影像云”六大云功能，是一个可以为用户提供云服务支撑、“远程 + 专家”支持、大数据分析等多种解决方案的应用服务体系。

“大舜云”平台的建设目标，是聚焦文化创意优势产业，围绕山东省数字媒体产业链，以人工智能、大数据、5G、区块链等新一代信息技术为支撑，建立数字化、网络化、智能化的数字媒体产业互联网平台。项目立足于以科技助力数字媒体产业发展的愿景，填补山东省产业互联网平台空白，支撑全省高端数字媒体产业的发展。

二、“大舜云”平台主要架构体系介绍

平台采用云计算架构作为平台底层，为用户提供媒体、政务、影像及行业全流程服务，利用其开放的架构可以灵活接入三方功能和服务模块，达到其快速拓展业务的目的，同时以全新的技术框架、服务平台、业务流程、管理模式打造独具特色的融合业务平台。

（一）“云宣”媒体云产品

提供了一款适用于报业、宣传部门融媒体中心建设、新媒体平台搭建的智能化软件。采用人工智能技术实现协同采编所需的智能写稿、用户画像、智能推荐、大数据分析功能，解决了媒体融合发展过程中“融媒”向“智媒”提档升级共性的技术难题，提供了完整的“一次采集、多种生成、多元分发”一体化解决方案。

（二）融媒体中心技术平台

区县级融媒体中心建设方案整合了县级广播电视、报刊、新媒体等资源，是开展媒体服务、党建服务、政务服务、公共服务、增值服务等业务的融合媒体平台，助力各电视台及其他媒体行业打造“互联网 +”业务生产，促进传统媒体业务的改革创新。

（三）新时代文明实践中心技术平台

基于新时代文明实践中心的建设需求，融宣传、学习、活动、志愿者服务为一体，为“群众点单、中心（所、站）制单、层层派单”提供全流程技术支撑服务，致力于打造集宣传展示、互动互通、管理调度于一体的新型信息化新时代文明实践融合平台。

（四）超高清移动直播平台

通过专业摄像机、编码器、无人机等设备，提供专业的直播汇聚渠道，可在专业云导播台进行在线切换，在线特效制作、在线配音、监播监控、通话连线等操作，支持多种直播传播路径，为媒体行业、政府、事业单位等打造专属直播服务。

（五）舆情大数据监测平台

以大数据、人工智能技术为支撑，实时监测全网海量舆情信息，利用文本挖掘、自然语言处理、可视化分析技术进行深度数据挖掘，及时判断舆情发展趋势，为政府、企业、媒体机构提供精准舆情检索、负面舆情感知、专项舆情监测、智能舆情报告等多维度舆情信息服务，为网络安全监管、风险预警、应急处置、舆论引导提供技术支撑。

（六）数据可视化制作

利用大数据技术，对新闻数据进行可视化展示。实现采访调度、视频连线、线索追踪，满足多元化业务分析场景。海量大数据一目了然，使监控工作更简单、更直观。

（七）融媒体视频云平台

视频云剪辑提供在线可视化剪辑平台，可以高效处理、制作视频内容，实现标准化、智能化剪辑生产，大大缩短制作时间，提升内容生产效率。

（八）智能媒体 AI 云平台

基于智媒体云计算架构处理系统，利用多模态的视频理解能力，生成视频精彩集锦、打标签等功能。深度挖掘媒体资产数据，提高媒体核心资产价值，优化对媒体数据的智能加工、智慧管理、内容审核、快速发布等核心流程。

三、“大舜云”突破了媒体融合的技术瓶颈

“大舜云”是继报业集团“两个中心”建设之后基于“5G+ 云 +AI”的全新平台，是落实“守正创新，把新媒体新平台建设好运用好”精神的又一重要战略举措，

通过集成六大云功能平台，涵盖政务技术平台、媒体融合、大数据舆情、区块链内容安全服务，以及基于5G服务的掌上12345民生服务平台、“5G+大数据+人工智能”写稿系统、“5G+4K/8K+VR/AR”的超高清视频直播等前沿科技技术。“政务云”为政府信息化建设提供“智慧政府”建设、“智慧党建”、“人工智能+舆情分析”等多个方面的政务云服务。“融媒云”采用大量云化的视音频技术、人工智能等新兴技术，为媒体行业提供专属的云服务平台。“安全云”是以区块链专利技术为依托，建设了可以对知识产权进行唯一识别认证的区块链云安全系统。“民生云”是以报业集团和12345市民热线合作的“掌上12345”为基础，在既有的取证模式基础上颠覆性地实现了基于5G通信的短视频、直播技术的云服务。“智能云”基于5G通信的人工智能交互的云服务，在金融、医疗等领域以及城市治理、优化企业运营策略的过程中，提供更多服务。“影像云”是在报业集团“5G+4K/8K+VR/AR”的超高清视频直播的基础上，积极探索MCN模式，构建5G+超高清视频融合创新发展生态体系，助力电商经济打造直播经济总部基地。

四、“大舜云”创造的社会价值和经济价值

大舜云平台充分发挥媒体优势，助力地市、县区媒体单位，各级党政、企事业单位打造功能强大、技术先进的新媒体推广平台。平台在研发过程中，注重技术创新和关键技术的攻关，已取得发明专利2项，国家知识产权局已受理发明专利申请6项、外观专利2项，软件著作权登记54项。平台核心成果“媒体融合采编系统研发及应用”获济南市科技进步奖三等奖，“基于人工智能技术的智媒体系统研发与应用”获山东省企业技术创新奖一等奖；“云宣融媒体业务系统V 2.0”于2019年9月被山东省工信厅认定为山东省首版次高端软件产品，入选济南市优势工业产品目录。10月，产品获中国城市网盟优秀产品奖，并被中国报业协会评定为中国报业媒体融合、信息化、网络安全项目创新奖。产品相关系统入选省、市工信部门发布的“山东省软件产业高质量发展重点项目”“山东省‘现代优势产业集聚+人工智能’试点示范项目”“济南市大数据产业发展试点示范项目”。

依托平台打造的济南日报报业集团融媒体中心，得到了省委宣传部主要领导的高度肯定，认为“探索出了济南模式，打造出了山东特色”。济南日报报业集团融媒体中心建有多层级供稿、多渠道来源的新闻大数据资产库，为舜网、爱济南、济南发布等市级新媒体产品提供“直通一线、生动鲜活”的新闻素材；平台与济南12345热线系统、济南信用系统共建共享，共同打造泉城服务“总客服”，不断拓展媒体社会服务主阵地；推出“市民防疫服务手册”等一批爆款融媒产品，将政务大数据创造性地融入内容传播生产，有效提高了主流媒体参与社会治理的能力；同时，平台还为市中区、天桥区、槐荫区等区级融媒体中心提供技术支持，与市级融媒体中心连为一体，济南报业全媒体记者与各级宣传干部、通讯员“混编”为一支媒体融合工作队伍，实现网格化覆盖，“在融入基层中服务基层，在服务群众中引领群众”，实现党报集团新时代的新作为，深度嵌入全市经济社会发展。

平台启用以来，先后为《人民日报》（海外版）“海客新闻”客户端等一批中央级媒体项目提供支撑，为温州日报报业集团、潍坊报业集团、泰安报业传媒集团等十几家报业媒体，济南市中区、槐荫区、淄博张店区、泰安岱岳区、东营广饶县、山东省总工会等20多家区（县）宣传部、政企新闻机构提供了数字技术产品。借助平台，舜网还为济南市委、市政府提供了网站、客户端等新媒体技术支持，为市委宣传部、文明办、统战部、商务局、市城建集团等近百家政企单位提供平台支撑，取得了良好的经济效益和社会效益。

（山东舜网传媒股份有限公司）

案例类别：产品

“在线问诊”平台

党的十八大以来，习近平总书记等中央领导把中医药事业发展放在全面深化改革、进一步扩大对外开放的战略高度，融入实现“两个一百年”奋斗目标、实现中华民族伟大复兴中国梦的伟大实践，多次作出重要指示。习近平总书记指出：“中医药学是我国各族人民在长期生产生活实践和与疾病做斗争中，逐步形成并不断丰富发展的医学科学，是我国具有独特理论和技术方法的体系”“凝聚着深邃的哲学智慧和中华民族几千年的健康养生理念及其实践经验”。中医药学是中国古代科学的瑰宝，也是打开中华文明宝库的钥匙。

2020年2月8日，国家卫生健康委办公厅下发了《国家卫生健康委办公厅关于在疫情防控中做好互联网诊疗咨询服务工作的通知》，《通知》充分肯定了互联网医疗的重要作用，明确提出：要充分发挥互联网医疗服务优势，大力开展互联网诊疗服务，特别是对发热患者的互联网诊疗咨询服务，进一步完善“互联网 + 医疗健康”服务功能。

2020年4月7日，国家发展改革委、中央网信办印发《关于推进“上云用数赋智”行动 培育新经济发展实施方案》，提出推进互联网医疗医保首诊制和预约分诊制，开展互联网医疗的医保结算、支付标准、药品网售、分级诊疗、远程会诊、多点执业、家庭医生、线上生态圈接诊等改革试点、实践探索和应用推广。

2020年新年伊始，新冠病毒肺炎疫情来势汹汹，疫情的发展牵动着每一个国人的心，识别、鉴定疑似患者成为疫情防控中极为关键的环节。为了缓解武汉和湖北省一线发热门诊和医务工作者的压力，使患者可以做到早发现、早报告、早诊断、早隔离、早治疗，需要开发一款“在线问诊平台”系统，通过组织医生志愿者线上回答患者疑问，缓解患者焦虑，为患者提供专业的医疗建议，减少普通感冒等轻症赴医院就诊，降低人群聚集交叉感染的风险。

为指导患者诊疗，缓解患者焦虑情绪，分担武汉和湖北就诊和入院压力，2020年1月25日，长江日报报业集团主动作为，依托全国重点地方新闻网站长江网开通24小时“在线问诊”平台。2020年2月5日，“在线问诊”平台升级成为武汉市抗击疫情的网络问诊官方平台，大幅推进平台功能升级、社会知晓率提高和全国医生志愿者入驻。

2020年2月14日，时任武汉市委常委、宣传部部长张世华在长江网《建议武汉“在线问诊”平台服务全省全国疫情防控工作》上批示，要求“在谋划做好人文关怀和心理疏导工作时，可考虑发挥‘在线问诊’平台的作用”。

2020年2月16日、20日，时任武汉市市长周先旺在分别召开的两次抗击新冠肺炎疫情相关工作会上，听取了长江日报报业集团开展“在线问诊”工作情况汇报，并询问了医生、患者注册和问诊方式，表示“你们的作用越来越大了”。

2020年2月19日，市文明委印发《关于在抗击疫情中加强人文关怀做好心理疏导工作的方案》（武文明〔2020〕2号）。方案要求，积极招募有资质的心理医生，加入“在线问诊”平台，为市民提供情绪疏导和心理支持，长江日报报业集团是责任单位。

“在线问诊”成为武汉乃至全国战“疫”的另一条特别战线，为减少普通感冒等轻症赴医院就诊、减少人群聚集交叉感染风险、疏导患者紧张焦躁情绪发挥了重要作用，被武汉市民称为疫情期间的“定心丸”。

“在线问诊”平台是基于武汉市委机关报长江日报报业集团旗下长江网在新冠肺炎疫情期间打造的，旨在搭建一个以5G、大数据技术为特色的公益性互联网应急医疗服务平台，响应国家大力开展互联网诊疗服务号召，利用互联网技术突破地域限制，提升武汉市乃至全国突发事件应急医疗服务水平，平时为患者提供权威可信的医学科普、疾病诊疗等服务，突发情况下可为全国任何城市提供应急互联网诊疗服务，通过建立遍布全国各地的专业医生团队在线诊疗有效缓解紧急情况下的医疗资源紧张问题，项目具有鲜明的互联网特色，可以做到地方问、全国答；全国问、全国答；全球问、全国答；随时问、随时答。同时，项目利用大数据分析技术分析患者问诊内容，可为突发事件的疾控工作提供有力的数据支持，有效防控各类传染性疾病流行暴发风险。项目建成后将成为我国首个国民健康服务的全国公益平台、全国突发事件疾控应急服务平台，具有极大的社会效益和实施意义。

“在线问诊”平台分为患者（网友）端、医生端、管理端。患者（网友）端和医生端，可以使用手机微信一键进入，具体可通过长江日报客户端（APP），或点击长江日报、长江网、武汉城市留言板等微信公众号菜单进入，提交留言，也可以通过长江网首页进入。医生端，具有自主注册、自主登录、自主回复问诊留言功能，还可与患者反复在线留言互动交流。

在后台管理上，已建立统筹团队、技术开发团队、医生资质审核团队、客服团队、分析团队、宣传推广团队，积极有效开展工作。“在线问诊”平台开通的消息经各媒体平台传播后，立即引发全网关注。全国医疗系统的医生们闻讯纷纷入驻，专业、周到、耐心地解答网友留言。

全国医德标兵、武汉大学人民医院宋恩峰，“第三届全国道德模范”“好医生”王争艳，天津城建大学医院院长班莺等知名专家主动报名加入。一些省外知名医疗机构甚至率医生整建制加入“在线问诊”团队。广西中医药大学第一附属医院院长谢胜带领45名医生报名参与在线答疑。

平台的上线运行，极大方便了武汉市民，既指导市民群众就医、诊疗，又给隔离在家的900万市民以心理疏导。统计发现，有关“发热、咳嗽”等症状的留言在“在线问诊”中占主体地位。针对此类诉求，线上医生第一时间建议患者去医院做进一步筛查，或上报社区，接受统一安排；对于其中复杂或紧急的情况，同时转办给各区或职能部门进行干预。留言诉求中的一些非肺炎患者小病就医难问题，医生通过“在线问诊”平台对小病患者“线上开药”万余次，并指导用药，减轻了医院的接诊压力。

2020年10月，长江网新冠肺炎疫情“在线问诊”平台获得中国城市新闻网媒联盟抗疫特别奖的策划组织奖。

2020年12月23日至24日，2020年（第五届）全国党媒网站高峰论坛在深圳举办。长江网受邀作主旨发言，并以《突破自我，凝聚互联网力量奋力战“疫”》为题，展示分享了党媒网站的创新实践。该高峰论坛由人民日报社、国家互联网信息办公室指导，人民网主办。12 月 29 日，《人民日报》第 12 版整版报道 2020（第五届）全国党媒网站高峰论坛，并刊发了长江网在论坛上的主旨发言摘要。

长江网在线问诊平台在新冠肺炎疫情期间积累了大量原始注册用户资源和来自全国的专业医生资源，这为将长江网“在线问诊”平台打造成我国首个国民健康服务的全国公益平台、全国突发事件疾控应急服务平台奠定了良好基础。

2021 年 3 月 30 日，长江网的抗击新冠肺炎疫情“在线问诊”平台，以“全国 936 家医疗机构的 1363 位医生及心理咨询师积极响应，为 5 万余名患者提供了 7 万余次诊疗服务，问诊满意率达 99.71%”的突出成绩，荣获湖北省 2020 年融合传播年度精品项目。

（武汉长江新媒体有限公司）

在线问诊

案例类别：产品

“长江融媒”工作平台

一、概述

“‘长江融媒’工作平台基础软件”是武汉市互联网新型主流舆论阵地“长江融媒”体系的重要组成部分，是支撑“长江融媒”多形态媒体集群的基础、枢纽技术平台，由指挥调度、全媒体制作、多渠道分发、大数据分析、用户管理、移动采编、全媒体资源库、绩效考核、人工智能等十大功能模块组成。

本项目是遵循 2019 年初中宣部和国家广电总局颁布的关于县级融媒体中心省级平台规范和标准，同时结合武汉城市宣传导向与媒体运行特点而统筹规划和设计的。该平台采用多租户、云架构的建设运营模式，面向长江日报集团及武汉全市各区局融媒体中心和宣传机构，实现“四个统一”的融媒体管理服务，即“统一的指挥管理、统一的内容生产入口管理、统一的平台资源管理、统一的数据服务管理”。

本项目在技术设计上体现“六大原则”即“先进性原则、高可用原则、标准化原则、开放性原则、可扩张性原则、安全性原则”。在技术应用上以“大数据”为核心，以“云计算”为支撑，以“智能化”为辅助，以“移动化”为场景，突出媒体生产全环节和全流程的一体化，突出音视频及直播等流媒体的采集、传输、制作、发布的最新技术的集成运用，突出新闻信息全网传播效果的大数据采集挖掘和综合分析。

作为武汉市主流舆论阵地“长江融媒”的基础性工具系统，本项目很好地为长江日报报业集团及全市 15 个城区提供了先进统一的技术装备和互联互通的协作网络。其建设运行和推广应用，不仅推动了传统新闻生产业务与新技术的融合和优化改造，成为武汉市传统媒体产业转型发展和新兴媒体业态增长的“催化剂”，还从整体上提升了包括长江日报报业集团在内的武汉市媒体生产、制作、传播、管理的综合实力，有力地促进了武汉市互联网舆论主阵地的持续壮大，不断提升武汉城市互联网舆论场的传播力和影响力。

二、总体思路

（一）自主可控，导向正确

统领全市各种传播力量，实现“正能量”“管得住”“用得好”，确保意识形态安全。

（二）市区一体，共享融通

市、区两级互联网舆论主阵地“抱成团、结成片、连成网”，通过统一指挥、集中行动、共同发声，实现资源集约、效果最优。

（三）技术引领，手段先进

引进最新技术，优化生产机制，创新传播方式，满足多终端、多体验的需求，推动主流思想舆论深入人心。

（四）特色鲜明，迈入前列

通过建设具有独特功能的武汉市互联网舆论主阵地，

进入全国同类城市第一方阵。

三、主体框架

以长江日报融媒体为主站，各区（功能区）融媒体中心为子站，聚合政务新媒体和自媒体，形成“1+15+N”的全市互联网舆论主阵地——“长江融媒”。

1. 改造升级《长江日报》客户端，强化新闻功能，植入政务、服务功能，搭建互动平台。

2. 长江日报报业集团为15个区（功能区）建设客户端，作为区级融媒体中心传播阵地。

3. 长江日报客户端设置“长江号”，汇聚政务“网、端、微、号”和全市主要自媒体账号，形成“长江融媒”传播矩阵。

4. 设立长江融媒指挥中心，在市委宣传部领导下，统筹“1+15+N”体系运作，包括传达报道要求、开展主题宣传、快速应对舆情等。

5. 建立全网分发渠道，《长江日报》客户端新闻内容抵达中央媒体、门户网站、主要客户端，让武汉声音唱响全国。

四、功能定位

（一）明确运行机制

武汉市委宣传部统筹“长江融媒”运行工作。长江日报报业集团负责“长江融媒”技术标准制定和系统维护，组织实施新闻策划、编辑分发、效果分析、舆情监测等工作，负责管理长江日报客户端。各区（功能区）融媒体中心负责管理各自客户端。各区（功能区）融媒体中心可由长江日报报业集团代运营，或与长江日报报业集团合作运营，有条件的可自己运营。

（二）整合采编力量

长江日报报业集团整合《长江日报》《武汉晚报》《武汉晨报》、长江网采编人员，形成一支队伍，由指挥中心统筹调度，一体化运作。各区（功能区）融媒体中心采编人员通过“长江融媒”指挥中心接受市委宣传部调度。

（三）开发软件系统

长江日报报业集团建设“指挥调度、采编分发、产品制作、数据分析、舆情监测、用户管理、人工智能”等系统。长江日报和各区（功能区）融媒体中心共享使用。

（四）布局基础设施

在长江传媒大厦设立“长江融媒”全媒体指挥大厅、大数据中心、直播演播中心。长江日报报业集团、各区（功能区）融媒体中心按各自需求配置采编设备。

五、技术特点

（一）资源管理既共享又隔离

平台建立统一的登录、制作、审核、发布，共享平台基本功能模块，如指挥、制作、分发、数据分析、用户管理、移动采编、媒资库、人工智能等。同时，指挥调度等系统实现市区两级分设方案，通过权限设置，区分不同入驻者数据访问的权限；对下级入驻户之间进行数据隔离。

（二）系统架构持续演进能力

系统在总体架构不变的前提下具备持续演进能力。一方面，各功能模块可灵活配置，业务流程的变化或重组，只需调整配置即可完成；另一方面，系统提供标准化的开放接口，方便第三方服务平台和服务的接入。

（三）大数据技术深度应用

依托“国产 + 开源”相结合的成熟大数据基础技术组件，构建以分布式和并行计算为核心特征的大数据采集、存储、管理、检索、分析挖掘和可视化技术平台。对内容数据、行为数据、业务数据等多源异构大数据进行融合分析，应用于“策写编发评”业务全环节。

（四）私有云 + 公有云配合部署

系统底层拥有并支持虚拟化、分布式的云平台技术，具备资源快速部署和服务获取、动态可伸缩扩展及供给、面向海量信息快速有序化处理、可靠性高、容错能力强等特点。在实际部署中，项目采取了私有云结合公有云的方式，采编主体模块以私有云为主，大数据服务及第三方窗口以公有云为主。

六、实施效果

项目一期2019年5月启动，2019年12月至2020年5月各大模块陆续完工上线运行，2021年持续优化完善相关功能和模块。目前，以长江日报报业集团主为主体，武汉各城区相继入驻系统，加大了长江日报报业集团及武汉市媒体融合的深度和广度，增强了移动网络时代主流媒体的传播效果。

项目二期已开始筹划，以打造“智媒生态体系”为主要任务。愈加海量化的数据、持续提升的运算力和不断优化的算法模型推动新一代人工智能快速发展，开始对各行各业产生深远的影响，媒体产业也不例外。长江日报报业集团融媒体基础软件工作平台，将以视频识别、图像识别、语音识别和自然语言处理作为应用创新方向，持续优化人工智能在内容创作、内容传播和用户运营方面的应用场景，从“融媒体”走向“智媒体”。

（武汉长江新媒体有限公司）

案例类别：产品

2020年全国“放鱼日”

王军华 王鑫

一、活动介绍

2020年6月6日，全国“放鱼日”同步增殖放流活动主会场设在烟台，活动主题为“养护水生生物资源 促进生态文明建设”。活动由烟台日报社水母网承办。当日，农业农村部、山东省及烟台市领导出席活动并致辞。农业农村部将全国“放鱼日”主会场设在烟台，对提升烟台城市影响力具有重要意义，7000余名市民、300余组亲子家庭参与其中，烟台主会场及3个分会场公益放流数量总计超过100万尾，对养护海洋水生生物资源、提升烟台城市品牌形象起到积极作用。据悉，当日全国“放鱼日”同步增殖放流活动在各地举行，31个省（区、市）和新疆生产建设兵团共举办增殖放流活动近300场，放流各类水生生物苗种12亿余单位。

活动由农业农村部、山东省人民政府主办，农业农村部渔业渔政管理局、山东省农业农村厅、山东省生态环境厅、山东省海洋局、烟台市人民政府联合承办，烟台市委宣传部、烟台市海洋发展和渔业局、烟台市文化和旅游局、烟台市生态环境局、烟台市自然资源局、烟台市卫生健康委员会、烟台市公安局、共青团烟台市委、烟台市慈善总会、莱山区人民政府、山东省水生生物资源养护管理中心、烟台日报社协办。

为深入贯彻落实《中国水生生物资源养护行动纲要》《山东省渔业资源修复行动计划》等有关文件精神，养护水生生物资源，保护海洋生态环境，推动海洋增殖放流持续健康发展，助力“海上粮仓”建设和绿色可持续海洋生态文明建设，烟台市从2019年开始举办第一届放鱼节，号召全烟台市民参与渔业资源养护增殖放流活动，提升市民“养护水生生物资源 保护海洋生态环境”的意识，通过扩大活动规模、策划爱心公益活动提升活动品牌影响力，逐步将公益放流活动打造成国内知名的群众性公益活动，践行“绿水青山就是金山银山”理念，助推海洋经济大市建设。

二、现场活动亮点

（一）突出全国“放鱼日”主会场

1. 签到板设计主要元素为中国地图，着重标注出历届全国“放鱼日”主会场承办城市名称，对公众进行全国“放鱼日”知识科普。

2. 在码头放鱼区以“气球＋条幅”的形式体现历届全国“放鱼日”主会场承办城市名称。

（二）结合热点致敬抗疫英雄

邀请烟台46名援鄂医疗队队员以及在抗击新冠肺炎疫情中作出突出贡献的先进集体及个人、优秀抗疫企业参加现场活动。

（三）热心企业公益助力放鱼

更多的热心企业参与到放鱼活动中，在提升企业自身形象的同时，增强企业员工的集体荣誉感。同时，烟台下辖的高新区、开发区、海阳、龙口等县（市、区）同步开展全国“放鱼日”增殖放流活动，助力水生态环境养护。

（四）云端放流满足市民心愿

活动面向资质健全的育苗企业采购一批鱼苗，在线上以“放鱼包”的形式面向社会发售并为购买人代为放流，这可以在筹措一定量社会资金的同时，满足部分群众参加放鱼活动的心愿，活动全程直播，更加公开、公平、公正。

（五）搭建宣传展示烟台平台

1. 组织烟台各大旅游景区在现场展示文创产品，助力景区渡过难关。

2. 围绕青少年儿童，举办“我在大海有条鱼”系列活动，组织开展海洋生物印章签名、百米长卷涂鸦、沙滩趣味亲子活动，举办增殖放流科普知识展。

3. 现场设置展示烟台海洋发展成就的大型展板。

4. 活动结束后，组织志愿者开展“净滩”行动，共同维护绿色海洋生态。

三、融媒体宣传情况

烟台日报社水母网充分调动各方面资源，积极发挥党报、都市报、网络新闻媒体、移动新闻媒体和新媒体矩阵的融媒体报道优势，在活动开始之前，《烟台日报》《烟台晚报》分别用3个版面对活动进行了持续预热报道，为全国“放鱼日”主会场活动的举办营造良好的舆论氛围。

市民如何参与活动，是媒体和市民非常关注的。市民通过参与水母网组织开展的“海洋知识我知道 有奖问答赢鱼票”线上渔业知识问答和“我在大海有条鱼”线上招募，获得电子鱼票，在活动现场换取纸质鱼票后即可参与放鱼活动；也可根据自己的兴趣爱好报名参与现场的各类主题活动。为减少人员聚集，此次活动首次尝试“云端放鱼”，市民在微信端留言板写下美好祝愿，将抽取部分幸运网友赠送放鱼票（凭微信号到活动现场领取放鱼票），同时，工作人员还为不能参加现场活动的市民代为放流，并对整场活动进行全程网络直播，将载有市民美好祝愿的鱼苗放归大海。烟台日报、大小新闻、水母网等官方微信矩阵，分别在其所属的公众号上发布多篇爆款文章，并对“云端放鱼”“‘海洋知识我知道’线上答题”进行全网推送。

在活动结束后，《烟台日报》《烟台晚报》分别拿出1个整版对活动现场进行报道。水母网制作大型新闻专题对活动进行集纳式专题报道；大小新闻发挥“新闻直达受众手机端”的优势，不论是对新闻发布会还是活动现场都进行即时宣传报道。

在发挥自身媒体优势的同时，烟台日报社水母网积极邀约中央、省、市媒体进行联动报道，宣传覆盖电视、报纸、广播、互联网、微博微信、短视频等新媒体渠道。活动结束后，农业农村部、山东省人民政府、烟台市人民政府、山东省海洋局等官方政务网站刊发相关活动消息，提高了活动的公信力，扩大了活动的影响力。新华网在活动当日以《多地举办全国“放鱼日”增殖放流活动》为题刊发的图片新闻，被环球网、中国青年网、中国网等数十家新闻网站转载。当日，山东新闻联播对全国“放鱼日”主会场活动进行报道，山东广播电视台齐鲁频道《每日新闻》则对本次活动进行了长达近4分钟的专题新闻报道，山东广播电视台公共频道《走向深蓝》节目对本次活动进行专题报道。在本届放鱼节上，烟台电视台首次采用视频直播的方式对活动全程进行现场直播。大众熟知的网易、新浪、搜狐、一点资讯、今日头条、凤凰网等商业媒体上均有此次活动的相关信息。

在百度搜索引擎，以“烟台+全国放鱼日”为关键词的相关搜索结果为3560万个，首页首屏全部为烟台市举办此次活动的相关信息。据不完全统计，在互联网上有本次活动相关新闻稿件3000余篇，分布在以农业农村部、山东省人民政府、烟台市人民政府、山东省海洋局等为代表的政务网站，以新华网、中国新闻网、中国青年网、环球网、中国网等为代表的中央级新闻网站，以大众网、齐鲁壹点、海报新闻、齐鲁网、中国山东网等为代表的省级新闻网站和客户端，以水母网、胶东在线、大小新闻等为代表的市级新闻网站和客户端，以今日头条、网易、新浪、搜狐、凤凰网、一点资讯、快资讯、抖音等为代表的商业网站和客户端，特别是移动客户端刊发的新闻宣传稿件对助推活动的即时传播起到重要作用。

融媒体的宣传报道让本届放鱼节公益活动更加立体、多角度地呈现给受众，活动当天拍摄现场照片1000余张，视频素材达2T容量，现场云、一直播等移动端的视频直播让活动盛况即刻抵达受众手机端。结合当下媒体发展及信息传播趋势，本次活动着重加大新媒体的宣传比重：录制16个VCR视频；活动现场制作15秒快剪视频、微信九宫格在微信朋友圈、抖音等平台传播；活动结束后，快闪《烟台烟台》《在希望的田野上》视频在腾讯、爱奇艺、优酷等多个视频平台同步上线，同时在“学习强国”学习平台上呈现，提高了活动层次和站位。水母网制作的集纳式活动专题点击量超过200万次，积极助推了活动的互联网传播。

（王军华：烟台日报社水母网原副总编辑，王鑫：烟台日报社水母网记者部主任）

案例类别：组织机构

打造融媒矩阵 聚力全媒发声

陈琴

中国衡阳新闻网站自2005年9月建成以来，已砥砺奋进十多年。特别是2010年晋级湖南省重点新闻网站、国家一类新闻网站以来，网站科学谋划、抢抓机遇、励精图治、顽强拼搏，重点打造了“一网一端一平台，两微三央四大号”全媒体矩阵，并成功申请学习强国号，以领头雁的精神，探索出地方新闻网站建设的“衡阳经验”，始终站在全省网络新媒体的第一方阵。

近年来，网站先后被评为“十大最具创新力品牌奖”“中国地方门户十佳人气品牌奖”“中国新闻网站最具公信力50强”“全国地市网络媒体综合实力20强品牌”；先后荣获全国网络媒体好新闻奖、湖南新闻奖、湖南省优秀新闻工作者等重要新闻奖项。中国衡阳新闻网站站长、总编辑李镇东被评为全国地市新媒体“十大创新精英人物”，由其撰写的论文《建设全媒体矩阵 凸显主流影响力》被评为一等奖，“‘新衡阳’新闻舆情聚合推荐系统”被评为“融媒体发展十大技术创新奖”，创造了全国地市新闻网站“衡阳经验”。

一、坚持党媒定位，权威发声

（一）聚合报纸音视频，同频共振

2020年初，中国衡阳新闻网用最短的时间、以最强执行力，在网站技术架构层面完成2.0版本大升级，进行了衡阳新闻网首页首屏改版。这是对多年来的电脑端网站及管理系统、APP两端界面、数据接口、数据同步系统等进行的一次重建，极大地方便了网友的浏览和阅读。

1.开设热点重点栏目，适应形势需要，先后开辟了《疫情防控》《奋战一百天》《全面小康》等热点重点专栏。

2.调整导航布局，导航区增设市四大家、市直网群和12个县（市、区）新闻网站链接，方便受众了解更多更全面的信息。

3.开辟《外媒看衡阳》栏目，及时转发中央及省级媒体对衡阳的重点报道。

4.集结市内主流媒体新闻，将《衡阳日报》电子版、衡阳新闻联播视频、衡阳广播电台音频一体展播，做到了媒体融合传播。

（二）组建“新衡阳”突击队，融媒抗疫

疫情防控期间，网站迅速行动，组建“新衡阳”疫情防控阻击战突击队，开辟大专题《坚决打赢疫情防控的人民战争、总体战、阻击战》，下设15个小专题，深入挖掘先进典型、做优新闻宣传、引导网络舆论等举措，在网上、网下凝聚起了一股众志成城、全力以赴、共克时艰的强大网络正能量。一个月内发布抗击新冠肺炎各类稿件5118篇，其中自采稿件772篇，平均每天近30篇。融媒体矩阵全网点击浏览量约3.12亿人次。其中，《今日份小菜已送达！“衡阳群众”让居家隔离后顾无忧》得到《人民日报》、中国新闻网、中国文明网等中央媒体的转载，单稿累计点击率破1000万次。

（三）创意策划新产品，广泛传播

2020年，衡阳新闻网共推出创意海报50余张，长图及组图产品20余个，H5产品10余个，一批有创意、有亮点的创意产品在各个平台广泛转发及传播，受到一致好评。

1.主题策划丰富。

（1）围绕疫情防控工作，本网先后推出《我承诺 我倡议》《疫情中的不文明行为》《“谢谢你们为我们拼过命”（衡阳援鄂全名单）》系列海报等优质画报内容。

（2）围绕市委、市政府中心工作，本网设计制作的“奋战100天，实现双过半”H5作品、《全力推进“制造强市”建设，重振衡阳工业雄风》长图，以及《一张图，秒懂选择衡阳“中欧班列”的理由》等作品获得广泛关注和转发。

（3）围绕重要节日、节气，本网推出《手绘长图丨粽子的前世今生》、《向国旗敬礼，做时代新人》H5、《花儿“衡”美向“阳”而生》组图等主题新媒体产品，部分产品运用卡通形象让新闻阅读更生动有趣。

（4）围绕文明创建，本网推出《践行文明礼仪 从你我做起》等相关主题作品，大力弘扬“文明创建，人人有责”的文明新风。

2.直播有声有色。2020年以来，直播工作持续发力。1月，衡阳新闻网连续多年独家完成两会直播工作，“局长通道”直播多部门进行现场答疑。3月，开展了以“抗疫就业 在线衡阳”为主题的2020衡阳大型网络招聘月直播工作，进一步推动复工复产和稳岗就业工作。8月8日，开展全民健身日直播活动，倡导人民群众更广泛地参加体育健身运动，收效甚好。

3.短视频持续高产。2020年，衡阳新闻网抖音账号共计发布作品500余条，总阅读量达1亿人次，获赞量达70万次。其中，《治愈率100%！衡阳48例新冠军肺炎确诊患者全部出院》《衡阳援鄂医疗队已安全到达，谢谢你们撑起祖国的蓝天！》等多篇爆款作品单篇平均阅读量近千万。

4.矩阵联动发布。2020年以来，尤其是在疫情防控工作开展后，衡阳新闻网全网点击率每月达到亿人次阅读，其中自媒体作出了较大的贡献。2020年，衡阳新闻网各自媒体平台统计数据显示，新华号、今日头条、百家号、人民号等9个自媒体平台共计发稿2万条，阅读量过亿。

二、客户端成功升级，赋能增值

2017年3月，由网站自主研发具有知识产权的“新衡阳”APP安卓版与iOS版成功上架，经过3年多的平稳运行，“新衡阳”APP已升级到2.0版本，新增包括认证、发布、管理等功能的全新打造，功能更加完善和强大。在成功打造在线直播“新衡阳模式”后，网站一直在思考如何百尺竿头，更进一步。

“新衡阳号”平台应运而生，成为网站重点建设的媒体深度融合的重要举措和平台。“新衡阳号”利用平台大数据和大用户基数优势扩大受众面、提升宣传效果、实现媒体自身的产业增值，让更多的人看到丰富的衡阳本土原创作品，使党和政府的声音传播更能“横向到边、纵向到底”，加快了媒体深度融合的步伐，成为践行“四力”的“排头兵”。

近年来，网站独立开发的新媒体客户端“新衡阳”APP先后被评为“全国地市网络媒体手机客户端最具影响力十强品牌”“全国地市网络媒体最具影响力的十强客户端品牌”“全国地市融媒体客户端传播力十强”。

三、上线学习强国号，再添新力

“学习强国”学习平台是立足全体党员、面向全社会的优质平台。中国衡阳新闻网站于2020年7月提出开

通“中国衡阳新闻网”强国号的申请，在省委宣传部理论宣讲工作处、市委宣传部的鼎力支持和帮助下，历经百日奋战，成功建设上线。

衡阳新闻网强国号，开设衡阳联播、地方人物、雁城影像和新时代文艺四个栏目，各板块栏目通过多种形式展现大城衡阳的风采魅力，挖掘衡阳故事，凝聚奋进力量，为广大党员群众提供权威、准确的学习内容，向全国党员群众传播更多有温度和有情怀的衡阳好声音。

目前，首篇学习强国号上线稿件阅读量超过20万，点赞近3万，单月传稿量在50篇左右，极大地增强了衡阳新闻网原创稿件传播力，扩大了传播面。12月28日，“中国衡阳新闻网”学习强国号获得2020衡阳互联网年度传媒品牌称号。

四、走好网上群众路线，服务基层

为了更好地服务网民，走好网上群众工作路线，网站的网上衡阳群众部，在疫情防控最关键的时刻，先后发动网友开展了“爱心十元捐”、捐赠防疫物资、网上电商扶贫、复工复产百问百答、讲述网友抗疫故事等一系列活动；将疫情处于低风险时期，网站便迅速恢复了常态化“衡阳群众”志愿服务活动，在防范邪教、森林防火、公益城管、文明祭祀和野生动物保护宣传方面发挥了重要作用。

《民意直通车》栏目开通6个月，先后收到网友投诉1000余条，促成相关单位回复241条，为网友市民解决欠薪、多收学费、邻里纠纷、消费欺诈等诸多生活难题217件。

“雄关漫道真如铁，而今迈步从头越。”“百舸争流，奋楫者先；千帆竞发，勇进者胜。”中国衡阳新闻网站始终坚持守正创新、积极作为，以“内容建设为根本、先进技术为支撑、创新管理为保障”，传播衡阳好声音，弘扬主旋律，提升衡阳美誉度，为衡阳实施“一体两翼”发展战略、创建全国文明城市、建设省域副中心城市、建设现代产业强市和最美地级市贡献着自己的青春和力量！

（陈琴：中国衡阳新闻网站副站长）

新衡阳客户端

案例类别：产品

“阳光热线问政平台”的融媒发展之路

麦真喜 钟慧斌 叶卫东

随着互联网兴起，网络问政曾在全国上下风靡一时，但随着时间推移，也逐渐暴露出缺乏长效运营机制、网民“问事”多于“问政”、政府部门回复解决不及时、问答式平台设置缺乏互动等弊端，导致网络问政这种群众参与社会政治生活的方式日渐式微。然而，在广东省东莞市，由全国重点新闻网站东莞阳光网主办的“阳光热线问政平台”，金字招牌却历久弥新，依然闪亮，紧贴时代不断迭代提升，即使近年来“12345”市民热线等渠道迅猛发展，仍无法取代其作用。究其原因，首先是市委、市政府重视，其次是问政制度的设计、问政手段的便捷、线上线下互动性强等特点，令其逐步形成了具有东莞特色、切合网民实际的融媒问政新模式，在促进政府部门解决群众关注的热点问题、改进机关工作作风、提高服务管理水平等方面发挥了媒体舆论监督的重要作用。

特别是中央提出加快推进媒体深度融合发展的要求以来，“阳光热线问政平台”与时俱进，紧跟移动互联网发展步伐，从技术平台和运营机制建设上，全面打通了网站、客户端、小程序、电台、电视和微信等渠道，实现了群众全时全媒全程问政，问政单位专人限时回复，处理结果网上全面公开，群众对办结进行评价，真正做到了群众诉求“件件有着落，事事有回音”。

一、“阳光热线问政平台”产生及运作背景

东莞阳光网“阳光热线问政平台”由东莞市纪委、东莞市政府纠风办、东莞市直工委和东莞广播电视台主办。而东莞阳光网（sun0769.com）是由国务院新闻办公室批准，东莞广播电视台主办的全国重点新闻网站，成立于2005年12月28日，旗下运营东莞阳光网、“知东莞”APP、微信公众号、抖音号4个百万级用户平台。

“阳光热线问政平台”伴随东莞阳光网诞生，是网站的一个频道；同时，在东莞电台设立了一档同名节目，每周六邀请政府部门负责人在电台直播节目中解答市民反映热点、难点问题，解读法规政策，了解民意，纾解

民困；东莞阳光网"阳光热线"则通过网络论坛的方式，让网友留言参与节目讨论。

2012年7月，"阳光热线问政平台"全面升级改版，设置了"政府部门""问政周榜""最新问政""在线访谈""热线论坛""督办回复"六大板块，目前已有多达136个政府职能部门和公共服务机构上线，是东莞最权威、覆盖面最广的网络问政和答政平台。该平台以"问政于民，问计于民，问需于民"为宗旨，以"构建政府民众连心桥"为根本，力求打造成为东莞最快捷、有效的民意直通平台。

二、全国首创"融媒"问政平台

十几年前，东莞阳光网在网络问政方面率先进行了媒体融合传播的创新尝试，在全国首创横跨网络、广播、电视的问政平台。

（一）突破广播线性传播界限，实现全天不间断问政

2005年，东莞市纪委、市纠风办与东莞广播电视台合办了广播节目《阳光热线》，该节目通过电台现场直播的形式，邀请政府职能部门负责人进入直播间，接听广大市民热线电话，听取意见，解答咨询，受理投诉，产生了良好的效果。但由于节目只在电台每周播出一次，节目发展受到了制约，东莞阳光网借此推出网络版《阳光热线》，彻底打破了广播节目播出的时间限制和传播的地域限制，实现了全天候受理群众投诉，率先迈出了传统媒体与新媒体融合的第一步。

（二）融合广电媒体优势，实现全媒体问政

每期《阳光热线》对上线单位受理群众情况进行总结点评，选取群众不满意投诉现场分析，东莞广播电视台电视新闻栏目《今日莞事》则提前收集群众对每期上线单位的意见，同时跟进报道每期《阳光热线》的上线情况，借助电视的强大影响力，大大提升问政的质量。另外，东莞阳光网充分发挥网络媒体优势，对每期《阳光热线》进行网络视频、图文直播，使广播节目《阳光热线》可听、可看、可参与，全面提升了节目的影响力和传播效果。

（三）创新平台，实现掌上问政、移动问政

为贯彻落实中央媒体融合发展精神，顺应新媒体移动化、视频化、社群化等发展趋势，"阳光热线问政平台"进一步整合广播、电视、网站、微博、微信等平台资源，2020年3月在"知东莞"APP上线，同步推出了"阳光问政"微信小程序，方便市民随时随地使用，打通群众问政、服务群众"最后一公里"。

三、完善监督机制，做到"件件有回音"

15年来，"阳光热线问政平台"积极探索，不断完善管理和监督机制。

（一）设定回复处理期限

网络问政若仅停留在网民投诉层面，群众反映的问题、诉求难以得到有效解决，将大大削弱问政效果。为此，"阳光热线问政平台"从建立之初就十分注重上线部门对网络问政投诉件的处理情况，通过积极引入"红黄绿灯"制度，提醒各职能部门和机构及时受理问题，做到"有问必答，有答必办，有办必果"。一般性问题上线部门要在7个工作日内作出回复；比较复杂、涉及多个部门的问题须在20个工作日内作出回复。

（二）建立面向群众的评价制度

为防止各单位、各部门对群众投诉敷衍了事，从2013年起，"阳光热线问政平台"正式将群众满意度纳入考核。上线部门对投诉件回复后10天内，市民可对回复进行满意度评价，还可就回复进行留言点评。

（三）建立定期考核通报制度

"阳光热线问政平台"与东莞市纪委、市政府纠风办加强沟通，定期通报上线部门处理问政投诉情况，对按时受理率、回复率、群众满意度等排名，为进一步加强监督，将各部门上线广播节目《阳光热线》情况纳入"市民评机关"考核范畴。

四、积极解民难，切实维护群众利益

"阳光热线问政平台"始终牢牢抓住解决人民群众最关心、最直接、最现实的利益问题这一关键，在解决问题上下功夫，坚持"群众利益无小事"原则，想方设法解决群众反映的每一个问题。

（一）民生利益无小事

噪声扰民、工厂拖欠克扣工资加班费、公交客运乱涨价、乱摆卖、占道经营等问题每天在《阳光热线》上都有反映，相关部门都一丝不苟，逐一落实调查处理，如东莞市人力资源和社会保障局前后3次派出工作人员到茶山汤角一家工厂，最终为市民张先生追讨到存在争议的工资5300元。

（二）纠正损害群众利益的不正之风

承担治理教育乱收费、医疗购销和医疗服务不正之风、征地拆迁、食品药品安全等专项治理工作任务的主管部门，对此类投诉举报紧抓不放、举一反三、纠建并举，东莞市教育局针对乱收费的投诉和行为有所回弹情况，及时召开500多人参与的全市治理教育乱收费工作会议，重申纪律要求和责任追究；市工商局根据网友热议，在全市开展3个月的整治注水牛肉专项行动，有效遏制损害群众利益的不正之风。

（三）务求根本解决问题

东莞有出租屋超过80万栋，出租屋主向租客收取高价水电费一直是网友的投诉热点和难点，东莞市发改局针对这一情况，先后4次带队走访广东省物价部门协调反映，最终成功争取了广东省出台政策支持在东莞试点实行出租屋水电费收取规定，受到了东莞广大租客的欢迎和好评。

五、网络问政十五载，结出丰硕果实

数据显示，自2005年开办至今，“阳光热线问政平台”累计收到网民问政留言超过33.3万条，部门受理问题28.5万个，为网民解决问题24.6万个，回复率达85.33%，群众满意度为90.23%，“有困难，找阳光热线”已在东莞形成共识。

“阳光热线问政平台”先后荣获“全国网络问政突出贡献品牌奖”（2013年），广东省网络文化品牌栏目称号（2014年），广东“政府治理能力现代化”优秀案例（2015年4月）。

（麦真喜：东莞广播电视台新媒体中心内容主管，钟慧斌：东莞广播电视台新媒体中心问政频道主编，叶卫东：东莞广播电视台新媒体中心副主任）

案例类别：产品

贵港市网络问政平台

构建网上、网下同心圆，唱响主旋律、传递正能量，更好凝聚社会共识，巩固党和人民团结奋斗的共同思想基础，是党媒义不容辞的职责。近年来，贵港日报社充分利用并积极打造党媒和网络问政平台的互动性，使网络问政成为监督各级政府依法执政的一把“利器”，成为市民反映民生民情民意的“快车道”，进一步巩固和拓展了党的宣传阵地，更好地放大党的声音，传播党的主张。据统计，贵港市网络问政平台自2015年11月开通至2020年12月，共收到问政主题帖30000个，全市纳入问政范围的单位已有474个（含3区2县市），问政回复率达98.5%。

一、“早说话”——网络问政应在第一时间抢占发言先机，成为舆论引导的“意见领袖”

征地补偿、拖欠工程款、饲料厂污染等都是敏感问题，如果放任关于这些问题的负面声音在网络上传播，势必会发生不可控的局面。2017年4月，有网友陆续在网络问政平台上发帖反映，桂平市大藤峡水利枢纽工程征地补偿至今半年仍未见到账，质疑工程征地款被挪作他用。相关部门新闻发言人及时回应，很快消除了网友疑虑。在网络上把舆论引导到部门的解决措施上来，真正看到部门的行动和决心，让广大网友吃了一颗“定心丸”。

据统计，自贵港市网络问政平台自开通运行以来，网友关注的问题主要集中在城市道路的规划和建设、农村人饮工程、噪声扰民、养老保险等方面。网友对此纷纷建言献策，问政平台一片活跃。由此可见，及时厘清平台运行过程中存在的问题，充分发挥主流媒体和“意见领袖”作用，展开平等对话，形成舆论强势，戳穿流言和谣言，控制引导舆论走向，是办好网络问政平台的重要前提。

二、“敢说话”——网络问政应勇于触及敏感问题和矛盾，成为舆论引导的“定海神针”

在舆论引导上，要勇于触及敏感问题和矛盾，履行监督职责，助推问题得到有效解决。作为主流媒体的党媒，更应该“敢说话”，勇于触及敏感问题和矛盾，使网络问政成为舆论引导的“定海神针”。

从2016年开始，贵港市中心城区开始进行阶段性的“白改黑”工程。有网友陆续发帖反映，自道路“白改黑”后，不仅出行难，停车更无从谈起，一时间民怨此起彼伏。针对这一情况，市交警支队、市市政局先后回复网友。同时，《贵港日报》相继策划相关重点报道，分别于2016年11月19日、12月1日、12月31日在《民生专版》头条推出《市政管理局：城区道路“白改黑”大势所趋 改善出行环境盼理解》《今天暂时小堵是为了明天更顺畅——如何确保“白改黑”施工期间交通顺畅？》《实施“白改黑”道路换新颜》等深度报道，真正起到了平息群众怨声、消除网络杂音的“灭火器”作用，减轻了施工方的舆论压力。

三、“会说话”——网络问政应有效增强针对性和实效性，成为舆论引导的“风向标杆”

2017年7月，不少网友通过网络问政平台反映，贵港市中心城区新华路、七里桥路、荷城路、新世纪广场等路段，深夜时段，经常有骑着改装摩托车的“飙车党”飙车，严重影响居民正常休息。《贵港日报》在2017年8月17日《民生专版》头条刊登《飙车行为害人害己 市民深恶痛绝》，引起警方的高度重视，加大查处力度，狠狠打击了“飙车党”的嚣张气焰。有网友直言不讳：“网络问政给群众提供了一个发表诉求的平台，一改群众以前有怨不敢发、有气不敢出、有求无处诉的窘境，畅通了政府与群众的沟通渠道。”

目前，贵港市网络问政平台所起到的“三下降三打通一提升”作用日益凸显。“三下降”即本地网络舆论环境中负面杂音下降、市外关于贵港的网络舆论负面炒作下降、本地群众寻找上级媒体投诉爆料负面信息的行为下降；“三打通”即打通官方与民间平等对话的新渠道、打通官方为群众精准服务的新渠道、打通民怨网上宣泄和有效化解的新渠道；“一提升”即有效提升广大群众特别是网民对党政部门的满意度。正如南都报系网络问政团队所说的“一个充满活力、和谐有序、建设性的网络民主平台”正在形成。

贵港市网络问政平台自2015年11月开通以来，在《贵港日报》同时开设《网络问政　热点追踪》专栏，纸媒和新媒体形成有效互动，尤其是热点、难点问题经过记者报道后，真正使部门“动”起来，干部“脸”红起来，不少网民“网上”的问题在“网下”得到解决。据统计，贵港市网络问政平台自2015年11月开通至今，浏览量已超过880万次。

（贵港日报社贵港新闻网）

县级融媒体中心

案例类别：组织机构

大兴"开门之风" 打造"媒体+N"新模式

柴通

习近平总书记在全国宣传思想工作会议上指出，"要扎实抓好县级融媒体中心建设，更好引导群众、服务群众。" 按照中央和北京市的部署，大兴区以强烈的政治责任感和使命感，大力推进区级融媒体中心建设。大兴区融媒体中心自2018年6月挂牌成立以来，始终坚持"开门办报"之风，创新打造"媒体+N"新模式，目前，中心各新媒体平台用户已超过700万，2020年各平台阅读量、播放量累计突破30亿次。

一、转思维，从媒体融合到融活

深度整合资源，中心成立后，进一步打破各媒体平台界限，实现电视台、电台节目线上同步直播，顺利完成《大兴报》数字报建设。通过整体策划、功能互补、集中发力，实现内部优质人力资源和新闻资源共享，逐步形成"1+3+3+226+N"的大传播格局。

坚持移动优先，"这里是大兴"微信号每日三发，"北京大兴"微博和"北京大兴"APP客户端随时发布，三大平台日均发布信息百余条，形成全天候宣传态势。加快移动端产品开发，创作推出一批H5、VR、直播等新媒体产品，进一步延伸新媒体的宣传触角、扩大传播影响。目前，各新媒体平台用户已超过700万，2020年各平台阅读量、播放量累计突破30亿次，在上级媒体刊发新闻3000余条（次），多次荣获新华社"小康中国"最佳创意奖、《人民日报》"县级融媒 齐心抗疫"创新案例活动优秀案例等奖项。

扩大优质产能，把新媒体的"快""活""新"和传统媒体的"精""准""严"相结合，推出一批有思想、有温度、有品质的新闻产品。疫情期间，策划制作《大兴区防疫工作者每天都是这样奋战的》《我们都是小勇士》《战"疫"有我，大兴在行动》等百余部融媒产品，迅速成为网红"爆款"。围绕大兴区"两会"、第32届北京大兴西瓜节、"6·26"国际禁毒日等重点工作开展直播活动近百场，策划推出"大兴战'疫''医'线故事""云游大兴""精准助农"等系列直播产品，累计观看量破亿。

深化学习教育，坚持请进来、走出去、练在前，推进人员素质能力"技能+"工程。深入开展新理论、新政策、新知识的学习活动百余次，确保学习教育全员化、常态化、深入化，使每个人在固有技能基础上，在新闻、文字、直播、客户端等不同领域有所提升，进一步激活现有人才队伍的转型发展。

强化技术赋能，紧盯5G通信技术、人工智能、虚拟现实、区块链等前沿新技术发展动向和趋势，探索运用云计算、大数据分析、移动直播、虚拟主播等新的生产技术，深度整合各方资源丰富媒体表现形式，为各传播载体生产出高效率、高质量的新闻内容提供强有力的技术保障。

二、守阵地，主力军重回主战场

服务中心，围绕中央、市、区重点工作，坚持正面宣传引导，分阶段、有重点、推精品地开展新闻专题系列报道。2019年，中心围绕"新中国成立70周年""北京大兴国际机场"通航推出"大兴70号"微博话题阅读量过亿，成为城市策划创新案例；策划录制的"国庆阅兵夫妻"短视频阅读量超过3.5亿次。2020年，先后策划开设《抗击疫情 众志成城》《党旗飘飘抗疫一线》《精神文明创建专题专栏》《优异成绩献给党 庆祝建党99周年》《践行新国门意识 展现新大兴形象》《红色平南故事》《大兴人的小康生活》等专题、专栏、专刊百余个，采制相关新闻消息万余篇，为中心工作的顺利开展营造了良好氛围。

突出重点，围绕疫情防控、复工复产、脱贫攻坚、临空经济区建设、精神文明城区创建、垃圾分类、物业管理等策划推出《前方高能！有关大兴文创企业的利好消息，这个直播不得不看！》《厉害了！京冀首次线上联手，为北京大兴国际机场临空经济区"云招商"》等系列融媒产品。联合多家单位推出"脱贫攻坚 共向小康"系列宣传活动，其中正镶白旗土地上结出"大兴瓜"直播活动，各平台累计浏览及在线观看达500万人次。

合作共赢，与《人民日报》、新华社、学习强国、北京号等中央、市级媒体平台及新媒体平台建立联动机制，及时推送大兴亮点特色信息，传播好大兴声音，讲好大兴故事。据初步统计，共向中央、市级媒体供稿4000余条，2000余条次信息被采用刊发，百余条视频新闻被上级媒体采用播发，学习强国签发400余篇，多部原创作品荣获中央、市级奖项。

强化监督，围绕群众关心关注的热点、难点、焦点问题，创办《融媒内刊》，切实发挥了媒体传递社情民意“绿色通道”和“直通车”作用。截至目前，已报送80余期，得到区领导批示百余次，进一步推动问题解决。围绕“我为群众办实事”实践活动，创新打造全市区级融媒体中心首档百姓与公共领域对话节目——《言之有理》，通过沟通对话依法理、说道理、讲情理，为社区居民、村民与基层自治组织、职能部门搭建沟通对话的平台，探索建立基层共建、共享、共商、共治的大兴品牌。

打造品牌，以“五进”活动为载体，组织开展系列宣传推广活动20余场，积极参与2020年北京服贸会，通过图片、文字、视频、小游戏、机器人等充分展示自身形象，5天共吸引50余万人次参观中心展区。开展直播5场，总观看人数超过200万人次，多家主流媒体进行宣传报道。

三、延触角，做好宣传服务引导

成立以来，中心以“新闻+政务+服务”为建设理念，依托“北京大兴”APP，深入贯通“三个中心”，在实现“融资讯、融政务、融生活、融未来”方面取得了明显实效。自2019年10月上线以来，新版APP用户下载量已突破170万，日活量最高5万+，超额完成了北京市委宣传部要求的“用户注册量为常住人口的三分之一”的年度任务。

突出聚合性，融合集纳各类新闻资讯。“北京大兴”APP的新闻板块囊括了大兴区各类新闻、突发事件以及各镇街、委办局的亮点工作等，新闻资讯以图文、视频、直播的形式24小时滚动播出，成为大兴区的掌上宣传阵地。

突出创新性，确保各平台信息共享互通。目前，客户端已对1902个区级事项和2270镇街事项梳理测试完毕，1299个区级查询事项成功上线，并开设近200个精准服务板块；优化定制大兴区特有的政务服务事项，大幅提升办事效率。截止到目前，共受理网上用户提交事项3万余件。

突出服务性，实现生活服务“零距离”。与相关委办局合作，不断开发“婚姻登记”“网上信访”“大兴就业”等新功能，积极上线更多公共生活服务事项。疫情期间开设“大兴防疫”专区，为全区用户提供线上免费问诊、行程查询、防疫信息登记等服务；推出“空中课堂”板块，满足全区万名居家学生“停课不停学”的需求。

突出参与性，助力社会治理体系建设。疫情期间，录制疫情防控、招工招聘音频百余条，总时长达80000多小时，在全区400余个村、社区的大喇叭及便携音箱定时播报，打通防控宣传“最后一公里”。强化网上“接诉即办”功能，上线“创城随手拍”板块，并形成长效工作机制。创新组建“大兴老街坊”队伍，打造人人参与的社会治理新格局。

突出开放性，大兴“开门办报之风”，成功举办第二届2020全国政务新媒体座谈会，并组建智库专家委员会，为大兴媒体融合发展把脉开方，进一步讲好“新国门 新大兴”故事。

2020年9月，中共中央办公厅、国务院办公厅印发《关于加快推进媒体深度融合发展的意见》，随后，北京市委、市政府印发了《北京市贯彻落实<关于加快推进媒体深度融合发展的意见>实施方案》。为深入贯彻中央、北京市相关工作要求，大兴区融媒体中心牵头制定了《加快推进大兴区媒体深度融合发展的实施方案》，力争用3年至5年时间，着力打造集“主流舆论阵地、综合服务平台、社会信息枢纽”于一体的全国标杆性区级融媒体中心，努力交出区级融媒体中心建设的“大兴答卷”。

（柴通：北京市大兴区融媒体中心办公室主任）

北京大兴客户端

案例类别：产品

北京市大兴区融媒体中心：融媒出击 创新未来

2018年3月大兴区响应媒体融合改革的要求，成立“大兴区融媒体改革工作小组”，研究制定《大兴区媒体融合改革工作方案》（以下简称《方案》），按照《方案》要求，2018年6月12日大兴区将原区广播电视中心、区委宣传部所属大兴报社职责整合，挂牌成立大兴区融媒体中心，自此成为北京市第二个挂牌建立的区级融媒体中心，正式开启了大兴区融媒体建设改革发展之路。直至今日，大兴区融媒体中心初步形成了“内容为王、技术为用、渠道为金、服务为翼”的融媒体生产模式。

一、大兴区融媒体中心的现状

区县级融媒体中心正处在新老媒体的融合转型期，并且面临着大量自媒体账号及镇街级政务新媒体的强势冲击，大兴融媒体中心这种官方新媒体平台的处境就显得尴尬且艰难。

（一）区县级官方新媒体平台自身高度有限，易被轻视

大兴区融媒体中心作为一个区县级官方新媒体平台，却在大兴区部分人民群众的心中没有市级或国家级媒体平台（如《北京日报》、央视媒体等）更加具有信服力，所以许多镇街级政务新媒体都直接对接这些大的平台去合作，而忽视区县级官方新媒体平台，导致区县级媒体平台容易失去自身的区域优势。

（二）区县级以下的镇街政务新媒体机构分散，各自为战

在人们与手机“不离不弃”的今天，政务新媒体已经成为政府部门推送政策、服务的重要渠道。但区县级以下的镇街政务媒体种类繁多、机构分散，形成各自为战的局面。但无论是人员、技术还是信息发布上都缺乏一定的专业技术知识，其针对的用户群体也仅仅是点对点的局域性覆盖，并且没有将“融”的思维贯彻到新媒体的宣传推广上，仅将文字图片进行简单罗列，难以形成系统的媒体传播形态。

（三）全面打响网络宣传战，逐渐展现硬实力

相较于镇街政务媒体的简单运营，大兴融媒体中心具有电视、广播、APP、短视频等多平台、技术和人员资源，可以在各个方面做得更多更大。首先，树立形象，抢占舆论主流阵地。尤其在此次战“疫”中，推出《抗击疫情 众志成城》《党旗飘飘抗疫一线》等新闻专栏；通过网络直播深度对话大兴防疫一线医护人员，分享大兴“疫”线感人故事；自主制作《防疫公益广告》《主持人说防控》等多部公益作品；在全区定时播报疫情防控音频百余条，大大提升了防疫宣传效果。

其次，增加粉丝量，推出硬核产品。利用短视频、动画、图解等群众喜闻乐见的形式，精心策划制作了《大兴区防疫工作者每天都是这样奋战的》《我们都是小勇士》等50余部接地气、有温度、有态度的融媒产品，发布后迅速成为爆款。其中10余部短视频作品在快手、抖音两个平台的播放量累计突破2.5亿次，获赞超百万。

之后立足本地，提供精准服务。围绕疫情防护、教育教学、复工复产等重点工作和民众实际需求，积极与相关部门合作，录制《主持人说复工》、推出《大兴教育 同心战“疫”》、发布招工招聘信息等，为疫情期间大兴区的和谐健康稳定贡献了媒体力量。如汇总全区700个村、社区电话，编写发布《扩！大兴区公布各属地联系电话 请主动联系》，两小时阅读量超过10万次，第一时间为返京人员联系所属地搭建了信息平台。

大兴区融媒体中心在疫情期间通过自身努力和与各部门的合作，制作出一些高质量的新媒体产品，并收到了良好的宣传效果。之后各镇街、部门也主动寻求合作，建立起了双向双赢的信任伙伴关系，进一步打响了大兴融媒体中心的品牌效应。

二、重要案例成果及成效

（一）《兴食记》助力复工复产

疫情期间，为响应少聚集聚餐的倡议，大兴区所有餐饮企业自觉关闭门店，减少疫情传播风险，不少企业在此期间承受了相当大的经济损失。2020年2月中旬，疫情逐步进入平稳期，为了助力大兴餐饮企业走出经济困境，大兴区融媒体中心与大兴区商委共同策划推出《兴食记》特别节目。针对大兴区域的本土美食开展大搜查，聚焦那些隐匿在民间的特色美食，通过出镜主持人亲身探店体验的形式，编制成短小精妙的系列节目呈现给热爱大兴热爱美食的朋友们。节目共制作播出17期，在“这里是大兴”微信公众号总播放量达16147次，在“北京大兴”官方微博总播放量达7557次。

（二）“直播大兴”助力区域经济发展

一是政务直播开先河。区两会期间，首次对政府工作报告和政协委员大会发言进行全程网络直播，大兴网友纷纷为大兴区政务公开点赞留言。

二是抗疫直播引关注。全市首创直播对话抗疫一线医护人员《大兴战“疫”“医”线故事》，快手直播1小时创309万+观看量和58万+点赞量。

三是直播带货促消费。在北京消费季“礼”享大兴活动中，时任区委副书记、区长王有国现场直播，为大兴西瓜代言带货，引导消费升级。后陆续推出助农战“疫”多场直播，如《助力沙拉“匠”》《助力“奶西”“瓜”目相看》等，实打实促进线上消费。

四是文旅直播展形象。推出“云游大兴”系列直播，走进印刷博物馆、瀛海油菜花田、野生动物园等地，云上推介大兴文化旅游资源。

大兴融媒体中心与区委组织部、区委党校、产促中心等多部门合作，结合党史教育、产业发展、惠企政策等不同宣传主题推出系列直播30场。在区高校如北京建筑大学推出“云毕业”活动，在线人数屡创新高，取得双赢效果。

（三）“兴云课堂”推动老年教育向基层延伸

“兴云课堂”是大兴区融媒体中心根据大兴老干部（老年）大学老年学员的实际特点，与大兴老干部（老年）大学联合创办的线上老年教育新模式。从2020年9月1

日至12月底，每周在大兴电视台播放由大兴老干部(老年)大学专业教师精心录制的书法绘画课程。教学范围覆盖近6000名老年学员以及全区爱好书画的老干部，精心打造了“没有围墙”的线上老干部大学，助力居家防疫和学习两不误，实现了老年教育向基层延伸与党建引领老干部工作向基层延伸的有机融合。

（四）“小李警官”打造地区网红

《交通有李》节目以“小李警官”为IP，通过现场拍摄、案件跟进、主题采访以及直播的形式，解读不同交通案件及相关政策，让百姓更贴合实际地了解公安交通工作，并自觉遵守交通安全法规，在全区内营造良好的交通安全氛围，同时为大兴交通支队树立了良好的公众形象。节目共制作40余期，在微信、微博、APP、抖音快手等新媒体平台推送，累计全网阅读量过亿次，点赞量超过500万。其中《大兴“豪横”网红女司机竟敢打骂警察》全网阅读量超过100万次；《小伙儿来京会好友，酒逢知己千杯少》全网阅读量2110万次，点赞量28万。在全国网络宣传中树立大兴交通品牌形象，展现大兴交通正能量。

三、总结反思

（一）加强“融”的思维，更好地抓住粉丝和用户

大兴融媒体中心立足传统媒体，借力新兴媒体，将“融”的思维贯穿到电视、广播、报纸、手机终端等各个平台，建立融合传播矩阵，不断提升服务引导功能，把新媒体平台运营推向各类群体阵地，利用大数据进行用户访谈、收视阅读分析，利用用户思维，加快按需生产、定制传播，精准服务，持续推出更有用户黏性的垂类账号和更有影响力的融合产品。

（二）“融”出效率效益

大兴融媒体中心不仅要稳步推进“新闻＋政务＋服务＋商务”，做好时政类报道，练好看家本领，做深报道内容，做大报道规模，形成宣传报道强大声势；更要立足于群众目标，将融媒体中心紧贴民生，提供衣食住行游购娱等信息资讯，不断满足社会群众更高层次的生活需求；同时，大兴融媒体中心也要探索经营渠道，向做项目、做产品、做活动、做会展转变，开启“云经济”模式下的消费新产业、新业态，通过“互联网＋政务＋服务＋商务＋文创＋演艺＋企业”等模式，实现社会效益与经济效益双丰收。

（北京市大兴区融媒体中心）

2020年重要案例成果

案例类别：产品

上海市嘉定区融媒体中心：强化“新闻＋政务服务商务”功能 更好引导群众 服务群众

上海市嘉定区融媒体中心是上海市首批挂牌单位之一，于2019年6月28日挂牌成立。嘉定区融媒体中心成立以来，按照习近平总书记提出的“要扎实抓好县级融媒体中心建设，更好引导群众、服务群众”总要求，强化“新闻＋政务服务商务”功能，坚持正确方向、一体发展、移动优先、科学布局、改革创新，构建起“一端两微一网一报两台”全媒体传播体系，新闻舆论传播力、引导力、影响力和公信力不断提升。

一、强化深度融合发展，打造主流舆论阵地

（一）聚焦融合目标，优化工作流程

围绕融媒体中心的目标定位，加强顶层设计和操作落地，重塑工作流程，以主责主业担当推动实现从“物理融合”到“化学融合”。中心设立总编辑岗位，成立编委会，形成“编委会议”“采访晨会”“编前会议”“三次审核”等工作制度，构建了从“多媒体”向“融媒体”转变的分工联动工作模式，再造“策、采、编、审、发、评”流程，实现了“宣传任务统筹、重大选题策划、采访力量集中、发布平台融合”的统一指挥调度。

（二）树立用户思维，建设全媒矩阵

嘉定区融媒体中心不断探索和强化对各大平台的顶层设计和规划建设，按照专人专事专责原则，明确各平台主编、主创及APP各个频道责任人，细化分类运营和对用户的分类维护管理，推动“中央厨房”由“闷头做菜”转变为让群众“点菜”，提高“菜品”质量，增强用户黏性，

扩大矩阵效能。

（三）坚持“移动优先”，深耕“上海嘉定”客户端

中心主力军全面挺进主战场，集中优势力量，打造“上海嘉定”APP。目前中心所有重要新闻资讯优先在“上海嘉定”客户端发布。截至2021年8月底，APP用户下载量达230万，总装机量58.5万，总注册用户33.3万。

1. 突出本土属性，强化共建共享。“上海嘉定”APP在频道、栏目的设置上精心安排，既有体现媒体功能属性的“首页”“要闻”“视听”“专题”频道，又与区内各街镇、委办局合作，开设了体现区域特色和产业特点的“汽车”“学入嘉境”“爱嘉学子”等频道。“上海嘉定”APP以“我嘉”为主题，开设的“我嘉政事”“动力嘉速”“我嘉拍客”“我爱我嘉”“我嘉书房”“‘嘉’有妙招”等频道和栏目，拉近了与受众的距离，增强了用户的地域认同。

2. 创新表现形式，丰富内容供给。“上海嘉定”APP不仅把传统媒体电视、报纸、广播搬到“小屏幕”上，而且综合运用全媒体传播方式，对传统节目实现二次传播。针对电视新闻栏目，进行了切块处理、菜单式供应。广播直播节目方面，《健康有道》推出视频直播，《法宝在线》则创作系列短视频《律师，别走！》。建立“曹元元工作室”，加强原创短视频制作发布，探索打造“嘉视频”短视频品牌。

3. 凸显政务内涵，助力城市治理。“上海嘉定”APP政务板块与政务服务“一网通办”和城市治理“一网统管”实现对接，网络问政能力得到提升。服务板块可在线进行查询、缴费、预约办理等事项。视听板块开通直播栏目，结合区域重大活动，策划相关专题选题，开展移动直播。

嘉定区融媒体中心围绕区委、区政府中心工作，深入宣传报道本区经济社会发展所取得的新进展和新成就。特别是在2020年新冠肺炎疫情防控期间，中心充分发挥新媒体的传播优势，围绕夺取“双胜利”，开展全方位报道，如推出了《方便两地居民跨省上下班通勤！嘉定昆山签订备忘录，发放“工作通勤证”》《狂赞！嘉定留学生小姐姐用这种方式报效祖国》《从机场到小区，日本返嘉旅客全程无接触！带你见证嘉定防控的无缝“闭环”》等一批优秀的新闻作品，发挥了正确引导舆论、弘扬正能量、鼓舞士气、凝聚社会力量和共识的积极作用。

二、强化“新闻＋”理念，打通传播与服务“最后一公里”

（一）强化服务供给，打造综合服务平台

嘉定区融媒体中心不断强化“媒体＋政务服务商务”理念，切实发挥媒体联结政府与群众的渠道平台功能，助力政府解决群众“办事难、难办事”的问题。新冠肺炎疫情期间，嘉定区融媒体中心“危中寻机”，变危机为契机，第一时间推出“口罩预约系统”“疫情防控服务平台”“市民意见建议征集平台”等有针对性的便民服务，助力企业复工复产和市民日常生活。结合清明扫墓、紫藤花观赏季等节点，主动与区民政局、区绿化市容局合作，推出“扫墓预约”和“云赏花＋网络预约”功能。为深化企业服务，与区人社局合作推出“上海市嘉定区公共招聘平台”，开展“惠企政策云开讲”系列直播，为企业和求职者打造更加便利的网上服务平台。

（二）构建三级融媒体系，打造社区信息枢纽

嘉定区融媒体中心在全区12个街镇全覆盖建立融媒体中心服务站，首批在30个村、居、园区、企业设立融媒体中心服务点，构建了“区融媒体中心—街镇服务站—村居（园区、企业）服务点”的三级融媒体中心网络体系。在“上海嘉定”APP开通街镇频道，强化各服务站、点与区融媒体中心的合作共建，畅通信息收集和传递通道，扩大区域传播覆盖面和影响力，全区形成一体、多赢的发展格局。

（三）深化媒体融合成果，打造“我爱我嘉”民生服务节目品牌

从2020年7月起，嘉定区融媒体中心邀请区政府8家职能部门和12个街镇负责人走进融媒体中心直播厅，直面民生诉求，聚焦民生关切，通过融媒体传播方式，推出了“我爱我嘉”大型民生系列访谈特别节目。直播访谈首次通过“广播和网络音视频同步直播＋线下和线上即时互动＋场内和场外实况视频连线”的方式进行。同时，通过与新华社、上海人民广播电台等媒体平台合作，借船出海，扩大传播影响。“我爱我嘉”大型民生系列访谈特别节目共收集网上市民意见建议1500余条次，相关报道全网阅读量近70万次，在线直播全网观看量超过80万次，赢得线上、线下广大用户的好评。

三、强化体制机制创新，探索“事业＋产业”发展模式

嘉定区融媒体中心挂牌成立后，同步成立区属国企“上海嘉定文化传媒有限公司”，探索打造“事业化管理＋企业化运营”相结合的管理模式，逐步增强中心的造血机能，提升事业和队伍的活力。

（一）紧扣需求导向，增强造血功能

文化传媒公司围绕中心工作，精准对接区内各街镇、委办局和企事业单位，紧扣需求导向，加强宣传文化活动项目服务供给，不断提升文化资源的综合利用水平。创新打造我“嘉”系列主题活动，在“上海嘉定”客户端建立“我嘉生活馆”商城，策划“快来我嘉买买买”购物节系列直播带货，推出“我嘉四季”APP主题线上活动等。2020年，公司累计经营收入达1400万元，进一步增强了融媒体中心“自我造血”功能，实现了社会效益与经济效益的“双丰收”。

（二）创新用人机制，激发工作热情

公司的成立有效解决了原区级媒体单位非编人员、

外聘企业员工编制身份和薪酬、激励标准不一的难点、痛点、堵点问题，解放了媒体人员的“生产力”，激发了干劲热情，也突破了专业媒体人才和经营人才引进不畅的“瓶颈”，实现了用一把尺子量人才、评业绩，真正做到“同岗同责、同工同酬、优劳优酬”。

（上海市嘉定区融媒体中心）

上海嘉定客户端

案例类别：组织机构

主力军 主战场 主动仗

——重庆市江津区融媒体中心：推进媒体融合改革的做法及成效

罗玉江

2018年，中央全面深化改革委员会第五次会议审议通过了《关于加强县级融媒体中心建设的意见》，指明了县级融媒体中心建设的基本思路。按照中央部署，江津积极稳妥推进融媒体中心建设，成立了以时任区委书记程志毅为组长，时任区长毛平为第一副组长，有关区领导为副组长，区委改革办、区委宣传部、区财政局等有关单位为成员单位的区融媒体中心建设工作领导小组。从2018年底开始酝酿，至2020年1月试运行、6月2日正式挂牌、11月通过市级验收，江津区融媒体中心以“推动主力军全面挺进主战场”为融合发展的切入点，以加强网络传播平台建设为突破口，着力扩大地域覆盖面、人群覆盖面、内容覆盖面，初步走出了一条具有江津特色的媒体融合发展之路。中心的技术平台搭建、机构整合方案、运行成效等，在市委宣传部安排、市报协牵头开展的全市区县级融媒体中心建设进展情况专题调研报告中得到重点推介。

一、打好组合拳，做强主力军

加强网络传播平台建设，首先要解决推进建设的主体——“人”的问题，要有一支“主力军”。江津融媒体中心通过人员转型、流程再造、传播融合，打好组合拳，做强主力军。

（一）人员彻底转型

江津融媒体中心由原区新闻社、区广播电视台、区网络传媒中心三家正处级单位整合而成，各个部门、工种纷繁杂乱。融合后，中心通过对部门的优化实现了资源的整合，打破业务边界壁垒，从而在机制上保证了“主力军”的锻造。同时，江津把全媒体人才引进纳入《江津区社会事业发展人才三十条》，出台《江津区新媒体人才（团队）引进实施细则》《江津区融媒体实验室实施细则》，探索新媒体实验室等合作引才机制，打通留住人才“最后一公里”，推动记者编辑转型全媒体人才。

（二）流程彻底再造

建立健全全媒体工作机制，成立以总编室为核心的指挥中心，在流程再造中实现策、采、编、发、评一体化发展。通过编委会、每月策划会、每周策划会、每日策划会，实现部门、平台、内容、技术之间的共融互通。此外，以破除壁垒为核心，创新管理模式。引入“项目制”管理方法，组建文案工作室、影音工作室、航拍工作室、金牌主持工作室等业务小分队，将关键流程分解到部门，打通部门间横向协调通道，解决媒体融合发展渠道壁垒、层级指挥、封闭生产等深层次问题，增强创新性和灵活性。

（三）传播彻底融合

坚持“移动优先”，优化媒体布局，各平台分类差异化发展。报纸、电视、广播等传统媒体平台转型“触网”，和网、微、端共同在互联网上形成传播矩阵。同时，积极入驻新华社客户端、人民网、今日头条等央级平台和重要商业传播平台，依托区委宣传部、区委网信办构建的“四层四圈三化”（“四层”即核心层、紧密层、松散层、外围层；“四圈”即党政官媒圈、单位交流圈、社会朋友圈、平台渠道圈；“三化”即内容生产体系化、传播分众化、到达精准化）网络圈层传播矩阵，造就现象传播，实现宣传效果的最大化和最优化。截至目前，矩阵总粉丝数超过1100万。其中“两微一端”粉丝和下载量超170万，融合一年多以来新增50多万。

二、巧用新技术，挺进主战场

始终保持技术敏感，紧盯技术前沿，实现内容和技术的相互驱动、高度融合，推动网络传播平台实现效果最大化。

（一）创新自主研发

为更好地密切和群众的联系，中心网络技术研发部门自主研发了通讯员投稿系统、市民爆料小程序等实用性新技术。在手机端，市民和通讯员可以随时随地上传素材、了解自己的素材的使用情况、稿费生成情况，在解放和发展生产力中，实现通联工作更加智慧化、精细化、现代化。中心的通讯员和“线人”由融合前的200余人扩展到2000余人。2020年疫情防控期间，中心联合区住房城乡建委开发“小区电子通行证”系统，在“最江津”APP开展平价口罩网上预约购买，一系列新技术的研发投用，真正实现了疫情期间“信息多跑路，群众少跑腿”。

（二）用好人工智能

推动内容与技术优势叠加，依托“云采编系统”，引进讯飞AI主播、新华社Magic智能短视频生产平台、AI智能辅助生产平台，常态化运用H5、AR、VR、海报、小程序、游戏等形式多样、丰富多彩的宣传形式，推动各种媒介资源、生产要素有效整合。2021年6月，江津融媒体中心定制虚拟主播小月正式上线，广泛运用到“三分钟读《江津日报》”、应急类公告等媒体平台。

（三）开展直播大练兵

全媒体时代，视频与直播正处在风口，中心充分利用现场云“移动、在线”的优势广泛开展直播练兵。所有的记者和编辑实现了直播全员参与，多机位直播、多点位联播等可随时随地共享开展。即便是一个人、一台手机，也照样能发起一场传播效果不错的直播报道。2020年以来，完成了“2020重庆江津东方爱情半程马拉松”“洪峰过境江津”“重庆市第三届‘重庆之星’电视主持人大赛”等直播240余场，新闻直播化、视频化实现常态化。2020年12月，在第八届中国新兴媒体产业融合发展大会上，中心荣获“新华社现场云2020年度优秀融合奖”。

三、开门办媒体，打好主动仗

坚持“开门办媒”，强化互联网思维和用户思维，在“新闻＋政务服务商务”中，打通引导群众、服务群众的“最后一公里”，实现从“人找人办事”到“人找融媒办事”、从“最多跑一次”到“零跑腿”转变。

（一）发力本土客户端

重点打造客户端“最江津”APP，将其作为主力军挺进主战场的现实路径。最新改版上线的“最江津”，进一步强化了津友圈、直播、便民等互动功能和服务功能。2021年，江津区委、区政府发文件提出明确要求，“最江津”APP成为江津“智慧城市”建设的唯一入口，接入渝快办、智慧公交、数字图书馆等智慧城市功能。目前，“最江津”APP下载量超过90万，“在江津，有事找最江津”成为江津人口中的“言子儿”。

（二）发力媒体监督

做大做强全媒体“网络问政”，搭建政务与民生互动平台，形成了“问政平台—问政访谈—问政调查—融媒内参”四合一的融媒问政体系。目前已入驻江津区部门、镇街等107家问政单位联动解答群众诉求疑问。截至目前，已解决群众投诉事件16890起，播出《问政调查》360期，印发《问政月报》17期、《融媒内参》5期。民情民意“反映在江津、解决在江津”的目标基本实现。

（三）发力区级电商平台

作为江津唯一官方电商平台——“津品汇”云上商城，于2020年12月正式上线，在完善“吃住行、游购娱”功能的基础上，致力于江津特产、农副产品销售和小微企业孵化，目前浏览量超过159万次，入驻商家153家，以流量和现金的交汇进一步密切和用户的联系。

（罗玉江：重庆市江津区融媒体中心党委书记、主任）

案例类别：组织机构

重庆市潼南区“五抓五破” 解决县级融媒体中心发展难题

米照奎 关羽

近年来，潼南区深入贯彻落实习近平总书记关于媒体融合发展重要论述，先行先试、破立并举，扎实推进媒体改革，理顺管理体制，建立符合媒体规律的薪酬体系，有效调动干部职工内生动力和干事创业热情，实现社会效益与经济效益双轨驱动、双丰收。

一、抓体制改革，破解媒体一体发展难题

2018年以前，潼南辖区有潼南区广播电视台、潼南报社2家官方媒体，另有区委宣传部所属官方微信微博潼南微发布。“报网端微屏”7个平台分属各机关事业单位，资源难以聚合，新闻同质化严重。2018年1月，针对这些问题，潼南区先行先试、破立并举，在全市率先启动传媒体制改革，整合潼南报社、潼南广播电视台及所办新媒体，成立潼南区传媒集团，实行集团化运作。2018年10月，根据区县融媒体中心建设试点改革要求，成立潼南区融媒体中心，统一领导区传媒集团运作。潼南区融媒体中心实行事业单位企业化管理，区传媒集团

按照现代企业管理制度自主经营、自收自支、照章纳税。区融媒体中心、区传媒集团所有人员统一使用，按照A、B、C三类人员分类管理，体制创新彻底解决束缚媒体发展的一系列问题。

二、抓薪酬改革，破解干事创业动力不足难题

媒体改革，符合媒体需要的薪酬制度难以建立，区县更难以突破。潼南区在机制设立之初，就考虑立足潼南媒体发展实际，实行事业单位企业化管理，纪检、组织、宣传、财政、人事、国资、审计等部门大力支持。在区委区政府高位推动下，起草《潼南区传媒集团（区融媒体中心）员工薪酬方案》，经区委深改委审议后以区政府发文，在全市第一家建立起岗位薪酬、绩效考核与传播效能、工作业绩挂钩的激励考核管理体系，事业、企业人员绩效统一管理，分类设置宣传、经营、后勤保障等岗位绩效指标，按劳、按效分配，实现“优稿优酬”“多劳多得”，探索出比精品、比创意、比激情、比贡献的薪酬激励制度，破解“干与不干一个样，干多干少一个样，干好干坏一个样”的难题，形成了人人发力的动车组效应，释放了改革活力。

三、抓流程改革，破解策采编发融合壁垒难题

进入全媒体时代，受众的信息需求越来越个性化、多样化、定制化和主动化，但传统媒体报纸、电视、新媒体生产各自为政，缺乏统一调度，媒体流程的优化和再造无疑是有效的措施。潼南区在全市率先建成媒体“中央厨房”，重构“策采编发评”环节，实现采编和技术力量共享融通，建立起适应全媒体生产传播的一体化组织架构，让一支队伍服务多个平台，形成“一次采集、N次加工、多元化传播与多终端适配发布”全媒体运行流程。推进传统采编资源与现代生产要素有效整合和深度融合，将人工智能运用在新闻采集、生产、分发、接收、反馈全过程，用大数据推动新闻宣传供给侧结构改革，实现内容精准分发，服务精准触达。同时，组建指挥调度中心，变选“稿”为选“题”，实行新闻选题并联策划，有效提升新闻宣传传播力、引导力、影响力、公信力。

四、抓产业改革，破解新时代媒体创收难题

随着时代的进步，传统广告业严重下滑，导致基层媒体的造血功能严重不足。潼南区按照“事企分开”“采编与经营两分离”的原则，立足优势、选准项目、重点突破，有力盘活媒体资源，积极参与市场竞争，通过“媒体＋教育、媒体＋文创、媒体＋节会、媒体＋电商”四个媒体产业形成稳定收益点。“媒体＋教育”开播音主持、小记者等8大类16门培训课程，每年培训2000余人次。“媒体＋文创”发挥传媒核心优势，专注于宣传片、微视频、纪录片制作，为成渝地区相关区（县、市）提供了300余次文创服务。“媒体＋节会”积极主动参与和承接国际柠檬节、西部灯博会、西部小龙虾节等全国、市区以及企业节会活动，形成策划、宣传、营销、执行全案服务模式。“媒体＋电商”打造“潼掌柜”媒体电商平台，建立“1+7+N”直播团队，开展100场消费扶贫战“疫”助农直播，“潼掌柜”获得重庆市渝创渝新大赛冠军。2020年经营收入比2018年增长30倍，有效探索出基层“媒体＋产业”现代发展路径。

五、抓平台改革，破解服务群众“最后一公里”难题

传统媒体服务水平不高，动员能力不强，引导服务群众能力有限。潼南区整合区内政务网站、政务公众号由区融媒体中心统一运营维护，解决基层政务公众号散、乱、小的问题。整合党政部门信息资源，对接区内各党政部门技术平台，提供申报审批、注册办证、办理社保、投诉受理等一站式政务服务，打造“指尖上的政务服务中心”。升级建设掌心潼南APP，开设“我为群众办实事”栏目，联合区委区政府督查办、区网信办将群众反映的问题及时转交相关部门办理，累计办理完成群众诉求168件。集纳域内生活服务功能，搭建“潼掌柜”电商平台，建立“1+7+N”直播团队，常态开展100场消费扶贫战“疫”助农直播，推动新闻信息与政务、服务紧密结合，更好满足群众需求。

2018年以来，潼南区融媒体中心建设试点改革成效明显，主流媒体影响力和竞争力进一步提升，意识形态阵地进一步巩固，获得上级主管部门的肯定和媒体同行的认可。中央宣传部、国家广播电视总局、市委办公厅、市委宣传部等对潼南媒体融合改革给予肯定，潼南做法在全国、全市经验交流发言26次。斯里兰卡，天津、浙江、江苏等国内外（媒体）到潼南考察交流，潼南融媒体中心获2018年、2019年重庆市媒体融合创新先进单位，人民日报出版社2019年出版的《王者融归》、媒体融合蓝皮书《中国媒体融合发展报告（2020）》将潼南媒体融合纳入全国实战案例，单位负责人米照奎同志作为全市唯一代表入选国家广播电视总局2020年度全国广播电视和网络视听行业领军人才。

（米照奎：重庆市潼南区融媒体中心党委书记、主任，关羽：重庆市潼南区融媒体中心采访部记者）

潼南融媒“破局”宣传片

案例类别：组织机构

发挥融媒体优势 形成舆论场合力

——辛集市融媒体中心建设创新发展

满建顺

辛集市融媒体中心 2018 年被列为中宣部重点联系推动的 59 个融媒体中心和河北省首批县级融媒体试点，坚持整合机构真融合，创新机制促融合，拓展功能强融合，持续推新作、出精品、育人才，形成了媒体融合的“合力”。

一、在“合”上下功夫

（一）机构人员平台整合

2017 年 8 月，辛集市把融媒体中心建设作为“一把手”工程来抓，着眼于构建全市“一盘棋”大宣传格局，对报社、广播电视台、网研中心、宣传部新闻科 39 名人员重组，对广播、报纸、电视、网站、微博、微信公众号、手机台等平台进行整合，率先在全省成立首家县级融媒体中心，打造媒体“中央厨房”，实现资源、平台、力量有效整合，形成新闻发布及舆论传播一张网。2019 年，设立下属国有文化企业“辛集市融媒文化传媒公司”。2021 年，设立下属单位融媒体服务保障中心，为融合发展不断注入新动能。

（二）管理制度整合

强化顶层设计，各部室量身定做规章制度。印发《辛集市乡（镇、区）党委宣传委员工作考核办法》《宣传辛集新闻线索上报工作考核办法》等文件，建立激励约束机制，激发员工的积极性、主动性和创造性。

（三）生产流程整合

以编前会为“神经中枢”，每天召开分析会、选题会、定稿会。按照“报道部署、策划主题、组织采访、编发稿件”的“四统一”流程，生产文字、图片、音视频、H5 等产品。各平台从产品库中自主选取适合的产品进行二次加工发布，实现了全市新闻资源各平台共享，打造了“一体策划、一次采集、多种生成、多元传播”的工作格局。2018 年 8 月，河北省县级融媒体中心建设试点工作座谈会在辛集市召开，县级融媒体中心建设的“辛集模式”在全省推广。河南、山东等 6 省 120 多个市县到辛集参观交流。2018 年，辛集市荣获河北省政务新媒体“十强县”称号。

二、在“融”上做文章

（一）思想“融”出精气神

中心注重培养团队意识、铸造团队精神，逐步实现从“你是你，我是我”到“你中有我，我中有你”再到“你就是我，我就是你”的跨越转变。采编人员采用 IT 行业办公模式，优化资源配置，扩大了平台的传播优势，进一步激发了团队精气神，提升了归属感、荣誉感、自豪感。

（二）硬件“融”出生产力

辛集市财政设立媒体融合资金，每年 500 万元、连续 3 年。2019 年，投资 50 万元的采编大厅和投资 60 万元的问政大厅相继投用；2020 年，投资 1760 万元的传媒中心、35 万元的新闻发布厅、30 万元的媒资库、80 万元的应急广播直播车陆续投用。中心统一办公用品和工装，配备高清摄像机、无人机、编辑机、数码照相机等高端设备，建立“文字数据库、图片数据库、音频数据库、视频数据库、历史资料库、成品稿件库”“六大多媒体数据库”。同一采访任务实现从融合前的 2~3 路 4~5 人到融合后 1 路 1~2 人的转变，运行效率提高近 300%，提升了产品竞争力，实现了“1+1>2”的效果。在 2020 年全省融媒体改革考核验收中名列前茅。

（三）人才“融”出新活力

坚持以包容之心引人才，2017 年在全市公开选调 6 名优秀人才扩充到采编队伍，2018 年通过政府购买社会服务落实公益岗 7 人、见习岗 4 人。坚持全员培训育人才，实行各平台全员培训、轮岗锻炼、名师带徒等育人机制，锻造一专多能的全媒体人才。坚持“请进来、走出去”模式用人才，2018 年以来，通过邀请省报省台媒体传经送宝授课、与四川传媒大学等高校开展人才双向交流活动、组织选派优秀人员到科技日报社等单位跟班学习、到省报省台挂职等方式，形成战斗力、创新力强的人才队伍。2020 年 11 月，融媒体中心记者李秋华作为全省县级融媒体中心的唯一一名最基层记者被评为第三十六届河北新闻奖“优秀新闻工作者”称号，并在河北新闻界庆祝新中国第二十一个记者节座谈会上发言。2018 年 3 月，《河北日报》、网信河北刊发《辛集市融媒体中心：打造全媒体新品牌》，对辛集市融媒体中心建设经验进行介绍。2019 年，辛集市融媒体中心被评为省级“青年文明号”；荣获第 35 届河北新闻奖一等奖，成为河北省县级融媒体唯一获此殊荣的单位。2019 年、2020 年，辛集市融媒体中心连续两年获“河北省新春走基层先进单位”荣誉称号。

三、在“全”上谋发展

辛集市融媒体中心充分赋能党委和政府新时代治理体系和治理能力建设。

（一）发挥主流舆论阵地功能

高标准打造了辛集市委、市政府唯一官方微信公众号“辛集发布”，目前拥有粉丝38万+。连续32个月在全省“11+2”政务微信影响力排名第一，被省委网信办评为2018年度“最具影响力微信公众号”。相继开通了头条号、网易号、搜狐号、澎湃号、抖音号等“两微一端十七号”，开辟主阵地，占领舆论场。在全省率先成立创意短视频部，辛集发布抖音号目前拥有粉丝368万+，从第一次进入抖音热搜榜，到诞生第一个亿级播放量作品，再到排名全省政务类抖音号首位，仅用了一年多的时间。2019年，辛集市融媒体中心成为河北省首批批复“互联网新闻信息服务许可证”的6家县级融媒体中心之一。2019年11月8日“冀云辛集发布”APP正式上线，成为河北省首家“冀云融媒体”平台，实现“一个APP传播辛集声音，一个平台服务大美辛集”，形成了“融资讯、融政务、融生活”的“新闻+政务+服务”融媒体发展格局。在河北省委网信办2019年政务影响力扶持和评价工作中获得“短视频影响力十佳账号”荣誉。短视频《辛集中医院护士张丽芳在支援石家庄核酸检测工作时，突然接到母亲去世的消息，含泪送别母亲》，在抖音平台24小时点击量达到2.2亿次，点赞量755万。2020年10月，辛集市融媒体中心被河北省委、省政府授予“河北省抗击新冠肺炎疫情先进集体”荣誉称号，成为河北省唯一获此殊荣的县级融媒体中心。

（二）发挥社区信息枢纽功能

组建起了涵盖全市各乡镇、部门的845个工作群、近400个农村直通车微信群和36家政务新媒体、39家自媒体的“百万粉丝矩阵群”，按照“事件、时间、信息、声音、位置”的“五同一”要求第一时间推送重要消息，形成全方位的规模集群效应。2019年，在全国网信系统创新案例交流系列研讨会上进行了典型发言，并入选《全国网信系统创新50个案例集》；在县区融媒体中心建设海沧论坛进行了典型发言。2020年12月14日，学习强国“辛集市融媒体中心”县级融媒号正式开通，成为全国首批上线的“学习强国”县级融媒号。依托“学习强国”学习平台传播优势，立足地方特色，聚焦基层发展，服务城乡群众，全面展现辛集广大干部群众奋力开启新时代全面建设高品质中等城市新征程的精神风貌。

（三）发挥综合服务平台功能

坚持导向为魂、移动为先、内容为王、创新为要，不断拓展融媒体中心综合服务职能。“辛集发布”微信公众号相继开通了市委书记直通车、环保举报热线、扫黑除恶热线、网上便民服务大厅等，让“数据多跑路、群众少跑腿”，画好“同心圆”，架起“连心桥”，为群众解决热点难点问题9163个，群众满意率达99%，被列为河北省践行网上群众路线典型案例，省委原副书记赵一德誉其为践行群众路线的“网上高铁”。融媒体中心推出的大型舆论监督节目《问政面对面》，以“聚焦民生热点、直面发展难题、转变干部作风、提升干事激情”为主题，广泛邀请社会各界人士参与问政，市领导现场点评解决问题，受到群众一致好评。2020年8月，辛集市融媒体中心顺利通过“河北省文明单位”考核验收。

（满建顺：辛集市融媒体中心总编辑）

辛集发布公众号

案例类别：组织机构

根深才能叶茂 源远方能流长

——扎实抓好县级融媒体中心建设的“香河模式”

史长城

党的十八大以来，习近平总书记对党的宣传工作多次作出重要指示，强调在新形势下，党的宣传工作者要有互联网思维，要坚持传统媒体与新兴媒体融合发展。

作为党的最基层宣传阵地，香河县融媒体中心从2014年开始便积极探索传统媒体和新兴媒体融合发展路径，持续推进县级融媒体中心建设。2018年，以最权威的新闻发布平台、最智能的社会服务平台、最全面的文化信息传播平台为发展定位，全力打造了县域内上接天线、下接地气，围绕中心、服务大局的强势主流媒体，开创和建构了基层主流媒体建设的“香河模式”。

一、融合聚力，创新发展“香河模式”争做媒体融合排头兵

香河，地处京津之间，距北京城市副中心仅30公里，是京津冀协同发展的前沿板块，区位优势凸显。2018~2020年连续三年获评全国综合实力、投资潜力、科技创新、绿色发展和新型城镇化质量五个百强县并实现位次提升。

香河县融媒体中心2018年8月启动建设，11月6日正式揭牌，成为廊坊市首家挂牌运营的县级融媒体中心。得到了中宣部县级融媒体中心建设课题组肯定，经验做法被制作成课件在全国推广。官方微信平台“香河融媒发布”与省长城新媒体端口和市台环京津新闻网端口对接，在全市率先加入央视新闻移动网“全国百家县级融媒体中心智慧平台”和《人民日报》客户端人民号矩阵网，2019年9月正式取得《互联网新闻信息服务许可证》，成为全市首家县级具有从事互联网新闻信息服务业务资质的单位，是河北省首批获得此证的7家单位之一。

香河县融媒体中心2020年、2021年连续两年被省广播电视局评为河北省广播电视媒体融合先导单位。2020年3月，成为全省唯一入选《广播电视媒体融合典型案例》的县级融媒体中心。中心被省委宣传部列为全省重点宣传推介的县级融媒体中心。在中国电视艺术家协会组织的第八届全国市县台推优评选活动中，获“全国市县媒体融合先导单位”殊荣。

二、学思践悟，根植乡土，建构媒体融合“香河模式”

2014年，京津冀协同发展上升为国家战略，作为香河县融媒体中心的中枢核心——香河广播电视台抢抓机遇，大胆改革，开始了一系列的尝试和探索，新媒体中心应运而生。

从大屏到小屏，从传统媒体到移动客户端，强力打造新媒体的影响力不断扩大。与此同时，与上海一家公司共同开发了集政务、民生、咨询、服务等综合功能于一体的手机APP，并开始多渠道筹集资金，建设能够实现广播、电视、地面数字、网络直播、IP电视、手机客户端等多平台同步播发的播控中心。同一时期，以全媒体演播厅为核心的节目生产中心被提上日程。以内容建设为根本，以前沿技术为支撑，推动传统媒体和新兴媒体在内容原创、活动策划、平台渠道、经营管理等方面深度融合，形成一套独具广电宣传特色的全方位、立体化传播体系。

2018年，深入贯彻落实习近平总书记“要扎实抓好县级融媒体中心建设，更好引导群众、服务群众”的要求和全国宣传思想工作会议精神，香河县精准发力，站位高端策划，按照廊坊市委宣传部和香河县委要求全力以赴，强力推进县融媒体中心建设。

坚持高点起步，建设高端平台。抓好平台指挥调度中心、节目生产中心、信息发布中心“三个中心”建设。以县广播电视台为依托，整合县域内广播、电视、报纸、网站、“两微一端”等公共媒体资源，建设融媒体智慧指挥中心，搭建全新的“一体策划、一次采集、多种生成、多元传播”管理系统，实现全媒体运作、全终端覆盖、全方位服务；建设高标准节目生产中心，打造全媒体演播厅和融媒全景演播室，实现线上线下互动、网络直播、人机互动和远程实时互动等智能化功能；高质量建设播发中心，具备广播、有线网络电视、地面数字电视、网络直播、IP电视、手机客户端、手机报等七大平台同步播发功能，播发信号覆盖香河全域。

同时，在县委、县政府的高度重视和全力支持下，融合县域内优质资源，不断拓展融媒体平台：由政府投入近千万元资金，启动建设新时代文明实践中心服务平台，实现与融媒体智慧指挥平台有效整合，实现数据资源共享；在县人民广场和新城广场建设文化符号式高清智能户外大屏，对接5G技术和智慧城市平台，与扎实推进智慧城市建设相融合；在县域内文化、教育、金融、医院、宾馆、车站、社区等重要公共场所投放高清电子新闻屏，根据百姓需求实时更新内容和板块，实现让党的声音在县域内高度覆盖。

三、砥砺前行，源远流长“香河模式”框架下聚合共振效应

香河融媒包括电台，电视台，“香河融媒发布”微信公众平台，《新香河》报纸，“冀云香河”手机APP，“发现香河”抖音号、快手号、头条号、视频号，环京津新闻网、《生活家周刊》及央视新闻移动网、央视频、人民日报人民号等新媒体矩阵。

官方微信平台“香河融媒发布”，目前关注人数10万人。2020年4月，优秀作品《手绘长卷：致敬劳动者》荣获2020年全国区县融媒体中心优秀案例提名奖，香河县融媒体中心也是河北省唯一一家获此殊荣的单位。

手机APP“冀云香河”实现了电视、广播在手机端的直播、点播、评论互动等功能，还开设有便民、问政等板块，提供审批办事服务，回应群众关切，全力打造好“媒体+政务服务+民生服务”。

“直播香河”频道已累计直播各类活动和晚会百余场，粉丝突破28万，访问量达620万次。

广播电台部分栏目相继开通了蓝鲸直播、融媒体直播、抖音直播，多样的传播方式和渠道使电台节目不仅能在收音机里听见，还能在手机里看见，增强了传播力量。

《新香河》报纸成功借助《河北广播电视报》廊坊《生活家周刊》拓展香河版，开办新闻、文化、健康养生、诗书画原创作品乐园及中小学生作文等板块。

特别是短视频领域，接续开通了抖音号、快手号、

今日头条号、微信视频号的"发现香河"账号，短视频内容同步更新到人民日报人民号、央视频、央视移动网、冀云香河、新华社现场云、冀时客户端等平台，打造了"发现香河"短视频品牌矩阵，取得了良好效果。目前，中心已在抖音、快手、视频号短视频平台累计发布作品463条次，点赞量1378万次，总浏览量突破4亿次。其中，浏览量突破千万的作品10部，突破百万作品的33部。"发现香河"抖音和快手平台粉丝量均突破了21万。2020年3月，快手融媒学院公布了"2020年快手区域媒体年度奖项"，"发现香河"快手号获得最佳媒体融合奖。

为持续推出更多形式新颖、语态鲜活、内容多元的优秀短视频作品，2021年4月，香河县融媒体中心创立了中国（京津冀）广播电视媒体融合发展创新中心（香河）短视频拍摄基地，是京津冀首家县级媒体融合拍摄基地，也是中心积极构建持续健康视频媒体新生态的有益探索。

未来基地的主要职能是打造香河乃至廊坊农产品电商的培训基地，根据本县果菜农的需求，利用直播带货宣传，帮助广大农户拓宽销售渠道，让农户学会"吆喝"；并依托香河融媒体平台百万粉丝号，为本地农产品进行推广引流，成为广大农户的"经纪人"。

四、总结

总之，县级融媒体发展，必须根植乡土，方可源远流长，在探索中前行，在创新中发展。香河县融媒体中心牢牢把握"党媒姓党"的根本，坚持以人民为中心的导向，在不断提升编辑记者政治素质的同时，下力气培养融媒团队，践行好脑力、眼力、笔力、脚力，深入基层汲取更多的知识营养，提升宣传的引领能力和专业素养，不断更新理念，拓展平台，用百姓听得懂的语言、喜闻乐见的形式，真正发挥融媒体中心在基层宣传文化和舆论引导中的主导性、关键性作用，在实际工作中，努力践行好引导群众、服务群众和举旗帜、聚民心、育新人、兴文化、展形象的历史使命。

（史长城：香河县委宣传部副部长、县融媒体中心主任）

案例类别：组织机构

融合发展 平台赋能 打造融媒体改革"武强样板"

——武强县媒体融合改革发展创新

郭永杰 桑凤凤

一、基本情况

河北省武强县融媒体中心于2018年9月5日正式揭牌运营，中心坚持以"移动优先"战略为引领，以围绕中心、服务大局，引导群众、服务群众，覆盖全县、辐射周边为目标，构建了"一体策划、一次采集、多元生成、多端发布、有效应用"的全新业务模式，大胆推进体制机制改革，进行采编发流程、组织管理体系、自我发展机制等多方面的重塑与再造。扎实推进各项改革任务落地见效，推动媒体发展融合赋能、焕发活力，走出了一条县级融媒体改革的创新发展之路。

二、主要做法

（一）党建引领，推动改革

武强县委、县政府把推进媒体融合作为全面深化改革的"头号工程"，专门成立了由县委书记、县长任双组长的融媒体改革工作领导小组。县委、县政府16次专题研究融媒体改革，制定出台了《关于推进传统媒体和新兴媒体融合发展的实施意见》《融媒体改革实施方案》等9个方案文件，明确时间表、确定路线图，全力推动媒体融合改革深入开展。

（二）找准定位，明确方向

在融媒体改革实施过程中，武强县根据自身情况，确定了轻快、便捷、灵活的改革之路，即以移动优先为引领建设传播平台，以县广播电视台为基础重构组织框架，以整合多部门资源为手段建设传播渠道，以立足宣传、搞好服务为方向嵌入"智慧城市"相关功能，以省内的长城新闻媒体集团为技术支持；实现从覆盖优势向受众优势、从媒体优势向平台优势、从单一传播向多功能服务的转变。

（三）重塑架构，再造流程

以县电视台为基础，整合县域内新闻传播渠道与资源，重塑媒体架构；按照采编经营"两分开"原则，注册成立武强县融媒体发展运营管理公司，力求实现社会效益为主、经济效益为辅，"两个效益"统一；将县政府、宣传部、广播电视台运营的传播平台全部整合，打造统一对外移动端出口，并加入了“央视新闻移动网”和人民日报“全国党媒平台”等中央级传播矩阵。

（四）薪酬激励，打造队伍

武强县在改革过程中，重点进行了人事管理体制、薪酬分配体制和经营体制改革。在人事管理上，实行岗随事变、人岗相适的管理体系，在员工晋职晋级、考核分配时一视同仁；实行积分制考核，体现多劳多得、优劳优得的薪酬激励机制；严格落实采编经营两分离原则，注册经营性公司，承担经营性业务，拓展增值服务。

（五）拓展职能，服务社会

为更好引导群众、服务群众，武强县融媒体中心创新性地打造政务服务平台、民生服务平台、商务服务平台。在“冀云·武强”客户端搭建了“政务民生服务平台”，可实现申报审批、注册办证、医保养老、投诉受理、生活缴费等服务事项。在“文盛武强”微信公众平台创建了便民服务自助广告发布板块，开通了招聘求职、房屋租赁、二手市场等服务，总访问量达154.3万次，真正实现“让信息多跑路，让群众少跑腿”；在“冀云·武强”APP中与“智慧党建”“新时代文明实践中心”两个系统实现跨领域深度融合。

三、主要成效

（一）打造全媒型采编队伍，工作效率极大提高

通过“一帮一、老带新”“走出去、请进来”“搭架子、借梯子”等培训方式，培养建设了一支能够适应现代融媒体技术发展需求的专业队伍。设备集中使用、人员统一调配、集中办公，运行效率提高近300%。建立了涵盖县直单位、乡镇、村庄的通讯员队伍。形成纵向全贯穿、横向全覆盖、内部全打通的宣传“一张网”，实现强传播、全覆盖、无死角。

（二）移动优先，内容为王，扩大主流舆论影响力

立足移动优先、采用综合传播、立体传播、全媒传播手段，根据不同平台的特点，将覆盖人群精准定位画像，统筹“策、采、编、发”，产品创作“土”“洋”结合、新老并用，创新运用多种新技术、新手段，有力有效引导舆论。疫情期间创作的《连线！河北武强医护人员的“武汉时间”》等10余部作品被学习强国采用；《武强一分钟婚礼》被《科技日报》、河北电视台、长城网等10多家中央和省市级媒体转载播发。

（三）宣传面实现全覆盖，媒体影响力与日俱增

武强县融媒体中心目前运营了电视、广播、微信、微博、头条、抖音、央视新闻移动网等25个传播平台。其中“智慧武强”APP下载安装量16.05万，微信公众号“文盛武强”用户8.47万，抖音号“融媒中心”粉丝量168.9万，仅“一微一端一抖”下载安装关注量总和就达193.42万，接近全县人口的11倍。

（四）线上好评线下点赞，强信心暖人心聚人心

武强县融媒体中心注重新闻产品传播效果与社会效果的统一，用鲜活的故事鼓舞人，用权威的声音组织人，用科学的知识教育人，用正确的舆论引导人。发布的多个原创产品引起无数受众共鸣，纷纷点赞转发加评论。微信公众平台单条评论最多可通过100条，受众评论区经常爆满。截至目前，在各新媒体平台上，共创作10万+产品513个，其中100万+产品209个、1000万+产品36个、过亿产品2个。

（五）融媒改革成效显著，创新发展成绩斐然

武强县融媒体改革经验得到中央政治局委员、中宣部部长黄坤明批示肯定；在全国县级融媒体中心建设推进会上，入选县级融媒体改革国家试点县并作典型发言；改革经验被中宣部《宣传工作》刊载、“学习强国”网站收录；被中国传媒年会推选为《县级融媒体中心建设十大案例》；被新华社、《河北日报》、河北电视台、河北长城新媒体集团报道；2019年入选河北省新媒体“十强县”；被评为“全省广播电视媒体融合先导单位”、被2020年《河北传媒发展报告》作为改革典型案例收录。

四、经验启示

（一）领导重视是改革成功的关键

没有领导重视，改革就不可能取得成功，改革过程中，中宣部领导多次调度，省委宣传部积极指导。市委常委、宣传部部长多次组织专题调研推进。武强县委县政府领导从人、财、物多方面给予全面保障，使融媒体改革没有了后顾之忧。

（二）技术支撑是改革成功的核心

在技术领域，武强县与省长城新媒体集团达成战略合作协议，依托“冀云”新媒体平台，由长城集团技术团队提供开发、调试、培训等技术支撑，加强内部采编人员技术培训，让更多员工成为能写能拍能剪能发的全媒型人才。

（三）资金保障是改革成功的前提

武强县底子薄，财政收入低、支出高，在这种情况下，如何建好融媒体中心？一是县委、县政府领导高度重视，明确表态“要钱给钱、要人给人、要物给物”；二是在不降标准的情况下，节约资金搞建设，充分利用原有设备，最大化节约资金，仅投入320万元便高标准完成建设任务；三是加强政务服务与民生服务职能，通过服务变现筹措部分建设资金。

（四）媒体产品是改革成功的支撑

武强县融媒体中心用融合手段、群众语言，采用“分众化、差异化”的精准传播，在提升作品传播力、引导力上下功夫，取得了导向更加明确、用户数量激增、影响力成倍增长的良好效果。

（五）队伍建设是改革成功的动力

一要解决人才从哪儿来的问题，在选人用人上内部

培养、社会引进两手抓；打破身份限制、全员聘任，建立能进能出、能上能下的用人机制。二要解决人才流失的问题，从工作与生活上关心职工，把融媒体中心打造成一个人才向往的高地，让员工有归属感与自豪感；提高薪酬待遇、解决员工后顾之忧。三要解决培养人才的问题，鼓励员工带薪进修；与长城新媒体集团等上级媒体合作，选派员工前往锻炼学习；建立内部培训机制，定期召开培训会，聘请业内专家、学者到本中心培训指导。

（六）体制机制是改革成功的护盾

一是创新经营机制，采编与经营业务两分离，注册成立经营性公司，由公司依法经营，并拓展新的营收渠道。二是建立薪酬激励机制，打破原有薪酬分配模式，建立薪酬激励制度，形成多劳多得、优劳优得的激励机制。

（郭永杰：武强县融媒体中心总编辑，桑凤凤：武强县融媒体中心副主任）

案例类别：组织机构

四融赋能 守正创新 打造媒体深度融合的“邹城路径”

左新华

邹城市按照中央部署和省市安排，全面深化媒体改革转型，在资源整合、媒体融合、队伍联合、产业聚合上下功夫，坚持“四融三创”，通过融通平台、融创产品、融活机制、融聚产业，实现创新、创优、创效，持续推进转型升级、融合发展，打造媒体深度融合的“邹城路径”，打响“邹鲁融媒·贴心相随”品牌，为本地改革、发展、稳定提供了强有力的舆论支持和精神动力。邹城市融媒体中心建设经验分别被学习强国、人民网、《大众日报》、山东电视台、齐鲁网、闪电新闻和省委宣传部简报《山东宣传工作》刊发报道，先后获山东省电视宣传、广播宣传和融媒体宣传先进集体一等奖，省台“县域影响力奖”“优秀传播力奖”“特别策划奖”等荣誉称号。

一、高位推动资源整合，建设区域新型主流媒体

邹城市高度重视、大力支持融媒体中心建设，成立了由市委书记、市长任双组长的融媒体中心建设工作领导小组，以两办名义印发《邹城市融媒体中心建设实施方案》，是济宁地区第一个出台《实施方案》的县级市。2019年6月30日，邹城市融媒体中心挂牌成立，为邹城市委直属公益二类事业单位，归口市委宣传部领导。按照“应融尽融”原则，将电视频道、广播频率、移动客户端、官方微信公众号、抖音号、头条号、内部资料《今日邹城》，以及市委宣传部管理的邹城外宣网、邹城手机报等媒体平台由融媒体中心统一运营。以“邹鲁融媒”为统一品牌，以广播、电视、报纸、网站4个传统传播渠道为基础，以手机客户端、微信、微博、抖音号、头条号、快手号等N个新媒体平台为重点发展方向，做强传统媒体，做优新媒体，构建“1+4+N”全媒体传播矩阵。在央视频、央视新闻+、新华社现场云、闪电新闻、齐鲁壹点等中央、省市级平台，以及抖音、快手、B站等主流商业平台上开设28个“邹鲁融媒”媒体号，着力打造直播矩阵和短视频矩阵，逐步打响“邹鲁直播”和“邹视频”品牌，加快构建县级融媒体中心的全媒体生态系统。强化知识产权意识，启动“邹鲁融媒”“邹视频”“邹鲁主播的侣行”等7个品牌14件162项商标注册工作。构建共建共治共享的社会治理文明实践新格局，统筹推进县级融媒体中心和新时代文明实践中心融合发展，线上、线下结合，“一核双联四同”模式取得初步成效。

二、优化内部运行机制，激发人才队伍生机活力

成立全媒体编辑委员会和经营管理委员会，严格落实采编与经营“两分开”。打破事业和企业人员的身份限制，大胆使用年轻干部，提拔8名企业人员和4名“80后”“90后”担任中层正副职。改革绩效分配制度，建立倾斜一线、多劳多得的绩效考核评价体系。将新媒体发稿纳入新闻采编评价全流程，确保重大新闻新媒体首发。探索项目制、工作室制等弹性机制，成立短视频制作工作室、影视制作和大活动策划项目组。实施“天降大任”融媒英才学习提升行动，开展“邹鲁融媒”大讲堂、挂职锻炼、技术大比武、“三人行SHOW”全媒主持业务提升计划、“我融我精彩”原创融媒产品大赛等活动。举办“邹鲁融媒书享汇”，打造青年特色学习平台。

三、建好用好技术平台，持续提升融媒制播水平

邹城市财政先后投资1400余万元，高标准建设了600

平方米的融媒体调度指挥平台和新闻采编中心，全面升级500平方米演播大厅和虚拟演播室、配音间，新建专业录音棚一个，购置了航拍机、手持云台、全景相机、4K摄像机等专业采编设备，融媒制作水平和安全播出能力有了显著提升。依托省技术平台，打通“台、网、微、屏、端”等媒介，实现“一次采集、多种生成、全媒传播”。融媒体平台系统进行了二级等保测评备案，生产及发布内容可实现三级审核。邹城新闻综合高清频道正式播出，并同步上线IPTV播控平台，实现电视信号的互联网传输，增加15万电视节目用户。在融媒体时代，邹城已实现无线、有线、地数、互联网、移动互联网的电视节目全域全渠道覆盖，节目传播力影响力进一步提升。推出《新邹城》“有声报”，让报纸也可以“听”得见，把传统纸媒的阅读链延伸到互联网音频领域。

四、拓展媒体服务功能，全面加强服务能力建设

升级“邹鲁融媒”APP，积极参与智慧政务和智慧城市建设，通过互联网将媒体服务、民生服务和政务服务整合在一起。增加网上政务服务大厅、社保查询、出入境服务等20多项线上便民服务功能，真正做到“让数据多跑路，让群众少跑腿”，进一步擦亮“一次办好·邹全服务”放管服工作品牌。将新时代文明实践云平台嵌入“邹鲁融媒”APP，搭建新时代文明实践云平台，实现群众掌上“点单”、中心“派单”、志愿者“接单”、群众“评单”工作流程掌上办理。先后开展“儒润邹城·爱心送考”“37°城市益行”“微公益·爱心跑”等各类公益行动，组织开展“邹城春晚”“舞动邹城”等各类群众性文体活动，承办了邹城市春节联欢晚会、邹城市疫情防控先进事迹报告会、新时代文明实践优秀志愿服务项目颁奖、感动邹城道德模范颁奖典礼等地区重要活动。

五、用心打造精品力作，提供融合创新精彩内容

以“邹鲁融媒”为统一品牌，不断丰富融媒产品集群，精心打造邹鲁主播IP，推出《邹鲁主播说》《邹鲁主播非常说》《播音部的日常》系列短视频，《邹鲁融媒好声音》《邹鲁夜读》系列音频。2020年以来生产短视频3000余条，其中《谢谢您！最美逆行者》等多部融媒产品播放量过亿次，新媒体平台用户近200万，邹鲁融媒抖音号粉丝104万。传统广电栏目全面改版升级，全新推出《民情面对面》《雨蒙带你云shopping》等融媒直播节目。推动直播实现常态化、特色化、品牌化，2020年开展200多场直播活动，与省台节目现场连线27次。《逆风飞翔“玻璃”男孩高考654分》《上磨石岭村：美丽乡村撬动乡村旅游》《聂景芬的春天》等作品分获山东新闻奖县（市）级媒体专项奖一等奖、三等奖；《应对寒潮 我们全力以赴》融媒直播和《管得宽》短视频荣获山东新闻奖县（市）级媒体融合作品一等奖；2020年在《山东新闻联播》的发稿数量位次由全省第18位跃升至第1位，实现历史性突破。

六、推进产业转型升级，多元经营释放创效潜能

坚持服务导向，发挥市场机制作用，加强主流媒体的市场竞争意识和能力，探索建立“新闻+政务服务商务”运营模式，增强自我造血机能。举办融媒产品发布会，以优质产品和优秀服务吸引客户。成立影视制作部，承接制作专题片、宣传片100余部，创收100余万元；做大做强少儿培训产业，打造“邹鲁融媒”培训品牌，策划成立“邹城艺术培训联盟”，吸收成员单位62家；探索“融媒+旅游”新模式，推出港澳游、西北游等多条热门旅游线路；开展“好酒钢山酿酒之道”、线上土豆文化节、约惠520等100余场线上直播营销活动；联合镇街部门，举办孟子湖新区·悦夜水街夜经济嘉年华、秋季博览会、惠民车展、农事节庆等系列品牌节会活动，扩大品牌活动影响力，拓展经营收入渠道。大力开拓周边市场，承接曲阜师范大学、山东能源集团、鱼台县等高校、企业和县市的专题片制作、现场直播、技术输出等业务。

（左新华：邹城市委宣传部副部长、市融媒体中心党委书记、主任）

案例类别：组织机构

实施“党媒强基工程” 推动媒体深度融合

范世民 张爱平

宁津县融媒体中心自2018年12月28日成立以来，作为山东省2家中宣部重点联系推动单位之一，立足深度融合，持续改革攻坚，推动构建全县“大宣传”格局，不断强化主流舆论阵地、综合服务平台、社区信息枢纽三项功能定位，努力打造主流媒体区域品牌，建设新型主流媒体。

一、遵循根本指引，科学设计蹄疾步稳

宁津县融媒体中心在2018年全面谋篇开局的基础上，

2019年明确了“守正创新、融合发展”的工作理念，确立了以阵地、平台、枢纽3项功能定位为核心目标，编辑、技术、经营、监督4个委员会共建共治共推共享的“1334”工作思路①。2020年实施了以建设一个创新中心、攻坚4方面重点、夯实6项工作基础和建设一揽子项目为主要内容的“1461”党媒强基工程②，驰而不息地按照既定工作部署推进媒体融合向纵深发展。

宁津县融媒体中心先后和山东师范大学、烟台大学建立校地共建关系，加强和有关媒体发展、新闻研究机构的沟通交流。2020年，宁津县融媒体中心和山东师范大学新闻与传媒学院等合作申报了2020年度国家广播电视总局部级社科研究项目“基于地域差异的县级广播电视媒体深度融合发展路径研究”，和省广电局联合申报的“融媒体建设发展问题研究”入选2020年全省政府系统专项调研课题。

2018年12月，宁津县融媒体中心入选山东省广播电视局组织评选的2018年度“媒体融合案例”；2019年5月，全省县级融媒体中心建设现场推进会在宁津县召开；2019年7月，《构建大宣传格局推进媒体融合发展的“宁津实践”》被省广电局推荐申报国家广电总局组织评选的县级媒体融合典型案例；2019年10月，案例在第二十七届媒体融合技术研讨会（ICTC）上得到推介。

2019年以来，宁津推进县级融媒体中心建设工作多次被中央级和省级媒体报道。2019年3月和8月，中共山东省委主办的《支部生活》刊发文章《宁津：县域媒体融合快步走》和《跨步挺进全媒体 服务群众到身边》，对宁津县的媒体融合工作予以宣传。

2020年1月20日和8月17日，山东省委机关报《大众日报》分别刊载了宁津县融媒体中心坚持“两个中心”一起建设和实施党媒强基工程的做法；8月22日，国家广电总局发展研究中心主办的“国家广电智库”在《新活力·新视听》专题刊发《宁津县融媒体中心：立足深度融合推进重点攻坚》，推广全国广电媒体深度融合和网络视听创新发展的系列优秀案例。

2020年10月，宁津县在全省首批高质量通过县级融媒体中心建设验收，宁津县融媒体中心获评全国媒体融合先导单位20强、山东省县级融媒体中心建设先进单位。

二、强化流程再造，联动互通一体运作

（一）生产流程再造

以总编室为依托，重新调整生产布局，重构采编发网络，再造采编发流程。借助山东广电闪电云打通了策、采、编、审、发、评全流程和频道、频率、纸媒、新媒体等各端口。通过编委会（总编室）每日晨会的“人工”操作和技术平台“智能”操作，为内容建设领域的计划、组织、控制更加精益高效提供了支撑。

（二）贯通省级技术平台

基于全省一张网的总体设计，宁津县依托山东省县级融媒体中心技术支撑，建立了融媒体中心指挥调度系统“中央厨房”和闪电云系统，将全县80多家单位的通讯员纳入“闪电云”采编管理，已经在柴胡店镇、津成街道、大曹镇和宁城街道建成了4处融媒体分中心，在全省率先实现了省、市、县、乡四级平台关联，为一体化运行奠定了基础。

流程再造，联动互通，激发了内容建设新动能。截至2020年10月底，在山东台广播、电视用稿继续攀升，同比分别前进了14、7个位次。其中，电视端《山东新闻联播》全省排名第六，先后播发16条宁津改革经验。融媒体宣传保持第一方阵。2020年以来，中心共获得县级及以上集体荣誉22项，内容生产领域35人获得省级业务表彰奖励。

三、落实移动优先，多端融合新型传播

（一）打造党媒移动传播新平台

1. 集中打造“智慧宁津”手机客户端。从技术和内容两方面不断优化功能，提升平台服务水平，2020年上半年完成了“智慧宁津”平台迁移，5月8日闪电版正式上线，生产管理和发布系统无缝连接。

2. 建设拓展新平台，占领舆论宣传新阵地。宁津县融媒体中心会同有关部门单位，主导建设了“数字化电梯宣传服务终端”项目，首批300部终端已于2020年5月安装完成并投入运行，每年可辐射10万用户。

（二）内部推动和保障“移动优先策略”落地

1. 创新产品样态。不仅仅把电视作品切单条后以“V新闻”的形式进行网络传播，还注重根据网络特点，打造短视频类、诵读类融合产品。

2. 形成产品品牌。“鬲（音 lì）视频”是根据宁津县文化地标“鬲”命名的短视频产品，有单独的片头、LOGO和定位，为跨平台、跨地域传播提供便利。

3. 创新生产方式。《悦读者》《我型我秀》采用PUGC方式，在全县设立了13个校园工作站，由师生们生产视听作品，经融媒体中心专业人员审核后在“智慧宁津”发布。

4. 在常规新闻报道中注重移动优先。已经连续两年在移动端直播县“两会”“春晚”，“我为两会捎句话”成为宁津县开门办会品牌。2019年“全国70地庆丰收全媒体直播”，让“宁津良种”声名远播，并获得2019年度山东省优秀广播电视节目奖二等奖。

四、坚持姓党为民，整合资源拓展服务

（一）建立“媒体＋文明实践”模式

基于山东省媒体融合“一县一端”整体布局，宁津会同山东广电信通公司开发设计了全新的新时代文明实

践工作管理服务平台，推进了新时代文明实践中心和融媒体中心“两个中心”一起建设。

（二）建立“媒体＋政务”模式

将行政审批 129 项服务项目全部纳入“智慧宁津”手机客户端“一次办好”窗口；在手机客户端开通县直部门、乡镇（街道）资讯发布功能；在全省县级媒体率先推出“现场集体问答、线下闭环办理”的电视融媒问政栏目《阳光问政》，在电视、广播、新媒体、报纸等各端同步播发；在“智慧宁津”客户端专门设计开发“智慧村务运行系统”，各村每月将财务、党务、低保办理等事项，包括原始票据和记录上传到这一系统，村民可通过手机随时随地查询监督。

（三）建立“媒体＋服务”模式

2020年，为更好地统筹疫情防控和经济社会发展，“智慧宁津”手机客户端接入了县大数据服务中心开发的“疫情掌上通”软件，链接了县发改局的“政策直通车”和县人社局“网络招聘”等网络服务板块，放大了政府服务和媒体宣传的功效。

面对来之不易的融合成果，立足深度融合，宁津县融媒体中心继续乘势而上，重点在做大做强主流舆论、推进“媒体＋”技术建设和政务赋能上下功夫；重点在筑牢基层基础，建设一支更加坚强有力的媒体“守正”队伍上下功夫；重点在深化体制机制改革，增强高质量发展动能上下功夫；持续增强主流媒体的工作定力，在加快推进媒体深度融合发展上探索更多“宁津实践”。

注解：

①“1334”工作思路：“1”即坚持“以党的建设为统领，深化改革、强力推进融媒体中心建设”1 个目标不动摇；第一个“3”即准确把握“主流舆论阵地、综合服务平台、社区信息枢纽”3 项功能定位；第二个“3”即突出“物理空间打造、宣传格局提升、队伍机制保障”3 项工作重点；“4”即建立完善“编辑委员会、经营委员会、技术委员会、监督委员会”4 个委员会共建共治共享机制。努力实现上下贯通、里外联通、内部融通。

②党媒强基工程“1461”：建设 1 个宁津县媒体融合创新中心。突出 4 个方面攻坚：政治建设方面，对照党媒姓党，抓思想，讲政治能力，在提高站位上全力攻坚；内容建设方面，对照宣传责任，抓阵地，讲影响能力，在移动优先上全力攻坚；技术建设方面，对照制度规范，抓到位，讲落地能力，在完善保障上全力攻坚；经营建设方面，对照发展需求，抓运营，讲盈利能力，在新兴业态上全力攻坚。夯实 6 个基础：夯实人才队伍基础、精品创作基础、安全保障基础、技术支撑基础、经营能力基础、制度底线基础。最后一个“1”即实施一揽子项目：理论课题类项目和实践操作类项目。

（范世民：宁津县委宣传部副部长、宁津县融媒体中心主任，张爱平：宁津县融媒体中心总编室主任）

案例类别：产品

宁津县“数字化电梯宣传服务终端”项目

范世民 张爱平 高雯雯

一、项目概述

“宁津县数字化电梯宣传服务终端”由宁津县融媒体中心和宁津县财金发展有限公司主导实施，宁津县宁城街道、房产管理中心、市场监督管理局、公安局、应急管理局等部门单位建设推进，启动资金 150 万元。首批 300 部终端已于 2020 年 5 月安装完成投入运行，可辐射 10 万用户。

截至 2020 年 12 月，共播发公益宣传片 74 部，便民信息 20 多条，循环播出近 3 万次；预警或接受用户求助 111 起（次），有效辅助解除“电梯困人”等问题，成为宁津县新时代文明实践中心和融媒体中心有效传播载体。被山东广播电视台《山东新闻联播》《晚间新闻》报道，山东台《闪电舆情参考》、中宣部新闻局《新闻阅评》刊登相关情况。该基层创新正在申报国家广电总局“2020 年广播电视媒体融合成长项目”。

二、应用背景

习近平总书记要求，媒体在向基层拓展、向楼宇延伸、向群众靠近上继续下功夫。“宁津县数字化电梯宣传服务终端”就是宁津县融媒体中心向基层拓展、向楼宇延伸、向群众靠近的一个很具成长性的创新项目，符合《国务院办公厅关于加强电梯质量安全工作的意见》（国办发〔2018〕8 号）和《山东省人民政府办公厅关于加强电梯质量安全工作的通知》要求，做到楼宇阵地“进得去、安得上、保得住、用得好”。该项目在运用物联网技术实现电梯智能化管理、维修保养、远程监控和应急处理，满足群众安全需求的同时，将安全教育，公益宣传、信息服务等媒体功能加入其中，使主流媒体宣传触角延伸到楼宇电梯中，成为意识形态宣传的又一阵地。同时，随着技术水平的发展，可逐渐形成县级融媒体中心服务群众的新平台，成为“媒体+政务+服务”的新终端。该项目被誉为“电梯的黑匣子”、移动电视机、应急小广播和社区“好管家”。

它是“电梯黑匣子”。宁津县数字化电梯宣传服务终端项目发挥物联网技术在电梯应急处理、维修保养、远程监控等方面的应用，为全县所有在用电梯建立统一的电梯数据监控、整合、共享、交换平台，实现管理系统对电梯运行状态的实时监控。利用电梯故障实时报警功能和电梯的音、视频对讲等即时功能，开展电梯故障情况下的事故预防和事故处置；通过软件平台实现监管部门、维保单位、业主单位等相关方与电梯终端实现互联互通，加强电梯运行、使用、维护、保养等环节的全过程信息化管理。项目可实现对在用电梯的动态监控，及时快捷地解决电梯安全问题，大大提高电梯的维保工作质量和救援响应速度，有效消除电梯事故隐患，保障人民群众生命安全。宁津县融媒体中心通过建设该项目，拓展了服务功能，为“媒体+政务+服务”增加了又一服务项目。

它是移动电视机。该项目在电梯内安装的屏幕提供了又一宣传终端，既可播放安全乘梯知识，加强特种设备使用安全宣传教育，也可加入其他宣传内容，还可实现扫码看新闻等媒体互动功能，成为又一媒体宣传阵地。该项目由宁津县融媒体中心主导实施，内容的审核和发布都由宁津县融媒体中心完成，将终端播放内容牢牢掌握在主流媒体手中，按照各级党委、政府对党媒的要求，主要播放县融媒体中心采编制作的公益宣传片等主流舆论宣传教育内容，突出公益属性，使其成为党媒向基层拓展、向楼宇延伸、向群众靠近的新终端，意识形态宣传的新阵地。

它是应急小广播。宁津县融媒体中心在整合本县原广播、电视、报纸、政府网站等传统媒体和客户端、微信公众号、官方微博、抖音媒体号等新媒体的同时，还承担全县应急广播的建设运营任务，在各个村庄安装的大喇叭在疫情期间起到了不可代替的作用。随着城镇化和乡村振兴工作的开展，农民进城上楼的越来越多，新的居住形式需要新的应急广播终端。在楼宇电梯内安装的数字化电梯宣传服务终端以被动接收的方式，可随时插播应急广播内容，承担应急广播功能。

它是社区“好管家”。该项目既可在全县所有电梯一键播放统一的宣传内容，也可以社区为单位分别设计个性化播放内容，满足群众多元化的信息和文化需求。其贴近性、服务性更强，可为居民提供更加灵活、便捷的信息，为平安建设、应急管理和社区治理提供强有力的支撑。

三、建设内容及成效

“宁津县数字化电梯宣传服务终端”项目，从提高群众安全感切入，在充分考虑群众安全乘梯需求、部门监督管理责任和社区网格服务需要以及地方电梯产业赋能（宁津县是山东省电梯设备制造业基地）的基础上，遵循广播电视节目制作播出和网络传播有关规定要求，按照频道化来进行内容设置和宣传管控，有效运用移动传输、交互体验等新技术，让地方主流媒体在电梯、在楼宇占据了舆论引导、思想引领、文化传承、服务人民的传播制高点，每年可辐射 10 万用户。每天从 6:30—22:00 循环播出，截至 2020 年 12 月中旬，共播发新冠肺炎防控常识、脱贫攻坚、扫黑除恶、垃圾分类、防溺水等公益宣传片 74 部，播发道路施工、限行、天气、停水停电等便民信息 20 多条，点对点播发社区好人好事，宣扬社会正能量，已循环播发近 3 万次；通过这一终端共预警或接受用户求助 111 起（次），有效辅助解除了“电梯困人”等问题，已经成为宁津县新时代文明实践中心和融媒体中心有效传播载体。这一创新被山东广播电视台《山东新闻联播》《晚间新闻》报道，山东台《闪电舆情参考》、中宣部新闻局《新闻阅评》刊登相关情况。这一基层创新正在申报国家广电总局“2020 年广播电视媒体融合成长项目”。

宁津县数字化电梯宣传服务终端项目符合《山东省人民政府办公厅关于加强电梯质量安全工作的通知》（鲁政办发〔2018〕27 号）中提出的要求，建设智慧市场监管平台。按照“数据一体化、应用一体化、监管智慧化”建设目标，建立统一的市场监管数据资源整合、共享、交换平台，实现全县实时指挥协调、信息实时交换共享，为大市场监管工作提供决策分析。

宁津县数字化电梯宣传服务终端项目延伸了信息服务触角。增加融媒体中心的宣传服务终端，为县级融媒体中心在媒体融合中多终端、立体化覆盖填补了又一空白，为农村应急广播宣传在城镇化居住条件下找到了一种新的宣传方式。推动党的声音直接进入社区楼宇，直达基层人心。提升广播电视媒体的传播力、影响力，实现媒体融合再突破；拓展了服务群众方式。融媒体服务不再局限于内容信息服务，通过该项目的管理平台，将“媒体+政务+服务”拓展到安全管理、应急处理和社区治理方面，服务更加多元化；创新了抢占阵地战术。据我们观察，各地电梯内的宣传平台多为商业公司所有。如何把主流媒体的终端安装到电梯里，如何保住不被破坏，如何在电梯中预装，如何用好，这都是实际困难和问题。该项目整合了多个政府部门共同参与，通过党委、政府赋能，让这些困难迎刃而解。

项目作为宁津县融媒体中心媒体融合发展的总体计

划之一，将成为中心多终端立体化传播的一个重要终端，逐步覆盖县域内大部分人群，增强融媒体中心的整体影响力和传播效果。对新建楼房、新装电梯进行一体化设计安装。针对项目制定“宁津县电梯安全运行监控系统、监控中心验收规则”，在全县范围内推行新梯验收流程。在宣传内容、宣传时机、传播范围等方面与其他终端一体策划，统一调度，达到主流舆论宣传时度效的最佳化。在服务功能上与其他终端相互配合，协调一致，共同实现更好引导群众、服务群众的目标。

（范世民：宁津县委宣传部副部长、宁津县融媒体中心主任，张爱平：宁津县融媒体中心总编室主任，高雯雯：宁津县融媒体中心项目策划部负责人）

案例类别：组织机构

践行“四力”强本领 融聚精彩凝硕果

——开办寿县“融媒大讲堂”的创新做法与启示

在加快推进县级融媒体建设实践过程中，安徽省寿县融媒体中心始终把加强和提升媒体融合后媒体从业人员能力素质作为着力点，以建设学习型、专业型、技术型、全媒型人才队伍为重点，于2020年5月开办寿县“融媒大讲堂”，引领采编队伍顺应媒体融合大势，尽快实现素质结构转型优化，全面提升专业能力和业务水平。截至2020年12月已开办39期，其成功做法得到省、市、县有关领导肯定。

一、适应发展，满足需要，干部员工综合素质亟待提升

（一）复合型人才缺乏

目前，寿县融媒体中心在职人员135人，其中新闻专业人员仅36人，工勤和管理人员达62人，拥有本科学历人员仅29人。专业技术人员中，报纸、广播、电视等传统从业人员较多，且学历和职称相对较低，加之相关院校应历届毕业生县级就业意愿不高，熟悉和精通全媒体采编流程和技术保障的人才严重匮乏，在一定程度上影响了媒体深度融合与发展。

（二）创新能力不足

媒体融合后的新闻从业者不仅要具备基本的新闻采写能力，还必须熟练利用微博、微信、移动客户端等新平台，掌握短视频创作、移动直播等新技术、新手段，同时还要能够利用新媒体技术手段和方式，积极探索和搭建为民服务的有效平台和载体。这方面，寿县融媒体中心存在明显短板，具有很大的提升空间。

（三）业务培训不系统

当前，县级融媒体中心受宣传任务重、责任大、制约因素多等困扰，对新闻采编和专业技术人员系统教育培训较少，加上一些干部员工在学习上缺乏主动性和针对性，习惯用老办法开展新业务，广大干部员工的业务培训和观念更新迫在眉睫、势在必行。

二、准确定位，多措并举，寿县“融媒大讲堂”应运而生

2020年4月，寿县融媒体中心领导班子经过充分调研，决定开办寿县“融媒大讲堂”。

（一）上下联动，集思广益，谋划“大讲堂”准确定位

针对县融媒体中心成立以来在信息采编、技术保障、新媒体运维以及融媒体中心建设推进过程中存在的问题和难点，结合新入职9名年轻同志的教育培训，在广泛征求意见的基础上，于2020年5月首批拟定出以新闻写作、新闻采编、媒体融合、新媒体运维等为主的20项学习专题，编制印发了《寿县融媒体中心关于开办“融媒大讲堂”的实施方案》，确定了“融媒大讲堂”的开办时间、开办形式、授课选题、参培对象等内容。5月21日，首期“融媒大讲堂”正式开讲，县融媒体中心主任带头与全体工作人员分享个人基层新闻工作从业经历和体会，讲授新闻、通讯、报告文学写作知识。中心班子成员和二级机构负责同志先后拟定选题，撰写讲课报告和讲课提纲，纷纷走上讲台授课。

（二）多措并举，形式多样，丰富“大讲堂”授课模式

根据“融媒大讲堂”实施方案和选题计划，领导班子成员和二级机构负责人突出以讲理论、讲体会为主，业务骨干着重根据自己专业和专长分享交流新闻媒体从业经历和掌握的专业知识，以提升“脚力、眼力、脑力、笔力”为重点，增强和开阔广大干部员工融媒发展意识和眼界，集中展示理论成果和融媒形象。同时，采用课

堂内授课演示与课堂外现场实习相结合、“请进来和走出去”相结合等方式，与淮南理工大学、淮南师范学院等单位共建学研基地，邀请媒体专业教授和专家到场授课。此外，安排专业骨干人员分赴先进省、市媒体单位考察学习，组织年轻同志到一线实践，有针对性地对课程、选题和工作中存在的问题进行实践和拓展，做到理论与实践齐头并进。

（三）线上线下，互动交流，创新“大讲堂”教学手段

在面对面授课和分享交流的基础上，把每期“大讲堂”授课内容上传至工作群，供大家下载学习和讨论。同时，利用“学习强国”平台和“皖云”融媒教学平台，有针对性地组织开展线上网络教学。干部、员工可以根据教学内容，充分结合自身实际，随时通过网络学习，深化认识，补齐短板，提升能力。为了加强对所学知识的消化和理解，由业务骨干们分部室、分小组、分专业组织开展交流活动，以老带新、实践锻炼、分享沟通，让年轻同志第一时间熟悉业务岗位，掌握专业技能，进入工作角色。

（四）学以致用，学做结合，凸显“大讲堂”培训效果

为充分保证“融媒大讲堂”的教学质量，寿县融媒体中心采取“纵向到底，横向到边”全方位考核考勤原则，将全体干部员工学习课时、心得体会记录在案，纳入绩效考核，确保做到全体参与、全员覆盖、全方位受教。同时，把推进融媒体中心建设、媒体深度融合发展与开办“大讲堂”有机结合，实现以学习提升全媒体能力素质、以丰硕实践成果检验“大讲堂”实际效果的目的，单位上上下下真正形成学以致用、学做赶超的浓厚氛围。自“融媒大讲堂”开办以来，寿县融媒体中心干部、员工撰写的心得体会和理论文章被省、市、县有关媒体采用21篇。相继推出一大批有分量、提士气、聚人心的优秀稿件和媒体产品，央视、新华社、《人民日报》、学习强国等中央级媒体平台报上有文、广播有音、电视有影。在服务群众方面，利用手机APP、微信微博“寿县发布”和“抖音”公众号等新媒体，组织多场脱贫攻坚“主播助销”和“直播带货”活动，帮助种养大户销售土鸡、艾草制品等农产品，平均每场点击率突破40万次，9个产品销售额超过200万元。在融媒体中心建设与发展方面，全面建成并启用“皖云”新闻采编系统，新闻信息一次采集、多次生成、多元发布的工作模式基本形成，2020年6月顺利通过县级融媒体中心省级验收。

三、增强“四力”，聚焦发展，开办寿县融媒大讲堂的几点启示

（一）目标明确定位准

寿县“融媒大讲堂”作为寿县融媒体中心建设学习型、知识型、专业型新闻媒体单位的主抓手，在学习培训目标的设定上，深入学习贯彻落实习近平总书记关于媒体融合发展的重要论述，做到了紧紧围绕新形势下中央和省、市、县委对宣传思想文化工作的新要求，聚焦当前如何适应媒体深度融合发展，以及进一步提升眼力、脚力、脑力、笔力，不断强化专业化队伍建设，为县级媒体融合发展提供了一个针对性、专业性极强的“充电”平台和载体。

（二）创新方式促动力

开办寿县“融媒大讲堂”，就是要调动全体干部、员工学习的积极性和主动性，不拘泥于简单的集中学习和教育培训，不搞“大水漫灌、一锅煮、一锅烩”，而是根据不同群体、不同专业、不同部室的融媒从业人员，有针对性地设置新闻理论与写作、新媒体技术、短视频制作等课程和选题，在讲与授的同时，让大家都能走上讲台交流经验，分享心得、展示自我已成为“大讲堂”的特色和亮点。在此基础上，线上、线下相结合，理论、实践相结合，进一步丰富和创新“大讲堂”教学培训方式，最大限度地激发广大干部、员工学理论、学技术、学专业的动力。

（三）运用转化重实效

习近平总书记强调，一切学习都不是为学而学，学习的目的全在于应用。寿县“融媒大讲堂”自开讲以来，就把突出学习的实效性、促进成果转化和运用作为宗旨，确保每一名融媒人都能通过课堂做到学有所思、学有所获、学以致用。为打通学习与工作之间的通道，各业务部室组织干部员工围绕县委、县政府中心工作以及重大宣传活动、重要宣传主题，采写新闻、拍摄视频、发布信息，边学边悟边实习，真正把课堂从室内搬到了一线。

（四）严格制度常态化

寿县融媒体中心着力强化学习的持续性，开办“融媒大讲堂”不搞一阵风和形式主义，通过将其经常化、制度化，与单位绩效考核相结合，与干部教育培训相结合，与党组织活动相结合，每周一大课与若干节小课相结合，真正把大家的思想和行动统一到适应媒体融合发展上来，以浓厚的学习氛围推动寿县融媒体中心结出新硕果，展示新形象，再上新台阶。

（寿县融媒体中心）

案例类别：组织机构

寿县融媒体中心：全媒发声 当好疫情防控宣传主力军

安徽省寿县融媒体中心于2018年底正式组建以来，通过突出整合发挥全媒体资源，着力提升主流舆论引导能力，逐步形成以广播、电视、报纸等县内传统媒体和政府网站、新闻网站、"两微一端"等新兴媒体融合发展的良好态势。面对突如其来的新冠肺炎疫情防控新闻宣传大考，寿县融媒体中心充分发挥贴近基层、贴近群众的天然优势，综合利用全媒体平台，权威发布，融合传播，多点推送，将疫情资讯、防控措施、防疫知识、先进典型事迹等及时传递给广大基层群众，有效打通了疫情防控宣传舆论引导的"最后一公里"。

一、权威发布，主流声音占据舆论场

寿县新冠肺炎疫情防控阻击战打响后，作为地方主流媒体，寿县融媒体中心当即取消春节假期，全部进入临战状态。微信平台寿县发布2020年1月21日即发布疫情相关信息，将党中央权威信息传递到基层。1月25日晚电视新闻节目播发防控疫情消息后，所有媒体全部投入运行，全体编采和技术保障人员全员上阵。集团军作战，克服以前"散小弱"的劣势，县级融媒体中心资源整合的优势在疫情防控宣传中全面凸显。

始终把宣传报道的重点聚焦在疫情防控工作第一线，中心领导班子每人带领一支宣传工作队，分乡镇、县直部门和医疗战线等3线沉入一线收集资料，采写新闻，发现典型。3个宣传工作队既当新闻采写员，又当现场宣传员，在把话筒和镜头对准疫情防控一线党员干部、基层群众的同时，深入挖掘先进典型和先进事迹，及时总结、提炼和推广乡镇、村(社区)和各部门在疫情防控中的好经验、好做法。第一时间发布，全媒体全方位推送、多角度深度报道，寿县融媒体中心用最快的时间、最广的角度、最深入人心的报道、最感人鲜活的事迹，营造打赢疫情阻击战的浓厚舆论氛围。

疫情发生以来，寿县融媒体中心在做好内宣的同时，积极向中央、省、市推送好稿和大稿，突出寿县工作特色和亮点，挖掘在抗击疫情工作中涌现的典型人物和典型事例，把基层众志成城抗击疫情的工作面貌展现在全国、全省、全市各大媒体上。其中《安徽寿县：勠力逆行，一切向"零"》《安徽寿县：让党旗高高飘扬在战"疫"一线》《安徽寿县：共同铸就抗击疫情坚固防线》《安徽寿县：全民皆兵阻击疫情，打响古城健康保卫战》等一批有分量、有热度的稿件，被上级媒体连续刊播，为全县疫情防控工作发出好声音、播出正能量。截止到3月10日，寿县融媒体中心共编发各类防"疫"新闻信息2485条，微博微信寿县发布公众号发布信息1263条，播发公益广告356条8180次，播发通知、通告144条3308次。在中央级主流媒体发表稿件7条，省级29条，市级71条。

二、融合传播，全媒体报道火力全开

在这场没有硝烟的战争中，寿县融媒体中心统筹运用广播、电视、报纸、网站、微信、微博、手机台和应急广播等宣传平台，实行立体式宣传，集中报道干部群众团结一心、共战疫情的精神风貌。

电视新闻开设《众志成城，抗击疫情》专栏，及时报道重要会议精神和工作落实情况，新闻后播发《致全县共产党员的一封信》、县防疫指挥部各项通告，以及防疫知识和宣传字幕等；停止《今日寿州》春节期间休刊，出版电子专刊；充分运用寿县网站、寿县手机台、微博微信寿县发布公众号等新媒体传播快、影响大、受众关注度高的特点，开辟《众志成城，抗击疫情》宣传专栏，密集发布县委、县政府及相关部门通知、通告和公告及病毒防护知识等，为全县科学有序应对疫情发出主流媒体应有的声音。所有媒体容量不受时间、栏目限制，防控宣传稿件做到应播尽播、应刊尽刊。

在疫情期间，寿县融媒体中心提前启动2019年底完工的应急广播一期项目，坚持把好钢用在刀刃上，通过覆盖全县25个乡镇、278个村(社区)和292个终端广播喇叭，每天分早、中、晚3次播音，每次40分钟，充分发挥其第一时间传达政令、发布信息、引导舆论、稳定人心的作用。工作运行中，针对部分乡镇网络不配套、调试不到位等问题，紧急联系江苏常州服务商赶往寿县，深入乡镇村巡回检修，消除故障，保证正常播出。

立足于防，寿县融媒体中心安排力量，原创制作短视频"众志成城，共抗疫情""寿县广大干群奋力抗疫"等防"疫"宣传片和电视音乐MV《寿县笑容》等9部，从国家广播电视总局网站下载《开窗通风》《六步洗手法》《文明打喷嚏》等防控新冠肺炎疫情公益宣传作品，每天在融媒体工作平台黄金时段滚动播出。同时，主动与国投电梯视频等社会媒体联系，无偿提供作品商请播放，扩大受众面。为解决乡镇广播、宣传车巡回播放一封信等宣传资料没有音频的困难，每当县防控指挥部各类通知公告发布后，寿县融媒体中心就及时安排播音员进行录制，上传宣传群供乡镇采用。

三、多点推送，贴近群众凝结硕果

18.6万！寿县融媒体中心团委书记、主持人谷啟洁点开抖音惊讶地发现，2020年2月6日她赴安丰塘畔开展疫情防控采访时随手拍下的短视频，2天内点击量竟超过了18万次。

新媒体时代，如何让消息更精准有效、喜闻乐见地传播到百姓手中，寿县融媒体中心紧贴基层百姓的特点和需求，推出各类丰富多样的产品。

从2020年大年初一开始，寿县融媒体中心就第一时间制作“众志成城，共抗疫情”倡议等6个短视频，5位主持人自发联手拍摄公益短片《人不动，车不动》，分别通过全媒体立体化循环播出。他们请缨深入医院、社区、监测卡点，将镜头对准一线，用笔尖书写一线，及时准确报道疫情信息，全面准确解读有关政策，把县委、县政府各项决策部署和各部门有力措施传播到千家万户，把众志成城、战胜疫情的信心传递给全县140万人民。

在公众号开辟《我在方舱医院值班的日子》专栏，用微视频、日记体报道寿县支援湖北医生管俊勇在方舱医院的工作情况。第一视角的画面和语言，成为寿县百姓了解前线医生艰苦工作的窗口。轻量化作品，大大扩大了作品的覆盖面、提高了转发率。《致敬！风雪一线的战“疫”人》《风雪后的寿县古城》则图文报道了寿县各条战线风雪战“疫”的精神风貌和经历风雪之后古城焕发出的新貌。在今日寿州、寿县政府网、寿县网、手机台等推出7期疫情防控系列报道，全方位、多角度、深层次挖掘疫情防控一线党员干部们运筹帷幄、挺身而出、攻坚克难的鲜活事例和感人瞬间。编辑出版《寿县战“疫”》《战“疫”之“美”》丛书，梳理发表《寿县融媒战“疫”33天》，聚焦战“疫”故事，凝聚丰硕成果，展示融媒形象，强化受众互动，让抗击疫情宣传引导更接地气。

进一步创新服务群众方式是媒体融合发展的热点难点，也是落脚点。疫情期间，为助力群众发展产业促增收，寿县融媒体中心利用新媒体手机台，开展主播促销农产品活动。3月20日，该县陶店乡湖滨村贫困户许志由家里的一场直播活动引来了七里八乡群众的广泛关注，运用新媒体直播的方式，由主持人现场介绍该户家庭状况、养殖品种和特色以及联系方式，全方位展示养殖户饲养过程，当天就帮助其收到15份订单。

此次疫情既是对寿县融媒体中心采编人员的一次大练兵，更是对融合成效的一次大检验。通过这次大考，融媒体中心锻炼了队伍，接受了考验。下一步，寿县融媒体中心将进一步总结经验，积极顺应网络化、信息化、数字化发展趋势，紧紧抓住大数据、云计算、人工智能和5G应用等发展机遇，扎实推进融媒体中心建设，因势而谋、应势而动、顺势而为，以时不我待的紧迫感和使命感，努力成为形态多样、手段先进、具有竞争力的新型主流媒体，用丰硕的成果和优质的媒体产品，自觉履行好引导群众、服务群众的职责和使命。

（寿县融媒体中心）

案例类别：组织机构

跨越县级媒体融合的“三大难题”

——昆山市融媒体中心融合管理创新发展

左宝昌 刘卫华

昆山市融媒体中心以习近平新时代中国特色社会主义思想为指引，认真贯彻中央关于加快推进媒体融合方面意见，以“打造全国县级融媒体建设标杆，建成现代化新型主流媒体集团”为目标，积极推进机构、流程、机制、内容、平台、人才、文化方面的融合改革步伐，已取得初步成效。

一、基本情况

昆山市融媒体中心于2019年3月在原昆山广播电视台及原昆山日报社合并基础上融合组建，是中宣部联系首批县级融媒体试点单位，现有职工450人，总资产近

10 亿元。在 2020 年全国媒体融合先导单位评选中，昆山市融媒体中心是江苏省唯一入选的县市级媒体单位。

在融合改革路上，昆山市融媒体中心深刻领会中央命题，全力给出昆山答卷。机制怎么建？人心怎么融？钱从哪里来？这是融合改革初期面临的三大核心难题，我们一路探索，不断创新，既有过程的艰辛，也有蜕变后的喜悦！

二、主要实践做法

（一）机制怎么建

1. 顶层设计：完善顶层构架。一是重整组织管理架构。中心（集团）按 "一个党委、一套班子、两块牌子" 运行，下设五大中心，按中心分类实行差异化管理。二是创新事业部与工作室管理模式。实行企业化管理，试行 "竞聘（竞标）上岗、独立核算、自主运营、权责利配套、风险分担，成果分享" 的管理模式，鼓励负责人从行政干部向产品经理转变，激发创新活力。三是完善集团化管控体系。管控重点，强化战略管控与财务监管，放活经营，规范目标责任制管理体系，落实高管团队市场化考核激励约束机制。积极推动集团下属子公司混合所有制改革，有条件的公司允许试行事业合伙人制度，探索员工持股持权经营。

2. 人事岗位：从身份管理到岗位管理转变。一是淡化身份管理，落实事业编员工身份档案化管理，实施岗位层级与行政级别分离的 "双轨" 模式。优化人岗配置机制，实施竞聘、竞标与岗位双选制度。增设 "首席、资深" 专业晋升通道，鼓励一线专业人员深耕业务。二是建立灵活动态的岗位管理机制。实施 "核岗定编" "预算控编" 机制，建立 "轮岗" 制度，试行内部岗位退出管理，落实员工待岗学习、机动调派及二次上岗机制。

3. 薪酬绩效：从事业化到企业化转变。构建 "以岗定薪、同工同酬、多劳多得、奖优罚劣、动态管理" 的企业化薪酬体系。实行预算管理与工效挂钩机制。建立经营单元弹性薪酬预算模式，落实干部同工同酬与员工同岗同绩效管理。创新全员绩效考核方案，实施 "两级考核二次分配" 制度，员工基础绩效考核核定到部门，由部门自主发放，增量绩效核定到下属各中心，由中心考核分配。完善融合奖励体系，规范合同审批与执行立项，实施项目服务内购制管理。

（二）人心怎么融

1. 在人才激励上做 "加法"。增设专业通道津贴制度，构建全新的融合奖励制度。引入职业经理人与事业合伙人机制，推行目标年薪制、协议工资制，为特殊人才开辟薪酬绿色通道，实施超标利润分享与虚拟股权分红制，探索中长期激励机制。将岗位流动退出作为人才正向激励的补充，加大人才激励效果。

2. 在消除思想顾虑上做"减法"。塑造统一的品牌认知，凝聚 "融合、创新、共赢" 的价值观，让 "共建共享" 理念深入人心。融媒体中心举办融媒大讲坛，开展团建拓展和 "支部摆擂台党员大比武" 等活动；优化办公环境与自助餐等举措，让职工满意度更高、向心力更足。

3. 在目标引领上做 "乘法" 。规划远景战略目标，制定五年发展规划。目标引领，战略驱动、促成人心融合的几何级乘数效应。将发展数字文化产业作为集团战略核心，深化移动优先战略，重点打造新闻服务客户端与社区综合治理服务平台，优先发展公共服务、广告营销、影视文化、大型活动、培训教育等相关优势产业。

4. 在壁垒打破上做 "除法" 。一是平台融合，落实移动优先战略，打造自主可控的第一昆山 "新闻 + 政务 + 服务" 平台。二是业务融合，统一 "策、采、编、审、发" 生产流程，实现各业务板块融合。三是制度融合，重塑流程，打造全新的融媒运行管理体系。

（三）钱从哪里来

1. 做强主责主业，申请财政支持。有为才有位，勇于担当，主动作为，积极争取财政支持。从领导干部到基层员工紧贴民生民意，用心做好每项宣传，编好每条微信，出好每份报纸，办好每档栏目。主要领导经常会因市领导的发稿改稿指示等忙到凌晨深夜。做好新闻主业，在昆山市财政实力允许的前提下，融媒体中心获得了 3 年每年 1.5 亿元的财政资金支持。

2. 做强优势产业，向市场要钱。一是运用市场化经营机制，做强公共服务创收，全面深入地区市场挖掘公共服务产业创收潜力。积极争取昆山地区政策支持，聚合可经营性资源，助力产业创收。二是成立 5 家产业项目公司，布局优势产业。加强产学研合作，探索资本运作方式。三是布局前沿技术，投资未来数字经济，探索数字技术升级文化产业模式。创新策划新型社区治理服务平台，深入社区治理与服务运营，打造未来网格化、互动式社区治理服务平台。

三、相关成效

（一）机制创新激发活力

以新成立的琼花影视工作室为例，按模拟利润竞标方式公开竞聘，原本一些非常 "佛系" 的员工都重燃激情，主动参加竞选比拼。7 个人的工作室团队，成立后仅 3 个月时间就完成了 36 部宣传片制作，加班几乎是常态，机制创新带来的低投入、高效率远超预期。改革考核投入产出后，部门提升人效的自觉性提升明显。

（二）人心融合凝聚动能

通过激励上做加法，顾虑上做减法，目标上做乘法，壁垒上做除法，融媒体中心扭转了融合之初人心不融、人心不稳的困难局面，融出了全体干部、员工团结奋进的精气神。大家比学赶超的氛围逐渐形成，媒体宣传主业、经营创收和产业布局各项工作在团结奋进中稳步推进。

（三）持续发展根基稳固

融合之初，班子领导就明确了增强造血机能、实现可持续发展的目标。融媒体中心争取到了市财政支持政策，努力提升媒体传播影响力，大力开发市场经营，创收稳定向好，产业基础日渐稳固。原来单位每年人才流失较严重，现在人才队伍基本稳定，甚至还有不少外部高级人才纷纷加入昆山融媒。

四、融合经验体会

（一）机制改革是重中之重

体制机制改革是融合改革绕不过的一道坎，要十分重视处理好改革与稳定关系问题。从顶层设计着手，化解改革可能存在的阻力和消极因素。要“有所为而有所不为”，在确保改革稳定前提下策略化推进工作。如在改革方案储备、操作经验方面不够，可借助兄弟单位、咨询公司等成熟经验，少走弯路、回头路。

（二）管理创新是必然要求

推行事业单位企业化运作、市场化激励。架构上，可推行去行政化、创客化、灵活化的团队管理体系。要破解员工身份管理固化不活问题，实施全员绩效考核与岗位退出流动机制，让岗位有竞争，薪酬有比拼，荣誉有倾向，打破平均、平稳、平庸现象。

（三）人才建设是长期工程

好的人才既要有与其付出正向匹配的回报，也要有稳定的事业预期。融合后融媒体中心决心实施更加灵活的选人用人机制，引入职业经理人制度，试行竞聘（竞标）与双选用人模式。落实专业晋升通道管理，实施人才发展“四大计划”，建立全员年度学分制培训管理制度，强化培训学习的内生动力，将人才培育培养作为一项长期的系统工程来抓。

（四）开放整合是成功关键

融合创新，开放发展，转型升级应该摆在更加突出战略位置。融媒体中心主动对接行政资源，加快媒体资源整合，积极融入地区文化产业成长计划，加大可经营业务或项目的承接，深入社区治理服务创新平台建设。加强与高校、科研机构、产业园区、知名互联网企业等合作，业务融合推新，模式升级创新，昆山市融媒体中心在媒体困难局面中始终坚持用改革开放照亮前方融合之路。

（左宝昌：昆山市融媒体中心主任，刘卫华：昆山市融媒体中心 CHO）

第一昆山客户端

案例类别：组织机构

努力探索县级媒体融合发展的“张家港样本”

2018 年 8 月，习近平总书记指出“要扎实抓好县级融媒体中心建设，更好引导群众、服务群众”，从国家战略层面为县级融媒体建设指明方向。张家港市积极响应国家号召，以“张家港精神”推动融合改革举措落地落实，打造全国县级融媒体中心建设标杆。

一、坚持“党媒属性”不变，在“体制机制”上求变

作为江苏省推进县级融媒体中心建设的首批试点，张家港市坚持党管媒体，从顶层开始，大刀阔斧地推进体制机制改革。

（一）重塑组织架构

2019 年初，成立由市委书记、市长挂帅的融媒体中心建设工作领导小组，以改革为突破口，加大政策、资金的支持力度，加速媒体整合。同年 7 月，张家港市融媒体中心（传媒集团）挂牌成立。按照一体化发展思路，重组再造内设部门、业务板块、工作流程，将原报社、广播电视台 2 家单位的 41 个部门精简为 25 个部门 8 个子公司，实现行政、采编、技术、经营等方面的融合。

（二）优化运行机制

从管理入手，实行“1+4+*N*”三级管理模式〔1 即“党委会（董事会）”，4 即“行政管理、编辑出版、技术研发、经营管理委员会”，*N* 为部门及动态工作室〕，围绕内容生产、创新驱动、产业动能“三大体系”建设，实施移动优先、技术研发、服务功能提升等十大工程。2020 年 10 月，组建新闻融合传播中心和广告融合经营中心，以项目组、工作室等形式组织内容生产和产品运营，优化工作流程和岗位设置。

（三）创新分配制度

为增强发展活力，会同相关部门，理顺内部人事体

系，完成516名员工身份转换。开展薪酬分配制度改革，把身份放进档案，实施“以岗定薪、岗变薪变、优绩优酬、动态管理”的全员绩效办法，考核向一线倾斜，调动职工干事创业的积极性。

二、坚持“内容为王”不变，在“流程方式”上求变

县级融媒体建设的重要标准化成果，主要体现在一个集中采集中心和一个集约生产平台，张家港融媒体破立结合，以两个成果为依托，构建以移动优先为导向、融合传播为特征的现代传播体系。

（一）以“移动优先”为导向，重构生产关系

打破多采编部门的设置，新闻融合传播中心的组建，实现人员、指挥、策划、采编、传播的一体化。注重选题策划，各平台形成优势互补。打造“荔枝云”平台，投资建设新闻融合生产平台，融合各平台生产系统，实现一体策划、全网汇聚、一次采集、多元生成、全媒传播。

（二）以“全面挺进主战场”为己任，提升生产力

以互联网思维优化资源配置。一方面，开展供给侧结构性改革，关停原各平台重复建设端口，做强唯一新闻类网站“张家港在线”、政务类微信“张家港发布”、新闻类微信“偶俚张家港”、人文类微信“遇见张家港”，全力运营“偶俚张家港”抖音、视频号。另一方面，建设“今日张家港”APP，在信息供给上涵盖新闻报道、生活资讯、用户生产、活动直播等方面，为挺进主战场搭建自主可控的平台。目前，“张家港发布”“偶俚张家港”“遇见张家港”微信粉丝数超100万，APP每月更新资讯超2000条，周阅读量破80万次。

（三）以“规律取胜”为要义，丰富传播形式

移动化、视频化成为用户信息需求的常态。在党史学习教育宣传中，细化开设14个专题专栏，通过图文、海报、H5、短视频等形式，打造党史学习教育的资料库。防疫期间，策划推出漫画、长图、短视频等产品超5000条，先后发布《守望相助，唱响一曲众志成城战“疫”歌》《零点交接》等多篇有温度、有力度的报道，一系列“带露珠”“冒热气”的融媒报道，阅读量超5000万次。

三、坚持“服务理念”不变，在“平台功能”上求变

“今日张家港”APP作为智慧城市建设的重要组成部分，定位为“城市唯一移动综合服务总门户”。为提升服务能级，张家港市引入多方资源，加强技术合作，从数字底座开始，推动平台向“媒体＋政务＋服务＋商务＋N”的综合化方向转型。

（一）加强顶层推动

2020年，由市委、市政府牵头成立领导小组，统筹全市68家党政机关、企事业单位，将分散在各部门的服务应用分批次接入，统一接口标准，实现“一网通办”。目前平台功能模块数达66个，政务服务1527多项，公共服务44项，下载量超60万，占户籍人口数的64.5%，实名认证用户数超47万人，累计访问超6650万次。

（二）拓展服务功能

除政务、公共、媒体服务外，党建服务、增值服务等功能逐步拓展，开设“拍客达人”、引入“城市地图”、打造“积分乐园”，平台的黏合度不断增强。此外，结合“我为群众办实事”活动，上线“市民诉求中心”，市民诉求上传平台后，直接链接12345进行分类受理。截至2021年8月，共受理诉求5104件，办结率达99.5%，满意率达100%。配套直播带货，上线“今日商城”，为企业提供从文案、带货到销售的一条龙服务。

（三）强化网络安全

为强化平台技术运维及安全保障，制定《互联网平台公共信息巡查制度》《网站网络与信息安全应急处置制度》等规章制度。新闻生产、转载严格实行“三审三校”机制。后台对接阿里云内容安全接口，对评论、昵称等进行风险识别，营造风朗气清的网络环境。

四、始终坚持“自我造血”不变，在“经营方式”上求变

为支持融媒体建设，张家港市加大资金扶持，输血十分必要，但要实现可持续发展，必须准确把握阵地和市场的关系，锻造深入经济细胞的能力。

（一）整合产业营销架构

深化广告经营平台和格局，广告融合经营中心建立业务、服务及效果跟踪的营销流程。成立广告经营工作领导小组，受经委会领导，并对年度创收指标负责。经营中心创新独立考评和选拔体系，实行“两年一评”“两年一聘”“双向选择”制度，健全优胜劣汰机制。

（二）探索多元产业格局

代运营政务微信，收入近600万元/年；发展教育产业，成立中国少年新闻学院分院，培育小记者，净利润达220万元/年；统筹市域内及高铁广告载体的经营管理，实行市场化运作；参与农村治安监控建设，承接垃圾分类、老旧小区改造等社会治理项目；成立行业细分领域工作室，链接企业出谋划策，助力城市品牌发展。

（三）打造专属直播平台

深耕本地市场，直播成为亮点。2020年，开展政务直播140余场，将群众路线搬到网上；推出“全民带货”直播22场，超500万人次参与；与央视频开展“香山美景”等专场直播，推广城市文化特色，超2000万人次观看。同时，与京东集团合作，共同打造全国第一个县级融媒体·京东直播基地，成立直播商学院，培育“媒体＋电商”新业态。

五、坚持“关键在人”不变，在“观念思维”上求变

媒体深度融合发展的关键在人，张家港融媒体创新人才引育机制，倒逼媒体人跳出传统思想观念、工作思路和工作方法，迎接新思想、新理念、新技术。

（一）注重内生激发

融媒体成立之初，有记者编辑主持人270人，长期的“单线作战”难以使他们快速进入“角色”。为“盘活”人才，与《人民日报》合作，邀请新媒体领域专家授课；与二更传媒开展短视频技能培训；与新华社开展线上技能培训；常态化举办“融媒夜学”课堂，邀请业界专家授课，组织同行交流，提升全媒体素养，截至目前，超2万人次参与。

（二）注重实战演练

为让人才“转”出活力，实施师徒结对工程，业务骨干与新秀结成师徒关系，在实战中提升能力；策划启动短视频大赛，组织主持人、播音员、编辑记者参与；开展轮岗交流，培育能写、能拍、能编、能玩小程序的全媒体人才。

（三）注重政策引领

市级层面出台《宣传文化人才引进培养实施细则》，将融媒体建设所需的高端人才纳入引进范围；摸排紧缺型人才岗位，面向全社会高薪招聘编程、产品架构、UI设计、手绘等人才；实施“以岗定薪、按责定价”的岗位双选机制，优化内部生态；制定《首席人才实施办法》，实施首席制、年薪制，打通晋升渠道，保证青年人才“引得进、留得住、用得好”。

〔张家港市融媒体中心（传媒集团）〕

今日张家港客户端

案例类别：组织机构

银杏融媒：守正创新做好“融”文章

——县级融媒体中心建设的邳州实践

党的十八大以来，以习近平同志为核心的党中央作出推动传统媒体和新兴媒体融合发展的战略部署。邳州抓住江苏省县级媒体深度融合试点建设机遇，提出了“一棵树”的概念，将本土的银杏特色和融媒体相结合，打造了“银杏融媒”特色品牌，被国家广电总局评为全国广播电视媒体融合先导单位；作为全省唯一一家入选中国（江苏）广播电视媒体融合发展创新中心共建单位的县级融媒体中心；累计20多个省200多家市县宣传部兄弟台到邳州交流学习；《银杏融媒》一书为多地县融建设提供模式借鉴。

一、树牢一个定位：“引导群众、服务群众”，以党管媒体的原则呼应百姓心声

（一）坚持“党管媒体”不动摇

银杏融媒建设始终坚持党委、政府主导，宣传部门牵头，县级媒体具体操作落实。此外，在具体运营过程中积极从人的思想观念上进行教育和引导，统一思想和认识，营造共同推动改革的浓厚氛围。

（二）坚持以“百姓心”为心

始终坚持从百姓的关注和需求出发，以关注民生、服务群众为立足点，在内容上着力制作民生类、服务类、问政类、方言类等节目，受到群众普遍欢迎。同时，发挥社会纽带和桥梁作用，在社会治理、公共事务决策、智慧城市建设等方面提供更多优质服务，不断创造政治效益、社会效益和经济效益。

二、围绕两个核心：“改革和运行”，以刀刃向内的革新激发内生动力

（一）深化机构改革，破除体制机制障碍

探索实践事企并轨运作模式，在县级台中先行探索融媒体中心主任、党委书记领导下的总编辑和总经理分工负责制，总编辑和总经理对中心主任、党委书记负责，分别统管融媒体新闻宣传和全平台经营创收业务。打破编内编外人员身份限定，用一把尺子量人才、评业绩，做到“同岗同责、同工同酬、优劳优酬”。推行公开竞聘的用人机制，中层管理人员公开竞岗、基层员工双向选岗，目前已有25名体制外优秀员工通过竞聘走上中层管理岗位。强化薪酬正向激励，对符合融媒传播需求的人才实行“双特机制”：提出特殊要求并给予特殊待遇；

建立工作室效果评价激励机制，全员绩效考核，上不封顶下不保底。成立银杏融媒学院，对接中国传媒大学、南京师范大学等传媒高校，共建培训基地，全力打造人才培养的平台、融合创新的智库、学术交流的载体。银杏融媒学院坚持每周开展一次内训，每月组织一场外训，每年举办一届全国峰会，全年累计培训1万人次。同时，立足本土选拔培育人才，施行"一专一特"融媒人才计划，以融媒记者为核心，打造精通"十八般武艺"的专业记者团队；以特约记者为补充，从各镇（区、街道）、机关单位公开选拔，组建170多人的融媒特约记者团队，壮大融媒采编力量。

（二）创新运行机制，构建一体化传播格局

整合广播、电视、报纸、网站、客户端、微信、微博等媒体资源，构建"两台一报一网、两微一端多平台"八位一体传播矩阵，强化移动优先，坚持新生态、全业态、年轻态。组建了"银杏融媒智慧港"，推进实施三年行动计划，开展"智慧+"战略，持续创新推出一批具有本地特色、感染力较强的融媒体产品；研发拓展一批用户需要的、喜爱的应用服务模块，着力打造产品创新的孵化器、智慧服务的主引擎、媒体融合的新高地。2016年，集新闻资讯、银杏TV、银杏直播、智慧城市、政务服务、手机问政、互动社区等于一体的"邳州银杏甲天下"APP客户端上线运营，安装量达50万，连续2年摘得中国县域最强广电APP冠军。同时精心培育"邳州银杏甲天下""无线邳州""银杏直播"3个具有社会影响力的微信公众号，开通抖音号、头条号、企鹅号、网易号、大鱼号、百家号等10多个媒体号，构建载体多样、渠道丰富、覆盖广泛的移动传播矩阵，移动端用户量突破130万。建强"大脑中枢"。在推动媒体融合中，银杏融媒先后投入350多万元建设银杏融媒生产协同系统、指挥调度中心、大数据中心等技术平台，建立"中央厨房"运行机制，形成新闻"一次采集、多种生成、多元传播"的工作格局，推动"小屏带大屏、大屏通小屏、多屏联受众"，催化融合质变，形成"一盘棋一个声音"的传播生态。向上对接江苏广电"荔枝云"实现与省台新闻资源、技术平台的交互共享。组建新媒体技术研发团队，围绕移动端产品开发、5G技术应用、综合服务平台技术对接维护，联合第三方数据分析平台，实现对用户画像、融媒传播力的有效分析，为内容生产、经营创收、技术开发等提供重要的数据支撑。重点在"准""新""微""快"上下功夫，组建融媒实验室，推行"融媒工作室"创新工程，成立了"银杏短视频""运营创意""智慧项目""嗨邳大赢家"等12个工作室，开展融媒体产品的创意、孵化、生产，一批爆款产品不断涌现，新媒体活跃度明显提升。搭建"银杏直播"平台，实现新闻移动直播常态化，全年累计开展直播280场次，最高单场直播观看达到70万次。"银杏短视频"工作室探索MCN运作模式，一个月视频播放量突破1亿次。

三、构建三个体系："融媒+政务、融媒+服务、融媒+商务"，以系统架构实现发展跨越

系统化探索"智慧+"新业态，以大数据、智慧化、智能化为引领，以银杏融媒综合服务平台建设为抓手，通过"融媒+政务服务商务"的运作方式，全力打造主流舆论阵地、综合服务平台和社区信息枢纽。

（一）做强"融媒+政务"

通过"邳州银杏甲天下"APP无缝对接县域各类平台资源，实现数据的共建共享共融。一方面通过开通"银杏号"，打造政务公开信息发布平台，目前全市200余家政企单位入驻，正在向490个社区、村延伸；另一方面推出网上办事大厅、手机问政平台、新时代文明实践云平台、举报监督等功能模块，构建全市统一的掌上政务服务平台。随着5G和人工智能的普及，银杏融媒将进一步把所有政府办事事项全部转移到APP平台上来办理。

（二）做实"融媒+服务"

利用APP对接"智慧城市"建设和公共服务平台，聚合各类优质公共服务资源，打造一站式社区服务终端，开通便民查询、便民支付、同城生活、房产、招聘、医疗服务、明厨亮灶、教育培训等功能应用，已接入各项便民服务事项50多个，入驻商家企业达230多家；围绕助力复工复产，融媒体中心策划"抗疫助农草莓行动"；联合拼多多开展"助农专场"12个小时不间断直播带货，推销邳州特色农产品，交易额达100万元。开通"云招聘"平台，近6000名求职者在疫情期间线上找工作。同时，启动智慧社区云平台建设，融入网格化社会治理，打通服务社区群众的"最后一米"。推进新媒体梯影终端部署，覆盖社区小区、车站、医院、商超等公共场所，提供政务信息、应急发布、生活服务等信息。

（三）做优"融媒+商务"

建立了一体化经营服务体系，拓展文化创意、影视制作、演艺活动、展会、教育培训、大数据、技术开发等产业，为融媒体中心发展提供坚强的经济保障。依托本地博物馆及银杏资源，开发了"邳州礼物"系列文创产品，备受青睐；联合开发御品膏方白果草本膏，借势进入健康产业；精心培育的小主持人培训、小记者站、研学游等一批品牌教育产业方兴未艾；开发定制了"主播带你去旅行""带着爸妈去旅行"等主题游，文旅产业成效初显；以嗨吃、嗨购、嗨玩、嗨游为主题的"嗨邳"社群服务体系初具规模；试水直播带货，品牌营销优势彰显；技术平台开发、大数据产业成为创收新渠道。推进媒体融合改革以来，传播力、引导力、影响力、公信力不断增强，银杏融媒经营创收连续4年增幅超20%，实现逆势上扬，突破了县域媒体发展的经营"瓶颈"，驶入健康发展的快车道，探索出一条全国县域融媒体中心建设的邳州路径。

（邳州市融媒体中心）

案例类别：组织机构

沛县融媒体中心：把握时代脉搏 再唱大风强音

黄厚立 曹伟

沛县融媒体中心应势而动，顺势而为，攻坚克难，破立并举，按照全媒体生产运行机制，打造集报纸、广播电视、网站微信、微博、移动客户端于一体的全媒体传播矩阵，以一体策划、一次采集、多元生成、全媒传播的融媒体新闻生产流程，形成了传播的新格局，壮大了主流新闻舆论阵地。全面革新融媒体管理体制和运营机制，进行了新闻、经营、技术、人力资源管理四大改革，全员打破身份界限，汇聚发展合力。全力做好从“多单位”到“一中心”、从“物理相加”到“化学融合”、从“分散作战”到“集中优势”的转变，取得显著成绩。

一、把握正确导向，主题宣传浓墨重彩

沛县融媒体中心隶属于中共沛县县委，相当于正科级全额拨款事业单位，归口县委宣传部管理，核定全额拨款事业人员编制 153 名，现有领导职数 1 正、4 副，共有在编人员 248 人，主要承担电视、报纸、广播、网站、两微一端一抖等新闻宣传业务。在新闻宣传方面，沛县融媒体中心始终坚持正确舆论导向，唱响主旋律，打好主动仗，生动讲好沛县故事。

（一）抗“疫”宣传全方位

新冠肺炎疫情发生以来，沛县融媒体中心通过沛县发布微信公众号和政务微博，以及电视、报纸、电台及“活力充沛”APP 等媒体矩阵，及时报道沛县疫情防控工作开展情况，发布疫情防控科普知识，充分发挥了媒体传递信息、防控疫情、遏制谣言、提振信心、维护稳定的积极作用，累计刊发转发相关信息 3800 余条次。

（二）外宣报道上水平

2020 年 12 月，在江苏省广播电视局召开的全省广播电视播出机构高质量发展工作会议上，沛县融媒体中心荣获全省县级广播电视节目共享平台 2020 年度最佳贡献奖，联合制作的栏目《战“疫”进行时》荣获全省县级广播电视节目共享平台 2020 年度最佳栏目奖。创优工作也取得新进展，《他背影 他力量——致敬五一劳动者》荣获徐州市好稿评比一等奖，《一块弹片的故事》荣获江苏省“紫金奖”文化创意大赛优秀奖。

2020 年，沛县融媒体中心还获得了全市拥军优属先进单位称号；在新华社新闻信息中心、音视频部与百度 APP、百家号、好看视频联合出品的《小康中国·千城早餐》大型视频展映活动中，策划制作的《150 年筑就美味经典——沛县梁家煎包》荣获优秀奖等。

二、坚持业务提升，特色栏目逐步建成

（一）做强《民生关注》特色栏目

紧紧围绕县委、县政府中心工作开设了“行走美丽乡村”“打好污染防治攻坚战”“生态环境曝光台”“安全生产重于泰山”“抗击疫情在行动”“第一现场”等子栏目。尤其是疫情期间开设的“抗击疫情在行动”子栏目，针对百姓比较关心的物资供应、商品价格等问题展开报道，倡导大家不信谣、不传谣、不造谣，受到上级领导和群众一致好评。此外，“第一现场”子栏目根据群众来电、来访开展报道，极大发挥了媒体的桥梁纽带作用。

（二）创办《践行金句 讲好故事》特色栏目

党的十八大以来，为更加深入地学习宣传习近平新时代中国特色社会主义思想，推动党的创新理论“飞入寻常百姓家”，全方位展示沛县各领域各行业笃学笃信笃行新思想的成果，丰富拓展沛县新时代文明实践，沛县融媒体中心创办了《践行金句 讲好故事》栏目，得到领导和社会各界的好评。

三、强化改革担当，融媒发展初显活力

（一）移动优先，加强舆论引导

全面应用江苏广电总台“荔枝云”平台，实现流程再造。建好“活力充沛”APP、微信公众号和抖音号，努力以新媒体为引领推动整体发展。沛县融媒体中心抖音号在 2020 年 4 月 6 日发布的《我们的祖国拥有伟大的人民！》，讲述全国哀悼日徐州火车站旅客纷纷起立默哀，老人脱帽一瞬间让人泪目，阅读量达到 345.6 万次，点赞量达到 26.4 万。《平安了！三个小时的生死营救》获 2019 年度江苏省媒体融合短视频新闻三等奖。

（二）招才引智，构建梯次队伍

将内容生产、技术开发、经营管理等紧缺高端人才纳入县重点人才引进计划，不断充实采、编、制、播和

新媒体、网络技术、业务营销等方面人才，形成梯次人才队伍。加强合作引进，借助外力练好内功，找准差距补上短板，抓住机遇增强实力，在合作中形成良性互动和催化作用，快赶超越，实现乘数效应和倍增效应。

（三）突出增值，提升服务水平

发展“媒体+活动”“媒体+政务”“媒体+服务”等，延伸媒体产业链，合力推动媒体与媒体融合、媒体与人融合、媒体与技术融合、媒体与产业融合，构建全程媒体、全员媒体、全息媒体、全效媒体的框架，推动媒体融合向纵深发展。

四、创新管理机制，探索媒体发展振兴之路

建立以全员聘用为核心、以岗位管理为基础、以竞争上岗为导向的新型用人制度。实行岗位和职级分离，切实打破员工身份界限，引入竞争机制，实现由身份管理向岗位管理转变。

结合本单位实际，按照事业单位市场机制下的企业化管理模式，制定绩效薪酬制度，建立以岗位奉献、绩效考评、动态管理为核心的薪酬管理体系，以及向一线倾斜、向核心岗位倾斜、向优秀人才倾斜的人才激励体系。

实行以岗定薪、岗变薪变、量化考核、动态管理的分配制度，实施不同的岗位系数，形成中心对部门、部门对个人、个人对岗位以及对内公平、对外有竞争力的利益分配机制。

五、坚定深融真融，实现“四大转变、三大提升”

（一）四大转变

1. 工作人员由专业型向复合型转变。为加速人员转型融合，打造复合型人才，融媒体中心通过培训和外派跟班锻炼等方式，使员工开阔了视野，更新了观念，提升了技能。以前我们的记者只有本和笔，现在记者手里则多了数码单反、VR 全景、无线网卡，甚至无人机等。

2. 新闻生产流程由“多口子进、多口子出”变“一口子进、多口子出”。改变过去一个媒体一套人马的办公思路，实现“一体策划、一次采集、多种生成、多元发布”。提升了记者采访效率，以前需 4 名记者完成的重要采访活动，现在仅需 1—2 名记者。

3. 传播范围和传播力由小变大，由弱变强。一是通过省荔枝云平台以及与上级媒体互联互通互动，向上向外打通传播渠道。二是通联部加强通讯员队伍建设，新闻触角触及镇村社区，向内向下与镇村通讯员互通互联融合，打通服务基层“最后一公里”，实现同频共振、二次传播，放大传播效应。

4. 评价考核由“多把尺”变“一把尺”。统一开展以“每周一评”为主的考核指标核算绩效，打破编内人员和编外人员的身份差别，用一把尺子量人才、评业绩，做到“同岗同责、同工同酬、优劳优酬”。

（二）三大提升

1. 新闻生产力和传播力大提升。经过一段时间的融合运行，现已形成一套成熟完善的内容生产、协作、分发的机制和业务模式。部门之间的分隔不见了，记者、编辑、部主任的层次级别淡化了，他们分别担当着指挥员、信息员、采集员、加工员等角色，真正实现“一体策划、一次采集、多种生成、多元传播、全天滚动”的生产、传播方式。围绕县委、县政府中心工作及百姓关注的社会民生，开设了“行走美丽乡村”“民生关注”等专题栏目 6 个，原创优质稿件增加 2 倍以上，多篇原创作品阅读量超 10 万次。

2. 融媒体影响力和公信力大提升。微博、微信、抖音、政府网站、手机客户端等全媒体矩阵覆盖人数逐步攀升。沛县发布微信公众号全年阅读量突破 300 万次，《我们的祖国拥有伟大的人民》抖音作品阅读量达 350.6 万次，点赞量 26.4 万。活力充沛 APP 直播的扶贫助农公益活动、非物质文化遗产等活动直播总收看人数突破 124 万人次，累计观看人数突破 300 万人次。优质、权威的内容，提升了融媒体的核心竞争力，也提高了融媒体的公信力。

3. 员工积极性极大提升。打破编内人员和编外人员的身份差别，用一把尺子量人才、评业绩，做到“同岗同责、同工同酬、优劳优酬”，有的优秀员工月收入增加千元以上，极大地调动了人员的工作积极性和创造性。

（黄厚立：沛县融媒体中心主任，曹伟：沛县融媒体中心副主任）

活力沛县客户端

案例类别：组织机构

如东融媒：先试真融争一流

如东县融媒体中心于2019年6月25日正式挂牌，是江苏省首批通过验收、首批获得《互联网新闻信息服务许可证》和《信息网络传播视听节目服务许可证》的县级融媒体中心。

在县级融媒体中心建设过程中，如东融媒人以“全市领先、全省争先、全国率先”为奋斗目标，在打造具有较强传播力、引导力、影响力、公信力的区域新型主流媒体道路上，牢记使命担当，锐意改革创新，努力书写县级媒体融合发展改革新时代答卷。

一、媒体融合先行先试成样板

“因势而谋、应势而动、顺势而为。”近年来，如东融媒人顺应时代要求，大刀阔斧推进媒体体制机制改革，全力破题攻坚。

（一）注重“顶层顶格”

在2004年即实现县属媒体“物理融合”后，如东的媒体融合发展不断试水、一路前行。2017年，实施了以再造新闻生产流程为主要内容的三大改革，至2018年1月实现了传播机构与平台的“化学融合”。2019年初，如东成立由县委书记任组长、县长任副组长的“如东县融媒体中心建设领导小组”，提供了坚强的组织保证和推进力量。多次组织赴苏州、无锡、湖州、萧山、玉门等地，多方学习、广泛借鉴，做好顶层设计，进行顶格推进。

（二）重铸体制机制

在组织架构和运行机制上，形成了“1+3+*N*”和“非常6+1”模式。“1+3+*N*”中，“1”即“一个中心”；“3”即“三个委员会”，分别为总编委员会、行政管理委员会、产业经营管理委员会；“*N*”即每个委员会下设“*N*个内设部门”。“非常6+1”推进机制，即“以党建引领为中心”统筹“重大项目建设”“重大活动策划组织”“移动优先”“队伍素质提升”“对外宣传”“创优争先”六个协调推进领导小组。这样的组织架构和运行机制，使生产方式由媒体间分门别类的独立化生产向新闻融合生产、差别化推送转变；运行机制由以媒体属性为标准的单向化机制向以融媒体生产流程再造为核心的融合化机制转变；管理模式由“主管—分管式”的垂直化管理向“委员会模式”的扁平化管理转变。在“融合”语境下，既统筹全要素、众力量、多资源，又实现了专业化、项目化。

（三）强化“流程再造”

新闻生产流程，主要体现在策划、采访、编辑、审核、制作、发布这六个环节。如东融媒通过“六化建设”，一改原来这六个环节全由各刊播平台内部独立运行的“封闭式”“分割化”现状，而变为“开放式”“共享化”格局。这就是：策划的全员化、采访的集约化、编辑的专业化、审核的统筹化、制作的精细化、发布的分众化。通过开实每日“小编前会”、每周五“大编前会”以及每月一次的编委会，及时分析、研判、贯彻、执行宣传策划方案，解决有关问题，确保流程再造走得正、走得准、走得顺。

二、队伍建设新闻质态双提升

（一）锻造“全能”队伍

推进媒体深度融合，关键在人，在队伍建设。提升队伍素质的关键，则在于能否从制度设计上激发内部活力、迸发全员动能。如东融媒紧扣“顶层设计”与“问题导向”，系统推出6大类80项制度性文件。建立“日策划、周研判、月点评”新闻宣传推进机制和分类分级分时绩效考核机制，以积分制考核倒逼采编人员提升全媒素养。组织采编人员有序轮岗，使全体采编人员适应融媒时代新要求。通过“请进来”与“走出去”方式，邀请专家、赴外实训、联合直播、业务拉练，全方位提升采编人员全媒综合素质。成立创意视频工作室，以“孵化器”方式探研、生产出既具有主流权威媒体“气度”又符合当下传播需求的创意移动短视频“热门”产品，为深入推进“移动优先”战略破题、开路。

（二）内宣外宣并进

全国文明城市如东是江苏沿海大县，位列全国百强县第32位。在长三角一体化和江苏沿海开发两大国家战略中，均居核心位置。如东县融媒体中心与县委、县政府同心同向、同频共振，以强有力的新闻舆论引导聚民心、强动力。围绕实体经济、重特大项目落地落实、政府为民办实事工程、文明城市创建和常态长效管理，尤其是争当沿海高质量发展“排头兵”、庆祝建党100周年等各项重点重大题材，高点策划、精心组织、强力推进，通过大量精彩报道进一步凝聚了全县百万群众跑赢新赛程、争当“排头兵”，奋力谱写高质量发展如东篇章的共识，主流媒体的声音壮大了，争先进位的宣传舆论引导的氛围浓厚了，受到县委、县政府的高度肯定和全县人民的充分信任。

与此同时，精心策划、精准推送，在对外宣传中讲好每个如东故事里展形象、传美名。连续5年，外宣用稿用片总量都超过1200条（件）。在主攻中央广播电视台等中央主流媒体和上海广播电视台、江苏电视台等重要媒体上，取得较大突破。在央视平台，每年都有重头报道亮相《新闻联播》和《经济半小时》等重要栏目。2018年9月4日，《经济半小时》以30分钟的大容量对如东工业经济转型进行报道，生动讲述如东的“绿城”之路，产生较大反响。2019年，在美国斯科拉卫视成功举办“中国·如东”电视宣传周。2020年仅上半年战疫情最关键的时候，央视《经济半小时 》三次聚焦如东经济社会高质量发展。截至2021年8月，在中央电视台用片14条，其中包括4档专题节目。上海电视台则与如东融媒体中心形成了相当紧密的新闻报道与移动直播合作关系，近年来3次共同开展现场连线直播报道，并在如东县召开了“江南文化·长三角媒体直播大联盟”座谈会。

在新闻精品创作上同样是硕果累累。近年来，如东县融媒体中心创作的新闻精品，在全国各级各类奖项评比中，获奖数量每年增幅保持在20%—30%。

三、产业拓展改革发展双丰收

（一）产业拓展显生机

如东县融媒体中心以文化产业经营管理委员会统领，探索形成条块结合、统分结合、过程控制、目标管理的经营方式。大力拓展文创类产业项目，推行“新闻+服务、政务、商务”以及“新闻+活动+直播”等各类新型产业项目。以如东春晚为代表的活动类项目塑造了“如东融媒”大型活动品牌，广播、电视、微信、APP等各类直播性新闻与经营活动异军突起，不断创造10万+移动收视现象，文化创意产业触角迅速延伸，政务合作类经营态势良好，商务类广告企稳攀升，新开拓项目成为新的增长点，产业经营收入从1400万元上升到1900多万元。良好的产业经营为媒体融合改革提供了坚强的资金保障。近年来，如东融媒先后投入3500多万元实施融媒体指挥中心、广播电视塔、电视演播室、广播电视播出机房、高清频道建设等多个项目，为生产高质量新闻产品提供了优质的资源、技术和环境保障。

（二）改革成效受瞩目

在江苏省内，如东的融媒体改革启动早、推进快、成效好。2018年，如东县广播电视台荣获改革开放四十周年全国百佳县级广播电视台。2018年、2019年，在江苏省广播电视局组织的全省市县广电媒体融合案例评选中，连续两年进入综合案例决赛。在2019年5月28日举办的江苏省“两中心一平台”建设推进会上，如东做了经验介绍，《江苏宣传工作动态》刊载《如东县着力打造县级融媒体中心建设样板》，向江苏省推介县级融媒体中心建设“如东经验”。在2020年初突如其来的新冠肺炎疫情面前，如东县融媒体中心充分发挥融媒体改革后释放的新动能，各平台协同配合、分众化传播，实现移动优先、即时发布，以战时状态和融创力量，全力提升疫情防控和经济社会高质量发展宣传实效。在江苏省委宣传部举办的“守正道、创新局”县（市、区）委宣传部部长讲坛上，如东介绍了以战时状态提升防疫和发展舆论宣传实效的创新做法，得到省委宣传部领导的高度评价。江苏广电总台《江苏新时空》节目和学习强国全国平台先后介绍如东媒体融合发展成就和经验。在2020年广播影视业创新年会上，如东县融媒体中心荣获“创新榜·2020年度广播影视业管理创新团队”。

（如东县融媒体中心）

如东发布公众号

案例类别：组织机构

以互联网思维构建县域融媒体中心

长兴县融媒体中心（长兴传媒集团）主动融合转型，快速完成从平台简单相加的“全媒体”向系统深度相融的“融媒体”的转变，并逐步向多元智能生态的“智媒体”迈进，为全国县融建设提供了实践案例和优秀范本。

一、理念为引，体制为基

中心在成立之初就坚持深化改革，树立融合转型理念，为推动形成一体化发展的体制机制打下了坚实基础。

（一）重构顶层设计

2011年4月，长兴率先将县级媒体改革作为全县文化体制改革的破题之举，整合原长兴广播电视台、长兴宣传信息中心、县委报道组、“中国长兴”政府门户网站（新闻板块），克服人事变动、资产重组等重重困难，组建了全国首家县域全媒体传媒集团。

（二）树立融合理念

中心组建后，围绕“如何让传媒融合得更好”多次组织解放思想大讨论，不断破除固有观念束缚。同时深入学习习近平总书记关于宣传思想工作以及建设县级融媒体中心的系列重要讲话，把思想和行动统一到媒体融合工作上来。

（三）实行双轨考核

中心为公益二类事业单位，实行企业化运作，并实行双轨考核。一方面将中心纳入全县党群考评组序列，考核主题宣传、对外宣传等方面成绩；另一方面由县委宣传部、县政府办、县国资委联合出台考核办法，考核广告营收、产业拓展等国有资产保值增值的情况。

二、架构为骨，薪酬为血

不断优化架构，构建责权利清晰的领导体系，实行“全员双聘＋五档薪酬”双合机制。

（一）优化组织架构

在党委会领导下，设管委会、编委会、经委会三大条线，不断优化组织架构。2012年建成全媒体新闻集成平台，打造“中央厨房”；2015年升级为融媒体平台，确立新媒体首发机制；2017年组建融媒体中心，实现扁平化管理；2020年再次重组，实施移动创新战略。

（二）重塑运作流程

从各自为政到深化互融，从探索“一次采集、多种生成、多元传播”的全媒体运作机制到创新“全媒体融合式直播”“融合式专题”等融合传播模式，逐步建立起立体多样、融合发展的现代传播体系，加快形成以移动端为“排头兵”的融媒体运作流程。

（三）改革薪酬体系

以五档薪酬体系打破人员身份，实现按岗定薪、同岗同酬、量化考核、多劳多得的分配模式，走出了事业单位企业化管理的重要一步，同时对五级贯通升降制进一步细化完善，不断优化分配激励机制，充分调动员工工作积极性。

三、内容为王，移动为先

坚持“内容为王”，以内容优势赢得发展优势，重点实施移动创新战略，倾力打造移动端内容精品。

（一）坚持本土原创

新闻常态化，每年围绕县委、县政府中心工作推出重大主题报道近40个；栏目精品化，民生栏目《小彤热线》曾获评省新闻名专栏，青少栏目《解密吧真相》多次获评总局扶持项目；活动品牌化，每年举办活动300多场；专题市场化，每年完成100多部。

（二）锻造融媒新品

以移动化、社交化、视频化、智能化为发展方向，创作H5、Vlog、全景VR等“小而美”的融媒产品，短视频制作能力显著提高，月产量近400条，抖音号单条视频最高阅读量1.2亿次，点赞200万＋。加快建设两微一端、快抖等移动端平台，总用户超500万。

（三）实施精品工程

勤练内功打造精品，2011年至今，共获广电类国家级奖项6件，中组部国家级奖项6件，其他行业类国家级奖项11件；获浙江省政府奖、新闻奖130件，其中一等奖26件。获奖数量和质量均列全省县级媒体前茅。

四、人才为本，培引为策

着力培养“一专多能一尖”的全媒体人才，出台特殊人才招引、评聘业务首席等激励机制，使人才管理更加科学规范。

（一）实行引培并举

出台一人一议政策，引进中高端人才50多名。连续多年实施“万物生长”融媒人才养成计划，曾获评融媒体平台类创新案例；组织员工赴杭州、上海、北京等地上挂学习300余人次，邀请专家授课80余次。开展媒体人才培养，先后获评省级人才8人、市级人才4人。

（二）出台激励机制

建立中层管理人员和业务骨干人员双轨提升机制。对于具备管理能力的人员，经过严格筛选纳入中层队伍，并实施年薪制。对于业务能力强的人员，出台特殊人才年金制和业务骨干首席制，使员工获得最大化的提升空间，有效稳定人才队伍。

（三）打造工匠团队

弘扬工匠精神，培育高素质工作团队。大唐文化传播公司获评浙江省成长型文化企业、湖州市优秀文化产业团体；掌心长兴团队获浙江省网络视听年度技术与产品创新团队；“融媒体集成中心”“媒体IP运营发展”等6个团队先后获评市级创新团队和市级工作室。

五、技术为驱，创新为要

集纳技术力量，组建技术委员会，重点强化新兴技术在媒体融合、智慧产业等多个层面的应用。

（一）创新内容形态

运用4G传输、流媒体传输、移动直播、无人机采集、全景拍摄等技术，实现内容从可读到可视、从静态到动态、从一维到多维的多媒体化展示形式。积极探索新技术新媒体下的传播新形态，如创新推出全媒体融合式直播，“高考揭榜夜”“铁军红流”等已成直播品牌。

（二）加大技术研发

投入2.8亿元，完成高清化、数字化及融媒化改造；量身定制融媒眼智慧系统，实现信息资源共享、采编全流程管理、突发应急指挥以及传播分析、舆情研判等多项功能；研发客户端，并实现自主运维。与海康、大华、华为等技术型公司达成战略合作，积极参与5G建设运营。

（三）助力基层治理

建设云数据中心，研发CIG城乡一体化信息栅格平台，实现城乡全面智慧互联，已打通全县54个委办局、884类信息资源、11162个数据项、约2.99亿条数据，为部门间数据共享提供了80个目录1.6亿条数据，将信息“孤岛”串联成信息“链岛”，为县域治理决策提供了数据依据。

六、产业为养，智慧为新

产业持续转型升级，造血功能强劲，整体营收每年呈现稳定增长，2020年整体创收2.61亿元。

（一）强化资源运营

以用户为中心，高度整合媒体资源，主动向跨界寻求合作机会，稳步培育运营项目。先后推出“媒体+会展”“媒体+教育”“媒体+生活馆”等项目，定制服务了一批政府项目和商家企业；已立项培育的少儿产业、传媒艺考及跨区域合作等项目稳定发展，成效显著。

（二）拓展智慧产业

自2015年起布局大数据产业，先后成立慧源公司、科技公司、智长城大数据公司，努力拓展智慧化、信息化业务，并取得软件著作权9项、专利权2项。2020年，智慧信息产业实现创收1.01万元，同比增长53.26%；至2022年初，争取创收占中心总收入1/2，实现动能转换。

（三）做大模式输出

成立“融媒学院”，已举办培训班60场次，培训学员2500余人。先后与全国40多家单位达成项目输出，如对陕西彬州、内蒙古科右中、上海松江等地开展人员跟学培训；与河南滑县、云南蒙自、浙江三门等地实现融合模式输出；融媒眼智慧系统整体输出陕西安塞，目前已建成启用。

七、融合为链，联盟为台

坚定走深化融合之路，以“共建共享、互融互通”为原则，共建媒体生态圈。

（一）融合平台阵地

以客户端为主阵地，探索与新时代文明实践中心、基层社会治理中心等平台的有机联动。如研发“文明诚信档案融合管理平台”融通县内17个部门数据，生成“文明诚信码”21万个，占全县总户数96.2%，入选省政府“观星台”优秀应用；打造“长兴鲜”农产品销售平台，累计带货销售额3000余万元。

（三）主导联盟搭台

牵头成立长三角县域媒体协作平台，将地方主流媒体优势转化为生产力，将互联网“变量”转化为媒体“增量”，共建长三角县融联盟共赢生态圈。将长三角和长兴产业资源结合，加速推进数智产业大楼建设，力争形成数字产业集群，目前已入驻32家数字企业。

（三）入选专项试点

2018年，中宣部在长兴召开全国县融建设现场推进会，中心被列为中宣部重点联系推动试点。2019年，获得全国首张县级《互联网新闻信息服务许可证》；由中心牵头制定的《县级融媒体中心管理与服务标准》正式发布。2020年，中心入选全国广电基本公共服务试点。

（长兴县融媒体中心）

长兴县融媒体中心宣传片

案例类别：组织机构

“1+X”构建桐乡特色融媒体制度体系

一、情况介绍

建设县级融媒体中心，是习近平总书记和党中央的重要决策部署，是在国家体制和统一改革格局下建设的重要的新型舆论阵地。一直以来，桐乡市委、市政府高度重视融媒体中心建设，提出了“扣得紧、融得好、质量高、合力强”的总要求和“全省上游、嘉兴一流”的建设目标。按照深入推进县级媒体深度融合和一体化发展的要求，2019年6月28日，正式成立桐乡市传媒中心，整合了桐乡市广播电视台、桐乡市今日桐乡文化传媒有限公司(《钱江晚报·今日桐乡》报纸)以及“桐乡新闻网”“桐乡发布”新媒体(含微博、微信、手机报等)相关资源平台。2020年3月，桐乡市传媒中心融媒体指挥中心正式建成启用，基本实现了“全案策划、一次采集、多端生成、全媒传播”工作格局，媒体融合发展的成效初步显现。

二、具体做法与成效

(一)强化顶层设计，组织架构体现“一体两翼”

桐乡市传媒中心成立后，从顶层设计重塑组织架构，共设立了行政事务、采编业务、产业经营、技术保障四大板块，下设12个部室以及桐乡市传媒集团有限公司。围绕中央、省、市的有关要求，桐乡市传媒中心在媒体融合改革方面进行了大胆探索与创新，重点配强“主业”新闻宣传和“产业”经营创收这“两翼”，实现“双轮驱动”。新闻宣传条线按照融媒体建设“一次采集、多端生成”的要求，以“1+6”模式进行重新架构。“1”为策采部，对题材进行统一策划、对人员进行统一调度；“6”为新媒体部、电视部、报刊部、广播部、外联部、视觉部6个部门，根据策采内容进行多元生成和多元传播，各平台的传播渠道全部打通。产业经营创收主体为桐乡市传媒集团，注册资本为5000万元。除了政务资源合作外，下设桐乡市今日桐乡文化传媒有限公司、桐乡市新媒文化创意有限公司、桐乡市广电科技网络有限公司，分别侧重于新媒体产品、平面产品的开发以及户外广告、形象设计、礼品开发、展陈展示、技术服务等业务领域。2020年，依托传媒中心开放共赢的媒体宣传渠道和产业融合平台，桐乡市传媒集团完成创收4500万元左右。共主办、承办各类活动130多场，为相关部门、单位拍摄视频400多部。

(二)明确融合目标，岗位职能体现“一专多能”

桐乡市传媒中心按照融媒体新闻生产的特点和要求，打破采编人员的“固定身份”，在岗位设置上明确“一专多能”，也就是“1+X”的工作属性。如策采部、新媒体部、报刊部、电视部的主任，除了做好本部门“1”的工作，还要轮值参与新媒体、报纸、电视等平台“X”的审稿任务，体现融合采编的思路，锻炼多岗位统筹的能力；如侧重电视新闻的记者也有明确的“1+X”工作要求，每月“1”的任务就是完成25篇电视稿件，“X”的任务是完成15篇新媒体稿件和3篇报纸稿件等。通过树立“1+X”工作职能，进一步强化人员的融合采编能力。同时，大力开展全媒体采编业务的培训，借助“传媒学堂”这一载体，桐乡市传媒中心与国内知名培训机构“二更学院”合作，联合举办融媒体定制培训班，根据不同的课程主题每月定期开展1次培训，2020年6月至12月已举办7期，累计参与培训的采编人员600多人次，持续提升采编人员的融媒体意识与“1+X”专业技能。在“请进来”“送出去”的同时，桐乡市传媒中心还专门成立了“北斗系列”技能工作室，包括新媒体产品创意工作室、文创视频工作室、声频作品创意工作室、主持艺术提升工作室、评论创作工作室、视频节目提升工作室、前沿技术拓展工作室共7个工作室，吸引感兴趣的员工积极参与。

(三)整合平台资源，内容生产联动“一云多屏”

桐乡市传媒中心通过与浙报集团的深入对接，顺利完成了融媒体指挥平台建设，并于2020年3月正式投入使用。融媒体指挥中心作为传媒中心新闻采编的“中央厨房”，在“天目云”技术架构的基础上，接入浙广集团蓝云平台，实现采编环节的流程化推进和高质量广播、电视新闻节目的交流共享。目前，依托指挥平台，新闻选题的报送、审核，新闻稿件的提交、流转，报纸杂志的排版、编辑，阅读数据的分析、监控等形成手机端、电脑端、大屏上的“闭环”操作，运行较为平稳。2020年4月，在疫情防控的严峻形势下，桐乡利用传媒中心“云技术”的支撑，完成了首次全市三级干部“云大会”27个项目“云签约”，签约投资额达162亿元。桐乡市传媒中心还承办了2020浙江(桐乡市)出口网上交易会(中东站—纺织品专场)，通过在线直播营销的方式，吸引了150多家中东地区专业采购商的参与。依托“天目云”平台，尝试开展了指挥调度大屏、户外大屏、电视屏、手机屏等大小屏互动的多点位新闻直播活动和即时的视频连线采访。

(四)坚持移动优先，平台重点打造“一号一端”

桐乡市传媒中心重点对新媒体平台进行资源整合，构建了以“桐乡发布”微信公众号、“爱桐乡”新闻客户端为核心的新媒体传播矩阵。明确移动优先战略，重点围绕新媒体“小屏”加强新闻内容、直播活动和融媒产品的策划，强化多平台的联动传播。在抗击2019年第9号台风“利奇马”期间，桐乡市传媒中心首次开设网上直播平台，累计完成滚动直播52小时，总阅读量突破30万次。2020年在疫情防控期间，开发的《桐乡承诺》H5以及《桐乡战“疫”》MV在新媒体端率先进行投放，流量均为“百万+”。2020年，“桐乡发布”累计推出各类稿件1800余篇，总阅读量超1500万次。从县级政务新媒体综合影响力分析，“桐乡发布”2020年数据排名长期位居嘉兴首位，多次挤入全省县(市、区)政务发布前十。“爱桐乡”客户端上线近一年来，通过策划新闻行动和接入桐行通、新时代文明实践、新居民积分卡等高频民生服务事项，下载量12万+。2020年，在桐乡市三级干部“云”大会上，“爱桐乡”客户端联合桐乡新闻网、户外大屏等多平台进行全媒体直播，总观看量突破40万次，其中客户端观看量超20万次。

(五)创新考核体系，流程再造体现“三大创新”

桐乡市传媒中心在持续推进融媒体建设向纵深发展的过程中不断实践，探索具有桐乡特色的创新考核体系，分别是《“三位一体”融合考核办法》《“三点一线”融合生产流程》和《“三组一评”融合创新体系》。《“三位一体”融合考核办法》指的是新媒体、电视、报纸联动考核，在对全媒体记者的考核上，对电视、报纸、新媒体各平台分别进行考核赋分，记者在满足3个端口的用稿基础上，才能完成整体的考核任务。根据岗位特点和人员专长，重点考核“1”的高质量完成情况，考核“*X*”的数量完成情况。《“三点一线”融合生产流程》指的是围绕“移动优先”这条主线，进一步完善“采写、编辑、审核”三个点位的流程，提高媒体信息发布的速度，明确“定人、定责、定时”的三定要求。《“三组一评”融合创新体系》是指搭建创意产品开发小组，推动融媒体创意产品的开发及研制；组建融媒体直播小组，充分发挥传媒中心主持人优势，定期推出直播活动，开发直播活动衍生产品；组建视听评议小组，对新闻宣传质量进行评议，就重点报道、重点内容进行业务交流和探讨。“一评”指的是围绕争先创优的目标，设立科学评价体系，评选产生媒体融合优秀员工、优秀团队、优秀产品。

通过一系列体制机制的创新，桐乡市传媒中心融合发展创新体系的路径正越来越清晰。接下来，桐乡市传媒中心将继续在组织人事架构、工作职能确立、创新体系建设等方面深化探索实践“1+*X*”工作模式，让这套制度体系成为全省乃至全国可供借鉴和推广的县级媒体融合“制度样板”。

（桐乡市传媒中心）

桐乡传媒中心宣传片

案例类别：产品

“AR看桐乡”创新媒体传播方式

2020年，借助县级融媒体中心深入建设的契机，桐乡市传媒中心集中智力、技术优势，开发设计内容涵盖经济、文化、民生的“AR看桐乡”新媒体创意互动小程序，通过“云”上打卡的方式，让125万桐乡市民充分感受这座长三角节点城市的强劲发展脉搏。

一、情况介绍

2020年3月29日至4月1日，习近平总书记在浙江考察时赋予浙江“努力成为新时代全面展示中国特色社会主义制度优越性的重要窗口”的新目标新定位。桐乡市传媒中心牢记不断加快县级融媒体中心建设，集中智力、聚合资源，探索设计开发“AR看桐乡”新媒体创意互动小程序，并于2020年5月12日率先在桐乡“两会”上推出，获得了市民的频频点赞。

小程序操作非常简单，市民只需在微信搜索“AR看桐乡”扫描既定的二维码或者实景，就可以通过图文、音视频、数据、H5等形式积极参与桐乡“两会”。开发的这一小程序突破了以往只能在报刊、电视等传统媒体上获取“两会”新闻动态的限制。在场景点位上，选取桐乡各处地标性建筑或者市民常去的公园、绿道以及市民卡、身份证等常用证件，比如桐乡市行政中心、桐乡市科技会展中心、凤凰湖等地，借助前期拍摄制作的短视频、音频、图片等录入，市民拿出手机打开小程序扫描实景（建筑等）便能直观感受本地发展喜人成果，充分了解新一年全市的奋斗目标。

在桐乡“两会”成功获得市民点赞的基础上，围绕浙江忠实践行“八八战略”、奋力打造“重要窗口”这一主题、主线，2020年10月，桐乡市传媒中心借助浙江省新时代美丽城镇现场会在桐乡市濮院镇召开这一契机，加大研发力度，将“AR看桐乡”小程序升级至2.0版本，全新增加了视频集成观看功能。还结合考察线路，设计手绘了“云端地图”，与会嘉宾、市民可以通过“AR看桐乡”小程序了解桐乡美丽城镇建设成果。

项目完成后，“AR看桐乡”在微信小程序中正式上线，并通过市委、市政府官方平台“桐乡发布”“桐乡时间”微信公众号，“爱桐乡”APP，以及电视、报纸、广播等传统媒体进行联动推广，全面体现县级融媒体中心建设的聚合传播优势。

在技术上，该项目主要使用WXML+WXSS+JS编写“AR看‘两会’”微信小程序。调用微信摄像头功能，并与easyar接口交互，可以实现扫描识别二维码或扫描识别已经录入的各大场景，即可显示相应要表达的图文、视频、音频等内容。在项目的建设上，主要使用了php+apache+mysql语言独立建设系统后台，分配采集员账号，由采集员对需要识别的场景采集并录入后台。

"AR 看桐乡"是党媒对县级融媒体报道的一次全新探索，用新的交互方式将线上虚拟世界与线下现实世界"无缝"连接。相对传统的图文、音视频内容，"AR 看桐乡"具有更强的扩展空间表现能力，为县级融媒体中心报道提供了新思路、新形式。该产品入选 2019—2020 年度"浙江省新媒体创新应用经典案例"，成为桐乡书写"重要窗口"最精彩板块的重要载体。

二、经验体会

2018 年 8 月 21 日至 22 日，习近平总书记在全国宣传思想工作会议上指出，要扎实抓好县级融媒体中心建设，更好引导群众、服务群众。这一重要讲话为县级融媒体中心建设提供了根本遵循，指明了发展方向。同年 11 月 14 日，中央全面深化改革委员会第五次会议审议通过《关于加强县级融媒体中心建设的意见》，县级融媒体中心建设迎来前所未有的机遇期。

在大数据、互联网时代飞速发展的新形势下，县级融媒体中心建设关键在"融为一体、合而为一"，要强化"融"的深度和广度，打造基层宣传工作和精神文明建设的重要平台，打造为民排忧解难、提供便利服务的重要平台。

2019 年 6 月 28 日，桐乡市传媒中心挂牌成立，正式开启县级融媒体中心建设征程。作为世界互联网大会的永久举办地，桐乡牢记习近平总书记"建设好乌镇 发展好桐乡"的殷切嘱托，紧盯"全省上游、嘉兴一流"的建设目标，坚持"移动优先"的发展原则，在新时代扎实做好媒体融合改革发展这篇大文章，把传媒中心建设成为主动服务人民群众、不断推动新闻宣传事业创新发展的实践载体和重要平台。

"AR 看桐乡"这一产品就是县级融媒体中心建设成果的一个集中体现。县级融媒体中心启动建设以前，县域媒体的资源较为分散，报纸有报纸的新媒体平台，电视有电视的端口，容易造成资源浪费情况，研究技术开发力量更是捉襟见肘。县级媒体融合后，桐乡市传媒中心集中力量，推出了"AR 看桐乡"这一小程序。虽是小程序，但足以小中见大。以"AR 看桐乡"——浙江省新时代美丽城镇现场会为例：制作层面上，安排编导出脚本、主持人出镜，前后制作了 23 个短视频，录入了 1000 余张各种天气条件下的照片，实现大小屏深度联动，确保实景体验时流畅；在推广（宣传）层面上，通过新媒体平台首发，报纸、电视、广播等所有端口联动进行叠加传播，实现优势互补，"融"字体现得淋漓尽致，使"AR 看桐乡"这一产品从"云"上真正走入普通市民生活中。

其中很重要的一点经验体会是，面对飞速发展的新媒体技术和手段，县级融媒体中心必须具有极强的创新开拓精神，不断掌握新知识、熟悉新领域、开拓新视野，通过融合发展研究推出更多符合受众的互动产品，通过技术的力量和扎实的为民情怀，获得党委政府和群众的高度认可，从而提高县级媒体的传播力、引导力、影响力、公信力。

另外一点经验体会是，要不断强化移动优先意识。习近平总书记曾强调，使互联网这个最大变量变成事业发展的最大增量。融媒体人要认识到"互联网已成意识形态主战场"的重要性。作为最基层的党媒，必须牢固树立"移动优先"意识，在融媒体中心建设中旗帜鲜明地实施移动优先战略，用创新的产品，充分占领主流舆论阵地。

三、社会反响

县级融媒体中心，承担着基层新闻宣传的重任，履行基层党和政府的喉舌功能，发挥联系党和政府与广大基层群众的桥梁作用。县级融媒体中心要秉持"用户为王"理念，高度重视和学习互联网、大数据、人工智能等最新技术，以用户为中心，以体验为核心，为用户提供最好的内容和产品。

"AR 看桐乡"经历了半年的开发设计和产品迭代，技术层面应该说开发比较成功。但一个产品的开发成功与否，除了技术水平高低，广大市民有没有认同感更为重要。

在开发初期，深刻分析了桐乡本地市民的用户思维，在场景上选择人气最足、最具标志性特色的场景，并邀请市民一起体验、选点。以桐乡凤凰湖为例，每天都有几千人次（节假日几万人次）在此地游玩，桐乡市行政中心广场也是许多市民常去锻炼、散步的地点。通过在这些地方的布点，市民可以随时使用手机扫描建筑，感受城市变化。

在用户体验方面，视频观看方式从原先只能竖屏播放升级为横、竖皆可播放，还特别将所有的视频按照顺序放在后台，市民扫描一处即可看到所有的平台视频。这一贴心的改变，也收到了许多市民的点赞，日均浏览量突破 3000 次，高峰时超 5000 次。

逆水行舟，不进则退。作为基层的县级媒体，要不断创新传播手段与呈现方式，加大融媒创意产品研发，探索短视频、AR、VR、H5 等新型融媒体产品，通过技术革新体现媒体价值，在一个又一个创新产品中传播党的声音、统一思想认识、凝聚社会共识，让百万桐乡人充分认同政府的工作和政府的成绩，从而产生一种强大的城市精神感召力，共同为实现"两个一百年"奋斗目标、实现中华民族伟大复兴的"中国梦"而不懈奋斗。

（桐乡市传媒中心）

AR 看桐乡小程序

案例类别：组织机构

系统化运营 全媒体联动

——尤溪县“四创四融”推进媒体改革发展

张敏

为顺应媒体变革新趋势，直击县级广播电视面临受众分流、传播渠道分化、影响力减弱等痛点难点，尤溪县融媒体中心深入学习贯彻习近平总书记对宣传思想工作和融媒体建设的指示精神，通过“机制创活、技术创新、内容创优、产业创效”系统推进融合改革工作，创出县级媒体融合发展的尤溪模式——“四创四融”，被中宣部和国家广电总局评为融媒体典型案例。

一、“四创四融”的主要做法

（一）机制创活，破除体制障碍保障“融”

一是强化政策扶持。县委、县政府高度重视，县财政先后投入6000多万元用于融媒体中心建设，并出台经费保障、人员管理、绩效考核等相关政策，给予中心充分的人才管理和经营自主权。成立福建省朱子文化传媒有限公司，将县域公共媒体和国有广告资源划拨给中心经营管理，并指定由公司统一经营全县媒体相关业务、数字政务及相关文旅产业项目。二是实施内部革新。打破员工身份、职称限制，强化德绩考核，实行“同岗同责、同工同酬、优劳优酬、灵活轮岗”制度，小团队运作，扁平化管理。

（二）技术创新，坚持移动优先支撑“融”

一是重构采编流程，研发定制中心指挥平台，形成“一体策划、线索汇聚、一次采集、多元生成、多端发布”的采编播发体系。二是打造移动平台。重点打造“智慧尤溪”APP，开通快讯功能，全县200名融媒体记者和通讯员可以随时随地采编发快讯；吸引本地商家入驻商城平台，开通线上、线下支付功能。三是保持技术领先。在全国县级首批运用4K技术制作影视产品，率先引进AR技术制作新闻产品，首批使用云服务托管服务器。四是融通传播渠道。与福建省广播影视集团签订战略合作协议，加入全国市县手机直播联盟，入驻各大主流媒体平台，将传统广电媒体单一的传播形态和节目形式变为新媒体“多屏、移动、社交”的多样态融合产品，提高传播力和影响力。

（三）内容创优，强化精品意识服务“融”

一是电视作品重创新，细策划、精包装，每年开办十几档电视栏目。有时政类的《爱学习》《习习清风》《党员说》，新闻类的《尤溪新闻》《尤溪周刊》，服务类的《乡村振兴》《我的脱贫故事》《小沈郎》，综艺类的《乡村大舞台》《玩转尤溪》，故事类的《说古道今话尤溪》《艾说故事》《阅读时光》，等等。二是小屏作品重创意。采用Vlog、动漫等形式，创作了《ONE DAY尤溪》《你好梯田》《朱熹孝廉》等20多部优秀短视频作品，播放量超2亿次。三是影视作品重创优。每年保持十几部作品在全国、全省文艺作品评比中获奖。

（四）产业创效，多元经营创收反哺“融”

一是扩大经营范围。统一经营“智慧尤溪”APP和福建微尤溪等平台的乡镇部门专页，上线农特产品销售电商平台“尤品汇”，与电影公司合办3D影院，参与房地产营销，参与文创产品开发和朱熹诞生地景区管理，经营户外广告资源等。二是延伸经营渠道。开展全国融媒体业务培训活动，出县跨省承接影视项目，与中国市县广播电视台“长城协作联盟”合作，打造“互联网+广电+旅游”的“游视界”平台，实现多产业发展、多渠道增收。

二、“四创四融”的主要业绩

（一）构建了融媒大格局

建立以县广播电视台为核心，整合县政府网、县委报道组、客户端、微信、微博等所有县域公共媒体资源，实现机构、人员、业务、平台以及媒体资源有效“融合”的尤溪主流舆论阵地。同时，以县融媒体为中心，四方链接，上至中央媒体，下至乡村微信，左右与兄弟县市融媒实现信息共享、渠道共用、融合发力。目前，中心每天除了一档18分钟广播和电视《尤溪新闻》外，还开办了10多档电视栏目、创作了大量的影视作品和新媒体作品，是福建省县级自制节目量最多的融媒体中心。

（二）加大了舆论宣传力度

通过技术创新，研发建设融媒体指挥平台，充分发挥“两台一端一网两微”优势，新闻舆论传播力、引导力、影响力、公信力显著提升。例如，2019年的 “我和我的祖国” 融媒体宣传服务队走进桂峰村、麻洋村等有代表性的10个地点，通过现场便民服务+文艺演出+网络直播等相结合的方式，向群众宣传党的十九大精神。直播累计点击量超过355万次，现场登记村民各类需求300多条。又如，在2020年疫情防控宣传报道中，中心多部作品被新华社、学习强国等平台采用播发，原创动漫《战

"疫"日记》系列在新华社客户端开设专栏，《战"疫"日记——方舱医院抗"疫"24小时之雨夜接诊》被中宣部全网推送。短视频《武汉记"疫"》获福建新闻奖一等奖，并入围第三十一届中国新闻奖(全国县级唯一入选的作品)。

（三）提升了产品创作水准

中心采编人员把每一个作品都当作精品来创作，精益求精。例如，2018年，在第十一届中国旅游电视周优秀节目评选中，中心选送的《遇见桂峰》等6部作品全部获奖；2019年，《扬州故事》等4部作品荣获全国青年记者编导主题短视频创作大赛一等奖等奖项。又如，2017年起摄制的微纪录片《守摊人》系列屡屡获奖。其中，《守摊人之蓑衣匠》荣获2017年度福建省广播电视艺术奖短纪录片项目一等奖、国家广电总局全国第二批优秀国产纪录片、第二届中国梦·青年影像盛典最佳系列短片奖、"亚洲旅游影视艺术周"好纪录片奖、"创新中国"2018年度全国广播影视业最具创新力栏目等荣誉称号，并获得省级专项资金扶持。

（四）拓展了传媒经营业务

由县财政注资5000万元成立的福建省朱子文化传媒有限公司作为中心"融媒体+产业"的重要载体，公司的运营，不仅促进中心内容产品的生产传播，而且为中心改革发展提供资金保障。2019年，公司实现创收2000多万元，同比增长30%。

（五）提升了尤溪的知名度

中心先后荣获"全国市县20强电视台""全国县级十佳电视台""全国市县媒体融合先导单位""2020年全国县级融媒体中心舆论引导能力建设十大典型案例""全国推动城市创新·广播影视影响力机构""福建省广播电视系统先进集体""福建省十佳影视创作机构""福建省五四青年奖章先进集体标兵""三明市先进党基层组织"。中心是中国市县电视台影视研发基地、福建省市县电视台融合发展实训基地、福建省电视艺术家协会创作基地、中视协市县电视委员会福建分会、中国传媒大学培训学院融媒体内容生产实践基地、福建省广播影视集团县级融媒体内容应用中心、浙江传媒学院产学研实践教学基地和华侨大学、山西传媒学院、吉林艺术学院、三明学院教学实践基地。《光明日报》《中国新闻出版广电报》《海峡人才》《文艺报》等对尤溪融媒体中心和张敏个人做了宣传报道；在省市融媒体建设推进会、全国新媒体大会、全国短视频大会等会议上，尤溪融媒都作为代表发言；全国有800多家宣传单位共3000多人到中心参观考察；中心主任张敏还应邀到北京、重庆等20多个省（自治区、直辖市）作经验交流。尤溪融媒体的做法获得广泛宣传推介，尤溪的知名度也因此获得进一步提升。

三、县级融媒体发展前景展望

在万物皆可互通互联的今天，信息传播越来越不受地域空间的限制，某种意义上说，县级媒体与其他各级媒体在互联网上属于"同台竞技"，是在浅水边上试水探索，还是打定主意游向深水区，考验的正是县级媒体的内功。媒体融合走入深水区，这是县级融媒体建设深入推进必然要面临的问题，也是难题。

要实现"更好引导群众、服务群众"的目标，县级融媒体建设还需从浅尝辄止的浅水区向深不可测的深水区进发，要从思想认识、人才队伍、内容生产、技术研发等方面入手，一手抓内容，一手做服务，两手都要抓，两手都要硬。作为综合服务平台，它应该从单一的新闻传播功能逐步拓展到综合服务功能，发挥融媒体平台服务百姓的桥梁作用。只有这样，才能使融媒体建设取得实效，立于不败之地。

（张敏：尤溪县融媒体中心主任、广播电视台台长）

智慧尤溪客户端

案例类别：组织机构

坚持"内容为王""移动优先" 打造党委、政府联系群众主渠道的县融建设"海沧模式"

厦门市海沧区通过高位嫁接新华社、中科院等资源，从内容、人才、渠道、服务、技术五个方面协同发力，加强海沧区融媒体中心建设，着力打通基层宣传思想文化工作"最后一公里"。

一、深耕本土，内容为王

海沧区融媒体中心（以下简称海沧区融）紧盯本地

热点和党委、政府中心工作，创新话语方式，注重故事化呈现。这些接地气的内容，沾满了“泥土”和“露珠”，成为海沧百姓心中最靠谱的媒体平台，取得了良好的宣传效果。

关注辖区内产业发展，是海沧区融的重点任务。近几年来，海沧大力发展集成电路、生物医药、新材料等三大主导产业，成果丰硕，亮点频出。海沧融媒体中心紧跟产业发展步伐，积极组织宣传报道。2020 年，围绕海沧生物医药产业积极为疫情防控做贡献，仅官微“今日海沧”就推出专题报道 25 篇，总阅读量超过 35 万次，近 20 篇报道被新华社转发刊用，充分展示了厦门海沧企业在防控疫情中的担当与作为。2021 年，围绕海沧区战略性新兴产业被国务院办公厅通报表扬、集成电路产业园获评“2020—2021 中国十大集成电路高质量发展特色园区”、多家企业联合荣获第四届“集成电路产业技术创新奖”、第五届集微峰会等产业界大事，组织集中报道，引起新华社、人民网、经济日报等中央媒体高度关注，刊发报道 20 余篇。

作为直面百姓的区级融媒体中心，百姓身边事、眼前事始终是海沧区融关注的焦点。2020 年 7 月，海沧区开展征拆工作期间，基层村居反映有的村民拿到征拆款后有挥霍现象。针对这一问题，海沧区融发掘本地特有的耕读文化底蕴，通过“今日海沧”微信公众号策划 12 篇“万贯家财在海沧”系列报道，详细梳理海沧林氏、邱氏、颜氏等家族历史，全面展现海沧本土的优良家风家训，激发海民及海外侨亲的家国情怀。系列报道自上线以来，引起海民广泛关注、讨论，村风村貌有了明显改观。上线以来，“今日海沧”共推出人文题材报道 200 多篇。

上线两年多以来，海沧区融发布本土新闻 2 万余条，制作各类视频新闻 3000 余条，其中“10 万 +”新闻 200 余条。海沧好故事已经成为海民津津乐道的热门话题。

二、引进人才，建强队伍

人才是媒体融合的最关键因素。早在 2017 年 5 月，海沧就开始了媒体融合探索步伐，冲破体制机制的束缚，采取“宣传部主管、国有企业主办、政府购买服务”的模式，在厦门成立了第一家区级新媒体公司——厦门沧江新媒文化有限公司，并确立了“让专业的人做专业的事”的思路，通过市场化引进专业人才。

2019 年 6 月，在融媒体中心上线之际，中心对现有人力资源进行统筹，以“移动优先”为原则，从“策、采、编、发、管、评、馈”七个节点进行流程再造，最大限度地盘活了现有资源，进一步促进“主力军进入主战场”。目前，区融媒体中心 90% 以上采编人员深度参与融媒体产品制作。

针对技术力量较弱、人才队伍不强的问题，一方面，定期派出技术骨干到新华社总部进行嵌入式培训，跟班一个月重点学习短视频、微新闻制作，全面提升融媒体的实战水平。目前已有 7 人结业回到融媒体中心，已经能够独立制作一系列优秀短视频，《请缨》等多个作品点击量超过 100 万次。另一方面，由新华社技术合作方中科院自动化所派出专人，进驻现场开展指导培训，强化人机融合。海沧区融还与新华社签订战略协议，引入新华社技术力量每年分专题对人员进行技术轮训，有效提升了海沧区融工作人员采编能力。

三、建强平台，拓展渠道

作为区级融媒体中心，海沧的理解是，应该更多地专注于原创内容的生产。传播渠道则在依托“今日海沧”等区属媒体做好向内向下垂直传播的同时，更多地“借”上级媒体和社会媒体，做好对上对外传播，将海沧好声音传得更大更远。

具体操作中，海沧区融通过三个维度打造立体式全媒体传播矩阵：一是对内建设以“今日海沧”区一级政务媒体为核心的传播矩阵。二是通过合作对接、资源整合向上打通主流媒体及社会媒体外部传播矩阵。三是打通省市传统媒体通道。截至目前，微信公众号“今日海沧”浏览量超 2600 万次，新浪微博“海沧发布”浏览量超 4500 万次，“海沧之声”抖音号浏览量超 3300 万次。在各媒体转发后产生较大社会影响，澎湃政务号浏览量超 6000 万，其中，单篇阅读量超 100 万次 33 篇，超过 800 万次 2 篇。目前，海沧区融已和 26 家中央省市及社会媒体签订合作协议，入驻新华社、央视新闻 +、人民网、学习强国、新福建和今日头条、抖音等各大平台，实现全媒体立体式传播。

四、做好服务，丰富“新闻 +”

引导群众、服务群众是县级融媒体中心的职责和使命。只有主动联系群众，做好为民服务，才能增加用户“粘性”，进一步促进融媒体健康发展。海沧区融上线以来，积极服务海民，打造“新闻政务 +”，组织线上、线下互动，努力促进与新时代文明实践中心联动，着力打通联系群众的“最后 100 米”。

“新闻政务 +”方面。在“今日海沧”开设专栏收集招商引资、城区建设、民生保障、综治维稳等方面意见建议近 190 条，组织主题教育网上答题活动，助力党建工作开展。开通“办事预约”功能，群众通过公众号即可与海沧区行政服务中心的各个办事窗口进行网上预约，真正做到“让信息多跑路，让群众少跑腿”。依托“云上海沧”APP，将问政监督、违章查询、航班查询、手机充值、水电缴费、公积金查询等政务便民服务移到线上，实现群众办事“一次不用跑”。

服务乡村振兴方面。2021 年上半年，在全国脱贫攻坚表彰大会上习近平总书记提出要全面推进乡村振兴。

海沧区委第一时间决定，主办第一届桐花节，以花为媒，点亮乡村振兴的新引擎。海沧区融提前介入，在积极组织宣传造势的同时，策划“抢红包”“厨王争霸”等活动。募集资金120万元，在线上开展为期一周的抢红包回馈粉丝福利活动，每天5000个红包，红包都在10多秒就被抢光，群众的获得感满满。同时组织当地50多家农家乐，各自拿出招牌菜，在融媒体平台线上PK，选出18家线下决赛，决出王中王。主题宣传和配合活动极大地调动了人气，2021年5月1日至3日，当地农家乐生意火爆，有2家农家乐每天用餐市民游客超过1000人次，下午3点多还有人排队。通过集中宣传、线上线下活动，有力助推了乡村振兴工作。

服务产业发展方面。海沧区融将新闻宣传和为企业纾困相结合，努力实现宣传效果、企业效益双赢。以海沧本土生物医药企业宝太生物为例。2021年春节期间，企业遇到用工难、招工难问题，海沧区融主动服务，在做好留“厦”过年号召和政策优惠宣传的同时，专门发布招聘信息，短短5天，帮助招工1400人，解了企业燃眉之急。企业负责人夜里11点发来感谢信息说：“招工有困难，宣传来帮忙。感谢海沧融媒体中心！”据了解，该企业前年产值6000万元，2021年上半年一举突破140亿元，亮眼的成绩单，也有海沧区融做出的贡献。

五、技术赋能，提升效果

技术是融媒体中心的支撑。由新华社与中科院自动化所联手打造的海沧区融技术平台，通过“人工智能+大数据”系统，在人员整合的基础上实现了业务融合、资源融合，中心人员在相互协作中进行智能化生产，能够对稿件进行传播力分析和舆情掌控。

为了更加贴近年轻人的资讯阅读习惯，海沧区融积极引入现代传媒思想，在短视频、融媒体直播等方面不断加强技术力量，力求用更生动、鲜活的新闻语言，更好讲好海沧故事。上线以来，共制作各类视频新闻3000余条，被新华社客户端、央视新闻+等媒体平台广泛转发。原创动漫《沧海英雄传》受到海沧年轻人热捧，短视频《云端芦塘》获得新华社“咱们村里的年轻人”短视频征集活动二等奖。

（厦门市海沧区融媒体中心）

今日海沧公众号

案例类别：组织机构

坚持守正创新 全面融合发展

——汝州市融媒体中心深度融合创新发展

裴军芳 马亚飞 降海新

汝州市融媒体中心于2018年8月22日正式挂牌成立，是中宣部重点支持的全国65个县级融媒体中心之一，坚持守正创新、真融实用，在媒体融合发展中先行先试，先后获得“全国最具影响力县级融媒体中心”“中国城市融媒创新发展最具移动传播影响力区县融媒体中心”“全国市县媒体融合先导单位”等荣誉称号。

一、坚持融合发展，提升融媒引导力

坚持创新发展的理念，在机制体制创新上下功夫，建立紧密联系、多向互动、灵活组合、协同运作的融媒体工作团队，将优势采编资源、专业人才向互联网汇集，引导主力军占领舆论引导主阵地。

（一）理顺体制机制，汇聚力量拧成“一股绳”

加快推动媒体深度融合发展，出台了《汝州市加快推动媒体深度融合发展实施方案》，整合原广播电视总台、广播电台、信息中心、《今日汝州》编辑中心4个机构，合并组建正科级事业单位汝州市融媒体中心，通过机构、人员、工作、业务的融合，为媒体深度融合奠定了坚实基础。

（二）坚持优势互补，打好媒体融合“组合拳”

坚持传统移动优先和优势互补，整合报纸、广播、电视和新媒体类26个媒体资源，打通全媒体平台，构建了集报纸、广播、电视、互联网于一体的全媒体矩阵，重点打造了以“云上汝州”APP、“汝州城事”微信公众号等为代表的新媒体宣传品牌。以“扬优”为手段，实施“报纸精品化、广播可视化、电视小屏化、小屏互动化”发展战略，实现了新闻宣传业务“一盘棋”。

（三）重塑采编流程，推动内容生产“多样化”

通过流程优化、平台再造、要素整合，实现信息内容、技术应用、平台终端、管理手段共融互通。以融媒体指挥调度中心为枢纽，建立统一的新闻指挥调度系统、多媒体采编平台和集成信息处理系统。在策划环节，依托全天候运行的“中央厨房”，进行统一指挥和调度；在采访环节，全媒体记者聚焦时政热点、民生焦点，采访收集各方面信息汇入“中央厨房”；在编辑发布环节，根据报纸、广播、电视、互联网等不同平台的传播规律，打造新闻产品的个性化呈现。

二、坚持内容立媒，提升融媒影响力

坚持内容为王理念，实施内容立媒战略，着力做好内容生产的“加减法”，依靠内容生产优势赢得传播优势。

（一）守正创新，发挥主流媒体舆论引导作用

充分发挥地方主流媒体的舆论引导作用，大力宣传党的创新理论。率先在全省县级建立党建融媒，以新闻资讯、政策解读、知识普及、有奖答题等形式，打造党员管理、党员教育新平台，使全市近 4 万名党员通过平台学习、交流、工作。加大对汝瓷文化、曲剧艺术等地方文化的挖掘和宣传报道，展示地方文化魅力。深入挖掘精准短小、鲜活快捷、吸引力强的信息、故事，以尽可能贴近群众的语言讲好群众爱听的家常事、身边事。围绕疫情防控、乡村振兴、文明创建、全域旅游等工作，开设专题专栏 70 个、推出典型报道 1300 多期。

（二）以人为本，为创新发展提供核心竞争力

创新人才引进，采取事业招聘、政府购买等方式，与高等学院合作建立实训基地，引进采编播专业人才 32 人。开展人才互通提升工程，每周五下午组织采编播进行学习培训和实战演示，培养“一专多能”的全媒人才。实行“岗责匹配、人岗相符”的日常管理和绩效考核制度，增加新媒体工作量在整个考核中的权重，通过考核倒逼采编人员全员转型。

（三）创新为要，以技术创新驱动内容生产创新

聚焦打造“四全媒体”，以客户端为重点加强移动端建设，以移动直播为抓手提升移动传播力。通过开展手机摄影大赛、“最美”系列评选（最美护士、最美教师、最美乡村）等活动为平台引入流量。实现直播常态化，策划直播访谈、图文直播等，通过互动引领，增加用户活跃度和用户黏性。采用 AI 智能主播实时播报，策划推出短视频、抖音、H5、VR 等群众喜闻乐见的融媒爆款作品，每月在“学习强国”平台发稿 300 条以上。围绕文明实践活动，推出广播剧、荧屏秀、《你的微笑，城市的微笑》MV 等融媒作品。

三、坚持多元发展，提升服务能力

紧密把握群众实际需求，努力探索“融媒 +*N*”的多元化发展路子，以活动策划为带动，以融媒直播为手段，以产业发展为突破，推动经营模式向线上线下互动、产业活动互补、增值服务拓展等多元化转型，助推媒体从“融”起来到逐步“强”起来。

（一）实施“融媒 + 政务 + 服务”，提升平台黏度

对接全市主要职能部门和 21 个乡镇（街道），适时发布文明创建、市政服务、医疗教育、交通出行、文化旅游等政务信息，提升社会治理信息化水平。整合市民之家线上平台服务事项，实现了全市 43 个职能部门的 1000 余项窗口服务线上查询办理，为群众提供信息发布、申报审批、注册办理、生活缴费等便民服务。

（二）实施“融媒 + 智慧”，开启数字融合

开启数字融合。依托自身平台优势，打造了汝州融媒智慧社区，具备智慧党建、安防监控、智慧健康、居家养老等六大服务功能，全方位服务群众衣食住用行。树立用户思维，开启体验服务，完善服务功能，提升服务水平，通过智能化便民服务，使市民的日常生活更方便、更舒适、更省心。

（三）实施“融媒 + 电商”，实现直播常态化

与淘宝、商博会等电商平台合作，开展“书记镇长代言家乡”公益直播助农活动，推销汝瓷、水果蔬菜等当地特产及名优农产品，先后开展 150 余场直播活动，拓宽农副产品线上销售渠道，助力全市乡村振兴。

（四）实施“融媒 + 产业”，增强发展实力

通过全媒联动和线上、线下发力，与房地产、汽车、家居建材等销售商合作，举办房展、家居展、汽车展、特色商品展等会展活动。承办实施了汝州市历届杏花节、红叶节、杜鹃花节、桑蚕文化旅游节等会展活动。运维政府投资建设的户外大屏，拓展经营空间，借助跨界合作实现经营融合，为融媒体中心的经营发展注入了活力。

四、融合发展经验体会

（一）要有推动媒体融合发展的使命担当

媒体融合进入下半场，推动媒体深度融合发展，既是历史使命，也是责任担当。因此，要以担当作为的姿势，以互联网思维、全媒体视角，整合采编力量、及时采集、多平台分发，以用户意识生产形式多样的融媒体产品，提高产品的鲜活度和贴近性。

（二）抓住融合发展的关键节点

媒体融合发展涉及面广、技术性强、影响力大，需要统筹谋划、多方联动、协作配合、全员参与，在关键点上取得突破。要围绕“引导群众、服务群众”的要求，做好融合文章；要建好用好移动端，打通数据壁垒，提供“一站式”政务服务，增强用户黏度；创新开展各类群众活动，丰富群众精神文化生活；全面参与政务、商务活动，创新经营模式，提升自身“造血”功能。

（三）切实强化媒体融合发展的保障措施

推动县级媒体融合发展，必须切实加大政策扶持力

度，深化体制机制改革，积极探索建立灵活高效的用人机制，实施有利于调动从业人员积极性的用人机制和跨界、跨部门的合作机制，要加强业务培训和练兵，建设一支高素质的全媒体人才队伍，持续推动媒体融合发展。

融合创新只有起点，没有终点。下一步，汝州市融媒体中心将继续深入学习贯彻习近平总书记关于媒体融合发展的系列重要讲话精神，因势而谋、应势而动、顺势而为，打造立体多样、融合发展的现代传播体系，做大做强主流舆论，努力探索出一条具有县域特色的媒体融合之路。

（裴军芳：汝州市融媒体中心主任，马亚飞：汝州市融媒体中心副主任，降海新：汝州市融媒体中心总编室主任）

案例类别：产品

二十四节气——汝州旅游攻略

吴晓磊 王雍鑫 陈鹏

在乡村振兴的战略背景下，各地乡村旅游发展如雨后春笋，势如破竹，呈欣欣向荣的景象。而“二十四节气”是古人对一年中天象、气候、物候、农事、时令等方面变化规律的智慧总结，是中国人特有的时间观念，从古到今，指导着传统农业生产和人们的日常生活。汝州市融媒体中心与汝州市旅游局共同推出的《二十四节气——汝州旅游攻略》系列视频用短视频的形式把中国传统的二十四节气文化与乡村旅游完美结合，利用移动传播技术，多点推送，达到助推家乡旅游发展，宣传推介汝州的目的。

一、《二十四节气——汝州旅游攻略 小暑》

（字幕）【月令七十二候集解】小暑，六月节

（字幕）农历 五月十六 小暑

（字幕）小暑 温风至 蟋蟀居壁鹰始挚

（画面）画面讲究清新自然，表现大自然的日月星辰、风云流变、山川江河、花草树木。在五湖公园抓拍一些大自然的清风、金色阳光、露珠、池塘、水波、芦苇等。

（字幕）倏忽温风至，因循小暑来——《小暑六月节》（唐）元稹

（字幕）汝州·天葡汝蓝庄园

突然之间阵阵的热风扑面而来，原来是循着小暑的节气而来。民谚有云：“小暑大暑，上蒸下煮。”至此开始进入伏天，天气开始炎热，气温升高，高温下，喜温作物快速生长。

（画面）画面表现正午太阳直晒大地形成热浪，太阳光透过树叶缝隙投射下来，成排的农作物在高温下茁壮成长。

（字幕）竹喧先觉雨，山暗已闻雷——《小暑六月节》（唐）元稹

（字幕）汝州·大峪镇下焦村

竹子的喧哗声已经表明大雨即将来临，山色灰暗仿佛已经听到了隆隆的雷声。自小暑起，开始进入雷暴最多的时节。

（画面）画面表现大雨前夕的村容村貌，竹林因狂风而哗哗作响，俯拍三面环山的村庄被乌云压盖，下一刻惊雷响起。

（字幕）汝州·风穴寺 汝州·中大街

（字幕）户牖深青霭，阶庭长绿苔——《小暑六月节》（唐）元稹

正因为炎热季节的一场场雨，才有了门户上潮湿的青霭和院落里蔓生的小绿苔。民谚有云：“六月六，人晒衣裳龙晒袍。”雨过天晴，寺人会晒晒经书、法器，老百姓则会把潮湿的衣服拿出来晾晒一下。

（画面）画面表现午后的寺庙，深幽的院落，墙角处蔓生的青苔，寺人晾晒经书、法器，以及中大街上午的街景和人们晾晒衣服的镜头。

（字幕）汝州·汝河湿地公园 汝州·老北京饺子馆

（字幕）鹰鹯新习学，蟋蟀莫相催——《小暑六月节》（唐）元稹

烈日炎炎，老鹰展翅拂过天空，飞往更清凉的地方，探索新的领地；在暑气的炙烤下，蟋蟀纷纷离开田野，躲到庭院的墙角下，去享受属于它的清凉世界。民谚有云：“头伏饺子二伏面，三伏烙饼摊鸡蛋。”

人们在“头伏”吃饺子，一方面，“伏”与“福”谐音，希望能平安度夏。另一方面，“头伏”吃饺子，再喝上热乎乎的原汤，发一身汗，有驱散盛夏“毒火”、弥补闷热天气体力消耗的作用。

二、《二十四节气——汝州旅游攻略 立秋》

（字幕）农历 六月十八 立秋

（字幕）万物开始从繁茂成长趋向萧索成熟

（画面）立秋预示庄稼即将成熟，故立秋日对农民而言尤为重要，镜头表现各种农作物趋向成熟，农民在田间辛勤劳作，为秋收打下良好基础。

（字幕）立秋三候 凉风至 白露生 寒蝉鸣

刮风时人们会感觉到凉爽，此时的风已不同于暑天中的热风，天气也开始呈现转凉的趋势了；清凉风来，露珠晶莹变白，白是秋之标志，早晨大地上开始有雾气了。寒蝉开始鸣叫，寒蝉之于秋天，就犹如布谷鸟之于夏天，都是一种信号。

（画面）画面表现树叶在微风下沙沙作响，草丛表面已有白茫茫的露珠，寒蝉感受到秋天的到来开始鸣叫。

（字幕）汝州 · 胡老四传统胡辣汤

（字幕）传统早餐 唤醒汝州清晨

（画面）早晨，从一碗汝州素胡辣汤开始，舀上一碗，配上一些油条、包子，就构成了一道非常地道的汝州早餐。

（字幕）汝州 · 米庙镇 · 石槽王民俗园

（字幕）城郊寻幽 呈现碧树庭影

（画面）立秋过后的上午，伴着微微凉风，游览有“网红”打卡地之称的石槽王村民俗文化园，为您呈现“沥青街巷织村廊，碧树庭影夏呈秋”的魅力乡村印象。

（字幕）汝州 · 骑岭 · 云祥小筑

（字幕）农家小院 休闲田园小憩

（画面）临近中午，稍有饿意，来到有田园风光和自然之美的云祥小筑里，不仅能够享受美食佳肴，还有农家住宿提供休息。

（字幕）汝州 · 蟒川 · 半扎古寨

（字幕）古寨遗迹 探索秘境之旅

（字幕）此身愿作君家燕，秋社归时也不归——《不见》（唐）韩偓

秋社原是秋季祭祀土地神的日子，始于汉代，后世将秋社定在立秋后第五个戊日。

（画面）下午，游览古村寨遗址——半扎古寨。画面突出万泉河上的双孔石桥和集石雕、砖雕、木雕于一体的清代建筑。

（字幕）特色小吃 寻味心仪美食

（画面）夜幕降临，街边卤肉店生意红火，阵阵肉香吸引更多顾客前来。

三、《二十四节气——汝州旅游攻略 立冬》

（字幕）农历 九月二十二 立冬

（字幕）水始冰 地始冻 雉入大水为蜃 立冬

立冬，是冬季的第一个节气，也意味着生气开始闭蓄，万物进入休养、收藏状态，草木凋零、蛰虫休眠；其气候、风雨、湿度、气温等此时也处于转折点上，从秋季向冬季气候转变。

（字幕）冬，终也，万物收藏也——《月令七十二候集解》（元）吴澄

立冬至小雪期间，在晴朗无风之时，常会出现风和日丽、温暖舒适的“小阳春”天气，民间有“十月小阳春”一说。在南方或中原部分地区，初冬一般不会很冷，但随着时间推移，冷空气频繁南下，气温逐渐下降。

（画面）画面表现户外温暖和煦的画面，枝丫上的树叶越发金黄，随风飘落，地面已被落叶覆盖。

（字幕）汝州 · 党屯村银杏林

（字幕）秋风吹尽旧庭柯，黄叶丹枫客里过——《立冬》（明）王稚登

（画面）画面表现银杏林里的黄叶璀璨夺目，整个林子成为一片金色的海洋，游人漫步于此，感受十月小阳春的惬意。

（字幕）汝州 · 王湾民宿

（字幕）细雨生寒未有霜，庭前木叶半青黄——《立冬即事二首》（宋）仇远

（画面）画面表现王湾特色民宿景观水系、清风寨、多米屋，花海等新建项目，带上家人，约上好友，到民宿村走一走，住一住，享受一站式的美好体验。

（字幕）汝州 · 蟒川镇 · 滕口水库

（字幕）天水清相入，秋冬气始交——《立冬日野外行吟》（宋）释文珦

（画面）画面表现立冬时节的滕口水库，岸边笔直挺立的杨树长满了黄色的叶片，为水天一色的滕头水库带来一抹迷人的金黄。

（字幕）汝州 · 蟒川镇 · 寺上村

（画面）立冬也是欣赏满山红叶的好时节。镜头表现环绕寺上村的群山上红叶竞相绽放，惹人心醉。

（字幕）汝州 · 祥和砂锅面

（画面）立冬补冬，补嘴空。此节气建议进食可以驱寒的食物，搭配一些热量较高的食物，如排骨、酥肉等，一碗热气腾腾的砂锅面是个不错的选择。

（字幕）汝州 · 老北京饺子馆

（画面）大年三十是旧年和新年之交，立冬是秋冬季节之交，故“交”子之时的饺子不能不吃。在一些老人观念里，立冬的规矩是吃饺子，因为水饺外形似耳朵，认为吃了它，冬天耳朵就不受冻。

希望通过这份《二十四节气——汝州旅游攻略》让更多的朋友关注汝州，并重新认识二十四节气；让优秀的传统文化回归大众的视野，让乡村文脉得以传承。寒来暑往，春耕夏种，秋收冬藏，在对的时间看最美的风景，不负这大好时光。

（吴晓磊：汝州市融媒体中心生活频道总监，王雍鑫：汝州市融媒体中心生活频道新媒体部主任，陈鹏：汝州市融媒体中心《生活帮》栏目制片人）

案例类别：组织机构

县级融媒体中心建设的“项城方案”

田维林

项城市融媒体中心成立于2016年10月，员工126人，下设指挥中心、视频部、音频部、图文部、电商部、技术部、总编室等12个科室，融合广播、电视、报纸、杂志、“两微一端一网”8大平台、80个融合号、上千个微信工作群，以及公交车站牌等户外宣传资源，形成了纵向与央视、新华社、河南卫视等主流媒体，横向与抖音、快手、微博等商业平台融合相通的全媒体传播矩阵，实现“一体策划、一次采集、多种生成、多元传播”。被中宣传部表彰为舆情信息工作先进单位，获得首批全国广播电视媒体融合先导单位、“指尖融媒榜”最具响力县级融媒体中心、县区最强融媒品牌等多项荣誉，受到中央政治局委员、中宣传部黄坤明部长的充分肯定。先后有30个省（自治区、直辖市）、800个县（市、区）、10000多人到项城参观交流。

经过几年的探索和创新，逐渐形成融媒体建设的“项城模式”，具体是“六个创新”。

一、体制创新

去机关化、去行政化，打破员工身份限制，打通编外人员成长通道。体制内外一样，员工能上能下，优胜劣汰。对于在改革中出局的事业编制人员，保留他们的事业身份，退休后依旧进入事业体制。同时，招聘有朝气、有思想的年轻人，优化人员结构，目前，团队平均年龄在26岁。项城融媒的中层领导，大多是“90后”。

二、机制创新

实行事业单位企业化管理，以岗定人，以岗定薪，实行绩效考核制、零工资制、全员竞聘制、数据考核制、末位淘汰制、项目负责制等，解决人浮于事、在岗不干活问题，多劳多得，不劳不得，工资有的拿几百元、几千元，上万元不等，激发了大家工作的积极性。

三、人才创新

聘请全国30多位专家组成智囊团，聘请广播、电视、新媒体、运营等方面的专家，解决发展中遇到问题，及时研发新的发展模式，为融媒体中心发展提供了强有力的智力支撑。广泛邀请业界“大咖”，针对媒体融合转型的痛点难点授业解惑。到沿海地带的头部媒体以及新媒体学习，引进他们的先进经验。与中国人民大学新闻传播学院、中南大学、郑州大学、河南大学、浙江传媒学院等院校展开战略合作，大力培养全媒体记者、编辑和管理人才，由一人一岗转变为一人全岗。

四、内容创新

始终保持内容定力，坚守媒体的职责和使命，围绕引导群众、服务群众，根据不同平台的传播规律，生产有品质、能刷屏的内容。

（一）做优栏目

始终把传播党的声音作为首要政治任务，创新宣传，全媒体开设《一起来学习》《向总书记报告》等20多档栏目，用心用情制作有品质、有格调的作品，更快、更广、更生动地使党的声音植根于百姓心间。围绕中心，服务大局，讲好新时代项城故事。在战“疫”战贫两个主战场，项城融媒唱响了项城声音，讲好了项城故事，彰显了项城力量。紧紧把握“三城两高地一家园”发展定位，开设招商引资、项目建设、优化营商环境、乡村振兴、安全零距离、万人助万企等多个政务专栏，把党委、政府的工作部署传递到基层，凝聚起全市人民的共识。

（二）做精短视频

项城融媒短视频的传播平台主要包括项城云、微博、抖音、快手、视频号、百家号、头条号、小红书等，这些平台每年有2000条以上的短视频生产能力，全年流量10亿+，单条12小时的点击量最高突破1亿次。疫情期间，项城援鄂医疗队平安归来，项城交警以最高规格欢迎他们回家，记者将其制作成短视频，在项城云客户端、掌上项城微信公众号、项城融媒抖音号发布，瞬间燃爆朋友圈，一个小时的播放量超过300万次。

（三）做强直播

项城云客户端下载量48万，微信公众号掌上项城粉丝37万，抖音、快手号矩阵粉丝量300多万，小屏率先发力，实现直播常态化。2021年直播300多场，每次直播点击量在20万次以上。在项城市庆祝建党100周年晚会上，项城融媒通过新华社现场云、央视新闻+、抖音号、快手号、视频号同步直播，各大平台累计播放量400多万次，在互动传播中传递了正能量。

利用演播大厅，开展广播、电视、手机融合式直播，主持人、专家、粉丝互动，在互动直播中传播正能量。在市法院抓捕老赖活动中，广播、电视同时开启直播，达到了融合直播，宣传效果非常好。32位老赖看到直播后，主动到法院交上欠款。省高院对这种做法给予肯定，并为市法院记二等功。

五、服务创新

延伸“新闻+政务服务商务”，做党委、政府的“店小二”，群众的“贴心人”，城市运营的“服务商”。

（一）服务党委、政府

把服务贯穿于宣传、发展之中，做强主流舆论，围绕中心，服务项城。可以说，在项城任何一项中心工作的开展，都是舆论先行，通过舆论监督推动工作，积极为政府分忧。围绕“六稳六保”，采取多种形式加大宣传，着力营造统筹推进一手抓疫情防控、一手推动企业复工复产的宣传舆论环境，助力企业复工复产。在创建全国文明城市中，全媒体对非法营运三轮车的危害进行深入宣传，短短两个月的时间，全市18000多辆非法营运三轮车顺利取缔，没有出现一起上访。

（二）服务群众生活

围绕群众柴米油盐、衣食住行，立足生活服务，开设群众喜闻乐见的节目，改变群众生活。安装了高空摄像头，为群众时时播报路况。为滞销的菇农直播带货、助学圆梦等公益活动，收到社会的好评。在项城云APP上设置了多个贴近民生的便民服务板块，提供与用户生产生活息息相关的服务，开通网上水、电、气缴费，购买车票、网上挂号等生活服务项目，为群众提供了“掌上的便利”。

（三）舆论监督服务

成立的“维权哥”“帮帮团”“爆料团”，成为群众信赖的“贴心人”。开设《马上就办》栏目，成为帮助本地群众解决问题的常态化服务平台。群众一有“爆料”，《马上就办》栏目就带领职能部门现场问政，全程直播，把问题解决在一线，倒逼干部作风转变，被群众称为项城的“焦点访谈”。

（四）应急服务体系

面对自然灾害，项城融媒和项城市应急管理局、气象局、卫生局建立了一套应急预案，第一时间发布权威信息。在2021年的汛情应对和疫情防控中，及时发布信息，为群众应对汛情、做好疫情防控发挥了重要作用。

六、经营创新

以建立融创文化产业园为主要创收模式，致力于融房产、音频制作、视频制作、项目策划、活动会展、少儿培训、文化产品、直播电商等为一体的文化产业平台。

（一）房产销售

房产是项城融媒的主要产业，分为包销模式、提点分成模式、宣传销售模式，成为中心收入的重要来源之一。

（二）联办栏目

项城融媒和16个单位联办栏目，由政府或联办单位购买服务，成为项城融媒收入的又一主要来源。和纪委联办《电视问政》和政法委联办《法治在线》、和中医院联办《健康365》等，同时打造栏目IP产业链，做好一个栏目，成就一个产业，实现栏目产业化、产业栏目化。

（三）活动会展

融媒体中心和新时代文明实践中心深度融合，同频共振，举办了快乐星期天、乡约小康、讲习课堂、国旗下的宣讲、道德模范颁奖典礼、广场舞大赛等各类公益活动，举办文明实践活动、项城春晚、少儿春晚、集体婚礼、虫草消费节、海参消费节、净水机节等商业活动，每年商业活动超过200场次。

（四）直播带货

建立MCN机构，目前团队人员30+，孵化主播100+。项城融媒把直播间进到商超，进到企业，进到田间地头。形成了“直播电商+乡村振兴”“直播电商+大型商场”“直播电商+企业”等多种模式，打造了以莲花健康为主的调味品、庄吉服饰为主的职业装等直播经济新业态。

目前，项城融媒已经进入媒体深度融合阶段，项城融媒体也将以全新的思维，做强新型主流媒体，建强用好县级融媒体中心，更好地引导群众、服务群众。

（田维林：项城市融媒体中心总编辑）

案例类别：产品

项城市融媒体智慧扶贫数据管理平台 助力脱贫攻坚

高翔

习近平总书记强调：“要加强精准扶贫、生态环境领域的大数据运用，为打赢脱贫攻坚战助力。”项城市融媒体中心把全媒体传播体系和社会治理体系一体化建设，创新建立了项城市智慧扶贫数据管理平台，在精准识别统计贫困人口和贫困信息的基础上，运用互联网和大数据技术助力脱贫攻坚，打通了精准扶贫的“经络”，破解了在精准扶贫工作中政策落地见效、信息共享、数据监测分析等方面存在的突出问题，为打赢脱贫攻坚战提供了有力的信息化支撑。

一、数据与脱贫融合，实现精准管理

项城市智慧扶贫数据管理平台横向与行业部门政策数据互联互通，纵向与省网平台互联互通。

（一）规范了档卡信息

扶贫数据中心库实现与国家系统、省网系统数据同源，及时更新，并与有关行业部门信息交换共享，整合形成统一的扶贫数据中心库，实现贫困户档卡自动化、标准化、规范化，解决了存在的扶贫政策落实死角、算账不清、档卡资料频繁更改三大难题。实现了扶贫干部只需拿着一部手机就可以完成走访。平台识别13168户建档立卡49118人、未脱贫1932户5185人、脱贫不稳定户135户513人、边缘易致贫户514户1589人。

（二）闭环工作模式

依托平台逐步形成全市扶贫闭环工作模式，由市领导统筹，以每月县、乡、村三级例会制度为抓手，以软件平台为工具，对22个行业部门和扶贫办的工作进行交办和督导，行业部门和扶贫办对问题和工作进行反馈和汇报，形成了交办、落实、反馈、督导的闭环工作模式。

（三）扶贫模块化

平台包括基础信息、收入测算、项目申报、档卡资料、问题反馈等12个模块，涵盖了扶贫的各项内容。收入测算模块依据物价局、农业局、教育局等部门，编制收支测算体系标准，根据贫困户享受政策及收入、支出情况，自动测算出季度账、自然年度账、脱贫年度账、家庭人均纯收入和脱贫参考收入等账单，科学合理反映出贫困户收支情况和扶贫成效；问题反馈模块帮扶责任人在走访、资料核对等日常工作中发现问题时可随时通过电脑或APP反馈问题。问题反馈后，各相关责任人或部门可以在系统内接收到信息，及时处理后答复反馈人。

收到反馈问题3480个，解决率达100%。数据分析模块用“数据”说话，用“数据”管理，通过对脱贫数据的比对分析，体现脱贫的真实成效，突出脱贫攻坚的短板，为各级领导提供科学的决策依据。

二、数据与信息融合，实现精准到户

（一）打破了部门之间的“信息孤岛”

打通公安、教育、人社、住建、民政、水利、国土、工商、移民等22个部门和单位的相关数据，实现数据对比分析与综合评估，问题由“人工发现”转变为“数据发现”，补齐政策落实短板。

（二）让大数据“说话”

帮扶干部在上传工作日志时，通过系统设置的定位功能，要求每名干部入户开展帮扶工作时，要将在贫困户家中开展工作内容拍照后上传，利用系统定位功能，在大数据平台上可实时查看包户干部工作地点、内容及帮扶工作精准情况。

（三）“码”上扶贫

一户一个二维码，扶贫干部通过扫描二维码，就可以随时随地查看贫困户的户容户貌改造情况、贫困户享受的政策以及脱贫成效；也可以即时核实填写贫困户信息，摸清贫困户的实际情况，制定脱贫措施，实现精准脱贫，有力地助推了脱贫攻坚，夯实脱贫成果。

三、平台与融媒融合，实现数据可视化

平台与融媒体深度融合，把系统融入“项城云”APP，为扶贫大数据平台视频通话功能做支撑。

（一）视频通话

项城云APP可以使帮扶责任人、贫困户、第一书记、村支部书记等之间进行音视频通话；可以使贫困户、帮扶责任人、第一书记进行视频通话，了解帮扶责任人走访帮扶情况和贫困户情况；对于集中供养或者精神病集中救治贫困户，可以和贫困户负责人或医生通话，随时掌握贫困人员情况，也可以通过上传视频了解全市脱贫攻坚动态。在52个扶贫车间、15个养老院、1个精神病院安装了视频监控。

（二）数据视频化

除基础数据外，结合融媒体业务，在单一的数字性基础数据上，增加了15个镇的镇情概况视频，413个行政村的村情概况视频，贫困户的户容户貌视频，使数据更加直观、可视化。

（三）学习交流平台

在信息发布模块，第一时间向全市所有扶贫干部宣传习近平总书记的讲话以及最新扶贫政策要求和重要文件精神，并按照国家、省级、市级政策类别进行梳理，便于扶贫干部在扶贫工作中随时调阅学习，充实政策储备，提升业务水平。平台把22个行业部门的政策做成视频，供大家学习。在帮扶动态模块，把项城召开的脱贫攻坚会议、各镇、市直单位的典型做法，以视频形式进行发布，让大家相互学习交流。

截至目前，该平台云端共发布各项信息10226条、帮扶单位数据10.8万条、政策数据50多万条。

四、平台与产业融合，实现“造血”能力

平台把项城融媒的“圈本地”融进来，用直播为贫困户产品带货，通过直播带货、电商推广、渠道对接等多种方式，解决精准脱贫的“最后一公里”问题。

（一）官员为农产品“代言”

利用融媒体中心开发的“圈本地”，把项城优质的吃、

喝、玩、乐及商家一网联通。入驻“圈本地”商家2260家，建材商家312家。“圈本地”云平台和大数据供应链相连接，形成了线上直播、线下营销的扶贫新模式。直播间设在田间地头、工厂车间，各镇办书记、镇长为本地贫困户产品“代言”直销。高寺镇党委书记任梅为该镇张老家行政村脱贫户张国红带货变蛋和红薯粉条，直播1小时销售652箱变蛋和粉条，获点赞4356次，抖音播放量达15.8万次。郑郭镇党委副书记冯寓为贫困户张国勋种植的西瓜带货，直播1小时销售2200斤，获点赞3432次，抖音播放量达12.6万次。2021年项城市两会召开期间，融媒体中心举办了“代表委员来带货”公益直播活动，多位人大代表、政协委员走进直播间，变身“网红”，为贫困户“代言”，打造扶贫新模式。丁集镇人大代表孙广起帮丁集镇绿色产业基代言的无公害蔬菜，一个半小时直播，实现了53份订单近15万元的销售额。

（二）网红直播带货

邀请项城的网红“大V”走进扶贫一线，集中推介特色产品。永丰的粉条、丁集镇的大棚蔬菜、贾岭镇的黑豆等，通过直播全部售出。郑郭的西瓜、郑郭的蔬菜、官会的大蒜，通过网红直播带货，网友纷纷下单。目前，已经直播226场次，为103位贫困户直播带货，销售收入1600多万元，受到贫困户的称赞。

（三）渠道对接解难题

同时组织大型商超与贫困户对接，贫困户农产品直接进入超市，解决了农产品销售难题。目前，已有22家大型超市成为贫困户的销售渠道，使他们长期稳定脱贫。

项城市智慧扶贫数据管理平台作为项城市工作模式创新，使线下的最佳扶贫工作实践与线上的大数据平台功能相得益彰，有效解决了项城市脱贫攻坚这道难题，切实减轻了基层工作负担，提升了全市脱贫攻坚精准化科学化水平和工作效率，成为脱贫攻坚的有力抓手，已成为各级领导科学决策、服务贫困人口的“总指挥台”，真正实现了脱贫攻坚“挂图作战”“实时督战”。

（高翔：项城市融媒体中心办公室副主任）

案例类别：组织机构

襄阳广播电视台广播媒体融合发展探索

王海青 张涛

当今世界，是一个资讯传递快捷丰富、渠道解读多元广泛的全媒体时代，也是一个人人都拥有便捷工具、人人都可以是信息发布者的自媒体时代。在微博、微信、抖音等新媒体工具的迅猛发展下，传统广播媒体由于其相对单一的音频传播方式，缺少可视化的载体和视觉冲击力，一度限制了其在电脑端和移动端的二次推广与传播，也导致受众和市场的流失。因此，传统广播必须采取正确的发展策略，加强与新媒体的有效融合，革新内容生产方式，才能够取长补短，拓宽生存空间，实现创新发展。特别是在2020年新冠疫情发生以来，广播在重大社会突发事件的应急报道中冲锋在前，积极履行主流媒体的责任与担当，充分发挥强信心、暖人心、聚民心的重要作用。在这次抗击新冠肺炎疫情的应急报道中，在襄阳全市复工复产宣传中，FM 104襄阳综合广播以全媒体融合传播为手段，主动作为，体现了主流媒体的权威性、专业性和公信力。

一、硬件升级：打造“多屏合一”的新媒体视听综合平台

实现融媒体的传播，硬件的升级与建设是前提条件。传统的广播直播室只需要调音台、话筒、音响等设备就可以完成声音的播出，但进入融媒体时代，为弥补广播“只能听不能看”的先天不足，就需要对传统广播的直播室进行改造。从2018年开始，襄阳综合广播通过搭建融媒体高清直播室，实现了数字化直播设备、拍摄设备的更新换代，多功能的融媒体广播直播室不仅可以实现声音的高清传播，还通过搭设摄像机位、借助互联网即时通信工具，实现广播可视化播出，网友可以直接听、看广播节目，并实现了24小时的音视频同步直播和回放，再通过各融媒体平台的推送，让只闻其声不见其人的广播节目走向台前，变身听、看俱佳互动性又强的融媒体节目。

二、平台建设：建立多平台互动、全网联通的立体传播矩阵

融媒体直播室的搭建，为传播方式的多元化和全覆盖提供了有力支撑。FM 104襄阳综合广播在原有广播频率和蜻蜓FM等APP播出的基础上，先后搭建了襄阳广电云上襄阳APP，综合广播（襄阳之声）微博、微信、抖音、今日头条、视频号等多媒体平台的传播矩阵，通

过传播方式和平台的拓展、将网络和广播融为一体，实现电脑、手机等终端“多屏合一”的传播路径，用户能够根据不同的生活场景，随意切换相对应的终端设备和播放平台，打造出以视听互动为核心的新媒体视听综合平台，不断提高用户体验，拓展了新的受众群体，提升用户黏度。截至2021年8月，襄阳之声抖音粉丝量120万，微博粉丝量50万，为襄阳地区抖音和微博粉丝量最多的主流官方媒体。

三、节目创新：更新传统节目内容，推出创新融媒体产品

在新媒体时代的推动下，传统广播节目也要走出舒适区，顺应融媒体发展的形势与要求，进行节目的创新。只有建立全新的“广播＋互联网”发展理念，推动传统广播节目与新媒体传播平台的深度融合，才能创出品牌，创出特色。比如FM 104襄阳综合广播已经开办了20年的品牌节目《党风政风热线》，在融媒体发展过程中，不仅从传统广播直播调整为音视频多位一体的网络新媒体直播，同时，还在节目中大量加入记者前期暗访的视频、图片和现场4G连线互动，让节目可听、可看，采访的事实和案例也更具说服力。新开设的《手术风云》节目则更是专门为融媒体传播量身打造的全新栏目，由主持人和摄影记者走进手术室录制，解密手术室内鲜为人知的故事，并将其制作成视频产品，通过微信、微博、云上襄阳等平台播出，突破时间与空间的限制，不仅满足了受众随时观看转发的需求，也很好地激发了上线单位和嘉宾的互动感和参与感，实现了社会效益和经济效益的统一。

四、新闻创新：打造全媒体记者编辑团队，建立一次采集、多种生成、多元传播的采编播机制

融媒体时代，对广播记者、编辑和策划调度团队也提出了更高的要求。在一个新闻现场，往往需要记者在有限的时间内一人完成音频、视频、图片等多种素材的全方位采集，而记者和编辑也同样需要具备熟练的拍摄、出像、剪辑、美工、制图、发布等综合业务能力。同时，在一些重大新闻事件中，还需要前后方的密切沟通和通力协作。为此，FM 104襄阳综合广播顺应媒体发展趋势，打造全媒体记者主持人、记者和编辑团队，同时成立了现场直播小组、微信编辑小组、视频制作小组、出境小组等多个融媒体项目团队。对于一些时效性强的重大新闻和突发新闻，记者在现场采访的同时，第一时间发回图片和视频，由后方的图文和视频编辑根据不同平台的“调性”，对新闻素材进行二次加工和创作，建立多方联动机制，在广播播出的同时，在微信、微博、抖音等新媒体平台及时发布，不仅提升了传统媒体的影响力与公信力，也增加了传播形式的多样性和趣味性。而在襄阳马拉松、汉十高铁开通、凤雏大桥通车等一系列重大新闻事件的现场，也创新采访形式，采用现场采访和节目直播相结合、短视频制作、记者Vlog等形式，让新闻更及时、更全面、更精准，也更接地气。

五、抗击疫情应急报道、复工复产宣传中彰显广播价值

2020年疫情期间，FM 104襄阳综合广播第一时间启动应急直播报道。1月24日至3月22日，自采有关疫情防控的新闻稿件306篇，这些新闻报道经过编辑加工之后，在新媒体平台及时发布。在此期间，襄阳之声微信公众号上推送新闻条数1140多条，在微博上推送新闻1600多条，抖音发布短视频438条，今日头条发稿500多篇。其中，1月28日微信《襄阳出太阳了！能不能出去撒欢？专家提醒……》阅读量16万次。在这次抗议疫情的宣传中，襄阳综合广播创新采用了短视频拍摄的方式进行推广，取得了很好的宣传效果。2月7日微信推送的短视频作品《初春—襄阳》播放达到14万次，均被学习强国采用。

从2020年3月中旬襄阳开始复产复工之后，襄阳综合广播一直在探索如何发挥“云直播”的创新之路。3月底，襄阳四中的校园樱花已经开放，襄阳综合广播联合襄阳四中策划举办“云之樱——同心抗疫，云上赏樱”——2020年襄阳四中第11届樱花艺术节网上直播活动。当天云上襄阳观看量39万次，点赞量达100万。

2020年以来，受新冠肺炎疫情持续影响，企业生产经营面临前所未有的压力。襄阳广播电视台坚持向前一步主动作为，多次与市经信局、电子信息企业对接交流。经过一个月的筹备，2020年6月8日，同“襄”共“链”携手未来——襄阳市“千名干部进千企”暨电子信息产业产销对接会活动开启，现场还举行了多家企业和项目的签约仪式，活动通过襄阳广电云上襄阳APP，襄阳之声微信、微博进行了直播，云上襄阳网络观看量达到33万次。当年7月，襄阳新落成的凤雏大桥上的灯光照明设备主要来自本地万洲电气，这也是“千名干部进千企”暨电子信息产业产销对接会活动的具体落地。

六、启发

媒体融合，“融”是基础，这需要的是不同渠道和传播形式之间打破壁垒互联互通。但也要清醒地认识到，仅仅有平台搭建是不够的，媒体融合不只是形式上的传统媒体互联网化，也不是简单的新瓶装旧酒，更深层次的还在于传统主流媒体要改变旧有的思维观念，在思维方式、表达习惯、传播手段等多层面顺应新兴媒体的传

播规律和发展变化。未来的新闻生产模式，或许将从“前线记者 + 后方编辑”的简单采写模式，转向“编辑部策划统筹 + 数据算法支持 + 记者前线 + 可视化智能技术融入 + 极速推广 + 产品经理统筹”等多线协作的模式。因此，只有建立以内容建设为根本、先进技术为支撑、创新管理为保障的全媒体传播体系，才能顺应真正新媒体发展浪潮，牢牢占据舆论引导、思想引领、文化传承、服务人民的传播制高点，打造出人民群众喜爱的、好听好看的广播节目和融媒体产品。

随着全平台内容分发盛行当道，广播媒体的全形态内容生产和传播渠道走向多元，主流内容价值凸显。可见，广播媒体自身的权威公信力、多平台融合传播影响力正在全面延伸。

（王海青：襄阳广播电视台综合广播总监，张涛：襄阳广电传媒集团总经理）

“同心抗疫 云上赏樱”直播

案例类别：产品

“媒体 + 旅游” 云端见三峡

——宜昌市夷陵区融媒体中心创新拓宽增收渠道案例分析

贾黛钢 朱永杰

水至此而夷，山至此而陵，地处“两坝一峡”的湖北省宜昌市夷陵区融媒体中心，始终秉承“生于小而不安于小”的理念，不断开拓创新，积极主动作为，用硬核实力抒写了媒体深度融合的一个又一个华美篇章。

作为基层媒体，经历了 2020 新冠肺炎疫情的洗礼，夷陵区融媒体中心与其他媒体一样，收入锐减“行路难”。要破解生存发展难题，夷陵区融媒体中心深谙只有紧紧把握时代的主题，做好“媒体 +”发展大文章，创新创收举措，才能不断增强自身的造血功能，提升媒体综合实力，“云端三峡”创新项目便由此而生。

树品牌，大美三峡云端现！ 2020 年 8 月 8 日，在国家 AAAAA 级景区——三峡人家风景区，由夷陵区融媒体中心、三峡环坝旅游集团联袂打造的 2020“云端三峡”大型山水实景直播上线仪式盛大举行，绝美的三峡人家风光，原生态的民俗歌舞表演，独特的峡江文化在“云上夷陵”APP“云端 · 三峡大剧院”专题精彩呈现。新华社现场云、央视新闻 +、中新社、长江云平台运营合作体（全省 100 多家市区电视台）等平台免费同步直播，超千万网民在线浏览、互动，中央、省、市媒体纷纷关注并持续聚焦，开了省内“融媒体 + 旅游”“融媒体 + 景区”的先河。

此前春末夏初，夷陵区融媒体中心紧紧把握“疫后重振、高质量发展”这一时代主题，以敏锐眼光和创新的视角，针对三峡地区得天独厚的旅游资源，将目光聚焦三峡人家风景区，把“媒体 + 旅游”作为“媒体 +”的突破口，与三峡环坝旅游集团积极展开磋商，得到积极响应。5 月 20 日，双方正式缔结联盟，敲定由三峡环坝旅游集团出资 50 万元，依托夷陵区融媒体中心《云上夷陵》APP，携手打造“云端 · 三峡大剧院”，以直播等形式为游客打造沉浸式游玩体验，推进文旅融创深度合作。

上线仪式当天，恰逢“与爱同行 惠游湖北”活动正式启动，三峡人家风景区游客纷至沓来，当天接待游客突破 1.2 万人次，自此开启复苏式、井喷式增长模式。独特的“媒旅”融合发展思路，在 2020 年 8 月 12 日开班的湖北省广播电视媒体融合创新与发展研学班上，引来全省 100 多家市（州）电视台和县（市、区）级融媒体中心的点赞，夷陵融媒“媒体 + 旅游”的成功经验在全省推广，此后数十批次的省内外媒体同行纷纷前来考察交流。

一、开先河，“媒旅融合”启征程

能够让三峡环坝旅游发展集团抛开市级台，选择和夷陵融媒合作，得益于中心团队的强劲实力，更与坚持走融合转型的路径分不开。

两心融合汇能量。2020 年 7 月，夷陵区新时代文明实践中心与融媒体中心依托云上夷陵 APP，开辟“夷陵新时代文明实践”线上平台，联合打造“5210 融合”志愿服务平台，云上夷陵成为“志愿者之家”。截至目前，云上夷陵注册志愿者人数突破11万人，总用户数突破20万。这对于有着60多万常住人口的夷陵来说，意味着每一项政策、每一条新闻都能在第一时间让全区人民知晓，这是确保流量的关键，也是拿下50万元大单的关键。

战役宣传显担当。无论是年初的“疫情防控阻击战”、年中的“汛期抢险救灾战”，还是决战决胜脱贫攻坚战，“夷陵融媒”都用速度与担当让社会各界“信得过”。疫情期间，采编人员24小时“不打烊”，第一时间将上级精神、最新疫情动态、科普知识传递到千家万户。除夕当天，夷陵区疫情防控指挥部2号令发出仅几分钟，云上夷陵便向全社会公开发布，当天阅读量突破10万次。6月27日强降雨，中心组织采编人员36人，直击救灾现场，采写编播百余条图文视频，上送的“夷陵交警破窗救人”事迹被央视《新闻联播》等7个栏目刊播。

精品打造树形象。坚持“内容为王”，采用Vlog、配乐诗朗诵、抖音等群众喜闻乐见的形式，上群众喜欢的“菜”，持续打造爆款，确保每周都有一个爆款。与央视新闻频道直播连线，与东方卫视举行《奔跑吧柑桔》公益直播，拿下湖北稻花香集团2019大型群星演唱会，重磅推出“夷陵阻击战·致敬”系列短视频、“探访蓝帐篷”系列深度报道、配乐诗朗诵《阻击疫情 夷陵有我》文艺精品，打造了反映全国优秀教师先进事迹的MV《大山里的烛光》、人间亲情的“陈德凤34年的回家路”、牺牲在扶贫路上的“余丙华系列报道”……“精品爆款”频出，点击量突破9000万大关，在2020年《长江云运营周报》180多次上榜，并拿下60多个第一。

融合发展有影响。夷陵融媒以“不是试点、争创示范”为动力，以更好“引导群众、服务群众”为目标，纵深推进媒体融合发展。2018—2019年，中心作为全省两个县市级代表之一向中宣部部长黄坤明做媒体融合汇报展示，时任省委常委、宣传部部长王艳玲来中心调研融媒体工作并给予了高度评价，中广电设计研究院、中国传媒大学等专家团队和数十批次省内外媒体同行前来考察交流，宜昌市“两个中心”建设推进会在夷陵区召开。2020年，中心上报的《媒旅新融合 云端见三峡》以第一名的成绩荣获湖北省内容创新最佳案例，并入选《全国广电媒体融合实战案例蓝皮书》。

二、展形象，敬业奉献聚口碑

收获信任后，中心抽调精兵强将进驻三峡人家，重细节、强服务，用敬业与奉献展示了夷陵融媒团队的良好形象，也收获了用户的良好口碑。

虽然直播只有短短几个小时，但从“520”联盟签约之日起，中心便派出编导和摄制团队入驻三峡人家，开始长达一个多月的实景拍摄，将景区的标志性景点和特色民俗文化进行完美演绎。上线之前一个月，中心再次派出最强阵容，深入景区拍摄，尽管酷暑难耐、团队多人中暑，但大家用心记录一个个经典和精彩，为“云端三峡”上线做足了功课。从5月开始筹备到8月正式上线，中心累计投入10多批次、100多人次，全新制播20多条MV、H5、短视频，将传统媒体人所擅长的画面优势发挥得淋漓尽致。同时，云上夷陵APP、网站、微信、抖音等平台全媒体传播，使活动宣传效果达到最大化，用硬朗的作风、精湛的技艺和激情的汗水，赢得一片赞誉。

用好全媒体平台，用活各级媒体资源，把《云端三峡》打造成夷陵“媒体+旅游”的品牌。从上线至12月底，“云端·三峡大剧院”专题编发图文视频稿件140多条，《云端三峡 不止所见》《忘尘谷》《幸福》《哭嫁》《三峡陶坊》《牵丝戏》《峡江皮影》等数十个唯美实景在“云端”得以精彩呈现，《全力支持三峡环坝集团旅游发展》等一批动态稿件阅读量过万次，《三峡人家的“媚力”蝶变》《“云端三峡”大型山水实景上线》等一批动态报道受到中省主流媒体关注与推介，《云端三峡》全网阅读量超过5000万次。特别是湖南卫视《中餐厅》节目组来夷拍摄期间，夷陵区融媒体中心获取独家新闻素材，进行全媒体首发，微信、抖音等平台点击量突破300万次。

三、获双赢，乘风破浪结硕果

“云端三峡”的成功上线，一方面，夷陵区融媒体中心摘得了有史以来单笔50万元的最大单。另一方面，自上线以来，三峡人家风景区平均每天游客数量超过8000人次，截至12月底累计接待游客100多万人次，位居宜昌第一、全省前列。

有了“云端三峡”的成功，夷陵融媒得到了更多市场主体的认可与支持。2021年2月20日，宜昌市夷陵区组织召开“新闻+旅游”专题研讨会，探讨深度合作、助推旅游发展、互利共赢的实践路径，中心与10多家市场主体达成共识，再度拿下了丰厚的大单。2020年，夷陵区融媒体中心广告收入实现逆势增长，比2019年增加60万元。

好风凭借力，扬帆正当时。“十四五”规划提出了“推进媒体深度融合，实施全媒体传播工程，做强新型主流媒体，建强用好县级融媒体中心”的新要求，夷陵区融媒体中心将以习近平新时代中国特色社会主义思想为指引，以“媒体+旅游”的成功尝试为契机，融合不止步，行稳而致远。

（贾黛钢：宜昌市夷陵区融媒体中心主任，朱永杰：宜昌市夷陵区融媒体中心副主任）

云端三峡大剧院

案例类别：组织机构

“融”创未来 打造区域新型主流媒体

彭志刚 马春霞

赤壁作为中宣部县级融媒体中心建设重点联系推动县市，湖北省县级融媒体中心建设试点县市，2018年以来，立足“早”融，紧抓“真”融，坚持“实”融，专注“深”融，强力推进县级媒体融合向纵深发展，努力打造县级区域新型主流媒体，进一步巩固壮大主流思想舆论阵地。

赤壁市融媒体中心作为全国三家县级代表之一，参与了中宣部、国家广电总局发布的《县级融媒体中心建设规范》《县级融媒体中心省级技术平台规范要求》起草工作。2019年2月16日，中共中央政治局委员、中宣部部长黄坤明调研视察赤壁市融媒体中心建设时给予充分肯定。赤壁市融媒体中心建设入选中宣部2019年《全国宣传思想文化工作典型案例》，获评国家广电总局2019年广播电视媒体融合典型案例奖。2020年9月，赤壁市融媒体中心试点建设高标准通过湖北省委宣传部全面验收。

一、立足“早”融，顺应媒体发展趋势和规律

（一）媒体机构整合早

2003年全国撤销县级报纸，《赤壁报》撤刊号未停办，由赤壁广播电视台接管，作为内部刊物保留。2004年1月，赤壁网成立运营。2010年赤壁政府网移交赤壁广播电视台运营。2014年12月，赤壁电视台开通微信公众号。2015年7月，赤壁手机报正式上线。2016年9月，依托省级“长江云”平台建设的“云上赤壁”移动客户端上线。至此，赤壁市完成电视台、广播电台、赤壁报、云上赤壁客户端等8个媒体机构平台的整合。

（二）媒体融合探索早

2017年1月，赤壁广播电视台开始自主改革进程。强策划：从各媒体平台抽调人员组成策划编审工作小组，围绕市委、市政府中心工作和群众关切事统一策划主题编审稿件；打通传统媒体与新媒体，激活新媒体；从2017年下半年开始，将广播和电视产品上线“云上赤壁”，使群众能用手机收听收看。再造生产流程：2018年初，对内容生产进行流程再造，提出“一个班子策划、一支队伍采写、多个平台编发、多种媒介传播”理念，通过QQ群和微信群进行操作，满足流程再造需求。

（三）融媒体中心成立早

2018年7月23日，赤壁市融媒体中心正式挂牌成立。本着务实管用好用的原则，投资200多万元的指挥调度中心和智能采编系统建成使用，构建起“一中心、八平台”的传媒矩阵。2019年6月18日，赤壁“双微矩阵”平台正式上线，全市31个微信账号授权运营。2019年7月1日，开通“赤壁融媒体”抖音号、今日头条号，扩大赤壁正面舆论传播格局，实现赤壁市主流媒体平台的“大合唱”。

二、紧抓“真”融，五根手指捏成一个拳头

（一）融机制

2017年以前，赤壁广播电视台的电视、广播、新媒体等平台各有各的采编流程，各做各的媒体产品，采编业务岗位设置重复，效率低下。从2017年初开始，率先落实一体化推进媒体融合发展思路，打破原有以媒体属性设定部门的建制体系，按照做强宣传主业、搞活经营发展、做优后勤保障的思路重构优化组织机构。整合全媒体资源，设立调度指挥中心、采访中心、编辑中心、技术保障中心，组建赤壁广播电视台传媒有限公司，成立行政综合服务保障中心，并相应形成一整套《赤壁市融媒体中心管理运行机制》，保障安全科学高效运行。

（二）融流程

组建统一指挥调度平台，构建一体策划、一次采集、多种生成、全媒传播的新闻生产流程，形成“新媒体首发、全媒体跟进、融媒体传播”的格局，实现8个1的深度融合效果远远大于8。新闻稿件数量增长20%，优稿率提升15%。云上赤壁客户端用户数量达16.9万，占全市智能手机用户的50%。云上赤壁阅读指数、用户活跃指数等5项指标长期位于全省县级云平台前5位，2018年以来，连续3年荣获长江云县级融媒体平台最佳运营单位。

（三）融内容

紧扣党委政府工作大局，紧盯受众接收信息习惯，根据电视、广播、新媒体等平台的发展定位、受众群体、传播特点，实现内容的一次采集、差异化供应，实现传播效果最大化。在赤壁市新冠肺炎疫情防控阻击战中，电视、广播、新媒体统一发声，多形式体现，把干部群众的思想统一起来、凝聚起来，打响一场疫情防控人民战争。广播电视日均原创新闻报道20余条，新媒体平均每天发稿40篇，发布公益广告200条（次）/天，直播

新闻发布会7场……在省委宣传部对县级云上平台活跃度、阅读量动态监测数据通报中，云上赤壁两项数据均排名第一。

三、坚持“实”融，更好引导群众、服务群众

（一）做实新闻生产

突出一体策划，强化指挥调度，2020年，完成赤壁市中心大局工作系列主题策划方案42个。加快传统媒体产品的创新创优，新闻栏目、创意产品向定制化、全网化、系列化发展。拓展新媒体制作业务，加快发展微视频、H5等新媒体产品。2019年2月，赤壁市融媒体中心作为全国100家县级融媒体中心矩阵号入驻中央广播电视总台“全国县级融媒体智慧平台”。2020年12月，学习强国赤壁融媒号上线。2020年有90多条融媒产品被学习强国平台和央视频采用。推出《赤壁是个好地方》系列海报，受到广泛关注，累计点击转发量超500万次。

（二）做实便民服务

以云上赤壁为载体，拓展政务服务，推进与党政部门、政务服务平台技术对接，开通网上办事，对全市涉及百姓衣食住行、业教保医等服务群众生产生活方面的部门和企业信息进行整合，细化社会服务。开辟问政平台，立足媒体优势，关注民生服务，积极为百姓排忧解难。目前，问政平台“四单模式”常态化、制度化、高效化运行，市民“下单”发布诉求，问政平台“派单”给相应部门，部门“接单”解决问题，市纪委监委跟踪“督单”问效问责。2018年问政平台上线至今，全市已有96家单位部门注册账号，共有效处理咨询、投诉、求助等信息2254余条，回复率达100%，处理办结率达98%，群众满意度超过98%。

（三）做实教育引导

统筹推进新时代文明实践中心与县级融媒体中心建设，在“云上赤壁”搭建“新时代文明实践中心”平台，为新时代文明实践中心提供内生动力，实现融媒体中心“网上吹号”，志愿者“网下集结”，直接面向村镇、社区基层群众提供志愿服务；新时代文明实践中心鲜活生动、接地气的工作内容，给融媒体中心提供生动感人的新闻素材，在提供优质服务的过程中彰显主流价值，教育引导群众。

四、专注“深”融，夯实媒体纵深融合基础

（一）强化组织保障政策支持

市委、市政府把推动媒体融合发展作为全面深化改革重点突破项目，成立以市委书记为组长、宣传部部长为常务副组长的媒体融合改革发展工作领导小组，制订《赤壁市媒体融合改革工作方案》，明确目标任务，形成工作机制。采取“退一补一”方式，在原有69个人员编制的基础上，增加11个全额财政供养事业编制，充分保证人员力量。逐年增加财政预算，2018年、2019年投入1000万元，2020年投入各项资金1200多万元。

（二）打造提升全媒体人才队伍

按照“招引一批、转型一批、培训一批”发展思路，持续提升全媒体人才队伍素质。2018年以来，公开招聘（招考）全额财政编制专业技术人员2批次14人；招硕引博1人；自主公开招聘13人。全媒体人才队伍结构趋向年轻化，整体学历水平逐步提升。探索岗位责任与工作业绩相统一的薪酬分配制度，出台《赤壁市融媒体中心绩效考核机制》，弱化身份差别，缩小收入差距。加强校地共建，与武汉大学、武汉传媒学院、长江大学等7所院校开展战略合作。

（三）创新产业经营与盈利模式

为适应市场，2017年10月，按照“统一领导、业务独立、市场运作”运行模式，成立赤壁广播电视台传媒有限公司。发挥主流媒体内容生产、公信力优势，将服务内容从单纯依靠广告收入向广告栏目、线下活动、产业服务等多元化产业链发展转型。通过市场化的方式，实现主业与经营的双促进、双提升。2020年，在常态化疫情防控的背景下，赤壁市融媒体中心全年举办线上线下活动30余场，经营创收实现正增长。

（彭志刚：赤壁市融媒体中心主任，马春霞：赤壁市融媒体中心副总编）

赤壁市融媒体中心建设成效专题

案例类别：产品

探索“新闻+”模式 打通服务群众最后一公里

——云上赤壁探索构建深度参与基层社会治理模式

彭志刚 马春霞

在建设全国、全省县级融媒体中心试点进程中，赤壁市融媒体中心强化移动优先意识，依托省级技术平台——长江云，不断优化云上赤壁客户端功能，根据群众多样化信息需求，在做强宣传主业的同时，探索“新闻+政务”“新闻+问政”“新闻+服务”运行模式，更好引导群众、服务群众。目前，云上赤壁下载量达到16.4万，连续三年获评长江云最佳运营单位。

一、提升传播力，强化新闻发布

坚持党媒姓党，坚持内容为王。努力创作推送适合新媒体传播的新闻信息产品。上接“天线”、下接“地气”，一方面将中央、省委、市委的“声音”及时准确传达到基层，另一方面围绕地方党委政府中心大局工作和人民群众火热生动实践，生产出更多接地气、带温度、有深度的新闻产品，凝聚起全市上下一心一意谋发展的合力。

在2020年初的抗击新冠疫情期间，科学组织调配全媒体力量，克服种种困难，深入抗疫一线，采写、编辑、制作、推出了一大批真实鲜活动人的新闻产品，在宣传教育引导群众居家防护、居家生活等方面发挥了不可替代的作用。分别围绕宣传防疫政策知识、保障防护物资供给、满足家庭生活所需等主题，先后配合举办了七场专题新闻发布会；以奋战在防疫一线的白衣天使、党员干部群众为焦点，创作推出了“最美的他们”系列战“疫”报道，展示和弘扬了伟大的抗疫精神，并获得长江云战“疫”好新闻二等奖；在疫情形势刚刚好转之时，迅速启动复工复产复市宣传，先后依托央视、人民优品等平台，开展多场直播带货活动。9月又抓住丰收节契机，开展移动端直播，展示丰收景象，增强抗“疫”的信心，推动地方经济高质量发展。

二、提升公信力，推进“新闻+政务”

依托移动端做好政务服务，目的在于推进政务信息的及时公开，做好政策法规的准确宣传和阐释。目前，全市已有31个政府部门和17个乡镇（街道）入驻云上赤壁，将权力运行置于阳光之下。“网上办事”服务平台构架日臻完善，连接打通了省政务信息服务平台，既为市民群众提供户政、出入境、纳税缴费、福利救助、证件办理等政务大厅的接入业务，也为企事业单位提供工商、税务、环保等政务大厅的接入业务。朝着“一网覆盖、一次办好”目标迈进。

三、提升影响力，改进“新闻+服务”

改进“新闻+服务”就是要关心百姓生活，便捷社会服务。近3年来，云上赤壁通过科学设置服务类别，不断丰富服务内容，优化提升服务功能，让指尖上的便民服务达到五大类32个具体服务项，几乎涵盖了“衣食住行、业教保医”等方方面面，贴身服务市民群众，进一步增强了云上赤壁移动端的黏度。

四、提升引导力，做实“新闻+问政”

为充分发挥移动新媒体监督作用，依托云上赤壁问政平台，坚持“有问必答、有求必应、有事必办、有错必纠”原则，全面受理网民反映的涉及赤壁经济、政治、文化、社会、生态文明建设等方面的诉求。通过听民声、解民难、化民怨，监督政府部门履职尽责，在基层社会治理中发挥“减震器”“稳定器”的作用。

云上赤壁问政平台由市委网信办牵头，市融媒体中心主导，协调相关部门严格执行交办、督办、问效制度，各乡镇、街道、政府部门明确分工，履职尽责，高效协同。其中，市委网信办：统筹协调网络问政工作；融媒体中心：落实专人全天候管护云上赤壁问政平台，对合理诉求通过平台第一时间分发交办，对敏感类问题及时报送市委网信办按程序处置。对诉求办理情况及时跟帖回复，有针对性做好宣传舆论引导。对逾期未办理或办理不到位的进行跟踪报道；各乡镇、市直各单位：入驻网络问政平台，对涉及本单位部门的诉求，及时回应办理，积极稳妥处置；市纪委监委、市委宣传部：对逾期未办理问政事项的责任单位进行督办问效，将问政办理工作情况纳入年度意识形态工作综合考评。

目前，云上赤壁的问政平台已形成常态化、制度化、高效化的“四单”运行模式。市民通过云上赤壁问政栏目“下单”发布诉求，问政平台第一时间向相关单位部门“派单”，单位部门迅速“接单”，及时回复处置。针对单位部门回复处置情况市纪委监委跟踪“督单”问效。

2019 年 1 月 17 日，网友以《河长在哪里？》为题反映宝塔山下有污水直排到陆水河，希望河长管一管，还配发了一张图片。陆水河河长、赤壁市委副书记、政法委书记刘子恒通过问政机制接收到受理任务后，于当晚 9 点就回复了网民，对网民关心陆水河保护工作表示感谢，并连夜带领住建、环保、水利相关部门工作人员到现场调查，督办整改。次日上午，经过对污水现场采集检查、分析研判，最终查出河水部分浑浊是由赤壁市一个建筑工地施工时擅自偷排（打桩时泥水未经过沉淀池沉淀）所造成的。市住建局立刻约谈了项目工程负责人，要求其加强监管，采取实际措施杜绝类似问题发生。在回复问题的同时，栏目小编也进行相关舆论引导，对污染行为进行警示，并呼吁全市人民共同保护陆水河。与此同时，河长刘子恒责令相关职能部门对此事件严肃处理，认真吸取教训，严格落实责任追究制度。并举一反三，在全市建筑工地、生活污水入河排入口等重点部位展开大清查，实施严格监管，全力防范影响陆水河水域环境的事件发生，让一河清水惠泽赤壁人民。

云上赤壁问政平台适应新媒体语境，建立了政府、部门与市民群众沟通连接的重要渠道，在政府与民众之间搭建了一座汇民智、解民忧的桥梁。2018 年问政平台上线至今，全市已有 96 家单位部门注册账号，共有效处理咨询、投诉、求助等信息 2254 条，回复率 100%，处理办结率达到 98%，群众满意度达到 98% 以上。在倾听民声、汇聚民智、排忧解难、维护社会和谐稳定等方面发挥了重要作用。

一是了解民声、汇聚民智。通过问政栏目，网民向政府及其相关部门提出诉求、建议和建言，得到了及时回复和采纳，其中不少建议和意见充满真知灼见，为赤壁经济高质量发展、社会民生全面改善，起到了不可替代作用。

二是答疑释惑、排忧解难。云上赤壁问政栏目以关注民生、服务群众为己任，切实为市民群众答疑释惑、排忧解难。从咨询水电开户、新车上牌，到反映卫生环境、噪声扰民，再到解决乱堆乱放、乱搭乱建等，这些看似“鸡毛蒜皮”的小事，却都是云上赤壁问政栏目的大事，连续三年回复率达到 100%，办理率达到 98%，群众满意度不断攀升。

三是倾听民声、转变作风。就干部作风、廉政建设、民生改善、脱贫攻坚、环境保护，以及医疗、卫生、教育、交通、城市管理等工作，相关单位部门主动通过云上赤壁问政平台与网民交流，真诚倾听他们的意见和呼声，采取有效措施及时解决群众反映的各种问题，改进了工作作风，提升了工作效能。

四是及时分析研判舆情、维护社会和谐稳定。以提前研判、分析情况、维护稳定、构建和谐为核心，打造出倾听民意、发现问题、媒体介入、多方配合解决问题、举一反三改进工作的整体联动机制，创新了新形势下网上信访稳定工作模式，也正在成为县级融媒体中心深度参与当下基层社会治理工作的有益探索和有效实践。

（彭志刚：赤壁市融媒体中心主任，马春霞：赤壁市融媒体中心副总编）

案例类别：产品

“新闻 +”到心坎上

——保康县融媒体中心创新传播方式提升传播效能

2020 年 12 月 3 日，保康横冲景区举办第二届冰雪旅游节，横冲滑雪场成为湖北首家开园的滑雪场。保康县融媒体中心通过云直播，向广大网友介绍保康旅游资源、冰雪体验项目，吸引了 4 万多名观众在线观看。

横冲滑雪场负责人说：“为打破冬季旅游‘坚冰’，景区与融媒体中心合作，提前一个星期进行预热造势，当天吸引了 500 多名游客前来体验打卡，实现收入 3 万多元，‘冷资源’转化成了‘热经济’。”

2020 年旅游业复工复产后，保康县融媒体中心把文化旅游与脱贫攻坚、乡村振兴有机结合起来，采取云上直播、记者体验、十个平台发力等方式，对外持续推介保康的旅游景点，打响“楚国故里、灵秀保康”生态旅游品牌。9 月至 11 月，保康县共接待游客 50 多万人次。

这是保康县融媒体中心守正创新，做好“新闻 +”文章，打造群众心坎上的媒体，更好服务发展大局、服务人民群众的一个缩影。

一、新闻 + 政务，信息传播“零盲区”

第一时间将新媒体平台推送改革为全天候即时推送；将《保康新闻》由一周播出五期改为每日新闻；将“村村响”广播播出时段由每天 3 个时段增加到 14 个时段，

播放时长增加到470分钟……

面对突发的疫情，保康县融媒体中心根据全山区县的实际，超常规创新宣传手段，第一时间传播党委政府的权威声音，传播防控知识，报道战“疫”典型，信息发布实现全覆盖。

与此同时，在10个平台同步开设《众志成城战疫情》专题，创新开设《权威发布》《保康动态》《战疫群英谱》《防控知识》《回应网友》《曝光台》等15大类栏目，日均播发相关新闻信息1000多条次。

跟进全县战“疫”进程，先后4次对新媒体和传统媒体栏目设置进行及时改版，扩容增容，最大限度地发挥“新媒体首发、全媒体跟进、融媒体传播”效应。一季度累计播发各类新闻信息8万余条次，其中发布中央、省市县权威信息2万多条次，在中央、省、市级主流媒体刊播各类作品1056条次，居全省全市县级融媒体前列。以权威声音引导舆论，凝聚共克时艰的合力，为决战决胜疫情赢得了宝贵时间。

保康县融媒体中心主任涂纪东说：“把党的声音传得更开、传得更广、传得更深入，更好地服务群众、引导群众、教育群众，增强了人民群众的自我防护意识和战‘疫’信心，提升了基层各级党委政府的组织动员能力。”

县级融媒体中心是信息传播的“神经末梢”。保康在开展全国县级融媒体中心试点建设过程中，将县域内的各类党媒平台资源进行深度融合，构建“台、报、网、微、端”一体化传播矩阵。做强“云上保康”政务APP和保康融媒微信公众号，实现“广播手机听、电视手机看、报纸手机阅、活动手机播、服务手机办”，客户端用户量比融合之前增长了16倍。

育新机、开新局。保康县融媒体中心建立健全新闻指挥官制度，创新内容生产方式、丰富传播和表达方式，围绕三大攻坚战、复工复产、乡村振兴等重大主题，策划推出了《决战决胜脱贫攻坚》《乡村振兴进行时》《第一书记在一线》《我家的小康生活Vlog》《记者带你游乡村》等35个专题栏目，精准传播党的声音，生动讲好保康故事，实现群众“愿意看、经常看、喜欢看”的宣传效果。《90后夫妻521领证并签器官捐献协议》短视频，在2020年5月22日，登上微博热搜榜并排名第一，全网总浏览量突破3.3亿人次。《众志成城战疫情》《孙振亮的心愿》两部短视频分别斩获2020中国战“疫”短视频大赛一、二等奖。

二、新闻+服务，干群交流“零障碍”

实施老旧小区改造，改善了市民居住环境，也提升了城市品位。2020年11月19日，市民在云上保康《百姓点题》栏目留言板反映，物贸小区4栋老单元因围墙阻隔，仍有菜园没铲除，鸡棚没拆除，影响小区的整体形象。

11月20日上午，保康县住建局就与公路局协商，拆除家属院围墙，挖掘机进场铲除了菜园，拆除了鸡棚，并于当日在《百姓点题》栏目回复网友，场地平整后准备新建化粪池、铺设雨水分流管网、刷黑场地、规范停车位。

打开《百姓点题》，写满了群众关心的一件件小事，并可以查看各个部门回复办理的结果。

“‘群众事，无小事。’这些紧贴生活的‘小事’，往往是群众最为关切的‘大事’。”《百姓点题》栏目总策划、保康县融媒体中心总编辑李广儒说。作为全国县级融媒体中心建设试点，不仅要探索如何将新闻宣传阵地整合强化，更要探索如何“变现”党媒宣传的服务功能，搭建起党委、政府与群众沟通的新桥梁，打通服务群众“最后一公里”。

坚持“新闻+政务+服务”理念，整合“书记信箱”“县长信箱”“阳光信访”“党风政风热线”等平台，创新打造《百姓点题》新媒体政务服务平台，全县98个部门、52家商业平台入驻，充分运用网络听民声、察民情、聚民意、解民忧，第一时间回应群众关切，走实“网上群众路线”。同时线上线下配合，在中心一楼设置开放式“互动空间”（咨询办事大厅），群众踊跃参与，营造和谐融洽的交流沟通氛围。

《百姓点题》自2019年6月上线运行以来，共收到群众有效来信764件，按照3个工作日受理、7个工作日办理回复的时限要求进行处理，办结率达到100%，赢得群众的一致好评。

三、新闻+电商，服务群众“零距离”

2020年6月23日，保康县融媒体中心、中燃集团与歇马镇联合开展“深化政企合作、助力脱贫攻坚”网络直播带货活动，为该镇的有机绿茶、土蜂蜜、生态大米等农产品“代言”，助力群众增收致富。直播两个半小时，吸引5万多名网友观看，线上下单1280单，销售农产品50.83万元。

以“暖心助农乡村发现”为主题，进村组、到车间，现场推介农副土特产品，使爱心网友与贫困群众、企业精准对接，12场大型直播共为群众增收400多万元。保康县融媒体中心40名全媒体记者、主持人自发深入贫困户家中制作、推送《我为贫困群众代言》短视频，销售农产品30多万元。

在战“疫”大考中，保康县融媒体中心携手电商推出“中创融誉全程新零售”平台，招募组建15支志愿服务队，面向县城区所有社区（小区）和5个乡镇村组10000多户居民，开展生活必需品和生产物资代购配送服务，保障群众生活生产需求和社会稳定。引导“用户”变“客户”，这个被疫情“倒逼”出来的融媒电商平台，成为本土消费扶贫的公益品牌，带动销售2500万元。

同时，保康县融媒体中心还充分利用融媒体平台优势，开设“烟农在线”“农技云课堂”专栏，开通就业服务平台，助力复工复产、脱贫攻坚。截至2020年12月底，累计发布就业服务信息18期，点对点帮助2万多名农村群众实现线上技能培训和外出务工就业，开办《农技云课堂》70期。10月13日，湖北省网络扶贫现场推进会在保康召开，与会人员观摩学习了融媒体网络扶贫经验。

融合，是转型，更是变革；未来，要创新，更要创造。涂纪东说：“我们将牢记习近平总书记的重托，建好融媒体，用好融媒体，管好融媒体，筑牢服务理念，不断改革创新，做好‘新闻+’文章，赢得更多群众的支持与满意，为保康绿色发展高质量发展提供强有力的舆论支持。”

（保康县融媒体中心）

案例类别：组织机构

建设主流舆论阵地 推进媒体融合发展

近年来，大冶市围绕加强县级融媒体中心建设，主动适应媒体融合发展新趋势，不断满足群众美好生活新期待，整合媒体、政务、服务资源，打造集新闻传播、政务服务、生活服务、教育培训等于一体的综合公共服务平台，构建主流舆论“新”阵地，有力推进媒体融合从物理相加向化学相融迈进，不断提升新闻舆论的传播力、引导力、影响力、公信力，更好引导群众、服务群众。

一、狠抓流程再造，聚力融合发展

（一）整合全媒资源

将隶属不同部门主管主办的云上大冶客户端、大冶电视台、《今日大冶》报、大冶发布微信公众号、大冶发布微博、大冶发布新华号、今日大冶微信公众号、今日大冶微博、大冶政府网、大冶市融媒体中心抖音号等市直十大媒体平台全面整合、集中办公，打造全媒联动、资源集约、一体管控的“一中心、十平台”主流舆论阵地。

（二）建立全媒分工

打破过去按媒体属性划分部门的设置，按照新要求、新流程，设立办公室、全媒综合部、策划编审部、新闻采访部、编辑制作部、专题栏目部、政务服务部、技术保障部、产业发展部等9个部室，实现“大策划、大采访、大编辑”工作机制。

（三）实行全媒调度

依托“长江云”平台，新建集线索汇聚、策划采编、渠道分发等功能于一体的融媒体指挥调度平台，加强了对新闻宣传、政务服务、活动开展、专题制作等业务工作的统筹，形成了资源统一调度、部室分工协作、平台整体联动的工作局面。

二、狠抓策划宣传，强化舆论引导

（一）加大新闻宣传

2019年以来，中心策划推出70余个专栏和系列报道，及时跟踪报道大冶市各项重点工作。同时充分运用云上大冶手机客户端、大冶发布微信公众号、大冶政府网、“村村响”广播等平台，多渠道开展宣传报道。2017年以来，累计发稿4.7万条，其中94篇稿件被中央级媒体选发，1066篇稿件被省级媒体选发。

（二）加大栏目宣传

制作完成专题栏目《铜都主人》《委员之声》《铜都党建》《大冶三农》《法治在线》《健康之友》等电视栏目，摄制全市项目建设情况汇报片、协商在一线、市纪委廉政建设短片、四好农村路建设、《我和我的祖国》快闪系列等专题片50余部。

（三）加大公益广告宣传

累计在大冶电视台、《今日大冶》、村村响等平台刊播党史学习教育、时代楷模、疫情防控、反腐倡廉、安全生产等公益广告4万余条次，积极弘扬社会主义核心价值观，倡导文明健康新风尚。

三、狠抓新媒体建设，做实移动优先

（一）坚持移动端首发

对采集的内容素材实行随到、随编、随审、随发机制，确保图文稿件、短视频等产品在云上大冶客户端、“大冶发布”微信公众号、大冶市融媒体中心官方抖音号等新媒体平台即时推送。

（二）坚持创新传播形式

根据移动媒体平台特点，力求稿件标题新颖、文字鲜活、图片丰富、视频精短，并广泛运用网络直播，满足移动传播时代受众新需求。同时召开全市新媒体建设工作会议，出台《大冶市新媒体平台推广工作实施方案》等文件，进一步加强新媒体建设。2017 年以来，中心共组织大型宣传策划 20 次，推出《这个冬天最有温度的大冶话》方言短视频、《今天有件事需要你出手，快来点亮大冶的春天》创意图文、H5 云祭祀、《英雄大冶 革命摇篮》党史学习课件等一批精品力作；策划推出新媒体轻文化类栏目《与君读文》12 期、系列短视频栏目《传承——大冶红色印记》6 期。目前，云上大冶客户端下载量 30 万，连续三年荣获“长江云平台优秀运营单位”；大冶发布微信公众号粉丝量 23.9 万，连续三年荣获“湖北十佳政务新媒体”；大冶市融媒体中心抖音号自 2019 年 7 月开通上线以来，发布原创短视频 478 条，总播放量 7000 余万，最高单条播放量 1264.6 万、点赞 10.8 万。

（三）坚持资源倾斜

安排动漫、美术年轻专业人才担任新媒体平台编辑，组建专门短视频团队，开通短视频号和抖音号，每周至少更新两条原创短视频，以受众喜闻乐见的形式传递正能量。投入近百万元采购移动导播台、无人机、4K 电影机等专业设备，为移动产品制作提供技术保障。

四、狠抓“媒体 +”应用，更好服务受众

（一）做强政务服务

出台《关于进一步加强云上大冶客户端政务服务内容建设的通知》等文件，发动全市入驻云上大冶政务平台乡镇部门83家，实现入驻全覆盖；链接湖北政务服务网，在线政务服务项目33项，为群众提供申报审批、注册办证、办理社保等一站式政务服务。同时，将热线版块与大冶市“12345”公共服务平台合并运行管理，建立审核、转办、回复、公开、评价机制，并在《今日大冶》报纸开设“12345 有事找政府”专栏，展示监督回复情况。中心成立以来，平均每月受理回复群众合理咨询、投诉、求助、举报 100 余件，回复率 100%，有效促进部门履职，积极打造“指尖上的政务服务中心”。

（二）做优生活服务

为增加用户黏性，云上大冶提供充值缴费、交通出行、特色旅游、医疗服务、教育培训、车主服务、预定购买等 21 类 116 项优质生活服务，并及时推送大冶本地天气、招聘、二手物品交易、交通管制、停水、停电、医讯、菜价等与群众生活息息相关的信息，让“云上大冶”好看更好用，打造群众生活“百事通”。

（三）做透监督服务

将市纪委监委全省首建的“互联网 + 监督”平台接入“云上大冶”，方便群众对惠农政策落实、扶贫资金使用、村级财务管理等进行实时监督，确保惠农政策落实好、扶贫资金使用好、村级财务管理更加规范，从源头上遏制腐败问题发生。

（四）做精电商服务

将中国劲酒、刘小红刺绣、灵祥花菇等 13 个大冶特色扶贫产业、优质品牌产品，接入“云上大冶·媒体 + 电商”板块，精心策划网络带货、乡村旅游节会等直播 30 余场，打通线上线下营销，助力地方经济发展。

五、狠抓合作共建，融入“两个中心”建设

（一）充分发挥融媒体中心线上平台优势

2019 年 6 月 21 日，依托长江云在云上大冶建设上线全国首个新时代文明实践平台，为市新时代文明实践中心提供掌上“群众点单、中心（所、站）制单、层层派单”服务，当天通过“两路同步直播”的方式，向全国展示大冶新时代文明实践工作成果，直播观看总量高达 130 余万人次。目前，累计支持全市 913 个文明实践组织 14.21 万名志愿者，开展“抗疫爱心车队”“结对帮助医护家庭”等服务 5.08 万次，覆盖全市 322 个村（社区）。

（二）充分发挥新时代文明实践中心线下队伍优势

通过各级新时代文明实践组织，向广大志愿者、市民群众推广宣传“云上大冶”客户端等平台及服务功能，助力市融媒体中心提升“云上大冶”等媒体平台知晓率、日活率、用户量，实现“两个中心”同频共振。

六、狠抓考核激励，激发队伍活力

（一）建立考核激励机制

制定《大冶市融媒体中心 < 今日大冶 > 平台考核管理办法》《大冶市融媒体中心电视新闻记者稿酬考核办法》《大冶市融媒体中心平台发布内容差错责任追究办法》等制度，激励一线编辑、记者、通讯员提升能力水平，提高新闻采写质量。

（二）建立优秀作品评选机制

完善修订了《大冶市融媒体中心 < 今日大冶 > 平台考核管理办法》《大冶市融媒体中心电视新闻记者稿酬考核办法》《大冶市融媒体中心平台发布内容差错责任追究办法》等制度，定期对新闻、广告、短视频、专题片、播音主持、策划等作品进行评选，积极向上级媒体平台推荐优秀作品，并对外宣稿件和获奖作品予以表扬奖励，不断提升宣传品质。

（三）建立培训学习机制

坚持“请进来”和“走出去”相结合，促进工作人员向全媒记者、全媒编辑、全媒管理人才转型。2019 年以来，邀请长江云等技术专家开展智能化采编系统操作培训 10 余次，组织上级媒体专家授课及中心采编骨干交流学习 10 余次。

（大冶市融媒体中心）

案例类别：组织机构

用媒体＋精准服务 助力山区群众奔小康

——巴东县融媒体中心媒体融合服务群众

郭忠为

习近平总书记指出，要扎实抓好县级融媒体中心建设，更好地引导群众，服务群众。近年来，巴东县融媒体中心立足转型发展建设全媒体矩阵，用媒体＋精准服务开路，为融媒体发展蹚出了新路。

一、变“相加”为“相融”，全媒体矩阵为群众精准脱贫铺路

（一）打造全媒体矩阵，让山区群众对接信息更快捷

巴东山大人稀，信息不对称是其发展的最大短板。为打通基层宣传思想工作的“最后一公里”，更好地引导群众、服务群众，巴东县融媒体中心按照移动优先原则，通过整合县域内所有公共媒体资源，建立起以“巴东发布”为龙头的政务新媒体矩阵，聚合全县媒体单位近百家主要微信公众号，以新媒体集群优势变“独唱”为“合唱”，以有高度、有深度、有温度的报道，用更灵活的方式和山区少数民族群众喜闻乐见的语言，讲述巴东好故事，传播巴东好声音，实现正能量在指尖及时传递，好声音在掌中同频共振，对县域内大型活动采取多平台合作，全媒体推送，以立体化传播方式，让山区群众更快捷对接山内外信息。

（二）融媒体矩阵在助攻脱贫攻坚战役中绽放异彩

巴东县是恩施州唯一的全国深度贫困县，集老（革命老区）、少（数民族）、边（远）、山（区）、穷（贫困县）、库（三峡、葛洲坝、水布垭水库区）于一身，助力脱贫攻坚是融媒体服务群众的最核心任务。为此，整合后全新的巴东县融媒体中心开设了《决战决胜脱贫攻坚》《走向我们的小康》《山村蝶变》《易迁点的新生活》《尖刀班故事》《脱贫攻坚看变化》《脱贫感党恩 奋进新时代》等21个专栏，派出近40人的精锐采访团队翻山越岭进村入户，聚焦一线记录精准脱贫路，讲好扶贫脱贫故事，深度挖掘报道脱贫一线干部群众典型事迹和感人精神，在全县形成决战贫困决胜小康的强大合力和氛围。通过一系列鲜活的报道，通过全媒体播发，照亮了脱贫攻坚之路。其中，中心推出的无臂青年陈兹方脱贫故事先后被央视《新闻直播间》《面对面》《致富经》栏目选用，陈兹方本人也被评为全国劳动模范、感动中国人物，获全国五四青年奖章。

据不完全统计，2020年以来，巴东县融媒体中心刊播脱贫攻坚稿件达500多篇，组织拍摄《我们的小康》《驻村第一书记》等快闪，在新媒体播放量超过100万，直播脱贫攻坚活动达214次。此外，以“我在现场”深度挖掘的贫困户黄思秀搬家故事，《巴东建档立卡“回头看”确保扶贫真》等均在央视新闻联播播出，为全县脱贫攻坚助威，2020年底，巴东县终于宣布摘掉贫困县帽子。因此，巴东县融媒体中心也被县委县政府表彰为脱贫攻坚先进集体。

（三）构筑多元媒体宣传态势，在群众最需要时显担当

疫情期间，巴东县融媒体中心第一时间开设抗击新冠肺炎相关专题专栏，以“云上巴东”为重点推送平台，集合电视、网站、微信公众号等全媒体迅速开辟“众志成城抗疫情”专题，设立全国动态、湖北动态、恩施动态、巴东动态、专家解读、防控知识、传染病防治法7个子栏目，做到信息及时、权威、透明。记者们深入防控隔离一线，走进社区村组、医疗救治点、医学集中观察点等地，采访报道医护人员、干部群众合力抗击疫情的先进典型和感人事迹，讲好巴东战“疫”故事。《众志成城 抗击疫情巴东在行动》新闻综合专题节目每天16小时滚动播出，全方位、多角度、接地气地做好防疫宣传工作。

为助力销售巴东滞销农产品，巴东县融媒体中心在网站、新媒体、电视台均开设“消费扶贫”专栏，以多元方式，对本县优质特色农产品进行策划推广。针对学校推迟开学的情况，“云上巴东”开设“空中课堂”，让学生停课不停学，离校不离教。同时，在线链接湖北省心理服务平台，提供心理咨询、心理疏导等心理健康服务，微信公众号在首页开设了“疫情防控”“咨询求助”专栏，便于山区群众快速、便捷地了解疫情防护知识信息，进行在线咨询。

二、挖掘融媒体＋新优势，提升精准服务水平

（一）构建“新闻＋服务”融媒体平台的新模式

2019年以来，巴东县融媒体中心先后对全县“最美系列”颁奖活动、少儿春晚、残疾人创业励志故事会、野三关国际马拉松半程赛、冬泳邀请赛、长江三峡（巴东）

纤夫文化旅游节、城乡牵手游、直播带货等多个大型活动进行全媒体传播，每场活动直播点击量超过百万人次。

（二）“媒体＋服务（电商）”拓展融媒体“融”活空间

巴东县融媒体中心结合本地的少数民族和土家特色，实施媒体服务与公共服务一体化融合发展，整合本地物流资源，向各基层拓展电商平台和物流网点，切实帮助基层疫后复工复产和产品流通。以图文、海报、抖音短视频等形式，对巴东优质特色农产品进行策划推广。邀请本地老百姓为家乡农产品代言，对入驻“扶贫 832 平台”的巴东农产品进行品牌推介，在“魅力中国县”“苏宁进山”“村播计划 & 产地守护人”等直播活动中，通过全媒体平台进行直播预告造势，让全国的网友了解、购买巴东特色农产品。如今，通过电商平台销售农副产品已经成为打开巴东与山外交流的通道。2020 年 1 月至 10 月，巴东县通过“空中平台”消费扶贫销往东部地区的农产品达 9437.5 万元。

此外，巴东县融媒体中心还组织承办线下各类消费扶贫推广活动，在“国际茶日”期间，对巴东茶文化、茶历史、茶产品进行“云推介”，有效提升了巴东茶叶的知名度和影响力。2020 年 6 月 18 日，融媒体中心上线了“云享惠选”小程序，以社区团购集中配送，降低物流成本的方式，促进各大商超的运营。2020 年 7 月 11 日，以“旅游助扶贫・花开惠万家”为题，举办野三关・森林花海系列活动，有效助推旅游扶贫和消费扶贫。

（三）“媒体＋政务”实现一键问政

巴东县融媒体中心加强与党政部门和公共事业单位的协作联动，架起政府与百姓之间的互动、互信、互助的桥梁，积极开展网上问政，努力实现“一键问政”，组织对相关单位的“回复率”“满意度”等进行综合评价，推动走好网上群众路线。此外，整合党政部门信息资源，打造“指尖上的政务服务中心”。开展舆情监测、民意收集、数据分析、建言咨政等工作，服务公共决策，让群众足不出户便可了解县内政务信息，方便百姓生活，实现“一键问政”。

三、宣传质量提升明显

2019 年以来，巴东县融媒体中心对县内多个大型活动进行全媒体宣传，成效显著。其中野三关国际马拉松半程赛、湖北省第四届冬泳会以及巴东版《我和我的祖国》仅是新华社一家手机客户端点击量就突破百万。巴东版《我和我的祖国》MV 登上学习强国平台，被业内专家点评其制作水平远超同级媒体单位。巴东县融媒体中心广播节目获得 2018 年度全省新闻宣传先进单位；电视栏目《周一大曝光 周四看整改》获得湖北省新闻出版广电局优秀栏目奖；外宣综合排名已经从全州倒数到稳居前三。在“第八届全国市县电视台、融媒体中心推优展播活动”中，巴东县融媒体中心参选的《一周播报》《拒绝一次性餐具》《小城大爱》《童星放飞新时代巴东县 2019 年少儿春晚》《土苗百花开 放飞新时代 2020 年巴东少儿春晚》五件作品分获全国 2019 年、2020 年度电视栏目类、短视频类、综艺晚会类一等奖。

四、群众获得感、幸福感增强

通过打造离群众最近、最亲的新媒体传播平台，在推进“一键问政”中，其以“让数据多跑路，群众少跑腿”为核心的“巴东农民办事不出村”入选首届中国地方政府改革创新成果，并在全国政务大厅典型案例展示中被评为“百优”，被湖北省标准化与质量研究院评审为湖北省地方标准。群众获得感、幸福感增强，推动该县相继获得“国家生态文明建设示范县”“国家卫生县城”“国家园林县城”“湖北省森林城市”“湖北省生态文明建设示范县”和“湖北旅游强县”等荣誉称号。

（郭忠为：巴东县融媒体中心办公室主任）

案例类别：组织机构

从相加到相融 跨越高质量 打造县级融媒体中心

——县级融媒体中心建设的醴陵实践

醴陵市融媒体中心于 2019 年 4 月正式挂牌成立，现有电视频道、醴陵交通生活频道、《今日醴陵》报、醴陵发布微信公众号、醴陵云 APP、醴陵新闻网、“醴陵融媒”抖音号、学习强国醴陵融媒号等 13 个媒体平台和 1 个电商平台，目前在岗 120 余人。近年来，醴陵融媒以党建为引领，坚守意识形态主阵地，全力探索媒体融合发展之路，全力推进县级融媒体中心建设，较好地完成了机制、平台和人员的融合改革，上线集“新闻＋政务＋服务”功能于一体的“醴陵云”移动客户端，建成了以“醴陵云”为主体的“1+N”融媒体矩阵，初步构建了“一体策划、一次采集、多种生产、多元传播”的现代传播格局。2020 年 8 月，作为湖南省第一批第一家融媒体中心，高分通过国家广电总局和省委宣传部验收。

一、从突破中突围，实现“站得更高，传得更开”

（一）站在高处，优化顶层设计

历年来，醴陵市委、市政府高度重视新闻宣传工作，逐步推进传统媒体与新媒体的融合发展。2012—2017 年，用5年的时间基本完成了对全市各主流媒体平台的“物理”整合。

全国县级融媒体中心建设启动后，作为株洲市的建设示范点，醴陵市融媒体中心建设备受上级领导的重视和关心。醴陵市委、市政府将融媒体中心建设纳入全面深化改革的重点项目。2019 年 4 月，醴陵市融媒体中心正式挂牌成立，同年 9 月，融媒体指挥中心和融媒体平台上线运行。目前，各项工作有序推进，机构、平台和人员全面融合，发展态势良好。

（二）干在实处，坚持移动优先

强化优质移动产品的生产，全面推行新闻手机“即时报”，记者在新闻现场第一时间发回重大事件或者突发事件的视频、图文简讯，最快实现了 30 分钟内发布；紧跟“内容视频化、视频高清化”趋势，集中打造线上品牌“醴视频”，2020 年以来共制作推送 500 余条。“扶贫 Vlog”“防溺水短视频”等 30 余个短视频，阅读量均达 50 万 +，单条最高阅读量达 395 万 + 。每年开展各类手机直播活动 30 余场，当日最高点击量 103 万余人次。通过手机“即时报”、短视频、H5、直播等方式综合发力，实现了好平台 + 好作品的“双好”效应叠加。

（三）重在用处，突出功能定位

“醴陵云”服务板块内设智慧党建、网上政务、问政互动、便民服务等项目。目前，已与 20 余家部门单位、50 余个网上政务和便民服务项目成功对接，政务服务中心、新时代文明实践中心、醴陵网格化服务管理中心均在“醴陵云”客户端设有窗口，并成为特色项目醴陵人才绿卡申报的唯一通道、社保缴费的便捷通道。重点建设的电商平台“淘淘醴品”于 2020 年 6 月上线，开设陶瓷文创、一起扶贫、醴陵特产、生鲜快送、商超直销、全域旅游等专区，上架商品 2000 余种，开展扶贫助农公益直播、瓷博会新品特卖等直播活动 20 余场次。充分发挥全媒体宣传优势，采用线上 + 线下的方式，带动商家、农业合作社以及贫困户从中直接或间接受益。

二、从相加中相融，做到“你就是我，我就是你”

（一）机制融合，激发发展活力

结合本地实际，多维度推进媒体改革。打破原有以媒体平台划分的“部门制”，调整为以生产流程分工合作的组织架构，科学构建媒体融合新格局。坚持每月一次的主任会议、每周一次的宣传办公会和每日一次的编前会，统筹宣传任务，策划重大选题、活动开展等，调度“中央厨房”日常运行。制定出台全媒体指挥调度、全方位报道选题、全流程绩效考核、全中心监评监视等多项制度，不断完善“策、采、编、审、发”流程和平台功能应用。

（二）平台融合，提升传播效能

“1+*N*”媒体矩阵的形成，大幅提升了新闻生产效能。采访部集中采集的稿件三审后，编审部、新媒体部、广播电台等根据自身媒体平台特色，进行二次编辑播（刊）发。同时，新媒体部、广播电台等部门也做好具有平台特色的内容原创，真正实现了“中央厨房”的“全面整合”“高度共享”和“个性分发”。2020 年 9 月，与湖南广播电视台合作，正式开通“5G 智慧电台”，丰富了节目内容，增强了可听性，实现了传统电台向智慧电台的转型。

（三）人才融合，实现一专多能

按照“事业单位企业管理”的模式，不断完善薪酬体系和考核制度，实行按岗定薪、同岗同酬、按劳分配、多劳多得，倾斜一线、倾斜新媒体，让人才引得进、留得住、用得好、顶得上。紧扣“一专多能”的目标，通过“请进来”“送出去”“传帮带”及部门轮岗、跟班学习等多种形式，培养了一批“能拍、能写、能制、能出镜”的全媒体人才。日常工作分工合作，重点工作项目统筹，充分发挥平台优势，调动记者积极性，逐步建立“人尽其能、互用所能”的能量叠加工作机制。

三、从不变中求变，注重“人有我优，人优我特”

（一）传播媒介在变，党媒属性不变

醴陵市融媒体中心始终坚持党媒属性不动摇，确保媒体融合沿着正确的政治方向前进和发展。通过组织全中心党员干部职工在党史学习教育中积极参与专题学习、研讨、宣讲、为民办实事等一系列活动，让队伍在学中干、在干中学，进一步提升队伍的“脚力、眼力、脑力、笔力”，淬炼队伍坚定的理想信念。紧扣党委政府中心工作，近年来精心策划了“根在渌水”“追寻红色记忆”“醴陵七十年”“遇见·千年醴瓷”“飞越千重·行走湘赣边”一批有影响的重大主题报道、大型宣传片和专题片。《我和我的祖国》MV、《五彩醴陵 中国瓷都》城市宣传片、陶瓷产业宣传片好评如潮。

（二）传媒方式在变，内容为王不变

融到深处，回归内容。在媒体融合过程中，紧扣“新闻本土化、栏目民生化、直播常态化”原则，以内容为王，以质量取胜，持续做优新闻、做精专题、做实报纸、做响广播、做活新媒体、做大外宣，推出了一批有锐度、有温度的融媒产品。《小编爆笑出镜！夏天，这些事真的不能做！》《扶贫 Vlog：幸福是奋斗出来的》等 10 余个原创短视频点击量过百万。《醴陵大桥雨中暖心一幕

引爆微圈》《五年坚守点亮留守儿童音乐梦》等报道被《人民日报》、央视、新华社、湖南卫视等媒体采用。2021年，醴陵市融媒体中心全媒体推出“奋斗百年路·启航新征程”大型主题宣传，为热烈庆祝党的百年华诞营造了浓厚氛围。“醴陵党史故事”“渌水儿女心向党”“记者带你打卡醴陵红”3个主题鲜明的系列短视频，总点击量达350万+。2020年，醴陵市融媒体中心在株洲市级以上媒体发稿629条，在“学习强国”平台发稿452条，其中湖南卫视发稿居株洲地区第一。

（三）产业发展在变，价值取向不变

按照“讲政治、讲效益、讲质量”的价值取向，醴陵市融媒体中心解放思想、整合资源，积极推动“从纯广告运作转向全媒资源共享，从部门创收转向全台整体服务”的经营创收转型升级。以本地商务、展会节庆及电子商务为抓手，拓展产业服务，连续多年承办或参与了瓷博会、花炮博览会、房博会、创新创业大赛、职工歌手大赛、乡村旅游节等大型活动。目前，政务合作、制作专题片、电子商务、展会节庆活动策划执行以及素材管理、微信公众号托管、服务平台开发综合服务项目等多元化收入，与商业广告创收比例基本为2∶1，探索出了媒体融合创收创赢的新路径。

媒体融合只有起点，没有终点。近年来，虽然醴陵融媒体改革取得了一定的成绩，但由于受到体制、资金、人才等各种因素限制，融媒体发展仍然存在不少困难和问题。融媒、融心、融未来！醴陵市融媒体中心将继续高举习近平新时代中国特色社会主义思想伟大旗帜，肩负好举旗帜、聚民心、育新人、兴文化、展形象的使命任务，在媒体融合的道路上不断探索、不断前行，不断积累新经验，不断开拓新未来。

（醴陵市融媒体中心）

醴陵云客户端

案例类别：产品

看新颜 拼农货 邀你一起“云”游茶陵

——《第一书记直播间》节目介绍

陈歌今 吴勇志

一、节目策划背景

茶陵县是井冈山革命根据地六县之一，罗霄山脉集中连片特困地区重点扶持县、省级贫困县、株洲市脱贫攻坚主战场。自脱贫攻坚战打响以来，全县涌现了一大批倾心帮扶、精勤履职、务实奉献、工作优秀的驻村“第一书记”。这些年来，各村“第一书记”真心帮助村支“两委”建强班子，选准产业发展路子，组织落实扶贫项目，多方争取扶贫资金，精准施策、聚焦发力，为村级集体经济高质量发展贡献了智慧和力量。

2020年6月，茶陵县融媒体中心集思广益、精心策划，全力开办一档大型直播节目——《第一书记直播间》，旨在通过网络直播形式，以“第一书记”的特殊视角、当地干群的语言讲述、融媒平台的镜头聚焦，充分展现帮扶干部下沉一线当先锋、贴近群众办实事的良好精神风貌，主动为当地农特产品带货，助力全县农特产品销售，全面提升贫困群众对脱贫攻坚工作的满意度和获得感，全景式展现新农村、新面貌、新风尚。这一档节目创意和基本思路得到了县委组织部、县驻村办的大力支持，6月10日，茶陵县扶贫开发工作领导小组出台工作方案，宣告《第一书记直播间》活动盛大起航。

二、直播活动有序推进

开展《第一书记直播间》大型网络直播活动，是茶陵县融媒体中心第一次“吃螃蟹”，因为县级融媒体中心鲜有在农村众多地点进行全程直播，这既是探索，又是尝试；既是机遇，更是挑战。茶陵融媒制订了工作方案，专题讨论，明确由总制片人、制片人、总导演、执行导演、主播、编导、摄像摄影、美工、场控后勤、平台维护等20余人组成的节目组专班。

6月16日，召开工作部署会议，将《第一书记直播间》直播注意事项及准备内容、乡镇党委准备清单、第一书记以及所在村准备清单、直播场地信息表、脱贫之星信息表、农特产品商品信息表等文件，发放给10名“第一书记”以及各乡镇负责人，让他们深入了解此次直播活动，做到心中有数。同时也让节目组工作人员知晓节目流程、踩点预热、彩排直播等内容，着手进行前期工作。

两名执行导演分别带一名摄影摄像，分成两组，冒着酷暑，对10名第一书记进行预告片拍摄、人物形象定妆照拍摄、直播地点选址、信号测试、流程策划等工作。拍完素材后，便是开展前期宣传预热，将10名第一书记的个人照片进行加工、制作为《第一书记直播间》的总片头，片头一经播出，点击量便达到11万。

2020年7月1日，《第一书记直播间》全程采取线上直播的方式，以“第一书记”的视角，全景式展示党建引领扶贫工作成效。第一站走进了严塘镇猷竹村，拉开了此次直播活动的序幕。至9月29日，《第一书记直播间》收官——走进腰潞镇潞理村圆满结束。至此，历经4个月的大型直播活动《第一书记直播间》10期直播节目圆满结束。

三、《第一书记直播间》的特色亮点

《第一书记直播间》做到了主题鲜明、内容丰富、亮点纷呈。同时，直播活动让茶陵融媒发挥了矩阵传播优势，让专业队伍得到了很好的历练成长，让滞销的农特产品蜕变成为“网红”。

（一）工作态度认真负责

活动的成功，离不开科学的策划、扎实的工作等要素。从方案的撰写、各村的踩点、片子制作、流程策划、分场景脚本撰写、现场主持等每一环节，大家都认真负责、坚守职责、履职尽责，撸起袖子加油干，充分展示了茶陵融媒人的创新与创意、敬业与专业、实干与实绩。

（二）流程环节精益求精

在每一场直播活动中，大家对各项工作努力做到尽善尽美。现场执行导演分组提前到达直播地点，确保直播信号稳定，画面不出现卡顿现象；在用手机云台拍摄过程中，每一位摄像师都将放轻脚步，力求每个镜头稳定；切换导演在直播过程中紧盯各机位画面，确保在2小时的直播期间将每一个美观的画面展示给观众；在融媒直播和抖音直播中，每位主播头顶烈日，保持微笑与观众互动、与书记交流，挖掘党建新亮点，展示乡村新面貌；场控后勤全程保障节目效果，积极协调对接，成为节目组的坚强后盾。

（三）团队协作配合默契

一场完整的直播，离不开每个岗位的密切配合。在10场直播活动中，全体工作人员心往一处想，劲往一处使，出现问题立马帮忙解决。如在某些地方摄像师的信号不稳定时，其他机位摄像师立马补位；有时候发现新亮点时，主播和摄像师的一个眼神交流，便能心领神会，展现了团队的凝聚力、执行力、战斗力。

（四）社会各界好评如潮

每期节目的直播带货环节，都会给观众带来福利，不少市民朋友都对节目送上的福利拍手称赞。身处异乡的茶陵人，在看到家乡人民的日子越过越红火、家乡面貌越来越美丽时，都在评论区纷纷留言点赞。从开播之日起，《第一书记直播间》就受到各级领导的高度赞誉和社会各界的广泛热议。

四、活动案例的启发和感悟

互动型直播尝试是融媒体未来发展趋势，这需要融媒人不断学习、不断成长、不断进步，《第一书记直播间》活动也存在许多不足，需要我们正视困难、解决问题，总结经验、不断进步。

（一）策划能力有待提升

《第一书记直播间》虽然是直播活动，但从字面上会给观众一种政治化的感觉，这就需要茶陵融媒从节目内容上做好策划。然而10期节目下来，由于部分农产品不是当季成熟，策划的一些流程显得有点乏味。同时，有些游戏互动环节的设置，还应该更有创意、更多互动、更强体验，使更多的观众留在直播间。

（二）专业能力还需提高

直播活动的播出画面效果，还需要提高，摄影师对手机“云”台的使用还需更加熟练，主播对节目的把控还需更加稳重，切换画面的镜头逻辑还需更加精准，推文撰写的结构还需更加生动，分场景脚本撰写的内容还需更加详细，预告片剪辑的镜头还需更加丰富，后台客服的回复还需更加及时等。

（三）拍摄设备亟须更新

在直播活动中，茶陵融媒购置了4台大疆手机“云”台，但由于摄影师的手机质量参差不齐，手机像素过低，加之天气炎热，造成手机发烫自动关机，导致直播效果打了折扣。

（四）融媒平台还未建全

由于茶陵融媒APP上线时间较短，电商等功能还没建设完成，同时APP直播不具备网上购物功能，导致许多直播间的网友不能直接在线购买，助力当地农特产品销售的效果下降。

（五）网络通信尚待提速

由于茶陵县地处山区，许多行政村通信信号特别差，网速很慢，导致直播信号传输卡顿，影响了直播效果。

《第一书记直播间》作为茶陵县融媒体中心大型直播活动的“首秀”，系2020年现象级的活动策划，是一档节目创新融合成功案例，节目共播出10期，每场直播活动平均观看人数达到了20万人，累计观看人次超过280万，有力提升了茶陵的美誉度、知名度、影响力。

（陈歌今：茶陵县融媒体中心办公室主任，吴勇志：茶陵县融媒体中心专题专栏部主任）

第一书记直播间节目

案例类别：组织机构

按下“快进键”念好“融字诀” 全力做好融媒体中心建设

2020年，雁峰区全力推动县级融媒体中心建设，成立了高规格的领导小组，制订了建设方案，解决了建设资金，确保了融媒体中心建设的有序推进，按期实现了融媒体中心的组建、挂牌、营运。

一、突出一个“快”字，创下融媒体中心建设的“雁峰速度”

（一）引进人才快

雁峰区委区政府领导非常重视融媒体中心建设工作，将衡阳日报社具有新闻副高职称的办公室主任作为人才引进雁峰区担任融媒体中心主任兼总编辑。仅用20天时间便完成了考察、公示、办理调动手续等工作。

（二）资金到位快

为确保融媒体中心建设顺利进行，成立了区委书记任组长的融媒体中心建设工作领导小组。区委书记在短时间内3次组织区长、常务副区长、宣传部部长以及财政、组织、人社等部门的负责人多次到融媒体中心现场办公，要求为融媒体中心建设提供保障。在债券资金没有到位的情况下，区财政从预备费中借支100万元用于融媒体中心建设，债券资金到位后，优先安排给融媒体使用，确保了中心建设的顺利进行。

（三）建设速度快

2020年3月16日，雁峰区融媒体中心启动相关建设工作，在中心人员还没配备到位的情况下，不等不靠，15天内便拿出了软件建设方案、设备采购方案、新时代文明实践中心建设方案、物理空间建设方案和设计图。为抢抓进度，在手续办理过程中，请求参与建设的省级平台提前介入，技术人员迅速启动软件开发工作。同时，巧妙安排施工，倒排工期，要求物理空间建设及装修公司人员常驻衡阳，严格按照计划时间装修、安装并调试设备。为了不影响机关正常办公，工人们甚至要利用机关上班前、下班后以及节假日的时间施工。在短短100天内便完成了建设施工、软件开发和设备测试工作，正式投入使用。受到湖南省委宣传部领导的充分肯定，建设经验还被省委宣传部简报推介。7月，衡阳市委宣传部组织对融媒体中心验收，雁峰区融媒体中心居城区第一，全市第三。10月，顺利通过湖南省委宣传部对县级融媒体中心的验收。

二、体现一个“融”字，打造适应时代需要的融媒体

（一）物理融合

按照融媒体“中央厨房”的模式，建设了融媒体指挥中心和录播室，充分融合迴雁新闻客户端、新湖南雁峰频道、掌上衡阳雁峰频道、中国雁峰微信公众号、红网雁峰分站以及微博等多个终端，实现一次采集、多种生成、多元传播、全面覆盖的格局。

（二）思想融合

在融媒体建设上，不仅注重物理上的融合，更注重思想上、服务上的融合，打造真正的融媒体。同时，切实加强融媒体中心员工培训。2019年，中心选派多名同志参加省委宣传部组织的培训。2020年4月，中心全体人员参加衡阳市委宣传部组织的融媒体培训，从思想上树立融合意识。同时利用微信群开展业务学习和探讨，打造一支拿起笔会写、扛起机子会摄、举起话筒会说的融媒体队伍。2020年5月1日，初试抖音短视频新闻，获得点击量2万多次。6月15日，衡阳市应急演练在雁峰区举行，中心员工除2名值班人员外，全体出动，中心主任、副主任也拿起照相机和手机现场拍摄，两个记者不仅要负责文字稿的采写，还要负责照片的拍摄和主持，负责网络维护的技术员扛起了摄像机。当天，不仅采写了文字和图片稿，还拍摄了大量的视频，短视频新闻播放量达3万多次。

（三）服务融合

发挥信息服务平台的作用，积极整合雁峰区党政门户信息资源，对接雁峰区党政门户技术平台，通过新闻+党建+政务+服务三大功能模块融合雁峰资源，通过雁峰“一端　两微　两频”实现网上办理行政审批等事项，提供申报审批、注册办证、办理社保、投诉受理等一站式政务服务，打造“指尖上的政务服务中心”，为雁峰人民提供“指尖上的服务”，同时雁峰融媒利用融媒体平台，引导群众，征兵宣传、应急科普、勤俭节约反对浪费、禁捕退捕等宣传策划都起到了较好的宣传引导效果。中元节期间，中心制作了《@雁峰人　中元节文明祭祀倡议请接力》系列海报，倡导广大市民文明祭祀，引导群众除陋室、树新风，文明祭祀过中元。全区群众纷纷响应，全区无一人随处焚香烧纸。

三、围绕一个“中心”，全力展示“雁峰形象”

雁峰区融媒体中心作为党媒，始终坚持坚定的政治立场和政治方向，突出党媒的旗帜和灵魂，在思想上、行动上与党中央保持高度一致，自觉维护区委、区政府的权威，集中精力做好做强新闻报道内容，使雁峰融媒的影响力不断提升。

（一）强化核心意识，增强权威性

坚持以区委为核心，突出区委重大决策部署、重大政治经济活动以及区委区政府主要领导的重要工作进行宣传报道。尤其盯紧、盯住、盯牢区委区政府的中心工作，以及各项工作的推进情况进行宣传报道。2020年，先后开设了“科学防控，雁峰抗疫在行动”“脱贫攻坚，我们在路上”“奋战2020，十件民生实事全记录”“创文创卫进行时”等专题，较好地展示了区委区政府的中心工作，取得了很好的社会效果。同时开设“雁峰教育人风采录”“新时代的雁峰检察人”等专题，展示一线基层工作人员风采，正面宣传雁峰区的人与事。

（二）强化策划意识，扩大影响力

新闻报道策划，已从过去的随意性变成常态化。2020年来，先后策划了雁峰区省级创新型区建设、全面小康建设系列报道，在《衡阳日报》头版头条及新湖南、红网时刻等媒体刊登后，在社会上引起了广泛好评。区“两会”报道精心策划，宣传效果非常好，人大、政协领导非常满意，疫情防控、复工复产、创文创卫、交通顽瘴痼疾整治、奋战一百天实现双过半等专题报道遍地开花。创建全国文明城市期间，与红网时刻策划的《城人之美·海报 雁峰十二时辰》发布后，效果非常好，市长朱健、市委宣传部部长张霞等纷纷点赞。这些策划和专题，从不同视角展示了雁峰区经济社会发展的新变化、新态势、新成就，为推动区委区政府中心工作凝聚了力量。

（三）强化引领意识，占领主阵地

雁峰融媒重点强化主流媒体的引领作用，瞄准主流媒体搞好外宣工作，占领新闻舆论的主阵地。2020年以来，雁峰区对外发稿2100多篇次，其中在《人民日报》、新华社、《光明日报》、人民网、新华社客户端、新华网、中国文明网、法制网等中央主流媒体发稿70多篇次，在《湖南日报》、新湖南、红网等省级主流媒体发稿440多篇次。特别是5月4日，雁峰区青年劳动者被《人民日报》头版和《人民日报》（海外版）同时推介。5月28日，新华社同一天采用雁峰区两条稿件，其中一条被新华社发通稿，较好地展示了“雁峰形象”。7月17日，雁峰区融媒体中心正式入驻新华社现场云，搭上了对外宣传的“天线”。在新华社近期推出的“小康中国·千城早餐”征集活动中，雁峰区融媒体中心策划摄制的宣传片“早啊·雁峰”首批入选，被新华社、好看视频、百度百家同时推介，点击量达238万次。（湖南省仅有两个视频入选，其中雁峰区融媒体中心是湖南省唯一入选的县级融媒体。）

（衡阳市雁峰区融媒体中心）

迴雁新闻客户端

案例类别：组织机构

分宜县融媒体中心：深化大融合 建设全媒体

黄传庚

近年来，江西省分宜县深入学习贯彻习近平总书记关于推动媒体融合发展、做大做强主流舆论的重要论述，坚持改革不停顿、创新不止步，持续在平台赋能、技术支撑、内容生产、经营管理四个方面精准发力，不断深化“平台、生产、媒体+、人员”大融合，建设全媒体，全面增强县属媒体的传播力、引导力、影响力、公信力。

一、深化平台大融合，完善全媒体功能

聚焦平台、服务、经营“三平台”，不断完善全媒体的融合功能。

（一）办公平台融合

在拓展省级融媒体生产平台、新华云、赣云、赣鄱云等生产发布平台的基础上，优化“中央厨房”；采用索贝技术，自建全省县级融媒体首个分布式集群服务器，将“两微一端”、短视频制作、广播电视节目制作等主要生产工具和制作审核流程集于一体，共享同一个图文视频内容库，提高了各平台互通效率。

（二）服务平台融合

设“‘三中心’融合办”于县融媒体中心，通过赋

能升级，实现融媒体中心、新时代文明实践中心、志愿服务中心“三中心”融合。以“画屏分宜”客户端为主平台，研发并运行“‘三中心’融合”模块，设立开放式独立频道，将全县327个新时代文明实践中心（所、站）统一集中纳入，搭建文明实践活动、志愿服务活动与新闻活动三结合平台。

（三）经营平台融合

分宜县委、县政府加大政策倾斜扶持力度，将广场舞台及LED大屏、影剧院等国有资产，划归融媒体中心或委托融美公司经营管理，推动融美公司实体化；将融媒体中心下属各大平台的创收经营权划给公司，并提供300万元贷款担保，支持公司靠大联强，采取投资入股等方式进入其他经营领域，拓展融美公司经营空间，增强融媒体中心的发展活力和发展后劲。

二、深化生产大融合，丰富全媒体内容

实行开门办媒体、合作办媒体，逐步加大内部开放、外部合作力度，改善生产关系，提高生产力，不断丰富全媒体内容。

（一）深耕融媒产品

坚持创新为要，组建“融创中心”，入驻抖音平台，遵循传播规律，保持内容定力，打造高质量作品，提升传播优势，已制作抖音小视频1800余个，其中爆款产品阅览数上亿级1个、上千万级近10个、上百万级近百个，依托本地资源生产的作品《疫情之下的分宜》《非遗夏布 匠心守艺》等纷纷上榜学习强国、央视频、人民视频、新华网等中央级媒体，仅一年半时间，“分宜发布”抖音号粉丝量超过40万，荣获“第二届全国城市融媒创新发展最具传播创新力抖音号”。

（二）活跃栏目设置

落实广播电视制播高清化、网络化，改革自办栏目，延长《分宜新闻》播出时长，增加社会民生类新闻占比；展开与县直单位的横向合作，联办专栏《今日分宜》《城市之窗》《健康分宜》《职通分宜》《畅通分宜》等，联办专题《职场分宜》《平安分宜》等；与省广电合作，引进影视剧；常年开设公益广告栏。每年播放公益广告上万条、合作专栏专题上千个、引进栏目800余期。

（三）打造全民通讯员队伍

常年派出16名记者编辑深入170个乡、镇、村（社区）担任“乡村宣传员”，每人负责当地的新闻宣传、社会宣传等工作；坚持资源集约，以“画屏分宜”客户端为载体，下放权限开通入驻，将全县行政事业单位及乡镇“两微”整合成传播矩阵，目前已入驻30个入驻号、25个微信公众号、19个微博账号；开通爆料热线、公众邮箱，通过平台互动，逐步打造全民通讯员队伍，每年收到各类爆料、稿件、建议等近万条。

三、深化“媒体+”大融合，优化全媒体服务

牢固树立“人民至上”价值理念，实施“媒体+”，积极探索从新闻宣传向公共服务领域拓展、从传统传播向多元化传播延伸。

（一）“媒体+政务”

坚持移动优先，着力打造画屏分宜客户端平台，目前下载量已达14.6万，占县域人口总数的44%。集成7个媒体，发布新闻；开通问政服务专属板块，并在微信、微博、抖音等平台实施24小时值班；引进纪检监督机制，确保事事有回应。新版掌上问政工作平台自4月正式上线以来，已有56家县直单位入驻，通过问政栏目和移动端后台留言，回复群众诉求200余条，答复率100%；收到近百条问政信息，已受理有效信息70%，答复率95%以上。

（二）“媒体+服务”

在画屏分宜客户端设置“便民服务”板块，添加“赣服通”模块，把智慧城管、在线缴费等27项在线办理和查询事项汇集于此，为市民提供更多线上服务。以“‘三中心’融合”为平台，以各地新时代文明实践所（站）为阵地，形成网上群众“点单”、中心“派单”、志愿者“接单”、群众“评单”工作闭环。目前已接收群众“点单”6700余个，“派单”6700个，调度志愿服务队伍200余支，参与活动志愿者达2万余人次。

（三）“媒体+商务”

旗下融美公司借助融媒体的传播力和影响力，挖掘自身人才优势，实施“媒体+文化产业”，拓展新的创收渠道，开辟文旅产业市场，已主办龙舟旅游节、夏布文化节、人工智能学生培训等文旅活动；“媒体+农业产业”，通过对市场评估，进行长效投资，发挥市场运营能力，开辟农业产业，已投资入股扶贫农业基地开发；“媒体+其他产业”，参与市场竞争，已中标承接工业园区党建中心的设计施工等大型文化工程。

四、深化人员大融合，培养全媒体人才

贯彻全媒体理念，采取学、练、薪三结合，培养全媒体管理员、全媒体记者、全媒体编辑、全媒体技术人员等。

（一）以学促融

围绕主责主业，推进“全员培训”，先后派出60余人次外出学习、接受培训；常态化开展增强“四力”教育实践和职业教育，每季度邀请中央、省、市资深专家开展一次全员专题培训。2019年11月4日，中宣部《“四力”教育实践工作简报》76期刊发分宜县《“四力”沉下去 精品涌出来——江西分宜加强“四力”建设提升宣传质量》。

（二）以岗促融

执行管理岗位轮岗制，值班总编岗、责任编辑岗分别负责全媒体调度、审稿，对采编发岗统一调配；执行编辑轮岗制，各媒体编辑在传统媒体和新兴媒体之间“角色切换”，提升人人熟悉全媒体、驾驭多媒体的编辑能力；执行一线人员换岗制，记者编辑岗根据工作需要及个人自愿，可实行换岗，单位内部轮岗换岗率已达 90%。

（三）以薪促融

继续执行“以岗定薪”，改版绩效考核；薪酬分配向一线部门倾斜，提高一线人员待遇，让更多人员向一线融合，朝一线看齐，其中采编部的绩效考核，根据优稿率实行上不封顶；服务部门的绩效考核推行量化制。

（黄传庚：分宜县融媒体中心副主任、副总编辑）

案例类别：组织机构

广州市增城区融媒先导：优势互补 推动媒体融合出新出彩

在全国上下推进县级融媒体中心建设大环境下，广州市增城区将原增城广播电视台与原增城日报社合并，整合有线电视、电台、增城日报等优势资源，成立增城区融媒体中心，并于 2019 年 9 月 25 日正式挂牌运营，迈出了传统媒体与新兴媒体融合发展的新步伐。

增城区融媒体中心作为新时代党媒事业发展下新设立的机构，深入推进媒体融合发展，实现电视、报纸、广播、互联网等宣传载体的有机融合，促成传统媒体与新媒体的优势互补，达到 1+1 ＞ 2 的效果，迸发出前所未有的强大主流舆论活力，凝聚起服务增城全力出新出彩的强大舆论力量。

一、推动媒体融合纵深发展

（一）建设“四全媒体”

增城融媒体中心积极开展各种融合探索。面对“四全媒体”出现的新格局，通过应用、合作、聚合等途径，融通图文、视频、大数据等新技术、新手段，融合报纸、广播电视、网站、“两微一端”等宣传平台，探索推出“新闻 +”业务，构建综合信息服务平台，拓展主流媒体社会服务新领域，提供分众化、精准化服务，着力提高党媒在群众中的到达率和覆盖率。

（二）统筹融通各类资源，形成巨大合力

在推进融合发展过程中，增城融媒体中心通过各种合作和体制机制创新，促成各种媒介资源、生产要素有效整合，实现信息内容、技术应用、平台终端、管理手段共融互通，逐步催化融合质变，达到“你中有我，我中有你”，彻底实现从相“加”走向相“融”，致力形成具有强大影响力、竞争力的新型主流媒体。

1. 融平台：打造多媒体立体传播平台，实现新闻传播的聚合效应。增城区融媒体中心筹建之初便决定走全媒体融合发展之路，在已有的电视新闻、报纸、微信公众号、微博、网站的基础上，新增新闻客户端，并搭建起采编发一体化的“中央厨房”，打造多媒体立体传播平台，实现新闻传播的聚合效应。

2. 融人员：跨部门跨媒介实现流程再造，真正实现一次采集、多元生成、全媒发布。综观成功的县级融媒体中心经验，媒体融合核心是人员的融合，关键是流程再造。增城区融媒体中心有机整合传统媒体、新媒体人员，打通使用采编一线人员，推行“首席制”管理办法，培养造就创新型融媒人才。

3. 融渠道：在传播形态和传播方式环节融入新思维，赢得新受众。用户在哪里，内容生产和传播的风向标就应该指向哪里。《增城日报》微信公众号一改过去单一图文发布的方式，增加视频报道、周末“悦读”等有声栏目，并尝试采用图文、小视频直播等方式，迎合大众阅读兴趣，进一步拓宽新闻信息输出渠道。

新闻客户端探索设置特色化定制内容，根据单位专业性资讯政策等定点传输至指定订阅栏目中，实现服务用户的个性化；同时，打造一系列智慧项目，涉及群众日常分类信息发布、办事服务需求等群众喜爱的项目。

（三）牢牢掌握舆论主动权和主导权

作为主流媒体，增城区融媒体中心担当起举旗帜、聚民心、育新人、兴文化、展形象“十五字”使命任务，在媒体融合纵深发展过程中，坚持正确政治方向、舆论导向和价值取向，统筹融通各平台、各终端发挥各自优势，以提供更多真实客观、观点鲜明的信息内容为己任，掌握舆论主动权和主导权，及时预见和掌握网上舆情，及时报道和澄清事实，积极引导舆论，充分发挥党媒的

喉舌作用，实现时度效的有机统一，网上网下共画同心圆，凝聚起强劲的舆论正能量。

二、精准服务中心大局

（一）高举旗帜，精准服务中心大局

1. 重大主题，浓墨重彩，营造良好氛围。增城区融媒体中心充分发挥报纸、广播电视、网站、“两微一端”等平台作用，全力做好增城区各项中心工作宣传服务。对重大主题的报道，投入“重兵”，拿出重要版面、栏目，不遗余力开展报道。对迎接中华人民共和国成立 70 周年专题报道，做到事前有策划、事中有安排、事后有总结，统筹利用《增城日报》、增城电视台、增城日报微信公众号、增城之窗网站等多个传统媒体和新媒体共同发力，所有“精兵强将”一齐出动，推出《“城”长的印记》系列报道，采用图表、视频、航拍、大事记、典型事例、专访等方式，全面回顾了增城 70 年来在工业、商贸、农业、营商环境、交通、社会保障、教育、医疗、生态环境、城市建设、人居环境、文体事业、旅游事业、人才发展等方面取得的成就。该系列报道得到了社会各界的广泛好评，并被央媒、省媒广泛关注和跟踪报道。

2. 高举旗帜，持续发声，推动工作进展。增城区融媒体中心坚持问题导向，注重发挥党媒“旗帜作用”，推动各项工作的开展。在开展新冠肺炎防控宣传战“疫”中，融媒中心坚持全媒宣传、融合传播、多点推送，提高防控疫情信息覆盖面和到达率。电视新闻每天循环播放疫情防控各类科普知识和公益广告，《增城新闻》《民视民声》《南部快讯》等新闻栏目聚焦全区疫情防控举措和工作成效，播出新闻稿件 180 多条，时长达到 30 小时以上，制作公益广告等知识宣传 50 多条，累计播出超过 3000 人次，时长达 50 小时以上。《增城日报》取消春节休刊，自 2020 年 1 月 28 日起开设专刊，每天发布权威信息，宣传防控工作举措，加强正面典型宣传，同时优化了版面设计，利用整版“海报”形式普及疫情防控知识，提高群众阅读体验，引导群众科学防控，截至 3 月底，共推出 65 期，宣传报道 520 多条，每天加印 3.5 万份免费派发到各村（居）。广播电台每天循环播放疫情防控知识，重要通知公告和防控要点播报，加强农村小广播播放内容制作，共制作 30 余条广播内容供各村居使用，把疫情防控宣传喊进千家万户。

3. 突出“新”，宣传精品不断涌现。全力创新融媒产品，通过群众喜闻乐见的方式，强化传播效果，让消息更精准有效地传播到群众手中。在开展新冠肺炎防控宣传战“疫”中，融媒中心制作推出的《抗击疫情，我在增城，我承诺！》《更换头像，一起为增城加油》H5 作品，《增城防疫 DISCO》《增城原创 MV<团・圆>》《主播说增城》音频视频作品，客家话、本地话、英文防控知识作品等一批融媒精品作品，通过“视频 + 音频 + 图片 + 文字”等多种形式，让上级各项决策部署和当地党委政府防控举措“飞入寻常百姓家”，受到群众广泛好评，加深群众对疫情防控的认识，凝聚抗击疫情的社会共识。其中，《抗击疫情，我在增城，我承诺！》H5 作品，参与转发承诺市民超过 43.47 万人。

（二）向群众靠近，搭建政群沟通桥梁

群众在哪里，宣传阵地就在哪里。引导和服务基层群众，传播党的声音和主流价值观，巩固基层思想舆论阵地，成为党媒靠近群众的出发点和落脚点。增城区融媒体中心积极践行“三贴近”，关注市民生活，紧跟社会热点，传递社会声音，拉近党委政府和群众的关系。

1. 将党的声音传播到群众中去。增城区融媒体中心用通俗易懂的方式宣传报道增城区各项民生重大决策，把为民中心思想传达到群众心中。《增城日报》推出《新塘 118 名来穗人员获赠返乡火车票》《独居老人居家消防安全，该如何守护？》《坚守初心 让舞春牛“活”起来传下去》等一批社会反响较大的民生新闻；广播栏目《车尚汇》《声动传情》等，为听众提供更多健康生活、汽车时尚、旅游资讯；《小城大爱》《宵磨吧》等栏目，通过微博、微信等形式与听众畅谈交流，让群众树立正确的人生观、价值观，提高思想政治素质。

2. “新闻 +”服务，满足群众美好生活需求。增城区融媒体中心着力推动优化创新，实现跨越发展，充分发挥新闻客户端，打造“新闻 +”服务，力求将服务群众作为着眼点和出发点，及时整合政务资源、社会资源，增强公共服务、综合信息服务等功能，更好地满足人民群众的美好生活需要，在服务群众的同时引导群众，真正增强凝聚力、引导力。

（广州市增城区融媒体中心）

广州市增城区融媒体中心公众号

案例类别：组织机构

“千万”网红有“娘家” 共画网上网下同心圆

——城固县创新设立新媒体达人工作室掀起舆论热潮

邬正鹏

一、基本情况

陕西省汉中市城固县融媒体中心自2020年1月成立以来，抓住5G技术发展契机，将技术进行融合创新，拥有4K高清摄像机、无人机航拍、TUV（移动发射器）背包、直播一体机、高清演播室、直播导流等专业设备，具备权威新闻发布资质，具有24小时随时开展直播能力，全网日均播放量（阅读量、曝光率）超过100万次，覆盖人群20多万。“城固视听”抖音账号、“城固融媒”快手账号视频播放总量突破2亿次。

2020年以来，城固县融媒体中心认真践行全媒体时代群众路线，始终做到贴近群众服务群众，及时发声、精准发声、正确发声，大兴“开门办报”“开门办台”“开门办网”之风，把党的优良传统和新技术、新手段、新平台相结合，坚持全媒体理念发展，调动一切积极因素，统揽网上网下各级各类舆论力量，在传递党中央重大战略决策部署的同时，倒逼自我革新，激发群众创新活力，争取多方支持，在全省率先成立县级新媒体达人工作室，目前有工作室成员46人，成员所属平台累计拥有粉丝超过4000万（数据截至2021年9月）。中心着力发挥媒体聚合作用，为达人们提供采风服务和协调保障，被广大网友亲切称为“城固的网红有了‘娘家’”。

二、工作背景

以习近平同志为核心的党中央高度重视媒体融合发展，多次强调融合发展关键在融为一体、合而为一，要尽快从相“加”阶段迈向相“融”阶段，着力打造一批新型主流媒体。当前网络媒介平台异军突起，网红达人不断涌现，多数达人标签化、垂直化，在某个领域具有极强的影响力。通过走访调研发现，城固籍或以城固本土为创作元素在10万粉丝以上的网络达人就有十多位，他们所拥有的累计粉丝量达到数千万人次，他们活跃在线上，对于如何做好做大正能量宣传并不能做到有的放矢，在线下他们归属感不强，急于得到各个阶层的认可。同时，建立新媒体达人工作自治机构，适应网络媒介新形势，占领新型网络主阵地，吸纳一切可管、可控、可用的新型媒介个体，共画网上网下同心圆，成为城固县媒体融合深化改革创新的必然要求；加强城固县新媒体达人之间的交流与合作，凝聚共识，更好地宣传展示全县经济社会发展的新变化、新成就，成为城固融媒人义不容辞的责任。

三、工作目标

坚持“正能量是总要求、管得住是硬道理、用得好是真本事”的原则，坚持达人自治、共管、共享的理念，建好管好新媒体达人工作室，让其成为全媒体时代的“通联部”“服务部”，真正聚集起海量粉丝用户并建立用户黏性，团结带领广大网络达人坚持正确的宣传方向，促进新媒体达人把握正确舆论宣传导向，真正让新型网络达人发挥舆论作用，激发创造活力，发展粉丝经济，聚合县级融媒实力，促进城固农产品销售，提升城固知名度、美誉度。

四、工作内容

（一）在全省率先成立县级新媒体达人工作室

举行成立仪式，发布城固县新媒体达人工作室倡议书，倡导新媒体达人自觉遵规守纪，坚守正确导向，积极弘扬社会主义核心价值观，坚守言论底线，勇担社会责任，明辨是非，积极释放网上正能量，让网络空间更加清朗，主动宣传城固，为推动城固县经济社会发展摇旗呐喊。

（二）开展新媒体达人采风活动

走进城固知名旅游景点、知名企业、农特产品加工中心，开展直播带货活动，拍摄创作宣传城固的短视频，推广城固厚重的人文历史、经济文化、特色品牌，进一步提升“张骞故里、神奇橘乡”美誉度，活动坚持每周一次。

（三）开展新媒体达人线下互动交流活动

定期召开座谈会、茶话会，同政务媒体号交流创作经验，提升宣传水平。

五、工作开展情况

城固县融媒体中心秉承当好网红“娘家人”的服务理念，真正做到宣传群众、服务群众、服务达人。

（一）精心挑选达人

在筛选达人过程中，注重达人所属分类标签领域，注重正确舆论导向，将正能量、剧情、航拍、剪辑、新闻博主、美食主播、旅游达人、全能主播、新闻自媒体、达人所属平台服务管理机构负责人等作为吸纳对象，鼓动粉丝过百万的本土网络达人加入，摸底掌握达人们的基本资料和专长领域，认真分析筛选，确保达人“为我所用”，首批吸纳达人46人，粉丝总量达到4000万人，隆重举行达人工作室成立仪式，县级领导出席会议并讲话，中心主要领导宣布首批达人工作室成员名单，达人们纷纷在“携手共建清朗网络空间城固在行动”签名板上签名，激发了达人们的荣誉感和责任感。

（二）精心服务达人

建立服务保障机制，做到了新媒体达人工作室“五有”，即有活动仪式、有活动经费、有办公场所、有显著标识（马甲、彩旗）、有统一主题（话题）。中心工作人员做到热情周到服务，让达人们在参加的各类活动中感到温馨。拥有2000多万抖音、快手粉丝的网络达人陈佩丹（陈小沫）说：“工作室成立给我们这些达人一个很好的交流平台，希望通过网络平台，把我们城固很好地宣传出去。”

（三）精心组织达人

2020年10月30日、31日举行了“旅居在城固快抖来助力”新媒体达人走进城固系列采风活动，11月7日，举行了“最美橘乡直播达人秀暨城固柑橘直播带货”活动，分别对此进行现场图文及短视频直播报道。两次活动也成为迅速贯彻落实县委十五届十一次全会精神和“8·4全市支持城固酒业公司发展专题会议”精神，宣传好、报道好“大力培育‘四个在汉中’城市品牌”的具体行动。

六、工作收效

（一）舆论广泛关注

新华社、人民日报社、陕西日报社等各大主流媒体广泛报道。汉中头条热搜榜，开辟的“达人看城固”话题迅速突破100万次。达人们发布的“旅居在城固”话题，在新浪微博阅读量迅速突破500万次，在今日头条迅速登上本地热搜榜。

（二）宣传效果强劲

采风活动期间，达人们累计开展直播40余场次、累计观看人数20多万人次、发布短视频50多条，促进城固橘园景区连续6周荣登抖音汉中景区热搜榜前三位，抖友到城固橘园景区定位打卡人数超过10万人次。采访活动结束后三天，橘园景区知名打卡地点——揽胜台也迅速飙升至抖音汉中景区热搜榜第3位。

（三）带货实力突出

达人们主动要求为城固柑橘等土特产带货，在自己的平台上纷纷介绍城固的名优产品。开展“最美橘乡直播达人秀暨城固柑橘直播带货”活动仅一天就卖出1000多件农产品，成交额7万多元。2021年4月，在新媒体达人工作室发起的“汉中好网货 走进好生活——城固面皮走向全国”直播带货活动中，通过“城固视听”抖音号创作发布了一批展示面皮、展示企业形象的优质短视频，播放量突破1000万次，精心策划开展直播20余场次，累计观众超过10万人次，累计网销面皮2万余袋，销售金额达到22万元。

（四）共赢局面形成

通过举办采风和直播活动，有利于网红和城固融媒共话城固风采、共搭联系桥梁、共促合作发展，对于密切网络达人与县上部门、社会各界的沟通联系，构建网络正能量传播平台、移动互联网人才联谊平台，繁荣媒体融合事业、助力县域经济社会发展具有积极而深远的意义。

总之，城固县新媒体达人工作室坚持效果导向，增强服务意识，强化用户理念，实现了单向式传播向互动式、服务式、场景式传播转变，引导达人们由“感动”到“行动”，顺应了新时代新闻传播分众化、差异化趋势，提高了新闻宣传的精准性和舆论引导的时效度，达人工作室的设立和高效运转是践行凝聚网上舆论力量的生动实践，是扩大媒体融合阵地的生动实践，是宣传好“四个在汉中”的生动实践，是助力农特产品销售的生动实践，是走好全媒体时代群众路线的生动实践。

（郇正鹏：城固县融媒体中心副主任、副总编辑）

爱城固客户端

案例类别：产品

用好加减乘除法 算好基层治理明白账

汪俊灵

四川省仁寿县深入学习贯彻习近平总书记关于宣传思想工作的重要论述，全面落实中央、省、市决策部署，把县融媒体中心建设摆在突出位置，运用“加减乘除”法，打造融媒大平台，抢占全媒体舆论场，积极推进基层治理体系和治理能力现代化。

一、“加”——“相加相融”，打造网上仁寿综合体

针对“官媒门庭冷落，无人听”“自媒风生水起，受围观”的现象，仁寿县按照“仁寿+”的模式，融合打造“网上仁寿综合体”。

（一）凝聚合力加人员

以“仁寿家园”理念，吸引仁寿人注册入驻互动，打造仁寿人自己的网上综合体大美仁寿APP。按照“主力军进入主战场”要求，除媒体人、党员领导干部、机关事业人员外，创新组建新媒体联盟，积极吸纳红色自媒体。通过平台开设《发布》《生活》《问答》等栏目，鼓励社会组织、企业、商家发布活动和生活信息，允许所有人在平台上发布信息、评论互动、爆料吐槽，提升网民参与度活跃度。全县有72万人下载注册大美仁寿APP，每4个智能手机用户中就有3人在使用。

（二）夯实平台加机构

开通“仁寿号”，全县政府机构、官方组织全部入驻，民间组织、社会团体、自媒体人自愿入驻，商业机构、个体工商户、民间艺人主动入驻，变“独唱”为“大合唱”。全县已有503家官方组织、民间社团等入驻、展示、互动；开通个人发布、问答功能，80万用户变身内容生产者，参与发布互动，汇聚成网上仁寿中心。中心举办的“校园十佳教师”评选活动，5天吸引了380余万人次参与，开展的“抗击疫情，我承诺”网络签名活动2天内20余万人签名响应，实现了“融媒一发声、全县齐呼应”效应。

（三）汇聚要素加内容

要求凡能在网上呈现的政府服务事项必须入驻办理，新增文明实践、智慧党建、农民工之家等16个板块，不断拓展融媒体中心功能作用，更好服务党委决策，凝聚共识。在乡镇行政区划调整改革中，通过平台发布信息、引导舆论、形成共识的改革赞成率达99.7%。加强新冠肺炎疫情防控信息发布，中心日均自采新闻120多条，入驻单位和个体日均发布信息160多条。

（四）融媒并联加平台

通过技术手段，实现与黑龙江省木兰、四川省泸州市古蔺等20多个区县跨省、跨市、跨县融媒并联，各地APP可以自由切换，增加漫游用户218万+，实现了内容、广告、粉丝的共享。

二、“减”——“应减尽减”，做到进一门办所有事

整合全县所有服务平台、服务渠道，实现群众“进一道门办所有事”。

（一）减平台，实现高效运行

整合原有的12个官媒平台成9个，停办纸媒；政务新媒体除政府网和公安、检察院等上级有要求保留平台的少数部门外均已关停，大美仁寿APP成为全县唯一的综合信息平台。推行事业单位企业化管理，实行县融媒体中心内部人事、薪酬、财政“三项制度”改革，全面提升平台运行效率。

（二）减渠道，实现便捷服务

突出县融媒体中心“媒体+政务+服务”的功能定位，开通新闻、办事、爆料“三大通道”，汇聚所有政务新媒体在大美仁寿APP上进行集中宣传、服务、爆料。2019年秋季开学，平台试点教育缴费，5所学校2万学生实现了网上缴费。2020年8月10日开通差旅报销功能，平均每月全县公务出差申请报销4万人次以上，减少了纪委监委的监管盲区。

（三）减流程，实现全媒展现

利用人工智能技术，打造融媒体指挥平台，构建“中央厨房”全流程体系，实行记者指挥调度一步到位、县域媒体联合一键发声、全网舆情监测一屏展现，构建“指尖上的宣传服务中心”，打通了基层宣传和治理“最后一公里”。

三、“乘”——“乘方倍增”，引爆宣传裂变式影响

仁寿县以“乘影响”的目标，聚合县域内所有的市场资源，实现了宣传影响几何倍增。

（一）乘宣传，打造爆款产品

摒弃过去“一稿打天下的模式”，一条新闻做成多

种内容产品，一场活动生产各种内容产品。推进记者编辑“现场采集”“在线写稿”和“直播”发布模式。创新探索内容自动化生产模式，运用新技术实现内容自动化采集和自动生成。各单位所有的自发新闻、外宣新闻以及合作媒体涉及仁寿县报道也在大美仁寿APP平台刊载。创新产品创作生产模式，通过单位、记者、个人等不同主体，发布视频、图文、评论等各种产品信息，淡化行政体制刚性界限，吸引更多群体参与，更好地发挥上下联通作用。2020年上半年，大美仁寿APP播发涉及疫情防控的本地原创新闻7030条，阅读量达5亿+，其中阅读量10万+的313条，《人民日报》、新华社等主流媒体刊播427条、省级主流媒体刊播1006条。APP下载用户新增15万，平均日活10万+。

（二）乘粉丝，汇聚爆棚人气

“聚民心先要聚人气”“受众在哪里，媒体就在哪里”，要求政务新媒体粉丝必须引流，鼓励自媒体粉丝参与引流，影响身边人成为粉丝。目前已聚合融媒体粉丝700万+。重点生产“准、新、微、快”移动新闻产品，对“民意直答”“新闻来了”等栏目实行先网后台，先简后详，对重大新闻进行实时直播，同时，布局“融e屏”，研发大美仁寿APP的TV版、PC版，实现“有网的地方就能看大美仁寿”，真正从“你中有我、我中有你”变成“你就是我，我就是你”。2020年1月的新闻《四川仁寿查获一起茶楼聚众赌博》播放量达310.2万+，点赞量3.4万+。

（三）乘活动，赢得爆发业绩

主动承办或协办县上重大活动和部门乡镇文化活动，积极为企业策划活动，逐步抢占内容、渠道、市场等要素，构建全媒体价值链，不断扩大中心影响力，找上门来求宣传、求合作正成为常态。流量带动了收入翻番。2019年经营收入达1198万元，是2018年的300倍。2020年预计营业收入达1500万元。承办的“战疫情、促消费、惠民生”2000万消费券抽奖活动，拉动消费2亿元。

四、“除”——“除弊兴利”，画好网上网下同心圆

针对舆情复杂，夯实基层基础难的问题，以“除不利”为导向，凝合治理资源，画好网上网下同心圆。

（一）零距离教育，除落后思想

开展纪念“5·12”国际护士节暨“服务天使”评选、“寻找仁寿最美劳动者”抖音大赛，讲好仁寿故事、传递仁寿声音。

（二）立体化引导，除不良陋习

建立网上新时代文明实践中心，设置“志愿服务、困难求助”板块，加强思想道德建设，引导文明新风。开设“随手拍”网上举报，曝光不文明现象。在“垃圾不落地 仁寿更美丽”承诺签名活动中，5天时间有16万人主动签名参与。举办“凝心聚力抗病毒 阖家欢乐宅家秀”网络参赛有奖活动，丰富市民居家文化生活，收到参赛视频530余条，累计浏览量328万+。

（三）多层次管控，除负面舆情

开通平台有奖爆料，通过“爆料有奖”和“发点球解决问题”吸附舆情，属地消化。2019年解决网民诉求和问题2万余件，为县委决策参考提供有力支撑。有网友评价：“这个平台真正好，反映问题有渠道，快查速办效率高，还有实惠发红包。”控股本地最大自媒体——“仁寿圈”，通过其论坛和覆盖全县的300余个微信群快速发现舆情。组建全县新媒体联盟，以“盟主”身份引导加强行业自律、进行业务交流、策划主题活动，把全县新媒体紧紧地团结在一起，在重大舆论引导时步调一致、及时预警。2019年国庆期间，中心制作的“仁寿人唱响《我和我的祖国》”“仁寿向祖国报告”等系列新媒体产品发布后，联盟内的自媒体纷纷主动转发，总点击量达600万+。仁寿县2019年外溢舆情同比下降三分之二，为地方经济社会发展营造了风清气正的网络空间，以及和谐舆论场。

（汪俊灵：仁寿县融媒体中心常务副主任）

大美仁寿客户端

案例类别：组织机构

“三个第一”开创涉藏地区广电事业——松潘经验

羊文斌 谷运花

松潘县位于四川省西北部、阿坝州东北部，地处川、甘、青三省交界处，是四川省西部旅游黄金路线的中心位置，全县辖17个乡镇、122个村（社区），总人口7.6万人。为更好地服务松潘人民，将松潘声音传递出去，近年来，松潘县融媒体中心坚持以习近平新时代中国特色社会主义思想为指导，把深入贯彻习近平总书记重要讲话精神

作为当前涉藏广播电视工作重要政治任务，努力唱响治藏稳藏主旋律，弘扬建藏兴藏正能量，结合松潘地域实际，不断夯实广播电视基础工作，加大宣传报道力度，积极筑牢支持四川省涉藏地区长期稳定发展的广播电视坚强阵地。充分发挥宣传主阵地作用，以“强信心、聚民心、暖人心、筑同心”为目标，将最优质的广播电视节目送进藏寨羌乡，不断满足广大人民群众日益增长的精神文化需求。

一直以来，松潘县融媒体中心坚持“群众需要什么，我们就提供什么”“群众在哪里，我们的阵地就在哪里”的指导思想，在县委、县政府的高度重视下，在上级主管部门的大力关心支持下，不断提升能力、锤炼作风，以服务党委政府、服务广大群众的使命感积极融入全县经济社会发展格局，以敢为人先的责任感探索民族地区广播电视“少花钱、办大事”的发展道路，以分秒必争的紧迫感推进广播电视各项惠民工程，以舍我其谁的认同感全心全意为藏区办好事、办实事、解难事。经过不断地实践和探索，2020 年全省涉藏地区广播电视工作现场会在松潘县召开，总结出“三个第一”的松潘经验并在全省涉藏地区进行推广。

一、第一个建成了符合国家标准的“覆盖城乡、高效便捷、互联互通、可管可控”的县级应急广播体系

建成了 147 个自然村、社区（村级建制调整前）村级应急广播管理平台，8 个紧急避难场所、游客中心应急广播点，实现了从热闹城区到遥远放牧点的全域覆盖；建成了县级、村级应急广播管理平台，县级平台与省级平台互联互通，对村级平台可管可控。融合了应急管理、自然资源、气象等 10 个部门，实现了 IP 话筒一键切换。融合了各项乡镇村的护林防火员、地灾巡查员、河道管理员等，实现了全天候、全时段、全方位的预警信息分级发布和政策宣讲服务；应急广播平台与县融媒体平台建设有机结合，深化拓展应急广播的宣传、服务功能，融入“智慧松潘”APP，实现了群众可通过户外喇叭“听”，也可以通过手机小屏幕“看”应急信息，进一步丰富和延伸了全县应急广播体系，真正打通了引导群众、服务群众“最后一公里”。由村支部书记专人管理、融媒体中心定期养护，确保了系统建成能用、管用、好用。2020 年，疫情防控、防灾减灾、森林草原防灭火、村“两委”换届选举等工作会议通过应急广播系统召开，藏寨羌乡每个角落都能听到县委县政府主要负责同志的声音。松潘县应急广播在关键时刻显身手，充分凸显了党委政府的喉舌职能。

二、第一批建成了以“全流程高清、全媒体传播、全业态应用”为标志的智慧广电实验区

经历反复探索和不断完善的艰难过程，松潘县实现了制作、播出、传输到接收终端的全高清化，群众可通过有线、地面数字电视、直播卫星接收 50 套以上的高清节目，让“高清松潘”名副其实。县融媒体中心改革创新，建立了充满活力的生产运营和聚才用才机制，“一微一屏一端”成为展现美丽松潘的主窗口，智慧广电服务政务、旅游、电商等多个领域，2017 年建成的“智慧松潘”APP，下载量达到 2.6 万 +，在线浏览量达到 650 万 +。2020 年上半年，松潘县副县长进行网络直播带货，半个小时就把产自本县的 3000 多斤藜麦销售一空；7 月，“智慧松潘”APP 全程直播黄龙庙会欢乐盛宴，2 万 + 人围观了网络直播；9 月“情聚松潘 · 一盏灯的宣言——松潘县第四届古城花灯会”的网络直播，有 10 万 + 人观看开闭幕式，标志着松潘智慧广电平台既取得了突破性发展也进入了经济社会发展主战场。

三、第一个探索出“局台网配合”“流动服务 + 网点坐诊”，保障民族地区广播电视户户通、长期通的公共服务长效机制

松潘县全县 7.6 万人，其中广电用户达到 2.8 万户，换句话说，全县 95% 的群众都选择成为广电用户，可以说松潘县是四川省涉藏州县乃至全省区县广播电视事业发展的一面旗帜。松潘县广播电视事业能取得骄人的成绩，成为全省的示范，得益于几个面：一是机制好。县委县政府高度重视广播电视事业的发展，在机构改革时明确了局台网职能职责，真正实现了政事分开、管办分离，局台通力合作，台网有机融合。以县融媒体中心为中心，以 17 个乡镇广播电视公共服务网点为基础，直接面向用户建立“分片管理”“巡回问诊”和“网络坐诊”相结合的广播电视公共服务管理机制，从内容制作、传输覆盖到运行管理形成了稳定的闭环，有机构、有队伍、有效益、有积极性，提高了服务的效果和质量。二是作品好。松潘县融媒体中心为了解决边缘村寨州县广播电视节目覆盖问题，因地制宜，自主探索了地面数字电视二次转发技术，不光传送了 70 多套电视节目到藏寨羌乡，还让老百姓看到了喜欢的本地节目，同时也节约了大量建设资金。三是服务好。因地制宜创新基于 IP 网络传输广播电视信号，彻底解决了距县城 300 多公里，需要横跨三县才能到达的白羊乡州县广播电视节目覆盖问题。松潘县融媒体中心工作人员不怕艰苦，在荆棘林中、在沙石滩上、在藏寨羌乡、在人烟稀少的远牧点，到处都有广电网点服务人员的身影，他们就是一道道流动的风景线，守护着藏地群众的“精神粮食”，让农牧民看好电视、听好广播不再是难事。

在藏地工作，最稀缺的是氧气，最宝贵的是精神。“松潘经验”的实质，是松潘融媒人“守正创新、为民服务”的初心，是一种“民有所呼、我有所应”的干劲，是一种“务实担当、迎难而上”的精神。一个时代的画

卷，底色是民心；一项事业的成败，关键在精神。松潘融媒人将坚持问题导向、目标导向、发展导向贯穿到底，以饱满的政治热情、昂扬的创新精神、顽强的工作作风，努力书写新时代松潘县宣传思想文化工作新篇章，推动全县广播电视工作迈上更高水平，为促进松潘县经济社会高质量发展作出了应有的贡献。未来，松潘融媒人将继续发扬创新精神、保持朴实作风，为全县经济社会的发展和人民精神文明的富足作出新的更大贡献！

（羊文斌：松潘县融媒体中心主任，谷运花：松潘县融媒体中心副主任）

智慧松潘客户端

案例类别：产品

开发一个什么样的移动客户端

在这个问题提出来之前，其实富顺县融媒体中心还曾经被另外一个问题困扰过，那就是要不要建移动客户端的问题。在县级融媒体中心尚未启动建设时，富顺县广播电视台早在2015年便申请开通了微信公众号“最富顺”，并组建了新媒体部开展工作，能够实现内容的每天更新，但基本处于在新媒体上发布信息的状态，还谈不上真正意义上的运营。

到2017年初，“最富顺”微信公众号关注人数接近4万人，在县域内有了一定影响力，富顺融媒开始思考筹备开发移动客户端，最初的顾虑主要有：一是电视台缺乏资金，没有开发经费；二是缺乏运营人才；三是移动客户端的推广难度大，担心建好后没有用户。

直到2017年10月，移动客户端“富顺眼”正式上线。2018年7月富顺县启动融媒体中心建设，富顺融媒更坚定了做好移动客户端的信心，把它作为融媒体核心平台进行了全面优化。因此，融媒体平台的融合，首先需要打造一个集信息发布、民生服务、网络互动于一体的综合性可移动平台。

一、打通平台视听资源共享端口

在移动客户端开设《电视电台》栏目，链接了两个地方电视频道和本地音乐交通广播频率，用户可以通过客户端实时收看（听）地方广播电视节目，并可根据节目单选择回看，解决了本地广播电视节目可移动化的问题。

在解决了广播电视可移动化的问题之后，新的问题也会随之而来。比如，传统的电视节目因传输方式的原因，市民可能会错过收看时段，也不容易发现节目中存在的问题，而实现互联网打通之后，富顺融媒的节目单和内容被关注的可能性不断扩大，新闻资讯匮乏、本土节目质量不高的问题暴露无遗，富顺融媒对内容生产不能再熟视无睹。从某种意义上说，这也是一种倒逼机制，让富顺融媒发现不足，重新审视融媒体时代的内容生产问题。

二、开设县级部门镇乡信息发布专栏

在移动客户端首页，专门设置了“县级部门”和“聚焦乡镇”两个栏目，授权各单位自行管理账号，上传各类政策信息和办事流程，实现了每周更新1~2次。同时，各单位可利用该窗口通道发布工作宣传信息，为融媒体中心选题策划提供素材信息。通过这个栏目，还可了解各镇乡的基本镇情，如历史沿革、重大事件、文化资源、本土人才等，使之成为了解当地的百科全书。

在实践中，部门和镇乡的信息上传重点在于工作机制，很多部门和镇乡都会以没有人员、不懂业务等为由不愿意主动开展工作，作为融媒体中心，富顺融媒在着重做好管理人员业务培训的同时，将理顺工作机制作为一项重点工作，形成专项报告提交县委县政府专题研究，明确将此项工作纳入县委县政府对部门和镇乡的年度综合目标考核，从制度层面提出了明确要求。

三、聚合大量生活服务实用功能

在民生服务栏目中，开通了本地水电气缴费、社保医保查询缴费、医院挂号缴费、通信运营商缴费，以及行政审批、便民电话等生活服务功能。富顺融媒希望移动客户端能够成为广大网民办理生活事务的小帮手。

搭建上述服务功能的过程，其实也是一个日积月累的过程，充满了艰辛。举两个实例：第一，水电气的缴费，是市民最关注，也是最实用的功能，但可能会面临水电气企业还没有实现网上缴费的情况，需要企业重新开发与配合；同时，也可能会遇到虽然已经实现了缴费功能，但其开发的缴费系统与手机页面不兼容的问题，这也需要相关企业在缴费系统开发上给予大力支持与配合。第二，便民电话，为市民提供便利，不用再苦寻各类电话无果。但上千个电话怎么来？怎么保证电话真实性？面对问题总要解决，富顺融媒主动行动，外派工作人员沿街查看美食、服务、住宿、酒店等各类电话并登记，查看最新的部门镇乡街道电话联系簿，找出各单位、镇乡街道对公电话，将这些电话登上移动客户端，并开发出可一键拨号的功能。同时，为保障所有电话的真实性，还定期派出专人到各大街道查验电话真实性。

四、接入实时路况参与社会治理

富顺融媒在车流量较大的交通要道安装上了实时路况采集系统，并将数据信息接入“富顺眼”，群众出行可提前了解交通路况，这已成为群众出行的“千里眼”。同时，利用该系统，对不文明行为进行监看，并予以抓拍曝光。不定期对行人横穿马路、翻越栏杆，车辆乱停乱放、不遵守交通规则等不文明行为进行抓拍，通过电视、户外大屏、互联网和微信公众平台等载体进行曝光，增强反面教育效果，形成发现一小起，影响一大片的强大舆论氛围。它既是群众的千里眼，也是创建文明的加油站和真相的记录者。

例如，2019 年 10 月 16 日，县城区富州花园地段发生交通事故，一女子腿部被车辆碾过，本地朋友圈传言被撞女子“已经死亡”“交警迟迟不到”等信息，县融媒体中心第一时间调取了该路口的完整录像，并对整个事发过程和 5 分钟内交警赶到现场进行处置的情况进行了全面、真实、可靠的客观报道，有效地控制了谣言的蔓延。（详情可扫文章另附二维码）

截至目前，“实时路况”点击总量达到 4570 余万人次，分享次数达到 321 万余人次，得到了社会各界的认同与赞誉，进一步提升了群众在社会治理中的参与感，是以社会治理思维推进媒体融合向纵深发展的有效尝试和重要举措。

五、设置处理网民咨询诉求通道

富顺是百万人口大县，网民活跃度高，有多家自媒体，乱爆料、乱评论、乱扩散等现象时有发生，存在一定的风险，县融媒体中心突出“富顺眼”的互动功能，拓宽政府与群众之间的沟通渠道，让网民通过“回音壁”充分表达意见建议、反映诉求和困难求助等，通过收集归类后，以“派单”方式交有关单位在五个工作日之内做出正面回应。对不及时处理回应的单位，县委宣传部纳入年度宣传思想和意识形态工作考核。截至目前，共收到网民留言 1784 条，回应办理 1784 条，办结率 100%，做到了事事有回音，件件有着落，将网民留在本地、将舆情化解在基层。同时，“回音壁”栏目也作为典型案例入选省委网信办编印的《以“网”兴川——四川省网信工作典型案例》一书。

此外，富顺融媒还通过移动客户端开设了《直播》《文化传承》《商界精英》等栏目。移动客户端首页日信息更新量在 40 条左右。从县融媒体中心建立以来，我们始终将移动客户端的用户推广作为重要工作，只有不断扩大用户覆盖面，富顺融媒发布的各类资讯才能真正服务好群众，同时我们更深切地体会到，如果缺乏良好的服务和实用功能，移动客户端的用户发展也将会变得十分乏力。

实施县级融媒体中心建设，富顺融媒认为是在当前信息技术和互联网飞速发展的时代背景下，重构县级主流媒体新格局，发挥主流舆论阵地新作为，促进社会治理体系精细化，搭建意识形态工作新机制的一次重大机遇。富顺融媒在建设运营中，倡导移动优先战略，打造了富顺眼 APP，这是一个多媒介全方位新闻发布平台、整合各方公众参与的引导平台、社会治理体系的综合信息平台、贴近用户的便民服务平台和产业转型升级的推动平台。截至 2021 年 9 月 8 日，移动客户端富顺眼 APP 用户下载安装人数突破 31.6 万人，注册率达 70%。

（富顺县融媒体中心）

富顺融媒公众号融媒报道

案例类别：产品

依托“i 腾冲”APP 助推“双中心”建设

腾冲市融媒体中心自主谋划，创新推出“融媒体中心与新时代文明实践中心再融合”的做法，依托 i 腾冲 APP 将志愿服务工作和“商圈”平台有效结合，深化双中心融合发展，同频共振。

一、产品介绍

腾冲市融媒体中心推出的 i 腾冲 APP 是一款集“新

闻 + 政务 + 服务”于一体的应用 APP，是腾冲市融媒体中心面向腾冲人民重点打造的手机应用客户端，是腾冲人自己的政务媒体 APP。

二、产品框架

i 腾冲 APP 目前主要包括首页新闻板块、广播电视板块、“掌圈”板块、文明实践板块、政务服务板块共 4 大板块，其中首页新闻板块包含头条、习近平时间、外宣、党建、专题、直播、商圈等，一部手机就能掌握腾冲每天各色新闻亮点；广播电视板块可以实现电视节目移动看，新节目预约看，喜欢的节目重复看，广播节目随心听等效果，打破电视节目必须有电视才能看的传统模式；政务服务板块可以实现手机政务查询、网上办事、各类考试成绩查询等便民服务，足不出户也能查询各类信息；“掌圈”板块包括招聘求职、房屋租售、二手交易、同城资讯等，实现各类社会资源的线上交流；文明实践板块包括志愿活动招募、随手拍、文明助人等内容，让热心公益的腾冲人民，通过 i 腾冲 APP，及时掌握志愿服务活动动向，更好地结合自己的空余时间，参与社会公益活动。

三、产品需求

i 腾冲 APP 是腾冲市融媒体中心推出的唯一一款涵盖新闻、专题、直播、商圈、志愿活动、美图、听闻、便民服务的大型综合类 APP。

（一）受众需求

i 腾冲 APP 是本土唯一一个以 APP 为载体，每天推送各类本土新闻资讯的平台。依托腾冲市融媒体中心广播、电视节目，每天更新推送新的新闻资讯和广播节目，让整个 APP“活”起来。受众能通过“i 腾冲”APP，及时了解掌握家乡近期发展变化和未来发展趋势，在满足自身对新闻需求的同时，打破过去想看新闻必须有电视的空间障碍，引导群众积极参与到“文明城市”“美丽县城”建设中来。

（二）市场需求（“掌圈”平台和“商圈”平台）

i 腾冲 APP 以其唯一性的特点，正逐步引起市场各方高度关注。中心立足现有基本情况，经过反复调研，根据市场发展动向，创造性地推出了“掌圈”平台和“商圈”平台。在受众使用 i 腾冲 APP 浏览新闻资讯时，根据自身需要，在 APP“掌圈”平台吐槽生活新鲜点，找工作，租房子；在“商圈”平台订购吃、喝、玩、乐等服务，逐步形成稳定的新闻和市场的契合点，更好地发挥“i 腾冲”APP 服务人民的宗旨。

2020 年 6 月，中心联合腾冲昱昂商务有限公司正式推出爱订百分百社交电商平台，平台亦被授权为腾冲市新时代文明实践中心志愿者积分兑换指定平台，并针对全市志愿服务工作专门开设了“积分兑换专区”。专区产品来源于平台目前合作的企业，比如腾冲世纪金源大饭店、腾冲荷花温泉度假小镇、高黎贡山茶业、腾冲悦椿温泉、腾冲玛御谷假日温泉、华侨城秘境森森乐园、腾冲启迪冰上运动中心、云南品斛堂酒业、腾冲凯莱逸郡酒店、维也纳国际酒店腾冲十里荷花店、腾冲恒益健康体检中心、腾冲胡桃里音乐酒馆、腾冲朝天门火锅、腾冲滇之味菌王府、腾药宴、腾冲红黄蓝亲子园、腾冲一心文化艺术教育等上百家优质品牌，产品内容丰富，能满足志愿积分兑换的需求。

（三）社会需求（志愿者服务）

近年来，腾冲市把学习贯彻习近平新时代中国特色社会主义思想作为首要政治任务，把文明实践中心打造作为新形势下群众工作的重要载体，以“银杏树下·新时代文明实践在腾冲”为主题，积极探索新时代文明实践中心建设的“腾冲路径”，全市志愿服务活动蓬勃开展。

与此同时，中心主动探索，自主创新推出“融媒体中心与新时代文明实践中心再融合”的做法，深化双中心融合发展，双中心同频共振，强化媒体与受众的连接，以开放平台吸引广大用户参与信息生产传播。

在 i 腾冲 APP 有创新性地开设“文明实践”板块，将志愿服务工作由线下引入线上，一方面吸引更多的受众用户，另一方面为志愿服务提供相关信息，积极引导群众参与到志愿服务中来。

整个模块刊有全市各志愿队基本情况和招募志愿者信息；“随手拍”随心记录每一次志愿活动点滴；“实践地图”在 2D 地图上标注了全市 1 个中心、5 个分中心、18 个乡镇实践所、220 个村社区实践站、112 个部门单位实践基地；“实践资讯”收集刊登每次志愿活动的新闻讯息；“便民服务”链接“商圈”平台中的腾冲市新时代文明实践中心“志愿者积分兑换专区”；“文明榜样”刊登近年来全市范围内励志人物、最美腾冲人物传记；“建言献策”主动与群众进行线上对话，收集建议，改正不足；“文明手册”设有分享按钮，方便群众彼此宣传，积极营造人人都是环保员，人人都是志愿者的良好社会氛围。

目前已经有志愿服务人数 98243 人，志愿组织入驻 1587 个，志愿项目 2144 个，服务时长 194567.29 小时。

四、产品亮点

（一）引入志愿流量，“做活”新媒体

中心高层高瞻远瞩，在使用 i 腾冲 APP 时，依托双中心建设，开设了“文明实践”板块，把全市风风火火的志愿活动引入 APP，9 万多志愿者纷纷涌入其中，带来了活跃的流量。一定程度上，i 腾冲 APP 已经逐步转变为全市志愿服务的“集散地”，运用 i 腾冲客户端聚合平台将志愿服务组织覆盖到全市，让融媒体中心真正成为“网上新时代文明实践中心”。

（二）“小”积分，兑换“大”实惠

志愿服务在i腾冲APP上火热进行，为了让志愿服务更加丰富，中心反复研究制定了一套链接“商圈”平台的、切实可行的积分兑换制度。首次在APP里引入“志愿积分”这一全新概念。每位志愿者，通过i腾冲APP参加的志愿服务，会根据参加的次数、服务时长来获取相应的“志愿积分”，运用这些“小”积分，可以在“商圈”平台进行积分兑换操作。小小的积分，看似微不足道，但是对于志愿服务活动开展却发挥着巨大的作用。

通过积分兑换，以市场化的方式，有效破解积分兑换奖品的资金难题，志愿者可以根据“商圈”平台的产品需求，更加积极地参与志愿服务活动；伴随着大量志愿者加入，带来巨大的关注度，新闻资讯传播迅速，提升中心社会知晓率和公信力；把“商圈”与志愿服务链接起来，凝聚全市优秀知名商家加入“商圈”，广而告之的同时增加志愿者选择性，为商家发展拓宽线上渠道，吸引大量入驻商家参与到志愿服务队伍。

（三）志愿新闻官，让新闻影响力扎根基层

在新时代文明实践中心的示范点培养34名“志愿新闻官”，将“商圈”功能与志愿者积分兑换相融合，在腾冲全市18个乡镇内，收集各类新闻，不断拓宽新闻线索来源，确保中心新闻“新鲜感”十足，提升新闻舆论传播力，让新闻影响力深入一线，扎根基层。

整个APP的打造，都是为了适应媒体服务的需要，及时建立以为民服务为宗旨的“媒体+政务+服务”i腾冲APP，从单纯的媒体宣传向公共服务领域拓展，提升多样化综合服务功能，让i腾冲APP成为群众了解政策、掌握信息、办事咨询的主渠道。畅通微博、微信、网站等新媒体平台的信息互通、联动评价、粉丝互动等渠道，及时跟进党政部门对群众反映问题的反馈和解决情况，推动解决热点难点问题；助力脱贫攻坚，帮助群众发展产业促增收，先后在APP组织了东山直播电商产业园项目推介等活动，推介县域优质特色农产品，助力农产品销售，努力发挥媒体服务的社会价值。

从相加到相融，从融合到融活，腾冲市融媒体中心不断加强平台和队伍建设，在科学化、精细化、智能化上下更多功夫，推动公共资源向基层延伸，更好满足人民群众精神文化生活新期待，更好地履行引导群众、服务群众的媒体宗旨。

（腾冲市融媒体中心）

案例类别：组织机构

融媒体环境下的正能量传播

——盈江县融媒体中心深度融合发展

尹以祐

盈江县融媒体中心地处祖国西南边境，自成立以来坚持技术平台和内容建设双轮驱动，以融合传播和项目平台为重点开展先行先试，深化新闻资源集成共享，坚持“融合传播，优势互补”，打造媒体联合运营新模式。并顺利通过云南省第一批县级融媒体中心的省级验收。

目前，中心初步实现了8K视频采编工作流程，持续擦亮“中国鸟类资源第一县”的城市名片，创新打造“犀鸟视频”融媒体品牌，构建内容、运营、商业和版权四大版块，形态包括直播、短视频、文创产品、AI等智慧媒体生态产品。

一、围绕中心，服务大局，突出主题，全力以赴做好新闻宣传工作

2020年，盈江县融媒体中心宣传工作，一是紧紧围绕县委、县政府的中心工作，对全县新冠肺炎疫情防控、脱贫攻坚、爱国卫生“7个专项行动”、民族团结等宣传主题进行了有计划、有重点、有深度的新闻宣传报道；二是在宣传上坚持贴近群众，贴近实际，贴近生活，深入开展“走基层、转作风、改文风”活动，把镜头更好地对准群众，把荧屏更多地留给基层，深层次、多视角报道盈江县发展经济、精准脱贫、惠民富民、建设美丽富饶新盈江的巨大成就和先进典型，为推进盈江县的经济发展、社会和谐发展创造了良好的舆论环境；三是在“6·24”山体滑坡，“7·18”和“8·18”洪涝滑坡等自然灾害突发事件中，组织记者第一时间深入前线，运用融媒体优势，紧跟事态进展开展全方位、递进式报道，在及时传播信息的同时又有效地引导了舆论。

二、发挥融媒优势，提升节目质量，开创宣传新气象

一是坚持主线宣传，充分利用好形式多样的传播载体，全面发挥好党的“喉舌”作用，全力做好全县各类重要会议的宣传报道，全力做好县委县政府重大决策、

重要部署、重大活动以及全县经济社会发展情况的宣传报道；二是进一步提升中心主流舆论引导力、影响力、公信力，坚持“内容为王”的新闻服务理念，切实加强新闻宣传内容建设，主动适应移动媒体的传播规律和基层群众信息需求特点，大力实施电视专题栏目、“美丽盈江”微信公众平台、盈江云 APP、盈江发布抖音号等新闻精品宣传计划，用心创作了一批迎合基层干部群众多样化的信息需求和极具主流媒体品格气质的新闻精品，充分展示融媒体中心新媒体、新气象、新实力。摒弃陈旧老套、诟病单一的新闻素材采集、视频制作模式，创造性地开展全媒体新闻素材采集、视频类新闻节目制作、文字图片类新闻编辑等工作，竭尽全力以形式多样、特色鲜明的新闻宣传精品晒盈江画卷、抖盈江声音、话盈江故事，全面提升融媒体市场竞争力。

三、做好盈江战“疫”的宣传工作

盈江县融媒体中心在新冠肺炎疫情突发的战“疫”中，一改过去“传播平台单一、新媒体管理受限、有效信息不能及时发布”等问题，全面实行“移动优先”战略，充分利用立体式全媒体传播矩阵权威发声、及时发声、联动发声，疫情防控宣传攻坚战取得良好效果。一是国内疫情发生后，紧急召开疫情防控专题会议，成立中心新冠肺炎疫情防控工作专班，及时调整电视新闻节目编排，实行全天候轮岗值班制度，确保及时高效做好新闻报道、舆论引导和防疫科普宣传。在“盈江云”APP 政务服务栏目内增加“疫情地图”“发热门诊”等便民服务板块，为群众提供优质便捷服务。二是聚焦“一微一端一视频”集中发力，疫情防控新闻宣传报道实现一部智能手机“全盘”掌握。开设疫情防控专栏，第一时间转载中央、省、州、县关于疫情防控的有关精神和内容，普及新冠肺炎疫情防护知识、野生动物保护、突发事件应对、严打涉疫情违法犯罪等方面相关知识，及时传递权威信息，回应群众关切，辟谣不实信息。及时获取疫情防控新闻线索，策划推出“战疫先锋”“复工复产”等系列报道，深入医院、超市、农贸市场等疫情防控一线，广泛宣传盈江各行各业疫情防控工作的措施举措、取得的成效及防控过程中涌现出来的好经验、好做法、好典型，营造良好的舆论氛围。三是立足边疆少数民族地区实际，用普通话、民语（傣语、景颇语）、缅甸语等不同语种录制、译制疫情防控视（音）频，以群众喜闻乐见的方式，让群众直击疫情防控动态，疫情防控宣传实现全覆盖、无死角。主动向盈江县文艺工作者征集作品，快板、书画、书法、顺口溜、抗“疫”表情包等抗“疫”宣传佳作纷至沓来，凝聚满满的战“疫”正能量。通过与央视新闻客户端慢直播将镜头对准盈江旧城镇马铃薯开挖，与德宏传媒集团新媒体中心密切合作，采用航拍与地面多机位结合的拍摄方式将盈江春回大地、农民喜获丰收的场景呈现在全国网友面前，助力复工复产。

四、成功举办全国首个网络泼水节

受新冠肺炎疫情影响，盈江一改过去聚集性活动风俗习惯，举办了以“指尖祝福云泼水 幸福吉祥盈江美”为主题的首个网络泼水节，设计“云赏片”“云跳舞”“云互动”“云直播”4个精彩环节，包含《水》《家》《守》《心》《愿》5部主题宣传短视频、全民抖音拍同款活动——“网络泼水节同跳一支民族舞，邀你拍同款”、《盈江网络泼水节之歌》全民参与版 MV、H5 动画等不同产品类型，让“云上泼水节”既彰显了傣族、德昂族厚重的文化底蕴，又紧密结合当下，将疫情防控知识贯穿其中，借泼水节祈愿国泰民安。

盈江首个网络泼水节属全国首创。自盈江网络泼水节活动宣传开始后，新闻稿件被广泛转载报道，掀起了一波“云上泼水节”的热潮。

五、助力脱贫攻坚宣传，亮点多氛围浓

2020 年是决战脱贫攻坚之年，盈江县融媒体中心将脱贫攻坚宣传工作作为新闻宣传工作的重中之重，有计划地进行宣传，激发了广大扶贫一线干部职工的拼搏激情，为全县决战决胜脱贫攻坚工作营造了良好的舆论氛围。一是重点围绕全县健康扶贫、产业扶贫、教育扶贫、易地搬迁、驻村帮扶、扶贫夜校、防贫机制等亮点工作，组织系列综合报道，拍摄完成《盈江脱贫故事丨5个民族携手变成一家人》等 9 部脱贫攻坚系列短视频，取得良好的社会宣传效果。其中《小乡村到幸福村 云南盈江下勐劈走出一条乡村旅游脱贫之路》《云南盈江：“留妈拴娃”的扶贫车间》《云南盈江脱贫故事：易地搬迁 圆几代人的小康梦》等 5 篇稿件被学习强国采用。二是主动邀请中央、省、州（市）主流媒体记者，深入盈江县采访报道，推出了一批扶贫典型报道，其中《盈江县特色农产品亮相上海》，较好地宣传了盈江县脱贫攻坚工作亮点和特色。三是因受新冠肺炎疫情影响，盈江县桃子、橘子、李子、昔马小洋芋出现滞销，将此事制作成新闻播出后，有效地为贫困户解决了农产品销售难的问题，社会反响良好。

六、积极营造民族团结浓厚氛围

牢牢把握“中华民族一家亲，同心共筑中国梦”这一目标任务，深入开展民族团结宣传工作，积极抢占舆论引导、思想引领、文化传承、服务人民的传播制高点，为铸牢中华民族共同体意识筑牢舆论阵地。以“一微一端一视频”为宣传主阵地，用活用足新媒体报道，广泛宣传民族团结推进工作中涌现出的亮点特点、经验做法、

先进典型，精心制作动态海报、短视频等不同形式的融媒体产品，形成全方位、多层次、多声部的传播矩阵。积极探索用民族语言讲解、用民族文字阐释、用民族节庆展示、用民族文化体现，制作了一批民族文化视频、民族特色文化、民族特色旅游等系列产品，把民族文化通过互联网融入群众的衣食住行中，在全社会唱响各民族团结奋斗、共同繁荣的主旋律。紧密结合当前的精准扶贫工作，利用“线下体验、线上推广”宣传营销和网络直播带货模式，在盈江云 APP、盈江发布抖音号推荐少数民族农特产品，让“各民族都是一家人，一家人都要过上好日子”的美好愿景变成现实。

（尹以祜：盈江县融媒体中心副主任）

案例类别：组织机构

广南县融媒体中心：深度融合发展 构建全媒体传播体系

广南县融媒体中心为了实现“一体策划、一次采集、多元制作、全媒传播”的要求，积极申请了头条号、企鹅号、抖音号、快手号和官方微博等融媒体传播平台，形成“1+12”融媒矩阵的全媒体采编模式，宣传工作进入了一个全新领域。

一、把握正确舆论导向，提升融合宣传成效

（一）紧扣中心，内宣工作取得新突破

县融媒体中心把宣传工作重点放在服务推进县委、县政府中心工作上，积极策划和部署各项主题宣传报道，为各项重点工作的推进提供舆论支撑，传统媒体与新媒体统一发声、联合发力，在电视、网站、新媒体开办了《真拼实干 · 马上就办 把不忘初心、牢记使命推向深入》《壮丽 70 年 奋斗新时代》《统筹做好疫情防控和经济社会发展》《聚焦两会》《践行新时代“西畴精神”》《爱卫行动——曝光台》《庆建党 100 年》《“1165”大比拼》等专栏，组织记者深入一线开展综合宣传报道工作，多角度全方位报道广南县脱贫攻坚工作和展示 70 年来广南县经济社会发展取得的辉煌成就，讲好广南故事。通过记者的一线采访报道，挖掘报道新时代各乡镇、各部门推进高质量发展的措施成效和经验做法，营造宣传的浓厚氛围。

（二）突出特色，对外宣传提质增量

1. 在克服一线记者短缺困难的基础上，不断细化量化任务，形成专抓齐抓、以老带新的格局，使得新媒体发展焕发生机。截至目前，视听广南 GNTV 微信公众号推送信息 381 期 1524 条，今日广南微博发布信息 998 条，今日广南 APP 播发各类资讯 11781 条；抖音等短视频平台通过一年多的运营，目前关注数为 26.7 万，创作各类短视频 1000 余个，最高点赞关注量 1000 万 +。

2. 发挥媒体联动效应，承办活动有声有色。依托广播电视技术手段及人才资源优势，策划导演多场大型直播活动。先后直播了《广南县“两会”盛事》《欢迎战“疫”英雄凯旋——广南英雄回家欢迎》《【图文直播】（广南站）“壮乡和韵 · 苗岭欢歌”全国主流媒体启动》《【网络直播】“高峰牛天下第一汤锅”在广南开锅！》《【网络直播】“真拼实干、马上就办”广南作风故事会》《【直播】广南县爱国卫生专项行动全民动员大会》《广南县脱贫攻坚收官战役誓师大会》《句町拳王赛》等 150 次大小型网络直播。充分展现了融媒体中心的能力和实力，收到社会各界的一致好评。

3. 长期坚持以创新为动力，通过内部管理改革，让有限的人力资源发挥最大的生产效益。首先对工作职责进行划分，采取“定岗不定人”的方案，将融合后的电视、新媒体责任到部门，所有采编人员轮流在岗开展工作，实时推出一线采访的稿件。同时，专人负责短视频生产，让信息传播更符合时代特征。

二、在全国、全省、全州具有特色亮点的工作

为进一步推进文化传媒事业的发展与改革，加大文化传媒的宣传及活动展示，提高行业管理水平，实现文化传媒的市场化运营，保证广南县各项文艺创作、影视制作策划、广播节目现场制作、广告业等相关活动服务得到较好实施，更好地服务广南的文化和社会发展，根据县委、县人民政府领导的指示，由广南县城乡建设投资有限公司出资设立“云南天之广云之南文化传媒有限公司”，利用传媒经济线上线下同频共振，打造天之广云之南战略品牌，擦亮原生态生活目的地名片。目前，除传媒业务外，已经涉及鞋服、连锁超市、（天之广云之南大众消费馆）电子商务（京东 · 广南特产馆）等业务，通过资源平台共享、宣传思想统一等运作模式达到传媒公司意识形态工作和经济效益双赢，同时，反哺融媒体中心，推动融媒体中心科学跨越式发展。

古人云：没有规矩，不成方圆。要让队伍召之即来，有战斗力，就必须有科学的管理机制和责任机制。为此，中心制定出台《广南县融媒体中心工作管理手册》《广南县融媒体中心新闻宣传纪律管理办法》《广南县融媒体中心差旅费管理办法》《广南县融媒体中心稿酬兑现办法》等，用制度管人，认真做好干部职工的关心关爱工作，使全体干部职工始终保持高昂的工作热情。

（一）强化队伍建设

抓住各种机会，采取"走出去"的办法，组织记者分批次前往浙江传媒学院以及昆明、文山等地进行学习深造；采取"请进来"的方式，邀请州台资深老师（专家）到广南融媒中心开展镜头拍摄、选题挖掘、广播消息采写等方面的业务知识培训，为建立起一支数量上能满足需要，业务上能胜任岗位工作、能吃苦耐劳的新闻宣传队伍。

（二）完善网络视频直录播设备

在力所能及的情况下，采取最简单的办法（比如购买推流器、采集卡等）来解决设备老化、网络视频直录播设备不能满足网络视频直录播的难题。

（三）抓实新闻宣传

紧扣"引导群众、服务群众"两大功能定位，围绕县委主要领导到县融媒体中心调研时提出的"十个服务于"（服务于党的领导，当好党的声音的形象窗口；服务于人民对美好生活的需求，传播好党的正能量；服务于高质量脱贫攻坚典型经验模式的宣传需要；服务经济高质量跨越发展，扩大招商引资的影响力；服务于广南形象品牌的打造，扩大广南在全州、全省、全国的影响力；服务于社会监督的需要，提升市民素质，加速州级、省级、国家级文明城市的创建工作；服务于媒体监督需要，形成媒体矩阵，打造全媒体互联互通平台；服务于广南走出去的需要，让全国人民享受到广南的美味、美物、美创、美景、美宿；服务于广南融媒体自身发展需要；服务于未来人工智能的发展需要，奠定坚实的发展基础），充分利用传统媒体、网络媒体、移动媒体等，认真做好各项宣传，切实提高新闻舆论传播力、引导力、影响力、公信力。

（四）做好通联工作

采取多种形式加强与上级媒体的沟通联系，了解其关注、报道的重点和热点，了解其用稿的爱好和特点，虚心请教、及时修正自身存在的问题和差距，使外宣稿件基本做到有的放矢，投其所好，为其所用。同时，加强与上级媒体的合作，联合推出了一系列重头报道，有效提高广南县融媒体中心的外宣上稿率。

（广南县融媒体中心）

案例类别：组织机构

四向发力 打造"四新"融媒视界

——中宁县融媒体中心建设的创新探索

刘雪峰 宋学宏

创新是事业发展的灵魂，也是社会进步的内生动力。近年来，中宁县深入贯彻落实习近平总书记重要讲话精神，坚持以习近平新时代中国特色社会主义思想为指导，坚持正确政治方向、集约发展、移动优先策略、"媒体+"理念、因地制宜原则，加强顶层设计、强化政治引领、突出治理效能、提高造血功能，以内容建设为根本，主流价值传播为核心，项目建设为抓手，先进技术为支撑，机制创新为动力，人才队伍建设为保障，聚集优势，全力打造中宁县融媒体中心，筑牢党媒建设新根基，打造主流舆论新高地、综合服务新平台、构建融媒发展新格局，着力提升主流媒体的传播力、引导力、影响力、公信力，更好引导群众、服务群众，成为宁夏县级融媒体中心建设的标杆和典范。

目前，中宁县融媒体中心已投资1200多万元，占地面积1100多平方米，建成集主流舆论阵地、综合服务平台、社区信息枢纽于一体的融合平台，拥有各类关注用户达100万人，作品累计浏览量超过3亿人次。掌上中宁客户端APP获评2019年度中国"互联网+"特色政务平台，《中宁县深入推进融媒体改革进程》被录入《宁夏改革动态》第22期。中央宣传部《学习与交流》（2020年第一期）刊发中宁县深化媒体融合的经验做法，2020年9月，中宣部调研中宁县融媒体中心建设情况，并在中宁县召开宁夏县级融媒体中心建设现场调研座谈会。

一、加强顶层设计，筑牢党媒建设新根基

"如何推动县级媒体融合发展，建设什么样的县级融媒体中心才能更好地让党的创新理论'飞入寻常百姓家'，推动基层治理体系和治理能力现代化？"这是中宁县委适应党媒发展新要求深入思考的问题。2018年初，

中宁县被确定为全区率先开展县级融媒体中心建设的五个试点县之一。对此，县委高度重视，把媒体融合发展改革和融媒体中心建设作为一项重要的政治任务全力推进，多次召开专题会议进行研究，确定了“新闻＋党建＋政务＋应用服务”的融合思路，并将融媒体中心建设同智慧中宁建设有机结合起来，高起点谋划，高标准打造。

（一）完成机构改革

成立中宁县融媒体中心，为县委直属正科级事业单位，加挂中宁县广播电视台牌子，归口县委宣传部领导。整合人员编制，将原广播电视台、农村广播影视公共服务中心、互联网新闻信息中心职能整合到中宁县融媒体中心。

（二）重组内部组织结构

根据融媒发展需要，本着移动优先的原则，将部门重新整合，设办公室、新闻信息采集中心、编辑分发中心、播音中心和技术中心。80% 人员转到新媒体，重新修订考核制度。

（三）深化内部人事制度改革

完善人力资源配置方式和管理模式，推动人员由身份管理向岗位管理转变，逐步实现同岗同工同待遇。打破身份限制和“一岗定终身”，推行岗位竞聘，打通内部人员调配通道，实行岗位动态调整，岗变薪变。

（四）创新人事管理机制

按照干部管理权限，在不占用机构领导干部职数的前提下，允许中宁县融媒体中心把工作业绩突出、表现优秀的临聘人员聘任为融媒中心副主任，报县委宣传部备案。

（五）加大财政支持力度

采取政府购买服务的方式给予融媒体中心临聘人员综合补贴，每人每月补贴 2808 元，落实“五险”，纳入财政预算。

二、强化政治引领，打造主流舆论新高地

作为宁夏五个试点县之一，中宁县融媒体中心始终坚持党管媒体原则不动摇，坚持正确的政治方向和舆论导向，聚焦主题主线、聚焦精品生产，推进“两化”融合，强大宣传职能。

（一）流程数据化

建立“中央厨房”式的全媒体指挥中心，打造全媒体智慧采、编、播数据平台，整合力量，重构流程，实现新闻从业人员采、编、播等多技能融为一体，内容、技术、平台、管理等多要素融为一体，“一次采集、多元生成、多平台传播”的格局。

（二）平台矩阵化

将电视、广播、中宁网、微信公众号、掌上中宁客户端、微博、抖音、视频号、人民网客户端、新华网客户端、央视频、腾讯企鹅号、121 新媒体平台、宁夏广电“黄河云”等平台融为一体，并将全县 48 个县直机关、乡镇社区、生活服务微信公众号纳入中宁县广播电视台微信平台，现代融媒体传播体系和“全县一盘棋”的大宣传格局加速形成。

三、突出治理效能，打造综合服务新平台

在建设过程中，中宁县融媒体中心坚持以人为本，在强化为民服务上下功夫、做文章，不断加大资源整合和平台融合力度，打通媒体融合的“最后一公里”、连接群众的“最后一公里”、基层治理的“最后一公里”，更好地满足人民群众的信息需求，扩大主流价值的影响力版图。

（一）推进“两中心两平台”融合，提升服务职能

1. 与政务服务中心政务平台融合。将政务服务、便民服务、教育健康等群众生产生活刚需服务职能融合到掌上中宁客户端，打造指尖上的政务服务中心，提高为群众服务能力。

2. 与新时代文明实践中心文明实践平台融合。在掌上中宁客户端搭建“新时代文明实践”模块，实现百姓“点单”、中心“派单”、志愿者“接单”、群众“评单”相贯通的工作模式，形成网上网下同频共振、协同作战的工作机制，打通宣传群众、服务群众的“最后一公里”。

3. 与“学习强国”平台融合。将“学习强国”平台等中央和地方官方服务平台根植于“掌上中宁”客户端，拓宽学习渠道。

4. 与“互联网＋”等平台融合。与中宁电商、121 平台等对接，实现县内优质特色产品、旅游产品等购销互联互通，助推特色产品销售，增加农民收入，提升平台服务能力。

（二）推进“监管和舆情”融合，强化治理职能

1. 将“宁夏回族自治区重点营运车辆公共服务平台”“中宁县地下管线地理信息系统”“中宁县公安交通监控系统”“中宁县智慧安监系统”等信息平台数据接入融媒体中心指挥调度平台，为中宁县委、县政府科学决策、应急指挥和部门日常监管提供技术支撑。

2. 在掌上中宁客户端嵌入网络问政模块，创新互联网时代群众工作机制，建立和完善“一网留言、集中受理、分类处置、部门联动、跟踪督办”的运行机制，把线上流转和线下办理贯通起来，走好网上群众路线。

四、提高造血功能，构建融媒发展新格局

几年来，中宁县融媒体中心以市场为导向，不断强化服务意识和精品意识，提高自身造血功能，实现社会效益和经济效益双丰收。

（一）推进技术融合

借助中央、自治区专项资金和自筹资金，先后完成了中宁综合频道高清化改造，无线发射设备及广播采编

设备、摄像设备的换代升级，实现了中宁县融媒体所有平台节目、内容在当地的全覆盖无死角传播。充分发挥自身技术优势，组建无人机航拍团队，在新闻、专题栏目、重大活动、现场直播等方面广泛运用航拍技术、8路全能高清直播机，以独特的视角、壮观的画面，给观众带来崭新的视觉体验。

（二）注重精品生产

不断增强创新理念，精心策划、打造一批富有传播力、影响力、引导力的专题、栏目、短视频等，扩大中宁县融媒体中心的品牌影响力。共制作各类专题片、宣传片、MV、快闪、微电影等200余部，和部门合作开办栏目40个以上，创收700余万元，促进了融媒体中心的健康快速发展。

星垂平野阔，月涌大江流。今后，中宁县融媒体中心将以习近平新时代中国特色社会主义思想为指导，围绕举旗帜、聚民心、育新人、兴文化、展形象的使命任务，聚集资源抓改革，全力推进媒体深度融合，实施全媒体传播工程，更好地满足人民群众的信息需求，让党的声音传得更开、传得更广、传得更深入，促进社会文明程度得到新提高，努力为党和人民争取更大光荣！

（刘雪峰：中宁县融媒体中心主任，宋学宏：中宁县融媒体中心副主任）

掌上中宁客户端

案例类别：组织机构

贺兰县融媒体中心：构筑生态圈 做大新增量 探索融媒体“五全五变”贺兰模式

马贤

贺兰县融媒体中心是中宣部确定的全国首批59个试点之一，2018年12月19日成立全区第一家县级融媒体中心。中心按照“因势而谋、应势而动、顺势而为”的要求，主动担当“举旗帜、聚民心、育新人、兴文化、展形象”的使命，明确“宁夏率先、网络领先、移动优先”的目标，针对互联网条件下党的新闻宣传工作虚化、弱化、碎片化、边缘化等变量问题不断深化改革，全面实施融媒体增量工程，建成了主流舆论阵地、综合服务平台、社区信息枢纽，探索出了一条新型主流媒体“五全五变”的改革发展之路。

一、全体系重组，实现低端运行向高端引领转变

（一）建立“一核多层”组织体系

成立贺兰县融媒体建设工作领导小组，由县委常委、宣传部部长牵头改革试点工作，在县广播电视台基础上成立融媒体中心，实行互联网企业管理体制，成立行政、编采、经营3个管理委员会下设12个工作部门，强化政务、民生、产业服务职能。建设“三圈两基地”人才团队，把核心圈—专业圈—公众圈的人才紧密团结起来，将用户消费者升级为生产者、改造者和传播者角色。建立中国传媒大学、宁夏大学、北方民族大学等大学生实训基地和创新创业基地，提升人才工程。

（二）建立“一体五化”管理体系

建立动态决策、管理、执行链条，推行业务扁平化管理，推行责任绩效化管理，健全“岗位工资+绩效工资+项目提成+年终奖金”考核激励机制。推行岗位职业化管理，实行竞聘制、导师制，双特制，打造名记者、名主持、名主播。推行效益标准化管理，实行预算管理，人效考核，利润考核，严把提效、节支、增收关口。推行风险责任化管理，落实“三重一大”集体决策、节目“三审”“三防”巡检处置机制，确保网络空间清明。

（三）构建“一企五链”运营体系

成立广泰恒业传媒公司，建立政企双向运营机制，开发政务服务、媒体宣传业务。建立合作联合运营机制、商业客户运营机制、独立项目运营机制和策划设计运营机制。与社会企业合作，利用大数据评估效果，提高用户画像服务的靶向性和有效性。

二、全媒体融合，实现经营产品向经营平台转变

建立“八位一体”立体传播矩阵，形成“一体统筹、上下联动、协同互通、资源共享”全新媒体生态。

（一）融合市县政务平台

主力建设贺兰微博、贺兰政府网“两微一网”，融通i银川等五大政务平台。开发93.8电台、贺兰电视台抖音号，做强本土媒体，魅力贺兰客户端自2019年6月上线运行至今，拥有装机用户近7万余户。

（二）向上融合外宣平台

与区市融媒体中心、新华网、人民网、学习强国等主流媒体和百度、腾讯、今日头条、抖音等网络企业互联互通，扩大全国影响力。

（三）向下融合基层平台

融合构建村居企校等微信矩阵、部门单位微信矩阵、县乡村三级大喇叭广播矩阵，同频共振，多级传播，放大效应。

（四）横向融合县级平台

牵头联合全区14家县级融媒体中心成立联盟，覆盖人口近400万，在节目制作传播、媒体转型运营、媒体产业发展三方面跨界融合、协同发展。

（五）融合服务交易平台

全力推进商业平台嵌套，打通智慧社区、智慧农业、互联网+医疗、智慧广电等平台，完成与湖南“掌上浏阳羊淘商城”、浙江“游世界商城”的合作。2019年全年度收入403.6万元，增长29.44%，2020年收入达567.9万元，增长40.7%，实现了从“输血”到“造血”再到“生血”的转变。

三、全流程再造，实现线性固化向智能复合转变

以数字化转型为重点，提高决策前瞻性、运行高效率、技术智能化，实现创新链、供应链、价值链全方位的融合提升。

（一）“智慧中心”决策指挥科学化

利用媒体大数据系统自动生成分析报告，对舆情发展趋势综合研判，启动“数据思考、数据说话、数据追溯、数据决策”的调度指挥模式，由被动选择决策转向数据驱动决策。

（二）“中央厨房”业务运行数字化

实现策划采集编辑审核发布追溯评价闭环运行，建立数据库、政策库、案例库、素材库、文案库，打通数据传导链、价值链，建立了“开放策划、开源采集、多种生成、多元品类、全媒发布、全时覆盖”运行模式。

（三）“智能编辑”节目生产自动化和“数字迭代”新型消费精品化

应用智能生产编辑系统，引入人工智能技术，在广播电台实现自动抓取、自动整合、AI主播、定时转播、24小时自动播报等智能生产，实现人工创作向机器智能创作发展。坚持内容为王，按照速度、广度、精度、深度、热度标准评价好产品，采取并行、协同、智能设计等先进技术开发个性化文化精品，打造了《贺兰新闻》等6个品牌栏目。

四、全方位聚力，实现有限供给向有效供给转变

（一）融媒体+时政新闻，吹响政治方向集结号

把党的思想理论宣传作为首要政治任务，增设理论宣传、政策解读、学习交流专栏，策划改革开放40周年、“十三五”发展成就等主题系列报道。开办主题教育、党建巡礼等17个专题栏目，大力宣传改革开放、乡村振兴、脱贫攻坚、生态环保、社会治理、党的建设等各个领域的典型经验、显著成果，凝聚了争创黄河流域生态保护和高质量发展先行区排头兵的智慧和力量。

（二）融媒体+社会监督，擂响舆论导向定音鼓

加强网络主流意识形态建设，建立新闻采编指挥调度管理、舆情收集分析处置、政民互动管理“三大闭环”管理系统和快速反应机制，通过12345市民热线、帮打听APP和社区服务模块智能分析研判和推送处置群众投诉。建立了移动端“共商、共治、共建、共享”的公共治理新模式。

（三）融媒体+社会实践，放大价值取向广角镜

围绕社会主义核心价值观，联合策划举办“好家风、好家训”“贺兰春晚”文艺晚会、农民丰收节等群众性活动百余场次，建立新时代文明实践网络平台，现已注册志愿者64936名，累计志愿服务活动8354场次，“巾帼”志愿服务、“银霞”志愿服务、“红领巾”志愿服务等在全县蔚然成风。

五、全领域覆盖，实现被动服务向主动服务转变

通过拓宽服务领域、提高服务质量，努力做党媒主流宣传的记录者、示范者和实践者，不断增强人民群众的获得感、安全感和幸福感。

（一）融媒体+政务，打造社会治理的直通车

开通便民查询，完成自治区政务服务网首批便民查询功能对接上线。推行掌上办事，将政务服务办事功能嵌入魅力贺兰客户端。开设政民互动专栏，强化公众参与度。

（二）融媒体+社区，打造社区群众的便利店

魅力贺兰APP聚合数十个职能部门的发布平台，推出直播、在线访谈、在线咨询等在线互动，接入就医、气象、快递、机票、酒店、电影、家政、代驾等10余项服务，逐个搭建社区平台，打通引导和服务群众“最后一米”。

（三）融媒体+产业，打造数字经济的加速器

挖掘媒体资源，开放运营激存量，创新产品扩增量。开发3D+媒体，文创+媒体+企业等新业务。与厚生记食品、金河乳业等企业合作，搭建县域网络商圈。打造“贺贺有名”直播平台，策划特色美食带货，培育新网红。开设扶贫公益活动，直播助农，直播旅游。让四十里店稻渔空间景观走进了央视和海外媒体，引发“打卡”热潮。

建设文化传媒创客基地，承建县退役军人线上线下创客中心，推动了文化传媒产业发展。

贺兰县融媒体中心将坚持以习近平新时代中国特色社会主义思想为指导，按照党的十九届五中全会“建强用好县级融媒体中心”的部署和要求，深入实施网络传媒增量工程，拓展数字化转型、现代化管理、集团化运营的发展路径，扩展跨界跨业生态传播矩阵，构筑全区县级媒体联盟的新格局，打造黄河流域生态保护和高质量发展先行区“贺贺有名”的融媒体城市名片。

（马贤：贺兰县融媒体中心主任）

案例类别：组织机构

五指山市融媒体中心：加快融合步伐 打造创新团队

五指山市融媒体中心成立于2019年9月29日，是海南首个建设完成并投入使用的县级融媒体中心，通过一系列的传统媒体与新媒体的深度融合以及相关机制的优化，运行一年多，在宣传、管理、技术、服务等方面发生了崭新变化。

一、首家融媒，激发活力

五指山市融媒体中心作为海南第一批县级融媒体中心试点之一，高位嫁接国家通讯社媒体资源，本着“节约、先进、实用”的理念，以新华社融媒体专线为内容支撑，实现习近平总书记的相关报道在客户端置顶，嵌入“现场云”平台，实现智能化生产与传播，最大限度聚合信息、服务群众，构建“独具五指山魅力”的新型传播平台和基层主流舆论阵地。通过打通与中央、省、市各级媒体的发声渠道，实现了统筹策划、一次采集、多种生成、多元传播、科学评价、有效应用的全新业务模式。

2021年，五指山市融媒体中心选送的作品《泪目！回味抗疫英雄感人瞬间》荣获第三十一届海南新闻奖新闻摄影作品类一等奖。作品《纪念海南解放70周年丨王理辉：“上战场前战士们说，明天不用下我的饭了……”》荣获媒体融合短视频专题类二等奖。《五指山惊现疑似“水中大熊猫”桃花水母的水生物种》荣获广电系列电视作品三等奖。《五指山候鸟老人自编快板书助力疫情防控》《普通话、海南话、黎话、苗话丨文明健康过年倡议书》两件作品入选全国“县级融媒 齐心抗疫”优秀案例展播。特别策划《父亲节》《消防日特辑：今天让我们点亮“火焰蓝”，为消防员庆生！》《纪检监察干部扶贫Vlog：“黄金果”编织致富梦》等视频被新华社、新海南、南海网等多家媒体平台采用，浏览量85万+。多个作品斩获奖项，有助于进一步提升五指山市融媒体中心新闻影响力。

二、实用合作，后力强劲

为进一步提升融媒体中心“造血”能力，打造县级融媒体发展样板，推动新型媒体向纵深发展，扩大媒体在社会的影响力和覆盖面，2020年11月12日，五指山市融媒体中心与海南报业集团所属南海网合资成立五指山融媒文化传媒有限公司，这是全省县级融媒体中心第一家与省级媒体合作成立的文化公司，为县级融媒体全面提档升级，搭建了很好的平台。

这种举措的建立有两点优势：一是完善体制机制，保持内部活力，提高工作效率。长期以来，五指山市融媒体中心内部体制机制不够完善，职工工作积极性不高，缺乏有效的奖励激励机制，导致人员流动性大，工作效率不高。成立合资公司后，利用公司营收反补采编人员，调动他们的积极性，形成良性循环。二是借力省级平台，实现自身发展壮大。五指山人口基数小，宣传力量有限，无论是在爆款产品制作和传播上，还是在节目策划上，都感觉不足。成立合资公司后，可以有效利用南海网传播平台，在与中央驻琼媒体、省级媒体通联上取得更大优势，同时可以学习借鉴省级媒体优秀经营理念，不断壮大自身发展实力。

自成立以来，五指山融媒文化传媒有限公司不断完善公司各项规章制度和组织架构，多渠道招聘专业技术人才，充分挖掘五指山市场潜力，先后承接了“文明家风、呵护美好”三八妇女节活动，“世界水日、中国水周”线上线下活动，庆祝建党100周年“永远跟党走 奋进新征程”职工诗歌朗诵比赛，税收宣传月30周年颁奖仪式及“以笔宣税，共绘税务蓝”主题征文，2021年自由贸易港建设中的民族教育与乡村振兴学术研讨会等活动，协助拍摄《海南岛上第一面五星红旗从这里升起》《中国地名大会》《相约海之南》城市直播等20多个活动，获得了合作方的充分肯定，社会影响力和知名度进一步增强。

三、新旧融合，相得益彰

融媒体中心成立以后，不断推陈出新，拓展思路，通过使用无人机航拍及 VR 直播，打破传统传媒意识，汇聚市属广播、电视、微信、移动客户端、短视频平台等媒介资源，优化整合宣传资源，打造融媒体矩阵，创建统筹策划、实现传统媒体舆论平台与新兴媒体舆论平台同频共振，融合发展。

为拓宽传播渠道，2021 年 3 月 2 日开设“五指山新闻”视频号，至今累计发布 168 条视频，总阅读量超 220 万人次，增粉 3840 人。其中，《精彩回放 | 五指山登上央视》《跟着地名游中国》精彩片段《中国地名大会第二季》阅读量为超 100 万人次。3 月 3 日，首次用 VR 全景直播三月三祭祀大典盛况，在线人数超 42 万人次；抖音直播 2.2 万人次，取得良好的传播效果。截至 2021 年 8 月底，抖音号累计发布 90 条视频，阅读量超 80 万人次。开始入驻快手和新浪微博。“我爱五指山客户端”发文 4279 篇，累计阅读量超 5168 万人次。

七一前夕，五指山市融媒体中心配合中共五指山市委宣传部全程记录 100 名黎锦苗绣传承人，共同创作“黎苗锦绣，百年梦想”巨幅拼布作品，并通过文字、组照、短视频、微纪录片等多种形式在我爱五指山客户端、视频号、抖音、微博等平台多渠道发布，总浏览量超 100 万人次。《工人日报》、人民网海南视窗、新华社海南频道、南海网等国家、省级各大媒体也相继转发，7 月 2 日，该视频还登上了央视新闻，取得了良好的传播效果和社会效应。

面对一些重要的、大型的新闻报道，广播电视记者和新媒体记者联合“出击”，利用高效的团队协作、凭借宽阔的推送平台，为广大的观众和读者提供了大量的新闻信息和有趣的娱乐视频，在社会上产生了很大的影响力和冲击力，受到业内外一致好评。为了进一步拓宽宣传视野，增强融媒体在社会上的影响力，五指山市融媒体专门打造《夜听五指山》栏目，主播为您讲述人文故事、历史文化、红色家书等，传播五指山声音；专门开设《山城美丽说》专栏，通过主播带您游山城的方式，发现山城的美景、美食，好人好事，讲好五指山故事。多位专业主播以及致力于读书益智的文艺达人，将发自心灵的声音融注于五指山的风情、人文、世态、物语。相信这档夜读节目将是融媒体改革后焕发生机的新的尝试。

（五指山市融媒体中心）

“黎苗锦绣 百年梦想 ——海南五指山市百名黎锦苗绣传承人为中国共产党成立 100 周年献礼”融媒报道

·中国新闻出版深度融合发展概览·

The overview of the deep integration development of China's press and publication

中国新闻出版深度融合发展概览目录

《卫星知识局》

《卫星知识局》是新华网打造的一档卫星新闻融媒体栏目，在国内媒体中率先将卫星遥感技术与媒体报道相融合，创新出一系列卫星影像和遥感大数据使用场景，运用卫星影像、遥感分析、地理地图处理等方式，追踪突发热点、聚焦城市演变、发现自然生态演变，展示热点事件背后的知识点。

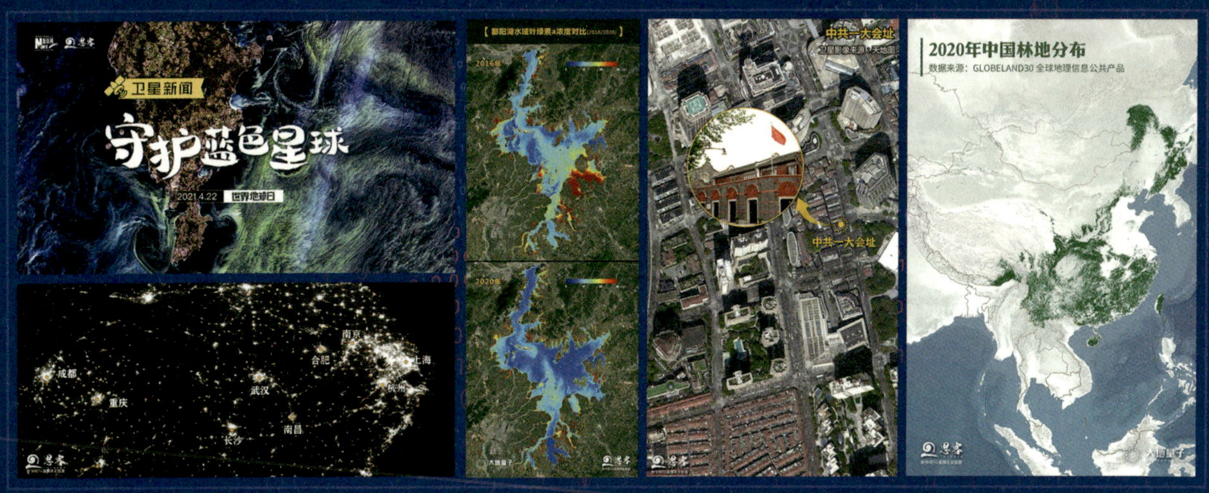

《思客数理话》

《思客数理话》是新华网打造的有数据、有观点、有思考的深度新闻栏目。栏目着眼于重大主题、网络热点、突发事件等，从网民最关心的角度挖掘有价值的数据信息，将舆情数据与行业数据、统计数据等相结合，通过数据视图交互联动，及时有效引导舆论。

■ 习近平治国理政声音库

■ 党史声音日历

■ 云遇中国

■ 啄木鸟消费者投诉平台

■ 一颗红星的旅程

■ 远山的回响

■ “元”来有你

■ 极境守护者

国家新闻出版署出版融合发展（武汉）重点实验室

国家新闻出版署出版融合发展（武汉）重点实验室是全国首批20个出版融合发展重点实验室之一，以武汉理工大学和长江出版传媒股份有限公司为依托单位，武汉理工数字传播工程有限公司（数传集团）为共建单位，于2016年12月获国家新闻出版署批准建设。目前，实验室是全国392家出版单位的出版融合智能服务机构。

实验室紧盯国际新技术前沿与出版业发展趋势，创新科研理念、管理体制、经营机制与产品业态，尤其着眼模式创新，加强对出版融合发展共性关键技术的研发、共享与管理，实现高水平科研人才与新兴数字技术的对接，为传统出版与数字技术的融合发展提供智力支撑、技术保障与经验示范。

实验室开创性地打造了全国一流的出版融合智能服务体系——“现代纸书”模式，以匹配大数据标签的二维码为服务入口，通过对每一本出版物进行个性化策划设计，使其成为具有读者交互能力、读者服务能力与市场盈利能力的“现代纸书”。围绕此项核心业务，实验室帮助出版单位进行“现代纸书”生产策划、编辑技能培训、数字技术平台搭建、出版物运营服务及数字内容体系构建等服务。

实验室共建单位武汉理工数字传播工程有限公司于2014年开发了拥有完全独立自主知识产权的出版融合平台：RAYS（意为“读者在你的系统中”），该平台作为出版社内供编辑日常工作使用的平台软件，其中开发了上千款应用与服务项目，并拥有智能化读者数据分析储存系统，能够协助出版单位与编辑将一本本传统的出版物升级为“现代纸书”，同时帮助出版单位与编辑建立读者数据库，深度挖掘读者个性喜好，实现精准内容投送。

截止2021年，实验室已改造书报刊总印册量25亿册，覆盖读者总数超过3亿人次，对行业发展产生了巨大影响。RAYS平台也先后获评国家科技部科学抗疫技术成果、工信部2019年新型信息消费示范项目、中国新闻科技类最高奖——王选奖。

同时，实验室与中国新闻出版研究院、中国出版协会、中国编辑学会、中国期刊协会等业内权威研究机构；纽约大学、佩斯大学、牛津布鲁克斯大学、墨尔本大学等高校，建立了战略合作，联合开展项目研究、产品开发和人才培养工作，是出版融合领域的重要研究基地、高层次人才培养基地、高水平学术交流平台。

红网 REDNET.CN

红网成立于2001年5月30日，是湖南省委宣传部打造的“党网”平台。2017年，湖南红网新媒体集团成立，下辖3个子公司，14个市州直营分站，39个一级部门，现有员工800余人。20年来，集团构建了双端（PC端、移动端）四级（省、市、县、乡镇/街道）四屏（电脑屏、手机屏、户外大屏、电梯小屏）的树型融媒体党网旗舰，打造了以红网、时刻新闻为主核，“观潮的螃蟹”微信公号、红网时刻LED联播网为两翼，第三方新媒体平台为支撑的全媒体矩阵，共拥有新媒体用户数6115万。全面推进“移动化、数据化、视频化、轻量化”四化战略，大力推进“两中心一平台”（县级融媒体中心、新时代文明实践中心、学习强国湖南平台）、“网上群众工作云”“智慧党建云”“服务与监督微信群”“网络安全态势感知”“湘农荟”等平台建设，逐步实现由传播层向服务层的深度转型。红网多年位列全国新闻网站综合影响力前十强，2020年在第二届中国新媒体大会上，“时刻新闻”客户端被列为全国六大有特色、有影响力的地方新媒体之一。《百姓呼声》《问政湖南》《红辣椒评论》《中国志》《H5|改革开放40年•长沙有多“长”》先后五次获中国新闻奖一等奖。

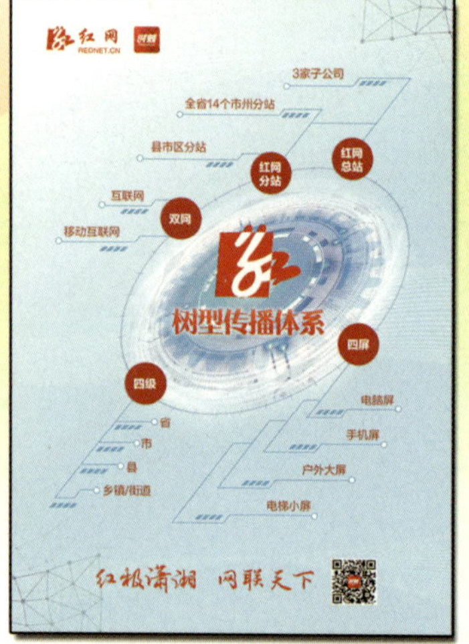

新华日报 常州分社

中国金坛全球招商网络大会

习近平总书记多次强调，不论经济发展到什么时候，实体经济都是我国经济发展、在国际经济竞争中赢得主动的根基。站在“十四五”开局之年，新华日报常州分社持续为金坛搭建新招商体系，继2020年之后，再次向全球发出招商邀请，推进金坛“实体为本、项目为王、产业强区”建设。

2021年，全球招商网络大会搭建了全球招商“云平台”，一键登陆可获取金坛简介、平台载体、重点产业等八个模块内容；同步上线的“VR全景金坛”平台展示全区重点产业龙头企业、产业园区、综合配套等重点位置；更有“中德（常州）创新产业园云展馆”配以真人讲解、全景展示等形式，让参观者在线上就可以了解展馆内容。

通过中国金坛全球招商网络大会，展示新华日报常州分社作为传统媒体在内容、技术、渠道、平台的深度融合，强化了媒体模式创新、产品创新和服务创新，重构了媒介融合生态，为区域经济社会发展提供了助力。

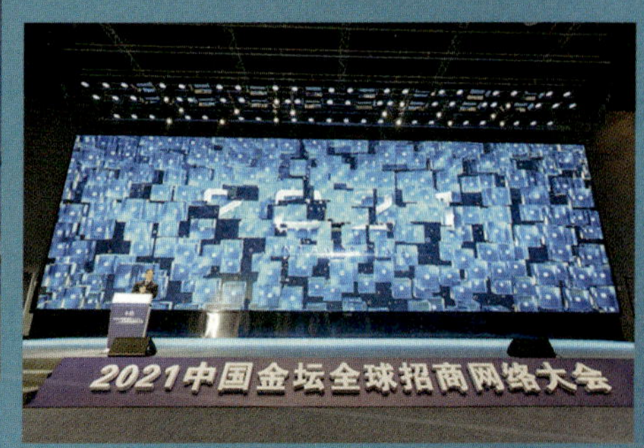

世界工业与能源互联网博览会

以习近平同志为核心的党中央高度重视数字生态建设，“十四五”规划和2035年远景目标纲要作出“营造良好数字生态”的重要部署。新华日报常州分社连续三年承办的世界工业与能源互联网博览会，是新华日报常州分社与常州市人民政府联合打造的数字经济、双碳战略重要节展品牌。

2021年的工博会系列活动涵盖高端装备制造、动力电池、5G通讯、光伏新能源、工业互联网等多个领域，吸引了国内外数十个重大项目签约，签约总投资额超1000亿元人民币。同时，运用虚拟现实VR等全媒体技术实现了工博会的“线上+线下”相结合，实现全球观众实时观展；2000平方米实物展厅展示了工业和能源互联网、中国工业大奖、专精特新、智能制造等方面取得的成果。

人民日报、新华社、央视等中央、省市主流媒体聚焦报道，报道总流量突破1亿次，塑造了江苏及常州在工业和能源互联网领域的产业高地品牌形象。

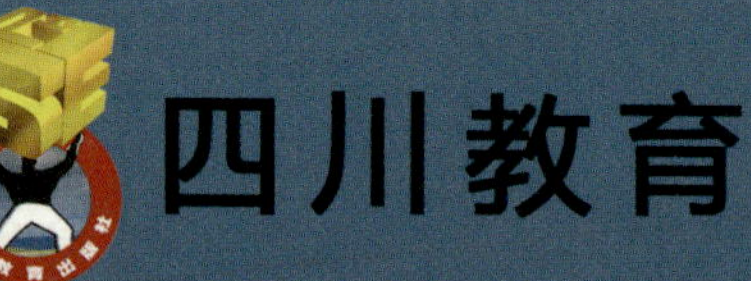

四川教育出版社于1983年成立，主要出版教材教辅、学术著作以及科普读物，是西南地区大型的中小学教材教辅和学术图书出版基地。

建社以来，四川教育出版社以“传播文明，服务教育”为宗旨，出版国家和地方教材500余种，教辅产品、学生课外读物品种齐全，出版《陶行知全集》《现代教育理论丛书》《中小学教育改革与实验丛书》《中国教育热点难点丛书》《生态文明论》《青年战疫》《走向高品质》《四川红色文化教育丛书》《这就是化学》《语言表达启蒙课》《中小学森林草原防火教育读本》等双效益俱佳的图书，产品涵盖学前教育、基础教育、职业教育、高等教育、成人教育、家庭教育、教育理论、心理学、高端科普等领域，已形成全方位、多元化、系列化、立体化、数字化的教育产品出版格局。四川教育出版社还是省内唯一具有全科中小学教辅材料出版资质的专业出版社。

近年来，推行以分社制为核心的运营机制改革，组建基础教育分社、文教分社、北京分社、学术分社，生产经营自主权下沉，激发了活力，释放了新动能。由目录教育图书单轮驱动转变为目录教育图书、市场化图书、教育学术图书三驾马车并驾齐驱。目录教育图书稳步增长；大力开发市场化图书，以差异化、特色化、系列化策略提升产品原创力、核心竞争力，创新宣传、营销方式，提升市场占有率、行业影响力，大见成效。树立“教育出版+互联网”思维，用技术为教育出版赋能，推动媒体融合向纵深发展。逐步构建起全方位、多元化、系列化、立体化、数字化的“大教育”出版格局。

获得亚太出版商联合会图书奖金奖、中国图书奖、中华优秀出版物奖、全国优秀科普作品奖等奖励400余项；2020年被评为“振兴四川出版”双效益俱佳出版单位、销售收入增长5强单位、利税总额6强单位；根据《新闻出版产业分析报告》，总体经济规模在全国图书出版单位中排名第10位，在全国地方图书出版单位中排名第3位。

广州新华出版发行集团

Guangzhou Xinhua Publishing and Distribution Group Co., Ltd.

“朝夕阅读 不负韶华”——2020广州读书月项目

为配合疫情防控工作部署以及复工复产期间广大市民的阅读需求，进一步坚定信心，提升广大市民思想境界，增强精神力量，为疫情过后的文化生活融入更多暖色调，2020广州读书月期间以“朝夕阅读 不负韶华”为主题，以文化地标亮灯、“书香羊城”十大好书发布、花城3D书摘漂流馆、“大咖领读”云分享、数字阅读地铁专列等为核心内容，通过融媒体传播营造书香满城的全民阅读氛围，着力打造广州首个“线上”读书月，在全市乃至全国均起到了良好的示范带动作用。

2020广州读书月主画面

2020年4月23日“书香羊城”阅读地铁专列正式发车

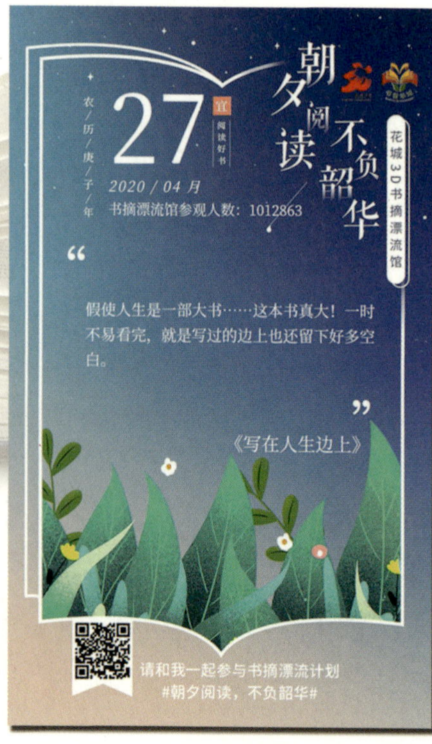

中国中药杂志

主管单位：中国科学技术协会　主办单位：中国药学会

中医药科技期刊分级目录T1级期刊
中国科技核心期刊
中国中文核心期刊
中国科学引文数据库（CSCD核心版）

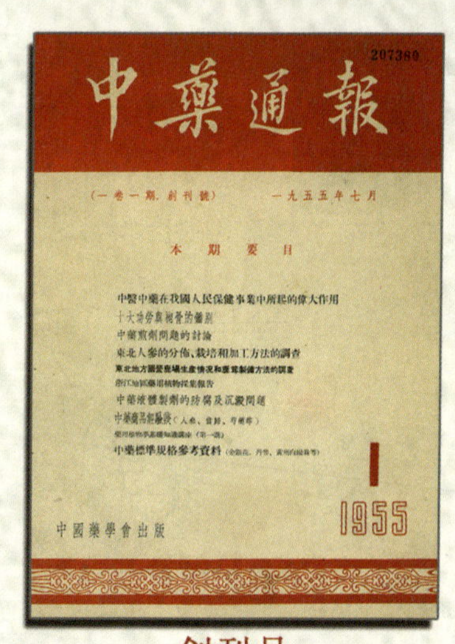

创刊号

《中国中药杂志》创刊于1955年7月，原名《中药通报》。全面反映我国中医药与天然药物学科领域最新进展与研究动态，是中医药最高科研学术水平的交流平台之一。

迄今为止，出版文献量24271篇，文章总下载量907余万次，总被引38万余次。微信公众号粉丝23万。

《中国中药杂志》曾荣获国家新闻出版广电总局“中国百强报刊”，第三届国家期刊奖百种重点学术期刊；连续四届荣获国家中医药管理局“全国中医药优秀期刊评比”一等奖；多次荣获“中国最具国际影响力学术期刊”“百种中国杰出学术期刊”“中国精品科技期刊”“中国权威学术期刊”“中国最美期刊”“期刊数字影响力100百强”等称号。

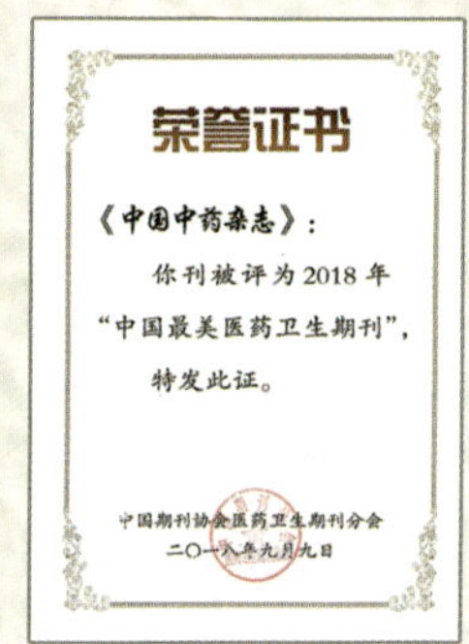

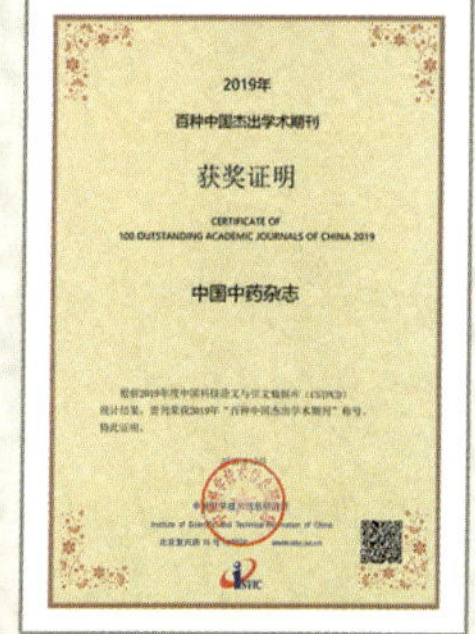

学术服务号

订阅号

贵港日报

《贵港日报》是中共贵港市委机关报，由中共贵港市委主管主办，是贵港市唯一一家权威性报纸。贵港日报社坚持以习近平新时代中国特色社会主义思想为指导，认真贯彻落实习近平总书记对新闻舆论工作的“48字”方针，坚持正确的舆论导向，围绕中心、服务大局，唱响主旋律，打好主动仗。贵港日报社为市委直属正处级公益二类事业单位，实行企业化管理。现已转型升级成为集办报、广告传媒、新媒体运营、物流配送、教育培训等于一体的文化产业单位，下辖三家全资子公司。近年来已成功举办（承办）了第32届全国荷花展览大型专题外宣采访、贵港市创建国家森林城市、广西第二届“花山诗会”等一系列活动。目前，报社正朝着媒体深度融合的目标迈进。

青岛日报报业集团（青岛日报社）立足四报（青岛日报、青岛早报、青岛晚报、老年生活报）、两刊（青岛画报、读报参考）等传统媒体原创实力，积极推进媒体融合发展，打造了以观海平台为核心，拥有青岛新闻网、青报网、青网、中国养生健康网以及青岛观、青岛新闻、掌上青岛、智慧青岛、青岛日报公号、观象山公号等移动端在内，“报、网、微、端、号”一体化的强大融媒体矩阵。

2020年8月17日，通过"架构重组、流程再造、考核转向、一体管理"，组建起“9+1”十大全媒体生产中心，并通过推动多端融合、全力打造的观海新闻客户端正式上线。

观海新闻客户端以“观沧海，看天下”，立足青岛、辐射全国、影响世界的胸怀，聚焦新闻资讯、投诉受理、智能服务为三大核心板块，立足发挥党媒品牌影响力、传播力，致力建设智库、智能、智趣、智慧、智链的“五智”媒体，形成了智慧型、立体化、全开放、全交互、强体验的主流党媒权威传播平台。

网端时政发布第一平台　**高端访谈第一平台**　**投诉受理第一平台**　**智媒生态第一平台**

短短一年多时间，观海新闻已经成长为区域网端时政发布第一平台、高端访谈第一平台、投诉受理第一平台、智媒生态第一平台。

沛县融媒体中心

PEIXIAN MEDIA CONVERGENCE CENTER

沛县融媒体中心以融合汇聚合力，以改革激发动力，牢牢抓住“人才、政策、机制、协作”关键环节，持续在补短板、强弱项、扩优势、创新高上下功夫，坚持宣传抓导向、融合聚合力、改革激活力、播出保安全、服务惠民生、队伍强管理的理念，努力探索县级媒体深度融合特色之路，呈现了新面貌、焕发了新活力、实现了新突破。

2019年9月，沛县作为江苏省首批省级试点县，撤并沛县广播电台、电视台、报社、广播服务中心和音像发行放映站、服务公司、广告公司等单位，成立沛县融媒体中心和国资为股东的沛县融媒文化产业公司，县委第十五次党代会报告专门将融媒体改革“沛县探索”经验做法和深化融媒体改革，讲述好“沛县故事”，展示好“沛县形象”写进报告。沛县融媒体中心荣获2019年度江苏省信息系统信息资源共享平台二等奖；2019年度江苏省红色记忆最佳观众栏目奖。2020年度全省县级广播电视节目共享平台最佳贡献奖和最佳栏目奖。沛县融媒体中心承担的省试点建设及改革任务通过省级验收，在全省首批获得《互联网新闻信息服务许可证》和《信息网络传播视听节目许可证》。2019年度县级机关单位综合考核第二等次、县营商环境优质服务三等奖；2020年度县级机关单位服务高质量发展第一等次、县“三重一实”项目服务三等奖、县农村农业工作先进集体。

沛县融媒体中心始终紧扣中心工作，把握舆论导向，提升融合宣传成效；深化改革创新，努力探索实践，真正打造沛县样板。同时，加大创收力度，开拓经营思路，全力推动健康发展。

媒体融合永远在路上，我们将持续深化改革，内强素质，外强形象；持续加强和改进新闻宣传工作，用心用情，用力用智，做强做好新型主流媒体阵地，充分发挥好引导群众、服务群众的作用，切实把县融媒体中心打造成为主流舆论阵地、综合服务平台和社区信息枢纽，传递好党和政府的声音，唱响媒体融合的新大风歌。

新疆日报

全媒体传播矩阵

新闻旗舰
政务总汇
服务助手

为您讲述精彩新疆故事

石榴云客户端

敬请扫码安装

新疆日报

新疆日报维吾尔文版

新疆日报哈萨克文版

新疆日报蒙古文版

今日新疆

今日新疆维吾尔文版

今日新疆哈萨克文版

今日新疆蒙古文版

新疆日报
数字报

新疆学习平台

强国号

抖音号

微信小程序

新疆新闻门户

天山网维吾尔文版

天山网哈萨克文版

天山网英文版

天山网俄文版

人民号、企鹅号、头条号

微信、微博、抖音、快手

图片服务交易平台

新闻理论核心期刊

新疆画报

新疆画报维吾尔文版

新疆画报哈萨克文版

服务农民 惠及农民

新疆法制报

新疆法制报维吾尔文版

新疆法制报官方网站

微信、微博、抖音、快手

声音凝聚力量 法治改变社会

友邻（英文）

友邻（哈萨克文）

大陆桥（俄文）

大陆桥（塔吉克文）

扬子江路1号微信公众号

图汇新疆微信公众号

新疆日报评论微信公众号

新疆发布
微博

最后一公里
微信公众号

新疆民族团结一家亲
微信公众号

新疆是个好地方
微信公众号

乌鲁木齐生态环境
微信公众号

e路向党
微信公众号

石河子文旅之声
微信公众号

新疆日报社（新疆报业传媒（集团）有限公司）品牌展示

·特别关注·

Special Concern

迎接“智媒时代”来临　推动军事媒体深度融合发展

李东航

党的十八届三中全会以来，对媒体融合发展进行顶层设计，迅速从党的意志变成了国家战略和国家行动。这一个在世界范围内都不多见的战略举措，为我国媒体的融合发展赢得了重要先机。有学者撰文总结认为，短短5年时间，中国媒体融合发展走在世界前列，整体进展处于全球媒体“第一方阵”。军事媒体的融合发展也取得了长足的进步，特别是以解放军新闻传播中心组建为标志，在军队媒体发展史上第一次从体制编制上把军队媒体所有平台、各种业态整合在一起，并且着力将体制优势转化为能力优势，不仅在体量上成为一艘“航母”，更在核心竞争力和影响力上呈现出当好“旗舰”的光明前景。

新组建的解放军新闻传播中心网络部担负着面向部队官兵乃至全社会的军事网络新闻传播任务，负责中国军网、国防部网、强军网、军报记者微博微信、中国军网微信、解放军报客户端、国防在线客户端等近30个平台的运维发布工作。我们以习近平新时代中国特色社会主义思想和习近平强军思想为引领，在媒体转型重塑中守正创新，紧紧围绕学习宣传贯彻党的十九大精神这条主线，通过更加生动鲜活的表达方式、喜闻乐见的呈现形式和互动融合的传播样式，策划推出了一大批质量高、样式新、效果好的精品佳作。

无论是“学习强军”频道全新改版，上线两个月点击量达2384万人次，受到部队官兵和广大网友赞誉好评；还是八一微博话题短短15天阅读量创14.9亿新纪录，建军节“主场宣传”引来众多外脑助力，彰显军事网络传媒旗舰的感召力、凝聚力和传播力、引导力、影响力、公信力；无论是全面立体报道王继才先进事迹，努力把典型宣传做出新鲜感，网文、漫画、创意短视频、H5和VR等各类作品动人心扉，频频登上热搜榜；还是抓住短视频这一风口，投入精力重点发展形成品牌，打造出一系列上亿播放量的现象级产品，入驻抖音、快手平台50天点击总量破10亿人次，得到业界普遍关注和肯定，都体现了鲜明的时代特色，全面展现了强军兴军新风貌，生动呈现了练兵备战新实践。中国军网不断拓展新平台、新阵地，并取得新成绩，可以说较好地落实了习近平主席关于“读者在哪里，受众在哪里，宣传阵地就在哪里”的指示要求。

随之而来的，是传播力、引导力、影响力、公信力再上新台阶。《2018年全国党报融合传播指数报告》显示，《解放军报》在全国党报融合传播力排名第五，军报记者微博在全国党报微博用户量排名第四、传播力排名第六。目前，中国军网综合排名进入中央主要新闻网站10强，移动端进入5强。继2016年、2017年在中央网信办组织的“五个一百”网络正能量作品评选中分别有21件、17件作品和个人获奖后，2018年中国军网又有34件作品获奖，另有2件H5作品分别获得中国新闻奖媒体融合奖二等奖。

媒体融合发展刚刚起步，依然需要不断地向广域、深度拓展。军事媒体重整行装再出发，关键在于矢志将改革进行到底，推动传统媒体和新兴媒体在内容、渠道、平台、经营、管理等方面的深度融合，着力打造业态齐全、手段先进、引领舆论、具有强大竞争力的新型主流媒体集团。要达到这一目标，有必要从以下六个方面发力。

一、打造聚合云平台，解决规模生产问题

平台化是媒体深度融合发展的必然趋势。建设自主可控云平台，才能使军事媒体真正把生存发展的主动权、网络舆论的主导权掌握在自己手中。《人民日报》、新华社以及一些省市报业广电集团都在着力打造自己的媒体融合云平台，军事媒体在坚持借船出海、扩大阵地、提升影响的同时，也不应放松自主可控的聚合云平台建设，应该本着开门办网、众筹资源的原则，整合军内新媒体，延请地方涉军自媒体入驻，发挥好自身的社会资源整合能力、优质内容原创能力、新闻信息把关能力和媒体品牌渗透能力，打造军事新闻传播的“八一集团军”。

二、引入大数据技术，解决垂直细分问题

适应分众化、差异化传播趋势，加快构建舆论引导新格局，必须对用户数据进行深入挖掘、精细分析和准确认识，找准权威优质的军事资讯内容生产的落脚点。充分释放长尾信息的传播价值，进而倒逼长尾信息的创作，既满足网民个性化阅读刚需，也促进媒体内容生产繁荣。依托大数据技术做好军事新闻资讯用户的垂直细分，才能大幅提升信息与用户的匹配效率，实现精准传播，进而有效地突破“覆盖多却影响小”“有爆款却无用户”的“瓶颈”，真正实现媒体与人的“有效连接”，让海量用户积淀下来，成为军事媒体的“铁粉儿”。

三、顺应移动化趋势，解决用户黏性问题

互联网用户的手机化生存，使得移动端成为日常生

活的入口，“终端随人走、信息围人转”成为网络传播的新态势。抖音、快手为什么会火？不仅仅是因为短视频新奇好看，而是因为满足了“快抖一族”对张扬个性、扩大社交、场景浸入的期待。推动媒体深度融合发展，必须实施移动优先战略，加快推进军事媒体移动化体系建设，形成新媒体传播矩阵，打造“即采即推、快速到达”“权威专业、观点鲜明”“新鲜有料、不事低俗”“短小精干、微言大义”的移动新闻精品，这样才能紧紧地抓住用户的心。

四、增强服务性意识，解决跨界发展问题

媒体融合发展走过起步阶段，形势与以往已完全不同：主流新闻媒体做大后会发现，自己的竞争对手已经不是同行同业，移动端可能是其未来安身立命之本，但对于互联网商业大鳄来说，新闻资讯类 APP 只是其增强用户黏性的诸多产品中的一小部分。面对不是一个量级上的竞争，传统主流媒体必须具有跨界思维才能活得下去、活得更好。我们看到，《人民日报》通过“中央厨房”在致力于当好全国党媒的通讯社，新华社则在努力打造全球新闻电视网，一些区域中心城市的主流媒体则涉足电商、深耕社区，开始提供远超新闻资讯范畴的生活化服务。以新闻吸引用户，以社交积淀用户，针对用户全方位需求精确拓展服务渠道，力争成为用户日常生活的入口，这为军事媒体下一步的发展壮大提供了可资借鉴的思路。

五、推进智能化工程，解决技术牵引问题

技术上总体滞后，与社会信息化持续快速推进不相适应，是当前制约军事媒体融合发展的最大短板。媒体融合发展的关键在于“融为一体、合而为一”，但在具体推进过程中，除了在思想观念上动员转型之外，更重要的是充分运用新技术、新应用，搭建简便好用的智能化采编发集成后台系统，改变各类媒体采编发平台互不兼容的局面，真正实现智慧办公、简约操作、一键分发。攻克技术上的“瓶颈”，不断提高人工智能技术的应用比例，实现科学高效管理。整合内容资源，充分运用 4G 乃至 5G 传输、移动直播、3D、H5、VR、AR、无人机采集、机器人写作等技术，丰富表现形式，创新呈现方式，增强新闻宣传的冲击力、震撼力，让网络新媒体越来越“聪明”，方能抢占媒体融合发展的先机。

六、遵循市场化规律，解决资源配置问题

媒体深度融合发展，要求新媒体和传统媒体在相互渗透与调适中优势互补、有机相融，传统媒体要更注重和受众的互动与“对话”，新媒体要更注重“守门”和内容把关，因而需要一大批懂网、知网，熟悉新闻传播规律和新媒体发展规律的全媒型、融合型、专家型人才脱颖而出。深化国防和军队改革，大幅压减军队新闻单位现役军人编制数量，给人力资源调配运用带来一时的困难，这也倒逼我们要健全完善用人、引智政策，积极发挥市场机制配置生产资源的主导作用，有针对性地引入人才、引进技术，形成以军人干部、文职人员为骨干，社会聘用人员为主体，地方互联网技术公司为支撑的军民融合促进媒体融合发展的格局。特别是要设计好社会聘用人员的进步空间、成长路线、绩效奖励和薪资结构体系，细分岗位完善人才培养、评价、考核、奖惩、待遇保障的闭合回路，充分激发他们干事创业的活力与动力，建设政治过硬、本领高强、求实创新、能打胜仗的军事网络新闻传播人才方阵。

当前，互联网用户向移动端的迁移基本完成，社交化新闻传播正在成为主流，初露端倪的“智媒时代”将推动新闻生产、信息分发、服务抵达、用户平台和业界生态的诸多重构。媒体融合还要往“大”里做、往“深”里做，我们必须抓住稍纵即逝的“窗口期”，才能不辜负民族复兴伟大时代赋予军事网络传媒人的重大使命。

（李东航：解放军新闻传播中心网络部副主任；本文摘自《军事记者》杂志 2019 年第 2 期）

光明日报抖音：让每一个瞬间都变成永恒

毕玉才 孙金行

在 2021 年 6 月 3 日召开的中国报业创新发展大会上，光明日报官方抖音成功入围 2020 年深度融合发展创新案例。评审委员会专家在点评时称，光明日报官方抖音号以内容建设为根本、以科学运营为抓手，用一年多的时间实现了粉丝量的“三级跳”，以黑马姿态跻身抖音媒体号头部阵营。这一产品的成功，突出体现了《光明日报》团队研发新媒体产品过程中以定位为核心的互联网思维。

在这里，你可以看到光明人一以贯之的理想、品格

以及恒定的价值观，看到光明人试图让每一个瞬间都变成永恒所作出的努力。

我们做了什么

《光明日报》是一张有着72年悠久历史的传统媒体，近年来报纸发行量连续突破100万大关，成为中国为数不多的百万级大报之一。作为《光明日报》新媒体的从业者，我们既为大报的突破感到欢欣鼓舞，同时也感受到了一种无形的压力。尤其在习近平总书记明确要求《光明日报》继续“团结、联系、引导、服务知识界”“坚守思想文化大报定位，坚持守正创新，构建全媒体传播格局”的大背景下，做大做强《光明日报》新媒体矩阵更是当务之急。

做大做强新媒体，应当首先从什么地方发力？“读者在哪里，受众在哪里，宣传报道的触角就要伸向哪里，宣传思想工作的着力点和落脚点就要放在哪里。”习近平总书记的指示为我们指明了方向。

从1994年4月20日，中国通过一条64K的国际专线全功能接入国际互联网，中国互联网已经走过了27个年头。随着网络带宽的不断加大，互联网也实现了从简单的文本交流到图片传输、从图片传输到视频播放甚至直播的裂变。截至目前，我国网民规模已达9.89亿，其中，短视频用户就达8.73亿，抖音因其新锐时尚、简单轻便而俘获了大部分短视频用户。

主流媒体需要市场化平台加持，市场化平台也需要主流媒体引领。从2019年3月开始，我们决定以抖音为突破口，涉足视频领域，带动整个新媒体的短视频生产。为了表明我们瞄准《人民日报》、央视新闻等第一军团，绝不肯叨陪末座的决心，我们清空了以往大家分别上传的全部内容，派出专人编发运营，同时明确了“新闻”“文化”“正能量”七字定位。

如何理解这3个关键词

新闻——作为中央级媒体，及时跟进国家大事，不遗漏任何一项重大新闻，这不仅是我们的职责，也是我们的优势。

文化——教、科、文、理是《光明日报》的传统报道领域，在这个领域，《光明日报》已经形成了强大的内容供给和服务能力，围绕这一领域深度挖掘，不仅是《光明日报》新媒体团结、联系、引导、服务知识界的使命，也是《光明日报》主流媒体价值向最新锐、最时尚媒体的扩散和延伸。

正能量——自媒体时代，“人人都是摄像机”，内容生产的多元化势必导致产品质量参差不齐，主流媒体理应成为市场化社交媒体平台的一股清流，为平台持续输入正能量。

明晰了产品功能定位后，最考验媒体的就是能否具备稳定而高质量的内容输出能力。据初步统计，截至目前，《光明日报》官方抖音号共发布了2500多条视频，这意味着每日都有内容产出，少则一条，多则五六条。改革开放40周年、70周年国庆大阅兵、全国两会、抗击新冠肺炎疫情等国之大事从未缺席，社会热点从不放过，文化名人从没遗漏。光明日报官方抖音号粉丝数量现已达到2670多万，获赞数超过8亿。

回眸一瞥，抖音小编在机场做过千万级产品，在餐馆上过热搜，在旅店出过爆款，走到哪儿，哪儿就是生产车间。时刻保持箭在弦上，是新媒体从业者最常见的工作状态。好的平台成就内容，好的内容同样成就平台。光明日报抖音的快速成长不仅得到了粉丝认可，同样得到了抖音运营者的称赞。

我们做对了什么

人有人设，报有报格，媒体发布的每一个视频作品同时也是在给自身画像。

早在1948年，毛泽东在西柏坡约见著名报人胡愈之时就提出，将来新中国应该办一份以知识分子为主要对象的报纸。1949年6月16日，《光明日报》应时而生。此后70余年，《光明日报》始终以知识分子的贴心人形象示人，并基于这一形象，为知识分子做了许多好事、实事。比如率先倡议设立教师节、为挨打的教师鸣不平、呼吁为“星期日工程师”松绑，也因此得到了广大知识分子的信任和青睐。

然而不可否认的是，随着老一辈知识分子的年龄越来越大，《光明日报》的热心读者也逐渐出现老龄化倾向。一张传统的报纸，如何团结、联系、引导、服务年轻的知识分子，是摆在《光明日报》新媒体团队面前的一道必答题。从粉丝用“关注、点赞、评论”给出的判卷结果来观察，我们过去一年多的做法是对的。

（一）用青年人喜闻乐见的方式，在新老知识分子中间架起情感桥梁

在光明日报官方抖音号上，有这样一段视频：穿西服扎领带的袁隆平，一边精心打扮自己一边乐呵呵地说：“今天是到北京领奖，习主席给我颁奖，是一件非常庄重的事情，所以我要穿上正装，扎上领带，去见习主席。”耄耋之年的老人高兴得像个孩子。这个场景很容易让人联想到老人去世后，无数年轻人追着灵车大声呼喊“袁爷爷，一路走好”的情形，而且你很难把这两个场景分离开。青年人对老年知识分子的爱恰恰是从主流媒体润物无声的宣传中生发出来的。

由于时长限制，短视频很难完整地讲述一个故事，抖音产品的策略一般是运用镜头语言，截取故事中最振奋人心的一段场景、最振聋发聩的一句话，来引发发布者与观赏者的共鸣。在光明日报抖音里，我们经常能发现这样精彩的桥段。

比如报道百岁老人许渊冲，镜头外有声音对老人说："太爷爷，您过了今年就100岁了，现在还是高大帅气嘛。"老人自豪而又不失谦虚地回答："我比其他100岁的当然是要好一些，100岁像我这样的也不多。"对方夸："还是帅气的吧？"老人幽默地回答："这个可以考虑。"接着又用中英文双语朗诵古诗。一位百岁老人的可爱形象跃然屏上，像自家爷爷一样慈祥。

据不完全统计，光明日报官方抖音与报社知识分子联络办公室共同策划，先后推出了一系列文化人物选题，如钱三强、许渊冲、钱学森、袁隆平、厉以宁、杨绛、金庸、黄旭华、屠呦呦、吴良镛等，追忆大家，弘扬家国情怀，拉近了老一辈科学家和年轻知识分子之间的距离。

（二）重大事件不缺位，有光明的立场和声音

北京时间1999年5月8日清晨5点45分，数枚北约导弹划破天空，直奔位于萨瓦河左岸的中国驻南联盟大使馆，一声巨响，3名中国同胞倒在血泊中，他们是48岁的新华社记者邵云环、31岁的《光明日报》记者许杏虎和他28岁的妻子朱颖。2021年5月8日，是3位烈士牺牲22周年的日子，光明日报抖音发布视频，开头即时任中国驻南斯拉夫联盟大使潘占林的悲愤质问："三枚导弹炸在一块儿，能是误炸吗？"

《光明日报》是一张思想理论文化大报，比起鲜活的新闻，大报最耀眼的特色就是鲜明的立场，尤其在中美冲突不断加剧的当下，新媒体更应继承大报基因，承担起自己的无畏角色。令人欣慰的是，打开光明日报官方抖音号，这样的硬核视频比比皆是，比如新疆棉农指着自己的棉花地批驳西方媒体："胡说八道，种自己的地捡自己的棉花还需要强迫吗？"

在光明日报抖音号上，你还会看到这样一段视频：终于回到祖国怀抱的钱学森，表情庄重地说："中国人搞导弹行不行，中国人怎么不行啊，中国人比他们矮一截？"这种硬核的语言不仅展现了中国一代知识分子的骨气和勇气，而且有利于凝聚中国人的精神和共识，从而起到主流媒体举旗帜、聚民心、育新人、兴文化、展形象的作用。

媒体的特色不仅体现在对某一报道领域的侧重，而且彰显在对这一领域的权威性和专业性上。《光明日报》是一张思想理论文化大报，与之匹配的新媒体就应当用自己的睿智和理性去赢得读者尊重。那些"外行看了不懂，内行看了不服"的报道，无法给知识分子媒体带来公信力和影响力。光明日报抖音延伸和放大传统媒体的优势，在网上掌上持续发出权威、理性的声音，在新媒体领域开辟一片新蓝海，成为舆论的"定盘星"和青年人的心灵知音。

（三）采用民间化叙事方式，润物无声地激发受众共鸣

"教育就是一棵树摇动一棵树，一朵云推动一朵云，一个灵魂唤醒另一个灵魂。"舆论引导需要高屋建瓴的见解、有冲击力的场景和正能量的人物，但是传播最忌讳高高在上、耳提面命，尤其在音视频场景下，需要将心比心、以心换心，涓涓细流，润物无声。

2020年4月8日，经过漫长的等待，封闭了77天的武汉正式解除离汉离鄂通道管控，被疫情阻隔的人们终于迎来了久别重逢。本报与其他媒体共同制作了一部短视频作品《重逢》，考虑到抖音的时间容量，编辑选取了亡者家属到医院领取遗物的镜头。"我爸爸临走时有没有说什么？"男子隔着栅栏问医生，医生摇了摇头。男人的表情很失落，望着男人缓缓移动的远去背影，医生无奈地摇了摇头，自言自语地说："我受不得。"这短暂的镜头真实描述了疫情给武汉人带来的深重创痛，反衬了久别重逢的可贵，引得无数网友留言祝福。

民间视角虽然没有大制作的高潮铺垫，也没有编辑制作团队的刻意雕琢，但不加修饰的镜头恰恰暗合了观众身临其境的感受，反倒更加打动人心。

一个小伙子在一间拆乱的屋子里装修，休息间隙正在吃馒头，忽然妻子走了进来，"你咋来了？"小伙子惊愕地问。妻子没接话，一眼看见了他手里的馒头，说"中午就吃这个啊，走，回家，不干了。"妻子的体贴和善解人意，让小伙子心里一热，迅速转过身去偷偷抹起了眼泪。主流媒体如此放下身段，关注普通人的心理小波动，反而引起了更多人共鸣。《成年人的世界哪有"容易"二字》的标题，恰如其分地为这段略显忧伤的视频加入了励志成分。

（四）在互动中摩擦出新火花，在情感共鸣中培育出忠诚粉丝

抖音APP是内容平台，更是关系平台。新媒体的生产迥然不同于传统媒体，传统媒体生产内容后直接发布即可，产品推广早已在报纸发行季便已完成，而新媒体内容发布仅仅是产品推广的开始，新媒体产品推广的量和受欢迎的程度取决于发布者与观看者的交流与互动。网友的点赞转发不仅提高了媒体与观众的黏性，也是激发媒体生产更多更好作品的动力。网友的"神评论"更可以说是对原作品的二次创作。

2019年5月25日，是杨绛先生逝世3周年的日子，光明日报官方抖音收集了近10个小时的音视频素材，最终在其中挑选剪辑了39秒的精短内容。然而发布后观众并不买账，应者寥寥。甚至有网友留言，调侃《光明日报》抖音号为"最惨官方账号"。小编看了粉丝留言后不仅没急没恼，反而很真诚地回复粉丝："不积跬步无以至千里，不积小流无以成江海，认真做好每一个作品，传递每一份思想，粉丝、点赞一点点积累。"这种诚恳的态度和积极进取的精神，得到很多网友的鼓励，评论区立即汇聚了众多网友，为小编点赞。评论区活跃的互动引发抖音算法的再次推荐，视频"起死回生"，收获了很好的点击率。

对于新媒体平台，我们的感受是："内容是船，运营是桨"，只有把握好船的方向，并不断地给予其动力，才能驶向更远的地方。

我们还想做什么

（一）调动 PGC 和 UGC 两方面力量，增强新媒体的视频原创力

综观抖音、快手等视频平台，包括一些头部大号，多是网络内容搬运工，导致同质化产品过多，原创内容不足。主流媒体要发挥网上“定盘星”的作用，必须有自己的原创队伍，深入第一现场，挖掘独家新闻，提高视频生产力。下一步，《光明日报》将充分整合光明日报新媒体和光明网两个团队的力量，集中双方优势兵力，提高整个光明日报视频产品的生产能力；同时以光明日报客户端二期改造、“光明号”内容开放平台建设为契机，广泛吸纳教科文卫系统单位入驻，充分调动入驻用户的视频生产积极性，发挥 PGC 和 UGC 两方面生产力量，壮大《光明日报》的整体生产能力。

（二）技术驱动，用高科技提升产品生产效率

2021 年两会，《光明日报》推出全媒体报道重头产品《百年承诺千年跨越——56 个民族一起奔小康》，除了 5 个图片版报道、一部微电影，还要拍摄制作 56 个短视频。受疫情影响，两会日程又被压缩为 7 天，如果没有技术加持，一周之内每个民族都采访制作一期视频访谈节目几乎不可能。《光明日报》利用政协少数民族界别共有 103 位少数民族代表，而且集中住宿的方便条件，由前方记者将自己住宿的房间搭上绿幕，架上摄像机，临时搭建一个融媒体采访室。采访前，事先制作好面向本次两会访谈的虚拟场景，以及一批背景性视频素材，剪辑成 30 秒一段的视频素材；采访时，代表委员坐在绿幕前的一个小凳子上，摄像机在摄制的同时，虚拟演播室软件自动把采访内容、虚拟场景和背景素材合成在一起，生成短视频。虚拟演播室的使用，一是在 3 平方米的空间里拍摄出了 300 平方米大演播室的画面效果；二是原来剪辑 3 分钟短视频往往需要编辑后期制作一天，现在一两个小时就可以完成，后期制作效率大幅度提高。未来，以技术驱动提升视频产品生产效率仍是我们努力的方向。

（三）加强互动，建立起发布者与受众的有效链接

受传统传播理念影响，时下主流媒体账号开放性普遍不高、互动性普遍不强，从而限制了发布平台与受众的互动，降低了粉丝参与积极性与活跃程度。下一步，我们将紧密结合《光明日报》的成熟项目——《光明日报》高校招生大直播和企业校招大直播，及时收集用户反馈，精准分析用户需求，挖掘用户潜能，满足考生、家长及教师的刚需，打造《光明日报》的铁杆粉丝。

（四）加强运营，实现公共服务和市场收益平衡

截至目前，位于头部位置的抖音号都积累了相当规模的粉丝数量，但这些粉丝基本来自公域流量，与其说是媒体的粉丝，不如说是抖音平台的用户。这导致传统媒体抖音号虽然粉丝数量众多，但商业价值难以变现，而没有商业价值的产品自身发展动力和后劲均不足。下一步，在保障优质内容持续输出的前提下，我们将致力于进一步提升抖音号的影响力和粉丝规模；同时通过版权、广告、直播、电商等方式实现商业价值变现，为产品持续发展提供源头活水。

总之，持续稳定地输出恒定的价值观、挖掘第一手现场素材、掌握专业制作技巧、发挥灵活的运营手段，是今后一个时期我们持之以恒坚持的方向。让视频的每一帧都化为受众的记忆，让抖音的每一个瞬间都在受众心里变成永恒，这是我们的愿景。

（毕玉才：光明网党委书记、光明日报全媒体总编室主任，孙金行：光明日报社官方抖音号运营负责人；
本文摘自《中国报业》2021 年第 7 期上）

中国连环画数字图书馆媒体融合

姜楠 孙涛

一、项目介绍

连环画是我国独创的艺术形式，是“中国国粹艺术的精华”，被誉为“中国文化符号”之一，中国连环画数字图书馆是文化和旅游部直属单位中国数字文化集团有限公司（以下简称中数集团）推出的集研发、创作、推广、传播、教育、版权保护、国际交流与合作等多项功能于一体的连环画数字化产业平台。平台以连环画独有的文化价值、艺术价值、德育价值和历史价值为核心，结合现代数字科技，创新了中国传统人文艺术展现形式，打造成一款饱含中国传统文化和时代精神的全民阅读数

据库产品。平台入选了国家新闻出版署2020年度数字出版精品遴选推荐计划和“读掌上精品 庆百年华诞——百佳数字出版精品项目献礼建党百年专栏”，在第十届中国数字出版博览会评选中获得“优秀品牌”荣誉，并获得第五届中国出版政府奖网络出版物奖，系中数集团首次荣获的政府出版最高奖，受到文化和旅游部主管部门的充分肯定。

中国连环画数字图书馆收录了经典连环画作品近5000种，题材涵盖历史演义、神话故事、革命历程、现当代文学和外国精品等，囊括了中华人民共和国成立以来已经出版的经典连环画作品、珍藏绘本、连环画期刊以及绝版影印珍品，所有作品均经过专业编创团队精选制作、系统校对，既兼具艺术经典的原汁原味，又能实现高清快捷的数字阅读体验。是一款兼具中国优秀传统文化特点和时代精神的全民阅读数据库产品。

二、具体成效及社会反映

中国连环画数字图书馆以全国几十万所中小学、大中专院校、幼儿园以及各类图书馆为主的机构用户群，包括成百上千万的连环画爱好者和普通读者客户群。机构用户为目前主要盈利目标，主要服务方向为国内外高校图书馆、公共图书馆、学术科研机构、文化交流机构、中小学图书馆，文化馆、青少年宫、海外汉语学校和其他中国文化研究培训机构等。截至目前，海外和国内共有近百家机构用户使用中国连环画数字产品，已形成百万级的用户群体。

三、融合经验体会

（一）产品建设

中国连环画数字图书馆是一款全媒体系列产品，产品建设初期就植入了融合发展的理念，包括中国连环画数字图书馆主平台、中国连环画多媒体U盘阅读器、中国连环画触控一体机系统、中国连环画移动软件多种产品形态，满足了不同用户的使用场景。同时，运用大数据技术，聚合行业媒体、机构用户、社会创作力量的优质内容，产品设置了连环画电子商城、行业信息、名家风采、连环画百科、衍生品个性化定制等丰富的栏目，向流量平台和各类终端等提供精准的精品内容分发服务。

（二）宣传推广

为将中国连环画数字图书馆进行全面推广，中数集团广泛应用融媒体，在传统媒体和新媒体间交替宣传。在纸质媒体上，入选了高校内部期刊《CALIS助力高校图书馆复课开馆产品汇编（第四辑）》，实现了行业目标用户群的精准宣推。在网络媒体上，为建党百年华诞献礼，参加并入选了国家新闻出版署组织的“百佳数字出版精品项目献礼建党百年专栏”，在2021年4月至7月，在全国几十家主流网络媒体上面向全国广大用户免费开放了100天，取得了显著的社会效益，提升了产品品牌形象。在新媒体上，为配合渠道建设，线下通过国家图书馆、省市级图书馆，以PC端、移动端等方式进行了产品展示，为取得良好的经济效益打下了坚实的基础。

（三）人才培养

顺应媒体融合发展大势和科技强国的战略目标，中数集团以中国连环画数字图书馆全媒体系列产品为依托，鼓励员工积极参加新媒体广告设计、算法数据分析、数字音视频制作、新媒体营销与策划、数字出版等内容的学习，提升员工在新媒体领域应用的项目选题策划、申报、实施和推广等方面的实战能力。近年来，中数集团在执行国家京剧“像音像”工程拍摄制作、打造“中国文化4K影像计划”、成立4K/8K数字视频实践与推广联合实验室和在5G+4K领域的云直播、云剧场等方面开拓创新、积极探索，以及开展中数集团公众号、视频号等融媒体策划运营项目等，为行业发展培养了大批多媒体技术应用媒介融合专业人才。

（四）促进行业发展

中国连环画数字图书馆涉及传统文化传承、绘画技术探究、文书档案数字化、数字出版发行等多个领域。同时，在项目实施过程中，通过数据库等相关行业和专业人才的合作，探索新兴技术与传统文化在保存和数字化方面结合应用，推动了传统出版与科技的融合发展，对建立起传统连环画数字化保存与应用的行业环境和产业化链条有着重要的现实意义。

四、中数集团简介

中数集团于2011年经国务院批准并出资设立，是文化和旅游部行政主管，财政部代国务院履行出资人职责并监管国有资产的，以“数字文化”主营业务定位并冠名的唯一一家中央文化科技型企业。中数集团立足贯彻落实文化强国和数字强国战略，承担执行国家重大数字文化工程项目，发挥文化央企引领作用，推进数字文化与服务产业平台建设，促进数字文化产业链、产业集群、产业双创发展。主营业务以数字文化产品内容创意制作、数字出版发行及综合服务为主要业务，涉及音像制品、4K/8K影视节目、高品质音频节目、电子出版物、网络传媒、对外文化交流等诸多文化产业领域。

（姜楠：中国数字文化集团有限公司数字出版部经理，孙涛：中国数字文化集团有限公司数字出版经营主管）

中国电影社图书出版中的ISLI标准应用探索

张爽

随着技术的发展，出版领域以完整的出版物为源头，进行多种类型关联的需求日渐丰富，多介质融合出版势在必行。中国电影出版社的图书出版立足于影视传媒类专业领域，对于多介质融合出版关注已久。三年前，在中国文联权保部的引导与协助下，中国电影出版社成功完成了ISLI注册、实施与发布相关流程的闭环操作。2019年1月，中国文联系统内首本ISLI标准下图书《“天下大同·魏碑故里”全国书法名家作品邀请展作品集》印装成书。这本集纪录片、短视频、高清画幅为一体的多介质图书实现了传统出版、展览、新媒体数字化传播等多领域的同时应用，并可通过微信小程序与新媒体配合实现便捷呈现。

ISLI标准下立体传媒平台的搭建对于中国电影出版社是一次全新的改革，具体成效与融合体会有以下几点。

一、更好地实现影视制作业务的拓展及社会资本的对接引入

ISLI标准下的图书实现了移动终端的展示，使得传统纸书内容更立体、更有可看性，影像内容寿命更持久、更可得。比过去单一纸本图书对于创作者或投资方的回报更加增值，视频植入内容的多样化亦能更好地促成品牌价值落地。

二、更好地实现信息安全性及标准化

ISLI内容备案在国家新闻出版署的服务器难以被黑化篡改，安全性能稳定。信息的标准化存储提升了数据查询的便捷性和准确度。

三、为后期与各大平台对接知识付费项目进行了资源累积

对于出版物内容的碎片化加工，以出版物片段为源进行的各种渠道关联。据此构建出多样化的出版物产品形态与内容服务模式。相较于传统的读者借助海量阅读自行筛选的模式，这些多样化的产品形态和内容服务模式，大幅降低了知识传播与筛选成本，使得知识付费服务成为可能。

四、便于留住本版书

中国电影社在一本出版物中预留了很多隐藏锚点，通过锚点进行的后台更新与前端读者推送，使得图书的再版修订、增补内容无须重印，节约很大的印制成本，使我们出版业更加环保，有效解决了令大家头疼的图书库存问题。同时，读者只需支付低价即可获得图书内容的最新更新，进而实现了图书购买转化率的提升。

五、通过热点反馈、趣味性推送，有效互动，增强读者黏性

中国电影社使得一本书具有更多的可能性，在知识领域也会出现“网红”效应。一本书不再是阅后尘封，而是变成了读者与作者的互动型交流平台，甚至可能根据不同的兴趣点演变成一个或多个社交平台。

六、多介质下出版的更多可能性

ISLI标准下多介质图书出版可实现与展览活动、文旅项目积极搭界：一方面搭建线上+线下的立体传媒平台；另一方面可积极推进出版IP周边及游戏产品的研发。与此同时，中国电影出版社更深入探索了ISLI标准在电影专业出版领域的应用可能，也因此成就了《新中国成立70周年优秀电影剧本集》的出版。

《新中国成立70周年优秀剧本集》是中国电影出版社第一部应用中国标准关联标识符（ISLI）的电影专业类出版物，除文字形式呈现的剧本外，还在剧本中间配有字幕版的编剧、导演视频访谈片段，创作者和读者交流剧本创作背景、创作体会等，扫描条码即可观看，丰富了影视类图书文字与音视频结合的立体互动形式。

随着数字时代的发展，中国电影出版社希望从影像专业角度出发，继续拓展媒体融合的多样化发展，努力让传统纸质出版焕发新的生机，做好新时代文艺的展示与服务窗口。

（张爽：中国电影出版社有限公司项目部）

国韵承传 APP

国韵承传APP是由北京出版集团控股子公司北教传媒在北京电子音像出版社20多年来出版京剧音、视频专辑积累下来的专业、权威的优质资源的基础上自主研发的一款移动应用软件，该软件以传承、传播中国戏曲特别是京剧为主，是一款集唱段、视频于一体的以传播国韵文化为主的应用程序。

一、项目诞生背景

（一）单位简介

北京电子音像出版社隶属于北京出版集团，经过20多年的积累和沉淀，已经为近百位京剧及戏曲名家出版了艺术专辑，是目前国内极少数坚持出版京剧音像制品的单位，在京剧音像制品的制作和出版上有着丰富的经验，成为国内京剧类音像产品的权威出版单位之一。已陆续出版近千种京剧音像制品，涵盖经典唱腔万余段。特别是从2013年以来，以拍摄记录国家级非物质文化遗产京剧代表性传承人的谈戏说艺的传承类京剧项目，聚拢了更多的优质京剧资源，近几年来获得不少支持和赞誉，获得多项奖励。

（二）“国韵承传”品牌的建立，为APP带来良好的受众群体

《国韵承传》的出版，以及在微博、微信公众号等自媒体上的宣传，得到了京剧界及京剧爱好者的广泛赞誉，得到了出版协会、行业专家的高度认可。同时，“国韵承传”这个名称也逐渐成为本社传播传统京剧文化一个响亮的品牌。

国韵承传延请名家，保证内容的专业性及权威性。第一期录制的国家级非物质文化遗产京剧代表性传承人有京剧名家陈少云、童祥苓、王金璐、叶少兰、杜近芳、刘秀荣、梅葆玖、钮骠、尚长荣等26位。

第二期录制的名家有张正芳、李玉芙、蔡正仁等40位。7年来，北京电子音像出版社后续自主出版研发的京剧产品均以“国韵承传”品牌出现，以此加强“国韵承传”的品牌效应，也为国韵承传APP的上线打下一个读者基础。

（三）繁荣数字化精品创作，数字出版转型的需要

随着大数据、云计算等近年来被人们广泛提及的媒体技术界的高频词汇层出不穷，数字化的媒体应用手段、内容再造方式有了质的转变和飞跃。出版社作为我国最重要的提供版权内容的机构，在很长的一段时间里主要通过纸质的、传统的载体进行出版活动。新的数字化技术的发展，显然打破了这种格局，从一开始的碎片化内容被大量的数字化载体取代，到现在大量深度阅读、知识服务平台的出现，都倒逼着出版社进行数字化转型。本社通过不断的尝试和探索，紧跟国家媒体融合的大战略，积极地建设开发自己的数字化产品，不断推动具有本社特色的媒体融合发展产品。

在这种尝试和探索中，本社发现了一个有益的结合点，伴随京剧发展和传承被提到国家重视的战略高度，研究相关产品的工作深入开展，一方面，众多内容资源非常珍贵，其来源广泛，获取整理工作繁杂琐碎；另一方面，国内外目前还没有一个较为全面完整的京剧名家名作相关平台，而对于广大的该领域学者、关注者来说，却是急需的、有价值的。在这样的背景下，国韵承传APP应运而生。

二、内容形态特点

（一）栏目设置特点：以用户需求为核心

国韵承传APP按照戏曲爱好者的需求进行栏目设置，根据不同的需求分别设置了《看戏》《艺术人生》《名家讲坛》《老唱片》《经典唱段》《音乐伴奏》《国乐民乐》《电子书》等10个栏目，在细分栏目上精益求精，以满足不同读者的需求。它既可以满足喜欢看戏、听戏、学戏的戏迷票友，又可以为戏曲专业的学生学习使用，还能为戏曲的普及推广服务。

（二）内容特点：专业、系统、权威并重

京剧领域资深编导和专业团队为京剧爱好者精心打造当代国家级非物质文化遗产京剧代表性传承人的谈戏说艺视频和京剧行当知识大讲坛，内容专业、系统、门类齐全。

名家谈戏视频包含了生、旦、净、丑和乐器部分的近70位国家级非物质文化遗产京剧代表性传承人的口述实录，不同流派名家讲述自己一生从启蒙、学戏到演戏再到教戏、传承的经历和京剧专业教学内容以及他们经典的剧目欣赏等内容。

《中国京剧传承人大讲坛》是以传播京剧行当知识为主的产品，按照行当分为生行篇、旦行篇、净行篇和丑行篇，目前丑行篇已经上线，其余行当内容将于2021年7月陆续上线。大讲坛主要从行当的由来、分类、流派、

代表人物、代表剧目、服装、化妆脸谱、道具、动作程式、念白、唱腔等方面全方位介绍京剧行当知识。

另外，为了解决困扰京剧爱好者、票友演唱缺少乐队伴奏的问题，本社还提供了大量主流流派、不同剧目经典唱段的高音质伴奏，为戏迷们提供更多的服务。

（三）项目亮点：社会价值与市场价值兼顾

国韵承传APP坚持科学评价，将社会价值与市场价值相结合、自主创新与协同创新相结合、稳定性与成长性相结合、实用性与先进性相结合、满足用户与引导用户相结合，全面准确反映数字出版项目价值与作用，注重挖掘推荐反映数字出版发展前沿趋势的产品与服务。

从内容上看，平台内容经过出版编辑专业审核，保证内容的准确性、导向的正确性、专业知识的权威性。内容模块化、分类精细。

从用户体验上来看，高清的音频、视频资源，为用户带来极度舒适的体验。一键式搜索及智能是推荐，提高用户黏性。APP体积小、无广告、稳定性高。可以后台播放音频，边走边听，具有很强的陪伴功能。

从出版传播角度来看，内容持续更新，戏曲内容不断丰富、不断优化，资源累积效应显著。

（四）主要技术应用：以前沿并适用为原则

国韵承传APP坚持创新为要，把握全媒体时代信息传播规律，适应移动化、知识化、数据化、碎片化、音视频化的信息传播趋势，运用大数据、云计算、人工智能等技术，体现产品和服务在内容表达、呈现方式、服务模式等方面的突破与创新。

首先表现在云存储技术的应用上，国韵承传APP将音频、视频、图文资源通过云端存储，再分发到安装了移动客户端的用户手上，高效便捷。

其次是与用户互动，APP可以一键发送消息给所有指定的客户端用户，让用户了解平台的最新动态。

再次是解码技术。国韵承传APP内置音频、视频、文本的解码功能。当用户点击他们感兴趣的内容时，APP会自动将内容从云端下载到本地并立刻解码播放，并且可以后台播放，不影响其他操作。

复次是搜索技术。用户可以根据自己的需要搜索关键词，快速找到指定内容；管理员也可以搜索要维护的内容迅速定位。

最后是大数据技术。系统会统计每个用户每日不同时间段的使用情况并绘制成图表汇报给用户，也会统计出用户最关心的内容，并推荐给他们。对于后台管理员，系统会每日生成阅读报表、销量报表、用户数据等信息，这也为内容的策划制作提供了非常可靠的数字支撑。

（五）服务模式：广泛传播与个性化服务兼顾

国韵承传APP采用付费与免费并行的服务模式，以实现戏曲产品的传播与差异化需求的服务。在平台上，我们开放了部分资源免费给读者，以提高产品的传播效率。同时，更多精彩、有附加价值的音频视频内容需要读者付费购买，以便我们找到更多有真实需求的用户，实现用户与出版的无缝链接。

三、技术支撑

国韵承传APP依托上海触讯信息科技有限公司的技术支持，以高速文档解析引擎、数字版权保护、复合式高可用架构、智能分发等核心技术，实现出版与读者的高度黏性。

产品定位于基于移动端的内容资源共享产品，主要是为了方便普及教育用，使得京剧研究并不局限于学术层面，其丰富的内容衍生价值，可以通过更大众化、市场化的方式得到拓展。

1. 适配搭载的硬件与系统。

各种智能终端设备，包括手机、平板电脑等，系统适配IOS与Android系统。

2. 内容分发模块。

（1）内容发布系统：生成知识服务的入口，包括网站和应用，提供知识服务的内容和内容列表，以及知识内容的呈现样式。

（2）业务系统：指针对用户端提供的业务能力。如激活营销功能、支付系统、增值服务、消息推送等功能。

3. 内容交互模块。

（1）基本描述：呈现层直接面向用户提供在线知识服务，用户通过与呈现层的交互对系统进行访问。

（2）主要呈现形式：APP版支持iOS和Android，支持手机和平板电脑。

功能与计算机版和微信版的相似，是Xcode和Andriod Studio开发的原生APP版本。界面和微信版相同。

（3）知识内容类型：支持众多内容类型，数据库、知识条目、电子书、音频、视频、有声点播，等等。

（4）定制能力：系统采用插件式设计，可针对不同的用户单独设置各插件模块的开/关，提供不同的服务。内容的最终呈现使用皮肤包进行定义。可对不同的用户应用各种风格的皮肤包，达成多种风格的用户体验效果。

4. 数据分析模块。

本系统方案实现了一个从应用下载、网页浏览、支付激活到用户阅读行为分析等全方位的统计分析功能。根据不同统计数据的特点，对数据进行二次集结计算，极大地提供了统计效率。各种统计功能提供了数据导出功能，可以方便用外部工具进行个性化计算。

四、后续运营

1. 线上平台与线下讲座相结合，争取广大学生和社区老年用户。利用平台，以名家讲座的形式与大中小学校及社区沟通，实现用户的增加。

2. 利用平台开放性的特点，引进外部优质资源入驻平台。

平台的开放性及收入的数据化管理，能够进行公平的分账模式，吸引外部资源的入驻是扩大影响的重要环节。

下一步将和国内多家出版社进行资源引进的沟通和协商。

依托平台开发京剧等戏曲教材。依据平台进行戏曲教材的开发，是公司试图拓展的一块重要的业务板块。APP这个载体是本社开发K12教育产品的重要依托和保证，是一个长线的产品建设，也是未来业务增长的引擎。

依托APP打造国韵承传是生态社区利用平台的沟通功能，建立社区营销，增强用户黏性，将实体产品、电子产品的销售贯通，形成立体的生态系统。

（北京出版集团京版北教文化传媒股份有限公司）

《环球银幕》杂志媒体融合发展简述

曹锎

对于21世纪的传统媒体而言，如何与时俱进地适应数字时代的要求，与新兴的新媒体实现融合，维系生存的同时谋求更好的发展，始终是一个重要课题。在这一点上，《环球银幕》杂志可谓同类平面媒体中的成功代表。

《环球银幕》杂志创刊于1985年，中国文联主管，中国电影出版社有限公司主办，是中国第一本全方位介绍世界电影的权威性杂志。36年来，《环球银幕》第一时间关注国内外影视动态，以专业和文化的角度解读电影，紧跟全球文化潮流，引导新生代观众的观影口味，拥有数量庞大的忠实读者，在众多影视文化类杂志中，发行量始终名列前茅。

更不可忽视的是，今天的《环球银幕》不只是一本富有声望的老牌电影杂志，更是一个成熟的全媒体品牌。早在2010年，杂志制作团队就确立了新旧媒体融合的发展路线，从编辑、发行、营销的各个环节逐步普及新媒体思维，在出版平面杂志的同时，推出了一系列数字化产品，遍及微博、微信公众号、应用程序等不同载体与平台。

2012年10月，《环球银幕》iPad版电子刊上线，堪称当年的业界热点。这期电子刊贯彻“轻阅读”的理念，图文内容部分取材于纸刊，表现形式上则突破了篇幅的界限，充分利用多媒体灵活多变的特点；发挥电影这一媒介的特有优势，插入精心剪辑的短视频；附加评论功能，真正实现了受众的交互性阅读。除了每年的12期电子刊，《环球银幕》还不时推出一些特刊，如2013年4月上线的《戛纳电影节》特刊，从事件、影片、影人的角度对于“戛纳电影节”这一独特文化体系进行了从点到面的展示，填补了中文媒体在这方面的空白。2017年，为了更好地满足广大无法阅读纸刊的读者——尤其海外读者的需求，《环球银幕》iPad版电子刊升级为收费的PDF版，多年来积累了诸多订户，也很大程度上拓宽了发行业务的外延。据统计，《环球银幕》iPad版近三年阅读量为212万，活跃用户量达9.3万。2018年，《环球银幕》Android版电子杂志上线，覆盖了更为庞大的智能手机用户群体，点击购买量也十分可观，成为杂志销售收入的一大重要来源。

在社交媒体方面，《环球银幕》很早开展了业务：2010年，开通官方微博；2014年，启动微信公众号；2015年，新闻客户端APP上线。在传统媒体运营的众多社交账号中，《环球银幕》的微博、微信公众号具有相当的知名度和影响力。截至2021年4月，微博粉丝总数208万，单条最高阅读量1097万，单条最高转发量2.327万；微信公众号总订户数10万，篇均阅读量1.6万，推出10万+文章数近10篇。微博与微信公众号不仅是杂志服务读者的平台，更是拓展品牌实力、整合媒体资源的重要阵地。近几年，《环球银幕》成功地为《叶问3》《八佰》等华语大片提供过基于内容的全媒体营销服务，传统媒体与新媒体融合的优势得到了淋漓体现。《环球银幕》还有一个自营的新闻客户端APP，属于免费的电影类新媒体产品，多年来保持每日更新，总下载量8.4万，活跃用户量7.0万。它也在一定程度上增加了用户黏性，并扩大了品牌影响力。

数字世界瞬息万变，我们关于新旧媒体融合的探索也从未停歇。2020年下半年，环球银幕杂志社明确了新的全媒体发展路线，在稳定纸刊与电子刊、拓展社交媒体的同时，将着重于今日头条、西瓜视频、哔哩哔哩、抖音、知乎号等新平台发力。以今日头条为例，《环球银幕》的头条号自2020年9月开始正式运营，未满一年已初见成效，目前粉丝超2万，获赞达10万，并入选今日头条图文营销价值排行榜TOP50，更好地打通了纸刊优质内容的变现渠道。而即将启动的付费专栏和头条小店，也能更好地将文化传播、内容销售与杂志发行相结合，实现新旧媒体融合的双赢。

（曹锎：环球银幕杂志社主编）

融合创新叙事表达 讲好新时代退役军人工作实践

——《中国退役军人》杂志“荣光之路”大型融媒体报道探析

胡琳

从《看得见的尊崇，摸得着的荣光》《广东为什么这么“红”》到《红色之者，“绣”出精彩》……《中国退役军人》杂志大型融媒体采访活动“荣光之路”系列作品热情宣扬退役军人工作在党的领导下取得的辉煌成果，广泛追踪退役军人工作者留下的足迹和汗水，全面展示新时代退役军人工作高质量发展的喜人景象，激励和引导退役军人“退役不褪色，建功新时代”，彰显全社会对军人职业的尊崇、对退役军人的尊重，让退役军人和其他优抚对象共沐荣耀之光。广大受众纷纷反映，这一系列宣传融入全媒体时代报道理念和表达技巧，有思想高度、情感温度、表达力度和多平台传播的融合广度，不失为一个成功的融媒体传播实践。

对话：“掏”出领导的思想和心里话

走起来，一向是理论稿件的软肋。实际上，所有的思想最终都要融入记者的情感，流淌在纸上。“荣光之路”的主打栏目为《对话厅（局）长》，本身就是过去《厅（局）长论坛》的另一种叙事表达。这种新形式，不再请厅（局）长们亲自捉刀撰文，而是由记者与厅（局）长面对面对话，请对方“说”出自己的思想感受。无形中，这种理论文章“走”起来了，而且在众声喧哗中往前多“走”了几步，形成一种可贵的、有建设性的理论导向。

《对话厅（局）长》采取的方法是“农村包括城市”。融媒体记者组每到一省，首先下到最基层，在采访见证了大量鲜活的新闻事实之后，最后一站抵达省城，用所见所闻印证厅（局）长的思考及观点。这样的对话充满张力，点面结合、理论与实践共存，有厚度、力度、真实性和感染力。比如，在对上海退役军人事务局局长黄冲的采访中，上海作为一个红色之城，如何体现出她的温度、浓厚退役军人工作氛围？记者循着革命前辈的足迹，首先走进波澜壮阔的历史，走进一个个退役军人服务站和烈士陵园，通过几天的观察思考，抛出问题：在这片红色热土上，退役军人工作如何利用红色资源讲好红色故事，守土有责做好烈士褒扬工作？引出黄冲局长的观点：上海是中国共产党的诞生地和梦想起航地，这里的每一条街、每一条路，都流淌着红色的血液。除党的一大、二大、四大先后在上海召开外，上海也是团中央的诞生地、国歌唱响地，是第一面五星红旗升起的地方。这些重大历史事件的背后，都有着激荡人心的故事。充分发掘、运用好这些红色资源，对做好退役军人工作至关重要……（摘自《中国退役军人》杂志2021年第7期《让老兵生活更美好》）

高站位源于低姿态。这样的对话，通过记者平行的视角、平等的语境，循循善诱“掏”出采访对象的思想，不仅不生硬，而且与当地的实际、历史背景、文化氛围、工作成果完美契合，达到了极佳的宣传效果。在这个专栏中，厅（局）长们展开自由的翅膀，在表达自己观点的同时，也对本省（市）退役军人工作做了全面回顾及梳理。其他配属稿件又从不同侧面、不同角度对主打稿件进行补充和拓展，使整个系列作品多途径、多维度。

每期“荣光之路”呈现到杂志上浓墨重彩，在20多个页码中，层层递进、环环相扣，给读者以强烈的视觉冲击力，打下了深刻烙印。这样的架构，有理论、有实践、有人物、有故事、有评论、有照片，形成了“横看成岭侧成峰，远近高低各不同”的宣传层次。

亲历：“沾”到田间地头的泥水和露珠

传播力源于公信力，而公信力源于记者的脚力。

一大早，记者驱车来到广宁县凤泗山的桃源农场。“先平整道路、搭建简易遮阳棚，水电网和停车位都要提前考虑好。”记者见到贾东亮时，他正在林间给帮扶对象、退役军人冯宝成做开园前的技术指导。（摘自《中国退役军人》杂志2021年第6期《20578名党员架起“连心桥梁”》）

“这是我哥，在我心里他特别伟大。”看到记者凝视着墙上烈士左德强的遗像，邹德秀的女儿左菊花回忆起了哥哥参军时的荣光。“当时他胸前戴着大红花，我们一家五口坐上手扶拖拉机送他到公社，人们敲锣打鼓、放鞭炮，谁都没想到竟成了永别。”（摘自《中国退役军人》杂志2021年第7期《替烈士看爹娘 为烈属办实事》）

以上几段生动朴实的文字，是从系列“荣光之路”稿件中摘取的。字里行间，可以看到记者已经走入了基层的街头巷尾，来到了农村的田间地头，深入退役军人和其他优抚对象家中。

“一个没有根的脚步，迟早会被杂草覆盖。”贴近实际、贴近生活、贴近群众，是新闻宣传工作的真谛。可是由于诸多因素，坐在办公室拿着材料“改”稿子的时候多，真正深入生活、“沾”到露水和泥土的时候少。“荣光之路”采写活动，将记者“倒逼”进新闻源头，在俯下身、沉下心、察实情、说实话中，探寻一座座“富矿”，沉淀一片片真情。这样得到的稿件，有思想、有温度、有品质，自然也就有生命力、有影响力、有传播力。

大家常说，新闻是易碎品，然而，很多好的新闻作品，不仅名噪一时，还成为珍贵史料永远留存。新闻产品延长“保质期”是因为记者深入的工作作风和人格魅力。《县委书记的好榜样焦裕禄》是穆青坐在兰考农民家的炕头采访了一个多月形成的；《谁是最可爱的人》是魏巍冒着枪林弹雨在朝鲜战场的战壕里写出的；《索马花为什么这样红》是张严平跟着主人公在一边是万丈深渊，一边是悬崖峭壁的小道上走出来的……

往深里走，向实里走，往心里走。融媒体报道组借鉴这些新闻前辈的经验做法，深入基层汲取退役军人智慧，呼吸新鲜空气，撷取语言养料，培养出对退役军人工作的真挚感情，从而领略了他们的精神境界，运用了他们的乡间土语，写出了他们的品格风骨。

“荣光之路”大型采写活动的实践表明，新闻采访不是流水线上没有感情的一个生产环节，只有把情感融入脚下和笔端，设身处地感受采访对象的精神世界，饱含真情地写下每一个文字，才能将退役军人舆论宣传工作推上新高度、迈上新台阶。

融合：“绘”就退役军人工作立体画面

“可看可听可视，这本杂志不一样！可以收藏。”

坚持守正创新，打出融媒体报道组合拳。退役军人事务部宣传中心领导认识到，网络时代，仅靠传统媒体的力量，传播效果大打折扣，必须不断开辟新的领域、尝试新的手段、设计新的形式，用网络化的表达，营造不设天花板的创意发挥空间，更能走近读者、走近网友。

经过精心谋划设计，从 2021 年第 5 期开始，《中国退役军人》杂志一改传统媒体面孔，积极探索融媒体发展方向，全新改版亮相。读者惊喜地发现，不用看文字，也可以“阅读”杂志。在重要稿件标题区旁，有二维码，用微信扫一扫，即可播放与稿件内容一致的音频、视频作品，为用户提供多样化信息体验。

杂志新媒体矩阵更是穷尽手段，抖音、快手、微信视频号、今日头条、人民号、新华号、知乎、学习强国、澎湃新闻、B 站、喜马拉雅等平台同时推送，立体传播，声势浩大。

“千万人关注，这个地方火了！”在当前传播生态里，更具影响力的是直播。4 月 17 日，“荣光之路”大型直播活动（山东站）就引起热烈反响，活动以“荣军热点 + 城市地标 + 网络红人”的独特嘉宾阵容。11 个直播点，持续近 3 个小时的直播，人民网、央视网等 20 余家网络平台积极参与，全方位、多角度展现了退役军人工作发展进程中取得的累累硕果。这一天，近千万名全国各地退役军人事务系统工作人员和广大退役军人纷纷在线“打卡”，一场小小的直播活动，获得粉丝关注 100 万余人，点赞 300 万余次，极大地提升了中国退役军人新媒体矩阵的影响力和覆盖面。

新媒体时代的阅读习惯多用手指触碰控制屏幕，一个作品实现有趣的交互和对受众合理的引导至关重要。此役，将传统媒体的记者全部置于摄像镜头前和镁光灯下，在沉浸式新闻中，Vlog、VR、图表等视觉产品各自表达又互为补充，协同配合形成整体，将一个个抽象的新闻转换为公众可以在微观层面认知和把握的具体问题，直达受众心底，实现了“以人为中心的信息传播，是人性与个性的交融”。

雕琢：“描”出工作报道人情味、文化味

工作报道忌死板、老套，缺乏生机和活力。“荣光之路”在定位上，首先是好看，看得酣畅，读得愉悦。这些报道不再泛泛地停留在工作层面，而是充满着浓浓的人情味、文化味，通过一个个丰满有趣的故事，展示退役军人工作的深度和高度。

群众的语言最丰富、最生动，再优秀的记者也编不出来。处理好事迹提炼与防止人为加工的关系，让生动活泼的语言，不经刀砍斧凿，稿子就有了生命力。读者记住这些个性化语言，也必然会记住新闻人物和事件。通过以上文字，可以明显感觉到“荣光之路”系列稿件的鲜明特点：活泼、优美、精练的语言表现手法，充满文化味，呈现出人性的质感；细腻、自然、感人的细节打动读者，充满人情味，散发着璀璨的光芒。

纵观新闻史，脍炙人口的名篇，都是新闻与文学水乳交融的范例。无法厘清这些作品的属性，使其呈现出一种杂糅状态，本身就是作品的独到之处。因为在这个多元的社会里，一篇作品不会仅仅观照一种属性。在一切边缘、边界都变得模糊的今天，难以界定的作品，更能给人新鲜的不一样的独特体验。

“荣光之路”系列作品精雕细琢，同样具有这样的品格。注重散文化，突出“美”；注重故事化，突出“趣”；注重哲理化，突出“味”；注重服务化，突出“实”。在每一个篇章里，人物可触、可摸，故事典型、形象，细节生动、亲切，摒弃了材料式、概括式、鉴定化、脸谱化，让人得到美的享受和情感的滋养。

“这种形式打动人，感染人，启迪人。”广大退役军人和退役军人工作纷纷留言点赞：“荣光之路”通过记者的亲历亲为、形式的活泼立体、作品的生动感人，大气磅礴地呈现某一地做法特色。这些稿件不落窠臼，既注重历史文化纵深感，又突出现实指导性；既表达了党中央习总书记的指示精神，又展示了千千万万退役军人精神风貌，有的被许多媒体转载，有的受到部党组机关表扬，

在上上下下引起较大的反响，扩大了退役军人工作在全社会的音量，给退役军人事务系统以极大的鼓舞。

“荣光之路”还未结束，我们的脚步仍在前进，思考仍在继续。在今后的退役军人工作宣传中，我们将把此次采访经验化作创新动力，牢牢坚持马克思主义新闻观和习近平总书记宣传工作重要论述，当好时代风云的记录者、社会进步的推动者、退役军人的守望者，用更丰富的创意、更精致的表达、更负责的态度，践行新闻记者的使命与担当，为这个伟大的时代写下有意义的一笔。

（胡琳：退役军人事务部宣传中心发行处处长）

北京时间融媒平台

田玥

一、基本情况

北京时间客户端（APP）和网站（www.btime.com）于2016年4月12日上线，是北京首个市级融媒体平台，是北京广播电视台新媒体重要平台，已形成电视、广播、新媒体一体化采编、融合传播新业态。北京时间坚持移动优先发展战略，定位为：为全网用户提供综合服务的智慧融媒体平台。立足首都资源，聚焦京津冀协同，服务现代化综合治理，参与智慧城市建设，搭建发展振兴生态，致力于打造融合新闻资讯、政务通达与民生服务于一体的新型主流新媒体平台。截至目前，客户端下载量超4000万，全网覆盖用户近1亿。

二、创新做法

（一）融合创新：共建网台深度融合生态

按照北京广播电视台关于加快推进深度融合的工作要求，北京时间与全台各频道频率共建深度融合生态，即全台各相关节目中心同步运营广播电视频道和新媒体垂类频道，使传统节目与新媒体内容实现“一体策划、一体生产”的深度融合。各频道频率依托自身优势资源在北京时间端内进行垂类内容生产，全力推动主力军进入主战场。

（二）内容创新：打造北京时间特色融媒品牌

北京时间依托北京广播电视台各频道、频率优质的音视频资源，不断推出融合创新产品，打造优质精品IP，推出了以“时间视频”“时间直播”“时间财经”“时间号”为代表的特色融媒品牌。目前，北京时间旗下北京时间官方账号、时间直播、时间视频、时间财经共拥有端外账号共计32个，覆盖全网十余家主流互联网平台，累计粉丝超3700万。

（三）服务创新：深耕本地，构建政务和民生服务体系

北京时间以服务为依托，打造精准高效的智慧融媒体平台。充分利用新技术和大数据的应用，接入政务、公共、生活等刚需服务，实现北京时间客户端功能服务性的重点突破，推出与百姓生活密切相关的系列服务，做到“一端在手，通达北京”。形成以“接诉即办”视频接诉平台为突破口，以点带面的全效政务和民生服务体系；上线天坛医院挂号产品，锁定平台目标用户群体，满足用户刚性需求，提升平台用户活跃度。

（四）经营创新：构建多元化的良性经营体系

北京时间通过与北京广播电视台各频道频率有效合作、整合北京时间端内外自有资源、借助外部社会力量，积极探索多种商业经营及变现路径，为可持续发展提供有力支持。

（五）技术创新：技术引领，向内容赋能

北京时间具备一支强大的产品研发团队，研发能力覆盖从产品设计、开发上线到迭代运维的全部流程，并可对外进行技术输出，为北京市部委办局等单位提供技术支持服务。

三、典型实例

（一）创新主流舆论宣传，形成破圈传播

北京时间始终坚持“新闻立台 新闻立网”。以北京时间为主阵地，在融合传播中充分发挥中流砥柱的作用，重大主题报道不缺席，主旋律更加响亮强劲。在建党百年宣传中，打造了“1+1+2+*N*”全媒体视听传播矩阵，设置学党史频道，打造1场24小时融媒体全景直播，执行全市党史知识竞赛活动，推出2款融媒互动H5产品，系列子专题报道、多平台矩阵传播效果显著；在冬奥会筹办报道中，以倒计时一周年之际为契机上线“冬奥”频道，

依托线上线下资源联动助力“青少年迷你冬奥会”成功举办，携手“北京冬奥报道云联盟”，形成联合报道机制和联合宣推矩阵，点燃冬奥激情，讲好中国冰雪传奇。

（二）培育自有品牌，建立体系化传播渠道

北京时间围绕品牌内容培育，建立体系化的传播渠道，激发用户参与、分享和传播。一是“时间视频”渠道，凭借主打短视频产品，全网累计粉丝超过2100万，稳居全国泛资讯短视频第一阵营；二是“时间直播”渠道，主打具有强烈时间刻度和现场感的直播频道及沉浸式全景“慢直播”，全网覆盖超640万人，30余家直播单位参与“北京时间直播矩阵”；三是“时间财经”渠道，发挥财经专业领域优势，建立全媒体、跨平台的财经媒体生态；四是“时间号”渠道，专注于垂类内容打造，在街区治理、文化教育等领域打通为民服务的“最后一公里”。其中，在直播方面，推出了《我为群众办实事之局处长走流程之送外卖的处长有话说》全媒体直播，形成“直播＋短视频＋图文＋话题”矩阵式传播，实现了主流价值观的破圈传播；关注民生热点，跟进北京及全国疫情防控发布会，推出“直击北京最后一个封闭小区解封”直播，对北京“双减”政策等进行直播发布及互动，从内容层面与用户产生价值观共鸣、情感共振。

（三）共建台网融合生态，共享融合活力

北京时间设立媒体融合专项资金，拉动优质内容向互联网汇集、向移动端倾斜；制订工作室建设方案，鼓励全台主力军积极创新，孵化一批集融合型内容生产与经营主体于一身的工作室，大力推出新的爆款产品、打造新的强大IP、开拓新的业务领域和增长点；深耕全台优质资源，上线快讯、法治、影视、金融、球迷、味道、军情、新知、微剧场、微档案、文化大家谈等垂类频道专区，使传统节目与新媒体内容实现“一体策划、一体生产”，极大扩充北京时间内容池，提升内容广度与深度，从而更加精准地吸引和服务受众。

（四）打造智能交互产品，产生情感共振

为了让用户获得耳目一新的服务体验，北京时间积极探索将5G、AI、AR/VR等技术融入内容生产与交互体验。打造中国首个广播级智能交互——真人数字人“时间小妮”，“时间小妮”是以北京广播电视台主持人春妮为原型打造，通过形象和声音素材打造出的AI合成女主播，这是北京广播电视台在“人工智能与新闻采编深度融合”方面所取得的最新突破性成果。未来，“时间小妮”将逐步接入北京时间客户端，与稿件系统、交互系统、数据系统深度结合，在端内提供新闻播报、知识讲解、交互问答、广告代言、客户服务等全方位交互服务，满足用户对资讯、政务、服务、商务的需求。

（五）深耕本地服务，提质政务便民服务

北京时间上线的“接诉即办”产品，是北京市委市政府与民众之间的“连心桥”，是基于政务服务、城市基层治理的新举措。北京时间“接诉即办”与北京市12345市民服务热线联手，同时聚合北京广播电视台频道、频率与网络平台资源，网台联动，搭建视频投诉平台，致力于未诉先办，一键转诉，实时跟踪办件进度，实现“民有所呼、我有所应”的智慧服务，助力城市基层治理体系和治理能力现代化建设。

此外，北京时间依托北京广播电视台资源优势及公信力，锚定法律、教育、医疗、生活消费等领域成熟的服务应用，获取平台接口，打通用户体系，实现在北京时间一键登录，直接访问，通达服务。目前，北京时间已推出与百姓生活密切相关的系列服务，涉及生活缴费、医院挂号、社会保障、交通管理、教育资源查询、社区便民措施等，努力建设成为首都城市治理平台、民生服务平台。其中，北京时间上线的首都医科大学附属天坛医院线上挂号服务端口，最大限度帮助市民缓解了“看病难”的问题。

（六）品牌信任背书，拓展多元发展路径

一是以“品牌＋用户＋文创”为核心，建立了“品牌输出＋用户拉新＋经营创收”三位一体的市场窗口，与首都博物馆、中国电影博物馆、北京香山革命纪念馆等机构建立了合作关系，孵化出了“BRTV首博食间”“光影食间”等系列文创IP；二是以“北京地标＋北京文化＋北京媒体”为核心理念，多渠道开拓北京时间电商业务，建设了商城系统，打造出“时间诚品”“时间文创”等电商品牌。三是以“内容＋品牌”为依托，与市关工委、市青联等单位，联手成功举办了“青少年迷你冬奥会”“妈妈的味道”等“线上＋线下”相结合的品牌活动，使内容得到延展，打造全场景运营。此外，北京时间将通过建设知识付费系统，打造金融、法治、教育、健康等垂类商业IP的市场化及创新商业模式，通过社群运营、场景互动等多种方式，提升经营发展水平，为北京时间的持续良性运转创造经济保障。

（七）建设自主可控平台，引领技术迭代升级

北京时间独立自主研发包含：制作发布系统、时间号系统、用户中心系统、互动系统、关联推荐系统、APP应用、网站应用、M站应用等42个核心系统及应用。不断地探索及应用前沿互联网技术，针对微服务、大数据、8K直点播、VR、5G、AI等都在进行相关的研究使用。北京时间已获得国家级《高新技术企业证书》，依托雄厚的研发能力获得并授权信息关联方向、垃圾识别方向、推广检测方向、新闻分类方向等8项发明专利，并获得10项软件著作权、4项作品著作权、24项商标著作权。

四、突出成绩

2021年，北京时间融媒平台被评为2021年北京市广播电视媒体融合先导单位，北京时间“接诉即办”获评媒体融合成长项目；北京新媒体（集团）有限公司被市广电局评定为2021年北京市智慧广电重点实验室。北京时间获发明专利授权1个；“融媒体台网内容交换平台建设项目”等三个项目获得北京宣传文化引导基金扶持；

“北京时间智能分析系统”获得软件著作权并受到北京市广播电视局2021年北京市智慧广电项目扶持。

五、发展前景

目前，北京时间紧紧围绕北京广播电视台媒体深度融合战略部署，按照立足首都资源、聚焦京津冀、服务现代化综合治理的目标，以“内容+服务”的产品构架，参与智慧城市建设，搭建发展振兴生态；以“直播+视频+图文”的呈现方式，与广播电视优势资源进行深度融合，实现大小屏联动、多终端共振；以构建“内容—产品—服务”智慧生态为抓手，将受众向用户转化。北京时间在未来三年内，将通过实施内容品牌打造计划、服务创新拓展计划、技术应用驱动计划、运营机制创新计划、经营创收提升计划、全媒人才培养计划，致力于把北京时间打造成为融合新闻资讯、政务通达与民生服务于一体的新型主流媒体平台，成为为全网用户提供综合服务的智慧融媒体平台。

（田玥：北京时间内容运营中心副主任）

推进传统媒体与新兴媒体深度融合 衡水广电媒体焕发新活力

——关于衡水广播电视台（集团）媒体融合发展情况的调查

戴俊峰

习近平总书记强调，要适应社会信息化持续推进的新情况，加快传统媒体和新兴媒体融合发展，充分运用新技术新应用创新媒体传播方式，占领信息传播制高点。近几年来，衡水广播电视台（集团）从零起步，发展新兴媒体、改造传统媒体、推进传统媒体与新兴媒体融合发展、成立融媒体指挥调度中心，一步步走来，初步形成了“一体四翼”的全媒体新闻传播矩阵，从传统媒体与新兴媒体相“加”迈向相“融”，从“你是你、我是我”变成“你中有我、我中有你”，并朝着“你就是我、我就是你”的目标奋进。

目前，在以习近平同志为核心的党中央坚强领导下，在市委、市政府的领导下，在市委宣传部的正确指导和大力支持帮助下，衡水广播电视台（集团）党委正带领全体干部职工进一步牢固树立“四个意识”、坚定“四个自信”、做到“两个维护”，不忘初心、牢记使命，凝心聚力、鼓舞士气，践行“四力”、深入基层，努力讲好中国故事、讲好河北故事、讲好衡水故事，以新型主流媒体的责任担当，弘扬主旋律、传播正能量，占领舆论主阵地和信息传播制高点。

衡水广播电视台媒体融合发展的路程，从破冰之旅开始，铺路搭桥推动，手术修整再造，到传统媒体与新兴媒体融合发展，十年磨剑、历久弥坚，经历了艰苦奋斗、破解难题、提振士气、良性发展的奋斗历程，取得了一些成绩、总结了一些经验，也还有一些困难和问题需要进一步解决。

一

衡水广播电视台于2010年6月30日挂牌成立，是全市主流新闻媒体之一。目前拥有衡水综合广播、衡水交通评书广播、衡水文艺广播三个广播频率，衡水新闻综合频道、衡水公共频道两个电视频道、户外电视频道，广播电视报以及衡水广播电视网、掌上衡水客户端、微信、微博、人民号、新华号、抖音、快手等新媒体平台，形成了以传统媒体为主体、以新兴媒体为传播平台、以“互联网+媒体+政务+服务+商务”为新业态的全媒体矩阵。全台核定事业编制530人，现有干部职工579人，其中硕士研究生学历1人，大学本科学历273人，大学专科学历及以下人员201人，正高职称3人，副高职称51人，中级职称175人，国家级专家1人。

2012—2013年，衡水广播电视台党委带领台班子，搞调研、摸实情、学先进、谋发展，确定了“互联网+广播电视”的发展思路，建起了“衡水广播电视网”，把广播电视推向了互联网，开启了传统媒体向新兴媒体进军的新征程。当时，面对资金困难、没有专业技术人才的窘境，买不起成套的服务器等互联网设备，面向社会临时招聘十几名相关专业的大学毕业生，买主板、买硬盘、买机箱、买工具、买书籍……硬生生攒起了“衡水广播电视网”基础硬件系统。成套的网站软件系统买不起怎么办？组织招聘来的软件专业大学生进行技术攻关，经过几个月的努力，搭建起了数据库、设计出了网站页面，并上线运行，同时建立了相关的管理制度。衡水广播电视网的上线，申请并取得了互联网新闻许可资质，结束了衡水市没有权威新闻网站的历史。

2014—2015年，平均年龄20多岁的几名技术骨干，主动请缨，自主创新研发出“全协议多终端流媒体服务器软硬件系统”，搭建“神州视讯手机台”，实现了音视频移动互联网直播，开启了音视频网上直播的先河。

该项目荣获河北省广播电视科技成果一等奖，并被国家广电总局列为2016年度向全行业推广的科技项目之一。同时，在资金十分困难的情况下，又买车体、买配件，组装了“卫星网络直播车”，在全省率先实现了现场活动网络直播。为进一步拓展新媒体平台，借助第三方平台，搭建了衡水市第一个新闻客户端——“掌上衡水”。

2016年，随着传统媒体新闻传播进一步向新兴媒体转化，成立了“新媒体中心”，探索研发传统媒体资源数据库和管理平台，实现了传统广播电视媒体新闻素材、成片管理数字化。注册开通了“衡水广播电视台”官方微信订阅号、微博号、人民号、央视移动号，以及搜狐号、网易号、百家号等第三方媒体号，进一步扩展了广播电视新闻推送渠道和平台。

2017年，大力推进传统媒体与新兴媒体融合发展，按照市委、市政府部署和市委宣传部要求，先行先试成立了“衡水市融媒体中心”，与第三方合作研发了具有自主知识产权的“冀客”移动内容汇聚平台和新版的“掌上衡水”客户端，使媒体融合发展迈出了坚实的一步。12月29日，市委宣传部在本台举行了“衡水市融媒体改革系列产品上线开通仪式”，融媒体中心首次利用“掌上衡水”客户端等新媒体平台进行了网络直播，点击量10多万人次。7月，组织参加了央视《魅力中国城》展演活动。其间，编创了《衡水湖全鱼宴》小品剧，打造了衡水湖新品牌，通过展演和大力度的融媒体宣传活动，再一次把衡水的良好形象推向了全国，收到了良好的效果。

2018年，初步建成集指挥、调度、生产、监测、评估为一体的融媒体平台，广播、电视、新媒体、广播电视报“一次采集，多元生成，多平台发布”的“中央厨房”建成并投入运行。同时，对融媒体工作流程进行再造重建，成立编辑委员会、经营管理委员会、技术委员会，推动传统媒体和新兴媒体在内容、渠道、平台、经营、管理等方面的深度融合。12月29日，衡水市委、市政府两办印发《衡水广播电视台深化体制机制改革加快集团化发展的工作方案》。按照该方案要求，在保持衡水广播电视台公益二类事业单位性质不变、承担公益宣传职责不变、市财政给予充分支持不变的前提下，按照现代企业管理制度要求，组建成立了衡水广电传媒集团有限公司。集团实行与衡水广播电视台一个党委、两个机构、一体化运营模式，由台党委书记兼任公司董事长。

2019年，整个融媒体平台日臻完善，形成了以广播、电视、电视报为传统媒体主阵地，以衡水广播电视网为基础，以“掌上衡水”客户端为统领，以微信、微博、抖音、快手、央视号、人民号、澎湃号、百家号、搜狐号、网易号等平台为传播渠道的全媒体矩阵，形成了新兴主流媒体，大大提高了衡水广电新闻产品的传播力、引导力、影响力、公信力。同时帮助桃城区、阜城县、高新技术产业园区等区县建立了县级融媒体中心，并为其提供技术平台支撑。衡水广播电视台党委书记、台长史建岭作为河北省唯一地级台负责人，被国家广电总局聘为“国家广电总局媒体融合发展专家库”首批专家。1月5日，“衡水市县级融媒体中心集中揭牌暨衡水广电传媒集团揭牌仪式”由本台承办举行，融媒体中心提供技术支撑，首次与11个县级融媒体中心实时网络连线，以“现场+云直播”形式进行了新媒体网络直播，点击量30多万人次。

2020年，面对突如其来的新冠肺炎疫情，广电记者们认真践行“四力”，不畏艰险勇向前，深入抗疫一线进行采访报道，快速及时地将党和政府的声音传递到千家万户，以科学权威的声音迅速搭建起了党和政府与人民群众的沟通桥梁，以充满正能量的内容不断增强衡水人民战胜疫情的信心和斗志，充分体现了主流媒体的责任担当。其间，台（集团）广播各频率、电视各频道以及新媒体矩阵等全媒体平台，共播发有关抗击新型冠状病毒感染的肺炎疫情内容的新闻、公告、防护知识、短视频、H5、长图、海报等各类稿件1809条，网络总点击量超2800多万次。其中，《视频连线：衡水援鄂医疗队护士长马冬雪》《特别直播：抗击疫情 我们一起上》等7个节目单条点击量达到10万+；累计时长近30小时的6场网络直播，总点击量超200万次，形成了旗帜鲜明、报道全面、内容权威、发声及时、传播迅速、影响巨大的舆论场。

2021年，紧紧围绕党中央、省委、市委的安排部署和中心工作，积极主动组织开展了党史学习教育、学习贯彻十九届五中全会精神、庆祝中国共产党成立100周年、纪录小康生活、抗疫情稳经济、重点项目建设、全国文明城市创建、第五届旅发大会、第十届衡水湖马拉松赛暨全国马拉松锦标赛等重大活动和事件全媒体宣传报道，营造了良好的舆论氛围。1月，被人力资源的社会保障部、国家广播电视局、国家新闻出版署授予“全国新闻出版广播影视系统先进集体”称号。特别是按照市委、市政府要求，配合第五届旅发大会的举办，衡水文化广播电视和旅游局与衡水广播电视台（集团）组织技术人员利用10天时间，研发了“畅游衡水”微信小程序，并在开幕式上进行发布。该小程序是宣传推介衡水文化旅游资源的互联网平台，以“可知、可达、可享、可再”为主旨，努力让人们通过一部手机就可以实现吃在衡水、享在衡水、游在衡水、乐在衡水、购在衡水的愿望。

二

（一）高起点谋划，大力度推进，切实加强对媒体融合改革发展的组织领导

“融合发展关键在融为一体、合而为一。”党的十八大以来，以习近平同志为核心的党中央高度重视传统媒体和新兴媒体的融合发展，习近平总书记多次在不同场合强调要利用新技术、新应用创新媒体传播方式。

作为主流新闻媒体，推进传统媒体和新兴媒体融合

发展，是落实党中央巩固宣传思想文化阵地、壮大主流舆论重大决策部署的使命和职责所在。

中央、省出台的一系列文件以及市委、市政府出台的《关于实施“媒体融合力提升行动”推进传统媒体和新兴媒体融合发展的工作方案》，为本台媒体融合改革发展指明了方向，确定了目标。

台（集团）党委深刻学习领会相关精神，把思想统一到党中央和省市委的一系列重要部署上来，把媒体融合改革发展作为一项重要工作任务牢牢抓在手上。

1. 成立媒体融合改革发展工作领导小组，全面指导和统筹推进全台媒体融合改革发展工作。台（集团）党委书记、台长任组长，班子成员任副组长，各相关中层为成员，并建立相应工作小组。在市委宣传部的具体指导下，制定出台了《关于深化媒体改革融合、加快集团化发展的初步方案》《关于加强融媒体平台建设的方案》《衡水广播电视台“媒体融合力提升行动”三年规划》《衡水广电传媒集团内部机构设置方案》《关于成立战略发展委员会等工作机构的通知》等一系列文件，从组织架构、运行机制、平台搭建等诸多方面，对全台媒体融合发展工作做出了整体规划和顶层设计，明确了“时间表”和“路线图”。同时，组织开展了县市区融合专题调研，进一步摸清县市区广电台的底数情况，有针对性地提出了融合发展意见，为阜城县、桃城区、高新区、滨湖新区提供技术支持，建起了融媒体中心。

2. 面向全国对标先进，学经验，找差距，谋发展。组织主管副职、中层及业务骨干，先后赴深圳广播电视台、苏州广电总台、昆山广播电视台、上海浦东广播电视台及湖南广播电视台等地进行考察学习，努力开拓发展视野，吸取人家的媒体融合先进经验，突破发展“瓶颈”，并与深圳广播电视台、苏州广播电视总台、芒果TV建立合作关系，请高人出高招走新道，使本台融合改革发展从一开始就站在高起点上起跑。几年来，全台干部职工想尽一切办法，克服经费紧张、设备老旧、技术力量不足、专业人才缺乏等困难，脚踏实地干事，一步一个脚印认认真真落实，走出了一条具有衡水特点的融媒体改革发展之路，并位居全省前列。中宣部副部长、国家广电总局局长、党组书记聂辰席，省政府副省长夏延军，省广电局党组书记、局长王离湘，市委书记赵革，市委副书记、市长吴晓华，市委常委宣传部部长刘立斌等领导同志在视察本台融媒体建设工作时，都给予了充分肯定。

3. 刮“头脑风暴”，提高思想认识，增强改革创新意识。在全台组织开展了“新时代新观念新发展”解放思想大讨论、“我为改革提建议”“广播电视节目创新创意大赛”“找差距、弥不足、话发展”“献创意、促发展、我为广电做贡献”等一系列活动。全体干部职工积极参与其中，通过认真学习推广先进地区的经验做法，重点解决了干部职工消极被动、安于现状、不思进取、得过且过的思想禁锢，理顺了大家的心理情绪，清除了媒体融合改革发展道路上的不和谐音符。通过这些活动，大家畅通了思想、敞开了心扉，为谋求广电事业的新发展提出改革意见和建议150余条。台领导班子，对这些意见和建议进行了认真梳理分析，并将其纳入整体改进方案当中，加以认真解决落实。“头脑风暴”刮走了干部职工思想中的困惑和疑虑，全台上下统一了思想认识，形成了抓改革、促融合、谋发展的合力，为媒体融合、改革、创新、发展奠定了坚实的思想基础。

（二）理顺体制机制，补齐短板不足，扎实推进媒体融合改革发展

按照现代企业管理制度的规范要求，台班子以解决问题为导向，以除障碍、解难题、稳大局、促高效、壮实力为目标，着重在体制机制和技术平台建设上出台硬措施，实行项目化管理、系统化推进，解决问题、化解矛盾、理顺关系，努力做到媒体融合和体制改革“两架马车”谐频共振，相互促进，同步前行。

1. 推动人事制度改革，打破身份界限，打造新型用人体制。打破在编人员与聘用人员身份界限，实行人员身份档案封存，鼓励全员竞聘上岗，以岗定酬、绩效考核。使得参加竞聘的人员在一个起跑线上起跑，并且与在集团上岗成功的职工签订劳动合同。同时，对台内非在编人员与在编职工一视同仁、交叉使用，互相激励、共同促进，积极打造“能者上、庸者下”的用人机制，逐步建立起“引得来、用得好、留得下”的制度体系。此外，还突破岗位限制，建立多方位的人才选拔任用机制，大力推进企业化管理、项目制实施，使能人领办、团队承包等新型用人模式成为常态。

2. 充分适应媒体融合改革发展的要求，成立编辑委员会、经营管理委员会、技术委员会等组织协调机构。编辑委员会，为全媒体平台内容生产的总策划、总调度、总审核、总把关。经营管理委员会，为落实经营创收及产业发展战略的总指挥和“推进器”。技术委员会为技术设备管理和调度的“总牵头”和“总管家”。在此基础上，对《直播衡水》栏目、经济生活频道等深化薪酬制度改革；对《全民体育》《春动衡水》等栏目节目推行项目制运作；在高新区记者站、交通频率等部门试行经营承包制；让能人带头，能人领办，不断激发发展活力。此外，成立了以个人名义命名的工作室——“王东衡水文化工作室”“卢怀玉法律工作室”，给予政策扶持。通过一系列改革和重建，有效调动了广大干部职工的积极性、工作热情和激情。

3. 开展“新媒体建设提升月”活动，完善新媒体平台功能，大力推进实践运用。2018年，把7月定为“新媒体建设提升月”。对融媒体数据库、媒资库、“冀客”移动采编系统、掌上衡水客户端和衡水广播电视网进行改版升级。重新核定内容板块，进一步完善了资料存储、移动采编、远程指挥、平台分发、记者体验、信息分级等功能以及稿件审核、分发与播出机制。由编辑委员会按照客户端、微博、网站、微信、广播电视、报纸的顺序进行调度分发，实现了“一次采集、多种生成、多渠道分发、多元传播”的目标。做到了全台一线记者、编辑(含主持人)队伍对“冀客”APP使用的全覆盖。摸索建立适应新媒体运行特点和要求的工作制度、运行机制和业务流程，逐步打破台内各部门和栏目各自为政的传统运作模式。

4. 稳步推进县（市、区）广电台（县级融媒体中心）传统媒体和新兴媒体融合发展帮扶试点。以阜城县、桃城区、滨湖新区为重点，以提高县域新闻质量、提高经营管理水平、提高人才素质为基本原则，积极推进县级融媒体中心建设帮扶试点工作，首先在平台搭建、信息共享、采编共用上先试先行，形成上下贯通、同步推进的格局，以自身实力的壮大和带动能力的提升，促进市县广电深度融合。衡水广播电视台（集团）联合各县（市、区）台（融媒体中心），构建了“1+13+N”融媒体传播新业态，把党中央、省、市的声音和基层群众的呼声进行全维度宣传展现，彰显了衡水广电正能量。“1”就是以掌上衡水客户端为基础平台；“13”就是把13个县市区融媒体中心纳入客户端，为其提供端口，使其可以自主发布新闻内容；“N”就是各新媒体平台根据各自特点，把新闻作品以不同形式进行分众式分发。

（三）夯实基础，提质增效，以责任担当和优质新闻作品，赢得广大群众的信任和支持

1. 强化基础设施建设和改造，进一步提升广播电视新媒体新闻生产制作能力和水平，营造良好办公环境。2018年，在市委宣传部的帮助支持下，对电视播控、非编制作系统和电视录制系统进行了高清数字化升级改造。6月1日开通了衡水新闻综合高清频道，实现了新闻高清制作播出。同时，350平方米电视演播厅建设、广播直播间数字化改造、传统媒资管理系统提升建设、网络直播一体化设备提升、高低压配电改造、办公大楼暖气维修改造、卫生间改造提升、职工饮水系统更新等一大批基础性建设和改造项目同步推进，年内全部完工。户外电视频道建设启动，按照进县城、进乡镇、进农村、进社区的原则，规划在市及各县市重点区域、街道社区、乡镇农村建设1000块户外LED大屏，努力打造覆盖全市城乡的LED户外电视频道新平台。

2. 狠抓内容生产质量提升，不断扩大新闻产品的传播力、引导力、影响力、公信力。紧紧围绕中央、省、市重点，做好新闻报道、民生报道，通过抓政治理论教育、业务知识培训，使广大记者、编辑队伍素质得到进一步提高。认真落实意识形态工作责任制，严格执行三级审核制度，《新闻联播》《直播衡水》以及新闻广播、“两微一端”内容质量得到大幅度提升，收视率、收听率、点击量明显提高，受到大众好评，市委市政府领导也给予充分肯定。新开办的《全民体育》《园林城进行时》《健康哈院》等电视栏目，也受到群众喜爱。

3. 策划拍摄制作系列融媒体产品，使衡水形象和对外影响不断扩大，收到良好效果。组织精干力量策划、拍摄、制作了《瞰衡水》《春动衡水》《印象衡水》《战疫情》等系列短视频，《抗击疫情公益广告》系列动漫宣传片和网络音频节目。《新春走基层》专题节目、《声“琳”其境》融媒体早读新闻栏目、720度看衡水系列VR场景、《百部H5听学十九大》、MG动画解读衡水市“两会”精神、《网络中国节》系列新媒体作品等，从不同侧面、不同角度，充分发挥广播、电视、新媒体各自优势和特点，进行宣传报道，真正做到了让受众爱看、爱听、爱点，取得了积极良好的社会效果。此外，组织专门团队创作了深入挖掘运河文化的纪录片《龙须凤尾》和以展示衡水湖自然和谐的生态环境为主题的院线电影《衡水湖之恋》，撰写了微电影《诚信之城》和《河东纪实》剧本大纲。撰写完成了20万字的衡水历史文化大型专题栏目《回望衡水》文字脚本，入选河北省委宣传部优秀传统文化基金项目。

4. 发挥全媒体宣传矩阵作用，壮大主流舆论。出台了《关于进一步加强广播电视外宣工作的意见》《关于加强广播电视评论工作的通知》《关于进一步做好新媒体宣传报道工作的通知》等制度措施，不断加强重大主题宣传的策划组织，每周定期召开编前会，对市委市政府重要会议、重大活动以及基层的鲜活经验，整合广播、电视、新媒体、外宣等多方面力量，以选题策划为指导，有效组织各方力量，全方位发力、多角度报道、多渠道发布，打通了各个媒体业态，实现了电视、广播、户外大屏、手机客户端、微信、微博的同步播出，做到了“融为一体，合而为一”，新型主流媒体的责任担当得到了充分体现。

5. 充分利用网络直播技术优势，组织各类直播活动。网络直播是本台的突出技术优势，发挥这一优势，几年来对每年的衡水“两会”“衡水湖马拉松赛”，以及上海、宁波、杭州、深圳、苏州“招商洽谈会”“2018河北·衡水航空运动嘉年华暨全国动力伞精英赛”“中华民族大赛马传统耐力赛”“河北好人榜发布仪式”“衡水市庆祝中华人民共和国成立70周年群众歌咏大会”“‘飞天奖’‘星光奖’颁奖晚会”“抗击疫情，跟我们一起上”“重点项目集中开工仪式”等市委市政府的重大会议、活动进行了网络直播或电视网络直播。3年来，共组织各类直播活动200多场。特别是，连续10年的“衡水湖马拉松暨国际马拉松锦标赛”直播，均由本台融媒体中心承担，全网总点击量超4000万人次；“衡水市庆祝中华人民共和国成立70周年群众歌咏大会”由本台承办，当晚网络直播点击量就达到450万人次。其中受友好联盟台邀请对“2018中国茶花博览会暨第六届湖北麻城茶花文化旅游节”“2018年亳州芍花养生文化旅游节开幕式”“廊坊市招商会”等进行了网络直播，受到了联盟台的赞誉。各类网络直播活动平均点击量达300万次左右。

三

“芳林新叶催陈叶，流水前波让后波。”通过一系列改革措施的实施，全台上下形成了“凝心聚力干事业，勠力同心创佳绩”的良好氛围。

但是，随着互联网的飞速发展，一系列的新技术、新应用、新形式不断推出。特别是受各类网络传播平台以及自媒体发展给广电媒体发展带来的影响，目前广电媒体的改革发展也还面临着一些困难和问题需要进一步破解。

1. 随着全程媒体、全息媒体、全员媒体、全效媒体的出现和发展，人才成为媒体融合发展的关键和瓶颈。现有人员对传统新闻的采写编发业务较为熟练，但是对互联网语境下的表达方式掌握得还不够熟练，从业者技能偏低，并且普遍存在人员老化问题；在技术研发、产品营销等方面缺乏理念新、能力强的领军人物。记者编辑队伍在年龄、学历、专业、职业素养等方面都不同程度存在结构性差距。年龄偏大的同志，对新媒体、对媒体融合认识不够，对新业态、新知识、新应用、新技能学习积极性和能力不足、掌握不够；年轻同志虽然对新东西学习比较快、掌握比较多，但工作经验少、实战能力不足。专业型、专家型、全能型人才缺乏。由于传统体制机制的约束，引不来人才、留不住人才成为一个大问题。一些高层次人才对地市级媒体看不上眼，一些刚毕业的大学生来实习或工作一段时间，工作能力和经验得到提高后，由于得不到理想的工作岗位或薪酬待遇另谋高就，等等。需要不断“走出去、请进来”提高能力水平，并大量引进年轻优秀专业人才充实到一线岗位上。但目前缺乏政策支撑，广电台虽有人员编制，但已经多年未有在编人员招录计划，在提高经济待遇上也无政策依据，对优秀的专业人才缺乏吸引力。

2. 融媒体内容生产在手段、形式、内容、传播等各方面都存在不足。受财力和人才等因素制约，一些新技术、新应用、新平台用不上、不会用、不善用，成为融媒体产品生产能力不足的瓶颈，以致融媒体新闻产品内容制作不精、形式单调死板、质量粗糙不精细，特别是容易产生新媒体产品与传统媒体产品相类似甚至同质化现象，失去了新媒体作品的受众吸引力，难以引起网民的关注、浏览兴趣，形不成大众传播、分众阅读、精准推送的格局，其传播力、引导力、影响力、公信力受到一定影响。

3. “安于现状、不思进取”的思想，在部分干部职工中不同程度存在。由于受传统体制机制的长期影响，在部分干部职工中存在着安于现状、消极被动、得过且过、不学无术、不求上进的思想。这样的消极思想，让那些勇于干事创业、敢于担当创新的同志，容易产生干得越多差错越多、失误越多、受批评越多、干事不如不干事、不干事待遇一点不少的错误认识，也成为改革道路上的障碍。

4. 僵化的体制机制，制约着广电事业的发展。推进传统媒体与新兴媒体融合发展，必须坚持导向为魂、移动为先、内容为王、创新为要，在体制机制、政策措施、流程管理、人才技术等方面加快融合步伐，在内容、渠道、平台、经营、管理等方面进行深度融合，建立融合传播矩阵，打造融合产品。但是，随着媒体融合改革发展的逐步深化，发现现有体制机制的不足和弊端、政策措施的不到位，对深化融合改革发展产生了诸多制约因素。就体制来看，说是事业单位，又实行企业化管理；说是企业单位，又有事业单位各种条条框框的制约；等等。事业单位企业化管理，说起来容易，真正做起来却存在诸多困难。所以，体制机制中的种种矛盾束缚了融合改革发展的手脚，以致所谓的融合发展也就成了“表面”上的浅层次叠加，而没有真正做到真融真合。这反过来又影响到内容、渠道、平台、经营、管理等方面已经产生融合效应的部分，一段时间过后，又出现退回到以前状态的现象。

5. 推进集团化改革，越往深里走，难度也越大。实施集团化改革涉及人事改革、财务改革、机构改革、工作流程再造等许多方面。然而，原本是事业单位，与之相配套的人事制度、薪酬制度、组织机构等各个方面，都与事业单位的管理模式相匹配。实行集团化发展，一块牌子两个机构，就要兼顾事业和企业两个方面。鱼与熊掌不可兼得，用事业单位的模式管理企业，在现代企业制度下是不适合的。而用企业的模式来管理一个事业单位，存在着违反政策制度等方面的风险。通过学习考察发现，全国广电系统集团化改革发展所采用的模式各不相同，有的靠当地党委政府在政策、人才、资金上给予支持，有的在传统体制机制上进行顶层设计破除各种制约因素，有的实行政府购买服务来实现，也有的走市场化道路等，不一而足。从整体上看，南方发达省市的广电媒体改革比较灵活，取得了一些经验，但有的也走了一些弯路；北方省市的广电媒体改革相对滞后。分析其原因，既有思想观念不解放、政策措施不到位、顶层设计不合理等原因，也有社会经济发展不充分而产生的影响。因此，目前也没有一个相对成熟的、符合衡水实际情况的经验可供参考借鉴。另外，改革肯定会触动一部分人的利益。一些改革举措一旦推行，可能会导致干部职工思想上的波动，甚至影响整体工作推进，存在一定的风险。所以，衡水广电传媒集团挂牌后，经过多次研究论证、反复讨论修改，出台了《衡水广电传媒集团体制机制改革设计方案（大纲）》《衡水广电传媒集团组织架构设计方案》《衡水广电传媒集团薪酬和绩效设计方案》等改革方案，并进行了试点，但由于各种因素的限制，一直未能全面铺开。

四

疾风知劲草，坚韧铸辉煌。深化媒体融合改革发展，只有进行时没有完成时。面对改革发展中遇到的困难和问题，以及可能出现的新问题、新困难，我们还是要勇敢正视，乘风破浪，勇往直前。

1. 继续深度推进衡水广电传媒集团建设，在融合改革上下功夫。进一步推进体制改革，在现有体制大框架下找突破口，努力构建运行顺畅、上下贯通、左右协调的工作机制；进一步推进机构改革，根据媒体融合发展的需要和工作职能的转变，以科学高效为原则，对现有机构进行有效整合调整，减少管理层级，突出加强一线工作力量；进一步推进薪酬体系改革，试行以岗定人、以岗定酬、责任目标考核、绩效考核相结合的新型薪酬体系；进一步推进用人制度改革，实行"人岗"双向选择，努力做到以岗选人、人选岗位的"双向"选择制度。通过重组生产架构、再造工作流程，打破原有架构内的条块限制，突破部门化、多层级、低效率的传统机制，进一步推动全台传统媒体和新媒体融合发展，打造具有较大传播力、引导力、影响力、公信力全媒体矩阵。

2. 大力实施人才兴台工程，多形式吸纳培育广电专业型人才、专家型人才。全媒体业态下的广电事业发展拥有一支既有理论思想，又有高超技能和实际工作经验的人才队伍是关键。因此，今后一个时期，要在人才培养上下大功夫、下大力气，逐步形成一支年龄结构合理、知识结构平衡、理论素养深厚、工作技能高超、实战经验丰富的广电全媒体队伍。抓引进，努力积极争取市委、市政府政策支持，在全国范围遴选优秀人才；抓培养，利用中国传媒大学、北京电影学院、浙江传媒学院等高等专业院校优势，对台内现有有培养前途的同志分期分批送去进行专业培训，不断提高他们的能力和水平；抓锻炼，对一线优秀同志选送到中央广播电视总台、河北广播电视台、江苏广播电视台、深圳广播电视台等主流权威媒体，进行挂职锻炼培养；抓培训，定期不定期邀请省级以上广电媒体专家以及各大高等院校教授来衡水授课，并结合实际工作有针对性地进行实战培训；建智囊团，邀请省以上主流媒体退休专家、高等院校专家学者、台内经验丰富的老同志建立广电事业发展智囊团，为衡水广电事业的长久发展出谋划策、指引方向。

3. 以先进技术应用为引领，打造媒体融合新高地。通过近 3 年的努力改造，目前实现了电视全频道高清数字化采、录、编、播，广播全频率实现了数字化录、直播，节目制作能力和节目品质都得到了大幅度提高。融媒体"中央厨房"的建成，实现了全台节目采编的综合调度指挥，工作协调性、工作效能和工作质量得到了保证。新媒体全平台网络直播，实现了广播、电视、网站、客户端、第三方媒体平台的同步实时直播，收到了很好的传播效果。VR 虚拟全景技术的应用，把本市特色景点、产业进行了全纬度的展示。H5 制作、MG 动画创作、动漫节目包装等一系列新技术、新应用的落地使用，丰富了全台内容生产形式，反响良好。但是，随着 5G 网络的推广覆盖以及 4K、8K 拍摄，AR 超虚拟现实场景、AI 智能节目制作等更先进技术的应用，我们还需要不断对硬软件系统进行升级，对干部职工进行持续的业务技能培训，努力打造衡水新型主流新闻媒体，讲好中国故事、河北故事、衡水故事。

（戴俊峰：衡水广播电视台党委委员、副台长）

守正创新　打造地级市全媒体直播传播力

——浅析衡水广播电视台疫情特别直播"抗击疫情 我们一起上"

赵勃阳 王词

在全媒体发展的时代背景下，建设全媒体既是地市级广电系统面临的一项紧迫课题，更是主流媒体肩负的重大政治任务。衡水广播电视台（衡水广电传媒集团）深入贯彻落实习近平总书记关于媒体融合发展的重要论述，坚持"互联网 +"思维，加快从"1+1=2"阶段迈向"1+1= ∞"阶段，通过体制机制、流程优化、技术支撑，构建全媒体中心直播体系来实现守正共融、创新互通，着力生产了地域性强、黏度性高、影响力大的新媒体直播产品，为树立市县两级媒体融合品牌提供了"衡水样本"，为媒体深度融合，增强迭代"造血"做了一些有益的探索。

新冠肺炎疫情发生后，以习近平同志为核心的党中央总揽全局、协调各方，全面加强对疫情防控的集中统一领导。中共中央印发《关于加强党的领导、为打赢疫情防控阻击战提供坚强政治保证的通知》，这为打赢疫情防控的人民战争、总体战、阻击战提供了科学指引和行动指南。

一、创新做法与实践

疫情就是命令，防控就是责任。衡水市委、市政府按照党中央和省委的号召，发出了"党员跟我们上"的动员令。党旗红，堡垒强。全市各级基层党组织和党员干部身体力行，勇闯一线，既当指挥员统筹谋划，又做战斗员奋勇向前。

面对疫情，面对新时代新闻舆论工作和媒体融合发展的“大考”，衡水广播电视台（集团）从市委发出抗击疫情的第一声号令开始，在河北省市县媒体中率先主动扛起“为党发声、为民服务”的旗帜，推出了疫情特别直播“抗击疫情 我们一起上”专栏，将党的声音传递到千家万户，以科学权威的声音搭建起了党和政府与人民群众的沟通桥梁，引导人民群众做好防护措施，落实疫情防控要求，切实守护群众的健康与生命。

衡水广播电视台（集团）整合全台融媒矩阵资源，联合衡水13个县市（区）融媒体中心，组建了15人的直播“红细胞全媒体直播小分队”，并成立了小分队临时党小组，通过台全媒体运营中心编委会下设策划组、采编组、直播组、资料组、包装组、审核组、推广组7个小组，将卫星直播车、广播直播车、新闻采访车开到农村田间地头、社区、定点医院、疫情防控指挥部和复工复产企业等主战场，通过线上掌上衡水APP直播引领，线下通过电视节目+广播联动全市各农村大喇叭，直播抗疫第一线，集聚衡水广播电视台微博号、微信公众号、衡水广播电视网和各县市（区）融媒体中心等优势力量，依托网络矩阵等大平台推介，构建了衡水“1+13+*N*”媒体直播新业态，直击衡水疫情防控最前沿，把党中央的坚定声音、基层群众的呼声全维度宣传展现，彰显衡水战“疫”正能量。

二、直播中存在的问题及解决路径

此次疫情特别直播“抗击疫情 我们一起上”，能否实现衡水市县融媒体中心“融进来”“发出声”，做到协调联动，是此次直播的关键。为此，衡水广播电视台成立了以台党委主导、市县融媒体联合、党员“领头雁”配合的高效作战“指挥部”。

在此基础上，衡水台启动了建台30年以来的最大改革，从机制上打破了数十年间各自为政、互不往来的运转模式。将全台原来的几十个部门统筹划分为三大部——综合管理部、全媒体中心事业部、直属发展部。其中，全媒体中心事业部辖编辑委员会、经营委员会、技术委员会和战略发展委员会，为全媒体直播首次实现了去行政化的融合新路径，打破了几十年来的“铁饭碗”思想。

在直播工作中组建了疫情特别直播领导小组，坚持每次直播前召开一次综合工作会，按照市疫情指挥部指令精神分段落明确直播主题，确定主攻方向。同时，将直播人员配备、直播路线、直播考核等所有工作职能全由直播领导小组统筹，实现了一个“口子”管理，及时对全市疫情形势进行分析研判，协调解决直播中存在的问题，在关键节点实行“半小时调度”工作机制，打好市县联动“协同战”“区域战”，为全力打赢疫情防控宣传“集团战”提供了坚实的组织保障，构建了以高质量推进市县媒体融合发展为核心、多领域互动、多要素联动的媒体新体系。

三、成效与反响

不忘初心，党旗高扬。

在衡水阻击疫情防控工作中，衡水广播电视台（集团）通过六场全媒体直播报道，凝聚起全市党员干部群众众志成城、坚决打赢防控阻击战的社会正能量和强大的精神动力。在村口，在社区，在医院发热门诊，在疫情防控指挥部……疫情防控在哪里，直播镜头就记录到哪里。直播中没有华丽的语言，只有事实的呈现和朴实的对白，但却更加真实和感人。在直播过程中，网友纷纷留言互动，为衡水市科学防治、精准的决策点赞；为基层一线疫情防控的工作人员点赞；为衡水广电全媒体记者守初心、担使命、践行“四力”点赞。用网友的话说：“通过直播，看到了衡水老家的情况，我就放心了。”此次直播引起了强大的正能量反响，一线医务工作者的先进事迹和感人故事；各类保障人员坚守一线的奉献故事；党员干部冲锋在前做表率的担当故事，通过此次直播得到了充分展现，也更加坚定了衡水坚决打赢疫情防控阻击战的信心。

该次直播实现了河北全域网络全覆盖，北京、天津、济南、郑州、深圳等衡水籍群众积极参与到直播互动中，网络浏览量达220万+，成功实现了市县融媒深度融合。

与此同时，为做好全市疫情防控新闻舆论宣传工作，推出更多原创内容，在实现市县联动特别直播报道基础上，又设置了《战疫情 一起上》《战疫情 我先锋》《决胜“双线战役”》《衡水战疫情系列短视频》《抗疫情公益广告》《湖城战“疫”征集作品展播》等12个子专栏，制作原创短视（音）频累计近百期，时长总计12000余分钟，融媒矩阵总点击量超8600万+。特别直播“抗击疫情 我们一起上”得到了衡水市民的高度赞扬和互动参与。其中《建设一体化直播平台 推进媒体深度融合》项目入选河北省广播电视媒体融合成长项目，作为市级融媒体发展典型在“京津冀媒体融合典型案例交流会”予以推介。此次全媒体直播活动为全市取得疫情防控作出了广电贡献，为衡水打赢疫情攻坚战提供了强有力的舆论支持，为进一步推进市县媒体融合作出了积极有益探索，进一步提升了衡水广电的传播力、引导力、影响力、公信力和融合力，向衡水455万父老乡亲交出了媒体融合的合格答卷。

四、经验与启示

作为市级媒体，这次做好抗击新冠肺炎疫情宣传工作是对市级广播电视媒体管理体系和新媒体深度融合的一次大考。近年来，衡水市在河北省第一个实现了市县级融媒体中心全覆盖。全媒体时代，传统电视、广播内容与新媒体融合已成常态，电视、广播节目结合网络直播实时、高效、互动等传播特点，带来了全新的节目形态、运作模式和内容生产方式，碰撞出全新的火花。

通过深度融合，衡水广电员工队伍从原来的单一型记者向全媒型转变，打通了策划、记者、编辑、后期制作人员、主持人、统筹、审核的全链型融会贯通渠道，实现了人人都是传播者，从“要我干什么我干什么”转变为如今的“我还不会干什么”的浓厚融享氛围，涌现出了一批“能人”“智者”，为做好“贴地气、有底气、竞活力”的衡水全媒体直播奠定了坚实的基础，培育了凝心聚力、干事创业，争做善谋、敢断、实干的新时代媒体队伍。

与此同时，全媒体时代催生了大量的直播平台和直播内容，随着网络直播技术的升级，直播内容和形式的多元化创新发展，可以更好地服务广大受众。如何运用更先进的技术，围绕平台生态、媒体运营、人才培养、产业文化等量级打造，汇聚全媒体人才，实现维度裂变发展，实行更加积极、开放、有效的人才引进政策，提高地市级主流媒体人才吸引力和竞争力，使基层党媒焕发出更加强大的生命力，是我们面临的新课题。

衡水台将进一步以先进技术为支撑，以适应媒体融合趋势的体制、机制为保障，打造量级“中央厨房”，进行采、编、发流程的全面再造，将大屏加小屏，线上加线下同步推进，根植基层，深根本土，积极推进“全媒体+政务服务”和“全媒体+民生服务”直播，增强区域用户黏性，凝聚各方力量，健全市县媒体深度融合制度，引导推动广播电视媒体融合迈出更大步伐，实现市县媒体融合“质”“量”双提升，形成传播新格局。

（赵勃阳：衡水广播电视台新媒体运营中心副主任，王词：衡水广播电视台新媒体运营中心编辑）

融合创新　贴地飞行

——安吉新闻集团推进媒体融合智慧化

祝青

安吉新闻集团以数字化改革为引领，建立健全以内容建设为根本、数字技术为支撑、创新管理为保障的县域全媒体传播体系，推动县级媒体在加强基层舆论引导、便利群众生活、提升社会治理等方面更好发挥作用。目前，集团中心旗下各类媒体平台用户数达到165万，是全县总户籍人口数（47万）的3.5倍；集团经营收入连续六年保持10%以上增长，2020年度营收2.9亿元。媒体智慧化融合项目入选2019年全国广播电视媒体融合典型案例，2021年中央全面深化改革委员会专题信息刊发集团媒体智慧化融合经验。

一、坚持突出主业，推动平台融合智慧化

从2014年以来，集团不断加大媒体融合向纵深发展，形成了横向以台网报核心媒体与“三微三端”（微博、微信、微视频、客户端、互联网等多媒体直播端及抖音端）等媒体矩阵；纵向在“爱安吉”客户端、微信公众号等新媒体上专门设立全县乡镇、部门官方新媒体平台。横纵间实现智慧化有效链接，解决乡镇、部门信息传播各自为政的局面，加强主流舆论、文化与服务引领，让党的声音一个口子出，传播更加准确、权威、有效，牢牢掌握舆论的主动权和主导权，使主流价值的版图覆盖更深、更广。

为破解传统媒体、新媒体相互间的融合质变，集团及时研究和分析广播、电视、报纸、各类新媒体等平台终端特点，充分利用大数据、云平台，建设以“一稿一库”为特色、融入声屏报网评议等新功能的移动互联融媒体系统平台，实现手机端、电脑端的互通使用，极大便利一线采编人员的日常工作和管理。

随着融合的不断深入，集团各平台新闻舆论传播力、影响力不断攀升。据收视率调查公司尼尔森数据分析，安吉电视台收视份额从2014年启动融合时的8.5%提升至2020年的26%，位居全国县级台第一。连续3年浙江省新闻奖一等奖唯一获得县，连续13年获浙江省广播电视对农节目考核“双优”，2020年度首次实现浙江广播电视新闻协作双双特等奖。

品牌影响力提升有效推动了文创产业发展。集团成立梅地亚文化策划公司，结合县域特色与公共服务需求，每年举办演艺、会展、竞赛等大型活动100场以上。连续14年举办县域最有影响力活动——《安吉骄傲》颁奖盛典；连续6年承办国际无人飞行器创新大赛暨安吉航空嘉年华活动；首次走出县域举办的少儿才艺大赛。组建视频创作中心，每年承制各类宣传片、公益片100余部。

二、坚持移动优先，推动服务群众智慧化

引导群众、服务群众是媒体融合重构的根本遵循，服务的零距离，关键在智慧化。集团自主研发“爱安吉”新闻客户端，让服务更便捷、更贴近群众。被评为2018年度和2020年度中国网络理政十大创新案例，2019年度中国应用新闻传播十大创新案例，2020年度全国广播电视媒体融合典型案例，2021年中宣部确定“爱安吉”新闻客户端为全国7个示范项目之一。

“爱安吉”新闻客户端通过设立融媒体模块，可实时收听收看电视台各频道、各档新闻栏目及广播直播、内部刊物《安吉新闻》。在新闻上，实行24小时的50条次以上的滚动播出，用户可实时浏览本地图文资讯、中央及省市各权威媒体发布；借助直播系统，实时推送县域内各类大型活动，每年直播150场以上。用户可以绑定微信账号来进行内容分享转发微信好友和朋友圈。目前，下载用户超30万户，日阅读量5万人次以上，活跃度25%以上。

为解决县域内单纯资讯类APP黏性不强问题，集团潜心研究智慧化便民模块应用。在移动端研发和设置了借车扫码、预约挂号、电影票、爱旅游、安吉美食、汽车票、停车场、电话大全、智慧5189000等近20个贴近民生的便民服务板块，基本覆盖群众的日常交通出行、娱乐、旅游、美食等。安吉美食是用户喜欢使用的服务之一，聚焦了全县各地的酒店、小吃、火锅、蛋糕、水果等300余家。推出的智慧5189000，涵盖家政服务、安心维修、特色服务、社区服务、云上家园等栏目，一键解决社区居民物业缴费、各类维修等各项社区需求。

与此同时，集团大力构建新媒体矩阵。“安吉发布”“最安吉”微信公众号粉丝超过32万，年阅读量突破1000万；“安吉发布”政务微博粉丝超过40万；“最安吉”抖音号爆款产品点击量突破1亿。2020年，浙江省委宣传部委托第三方考核结果，安吉发布获得全省县区政务新媒体综合实力第一名。

三、坚持创新为本，推动媒体转型智慧化

安吉新闻集团十分注重知识产权申请和保护，12年来，集团共取得国家专利、计算机软件著作权登记78项，为集团智慧产业发展奠定了坚实的基础。自行研发流程全面、服务广泛、最接地气、好用实用的县级融媒体平台；自主研发县媒APP爱安吉，获国家专利、软著等32项；2020年疫情发生初期，自主研发全国首个口罩预约系统。“三屏融合”技术获浙江省2018年重点研发计划项目；智慧化社区等5项科创项目获得浙江省广播电视科技创新项目金潮奖一等奖；“安吉购”智慧化项目被评为国家级星创空间；《打造县域数字化媒体综合服务平台》项目入选国家广播电视总局智慧广电生态建设类先进案例。

集团自行研发的融媒体系统，在2019中国国际广播电视信息网络展览会上精彩亮相后，不仅成功在省内多地得到复制推广应用，还在山西、湖北、广东等省近10个市县进行了模式输出，为当地市县级融媒体快速融合和节约政府成本树立了标杆，初步打响全国县级融媒体建设“安吉名号”。集团自主研发公共资源管理的“智管家”、田园综合体的“云计算”、基层乡村智治的“一张图”等，目前已在省内湖州织里、舟山普陀、温州文成和省外湖北五峰、贵州贵阳、新疆阿克苏等19个省、自治区落地近300项智慧产品，并进入实际应用中，进一步在全国推广安吉融媒建设发展的成功经验。

四、坚持互联互通，推动共建共享智慧化

在探索以“媒体+互联网”发展模式的智慧化融合发展进程中，集团还积极探索、打造覆盖全国的共建共享融媒体平台，实现互通共赢。

自主开发运营面向全国的“游视界”平台，依托平台构建了集全国各地形象宣传、旅游推介、精准扶贫等为一体的线上线下体系，将全国各地同行变成互相扶持、共同进步的伙伴关系。截至目前，平台已吸引河北、山西等20个省278家市县媒体加盟。

集团2012年率先在全省开展“村村看”视频监控平台建设，布局县域网络。近年来，安吉新闻集团又搭建了“从田间地头到自家门口”的“游视界”本地圈，创新农产品销售模式；成立安吉购平台，以品牌化、特色化产品面向消费者，成为用户信得过的“专卖店”；建立广电有线业内第一个综合类服务体系的“指惠家”平台，让平台成为用户的“超市”。为将平台进一步打造成用户信任、需要的终端，集团把有线网络维护的基础网进一步细化网格，在网格中，每个网格员就是集团广电的运维员、报纸的投递员、物流的配送员、商品的导购员、诚信广告的推销员、热情服务的志愿者等，密切了集团和用户的关系，也让媒体真正扎根到基层、扎根到每一个家庭。

（祝青：安吉广播电视台党委书记、台长、总编辑）

·重点实验室·

Key Laboratory

国家新闻出版署出版融合发展重点实验室

国家新闻出版署出版融合发展重点实验室是原国家新闻出版广电总局贯彻落实中央关于推动媒体融合发展部署和《关于推动传统出版和新兴出版融合发展的指导意见》的重要举措。在出版融合发展重点实验室申报工作启动后，共有200多家申报单位参与，经业内权威专家组初评、复评、终评和实地考察，2016年12月20日最终正式公布确定20家出版融合发展重点实验室。

原国家新闻出版广电总局要求，出版融合发展重点实验室要紧盯新技术前沿和新闻出版业发展趋势，积极借鉴、善加利用先进技术和渠道，围绕出版融合发展的重要课题、重大项目和重大发展方向开展集智攻关，创新理念观念、管理体制、经营机制和生产方式，创新技术、产品和业态，尤其着眼于模式创新，形成一批可复制、可推广的新技术、新成果，为传统出版和新兴出版融合发展提供智力支撑、技术保障和示范经验。原总局强调，各依托单位及共建单位要按照总局已发布的《出版融合发展重点实验室运行管理实施细则》和已确定的重点研究方向，精心组织好研究工作，切实加强运行管理。

出版融合发展重点实验室名单

序号	依托单位	共建单位
1	江苏凤凰出版传媒集团有限公司	南京大学
2	中国科技出版传媒股份有限公司	中国科学院自动化研究所 中国科学院计算机网络信息中心
3	中国出版集团公司	清华大学新闻与传播学院新媒体传播研究中心 中国科学院自动化研究所模式识别国家重点实验室
4	中文天地出版传媒股份有限公司	南昌航空大学
5	浙江日报报业集团	
6	时代出版传媒股份有限公司	华东师范大学
7	中南出版传媒股份有限公司	北京大学新媒体研究院
8	人民教育出版社	华中师范大学
9	中国工信出版传媒集团有限责任公司	北京万方数据股份有限公司 北京方正阿帕比技术有限公司
10	南方报业传媒集团	中国科学院深圳先进技术研究院 武汉大学深圳研究院
11	四川新华发行集团有限公司	电子科技大学 四川大学
12	外语教学与研究出版社有限责任公司	掌阅科技股份有限公司
13	咪咕数字传媒有限公司	浙江出版联合集团有限公司 浙江大学出版社 浙江传媒学院

序号	依托单位	共建单位
14	长江出版传媒股份有限公司 武汉理工大学	武汉理工数字传播工程有限公司
15	华东师范大学出版社有限公司	上海意派信息科技有限公司
16	北京师范大学出版社（集团）有限公司	科大讯飞股份有限公司 北京凤凰师轩文化发展有限公司
17	中原大地传媒股份有限公司 深圳天朗时代科技有限公司 大象出版社	郑州大学
18	辽宁出版集团有限公司 大连东软控股有限公司 大连理工大学出版社有限公司	新闻出版总署信息中心 北京印刷学院 大连理工大学 大连东软信息学院
19	中国新闻出版研究院	读者出版传媒集团有限公司 北京大学 江苏睿泰数字产业园有限公司 上海理工大学
20	中国建筑工业出版社	北京建筑大学

首批国家新闻出版署新闻出版业科技与标准重点实验室

2016 年 10 月，原国家新闻出版广电总局为全面贯彻落实《新闻出版广播影视“十三五”科技发展规划》以及《关于加快新闻出版业实验室建设的指导意见》，逐步完善新闻出版业科技创新体系，提高新闻出版领域科技自主创新能力，加强前沿技术跟踪与应用研发，根据新闻出版业实验室建设的统一部署，启动了首批新闻出版业科技与标准重点实验室申报评审工作。

在各地原新闻出版广电局的指导和组织下，相关单位积极响应，踊跃参与。2016 年 12 月 23 日，原国家新闻出版广电总局办公厅（新广出办发〔2016〕105 号）正式发布“首批新闻出版业科技与标准重点实验室名单”。

专业领域实验室（26 家）

序号	研究方向	实验室名称	牵头单位	共建单位
1	生产技术与装备（3 家）	印刷环保技术重点实验室	中国印刷科学技术研究院	
2		新新绿色印刷新材料实验室	上海新星印刷器材有限公司	上海新华印刷有限公司
3		柔软印刷绿色制版与标准化实验室	上海出版印刷高等专科学校	富林特（油墨）上海有限公司 上海印刷技术研究所

序号	研究方向	实验室名称	牵头单位	共建单位
4	资源编码与管理（1家）	ISLI 标准应用研发联合实验室	九州出版社	北京中启智源数字信息技术有限责任公司 中新金桥数字科技（北京）有限公司 深圳市天朗时代科技有限公司 北京北大方正电子有限公司
5	知识挖掘与服务（6家）	学术期刊动态语义出版与知识服务重点实验室	中国科学院文献情报中心	北京万方数据股份有限公司 中国科学院软件研究所 数据堂（北京）科技股份有限公司 北京玛格泰克科技发展有限公司
6		古籍数字化与知识工程重点实验室	中华书局有限公司	古联（北京）数字传媒科技有限公司 中国科学院软件研究所 中国科学技术信息研究所 中科软科技股份有限公司
7		富媒体数字出版内容组织与知识服务重点实验室	中国科学技术信息研究所	科学技术文献出版社 东南大学 武汉科技大学
8		医学融合出版知识技术重点实验室	中国医学科学院医学信息研究所	北京万方数据股份有限公司 人民卫生出版社有限公司 中国中医科学院中医药信息研究所 北京拓尔思信息技术股份有限公司
9		知识产权知识挖掘与服务实验室	知识产权出版社有限责任公司	北京中献电子技术开发中心 北京中知智慧科技有限公司
10		社会科学研究领域知识挖掘与服务实验室	社会科学文献出版社	灵玖中科软件（北京）有限公司
11	内容呈现与表达（7家）	国家数字林业重点实验室	中国林业出版社	北京林业大学 中国林业科学研究院 北京瑞易吉成数字科技有限公司 北京南北天地科技股份有限公司
12		数字教育富媒体呈现与交互技术重点实验室	江苏睿泰数字产业园有限公司	江苏云媒数字科技有限公司 江苏大学出版社有限公司
13		基于 AR/VR 呈现方式的知识服务科技重点实验室	红星电子音像出版社有限责任公司	江西新媒体出版有限公司 中国科学院计算机网络信息中心
14		内容表达与呈现智媒体实验室	江苏省新闻出版学校	江苏兆物数字文化传媒有限公司 南京大学多媒体科教制作中心 江苏凤凰教育出版社有限公司

序号	研究方向	实验室名称	牵头单位	共建单位
15	内容呈现与表达（7家）	数字影音互动科技与标准重点实验室	中国民主法制出版社有限公司	北京理工大学北京市互动媒体艺术工程技术研究中心 深圳市米尔声学科技发展有限公司 新宸盛元股权基金管理（深圳）有限公司
16		数字出版与排版技术标准重点实验室	掌阅科技股份有限公司	
17		虚拟混合现实技术互动多媒体实验室	苏州工业园区新国大研究院	金陵科技学院 苏州梦想人软件科技有限公司
18	产品传播与营销（3家）	CNONIX 国家标准应用与推广实验室	北方工业大学	九州出版社 上海新华传媒连锁有限公司 北京中启智源数字信息技术有限责任公司 《中国出版传媒商报》社有限公司
19		教育内容产品互联网传播与营销重点实验室	时代新媒体出版社有限责任公司	中国科学院自动化研究所 安徽教育网络出版有限公司
20		国际出版及版权传播营销标准研究实验室	山东友谊出版社有限公司	北京瑞易吉成数字科技有限公司
21	数据管理与运营（3家）	大数据治理与服务	上海计算机软件技术开发中心	复旦大学 上海世纪出版（集团）有限公司 上海新华传媒连锁有限公司 上海精灵天下数字技术有限公司
22		媒体大数据应用实验室	南方报业传媒集团	北京百分点信息科技有限公司
23		出版发行行业数据应用实验室	江苏凤凰出版传媒股份有限公司	化学工业出版社 湖南省新华书店有限责任公司 新疆维吾尔自治区新华书店 北京中启智源数字信息技术有限责任公司
24	版权保护与应用（3家）	DCI 技术研究与应用联合实验室	中国版权保护中心	北京工业大学
25		数字内容防伪与安全取证重点实验室	清华大学	中国新闻出版研究院 北京金石威视科技发展有限公司
26		数字版权服务技术实验室	中国科学院自动化研究所	中国新闻出版研究院 版云（北京）科技有限责任公司

跨领域综合性实验室（16 家）

序号	实验室名称	牵头单位	共建单位
1	新闻出版技术与标准应用国家重点实验室	中国新闻出版研究院	中国音像与数字出版协会 中国科学院自动化研究所 深圳市天朗时代科技有限公司 同方知网数字出版技术股份有限公司
2	新闻出版领域关键技术应用研究与服务综合实验室	北京印刷学院	九州出版社 河北省新华书店有限责任公司 云南新华书店集团有限公司 福建新华发行（集团）有限责任公司
3	新闻出版业科技与标准跨领域综合重点实验室	新华文轩出版传媒股份有限公司	电子科技大学
4	基于 ISLI/KLS 知识服务标准研究与产业化推广重点实验室	中国建筑工业出版社	中国新闻出版研究院 中新金桥数字科技（北京）有限公司 清华大学建筑学院
5	新闻出版业数据管理与知识服务重点实验室	中南出版传媒集团股份有限公司	湖南大学 天闻数媒科技（北京）有限公司
6	“基于 ISLI/KLS 的在线知识服务模式创新”科技与标准重点实验室	电子工业出版社	电子科技大学 中新金桥信息技术（北京）有限公司
7	新闻出版大数据用户行为跟踪与分析实验室	北京师范大学	上海新华传媒连锁有限公司 北京当当网信息技术有限公司 北京中启智源数字信息技术有限责任公司 TalkingData(北京腾云天下科技有限公司)
8	新闻出版智能媒体技术重点实验室	北京大学	北京方正阿帕比技术有限公司
9	智慧型知识服务关键技术与标准重点实验室	地质出版社	南京大学信息管理学院 北京印刷学院 中国科学技术信息研究所
10	数字版权管理技术研究实验室	国家广播电视总局广播电视科学研究院	中信国安信息产业股份有限公司 深圳市海思半导体有限公司 中运文化大数据科技有限公司
11	数字出版大数据挖掘与治理及呈现技术标准实验室	渤海大学	锦州高新技术产业开发区 辽宁中元至强信息科技有限公司
12	AR+ 教育数字出版联合实验室	广东省出版集团数字出版有限公司	华南师范大学 北京北大方正电子有限公司 苏州梦想人软件科技有限公司

序号	实验室名称	牵头单位	共建单位
13	基于科技大数据的知识产品服务技术重点实验室	北京万方数据股份有限公司	
14	蒙古文数字资源标准化应用研究重点实验室	内蒙古出版集团有限责任公司	内蒙古德力海信息技术有限公司 内蒙古漠尼文化传媒有限责任公司 内蒙古维力斯信息技术有限公司 内蒙古大学
15	新闻出版业高新技术与大数据应用综合实验室	新闻出版总署信息中心	北京印刷学院 版信圆融（天津）科技有限公司
16	ISLI 在汉语国际推广与中国文化“走出去”产品的应用创新研究实验室	北京语言大学出版社有限公司	中国新闻出版研究院 中国音像与数字出版协会 深圳市天朗时代科技有限公司 同方知网数字出版技术股份有限公司

国家新闻出版署出版业科技与标准重点实验室

根据《国家新闻出版署关于开展出版业科技与标准重点实验室申报工作的通知》(国新出发函[2020]239号)要求，经对申报的重点实验室进行综合评审，2021年2月3日，国家新闻出版署（国新出发函〔2021〕7号）发布确定“新闻出版智能媒体技术重点实验室”等42家实验室为出版业科技与标准重点实验室。

出版业科技与标准重点实验室

序号	实验室名称	牵头单位	共建单位
1	新闻出版智能媒体技术重点实验室	北京大学	北京方正阿帕比技术有限公司
2	出版产业通用数据交换技术重点实验室	北京理工大学出版社有限责任公司	中国新闻出版研究院 新华文轩出版传媒股份有限公司 北京印刷学院 北京南北天地科技股份有限公司
3	出版业用户行为大数据分析与应用重点实验室	北京师范大学	化学工业出版社有限公司 上海新华传媒连锁有限公司 北京当当网信息技术有限公司 北京中启智源数字信息技术有限责任公司

序号	实验室名称	牵头单位	共建单位
4	体育融合出版可视化技术重点实验室	北京体育大学	北京体育大学出版社 北京诺亦腾科技有限公司
5	新闻出版领域关键技术研发及应用综合实验室	北京印刷学院	福建新华发行（集团）有限责任公司 北人智能装备科技有限公司 中新金桥数字科技（北京）有限公司 北京金印联国际供应链管理股份有限公司
6	出版业“一带一路”国别化语言服务关键技术研发与应用重点实验室	北京语言大学出版社有限公司	中国新闻出版研究院 中国音像与数字出版协会 / 中国 ISLI 注册中心 北京语言大学人文社科学部新闻传播学院 福建网龙计算机网络信息技术有限公司
7	科技期刊数字出版及全流程管理重点实验室	北京卓众出版有限公司	北京仁和汇智信息技术有限公司
8	CNONIX 国家标准应用与推广重点实验室	北方工业大学	上海新华传媒连锁有限公司 北京中启智源数字信息技术有限责任公司 《中国出版传媒商报》社有限公司
9	基于区块链的出版业知识服务模式创新及应用重点实验室	电子工业出版社有限公司	中新金桥数字科技（北京）有限公司 电子科技大学 北京科技大学
10	“智能 +”教育融合出版创新与应用重点实验室	高等教育出版社有限公司	北京航空航天大学虚拟现实技术与系统国家重点实验室 中新金桥数字科技（北京）有限公司 北京网梯科技发展有限公司
11	教育领域融合出版知识挖掘与服务重点实验室	清华大学出版社有限公司	北京智谱华章科技有限公司 龙源创新数字媒体（北京）股份有限公司
12	古籍数字化与知识工程重点实验室	古联（北京）数字传媒科技有限公司	北京师范大学 中国科学技术信息研究所 中国科学院软件研究所 中科软科技股份有限公司
13	智慧出版与知识服务重点实验室	南京大学	江苏凤凰出版传媒集团 北京北大方正电子有限公司 中共重庆市委当代党员杂志社 河北领先文化传播有限公司
14	数字教育出版技术与标准重点实验室	人民教育出版社有限公司	中国人民大学 人民教育电子音像出版社有限公司 人教数字出版有限公司 中教云智数字科技有限公司

序号	实验室名称	牵头单位	共建单位
15	融合出版内容传播创新应用重点实验室	山东出版数字融合产业研究院有限公司	中新金桥数字科技（北京）有限公司 山东大学 山东安可区块链产业发展研究院
16	西部多语种文化资源智慧出版重点实验室	陕西师范大学	陕西师范大学出版总社 成都四方伟业软件股份有限公司 浙江一意智能科技有限公司 新疆大学
17	智能与绿色柔版印刷重点实验室	上海出版印刷高等专科学校	富林特油墨（上海）有限公司 西安航天华阳机电装备有限公司 上海印刷技术研究所有限公司
18	可信数字版权生态与标准重点实验室	上海理工大学	北京文创动力信息技术有限公司 中国新闻出版研究院 人民东方出版传媒有限公司 广西师范大学出版社集团有限公司
19	语义出版与知识服务重点实验室	武汉大学	机械工业出版社 社会科学文献出版社 长江出版传媒股份有限公司 同方知网（北京）技术有限公司
20	印刷环保与智能技术重点实验室	中国印刷科学技术研究院	
21	文化资源数字出版与知识服务重点实验室	时代新媒体出版社有限责任公司	中国科学院自动化研究所 北京北大方正电子有限公司 时代数媒科技股份有限公司
22	融合出版超高清视频技术应用重点实验室	四川大学出版社有限责任公司	四川大学 成都索贝数码科技股份有限公司
23	增强现实技术（AR）融合出版重点实验室	苏州工业园区新国大研究院	苏州梦想人软件科技有限公司 苏州工业园区服务外包学院
24	融合出版智能服务技术与标准重点实验室	武汉理工大学	广东经济出版社有限公司 香港联合电子出版有限公司 澳门文化公所 武汉理工数字传播有限公司
25	出版业科技与标准综合重点实验室	新华文轩出版传媒股份有限公司	电子科技大学 四川大学
26	知识产权内容挖掘与服务重点实验室	知识产权出版社有限责任公司	北京中献电子技术开发有限公司 北京中知智慧科技有限公司

序号	实验室名称	牵头单位	共建单位
27	中共党史数字影像与虚拟仿真（VR）教程与推广标准研究重点实验室	中共党史出版社	北京师范大学历史学院 东方资治（北京）科技有限责任公司
28	DCI技术研究与应用联合重点实验室	中国版权保护中心	华为软件技术有限公司 阿里巴巴（中国）有限公司
29	融合出版与文化传播重点实验室	中国传媒大学	高等教育出版社 掌阅科技股份有限公司
30	百科知识融合创新出版工程重点实验室	中国大百科全书出版社有限公司	北京万方数据股份有限公司 泰安百科传媒有限公司
31	农业融合出版知识挖掘与知识服务重点实验室	中国农业科学院农业信息研究所	中国农业科学技术出版社有限公司 北京万方数据股份有限公司
32	富媒体出版资源管理与数据应用重点实验室	中国建筑出版传媒有限公司	中国新闻出版研究院 广联达科技股份有限公司 北京工业大学
33	富媒体数字出版内容组织与知识服务重点实验室	中国科学技术信息研究所	武汉科技大学 科学技术文献出版社有限公司 北京万方软件有限公司
34	学术期刊新型出版与知识服务重点实验室	中国科学院文献情报中心	北京万方数据股份有限公司 中国科学院软件研究所 数据堂（北京）科技股份有限公司 北京玛格泰克科技发展有限公司
35	数字版权服务技术重点实验室	中国科学院自动化研究所	中国新闻出版研究院 版云（北京）科技有限责任公司 北京中视瑞德文化传媒股份有限公司
36	数字影音互动科技与标准重点实验室	中国民主法制出版社有限公司	北京理工大学北京市互动媒体艺术工程技术研究中心 深圳市米尔声学科技发展有限公司 中科汇金数字科技（北京）有限公司
37	出版业技术与标准应用重点实验室	中国新闻出版研究院	中国音像与数字出版协会 中国科学院自动化研究所 深圳市天朗时代科技有限公司 同方知网数字出版技术股份有限公司

序号	实验室名称	牵头单位	共建单位
38	医学融合出版知识技术重点实验室	中国医学科学院医学信息研究所	北京万方医学信息科技有限公司 人民卫生出版社有限公司 中国中医科学院中医药信息研究所 拓尔思信息技术股份有限公司
39	中医药知识挖掘与出版创新服务重点实验室	中国中医药出版社有限公司	中国中医科学院中医药信息研究所 安徽中医药大学 北京大生道科技有限公司
40	医学期刊知识挖掘与服务重点实验室	《中华医学杂志》社有限责任公司	中国科学技术信息研究所 北京北大方正电子有限公司 中电数据服务有限公司
41	新闻出版业高新技术应用综合实验室	中宣部机关服务中心（信息中心）	北京印刷学院 北京北大方正电子有限公司 人民数字科技产业有限公司 版信圆融（北京）科技有限公司
42	数字出版应用智能部署重点实验室	中原大地传媒股份有限公司	华为技术有限公司 大象出版社有限公司

· 获奖 ·

Winning the prize

2014—2015 年度全国报刊媒体融合创新案例

（按区域排序，排名不分先后）

编者按：为深入贯彻落实习近平总书记系列重要讲话精神，贯彻落实中央《关于推动传统媒体和新兴媒体融合发展的指导意见》，落实国家新闻出版广电总局相关工作部署，在全行业总结交流报刊融合发展经验，总局新闻报刊司自2015 年底开始，开展了 2014—2015 年度报刊媒体融合创新案例征集及优秀案例推荐活动。经过案例收集、专家初评、复评、终评，产生了“全国报刊媒体融合创新案例 30 佳”名单。为更好地发挥媒体创新典型案例分类示范引导作用，通过路演环节专家评议，2016 年 9 月 1 日同期公布了从 30 佳案例中分类推选了 20 佳案例。

“全国报刊媒体融合创新案例 30 佳”名单

序号	地区	单位名称	案例名称
1	中央	人民日报社	人民日报客户端
2	中央	光明日报社	光明云媒
3	中央	《党建》杂志社	“党建 +”：彰显党建传播新优势
4	中央	《中国科学》杂志社有限责任公司	中国科技类学术期刊国际传播平台
5	中央	《中国国家地理》杂志社	打造中国专业地理多元化经营体系
6	中央	中国社会科学院图书馆（调查与数据信息中心）	国家哲学社会科学学术期刊数据库
7	中央	证券日报社	“报网一体化”战略开拓证券资讯新格局
8	中央	《三联生活周刊》杂志社	松果生活
9	北京	北京青年报社	北京青年报社区生活移动互联平台
10	北京	新京报社	强强联手 新京报 + 腾讯创建大燕网服务京津冀
11	北京	北京日报报业集团	北京日报报业集团大数据“云平台”项目
12	上海	上海第一财经报业有限公司	打造第一财经数字化、云媒体平台
13	上海	上海教育报刊总社	上海市中小学生数字阅读平台
14	江苏	苏州日报报业集团	“家在苏州”APP
15	江苏	新华报业传媒集团	新华报业传媒集团媒体融合创新实验区
16	浙江	浙江日报报业集团	浙江新闻客户端
17	江西	家庭医生报传媒有限公司	搭建医疗咨询全覆盖 O2O 平台
18	河南	洛阳日报报业集团	传统媒体“云阅读平台”、洛报·融媒和“掌上洛阳”APP 三大平台建设

序号	地区	单位名称	案例名称
19	湖北	长江日报报业集团	好医网融合发展项目
20	湖南	湖南潇湘晨报传媒经营有限公司	构建首个城市社区综合服务 O2O 平台
21	广东	南方报业传媒集团	并读新闻客户端
22	广东	广州日报社	融媒体内容供应商和战略投资者
23	广东	深圳报业集团	深圳 ZAKER
24	广东	羊城晚报报业集团	羊城创意产业园
25	广东	《中国家庭医生》杂志社有限公司	“中国家庭医生”APP
26	广西	广西期刊传媒集团有限公司	增强现实技术在少儿期刊中的应用
27	四川	华西都市报社	“封面传媒”项目
28	四川	四川日报社	川报全媒体集群建设
29	贵州	当代贵州期刊传媒集团有限公司	探索红色新媒体立体传播融合发展之道
30	甘肃	《读者》杂志社	微《读者》全面整合资源，转型创新新亮点

全国报刊媒体融合创新典型案例 20 佳名单

序号	地区	单位名称	案例名称
1	中央	人民日报社	人民日报客户端
2	中央	《党建》杂志社	“党建 +”：彰显党建传播新优势
3	中央	《中国科学》杂志社有限责任公司	中国科技类学术期刊国际传播平台
4	中央	《中国国家地理》杂志社	打造中国专业地理多元化经营体系
5	中央	中国社会科学院图书馆（调查与数据信息中心）	国家哲学社会科学学术期刊数据库
6	中央	《三联生活周刊》杂志社	松果生活
7	北京	北京青年报社	北京青年报社区生活移动互联平台
8	北京	新京报社	强强联手 新京报 + 腾讯创建大燕网服务京津冀
9	上海	上海第一财经报业有限公司	打造第一财经数字化、云媒体平台
10	江苏	苏州日报报业集团	“家在苏州”APP
11	浙江	浙江日报报业集团	浙江新闻客户端
12	湖北	长江日报报业集团	好医网融合发展项目

序号	地区	单位名称	案例名称
13	广东	南方报业传媒集团	并读新闻客户端
14	广东	广州日报社	融媒体内容供应商和战略投资者
15	广东	深圳报业集团	深圳 ZAKER
16	广东	羊城晚报报业集团	羊城创意产业园
17	广东	《中国家庭医生》杂志社有限公司	“中国家庭医生”APP
18	广西	广西期刊传媒集团有限公司	增强现实技术在少儿期刊中的应用
19	四川	华西都市报社	“封面传媒”项目
20	甘肃	《读者》杂志社	微《读者》全面整合资源，转型创新新亮点

2020 年中国报业深度融合发展创新案例

编者按：为加快推进报业深度融合发展，切实发挥创新案例示范引领作用，国家新闻出版署 2020 年 9 月 22 日至 10 月 20 日组织开展了 2020 年中国报业深度融合发展创新案例征集工作，271 家报纸出版单位申报案例 367 个。经评审，2020 年 12 月 31 日正式公布了共评选出的 60 个优秀案例。这些优秀案例致力于推动报业深度融合发展，以内容建设为根本、先进技术为支撑、创新管理为保障，在全媒体传播体系建设、网络内容建设、专业信息服务、智慧城市建设及生活服务、前沿技术应用、创新管理六个方面作出积极有益的探索，取得了扎实有效的经验。

序号	项目名称	申报单位	选送单位
1	人民日报社全媒体生产传播平台建设项目	人民日报社	人民日报社
2	人民日报健康客户端	人民日报社健康时报	人民日报社
3	人民网 – 中科睿鉴新闻可信度识别支撑系统	人民网股份有限公司、传播内容认知国家重点实验室	人民日报社
4	“参考快评”栏目	参考消息报社	新华社
5	资本市场财经短视频发布与直播平台	中国证券报有限责任公司	新华社
6	光明日报抖音官方号	光明日报社	光明日报社
7	“数说 70 年”数据新闻可视化系列短视频产品	经济日报社	经济日报社
8	中央纪委国家监委网站微信公众号	中央纪委国家监委新闻传播中心	中央纪委国家监委机关

序号	项目名称	申报单位	选送单位
9	中国经济导报社智能数据处理及融合应用平台	中国经济导报社	国家发展改革委
10	中国教育报刊社智融平台	中国教育报刊社	教育部
11	人民公安报社数据中心	人民公安报社	公安部
12	“法治融屏”项目	法治日报社	司法部
13	《寻》系列短视频	农民日报社	农业农村部
14	中传云全媒体融合平台	中国文化传媒集团有限公司	文化和旅游部
15	文旅产业指数实验室	中国旅游报社	文化和旅游部
16	“中经智库”专业信息服务平台	《中国经营报》社	中国社科院
17	中电传媒全媒体人才培养机制	中国电力传媒集团有限公司	国家能源局
18	全国博物馆网上展览平台	中国文物报社有限公司	国家文物局
19	陆军新闻池	陆军政治工作部 宣传文化中心	中央军委政治工作部 宣传局
20	全息军报	解放军新闻传播中心	中央军委政治工作部 宣传局
21	“青蜂侠”新闻短视频栏目	中国青年网	共青团中央
22	中青报“融媒云厨”	中国青年报社	共青团中央
23	“网上妇女之家”数字传播与服务平台	中国妇女报社	全国妇联
24	工人日报 e 网评	工人日报社	全国总工会
25	“人民铁道”“中国铁路”微信公众号	《人民铁道》报业有限公司	中国国家铁路集团 有限公司
26	北京日报报业集团融媒体	北京日报报业集团	北京市委宣传部
27	方正畅享全媒体新闻采编系统	北京北大方正电子有限公司	北京市委宣传部
28	“上海时刻”视频平台	新民晚报社	上海市委宣传部
29	解放日报全媒体全流程采编平台	解放日报社	上海市委宣传部
30	澎湃在线“内容风控智能平台”	澎湃新闻网	上海市委宣传部
31	太仓市县级乡村振兴大数据中心	太仓市融媒体中心	江苏省委宣传部
32	泰州日报社媒体公众号	泰州日报社 （泰州报业传媒集团）	江苏省委宣传部
33	“紫牛新闻”客户端	江苏扬子晚报有限公司	江苏省委宣传部
34	“听·见小康”融媒体项目	新华报业传媒集团	江苏省委宣传部

序号	项目名称	申报单位	选送单位
35	南京乡村旅游大数据服务平台	南京金陵文化传播有限公司（金陵晚报社）	江苏省委宣传部
36	“小时新闻”客户端	浙江日报报业集团	浙江省委宣传部
37	厦门报业全媒体产业链数据一体化智能系统	厦门报业传媒集团有限公司	福建省委宣传部
38	齐鲁智慧媒体云	大众报业集团（大众日报社）	山东省委宣传部
39	豫视频	河南日报报业集团	河南省委宣传部
40	湖北日报融媒体中心	湖北日报社	湖北省委宣传部
41	《武汉这一刻》微纪录片栏目	长江日报报业集团	湖北省委宣传部
42	“新湖南云”省级技术平台	湖南日报社	湖南省委宣传部
43	“凤网e家”家庭服务平台	湖南今日妇女报社	湖南省委宣传部
44	南方都市报体制机制创新项目	南方都市报社	广东省委宣传部
45	“21财经”客户端	广东南方财经全媒体集团股份有限公司	广东省委宣传部
46	广州市区融媒云平台	广州日报社	广东省委宣传部
47	南方周末内容付费工程	南方周末报社	广东省委宣传部
48	“南方+”移动发布平台	广东南方报业移动媒体有限公司	广东省委宣传部
49	深圳300万商事主体社交平台	深圳商报社	广东省委宣传部
50	南方财经大湾区数据中心	广东南方财经全媒体集团股份有限公司	广东省委宣传部
51	华龙网融媒体矩阵平台	重庆华龙网集团股份有限公司	重庆市委宣传部
52	上游新闻	重庆晨报传媒有限公司	重庆市委宣传部
53	红星新闻	成都商报社	四川省委宣传部
54	“有话请您说”网络部政平台	泸州日报社	四川省委宣传部
55	每经AI战略项目	每日经济新闻	四川省委宣传部
56	封面新闻智媒体平台	四川封面传媒有限责任公司	四川省委宣传部
57	天眼新闻	贵州日报当代融媒体集团	贵州省委宣传部
58	民族文字数字出版项目大数据中心	黔西南日报社	贵州省委宣传部
59	“二三里”客户端	华商传媒集团	陕西省委宣传部
60	“新甘肃云”县级融媒体中心省级技术平台	甘肃日报社报业集团有限责任公司	甘肃省委宣传部

数字出版精品遴选推荐计划 2019 年度入围项目

（排名不分先后）

编者按：2019 年 10 月 16 日，国家新闻出版署公布了“数字出版精品遴选推荐计划 2019 年度入围项目”名单，这是首次组织开展的数字出版精品遴选推荐活动。从全国 375 家出版、文化企事业单位申报的 517 个项目中遴选产生的，包括主题、大众、专业、教育、少儿 5 类，最终入围精品项目 95 个。

序号	项目名称	申报单位	选送部门
1	国韵承传 APP	北京出版集团北京教育出版社	北京市委宣传部
2	凯叔讲故事 APP ——儿童有声内容创作发行平台	北京凯声文化传媒有限责任公司	北京市委宣传部
3	掌阅校园	掌阅科技股份有限公司	北京市委宣传部
4	中国音网 ——中华传统音乐数字典藏平台	中科汇金数字科技（北京）有限公司	北京市委宣传部
5	蒲公英医学百科	北京百科康讯科技有限公司	北京市委宣传部
6	“可知”知识服务平台	中新金桥数字科技（北京）有限公司	北京市委宣传部
7	中文在线慧读 K12 阅读平台	中文在线数字出版集团股份有限公司	北京市委宣传部
8	网易有道乐读青少年阅读教育创新平台	北京网易有道计算机系统有限公司	北京市委宣传部
9	硅谷工程师爸爸：高效思维导图学习法（小学版）	未来之音（北京）科技有限公司	北京市委宣传部
10	中国建筑设计专业领域全媒体出版云服务平台	天津大学出版社有限责任公司	天津市委宣传部
11	每天听本书	得到（天津）文化传播有限公司	天津市委宣传部
12	“史学双璧”多媒体出版工程（《史记》《资治通鉴》）	河北冠林数字出版有限公司	河北省委宣传部
13	卓越 IT 工程师在线教育与数字出版平台	大连东软电子出版社有限公司	辽宁省委宣传部
14	“伴读” ——少儿 AR 融合出版（英童 4D 馆）项目	吉林出版集团股份有限公司	吉林省委宣传部
15	多维边疆知识服务产品数据库	黑龙江东北数字出版传媒有限公司	黑龙江省委宣传部
16	“爱听外语”有声移动学习系统	上海外语教育出版社有限公司	上海市委宣传部
17	有声音乐图书	上海音乐出版社有限公司	上海市委宣传部
18	多样的生命世界	上海少年儿童出版社有限公司	上海市委宣传部

序号	项目名称	申报单位	选送部门
19	基于大数据的少年原创音频内容智能云开放平台	上海童锐网络科技有限公司	上海市委宣传部
20	凤凰数字教材	江苏凤凰电子音像出版社有限公司	江苏省委宣传部
21	“农技耘”APP	江苏凤凰科技出版有限公司	江苏省委宣传部
22	浙江省高校大学生理论学习平台——“理想之光”数字阅读服务 APP	咪咕数字传媒有限公司 浙江大学出版社有限责任公司	浙江省委宣传部
23	“STEM 未来计划”数字融合课程平台	浙江教育出版社集团有限公司	浙江省委宣传部
24	徽州古村落文化资源数字化知识服务项目	合肥工业大学出版社有限责任公司	安徽省委宣传部
25	基于人工智能的“豚宝宝”学前教育艺术数字课程	安徽时代漫游文化传媒股份有限公司	安徽省委宣传部
26	皮影中国 AR 绘本	安徽少年儿童出版社	安徽省委宣传部
27	闽教学习服务平台	福建教育出版社有限责任公司	福建省委宣传部
28	《大中华寻宝记》融合出版项目	二十一世纪出版社集团有限公司	江西省委宣传部
29	《老照片》融合出版项目	山东画报出版社有限公司	山东省委宣传部
30	中国手工创意产业数字服务平台	河南科学技术出版社有限公司	河南省委宣传部
31	大象考试与教学测评服务系统	大象出版社有限公司	河南省委宣传部
32	中教通智慧课堂	河南电子音像出版社有限公司	河南省委宣传部
33	《马克思主义大辞典》融媒体资源库	崇文书局有限公司	湖北省委宣传部
34	海豚绘本花园数字馆 2	海豚传媒股份有限公司	湖北省委宣传部
35	新昆虫记：基于 AR 技术的青少年科普融媒体出版项目	湖北科学技术出版社有限公司	湖北省委宣传部
36	贝壳网精准教育互动平台	中南出版传媒集团股份有限公司 湖南教育出版社分公司	湖南省委宣传部
37	沃·阅视界	联通沃悦读科技文化有限公司	湖南省委宣传部
38	四大名著数字出版工程	湖南岳麓书社有限公司	湖南省委宣传部
39	爱花城文学平台项目	广东花城出版社有限公司	广东省委宣传部
40	百听听书	广州市朗声图书有限公司	广东省委宣传部
41	腾讯英语君	深圳市腾讯计算机系统有限公司	广东省委宣传部
42	广西少数民族特色音乐数字复合教材	广西教育出版社有限公司	广西壮族自治区党委宣传部
43	七一客户端	中共重庆市委当代党员杂志社	重庆市委宣传部

序号	项目名称	申报单位	选送部门
44	“轨道在线”AR 数字教育平台	成都西南交大出版社有限公司	四川省委宣传部
45	《“一带一路”动漫故事》	贵州人民出版社有限公司	贵州省委宣传部
46	本草风物志·中草药数据库	贵州数字出版有限公司	贵州省委宣传部
47	延安时期文献档案数据库	陕西人民出版社有限责任公司	陕西省委宣传部
48	敦煌岁时节令	敦煌研究院	甘肃省委宣传部
49	中国共产党思想理论资源数据库	人民出版社	中央宣传部
50	“读书会”社交平台	人民出版社	中央宣传部
51	《习近平新时代中国特色社会主义思想三十讲》有声读物	学习出版社有限公司	中央宣传部
52	《全民经典朗读范本》系列融媒体出版物	学习出版社有限公司	中央宣传部
53	阿文移动阅读项目	五洲传播出版社	中央宣传部
54	“法信”（中国法律应用数字网络服务平台）	人民法院电子音像出版社	最高人民法院
55	中国思想与文化名家数据库	中国人民大学出版社有限公司	教育部
56	U 校园智慧教学云平台	外语教学与研究出版社 北京外研在线数字科技有限公司	教育部
57	基础教育教师培训网	高等教育出版社有限公司	教育部
58	人教数字教材	人教数字出版有限公司	教育部
59	京师书法	北京师范大学出版社（集团）有限公司	教育部
60	临床诊疗知识库	北京万方数据股份有限公司	科技部
61	人邮融智知识服务平台	人民邮电出版社有限公司	工业和信息化部
62	“悦”系列知识服务产品	电子工业出版社有限公司	工业和信息化部
63	有章阅读	法律出版社有限公司	司法部
64	法趣乐园互动学习教育平台	中国法制出版社有限公司	司法部
65	学生专用 AR 地球仪（初中版）	测绘出版社	自然资源部
66	中国建筑出版在线	中国建筑工业出版社	住房城乡建设部
67	中国航海知识服务平台——航海教育生态圈	人民交通出版社股份有限公司	交通运输部
68	“数字水”知识服务平台	中国水利水电出版社有限公司	水利部
69	智汇三农——农业专业知识服务平台	中国农业出版社有限公司	农业农村部
70	种知	农业科技出版社有限公司	农业农村部

序号	项目名称	申报单位	选送部门
71	《谜宫·如意琳琅图籍》	故宫出版社	文化和旅游部
72	《你好呀！故宫》第一季	故宫出版社	文化和旅游部
73	中国临床决策辅助系统 ——“人卫助手”系列知识服务数字平台	人民卫生出版社有限公司	国家卫生健康委
74	“通关大神修炼记”在线交互数字课程	中国海关出版社有限公司	海关总署
75	国家标准网络发行服务系统	中国质量标准出版传媒有限公司	市场监管总局
76	中国生物志库	中国科技出版传媒股份有限公司	中国科学院
77	抗日战争与近代中日关系文献数据平台	中国社会科学院近代史研究所 北京百度网讯科技有限公司	中国社科院
78	皮书数据库	社会科学文献出版社	中国社科院
79	“悦读中医”知识服务平台	中国中医药出版社	国家中医药局
80	DI Inspiro 中国知识产权大数据与智慧服务系统	知识产权出版社有限责任公司	国家知识产权局
81	人工智能情感励志类学习机器人——狮小青	中国青年出版社	共青团中央
82	“壮丽 70 年——从红色历史走进新时代” 系列有声读物	中版集团数字传媒有限公司	中国出版集团
83	《穿越时空的大运河》数字影像	中国大百科全书出版社有限公司	中国出版集团
84	新华书店网上商城 ——数字主题出版物融合推广平台	新华互联电子商务有限责任公司	中国出版集团
85	中读	生活·读书·新知 三联书店有限公司	中国出版集团
86	中国电子书库（易阅通海外版）	中国图书进出口（集团）总公司	中国出版集团
87	中华经典古籍库（镜像版）	中华书局有限公司	中国出版集团
88	新华字典（第 11 版）APP	商务印书馆有限公司	中国出版集团
89	中油阅读 APP 系统	石油工业出版社有限公司	中国石油 天然气集团
90	中信书院	中信出版集团股份有限公司	中信集团
91	科普中国服务平台	中国科学技术出版社有限公司	中国科协
92	阿 U 少儿科普云平台	中国科学技术出版社有限公司	中国科协
93	化工安全教育公共服务平台	化学工业出版社有限公司	中国石油和化学 工业联合会
94	机工教育数字化服务平台	机械工业出版社	中国机械工业 联合会
95	国家通用手语系列 APP	华夏出版社有限公司	中国残联

数字出版精品遴选推荐计划 2020 年度入围项目

编者按：2020 年 12 月 1 日，国家新闻出版署公布了“数字出版精品遴选推荐计划 2020 年度入围项目”名单，经组织评审，共有 46 个项目入选。入选项目导向正确、内容优质、创新突出、双效俱佳，体现了出版业深入贯彻落实习近平总书记关于推动媒体融合发展的重要论述，积极拓展数字出版业务取得的新进展、新成效，彰显了数字出版在打赢疫情防控阻击战、满足群众新型阅读需求、推动出版业高质量发展中的积极作用。

序号	项目名称	申报单位	选送部门
1	《习近平新时代中国特色社会主义思想学习纲要》有声书	学习出版社有限公司	中央宣传部
2	《习近平用典》系列融媒体出版物	人民日报出版社有限责任公司	人民日报社
3	《为了共同的健康》——疫情防控全媒体传播项目	浙江教育出版社集团有限公司	浙江省委宣传部
4	《百年百部中国儿童图画书经典书系》融媒体出版物	长江少年儿童出版社（集团）有限公司	湖北省委宣传部
5	《现代汉语词典》（第 7 版）APP	商务印书馆有限公司	中国出版集团
6	采油工安全生产标准化操作	石油工业出版社有限公司	中国石油天然气集团
7	《绘本中国》融媒体国际出版项目	吉林出版集团股份有限公司	吉林省委宣传部
8	“小荷听书”有声读物出版阅读平台	山东教育出版社有限公司	山东省委宣传部
9	“凤凰易教”教师信息技术应用能力提升系统	江苏凤凰电子音像出版社有限公司	江苏省委宣传部
10	“华狮”小助手	华东师范大学出版社有限公司	上海市委宣传部
11	“讲好中国故事”献礼系列数字阅读专区项目	北京语言大学出版社有限公司	教育部
12	“读者·新语文”中小学阅读与写作教育平台	读者出版传媒股份有限公司	甘肃省委宣传部
13	“得到电子书”——基于优质内容资源的移动知识搜索引擎项目	得到（天津）文化传播有限公司	天津市委宣传部
14	“智慧职教”在线教学服务系统	高等教育出版社有限公司	教育部
15	AR·3D《地理》数字教学资源系统（初中版）	中国地图出版社有限公司	自然资源部
16	THATSBOOKS 中国内容外文图书馆云服务平台	五洲传播出版社	中央宣传部
17	WE 外语智慧教育平台	上海外语教育出版社有限公司	上海市委宣传部

序号	项目名称	申报单位	选送部门
18	人教点读	人教数字出版有限公司	教育部
19	工程科技知识服务平台	机械工业出版社	中国机械工业联合会
20	中小学劳动教育中的手工非遗传承出版融合平台	河南科学技术出版社有限公司	河南省委宣传部
21	中少快乐阅读平台	中国少年儿童新闻出版总社	共青团中央
22	中央党史和文献研究院快手政务号 “黄城根下”党史微纪录片播出平台	中央文献出版社	中央党史和文献研究院
23	中华先锋人物故事汇 《钟南山·生命的卫士》富媒体电子书	央广之声（北京）文化传媒有限公司 接力出版社有限公司	北京市委宣传部 广西壮族自治区党委宣传部
24	中国历史文献总库·近代报纸数据库	国家图书馆出版社有限公司	文化和旅游部
25	中国医学教育题库	人民卫生电子音像出版社有限公司	国家卫生健康委
26	中国连环画数字图书馆	中国数字文化集团有限公司	文化和旅游部
27	中国审判案例数据库	中国人民大学出版社有限公司	教育部
28	中国航天科普融媒体平台	中国宇航出版有限责任公司	中国航天科技集团
29	中国职业培训在线	中国劳动社会保障出版社有限公司	人力资源社会保障部
30	方舱之声——抗“疫”立体数字出版平台	人民音乐出版社	中国出版集团
31	无线内蒙古——内蒙古民族音乐文化平台	内蒙古文化音像出版社	内蒙古自治区党委宣传部
32	丝绸之路历史地理信息开放平台	陕西师范大学出版总社有限公司	陕西省委宣传部
33	有来急救百科	北京纵横无双科技有限公司	北京市委宣传部
34	国之重器知识服务平台	电子工业出版社有限公司	工业和信息化部
35	国家通用手语词典 APP	华夏出版社有限公司	中国残联
36	阜外说心脏	《中国循环杂志》社	国家卫生健康委
37	洪恩识字	北京洪恩完美未来教育科技有限公司	北京市委宣传部
38	点籍藏域藏文图书阅读平台	四川民族出版社	四川省委宣传部
39	科学辟谣平台	中科数创（北京）数字传媒有限公司	中国科协
40	重器铸梦——探秘中国大科学装置	人民教育电子音像出版社有限公司	教育部

序号	项目名称	申报单位	选送部门
41	党建网《理论强党》理论文章栏目	《党建》杂志社	中央宣传部
42	基于老年群体的移动音频智慧服务平台——乐龄听书	安徽科学技术出版社 时代数媒科技股份有限公司	安徽省委宣传部
43	职业驾驶员及金牌教练员网络课程	人民交通出版社股份有限公司	交通运输部
44	温故知“疫”——中医古今抗疫专题知识服务平台	中医古籍出版社有限公司	国家中医药局
45	粤教翔云数字教材应用平台	广东省出版集团数字出版有限公司	广东省委宣传部
46	新型冠状病毒肺炎防控和诊治科研成果学术交流平台	《中华医学杂志》社有限责任公司	中国科协

2019 年有声读物精品出版工程入选项目

编者按： 为进一步推动全民阅读工作，中宣部出版局自 2018 年开始组织有声读物出版工程。2019 年有声读物精品出版工程，重点扶持挖掘中华优秀传统文化精髓、加强对传统经典文学的当代解读、展示中国智慧，思想性、艺术性、可读性俱佳的经典文学类有声出版产品，经过征集、筛选，出版单位共申报 65 个项目。经专家评审，共选出 10 个扶持项目。

序号	作品名称	申报单位
1	权威定本四大名著有声读物	人民文学出版社有限公司
2	儿童粮仓·童话馆	桂林贝贝特电子音像出版社有限责任公司
3	《故事会》1500 则类型故事精编精讲	上海文艺出版社有限公司
4	经典文学音频文库——“布老虎”听书	春风文艺出版社有限责任公司
5	百年中篇小说名家经典欣赏	河南文艺出版社有限公司
6	莫言给孩子的 100 堂文学课	浙江文艺出版社有限公司
7	听唐浩明评点《曾国藩家书》	高等教育出版社 高等教育电子音像出版社
8	中华经典诗词分级诵读	人民教育电子音像出版社有限公司
9	春秋少年风云传	接力出版社有限公司
10	海祭——从虎门销烟到鸦片战争	广东花城出版社有限公司

2020 年全国有声读物精品出版工程入选项目

编者按：为加强和引导有声读物创作生产，有效满足人民群众精神文化需求，从 2020 年 4 月起，国家新闻出版署组织实施 2020 年全国有声读物精品出版工程，中央在京及 29 个省、自治区和直辖市的 284 家出版单位申报项目 694 个。经多轮评审及组织公示，2020 年 11 月 24 日正式公布了共评选出的 55 个入选项目。

序号	申报单位	项目名称
1	学习出版社有限公司	习近平新时代中国特色社会主义思想学习纲要（有声书）
2	人民出版社	习近平重要讲话单行本有声读物
3	中国社会科学出版社	习近平新时代治国理政的历史观
4	人民东方出版传媒有限公司	从一大到十九大：中国共产党全国代表大会史（有声书）
5	河北人民出版社有限责任公司 方圆电子音像出版社有限责任公司	《共产党宣言》与新时代
6	上海世纪出版股份有限公司学林出版社	初心之地——上海红色革命纪念地全纪录（音频版）
7	解放军出版社	星火燎原·精选本（融媒书）
8	中版集团数字传媒有限公司	“大抗战”纪念抗日战争胜利 75 周年系列有声读物
9	山西春秋电子音像出版社有限责任公司	烽火留声——八路军将领故事集
10	福建电子音像出版社有限责任公司	倾听中国——八闽红色文化系列故事
11	吉林出版集团股份有限公司	传承红色基因 爱国主义音频故事
12	中国方正出版社有限公司	致我深爱的中国——烈士遗书的故事
13	北京中作华文数字传媒股份有限公司	苦难辉煌
14	春风文艺出版社有限责任公司	红小鬼故事会
15	湖南电子音像出版社有限责任公司	“共和国记忆”系列
16	湖南人民出版社有限责任公司	乡村国是
17	浙江大学出版社有限责任公司	呦呦青蒿
18	浙江教育出版社集团有限公司	耕海探洋
19	北京大学出版社有限公司 北京广播集团有限公司	中华人文精神读本

序号	申报单位	项目名称
20	山东友谊出版社有限公司 济南广播电视台	中国家风进万家
21	辽宁教育出版社有限责任公司	丝绸之路全史（音频）
22	吉林教育音像出版社有限公司	用声音聆听世界，带心灵触摸中国——盲人无障碍有声读物
23	人民文学出版社有限公司	百种中外文学经典有声作品
24	北京广播集团有限公司	茅盾文学奖精选有声作品集
25	广州市朗声图书有限公司	听读中国·经典作品听书再造工程
26	化学工业出版社有限公司	了不起的中华文明第一季、第二季
27	生活·读书·新知三联书店有限公司	考古音频课：了不起的文明现场、了不起的世界文明
28	广东大音音像出版社	中华优秀传统文化诵读系列
29	江西人民出版社有限责任公司	中国文化 ABC：山水与建筑
30	江西红星传媒集团有限公司 江西美术出版社有限责任公司	瓷上世界：瓷行天下
31	南京大学出版社有限公司	诗话湖泊
32	江苏凤凰教育出版社有限公司	师道（有声版）
33	福建教育出版社有限责任公司	“故事时光机——中国神话传说”系列
34	外语教学与研究出版社有限责任公司	中国智慧有声故事书
35	新疆青少年出版社	“故事中国”有声读物系列
36	中信出版集团股份有限公司	国宝带我看历史（有声读物）
37	中文在线数字出版集团股份有限公司	烈火英雄（有声书）
38	北京师范大学音像电子出版社 有限责任公司	家安心安
39	上海交通大学出版社有限公司	查医生援鄂日记
40	人民邮电出版社有限公司	病毒走开！小喇叭健康有声故事
41	中国科学技术出版社有限公司	细胞病毒大作战（有声版）
42	山东教育出版社有限公司	我的森林笔记
43	沈阳出版社有限公司	动物映象
44	四川科学技术出版社有限公司	节气家书——自然告诉我的，都将说与你听
45	中国少年儿童新闻出版总社	从小学做人（有声读物）
46	二十一世纪出版社集团有限公司	“少年与自然”生态博物课堂·植物篇 100 讲

序号	申报单位	项目名称
47	人民教育电子音像出版社有限公司	声声入耳——少儿学国学系列
48	高等教育电子音像出版社有限公司	当爱因斯坦遇到达·芬奇
49	广东新世纪出版社有限公司	“让孩子着迷的科学童话”系列广播剧项目
50	人民音乐出版社有限公司	少儿乐唱古诗词
51	辽宁人民出版社有限公司	小米多诗词王国漫游记
52	四川文艺出版社有限公司	了不起的熊猫宝贝（核心价值观儿童有声读物）
53	中国法制出版社有限公司	最活泼有趣的法律书：马米奇遇记
54	上海音乐出版社有限公司	古典音乐故事
55	中国唱片集团有限公司	北京童谣（精编 200 首）

2019 年度全国广播电视媒体融合先导单位、典型案例、成长项目

（新闻网站、县级融媒体中心部分）

编者按：为深入贯彻落实习近平总书记关于推动媒体融合发展的重要论述，加快推进广播电视媒体与新兴媒体深度融合发展，充分发挥先进典型的示范作用和重点项目的带动作用，2019 年国家广播电视总局在全国开展了广播电视媒体融合先导单位、典型案例、成长项目征集评选工作。为公开、公平、公正地做好评选工作，广电总局组织专家学者对各地选送的推荐材料进行认真评审，经过初评、复评、终评并公示，2020 年 3 月 16 日正式公布了共评出的 2019 年度全国广播电视媒体融合先导单位 10 家、全国广播电视媒体融合典型案例 15 个、全国广播电视媒体融合成长项目 14 个。

2019 年度全国广播电视媒体融合先导单位

先导单位名单
湖北长江云新媒体集团有限公司
芒果超媒股份有限公司
江苏省邳州市融媒体中心
央视国际网络有限公司
浙江省青田县广播电视台
湖南省浏阳市融媒体中心
河南省项城市融媒体中心

2019 年度全国广播电视媒体融合典型案例

典型案例名单
浙江省安吉县广播电视台媒体智慧化融合案例
湖北长江云新媒体集团有限公司长江云移动政务融媒体平台
浙江广播电视集团“中国蓝新闻——蓝媒号”
福建省尤溪县融媒体中心媒体融合案例
江西省宜春市广播电视台媒体融合案例
湖北省赤壁市融媒体中心媒体融合案例
山东广播电视台县级融媒体中心省级技术平台

2019 年度全国广播电视媒体融合成长项目

成长项目名单
山东广播电视台闪电新闻客户端
广东广播电视台粤听 APP
成都云上新视听文化传媒有限公司云上新视听项目
西藏人民广播电台中国西藏之声 APP
南京广播电视集团“融媒体 + 智慧城市”项目
江苏省广播电视总台县级融媒体中心省级技术支撑平台
浙江省长兴县广播电视台融媒眼项目
广东省广播电视网络股份有限公司南粤全媒体智慧平台
河南大象融媒体集团有限公司河南省县域融媒体省级技术支撑平台
云南广播电视台七彩云融合媒体云平台
河北长城新媒体集团冀云融媒体平台
北京市昌平区融媒体中心昌平 APP
重庆广播电视总台“i12 亲子社区 +”项目
吉林广播电视台县级融媒体中心省级技术平台

2020 年度全国广播电视媒体融合先导单位、典型案例、成长项目

（新闻网站、县级融媒体中心部分）

编者按：为全面贯彻落实习近平总书记关于媒体融合发展的重要论述精神，特别是在党的十九届中央政治局第十二次集体学习时重要讲话精神，深入贯彻落实中央《关于加快推进媒体深度融合发展的意见》精神，加速全国广播电视媒体融合向纵深发展进程，充分发挥先进典型的示范作用和重点项目的带动作用，2020 年广电总局开展了全国广播电视媒体融合先导单位、典型案例、成长项目征集评选活动。2020 年 12 月 3 日正式公布了评出的 2020 年度全国广播电视媒体融合先导单位 10 家、全国广播电视媒体融合典型案例 15 个、全国广播电视媒体融合成长项目 15 个。

2020 年度全国广播电视媒体融合先导单位

先导单位名单
昆山市融媒体中心
广东触电传媒科技有限公司
海看网络科技（山东）股份有限公司

2020 年度全国广播电视媒体融合典型案例

典型案例名单
江苏省广播电视总台“荔枝新闻”客户端
蓝田县融媒体中心“三用四融合”的蓝田模式
宁波广播电视集团“宁波红”党员教育新媒体平台
杭州文化广播电视集团 广播融媒“开吧系统”

2020 年全国广播电视媒体融合成长项目

成长项目名单
央视国际网络有限公司 人工智能编辑部
湖南广播电视台 5G 智慧电台
长沙市广播电视台（集团）长沙广电融媒体生态体系建设项目
江西网络广播电视台 赣云平台

成长项目名单
湖南广播电视台 5G 高新视频多场景应用重点实验室建设项目
无锡广播电视集团“爱吾锡”融媒体社区服务平台
新疆广播电视台 一语多译智能平台
多彩贵州网有限责任公司 众望客户端智媒体建设项目
佛山人民广播电台 畅驾客户端
华数传媒网络有限公司 城市大脑
广西广播电视台 中国——东盟云
重庆广播电视集团（总台）重视传媒 MCN 机构
陕西丝路云启智能科技有限公司 陕西融媒体区块链业务支持平台
朔州广播电视台“朔州新三农”融媒公益服务平台
济南广播电视台“鹊华 MCN”城市 IP 孵化项目

·教育与培训·

Education and Training

全国高等院校媒体深度融合教学（科研）平台

北京大学新闻出版智能媒体技术重点实验室

北京大学新闻出版智能媒体技术重点实验室于2016年底成立，是依托国家新闻出版业“十三五”科技发展规划，在国家新闻出版广电总局的支持与批准下成立的跨领域综合性实验室，重点研究知识挖掘与服务、数据管理与运营、版权保护与应用、高新技术跟踪与应用等新闻出版关键技术，切合新闻出版领域的未来发展方向。

新闻出版智能媒体技术重点实验室目前共有科研人员38人，其中正高技术职称的7人，博导4人，副高技术职称的7人，具有博士学位的14人。人员年龄、知识结构及技术职称分布合理。研发团队长期从事新闻出版领域的技术研究与开发，部分骨干成员在该领域已经有20多年的研究积累，具有很强的科研实力和创新能力，拥有应用实现与推广的优秀技术团队，具有承担国家重大科研任务和参与国际竞争的能力。

实验室的研究特色包括：

（1）知识服务：研究互联网知识挖掘方法，丰富知识库构建的渠道，改进知识库构建方法和质量，改进知识库更新机制，大幅度增加知识库的数据量，显著改进数据管理的性能（数据存储量和检索效率）。研发具备推理能力的智能服务，并将知识库应用于新闻出版业，构建行业知识库，探索和研发新型的知识服务模式，在知识服务方面探索建立相关技术标准。

（2）版权保护：研究多种媒体格式、多种服务模式、多种终端设备等多模式应用下的版权保护关键技术、轻量级版权保护技术和信息隐藏技术，提高版权保护技术的有效性、通用性、易用性，解决“互联网+”应用环境下的新闻出版版权保护、侵权追踪或版权认证问题，为数字出版保驾护航。

（3）计算机辅助自动写稿：构建大规模的汉语语义标注语料和数据集，重点研究从意义到文本的生成、基于深度学习的句子压缩及融合等核心技术。

（4）文档版面对象与结构信息的智能化抽取：研究文档版面智能识别技术、复合内容自动生成方法、半结构对象检索技术等，包括版面分割、段落、标题、阅读顺序、目录层次等文档结构信息提取，公式、表格、插图等复杂版面对象的自动定位与结构分析以及公式、表格等半结构化数据的检索等内容。

（5）字形计算技术：研究基于笔画部件拼接的中文字库快速制作与智能化辅助设计方法，基于深度学习的汉字书写风格描述与建模方法，大规模汉字字体流形的构建及其应用等相关基础理论与关键技术。

（6）AR在新闻出版中的应用技术：研究从平面内容恢复立体对象的智能识别技术，包括从几何教材插图图像、识图卡片图像、绘本页面图像恢复所包含的立体对象等，提供通用的AR对象识别方法。

（7）漫画内容的分析与理解：研究漫画页面图像版面理解（版面对象识别及其阅读顺序辨识）和内容语义理解（人物场景识别等）等技术。

（8）跨领域综合性应用开发：研发文档转换与加工、版权保护、内容运营服务等软件系统，以及数据管理与运营的应用集成技术，重点开发集成多渠道来源的专业知识库及知识发现等服务系统。

媒体融合与传播国家重点实验室（中国传媒大学）

媒体融合与传播国家重点实验室（中国传媒大学）是国家首次在媒体融合领域设置的国家重点实验室，于2019年11月由中华人民共和国科技部批准，教育部主管，依托中国传媒大学的独立科研实体，实行“开放、流动、联合、竞争”的运行机制。

国家重点实验室聚焦媒体融合领域的基础研究和应用基础研究，重点提升媒体融合与传播领域原始创新能力，着力解决媒体融合与传播领域的关键性问题，推动高新科学技术在媒体融合与传播领域的迭代升级进程，助推高新科学技术驱动媒体融合与传播模式创新步伐，提升媒体领域维护意识形态安全与政治安全的技术保障能力，打造未来媒体领域高精尖人才培养平台。

国家重点实验室围绕“媒体融合的服务模式”“媒体融合传播与未来形态”“媒体信息智能处理”三个主要研究方向开展工作，聚焦媒体融合领域重大科学前沿问题、国家重大需求，超前开展可能引发重大变革的基础研究和应用基础研究，并形成媒体融合传播系统研究和媒体融合领域高精尖人才培养模式。

中国传媒大学融合出版与文化传播重点实验室

中国传媒大学融合出版与文化传播重点实验室是以中国传媒大学为主体，联合高等教育出版社、北京掌阅科技股份有限公司和北京歌华有线电视网络股份有限公司三家单位共建的省部级重点实验室。积极响应党和国家媒体融合深度发展号召，深挖技术驱动力和融合出版的学科特色，重点聚焦于智能化融合出版与知识服务、融合出版内容创新机制、视听融媒体产品传播与营销三个研究方向，观照融合出版的知识生产、社会服务、文化价值观引导的创新发展和精准传播。一方面探索面向未来的融合出版跨学科模式，推动高新科学技术在文化传播领域的创新应用，服务社会主义先进文化的融合出版建设；另一方面积极推动理论研究的实际落地，让融合出版更好地服务于社会需求和教育需求，实现全时全效的文化传播建设。

未来，实验室将充分依托学校已有科研机构建设的前期经验，并结合共建单位的优势资源与合作基础，开发利用智能化出版技术，传播红色文化、社会主义先进文化、中华优秀传统文化与信息无障碍文化，探索融合出版与文化传播的新路径，引领融合出版与文化传播领域的科研创新，搭建融合出版与传播领域的智能实验环境，培养融合出版与传播领域的高精尖人才，服务于中国新时代特色的融合出版实务、教育、研究的纵深化、全面化、多元化发展。

中国传媒大学新媒体研究院

中国传媒大学新媒体研究院是专注于数字化、信息化和全球化背景下的新媒体综合发展研究的专业性教学、科研机构，致力于新媒体产业研究、新媒体内容研究、新媒体技术研究，以“移动媒体”“数字电视”“国际互联网传播”“媒体融合”“大数据”“新媒体与一带一路”“军民融合”及“新媒体人才培养”等为核心，持续开展深入的新媒体理论研究、行业应用研究和产品创新研发工作，通过联合国内外专家和高级研究人才团队，以严谨的科学研究为根基，努力实现并不断开拓“新媒体”研究的最大价值。

新媒体研究院已建立起一支以国内外知名学科领军人物和学科带头人为核心，年龄、知识结构合理，学术专长互补的新媒体科研队伍。目前的科研团队包括教授、副教授，以及硕 / 博士研究生共计 70 余名。新媒体研究院同多家国际新媒体教育、科研机构建立了合作研究机制和人才交流机制。

新媒体研究院的学科设置分为三个层面：博士、硕士（工学、文学）及艺术硕士 MFA；其中，新设立的“新媒体”专业，属于新闻传播学科和信息与通信工程学科的交叉学科，面向培养既懂新媒体产业又具备较好技术、技能的复合型人才，满足社会对复合型人才的迫切需求，具有鲜明突出的交叉融合特点；此外还开设有广播电视专业，培养移动媒体视频节目创作方向艺术硕士。

新媒体研究院的研究生培养主要分为网络新媒体技术、移动多媒体方向、移动媒体视频节目创作三个方向，涵盖新媒体内容、技术、管理等内容，开设的课程主要包括：新媒体技术基础、移动媒体政策与管理、网络视频、新媒体影视与微电影创作实务、移动媒体视频选题策划与节目创作等。学习过程分为课程学习、科研训练、中期考核、实践与实习、毕业创作五个环节。

新媒体研究院设有 7 个中心——移动媒体研究中心、数字电视研究中心、媒体融合研究中心、国际互联网传播研究中心、中传联通大数据研究中心、军民融合研究中心、“一带一路”研究中心，持续开展深入的新媒体理论研究、行业应用研究和产品创新研发工作。

新媒体研究院设有 4 个重要实验室暨教学实训和科研实践基地——会展实验室、中传联通大数据实验室、中图国际出版实验室、VR 实验室，实验室是新媒体研究院建立的创新新媒体应用环境，成为重要的教学实训、科研实践平台。

中国传媒大学新媒体研究院是开放的、保持前瞻水平的新媒体知识传播基地和信息互动交流平台。积极推进科学研究成果面向行业实践应用的转化；用科学的方法研究新媒体，以正确的观点指导新媒体；肩负着广泛传播新媒体知识和行业经验，促进全球新媒体行业友好交流、共同发展的重要使命。

中国社会科学院大学新媒体研究中心

中国社会科学院大学新媒体研究中心是中国社会科学院大学新闻传播学院为适应新媒体教学与科研需要成立的研究机构。新媒体研究中心以推动新媒体相关研究的理论构建、成果转化、社会服务以及决策支持为目标，通过跨学科整合和跨领域融合，搭建高层次、国际化的新媒体产学研互动平台。围绕媒体融合、智能传播、网络传播、健康传播、数字营销、新媒体与青少年发展等一系列热点问题展开研究，现有专兼职研究人员 26 人。

新媒体研究中心的团队成员拥有新闻与传播学、社会学、管理学、情报学、计算机科学等跨学科背景。专职成员主要为中国社会科学院大学、中国社科院新闻与传播研究所的师资队伍和硕博士研究生；兼职成员来自北京大学、中国人民大学、中国传媒大学、中国科学院大学等高校以及新华网融媒体未来研究院、腾讯研究院、字节跳动、东软集团等企业。中心负责人和团队成员长期承担中宣部、国家新闻出版广电总局、国家网信办等单位的重大问题咨询、顾问任务，媒体及互联网企业的咨询、培训任务以及国内外专业期刊的审稿工作，在学界和业界具有一定的影响力。

近年来，新媒体研究中心及团队成员承担了一系列国家级、省部级和横向课题，如国家自然科学基金重点项目“新媒体发展管理理论与政策研究”、国家社会科学基金重大项目“中国特色网络内容治理体系及监管模式研究”、国家社科基金国家应急管理体系建设研究专项“重大突发事件中知识传播对社会共识的作用机制研究”、中国社会科学院马克思主义理论学科建设与理论研究工程项目“新时代网络舆论的形成机制与治理模式研究”等。新媒体研究中心团队成员在《新闻与传播研究》《国际新闻界》《现代传播》《新闻大学》《情报学报》《图书情报知识》国内权威、核心期刊及SSCI、SCI期刊发表了一系列学术论文，近五年来累计发文量60余篇，其中多篇被《新华文摘》《人大报刊复印资料》《中国社会科学文摘》转载。

新媒体研究中心秉持“立足学术、面向行业、服务社会”的战略定位与发展方向：立足学术，着眼于新媒体理论研究与学科建设，促进新媒体以及其他学科的跨学科融合、跨领域整合和多学科互动；致力于推动新媒体研究的理论体系创建与关键理论创新，参与全球新媒体理论研究的探索，把握全球视野、着眼于本土特色，提升我国新媒体研究的国际影响力。面向社会，依托数据积累，以宏观、全局的视角，追踪新媒体发展的趋势，挖掘新媒体用户群体的心理需求、行为模式以及社会结构变革，形成一系列具有前瞻性、引导性、持续性的研究成果，为相关领域社会工作提供理论依据，为新媒体发展的相关政策制定提供支持，提升相关部门决策的科学性和实效性。服务行业，推动新媒体发展的产学研互动，为新媒体相关领域的科学研究、产业运营与人才培育的产业转化、协同发展搭建平台；研究新媒体相关行业发展态势，着力于发现新问题，形成新创意，提出新模式；立足于相关领域高层次、复合型人才培养，推动新媒体开展相关领域的知识传播与普及。

复旦大学上海新媒体实验中心

复旦大学上海新媒体实验中心是中共上海市委宣传部与复旦大学共建新闻学院的重点项目，是新闻学院高峰学科建设中“一体五翼”格局的主体平台。中心主体空间建设已于2017年6月竣工。

上海新媒体实验中心的总架构是相互关联的教学、科研、创新实践、公共服务“四朵云”。通过云共享的方式，使用者可随时随地通过多种终端设备接入中心平台，从而实现全媒体内容生产、数据汇聚、教学应用、受众实验、研究分析、技术研发、成果展示与社会服务八大功能。

上海新媒体实验中心初期建设以原屠海鸣图书楼第一、第二、第三层为主体空间，总面积2043平方米。一楼包含全媒体内容实践区、数据采集汇聚分析区、可视化传播试验区，共同构成媒体融合实践平台。二楼为新媒体教学空间和研究项目孵化空间，用于开展各类教学科研与创新服务活动，支撑新媒体产品研发与成果推广。三楼为图文资料保存与利用区域，承担新型图书馆功能。

上海新媒体实验中心各楼层区域功能定位清晰准确。一楼，门厅区域：作为“新闻产品数据的分析平台”，与上海市委网信办、今日头条等签署共建“数据墙”，对新闻终端产品实现数据式回放、过程式解剖、全景式分析；全媒体内容实践区：VR蓝箱技术，将人物抠像直接应用于后期视频的合成。在功能实验战区完成拍摄后，可直接上机进行非线性编辑，在此空间内完成拍摄、编辑、后期制作一系列流程。此套高清演播厅系统已应用于教学和媒体实践；数据采集汇聚分析区：通过对大数据的收集、挖掘、监控、呈现等，对新闻事件进行全方位剖析，形成案例模块建设能力；可视化传播实验区：文本数据信息可视化制作平台和可视化数据产品制作。用于学生学习和实践纸媒结合H5，视音频APP，文本数据信息可视化制作、前端设计等融媒体生产方式的平台，实践最前沿的视觉编排和可视化数据产品制作。二楼，公共讨论区：提供开放式的学习环境，便于学生自主研究和学习讨论；数据教学实践区（含远程视频会议）：用于学生了解数据收集和分析的全过程，培养学生数据处理、挖掘分析和建立模型的能力。同时可以与全球最新新媒体教程、业界作业现状、重大事件实时连线，实现课堂教学和采编内容生产的无缝链接；彭博教室：空间配备12台数据库终端，由前FT中文网总编辑张力奋老师牵头，传授财经新闻报道课程。旨在探索打造专业化、可操作性强的新媒体课程。

上海新媒体实验中心教学成果显著。第一，依托中心特色功能区域，打造定制化新媒体课程。新媒体实验中心具备开设多种新媒体课程、融合课程的条件，新颖的教学空间设计、强大的技术支撑深受学院师生的青睐。定制打造的“数据与财经新闻”“媒介融合”“微电影微视频”“数据挖掘”“信息可视化”“视听技术与应用”“全媒体内容生产”和“视听节目主持”等一批课程已在中心平台实现全操作。一楼演播厅VR系统高频使用，广电系学生利用中心演播厅产出大量视频作品；创新展示体验室首次尝试无人机授课并取得成功。二楼无界教室开展与《人民日报》《解放日报》以及澎湃新闻的记者编前会、采前会的连线直播，学生得以跨前一步，了解业界新闻实操的全流程；彭博空间配备12台数据库终端，旨在探索打造专业化、可操作性强的新媒体课程，并定期举办“数据新闻大奖赛”和数据新闻系列讲座。第二，围绕新媒体科研建设，打造新媒体数据高地，推出具备全国影响力的新媒体系列科研成果。新媒体实验中心与上海市委网信办、今日头条等签署共建“数据墙”，对新闻终端产品实现数据式回放、过程式解剖、全景式分析。无论是“数据墙”，抑或中心内部各类定制化软件分析系统均采取登录“预约—授权”制面向全院教师24小时开放使用。第三，依托中心品牌影响力，传播知识分享资源，构建社会服务的“一张网”。第四，以中心为载体，打造学界—业界“旋转门”。在大学生新媒体创新、创业平台方面，与腾讯、澎湃新闻网、网易等新媒体巨头建立战略合作联盟，共同挂牌成立工作室。未来，将邀请新媒体机构的从业者担当导师，定期来到中心的创新孵化室手把手教授学生新媒体的前沿趋势课题，共建实习基地，引导大学生就业。

上海交通大学未来媒体网络协同创新中心

上海交通大学未来媒体网络协同创新中心由上海交通大学、北京大学联合国家广电总局广播科学研究院、广播电视规划院、中央电视台、上海广播电视台、中国科学院计算所、数字电视国家工程研究中心、华为公司、百度公司、AVS产业联盟、中科院声学所共同组建，是国内数字媒体领域唯一被认定的协同创新中心。

未来媒体网络协同创新中心以推动传统媒体与新兴媒体融合发展的重大战略为指引，围绕“异构网络协同传输、多源数据组织封装、超高清编码与计算、媒体网络内容安全、媒体云架构与服务”五大研发方向，打造我国最具国际竞争力的媒体网络国家研究团队，建立我国新一代媒体网络的国家技术标准体系，为中国的媒体产业融合发展提供先进的技术支撑体系。

未来媒体网络协同创新中心的核心任务是构建智能融合媒体网络的人才、技术和标准体系，形成“四位一体”的协同创新能力。组建至今已经取得了一系列成果，促进了“DTMB地面传输+AVS音视频编码”共同组成的双国标技术方案在全国推广应用，新一代数字电视系统研发基本成型，并导入美国下一代数字电视系统ATSC3.0接受为标准推荐方案，帮助中国广播产业和电视工业与国际产业接轨。下一步，中心将在上海建立国内首个超高清电视业务示范区，支持SMG率先实现下一代电视系统的试验示范。

武汉大学数字出版研究所

武汉大学数字出版研究所是以武汉大学信息管理学院为依托的数字出版和新媒体研究基地，围绕融合出版、出版产业数字化升级、数字教育出版、数字科技出版、数据出版、数字阅读、计算传播学等数字出版与新媒体的关键问题和热点领域开展了一系列相关研究。研究所实行学校领导下的主任负责制，现有专兼职研究人员约20人。

武汉大学数字出版研究所的研究力量主要来自武汉大学出版科学系的师资队伍和硕博士研究生：专职教师来自图书馆学、情报学、管理学、法学、计算机科学等不同学科；兼职教授和业界导师来自政府、企业、高校等不同机构；研究生作为助理研究人员为研究所的发展不断补充新鲜血液。目前，研究所主要研究方向包括：（1）数字教育出版。密切关注混合现实技术在数字教育出版领域的应用。（2）数字学术出版与科学交流。探究学术出版的产业生态以及科学研究模式等问题。（3）数字阅读与新媒体。从多方面辨析数字阅读的形态、效果、效率和效能等问题。（4）数字出版商业智能与数据分析。着重讨论数字出版领域的商业智能及数据分析等问题。以上方向的研究成果均对数字出版产业的实践发展具有重大的指导、参考意义，同时亦是数字出版理论研究的重要著称部分。

近年来，武汉大学数字出版研究所：（1）承担并完成了与数字出版相关的各级各类科研项目。研究人员一直关注、从事与数字出版有关的教学和研究工作，为历年来承担并完成与数字出版相关的科技部科技支撑计划项目子课题、自科基金项目、社科基金项目等国家级、省部级和横向课题打下了良好基础。（2）出版和发表了一系列专著和论文。多年来，研究人员出版了相关著作和教材多部，如《出版价值引导研究》（商务印书馆，2018）、《数字出版概论》（电子工业出版社，2014）、《数字出版概论》（电子工业出版社，2013）等。在国内外核心期刊发表多篇学术论文，其中自2013年以来在《出版参考》开设《数媒前沿》专栏，累计发文90余篇，并被人大报刊复印资料转载多篇。（3）与国际高校建立合作关系，举办和参加了一系列数字出版国际学术研讨会。近年来，武汉大学数字出版研究所已经和美国佩斯大学、美国纽约大学、德国纽伦堡－埃尔朗根大学、英国牛津布鲁克斯大学、荷兰莱顿大学等国际知名的出版学高等教育机构建立了长期的交流和合作关系。其次，自2013年以来，协助举办由武汉大学、美国佩斯大学、高等教育出版社主办的“数字时代出版产业与人才培养国际研讨会”。研究所在“科学网”开设的“数字科学交流团队”。博客累计访问量达33万余人次。

目前，数字出版研究所已经形成了一个在数字出版学界和业界颇有影响的研究团队，受到出版管理和实践部门的认可。研究所负责人和成员作为中宣部（国家新闻出版署）和湖北省新闻出版局专家，长期承担国家和地方关于数字出版等产业重大发展问题的咨询、顾问任务；担任国家新闻出版广电总局出版融合发展（时代出版）重点实验室、（中南传媒）重点实验室、（南方报业）重点实验室的学术委员会委员；参与起草《国家出版物发行术语标准》《出版物VR技术应用规范》等国家和行业标准；被各类出版企业邀请做融合出版规划的顾问、数字出版讲座、各种数字出版招投标项目和竞争性谈判专家，以及多家国内外专业期刊的审稿人和顾问，在国内外出版业界和学界产生了广泛的影响。

天津大学新媒体与传播学院

天津大学新媒体与传播学院成立于2019年，作为国内目前唯一把“新媒体”写在院名首位的新闻传播学院，学院始终把新媒体作为学院核心定位，积极学习世界一流、参考亚洲一流、对标中国一流，以强科技赋能、强应用牵引和强学科交叉为基本取向，紧抓技术驱动下媒体深度融合的历史性机遇，提出以新媒体传播为主体、以技术为支撑、多学科交叉融合的发展道路，开展新媒体领域的高水平研究，培养具有家国情怀、国际视野的高素质新媒体人才。

天津大学新媒体与传播学院聘任新华社国家高端智库学术委员会原专职副主任陆小华担任学院院长，精准把握学院目标取向与战略定位，大力推动学院学科发展和新媒体特色人才培养步伐。目前学院建立了完善的硕博培养体系，已完成4届硕士研究生和2届博士研究生的招生工作，招生涵盖新媒体传播、新媒体技术、新媒体法律等方向，并在积极筹建本科专业。

天津大学新媒体与传播学院围绕数字新闻、计算传播、国际传播和智能媒体技术等重点方向开展交叉学科研究和师资队伍建设，聚焦国际学术前沿和国家战略需求，既研究“矛”（运用规律），也研究“盾”（监管策略），并与学校管理与经济学部、智能与计算学部等兄弟学部积极开展交流合作。目前，学院已经建成一支90余人的高水平专兼职导师团队，开展交叉领域研究生培养工作，旨在培养兼通算法与传播、适应人工智能协同内容生产和传播的高素质、交叉式、复合型新媒体人才。

天津大学新媒体与传播学院服务媒体深度融合的国家战略和服务技术驱动下媒体融合行业的发展，目前设有数字新闻研究所、国际传播研究所、媒体内容推荐研究所和智能媒体技术研究所，并就相关领域开展人才引育和交叉科学研究。学院建有融媒体大数据分析平台，能够实现网络数据自动化抓取与分析，支持交叉学科教学科研工作；积极开展社会服务，努力建成服务国家、地区的新媒体领域高水平智库，为国内外重大事件和突发事件提供咨政参考。

天津大学新媒体与传播学院还深度参与“天津大学—人民网联合实验室”建设工作，与人民网“传播内容认知”国家重点实验室开展科研合作，与天津市委网信办共建“天津市网络素养研究中心”，承担了包括“数字新闻学理论、方法、实践研究”国家社科基金重大项目在内的众多国家级科研项目，先后承办了天津市党委和政府新闻发言人培训班、天津市新闻战线培训班等诸多培训班，并在人才培养、研究引领、文化传承、咨政建言、社会服务、国际合作领域不断探索实践并产出一大批特色成果。

河南大学融媒体研究中心

河南大学融媒体研究中心成立于2019年10月，旨在开展媒体融合发展与舆情管理相关研究工作，为全省媒体融合战略实施和舆情引导提供智力支持，以助益于河南省新闻传播事业发展。中心实行学术委员会指导下的主任负责制，主任是河南大学新闻与传播学院杨萌芽院长。由河南大学相关领导及专家组成学术顾问委员会，形成了由新闻与传播学院和计算机学院相关教师担任专职研究员队伍，凝练了明确的研究方向和特色的研究领域。研究中心下设媒体融合战略发展研究所、媒体融合理论研究所和县级融媒中心研究所三个部门，教授1人，副教授4人，博士4人，讲师2人，形成了分工协作、老中青结合、梯队合理的人才队伍建设格局，有利于根据研究方向开展工作。

融媒体研究中心主要有四个研究方向：一是开展媒体融合理论研究，着力开展事关媒体融合发展的根本性、战略性、前沿性和全局性问题研究；二是开展媒体融合实践研究，着力探讨媒体融合发展策略性研究，服务中原媒体融合发展；三是开展媒体融合与编辑创新研究，努力探讨融合新闻生产方式、融合新闻传播技术、融合新闻传播模式研究；四是开展媒体融合发展评价研究，研发媒体融合发展指数，建构河南省媒体融合发展评价体系。

融媒体研究中心在建立前计划通过整合学界、业界、政界的研究资源，紧紧围绕河南媒体融合发展和宣传思想工作的实际，通过科学研究、探讨规律来引领河南媒体融合发展，推动新闻舆论工作创新，服务网络强省建设。在建立后紧抓规划实施，服务河南省媒体融合战略实施工作，开展全省县级融媒体中心影响力评价和教育系统新媒体平台影响力评价，努力构建科学、完善的新媒体影响力评价指数。其中，围绕河南省教育新媒体推出周、月度、季度全省政务微信和微博影响力排行榜。并聚焦河南省网络舆论工作的重点工作，跟进重大社会舆情事件，完成相关部门交办的重大舆情监测、预警和处置工作，应对服务工作。同时，还充分利用河南大学独特深厚的学科资源、学术资源和人才资源，办出特色，形成优势，提升水平，服务社会。

2020年，融媒体研究中心组织学生进行暑期课题调研，开展科研育人工作。进一步凝练研究方向，发布研究选题，组织更多学生参与课题申报，展开自主性、兴趣性课题研究，完善科研协同育人机制。2020年度完成了《河南省网络舆情报告（2020年）》和《河南省教育舆情报告（2020年）》两个专题报告，以及完成《河南省教育新媒体发展报告（2020年）》撰写发布工作。另外，对于市、县级媒体也进行了调研，顺利完成《河南省市级媒体融合发展报告（2020年）》和《河南省县级融媒体中心建设报告（2020年）》，拓展媒体融合研究领域，加强与市级媒体、县级融媒体中心联合，开展媒体融合专项调研，形成专项调研报告，服务河南省委宣传部决策。

西安交通大学新闻与新媒体学院

西安交通大学新闻与新媒体学院成立于2015年4月，由西安交通大学与陕西省委宣传部共建，是国内较早以新媒体命名并作为其教学科研和社会服务的新型新闻传播学院。其起步晚，发展快，特色明显，成为新媒体人才培养的重要阵地。

新闻与新媒体学院由三大板块组成："新闻与新媒体研究院"主要以新媒体产学研融合和研究生培养为主；与人民日报社国家重点实验室共建的"传播内容智能理解研究中心"主要以新媒体技术与应用为主；"融媒体中心"主要以内容生产、学生实习实践和社会培训为重点。三大板块共同服务于一流新闻传播学科的建设与发展。现拥有1个新闻传播学一级学科硕士点（2011），含传播学（2003）、新闻学（2011）和新媒体（自主设置）三个研究方向；1个新闻与传播专业学位硕士点（2010），是教育部首批授予的48个专业学位点之一。2007年开始先后在马克思主义理论博士点中招收文化传播和新闻传播理论与实践方向博士研究生。2016年设置网络与新媒体本科生专业并开始招生。2019年获批"新媒体与社会治理"交叉学科博士点。至此，"本科—硕士—博士"培养体系基本形成。

现有教师37人，其中教授6人，副教授11人，讲师（含助理教授）20人；硕士生导师20人，博士生导师6人；拥有博士学位教师34人，占教师总数的92%。学院拥有国务院政府特殊津贴专家1人，教育部高校网络教育名师1人，教育部高校新闻传播学类专业教学指导委员会委员1人，陕西省哲学社会科学和文化艺术领域领军人才1人，陕西省高校青年杰出人才1人，陕西省"三秦学者"创新团队1个，陕西高校新型智库A类1个，校青年拔尖人才2人；全国各类学会、研究会常务理事、副会长、理事长20余人次。学院特聘传播学教授、西安交通大学院原党委书记张迈曾，中国科学院院士、大数据专家管晓宏为学科建设与发展顾问。

学院以"打好'工字牌'。突出工科特色"为总体指导思想，以国家和地方重大需求为导向，以学科一流为目标，以"大项目、大平台、大成果"为抓手，以新媒体与社会治理、大数据舆情与政务新媒体、数据新闻与计算传播等学科方向为支撑，不断拓展研究领域，形成"一体两翼"特色优势。"一体"即新媒体与社会治理，贯穿人才培养和科学研究全过程，拥有陕西省"三秦学者"创新团队"新媒体与社会治理研究团队"、陕西高校新型智库A类"新媒体与社会治理研究中心"（CTTI来源智库）等。"两翼"即大数据舆情与政治传播（具备国际先进水平）、计算传播与媒体融合（具有全国性影响力）。拥有教育部"教育融媒体建设试点"、陕西省舆情信息工作创新中心、陕西省网络舆情研究基地等7个省部级平台。承担教育部哲学社会科学研究重大课题攻关项目在内的科研课题100余项，高水平研究成果见刊于*International Journal of Communication*、*Asian Journal of Communication*、《新闻与传播研究》《新华文摘》《国际新闻界》《新闻大学》《现代传播》等国际、国内顶尖期刊。

学院以培养高端复合型新媒体传播人才为己任。以网络与新媒体为特色，将新媒体理念、技术融入课程之中成为亮点，培养具有坚定的马克思主义新闻观和卓越的媒介伦理精神、具有家国情怀和国际视野、具有新媒体运营与管理能力、新媒体信息分析与研判能力和以新媒体为中介的社会治理能力、"懂技术、通传播"的高端复合型新媒体传播人才。5年来，生源质量实现质的提升，研究生报考与录取比例大体为15:1。

新闻与新媒体学院秉承"政产学研一体化"思路，积极面向各行各业提供多层次全方位的社会服务。与人民日报陕西分社等共建数十个实习实践基地，2019年获批教育部协同育人基地3个。2018年学院与人力资源和社会保障部教育培训中心签署战略合作协议，共建"新媒体人才评价中心"。作为课堂教学的有效补充，学院创办"新新论坛"已举办60讲，在省内外产生广泛影响。与陕西省传播学会连续多年联合推出"陕西省网络传播十大案例及研究报告"，联合腾讯大秦网发布《陕西政务微信发展报告》；与陕西省委网信办合作研究刊印《舆情研究》和《舆情观察》内参80余期，发布《2017年度全国政务微博活跃度评估报告》和《2017年度陕西省政务新媒体影响力评估报告》等。已为陕西省和全国各地企事业单位提供240余次专业培训，覆盖人群超过2万人次，为舆情治理理念和舆情治理实践的进步贡献了力量。学院积极为社会各界尤其政府部门提供智库咨询服务，产生实质性政策影响。2020年为5个省份15家宣传、网信、文化旅游等部门制定"十四五"发展规划，为陕西省制定电子政务评价标准。

新闻与新媒体学院举办系列高水平全国性和国际性学术会议，包括"中国传媒经济与管理年会""网络与新媒体专业建设与学科发展"高峰论坛、"中国新闻传播学国际发表专题论坛""中国数据新闻大赛暨数据新闻教育发展高峰论坛""政务新媒体创新发展研讨会""媒介与社会思潮传播论坛"等。

创院院长李明德为西安交通大学二级教授，新闻传播学科带头人，国务院政府特殊津贴专家，教育部首批网络教育名师支持计划入选者，全国优秀社科普及专家。兼任陕西省舆情信息工作创新中心常务副主任，陕西高校教学指导委员会（专业共同体建设委员会）、人文与新闻传播类工作委员会副主任委员，西安市网联会会长，中国新闻史学会传媒经济与管理研究会副会长，陕西省委网络安全与信息化领导小组专家咨询委员会副主任兼意识形态专业分委会主任等。

湖南师范大学县级融媒体建设研究中心

湖南师范大学县级融媒体建设研究中心于2019年2月19日经湖南师范大学校长办公会批准，4月3日正式挂牌成立，是国内高校首家县级融媒体中心建设的专门研究机构，也是部校共建新闻传播学院的重点推进项目。该中心成立以来受到中宣部，以及学界与业界的广泛关注。2020年7月19日《光明日报》刊文《筑起“县级融媒体”建设研究高地》，报道了中心的产学研情况，中国新闻出版广电报也刊文予以报道。

县级融媒体建设研究中心由国内知名传播学者尹韵公教授任中心主任，现有研究人员15名，其中教授7名，副教授5名，拥有博士学位的研究人员14名。另聘请了北京大学新媒体研究院院长谢新洲教授，清华大学新媒体研究中心主任彭兰教授，中国社科院新闻与传播研究所沙垚副研究员，浙江长兴传媒集团总编辑王晓伟，甘肃玉门市融媒体中心总编辑张浦，湖南出版集团党委委员、副总经理、湖南红网新媒体集团党委书记、董事长舒斌，湖南红网新媒体集团编委、舆情中心主任胡江春，长沙晚报融媒体中心执行总编辑周艺，长沙晚报报业集团媒体研究部主任刘先根、新媒体中心拓展部主任彭培成为该中心特约研究员。

县级融媒体建设研究中心以理论创新和人才培养为主要发展目标，围绕国家和湖南省社会发展战略要求，为基层政府组建县级融媒体中心、推动媒体融合向纵深发展提供有力的智力支持与先导性服务。并以培养具有“文化底蕴、专业技能和创新精神”的应用型、复合型新闻传播人才为目标，紧密结合新时代新闻传播专业人才的需求，将县级融媒体中心建设的卓越新闻人才培养作为研究中心研究职能的延伸。中心目前设立三个研究方向：一是媒体融合发展与县级融媒体的发展现状研究；二是县级融媒体中心与基层治理研究，涉及县级融媒体中心与基层政权巩固、主流意识形态安全、思想舆论引导、基层社会治理的研究；三是县级融媒体中心发展路径研究。

县级融媒体建设研究中心将产学研紧密结合，实现研究成果的社会转化。中心与清华大学、中国人民大学、复旦大学、武汉大学、中国传媒大学、华中科技大学等研究中心开展合作与交流，建立长效合作机制，共同推出高水平的科研成果。同时，中心与《湖南日报》、红网、《长沙晚报》等媒体，以及各县级融媒体中心开展深度合作，加强区域项目的开发，实现人才双向交流与联合培养；强化自身的特色和优势，建立以研究中心为依托的科研互动平台、学术交流平台和人才培养平台。目前，中心与长沙晚报报业集团共同建立了国内首家县级融媒体建设研究中心实践基地，并与浏阳市、桃源县等多家融媒体中心媒体共建“实践基地”，强化高校与媒体的横向联合，构建适应媒体融合发展的技术体系、内容体系、人才体系。中心的“‘书山云’县级融媒体实验平台”等多个项目获教育部产学合作协同育人立项，指导学生团队获国家级、省级项目10余项。

县级融媒体建设研究中心成员共承担了国家社科基金重大项目3项、重点项目1项、一般项目10项，已出版“传播研究丛书”“新闻与传播研究新视野丛书”等多套丛书，在《新闻与传播研究》《国际新闻界》《现代传播》《光明日报（理论版）》《新闻记者》等报刊公开发表学术论文百余篇，产生较大的社会影响。成功举办了两届全国县级融媒体中心建设学术研讨会，旨在为业界与学界对话交流搭建平台，让有影响的专家学者发表真知灼见，为县级融媒体中心建设提供理论支撑和智力支持。

县级融媒体建设研究中心是湖南省委宣传部确定的湖南省县级融媒体人才培训基地，中心主任尹韵公教授被聘为湖南省县级融媒体建设专办顾问。该中心已成功举办多期“县级融媒体中心建设、全媒体人才培养”研修班，为县级融媒体中心建设提供智力支持与人才培养，助推各县市建强用好县级融媒体中心。

浙江传媒学院智能媒体技术研究院

浙江传媒学院智能媒体技术研究院成立于2017年11月，是浙江传媒学院专门从事智能媒体相关技术研究的校级直属科研机构。现拥有一支以教授、博士带头的科研队伍，现有教授8名、博士20余名，研究院在虚拟现实、大数据分析、可视化、深度学习等方面具有较强研究实力。近五年，研究院共承担了国家自然科学基金项目、浙江省科技厅重大招标项目、浙江省科技厅重点研发项目、国家广电总局科技项目、浙江省自然科学基金项目、浙江省公益技术应用研究项目等纵向项目20多项；积极开展对外服务工作，近几年取得横向课题10余项，科研经费累计超过1000万元。在国内外学术期刊和国际会议上发表论文50多篇，其中SCI检索20多篇；申请国家发明专利10余项；研究成果获省部级科研成果奖二等奖1次、三等奖2次。

智能媒体技术研究院的研究领域包括数字媒体音视频技术、数字媒体网络技术、全媒体出版技术、数字媒体内容制作技术、传媒大数据技术、传媒人工智能技术、传统文化与现代科技融合、脑科学与智能媒体技术、智能化传媒过程管理等。研究院与国家广电总局广播科学研究院、广播电视规划院、浙江广播电视集团、华数数字电视传媒集团、杭州当虹科技股份有限公司等企事业单位建立了战略合作关系，全面推进智能媒体技术的创新研究、开发和应用，支持研究院的各项建设与发展。与北京大学、浙江大学等著名高校建立了长期的科研合作关系，并与美国新泽西理工大学、日本电气通信大学、W&W insight公司建立了国际合作关系。为实验室科学研究、人才培养等工作提供了良好的合作资源。

智能媒体技术研究院建有国家广电总局媒体智能传播技术研究实验室、浙江省影视媒体技术研究重点实验室。国家广播电视总局媒体智能传播技术研究实验室于2017年8月获批建设，实验室积极面向广播电视、电影和数字媒体等相关行业和企业的发展需求，致力于云计算、大数据与人工智能等技术的应用开发和集成创新研究。实验室着力于媒体融合技术、超高清视频处理技术、媒体内容安全技术3个研究方向，各研究方向相互关联并协调发展。2019年，研究院牵头组织申报的“浙江省影视媒体技术研究重点实验室”是我校首个成功获批的省重点实验室。实验室依托于省一流学科“信息与通信工程”的优势特色，聚焦云计算、大数据和人工智能，以及超高清视频处理等新技术在广播电视、电影和网络视听媒体等领域的应用研究，探索“科技+文化”“人工智能+媒体”的影视媒体新业态和新模式，协同推进浙江省影视媒体技术的基础理论研究、应用创新和集成创新。

智能媒体技术研究院目前正在承担5项浙江省科技厅重点研发项目。其中，浙江省重大科技招标项目“传媒人工智能开源开放创新服务平台开发及应用”，利用浙江传媒学院和浙江大学的人工智能技术实力，依托浙江广电集团和华数传媒网络有限公司的海量视频资源、网络运营数据和用户消费数据等多元传媒大数据，以人工智能开源程序为基础，开发一个以视听媒体智能服务为核心的传媒人工智能开源开放创新服务平台iMedia。传媒人工智能开放创新服务平台作为研究院与之江实验室在智能媒体应用领域的合作成果，同时也是之江天枢平台（已正式上线）面向传媒行业的生态伙伴。平台依托之江天枢平台的框架和算力，搭建即时化、交互化的应用系统，全面开拓综合化的智能创新服务，为传媒行业赋能。

智能媒体技术研究院将努力在智能媒体应用领域积极创新、主动有为，争取在智能节目制作、内容检测与分析、收录与管理，传媒大数据智能服务，传统文化与现代科技融合，脑科学与智能媒体技术，智能化传媒过程管理等研究方向斩获累累硕果。

从新媒体专硕探索看新媒体传播教育

周葆华

随着新媒体的迅猛发展及其对媒体行业和社会生活的影响越来越大，新闻传播院系的新媒体传播教育转型也在如火如荼地开展。新媒体传播教育本身没有统一模式，如果研究一下国际上各大高校的新媒体专业，就发现其归属的院系、学科、层次和名称五花八门：有的设置本科教育（类似我国教育部下设的“网络与新媒体”专业），有的则只在研究生以上层面培养；有的在新闻传播学院（其内部传统本身就很多元），有的在艺术学院，有的在计算机学院，甚至有的是跨学科组成的新学院；有的以新媒体命名展开“集中突破”（我称为“+互联网”模式），有的则渗透进原来的专业之中进行“整体转型”（“互联网+”模式）。这既反映了新媒体传播教育不定于一尊，而应结合各个学校的现实情况和优势特色进行改革创新，也体现了“新媒体”本身横跨人文、社会、技术、艺术不同领域的跨学科特征。就新闻传播背景的新媒体传播教育来说，应当教些什么？怎么教？本文将结合复旦大学新闻学院新媒体传播专业硕士项目的探索，谈谈对新媒体传播教育的实践和理解。

教什么：文理交叉融合，创新课程体系

回答教什么的问题，首先要明确所培养的新媒体人才需要怎样的素养。传统的新闻教育除培养学生基本的新闻职业理念和专业伦理外，在业务训练上以采写编评为核心。新媒体技术的迅猛发展带来了对新技术和新能力的要求，如美国哥伦比亚大学Tow研究中心在2012年发布的《后工业时代的新闻业》报告中，提出新技术环境下新闻从业者应具备九项基本素养，其中除了“建立良好公众形象”“会讲故事”和“专家型记者”3项为传统强调的“经典能力”之外，其余6项均为适应新技术革命和媒体生态变化所提出的新技能，包括：成为网络化的个体、熟悉数据和统计知识、了解受众/用户分析、熟悉编码知识、具有企业家精神以及项目管理。香港城市大学祝建华教授则更简洁地强调要掌握统计、编程和英语（代表国际化）三门语言。这些判断已反映到新闻传播院系的新媒体教学改革上，如美国密苏里大学新闻学院

格外重视融合新闻的业务教学，哥伦比亚大学新闻学院则专门与计算机学院合作开设了数据分析的研究生项目。笔者针对中国网络新闻从业者进行的实证调查发现：尽管已经有相当比例的新闻从业者认识到数据挖掘与分析、编程、人工智能等新技术的重要性，但只有不足两成自认对这些新技术“基本掌握”或“完全掌握”。

复旦大学新媒体专硕围绕“文理科交叉融合”的思路，不仅在“源头”发力——招收不限专业背景，鼓励跨学科申请，更在课程设置上进行了全面革新，注重文理融合，致力于培养复合型人才。不仅开设单个的技术类课程，更注重能力导向的课程体系整体建设。项目的课程体系分为基础、前沿、内容、商业和数据五大板块，在坚持传统新闻教育注重内容生产的同时，强化了对技术、数据、产品和运营能力的培养。其中约八成课程为在新闻学院首次开设，四成课程打破新闻学院的单一学科界限，而与其他院系合作开展教学。例如，由信息学院和计算机学院联合教授的“新媒体技术导论”，主讲计算机网络和多媒体的基础知识；由计算机学院教授的“新媒体应用编程”，介绍新媒体领域常用的编程语言，特别是与内容生产和数据分析密切相关的HTML5、R和Python；由管理学院教授的“新媒体商业模式”，主讲新媒体商业运营和创新创业；而“新媒体数据挖掘”“数据新闻与可视化”“计算新闻传播学”“新媒体用户行为分析”等系列课程则聚焦大数据挖掘分析，是国内最早一批开设的实验性课程。新媒体专硕致力于培养文理兼通的人才，让文科生能够懂技术，让理科生可以谈情怀，崭新的课程体系与世界前沿同步。

这里的“通”很重要，“通”代表着“沟通”“搭桥”与“对话”的能力，新媒体时代所需要的素养和技能是全方位的，每个人很难全部掌握，但应当做到了解、懂得彼此的语言，避免“鸡同鸭讲”。如同媒介转型一样，跨学科学习亦需转型。记得我们新媒体研究生一开始上编程课时，不少文科出身的学生很不适应，但经过逐步的练习，克服了对技术、数据的恐惧，而他们毕业后从事的工作都与技术、数据很有关联。挑战自己的知识“盲区”、迈出心理“舒适区”，对新媒体学生帮助甚大。与此同时，“通”并不代表平均用力，相反，我们鼓励学生根据自己的兴趣和基础发挥某一方面的独特能力——如内容生产、营销创意或数据分析，并将之做到极致。未来我们也设想更加细化，如发展内容生产、数据分析等细分方向（streams），培养出更精专的新媒体人才。

怎么教：产学研联合培养，鼓励“产品化”实践

新闻传播教学历来讲究实践性、强调与业界的结合，新媒体业界变化迅猛，跟踪和互动尤为重要，尤其对实践导向的教学项目更是如此。以往的产学研结合可能更多局限于两方面：一是专业实习，二是少量讲座。复旦大学新媒体专硕的第二个培养思路是产学研联合培养，在探索过程中逐步通过系统的机制建设，建立“链条式”而非“碎片化”的产学研联动。该链条包括如下七个环节：

第一环是前沿讲座，不同于一般的“碎片化”操作，讲座设计注重围绕学生的能力培养有针对性地展开，强调连续性和系列化。

第二环是业界参访，学生曾参访腾讯、阿里巴巴、网易、字节跳动、澎湃新闻、浙江日报报业集团等，身临其境进行学习，获得直观体验和进行现场交流。

第三环是学术沙龙与工作坊，与前沿讲座和业界参访侧重于“听”和“看”不同，学术沙龙与工作坊则强调“说”和“做”，由业界老师带领学生就新媒体前沿问题与产品研发展开研讨与动手实践，如VR/AR内容制作、新媒体产品研发、短视频创作、可视化编程等。

第四环是案例教学，在亲身体验、搜集资料、实证调查的基础上，剖析研究新媒体产品案例。

第五环是“产品化”实践，鼓励学生个人或小组将课堂作业、业余爱好、参赛项目等变成可落地的新媒体产品，在实际操作中加强对新媒体内容生产与运营能力的理解。

第六环是海外参访，赴美国进行为期两周的暑期研修，不但完成20多次课程，还实地参访纽约时报新媒体部、Facebook等世界一流新媒体机构，大大拓宽了国际视野。

第七环则是进入新媒体机构进行为期半年的专业实习。

通过这样的“七环之歌”，我们希望与业界的合作不是偶尔为之地“蜻蜓点水”，而是持之以恒地“静水深流”；不是单向地跟随和汲取，而是双向地反馈和互惠（通过案例分析、实证调查、产品创意等方式为业界贡献智慧）；更重要的是，希望通过新媒体的“产品化”，不仅鼓励实实在在的产品落地和价值实现，更强调在此过程中感悟和学习新媒体工作所特别需要的创业精神、创新意识、团队协作和项目管理能力。

人文精神与技术能力：“技”与“道”的相互激荡

前面谈得更多的是侧重于“技”层面的问题，好像忘了“道”，其实不然。从技术哲学的角度看，技术绝不是单纯为内容服务的“工具”，而是有其自身内在的逻辑。新媒体的发展也不是简单的工具与手段改变，而是对人类存在方式和社会关系形态的改变，是从“大众传播社会”向“网络化关系社会”的整体转变。在此背景下，新闻的核心价值和传播的美好理想如何实践？“道”之追问应渗透在对“技”的学习和理解中。恰如技术背后都有人，算法如何设定、程序如何运作，关乎价值和思想。关于人工智能的讨论也已进入伦理层面：如何使得人工智能彰显人性光辉而非人性幽暗？新冠肺炎疫情肆虐时，杜骏飞教授曾直言：“什么全媒体、融媒体、智媒体，不能报道真正的新闻，就都是假媒体。”

因此，在新媒体传播教育中，技术与理念并非彼此排斥的关系，而是相互激荡的过程。即便复旦大学新媒体专硕是一个实践取向的专业硕士项目，我们也注重通过“新媒体传播理论”“新媒体前沿讲座”等课程，倡导阅读、反思与追问，夯实人文与社会科学的知识基础，培养批判性思维。但这样的理念不是空洞说教，而恰恰是与对新技术的强调、理解、分析和实践紧密勾连在一起的。诸如算法模式给新闻业和公共舆论带来的利与弊、“科技向善”理念及其实施路径、平台社会与平台责任等看似与实操较远的话题，在我们的新媒体课堂上得到充分彰显，提醒学生们仔细剖析新媒体与政治、商业、文化、社会之间的复杂关系，思考其如何促进社会平等与公正、民主与透明、美好与良善，叩问如何通过新技术实现社会理想。在“数据新闻与可视化”一类实践型课程中，强调炫技本身并非目的，更重要的是将数据挖掘和视觉表达与新闻叙事很好地结合起来，报道真相和推动进步。我们认为新媒体教学不仅是职业媒体人训练的一部分，更是新媒体时代公民素养培育的重要组成部分。我们的学生不能夸夸其谈，而应具有扎扎实实的技术与能力，但同时有底线、有坚持、有追求、有理想。正如吴予敏所说：“成为真正具有博大的仁爱关怀、独立的反思批判精神、知识与艺术创新能力的人，而非简单的没有头脑和良心的传播工具，或技术迷信者。”新媒体传播教育应当始终怀有人文理想与批判精神。

坚守人文精神，践行“文理科交叉融合，产学研联合培养”，这是我们所做的探索，愿与同行相互交流，共同培养出优秀的新媒体传播人才。

（周葆华：复旦大学新闻学院副院长、教授，新媒体传播专业硕士项目主任，复旦大学人文社科青年融合创新团队“数据挖掘与计算传播”负责人；本文摘自《青年记者》杂志2020年7月上）

智媒时代新闻人才培养的新挑战与新要求

李华君

综观新闻传播教育发展，不同时期的新闻人才需求、教育理念变革与同时期媒介生态环境息息相关。自2002年我国信息化建设进程加快以来，我国的新闻传播教育建设规模逐渐扩大发展，并逐步形成了“加强马克思主义新闻观教育、媒介融合背景下培养复合人才、深化新闻教育实践化、新闻传播教育国际化”等为主导的培养思路，致力于探究具有中国特色的新闻传播教育路径。

随着智媒时代的来临，人工智能、区块链、5G等颠覆性技术的冲击也让我们不得不重新审视新时代传媒行业的人才需求。一方面，随着算法与智能化媒体应用的盛行，传媒行业对于整合型人才的要求逐渐提升。智能技术推动下的内容生产正逐步形成新的内容生态，但人类思维的独特性在于新闻生产过程中具有无法取代的重要地位，对于传媒从业者而言，新闻素养与业务能力的专业性要求将更加严格。另一方面，具身化所带来的身体问题让媒介融合不再局限于媒介形态与社会形态的融合，更加表现为人与技术的融合，传播重心也从媒介本身向受众转移。因此，高校新闻传播教育不仅需要培养专业的新闻传播思维，也需要拓展其作为受众的数据信息处理能力。

智媒时代，新闻传播专业应该培养什么样的人才？诚然，时代变迁，作为应用性较强的专业，我们需要培养具有较强实践能力的专业人才，但我们的视野应该进一步拓展，在强调业务能力的同时，还应进一步加强对学生人文素养、数据素养与批判性思维的培养。

强化学生的人文素养，树立家国情怀

社交软件、自媒体平台日新月异地发展，信息传播权利从传统媒体人转向了广大受众，传受双方重心转移并逐渐达到平衡。人人皆有麦克风，人人皆有话语权。在这样一种媒介环境下，媒介素养不仅是新闻从业者的必备素质，而且是所有网络公民的必修课。传统的媒介素养强调的是对信息的分辨能力与应用媒介的能力，数字时代的媒介素养则在此基础上增加了对信息进行整理、分析的要求。面对海量数据，要具有剔除无用信息的能力，也有把握有价值信息的数据敏感性。在处理信息之余，强调的是通过数据挖掘真相、阐明道理，更好地服务于公众利益。而如何合理合法利用数据讲好数据背后的故事，这取决于专业意识与人文素养。

“人文化”的新闻教育理念，旨在培养具有人文情怀和独立思考能力、有品德和职业理想追求的新闻人才。人文精神的培养是具有深厚专业底蕴人才的必经之路，其中，跨学科的通识教育是必不可少的。新闻传播是一门研究传播对人与社会的影响的学问，因此，在了解新闻专业知识之余，可适当涉猎政治、心理、文化、艺术、经济等多方面知识。欧美高校的新闻传播课程就十分注重社会科学方法的学习及思维训练，涵盖了跨学科文化研究、人类与社会研究、信息素养研究、文学研究等人文印记明显的课程。人文素养要求我们能够透过社会现象看到本质，增强对事物理解的深度和广度，这与高校新闻教育体系中人文课程的设置是分不开的。

目前国内高校的新闻传播学院大多开设了大学语文、古代文学、政治学、心理学等课程，在这些导论课中增强学生的人文底蕴。但随着5G、人工智能技术的发展，一些高校在课程体系中又增开了传播技术类课程，对于人文素质课程的重视程度似乎有些弱化，至少在一些课程的设置上出现了动摇。在总课程学分固定的情况下，还需不需要开设这些人文课程？抑或减少这些课程的学分？实质上在这种技术大发展的时代，高校更应该重视学生人文素质的培养，因为它培养的是学生这个“人”的基本素养，影响到学生的终生发展。技术终归由人来掌控，怎样理解、看待、使用技术？这些都需要学生学会从社会发展的角度去解读、去认识。

除了人文基础导论课之外，还应该尝试增加基于学科交叉的人文素质课程，增加国情教育、国际环境等方面课程。在当前这样一个大的国际背景下，中华民族要实现伟大复兴，每一个学生都应有强烈的时代感和使命感，要通过人文课程教育，强化学生文化功底的积淀、家国情怀的树立，这对于新闻传播专业学生未来的发展是大有裨益的。

培养学生的数据技能，理性看待人工智能

在专业能力层面，基本的新闻传播基础理论是必要的，同时也需要重视业务实践能力方面的训练，致力于培养融合型人才。日本的新闻教育常常“独善其身”，认为新闻教育不应与业界产生太大关联。而美国的新闻教育理念则不尽相同。他们有崇尚精神教育与实践相结合的“密苏里模式”，也有强调通识教育的“威斯康星模式”。智媒时代对新闻人才提出了新的数据技能要求，我国新闻教育模式几乎都是以“密苏里模式”为蓝本，学校也开始有意识地在强调基础专业理论教育的同时增强对数据技能的培养。

智媒时代的技术更替引发新闻生产方式的改变，而这要求我们及时更新了解行业状况，认清瞬息万变的传媒生态环境。人工智能进军新闻内容生产，使得“我—他”传播逐渐向“我—你”传播和“我—我”传播发展。短视频新闻、智能机器人新闻写作、VR场景化再现，这些新兴的新闻体验形式让人目不暇接，这种强调人与人之间、场景化的传播方式也让优质内容的作用日益凸显。人们通过点对点的信息互动交流，因此，如何通过各种媒介形式传递信息、影响受众，如何把握流行文化与传统底蕴之间的界限，这些都是值得我们思考的。

与此同时，通过人工智能，实现新闻传播学的大文、大理学科融合存在的现实可能性。一些高校正在尝试在人工智能学科与新闻传播学科之间开展合作，学习通过深度算法，提供对新闻线索的分析收集、融媒体视听产品的智能生产、媒体信息的分众推送等。美国北卡罗来纳州大学新闻学院开设了计算新闻、新兴技术、媒体产品开发等课程，斯坦福大学计算新闻实验室开设计算方法、沉浸式叙事等课程，麻省理工学院媒体实验室有情感计算、个人机器人、社交计算等实验项目。目前国内部分高校在课程开设方面，增设数据新闻、人工智能、数据可视化等方面的课程，尝试在知识体系方面弥补现有培养方案中的不足，拓展学生对人工智能技术的理解。同时，在师资方面尝试引进具有人工智能、自动化、计算机、大数据分析等背景的教师。

当然对于技术的理解和处理，新闻传播专业的学生肯定没有受过系统人工智能技术课程的理工科那样娴熟，但其需要掌握基本的智能技术处理能力。主要表现为以下三个维度：如何用智能媒体形式呈现新闻素材、如何灵活运用智能辅助设备表现专业内容、如何快速熟悉和掌握新的智能设备。通过智能媒体形式对素材进行编辑呈现是智媒时代新闻传播专业学生的重要能力，而多样的智能手段也提供了更多的灵感表达方式。

在培养学生智能技术的过程中，利用现有的融媒体实验技术平台是一个重要的途径。在教育部、中宣部发布的《关于提高高校新闻传播人才培养能力实施卓越新闻传播人才教育培养计划2.0的意见》中，明确提出了要培养学生的十八般武艺，而这些武艺的培养除了书本之外，更重要的就是通过学院的融媒体实验室来实现。各学校应该结合自身的特点，积极引进智慧化实验设备，开设综合性实验课程，利用虚拟仿真教学平台，搭建协同育人的技术手段，提升学生数据技能的素养。当然，在学习这些人工智能技术的同时，也应该认识到其背后涉及数据、隐私、不良后果等大量伦理问题，如何继续做好新闻“把关人”，也是需要重点关注的。

重视学生的批判性思维训练，提升综合素质

“00后”逐渐成为高校学生的主要群体，不做every one，只做only one，是他们的重要特征。他们从小接受家庭的精细化培养，容易使其自我意识过于强化，因此要在其大学学习过程中，增强沟通合作能力与批判性、系统性思维的锻炼，成为优秀的“赛博人”。在媒体融合的媒介环境下，新闻稿件、影视作品更多地体现为团队

协作式的内容生产生态。因此，对于新闻人才的要求也不局限于专业能力，对其沟通合作能力也有着一定的要求。沟通上，不仅需要做到准确理解，同时也应做到准确传达自己的想法，找到合适的交流方式；而在团队合作中，则需要拥有突出的特长，在团队中摆正自己的位置，认清自我定位，互帮互助达到共赢的效果。

在培养他们的人际交往能力之余，也需要增强对其批判性、系统性思维的锻炼。万事万物绝无定性之言，在信息纷繁错杂的数字时代，带有明显倾向性的观点很容易引起网络民众的跟风附和。但这样的观点往往是片面的、不客观的。我们要有双向思考的能力，拒绝对一边倒偏见的盲目跟风，要培养全面的、客观的批判性思维。

同时，我们需要注意系统性思维的培养。当碎片化的传播模式成为主流，如何对信息进行整合分析成为当下我们需要思考的问题。我们应培养学生们系统性的整合思维，树立全面客观的大局观念。除此之外，新闻人才的创新思维也是破解当下同质化内容生产局面的关键。创新能力的培养和提高，不仅是时代的要求，也是传媒业一直以来的要求。创新是引领新时代发展的第一动力，也是行业进步的灵魂。

结语

新闻教育一方面需要照顾时代需求、适应媒介生态变化；另一方面要坚守新闻业的核心，保证专业底蕴传承。因此，我们需要在探讨核心素养的基础上，加大对专业能力的培养力度。同时，也需拓展其作为智媒时代受众的思维能力锻炼，从我国社会媒介环境出发，结合高校特点，探索可行且具有中国特色的新闻教育模式，培养具有综合素质的融合型人才。

（李华君：华中科技大学新闻与信息传播学院副院长；本文摘自《青年记者》2019 年 8 月上）

· 政策与法规 ·

Policies and Regulations

互联网信息服务管理办法

第一条 为了规范互联网信息服务活动，促进互联网信息服务健康有序发展，制定本办法。

第二条 在中华人民共和国境内从事互联网信息服务活动，必须遵守本办法。本办法所称互联网信息服务，是指通过互联网向上网用户提供信息的服务活动。

第三条 互联网信息服务分为经营性和非经营性两类。

经营性互联网信息服务，是指通过互联网向上网用户有偿提供信息或者网页制作等服务活动。

非经营性互联网信息服务，是指通过互联网向上网用户无偿提供具有公开性、共享性信息的服务活动。

第四条 国家对经营性互联网信息服务实行许可制度；对非经营性互联网信息服务实行备案制度。

未取得许可或者未履行备案手续的，不得从事互联网信息服务。

第五条 从事新闻、出版、教育、医疗保健、药品和医疗器械等互联网信息服务，依照法律、行政法规以及国家有关规定须经有关主管部门审核同意的，在申请经营许可或者履行备案手续前，应当依法经有关主管部门审核同意。

第六条 从事经营性互联网信息服务，除应当符合《中华人民共和国电信条例》规定的要求外，还应当具备下列条件：

(一)有业务发展计划及相关技术方案；

(二)有健全的网络与信息安全保障措施，包括网站安全保障措施、信息安全保密管理制度、用户信息安全管理制度；

(三)服务项目属于本办法第五条规定范围的，已取得有关主管部门同意的文件。

第七条 从事经营性互联网信息服务，应当向省、自治区、直辖市电信管理机构或者国务院信息产业主管部门申请办理互联网信息服务增值电信业务经营许可证(以下简称经营许可证)。

省、自治区、直辖市电信管理机构或者国务院信息产业主管部门应当自收到申请之日起60日内审查完毕，作出批准或者不予批准的决定。予以批准的，颁发经营许可证；不予批准的，应当书面通知申请人并说明理由。

申请人取得经营许可证后，应当持经营许可证向企业登记机关办理登记手续。

第八条 从事非经营性互联网信息服务，应当向省、自治区、直辖市电信管理机构或者国务院信息产业主管部门办理备案手续。办理备案时，应当提交下列材料：

(一)主办单位和网站负责人的基本情况；

(二)网站网址和服务项目；

(三)服务项目属于本办法第五条规定范围的，已取得有关主管部门的同意文件。

省、自治区、直辖市电信管理机构对备案材料齐全的，应当予以备案并编号。

第九条 从事互联网信息服务，拟开办电子公告服务的，应当在申请经营性互联网信息服务许可或者办理非经营性互联网信息服务备案时，按照国家有关规定提出专项申请或者专项备案。

第十条 省、自治区、直辖市电信管理机构和国务院信息产业主管部门应当公布取得经营许可证或者已履行备案手续的互联网信息服务提供者名单。

第十一条 互联网信息服务提供者应当按照经许可或者备案的项目提供服务，不得超出经许可或者备案的项目提供服务。

非经营性互联网信息服务提供者不得从事有偿服务。

互联网信息服务提供者变更服务项目、网站网址等事项的，应当提前30日向原审核、发证或者备案机关办理变更手续。

第十二条 互联网信息服务提供者应当在其网站主页的显著位置标明其经营许可证编号或者备案编号。

第十三条 互联网信息服务提供者应当向上网用户提供良好的服务，并保证所提供的信息内容合法。

第十四条 从事新闻、出版以及电子公告等服务项目的互联网信息服务提供者，应当记录提供的信息内容及其发布时间、互联网地址或者域名；互联网接入服务提供者应当记录上网用户的上网时间、用户账号、互联网地址或者域名、主叫电话号码等信息。

互联网信息服务提供者和互联网接入服务提供者的记录备份应当保存60日，并在国家有关机关依法查询时，予以提供。

第十五条 互联网信息服务提供者不得制作、复制、发布、传播含有下列内容的信息：

(一)反对宪法所确定的基本原则的；

(二)危害国家安全，泄露国家秘密，颠覆国家政权，破坏国家统一的；

（三）损害国家荣誉和利益的；

（四）煽动民族仇恨、民族歧视，破坏民族团结的；

（五）破坏国家宗教政策，宣扬邪教和封建迷信的；

（六）散布谣言，扰乱社会秩序，破坏社会稳定的；

（七）散布淫秽、色情、赌博、暴力、凶杀、恐怖或者教唆犯罪的；

（八）侮辱或者诽谤他人，侵害他人合法权益的；

（九）含有法律、行政法规禁止的其他内容的。

第十六条 互联网信息服务提供者发现其网站传输的信息明显属于本办法第十五条所列内容之一的，应当立即停止传输，保存有关记录，并向国家有关机关报告。

第十七条 经营性互联网信息服务提供者申请在境内境外上市或者同外商合资、合作，应当事先经国务院信息产业主管部门审查同意；其中，外商投资的比例应当符合有关法律、行政法规的规定。

第十八条 国务院信息产业主管部门和省、自治区、直辖市电信管理机构，依法对互联网信息服务实施监督管理。

新闻、出版、教育、卫生、药品监督管理、工商行政管理和公安、国家安全等有关主管部门，在各自职责范围内依法对互联网信息内容实施监督管理。

第十九条 违反本办法的规定，未取得经营许可证，擅自从事经营性互联网信息服务，或者超出许可的项目提供服务的，由省、自治区、直辖市电信管理机构责令限期改正，有违法所得的，没收违法所得，处违法所得3倍以上5倍以下的罚款；没有违法所得或者违法所得不足5万元的，处10万元以上100万元以下的罚款；情节严重的，责令关闭网站。

违反本办法的规定，未履行备案手续，擅自从事非经营性互联网信息服务，或者超出备案的项目提供服务的，由省、自治区、直辖市电信管理机构责令限期改正；拒不改正的，责令关闭网站。

第二十条 制作、复制、发布、传播本办法第十五条所列内容之一的信息，构成犯罪的，依法追究刑事责任；尚不构成犯罪的，由公安机关、国家安全机关依照《中华人民共和国治安管理处罚条例》《计算机信息网络国际联网安全保护管理办法》等有关法律、行政法规的规定予以处罚；对经营性互联网信息服务提供者，并由发证机关责令停业整顿直至吊销经营许可证，通知企业登记机关；对非经营性互联网信息服务提供者，并由备案机关责令暂时关闭网站直至关闭网站。

第二十一条 未履行本办法第十四条规定的义务的，由省、自治区、直辖市电信管理机构责令改正；情节严重的，责令停业整顿或者暂时关闭网站。

第二十二条 违反本办法的规定，未在其网站主页上标明其经营许可证编号或者备案编号的，由省、自治区、直辖市电信管理机构责令改正，处5000元以上5万元以下的罚款。

第二十三条 违反本办法第十六条规定的义务的，由省、自治区、直辖市电信管理机构责令改正；情节严重的，对经营性互联网信息服务提供者，并由发证机关吊销经营许可证，对非经营性互联网信息服务提供者，并由备案机关责令关闭网站。

第二十四条 互联网信息服务提供者在其业务活动中，违反其他法律、法规的，由新闻、出版、教育、卫生、药品监督管理和工商行政管理等有关主管部门依照有关法律、法规的规定处罚。

第二十五条 电信管理机构和其他有关主管部门及其工作人员，玩忽职守、滥用职权、徇私舞弊，疏于对互联网信息服务的监督管理，造成严重后果，构成犯罪的，依法追究刑事责任；尚不构成犯罪的，对直接负责的主管人员和其他直接责任人员依法给予降级、撤职直至开除的行政处分。

第二十六条 在本办法公布前从事互联网信息服务的，应当自本办法公布之日起60日内依照本办法的有关规定补办有关手续。

第二十七条 本办法自公布之日起施行。

新闻出版总署
关于加快我国数字出版产业发展的若干意见

新出政发［2010］7号

各省、自治区、直辖市新闻出版局，新疆生产建设兵团新闻出版局，解放军总政治部宣传部新闻出版局，中央和国家机关各部委、各民主党派、各人民团体新闻出版主管部门，中国出版集团公司：

数字出版是指利用数字技术进行内容编辑加工，并通过网络传播数字内容产品的一种新型出版方式，其主要特征为内容生产数字化、管理过程数字化、产品形态数字化和传播渠道网络化。目前数字出版产品形态主要包括电子图书、数字报纸、数字期刊、网络原创文学、网络教育出版物、网络地图、数字音乐、网络动漫、网络游戏、数据库出版物、手机出版物（彩信、彩铃、手机报纸、手机期刊、手机小说、手机游戏）等。数字出版产品的传播途径主要包括有线互联网、无线通信网和卫星网络等。由于其海量存储、搜索便捷、传输快速、成本低廉、互动性强、环保低碳等特点，已经成为新闻出版业的战略性新兴产业和出版业发展的主要方向。

发展数字出版产业，对于提升我国文化软实力，推动文化产业乃至国民经济的可持续发展，转变出版业发展方式具有重要意义。进入新世纪以来，我国数字出版产业取得了较快进展。与此同时，由于存在投入成本高，盈利模式不成熟，相关标准不统一等问题，制约了数字出版产业的进一步发展，其生产力尚未得以充分释放。为贯彻落实中央关于调整产业结构和转变发展方式的战略部署，贯彻落实《文化产业振兴规划》和新闻出版总署《关于进一步推动新闻出版产业发展的指导意见》，推进出版业升级，现就加快我国数字出版产业发展提出如下意见。

一、加快数字出版产业发展的总体目标

1. 战略目标。要以数字化带动新闻出版业现代化，鼓励自主创新，研发数字出版核心技术，推动出版传播技术升级换代，构建传输快捷、覆盖广泛的现代新闻出版传播体系；要形成一批发展思路清晰、内容资源充沛、立足自主创新、出版方式多样、营销模式成熟、市场竞争力强、产品影响广泛的数字出版龙头企业；要切实从社会需求出发，将优质内容与数字技术紧密结合，打造弘扬中华优秀文化、反映科学技术进步、体现时代精神、为大众喜闻乐见、具有国际影响力的数字出版产品和品牌；要构建要素完整、结构合理、水平先进、效益良好、多方共赢的数字出版产业发展新格局，把数字出版产业打造成新闻出版支柱产业。

2. 发展指标。到“十二五”末，我国数字出版总产值力争达到新闻出版产业总产值25%，整体规模居于世界领先水平。在全国形成10家左右各具特色、年产值超百亿的国家数字出版基地或国家数字出版产业园区，形成20家左右年主营业务收入超过10亿元的具有国际竞争力的数字出版骨干企业。到2020年，传统出版单位基本完成数字化转型，其数字化产品和服务的运营份额在总份额中占有明显优势。

二、加快数字出版产业发展的主要任务

3. 加快推动传统出版单位数字化转型。大力推动书报刊出版单位采用新技术和现代生产方式改造传统出版流程；高度重视出版资源数字化工作，加快存量资源整理，按统一标准进行分类、存储；积极探索出版资源数字版权授权解决方案；鼓励传统出版单位开展网络出版业务；支持传统出版单位设立完全市场化的数字出版公司，尽快做大做强，成为数字出版龙头企业。

4. 加快推动音像电子出版单位数字化升级。积极运用新媒体、新技术加速产业升级；鼓励音像电子出版单位与通信运营商、网络运营商及硬件制造商进行全方位合作，拓展新业态。

5. 加快推动传统印刷复制企业数字化改造。推动传统印刷复制企业积极采用数字和网络技术，改造印刷生产流程和设备，大力发展数字印刷，提高对消费者多样化、个性化需求的服务供给能力。

6. 大力增强网游动漫出版产品的创作和研发能力。鼓励企业通过自主创新，充分挖掘中华优秀文化，研发网游动漫精品，提高国产网游动漫产品的质量和市场占有率，提升产品附加值；打造网游动漫知名品牌，提高市场运作能力；组织实施民族网游动漫海外推广计划，大力支持国产原创网游动漫产品开发海外市场。

7. 切实加强新闻出版公共服务项目的数字化建设。对新闻出版公共服务工程中的数字化项目予以资金、政策、技术等方面的扶持；支持和鼓励出版单位、数字化公司承担和拓展数字出版公共服务项目；积极支持“农家书屋”向数字化方向发展；高度重视数字阅读，拓展全民阅读的空间；加快全民阅读工程指导性网站建设；积极开发盲文有声教材和读物；充分利用互联网，扩大民文出版物传播范围。

8. 加快国家数字出版重点科技工程和重大项目建设。加快国家数字复合出版工程、数字版权保护技术研发工程、中华字库工程和国家知识资源数据库工程等数字出版重大科技工程项目的建设进度；建设国家重点数字出版工程项目库，扶持企业建设以公共服务平台建设、内容资源数据库建设、数字出版软件产品开发以及相关技术研发为主的数字出版工程项目；加快数字出版领域科技推广和成果转化；扶持以动漫出版、网络游戏出版、数据库出版等为主的数字出版项目；扶持具有自主知识产权的电子纸、终端阅读器等新产品、新载体的研发和应用。

9. 加快推进数字出版相关标准研制工作。坚持“基础、急用”标准先行的原则，尽快制定各种数字出版相关的内容标准、格式标准、技术标准、产品标准、管理和服务标准，完成数字出版、移动出版等相关数字出版标准体系的制定，在生产、交换、流通、版权保护等过程中形成符合行业规范的数字出版业标准化体系，创造公平的市场竞争环境。

10. 推动数字出版产业聚集区建设。打破行政区划壁垒，在有条件的区域建设数字出版产业聚集区，形成一批核心数字出版产业集群和特色产业基地；吸引国内国际知名的相关企业落户，逐步形成产业集群效应；支持

进入国家级数字出版基地的企业开展互联网出版业务。

11. 支持非公有制企业从事数字出版活动。支持民营新技术公司研发基于不同传输平台和阅读终端的游戏、动漫、音乐等数字出版产品和具有自主知识产权的移动终端等硬件设备；建立数字出版企业评估体系，对长期从事数字出版活动且出版导向正确、技术实力雄厚、竞争优势明显、发展前景广阔、经营业绩突出的非公有制企业予以重点扶持；建立健全互联网出版准入退出机制，完善准入退出评估标准。

12. 推动数字出版“走出去”。鼓励企业充分利用国际国内两种资源和两个市场，借助网络传输快捷、覆盖广泛和无国界特性，加快推动优秀出版物通过数字出版方式进入国际市场，参与国际竞争，不断增强中国新闻出版的传播能力，提高中华文化的国际影响力；重点扶持和培育在“走出去”方面措施得力、成效显著的数字出版骨干企业和示范单位，对切实跨出国门并取得显著成绩的重大项目和重点企业予以资金资助、税收减免和其他奖励。

三、加快数字出版产业发展的保障措施

13. 加强组织领导。各级新闻出版行政部门要充分认识加强数字出版工作的重要性和紧迫性，把推进数字出版产业发展作为本地区新闻出版业繁荣发展的重要工作内容；要加强组织领导，完善组织机构，积极创造条件，设立专职数字出版管理部门；要加强对本地区数字出版产业发展的统计、规划、协调和引导，做好对本地区从事数字出版内容生产、加工、复制和数字出版产品销售、进出口等活动的数字出版企业的监管与服务工作；要采取有效措施，切实解决数字出版管理工作中存在的突出问题，为数字出版产业发展创造良好的环境和条件。

14. 发挥部门合力。地方各级新闻出版行政部门要主动加强与当地党委、政府相关部门的沟通合作，争取本地发展和改革、财政、税务、工信、科技等综合职能部门对数字出版工作的支持，将数字出版发展规划纳入本地经济社会发展规划之中，为本地数字出版产业发展创造条件、提供保障；要结合本地实际，深入研究针对数字出版产业的财税政策，充分发挥政策的推动引导作用，促进数字出版产业健康发展，把国家以及各地支持推进数字化进程、文化体制改革和文化产业发展的优惠政策落到实处，为数字出版产业发展争取更多的政策支持。

15. 优化资源配置。对内容资源丰富、具备技术和其他条件的传统出版单位优先赋予互联网出版权；鼓励条件成熟的传统出版单位开发基于互联网、无线通信网、有线电视网、卫星传输等各类移动终端的数字出版产品；鼓励传统出版企业与新媒体公司进行深层次合作，探索新型业务模式和营销模式，拓展和延伸出版产业链；倡导联合重组，鼓励非公有制企业与拥有内容资源优势的国有出版企业嫁接重组，拓展发展领域，形成新的市场主体。

16. 加大投入力度。要逐步完善数字出版投入机制，积极争取各级财政对数字出版产业发展的扶持，加大对重点数字出版工程项目的资金投入；充分发挥文化产业发展专项资金、宣传文化发展专项资金、科技创新资金和现代信息服务业专项资金的扶持导向作用，面向全社会，推动设立扶持数字出版专项资金，重点用于数字出版公共服务平台和骨干项目建设；鼓励社会各界参与数字出版产业发展，用足用好金融领域支持文化产业振兴和繁荣发展的优惠政策，拓宽投融资渠道，引入战略投资者，实现投资主体多元化。

17. 搭建交流平台。继续支持和扶持办好中国数字出版博览会、中国数字出版年会、中国国际数码互动娱乐展览会、中国国际动漫创意产业交易会、中国国际漫画节等数字出版产业方面的重要会展；积极组织参与全国图书博览会、全国图书订货交易会、北京国际图书博览会、深圳文博会、海峡两岸图书交易会，搭建展示和交流平台，推动数字出版新技术、新经验、新模式的深度交流，展示数字出版新产品和新技术。

18. 加强版权保护。要加大版权保护宣传力度，强化版权保护意识；加大对数字版权侵权盗版行为的打击力度，切实保障著作权人合法权益；加快技术创新和标准制定，为版权保护提供有效的技术手段；积极建立以司法、行政、技术和标准相结合的版权保护体系。

19. 强化网络监管。要建立属地内出版、外宣、公安、通信、“扫黄打非”等部门的协调、沟通和信息共享机制；增强网络出版突发事件的应对能力，提高监管工作的预见性、针对性和时效性，全面提升主动监管能力和技术保障水平；要加大对互联网低俗之风和手机网站传播淫秽色情信息的打击力度，同时切实加强对网络游戏出版审批把关和网络游戏动态出版、非法出版的监管，全面净化互联网和手机出版环境；各地要加快网络出版监管系统建设，积极探索网络出版监管的有效方式，强化长效动态监管机制。

20. 完善法规体系。加快修订《出版管理条例》《互联网出版管理暂行规定》等法律法规，制定发布《手机媒体出版服务管理办法》、《数据库出版服务管理办法》、《互联网文学出版服务管理办法》和《互联网游戏审批管理细则》等部门规章，加快规范数字出版产业发展的法规体系建设。

21. 健全考评体系。要建立健全数字出版工作考评体系，加大对出版单位数字出版业绩考核的指标权重，重点评估其数字出版总体规划、新兴媒体和服务建设、内容资源数字化加工水平、出版流程再造、数字出版企业的市场表现、数字出版人才队伍建设、数字出版创新成果等具体指标和数据；充分调动企业经营管理者和数字出版从业人员的积极性和主动性，激发文化创造力，把推动数字出版的实际效果和发展水平纳入年度考评指标。

22. 加快人才培养。要不断完善数字出版人才培养体系，加大数字出版人才培养力度，特别是传统出版单位数字出版高级管理人才、高级营销人才、高级策划人才及数字出版编辑人才的培养，加快解决数字出版产业高层次、复合型人才的短缺问题；积极开展形式多样的数字出版产业经营管理人才培训，鼓励数字出版企业与高等院校及科研机构合作，建立人才培养和实训基地，逐步建立起教育培训和岗位实践相结合的数字出版产业人才培养机制；进一步健全人才引进、使用和考核机制。

新闻出版总署
2010年8月16日

国家新闻出版广电总局、财政部关于推动新闻出版业数字化转型升级的指导意见

新广出发［2014］52号

各省、自治区、直辖市新闻出版广电局、财政厅（局），各计划单列市新闻出版广电局、财政厅（局），新疆生产建设兵团新闻出版广电局、财务局：

面对数字化与信息化带来的挑战与机遇，传统新闻出版业只有主动开展数字化转型升级，才能实现跨越与发展。开展数字化转型升级是进一步巩固新闻出版业作为文化主阵地主力军地位的客观需要，是抢占未来发展制高点、参与国际竞争的重要途径。经过几年的探索和积累，目前新闻出版业已经具备了实现整体转型升级的思想基础、技术基础、组织基础和工作基础，但还存在资源聚集度不高、行业信息数据体系不健全、技术装备配置水平较低、对新技术与新标准的应用不充分、市场模式不清晰、人才不足等问题。为贯彻党的十八大关于加快文化与科技融合的精神，落实《国家“十二五”时期文化改革发展规划纲要》关于“出版业要推动产业结构调整和升级，加快从主要依赖传统纸介质出版物向多种介质形态出版物的数字出版产业转型”的要求，推动新闻出版业健康快速发展，特制定本意见。

一、总体要求

（一）指导思想

深入贯彻落实党的十八大、十八届三中全会精神，充分发挥市场机制作用，通过政府引导、以企业为主体，加速新闻出版与科技融合，推动传统新闻出版业转型升级，提高新闻出版业在数字时代的生产力、传播力和影响力，为人民群众的知识学习、信息消费提供服务，为国民经济其他领域的产业发展提供知识支撑，更好更多地提供生活性服务与生产性服务，推动新闻出版业成为文化产业的中坚和骨干，为把文化产业打造成国民经济支柱性产业做出积极贡献。

（二）主要目标

通过三年时间，支持一批新闻出版企业、实施一批转型升级项目，带动和加快新闻出版业整体转型升级步伐。基本完成优质、有效内容的高度聚合，盘活出版资源；再造数字出版流程、丰富产品表现形式，提升新闻出版企业的技术应用水平；实现行业信息数据共享，构建数字出版产业链，初步建立起一整套数字化内容生产、传播、服务的标准体系和规范；促进新闻出版业建立全新的服务模式，实现经营模式和服务方式的有效转变。

（三）基本原则

改革先行、扶优助强、鼓励创新、示范推广。优先扶持已完成出版体制改革、具备一定数字化转型升级工作基础的新闻出版企业，鼓励新闻出版企业在数字化转型升级进程中大胆创新，探索新产品形态、新服务方式、新市场模式，形成示范项目并进行推广。

分步启动、并行实施、迭加推进、市场调节。优先支持已经先行启动转型升级项目的企业，对不同支持方向的转型升级项目并行推进，正确处理政府与市场关系，充分发挥财政资金引导示范作用，培养企业市场风险意识，提高企业市场应对能力。

二、主要任务

（一）开展数字化转型升级标准化工作

支持企业对《中国出版物在线信息交换（CNONIX）》国家标准开展应用。重点支持图书出版和发行集团。包括：支持企业研制企业级应用标准；采购基于CNONIX标准的数据录入、采集、整理、分析、符合性测试软件工具，开展出版端系统改造与数据规范化采集示范；搭建出版、发行数据交换小型试验系统，实现出版与发行环节的数据交换；开展实体书店、电子商务（网店）、物流各应用角度基于CNONIX

标准的数据采集、市场分析、对出版端反馈的应用示范。

支持企业对《多媒体印刷读物（MPR）》国家标准开展应用。重点支持教育、少儿、少数民族语言等出版单位，推动企业从单一产品形态向多媒体、复合出版产品形态，从产品提供向内容服务的数字化转型升级。包括：研制企业级应用标准；部署相应软件系统；完成选题策划、资源采集，研发教材教辅产品、少儿、少数民族文字阅读产品；开展底层技术兼容性研究与应用；建设MPR出版资源数据库；创新产品销售体系，构建从实体店到电子商务的立体销售体系。

支持企业面向数字化转型升级开展企业标准研制。支持出版企业研制企业标准，以及开展国家标准、行业标准的应用研究；支持、鼓励相关技术企业研制基于自主知识产权技术的企业标准；支持以企业标准为基础申报行业标准、国家标准乃至国际标准。

（二）提升数字化转型升级技术装备水平

支持企业采购用于出版资源深度加工的设备及软件系统。以实现出版资源的知识结构化、信息碎片化、呈现精细化为目标，支持企业采购出版资源专业化的深度加工服务；支持部分专业出版单位采购专用的扫描设备、识别软件等资源录入设备及软件。

支持企业采购用于出版业务流程改造、复合出版产品生产与投送的软件及系统。以数字环境下出版业务流程再造、实现出版业务流程完整性为目标，支持采购出版内容资源数字化加工软件、内容资源管理系统、编辑加工系统、产品发布系统等软件及系统；以实现出版产品表现形式完整性为目标，支持采购关联标识符编码嵌入软件、复合出版物生产和投送系统等软件及系统。

支持企业采购版权资产管理工具与系统。以支撑新闻出版企业版权运营多元化为目标，为全面开展版权运营奠定基础，支持采购版权资产管理工具与系统，包括：自有版权资产与外购版权资产数据输入模块，以控制版权资产的规范化输入；授权管理模块，以控制版权资产的规范化输出；版权管理模块和业务支撑管理模块，以记录版权资产状况、控制版权运营策略；与出版企业其他生产业务流程系统进行对接，以实现对版权资产的精细化管理，对存量版权资产的清查和增量版权资产的管控。

（三）加强数字出版人才队伍建设

支持出版企业与高校、研究机构联合开展基础人才培养，开展定向培养。支持、鼓励高校设立专业课程，联合研究机构,培养面向出版企业数字化转型升级的专业人才，定向输送出版与科技专业知识相融合的基础性人才。

支持相关技术企业与高校、研究机构联合开展数字出版业务高级人才培养。支持、鼓励技术企业提供技术支撑，参与高校、研究机构的高级人才培养计划，开展面向出版企业在岗高级数字出版人才的培养。

（四）探索数字化转型升级新模式

支持教育出版转型升级模式探索。重点支持部分以教育出版为主的出版企业开展电子书包应用服务项目。包括：研制电子书包（数字出版教育应用服务）系列标准；以课程标准和完整的教材教辅内容框架为基础，整合内容资源，开发富媒体、网络化数字教材，开展立体化的教育出版内容资源数字化开发，打造数字资源库，为电子书包试验的顺利推进奠定内容基础；构建对教育出版内容的价值评测、质量评测的完整评测系统；研发包括下载与推送、使用统计等功能的教育出版内容资源服务系统；构建包括教学策略服务、过程性评测、个性化内容推送、内容互动服务等教学应用服务支撑体系，并开展入校落地试验；基于用户数据分析技术开展个性化定向投送平台建设（B2C模式），基于集团化学习的出版资源投送平台建设（B2B模式）。

支持专业出版转型升级模式探索。重点支持部分专业出版企业按服务领域划分、联合开展专业数字内容资源知识服务模式探索。包括：开展知识挖掘、语义分析等知识服务领域关键技术的应用，基于专业内容的知识服务标准研制，基于专业出版内容的知识资源数据库建设，基于知识资源数据库的知识服务平台建设。

支持大众出版转型升级模式探索。重点支持出版企业在关注阅读者需求、引导大众阅读方向的模式创新。包括：建设作者资源管理系统，选题热点推荐与评估系统；开展生产与消费互动的定制化服务模式探索，形成线上与线下互动（O2O）的出版内容投送新模式；建设经典阅读、精品阅读产品投送平台。

三、保障措施

（一）加大财政扶持。加大财政对新闻出版业数字化转型升级的支持力度，将新闻出版业数字化转型升级项目作为重大项目纳入中央文化产业发展专项资金扶持范围，分步实施、逐年推进。发挥财政资金杠杆作用，推动重点企业的转型升级工作，引导企业实施转型升级项目。

（二）充分利用新闻出版改革与发展项目库。进一步完善新闻出版改革与发展项目库建设，征集符合本指导意见并具有较强示范带动效应的新闻出版业数字化转型升级项目，加强对重点项目的组织、管理、协调、支持和服务。

（三）加强组织实施。各级新闻出版广电行政部门、财政部门要按照本意见要求，在党委、政府的领导下，结合本地区实际，切实加强新闻出版业数字化转型升级工作的组织领导，同时加强跨地区、跨部门协作，确保各项任务的执行和落实。

国家新闻出版广电总局
财政部
2014年4月24日

国家新闻出版广电总局、财政部关于推动传统出版和新兴出版融合发展的指导意见

新广发［2015］32号

各省、自治区、直辖市新闻出版广电局、财政厅（局），新疆生产建设兵团新闻出版局、财务局，解放军总政治部宣传部新闻出版局：

推动传统出版和新兴出版融合发展，把传统出版的影响力向网络空间延伸，是出版业巩固壮大宣传思想文化阵地的迫切需要，是履行文化职责的迫切需要，是自身生存发展的迫切需要。根据中共中央办公厅、国务院办公厅印发的《关于推动传统媒体和新兴媒体融合发展的指导意见》，结合出版业实际情况，现就推动传统出版和新兴出版融合发展，提出如下指导意见：

一、总体要求

1. 指导思想。以邓小平理论、“三个代表”重要思想、科学发展观为指导，深入贯彻落实习近平总书记系列重要讲话精神，贯彻落实中央关于全面深化改革的重大战略部署，坚持以先进技术为支撑、内容建设为根本，充分运用新技术，创新出版方式、提高出版效能，进一步掌握网络空间话语权，进一步提高出版业的影响力传播力和竞争实力，推动出版业更好更快发展。

2. 基本原则。必须始终坚持党管出版，把坚持正确政治方向和出版导向贯穿到出版融合发展的各环节、全过程，自觉体现社会主义核心价值观，始终坚持把社会效益放在首位，努力实现社会效益和经济效益有机统一；坚持正确处理传统出版和新兴出版关系，以传统出版为根基实现并行并重、优势互补、此长彼长；坚持强化互联网思维，积极推进理念观念、管理体制、经营机制、生产方式创新；坚持一体化发展，推动传统出版和新兴出版实现出版资源、生产要素的有效整合；坚持内容为本技术为用、内容为体技术为翼，运用先进技术传播先进文化；坚持重点突破和整体推进相结合，因地制宜、积极探索、差异化发展。

3. 工作目标。按照积极推进、科学发展、规范管理、确保导向的要求，立足传统出版，发挥内容优势，运用先进技术，走向网络空间，切实推动传统出版和新兴出版在内容、渠道、平台、经营、管理等方面深度融合，实现出版内容、技术应用、平台终端、人才队伍的共享融通，形成一体化的组织结构、传播体系和管理机制。力争用3–5年的时间，研发和应用一批新技术新产品新业态，确立一批示范单位、示范项目、示范基地（园区），打造一批形态多样、手段先进、市场竞争力强的新型出版机构，建设若干家具有强大实力和传播力公信力影响力的新型出版传媒集团。

二、重点任务

4. 创新内容生产和服务。始终坚持贴近需求、质量第一，严格把关、深耕细作，将传统出版的专业采编优势、内容资源优势延伸到新兴出版，更好发挥舆论引导、思想传播和文化传承作用。探索和推进出版业务流程数字化改造，建立选题策划、协同编辑、结构化加工、全媒体资源管理等一体化内容生产平台，推动内容生产向实时生产、数据化生产、用户参与生产转变，实现内容生产模式的升级和创新。顺应互联网传播移动化、社交化、视频化、互动化趋势，综合运用多媒体表现形式，生产满足用户多样化、个性化需求和多终端传播的出版产品。强化用户理念和体验至上的服务意识，既做到按需提供服务、精准推送产品，又做到在互动中服务、在服务中引导，不断增强用户的参与度、关注度和满意度。

5. 加强重点平台建设。整合、集约优质内容资源，推动建立国家级出版内容发布投送平台、国家学术论文数字化发布平台、出版产品信息交换平台、国家数字出版服务云平台、版权在线交易平台等聚合精品、覆盖广泛、服务便捷、交易规范的平台及出版资源数据库，推进内容、营销、支付、客服、物流等平台化发展。鼓励平台间开放接口，通过市场化的方式，实现出版内容和行业数据跨平台互通共享。

6. 扩展内容传播渠道。各出版发行单位要探索适合自身融合发展的道路，创新传统发行渠道，大力发展电子商务，整合延伸产业链，构建线上线下一体化发展的内容传播体系。进一步加强实体书店建设，努力将实体书店建设成为集阅读学习、展示交流、聚会休闲、创意生活等功能于一体的复合式文化消费场所。支持实体书店与电子商务合作，在区域配送发挥各自优势。探索以用户为中心的全渠道服务模式。进一步开拓农村等出版产品消费市场。利用社交网络平台，建立出版网络社区等传播载体，打通传统出版读者群和新兴出版用户群，着力增强粘性，广泛吸引用户。借力商业网站的微博微

信微店等渠道，不断扩大出版产品的用户规模，进一步扩大覆盖面。

7. 拓展新技术新业态。运用大数据、云计算、移动互联网、物联网等技术，加强出版内容、产品、用户数据库建设，提高数据采集、存储、管理、分析和运用能力。积极通过多种方式吸收借鉴、善加利用先进的传播技术和渠道，借力推动出版融合发展。充分利用新一代网络的技术优势，加快发展移动阅读、在线教育、知识服务、按需印刷、电子商务等新业态。加强出版大数据分析、结构化加工制作、资源知识化管理、数字版权保护、数字印刷、发布服务以及产品优化工具、跨终端呈现工具等关键性技术的研发和应用实践，着力解决出版融合发展面临的技术短板。建立和完善用户需求、生产需求、技术需求有机衔接的生产技术体系，不断以新技术引领出版融合发展，驱动转型升级。有计划地组织相关标准的制修订工作，完善标准化成果推广机制，加快国际标准关联标识符（ISLI）、中国出版物在线信息交换（CNONIX）等标准的推广和应用。

8. 完善经营管理机制。积极适应出版融合发展要求，主动探索出版单位内部组织结构的重构再造，逐步建立顺畅高效、适应市场竞争和一体化发展的内部运行机制。变革和融合传统出版和新兴出版生产经营模式，建立健全一个内容多种创意、一个创意多次开发、一次开发多种产品、一种产品多个形态、一次销售多条渠道、一次投入多次产出、一次产出多次增值的生产经营运行方式，激发出版融合发展的活力和创造力。探索建立首席信息官制度，加强版权、商标、品牌等的保护和多元化、社会化运营，构建融合发展状态下的经营管理模式。

9. 发挥市场机制作用。坚持行政推动和发挥市场作用相结合，探索以资本为纽带的出版融合发展之路，支持传统出版单位控股或参股互联网企业、科技企业，支持出版企业尤其是出版传媒集团跨地区、跨行业、跨媒体、跨所有制兼并重组。在网络出版以及对外专项出版领域，探索实行管理股试点。引导社会力量参与融合项目的技术研发和市场开拓，鼓励支持符合条件的出版企业上市融资，促进金融资本、社会资本与出版资源有效对接。增强传统出版单位的市场竞争意识和能力，健全技术创新激励机制和容错、纠错机制，探索建立股权激励机制。

三、政策措施

10. 加强相关法律法规修制工作。推动修订《中华人民共和国著作权法》，加快修订出台《网络出版服务管理规定》和《出版物市场管理规定》。制定新闻出版许可证管理办法、新闻采编人员职业资格制度暂行规定和网络连续出版物管理规定等。制定网络出版等新兴出版主体资格和准入条件，制定加强信息网络传播权行政保护指导意见，推动网络使用作品依法依规进行。通过逐步建立以法律法规为主体，以部门规章为配套，以规范性文件为补充的法律法规体系，规范、保障、推动出版融合发展。

11. 加大财政政策支持力度。充分发挥财政引导示范和带动作用，着力改善传统出版和新兴出版融合发展环境。加大中央文化产业发展专项资金支持力度，完善和落实项目补助、贷款贴息、保费补贴、绩效奖励等措施，更好地与新闻出版改革发展项目库等进行衔接，实现财政政策、产业政策与企业需求的有机衔接。支持出版企业在项目实施中更多运用金融资本、社会资本，符合条件的可通过“文化金融扶持计划”给予支持。加大国家出版基金对涉及出版融合发展的出版项目支持力度。继续实施新闻出版业转型升级重大项目，探索将传统出版和新兴出版融合发展纳入重大项目支持范围，突出重点、分步实施、逐年推进。

12. 优化出版行政管理。坚持和完善新闻出版主管主办制度，坚持出版特许经营，严格许可证管理。对网上网下、不同出版业态进行科学管理、有效管理，建立统一的导向要求和内容标准，建立出版单位社会效益评价机制。严厉打击各类非法出版物、网上淫秽色情信息，严厉打击出版领域的侵权盗版行为尤其是网上侵权盗版行为，创造良好的版权保护环境。加强质量管理，建立不良产品和企业退出机制。鼓励有条件的地区和出版单位率先发展，支持有先发优势的产业带、产业基地（园区）依托资源条件和产业优势，建设出版融合发展聚集区，扶持创业孵化，培育新的经济增长点。建立国家级出版融合发展研究基地（中心），对融合发展重大项目实施集智攻关。支持行业组织在出版融合发展研究、标准制定、自律维权等方面发挥积极作用。

13. 实施项目带动战略。充分发挥全民阅读、国家古籍整理出版、农家书屋、民文出版、出版发行网络建设、绿色印刷、“丝路书香”、国家数字复合出版、数字版权保护技术研发等项目的带动作用，支持提升出版融合发展的质量和水平。

14. 强化人才队伍建设。制定出版融合发展人才培养规划，支持出版单位与高校、研究机构和创新型企业联合开展出版融合发展人才培养，加大新兴出版内容生产人才、技术研发人才、资本运作人才和经营管理人才培养引进力度，进一步优化人才结构。建立出版融合发展人才资源库。鼓励出版传媒集团设立人才基金，鼓励出版单位加强领军人才和复合型人才队伍建设。建立健全绩效考核体系，创新项目用人机制，探索出版融合发展条件下吸引人才、留住人才、用好人才的有效途径。

四、组织实施

15. 统筹推进任务措施落实。各出版行政主管部门、出版单位要将出版融合发展列入行业和单位“十三五”规划等重大产业发展规划，制定实施方案，明确时间表、路线图、任务书，合理设计和规划实施项目，重大项目要按程序报批备案。制定精细化的项目指标，加强跟踪测评和效果评估。建立责任考核机制，一层抓一层，层层抓落实，将出版融合发展任务、重点项目落到实处。

16. 进一步加强组织领导。各级出版行政主管部门主要负责同志亲自抓、负总责，会同财政部门结合本地区（部门）实际，切实加强对出版融合发展的组织领导。要形成统一高效的议事决策和协调推动机制，整合各方资源，加强外部协作，强化内部协调，为推动出版融合发展提供有力保障。

国家新闻出版广电总局

财政部

2015 年 3 月 31 日

网络出版服务管理规定

第一章 总则

第一条 为了规范网络出版服务秩序，促进网络出版服务业健康有序发展，根据《出版管理条例》《互联网信息服务管理办法》及相关法律法规，制定本规定。

第二条 在中华人民共和国境内从事网络出版服务，适用本规定。

本规定所称网络出版服务，是指通过信息网络向公众提供网络出版物。

本规定所称网络出版物，是指通过信息网络向公众提供的，具有编辑、制作、加工等出版特征的数字化作品，范围主要包括：

（一）文学、艺术、科学等领域内具有知识性、思想性的文字、图片、地图、游戏、动漫、音视频读物等原创数字化作品；

（二）与已出版的图书、报纸、期刊、音像制品、电子出版物等内容相一致的数字化作品；

（三）将上述作品通过选择、编排、汇集等方式形成的网络文献数据库等数字化作品；

（四）国家新闻出版广电总局认定的其他类型的数字化作品。

网络出版服务的具体业务分类另行制定。

第三条 从事网络出版服务，应当遵守宪法和有关法律、法规，坚持为人民服务、为社会主义服务的方向，坚持社会主义先进文化的前进方向，弘扬社会主义核心价值观，传播和积累一切有益于提高民族素质、推动经济发展、促进社会进步的思想道德、科学技术和文化知识，满足人民群众日益增长的精神文化需要。

第四条 国家新闻出版广电总局作为网络出版服务的行业主管部门，负责全国网络出版服务的前置审批和监督管理工作。工业和信息化部作为互联网行业主管部门，依据职责对全国网络出版服务实施相应的监督管理。

地方人民政府各级出版行政主管部门和各省级电信主管部门依据各自职责对本行政区域内网络出版服务及接入服务实施相应的监督管理工作并做好配合工作。

第五条 出版行政主管部门根据已经取得的违法嫌疑证据或者举报，对涉嫌违法从事网络出版服务的行为进行查处时，可以检查与涉嫌违法行为有关的物品和经营场所；对有证据证明是与违法行为有关的物品，可以查封或者扣押。

第六条 国家鼓励图书、音像、电子、报纸、期刊出版单位从事网络出版服务，加快与新媒体的融合发展。

国家鼓励组建网络出版服务行业协会，按照章程，在出版行政主管部门的指导下制定行业自律规范，倡导网络文明，传播健康有益内容，抵制不良有害内容。

第二章 网络出版服务许可

第七条 从事网络出版服务，必须依法经过出版行政主管部门批准，取得《网络出版服务许可证》。

第八条 图书、音像、电子、报纸、期刊出版单位从事网络出版服务，应当具备以下条件：

（一）有确定的从事网络出版业务的网站域名、智能终端应用程序等出版平台；

（二）有确定的网络出版服务范围；

（三）有从事网络出版服务所需的必要的技术设备，相关服务器和存储设备必须存放在中华人民共和国境内。

第九条 其他单位从事网络出版服务，除第八条所列条件外，还应当具备以下条件：

（一）有确定的、不与其他出版单位相重复的，从事网络出版服务主体的名称及章程；

（二）有符合国家规定的法定代表人和主要负责人，法定代表人必须是在境内长久居住的具有完全行为能力的中国公民，法定代表人和主要负责人至少 1 人应当具有中级以上出版专业技术人员职业资格；

（三）除法定代表人和主要负责人外，有适应网络出版服务范围需要的 8 名以上具有国家新闻出版广电总局认可的出版及相关专业技术职业资格的专职编辑出版人员，其中具有中级以上职业资格的人员不得少于 3 名；

（四）有从事网络出版服务所需的内容审校制度；

（五）有固定的工作场所；

（六）法律、行政法规和国家新闻出版广电总局规定的其他条件。

第十条 中外合资经营、中外合作经营和外资经营的单位不得从事网络出版服务。

网络出版服务单位与境内中外合资经营、中外合作经营、外资经营企业或境外组织及个人进行网络出版服务业务的项目合作，应当事前报国家新闻出版广电总局审批。

第十一条 申请从事网络出版服务，应当向所在地省、自治区、直辖市出版行政主管部门提出申请，经审核同意后，报国家新闻出版广电总局审批。国家新闻出版广电总局应当自受理申请之日起 60 日内，作出批准或者不予批准的决定。不批准的，应当说明理由。

第十二条 从事网络出版服务的申报材料，应该包括下列内容：

（一）《网络出版服务许可证申请表》；

（二）单位章程及资本来源性质证明；

（三）网络出版服务可行性分析报告，包括资金使用、产品规划、技术条件、设备配备、机构设置、人员配备、市场分析、风险评估、版权保护措施等；

（四）法定代表人和主要负责人的简历、住址、身份证明文件；

（五）编辑出版等相关专业技术人员的国家认可的职业资格证明和主要从业经历及培训证明；

（六）工作场所使用证明；

（七）网站域名注册证明、相关服务器存放在中华人民共和国境内的承诺。

本规定第八条所列单位从事网络出版服务的，仅提交前款（一）（六）（七）项规定的材料。

第十三条 设立网络出版服务单位的申请者应自收到批准决定之日起 30 日内办理注册登记手续：

（一）持批准文件到所在地省、自治区、直辖市出版行政主管部门领取并填写《网络出版服务许可登记表》；

（二）省、自治区、直辖市出版行政主管部门对《网络出版服务许可登记表》审核无误后，在 10 日内向申请者发放《网络出版服务许可证》；

（三）《网络出版服务许可登记表》一式三份，由申请者和省、自治区、直辖市出版行政主管部门各存一份，另一份由省、自治区、直辖市出版行政主管部门在 15 日内报送国家新闻出版广电总局备案。

第十四条《网络出版服务许可证》有效期为 5 年。有效期届满，需继续从事网络出版服务活动的，应于有效期届满 60 日前按本规定第十一条的程序提出申请。出版行政主管部门应当在该许可有效期届满前作出是否准予延续的决定。批准的，换发《网络出版服务许可证》。

第十五条 网络出版服务经批准后，申请者应持批准文件、《网络出版服务许可证》到所在地省、自治区、直辖市电信主管部门办理相关手续。

第十六条 网络出版服务单位变更《网络出版服务许可证》许可登记事项、资本结构，合并或者分立，设立分支机构的，应依据本规定第十一条办理审批手续，并应持批准文件到所在地省、自治区、直辖市电信主管部门办理相关手续。

第十七条 网络出版服务单位中止网络出版服务的，应当向所在地省、自治区、直辖市出版行政主管部门备案，并说明理由和期限；网络出版服务单位中止网络出版服务不得超过 180 日。

网络出版服务单位终止网络出版服务的，应当自终止网络出版服务之日起 30 日内，向所在地省、自治区、直辖市出版行政主管部门办理注销手续后到省、自治区、直辖市电信主管部门办理相关手续。省、自治区、直辖市出版行政主管部门将相关信息报国家新闻出版广电总局备案。

第十八条 网络出版服务单位自登记之日起满 180 日未开展网络出版服务的，由原登记的出版行政主管部门注销登记，并报国家新闻出版广电总局备案。同时，通报相关省、自治区、直辖市电信主管部门。

因不可抗力或者其他正当理由发生上述所列情形的，网络出版服务单位可以向原登记的出版行政主管部门申请延期。

第十九条 网络出版服务单位应当在其网站首页上标明出版行政主管部门核发的《网络出版服务许可证》编号。

互联网相关服务提供者在为网络出版服务单位提供人工干预搜索排名、广告、推广等服务时，应当查验服务对象的《网络出版服务许可证》及业务范围。

第二十条 网络出版服务单位应当按照批准的业务范围从事网络出版服务，不得超出批准的业务范围从事网络出版服务。

第二十一条 网络出版服务单位不得转借、出租、出卖《网络出版服务许可证》或以任何形式转让网络出版服务许可。

网络出版服务单位允许其他网络信息服务提供者以其名义提供网络出版服务，属于前款所称禁止行为。

第二十二条 网络出版服务单位实行特殊管理股制度，

具体办法由国家新闻出版广电总局另行制定。

第三章 网络出版服务管理

第二十三条 网络出版服务单位实行编辑责任制度，保障网络出版物内容合法。

网络出版服务单位实行出版物内容审核责任制度、责任编辑制度、责任校对制度等管理制度，保障网络出版物出版质量。

在网络上出版其他出版单位已在境内合法出版的作品且不改变原出版物内容的，须在网络出版物的相应页面显著标明原出版单位名称以及书号、刊号、网络出版物号或者网址信息。

第二十四条 网络出版物不得含有以下内容：

（一）反对宪法确定的基本原则的；

（二）危害国家统一、主权和领土完整的；

（三）泄露国家秘密、危害国家安全或者损害国家荣誉和利益的；

（四）煽动民族仇恨、民族歧视，破坏民族团结，或者侵害民族风俗、习惯的；

（五）宣扬邪教、迷信的；

（六）散布谣言，扰乱社会秩序，破坏社会稳定的；

（七）宣扬淫秽、色情、赌博、暴力或者教唆犯罪的；

（八）侮辱或者诽谤他人，侵害他人合法权益的；

（九）危害社会公德或者民族优秀文化传统的；

（十）有法律、行政法规和国家规定禁止的其他内容的。

第二十五条 为保护未成年人合法权益，网络出版物不得含有诱发未成年人模仿违反社会公德和违法犯罪行为的内容，不得含有恐怖、残酷等妨害未成年人身心健康的内容，不得含有披露未成年人个人隐私的内容。

第二十六条 网络出版服务单位出版涉及国家安全、社会安定等方面重大选题的内容，应当按照国家新闻出版广电总局有关重大选题备案管理的规定办理备案手续。未经备案的重大选题内容，不得出版。

第二十七条 网络游戏上网出版前，必须向所在地省、自治区、直辖市出版行政主管部门提出申请，经审核同意后，报国家新闻出版广电总局审批。

第二十八条 网络出版物的内容不真实或不公正，致使公民、法人或者其他组织合法权益受到侵害的，相关网络出版服务单位应当停止侵权，公开更正，消除影响，并依法承担其他民事责任。

第二十九条 国家对网络出版物实行标识管理，具体办法由国家新闻出版广电总局另行制定。

第三十条 网络出版物必须符合国家的有关规定和标准要求，保证出版物质量。

网络出版物使用语言文字，必须符合国家法律规定和有关标准规范。

第三十一条 网络出版服务单位应当按照国家有关规定或技术标准，配备应用必要的设备和系统，建立健全各项管理制度，保障信息安全、内容合法，并为出版行政主管部门依法履行监督管理职责提供技术支持。

第三十二条 网络出版服务单位在网络上提供境外出版物，应当取得著作权合法授权。其中，出版境外著作权人授权的网络游戏，须按本规定第二十七条办理审批手续。

第三十三条 网络出版服务单位发现其出版的网络出版物含有本规定第二十四条、第二十五条所列内容的，应当立即删除，保存有关记录，并向所在地县级以上出版行政主管部门报告。

第三十四条 网络出版服务单位应记录所出版作品的内容及其时间、网址或者域名，记录应当保存60日，并在国家有关部门依法查询时，予以提供。

第三十五条 网络出版服务单位须遵守国家统计规定，依法向出版行政主管部门报送统计资料。

第四章 监督管理

第三十六条 网络出版服务的监督管理实行属地管理原则。

各地出版行政主管部门应当加强对本行政区域内的网络出版服务单位及其出版活动的日常监督管理，履行下列职责：

（一）对网络出版服务单位进行行业监管，对网络出版服务单位违反本规定的情况进行查处并报告上级出版行政主管部门；

（二）对网络出版服务进行监管，对违反本规定的行为进行查处并报告上级出版行政主管部门；

（三）对网络出版物内容和质量进行监管，定期组织内容审读和质量检查，并将结果向上级出版行政主管部门报告；

（四）对网络出版从业人员进行管理，定期组织岗位、业务培训和考核；

（五）配合上级出版行政主管部门、协调相关部门、指导下级出版行政主管部门开展工作。

第三十七条 出版行政主管部门应当加强监管队伍和机构建设，采取必要的技术手段对网络出版服务进行管理。出版行政主管部门依法履行监督检查等执法职责时，网络出版服务单位应当予以配合，不得拒绝、阻挠。

各省、自治区、直辖市出版行政主管部门应当定期将本行政区域内的网络出版服务监督管理情况向国家新闻出版广电总局提交书面报告。

第三十八条 网络出版服务单位实行年度核验制度，年度核验每年进行一次。省、自治区、直辖市出版行政主管部门负责对本行政区域内的网络出版服务单位实施年度核验并将有关情况报国家新闻出版广电总局备案。

年度核验内容包括网络出版服务单位的设立条件、登记项目、出版经营情况、出版质量、遵守法律规范、内部管理情况等。

第三十九条 年度核验按照以下程序进行：

（一）网络出版服务单位提交年度自检报告，内容包括：本年度政策法律执行情况，奖惩情况，网站出版、管理、运营绩效情况，网络出版物目录，对年度核验期内的违法违规行为的整改情况，编辑出版人员培训管理情况等；并填写由国家新闻出版广电总局统一印制的《网络出版服务年度核验登记表》，与年度自检报告一并报所在地省、自治区、直辖市出版行政主管部门；

（二）省、自治区、直辖市出版行政主管部门对本行政区域内的网络出版服务单位的设立条件、登记项目、开展业务及执行法规等情况进行全面审核，并在收到网络出版服务单位的年度自检报告和《网络出版服务年度核验登记表》等年度核验材料的45日内完成全面审核查验工作。对符合年度核验要求的网络出版服务单位予以登记，并在其《网络出版服务许可证》上加盖年度核验章；

（三）省、自治区、直辖市出版行政主管部门应于完成全面审核查验工作的15日内将年度核验情况及有关书面材料报国家新闻出版广电总局备案。

第四十条 有下列情形之一的，暂缓年度核验：

（一）正在停业整顿的；

（二）违反出版法规规章，应予处罚的；

（三）未按要求执行出版行政主管部门相关管理规定的；

（四）内部管理混乱，无正当理由未开展实质性网络出版服务活动的；

（五）存在侵犯著作权等其他违法嫌疑需要进一步核查的。

暂缓年度核验的期限由省、自治区、直辖市出版行政主管部门确定，报国家新闻出版广电总局备案，最长不得超过180日。暂缓年度核验期间，须停止网络出版服务。

暂缓核验期满，按本规定重新办理年度核验手续。

第四十一条 已经不具备本规定第八条、第九条规定条件的，责令限期改正；逾期仍未改正的，不予通过年度核验，由国家新闻出版广电总局撤销《网络出版服务许可证》，所在地省、自治区、直辖市出版行政主管部门注销登记，并通知当地电信主管部门依法处理。

第四十二条 省、自治区、直辖市出版行政主管部门可根据实际情况，对本行政区域内的年度核验事项进行调整，相关情况报国家新闻出版广电总局备案。

第四十三条 省、自治区、直辖市出版行政主管部门可以向社会公布年度核验结果。

第四十四条 从事网络出版服务的编辑出版等相关专业技术人员及其负责人应当符合国家关于编辑出版等相关专业技术人员职业资格管理的有关规定。

网络出版服务单位的法定代表人或主要负责人应按照有关规定参加出版行政主管部门组织的岗位培训，并取得国家新闻出版广电总局统一印制的《岗位培训合格证书》。未按规定参加岗位培训或培训后未取得《岗位培训合格证书》的，不得继续担任法定代表人或主要负责人。

第五章 保障与奖励

第四十五条 国家制定有关政策，保障、促进网络出版服务业的发展与繁荣。鼓励宣传科学真理、传播先进文化、倡导科学精神、塑造美好心灵、弘扬社会正气等有助于形成先进网络文化的网络出版服务，推动健康文化、优秀文化产品的数字化、网络化传播。

网络出版服务单位依法从事网络出版服务，任何组织和个人不得干扰、阻止和破坏。

第四十六条 国家支持、鼓励下列优秀的、重点的网络出版物的出版：

（一）对阐述、传播宪法确定的基本原则有重大作用的；

（二）对弘扬社会主义核心价值观，进行爱国主义、集体主义、社会主义和民族团结教育以及弘扬社会公德、职业道德、家庭美德、个人品德有重要意义的；

（三）对弘扬民族优秀文化，促进国际文化交流有重大作用的；

（四）具有自主知识产权和优秀文化内涵的；

（五）对推进文化创新，及时反映国内外新的科学文化成果有重大贡献的；

（六）对促进公共文化服务有重大作用的；

（七）专门以未成年人为对象、内容健康的或者其他有利于未成年人健康成长的；

（八）其他具有重要思想价值、科学价值或者文化艺术价值的。

第四十七条 对为发展、繁荣网络出版服务业作出重要贡献的单位和个人，按照国家有关规定给予奖励。

第四十八条 国家保护网络出版物著作权人的合法权益。网络出版服务单位应当遵守《中华人民共和国著作权法》《信息网络传播权保护条例》《计算机软件保护条例》等著作权法律法规。

第四十九条 对非法干扰、阻止和破坏网络出版物出版的行为，出版行政主管部门及其他有关部门，应当及时采取措施，予以制止。

第六章 法律责任

第五十条 网络出版服务单位违反本规定的，出版行政主管部门可以采取下列行政措施：

（一）下达警示通知书；

（二）通报批评、责令改正；

（三）责令公开检讨；

（四）责令删除违法内容。

警示通知书由国家新闻出版广电总局制定统一格式，由出版行政主管部门下达给相关网络出版服务单位。

本条所列的行政措施可以并用。

第五十一条 未经批准，擅自从事网络出版服务，或者擅自上网出版网络游戏（含境外著作权人授权的网络游戏），根据《出版管理条例》第六十一条、《互联网信息服务管理办法》第十九条的规定，由出版行政主管部门、工商行政管理部门依照法定职权予以取缔，并由所在地省级电信主管部门依据有关部门的通知，按照《互联网信息服务管理办法》第十九条的规定给予责令关闭网站等处罚；已经触犯刑法的，依法追究刑事责任；尚不够刑事处罚的，删除全部相关网络出版物，没收违法所得和从事违法出版活动的主要设备、专用工具，违法经营额1万元以上的，并处违法经营额5倍以上10倍以下的罚款；违法经营额不足1万元的，可以处5万元以下的罚款；侵犯他人合法权益的，依法承担民事责任。

第五十二条 出版、传播含有本规定第二十四条、第二十五条禁止内容的网络出版物的，根据《出版管理条例》第六十二条、《互联网信息服务管理办法》第二十条的规定，由出版行政主管部门责令删除相关内容并限期改正，没收违法所得，违法经营额1万元以上的，并处违法经营额5倍以上10倍以下罚款；违法经营额不足1万元的，可以处5万元以下罚款；情节严重的，责令限期停业整顿或者由国家新闻出版广电总局吊销《网络出版服务许可证》，由电信主管部门依据出版行政主管部门的通知吊销其电信业务经营许可或者责令关闭网站；构成犯罪的，依法追究刑事责任。

为从事本条第一款行为的网络出版服务单位提供人工干预搜索排名、广告、推广等相关服务的，由出版行政主管部门责令其停止提供相关服务。

第五十三条 违反本规定第二十一条的，根据《出版管理条例》第六十六条的规定，由出版行政主管部门责令停止违法行为，给予警告，没收违法所得，违法经营额1万元以上的，并处违法经营额5倍以上10倍以下的罚款；违法经营额不足1万元的，可以处5万元以下的罚款；情节严重的，责令限期停业整顿或者由国家新闻出版广电总局吊销《网络出版服务许可证》。

第五十四条 有下列行为之一的，根据《出版管理条例》第六十七条的规定，由出版行政主管部门责令改正，给予警告；情节严重的，责令限期停业整顿或者由国家新闻出版广电总局吊销《网络出版服务许可证》：

（一）网络出版服务单位变更《网络出版服务许可证》登记事项、资本结构，超出批准的服务范围从事网络出版服务，合并或者分立，设立分支机构，未依据本规定办理审批手续的；

（二）网络出版服务单位未按规定出版涉及重大选题出版物的；

（三）网络出版服务单位擅自中止网络出版服务超过180日的；

（四）网络出版物质量不符合有关规定和标准的。

第五十五条 违反本规定第三十四条的，根据《互联网信息服务管理办法》第二十一条的规定，由省级电信主管部门责令改正；情节严重的，责令停业整顿或者暂时关闭网站。

第五十六条 网络出版服务单位未依法向出版行政主管部门报送统计资料的，依据《新闻出版统计管理办法》处罚。

第五十七条 网络出版服务单位违反本规定第二章规定，以欺骗或者贿赂等不正当手段取得许可的，由国家新闻出版广电总局撤销其相应许可。

第五十八条 有下列行为之一的，由出版行政主管部门责令改正，予以警告，并处3万元以下罚款：

（一）违反本规定第十条，擅自与境内外中外合资经营、中外合作经营和外资经营的企业进行涉及网络出版服务业务的合作的；

（二）违反本规定第十九条，未标明有关许可信息或者未核验有关网站的《网络出版服务许可证》的；

（三）违反本规定第二十三条，未按规定实行编辑责任制度等管理制度的；

（四）违反本规定第三十一条，未按规定或标准配备应用有关系统、设备或未健全有关管理制度的；

（五）未按本规定要求参加年度核验的；

（六）违反本规定第四十四条，网络出版服务单位的法定代表人或主要负责人未取得《岗位培训合格证书》的；

（七）违反出版行政主管部门关于网络出版其他管理规定的。

第五十九条 网络出版服务单位违反本规定被处以吊销许可证行政处罚的，其法定代表人或者主要负责人自许可证被吊销之日起10年内不得担任网络出版服务单位的法定代表人或者主要负责人。

从事网络出版服务的编辑出版等相关专业技术人员及其负责人违反本规定，情节严重的，由原发证机关吊销其资格证书。

第七章 附则

第六十条 本规定所称出版物内容审核责任制度、责任编辑制度、责任校对制度等管理制度，参照《图书质量保障体系》的有关规定执行。

第六十一条 本规定自2016年3月10日起施行。原国家新闻出版总署、信息产业部2002年6月27日颁布的《互联网出版管理暂行规定》同时废止。

国家新闻出版广电总局
关于进一步加快广播电视媒体与新兴媒体融合发展的意见

新广电发〔2016〕124号

广播电视媒体与新兴媒体融合发展是大势所趋，是广播电视媒体革新图存、赢得未来的必由之路。为深入贯彻党的十八大及十八届三中、四中、五中全会精神和习近平总书记系列重要讲话精神，全面落实中办国办《关于推动传统媒体和新兴媒体融合发展的指导意见》，促进广播电视媒体转型升级，提升广播电视媒体在网络空间的传播力影响力公信力和舆论引导能力，现就进一步加快广播电视媒体与新兴媒体融合发展提出如下意见。

一、总体要求

1. 指导思想。以习近平总书记系列重要讲话为指导，认真履行党的新闻舆论工作的职责和使命，始终坚持以人民为中心的发展思想，通过持续创新加快推动广播电视媒体与新兴媒体深度融合，不断巩固壮大主流宣传思想文化阵地，为协调推进“四个全面”战略布局、落实五大发展理念、决胜全面建成小康社会、实现中华民族伟大复兴的中国梦提供坚实的思想舆论支撑。

2. 基本原则。广播电视媒体与新兴媒体融合发展应坚持以下原则：

坚持正确方向。牢牢坚持党性原则、马克思主义新闻观、正确舆论导向和正面宣传为主，把正确舆论导向要求贯穿到广播电视媒体融合发展各环节、全过程。大力传播正能量，深化“中国梦”主题宣传，激发全社会共同奋进的精神力量。着力壮大广播电视主业，始终把社会效益放在首位，实现社会效益和经济效益相统一。

坚持协同创新。用深度融合的战略谋划，推动广播电视媒体和新兴媒体在内容创新、渠道拓展、平台运营、流程再造、组织重构、安全保障等各个环节的协同演进和一体化发展，通过双向驱动、并行并重、资源共享、此长彼长，实现广播电视媒体与互联网从简单相“加”迈向深度相“融”的根本性转变。

坚持因地制宜。发挥广播电视媒体的品牌优势、区位优势、资源优势和公信力优势，找准与新兴媒体深度融合的切入点和着力点，通过重大项目驱动战略实施，通过局部突破带动整体融合，通过特色服务打造竞争优势。把握分众化、差异化传播趋势，在构建舆论引导新格局中发挥主导作用。

3. 总体目标。力争两年内，广播电视媒体与新兴媒体融合发展在局部区域取得突破性进展，形成几种基本模式。在“十三五”后期，融合发展取得全局性进展，建成多个形态多样、手段先进、具有竞争力的新型主流媒体，打造出数家拥有较强实力的新型媒体集团，基本形成布局合理、竞争有序、特色鲜明、形态多样并具有可持续发展能力的中国广播电视媒体融合新格局。

二、重点任务

4. 树立深度融合发展理念。把握媒体融合发展大势，增强广播电视媒体与新兴媒体深度融合的紧迫感。以深度融合思维统领广播电视发展顶层设计和媒介资源配置，推动广播电视媒体与新兴媒体融为一体、合而为一。按照一体化发展理念，推动频率频道与广播电视媒体网站、移动客户端等新兴媒介资源有机整合，推动节目、技术、平台、人才等生产要素共享融通，实现广播电视节目向产品转变、观众听众向用户转变、分类传播向协同传播转变、传媒服务向现代传媒及综合信息服务转变。完善管理制度，推动网上网下、不同业态统一导向要求和内容标准。

5. 加快融合型节目体系建设。融合发展必须坚持内容为王，以内容优势赢得发展优势。坚持内容为王，必须增强广播电视台的节目原创能力和节目集成能力，构建面向多渠道、多终端传播的节目资源体系。强化“新闻立台”，改进新闻采编，进一步提高新闻发布及时性和节目内容权威性，把握舆论引导主动权。树立精品意识，实施品牌战略，提升节目品质，加大对影视剧、综艺、文化益智、生活服务、社会公益等各类节目内容创作生产的投入。鼓励采取自主原创、联合制作、联合开发、委托制作等方式，创新节目模式和内容，积聚种类多元的优质节目内容版权资源，做大做强节目库。开发节目版权的不同表现形态和呈现方式，为节目版权价值最大化奠定基础。增强广播电视台在原创品牌节目中的主导权，让广播电视台真正做讲好中国故事的主力军，旗帜鲜明引领文化时代风尚。积极利用互动、虚拟现实（VR）等新技术创新节目形态，激发用户参与节目创作热情，增强节目吸引力。

6. 加快融合型制播体系建设。以制播云平台为核心建设融合型的节目制作与播控体系。整合升级现有制播平台的计算、存储和网络资源，统筹各类采编渠道和各种播出方式，构建集采编、制作、存储、发布、安全管控、运营于一体的广播电视制播云平台。根据制播安全需要，建设广播电视制播公有云、私有云、混合云和专属云，并通过规范性接口、网络安全设备、通信策略等明确制播云平台体系安全边界，确保信息传输和系统安全。提升制播云平台业务基础、运营支撑、公共能力、资源适配、平台开发接口等服务能力，优化平台内容生产、内容汇聚、内容管理、内容开发、协同管理、数据分析等功能，适应节目内容多渠道采集、多方式呈现、多平台发布、多业务融合发展需要。

7. 加快融合型传播体系建设。统筹广播电视网、电信网、互联网等多种信息网络，构建泛在、互动、智能并具有信息安全保障的节目传播覆盖体系。充分利用有线、卫星、无线等广播电视网络资源，建设广播电视网络协同传播平台。积极利用电信网、互联网、移动互联网等网络资源，大力发展网络视听节目服务和综合信息服务；在广播电视媒体主导集成播控平台的前提下，稳妥、规范开展 IPTV、互联网电视等广播电视类新业务；以广电为主导，建设几个大型视频平台、音频平台和新闻资讯平台，大幅度提升广电在新兴媒体领域的影响力，为打造新型主流媒体和新型媒体集团奠定基础。适度借力商业平台传播技术和渠道，利用微博、微信公众号等社交媒体方式，“以我为主”发展融合新业态。推进节目制播与社交网络平台对接互动，利用社群吸引用户参与节目制作和传播，丰富用户体验，增强平台黏性。

8. 加快融合型服务体系建设。发挥广播电视媒体公信力优势和广播电视节目表现形态优势，依托制播云平台和各种传播资源，大力开展综合信息服务，积极融入现代服务业。努力寻求广播电视与政务、商务、教育、医疗、旅游、金融、农业、环保等相关行业合作与融合的有效路径，积极参与智慧城市、智慧乡村、智慧社区和智慧家庭建设。加快建立跨区域融合服务平台，推动全行业融合型服务业务协同共进。

9. 加快融合型技术体系建设。抢占网络信息技术制高点，开展云计算、大数据、智能技术等关键技术研发和应用，完善以云平台、大数据等先进技术为核心的广播电视融合技术支撑体系。通过整合和升级广播电视台内网资源、利用公有云服务等方式，建设广播电视制播云，推动全国性融合媒体制播云建设。利用云技术、云服务完善 IPTV 集成播控平台、手机电视集成播控平台、互联网电视集成平台等广播电视新媒体平台。建立用户大数据平台，深入分析用户的群体分布特征和多样化个性化需求，以用户数据、用户画像作为节目创新和服务创新的重要参考，做到精准生产、精准传播、精准服务。健全运营支撑系统，增强广播电视媒体直接面向用户提供服务能力。推动智能电视操作系统 TVOS 在广播电视智能终端应用，促进广播电视媒体终端智能化、标准化。

10. 加快融合型经营体系建设。树立一体化营销理念，把增强广播电视媒体整体实力作为主要经营目标，推动各类经营性业务协同发展。依托优质内容和创新平台，开发付费服务市场。创新广告经营模式，在融合发展领域培育新的广告经营增长点。面向市场深度挖掘版权内容价值，延伸版权内容产业链，实现长尾效应。借助社交网络的交融混合传播力，着力经营节目和产品的粉丝圈，深耕不同粉丝社群的潜在价值，延伸服务空间和产业价值。依托广播电视节目丰富的信息承载能力，开发从线上到线下的各类新型业务，力争从信息服务、电子商务、实体经济等多个领域获取收益。

11. 加快融合型运行机制建设。把握新闻传播规律和互联网发展规律，按照媒体融合发展需要，重构广播电视业务流程和运行机制。以广播电视新闻制播为基础，打造新闻信息的“中央厨房”，做到一次性采集、多媒体呈现、多渠道发布。以融合性业务为核心，整合广播电视资源，做大做强广播电视主业。建立融合协调机制，统一协调融合发展中的资源调度、流程对接等工作。发挥市场在资源配置中的积极作用，探索以资本为纽带加快融合发展，参与控股或参股互联网企业、科技企业，开展对互联网企业有关特许经营业务实行特殊管理股制度试点。探索跨区域资源整合和资源共享的运行方式，实现新媒体业务的集约化、规模化发展。借助社会力量加强融合项目的技术研发和市场开拓。

12. 加快融合型人才队伍建设。坚持政治家办台办网，在关键岗位、核心岗位配备政治坚定、业务精湛、作风优良的专业人才。探索人才激励措施，建立科学合理、适应新媒体特点的人才激励机制，凝聚人才，激发活力，鼓励创新，调动从业人员融合发展积极性。加强新兴媒体内容生产人才、技术研发人才、资本运作人才和经营管理人才的培养引进，优化人才结构。加强全媒型、融合型、专家型媒体人才培训，造就一批拔尖创新人才。推动人才在广播电视媒体与新媒体平台之间合理流动，激发人才创新活力。

三、实施保障

13. 加强组织领导。高度重视广播电视媒体融合发展，主要负责同志要亲自抓、负总责。各级新闻出版广电行政部门要从多方面创造条件支持加快广播电视媒体与新兴媒体融合发展。各级广播电视台要把媒体融合发展作为一把手工程，对广播电视媒体融合工作进行统一领导、统一调度、统一管理；要加强统筹规划，制定进度安排，确立重点项目，依靠项目驱动加快深度融合；要安排熟悉情况、了解新兴媒体的班子成员落实具体工作。

14. 加大政策扶持力度。国家新闻出版广电总局将从完善法规、行业准入、内容建设扶持、行业秩序规范等多个层面支持广播电视媒体融合发展，重点扶持一批新型主流媒体和新型媒体集团。各级新闻出版广电行政部门要加强辖区内融合发展重点项目的规划与设计，争取将广播电视媒体融合发展项目纳入当地经济社会文化发展规划；要探索设立广播电视媒体融合发展专项资金，现有的文化产业发展专项资金要向广播电视媒体融合重大传播平台、重点项目适当倾斜；要规范广播电视媒体引入金融资本和社会资本参与融合发展项目。各级广播电视台要以良好的公信力及优质服务保障，争取地方政府的公开信息、数据、资金等媒体合作资源优先提供给当地广播电视媒体融合发展项目；要加大对新媒体业务和媒体融合项目的直接投入，积极争取财政补助资金支持，并将全台一定比例的创收收入用于新媒体平台的建设和运营。

15. 加强知识产权保护。加强节目内容版权保护，加大对盗版、盗播等侵权行为的查处力度，维护著作人权益。完善节目版权交易制度和交易平台建设，为节目版权交易提供便利条件。推动版权保护相关技术研发应用，提升对盗版、盗播等侵权行为的追溯能力。发挥行业协会作用，强化行业自教自律，增强行业正版化意识。强化节目、信息制作传播中相关版权、商标权、专利权、商业秘密等知识产权保护意识，支持从业机构尽早申请获取相关权益。

16. 完善融合考评体系。把广播电视媒体融合发展推进成效纳入广播电视台领导班子考核体系。统筹收视收听率调查、专家评价、新媒体平台传播指数等指标，探索建立适应广播电视媒体融合发展需要的节目综合评价体系。尊重新兴媒体发展规律，把广播电视媒体综合效益的提升作为主要考核目标，避免向新媒体业务硬压经济指标和追求短期利益，给新媒体业务和融合平台必要的培育周期与成长空间。建立健全基于全媒体、大数据的节目传播综合评价标准体系，引导行业协会、第三方服务机构等单位客观提供节目综合传播监测数据服务，确保数据的公正性和权威性。

国家新闻出版广电总局
2016年7月2日

关于加快新闻出版业实验室建设的指导意见

新广出办发［2016］81号

各省、自治区、直辖市新闻出版广电局，新疆生产建设兵团新闻出版广电局，各相关行业协会、行业机构，各新闻出版企业，各相关院校及科研院所：

为全面贯彻中共中央、国务院《关于深化体制机制改革加快实施创新驱动发展战略的若干意见》精神，贯彻落实《国家“十三五”时期文化改革发展规划纲要》《新闻出版广播影视“十三五”发展规划》《新闻出版广播影视“十三五”科技发展规划》等提出的相关任务，完善新闻出版业科技创新体系，培养和凝聚高端复合型人才，加快新闻出版业转型升级，创新融合发展模式，提高新闻出版业自主创新能力，在“十三五”期间推动新闻出版业实验室（以下简称“实验室”）建设，特制定本指导意见。

一、建设背景

目前，新闻出版业已成为推动社会经济转型发展的重要力量、促进科技深度融合发展的关键领域、保障国家文化安全与互联网安全的主要阵地。“十三五”期间，新闻出版业需要加快实验室建设，以发挥科技的支撑与引领作用，加强科技研发、标准研制、技术应用、人才培养、模式创新，加快新闻出版业转型升级，促进传统媒体与新兴媒体、传统出版与新兴出版的融合发展，推动新闻出版业拓展新业务、建立新业态、产生新效能。

二、重要意义

（一）完善新闻出版业科技创新体系的迫切要求。通过实验室的建设，强化科技创新体系建设，促进产学研用的有机结合，有利于完善科技创新长效机制，提高新闻出版业可持续性创新能力。

（二）提升新闻出版业核心竞争力的有效手段。通过实验室的建设，强化产业技术原始创新能力，突破一批重大技术装备和产业关键技术，有利于打破技术壁垒，提升新闻出版业的核心竞争力。

（三）促进新闻出版业融合发展的必然选择。通过实验室的建设，跟踪、培育和掌握一批前沿技术，推进高新技术的产业应用，促进业务模式创新，有利于推动新闻出版业自身、新闻出版业与其他产业的融合发展。

（四）强化企业成为创新主体地位的重要途径。通过实验室的建设，以新闻出版行业需求为导向，引导企业加大投入，整合产学研用资源，有利于提升企业创新能力，夯实企业的创新主体地位。

三、指导思想

坚持自主创新、重点突破、支撑发展、跨界融合、引领未来的指导方针，以开展创新活动、培育创新成果、凝聚高端复合型人才、满足行业发展需求为目标，立足国内、跟踪国际发展趋势，实施课题引领、项目带动战略，着力解决制约行业发展的瓶颈问题，推动科技成果应用，探索模式创新，加强新闻出版与科技融合，加快新闻出版业转型升级，促进新闻出版业融合发展，为新闻出版业健康、有序、可持续发展提供有力支撑。

四、建设目标

到“十三五”期末，通过建设重点突出、布局合理、规模适度的实验室群，全面推进关键技术研发，深入开展标准研制，提升行业科技成果的应用水平，全面推动数字化转型升级，积极探索融合发展的模式创新，促进人才培养与队伍建设，优化创新环境，发挥新闻出版业实验室群的创新驱动力，推动新闻出版业创新体系建设。

五、建设原则

（一）统筹规划、合理布局。围绕中心、服务大局，把握新闻出版业发展趋势，服从建设新闻出版强国的总体部署，立足新闻出版业的发展实际，加强国际交流与合作，统筹整合资源、强化顶层设计，合理规划各级各类实验室的发展定位和建设布局。

（二）政府引导、企业为主。充分发挥政府的引导与扶持作用，依托行业机构加强指导，支持以新闻出版企业为主体，调动高等院校、科研院所等单位的积极性，鼓励技术企业积极参与，以分级管理、分类指导、产学研用相结合的方式推动实验室建设。

（三）需求导向、有序推进。全面系统梳理新闻出版业在科技创新、模式创新方面的发展需求，科学合理布局，突破重点、夯实基础、急用先行，分阶段、分层次、分类别推进实验室建设工作。

（四）创新机制、强化管理。积极探索体制机制创新路径，加强实验室建设与其他工作的协同，鼓励实验室充分利用外部资源，促进各实验室之间的资源共享、优势互补，逐步建立科学评价、动态调整的管理机制。

六、建设任务

（一）总体建设任务

深入分析制约新闻出版业发展的瓶颈，针对改革与发展的迫切需求，提出有针对性的实验课题；开展新闻出版领域共性关键技术攻关，不断积累原始创新成果和知识产权；推动与新闻出版业发展需求相适应的新兴学科建设，促进学术带头人和行业领军人才培养，支持适应新业态发展的基础人员培训；积极开展国际合作、学术研讨和专题交流，全面掌握国内外新闻出版科技发展动向，跟踪国内外新闻出版新业态与新模式的发展趋势；为政府提供决策支持，为行业提供咨询服务，面向企业开展创新成果的应用推广。

（二）分级建设任务

围绕国家新闻出版业科技发展的重大战略部署，由新闻出版广电总局批准建立新闻出版业重点实验室；围绕区域新闻出版业发展规划，由各省级新闻出版广电行政管理部门批准建立区域性实验室；围绕行业机构、行业协会相关领域的专项工作计划，由其推动建立专项实验室；围绕企业发展战略规划，由新闻出版企业自主建立或与相关机构联合建立企业实验室。

（三）分类建设任务

各级新闻出版业实验室分为出版融合发展实验室、科技与标准实验室两类，两类实验室互为补充、互为支撑，互相优先提供和运用研究成果。

出版融合发展实验的建设任务，重点研究推动传统出版和新兴出版在内容、渠道、平台、运营、管理以及体制机制等方面深度融合，开展模式创新实践。“十三五”期间，要在应用基础和应用研究、内容资源与生产要素整合融通、内容生产和服务、拓展新技术新应用新业态、一体化传播体系建设、资产管理与资本运作、经营管理机制及生产运营方式、组织机构及运行方式、发挥市场作用、政府管理服务的创新及实践等方向，建设一批出版融合发展实验室。

科技与标准实验室的建设任务，重点解决行业共性关键技术与标准的研发及应用，开展科技创新实践。“十三五”期间，要在生产技术与装备、资源编码与管理、知识挖掘与服务、内容表达与呈现、产品传播与营销、数据管理与运营、版权保护与应用等领域，建设一批专业领域科技与标准实验室、跨领域综合性科技与标准实验室。

七、保障措施

（一）建章立制。新闻出版广电总局将制定实验室管理办法，明确管理职责、规范管理程序、严格考评办法，分类组织行业重点实验室的征集评定工作；指导各省级新闻出版广电行政管理部门、各行业机构与行业协会制定区域性、专项性实验室管理办法，开展征集工作；支持企业围绕自身发展规划建立企业内部管理制度，加快建设企业实验室，逐步完善新闻出版业实验室群的建设与管理。

（二）加大投入。新闻出版广电总局将对新闻出版业重点实验室优先安排补贴资金，对其符合条件的产业化项目优先列入国家新闻出版改革发展项目库，优先支持其承接新闻出版业转型升级、融合发展的重大项目，优先安排其有关人员参加新闻出版广电总局组织的专题学习和培训。

（三）加强推广。新闻出版广电总局将及时总结实验室的创新实践成果，面向行业开展宣传推广活动，提高实验室知名度与影响力，鼓励社会力量广泛参与实验室建设。

（四）组织协调。各级新闻出版广电行政部门要结合本地区实际，切实加强实验室建设的组织领导，加强跨地区跨部门协作，确保各项建设任务的落实。

国家新闻出版广电总局办公厅
2016年10月13日

国家新闻出版广电总局、财政部关于深化新闻出版业数字化转型升级工作的通知

新广出发〔2017〕17号

各省、自治区、直辖市新闻出版广电局、财政厅（局），各计划单列市新闻出版广电局、财政厅（局），新疆生产建设兵团新闻出版广电局、财政局，各相关行业机构、行业协会，各新闻出版企业：

自2014年国家新闻出版广电总局、财政部联合发布《关于推动新闻出版业数字化转型升级的指导意见》以来，在国家新闻出版广电总局、财政部的统一部署与具体指导下，各地新闻出版广电局、财政厅（局）密切配合，充分发挥财政资金的引导作用，新闻出版行业协会、行业机构加强组织协调，广大新闻出版企业积极参与，技术企业全力支持，实施了一批转型升级项目，新闻出版业数字化转型升级工作已取得较为显著的阶段性成果。

通过实践探索，一批新闻出版企业已形成“制定长远规划、建立专职部门、建设专业队伍、落实重点标准、找准市场需求、实施项目带动”的数字化转型升级工作模式，探索出“标准研制、装备配置、资源建设、产品开发、平台搭建、服务创新”的数字化转型升级路径；一批技术企业紧跟行业发展，不断完善技术工具与系统，并推动相关标准的建立与完善，数字化转型升级技术体系已初步形成；相关行业协会与行业机构加强建设，解决数字化转型升级行业级共性问题的能力不断提升，启动了技术支持服务、内容资源管理、数据共享、知识服务等行业级平台建设。新闻出版业数字化转型升级工作已基本具备进入深化阶段的基础条件。为全面贯彻落实《关于推动新闻出版业数字化转型升级的指导意见》，国家新闻出版广电总局和财政部将继续深入推进新闻出版业数字化转型升级工作，现将深化阶段相关工作安排通知如下。

一、指导思想

深入贯彻党的十八大及十八届三中、四中、五中、六中全会精神和习近平总书记系列重要讲话精神，贯彻落实《国家“十三五”时期文化改革发展规划纲要》《新闻出版广播影视“十三五”发展规划》《新闻出版广播影视“十三五”科技发展规划》《新闻出版业数字出版“十三五”时期发展规划》，全面贯彻落实《关于推动新闻出版业数字化转型升级的指导意见》，继续深入推动新闻出版业数字化转型升级，通过政府引导，以企业为主体，发挥财政资金引导作用和市场机制调节作用，进一步加快文化与科技融合，提高新闻出版业生产力、传播力、影响力，丰富产品形态、提升服务能力，为人民群众与国民经济各领域提供资讯、数据、文献、知识的多层级信息内容服务，推动新闻出版业成为文化产业的中坚和骨干，将文化产业打造成国民经济支柱性产业。

二、目标与原则

（一）主要目标

1. 推动新闻出版企业加快完成数字化转型升级。完成技术装备优化升级、内容资源精细化加工，实现出版流程再造，具备多形态数字内容产品的生产能力；完成数据管理工具与系统的配置，实现资源数据、产品数据、市场数据等相关数据的资产化管理，具备以数据为支撑的运营能力；完成知识服务模式建设，以其引领、兼容其他服务模式建设，满足大众、教育、学术研究领域信

息消费市场的用户需求，具备多层级立体化的服务能力。

2. 初步建成支撑新闻出版业数字化转型升级的行业服务体系。加快相应的行业服务机构建设；继续推进数字出版标准化工作，不断完善支持数字化内容生产、传播与服务的标准体系；完成新闻出版业数据体系建设，实现行业数据交换、共享与应用；完成科学、合理的人才培养机制建设，培养一批数字出版专业人才和复合型高端人才。

（二）基本原则

1. 政府引导与市场调节相结合。政府加强宏观指导，重点推进基础建设；坚持市场在资源配置中起决定性作用，鼓励新闻出版企业以用户为导向，充分发挥市场调节作用。

2. 财政投入与社会资本相结合。政府完善投入机制，充分发挥财政资金撬动作用，引导新闻出版企业积极拓展资金来源渠道，吸引社会资本注入，提高市场风险应对能力。

3. 成果推广与持续创新相结合。支持新闻出版企业参照先行企业的转型升级路径，按照转型升级总体部署，深入开展数字化转型升级工作；支持新闻出版企业积极应用新技术，大胆创新，结合自身实际，在丰富产品形态、改进服务模式和深化跨界融合等方面不断开展实践探索。

三、主要任务

全面总结新闻出版业开展数字化转型升级以来取得的各项成果，推广在中央文化企业范围内实施的技术装备改造项目、专业领域内容资源库建设项目、投送平台建设项目的相关成果，以及在全行业范围内实施的 MPR 国家标准应用示范项目、CNONIX 国家标准应用示范项目、知识服务模式试点项目的相关成果；充分运用国家数字复合出版系统工程、数字版权保护技术研发工程、中华字库工程等新闻出版重大科技工程取得的阶段性成果，进一步提升新闻出版业的技术应用水平和能力。重点从以下五个方面继续深化数字化转型升级工作。

1. 优化软硬件装备。新闻出版企业要结合本企业数字化进程、数字出版业务开展的实际情况，搭建硬件环境，采购并不断优化推动数字化转型升级的相关技术装备，包括：资源标识管理及基于 ISLI 国际标准、MPR 国家标准的关联构建工具系统、数字化编辑出版工具系统、数据采集管理与应用工具系统、版权保护工具集、版权资产管理系统、数字印刷与按需印刷支持系统、运营服务支撑系统、知识服务支持工具系统等。加强行业转型升级技术服务机构建设，制定并完善数字化转型升级标准体系，搭建行业级技术服务平台。

2. 开展数据共享与应用。新闻出版企业及相关下游企业，要基于 CNONIX 国家标准对现有业务管理、用户管理等相关数据管理系统进行优化和升级改造；要结合所处产业链位置及企业实际情况，与数据应用服务企业开展合作，采购其不同层次、形式多样的数据服务；要以需求为导向，采集市场数据、用户数据，创新数据应用模式，初步实现内容供应的运营模式向数据驱动转变。加强行业级数据管理服务机构建设，建立数据汇聚、共享、交换和应用的科学机制。

3. 探索知识服务模式。新闻出版企业要积极参与知识服务标准规范研制，构建各专业领域知识体系，建设知识资源数据库，开发多层次、多维度、多形态知识服务产品，搭建分领域知识服务平台；鼓励新闻出版企业之间开展合作，建设跨领域知识服务平台，跨领域调取知识资源，开发跨领域知识服务产品；要积极创新知识服务模式，面向不同终端、采取不同方式，实现精准的多形态知识服务供应，以知识服务兼容文献服务等其他服务模式，探索知识服务在专业、大众、教育出版的转型升级进程中的应用模式。加强国家级知识服务机构建设，推动国家知识服务平台及知识资源数据库库群建设。

4. 持续开展创新。新闻出版企业要积极实施数字化转型升级创新项目，应用新技术、提出新标准，丰富产品形态、创新服务模式；要加快与广播影视等领域内容供应企业、互联网企业的融合，探索与外部产业跨界融合的新模式。鼓励新闻出版企业联合高校、科研院所、技术企业，分类建设不同研究方向的新闻出版业重点实验室。

5. 加快人才培养。新闻出版企业要高度重视人才队伍建设，选派数字出版业务负责人和业务骨干积极参与参与数字出版千人培养计划，通过高校集中学习、新媒体企业实训和走出去交流等环节，培养推动数字化转型升级的高端复合型人才和专门人才；鼓励新闻出版企业和行业社团组织联合研究机构、高等院校、技术企业等创新数字出版人才培养模式，开展专题和专业培训；倡导高等院校加强数字出版及相关专业学科建设，加快培养数字出版基础人才，扩大数字出版人才储备池。

四、保障措施

1. 加快标准制定。加快支撑新闻出版业数字化转型升级的国家标准、行业标准和工程标准的制定工作，并继续加强宣贯和培训，指导新闻出版企业开展标准化工作，提高新闻出版企业在数字化转型过程中对国家标准、行业标准和项目标准的采标比例。

2. 加强政策扶持。加强对开展数字化转型升级工作的具体指导，通过发布一系列具体指导性文件，做出具体工作部署。充分利用新闻出版改革与发展项目库，优先考虑将深化新闻出版业数字化转型升级项目纳入新闻出版改革与发展项目库，加强对重点项目的组织、管理、协调、支持和服务。

3. 拓宽资金渠道。完善财政投入机制，对符合条件的新闻出版业数字化转型升级重点项目予以扶持。鼓励新闻出版企业运用金融资本、社会资本开展数字化转型升级。

五、分工与要求

1. 推动新闻出版业数字化转型升级工作由新闻出版广电总局、财政部共同组织与推进。新闻出版广电总局负责做出具体工作部署、细化进度安排、完善项目管理规范，指导行业全面推进数字化转型升级各项工作。财政部负责制定落实有关财政支持政策。

2. 各级新闻出版广电行政部门要进一步加强组织管理。各省新闻出版广电局应确定具体部门负责组织、推进本地区相关工作。要切实加强深化阶段的组织管理工作，既要组织好相关项目申报工作，更要加强对项目实施的监督管理。各级新闻出版广电行政部门加强跨地区、跨部门协作，确保各项工作任务的执行和落实。

3. 各相关行业机构、行业协会要进加快支撑行业数字化转型升级的能力建设。中国新闻出版研究院、新闻出版广电总局信息中心、中国音像与数字出版协会及相关行业标准化技术委员会，根据统一部署，负责配合总局及各省新闻出版广电局落实对应的专项任务。要从机构建设、标准规范建设、制度与机制建设、行业基础环境建设、共性技术研发等方面全面推进，加快提升服务水平，提高服务能力。

4. 各新闻出版企业要进一步加大数字化转型升级的投入。各新闻出版企业应当积极推进数字化转型升级工作。要进一步统一思想认识，做好企业发展顶层设计与长远规划，用好财政资金投入、用足扶持政策，同时不断加大企业在人财物方面的投入，全力推进数字化转型升级。各新闻出版企业要及时向所在地新闻出版广电局、财政厅（局）报告工作进展。

国家新闻出版广电总局
财政部
2017 年 3 月 17 日

互联网新闻信息服务管理规定

第一章 总则

第一条 为加强互联网信息内容管理，促进互联网新闻信息服务健康有序发展，根据《中华人民共和国网络安全法》《互联网信息服务管理办法》《国务院关于授权国家互联网信息办公室负责互联网信息内容管理工作的通知》，制定本规定。

第二条 在中华人民共和国境内提供互联网新闻信息服务，适用本规定。

本规定所称新闻信息，包括有关政治、经济、军事、外交等社会公共事务的报道、评论，以及有关社会突发事件的报道、评论。

第三条 提供互联网新闻信息服务，应当遵守宪法、法律和行政法规，坚持为人民服务、为社会主义服务的方向，坚持正确舆论导向，发挥舆论监督作用，促进形成积极健康、向上向善的网络文化，维护国家利益和公共利益。

第四条 国家互联网信息办公室负责全国互联网新闻信息服务的监督管理执法工作。地方互联网信息办公室依据职责负责本行政区域内互联网新闻信息服务的监督管理执法工作。

第二章 许可

第五条 通过互联网站、应用程序、论坛、博客、微博客、公众账号、即时通信工具、网络直播等形式向社会公众提供互联网新闻信息服务，应当取得互联网新闻信息服务许可，禁止未经许可或超越许可范围开展互联网新闻信息服务活动。

前款所称互联网新闻信息服务，包括互联网新闻信息采编发布服务、转载服务、传播平台服务。

第六条 申请互联网新闻信息服务许可，应当具备下列条件：

（一）在中华人民共和国境内依法设立的法人；

（二）主要负责人、总编辑是中国公民；

（三）有与服务相适应的专职新闻编辑人员、内容审核人员和技术保障人员；

（四）有健全的互联网新闻信息服务管理制度；

（五）有健全的信息安全管理制度和安全可控的技术保障措施；

（六）有与服务相适应的场所、设施和资金。

申请互联网新闻信息采编发布服务许可的，应当是新闻单位（含其控股的单位）或新闻宣传部门主管的单位。

符合条件的互联网新闻信息服务提供者实行特殊管理股制度，具体实施办法由国家互联网信息办公室另行制定。

提供互联网新闻信息服务，还应当依法向电信主管部门办理互联网信息服务许可或备案手续。

第七条 任何组织不得设立中外合资经营、中外合作经营和外资经营的互联网新闻信息服务单位。

互联网新闻信息服务单位与境内外中外合资经营、中外合作经营和外资经营的企业进行涉及互联网新闻信息服务业务的合作，应当报经国家互联网信息办公室进行安全评估。

第八条 互联网新闻信息服务提供者的采编业务和经营业务应当分开，非公有资本不得介入互联网新闻信息采编业务。

第九条 申请互联网新闻信息服务许可，申请主体为中央新闻单位（含其控股的单位）或中央新闻宣传部门主管的单位的，由国家互联网信息办公室受理和决定；申请主体为地方新闻单位（含其控股的单位）或地方新闻宣传部门主管的单位的，由省、自治区、直辖市互联网信息办公室受理和决定；申请主体为其他单位的，经所在地省、自治区、直辖市互联网信息办公室受理和初审后，由国家互联网信息办公室决定。

国家或省、自治区、直辖市互联网信息办公室决定批准的，核发《互联网新闻信息服务许可证》。《互联网新闻信息服务许可证》有效期为三年。有效期届满，需继续从事互联网新闻信息服务活动的，应当于有效期届满三十日前申请续办。

省、自治区、直辖市互联网信息办公室应当定期向国家互联网信息办公室报告许可受理和决定情况。

第十条 申请互联网新闻信息服务许可，应当提交下列材料：

（一）主要负责人、总编辑为中国公民的证明；

（二）专职新闻编辑人员、内容审核人员和技术保障人员的资质情况；

（三）互联网新闻信息服务管理制度；

（四）信息安全管理制度和技术保障措施；

（五）互联网新闻信息服务安全评估报告；

（六）法人资格、场所、资金和股权结构等证明；

（七）法律法规规定的其他材料。

第三章 运行

第十一条 互联网新闻信息服务提供者应当设立总编辑，总编辑对互联网新闻信息内容负总责。总编辑人选应当具有相关从业经验，符合相关条件，并报国家或省、自治区、直辖市互联网信息办公室备案。

互联网新闻信息服务相关从业人员应当依法取得相应资质，接受专业培训、考核。互联网新闻信息服务相关从业人员从事新闻采编活动，应当具备新闻采编人员职业资格，持有国家新闻出版广电总局统一颁发的新闻记者证。

第十二条 互联网新闻信息服务提供者应当健全信息发布审核、公共信息巡查、应急处置等信息安全管理制度，具有安全可控的技术保障措施。

第十三条 互联网新闻信息服务提供者为用户提供互联网新闻信息传播平台服务，应当按照《中华人民共和国网络安全法》的规定，要求用户提供真实身份信息。用户不提供真实身份信息的，互联网新闻信息服务提供者不得为其提供相关服务。

互联网新闻信息服务提供者对用户身份信息和日志信息负有保密的义务，不得泄露、篡改、毁损，不得出售或非法向他人提供。

互联网新闻信息服务提供者及其从业人员不得通过采编、发布、转载、删除新闻信息，干预新闻信息呈现或搜索结果等手段谋取不正当利益。

第十四条 互联网新闻信息服务提供者提供互联网新闻信息传播平台服务，应当与在其平台上注册的用户签订协议，明确双方权利义务。

对用户开设公众账号的，互联网新闻信息服务提供者应当审核其账号信息、服务资质、服务范围等信息，并向所在地省、自治区、直辖市互联网信息办公室分类备案。

第十五条 互联网新闻信息服务提供者转载新闻信息，应当转载中央新闻单位或省、自治区、直辖市直属新闻单位等国家规定范围内的单位发布的新闻信息，注明新闻信息来源、原作者、原标题、编辑真实姓名等，不得歪曲、篡改标题原意和新闻信息内容，并保证新闻信息来源可追溯。

互联网新闻信息服务提供者转载新闻信息，应当遵守著作权相关法律法规的规定，保护著作权人的合法权益。

第十六条 互联网新闻信息服务提供者和用户不得制作、复制、发布、传播法律、行政法规禁止的信息内容。

互联网新闻信息服务提供者提供服务过程中发现含有违反本规定第三条或前款规定内容的，应当依法立即停止传输该信息、采取消除等处置措施，保存有关记录，并向有关主管部门报告。

第十七条 互联网新闻信息服务提供者变更主要负责人、总编辑、主管单位、股权结构等影响许可条件的重大事项，应当向原许可机关办理变更手续。

互联网新闻信息服务提供者应用新技术、调整增设具有新闻舆论属性或社会动员能力的应用功能，应当报国家或省、自治区、直辖市互联网信息办公室进行互联网新闻信息服务安全评估。

第十八条 互联网新闻信息服务提供者应当在明显位

置明示互联网新闻信息服务许可证编号。

互联网新闻信息服务提供者应当自觉接受社会监督，建立社会投诉举报渠道，设置便捷的投诉举报入口，及时处理公众投诉举报。

第四章 监督检查

第十九条 国家和地方互联网信息办公室应当建立日常检查和定期检查相结合的监督管理制度，依法对互联网新闻信息服务活动实施监督检查，有关单位、个人应当予以配合。

国家和地方互联网信息办公室应当健全执法人员资格管理制度。执法人员开展执法活动，应当依法出示执法证件。

第二十条 任何组织和个人发现互联网新闻信息服务提供者有违反本规定行为的，可以向国家和地方互联网信息办公室举报。

国家和地方互联网信息办公室应当向社会公开举报受理方式，收到举报后，应当依法予以处置。互联网新闻信息服务提供者应当予以配合。

第二十一条 国家和地方互联网信息办公室应当建立互联网新闻信息服务网络信用档案，建立失信黑名单制度和约谈制度。

国家互联网信息办公室会同国务院电信、公安、新闻出版广电等部门建立信息共享机制，加强工作沟通和协作配合，依法开展联合执法等专项监督检查活动。

第五章 法律责任

第二十二条 违反本规定第五条规定，未经许可或超越许可范围开展互联网新闻信息服务活动的，由国家和省、自治区、直辖市互联网信息办公室依据职责责令停止相关服务活动，处一万元以上三万元以下罚款。

第二十三条 互联网新闻信息服务提供者运行过程中不再符合许可条件的，由原许可机关责令限期改正；逾期仍不符合许可条件的，暂停新闻信息更新；《互联网新闻信息服务许可证》有效期届满仍不符合许可条件的，不予换发许可证。

第二十四条 互联网新闻信息服务提供者违反本规定第七条第二款、第八条、第十一条、第十二条、第十三条第三款、第十四条、第十五条第一款、第十七条、第十八条规定的，由国家和地方互联网信息办公室依据职责给予警告，责令限期改正；情节严重或拒不改正的，暂停新闻信息更新，处五千元以上三万元以下罚款；构成犯罪的，依法追究刑事责任。

第二十五条 互联网新闻信息服务提供者违反本规定第三条、第十六条第一款、第十九条第一款、第二十条第二款规定的，由国家和地方互联网信息办公室依据职责给予警告，责令限期改正；情节严重或拒不改正的，暂停新闻信息更新，处二万元以上三万元以下罚款；构成犯罪的，依法追究刑事责任。

第二十六条 互联网新闻信息服务提供者违反本规定第十三条第一款、第十六条第二款规定的，由国家和地方互联网信息办公室根据《中华人民共和国网络安全法》的规定予以处理。

第六章 附则

第二十七条 本规定所称新闻单位，是指依法设立的报刊社、广播电台、电视台、通讯社和新闻电影制片厂。

第二十八条 违反本规定，同时违反互联网信息服务管理规定的，由国家和地方互联网信息办公室根据本规定处理后，转由电信主管部门依法处置。

国家对互联网视听节目服务、网络出版服务等另有规定的，应当同时符合其规定。

第二十九条 本规定自 2017 年 6 月 1 日起施行。本规定施行之前颁布的有关规定与本规定不一致的，按照本规定执行。

互联网新闻信息服务许可管理实施细则

第一条 为进一步提高互联网新闻信息服务许可管理规范化、科学化水平，促进互联网新闻信息服务健康有序发展，根据《中华人民共和国行政许可法》《互联网新闻信息服务管理规定》（以下简称《规定》），制定本细则。

第二条 国家和省、自治区、直辖市互联网信息办公室实施互联网新闻信息服务许可，适用本细则。

第三条 通过互联网站、应用程序、论坛、博客、微博客、公众账号、即时通信工具、网络直播等形式向社会公众提供互联网新闻信息服务，应当取得互联网新闻信息服务许可，禁止未经许可或超越许可范围开展互联网新闻信息服务活动。

第四条 互联网新闻信息服务，包括互联网新闻信息采编发布服务、转载服务、传播平台服务。

其中，采编发布服务，是指对新闻信息进行采集、编辑、制作并发布的服务；转载服务，是指选择、编辑并发布其他主体已发布新闻信息的服务；传播平台服务，是指为用户传播新闻信息提供平台的服务。

获准提供互联网新闻信息采编发布服务的，可以同时提供互联网新闻信息转载服务。获准提供互联网新闻信息传播平台服务，拟同时提供采编发布服务、转载服务的，应当依法取得互联网新闻信息采编发布、转载服务许可。

第五条 申请互联网新闻信息服务许可的，应当具备下列许可条件：

（一）在中华人民共和国境内依法设立的法人；

（二）主要负责人、总编辑是中国公民；

（三）有与服务相适应的专职新闻编辑人员、内容审核人员和技术保障人员；

（四）有健全的互联网新闻信息服务管理制度；

（五）有健全的信息安全管理制度和安全可控的技术保障措施；

（六）有与服务相适应的场所、设施和资金。

其中，申请互联网新闻信息采编发布服务许可的，应当是新闻单位（含新闻单位控股的单位）或新闻宣传部门主管的单位。新闻单位是指经国家有关部门依法批准设立的报刊社、广播电台、电视台、通讯社和新闻电影制片厂。控股是指出资额、持有股份占企业资本总额或股本总额50%以上，或出资额、持有股份的比例虽然不足50%，但依其出资额或持有股份已足以对企业决议产生重大影响。新闻宣传部门包括各级宣传部门、网信部门、广电部门等。

任何组织不得设立中外合资经营、中外合作经营和外资经营的互联网新闻信息服务单位。

第六条 根据《规定》第十条，申请互联网新闻信息服务许可的，应当提交下列申请材料：

（一）主要负责人、总编辑为中国公民的证明。包括主要负责人、总编辑的身份证复印件等；

（二）专职新闻编辑人员、内容审核人员和技术保障人员的资质情况。包括相关人员基本情况，以及国家新闻出版广电总局统一颁发的新闻记者证、新闻单位从业证明、相关培训考核证明等材料，具体人员数量应当与所提供的服务相适应；

（三）互联网新闻信息服务管理制度。包括网站总编辑制度、从业人员教育培训和考核制度等；

（四）信息安全管理制度和技术保障措施。包括信息发布审核制度、公共信息巡查制度、应急处置制度、用户个人信息保护制度等，以及相关技术保障措施的情况；

（五）互联网新闻信息服务安全评估报告。由有关部门或具有相关资质的机构出具的对于申请者信息安全管理制度和技术保障措施的安全评估报告；

（六）法人资格、场所、资金的证明。包括企业营业执照、事业单位法人证书、服务场所产权证书、租赁合同等材料复印件；

（七）互联网新闻信息服务许可申请书。包括申请表，以及对拟提供具体服务形式、服务方案的说明等。

第七条 申请互联网新闻信息采编发布服务许可的，除应当提交本细则第六条规定的申请材料外，还应当提交该单位或其控股方为新闻单位的证明，或其主管单位为新闻宣传部门的证明及该主管单位的意见。其中，新闻单位证明包括《报纸出版许可证》、《广播电视播出机构许可证》、《期刊出版许可证》（持有《期刊出版许可证》的，应当以提供《规定》第二条所称“新闻信息”服务为主营业务）等；主管单位意见内容主要包括，说明申请者与该主管单位的关系、就申请者是否符合许可条件提出评估意见并加盖单位公章等。

申请互联网新闻信息传播平台服务许可的，除应当提交本细则第六条规定的申请材料外，还应当提交平台账号用户管理规章制度、用户协议范本、投诉举报处理机制等。

申请者为企业法人的，除应当提交本细则第六条规定的申请材料外，还应当提供下列股权相关材料：

（一）股权结构图。包括股东名称、股权比例、出资方式、出资时间等信息。股东为非自然人主体的，须逐级追溯到自然人、事业单位以及国有独资公司，并就实际控制人情况作出说明。股权结构图需加盖单位公章，并由法定代表人签字；

（二）股东证明材料。股东为自然人的，须提供身份证明材料；股东为非自然人主体的，须提供该主体的名称、组织形式、法定代表人等材料；

（三）公司章程。包括公司章程及历次修改决议；

（四）无外资承诺书。申请者对股权结构图中所有股东均不含外资成分作出的书面承诺；

（五）专业机构意见书。律师事务所或会计师事务所就上述股权材料的真实性、准确性、完整性出具的书面证明，包括验资报告、法律意见书等材料。

第八条 根据《规定》第七条，互联网新闻信息服务单位与境内外中外合资经营、中外合作经营和外资经营的企业进行涉及互联网新闻信息服务业务的合作，应当报国家互联网信息办公室进行安全评估，并提交以下材料：

（一）拟合作企业的情况。包括该企业基本情况介绍、营业执照等法人资格证明；

（二）拟合作业务的情况。包括合作意向书、合作发展规划、合作可行性分析报告等材料；

主管单位为新闻宣传部门的，还应当提交该主管单位就该项业务合作的意见。

互联网新闻信息服务单位与境内外中外合资经营、中外合作经营和外资经营的企业进行涉及互联网新闻信息服务业务的合作，可能导致互联网新闻信息服务单位不再符合许可条件的，不予通过安全评估。

第九条 国家和省、自治区、直辖市互联网信息办公室收到申请材料后，应当根据情况依法作出处理：

（一）申请材料齐全、符合要求的，予以受理；

（二）申请材料不齐全、不符合要求的，当场或五个工作日内一次性告知申请者应予更正或补充的内容；

（三）对依法不需要取得互联网新闻信息服务许可的，不予受理，并即时告知申请者，退回申请材料；

（四）对申请事项不属于职权范围的，应当即时作出不予受理的决定，并告知申请者向有关行政机关申请。

第十条 依法受理后，国家和省、自治区、直辖市互联网信息办公室按照本细则第五条、第六条、第七条的规定，对申请材料进行审核，包括申请者是否符合许可条件、材料是否真实等。

审核过程中，国家和省、自治区、直辖市互联网信息办公室可依据实际情况，约见申请者主要负责人、总编辑，到网站备案地、实际经营地、网站服务器所在地等其他相关场所进行实地检查。

第十一条 国家和省、自治区、直辖市互联网信息办公室应当依据《行政许可法》第四十二条，在规定期限内依法作出批准或不予批准的决定。批准的，核发《互联网新闻信息服务许可证》。

省、自治区、直辖市互联网信息办公室应当自作出批准决定之日起七个工作日内，向国家互联网信息办公室报告有关情况。

第十二条 根据《规定》第十七条，互联网新闻信息服务提供者变更以下事项，应当自变更之日起七个工作日内，向原许可机关申请办理变更手续：

（一）变更公司章程、服务场所、网站名称、接入服务提供者等事项；

（二）变更总编辑、主要负责人、股权结构、互联网地址等事项，或者进行上市、合并、分立；

其中，变更总编辑、主要负责人、股权结构、互联网地址等事项，或者进行上市、合并、分立，导致互联网新闻信息服务提供者不再符合许可条件的，根据《规定》第二十三条予以处罚。

互联网新闻信息服务提供者新增服务类别，应当根据《规定》第六条，依法取得相应的许可。

第十三条 互联网新闻信息服务提供者申请办理本细则第十二条相关变更手续，应当向原许可机关提交以下材料：

（一）变更申请书。包括申请变更事项、变更原因以及其他需要说明的问题，并加盖单位公章；

（二）变更事项材料。提交具体变更事项的说明、证明材料，包括变更人员基本情况、资格证书、任免证明，或者变更后的营业执照、公司章程、租赁合同等，并加盖单位公章。

变更股权结构的，应当按照本细则第七条规定，提供相关股权材料。涉及上市的，还应当提供有关上市活动具体实施方案、新三板挂牌方案以及战略投资机构有关情况等材料。

涉及许可证所列事项变更的，应当提交许可证原件。

第十四条 《互联网新闻信息服务许可证》有效期为三年。有效期届满，需继续从事互联网新闻信息服务活动的，应当于有效期届满三十日前，按照许可程序，向原许可机关申请续办，并提交以下材料：

（一）许可续办申请书。包括前期从业情况说明、涉及本细则第五条许可条件相关情况的说明，以及其他需要说明的问题，并加盖单位公章；

（二）许可证原件。

主管单位为新闻宣传部门的，还应当提交该主管单位的意见。

《互联网新闻信息服务许可证》有效期届满，未依法申请续办的，不得继续提供互联网新闻信息服务，原许可证作废。

第十五条 根据《行政许可法》第九条，互联网新闻信息服务许可不得转让。互联网新闻信息服务提供者不得因业务调整、合并、分立等原因擅自转让许可。

第十六条 互联网新闻信息服务提供者终止服务的，应当自终止服务之日起三十日内向原许可机关办理注销手续，并提交以下材料：

（一）注销申请书。包括注销原因以及其他需要说明的问题，并加盖单位公章；

（二）许可证原件。

第十七条 根据《规定》第十九条，国家和地方互联网信息办公室建立抽查、考核等日常检查和定期检查相结合的监督管理制度，加强对互联网新闻信息服务活动的监督检查，有关单位、个人应当予以配合。

监督检查结果，依法向社会公开，接受社会监督。

第十八条 本细则与《规定》同步施行。

国家新闻出版广电总局关于规范报刊单位及其所办新媒体采编管理的通知

新广出发〔2017〕44号

各省、自治区、直辖市新闻出版广电局，新疆生产建设兵团新闻出版广电局，中央军委政治工作部宣传局，中央和国家机关各部委、各民主党派、各人民团体报刊主管部门，中央主要新闻单位：

近年来，广大报刊出版单位坚持正确舆论导向，积极服务党和国家工作大局，弘扬主旋律，传播正能量，营造了良好的舆论氛围。但是，一些报刊出版单位疏于管理，特别是所办的网站、微博、微信、客户端等新媒体，违背有关转载网络信息的管理规定，采编不规范，审核不严谨，把关不严格，责任不落实，屡屡出现虚假新闻、“标题党”和“三俗”等问题，扰乱新闻传播秩序，损害新闻媒体权威性和公信力。为切实维护健康的新闻传播秩序，维护人民群众利益，现就加强报刊单位及其所办新媒体采编管理工作通知如下：

一、坚持正确舆论导向。各报刊出版单位要落实导向管理全覆盖要求，坚持传统媒体与新媒体一个标准，把坚持正确舆论导向贯彻落实到新闻采编的各个岗位和各个环节，特别是要贯彻落实到所办的网站、微博、微信、客户端等新媒体领域；要弘扬主旋律，传播正能量，创新方法手段，有效引导社会舆论，自觉抵制各类有害和虚假信息的传播。

二、统一管理要求。进一步完善新闻采编管理制度，用“一个标准、一把尺子、一条底线”统一严格管理所办报刊、网站、微博、微信、客户端等各类媒体及其采编人员；要严格执行“三审三校”、新闻采编与经营两分开等制度，进一步规范采、编、发工作流程，坚持实地采访、现场采访、直接采访，建立新闻消息来源核实核准机制，多方核实新闻事实，确保新闻报道真实、全面、客观、公正。

三、严格审核内容。进一步完善内容审核把关制度，明确审核把关重点和环节，加强对所办报刊、网站、微博、微信、客户端等各类媒体刊发内容的审核把关。刊发新闻报道必须履行采访核实和审核签发程序，确保新闻报道准确客观、导向正确后方可刊发，不得刊发未经核实的新闻报道，不得直接使用、刊发未经核实的网络信息，不得直接转载没有新闻发布资质的网站、微博、微信、客户端等发布的新闻信息，不得刊发淫秽、赌博、暴力以及其他危害社会公德和违背国家法律法规规定的文字、语音、图片和视频；转载其他新闻单位的新闻报道，不得对原稿进行实质性修改，不得歪曲篡改标题和稿件原意，并应当注明原稿作者及出处。要建立健全社会自由来稿审核制度，不得直接使用未经核实的社会自由来稿，涉及重大选题备案的，要依法依规履行报备程序。

四、规范新闻标题制作。制作新闻标题应遵循国家通用语言文字使用的基本规范，遵守文题相符的基本要求，审慎使用网络语言，不得使用不合逻辑、不合规范的网络语言，不得使用“网曝”“网传”等不确定性词汇，确保新闻标题客观、准确地表达新闻事实，传达正确的立场、观点、态度，严防扭曲事实、虚假夸大、无中生有、迎合低级趣味的各类“标题党”行为。

五、加强网络活动管理。报刊出版单位要进一步贯彻落实《新闻从业人员职务行为信息管理办法》《关于加强新闻采编人员网络活动管理的通知》等有关规定，设立网站、微博、微信、客户端等新媒体，按规定向主管单位报备，并建立健全内部管理制度，加强监督管理，严禁将网站及网站频道的新闻采编业务对外承包、出租或转让。新闻从业人员以职务身份开设微博、微信、客户端等，或在其他媒体上发布职务行为信息的，须事先经本单位同意。

六、完善问责机制。进一步贯彻落实意识形态工作责任制，明确责任主体，落实采、编、发各环节管理责任，建立健全责任追究制度。对违法违规刊发新闻报道的，要依法依规严肃追究撰稿记者、责任编辑、部门主任、值班总编等相关人员的责任。

各省级新闻出版行政部门和中央报刊主管主办单位要根据本通知精神，部署安排所辖（属）报刊开展自查自纠，建立健全报刊及其所办新媒体新闻采编管理制度，要全面加强对报刊及所办网站、微博、微信、客户端等新媒体的监督管理，对违法违规从事新闻采编行为的，要坚决制止，依法严肃查处，并向社会公开通报处理结果。

国家新闻出版广电总局

2017年8月2日

微博客信息服务管理规定

第一条 为促进微博客信息服务健康有序发展，保护公民、法人和其他组织的合法权益，维护国家安全和公共利益，根据《中华人民共和国网络安全法》《国务院关于授权国家互联网信息办公室负责互联网信息内容管理工作的通知》，制定本规定。

第二条 在中华人民共和国境内从事微博客信息服务，应当遵守本规定。

本规定所称微博客，是指基于使用者关注机制，主要以简短文字、图片、视频等形式实现信息传播、获取的社交网络服务。

微博客服务提供者是指提供微博客平台服务的主体。微博客服务使用者是指使用微博客平台从事信息发布、互动交流等的行为主体。

微博客信息服务是指提供微博客平台服务及使用微博客平台从事信息发布、传播等行为。

第三条 国家互联网信息办公室负责全国微博客信息服务的监督管理执法工作。地方互联网信息办公室依据职责负责本行政区域内的微博客信息服务的监督管理执法工作。

第四条 微博客服务提供者应当依法取得法律法规规定的相关资质。

向社会公众提供互联网新闻信息服务的，应当依法取得互联网新闻信息服务许可，并在许可范围内开展服务，禁止未经许可或超越许可范围开展互联网新闻信息服务活动。

第五条 微博客服务提供者应当发挥促进经济发展、服务社会大众的积极作用，弘扬社会主义核心价值观，传播先进文化，坚持正确舆论导向，倡导依法上网、文明上网、安全上网。

第六条 微博客服务提供者应当落实信息内容安全管理主体责任，建立健全用户注册、信息发布审核、跟帖评论管理、应急处置、从业人员教育培训等制度及总编辑制度，具有安全可控的技术保障和防范措施，配备与服务规模相适应的管理人员。

微博客服务提供者应当制定平台服务规则，与微博客服务使用者签订服务协议，明确双方权利、义务，要求微博客服务使用者遵守相关法律法规。

第七条 微博客服务提供者应当按照“后台实名、前台自愿”的原则，对微博客服务使用者进行基于组织机构代码、身份证件号码、移动电话号码等方式的真实身份信息认证、定期核验。微博客服务使用者不提供真实身份信息的，微博客服务提供者不得为其提供信息发布服务。

微博客服务提供者应当保障微博客服务使用者的信息安全，不得泄露、篡改、毁损，不得出售或者非法向他人提供。

第八条 微博客服务使用者申请前台实名认证账号的，应当提供与认证信息相符的有效证明材料。

境内具有组织机构特征的微博客服务使用者申请前台实名认证账号的，应当提供组织机构代码证、营业执照等有效证明材料。

境外组织和机构申请前台实名认证账号的，应当提供驻华机构出具的有效证明材料。

第九条 微博客服务提供者应当按照分级分类管理原则，根据微博客服务使用者主体类型、发布内容、关注者数量、信用等级等制定具体管理制度，提供相应服务，并向国家或省、自治区、直辖市互联网信息办公室备案。

第十条 微博客服务提供者应当对申请前台实名认证账号的微博客服务使用者进行认证信息审核，并按照注册地向国家或省、自治区、直辖市互联网信息办公室分类备案。微博客服务使用者提供的证明材料与认证信息不相符的，微博客服务提供者不得为其提供前台实名认证服务。

各级党政机关、企事业单位、人民团体和新闻媒体等组织机构对所开设的前台实名认证账号发布的信息内容及其跟帖评论负有管理责任。微博客服务提供者应当提供管理权限等必要支持。

第十一条 微博客服务提供者应当建立健全辟谣机制，发现微博客服务使用者发布、传播谣言或不实信息，应当主动采取辟谣措施。

第十二条 微博客服务提供者和微博客服务使用者不得利用微博客发布、传播法律法规禁止的信息内容。

微博客服务提供者发现微博客服务使用者发布、传播法律法规禁止的信息内容，应当依法立即停止传输该信息、采取消除等处置措施，保存有关记录，并向有关主管部门报告。

第十三条 微博客服务提供者应用新技术、调整增设具有新闻舆论属性或社会动员能力的应用功能，应当报国家或省、自治区、直辖市互联网信息办公室进行安全评估。

第十四条 微博客服务提供者应当自觉接受社会监督，设置便捷的投诉举报入口，及时处理公众投诉举报。

第十五条 国家鼓励和指导互联网行业组织建立健全微博客行业自律制度和行业准则，推动微博客行业信用等级评价和信用体系建设，督促微博客服务提供者依法提供服务、接受社会监督。

第十六条 微博客服务提供者应当遵守国家相关法律法规规定，配合有关部门开展监督管理执法工作，并提供必要的技术支持和协助。

微博客服务提供者应当记录微博客服务使用者日志信息，保存时间不少于六个月。

第十七条 微博客服务提供者违反本规定的，由有关部门依照相关法律法规处理。

第十八条 本规定自 2018 年 3 月 20 日起施行。

·附录·

Appendix

中国记协新媒体专业委员会

中国记协新媒体专业委员会成立于2018年7月27日，是中国记协所属专业工作机构，是服务于新媒体新闻信息传播的专业性组织。主要职责包括：开展新媒体理论和业务培训；针对违反行业自律的行为组织专题评议；保障新媒体新闻信息从业人员合法权益；组织新媒体新闻信息传播优秀作品及研究成果评选；开展调查研究，发布新媒体行业权威指数、年度发展报告；举办新媒体新闻信息传播研讨、论坛、年会等交流和联谊活动。中国记协新媒体专业委员会第一届委员有155人，中国记协常务副主席胡孝汉担任主任委员。

中国记协新媒体专业委员会规则

第一章 总则

第一条 本会名称是中国记协新媒体专业委员会。

第二条 本会是中国记协所属专门工作机构，是服务于新媒体新闻信息传播的专业性组织，成员来自新闻网站、客户端、微博、微信等新媒体新闻信息传播的单位、机构。

第三条 本会宗旨：坚持以马克思列宁主义、毛泽东思想、邓小平理论、“三个代表”重要思想、科学发展观、习近平新时代中国特色社会主义思想为指导，充分发挥专业委员会政治引领、培训交流、自律维权、服务联络的职能作用，团结引导新媒体及其从业人员深入贯彻落实中央关于推动传统媒体和新兴媒体融合发展的战略部署，坚持围绕中心、服务大局，牢固树立马克思主义新闻观，积极弘扬社会主义核心价值观，切实履行新时代新闻舆论工作的职责使命，遵守法律法规，恪守职业道德，推动新媒体新闻信息传播事业健康发展。

第四条 本会日常办事机构设在中国记协（位于北京市东城区珠市口东大街7号），信息发布主平台为中国记协网、中国记协微博、微信公众号。

第二章 职责

第五条 组织引导新媒体新闻信息传播工作者深入学习贯彻习近平新时代中国特色社会主义思想和党的十九大精神，增强“四个意识”，牢记新时代党的新闻舆论工作的职责和使命，加强政治学习，提高思想水平、理论素养。

第六条 建立教育培训长效制度，深入开展马克思主义新闻观教育培训，加强新媒体新闻信息内容制作、传播技术、运营管理、市场推广等新媒体业务培训，促进提高新媒体新闻信息传播工作者从业水平。

第七条 组织新媒体新闻信息传播工作者深入基层一线调研采访，持续深入开展“走转改”活动，锤炼脚力、眼力、脑力、笔力，增强对人民群众的感情，树立以人民为中心的工作导向。

第八条 积极推进新媒体自律，开展对违反行业自律行为的专题评议，强化社会责任，规范从业行为，营造健康有序的新媒体新闻信息传播秩序。

第九条 强化维权工作，保障新媒体新闻信息传播工作者合法权益，实施对新媒体新闻信息传播工作者援助。

第十条 组织新媒体新闻信息传播优秀作品及研究成果的评选，推动新媒体创新创优工作。加大对优秀新媒体作品、优秀新媒体新闻信息传播工作者宣介力度。

第十一条 针对新媒体发展实际，开展调查研究，发布新媒体行业权威指数、年度发展报告等，向政府和有关部门提供决策参考，探索建立新型智库。

第十二条 开展新媒体新闻信息传播研讨、论坛、年会、沙龙等活动，沟通交流媒体融合和新媒体发展经验，总结推广典型经验做法。

第十三条 推进对外交往，组织开展对外交流活动，增进友谊，交流经验，扩大共识，增进互信，发挥新媒体在增强国家软实力、加强国际传播能力建设、讲好中国故事方面的作用。

第十四条 开展联谊活动，举办文化、体育等活动，丰富新媒体新闻信息传播工作者的文化生活。

第三章 组织

第十五条 本会由新闻宣传管理部门、新闻行业组织、记协、主要新闻单位、重点新闻网站、新闻报刊、新闻院校、新闻研究机构等代表担任委员。委员由各有关单位推荐产生，任期3年。可根据实际工作需要对委员进行调整。

（一）委员条件：

1. 坚持党的新闻舆论工作方针政策，遵纪守法，作风正派；

2. 有较丰富的新媒体专业工作经验、较高理论和专业水平；

3. 拥护新媒体专业委员会规则。

（二）委员的权利和义务：

1. 参加本会各项活动并提出意见和建议；

2. 参加本会各类会议并享有表决权；

3. 执行本会决议；

4. 承担本会委托的各项工作任务；

5. 向本会反映有关情况，提供有关资料。

第十六条 本会推举主任委员一名、副主任委员和委员若干名，设顾问若干名，秘书长一名、副秘书长若干名。

第十七条 本会根据实际工作需要，下设若干工作机构。

第十八条 委员离开推荐单位时，由原单位推荐接替人选，经主任办公会议表决确认。

委员如有严重违反本规则的行为，经主任办公会议表决通过，取消其委员资格。

第四章 工作机制

第十九条 本会全体委员会议一般每年召开 1~2 次。

全体委员会议的职责是：

（一）制定和修改规则；

（二）选举主任委员、副主任委员和秘书长，决定聘请顾问；

（三）审议委员会工作报告；

（四）讨论决定重大事项。

全体委员会议须有三分之二以上委员出席方能召开，其决议须经到会委员半数以上表决通过方能生效。

第二十条 除了全体委员会议之外，可不定期召开主任办公会议。主任办公会议的参加人员为主任委员、副主任委员、秘书长、副秘书长。主任办公会议由主任委员或其委托的副主任委员主持。会议可根据主任委员提议，邀请专业人士、有关单位代表及其他相关人员参加。

主任办公会议的职责：

（一）筹备全体委员会议；

（二）执行全体委员会议决议；

（三）任命副秘书长及内部机构负责人等事项；

（四）制定内部管理制度；

（五）承担委员会日常工作。

主任办公会议须有三分之二以上应出席人员出席方能召开；主任办公会决议须经出席人员半数以上表决通过方为有效。

第五章 经费

第二十一条 工作经费来源：新媒体专业委员会专项经费；三项学习教育活动经费。

第六章 附则

第二十二条 本规则须提交全体委员会议审议通过，报中国记协核准同意生效。

第二十三条 本规则由中国记协负责解释。

（本规则于 2018 年 7 月 21 日经中国记协新媒体专业委员会第一次全体会议通过并施行。）